Zugewinngemeinschaft
Regime legale di separazione dei beni, vigente nella Repubblica Federale di Germania, che prevede, allo scioglimento del matrimonio, il solo conguaglio tra gli incrementi patrimoniali realizzati da ognuno dei coniugi durante il matrimonio (*Zugewinnausgleich*). Per incremento patrimoniale (*Zugewinn*) si intende la differenza tra il valore del patrimonio posseduto da ciascuno dei coniugi al momento della celebrazione del matrimonio (*Anfangsvermögen*) e il valore dello stesso al momento dello scioglimento del matrimonio (*Endvermögen*).

zugreifen *v (auf Daten)* accedere [a].
Zugriff *m* [1] *(Zugang)* accesso *m*; **~ auf Daten haben** avere accesso ai dati.
Zugriff *m* [2] *(bei polizeilicher Festnahme oder Militär)* arresto *m*, cattura *f*, *(Einschreiten)* intervento *m*; **erster ~** *m (Polizei)* primo intervento *m*.
Zugriffsgenehmigung *f* autorizzazione *f* all'accesso, autorizzazione *f* ad accedere.
Zugrundelegung, unter ~ [Gen / von Dat] applicando.
zugrunde liegen [*Dat*] [auch: zu Grunde liegen] essere alla base [di], essere a fondamento [di].
zugrunde liegend [*Dat*] [auch: zu Grunde liegend] (che sta) alla base [di], a fondamento [di], costitutivo [di], che costituisce, sottostante, soggiacente, sotteso [a], relativo, corrispondente, che determina qc.
Zug um Zug donnant-donnant; **~ Erfüllung** *f*; **~ Leistung** *f* esecuzione *f* donnant-donnant.
zugunsten *präp* [*Gen*] [auch: zu Gunsten] a (o: in) favore [di]; **~ Dritter** [auch: zu Gunsten Dritter] a favore di terzi.
Zuhälterei *f* [1] *(D) StrafR (§ 181a StGB)* sfruttamento *m* di prostitute.
Zuhälterei *f* [2] *(A) StrafR (§ 216 öStGB)* sfruttamento *m* della prostituzione, lenocinio *m*.

Infokästchen
Einige Infokästchen sind im alphabetischen Wörterbuchteil nur in Kurzform dargelegt und im Anhang näher und ausführlicher erläutert.
Box informativo
Alcuni box informativi sono consultabili in forma ridotta alla corrispondente lettera all'interno del dizionario e in versione integrale nell'appendice.

Präposition bei dem deutschen Eintrag
Preposizione accanto al termine tedesco

Präposition bei der italienischen Übersetzung
Preposizione accanto alla traduzione italiana

Homonymnummer
Numero in caso di omonimi

Grammatikalischer Fall bei dem deutschen Eintrag
Caso che accompagna il termine tedesco

Synonyme
Im Wörterbuch sind Synonyme auch mit „=", Antonyme hingegen mit „↔" gekennzeichnet.
Sinonimi
Nel dizionario i sinonimi sono contrassegnati anche dal simbolo „=", i contrari invece dal simbolo „↔".

Alternative Rechtschreibung
Ortografia alternativa

Andere Übersetzungsmöglichkeit
Altra possibile traduzione

Gesetzesverweise
Riferimenti normativi

Conte/Boss

Wörterbuch Recht und Wirtschaft

Dizionario giuridico ed economico

Wörterbuch Recht und Wirtschaft

Dizionario giuridico ed economico

Band 2: Deutsch-Italienisch
Volume 2: Tedesco-Italiano

Begründet von

Giuseppe Conte

Fortgeführt von

Hans Boss

Neu bearbeitet von

Dr. Karin Linhart, LL.M.
Dott.ssa Federica Morosini
Dott.ssa Eleonora Finazzi Agrò

7. Auflage - 7ª edizione
2018

C.H.BECK
Helbing Lichtenhahn
MANZ

www.beck.de

ISBN 978-3-406-69023-5 (C.H. BECK)
ISBN 978-3-7190-3532-7 (Helbing Lichtenhahn)
ISBN 978-3-214-01731-6 (MANZ)

Wilhelmstraße 9, 80801 München
Druck und Bindung: Kösel GmbH & Co. KG
Am Buchweg 1, 87452 Altusried-Krugzell
Satz: Acolada GmbH, Nürnberg
Umschlaggestaltung: Druckerei C.H. Beck Nördlingen
Gedruckt auf säurefreiem, alterungsbeständigem Papier
(hergestellt aus chlorfrei gebleichtem Zellstoff)

Inhalt

Geleitwort .... **VII**

Vorwort zur 7. Auflage .... **IX**

Im Wörterbuch verwendete Abkürzungen ⋆ .... **XI**

Wörterbuch Hauptteil **1**

Wörterbuch Anhang **897**

I. Infokästchen 901

II. Rechtsquellen und Hilfreiches im Internet (D/A/CH) 914

III. Langtitel EU-Verordnungen und EU-Richtlinien 917

IV. Bundesländer Deutschland de-it 930

V. Bundesländer Österreich de-it 931

VI. Kantone der Schweiz de-it 932

VII. Musterübersetzungen 933

1. Scheidungsbeschluss 933
2. Klageschrift 936
3. Urteil 937
4. Versäumnisurteil 938
5. Anklageschrift 941
6. Strafbefehl 944
7. Notarielle Urkunde 948
8. Darlehensvertrag 952

⋆ Die Abkürzungen aus dem deutschen Sprachraum allgemein finden Sie in den alphabetischen Teil eingegliedert.

Indice

Prefazione ..... **VIII**

Introduzione alla 7ª edizione ..... **X**

Elenco delle abbreviazioni usate nel dizionario * ..... **XI**

Dizionario Tedesco-Italiano **1**

Appendice al dizionario Tedesco-Italiano **898**

I. Box informativi 901

II. Normativa consultabile su Internet e altri siti utili (D/A/CH) 914

III. Titolo completo di Regolamenti e Direttive UE 917

IV. Bundesländer tedeschi de-it 930

V. Bundesländer austriaci de-it 931

VI. Cantoni svizzeri de-it 932

VII. Esempi di traduzione de-it 933

1. Sentenza di divorzio 933
2. Atto di citazione 936
3. Sentenza 937
4. Sentenza contumaciale 938
5. Richiesta di rinvio a giudizio 941
6. Decreto penale di condanna 944
7. Atto notarile 948
8. Contratto di mutuo 952

* Le sigle e abbreviazioni usate in Germania, Austria e Svizzera sono consultabili alla corrispondente lettera all'interno del dizionario.

Geleitwort

Der „Conte/Boss“ gehört seit Jahrzehnten zu den unverzichtbaren Begleitern für die im deutsch-italienischen Rechtsverkehr tätigen Juristen, Dolmetscher und Übersetzer. Darüber hinaus berücksichtigt das Werk seit jeher die Besonderheiten der österreichischen und schweizerischen Rechtssprache unter Einschluss des im Tessin gebräuchlichen Rechtsitalienisch. Damit deckt dieses Wörterbuch den gesamten deutsch-italienischen Sprachraum zuverlässig ab. Der nunmehr in der 7. Auflage von Karin Linhart, Federica Morosini und Eleonora Finazzi Agrò bearbeitete Band Deutsch-Italienisch bestätigt den Stellenwert dieses Rechtswörterbuches in eindrucksvoller Weise. Schon einige Stichproben zeigen, dass auch die vorliegende Ausgabe wieder stark überarbeitet und erweitert wurde. Erneut ist es gelungen, den Wortschatz der jüngsten Rechtsentwicklung in Deutschland, Italien und Europa anzupassen. Beispiele hierfür sind etwa – im deutschen Recht – eine ganze Reihe von neuen Gesetzen, wie z.B. das FamFG, das MiLoG, das KapMuG, das Schuldrechtsmodernisierungsgesetz. Das terminologische Infokästchen zur Familienrechtsreform im Jahre 2009 setzt hier einen besonderen Glanzpunkt, insbesondere für Übersetzer und Dolmetscher. Weitere neue Begriffe und Abkürzungen stammen aus dem EU-Recht. Dies gilt z.B. für die EU-ErbVO und die EuInsVO. Im Anhang sind auch die Langtitel der im Rechtswörterbuch enthaltenen EU-Verordnungen und EU-Richtlinien – sowohl in deutscher als auch in italienischer Sprache – zu finden.

Sehr hilfreich erscheinen die im Anhang abgedruckten Infokästchen, die im alphabetischen Wörterbuchteil nur in Kurzform enthaltenen sind. Neben der ausführlichen Erläuterung der jeweiligen Thematik finden sich dort auch Musterübersetzungen, die einen Einblick in die übersetzerische Praxis bieten und die Verwendung der deutschen und italienischen juristischen Fachsprache veranschaulichen. Besonders gelungen sind hier die Infokästchen zur Klageerhebung und zur Kündigung.

Seit der 6. Auflage (2002) hat sich viel getan: Der juristische Fachwortschatz ist vielfach im Internet zugänglich. Dennoch bleibt ein handliches Kompendium wie der Conte/Boss mindestens für den ersten Zugriff in der Beratungssituation, in der Dolmetscherkabine oder im Gerichtssaal nach wie vor die erste Wahl. Wer unter den Augen der Rezipienten der Übersetzungsleistung arbeitet, hat währenddessen schlicht keine Zeit, im Internet zu recherchieren. Schon deshalb sollte das Buch in keinem Handapparat eines deutsch-italienischen Sprachmittlers fehlen. Ihm ist eine günstige Aufnahme bei den Interessenten zu wünschen.

München, im Mai 2017
Prof. Dr. Dr. h.c. (Università degli Studi del Molise) Peter Kindler
LMU München (Forschungsstelle für Italienisches Recht)

Prefazione

Il "Conte/Boss" è ormai considerato da decenni un indispensabile strumento di lavoro per giuristi, traduttori e interpreti che operano nell'ambito del diritto italo-tedesco. Inoltre, il dizionario focalizza da sempre l'attenzione sulle peculiarità del linguaggio giuridico austriaco e svizzero, includendo anche le formulazioni tipiche dell'Italiano giuridico usato in Ticino e dimostrandosi così un'opera precisa e completa. La 7ª edizione del dizionario giuridico Tedesco – Italiano, a cura di Karin Linhart, Federica Morosini ed Eleonora Finazzi Agrò, mantiene estremamente alto il livello qualitativo che ha già contraddistinto tutte le precedenti edizioni. Sfogliando già poche pagine, si nota subito che anche la presente edizione è stata ancora una volta completamente riveduta, corretta, aggiornata ed ampliata rispetto alla precedente, tenendo conto anche dei più recenti sviluppi giurisprudenziali e legislativi intervenuti in Germania, Italia ed Europa. Si segnala, ad esempio, la presenza di tutta una serie di nuove leggi introdotte in Germania, tra cui preme ricordare le leggi entrate in vigore in materia familiare (FamFG), di minimo salariale (MiLoG), di gestione collettiva delle controversie che coinvolgono gli investitori mediante un procedimento c.d. "modello" (KapMuG) o la legge di riforma del diritto delle obbligazioni (Schuldrechtsmodernisierungsgesetz). In tale contesto, rileva inoltre evidenziare il box informativo di carattere prettamente terminologico sulla riforma del diritto di famiglia, entrata in vigore nel 2009, di grande interesse soprattutto per traduttori e interpreti. La nuova terminologia, ivi comprese le relative sigle, proviene altresì dal diritto dell'Unione europea. Degni di nota sono, ad esempio, i Regolamenti UE in materia successoria (EuErbVO) e in materia fallimentare (EuInsVO). Una parte dell'appendice è dedicata ai Regolamenti e alle Direttive UE contenuti nel dizionario, di cui viene riportato il titolo completo sia in tedesco che in italiano.

Di grande utilità si rivelano i box informativi contenuti nell'appendice, consultabili in forma ridotta alla corrispondente lettera all'interno del dizionario. Oltre alla spiegazione dettagliata ed esaustiva di specifici temi, l'appendice contiene anche vari esempi di traduzione di alcuni atti tedeschi, che offrono un primo approccio all'attività traduttiva e illustrano l'utilizzo della terminologia giuridica tedesca e italiana. Tra i box informativi presenti all'interno dell'opera rilevano, in particolare, quello che illustra la fase iniziale introduttiva del giudizio civile ordinario e quello che chiarisce la differenza tra recesso / risoluzione / disdetta.

Dalla 6ª edizione del 2002 sono cambiate tante cose: al giorno d'oggi la terminologia giuridica è ampiamente consultabile su Internet. Tuttavia, un'opera in formato cartaceo come il "Conte/Boss", sempre a portata di mano, continua a rappresentare la soluzione migliore, quale valido strumento di lavoro da usare in cabina, in tribunale e in qualsiasi altra situazione in cui un mediatore linguistico italo-tedesco si trovi a tradurre sotto gli occhi del proprio interlocutore, non avendo tempo per fare ricerche al momento. Non resta che augurargli una positiva accoglienza.

Monaco di Baviera, maggio 2017
Prof. Dr. Dr. h.c. (Università degli Studi del Molise) Peter Kindler
LMU München (Forschungsstelle für Italienisches Recht)

Vorwort zur 7. Auflage

Die nun erschienene 7. Auflage des Wörterbuchs der Rechts- und Wirtschaftssprache hat neue Autoren. Es ist uns eine große Ehre, die hervorragende Arbeit des Begründers, Giuseppe Conte, und seines Nachfolgers, Hans Boss, nun zu übernehmen und fortzuführen. Wir hoffen, in dieser und den folgenden Auflagen den hohen Maßstäben gerecht zu werden, die der Conte/Boss in den vergangenen Jahrzehnten gesetzt hat.

Neu hinzugekommen sind neben aktuellen Begriffen und einer Vielzahl von Gesetzesverweisen und Kontextangaben auch Infokästchen, die Termini mit juristisch komplexeren Inhalten näher erläutern. Im Anhang finden sich Muster einer deutschen Klageschrift, eines deutschen Versäumnisurteils, eines deutschen Scheidungsbeschlusses, einer deutschen Anklageschrift, eines deutschen Strafbefehls und diverser Urkunden, jeweils mit dem Vorschlag einer italienischen Übersetzung.

Nach wie vor ist dieses Standardwerk auf die Bedürfnisse von Lehrenden und Studierenden an deutschen, österreichischen, schweizerischen und italienischen Universitäten ausgerichtet. Es unterstützt daneben Praktiker (Rechtsanwälte, Richter, Justiz- und Verwaltungsmitarbeiter, Dolmetscher und Übersetzer) bei der täglichen Arbeit und ist sowohl aus juristischer, als auch aus Übersetzerperspektive geschrieben.

Wir bedanken uns herzlich bei unserer Lektorin, Frau Susanne Hauptmann, für das in uns gesetzte Vertrauen und ihre langjährige Unterstützung.

Würzburg/Frankfurt/Rom, Mai 2017
Karin Linhart, Federica Morosini, Eleonora Finazzi Agrò

Introduzione alla 7ª edizione

La 7ª edizione appena uscita del Dizionario giuridico ed economico Conte/Boss ha nuovi autori. È per noi un grande onore poter proseguire l'ottimo lavoro iniziato dal fondatore Giuseppe Conte e poi portato avanti dal suo successore Hans Boss. Consapevoli dell'importante eredità ricevuta, ci auguriamo di continuare a tenere alto, in questa e nelle prossime edizioni, il livello qualitativo che da sempre contraddistingue il dizionario.

Molte sono le novità che arricchiscono questa nuova edizione: oltre ad essere stata ampliata ed aggiornata la terminologia giuridica e le relative traduzioni, sono stati aggiunti numerosi riferimenti normativi, nonché indicazioni grammaticali e di contestualizzazione dei vocaboli. Va inoltre sottolineata la presenza di box informativi, che rappresentano un prezioso aiuto, in quanto spiegano in dettaglio in italiano gli istituti giuridici tedeschi più complessi. L'appendice in fondo all'opera contiene vari esempi di traduzione di alcuni atti tedeschi, tra cui un atto di citazione, una sentenza contumaciale, una sentenza di divorzio, una richiesta di rinvio a giudizio, un decreto penale di condanna.

Il dizionario continua a rappresentare un ideale strumento di studio per studenti e insegnanti di università tedesche, austriache, svizzere ed italiane e costituisce altresì un valido strumento di lavoro per gli operatori pratici (avvocati, giudici, personale giudiziario e amministrativo, interpreti e traduttori), sia dal punto di vista giuridico che da quello linguistico e traduttivo.

Un sentito ringraziamento va alla nostra consulente editoriale Susanne Hauptmann per la fiducia in noi riposta e per tutto l'aiuto, il supporto e il sostegno che ci ha dato in tutti questi anni.

Würzburg/Francoforte/Roma, maggio 2017
Karin Linhart, Federica Morosini, Eleonora Finazzi Agrò

Im Wörterbuch verwendete Abkürzungen
Elenco delle abbreviazioni usate nel dizionario

	Deutsch	Italienisch
adj	Adjektiv	aggettivo
A	Österreich	Austria
adv	Adverb	avverbio
Akk	Akkusativ	accusativo
AktienR	Aktienrecht	diritto delle società per azioni
Amtsspr	Amtssprache	linguaggio burocratico
ArbR	Arbeitsrecht	diritto del lavoro
AsylR	Asylrecht	legislazione in materia di asilo politico
AuslR	Ausländerrecht	legislazione sugli stranieri
BankR	Bankrecht	diritto bancario
Bankw	Bankwesen	banca
BauR	Baurecht	diritto dell'edilizia
c.c.	Italienisches Zivilgesetzbuch	codice civile italiano
c.p.c.	Italienische Zivilprozessordnung	codice di procedura civile italiano
CH	Schweiz	Svizzera
com	Handelsausdruck	commercio
D	Deutschland	Germania
Dat	Dativ	dativo
DeliktsR	Deliktsrecht	diritto della responsabilità civile per fatto illecito
dipl	diplomatisch	diplomazia
econ	Wirtschaft	economia
edit	Verlagswesen	editoria
EheR	Ehe- und Ehescheidungsrecht	diritto matrimoniale
engl	englisch	inglese
ErbR	Erbrecht	diritto delle successioni

	Deutsch	Italienisch
EuR	Europarecht	diritto europeo
f	Femininum	femminile
FamR	Familienrecht	diritto di famiglia
fig	figürlich, im übertragenen Sinne, bildlich	in senso figurato
FinanzW	Finanzwirtschaft	finanza
fpl	Femininum Plural	femminile plurale
Gen	Genitiv	genitivo
GesR	Gesellschaftsrecht	diritto societario
GewRS	Gewerblicher Rechtsschutz	tutela della proprietà industriale
HandelsR	Handelsrecht	diritto commerciale
hist	historisch	storico
I	Italien	Italia
InsolvenzR	Insolvenzrecht	diritto fallimentare
IntHandelsR	Internationales Handelsrecht	diritto commerciale internazionale
IPR	Internationales Privatrecht	diritto internazionale privato
IT	Informationstechnologie	informatica
IZVR	Internationales Zivilverfahrensrecht	diritto processuale civile internazionale
Journal	Journalismus	giornalismo
JugendStrafR	Jugendstrafrecht	diritto penale minorile
KapMarktR	Kapitalmarktrecht	diritto dei mercati finanziari
KartellR	Kartellrecht	diritto antitrust
KaufR	Kaufrecht	disciplina della vendita di beni
konj	Konjunktion	congiunzione
KredSichR	Kreditsicherungsrecht	diritto delle garanzie del credito
lat	Lateinisch	latino
lit	literarisch	letterario
m	Maskulinum	maschile
MietR	Mietrecht	diritto delle locazioni

	Deutsch	Italienisch
mil	militärisch	arte militare
mpl	Maskulinum Plural	maschile plurale
n	Neutrum	neutro
npl	Neutrum Plural	neutro plurale
obs	veraltet	obsoleto
öStGB	österreichisches Strafgesetzbuch	codice penale austriaco
öStPO	österreichische Strafprozessordnung	codice di procedura penale austriaco
öZPO	österreichische Zivilprozessordnung	codice di procedura civile austriaco
parl	parlamentarisch	parlamento
part	Partizip	participio
pej	abwertend	spregiativo
pl	Plural	plurale
pol	politisch	politica
präp	Präposition	preposizione
pron	Pronomen	pronome
ProzR	Prozessrecht	diritto processuale
Rgesch	Rechtsgeschichte	storia del diritto
SachenR	Sachenrecht	beni e diritti reali
SchadensR	Schadensrecht	disciplina del risarcimento del danno
SchuldR	Schuldrecht	diritto delle obbligazioni
scol	Schulwesen	scuola
sOR	schweizerisches Obligationenrecht	codice delle obbligazioni svizzero
SozialR	Sozialrecht	diritto della previdenza sociale
sStGB	schweizerisches Strafgesetzbuch	codice penale svizzero
sStPO	schweizerische Strafprozessordnung	codice di procedura penale svizzero
Stat	Statistik	statistica
SteuerR	Abgabenrecht, Steuerrecht	diritto tributario

	Deutsch	Italienisch
StrafProzR	Strafprozessrecht	diritto processuale penale
StrafR	Strafrecht	diritto penale
StVZ	Strafvollzug	diritto penitenziario
sZGB	schweizerisches Zivilgesetzbuch	codice civile svizzero
Tech	Technik und Technologie	tecnica
Telekom	Telekommunikation	telefonia
tipogr	Typographie	tipografia
TransportR	Transportrecht	diritto dei trasporti
ugs	umgangssprachlich	colloquiale, familiare
UmweltR	Umweltrecht, Umweltschutzrecht	diritto ambientale
ungebr	ungebräuchlich	non comune
Univ	Universität	università
UrhR	Urheberrecht	diritto d'autore
v	Verb	verbo
VerfR	Verfassungsrecht	diritto costituzionale
VerkehrsR	Verkehrsrecht	diritto della circolazione stradale
VersR	Versicherungsrecht	diritto delle assicurazioni
VertragsR	Vertragsrecht	diritto contrattuale
VerwR	Verwaltungsrecht	diritto amministrativo
VölkerR	Völkerrecht	diritto internazionale pubblico
WettbewerbsR	Wettbewerbsrecht	diritto della concorrenza
ZivProzR	Zivilprozessrecht	diritto processuale civile
ZivR	Zivilrecht	diritto civile

A

a.A. (*Abk* = **andere Ansicht**) opinione *f* diversa, parere *m* diverso, punto *m* di vista diverso.

AA (*Abk* = **Auswärtiges Amt**) *(D)* = *Bundesaußenministerium* Ministero *m* degli (affari) esteri (della Repubblica Federale di Germania).

a.a.O. *(= am angegebenen Ort)* op. cit., loc. cit.

ab *präp* [*Dat*] *(räumlich)* da, franco, *(zeitlich)* (a partire) da, a decorrere da, a far data da, *(abzüglich)* detratto, dedotto, meno.

abänderbar *adj* modificabile.

Abänderbarkeit *f* modificabilità *f.*

abänderlich *adj* modificabile.

Abänderlichkeit *f* modificabilità *f.*

abändern *v* modificare, apportare modifiche a, cambiare, variare, mutare, *(verbessern)* correggere, rettificare, *(Urteil)* riformare, *(Gesetzesvorlage)* emendare, *(Strafe)* commutare.

Abänderung *f* modifica *f*, modificazione *f*, cambiamento *m*, variazione *f*, *(Verbesserung)* correzione *f*, rettifica *f*, revisione *f*, *(eines Urteils)* riforma *f*, *(einer Gesetzesvorlage)* emendamento *m*, *(einer Strafe)* commutazione *f*; **~** *f* **eines Urteils** *ProzR (§ 323 ZPO)* riforma *f* di una sentenza; **~** *f* **eines Vertrages** modifica(zione) *f* di un contratto; **~** *f* **eines Verwaltungsakts** *VerwR* riforma *f* di un atto amministrativo.

Abänderungs|antrag *m* richiesta *f* di modifica, istanza *f* di modifica, proposta *f* di modifica, *(parl)* proposta *f* di emendamento, *(parl)* emendamento *m* (proposto); **~entwurf** *m* progetto *m* di modifica(zione), progetto *m* di emendamento; **~gesetz** *n* legge *f* modificativa; **~klage** *f ZivProzR (§ 323 ZPO)* azione *f* di riforma, azione *f* di modifica, azione *f* di modificazione, azione *f* di rettifica; **~klausel** *f VertragsR* clausula *f* derogatoria; **~recht** *n* diritto *m* di riforma, diritto *m* di emendamento; **~urkunde** *f* atto *m* di emendamento, strumento *m* di emendamento, atto *m* modificativo; **~urteil** *n ProzR* sentenza *f* di riforma; **~vertrag** *m SchuldR* contratto *m* modificativo.

Abbau *m* [1] *(Verringerung, Herabsetzung)* riduzione *f*, diminuzione *f*, *(Senkung)* ribasso *m*, abbassamento *m*, *(von Personal)* ridimensionamento *m*, taglio *m*, licenziamento *m*, *(Beseitigung, Abschaffung)* soppressione *f*, abolizione *f*, eliminazione *f*, cancellazione *f*; **~** *m* **der Belegschaft** riduzione *f* del personale, taglio *m* del personale, tagli *mpl* al personale, ridimensionamento *m* dell'organico; **~** *m* **der Einfuhrbeschränkungen** abolizione *f* delle restrizioni all'importazione; **~** *m* **der Handelsschranken** soppressione *f* degli ostacoli agli scambi (commerciali), eliminazione *f* degli ostacoli agli scambi; **~** *m* **des Personals** riduzione *f* del personale, taglio *m* del personale, tagli *mpl* al personale, ridimensionamento *m* dell'organico; **~** *m* **der Steuervergünstigungen** riduzione *f* delle agevolazioni fiscali, soppressione *f* delle agevolazioni fiscali, taglio *m* delle agevolazioni fiscali; **~** *m* **der Subventionen** riduzione *f* delle sovvenzioni, abolizione *f* delle sovvenzioni; **~** *m* **der Zollschranken** soppressione *f* delle barriere doganali, abolizione *f* delle barriere doganali.

Abbau *m* [2] *BauR (Abbruch)* demolizione *f*, smantellamento *m*, *(Demontage)* smontaggio *m*.

Abbau *m* [3] *(Bodenschätze)* estrazione *f* (*da un giacimento*), sfruttamento *m*, coltivazione *f*.

abbauen *v* [1] *(verringern, herabsetzen)* ridurre, diminuire, *(senken)* abbassare, *(Personal)* ridimensionare, tagliare, licenziare, *(abschaffen)* sopprimere, abolire, *(beseitigen)* eliminare, cancellare.
abbauen *v* [2] *(abbrechen)* demolire, smantellare, *(demontieren)* smontare.
abbauen *v* [3] *(Rohstoffe)* estrarre, sfruttare, coltivare.
Abbau | genehmigung *f* permesso *m* di estrazione; **~geschwindigkeit** *f VerkehrsR (des Alkohols im Körper)* ritmo *m* di ossidazione (*dell' alcool*); **~recht** *n* diritto *m* di estrazione, diritto *m* di sfruttamento.
abbedingen *v* [Partizip Perfekt: abbedungen] *VertragsR (anders, abweichend vereinbaren)* derogare, escludere.
abberufen *v* richiamare, revocare, destituire, rimuovere, ritirare.
Abberufung *f* richiamo *m*, revoca *f*, destituzione *f*, rimozione *f*, ritiro *m*; **~** *f* **des Botschafters** richiamo *m* dell'ambasciatore; **~** *f* **des Geschäftsführers** *GesR (einer GmbH)*; **~** *f* **des Vorstands** *GesR (einer AG)* revoca *f* dell'amministratore.
Abberufungsschreiben *n* lettera *f* di richiamo.
abbestellen *v SchuldR* annullare (un'ordinazione), disdire (un'ordinazione), revocare (un'ordinazione).
Abbestellung *f SchuldR* annullamento *m* (di un'ordinazione), disdetta *f* (di un'ordinazione), revoca *f* (di un'ordinazione).
abbezahlen *v SchuldR (in Raten bezahlen)* pagare a rate, *(tilgen)* estinguere, saldare (gradualmente), finire di pagare.
Abbezahlung *f SchuldR (Ratenzahlung)* pagamento *m* rateale, pagamento *m* a rate, *(Tilgung)* estinzione *f*, saldo *m* (graduale).
abbrechen *v* [1] *(Beziehungen, Verhandlungen)* rompere, troncare, *(Tätigkeit)* interrompere, sospendere, *(aufhören)* cessare, interrompersi, *(IT)* annullare.
abbrechen *v* [2] *BauR (abreißen)* demolire, abbattere.
Abbrechung *f* interruzione *f*, sospensione *f*; **~** *f* **des Verfahrens** *(A)* interruzione *f* del procedimento.
Abbruch *m* [1] *(Beendigung, Einstellung allgemein)* rottura *f*, interruzione *f*, sospensione *f*; **einer Sache (Dat) ~ tun** recar danno a qc., nuocere a qc., pregiudicare qc., derogare a qc.; **~** *m* **der diplomatischen Beziehungen** rottura *f* delle relazioni diplomatiche; **~** *m* **der Schwangerschaft** interruzione *f* volontaria di (o: della) gravidanza *(IVG)*, aborto *m* (*procurato*); **~** *m* **der Verhandlungen** rottura *f* delle trattative, interruzione *f* delle trattative, rottura *f* dei negoziati.
Abbruch *m* [2] *BauR (Abreißen)* demolizione *f*, smantellamento *m*, *(Abbau)* smontaggio *m*.
Abbruch(s) | anordnung *f BauR* ordine *m* di demolizione; **~bewilligung** *f*; **~erlaubnis** *f BauR* permesso *m* di demolizione; **~gebot** *n BauR* ordine *m* di demolizione; **~schein** *m BauR* permesso *m* di demolizione; **~verfügung** *f BauR* ordinanza *f* di demolizione.
abbuchen *v* addebitare (*su un conto*), detrarre, defalcare.
Abbuchung *f* addebito *m* (*in conto*), prelevamento *m*, detrazione *f*, defalco *m*.
ABD (*Abk* = **Ausfuhrbegleitdokument**) documento *m* di accompagnamento all'esportazione *(DAE)*.
abdecken *v (Defizit, Risiko)* coprire, *(Bedarf)* soddisfare, *(Kredit, Schulden)* pagare, estinguere, onorare, rimborsare.
Abdeckung *f (eines Defizits, Risikos)* copertura *f*, pagamento *m*, estinzione *f*, rimborso *m*; **kostenmäßige ~** *f* copertura *f* finanziaria.
abdingbar *adj (anders, abweichend zu vereinbaren)* derogabile, non obbligatorio, *(Recht)* disponibile.
Abdingbarkeit *f* derogabilità *f*, non obbligatorietà *f*.

abdingen *v (anders, abweichend vereinbaren)* derogare, escludere.

Abdruck *m (Kopie)* copia *f*, riproduzione *f*; **~recht** *n UrhR (copyright)* diritto *m* di riproduzione *f*.

Abendbörse *f* borsa *f* pomeridiana.

Aberdepot *n WpR* deposito *m* irregolare di titoli.

aberkennen *v* privare di, negare, disconoscere, dichiarare decaduto.

Aberkennung *f* privazione *f*, perdita *f*, negazione *f*, disconoscimento *m*, decadenza *f*; **~** *f* **der Amtsfähigkeit** interdizione *f* dai pubblici uffici; **~** *f* **des Ruhegehalts** *(Disziplinarmaßnahme)* perdita *f* del diritto alla pensione; **~** *f* **der Staatsangehörigkeit**; **~** *f* **der Staatsbürgerschaft** *VerwR* perdita *f* della cittadinanza, privazione *f* della cittadinanza.

Aberkennungsklage *f (CH) (Art. 83 SchKG)* azione *f* di disconoscimento del debito *(CH)*, azione *f* di inesistenza del debito *(CH)*.

aberratio ictus *(lat) StrafR (Fehlgehen der Tat, das vorliegt, wenn der Erfolg einer vorsätzlicher Handlung bei einem anderen als dem gewollten Objekt eintritt)* aberratio ictus *(lat) (offesa di persona diversa da quella alla quale l'offesa era diretta)*.

Abfall *m* [1] *(Müll)* rifiuti *mpl*, immondizia *f*, *(Rückstand)* avanzi *mpl*, *(Reste)* residuo *m*, scarto *m*, scorie *fpl*, ritagli *mpl*; **giftige Abfälle** *mpl UmweltR* rifiuti *mpl* tossici, scorie *fpl* tossiche.

Abfall *m* [2] *(von einer Partei, einem Bündnis)* secessione *f*, defezione *f*, dissidenza *f*, diserzione *f*, abbandono *m*, *(vom Glauben)* apostasia *f*, rinnegamento *m*.

Abfall *m* [3] *(Abnahme)* calo *m*, diminuzione *f*, caduta *f*.

Abfallbeseitigung *f* smaltimento *m* dei rifiuti, eliminazione *f* dei rifiuti; **umweltgefährdende ~** *f StrafR (§ 326 StGB)* smaltimento *m* dei rifiuti tossici (e nocivi).

Abfallbeseitigungsgesetz *n* legge *f* (tedesca) sullo smaltimento dei rifiuti.

Abfallbewirtschaftung *f* gestione *f* dei rifiuti.

abfallen *v (sinken)* calare, diminuire, scendere, abbassarsi.

Abfall | entsorgung *f* smaltimento *m* dei rifiuti; **~produkt** *n* prodotto *m* di scarto, sottoprodotto *m*, cascame *m*, prodotto *m* ottenuto da rifiuti.

abfangen *v* intercettare.

Abfangen *n* intercettazione *f*.

abfassen *v (Vertrag, Urkunde)* redigere, stendere, stilare, formulare, compilare, formare; **etwas schriftlich ~** mettere qc. per iscritto.

Abfassung *f (von Vertrag, Urkunde)* redazione *f*, stesura *f*, formulazione *f*, compilazione *f*, formazione *f*; **~** *f* **eines Urteils** redazione *f* di sentenza.

abfertigen *v* [1] *(Briefe, Pakete)* spedire, *(zollamtlich)* sdoganare, sdaziare, sottoporre a visita doganale, ispezionare, *(in Bezug auf Flugreisende)* sbrigare le formalità d'imbarco, *(Kunden)* servire.

abfertigen *v* [2] *(A) ArbR (abfinden)* pagare un'indennità di licenziamento.

Abfertigung *f* [1] *(Versand)* spedizione *f*, *(Zollabfertigung)* sdoganamento *m*, *(von Flugreisenden)* disbrigo *m* delle formalità, controllo *m*, *(Bedienung)* il servire.

Abfertigung *f* [2] *(A) ArbR (Abfindung bei Beendigung des Arbeitsverhältnisses)* indennità *f* di licenziamento, trattamento *m* di fine rapporto, buonuscita *f*, liquidazione *f*.

Abfertigungs | antrag *m* domanda *f* di sdoganamento; **~bescheinigung** *f* certificato *m* di spedizione; **~deklaration** *f (CH)* dichiarazione *f* alla dogana; **~frist** *f* termine *m* di spedizione; **~gebühr** *f* diritto *m* dovuto per l'esecuzione delle operazioni di accettazione e consegna della merce spedita, tassa *f* di spedizione; **~schein** *m* certificato *m* di sdoganamento, bollettino *m* di spedizione; **~spediteur** *m* spedizioniere *m* di trasporti su strada; **~stelle** *f* ufficio *m* spedizioni, ufficio *m* di spedizione; **~taxe** *f (CH)* tassa *f* di spedizione; **~verwaltung** *f (A)* amministrazione *f* speditrice, amministrazione *f* mittente.

abfinden *v* [1] indennizzare, liquidare, tacitare.

abfinden *v* [2] [sich] accettare, *(sich einigen)* accordarsi, venire a patti, venire (o: arrivare, giungere) a un accomodamento.

Abfindung *f* indennizzo *m*, indennità *f* (forfettaria), tacitazione *f*, *(bei Beendigung des Arbeitsverhältnisses)* trattamento *m* di fine rapporto *(TFR)*, buonuscita *f*, liquidazione *f*; **als ~** a titolo di indennizzo, a titolo di tacitazione.

Abfindungs | betrag *m* indennità *f* di buonuscita, buonuscita *f*, somma *f* pagata a titolo di tacitazione; **~erklärung** *f* ricevuta *f* di indennizzo; **~grundstück** *n* terreno *m* dato in cambio in sede di riordinamento fondiario; **~klausel** *f* clausola *f* di indennizzo; **~summe** *f* indennità *f* di buonuscita, buonuscita *f*, somma *f* pagata a titolo di tacitazione; **~wert** *m* valore *m* di liquidazione; **~zahlung** *f* pagamento *m* di un'indennità forfettaria, liquidazione *f*.

Abfluss *m* deflusso *m*; **~** *m* **von Kapital** deflusso *m* di capitali.

Abfuhr *f (A) (von Beiträgen, Steuern)* pagamento *m*, versamento *m*, trasferimento *m*.

abführen *v* [1] *(Betrag, Steuer)* pagare, versare, trasferire.

abführen *v* [2] *(Täter)* arrestare, tradurre in carcere.

Abführung *f* [1] *(von Beiträgen, Steuern)* pagamento *m*, versamento *m*, trasferimento *m*; **~** *f* **der Sozialversicherungsbeiträge** pagamento *m* dei contributi previdenziali e assistenziali, versamento *m* dei contributi previdenziali e assistenziali, pagamento *m* dei contributi sociali, versamento *m* dei contributi sociali.

Abführung *f* [2] *(von Tätern)* arresto *m*, traduzione *f* in carcere, trasporto *m* (di prigionieri).

Abführungspflicht *f* obbligo *m* di pagamento, obbligo *m* di versamento.

Abgabe *f* [1] *(Übergabe)* consegna *f*, rimessa *f*, *(Einreichung, z.B. einer Steuererklärung)* presentazione *f*, *(Überlassung)* cessione *f*, *(Verkauf)* vendita *f*, *(einer Erklärung)* rilascio *m*, resa *f*; **gewerbsmäßige ~** *f (CH)* vendita *f* commerciale; **~** *f* **alkoholischer Getränke** somministrazione *f* di bevande alcooliche; **~** *f* **eines Angebots** *(bei Ausschreibungen)* presentazione *f* di un'offerta, consegna *f* di un'offerta, invio *m* di un'offerta; **~** *f* **einer eidesstattlichen Versicherung** presentazione *f* di una dichiarazione giurata, rilascio *m* di una dichiarazione giurata; **~** *f* **der Einkommensteuererklärung** presentazione *f* della dichiarazione dei redditi; **~** *f* **einer Erklärung** rilascio *m* di una dichiarazione, il rendere una dichiarazione; **~** *f* **einer Scheinerklärung** *(§ 117 BGB)* simulazione *f* (*del negozio*), porre in essere una dichiarazione difforme dall'interno volere della parte; **~** *f* **einer Willenserklärung** rilascio *m* di una dichiarazione di volontà, il rendere una dichiarazione di volontà.

Abgabe *f* [2] *ProzR (der Sache)* rimessione *f* (*della causa*).

Abgabe *f* [3] *(Geldleistung)* tributo *m*, *(Beitrag)* contributo *m*, *(Steuer)* imposta *f*, *(Gebühr)* tassa *f*, diritto *m*, *(Last)* onere *m*; **mit ~n belegen** tassare; **~n erheben** riscuotere le imposte, *(ugs)* riscuotere le tasse; **direkte ~** *f* tributo *m* diretto, imposta *f* diretta; **einkommensabhängige ~** *f* tributo *m* proporzionale al reddito; **feste ~** *f* diritto *m* fisso; **indirekte ~** *f* tributo *m* indiretto, imposta *f* indiretta; **öffentliche ~** *f* tributo *m*, *(Steuer)* imposta *f*, *(Gebühr)* tassa *f*; **örtliche ~** *f* tributo *m* locale, imposta *f* locale; **soziale ~n** *fpl SozialR* contributi *mpl* sociali, contributi *mpl* previdenziali, oneri *mpl* sociali, oneri *mpl* previdenziali; **städtische ~** *f* tributo *m* comunale, imposta *f* comunale.

Abgabe | bescheid *m SteuerR* avviso *m* di accertamento, avviso *m* di tassazione *(CH)*; **~beschränkung** *f* restrizione *f* alle vendite; **~deklaration** *f (CH)* dichiarazione *f* della tassa *(CH)*; **~faktor** *m*

(CH) elemento *m* fiscale *(CH)*; **~forderung** *f* credito *m* tributario, credito *m* fiscale; **~freiheit** *f* esenzione *f* fiscale, esonero *m* fiscale, immunità *f* fiscale, esenzione *f* tributaria, esenzione *f* da (o: dall') imposta, *(ugs)* esenzione *f* da (o: dalle) tasse, esonero *m* da (o: dall') imposta, *(ugs)* esonero *m* da (o: dalle) tasse; **~frist** *f* termine *m* di consegna, *(bei Erklärungen)* termine *m* di presentazione (*della dichiarazione*); **~hinterziehung** *f* evasione *f* fiscale, evasione *f* delle imposte, *(ugs)* evasione *f* delle tasse, frode *f* fiscale, frode *f* tributaria; **~hoheit** *f* potere *m* fiscale, potere *m* tributario, potere *m* di imposizione (fiscale/tributaria), potestà *f* tributaria, sovranità *f* fiscale, sovranità *f* tributaria; **~marke** *f* marca *f* da bollo, marca *f* fiscale.

Abgaben | aufkommen *n SteuerR* gettito *m* fiscale, gettito *m* tributario; **~befreiung** *f* esenzione *f* fiscale, esonero *m* fiscale, immunità *f* fiscale, esenzione *f* tributaria, esenzione *f* da (o: dall') imposta, *(ugs)* esenzione *f* da (o: dalle) tasse, esonero *m* da (o: dall') imposta, *(ugs)* esonero *m* da (o: dalle) tasse; **~behörde** *f (A) SteuerR* autorità *f* fiscale, fisco *m*, ufficio *m* imposte; **~bescheid** *m SteuerR* avviso *m* di accertamento, avviso *m* di tassazione *(CH)*; **~eigung** *f* tendenza *f* a vendere, propensione *f* a vendere, prevalenza *f* delle vendite; **~einhebung** *f (A)*; **~eintreibung** *f*; **~erhebung** *f* riscossione *f* dei tributi, riscossione *f* delle imposte, *(ugs)* riscossione *f* delle tasse, esazione *f* dei tributi, esazione *f* delle imposte, *(ugs)* esazione *f* delle tasse, esazione *f* fiscale, esazione *f* tributaria; **~erhöhung** *f* aumento *m* dei tributi, aumento *m* delle imposte, *(ugs)* aumento *m* delle tasse; **~erklärung** *f (A)* dichiarazione *f* d'imposta; **~ermäßigung** *f* riduzione *f* dei tributi, riduzione *f* di imposta (o: delle imposte), *(ugs)* riduzione *f* di tassa (o: delle tasse); **~forderung** *f* credito *m* tributario, credito *m* fiscale.

abgabenfrei *adj* esente da tributi, esente da imposte, *(ugs)* esente da tasse, esentasse, non tassato.

Abgaben | freiheit *f* esenzione *f* fiscale, esonero *m* fiscale, immunità *f* fiscale, esenzione *f* tributaria, esenzione *f* da (o: dall') imposta, *(ugs)* esenzione *f* da (o: dalle) tasse, esonero *m* da (o: dall') imposta, *(ugs)* esonero *m* da (o: dalle) tasse; **~gesetz** *n* legge *f* tributaria; **~gesetzgebung** *f* legislazione *f* tributaria; **~hehlerei** *f (A) (§ 37 FinStrG)* ricettazione *f* in materia fiscale; **~hinterziehung** *f* evasione *f* fiscale, evasione *f* delle imposte, *(ugs)* evasione *f* delle tasse, frode *f* fiscale, frode *f* tributaria; **~hoheit** *f* potere *m* fiscale, potere *m* tributario, potere *m* di imposizione (fiscale/tributaria), potestà *f* tributaria, sovranità *f* fiscale, sovranità *f* tributaria; **~last** *f* pressione *f* fiscale; **~marke** *f* marca *f* da bollo, marca *f* fiscale; **~ordnung** *f (D)* (*Abk* = **AO**) *SteuerR* codice *m* tributario (tedesco), testo *m* unico delle leggi tributarie (tedesche); **~pflicht** *f* obbligo *m* di pagare le imposte, *(ugs)* obbligo *m* di pagare le tasse, tassabilità *f*, imponibilità *f*.

abgabenpflichtig *adj* imponibile, tassabile, soggetto a tassazione.

Abgaben | pflichtige/r *f/m* soggetto *m* passivo d'imposta, soggetto *m* passivo del rapporto tributario, soggetto *m* passivo del tributo, contribuente *m*; **~recht** *n* diritto *m* tributario, diritto *m* fiscale.

abgabenrechtlich *adj* tributario, fiscale, in materia tributaria, in materia fiscale.

Abgaben | register *n* ruolo *m* (dei tributi/delle imposte/delle tasse), registro *m* fiscale *(CH)*; **~satz** *m* aliquota *f* di imposta, aliquota *f* fiscale, tasso *m* di imposizione (fiscale); **~schuld** *f*; **~schuldigkeit** *f (A)* debito *m* d'imposta; **~schuldner/in** *m/f* soggetto *m* passivo debitore dell'imposta, debitore *m* dell'imposta, debitore *m* del tributo; **~schuldverhältnis** *n* obbligazione *f* tributaria; **~senkung** *f* riduzione *f* dei tributi, riduzione *f* di imposta (o: delle imposte), *(ugs)* riduzione *f* di tassa (o: delle tasse); **~strafverfahren** *n* procedimento *m* di repressione degli illeciti penali in materia fiscale; **~überhebung** *f* concussione *f*; **~umgehung** *f* elusione *f* fiscale, elusione *f* tributaria, elusione *f* d'imposta; **~veranlagung** *f* tassazione *f*, iscrizione *f* a ruolo (delle imposte), accertamento *m* tributario, determinazione *f* dell'imposta; **~verhältnis** *n* rapporto *m* tributario; **fahrlässige ~verkürzung** *f (A) (§ 34 FinStrG)* mancata o falsa dichiarazione *f* fiscale per negligenza; **vorsätzliche ~verkürzung** *f (A)* frode *f* fiscale, frode *f* tributaria; **~verteilung** *f* ripartizione *f* dei tributi, ripartizione *f* delle imposte; **~wesen** *n* sistema *m* fiscale, sistema *m* tributario, regime *m* fiscale, regime *m* tributario, ordinamento *m* fiscale, ordinamento *m* tributario, materia *f* fiscale, materia *f* tributaria; **~wirtschaft** *f* economia *f* tributaria.

Abgabepflicht *f* obbligo *m* di pagare le imposte, *(ugs)* obbligo *m* di pagare le tasse, tassabilità *f*, imponibilità *f*.

abgabepflichtig *adj* imponibile, tassabile, soggetto a tassazione.

Abgabe | pflichtige/r *f/m* soggetto *m* passivo d'imposta, soggetto *m* passivo del rapporto tributario, soggetto *m* passivo del tributo, contribuente *m*; **~preis** *m* prezzo *m* di vendita; **~recht** *n* diritto *m* tributario, diritto *m* fiscale.

abgaberechtlich *adj* tributario, fiscale, in materia tributaria, in materia fiscale.

Abgabe | register *n* ruolo *m* (dei tributi/delle imposte/delle tasse), registro *m* fiscale *(CH)*; **~satz** *m SteuerR* aliquota *f* di imposta, aliquota *f* fiscale, tasso *m* di imposizione (fiscale), *(Börse)* cambio *m* di vendita, tasso *m* di vendita, quotazione *f* di vendita; **~schuld** *f*; **~schuldigkeit** *f (A)* debito *m* d'imposta; **~schuldner/in** *m/f* soggetto *m* passivo debitore dell'imposta, debitore *m* dell'imposta, debitore *m* del tributo; **~schuldverhältnis** *n* obbligazione *f* tributaria; **~termin** *m* termine *m* di consegna, scadenza *f* (per la presentazione/per la consegna); **~umgehung** *f* elusione *f* fiscale, elusione *f* tributaria, elusione *f* d'imposta; **~veranlagung** *f* tassazione *f*, iscrizione *f* a ruolo (delle imposte), accertamento *m* tributario, determinazione *f* dell'imposta; **~verhältnis** *n* rapporto *m* tributario.

ABGB (*Abk* = **Allgemeines Bürgerliches Gesetzbuch**) *(A)* codice *m* civile generale (austriaco).

abgeben *v (übergeben)* consegnare, rimettere, *(einreichen)* presentare, *(Angebot, Einkommensteuererklärung)* fare, *(unterbreiten)* sottoporre, *(Gepäck)* depositare, *(überlassen)* cedere, *(verkaufen)* vendere, *(abtreten)* lasciare, *(Amt)* dimettersi da, *(verzichten auf)* rinunciare a [o rinunziare a], *(Erklärung)* rilasciare, rendere, *(Stimme)* votare, dare, esprimere, *(äußern)* manifestare, esternare.

abgekürzt *adj* abbreviato, in sigla, siglabile.

abgelaufen *adj* scaduto, spirato, decorso.

abgelten *v (vergüten)* pagare, saldare, *(ausgleichen)* compensare, ricompensare, indennizzare, risarcire, rimborsare, liquidare, tacitare, *(Verpflichtung)* estinguere, adempiere; **die Steuerpflicht gilt als abgegolten** l'obbligo contributivo si considera adempiuto; **mit dieser Zahlung sind alle/sämtliche Ansprüche abgegolten** pagamento *m* a saldo e stralcio di ogni pretesa (o: spettanza), pagamento *m* a saldo e stralcio di qualsiasi diritto, ragione e pretesa, con il presente pagamento sono tacitate tutte le pretese *(CH)*.

Abgeltung *f* pagamento *m*, saldo *m*, compenso *m*, indennizzo *m*, indennità *f*, rimborso *m*, risarcimento *m*, liquidazione *f*, tacitazione *f*; **pauschale ~** *f* indennità *f* forfettaria.

Abgeltungs | betrag *m* indennità *f*, somma *f* forfettaria; **~steuer** *f (CH) SteuerR (Quellensteuer mit abgeltender Wirkung) (imposta alla fonte con effetto liberatorio)* imposta *f* liberatoria *(CH)*.

Abgeltungsteuer *f SteuerR* imposta *f* alla fonte sui redditi da capitale, ritenuta *f* d'imposta applicata ai redditi da capitale.

Abgeltungszahlung *f* pagamento *m* a titolo di tacitazione.

Abgeordneten | bestechung *f StrafR (§ 108e StGB)* corruzione *f* di deputati; **~immunität** *f (§ 36 StGB) → Straflosigkeit parlamentarischer Äußerungen* immunità *f* parlamentare; **~mandat** *n (parl)* mandato *m* parlamentare; **~sitz** *m (parl)* seggio *m* al parlamento; **~wahl** *f (parl)* elezione *f* dei deputati.

Abgeordnete/r *f/m (Parlament)* deputato/-a *m/f*, parlamentare *m/f*, onorevole *m/f (on.)*, *(Delegierte/r)* delegato/-a *m/f*, inviato/-a *m/f*, *(Regionalrat, Landtag)* consigliere/-a *m/f* (*regionale, provinciale*) *(Südtirol)*.

Abgesandte/r *f/m* inviato/-a *m/f*, emissario *m*, *(Bote)* messo *m*, messaggero/-a *m/f*, *(des Heiligen Stuhls)* nunzio *m*.

abgesehen [von *Dat*] a prescindere da, a parte, eccetto, eccettuato, a(d) eccezione di, fatta eccezione per, ad esclusione di, escluso, escludendo, tranne, fuorché, salvo (che), all'infuori di.

abgesichert *adj* assicurato, coperto, garantito.

abgesondert *adj (getrennt)* separato, distinto, diviso.

abgleichen *v* saldare, bilanciare, pareggiare.

Abgleichung *f* saldo *m*, bilanciamento *m*, pareggio *m*.

abgrenzen *v* (de)limitare, determinare, definire, delineare, tracciare, circoscrivere, *(Grundstück)* tracciare i confini.

Abgrenzung *f* (de)limitazione *f*, determinazione *f*, definizione *f*, *(Grundstück)* demarcazione *f*, tracciamento *m* di confini; **~** *f* **der Zuständigkeit** delimitazione *f* della competenza, determinazione *f* della competenza.

Abgrenzungs | konten *pl* ratei e risconti *mpl*; **~linie** *f* linea *f* di demarcazione, linea *f* di separazione; **~merkmal** *n* criterio *m* di classificazione; **~posten** *mpl* ratei e risconti *mpl*.

abhalten *v (Versammlung, Wahlen)* tenere, *(Unterricht)* fare, *(feiern)* celebrare.

abhandenkommen *v* perdersi, smarrirsi, andare perso, andare perduto, andare smarrito.

Abhandenkommen *n (§ 935 BGB)* perdita *f*, smarrimento *m*.

Abhandlung *f* [1] *Univ (schriftliche Darstellung)* trattazione *f*, trattato *m*, dissertazione *f*, saggio *m*.

Abhandlung *f* [2] *(A) ErbR* procedimento *m* di liquidazione di una successione.

Abhandlungs | gericht *n (A) ErbR* tribunale *m* competente in materia di successioni; **~pfleger/in** *m/f (A) ErbR* curatore *m* della successione; **~protokoll** *n (A) ErbR* verbale *m* di liquidazione di una successione; **~register** *n (A) ErbR* registro *m* delle successioni.

abhängen *v* [von *Dat*] dipendere [da].

abhängig *adj* dipendente, soggetto, subordinato, condizionato; **~ machen** assoggettare, subordinare, condizionare; **etwas ~ machen** [von *Dat*] subordinare qc. [a]; **~ sein** [von *Dat*] dipendere [da], essere dipendente [da], *(finanziell)* essere a carico [di], essere soggetto [a], essere subordinato [a], essere condizionato [da]; **gegenseitig ~**; **voneinander ~** interdipendente.

Abhängigkeit *f* dipendenza *f*, subordinazione *f*; **in ~** [von *Dat*] soggetto [a], subordinato [a], condizionato [a]; **gegenseitige ~** *f* interdipendenza *f*; **hierarchische ~** *f* dipendenza *f* gerarchica; **wechselseitige ~** *f* interdipendenza *f*.

Abhängigkeitsverhältnis *n* rapporto *m* di dipendenza, condizione *f* di dipendenza, vincoli *mpl* gerarchici.

abheben *v* [1] *(Geld)* prelevare, ritirare.

abheben *v* [2] [auf *Akk*] *(hinweisen, sich stützen)* richiamare l'attenzione [su], sottolineare, porre l'accento [su], mettere in rilievo.

Abhebung *f (FinanzW)* prelievo *m*, prelevamento *m*, ritiro *m*.

abhelfen *v* [1] rimediare, porre rimedio *m*, riparare, correggere, *(Bedürfnis, Mangel)* sopperire, supplire.

abhelfen *v* [2] *ProzR (der Beschwerde, der Erinnerung, dem Widerspruch)* accogliere (*un reclamo o un ricorso in opposizione: la stessa autorità giudiziaria o amministrativa che ha emesso la decisione impugnata dal soggetto interessato la riforma o la revoca*).

Abhilfe *f* [1] rimedio *m*, riparo *m*; **~ schaffen** rimediare, porre rimedio, riparare, correggere.

Abhilfe *f* [2] *ProzR* accoglimento *m* (*del reclamo o del ricorso in opposizione consistente nella riforma o nella revoca di una decisione impugnata dal soggetto interessato, operata dalla stessa autorità giudiziaria o amministrativa che ha emesso la decisione impugnata*).

Abhilfe

Il rimedio della *Abhilfe*, contemplato dal 1° comma del § 572 del Codice di procedura civile tedesco (*ZPO*) e dal § 72 del Codice di procedura amministrativa tedesco (*VwGO*), si sostanzia nella riforma o revoca di una decisione impugnata dal soggetto interessato ad opera della stessa autorità giudiziaria o amministrativa che ha emesso la decisione impugnata.
In particolare, nel diritto processuale civile, l'organo adito (*Rechtspfleger oder Richter*) che ha pronunciato la decisione giudiziaria impugnata dal soggetto interessato, ritenuta l'ammissibilità e fondatezza, totale o parziale, dell'impugnazione (*Beschwerde oder Erinnerung*), dovrà riformare o revocare la decisione stessa (*der Beschwerde abhelfen oder der Erinnerung abhelfen*). Qualora, al contrario, dovesse ravvisare l'inammissibilità o l'infondatezza dell'impugnazione, rimetterà la decisione sull'impugnazione all'organo competente gerarchicamente superiore (*Beschwerdegericht*).
Analogamente a quanto sopra esposto, in materia di procedimento amministrativo, alla stessa autorità che ha emanato l'atto amministrativo impugnato dall'interessato (*Ausgangsbehörde*) viene data la possibilità di riformare o revocare l'atto amministrativo impugnato (*dem Widerspruch abhelfen*), emanando il relativo provvedimento di accoglimento del ricorso (*Abhilfebescheid*).
Se, al contrario, la stessa autorità che ha emanato l'atto dovesse accertare che l'atto amministrativo impugnato non è affetto né da vizi di legittimità né da vizi di merito, rimetterà la decisione sull'accoglimento o rigetto del ricorso (*Widerspruchsbescheid*) all'autorità competente (*Widerspruchsbehörde*), in genere l'organo gerarchicamente sovraordinato rispetto a quello che ha emanato l'atto.

Abhilfe|bescheid *m VerwR* decisione *f* di accoglimento del ricorso in opposizione (*consistente nella riforma o nella revoca dell'atto amministrativo impugnato ed emessa dalla stessa autorità amministrativa che ha emanato l'atto*); **~maßnahme** *f* misura *f* correttiva.

Abholgebühr *f* tassa *f* di presa a domicilio.

Abholung *f* ritiro *m*; **bei ~** al ritiro; **zur ~ bereit** pronto per il ritiro, disponibile per il ritiro.

Abhöraktion *f StrafProzR* → *Lauschangriff* intercettazione *f* ambientale.

abhören *v* intercettare.

Abhören *n* intercettazione *f*, intercettamento *m*; **~** *n* **von Gesprächen** intercettazione *f* di conversazioni; **~** *n* **von Telefongesprächen** intercettazioni *fpl*

telefoniche, intercettazione *f* di conversazioni (o: comunicazioni) telefoniche.
Abhör | gerät *n* apparecchio *m* di intercettazione, microspia *f*, *(ugs)* cimice *f*; **~protokoll** *n* verbale *m* di intercettazione.
Abhörung *f* intercettazione *f*, *(Vernehmung)* interrogazione *f (A)*.
Abirren *n* **der Angriffshandlung** *(A)* reato *m* aberrante.
Abirrung *f* reato *m* aberrante.
Abk. (*Abk* = **Abkürzung**) abbreviazione *f (abbr.)*, sigla *f*.
abkaufen *v (jemandem etwas)* acquistare [qualcosa da qualcuno], comp(e)rare.
Abkommen *n* → *s. Infokästchen „Übereinkunft – Staatsvertrag – Abkommen – Übereinkommen – Konvention“* accordo *m*, convenzione *f*, patto *m*, trattato *m*, contratto *m*; **ein ~ paraphieren** siglare un accordo; **ein ~ ratifizieren** *VölkerR* ratificare un trattato; **ein ~ schließen** concludere un accordo; **allgemeines ~** *n* convenzione *f* generale; **bilaterales ~** *n* accordo *m* bilaterale, bilaterale *m*; **diplomatisches ~** *n* convenzione *f* diplomatica, accordo *m* diplomatico; **dreiseitiges ~** *n* accordo *m* trilaterale, trilaterale *m*; **geschlossenes ~** *n* convenzione *f* chiusa; **gütliches ~** *n* accordo *m* amichevole, accomodamento *m* amichevole; **internationales ~** *n* accordo *m* internazionale, convenzione *f* internazionale, trattato *m* internazionale; **internes ~** *n* accordo *m* interno; **laufendes ~** *n* accordo *m* vigente; **mehrseitiges ~** *n*; **multilaterales ~** *n* accordo *m* multilaterale, convenzione *f* multilaterale, multilaterale *m*; **offenes ~** *n* convenzione *f* aperta; **völkerrechtliches ~** *n* accordo *m* internazionale, convenzione *f* internazionale, trattato *m* internazionale; **vorläufiges ~** *n* accordo *m* provvisorio, accordo *m* preliminare; **vorübergehendes ~** *n* accordo *m* transitorio; **~** *n* **zur Zusammenarbeit** accordo *m* di cooperazione; **zweiseitiges ~** *n* accordo *m* bilaterale, bilaterale *m*.
Abkömmling *m ErbR* figlio/-a *m/f*, discendente *m/f*; **~e hinterlassen** *ErbR* lasciare figli, lasciare discendenti.
abkürzen *v* abbreviare.
Abkürzung *f* (*Abk* = **Abk.**) abbreviazione *f (abbr.)*, sigla *f*; **~** *f* **der Frist** abbreviazione *f* del termine.
Ablade | frist *f* termine *m* di scarico; **~gebühren** *fpl* tasse *fpl* di scarico, diritti *mpl* di scarico; **~gewicht** *n* peso *m* del carico allo sbarco; **~konnossement** *n* polizza *f* di carico; **~kosten** *pl* spese *fpl* di scarico.
abladen *v* [1] scaricare.
abladen *v* [2] *ProzR (einen Zeugen, Sachverständigen)* annullare la citazione (*notificata al testimone, perito, consulente tecnico*).
Abladen *n* [1] scaricamento *m*.
Abladen *n* [2] *ProzR (eines Zeugen oder Sachverständigen)* annullamento *m* della citazione (*notificata al testimone, perito, consulente tecnico*).
Abladeschein *m* bolletta *f* di scarico.
Ablage *f* archivio *m*.
ablagern *v* mettere in deposito, immagazzinare.
Ablagerung *f* [1] magazzinaggio *m*, immagazzinamento *m*.
Ablagerung *f* [2] *(Lagerung)* stagionatura *f*.
ablassen *v* [1] *(nachlassen, Rabatt gewähren)* scontare, ribassare, concedere un ribasso.
ablassen *v* [2] *(abgeben, überlassen)* cedere, *(verkaufen)* vendere.
Ablauf *m* [1] *(Verlauf)* svolgimento *m*, andamento *m*; **~** *m* **des Verfahrens** *ProzR* svolgimento *m* del procedimento, andamento *m* della procedura.
Ablauf *m* [2] *(Ende)* scadenza *f*, lo scadere *m*, lo spirare *m*, decorso *m*; **~** *m* **der Frist** scadenza *f* del termine, scadere *m* del termine, spirare *m* del termine, decorso *m* del termine; **mit ~ der Frist** alla scadenza del termine, allo scadere del termine, allo spirare del termine; **nach ~ der Frist** dopo la scadenza del termine, dopo lo scadere del termine, dopo

lo spirare del termine, scaduto il termine, decorso il termine; **nach erfolglosem ~ der Frist**; **nach fruchtlosem ~ der Frist** decorso infruttuosamente il termine, decorso inutilmente il termine; **vor ~ der Frist** prima della scadenza del termine, prima dello scadere del termine, prima dello spirare del termine, prima del decorso del termine; ~ *m* **der Probezeit** scadenza *f* del periodo di prova; ~ *m* **des Vertrages** scadenza *f* del contratto; ~ *m* **der Zahlungsfrist** scadenza *f* del termine di pagamento.

Ablaufdatum *n* data *f* di scadenza, giorno *m* di scadenza.

ablaufen *v* [1] *(verlaufen)* svolgersi.

ablaufen *v* [2] *(enden)* scadere, spirare, decorrere.

Ablauf | hemmung *f SchuldR* → *Verjährung* sospensione *f* della decorrenza (*in favore di determinate persone in attesa dell'eliminazione dell'impedimento*); **~termin** *m* termine *m* di scadenza.

Ablebensversicherung *f* assicurazione *f* in caso di morte.

ablegen *v* [1] *(Akten)* archiviare, mettere agli atti.

ablegen *v* [2] *(Eid)* prestare (*giuramento*), *(Geständnis)* confessare.

ablegen *v* [3] *(Prüfung)* sostenere, dare (*un esame*).

Ablegung *f* **eines Eides** giuramento *m*, prestazione *f* di giuramento.

ablehnbar *adj ProzR (Richter)* ricusabile.

Ablehnbarkeit *f ProzR (des Richters)* ricusabilità *f*.

ablehnen *v (Angebot)* rifiutare, respingere, *(Verantwortung)* declinare, *(Antrag)* rigettare, *ProzR (Richter)* ricusare; **sich selbst ~** *ProzR (Richter)* astenersi.

Ablehnung *f (eines Angebots)* rifiuto *m*, diniego *m*, negazione *f*, *(der Verantwortung)* declino *m*, il declinare, *(eines Antrags)* rigetto *m*, *ProzR (eines Richters)* ricusazione *f*; ~ *f* **des Angebots** rifiuto *m* dell'offerta; ~ *f* **des Antrags** rigetto *m* della domanda, rigetto *m* del ricorso, rigetto *m* dell'istanza; ~ *f* **des Beweisantrags** *ProzR* rigetto *m* della richiesta istruttoria, rigetto *m* dell'istanza istruttoria; ~ *f* **eines Richters wegen Besorgnis der Befangenheit** *ProzR* ricusazione *f* di un giudice per presunta parzialità, ricusazione *f* di un giudice per motivi di legittimo sospetto (o: di legittima suspicione); ~ *f* **der Verantwortung** declino *m* della responsabilità, il declinare la responsabilità.

Ablehnungs | antrag *m ProzR* domanda *f* di ricusazione, ricorso *m* per ricusazione; **~bescheid** *m* decisione *f* di rigetto; **~erklärung** *f ProzR* dichiarazione *f* di ricusazione; **~gesuch** *n ProzR* domanda *f* di ricusazione, ricorso *m* per ricusazione; **~grund** *m ProzR* motivo *m* di ricusazione; **~recht** *n ProzR* diritto *m* di ricusazione; **~verfahren** *n ProzR* procedimento *m* di ricusazione.

Ableisten *n* = *Ableistung f* prestazione *f*.

ableiten *v* [von *Dat*] *(folgern)* dedurre, *(Schlussfolgerungen)* trarre, *(herleiten)* far(e) discendere, far(e) derivare.

Ablichtung *f* fotocopia *f*, copia *f*; **beglaubigte ~** *f* copia *f* autentica, copia *f* autenticata.

abliefern *v* [Akk bei *Dat*] consegnare, recapitare.

Ablieferung *f* [Akk bei *Dat*] consegna *f*, recapito *m*; **zahlbar bei ~** pagabile alla consegna; ~ *f* **ins Haus** consegna *f* a domicilio.

Ablieferungs | anzeige *f* avviso *m* di consegna; **~bescheinigung** *f* certificato *m* di consegna; **~frist** *f* termine *m* di consegna; **~hindernis** *n* impedimento *m* alla consegna; **~kosten** *pl* spese *fpl* di consegna; **~menge** *f* quantità *f* da consegnare; **~ort** *m* luogo *m* di consegna; **~pflicht** *f* obbligo *m* di consegna; **~schein** *m* bollettino *m* di consegna, ricevuta *f*; **~soll** *n* contingente *m* da consegnare; **~termin** *m* termine *m* di consegna; **~vertrag** *m* contratto *m* di consegna; **~verzug** *m* mora *f* nella consegna; **~zwang** *m* obbligo *m* di consegna.

ablösbar *adj* redimibile, riscattabile; **nicht ~** irredimibile.
Ablösbarkeit *f* redimibilità *f*.
Ablösebetrag *m* buona uscita *f*, indennità *f* di buona uscita.
ablösen *v* [1] *[Akk] (im Amt)* succedere a, subentrare a, sostituire.
ablösen *v* [2] *(Schulden)* saldare, estinguere, *(Pfand)* riscattare.
Ablösung *f* redenzione *f*, *(von Schulden)* estinzione *f*, *(eines Kredits)* rimborso *m*, *(einer Dienstbarkeit)* riscatto *m*, purgazione *f*, *(einer Hypothek)* liberazione *f*; **vorzeitige ~** *f (von Krediten)* rimborso *m* anticipato; **~** *f* **einer Dienstbarkeit** riscatto *m* di una servitù; **~** *f* **der Hypothek** purgazione *f* dell'ipoteca, purgazione *f* ipotecaria, liberazione *f* di un immobile dall'ipoteca su di esso gravante, liberazione *f* da ipoteca (*di un immobile*); **~** *f* **eines Kredits** rimborso *m* di un credito.
Ablösungs | anleihe *f* obbligazione *f* convertita; **~anspruch** *m (Rentenschuld)* diritto *m* di riscatto, *(Grundstücksbelastung)* facoltà *f* di liberazione; **~finanzierung** *f* finanziamento *m* teso a sostituire il capitale mutuato con capitale proprio (mediante emissione di azioni a pagamento); **~fonds** *m* fondo *m* di ammortamento; **~recht** *n* diritto *m* di riscatto, diritto *m* di purgazione, facoltà *f* di liberazione; **~rente** *f* rendita *f* convertita; **~schuld** *f* debito *m* convertito; **~schuldverschreibung** *f* obbligazione *f* convertita; **~summe** *f* indennità *f* di buonuscita, *(Rentenschuld)* somma *f* di riscatto; **~vertrag** *m* contratto *m* di riscatto forfettario; **~wert** *m* valore *m* di riscatto.
ABM (*Abk* = **Arbeitsbeschaffungsmaßnahmen**) programma *m* di creazione di posti di lavoro, piano *m* per l'occupazione, provvedimenti *mpl* per l'occupazione, misure *fpl* occupazionali, misure *fpl* a sostegno dell'occupazione, interventi *mpl* a sostegno dell'occupazione.
abmachen *v* convenire, pattuire.
Abmachung *f (Abkommen)* patto *m*, pattuizione *f*, accordo *m*, convenzione *f*; **sich an die ~en halten** attenersi ai patti; **eine ~ treffen** convenire, pattuire; **außergerichtliche ~** *f* accordo *m* stragiudiziale; **bindende ~** *f* accordo *m* vincolante; **mündliche ~** *f* accordo *m* verbale; **schriftliche ~** *f* accordo *m* scritto; **vertragliche ~** *f* pattuizione *f* contrattuale, convenzione *f* contrattuale, contratto *m*.
abmahnen *v (auffordern, etwas Unrechtmäßiges zu unterlassen)* richiamare (*ai propri doveri*), ammonire, avvertire, diffidare.
Abmahnung *f (Aufforderung, etwas Unrechtmäßiges zu unterlassen)* richiamo *m*, *ArbR* lettera *f* di richiamo, ammonizione *f*, avviso *m*, diffida *f*; **mündliche ~** *f* avviso *m* orale.
Abmarkung *f (Grundstücke)* apposizione *f* di termini.
Abmeldebescheinigung *f (polizeiliche)* certificato *m* di cessata residenza.
abmelden *v* [sich] *(polizeilich)* denunciare il trasferimento all'anagrafe del comune di precedente residenza, denunciare il cambio di residenza, notificare il cambiamento di residenza.
Abmeldung *f (polizeiliche)* notifica *f* di cessata residenza, denuncia *f* del trasferimento all'anagrafe del comune di precedente residenza.
abmildern *v* attenuare, mitigare.
Abmilderung *f* attenuazione *f*, moderazione *f*.
Abnahme *f* [1] *(Entgegennahme)* accettazione *f*, presa *f* in consegna, ritiro *m*, *(Werkvertrag)* collaudo *m*; **die ~ verweigern** rifiutare l'accettazione, rifiutare di prendere in consegna; **~** *f* **der Arbeiten** collaudo *m* dei lavori; **~** *f* **einer eidesstattlichen Versicherung** ricevimento *m* di una dichiarazione giurata, acquisizione *f* di una dichiarazione giurata; **~** *f* **der geschuldeten Leistung** ricevimento *m* della prestazione dovuta; **~** *f* **des Werk(e)s** accettazione *f* dell'opera, collaudo *m* dell'opera.

Abnahme *f* [2] *(Abkauf)* acquisto *m*.
Abnahme *f* [3] *(Verringerung)* calo *m*, diminuzione *f*, riduzione *f*, perdita *f*.
Abnahme | attest *n* certificato *m* di collaudo; **~bedingungen** *fpl* condizioni *fpl* di accettazione; **~bescheinigung** *f* certificato *m* di collaudo; **~frist** *f* termine *m* di presa in consegna; **~protokoll** *n* nota *f* di accettazione, verbale *m* di collaudo; **~prüfung** *f* collaudo *m*; **~schein** *m* certificato *m* di collaudo, ricevuta *f*; **~tag** *m* data *f* di ritiro; **~verpflichtung** *f* obbligo *m* di prendere in consegna; **~verweigerung** *f* rifiuto *m* di accettazione; **~vorschriften** *fpl* norme *fpl* per il collaudo; **~zeugnis** *n* certificato *m* di collaudo.
abnehmen *v* [1] *(entgegennehmen)* accettare, prendere in consegna, ritirare, *(Werkvertrag)* collaudare.
abnehmen *v* [2] *(abkaufen)* acquistare, comp(e)rare.
abnehmen *v* [3] *(kleiner, niedriger werden)* diminuire, calare, abbassarsi, decrescere, scemare.
Abnehmer *m* [f: Abnehmerin] *(Käufer)* acquirente *m/f*, compratore/-trice *m/f*, *(Kunde)* cliente *m/f*, *(Verbraucher)* consumatore/-trice *m/f*, *(von Strom, Gas)* utente *m/f*, abbonato/-a *m/f*, *(contratto di somministrazione)* somministrato *m*, avente *m/f* diritto alla somministrazione; **alleiniger ~** *m* unico acquirente *m*; **potentieller ~** *m* potenziale acquirente *m*.
abnutzen *v* [südd., österr. u. schweiz. meist: abnützen] consumare, logorare, deteriorare.
Abnutzung *f* [südd., österr. u. schweiz. meist: Abnützung] consumo *m*, deperimento *m*, deterioramento *m* (*della cosa*), logoramento *m*, logorio *m*, usura *f*; **gewöhnliche ~** *f*; **natürliche ~** *f*; **normale ~** *f* normale usura *f*, normale deterioramento *m*, usura *f* ordinaria, usura *f* naturale, deperimento *m* naturale; **technische ~** *f* deperimento *m* tecnico; **übliche ~** *f* normale usura *f*, normale deterioramento *m*, usura *f* ordinaria, usura *f* naturale, deperimento *m* naturale; **wirtschaftliche ~** *f* deperimento *m* economico; **~** *f* **infolge Alters** deperimento *m* per vetustà; **~** *f* **durch Gebrauch** consumo *m* dovuto all'uso.
Abnutzungs | absetzung *f* ammortamento *m* per deperimento; **~betrag** *m* ammontare *m* del deprezzamento; **~entschädigung** *f* indennità *f* di deprezzamento.
abrechenbar *adj* fatturabile, liquidabile.
abrechnen *v* [1] *(eine Schlussrechnung aufstellen)* fatturare, fare i conti, *(begleichen)* regolare (i conti), liquidare (i conti).
abrechnen *v* [2] *(abziehen)* dedurre, detrarre, defalcare.
Abrechner *m* [1] *(Bank)* impiegato *m* addetto alle operazioni della stanza di compensazione.
Abrechner *m* [2] *(Börse)* liquidatore *m*.
Abrechnung *f* [1] calcolo *m* (della retribuzione), conteggio *m*, conto *m*, rendiconto *m*, nota *f* spese, fatturazione *f*, *(Begleichung)* regolamento *m* (dei conti), liquidazione *f* (dei conti), *(Vergeltung)* resa *f* dei conti; **~ erteilen** rendere conto.
Abrechnung *f* [2] *(Abzug)* deduzione *f*, detrazione *f*, defalco *m*; **in ~ bringen** *(abziehen)* dedurre, detrarre, defalcare.
Abrechnungs | bank *f* banca *f* associata alla stanza di compensazione; **~beamter** *m* *(Börse)* liquidatore *m*; **~beleg** *m* documento *m* contabile, pezza *f* giustificativa, pezza *f* d'appoggio; **~blatt** *n*; **~bogen** *m* foglio *m* di liquidazione; **~kurs** *m* prezzo *m* di compenso, prezzo *m* di liquidazione; **~papier** *n* titolo *m* presentato alla compensazione; **~periode** *f* periodo *m* contabile; **~posten** *m* voce *f* contabile, voce *f* di un conto; **~preis** *m* prezzo *m* di compensazione, prezzo *m* di liquidazione; **~saldo** *m* saldo *m* di compensazione; **~schlüssel** *m* criterio *m* di calcolo, *(Aufteilung)* criterio *m* di ripartizione; **~stelle** *f* stanza *f* di compensazione; **~tag** *m* giorno *m* di liquidazione; **~unterlagen** *pl* documenti *mpl*

contabili; **~verfahren** *n* sistema *m* di liquidazione, sistema *m* di compensazione, modo *m* di regolamento; **~verkehr** *m* operazioni *fpl* di compensazione, clearing *m*; **~vertrag** *m* accordo *m* di compensazione; **~währung** *f* moneta *f* di liquidazione; **~zeitraum** *m* periodo *m* contabile.

Abrede *f (Abkommen)* accordo *m*, convenzione *f*, intesa *f*, patto *m*, pattuizione *f*; **etwas in ~ stellen** contestare qc., negare qc., mettere in dubbio qc.; **eine ~ treffen** pattuire, convenire; **mündliche ~** *f* accordo *m* verbale, intesa *f* verbale.

Abriss *m* [1] *BauR (Abbruch)* abbattimento *m*, demolizione *f*.

Abriss *m* [2] *(knappe Darstellung, Übersicht)* abbozzo *m*, schizzo *m*.

Abriss | anordnung *f BauR* ordine *m* di demolizione; **~verbot** *n BauR* divieto *m* di demolire.

Abruf *m* richiesta *f*, ordine *m* di consegna, ritiro *m*; **auf ~ kaufen** comprare con consegna a richiesta dell'acquirente; **~** *m* **von Geldern** ritiro *m* di fondi.

Abrufauftrag *m* ordinazione *f* con consegna a richiesta.

abrufen *v* ordinare la consegna, ritirare.

Abrutschen *n* **der Kurse** *(Börse)* slittamento *m* delle quotazioni.

Absage *f (Ablehnung)* risposta *f* negativa, rifiuto *m*, *(Widerruf)* revoca *f*, disdetta *f*.

absagen *v (ablehnen)* rispondere negativamente, rifiutare, *(widerrufen)* revocare, disdire.

Absatz *m* [1] *(Abschnitt)* capoverso *m*, paragrafo *m (par.)*, *(eines §, Art.)* comma *m (c.)*.

Absatz *m* [2] *(Verkauf)* smercio *m*, vendita/-e f/pl, distribuzione *f*, sbocco *m*, mercato *m*; **~ finden** vendersi, smerciarsi.

abschaffen *v* abolire, abrogare, annullare, eliminare, sopprimere.

Abschaffung *f* abolizione *f*, abrogazione *f*, annullamento *m*, eiminazione *f*, soppressione *f*; **~** *f* **der Binnengrenzen** abolizione *f* delle frontiere interne; **~** *f* **der Ein- und Ausfuhrverbote und -beschränkungen** abolizione *f* dei divieti e delle restrizioni all'importazione e all'esportazione; **~** *f* **der Todesstrafe** abolizione *f* della pena di morte.

abschätzbar *adj* valutabile, stimabile.

abschätzen *v* stimare, valutare.

Abschätzung *f* stima *f*, valutazione *f*.

Abschätzungsentschädigung *f (CH)* indennità *f* di deprezzamento.

Abschichtung *f (CH)* stralcio *m* di quota sociale.

Abschichtungsbilanz *f (CH)* bilancio *m* di liquidazione per stralcio.

abschicken *v* inviare, mandare, spedire.

abschieben *v (Ausländer)* allontanare (*uno straniero dal territorio dello Stato*), espellere, rimpatriare.

Abschiebung *f (eines Ausländers)* allontanamento *m* (*di uno straniero dal territorio dello Stato*), espulsione *f* (*di un cittadino straniero*), rimpatrio *m*.

Abschiebungshaft *f* detenzione *f* (*di uno straniero in attesa del suo allontanamento dal territorio dello Stato*).

Abschlag *m* [1] *(Preissenkung)* ribasso *m*, sconto *m*, riduzione *f*, deduzione *f*.

Abschlag *m* [2] *(Anzahlung)* acconto *m*, *(Rate)* rata *f*.

Abschlag *m* [3] *(Auktion)* asta *f* olandese.

abschlagen *v* [1] *(senken)* calare, cedere, diminuire.

abschlagen *v* [2] *(ablehnen)* rigettare, rifiutare.

abschlägig *adj* negativo.

Abschlags | dividende *f GesR* acconto *m* sui dividendi; **~quittung** *f* quietanza *f* d'acconto; **~tag** *m* giorno *m* della liquidazione; **~verteilung** *f* divisione *f* parziale, ripartizione *f* parziale.

Abschlagszahlung *f* acconto *m*, versamento *m* in acconto, pagamento *m* in acconto, pagamento *m* parziale, rata *f*; **~** *f* **auf den Bilanzgewinn** *GesR (D: § 59 AktG, A: § 54a AktG)* acconto *m* sui dividendi.

Abschleppkosten *pl* spese *fpl* di rimorchio.

abschließen *v* [1] *(einen Vertrag)* concludere, stipulare, porre in essere.

abschließen *v* [2] *(beenden)* terminare,

ultimare, finire, chiudere, concludere; **aktiv ~**; **mit Gewinn ~** chiudere in attivo.

abschließend *adj* [1] *(endgültig, definitiv)* conclusivo, finale, definitivo, tassativo, *(zum Schluss)* per concludere, in conclusione, concludendo, infine; **~ entscheiden** decidere in via definitiva.

abschließend *adj* [2] *(vollständig, allumfassend)* completo.

Abschließung *f (A) (Strafvollzug)* isolamento *m*.

Abschließungsvermerk *m* apposizione *f* della clausola "da qui la girata non vale che sulla copia".

Abschluss *m* [1] *(eines Vertrags)* conclusione *f*, stipula *f*, stipulazione *f*; **~** *m* **des Gesellschaftsvertrags** *GesR* stipulazione *f* dell'atto costitutivo.

Abschluss *m* [2] *(Beendigung)* conclusione *f*, fine *f*, termine *m*, chiusura *f*; **zum ~ bringen** portare a termine, portare a compimento, condurre a conclusione, concludere; **zu einem guten ~ bringen** condurre a buon fine; **~** *m* **der Beweisaufnahme** *ProzR* chiusura *f* dell'assunzione delle prove, chiusura *f* dell'assunzione dei mezzi di prova, chiusura *f* dell'istruzione probatoria; **~** *m* **der Ermittlungen** *StrafProzR* chiusura *f* delle indagini preliminari, conclusione *f* delle indagini preliminari.

Abschluss *m* [3] *(Bilanz)* bilancio *m* (*di chiusura*), chiusura *f* (*dei conti*); **~** *m* **des Geschäftsjahres** chiusura *f* di fine anno.

Abschluss *m* [4] *(Geschäft)* operazione *f*, affare *m*, contratto *m*, contrattazione *f*, realizzo *m*; **einen ~ tätigen** concludere un affare; **~** *m* **für wen es angeht** contratto *m* per conto di chi spetta; **fester ~** *m* operazione *f* ferma, contratto *m* fermo.

Abschluss *m* [5] *(Ausbildung)* conclusione *f* di un corso di studi, fine *f* degli studi, titolo *m* di studio, diploma *m* scolastico.

Abschluss | agent/in *m/f* agente-rappresentante *m/f*; **~agentur** *f* agenzia *f* autorizzata a concludere contratti; **~bedingungen** *fpl* condizioni *fpl* di contratto; **~bericht** *m* relazione *f* consuntiva, rapporto *m* finale, rapporto *m* conclusivo, relazione *f* conclusiva; **~bilanz** *f* bilancio *m* di chiusura, bilancio *m* consuntivo, consuntivo *m*; **~buchung** *f* registrazione *f* di chiusura; **~freiheit** *f VertragsR* libertà *f* contrattuale, libertà *f* di contrarre; **~gebühr** *f* tassa *f* di stipulazione di contratto; **~jahr** *n* anno *m* di stipulazione; **~kosten** *pl* spese *fpl* di acquisizione; **~kostenzuschlag** *m* caricamento *m* per spese di acquisizione; **~kurs** *m* prezzo *m* di chiusura; **~linie** *f (Seerecht)* linea *f* di chiusura; **~ort** *m* luogo *m* di stipulazione, luogo *m* di conclusione del contratto; **~pflicht** *f* obbligo *m* a contrarre; **~prämie** *f* premio *m* di produttività; **~provision** *f* provvigione *f* d'acquisto, provvigione *f* per la conclusione di un contratto.

Abschlussprüfer/in *m/f* revisore *m* dei conti (*che esamina il bilancio di chiusura*).

Abschlussprüfung *f* [1] *(Prüfung des Jahresabschlusses)* revisione *f* del bilancio (*di chiusura*).

Abschlussprüfung *f* [2] *(Schule)* esame *m* finale.

Abschluss | quittung *f* ricevuta *f* finale, ricevuta *f* a saldo di ogni pendenza; **~rechnung** *f* conto *m* di chiusura, conto *m* finale, consuntivo *m*, conto *m* di liquidazione, fattura *f* a saldo, fattura *f* conclusiva; **~saldo** *m* saldo *m* finale; **~spesen** *pl (Konto)* competenze *fpl* di chiusura; **~stichtag** *m* giorno *m* di chiusura del bilancio; **~tag** *m* giorno *m* di liquidazione, giorno *m* della chiusura del conto; **~termin** *m* data *f* di chiusura; **~vergütung** *f* provvigione *f* per la conclusione di un contratto; **~vertreter/in** *m/f* agente-rappresentante *m/f*; **~vollmacht** *f* procura *f* a concludere contratti; **~zahlung** *f* pagamento *m* finale, pagamento *m* a saldo; **~zwang** *m* obbligo *m* a contrarre.

Abschnitt *m* [1] *(Kapitel)* capitolo *m*,

(Absatz) paragrafo *m*, titolo *m*, *(Teil)* parte *f*, sezione *f*.
Abschnitt *m* ² *(Dividendenschein, Zinsschein)* tagliando *m*, cedola *f*.
Abschnitt *m* ³ *(Scheck)* assegno *m*.
Abschnitt *m* ⁴ *(Stückelung)* taglio *m*.
Abschnitt *m* ⁵ *(Wechsel)* cambiale *f*, effetto *m*.
Abschnitt *m* ⁶ *(Gebiet)* settore *m*.
abschöpfen *v* ¹ prelevare.
abschöpfen *v* ² *(Gewinne)* tassare.
abschöpfen *v* ³ *(Kaufkraft)* assorbire.
Abschöpfung *f* ¹ prelievo *m*.
Abschöpfung *f* ² *(von Gewinnen)* tassazione *f*.
Abschöpfung *f* ³ *(von Kaufkraft)* assorbimento *m*.
Abschöpfungsbetrag *m* prelievo *m*; **innergemeinschaftlicher ~** *m* prelievo *m* intracomunitario.
Abschöpfungs | regelung *f* regime *m* di prelievo; **~satz** *m* tasso *m* di prelievo; **~system** *n* regime *m* di prelievo.
abschrecken *v* dissuadere, distogliere, scoraggiare, fungere da deterrente, servire da deterrente, fare da deterrente, intimorire, intimidire.
Abschreckung *f* dissuasione *f*, deterrenza *f*, intimidazione *f*.
Abschreckungsmittel *n* deterrente *m*, mezzo *m* di intimidazione, mezzo *m* intimidatorio; **als ~ dienen** fungere da deterrente, servire da deterrente, fare da deterrente.
Abschreibegebühren *fpl* diritti *mpl* di copiatura.
abschreiben *v* ¹ *(Gegenstand)* ammortare, ammortizzare, *(den Wert herabsetzen)* deprezzare, *(einen Betrag abziehen)* dedurre, detrarre, defalcare, *(streichen)* annullare, stornare.
abschreiben *v* ² *(Text)* copiare, trascrivere.
Abschreibepolice *f* polizza *f* a conto corrente, polizza *f* in abbonamento, polizza *f* flottante, polizza *f* aperta.
Abschreibung *f* ammortamento *m*, *(Wertminderung)* deprezzamento *m*, *(Betrag)* deduzione *f*, detrazione *f*, defalco *m*, *(Streichung)* annullamento *m*, storno *m*; **außerordentliche ~** *f* ammortamento *m* straordinario; **beschleunigte ~** *f* ammortamento *m* accelerato, ammortamento *m* anticipato; **degressive ~** *f* ammortamento *m* a quote decrescenti, ammortamento *m* degressivo; **erhöhte ~** *f* ammortamento *m* accelerato; **gleichbleibende ~** *f*; **lineare ~** *f* ammortamento *m* lineare, ammortamento *m* a quote costanti, ammortamento *m* fisso; **progressive ~** *f* ammortamento *m* a quote crescenti; **vorzeitige ~** *f* ammortamento *m* anticipato.
Abschreibungs | betrag *m* importo *m* dell'ammortamento, importo *m* detratto, importo *m* dedotto, somma *f* detratta, somma *f* dedotta; **~dauer** *f* periodo *m* di ammortamento, durata *f* dell'ammortamento.
abschreibungsfähig *adj* ammortizzabile.
Abschreibungs | fonds *m* fondo *m* di ammortamento; **~gesellschaft** *f* società *f* di ammortamento; **~koeffizient** *m* coefficiente *m* di ammortamento; **~konto** *n* conto *m* di ammortamento; **~methode** *f* metodo *m* di ammortamento; **~möglichkeit** *f* possibilità *f* di ammortamento; **~plan** *m* piano *m* di ammortamento; **~quote** *f* quota *f* di ammortamento; **~rate** *f* rata *f* di ammortamento; **~reserve** *f*; **~rückstellung** *f* riserva *f* di ammortamento; **~satz** *m* tasso *m* di ammortamento.
Abschrift *f* copia *f*, duplicato *m*; **beglaubigte ~** *f* copia *f* autentica, copia *f* autenticata, copia *f* legalizzata, copia *f* vidimata, copia *f* certificata conforme; **einfache ~** *f* copia *f* semplice; **gleichlautende ~** *f* copia *f* conforme; **verglichene ~** *f* copia *f* collazionata; **wortgetreue ~** *f* copia *f* fedele; **wörtliche ~** *f* copia *f* conforme; **für die Richtigkeit der ~** per copia conforme; **die Übereinstimmung dieser ~ mit der Urschrift wird (hiermit) beglaubigt (oder: bescheinigt/ bestätigt/festgestellt)** copia conforme all'originale.
abschriftlich *adj* in copia.
absehen *v* *(voraussehen)* prevedere,

calcolare; **~ von** [*Dat*] *(außer Acht lassen)* prescindere da, *(nicht berücksichtigen)* non tenere conto di, *(verzichten auf)* rinunciare a [o: rinunziare a], *(unterlassen)* desistere da, *(vom Plan)* abbandonare.

Absehen *n* rinuncia *f*; **~** *n* **von Strafe** *StrafProzR (§ 60 StGB)* perdono *m* giudiziale, rinuncia *f* all'irrogazione di una pena; **~** *n* **von der Vereidigung** decisione *f* (del giudice) di non far prestare giuramento; **~** *n* **von der Verfolgung** *StrafProzR* rinuncia *f* all'esercizio dell'azione penale.

absenden *v* inviare, mandare, spedire.

Absender/in *m/f* mittente *m/f*, speditore/-trice *m/f*.

Absendung *f* spedizione *f*, invio *m*.

Absendungsvermerk *m* annotazione *f* dell'avvenuta spedizione.

absetzbar *adj* [1] *SteuerR (Kosten, Ausgaben)* deducibile, detraibile; **nicht ~** *SteuerR (Kosten, Ausgaben)* indeducibile, non deducibile, indetraibile, non detraibile; **steuerlich ~** deducibile ai fini fiscali, detraibile ai fini fiscali.

absetzbar *adj* [2] *(Amtspersonen)* amovibile, che può essere deposto, che può essere destituito; **nicht ~** *(Amtspersonen)* inamovibile.

absetzbar *adj* [3] *(Waren)* vendibile, smerciabile.

Absetzbarkeit *f* [1] *SteuerR* deducibilità *f*, detraibilità *f*.

Absetzbarkeit *f* [2] *(von Amtspersonen)* amovibilità *f*.

Absetzbarkeit *f* [3] *(von Waren)* vendibilità *f*, smerciabilità *f*.

Absetzbetrag *m (A) (Steuer)* quota *f* esente.

absetzen *v* [1] *(abziehen, abschreiben)* dedurre, detrarre, defalcare.

absetzen *v* [2] *(aus Amt oder Stellung entfernen)* destituire, dimettere, rimuovere, *(vom Thron)* deporre.

absetzen *v* [3] *(verkaufen)* vendere, smerciare, collocare, piazzare.

absetzen *v* [4] *(streichen, aufheben)* cancellare, *(von Tagesordnung, Haushaltsplan)* eliminare, togliere, radiare, cassare, *(Therapie, Behandlung)* interrompere, sospendere, *(Medikament)* smettere di prendere, *(Streik)* revocare.

absetzen *v* [5] *(abfassen, verfassen)* redigere, stendere, compilare, comporre.

Absetzung *f* [1] *(Abzug)* = *Absetzen n* deduzione *f*, detrazione *f*; **~** *f* **für Abnutzung** (*Abk* = **AfA**) *SteuerR* ammortamento *m* (per deperimento), deduzione (o: detrazione) *f* per ammortamento, deduzione *f* fiscale per deperimento dovuto all'uso.

Absetzung *f* [2] *(von einem Amt)* = *Absetzen n* destituzione *f*, rimozione *f*, sospensione *f*, deposizione *f*.

Absetzung *f* [3] *(Unterbrechung, Pause)* = *Absetzen n* interruzione *f*, pausa *f*, sospensione *f*.

Absetzung *f* [4] *(Abfassung, Verfassung)* = *Absetzen n* redazione *f*, stesura *f*, compilazione *f*, composizione *f*.

absichern *v* assicurare, garantire, *(Risiken)* coprire.

Absicherung *f* garanzia *f*, assicurazione *f*, *(Risiken)* copertura *f*.

Absicht *f* intenzione *f*, dolo *m* intenzionale, intento *m*, proposito *m*, idea *f*, fine *m*, mira *f*, scopo *m*; **in der ~** con l'intenzione di, nell'intento di; **in betrügerischer ~** con intenzione fraudolenta, con intento di frode; **betrügerische ~** *f* intenzione *f* fraudolenta, intento *m* di frode; **böse ~** *f*; **böswillige ~** *f* intenzione *f* dolosa, dolo *m*; **~** *f* **der Gewinnerzielung** scopo *m* di lucro; **kriminelle ~** *f* intenzione *f* delittuosa, intenzione *f* criminosa, proposito *m* criminoso; **rechtswidrige ~** *f* intenzione *f* illecita.

absichtlich *adj* intenzionale, volontario.

Absichtsanfechtung *f* azione *f* revocatoria.

Absichtserklärung *f* dichiarazione *f* di intenti, dichiarazione *f* di intenzione, lettera *f* di intenti; **gemeinsame ~** *f* dichiarazione *f* congiunta di intenti, dichiarazione *f* comune di intenti.

Absichtsurkunde *f* documento *m* intenzionale, prova *f* precostituita.

absitzen *v (ugs) (Strafe)* scontare (*una pena in prigione*).

absondern *v* separare, isolare.

Absonderung *f* separazione *f*, *InsolvenzR (des Vermögens)* separazione *f* dei beni (nel fallimento), isolamento *m*; **~** *f* **des Vermögens** *InsolvenzR* separazione *f* dei beni (nel fallimento).

Absonderungs | anspruch *m* *InsolvenzR* diritto *m* del creditore privilegiato a essere soddisfatto separatamente nel fallimento, diritto *m* del creditore privilegiato a richiedere la separazione dei beni nel fallimento; **~berechtigte/r** *f/m* *InsolvenzR = absonderungsberechtigte/r Gläubiger/in*; **~gläubiger/in** *m/f* *InsolvenzR* creditore *m* privilegiato (avente diritto a essere soddisfatto separatamente nel fallimento), creditore *m* separatista; **~recht** *n* *InsolvenzR → Absonderungsanspruch* diritto *m* del creditore privilegiato a essere soddisfatto separatamente nel fallimento, diritto *m* del creditore privilegiato a richiedere la separazione dei beni nel fallimento.

Absorption *f* assorbimento *m*.

Absorptionsprinzip *n* *StrafR* principio *m* dell'assorbimento.

Absprache *f (Abrede, Übereinkunft)* accordo *m*, intesa *f*, pattuizione *f*, *StrafProzR* patteggiamento *m*; **laut ~** come convenuto, come concordato, come pattuito, come d'accordo, come da intese (intercorse); **eine ~ treffen** pattuire, convenire; **geheime ~** *f* accordo *m* segreto, intesa *f* segreta; **mündliche ~** *f* accordo *m* verbale, intesa *f* verbale.

absprachegemäß *adj* come convenuto, come concordato, come pattuito, come d'accordo, come da intese (intercorse).

absprechen *v* [1] [etw. mit jdm.] *(abmachen, verabreden)* concordare, convenire, pattuire, discutere, concertare, accordarsi [su], mettersi d'accordo [su], *StrafProzR* patteggiare; **sich ~** *v* [mit jdm.] accordarsi [su], mettersi d'accordo [su].

absprechen *v* [2] [jdm. etw.] *(aberkennen)* contestare, negare, disconoscere, non riconoscere, privare [di].

abstammen *v* [von *Dat*] discendere [da].

Abstammung *f* filiazione *f*, origine *f*, discendenza *f*; **außereheliche ~** *f* filiazione *f* naturale, filiazione *f* illegittima; **eheliche ~** *f* filiazione *f* legittima; **nichteheliche ~** *f* filiazione *f* naturale, filiazione *f* illegittima.

Abstammungs | feststellung *f* accertamento *m* della filiazione; **~klage** *f* azione *f* di accertamento della paternità; **~nachweis** *m* prova *f* dell'origine; **~prinzip** *n* diritto *m* del sangue, ius sanguinis *(lat)*; **~recht** *n* diritto *m* di filiazione, diritto *m* del sangue, ius sanguinis *(lat)*; **~urkunde** *f (zum 01.01.2009 durch das Personenstandsrechtsreformgesetz abgeschafft; jetzt: Geburtsurkunde)* certificato *m* di nascita (con l'indicazione della paternità e della maternità), estratto *m* dell'atto di nascita (con generalità dei genitori); **~urteil** *n* sentenza *f* dichiarativa di filiazione; **~ - und Gesundheitszeugnis** *n* certificato *m* fitosanitario di origine.

Abstand *m* [1] *(Abfindung)* buonuscita *f* [o: buona uscita], indennità *f* di buonuscita, *(Mietvertrag)* buoningresso *m*.

Abstand *m* [2] *(Distanz)* distanza *f*, intervallo *m*, differenza *f*, margine *m*, scarto *m*, tolleranza *f*, distacco *m*; **mit ~** di gran lunga; **~ nehmen** [von *Dat*] prendere le distanze da, *(verzichten)* rinunciare a, *(unterlassen)* desistere da, astenersi da; **gesetzlich vorgeschriebener ~** *m* distanza *f* legale.

Abstands | entschädigung *f*; **~geld** *n*; **~summe** *f*; **~zahlung** *f* buonuscita *f* [o: buona uscita], indennità *f* di buonuscita, *(Mietvertrag)* buoningresso *m*.

abstellen *v* [1] *(beseitigen)* eliminare, abolire, sopprimere, *(abschalten)* fermare, arrestare, far(e) cessare, *(Wasser, Gas)* chiudere, *(Radio, Motor)* spegnere.

abstellen *v* [2] [auf *Akk*] *(nach etwas ausrichten, zuschneiden)* adattare [a], adeguare [a], conformare [a].

abstellen *v* [3] [auf *Akk*] *(sich auf etwas beziehen)* riferirsi [a], *(einer Sache*

Rechnung tragen) tener conto [di], *(berücksichtigen)* prendere in considerazione, considerare.

abstellen *v* [4] [auf *Akk*] *(sich auf etwas stützen)* basarsi [su], prendere come base.

abstellen *v* [5] [auf *Akk*] *(auf etwas zielen)* mirare [a], tendere [a], perseguire, cercare [di], concentrarsi [su], essere finalizzato [a], essere volto [a], essere destinato [a].

abstellen *v* [6] [auf *Akk*] *(darauf ankommen, maßgebend sein)* avere importanza, essere importante, contare, far fede.

Abstellen *n* [auf *Akk*] *(Bezug)* riferimento *m* [a]; **durch (das) ~** [auf *Akk*] con riferimento [a], tenendo conto [di], considerando.

Abstellung *f (Beseitigung)* eliminazione *f*, abolizione *f*, rimozione *f*, *(Ausschalten)* chiusura *f*, arresto *m*, cessazione *f*; **die ~ der Störung verlangen** chiedere la cessazione della turbativa.

abstempeln *v* bollare, timbrare, stampigliare, annullare (*con/mediante bollo*).

Abstempelung *f* bollatura *f*, timbratura *f*, stampigliatura *f*, annullamento *m* (*con/mediante bollo*).

Abstiftung *f (A)* espropriazione *f* per mancata coltivazione del fondo.

Abstiftungserkenntnis *n (A)* decreto *m* di espropriazione per mancata coltivazione del fondo.

abstimmen *v* [1] *(abgleichen)* accordarsi, mettersi d'accordo, adattare, armonizzare, conciliare, concordare, coordinare; **sich ~** *v* [über *Akk*] mettersi d'accordo, accordarsi, coordinarsi, concordare, stabilire tra loro.

abstimmen *v* [2] [über *Akk*] *(seine Stimme abgeben)* votare; **~ lassen** [über *Akk*] mettere ai voti; **durch Akklamation ~** votare per acclamazione; **durch Aufstehen (und Sitzenbleiben) ~** votare per alzata e seduta; **geheim ~** votare a scrutinio segreto; **namentlich ~** votare per appello nominale.

abstimmen *v* [3] *(Buchungen, Konten)* appurare, far(e) corrispondere, far(e) quadrare.

Abstimmende/r *f/m* votante *m/f*.

Abstimmung *f* [1] *(von Maßnahmen)* adattamento *m*, armonizzazione *f*, coordinamento *m*.

Abstimmung *f* [2] *(Stimmabgabe)* votazione *f*, voto *m*, suffragio *m*, scrutinio *m*; **zur ~!** ai voti!; **zur ~ bringen** mettere ai voti; **zur ~ schreiten** passare ai voti; **artikelweise ~** *f* votazione *f* per articoli; **Eidgenössische ~** *f (CH)* votazione *f* federale (svizzera); **geheime ~** *f* scrutinio *m* segreto; **in geheimer ~** con votazione a scrutinio segreto, a votazione segreta; **namentliche ~** *f* votazione *f* per appello nominale; **offene ~** *f* scrutinio *m* palese, votazione *f* per voto palese; **in offener ~** con votazione a scrutinio palese, a votazione palese; **schriftliche ~** *f* votazione *f* per corrispondenza; **~** *f* **durch Abgabe von Stimmzetteln** scrutinio *m* segreto; **~** *f* **durch Aufstehen (und Sitzenbleiben)** votazione *f* per alzata e seduta; **~** *f* **durch einen Bevollmächtigten** votazione *f* per procura; **~** *f* **durch Hammelsprung** votazione *f* per divisione; **~** *f* **durch Handaufheben**; **~** *f* **durch Handzeichen** votazione *f* per alzata di mano; **~** *f* **nach Köpfen** votazione *f* per teste; **~** *f* **durch Namensaufruf** votazione *f* per appello nominale; **~** *f* **auf schriftlichem Wege** votazione *f* per corrispondenza; **~** *f* **durch Stimmzettel** scrutinio *m* segreto; **~** *f* **durch Vertreter** votazione *f* per procura; **~** *f* **durch Zuruf** votazione *f* per acclamazione.

Abstimmung *f* [3] *(von Konten)* appuramento *m*, verifica *f*.

Abstimmungsantrag *m* richiesta *f* di votazione.

abstimmungsberechtigt *adj* avente diritto di voto.

Abstimmungs | bezirk *m* circoscrizione *f* elettorale; **~ergebnis** *n* risultato *m* della votazione; **~freiheit** *f* libertà *f* di voto; **~gebiet** *n* territorio *m* sottomesso a plebiscito; **~geheimnis** *n* segreto *m* dell'urna; **~handlung** *f* operazione *f* elettorale, operazione *f* di voto; **~leiter/in** *m/f* presidente *m* del seggio elettorale; **~liste** *f* lista *f* elettorale; **~lokal** *n* seggio *m* elettorale; **~modus** *m* modalità *f* di votazione; **~niederschrift** *f* verbale *m* relativo ai risultati della votazione; **~verfahren** *n* procedura *f* di votazione, procedimento *m* di votazione; **~vorschriften** *fpl* regolamento *m* di votazione; **~zettel** *m* scheda *f* elettorale, scheda *f* di votazione, scheda *f* di voto; **~zone** *f* territorio *m* sottomesso a plebiscito.

abstoßen *v (Ware)* smerciare.

abstrahieren *v* astrarre.

abstrakt *adj* astratto.

Abstraktion *f* astrazione *f*; **Trennungs- und ~sprinzip** *n (D) SachenR* principio *m* di separazione e di astrazione.

abstreiten *v* negare, contestare.

Abteilung *f* sezione *f*, settore *m*, categoria *f*, reparto *m*, ufficio *m*, servizio *m*, divisione *f*, dipartimento *m*, dicastero *m*; **juristische ~** *f* ufficio *m* legale; **kaufmännische ~** *f* ufficio *m* di ragioneria; **~** *f* **für Familiensachen** *(beim Amtsgericht)* → *Familiengericht* sezione *f* famiglia (*costituita presso la Pretura (Amtsgericht), alla quale sono devolute le questioni in materia di diritto di famiglia*); **~** *f* **des Grundbuchs** *SachenR* sezione *f* del libro fondiario; **~** *f* **für Strafsachen** *StrafProzR (beim Amtsgericht)* sezione *f* penale; **~** *f* **für Zivilsachen** *ZivProzR (beim Amtsgericht)* sezione *f* civile.

abtragen *v* [*Akk*] *(Schulden)* pagare, estinguere.

Abtragung *f* [*Gen*] *(einer Schuld)* pagamento *m*, estinzione *f*.

abtreiben *v* abortire.

Abtreibung *f (Schwangerschaftsabbruch)* aborto *m* (*procurato*); **eine ~ vornehmen** eseguire un aborto, praticare un aborto; **~** *f* **durch Drittpersonen** *(CH)* aborto *m* procurato da altri, aborto *m* procurato da terze persone; **~** *f* **durch die Schwangere** *(CH)* aborto *m* procuratosi dalla donna, aborto *m* procurato dalla madre.

Abtreibungshandlung *f* atto *m* abortivo.

abtrennen *v* separare, staccare.

Abtrennung *f* separazione *f*, stacco *m*; **~** *f* **des Verfahrens** separazione *f* del procedimento.

abtretbar *adj* cedibile; **nicht ~** incedibile, non cedibile.

Abtretbarkeit *f* cedibilità *f*.

abtreten *v* [1] *(Rechte, Forderungen)* cedere, trasferire, lasciare, abbandonare, devolvere; **sicherheitshalber ~** cedere a scopo di garanzia; **zahlungshalber ~** cedere solvendi causa.

abtreten *v* [2] *(ausscheiden)* ritirarsi, dimettersi, dare le dimissioni.

Abtretende/r *f/m* cedente *m/f*.

Abtretung *f (von Rechten, Forderungen)* cessione *f*, trasferimento *m*, abbandono *m*, devoluzione *f*; **die ~ anzeigen** notificare la cessione; **gütliche ~** *f* cessione *f* amichevole; **teilweise ~** *f* cessione *f* parziale; **zwangsweise ~** *f* cessione *f* forzata; **~** *f* **eines Anspruchs**; **~** *f* **einer Forderung** cessione *f* di credito; **~** *f* **von Lohn- und Gehaltsansprüchen** cessione *f* di salari e di stipendi; **~** *f* **durch Pachtvertrag** cessione *f* di affitto; **~** *f* **von Rechten** cessione *f* di diritti; **~** *f* **zur Sicherheit**; **~** *f* **sicherheitshalber**; **~** *f* **zu Sicherungszwecken** cessione *f* a scopo di garanzia; **~** *f* **des Verfahrens** rinvio *m* della causa ad altro giudice; **~** *f* **eines Versicherungsbestandes** cessione *f* di portafoglio; **~** *f* **zahlungshalber** cessione *f* pro solvendo, cessione *f* solvendi causa; **~** *f* **an Zahlungsstatt** cessione *f* in luogo di adempimento, cessione *f* pro soluto.

Abtretungs | anzeige *f* notificazione *f* di cessione, notifica *f* della cessione; **~empfänger/in** *m/f* cessionario/-a *m/f*; **~erklärung** *f* dichiarazione *f* di cessione; **~gebiet** *n* territorio *m* ceduto; **~klausel** *f*

(Klausel in einem Vertrag, die regelt, ob eine Abtretung zulässig ist) clausola *f* di cessione; **~urkunde** *f* atto *m* di cessione; **~verbot** *n* divieto *m* di cessione; **~vereinbarung** *f* atto *m* di cessione; **~vertrag** *m (§ 398 BGB)* contratto *m* di cessione, contratto *m* di cessione di beni, atto *m* di cessione, *VölkerR* trattato *m* di cessione.

aburteilen *v* giudicare, sentenziare, condannare.

Aburteilung *f* il giudicare, giudizio *m* finale, sentenza *f* definitiva.

abwägen *v (Vor- und Nachteile)* valutare, ponderare, soppesare, *(Interessen, Argumente)* bilanciare.

Abwägung *f* considerazione *f*, valutazione *f*, ponderazione *f*, vaglio *m*, *(von Interessen, Argumenten)* bilanciamento *m*; **~** *f* **der Interessen** bilanciamento *m* degli interessi (*in conflitto*).

Abwägungs | fehler *m* difetto *m* di bilanciamento, erroneo bilanciamento *m* degli interessi (*in conflitto*); **~gebot** *n* dovere *m* di bilanciare gli interessi (*in conflitto*).

Abwanderung *f* emigrazione *f*, esodo *m*; **~** *f* **von Arbeitskräften** emigrazione *f* di manodopera, esodo *m* di manodopera; **~** *f* **von Kapital** esodo *m* di capitale, deflusso *m* di capitale, efflusso *m* di capitale, fuoriuscita *f* di capitale.

abwegig *adj* erroneo, errato, sbagliato, fuorviante.

Abwehr *f* [1] *(Verteidigung)* difesa *f*.

Abwehr *f* [2] *(Abwehrdienst)* servizio *m* di controspionaggio, controspionaggio *m*.

Abwehr | anspruch *m* azione *f* negatoria; **~aussperrung** *f* serrata *f* di difesa; **~klage** *f ZivProzR* azione *f* negatoria; **~maßnahme** *f* misura *f* di difesa, misura *f* protettiva, misura *f* di protezione; **~streik** *m* sciopero *m* difensivo; **~verletzung** *f* ferita *f* da difesa.

abweichen *v* [von *Dat*] *(verschieden sein)* differire [da], differenziarsi [da], essere differente [da], divergere [da], non corrispondere [a], *(sich entfernen)* deviare [da], (di)scostarsi [da], allontanarsi [da], sviare [da], *(von Vorschriften, Grundsätzen, Gesetz)* derogare [a].

abweichend *adj* difforme, differente, divergente, derogante, derogativo, derogatorio; **~ von** [*Dat*] *(Vorschriften, Grundsätzen, Gesetz)* in deroga a, in difformità a/da.

Abweichung *f (Unterschied)* differenza *f*, divergenza *f*, non conformità *f*, *(des Werkes)* difformità *f*, scarto *m*, scostamento *m*, variazione *f*, tolleranza *f*, *(Entfernung)* deviazione *f*, *(von Vorschriften, Grundsätzen, Gesetz)* deroga *f*; **in ~ von** [*Dat*] in deroga a; **geringfügige ~** *f* leggera variazione *f*, modifica *f* di piccola entità; **zulässige ~** *f* tolleranza *f* (ammissibile); **(durchschnittliche) ~** *f* **vom Mittel** scarto *m* dalla media.

Abweichungs | klausel *f* clausola *f* derogatoria; **~recht** *n* diritto *m* di deroga.

abweisen *v* respingere, rigettare, non accogliere, rifiutare.

Abweisung *f* rigetto *m*, rifiuto *m*; **~** *f* **der Klage** *ZivProzR* rigetto *m* della domanda giudiziale; **~** *f* **aus meritorischen Gründen** *(A)* rigetto *m* nel merito.

Abweisungsbeschluss *m* decisione *f* di rigetto, decreto *m* di rigetto, ordinanza *f* di rigetto.

abwendbar *adj* evitabile; **nicht ~** inevitabile.

Abwendbarkeit *f* evitabilità *f*.

abwenden *v* evitare, impedire, prevenire.

Abwendung *f* l'evitare, impedimento *m*, prevenzione *f*; **~** *f* **des Erfolges** *(bei Unterlassungsdelikt)* impedimento *m* dell'evento; **~** *f* **des Schadens** prevenzione *f* del danno; **zur ~ der Vollstreckung** *(Sicherheitsleistung oder Hinterlegung)* al fine di evitare l'esecuzione forzata, al fine di impedire l'esecuzione forzata.

abwerben *v (Arbeitskräfte)* accaparrarsi (*manodopera sottraendola ad altri*).

Abwerbung *f* accaparramento *m*; **~** *f* **von Arbeitskräften** accaparramento *m* di manodopera altrui; **~** *f* **von Kunden** sviamento *m* di clientela, accaparramento *m* di clientela.

Abwertungsklausel *f VertragsR* clausola *f* di svalutazione.

Abwesende/r *f/m* assente *m/f.*

Abwesenheit *f* assenza *f*; **eigenmächtige ~** *f* allontanamento *m* illecito; **in ~ des Angeklagten** *StrafProzR* in assenza dell'imputato; **Verfahren** *n* **in ~ des Angeklagten** *StrafProzR* processo *m* in assenza dell'imputato, processo *m* celebrato in assenza dell'imputato, processo *m* in absentia dell'imputato; **die Verhandlung in ~ des Angeklagten beschließen** *StrafProzR* disporre di procedere in assenza dell'imputato; **in ~ verurteilen** *StrafProzR* condannare in assenza dell'imputato, condannare l'imputato in sua assenza; **Verurteilung** *f* **in ~** *StrafProzR* condanna *f* in assenza dell'imputato.

Abwesenheits|erklärung *f* dichiarazione *f* d'assenza; **~geld** *n* indennità *f* d'assenza; **~kuratel** *f (A)* curatela *f* dei beni dell'assente; **~kurator** *m (A)* curatore *m* dello scomparso; **~liste** *f* lista *f* degli assenti; **~pfleger/in** *m/f* curatore *m* dello scomparso; **~pflegschaft** *f* curatela *f* dei beni dell'assente; **~protest** *m* protesto *m* levato in assenza del debitore; **~urteil** *n StrafProzR* sentenza *f* pronunciata in assenza dell'imputato, sentenza *f* emessa in assenza dell'imputato, sentenza *f* contumaciale; **~verfahren** *n StrafProzR* processo *m* in assenza dell'imputato, processo *m* celebrato in assenza dell'imputato, processo *m* in absentia dell'imputato; **~vermutung** *f* presunzione *f* d' assenza; **~zuschuss** *m* indennità *f* d'assenza.

abwickeln *v (Geschäft)* sbrigare, eseguire, condurre, svolgere, effettuare, *(Kredit)* rimborsare, *(Gesellschaft)* liquidare, *(Schulden)* regolare, *(Streit)* definire.

Abwickler/in *m/f* liquidatore *m.*

Abwicklung *f (Erledigung)* disbrigo *m*, evasione *f*, *(Durchführung)* esecuzione *f*, attuazione *f*, svolgimento *m*, gestione *f*, *(Kredit)* rimborso *m*, *(der Gesellschaft)* liquidazione *f*, *(Schulden)* regolamento *m*, *(Streit)* definizione *f*; **gerichtliche ~** *f* liquidazione *f* giudiziaria; **~** *f* **der Gesellschaft** *GesR* liquidazione *f* della società; **~** *f* **eines Kredits** rimborso *m* di un credito.

Abwicklungs|geschäft *n* operazione *f* di liquidazione; **~gesellschaft** *f GesR* società *f* in liquidazione; **~konto** *n* conto *m* di liquidazione; **~stelle** *f* ufficio *m* di liquidazione; **~verfahren** *n* procedura *f* di liquidazione, procedimento *m* di liquidazione, operazione *f* di liquidazione.

abwracken *v* demolire.

Abwrackprämie *f* incentivi *mpl* alla rottamazione (*auto*), incentivi *mpl* per la rottamazione (*degli autoveicoli*), premio *m* di rottamazione, premio *m* di demolizione.

abzahlen *v (in Raten zahlen)* pagare a rate, *(bezahlen)* finir(e) di pagare, *(begleichen)* saldare, *(Schulden)* estinguere (un debito).

Abzahlung *f (Rate)* rata *f*, *(Ratenzahlung)* pagamento *m* rateale, pagamento *m* a rate, pagamento *m* parziale, versamento *m* rateale, versamento *m* a rate, *(Anzahlung)* acconto *m*, *(Begleichung)* saldo *m*, *(Tilgung)* estinzione *f* (di un debito); **auf ~ kaufen** comprare a rate.

Abzahlungs|darlehen *n* mutuo *m* rimborsabile a rate; **~geschäft** *n* vendita *f* rateale; **~gesetz** *n* (*Abk* = **AbzG**) legge *f* sulle vendite rateali; **~kauf** *m* acquisto *m* rateale, acquisto *m* a rate, vendita *f* rateale, vendita *f* a rate; **~käufer/in** *m/f* chi acquista a rate, chi compra a rate, compratore *m* a rate; **~konto** *n* conto *m* aperto presso un negozio per acquisti con pagamento rateale; **~rate** *f* rata *f*; **~schuld** *f* debito *m* pagabile a rate; **~vertrag** *m* contratto *m* di vendita rateale.

abzeichnen *v* vistare, siglare, parafare.

Abzeichnung *f* parafatura *f*, apposizione *f* di sigle, segnatura *f.*

AbzG (*Abk* = **Abzahlungsgesetz**) legge *f* sulle vendite rateali.

abziehbar *adj SteuerR* deducibile,

detraibile; **nicht ~** *SteuerR* indeducibile, non deducibile, indetraibile, non detraibile.
abziehen *v* [1] *(abrechnen)* dedurre, detrarre, defalcare, sottrarre, *(einbehalten)* ritenere, operare una ritenuta, trattenere; **vom Lohn ~** operare una ritenuta sul salario.
abziehen *v* [2] *(Truppen, Geld)* ritirare.
abzinsen *v* scontare.
Abzinsung *f* sconto *m*.
Abzinsungssatz *m* saggio *m* dello sconto.
Abzug *m* [1] *(Abrechnen)* deduzione *f*, detrazione *f*, defalco *m*, *(Einbehalten)* ritenuta *f*, trattenuta *f*, *(Herabsetzung)* ribasso *m*, riduzione *f*, *(Rabatt)* sconto *m*; **in ~ bringen** dedurre, detrarre, defalcare, sottrarre; **nach ~ (Gen/von+Dat)** al netto di; **nach ~ der Geschäftskosten** al netto delle spese di gestione; **nach ~ der Kosten** al netto delle spese; **bar ohne ~** contanti *mpl* netto, contanti *mpl* senza sconto; **unter ~ (Gen/von+Dat)** al netto di; **vor ~ (Gen/von+Dat)** al lordo di; **~** *m* **„neu für alt"** riduzione *f* "nuovo per vecchio"; **~** *m* **an der Quelle** ritenuta *f* all'origine, trattenuta *f* all'origine, ritenuta *f* alla fonte, trattenuta *f* alla fonte.
Abzug *m* [2] *(mil) (Zurückziehen)* ritiro *m*.
Abzug *m* [3] *(Kopie)* copia *f*, *(Abdruck)* bozza *f*.
abzüglich *präp* [*Gen*] detratto, dedotto, meno, al netto [di]; **~ der Kosten** al netto delle spese, meno le spese.
Abzugsbetrag *m* trattenuta *f*, ritenuta *f*.
abzugsfähig *adj SteuerR* deducibile, detraibile; **nicht ~** *SteuerR* indeducibile, non deducibile, indetraibile, non detraibile.
Abzugs | fähigkeit *f* deducibilità *f*, detraibilità *f*; **~franchise** *f* franchigia *f* assoluta, franchigia *f* fissa; **~posten** *m* voce *f* detraibile.
Abzugsteuer *f* ritenuta *f* all'origine, trattenuta *f* all'origine, ritenuta *f* alla fonte, trattenuta *f* alla fonte.
achten *v* rispettare, stimare.
ächten *v* bandire.
Achtung *f* rispetto *m*, stima *f*, considerazione *f*, riguardo *m*, *(Aufmerksamkeit)* attenzione *f*; **~** *f* **der Menschenwürde** rispetto *m* della dignità umana; **~** *f* **der Menschenrechte** rispetto *m* dei diritti dell'uomo.
Ächtung *f* bando *m*.
Adäquanz *f* adeguatezza *f*; **~theorie** *f* *DeliktsR* teoria *f* della causalità adeguata.
adäquat *adj* adeguato, corrispondente.
Adhäsions | prozess *m*; **~verfahren** *n* *StrafProzR (§§ 403 ff. StPO)* = *Anhangsverfahren* procedimento *m* mediante il quale il soggetto danneggiato dal reato esercita nel processo penale l'azione civile per il risarcimento del danno e/o la restituzione delle cose dovute (*analogo all'istituto italiano della costituzione di parte civile nel processo penale ex artt. 76 ss. c.p.p.*); **~vertrag** *m* contratto *m* d'adesione.
Ad-hoc- | Arbeitsgruppe *f* gruppo *m* di lavoro ad hoc; **~Ausschuss** *m* comitato *m* ad hoc; **~Maßnahme** *f* provvedimento *m* ad hoc.
Administration *f* amministrazione *f*.
administrativ *adj* amministrativo.
Administrativ | behörde *f* *(A)* autorità *f* amministrativa; **~enteignung** *f* espropriazione *f* amministrativa; **~verfahren** *n (CH)* procedimento *m* amministrativo.
Administrator *m (A)* amministratore *m*.
administrieren *v* amministrare.
adoptieren *v FamR* adottare.
Adoptierende/r *f/m FamR* adottante *m/f*.
Adoptierte/r *f/m FamR* adottato/-a *m/f*.
Adoption *f FamR* = *Annahme als Kind* adozione *f*.
Adoptions | beschluss *m FamR* decreto *m* di adozione; **Haager ~übereinkommen** *n IPR (Haager Übereinkommen vom 29. Mai 1993 über den Schutz von Kindern und die Zusammenarbeit auf dem Gebiet der internationalen Adoption)* Convenzione *f* dell'Aja del 29 maggio 1993 sulla protezione dei minori e la cooperazione in materia di adozione internazionale;

~urkunde *f FamR* certificato *m* di adozione; **~verhältnis** *n FamR* rapporto *m* di adozione; **~vertrag** *m FamR* contratto *m* di adozione.

Adoptiv- *FamR* adottivo.

AdR [1] (*Abk* = **Ausschuss der Regionen**) *EuR* comitato *m* delle regioni *(CDR)*.

AdR [2] (*Abk* = **Europäischer Ausschuss der Regionen**) *EuR* Comitato *m* europeo delle regioni *(CdR)*.

ADR (*Abk* = **Europäisches Übereinkommen über die internationale Beförderung gefährlicher Güter auf der Straße**) *TransportR* Accordo *m* europeo relativo al trasporto internazionale delle merci pericolose su strada.

Adressant/in *m/f* [1] mittente *m*.

Adressant/in *m/f* [2] *(Wechsel)* traente *m*.

Adressat/in *m/f* [1] destinatario/-a *m/f*.

Adressat/in *m/f* [2] *(Wechsel)* trassato *m*, trattario *m*.

Adressenangabe *f* indicazione *f* dell'indirizzo.

Adressspediteur *m* spedizioniere *m* destinatario.

ADR-Richtlinie *f EuR (= alternative Streitbeilegung in Verbraucherangelegenheiten-Richtlinie) → s. Anhang 3 b)* direttiva *f* sull'ADR per i consumatori (*Direttiva 2013/11/UE del Parlamento Europeo e del Consiglio, del 21 maggio 2013, sulla risoluzione alternativa delle controversie dei consumatori, che modifica il regolamento (CE) n. 2006/2004 e la direttiva 2009/22/CE*).

Advitalitätsrecht *n (A) ErbR (Nießbrauchsrecht des überlebenden Ehegatten)* diritto *m* d'usufrutto del coniuge superstite.

Advokatenkammer *f (A, CH)* ordine *m* degli avvocati.

Advokat/in *m/f (A, CH)* avvocato *m*.

Advokatur *f (A, CH)* avvocatura *f*.

AEntG (*Abk* = **Arbeitnehmer-Entsendegesetz**) *(D) (Gesetz über zwingende Arbeitsbedingungen für grenzüberschreitend entsandte und für regelmäßig im Inland beschäftigte Arbeitnehmer und Arbeitnehmerinnen)* legge *f* (tedesca) in materia di (o: sul) distacco dei lavoratori.

AEUV (*Abk* = **Vertrag über die Arbeitsweise der Europäischen Union**) *EuR* Trattato *m* sul funzionamento dell'Unione europea *(TFUE)*.

a.F. (*Abk* = **alte Fassung**) previgente testo *m* (*o: testo previgente*), vecchio testo *m*, vecchia versione *f*.

AfA (*Abk* = **Absetzung für Abnutzung**) *SteuerR* ammortamento *m* (per deperimento), deduzione (o: detrazione) *f* per ammortamento, deduzione *f* fiscale per deperimento dovuto all'uso.

Affekthandlung *f StrafR* azione *f* commessa in stato affettivo.

Affektions | interesse *n SchuldR* interesse *m* affettivo, interesse *m* d'affezione; **~wert** *m* valore *m* affettivo, valore *m* d'affezione.

AFG (*Abk* = **Arbeitsförderungsgesetz**) *(D)* legge *f* (tedesca) sulla promozione del lavoro, legge *f* (tedesca) contenente provvedimenti in materia di avviamento al lavoro e di assistenza ai lavoratori involontariamente disoccupati.

AG [1] (*Abk* = **Aktiengesellschaft**) società *f* per azioni *(s.p.a.)*, società *f* anonima *(SA) (CH)*.

AG [2] (*Abk* = **Amtsgericht**) pretura *f* (*abolita in Italia dal 1999; le relative competenze sono state trasferite al tribunale ordinario*).

AG [3] (*Abk* = **Arbeitsgemeinschaft**) *(Kurzwort: ARGE)* gruppo *m* di lavoro, gruppo *m* di studio, comunità *f* di lavoro, *(Gruppe von Firmen)* consorzio *m*.

AGB (*Abk* = **Allgemeine Geschäftsbedingungen**) *(§§ 305 ff. BGB)* condizioni *fpl* generali di contratto *(CGC)*.

AGB-Gesetz *n (D)* (*Abk* = **AGBG**) *(Gesetz zur Regelung des Rechts der Allgemeinen Geschäftsbedingungen)* legge *f* (tedesca) sulla disciplina delle condizioni generali di contratto (*la presente legge è stata abrogata e poi inserita nel Codice civile tedesco, §§ 305 ss. BGB*).

Agententätigkeit *f* spionaggio *m*.

Agentie *f (A)* agenzia *f.*
agentieren *v (A)* acquisire.
Agent/in *m/f* [1] *(Vertreter)* agente *m/f,* rappresentante *m/f.*
Agent/in *m/f* [2] *(Spion)* agente *m* segreto, spia *f.*
Agent Provocateur *m StrafR (auch: Agent provocateur)* → *Lockspitzel* agente *m* provocatore.
Agentur *f* agenzia *f,* rappresentanza *f;* **Europäische ~** *f* **für Zusammenarbeit** (*Abk* = **EAZ**) *EuR* Agenzia *f* europea di cooperazione *(AEC).*
Agentur | leiter/in *m/f* direttore *m* d'agenzia; **~vertrag** *m (CH, Südtirol) HandelsR (Artt. 418a ff. sOR)* contratto *m* di agenzia.
AGG (*Abk* = **Allgemeines Gleichbehandlungsgesetz**) *(D)* legge *f* (tedesca) generale sulla parità di trattamento, legge *f* (tedesca) generale anti-discriminazione.
AGR (*Abk* = **Europäisches Übereinkommen über die Hauptstraßen des internationalen Verkehrs**) *TransportR* Accordo *m* europeo sulle grandi strade a traffico internazionale.
Agrar | beihilfe *f* sovvenzione *f* all'agricoltura; **~einfuhr** *f* importazione *f* agricola; **~erzeugnis** *n* prodotto *m* agricolo, derrata *f* agricola; **~genossenschaft** *f* cooperativa *f* agricola; **~gesetz** *n* legge *f* agraria; **~gesetzgebung** *f* legislazione *f* agraria; **~kredit** *m* credito *m* agrario; **~kreditinstitut** *n* istituto *m* di credito agrario; **~markt** *m* mercato *m* di prodotti agricoli, mercato *m* agricolo; **gemeinsame Organisation** *f* **der ~märkte** *EuR* organizzazione *f* comune dei mercati agricoli; **~marktordnung** *f* regolamento *m* del mercato agricolo; **~partei** *f* partito *m* agrario.
Agrarpolitik *f* politica *f* agricola, politica *f* agraria; **Gemeinsame ~** *f* (*Abk* = **GAP**) *EuR* politica *f* agricola comune *(PAC).*
Agrar | produkt *n* prodotto *m* agricolo, derrata *f* agricola; **~recht** *n* diritto *m* agrario; **~reform** *f* riforma *f* agraria; **~verfassung** *f* organizzazione *f* agraria; **~wirtschaft** *f* economia *f* agraria; **~zölle** *mpl* dazi *mpl* doganali sui prodotti agricoli.
Agrément *n (Dipl.)* gradimento *m.*
AHK (*Abk* = **Deutsche Auslandshandelskammern**) *(D)* Camere *fpl* di commercio tedesche all'estero.
ahndbar *adj* punibile, sanzionabile.
Ahndbarkeit *f* punibilità *f,* sanzionabilità *f.*
ahnden *v* [1] *(bestrafen)* punire, *(sanktionieren)* sanzionare.
ahnden *v* [2] *(rächen, vergelten)* vendicare.
Ahndung *f* punizione *f,* sanzionamento *m,* sanzionabilità *f.*
AK (*Abk* = **Arbeiterkammer**) *(A) (Kurzbezeichnung für: Kammer für Arbeiter und Angestellte)* camera *f* del lavoro.
Akademie *f* **für Internationales Recht** Accademia *f* di diritto internazionale (*dell'Aja*).
Akkord *m* [1] *ArbR (Stücklohn)* cottimo *m;* **im ~ arbeiten** *ArbR* lavorare a cottimo; **nach ~ bezahlt werden** *ArbR* essere pagato a cottimo.
Akkord *m* [2] *(Vergleich)* accordo *m,* patto *m,* accomodamento *m.*
Akkord | arbeit *f* lavoro *m* a cottimo; **~arbeiter/in** *m/f* lavoratore *m* a cottimo, cottimista *m/f;* **~bezahlung** *f* pagamento *m* a cottimo; **~lohn** *m* salario *m* a cottimo; **~lohnvertrag** *m* contratto *m* di lavoro a cottimo; **~mindestsatz** *m* minimo *m* di cottimo; **~produktion** *f* produzione *f* a cottimo; **~revision** *f* variazione *f* della tariffa a cottimo; **~vergütung** *f* retribuzione *f* a cottimo, remunerazione *f* a cottimo; **~vertrag** *m* contratto *m* di cottimo, contratto *m* di lavoro a cottimo; **~zulage** *f* premio *m* di rendimento, premio *m* di produzione.
akkreditieren *v* accreditare, *BankR* accreditare una somma a, concedere un credito.
Akkreditierte/r *f/m* [1] accreditato/-a *m/f.*
Akkreditierte/r *f/m* [2] *(Begünstigter eines Akkreditivs)* accreditatario *m,*

beneficiario *m* di una apertura di credito.
Akkreditierung *f* accreditamento *m*.
Akkreditierungsschreiben *n* *VölkerR* lettera *f* credenziale, credenziali *fpl*.
Akkreditiv *n* [1] *BankR* mandato *m* di credito, credito *m*, apertura *f* di credito, lettera *f* di credito; **ein ~ eröffnen**; **ein ~ stellen** aprire un credito; **ein ~ widerrufen** revocare un credito; **bestätigtes ~** *n* credito *m* confermato; **einfaches ~** *n* credito *m* libero, credito *m* semplice; **revolvierendes ~** *n* credito *m* rinnovabile, credito *m* rotativo; **unbestätigtes ~** *n* credito *m* non confermato; **unwiderrufliches ~** *n* credito *m* irrevocabile; **widerrufliches ~** *n* credito *m* revocabile.
Akkreditiv *n* [2] *VölkerR* lettera *f* credenziale, credenziali *fpl*.
Akkreditiv | bestätigung *f* conferma *f* di un credito, conferma *f* di un'apertura di credito; **~eröffnung** *f* apertura *f* di credito; **~geschäft** *n* operazione *f* di apertura di credito; **~gestellung** *f* apertura *f* di credito; **~steller** *m* ordinante *m* del credito; **~stellung** *f* ordine *m* di apertura di credito, apertura *f* di credito.
Akkusations | prinzip *n* principio *m* accusatorio; **~prozess** *m* processo *m* accusatorio.
AKP-EG-Abkommen *n* *EuR* Convenzione *f* ACP-CE.
AKP-Staaten *mpl* Paesi *mpl* ACP.
akquirieren *v* acquisire.
Akquisiteur/in *m/f* acquisitore/-trice *m/f*, produttore/-trice *m/f*.
Akquisition *f* acquisizione *f*, produzione *f*, produzione *f* di affari.
Akquisitionsvertrag *m* *GesR* contratto *m* di acquisizione.
Akquisitivverjährung *f* prescrizione *f* acquisitiva.
Akt *m* [1] *(Handlung, Tat, Rechtsvorgang)* atto *m*, azione *f*; **begünstigender ~** *m* *VerwR* atto *m* ampliativo; **belastender ~** *m* *VerwR* atto *m* restrittivo; **feindlicher ~** *m* atto *m* di ostilità; **feststellender ~** *m* *VerwR* atto *m* dichiarativo, atto *m* di accertamento; **~** *m* **der Gesetzgebung**; **gesetzgeberischer ~** *m* atto *m* legislativo, provvedimento *m* legislativo; **hoheitlicher ~** *m* atto *m* autoritario; **rechtsgeschäftlicher ~** *m* atto *m* negoziale; **rechtsgestaltender ~** *m* *VerwR* atto *m* costitutivo; **unfreundlicher ~** *m* atto *m* non amichevole; **unverbindlicher ~** *m* atto *m* non vincolante.
Akt *m* [2] *(besonders südd., österr. u. schweiz.) (Akte, Dokument)* atto *m*, documento *m*, scrittura *f*, rogito *m* (*notarile*).
Akte *f* atto *m*, documento *m*, cartella *f*, dossier *m*, pratica *f*, inserto *m*, incartamento *m*, *(Prozessakte)* fascicolo *m*; **eine ~ anlegen** aprire una pratica, formare un fascicolo; **Einheitliche Europäische ~** *f* (*Abk* = **EEA**) *EuR* Atto *m* unico europeo *(AUE)*.
Aktei *f* archivio *m*.
Akten *fpl* atti *mpl*, carte *fpl*, *ProzR* fascicolo *m*; **die ~ anfordern** richiedere la trasmissione degli atti; **sich bei den ~ befinden** trovarsi agli atti; **die ~ einsehen** esaminare gli atti; **nach Lage der ~ entscheiden** *ProzR* decidere allo stato degli atti, decidere in base allo stato degli atti; **zu den ~ legen**; **zu den ~ nehmen** mettere agli atti, acquisire agli atti, archiviare; **die ~ übersenden** trasmettere gli atti; **die ~ vorlegen** presentare gli atti, esibire gli atti.
Akten | ablage *f* classificazione *f* delle pratiche, archivio *m*; **~auszug** *m* estratto *m* degli atti, *ProzR* estratto *m* del fascicolo; **~doppel** *n* duplicato *m* (del fascicolo); **~durchsicht** *f* esame *m* della pratica, esame *m* degli atti, esame *m* dei documenti; **~edition** *f (CH)* apertura *f* di una pratica; **~einsendung** *f (CH)* trasmissione *f* di atti.
Akteneinsicht *f* visione *f* degli atti, esame *m* degli atti, esame *m* dei documenti, esame *m* della pratica, *ProzR* esame *m* del fascicolo (della causa), *ProzR* consultazione *f* del fascicolo (della causa); **~ nehmen** prendere visone degli atti, visionare

gli atti, esaminare gli atti, esaminare i documenti, esaminare la pratica, *ProzR* esaminare il fascicolo (della causa), *ProzR* consultare il fascicolo (della causa).

aktenkundig machen *v* registrare.

Aktenlage *f* stato *m* degli atti; **nach (der) ~ entscheiden** decidere allo stato degli atti, decidere in base allo stato degli atti.

Aktenlageentscheidung *f* decisione *f* allo stato degli atti, decisione *f* in base allo stato degli atti.

aktenmäßig festhalten *v* registrare.

Akten | material *n* documentazione *f*; **~notiz** *f* annotazione *f* (*in una pratica*), nota *f* (*sugli atti*), promemoria *m*; **~stück** *n* atto *m*, documento *m*, cartella *f*, dossier *m*, pratica *f*, inserto *m*, incartamento *m*, *(Prozessakte)* fascicolo *m*; **~studium** *n* esame *m* della pratica, esame *m* degli atti, esame *m* dei documenti; **~überreichung** *f* comunicazione *f* di atti; **~übersendung** *f* trasmissione *f* di atti; **~vermerk** *m* annotazione *f* (*in una pratica*), nota *f* (*sugli atti*), promemoria *m*; **~vorlage** *f* presentazione *f* degli atti, esibizione *f* degli atti, *(unter Gerichten)* trasmissione *f* degli atti.

Aktenzeichen *n* (*Abk* = **AZ**) riferimento *m (rif.)*, numero *m* di riferimento, numero *m* di protocollo, numero *m* d'ordine, numero *m* dell'atto, sigla *f* (*apposta a un documento*), *ZivProzR* numero *m* di ruolo della causa, *ZivProzR* (causa) iscritta al n. … (del Ruolo Generale), *ZivProzR* R.G. n.; **in dem unter dem ~ … geführten Verfahren** *ZivProzR* nel procedimento iscritto al n. … (del Ruolo Generale), nella causa iscritta al n. … (del Ruolo Generale).

Akteur/in *m/f* attore/-trice *m/f*, operatore/-trice *m/f*, giocatore/-trice *m/f* (*di borsa*).

AktG (*Abk* = **Aktiengesetz**) *(D: Gesetz über Aktiengesellschaften und Kommanditgesellschaften auf Aktien)* legge *f* sulle società per azioni.

Aktie *f* azione *f*, titolo *m* azionario; **eine ~ voll einzahlen** liberare interamente un'azione; **abgestempelte ~** *f* azione *f* stampigliata; **alte ~** *f* azione *f* vecchia; **börsenfähige ~** *f* azione *f* negoziabile in borsa; **börsengängige ~** *f* azione *f* quotata in borsa; **breit gestreute ~** *f* azione *f* di larga diffusione; **dividendenberechtigte ~** *f* azione *f* partecipante agli utili; **endgültige ~** *f* azione *f* definitiva; **gesellschaftseigene ~** *f* azione *f* sociale; **gewinnberechtigte ~** *f* azione *f* partecipante agli utili; **gezeichnete ~** *f* azione *f* sottoscritta; **junge ~** *f* azione *f* nuova; **auf den Inhaber lautende ~** *f* azione *f* al portatore; **auf den Namen lautende ~** *f* azione *f* nominativa; **nennwertlose ~** *f* azione *f* senza valore nominale; **neue ~** *f* azione *f* nuova; **notierte ~** *f* azione *f* quotata in borsa; **notleidende ~** *f* azione *f* senza partecipazione agli utili; **stimmberechtigte ~** *f* azione *f* con diritto di voto; **teilbezahlte ~** *f* azione *f* parzialmente liberata; **unteilbare ~** *f* azione *f* indivisibile; **vinkulierte ~** *f* azione *f* bloccata (*non trasferibile senza il consenso della società*); **volleingezahlte ~** *f* azione *f* interamente liberata; **zinstragende ~** *f* azione *f* fruttifera.

Aktien *fpl* azioni *fpl*, titoli *mpl* azionari, valori *mpl* azionari; **~ ausgeben**; **~ emittieren** emettere azioni; **~ hinterlegen** depositare le azioni; **~ splitten**; **~ stückeln** frazionare le azioni; **~ zeichnen** sottoscrivere azioni; **~ zerlegen** *(CH)* frazionare le azioni; **~ zusammenlegen** raggruppare le azioni; **~ zuteilen** assegnare azioni.

Aktien | anteil *m* partecipazione *f* azionaria; **~aufgeld** *n*; **~aufpreis** *m* premio *m* di emissione, soprapprezzo *m* delle azioni, sovrapprezzo *m* delle azioni, sovrapprezzo *m* azionario; **~aufteilung** *f* frazionamento *m* di azioni; **~ausgabe** *f* emissione *f* di azioni; **~auslieferung** *f* consegna *f* di azioni; **~austausch** *m* scambio *m* di azioni; **~bank** *f* società *f* bancaria per azioni;

~besitz *m* possesso *m* di azioni, possesso *m* azionario, azionariato *m*; **~besitzer** *pl* azionariato *m*; **~besitzer/in** *m/f* portatore *m* di azioni, possessore *m* di azioni, azionista *m/f*; **~bestand** *m* azioni *fpl* in portafoglio, portafoglio *m* azionario; **~beteiligung** *f* partecipazione *f* azionaria; **~betrag** *m* valore *m* nominale dell'azione; **~bezugsrecht** *n* diritto *m* di opzione su nuove azioni; **~börse** *f* borsa *f* valori; **~brief** *m* certificato *m* azionario; **~buch** *n (heutige Bezeichnung: Aktienregister)* libro *m* dei soci (di una s.p.a.); **~einzahlung** *f* liberazione *f* di azioni; **~emission** *f* emissione *f* di azioni; **~erträgnisse** *pl* redditi *mpl* azionari; **~erwerb** *m* acquisto *m* di azioni, acquisto *m* di titoli azionari; **~fonds** *m* fondo *m* di investimento azionario, fondo *m* azionario; **~gattung** *f* categoria *f* di azioni.

Aktiengesellschaft *f* (*Abk* = **AG**) società *f* per azioni *(s.p.a.)*, società *f* anonima *(SA) (CH)*; **Europäische ~** *f* (*Abk* = **SE: Societas Europaea**) *(auch: Europäische Gesellschaft oder Europa-AG)* società *f* europea *(SE)*.

Aktien | gesetz *n* (*Abk* = **AktG**) *(D: Gesetz über Aktiengesellschaften und Kommanditgesellschaften auf Aktien)* legge *f* sulle società per azioni; **~handel** *m* negoziazione *f* di azioni; **~händler/in** *m/f* remissore *m*, commissionario *m* di borsa; **~index** *m* indice *m* delle azioni, indice *m* azionario, indice *m* delle quotazioni (azionarie); **~inhaber/in** *m/f* portatore *m* di azioni, titolare *m/f* di azioni, azionista *m/f*; **~kapital** *n* capitale *m* azionario, capitale *m* sociale; **~kauf** *m* acquisto *m* di azioni, acquisto *m* di titoli azionari; **~konsortium** *n* consorzio *m* per l'acquisto di un pacchetto di azioni; **~kurs** *m* quotazione *f* (azionaria), corso *m* azionario, corso *m* dell'azione, corso *m* delle azioni, prezzo *m* dell'azione, prezzo *m* delle azioni; **~kursindex** *m* indice *m* delle azioni, indice *m* azionario, indice *m* delle quotazioni (azionarie); **~kurszettel** *m* listino *m* di borsa; **~liste** *f* registro *m* delle azioni; **~majorität** *f* maggioranza *f* azionaria; **~mantel** *m* mantello *m* dell'azione; **~markt** *m* mercato *m* azionario, mercato *m* dei valori azionari; **~mehrheit** *f* maggioranza *f* azionaria; **~minderheit** *f* minoranza *f* azionaria; **~notierung** *f* quotazione *f* (delle azioni), quotazione *f* azionaria; **~option** *f* opzione *f* su azioni, opzione *f* su titoli azionari, stock option; **~paket** *n* pacchetto *m* azionario, pacchetto *m* di azioni; **~papier** *n* titolo *m* azionario, azione *f*; **~promesse** *f* promessa *f* di azione, certificato *m* azionario provvisorio; **~recht** *n* diritto *m* delle società per azioni; **~rechtsreform** *f* riforma *f* del diritto delle società per azioni; **~register** *n (früher: Aktienbuch)* libro *m* dei soci (di una s.p.a.), registro *m* delle azioni; **~rendite** *f* rendimento *m* delle azioni, rendimento *m* azionario, rendita *f* azionaria, reddito *m* effettivo dell'azione; **~schein** *m* certificato *m* azionario; **~spekulant/in** *m/f* speculatore *m* di borsa; **~spekulation** *f* speculazione *f* di borsa; **~spitze** *f* spezzatura *f* di azioni, frazione *f* di gruppo di azioni; **~splitting** *n* frazionamento *m* di (o: delle) azioni, frazionamento *m* azionario, splitting *m* azionario; **~stempel** *m* bollo *m* sulle azioni; **~stückelung** *f*; **~teilung** *f* frazionamento *m* di (o: delle) azioni, frazionamento *m* azionario; **~titel** *m (CH)* certificato *m* azionario; **~übertragung** *f* trasferimento *m* di azioni; **~umtausch** *m* scambio *m* di azioni; **~unternehmen** *n*; **~unternehmung** *f (A)* impresa *f* azionaria, società *f* per azioni; **~urkunde** *f* certificato *m* azionario; **~wert** *m* azione *f*, titolo *m* azionario, valore *m* azionario, valore *m* dell'azione; **~zeichner/in** *m/f* sottoscrittore *m* di azioni, chi sottoscrive azioni; **~zeichnung** *f* sottoscrizione *f* di azioni; **~zerlegung** *f (CH)* frazionamento *m* di (o: delle) azioni, frazionamento *m* azionario; **~zertifikat** *n* certificato *m* azionario; **~zinsen** *mpl* interessi *mpl* sulle azioni; **~zusammenlegung** *f* raggruppamento *m* di azioni, raggruppamento *m* azionario; **~zuteilung** *f* assegnazione *f* di azioni.

Aktionär *m* [f: Aktionärin] azionista *m/f*; **eingetragener ~** *m* azionista *m* iscritto nel libro dei soci; **freier ~** *m* azionista *m* di minoranza.

Aktionärspflichten *fpl* obblighi *mpl* dei soci (*di una s.p.a.*).

Aktionärsrechterichtlinie *f EuR → s. Anhang 3 b)* direttiva *f* sui diritti degli azionisti (*Direttiva 2007/36/CE del Parlamento europeo e del Consiglio, dell'11 luglio 2007, relativa all'esercizio di alcuni diritti degli azionisti di società quotate*); **Gesetz** *n* **zur Umsetzung der ~** (*Abk* = **ARUG**) legge *f* di recepimento della direttiva sui diritti degli azionisti (*in Italia: decreto legislativo 27 gennaio 2010, n. 27*).

Aktionärs | stimmrecht *n* diritto *m* di voto degli azionisti; **~vereinbarung** *f* patto *m* parasociale, contratto *m* parasociale; **~versammlung** *f* assemblea *f* degli azionisti.

aktiv *adj* attivo, effettivo, *(wirksam)* efficace, valido; **~ abschließen** chiudere in attivo; **~ legitimiert sein** essere attivamente legittimato, avere legittimazione attiva.

Aktiv | finanzierung *f* finanziamento *m* attivo, sovvenzione *f* attiva, anticipazione *f* attiva; **~geschäft** *n* operazione *f* attiva, operazioni *fpl* attive, operazione *f* d'impiego; **~handel** *m* commercio *m* d'esportazione.

aktivieren *v (in der Bilanz als Aktivposten erfassen)* portare all'attivo, registrare all'attivo, iscrivere all'attivo.

Aktivierung *f (Bilanz)* registrazione *f* all'attivo.

aktivierungs | fähig *adj* suscettibile di essere portato all'attivo; **~pflichtig** *adj* che deve essere portato all'attivo.

Aktiv | legitimation *f ZivProzR* legittimazione *f* attiva; **im ~rubrum** *ZivProzR* (soggetto attivo/attore) indicato in epigrafe; **~vermögen** *n* patrimonio *m* disponibile, attivo *m*; **~wert** *m* valore *m* dell'attivo; **~zinsen** *mpl* interessi *mpl* creditori, interessi *mpl* attivi.

Aktuar *m* [1] *(obs) (Gerichtsangestellter)* attuario *m*.

Aktuar *m* [2] *(CH) (Schriftführer eines Vereins)* segretario *m*.

AKW (*Abk* = **Atomkraftwerk**) centrale *f* atomica, centrale *f* nucleare.

Akzelerationsprinzip *n* principio *m* di accelerazione.

Akzept *n* [1] *(Annahme)* accettazione *f*; **gegen ~** contro accettazione; **mangels ~** per mancata accettazione; **zum ~ vorlegen** presentare per l'accettazione; **allgemeines ~** *n* accettazione *f* senza riserve, accettazione *f* pura e semplice, accettazione *f* incondizionata; **bedingtes ~** *n* accettazione *f* condizionata; **bedingungsloses ~** *n* accettazione *f* senza riserve, accettazione *f* pura e semplice, accettazione *f* incondizionata; **reines ~** *n* accettazione *f* pura e semplica; **ungedecktes ~** *n* accettazione *f* in bianco.

Akzept *n* [2] *(akzeptierter Wechsel)* cambiale *f* accettata, tratta *f* accettata; **ein ~ zurückgeben** non pagare una tratta; **eigenes ~** *n* vaglia *m* cambiario, cambiale *f* propria, pagherò *m* cambiario, pagherò *m*.

akzeptabel *adj* accettabile.

Akzeptant/in *m/f* accettante *m/f*, destinatario/-a *m/f* della proposta.

Akzeptations | buch *n* registro *m* (degli) effetti passivi; **~kredit** *m* credito *m* d' accettazione.

Akzept | bank *f* banca *f* d'accettazione; **~bestand** *m* effetti *mpl* in portafoglio; **~buch** *n* registro *m* (degli) effetti passivi; **~einlösung** *f* pagamento *m* di un effetto.

akzeptfähig *adj* accettabile.

Akzeptfrist *f* termine *m* d'accettazione.

akzeptieren *v* accettare.

Akzeptierung *f* accettazione *f*.

Akzept | konto *n* conto *m* (degli) effetti passivi; **~kredit** *m* credito *m* d'accettazione; **~leistung** *f* accettazione *f*; **~linie** *f* linea *f* di credito d'accettazione; **~provision** *f* commissione *f* d'accettazione; **~schuldner/in** *m/f* accettante *m/f*; **~umlauf** *m* effetti *mpl* accettati in circolazione; **~verbindlichkeiten** *fpl* effetti *mpl* passivi; **~verweigerung** *f* rifiuto *m* d'accettazione; **~vorlage** *f* presentazione *f* all'accettazione, presentazione *f* per l'accettazione.

Akzession *f* accessione *f*.

Akzessions | klausel *f* clausola *f* d'accessione; **~urkunde** *f* atto *m* d'accessione; **~vertrag** *m* trattato *m* d'accessione.

Akzessorietät *f KredSichR* accessorietà *f*; **limitierte ~** *f (Strafrecht)* accessorietà *f* limitata.

akzessorisch *adj KredSichR* accessorio.

aleatorisch *adj* aleatorio.

Alibi *n StrafR* alibi *m*; **ein ~ beibringen** *StrafR* addurre un alibi, fornire un alibi, presentare un alibi; **sich ein ~ verschaffen** *StrafR* procurarsi un alibi; **ein ~ widerlegen** *StrafR* smontare un alibi; **sich ein ~ zurechtlegen** *StrafR* fabbricarsi un alibi, costruire un alibi, crearsi un alibi.

Alimentations | klage *f* azione *f* alimentare; **~pflicht** *f (CH)* obbligo *m* alimentare, obbligazione *f* alimentare.

Alimenten | beiträge *mpl (CH)* assegno *m* alimentare, pensione *f* alimentare *(CH)*; **~forderung** *f (CH)* credito *m* alimentare.

alimentieren *v (CH)* alimentare.

Alimentierung *f (CH)* alimentazione *f*.

aliud *n SchuldR* aliud pro alio (*cosa diversa da quella originariamente pattuita*) *(lat)*.

Aliud | leistung *f SchuldR* prestazione *f* diversa da quella dovuta; **~lieferung** *f SchuldR* consegna *f* di cosa diversa da quella pattuita, consegna *f* di aliud pro alio.

Alkoholabsorption *f VerkehrsR* assorbimento *m* dell'alcol.

alkoholbedingt *adj* dovuto all'influenza dell'alcol.

Alkohol | bestimmung *f VerkehrsR* accertamento *m* dell'alcolemia; **~delikt** *n VerkehrsR* reato *m* commesso da una persona alcolizzata, reato *m* commesso in stato di ubriachezza; **~einfluss** *m VerkehrsR* effetto *m* dell'alcol, influenza *f* dell'alcol; **~gehalt** *m VerkehrsR (im Blut)* alcolemia *f*, tasso *m* alcolemico; **~gehalts-bestimmung** *f VerkehrsR* alcolimetria *f*; **~konzentration** *f VerkehrsR* concentrazione *f* alcolica, *(im Blut)* alcolemia *f*; **~messgerät** *n VerkehrsR* etilometro *m*, alcolometro *m*; **~nachweis** *m VerkehrsR* rilievo *m* dell'alcol; **~probe** *f VerkehrsR* prova *f* d'etilismo, prova *f* del tasso alcolico; **abnorme ~reaktion** *f VerkehrsR* reazione *f* abnorme all'ingestione di alcol; **~test** *m VerkehrsR* alcoltest *m*, test *m* dell'alcol, etilotest *m*, prova *f* del tasso alcolico; **~testgerät** *n VerkehrsR* alcoltest *m*, etilometro *m*; **~verbot** *n VerkehrsR* proibizione *f* dell'alcol, proibizione *f* di alcolici, interdizione *f* di vendere alcolici; **~verwaltung** *f (CH)* monopolio *m* delle bevande alcoliche; **~wert** *m VerkehrsR* valore *m* alcolemico.

Allbeteiligungsklausel *f VölkerR* clausola *f* «si omnes», clausola *f* di partecipazione generale.

Allein | aktionär/in *m/f* unico azionista *m*, azionista *m* unico; **~auftrag** *m* incarico *m* esclusivo, unico mandato *m*, monomandato *m*; **~beauftragte/r** *f/m* unico/-a incaricato/-a *m/f*, incaricato/-a *m/f* in via esclusiva; **~benutzungsrecht** *n* diritto *m* di uso esclusivo.

Alleinberechtigte/r *f/m* titolare *m* unico, avente *m/f* il diritto esclusivo, che ha il diritto esclusivo.

allein berechtigt sein avere il diritto esclusivo.

Allein | berechtigung *f* diritto *m* esclusivo, esclusiva *f*, esclusività *f*; **~besitz** *m SachenR* possesso *m* esclusivo; **~besitzer/in** *m/f SachenR* possessore *m* esclusivo; **~bezugsklausel** *f* clausola *f* di esclusiva; **~bezugsvereinbarung** *f* patto *m* di esclusiva; **~eigentum** *n SachenR* proprietà *f* esclusiva; **~eigentümer/in** *m/f SachenR* proprietario *m* unico, unico proprietario *m*.

Alleinerbe/-erbin *m/f ErbR* erede *m* universale, unico erede *m*; **hiermit setze ich ... zum Alleinerben/ zur Alleinerbin meines gesamten Vermögens ein** *ErbR* con il presente testamento nomino erede universale di tutti i miei beni ....

Allein | erfinder/in *m/f* inventore *m* unico; **~gebrauch** *m* uso *m* esclusivo; **~geschäftsführer/ in** *m/f GesR* = *alleinige/r Geschäftsführer/in* amministratore *m* unico; **~gesellschafter/ in** *m/f GesR* socio *m* unico; **~haftung** *f* responsabilità *f* esclusiva; **~händler/in** *m/f* monopolista *m/f*; **~herrschaft** *f* potere *m* assoluto, *(Herrschaftsform)* autocrazia *f*; **~hersteller/ in** *m/f* fabbricante *m* unico, produttore *m* unico; **~herstellungsrecht** *n* diritto *m* esclusivo di fabbricazione, diritto *m* esclusivo di produzione; **~inhaber/in** *m/f* titolare *m* unico; **~konzessionär/ in** *m/f* concessionario *m* esclusivo; **~lizenz** *f* licenza *f* esclusiva; **~recht** *n* diritto *m* esclusivo, esclusiva *f*, esclusività *f*, monopolio *m*; **~schuld** *f* colpa *f* esclusiva; **~schuldner/ in** *m/f* debitore *m* unico; **~verkauf** *m* vendita *f* esclusiva; **~verkäufer/in** *m/f* esclusivista *m/f*; **~verkaufsabrede** *f* patto *m* di vendita esclusiva; **~verkaufsrecht** *n WettbewerbsR* diritto *m* di esclusiva (*di vendita*), esclusiva *f* (di vendita), diritto *m* esclusivo di vendita, diritto *m* di vendita esclusiva, monopolio *m*; **~verschulden** *n* colpa *f* esclusiva.

Alleinvertreter/in *m/f* rappresentante *m* esclusivo, rappresentante *m* unico.

Alleinvertretung *f* rappresentanza *f* esclusiva, rappresentanza *f* unica, rappresentanza *f* disgiuntiva.

Alleinvertretungsanspruch *m* diritto *m* esclusivo di rappresentanza, *(behaupteter Anspruch)* rivendicazione *f* del diritto esclusivo di rappresentanza.

alleinvertretungsberechtigt *adj* con potere di rappresentanza disgiunta, con potere di rappresentanza disgiuntiva, munito/dotato di poteri di rappresentanza disgiunta.

Alleinvertretungs | klausel *f* clausola *f* di esclusiva; **~recht** *n* diritto *m* esclusivo di rappresentanza.

Alleinvertrieb *m* vendita *f* (in) esclusiva, distribuzione *f* (in) esclusiva, esclusiva *f* (*di vendita*).

Alleinvertriebs | klausel *f* clausola *f* di esclusiva; **~recht** *n* diritto *m* di esclusiva (*di vendita*), esclusiva *f* (di vendita), diritto *m* esclusivo di vendita, diritto *m* di vendita esclusiva, monopolio *m*; **~vereinbarung** *f* patto *m* di esclusiva.

Allein | verwertungsrecht *n* diritto *m* di utilizzazione esclusiva; **~zeichnungsberechtigung** *f* potere *m* di firma individuale, facoltà *f* di firma individuale, firma *f* individuale, firma *f* disgiunta, firma *f* libera, firma *f* singola.

allfällig *adj (CH)* eventuale, eventualmente.

allgemein *adj* generale, universale, *(die Gemeinschaft betreffend)* comune, *(Interesse)* pubblico; **im ~en** in generale.

Allgemeindelikt *n StrafR* ↔ *Sonderdelikt* reato *m* comune.

Allgemeines Bürgerliches Gesetzbuch (ABGB)
Il codice civile austriaco (*Allgemeines Bürgerliches Gesetzbuch – ABGB*) del 1811 (entrato in vigore nel 1812) è una delle prime codificazioni europee successive al codice civile francese. È sopravvissuto alla fine della monarchia austriaca ed è rimasto in vigore, anche oltre i confini dell'Austria, per due secoli fino ad oggi. È

possibile trovare online il testo in lingua originale del codice civile austriaco all'indirizzo: https://www.jusline.at/Allgemeines_Buergerliches_Gesetzbuch_(ABGB).html

Allgemeines Bürgerliches Gesetzbuch *n (A)* (*Abk =* **ABGB**) codice *m* civile generale (austriaco).
Allgemeingeltung *f* validità *f* generale.
allgemeingültig *adj* di validità generale.
Allgemeingültigkeit *f* validità *f* generale.
Allgemeinheit *f* [1] *(Gesamtheit)* collettività *f*, comunità *f*, *(Öffentlichkeit)* pubblico *m*, tutti, totalità *f*, *(von Sachen)* universalità *f*.
Allgemeinheit *f* [2] *(Unbestimmtheit)* genericità *f*, generalità *f*.
Allgemein | interesse *n* interesse *m* pubblico, pubblico interesse *m*, interesse *m* generale, interesse *m* collettivo, interesse *m* comune; **~kosten** *pl* spese *fpl* generali.
allgemeinkundig *adj* notorio.
Allgemein | kundigkeit *f* notorietà *f*; **~tarif** *m* tariffa *f* generale.
allgemeinverbindlich *adj* di obbligatorietà generale.
Allgemein | verbindlicherklärung *f*; **~verbindlichkeitserklärung** *f* dichiarazione *f* di obbligatorietà generale; **~verfügung** *f* ordinanza *f* generale; **~vollmacht** *f* procura *f* generale; **~vorbehalt** *m* riserva *f* generale.
Alliierter Kontrollrat *m (hist) (für West-Berlin)* Consiglio *m* di controllo alleato.
Allphasensteuer *f* imposta *f* su tutte le fasi; **kumulative ~** *f* imposta *f* su tutte le fasi ad effetto cumulativo.
allumfassend *adj* onnicomprensivo.
Alluvion *f (A)* alluvione *m*.
allzuständig *adj* onnicompetente, di competenza generale.
Allzuständigkeit *f* competenza *f* generale, competenza *f* piena.
als *konj* in qualità di, (da considerarsi) quale.
alsbaldig *adj* immediato.
Alter *n* età *f*, vecchiaia *f*, anzianità *f*; **erwerbsfähiges ~** *n* età *f* lavorativa; **pensionsfähiges ~** *n* età *f* pensionabile, età *f* del pensionamento.
Alternativ | angebot *n* offerta *f* alternativa; **~antrag** *m ProzR* conclusioni *fpl* alternative; **~obligation** *f* obbligazione *f* alternativa; **~verbindlichkeit** *f* obbligazione *f* alternativa; **~vermächtnis** *n ErbR* legato *m* alternativo; **~vorschlag** *m* proposta *f* alternativa.
Alters | freibetrag *m SteuerR* quota *f* esente per anzianità; **~rentenversicherung** *f* assicurazione *f* per la vecchiaia; **~teilzeit** *f*; **~teilzeitarbeit** *f* orario *m* (di lavoro) ridotto per anzianità.
Altersversorgung *f* pensione *f* di vecchiaia, previdenza *f* (sociale) per la vecchiaia, trattamento *m* pensionistico di vecchiaia; **betriebliche ~** *f ArbR →* *Betriebsrente* previdenza *f* integrativa (o: complementare) aziendale (*rispetto a quella erogata dagli enti previdenziali obbligatori*), pensione *f* aziendale.
Alters | versorgungskasse *f* cassa *f* di previdenza per la vecchiaia; **~voraussetzungen** *fpl* requisiti *mpl* d'età; **~vorsorge** *f* pensione *f* di vecchiaia, previdenza *f* (sociale) per la vecchiaia, trattamento *m* pensionistico di vecchiaia; **~zulage** *f* maggiorazione *f* d'anzianità, supplemento *m* d'anzianità, premio *m* d'anzianità.
Ältestenrat *m* [1] consiglio *m* degli anziani.
Ältestenrat *m* [2] *(D) (parl)* comitato *m* consultivo del Bundestag composto dal presidente, dai vicepresidenti e dai membri dei gruppi parlamentari.
Ältestenrecht *n* diritto *m* di primogenitura.
Alt | gläubiger/in *m/f* vecchio creditore *m*, cedente *m*; **~lasten** *fpl* siti *mpl* contaminati,

inquinamento *m* storico; **~recht** *n* normativa *f* previgente.

AMG (*Abk* = **Arzneimittelgesetz**) *(D: Gesetz über den Verkehr mit Arzneimitteln; A: Bundesgesetz über die Herstellung und das Inverkehrbringen von Arzneimitteln) → CH: Heilmittelgesetz* legge *f* sui farmaci, legge *f* sui medicinali, legge *f* in materia di prodotti farmaceutici.

Ammann *m (CH)* pubblico funzionario *m*.

Amnestie *f* amnistia *f*; **allgemeine ~** *f* amnistia *f* generale.

Amnestie|erlass *m* decreto *m* di amnistia; **~gesetz** *n* legge *f* di amnistia; **~klausel** *f* clausola *f* di amnistia.

amnestieren *v* amnistiare.

Amortisation *f* ammortamento *m*, ammortizzazione *f*; **~** *f* **von Urkunden** ammortamento *m* di documenti.

Amortisations|anleihe *f* prestito *m* ammortizzabile; **~bedingungen** *fpl* condizioni *fpl* di ammortamento; **~darlehen** *n* mutuo *m* ammortizzabile; **~fonds** *m* fondo *m* d'ammortamento; **~hypothek** *f* ipoteca *f* ammortizzabile; **~kasse** *f* cassa *f* d'ammortamento; **~pfandtitel** *m (CH)* titolo *m* di pegno ammortizzabile; **~plan** *m* piano *m* d'ammortamento; **~rate** *f* quota *f* d'ammortamento; **~schuld** *f* debito *m* rimborsabile; **~verfahren** *n* metodo *m* d'ammortamento.

amortisierbar *adj* ammortabile, ammortizzabile.

amortisieren *v* ammortare, ammortizzare.

Amortisierung *f* ammortamento *m*, ammortizzazione *f*.

Amt *n* [1] *(Position, Posten)* ufficio *m*, carica *f*, impiego *m* (*pubblico*), incarico *m*, *(Aufgabe)* funzione *f*, mansione *f*, compito *m*, *(Pflicht)* dovere *m*, *(Obliegenheit)* incombenza *f*; **im ~** in carica; **in Ausübung seines ~es** nell'esercizio delle proprie funzioni; **kraft ~es** in virtù della carica rivestita, in virtù della propria carica, in virtù del proprio ufficio; **von ~s wegen** *(CH: von Amtes wegen) ↔ auf Antrag* d'ufficio, ex officio *(lat)*, per ragioni d'ufficio, per motivi d'ufficio; **sich (Dat) ein ~ anmaßen** usurpare una funzione; **ein ~ annehmen** accettare una carica, accettare un impiego; **ein ~ antreten** entrare in carica, entrare nelle funzioni, assumere una carica; **aus dem ~ ausscheiden** cessare dalla carica, abbandonare la carica, lasciare la carica, rinunciare alla carica; **ein ~ ausüben** esercitare una carica, esercitare una funzione, esercitare una mansione; **ein ~ bekleiden** ricoprire un ufficio, ricoprire una carica, rivestire una carica; **im ~ bleiben** rimanere in carica, restare in carica, permanere in carica; **in ein ~ einsetzen**; **in ein ~ einweisen** insediare in un ufficio, investire di una carica; **aus dem ~ entfernen** destituire dalla carica, sospendere dalla carica, deporre dalla carica; **jdn. seines ~es entheben** destituire qn. dalla carica, allontanare qn. dalla carica, rimuovere qn. dalla carica, sospendere qn. dalla carica, deporre qn. dalla carica, esonerare qn. dal servizio; **ein ~ innehaben** ricoprire una carica, rivestire una carica, essere titolare di un ufficio; **sein ~ niederlegen** dimettersi, dare le dimissioni, presentare le dimissioni, rassegnare le dimissioni, abbandonare la carica, lasciare la carica, rinunciare alla carica; **aus dem ~ scheiden** cessare dalla carica, abbandonare la carica, lasciare la carica, rinunciare alla carica; **ein ~ übernehmen** accettare una carica, assumere una carica; **ein ~ übertragen** conferire una carica; **im ~ verbleiben** rimanere in carica, restare in carica, permanere in carica; **seines ~es walten** adempiere i propri doveri d'ufficio; **vom ~ zurücktreten** dimettersi, dare le dimissioni, presentare le dimissioni, rassegnare le dimissioni, abbandonare la carica, lasciare la carica, rinunciare alla carica; **öffentliches ~** *n* carica *f* pubblica, ufficio *m* pubblico, impiego *m* pubblico, funzione *f* publica; **politisches ~** *n* carica *f* politica, carica *f* elettiva; **unbesetztes ~** *n* sede *f* vacante; **vererbliches ~** *n* carica *f* ereditaria.

Amt *n* ² *(Behörde, Dienststelle)* ufficio *m* (*pubblico*), ente *m*; **Auswärtiges ~** *n* *(D)* (*Abk* = **AA**) = *Bundesaußenministerium* Ministero *m* degli (affari) esteri (della Repubblica Federale di Germania); **Statistisches ~** *n* **der Europäischen Union** (*Abk* = **Eurostat / ESTAT**) *EuR* Ufficio *m* (centrale) di statistica dell'Unione europea, Istituto *m* di statistica dell'Unione europea; **~** *n* **für Veröffentlichungen der Europäischen Union** *EuR* → *http://publications.europa.eu* Ufficio *m* delle pubblicazioni dell'Unione europea; **zuständiges ~** *n* ufficio *m* competente.

amten *v (CH)* fungere [da], avere la carica [di].

Ämter | häufung *f* cumulo *m* di funzioni, cumulo *m* di cariche, cumulo *m* di impieghi pubblici; **~kauf** *m*; **~käuflichkeit** *f* venalità *f* delle cariche; **~kumulierung** *f* cumulo *m* di funzioni, cumulo *m* di cariche, cumulo *m* di impieghi pubblici.

Amtfrau *f* funzionario *m*, pubblico ufficiale *m*.

amtieren *v* essere in funzione, essere in carica, prestare servizio; **~ als** avere un incarico come (o: in veste di), fungere da, adempiere le funzioni di, fare le funzioni di.

amtierend *adj* in carica, facente funzioni di, pro tempore *(p.t.)*.

amtlich *adj* ufficiale, d'ufficio, in veste ufficiale, per motivi d'ufficio, per ragioni d'ufficio, ufficialmente; **nicht ~** [auch: nichtamtlich] non ufficiale, inufficiale; **~ machen** ufficializzare.

Amtmann *m* [f: Amtfrau / pl.: Amtmänner/-leute] funzionario *m*, pubblico ufficiale *m*.

Amts- ufficiale, d'ufficio.

Amts | ablösung *f* sostituzione *f* (nella carica); **~akt** *m* atto *m* d'ufficio, atto *m* ufficiale; **~akte** *f* fascicolo *m* d'ufficio; **~alter** *n* anzianità *f* di servizio, anzianità *f* d'ufficio; **~anmaßung** *f StrafR (§ 132 StGB)* esercizio *m* abusivo di pubbliche funzioni, usurpazione *f* di funzioni pubbliche; **~antritt** *m* entrata *f* in carica, assunzione *f* della carica, insediamento *m* (*in una carica, un ufficio*); **~anwalt/-anwältin** *m/f* *(D) StrafProzR (benötigt nicht die Befähigung zum Richteramt und kann das Amt eines Staatsanwalts nur beim Amtsgericht ausüben)* procuratore *m* della Repubblica (*presso la pretura tedesca: Amtsgericht*), pubblico ministero *m* (*presso la pretura tedesca: Amtsgericht*), P.M. *m* (*presso la pretura tedesca: Amtsgericht*); **~anwaltschaft** *f* *(D) StrafProzR (als selbständige Strafverfolgungsbehörde gibt es eine Amtsanwaltschaft nur in Berlin und Frankfurt/Main)* procura *f* della Repubblica (*presso la pretura tedesca: Amtsgericht*), pubblico ministero *m* (*presso la pretura tedesca: Amtsgericht*), P.M. *m* (*presso la pretura tedesca: Amtsgericht*); **~arzt/ärztin** *m/f* ufficiale *m* sanitario; **~ausschuss** *m* giunta *f* amministrativa (locale); **~ausübung** *f* esercizio *m* delle funzioni; **~befugnisse** *fpl* attribuzioni *fpl* (d'ufficio), funzioni *fpl* (d'ufficio), poteri *mpl* (d'ufficio), competenze *fpl*.

amtsbekannt *adj* notorio.

Amts | beleidigung *f* oltraggio *m* a pubblico ufficiale; **~bereich** *m* ambito *m* delle attribuzioni (d'ufficio), ambito *m* delle funzioni (d'ufficio); **~bericht** *m* relazione *f* ufficiale; **~bescheid** *m* avviso *m* ufficiale, decisione *f* ufficiale; **~bescheinigung** *f* certificato *m* ufficiale; **~bestätigung** *f* conferma *f* ufficiale, certificato *m* ufficiale.

Amtsbetrieb *m* ¹ *(Tätigkeit)* attività *f* amministrativa.

Amtsbetrieb *m* ² *(Öffnungszeit)* orario *m* di apertura degli uffici.

Amtsbetrieb *m* ³ *ProzR* svolgimento *m* del processo per impulso del giudice.

Amtsbezeichnung *f* qualifica *f* (ufficiale), *(Titel)* titolo *m*.

Amtsbezirk *m* circondario *m* (amministrativo), distretto *m* (amministrativo), giurisdizione *f*;

~ *m* **eines Konsuls** circoscrizione *f* consolare.

Amtsblatt *n* Gazzetta *f* ufficiale, Bollettino *m* ufficiale; **im ~ bekannt geben** pubblicare nella Gazzetta ufficiale; ~ *n* **der Europäischen Union** *EuR* Gazzetta *f* ufficiale dell'Unione europea.

Amts | bürgermeister *m* *(Samtgemeinde)* sindaco *m* di una unione di comuni; **~bürgschaft** *f* cauzione *f* di pubblico ufficiale; **~dauer** *f* durata *f* della carica; **~delikt** *n* reato *m* commesso nell'esercizio di pubbliche funzioni; **~deutsch** *n* tedesco *m* burocratico, linguaggio *m* burocratico; **~diener** *m* usciere *m*; **~ehrenbeleidigung** *f* oltraggio *m* a pubblico ufficiale; **~eid** *m* giuramento *m* d' ufficio; **~einführung** *f*; **~einsetzung** *f* insediamento *m* (*in una carica, un ufficio*); **~einstellung** *f (CH)* sospensione *f* da un ufficio, sospensione *f* da una carica; **~enthebung** *f* destituzione *f* dalla carica, allontanamento *m* dalla carica, rimozione *f* dalla carica, sospensione *f* dalla carica, esonero *m* dal servizio; **~enthebungsverfahren** *n* impeachment *m*, messa *f* in stato di accusa; **~entlassung** *f*; **~entsetzung** *f* destituzione *f* dalla carica, allontanamento *m* dalla carica, rimozione *f* dalla carica, sospensione *f* dalla carica, esonero *m* dal servizio; **~ermittlung** *f* indagine *f* d'ufficio, inchiesta *f* d'ufficio; **~ermittlungsgrundsatz** *m* *StrafProzR* ↔ *Beibringungsgrundsatz* principio *m* inquisitorio; **~fähigkeit** *f* capacità *f* di ricoprire una carica pubblica.

Amtsführung *f* gestione *f*, amministrazione *f*; **ungetreue ~** *f (CH) (Art. 314 sStGB)* infedeltà *f* nella gestione pubblica.

Amts | gebühren *fpl* diritti *mpl* d'ufficio; **~geheimnis** *n* segreto *m* d'ufficio; **~gelder** *npl* denaro *m* d'ufficio, denaro *m* pubblico, soldi *mpl* pubblici, fondi *mpl* pubblici; **~gericht** *n* (*Abk* = **AG**) pretura *f* (*abolita in Italia dal 1999; le relative competenze sono state trasferite al tribunale ordinario*); **~gerichtsbezirk** *m* mandamento *m* di pretura; **~geschäft** *n* atto *m* d'ufficio, atto *m* ufficiale; **~geschäfte** *npl* funzioni *fpl* d'ufficio, esercizio *m* delle funzioni d'ufficio, mansioni *fpl*; **~gewalt** *f* potere/-i m/pl d'ufficio, autorità *f*; **~grenze** *f* confine *m* di un consorzio di comuni; **~grundsatz** *m* *ProzR* principio *m* di officialità; **~haftung** *f* responsabilità *f* amministrativa.

amtshalber *adv* per motivi d'ufficio, per ragioni d'ufficio.

Amts | handlung *f* atto *m* d'ufficio, atto *m* ufficiale, atto *m* amministrativo; **~hilfe** *f* assistenza *f* amministrativa, collaborazione *f* amministrativa, collaborazione *f* tra uffici amministrativi, cooperazione *f* amministrativa; **~hilfeersuchen** *n* rogatoria *f*, commissione *f* rogatoria, lettera *f* rogatoria, richiesta *f* di assistenza amministrativa; **~immunität** *f* immunità *f*; **~inhaber/in** *m/f* titolare *m* dell'ufficio; **~kaution** *f* cauzione *f* di pubblico ufficiale; **~kette** *f (des Bürgermeisters)* collare *m*; **~leiter/in** *m/f* capoufficio *m/f* [anche: capufficio, capo ufficio], caposervizio *m/f*, caposezione *m/f*; **~löschung** *f* cancellazione *f* d'ufficio; **~missbrauch** *m* abuso *m* di potere, abuso *m* (dei poteri) d'ufficio, abuso *m* di autorità; **~mündel** *m* pupillo *m* sotto tutela d'ufficio; **~nachfolger/in** *m/f* successore *m* nella carica; **~niederlegung** *f* dimissioni *fpl* (dalla carica); **~obliegenheit** *f* dovere *m* d'ufficio; **~organ** *n* organo *m* amministrativo; **~periode** *f* mandato *m*, durata *f* del mandato, periodo *m* di carica; **~person** *f* funzionario *m*, pubblico ufficiale *m*; **~pflegschaft** *f* curatela *f* affidata ad ente di assistenza; **~pflicht** *f* dovere *m* d'ufficio; **~pflichtverletzung** *f* violazione *f* dei doveri d'ufficio; **~prinzip** *n* principio *m* di officialità; **~rat/-rätin** *m/f* funzionario *m* caposezione (*grado superiore all'Amtmann*), segretario *m* principale; **~richter/in** *m/f ProzR* pretore *m* (*ufficio soppresso in Italia per effetto del D.Lgs. 19 febbraio 1998, n. 51, istitutivo del giudice unico di primo grado*); **~sachverständige/r** *f/m* perito *m*, consulente *m* tecnico d'ufficio; **~schreiber** *m* cancelliere *m*; **~siegel** *n* sigillo *m* d' ufficio, bollo *m* d'ufficio.

Amtssitz *m* sede *f* (*ufficiale, legale*); **mit dem ~ in** *(notarielle Urkunden)* con studio in.

Amts | sprache *f (offizielle Sprache)* lingua *f* ufficiale, *(Behördensprache)* linguaggio *m* burocratico; **~stelle** *f* ufficio *m* amministrativo; **~stellung** *f* funzione *f*; **~stunden** *fpl* orario *m* d'ufficio, ore *fpl* d'ufficio; **~suspension** *f* sospensione *f* dalla carica; **~tafel** *f* albo *m* degli avvisi ufficiali, albo *m* pretorio; **~tätigkeit** *f* esercizio *m* delle funzioni (d'ufficio); **~titel** *m* titolo *m* ufficiale; **~träger** *m* titolare *m* d'ufficio, dignitario *m*; **~übergabe** *f* passaggio *m* di poteri, trasmissione *f* di poteri; **~übernahme** *f* entrata *f* in carica, assunzione *f* della carica; **~umlage** *f* contributo *m* dovuto dai comuni membri di un consorzio; **~unterschlagung** *f StrafR* peculato *m*; **~urkunde** *f* atto *m* ufficiale, documento *m* ufficiale; **~verfassung** *f* ordinamento *m* comunale; **~vergehen** *n* reato *m* commesso nell'esercizio di pubbliche funzioni; **~verhältnis** *n* rapporto *m* di pubblico impiego; **~verlust** *m* decadenza *f* dalla carica; **~vermerk** *m* annotazione *f* d'ufficio; **~verordnete/r** *f/m* rappresentante *m* eletto da un'assemblea amministrativa locale; **~verrichtung** *f* atto *m* d'ufficio, funzione *f*; **~versammlung** *f* assemblea *f* amministrativa locale; **~verschwiegenheit** *f* segreto *m* d'ufficio; **~verteidiger/in** *m/f (A)* difensore *m* d'ufficio; **~vertretung** *f* assemblea *f* amministrativa locale; **~verwalter/in** *m/f (Notar oder Notarvertreter, der zur vorübergehenden Wahrnehmung der Amtsgeschäfte ermächtigt wird)* notaio *m* ad interim, chi assume ad interim le funzioni del notaio; **~vorgänger/in** *m/f* precedente titolare *m/f* della carica, predecessore *m* (in una carica); **~vormund** *m* tutore *m* ufficiale; **~vormundschaft** *f* tutela *f* affidata ad ente d'assistenza, tutela *f* assistenziale, tutela *f* d'ufficio; **~vorstand** *m*; **~vorsteher/in** *m/f* capoufficio *m/f* [anche: capufficio, capo ufficio], caposervizio *m/f*, caposezione *m/f*, capo *m* delle amministrazioni di un consorzio di comuni; **~vortrag** *m* rapporto *m* ufficiale; **~wechsel** *m* avvicendamento *m* nelle cariche; **~weg** *m* via *f* gerarchica, via *f* ufficiale.

amtswegig *adj (A)* d'ufficio, in via ufficiale, ex officio *(lat)*.

amtswidrig *adj* contrario ai doveri d'ufficio.

Amtswirksamkeit *f (A)* funzioni *fpl*.

Amtszeit *f (Amtsperiode)* durata *f* del mandato, mandato *m*, durata *f* della carica, permanenza *f* in carica, *(Geschäftszeit)* orario *m* d'ufficio; **im Laufe der ~** nel corso del mandato.

Amts | zeugnis *n* certificato *m* ufficiale; **~zulage** *f* indennità *f* di carica, indennità *f* di funzione; **~zustellung** *f* notificazione *f* d'ufficio, notifica *f* d'ufficio.

analog *adj (entsprechend)* analogo, in via analogica, per analogia, analogamente, *(IT)* analogico; **~ anwenden** applicare in via analogica, applicare per analogia.

Analogie *f* analogia *f*; **~schluss** *m* conclusione *f* per analogia; **~verbot** *n StrafR* divieto *m* di analogia, divieto *m* del ricorso all'analogia (*nel diritto penale*).

Anatozismus *m (Zinsesverzinsung)* anatocismo *m*.

Anbau *m* [1] *BauR (Gebäude)* edificio *m* annesso, fabbricato *m* annesso, fabbricato *m* aggiunto, *(Flügel)* ala *f* aggiunta di un edificio.

Anbau *m* [2] *(Landwirtschaft)* coltura *f*, coltivazione *f*.

anberaumen *v (Sitzung, Termin)* fissare, stabilire, convocare, *(Wahlen)* indire.

Anberaumung *f (in Bez. auf Sitzung, Termin)* fissazione *f*, il fissare, lo stabilire, convocazione *f*, *(in Bez. auf Wahlen)* indizione *f*; **~** *f* **der Hauptverhandlung**; **~** *f* **des Hauptverhandlungstermins** *StrafProzR* fissazione *f* dell'udienza dibattimentale; **~** *f* **von Neuwahlen** indizione *f* di elezioni anticipate; **~** *f* **eines Termins** *ProzR* fissazione *f* di (o: dell') udienza.

Anbetracht, in ~ [*Gen*] in considerazione di, tenuto conto di, con riguardo a, in vista di, visto, dato; **in ~ der Tatsache, dass**; **in ~ dessen, dass** considerando che, considerato che, tenendo conto che, tenuto conto che, visto che, dato che, posto che, atteso che.

anbieten *v* offrire, proporre.

Anbietende/r *f/m* offerente *m/f*, proponente *m/f*.

Anbieter/in *m/f* *(von Waren und Dienstleistungen)* offerente *m/f*, proponente *m/f*, *(Lieferant)* fornitore *m*, *(Telekom)* operatore *m*, gestore *m*, *(IT)* provider *m*.

Anbietungspflicht *f* obbligo *m* di offerta.

Anbot *n (A)* offerta *f*.

Anbots | ausschreibung *f (A)* bando *m* di gara; **~schreiben** *n (A)* offerta *f* scritta.

anbringen *v* [1] *(vorbringen)* presentare, proporre, inoltrare, *(Klage)* promuovere, *(Kritik)* formulare.

anbringen *v* [2] *(befestigen)* fissare, attaccare, mettere, applicare, montare, installare, *(Plakate)* affiggere, *(Änderungen)* apportare.

anbringen *v* [3] *(verkaufen)* vendere, piazzare.

Anbringen, unbefugtes ~ *n* **von Plakaten** affissione *f* abusiva.

Anciennität *f* anzianità *f* (di sede).

Anderdepot *n* deposito *m* per conto di terzi (*effettuato da fiduciarie, notai, avvocati, ecc. per conto dei loro clienti*).

anderenfalls *adv* = *andernfalls* in caso contrario, altrimenti, se no.

Anderkonto *n* conto *m* fiduciario, conto *m* altrui (*aperto dall'intestatario del conto corrente (p. es. un avvocato, un notaio) e dallo stesso gestito fiduciariamente per conto di terzi, p.es. i propri clienti*).

ändern *v* modificare, apportare modifiche a, variare, cambiare, mutare, alterare, *(verbessern)* correggere, rettificare, *(parl)* emendare, *ProzR* riformare.

Anderslieferung *f (aliud)* consegna *f* di cosa diversa da quella pattuita, aliud pro alio *(lat)*.

Änderung *f* modificazione *f*, modifica *f*, variazione *f*, cambiamento *m*, cambio *m*, mutamento *m*, mutazione *f*, alterazione *f*, *(Verbesserung)* correzione *f*, rettifica *f*, *(parl)* emendamento *m*, *ProzR* riforma *f*; **~en anbringen** apportare (delle) modifiche; **~en vorbehalten** salvo modifiche; **nachfolgende ~** *f* modifica *f* successiva; **wesentliche ~** *f* variazione *f* essenziale; **~** *f* **der Gesellschaftsform** *GesR* trasformazione *f* di società; **~** *f* **der Klageanträge** *ZivProzR* modificazione *f* delle conclusioni; **~** *f* **der Rechtslage** cambiamento *m* normativo.

Änderungs | antrag *m* proposta *f* di emendamento; **~befugnis** *f* potere *m* di riforma; **~bescheid** *m* decisione *f* di riforma; **~buchung** *f* scrittura *f* rettificativa; **~eintragung** *f* iscrizione *f* modificativa; **~fassung** *f (eines Gesetzentwurfs)* testo *m* emendato; **~gesetz** *n* legge *f* di modifica, legge *f* modificativa; **~kündigung** *f ArbR (§ 2 KSchG)* licenziamento *m* comunicato dal datore di lavoro al prestatore di lavoro, al quale viene contestualmente offerta la possibilità di proseguire il rapporto di lavoro ad altre condizioni contrattuali, recesso *m* modificativo, disdetta *f* causata da una modifica del contratto di lavoro *(CH)*, disdetta *f* con/sotto riserva di modifica del contratto di lavoro *(CH)*; **~paket** *n* pacchetto *m* di modifiche; **~protokoll** *n* protocollo *m* d'emendamento, protocollo *m* di modifica; **~recht** *n* diritto *m* di modificazione, diritto *m* d'emendamento; **~richtlinie** *f* direttiva *f* di modifica; **~vertrag** *m* contratto *m* modificativo;

~vorschlag *m* proposta *f* di modifica, *(parl)* proposta *f* d'emendamento; **~wünsch** *m* richiesta *f* di modifica, modifica *f* richiesta, proposta *f* di modifica, modifica *f* proposta.
andienen *v* [1] *(anbieten)* offrire, mettere a disposizione, consegnare.
andienen *v* [2] *VersR (Schaden)* dichiarare.
andienen *v* [3] *(Schadensersatzanspruch)* far valere.
andienen *v* [4] *(Warenbörse)* mettere a disposizione la merce, dichiarare che la merce è pronta per la consegna.
Andienung *f* [1] *(von Waren)* offerta *f*, consegna *f*.
Andienung *f* [2] *VersR (eines Schadens)* dichiarazione *f*.
androhen *v* minacciare, ammonire, diffidare, *(Strafe)* comminare.
Androhung *f* minaccia *f*, *(Strafe)* comminazione *f*, comminatoria *f*.
aneignen *v* [sich] appropriarsi [di], impossessarsi [di], *(Recht)* arrogarsi, *(widerrechtlich)* usurpare, *(Kenntnisse)* acquisire, acquistare, assimilare, *(Fremdsprache)* impadronirsi [di]; **sich rechtswidrig ~**; **sich widerrechtlich ~** appropriarsi indebitamente [di].
Aneignung *f* [1] appropriazione *f*, *(widerrechtliche Inbesitznahme)* usurpazione *f*, *(fig)* acquisizione *f*; **rechtswidrige ~** *f*; **widerrechtliche ~** *f* appropriazione *f* indebita.
Aneignung *f* [2] *(Eigentumserwerb an beweglichen herrenlosen Sachen) (§§ 958 ff. BGB)* occupazione *f*.
Aneignungsrecht *n* [1] diritto *m* di appropriazione.
Aneignungsrecht *n* [2] *(Eigentumserwerb)* diritto *m* di occupazione.
Anerbe/-erbin *m/f ErbR* erede *m/f* cui spetta tutto il patrimonio (di un fondo rustico), l'unico avente diritto *m* alla successione nel maso chiuso.
Anerbenrecht *n ErbR* → *Höferecht* diritto *m* di successione nel maso chiuso di un unico erede.
anerbieten, sich ~ *v* offrirsi.
Anerbieten *n* offerta *f*; **öffentliches ~** *n* offerta *f* al pubblico.
anerkannt *adj* [1] riconosciuto; **gesetzlich ~**; **staatlich ~** riconosciuto legalmente.
anerkannt *adj* [2] *InsolvenzR (Forderung)* accertato.
anerkennen *v* riconoscere, *(billigen)* approvare, *(FinanzW)* accettare, *(würdigen)* apprezzare; **nicht ~** non riconoscere, disconoscere, respingere, rigettare.
Anerkenntnis *n* riconoscimento *m*, dichiarazione *f* di riconoscimento, *ProzR* riconoscimento *m* della domanda giudiziale ad opera del convenuto, riconoscimento *m*, effettuato da una parte, della pretesa dell'altra, confessione *f* giudiziale; **~** *n* **der Vaterschaft** *FamR* riconoscimento *m* di (o: della) paternità (*di un bambino/minore*).
Anerkenntnis | schreiben *n* atto *m* di riconoscimento; **~urteil** *n* *ZivProzR (§ 93 ZPO; § 395 öZPO)* sentenza *f* di accoglimento della domanda giudiziale pronunciata dal giudice per effetto dell'esplicito riconoscimento della stessa ad opera del convenuto, sentenza *f* fondata sul riconoscimento, effettuato da una parte, della pretesa dell'altra, sentenza *f* di riconoscimento della domanda, sentenza *f* in seguito a confessione giudiziale.
Anerkennung *f* riconoscimento *m*, *(Billigung)* approvazione *f*, *(Zustimmung)* consenso *m*, *(FinanzW)* accettazione *f*, *(Würdigung)* apprezzamento *m*, *(von Prüfungen)* convalida *f*, *(von ausländischen Schul- und Studienabschlüssen)* equipollenza *f* (*dei titoli di studio, scolastici o accademici, conseguiti all'estero*); **de facto ~** *f* riconoscimento *m* de facto, riconoscimento *m* di fatto; **de jure ~** *f* riconoscimento *m* de iure, riconoscimento *m* di diritto; **deklaratorische ~** *f* riconoscimento *m* dichiarativo; **einseitige ~** *f* riconoscimento *m* unilaterale; **förmliche ~** *f* riconoscimento *m* formale; **gegenseitige ~** *f* mutuo riconoscimento *m*, riconoscimento *m* reciproco; **gerichtliche ~** *f* riconoscimento *m*

giudiziario; **stillschweigende ~** *f* riconoscimento *m* tacito; **teilweise ~** *f* riconoscimento *m* parziale; **~** *f* **eines Anspruchs** riconoscimento *m* di un diritto; **~** *f* **eines ausländischen Urteils** *ProzR (§ 328 ZPO)* riconoscimento *m* di una sentenza straniera, delibazione *f* (di una sentenza straniera); **~** *f* **der außerehelichen Vaterschaft** *FamR* riconoscimento *m* di figlio naturale; **gerichtliche Zuständigkeit** *f*, **~** *f* **und Vollstreckung** *f* **von Entscheidungen in Zivil- und Handelssachen** *IPR* competenza *f* giurisdizionale, riconoscimento *m* ed esecuzione *f* delle decisioni in materia civile e commerciale; **~** *f* **von Hochschulabschlüssen** riconoscimento *m* dei titoli accademici, equipollenza *f* dei titoli accademici; **~** *f* **eines Kindes** *FamR* riconoscimento *m* di un figlio; **~** *f* **der nichtehelichen Vaterschaft** *FamR* riconoscimento *m* di figlio naturale; **~** *f* **von Prüfungen** convalida *f* di esami, riconoscimento *m* degli esami; **~** *f* **einer Regierung** riconoscimento *m* di un governo; **~** *f* **der Unabhängigkeit** riconoscimento *m* di indipendenza; **~** *f* **der Vaterschaft zu einem Kind** *FamR* riconoscimento *m* di (o: della) paternità di un bambino (o: minore).

Anerkennungs | akt *m* atto *m* di riconoscimento; **~erklärung** *f* dichiarazione *f* di riconoscimento; **~urkunde** *f* atto *m* di riconoscimento.

Anfall *m* [1] *(Gewinn)* utile *m*, profitto *m*, *(Ertrag)* ricavo *m*, rendita *f*, *(Steuern)* gettito *m*, *(Kosten)* incidenza *f*, *(Zinsen)* maturazione *f*, *(Arbeit, Schaden)* volume *m*.

Anfall *m* [2] *ErbR* delazione *f*, devoluzione *f*; **~** *m* **der Erbschaft** *ErbR* delazione *f* dell'eredità, devoluzione *f* dell'eredità, devoluzione *f* ereditaria.

anfallen *v* [1] *(entstehen, sich ergeben)* risultare, derivare, sopraggiungere, prodursi, *(auftreten)* presentarsi, *(Zinsen)* maturare, *(Abgaben, Kosten)* incidere.

anfallen *v* [2] *ErbR* essere devoluta *(eredità)*.

Anfang *m* inizio *m*, principio *m*, esordio *m*, avvio *m*, origine *f*; **von ~ an** ex tunc *(lat)*, (fin) dall'inizio, (fin) dal principio, (sin) dall'origine, da capo, ex novo *(lat)*; **von ~ an nichtig** radicalmente nullo.

anfänglich *adj* ↔ *nachträglich* iniziale.

Anfangs | abschreibung *f* ammortamento *m* iniziale; **~beitrag** *m* contributo *m* iniziale; **~bestand** *m* scorte *fpl* iniziali, esistenze *fpl* iniziali; **~bezug** *m (A)* retribuzione *f* iniziale, trattamento *m* economico iniziale, stipendio *m* iniziale, salario *m* iniziale; **~bilanz** *f* bilancio *m* d'apertura; **~gebühr** *f (A)*; **~gebührenanteil** *m (UPU)* quota *f* parte di partenza; **~gehalt** *n* stipendio *m* iniziale; **~guthaben** *n* saldo *m* creditore iniziale; **~kapital** *n* capitale *m* iniziale, capitale *m* d'impianto, capitale *m* d'avviamento; **~kurs** *m (Börse)* prezzo *m* iniziale, corso *m* iniziale, quotazione *f* iniziale, prezzo *m* d'apertura, corso *m* d'apertura, quotazione *f* d'apertura; **~lohn** *m* salario *m* iniziale; **~notierung** *f (Börse)* prezzo *m* iniziale, corso *m* iniziale, quotazione *f* iniziale, prezzo *m* d'apertura, corso *m* d'apertura, quotazione *f* d'apertura; **~prämie** *f* premio *m* iniziale; **~schuld** *f* saldo *m* debitore iniziale; **~termin** *m* giorno *m* iniziale, termine *m* iniziale; **~verdacht** *m StrafProzR* → *s. Infokasten unter „Verdacht"* sospetto *m* di reità (*presupposto per l'avvio delle indagini preliminari*); **~vermögen** *n* patrimonio *m* iniziale, capitale *m* iniziale; **~wert** *m* valore *m* iniziale.

anfechtbar *adj* → *s. Infokasten „Nichtigkeit – Anfechtung" im Anhang 1* impugnabile, appellabile, contestabile, oppugnabile, sindacabile, *(Willenserklärung)* annullabile.

Anfechtbarkeit *f* → *s. Infokasten „Nichtigkeit – Anfechtung" im Anhang 1* impugnabilità *f*, appellabilità *f*, contestabilità *f*, oppugnabilità *f*, sindacabilità *f*, *(von Willenserklärungen)* annullabilità *f*; ~ *f* **wegen Drohung** *(§ 123 BGB)* annullabilità *f* per violenza (morale); ~ *f* **wegen Irrtums** *(§ 119 BGB)* annullabilità *f* per errore; ~ *f* **wegen Täuschung** *(§ 123 BGB)* annullabilità *f* per dolo, impugnabilità *f* per errore causato dall'inganno.

anfechten *v* impugnare, contestare, confutare, oppugnare, *(Entscheidung)* appellare, appellarsi, *(Vertrag)* chiedere l'annullamento.

Anfechtung *f* → *s. Infokasten „Nichtigkeit – Anfechtung" im Anhang 1* impugnazione *f*, impugnativa *f*, contestazione *f*, *(eines Vertrages)* domanda *f* di annullamento, richiesta *f* di annullamento; ~ *f* **der Ehelichkeit** *FamR* disconoscimento *m* della paternità; ~ *f* **des Testaments** *ErbR* impugnazione *f* del testamento; ~ *f* **des Urteils** *ProzR* impugnazione *f* della sentenza; ~ *f* **des Vertrags** *VertragsR* domanda *f* di annullamento del contratto, richiesta *f* di annullamento del contratto, impugnazione *f* del contratto; ~ *f* **des Verwaltungsaktes** impugnazione *f* dell'atto amministrativo; ~ *f* **einer Willenserklärung** *(§§ 119 ff. BGB)* richiesta *f* di annullamento di una dichiarazione di volontà, impugnazione *f* di una dichiarazione di volontà, contestazione *f* di una dichiarazione di volontà (*resa per errore, sia esso errore nella formazione della volontà, errore nella manifestazione della volontà o errore nella trasmissione della dichiarazione*).

Anfechtungs|befugnis *f* diritto *m* di impugnazione, *(Vertrag)* potere *m* di annullamento; **~berechtigte/r** *f/m* titolare *m/f* del diritto di impugnazione, avente *m/f* diritto ad impugnare, *(Vertrag)* avente *m/f* diritto a chiedere l'annullamento; **~erklärung** *f* dichiarazione *f* di impugnazione, *(Vertrag)* domanda *f* di annullamento, richiesta *f* di annullamento; **~frist** *f* termine *m* per l'impugnazione, *(Vertrag)* termine *m* per la domanda (o: richiesta) di annullamento (del negozio); **~gegner/in** *m/f* resistente *m/f* (all'impugnazione), *(Vertrag)* controparte *f* a cui è rivolta la domanda (o: richiesta) di annullamento (del negozio); **~grund** *m* causa *f* di impugnazione, *(Vertrag)* causa *f* di annullamento; **~handlung** *f* atto *m* di impugnazione.

Anfechtungsklage *f* [1] impugnativa *f*, domanda *f* di annullamento.

Anfechtungsklage *f* [2] *(Verwaltungsprozessrecht)* ricorso *m* per l'annullamento di un atto amministrativo, azione *f* di annullamento.

Anfechtungsklage *f* [3] *(Insolvenzverfahren)* azione *f* revocatoria.

Anfechtungs|recht *n* diritto *m* di impugnazione, diritto *m* di impugnare, *(Vertrag)* diritto *m* di chiedere l'annullamento; **~verfahren** *n* procedimento *m* di impugnazione.

anfordern *v* domandare, (ri)chiedere, esigere, pretendere, rivendicare.

Anfordern, auf erstes ~ a/su prima richiesta, a/su semplice richiesta.

Anforderung *f* [1] domanda *f*, richiesta *f*, *(Bestellung)* ordine *m*, ordinazione *f*.

Anforderung *f* [2] [an *Akk*] *(Anspruch)* esigenza *f*, pretesa *f*, requisito *m*, criterio *m*; **den ~en entsprechen**; **die ~en erfüllen**; **den ~en genügen**; **den ~en gerecht werden** rispondere ai requisiti, rispettare i requisiti, soddisfare i requisiti, integrare i requisiti, essere in possesso dei requisiti richiesti, essere (o: risultare) conforme alle prescrizioni, soddisfare le esigenze, soddisfare i criteri.

Anforderung *f* [3] *(Bundesleistungsgesetz)* requisizione *f*.

Anforderungs|behörde *f* autorità *f* requirente; **~bescheid** *m* provvedimento *m* di requisizione, requisizione *f*.

Anfrage *f* domanda *f*, richiesta *f*, *(parl)* interpellanza *f*; **auf ~** a/su/dietro richiesta; **große ~** *f (Bundestag)* interpellanza *f*; **kleine ~** *f (Bundestag)* interrogazione *f* (di un gruppo parlamentare a cui si risponde per iscritto); **mündliche ~** *f (Bundestag)* interrogazione *f*; **parlamentarische ~** *f* interpellanza *f* parlamentare.

anfragen *v* [bei jemandem, schweizerisch auch: jemanden anfragen] domandare [a qn.], (ri)chiedere [a qn.], informarsi.

anfügen *v* accludere, allegare, aggiungere.

anführen *v* [1] *(vorbringen)* portare, *(Grund)* addurre, *(Beispiel)* dare, *(Beweise, Unterlagen)* produrre, fornire, *(erwähnen)* citare.

anführen *v* [2] *(leiten)* guidare, condurre, *(befehligen)* avere il comando, comandare.

Angabe *f (Hinweis)* indicazione *f*, segnalazione *f*, *(Auskunft)* informazione *f*, *(Erklärung)* dichiarazione *f*, *(Behauptung)* affermazione *f*, asserzione *f*; **falsche ~** *f* dichiarazione *f* falsa; **ohne ~ von Gründen** senza indicazione dei motivi, senza indicare i motivi; **unter ~ der Gründe** indicando i motivi; **~** *f* **des Inhalts** dichiarazione *f* del contenuto; **~** *f* **des Wertes** dichiarazione *f* del valore.

Angaben *fpl (Daten)* dati *mpl*, estremi *mpl*, *(Hinweise)* indicazioni *fpl*, *(Auskünfte)* informazioni *fpl*, *(Erklärungen)* dichiarazioni *fpl*, *(Behauptungen)* affermazioni *fpl*, asserzioni *fpl*; **~ machen** dichiarare, rilasciare dichiarazioni, fornire informazioni, dare informazioni, fornire dati; **genaue ~ machen**; **nähere ~ machen** [zu etwas, über jemanden/etwas] dare/fornire informazioni dettagliate, dare/fornire precise informazioni, dare/fornire (delle) precisazioni, precisare, specificare, dare/fornire (i) dettagli, dare/fornire (i) particolari; **~ zur Person machen** declinare le proprie generalità; **die Richtigkeit der ~ überprüfen** verificare l'esattezza delle dichiarazioni, verificare l'esattezza dei dati forniti; **bewusst falsche ~** *fpl* dichiarazioni *fpl* infedeli; **falsche ~** *fpl* informazioni *fpl* false, dichiarazioni *fpl* false, indicazioni *fpl* false, indicazioni *fpl* sbagliate, falsità *f*; **genaue ~**; **nähere ~** *fpl* notizie *fpl* particolareggiate, informazioni *fpl* dettagliate, precise informazioni *fpl*, precisazioni *fpl*, dettagli *mpl*, particolari *mpl*; **nicht wahrheitsgetreue ~** *fpl* dichiarazioni *fpl* non veritiere, dichiarazioni *fpl* mendaci, dichiarazioni *fpl* non vere, dichiarazioni *fpl* non rispondenti al vero, dichiarazioni *fpl* non rispondenti a verità, dati *mpl* non veri, dati *mpl* non rispondenti al vero, dati *mpl* non rispondenti a verità; **~** *fpl* **zur Person**; **persönliche ~** *fpl* dati *mpl* personali, dati *mpl* anagrafici, generalità *fpl*; **statistische ~** *fpl* dati *mpl* statistici; **unvollständige ~** *fpl* dati *mpl* incompleti, dichiarazioni *fpl* incomplete; **unwahre ~** *fpl* informazioni *fpl* false, dichiarazioni *fpl* false, indicazioni *fpl* false, indicazioni *fpl* sbagliate, falsità *f*; **vollständige ~** *fpl* dati *mpl* completi, dichiarazioni *fpl* complete; **wahrheitsgetreue ~** *fpl* dichiarazioni *fpl* veritiere, dichiarazioni *fpl* vere, dati *mpl* veri.

angeben *v (nennen)* indicare, menzionare, *(Namen)* dare, *(erklären)* dichiarare, asserire, affermare, *(vorbringen)* addurre, presentare, *(bestimmen)* fissare, stabilire, *(anzeigen)* denunciare.

angeblich *adj (vermeintlich)* presunto, supposto, *(vorgeblich)* preteso, asserito, sedicente, si dice che [cong.], dicono che [cong.], corre voce che [cong.], sembra che [cong.].

Angebot *n* offerta *f*, proposta *f*; **ein ~ abgeben** *(Ausschreibung)* presentare un'offerta, fare un'offerta, sottoporre un'offerta; **ein ~ ablehnen** *VertragsR* rifiutare un'offerta; **ein ~ annehmen** *VertragsR* accettare un'offerta; **ein ~ einholen** *VertragsR* richiedere un'offerta; **ein ~ einreichen** *(Ausschreibung)* presentare un'offerta, fare un'offerta, sottoporre un'offerta; **ein ~ erstellen** *(Ausschreibung)* preparare un'offerta, compilare un'offerta; **ein ~ machen** *VertragsR* fare un'offerta; **ein ~ unterbreiten** *VertragsR* sottoporre un'offerta, presentare un'offerta, fare un'offerta; **~** *n* **und Nachfrage** *f* domanda *f* e offerta *f*; **~** *n* **zum Vertragsabschluss** *VertragsR* proposta *f* di contratto; **ausdrückliches ~** *n* offerta *f* espressa, offerta *f* esplicita, proposta *f* esplicita; **bedingtes ~** *n* offerta *f* condizionata; **befristetes ~** *n* offerta *f* limitata (nel tempo); **begrenztes ~** *n* offerta *f* limitata; **bindendes ~** *n* offerta *f* vincolante, offerta *f* impegnativa; **einseitiges ~** *n* offerta *f* unilaterale; **elastisches ~** *n* offerta *f* elastica; **ernst gemeintes ~** *n* offerta *f* seria; **festes ~** *n* offerta *f* ferma, offerta *f* a fermo, offerta *f* definitiva; **freibleibendes ~** *n* offerta *f* senza impegno; **günstiges ~** *n* offerta *f* conveniente; **höheres ~** *n*; **höher liegendes ~** *n* offerta *f* maggiore, offerta *f* più alta, offerta *f* più elevata; **konkludentes ~** *n* offerta *f* implicita; **konkurrenzfähiges ~** *n* offerta *f* competitiva; **mündliches ~** *n* offerta *f* verbale, offerta *f* orale; **öffentliches ~** *n* offerta *f* al pubblico; **schriftliches ~** *n* offerta *f* scritta; **stillschweigendes ~** *n* offerta *f* implicita, proposta *f* tacita; **unverbindliches ~** *n* offerta *f* non vincolante, offerta *f* senza impegno; **unverlangtes ~** *n* offerta *f* non richiesta; **verbindliches ~** *n* offerta *f* vincolante; **vorteilhaftes ~** *n* offerta *f* conveniente.

Angebots|abgabe *f (Ausschreibung)* presentazione *f* di un'offerta, presentazione *f* delle offerte; **~absprache** *f KartellR (bei der Vergabe öffentlicher Aufträge)* presentazione *f* di offerte concordate, manipolazione *f* delle offerte; **~annahme** *f* accettazione *f* dell'offerta; **~ausschreibung** *f* bando *m* di gara; **~einholung** *f* richiesta *f* di offerta; **~einreichung** *f (Ausschreibung)* presentazione *f* di un'offerta, presentazione *f* delle offerte; **~empfänger/in** *m/f VertragsR* destinatario/-a *m/f* (*di un'offerta, una proposta*); **~erstellung** *f (Ausschreibung)* preparazione *f* dell'offerta, compilazione *f* dell'offerta; **~frist** *f (Ausschreibung)* termine *m* di presentazione delle offerte, termine *m* per la presentazione di un'offerta, termine (o: periodo) *m* entro cui (o: entro il quale) possono essere presentate (le) offerte; **~monopol** *n* monopolio *m* dell'offerta; **~preis** *m* prezzo *m* offerto, prezzo *m* di offerta; **~unterlagen** *fpl (Ausschreibung)* documentazione *f* da allegare all'offerta, documentazione *f* inerente all'offerta, documenti *mpl* da presentare a corredo dell'offerta; **~zwang** *m* obbligo *m* di offrire.

angebracht *adj* opportuno, conveniente, appropriato, indicato.

angehalten *part* [zu *Dat*] esortato [a], invitato [a], sollecitato [a], incitato [a], costretto [a], obbligato [a], tenuto [a]; **~ sein, etwas zu tun** essere tenuto a fare qc.

angehörig *adj* appartenente.

Angehörigenklausel *f VersR* clausola *f* relativa ai familiari.

Angehörige/r *f/m (Verwandter)* parente *m/f*, congiunto/-a *m/f*, *(Familienangehöriger)* familiare *m/f*, membro *m* della famiglia, *(Zugehöriger)* appartenente *m/f*, *(Mitglied)* membro *m*, *(Betriebsangehöriger)* dipendente *m/f*, addetto/-a *m/f*; **nächste/r ~** *f/m* parente *m/f* prossimo/-a; **~** *f/m* **eines ausländischen Staates** cittadino/-a *m/f* di uno Stato estero; **~** *f/m* **eines freien Berufs** libero/-a professionista *m/f*, professionista *m/f*; **~** *f/m* **einer (sprachlichen) Minderheit** appartenente *m/f* a una minoranza (linguistica); **~** *f/m* **eines Mitgliedstaates der Europäischen Union** *EuR* cittadino/-a *m/f* appartenente ad uno Stato membro dell'Unione europea; **~** *f/m* **des öffentlichen Dienstes** funzionario *m* (pubblico), pubblico funzionario *m*, impiegato/-a *m/f* statale, impiegato/-a *m/f* pubblico/-a, pubblico/-a impiegato/-a *m/f*, dipendente *m/f* pubblico/-a, pubblico/-a dipendente *m/f*;

~ *f/m* **einer Volksgruppe** appartenente *m/f* ad un gruppo etnico.

angeklagt *adj StrafProzR* imputato, accusato; **~ sein** *StrafProzR* essere imputato, essere accusato, essere in stato d'accusa; **des ... (Gen) ~ sein** *StrafProzR* essere imputato di ..., essere accusato di ....

Angeklagten | bank *f StrafProzR* banco *m* degli imputati; **~eigenschaft** *f StrafProzR* qualità *f* di imputato; **~rechte** *npl StrafProzR* diritti *mpl* (e garanzie *fpl*) dell'imputato.

Angeklagte/r *f/m StrafProzR (Beschuldigter oder Angeschuldigter, gegen den die Eröffnung des Hauptverfahrens beschlossen ist) → zuvor: Beschuldigte/r, Angeschuldigte/r* imputato/-a *m/f*, accusato/-a *m/f (CH)*; **den Angeklagten freisprechen** *StrafProzR* assolvere l'imputato, prosciogliere l'imputato; **den Angeklagten vernehmen** *StrafProzR* interrogare l'imputato; **den Angeklagten verurteilen** *StrafProzR* condannare l'imputato; **~ in Abwesenheit**; **abwesende/r ~**; **ausgebliebene/r ~** *f/m StrafProzR* imputato *m* assente; **flüchtige/r ~** *f/m StrafProzR* imputato *m* latitante; **im Zweifel für den Angeklagten** *StrafProzR* in dubio pro reo *(lat)*, nel dubbio, a favore dell'imputato (*nelle situazioni di incertezza, il presunto colpevole deve essere assolto per non rischiare mai di punire un innocente*).

Angelegenheit *f (Sache)* affare *m*, faccenda *f*, vicenda *f*, fatto *m*, questione *f*, *(Vorgang, Akten)* pratica *f*; **eine ~ regeln** sistemare un affare, sistemare una questione; **die ~ dem Anwalt übergeben**; **die ~ dem Rechtsanwalt übertragen** passare la pratica al legale, passare la pratica all'avvocato; **amtliche ~** *f*; **dienstliche ~** *f* affare *m* d'ufficio, questione *f* d'ufficio, questione *f* di servizio; **diplomatische ~** *f* affare *m* diplomatico; **eigene ~** *f* affare *m* personale, questione *f* personale, questione *f* di propria competenza, questione *f* che rientra tra le proprie competenze; **schwebende ~** *f* pendenza *f*, questione *f* pendente, questione *f* in sospeso; **streitige ~** *f* affare *m* litigioso, affare *m* contenzioso, materia *f* contenziosa, contenzioso *m*, controversia *f*; **in vorbezeichneter ~** *(Rechtsanwaltsschreiben)* in/con riferimento alla pratica in oggetto, in relazione alla pratica in oggetto, in merito alla pratica in oggetto.

Angelegenheiten *fpl (Geschäfte)* affari *mpl*; **seine ~ besorgen** provvedere ai propri interessi, curare i propri interessi, provvedere ai propri affari; **auswärtige ~** *fpl* affari *mpl* esteri; **innere ~** *fpl* affari *mpl* interni; **Prinzip** *n* **der Nichteinmischung in die inneren ~ eines anderen Staates** *→ Art. 2 Abs. 7 der UN-Charta* principio *m* di non ingerenza negli affari interni di un altro Stato, principio *m* del non intervento negli affari interni di un altro Stato; **innerstaatliche ~** *fpl* affari *mpl* interni (di uno Stato); **laufende ~** *fpl* affari *mpl* correnti, affari *mpl* di ordinaria amministrazione; **wirtschaftliche ~** *fpl* questioni *fpl* economiche.

angeloben *v (A)* promettere solennemente.

Angelobung *f (A)* promessa *f* solenne.

angemessen *adj* adeguato, *(geeignet)* adatto, *(angebracht)* opportuno, conveniente, appropriato, *(entsprechend)* conforme, consono, *(von Fristen u.Ä.)* ragionevole, *(billig)* giusto, congruo, equo, *(verhältnismäßig)* proporzionato, *(gebührend)* debito.

Angemessenheit *f* adeguatezza *f*, conformità *f*, ragionevolezza *f*, *(Billigkeit)* equità *f*; **~** *f* **der Mittel** *(Verwaltung)* adeguatezza *f* delle misure (adottate).

angenommen *adj* [1] *FamR (Kind)* adottato.

angenommen *adj* [2] *(hypothetisch)* ipotetico, presunto, supposto; **~, dass** (sup)posto che, supponendo che, ammesso che.

Angenommene/r *f/m FamR (als Kind)* adottato/-a *m/f.*
angerufen *adj (Gericht)* adito.
Angeschuldigte/r *f/m StrafProzR (Beschuldigter, gegen den die öffentliche Klage erhoben ist) (§ 157 Hs. 1 StPO) → s. auch Beschuldigte/r, Angeklagte/r* imputato/-a *m/f,* accusato/-a *m/f.*
angesichts *präp* [*Gen*] considerato, in considerazione di, riguardo a, in vista di, di fronte a, a fronte di, stante; **~ dessen, dass**; **~ der Tatsache, dass**; **~ des Umstands, dass** considerando che, considerato che, tenendo conto che, tenuto conto che, visto che, dato che, posto che, atteso che.
Angestellten | bestechung *f (unlauterer Wettbewerb)* concorrenza *f* sleale per mezzo di corruzione di impiegati; **~kammer** *f ArbR (Bremen)* camera *f* del lavoro (per impiegati); **~verhältnis** *n* rapporto *m* d'impiego; **~versicherung** *f* assicurazione *f* degli impiegati.
Angestellte/r *f/m ArbR ↔ Arbeiter/in* impiegato/-a *m/f,* lavoratore/-trice *m/f,* dipendente *m/f, (Verkaufsladen)* commesso/-a *m/f;* **kaufmännische/r ~** *f/m* impiegato/-a *m/f* di commercio; **leitende/r ~** *f/m ArbR* impiegato/-a *m/f* con funzioni direttive, dirigente *m/f,* quadro *m;* **leitende Angestellte** *pl ArbR* dirigenti *mpl,* quadri *mpl* (*direttivi*); **öffentliche/r ~**; **~** *f/m* **des öffentlichen Dienstes** impiegato/-a *m/f* pubblico/-a, pubblico/-a impiegato/-a *m/f,* impiegato/-a *m/f* statale; **~** *f/m* **mit Zeitvertrag** contrattista *m/f* (*contratto di lavoro a termine*).
Angestiftete/r *f/m StrafR* istigato/-a *m/f.*
Angewiesene/r *f/m* delegato/-a *m/f.*
angleichen *v* adattare, adeguare, allineare, armonizzare, perequare, equiparare.
Angleichung *f* adattamento *m,* adeguamento *m,* allineamento *m,* armonizzazione *f,* ravvicinamento *m,* perequazione *f,* equiparazione *f;* **automatische ~** *f (von Löhnen, Renten u. ä.)* perequazione *f* automatica; **strukturelle ~** *f* adeguamento *m* strutturale; **~** *f* **der Löhne an die Lebenshaltungskosten** adeguamento *m* dei salari al costo della vita; **~** *f* **der Preise** allineamento *m* dei prezzi, adeguamento *m* dei prezzi; **~** *f* **der Rechtsvorschriften** *EuR (der Mitgliedstaaten)* ravvicinamento *m* delle legislazioni (*degli Stati membri*), armonizzazione *f* delle legislazioni; **~** *f* **der Währung** allineamento *m* monetario.
Angleichungs | prozess *m* processo *m* di adeguamento; **~richtlinie** *f* direttiva *f* di armonizzazione.
angreifen *v* [1] *(überfallen)* attaccare, assalire, aggredire, *(kritisieren)* criticare, contestare, *(Entscheidung)* impugnare; **tätlich ~** aggredire.
angreifen *v* [2] *(anfangen, unternehmen)* (in)cominciare, intraprendere, *(Problem)* affrontare.
angreifen *v* [3] *(Kapital, Reserven, Vorrat)* intaccare, cominciare ad usare, mettere mano a.
angreifen *v* [4] *(schwächen)* indebolire, *(ermüden)* affaticare, stancare, *(beschädigen)* danneggiare, *(ätzen)* corrodere.
Angreifer/in *m/f* aggressore *m,* assalitore *m.*
Angreiferstaat *m* Stato *m* aggressore.
angrenzen *v* [an *Akk*] confinare [con].
angrenzend *adj* limitrofo, confinante.
Angrenzer/in *m/f* confinante *m/f.*
Angriff *m* attacco *m,* assalto *m,* aggressione *f,* offensiva *f,* offesa *f, (Verletzung)* violazione *f;* **bewaffneter ~** *m* attacco *m* armato, aggressione *f* armata, aggressione *f* a mano armata; **gegenwärtiger rechtswidriger ~** *m* pericolo *m* attuale di un'offesa ingiusta; **tätlicher ~** *m* atto *m* violento, atto *m* di violenza, violenza *f;* **~** *m* **auf die Intimsphäre** violazione *f* della privacy, violazione *f* della sfera privata, violazione *f* della sfera personale (del soggetto), violazione *f* del diritto alla riservatezza; **~** *m* **auf den Luftverkehr** *(§ 316c StGB)* pirateria *f* aerea; **~** *m* **auf die**

Menschenwürde offesa *f* alla dignità umana; **~** *m* **auf den Seeverkehr** *(§ 316c StGB)* pirateria *f* marittima.

Angriffs | aussperrung *f ArbR* serrata *f* offensiva; **~handlung** *f* atto *m* di aggressione; **~krieg** *m* guerra *f* di aggressione, guerra *f* offensiva; **~ - und Verteidigungsmittel** *pl ZivProzR (dazu zählen z.B.: Behauptungen, Beweiseinreden, Bestreiten, Einreden, Einwendungen, Prozessaufrechnung)* mezzi *mpl* di attacco e di difesa, difese *fpl*.

anhalten *v* [1] *(stoppen)* fermare, arrestare, bloccare, sospendere.

anhalten *v* [2] *(andauern)* continuare, durare, perdurare, permanere, persistere, proseguire.

anhalten *v* [3] [zu *Dat*] *(ermahnen)* esortare [a], invitare [a], sollecitare [a], incitare [a], costringere [a], obbligare [a].

Anhalten *n* [1] *(Stoppen)* il fermare, l'arrestare, arresto *m*.

Anhalten *n* [2] *(Festhalten)* fermo *m*.

Anhalten *n* [3] *(Dauer)* continuazione *f*.

anhaltend *adj (andauernd)* incessante, ininterrotto, continuo, durevole, *(beharrlich)* persistente, insistente, assiduo.

Anhaltspunkt *m* motivo *m*, base *f*, prova *f*, punto *m* di riferimento, riferimento *m*, indizio *m*, elemento *m*, caratteristica *f*.

Anhaltung *f (A, CH)* arresto *m*, fermo *m*, internamento *m* (di un demente).

anhand *präp* [*Gen*] in base [a], sulla base [di], sulla scorta [di], in funzione [di], per mezzo [di], mediante.

Anhang *m (Zusatz)* appendice *f*, aggiunta *f*, supplemento *m*, annesso *m*, *(zu Vertrag, E-Mail)* allegato *m*, *(IT)* attachment *m*, *(am Wechsel)* allunga *f*, allungamento *m*, foglio *m* di allungamento; **im ~** in allegato.

Anhangbudget *n* bilancio *m* annesso.

anhängen *v* allegare, accludere.

anhängig *adj ZivProzR* in pendenza, pendente, in corso, vertente.

Anhängigkeit *f ZivProzR* pendenza *f* (*della lite*), litispendenza *f* (*propriamente si intende che l'atto introduttivo del giudizio è stato deposito in cancelleria, ma non ancora notificato al convenuto*).

Anhängigkeit des Rechtsstreits
Dal momento in cui avviene il deposito in cancelleria dell'atto introduttivo (*Einreichung der Klageschrift bei Gericht*) fino alla sua notificazione d'ufficio al convenuto (*Zustellung der Klageschrift an den Beklagten durch das Gericht*) la causa è definita *anhängig*: essa produce alcuni effetti processuali, ma non è ancora giuridicamente pendente a tutti gli effetti. È solo la notifica dell'atto introduttivo al convenuto a segnare il momento di vera e propria pendenza della lite: è qui che si producono gli effetti processuali e sostanziali tipici della domanda giudiziale e la causa da *anhängig* diventa *rechtshängig*.

Anhebung *f* aumento *m*, rialzo *m*; **~** *f* **der Gehälter** aumento *m* degli stipendi; **~** *f* **der Klage** *(CH) ZivProzR* proposizione *f* dell'azione; **~** *f* **der Renten** aumento *m* delle pensioni.

anheimfallen *v* [*Dat*] *(Erbschaft)* toccare a, spettare a, *(dem Staat)* diventare possesso dello Stato, passare allo Stato, *(zum Opfer fallen)* essere vittima di.

anheimstellen *v* rimettere, lasciar(e) decidere a qn.

anhören *v* ascoltare, sentire, consultare.

Anhörung *f* ascolto *m*, audizione *f*, consultazione *f*; **gerichtliche ~** *f* audizione *f* giudiziale; **öffentliche ~** *f* audizione *f* pubblica; **~** *f* **der Beteiligten** audizione *f* delle parti, audizione *f* degli interessati; **~** *f* **der Betroffenen** audizione *f* degli interessati; **nach ~** *f* **des Europäischen Parlaments** *EuR* previa consultazione del Parlamento europeo; **ohne ~** *f* **der Gegenseite** *ZivProzR* inaudita altera parte (*senza* *ascoltare la parte avversa) (lat)*; **~** *f* **der Parteien** audizione *f* delle parti; **nach ~** *f* **der Versammlung** previa consultazione dell'assemblea.

Anhörungs | recht *n* diritto *m* di audizione, diritto *m* di consultazione; **~rüge** *f ProzR (besonderer Rechtsbehelf, der es erlaubt, Verstöße einer Entscheidung gegen den Anspruch auf rechtliches Gehör geltend zu machen)* → *Gehörsrüge* rimedio *m* speciale e sussidiario presentato per denunciare una violazione del diritto della parte ad essere sentita; **~termin** *m (vor Gericht)* udienza *f* di audizione; **~verfahren** *n* procedimento *m* di audizione, *EuR* procedura *f* di consultazione.

Ankauf *m* acquisto *m*.

ankaufen *v* acquistare, comp(e)rare.

Ankäufer/in *m/f* acquirente *m/f*, compratore/-trice *m/f*.

Ankaufs | erlaubnisschein *m* licenza *f* d'acquisto; **~ermächtigung** *f*; **~genehmigung** *f* autorizzazione *f* d'acquisto; **~option** *f* opzione *f* d'acquisto; **~preis** *m* prezzo *m* d'acquisto; **~recht** *n* diritto *m* d'acquisto.

Anklage *f StrafProzR* imputazione *f*, accusa *f*, incriminazione *f*, azione *f* penale; **~ erheben** [gegen *Akk*] *StrafProzR* esercitare l'azione penale, formulare l'imputazione, accusare, muovere accusa, promuovere l'accusa *(CH)*; **die ~ lautet auf Mord** *StrafProzR* l'accusa è di omicidio; **unter ~ stehen** *StrafProzR* essere in stato d'accusa; **unter ~ stellen** *StrafProzR* mettere in stato d'accusa; **die ~ zurücknehmen** *StrafProzR* ritirare l'accusa; **die ~ zustellen** *StrafProzR* notificare l'atto di accusa.

Anklagebank *f StrafProzR* banco *m* degli imputati; **auf der ~ sitzen** *StrafProzR* sedere sul banco degli imputati.

Anklage | behörde *f StrafProzR* pubblico ministero *m*, pubblica accusa *f*; **~erhebung** *f StrafProzR* esercizio *m* dell'azione penale, formulazione *f* dell'imputazione, incriminazione *f*, promozione *f* dell'accusa *(CH)*; **~erweiterung** *f StrafProzR* estensione *f* dell'accusa; **~grund** *m StrafProzR* capo *m* d'imputazione, capo *m* d'accusa; **~grundsatz** *m StrafProzR* principio *m* accusatorio; **~monopol** *n StrafProzR* monopolio *m* dell'azione (penale).

anklagen *v StrafProzR* imputare, accusare, incriminare, mettere in stato d'accusa.

Anklage | prinzip *n StrafProzR* principio *m* accusatorio; **~prozess** *m StrafProzR* processo *m* accusatorio; **~punkt** *m StrafProzR* capo *m* d'imputazione, capo *m* d'accusa.

Ankläger/in *m/f StrafProzR* accusatore *m*, accusa *f*; **kantonale/r ~** *m/f (CH) StrafProzR* accusatore *m* cantonale *(CH)*; **öffentliche/r ~** *m/f StrafProzR* pubblico accusatore *m*, pubblica accusa *f*, pubblico ministero *m (P.M.)*.

Anklage | satz *m StrafProzR* imputazione *f*, capo *m* d'imputazione, capo *m* d'accusa; **~schrift** *f StrafProzR* atto *m* d'accusa, richiesta *f* di rinvio a giudizio (*depositata dal pubblico ministero*).

Anklagestand *m (A) StrafProzR* stato *m* d'accusa; **sich im ~ befinden** *(A) StrafProzR* essere in stato d'accusa; **in den ~ versetzen** *(A) StrafProzR* mettere in stato d'accusa.

Anklage | verfahren *n StrafProzR* processo *m* accusatorio; **~verlesung** *f StrafProzR* lettura *f* dell'imputazione, lettura *f* del capo (o: dei capi) di imputazione; **~vertreter/in** *m/f StrafProzR* rappresentante *m/f* dell'accusa; **~vorwurf** *m StrafProzR* accusa *f*; **~zwang** *m StrafProzR* officialità *f* dell'azione penale.

Anknüpfung *f IPR* collegamento *m*; **alternative ~** *f IPR* concorso *m* alternativo di criteri di collegamento.

Anknüpfungs | begriff *m IPR*; **~moment** *n IPR* criterio *m* di collegamento; **~norm** *f IPR* norma *f* di collegamento; **~punkt** *m IPR* criterio *m* di collegamento.

ankommen *v* [auf *Akk*] *(abhängen)* dipendere, *(wichtig sein)* essere

importante, avere importanza, contare, rilevare.
ankündigen *v* annunciare, avvisare, comunicare, segnalare, rendere noto, notificare.
Ankündigung *f* annuncio *m*, avviso *m*, comunicazione *f*, segnalazione *f*, notifica *f*; **ohne vorherige ~** senza preavviso.
Ankündigungsschreiben *n* lettera *f* di avviso.
Anlage *f* [1] [zu *Dat*] *(Beilage zu einem Schreiben)* allegato *m* [a]; **in der/als ~** in allegato; **als ~ beifügen** allegare, accludere.
Anlage *f* [2] *BauR (Einrichtung)* impianto *m*, installazione *f*, *(Bau)* costruzione *f*; **eine ~ abnehmen** *BauR* collaudare un impianto; **eine ~ errichten** *BauR* costruire un impianto, installare un impianto; **im Bau befindliche ~** *f BauR* impianto *m* in costruzione; **bauliche ~** *f BauR* costruzione *f*; **genehmigungsbedürftige ~** *f*; **genehmigungspflichtige ~** *f BauR* impianto *m* soggetto ad autorizzazione; **stillgelegte ~** *f BauR* impianto *m* inattivo.
Anlage *f* [3] *(Investition)* investimento *m*; **eine ~ tätigen** fare un investimento, effettuare un investimento, investire; **festverzinsliche ~** *f* investimento *m* a reddito fisso; **zinstragende ~** *f* investimento *m* fruttifero, investimento *m* proficuo, investimento *m* remunerativo.
Anlage | berater/in *m/f* consulente *m/f* finanziario/-a; **~beratung** *f* consulenza *f* finanziaria; **~erträgnisse** *npl* redditi *mpl* di un investimento; **~fonds** *m* fondo *m* d'investimento; **~form** *f* forma *f* di investimento; **~geschäft** *n* operazione *f* di investimento, operazione *f* di impiego di fondi; **~gesellschaft** *f* società *f* di investimento, società *f* di investimenti; **~gut** *n*; **~investitionsgut** *n* bene *m* d'investimento; **~kapital** *n* capitale *m* investito, capitale *m* d'investimento, capitale *m* d'impianto, capitale *m* fisso, capitale *m* immobilizzato, immobilizzazioni *fpl*, attivo *m* immobilizzato, patrimonio *m* immobilizzato.
Anlagenabschreibung *f* ammortamento *m* degli impianti.
Anlage | objekt *n* oggetto *m* d'investimento; **~papier** *n* titolo *m* d'investimento; **~vermögen** *n* immobilizzazioni *fpl*, attivo *m* immobilizzato, patrimonio *m* immobilizzato, capitale *m* immobilizzato, capitale *m* fisso, attivo *m* fisso, investimenti *mpl*, capitale *m* investito; **~wert** *m* valore *m* d'investimento; **~zinsfuß** *m* tasso *m* d'investimento.
Anlass *m (Grund)* motivo *m*, causa *f*, ragione *f*, *(Gelegenheit)* occasione *f*, *(Ereignis)* evento *m*, avvenimento *m*.
anlässlich *präp* [*Gen*] in occasione di.
anlasten *v* addebitare.
anlegen *v* [1] *(Kapital)* investire, *(ausgeben)* spendere; **fest ~** *(Geld)* vincolare, immobilizzare.
anlegen *v* [2] *(erstellen, gestalten)* costruire, erigere, impiantare, installare, *(gründen)* fondare, *(Akte, Konto)* aprire, *(Sammlung, Kartei)* creare, costituire.
Anleger *m* [f: Anlegerin] investitore/-trice *m/f*; **institutioneller ~** *m* investitore *m* istituzionale; **privater ~** *m* investitore *m* privato.
Anlegerecht *n* diritto *m* di appoggio.
Anlegerschutz *m* tutela *f* degli investitori.
Anlegung *f (von Kapital)* investimento *m*.
Anleihe *f* prestito *m* (obbligazionario), obbligazione *f*; **eine ~ aufnehmen** contrarre un prestito (obbligazionario); **eine ~ zeichnen** sottoscrivere un prestito (obbligazionario), sottoscrivere un'obbligazione.
Anleihe | garantie *f* garanzia *f* del prestito (obbligazionario); **~gläubiger/in** *m/f* obbligazionista *m/f*, creditore *m* del prestito (obbligazionario), possessore *m* di obbligazioni, portatore *m* di obbligazioni; **~kapital** *n* capitale *m* di prestito (obbligazionario), capitale *m* prestato, capitale *m* mutuato.

Anleihen *n (CH)* prestito *m* (obbligazionario), *(gewährte)* credito *m*, *(Obligation)* obbligazione *f*.

Anleihens | gläubiger/in *m/f (CH)* obbligazionista *m/f*, creditore *m* del prestito (obbligazionario); **~obligation** *f (CH)* obbligazione *f*; **~titel** *m (CH)* titolo *m* obbligazionario, obbligazione *f*; **~vertrag** *m (CH)* certificato *m* di prestito (obbligazionario).

Anleihe | papier *n* titolo *m* obbligazionario, obbligazione *f*; **~schein** *m* certificato *m* obbligazionario; **~schuldner/in** *m/f* debitore *m* del prestito (obbligazionario), emittente *m/f* di obbligazioni; **~schuldverschreibung** *f* obbligazione *f*; **~titel** *m* titolo *m* obbligazionario, obbligazione *f*; **~umwandlung** *f* conversione *f* di un prestito (obbligazionario); **~vertrag** *m* contratto *m* di prestito (obbligazionario); **~zeichner/in** *m/f* obbligazionista *m/f*, sottoscrittore *m* di un prestito (obbligazionario), chi sottoscrive obbligazioni; **~zeichnung** *f* sottoscrizione *f* di un prestito (obbligazionario), sottoscrizione *f* di obbligazioni; **~zins(satz)** *m* tasso *m* d'interesse del prestito (obbligazionario); **~zinsen** *mpl* interessi *mpl* del prestito (obbligazionario).

anliefern *v* consegnare.

Anlieferung *f* consegna *f*.

Anliegen *n (Anfrage)* domanda *f*, richiesta *f*, *(Bitte)* preghiera *f*, *(Wunsch)* desiderio *m*, questione *f*, intento *m*, obiettivo *m*, proposito *m*.

anliegend *adj* [1] *(beigefügt)* allegato, accluso.

anliegend *adj* [2] *(angrenzend)* confinante, adiacente, attiguo.

Anlieger *m* confinante *m/f*, vicino/-a *m/f*, proprietario/-a *m/f* di casa (o: terreno) confinante (o: adiacente); **~beitrag** *m* contributo *m* di urbanizzazione; **~grundstück** *n* fondo *m* confinante, terreno *m* confinante, terreno *m* adiacente; **~recht** *n* diritto *m* del proprietario confinante; **~staat** *m* Stato *m* confinante, Stato *m* rivierasco, Stato *m* limitrofo; **~straße** *f* strada *f* vicinale; **~verkehr** *m VerkehrsR* traffico *m* locale.

anmahnen *v* sollecitare.

Anmahnung *f* sollecito *m*.

anmaßen, sich ~ *v* usurpare, presumere, pretendere, arrogarsi.

Anmaßung *f* usurpazione *f*, presunzione *f*.

Anmelde | erklärung *f* denuncia *f*; **~formular** *n* modulo *m* di denuncia, modulo *m* di iscrizione, modulo *m* di registrazione; **~frist** *f* termine *m* di notifica, termine *m* di denuncia, termine *m* di dichiarazione, termine *m* di iscrizione, termine *m* di registrazione, termine *m* di presentazione della domanda; **~gebühr** *f* tassa *f* di iscrizione, tassa *f* di registrazione, tassa *f* di deposito (di una domanda).

anmelden *v (ankündigen)* annunciare, comunicare, *(erklären)* dichiarare, *(angeben)* denunciare, *(einschreiben)* iscrivere, registrare, *(eintragen lassen)* far(e) registrare, *(von Fahrzeugen)* immatricolare, *(Antrag stellen)* presentare domanda, presentare istanza, chiedere la dichiarazione di, *GewRS (Patent)* depositare, *(geltend machen)* far(e) valere, *(vorbringen)* avanzare, manifestare; **sich ~** *v* [für *Akk*] *(bei Schule, Kurs)* iscriversi [a], *(Einwohnermeldeamt)* chiedere l'iscrizione nell'anagrafe del comune di residenza; **eine Forderung ~** *InsolvenzR* domandare l'ammissione di un credito al passivo fallimentare, chiedere l'insinuazione di un credito al passivo del fallimento; **Insolvenz ~** *(D, A) InsolvenzR (CH: Konkurs anmelden)* presentare istanza di fallimento, chiedere la dichiarazione di fallimento.

Anmeldende/r *f/m* dichiarante *m/f*, denunciante *m/f*, richiedente *m/f*, istante *m/f*, depositante *m/f* (*di una domanda*).

Anmeldepflicht *f* obbligo *m* di notifica, obbligo *m* di denuncia, obbligo *m* di dichiarazione.

anmeldepflichtig *adj* soggetto a denuncia, soggetto a obbligo di denuncia, soggetto a notifica, soggetto a obbligo di notifica, che deve essere notificato.

Anmelder/in *m/f* dichiarante *m/f*, denunciante *m/f*, richiedente *m/f*, istante *m/f*, depositante *m/f* (*di una domanda*).

Anmelde|schluss *m* termine *m* ultimo per la presentazione della domanda, chiusura *f* delle iscrizioni; **~stelle** *f* ufficio *m* delle denunce, ufficio *m* delle notifiche, ufficio *m* di registrazione; **~termin** *m* termine *m* di notifica, termine *m* di denuncia, termine *m* di registrazione, termine *m* di presentazione della domanda; **~verfahren** *n* procedimento *m* di notifica, *(Konkurs)* procedimento *m* di ammissione dei crediti al passivo fallimentare *(A)*.

Anmeldung *f (Ankündigung)* annuncio *m*, comunicazione *f*, notifica *f*, denuncia *f*, *(Erklärung)* dichiarazione *f*, domanda *f*, *(Einschreibung)* iscrizione *f*, registrazione *f*, *(Anmeldung bei der Meldebehörde)* richiesta (o: domanda/istanza) *f* di iscrizione nell'anagrafe del comune di residenza, richiesta (o: domanda/istanza) *f* di iscrizione anagrafica, *(Immatrikulation)* immatricolazione *f*, *GewRS* deposito *m*, *VersR* applicazione *f*, *(IT)* log-in *m*; **eine ~ einreichen** depositare una domanda, presentare domanda, presentare istanza; **internationale ~** *f* **für das Zollamt** dichiarazione *f* internazionale per la dogana; **melderechtliche ~** *f* richiesta (o: domanda/istanza) *f* di iscrizione nell'anagrafe del comune di residenza, richiesta (o: domanda/istanza) *f* di iscrizione anagrafica; **~** *f* **zur Eintragung in das Handelsregister** domanda *f* di iscrizione nel registro delle imprese; **~** *f* **einer Forderung** *InsolvenzR* domanda *f* di ammissione di un credito al passivo fallimentare, istanza *f* di ammissione di un credito alla massa passiva del fallimento, domanda *f* di insinuazione di un credito al passivo fallimentare, istanza *f* di insinuazione di un credito al passivo del fallimento; **~** *f* **zum Handelsregister** domanda *f* di iscrizione nel registro delle imprese; **~** *f* **der Insolvenz** *(D, A) InsolvenzR* presentazione *f* (o: deposito) del ricorso (per la dichiarazione) di fallimento, presentazione *f* (o: deposito) dell'istanza (per la dichiarazione) di fallimento; **~** *f* **eines Patents** deposito *m* di un brevetto; **~** *f* **eines Todesfalls** *(CH) ErbR* dichiarazione *f* di morte; **~** *f* **eines Warenzeichens** deposito *m* di un marchio di impresa.

Anmeldungs|frist *f* termine *m* di notifica, termine *m* di denuncia, termine *m* di dichiarazione, termine *m* di iscrizione, termine *m* di registrazione, termine *m* di presentazione della domanda; **~gebühr** *f* tassa *f* di iscrizione, tassa *f* di registrazione, tassa *f* di deposito (di una domanda); **~termin** *m* termine *m* di notifica, termine *m* di denuncia, termine *m* di presentazione della domanda.

anmerken *v (notieren)* annotare, *(anstreichen)* (contras)segnare, *(bemerken)* notare, accorgersi di, *(äußern)* osservare, commentare.

Anmerkung *f (Notiz)* annotazione *f*, nota *f*, appunto *m*, *(Bemerkung)* osservazione *f*, commento *m*; **mit ~en versehen** corredare di note; **grundbücherliche ~** *f* *(A)* annotazione *f* tavolare; **mit zustimmender ~** con nota adesiva.

anmieten *v (Immobilien)* affittare, prendere in affitto, *(Wagen)* noleggiare, prendere a noleggio.

Anmietung *f (von Immobilien)* affitto *m*, *(von Wagen)* noleggio *m*.

Annahme *f* [1] accettazione *f*, *(Entgegennehmen)* presa *f* in consegna, ritiro *m*, *(Zustimmung)* approvazione *f*, accoglimento *m*, ammissione *f*, *(Übernahme)* acquisizione *f*, adozione *f*; **die ~ verweigern** rifiutare l'accettazione, rifiutarsi di ricevere la prestazione; **ausdrückliche ~** *f* accettazione *f* espressa; **bedingte ~** *f* accettazione *f* condizionata; **bedingungslose ~** *f* accettazione *f* incondizionata; **stillschweigende**

~ *f* accettazione *f* tacita; **unbedingte ~** *f* accettazione *f* incondizionata; **verspätete ~** *f* accettazione *f* tardiva; **vorbehaltlose ~** *f* accettazione *f* senza riserve; **~** *f* **des Angebots** accettazione *f* dell'offerta; **~** *f* **des Antrags** *(auf Vertragsschluss)* accettazione *f* della proposta (di contratto); **~** *f* **des Auftrags** accettazione *f* dell'ordine; **~** *f* **der Erbschaft** *ErbR* accettazione *f* dell'eredità; **~** *f* **erfüllungshalber** accettazione *f* solvendi causa; **~** *f* **an Erfüllungs Statt** accettazione *f* in luogo d'adempimento; **~** *f* **des Gesetzes** approvazione *f* della legge; **~** *f* **unter öffentlichem Inventar** *(CH) ErbR* accettazione *f* (dell'eredità) con beneficio d'inventario; **~** *f* **als Kind** *FamR (§ 1308 BGB)*; **~** *f* **an Kindes Statt** *FamR* adozione *f*; **~** *f* **des Urteils** accettazione *f* della sentenza; **~** *f* **unter Vorbehalt** accettazione *f* con riserva; **~** *f* **des Werkes** accettazione *f* dell'opera; **~** *f* **an Zahlungs Statt** accettazione *f* in pagamento; **~** *f* **der Zustellung** accettazione *f* della notifica.

Annahme *f* [2] *(Vermutung)* supposizione *f*, ipotesi *f*; **irrige ~** *f* supposizione *f* erronea.

Annahme | bedingung *f* condizione *f* di accettazione; **~bescheinigung** *f* ricevuta *f*; **~dokument** *n* atto *m* di accettazione; **~erklärung** *f* dichiarazione *f* di accettazione; **~frist** *f* termine *m* di accettazione; **~handlung** *f* atto *m* di accettazione; **~pflicht** *f* obbligo *m* di accettazione; **~schein** *m VersR* bollettino *m* di accettazione di un rischio; **~stelle** *f* ufficio *m* accettante; **~stück** *n* duplicato *m* di cambiale inviata per l'accettazione; **~urkunde** *f* atto *m* di accettazione; **~verhinderung** *f (des Gläubigers)* impossibilità *f* di ricevere (la prestazione); **~vermerk** *m* menzione *f* di accettazione; **~verpflichtung** *f* obbligo *m* di accettazione; **~vertrag** *m* contratto *m* d'adozione; **~verweigerung** *f* mancata accettazione *f*, *(Wechsel)* rifiuto *m* di accettazione, *(des Gläubigers)* rifiuto *m* di ricevere la prestazione; **~verweigerungsrecht** *n* diritto *m* di rifiutare l'accettazione, diritto *m* di rifiutarsi di ricevere la prestazione; **~verzug** *m SchuldR (Gläubigerverzug) (§§ 293 ff. BGB)* mora *f* nell'accettazione, mora *f* accipiendi; **~zeitpunkt** *m* termine *m* di accettazione.

annehmbar *adj* accettabile, ammissibile, ragionevole.

Annehmbarkeit *f* accettabilità *f*, ammissibilità *f*.

annehmen *v* [1] *(akzeptieren)* accettare, *(Ware)* prendere in consegna, ritirare, *(Gesetz, Entschließung)* approvare, accogliere, *(Rat)* seguire, *(Religion)* abbracciare, *(Haltung)* assumere, *(Gewohnheit)* prendere, *(zulassen)* ammettere, *(Kind)* adottare; **einstimmig ~** approvare all'unanimità; **als Kind ~**; **an Kindes Statt ~** *FamR* adottare.

annehmen *v* [2] *(vermuten)* (pre)supporre, presumere, ipotizzare, ritenere.

Annehmende/r *f/m* accettante *m/f*, *FamR* adottante *m/f*.

annullierbar *adj* annullabile.

Annullierbarkeit *f* annullabilità *f*.

annullieren *v* annullare.

Annullierung *f* annullamento *m*.

Anomie *f (Gesetzlosigkeit)* anomia *f*.

anordnen *v (befehlen)* ordinare, disporre, prescrivere, decretare, ingiungere, intimare; **letztwillig ~** *ErbR* disporre per testamento.

Anordnung *f (Befehl)* ordine *m*, disposizione *f*, istruzione *f*, norma *f*, prescrizione *f*, provvedimento *m*, decreto *m*, ordinanza *f*, ingiunzione *f*, intimazione *f*; **auf ~** su ordine di, per ordine di; **eine ~ befolgen** seguire un ordine; **eine ~ erlassen**; **eine ~ erteilen**; **eine ~ treffen** dare ordine, ordinare; **allgemeine ~** *f* istruzione *f* generale; **amtliche ~** *f* disposizione *f* delle autorità, ordine *m* delle autorità, provvedimento *m* autoritativo; **ausdrückliche ~** *f* ordine *m* esplicito; **behördliche ~** *f* disposizione *f* delle autorità, ordine *m* delle autorità, provvedimento *m* autoritativo; **dienstliche ~** *f* ordine *m* di servizio; **einstweilige**

~ *f* provvedimento *m* cautelare, provvedimento *m* d'urgenza, provvedimento *m* urgente, provvedimento *m* provvisorio, provvedimento *m* temporaneo; **gerichtliche ~** *f* ordine *m* del giudice; **letzte ~** *f (A)*; **letztwillige ~** *f (A) ErbR* disposizione *f* d'ultima volontà, disposizione *f* testamentaria, ultima volontà *f*; **polizeiliche ~** *f* ordine *m* della polizia; **richterliche ~** *f* ordine *m* del giudice; **~** *f* **der aufschiebenden Wirkung** sospensiva *f*; **~** *f* **der Haftentlassung** ordine *m* di scarcerazione; **~** *f* **der Landesverweisung** ordine *m* d'espulsione; **~** *f* **des persönlichen Erscheinens** *(vor Gericht)* ordine *m* di comparizione personale; **~** *f* **der sofortigen Vollziehung** ordine *m* di esecuzione immediata; **~** *f* **der Untersuchungshaft** ordine *m* di custodia cautelare *(in carcere)*, ordine *m* di cattura.

Anordnungs|befugnis *f* potere *m* ordinatorio; **~verfahren** *n* procedimento *m* d'urgenza.

anpassen *v* adattare, adeguare.

Anpassungs|gesetz *n* legge *f* di adeguamento; **~klausel** *f* clausola *f* di adeguamento.

Anrechnung *f* calcolo *m*, conteggio *m*, computo *m*, imputazione *f*, messa *f* in conto, addebito *m*, *(auf etwas: Abzug)* detrazione *f*, deduzione *f*, *(Gutschrift)* accredito *m*, riconoscimento *m*, *(von Studienleistungen)* convalida *f*; **in ~ bringen** conteggiare, computare; **~** *f* **zum Erbteil** *(A) ErbR* collazione *f* ereditaria; **~** *f* **auf den Pflichtteil** *ErbR* imputazione *f* alla parte legittima; **~** *f* **der Untersuchungshaft** *StrafProzR* computo *m* della custodia cautelare; **~** *f* **der Zahlung** imputazione *f* del pagamento.

Anrechnungsbetrag *m* importo *m* imputabile, importo *m* computabile, credito *m* d'imposta, somma *f* a credito, importo *m* da detrarre, importo *m* deducibile.

anrechnungsfähig *adj* imputabile, addebitabile, che può essere conteggiato, ammissibile, *(abzugsfähig)* deducibile, detraibile.

Anrechnungs|pflicht *f (A) ErbR* obbligo *m* di collazione; **~wert** *m* valore *m* di imputazione; **~zeit** *f* periodo *m* computabile.

Anrecht *n* diritto *m*, titolo *m*; **~ haben** *(auf etwas (Akk))* avere diritto (*a qualcosa*).

Anrechtschein *m* certificato *m* provvisorio (azionario).

Anries *n (CH)* frutti *mpl* naturalmente caduti dai rami protesi sul fondo del vicino e appartenenti al proprietario del fondo su cui sono caduti.

anrufen *v (Gericht)* adire, invocare, appellarsi a.

Anrufung *f* adizione *f*, invocazione *f*; **~** *f* **des Gerichts** adizione *f* del giudice.

ansässig *adj* residente, domiciliato, *(Gesellschaft)* con sede (in), corrente (in); **~ sein** *(Person)* essere residente, risiedere, essere domiciliato, *(Firma)* avere sede.

Ansässige/r *f/m* residente *m/f*.

Ansässigkeit *f (A)* residenza *f*.

Ansatz *m* [1] approccio *m*, impostazione *f*, enunciato *m*, *(Beginn)* principio *m*, inizio *m*, fase *f* iniziale, stadio *m* iniziale, *(Anzeichen)* accenno *m*, sintomo *m*, segno *m*; **dogmatischer ~** *m* approccio *m* dogmatico; **empirischer ~** *m* approccio *m* empirico.

Ansatz *m* [2] *(Voranschlag, Kalkulation)* calcolo *m*, preventivo *m*, valutazione *f*, stima *f*, posta *f* (*di bilancio*), voce *f*, partita *f*, stanziamento *m*, fondo *m*; **außer ~ bleiben** non essere messo in conto, non essere preso in considerazione, non essere preventivato; **in ~ bringen** calcolare, conteggiare, mettere in conto, preventivare.

anschaffen *v (kaufen)* acquistare, comp(e)rare, *(beschaffen)* procurare.

Anschaffung *f* acquisto *m*.

Anschaffungsdarlehen *n* mutuo *m* per acquisto di beni mobili.

Anschein *m* apparenza *f*; **dem ~ nach** a quanto pare, a quanto sembra, all'apparenza, con ogni probabilità; **dem ersten ~ nach** a prima vista;

den ~ erwecken sembrare, dare l'impressione.
Anscheins | beweis *m ProzR* = *prima-facie-Beweis, Beweis des ersten Anscheins* prova *f* per presunzione semplice, prova *f* prima facie; **~gefahr** *f* pericolo *m* apparente.
Anscheinsvollmacht *f* apparenza *f* di procura, procura *f* apparente, apparenza *f* di rappresentanza, rappresentanza *f* apparente inconsapevole.

Anscheinsvollmacht
Nell'ordinamento tedesco, la fattispecie della rappresentanza apparente si distingue operativamente tra apparenza vera e propria di rappresentanza (c.d. *Anscheinsvollmacht*) e rappresentanza tollerata (c.d. *Duldungsvollmacht*). L'*Anscheinsvollmacht* è caratterizzata da un comportamento idoneo a creare una situazione di apparenza che, con la dovuta diligenza, si sarebbe potuta riconoscere come tale e si sarebbe potuto impedire che si realizzasse. Il rappresentato apparente non conosce la situazione di apparenza, ma avrebbe potuto conoscerla. Si potrebbe quindi definire come *rappresentanza apparente inconsapevole.*
La *Duldungsvollmacht* è invece caratterizzata da un comportamento di tolleranza di una situazione di apparenza venutasi a creare indipendentemente dal rappresentato apparente. La rappresentanza tollerata non è altro che una particolare fattispecie di rappresentanza apparente, che si caratterizza per la conoscenza, da parte del rappresentato apparente, dell'agire del rappresentante apparente. Si potrebbe quindi definire come *rappresentanza apparente consapevole.*

Anschluss *m* [1] annessione *f*.
Anschluss *m* [2] *(Verbindung)* connessione *f*, collegamento *m*, congiunzione *f*, *(Beitritt)* adesione *f*, *(Gas, Wasser, Strom)* allacciamento *m*, *(vom Zug)* coincidenza *f*; **~** *m* **an das öffentliche Versorgungsnetz** *BauR* allacciamento *m* ai pubblici servizi.
Anschlussberufung *f ProzR (§ 524 ZPO)* appello *m* incidentale; **~ einlegen** *ProzR* proporre (l') appello incidentale.
Anschluss | berufungsführer/in *m/f ProzR* appellante *m/f* incidentale; **~berufungsgegner/in** *m/f ProzR* appellato *m* incidentale; **~beschwerde** *f ProzR* ricorso *m* incidentale, *ZivProzR* reclamo *m* incidentale; **~bewegung** *f* movimento *m* annessionistico; **~frist** *f (CH)* termine *m* di partecipazione; **~gebühr** *f* tassa *f* di allacciamento; **~konkurs** *m InsolvenzR* fallimento *m* consecutivo (*al vano esperimento del concordato preventivo*); **~pfändung** *f* pignoramento *m* successivo; **~revision** *f ProzR* ricorso *m* incidentale; **~schrift** *f ProzR (Anschlussberufung)* atto *m* contenente l'appello incidentale, memoria *f* (dell'appellato) contenente l'appello incidentale, *(Anschlussbeschwerde)* atto *m* contenente il ricorso incidentale, memoria *f* contenente il ricorso incidentale, *ZivProzR* atto *m* contenente il reclamo incidentale, *ZivProzR* memoria *f* contenente il reclamo incidentale; **~tarifvertrag** *m ArbR* contratto *m* per adesione (*contratto stipulato da un singolo sindacato cui aderiscono via via anche altre organizzazioni di lavoratori*); **~verfahren** *n ProzR* esercizio *m* dell'azione civile nel processo penale; **~vertrag** *m* trattato *m* d'unione; **~zone** *f (Seerecht)* zona *f* contigua; **~zwang** *m* obbligo *m* di allacciamento (a certi servizi pubblici).
anschreiben *v (Brief)* scrivere a, rivolgersi per iscritto a.
Anschreiben *n* lettera *f* d'accompagnamento.

Anschreibungsgebühr *f* diritto *m* di statistica.

anschuldigen *v* accusare, incolpare, imputare; **falsch ~** *StrafR* calunniare.

Anschuldigung *f* accusa *f*, incolpazione *f*, imputazione *f*, addebito *m*; **falsche ~** *f (CH) StrafR (Art. 303 sStGB)* calunnia *f (I)*, denuncia *f* mendace *(CH)*.

Anschuldigungs|punkt *m* capo *m* d'accusa; **~schrift** *f (Disziplinarverfahren)* atto *m* d'accusa.

Ansehen, ohne ~ der Person senza riguardo alla persona.

ansetzen *v* [1] *(Termin)* fissare, stabilire, indire.

ansetzen *v* [2] *(Wert)* stimare, valutare, preventivare, calcolare, quotare.

ansetzen *v* [3] *StrafR (zu einer Tat)* apprestarsi a, accingersi a, prepararsi a, iniziare, cominciare.

Ansetzung *f* fissazione *f*; **~** *f* **eines Termins**; **~** *f* **eines Verhandlungstermins** *ProzR* fissazione *f* di (o: dell') udienza.

Ansicht *f (Meinung)* idea *f*, opinione *f*, parere *m*, avviso *m*, giudizio *m*, punto *m* di vista; **meiner ~ nach** secondo me, secondo la mia opinione, a mio parere, a mio avviso, a mio giudizio; **die ~ vertreten** essere del parere, essere dell'opinione, essere dell'avviso; **andere ~** *f (Abk* = **a.A.**) opinione *f* diversa, parere *m* diverso, punto *m* di vista diverso; **herrschende ~** *f*; **vorherrschende ~** *f* opinione *f* dominante.

Ansichts|exemplar *n* copia *f* in visione; **~muster** *n* campione *m*; **~sendung** *f* invio *m* per visione.

Ansichziehen *n (der Sache durch eine höhere Behörde)* avocazione *f*.

Ansiedlungsgenehmigung *f* permesso *m* di costruire al di fuori di un centro abitato.

Anspruch *m* diritto *m* (*soggettivo*), diritto *m* di credito, diritto *m* di obbligazione, titolo *m*, ragione *f*, *(Forderung)* credito *m*, pretesa *f*, rivendicazione *f*, richiesta *f*; **~** *m* **auf** [*Akk*] diritto *m* a, diritto *m* di; **~** *m* **aus** [*Dat*] *(§, Art.)* diritto *m* ai sensi di, diritto *m* derivante da, diritto *m* ex; **~** *m* **gegen** [*Akk*] diritto *m* nei confronti di, diritto *m* verso; **einen ~ abtreten** cedere un credito; **einen ~ aufgeben** rinunciare a un diritto; **einen ~ begründen** costituire un diritto; **einen ~ bestreiten** contestare (l'esistenza di) un diritto, negare (l'esistenza di) un diritto; **einen ~ durchsetzen** attuare un diritto, far(e) valere un diritto; **einen ~ einklagen** azionare un diritto, esercitare un diritto (in via giudiziaria), far(e) valere un diritto (in via giudiziaria), rivendicare un diritto (in via giudiziaria); **einen ~ erfüllen** soddisfare un requisito, soddisfare una richiesta, soddisfare un'esigenza, soddisfare un diritto, essere all'altezza di una richiesta; **(einen) ~ erheben** [auf *Akk*] vantare un diritto, accampare un diritto, avanzare delle pretese, reclamare (un diritto), rivendicare (un diritto), chiedere; **einen ~ erwerben** acquisire un diritto, acquistare un diritto; **einen ~ fallen lassen** abbandonare una pretesa; **einen ~ geltend machen** [gegen *Akk*] esercitare un diritto [nei confronti di/verso], far(e) valere un diritto [nei confronti di/verso], vantare un diritto [nei confronti di/verso], rivendicare (un diritto) [nei confronti di/verso], azionare una pretesa [nei confronti di/verso]; **~ haben** [auf *Akk*] avere diritto [a], avere il diritto [di], spettare (*a qualcuno*); **einen ~ haben** [gegen *Akk*] vantare un diritto [nei confronti di/verso]; **A hat gegen B einen ~ auf etwas aus** § **...** A ha (il) diritto di farsi fare qualcosa da B ai sensi del § ..., A ha (il) diritto di far fare qualcosa a B ai sensi del § ...; **in ~ nehmen** *(Kredit, Reserven)* utilizzare, servirsi di, *(Dienste, Hilfe)* ricorrere a, far(e) ricorso a, avvalersi di, *(Angebot, Möglichkeit)* approfittare di, *(auf Haftung)* chiamare a rispondere di, *(den Bürgen)* chiamare in garanzia, escutere, *(Garantie)* far(e) valere, *(Urlaub)* godere, fruire; **auf Schaden(s)ersatz in ~ genommen werden** essere chiamato a risarcire il danno (o: i danni), essere chiamato al risarcimento del danno (o: dei danni); **auf einen ~ verzichten** rinunciare a un diritto; **einen ~ zurückweisen** respingere una pretesa; **abgeleiteter ~** *m* diritto *m* derivato; **abgetretener ~** *m* credito *m* ceduto; **allumfassender ~** *m* diritto *m* pieno; **arbeitsrechtliche Ansprüche** *mpl ArbR* diritti *mpl* lavorativi, diritti *mpl* in materia di lavoro, diritti *mpl* giuslavoristici; **befristeter ~** *m* diritto *m* limitato (nel tempo); **begründeter ~** *m* pretesa *f* legittima, diritto *m* legittimo, fondata pretesa *f*, fondato diritto *m*; **berechtigter ~** *m* pretesa *f* legittima, diritto *m* legittimo; **bevorrechtigter ~** *m* credito *m* privilegiato; **dinglicher ~** *m* diritto *m* reale; **erworbener ~** *m* diritto *m* acquisito, diritto *m* quesito; **mit der Klage geltend gemachter ~** *m* diritto *m* azionato; **höchstpersönlicher ~** *m* diritto *m* personalissimo; **klagbarer ~** *m* diritto *m* azionabile; **künftiger ~** *m* diritto *m* futuro; **lebenslänglicher ~** *m* diritto *m* vitalizio; **nichtvermögensrechtlicher ~** *m* diritto *m* non patrimoniale; **obligatorischer ~** *m* diritto *m* di credito, diritto *m* di obbligazione; **originärer ~** *m* diritto *m* originario; **persönlicher ~** *m* diritto *m* personale; **possessorischer ~** *m SachenR* diritto *m* possessorio; **rechtmäßiger ~** *m* pretesa *f* legittima; **schuldrechtlicher ~** *m* diritto *m* di credito, diritto *m* di obbligazione; **territorialer ~** *m* rivendicazione *f* territoriale; **überhöhter ~** *m* pretesa *f* eccessiva; **übertragbarer ~** *m* diritto *m* trasmissibile, diritto *m* trasferibile; **unbegründeter ~** *m* pretesa *f* infondata; **unberechtigter ~** *m* pretesa *f* infondata; **unverjährbarer ~** *m* diritto *m* imprescrittibile; **verbriefter ~** *m* titolo *m*; **verjährter ~** *m* diritto *m* prescritto; **vermögensrechtlicher ~** *m* diritto *m* patrimoniale; **wohlerworbener ~** *m* diritto *m* acquisito, diritto *m* quesito; **zivilrechtlicher ~** *m* azione *f* civile, diritto *m* civile (soggettivo), pretesa *f* civilistica; **~** *m* **auf Aufwendungsersatz** diritto *m* al rimborso (delle) spese, diritto *m* alla rifusione delle spese; **~** *m* **wegen Besitzentziehung** *SachenR (§ 861 BGB)* azione *f* di reintegrazione (*nel possesso*), azione *f* di spoglio; **~** *m* **wegen Besitzstörung** *SachenR (§ 862 BGB)* azione *f* di manutenzione; **~** *m* **auf bevorrechtigte Befriedigung** diritto *m* di soddisfazione privilegiata; **Ansprüche** *mpl* **Dritter** *SchuldR* diritti *mpl* di terzi; **~** *m* **auf Erstattung** diritto *m* al rimborso; **~** *m* **auf ein faires Verfahren** *ProzR (Fair-Trial-Grundsatz)* diritto *m* a un equo processo, diritto *m* a un giusto processo; **~** *m* **auf Gegendarstellung** *(Presse)* diritto *m* di rettifica; **~** *m* **auf rechtliches Gehör** *(D) (Art. 103 Abs. 1 GG)* diritto *m* di essere ascoltato (o: sentito) dal giudice, diritto *m* al contraddittorio; **~** *m* **auf Schaden(s)ersatz** diritto *m* al risarcimento del danno, diritto *m* al risarcimento (dei) danni, pretesa *f* risarcitoria.

Anspruchsabtretung *f* cessione *f* del diritto, *(der Forderung)* cessione *f* del credito.

Anspruchsbegründung *f*[1] *(Grundlage)* costituzione *f* di un diritto.

Anspruchsbegründung *f*[2] *(Gründe)* motivazione *f* della pretesa.

anspruchsberechtigt *adj* avente diritto, avente titolo.

Anspruchs | berechtigte/r *f/m* avente *m/f* diritto, avente *m/f* titolo; **~berechtigung** *f* diritto *m*, titolo *m*; **~erwerb** *m* acquisizione *f* di un diritto, acquisto *m* di un diritto; **~gegner/in** *m/f* avversario/-a *m/f*, opponente *m/f*, controparte *f*, resistente *m/f*, convenuto/-a *m/f*; **~grundlage** *f* fondamento *m* dell'azione, fondamento *m* del diritto (soggettivo), fondamento *m* della pretesa, base *f* di una rivendicazione; **~häufung** *f* cumulo *m* di domande; **~inhaber/in** *m/f* avente *m/f* diritto, avente *m/f* titolo; **~konkurrenz** *f* concorso *m* di diritti; **~prüfung** *f* valutazione *f* della pretesa.

Anspruchsteller/in *m/f* richiedente *m/f*, ricorrente *m/f*, attore/attrice *m/f*, chi esercita (o: fa valere, rivendica) pretese/diritti (soggettivi).

Anspruchs | übergang *m* surrogazione *f*, trapasso *m* del diritto; **~verjährung** *f* prescrizione *f* del diritto; **~verwirkung** *f* perdita *f* del diritto, decadenza *f* dal diritto; **~verzicht** *m* rinuncia *f* al diritto; **~werber/in** *m/f (A)* attore/ attrice *m/f*; **~ziel** *n* obiettivo *m* dell'azione, conseguenza *f* giuridica chiesta dall'attore (Anspruchsteller) nei confronti del convenuto (Anspruchsgegner).

Anstalt *f (Einrichtung)* istituto *m*, istituzione *f*, ente *m*, *(Heilstätte)* sanatorio *m*, casa *f* di cura, clinica *f*, *(Irrenanstalt)* manicomio *m*; **in eine ~ einweisen**; **in einer ~ unterbringen** ricoverare in un istituto; **öffentliche ~** *f*; **~** *f* **des öffentlichen Rechts**; **öffentlich-rechtliche ~** *f* istituto *m* pubblico, istituto *m* di diritto pubblico.

Anstalts | beirat *m StVZ (Strafvollzug)* consiglio *m* di aiuto sociale; **~einweisung** *f* ricovero *m* in istituto; **~geistliche/r** *f/m* cappellano *m*; **~gewalt** *f* autonomia *f* regolamentare (dell'ente pubblico); **~leiter/ in** *m/f* direttore *m* dell'istituto; **~leitung** *f* direzione *f* dell'istituto; **~ordnung** *f* ordinamento *m* dell'ente; **~organ** *n* organo *m* dell'ente; **~unterbringung** *f* ricovero *m* in istituto, *StrafProzR* custodia *f* cautelare in luogo di cura, ricovero *m* cautelare; **~verwaltung** *f* organizzazione *f* amministrativa dell'istituto; **~vormundschaft** *f* tutela *f* assistenziale; **~zweck** *m* finalità *f* dell'ente (o: dell'istituto).

Anstandsschenkung *f SchuldR (Schenkung, durch die einer Pflicht oder dem Anstand entsprochen wird) → z.B. §§ 534, 2330 BGB* liberalità *f* d'uso.

anstelle *präp* [oder: an Stelle *Gen / von Dat*] al posto [di], in vece [di], in luogo [di].

anstellen *v ArbR (einstellen)* assumere, impiegare.

Anstellung *f ArbR (Einstellung)* assunzione *f*, *(Stelle, Amt)* impiego *m*, posto *m*, lavoro *m*, occupazione *f*; **eine ~ finden** *ArbR* trovare un posto (di lavoro); **befristete ~** *f ArbR* assunzione *f* a tempo determinato, impiego *m* a tempo determinato, impiego *m* a termine; **feste ~** *f ArbR* assunzione *f* definitiva, assunzione *f* in ruolo, impiego *m* fisso, posto *m* (di lavoro) fisso; **öffentliche ~** *f ArbR* impiego *m* pubblico, impiego *m* statale; **private ~** *f ArbR* impiego *m* privato; **probeweise ~** *f ArbR* assunzione *f* in prova; **unbefristete ~** *f ArbR* assunzione *f* a tempo indeterminato, impiego *m* a tempo indeterminato; **~** *f* **auf Probe** *ArbR* assunzione *f* in prova; **~** *f* **auf Zeit** *ArbR* assunzione *f* a tempo determinato, impiego *m* a tempo determinato, impiego *m* a termine.

Anstellungs | bedingung *f ArbR* condizione *f* d'assunzione, condizione *f* d'impiego; **~bescheinigung** *f ArbR* certificato *m* d'assunzione; **~dekret** *n (A)* decreto *m* di nomina; **~schreiben** *n ArbR* lettera *f* d'assunzione; **~urkunde** *f* atto *m* di nomina, decreto *m* di nomina; **~verfügung** *f* decreto *m* di nomina, atto *m* di nomina; **~verhältnis** *n ArbR* rapporto *m* di impiego, rapporto *m* di lavoro; **~vertrag** *m ArbR* contratto *m* di assunzione, contratto *m* di impiego, contratto *m* di lavoro.

anstiften *v StrafR* istigare, sobillare, determinare.

Anstifter/in *m/f StrafR* istigatore/-trice *m/f*, determinatore/-trice *m/f*.

Anstiftervorsatz *m StrafR* dolo *m* dell'istigatore.

Anstiftung *f StrafR (§ 26 StGB)* istigazione *f*; **versuchte ~** *f StrafR* istigazione *f* infruttuosa.

Anstiftungsversuch *m StrafR* tentativo *m* di istigazione.

anstrengen *v ProzR (Klage, Gerichtsverfahren)* intentare, esperire, radicare, promuovere, avviare, incardinare.

ansuchen *v (A)* (ri)chiedere, domandare.

Ansuchen *n (A)* richiesta *f*, domanda *f*.

Anteil *m* parte *f*, quota *f*, percentuale *f*, quota *f* di partecipazione, partecipazione *f*; **~** *m* **am Gesellschaftskapital** *GesR* quota *f* di partecipazione al capitale sociale; **~** *m* **am Gewinn** *GesR* quota *f* di partecipazione agli utili.

Anteilbuch *n GesR* libro *m* dei soci (di una s.r.l.).

anteilig *adj* = *anteilmäßig, anteilsmäßig* parziale, proporzionale, in proporzione, proporzionalmente, pro quota, pro-quota.

Anteil|papier *n GesR* titolo *m* di partecipazione; **~schein** *m GesR* azione *f*, quota *f*, certificato *m* azionario, parte *f*, *(Investmentfonds)* certificato *m* di partecipazione, quota *f* di partecipazione.

Anteils|inhaber/in *m/f GesR* quotista *m/f*; **~quote** *f* quota *f* parte; **~recht** *n* diritto *m* di partecipazione; **~satz** *m* quota *f* parte, aliquota *f*; **~übertragung** *f* trasferimento *m* di quote; **~veräußerung** *f* alienazione *f* della quota.

Antiterroreinheit *f* nucleo *m* antiterrorismo.

Antizipation *f* anticipazione *f*.

antizipieren *v* anticipare.

Antrag *m* [auf *Akk*] domanda *f*, richiesta *f*, *(Gesuch)* istanza *f*, *ZivProzR (freiwillige Gerichtsbarkeit)* ricorso *m*, *(Antragsschrift)* atto *m* introduttivo del giudizio, atto *m* di citazione, *(Angebot zu einem Vertragsabschluss)* offerta *f*, *(Vorschlag)* proposta *f*, petizione *f*, *(Parlament)* mozione *f*; **auf ~** ↔ *von Amts wegen* a/su richiesta, *ProzR* su istanza (di parte); **einen ~ ablehnen**; **einen ~ abschlägig (ver)bescheiden**; **einen ~ abweisen** respingere una domanda, rigettare una domanda, rigettare un ricorso, rigettare un'istanza, *(Parlament)* respingere una mozione; **einen ~ annehmen** accettare una proposta, accogliere una proposta, approvare una proposta, *(Parlament)* approvare una mozione; **einen ~ begründen** motivare una domanda, motivare una richiesta, descrivere (o: specificare, spiegare, indicare, dichiarare) i motivi di una domanda, descrivere (o: specificare, spiegare, indicare, dichiarare) il motivo di una richiesta; **einen ~ einbringen** *(parl)* presentare una mozione; **einen ~ einreichen** *ProzR (bei Gericht) (al tribunale)* presentare (una) domanda, *(al tribunale)* presentare (un) ricorso, *(al tribunale)* presentare (un') istanza, *(al tribunale)* proporre ricorso, *(al tribunale)* proporre istanza, *(in (o: nella cancelleria del) tribunale)* depositare una domanda, *(in (o: nella cancelleria del) tribunale)* depositare un ricorso, *(in (o: nella cancelleria del) tribunale)* depositare un'istanza; **über einen ~ entscheiden** statuire su una domanda, pronunciarsi su una domanda, prendere una decisione in merito a una richiesta; **einen ~ genehmigen** accogliere una domanda; **einem ~ nicht stattgeben** *ProzR* respingere una domanda, rigettare una domanda, rigettare un ricorso, rigettare un'istanza; **einem ~ stattgeben** *ProzR* accogliere una domanda, accogliere un ricorso, accogliere un'istanza; **einen ~ stellen** presentare domanda, fare domanda, fare richiesta, presentare ricorso, presentare istanza, proporre ricorso, proporre istanza, depositare una domanda, depositare un ricorso, depositare un'istanza; **einen ~ unterstützen** *(parl)* appoggiare una mozione; **einen ~ zurückweisen** respingere una domanda, rigettare una domanda, rigettare un ricorso, rigettare un'istanza, *(Parlament)* respingere una mozione; **einen ~ zurückziehen** ritirare una domanda, ritirare una richiesta; **begründeter ~** *m* domanda *f* motivata, domanda *f* fondata; **formloser ~** *m* semplice richiesta *f*; **prozessualer ~** *m ProzR* istanza *f*; **schlüssiger ~** *m* domanda *f* concludente; **schriftlicher ~** *m* domanda *f* scritta; **unbegründeter ~** *m* domanda *f* non motivata, domanda *f* infondata; **unzulässiger**

~ *m* ricorso *m* inammissibile, istanza *f* inammissibile; ~ *m* **auf Beitritt** domanda *f* di adesione; ~ *m* **auf Betreuung** *(Entmündigung)* istanza *f* di interdizione; ~ *m* **auf Bewilligung von Prozesskostenhilfe** *ZivProzR*; ~ *m* **auf Bewilligung von Verfahrenskostenhilfe** *FamR* istanza *f* di ammissione al patrocinio a spese dello Stato; ~ *m* **auf Einstellung des Verfahrens** *StrafProzR* richiesta *f* di archiviazione (degli atti); ~ *m* **auf Eintragung** domanda *f* di iscrizione; ~ *m* **auf Erlass eines Mahnbescheids** *ZivProzR (§ 690 ZPO)* ricorso *m* per decreto ingiuntivo, ricorso *m* per la concessione di decreto ingiuntivo, domanda *f* di ingiunzione (di pagamento); ~ *m* **auf Erlass eines Strafbefehls** *StrafProzR* richiesta *f* di emissione del decreto penale (di condanna); ~ *m* **auf Eröffnung des Hauptverfahrens** *StrafProzR (§ 199 Abs. 2 S. 1 StPO) = Eröffnungsantrag/ Antrag, das Hauptverfahren zu eröffnen* richiesta *f* di rinvio a giudizio; ~ *m* **auf Eröffnung des Insolvenzverfahrens** *InsolvenzR* ricorso *m* per la dichiarazione di fallimento, istanza *f* per la dichiarazione di fallimento; ~ *m* **auf Erteilung eines Erbscheins** *ErbR* ricorso *m* per il rilascio di un certificato di eredità (o: ereditario), domanda *f* di rilascio di un certificato di eredità (o: ereditario), richiesta *f* di rilascio di un certificato di eredità (o: ereditario); ~ *m* **auf Erteilung der Fahrerlaubnis** domanda *f* per il rilascio della patente di guida, domanda *f* per il conseguimento della patente di guida; ~ *m* **auf Erteilung einer Genehmigung** domanda *f* di autorizzazione; ~ *m* **zur Geschäftsordnung** mozione *f* d'ordine; ~ *m* **auf Gewährung von Prozesskostenhilfe** *ProzR* domanda *f* di ammissione al patrocinio a spese dello Stato, richiesta *f* di ammissione al patrocinio a spese dello Stato, istanza *f* di (o: per l') ammissione al patrocinio a spese dello Stato; ~ *m* **auf Haftprüfung** *StrafProzR* richiesta *f* di riesame del mandato di cattura; ~ *m* **auf Haftverschonung** *StrafProzR* domanda *f* di liberazione provvisoria; ~ *m* **auf Klageabweisung** *ZivProzR* richiesta *f* di rigetto della domanda, richiesta *f* di rigetto del ricorso; ~ *m* **auf Kostenfestsetzung** *ProzR* istanza *f* di liquidazione delle spese; ~ *m* **auf Löschung** istanza *f* di cancellazione; ~ *m* **auf Rehabilitation**; ~ *m* **auf Rehabilitierung** domanda *f* di riabilitazione; ~ *m* **auf Scheidung der Ehe** *FamR (auch: Antrag auf Ehescheidung, Scheidungsantrag, Ehescheidungsantrag)* domanda *f* di divorzio, ricorso *m* per divorzio, domanda *f* di scioglimento del matrimonio, ricorso *m* per lo scioglimento del matrimonio; ~ *m* **zur Tagesordnung** mozione *f* d'ordine; ~ *m* **auf Teilzahlung** richiesta *f* di pagamento rateale, domanda *f* di pagamento rateale; ~ *m* **auf Todeserklärung** domanda *f* per dichiarazione di morte presunta; ~ *m* **auf Verfahrenseinstellung** *StrafProzR* richiesta *f* di archiviazione (degli atti); ~ *m* **auf Vertagung** *ProzR* domanda *f* di rinvio; ~ *m* **auf Wiedereinsetzung in den vorigen Stand** *ZivProzR* richiesta *f* di rimessione in termini, *ZivProzR* istanza *f* di rimessione in termini, *StrafProzR* richiesta *f* di restituzione nel termine, *StrafProzR* istanza *f* di restituzione nel termine; ~ *m* **auf Zulassung** domanda *f* di ammissione.

Anträge *mpl ProzR* conclusioni *fpl*, domande *fpl*; **die ~ stellen** *ProzR* formulare le conclusioni, concludere.

antragen *v* offrire.

Antrags | begründung *f* motivazione *f* della domanda, motivi *mpl* della domanda; **~bewilligung** *f* accoglimento *m* della domanda; **~delikt** *n StrafR* delitto *m* perseguibile a querela (di parte), reato *m* perseguibile a querela (di parte), reato *m* punibile a querela di parte; **~erwiderung** *f ZivProzR* *(freiwillige Gerichtsbarkeit)* comparsa *f* di risposta, comparsa *f* di costituzione e (di) risposta; **~formular** *n* modulo *m* di domanda, modulo *m* di richiesta; **~frist** *f* termine *m* di presentazione della domanda, termine *m* utile per la presentazione della domanda, termine *m* di scadenza per la presentazione della domanda; **~gebühr** *f* tassa *f* di domanda; **~gegner/in** *m/f* opponente *m/f*, *ZivProzR (freiwillige Gerichtsbarkeit)* resistente *m/f*, controparte *f*; **~grund** *m* motivo *m* della domanda; **~grundsatz** *m* *ProzR* principio *m* della domanda (giudiziale); **~mündigkeit** *f* maggiore età *f* richiesta per presentare una domanda; **~prinzip** *n* principio *m* della domanda; **~prüfung** *f* esame *m* della domanda; **~recht** *n* diritto *m* di presentare l'istanza, *(Strafantrag)* diritto *m* di querela; **~rücknahme** *f* ritiro *m* della domanda, *(bei Strafantrag)* remissione *f* della querela; **~schein** *m* bollettino *m* di domanda; **~schrift** *f* *ZivProzR (freiwillige Gerichtsbarkeit)* ricorso *m*, atto *m* di ricorso, atto *m* introduttivo del giudizio, atto *m* di citazione; **~stattgabe** *f* *ProzR* accoglimento *m* della domanda, accoglimento *m* del ricorso, accoglimento *m* dell'istanza; **~straftat** *f* *StrafR* reato *m* perseguibile a querela (di parte).

Antrag | steller/in *m/f* richiedente *m/f*, *ZivProzR (freiwillige Gerichtsbarkeit)* ricorrente *m/f*, istante *m/f*, proponente *m/f*; **~stellung** *f* presentazione *f* della domanda, presentazione *f* del ricorso, presentazione *f* dell'istanza, deposito *m* della domanda, deposito *m* del ricorso, deposito *m* dell'istanza.

Antrags | verfahren *n* *ZivProzR* ricorso *m*; **~vergehen** *n* *StrafR* reato *m* perseguibile a querela (di parte); **~vordruck** *m* modulo *m* di domanda, modulo *m* di richiesta.

Antreibung *f (A)* avulsione *f*.

antreten *v (beginnen)* iniziare, cominciare, intraprendere, *(Amt)* assumere, insediarsi in, *(Stelle, Dienst)* entrare in, *(Strafe)* cominciare a scontare, *(Erbschaft)* adire, *(Beweis)* produrre, dedurre.

Antritt *m (Beginn)* inizio *m*, *(Amt, Dienst)* assunzione *f*, entrata *f* (in carica), insediamento *m* (in un ufficio), *(Strafe)* inizio *m* di esecuzione/espiazione (di una pena), *(Erbschaft)* adizione *f*, *(Beweis)* produzione *f*, deduzione *f*.

Antrittsvorlesung *f* *Univ* prolusione *f*.

Antwort *f* risposta *f*, replica *f*, riscontro *m*, responso *m*; **abschlägige ~** *f* risposta *f* negativa, rifiuto *m*; **umgehende ~** *f* risposta *f* immediata.

antworten *v* [auf *Akk*] rispondere, replicare, riscontrare, fare seguito a.

Antwortschreiben *n* lettera *f* di risposta.

ANÜ (*Abk* = **Arbeitnehmerüberlassung**) somministrazione *f* di lavoro (*in Italia ha abrogato e sostituito la precedente figura del lavoro interinale*), somministrazione *f* di personale, somministrazione *f* di manodopera, lavoro *m* somministrato, lavoro *m* in somministrazione, lavoro *m* interinale, lavoro *m* temporaneo.

anwachsen *v* aumentare, crescere.

Anwachsung *f* = *Anwachsen* *n* aumento *m*, crescita *f*, accrescimento *m*, incremento *m*.

Anwachsungsrecht *n* *ErbR* diritto *m* di accrescimento.

Anwalt *m* [f: Anwältin] → *Rechtsanwalt/-anwältin* avvocato *m* *(avv.)* (*in Italia la Legge 24 febbraio 1997, n. 27 ha soppresso l'albo dei procuratori legali e ha sostituito l'espressione "procuratore legale" contenuto nelle disposizioni legislative vigenti con il termine "avvocato"*), legale *m*, difensore *m* (*nel processo civile*), patrocinatore *m* (*legale*); **einen ~ aufsuchen** consultare un avvocato, consultare un legale; **einen ~ beauftragen** incaricare un avvocato, conferire un incarico (professionale) a un avvocato, affidare un incarico (di consulenza e assistenza legale) a un avvocato; **einen ~ befragen** consultare un avvocato, consultare un legale; **einen ~ bestellen** nominare un avvocato; **einen ~ hinzuziehen**; **einen ~ konsultieren** consultare un avvocato, consultare un legale; **sich einen ~ nehmen** ricorrere a un legale; **einen ~ um Rat fragen** consultare un avvocato, consultare un legale; **als ~ tätig sein** esercitare la professione di avvocato; **die Sache einem ~ übergeben** passare la pratica a un avvocato; **sich von einem ~ vertreten lassen** farsi rappresentare (e difendere) da un avvocato; **durch einen ~ vertreten sein** essere rappresentato (e difeso) da un avvocato; **sich an einen ~ wenden** rivolgersi a un avvocato, rivolgersi a un legale; **jemanden als ~ zulassen** abilitare qn. all'esercizio della professione di avvocato, abilitare qn. all'esercizio della professione forense; **beigeordneter ~** *m* difensore *m* d'ufficio; **beratender ~** *m* avvocato *m* consulente; **bestellter ~** *m* difensore *m* nominato d'ufficio; **gegnerischer ~** *m* avvocato *m* della controparte, difensore *m* della controparte; **klägerischer ~** *m* avvocato *m* dell'attore, difensore *m* dell'attore; **patentierter ~** *(CH)* avvocato *m* patentato; **zugelassener ~** *m* avvocato *m* abilitato all'esercizio della professione forense, avvocato *m* iscritto all'ordine degli avvocati.

anwaltlich vertreten sein essere rappresentato (e difeso) da un avvocato.

Anwalts | beruf *m* professione *f* di avvocato, professione *f* forense; **~büro** *n* studio *m* legale.

Anwaltschaft *f* avvocatura *f*; **aus der ~ ausschließen** radiare dall'albo degli avvocati; **zur ~ zulassen** abilitare all'esercizio della professione di avvocato, abilitare all'esercizio della professione forense.

anwaltschaftlich vertreten sein essere rappresentato (e difeso) da un avvocato.

Anwalts | gebühr *f*; **~gebühren** *fpl* onorari *mpl* e diritti *mpl* dell'avvocato, compenso *m* (professionale) dell'avvocato, parcella *f* dell'avvocato, competenze *fpl* spettanti all'avvocato, spettanze *fpl* dell'avvocato, *(gerichtliche Rechtsanwaltskosten)* spese *fpl* legali; **~geheimnis** *n* segreto *m* professionale degli avvocati; **~gutachten** *n* parere *m* legale; **~haftung** *f* responsabilità *f* professionale dell'avvocato; **~honorar** *n* onorario *m* dell'avvocato, compenso *m* dell'avvocato, parcella *f* dell'avvocato, competenze *fpl* spettanti all'avvocato, spettanze *fpl* dell'avvocato.

Anwaltskammer *f* ordine *m* degli avvocati; **aus der ~ ausschließen** radiare dall'ordine degli avvocati.

Anwalts | kanzlei *f* → *Rechtsanwaltskanzlei* studio *m* legale; **~kollegium** *m* collegio *m* degli avvocati; **~konzipient** *m (A)* praticante procuratore *m*; **~kosten** *pl* → *Rechtsanwaltskosten* onorari *mpl* e diritti *mpl* dell'avvocato, compenso *m* (professionale) dell'avvocato, parcella *f* dell'avvocato, competenze *fpl* spettanti all'avvocato, spettanze *fpl* dell'avvocato, *(gerichtliche Rechtsanwaltskosten)* spese *fpl* legali; **~liste** *f* albo *m* degli avvocati; **~notar** *m* avvocato *m* e notaio *m*, notaio *m* che è anche avvocato *m*.

Anwaltspraxis *f* [1] *(Anwaltschaft)* esercizio *m* della professione di avvocato, esercizio *m* della professione forense.

Anwaltspraxis *f* [2] *(Anwaltskanzlei)* studio *m* legale.

Anwalts | prozess *m* ↔ *Parteiprozess* processo *m* a difesa tecnica obbligatoria (*procedimento in cui è obbligatorio il ministero dell'avvocato*); **~prüfung** *f* esame *m* di (o: da) avvocato, esame *m* di abilitazione all'esercizio della professione di avvocato, esame *m* di abilitazione alla professione forense; **~senat** *m* sezione *f* disciplinare; **~sozietät** *f* studio *m* legale associato; **~stand** *m* avvocatura *f*; **~station** *f (Referendariat)* periodo *m* di pratica presso uno studio legale; **~tag** *m* congresso *m* nazionale degli avvocati; **~verein** *m*; **~vereinigung** *f* associazione *f* degli avvocati; **~vergütung** *f* compenso *m* dell'avvocato, compenso *m* spettante all'avvocato; **~verzeichnis** *n* albo *m* degli avvocati; **~vollmacht** *f* mandato *m*; **~zustellung** *f* notificazione *f* da avvocato ad avvocato; **~zwang** *m* difesa *f* tecnica obbligatoria, obbligo *m* della difesa tecnica, obbligo *m* del ministero dell'avvocato.

Anwaltverein *m* associazione *f* degli avvocati; **Deutscher ~** *m (D)* (*Abk* = **DAV**) Associazione *f* degli avvocati tedeschi.

Anwärter *m* [auf *Akk*] [f: Anwärterin] aspirante *m/f* [a], candidato/-a *m/f* [a], avente *m/f* diritto, avente *m/f* titolo.

Anwärterdienst *m* pratica *f*.

Anwartschaft *f* [1] [auf *Akk*] *(auf eine Stelle, einen Posten, ein Amt)* aspirazione *f* [a], candidatura *f* [a].

Anwartschaft *f* [2] [auf *Akk*] *(Erwerbsaussicht auf ein Recht, dessen Voraussetzungen noch nicht komplett erfüllt sind. Diese Erwerbsaussicht ist sowohl rechtlich gesichert als auch regelmäßig unentziehbar. In der Praxis ist eine Anwartschaft beispielsweise dann gegeben, wenn eine auf einem Gesetz beruhende Aussicht auf Versicherungsleistungen besteht.)* aspettativa *f* (*di diritto, giuridica*).

Anwartschafts | berechtigte/r *f/m* titolare *m/f* di un'aspettativa; **~deckungsverfahren** *n* sistema *m* di capitalizzazione; **~recht** *n (Vorstufe zum Vollerwerb eines Rechts)* diritto *m* di aspettativa; **~zeit** *f* periodo *m* di aspettativa.

anweisen *v* [1] *(befehlen)* ordinare, comandare, istruire, dare istruzioni, impartire istruzioni, dare disposizioni, *(beauftragen)* incaricare.

anweisen *v* [2] *(zuweisen)* assegnare, destinare.

anweisen *v* [3] *(anleiten)* avviare (al lavoro), guidare, dirigere, *(belehren)* istruire, formare.

anweisen *v* [4] *(Auszahlung anordnen)* dare ordine di pagare, disporre un/il bonifico, *(überwiesen)* versare, (far) accreditare, rimetterre.

Anweisende/r *f/m* delegante *m/f*.

Anweisung *f* [1] *(Anordnung)* istruzione *f*, disposizione *f*, indicazione *f*, direttiva *f*, ordine *m*, prescrizione *f*, precetto *m*, *(Auftrag)* incarico *m*, mandato *m*; **allgemeine ~** *f* istruzione *f* generale.

Anweisung *f* [2] *(Zuweisung)* assegnazione *f*.

Anweisung *f* [3] *(Anleitung)* istruzione *f*, guida *f*, *(Gebrauchsanweisung)* istruzioni *fpl* per l'uso.

Anweisung *f* [4] *(Anordnung zur Auszahlung)* ordine *m* di pagamento, *(Scheck)* assegno *m* (bancario), *(Postanweisung)* vaglia *m* (postale), *(Banküberweisung)* bonifico *m* (bancario), *(Überweisungsformular)* richiesta *f* di bonifico, *(Überweisung)* versamento *m*, accredito *m*, rimessa *f*; **kaufmännische ~** *f* vaglia *m*.

Anweisung *f* [5] *(§§ 783 ff. BGB)* delegazione *f*.

Anweisungen *fpl* istruzioni *fpl*, disposizioni *fpl*, indicazioni *fpl*, direttive *fpl*, ordini *mpl*; **~ beachten**; **~ befolgen** seguire le istruzioni, seguire le disposizioni; **~ einholen** prendere istruzioni; **~ entgegennehmen** ricevere istruzioni; **~ erteilen**; **~ geben** impartire (o: dare) ordini, impartire (o: dare) istruzioni, dare disposizioni, istruire.

Anweisungs | befugnis *f* potere *m* ordinatorio; **~begünstigte/r** *f/m*; **~empfänger/in** *m/f* delegatario/-a *m/f*; **~recht** *n* diritto *m* di impartire (o: dare) istruzioni.

anwendbar *adj* [1] *(Gesetze, Prinzipien)* applicabile; **nicht ~** inapplicabile, non applicabile; **analog ~**; **entsprechend ~** applicabile in via analogica, applicabile per analogia.

anwendbar *adj* [2] *(verwendbar)* utilizzabile, impiegabile; **nicht ~** inutilizzabile, non utilizzabile.

Anwendbarkeit *f* [1] *(Gesetze, Prinzipien)* applicabilità *f*.

Anwendbarkeit *f* [2] *(Verwendbarkeit)* utilizzabilità *f*, impiegabilità *f*.

anwenden *v* [1] *(Gesetze, Prinzipien)* applicare; **analog ~**; **entsprechend ~**; **sinngemäß ~** applicare per analogia.

anwenden *v* [2] *(gebrauchen, verwenden)* adoperare, usare, utilizzare, impiegare.

Anwendung *f* [1] *(Gesetze, Prinzipien)* applicazione *f*; **zur ~ bringen** applicare, mettere in pratica; **~ finden**; **zur ~ gelangen**; **zur ~ kommen** applicarsi, essere applicato, trovare applicazione; **analoge ~** *f*; **entsprechende ~** *f* applicazione *f* analogica, applicazione *f* in via analogica, applicazione *f* per analogia; **falsche ~** *f* applicazione *f* errata; **räumliche ~** *f* applicazione *f* territoriale; **rückwirkende ~** *f* applicazione *f* retroattiva; **sinngemäße ~** *f* applicazione *f* analogica, applicazione *f* in via analogica, applicazione *f* per analogia; **strenge ~** *f* applicazione *f* rigorosa, applicazione *f* tassativa; **territoriale ~** *f* applicazione *f* territoriale.

Anwendung *f* [2] *(Gebrauch, Verwendung)* uso *m*, utilizzo *m*, utilizzazione *f*, impiego *m*; **~** *f* **von Gewalt** uso *m* della forza.

Anwendungs|abkommen *n* accordo *m* di applicazione; **~bedingung** *f* modalità *f* di applicazione.

Anwendungsbereich *m (eines Staatsvertrags)* ambito *m* di applicazione, campo *m* di applicazione, sfera *f* di applicazione; **persönlicher ~** *m* ambito *m* di applicazione ratione personae, campo *m* di applicazione ratione personae, ambito *m* di applicazione soggettivo, campo *m* di applicazione soggettivo, campo *m* di applicazione personale, il / la presente … si applica (*a determinate persone o categorie di persone*); **sachlicher ~** *m* ambito *m* di applicazione ratione materiae, campo *m* di applicazione ratione materiae, ambito *m* di applicazione materiale, campo *m* di applicazione materiale, portata *f* materiale, il / la presente … si applica (*a un determinato oggetto, una determinata materia*); **territorialer ~** *m IPR (eines internationalen Übereinkommens)* applicazione *f* nello spazio, applicazione *f* territoriale; **zeitlicher ~** *m IPR (eines internationalen Übereinkommens)* applicazione *f* nel tempo.

Anwendungs|bestimmung *f* disposizione *f* di applicazione; **~fall** *m* caso *m* di applicazione; **~gebiet** *n* ambito *m* di applicazione, campo *m* di applicazione, sfera *f* di applicazione; **~patent** *n* brevetto *m* di applicazione; **~spielraum** *m* margine *m* di applicabilità; **~voraussetzung** *f* presupposto *m* di applicazione.

Anwerbekosten *pl* spese *fpl* di acquisizione, spese *fpl* di produzione.

anwerben *v* reclutare, arruolare, assumere, ingaggiare.

Anwerbung *f* reclutamento *m*, arruolamento *m*, assunzione *f*, ingaggio *m*; **~** *f* **von Arbeitskräften** reclutamento *m* di manodopera.

Anwesen *n* immobile *m*.

anwesend *adj* presente; **persönlich ~ sein** essere presente di persona.

Anwesende/r *f/m* presente *m/f*.

Anwesenheit *f* presenza *f*.

Anwesenheits|bewilligung *f (CH)* permesso *m* di residenza; **~liste** *f* registro *m* di presenza, elenco *m* dei presenti, lista *f* dei presenti; **~pflicht** *f* obbligo *m* di presenza.

Anwohner/in *m/f* vicino/-a *m/f*.

anzahlen *v* dare (o: pagare) un acconto, versare un anticipo, anticipare (*una somma*).

Anzahlung *f* acconto *m*, anticipo *m*, pagamento *m* in acconto, versamento *m* in acconto; **als ~ erhalten** ricevere in acconto; **eine ~ fordern** chiedere un acconto; **eine ~ leisten** pagare un acconto, versare un acconto, dare un acconto.

Anzahlungs|betrag *m* acconto *m*, importo *m* versato in acconto, somma *f* versata in acconto; **~garantie** *f* garanzia *f* per la restituzione di pagamenti parziali anticipati; **~summe** *f* acconto *m*, importo *m* versato in acconto, somma *f* versata in acconto.

Anzeichen *n* sintomo *m*, indizio *m*; **~beweis** *m* prova *f* indiziaria.

Anzeige *f* [1] *(Mitteilung, Benachrichtigung)* annuncio *m*, *(Ankündigung)* avviso *m*, *(Inserat)* inserzione *f*, *(Meldung)* comunicazione *f*, segnalazione *f*, indicazione *f*, dichiarazione *f*, *(bei der Behörde)* denuncia *f*, *(Bekanntmachung)* notifica *f*; **eine ~ aufgeben**; **eine ~ schalten** mettere un annuncio, mettere un avviso, mettere un'inserzione; **~ *f* der Abtretung** notificazione *f* della cessione; **~ *f* des Schadensfalles** *VersR* denuncia *f* di sinistro, avviso *m* di sinistro, dichiarazione *f* di sinistro; **~ *f* der Verteidigungsabsicht** *ZivProzR* comunicazione *f* (del convenuto al Tribunale) della sua volontà di difendersi in giudizio, costituzione *f* in giudizio (*del convenuto*).

Anzeige *f* [2] *StrafProzR (einer Straftat)* denuncia *f*; **~ erstatten** *StrafProzR* = *Strafanzeige erstatten* sporgere denuncia, presentare denuncia, denunciare; **eine ~ zurückziehen** *StrafProzR* ritirare una denuncia; **anonyme ~ *f*** *StrafProzR* denuncia *f* anonima; **falsche ~ *f*** *(CH) StrafProzR* calunnia *f*; **unterlassene ~ *f*** *StrafProzR* denuncia *f* omessa; **~ *f* von Amts wegen** *StrafProzR (durch Staatsanwaltschaft oder Polizei)* denuncia *f* d'ufficio; **~ *f* gegen Unbekannt**; **~ *f* gegen unbekannte Täter** *StrafProzR* denuncia *f* contro ignoti.

Anzeige *f* [3] *(Buchungsaufgabe)* nota *f* contabile.

Anzeige|erstatter/in *m/f StrafProzR* denunciante *m/f*, delatore *m*; **~formular** *n* modulo *m* di denuncia; **~frist** *f* termine *m* di dichiarazione, termine *m* di denuncia.

anzeigen *v* [1] *(bekannt geben, mitteilen, zeigen)* annunciare, *(ankündigen)* avvisare, *(mitteilen)* comunicare, informare, indicare, segnalare, dichiarare, denunciare, notificare.

anzeigen *v* [2] *StrafProzR (Strafanzeige erstatten)* denunciare, sporgere denuncia contro.

Anzeigende/r *f/m StrafProzR* denunciante *m/f*, delatore *m*.

Anzeigenerstattung *f StrafProzR* denuncia *f*.

Anzeigepflicht *f* obbligo *m* di denuncia, obbligo *m* di denunciare, obbligo *m* di dichiarare, obbligo *m* di dichiarazione, obbligo *m* di segnalare, obbligo *m* di segnalazione, obbligo *m* di rendere noto.

anzeigepflichtig *adj* soggetto a denuncia, con obbligo di denuncia.

Anzeiger/in *m/f* [1] dichiarante *m/f*.

Anzeiger/in *m/f* [2] *StrafProzR* denunciante *m/f*, delatore *m*.

Anzeigesteller/in *m/f (CH) StrafProzR* denunciante *m/f*, delatore *m*.

anzweifeln *v* mettere in dubbio, dubitare di.

AO (*Abk* = **Abgabenordnung**) *(D) SteuerR* codice *m* tributario (tedesco), testo *m* unico delle leggi tributarie (tedesche).

Apotheken-Urteil *n* → *Bundesverfassungsgericht zur Berufsfreiheit, BVerfGE 7, 377.*

Appellant/in *m/f ProzR* appellante *m/f*.

Appellat/in *m/f ProzR* appellato/-a *m/f*.

Appellation *f ProzR (Berufung)* appello *m*.

Appellations|gericht *n ProzR (Berufungsgericht)* corte *f* d'appello, tribunale *m* d'appello *(CH)*; **~hof** *m ProzR* corte *f* d'appello.

Approbation *f* abilitazione *f* all'esercizio della professione (*di medico, veterinario, farmacista*).

Äquivalenztheorie *f DeliktsR (Kausalzusammenhang)* teoria *f* dell'equivalenza (delle cause), teoria *f* della "condicio sine qua non".

Ärar *n (A)* erario *m*.

ärarisch *adj (A)* erariale, demaniale.

Arbeit *f* lavoro *m*; **die ~ antreten** entrare in servizio; **eine ~ ausführen** eseguire un lavoro; **die ~ einstellen**; **die ~ niederlegen** sospendere il lavoro, interrompere il lavoro, abbandonare il lavoro, scioperare, entrare in sciopero, fare sciopero; **ohne ~ sein** essere senza lavoro; **~ suchen** cercare lavoro; **die ~ wiederaufnehmen** riprendere il lavoro; **abhängige ~ *f*** lavoro *m* dipendente, lavoro *m* subordinato; **fachmännische ~ *f*** lavoro *m* specializzato; **feste ~ *f*** lavoro *m* fisso; **gefahrbehaftete**

~ *f*; **gefahrgeneigte ~** *f* lavoro *m* rischioso; **gemeinnützige ~** *f* lavori *mpl* (o: lavoro) di pubblica utilità *(LPU)*, lavoro *m* a favore della (o: per la) collettività; **gesundheitsschädliche ~** *f* lavoro *m* nocivo alla salute; **handwerkliche ~** *f* lavoro *m* artigianale; **illegale ~** *f* attività *f* illegale; **körperliche ~** *f* lavoro *m* manuale; **nichtselb(st)ständige ~** *f* lavoro *m* dipendente, lavoro *m* subordinato; **öffentliche ~en** *fpl* lavori *mpl* pubblici; **selb(st)ständige ~** *f* lavoro *m* autonomo, lavoro *m* indipendente; **termingebundene ~** *f* lavoro *m* a termine fisso; **unabhängige ~** *f* lavoro *m* autonomo, lavoro *m* indipendente; **unselb(st)ständige ~** *f* lavoro *m* dipendente, lavoro *m* subordinato; **untergeordnete ~** *f* lavoro *m* subordinato; **vorbereitende ~en** *fpl* lavori *mpl* preparatori; **wissenschaftliche ~** *f* attività *f* di ricerca (scientifica).

Arbeiter *m* [f: Arbeiterin] *(Arbeitnehmer)* lavoratore/-trice *m/f*, prestatore/-trice *m/f* di lavoro, *(iGz: Angestellte/r)* operaio/-a *m/f*; **angelernter ~** *m* operaio *m* semiqualificato; **selb(st)ständiger ~** *m* lavoratore *m* autonomo, lavoratore *m* indipendente; **ungelernter ~** *m* operaio *m* non qualificato, manovale *m*.

Arbeiter | ausschuss *m* commissione *f* interna; **~aussperrung** *f* serrata *f*; **~bewegung** *f* movimento *m* operaio; **~gewerkschaft** *f* sindacato *m* operaio, sindacato *m* dei lavoratori; **~kammer** *f (A)* (*Abk* = **AK**) *(Kurzbezeichnung für: Kammer für Arbeiter und Angestellte)* camera *f* del lavoro; **~rat** *m* → *Betriebsrat* consiglio *m* degli operai, consiglio *m* operaio.

Arbeiterschaft *f* lavoratori *mpl*, operai *mpl*, ceto *m* operaio, classe *f* operaia, categoria *f* operaia, classe *f* lavoratrice.

Arbeiter | stand *m* ceto *m* operaio, classe *f* operaia, categoria *f* operaia, classe *f* lavoratrice; **~unruhen** *fpl* agitazioni *fpl* operaie, agitazioni *fpl* sindacali; **~vertretung** *f* rappresentanza *f* operaia.

Arbeitgeber *m* [f: Arbeitgeberin] datore *m* di lavoro; **~anteil** *m* *(zur Sozialversicherung)* quota *f* a carico del datore di lavoro, quota *f* pagata (o: versata) dal datore di lavoro, contributi *mpl* previdenziali a carico del datore di lavoro, contributi *mpl* sociali a carico del datore di lavoro; **~beisitzer/in** *m/f* rappresentante *m/f* dei datori di lavoro (nei giudizi in materia di lavoro); **~beitrag** *m* contributo *m* a carico del datore di lavoro; **~bescheinigung** *f* certificato *m* rilasciato dal datore del lavoro; **~haftpflichtversicherung** *f* assicurazione *f* contro la responsabilità civile del datore di lavoro.

Arbeitgeberorganisation *f* organizzazione *f* dei datori di lavoro, organizzazione *f* padronale; **internationale ~** *f* organizzazione *f* internazionale dei datori di lavoro.

Arbeitgeber | verband *m*; **~vereinigung** *f* associazione *f* dei datori di lavoro, associazione *f* degli imprenditori, associazione *f* imprenditoriale, associazione *f* (degli) industriali, associazione *f* padronale, organizzazione *f* sindacale dei datori di lavoro, sindacato *m* dei datori di lavoro, sindacato *m* degli imprenditori, sindacato *m* padronale; **~vertreter/in** *m/f* rappresentante *m/f* dei datori di lavoro; **~zuschuss** *m* contributo *m* a carico del datore di lavoro.

Arbeitnehmer *m* [f: Arbeitnehmerin] lavoratore/-trice *m/f* (*subordinato/-a, dipendente*), prestatore/-trice *m/f* di lavoro (*subordinato*), dipendente *m/f*; **einen ~ einstellen** assumere un dipendente, assumere un lavoratore; **einen ~ entlassen** licenziare un dipendente, licenziare un lavoratore; **ausländischer ~** *m* lavoratore *m* straniero; **entsandter ~** *m* lavoratore *m* distaccato; **gewerkschaftlich organisierter ~** *m* lavoratore *m* associato (a una organizzazione sindacale); **überlassener ~** *m* lavoratore *m* somministrato; **~** *m* **des öffentlichen Dienstes**; **~** *m* **im öffentlichen Dienst** impiegato *m* pubblico.

Arbeitnehmer | absetzbetrag *m* *(A) (Steuer)* quota *f* esente a favore dei lavoratori dipendenti; **~aktie** *f* azione *f* a favore del prestatore di lavoro; **~anteil** *m* quota *f* a carico del lavoratore, quota *f* pagata dal lavoratore; **~beisitzer/in** *m/f* rappresentante *m/f* dei lavoratori (nei giudizi in materia di lavoro); **~beitrag** *m* contributo *m* a carico del lavoratore; **~einkommen** *n* reddito *m* dei lavoratori.

Arbeitnehmer-Entsendegesetz *n* *(D)* (*Abk* = **AEntG**) *(Gesetz über zwingende Arbeitsbedingungen für grenzüberschreitend entsandte und für regelmäßig im Inland beschäftigte Arbeitnehmer und Arbeitnehmerinnen)* legge *f* (tedesca) in materia di (o: sul) distacco dei lavoratori.

Arbeitnehmer | entsendung *f* distacco *m* di lavoratori, distacco *m* di lavoro; **~erfinder/in** *m/f* dipendente-inventore *m*; **~erfindung** *f* invenzione *f* del lavoratore, invenzione *f* del prestatore di lavoro; **~freibetrag** *m* *(Steuer)* quota *f* esente a favore dei lavoratori dipendenti; **~freizügigkeit** *f EuR* libera circolazione *f* dei lavoratori; **~haftung** *f* responsabilità *f* del lavoratore; **~mitbestimmung** *f* cogestione *f* dei lavoratori dipendenti, partecipazione *f* dei lavoratori dipendenti alla gestione dell'azienda.

Arbeitnehmerschaft *f* lavoratori *mpl*, prestatori *mpl* di lavoro (subordinato), dipendenti *mpl*, personale *m*, manodopera *f*.

Arbeitnehmer | schutz *m* tutela *f* del lavoratore; **~überlassung** *f* (*Abk* = **ANÜ**) somministrazione *f* di lavoro (*in Italia ha abrogato e sostituito la precedente figura del lavoro interinale*), somministrazione *f* di personale, somministrazione *f* di manodopera, lavoro *m* somministrato, lavoro *m* in somministrazione, lavoro *m* interinale, lavoro *m* temporaneo; **~überlassungsgesetz** *n (D)* (*Abk* = **AÜG**) *(Gesetz zur Regelung der Arbeitnehmerüberlassung)* legge *f* (tedesca) sulla somministrazione di lavoro, legge *f* (tedesca) sul lavoro somministrato, legge *f* (tedesca) sul lavoro in somministrazione, legge *f* (tedesca) sul lavoro interinale, legge *f* (tedesca) sul lavoro temporaneo; **~verband** *m*; **~vereinigung** *f* associazione *f* (sindacale) dei lavoratori, organizzazione *f* (sindacale) dei lavoratori, sindacato *m* dei lavoratori; **~vertreter/in** *m/f* rappresentante *m/f* dei lavoratori; **~vertretung** *f* rappresentanza *f* dei lavoratori, rappresentanza *f* del personale.

Arbeits | ablauf *m* svolgimento *m* del lavoro, andamento *m* del lavoro, processo *m* lavorativo, ciclo *m* di lavorazione; **Internationales ~amt** *n* (*Abk* = **IAA**) Ufficio *m* internazionale del lavoro *(UIL)*; **~angebot** *n* offerta *f* di lavoro; **~aufnahme** *f* inizio *m* del lavoro; **~aufsicht** *f* ispezione *f* del lavoro, ispezioni *fpl* del lavoro, ispettorato *m* del lavoro; **~auftrag** *m* ordine *m*; **~aufwand** *m* impiego *m* di lavoro, lavoro *m* necessario per fare qc., dispendio *m* di energia.

arbeitsaufwendig *adj* = *arbeitsaufwändig* impegnativo, che richiede molto lavoro.

Arbeits | ausfall *m* perdita *f* di ore lavorative, interruzione *f* del lavoro, sospensione *f* del lavoro; **~bedingungen** *fpl* condizioni *fpl* di lavoro; **~befreiung** *f* esenzione *f* dal lavoro; **~beginn** *m* inizio *m* del lavoro; **~behörde** *f* ispettorato *m* del lavoro; **~bereich** *m* campo *m* di attività, campo *m* di lavoro, ambito *m* di attività, ambito *m* di lavoro, settore *m* lavorativo, *(Aufgabenbereich)* sfera *f* di competenza; **~beschaffung** *f (Arbeitsvermittlung)* collocamento *m*, *(Schaffung neuer Arbeitsplätze)* creazione *f* di posti di lavoro, creazione *f* di occasioni di lavoro; **~beschaffungsmaßnahmen** *fpl* (*Abk* = **ABM**);

~beschaffungsprogramm *n* programma *m* di creazione di posti di lavoro, piano *m* per l'occupazione, provvedimenti *mpl* per l'occupazione, misure *fpl* occupazionali, misure *fpl* a sostegno dell'occupazione, interventi *mpl* a sostegno dell'occupazione; **~bescheinigung** *f* certificato *m* di lavoro, attestato *m* di lavoro, attestato *m* di servizio; **~bestätigung** *f* certificato *m* di lavoro, attestato *m* di lavoro, attestato *m* di servizio; **~bewilligung** *f (A)* permesso *m* di lavoro; **~dauer** *f* durata *f* del lavoro; **~eignung** *f* attitudine *f* al lavoro; **~einkommen** *n* reddito *m* di (o: da) lavoro; **~einkünfte** *fpl* redditi *mpl* da lavoro, proventi *mpl* da lavoro; **~einstellung** *f* sospensione *f* del lavoro, astensione *f* dal lavoro, sciopero *m*; **~entgelt** *n* retribuzione *f*, compenso *m*; **~erfahrung** *f* esperienza *f* di lavoro; **~erlaubnis** *f* permesso *m* di lavoro; **~ertrag** *m* rendimento *m* del lavoro, prodotto *m* del lavoro, reddito *m* di lavoro; **~erziehungsanstalt** *f (CH)* casa *f* di educazione al lavoro *(CH)*, casa *f* di lavoro.

arbeitsfähig *adj* capace di lavorare, abile al lavoro, idoneo al lavoro, operativo, in grado di svolgere le proprie mansioni (o: funzioni).

Arbeits | fähigkeit *f* capacità *f* di lavoro, capacità *f* lavorativa, abilità *f* al lavoro, idoneità *f* al lavoro, operatività *f*; **~förderungsgesetz** *n (D)* (*Abk* = **AFG**) legge *f* (tedesca) sulla promozione del lavoro, legge *f* (tedesca) contenente provvedimenti in materia di avviamento al lavoro e di assistenza ai lavoratori involontariamente disoccupati; **~frieden** *m* tranquillità *f* sul lavoro, *(Tarifvertrag)* pace *f* sindacale, pace *f* sociale; **~fürsorge** *f* previdenza *f* (sociale) a favore dei lavoratori; **~gang** *m* fase *f* di lavoro, fase *f* del processo lavorativo, fase *f* di lavorazione, ciclo *m* di lavoro; **~gebiet** *n* campo *m* di attività, campo *m* di azione, ambito *m* di attività, sfera *f* di attività, sfera *f* di azione, raggio *m* di azione, settore *m* lavorativo; **~gemeinschaft** *f* (*Abk* = **AG**) *(Kurzwort: ARGE)* gruppo *m* di lavoro, gruppo *m* di studio, comunità *f* di lavoro, *(Gruppe von Firmen)* consorzio *m*; **~genehmigung** *f* permesso *m* di lavoro; **~gericht** *n* tribunale *m* del lavoro (di primo grado), tribunale *m* competente per le controversie giudiziali (individuali) in materia di lavoro, giudice *m* del lavoro, magistratura *f* del lavoro; **~gerichtsbarkeit** *f* giurisdizione *f* del lavoro, magistratura *f* del lavoro.

Arbeitsgerichtsgesetz *n (D)* (*Abk* = **ArbGG**) legge *f* (tedesca) sulla magistratura del lavoro; **Arbeits- und Sozialgerichtsgesetz** *n (A)* (*Abk* = **ASGG**) *SozialR* legge *f* (austriaca) sulla giurisdizione del lavoro e della previdenza sociale.

Arbeits | gerichtsprozess *m*; **~gerichtsverfahren** *n* processo *m* del lavoro, giudizio *m* del lavoro, procedimento *m* in materia di lavoro; **~gesetzbuch** *n* codice *m* del lavoro; **~gesetzgebung** *f* legislazione *f* del (o: sul) lavoro; **~gliederung** *f* divisione *f* del lavoro; **~kammer** *f* camera *f* del lavoro; **~kampf** *m* agitazione *f* operaia, agitazione *f* sindacale, lotta *f* sindacale, conflitto *m* sindacale, conflitto *m* di lavoro; **~karte** *f* permesso *m* di lavoro; **~klima** *n* ambiente *m* di lavoro, atmosfera *f* sul posto di lavoro, clima *m* sul posto di lavoro; **~kollege/-gin** *m/f* collega *m/f* (di lavoro); **Internationale ~konferenz** *f* Conferenza *f* internazionale del lavoro; **~konflikt** *m* conflitto *m* di lavoro; **~kosten** *pl* costo *m* del lavoro, costo *m* della manodopera.

Arbeitskraft *f (Leistungsfähigkeit)* capacità *f* lavorativa, forza *f* lavorativa, *(Arbeiter)* lavoratore/-trice *m/f*, dipendente *m/f*, operaio/-a *m/f*.

Arbeitskräfte *fpl* lavoratori *mpl*, manodopera *f* [o: mano d'opera], forza *f* lavoro, personale *m*, maestranze *fpl*; **~ abwerben** accaparrarsi manodopera sottraendola ad altri; ~ **anwerben** reclutare manodopera; ~ **einstellen** assumere manodopera; ~ **entlassen** licenziare manodopera; **ausländische** ~ *fpl* manodopera *f* straniera; **qualifizierte** ~ *fpl* manodopera *f* qualificata.

Arbeitskräfte | abbau *m* riduzione *f* della manodopera; **~angebot** *n* offerta *f* di manodopera; **~anwerbung** *f* reclutamento *m* di manodopera; **~austausch** *m* ricambio *m* del lavoro; **~bedarf** *m* fabbisogno *m* di manodopera, richiesta *f* di manodopera; **~einsparung** *f*; **~ersparnis** *f* risparmio *m* di manodopera; **~mangel** *m* carenza *f* di manodopera, mancanza *f* di manodopera, scarsità *f* di manodopera, penuria *f* di manodopera, mancanza *f* di personale; **~potential** *n* potenziale *m* di manodopera, potenziale *m* lavorativo; **~überschuss** *m* eccendenza *f* di manodopera, manodopera *f* in esubero; **~volumen** *n* volume *m* di manodopera.

Arbeitsleistung *f* rendimento *m*, prestazione *f*, produttività *f*, efficienza *f*, *(Arbeit)* lavoro *m*, prestazione *f* lavorativa, attività *f* lavorativa; ~ **erbringen** lavorare, svolgere un lavoro, svolgere un'attività lavorativa, esercitare un'attività lavorativa, prestare attività lavorativa, prestare servizio, eseguire la prestazione lavorativa.

Arbeits | leistungspflicht *f* obbligazione *f* lavorativa; **~lenkung** *f* direzione *f* dei lavori; **~lohn** *m* salario *m*.

arbeitslos *adj* disoccupato, senza lavoro; **sich ~ melden** comunicare lo stato di disoccupazione (*al Centro per l'Impiego*), dichiarare il proprio stato di disoccupazione, iscriversi nelle liste di disoccupazione, iscriversi nelle liste di collocamento; ~ **sein** essere disoccupato, essere senza lavoro; ~ **werden** perdere il (posto di) lavoro.

Arbeitslosen | geld *n* indennità *f* di disoccupazione, sussidio *m* di disoccupazione, assegno *m* di disoccupazione; **~hilfe** *f (D) (Seit 1.1.2005 abgeschafft und durch das Arbeitslosengeld II ersetzt (siehe Infokasten „Hartz IV"))* assistenza *f* ai disoccupati, sussidio *m* ai disoccupati di lunga durata, sussidio *m* per i disoccupati di lungo periodo; **~quote** *f* tasso *m* di disoccupazione, percentuale *f* di (o: dei) disoccupati; **~unterstützung** *f* indennità *f* di disoccupazione, sussidio *m* di disoccupazione, assegno *m* di disoccupazione; **~versicherung** *f SozialR* assicurazione *f* contro la disoccupazione (involontaria); **~zahl** *f*; **~ziffer** *f* numero *m* dei disoccupati.

Arbeitslose/r *f/m* disoccupato/-a *m/f*; **gemeldete/r** ~ *f/m* disoccupato/-a iscritto/-a (nelle liste di disoccupazione, di collocamento).

Arbeitslosigkeit *f* disoccupazione *f*; **die ~ bekämpfen** combattere la disoccupazione; **die ~ beseitigen** eliminare la disoccupazione, assorbire la disoccupazione; **chronische** ~ *f*; **dauernde** ~ *f* disoccupazione *f* permanente, disoccupazione *f* cronica; **friktionelle** ~ *f* disoccupazione *f* frizionale; **jahreszeitlich bedingte** ~ *f* disoccupazione *f* stagionale; **konjunkturbe-dingte** ~ *f*; **konjunkturelle** ~ *f* disoccupazione *f* congiunturale; **latente** ~ *f* disoccupazione *f* latente; **saisonale** ~ *f*; **saisonbedingte** ~ *f* disoccupazione *f* stagionale; **strukturelle** ~ *f* disoccupazione *f* strutturale; **unverschuldete** ~ *f* disoccupazione *f* involontaria; **verdeckte** ~ *f* disoccupazione *f* nascosta.

Arbeits | mangel *m* mancanza *f* di lavoro; **~markt** *m* mercato *m* del lavoro; **~marktlage** *f* situazione *f* del mercato del lavoro; **~marktpolitik** *f* politica *f* occupazionale; **~medizin** *f* medicina *f* del lavoro; **~methode** *f* metodo *m* di lavoro, metodo *m* lavorativo, sistema *m* di lavoro, sistema *m* lavorativo; **~migrant/in** *m/f* lavoratore/-trice *m/f* migrante; **~minister/in** *m/f* ministro *m* del lavoro;

~ministerium *n* ministero *m* del lavoro; **~mittel** *n* strumento *m* di lavoro, mezzo *m* di lavoro; **~mobilität** *f* mobilità *f* del lavoro.

Arbeitsnachweis *m* [1] *(Nachweis offener Arbeitsstellen)* segnalazione *f* di posti vacanti, *(behördliche Stelle, die offene Arbeitsstellen nachweist)* centro *m* per l'impiego, ufficio *m* di collocamento.

Arbeitsnachweis *m* [2] *(Bescheinigung)* certificato *m* di lavoro.

Arbeits | niederlegung *f* cessazione *f* del lavoro, sospensione *f* del lavoro, sciopero *m*; **~normen** *fpl* norme *fpl* di lavoro; **~ordnung** *f* regolamento *m* del lavoro.

Arbeitsorganisation *f* organizzazione *f* del lavoro; **Internationale ~** *f* (*Abk* = **IAO / ILO**) Organizzazione *f* internazionale del lavoro *(OIL / ILO)*.

Arbeits | ort *m* luogo *m* di lavoro; **~papiere** *npl* documenti *mpl* di lavoro; **~pflicht** *f* lavoro *m* obbligatorio, obbligo *m* del lavoro.

Arbeitsplatz *m* posto *m* di lavoro; **~abbau** *m* riduzione *f* del personale, riduzione *f* della manodopera, riduzione *f* dei posti di lavoro, diminuzione *f* dei posti di lavoro, tagli *mpl* di posti di lavoro, tagli *mpl* all'occupazione, tagli *mpl* occupazionali, tagli *mpl* agli organici, tagli *mpl* al (o: del) personale, perdite *fpl* di posti di lavoro, perdite *fpl* di occupazione, perdite *fpl* occupazionali, soppressione *f* di posti di lavoro; **~beschaffung** *f* creazione *f* di posti di lavoro.

Arbeitsplätze *mpl* posti *mpl* di lavoro; **~ abbauen** ridurre il personale, ridurre la manodopera, ridurre i posti di lavoro, diminuire i posti di lavoro; **~ schaffen** creare (nuovi) posti di lavoro; **~ vernichten** eliminare posti di lavoro.

Arbeitsplatz | erhaltung *f* conservazione *f* del posto di lavoro; **~garantie** *f* garanzia *f* del posto di lavoro; **~schutz** *m*; **~sicherung** *f* garanzia *f* del posto di lavoro; **~teilung** *f* job sharing *m (contratto di lavoro ripartito)*; **~verlust** *m* perdita *f* del posto di lavoro; **~wechsel** *m* cambio *m* (del posto) di lavoro, cambiamento *m* del posto di lavoro, ricambio *m* dei dipendenti, mobilità *f* del personale; **~zuweisung** *f ArbR* assegnazione *f* di un posto di lavoro.

Arbeits | prämie *f ArbR* premio *m* di rendimento, premio *m* di produttività, premio *m* di produzione, premio *m* di risultato; **~preis** *m* costo *m* della manodopera; **~produktivität** *f* produttività *f* lavorativa.

Arbeitsprozess *m* [1] *(Arbeitsablauf)* processo *m* lavorativo, ciclo *m* di lavorazione.

Arbeitsprozess *m* [2] *ProzR (Gerichtsverfahren)* processo *m* del lavoro.

Arbeitsprozessrecht *n ProzR* diritto *m* processuale del lavoro, disciplina *f* del processo del lavoro.

Arbeitsraum *m* locale *m* di lavoro, ambiente *m* di lavoro.

Arbeitsrecht *n* diritto *m* del lavoro; **individuelles ~** *n (Verhältnis zwischen dem einzelnen Arbeitgeber und dem einzelnen Arbeitnehmer) (§§ 611 ff. BGB)* diritto *m* del lavoro individuale; **kollektives ~** *n (Recht der arbeitsrechtlichen Koalitionen (Gewerkschaften und Arbeitgeberverbände), Tarifvertragsrecht, Arbeitskampfrecht (Streiks und Aussperrungen) sowie Mitbestimmungsrecht in Unternehmen und Betrieben)* diritto *m* del lavoro collettivo.

Arbeitsrecht

Normativa giuslavoristica nella Repubblica Federale di Germania:

- §§ 611 ff. BGB (artt. 611 ss. del Codice civile tedesco)
- *Allgemeines Gleichbehandlungsgesetz* (Legge generale sulla parità di trattamento / Legge generale anti-discriminazione)
- *Arbeitsgerichtsgesetz* (Legge sulla magistratura del lavoro)

- *Arbeitszeitgesetz* (Legge sull'orario di lavoro)
- *Bundesurlaubgesetz* (Legge federale sulle ferie)
- *Entgeltfortzahlungsgesetz* (Legge sulla corresponsione continuata della retribuzione)
- *Kündigungsschutzgesetz* (Legge sulla tutela contro i licenziamenti ingiustificati)
- *Mutterschutzgesetz* (Legge sulla tutela della maternità)

Arbeitsrechtler/in *m/f* giuslavorista *m/f*.

arbeitsrechtlich *adj* relativo al diritto del lavoro, in materia di lavoro, di/del lavoro, giuslavoristico.

Arbeits | richter/in *m/f* giudice *m* del lavoro; **~sache** *f* materia *f* di lavoro, causa *f* (in materia) di lavoro; **~schicht** *f* turno *m* di lavoro; **~schutz** *m* tutela *f* del lavoro; **~sicherheit** *f* sicurezza *f* sul lavoro; **~sitzung** *f* riunione *f* di lavoro; **~sprache** *f (z.B. in einer internationalen Organisation)* lingua *f* di lavoro; **~stätte** *f* luogo *m* di lavoro; **~stelle** *f* posto *m* di lavoro; **~strafrecht** *n* diritto *m* penale del lavoro; **~streitigkeit** *f* controversia *f* (in materia) di lavoro; **~stunde** *f* ora *f* di lavoro, ora *f* lavorativa; **~suche** *f* ricerca *f* di lavoro; **~suchende/r** *f/m* persona *f* in cerca di lavoro; **~tag** *m* giornata *f* lavorativa, giorno *m* di lavoro, giorno *m* feriale; **~tagung** *f* riunione *f*.

Arbeitsteilung *f* divisione *f* del lavoro, suddivisione *f* del lavoro, ripartizione *f* del lavoro; **internationale ~** *f* divisione *f* internazionale del lavoro.

Arbeitsumfang *m* mole *f* di lavoro, volume *m* di lavoro.

arbeitsunfähig *adj* inabile al lavoro, incapace di lavorare, invalido al lavoro.

Arbeitsunfähige/r *f/m* inabile *m/f* al lavoro, chi è incapace di lavorare, invalido/-a *m/f* al lavoro.

Arbeitsunfähigkeit *f* inabilità *f* al lavoro, incapacità *f* lavorativa, incapacità *f* di lavorare, invalidità *f* al lavoro; **dauernde ~** *f* incapacità *f* (lavorativa) permanente; **teilweise ~** *f* incapacità *f* (lavorativa) parziale; **vollständige ~** *f* incapacità *f* (lavorativa) totale; **vorübergehende ~** *f*; **zeitweilige ~** *f* incapacità *f* (lavorativa) temporanea.

Arbeitsunfähigkeits | bescheinigung *f (auch: AU-Bescheinigung, ärztliche Arbeitsunfähigkeitsbescheinigung, Krankschreibung; in der Schweiz: Arztzeugnis)*; **~nachweis** *m*; **~zeugnis** *n* certificato *m* (medico) di malattia, certificato *m* (medico) di inabilità al lavoro, certificato *m* (medico) di incapacità lavorativa.

Arbeitsunfall *m* infortunio *m* sul lavoro, incidente *m* sul lavoro; **~erklärung** *f* dichiarazione *f* di infortunio sul lavoro; **~verletzung** *f* lesione *f* causata da infortunio sul lavoro; **~versicherung** *f SozialR* assicurazione *f* contro gli infortuni sul lavoro.

Arbeits | unterbrechung *f* interruzione *f* del lavoro; **~verdienst** *m* retribuzione *f*, compenso *m*; **~verfahren** *n* metodo *m* di lavoro, metodo *m* lavorativo, sistema *m* di lavoro, sistema *m* lavorativo, processo *m* lavorativo; **~vergütung** *f* retribuzione *f*, compenso *m*.

Arbeitsverhältnis *n* rapporto *m* di lavoro, rapporto *m* lavorativo; **ein ~ auflösen** sciogliere un rapporto di lavoro; **ein ~ begründen** costituire un rapporto di lavoro; **abhängiges ~** *n* rapporto *m* di lavoro dipendente; **befristetes ~** *n* rapporto *m* di lavoro a tempo determinato, assunzione *f* a tempo determinato; **faktisches ~** *n* rapporto *m* di lavoro di fatto; **~** *n* **auf unbestimmte Zeit**; **unbefristetes ~** *n* rapporto *m* di lavoro a tempo indeterminato, assunzione *f* a tempo indeterminato.

Arbeits | verhältnisse *npl* condizioni *fpl* di lavoro;

~vermittler *m* agenzia *f* per il lavoro, agenzia *f* per l'impiego, *(Jobcenter)* centro *m* per l'impiego (*in Italia: erede del vecchio "ufficio di collocamento"*); **~vermittlung** *f (Vermittlung von Arbeitskräften)* collocamento *m*, servizio *m* di collocamento, *(Vermittlungsagentur)* agenzia *f* per il lavoro, agenzia *f* per l'impiego, *(Jobcenter)* centro *m* per l'impiego (*in Italia: erede del vecchio "ufficio di collocamento"*); **~vermittlungsamt** *n* centro *m* per l'impiego (*in Italia: erede del vecchio "ufficio di collocamento"*); **~vermittlungsbüro** *n* agenzia *f* per il lavoro, agenzia *f* per l'impiego; **~versäumnis** *f* assenza *f* dal lavoro; **~verteilung** *f* distribuzione *f* del lavoro, ripartizione *f* del lavoro.

Arbeitsvertrag *m* contratto *m* di lavoro; **einen ~ abschließen** stipulare un contratto di lavoro, concludere un contratto di lavoro; **einen ~ kündigen** recedere dal contratto di lavoro (*da parte dell datore di lavoro:licenziamento, da parte del lavoratore: dimissioni*), risolvere un rapporto di lavoro, estinguere un rapporto di lavoro; **befristeter ~** *m* contratto *m* di lavoro a tempo determinato; **unbefristeter ~** *m* contratto *m* di lavoro a tempo indeterminato.

Arbeits | verwaltung *f* amministrazione *f* del lavoro; **~verweigerung** *f* rifiuto *m* di lavorare; **~volumen** *n* volume *m* di lavoro, mole *f* di lavoro; **~vorgang** *m* processo *m* lavorativo; **~willen** *m* volontà *f* di lavorare; **~woche** *f* settimana *f* lavorativa.

Arbeitszeit *f* orario *m* di lavoro, orario *m* lavorativo; **die ~ verkürzen** ridurre l'orario (di lavoro); **flexible ~** *f*; **gleitende ~** *f* orario *m* flessibile, flexi-time *m*; **tarifliche ~** *f* orario *m* contrattuale; **verkürzte ~** *f* orario *m* ridotto; **wöchentliche ~** *f* orario *m* settimanale.

Arbeitszeit | dauer *f* durata *f* dell'orario (di lavoro); **~gesetz** *n* (*Abk* = **D: ArbZG; CH, A: AZG**) *(CH: Bundesgesetz über die Arbeit in Unternehmen des öffentlichen Verkehrs, A: Bundesgesetz über die Regelung der Arbeitszeit)* legge *f* sull'orario di lavoro, legge *f* sulla durata del lavoro *(LDL)* (*legge federale sul lavoro nelle imprese di trasporti pubblici*) *(CH)*; **~gestaltung** *f* organizzazione *f* dell'orario di lavoro; **~richtlinie** *f EuR → s. Anhang 3 b)* direttiva *f* sull'orario di lavoro (*Direttiva 2003/88/CE del Parlamento europeo e del Consiglio, del 4 novembre 2003, concernente taluni aspetti dell'organizzazione dell'orario di lavoro*); **~verkürzung** *f* riduzione *f* dell'orario di lavoro; **~verteilung** *f* distribuzione *f* dell'orario di lavoro.

Arbeits | zeugnis *n (§ 630 BGB)* certificato *m* di lavoro, attestato *m* di lavoro, benservito *m*; **~zwang** *m* obbligo *m* del lavoro, lavoro *m* obbligatorio.

ArbGG (*Abk* = **Arbeitsgerichtsgesetz**) *(D)* legge *f* (tedesca) sulla magistratura del lavoro.

Arbitrageklausel *f* clausola *f* arbitrale.

arbiträr *adj (A)* arbitrario.

ArbZG (*Abk* = **Arbeitszeitgesetz**) *(D)* legge *f* (tedesca) sull'orario di lavoro.

Architektenrecht *n* diritto *m* degli architetti.

Arealsteuer *f (A)* imposta *f* di superficie.

Arglist *f* dolo *m* (*come vizio della volontà*).

Arglisteinrede *f* eccezione *f* di dolo.

arglistig *adj* doloso.

Argument *n* argomento *m*; **ein ~ entkräften** invalidare un argomento; **stichhaltiges ~** *n* argomento *m* valido, argomentazione *f* convincente.

Argumentation *f* argomentazione *f*.

argumentieren *v* argomentare, addurre argomenti.

argumentum e contrario *(lat) (Umkehrschluss, Gegenschluss)* argumentum a contrario *(lat)*, argomento *m* a contrario, argomentazione *f* a contrario.

Argwohn *m* sospetto *m*.

Arnimparagraph *m (D) StrafR* § 353a del codice penale tedesco (StGB) che commina pene per il caso di insubordinazione commessa da un agente diplomatico.

Arrangement *n (A)* liquidazione *f*.

Arrest *m* [1] *StrafProzR (Haft, Freiheitsentzug)* arresto *m*; **persönlicher ~** *m (D) ZivProzR (Haft oder sonstige Beschränkungen der persönlichen Freiheit)* arresto *m* del debitore.

Arrest *m* [2] *ZivProzR (zur Sicherung der Zwangsvollstreckung wegen einer Geldforderung) → D: §§ 916 ff. ZPO, CH: Artt. 271 ff. SchKG* sequestro *m* (conservativo); **den ~ anordnen** *ZivProzR* ordinare il sequestro (conservativo); **mit ~ belegen** *ZivProzR* porre sotto sequestro (conservativo); **dinglicher ~** *m (D) ZivProzR (Zwangsvollstreckung in das Vermögen des Schuldners)* sequestro *m* (conservativo) dei beni del debitore; **offener ~** *m InsolvenzR* divieto *m* di pagamento al fallito.

Arrestanordnung *f ZivProzR* ordine *m* di sequestro (conservativo).

Arrestant/in *m/f StrafProzR (Gefangener, Häftling)* arrestato/-a *m/f*.

Arrestation *f StrafProzR (Festnahme, Verhaftung)* arresto *m*.

Arrest|aufhebung *f ZivProzR* revoca *f* del sequestro (conservativo); **~befehl** *m ZivProzR* ordine *m* di sequestro (conservativo); **~beschluss** *m ZivProzR* decreto *m* di sequestro (conservativo); **~bruch** *m ZivProzR* sottrazione *f* o danneggiamento *m* di cose sottoposte a sequestro (conservativo); **~gericht** *n ZivProzR* ufficio *m* giudiziario che ordina il sequestro (conservativo); **~gesuch** *n ZivProzR* istanza *f* di sequestro (conservativo); **~gläubiger/in** *m/f ZivProzR* creditore *m* sequestrante; **~hypothek** *f ZivProzR* sequestro *m* (conservativo) eseguito mediante iscrizione di ipoteca; **~prosequierung** *f (CH) InsolvenzR (Art. 279 SchKG)* convalida *f* del sequestro; **~schuldner/in** *m/f ZivProzR* debitore *m* i cui beni sono sotto sequestro (conservativo); **~strafe** *f StrafProzR* pena *f* dell'arresto; **~urkunde** *f ZivProzR* verbale *m* di sequestro (conservativo); **~verfahren** *n ZivProzR* procedimento *m* di sequestro (conservativo); **~vermerk** *m* clausola *f* «da qui la girata non vale che sulla copia».

Arrestvollziehung *f* [1] *StrafProzR* = *Arrestvollzug m* esecuzione *f* dell'arresto.

Arrestvollziehung *f* [2] *ZivProzR* = *Arrestvollzug m* esecuzione *f* del sequestro (conservativo).

arretieren *v* arrestare.

Arretierung *f* arresto *m*.

Arretierungsklausel *f* clausola *f* «da qui la girata von vale che sulla copia».

Art. (*Abk* = **Artikel**) *(in einem Gesetz, Vertrag)* articolo *m (art.)*.

Arthandlungsvollmacht *f* procura *f* speciale (per certe categorie di negozi).

Artikel *m* [1] (*Abk* = **Art.**) *(in einem Gesetz, Vertrag)* articolo *m (art.)*.

Artikel *m* [2] *KaufR (Ware)* articolo *m*, prodotto *m*, oggetto *m*, merce *f*; **~** *m* **des täglichen Bedarfs** *KaufR* articolo *m* di prima necessità.

Artvollmacht *f* procura *f* speciale (*per certi negozi*).

ARUG (*Abk* = **Gesetz zur Umsetzung der Aktionärsrechterichtlinie**) legge *f* di recepimento della direttiva sui diritti degli azionisti (*in Italia: decreto legislativo 27 gennaio 2010, n. 27*).

Arzneimittel *n* farmaco *m*, medicina *f*, medicinale *m*, prodotto *m* farmaceutico; **~gesetz** *n* (*Abk* = **AMG**) *(D: Gesetz über den Verkehr mit Arzneimitteln; A: Bundesgesetz über die Herstellung und das Inverkehrbringen von Arzneimitteln) → CH: Heilmittelgesetz* legge *f* sui farmaci, legge *f* sui medicinali, legge *f* in materia di prodotti farmaceutici; **~haftung** *f* responsabilità *f* per danni da prodotti farmaceutici.

Arzt *m* [f: Ärztin] medico *m*, dottore/ssa *m/f*; **behandelnder ~** *m* medico *m* curante; **~** *m*

für Rechtsmedizin medico *m* specialista in medicina legale.

Ärzte | ausweis *m (A)* certificato *m* d'appartenenza all'ordine dei medici; **~kammer** *f* ordine *m* dei medici.

Arzt | haftung *f* responsabilità *f* (professionale) medica, responsabilità *f* (professionale) del medico; **~haftungsrecht** *n* diritto *m* della responsabilità (professionale) medica; **~honorar** *n* onorario *m* del medico; **~kosten** *pl SchuldR* spese *fpl* mediche; **~vertrag** *m SchuldR* → *Behandlungsvertrag* contratto *m* di trattamento terapeutico (*tra medico e paziente*); **freie ~wahl** *f* libera scelta *f* del medico; **~zeugnis** *n (CH) ArbR* certificato *m* (medico) di malattia, certificato *m* (medico) di inabilità al lavoro, certificato *m* (medico) di incapacità lavorativa.

ASGG (*Abk* = **Arbeits- und Sozialgerichtsgesetz**) *(A) SozialR* legge *f* (austriaca) sulla giurisdizione del lavoro e della previdenza sociale.

Assanierung *f (A)* risanamento *m*.

Assekurant/in *m/f VersR* assicuratore *m*.

Assekuranz *f VersR* assicurazione *f*; **~büro** *n VersR* agenzia *f* assicurativa, agenzia *f* di assicurazioni; **~geschäft** *n VersR* operazione *f* assicurativa; **~makler/in** *m/f VersR* agente *m* assicurativo, agente *m* di assicurazione.

Assekurat/in *m/f VersR* assicurato/-a *m/f*.

Asservat *n StrafProzR (in amtliche Verwahrung genommener Gegenstand)* oggetto *m* confiscato (o: sequestrato, preso in custodia), bene *m* confiscato (o: sequestrato, preso in custodia), mezzo *m* di prova confiscato (o: sequestrato, preso in custodia).

Asservaten | kammer *f StrafProzR (Aufbewahrungsort für Asservate bei Gerichten oder Polizeidienststellen)* luogo *m* in cui sono custoditi gli oggetti (o: beni, mezzi di prova) confiscati (o: sequestrati, prelevati); **~konto** *n* conto *m* vincolato.

Assessor/in *m/f* [1] *(D)* laureato/-a *m/f* in giurisprudenza che ha superato il secondo esame di Stato.

Assessor/in *m/f* [2] assessore *m*.

Assessorexamen *n (D) (Zweites Juristisches Staatsexamen)* secondo esame *m* di Stato in giurisprudenza.

Assignant/in *m/f (A) (Anweisende/r)* delegante *m/f*.

Assignat/in *m/f (A) (Angewiesene/r)* delegato/-a *m/f*.

Assignatar/in *m/f (A) (Anweisungsempfänger/in)* delegatario/-a *m/f*.

Assignation *f (A) (Anweisung)* delegazione *f*.

Assisenbezirk *m (CH)* circolo *m* di corte d'assise.

Assistent/in *m/f Univ* assistente *m/f*; **wissenschaftliche/r ~** *m/f (Univ) Univ* ricercatore/-trice *m/f* (*universitario/-a*).

assoziieren *v* associare; **sich ~** *v* associarsi, entrare in società, unirsi.

Assoziierung *f* associazione *f*, associamento *m*.

Assoziierungs | abkommen *n* accordo *m* di associazione, convenzione *f* di associazione; **~vertrag** *m* trattato *m* di associazione.

AStG (*Abk* = **Außensteuergesetz**) *(D) SteuerR (Gesetz über die Besteuerung bei Auslandsbeziehungen)* legge *f* fiscale (tedesca) relativa ai rapporti con l'estero, legge *f* tributaria (tedesca) applicabile ai rapporti internazionali, legge *f* (tedesca) sulla tassazione all'estero.

Asyl *n* [1] *(Zuflucht für Verfolgte)* asilo *m* (politico); **~ beantragen** chiedere asilo (politico); **~ gewähren** dare asilo (politico), concedere asilo (politico); **diplomatisches ~** *n* asilo *m* diplomatico; **politisches ~** *n* asilo *m* politico.

Asyl *n* [2] *(Heim)* ospizio *m*, ricovero *m*.

Asyl | anspruch *m* diritto *m* di (chiedere) asilo (politico); **~antrag** *m* richiesta *f* di asilo (politico), domanda *f* di asilo (politico); **~berechtigte/r** *f/m* avente *m/f* diritto all'asilo (politico); **~bewerber/in** *m/f* richiedente *m/f* asilo (politico); **~folgeantrag** *m* seconda domanda *f* di asilo (politico); **~gewährung** *f* concessione *f* di asilo (politico); **~grund** *m* motivo *m* di asilo (politico); **~paket** *n (D)* pacchetto *m* asilo, pacchetto *m* (legislativo) sull'asilo (politico), pacchetto *m* di leggi sul diritto d'asilo; **~recht** *n (Anspruch)* diritto *m* di (chiedere) asilo (politico), *(Rechtsgebiet)* legislazione *f* in materia di asilo (politico), normativa *f* in materia di asilo (politico); **~rechtsmissbrauch** *m* abuso *m* del diritto di (chiedere) asilo (politico); **~suchende/r** *f/m* richiedente *m/f* l'asilo (politico); **~verfahren** *n* procedura *f* di asilo (politico), procedimento *m* di asilo (politico), procedura *f* di esame delle richieste di asilo (politico).

Asylverfahrens | gesetz *n (D)* (*Abk* = **AsylVfG**) legge *f* (tedesca) sulla procedura di asilo, legge *f* (tedesca) relativa al procedimento in materia di asilo; **~richtlinie** *f EuR → s. Anhang 3 b)* Direttiva *f* 2013/32/UE del Parlamento europeo e del Consiglio, del 26 giugno 2013, recante procedure comuni ai fini del riconoscimento e della revoca dello status di protezione internazionale.

Asylwerber/in *m/f (A)* richiedente *m/f* asilo (politico).

Aszendent/in *m/f* ascendente *m/f*.

AT (*Abk* = **Allgemeiner Teil**) *(BGB, StGB, HGB)* parte *f* generale.

AtG (*Abk* = **Atomgesetz**) *(D) (Gesetz über die friedliche Verwendung der Kernenergie und den Schutz gegen ihre Gefahren)* legge *f* (tedesca) sull'energia nucleare (o: atomica).

Atlantik-Charta *f (1941)* carta *f* atlantica.

Atlantik | pakt *m* patto *m* atlantico; **~rat** *m* consiglio *m* atlantico.

Atombombe *f* bomba *f* atomica, bomba *f* nucleare.

Atomenergie *f* energia *f* atomica, energia *f* nucleare; **Internationale ~ -Organisation** *f* (*Abk* = **IAEO**) Agenzia *f* internazionale per l'energia atomica *(AIEA)*.

Atom | gegner/in *m/f* antinucleare *m/f*; **~gesetz** *n (D)* (*Abk* = **AtG**) *(Gesetz über die friedliche Verwendung der Kernenergie und den Schutz gegen ihre Gefahren)* legge *f* (tedesca) sull'energia nucleare (o: atomica); **~kraftgegner/in** *m/f* antinucleare *m/f*; **~kraftwerk** *n* (*Abk* = **AKW**) centrale *f* atomica, centrale *f* nucleare; **~waffe** *f* arma *f* atomica, arma *f* nucleare; **~waffensperrvertrag** *m (Kurzbezeichnung für den Vertrag über die Nichtverbreitung von Kernwaffen (NVV))* Trattato *m* di non proliferazione nucleare *(TNP)*.

Attest *n* attestato *m*, certificato *m*; **ärztliches ~** *n* certificato *m* medico, attestato *m* medico.

attestieren *v* attestare, certificare.

Attestierung *f* attestazione *f*.

atypisch *adj* atipico.

Auditor *m* uditore *m* di nunziatura.

Aufbau *m* [1] *(Bau)* costruzione *f*, erezione *f*, edificazione *f*, *(Wiederaufbau)* ricostruzione *f*, *(Schaffung)* creazione *f*, costituzione *f*, *(Montage)* montaggio *m*.

Aufbau *m* [2] *(Struktur)* struttura *f*, organizzazione *f*, assetto *m*, composizione *f*, *(Anlage)* impianto *m*; **hierarchischer ~** *m* struttura *f* gerarchica; **~** *m* **der Verwaltung** struttura *f* amministrativa, organizzazione *f* amministrativa.

Aufbaustudium *n Univ (auf vorangegangenes Studium)* corso *m* post-universitario, corso *m* di laurea magistrale (*ex laurea specialistica*), biennio *m* di specializzazione, *(auf eine Ausbildung)* corso *m* di perfezionamento, corso *m* di formazione professionale.

aufbewahren *v (verwahren)* custodire, *(aufheben)* conservare, serbare, tenere.

Aufbewahrer *m (CH)* depositario *m*.

Aufbewahrung *f* custodia *f*, conservazione *f*; **zur (oder: in) ~ geben** dare in custodia.

Aufbewahrungs | frist *f* termine *m* di custodia, termine *m* di conservazione; **~gebühr** *f* diritto *m* di custodia, spese *fpl* di custodia; **~kosten** *pl* spese *fpl* di custodia; **~ort** *m* luogo *m* di custodia; **~pflicht** *f (Pflicht zur Verwahrung)* obbligo *m* di custodia, *(Pflicht zur Aufbewahrung von Unterlagen)* obbligo *m* di conservazione; **~schein** *m* ricevuta *f* di depositio.

Aufenthalt *m* soggiorno *m*, permanenza *f*, dimora *f*, residenza *f*; **seinen ~ haben** risiedere; **seinen ~ nehmen** stabilire la propria residenza; **dauernder ~** *m* residenza *f* permanente; **fester ~** *m* fissa dimora *f*, residenza *f* fissa; **gewöhnlicher ~** *m* dimora *f* abituale, residenza *f*; **illegaler ~** *m* soggiorno *m* illegale, soggiorno *m* irregolare; **ständiger ~** *m* residenza *f* stabile; **tatsächlicher ~** *m* dimora *f* effettiva; **unbekannter ~** *m* residenza *f* sconosciuta.

Aufenthalter/in *m/f (CH)* dimorante *m/f (CH)*.

Aufenthalts | abgabe *f* tassa *f* di soggiorno; **~befugnis** *f (D) AuslR* permesso *m* di soggiorno (*per motivi umanitari o per motivi previsti dal diritto internazionale: titolo rilasciato anteriormente al 1° gennaio 2005*).

Aufenthaltsbefugnis – Aufenthaltsberechtigung – Aufenthaltsbewilligung – Aufenthaltserlaubnis – Aufenthaltsgenehmigung – Aufenthaltstitel

Il § 5 della Legge tedesca sugli stranieri (*Ausländergesetz – AuslG*) differenziava i permessi di soggiorno (*Aufenthaltsgenehmigung* = termine generico che ricomprendeva i vari titoli di soggiorno rilasciati in Germania fino al 31/12/2004) in 4 diverse categorie a seconda del periodo di tempo e delle motivazioni, vale a dire:

1. *Aufenthaltsberechtigung:* permesso di soggiorno la cui validità era illimitata nel tempo e nello spazio, non legato a un motivo specifico di permanenza nel territorio dello Stato tedesco, rappresentava uno *status consolidato di soggiorno* e costituiva quindi lo status più sicuro del quale poteva godere uno straniero in Germania;
2. *Aufenthaltserlaubnis:* permesso di soggiorno a tempo determinato o a tempo indeterminato;
3. *Aufenthaltsbewilligung:* permesso di soggiorno temporaneo, rilasciato al massimo per un periodo di due anni per un motivo specifico di permanenza nel territorio dello Stato tedesco;
4. *Aufenthaltsbefugnis:* permesso di soggiorno per motivi umanitari ovvero per motivi previsti dal diritto internazionale.

Con l'entrata in vigore della Legge tedesca in materia di soggiorno, lavoro e integrazione degli stranieri nel territorio federale (*Gesetz über den Aufenthalt, die Erwerbstätigkeit und die Integration von Ausländern im Bundesgebiet – Aufenthaltsgesetz – AufenthG*) in data 1° gennaio 2005, il termine generico *Aufenthaltsgenehmigung* (= permesso di soggiorno) è stato sostituito dal termine generico *Aufenthaltstitel* (= titolo di soggiorno). Detta legge prevede i seguenti 5 titoli di soggiorno:

1. *Visum* (§ 6 AufenthG): visto;
2. *Aufenthaltserlaubnis* (§§ 7–8 AufenthG): permesso di soggiorno a tempo determinato, la cui validità è temporanea;
3. *Niederlassungserlaubnis* (§ 9 AufenthG): permesso di soggiorno la cui validità è illimitata nel tempo e nello spazio e che autorizza ad intraprendere un'attività lavorativa senza dover chiedere l'autorizzazione all'Ufficio di collocamento federale;
4. *Erlaubnis zum Daueraufenthalt – EU* (§ 9a AufenthG): permesso di soggiorno UE per soggiornanti di lungo periodo;
5. *Blaue Karte EU* (§ 19a AufenthG): Carta blu UE.

Aufenthalts | berechtigung *f (D) AuslR* permesso *m* di soggiorno (*la cui validità era illimitata nel tempo e nello spazio, non legato a un motivo specifico di permanenza nel territorio dello Stato tedesco: titolo rilasciato anteriormente al 1° gennaio 2005*), diritto *m* di soggiorno permanente; **~bescheinigung** *f* certificato *m* di soggiorno, certificato *m* di residenza; **~beschränkung** *f* limitazione *f* al diritto di soggiorno; **~bestätigung** *f* certificato *m* di soggiorno, certificato *m* di residenza; **~bestimmung** *f* il fatto di decidere (o: stabilire, determinare, fissare) la residenza (o: il luogo di residenza, il luogo di soggiorno); **~bestimmungsrecht** *n FamR* diritto *m* di stabilire la residenza abituale del minore, diritto *m* di decidere il luogo di residenza (o: il luogo di soggiorno) del minore, diritto *m* di determinare il domicilio (o: la residenza/il luogo di residenza) del minore, diritto *m* di controllo del soggiorno dei figli, diritto *m* di stabilire presso quale genitore il figlio minore deve avere la sua dimora (*che il giudice tedesco può attribuire ad uno dei genitori, in caso di divorzio; l'istituto presenta elementi in comune con l'affidamento esclusivo previsto dalla legge italiana*); **~bewilligung** *f (D) AuslR* permesso *m* di soggiorno temporaneo (*rilasciato per un motivo specifico di permanenza nel territorio dello Stato tedesco al massimo per due anni: titolo rilasciato anteriormente al 1° gennaio 2005*); **~dauer** *f* durata *f* del soggiorno; **~entschädigung** *f* indennità *f* di soggiorno; **~erlaubnis** *f (§§ 7–8 AufenthG)* permesso *m* di soggiorno (*a tempo determinato, la cui validità è temporanea*), carta *f* di soggiorno, autorizzazione *f* di soggiorno, autorizzazione *f* di residenza; **~ermittlung** *f* ricerca *f* della dimora; **~freiheit** *f* libertà *f* di soggiorno; **~frist** *f* durata *f* del soggiorno; **~gebühr** *f (CH)* tassa *f* di soggiorno; **~genehmigung** *f (D) AuslR (Oberbegriff)* permesso *m* di soggiorno (*termine generico che ricomprendeva i vari titoli di soggiorno rilasciati in Germania anteriormente al 1° gennaio 2005, da tale data è stato sostituito dal termine generico Aufenthaltstitel = titolo di soggiorno*); **~gesetz** *n (D)* (*Abk* = **AufenthG**) *(Gesetz über den Aufenthalt, die Erwerbstätigkeit und die Integration von Ausländern im Bundesgebiet)* legge *f* (tedesca) in materia di soggiorno, lavoro e integrazione degli stranieri nel territorio federale; **~gestattung** *f (D) AuslR (für Asylbewerber, die sich noch im Asylverfahren befinden)* permesso *m* di soggiorno (*provvisorio per i richiedenti asilo durante il percorso per ottenere l'asilo politico*).

Aufenthaltskarte *f* carta *f* di permanenza; **~** *f* **für Familienangehörige eines Unionsbürgers oder eines Staatsangehörigen eines EWR-Staates** *AuslR* carta *f* di soggiorno per i familiari di un cittadino UE o di uno Stato SEE.

Aufenthalts | kosten *pl* spese *fpl* di soggiorno; **~ort** *m* luogo *m* di soggiorno, luogo *m* di residenza, residenza *f*; **~pflicht** *f* obbligo *m* di soggiorno; **~recht** *n* diritto *m* di soggiorno; **~sichtvermerk** *m* visto *m* di soggiorno; **~staat** *m* Stato *m* di soggiorno, Stato *m* di residenza, paese *m* di residenza; **~taxe** *f* tassa *f* di soggiorno; **~titel** *m* titolo *m* di soggiorno; **~verbot** *n* divieto *m* di soggiorno, divieto *m* di residenza; **~verlängerung** *f* proroga *f* del soggiorno; **~verweigerung** *f* rifiuto *m* di soggiorno, il rifiutare il soggiorno; **~wechel** *m* cambiamento *m* della residenza, trasferimento *m* della residenza.

AufenthG (*Abk* = **Aufenthaltsgesetz**) *(D) (Gesetz über den Aufenthalt, die Erwerbstätigkeit und die Integration von Ausländern im Bundesgebiet)* legge *f* (tedesca) in materia di soggiorno, lavoro e integrazione degli stranieri nel territorio federale.

auferlegen *v (Verpflichtung, Steuern)* imporre, ingiungere, dettare, *(Strafe)* infliggere, irrogare, comminare, applicare, *(Kosten)* addossare, accollare, *ProzR* condannare al pagamento (delle spese).

Auferlegung *f* imposizione *f*, ingiunzione *f*, *(von Strafen)* inflizione *f*, irrogazione *f*, comminazione *f*, applicazione *f*, *(von Kosten)* accollamento *m*.

Auffanggesellschaft *f* società *f* che rileva un'altra società dissestata.

Auffassung *f (Meinung, Ansicht)* parere *m*, opinione *f*, avviso *m*, punto *m* di vista, giudizio *m*, *(Anschauung)* concetto *m*, concezione *f*, idea *f*, orientamento *m*, *(Auslegung)* interpretazione *f*; **meiner ~ nach** secondo me, secondo la mia opinione, a mio parere, a mio avviso, a mio giudizio; **der ~ sein**; **die ~ vertreten** essere del parere, essere dell'opinione, essere dell'avviso; **falsche ~** *f* opinione *f* errata, interpretazione *f* errata, concezione *f* sbagliata, idea *f* sbagliata, ragionamento *m* sbagliato, fraintendimento *m*; **nach überwiegender ~** secondo l'opinione prevalente.

auffordern *v* [1] *(bitten, veranlassen)* pregare, invitare, richiedere, *(ermahnen)* esortare, sollecitare, *(befehlen)* ordinare, ingiungere, diffidare, intimare, *(den Schuldner zur Zahlung)* costituire in mora (il debitore), mettere in mora (il debitore).

auffordern *v* [2] *StrafR* istigare.

Aufforderung *f* [1] *(Bitte)* preghiera *f*, invito *m*, richiesta *f*, *(Ermahnung)* esortazione *f*, sollecito *m*, *(Befehl)* ordine *m*, intimazione *f*, avviso *m*, ingiunzione *f*, diffida *f*, *(an den Schuldner zur Leistung)* costituzione *f* in mora (del debitore), messa *f* in mora (del debitore); **einer ~ nicht nachkommen** non ottemperare a un invito; **gerichtliche ~** *f* intimazione *f* del giudice; **~** *f* **zur Abgabe von Angeboten**; **~** *f* **zur Angebotsabgabe** *(Ausschreibung)* invito *m* ad offrire, invitatio ad offerendum *(lat)*, invito *m* a presentare un'offerta, invito *m* a presentare offerte; **~** *f* **zum Bezug** offerta *f* di opzione; **~** *f* **zur Einzahlung** richiamo *m* di decimi, richiamo *m* del capitale; **~** *f* **zum Erscheinen** invito *m* a presentarsi; **~** *f* **zur (Abgabe einer) Interessenbekundung** *EuR* invito *m* a manifestare interesse; **~** *f* **zur Leistung** *SchuldR* intimazione *f* ad adempiere, diffida *f* ad adempiere; **~** *f* **zur Prämienzahlung** avviso *m* di scadenza di premio; **~** *f* **zur Übergabe** intimazione *f* di resa; **~** *f* **zur Zahlung** *SchuldR* intimazione *f* al (o: di) pagamento.

Aufforderung *f* [2] *StrafR* istigazione *f*; **~** *f* **zu strafbaren Handlungen** *StrafR*; **öffentliche ~** *f* **zu Straftaten** *(D) StrafR (§ 111 StGB)* istigazione *f* a delinquere; **~** *f* **zum Ungehorsam gegen Gesetze** *(A) StrafR (§ 281 öStGB)* istigazione *f* a disobbedire alle leggi; **öffentliche ~** *f* **zu Verbrechen** *(CH) StrafR* istigazione *f* a delinquere.

Aufforderungsschreiben *n SchuldR* lettera *f* di messa in mora (del debitore), lettera *f* di costituzione in mora (del debitore).

Aufforderungsschreiben
La lettera di messa in mora (*Aufforderungsschreiben*) consente al creditore di somme, beni o servizi di intimare ufficialmente alla controparte un determinato adempimento previsto in un contratto o in un rapporto tra di essi intercorrente. Con la lettera di messa in mora si fissa un termine entro il quale la controparte deve adempiere con l'avvertimento che, in caso di persistente violazione dei propri obblighi, si adiranno le

vie legali instaurando un vero e proprio processo dinanzi al giudice (oppure, per esempio, agendo con ricorso per decreto ingiuntivo) per ottenere coattivamente la soddisfazione delle proprie pretese.
A differenza della messa in mora, la diffida ad adempiere (o: intimazione ad adempiere) prevista dalla normativa italiana è una dichiarazione scritta con cui si intima alla controparte il rispetto del contratto entro un congruo termine, non inferiore a 15 giorni, con espressa avvertenza che, in caso contrario, il contratto si intenderà risolto. La risoluzione per inadempimento è un caso di scioglimento automatico del contratto, cioè senza necessità dell'intervento di un giudice.

Aufführungsrecht *n UrhR* diritto *m* di rappresentazione.

Aufgabe *f* [1] *(Pflicht)* dovere *m*, obbligo *m*, impegno *m*, missione *f*, *(Arbeit)* lavoro *m*, compito *m*, mansione *f*, funzione *m*, ufficio *m*, *(Auftrag)* incarico *m*, incombenza *f*; **bei der Erfüllung seiner ~n** nell'espletamento dei suoi compiti, nell'espletamento delle sue funzioni, nell'esercizio delle sue funzioni, nello svolgimento delle sue mansioni, nello svolgimento dei suoi compiti; **~n übertragen** *ArbR* affidare compiti, delegare compiti, assegnare compiti, attribuire compiti, affidare mansioni, delegare funzioni; **~n wahrnehmen** esercitare funzioni; **öffentliche ~n** *fpl*; **staatliche ~n** *fpl* funzioni *fpl* pubbliche.

Aufgabe *f* [2] *(Verzicht)* rinuncia *f* [o: rinunzia], abbandono *m*, cessazione *f*; **~** *f* **des Geschäfts** cessazione *f* di un'azienda, cessazione *f* di un esercizio; **~** *f* **der Tätigkeit** cessazione *f* dell'attività.

Aufgabe *f* [3] *(Gepäck, Post)* consegna *f*, spedizione *f*.

Aufgabe *f* [4] *(Buchungsaufgabe)* avviso *m*, nota *f*.

Aufgabe | bescheinigung *f* ricevuta *f* (di spedizione); **~geschäft** *n* contratto *m* stipulato con l'intervento di un mediatore che si riserva di indicare il nome del contraente; **~land** *n (A, CH) (UPU)* paese *m* d'origine; **~makler/in** *m/f* mediatore *m* che stipula un contratto in nome proprio riservandosi di indicare entro 24 ore il nome del contraente definitivo.

Aufgaben | träger *m* ente *m* incaricato (di assumere determinati compiti); **~verteilung** *f* distribuzione *f* dei compiti, ripartizione *f* dei compiti, ripartizione *f* delle funzioni, ripartizione *f* delle responsabilità, ripartizione *f* delle competenze.

Aufgabeschein *m* ricevuta *f* (di spedizione).

aufgeben *v* [1] *(verzichten)* rinunciare [o: rinunziare a], abbandonare, *(Amt, Stelle)* dimettersi [da], ritirarsi [da], *(Geschäft)* chiudere, cessare.

aufgeben *v* [2] *(Postsendung)* spedire, *(Brief)* impostare, imbucare, *(Inserat)* pubblicare, *(Bestellung)* fare, *(Gepäck)* consegnare.

aufgeben *v* [3] *(auferlegen, auffordern etwas zu tun, anordnen etwas zu tun)* avvisare, avvertire, ordinare, ingiungere, intimare, imporre, disporre, dare disposizione.

aufgeben *v* [4] *(angeben, mitteilen)* indicare, comunicare; **den Käufer ~** indicare il nome del compratore.

Aufgeber/in *m/f* mittente *m*, speditore *m*.

Aufgebot *n* [1] invito *m* a dichiarare diritti o pretese sotto pena di decadenza.

Aufgebot *n* [2] *EheR* pubblicazione *f* di matrimonio, pubblicazioni *fpl* (*di matrimonio*); **das ~ bestellen** *EheR* fare richiesta di pubblicazione di matrimonio, fare richiesta di pubblicazioni (*di matrimonio*); **Bestellung** *f* **des ~s** *EheR* richiesta *f* di pubblicazione di matrimonio, richiesta *f* di pubblicazioni (*di matrimonio*).

Aufgebots | edikt *n (A)* decreto *m* d'ammortamento; **~frist** *f* termine *m* per l'opposizione al decreto d'ammortamento; **~verfahren** *n* procedura *f* d'ammortamento, procedimento *m* provocatorio.

aufgreifen *v (festnehmen)* arrestare, catturare.

Aufgriffsrecht *n (A) ErbR* diritto *m* dell'erede di prendere possesso della successione dopo aver pagato gli altri eredi.

aufgrund *präp* [auch: auf Grund + Gen/von+Dat] per, a causa di, in base a, in virtù di, in forza di, visto, in ragione di.

aufhalten, sich ~ *v* soggiornare, dimorare.

aufhebbar *adj* annullabile, rescindibile, risolvibile, risolubile.

aufheben *v (abschaffen, für nichtig erklären)* abolire, eliminare, rimuovere, sopprimere, cancellare, annullare, dichiarare nullo, *(Haftbefehl)* revocare, *(Vertrag)* risolvere, sciogliere, *(Gesetz)* abrogare, *(gerichtliche Entscheidung)* cassare.

aufhebend *adj* abrogativo, abrogatorio.

Aufhebung *f (Abschaffung, Ungültigkeitserklärung)* abolizione *f*, eliminazione *f*, soppressione *f*, cancellazione *f*, annullamento *m*, *(eines Haftbefehls)* revoca *f*, *(eines Vertrags)* risoluzione *f*, scioglimento *m*, *(eines Gesetzes)* abrogazione *f*, *(einer gerichtlichen Entscheidung)* cassazione *f*; **ausdrückliche ~** *f* abrogazione *f* espressa, abrogazione *f* esplicita; **stillschweigende ~** *f* abrogazione *f* tacita, abrogazione *f* implicita; **vorübergehende ~** *f* sospensione *f*; **~** *f* **von Amts wegen** annullamento *m* d'ufficio; **~** *f* **des Arbeitsverhältnisses** *ArbR* risoluzione *f* del rapporto di lavoro, risoluzione *f* del rapporto lavorativo, cessazione *f* del rapporto di lavoro, cessazione *f* del rapporto lavorativo; **~** *f* **des Bankgeheimnisses** abolizione *f* del segreto bancario, eliminazione *f* del segreto bancario, fine *f* del segreto bancario; **~** *f* **der Beschlagnahme** revoca *f* del sequestro; **~** *f* **der Beschränkungen** abolizione *f* delle restrizioni; **~** *f* **der Ehe** *FamR* annullamento *m* del matrimonio (con effetto ex nunc); **~** *f* **der ehelichen Gemeinschaft**; **~** *f* **der ehelichen Lebensgemeinschaft** *FamR* separazione *f* personale; **~** *f* **der Entmündigung** revoca *f* dell'interdizione; **~** *f* **der Gemeinschaft** scioglimento *m* della comunione; **~** *f* **eines Gesetzes** abrogazione *f* di una legge, abolizione *f* di una legge; **~** *f* **des Haftbefehls** revoca *f* del mandato di cattura; **~** *f* **der Immunität** autorizzazione *f* a procedere; **~** *f* **des Insolvenzverfahrens** *InsolvenzR (§ 200 InsO)* chiusura *f* del fallimento, chiusura *f* della procedura di fallimento, chiusura *f* della procedura fallimentare, chiusura *f* della procedura concorsuale; **~** *f* **der Lebenspartnerschaft** *FamR (§ 15 LPartG)* scioglimento *m* dell'unione civile tra persone dello stesso sesso; **~** *f* **eines Testaments** *ErbR* revoca *f* del testamento; **~** *f* **des Urteils** *ProzR* annullamento *m* della sentenza, cassazione *f* della sentenza; **~** *f* **eines Vertrags** risoluzione *f* di un contratto; **~** *f* **einer Vollmacht** revoca *f* di una procura; **~** *f* **der Zwangsverwaltung** revoca *f* del sequestro, cessazione *f* dell'amministrazione giudiziaria.

Aufhebungs | anspruch *m (bei Gemeinschaft)* diritto *m* allo scioglimento (della comunione); **~antrag** *m* domanda *f* di annullamento; **~beschluss** *m* ordinanza *f* di annullamento; **~bestimmung** *f* disposizione *f* abrogativa; **~entscheidung** *f* decisione *f* di annullamento; **~gesetz** *n* legge *f* d'abrogazione, legge *f* abrogativa; **~grund** *m* causa *f* d'annullamento; **~klage** *f* azione *f* d'annullamento; **~klausel** *f* clausola *f* risolutiva, clausola *f* abrogativa, clausola *f* abrogatoria; **~norm** *f* norma *f* abrogativa; **~recht** *n* diritto *m* di risoluzione; **~urteil** *n* sentenza *f* d'annullamento; **~vertrag** *m* mutuo dissenso *m*, mutuo consenso *m*, contrarius consensus *(lat)*, contratto *m* risolutorio, convenzione *f* risolutoria con la quale le parti estinguono un precedente vincolo contrattuale, *ArbR* risoluzione *f* consensuale del contratto di lavoro; **~vorschrift** *f* disposizione *f* abrogativa.

Aufkauf *m* incetta *f*, accaparramento *m*.

aufkaufen *v* acquistare all'ingrosso, acquistare in blocco, incettare, fare incetta di, accaparrare, *GesR* dare la scalata a, *GesR* rastrellare (le azioni di una società).

Aufkäufer/in *m/f* grossista *m*, incettatore *m*, accaparratore *m*.

aufklären *v* fare luce su, chiarire, *(Sachverhalt)* accertare, spiegare, informare.

Aufklärung *f* [1] *(Erklärung)* chiarimento *m*, accertamento *m*, spiegazione *f*, delucidazione *f*, *(Auskunft)* informazione *f*, ragguaglio *m*, *(Lösung)* soluzione *f*; **~** *f* **des Sachverhalts** accertamento *m* dei fatti, il chiarire la fattispecie; **~** *f* **der Verbraucher** informazione *f* dei consumatori, l'informare il consumatore, il fornire informazioni e chiarimenti ai consumatori, educazione *f* dei consumatori, sensibilizzazione *f* dei consumatori.

Aufklärung *f* [2] *(Zeitalter) (hist)* illuminismo *m*.

Aufklärungs | beschluss *m* decreto *m* ordinante un complemento di prova; **~pflicht** *f* obbligo *m* di informazione, obbligo *m* informativo, obbligo *m* di fornire informazioni, *(des Arztes)* obbligo *m* di informare il paziente, *(des Richters)* obbligo *m* di segnalare alle parti processuali la necessità di integrare o chiarire le proprie allegazioni, *(des Gerichts im Strafverfahren)* obbligo *m* di raccogliere d'ufficio tutte le informazioni sui fatti da provare, obbligo *m* di accertamento d'ufficio; **~rüge** *f ProzR* eccezione *f* di insufficiente accertamento dei fatti.

aufkündigen *v* disdire, dare la disdetta, disdettare, *(Staatsvertrag)* denunciare.

Aufkündigung *f* disdetta *f*, *(Staatsvertrag)* denuncia *f*.

Auflage *f* [1] *(Bedingung)* condizione *f*, *(Verpflichtung)* obbligo *m*, *(Vorschrift)* prescrizione *f*, direttiva *f*, istruzione *f*, ordine *m*, incarico *m*, adempimento *m*, *(Belastung)* onere *m*, vincolo *m*, gravame *m*, carico *m*; **die ~ erfüllen** rispettare il requisito, soddisfare il requisito, soddisfare l'obbligo, eseguire l'onere, ottemperare alla norma; **zur ~ machen** imporre l'onere, imporre condizioni; **gerichtliche ~** *f*; **richterliche ~** *f* onere *m* imposto dal giudice.

Auflage *f* [2] *(Publikation)* edizione *f*, tiratura *f*.

Auflagenschenkung *f* donazione *f* modale, donazione *f* onerosa.

auflassen *v* [1] *SachenR* accordarsi sul passaggio (o: trasferimento/trapasso) di proprietà di un bene immobile.

auflassen *v* [2] *(A) (aufgeben, schließen)* abbandonare, cessare, chiudere.

Auflassung *f* [1] *SachenR (Einigung bei Eigentumsübertragung an Grundstück) (§ 925 BGB)* accordo *m* delle parti contraenti sul passaggio (o: trasferimento/trapasso) di proprietà di un bene immobile.

Auflassung *f* [2] *(A) (Aufgabe, Schließung)* abbandono *m*, cessazione *f*, chiusura *f*, soppressione *f*, eliminazione *f*.

Auflassungsvormerkung *f SachenR* → *Eintragung einer Eigentumsvormerkung* iscrizione *f* preliminare nel libro fondiario dell'avvenuto accordo tra le parti contraenti sul passaggio (o: trasferimento/trapasso) di proprietà di un bene immobile, prenotazione *f* (tavolare) dell'avvenuto accordo sul passaggio di proprietà.

Auflegung *f* **einer Anleihe** emissione *f* di un prestito.

auflehnen, sich ~ *v* rivoltarsi.

aufliefern *v* consegnare.

Auflieferung *f* consegna *f*.

auflösbar *adj (Vertrag)* risolvibile, risolubile.

Auflösbarkeit *f (des Vertrags)* risolvibilità *f*, risolubilità *f*.

auflösen *v (Ehe, Parlament, Versammlung)* sciogliere, *(Beziehungen)* troncare, rompere, *(Vertrag)* risolvere,

(Gesellschaft) liquidare, estinguere, *(Konto)* chiudere.
auflösend *adj* risolutivo.
Auflösung *f (von Ehe, Parlament, Versammlung)* scioglimento *m*, *(von Beziehungen)* rottura *f*, cessazione *f*, *(Lösung)* soluzione *f*, *(von Vertrag, Verhältnis)* risoluzione *f*, *(von Gesellschaft)* liquidazione *f*, estinzione *f*, *(von Konto)* chiusura *f*; **~** *f* **des Arbeitsverhältnisses** *ArbR* risoluzione *f* del rapporto di lavoro, risoluzione *f* del rapporto lavorativo, cessazione *f* del rapporto di lavoro, cessazione *f* del rapporto lavorativo; **~** *f* **der Gesellschaft** *GesR* liquidazione *f* della società, messa *f* in liquidazione della società, scioglimento *m* della società; **~** *f* **des Kontos** chiusura *f* del conto; **vorzeitige ~** *f* **des Parlaments** scioglimento *m* anticipato delle Camere; **~** *f* **des Vertrags** *VertragsR* risoluzione *f* del contratto.
Auflösungs | befugnis *f* potere *m* di scioglimento; **~beschluss** *m (des Gerichts)* decreto *m* di scioglimento, *(der Gesellschaft)* deliberazione *f* di scioglimento; **~bilanz** *f* bilancio *m* di liquidazione; **~erkenntnis** *n (A)* sentenza *f* di scioglimento; **~klage** *f* azione *f* di risoluzione; **~recht** *n* diritto *m* di scioglimento; **~verfügung** *f* decreto *m* di scioglimento.
Aufnahme *f* [1] *(Zulassung)* ammissione *f*, accettazione *f*, accoglienza *f*, *(Eingliederung)* inserimento *m*, introduzione *f*, incorporazione *f*, assorbimento *m*, integrazione *f*, *(Einbeziehung)* inclusione *f*, assunzione *f*, *(Beginn)* inizio *m*, avvio *m*, apertura *f*, entrata *f*, *(Anleihe)* contrazione *f*, *(Hypothek)* accensione *f*, *(eines unterbrochenen Verfahrens)* riassunzione *f* (del processo interrotto); **~** *f* **diplomatischer Beziehungen** apertura *f* delle relazioni diplomatiche; **~** *f* **der Geschäftstätigkeit** inizio *m* dell'attività; **~** *f* **einer Gesellschaft** incorporazione *f* di una società, assorbimento *m* di una società; **~** *f* **einer Klausel in den Vertrag** inserimento *m* di una clausola nel contratto, aggiunta *f* di una clausola nel contratto; **~** *f* **eines Kredits** accensione *f* di un credito; **~** *f* **des Schadens** accertamento *m* del danno; **~** *f* **in die Tagesordnung** iscrizione *f* all'ordine del giorno; **~** *f* **des Verfahrens** *ProzR (nach Stillstand)* riassunzione *f* del processo; **~** *f* **von Vertragsverhandlungen** *VertragsR* avvio *m* delle trattative contrattuali, inizio *m* delle trattative contrattuali, apertura *f* delle trattative contrattuali.
Aufnahme *f* [2] *(in das Protokoll)* stesura *f*, redazione *f*, registrazione *f*, verbalizzazione *f*.
Aufnahme | antrag *m* domanda *f* di ammissione; **~ausschuss** *m* commissione *f* di ammissione; **~ersuchen** *n* richiesta *f* di ammissione (in istituto); **~gebühr** *f* tassa *f* di ammissione, quota *f* di ammissione, *VersR* spese *fpl* di polizza; **~gesuch** *n* domanda *f* di ammissione; **~prüfung** *f* esame *m* di ammissione; **~richtlinie** *f EuR* → *s. Anhang 3 b)* Direttiva *f* 2003/9/CE del Consiglio, del 27 gennaio 2003, recante norme minime relative all'accoglienza dei richiedenti asilo negli Stati membri; **~staat** *m* paese *m* di accoglienza; **~vertrag** *m* trattato *m* di adesione, trattato *m* di accessione; **~wettbewerb** *m* concorso *m* di ammissione.
Aufnahms- *(A)* → *Aufnahme-*.
aufnehmen *v* [1] *(zulassen)* ammettere, accettare, accogliere, *(empfangen)* ricevere, *(hinzufügen)* inserire, includere, assorbire, assumere, recepire, *(beginnen)* iniziare, cominciare, aprire, avviare, intavolare, *(Beziehungen)* stabilire, allacciare, *(Schulden)* contrarre, *(Hypothek)* accendere, prendere.
aufnehmen *v* [2] *(schriftlich festhalten)* redigere, stendere, compilare, registrare, iscrivere (nel registro), scrivere, *(in das Protokoll)* redigere il verbale di, verbalizzare.
aufopfern *v* sacrificare.

Aufopferung *f* sacrificio *m*, *(Verwaltungsrecht)* sacrificio *m* di un diritto privato.
Aufopferungsanspruch *m* *(Verwaltungsrecht)* diritto *m* all'indennizzo del danno derivante dal sacrificio di un diritto privato.
Aufpreis *m* aggio *m*, sovrapprezzo *m*, maggiorazione *f* di prezzo.
aufrechenbar *adj* compensabile.
aufrechnen *v* *(Forderungen)* compensare.
Aufrechnung *f* *(§§ 387 ff. BGB)* compensazione *f*; **gerichtliche ~** *f* compensazione *f* giudiziaria; **gesetzliche ~** *f* compensazione *f* legale; **rechtsgeschäftliche ~** *f* compensazione *f* volontaria; **vertragsmäßige ~** *f* compensazione *f* contrattuale; **~** *f* **gegen eine Forderung** compensazione *f* tra reciproci debiti e crediti.
Aufrechnungs|anspruch *m* diritto *m* di compensazione; **~einrede** *f* eccezione *f* di compensazione; **~erklärung** *f* dichiarazione *f* di compensazione; **~forderung** *f* credito *m* di compensazione; **~verbot** *n* divieto *m* di compensazione; **~vertrag** *m* contratto *m* di compensazione (*dei reciproci crediti e debiti*).
aufrechterhalten *v* *(beibehalten)* mantenere, conservare, salvaguardare, tutelare, rispettare, *(Haftbefehl)* confermare, *(Tradition)* continuare, *(Ansicht, Behauptung)* continuare a sostenere.
Aufrechterhaltung *f* mantenimento *m*, conservazione *f*, salvaguardia *f*, tutela *f*, rispetto *m*, *(eines Haftbefehls)* conferma *f*, *(von Ansicht, Behauptung)* il continuare a sostenere; **~** *f* **des gegenwärtigen Zustands** mantenimento *m* dello status quo, conservazione *f* dello status quo; **~** *f* **der öffentlichen Ordnung** mantenimento *m* dell'ordine pubblico; **~** *f* **der öffentlichen Sicherheit und Ordnung** tutela *f* dell'ordine e della sicurezza pubblica.
Aufruf *m* [1] *(Namensaufruf)* chiamata *f*, appello *m*; **namentlicher ~** *m* appello *m* nominale, chiamata *f*; **~** *m* **der Sache**; **~** *m* **zur Sache** *ProzR* chiamata *f* della causa, chiamata *f* delle parti, chiamata *f* per nome.
Aufruf *m* [2] *(öffentlicher Appell)* appello *m*, invito *m*, convocazione *f*; **~** *m* **der Gläubiger** convocazione *f* dei creditori, invito *m* all'insinuazione di un credito rivolto ai creditori, grida *f* *(CH)*; **~** *m* **zur Interessenbekundung** *EuR* invito *m* a manifestare interesse.
Aufruf *m* [3] *(von Banknoten)* ritiro *m* dalla circolazione (di banconote scadute).
Aufruf *m* [4] *(IT)* *(eines Programms)* lancio *m*, *(von Daten)* apertura *f*, richiamo *m*.
aufrufen *v* [1] *(namentlich nennen)* chiamare, fare l'appello.
aufrufen *v* [2] *(öffentlich auffordern)* invitare, esortare, incitare, *(appellieren)* fare appello a, invocare, convocare.
aufrufen *v* [3] *(Banknoten)* dichiarare fuori corso, ritirare dalla circolazione.
aufrufen *v* [4] *(IT)* *(Programm)* lanciare, *(Daten)* aprire, richiamare.
Aufsatz *m* *Univ* saggio *m*, articolo *m*; **juristischer ~** *m* *Univ* saggio *m* giuridico, articolo *m* giuridico.
aufschiebbar *adj* prorogabile, differibile, dilazionabile.
aufschieben *v* rimandare, rinviare, aggiornare, prorogare, dilazionare, concedere una dilazione, differire, procrastinare, ritardare, sospendere.
aufschiebend *adj* sospensivo, dilatorio.
Aufschiebung *f* rinvio *m*, aggiornamento *m*, proroga *f*, dilazione *f*, differimento *m*, sospensione *f*.
Aufschlag *m* aumento *m*, maggiorazione *f*.
Aufschub *m* rinvio *m*, aggiornamento *m*, proroga *f*, dilazione *f*, differimento *m*, sospensione *f*; **einen ~ bewilligen** concedere una proroga; **um ~ bitten** chiedere una proroga; **~ gewähren** concedere una proroga.
Aufschubfrist *f* termine *m* dilatorio.
Aufseher/in *m/f* sorvegliante *m/f*, custode *m/f*, guardiano/-a *m/f*, ispettore/-trice *m/f*,

soprintendente *m/f* [o: sopraintendente, sovraintendente, sovrintendente].

aufsetzen *v (Text)* redigere, stendere, compilare, stilare, *(von Notar)* rogare, rogitare.

Aufsicht *f (Überwachung, Kontrolle)* sorveglianza *f*, vigilanza *f*, controllo *m*, supervisione *f*, soprintendenza *f* [o: sopraintendenza, sovraintendenza, sovrintendenza], ispezione *f*, *(Aufsicht führende Person)* sorvegliante *m/f*, custode *m/f*, guardiano/-a *m/f*, ispettore/-trice *m/f*, soprintendente *m/f* [o: sopraintendente, sovraintendente, sovrintendente]; **sich der ~ entziehen** sottrarsi al controllo; **~ führen** sorvegliare; **dienstliche ~** *f* controllo *m* gerarchico; **staatliche ~** *f* vigilanza *f* statale.

Aufsichts | abgabe *f* tassa *f* di sorveglianza; **~amt** *n* ufficio *m* di vigilanza, soprintendenza *f* [o: sopraintendenza, sovraintendenza, sovrintendenza], ispettorato *m*; **~ausschuss** *m* comitato *m* di sorveglianza, commissione *f* di sorveglianza, comitato *m* di vigilanza; **~beamter/-beamtin** *m/f* sorvegliante *m/f*, funzionario *m* di controllo, ispettore/-trice *m/f*, soprintendente *m/f* [o: sopraintendente, sovraintendente, sovrintendente]; **~befugnis** *f* potere *m* ispettivo, potere *m* di sorveglianza; **~behörde** *f VerwR* autorità *f* di sorveglianza, autorità *f* di vigilanza, autorità *f* di controllo, autorità *f* tutoria, autorità *f* di tutela, garante *m*, ispettorato *m*; **~beschwerde** *f* ricorso *m* gerarchico.

aufsichtsführend *adj* ispettivo.

Aufsichts | führung *f* sorveglianza *f*, vigilanza *f*, controllo *m*, supervisione *f*, soprintendenza *f* [o: sopraintendenza, sovraintendenza, sovrintendenza], ispezione *f*; **~funktion** *f* funzione *f* ispettiva; **~gewalt** *f* potere *m* di sorveglianza, potere *m* di vigilanza, potere *m* di controllo, potere *m* ispettivo; **~kommission** *f* commissione *f* di controllo; **~maßnahme** *f* misura *f* di vigilanza, misura *f* di controllo, attività *f* di controllo, provvedimento *m* in materia di vigilanza, provvedimento *m* ispettivo; **~organ** *n* organo *m* di controllo; **~person** *f* sorvegliante *m/f*, controllore *m*; **~personal** *n* personale *m* di sorveglianza, personale *m* di vigilanza, personale *m* di controllo.

Aufsichtspflicht *f* obbligo *m* di sorveglianza, dovere *m* di sorveglianza, obbligo *m* di vigilanza, dovere *m* di vigilanza.

aufsichtspflichtig *adj* soggetto a sorveglianza, soggetto a controllo, regolamentato, sottoposto a regolamentazione.

Aufsichts | pflichtige/r *f/m* obbligato *m* alla sorveglianza, obbligato *m* alla vigilanza, obbligato *m* al controllo; **~pflichtverletzung** *f* violazione *f* dell'obbligo di sorveglianza, violazione *f* dell'obbligo di vigilanza, violazione *f* del dovere di sorveglianza, violazione *f* del dovere di vigilanza, colpa *f* in vigilando *(lat)*.

Aufsichtsrat *m GesR (gesetzlich vorgeschriebenes Kontrollorgan zur Überwachung der Geschäftsführung bei einer Aktiengesellschaft, Gesellschaft mit beschränkter Haftung (ab 500 Arbeitnehmer), Kommanditgesellschaft auf Aktien und Genossenschaft)* collegio *m* sindacale, consiglio *m* di sorveglianza, consiglio *m* di vigilanza, comitato *m* di controllo.

Aufsichtsrat/-rätin *m/f GesR (Mitglied des Aufsichtsrats)* sindaco *m*, membro *m* del consiglio di sorveglianza, componente *m/f* del consiglio di sorveglianza, membro *m* del consiglio di vigilanza.

Aufsichtsrats | abgabe *f (A) GesR* imposta *f* sui compensi corrisposti ai sindaci; **~beschluss** *m GesR* deliberazione *f* del collegio sindacale; **~mitglied** *n GesR* membro *m* del collegio sindacale, sindaco *m*; **~sitz** *m GesR* carica *f* di sindaco; **~sitzung** *f GesR* riunione *f* del collegio sindacale; **~tantieme** *f GesR* percentuale *f* degli utili d'esercizio devoluta ai sindaci.

Aufsichtsratsteuer *f GesR* imposta *f* sui compensi corrisposti ai sindaci.

Aufsichtsrats | vergütung *f GesR* retribuzione *f* dei sindaci; **~vorsitz** *m GesR* presidenza *f* del collegio sindacale; **~vorsitzende/r** *f/m*; **~vorsitzer/in** *m/f GesR* presidente *m/f* del collegio sindacale; **~wahl** *f GesR* elezione *f* del collegio sindacale.

Aufsichtsrecht *n* diritto *m* di sorveglianza, diritto *m* di vigilanza, diritto *m* di ispezione, potere *m* di sorveglianza, potere *m* di vigilanza, potere *m* di controllo, potere *m* ispettivo.

Aufstachelung *f StrafR* incitamento *m*; **~** *f* **zum Rassenhass** *StrafR* istigazione *f* all'odio razziale.

Aufstands | bewegung *f* movimento *m* insurrezionale; **~versicherung** *f* assicurazione *f* contro le ribellioni.

aufstellen *v* [1] *(ausarbeiten)* stabilire, fissare, *(Bilanz)* redigere, stendere, stilare, formare, *(Liste)* compilare, preparare, elencare, *(formulieren)* formulare, enunciare.

aufstellen *v* [2] *(errichten)* innalzare, erigere, costruire, *(montieren)* montare, installare, *(anordnen)* disporre, collocare, ordinare.

aufstellen *v* [3] *(Zeugen)* produrre, *(Kandidaten)* nominare, presentare.

Aufstellung *f* [1] *(Ausarbeitung, Ausfertigung)* redazione *f*, stesura *f*, compilazione *f*, elencazione *f*, *(Formulierung)* formulazione *f*, enunciazione *f*; **~** *f* **der Tagesordnung** fissazione *f* dell'ordine del giorno.

Aufstellung *f* [2] *(Liste)* elenco *m*, lista *f*, distinta *f*, nota *f*, prospetto *m*, tabella *f*, quadro *m*.

Aufstellung *f* [3] *(Errichtung)* innalzamento *m*, costruzione *f*, *(Montierung)* montaggio *m*, installazione *f*, impianto *m*, *(Anordnung)* disposizione *f*, collocazione *f*.

Aufstellung *f* [4] *(von Zeugen)* produzione *f*, *(von Kandidaten)* nomina *f*, presentazione *f* (di candidati).

Aufstellungskosten *pl* spese *fpl* d'impianto.

aufstocken *v* *(Kapital)* aumentare.

Aufstockung *f* [1] *(Kapital)* aumento *m*.

Aufstockung *f* [2] *(Bau)* sopraelevazione *f*.

Aufstockungs | aktie *f* azione *f* gratuita; **~unterhalt** *m (D) FamR (nachehelicher Unterhalt) (§ 1573 Abs. 2 BGB)* assegno *m* di mantenimento integrativo dei redditi dell'ex coniuge, assegno *m* perequativo.

aufteilbar *adj* divisibile, frazionabile.

aufteilen *v* dividere, suddividere, ripartire, *(Wertpapiere)* frazionare.

Aufteilung *f* divisione *f*, suddivisione *f*, ripartizione *f*, frazionamento *m*; **anteil(s)mäßige ~** *f*; **proportionale ~** *f* ripartizione *f* proporzionale; **prozentuale ~** *f* ripartizione *f* percentuale; **~** *f* **der Gewinne** ripartizione *f* degli utili; **~** *f* **der Kosten** ripartizione *f* delle speese; **~** *f* **der Märkte** *KartellR* ripartizione *f* dei mercati.

Auftrag *m* ordine *m*, *(Bestellung)* ordinazione *f*, ordinativo *m*, commissione *f*, commessa *f*, *(Mandat)* mandato *m*, incarico *m*, *(Werkvertrag)* appalto *m*, *(Aufgabe)* compito *m*, mansione *f*, missione *f*, *(Verpflichtung)* impegno *m*, incombenza *f*; **Ihrem ~ gemäß** come da Vostro (o: Vs.) ordine; **im ~** (*Abk* = **i.A.**) per procura *(p.p.)*, per; **im ~ von** [*Dat*] per incarico di, incaricato da, delegato da, su mandato di, per ordine di, per; **im ~ und für Rechnung** per ordine e conto; **einen ~ ablehnen** rifiutare un incarico; **einen ~ annehmen** accettare una commessa, accettare un incarico, assumere un incarico; **einen ~ ausführen** eseguire un mandato, eseguire un ordine, eseguire un'ordinazione, dar corso a un ordine; **einen ~ erledigen** assolvere un incarico, eseguire un ordine; **einen ~ erteilen** conferire un incarico (professionale), affidare un incarico, conferire un mandato, trasmettere un ordine, assegnare un ordine, passare un ordine, impartire un ordine, dare un ordine; **in ~ geben** ordinare, commissionare, commettere, comandare; **im ~ eines Anderen handeln** agire per conto di un altro; **einen ~ stornieren** annullare un ordine, cancellare un ordine; **einen ~ übernehmen** assumere un incarico, accettare un incarico; **einen ~ vergeben** assegnare un incarico, affidare un incarico, assegnare un ordine, passare un ordine, appaltare; **einen ~ widerrufen**; **einen ~ zurücknehmen**; **einen ~ zurückziehen** revocare un mandato, annullare un ordine, disdire un'ordinazione; **amtlicher ~** *m* missione *f* ufficiale; **entgeltlicher ~** *m* mandato *m* oneroso; **fester ~** *m* ordine *m* fermo, ordine *m* al fermo; **freibleibender ~** *m* ordine *m* non impegnativo; **gebundener ~** *m* ordine *m* vincolato; **geheimer ~** *m* missione *f* segreta; **mündlicher ~** *m* mandato *m* orale, mandato *m* verbale, mandato *m* a voce; **öffentlicher ~** *m* appalto *m* pubblico, pubblico appalto *m*, commessa *f* pubblica; **rückständiger ~** *m* ordine *m* arretrato, ordine *m* da eseguire; **schriftlicher ~** *m* ordine *m* scritto.

auftragen *v* incaricare.

Auftraggeber/in *m/f (Auftrag)* mandante *m/f*, *(Werkvertrag)* committente *m/f*, appaltante *m/f*, *(Agenturvertrag)* preponente *m/f (CH)*, ordinante *m/f*, cliente *m/f*; **öffentliche/r ~** *m/f EuR* amministrazione *f* aggiudicatrice, ente *m* appaltante, stazione *f* appaltante.

Auftragnehmer/in *m/f (Auftrag)* mandatario/-a *m/f*, *(Werkvertrag)* appaltatore/-trice *m/f*, commissionario/-a *m/f*.

Auftrags|annahme *f* accettazione *f* di un ordine, accettazione *f* di un mandato; **~ausführung** *f* esecuzione *f* dell'ordine, esecuzione *f* del mandato; **~beendigung** *f* estinzione *f* del mandato; **~bekanntmachung** *f EuR* bando *m* di gara; **~bestätigung** *f* conferma *f* di un ordine; **~erledigung** *f* esecuzione *f* di ordini; **~erteilung** *f* conferimento *m* del mandato, conferimento *m* dell'incarico (professionale), conferimento *m* di incarico professionale, *(Bestellung)* ordinazione *f*; **~gegenstand** *m* *(öffentlicher Auftrag)* oggetto *m* dell'appalto.

auftragsgemäß *adj* conforme all'ordine, come da (Vs.) ordine, secondo gli ordini (ricevuti), nei limiti del mandato.

Auftrags|geschäft *n* commissione *f*; **~makler/in** *m/f* agente *m* produttore di ordini; **~mord** *m* omicidio *m* su commissione; **~recht** *n* disciplina *f* del mandato; **~schreiben** *n* lettera *f* di ordinazione, lettera *f* di conferimento del mandato, lettera *f* di conferimento dell'incarico (professionale); **~vergabe** *f* ordinazione *f*, *(öffentlicher Auftrag)* aggiudicazione *f* (di pubblico appalto), concessione *f* di un appalto; **~vergebung** *f* il passare un ordine, ordinazione *f*; **~verhältnis** *n* rapporto *m* di mandato; **~vertrag** *m* contratto *m* di mandato; **~verwaltung** *f* amministrazione *f* delegata; **~vorlage** *f* residuo *m* di ordini; **öffentliches ~wesen** *n* appalti *mpl* pubblici.

Aufwand *m* spesa/-e f/pl, costo/-i m/pl, impiego *m*, dispendio *m*, onere *m*.

aufwändig *adj* dispendioso, costoso, caro.

Aufwands|entschädigung *f* indennità *f* per spese, indennità *f* di rappresentanza, diaria *f*; **~ersatz** *m (A)*; **~erstattung** *f* rimborso *m* (delle) spese, rifusione *f* delle spese; **~ - und Ertragsrechnung** *f* conto *m* perdite e profitti, conto *m* profitti e perdite, conto *m* economico; **~skonto** *m* sconto *m* passivo.

Aufwandsteuer *f* imposta *f* sul lusso.

Aufwandsträger *m* ente *m* o persona *f* che sostiene le spese.

aufwenden *v* [1] *(verwenden, einsetzen)* impiegare, adoperare, usare.

aufwenden *v* [2] *(ausgeben)* spendere.

aufwendig *adj* dispendioso, costoso, caro.

Aufwendung *f* [1] *(Einsatz)* impiego *m*, uso *m*.

Aufwendung *f* [2] *(Ausgabe)* spesa *f*; **abzugsfähige ~** *f* spesa *f* detraibile, spesa *f* deducibile; **außerordentliche ~** *f* sopravvenienza *f* passiva; **betriebliche ~** *f* spesa *f* d'esercizio, spesa *f* di gestione; **freiwillige ~** *f* erogazione *f* volontaria; **notwendige ~** *f* spesa *f* necessaria, spesa *f* di conservazione; **nützliche ~** *f* spesa *f* utile.

Aufwendungen *fpl (Ausgaben, Kosten)* spese *fpl*, costi *mpl*, esborsi *mpl*, uscite *fpl*, contributi *mpl*, oneri *mpl*; **die ~ ersetzen** rimborsare le spese, rifondere le spese.

Aufwendungs | ersatz *m*; **~erstattung** *f* rimborso *m* (delle) spese, rifusione *f* delle spese.

Aufzählung *f* conteggio *m*, enumerazione *f*; **erschöpfende ~** *f*; **geschlossene ~** *f* enumerazione *f* tassativa.

Aufzeichnungspflicht *f* obbligo *m* della tenuta dei libri, obbligo *m* contabile, obbligo *m* di registrazione.

Aufzins *m* aggio *m*.

Aufzinsung *f* capitalizzazione *f*.

Aufzinsungsfaktor *m* fattore *m* di capitalizzazione.

AÜG (*Abk* = **Arbeitnehmerüberlassungsgesetz**) *(D) (Gesetz zur Regelung der Arbeitnehmerüberlassung)* legge *f* (tedesca) sulla somministrazione di lavoro, legge *f* (tedesca) sul lavoro somministrato, legge *f* (tedesca) sul lavoro in somministrazione, legge *f* (tedesca) sul lavoro interinale, legge *f* (tedesca) sul lavoro temporaneo.

Augenblickswert *m* valore *m* attuale.

Augenschein *m* ispezione *f* (*giudiziale*), sopra(l)luogo *m*, ispezione *f* oculare *(CH)*; **~ einnehmen**; **in ~ nehmen**; **~ vornehmen** *(A)* procedere a un sopra(l)luogo, fare un sopra(l)luogo; **gerichtlicher ~** *m*; **richterlicher ~** *m* ispezione *f* giudiziale.

Augenscheinprotokoll *n (A, CH)* verbale *m* di ispezione giudiziale.

Augenscheins | beweis *m* prova *f* per ispezione (giudiziale); **~einnahme** *f* ispezione *f* (giudiziale); **~gegenstand** *m*; **~objekt** *n* oggetto *m* dell'ispezione; **~termin** *m* udienza *f* di ispezione (locale); **~vornahme** *f (A)* ispezione *f* (giudizale).

Augenzeuge/-zeugin *m/f* testimone *m/f* oculare.

Auktion *f* → *Versteigerung* asta *f* (*pubblica*), incanto *m*, vendita *f* all'asta, vendita *f* all'incanto; **zur ~ bringen** mettere all'asta, mettere all'incanto.

Auktionator/in *m/f* banditore *m* (d'asta), perito *m* d'asta, venditore *m* all'asta.

auktionieren *v* tenere un'asta pubblica, mettere all'asta, mettere all'incanto, vendere all'asta, vendere all'incanto.

Auktions | gebühr *f* diritto *m* d'asta, provvigione *f* spettante al banditore per ogni lotto di merce aggiudicato; **~preis** *m* prezzo *m* d'asta; **~verkauf** *m* vendita *f* all'asta, vendita *f* all'incanto.

Auktor/in *m/f (A)* autore *m*, dante causa *m*.

aus *präp* [*Dat*] *(Vertrag)* ai sensi [di], derivante [da].

ausbedingen *v* [sich] riservarsi.

Ausbeutungsrecht *n (Bodenschätze)* diritto *m* di sfruttamento, diritto *m* d'estrazione.

Ausbildung *f* apprendistato *m* (*sistema duale di formazione professionale teorico-pratica, che alterna a ore di lavoro in azienda pagate dal datore di lavoro ore di lezione in una scuola professionale*), formazione *f* (*professionale*), istruzione *f*, educazione *f*, addestramento *m*; **berufliche ~** *f* formazione *f* professionale; **juristische ~** *f* formazione *f* giuridica.

Ausbildungs | beihilfe *f* assegno *m* di studio; **~förderung** *f* promozione *f* della formazione professionale; **~freibetrag** *m* *SteuerR* quota *f* esente durante il periodo della formazione professionale; **~ordnung** *f* disciplina *f* che regola la formazione professionale; **~pflicht** *f* obbligo *m* dell'imprenditore di istruire l'apprendista; **~unterhalt** *m*

(D) FamR (nachehelicher Unterhalt) (§ 1575 BGB) assegno *m* di mantenimento per studio o formazione professionale dell'ex coniuge; **~verhältnis** *n* rapporto *m* di apprendistato; **~vertrag** *m* contratto *m* di formazione.

ausbleiben *v* essere assente, mancare, non comparire, non presentarsi.

Ausbleiben *n* assenza *f*, mancata comparizione *f*; **unentschuldigtes ~** *n* assenza *f* ingiustificata; **~** *n* **des Angeklagten** *StrafProzR* assenza *f* dell'imputato; **~** *n* **im Termin** *ProzR* mancata comparizione *f* all'udienza.

ausbrechen *v* evadere.

Ausbrechen *n* evasione *f*.

Ausbrecher/in *m/f* evaso/-a *m/f*.

Ausbruch *m* [1] *(plötzlicher Beginn)* scoppio *m*, esplosione *f*.

Ausbruch *m* [2] *(aus dem Gefängnis)* evasione *f*.

ausbuchen *v* cancellare una registrazione.

ausbürgern *v* privare della cittadinanza, togliere il diritto di cittadinanza.

Ausbürgerung *f* privazione *f* della cittadinanza.

Ausdruck *m* [1] *(Wort, Äußerung)* espressione *f*, parola *f*, termine *m*, voce *f*, locuzione *f*; **zum ~ bringen** esprimere, manifestare; **fachlicher ~** *m* termine *m* tecnico; **juristischer ~** *m*; **rechtlicher ~** *m* termine *m* giuridico, termine *m* legale.

Ausdruck *m* [2] *(ausgedruckter Text)* stampato *m*, tabulato *m*, elaborato *m*, visura *f*, *(Handelsregisterauszug)* estratto *m*, documento *m* estratto (*dal Registro Imprese*).

ausdrücklich *adj* espresso, esplicito, formale, specifico, espressamente, esplicitamente; **soweit nicht ~ etwas anderes bestimmt ist** salvo diversa disposizione; **~ genehmigt** espressamente autorizzato; **~ vereinbart** espressamente convenuto, espressamente concordato.

auseinandersetzen *v* [1] *(erläutern)* chiarire, spiegare, *(darlegen)* esporre, sviluppare, *(ausführen)* svolgere; **sich ~** *v* dibattere, discutere.

auseinandersetzen *v* [2] *(Besitz)* dividere, ripartire.

Auseinandersetzung *f* [1] *(Diskussion, Debatte)* confronto *m*, contrapposizione *f*, discussione *f*, dibattito *m*, *(Konflikt)* conflitto *m*, contrasto *m*, diverbio *m*, polemica *f*, disputa *f*, controversia *f*, scontro *m*.

Auseinandersetzung *f* [2] *(auf dem Rechtswege vorgenommene Aufteilung von gemeinschaftlichem Besitz)* divisione *f*, ripartizione *f*.

Auseinandersetzung *f* [3] *GesR* liquidazione *f* (*di società*).

Auseinandersetzungs | anspruch *m* diritto *m* alla divisione; **~bilanz** *f GesR* bilancio *m* di liquidazione (per stralcio); **~guthaben** *n GesR* quota *f* di liquidazione; **~plan** *m* piano *m* di divisione; **~vertrag** *m* contratto *m* di divisione.

Ausfall *m (Verlust)* perdita *f*, *(Defizit)* deficit *m*, disavanzo *m*, ammanco *m*, mancato introito *m*, *(Fehlen)* mancanza *f*, assenza *f*, interruzione *f*, sospensione *f*, soppressione *f*, *(Ergebnis)* esito *m*, risultato *m*; **~bescheinigung** *f (CH)* attestazione *f* di scoperto *(CH)*; **~betrag** *m* ammanco *m*, deficit *m*, scoperto *m*; **~bürge** *m KredSichR* fideiussor indemnitatis (*garante che è tenuto soltanto ad indennizzare, o a risarcire, il creditore insoddisfatto) (lat)*; **~bürgschaft** *f KredSichR* garanzia *f* di indennizzo, garanzia *f* indennitaria, garanzia *f* di tipo indennitario, fideiussio indemnitatis (*in forza della quale il garante è tenuto soltanto ad indennizzare, o a risarcire, il creditore insoddisfatto*) *(lat)*.

ausfallen *v* [1] *(nicht stattfinden)* non aver luogo, essere sospeso, essere soppresso, saltare, *(fehlen)* essere assente, mancare, venire a mancare.

ausfallen *v* [2] *(ein Ergebnis zeigen, geraten)* riuscire, andare, risultare.

Ausfall | forderung *f* credito *m* per l'ammontare dell'ammanco; **~haftung** *f* responsabilità *f* per l'ammanco.

Ausfällung *f (CH)* pronuncia *f* (della sentenza).

Ausfall | vergütung *f* indennità *f* di mancato guadagno; **~versicherung** *f* assicurazione *f* contro le perdite;

~zeit *f (Sozialversicherung)* periodo *m* di non occupazione.

ausfertigen *v (ausstellen)* redigere, stendere, compilare, preparare, *(von Notar)* rogare, *(aushändigen)* rilasciare, *(unterzeichnen)* firmare, fare una copia, spedire.

Ausfertigung *f (Ausstellen)* redazione *f*, stesura *f*, *(von Notar)* rogito *m*, *(Aushändigung)* rilascio *m*, *(ausgefertigtes Exemplar)* esemplare *m*, copia *f* (conforme all'originale), duplice originale *m*, doppio originale *m*, secondo originale *m*, seconda, terza stesura *f* dell'atto originale, spedizione *f* (di sentenze o altri atti giudiziari), *(eines Wechsels)* duplicato *m*; **amtliche ~** *f* spedizione *f* autentica; **in doppelter ~** in duplice originale, in doppio originale, in duplice copia; **erste ~** *f* originale *m*, primo originale *m*, *(Wechsel)* prima *f* di cambio; **vollstreckbare ~** *f* copia *f* esecutiva, copia *f* (del titolo) in forma esecutiva, spedizione *f* (del titolo) in forma esecutiva; **in zweifacher ~** in duplice originale, in doppio originale, in duplice copia; **zweite ~** *f* duplicato *m*, duplice originale *m*, doppio originale *m*, secondo originale *m*, seconda stesura *f* dell'atto originale, *(Wechsel)* seconda *f* di cambio; **~** *f* **eines Schecks** duplicato *m* di assegno; **~** *f* **eines Wechsels** duplicato *m* di cambiale.

Ausfertigungs | buch *n* registro *m* dei certificati rilasciati; **~gebühr** *f* diritto *m* di cancelleria (per rilascio di copie).

ausfolgen *v (A)* consegnare, rilasciare, rimettere.

Ausfolgeschein *m (A)* certificato *m* di consegna, certificato *m* di rilascio.

Ausfolgung *f (A)* rilascio *m*, consegna *f*.

ausforschen *v* cercare di sapere, sondare, scoprire, indagare, interrogare.

Ausforschung *f* indagine *f*, ricerca *f*, investigazione *f*.

Ausfracht *f* nolo *m* per il viaggio d'andata.

ausfragen *v* interrogare.

Ausfuhr *f* esportazione *f*, export *m*; **illegale ~** *f* esportazione *f* illegale; **unentgeltliche ~** *f* esportazione *f* franco valuta; **zollfreie ~** *f* esportazione *f* in franchigia doganale; **~** *f* **von Devisen** esportazione *f* di valuta (estera).

Ausfuhr | abgabe *f* tassa *f* all'esportazione; **~anmeldung** *f* dichiarazione *f* di esportazione; **~auftrag** *m* commessa *f* per l'esportazione; **~begleitdokument** *n* (*Abk* = **ABD**) documento *m* di accompagnamento all'esportazione *(DAE)*; **~begünstigung** *f* aiuto *m* all'esportazione; **~beihilfe** *f* sovvenzione *f* all'esportazione; **~bescheinigung** *f* certificato *m* d'esportazione.

Ausfuhrbeschränkung *f* restrizione *f* all'esportazione, limitazione *f* delle esportazioni; **mengenmäßige ~** *f* *EuR* restrizioni *fpl* quantitative all'esportazione.

Ausfuhr | bestimmungen *fpl* disposizioni *fpl* per l'esportazione; **~bewilligung** *f* licenza *f* d'esportazione, permesso *m* d'esportazione; **~bürgschaft** *f* *KredSichR* cauzione *f* d'esportazione, fideiussione *f* d'esportazione, garanzia *f* d'esportazione; **~deklaration** *f* dichiarazione *f* d'esportazione.

ausführen *v* [1] *(Waren)* esportare.

ausführen *v* [2] *(durchführen)* eseguire, dare esecuzione a, dar(e) corso a, effettuare, svolgere, attuare, *(realisieren)* realizzare, *(beenden)* portare a termine, evadere, completare, compiere, *(Straftat)* commettere, consumare, perpetrare.

ausführen *v* [3] *(darlegen)* esporre, *(behandeln)* svolgere, *(entwickeln)* sviluppare, *(argumentieren)* argomentare, *(erklären)* spiegare (dettagliatamente).

Ausfuhr | erklärung *f* dichiarazione *f* di esportazione; **~erlaubnis** *f* permesso *m* di esportazione, licenza *f* di esportazione, autorizzazione *f* all'esportazione, nulla osta *m* all'esportazione.

ausfuhrfähig *adj* esportabile.

Ausfuhr | forderung *f* credito *m* di esportazione; **~genehmigung** *f* permesso *m* di esportazione, licenza *f* di esportazione, autorizzazione *f* all'esportazione, nulla osta *m* all'esportazione; **~geschäft** *n* operazione *f* di esportazione; **~güter** *npl* articoli *mpl* d'esportazione; **~händlervergütung** *f* premio *m* agli esportatori; **~kaution** *f* cauzione *f* per l'esportazione; **~kommissionär/in** *m/f* commissionario *m* esportatore.

Ausfuhrkredit *m* credito *m* all'esportazione; **~bürgschaft** *f* *KredSichR* garanzia *f* per i crediti all'esportazione; **~versicherung** *f* assicurazione *f* dei crediti all'esportazione.

Ausfuhr | lizenz *f* licenza *f* d'esportazione; **~papier** *n* documento *m* d'esportazione; **~sperre** *f* blocco *m* delle esportazioni, divieto *m* d'esportazione; **~subvention** *f* sovvenzione *f* all'esportazione; **~tarif** *m* tariffa *f* d'uscita, tariffa *f* d'esportazione.

Ausführung *f* [1] *(Durchführung)* esecuzione *f*, effettuazione *f*, svolgimento *m*, *(Verwirklichung)* realizzazione *f*, attuazione *f*, evasione *f*, *(Vollendung)* compimento *m*, completamento *m*, *StrafR* commissione *f*, *StrafR* consumazione *f*, *StrafR* perpetrazione *f*; **fachgerechte ~** *f* esecuzione *f* a regola d'arte; **~** *f* **der Arbeiten** esecuzione *f* dei lavori; **~** *f* **des Auftrages** esecuzione *f* dell'ordine, esecuzione *f* del mandato; **~** *f* **der Straftat** *StrafR* esecuzione *f* del reato, commissione *f* del reato, consumazione *f* del reato, perpetrazione *f* del reato; **die weitere ~ der Tat aufgeben** *StrafR* desistere dall'azione; **~** *f* **des Vertrags** esecuzione *f* del contratto.

Ausführung *f* [2] *(Darlegung)* esposizione *f*, *(Behandlung)* svolgimento *m*, *(Entwicklung)* sviluppo *m*, *(Erklärung)* spiegazione *f* (dettagliata), argomentazione *f*.

Ausführung *f* [3] *(Strafvollzug)* permesso *m* con scorta.

Ausführung *f* [4] *(Typ)* tipo *m*, *(Modell)* modello *m*, *(Version)* versione *f*, *(Machart)* fattura *f*, *(Qualität)* qualità *f*.

Ausführungen *fpl* argomentazioni *fpl*, considerazioni *fpl*, dichiarazioni *fpl*, *ProzR (mündliche)* difese *fpl*, ragionamento *m*.

Ausführungs | anordnung *f* ordine *m* di esecuzione; **~anzeige** *f* avviso *m* di esecuzione, conferma *f* di esecuzione.

Ausführungsart *f* [1] *(Typ)* tipo *m*, *(Modell)* modello *m*, *(Version)* versione *f*.

Ausführungsart *f* [2] *(der Handlung)* modalità *f* dell'azione, modalità *f* escutiva.

Ausführungs | befugnis *f* potere *m* di esecuzione; **~bestimmung** *f* disposizione *f* di esecuzione, disposizione *f* di attuazione, disposizione *f* attuativa; **~erlass** *m* *(CH)* decreto *m* di esecuzione; **~frist** *f* termine *m* di esecuzione; **~geschäft** *n* affare *m* concluso (*dal commissionario*); **~gesetz** *n* legge *f* di attuazione, legge *f* di esecuzione, legge *f* esecutiva; **~handlung** *f* atto *m* esecutivo, azione *f* esecutiva; **~organ** *n* organo *m* esecutivo; **~verordnung** *f* regolamento *m* di esecuzione, regolamento *m* di attuazione, regolamento *m* attuativo, decreto *m* di attuazione, decreto *m* attuativo, decreto *m* di esecuzione; **~vorschrift** *f* disposizione *f* di esecuzione, disposizione *f* di attuazione, disposizione *f* attuativa.

Ausfuhr | verbot *n* divieto *m* di esportazione; **~vergütung** *f* premio *m* all'esportazione; **~vertrag** *m* contratto *m* di esportazione.

Ausfuhrzoll *m* dazio *m* d'esportazione, dazio *m* d'uscita; **~schuldner/in** *m/f* debitore *m* del dazio d'esportazione; **~tarif** *m* tariffa *f* doganale dei dazi d'esportazione.

Ausgabe *f* [1] *(Ausstellung)* emissione *f*, rilascio *m*, *(Aushändigung)* consegna *f*, *(Verteilung)* distribuzione *f*, vendita *f*; **~** *f* **von Aktien** emissione *f* di azioni;

~ *f* junger Aktien emissione *f* di nuove azioni; **~ *f* von Banknoten** emissione *f* di banconote; **~ *f* über dem Nennwert** emissione *f* sopra la pari; **~ *f* unter dem Nennwert** emissione *f* al di sotto della pari; **~ *f* zum Nennwert** emissione *f* alla pari.

Ausgabe *f*[2] *ZivR (Aufwendung)* spesa *f*, uscita *f*.

Ausgabe *f*[3] *(Veröffentlichung)* edizione *f*, numero *m* (*di giornale*).

Ausgabe | anweisung *f* mandato *m* di spesa; **~bedingungen** *fpl* condizioni *fpl* di emissione; **~beleg** *m* documento *m* giustificativo della spesa; **~betrag** *m* prezzo *m* di emissione, ammontare *m* dell'emissione; **~bewilligung** *f* autorizzazione *f* di spesa.

ausgabefähig *adj* spendibile.

Ausgabe | kosten *pl (CH)* costi *mpl* di emissione; **~kurs** *m* corso *m* di emissione, prezzo *m* di emissione.

Ausgaben *fpl* spese *fpl*; **die ~ bestreiten** sopperire alle spese; **die ~ decken** coprire le spese; **die ~ kürzen** ridurre le spese, tagliare le spese; **~ machen** spendere; **~ wiedereinbringen** recuperare le spese; **absetzbare ~** *fpl*; **abzugsfähige ~** *fpl* spese *fpl* deducibili, spese *fpl* detraibili, oneri *mpl* deducibili, oneri *mpl* detraibili; **allgemeine ~** *fpl* spese *fpl* generali; **außeretatmäßige ~** *fpl*; **außerordentliche ~** *fpl*; **außerplanmäßige ~** *fpl* spese *fpl* straordinarie; **eingeplante ~** *fpl* spese *fpl* programmate; **einmalige ~** *fpl* spesa *f* straordinaria (*non ricorrente*); **erstattungsfähige ~** *fpl* spese *fpl* rimborsabili; **feste ~** *fpl*; **fortlaufende ~** *fpl* spese *fpl* fisse; **gelegentliche ~** *fpl* spese *fpl* accidentali; **laufende ~** *fpl* spese *fpl* correnti; **öffentliche ~** *fpl*; **~** *fpl* **der öffentlichen Hand** spese *fpl* pubbliche; **ordentliche ~** *fpl* spese *fpl* ordinarie; **regelmäßig wiederkehrende ~** *fpl* spese *fpl* periodiche; **sonstige ~** *fpl* spese *fpl* varie; **tatsächliche ~** *fpl* spese *fpl* effettive; **überplanmäßige ~** *fpl* maggiori spese *fpl*; **unvorhergesehene ~** *fpl* spese *fpl* impreviste; **vordringliche ~** *fpl* spese *fpl* prioritarie.

Ausgaben | ansatz *m* spese *fpl* previste; **~anstieg** *m* aumento *m* di spesa, aumento *m* delle spese; **~aufstellung** *f* dettaglio *m* delle spese, distinta *f* delle spese, elencazione *f* delle spese; **~begrenzung** *f* limitazione *f* della spesa; **~beleg** *m* documento *m* giustificativo della spesa; **~beschränkung** *f* limitazione *f* della spesa; **~bewilligung** *f* autorizzazione *f* di spesa; **~buch** *n* libro *m* delle spese; **~budget** *n* preventivo *m* delle spese; **~erhöhung** *f* aumento *m* di spesa, aumento *m* delle spese; **~ermächtigung** *f* autorizzazione *f* di spesa; **~erstattung** *f* rimborso *m* (delle) spese, rifusione *f* delle spese; **~grenze** *f* tetto *m* della spesa, tetto *m* alla spesa, tetto *m* delle spese, tetto *m* alle spese; **~initiative** *f* iniziativa *f* del parlamento di approvare nuove spese; **~kapitel** *n* capitolo *m* di spesa; **~konto** *n* conto *m* spese; **~kürzung** *f* riduzione *f* delle spese, taglio *m* alle spese, taglio *m* alla spesa, tagli *mpl* alle spese; **~posten** *m* voce *f* di spesa; **~rechnung** *f* conto *m* spese, nota *f* (delle) spese; **~schätzung** *f* previsione *f* delle spese, previsioni *fpl* di spesa, spese *fpl* previste, stime *fpl* di spesa, valutazione *f* delle spese; **~soll** *n* spesa *f* teorica; **~sperre** *f* blocco *m* delle spese; **~steigerung** *f* aumento *m* di spesa, aumento *m* delle spese; **~summe** *f* importo *m* delle spese; **~titel** *m* titolo *m* di spese; **~überschuss** *m* eccedenza *f* di spesa, eccedenza *f* delle spese; **~verzeichnis** *n* elencazione *f* delle spese, distinta *f* delle spese; **~voranschlag** *m* preventivo *m* delle spese, stato *m* di previsione delle spese.

Ausgabe | preis *m* prezzo *m* di emissione; **~rest** *m* residuo *m* passivo; **~stelle** *f* ufficio *m* di emissione, ufficio *m* emittente; **~tagebuch** *n* libro *m* giornale delle spese; **~titel** *m*

titolo *m* di spesa; **~überschuss** *m* eccedenza *f* di spesa, eccedenza *f* delle spese.
Ausgang *m* [1] *(Weg nach draußen)* uscita *f*.
Ausgang *m* [2] *(Ende)* fine *f*, termine *m*.
Ausgang *m* [3] *(Ergebnis)* esito *m*, risultato *m*; **~** *m* **der Verhandlungen** esito *m* delle trattative; **~** *m* **der Wahlen** esito *m* delle elezioni.
Ausgang *m* [4] *(Strafvollzug)* permesso *m*, libera uscita *f*.
Ausgang *m* [5] *(Ausgangspunkt)* punto *m* di partenza.
Ausgangs | abgabe *f* tassa *f* d'uscita; **~bescheinigung** *f* certificato *m* d'uscita, visto *m* d'uscita; **~deklaration** *f* dichiarazione *f* d'uscita; **~gebot** *n* offerta *f* iniziale; **~kapital** *n* capitale *m* iniziale; **~produkt** *n* prodotto *m* base; **~schein** *m* foglio *m* d'uscita, certificato *m* d'uscita; **~sperre** *f* coprifuoco *m*; **~sprache** *f* lingua *f* di partenza; **~staat** *m* paese *m* d'uscita; **~tarif** *m* tariffa *f* base.
Ausgangszoll *m* dazio *m* d'uscita; **~amt** *n* ufficio *m* doganale di uscita; **~satz** *m* dazio *m* di base; **~stelle** *f* ufficio *m* doganale di uscita.
ausgeben *v* [1] *(Geld)* spendere.
ausgeben *v* [2] *(Anleihen, Aktien)* emettere.
ausgeben *v* [3] *(aushändigen)* consegnare, *(verteilen)* distribuire.
ausgeben *v* [4] *(ausdrucken)* stampare, pubblicare.
Ausgeber/in *m/f* emittente *m/f*.
Ausgebot *n (Zwangsversteigerung)* invito *m* a fare offerte.
Ausgebürgerte/r *f/m* persona *f* privata della cittadinanza.
Ausgedinge *n (A) (Altenteil)* vitalizio *m* corrisposto dal figlio ai genitori cui succede nell'azienda agricola.
ausgefertigt *adj ProzR* in duplice originale, in doppio originale, redatto in duplice originale, redatto in doppio originale, per copia conforme.
ausgehen *v* [von *Dat*] partire da, prendere le mosse da, basarsi su, partire dal presupposto, dare per scontato, presupporre, ipotizzare.
Ausgehverbot *n* coprifuoco *m*; **das ~ erlassen** decretare il coprifuoco.
Ausgelieferte/r *f/m* estradato/-a *m/f*.
Ausgemeindung *f* separazione *f* di un comune.
ausgewiesen durch Personalausweis identificato a mezzo carta di identità (C.I.).
Ausgewiesene/r *f/m* espulso/-a *m/f*.
ausgewiesen, zurückgewiesen oder abgeschoben *AsylR* essere oggetto di una misura di allontanamento, rifiuto di ingresso o espulsione.
Ausgleich *m* [1] *(von Interessen, Gegensätzlichkeiten)* accomodamento *m*, appianamento *m*, livellamento *m*, aggiustamento *m*, compromesso *m*, *(Angleichung)* pareggio *m*, equilibrio *m*, bilanciamento *m*, perequazione *f*, *(Steuerausgleich, Lohnausgleich)* conguaglio *m*; **gütlicher ~** *m* accomodamento *m* amichevole.
Ausgleich *m* [2] *(Ersatz, Entschädigung)* risarcimento *m*, indennizzo *m*, compensazione *f*, compenso *m*; **angemessener ~** *m* equo compenso *m*.
Ausgleich *m* [3] *(einer Rechnung)* saldo *m*, copertura *f*; **zum ~ bringen** saldare, pareggiare; **zum vollen ~** a saldo; **zum ~ einer Rechnung** a saldo di una fattura.
Ausgleich *m* [4] *(A) InsolvenzR* concordato *m*.
ausgleichen *v* [1] *(Gegensätze, Unterschiede)* accomodare, appianare, livellare, aggiustare, comporre, regolare, uniformare, *(ein Gleichgewicht herstellen)* equilibrare, bilanciare, pareggiare, perequare, conguagliare, compensare, colmare, sanare.
ausgleichen *v* [2] *(bezahlen, begleichen)* saldare.
Ausgleichs | abgabe *f* tassa *f* di compensazione, tassa *f* di conguaglio; **~abkommen** *n* accordo *m* di compensazione; **~anspruch** *m* diritto *m* di compensazione, *(Gesamtschuld)* diritto *m* di regresso; **~antrag** *m (A) InsolvenzR* domanda *f* di concordato; **~belastung** *f* tassa *f* di compensazione; **~bestätigung** *f*

(A) InsolvenzR omologazione *f* del concordato; **~betrag** *m* importo *m* compensativo, importo *m* a saldo; **~edikt** *n (A) InsolvenzR* decreto *m* di ammissione al concordato; **~einrichtung** *f* meccanismo *m* di compensazione; **~entschädigung** *f* indennità *f* di compensazione; **~erfüllung** *f (A) InsolvenzR* adempimento *m* del concordato; **~eröffnung** *f (A) InsolvenzR* ammissione *f* al concordato.

ausgleichsfähig *adj* perequabile.

Ausgleichs | fonds *m* fondo *m* di compensazione; **~forderung** *f* credito *m* di compensazione; **~gebühr** *f* tassa *f* di compensazione; **~gläubiger/in** *m/f (A) InsolvenzR* creditore *m* concordatario; **~kasse** *f* cassa *f* di compensazione, cassa *f* di conguaglio, cassa *f* di perequazione; **~kommissär/in** *m/f (A) InsolvenzR* guidice *m* delegato (nel concordato); **~konto** *n* conto *m* di compensazione; **~lasten** *fpl* carichi *mpl* di perequazione; **~leistung** *f* prestazione *f* compensativa; **~maßnahme** *f* misura *f* di compensazione, misura *f* compensativa, misura *f* compensatoria, provvedimento *m* di compensazione; **~ordnung** *f (A) InsolvenzR* regolamento *m* del concordato preventivo; **~pflicht** *f ErbR* obbligo *m* di collazione; **~posten** *m* voce *f* di conguaglio; **~prämie** *f* premio *m* di compensazione, premio *m* di perequazione; **~preis** *m* prezzo *m* di perequazione; **~quittung** *f* ricevuta *f* a saldo, ricevuta *f* definitiva, ricevuta *f* di liquidazione, ricevuta *f* liberatoria; **~regelung** *f* regime *m* di compensazione; **~rente** *f* pensione *f* di perequazione; **~rücklage** *f* riserva *f* di perequazione; **~ruhetag** *m* riposo *m* compensativo; **~schuldner/in** *m/f (A) InsolvenzR* debitore *m* concordatario; **~stelle** *f* stanza *f* di compensazione, ufficio *m* di compensazione; **~stock** *m* fondo *m* di compensazione; **~system** *n* sistema *m* di compensazione; **~tagsatzung** *f (A) InsolvenzR* adunanza *f* dei creditori (*per la votazione sulla proposta di concordato*); **~tarif** *m* tariffa *f* compensativa; **~taxe** *f* tassa *f* di compensazione, tassa *f* di perequazione; **~taxfonds** *m* fondo *m* di compensazione.

Ausgleichsteuer *f* imposta *f* di conguaglio.

Ausgleichs | umlage *f* tassa *f* di perequazione; **~urlaub** *m* licenza *f* compensativa.

Ausgleichsverfahren *n* [1] procedura *f* di compensazione, procedimento *m* di compensazione.

Ausgleichsverfahren *n* [2] *(A) InsolvenzR* procedura *f* di concordato.

Ausgleichs | versuch *m* tentativo *m* di conciliazione; **~verwalter/in** *m/f (A) InsolvenzR* commissario *m* giudiziale (nel concordato); **~vorschlag** *m (A) InsolvenzR* proposta *f* di concordato; **~wechsel** *m* cambiale *f* a saldo; **~zahlung** *f* pagamento *m* compensativo, pagamento *m* a saldo; **~zoll** *m* dazio *m* compensativo, dazio *m* compensatore; **~zulage** *f*; **~zuschlag** *m* supplemento *m* di perequazione, assegno *m* perequativo, assegno *m* integrativo.

Ausgleichung *f* [1] compensazione *f*, conguaglio *m*, perequazione *f*, pareggiamento *m*, bilanciamento *m*; **zur ~ bringen** compensare, perequare, conguagliare, saldare.

Ausgleichung *f* [2] *ErbR* collazione *f* (ereditaria); **rechnerische ~** *f ErbR* collazione *f* per imputazione.

Ausgleichungspflicht *f ErbR* obbligo *m* di collazione.

Ausgründung *f GesR (einer Gesellschaft)* scorporazione *f* (*di società*).

Ausgussrecht *n (A)* servitù *f* di scolo.

aushandeln *v* concordare, pattuire, patteggiare, negoziare, mercanteggiare.

aushändigen *v* consegnare, rimettere.

Aushändigung *f* consegna *f*.

Aushändigungsgebühr *f (UPU)* diritto *m* di consegna.

Aushang *m* annuncio *m* (affisso), avviso *m* (esposto all'albo), affisso *m*.

aushängen *v* affiggere, esporre, essere affisso, essere esposto.

Auskaufssumme *f (CH)* capitale *m* di riscatto.

ausklarieren *v* adempiere le formalità doganali alla partenza della nave.

Ausklarierung *f* adempimento *m* delle formalità doganali alla partenza della nave.

Auskündung *f (CH)* pubblicazione *f*.

Auskunft *f* informazione *f*, informazioni *fpl*, ragguaglio *m*; **um ~ bitten**; **eine ~ einholen**; **um ~ ersuchen** chiedere informazioni; **eine ~ erteilen**; **eine ~ geben** dare un'informazione, dare informazioni, fornire informazioni; **die ~ verweigern** rifiutarsi di dare (o: fornire) informazioni; **amtliche ~** *f*; **behördliche ~** *f* informazione *f* ufficiale; **vertrauliche ~** *f* informazione *f* riservata, informazione *f* confidenziale.

Auskünfte *fpl* informazioni *fpl*; **nähere ~** *fpl* maggiori informazioni *fpl*, ulteriori informazioni *fpl*; **sachdienliche ~** *fpl* informazioni *fpl* utili.

Auskunftei *f* agenzia *f* di informazioni.

Auskunftgeber/in *m/f* informatore *m*.

Auskunfts | abteilung *f* ufficio *m* informazioni; **~anspruch** *m* diritto *m* di informazione.

auskunftsberechtigt *adj* avente diritto a ricevere informazioni, in diritto di ricevere informazioni.

Auskunfts | büro *n* ufficio *m* informazioni; **~ersuchen** *n* richiesta *f* di informazioni; **~erteilung** *f* il dare informazioni, il fornire informazioni; **~haftung** *f* responsabilità *f* per false informazioni; **~kartei** *f* schedario *m* delle informazioni; **~person** *f* informatore *m*; **~pflicht** *f* obbligo *m* di informazione, obbligo *m* informativo, obbligo *m* di dare (o: fornire) informazioni, obbligo *m* di informare.

auskunftspflichtig *adj* tenuto a dare (o: fornire) informazioni, obbligato a dare (o: fornire) informazioni.

Auskunfts | pflichtige/r *f/m* soggetto *m* tenuto a dare (o: fornire) informazioni, soggetto *m* obbligato a dare (o: fornire) informazioni; **~quelle** *f* fonte *f* di informazioni, fonte *f* informativa; **~recht** *n* diritto *m* di informazione; **~stelle** *f* ufficio *m* informazioni; **~verlangen** *n* richiesta *f* di informazioni; **~verweigerung** *f* rifiuto *m* di dare (o: fornire) informazioni, *StrafProzR (des Zeugen)* rifiuto *m* di rispondere (a certe domande); **~verweigerungsrecht** *n StrafProzR (des Zeugen) (§ 55 StPO)* facoltà *f* (o: diritto *m*) di non rispondere (a certe domande), facoltà *f* (o: diritto *m*) di astenersi dal deporre (in relazione a certe domande), facoltà *f* (o: diritto *m*) di astenersi dal testimoniare (in merito a certe domande).

Auslagen *fpl* spese *fpl*; **die ~ erstatten** rimborsare le spese, rifondere le spese; **außerordentliche ~** *fpl* spese *fpl* straodinarie; **bare ~** *fpl* spese *fpl* in contanti; **eigene ~** *fpl* spese *fpl* personali; **erstattungsfähige ~** *fpl* spese *fpl* rimborsabili; **notwendige ~** *fpl* spese *fpl* necessarie.

Auslagen | abrechnung *f* nota *f* (delle) spese; **~aufstellung** *f* distinta *f* delle spese; **~ersatz** *m*; **~erstattung** *f* rimborso *m* (delle) spese, rifusione *f* delle spese; **~rechnung** *f* nota *f* (delle) spese; **~vorschuss** *m* anticipo *m* (sulle) spese.

Ausländer *m* [f: Ausländerin] straniero/-a *m/f*; **~amt** *n* ufficio *m* stranieri; **~beauftragte/r** *f/m* rappresentante *m/f* degli stranieri, addetto/-a *m/f* agli stranieri, commissario *m* per gli stranieri; **~behandlung** *f* trattamento *m* dello straniero; **~behörde** *f* ufficio *m* stranieri; **~beirat** *m* consiglio *m* degli stranieri; **~gesetzgebung** *f* legislazione *f* sugli stranieri; **~recht** *n (Anspruch)* diritto *m* degli stranieri, *(Rechtsgebiet)* legislazione *f* sugli stranieri, normativa *f* in materia di stranieri; **~sicherheit** *f* cautio iudicatum solvi *(lat)*, cauzione *f* per l'ottemperanza al giudicato;

~wahlrecht *n* diritto *m* di voto degli stranieri.

Auslands | absatz *m* vendite *fpl* all'estero, sbocchi *mpl* esteri; **~abteilung** *f* ufficio *m* estero, servizio *m* estero, reparto *m* estero; **~akzept** *n* accettazione *f* estera; **~anlage** *f* investimento *m* all'estero, *(Banken)* impiego *m* all'estero; **~anleger/in** *m/f* investitore *m* estero; **~anleihe** *f* prestito *m* estero, prestito *m* all'estero; **~auftrag** *m* ordine *m* proveniente dall'estero; **~besitz** *m* proprietà *f* all'estero, proprietà *f* estera; **~bestellung** *f* ordine *m* dall'estero; **~beteiligung** *f* *(ausländische Beteiligung im Inland)* partecipazione *f* estera, partecipazione *f* straniera, *(Beteiligung im Ausland)* partecipazione *f* all'estero, *GesR* partecipazione *f* in società estere; **~bonds** *mpl* obbligazioni *fpl* in valuta estera, bond(s) *mpl* in valuta estera; **~börse** *f* borsa *f* estera; **~delikt** *n* reato *m* commesso all'estero; **~deutsche/r** *f/m* tedesco/-a *m/f* all'estero; **~dienst** *m* servizio *m* internazionale, servizio *m* estero, *(im Ausland)* servizio *m* all'estero; **~einkommen** *n* reddito *m* acquisito all'estero; **~einlagen** *fpl* depositi *mpl* esteri; **~einsatz** *m* *(Militär)* operazione *f* all'estero; **~entscheidung** *f* atto *m* giudiziario di autorità straniera; **~erwerb** *m* acquisto *m* all'estero; **~filiale** *f* filiale *f* estera; **~forderung** *f* credito *m* verso l'estero; **~forderungen** *fpl* *(Bankbilanz)* corrispondenti *mpl* esteri; **~geschäft** *n* affare *m* all'estero, operazione *f* con l'estero; **~gesellschaft** *f* società *f* estera; **~gläubiger/in** *m/f* creditore *m* estero; **~güter** *npl* beni *mpl* di importazione, *(im Ausland)* beni *mpl* all'estero; **~guthaben** *npl* averi *mpl* all'estero.

Auslandshandelskammer *f* camera *f* di commercio estera; **Deutsche ~n** *fpl (D)* (*Abk* = **AHK**) Camere *fpl* di commercio tedesche all'estero.

Auslands | investition *f* investimento *m* all'estero; **~italiener/in** *m/f* → *Volksitaliener* italiano/-a *m/f* all'estero; **~kammer** *f* camera *f* di commercio estera; **~kapital** *n* capitale *m* estero, capitale *m* all'estero; **~kapitalanlage** *f* investimento *m* all'estero; **~kartell** *n* cartello *m* internazionale; **~kauf** *m* acquisto *m* all'estero, acquisto *m* su ordine proveniente dall'estero; **~konto** *n* conto *m* all'estero; **~kredit** *m* credito *m* estero; **~kunde/-kundin** *m/f* cliente *m/f* estero/-a, cliente *m/f* straniero/-a; **~lieferung** *f* *(ins Ausland)* fornitura *f* all'estero, *(vom Ausland)* fornitura *f* dall'estero; **~nachfrage** *f* domanda *f* estera; **~niederlassung** *f* filiale *f* estera; **~order** *f* ordine *m* proveniente dall'estero; **~patent** *n* brevetto *m* estero; **~preise** *mpl* prezzi *mpl* all'estero; **~schuld** *f* debito *m* esterno, debito *m* verso l'estero; **~schuldverschreibung** *f* obbligazione *f* estera; **~strafe** *f* pena *f* inflitta all'estero; **~tat** *f* *StrafR* reato *m* commesso all'estero; **~titel** *m* titolo *m* estero; **~tochter** *f* *GesR* affiliata *f* estera; **~überweisung** *f* bonifico *m* internazionale; **~unternehmen** *n* impresa *f* estera; **~verbindlichkeiten** *fpl* debiti *mpl* verso l'estero; **~vergütung** *f* indennità *f* di trasferta all'estero, indennità *f* di missione all'estero; **~verkauf** *m* vendita *f* all'estero, vendita *f* su ordine proveniente dall'estero; **~verkehr** *m* traffico *m* internazionale; **~vermögen** *n* beni *mpl* all'estero, patrimonio *m* all'estero; **~verpflichtung** *f* impegno *m* verso l'estero; **~verschuldung** *f* indebitamento *m* verso l'estero; **~vertreter/in** *m/f* rappresentante *m/f* all'estero; **~vertretung** *f* rappresentanza *f* all'estero; **~verurteilung** *f* condanna *f* pronunciata all'estero; **~werte** *mpl* valori *mpl* esteri; **~wohnsitz** *m* domicilio *m* all'estero; **~zulage** *f* indennità *f* di missione all'estero, indennità *f* di soggiorno all'estero, indennità *f* di trasferta all'estero; **~zustellung** *f* notifica *f* all'estero, notificazione *f* all'estero.

auslassen *v* omettere.

Auslassung *f* omissione *f*.
auslegen *v* [1] *(Gesetze)* interpretare, *(erklären)* spiegare; **einschränkend ~**; **eng ~** interpretare restrittivamente; **falsch ~** interpretare in modo errato; **verfassungsgemäß ~**; **verfassungskonform ~** interpretare in modo conforme alla costituzione; **weit ~** interpretare estensivamente.
auslegen *v* [2] *(Geld)* anticipare, *(leihen)* prestare.
auslegen *v* [3] *(ausstellen)* esporre.
Auslegung *f (Interpretation) (§§ 133, 157 BGB; §§ 6, 7 österr. ABGB)* interpretazione *f*; **abändernde ~** *f* interpretazione *f* modificativa; **amtliche ~** *f* interpretazione *f* ufficiale; **~** *f* **durch Analogieschluss** interpretazione *f* analogica; **ausdehnende ~** *f* interpretazione *f* estensiva; **authentische ~** *f* interpretazione *f* autentica; **begriffliche ~** *f* interpretazione *f* concettuale; **berichtigende ~** *f* interpretazione *f* rettificativa; **beschränkende ~** *f* interpretazione *f* restrittiva; **bindende ~** *f* interpretazione *f* vincolante; **buchstäbliche ~** *f* interpretazione *f* letterale; **deklaratorische ~** *f* interpretazione *f* dichiarativa; **einschränkende ~** *f*; **enge ~** *f* interpretazione *f* restrittiva; **ergänzende ~** *f* interpretazione *f* integrativa; **europarechtskonforme ~** *f* interpretazione *f* conforme al diritto comunitario; **extensive ~** *f* interpretazione *f* estensiva; **falsche ~** *f* interpretazione *f* errata; **geschichtliche ~** *f* interpretazione *f* storica; **grammatikalische ~** *f* interpretazione *f* grammaticale; **großzügige ~** *f* interpretazione *f* estensiva; **von der herrschenden Lehre gegebene ~** *f* interpretazione *f* dottrinale; **historische ~** *f* interpretazione *f* storica; **irrige ~** *f* interpretazione *f* errata; **von der Rechtsprechung gegebene ~** *f* interpretazione *f* giurisprudenziale, interpretazione *f* giudiziale; **restriktive ~** *f* interpretazione *f* restrittiva; **richterliche ~** *f* interpretazione *f* giudiziale; **nach richtiger ~** secondo l'interpretazione giusta; **strenge ~** *f* interpretazione *f* restrittiva; **systematische ~** *f* interpretazione *f* sistematica; **teleologische ~** *f* interpretazione *f* teleologica; **vereinbarte ~** *f* interpretazione *f* convenuta; **verfassungskonforme ~** *f* interpretazione *f* conforme alla costituzione; **weite ~** *f* interpretazione *f* lata; **wörtliche ~** *f* interpretazione *f* letterale; **zweckgerichtete ~** *f* interpretazione *f* finalistica, interpretazione *f* teleologica.
Auslegungs- interpretativo.
Auslegungsbestimmung *f* disposizione *f* interpretativa.
auslegungsfähig *adj* interpretabile.
Auslegungs|fehler *m* errore *m* di interpretazione, errore *m* interpretativo; **~frage** *f* questione *f* di interpretazione, questione *f* interpretativa; **~freiheit** *f* libertà *f* di interpretazione, libertà *f* interpretativa; **~grundsätze** *mpl* principi *mpl* interpretativi; **~methode** *f* metodo *m* interpretativo; **~problem** *n* problema *m* interpretativo; **~protokoll** *n* protocollo *m* interpretativo; **~regel** *f* regola *f* di interpretazione, norma *f* interpretativa, norma *f* di interpretazione, norma *f* ermeneutica; **~schwierigkeit** *f* difficoltà *f* interpretativa; **~streit** *m* contrasto *m* interpretativo; **~vereinbarung** *f* negozio *m* interpretativo; **~verordnung** *f* regolamento *m* interpretativo; **~vorschrift** *f* norma *f* interpretativa, norma *f* di interpretazione.
ausleihen *v* prestare.
Ausleiher/in *m/f* prestatore *m*.
ausliefern *v* [1] *StrafProzR (Verbrecher)* estradare.
ausliefern *v* [2] *(Waren)* consegnare, distribuire.
Auslieferung *f* [1] *StrafProzR (eines Verbrechers)* estradizione *f*; **die ~ bewilligen** *StrafProzR* concedere l'estradizione; **um ~ ersuchen** *StrafProzR* (ri)chiedere l'estradizione;

zeitweilige ~ *f StrafProzR* estradizione *f* temporanea.
Auslieferung *f* ² *(von Waren)* consegna *f*, tradizione *f*, fornitura *f*, distribuzione *f*; **verspätete ~** *f* mora *f* nella consegna; **~** *f* **der Erbschaft** *(CH) ErbR* consegna *f* dell'eredità.
Auslieferungs | abkommen *n StrafProzR* convenzione *f* di estradizione; **~antrag** *m StrafProzR* domanda *f* di estradizione, richiesta *f* di estradizione; **~anweisung** *f* ordine *m* di consegna; **~auftrag** *m* ordine *m* di consegna; **~begehren** *n StrafProzR* domanda *f* di estradizione, richiesta *f* di estradizione; **~bescheinigung** *f* bolletta *f* di consegna, bollettino *m* di consegna, certificato *m* di consegna; **~beschluss** *m StrafProzR* sentenza *f* di estradizione; **~buch** *n* libro *m* delle consegne; **~delikt** *n StrafProzR* reato *m* per il quale è ammessa l'estradizione del reo; **~ersuchen** *n StrafProzR* domanda *f* di estradizione, richiesta *f* di estradizione; **~fall** *m StrafProzR* caso *m* di estradizione; **~gebühren** *fpl* diritti *mpl* di consegna; **~gesetzgebung** *f StrafProzR* legislazione *f* sull'estradizione; **~haft** *f StrafProzR* custodia *f* cautelare all'estero in conseguenza di una domanda di estradizione, detenzione *f* cautelare all'estero (in attesa di estradizione), detenzione *f* di cittadino straniero in vista dell'estradizione, arresto *m* in vista d'estradizione *(CH)*; **~haftbefehl** *m StrafProzR* mandato *m* di cattura (internazionale) a fini estradizionali, mandato *m* di cattura (internazionale) ai (o: per) fini di estradizione; **~häftling** *m StrafProzR* estradando *m*, detenuto *m* da estradare; **~lager** *n* deposito *m* di distribuzione; **~ort** *m* luogo *m* di consegna; **~pflicht** *f StrafProzR* obbligo *m* di estradizione; **~provision** *f* provvigione *f* di consegna; **~schein** *m* bolletta *f* di consegna, bollettino *m* di consegna, certificato *m* di consegna; **~soll** *n* consegna *f* da eseguire; **~straftat** *f StrafProzR* reato *m* per il quale è prevista l'estradizione; **~termin** *m* termine *m* di consegna; **~übereinkommen** *n StrafProzR* convenzione *f* di estradizione; **~verbot** *n* divieto *m* di estradizione; **~verfahren** *n StrafProzR* procedimento *m* di estradizione, giudizio *m* di estradizione; **~vertrag** *m StrafProzR* trattato *m* di estradizione; **~verweigerung** *f* rifiuto *m* di consegnare, *StrafProzR* rifiuto *m* di estradare.
ausloben *v* offrire al pubblico, promettere al pubblico.
Auslobung *f (§ 657 BGB)* offerta *f* al pubblico, promessa *f* al pubblico.
auslösbar *adj* redimibile, riscattabile.
auslöschbar *adj* cancellabile, estinguibile.
auslöschen *v* cancellare, estinguere.
auslösen *v* ¹ *(loskaufen, einlösen)* redimere, riscattare.
auslösen *v* ² *(hervorrufen)* suscitare, destare, *(verursachen, bewirken)* causare, provocare, produrre, scatenare.
auslösen *v* ³ *(in Gang setzen, betätigen)* azionare, attivare, far(e) scattare.
Auslösung *f* ¹ *(Einlösen)* riscatto *m*.
Auslösung *f* ² *ArbR* indennità *f* per lavori fuori zona, indennità *f* di trasferta, trasferta *f*.
Auslösung *f* ³ *(Hervorrufen)* il suscitare, il causare, il provocare.
Auslösung *f* ⁴ *(Ingangsetzung, Betätigung)* azionamento *m*, scatto *m*.
Ausmaß *n* misura *f*, entità *f*, dimensione *f*, grado *m*; **~** *n* **des Schadens** entità *f* del danno; **~** *n* **des Verschuldens** grado *m* di colpevolezza.
ausmustern *v* riformare.
Ausmusterung *f* riforma *f* (di soldati).
Ausnahme *f* eccezione *f*, deroga *f*; **mit ~** [Gen / von Dat] ad eccezione [di], fatta eccezione [per], ad esclusione [di], eccetto, tranne, salvo.
Ausnahme | bestimmung *f* norma *f* eccezionale; **~bewilligung** *f* dispensa *f*; **~charakter** *m* eccezionalità *f*.
Ausnahmefall *m* caso *m* eccezionale, eccezione *f*; **im ~** in via eccezionale, in via d'eccezione, eccezionalmente.
Ausnahme | genehmigung *f*

autorizzazione *f* eccezionale; **~gericht** *n* giudice *m* straordinario; **~gerichtsbarkeit** *f* giurisdizione *f* straordinaria; **~gesetz** *n* legge *f* eccezionale, legge *f* d'eccezione; **~gesetzgebung** *f* legislazione *f* d'emergenza; **~klausel** *f* clausola *f* d'eccezione; **~maßnahme** *f* misura *f* d'eccezione, provvedimento *m* d'eccezione, misura *f* eccezionale, provvedimento *m* eccezionale; **~preis** *m* prezzo *m* eccezionale; **~recht** *n* diritto *m* d'eccezione; **~regelung** *f* eccezione *f*, deroga *f*, disposizione *f* derogatoria, disposizione *f* eccezionale, normativa *f* eccezionale, regolamento *m* speciale; **~sichtvermerk** *m* visto *m* eccezionale; **~tarif** *m* tariffa *f* speciale, tariffa *f* particolare, tariffa *f* eccezionale; **~tatbestand** *m* ipotesi *f* eccezionale; **~vorschrift** *f* deroga *f*, disposizione *f* derogatoria, norma *f* derogatoria; **~zeugnis** *n* certificato *m* di esenzione, certificato *m* di dispensa.

Ausnahmezustand *m* emergenza *f*, situazione *f* di emergenza, stato *m* di emergenza, stato *m* di pericolo pubblico; **den ~ verhängen** dichiarare lo stato di pericolo pubblico.

ausnahmslos *adv* senza eccezione/-i.

ausnahmsweise *adv* in via eccezionale, in via d'eccezione, eccezionalmente.

ausnehmen *v* eccettuare, esentare.

ausnutzen *v (nutzen)* utilizzare, usare, *(missbrauchen)* sfruttare, approfittarsi di, *(Nutzen ziehen)* approfittare di, trarre vantaggio da, trarre profitto da, mettere a profitto.

Ausnutzen *n (Missbrauch)* abuso *m*, sfruttamento *m*; **~** *n* **der Unerfahrenheit** abuso *m* dell'inesperienza.

Ausnutzung *f (Missbrauch)* abuso *m*, sfruttamento *m*; **missbräuchliche ~** *f* **einer beherrschenden Stellung** sfruttamento *m* abusivo di una posizione dominante.

Ausnutzungsgrad *m* grado *m* di utilizzazione.

auspreisen *v* indicare il prezzo.

Auspreisung *f* indicazione *f* del prezzo.

Auspreisungspflicht *f* obbligo *m* di indicare il prezzo.

ausrauben *v* derubare, depredare, svaligiare.

Ausreise *f* uscita *f* dal territorio nazionale, espatrio *m*, viaggio *m* d'uscita; **~bewilligung** *f* permesso *m* d'uscita; **~blatt** *n* foglio *m* d'uscita; **~erlaubnis** *f* permesso *m* d'uscita; **~freiheit** *f* libertà *f* di espatrio; **~sichtvermerk** *m* visto *m* d'uscita; **~sperre** *f* divieto *m* d'uscita; **~stempel** *m* bollo *m* d'uscita; **~verbot** *n* divieto *m* d'uscita, divieto *m* di espatrio; **~visum** *n* visto *m* di uscita.

Ausrichtungsfonds *m* fondo *m* di orientamento.

Aussage *f (Behauptung)* affermazione *f*, asserzione *f*, *StrafProzR (des Angeklagten)* dichiarazione *f*, *ProzR (des Zeugen)* deposizione *f*, *ProzR* testimonianza *f*; **eine ~ aufnehmen** raccogliere una deposizione; **die ~ beeiden**; **die ~ beschwören** affermare (o: confermare) la (propria) deposizione con il giuramento; **die ~ verweigern** *(Angeklagter)* rifiutarsi di rispondere, non rispondere, *(Zeuge)* rifiutarsi di deporre, rifiutarsi di testimoniare; **seine ~ widerrufen**; **seine ~ zurücknehmen** ritrattare la propria deposizione; **beeidigte ~** *f*; **eidliche ~** *f*; **~** *f* **unter Eid** deposizione *f* giurata; **falsche ~** *f* falsa deposizione *f*, falsa testimonianza *f*, dichiarazione *f* falsa; **eine falsche ~ machen** deporre il falso; **falsche uneidliche ~** *f StrafR (§ 153 StGB)* falsa deposizione *f* (senza aver prestato giuramento), falsa testimonianza *f* non giurata, falsa dichiarazione *f* non giurata; **~** *f* **vor Gericht** testimonianza *f* (davanti al giudice); **wahrheitsgemäße ~** *f* deposizione *f* veritiera, testimonianza *f* veritiera, il dire la verità.

Aussage | erpressung *f* estorsione *f* di deposizioni; **~genehmigung** *f* autorizzazione *f* a testimoniare in giudizio; **~kraft** *f* forza *f* espressiva, significatività *f*, valore *m* di evidenza, forza *f* probante, validità *f*, coerenza *f*, pertinenza *f*, affidabilità *f*, accuratezza *f*, qualità *f*, impatto *m*.

aussagen *v (behaupten)* affermare, asserire, *(erklären)* dichiarare, *(ausdrücken)* esprimere, dire, *ProzR (vor Gericht)* deporre, *ProzR* testimoniare; **gegen jemanden (Akk) ~** deporre contro qn., testimoniare contro qn.; **über etwas (Akk) ~** *(als Zeuge)* deporre su qc., testimoniare su qc.; **unter Eid ~** dichiarare sotto giuramento, deporre sotto giuramento; **falsch ~** deporre il falso; **vor Gericht ~** deporre in giudizio, deporre in tribunale, testimoniare in giudizio, testimoniare in tribunale, testimoniare davanti al giudice; **zeugenschaftlich ~** testimoniare; **zugunsten ~** testimoniare a favore (*di qn.*); **zuungunsten ~** testimoniare a sfavore (*di qn.*).

Aussagende/r *f/m* deponente *m/f*.

Aussage | notstand *m* falsa testimonianza *f* in stato di necessità; **~pflicht** *f* obbligo *m* di deporre, obbligo *m* di testimoniare.

Aussageverweigerung *f ProzR (des Angeklagten)* rifiuto *m* di rispondere, *(des Zeugen)* rifiuto *m* di deporre, rifiuto *m* di testimoniare.

Aussageverweigerungsrecht *n ProzR (des Angeklagten)* facoltà *f* (o: diritto *m*) di non rispondere, diritto *m* al silenzio, *(des Zeugen)* facoltà *f* (o: diritto *m*) di astenersi dal deporre, facoltà *f* (o: diritto *m*) di astenersi dal testimoniare; **von seinem ~ Gebrauch machen** *StrafProzR (Beschuldigter, Angeklagter)* avvalersi della facoltà di non rispondere.

Aussagewert *m* [1] *(Stat.)* significatività *f*.

Aussagewert *m* [2] *(Zeuge)* valore *m* probatorio.

ausschaffen *v (CH) (D: abschieben)* espellere, rimpatriare.

Ausschaffung *f (CH) (D: Abschiebung)* espulsione *f* (*di cittadini stranieri*), rimpatrio *m*.

Ausschank *m* spaccio *m* di bevande; **~genehmigung** *f* licenza *f* per lo spaccio di bevande; **~verbot** *n* divieto *m* di somministrazione di bevande.

ausscheiden *v* [1] *(aussondern, entfernen)* eliminare, scartare, espellere.

ausscheiden *v* [2] *(aus Dienst, Amt, Firma, Verein)* dimettersi, ritirarsi, lasciare, uscire.

ausscheiden *v* [3] *(nicht infrage, nicht in Betracht kommen)* essere fuori discussione, *(Bewerber)* non essere preso in considerazione.

Ausscheiden *n* [1] *(Absonderung)* eliminazione *f*, espulsione *f*, *(Ausschluss)* esclusione *f*.

Ausscheiden *n* [2] *(aus Dienst, Amt, Firma, Verein)* dimissioni *fpl*, ritiro *m*, uscita *f*, congedo *m*, recesso *m*; **freiwilliges ~** *n (aus dem Amt)* dimissioni *fpl* volontarie; **~** *n* **des Gesellschafters** *GesR* recesso *m* del socio.

ausscheidend *adj* uscente.

Ausscheidung *f* [1] *(Absonderung)* eliminazione *f*.

Ausscheidung *f* [2] *(aus Dienst, Amt, Firma, Verein)* dimissioni *fpl*, ritiro *m*, uscita *f*, congedo *m*.

Ausscheidungsklage *f (A) (Drittwiderspruchsklage)* opposizione *f* di terzo.

ausschlagen *v* respingere, rifiutare, ricusare, declinare, rinunciare [o: rinunziare a].

Ausschlagende/r *f/m ErbR* rinunciante *m/f* [o: rinunziante all'eredità].

ausschlaggebend *adj* decisivo, determinante, fondamentale, di importanza fondamentale, essenziale, critico, rilevante; **~ sein** [für *Akk*] essere decisivo, essere determinante, essere fondamentale, essere di importanza fondamentale, essere essenziale, essere critico, essere rilevante, essere dovuto a, essere la ragione principale di.

Ausschlagung *f ErbR* rinuncia *f* [o: rinunzia], rifiuto *m*; **~** *f* **der Erbschaft** *ErbR* rinuncia (o: rinunzia) *f* all'eredità.

Ausschlagungs | erklärung *f ErbR* dichiarazione *f* di rinuncia (o: rinunzia all'eredità); **~frist** *f ErbR* termine *m* di rinuncia (o: rinunzia

all'eredità); **~recht** *n ErbR* diritto *m* di rinuncia (o: rinunzia all'eredità).
ausschließen *v* escludere, espellere, squalificare, radiare, precludere.
ausschließlich *präp* [*Gen*] escluso.
ausschließlich *adj* esclusivo, unico, solo, esclusivamente, soltanto.
Ausschließlichkeit *f* esclusività *f*.
Ausschließlichkeits | abkommen *n* accordo *m* di esclusività, patto *m* di esclusività; **~anspruch** *m (Recht)* diritto *m* di esclusività, *(behauptetes Recht)* pretesa *f* di esclusività; **~erklärung** *f* dichiarazione *f* di esclusività; **~klausel** *f* clausola *f* di esclusività; **~recht** *n* diritto *m* di esclusività; **~vereinbarung** *f* patto *m* di esclusività, accordo *m* di esclusività; **~vertrag** *m* contratto *m* di esclusività.
Ausschließung *f* esclusione *f*, espulsione *f*, radiazione *f*, preclusione *f*; **~** *f* **aus der Anwaltschaft** radiazione *f* dall'albo degli avvocati; **~** *f* **von der Erbfolge** *ErbR* esclusione *f* dalla successione; **~** *f* **eines Gesellschafters** *GesR* esclusione *f* di un socio; **~** *f* **aus der Rechtsanwaltschaft** radiazione *f* dall'albo degli avvocati.
Ausschließungsgrund *m* causa *f* di esclusione, motivo *m* di esclusione.
Ausschluss *m* esclusione *f*, espulsione *f*, radiazione *f*, preclusione *f*, decadenza *f*; **~** *m* **eines Gesellschafters** *GesR* esclusione *f* del socio; **~** *m* **der Haftung** esclusione *f* della responsabilità; **unter ~ der Öffentlichkeit** a porte chiuse; **~** *m* **des Rechtswegs** esclusione *f* delle vie legali; **~** *m* **der Rechtswidrigkeit** esclusione *f* dell'antigiuridicità; **~** *m* **der Schulden** esclusione *f* dei debiti; **~** *m* **der strafrechtlichen Verantwortung** esclusione *f* della responsabilità penale.
Ausschlussfrist *f* termine *m* di decadenza, termine *m* decadenziale, termine *m* perentorio (*stabilito a pena di decadenza*), termine *m* ultimo (*per la presentazione di una domanda*).

Ausschlussfrist
Termine di decadenza, rilevabile d'ufficio, che si distingue dalla *Verjährung* (prescrizione) per la sua efficacia. Mentre, infatti, con la *Ausschlussfrist* il diritto si estingue con lo scadere del termine, la *Verjährung* conferisce esclusivamente il diritto di rifiutare la prestazione, diritto opponibile in forma di eccezione.

Ausschluss | grund *m* causa *f* di esclusione, motivo *m* di esclusione; **~klausel** *f* clausola *f* di esclusione; **~urteil** *n (Aufgebotsverfahren)* sentenza *f* dichiarante la decadenza di un diritto, decreto *m* d'ammortamento; **~wirkung** *f* effetto *m* preclusivo.
Ausschöpfung *f* esaurimento *m*, sfruttamento *m*; **unter ~ aller Möglichkeiten** sfruttando tutte le possibilità; **~** *f* **des Rechtswegs** esaurimento *m* delle vie legali, esperimento *m* di tutti i (possibili) rimedi giurisdizionali, esperimento *m* di tutti i gradi di giudizio.
ausschreiben *v* [1] *(Wettbewerb)* bandire, *(Stelle, Amt)* mettere a concorso, bandire un concorso, *(Geschäft, Bauvorhaben)* appaltare, indire una gara, *(Wahlen)* indire, *(Preis)* istituire; **öffentlich ~** bandire un concorso pubblico, indire una gara pubblica.
ausschreiben *v* [2] *(ausstellen)* emettere, rilasciare, *(ausfertigen)* redigere, *(ausfüllen)* compilare, riempire, scrivere.
ausschreiben *v* [3] *StrafProzR (zur Fahndung)* ricercare, effettuare una segnalazione.
Ausschreibung *f* [1] bando *m*, bando *m* di concorso, bando *m* di gara, *(von Stelle)* concorso *m*, *(von Geschäften, Bauvorhaben)* gara *f* pubblica, gara *f* d'appalto, appalto *m*, indizione *f* di gara, licitazione *f*, aggiudicazione *f*, *(Wortlaut)* capitolato *m* d'appalto, capitolato *m* d'oneri, *(von Wahlen)* indizione *f*; **beschränkte ~** *f*; **engere**

~ *f* licitazione *f* privata; **öffentliche ~** *f* bando *m* di pubblico concorso, concorso *m* pubblico, appalto *m* pubblico, asta *f* pubblica, indizione *f* di gara pubblica, aggiudicazione *f* pubblica, licitazione *f* pubblica; **~** *f* **von Neuwahlen** indizione *f* di elezioni anticipate.

Ausschreibung *f* [2] *(Ausstellung)* rilascio *m*, compilazione *f*.

Ausschreibung *f* [3] *StrafProzR* avviso *m* (pubblico), segnalazione *f*; **~** *f* **zur Einreise- oder Aufenthaltsverweigerung** *EuR* segnalazione *f* ai fini del rifiuto di ingresso o di soggiorno, segnalazione *f* al fine di rifiutare l'ingresso o il soggiorno; **~** *f* **zur Fahndung** *StrafProzR* avviso *m* di ricerca (dell'autore di un reato), segnalazioni *fpl*; **~** *f* **zur Festnahme** *StrafProzR (§ 131 StPO)* segnalazioni *fpl* (per l'arresto).

Ausschreibungs | bedingungen *fpl* condizioni *fpl* del concorso, condizioni *fpl* di pubblica gara, condizioni *fpl* del bando di gara, condizioni *fpl* della gara d'appalto, condizioni *fpl* di appalto, capitolato *m* d'appalto, capitolato *m* d'oneri; **~bekanntmachung** *f* bando *m* di gara, avviso *m* di gara, avviso *m* di bando, avviso *m* di bando di concorso, avviso *m* di bando di gara; **~garantie** *f* garanzia *f* da prestare per poter partecipare ad una pubblica gara; **~unterlagen** *fpl* documentazione *f* di gara, capitolato *m* d'appalto, capitolato *m* d'oneri, documentazione *f* necessaria per partecipare a una gara (d'appalto), modulistica *f* di gara necessaria per la partecipazione, documenti *mpl* prescritti per la partecipazione e per l'ammissione alla gara (d'appalto); **~verfahren** *n* procedura *f* di gara, procedura *f* di appalto.

Ausschuss *m* [1] *(Kommission)* commissione *f*, comitato *m*, giunta *f*; **einen ~ einsetzen** nominare una commissione; **an einen ~ überweisen** rimettere a una commissione; **ausführender ~** *m* comitato *m* esecutivo; **auswärtiger ~** *m* commissione *f* per gli affari esteri; **beratender ~** *m* comitato *m* consultivo, commissione *f* consultiva; **engerer ~** *m* commissione *f* ristretta; **gemeinsamer ~** *m* commissione *f* comune; **gemischter ~** *m* commissione *f* mista; **geschäftsführender ~** *m* comitato *m* direttivo, comitato *m* di gestione; **interministerieller ~** *m* comitato *m* interministeriale; **internationaler beratender ~** *m* comitato *m* consultivo internazionale; **interparlamentarischer ~** *m* commissione *f* interparlamentare; **leitender ~** *m* comitato *m* direttivo; **paritätischer ~** *m* commissione *f* paritetica; **parlamentarischer ~** *m* commissione *f* parlamentare; **politischer ~** *m* commissione *f* politica; **städtischer ~** *m* comitato *m* civico; **ständiger ~** *m* commissione *f* permanente; **vollziehender ~** *m* comitato *m* esecutivo; **vorberatender ~** *m*; **vorbereitender ~** *m* commissione *f* preparatoria; **~** *m* **für auswärtige Angelegenheiten** *EuR* commissione *f* per gli affari esteri; **~** *m* **für Entwicklungshilfe** comitato *m* per l'assistenza allo sviluppo; **zwischenstaatlicher ~** *m* **für die Flüchtlinge** comitato *m* intergovernativo per i rifugiati; **Beratender ~** *m* **für industrielle Forschung und Entwicklung** comitato *m* consultivo per la ricerca e lo sviluppo industriali; **Beratender ~** *m* **für öffentliche Aufträge** *EuR* comitato *m* consultivo per gli appalti pubblici; **~** *m* **der Rechtsanwaltskammer** *(A)* consiglio *m* dell'ordine degli avvocati; **~** *m* **für Regionalpolitik** *EuR* comitato *m* di politica regionale; **~** *m* **der Regionen** (*Abk* = **AdR**) *EuR* comitato *m* delle regioni *(CDR)*; **~** *m* **für Sozialschutz** *EuR* comitato *m* per la protezione sociale; **~** *m* **der ständigen Vertreter der Mitgliedstaaten bei der EU** (*Abk* = **COREPER**) *EuR* Comitato *m* dei rappresentanti permanenti degli Stati membri presso l'UE; **~** *m* **für Wirtschaftspolitik** (*Abk*

= **AWP**) *EuR* comitato *m* di politica economica *(CPE)*; **~** *m* **der Zentralbankpräsidenten** *EuR (offiziell: Ausschuss der Präsidenten der Zentralbanken der Mitgliedstaaten der Europäischen Wirtschaftsgemeinschaft/ EWG)* comitato *m* dei governatori delle banche centrali degli Stati membri della Comunità economica europea (CEE).

Ausschuss *m* ² *(schlechte Ware)* scarto *m*, rifiuto *m*.

Ausschussarbeit *f* ¹ lavori *mpl* della commissione.

Ausschussarbeit *f* ² lavorazione *f* di scarto.

Ausschuss | beratung *f* discussione *f* della commissione; **~bericht** *m* relazione *f* della commissione; **~empfehlung** *f* proposta *f* della commissione; **~erzeugnis** *n* prodotto *m* di scarto; **~mitglied** *n* membro *m* della commissione, membro *m* del comitato, componente *m/f* della commissione, componente *m/f* del comitato; **~sitzung** *f* riunione *f* della commissione; **~stück** *n* pezzo *m* di scarto, scarto *m* di fabbricazione; **~verweisung** *f* rimando *m* alla commissione; **~vorsitzende/r** *f/m* presidente *m/f* della commissione; **~ware** *f* merce *f* di scarto, scarto *m* di fabbricazione.

ausschütten *v* distribuire, ripartire.

Ausschüttung *f* distribuzione *f*, ripartizione *f*; **~** *f* **von Dividenden** distribuzione *f* dei dividendi.

Ausschüttungs | quote *f*; **~satz** *m* quota *f* di distribuzione.

Außen | abteilung *f* ufficio *m* periferico, ufficio *m* distaccato; **~amt** *n (A)* ministero *m* degli (affari) esteri; **~bereich** *m (Bauplanungsrecht) (§ 35 BauGB)* zona *f* bianca, zona *f* periferica (senza piano regolatore); **~beschäftigung** *f* lavoro *m* all'esterno; **~beziehungen** *fpl* relazioni *fpl* estere; **~bilanz** *f* bilancia *f* commerciale; **~dienst** *m* organizzazione *f* esterna, servizio *m* esterno; **~finanzierung** *f* finanziamento *m* esterno; **~grenze** *f* confine *m* esterno; **~handel** *m* commercio *m* estero, commercio *m* con l'estero, commercio *m* internazionale, interscambio *m*, scambi *mpl* (commerciali) con l'estero.

Außenhandels | abteilung *f* ufficio *m* esportazioni, dipartimento *m* (del) commercio estero; **~ausschuss** *m* commissione *f* del commercio estero; **~bank** *f* banca *f* di commercio estero; **~berater/in** *m/f* consulente *m/f* di commercio estero; **~bestimmungen** *fpl* disposizioni *fpl* per il commercio con l'estero; **~bilanz** *f* bilancia *f* commerciale; **~defizit** *n* disavanzo *m* della bilancia commerciale, bilancia *f* commerciale deficitaria; **~finanzierung** *f* finanziamento *m* del commercio estero; **~förderung** *f* promozione *f* del commercio con l'estero, incoraggiamento *m* del commercio estero; **~geschäft** *n* operazione *f* di commercio estero; **~kammer** *f (D)* camera *f* di commercio estero; **~monopol** *n* monopolio *m* del commercio estero; **~partner/in** *m/f* partner *m/f* nel commercio estero; **~politik** *f* politica *f* commerciale estera; **~statistik** *f* statistica *f* del commercio estero; **~stelle** *f* ufficio *m* del commercio estero; **~überschuss** *m* saldo *m* attivo della bilancia commerciale; **~verkehr** *m* commercio *m* estero; **~volumen** *n* volume *m* del commercio con l'estero.

Außenhilfe *f* aiuto *m* estero.

Außenminister/in *m/f* ministro *m* degli esteri, ministro *m* per gli affari esteri; **~** *m/f* **der Europäischen Union** *EuR (auch: EU-Außenminister/in, EU-Außenbeauftragte/r; offizielle Bezeichnung: Hoher Vertreter der Europäischen Union für Außen- und Sicherheitspolitik; im Vertragstext kurz: Hoher Vertreter der Union für Außen- und Sicherheitspolitik)* alto rappresentante *m* dell'Unione europea per gli affari esteri e la politica di sicurezza.

Außenministerium *n (A)* (*Abk* = **BMeiA**) *(Bundesministerium für europäische und internationale*

Angelegenheiten) ministero *m* degli (affari) esteri, ministero *m* federale (austriaco) degli affari europei ed internazionali.

Außenpolitik *f* politica *f* estera; **Gemeinsame Außen- und Sicherheitspolitik** *f* (*Abk* = **GASP**) *EuR* politica *f* estera e di sicurezza comune *(PESC)*.

Außenprüfung *f SteuerR* ↔ *Prüfung an Amtsstelle* accertamento *m* esterno (*controllo fiscale presso il contribuente*).

Außenstände *mpl* crediti *mpl*, crediti *mpl* in essere, crediti *mpl* pendenti, somme *fpl* da riscuotere; **~ eintreiben**; **~ einziehen** recuperare (i) crediti; **uneinbringliche ~** *mpl* crediti *mpl* irrecuperabili; **unsichere ~** *mpl*; **zweifelhafte ~** *mpl* crediti *mpl* controversi.

Außen | stelle *f* agenzia *f*, sezione *f* distaccata; **~steuergesetz** *n (D)* (*Abk* = **AStG**) *SteuerR (Gesetz über die Besteuerung bei Auslandsbeziehungen)* legge *f* fiscale (tedesca) relativa ai rapporti con l'estero, legge *f* tributaria (tedesca) applicabile ai rapporti internazionali, legge *f* (tedesca) sulla tassazione all'estero; **~tarif** *m* tariffa *f* esterna; **~verhältnis** *n* rapporto *m* esterno, rapporto *m* con i terzi; **~versicherung** *f* assicurazione *f* contro il furto e l'incendio valida anche nel caso in cui gli oggetti si trovino al di fuori del luogo dove sono assicurati ai sensi del contratto; **~vertretung** *f* rappresentanza *f* esterna, rappresentanza *f* verso l'esterno, rappresentanza *f* verso terzi; **~vollmacht** *f (die dem Dritten gegenüber erklärte Vollmacht) (§ 167 Abs. 1 2.Fall BGB)* procura *f* esterna *(il rappresentato rende edotto il terzo circa il conferimento di procura a una determinata persona)*; **~werbung** *f* pubblicità *f* esterna; **~wert** *m* valore *m* esterno; **~wirkung** *f* effetto *m* esterno, effetto *m* verso terzi.

Außenwirtschaft *f* commercio *m* estero, commercio *m* con l'estero, commercio *m* internazionale, interscambio *m*, scambi *mpl* (commerciali) con l'estero.

Außenwirtschafts | beziehungen *fpl* rapporti *mpl* economici con l'estero, relazioni *fpl* economiche con l'estero, relazioni *fpl* economiche esterne, scambi *mpl* economici internazionali; **~förderung** *f* promozione *f* del commercio estero; **~gesetz** *n (D)* (*Abk* = **AWG**) legge *f* (tedesca) sul commercio estero; **~recht** *n* diritto *m* del commercio internazionale, legislazione *f* sul commercio estero; **~verkehr** *m* commercio *m* estero, commercio *m* con l'estero, commercio *m* internazionale, interscambio *m*, scambi *mpl* (commerciali) con l'estero.

Außenzoll *m* dazio *m* esterno.

außer *präp* [*Dat*] all'infuori [di], eccetto, tranne, salvo, fatto salvo, fuorché.

Außerachtlassen *n* inosservanza *f*; **~** *n* **der im Verkehr erforderlichen Sorgfalt** *(§ 276 Abs.2 BGB)* inosservanza *f* della normale diligenza, inosservanza *f* della diligenza del buon padre di famiglia.

Außerachtlassung *f* inosservanza *f*.

außerbetrieblich *adj* esterno all'azienda, extra-aziendale.

Außer | betriebsetzen *n*; **~betriebsetzung** *f* messa *f* fuori esercizio, *(von Fahrzeugen)* cessazione *f* dalla circolazione; **~betriebsrisiko** *n* rischio *m* inattivo.

außer | börslich *adj* fuori borsa; **~bücherlich** *adj (A)* non iscritto, non registrato; **~dienstlich** *adj* fuori servizio.

Außerdienststellung *f* messa *f* fuori servizio, riforma *f*.

außer | ehelich *adj FamR* extraconiugale, *(Kind)* nato fuori del matrimonio, naturale, illegittimo; **~etatmäßig** *adj* fuori bilancio, fuori preventivo, straordinario; **~gerichtlich** *adj* extragiudiziale, stragiudiziale.

außer Kraft invalido, non in vigore; **~ setzen** annullare, invalidare, dichiarare invalido, *(Gesetz)* abrogare, abolire; **~ treten** non essere più in vigore, cessare di essere in vigore, cessare di avere vigore, decadere, scadere.

Außerkraftsetzung *f* abrogazione *f*,

annullamento *m*, invalidamento *m*; **vorübergehende ~ *f*; zeitweilige ~ *f*** sospensione *f*.

Außerkrafttreten *n* il cessare di essere in vigore, il cessare di avere vigore, scadenza *f*.

Außerkurssetzung *f* messa *f* fuori corso.

äußern *v* [sich] esprimersi, pronunciarsi.

außer | ordentlich *adj* straordinario, eccezionale; **~parlamentarisch** *adj* extraparlamentare, non parlamentare; **~planmäßig** *adj* fuori bilancio, straordinario, non di ruolo, in soprannumero; **~streitig** *adj* non contenzioso.

Außerstreit | sache *f (A)* materia *f* di volontaria giurisdizione; **~verfahren** *n (A)* procedimento *m* di volontaria giurisdizione.

außertariflich *adj ArbR* extracontrattuale.

Äußerung *f (Stellungnahme)* dichiarazione *f*, asserzione *f*, parere *m*, *(Bemerkung)* osservazione *f*, commento *m*, *(Zeichen, Ausdruck)* espressione *f*, manifestazione *f*; **beleidigende ~ *f*** espressione *f* offensiva; **dienstliche ~ *f*** dichiarazione *f* di servizio; **gutachtliche ~ *f*** parere *m* del perito; **zustimmende ~ *f*** parere *m* favorevole.

Außerverfolgungsetzung *f StrafProzR* dichiarazione *f* di non luogo a procedere.

Außerverkehrsetzung *f* messa *f* fuori commercio.

außervertraglich *adj* extracontrattuale.

aussetzen *v* [1] *(im Stich lassen)* abbandonare, lasciare.

aussetzen *v* [2] *(unterbrechen)* interrompere, sospendere, rimandare, rinviare.

aussetzen *v* [3] *(Gefahr, Risiko)* esporre.

Aussetzung *f* [1] *StrafR (§ 221 StGB)* = *Aussetzen n* abbandono *m*; **~ *f* Hilfloser** *StrafR (§ 221 StGB)* abbandono *m* di incapaci.

Aussetzung *f* [2] *(Unterbrechung)* = *Aussetzen n* sospensione *f*, interruzione *f*, differimento *m*, rinvio *m*; **bedingte ~ *f*** sospensione *f* condizionale; **~ *f* eines Gerichtsverfahrens** *ProzR* sospensione *f* del processo, sospensione *f* del procedimento giudiziario; **~ *f* der Hauptverhandlung** *StrafProzR* rinvio *m* del dibattimento; **~ *f* der Kursnotierung** *(Börse)* cessazione *f* della quotazione; **~ *f* der Strafe** *StrafR* sospensione *f* condizionale della pena; **~ *f* des Strafrestes** *StrafR (zur Bewährung bei zeitiger Freiheitsstrafe) (§ 57 StGB)* liberazione *f* condizionale, sospensione *f* condizionale (dell'esecuzione) della parte di pena che rimane da scontare; **~ *f* der Strafvollstreckung zur Bewährung** *StrafR* sospensione *f* condizionale (dell'esecuzione) della pena; **~ *f* des Verfahrens** sospensione *f* del procedimento; **~ *f* der Vollstreckung; ~ *f* der Vollstreckung der Strafe zur Bewährung** *StrafR* sospensione *f* condizionale (dell'esecuzione) della pena; **~ *f* der Vollstreckung des Strafrestes zur Bewährung** *StrafR* liberazione *f* condizionale, sospensione *f* condizionale (dell'esecuzione) della parte di pena che rimane da scontare; **~ *f* der Vollziehung; ~ *f* des Vollzugs** sospensione *f* dell'esecuzione; **~ *f* der Zwangsvollstreckung** sospensione *f* dell'esecuzione forzata.

Aussetzung *f* [3] *(Gefahr, Risiko)* = *Aussetzen n* esposizione *f*.

Aussetzungs | antrag *m ProzR* istanza *f* di sospensione (del procedimento), *StrafProzR* istanza *f* di rinvio (del dibattimento); **~beschluss** *m ProzR* ordinanza *f* di sospensione (del procedimento), *StrafProzR* ordinanza *f* di rinvio (del dibattimento).

Aussichten *fpl* probabilità *fpl*, prospettive *fpl*, previsioni *fpl*.

Aussichtsrecht *n (A)* servitù *f* di veduta.

aussondern *v* scartare, eliminare, separare.

Aussonderung *f* scarto *m*, eliminazione *f*, separazione *f*.

Aussonderungs | anspruch *m*

diritto *m* alla separazione (dei crediti privilegiati); **~gläubiger/in** *m/f* creditore *m* separatista; **~recht** *n* diritto *m* alla separazione (dei crediti privilegiati).

ausspähen *v* spiare.

Ausspähen *n* spionaggio *m*; **~** *n* **von Daten** *StrafR (§ 202a StGB)* spionaggio *m* informatico, spionaggio *m* di dati.

Ausspähung *f* spionaggio *m*; **landesverräterische ~** *f StrafR (§ 96 StGB)* procacciamento *m* di notizie concernenti la sicurezza dello Stato.

aussperren *v ArbR* effettuare (o: fare) la serrata.

Aussperrung *f ArbR* serrata *f*; **die ~ verhängen** effettuare (o: fare) la serrata.

Aussperrungs | freiheit *f* libertà *f* di serrata; **~recht** *n* diritto *m* di serrata.

Aussprache *f* discussione *f*, dibattito *m*, chiarimento *m*; **allgemeine ~** *f*; **freie ~** *f* discussione *f* generale.

aussprechen *v* pronunciare [o: pronunziare], *(Urteil)* emettere, *(zum Ausdruck bringen)* esprimere, *(äußern)* manifestare, *(erklären)* dichiarare, chiarire; **sich ~** *v* pronunciarsi, esprimersi, dichiararsi; **sich ~** *v* [für *Akk*] pronunciarsi [a favore di], dichiararsi [a favore di]; **sich ~** *v* [gegen *Akk*] pronunciarsi [contro], dichiararsi [contrario a].

Ausspruch *m* pronuncia *f*, decisione *f*, sentenza *f*, verdetto *m*; **richterlicher ~** *m*; **~** *m* **des Gerichts** sentenza *f* giudiziaria, pronuncia *f* giudiziaria.

Ausstand *m* [1] *(Streik)* sciopero *m*; **in den ~ treten** scioperare, fare sciopero, entrare in sciopero, scendere in sciopero, incrociare le braccia, astenersi dal lavoro.

Ausstand *m* [2] *(CH)* ricusazione *f*.

ausständig *adj* scioperante, in sciopero.

Ausständige/r *f/m* scioperante *m/f*.

Ausständler/in *m/f* scioperante *m/f*.

Ausstands | begehren *n (CH)* atto *m* di ricusazione; **~grund** *m (CH)* motivo *m* di ricusazione; **~verfahren** *n (CH)* procedimento *m* di ricusazione.

ausstatten *v* [mit *Dat*] *(versehen)* dotare [di], fornire [di], corredare [di], *(ausrüsten)* equipaggiare, attrezzare, *(einrichten)* arredare.

Ausstattung *f* [1] *(Ausrüstung)* equipaggiamento *m*, attrezzatura *f*, dotazione *f*, *(Einrichtung)* arredamento *m*; **~** *f* **einer Anleihe** caratteristiche *fpl* di un prestito.

Ausstattung *f* [2] *(Heirat)* dote *f*, corredo *m*.

Ausstattungs | gut *n* bene *m* dotale; **~kapital** *n* capitale *m* di dotazione; **~kosten** *pl* spese *fpl* d'impianto; **~versicherung** *f* assicurazione *f* dotale.

ausstehen *v (Forderung)* essere in sospeso, essere da pagare, essere ancora da riscuotere, non essere stato ancora riscosso, non essere stato ancora saldato, essere dovuto, mancare.

ausstehend *adj (Forderung)* in sospeso, da pagare, ancora da riscuotere, non ancora riscosso, non ancora saldato, dovuto, *(im Rückstand)* arretrato, *(fehlend)* mancante, *(Urlaub)* non goduto.

aussteigen *v* ritirarsi, abbandonare.

ausstellen *v* [1] *(Scheck, Wechsel)* emettere, *(Pass, Zeugnis, Quittung)* rilasciare, *(Urkunde, Schriftstück)* stendere, redigere, stilare, *(durch einen Notar)* rogare.

ausstellen *v* [2] *(Waren, Kunstwerke)* esporre.

Ausstellen *n* [1] *(von Scheck, Wechsel)* emissione *f*, *(von Pass, Zeugnis, Quittung)* rilascio *m*, *(von Urkunde, Schriftstück)* stesura *f*, redazione *f*, *(durch einen Notar)* rogito *m*; **~** *n* **einer Bescheinigung** rilascio *m* di un certificato; **~** *n* **einer Quittung** rilascio *m* di una ricevuta; **~** *n* **eines Schecks** emissione *f* di un assegno.

Ausstellen *n* [2] *(von Waren, Kunstwerken)* l'esporre, esposizione *f*.

Aussteller *m* [1] [f: Ausstellerin] *(von Scheck, Wechsel)* emittente *m/f*, traente *m/f*, *(von Urkunde)* estensore *m*; **~** *m* **eines Schecks** emittente *m* di un assegno; **~** *m* **einer Urkunde** estensore *m* di un atto; **~** *m* **eines Wechsels** emittente *m* di una cambiale, traente *m* di una cambiale.

Aussteller *m* [2] [f: Ausstellerin] *(auf Messe, Ausstellung)* espositore/-trice *m/f.*
Aussteller|bank *f* banca *f* emittente; **~unterschrift** *f* firma *f* di traenza.
Ausstellung *f (von Scheck, Wechsel)* emissione *f, (von Pass, Zeugnis, Quittung)* rilascio *m, (von Urkunde, Schriftstück)* stesura *f,* redazione *f, (durch einen Notar)* rogito *m.*
Ausstellungs|datum *n* data *f* di emissione, data *f* di rilascio; **~gebühr** *f* tassa *f* di rilascio; **~ort** *m* luogo *m* di emissione; **~recht** *n (Urheberrecht)* diritto *m* di pubblicazione; **~tag** *m* data *f* di emissione, data *f* di traenza, data *f* di rilascio.
Aussteuer *f FamR* corredo *m,* dote *f.*
aussteuern *v* privare delle prestazioni in base all'assicurazione contro le malattie.
Aussteuerung *f* privazione *f* delle prestazioni in base all'assicurazione contro le malattie.
Aussteuerversicherung *f* assicurazione *f* dotale.
Austausch *m* scambio *m,* cambio *m,* sostituzione *f,* baratto *m;* **~** *m* **der Ratifikationsurkunden** scambio *m* degli strumenti di ratifica; **~** *m* **der Vollmachten** scambio *m* delle procure.
Austauschdienst *m* servizio *m* di scambio (con l'estero); **Deutscher Akademischer ~** *m (D)* (*Abk* = **DAAD**) Servizio *m* tedesco per lo scambio accademico (*istituzione che eroga borse di studio e promuove le attività culturali e la mobilità di studenti, ricercatori, dottorandi e professori*).
austauschen *v* scambiare.
Austausch|geschäft *n* operazione *f* di baratto; **~güter** *npl* beni *mpl* di scambio; **~pfändung** *f (§ 811a ZPO)* conversione *f* del pignoramento; **~verhältnis** *n* rapporto *m* di cambio, ragione *f* di scambio; **~vertrag** *m* contratto *m* di scambio.
austreten *v* uscire, ritirarsi, dimettersi, recedere, abbandonare.
Austritt *m* uscita *f,* ritiro *m,* dimissioni *fpl,* recesso *m,* abbandono *m;* **~** *m* **des Gesellschafters** *GesR* recesso *m* del socio.
Austritts|alter *n* età *f* all'uscita; **~erklärung** *f* dichiarazione *f* di recesso; **~geld** *n* tassa *f* d'uscita, somma *f* convenuta in caso d'uscita; **~recht** *n* diritto *m* di recesso.
ausüben *v* esercitare, praticare.
Ausüben *n* esercizio *m;* **unerlaubtes ~** *n* **einer Tätigkeit** esercizio *m* abusivo di un'attività.
Ausübung *f* esercizio *m,* pratica *f,* uso *m;* **in ~** nell'esercizio; **freie ~** *f* libero esercizio *m;* **~** *f* **eines Amtes** esercizio *m* delle funzioni; **~** *f* **des Berufes** esercizio *m* della professione; **~** *f* **des Bezugsrechts** esercizio *m* del diritto di opzione; **~** *f* **des Ermessens** esercizio *m* del potere discrezionale; **unbefugte ~** *f* **eines öffentlichen Amtes** usurpazione *f* di una funzione pubblica; **~** *f* **öffentlicher Gewalt** *EuR* esercizio *m* di pubblici poteri; **~** *f* **eines Rechts** esercizio *m* di un diritto; **~** *f* **einer wirtschaftlichen Tätigkeit** esercizio *m* di un'attività economica.
Ausübungs|frist *f* termine *m* d'esercizio; **~recht** *n* diritto *m* d'esercizio.
Ausverkauf *m* svendita *f,* liquidazione *f,* vendita *f* di liquidazione, saldi *mpl;* **~** *m* **wegen Geschäftsaufgabe** liquidazione *f,* vendita *f* di liquidazione.
ausverkaufen *v* vendere integralmente, svendere.
Ausverkaufspreis *m* prezzo *m* di svendita, prezzo *m* di liquidazione.
Auswahl *f* scelta *f,* selezione *f,* assortimento *m, (Stichprobe)* campione *m;* **nach ~** a scelta; **geschichtete ~** *f (Stat.)* campione *m* stratificato; **mehrstufige ~** *f (Stat.)* campionamento *m* a più stadi; **repräsentative ~** *f (Stat.)* campione *m* rappresentativo; **systematische ~** *f (Stat.)* campionamento *m* sistematico.
Auswahl|kriterium *n* criterio *m* di scelta; **~plan** *m (Stat.)* piano *m* di campionamento; **~prüfung** *f*

esame *m* di concorso; **~sendung** *f* invio *m* di merci per la scelta; **~umfang** *m (Stat.)* spazio *m* campionario.
Auswahlverfahren *n* [1] *(Auswahlmodus)* sistema *m* di scelta, sistema *m* di selezione.
Auswahlverfahren *n* [2] *(Auswahlwettbewerb)* concorso *m*.
Auswahlverfahren *n* [3] *(Stat.)* campionamento *m*.
Auswahlwettbewerb *m* concorso *m*.
Auswanderer *m* [f: Auswanderin] emigrante *m/f*.
auswandern *v* emigrare.
Auswanderung *f* emigrazione *f*, migrazione *f*, esodo *m*.
Auswärtiges Amt *n (D)* (*Abk* = **AA**) = *Bundesaußenministerium* Ministero *m* degli (affari) esteri (della Repubblica Federale di Germania).
auswechselbar *adj* sostituibile.
Ausweichklausel *f* clausola *f* di salvaguardia.
Ausweis *m* [1] *(Personalausweis)* carta *f* di identità, documento *m* di identità, documento *m* di riconoscimento, tessera *f* (di legittimazione).
Ausweis *m* [2] *(Angabe, Nennung)* indicazione *f*.
Ausweis *m* [3] *(Wirtschaft)* situazione *f*.
ausweisen *v* [1] *(aus einem Land)* bandire, espellere.
ausweisen *v* [2] *(rechnerisch zeigen)* indicare, *(Gewinn, Umsatz)* dichiarare, *(in der Bilanz)* iscrivere, far(e) figurare.
ausweisen *v* [3] *(nachweisen)* (di)mostrare, provare, documentare, *(die Identität nachweisen)* provare l'identità, identificare; **sich ~** *v (durch Vorlage des Personalausweises)* identificarsi (a mezzo di documento, carta d'identità), dimostrare la propria identità (esibendo un documento), provare la propria identità, dimostrare di essere, legittimarsi.
Ausweis | fälschung *f* falsificazione *f* di carta d'identità; **~karte** *f* carta *f* di identità, carta *f* di legittimazione, tessera *f* di legittimazione; **~kontrolle** *f* controllo *m* dei documenti d'identità.
ausweislich *präp* [*Gen*] come da, in base a, secondo (quanto risulta da), secondo quanto si evince da, da quanto si evince da, come dimostra.
Ausweis | missbrauch *m StrafR* abuso *m* di carta d'identità altrui, abuso *m* di documento d'identità altrui, abuso *m* di documento di riconoscimento; **~papier** *n* documento *m* d'identità, documento *m* di legittimazione, documento *m* di riconoscimento; **~papiere** *npl* documenti *mpl* (d'identità); **~schrift** *f (CH)* documento *m* d'identità.
Ausweisung *f* espulsione *f*, bando *m*.
Ausweisungs | beschluss *m*; **~erlass** *m* decreto *m* di espulsione; **~grund** *m* motivo *m* di espulsione; **~schutz** *m* protezione *f* contro l'espulsione; **~verfahren** *n* procedimento *m* di espulsione; **~verfügung** *f* ordine *m* di espulsione, decreto *m* di espulsione.
auswirken *v* [sich] [auf Akk] incidere [su], influire [su], impattare [su], ripercuotersi [su].
Auswirkung *f* conseguenza *f*, implicazione *f*, effetto *m*, incidenza *f*, ripercussione *f*, impatto *m*, influenza *f*, reazione *f*; **nachteilige ~** *f* effetto *m* negativo, impatto *m* negativo; **praktische ~** *f* effetto *m* pratico; **rechtliche ~en haben** produrre effetti giuridici; **steuerliche ~** *f* effetto *m* fiscale; **~en** *fpl* **auf die Umwelt** impatto *m* ambientale.
auszahlbar *adj* pagabile.
auszahlen *v (Geldbeträge)* pagare, corrispondere, versare, *(Arbeiter, Rente)* liquidare, erogare.
Auszahlung *f* pagamento *m*, corresponsione *f*, versamento *m*, *(Rente)* liquidazione *f*, erogazione *f*.
Auszählung *f* **der Stimmen** scrutinio *m*, spoglio *m* dei voti, computo *m* dei voti.
Auszahlungs | anordnung *f*; **~anweisung** *f*; **~auftrag** *m* mandato *m* di pagamento, ordine *m* di pagamento, ordine *m* di bonifico; **~beleg** *m* documento *m* comprovante l'avvenuto pagamento, giustificativo *m* del pagamento, pezza *f* giustificativa del pagamento;

~bestätigung *f* avviso *m* di pagamento; **~ermächtigung** *f*; **~genehmigung** *f* autorizzazione *f* di pagamento; **~provision** *f* provvigione *f* di pagamento; **~schein** *m* avviso *m* di pagamento; **~sperre** *f* fermo *m* sul pagamento; **~stelle** *f* ufficio *m* pagatore, ufficio *m* pagamenti, organismo *m* di pagamento; **~überschuss** *m* eccedenza *f* dei prelevamenti; **~verbot** *n* divieto *m* di pagare; **~verfügung** *f* ordine *m* di pagamento.

auszeichnen *v* [1] *(ehren)* onorare, decorare, *(mit einem Preis)* premiare, conferire un premio a.

auszeichnen *v* [2] *(Waren)* etichettare, prezzare, munire di cartellino con l'indicazione del prezzo, contrassegnare, marcare.

auszeichnen *v* [3] *(kennzeichnen)* caratterizzare, distinguere, contraddistinguere; **sich ~** *v* [durch *Akk*] distinguersi [per], emergere [per], eccellere [in].

Auszeichnung *f* [1] *(Orden)* onorificenza *f*, decorazione *f*, *(Ehre)* onore *m*, *(Preis)* premio *m*, *(bei Prüfungen)* lode *f*.

Auszeichnung *f* [2] *(von Waren)* etichettatura *f*, indicazione *f* del prezzo, cartellino *m* col prezzo, contrassegno *m*.

Auszubildende/r *f/m* (*Abk* = **Azubi**) apprendista *m/f*, tirocinante *m/f*.

Auszug *m* estratto *m*, stralcio *m*, *(Handelsregisterauszug)* visura *f*; **~** *m* **aus dem Geburtenbuch** estratto *m* dal registro degli atti di nascita; **~** *m* **aus dem Geburtseintrag** estratto *m* dell'atto di nascita; **~** *m* **aus dem Geburtsregister** estratto *m* dal registro degli atti di nascita; **~** *m* **aus dem Handelsregister** visura *f* camerale, estratto *m* del registro di commercio *(CH)*; **~** *m* **aus dem Heiratsbuch** estratto *m* dal registro degli atti di matrimonio; **~** *m* **aus dem Heiratseintrag** estratto *m* dell'atto di matrimonio; **~** *m* **aus dem Schweizerischen Strafregister** *(CH) StrafR = Strafregisterauszug, früher: Leumundszeugnis* certificato *m* del casellario giudiziale (o: giudiziario), certificato *m* di buona condotta, certificato *m* penale, fedina *f* penale; **~** *m* **aus dem Sterbeeintrag** estratto *m* dell'atto di morte.

auszugsweise *adv* per estratto, in parte, parziale.

authentifizieren *v* autenticare.

Authentifizierung *f* autenticazione *f*.

authentisch *adj* autentico.

Authentizität *f* autenticità *f*.

Autopsie *f* autopsia *f*; **eine ~ durchführen** eseguire un'autopsia.

Autor/in *m/f* autore/-trice *m/f*.

Autorenhonorar *n* diritti *mpl* d'autore.

autorisieren *v* autorizzare.

autorisiert *part* autorizzato.

Autorisierung *f* autorizzazione *f*.

Aval *m/n* avallo *m*; **per ~** per avallo, per garanzia, per buon fine.

Avalakzept *n* accettazione *f* in veste d'avallante.

avalieren *v* avallare.

Avalist/in *m/f* avallante *m/f*.

Aval | kredit *m* credito *m* d'avallo; **~linie** *f* linea *f* d'avallo; **~provision** *f* provvigione *f* d'avallo; **~verbindlichkeit** *f*; **~verpflichtung** *f* obbligazione *f* d'avallo; **~wechsel** *m* cambiale *f* avallata.

AVB (*Abk* = **Allgemeine Vertragsbedingungen**) condizioni *fpl* generali di contratto *(CGC)*.

Avis *m/n* avviso *m*; **unter ~** sotto avviso.

avisieren *v* avvisare.

Avisierung *f* avviso *m*, invio *m* d'avviso.

Aviso *n (A)* avviso *m*.

AWG (*Abk* = **Außenwirtschaftsgesetz**) *(D)* legge *f* (tedesca) sul commercio estero.

AWP (*Abk* = **Ausschuss für Wirtschaftspolitik**) *EuR* comitato *m* di politica economica *(CPE)*.

AZ (*Abk* = **Aktenzeichen**) riferimento *m (rif.)*, numero *m* di riferimento, numero *m* di protocollo, numero *m* d'ordine, numero *m* dell'atto, sigla *f* (*apposta a un documento*), *ZivProzR* numero *m* di ruolo della causa, *ZivProzR* (causa) iscritta al n. … (del Ruolo Generale), *ZivProzR* R.G. n.

AZG (*Abk* = **Arbeitszeitgesetz**) *(CH, A) (CH: Bundesgesetz über die Arbeit in Unternehmen des öffentlichen Verkehrs, A: Bundesgesetz über die Regelung der Arbeitszeit)* legge *f* sull'orario di lavoro, legge *f* sulla durata del lavoro *(LDL) (legge federale sul lavoro nelle imprese di trasporti pubblici) (CH).*

Azubi (*Abk* = **Auszubildende/r**) apprendista *m/f*, tirocinante *m/f*.

B

BA [1] (*Abk* = **Bundesagentur für Arbeit**) *(D) (Nürnberg)* Agenzia *f* federale (tedesca) del lavoro.

BA [2] (*Abk* = **Bundesanwaltschaft**) *(CH)* Ministero *m* pubblico della Confederazione (svizzera) *(MPC).*

Baby-Bonds *mpl* obbligazioni *fpl* di piccolo valore nominale.

BaFin (*Abk* = **Bundesanstalt für Finanzdienstleistungsaufsicht**) *(D)* Ente *m* federale (tedesco) di controllo dei servizi finanziari.

BAföG (*Abk* = **Bundesausbildungsförderungsgesetz**) *(D) (Bundesgesetz über individuelle Förderung der Ausbildung)* legge *f* federale (tedesca) sulla promozione della formazione professionale, legge *f* federale (tedesca) sulla promozione dell'istruzione.

BAG [1] (*Abk* = **Berufsausbildungsgesetz**) *(A)* legge *f* (austriaca) sulla formazione professionale.

BAG [2] (*Abk* = **Bundesamt für Gesundheit**) *(CH)* Ufficio *m* federale (svizzero) della sanità pubblica *(UFSP).*

BAG [3] (*Abk* = **Bundesarbeitsgericht**) *(D) (Erfurt)* Corte *f* federale (tedesca) del lavoro (*di ultimo grado*).

Bagatell | betrag *m* somma *f* esigua; **~delikt** *n StrafR* reato *m* bagatellare; **~klausel** *f VersR* clausola *f* di franchigia; **~prozess** *m* processo *m* bagatellare, causa *f* di valore minimo; **~sache** *f* causa *f* di valore minimo; **~schaden** *m* piccolo danno *m*; **~straftat** *f StrafR* reato *m* bagatellare.

BAGE (*Abk* = **Entscheidungen des Bundesarbeitsgerichts**) *(D)* decisioni *fpl* della Corte federale (tedesca) del lavoro.

Bahn | aufsicht *f* ispettorato *m* ferroviario; **~beförderung** *f* trasporto *m* ferroviario, trasporto *m* per ferrovia.

Bahnfracht | brief *m* lettera *f* di vettura (per trasporti ferroviari); **~geschäft** *n* trasporto *m* ferroviario; **~gut** *n* collo *m* spedito per ferrovia; **~sätze** *mpl* tariffa *f* dei noli ferroviari.

bahnfrei *adj* franco nolo ferroviario.

Bahn | polizei *f* polizia *f* ferroviaria, polfer *f*; **~polizeibeamter/-beamtin** *m/f* agente *m/f* della polizia ferroviaria; **~transportversicherung** *f* assicurazione *f* del trasporto per ferrovia.

BAK (*Abk* = **Blutalkoholkonzentration**) alcolemia *f*, concentrazione *f* alcolemica.

Ballistik *f (Kriminaltechnik)* balistica *f*.

BAMF (*Abk* = **Bundesamt für Migration und Flüchtlinge**) *(D)* Ufficio *m* federale (tedesco) per l'immigrazione e i rifugiati.

Band *m* [1] *(einer Reihe von Publikationen)* volume *m*, tomo *m*.

Band *n* [2] *(Bindung)* legame *m*, vincolo *m*; **eheliches ~** *n* vincolo *m* coniugale.

Bandarbeit *f ArbR* lavoro *m* a ciclo continuo.

Bande *f StrafR* banda *f*; **bewaffnete ~** *f StrafR* banda *f* armata.

Bandenbildung *f StrafR* formazione *f* di bande.

Bandendiebstahl *m StrafR (§ 244 I Nr. 2 StGB)* furto *m* commesso da una banda; **schwerer ~** *m StrafR (§ 244a StGB)* furto *m* aggravato commesso da una banda.

Banden | führer/in *m/f StrafR* capobanda *m*; **gewerbsmäßige ~hehlerei** *f (D) StrafR (§ 260a StGB)* ricettazione *f* professionale commessa da una banda; **~kriminalität** *f StrafR* criminalità *f* organizzata, crimini *mpl* commessi da bande; **~raub** *m StrafR* rapina *f* commessa da una banda; **~schmuggel** *m StrafR* contrabbando *m* commesso dai membri di una banda di contrabbandieri.

Banderole *f* marca-contrassegno *f*.

Banderolensteuer *f* imposta *f* pagata mediante applicazione di una marca-contrassegno.

Bank *f (Geldinstitut)* banca *f*, *(nur in einigen Firmenbezeichnungen)* banco *m*; **eine ~ überfallen** *StrafR* rapinare una banca, prendere d'assalto una banca; **ausgebende ~** *f*; **ausstellende ~** *f* banca *f* emittente; **auszahlende ~** *f* banca *f* pagatrice; **avisierende ~** *f* banca *f* avvisante, banca *f* notificante; **beauftragte ~** *f* banca *f* incaricata; **bezogene ~** *f* banca *f* trattaria, banca *f* trassata; **emittierende ~** *f* banca *f* emittente; **ermächtigte ~** *f* banca *f* delegata; **Europäische ~** *f* **für Wiederaufbau und Entwicklung** (*Abk* = **EBWE**) *EuR* Banca *f* europea per la ricostruzione e lo sviluppo *(BERS)*; **garantierende ~** *f* banca *f* garante; **Internationale ~** *f* **für Wiederaufbau und Entwicklung** (*Abk* = **IBRD / IBWE**) *(Weltbank)* Banca *f* internazionale per la ricostruzione e lo sviluppo *(BIRS)*; **konsortialführende ~** *f* gerente *m* di un consorzio bancario; **korrespondierende ~** *f* banca *f* corrispondente; **~** *f* **für Internationalen Zahlungsausgleich** (*Abk* = **BIZ**) Banca *f* dei regolamenti internazionali *(BRI)*.

Bank | affidavit *n* affidavit *m* bancario; **~agent/in** *m/f* agente *m/f* di banca; **~agentur** *f* agenzia *f* di banca; **~aktien** *fpl* azioni *fpl* bancarie; **~aktiengesellschaft** *f* società *f* bancaria per azioni; **~akzept** *n* accettazione *f* bancaria; **~angestellte/r** *f/m* bancario/-a *m/f*, impiegato/-a *m/f* di banca; **~anleihe** *f* obbligazione *f* bancaria; **~anstalt** *f* istituto *m* bancario; **~anweisung** *f* assegno *m* bancario; **~auftrag** *m* ordine *m* di banca, ordine *m* impartito a una banca; **~auskunft** *f* informazioni *fpl* date da una banca; **~ausweis** *m* situazione *f* di banca; **~aval** *m* avallo *m* bancario; **~bedingungen** *fpl* condizioni *fpl* di banca; **~beleg** *m* documento *m* bancario; **~bericht** *m* situazione *f* di banca; **~bescheinigung** *f* certificato *m* bancario, certificato *m* di banca; **~bestätigung** *f* certificato *m* bancario, *(Affidavit)* affidavit *m* bancario; **~bilanz** *f* bilancio *m* di banca; **~bürgschaft** *f KredSichR* garanzia *f* bancaria, fideiussione *f* bancaria; **~darlehen** *n* mutuo *m* bancario, prestito *m* bancario; **~depositen** *pl* depositi *mpl* in banca, depositi *mpl* fiduciari; **~depot** *n* deposito *m* in banca; **~dienstleistung** *f* servizio *m* bancario; **~direktor/in** *m/f* direttore *m* di banca; **~diskont** *m* sconto *m* bancario; **~diskontsatz** *m* tasso *m* di sconto bancario; **~einlage** *f* deposito *m* in banca, deposito *m* fiduciario.

Banken | absprache *f (z. B. über gemeinsame Geschäftsbedingungen)* accordo *m* interbancario; **~aufsicht** *f* controllo *m* sulle banche, sorveglianza *f* sulle banche; **~aufsichtsbehörde** *f* autorità *f* di controllo sulle banche; **~ausschuss** *m* comitato *m* bancario; **~gesetz** *n (CH)* (*Abk* = **BankG**) *(Bundesgesetz über die Banken und Sparkassen)* legge *f* sulle banche *(LBCR)* (*legge federale sulle banche e le casse di risparmio*); **~gesetzgebung** *f* legislazione *f* bancaria; **~gruppe** *f* gruppo *m* bancario, gruppo *m* di banche; **~kartell** *n* cartello *m* interbancario; **~konsortium** *n* consorzio *m* bancario, consorzio *m* di banche, gruppo *m* di banche, sindacato *m* bancario; **~konzentration** *f* concentrazione *f* bancaria; **~krise** *f* crisi *f* bancaria; **~liquidität** *f* liquidità *f* bancaria; **~markt** *m* mercato *m* interbancario; **~organisation** *f* organizzazione *f* bancaria; **~recht** *n* diritto *m* bancario; **~stimmrecht** *n* diritto *m* di voto delle banche per le azioni in deposito presso di esse; **~system** *n* sistema *m* bancario; **~verband** *m* associazione *f* bancaria.

Bankfach *n* [1] *(Spezialgebiet)* settore *m* bancario, ramo *m* bancario.

Bankfach *n* [2] *(Schließfach)* cassetta *f* di sicurezza.

Bankfachmann *m* [f: Bankfachfrau] esperto/-a *m/f* finanziario/-a, banchiere *m*.

bankfähig *adj* bancabile, negoziabile in banca.

Bank | fähigkeit *f* bancabilità *f*; **~fazilität** *f* facilitazione *f* bancaria; **~filiale** *f* filiale *f* di banca; **~finanzierung** *f* finanziamento *m* bancario; **~firma** *f* ditta *f* bancaria; **~forderungen** *fpl* crediti *mpl* bancari.

BankG (*Abk* = **Bankengesetz**) *(CH) (Bundesgesetz über die Banken und Sparkassen)* legge *f* sulle banche *(LBCR)* (*legge federale sulle banche e le casse di risparmio*).

Bank | garantie *f* garanzia *f* bancaria; **~gebühren** *fpl* commissioni *fpl* bancarie, competenze *fpl* bancarie, spese *fpl* bancarie, spese *fpl* di banca; **~geheimnis** *n* segreto *m* bancario; **~genossenschaft** *f* cooperativa *f* bancaria; **~geschäft** *n* operazione *f* bancaria, transazione *f* bancaria, attività *f* bancaria, contratto *m* bancario, contratto *m* di banca; **~gesellschaft** *f* società *f* di banca, società *f* bancaria; **~gesetz** *n* legge *f* sulle banche; **~gesetzgebung** *f* legislazione *f* bancaria; **~gewerbe** *n* settore *m* bancario; **~giro** *n* bancogiro *m*; **~gläubiger/in** *m/f* creditore *m* bancario; **~guthaben** *n* deposito *m* in banca, avere *m* in banca, credito *m* in banca; **~haftung** *f* responsabilità *f* della banca.

Bankier *m* banchiere *m*.

Bank | inhaber/in *m/f* titolare *m/f* di banca; **~institut** *n* istituto *m* bancario; **~justitiar/in** *m/f* consulente *m/f* legale di (una) banca; **~kapital** *n* capitale *m* bancario; **~kommandite** *f* società *f* di banca in accomandita semplice; **~konditionen** *fpl* condizioni *fpl* di banca; **~konto** *n* conto *m* in banca; **~kredit** *m* credito *m* bancario, fido *m* bancario; **~leistungen** *fpl* servizi *mpl* bancari; **~lizenz** *f* licenza *f* bancaria.

bankmäßig *adj* bancario.

Bank | monopol *n* monopolio *m* bancario; **~nebengeschäfte** *npl* parabancario *m*.

Banknoten *fpl* biglietti *mpl* di banca, banconote *fpl*; **~ ausgeben** emettere biglietti di banca, emettere banconote; **~ einziehen** ritirare dalla circolazione i biglietti di banca, ritirare dalla circolazione le banconote; **~ fälschen** falsificare i biglietti di banca, falsificare le banconote; **~ in Umlauf setzen** mettere in circolazione i biglietti di banca, mettere in circolazione le banconote; **~ aus dem Umlauf ziehen** ritirare dalla circolazione i biglietti di banca, ritirare dalla circolazione le banconote; **gefälschte ~** *fpl* banconote *fpl* contraffatte.

Banknoten | ausgabe *f* emissione *f* di biglietti di banca, emissione *f* di banconote; **~fälscher** *m* falsificatore *m* di biglietti di banca, falsificatore *m* di banconote, contraffattore *m* di biglietti di banca, contraffattore *m* di banconote; **~fälschung** *f* falsificazione *f* di biglietti di banca, falsificazione *f* di banconote, contraffazione *f* di biglietti di banca, contraffazione *f* di banconote; **~monopol** *n*; **~regal** *n* monopolio *m* d'emissione; **~umlauf** *m* circolazione *f* monetaria, circolazione *f* di biglietti di banca, circolazione *f* fiduciaria.

Bank | operation *f* operazione *f* bancaria; **~papier** *n* carta *f* bancaria; **~provision** *f* provvigione *f* bancaria; **~rat** *m (CH) (der Nationalbank)* consiglio *m* della banca *(CH)*; **~rate** *f* tasso *m* dello sconto bancario; **~raub** *m StrafR* rapina *f* in banca;

~räuber/in *m/f* rapinatore *m* di banca, svaligiatore *m* di banca; **~recht** *n* diritto *m* bancario; **~reserve** *f* riserva *f* bancaria; **~revision** *f* revisione *f* della contabilità bancaria.

bankrott *adj* in bancarotta, in fallimento, fallito, insolvente.

Bankrott *m (umgangssprachlicher Ausdruck für Zahlungsunfähigkeit oder Insolvenz eines Schuldners)* bancarotta *f*, fallimento *m*, crac *m*, insolvenza *f*, insolvibilità *f*.

Bankrotteur *m* = *Bankrottierer m* bancarottiere *m*.

bankrottieren *v* far(e) bancarotta.

Bank | rücklage *f* riserva *f* bancaria; **~sachverständige/r** *f/m* esperto *m* bancario; **~safe** *m (Tresor)* cassaforte *f*, *(Schließfach)* cassetta *f* di sicurezza; **~satz** *m* tasso *m* di sconto bancario; **~scheck** *m* assegno *m* bancario; **~schuld** *f* debito *m* bancario; **~schulden** *fpl* debiti *mpl* verso banche; **~schuldner/in** *m/f* debitore *m* bancario; **~schuldverschreibung** *f* obbligazione *f* bancaria; **~sicherheit** *f* garanzia *f* bancaria; **~sperre** *f* chiusura *f* delle banche; **~spesen** *pl* spese *fpl* bancarie, spese *fpl* di banca; **~transaktion** *f* transazione *f* bancaria, operazione *f* bancaria; **~überfall** *m StrafR* rapina *f* in banca, assalto *m* a una banca; **~überweisung** *f* trasferimento *m* bancario, bonifico *m* bancario.

banküblich *adj* conforme agli usi bancari, secondo la prassi bancaria, secondo le pratiche bancarie, secondo i consueti principi bancari, praticato dalle banche, normalmente richiesto dalle banche.

Bank | unternehmen *n* impresa *f* bancaria, impresa *f* di banca; **~valuta** *f* moneta *f* di conto; **~verbindlichkeit** *f* debito *m* verso banche; **~verein** *m*; **~vereinigung** *f* associazione *f* bancaria; **~verfassung** *f* organizzazione *f* bancaria; **~verpflichtungen** *fpl* impegni *mpl* verso banche; **~vertrag** *m* contratto *m* bancario, contratto *m* di banca; **~vollmacht** *f* procura *f* bancaria; **~vorschuss** *m* anticipo *m* bancario, anticipazione *f* bancaria, sovvenzione *f* bancaria; **~währung** *f* moneta *f* di conto; **~wechsel** *m* carta *f* bancaria, effetto *m* bancario; **~werte** *mpl* valori *mpl* bancari, valori *mpl* di banca; **~zinsen** *mpl* interessi *mpl* su depositi fiduciari, interessi *mpl* su anticipazioni bancarie.

Bank-zu-Bank-Kredit *m (selten: Bank-an-Bank-Kredit)* credito *m* interbancario.

Bann *m* bando *m*; **~bezirk** *m (CH)* punto *m* franco; **~bruch** *m* rottura *f* di bando, contrabbando *m* doganale; **~gut** *n* merce *f* di contrabbando; **(befriedeter) ~kreis** *m* perimetro *m* di rispetto; **~kreisverletzung** *f* violazione *f* del perimetro di rispetto; **~meile** *f* perimetro *m* di rispetto; **~ware** *f* merce *f* di contrabbando.

BAO (*Abk* = **Bundesabgabenordnung**) *(A)* codice *m* tributario federale (austriaco).

bar *adj* contante, in contanti.

Bar | abfindung *f*; **~abgeltung** *f* indennità *f* in contanti; **~abhebung** *f* prelevamento *m* in contanti.

Barabzug *m* [1] *(Barabhebung)* prelevamento *m* in contanti.

Barabzug *m* [2] *(Barzahlungskonto)* sconto *m* per pagamento in contanti.

Bar | akkreditiv *n* apertura *f* di credito per cassa; **~anforderungen** *fpl* esigenze *fpl* di cassa; **~anschaffung** *f* acquisto *m* in contanti; **~ausgabe** *f* esborso *m*; **~ausgleich** *m*; **~ausgleichung** *f* regolamento *m* a contanti, conguaglio *m* a contanti; **~auslage** *f* esborso *m*; **~ausschüttung** *f* dividendo *m* erogato in contanti, distribuzione *f* in contanti; **~ausstattung** *f* dotazione *f* di contante, scorta *f* di contante; **~auszahlung** *f* pagamento *m* in contanti; **~bestand** *m* saldo *m* di cassa, rimanenza *f* di cassa, disponibilità *f* in cassa, giacenza *f* di numerario, giacenza *f* numeraria; **~betrag** *m* importo *m* in contanti; **~deckung** *f* copertura *f* in contanti; **~depot** *n* deposito *m* cauzionale in contanti; **~devisen** *pl* divise *fpl* rappresentate da biglietti di banca e monete metalliche; **~dividende** *f* dividendo *m* in contanti, dividendo *m* in denaro; **~eingänge** *mpl* entrate *fpl* di cassa, introiti *mpl* di cassa; **~einkauf** *m* acquisto *m* in contanti; **~einlage** *f* conferimento *m* in numerario, apporto *m* in denaro, conferimento *m* in denaro; **~einlösung** *f* riscossione *f* in contanti; **~einnahme** *f* entrata *f* di cassa; **~einzahlung** *f* versamento *m* in contanti, versamento *m* di denaro; **~entlohnung** *f* paga *f* in contanti; **~entnahme** *f* prelevamento *m* in contanti; **~entschädigung** *f* indennizzo *m* in denaro, indennità *f* in denaro; **~gebot** *n* offerta *f* in denaro.

Bargeld *n* contanti *mpl*, contante *m*, denaro *m* contante, numerario *m*; **~auszahlung** *f* pagamento *m* in contanti, pagamento *m* in denaro; **~bestand** *m* contante *m* in cassa; **~einzahlung** *f* versamento *m* in contanti, versamento *m* di denaro; **~guthaben** *n* disponibilità *f* in contanti.

bargeldlos *adj* non in contanti, a mezzo (o: mediante/tramite/con) assegno (o: addebito/accredito su conto corrente/carta di credito).

Bargeld | sendung *f* invio *m* di denaro contante; **~umlauf** *m* circolazione *f* monetaria.

Bar | geschäft *n* operazione *f* a contanti, contratto *m* a contanti; **~guthaben** *n* disponibilità *fpl*; **~hinterlage** *f* *(CH)*; **~hinterlegung** *f* deposito *m* di denaro; **~kapital** *n* capitale *m* in contanti, capitale *m* liquido; **~kauf** *m* acquisto *m* in contanti; **~kaution** *f* cauzione *f* in denaro, deposito *m* cauzionale in denaro; **~kredit** *m* credito *m* per cassa, credito *m* monetario, credito *m* di scoperto di conto corrente; **~kreditkonto** *n* conto *m* di finanziamento; **~leistung** *f* prestazione *f* in contanti; **~liquidität** *f* liquidità *f* di primo grado, liquidità *f* a vista, liquidità *f* primaria; **~lohn** *m* salario *m* in contanti; **~mittel** *npl* fondi *mpl* di cassa, fondi *mpl* liquidi, liquidità *fpl*; **~prämie** *f* premio *m* netto per contante; **~preis** *m* prezzo *m* per contanti; **~rabatt** *m* sconto *m* per contanti; **~reserve** *f* contanti *mpl* e disponibilità *fpl* liquide; **~saldo** *m* saldo *m* di cassa, rimanenza *f* di cassa; **~schaden** *m* sinistro *m* per contanti.

Barschaft *f* denaro *m* contante.

Bar | scheck *m* assegno *m* pagabile in contanti; **~sendung** *f* rimessa *f* di contante; **~sicherheit** *f* deposito *m* cauzionale in denaro contante; **~überschuss** *m* eccedenza *f* di cassa; **~vergütung** *f* compenso *m* in contanti; **~verkauf** *m* vendita *f* a contanti; **~verkehr** *m* operazioni *fpl* a contanti; **~vermögen** *n* disponibilità *fpl* in contanti; **~vorlage** *f* credito *m* per cassa, credito *m* allo scoperto, credito *m* di scoperto di conto corrente, anticipazione *f* per cassa; **~vorrat** *m* fondo *m* di cassa, consistenza *f* di cassa, liquidità *fpl*; **~vorschuss** *m* anticipo *m*, anticipazione *f*, *(Eisenbahnverkehr)* spese *fpl* anticipate; **~wert** *m* valore *m* in contanti.

Barzahlung *f* pagamento *m* in contanti, pagamento *m* in denaro.

Barzahlungs | nachlass *m* sconto *m* per pagamento in contanti; **~preis** *m* prezzo *m* per contanti; **~rabatt** *m* sconto *m* per pagamento in contanti; **~scheck** *m* *(A)* assegno *m* pagabile in contanti.

Bar | zeichner/in *m/f* sottoscrittore *m* che paga in contanti; **~zeichnung** *f* sottoscrizione *f* in contanti; **~zuschuss** *m* sussidio *m* in denaro.

Basis | einkommen *n* reddito *m* base; **~kurs** *m* corso *m* base, prezzo *m* base; **~preis** *m* prezzo *m* base; **~richtlinie** *f* direttiva *f* di base; **~zins** *m* interesse *m* di base, *(Basiszinssatz)* tasso *m* legale, tasso *m* di interesse di base, tasso *m* base; **~zinssatz** *m* tasso *m* legale, tasso *m* di interesse di base, tasso *m* base.

Bau *m* costruzione *f*, edificazione *f*, *(Gebäude)* edificio *m*, fabbricato *m*, stabile *m*, struttura *f*, *(Baustelle)* cantiere *m*; **im ~ befindlich** in (corso di) costruzione; **nicht genehmigter ~** *m* costruzione *f* abusiva.

Bau | abnahmebescheinigung *f* permesso *m* di abitabilità; **~abstand** *m* distanza *f* (*nelle costruzioni*); **~amt** *n* ufficio *m* edile, ufficio *m* del genio civile; **~anspruch** *m* diritto *m* di edificare; **~antrag** *m* domanda *f* per la concessione edilizia; **~aufsicht** *f* vigilanza *f* in materia edilizia, *(Behörde)* ufficio *m* edile; **~ausschuss** *m* commissione *f* edilizia; **~behörde** *f* ufficio *m* edile; **~beschränkungen** *fpl* lilmitazioni *fpl* alla libertà di costruire; **~bewilligung** *f* permesso *m* di costruire, permesso *m* di costruzione, concessione *f* edilizia, concessione *f* ad edificare, licenza *f* edilizia, licenza *f* di costruire, licenza *f* di costruzione; **~darlehen** *n* mutuo *m* edilizio; **~dispens** *m* dispensa *f* amministrativa in materia edilizia; **~einstellungsverfügung** *f* ordinanza *f* di sospensione dei lavori; **~erlaubnis** *f* permesso *m* di costruire, permesso *m* di costruzione, concessione *f* edilizia, concessione *f* ad edificare, licenza *f* edilizia, licenza *f* di costruire, licenza *f* di costruzione.

Bauern | genossenschaft *f* cooperativa *f* agricola; **~gut** *n* podere *m*; **~kammer** *f (A)* camera *f* dell'agricoltura; **~verband** *m* associazione *f* degli agricoltori.

baufällig *adj (Gebäude)* pericolante.

Bau | fehler *m* difetto *m* di costruzione; **~forderung** *f* credito *m* delle spese di costruzione; **~freiheit** *f* libertà *f* di costruire.

BauGB (*Abk* = **Baugesetzbuch**) *(D)* codice *m* edilizio (tedesco), codice *m* urbanistico (tedesco), codice *m* (tedesco) dell'edilizia e dell'urbanistica.

Bau | gebiet *n* terreno *m* fabbricabile, terreno *m* edificabile, area *f* fabbricabile, area *f* edificabile; **~gebot** *n* obbligo *m* di costruire; **~gebrechen** *n (A)* difetto *m* di costruzione.

Baugelder *npl* fondi *mpl* per la costruzione.

Baugeld | forderung *f* credito *m* per le spese di costruzione; **~hypothek** *f* ipoteca *f* iscritta sull'immobile a garanzia del pagamento delle spese di costruzione; **~kredit** *m* credito *m* all'edilizia; **~vertrag** *m* contratto *m* di mutuo per costruire.

Baugenehmigung *f* permesso *m* di costruire, permesso *m* di costruzione, concessione *f* edilizia, concessione *f* ad edificare, licenza *f* edilizia, licenza *f* di costruire, licenza *f* di costruzione; **Bauen** *n* **ohne ~** costruzione *f* senza concessione, costruzione *f* abusiva.

Bau | genossenschaft *f* cooperativa *f* edilizia; **~geschäft** *n* impresa *f* edile; **~gesellschaft** *f* società *f* immobiliare, società *f* edilizia, società *f* di costruzioni; **~gesetzbuch** *n (D)* (*Abk* = **BauGB**) codice *m* edilizio (tedesco), codice *m* urbanistico (tedesco), codice *m* (tedesco) dell'edilizia e dell'urbanistica; **~gewerbe** *n* edilizia *f*, industria *f* edilizia, industria *f* edile, industria *f* delle costruzioni; **~gewerkschaft** *f* sindacato *m* degli operai edili; **~grund** *m*; **~grundstück** *n* area *f* edificabile, area *f* fabbricabile, terreno *m* edificabile, terreno *m* fabbricabile; **~hauptgewerbe** *n* edilizia *f*, industria *f* edilizia, industria *f* edile, industria *f* delle costruzioni; **~herr** *m* committente *m* (di una costruzione); **~hypothek** *f* ipoteca *f* iscritta sull'immobile a garanzia del pagamento delle spese di costruzione; **~komplex** *m* complesso *m* edilizio; **~konsens** *m* permesso *m* di costruire; **~kosten** *pl* spese *fpl* di costruzione, costi *mpl* di costruzione; **~kostenindex** *m* indice *m* del costo di costruzione.

Baukostenzuschuss *m* contributo *m* alle spese di costruzione; **verlorener ~** *m* contributo *m* a fondo perduto alle spese di costruzione.

Baukredit *m* credito *m* all'edilizia.

Bauland *n* area *f* edificabile, area *f* fabbricabile, terreno *m* edificabile, terreno *m* fabbricabile; **~bereitstellung** *f* il mettere a disposizione (dei cittadini) area fabbricabile (da parte del comune); **~beschaffung** *f* acquisto *m* di area fabbricabile (da parte del comune);

~erschließung *f* valorizzazione *f* di terreno da edificare; **~sache** *f* controversia *f* in materia di espropriazione (di area fabbricabile) per pubblica utilità.

Bau | last *f (Straßenbaulast)* onere *m* delle spese di manutenzione; **~leistung** *f* lavori *mpl* di costruzione; **~leistungsversicherung** *f* assicurazione *f* per lavori di costruzione, assicurazione *f* edile; **~leiter/in** *m/f* direttore *m* dei lavori (di costruzione), capocantiere *m/f* [anche: capo cantiere].

Bauleitplan *m (Oberbegriff für Flächennutzungsplan und Bebauungsplan)* piano *m* regolatore; **verbindlicher ~** *m (= Bebauungsplan)* piano *m* regolatore particolareggiato; **vorbereitender ~** *m (= Flächennutzungsplan)* piano *m* regolatore generale.

Bau | leitplanung *f* pianificazione *f* urbanistica; **~leitung** *f* direzione *f* dei lavori (di costruzione); **~linie** *f* allineamento *m*, linea *f* di fabbrica; **~mangel** *m* difetto *m* di costruzione; **~maßnahme** *f* intervento *m* edilizio, intervento *m* edificatorio, costruzione *f*, lavori *mpl* di costruzione, opera *f*; **~nutzungsverordnung** *f*; **~ordnung** *f* regolamento *m* edilizio; **~ordnungsrecht** *n* diritto *m* edilizio; **~parzelle** *f* lotto *m*; **~pflicht** *f* obbligo *m* di costruire; **~plan** *m* progetto *m* di costruzione, progetto *m* edilizio, progetto *m* edile, piano *m* di costruzione, piano *m* edilizio; **~planungsrecht** *n* urbanistica *f*; **~platz** *m* area *f* edificabile, area *f* fabbricabile, terreno *m* edificabile, terreno *m* fabbricabile; **~polizei** *f* polizia *f* edilizia, autorità *fpl* competenti in materia di vigilanza sulle costruzioni; **~prämie** *f* premio *m* alla costruzione; **~projekt** *n* progetto *m* di costruzione, progetto *m* edilizio, progetto *m* edile.

Baurecht *n* [1] *(Anspruch)* diritto *m* di costruire, diritto *m* di superficie *(CH)*.

Baurecht *n* [2] *(Rechtsgebiet)* diritto *m* delle costruzioni, diritto *m* edilizio, legislazione *f* edilizia.

baurechtlich *adj* edilizio.

Bau | rechtshypothek *f (A)* ipoteca *f* costituita sul diritto di superficie; **~rechtswidrigkeit** *f* illecito *m* in materia edilizia.

baureif *adj* edificabile, fabbricabile.

Bau | risiko *n* rischio *m* di costruzione; **~sache** *f (Rechtsstreit)* controversia *f* in materia edilizia; **~sachverständige/r** *f/m* perito *m* edile; **~schein** *m* permesso *m* di costruire, permesso *m* di costruzione, concessione *f* edilizia, concessione *f* ad edificare, licenza *f* edilizia, licenza *f* di costruire, licenza *f* di costruzione.

Bausch und Bogen, in ~ in blocco, in massa, a forfait, globalmente.

Bau | spardarlehen *n* mutuo *m* edilizio; **~sparen** *n* risparmio *m* immobiliare, risparmio *m* casa; **~sparkasse** *f* cassa *f* di risparmio immobiliare, cassa *f* di credito edilizio; **~sparprämie** *f* premio *m* di risparmio immobiliare; **~sparversicherung** *f* assicurazione *f* di risparmio immobiliare; **~sparvertrag** *m* contratto *m* di risparmio immobiliare; **~sperre** *f* blocco *m* delle costruzioni; **~stelle** *f* cantiere *m*, *(Verkehrszeichen)* lavori *mpl*; **~tätigkeit** *f* attività *f* edilizia.

Bauten *mpl* costruzioni *fpl*, edifici *mpl*, fabbricati *mpl*, stabili *mpl*; **widerrechtliche ~** *mpl* costruzioni *fpl* abusive.

Bau | träger *m* costruttore *m*; **~unternehmen** *n* impresa *f* edile, impresa *f* di costruzioni (edili), impresa *f* di costruzione; **~unternehmer/in** *m/f* imprenditore *m* edile, impresario *m* edile; **~unternehmung** *f* impresa *f* edile, impresa *f* di costruzioni (edili), impresa *f* di costruzione; **~verbot** *n* divieto *m* di costruzione, divieto *m* di costruire; **~verbotsklage** *f (A)* denuncia *f* di nuova opera, azione *f* di nuova opera; **~versicherung** *f* assicurazione *f* per lavori di costruzione, assicurazione *f* edile; **~vertrag** *m* contratto *m* di costruzione; **~vorhaben** *n* progetto *m* di costruzione, progetto *m* edilizio, progetto *m* edile; **~vorschriften** *fpl* norme *fpl* edilizie, normativa *f* edilizia; **~werber/in** *m/f (A)* richiedente *m/f* di un permesso di costruire; **~werk** *n* prodotto *m* edilizio, *(Gebäude)* edificio *m*; **~wert** *m* valore *m* di costruzione; **~werte** *mpl* valori *mpl* immobiliari.

Bauwesen *n* edilizia *f*, industria *f* edilizia, industria *f* edile, industria *f* delle costruzioni; **~versicherung** *f* assicurazione *f* per lavori di costruzione, assicurazione *f* edile.

Bau | wich *m* distanza *f* tra costruzioni; **~wirtschaft** *f* edilizia *f*, industria *f* edilizia, industria *f* edile, industria *f* delle costruzioni; **~zustand** *m* **von Gebäuden** stato *m* di conservazione degli edifici; **~zwang** *m* obbligo *m* di costruire.

BAW (*Abk* = **Bundesanwaltschaft**) *(D)* procura *f* della Repubblica presso la Corte suprema federale tedesca (Bundesgerichtshof).

BBiG (*Abk* = **Berufsbildungsgesetz**) *(D)* legge *f* (tedesca) sulla formazione professionale.

BBK (*Abk* = **Bundesamt für Bevölkerungsschutz und Katastrophenhilfe**) *(D)* Ufficio *m* federale (tedesco) della protezione civile e del soccorso in caso di disastri e calamità naturali.

BDA (*Abk* = **Bundesvereinigung der Deutschen Arbeitgeberverbände**) *(D)* Confederazione *f* tedesca delle associazioni dei datori di lavoro.

BDG (*Abk* = **Bundesdisziplinargesetz**) *(D)* legge *f* federale (tedesca) sui procedimenti disciplinari nei confronti dei pubblici funzionari.

BDSG (*Abk* = **Bundesdatenschutzgesetz**) *(D)* legge *f* federale (tedesca) sulla protezione (o: tutela) dei dati personali, legge *f* federale (tedesca) sulla privacy.

beachten *v (befolgen)* rispettare, osservare, ottemperare a, seguire, *(berücksichtigen)* considerare, tener(e) conto di, notare.

beachtlich *adj* considerevole, notevole, ragguardevole, consistente, significativo, rilevante.

Beachtung *f (Befolgung)* rispetto *m*, osservanza *f*, ottemperanza *f*, *(Berücksichtigung)* considerazione *f*, *(Aufmerksamkeit)* attenzione *f*; **zu Ihrer gefälligen ~** alla Vostra cortese attenzione; **unter ~ des Gesetzes** nel rispetto della legge, in osservanza della legge, in ossequio alla legge, in ottemperanza alla legge; **~ *f* der gesetzlichen Vorschriften** rispetto *m* delle disposizioni di legge, osservanza *f* delle disposizioni di legge.

Beamten | anwärter/in *m/f* aspirante funzionario *m*; **~beleidigung** *f* *StrafR* oltraggio *m* a pubblico ufficiale, oltraggio *m* a pubblico impiegato; **~besoldung** *f* trattamento *m* economico dei funzionari pubblici; **~bestechung** *f* *StrafR* corruzione *f* di pubblico ufficiale.

Beamtenbund *m* federazione *f* dei funzionari pubblici; **Europäischer ~** *m EuR* Federazione *f* della funzione pubblica europea.

Beamten | gesetz *n* legge *f* sullo stato giuridico dei funzionari pubblici; **~haftung** *f* responsabilità *f* dei funzionari pubblici, responsabilità *f* dell'ente pubblico per il fatto commesso dai suoi funzionari; **~körper** *m* organico *m* di un ufficio della pubblica amministrazione; **~laufbahn** *f* carriera *f* del pubblico impiego; **~recht** *n* diritto *m* del pubblico impiego.

Beamtenschaft *f* categoria *f* dei funzionari pubblici, classe *f* dei funzionari pubblici, funzionari *mpl* (pubblici), pubblici funzionari *mpl*, impiegati *mpl* statali, impiegati *mpl* pubblici, pubblici impiegati *mpl*, dipendenti *mpl* pubblici, pubblici dipendenti *mpl*.

Beamten | stand *m* categoria *f* dei funzionari pubblici, classe *f* dei funzionari pubblici; **~status** *m* stato *m* giuridico del funzionario pubblico; **~stelle** *f* posto *m* di funzionario pubblico; **~stellung** *f* stato *m* giuridico del funzionario pubblico.

Beamtentum *n* categoria *f* dei funzionari pubblici, classe *f* dei funzionari pubblici.

Beamten | verein *m*; **~vereinigung** *f* associazione *f* dei funzionari pubblici; **~verhältnis** *n* rapporto *m* di pubblico impiego; **~versicherung** *f* assicurazione *f* dei funzionari pubblici; **~wechsel** *m* avvicendamento *m* nelle cariche dei funzionari pubblici.

Beamter *m* [f: Beamtin] *(Angestellter des öffentlichen Dienstes)* funzionario *m* (pubblico), pubblico funzionario *m*, impiegato/-a *m/f* statale, impiegato/-a *m/f* pubblico/-a, pubblico/-a impiegato/-a *m/f*, dipendente *m* pubblico, pubblico dipendente *m*, ufficiale *m*, *(Amtsträger)* pubblico ufficiale *m* *(p.u.)*; **außerplanmäßiger ~** *m* funzionario *m* non di ruolo, funzionario *m* fuori ruolo; **hoher ~** *m* alto funzionario *m*; **leitender ~** *m* funzionario *m*; **niederer ~** *m* impiegato *m* pubblico della carriera ausiliaria; **planmäßiger ~** *m* funzionario *m* di ruolo; **unabsetzbarer ~** *m* funzionario *m* inamovibile; **unterer ~** *m* impiegato *m* pubblico della carriera ausiliaria; **untergeordneter ~** *m* funzionario *m* subalterno; **~** *m* **im aktiven Dienst**; **~** *m* **des Dienststandes** *(A)* funzionario *m* in servizio attivo, funzionario *m* in attività di servizio; **~** *m* **des einfachen Dienstes** impiegato *m* della carriera esecutiva o ausiliaria; **~** *m* **des gehobenen Dienstes** impiegato *m* pubblico della carriera di concetto; **~** *m* **des höheren Dienstes** funzionario *m* della carriera direttiva; **~** *m* **auf Lebenszeit** funzionario *m* di ruolo; **~** *m* **des mittleren Dienstes** impiegato *m* pubblico della carriera di concetto; **~** *m* **auf Probe**; **~** *m* **im Probedienst** funzionario *m* in prova, impiegato *m* pubblico in prova; **~** *m* **im Ruhestand**; **~** *m* **des Ruhestandes** *(A)* funzionario *m* a riposo, impiegato *m* pubblico a riposo; **~** *m* **im Vorbereitungsdienst**; **~** *m* **auf Widerruf** funzionario *m* in prova, impiegato *m* pubblico in prova; **~** *m* **zur Wiederverwendung** funzionario *m* collocato in disponibilità, impiegato *m* pubblico collocato in disponibilità; **~** *m* **auf Zeit** funzionario *m* a tempo determinato.

Beamtung *f (CH)* carica *f*, funzione *f* pubblica.

beanspruchen *v* pretendere, esigere, reclamare, rivendicare, richiedere, domandare, accampare dei diritti.

Beanspruchung *f* pretesa *f*, rivendicazione *f*.

beanstanden *v* = *beanständen* criticare, reclamare, contestare, obiettare; **zu ~** contestabile, oppugnabile.

Beanstandung *f* = *Beanständung* *f* reclamo *m*, rimostranza *f*, contestazione *f*, rilievo *m*.

Beanstandungsgrund *m* motivo *m* di reclamo.

beantragen *v* (ri)chiedere, far(e) domanda di/per, presentare istanza di, *ZivProzR* formulare le conclusioni, *ZivProzR (in der Klageschrift)* (per) sentire accogliere le seguenti conclusioni; **hilfsweise ~** chiedere in via subordinata.

Beantragung *f* richiesta *f* (*scritta*), domanda *f*.

beantworten *v* rispondere a, fare seguito a.

Beantwortung *f* risposta *f*; **in ~ Ihres Schreibens** in risposta alla Sua/Vs. (lettera).

bearbeiten *v (Antrag, Fall, Thema)* lavorare a, occuparsi di, sbrigare, evadere, espletare, dare seguito a, *(behandeln)* trattare, elaborare, *(untersuchen)* studiare, esaminare, analizzare, *(neu gestalten, überarbeiten)* rielaborare, revisionare, aggiornare, modificare, adattare.

Bearbeiter/in *m/f (von Antrag, Fall, Thema)* addetto/-a *m/f*, incaricato/-a *m/f*, responsabile *m/f*, chi si occupa di (un caso, una pratica), chi evade, chi sbriga, *(Überarbeiter)* revisore *m*.

Bearbeitung *f (von Fall, Akte, Antrag,*

Bestellung) lavorazione *f*, disbrigo *m*, evasione *f*, gestione *f*, trattazione *f*, trattamento *m*, elaborazione *f*, *(Untersuchung)* studio *m*, esame *m*, analisi *f*, *(Überarbeitung)* revisione *f*, rielaborazione *f*, rifacimento *m*, adattamento *m*, nuova versione *f*; **in ~** in lavorazione, in preparazione.

Bearbeitungs | gebühr *f* diritti *mpl* fissi, diritti *mpl* amministrativi, diritti *mpl* di segreteria; **~kosten** *pl VersR* spese *fpl* di liquidazione.

beaufsichtigen *v* controllare, sorvegliare, supervisionare, vigilare.

Beaufsichtigung *f* controllo *m*, sorveglianza *f*, supervisione *f*, vigilanza *f*.

beauftragen *v* incaricare, conferire un incarico, affidare un incarico, commissionare, conferire mandato, delegare.

Beauftragte/r *f/m* incaricato/-a *m/f*, mandatario/-a *m/f*, delegato/-a *m/f*, commissario/-a *m/f*, garante *m* (*governativo*).

Beauftragung *f* incarico *m*, mandato *m*, conferimento *m* di un mandato, delega *f*.

bebaubar *adj* edificabile, fabbricabile.

Bebaubarkeit *f* edificabilità *f*, potenzialità *f* edificatoria.

bebauen *v* costruire (edifici) su, edificare su, fabbricare su, coltivare.

bebaut *adj* costruito, coperto.

Bebauung *f* costruzione *f* (di edifici), edificazione *f*, coltivazione *f*.

Bebauungsdichte *f* densità *f* edilizia.

bebauungsfähig *adj* edificabile, fabbricabile.

Bebauungs | plan *m BauR* piano *m* regolatore particolareggiato *(P.R.P.)*; **~vorschrift** *f BauR* norma *f* edilizia.

Bedachter *m ErbR (Vermächtnis)* legatario *m*, onorato *m*.

Bedarf *m* bisogno *m*, fabbisogno *m*, esigenze *fpl*, *(Bedürfnis)* necessità *f*, occorrente *m*, *(Nachfrage)* domanda *f*, richiesta *f*; **bei ~** all'uopo, in caso di necessità, in caso di bisogno, all'occorrenza, se occorre; **den ~ bestreiten**; **den ~ decken** soddisfare le esigenze, soddisfare i requisiti, soddisfare i bisogni, soddisfare la domanda, soddisfare la richiesta, soddisfare il fabbisogno, coprire il fabbisogno, rispondere al fabbisogno, sopperire al fabbisogno, far(e) fronte alle necessità; **aufgestauter ~** *m* fabbisogno *m* accumulato; **dringender ~** *m* bisogno *m* urgente, bisogno *m* pressante; **lebenswichtiger ~** *m* domanda *f* di beni di prima necessità; **potentieller ~** *m* domanda *f* potenziale; **vordringlicher ~** *m* bisogni *mpl* primari; **~** *m* **an Arbeitskräften** fabbisogno *m* di manodopera, necessità *f* di manodopera, richiesta *f* di manodopera.

Bedarfs | abnahme *f* contrazione *f* della domanda; **~artikel** *m* genere *m* di prima necessità, articolo *m* di consumo; **~deckung** *f* il soddisfare le esigenze, il soddisfare i requisiti, il soddisfare i bisogni, il soddisfare la domanda, il soddisfare la richiesta, il soddisfare il fabbisogno, copertura *f* del fabbisogno, il rispondere al fabbisogno, il sopperire al fabbisogno, il far(e) fronte alle necessità; **~deckungsstrafgesetz** *n (A)* legge *f* (austriaca) sulla repressione delle infrazioni alla legislazione sui beni di prima necessità; **~ermittlung** *f* accertamento *m* del fabbisogno; **~gefährdung** *f* il mettere in pericolo l'approvvigionamento di materie prime; **~gegenstand** *m* genere *m* di prima necessità, articolo *m* di consumo; **~güter** *npl* beni *mpl* di consumo; **~handel** *m* commercio *m* di articoli di consumo quotidiano; **~schätzung** *f* valutazione *f* del fabbisogno; **~verkehr** *m* trasporto *m* a richiesta; **~zunahme** *f* aumento *m* della domanda; **~zuweisung** *f* assegnazione *f* straordinaria.

bedenken *v* [1] *(mit etwas beschenken)* gratificare; **testamentarisch ~**; **im Testament ~** *ErbR* fare un legato.

bedenken *v* [2] *(überlegen)* riflettere, *(erwägen)* ponderare, *(in Betracht ziehen, beachten)* considerare, prendere in considerazione, tener(e) conto di, tenere presente.

Bedenken *n (Überlegung)* riflessione *f*, considerazione *f*, ponderazione *f*, *(Zweifel)* dubbio *m*, esitazione *f*, perplessità *f*, preoccupazione *f*, *(Skrupel)* scrupolo *m*, *(Vorbehalt)* riserva *f*, *(Einwand)* obiezione *f* [o: obbiezione]; **~ anmelden** [gegen *Akk*]; **~ äußern** [gegen *Akk*]; **~ erheben** [gegen *Akk*]; **~ geltend machen** [gegen *Akk*] avanzare delle riserve, fare obiezioni, esprimere delle perplessità, manifestare delle perplessità (su, riguardo a); **~ haben** [gegen *Akk*] avere dei dubbi, nutrire dei dubbi (su, riguardo a); **~ vorbringen** [gegen *Akk*] avanzare delle riserve, fare obiezioni, esprimere delle perplessità, manifestare delle perplessità (su, riguardo a).

Bedenkfrist *f* tempo *m* per riflettere.

Bedenklichkeitsverfahren *n (A)* procedimento *m* inteso a preservare i diritti di un creditore ignoto allorché l'autore di un reato viene trovato in possesso di oggetti di cui non può o non vuole rivelare il proprietario.

Bedenkzeit *f* tempo *m* per riflettere.

Bedeutung *f* [1] *(Sinn)* significato *m*, senso *m*.

Bedeutung *f* [2] *(Wichtigkeit)* importanza *f*, rilevanza *f*, rilievo *m*, valore *m*, valenza *f*, peso *m*, *(Tragweite)* portata *f*; **ohne ~ sein** essere irrilevante, non avere importanza; **wegen der besonderen ~ des Falles** per la particolare importanza del caso; **entscheidende ~** *f* importanza *f* decisiva; **grundsätzliche ~** *f* importanza *f* fondamentale; **praktische ~** *f* rilievo *m* pratico; **rechtliche ~** *f* rilevanza *f* giuridica.

bedienen *v* servire, usare, *(in Bez. auf Maschinen)* manovrare, *(beliefern)* fornire, rifornire, *(Aktienkapital)* remunerare; **sich ~** *v* [*Gen*] *(Gebrauch machen)* servirsi [di], fare uso [di], valersi [di].

Bedienstete/r *f/m* impiegato/-a *m/f*, dipendente *m*; **öffentliche/r ~** *f/m* impiegato/-a *m/f* statale, impiegato/-a *m/f* pubblico/-a, pubblico/-a impiegato/-a *m/f*, dipendente *m* pubblico, pubblico dipendente *m*.

Bedienung *f* servizio *m*, uso *m*, impiego *m*, *(Tech)* manovra *f*, *(Tech)* comando *m*; **~** *f* **der Anleihe** servizio *m* del prestito.

Bedienungs | **gebühr** *f*; **~geld** *n*; **~zuschlag** *m* percentuale *f* per il servizio, diritto *m* di servizio.

bedingen *v (verursachen)* causare, provocare, determinare, comportare, implicare, condizionare, *(voraussetzen)* presupporre, richiedere, esigere.

bedingt *adj* condizionale, condizionato, limitato, relativo; **~ durch** dovuto a, causato da, provocato da, determinato da, condizionato da, dipendente da, soggetto a; **auflösend ~** soggetto a condizione risolutiva, sottoposto a condizione risolutiva, risolutivamente condizionato (a); **aufschiebend ~** soggetto a condizione sospensiva, sottoposto a condizione sospensiva, sospensivamente condizionato (a); **gegenseitig ~** interdipendente; **suspensiv ~** soggetto a condizione sospensiva, sottoposto a condizione sospensiva, sospensivamente condizionato (a).

Bedingtgeschäft *n* negozio *m* condizionato.

Bedingtheit *f* condizionamento *m*.

Bedingtlieferung *f (z. B. Buchhandel)* consegna *f* in conto deposito (*nel contratto estimatorio*).

Bedingung *f* condizione *f*, requisito *m*, presupposto *m*, premessa *f*, patto *m*, riserva *f*, clausola *f*; **~en** *fpl* condizioni *fpl*, circostanze *fpl*, modalità *fpl*, termini *mpl*, capitolato *m*; **unter der ~, dass** a condizione che; **die ~en akzeptieren** accettare le condizioni, accettare i termini; **die ~en aushandeln** trattare le condizioni; **auf die ~en eingehen** accettare le condizioni, accettare i termini; **die ~en erfüllen** rispondere ai requisiti, soddisfare i requisiti, essere in possesso dei requisiti, rispondere alle condizioni, soddisfare le condizioni, rispettare le condizioni, osservare le condizioni, adempiere le condizioni, ottemperare alle condizioni, soddisfare i criteri; **eine ~ erfüllen müssen** essere subordinato a una condizione; **wenn/soweit/sofern**

die ~en erfüllt sind se ricorrono le condizioni, al ricorrere delle condizioni; **die ~en festlegen** stabilire le condizioni; **sich an die ~en halten** attenersi alle condizioni; **zur ~ machen**; **als ~ stellen** porre come condizione; **~en stellen** porre condizioni; **allgemeine ~en** *fpl* condizioni *fpl* generali; **annehmbare ~** *f* condizione *f* accettabile; **auflösende ~** *f* *(§ 158 Abs. 2 BGB)* condizione *f* risolutiva; **aufschiebende ~** *f* *(§ 158 Abs. 1 BGB)* condizione *f* sospensiva; **ausdrückliche ~** *f* condizione *f* espressa; **ausschlaggebende ~** *f* condizione *f* determinante; **auszuhandelnde ~en** *fpl* condizioni *fpl* da trattare; **besondere ~en** *fpl* condizioni *fpl* speciali; **einschränkende ~** *f* clausola *f* restrittiva; **gegenseitige ~** *f* condizione *f* reciproca; **gegenwärtige ~** *f* condizione *f* presente; **gemischte ~** *f* condizione *f* mista; **zu gleichen ~en** *fpl* a pari condizioni *fpl*; **günstige ~en** *fpl* condizioni *fpl* favorevoli; **negative ~** *f* condizione *f* negativa; **notwendige ~** *f* condizione *f* necessaria; **objektive ~** *f* **der Strafbarkeit** *StrafR* condizione *f* oggettiva di punibilità; **positive ~** *f* condizione *f* positiva; **potestative ~** *f* condizione *f* potestativa; **rechtlich unzulässige ~** *f* condizione *f* illecita; **resolutive ~** *f* condizione *f* risolutiva; **schwebende ~** *f* condizione *f* pendente; **sittenwidrige ~** *f* condizione *f* turpe; **stillschweigende ~** *f* condizione *f* implicita, condizione *f* sottintesa, condizione *f* tacita; **suspensive ~** *f* condizione *f* sospensiva; **zu den üblichen ~en** *fpl* alle normali condizioni *fpl*, alle solite condizioni *fpl*, alle condizioni *fpl* abituali, alle condizioni *fpl* abitualmente applicate, secondo le condizioni *fpl* usuali, secondo i criteri *mpl* consueti, a condizioni *fpl* di mercato; **unannehmbare ~** *f* condizione *f* inaccettabile; **unausgesprochene ~** *f* condizione *f* tacita, condizione *f* implicita, condizione *f* sottintesa; **unechte ~** *f* condizione *f* impropria; **unerlässliche ~** *f* condizione *f* sine qua non, conditio sine qua non *(lat)*; **unerlaubte ~** *f* condizione *f* illecita; **unmögliche ~** *f* condizione *f* impossibile; **unsittliche ~** *f* condizione *f* turpe; **unzulässige ~** *f* condizione *f* illecita; **zu den vereinbarten ~en** *fpl* alle condizioni *fpl* pattuite; **verneinende ~** *f* condizione *f* negativa; **vorteilhafte ~** *f* condizione *f* vantaggiosa; **wesentliche ~** *f* clausola *f* essenziale; **willkürliche ~** *f* condizione *f* meramente potestativa; **vom Zufall abhängige ~** *f*; **zufällige ~** *f* condizione *f* casuale.

Bedingungseintritt *m* avveramento *m* della condizione, il verificarsi della condizione, il ricorrere della condizione.

bedingungsfeindlich *adj* incondizionabile, non sottoponibile a condizioni, che non tollera l'apposizione di condizioni, che non ammette l'apposizione di una condizione, *(Geschäft)* puro, legittimo.

Bedingungsfeindlichkeit *f* incondizionabilità *f*.

bedingungslos *adj* incondizionato, senza condizioni, totale, assoluto, illimitato.

Bedingungstheorie *f* *StrafR* teoria *f* della «conditio sine qua non».

bedrohen *v* 1 minacciare.

bedrohen *v* 2 *(mit Strafe)* comminare.

Bedrohung *f* minaccia *f*.

bedürfen *v* [*Gen*] aver bisogno di, necessitare di, essere necessario, richiedere, esigere; **zu ihrer/seiner Wirksamkeit der Schriftform ~** richiedere la forma scritta a pena di nullità, (per…) è richiesta la forma scritta a pena di nullità, (per…) è necessaria la forma scritta a pena di nullità.

Bedürfnis *n* bisogno *m*, fabbisogno *m*, esigenza *f*, necessità *f*; **dringendes ~** *n* bisogno *m* urgente; **öffentliches ~** *n* bisogno *m* pubblico.

Bedürfnislohn *m* salario *m* calcolato non in rapporto al rendimento ma alle necessità (minimo vitale) del lavoratore.

Bedürfnisse *npl* bisogni *mpl*, esigenze *fpl*, necessità *fpl*; **persönliche ~** *npl* esigenze *fpl* personali; **wirtschaftliche ~** *npl* necessità *fpl* economiche.

bedürftig *adj* bisognoso, indigente, disagiato, povero.

Bedürftige/r *f/m* bisognoso/-a *m/f*, indigente *m/f*, disagiato/-a *m/f*, povero/-a *m/f*.

Bedürftigkeit *f (Bedürfnis)* necessità *f*, bisogno *m*, *(Not)* indigenza *f*, povertà *f*, stato *m* di bisogno.

Bedürftigkeits | nachweis *m* documentazione *f* attestante lo stato di bisogno, documentazione *f* comprovante lo stato di bisogno; **~zeugnis** *n* certificato *m* di povertà, certificazione *f* attestante lo stato di bisogno.

beeiden *v (beschwören)* confermare (o: dichiarare) sotto giuramento, prestare giuramento, giurare, asseverare con giuramento.

beeidet *adj* giurato, asseverato.

beeidigen *v* [1] *(beeiden)* confermare (o: dichiarare) sotto giuramento, prestare giuramento, giurare, asseverare con giuramento.

beeidigen *v* [2] *(vereidigen)* far(e) prestare (il) giuramento, far(e) giurare.

beeidigt *adj* giurato, asseverato.

Beeidigung *f* [1] *(Beeidung)* prestazione *f* di giuramento, giuramento *m*, deposizione *f* giurata, asseverazione *f*.

Beeidigung *f* [2] *(Vereidigung)* il far(e) prestare (il) giuramento, il far(e) giurare.

Beeidung *f* prestazione *f* di giuramento, giuramento *m*, deposizione *f* giurata, asseverazione *f*.

beeinträchtigen *v* pregiudicare, recare pregiudizio a, *(schaden)* danneggiare, recare danno a, nuocere a, *(verletzen)* ledere, turbare (*il possesso*), *(beschränken)* limitare, ridurre, condizionare.

beeinträchtigend *adj* pregiudizievole.

beeinträchtigt *adj* pregiudicato, compromesso, *(beschädigt)* danneggiato, *(verletzt)* leso, *(beschränkt)* limitato, ridotto, condizionato.

Beeinträchtigung *f* pregiudizio *m*, *(Schaden)* danno *m*, danneggiamento *m*, detrimento *m*, *(lit)* nocumento *m*, *(Verletzung)* lesione *f*, turbativa *f* (*del possesso*), *(Belästigung)* molestia *f*, *(Verminderung)* limitazione *f*, riduzione *f*; **~** *f* **der Erwerbsfähigkeit** riduzione *f* della capacità lavorativa; **~** *f* **der Rechte** lesione *f* dei diritti.

beenden *v* finire, terminare, sospendere, chiudere, concludere, completare, ultimare.

Beendigung *f* fine *f*, termine *m*, conclusione *f*, cessazione *f*, risoluzione *f*, estinzione *f*, chiusura *f*, completamento *m*, compimento *m*, ultimazione *f*; **vorzeitige ~** *f* cessazione *f* anticipata, conclusione *f* anticipata; **~** *f* **des Arbeitsverhältnisses** *ArbR* cessazione *f* del rapporto di lavoro, estinzione *f* del rapporto di lavoro; **~** *f* **der Ehe** *EheR* rottura *f* del matrimonio, cessazione *f* del matrimonio, fine *f* del matrimonio; **~** *f* **der Feindseligkeiten** cessazione *f* delle ostilità; **~** *f* **der Gesellschaft** *GesR* estinzione *f* della società; **~** *f* **des Prozesses** *ProzR* estinzione *f* del processo.

beerben *v* succedere a, essere l'erede di; **der Erblasser ist von ... beerbt worden** l'erede/gli eredi del de cuius è/sono ....

Beerdigungsschein *m* permesso *m* di seppellimento.

befähigen *v* abilitare, qualificare, dichiarare idoneo, rendere atto, rendere capace, mettere in condizioni, consentire.

befähigt *adj* abilitato, qualificato, idoneo, adatto, atto, capace, abile, dotato.

Befähigung *f* abilitazione *f*, *(Qualifikation)* qualificazione *f*, qualifica *f*, *(Begabung)* idoneità *f*, competenza *f*, abilità *f*, capacità *f*, attitudine *f*, disposizione *f*; **berufliche ~** *f* abilitazione *f* all'esercizio della professione, qualificazione *f* professionale, qualifica *f* professionale, competenza *f* professionale; ~ *f* **zum Richteramt** abilitazione *f* alla magistratura, abilitazione *f* all'esercizio della professione di giudice.

Befähigungs | nachweis *m* titolo *m* abilitativo, titolo *m* di abilitazione; **~prüfung** *f* esame *m* di abilitazione, esame *m* di idoneità; **~schein** *m* certificato *m* di abilitazione; **~zeugnis** *n* titolo *m* abilitativo, titolo *m* di abilitazione, certificato *m* di abilitazione, diploma *m* di abilitazione.

befangen *adj* prevenuto, parziale, di parte; **sich für ~ erklären** *ProzR* astenersi.

Befangenheit *f* pregiudizio *m*, preconcetto *m*, prevenzione *f*, parzialità *f*; **einen Richter wegen Besorgnis der ~ ablehnen** *ProzR* ricusare un giudice per presunta parzialità, ricusare un giudice per motivi di legittimo sospetto (o: di legittima suspicione).

Befangenheits | antrag *m*; **~gesuch** *n* dichiarazione *f* di ricusazione.

Befehl *m* ordine *m*, ingiunzione *f*, imposizione *f*, intimazione *f*, decreto *m*, mandato *m*, comando *m*, istruzione *f*, disposizione *f*; **auf ~** [Gen / von Dat] per ordine di; **einen ~ ausführen** eseguire un ordine; **einen ~ erteilen** impartire un ordine; **den ~ übernehmen** assumere il comando; **einen ~ verweigern**; **einem ~ zuwiderhandeln** disobbedire a un ordine; **dienstlicher ~** *m* ordine *m* di servizio; **rechtmäßiger ~** *m* ordine *m* legittimo; **rechtswidriger bindender ~** *m* ordine *m* illegittimo vincolante.

befehlen *v* ordinare, ingiungere, imporre, intimare, prescrivere, decretare, comandare.

befehligen *v* avere il comando [di].

Befehls | empfänger/in *m/f* subordinato/-a *m/f*, subalterno/-a *m/f*, dipendente *m/f*, destinatario/-a *m/f* dell'ordine; **~gewalt** *f* potere *m* di comandare, potere *m* di comando, autorità *f*; **~haber** *m* comandante *m*; **~recht** *n* potere *m* di comandare, potere *m* di comando; **~verweigerung** *f* rifiuto *m* di obbedienza.

befinden *v* [über *Akk*] *(entscheiden, urteilen)* giudicare, decidere su, deliberare su, statuire su, pronunciarsi su, trovare, *(erachten)* ritenere, stimare, riconoscere; **sich ~** *v* essere, trovarsi; **sich im Irrtum ~** essere in errore; **für schuldig ~** *StrafProzR* giudicare colpevole.

befindlich *adj* che si trova.

befolgen *v* osservare, rispettare, ottemperare a, attenersi a, seguire, adempiere (a), eseguire.

Befolgung *f* osservanza *f*, rispetto *m*, ottemperanza *f*, adempimento *m*, esecuzione *f*; ~ *f* **eines Gesetzes** osservanza *f* della legge, rispetto *m* della legge, ottemperanza *f* alla legge.

Beförderer *m* *TransportR* vettore *m*, trasportatore *m*.

befördern *v* [1] *TransportR* trasportare, spedire.

befördern *v* [2] *ArbR (beruflich)* promuovere; **befördert werden** *ArbR (beruflich)* essere promosso, ottenere una promozione, avanzare di grado, salire di grado.

Beförderung *f* [1] *TransportR* trasporto *m*, spedizione *f*; **gebührenfreie ~** *f* *TransportR* trasporto *m* in franchigia; **gemischte ~** *f* *TransportR* trasporto *m* misto, trasporto *m* combinato; ~ *f* **im Durchgangsverkehr** *TransportR* trasporto *m* in transito; ~ *f* **gefährlicher Güter** *TransportR* trasporto *m* di merci pericolose; **Europäisches Übereinkommen** *n* **über die internationale ~ gefährlicher Güter auf der Straße** (*Abk* = **ADR**) *TransportR* Accordo *m* europeo relativo al trasporto internazionale delle merci pericolose su strada; ~ *f* **im internationalen Luftverkehr** *TransportR* trasporto *m* aereo internazionale; ~ *f* **auf dem Landweg** *TransportR* trasporto *m* via terra, trasporto *m* terrestre; ~ *f* **auf dem Luftweg** *TransportR* trasporto *m* via aerea, trasporto *m* aereo; ~ *f* **auf dem Seeweg** *TransportR* trasporto *m* via mare, trasporto *m* marittimo; ~ *f* **auf dem**

Straßenweg *TransportR* trasporto *m* su strada; **~** *f* **auf dem Wasserweg** *TransportR* trasporto *m* via acqua.

Beförderung *f* [2] *ArbR (beruflich)* promozione *f*, avanzamento *m* (*di grado*).

Beförderungsanspruch *m* [1] *TransportR (des Reisenden)* diritto *m* al trasporto.

Beförderungsanspruch *m* [2] *ArbR (des Beamten)* diritto *m* all'avanzamento (*di grado*).

Beförderungsbedingungen *fpl* *TransportR* condizioni *fpl* di trasporto.

Beförderungsbestimmungen *fpl* [1] *TransportR* regolamento *m* di trasporto.

Beförderungsbestimmungen *fpl* [2] *ArbR* norme *fpl* in materia di avanzamento (*di grado*), normativa *f* in materia di avanzamento (*di grado*).

Beförderungs | entgelt *n* *TransportR* prezzo *m* del trasporto, tassa *f* di trasporto, tariffa *f* di trasporto, costo *m* di trasporto, spese *fpl* di trasporto; **~gebühr** *f* *TransportR* tassa *f* di trasporto, diritto *m* di trasporto, tassa *f* di affrancatura, tariffa *f* di spedizione; **~genehmigung** *f* *TransportR* autorizzazione *f* di trasporto; **~gut** *n* *TransportR* merce *f* (trasportata); **~hindernis** *n* *TransportR* impedimento *m* al trasporto; **~kosten** *pl* *TransportR* costi *mpl* di trasporto, spese *fpl* di trasporto; **~leistung** *f* *TransportR* trasporto *m*; **~liste** *f* *ArbR* tabella *f* degli avanzamenti del personale; **~mittel** *n* *TransportR* mezzo *m* di trasporto; **~papiere** *npl* *TransportR* documenti *mpl* di trasporto; **~pflicht** *f* *TransportR* obbligo *m* di trasportare; **~preis** *m* *TransportR* prezzo *m* del trasporto; **~richtlinien** *fpl* *ArbR* direttive *fpl* per l'avanzamento del personale; **~risiko** *n* *TransportR* rischio *m* di trasporto; **~schein** *m* *TransportR* bolletino *m* di trasporto; **~tarif** *m* *TransportR* tariffa *f* di trasporto, tariffa *f* dei trasporti, tariffa *f* di spedizione.

Beförderungssteuer *f* *TransportR* imposta *f* sui trasporti.

Beförderungs | unternehmen *n* *TransportR* impresa *f* di trasporto; **~urkunde** *f* *TransportR* titolo *m* di trasporto.

Beförderungsvertrag *m* *TransportR* contratto *m* di trasporto (*di cose e persone*); **Übereinkommen** *n* **über den ~ im internationalen Straßenverkehr** (*Abk* = **CMR**) *TransportR* Convenzione *f* relativa al contratto di trasporto internazionale di merci su strada.

Beförderungsvorschriften *fpl* [1] *TransportR* regolamento *m* di trasporto.

Beförderungsvorschriften *fpl* [2] *ArbR* regolamento *m* in materia di avanzamento del personale.

Beförderungsweg *m* *TransportR* istradamento *m*, avviamento *m*, itinerario *m* della spedizione.

befrachten *v* caricare, noleggiare.

Befrachter/in *m/f* caricatore *m*, noleggiatore *m*.

Befrachtung *f* noleggio *m*.

Befrachtungs | bedingungen *fpl* condizioni *fpl* di noleggio; **~gesellschaft** *f* società *f* di noleggio; **~vertrag** *m* contratto *m* di noleggio.

befragen *v* chiedere [a], *(um Rat fragen)* consultare, interpellare, *(vernehmen)* interrogare, sentire, inquisire, *(Stat) (interviewen)* intervistare.

Befragung *f* *(Konsultation)* consultazione *f*, interrogazione *f*, *(Vernehmung)* interrogatorio *m*, esame *m*, inchiesta *f*, *(Umfrage)* sondaggio *m*, indagine *f*, *(Stat) (Interview)* intervista *f*, *(Stat)* rilevazione *f*; **informatorische ~** *f* *StrafProzR* interrogatorio *m* informale; **~** *f* **des Zeugen** *ProzR* esame *m* testimoniale.

befreien *v* liberare, *(entbinden, freistellen)* esentare, esonerare, esimere, dispensare, sollevare.

befreit *adj* liberato, *(freigestellt)* esonerato, esente, dispensato, sollevato.

Befreiung *f* liberazione *f*, *(Freistellung)* esenzione *f*, esonero *m*, dispensa *f*, immunità *f*; **einstweilige ~** *f* esenzione *f* provvisoria; **~ *f* von der Gerichtsbarkeit** esenzione *f* dalla giurisdizione; **~ *f* vom Militärdienst** esenzione *f* dal servizio militare.

Befreiungs | grund *m* causa *f* di esenzione; **~schein** *m* certificato *m* di esenzione, certificato *m* di dispensa; **~tatbestand** *m* ipotesi *f* di esenzione; **~vermächtnis** *n* *ErbR* legato *m* di liberazione di un debito.

befriedigen *v* soddisfare, tacitare, pagare, appagare, gratificare; **sich aus einem Sicherungsgut ~** *KredSichR* soddisfarsi su quanto fornito in garanzia.

befriedigend *adj* soddisfacente, discreto, gratificante.

befriedigt *adj* soddisfatto, contento, appagato, gratificato.

Befriedigung *f* soddisfacimento *m*, soddisfo *m*, soddisfazione *f*, pagamento *m*, appagamento *m*, gratificazione *f*; **abgesonderte ~ *f*** *InsolvenzR (§ 49 f. InsO)* diritto *m* del creditore privilegiato a essere soddisfatto separatamente nel fallimento, diritto *m* del creditore privilegiato a richiedere la separazione dei beni nel fallimento, esecuzione *f* individuale, esecuzione *f* autonoma; **anteilige ~ *f*; anteilmäßige ~ *f*; quotenmäßige ~ *f*** soddisfacimento *m* pro quota; **teilweise ~ *f*** soddisfacimento *m* parziale; **~ *f* aus dem Erlös der Zwangsversteigerung** il soddisfarsi sul ricavato della vendita forzata (del bene); **volle ~ *f* der Gläubiger** soddisfacimento *m* integrale dei creditori; **~ *f* aus dem Grundstück** *KredSichR (des Hypothekengläubigers)* il soddisfarsi sul bene ipotecato, il soddisfarsi sul bene oggetto dell'ipoteca, il soddisfarsi sul ricavato della vendita del bene ipotecato, il soddisfarsi sul prezzo ricavato dalla vendita forzata del bene oggetto di ipoteca.

Befriedigungs | recht *n* diritto *m* di soddisfarsi su un bene, diritto *m* di soddisfacimento; **~vorrecht** *n* diritto *m* di poziorità, diritto *m* di priorità, diritto *m* di pagamento preferenziale.

befristen *v* fissare una scadenza, fissare un termine, limitare nel tempo.

befristet *adj* limitato (nel tempo), *(Arbeitsverhältnis)* a tempo determinato, interinale, temporaneo, *(Einlage, Guthaben)* a scadenza (fissa), a termine (fisso), vincolato.

Befristung *f* apposizione *f* di un termine, fissazione *f* di un termine, termine *m*, limitazione *f* (*nel/di tempo, temporale*), delimitazione *f* (*nel tempo*), limite *m* di tempo, scadenza *f*.

Befugnis *f* facoltà *f*, potere *m*, potestà *f*, diritto *m*, autorizzazione *f*, autorità *f*, competenza *f*, spettanza *f*, attribuzione *f*, funzione *f*; **die ~se ausüben** esercitare le funzioni; **die ~se beschränken** limitare i poteri; **seine ~se überschreiten** oltrepassare i propri poteri; **die ~se übertragen** delegare i poteri, conferire i poteri, trasferire le competenze; **ausschließliche ~ *f*** diritto *m* esclusivo; **delegierte ~se** *fpl*; **übertragene ~se** *fpl* poteri *mpl* delegati, poteri *mpl* conferiti.

befugt *adj* autorizzato, competente; **~ sein** potere, avere (la) facoltà di, essere facoltizzato a, avere il diritto di, avere diritto a, essere in diritto di, essere legittimato a, essere autorizzato a; **nicht ~ sein** non essere autorizzato.

Befund *m* referto *m*, risultato *m*, esito *m*, diagnosi *f*, accertamento *m*; **ärztlicher ~** *m* referto *m* medico; **zollamtlicher ~** *m* risultato *m* della visita doganale, esito *m* della visita doganale.

befürworten *v* essere favorevole a, dare parere favorevole, approvare, *(unterstützen)* appoggiare, sostenere, patrocinare, perorare, caldeggiare, propugnare, *(empfehlen)* raccomandare, consigliare.

Befürworter/in *m/f* fautore/-trice *m/f*, sostenitore/-trice *m/f*, patrocinatore/-trice *m/f*.

Befürwortung *f* parere *m* favorevole, approvazione *f*, *(Unterstützung)* appoggio *m*, sostegno *m*, patrocinio *m*, *(Empfehlung)* raccomandazione *f*.

BEG (*Abk* = **Bucheffektengesetz**) *(CH) (Bundesgesetz über Bucheffekten)* legge *f* (federale) sui titoli contabili *(LTCo)*.

begebbar *adj* negoziabile.

Begebbarkeit *f* negoziabilità *f*.

begeben *v (Wechsel)* negoziare, *(Anleihe)* emettere.

Begebung *f (eines Wechsels)* negoziazione *f*, *(einer Anleihe)* emissione *f*; **~** *f* **von Aktien** emissione *f* di titoli azionari; **~** *f* **einer Anleihe** emissione *f* di un prestito; **~** *f* **eines Wechsels** negoziazione *f* di una cambiale.

Begebungs | fähigkeit *f* negoziabilità *f*; **~konsortium** *n* consorzio *m* di emissione; **~kosten** *pl* spese *fpl* di emissione, costo *m* di emissione; **~kurs** *m* corso *m* di emissione, prezzo *m* di emissione; **~land** *n* paese *m* di emissione; **~preis** *m* prezzo *m* di emissione; **~vertrag** *m* contratto *m* di emissione.

begehen *v* [1] *(verüben)* commettere, compiere, perpetrare, incorrere in.

begehen *v* [2] *(besichtigen)* ispezionare, visitare, controllare.

begehren *v* domandare, richiedere, desiderare, ambire, bramare.

Begehren *n* domanda *f*, istanza *f*, richiesta *f*.

Begehung *f* [1] *(Verübung)* commissione *f*, perpetrazione *f*, esecuzione *f*.

Begehung *f* [2] *(Besichtigung)* ispezione *f*, controllo *m*.

Begehungs | delikt *n StrafR* reato *m* commissivo, reato *m* di azione; **~ort** *m StrafR* luogo *m* del commesso reato.

Beginn *m* inizio *m*, principio *m*, esordio *m*, decorrenza *f*, apertura *f*, avviamento *m*, avvio *m*; **~** *m* **der Arbeiten** inizio *m* dei lavori; **~** *m* **des Beschäftigungsverhältnisses** *ArbR* inizio *m* del rapporto di lavoro; **~** *m* **der Hauptverhandlung** *StrafProzR* apertura *f* del dibattimento; **~** *m* **der Laufzeit einer Police** *VersR* decorrenza *f* della polizza (*assicurativa*), data *f* di decorrenza della polizza (*assicurativa*); **~** *m* **der Tätigkeit** inizio *m* dell'attività; **~** *m* **der Verjährungsfrist** decorrenza *f* del termine di (o: della) prescrizione, decorrenza *f* del termine prescrizionale, momento *m* iniziale di decorrenza del termine prescrizionale; **~** *m* **der Versicherung** *VersR* decorrenza *f* dell'assicurazione, decorrenza *f* della copertura assicurativa, decorrenza *f* della polizza assicurativa, data *f* di decorrenza dell'assicurazione, data *f* di decorrenza della copertura assicurativa, data *f* di decorrenza della polizza assicurativa; **~** *m* **der Verzinsung** decorrenza *f* degli interessi, data *f* di decorrenza degli interessi.

beglaubigen *v* legalizzare, autenticare, certificare, convalidare, omologare, vidimare, vistare, legittimare, *(dipl)* accreditare; **notariell ~ lassen** fare autenticare da un notaio.

beglaubigt *adj* legalizzato, autenticato, convalidato, vidimato, vistato, *(dipl)* accreditato; **notariell ~** autenticato da un notaio.

Beglaubigung *f* legalizzazione *f*, autenticazione *f*, autentica *f*, certificazione *f*, convalidamento *m*, convalida *f*, omologazione *f*, vidimazione *f*, legittimazione *f*, *(dipl)* accreditamento *m*; **amtliche ~** *f* autenticazione *f*, autentica *f*; **gerichtliche ~** *f* legalizzazione *f* giudiziaria, autenticazione *f* giudiziaria; **konsularische ~** *f* legalizzazione *f* consolare; **notarielle ~** *f* autenticazione *f* notarile, autentica *f* notarile; **öffentliche ~** *f* autenticazione *f*, autentica *f*; **~** *f* **der Unterschrift** autenticazione *f* della firma, autentica *f* di firma, legalizzazione *f* di firma.

Beglaubigungs | bescheinigung *f* certificato *m* di autenticazione; **~gebühr** *f* diritto *m* di legalizzazione, tassa *f* di legalizzazione, diritto *m* di autenticazione; **~schreiben** *n* lettera *f* credenziale, credenziali *fpl*.

begleichen *v* saldare, pagare, liquidare, regolare, *(Schuld)* estinguere.

Begleichung *f* saldo *m*, pagamento *m*,

liquidazione *f*, regolamento *m*, *(einer Schuld)* estinzione *f*.

Begleit | brief *m* lettera *f* d'accompagnamento; **~frachtbrief** *m* lettera *f* di vettura accompagnante il carico; **~maßnahme** *f* misura *f* di sostegno, misura *f* di accompagnamento, misura *f* accessoria; **~papiere** *npl* documenti *mpl* di accompagnamento, documenti *mpl* accompagnatori, documenti *mpl* allegati, documenti *mpl* di spedizione; **~person** *f (z. B. eines Zeugen)* accompagnatore *m*; **~schein** *m* bolla *f* di accompagnamento, bolletta *f* di accompagnamento, *(Zoll)* bolletta *f* doganale di transito, *(Waren)* foglio *m* di via; **~schreiben** *n* lettera *f* di accompagnamento; **~schutz** *m* scorta *f*; **~umstände** *mpl* circostanze *fpl* concomitanti; **~zettel** *m* bolla *f* di accompagnamento, bolletta *f* di accompagnamento, *(Zoll)* bolletta *f* doganale di transito.

begnadigen *v* graziare, concedere la grazia.

Begnadigung *f* grazia *f*, concessione *f* di grazia; **bedingte ~** *f* grazia *f* condizionale.

Begnadigungs | akt *m*; **~anordnung** *f* atto *m* di grazia; **~befugnis** *f* potere *m* di graziare, facoltà *f* di graziare; **~gesuch** *n (CH)* domanda *f* di grazia; **~kommission** *f* commissione *f* per l'esame delle domande di grazia; **~recht** *n* diritto *m* di graziare.

Begräbniskosten *pl* spese *fpl* funebri, spese *fpl* funerarie, spese *fpl* di funerale.

Begriff *m (Wort)* termine *m*, *(Ausdruck)* concetto *m*, nozione *f*, definizione *f*, *(Vorstellung)* idea *f*, opinione *f*, giudizio *m*; **gesetzlicher ~** *m* concetto *m* legale; **juristischer ~** *m* concetto *m* giuridico; **strafrechtlicher ~** *m* nozione *f* penalistica; **zivilrechtlicher ~** *m* nozione *f* civilistica.

Begriffs | bestimmung *f* definizione *f*; **~jurisprudenz** *f* giurisprudenza *f* dei concetti.

begründen *v* [1] *(gründen)* fondare, creare, *(Recht)* costituire.

begründen *v* [2] *(einen Grund angeben)* motivare, addurre ragioni (a sostegno di qc.), esporre i motivi (specifici), indicare i motivi, enunciare i motivi, argomentare, giustificare, provare.

Begründer/in *m/f* fondatore/-trice *m/f*, creatore/-trice *m/f*.

begründet *adj* fondato, giustificato, legittimo, motivato; **nicht hinreichend ~** non sufficientemente motivato, non motivato a sufficienza, motivato in modo insufficiente, non adeguatamente motivato, non corroborato di elementi sufficienti, non aver fornito una motivazione adeguata, non aver fornito motivazioni sufficienti.

Begründetheit *f (einer Klage)* ↔ *Zulässigkeit* fondatezza *f* (della domanda in diritto sostanziale).

Begründung *f* [1] *(Gründung)* fondazione *f*, creazione *f*, *(eines Rechts)* costituzione *f*; **~** *f* **der Lebenspartnerschaft** *FamR (§ 1 LPartG)* costituzione *f* dell'unione civile tra persone dello stesso sesso; **~** *f* **eines Rechts** costituzione *f* di un diritto; **~** *f* **eines dinglichen Rechts** costituzione *f* di un diritto reale; **~** *f* **des Rechtsverhältnisses** costituzione *f* del rapporto giuridico.

Begründung *f* [2] *(Angabe der Gründe)* motivazione *f*, motivi *mpl*, esposizione *f* dei motivi (specifici), indicazione *f* dei motivi, formulazione *f* dei motivi, enunciazione *f* dei motivi, argomentazione *f*, giustificazione *f*; **mit der ~, dass** adducendo (come motivo) che; **zur ~ vortragen** argomentare, motivare; **fehlende ~** *f* omessa motivazione *f*; **mangelnde ~** *f* difetto *m* di motivazione; **schlüssige ~** *f* argomentazione *f* concludente; **überzeugende ~** *f* argomentazione *f* convincente; **unzureichende ~** *f* motivazione *f* insufficiente; **widersprüchliche ~** *f* motivazione *f* contraddittoria; **~** *f* **des Antrags** motivazione *f* della domanda, motivazione *f* del ricorso, motivazione *f* dell'istanza; ~ *f* **des Urteils** motivazione *f* della sentenza.

Begründungs | frist *f ProzR* termine *m* per la motivazione, termine *m* per la presentazione dei motivi; **~mangel** *m* difetto *m* di motivazione; **~pflicht** *f*; **~zwang** *m* obbligo *m* di motivazione.

begünstigen *v* [1] *(fördern)* favorire, promuovere, appoggiare, agevolare, avvantaggiare, *(bevorzugen)* privilegiare, preferire.

begünstigen *v* [2] *(D) StrafR (nachträglich einen Täter unterstützen, die durch die Tat erlangten Vorteile zu sichern)* favoreggiare (*commettere il delitto di favoreggiamento reale*).

begünstigen *v* [3] *(A, CH) StrafR (zu Unrecht von der Strafverfolgung absehen)* favoreggiare (*commettere il delitto di favoreggiamento personale*).

Begünstigte/r *f/m* beneficiario/-a *m/f*, privilegiato/-a *m/f*.

Begünstigung *f* [1] *(Förderung)* favore *m*, beneficio *m*, aiuto *m*, vantaggio *m*, trattamento *m* di favore, *(Vergünstigung)* agevolazione *f*, facilitazione *f*, privilegio *m*, preferenza *f*, favoritismo *m*; **steuerliche** ~ *f* agevolazione *f* tributaria.

Begünstigung *f* [2] *(D) StrafR (sachliche Begünstigung: nachträgliche Unterstützung des Täters, die durch die Tat erlangten Vorteile zu sichern) (§ 257 StGB)* favoreggiamento *m* (*reale*); **sachliche** ~ *f* favoreggiamento *m* reale.

Begünstigung *f* [3] *(A, CH) StrafR (Strafvereitelung) (§ 299 öStGB; Art. 305 sStGB)* favoreggiamento *m* (*personale*); **persönliche** ~ *f* favoreggiamente *m* personale.

Begünstigungs | abkommen *n* accordo *m* di trattamento preferenziale; **~klausel** *f* clausola *f* di trattamento preferenziale; **~maßnahme** *f* misura *f* di favore, misura *f* preferenziale; **~tarif** *m* tariffa *f* preferenziale; **~vertrag** *m* contratto *m* di favore.

begutachten *v* periziare, esaminare.

Begutachter/in *m/f* perito *m*, stimatore/-trice *m/f*, esperto/-a *m/f*, consulente *m* tecnico *(C.T.)*.

Begutachtung *f* perizia *f*, parere *m*, esame *m*, referto *m*, consulenza *f* tecnica *(C.T.)*; **psychiatrische** ~ *f* **des Angeklagten** perizia *f* psichiatrica sull'imputato.

behandeln *v* trattare (di), *(handhaben)* usare, maneggiare, *(einen Patienten)* curare; **ungleich** ~; **unterschiedlich** ~ discriminare; **vertraulich** ~ trattare con riservatezza.

behandelnd *adj* curante.

Behändigung *f (A)* consegna *f*.

Behandlung *f (Bearbeitung)* trattamento *m*, regime *m*, *(Handhabung)* uso *m*, maneggio *m*, *(Ausführung, Abhandlung)* trattazione *f*, *(ärztliche Betreuung)* cura *f* (medica), *(Therapie)* terapia *f*; **ärztliche** ~ *f* cura *f* medica, trattamento *m* medico, terapia *f*; **bevorzugte** ~ *f* trattamento *m* preferenziale; **diskriminierende** ~ *f* trattamento *m* discriminante, trattamento *m* discriminatorio; **dringliche** ~ *f* procedimento *m* d'urgenza; **entwürdigende** ~ *f* *(des Soldaten)*; **erniedrigende** ~ *f* trattamento *m* degradante; **fachgerechte** ~ *f* trattamento *m* a regola d'arte; **psychiatrische** ~ *f* cura *f* psichiatrica, trattamento *m* psichiatrico; **rechtliche** ~ *f* trattamento *m* giuridico; **steuerliche** ~ *f* regime *m* tributario, trattamento *m* tributario, regime *m* fiscale, trattamento *m* fiscale; **ungleiche** ~ *f* trattamento *m* differenziale, trattamento *m* discriminatorio; **unmenschliche** ~ *f* trattamento *m* inumano, trattamento *m* disumano; **unterschiedliche** ~ *f* trattamento *m* differenziale, trattamento *m* discriminatorio; **vorzugsweise** ~ *f* trattamento *m* di favore, regime *m* di favore.

Behandlungs | gebühr *f* tassa *f* di manutenzione, diritto *m* di manutenzione, tassa *f* di spedizione; **~kosten** *pl* spese *fpl* di manutenzione, spese *fpl* di gestione, *(Arztkosten)* spese *fpl* mediche, spese *fpl* di cura medica; **~pflicht** *f* trattamento *m* obbligatorio; **~plan** *m* programma *m* di trattamento; **~schein** *m (Krankenschein)* impegnativa *f*; **~vertrag** *m* contratto *m* di trattamento terapeutico (*tra medico e paziente*).

Beharrungsbeschluss *m (A)* deliberazione *f* di un organo parlamentare confermante una precedente deliberazione contro cui era stata mossa opposizione.

behaupten *v (die Behauptung aufstellen)* affermare, asserire, sostenere, dichiarare, argomentare, allegare, *(Position, Vorteil, Recht)* difendere, mantenere, conservare; **sich ~** *v* affermarsi, imporsi, consolidarsi, *(Wirtsch)* rimanere stabile.

behauptet *adj (Kurs, Preis)* sostenuto, stabile, fisso.

Behauptung *f (Äußerung)* affermazione *f*, asserzione *f*, dichiarazione *f*, tesi *f*, allegazione *f*, argomento *m*, pretesa *f*, *(Durchsetzung, Verteidigung)* difesa *f*, sostegno *m*; **eine ~ aufstellen** affermare, asserire, sostenere, dichiarare; **erhebliche ~** *f* allegazione *f* rilevante; **irrelevante ~** *f* allegazione *f* irrilevante; **rechtliche ~** *f* allegazione *f* di diritto; **rechtserhebliche ~** *f* allegazione *f* (giuridicamente) rilevante; **tatsächliche ~** *f* allegazione *f* di fatto; **unerhebliche ~** *f* allegazione *f* irrilevante.

Behauptungslast *f ProzR* onere *m* della parte di esporre i propri argomenti.

behebbar *adj* riparabile, eliminabile, rimuovibile.

beheben *v* [1] *(beseitigen, aufheben)* risolvere, rimediare, ovviare, riparare, correggere, eliminare, rimuovere, togliere.

beheben *v* [2] *(A) (von der Bank, von einem Konto abheben)* prelevare.

Behebung *f* [1] *(Beseitigung)* eliminazione *f*, rimozione *f*.

Behebung *f* [2] *(A) (Abheben von der Bank, von einem Konto)* prelievo *m*, prelevamento *m*.

Behelf *m* rimedio *m*, espediente *m*.

beherbergen *v* ospitare, alloggiare (*dare alloggio*), albergare (*dare albergo*), accogliere.

Beherbergung *f* alloggio *m*, riparo *m*, alloggiamento *m*, sistemazione *f*.

Beherbergungs | betrieb *m* albergo *m*, azienda *f* alberghiera, impresa *f* alberghiera, esercizio *m* alberghiero; **~einrichtungen** *fpl* attrezzature *fpl* alberghiere; **~gewerbe** *n* industria *f* alberghiera; **~vertrag** *m* contratto *m* di albergo.

beherrschen *v* dominare, controllare, avere sotto controllo, mantenere sotto controllo, *(Kunst, Sprache)* padroneggiare, avere padronanza di, conoscere perfettamente, *(großen Einfluß haben)* esercitare un forte ascendente su.

beherrschend *adj* dominante, *(Gesellschaft)* controllante.

beherrscht *adj* controllato, sotto controllo.

Beherrschung *f* dominio *m*, controllo *m*, autocontrollo *m*, *(Können, Wissen)* padronanza *f*, conoscenza *f* perfetta.

Beherrschungsvertrag *m GesR (§ 291 AktG) (Form der Unternehmensverträge. Durch einen Beherrschungsvertrag unterstellt eine Aktiengesellschaft (AG) oder Kommanditgesellschaft auf Aktien (KGaA) die Leitung ihrer Gesellschaft einem anderen Unternehmen)* contratto *m* di controllo (in virtù del quale una società è soggetta ad attività di direzione e coordinamento da parte di un'altra).

behindern *v* impedire, ostacolare, intralciare, bloccare.

Behinderteneinstellungsgesetz *n (A)* (*Abk* = **BEinstG**) legge *f* (austriaca) relativa all'assunzione dei portatori di handicap.

Behindertengleichstellungsgesetz *n* (*Abk* = **BGG**) *(Gesetz zur Gleichstellung behinderter Menschen)* legge *f* sulla parità di trattamento delle persone diversamente abili, legge *f* per la parità dei portatori di handicap.

Behinderung *f* [1] *(Erschwerung)* impedimento *m*, ostacolo *m*, intralcio *m*.

Behinderung *f* [2] *(körperlich, geistig)* disabilità *f*, diversa abilità *f*, invalidità *f*, minorazione *f*, menomazione *f*, handicap *m*.

Behörde *f* autorità *f*, ente *m*, organo *m*, ufficio *m* (pubblico); **betreibende ~** *f* autorità *f* procedente; **bewilligende ~** *f* autorità *f* concedente; **enteignende ~** *f* autorità *f* espropriante; **entscheidende ~** *f* organo *m* decisionale; **ermittelnde ~** *f* autorità *f* inquirente; **ersuchende ~** *f* autorità *f* richiedente; **ersuchte ~** *f* autorità *f* richiesta; **Hohe ~** *f* Alta Autorità *f*; **kollegiale ~** *f* autorità *f* collegiale; **kommunale ~** *f* autorità *f* comunale; **leitende ~** *f* organo *m* dirigente; **nachgeordnete ~** *f* autorità *f* inferiore, autorità *f* gerarchicamente dipendente; **oberste ~** *f* autorità *f* suprema; **öffentliche ~** *f* autorità *f* (pubblica); **örtliche ~** *f* autorità *f* locale; **staatliche ~** *f* autorità *f* (statale); **vollstreckende ~** *f*; **vollziehende ~** *f* autorità *f* esecutiva; **vorgeordnete ~** *f*; **vorgesetzte ~** *f* autorità *f* (gerarchicamente) superiore; **Zentrale ~** *f* *VölkerR* Autorità *f* centrale; **zivile ~** *f* autorità *f* civile; **zuständige ~** *f* autorità *f* competente.

Behörden *fpl* autorità *fpl*, apparato *m* amministrativo, apparato *m* burocratico.

Behörden | apparat *m* apparato *m* amministrativo, apparato *m* burocratico; **~aufbau** *m* organizzazione *f* amministrativa, struttura *f* amministrativa; **~leiter/in** *m/f* capo *m* ufficio; **~vertreter/in** *m/f* rappresentante *m/f* delle autorità; **~weg** *m*; **~zug** *m* via *f* gerarchica.

behördlich *adj* amministrativo, ufficiale, delle autorità.

behördlicherseits *adv* da parte delle autorità.

Beiakte *f* fascicolo *m* annesso.

beibringen *v* [1] *(Unterlagen, Zeugen)* produrre, presentare, esibire, fornire, addurre, allegare.

beibringen *v* [2] *(zufügen)* procurare, cagionare, infliggere.

beibringen *v* [3] *(dem Körper zuführen)* somministrare.

Beibringung *f* [1] *(von Unterlagen, Beweisen)* produzione *f*, presentazione *f*, esibizione *f*, allegazione *f*; **~** *f* **der Beweise** produzione *f* delle prove, esibizione *f* delle prove; **~** *f* **der Urkunden** produzione *f* dei documenti, produzione *f* degli atti, presentazione *f* dei documenti, presentazione *f* degli atti, esibizione *f* dei documenti, esibizione *f* degli atti.

Beibringung *f* [2] *(Zufügen)* il procurare, il cagionare, cagionamento *m*, l'infliggere.

Beibringung *f* [3] *(von Stoffen)* somministrazione *f*; **~** *f* **von Gift** somministrazione *f* di sostanze velenose.

Beibringungsgrundsatz *m* *ZivProzR (die Prozessparteien müssen die streitentscheidenden Tatsachen selbst beibringen und gegebenenfalls beweisen) = Verhandlungsgrundsatz, Verhandlungsmaxime* principio *m* dispositivo (*in senso processuale o in senso improprio: solo alle parti spetta l'indicazione dei mezzi di prova a sostegno dei fatti allegati in giudizio, con conseguente vincolo del giudice alle iniziative delle parti per ciò che riguarda in genere la tecnica e lo svolgimento interno del processo e in particolare la scelta degli strumenti per la formazione del convincimento giudiziale*), principio *m* di (o: della) disponibilità delle prove.

Beichtgeheimnis *n* segreto *m* confessionale.

beiderseitig *adj* da entrambe le parti, bilaterale, mutuo, comune, reciproco, vicendevole.

beifügen *v* allegare, accludere, includere, unire, aggiungere.

beigefügt *adj* allegato, in allegato, (qui) accluso.

Beigeladene/r *f/m* terzo *m* citato dal tribunale amministrativo o sociale per intervenire nel processo, controinteressato *m*.

beigeordnet *adj* aggiunto.

Beigeordnete/r *f/m* assessore *m*

comunale, vicesindaco *m*; **Erste/r ~** *f/m* assessore *m* delegato.
Beihelfer/in *m/f StrafR* complice *m/f*.
Beihilfe *f* [1] *StrafR (§ 27 StGB)* complicità *f*, concorso *m*; **~ leisten** *StrafR* essere complice (*di qn. in un'azione criminosa*), prestare aiuto (*al reo*); **~ zu einem Mord leisten** *StrafR* essere complice (di qn.) in un omicidio; **intellektuelle ~** *f*; **moralische ~** *f StrafR* complicità *f* psichica, complicità *f* morale; **physische ~** *f StrafR* complicità *f* fisica, complicità *f* materiale; **psychische ~** *f StrafR* complicità *f* psichica, complicità *f* morale; **~** *f* **zum Selbstmord** *StrafR* aiuto *m* al suicidio.
Beihilfe *f* [2] *(finanzielle Unterstützung)* sussidio *m*, sovvenzione *f*, aiuto/-i m/pl, assegno/-i m/pl, contributo *m*; **finanzielle ~** *f* aiuto *m* finanziario, sussidio *m* finanziario; **staatliche ~** *f* contributo *m* statale, sovvenzione *f* statale, sussidio *m* statale, aiuto *m* statale, aiuto *m* pubblico.
Beihilfe | empfänger/in *m/f* sovvenzionato/-a *m/f*, sussidiato/-a *m/f*; **~gewährung** *f* concessione *f* dell'aiuto, concessione *f* degli aiuti; **~maßnahme** *f* misura *f* di aiuto; **~plan** *m* piano *m* di aiuto; **~programm** *n* programma *m* di aiuto.
beiladen *v ProzR* ordinare l'intervento di un terzo (*da parte del giudice*).
Beiladung *f ProzR* intervento *m* di un terzo (*per ordine del giudice*).
Beilage *f* allegato *m*, aggiunta *f*, appendice *f*, *(Verlagsw)* supplemento *m*, *(Verlagsw)* inserto *m*.
Beilbrief *m (CH)* atto *m* di mutuo ipotecario.
beilegen *v* [1] *(beifügen)* allegare, accludere, includere, unire, aggiungere.
beilegen *v* [2] *(Streitigkeit)* comporre, accomodare, regolare, risolvere, transigere, dirimere.
beilegen *v* [3] *(Bedeutung, Gewicht)* ascrivere, attribuire, dare.
Beilegung *f (der Streitigkeit, des Konflikts)* composizione *f*, componimento *m*, accomodamento *m*, aggiustamento *m*, conciliazione *f*, definizione *f*, risoluzione *f*, appianamento *m*, sistemazione *f*, regolamento *m*; **friedliche ~** *f* componimento *m* pacifico; **gerichtliche ~** *f* componimento *m* giudiziario; **gütliche ~** *f* componimento *m* amichevole, componimento *m* bonario, composizione *f* amichevole, composizione *f* bonaria, definizione *f* amichevole, definizione *f* bonaria, accomodamento *m* amichevole; **schiedsgerichtliche ~** *f* componimento *m* arbitrale; **~** *f* **einer Streitigkeit** definizione *f* di una controversia, definizione *f* di una lite, risoluzione *f* di una controversia, regolamento *m* di una controversia, componimento *m* di una controversia, componimento *m* di una lite, composizione *f* di una controversia, composizione *f* di una lite; **Europäisches Übereinkommen** *n* **zur friedlichen ~ von Streitigkeiten** *EuR* Convenzione *f* europea sulla composizione pacifica di controversie.
beiliegend *adj* allegato, in allegato, (qui) accluso.
Beinote *f* certificato *m* provvisorio per l'acquisto all'ingrosso di merci a termine.
BEinstG (*Abk* = **Behinderteneinstellungsgesetz**) *(A)* legge *f* (austriaca) relativa all'assunzione dei portatori di handicap.
beiordnen *v* affiancare, associare, nominare un difensore d'ufficio, nominare quale procuratore alle liti.
Beiordnung *f* associazione *f*, assegnazione *f*, nomina *f* di un difensore d'ufficio.
beipflichten *v (zustimmen)* essere d'accordo, concordare, acconsentire, assentire, consentire, aderire, *(Meinung)* approvare, condividere.
Beirat *m* consiglio *m*, comitato *m* consultivo, comitato *m* di consulenza, commissione *f* consultiva.
Beisassen *pl (CH)* residenti *mpl*, soggetti *mpl* che non possiedono completamente il diritto di

cittadinanza di un comune; **~geld** *n (CH)* imposta *f* di residenza.
beischreiben *v (als amtliche Eintragung niederschreiben)* annotare, aggiungere.
Beischreibung *f* annotazione *f*, aggiunta *f*.
Beisein *n* presenza *f*; **im ~ von Zeugen** alla presenza di testimoni, in presenza di testimoni.
Beiseiteschaffen *n* sottrazione *f*; **~** *n* **von Nachlassgegenständen** *ErbR* sottrazione *f* di beni ereditari.
Beisichführen *n StrafR (einer Waffe oder eines gefährlichen Werkzeuges)* porto *m* (d'armi).
beisitzen *v* essere assessore.
Beisitzer/in *m/f ProzR* giudice *m* a latere, *(eines Vorstands)* membro *m* della presidenza, membro *m* della direzione, *(Ausschussmitglied)* membro *m* di una commissione, assessore *m*, *(bei Prüfung)* assistente *m/f*.
Beistand *m (Hilfe, Unterstützung)* aiuto *m*, assistenza *f*, soccorso *m*, sostegno *m*, patrocinio *m*, *(Person)* patrocinatore/-trice *m/f*, patrono *m*, consulente *m/f*, consigliere *m*, protutore *m (CH)*, curatore/-trice *m/f*, tutore/-trice *m/f*; **~ leisten** assistere, prestare assistenza, soccorrere; **anwaltlicher ~** *m* assistenza *f* legale, patrocinio *m* (*legale*), patrocinatore/-trice *m/f* (*legale*), avvocato *m (avv.)*, consulente *m/f* legale, assistente *m/f* legale; **finanzieller ~** *m* sostegno *m* finanziario; **gegenseitiger ~** *m* mutua assistenza *f*; **konsularischer ~** *m* assistenza *f* consolare; **mittelfristiger finanzieller ~** *m* sostegno *m* finanziario a medio termine; **rechtlicher ~** *m* assistenza *f* legale, patrocinio *m* (*legale*), patrocinatore/-trice *m/f* (*legale*), avvocato *m (avv.)*, consulente *m/f* legale, assistente *m/f* legale; **vorläufiger ~** *m* tutore *m* provvisorio.
Beistandsabkommen *n* accordo *m* di mutua assistenza.
Beistandschaft *f (A, CH)* curatela *f*, protutela *f*.
Beistands | leistung *f* prestazione *f* di assistenza; **gegenseitiger ~pakt** *m* patto *m* di mutua assistenza; **~pflicht** *f* obbligo *m* di assistenza; **~recht** *n* diritto *m* di assistenza; **~verpflichtung** *f* obbligo *m* di assistenza; **militärischer ~vertrag** *m* trattato *m* di assistenza militare.
beistehen *v* [*Dat*] assistere, aiutare, soccorrere.
beistimmen *v* acconsentire a.
Beitrag *m* [1] contributo *m*, contribuzione *f*, quota *f*, *VersR (Prämie)* premio *m*; **einen ~ einheben** *(A)*; **einen ~ einziehen** riscuotere un contributo; **einen ~ zahlen** pagare un contributo; **anteilsmäßiger ~** *m* contributo *m* proporzionale; **außerordentlicher ~** *m* contributo *m* straordinario; **ausstehender ~** *m* contributo *m* arretrato; **freiwilliger ~** *m* contributo *m* facoltativo; **rückständiger ~** *m* contributo *m* arretrato; **verhältnismäßiger ~** *m* contributo *m* proporzionale; **verlorener ~** *m* contributo *m* a fondo perduto.
Beitrag *m* [2] *(Aufsatz)* saggio *m*, studio *m*, *(Artikel)* articolo *m*, *(zu einer Diskussion)* intervento *m*, commento *m*.
Beiträge *mpl* contributi *mpl*; **~ einziehen** riscuotere i contributi; **~ entrichten**; **~ leisten**; **~ zahlen** versare i contributi, pagare i contributi; **gezahlte ~** *mpl* contributi *mpl* versati, contributi *mpl* pagati.
beitragen *v* [zu *Dat*] contribuire, concorrere, partecipare.
Beitrags | abrechnung *f VersR* conteggio *m* del premio; **~anteil** *m* quota *f* contributiva, quota *f* parte; **~befreiung** *f* esenzione *f* contributiva; **~bemessung** *f (Sozialversicherung)* determinazione *f* dei contributi, calcolo *m* della contribuzione; **~bemessungsgrenze** *f (Sozialversicherung)* tetto *m* contributivo, massimale *m* contributivo, limite *m* per il calcolo dell'imposizione contributiva; **~bemessungsgrundlage** *f (Sozialversicherung)* imponibile *m*

contributivo; **~berechnung** *f* calcolo *m* di contribuzione; **~bescheinigung** *f* ricevuta *f* del contributo; **~deckung** *f* copertura *f* contributiva; **~depot** *n* deposito *m* di premio; **~eingänge** *mpl* contributi *mpl* versati, contributi *mpl* pagati, *VersR* premi *mpl* riscossi; **~einheit** *f* unità *f* contributiva; **~einnahmen** *fpl* contributi *mpl* versati, contributi *mpl* pagati, *VersR* premi *mpl* riscossi; **~einziehung** *f* riscossione *f* dei contributi; **~entrichtung** *f* versamento *m* dei contributi, versamento *m* contributivo, pagamento *m* dei contributi; **~erfordernis** *n* requisito *m* contributivo; **~erhöhung** *f* aumento *m* del contributo, aumento *m* contributivo, aumento *m* della quota; **~ermäßigung** *f* riduzione *f* del contributo, riduzione *f* della quota; **~erstattung** *f* rimborso *m* dei contributi, rimborso *m* della quota, *VersR* rimborso *m* del premio.

beitragsfrei *adj* esente da contribuzione.

Beitrags | freiheit *f* esenzione *f* contributiva; **~gesuch** *n* domanda *f* di sussidio; **~hinterziehung** *f* evasione *f* contributiva; **~höhe** *f* importo *m* del contributo, ammontare *m* contributivo, importo *m* della quota, *VersR* importo *m* del premio, ammontare *m* del premio; **~jahr** *n* anno *m* contributivo; **~klasse** *f* categoria *f* di contribuzione; **~last** *f* carico *m* contributivo; **~leistung** *f* versamento *m* del contributo, contribuzione *f*; **~marke** *f* *VersR* marca *f* assicurativa; **~monat** *m* mese *m* contributivo; **~pflicht** *f* obbligazione *f* contributiva.

beitragspflichtig *adj* soggetto a contribuzione.

Beitrags | pflichtige/r *f/m* soggetto *m* contribuente; **~quote** *f* quota *f* contributiva, aliquota *f* contributiva; **~rückerstattung** *f*; **~rückgewähr** *f* rimborso *m* dei contributi, rimborso *m* della quota, *VersR* rimborso *m* del premio; **~rückstand** *m* contributo *m* arretrato; **~rückvergütung** *f* rimborso *m* dei contributi, rimborso *m* della quota, *VersR* rimborso *m* del premio; **~satz** *m* aliquota *f* contributiva, aliquota *f* di contribuzione, tasso *m* di contribuzione, *VersR* tasso *m* di premio; **~senkung** *f* diminuzione *f* del contributo, riduzione *f* del contributo, riduzione *f* della quota; **~staffelung** *f* scaglionamento *m* dei premi; **~summe** *f* importo *m* del contributo, ammontare *m* contributivo, importo *m* della quota, *VersR* importo *m* del premio, ammontare *m* del premio; **~system** *n* sistema *m* contributivo, *VersR* sistema *m* del premio; **~tabelle** *f* tabella *f* contributiva; **~verfügung** *f* provvedimento *m* fissante l'ammontare del contributo; **~wert** *m* valore *m* contributivo; **~zahlende/r** *f/m*; **~zahler/in** *m/f* soggetto *m* contribuente; **~zahlung** *f* contribuzione *f*, versamento *m* dei contributi, versamento *m* contributivo, pagamento *m* dei contributi, pagamento *m* della quota, *VersR* pagamento *m* del premio; **~zeit** *f* periodo *m* contributivo, periodo *m* di contribuzione; **~zuschlag** *m* *VersR* supplemento *m* di premio.

beitreibbar *adj* recuperabile; **nicht** *adj* **~** irrecuperabile.

beitreiben *v* *(Forderung)* recuperare (*o: ricuperare attraverso esecuzione forzata*), riscuotere, esigere, incassare.

Beitreibung *f* recupero *m* (*o: ricupero attraverso esecuzione forzata*), riscossione *f*, esazione *f*, incasso *m*; **zwangsweise ~** *f* riscossione *f* coattiva.

Beitreibungs | behörde *f* autorità *f* incaricata del recupero (del credito), ufficio *m* esattoriale; **~kosten** *pl* spese *fpl* di recupero (del credito); **~verfahren** *n* procedimento *m* di recupero (del credito), procedimento *m* di riscossione.

beitreten *v* [*Dat*] aderire, entrare (a far parte di), accedere, iscriversi, affiliarsi, associarsi, aggregarsi, *(dem Rechtsstreit)* intervenire in giudizio.

Beitritt *m* [1] *(z.B. zur EU)* adesione *f*, partecipazione *f*, entrata *f*, ingresso *m*, accesso *m*, *(zum Staatsvertrag)* accessione *f*; **~** *m* **zur EU** adesione *f* all'UE; **~** *m* **zum Staatsvertrag** accessione *f* al trattato, adesione *f* al trattato.

Beitritt *m* [2] *(A) ZivProzR (zum Rechtsstreit)* intervento *m* accessorio.

Beitritts | abkommen *n* trattato *m* di adesione; **~alter** *n* età *f* all'entrata; **~antrag** *m* domanda *f* di adesione, domanda *f* di ammissione; **~bedingungen** *fpl* condizioni *fpl* di adesione; **~erklärung** *f* dichiarazione *f* di adesione; **~gesuch** *n* domanda *f* di adesione; **~klausel** *f* clausola *f* di adesione, clausola *f* di accessione; **~land** *n (z.B. EU)* paese *m* candidato all'adesione, paese *m* aderente; **~partnerschaft** *f (EU)* partenariato *m* di adesione; **~pflicht** *f* obbligo *m* di adesione, adesione *f* obbligatoria; **~protokoll** *n* protocollo *m* di adesione; **~recht** *n* diritto *m* di adesione; **~urkunde** *f* strumento *m* di adesione, strumento *m* di accessione, atto *m* di adesione; **~verhandlungen** *fpl* trattative *fpl* per l'adesione; **~vertrag** *m* trattato *m* di adesione; **~zwang** *m* obbligo *m* di adesione, adesione *f* obbligatoria.

beiwohnen *v* [1] [*Dat*] *(bei etwas anwesend sein)* assistere [a], partecipare [a], intervenire [a].

beiwohnen *v* [2] *(Geschlechtsverkehr haben)* avere rapporti sessuali.

Beiwohnung *f* [1] *(Anwesenheit)* presenza *f*, partecipazione *f*.

Beiwohnung *f* [2] *(Geschlechtsverkehr)* congiunzione *f* carnale.

beiziehen *v (besonders süddeutsch, österreichisch, schweizerisch)* → *hinzuziehen, heranziehen* consultare, ricorrere [a], chiamare, *(Akten des Verfahrens)* acquisire (il fascicolo).

Beiziehung *f (besonders süddeutsch, österreichisch, schweizerisch)* → *Hinzuziehung, Heranziehung* consultazione *f*, ricorso *m* [a], chiamata *f*, *(der Akten des Verfahrens)* acquisizione *f* (del fascicolo).

bekämpfen *v* [*Akk*] combattere [contro], lottare [contro], osteggiare, ostacolare.

Bekämpfung *f* lotta *f*; **~** *f* **der Arbeitslosigkeit** lotta *f* alla disoccupazione; **~** *f* **des Drogenhandels** lotta *f* al traffico di droga; **~** *f* **der Jugendkriminalität** repressione *f* della delinquenza minorile; **~** *f* **der organisierten Kriminalität** lotta *f* alla (o: contro la) criminalità organizzata, repressione *f* della criminalità organizzata; **~** *f* **des Terrorismus** lotta *f* al terrorismo.

bekannt *adj* noto, conosciuto, famoso; **dem Notar von Person/persönlich ~** conosciuto personalmente dal (o: da me) notaio, dal (o: da me) notaio personalmente conosciuto, personalmente noto a me notaio, della cui identità personale io notaio sono certo.

Bekanntgabe *f* comunicazione *f*, comunicato *m*, annuncio *m*, notifica *f*, notificazione *f*, pubblicazione *f*, divulgazione *f*, promulgazione *f*, proclamazione *f*; **~** *f* **des Wahlergebnisses** proclamazione *f* dei risultati elettorali.

bekannt geben [auch: bekanntgeben] comunicare, informare, annunciare, render(e) noto, notificare, dare notizia di, segnalare, pubblicare, divulgare, promulgare, proclamare.

bekannt machen [auch: bekanntmachen] comunicare, dare comunicazione di, dare notizia di, informare, avvisare, annunciare, render(e) noto, notificare, pubblicare, divulgare, promulgare, proclamare.

Bekanntmachung *f (A auch: Kundmachung)* comunicazione *f*, comunicato *m*, annuncio *m*, avviso *m*, manifesto *m*, notifica *f*, notificazione *f*, pubblicazione *f*, divulgazione *f*, promulgazione *f*, proclamazione *f*; **amtliche ~** *f* avviso *m* ufficiale; **gerichtliche ~en** *fpl* annunci *mpl* giudiziari, annunci *mpl* legali; **öffentliche ~** *f* avviso *m* al pubblico; **~** *f* **des**

Aufgebots *FamR* pubblicazione *f* di matrimonio.
Bekanntmachungsgebühr *f* tassa *f* di pubblicazione.
bekennen *v* confessare, riconoscere, ammettere, dichiarare, professare; **sich ~** professarsi, dichiararsi, riconoscersi, *(zu dem Anschlag)* rivendicare; **sich schuldig ~** *StrafProzR* dichiararsi colpevole, riconoscersi colpevole, confessarsi colpevole.
Bekenner | brief *m*; **~schreiben** *n* comunicato *m* rivendicativo.
Bekenntnis *n* confessione *f*, ammissione *f* (*di una colpa*), dichiarazione *f*, professione *f*, professione *f* di fede.
bekenntnisfrei *adj* non confessionale, laico.
Bekenntnis | freiheit *f VerfR* libertà *f* di culto, libertà *f* di fede; **~schule** *f* scuola *f* confessionale.
beklagt *adj ZivProzR* convenuto (*in giudizio*).
Beklagte/r *f/m (Zivil-, Arbeits-, Verwaltungsprozess)* convenuto/-a *m/f*, parte *f* convenuta; **als ~ auftreten** stare in giudizio come convenuto/-a, resistere in giudizio.
bekräftigen *v* confermare, asseverare, convalidare, avvalorare, corroborare, ratificare, rafforzare, sostenere.
Bekräftigung *f* conferma *f*, asseverazione *f*, convalida *f*, convalidamento *m*, avvaloramento *m*, corroborazione *f*, ratifica *f*, ratificazione *f*, rafforzamento *m*; **~ *f* der Wahrheit der Aussage** *ProzR* asseverazione *f* della verità della deposizione.
bekunden *v* mostrare, manifestare, dichiarare, *(Zeuge)* deporre; **glaubhaft ~** deporre in modo attendibile.
Bekundung *f* manifestazione *f*, dimostrazione *f*, professione *f*, dichiarazione *f*, *(Zeuge)* deposizione *f*; **glaubhafte ~** *f* deposizione *f* attendibile.
beladen *v* caricare.
Beladung *f* caricamento *m*.
Belang *m (Bedeutung)* significato *m*, *(Wichtigkeit)* importanza *f*, rilievo *m*, entità *f*; **ohne ~** senza importanza; **von ~** importante.
Belange *mpl (Interessen, Angelegenheiten)* interessi *mpl*; **dienstliche ~** *mpl* ragioni *fpl* di servizio; **öffentliche ~** *mpl* interesse *m* pubblico; **wesentliche ~** *mpl* interessi *mpl* essenziali; **wirtschaftliche ~** *mpl* interessi *mpl* economici.
belangen *v (gerichtlich)* citare (*in giudizio*), convenire (*in giudizio*), chiamare (*in giudizio, in causa*), far(e) causa [a], intentare causa [a], escutere (*un debitore*), perseguire (*legalmente*), procedere (*per vie legali*).
belassen *v* lasciare invariato.
belasten *v* [1] gravare, caricare, aggravare, incidere su, danneggiare, *(Konto)* addebitare, *(mit Steuern)* tassare, *(mit Kosten, Verantwortung)* addossare, *(hypothekarisch)* ipotecare, *(Umwelt)* inquinare; **mit einer Hypothek ~** *KredSichR* ipotecare; **steuerlich ~** *SteuerR* tassare, assoggettare a tassazione.
belasten *v* [2] *StrafProzR (Angeklagten)* deporre a carico di qn., accusare, imputare, incriminare.
belastend *adj* [1] gravoso, oneroso, pregiudizievole, *(umweltbelastend)* inquinante.
belastend *adj* [2] *StrafProzR (Aussage, Tatsache)* a carico, incriminante.
belastet *adj* gravato, *(hypothekarisch)* gravato da ipoteca (o: ipoteche), ipotecato, *(mit Steuern)* tassato, *(Konto)* addebitato, *(Umwelt)* inquinato; **mit einer Hypothek ~** *KredSichR* ipotecato, gravato da ipoteca.
belästigen *v* importunare, infastidire, disturbare, seccare, assillare, molestare.
Belästigung *f* disturbo *m*, seccatura *f*, molestia *f*; **sexuelle ~** *f* molestie *fpl* sessuali; **~ *f* der Allgemeinheit** pubblica molestia *f*.
Belastung *f* [1] gravame *m*, caricamento *m*, *(Last)* carico *m*, sovraccarico *m*, peso *m*, vincolo *m*, onere *m*, onere *m* pregiudizievole, onerosità *f*, aggravio *m*, *(Druck)* pressione *f*, incidenza *f*, *(Konto)* addebito *m*, addebitamento *m*, *(eines Grundstücks)* iscrizione *f* di gravami,

vincoli ed oneri pregiudizievoli di qualsiasi natura su un immobile, *(mit einer Hypothek)* iscrizione *f* ipotecaria, *(Schaden)* danno *m*, pregiudizio *m*, *(Umwelt)* inquinamento *m*; **außergewöhnliche ~en** *fpl SteuerR* oneri *mpl* straordinari (*deducibili dalla base imponibile*); **dingliche ~** *f SachenR* onere *m* reale, gravami *mpl* reali; **erbliche ~** *f* tara *f* ereditaria; **finanzielle ~** *f* onere *m* finanziario; **hypothekarische ~** *f* vincolo *m* ipotecario, onere *m* ipotecario, iscrizione *f* ipotecaria, iscrizione *f* di un'ipoteca; **steuerliche ~** *f* onere *m* tributario, onere *m* fiscale, carico *m* tributario, carico *m* fiscale, gravame *m* fiscale, imposizione *f* fiscale, pressione *f* fiscale, pressione *f* tributaria; **zulässige ~** *f* carico *m* ammissibile; **~** *f* **eines Grundstücks** *SachenR* iscrizione *f* di gravami, vincoli ed oneri pregiudizievoli di qualsiasi natura su un immobile, *(mit einer Hypothek)* iscrizione *f* di un'ipoteca su un immobile, iscrizione *f* ipotecaria su un immobile.

Belastung *f* ² *StrafProzR (im Sinne der Anklage)* deposizione *f* a carico, accusa *f*, incriminazione *f*.

Belastungs | anweisung *f* ordine *m* di addebito; **~anzeige** *f*; **~aufgabe** *f* nota *f* di addebito, avviso *m* di addebito, lettera *f* di addebitamento; **~beweis** *m StrafProzR* prova *f* a carico; **~grenze** *f* limite *m* di carico; **~material** *n StrafProzR* prove *fpl* a carico; **~note** *f* nota *f* di addebito; **~zeuge/-zeugin** *m/f StrafProzR* testimone *m/f* a carico, teste *m/f* a carico, testimone *m/f* dell'accusa, teste *m/f* d'accusa.

belaufen *v* [sich] [auf Akk] *(Summe, Kosten)* essere [di], ammontare [a], aggirarsi [su].

Beleg *m* ricevuta *f*, scontrino *m*, quietanza *f*, certificato *m*, documento *m* (giustificativo), documento *m* di prova, documento *m* comprovante, documento *m* attestante, pezza *f* giustificativa, pezza *f* d'appoggio, dimostrazione *f*, prova *f*.

belegbar *adj* documentabile, giustificabile.

belegen *adj* situato, sito, posto.

belegen *v* ¹ *(nachweisen)* documentare, dimostrare, giustificare, provare (con documenti), comprovare (con documenti giustificativi).

belegen *v* ² *(auferlegen)* imporre, gravare, colpire, *(mit einer Steuer)* tassare, *(mit einer Strafe)* infliggere, comminare, irrogare, applicare.

belegen *v* ³ *(in Bez. auf Vorlesungen, Kursen)* iscriversi a.

belegen *v* ⁴ *(besetzen)* occupare.

Belegenheit *f* localizzazione *f*.

Belegenheits | ort *m IPR* luogo *m* in cui è situato il bene immobile; **~staat** *m* Stato *m* del luogo in cui è situato il bene immobile.

Belegexemplar *n* esemplare *m* giustificativo.

Belegschaft *f* personale *m*, dipendenti *mpl*, maestranze *fpl*, equipaggio *m*.

Belegschafts | aktie *f* azione *f* a favore del prestatore di lavoro, azione *f* di lavoro; **~versammlung** *f* assemblea *f* del personale, assemblea *f* dei lavoratori; **~vertreter/in** *m/f* rappresentante *m/f* del personale, delegato/-a *m/f* del personale.

Belegung *f* ¹ *(Nachweis)* documentazione *f*.

Belegung *f* ² *(Auferlegung)* imposizione *f*.

Belegungsschaden *m* danno *m* ai beni requisiti.

belehnen *v (A)* prestare.

belehren *v (unterweisen)* istruire, *(aufklären)* informare, *ProzR (Zeugen, Sachverständige, Angeklagte)* avvertire, avvisare, ammonire.

Belehrung *f (Instruktion)* istruzione *f*, *(Aufklärung)* informazioni *fpl*, *ProzR (der Zeugen, Sachverständigen, Angeklagten)* avvertimento *m*, avvertenza *f*, avviso *m*, ammonimento *m*, ammonizione *f*; **fehlende ~** *f*; **unterlassene ~** *f* omesso avvertimento *m*; **~** *f* **des Zeugen (über seine Wahrheitspflicht)** *ProzR* ammonimento *m* del testimone (sull'obbligo di dire la verità).

beleidigen *v* offendere, insultare, ingiurare, oltraggiare.
beleidigend *adj* offensivo, oltraggioso, ingiurioso, insultante, lesivo.
Beleidiger/in *m/f* offensore *m*.
Beleidigte/r *f/m* offeso/-a *m/f*.
Beleidigung *f* [1] *(Oberbegriff)* offesa *f*, insulto *m*, oltraggio *m*, affronto *m*; **~** *f* **eines Staatsoberhauptes** offesa *f* a un capo di Stato.
Beleidigung *f* [2] *(§ 185 StGB)* ingiuria *f*; **grobe ~** *f* ingiuria *f* grave; **wechselseitige ~** *f* ingiuria *f* reciproca.
Beleidigungsabsicht *f* animus iniuriandi *(lat)*.
beleihen *v* prestare su pegno, concedere un prestito su pegno, costituire in pegno per ottenere un prestito, ipotecare (*immobili*).
Beleihung *f* prestito *m* (*contro garanzia*), anticipazione *f* (*bancaria*), ipoteca *f* (*su immobili*); **~** *f* **von Wertpapieren** anticipazione *f* su titoli, anticipazione *f* su valori mobiliari.
Beleihungs | grenze *f* limite *m* massimo di concessione di un prestito; **~wert** *m* valore *m* massimo per cui è consentita la concessione di un prestito, valore *m* finanziabile.
beliebig *adj* = *nach Belieben* qualsiasi, qualunque, a scelta, a piacere, a piacimento.
beliefern *v* fornire, rifornire, approvvigionare.
Belieferung *f* fornitura *f*, rifornimento *m*, approvvigionamento *m*.
Beliehene/r *f/m* incaricato/-a *m/f* di un pubblico servizio.
belohnen *v* ricompensare, retribuire, remunerare [o: rimunerare], premiare.
Belohnung *f* ricompensa *f*, retribuzione *f*, remunerazione *f* [o: rimunerazione], corrispettivo *m*, compenso *m*, premio *m*; **~** *f* **für die Ergreifung** premio *m* di cattura.
bemächtigen *v* [sich] [Gen] impossessarsi [di], impadronirsi [di].
bemängeln *v* criticare, reclamare.
Bemängelung *f* critica *f*, osservazione *f*, reclamo *m*.
Bemängelungs | anzeige *f (CH)* denuncia *f* dei vizi; **~frist** *f* termine *m* per reclamare.
bemessen *v* calcolare, misurare, determinare, fissare, valutare, stimare, commisurare; **sich ~** *v* [nach *Dat*] essere proporzionale [a], essere proporzionato [a].
Bemessung *f* calcolo *m*, computo *m*, determinazione *f*, fissazione *f*, liquidazione *f*, valutazione *f*, stima *f*, commisurazione *f*; **~** *f* **der Strafe** commisurazione *f* della pena.
Bemessungs | grundlage *f* base *f* di calcolo, base *f* di commisurazione, parametro *m* di commisurazione, *(Steuerbemessungsgrundlage)* base *f* imponibile, imponibile *m*; **~kriterium** *n*; **~maßstab** *m* criterio *m* di calcolo; **~verfahren** *n* metodo *m* di calcolo; **~zeitraum** *m* periodo *m* di calcolo.
benachrichtigen *v* comunicare, dare comunicazione di, dare notizia di, notificare, informare, avvisare, avvertire.
Benachrichtigung *f* comunicazione *f*, informazione *f*, segnalazione *f*, notizia *f*, avviso *m*, avvertimento *m*, notifica *f*, notificazione *f*; **fehlende ~** *f* mancato avviso *m*; **rechtzeitige ~** *f* avvertimento *m* tempestivo; **schriftliche ~** *f* comunicazione *f* scritta; **nach vorheriger ~** *f* previo avviso *m*.
Benachrichtigungs | gebühr *f* tassa *f* di preavviso; **~pflicht** *f* obbligo *m* di avviso; **~schreiben** *n* lettera *f* d'avviso.
benachteiligen *v* sfavorire, svantaggiare, danneggiare, recare danno, nuocere, pregiudicare, recare pregiudizio, penalizzare, discriminare.
Benachteiligung *f* svantaggio *m*, danno *m*, pregiudizio *m*, penalizzazione *f*, discriminazione *f*; **steuerliche ~** *f* discriminazione *f* fiscale.
Benachteiligungsverbot *n* divieto *m* di discriminazione.
Benehmen *n* [1] *(Verhalten)* comportamento *m*, atteggiamento *m*, contegno *m*, condotta *f*, buone maniere *fpl*.
Benehmen *n* [2] *(Rücksprache)* accordo *m*,

intesa *f*, concerto *m*, benestare *m*; **im ~** [mit *Dat*] d'accordo [con], d'intesa [con], di concerto [con], in consultazione [con], sentito; **sich ins ~ setzen** [mit *Dat*] accordarsi [con], consultarsi [con], mettersi in contatto [con].

benennen *v* denominare, *(angeben)* designare, nominare, indicare, *(vorschlagen)* proporre (il nome di qn.).

Benennung *f* [1] designazione *f*, nomina *f*; **~** *f* **eines Bevollmächtigten** nomina *f* di un procuratore; **~** *f* **des Nachfolgers** designazione *f* del successore; **~** *f* **von Zeugen** nomina *f* di testimoni; **~** *f* **eines Zustellungsbevollmächtigten** elezione *f* di domicilio.

Benennung *f* [2] *(Name, Bezeichnung)* denominazione *f*, nome *m*; **handelsübliche ~** *f* denominazione *f* commerciale.

benutzbar *adj (südd., österr. u. schweiz. meist: benützbar)* utilizzabile.

benutzen *v (südd., österr. u. schweiz. meist: benützen)* usare, utilizzare, adoperare, impiegare, servirsi di, approfittare di, sfruttare; **gemeinsam ~** usare in comune, condividere.

Benutzer/in *m/f (südd., österr. u. schweiz. meist: Benützer/in)* utente *m/f*, abbonato/-a *m/f* (*al telefono*).

Benutzung *f (südd., österr. u. schweiz. meist: Benützung)* uso *m*, utilizzo *m*, utilizzazione *f*, impiego *m*, utenza *f*, fruizione *f*; **gemeinschaftliche ~** *f* uso *m* (in) comune; **gewöhnliche ~** *f* uso *m* ordinario; **missbräuchliche ~** *f* uso *m* abusivo, abuso *m* di godimento; **öffentliche ~** *f* uso *m* pubblico; **~** *f* **öffentlicher Flächen** occupazione *f* di suolo pubblico; **widerrechtliche ~** *f* uso *m* illecito.

Benutzungs|berechtigte/r *f/m* utente *m/f*; **~bewilligung** *f* autorizzazione *f* d'uso; **~entgelt** *n* corrispettivo *m* d'uso; **~erlaubnis** *f* autorizzazione *f* d'uso; **~gebühr** *f* tassa *f* d'uso; **~genehmigung** *f* autorizzazione *f* d'uso; **~recht** *n* diritto *m* d'uso; **~verbot** *n* divieto *m* d'uso; **~zwang** *m* obbligo *m* di servirsi di una istituzione pubblica.

beobachten *v* osservare, *(überwachen)* sorvegliare, *(betrachten)* considerare, esaminare, rilevare, *(feststellen)* constatare, *(bemerken)* notare.

Beobachter *m* [f: Beobachterin] osservatore/-trice *m/f*; **als ~ teilnehmen** partecipare da osservatore; **politischer ~** *m* osservatore *m* politico; **ständiger ~** *m* osservatore *m* permanente.

Beobachter|gruppe *f* gruppo *m* di osservatori; **~status** *m* status *m* di osservatore, qualità *f* di osservatore.

Beobachtung *f* osservazione *f*, *(Überwachung)* sorveglianza *f*, controllo *m*, *(Feststellung)* constatazione *f*, *(von Gesetzen, Vorschriften)* osservanza *f*; **unter ~ stellen** mettere in osservazione; **besondere ~** *f (Strafvollzug)* sorveglianza *f* particolare; **psychiatrische ~** *f* osservazione *f* psichiatrica.

Beobachtungs|fehler *m* errore *m* di osservazione; **~zeit** *f* tempo *m* di osservazione.

beraten *v* [1] *(einen Rat geben)* consigliare, dare dei consigli, assistere (*professionalmente*), fornire una consulenza; **sich ~** *v* [mit *Dat*] consultarsi [con], conferire [con]; **sich anwaltlich ~ lassen**; **sich juristisch ~ lassen**; **sich rechtlich ~ lassen** consultare un legale, richiedere una consulenza legale.

beraten *v* [2] *(besprechen)* discutere, deliberare su.

beratend *adj* consultivo, consulente.

Berater/in *m/f (Ratgeber)* consigliere *m*, *(Sachberater)* consulente *m/f*; **juristische/r ~** *m/f* consulente *m/f* legale; **~** *m/f* **in Steuersachen** consulente *m/f* fiscale, consulente *m* tributario, commercialista *m/f*, fiscalista *m/f*, tributarista *m/f*.

Berater|tätigkeit *f* attività *f* di consulenza; **~vertrag** *m* contratto *m* di consulenza.

beratschlagen *v* deliberare, discutere.

Beratschlagung *f* deliberazione *f*, discussione *f*.

Beratung *f* [1] *(Raterteilung)* consulto *m*, consulenza *f*, consiglio *m*, assistenza *f* (*professionale*), *(Univ)* orientamento *m* (*per gli studenti*); **anwaltliche ~** *f* consulenza *f* legale, assistenza *f* legale; **~** *f* **im Einzelfall** consulenza *f* individuale; **erbrechtliche ~** *f* consulenza *f* in materia successoria, consulenza *f* in diritto delle successioni, consulenza *f* in materia ereditaria; **individuelle ~** *f* consulenza *f* individuale; **persönliche ~** *f* consulenza *f* personale; **~** *f* **in Steuerfragen** consulenza *f* fiscale, consulenza *f* tributaria.

Beratung *f* [2] *(Beraten)* discussione *f*, dibattito *m*, *(parl)* lettura *f*, *(Konsultation)* consultazione *f*, delibera *f*, deliberazione *f*, *(des Gerichts)* camera *f* di consiglio; **~en einleiten** avviare le consultazioni, iniziare le consultazioni; **allgemeine ~** *f* discussione *f* generale; **in erster ~** *(Gesetzentwurf) (parl)* in prima lettura; **parlamentarische ~** *f*; **~** *f* **im Parlament** discussione *f* parlamentare, discussione *f* in parlamento.

Beratungs- di consulenza, consultivo.

Beratungs | ausschuss *m* comitato *m* consultivo, comitato *m* di consulenza, commissione *f* consultiva; **~befugnis** *f* potere *m* consultivo; **~büro** *n* ufficio *m* di consulenza; **~dienst** *m* servizio *m* di consulenza; **~firma** *f* società *f* di consulenza; **~funktion** *f* funzione *f* consultiva; **~gegenstand** *m* oggetto *m* di discussione; **~geheimnis** *n* segreto *m* della camera di consiglio, segreto *m* delle deliberazioni; **~gesellschaft** *f* società *f* di consulenza; **~gespräch** *n* consulenza *f*; **~gremium** *n* organo *m* consultivo; **~hilfe** *f* consulenza *f* legale, assistenza *f* legale; **~körper** *m (A)*; **~körperschaft** *f*; **~organ** *n* organo *m* consultivo, organismo *m* consultivo; **~pflicht** *f* consulenza *f* obbligatoria; **~phase** *f* fase *f* consutiva.

Beratungsstelle *f* ufficio *m* di consulenza, consultorio *m*; **anerkannte ~** *f (Schwangerschaftsabbruch)* consultorio *m* familiare.

Beratungs | tätigkeit *f* attività *f* di consulenza, attività *f* consultiva; **~vertrag** *m* contratto *m* di consulenza; **~zentrum** *n* centro *m* di consulenza; **~zimmer** *n (des Gerichts)* camera *f* di consiglio.

berauben *v* derubare, rapinare, svaligiare.

Beraubung *f* rapina *f*, furto *m*.

Beraubungsversicherung *f* assicurazione *f* contro la rapina.

Berauschung *f (A)* ubriachezza *f*.

berechenbar *adj* calcolabile, computabile, valutabile, stimabile, prevedibile.

Berechenbarkeit *f* calcolabilità *f*.

berechnen *v (errechnen)* calcolare, conteggiare, contare, computare, *(in Rechnung stellen)* mettere in conto, fatturare, addebitare, imputare, *(abschätzen)* valutare, stimare, prevedere, preventivare, *(berücksichtigen)* tenere conto di, prendere in considerazione.

Berechnung *f (von Wert, Kosten, Umfang)* calcolo *m*, conteggio *m*, conto *m*, computo *m*, messa *f* in conto, *(Rechnung)* fatturazione *f*, addebito *m*, addebitamento *m*, liquidazione *f*, *(Voranschlag)* preventivo *m*; **überschlägige ~** *f*; **ungefähre ~** *f* calcolo *m* approssimativo; **~** *f* **des Dienstalters** computo *m* dell'anzianità di servizio; **~** *f* **der Frist** computo *m* del termine; **~** *f* **der Gebühren** liquidazione *f* dei diritti, liquidazione *f* delle spese.

Berechnungs | art *f* sistema *m* di calcolo; **~grundlage** *f* base *f* di calcolo; **~maßstab** *m* criterio *m* di calcolo; **~methode** *f* metodo *m* di calcolo; **~system** *n* sistema *m* di calcolo; **~verfahren** *n* metodo *m* di calcolo; **~zeitraum** *m* periodo *m* di calcolo.

berechtigen *v* [zu *Dat*] autorizzare [a], dare diritto [a].

berechtigt *adj* ↔ *verpflichtet* autorizzato, avente diritto, giustificato, fondato, legittimo, lecito; **~ sein** [zu *Dat*] avere il diritto [di], avere diritto [a], essere in diritto [di], avere (la) facoltà [di], essere facoltizzato [a], essere legittimato [a], essere autorizzato [a], potere.

Berechtigte/r *f/m* avente *m/f* diritto, beneficiario/-a *m/f* (*di un diritto*), titolare *m/f* del diritto, chi di diritto, persona *f* autorizzata; **dinglich ~** *f/m* titolare *m/f* del diritto reale.

Berechtigung *f* diritto *m*, facoltà *f*, potere *m*, autorizzazione *f*, legittimazione *f*, legittimità *f*, fondatezza *f*.

Berechtigungs | nachweis *m* prova *f* del diritto, legittimazione *f*; **~schein** *m (Erlaubnis)* permesso *m*, *(Kupon)* cedola *f*.

Bereich *m (Gebiet, Sektor)* campo *m*, ramo *m*, ambito *m*, settore *m*, sfera *f*, portata *f*, cerchia *f*, raggio *m*, area *f*, regione *f*, zona *f*; **innerstaatlicher ~** *m* settore *m* interno; **kritischer ~** *m* livello *m* critico; **öffentlicher ~** *m* settore *m* pubblico; **privater ~** *m* settore *m* privato, sfera *f* privata; **tertiärer ~** *m* settore *m* terziario; **unproduktiver ~** *m* settore *m* improduttivo.

bereichern *v* arricchire; **sich ungerechtfertigt ~** arricchirsi ingiustificatamente, arricchirsi senza causa.

Bereicherte/r *f/m* arricchito/-a *m/f*.

Bereicherung *f* arricchimento *m*; **grundlose ~** *f* arricchimento *m* senza causa; **persönliche ~** *f* arricchimento *m* personale; **ungerechtfertigte ~** *f SchuldR (§§ 812 ff. BGB)* ingiustificato arricchimento *m* [o: arricchimento ingiustificato], arricchimento *m* senza causa, arricchimento *m* indebito.

Bereicherungs | absicht *f StrafR* intenzione *f* di procurarsi un profitto, intento *m* di arricchirsi, intento *m* di arricchimento; **~anspruch** *m SchuldR*; **~klage** *f ZivProzR* azione *f* di arricchimento (senza causa), azione *f* di ingiustificato arricchimento, azione *f* di indebito arricchimento.

bereichsübergreifend *adj* interdisciplinare.

bereinigen *v* correggere, rettificare, *(Angelegenheit)* sistemare, regolare, comporre, definire, chiarire.

bereinigt *adj* corretto, rettificato.

Bereinigung *f* correzione *f*, rettifica *f*, aggiornamento *m*, *(der Angelegenheit)* sistemazione *f*, regolazione *f*, regolamento *m*, componimento *m*, definizione *f*, chiarimento *m*.

Bereitschaft *f* disponibilità *f*, disposizione *f*, propensione *f*, volontà *f*.

Bereitschafts | dienst *m* servizio *m* di turno; **~fall** *m* stato *m* d'allarme; **~richter/in** *m/f* magistrato *m* di turno.

bereitstellen *v* mettere a disposizione, rendere disponibile, fornire, preparare, approntare, apprestare, *(Geldmittel)* stanziare, erogare, concedere.

Bereitstellung *f* messa *f* a disposizione, preparazione *f*, approntamento *m*, apprestamento *m*, *(von Geldmitteln)* stanziamento *m*, concessione *f*; **~ *f* von Mitteln** stanziamento *m* di fondi.

Bereitstellungs | fonds *m* fondo *m* di stanziamenti; **~provision** *f* provvigione *f* di scoperto di conto, provvigione *f* bancaria.

Berg | amt *n* ufficio *m* minerario; **~aufsicht** *f* amministrazione *f* di sorveglianza mineraria; **~bauberechtigung** *f* concessione *f* mineraria; **~baugesellschaft** *f* società *f* mineraria; **~bauregal** *n* diritto *m* di sfruttamento di miniere; **~freiheit** *f* libertà *f* di prospezione; **~knappschaft** *f* corporazione *f* dei minatori; **~recht** *n* diritto *m* minerario.

bergrechtlich *adj* di diritto minerario.

Berg | regal *n* diritto *m* di sfruttamento di miniere; **~schäden** *mpl* danni *mpl* causati al proprietario della superficie da un'impresa mineraria; **~senat** *m* sezione *f* di tribunale competente in materia di diritto minerario.

Bergwerks | aktie *f* azione *f* mineraria; **~berechtigung** *f (A)* concessione *f* mineraria; **~besitzer/in** *m/f* proprietario/-a *m/f* di miniera; **~betrieb** *m* azienda *f* mineraria, impresa *f* mineraria; **~eigentum** *n* proprietà *f* mineraria; **~gesellschaft** *f* società *f* mineraria; **~gesetzgebung** *f* legislazione *f* mineraria; **~konzession** *f* concessione *f* mineraria; **~unternehmen** *n* impresa *f* mineraria, azienda *f* mineraria; **~vermögen** *n* patrimonio *m* minerario.

Bericht *m (Wiedergabe eines Sachverhalts)* relazione *f*, rapporto *m*, resoconto *m*, rendiconto *m*, esposto *m*, *(periodische Berichterstattung)* bollettino *m*, *(von Arzt)* referto *m*, *(Mitteilung)* comunicazione *f*, comunicato *m*, avviso *m*, *(Pressebericht)* notizia *f*, *(Kommentar)* commento *m*, *(Journal)* cronaca *f*, *(Journal)* servizio *m*, *(Journal)* reportage *m*; **einen ~ abfassen**; **einen ~ ausarbeiten** redigere un rapporto, stendere una relazione; **~ erstatten** riferire, relazionare, fare rapporto, stendere un rapporto; **einen ~ vorlegen** presentare un rapporto; **amtlicher ~** *m* relazione *f* ufficiale; **ausführlicher ~** *m* rapporto *m* particolareggiato; **detaillierter ~** *m* rapporto *m* dettagliato; **schriftlicher ~** *m* relazione *f* scritta; **statistischer ~** *m* bollettino *m* statistico; **vertraulicher ~** *m* rapporto *m* confidenziale.

berichten *v* riferire, relazionare, fare un rapporto, esporre, comunicare, informare.

Berichter/in *m/f (A)* relatore/-trice *m/f.*

Bericht|erstatter/in *m/f* relatore/-trice *m/f*, *ProzR* giudice *m* relatore, *(Journal)* corrispondente *m/f*, *(Journal)* inviato/-a *m/f*, *(Journal)* reporter *m*, *(Journal)* cronista *m/f*; **~erstattung** *f* relazione *f*, rapporto *m*, resoconto *m*, rendiconto *m*, *(Journal)* cronaca *f*, *(Journal)* corrispondenza *f*, informazione *f.*

berichtigen *v* [1] *(korrigieren)* correggere, rettificare, emendare, aggiustare, *(in Ordnung bringen)* sistemare, regolare.

berichtigen *v* [2] *(bezahlen)* pagare, saldare, regolare.

Berichtigung *f* [1] *(Korrektur, Richtigstellung)* correzione *f*, rettifica *f*, rettificazione *f*, *(tipogr)* errata corrige *m*, aggiornamento *m*, emendamento *m*, emendazione *f*, assestamento *m*, sistemazione *f*, regolamento *m*; **~en vornehmen** correggere, rettificare; **~** *f* **des Urteils** *ProzR* correzione *f* della sentenza.

Berichtigung *f* [2] *(Bezahlung)* pagamento *m*, saldo *m*, regolamento *m*.

Berichtigungs|aktie *f* azione *f* gratuita; **~anspruch** *m* diritto *m* di rettifica; **~antrag** *m* domanda *f* di rettifica; **~anzeige** *f*; **~bescheid** *m* avviso *m* di rettifica; **~buchung** *f* registrazione *f* di rettifica, scrittura *f* rettificativa; **~feststellung** *f SteuerR* accertamento *m* in rettifica; **~frist** *f* termine *m* di rettifica; **~haushalt** *m*; **~haushaltsplan** *m* bilancio *m* rettificato; **~pflicht** *f* obbligo *m* di rettifica; **~posten** *m* posta *f* rettificativa, voce *f* rettificativa; **~protokoll** *n* protocollo *m* di rettifica, protocollo *m* di errata corrige; **~recht** *n* diritto *m* di rettifica; **~verfahren** *n* procedimento *m* di rettifica; **~zwang** *m* obbligo *m* di rettifica.

Berichts|jahr *n* anno *m* in esame, esercizio *m* in esame; **~pflicht** *f* obbligo *m* di rapporto; **~quartal** *n* trimestre *m* in esame; **~vermerk** *m* clausola *f* d'avviso; **~zeitraum** *m* periodo *m* in esame.

Berner Übereinkunft *f* Convenzione *f* di Berna.

berücksichtigen *v* considerare, prendere in considerazione, tener(e) conto [di], tener(e) presente, tener(e) in considerazione, avere riguardo [a], valutare, *(Einwendungen)* rilevare, accogliere (*un reclamo*); **von Amts wegen zu ~ sein** *ZivProzR (Einwendung)* essere rilevabile d'ufficio.

Berücksichtigung *f* considerazione *f*, rispetto *m*, riguardo *m*; **unter ~ aller Umstände** considerando tutte le circostanze.

Beruf *m* professione *f*, mestiere *m*, lavoro *m*; **freier ~** *m* libera professione *f.*

berufen *v* [1] chiamare, invitare, convocare, *(ernennen)* nominare, designare; **sich ~** *v* [auf *Akk*] appellarsi [a], richiamarsi [a], riferirsi [a], invocare, *(auf seine Rechte)* far(e) valere *(i propri diritti)*.

berufen *v* ² *(A) ProzR (Berufung einlegen)* ricorrere in appello, interporre appello, proporre appello, presentare appello, appellarsi, appellare.

beruflich *adj* professionale, professionalmente, di professione.

Berufs | angabe *f* indicazione *f* della professione; **~angehörigkeit** *f* appartenenza *f* professionale; **~arbeit** *f* lavoro *m* professionale; **~ausbildung** *f* formazione *f* professionale, istruzione *f* professionale, addestramento *m* professionale, preparazione *f* professionale.

Berufsausbildungs | gesetz *n (A)* (*Abk* = **BAG**) legge *f* (austriaca) sulla formazione professionale; **~kosten** *pl* spese *fpl* per la formazione professionale, spese *fpl* per l'istruzione professionale; **~verhältnis** *n* rapporto *m* di apprendistato, rapporto *m* di formazione professionale; **~vertrag** *m* contratto *m* di apprendistato; **~zentrum** *n* centro *m* di formazione professionale, centro *m* di istruzione professionale, centro *m* di addestramento professionale.

Berufsausübung *f* esercizio *m* della professione; **unbefugte ~** *f* esercizio *m* abusivo di una professione.

Berufs | ausweis *m* tessera *f* professionale; **~beamtentum** *n* pubblico impiego *m*; **~beamter/-beamtin** *m/f* funzionario *m* di carriera.

berufsbedingt *adj* professionale, inerente al lavoro, inerente alla professione.

Berufs | befähigung *f* abilitazione *f* professionale; **~berater/in** *m/f* consulente *m/f* in materia di orientamento professionale; **~beratung** *f* orientamento *m* professionale; **~beratungsstelle** *f* centro *m* di orientamento professionale; **~bezeichnung** *f* denominazione *f* professionale, qualifica *f* professionale, titolo *m* professionale; **Europäisches Zentrum** *n* **für die Förderung der ~bildung** (*Abk* = **CEDEFOP**) *EuR* Centro *m* europeo per lo sviluppo della formazione professionale; **~bildungsgesetz** *n (D)* (*Abk* = **BBiG**) legge *f* (tedesca) sulla formazione professionale; **~bildungszentrum** *n* centro *m* di formazione professionale, centro *m* di istruzione professionale, centro *m* di addestramento professionale; **~diplomat/in** *m/f* diplomatico *m* di carriera; **~ehre** *f* onore *m* professionale, rispettabilità *f* professionale; **~eid** *m* giuramento *m* professionale; **~eignung** *f* attitudine *f* professionale; **~einkünfte** *pl* redditi *mpl* professionali; **~fähigkeit** *f* abilità *f* professionale; **~förderung** *f* avviamento *m* professionale; **~fortbildung** *f* aggiornamento *m* professionale; **~freiheit** *f (Art. 12 GG)* → *Apotheken-Urteil des Bundesverfassungsgerichts* libertà *f* di scelta della professione, libera scelta *f* della professione, libertà *f* professionale; **~gefahr** *f* rischio *m* professionale.

Berufsgeheimnis *n* segreto *m* professionale; **unter das ~ fallen** essere coperto da segreto professionale.

Berufs | gehilfe/-in *m/f* ausiliario/-a *m/f*; **~genossenschaft** *f* mutua assicuratrice *f* di categoria professionale contro gli infortuni sul lavoro; **~gericht** *n* organo *m* giurisdizionale di un ordine professionale; **~gerichtsbarkeit** *f* giurisdizione *f* professionale; **~gewerkschaft** *f* sindacato *m* di categoria, sindacato *m* professionale; **~haftpflicht** *f* responsabilità *f* professionale; **~haftpflichtversicherung** *f* assicurazione *f* di responsabilità civile professionale, assicurazione *f* RC professionale, assicurazione *f* professionale; **~handel** *m (Börse)* operatori *mpl* professionali; **~kammer** *f* collegio *m* professionale; **~karte** *f* tessera *f* professionale; **~konsul** *m* console *m* di carriera; **~krankheit** *f* malattia *f* professionale; **~mobilität** *f* mobilità *f* professionale; **~offizier/in** *m/f (A, CH)* ufficiale *m* di carriera; **~ordnung** *f* ordinamento *m* professionale; **~organisation** *f* organizzazione *f* professionale, organizzazione *f* di categoria; **~pflicht** *f* dovere *m* professionale; **~pflichten** *fpl* deontologia *f* professionale; **~pflichtverletzung** *f* violazione *f* del dovere professionale; **~qualifikation** *f* qualificazione *f* professionale; **~qualifikationsanerkennungsrichtlinie** *f EuR → s. Anhang 3 b)* Direttiva *f* 2013/55/UE del Parlamento europeo e del Consiglio, del 20 novembre 2013, recante modifica della direttiva 2005/36/CE relativa al riconoscimento delle qualifiche professionali e del regolamento (UE) n. 1024/2012 relativo alla cooperazione amministrativa attraverso il sistema di informazione del mercato interno («regolamento IMI»); **~recht** *n* diritto *m* professionale; **~richter/in** *m/f ProzR* giudice *m* di carriera, giudice *m* togato, magistrato *m* di carriera; **~risiko** *n* rischio *m* professionale; **~soldat/in** *m/f* militare *m* di carriera; **~stand** *m* categoria *f* professionale, professione *f*, ordine *m* professionale, status *m* professionale.

berufsständisch *adj* professionale.

berufstätig *adj* attivo, occupato, lavoratore, che lavora, che esercita una professione.

Berufs | tätige/r *f/m* lavoratore/-trice *m/f*, occupato/-a *m/f*; **~tätigkeit** *f* attività *f* professionale, attività *f* lavorativa.

berufsunfähig *adj* inabile al lavoro, invalido.

Berufsunfähigkeit *f* inabilità *f* al lavoro, invalidità *f* professionale.

Berufsunfähigkeits | pension *f (A)*; **~rente** *f* pensione *f* di invalidità professionale.

Berufs | unfall *m* infortunio *m* sul lavoro, incidente *m* sul lavoro, infortunio *m* professionale; **~verband** *m* associazione *f* professionale, associazione *f* di categoria; **~verbot** *n (§§ 70–70b StGB)* interdizione *f* professionale, interdizione *f* dall'attività professionale, interdizione *f* dall'attività lavorativa, interdizione *f* dall'esercizio di una professione, divieto *m* di esercitare una professione, interdizione *f* di esercitare una professione *(CH)*; **~verbrecher/in** *m/f StrafR* delinquente *m* professionale; **~verbrechertum** *n StrafR* criminalità *f* professionale; **~vereinigung** *f* associazione *f* professionale, associazione *f* di categoria; **~vertretung** *f* rappresentanza *f* professionale, rappresentanza *f* di categoria; **~zugehörigkeit** *f* appartenenza *f* a una professione; **~zulassung** *f* abilitazione *f* professionale.

Berufung *f*[1] *ProzR (Rechtsmittel)* appello *m*, ricorso *m* in appello; **das Urteil mit der ~ anfechten** *ProzR* ricorrere in appello contro la sentenza, proporre appello contro la sentenza, appellare la sentenza; **sich der ~ anschließen** *ProzR (Berufungsbeklagter)* proporre (l') appello incidentale; **die ~ begründen** *ProzR* motivare l'appello; **~ einbringen** *(A)*; **~ einlegen** *ProzR* interporre appello, proporre appello, presentare appello, ricorrere in appello, appellarsi, appellare la sentenza; **gegen das Urteil ~ einlegen** *ProzR* ricorrere in appello contro la sentenza, proporre appello contro la sentenza, appellare la sentenza; **gegen dieses Urteil kann ~ eingelegt werden** *ProzR* la presente sentenza è appellabile; **~ erheben** *(A)*; **in die ~ gehen** *ProzR* interporre appello, proporre appello, presentare appello, ricorrere in appello, appellarsi, appellare la sentenza; **gegen das Urteil ist keine ~ möglich** *ProzR* la sentenza è inappellabile; **der ~ stattgeben** *ProzR* accogliere l'appello; **die ~ verwerfen** *ProzR* rigettare l'appello, respingere l'appello; **die**

~ als unbegründet verwerfen *StrafProzR (Sachentscheidung)* rigettare (o: respingere) l'appello (proposto) in quanto (o: perché / dichiarandolo) infondato; **die ~ als unstatthaft verwerfen** *ProzR* rigettare (o: respingere) l'appello (proposto) in quanto (o: perché / dichiarandolo) inammissibile (*impugnazione con appello di decisioni per le quali l'appello è escluso*); **die ~ als unzulässig verwerfen** *ProzR (Prozessentscheidung)* rigettare (o: respingere) l'appello (proposto) in quanto (o: perché / dichiarandolo) inammissibile; **die ~ zurücknehmen** *ProzR* rinunciare all'appello (proposto); **die ~ zurückweisen** *ProzR* rigettare l'appello, respingere l'appello; **die ~ als unbegründet zurückweisen** *ZivProzR (Sachentscheidung)* rigettare (o: respingere) l'appello (proposto) in quanto (o: perché / dichiarandolo) infondato; **begründete ~** *f ProzR* appello *m* fondato (nel merito), appello *m* motivato; **statthafte ~** *f ProzR* appello *m* ammissibile (*impugnazione con appello di decisioni per le quali è ammesso l'appello*); **teilweise ~** *f ProzR* appello *m* parziale; **unbegründete ~** *f ProzR* appello *m* infondato (nel merito), appello *m* non motivato; **unstatthafte ~** *f ProzR* appello *m* inammissibile (*impugnazione con appello di decisioni per le quali l'appello è escluso*); **unzulässige ~** *f ProzR* appello *m* inammissibile; **zulässige ~** *f ProzR* appello *m* ammissibile.

Berufung *f*[2] *(Ernennung)* nomina *f*, designazione *f*, chiamata *f*; **~** *f* **in das Beamtenverhältnis** nomina *f* in ruolo; **~** *f* **zur Erbfolge** *ErbR* chiamata *f* all'eredità.

Berufung *f*[3] *(Heranziehung)* riferimento *m*, richiamo *m*; **unter ~** [auf *Akk*] in/con riferimento [a], facendo riferimento [a], riferendosi [a], richiamandosi [a], richiamato il …, richiamata la ….

Berufungs | anschlussschrift *f ProzR* comparsa *f* di appello incidentale, atto *m* contenente l'appello incidentale, memoria *f* (dell'appellato) contenente l'appello incidentale; **~antrag** *m ProzR* domanda *f* proposta in appello; **~begründung** *f ProzR (§ 520 ZPO)* motivazione *f* dell'appello, esposizione *f* dei motivi (specifici) dell'appello, indicazione *f* dei motivi posti a fondamento dell'appello, formulazione *f* dei motivi d'appello, enunciazione *f* dei motivi d'appello; **~begründungsfrist** *f ProzR (§ 520 Abs. 2 ZPO)* termine *m* per il deposito della motivazione dell'appello, termine *m* per la presentazione dei motivi di appello; **~begründungsschrift** *f ProzR (§ 520 Abs. 3 ZPO)* memoria *f* contenente i motivi (specifici) dell'appello, atto *m* contenente i motivi d'appello, atto *m* di motivazione dell'appello; **~beklagte/r** *f/m ProzR* appellato/-a *m/f*, convenuto/-a *m/f* appellato/-a, parte *f* convenuta appellata; **~einlegung** *f ProzR* proposizione *f* dell'appello, interposizione *f* d'appello, ricorso *m* in appello; **~entscheidung** *f ProzR* decisione *f* di appello, decisione *f* pronunciata in appello, pronuncia *f* di appello, *(Berufungsurteil)* sentenza *f* di appello, sentenza *f* pronunciata in appello; **~erhebung** *f (A) ProzR* proposizione *f* dell'appello, interposizione *f* d'appello, ricorso *m* in appello; **~erwiderung** *f ProzR* comparsa *f* di costituzione e risposta in appello, comparsa *f* di risposta in appello.

berufungsfähig *adj ProzR* appellabile.

Berufungs | frist *f ProzR* termine *m* per proporre (l') appello; **~führer/in** *m/f ProzR* appellante *m/f*; **~gegner/in** *m/f ProzR* appellato/-a *m/f*; **~gericht** *n ProzR* corte *f* d'appello, tribunale *m* d'appello *(CH)*, giudice *m* d'appello; **~grund** *m ProzR* motivo *m* di appello; **~instanz** *f ProzR* grado *m* di appello, giudizio *m* di appello, giudizio *m* di secondo grado; **~kläger/in** *m/f ProzR* appellante *m/f*, attore/attrice *m/f* appellante, parte *f* attrice appellante; **~kosten** *pl ProzR* spese *fpl* del giudizio di appello; **~möglichkeit** *f ProzR* possibilità *f* di ricorrere in appello; **~richter/in** *m/f ProzR* giudice *m* d'appello; **~rücknahme** *f ProzR* rinuncia *f* all'appello; **~sache** *f ProzR* giudizio *m* di appello, causa *f* di appello; **~schrift** *f*; **~schriftsatz** *m ProzR* atto *m* di citazione in appello, atto *m* introduttivo del giudizio di appello; **~summe** *f ProzR* valore *m* minimo della causa perché una sentenza sia appellabile; **~urteil** *n ProzR* sentenza *f* di appello; **~verfahren** *n ProzR* giudizio *m* di appello, procedimento *m* di appello; **~verhandlung** *f ProzR* udienza *f* di appello; **~verzicht** *m ProzR* rinuncia *f* all'appello; **~werber/in** *m/f (A) ProzR* appellante *m/f*; **~zulassung** *f ProzR* ammissione *f* dell'appello; **~zuständigkeit** *f ProzR* competenza *f* d'appello.

beruhen *v* [auf *Dat*] basarsi [su], fondarsi [su], essere dovuto [a].

Besatzungsstatut *n* statuto *m* d'occupazione.

beschädigen *v* danneggiare, rovinare, guastare, avariare, deteriorare, ledere.

Beschädigtenrente *f* pensione *f* di invalidità di guerra.

Beschädigte/r *f/m* parte *f* lesa, danneggiato/-a *m/f*, invalido/-a *m/f*.

Beschädigung *f* danneggiamento *m*, danno *m*, lesione *f*, deterioramento *m* (*della cosa*), avaria *f*; **~ *f* beschlagnahmter Sachen** danneggiamento *m* di cose sottoposte a sequestro.

beschaffen *v* procurare, fornire, provvedere, *(Kapital, Mittel, Geld)* reperire, raccogliere, acquisire, *(kaufen)* acquistare; **sich ~** *v* procurarsi.

Beschaffenheit *f (Eigenschaften)* natura *f*, qualità *f*, carattere *m*, caratteristica *f*, composizione *f*, struttura *f*, configurazione *f*, conformazione *f*, modalità *f*, *(Zustand)* condizione *f*, stato *m*; **wesentliche ~** *f* qualità *f* essenziale.

Beschaffung *f* fornitura *f*, rifornimento *m*, approvvigionamento *m*, *(von Kapital, Mitteln, Geld)* raccolta *f*, reperimento *m*, acquisizione *f*, *(von Arbeitsplätzen)* creazione *f*, *(Kauf)* acquisto *m*.

Beschaffungs | kosten *pl* prezzo *m* d'acquisto, costo *m* accessorio d'acquisto, *(Kapital, Mittel, Geld)* costo *m* della raccolta; **~risiko** *n (gegenseitiger Vertrag)* rischio *m* dell'impossibilità sopravvenuta.

Beschäftigte/r *f/m* lavoratore/-trice *m/f*, dipendente *m/f*, impiegato/-a *m/f*, addetto/-a *m/f*, occupato/-a *m/f*; **~ *f/m* des öffentlichen Dienstes**; **~ *f/m* im öffentlichen Dienst** impiegato/-a *m/f* pubblico/-a, pubblico/-a impiegato/-a *m/f*, impiegato/-a *m/f* statale.

Beschäftigung *f (Arbeit, Tätigkeit)* lavoro *m*, impiego *m*, attività *f* lavorativa, occupazione *f*, attività *f*; **abhängige ~** *f ArbR* lavoro *m* dipendente; **bezahlte ~** *f*; **~ *f* gegen Entgelt**; **entgeltliche ~** *f ArbR* lavoro *m* retribuito, lavoro *m* remunerato, impiego *m* retribuito, attività *f* retribuita, attività *f* lavorativa remunerata, attività *f* lavorativa subordinata, occupazione *f* retribuita, occupazione *f* remunerata; **illegale ~** *f ArbR (Schwarzarbeit)* lavoro *m* illegale, lavoro *m* clandestino, lavoro *m* sommerso, impiego *m* illegale, occupazione *f* illegale, occupazione *f* clandestina, occupazione *f* irregolare; **überwiegende ~** *f ArbR* occupazione *f* prevalente.

Beschäftigungs | abbau *m ArbR* taglio *m* occupazionale; **~angebot** *n ArbR* offerta *f* di lavoro, proposta *f* d'impiego; **~ausschuss** *m EuR* comitato *m* per l'occupazione; **~dauer** *f ArbR* durata *f* dell'impiego, durata *f* dell'occupazione; **~grad** *m* grado *m* d'occupazione; **~gruppe** *f* gruppo *m* occupazionale; **~möglichkeiten** *fpl* possibilità *fpl* di occupazione, possibilità *fpl* occupazionali; **~nachweis** *m ArbR* attestato *m* di attività professionale, attestato *m* di lavoro, certificato *m* d'impiego.

Beschäftigungsniveau *n ArbR* livello *m* di occupazione, livello *m* occupazionale, tasso *m* di occupazione, tasso *m* occupazionale; **hohes ~** *n ArbR* alto tasso *m* di occupazione, alto livello *m* occupazionale, elevato livello *m* di occupazione.

Beschäftigungs | politik *f EuR* politica *f* dell'occupazione, politica *f* occupazionale; **~programm** *n ArbR* programma *m* occupazionale; **~quote** *f ArbR* tasso *m* di occupazione, tasso *m* occupazionale, livello *m* di occupazione, livello *m* occupazionale; **~stand** *m* livello *m* di occupazione, livello *m* occupazionale.

Beschäftigungsstrategie *f ArbR* strategia *f* per l'occupazione, strategia *f* occupazionale; **Europäische ~** *f* (*Abk* = **EBS**) *EuR* strategia *f* europea per l'occupazione *(SEO)*; **koordinierte ~** *f EuR* strategia *f* coordinata per l'occupazione.

Beschäftigungs | theorie *f* teoria *f* dell'occupazione; **~verbot** *n ArbR* interdizione *f* dal lavoro; **~verhältnis** *n ArbR* rapporto *m* di lavoro, rapporto *m* lavorativo, rapporto *m* d'impiego; **~zeit** *f*; **~zeitraum** *m ArbR* periodo *m* di lavoro, periodo *m* lavorativo, periodo *m* di occupazione, periodo *m* di impiego, periodo *m* di attività lavorativa; **~zeugnis** *n ArbR* certificato *m* di lavoro, certificato *m* d'impiego.

beschatten *v* pedinare.

Beschatten *n* pedinamento *m*.

Beschattung *f* pedinamento *m*.

Bescheid *m (Nachricht)* notizia *f*, comunicazione *f*, *(Auskunft)* informazione *f*, risposta *f*, responso *m*, notifica *f*, notificazione *f*, avviso *m*, *(Verwaltungsentscheidung)* decisione *f* (amministrativa), *(Anordnung)* ordine *m*, decreto *m*; **einen ~ anfechten** impugnare una decisione; **einen ~ erlassen** emettere una decisione; **einen ~ mit Gründen versehen** motivare una decisione; **einen ~ zustellen** notificare una decisione; **ablehnender ~** *m*; **abschlägiger ~** *m* decisione *f* negativa, risposta *f* negativa, rifiuto *m*; **anfechtbarer ~** *m* decisione *f* impugnabile; **behördlicher ~** *m* decisione *f* delle autorità; **beschwerdefähiger ~** *m* decisione *f* ricorribile; **endgültiger ~** *m* decisione *f* definitiva; **vorläufiger ~** *m* decisione *f* provvisoria.

bescheiden *v* [1] *(Antrag, Gesuch)* decidere, deliberare, statuire, avere esito; **abschlägig ~** respingere, rigettare, bocciare; **positiv ~** accettare, ammettere, accogliere.

bescheiden *v* [2] *(beordern)* convocare, chiamare.

Bescheidung *f (eines Antrags)* decisione *f* (*di autorità*).

bescheinigen *v* certificare, attestare.

Bescheinigung *f* certificato *m*, attestato *m*, certificazione *f*, attestazione *f*; **eine ~ ausstellen** rilasciare un certificato; **eine ~ beibringen**; **eine ~ vorlegen** presentare un certificato, esibire un certificato, produrre un certificato; **amtliche ~** *f* certificato *m* ufficiale; **ärztliche ~** *f* certificato *m* medico, attestato *m* medico; **behördliche ~** *f* certificato *m* delle autorità, certificato *m* rilasciato dalle autorità; **internationale ~** *f* **über Impfungen** certificato *m* internazionale di vaccinazione; **konsularische ~** *f* certificato *m* consolare; **meldeamtliche ~** *f*; **meldebehördliche ~** *f* certificato *m* anagrafico; **notarielle ~** *f* certificato *m* notarile, attestato *m* notarile; **standesamtliche ~** *f* certificato *m* dello stato civile; **tierärztliche ~** *f* certificato *m* veterinario; **vorläufige ~** *f* certificato *m* provvisorio; **zollamtliche ~** *f* certificato *m* doganale.

beschenken *v* donare a qn., regalare a qn., fare un regalo a qn.

Beschenkte/r *f/m* ↔ *Schenkende/r, Schenker/in* donatario *m*.

Beschlagnahme *f* sequestro *m* (*di beni*); **die ~ anordnen** disporre il sequestro; **die ~ aufheben** togliere il sequestro; **die ~ vornehmen**

procedere al sequestro; **gerichtliche ~** *f* sequestro *m* giudiziario.
Beschlagnahme | anordnung *f* ordine *m* di sequestro; **~beschluss** *m* decreto *m* di sequestro.
beschlagnahmefähig *adj* sequestrabile.
Beschlagnahmefähigkeit *f* sequestrabilità *f*.
beschlagnahmefrei *adj* insequestrabile.
Beschlagnahmefreiheit *f* insequestrabilità *f*.
beschlagnahmen *v* sequestrare (*beni*).
Beschlagnahme | protokoll *n* verbale *m* di sequestro, processo *m* verbale di sequestro; **~recht** *n* diritto *m* di sequestro; **~verfügung** *f* ordinanza *f* di sequestro.
Beschlagnahmung *f* sequestro *m* (*di beni*).
beschleunigen *v* accelerare, affrettare, anticipare, velocizzare, sollecitare, *(vereinfachen)* snellire.
Beschleunigung *f* accelerazione *f*, ripresa *f*, snellimento *m*; **~** *f* **des Verfahrens** snellimento *m* della procedura.
Beschleunigungsgrundsatz *m* *ProzR* principio *m* di accelerazione, principio *m* di celerità.
beschließen *v* [1] *(entscheiden)* decidere, deliberare, stabilire, determinare, convenire, *(Gesetz)* approvare, votare, varare, *(behördlich)* decretare, ordinare; **einstimmig ~** deliberare all'unanimità, decidere all'unanimità; **mehrheitlich ~** deliberare a maggioranza.
beschließen *v* [2] *(beenden)* chiudere, concludere, terminare, finire.
beschlossen und verkündet (*Abk* = **b.u.v.**) *(in gerichtlichen Protokollen)* così deciso e pronunciato, così deciso e pronunziato, per questi motivi *(P.Q.M.)*.
Beschluss *m* [1] *(Entscheidung)* → *s. Infokasten „Entscheidungen des Gerichts" im Anhang 1* decisione *f*, delibera *f*, deliberazione *f*, risoluzione *f*, *(des Gerichts)* decreto *m*, ordinanza *f*, *FamR (Scheidungsbeschluss)* sentenza *f*; **durch ~ anordnen** ordinare; **einen ~ aufheben** *(durch das beschließende Gericht)* revocare un'ordinanza; **einen ~ begründen** motivare un'ordinanza; **einen ~ erlassen** *ProzR* pronunciare un'ordinanza, emettere un'ordinanza, emanare un'ordinanza, adottare un'ordinanza, emettere un decreto; **einen ~ fassen** decidere, deliberare, prendere una decisione, prendere una deliberazione; **einen ~ zustellen** notificare un'ordinanza; **ablehnender ~** *m* ordinanza *f* di rigetto; **angefochtener ~** *m* decreto *m* impugnato, ordinanza *f* impugnata; **einstimmiger ~** *m* decisione *f* unanime, decisione *f* all'unanimità, risoluzione *f* unanime, delibera *f* all'unanimità, deliberazione *f* all'unanimità; **gerichtlicher ~** *m* decreto *m* giudiziario, ordinanza *f* giudiziaria, ordinanza *f* del giudice; **rechtskräftiger ~** *m* decreto *m* passato in giudicato, ordinanza *f* passata in giudicato; **richterlicher ~** *m* ordinanza *f* del giudice, ordinanza *f* giudiziaria, decreto *m* giudiziario; **unanfechtbarer ~** *m* ordinanza *f* inoppugnabile, ordinanza *f* non impugnabile, decreto *m* non impugnabile; **vollstreckbarer ~** *m* decreto *m* esecutivo, ordinanza *f* esecutiva; **zurückweisender ~** *m* ordinanza *f* di rigetto.
Beschluss *m* [2] *(obs) (Ende, Abschluss)* chiusura *f*, conclusione *f*, termine *m*, fine *f*.
beschlussfähig *adj* in grado di deliberare, capace di deliberare, atto a deliberare, (assemblea) regolarmente costituita, in numero legale; **~ sein** costituire il quorum.
Beschlussfähigkeit *f* potere *m* deliberativo, capacità *f* di deliberare, regolare costituzione *f* (dell'assemblea), numero *m* legale, quorum *m*; **die ~ feststellen** verificare il quorum.
Beschluss | fassung *f* *(Gesellschafterversammlung)* decisione *f*, delibera *f*, deliberazione *f*, risoluzione *f*; **~fassungsprozess** *m*; **~fassungsverfahren** *n* processo *m* decisionale; **~gremium** *n*; **~organ** *n*

organo *m* deliberante, organo *m* deliberativo, organo *m* volitivo, corpo *m* deliberante; **~tenor** *m ProzR* dispositivo *m* (*del decreto, dell'ordinanza*).

beschlussunfähig *adj* non in grado di deliberare, senza numero legale, senza quorum.

Beschluss | unfähigkeit *f* mancanza *f* del numero legale, mancanza *f* del quorum; **~verfahren** *n* procedimento *m* in camera di consiglio; **~vorlage** *f* progetto *m* di risoluzione.

beschränken *v* limitare, ridurre, contenere, restringere, circoscrivere, *(beeinträchtigen)* pregiudicare.

beschränkend *adj* limitativo, restrittivo.

beschränkt *adj* limitato, ristretto, circoscritto; **einschließlich, aber nicht ~** [auf *Akk*] tra cui (o: ivi inclusi) a titolo esemplificativo e non esaustivo.

Beschränkung *f* limitazione *f*, limite *m*, riduzione *f*, contenimento *m*, restrizione *f*; **eine ~ auferlegen** imporre una limitazione; **eine ~ aufheben** abolire una restrizione; **einer ~ unterliegen** essere soggetto a una limitazione, essere soggetto a una restrizione; **gesetzliche ~** *f* restrizione *f* legale; **mengenmäßige ~** *f* limitazione *f* quantitativa; **zahlenmäßige ~** *f* limite *m* numerico; **zeitliche ~** *f* limitazione *f* nel tempo; **~** *f* **der Berufung auf den Strafausspruch** *StrafProzR (Strafmaßberufung)* appello *m* parziale (*proposto per impugnare la gravità della pena inflitta*); **~** *f* **der Handlungsfähigkeit** *(CH)* inabilitazione *f*.

Beschränkungsmaßnahme *f* misura *f* restrittiva, provvedimento *m* restrittivo.

beschreiben *v* descrivere.

Beschreibung *f* descrizione *f*; **protokollarische ~** *f* protocollo *m* descrittivo.

beschreiten *v* percorrere, adire, esperire; **den Rechtsweg ~** *ProzR* adire le vie legali, adire la via giudiziaria.

Beschreitung *f* **des Rechtswegs** *ProzR* esperimento *m* delle vie legali.

beschuldigen *v StrafProzR* accusare, incolpare, incriminare, imputare; **fälschlich ~** *StrafProzR* calunniare.

Beschuldigten | eigenschaft *f StrafProzR* qualità *f* di indagato; **~rechte** *npl StrafProzR* diritti *mpl* dell'indagato; **~vernehmung** *f StrafProzR* interrogatorio *m* della persona sottoposta alle indagini (preliminari), interrogatorio *m* dell'indagato.

Beschuldigte/r *f/m StrafProzR (Bezeichnung für den Tatverdächtigen während des strafrechtlichen Ermittlungsverfahrens. Später: Angeschuldigte/r und Angeklagte/r)* persona *f* sottoposta alle indagini (preliminari), indagato/-a *m/f*, *(Oberbegriff, unabhängig vom Verfahrensstadium)* imputato/-a *m/f*.

Beschuldigung *f StrafProzR* accusa *f*, incolpazione *f*, incriminazione *f*, imputazione *f*.

Beschwer *f ProzR (Voraussetzung eines Rechtsmittels)* interesse *m* ad impugnare, gravame *m*, onere *m* (*imposto con un provvedimento amministrativo*), svantaggio *m* (*derivante da un provvedimento del giudice*), pregiudizio *m*, lesione *f*; **materielle ~** *f ProzR (Rechtsmitteleinlegung)* lesione *f* materiale (*discendente dalla sentenza impugnata, che deve toccare i diritti della parte ed esserle sfavorevole quanto ai suoi effetti giuridici*).

Beschwerde *f (Rechtsbehelf, mit dem gerichtliche Entscheidungen (grundsätzlich Beschlüsse und Verfügungen) sowie Entscheidungen und Maßnahmen von Behörden durch die nächsthöhere Instanz nachgeprüft werden)* ricorso *m* (*all'organo gerarchicamente superiore (Beschwerdegericht, una sorta di giudice del riesame) avverso ordinanze, decreti e provvedimenti*), ricorso *m* gerarchico proprio, *ZivProzR* reclamo *m*, impugnazione *f*, gravame *m*, *(Protest)* protesta *f*; **der ~ abhelfen** accogliere il ricorso (*riformando o revocando la decisione impugnata dal soggetto interessato ad opera della stessa autorità giudiziaria o amministrativa che ha emesso la decisione impugnata*), *ZivProzR* accogliere il reclamo; **die ~ begründen** motivare il ricorso, *ZivProzR* motivare il reclamo; **~ einlegen**; **~ erheben**; **~ führen** proporre ricorso, presentare ricorso, interporre ricorso, fare ricorso, ricorrere, *ZivProzR* proporre reclamo, *ZivProzR* presentare reclamo, *ZivProzR* reclamare; **der ~ stattgeben** accogliere il ricorso, *ZivProzR* accogliere il reclamo; **die ~ verwerfen** rigettare il ricorso, respingere il ricorso, *ZivProzR* rigettare il reclamo, *ZivProzR* respingere il reclamo; **die ~ als unstatthaft verwerfen** rigettare (o: respingere) il ricorso (proposto) in quanto (o: perché / dichiarandolo) inammissibile (*impugnazione con ricorso di decisioni per le quali il ricorso è escluso*), *ZivProzR* rigettare (o: respingere) il reclamo (proposto) in quanto (o: perché / dichiarandolo) inammissibile (*impugnazione con reclamo di decisioni per le quali il reclamo è escluso*); **die ~ als unzulässig verwerfen** rigettare (o: respingere) il ricorso (proposto) in quanto (o: perché / dichiarandolo) inammissibile, *ZivProzR* rigettare (o: respingere) il reclamo (proposto) in quanto (o: perché / dichiarandolo) inammissibile; **die ~ zurückweisen** rigettare il ricorso, respingere il ricorso, *ZivProzR* rigettare il reclamo, *ZivProzR* respingere il reclamo; **die ~ als unbegründet zurückweisen** rigettare (o: respingere) il ricorso (proposto) in quanto (o: perché / dichiarandolo) infondato, *ZivProzR* rigettare (o: respingere) il reclamo (proposto) in quanto (o: perché / dichiarandolo) infondato; **~** *f* **im Aufsichtswege** ricorso *m* gerarchico; **begründete ~** *f* ricorso *m* fondato, ricorso *m* motivato, *ZivProzR* reclamo *m* fondato, *ZivProzR* reclamo *m* motivato; **einfache (unbefristete) ~** *f (nicht an eine Frist gebunden)* ricorso *m* semplice, *ZivProzR* reclamo *m* semplice (*proponibile senza limiti di tempo*); **gemeinsame ~** *f* ricorso *m* collettivo, *ZivProzR* reclamo *m* collettivo; **sofortige (befristete) ~** *f (ist binnen einer Notfrist bei dem Gericht, dessen Entscheidung angefochten wird, oder bei dem Beschwerdegericht einzulegen)* ricorso *m* immediato, *ZivProzR* reclamo *m* immediato (*da proporre entro un termine perentorio*); **statthafte ~** *f* ricorso *m* ammissibile (*impugnazione con ricorso di decisioni per le quali è ammesso il ricorso*), *ZivProzR* reclamo *m* ammissibile (*impugnazione con reclamo di decisioni per le quali è ammesso il reclamo*); **unbegründete ~** *f* ricorso *m* infondato, ricorso *m* non motivato, *ZivProzR* reclamo *m* infondato, *ZivProzR* reclamo *m* non motivato; **unstatthafte ~** *f* ricorso *m* inammissibile (*impugnazione con ricorso di decisioni per le quali il ricorso è escluso*), *ZivProzR* reclamo *m* inammissibile (*impugnazione con reclamo di decisioni per le quali il reclamo è escluso*); **unzulässige ~** *f* ricorso *m* inammissibile, *ZivProzR* reclamo *m* inammissibile; **weitere ~** *f* ricorso *m* ulteriore (*avverso la decisione pronunciata dal giudice del ricorso*), *ZivProzR* reclamo *m* ulteriore (*avverso la decisione pronunciata dal giudice del reclamo*); **zulässige ~** *f* ricorso *m* ammissibile, *ZivProzR* reclamo *m* ammissibile.

Beschwerde | antrag *m* ricorso *m*; **~ausschuss** *m* commissione *f* dei ricorsi; **~befugnis** *f* diritto *m* di ricorso, *ZivProzR* diritto *m* di reclamo; **~begründung** *f* motivazione *f* del ricorso, *ZivProzR* motivazione *f* del reclamo; **~berechtigung** *f* diritto *m* di ricorso, *ZivProzR* diritto *m* di reclamo; **~bescheid** *m* decisione *f* del ricorso; **~buch** *n* registro *m* dei reclami; **~einlegung** *f* proposizione *f* del ricorso, *ZivProzR* proposizione *f* del reclamo; **~entscheid** *m (CH)*; **~entscheidung** *f* decisione *f* del ricorso, pronuncia *f* sul ricorso, *ZivProzR* decisione *f* del reclamo, *ZivProzR* pronuncia *f* sul reclamo.

beschwerdefähig *adj* ricorribile, *ZivProzR* reclamabile.

Beschwerde | frist *f* termine *m* di ricorso, termine *m* per proporre ricorso, *ZivProzR* termine *m* di reclamo, *ZivProzR* termine *m* per proporre reclamo; **~führer/in** *m/f* ricorrente *m/f*, *ZivProzR* reclamante *m/f*, *ZivProzR* proponente *m/f* il reclamo; **~gebühr** *f* tassa *f* di ricorso; **~gegenstand** *m* oggetto *m* del ricorso, *ZivProzR* oggetto *m* del reclamo; **~gegner/in** *m/f* resistente *m/f*, *ZivProzR* reclamato/-a *m/f*, *ZivProzR* controparte *f* del reclamo; **~gericht** *n* *ProzR* giudice *m* del ricorso (*organo gerarchicamente superiore, una sorta di giudice del riesame, chiamato a decidere sul ricorso avverso ordinanze, decreti e provvedimenti*), *ZivProzR* giudice *m* del reclamo, giudice *m* dell'impugnazione; **~grund** *m* motivo *m* del ricorso, *ZivProzR* motivo *m* del reclamo; **~instanz** *f* procedimento *m* di ricorso, *ZivProzR* procedimento *m* di reclamo, *ZivProzR* giudizio *m* di reclamo; **~kammer** *f* sezione *f* ricorsi, *ZivProzR* sezione *f* reclami; **~punkt** *m* causa *f* del ricorso, *ZivProzR* causa *f* del reclamo; **~recht** *n* diritto *m* di ricorso, *ZivProzR* diritto *m* di reclamo; **~rechtszug** *m* procedimento *m* di ricorso, *ZivProzR* procedimento *m* di reclamo, *ZivProzR* giudizio *m* di reclamo; **~register** *n* registro *m* dei reclami; **~rücknahme** *f* rinuncia *f* al ricorso (*proposto*), *ZivProzR* rinuncia *f* al reclamo (*proposto*); **~schrift** *f* *ProzR* ricorso *m*, atto *m* di ricorso, *ZivProzR* atto *m* di reclamo, atto *m* di impugnazione; **~senat** *m* *(Patentgericht)* sezione *f* ricorsi; **~stelle** *f* ufficio *m* reclami; **~verfahren** *n* *ProzR* procedura *f* di ricorso, procedimento *m* di ricorso, *ZivProzR* procedura *f* di reclamo, *ZivProzR* procedimento *m* di reclamo, *ZivProzR* giudizio *m* di reclamo, procedura *f* di impugnazione; **~wert** *m* *ZivProzR* valore *m* (minimo) della causa (nel procedimento di reclamo).

beschweren *v* gravare, opprimere; **sich ~** *v (bei jemandem über/wegen etwas)* lamentarsi, reclamare.

Beschwerte/r *f/m* *ProzR* onerato/-a *m/f*, soggetto *m* interessato ad impugnare, parte *f* gravata, parte *f* lesa.

Beschwerung *f* onere *m*.

beschwören *v (eine Zeugenaussage)* affermare con giuramento.

besehen, wie ~ tale quale.

beseitigen *v (entfernen)* eliminare, rimuovere, allontanare, togliere, cancellare, abolire, *(Schaden)* riparare, *(Streitigkeiten)* comporre, risolvere, *(Schwierigkeiten)* appianare, *(Zweifel)* dissipare.

Beseitigung *f* eliminazione *f*, rimozione *f*, abolizione *f*, cessazione *f*, *(eines Schadens)* riparazione *f*, *(von Streitigkeiten)* componimento *m*, risoluzione *f*, *(von Schwierigkeiten)* appianamento *m*; **~ *f* der Hindernisse für den freien Warenverkehr** *EuR* eliminazione *f* degli ostacoli alla libera circolazione delle merci; **~ *f* der Mängel** eliminazione *f* dei vizi; **~ *f* des Schadens** riparazione *f* del danno; **~ *f* einer Störung** cessazione *f* della turbativa; **die ~ der Störung verlangen** chiedere la cessazione della turbativa.

besetzen *v* occupare, *(Stelle, Amt, Posten)* ricoprire, assumere, *(an jemanden vergeben)* assegnare, conferire, affidare.

Besetzer/in *m/f (eines Gebäudes)* occupante *m/f*.

Besetzung *f* occupazione *f*, *(einer Stelle, eines Postens)* copertura *f*, assunzione *f*, *(Vergabe)* assegnazione *f*, conferimento *m*, affidamento *m*, nomina *f*, *(des Gerichts, des Ausschusses)* composizione *f*; **paritätische ~ *f*** pariteticità *f*; **~ *f* des Gerichts** *ProzR* composizione *f* del collegio giudicante, composizione *f* del tribunale; **~ *f* einer Stelle** copertura *f* di un posto, assegnazione *f* di un posto, conferimento *m* di un posto, nomina *f* a un posto, assunzione *f* di personale, occupazione *f* di un posto, occupazione *f* di un impiego.

Besetzungs | recht *n* diritto *m*

d'occupazione; **~vorschlag** *m* proposta *f* di designazione.

besichern *v KredSichR* costituire in garanzia.

Besicherung *f KredSichR* costituzione *f* in garanzia.

besichtigen *v* esaminare, ispezionare.

Besichtigung *f* esame *m*, ispezione *f*, visita *f*.

Besichtigungs | bericht *m* rapporto *m* di ispezione; **~protokoll** *n* verbale *m* di ispezione; **~recht** *n* diritto *m* di ispezione.

Besitz *m* [1] *SachenR (§§ 854 ff. BGB) (Eigenbesitz)* possesso *m*, *(Fremdbesitzt)* detenzione *f*; **~ an** [*Dat*] *SachenR* possesso di; **~** *m* **an der Sache** *SachenR* possesso *m* della cosa, possesso *m* del bene; **den ~ aufgeben** *SachenR* rinunciare al possesso, abbandonare il possesso; **sich im ~ befinden** *SachenR* essere in possesso (di), essere detenuto (da); **im/in ~ bleiben** *SachenR* rimanere in possesso; **in den ~ einweisen** *SachenR* immettere nel possesso (di un bene); **den ~ entziehen** *SachenR* spogliare del possesso; **~ ergreifen** *SachenR* prendere possesso, impossessarsi; **den ~ erlangen** *SachenR* entrare in possesso; **den ~ erwerben** *SachenR* acquistare il possesso; **in den ~ der Sache gelangen** *SachenR* entrare in possesso della cosa; **in ~ nehmen** *SachenR* prendere possesso; **im ~ sein** *SachenR* essere in possesso; **den ~ streitig machen** *SachenR* contendere il possesso; **den ~ vorenthalten** *SachenR* privare del possesso; **abgeleiteter ~** *m SachenR* possesso *m* derivativo; **ausschließlicher ~** *m SachenR* possesso *m* esclusivo; **bösgläubiger ~** *m SachenR* possesso *m* di mala fede; **bücherlicher ~** *m (A) SachenR* possesso *m* di cosa in virtù di titolo trascritto nel libro fondiario; **derivativer ~** *m SachenR* possesso *m* derivativo; **fehlerhafter ~** *m SachenR* possesso *m* viziato; **fortwährender ~** *m SachenR* possesso *m* continuo; **gemeinsamer ~** *m*; **gemeinschaftlicher ~** *m SachenR* possesso *m* (in) comune, possesso *m* congiunto; **gutgläubiger ~** *m SachenR* possesso *m* di buona fede; **mittelbarer ~** *m SachenR (§ 868 BGB)* possesso *m* indiretto, possesso *m* mediato; **öffentlicher ~** *m SachenR* possesso *m* pubblico; **rechtmäßiger ~** *m SachenR* possesso *m* legittimo; **redlicher ~** *m SachenR* possesso *m* di buona fede; **ruhiger ~** *m SachenR* possesso *m* pacifico; **unbefugter ~** *m*; **unerlaubter ~** *m SachenR* detenzione *f* abusiva; **ungestörter ~** *m SachenR* possesso *m* pacifico; **unmittelbarer ~** *m SachenR (§ 854 BGB)* possesso *m* diretto, possesso *m* immediato; **unrechtmäßiger ~** *m SachenR* possesso *m* illegittimo; **ununterbrochener ~** *m SachenR* possesso *m* ininterrotto; **widerrechtlicher ~** *m SachenR* possesso *m* illegittimo.

Besitz *m* [2] *SachenR (Gesamtheit der Güter)* beni *mpl*, averi *mpl*, patrimonio *m*, proprietà *f*.

Besitz | anspruch *m SachenR* diritto *m* di possesso; **~antritt** *m SachenR* entrata *f* nel possesso, presa *f* di possesso; **~aufgabe** *f SachenR* rinuncia *f* al possesso, abbandono *m* del possesso; **~auflassung** *f (A) SachenR* traditio brevi manu *(lat)*; **~auftragung** *f (A, CH) SachenR* costituto *m* possessorio; **~ausübung** *f SachenR* esercizio *m* del possesso; **~dauer** *f SachenR* durata *f* del possesso; **~diener/in** *m/f SachenR (§ 855 BGB)* detentore *m* (*non qualificato che detiene la cosa per ragioni di servizio o di ospitalità*); **~einkommen** *n SachenR* reddito *m* del patrimonio; **~einweisung** *f SachenR* immissione *f* nel possesso.

besitzen *v SachenR (Eigenbesitz)* possedere, *(Fremdbesitzt)* detenere, avere.

Besitz | entsetzung *f*; **~entziehung** *f SachenR* privazione *f* del possesso, spossessamento *m*, spoglio *m*, spoliazione *f*; **~entziehungsklage** *f (A) SachenR* azione *f* di reintegrazione (*nel possesso*), azione *f* di spoglio; **~entzug** *m*

SachenR privazione *f* del possesso, spossessamento *m*, spoglio *m*, spoliazione *f*.

Besitzer *m* [f: Besitzerin] *SachenR (Eigenbesitzer)* possessore *m*, *(Fremdbesitzer)* detentore *m*, occupante *m/f*; **bösgläubiger ~** *m SachenR* possessore *m* di mala fede; **früherer ~** *m SachenR* precedente possessore *m*; **gutgläubiger ~** *m SachenR* possessore *m* di buona fede; **rechtmäßiger ~** *m SachenR* possessore *m* legittimo; **redlicher ~** *m SachenR* possessore *m* di buona fede; **schlechtgläubiger ~** *m SachenR* possessore *m* di mala fede; **unrechtmäßiger ~** *m SachenR* possessore *m* illegittimo; **unredlicher ~** *m SachenR* possessore *m* di mala fede.

Besitz | ergreifung *f SachenR* presa *f* di possesso, impossessamento *m*, occupazione *f*, appropriazione *f*; **~erlangung** *f SachenR* entrata *f* in possesso; **~erwerb** *m*; **~erwerbung** *f (A) SachenR* acquisto *m* del possesso.

Besitzes | diener/in *m/f (A) SachenR* detentore *m* (*non qualificato che detiene la cosa per ragioni di servizio o di ospitalità*); **~entziehung** *f (CH) SachenR* privazione *f* del possesso, spossessamento *m*, spoglio *m*, spoliazione *f*; **~schutz** *m (CH) SachenR* tutela *f* del possesso, tutela *f* possessoria; **~störung** *f (CH) SachenR* turbativa *f* del possesso, molestia *f* del possesso.

Besitz | fehler *m SachenR* vizio *m* del possesso; **~gesellschaft** *f GesR (Betriebsgesellschaft)* società *f* che detiene le azioni di altra società che esercita un'attività lucrativa.

Besitzkehr *f SachenR (§ 859 Abs. 2 BGB)* riacquisto *m* del possesso di un bene mobile da parte di chi ne sia stato spogliato.

Besitzklage *f SachenR* azione *f* possessoria; **petitorische ~** *f SachenR* azione *f* petitoria; **possessorische ~** *f SachenR* azione *f* possessoria.

Besitzkonstitut *n SachenR (§ 930 BGB)* costituto *m* possessorio, constitutum possessorium *(lat)*.

besitzlos *adj SachenR* non possessorio, nullatenente.

Besitz | mittlungsverhältnis *n* (*Abk* = **BMV**) *SachenR (§ 868 BGB)* costituto *m* possessorio, constitutum possessorium *(lat)*, rapporto *m* tra possessore diretto e possessore indiretto; **~nachfolge** *f SachenR* successione *f* nel possesso; **~nachweis** *m SachenR* prova *f* del possesso; **~nahme** *f*; **~nehmung** *f (A) SachenR* presa *f* di possesso, impossessamento *m*, occupazione *f*, appropriazione *f*; **~recht** *n SachenR* diritto *m* di possesso.

besitzrechtlich *adj SachenR* possessorio.

Besitzschutz *m SachenR (§§ 859 ff. BGB)* tutela *f* del possesso, tutela *f* possessoria; **~anspruch** *m*; **~klage** *f SachenR* azione *f* a difesa del possesso.

Besitzstand *m* [1] *(Vermögensstand)* situazione *f* patrimoniale, stato *m* patrimoniale, consistenza *f* dei beni.

Besitzstand *m* [2] *(erworbene Rechtsposition)* posizione *f* giuridica acquisita, diritti *mpl* acquisiti.

Besitzstandswahrung *f* salvaguardia *f* dei diritti acquisiti.

Besitz | steuer *f SteuerR* imposta *f* che colpisce il possessore di determinati beni (autoveicoli, cani, biliardi, ecc.); **~störer/in** *m/f SachenR* chi turba l'altrui pacifico possesso; **~störung** *f SachenR* turbativa *f* del possesso, molestia *f* del possesso; **~störungsklage** *f (A) SachenR* azione *f* di manutenzione; **~titel** *m SachenR* titolo *m* di possesso.

Besitztum *n SachenR* beni *mpl*, averi *mpl*, patrimonio *m*, proprietà *f*; **befriedetes ~** *n*; **umfriedetes ~** *n SachenR* proprietà *f* recintata.

Besitz | übergabe *f*; **~übergang** *m*; **~übertragung** *f SachenR* trasferimento *m* del possesso, trapasso *m* del possesso; **~verlust** *m SachenR* perdita *f* del possesso; **~vermutung** *f SachenR* presunzione *f* di possesso; **~vorenthaltung** *f SachenR* privazione *f* del possesso.

Besitzwechsel *m* [1] *SachenR*

(Besitzerwechsel) cambiamento *m* di possesso, cambio *m* del possesso.
Besitzwechsel *mpl* ² *(Bankwesen)* cambiali *fpl* attive, effetti *mpl* da esigere.
Besitz | wehr *f SachenR (§ 859 Abs. 1 BGB)* difesa *f* privata del possesso; **~wille** *m SachenR* volontà *f* di possedere, animus possidendi *(lat)*.
besolden *v* retribuire, salariare, stipendiare, pagare.
Besoldung *f* trattamento *m* economico *(degli impiegati pubblici)*, retribuzione *f*, stipendio *m*, salario *m*.
Besoldungs | amt *n (A)* ufficio *m* paga; **~anspruch** *m* diritto *m* alla retribuzione; **~dienstalter** *n* anzianità *f* di servizio, anzianità *f*; **~gruppe** *f*; **~klasse** *f* fascia *f* retributiva, classe *f* retributiva, categoria *f* retributiva; **~ordnung** *f* regolamento *m* degli stipendi, regolamento *m* salariale; **~stufe** *f* fascia *f* retributiva, classe *f* retributiva, categoria *f* retributiva; **~zulage** *f*; **~zuschlag** *m* supplemento *m* di stipendio, maggiorazione *f* di stipendio.
Besonderheiten *fpl* particolarità *fpl*, peculiarità *fpl*; **~** *fpl* **des Einzelfalls** peculiarità *fpl* del caso concreto.
besorgen *v* ¹ *(Auftrag, Geschäft)* eseguire, sbrigare, occuparsi di, provvedere a, curare.
besorgen *v* ² *(beschaffen)* procurare, *(kaufen)* acquistare, comp(e)rare.
Besorgnis *f* preoccupazione *f*, inquietudine *f*, apprensione *f*, timore *m*; **~** *f* **der Befangenheit** legittimo sospetto *m*, legittima suspicione *f*.
Besorgung *f* ¹ *(Erledigung)* esecuzione *f*, disbrigo *m*, gestione *f*, cura *f*; **~** *f* **fremder Geschäfte** gestione *f* di affari altrui.
Besorgung *f* ² *(Einkauf)* il procurare, acquisto *m*, spesa *f*.
Besorgungs | gebühr *f* provvigione *f*; **~gehilfe/-in** *m/f (A)* commesso/-a *m/f*, ausiliario/-a *m/f*.
Besprechung *f* ¹ *(Gespräch)* colloquio *m*.
Besprechung *f* ² *(Erörterung)* discussione *f*.
Besprechung *f* ³ *(Sitzung)* riunione *f*.
Besprechung *f* ⁴ *(Rezension)* recensione *f*.
bestallen *v* insediare (in un ufficio), nominare.
Bestallung *f* insediamento *m* (in un ufficio), nomina *f*.
Bestallungs | brief *m*; **~dekret** *n* atto *m* di nomina, decreto *m* di nomina, brevetto *m* di nomina; **~recht** *n* diritto *m* di nomina; **~urkunde** *f* atto *m* di nomina, decreto *m* di nomina, brevetto *m* di nomina.
Bestand *m* ¹ *(das Bestehen, Fortdauer)* esistenza *f*, continuità *f*, durata *f*, stabilità *f*; **rechtlicher ~** *m* **der Forderung** esistenza *f* giuridica del credito.
Bestand *m* ² *(vorhandene Menge)* entità *f*, consistenza *f*, *(Vorrat)* giacenza *f*, scorte *fpl*, riserva *f*, inventario *m*, dotazione *f*, *(Kassenbestand)* fondo *m* cassa, *(in Bez. auf Geld)* disponibilità *fpl*, fondo *m*, *(Portfolio)* portafoglio *m*; **den ~ aufnehmen** fare l'inventario, redigere l'inventario, inventariare; **abgetretener ~** *m VersR* portafoglio *m* ceduto.
Bestandaufnahme *f (A)* inventario *m*, formazione *f* dell'inventario.
Bestandesaufnahme *f (CH)* inventario *m*, formazione *f* dell'inventario.
Bestand | geber/in *m/f (A) MietR* locatore *m*; **~gegenstand** *m (A) MietR* oggetto *m* della locazione, cosa *f* locata, bene *m* locato; **~nehmer/in** *m/f (A) MietR* locatario *m*; **~objekt** *n (A)*; **~sache** *f (A) MietR* cosa *f* locata, bene *m* locato, oggetto *m* della locazione.
Bestands | aufnahme *f* inventario *m*, formazione *f* dell'inventario; **~bewertung** *f* valutazione *f* dell'inventario; **~erhöhung** *f* aumento *m* delle scorte; **~konto** *n* conto *m* merci; **~kontrolle** *f* verifica *f* dell'inventario; **~kraft** *f* validità *f*; **~liste** *f* inventario *m*; **~prüfung** *f* verifica *f* dell'inventario; **~schutz** *m* conservazione *f* dello status quo; **~übertragung** *f*

trasferimento *m* di portafoglio; **~verzeichnis** *n* inventario *m*.

Bestandteil *m* parte *f* (costitutiva o integrante), elemento *m* (costitutivo), componente *f*, requisito *m*, *SachenR* pertinenze *fpl*; **wesentlicher ~** *m* *(§ 93 BGB)* componente *f* essenziale, elemento *m* essenziale, *VertragsR* parte *f* integrante e sostanziale (*del contratto*).

Bestand | verfahren *n (A) MietR* procedimento *m* in materia di locazioni; **~verhältnis** *n (A) MietR* rapporto *m* locativo, locazione *f*; **~vertrag** *m (A) MietR* contratto *m* di locazione, locazione *f*; **~zeit** *f (A) MietR* durata *f* della locazione; **~zins** *m (A) MietR* canone *m* di locazione, canone *m* locativo, prezzo *m* della locazione, corrispettivo *m* della locazione.

bestätigen *v (bekräftigen)* confermare, *(bescheinigen)* attestare, certificare, comprovare, *(anerkennen)* approvare, riconoscere, dare atto, *(beglaubigen)* autenticare, omologare, far(e) fede, ratificare, vistare, vidimare; **amtlich ~** convalidare, confermare ufficialmente; **gerichtlich ~** omologare; **schriftlich ~** confermare per iscritto; **unterschriftlich ~** confermare con la propria firma.

bestätigt und unterzeichnet confermato e sottoscritto.

Bestätigung *f (Bekräftigung)* conferma *f*, *(Bescheinigung)* attestazione *f*, certificazione *f*, *(Urkunde)* attestato *m*, certificato *m*, ricevuta *f*, quietanza *f*, *(Anerkennung)* approvazione *f*, *(einer gerichtlichen Kündigung oder Aufforderung zur Räumung)* convalida *f*, *(Beglaubigung)* autenticazione *f*, omologazione *f*, ratifica *f*; **amtliche ~** *f* convalida *f*, conferma *f* ufficiale; **förmliche ~** *f* convalida *f*; **gerichtliche ~** *f*; **richterliche ~** *f* omologazione *f*, omologazione *f* del tribunale, omologazione *f* del giudice, omologazione *f* giudiziaria; **schriftliche ~** *f* conferma *f* scritta; **stillschweigende ~** *f* conferma *f* tacita; **~** *f* **im Amt** riconferma *f* in carica; **~** *f* **der Bestellung** conferma *f* dell'ordine, conferma *f* dell'ordinazione; **~** *f* **über gute Führung** certificato *m* di buona condotta; **~** *f* **des Vergleichs** *InsolvenzR* omologazione *f* del concordato preventivo; **~** *f* **des Zwangsvergleichs** *InsolvenzR* omologazione *f* del concordato fallimentare.

Bestätigungs | beschluss *m* decreto *m* di omologazione; **~entscheid** *m* *(CH)* sentenza *f* di omologazione; **~order** *f* ordine *m* di conferma; **~organ** *n* organo *m* di ratifica; **~provision** *f* provvigione *f* di conferma, commissione *f* di conferma.

Bestätigungsschreiben *n* [1] lettera *f* di conferma.

Bestätigungsschreiben *n* [2] *(Abberufung eines diplomatischen Vertreters)* lettera *f* di congedo.

Bestätigungsurteil *n* sentenza *f* di omologazione.

Bestätigungsvermerk *m* [1] visto *m* di conferma.

Bestätigungsvermerk *m* [2] *(der Abschlussprüfer)* certificazione *f* (dei revisori dei conti).

Bestattungs | beihilfe *f* sussidio *m* per le spese funerarie (o: funebri); **~entschädigung** *f* indennità *f* per le spese funerarie (o: funebri); **~geld** *n* sussidio *m* per le spese funerarie (o: funebri); **~kosten** *pl* spese *fpl* funerarie, spese *fpl* funebri, spese *fpl* di funerale.

Bestbietende/r *f/m* migliore offerente *m/f*.

bestechen *v StrafR* corrompere; **sich ~ lassen** *v StrafR* farsi corrompere.

Bestecher/in *m/f StrafR* corruttore/-trice *m/f*.

bestechlich *adj StrafR* corruttibile, venale.

Bestechlichkeit *f* [1] *StrafR* corruttibilità *f*, venalità *f*.

Bestechlichkeit *f* [2] *StrafR (§ 332 StGB)* corruzione *f* (passiva) propria, corruzione *f* (passiva) per un atto contrario ai doveri d'ufficio.

Bestechung *f StrafR (§ 334 StGB)* corruzione *f*, corruzione *f* (attiva) propria, corruzione *f* (attiva) per un atto contrario ai doveri d'ufficio, istigazione *f* alla corruzione propria.

Bestechungs | geld *n StrafR* bustarella *f*, *(ugs)* mazzetta *f*; **~versuch** *m StrafR* tentativo *m* di corruzione.

Bestehen *n* [1] *(Existenz)* esistenza *f*; **~** *n* **der Forderung** esistenza *f* del credito.

Bestehen *n* [2] *(Beharren)* insistenza *f*.

Bestehen *n* [3] *(der Prüfung)* superamento *m*.

bestehend *adj* in essere, esistente.

bestehlen *v* derubare.

Bestell | buch *n* libro *m* delle commissioni, libro *m* delle ordinazioni; **~eingang** *m* afflusso *m* delle ordinazioni, arrivo *m* dell'ordine.

bestellen *v* [1] *(anfordern)* ordinare, commissionare.

bestellen *v* [2] *(einsetzen)* nominare, designare; **amtlich bestellt** *(Rechtsanwaltvertreter)* ufficialmente nominato; **öffentlich bestellt** *(Sachverständiger)* iscritto nell'albo (dei consulenti tecnici).

bestellen *v* [3] *(Hypothek, Sicherheit)* costituire, accendere.

Besteller/in *m/f* [1] ordinante *m/f*, *(Werkvertrag)* committente *m/f*, appaltante *m/f*.

Besteller/in *m/f* [2] *(einer Dienstbarkeit oder Hypothek)* concedente *m/f*, datore *m*, *(von Pfand, Recht)* costituente *m/f*.

Bestell | nummer *f (Nummer der Bestellung)* numero *m* dell'ordine, *(Nummer zum Bestellen)* numero *m* per l'ordinazione; **~schein** *m* bollettino *m* per l'ordinazione.

Bestellung *f* [1] *(Anfrage, Auftrag)* ordine *m*, ordinazione *f*, ordinativo *m*, commissione *f*, commessa *f*; **eine ~ aufgeben** ordinare; **eine ~ ausführen** eseguire un ordine, eseguire un'ordinazione; **eine ~ entgegennehmen** ricevere un ordine, ricevere un'ordinazione; **eine ~ rückgängig machen** annullare un ordine, annullare un'ordinazione; **feste ~** *f* ordine *m* fisso; **schriftliche ~** *f* ordine *m* scritto, ordinazione *f* scritta; **verbindliche ~** *f* ordine *m* vincolante, ordinazione *f* vincolante.

Bestellung *f* [2] *(Einsetzung)* nomina *f*, designazione *f*; **~** *f* **von Amts wegen** nomina *f* d'ufficio; **~** *f* **eines Bevollmächtigten** nomina *f* di un procuratore; **~** *f* **des Geschäftsführers** *GesR (einer GmbH)* nomina *f* dell'amministratore; **~** *f* **eines Verteidigers** nomina *f* di un difensore; **~** *f* **eines Vormundes** nomina *f* di un tutore; **~** *f* **des Vorstands** *GesR (einer AG)* nomina *f* dell'amministratore.

Bestellung *f* [3] *(einer Hypothek, Sicherheit)* costituzione *f* (di un diritto reale); **~** *f* **einer Hypothek** *KredSichR* costituzione *f* di un'ipoteca, accensione *f* di un'ipoteca; **~** *f* **eines Nießbrauchs** [an *Dat*] *SachenR* costituzione *f* di un diritto di usufrutto, costituzione *f* di usufrutto; **~** *f* **einer Sicherheit** *KredSichR* costituzione *f* di una garanzia.

Bestellungs | dekret *n (A)* decreto *m* di nomina; **~geschäft** *n* negozio *m* costitutivo; **~urkunde** *f (A)* atto *m* di nomina; **~vorschuss** *m* anticipo *m* sull'ordinazione.

Bestens | auftrag *m*; **~order** *f* ordine *m* al meglio; **~verkauf** *m* vendita *f* al meglio.

Bestes, allgemeines ~ *n (A)* bene *m* publico, pubblica utilità *f*.

besteuerbar *adj* tassabile, imponibile.

Besteuerbarkeit *f* tassabilità *f*, imponibilità *f*.

besteuern *v* tassare, gravare d'imposta.

Besteuerung *f* tassazione *f*, imposizione *f* (*fiscale*); **degressive ~** *f* tassazione *f* degressiva; **direkte ~** *f* tassazione *f* diretta; **diskriminierende ~** *f* tassazione *f* discriminativa; **indirekte ~** *f* tassazione *f* indiretta; **mehrfache ~** *f* imposizione *f* multipla; **optimale ~** *f* tassazione *f* ottimale; **progressive ~** *f* tassazione *f* progressiva; **überhöhte ~** *f*; **übermäßige ~** *f* tassazione *f* eccessiva; **unterschiedliche ~** *f* tassazione *f* differenziata.

Besteuerungsart *f* tipo *m* di tassazione, tipo *m* di imposizione, forma *f* di imposizione, regime *m* di imposizione.

besteuerungsfähig *adj* tassabile, imponibile.

Besteuerungs | fähigkeit *f* tassabilità *f*, imponibilità *f*; **~grenze** *f* limite *m* di tassazione, limite *m* di imposizione; **~grundlage** *f* base *f* imponibile, imponibile *m*; **~jahr** *n* anno *m* di tassazione, anno *m* di imposizione (*fiscale*), anno *m* di imposta; **~kriterium** *n* criterio *m* di tassazione; **~recht** *n* diritto *m* di tassazione, diritto *m* di imposizione (*fiscale*); **~system** *n* sistema *m* di imposizione (*fiscale*), sistema *m* impositivo; **~verfahren** *n* procedura *f* di imposizione (*fiscale*); **~zeitraum** *m* periodo *m* di tassazione, periodo *m* di imposizione (*fiscale*), periodo *m* di imposta.

bestimmbar *adj* accertabile, determinabile, definibile.

Bestimmbarkeit *f* accertabilità *f*, determinabilità *f*, definibilità *f*.

bestimmen *v* 1 *(festlegen, regeln)* determinare, stabilire, fissare, quantificare, precisare, *(definieren)* definire, individuare, classificare, *(anordnen)* disporre, decidere, decretare, statuire, sancire, *(vorschreiben)* prescrivere, ordinare; **gesetzlich bestimmt** disposto per legge, disposto dalla legge, stabilito dalla legge, statuito per legge; **soweit nicht etwas anderes bestimmt ist** salvo diversa disposizione.

bestimmen *v* 2 *(ernennen)* nominare, designare, eleggere.

bestimmen *v* 3 *(zudenken)* destinare, riservare, *(zuweisen)* assegnare.

bestimmen *v* 4 *(entscheidend beeinflussen)* influenzare, *(charakterisieren)* caratterizzare.

Bestimmtheit *f* determinatezza *f*, concretezza *f*, precisione *f*, esattezza *f*, certezza *f*, sicurezza *f*, fermezza *f*, risolutezza *f*.

Bestimmtheits | erfordernis *n* requisito *m* della determinatezza; **~grundsatz** *m* principio *m* di determinatezza.

Bestimmung *f* 1 *(Festlegung, Festsetzung)* determinazione *f*, fissazione *f*, definizione *f*, precisazione *f*, classificazione *f*, quantificazione *f*, *(Bezeichnung)* designazione *f*; **~** *f* **der Frist** fissazione *f* del termine, determinazione *f* del termine.

Bestimmung *f* 2 *(Vorschrift, Regelung)* disposizione *f*, disposto *m*, norma *f*, regola *f*, clausola *f*, *(Anordnung, Befehl)* ordine *m*, precetto *m*, prescrizione *f*, modalità *f*; **eine ~ aufheben** abrogare una norma; **eine ~ verletzen** violare una norma; **abweichende ~** *f* norma *f* derogatoria, disposizione *f* derogatoria; **allgemeine ~** *f* disposizione *f* generale; **aufhebende ~** *f* disposizione *f* abrogativa, norma *f* abrogativa; **aufschiebende ~** *f* clausola *f* sospensiva; **begünstigende ~** *f* norma *f* agevolativa; **besondere ~** *f* disposizione *f* particolare; **diskriminierende ~** *f* disposizione *f* discriminatoria, norma *f* discriminatoria; **eindeutige ~** *f* disposizione *f* chiara; **einleitende ~** *f* disposizione *f* preliminare; **einschlägige ~** *f* disposizione *f* (vigente) in materia; **einschränkende ~** *f* disposizione *f* restrittiva; **ergänzende ~** *f* disposizione *f* complementare; **gegenteilige ~** *f* disposizione *f* contraria; **geltende ~** *f* disposizione *f* vigente, disposizione *f* in vigore, norma *f* vigente, norma *f* in vigore; **gesetzliche ~** *f* disposizione *f* di legge, disposizione *f* legale, norma *f* di legge, norma *f* legale; **grundlegende ~** *f* norma *f* fondamentale; **grundsätzliche ~** *f* disposizione *f* di principio; **gültige ~** *f* disposizione *f* in vigore, disposizione *f* vigente, norma *f* in vigore, norma *f* vigente; **prozessuale ~** *f* disposizione *f* processuale, norma *f* processuale; **satzungsmäßige ~** *f* disposizione *f* statutaria; **steuerrechtliche ~** *f* disposizione *f* tributaria, norma *f* tributaria; **strafrechtliche ~** *f* disposizione *f* penale, norma *f* penale; **territoriale ~** *f* clausola *f* territoriale; **unabdingbare ~** *f* disposizione *f* inderogabile, norma *f* inderogabile;

verfahrensrechtliche ~ *f* disposizione *f* procedurale, norma *f* procedurale; **verfassungsrechtliche ~** *f* disposto *m* costituzionale, disposizione *f* costituzionale, norma *f* costituzionale; **verwaltungsrechtliche ~** *f* disposizione *f* amministrativa, norma *f* amministrativa; **zivilrechtliche ~** *f* disposizione *f* civilistica, norma *f* civilistica, disposizione *f* di diritto civile; **zollrechtliche ~** *f* disposizione *f* doganale, norma *f* doganale; **~** *f* **des zuständigen Gerichts; ~** *f* **der Zuständigkeit** regolamento *m* di competenza; **zwingende ~** *f* norma *f* imperativa, norma *f* cogente.

Bestimmung *f* [3] *(Ziel)* destinazione *f*, destino *m*, sorte *f*, scopo *m*, fine *m*.

Bestimmungen *fpl* normativa *f*, norme *fpl*, regolamento *m*, disposizioni *fpl*; **im Rahmen der ~** nei limiti delle disposizioni; **die ~ beachten** osservare le disposizioni, rispettare le disposizioni; **~ erlassen** emanare norme; **sich an die ~ halten** attenersi alle disposizioni; **~ umsetzen** attuare le disposizioni; **gegen die ~ verstoßen** contravvenire alle disposizioni, contravvenire alle norme, violare le disposizioni, violare le norme; **den ~ zuwiderlaufen** essere contrario alle disposizioni, contrastare con le disposizioni; **baurechtliche ~** *fpl* norme *fpl* edilizie, normativa *f* edilizia, normativa *f* urbanistica; **einschlägige ~** *fpl* disposizioni *fpl* (vigenti) in materia, normativa *f* (vigente) in materia; **einzelstaatliche ~** *fpl EuR* disposizioni *fpl* nazionali.

Bestimmungsamt *n* ufficio *m* di destinazione.

bestimmungsgemäß *adj* secondo le disposizioni, regolamentare, regolare, normale, corretto, *(Verwendung)* conforme alla destinazione d'uso, (uso) cui (qc.) è destinato, conforme allo scopo cui è destinato, conformemente all'uso previsto, conformemente alla sua destinazione, per gli scopi previsti, per i fini ai quali è destinato.

Bestimmungskauf *m* vendita *f* con specificazione, vendita *f* con individuazione.

Bestimmungsort *m* luogo *m* di destinazione, destinazione *f*; **frei ~** franco destino.

Bestimmungs|recht *n* diritto *m* di decisione; **~verwaltung** *f* amministrazione *f* di destinazione; **~zollstelle** *f* ufficio *m* doganale di destinazione; **~zweck** *m* destinazione *f*.

Bestkauf *m* acquisto *m* al meglio.

bestrafen *v* punire.

Bestrafung *f* punizione *f*; **disziplinäre ~** *f*; **disziplinarische ~** *f* punizione *f* disciplinare; **gerichtliche ~** *f* condanna *f* giudiziaria.

Bestrebungen *fpl* tentativi *mpl*, tendenze *fpl*; **verfassungsfeindliche ~** *fpl*; **verfassungswidrige ~** *fpl* attività *fpl* anticostituzionali.

bestreiken *v* boicottare, scioperare.

Bestreikung *f* boicottaggio *m*, sciopero *m*; **~** *f* **eines Betriebs** sciopero *m* dei dipendenti di un'azienda.

bestreitbar *adj* controverso, contestabile, oppugnabile, impugnabile, confutabile.

bestreiten *v* [1] *(abstreiten, anfechten)* contestare (l'esistenza di), negare (l'esistenza di), smentire, impugnare, oppugnare, confutare.

bestreiten *v* [2] *(Bedarf, Ausgaben)* sostenere, far(e) fronte [a], provvedere [a], sopperire [a], *(bezahlen)* pagare, *(finanzieren)* finanziare.

Bestreiten *n* [1] *(Anfechtung)* disconoscimento *m*, contestazione *f*, impugnazione *f*, oppugnazione *f*, confutazione *f*.

Bestreiten *n* [2] *(Finanzierung)* sostenimento *m* (*di spese*), finanziamento *m*.

Bestreitensfall, im ~ in caso di contestazione.

Bestreitung *f* [1] *(Anfechtung)* disconoscimento *m*, contestazione *f*, impugnazione *f*, oppugnazione *f*, confutazione *f*; **~** *f* **der Ehelichkeit**

(A) FamR disconoscimento *m* di paternità.

Bestreitung *f* ² *(Finanzierung)* sostenimento *m* (*di spese*), finanziamento *m*.

Bestreitungs | klage *f (A) FamR* azione *f* di disconoscimento; **~verbot** *n (A)* divieto *m* di contestare.

bestritten *adj* controverso, discusso, contestato, *(Forderung)* litigioso, contrastato.

Besuchsrecht *n FamR* diritto *m* di visita.

betagt *adj (Forderung)* sottoposto a termine.

Betäubungsmittel | gesetz *n* (*Abk* = **D: BtMG; CH: BetmG**) *(D: Gesetz über den Verkehr mit Betäubungsmitteln; CH: Bundesgesetz über die Betäubungsmittel und die psychotropen Stoffe)* legge *f* sugli stupefacenti *(CH: LStup)* (*CH: legge federale (svizzera) sugli stupefacenti e sulle sostanze psicotrope*); **~gesetzgebung** *f* legislazione *f* sugli stupefacenti; **~missbrauch** *m* abuso *m* di stupefacenti, uso *m* non terapeutico di sostanze stupefacenti.

beteiligen *v* [an *Dat*] far(e) partecipare [a], rendere partecipe [di], (co)interessare [a], associare [in]; **sich ~** *v* [an *Dat*] partecipare [a], compartecipare [a], prendere parte [a], intervenire [a], collaborare [a], contribuire [a], concorrere [a].

Beteiligtenfähigkeit *f VerwR* capacità *f* di essere parte in un giudizio amministrativo.

Beteiligte/r *f/m* interessato/-a *m/f*, parte *f* in causa, parte *f* interessata, persona *f* coinvolta, partecipante *m/f*, operatore/-trice *m/f*, parte *f* contraente, *ProzR* parte *f* (*nei giudizi amministrativi o nei procedimenti in materia di famiglia*), *GesR* socio *m*.

beteiligt sein [an *Dat*] partecipare [a], compartecipare [a], prendere parte [a], intervenire [a], collaborare [a], contribuire [a], concorrere [a]; **an einer Straftat ~** *StrafR* concorrere nel reato.

Beteiligung *f* ¹ *(Teilnahme)* partecipazione *f*, compartecipazione *f*, *(Mitwirkung)* collaborazione *f*, cooperazione *f*, concorso *m*, *(Beitrag)* contributo *m*, intervento *m*, coinvolgimento *m*, *(Anteil)* quota *f* (sociale), partecipazione *f* societaria, interessenza *f*, cointeressenza *f*; **mittelbare ~** *f GesR* partecipazione *f* indiretta; **paritätische ~** *f* partecipazione *f* paritetica; **staatliche ~** *f* partecipazione *f* statale; **stille ~** *f GesR* associazione *f* in partecipazione, apporto *m* dell'associato; **tätige ~** *f* partecipazione *f* attiva; **wesentliche ~** *f* partecipazione *f* al capitale di una società in misura superiore al 25%; **~** *f* **Dritter am Rechtsstreit** *(§§ 64–77 ZPO)* pluralità *f* di parti nel processo; **~** *f* **an einer Gesellschaft** *GesR* partecipazione *f* in una società, partecipazione *f* societaria, partecipazione *f* sociale; **~** *f* **am Gewinn** partecipazione *f* agli utili; **~** *f* **der öffentlichen Hand** partecipazione *f* statale; **~** *f* **am Verlust** partecipazione *f* alle perdite.

Beteiligung *f* ² *StrafR (Tatbeteiligung)* partecipazione *f* criminosa, compartecipazione *f* criminosa, compartecipazione *f* al reato, concorso *m* di persone nel reato, complicità *f*.

Beteiligungs | anteil *m GesR* quota *f* di partecipazione; **~befugnis** *f* facoltà *f* partecipativa; **~ertrag** *m* utile *m* da partecipazione; **~fähigkeit** *f VerwR* capacità *f* di essere parte in un giudizio amministrativo; **~finanzierung** *f GesR* finanziamento *m* attuato facendo partecipare altri al capitale dell'impresa; **~fonds** *m* fondo *m* di partecipazione; **~form** *f* tipo *m* di partecipazione; **~geschäft** *n* affare *m* in partecipazione, operazione *f* in partecipazione; **~gesellschaft** *f GesR* società *f* di partecipazione finanziaria, società *f* di partecipazione, società *f* finanziaria; **~gewinn** *m GesR* utile *m* da partecipazione; **~kapital** *n GesR* capitale *m* investito, capitale *m* proprio, capitale *m* in partecipazione, partecipazione *f* nel capitale (azionario), finanziamento *m* mediante compartecipazione; **~konzern** *m GesR* gruppo *m* di società formato mediante scambio di pacchetti azionari; **~papier** *n GesR* titolo *m* di partecipazione; **~verhältnis** *n GesR* rapporto *m* delle quote di partecipazione, indice *m* di partecipazione; **~vertrag** *m GesR* contratto *m* di partecipazione.

beteuern *v* asserire, affermare, asseverare.

Beteuerung *f* asserzione *f*, affermazione *f*, asseverazione *f*.

Beteuerungsformel *f* formula *f* di asseverazione.

BetmG (*Abk* = **Betäubungsmittelgesetz**) *(CH) (Bundesgesetz über die Betäubungsmittel und die psychotropen Stoffe)* legge *f* sugli stupefacenti *(LStup)* (*legge federale (svizzera) sugli stupefacenti e sulle sostanze psicotrope*).

Betracht, außer ~ lassen non considerare, non prendere in considerazione, non tener(e) conto di; **in ~ ziehen** considerare, prendere in considerazione, tener(e) conto di.

betrachten *v (ansehen)* contemplare, guardare, osservare, *(berücksichtigen)* considerare, prendere in considerazione, tener(e) conto [di], *(halten für)* ritenere, reputare; **als gegenstandslos ~** *(Schreiben, Mahnung)* non tener(e) conto [di], ignorare, non prendere in considerazione, considerare nullo, considerare ininfluente.

Betrachtungsweise *f* modo *m* di considerare, considerazione *f*.

Betrag *m (Summe)* importo *m*, somma *f*, ammontare *m*, cifra *f*; **einen ~ vom Konto abbuchen** addebitare un importo (o: una somma) sul conto; **Beträge anschaffen** trasferire fondi; **~ erhalten** per quietanza; **einen ~ gutschreiben** accreditare un importo, accreditare una somma; **einen ~ vorschießen** anticipare una somma; **abgehobener ~** *m* somma *f* prelevata; **anteiliger ~** *m* quota *f*; **ausgezahlter ~** *m* somma *f* pagata; **fester ~** *m* somma *f* fissa, importo *m* fisso; **geschuldeter ~** *m* somma *f* dovuta, importo *m* dovuto; **glatter ~** *m* cifra *f* tonda; **steuerfreier ~** *m* quota *f* esente; **strittiger ~** *m* somma *f* controversa; **überwiesener ~** *m* importo *m* trasferito, somma *f* trasferita, importo *m* versato, somma *f* versata, importo *m* bonificato, somma *f* bonificata; **überzogener ~** *m*; **ungedeckter ~** *m* scoperto *m*.

betragen *v* essere [di], ammontare [a].

Betragen *n* comportamento *m*, condotta *f*.

betrauen *v* [jdn. mit etwas] affidare [qc. a qn.], incaricare [qn. di qc.].

BetrAVG (*Abk* = **Betriebsrentengesetz**) *(D) ArbR (Gesetz zur Verbesserung der betrieblichen Altersversorgung)* legge *f* (tedesca) sulle pensioni aziendali, legge *f* (tedesca) di miglioramento della previdenza integrativa (o: complementare) aziendale.

Betreff *m* oggetto *m*.

betreffen *v* [1] *(angehen)* concernere, riguardare, attenere [a], *(sich beziehen)* riferirsi [a], vertere [su]; **was ... betrifft** per quanto concerne, per quanto riguarda, (in) quanto [a], in ordine [a], in merito [a].

betreffen *v* [2] *(treffen)* colpire, toccare, coinvolgere.

betreffend *präp* [*Akk*] concernente, riguardante, relativo [a], inerente [a], attinente [a], afferente, in riferimento [a].

betreffend *adj* in questione, in oggetto, competente.

Betreffende/r *f/m* interessato/-a *m/f*.

Betreffnis *n (CH) InsolvenzR* quota *f* di riparto.

betreiben *v* esercitare, esercire, esperire.

Betreiben *n* esercizio *m*; **auf ~** [Gen / von Dat] su istanza [di], per iniziativa [di]; **auf ~ der Parteien** su istanza di parte; **~** *n* **der Anlage** esercizio *m* dell'impianto.

Betreiber/in *m/f (von Geschäften)* esercente *m/f*, gestore *m*, *(Betreibergesellschaft)* società *f* di gestione.

Betreibung *f (CH)* esecuzione *f*.

Betreibungs | amt *n (CH)* ufficio *m* di esecuzione; **~beamter/-beamtin** *m/f (CH)* ufficiale *m* esecutore; **~begehren** *n (CH)* domanda *f* di esecuzione; **~behörde** *f (CH)* autorità *f* di esecuzione; **~genehmigung** *f (CH)* licenza *f* di esercizio; **~kreis** *m (CH)* circondario *m* di esecuzione; **~ort** *m (CH)* luogo *m* dell'esecuzione; **~urkunde** *f (CH)* atto *m* esecutivo.

betreten *v* [1] entrare [in], accedere [a].

betreten *v* [2] *(A) StrafR* cogliere in flagrante.

betreuen *v* avere cura [di], curare, assistere, prestare assistenza, fornire assistenza, occuparsi [di], seguire, accompagnare.

Betreuer/in *m/f* [1] assistente *m/f*, accompagnatore/-trice *m/f*, incaricato/-a *m/f*, responsabile *m/f*, referente *m/f*.

Betreuer/in *m/f* [2] *(D) FamR (§§ 1896 ff. BGB)* amministratore *m* di sostegno (*tutelante persone perfettamente in grado di intendere e di volere*), curatore *m* (*tutelante l'inabilitato, parzialmente incapace di intendere e di volere*), tutore *m* (*tutelante l'interdetto, interamente incapace di intendere e di volere*).

Betreuerbestellung *f FamR* nomina *f* dell'amministratore di sostegno (*alle persone perfettamente in grado di intendere e di volere*), nomina *f* del curatore (*all'inabilitato, parzialmente incapace di intendere e di volere*), nomina *f* del tutore (*all'interdetto, interamente incapace di intendere e di volere*).

Betreute/r *f/m* [1] assistito/-a *m/f*.

Betreute/r *f/m* [2] *FamR* beneficiario/-a *m/f* dell'amministrazione di sostegno (*soggetto sottoposto ad amministrazione di sostegno, perfettamente in grado di intendere e di volere*), soggetto *m* sottoposto a curatela (*inabilitato, parzialmente incapace di intendere e di volere*), soggetto *m* sottoposto a tutela (*interdetto, interamente incapace di intendere e di volere*).

Betreuung *f* [1] cura *f*, assistenza *f*, aiuto *m*, consulenza *f*; **anwaltliche ~** *f* assistenza *f* legale, consulenza *f* legale, patrocinio *m*.

Betreuung *f* [2] *(D) FamR (als Rechtsfürsorge zum Wohl des betroffenen Menschen ist sie an die Stelle von Entmündigung, Vormundschaft für Erwachsene und Gebrechlichkeitspflegschaft getreten) (diversa traduzione a seconda del maggiore o minore grado di incapacità del soggetto) (§§ 1896 ff. BGB)* amministrazione *f* di sostegno (*concessa solo a persone perfettamente in grado di intendere e di volere*), curatela *f* (*dell'inabilitato, parzialmente incapace di intendere e di volere*), tutela *f* (*dell'interdetto, interamente incapace di intendere e di volere*).

Betreuungs | gericht *n (früher: Vormundschaftsgericht)*; **~richter/in** *m/f FamR* giudice *m* tutelare; **~unterhalt** *m FamR (§ 1570 BGB)* → *Unterhalt wegen Betreuung eines Kindes* assegno *m* di mantenimento del/la figlio/-a, assegno *m* di mantenimento della prole; **~verfügung** *f FamR (§ 1901c BGB)* dichiarazioni *fpl* anticipate in merito all'amministrazione di sostegno, dichiarazioni *fpl* di volontà anticipate concernenti l'amministrazione di sostegno, direttive *fpl* anticipate relative all'amministrazione di sostegno, volontà *fpl* anticipate sull'amministrazione di sostegno, disposizioni *fpl* anticipate in materia di amministrazione di sostegno.

Betrieb *m* [1] *(Firma, Unternehmen)* azienda *f*, impresa *f*, ditta *f*, *(Fabrik)* fabbrica *f*, stabilimento *m*, *(Geschäft)* esercizio *m*; **den ~ leiten** dirigere l'azienda; **den ~ schließen** chiudere l'azienda; **den ~ übernehmen** acquisire l'azienda, rilevare l'azienda, assumere il controllo dell'azienda; **den ~ veräußern** cedere l'azienda; **~** *m* **der Ehegatten** azienda *f* coniugale; **gemischtwirtschaftlicher ~** *m* azienda *f* d'economia mista, impresa *f* d'economia mista; **genossenschaftlicher ~** *m* cooperativa *f*; **gewerblicher ~** *m* azienda *f* industriale o commerciale; **kommunaler ~** *m* azienda *f* comunale, azienda *f* municipale; **konzessionierter ~** *m* azienda *f* concessionaria, impresa *f* concessionaria; **mittlerer ~** *m* azienda *f* media; **öffentlicher ~** *m* azienda *f* pubblica; **staatlicher ~** *m* azienda *f* statale; **~** *m* **mit staatlicher Beteiligung** azienda *f* a partecipazione statale; **städtischer**

~ *m* azienda *f* municipale; **verstaatlichter ~** *m* azienda *f* nazionalizzata.

Betrieb *m* ² *(Tätigkeit)* attività *f*, attività *f* aziendale, gestione *f*, *(von Maschine)* funzionamento *m*, esercizio *m*; **den ~ aufnehmen** iniziare l'attività (aziendale); **den ~ einstellen** sospendere l'attività (aziendale); **in ~ nehmen**; **in ~ setzen** mettere in funzione, mettere in servizio, attivare; **außer ~ setzen** mettere fuori esercizio, sospendere l'attività, disattivare, chiudere; **den ~ stilllegen** sospendere l'attività (aziendale).

betrieblich *adj* aziendale.

Betriebs- aziendale.

Betriebs | abteilung *f* reparto *m* (aziendale); **~analyse** *f* analisi *f* aziendale; **~angehörige/r** *f/m* dipendente *m/f* (di azienda); **~anlage** *f* impianto *m*, stabilimento *m*; **~aufgabe** *f* cessazione *f* d'esercizio; **~auflösung** *f* liquidazione *f* d'azienda; **~aufwand** *m*; **~aufwendungen** *fpl* spese *fpl* di esercizio, spese *fpl* di gestione, costi *mpl* di gestione, costi *mpl* di esercizio, costi *mpl* operativi, costi *mpl* aziendali; **~ausfall** *m* inattività *f* dell'azienda; **~ausfallversicherung** *f* assicurazione *f* contro l'inattività delle imprese; **~ausgaben** *fpl* spese *fpl* di esercizio, spese *fpl* di gestione, costi *mpl* di gestione, costi *mpl* di esercizio, costi *mpl* operativi, costi *mpl* aziendali; **~ausschuss** *m ArbR* commissione *f* aziendale (*composta dai membri del Betriebsrat*).

Betriebsausstattung *f* dotazione *f* aziendale, attrezzamento *m* dell'azienda; **Betriebs-** *f* **und Geschäftsausstattung** (*Abk* = **BGA**) impianti, macchinari e mobili *mpl*.

Betriebsausweis *m* ¹ situazione *f* dei conti (di un'azienda).

Betriebsausweis *m* ² *(Ausweiskarte)* tessera *f* (aziendale).

Betriebsbeauftragte/r *f/m* delegato *m* d'impresa.

betriebsbedingt *adj* aziendale.

Betriebs | bedingungen *fpl* condizioni *fpl* di esercizio, capitolato *m*; **~beginn** *m* inizio *m* dell'attività; **~beihilfe** *f* sovvenzione *f* di esercizio; **~belegschaft** *f* personale *m* dell'azienda; **~berater/in** *m/f* consulente *m/f* aziendale, consulente *m/f* d'azienda; **~beratung** *f* consulenza *f* aziendale; **~bestehenswert** *m* valore *m* di avviamento dell'azienda; **~bewilligung** *f* autorizzazione *f* di esercizio; **~bilanz** *f* bilancio *m* d'esercizio; **~buchführung** *f* contabilità *f* aziendale; **~eigenschaften** *fpl (z. B. eines Gerätes)* caratteristiche *fpl* di funzionamento; **~einkommen** *n* reddito *m* d'esercizio, reddito *m* d'azienda, reddito *m* d'impresa; **~einnahmen** *fpl* entrate *fpl* aziendali, entrate *fpl* d'esercizio; **~einstellung** *f* sospensione *f* dell'attività (aziendale), cessazione *f* dell'attività; **~erfindung** *f* invenzione *f* aziendale, invenzione *f* d'azienda; **~erfordernis** *n* esigenza *f* aziendale; **~ergebnis** *n* risultato *m* di esercizio, risultato *m* di gestione; **~erlaubnis** *f* licenza *f* di esercizio; **~eröffnung** *f* apertura *f* dell'esercizio; **~ertrag** *m* ricavo *m* d'esercizio, prodotto *m* d'esercizio, reddito *m* d'esercizio, proventi *mpl* d'esercizio, profitto *m* aziendale; **~erweiterung** *f* ampliamento *m* dell'azienda, ampliamento *m* dell'impresa; **~fehlbetrag** *m* disavanzo *m* d'esercizio, deficit *m* d'esercizio; **~fonds** *m* fondo *m* d'esercizio; **~fremde/r** *f/m* persona *f* estranea all'azienda; **~friede** *f* pace *f* aziendale; **~führer/in** *m/f* dirigente *m/f* di azienda, capo *m* dell'azienda; **~führung** *f* gestione *f* aziendale, conduzione *f* aziendale, amministrazione *f* d'azienda, *(Leitung)* direzione *f* aziendale; **~führungsvertrag** *m* contratto *m* di gestione; **~gefahr** *f* rischio *m* d'esercizio; **~gegenstand** *m (A) (einer Gesellschaft)* oggetto *m* sociale; **~geheimnis** *n* segreto *m* aziendale, segreto *m* industriale;

~gemeinschaft *f* esercizio *m* in comune; **~genehmigung** *f* licenza *f* di esercizio; **~gesellschaft** *f* società *f* d'esercizio; **~gewerkschaft** *f* sindacato *m* aziendale; **~gewinn** *m* utile *m* d'esercizio, utile *m* di gestione, profitto *m* aziendale; **~grundstück** *n* terreno *m* industriale, immobile *m* industriale; **~inhaber/in** *m/f* titolare *m/f* dell'azienda, soggetto *m* di azienda.

betriebsintern *adj* interno (all'azienda), dell'azienda, introaziendale.

Betriebs | jahr *n* anno *m* d'esercizio, esercizio *m*; **~justiz** *f* potere *m* disciplinare nell'azienda; **~kapital** *n* capitale *m* d'esercizio, capitale *m* d'impresa, capitale *m* aziendale, capitale *m* di funzionamento; **~kollektiv** *n* collettivo *m* aziendale; **~kollektivvertrag** *m* accordo *m* (collettivo) aziendale; **~konto** *n* conto *m* d'esercizio; **~kosten** *pl* spese *fpl* di esercizio, spese *fpl* di gestione, costi *mpl* di gestione, costi *mpl* di esercizio, costi *mpl* operativi, costi *mpl* aziendali; **~krankenkasse** *f* cassa *f* malattia aziendale; **~kredit** *m* credito *m* d'esercizio; **~lehre** *f* tecnica *f* aziendale; **~leiter/in** *m/f* dirigente *m/f* di azienda, capo *m* dell'azienda; **~leitung** *f* direzione *f* aziendale, direzione *f* dell'azienda, gestione *f* aziendale; **~lizenz** *f* licenza *f* di esercizio.

Betriebsmittel *pl* capitale *m* d'esercizio, fondi *mpl* d'esercizio, fondi *mpl* di gestione; **~fonds** *m* fondo *m* d'esercizio; **~kredit** *m* credito *m* d'esercizio; **~rücklage** *f* riserva *f* di fondi d'esercizio.

Betriebs | nachfolger/in *m/f* nuovo titolare *m* dell'azienda; **~obmann** *m* delegato *m* d'impresa; **~ordnung** *f* regolamento *m* aziendale, regolamento *m* d'impresa; **~organisation** *f* organizzazione *f* aziendale; **~ort** *m* sede *f* dell'azienda, luogo *m* d'esercizio; **~personal** *n* personale *m* dell'azienda; **~pflicht** *f* obbligo *m* d'esercizio; **~programm** *n (IT)* programma *m* di servizio; **~prüfung** *f* revisione *f* della contabilità aziendale.

Betriebsrat *m ArbR* consiglio *m* di fabbrica, consiglio *m* d'azienda, consiglio *m* aziendale, commissione *f* interna; **Europäischer ~** *m EuR* Comitato *m* aziendale europeo.

Betriebsrat/-rätin *m/f ArbR* = *Betriebsratsmitglied n, Mitglied n des Betriebsrats* membro *m* del consiglio di fabbrica, delegato/-a *m/f* aziendale, membro *m* della commissione interna.

Betriebsrats | obmann *m (A)*; **~vorsitzende/r** *f/m ArbR* presidente *m* del consiglio di fabbrica, presidente *m* della commissione interna; **~wahl** *f ArbR* elezione *f* del consiglio di fabbrica, elezione *f* della commissione interna.

Betriebs | raum *m* locale *m* d'esercizio, sala *f* operativa; **~rechnung** *f* conto *m* d'esercizio; **~recht** *n* diritto *m* d'esercizio; **~rente** *f ArbR* → *betriebliche Altersversorgung* pensione *f* aziendale, previdenza *f* integrativa (o: complementare) aziendale (*rispetto a quella erogata dagli enti previdenziali obbligatori*); **~rentengesetz** *n (D)* (*Abk* = **BetrAVG**) *ArbR (Gesetz zur Verbesserung der betrieblichen Altersversorgung)* legge *f* (tedesca) sulle pensioni aziendali, legge *f* (tedesca) di miglioramento della previdenza integrativa (o: complementare) aziendale; **~risiko** *n ArbR* rischio *m* della sospensione del lavoro (*per causa inerente alla sfera del datore di lavoro*), rischio *m* di impresa; **~sabotage** *f* sabotaggio *m* aziendale, sabotaggio *m* di azienda; **~schließung** *f* chiusura *f* dello stabilimento, chiusura *f* dell'azienda, cessazione *f* dell'attività (aziendale); **~schutz** *m* misure *fpl* di sicurezza per gli impianti, *(Arbeitsschutz)* tutela *f* giuridica del lavoro; **~sicherheit** *f* sicurezza *f* del lavoro, sicurezza *f* d'esercizio; **~sitz** *m* sede *f* dell' azienda; **~sperre** *f* chiusura *f* dello stabilimento, chiusura *f* dell'azienda, cessazione *f* dell'attività (aziendale); **~spionage** *f* spionaggio *m* industriale; **~stätte** *f* stabilimento *m*, *(Steuerrecht)* stabile organizzazione *f*, stabilimento *m* d'impresa *(CH)*; **~stilllegung** *f* chiusura *f* dello stabilimento, chiusura *f* dell'azienda, cessazione *f* dell'attività (aziendale); **~stillstandsversicherung** *f* assicurazione *f* contro l'inattività delle imprese; **~stock** *m* fondo *m* d'esercizio; **~störung** *f* interruzione *f* del lavoro, interruzione *f* dell'esercizio, guasto *m*, avaria *f*; **~strafe** *f* sanzione *f* disciplinare (*prevista dall'accordo aziendale*); **~struktur** *f* struttura *f* aziendale; **~tätigkeit** *f* attività *f* aziendale, attività *f*, esercizio *m*; **~treue** *f* attaccamento *m* all'azienda; **~übergang** *m* *ArbR* trasferimento *m* di (o: dell') azienda, trasferimento *m* aziendale, cessione *f* di (o: dell') azienda, cessione *f* aziendale; **~übergangsrichtlinie** *f* *EuR* → *s. Anhang 3 b)* Direttiva *f* 2001/23/CE del Consiglio, del 12 marzo 2001, concernente il ravvicinamento delle legislazioni degli Stati membri relative al mantenimento dei diritti dei lavoratori in caso di trasferimenti di imprese, di stabilimenti o di parti di imprese o di stabilimenti; **~überlassungsvertrag** *m*; **~übernahmevertrag** *m* contratto *m* di cessione di azienda, contratto *m* di rilievo di azienda; **~überschuss** *m* eccedenza *f* attiva dell'esercizio, avanzo *m* d'esercizio; **~übung** *f* uso *m* aziendale.

Betriebsunfall *m* infortunio *m* sul lavoro; **~verhütung** *f* prevenzione *f* degli infortuni sul lavoro; **~versicherung** *f* assicurazione *f* contro gli infortuni sul lavoro.

Betriebsunkosten *pl* spese *fpl* di esercizio, spese *fpl* di gestione, costi *mpl* di gestione, costi *mpl* di esercizio, costi *mpl* operativi, costi *mpl* aziendali.

Betriebsunterbrechung *f* interruzione *f* di esercizio.

Betriebsunterbrechungs | risiko *n* rischio *m* di interruzione di esercizio; **~versicherung** *f* assicurazione *f* contro l'inattività delle imprese, assicurazione *f* contro l'interruzione di esercizio.

Betriebs | unternehmer/in *m/f* imprenditore/-trice *m/f*; **~veräußerung** *f* alienazione *f* dell'azienda; **~vereinbarung** *f* *ArbR* accordo *m* aziendale, contratto *m* aziendale (*fra datore di lavoro e Betriebsrat*); **~verfahren** *n* metodo *m* operativo; **~verfassung** *f* statuto *m* aziendale, costituzione *f* aziendale, ordinamento *m* aziendale, organizzazione *f* delle imprese, organizzazione *f* (sociale) delle aziende; **~verfassungsgesetz** *n* *(D)* (*Abk* = **BetrVG**) *ArbR* legge *f* (tedesca) sullo statuto aziendale, legge *f* (tedesca) sull'ordinamento aziendale, legge *f* (tedesca) relativa all'organizzazione delle imprese; **~verhältnisse** *pl* condizioni *fpl* di azienda; **~verlust** *m* perdita *f* d'esercizio, perdita *f* di gestione; **~vermögen** *n* capitale *m* d'esercizio, patrimonio *m* aziendale, patrimonio *m* dell'azienda, patrimonio *m* di funzionamento; **~versammlung** *f* *ArbR* assemblea *f* generale dei lavoratori dell'azienda; **~vertretung** *f* *ArbR* rappresentanza *f* del personale dell'azienda, rappresentante *m/f* (o: rappresentanti) del personale dell'azienda; **~verwaltung** *f* amministrazione *f* dell'azienda, gestione *f* di esercizio; **~werker** *m* operaio *m* industriale; **~wert** *m* valore *m* di avviamento dell'azienda; **~wirt** *m* diplomato *m* in economia aziendale, commercialista *m*; **~wirtschaft** *f* economia *f* aziendale; **~wirtschaftler/in** *m/f* aziendalista *m/f*, economista *m/f* aziendale.

betriebswirtschaftlich *adj* relativo all'economia aziendale, economico-aziendale.

Betriebswirtschaftslehre *f* (*Abk* = **BWL**) economia *f* aziendale; **allgemeine ~** *f* ragioneria *f* generale; **besondere ~** *f* ragioneria *f* applicata.

Betriebs | zählung *f* censimento *m* economico, censimento *m* aziendale; **~zugehörigkeit** *f* appartenenza *f* all'azienda, appartenenza *f* all'impresa, *(Dienstjahre)* anni *mpl* di servizio; **~zweig** *m* ramo *m* aziendale, ramo *m* di azienda, ramo *m* di attività.

betroffen *adj* interessato, coinvolto, colpito, danneggiato; **auf frischer Tat ~** *StrafProzR* colto sul fatto, colto in flagrante, colto in flagranza di reato, sorpreso in flagrante.

Betroffene/r *f/m* [1] *(allgemein)* vittima *f*, persona *f* colpita, persona *f* coinvolta, persona *f* interessata, soggetto *m* interessato.

Betroffene/r *f/m* [2] *VerwR (Ordnungswidrigkeit)* interessato/-a *m/f*, soggetto *m* (a) cui (o: al quale) viene/è stata contestata una violazione amministrativa, persona *f* (a) cui (o: alla quale) viene/è stata contestata una violazione amministrativa.

Betroffenheit *f* turbamento *m*, sbigottimento *m*, stupore *m*.

Betroffensein, unmittelbares ~ *n* incidenza *f* diretta, interesse *m* diretto.

Betrug *m* truffa *f*, frode *f*, inganno *m*, raggiro *m*, (im)broglio *m*, *ZivR* dolo *m*; **einen ~ aufdecken** scoprire una truffa, scoprire una frode; **fortgesetzter ~** *m* truffa *f* continuata; **zivilrechtlicher ~** *m (A)* dolo *m*.

betrügen *v* truffare, frodare, defraudare, ingannare, trarre in inganno, raggirare, imbrogliare.

Betrüger/in *m/f* truffatore/-trice *m/f*, frodatore/-trice *m/f*, imbroglione/-a *m/f*.

betrügerisch *adj* fraudolento, ingannevole, truffaldino, *ZivR* doloso.

Betrugs | absicht *f* intenzione *f* fraudolenta, intento *m* di frode; **~delikt** *n* reato *m* di truffa; **~handlung** *f* atto *m* fraudolento; **~versuch** *m* tentativo *m* di truffa.

BetrVG (*Abk* = **Betriebsverfassungsgesetz**) *(D) ArbR* legge *f* (tedesca) sullo statuto aziendale, legge *f* (tedesca) sull'ordinamento aziendale, legge *f* (tedesca) relativa all'organizzazione delle imprese.

Beuge | haft *f* → *Erzwingungshaft* arresto *m* coercitivo (*teso a "piegare" la volontà di qualcuno e ad ottenere l' esecuzione forzata degli obblighi di fare, di non fare o di tollerare, p.es. rendere una testimonianza, prestare giuramento o pagare la sanzione pecuniaria inflitta*); **~mittel** *n* mezzo *m* coercitivo; **~strafe** *f (A)* pena *f* comminata per garantire l'attuazione di un provvedimento amministrativo.

Beugung *f* **des Rechts** *(D) StrafR (§ 339 StGB)* applicazione *f* volutamente erronea del diritto da parte di un giudice, arbitro o pubblico funzionario in sede di decisione di una controversia.

BeurkG (*Abk* = **Beurkundungsgesetz**) *(D)* legge *f* (tedesca) sulla redazione degli atti pubblici.

beurkunden *v (bestätigen)* attestare, *(urkundlich bestätigen)* certificare, *(belegen)* documentare, comprovare, *(eintragen)* registrare, *(zu Protokoll nehmen)* verbalizzare, *(beglaubigen)* autenticare, legalizzare, convalidare, *(notariell)* rogare, rogitare, ricevere (in forma pubblica).

beurkundet *adj (urkundlich bestätigt)* certificato, *(beglaubigt)* autenticato, legalizzato, *(notariell)* rogato; **notariell ~** rogato (*da un notaio*), autenticato da un notaio.

Beurkundung *f (Bestätigung)* attestazione *f*, *(urkundliche Bestätigung)* certificazione *f*, *(Beleg)* documentazione *f*, *(Eintragung)* registrazione *f*, *(Beglaubigung)* autenticazione *f*, legalizzazione *f*, *(notarielle)* rogito *m*; **falsche ~** *f* falsa attestazione *f*; **gerichtliche ~** *f* legalizzazione *f* giudiziaria; **notarielle ~** *f*; **notarische ~** *f* rogito *m* (*notarile*), autenticazione *f* notarile, autentica *f* notarile, certificazione *f* notarile; **öffentliche ~** *f* certificazione *f* pubblica, autenticazione *f* pubblica.

Beurkundungs | befugnis *f* potere *m* di autenticazione; **~gebühr** *f* tassa *f* di certificazione; **~gesetz** *n (D)* (*Abk* = **BeurkG**) legge *f* (tedesca) sulla redazione degli atti pubblici; **~recht** *n* diritto *m* di autenticazione; **~register** *n (A)* repertorio *m*.

beurlauben *v ArbR* collocare in congedo, collocare fuori ruolo, mettere in aspettativa, sospendere (temporaneamente).

Beurlaubung *f ArbR (Urlaubsgewährung)* congedo *m*, permesso *m*, licenza *f*, aspettativa *f*, *(des Beamten)* collocamento *m* in congedo, collocamento *m* fuori ruolo; **~** *f* **ohne Dienstbezüge** collocamento *m* in aspettativa.

beurteilen *v* giudicare, apprezzare, valutare, stimare.

Beurteilung *f* giudizio *m*, apprezzamento *m*, valutazione *f*, stima *f*; **dienstliche ~** *f* qualifica *f*; **günstige ~** *f* giudizio *m* favorevole; **~** *f* **der regionalen Auswirkungen** valutazione *f* dell'impatto regionale.

Beurteilungs | ermessen *n* discrezionalità *f*; **~irrtum** *m VerwR* errore *m* di apprezzamento; **~kriterium** *n*; **~merkmal** *n* criterio *m* di valutazione; **~spielraum** *m VerwR (auch: kognitives Ermessen)* discrezionalità *f* tecnica, ambito *m* di valutazione, apprezzamento *m* discrezionale, limiti *mpl* discrezionali, margine *m* di valutazione; **~zeitraum** *m* periodo *m* di osservazione.

bevollmächtigen *v* autorizzare, dare facoltà, delegare, conferire il mandato a, conferire la procura a, conferire ogni più ampia facoltà (e potere), dare pieni poteri, nominare e costituire procuratore.

Bevollmächtigende/r, zu ~ *f/m* rappresentante *m/f*.

bevollmächtigt *adj* autorizzato, delegato, munito di idonei poteri; **~ sein** essere autorizzato, essere delegato, avere (la) facoltà, essere facoltizzato, avere il potere, essere munito di idonei poteri.

Bevollmächtigte/r *f/m* delegato/-a *m/f*, incaricato/-a *m/f*, mandatario/-a *m/f*, procuratore *m*, plenipotenziario *m*, rappresentante *m/f*, persona *f* autorizzata, soggetto *m* munito di idonei poteri; **einen Bevollmächtigten bestellen** nominare un procuratore.

Bevollmächtigung *f* → *Vollmacht* autorizzazione *f*, delega *f* (*di poteri*), mandato *m*, procura *f*, conferimento *m* di procura, pieni poteri *mpl*; **ausdrückliche ~** *f* procura *f* espressa; **stillschweigende ~** *f* procura *f* tacita.

Bevollmächtigungs | schreiben *n* lettere *fpl* patenti; **~vertrag** *m (A)* contratto *m* di mandato.

bevormunden *v (CH)* mettere sotto tutela, tenere sotto tutela.

Bevormundete/r *f/m (CH)* persona *f* sottoposta a tutela.

Bevormundung *f (CH)* messa *f* sotto tutela.

Bevorratung *f* approvvigionamento *m*.

Bevorratungskredit *m* credito *m* di approvvigionamento.

bevorrechtigt *adj* privilegiato.

Bevorrechtigung *f* privilegio *m*, prerogativa *f*.

bevorschussen *v* concedere un anticipo, concedere un'anticipazione.

Bevorschussung *f* anticipo *m*, anticipazione *f*, concessione *f* di un anticipo, concessione *f* di un'anticipazione; **~** *f* **von Forderungen** anticipazione *f* su crediti; **~** *f* **von Wertpapieren** *(CH)* anticipazione *f* su titoli, anticipazione *f* su valori mobiliari.

bevorzugen *v* preferire, favorire, privilegiare, avvantaggiare.

Bewährung *f* prova *f*, dimostrazione *f*, conferma *f*, *StrafR (Strafaussetzung)* sospensione *f* condizionale, *StrafR* condizionale *f*; **auf ~** *StrafR* condizionale; **zur ~ ausgesetzte Freiheitsstrafe** *f StrafR* sospensione *f* condizionale della pena detentiva; **Strafaussetzung** *f* **zur ~** *StrafR (§§ 56 ff. StGB)* sospensione *f* condizionale della pena, condizionale *f*.

Bewährungs | auflage *f StrafR (§ 56b StGB)* obbligo *m* del condannato cui sia stata sospesa la pena; **~frist** *f StrafR* termine *m* di sospensione condizionale della pena, condizionale *f*, periodo *m* di prova; **~helfer/in** *m/f StrafR* persona *f* che affianca il condannato per controllarlo, aiutarlo e consigliarlo durante la sospensione condizionale della pena, assistente *m/f* (sociale) per il periodo di prova; **~hilfe** *f StrafR (§ 56d StGB)* assistenza *f* al condannato durante la sospensione condizionale della pena, assistenza *f* per il periodo di prova; **~urteil** *n StrafProzR* condanna *f* condizionale; **~widerruf** *m StrafR* revoca *f* della sospensione condizionale della pena; **~zeit** *f StrafR (darf fünf Jahre nicht überschreiten und zwei Jahre nicht unterschreiten) (§ 56a StGB)* termine *m* di sospensione condizionale della pena, condizionale *f*, periodo *m* di prova.

Beweggrund *m* movente *m*, motivo *m*, causa *f*; **niedriger ~** *m* motivo *m* abbietto.

beweglich *adj* mobile, mobiliare.

Beweglichkeiten *pl (CH)* beni *mpl* mobili.

Bewegungsfreiheit *f* libertà *f* di movimento, libertà *f* d'azione.

Beweis *m* prova *f*, dimostrazione *f*, argomento *m*, testimonianza *f*; **mangels ~(es)** *ProzR (Freispruch) = mangels Beweisen, aus Mangel an Beweisen, wegen Mangels an Beweisen* per insufficienza di prove; **~** *m* **und Gegenbeweis** *m* prova *f* e controprova *f*; **bis zum ~ des Gegenteils** fino a prova contraria; **~ antreten** *ProzR* indicare i mezzi di prova; **einen ~ antreten** *ProzR* produrre una prova, fornire una prova, addurre una prova, dedurre una prova; **einen ~ entkräften** *ProzR* invalidare una prova, infirmare una prova; **den ~ erbringen**; **den ~ führen**; **den ~ liefern** produrre la prova, fornire la prova, addurre la prova, dedurre la prova; **einen ~ sichern** *ProzR* mettere al sicuro un mezzo di prova; **unter ~ stellen** provare, dare prova di; **direkter ~** *m* prova *f* diretta; **erhobener ~** *m* prova *f* acquisita; **gesetzlicher ~** *m* prova *f* legale; **indirekter ~** *m* prova *f* indiretta; **materieller ~** *m* prova *f* materiale; **mittelbarer ~** *m* prova *f* indiretta; **neuer ~** *m* nuova prova *f*; **schlüssiger ~** *m* prova *f* concludente; **unmittelbarer ~** *m* prova *f* diretta; **unwiderlegbarer ~** *m* prova *f* irrefutabile; **unzulässiger ~** *m* prova *f* inammissibile; **urkundlicher ~** *m* prova *f* documentale; **voller ~** *m* prova *f* piena; **zwingender ~** *m* prova *f* irrefutabile; **~** *m* **des ersten Anscheins** *ProzR* prova *f* prima facie, prova *f* per presunzione semplice; **~** *m* **zum ewigen Angedenken** *(CH)*; **~** *m* **zum ewigen Gedächtnis** *(CH)* prova *f* a futura memoria, prova *f* a perpetua memoria *(CH)*; **~** *m* **durch Parteivernehmung** *ProzR (§§ 445 ff. ZPO)* prova *f* per interpello.

Beweis | anerbieten *n*; **~angebot** *n ProzR* offerta *f* di prova, indicazione *f* specifica dei mezzi di prova *(di cui la parte intende avvalersi)*; **~antizipation** *f* valutazione *f* anticipata delle prove.

Beweisantrag *m ProzR* richiesta *f* istruttoria, istanza *f* istruttoria, richiesta *f* probatoria, istanza *f* probatoria, richiesta *f* di assunzione di una prova, istanza *f* di assunzione di una prova, istanza *f* di ammissione di una prova, richiesta *f* di prova, istanza *f* di prova, capitolato *m* di prova; **Ablehnung** *f* **des ~s** *ProzR* rigetto *m* della richiesta istruttoria, rigetto *m* dell'istanza istruttoria.

Beweis | anträge *mpl ProzR* richieste *fpl* istruttorie, istanze *fpl* istruttorie, richieste *fpl* probatorie, istanze *fpl* probatorie; **~antretung** *f (A, CH)*; **~antritt** *m ProzR* produzione *f* della prova, deduzione *f* della prova, deduzioni *fpl* istruttorie; **~anzeichen** *n* indizio *m*; **~art** *f* tipo *m* di prova.

Beweisaufnahme *f ProzR* assunzione *f* delle prove, assunzione *f* dei mezzi di prova, raccolta *f* delle prove, acquisizione *f* delle prove, formazione *f* della prova, *ZivProzR* istruzione *f* probatoria, *StrafProzR* istruzione *f* dibattimentale; **zusätzliche ~** *f ProzR* complemento *m* di prova, prova *f* complementare; **Abschluss** *m* **der ~**; **Schluss** *m* **der ~** *ProzR* chiusura *f* dell'assunzione delle prove, chiusura *f* dell'assunzione dei mezzi di prova, chiusura *f* dell'istruzione probatoria; **Unmittelbarkeit** *f* **der ~** *ProzR* immediatezza *f* dell'assunzione delle prove, immediatezza *f* dell'istruzione probatoria.

Beweisaufnahmeübereinkommen, Haager ~ *n IPR (Haager Übereinkommen vom 18. März 1970 über die Beweisaufnahme im Ausland in Zivil- oder Handelssachen)* Convenzione *f* dell'Aja del 18 marzo 1970 sull'assunzione delle prove all'estero in materia civile e commerciale.

Beweisaufnahme | verfahren *n ZivProzR* istruzione *f* probatoria, *StrafProzR* istruzione *f* dibattimentale; **~verordnung** *f EuR → s. Anhang 3 a)* Regolamento *m* (CE) n. 1206/2001 del Consiglio, del 28 maggio 2001, relativo alla cooperazione fra le autorità giudiziarie degli Stati membri nel settore dell'assunzione delle prove in materia civile o commerciale.

Beweisaussage, falsche ~ *f (A) (vor Gericht)* falsa testimonianza *f*.

beweisbar *adj* provabile, dimostrabile.

beweis | bedürftig *adj ZivProzR (Tatsachen)* da provare, da dimostrare; **~belastet** *adj ZivProzR* gravato dell'onere della prova.

Beweis | beschluss *m ProzR* ordinanza *f* di ammissione delle prove, ordinanza *f* ammissiva delle prove, ordinanza *f* che ammette le prove; **~dokument** *n* documento *m* probatorio.

Beweise *mpl* prove *fpl*; **~ aufnehmen**; **~ erheben** *ProzR* assumere le prove, assumere i mezzi di prova, raccogliere le prove, acquisire le prove; **~ fälschen**; **~ manipulieren** inquinare le prove; **~ unterschlagen** sottrarre le prove, occultare le prove, nascondere le prove; **~ vorlegen** produrre le prove, fornire le prove, addurre le prove, dedurre le prove; **die ~ würdigen** *ProzR* valutare le prove; **belastende ~** *mpl StrafProzR* prove *fpl* a carico; **entlastende ~** *mpl StrafProzR* prove *fpl* a discarico.

Beweiseinrede *f ProzR* eccezione *f* relativa alla prova.

beweisen *v* provare, comprovare, dimostrare, mostrare, manifestare.

beweiserheblich *adj ProzR* rilevante, di rilevanza probatoria.

Beweis | erheblichkeit *f ProzR* rilevanza *f* (*della prova*); **~erhebung** *f ProzR* assunzione *f* delle prove, assunzione *f* dei mezzi di prova, raccolta *f* delle prove, acquisizione *f* delle prove, formazione *f* della prova, *ZivProzR* istruzione *f* probatoria, *StrafProzR* istruzione *f* dibattimentale; **~erhebungsverbot** *n ProzR* divieto *m* di acquisizione della prova; **~ersuchen** *n* rogatoria *f*, commissione *f* rogatoria; **~führer** *m ProzR* chi deduce una prova; **~führung** *f ProzR* deduzione *f* della prova; **~führungslast** *f ProzR* onere *m* della deduzione delle prove, onere *m* della prova, onere *m* probatorio; **~funktion** *f* funzione *f* probatoria; **~gegenstand** *m* oggetto *m* di prova; **~kraft** *f ProzR* efficacia *f* probatoria, forza *f* probatoria, forza *f* probante, forza *f* probativa, valore *m* probatorio, autenticità *f*.

beweiskräftig *adj ProzR* probatorio, probante, probativo, concludente, convincente.

Beweislast *f ProzR* onere *m* della prova, onere *m* probatorio, onere *m* delle parti di provare i fatti posti a fondamento delle rispettive pretese; **die ~ liegt bei** [*Dat*] *ProzR* l'onere della prova grava su (o: in capo a); **die ~ umkehren** *ProzR* invertire l'onere della prova.

Beweislast | umkehr *f*; **~umkehrung** *f ProzR* inversione *f* dell'onere della prova.

Beweismangel *m ProzR* mancanza *f* di prove, insufficienza *f* di prove.

Beweismaterial *n ProzR* materiale *m* probatorio, prove *fpl*; **~ vorlegen** *ProzR* produrre le prove, fornire le prove, addurre le prove, dedurre le prove.

Beweismethodenverbot *n ProzR* divieto *m* di applicare un metodo probatorio.

Beweismittel *n ProzR* mezzo *m* di prova, mezzo *m* probatorio, mezzo *m* istruttorio, prova *f*; **~ zulassen** *ProzR* ammettere i mezzi di prova;

gesetzliches ~ *n ProzR* prova *f* legale; **unerreichbares ~** *n ProzR* mezzo *m* di prova irreperibile; **ungeeignetes ~** *n ProzR* mezzo *m* di prova inidoneo; **unzulässiges ~** *n ProzR* prova *f* inammissibile; **zusätzliches ~** *n ProzR* complemento *m* di prova, prova *f* complementare.

Beweismittel
Nel diritto processuale tedesco i mezzi di prova (*Beweismittel*) sono divisi in cinque gruppi principali:
- prova testimoniale (*Zeugen*);
- prova peritale (*Sachverständige*);
- prova documentale (*Urkunden*);
- ispezione giudiziale (*Augenschein*) e
- interrogatorio delle parti (*Parteivernehmung*).

Si vedano i §§ 371 ss. del Codice di procedura civile tedesco (*ZPO*), nonché i §§ 48 ss. e 74 ss. del Codice di procedura penale tedesco (*StPO*).

Beweismittelverbot *n ProzR* divieto *m* di applicare un mezzo di prova.

Beweis | not *f*; **~notstand** *m ProzR* difficoltà *f* di raccogliere le prove; **~pflicht** *f ProzR* obbligo *m* di prova, onere *m* della prova, onere *m* probatorio; **~pflichtige/r** *f/m ProzR* chi ha l'onere della prova; **~recht** *n ProzR* diritto *m* delle prove, diritto *m* probatorio; **~regel** *f* regola *f* di prova.

Beweissicherung *f ProzR* assicurazione *f* delle fonti di prova, assunzione *f* preventiva dei mezzi di prova, *ZivProzR* istruzione *f* preventiva.

Beweissicherungs | antrag *m StrafProzR* richiesta *f* di incidente probatorio, *ZivProzR* istanza *f* di istruzione preventiva; **~verfahren** *n (im deutschen Zivilprozess heute: selbständiges Beweisverfahren) StrafProzR* incidente *m* probatorio, *ZivProzR* procedimento *m* di istruzione preventiva (*accertamento tecnico preventivo, audizione a futura memoria*).

Beweis | stück *n* elemento *m* di prova, elemento *m* probante, documento *m* di prova, documento *m* probatorio, documento *m* giustificativo, *StrafProzR* corpo *m* del reato; **~termin** *m ProzR* udienza *f* di assunzione dei mezzi di prova, udienza *f* per l'assunzione dei mezzi di prova (ritenuti ammissibili e rilevanti); **~thema** *n ProzR (Behauptung, die mit einem Beweismittel bewiesen werden soll)* capitolo *m* di prova, fatto *m* da provare; **~umkehrung** *f ProzR* inversione *f* dell'onere della prova.

beweisunerheblich *adj ProzR* irrilevante.

Beweis | unterlagen *pl* documenti *mpl* di prova, documenti *mpl* giustificativi; **~unterschlagung** *f ProzR* sottrazione *f* dei mezzi di prova; **~urkunde** *f* documento *m* di prova, documento *m* probatorio, documento *m* giustificativo; **~verbot** *n* divieto *m* di prova.

Beweisverfahren *n ZivProzR* istruzione *f* probatoria, *StrafProzR* istruzione *f* dibattimentale; **selb(st) ständiges ~** *n ZivProzR (früher: Beweissicherungsverfahren) (§§ 485 ff. ZPO)* procedimento *m* di istruzione preventiva.

Beweis | verfügung *f (CH) ProzR* ordinanza *f* di ammissione delle prove, ordinanza *f* ammissiva delle prove, ordinanza *f* che ammette le prove; **~verwertungsverbot** *n ProzR* divieto *m* di tener conto di una prova (assunta), divieto *m* di utilizzare una prova (già acquisita), divieto *m* di utilizzazione della prova, divieto *m* di utilizzabilità delle prove (assunte); **~wert** *m* valore *m* probatorio.

Beweiswürdigung *f ProzR* valutazione *f* della prova (o: delle prove), valutazione *f* probatoria, apprezzamento *m* della prova (o: delle prove); **freie ~** *f ProzR* libero apprezzamento *m* delle prove, principio *m* del libero convincimento del giudice; **vorweggenommene**

~ *f ProzR* valutazione *f* anticipata delle prove.

Beweiszwecken, zu ~ a(i) fini probatori.

bewerkstelligen *v (zustande bringen, umsetzen)* mettere in atto, attuare, effettuare, realizzare, *(erreichen)* riuscire.

bewertbar *adj* valutabile.

Bewertbarkeit *f* valutabilità *f.*

bewerten *v (einschätzen)* valutare, stimare, *(beurteilen)* giudicare.

Bewertung *f (Schätzung des Wertes)* valutazione *f, (Urteil)* giudizio *m, (Zensur)* voto *m*; **fiskalische ~** *f*; **steuerliche ~** *f* valutazione *f* fiscale; **~** *f* **von Amts wegen** valutazione *f* d'ufficio; **~** *f* **des Schadens** valutazione *f* del danno, valutazione *f* dell'entità del danno, quantificazione *f* del danno, quantificazione *f* dei danni.

Bewertungs | bericht *m* relazione *f* di valutazione; **~faktor** *m* fattore *m* valutativo; **~fehler** *m* errore *m* di valutazione; **~gesetz** *n* legge *f* sull'estimo; **~grundlage** *f* base *f* valutativa; **~grundsatz** *m (Bilanz)* criterio *m* di valutazione; **~irrtum** *m* errore *m* motivo; **~maßstab** *m* criterio *m* di valutazione; **~methode** *f* metodo *m* di valutazione; **~norm** *f* norma *f* di valutazione; **~stichtag** *m* data *f* di valutazione; **~test** *m* test *m* di valutazione; **~verfahren** *n* procedimento *m* di valutazione; **~zahl** *f* coefficiente *m* di valutazione; **~zeitraum** *m* periodo *m* di valutazione.

bewilligen *v (gewähren)* concedere, accordare, *(zustimmen)* acconsentire, prestare il consenso, approvare, accondiscendere a, *(genehmigen)* autorizzare, accogliere, accettare.

Bewilligung *f (Gewährung)* concessione *f*, assegnazione *f, (von Mitteln)* stanziamento *m, (Zustimmung)* consenso *m*, approvazione *f*, benestare *m, (behördliche)* autorizzazione *f, (Genehmigung)* permesso *m*, licenza *f*, facoltà *f*, accoglimento *m*, accettazione *f*; **die ~ erteilen** concedere il permesso, concedere l'autorizzazione, rilasciare l'autorizzazione, autorizzare; **die ~ widerrufen** revocare l'autorizzazione; **~** *f* **zum Geschäftsbetrieb** autorizzazione *f* all'esercizio; **~** *f* **von Mitteln** stanziamento *m* di fondi; **~** *f* **von Prozesskostenhilfe**; **~** *f* **von Verfahrenskostenhilfe** *ProzR* ammissione *f* al patrocinio a spese dello Stato, ammissione *f* al gratuito patrocinio; **~** *f* **auf Widerruf** autorizzazione *f* revocabile.

Bewilligungs | antrag *m* domanda *f* di autorizzazione; **~behörde** *f* autorità *f* concedente; **~bescheid** *m* autorizzazione *f*, benestare *m*; **~gesuch** *n* domanda *f* di autorizzazione; **~inhaber/in** *m/f* titolare *m/f* dell'autorizzazione; **~recht** *n* diritto *m* di consenso; **~stelle** *f* ufficio *m* concedente.

bewirken *v* [1] *(verursachen)* provocare, causare, cagionare, produrre, procurare, determinare, fare in modo, *(Änderung, Wandel)* operare.

bewirken *v* [2] *(erreichen)* raggiungere, ottenere.

bewirken *v* [3] *(Leistung, Zahlung)* eseguire, effettuare, attuare.

Bewirkung *f* **der Gegenleistung** *SchuldR* esecuzione *f* della controprestazione.

bewirtschaften *v* [1] *(rationieren)* razionare, contingentare.

bewirtschaften *v* [2] *(kontrollieren)* controllare, disciplinare, regolare il traffico [di], regolamentare.

bewirtschaften *v* [3] *(landwirtschaftlich bearbeiten)* coltivare, lavorare, valorizzare.

bewirtschaften *v* [4] *(verwalten)* amministrare, *(Gaststätte)* gestire.

Bewirtschaftung *f* [1] *(Rationierung)* razionamento *m*, contingentamento *m.*

Bewirtschaftung *f* [2] *(Kontrolle)* controllo *m*, disciplina *f.*

Bewirtschaftung *f* [3] *(Landwirtschaft)* coltivazione *f.*

Bewirtschaftung *f* [4] *(Verwaltung)* amministrazione *f, (von Gaststätten)* gestione *f.*

Bewirtschaftungs | einheit *f* unità *f* colturale; **~maßnahme** *f* misura *f* di contingentamento; **~stelle** *f* ufficio *m* del contingentamento.

Bewohnbarkeitsbescheinigung *f* certificato *m* di abitabilità.

bewusst *adj* [1] *(wissend, im Klaren)* consapevole, cosciente, *(überzeugt)* convinto, conscio.

bewusst *adj* [2] *(absichtlich, gewollt)* intenzionale, voluto, con intenzione, di proposito, apposta.

bewusst *adj* [3] *(besagt, bereits erwähnt)* in questione, di cui si è detto, *(gewiss)* quel certo, quel determinato.

Bewusstsein *n* [1] *(Gewissheit)* coscienza *f*, consapevolezza *f*; **~** *n* **der Rechtswidrigkeit** coscienza *f* dell'antigiuridicità; **im ~ der Rechtswidrigkeit** consapevole dell'antigiuridicità.

Bewusstsein *n* [2] *(Sinne)* conoscenza *f*, sensi *mpl*.

Bewusstseinsstörung *f* turbamento *m* della coscienza; **tiefgreifende ~** *f* turbamento *m* profondo della coscienza.

Bewusstseinstrübung *f* turbamento *m* della coscienza.

bezahlen *v* pagare, retribuire, versare, corrispondere, liquidare, saldare; **in bar ~** pagare in contanti; **im Voraus ~** pagare in anticipo.

Bezahltmeldung *f* avviso *m* di avvenuto pagamento, avviso *m* di incasso.

bezahlt und Geld *(Kurszettel)* domanda *f* parzialmente insoddisfatta.

Bezahlung *f* pagamento *m*, retribuzione *f*, versamento *m*, liquidazione *f*, saldo *m*; **gegen bare ~** dietro pagamento in contanti; **~** *f* **einer Nichtschuld** pagamento *m* dell'indebito; **sofortige ~** *f* pagamento *m* immediato; **teilweise ~** *f* pagamento *m* parziale; **volle ~** *f*; **vollständige ~** *f* pagamento *m* intero.

bezeichnen *v* [1] *(benennen)* denominare, designare, chiamare, *(angeben)* indicare, *(definieren)* qualificare.

bezeichnen *v* [2] *(mit einem Zeichen versehen)* segnare, contrassegnare.

bezeichnen *v* [3] *(charakterisieren)* caratterizzare, essere caratteristico [di], essere tipico [di].

Bezeichnung *f* [1] *(Benennung)* denominazione *f*, designazione *f*, *(Angabe)* indicazione *f*, *(Name)* nome *m*; **handelsübliche ~** *f* denominazione *f* commerciale, nome *m* commerciale.

Bezeichnung *f* [2] *(Zeichen)* segno *m*, contrassegno *m*.

Bezettelung *f* etichettatura *f*.

bezeugen *v* testimoniare, attestare, far(e) fede, certificare, documentare, dimostrare.

bezichtigen *v* incolpare, accusare.

Bezichtigung *f* incolpazione *f*, accusa *f*.

beziehen *v* [1] *(kaufen)* acquistare, comp(e)rare.

beziehen *v* [2] *(erhalten)* ricevere, *(ausgezahlt bekommen)* riscuotere, percepire.

beziehen *v* [3] *(eine Aktie)* sottoscrivere.

beziehen *v* [4] *(eine Wohnung)* andare ad abitare [in], entrare [in].

beziehen *v* [5] [sich] [auf Akk] *(sich berufen)* richiamarsi [a], riferirsi [a], fare riferimento [a], *(betreffen)* riguardare, concernere.

Bezieher/in *m/f* [1] *(von Waren)* cliente *m/f*, acquirente *m/f*, compratore/-trice *m/f*.

Bezieher/in *m/f* [2] *(von Geld)* beneficiario/-a *m/f*, percipiente *m/f*, soggetto *m* che percepisce denaro.

Beziehungen *fpl* rapporti *mpl*, relazioni *fpl*; **auswärtige ~** *fpl* rapporti *mpl* con l'estero, relazioni *fpl* estere; **bilaterale ~** *fpl* relazioni *fpl* bilaterali; **diplomatische ~** *fpl* relazioni *fpl* diplomatiche; **geschäftliche ~** *fpl* rapporti *mpl* commerciali, relazioni *fpl* commerciali; **internationale ~** *fpl* relazioni *fpl* internazionali; **konsularische ~** *fpl* relazioni *fpl* consolari; **multilaterale ~** *fpl* relazioni *fpl* multilaterali; **schuldrechtliche ~** *fpl* rapporti *mpl* obbligatori; **vertragliche ~** *fpl* rapporti *mpl* contrattuali; **wechselseitige ~** *fpl* rapporti *mpl* reciproci; **zwischenstaatliche ~** *fpl* relazioni *fpl* internazionali.

Bezirk *m* distretto *m*, circoscrizione *f*, circondario *m*, zona *f*, territorio *m*, regione *f*, settore *m*, sfera *f*, ambito *m*.

Bezirks | agent/in *m/f* agente *m/f* di zona, agente *m/f* regionale; **~anwalt/-anwältin** *m/f (A)* procuratore *m* della Repubblica presso la pretura (Bezirksgericht); **~ausschuss** *m* comitato *m* distrettuale; **~bürgermeister** *m (Großstadt)* sindaco *m* di quartiere; **~gericht** *n (A, CH)* (*Abk* = **BG**) *ProzR (entspricht ungefähr dem deutschen Amtsgericht)* pretura *f* (*abolita in Italia dal 1999; le relative competenze sono state trasferite al tribunale ordinario*), tribunale *m* distrettuale; **~gerichtsarrest** *m (A)* carcere *m* giudiziario mandamentale; **~hauptmann/-frau** *m/f (A)* capo *m* dei servizi amministrativi di un Bezirk; **~hauptmannschaft** *f (A)* servizi *mpl* amministrativi di un Bezirk; **~notar/in** *m/f (D) (Baden-Württemberg)* notaio *m* di circoscrizione; **~richter/in** *m/f (A, CH) ProzR (entspricht ungefähr dem deutschen Amtsrichter)* pretore *m* (*ufficio soppresso in Italia per effetto del D.Lgs. 19 febbraio 1998, n. 51, istitutivo del giudice unico di primo grado*); **~verband** *m* associazione *f* regionale, unione *f* regionale; **~verordneten-versammlung** *f (D)* (*Abk* = **BVV**) *(Berlin)* consiglio *m* circoscrizionale, consiglio *m* di quartiere; **~vertreter/in** *m/f* rappresentante *m/f* regionale, rappresentante *m/f* di zona, agente *m/f* regionale, agente *m/f* di zona; **~vertretung** *f* rappresentanza *f* commerciale di zona, organismo *m* rappresentativo del Bezirk; **~verwaltung** *f* amministrazione *f* distrettuale; **~vorsteher** *m* prefetto *m* regionale.

Bezogene/r *f/m* trassato *m*, trattario *m*.

Bezug *m* [1] *(Verweis)* relazione *f*, riferimento *m*, rapporto *m*, attinenza *f*; **in / mit / unter ~** [auf *Akk*] in / con riferimento [a], in relazione [a], riguardo [a], in rapporto [a], in ordine [a], (in) quanto [a], relativamente [a], in merito [a]; **~ nehmen** [auf *Akk*] riferirsi [a], fare riferimento [a], rinviare [a], richiamare; **grenzüberschreitender ~** *m* carattere *m* internazionale, carattere *m* transfrontaliero, contesto *m* transfrontaliero, aspetti *mpl* transfrontalieri, implicazioni *fpl* transfrontaliere, implicazioni *fpl* transnazionali.

Bezug *m* [2] *(Kauf)* acquisto *m*.

Bezug *m* [3] *(Erhalt)* ricevimento *m*, ricezione *f*, percepimento *m*, percezione *f*, riscossione *f*.

Bezug *m* [4] *(von Aktien)* sottoscrizione *f* (*di titoli, azioni*); **zum ~ anbieten** *(Aktien)* offrire in opzione.

Bezüge *pl (Einkommen)* reddito *m*, entrate *fpl*, rendite *fpl*, emolumenti *mpl*, *(Vergütung)* retribuzione *f*, compenso *m*, *(Gehalt)* stipendio *m*, *(Lohn)* salario *m*; **fortlaufende ~** *pl* retribuzione *f* periodica; **monatliche ~** *pl* retribuzione *f* mensile; **regelmäßige ~** *pl* retribuzione *f* periodica; **ruhegehaltfähige ~** *pl* retribuzione *f* pensionabile; **steuerfreie ~** *pl* retribuzione *f* esente da imposte.

bezüglich *präp* [*Gen*] riguardo [a], rispetto [a], circa, per quanto riguarda, per quanto concerne, concernente, relativo [a], con riferimento [a], (in) quanto [a], in ordine [a], in merito [a].

Bezugnahme *f* riferimento *m*, relazione *f*; **unter ~** [auf *Akk*] in / con riferimento [a], in relazione [a], riguardo [a], in rapporto [a], in ordine [a], (in) quanto [a], relativamente [a], in merito [a].

Bezugnahmeklausel *f* clausola *f* di rinvio.

Bezug nehmend [auch: bezugnehmend auf *Akk*] in / con riferimento [a], in relazione [a], riguardo [a], in rapporto [a], in ordine [a], (in) quanto [a], relativamente [a], in merito [a].

Bezugs | aktie *f* azione *f* optata, nuova azione *f* (derivante da aumento di capitale); **~angabe** *f* riferimento *m*; **~angebot** *n* offerta *f* in opzione; **~antrag** *m* domanda *f* di sottoscrizione; **~aufforderung** *f* offerta *f* in opzione; **~basis** *f* base *f* di riferimento; **~bedingungen** *fpl* condizioni *fpl* di acquisto, condizioni *fpl* di abbonamento; **~berechtigte/r** *f/m* destinatario/-a *m/f*, beneficiario/-a *m/f*; **~berechtigung** *f* autorizzazione *f* ad acquistare merci contingentate, diritto *m* di acquistare qualche cosa; **~beschränkung** *f* contingentamento *m*; **~bewilligung** *f* autorizzazione *f* di acquisto; **~datum** *n* data *f* di riferimento; **~einheit** *f* unità *f* di riferimento; **~erklärung** *f* dichiarazione *f* di opzione; **~frist** *f* termine *m* di opzione, termine *m* di sottoscrizione, periodo *m* utile di sottoscrizione; **~gebiet** *n* regione *f* produttrice.

Bezugsgenossenschaft *f* cooperativa *f* di acquisto; **Bezugs- und Absatzgenossenschaft** *f* cooperativa *f* di acquisto e di vendita.

Bezugs | gewicht *n* peso *m* di riferimento; **~größe** *f* parametro *m* di riferimento; **~grundlage** *f* base *f* di riferimento; **~jahr** *n* anno *m* di riferimento; **~kosten** *pl* costi *mpl* accessori agli acquisti; **~kurs** *m* corso *m* di riferimento, prezzo *m* di riferimento, *(von Aktien)* prezzo *m* di sottoscrizione (di nuove azioni); **~menge** *f* contingente *m*; **~monopol** *n* monopolio *m* di acquisto; **~option** *f* opzione *f*; **~preis** *m* *(Kaufpreis)* prezzo *m* di acquisto, *(Abonnement)* prezzo *m* di abbonamento, *(Referenzpreis)* prezzo *m* di riferimento, prezzo *m* base, *(Optionspreis)* prezzo *m* di opzione; **~punkt** *m* punto *m* di riferimento; **~quelle** *f* fonte *f* d'acquisto; **~quellennachweis** *m* elenco *m* dei rivenditori.

Bezugsrecht *n* diritto *m* di opzione, opzione *f*; **ausschließlich ~** ex opzione; **mit ~** con diritto di opzione; **ohne ~** ex opzione.

Bezugsrechts | abschlag *m* decurtazione *f* del corso del diritto di opzione dalla quotazione piena; **~ausübung** *f* esercizio *m* del diritto di opzione.

Bezugs | satz *m* tasso *m* di riferimento; **~schein** *m* buono *m* di opzione, certificato *m* di opzione, buono *m* per diritti di opzione, *(von Aktien)* certificato *m* di sottoscrizione, *(von Waren)* buono *m* di acquisto, buono *m* di approvvigionamento, buono *m* di razionamento; **~stelle** *f* istituto *m* presso il quale si può esercitare il diritto d'opzione; **~verhältnis** *n* rapporto *m* d'opzione; **~vertrag** *m* contratto *m* di somministrazione; **~vorschuss** *m* *(A)* anticipo *m* sullo stipendio; **~zeit** *f* periodo *m* di abbonamento; **~zeitraum** *m* periodo *m* di riferimento.

bezwecken *v* *(abzielen)* mirare a, tendere a, *(den Zweck verfolgen)* perseguire uno scopo, *(zum Gegenstand haben)* avere per oggetto.

bezweifeln *v* mettere in dubbio, dubitare [di].

BfA (*Abk* = **Bundesversicherungsanstalt für Angestellte**) *(D)* Istituto *m* federale (tedesco) per la previdenza sociale degli impiegati.

BFD (*Abk* = **Bundesfreiwilligendienst**) *(D)* servizio *m* volontario federale (*entrato in vigore in data 1° luglio 2011 in sostituzione del precedente servizio civile a seguito della sospensione del servizio di leva obbligatorio*).

BfDI (*Abk* = **Bundesbeauftragte/r für den Datenschutz und die Informationsfreiheit**) *(D)* Garante *m* federale (tedesco) per la protezione (o: tutela) dei dati personali e la libertà d'informazione, Garante *m* federale (tedesco) della privacy e della libertà d'informazione.

BFH (*Abk* = **Bundesfinanzhof**) *(D)* *(München)* Corte *f* tributaria federale (*tedesca di ultimo grado*).

BfJ (*Abk* = **Bundesamt für Justiz**) *(D)* Ufficio *m* federale (tedesco) di giustizia.

BfN (*Abk* = **Bundesamt für Naturschutz**) *(D)* Ufficio *m* federale (tedesco) per la tutela dell'ambiente naturale.

BFS (*Abk* = **Bundesamt für Statistik**) *(CH)* Ufficio *m* federale (svizzero) di statistica *(UST)*.

BfV (*Abk* = **Bundesamt für Verfassungsschutz**) *(D) (Köln)* Ufficio *m* federale per la (o: di) difesa (o: tutela/protezione) della Costituzione tedesca (*servizi segreti tedeschi*).

BG (*Abk* = **Bezirksgericht**) *(A, CH) ProzR (entspricht ungefähr dem deutschen Amtsgericht)* pretura *f* (*abolita in Italia dal 1999; le relative competenze sono state trasferite al tribunale ordinario*), tribunale *m* distrettuale.

BGA (*Abk* = **Betriebs- und Geschäftsausstattung**) impianti, macchinari e mobili *mpl*.

BGB (*Abk* = **Bürgerliches Gesetzbuch**) *(D)* codice *m* civile (tedesco).

BGB-Gesellschaft *f GesR* società *f* semplice.

BGBl (*Abk* = **Bundesgesetzblatt**) Gazzetta *f* ufficiale della Repubblica Federale di Germania / della Repubblica d'Austria (*contenente leggi, regolamenti e trattati internazionali*)

BGG (*Abk* = **Behindertengleichstellungsgesetz**) *(Gesetz zur Gleichstellung behinderter Menschen)* legge *f* sulla parità di trattamento delle persone diversamente abili, legge *f* per la parità dei portatori di handicap.

BGH (*Abk* = **Bundesgerichtshof**) *(D) (in Karlsruhe)* Corte *f* suprema federale (tedesca), Corte *f* di cassazione federale (tedesca).

BGHSt (*Abk* = **Entscheidungen des Bundesgerichtshofs in Strafsachen**) decisioni *fpl* della Corte suprema federale (tedesca) in materia penale.

BGHZ (*Abk* = **Entscheidungen des Bundesgerichtshofs in Zivilsachen**) decisioni *fpl* della Corte suprema federale (tedesca) in materia civile.

BGS (*Abk* = **Bundesgrenzschutz**) *(D)* Guardia *f* federale (tedesca) di frontiera.

BiB (*Abk* = **Bundesinstitut für Bevölkerungsforschung**) *(D)* Istituto *m* federale (tedesco) per la ricerca demografica.

Bibliographie *f* bibliografia *f*.

Bier | lieferungsvertrag *m* contratto *m* di fornitura di birra; **~steuer** *f* imposta *f* sulla birra.

bieten *v* offrire, fare un'offerta, presentare.

Bieten *n* offerta *f*.

Bietende/r *f/m* offerente *m/f*.

Bieter/in *m/f* offerente *m/f*.

Bietungs | garantie *f* garanzia *f* (in luogo di cauzione) per concorrere ad una pubblica gara, garanzia *f* di fare un'offerta minima nella vendita all'incanto dei beni del debitore; **~kaution** *f*; **~sicherheit** *f* cauzione *f* per concorrere ad una pubblica gara.

Bilanz *f HandelsR (eines Unternehmens)* bilancio *m*, situazione *f* patrimoniale, stato *m* patrimoniale, *VölkerR (eines Landes)* bilancia *f*; **die ~ abschließen** chiudere il bilancio; **die ~ aufstellen** compilare il bilancio, redigere il bilancio, stilare il bilancio, formare il bilancio; **die ~ ausgleichen** pareggiare il bilancio; **die ~ billigen** approvare il bilancio; **die ~ fälschen** falsificare il bilancio, alterare il bilancio; **eine ~ frisieren** camuffare un bilancio; **die ~ genehmigen** approvare il bilancio; **die ~ verfälschen** falsificare il bilancio, alterare il bilancio; **eine ~ verschleiern** camuffare un bilancio; **die ~ vorlegen** presentare il bilancio; **aktive ~** *f* bilancio *m* attivo; **ausgeglichene ~** *f* bilancio *m* in pareggio; **fiktive ~** *f* bilancio *m* fittizio; **frisierte ~** *f (ugs)* bilancio *m* camuffato; **gefälschte ~** *f* falso *m* in bilancio, bilancio *m* falsificato, bilancio *m* alterato; **genehmigte ~** *f* bilancio *m* approvato; **gläserne ~** *f* bilancio *m* trasparente; **konsolidierte ~** *f* bilancio *m* consolidato; **passive ~** *f* bilancio *m* passivo, bilancio *m* deficitario; **unausgeglichene ~** *f* bilancio *m* non in pareggio; **verfälschte ~** *f* falso *m* in bilancio, bilancio *m* falsificato, bilancio *m* alterato; **verschleierte ~** *f* bilancio *m*

camuffato; **vorläufige ~** *f* bilancio *m* provvisorio.
Bilanzabschluss *m* chiusura *f* del bilancio.
Bilanzanalyse *f* analisi *f* di bilancio; **externe ~** *f* analisi *f* di bilancio esterna; **interne ~** *f* analisi *f* di bilancio interna.
Bilanz | ansatz *m* voce *f* di bilancio, impostazione *f* di bilancio; **~aufbereitung** *f* operazione *f* consistente nel confrontare le voci del bilancio per facilitarne l'analisi; **~auffassung** *f* teoria *f* di bilancio; **~aufstellung** *f* compilazione *f* del bilancio, formazione *f* del bilancio, redazione *f* del bilancio; **~ausgleich** *m* equilibrio *m* del bilancio; **~bereinigung** *f*; **~berichtigung** *f* rettificazione *f* del bilancio; **~bewertung** *f* valutazione *f* di bilancio, stima *f* di bilancio; **~buch** *n* libro *m* dei bilanci; **~buchhalter/in** *m/f* bilancista *m/f*; **~buchhaltung** *f* contabilità *f* di bilancio; **~deckungskapital** *n*; **~deckungsrückstellung** *f* riserva *f* matematica di inventario; **~delikt** *n* reato *m* consistente nella violazione delle norme sulla formazione dei bilanci; **~entwurf** *m* progetto *m* di bilancio; **~fälschung** *f* falso *m* in bilancio, falsificazione *f* del bilancio; **~gelder** *pl* onorari *mpl* dei revisori dei conti; **~genehmigung** *f* approvazione *f* del bilancio; **~gewinn** *m* utile *m* di bilancio; **~gliederung** *f* struttura *f* del bilancio; **~heft** *n* libro *m* dei bilanci di verifica; **~identität** *f* identità *f* del bilancio (di chiusura dell'esercizio precedente con quello d'apertura dell'esercizio corrente).
bilanzieren *v* iscrivere in bilancio, compilare il bilancio, redigere il bilancio, stilare il bilancio, formare il bilancio, bilanciare, essere in pareggio.
Bilanzierung *f* iscrizione *f* in bilancio, compilazione *f* del bilancio, redazione *f* del bilancio, formazione *f* del bilancio, bilanciamento *m*, pareggio *m*.
Bilanzierungs | grundsatz *m*; **~richtlinie** *f* criterio *m* di formazione dei bilanci; **~tag** *m* giorno *m* di chiusura del bilancio; **~vorschrift** *f* norma *f* sulla formazione dei bilanci.
Bilanz | jahr *n* esercizio *m* commerciale, esercizio *m*; **~klarheit** *f* chiarezza *f* del bilancio, espressività *f* del bilancio; **~kontinuität** *f* continuità *f* nell'osservanza dei criteri di formazione dei bilanci; **~konto** *n* conto *m* di bilancio; **~kosmetik** *f* camuffamento *m* del bilancio; **~kritik** *f* esame *m* critico dei bilanci; **~kurs** *m* prezzo *m* dell'azione accertato sulla scorta del bilancio; **~lehre** *f* teoria *f* di bilancio.
bilanzmäßig *adj* conforme al bilancio.
Bilanz | politik *f* politica *f* di bilancio; **~position** *f*; **~posten** *m* voce *f* del bilancio, posta *f* del bilancio; **~prüfer/in** *m/f* revisore *m* del bilancio, revisore *m* dei conti, revisore *m* contabile, sindaco *m*; **~prüfung** *f* revisione *f* del bilancio, certificazione *f* di bilancio, esame *m* del bilancio; **~recht** *n* normativa *f* sulla formazione dei bilanci, norme *fpl* sulla formazione dei bilanci, norme *fpl* contabili; **~rechtsmodernisierungs-gesetz** *n (D)* (*Abk* = **BilMoG**) *(Gesetz zur Modernisierung des Bilanzrechts)* legge *f* (tedesca) per la modernizzazione della normativa sulla formazione dei bilanci, legge *f* di modernizzazione delle norme contabili tedesche; **~revision** *f* revisione *f* del bilancio; **~schema** *n* schema *m* di bilancio; **~stichtag** *m* giorno *m* di chiusura del bilancio; **~summe** *f* totale *m* del bilancio; **~theorie** *f* teoria *f* di bilancio; **~transparenz** *f* trasparenza *f* del bilancio; **~überschuss** *m* utile *m* di bilancio; **~vergleich** *m* comparazione *f* di bilanci; **~verlust** *m* perdita *f* di bilancio; **~verschleierung** *f* camuffamento *m* del bilancio; **~volumen** *n* totale *m* del bilancio; **~wahrheit** *f* veridicità *f* del bilancio; **~wert** *m* valore *m* di bilancio; **~ziehung** *f* formazione *f* del bilancio.
bilateral *adj* bilaterale.

Bildmarke *f* logo *m*.
Bildnisschutz *m* tutela *f* dell'immagine.
Bildung *f (Schaffung)* formazione *f*, creazione *f*, costituzione *f*, *(Gründung)* fondazione *f*; **~** *f* **bewaffneter Gruppen** *StrafR (§ 127 StGB)* formazione *f* di bande armate, formazione *f* di gruppi armati; **~** *f* **krimineller Vereinigungen** *StrafR* formazione *f* di associazioni a delinquere; **~** *f* **von Rücklagen** formazione *f* di riserve; **~** *f* **terroristischer Vereinigungen** *StrafR* formazione *f* di associazioni terroristiche.
Bildungsurlaub *m* vacanze *fpl* studio, *(Beurlaubung)* congedo *m* straordinario per aggiornamento, congedo *m* per motivi di studio, permesso *m* per formazione.
Bildwerbung *f* pubblicità *f* illustrata.
billig *adj* [1] *(gerecht)* equo, giusto, *(angemessen)* ragionevole, accettabile.
billig *adj* [2] *(preiswert)* economico, conveniente, a basso prezzo, a buon prezzo, a buon mercato.
billigen *v* approvare, ratificare, accettare, accogliere, accondiscendere a, accordare; **stillschweigend ~** approvare tacitamente.
billigerweise *adv* giustamente, di diritto, a ragione.
Billig | flagge *f* bandiera *f* ombra, bandiera *f* di comodo, bandiera *f* di convenienza; **~import** *m* importazione *f* a basso prezzo, importazione *f* a basso costo.
Billigkeit *f* [1] *(Gerechtigkeit)* equità *f*, giustizia *f*, *(Angemessenheit)* ragionevolezza *f*; **nach ~ entscheiden** decidere in via equitativa, decidere secondo equità, decidere secondo giustizia.
Billigkeit *f* [2] *(der Ware, des Preises)* modicità *f*, prezzo *m* basso [o: basso prezzo], economicità *f*.
Billigkeits | entscheidung *f* decisione *f* (in via) equitativa, decisione *f* secondo equità, decisione *f* secondo giustizia; **~erlass** *m* remissione *f* per motivi di equità; **~erwägung** *f* considerazione *f* di equità; **aus ~gründen** per motivi di equità; **~haftung** *f* responsabilità *f* secondo equità; **~klausel** *f* clausola *f* di equità; **~recht** *n* equità *f*; **~unterhalt** *m* *FamR (§ 1576 BGB) → Unterhalt aus Billigkeitsgründen* assegno *m* di mantenimento (in favore dell'ex coniuge) per motivi di equità.
Billig | land *n*; **~preisland** *n* paese *m* a basso (livello di) prezzo, paese *m* a basso costo di manodopera, paese *m* a basso costo di produzione; **~tarif** *m* tariffa *f* ridotta.
Billigung *f* approvazione *f*, accettazione *f*, ammissione *f*, consenso *m*, assenso *m*; **stillschweigende ~** *f* approvazione *f* tacita; **~** *f* **von Straftaten** apologia *f* di reato.
BilMoG (*Abk* = **Bilanzrechtsmodernisierungsgesetz**) *(D) (Gesetz zur Modernisierung des Bilanzrechts)* legge *f* (tedesca) per la modernizzazione della normativa sulla formazione dei bilanci, legge *f* di modernizzazione delle norme contabili tedesche.
BImSchG (*Abk* = **Bundesimmissionsschutzgesetz**) *(D) (Gesetz zum Schutz vor schädlichen Umwelteinwirkungen durch Luftverunreinigungen, Geräusche, Erschütterungen und ähnliche Vorgänge)* legge *f* federale (tedesca) sulla tutela dalle immissioni, legge *f* federale (tedesca) sul controllo dell'inquinamento.
BImSchV (*Abk* = **Bundesimmissionsschutzverordnung**) *(D)* regolamento *m* federale (tedesco) sulla tutela dalle immissioni, regolamento *m* federale (tedesco) sul controllo dell'inquinamento.
binden *v* legare, impegnare, vincolare, obbligare.
bindend *adj* impegnativo, vincolante, vincolativo, obbligatorio, imperativo, tassativo, perentorio; **rechtlich ~** giuridicamente vincolante.
Bindung *f* legame *m*, impegno *m*, vincolo *m*, obbligo *m*; **soziale ~** *f* nesso *m* sociale, collegamento *m* sociale; **vertragliche ~** *f* vincolo *m* contrattuale.
Bindungs | frist *f* periodo *m* di vincolo; **~kraft** *f* forza *f* vincolante, forza *f* obbligatoria, obbligatorietà *f*;

~toleranz *f FamR* capacità *f* di un genitore di tollerare i legami del bambino con l'altro genitore, rispetto *m* del principio della bigenitorialità (*legittimo diritto e legittima aspirazione del figlio minore di mantenere un rapporto stabile, equilibrato e continuativo con entrambi i genitori e di conservare i rapporti significativi con gli ascendenti e con i propri parenti di ciascun ramo genitoriale*); **~wirkung** *f* effetto *m* vincolante, effetto *m* obbligatorio, forza *f* vincolante, forza *f* obbligatoria, carattere *m* vincolante, obbligatorietà *f*.

binnen *präp* [*Gen/Dat*] entro (e non oltre), nel termine di, nel giro di, tra, fra.

Binnen | handel *m* commercio *m* interno, commercio *m* nazionale; **~konjunktur** *f* congiuntura *f* nazionale; **~lieferung** *f* fornitura *f* per l'interno.

Binnenmarkt *m* mercato *m* interno, mercato *m* nazionale; **Errichtung** *f* **des ~s** *EuR* istituzione *f* del mercato unico, creazione *f* del mercato unico; **europäischer ~** *m* mercato *m* unico europeo, mercato *m* interno europeo.

Binnen | nachfrage *f* domanda *f* interna; **~schifffahrt** *f* navigazione *f* interna, navigazione *f* fluviale.

Binnenschifffahrts | recht *n* diritto *m* della navigazione interna; **~verkehr** *m* traffico *m* fluviale.

Binnenstaat *m* Stato *m* continentale.

binnenstaatlich *adj* nazionale.

Binnen | tarif *m* tariffa *f* interna; **~transport** *m* trasporto *m* interno; **~verkehr** *m* traffico *m* interno, traffico *m* nazionale; **~wanderung** *f* migrazione *f* interna; **~wasserstraße** *f* via *f* di navigazione interna; **~wert** *m* valore *m* interno; **~wirtschaft** *f* economia *f* interna, economia *f* nazionale; **~zoll** *m* dazio *m* interno; **~zollamt** *n*; **~zollstelle** *f* dogana *f* interna, ufficio *m* doganale interno.

BIP (*Abk* = **Bruttoinlandsprodukt**) prodotto *m* interno lordo *(PIL)*.

Bitte *f* richiesta *f*, preghiera *f*; **mit der ~ um** [*Akk*] chiedendo, pregando, con la richiesta [di], con preghiera [di]; **~ *f* um Auskunft** richiesta *f* di informazioni; **einer ~ entsprechen** soddisfare una richiesta; **eine ~ vorbringen** avanzare una richiesta.

Bittleihe *f (A)* = *Bittleihen n* possesso *m* precario.

Bittleiher/in *m/f (A)* precarista *m/f*.

Bittschrift *f* petizione *f*, supplica *f*.

Bittsteller/in *m/f* richiedente *m/f*, postulante *m/f*, petente *m/f*, supplicante *m/f*.

BIZ (*Abk* = **Bank für Internationalen Zahlungsausgleich**) Banca *f* dei regolamenti internazionali *(BRI)*.

BK (*Abk* = **Bundeskanzlei**) *(CH)* Cancelleria *f* federale (svizzera) *(CaF)*.

BKA (*Abk* = **Bundeskriminalamt**) *(D)* Ufficio *m* federale anticrimine (tedesco), Ufficio *m* federale (tedesco) di polizia criminale, Ufficio *m* federale (tedesco) per la repressione della criminalità.

BKartA (*Abk* = **Bundeskartellamt**) *(D)* Ufficio *m* federale (tedesco) dei cartelli, Autorità *f* federale antitrust (tedesca).

Blankett *n* carta *f* bianca, foglio *m* in bianco, foglio *m* firmato in bianco, biancosegno *m*; **~gesetz** *n* norma *f* in bianco; **~strafgesetz** *n* norma *f* penale in bianco.

blanko *adj* in bianco, allo scoperto.

Blanko | abtretung *f* cessione *f* allo scoperto, cessione *f* in bianco; **~akzept** *n*; **~annahme** *f* accettazione *f* in bianco; **~geschäft** *n* contratto *m* allo scoperto, operazione *f* allo scoperto; **~giro** *n*; **~indossament** *n* girata *f* in bianco; **~kredit** *m* credito *m* allo scoperto, credito *m* in bianco; **~papier** *n* carta *f* bianca, titolo *m* in bianco; **~police** *f* polizza *f* in bianco; **~quittung** *f* quietanza *f* in bianco; **~scheck** *m* assegno *m* in bianco; **~unterschrift** *f* firma *f* in bianco; **~verkauf** *m* vendita *f* allo scoperto; **~vollmacht** *f* procura *f* in bianco; **~vorlage** *f*; **~vorschuss** *m* anticipazione *f* allo scoperto; **~wechsel** *m* cambiale *f* in bianco;

~zession *f* cessione *f* allo scoperto, cessione *f* in bianco.
Blaue Karte *f* **EU** *AuslR (§ 19a AufenthG)* Carta *f* blu UE.
Blauhelm *m (UN-Soldat)* casco *m* blu; **~einsatz** *m* operazione *f* dei caschi blu.
BLE (*Abk* = **Bundesanstalt für Landwirtschaft und Ernährung**) *(D)* Ente *m* federale (tedesco) dell'agricoltura e dell'alimentazione.
Bleiberecht *n AsylR* diritto *m* di soggiorno.
Bleistiftwert *m (A)* valore *m* che un mobile raggiungerà verosimilmente al momento della sua vendita all'asta.
Bleiversiegelung *f* piombatura *f.*
BLG (*Abk* = **Bundesleistungsgesetz**) *(D)* legge *f* federale (tedesca) sulle requisizioni.
Blitzstreik *m* sciopero *m* a sorpresa.
Blockpolice *f VersR* polizza *f* con cedole, polizza *f* a tagliandi.
Blutalkohol *m (Alkoholgehalt im Blut)* alcolemia *f*, tasso *m* alcolemico, tasso *m* alco(o)lico (nel sangue); **~bestimmung** *f* esame *m* alcolimetrico, accertamento *m* alcolimetrico; **~gehalt** *m* alcolemia *f*, tasso *m* alcolemico, tasso *m* alco(o)lico (nel sangue); **~konzentration** *f* (*Abk* = **BAK**) alcolemia *f*, concentrazione *f* alcolemica; **~spiegel** *m* alcolemia *f*, tasso *m* alcolemico, tasso *m* alco(o)lico (nel sangue); **~test** *m* alcoltest *m*; **~untersuchung** *f* esame *m* alcolimetrico, accertamento *m* alcolimetrico.
Blut | entnahme *f* prelievo *m* del sangue; **~gruppe** *f* gruppo *m* sanguigno; **~gruppenbestimmung** *f* determinazione *f* del gruppo sanguigno; **~gruppenuntersuchung** *f* esame *m* del gruppo sanguigno; **~probe** *f* prelievo *m* del sangue; **~schande** *f* incesto *m*; **~schänder** *m* incestuoso *m.*
blutschänderisch *adj* incestuoso.
Blutsrecht *n* ius sanguinis *(lat).*
Blut | tat *f* fatto *m* di sangue; **~untersuchung** *f* analisi *f* del sangue, esame *m* del sangue.
BMAS (*Abk* = **Bundesarbeitsministerium**) *(D) (Bundesministerium für Arbeit und Soziales)* Ministero *m* federale (tedesco) del lavoro e degli affari sociali.
BMASK (*Abk* = **Bundesarbeitsministerium**) *(A) (Bundesministerium für Arbeit, Soziales und Konsumentenschutz)* Ministero *m* federale (austriaco) del lavoro, degli affari sociali e della tutela (dei diritti) dei consumatori.
BMBF (*Abk* = **Bundesbildungsministerium**) *(D) (Bundesministerium für Bildung und Forschung)* Ministero *m* federale (tedesco) dell'istruzione e della ricerca.
BMeiA (*Abk* = **Außenministerium**) *(A) (Bundesministerium für europäische und internationale Angelegenheiten)* ministero *m* degli (affari) esteri, ministero *m* federale (austriaco) degli affari europei ed internazionali.
BMEL (*Abk* = **Bundeslandwirtschaftsministerium**) *(D) (Bundesministerium für Ernährung und Landwirtschaft)* Ministero *m* federale (tedesco) dell'alimentazione e dell'agricoltura.
BMF (*Abk* = **Bundesfinanzministerium**) *(D, A) (D: Bundesministerium der Finanzen, A: Bundesministerium für Finanzen)* Ministero *m* federale delle finanze.
BMFSFJ (*Abk* = **Bundesfamilienministerium**) *(D) (Bundesministerium für Familie, Senioren, Frauen und Jugend)* Ministero *m* federale (tedesco) della famiglia, degli anziani, delle donne e dei giovani.
BMFT (*Abk* = **Bundesforschungsministerium**) *(D) (früher: Bundesministerium für Forschung und Technik, heute: BMBF)* Ministero *m* federale (tedesco) della ricerca e della tecnologia.
BMG (*Abk* = **Bundesgesundheitsministerium**) *(D, A) (Bundesministerium für Gesundheit)* Ministero *m* federale della salute (o: della sanità).
BMI (*Abk* = **Bundesinnenministerium**) *(D, A) (D: Bundesministerium des Innern, A: Bundesministerium für Inneres)* Ministero *m* federale dell'interno (o: degli interni).

BMJV (*Abk* = **Bundesjustizministerium**) *(D) (Bundesministerium der Justiz und für Verbraucherschutz)* Ministero *m* federale (tedesco) della giustizia (o: di grazia e giustizia) e della tutela (dei diritti) dei consumatori.

BMLFUW (*Abk* = **Bundeslandwirtschaftsministerium**) *(A) (Bundesministerium für Land- und Forstwirtschaft, Umwelt und Wasserwirtschaft oder Lebensministerium)* Ministero *m* federale (austriaco) dell'agricoltura e delle foreste, dell'ambiente e delle risorse idriche.

BMLVS (*Abk* = **Bundesverteidigungsministerium**) *(A) (Bundesministerium für Landesverteidigung und Sport)* Ministero *m* federale (austriaco) della difesa e dello sport.

BMUB (*Abk* = **Bundesumweltministerium**) *(D) (Bundesministerium für Umwelt, Naturschutz, Bau und Reaktorsicherheit)* Ministero *m* federale (tedesco) dell'ambiente, della tutela della natura, dell'edilizia e della sicurezza nucleare.

BMUKK (*Abk* = **Bundesbildungsministerium**) *(A) (Bundesministerium für Unterricht, Kunst und Kultur)* Ministero *m* federale (austriaco) dell'istruzione, delle arti e della cultura.

BMV (*Abk* = **Besitzmittlungsverhältnis**) *SachenR (§ 868 BGB)* costituto *m* possessorio, constitutum possessorium *(lat)*, rapporto *m* tra possessore diretto e possessore indiretto.

BMVg (*Abk* = **Bundesverteidigungsministerium**) *(D) (Bundesministerium der Verteidigung)* Ministero *m* federale (tedesco) della difesa.

BMVI (*Abk* = **Bundesverkehrsministerium**) *(D) (Bundesministerium für Verkehr und digitale Infrastruktur)* Ministero *m* federale (tedesco) dei trasporti e delle infrastrutture digitali.

BMVIT (*Abk* = **Bundesverkehrsministerium**) *(A) (Bundesministerium für Verkehr, Innovation und Technologie)* Ministero *m* federale (austriaco) dei trasporti, dell'innovazione e della tecnologia.

BMWF (*Abk* = **Bundeswissenschaftsministerium**) *(A) (Bundeministerium für Wissenschaft und Forschung)* Ministero *m* federale (austriaco) delle scienze e della ricerca.

BMWFJ (*Abk* = **Bundeswirtschaftsministerium**) *(A) (Bundesministerium für Wirtschaft, Familie und Jugend)* Ministero *m* federale (austriaco) dell'economia, della famiglia e della gioventù.

BMWi (*Abk* = **Bundeswirtschaftsministerium**) *(D) (Bundesministerium für Wirtschaft und Energie)* Ministero *m* federale (tedesco) dell'economia e dell'energia.

BMZ (*Abk* = **Bundesentwicklungsministerium**) *(D) (Bundesministerium für wirtschaftliche Zusammenarbeit und Entwicklung)* Ministro *m* federale (tedesco) della cooperazione economica e dello sviluppo.

BND (*Abk* = **Bundesnachrichtendienst**) *(D)* Servizio *m* informazioni federale (*servizio segreto tedesco*).

BNotK (*Abk* = **Bundesnotarkammer**) *(D)* Ordine *m* federale (tedesco) dei notai.

BNotO (*Abk* = **Bundesnotarordnung**) *(D)* codice *m* federale notarile (tedesco), codice *m* federale (tedesco) del notariato.

Bogen *m (Gewinnanteilschein)* foglio *m* cedolare; **~erneuerung** *f* riaffogliamento *m*.

bona fide *(lat)* ↔ *mala fide* in (o: di) buona fede.

bona fides *(lat)* ↔ *mala fides* buona fede *f*.

Bond *m* bond *m*, obbligazione *f*; **~markt** *m* mercato *m* obbligazionario.

Bonifikation *f* abbuono *m*.

Bonität *f* solvibilità *f*, solidità *f* (finanziaria), serietà *f*, sicurezza *f*, affidabilità *f*, standing *m*.

Bonitätsklasse *f (A)* classe *f* di reddito dominicale.

Bonitierung *f* valutazione *f*, stima *f*.

Bonus *m* bonus *m*, gratifica *f*, premio *m*, dividendo *m* addizionale, dividendo *m* supplementare; **~aktie** *f (Gratisaktie als Prämie)* azione *f*

gratuita, *(Sonderaktie)* azione *f* in assegnazione straordinaria.
Bonus-Malus-System *n VersR* sistema *m* bonus-malus.
Bonussparen *n* risparmio *m* a premi.
Bord | arrest *m* arresto *m* a bordo; **~gebühr** *f* tassa *f* di bordo; **~gericht** *n* giudice *m* di bordo; **~konnossement** *n* polizza *f* di carico; **~papiere** *pl* carte *fpl* di bordo, documenti *mpl* di bordo; **~vorschrift** *f* regolamento *m* di bordo.
Borg, auf ~ a credito.
borgen *v* prestare.
Borger *m (CH)* mutuatario *m*.
Borgkauf *m (A)* acquisto *m* a credito, vendita *f* a credito.
Börse *f* borsa *f*; **an der ~ einführen** ammettere alla quotazione (ufficiale in borsa), introdurre in borsa; **an der ~ notiert sein** essere quotato (in borsa); **an der ~ spekulieren**; **an der ~ spielen** giocare in borsa, speculare alla borsa.
Börse | geschäft *n (A)* contratto *m* di borsa, operazione *f* di borsa, negoziazione *f* di borsa; **~gesetz** *n (A)* legge *f* sulla borsa; **~leitung** *f (A)* direzione *f* di borsa.
Börsen | abschluss *m* contrattazione *f* di borsa; **~abteilung** *f* ufficio *m* borsa, servizio *m* borsa; **~agent/in** *m/f (CH)* agente *m/f* di cambio; **~aufsicht** *f* vigilanza *f* sulla borsa; **~aufsichtsbehörde** *f* autorità *f* che esercita la vigilanza sulle borse; **~auftrag** *m* ordine *m* di borsa; **~aushang** *m* affissione *f* in borsa; **~ausschuss** *m* comitato *m* di borsa (*composto da esperti scelti fra le categorie professionali interessate al mercato borsistico, con funzione di consulenza*); **~beginn** *m* apertura *f* della borsa; **~behörde** *f* autorità *f* di borsa; **~bericht** *m* bollettino *m* di borsa; **~blatt** *n* giornale *m* finanziario; **~brauch** *m* uso *m* di borsa; **~brief** *m* bollettino *m* di borsa; **~büro** *n* ufficio *m* borsa, servizio *m* borsa; **~effekten** *pl* titoli *mpl* ammessi alla quotazione (ufficiale in borsa), titoli *mpl* di listino, titoli *mpl* di borsa, valori *mpl* di borsa; **~ehrengericht** *n* tribunale *m* arbitrale di borsa; **~einführung** *f* ammissione *f* alla quotazione (ufficiale in borsa), introduzione *f* in borsa; **~eröffnung** *f* apertura *f* della borsa.
börsenfähig *adj* ammesso alla quotazione (ufficiale in borsa), quotabile, negoziabile in borsa.
Börsen | fähigkeit *f* negoziabilità *f* in borsa; **~freiverkehr** *m* mercato *m* libero.
börsengängig *adj* ammesso alla quotazione (ufficiale in borsa), quotabile, quotato in borsa, negoziabile in borsa, negoziato in borsa.
Börsen | gebäude *n* palazzo *m* della borsa; **~gepflogenheiten** *fpl* usi *mpl* di borsa; **~geschäft** *n* contratto *m* di borsa, operazione *f* di borsa, negoziazione *f* di borsa; **~geschehen** *n* andamento *m* della borsa; **~gesetz** *n* legge *f* sulla borsa; **~gewinn** *m* utile *m* di borsa.
Börsenhandel *m* contrattazioni *fpl* di borsa, negoziazioni *fpl* di borsa, mercato *m* borsistico; **zum amtlichen ~ zulassen** ammettere alla quotazione (ufficiale in borsa).
Börsen | händler/in *m/f* operatore *m* di borsa, agente *m/f* di cambio, broker *m*; **~index** *m* indice *m* delle quotazioni di borsa; **~jobber** *m* aggiotatore *m*, membro *m* operante in borsa per conto proprio; **~kalender** *m* calendario *m* di borsa; **~kauf** *m* acquisto *m* di borsa; **~kommissar** *m* ispettore *m* del Tesoro; **~konjunktur** *f* congiuntura *f* borsistica; **~kreise** *pl* ambienti *mpl* borsistici, ambienti *mpl* di borsa; **~kurs** *m* quotazione *f* di borsa, prezzo *m* di borsa, corso *m* di borsa; **~kursblatt** *n* listino *m* di borsa; **~leitung** *f* direzione *f* di borsa; **~makler/in** *m/f* mediatore *m* di borsa, agente *m/f* di cambio; **~markt** *m* mercato *m* borsistico, mercato *m* di borsa.
börsenmäßig *adj* conforme agli usi di borsa; **~ handelbar** negoziabile in borsa.
börsennotiert *adj* quotato (in borsa).
Börsen | notierung *f*; **~notiz** *f*

quotazione *f* in borsa; **~order** *f* ordine *m* di borsa; **~ordnung** *f* regolamento *m* di borsa; **~organ** *n* organo *m* di borsa; **~papier** *n* titolo *m* di listino, titolo *m* quotato in borsa; **~pflichtblatt** *n* giornale *m* designato dalla borsa per la pubblicazione obbligatoria degli avvisi agli azionisti; **~platz** *m* piazza *f* borsistica, piazza *f* di borsa; **~preis** *m* prezzo *m* di borsa; **~prospekt** *m* prospetto *m* informativo; **~register** *n* registro *m* di borsa; **~ring** *m*; **~runde** *f* recinto *m* delle grida; **~saal** *m* sala *f* delle riunioni di borsa; **~schiedsgericht** *n* collegio *m* arbitrale della borsa; **~schluss** *m* chiusura *f* della borsa; **~schwankungen** *fpl* oscillazioni *fpl* della borsa, oscillazione *f* delle quotazioni; **~sitzung** *f* seduta *f* di borsa; **~spekulant/in** *m/f* speculatore *m* di borsa, giocatore *m* di borsa, borsista *m/f*; **~spekulation** *f* speculazione *f* di borsa, gioco *m* di borsa; **~statut** *n* statuto *m* della borsa; **~steuer** *f* imposta *f* sui contratti di borsa; **~tag** *m* giorno *m* di borsa (aperta); **~tendenz** *f* tendenza *f* della borsa; **~termingeschäft** *n* contratto *m* di borsa a termine; **~transaktion** *f* operazione *f* di borsa, contratto *m* di borsa; **~umsatz** *m* quantitativo *m* trattato (in borsa); **~umsatzsteuer** *f* imposta *f* sui contratti di borsa, bollo *m* sui contratti di borsa; **~usancen** *pl* usi *mpl* di borsa; **~verkehr** *m* contrattazioni *fpl* di borsa, negoziazioni *fpl* di borsa; **~versammlung** *f* riunione *f* di borsa; **~vertreter/in** *m/f* rappresentante *m/f* della banca in borsa; **~vorstand** *m* comitato *m* direttivo degli agenti di cambio; **~wert** *m* valore *m* di borsa; **~werte** *pl*; **~wertpapiere** *pl* titoli *mpl* ammessi alla quotazione (ufficiale in borsa), titoli *mpl* di listino, titoli *mpl* di borsa, valori *mpl* di borsa; **~wesen** *n* borsa *f*; **~zeit** *f* orario *m* di borsa, ore *fpl* di borsa; **~zettel** *m* listino *m* di borsa; **~zulassung** *f* ammissione *f* alla quotazione (ufficiale in borsa); **~zulassungsprospekt** *m/n* prospetto *m* informativo; **~zulassungsstelle** *f* ufficio *m* di ammissione alla quotazione (ufficiale in borsa); **~zusammenbruch** *m* crollo *m* in borsa; **~zwang** *m* obbligo *m* di vendere titoli con l'intervento dell'agente di cambio.

Börsesensal *m (A)* sensale *m* di borsa.

Börsianer/in *m/f* operatore *m* di borsa, agente *m/f* di cambio, borsista *m/f*, speculatore *m* di borsa.

bösgläubig *adj* in (o: di) mala fede.

Bösgläubigkeit *f* mala fede *f*.

böswillig *adj* intenzionale, doloso, in (o: di) mala fede.

Böswilligkeit *f* intenzionalità *f*, mala fede *f*.

Bote/-tin *m/f (Überbringer)* messaggero/-a *m/f*, messo *m*, *(einer Willenserklärung)* nuncius *m*, *(Botengänger)* fattorino/-a *m/f*, *(Kurier)* corriere *m*.

Botschaft *f* [1] *(Institution)* ambasciata *f*.

Botschaft *f* [2] *(Nachricht)* messaggio *m*, notizia *f*, comunicazione *f*; **~ *f* an das Parlament** messaggio *m* al parlamento.

Botschafter *m* ambasciatore *m*; **einen ~ abberufen** richiamare un ambasciatore; **außerordentlicher ~** *m* ambasciatore *m* straordinario.

Botschafter | ausschuss *m* comitato *m* degli ambasciatori; **~konferenz** *f*; **~tag** *m*; **~tagung** *f* conferenza *f* degli ambasciatori.

Botschafts | akten *pl* archivi *mpl* diplomatici; **~kanzler** *m* cancelliere *m* d'ambasciata; **~personal** *n* personale *m* d'ambasciata; **~rat** *m* consigliere *m* d'ambasciata; **~sekretär** *m* segretario *m* d'ambasciata.

BPA (*Abk* = **Bundespersonalausweis**) *(D)* carta *f* d'identità tedesca.

BPatG (*Abk* = **Bundespatentgericht**) *(D) (München)* Corte *f* federale (tedesca) dei brevetti (o: competente in materia di brevetti).

bpb (*Abk* = **Bundeszentrale für politische Bildung**) *(D)* Centrale *f* federale (tedesca) per la formazione politica.

Brachweg *m (CH)* transito *m* nei fondi incolti.

BRAGO (*Abk* = **Bundesrechtsanwaltsgebührenordnung**) *(D) (durch das Rechtsanwaltsvergütungsgesetz (RVG) ersetzt worden)* regolamento *m* federale (tedesco) sugli onorari degli avvocati, tariffe *fpl* forensi federali (tedesche).

BRAK (*Abk* = **Bundesrechtsanwaltskammer**) *(D)* Ordine *m* federale (tedesco) degli avvocati.

Brand *m* incendio *m*, fuoco *m*; **in ~ setzen** appiccare il fuoco.

Brand | abschirmung *f* tagliafuoco *m*; **~assekuranz** *f (CH)* assicurazione *f* contro gli incendi; **~beschädigung** *f* danno *m* causato da un incendio, danno *m* provocato da un incendio; **~gefahr** *f* rischio *m* di incendio, pericolo *m* di incendio; **~kasse** *f* cassa *f* di assicurazione contro gli incendi; **~marke** *f* marchio *m* a fuoco; **~mauer** *f* muro *m* refrattario, muro *m* tagliafuoco.

Brandschaden *m* danno *m* causato da un incendio, danno *m* provocato da un incendio; **~versicherung** *f* assicurazione *f* contro i danni provocati dall'incendio, assicurazione *f* contro gli incendi.

Brandschutz *m* protezione *f* antincendio, servizio *m* antincendio; **~verordnung** *f* regolamento *m* della protezione antincendio; **~vorschriften** *fpl* norme *fpl* antincendio.

Brandstifter/in *m/f StrafR* incendiario/-a *m/f*.

Brandstiftung *f StrafR (§§ 306 ff. StGB)* incendio *m* doloso; **fahrlässige ~** *f StrafR (§ 306d StGB)* incendio *m* colposo; **vorsätzliche ~** *f StrafR* incendio *m* doloso.

Brand | ursache *f* causa *f* di un incendio; **~verhütung** *f* prevenzione *f* degli incendi; **~versicherung** *f* assicurazione *f* contro gli incendi; **~zeichen** *n* marchio *m* a fuoco.

Branntwein | aufschlag *m* imposta *f* supplementare sugli alcolici; **~monopol** *n* monopolio *m* degli alcolici; **~steuer** *f* imposta *f* sugli alcolici.

BRAO (*Abk* = **Bundesrechtsanwaltsordnung**) *(D)* regolamento *m* federale (tedesco) sulla professione di avvocato, legge *f* federale (tedesca) sugli avvocati.

Brauch *m* (*pl. Bräuche*) uso *m*, usanza *f*, costume *m*, consuetudine *f*, prassi *f*, tradizione *f*; **Sitten** *fpl* **und Bräuche** *mpl* usi *mpl* e costumi *mpl*; **rechtmäßiger ~** *m* uso *m* legittimo.

Brau | gerechtigkeit *f*; **~recht** *n* diritto *m* di fabbricazione della birra.

Brautgeschenk *n* dono *m* fatto a causa della promessa di matrimonio.

Brennrecht *n* diritto *m* di distillare.

brevi manu traditio *(lat) (Übereignung kurzer Hand) (§ 929 S. 2 BGB)* traditio brevi manu (*mutamento della detenzione in possesso*) *(lat)*.

Brief *m* lettera *f*, *(Börse)* offerta *f*; **einen ~ abfangen** intercettare una lettera.

Brief | geheimnis *n VerfR* segreto *m* epistolare, segreto *m* della corrispondenza; **~grundschuld** *f* → *§ 1192 Abs. 1 i.V.m. § 1116 Abs. 1 BGB* debito *m* fondiario rappresentato da un titolo; **~hypothek** *f* ipoteca *f* rappresentata da un titolo al portatore.

Briefkasten | firma *f*; **~gesellschaft** *f* società *f* di comodo, società *f* non operativa, società *f* fantasma, società *f* bucalettere.

Brief | kontrolle *f* controllo *m* della corrispondenza epistolare; **~kurs** *m* corso *m* lettera, corso *m* di vendita, corso *m* di offerta, cambio *m* lettera, prezzo *m* lettera, prezzo *m* di offerta, prezzo *m* domandato; **~liste** *f* foglio *m* d'avviso; **~notierung** *f*; **~notiz** *f* quotazione *f* del prezzo di offerta; **~sendung** *f* oggetto *m* di corrispondenza, corrispondenza *f*; **~stimme** *f* voto *m* per corrispondenza; **~wahl** *f* voto *m* per corrispondenza; **~zensur** *f* censura *f* postale, censura *f* della corrispondenza, censura *f* epistolare.

Bring | prämie *f VersR* premio *m* pagabile al domicilio dell'assicuratore;

~schuld *f SchuldR → s. Infokasten unter „Holschuld"* debito *m* portabile.
Bringungsrecht *n (A)* servitù *f* di trasporto attraverso il fondo altrui.
Bruch *m* rottura *f, (Verletzung)* violazione *f*, infrazione *f*, trasgressione *f*; **frei von ~** franco di rottura; **~ *m* amtlicher Beschlagnahme** *(CH)* sottrazione *f* di cose sottoposte a pignoramento o a sequestro, sottrazione *f* di cose requisite o sequestrate *(CH)*; **~ *m* des Amtsgeheimnisses** violazione *f* del segreto d'ufficio; **~ *m* der Verschwiegenheitspflicht** violazione *f* dell'obbligo di riservatezza.
bruchfrei *adj* franco di rottura.
Bruch | gefahr *f*; **~risiko** *n* rischio *m* di rottura; **~schaden** *m* danno *m* di rottura.
Bruchteil *m* frazione *f*, quota *f*.
Bruchteils | eigentum *n (§§ 1008 ff. BGB)* proprietà *f* per quota ideale, comproprietà *f* per quota ideale, condominio *m*; **~eigentümer/in** *m/f* comproprietario/-a *m/f* (per quota ideale), condomino *m*; **~gemeinschaft** *f (§§ 741 ff. BGB)* comunione *f* per quote ideali, communio pro indiviso *(lat)*.
Bruchteilversicherung *f* assicurazione *f* parziale, assicurazione *f* a "primo rischio relativo".
Brüssel Ia-Verordnung *f* (*Abk* = **EuGVVO**) *IPR (Neufassung, gültig für Entscheidungen ab dem 10. Januar 2015; alte Fassung: Brüssel-I-Verordnung) → s. Anhang 3 a)* Regolamento *m* Bruxelles I bis (*Regolamento (UE) n. 1215/2012 del Parlamento europeo e del Consiglio, del 12 dicembre 2012, concernente la competenza giurisdizionale, il riconoscimento e l'esecuzione delle decisioni in materia civile e commerciale, entrato in vigore il 10 gennaio 2015, che abroga e sostituisce il Regolamento Bruxelles I, n. 44/2001*); **~ IIa-Verordnung** *f IPR (= Eheverordnung) → s. Anhang 3 a)* Regolamento *m* Bruxelles II bis (*Regolamento (CE) n. 2201/2003 del Consiglio, del 27 novembre 2003, relativo alla competenza, al riconoscimento e all'esecuzione delle decisioni in materia matrimoniale e in materia di responsabilità genitoriale, che abroga il regolamento (CE) n. 1347/2000*); **~ IV-Verordnung** *f IPR (= Erbrechtsverordnung) → s. Anhang 3 a)* Regolamento *m* Bruxelles IV (*Regolamento (UE) n. 650/2012 del Parlamento europeo e del Consiglio, del 4 luglio 2012, relativo alla competenza, alla legge applicabile, al riconoscimento e all'esecuzione delle decisioni e all'accettazione e all'esecuzione degli atti pubblici in materia di successioni e alla creazione di un certificato successorio europeo*).
Brüsseler Übereinkommen *n* (*Abk* = **EuGVÜ / GVÜ**) *IPR (auch: Übereinkommen von Brüssel über die gerichtliche Zuständigkeit und die Vollstreckung gerichtlicher Entscheidungen in Zivil- und Handelssachen von 1968, Europäisches Gerichtsstands- und Vollstreckungsübereinkommen in Zivil- und Handelssachen)* Convenzione *f* di Bruxelles del 1968 concernente la competenza giurisdizionale e l'esecuzione delle decisioni in materia civile e commerciale.
Brutto | absatz *m* vendite *fpl* lorde; **~arbeitseinkommen** *n* reddito *m* lordo di lavoro dipendente; **~arbeitsentgelt** *n* retribuzione *f* lorda; **~betrag** *m* importo *m* lordo, ammontare *m* lordo; **~dividende** *f* dividendo *m* lordo; **~einkommen** *n*; **~einkünfte** *pl* reddito *m* lordo; **~einnahme** *f* entrata *f* lorda, incasso *m* lordo; **~entlohnung** *f* retribuzione *f* lorda; **~erhöhung** *f* aumento *m* lordo; **~erlös** *m* ricavo *m* lordo; **~ertrag** *m* ricavo *m* lordo, utile *m* lordo, reddito *m* lordo; **~fracht** *f* nolo *m* lordo; **~gehalt** *n* stipendio *m* lordo; **~gewinn** *m* utile *m* lordo, profitto *m* lordo; **~inlandsprodukt** *n* (*Abk* = **BIP**) prodotto *m* interno lordo *(PIL)*; **~investition** *f* investimento *m* lordo; **~lohn** *m* salario *m* lordo; **~prämie** *f* premio *m* lordo; **~preis** *m* prezzo *m* lordo; **~prinzip** *n*

(Haushalt) principio *m* dell'integrità, principio *m* dell'esposizione dei valori al lordo; **~schaden** *m* danno *m* lordo; **~sozialprodukt** *n* (*Abk* = **BSP**) prodotto *m* sociale lordo, prodotto *m* nazionale lordo, reddito *m* nazionale lordo; **~überschuss** *m* eccedenza *f* lorda, avanzo *m* lordo; **~umsatz** *m* fatturato *m* lordo; **~verdienst** *m* retribuzione *f* lorda, *(Gewinn)* utile *m* lordo; **~verlust** *m* perdita *f* lorda; **~verzinsung** *f (Kapital)* interessi *mpl* lordi; **~wert** *m* valore *m* lordo; **~wertschöpfung** *f* valore *m* aggiunto lordo.

BSG (*Abk* = **Bundessozialgericht**) *(D) SozialR (Kassel)* Corte *f* sociale federale (*tedesca di ultimo grado*).

BSI (*Abk* = **Bundesamt für Sicherheit in der Informationstechnik**) *(D)* Ufficio *m* federale (tedesco) per la sicurezza informatica.

BSP (*Abk* = **Bruttosozialprodukt**) prodotto *m* sociale lordo, prodotto *m* nazionale lordo, reddito *m* nazionale lordo.

BStGer (*Abk* = **Bundesstrafgericht**) *(CH)* Tribunale *m* penale federale *(TPF)*.

BT (*Abk* = **Besonderer Teil**) *(BGB, StGB, HGB)* parte *f* speciale.

BtMG (*Abk* = **Betäubungsmittelgesetz**) *(D) (Gesetz über den Verkehr mit Betäubungsmitteln)* legge *f* (tedesca) sugli stupefacenti.

Buch *n* libro *m*, libretto *m*, volume *m*, registro *m*; **~abschluss** *m* chiusura *f* di conto; **~außenstände** *pl* crediti *mpl* contabili; **~auszug** *m* estratto *m* di contabilità; **~effektengesetz** *n (CH)* (*Abk* = **BEG**) *(Bundesgesetz über Bucheffekten)* legge *f* (federale) sui titoli contabili *(LTCo)*; **~einsicht** *f* esame *m* dei libri, ispezione *f* dei libri (contabili); **~eintragung** *f* registrazione *f* contabile, scrittura *f* contabile.

buchen *v* [1] *(buchmäßig erfassen)* registrare, contabilizzare, allibrare.

buchen *v* [2] *(vorbestellen, reservieren)* prenotare, riservare.

Bücher *pl* libri *mpl*; **die ~ aufbewahren** conservare i libri; **die ~ führen** tenere i libri; **die ~ überprüfen** revisionare i libri.

Bücher | einsicht *f* esame *m* dei libri, ispezione *f* dei libri (contabili); **~experte** *m (CH)* revisore *m* dei conti, revisore *m* contabile, perito *m* contabile, esperto *m* contabile, sindaco *m*, auditor *m*; **~revision** *f* revisione *f* contabile, ispezione *f* contabile, ispezione *f* dei libri (contabili), verifica *f* contabile, controllo *m* contabile, auditing *m*; **~revisor/in** *m/f*; **~sachverständige/r** *f/m (CH)* revisore *m* dei conti, revisore *m* contabile, perito *m* contabile, esperto *m* contabile, sindaco *m*, auditor *m*.

Buch | ersitzung *f* usucapione *f* di immobile trascritto; **~fälschung** *f* falsificazione *f* dei libri contabili; **~forderung** *f* credito *m* contabile, credito *m* di partita.

Buchführer/in *m/f* contabile *m/f*, posizionista *m/f*.

Buchführung *f* contabilità *f*, tenuta *f* della contabilità, tenuta *f* dei libri, operazioni *fpl* contabili, scritture *fpl* contabili; **allgemeine ~** *f* contabilità *f* generale; **amerikanische ~** *f* scrittura *f* americana; **doppelte ~** *f* partita *f* doppia; **einfache ~** *f* partita *f* semplice; **kaufmännische ~** *f* contabilità *f* commerciale; **ordnungsmäßige ~** *f* contabilità *f* regolare; **vereinfachte ~** *f* contabilità *f* semplificata.

Buchführungs | grundsätze *mpl* principi *mpl* contabili; **~pflicht** *f* obbligo *m* della tenuta dei libri; **~richtlinien** *fpl* principi *mpl* contabili; **~unterlagen** *pl* documenti *mpl* contabili; **~wesen** *n* contabilità *f*.

Buch | geld *n* moneta *f* scritturale; **~gewinn** *m* utile *m* contabile; **~gläubiger/in** *m/f* creditore *m* figurante in un libro di commercio; **~grundschuld** *f (D)* → *§ 1192 Abs. 1 i.V.m. § 1116 Abs. 2 BGB* debito *m* fondiario iscritto nel libro fondiario; **~guthaben** *n* credito *m* contabile.

Buchhalter/in *m/f* contabile *m/f*, ragioniere/-a *m/f*.

Buchhaltung *f* contabilità *f*, ragioneria *f*, tenuta *f* dei libri, gestione *f* contabile, *(Abteilung)* reparto *m* contabilità.

Buchhaltungs | abteilung *f* reparto *m* contabilità, ufficio *m* di contabilità, ufficio *m* di ragioneria; **~beleg** *m* documento *m* contabile, pezza *f* contabile; **~blatt** *n* scheda *f* di contabilità; **~fehler** *m* errore *m* contabile; **~unterlagen** *pl* documenti *mpl* contabili; **~wesen** *n* contabilità *f*.

Buch | hypothek *f* ipoteca *f* (iscritta); **~kontrolle** *f* revisione *f* contabile, revisione *f* dei conti, revisione *f* della contabilità, ispezione *f* contabile, verifica *f* contabile, verifica *f* dei conti, controllo *m* contabile, controllo *m* della contabilità, auditing *m*; **~kredit** *m* credito *m* contabile (figurante nei libri di commercio).

buchmäßig *adj* contabile.

Buch | nachweis *m* prova *f* contabile; **~prüfer/in** *m/f* revisore *m* dei conti, revisore *m* contabile, perito *m* contabile, esperto *m* contabile, sindaco *m*, auditor *m*; **~prüfung** *f* revisione *f* contabile, revisione *f* dei conti, revisione *f* della contabilità, ispezione *f* contabile, verifica *f* contabile, verifica *f* dei conti, controllo *m* contabile, controllo *m* della contabilità, auditing *m*; **~prüfungsgesellschaft** *f* società *f* di revisione (contabile), società *f* di auditing; **~sachverständige/r** *f/m* revisore *m* dei conti, revisore *m* contabile, perito *m* contabile, esperto *m* contabile, sindaco *m*, auditor *m*; **~schuld** *f* debito *m* contabile, debito *m* di partita, debito *m* comprovato da iscrizione nel libro pubblico.

Buchung *f*[1] *(Buchführung)* registrazione *f* (*contabile*), scrittura *f* (*contabile*), partita *f* (*contabile*), operazione *f* contabile, contabilizzazione *f*, allibramento *m*; **berichtigende ~** *f* scrittura *f* rettificativa; **doppelte ~** *f* *(Doppelbuchhaltung)* partita *f* doppia, *(Doppelbuchung)* doppia registrazione *f*; **fingierte ~** *f* scrittura *f* fittizia; **nachträgliche ~** *f* registrazione *f* a posteriori; **~** *f* **in der doppelten Buchführung**; **~** *f* **und Gegenbuchung** *f* scrittura *f* doppia, scrittura *f* in partita doppia.

Buchung *f*[2] *(Vorbestellung)* prenotazione *f*.

Buchungs | anzeige *f*; **~aufgabe** *f* nota *f* contabile; **~auszug** *m* estratto *m* di contabilità; **~beleg** *m* certificato *m* di allibramento, documento *m* contabile, pezza *f* contabile, pezza *f* giustificativa, pezza *f* d'appoggio; **~bescheinigung** *f* certificato *m* di allibramento, certificato *m* di registrazione; **~fehler** *m* errore *m* di registrazione; **~nummer** *f* numero *m* di registrazione; **~posten** *m* partita *f* contabile, posta *f* contabile, voce *f* contabile; **~schuld** *f* debito *m* contabile, debito *m* di partita; **~stand** *m* posizione *f* contabile; **~stelle** *f* ufficio *m* di prenotazione; **~tag** *m* giorno *m* della registrazione; **~unterlagen** *pl* documenti *mpl* contabili, scritture *fpl* contabili; **~vorgang** *m* operazione *f* contabile, operazione *f* di registrazione.

Buch | verjährung *f* prescrizione *f* in base ad iscrizione tavolare; **~verlust** *m* perdita *f* contabile; **~wert** *m* valore *m* contabile; **~zwang** *m* trascrizione *f* obbligatoria.

Budget *n* budget *m*, bilancio *m* di previsione, bilancio *m* preventivo, preventivo *m*; **~aufstellung** *f* redazione *f* del bilancio (preventivo), formazione *f* del bilancio (preventivo); **~gesetz** *n* legge *f* di bilancio.

budgetieren *v* redigere il bilancio (preventivo), formare il bilancio (preventivo).

Budget | jahr *n* esercizio *m* finanziario, anno *m* finanziario; **~minister/in** *m/f* ministro *m* per il bilancio; **~periode** *f* periodo *m* finanziario, esercizio *m* finanziario; **~prinzipien** *pl* regole *fpl* del bilancio; **~provisorium** *n (A)* esercizio *m* provvisorio, bilancio *m* preventivo provvisorio; **~recht** *n* diritto *m* all'approvazione del bilancio; **~theorie** *f (Haushalt)* teoria *f* del bilancio pubblico.

Bühnendienstvertrag *m* scrittura *f* teatrale.

Bulkladung *f* carico *m* alla rinfusa.

Bund *m (föderativer Gesamtstaat)* federazione *f*, confederazione *f* *(CH)*, *(Bundesstaat)* Stato *m* federale, *(Bundesrepublik)* Repubblica *f* federale, governo *m* federale, *(Vereinigung)* associazione *f*, unione *f*, *(Bündnis)* alleanza *f*, *(zu einem bestimmten Zweck)* coalizione *f*, *(Schutzbündnis)* lega *f*, patto *m*, *(Verbindung)* vincolo *m*, *(Freundschaftsbund)* legame *m*; **Internationaler ~** *m* **Freier Gewerkschaften** (*Abk* = **IBFG**) Confederazione *f* internazionale dei sindacati liberi *(CISL)*; **~** *m* **der Steuerzahler** lega *f* dei contribuenti.

Bündelung *f VersR* assicurazione *f* combinata.

Bundes- federale.

Bundes | abgabenordnung *f (A)* (*Abk* = **BAO**) codice *m* tributario federale (austriaco); **~agentur** *f* **für Arbeit** *(D)* (*Abk* = **BA**) *(Nürnberg)* Agenzia *f* federale (tedesca) del lavoro.

Bundesamt *n* ufficio *m* federale; **~** *n* **für Bevölkerungsschutz und Katastrophenhilfe** *(D)* (*Abk* = **BBK**) Ufficio *m* federale (tedesco) della protezione civile e del soccorso in caso di disastri e calamità naturali; **~** *n* **für Gesundheit** *(CH)* (*Abk* = **BAG**) Ufficio *m* federale (svizzero) della sanità pubblica *(UFSP)*; **~** *n* **für Justiz** *(D)* (*Abk* = **BfJ**) Ufficio *m* federale (tedesco) di giustizia; **~** *n* **für Migration und Flüchtlinge** *(D)* (*Abk* = **BAMF**) Ufficio *m* federale (tedesco) per l'immigrazione e i rifugiati; **~** *n* **für Naturschutz** *(D)* (*Abk* = **BfN**) Ufficio *m* federale (tedesco) per la tutela dell'ambiente naturale; **~** *n* **für Sicherheit in der Informationstechnik** *(D)* (*Abk* = **BSI**) Ufficio *m* federale (tedesco) per la sicurezza informatica; **~** *n* **für Statistik** *(CH)* (*Abk* = **BFS**) Ufficio *m* federale (svizzero) di statistica *(UST)*; **Statistisches ~** *n (D)* (*Abk* = **StBA**) *(Destatis)* Ufficio *m* federale (tedesco) di statistica; **~** *n* **für Verfassungsschutz** *(D)* (*Abk* = **BfV**) *(Köln)* Ufficio *m* federale per la (o: di) difesa (o: tutela/protezione) della Costituzione tedesca (*servizi segreti tedeschi*).

Bundes | angelegenheit *f* questione *f* federale, affare *m* federale; **~anleihe** *f* prestito *m* obbligazionario federale.

Bundesanstalt *f* istituto *m* federale, ente *m* federale; **~** *f* **für Arbeit** Ente *m* federale del lavoro; **~** *f* **für Finanzdienstleistungsaufsicht** *(D)* (*Abk* = **BaFin**) Ente *m* federale (tedesco) di controllo dei servizi finanziari; **~** *f* **für Flugsicherung** *(D)* Ente *m* federale (tedesco) per la sicurezza della navigazione aerea; **~** *f* **für Landwirtschaft und Ernährung** *(D)* (*Abk* = **BLE**) Ente *m* federale (tedesco) dell'agricoltura e dell'alimentazione.

Bundes | anteil *m* quota *f* federale; **~anwalt/-anwältin** *m/f* procuratore *m* della Repubblica presso la Corte suprema federale tedesca (Bundesgerichtshof) *(D)*, procuratore *m* generale della Confederazione (svizzera) *(CH)*; **~anwaltschaft** *f* (*Abk* = **D: BAW; CH: BA**) procura *f* della Repubblica presso la Corte suprema federale tedesca (Bundesgerichtshof) *(D)*, Ministero *m* pubblico della Confederazione (svizzera) *(MPC)* *(CH)*; **~anzeiger** *m (D)* Gazzetta *f* ufficiale della Repubblica Federale di Germania (contenente avvisi ufficiali, annunci giudiziari, societari e finanziari); **~arbeitsgericht** *n* *(D)* (*Abk* = **BAG**) *(Erfurt)* Corte *f* federale (tedesca) del lavoro (*di ultimo grado*).

Bundesarbeitsminister/in *m/f* ministro *m* federale del lavoro.

Bundesarbeitsministerium *n* [1] *(D)* (*Abk* = **BMAS**) *(Bundesministerium für Arbeit und Soziales)* Ministero *m* federale (tedesco) del lavoro e degli affari sociali.

Bundesarbeitsministerium *n* [2] *(A)* (*Abk* = **BMASK**) *(Bundesministerium für Arbeit, Soziales und Konsumentenschutz)* Ministero *m* federale (austriaco) del lavoro, degli affari sociali e della tutela (dei diritti) dei consumatori.

Bundes | archiv *n* archivio *m* federale; **~assisen** *pl (CH)* assise *fpl* federali *(CH)*; **~aufsicht** *f* vigilanza *f* federale.

Bundesaufsichtsamt *n* Ufficio *m* federale di vigilanza; **~** *n* **für das Kreditwesen** ispettorato *m* federale del credito; **~** *n* **für das Versicherungswesen** ispettorato *m* federale delle assicurazioni.

Bundes | ausbildungsförderungsgesetz *n (D)* (*Abk* = **BAföG**) *(Bundesgesetz über individuelle Förderung der Ausbildung)* legge *f* federale (tedesca) sulla promozione della formazione professionale, legge *f* federale (tedesca) sulla promozione dell'istruzione; **~ausgaben** *pl* spesa *f* pubblica federale; **~außenminister/in** *m/f* ministro *m* federale degli (affari) esteri; **~außenministerium** *n* → *D: Auswärtiges Amt* Ministero *m* federale degli (affari) esteri.

Bundesbank *f* banca *f* federale; **~gesetz** *n* legge *f* sulla banca federale.

Bundes | baugesetz *n* legge *f* urbanistica federale; **~beamtengesetz** *n* legge *f* sullo statuto dei funzionari federali; **~beamter/-beamtin** *m/f* funzionario *m* federale.

Bundesbeauftragte/r *f/m* delegato *m* federale, incaricato *m* federale, garante *m* federale, commissario *m* federale; **~** *f/m* **für den Datenschutz und die Informationsfreiheit** *(D)* (*Abk* = **BfDI**) Garante *m* federale (tedesco) per la protezione (o: tutela) dei dati personali e la libertà d'informazione, Garante *m* federale (tedesco) della privacy e della libertà d'informazione.

Bundes | bedienstete/r *f/m* dipendente *m/f* federale; **~behörde** *f* autorità *f* federale; **~beihilfe** *f* sussidio *m* federale; **~beitrag** *m (CH)* sovvenzione *f* federale; **~beschluss** *m (CH)* decreto *m* federale; **~besoldungsgesetz** *n* legge *f* sul trattamento economico dei funzionari federali; **~betrieb** *m* azienda *f* federale.

Bundesbildungsminister/in *m/f* ministro *m* federale della pubblica istruzione.

Bundesbildungsministerium *n* [1] *(D)* (*Abk* = **BMBF**) *(Bundesministerium für Bildung und Forschung)* Ministero *m* federale (tedesco) dell'istruzione e della ricerca.

Bundesbildungsministerium *n* [2] *(A)* (*Abk* = **BMUKK**) *(Bundesministerium für Unterricht, Kunst und Kultur)* Ministero *m* federale (austriaco) dell'istruzione, delle arti e della cultura.

Bundes | bürger/in *m/f* cittadino/-a *m/f* federale; **~bürgerschaft** *f (A)* cittadinanza *f* federale; **~bürgschaft** *f* garanzia *f* federale; **~datenschutzgesetz** *n (D)* (*Abk* = **BDSG**) legge *f* federale (tedesca) sulla protezione (o: tutela) dei dati personali, legge *f* federale (tedesca) sulla privacy; **~dienststelle** *f* ufficio *m* federale; **~disziplinargesetz** *n (D)* (*Abk* = **BDG**) legge *f* federale (tedesca) sui procedimenti disciplinari nei confronti dei pubblici funzionari; **auf ~ebene** a livello federale.

bundeseigen *adj* federale.

Bundes | entwicklungsminister/in *m/f* ministro *m* federale dello sviluppo; **~entwicklungsministerium** *n (D)* (*Abk* = **BMZ**) *(Bundesministerium für wirtschaftliche Zusammenarbeit und Entwicklung)* Ministro *m* federale (tedesco) della cooperazione economica e dello sviluppo; **~etat** *m* bilancio *m* federale; **~familienminister/in** *m/f* ministro *m* federale (per le politiche) della famiglia; **~familienministerium** *n (D)* (*Abk* = **BMFSFJ**) *(Bundesministerium für Familie, Senioren, Frauen und Jugend)* Ministero *m* federale (tedesco) della famiglia, degli anziani, delle donne e dei giovani; **~finanzhof** *m (D)* (*Abk* = **BFH**) *(München)* Corte *f* tributaria federale (*tedesca di ultimo grado*); **~finanzminister/in** *m/f* ministro *m* federale delle finanze; **~finanzministerium** *n (D, A)* (*Abk* = **BMF**) *(D: Bundesministerium der Finanzen, A: Bundesministerium für Finanzen)* Ministero *m* federale delle finanze; **~finanzverwaltung** *f* amministrazione *f* federale delle finanze; **~forschungsanstalt** *f* istituto *m* federale di ricerche; **~forschungsministerium** *n (D)* (*Abk* = **BMFT**) *(früher: Bundesministerium für Forschung und Technik, heute: BMBF)* Ministero *m* federale (tedesco) della ricerca e della tecnologia; **~freiwilligendienst** *m (D)* (*Abk* = **BFD**) servizio *m* volontario federale (*entrato in vigore in data 1° luglio 2011 in sostituzione del precedente servizio civile a seguito della sospensione del servizio di leva obbligatorio*); **~gebiet** *n* territorio *m* federale, territorio *m* nazionale; **~gebührenordnung** *f* tariffa *f* federale; **~gericht** *n (CH)* Tribunale *m* federale (svizzero) (*corte suprema federale con giurisdizione ordinaria, costituzionale, amministrativa e disciplinare*); **~gerichtsbarkeit** *f* giurisdizione *f* federale; **~gerichtshof** *m (D)* (*Abk* = **BGH**) *(in Karlsruhe)* Corte *f* suprema federale (tedesca), Corte *f* di cassazione federale (tedesca); **~gesetz** *n* legge *f* federale.

Bundesgesetzblatt *n* (*Abk* = **BGBl**) Gazzetta *f* ufficiale della Repubblica Federale di Germania / della Repubblica d'Austria (*contenente leggi, regolamenti e trattati internazionali*).

Bundesgesetzblatt
La Gazzetta ufficiale della Repubblica Federale di Germania (*Bundesgesetzblatt*) è composta di tre parti. La prima parte contiene le leggi tedesche, la seconda i trattati internazionali, cui ha aderito la Germania, pubblicati sia in lingua originale sia nella traduzione tedesca ufficiale, mentre la terza è ormai trascurabile. I repertori A e B facilitano la ricerca sia delle leggi federali (repertorio A), sia dei trattati internazionali bi- e multilaterali conclusi dalla Germania, o meglio quelli ai quali ha aderito (repertorio B). Tutte le edizioni della Gazzetta ufficiale dal 1949 in poi, così come i repertori A e B, possono essere scaricati gratuitamente online in formato PDF all'indirizzo: http://www1.bgbl.de/.

Bundes | gesetzgeber *m* legislatore *m* federale; **~gesetzgebung** *f* legislazione *f* federale; **~gesundheitsminister/in** *m/f* ministro *m* federale della salute (o: della sanità); **~gesundheitsministerium** *n (D, A)* (*Abk* = **BMG**) *(Bundesministerium für Gesundheit)* Ministero *m* federale della salute (o: della sanità); **~gewalt** *f* potere *m* federale; **~grenze** *f* confine *m* federale; **~grenzschutz** *m (D)* (*Abk* = **BGS**) Guardia *f* federale (tedesca) di frontiera; **~haftung** *f* responsabilità *f* della Federazione; **~haus** *n* sede *f* del parlamento federale; **~haushalt** *m* bilancio *m* federale; **~hilfe** *f* aiuto *m* federale; **~hoheit** *f* sovranità *f* federale; **~immissionsschutzgesetz** *n (D)* (*Abk* = **BImSchG**) *(Gesetz zum Schutz vor schädlichen Umwelteinwirkungen durch Luftverunreinigungen, Geräusche, Erschütterungen und ähnliche Vorgänge)* legge *f* federale (tedesca) sulla tutela dalle immissioni, legge *f* federale (tedesca) sul controllo dell'inquinamento; **~immissionsschutzverordnung** *f (D)* (*Abk* = **BImSchV**) regolamento *m* federale (tedesco) sulla tutela dalle immissioni, regolamento *m* federale (tedesco) sul controllo dell'inquinamento;

~innenminister/in *m/f* ministro *m* federale dell'interno (o: degli interni); **~innenministerium** *n (D, A)* (*Abk* = **BMI**) *(D: Bundesministerium des Innern, A: Bundesministerium für Inneres)* Ministero *m* federale dell'interno (o: degli interni).

Bundesinstitut *n* istituto *m* federale; **~** *n* **für Bevölkerungsforschung** *(D)* (*Abk* = **BiB**) Istituto *m* federale (tedesco) per la ricerca demografica.

Bundesjustizminister/in *m/f* ministro *m* federale della giustizia, ministro *m* federale di grazia e giustizia, ministro *m* federale guardasigilli.

Bundesjustizministerium *n* [1] *(D)* (*Abk* = **BMJV**) *(Bundesministerium der Justiz und für Verbraucherschutz)* Ministero *m* federale (tedesco) della giustizia (o: di grazia e giustizia) e della tutela (dei diritti) dei consumatori.

Bundesjustizministerium *n* [2] *(A) (Bundesministerium für Justiz)* Ministero *m* federale (austriaco) della giustizia (o: di grazia e giustizia).

Bundes | kabinett *n* gabinetto *m* federale; **~kanzlei** *f (CH)* (*Abk* = **BK**) Cancelleria *f* federale (svizzera) *(CaF)*; **~kanzler/in** *m/f* → *s. Infokasten im Anhang 1* cancelliere *m* federale, cancelliere *m* della Confederazione (svizzera) *(CH)*; **~kanzleramt** *n (D)* Cancelleria *f* federale (tedesca); **~kartellamt** *n (D)* (*Abk* = **BKartA**) Ufficio *m* federale (tedesco) dei cartelli, Autorità *f* federale antitrust (tedesca); **~kasse** *f (CH)* cassa *f* federale; **~knappschaft** *f (D)* cassa *f* federale di previdenza sociale dei minatori, fondo *m* assicurativo federale per i minatori; **~kriminalamt** *n (D)* (*Abk* = **BKA**) Ufficio *m* federale anticrimine (tedesco), Ufficio *m* federale (tedesco) di polizia criminale, Ufficio *m* federale (tedesco) per la repressione della criminalità; **~land** *n* (*pl. Bundesländer*) *(D, A)* → *s. Anhang 4 und Anhang 5* Land *m* (della Repubblica Federale di Germania), Land *m* (della Repubblica d'Austria), Stato *m* federato, Stato *m* della federazione.

Bundeslandwirtschaftsminister/in *m/f* ministro *m* federale dell'agricoltura.

Bundeslandwirtschaftsministerium *n* [1] *(D)* (*Abk* = **BMEL**) *(Bundesministerium für Ernährung und Landwirtschaft)* Ministero *m* federale (tedesco) dell'alimentazione e dell'agricoltura.

Bundeslandwirtschaftsministerium *n* [2] *(A)* (*Abk* = **BMLFUW**) *(Bundesministerium für Land- und Forstwirtschaft, Umwelt und Wasserwirtschaft oder Lebensministerium)* Ministero *m* federale (austriaco) dell'agricoltura e delle foreste, dell'ambiente e delle risorse idriche.

Bundes | leistungsgesetz *n (D)* (*Abk* = **BLG**) legge *f* federale (tedesca) sulle requisizioni; **~minister/in** *m/f* ministro *m* federale; **~ministerium** *n* ministero *m* federale; **~mittel** *pl* fondi *mpl* federali; **~nachrichtendienst** *m (D)* (*Abk* = **BND**) Servizio *m* informazioni federale (*servizio segreto tedesco*); **~notarkammer** *f (D)* (*Abk* = **BNotK**) Ordine *m* federale (tedesco) dei notai; **~notarordnung** *f (D)* (*Abk* = **BNotO**) codice *m* federale notarile (tedesco), codice *m* federale (tedesco) del notariato; **~oberbehörde** *f* autorità *f* superiore federale; **~organ** *n* organo *m* federale; **~parlament** *n* parlamento *m* federale; **~parteitag** *m* congresso *m* nazionale (del partito); **~patentamt** *n* Ufficio *m* federale dei brevetti; **~patentgericht** *n (D)* (*Abk* = **BPatG**) *(München)* Corte *f* federale (tedesca) dei brevetti (o: competente in materia di brevetti); **~personalausschuss** *m* consiglio *m* federale della pubblica amministrazione;

~personalausweis *m (D)* (*Abk* = **BPA**) carta *f* d'identità tedesca; **~polizei** *f* polizia *f* federale; **~präsenz** *f* presenza *f* federale; **~präsident/in** *m/f* presidente *m* federale, presidente *m* della Repubblica federale, presidente *m* della Federazione, presidente *m* della Confederazione *(CH)*; **~presseamt** *n* ufficio *m* stampa federale; **~rat** *m* → *s. Infokasten unter „Bundestag – Bundesrat – Bundesversammlung" (Verfassungsorgan bestehend aus Vertretern der Bundesländer)* Consiglio *m* federale (tedesco) *(D)*, *(oberste Exekutivbehörde der Schweiz)* Consiglio *m* federale (svizzero) *(CH)*; **~rat/-rätin** *m/f (A, CH) (Minister/in)* consigliere *m* federale, ministro *m* del Consiglio federale; **~ratsbeschluss** *m* deliberazione *f* del Consiglio federale, decreto *m* del Consiglio federale *(CH)*; **~rechnungshof** *m* Corte *f* dei conti federale.

Bundesrecht *n* diritto *m* federale, leggi *fpl* federali; **~ bricht Landesrecht** *(D) (Art. 31 GG)* il diritto federale prevale sul diritto del Land.

Bundesrechtsanwalts | gebührenordnung *f (D)* (*Abk* = **BRAGO**) *(durch das Rechtsanwaltsvergütungsgesetz (RVG) ersetzt worden)* regolamento *m* federale (tedesco) sugli onorari degli avvocati, tariffe *fpl* forensi federali (tedesche); **~kammer** *f (D)* (*Abk* = **BRAK**) Ordine *m* federale (tedesco) degli avvocati; **~ordnung** *f (D)* (*Abk* = **BRAO**) regolamento *m* federale (tedesco) sulla professione di avvocato, legge *f* federale (tedesca) sugli avvocati.

Bundes | rechtspflege *f (CH)* giurisdizione *f* federale; **~regierung** *f* governo *m* federale.

Bundesrepublik *f* repubblica *f* federale; **~ *f* Deutschland** Repubblica *f* Federale di Germania.

Bundes | richter/in *m/f* giudice *m* federale; **~sache** *f* affare *m* federale, affare *m* di competenza della federazione; **~schuld** *f* debito *m* federale; **~schuldbuch** *n* gran libro *m* del debito federale; **~schuldenverwaltung** *f* amministrazione *f* del debito federale; **~sicherheitsrat** *m* Consiglio *m* federale di sicurezza; **~sozialgericht** *n (D)* (*Abk* = **BSG**) *SozialR (Kassel)* Corte *f* sociale federale (*tedesca di ultimo grado*); **~sozialhilfegesetz** *n (D) (wurde am 01.01.2005 durch das Sozialgesetzbuch (SGB) XII abgelöst)* legge *f* federale (tedesca) sull'assistenza sociale; **~staat** *m* Stato *m* federale.

bundesstaatlich *adj* federale, federativo.

Bundes | staatsangehörigkeit *f* cittadinanza *f* federale; **~stelle** *f* ufficio *m* federale; **~steuer** *f* imposta *f* federale; **~steuerblatt** *n* bollettino *m* ufficiale delle imposte; **~strafgericht** *n (CH)* (*Abk* = **BStGer**) Tribunale *m* penale federale *(TPF)*; **~strafgerichtsbarkeit** *f (CH)* giurisdizione *f* penale federale; **~strafverfahren** *n (CH)* procedura *f* penale federale.

Bundestag *m (D)* Dieta *f* federale (tedesca), Parlamento *m* federale.

Bundestag – Bundesrat – Bundesversammlung

Bundestag:
Una delle due Camere che costituiscono il Parlamento tedesco, composta da almeno 598 deputati (il loro numero varia con le legislature), che vengono eletti ogni quattro anni a suffragio universale diretto. Tra i suoi compiti principali si annoverano l'esercizio della funzione legislativa, il controllo del governo e l'elezione del Cancelliere federale.

Bundesrat:
Una delle due Camere che compongono il Parlamento tedesco, composta dai

rappresentanti dei 16 *Länder*, per un totale di 69 delegati, designati dai rispettivi governi in proporzione alla popolazione. Il *Bundesrat* è l'organo attraverso cui i *Länder* partecipano alla funzione legislativa, al procedimento di revisione costituzionale, all'amministrazione dello Stato federale ed alla trattazione di questioni concernenti l'Unione europea.

Bundesversammlung: Organo che procede all'elezione del Presidente della Repubblica federale tedesca, composto dai membri del *Bundestag* e da un egual numero di delegati scelti dai Parlamenti dei 16 *Länder.*

Bundestags | abgeordnete/r *f/m* deputato *m* federale; **~beschluss** *m* deliberazione *f* del Parlamento federale; **~präsident/in** *m/f* presidente *m* del Parlamento federale; **~wahl** *f*; **~wahlen** *fpl* elezioni *fpl* politiche federali.

Bundes | treue *f* fedeltà *f* verso la federazione; **~umweltminister/in** *m/f* ministro *m* federale dell'ambiente; **~umweltministerium** *n (D)* (*Abk* = **BMUB**) *(Bundesministerium für Umwelt, Naturschutz, Bau und Reaktorsicherheit)* Ministero *m* federale (tedesco) dell'ambiente, della tutela della natura, dell'edilizia e della sicurezza nucleare.

bundesunmittelbar *adj* legato direttamente alla federazione.

Bundes | unternehmen *n* impresa *f* (pubblica) federale; **~unterstützung** *f (CH)* assistenza *f* federale; **~urlaubsgesetz** *n (D)* (*Abk* = **BUrlG**) *(Mindesturlaubsgesetz für Arbeitnehmer)* legge *f* federale (tedesca) sulle ferie.

Bundesverband *m* associazione *f* federale, confederazione *f*; **~** *m* **der deutschen Industrie** *(D)* Confederazione *f* dell'industria tedesca.

Bundesvereinigung *f* associazione *f* federale, confederazione *f*; **~** *f* **der Deutschen Arbeitgeberverbände** *(D)* (*Abk* = **BDA**) Confederazione *f* tedesca delle associazioni dei datori di lavoro.

Bundesverfassung *f* costituzione *f* federale; **~** *f* **der Schweizerischen Eidgenossenschaft** *(CH)* Costituzione *f* federale della Confederazione Svizzera.

Bundesverfassungs | gericht *n* *(D)* (*Abk* = **BVerfG**) Corte *f* costituzionale federale (tedesca); **~gerichtsgesetz** *n (D)* (*Abk* = **BVerfGG**) *(Gesetz über das Bundesverfassungsgericht)* legge *f* sulla Corte costituzionale federale (tedesca); **~gesetz** *n (A)* legge *f* costituzionale federale; **~richter/in** *m/f* giudice *m* costituzionale federale; **~schutz** *m* *(D)* → *Bundesamt für Verfassungsschutz* Ufficio *m* federale per la (o: di) difesa (o: tutela/protezione) della Costituzione tedesca (*servizi segreti tedeschi*).

Bundesverkehrsminister/in *m/f* ministro *m* federale dei trasporti.

Bundesverkehrsministerium *n* [1] *(D)* (*Abk* = **BMVI**) *(Bundesministerium für Verkehr und digitale Infrastruktur)* Ministero *m* federale (tedesco) dei trasporti e delle infrastrutture digitali.

Bundesverkehrsministerium *n* [2] *(A)* (*Abk* = **BMVIT**) *(Bundesministerium für Verkehr, Innovation und Technologie)* Ministero *m* federale (austriaco) dei trasporti, dell'innovazione e della tecnologia.

Bundes | vermögen *n* patrimonio *m* federale; **~versammlung** *f (D)* → *s. Infokasten unter „Bundestag – Bundesrat – Bundesversammlung"* Assemblea *f* federale (tedesca); **~verschuldung** *f* indebitamento *m* federale; **~versicherungsamt** *n* Ispettorato *m* federale della previdenza sociale; **~versicherungsanstalt** *f* **für Angestellte** *(D)* (*Abk* = **BfA**) Istituto *m* federale (tedesco) per la previdenza sociale degli impiegati.

Bundesverteidigungsminister/in *m/f* ministro *m* federale della difesa.

Bundesverteidigungsministerium *n* [1] *(D)* (*Abk* = **BMVg**) *(Bundesministerium der Verteidigung)* Ministero *m* federale (tedesco) della difesa.

Bundesverteidigungsministerium *n* [2] *(A)* (*Abk* = **BMLVS**) *(Bundesministerium für Landesverteidigung und Sport)* Ministero *m* federale (austriaco) della difesa e dello sport.

Bundes | vertrag *m* patto *m* federale; **~verwaltung** *f* amministrazione *f* federale; **~verwaltungsgericht** *n* (*Abk* = **D: BVerwG (Leipzig); CH: BVGer**) Corte *f* suprema amministrativa, Corte *f* amministrativa federale (*tedesca: giudice amministrativo di ultimo grado, corrispondente al Consiglio di Stato nell'ambito delle attribuzioni giurisdizionali*) *(D)*, Tribunale *m* amministrativo federale (svizzero) *(TAF) (CH)*; **~vorstand** *m* presidenza *f* federale; **~wahlgesetz** *n* *(D)* (*Abk* = **BWahlG**) legge *f* elettorale federale (tedesca); **~wehr** *f* forze *fpl* armate federali, esercito *m* federale.

Bundeswirtschaftsminister/in *m/f* ministro *m* federale dell'economia.

Bundeswirtschaftsministerium *n* [1] *(D)* (*Abk* = **BMWi**) *(Bundesministerium für Wirtschaft und Energie)* Ministero *m* federale (tedesco) dell'economia e dell'energia.

Bundeswirtschaftsministerium *n* [2] *(A)* (*Abk* = **BMWFJ**) *(Bundesministerium für Wirtschaft, Familie und Jugend)* Ministero *m* federale (austriaco) dell'economia, della famiglia e della gioventù.

Bundes | wissenschaftsministerium *n (A)* (*Abk* = **BMWF**) *(Bundeministerium für Wissenschaft und Forschung)* Ministero *m* federale (austriaco) delle scienze e della ricerca; **~zentralamt** *n* **für Steuern** *(D)* (*Abk* = **BZSt**) Ufficio *m* federale centrale tributario (tedesco), Ufficio *m* federale centrale delle imposte (tedesco).

Bundeszentrale *f* centrale *f* federale; **~** *f* **für politische Bildung** *(D)* (*Abk* = **bpb**) Centrale *f* federale (tedesca) per la formazione politica.

Bundes | zentralregister *n (D)* (*Abk* = **BZR**) casellario *m* giudiziale (o: giudiziario) federale (tedesco); **~zuschuss** *m* sovvenzione *f* federale, sovvenzione *f* del governo federale; **~zuständigkeit** *f* competenza *f* federale; **~zwang** *m* potere *m* coercitivo federale.

Bund-Länder-Kommission *f* commissione *f* Federazione-Länder.

Bündnis *n* patto *m*, alleanza *f*, lega *f*, unione *f*, coalizione *f*; **ein ~ schließen** stringere un'alleanza, concludere un'alleanza.

Bündnisfall *m* casus foederis *(lat)*.

bündnisfrei *adj* non allineato, non impegnato.

Bündnis | freiheit *f* non allineamento *m*; **~pakt** *m* patto *m* d'alleanza; **~partner** *m* alleato *m*, partner *m*; **~politik** *f* politica *f* delle alleanze; **~vertrag** *m* trattato *m* d'alleanza.

Buralkosten *pl (CH)* spese *fpl* d'ufficio.

Bureau *n (CH)* → *Büro* ufficio *m*.

Bürge *m KredSichR (Garant)* garante *m*, mallevadore *m*, *(bei einer Bürgschaft)* fideiussore *m*, *(bei einem Wechsel oder Scheck)* avallante *m*; **als ~** *KredSichR* per garanzia, per avallo, per buon fine; **den ~n in Anspruch nehmen**; **auf den ~n greifen**; **auf den ~n zurückgreifen** *KredSichR* chiamare in garanzia; **gesetzlicher ~** *m KredSichR* fideiussore *m* legale; **selbstschuldnerischer ~** *m KredSichR* fideiussore *m* solidale.

bürgen *v KredSichR* garantire, farsi (o: rendersi) garante, rispondere, *(bei einer Bürgschaft)* rendersi fideiussore, *(bei einem Wechsel oder Scheck)* avallare; **für ein Darlehen ~** *KredSichR* prestare fideiussione a garanzia di un prestito, garantire un prestito.

Bürger/in *m/f* cittadino/-a *m/f*.

Bürgerausschuss *m* consiglio *m* comunale, *(Hamburg)* commissione *f* permanente *(D)*.

Bürgerbeauftragte/r *f/m* difensore *m* civico, ombudsman *m*, *(des Europäischen Parlaments)* mediatore *m*; **Europäische/r ~** *f/m EuR* mediatore *m* europeo.
Bürger | begehren *n* iniziativa *f* legislativa popolare; **~beteiligung** *f* partecipazione *f* dei cittadini; **~entscheid** *m* referendum *m* (comunale); **~geld** *n* tassa *f* di iscrizione nel registro comunale dei cittadini; **~krieg** *m* guerra *f* civile; **~kriegsflüchtling** *m* rifugiato *m* a causa di una guerra civile.
bürgerlich *adj* civile, borghese.
Bürgerliches Gesetzbuch *n (D)* (*Abk* = **BGB**) codice *m* civile (tedesco); **Allgemeines ~** *(A)* (*Abk* = **ABGB**) codice *m* civile generale (austriaco); **Einführungsgesetz** *n* **zum Bürgerlichen Gesetzbuch** *(D)* (*Abk* = **EGBGB**) legge *f* introduttiva al codice civile (tedesco), disposizioni *fpl* preliminari al codice civile (tedesco).
Bürgerliches Recht *n* diritto *m* civile.
bürgerlich-rechtlich *adj* (di diritto) civile, civilistico.
Bürger | liste *f* lista *f* dei cittadini, *(Wahlliste)* lista *f* elettorale; **~matrikel** *f* registro *m* dei cittadini di un comune.
Bürgermeister *m* [f: Bürgermeisterin] sindaco *m*, borgomastro *m*; **Erster ~** *m* Primo borgomastro *m*; **Regierender ~** *m (D) (Berlin)* borgomastro *m* a capo del governo (*sindaco della città di Berlino e al contempo capo del governo del Land di Berlino*); **stellvertretender ~** *m* vicesindaco *m*.
Bürgermeisteramt *n* segreteria *f* comunale.
Bürgermeisterei *f* segreteria *f* comunale.
Bürgermeister | stellvertreter/in *m/f* vicesindaco *m*; **~testament** *n ErbR* testamento *m* ricevuto dal sindaco; **~verfassung** *f* sistema *m* di organizzazione comunale in cui predomina la figura del sindaco.
Bürger | pflicht *f* dovere *m* civico, dovere *m* del cittadino; **~rat** *m* *(CH)* consiglio *m* comunale; **~ratspräsident** *m (CH)* sindaco *m*.
Bürgerrecht *n* diritto *m* del cittadino, diritto *m* civico, cittadinanza *f (CH)*.
Bürgerrechts | ehe *f (CH)* matrimonio *m* celebrato al solo scopo di acquistare la cittadinanza dell'altro coniuge; **~erwerb** *m (CH)* acquisto *m* della cittadinanza.
Bürgerrolle *f* registro *m* dei cittadini di un comune.
Bürgerschaft *f* [1] l'insieme dei cittadini di un comune.
Bürgerschaft *f* [2] *(D) (Hansestädte)* consiglio *m* comunale.
Bürger | steuer *f* imposta *f* civica; **~vereinigung** *f* associazione *f* civica; **~versammlung** *f* assemblea *f* dei cittadini; **~vorsteher** *m (D) (Schleswig-Holstein)* sindaco *m*; **~wehr** *f* milizia *f* civica.
Burgfriede(n) *m (Politik)* tregua *f* politica, tregua *f* nella lotta parlamentare.
Bürgschaft *f KredSichR (§§ 765 ff. BGB)* fideiussione *f*, garanzia *f* fideiussoria, garanzia *f* personale, *(Garantie)* garanzia *f*, malleveria *f*, *(ungebr)* mallevadoria *f*, *(von Wechseln)* avallo *m*; **~ leisten** *KredSichR* garantire, farsi (o: rendersi) garante, prestare garanzia, emettere una garanzia, rilasciare una garanzia, prestare fideiussione, rilasciare una fideiussione, *(Wechsel)* avallare; **eine ~ übernehmen** *KredSichR* assumere una garanzia, garantire, farsi (o: rendersi) garante, prestare garanzia, emettere una garanzia, rilasciare una garanzia, prestare fideiussione, rilasciare una fideiussione, *(Wechsel)* avallare; **gesamtschuldnerische ~** *f KredSichR* fideiussione *f* solidale; **gesetzliche ~** *f KredSichR* fideiussione *f* legale; **selbstschuldnerische ~** *f KredSichR* fideiussione *f* senza beneficio di escussione.
Bürgschafts | betrag *m KredSichR* ammontare *m* della garanzia, importo *m* della fideiussione; **~brief** *m KredSichR* lettera *f* di garanzia; **~erklärung** *f KredSichR* dichiarazione *f* di garanzia; **~forderung** *f KredSichR* credito *m*

garantito, credito *m* fideiussorio; **~haftung** *f KredSichR* obbligo *m* fideiussorio; **~kredit** *m KredSichR* credito *m* garantito, credito *m* fideiussorio; **~leistung** *f KredSichR* prestazione *f* di garanzia, rilascio *m* di (una) garanzia, prestazione *f* di fideiussione, rilascio *m* di (una) fideiussione; **~nehmer/in** *m/f KredSichR* beneficiario/-a *m/f* della garanzia, beneficiario/-a *m/f* della fideiussione; **~plafond** *m KredSichR* limite *m* massimo di garanzia; **~provision** *f KredSichR* provvigione *f* di garanzia, del credere *m*; **~schein** *m KredSichR* certificato *m* di garanzia, atto *m* di fideiussione, bolletta *f* di cauzione; **~schuld** *f KredSichR* obbligazione *f* di garanzia, obbligazione *f* fideiussoria; **~sicherheit** *f KredSichR* garanzia *f* fideiussoria; **~stellung** *f KredSichR* costituzione *f* di garanzia, costituzione *f* di fideiussione; **~summe** *f KredSichR* ammontare *m* della garanzia, importo *m* della fideiussione; **~übernahme** *f KredSichR* assunzione *f* di garanzia, prestazione *f* di garanzia, rilascio *m* di (una) garanzia, prestazione *f* di fideiussione, rilascio *m* di (una) fideiussione; **~urkunde** *f KredSichR* atto *m* di garanzia, atto *m* di fideiussione; **~verbindlichkeit** *f KredSichR* obbligazione *f* di garanzia, obbligazione *f* fideiussoria; **~verhältnis** *n KredSichR* rapporto *m* di garanzia, rapporto *m* fideiussorio; **~verpflichtung** *f KredSichR* obbligazione *f* di garanzia, obbligazione *f* fideiussoria; **~versprechen** *n KredSichR* promessa *f* di garanzia; **~vertrag** *m KredSichR* contratto *m* di fideiussione, fideiussione *f*, *(Garantievertrag)* contratto *m* di garanzia.

BUrlG (*Abk* = **Bundesurlaubsgesetz**) *(D) (Mindesturlaubsgesetz für Arbeitnehmer)* legge *f* federale (tedesca) sulle ferie.

Büro *n* ufficio *m*; **ständiges ~** *n* ufficio *m* permanente.

Büro | gemeinschaft *f* studio *m* associato; **~leiter/in** *m/f* capoufficio *m*, principale *m*.

Buße *f* penitenza *f*, penalità *f*, *(Geldbuße)* sanzione *f* amministrativa pecuniaria, pena *f* pecuniaria *(CH)*.

büßen *v* espiare, pagare (per).

Bußgeld *n VerwR* → *Geldbuße* sanzione *f* amministrativa pecuniaria, *EuR* ammenda *f* (*quale sanzione comunitaria*); **~bescheid** *m VerwR* ordinanza-ingiunzione *f*; **~katalog** *m VerwR* tabella *f* delle sanzioni amministrative pecuniarie; **~sache** *f VerwR* causa *f* in materia di violazioni amministrative; **~verfahren** *n VerwR* procedimento *m* in materia di violazioni amministrative.

b.u.v. (*Abk* = **beschlossen und verkündet**) *(in gerichtlichen Protokollen)* così deciso e pronunciato, così deciso e pronunziato, per questi motivi *(P.Q.M.)*.

BVerfG (*Abk* = **Bundesverfassungsgericht**) *(D)* Corte *f* costituzionale federale (tedesca).

BVerfGE (*Abk* = **Entscheidungen des Bundesverfassungsgerichts**) *(D)* decisioni *fpl* della Corte costituzionale federale (tedesca).

BVerfGG (*Abk* = **Bundesverfassungsgerichtsgesetz**) *(D) (Gesetz über das Bundesverfassungsgericht)* legge *f* sulla Corte costituzionale federale (tedesca).

BVerwG (*Abk* = **Bundesverwaltungsgericht**) *(D) (Leipzig)* Corte *f* suprema amministrativa, Corte *f* amministrativa federale (*tedesca: giudice amministrativo di ultimo grado, corrispondente al Consiglio di Stato nell'ambito delle attribuzioni giurisdizionali*).

BVerwGE (*Abk* = **Entscheidungen des Bundesverwaltungsgerichts**) *(D) VerwR* decisioni *fpl* della Corte amministrativa federale (tedesca).

BVGer (*Abk* = **Bundesverwaltungsgericht**) *(CH)* Tribunale *m* amministrativo federale (svizzero) *(TAF)*.

BVV (*Abk* = **Bezirksverordnetenversammlung**) *(D) (Berlin)* consiglio *m* circoscrizionale, consiglio *m* di quartiere.

BWahlG (*Abk* = **Bundeswahlgesetz**) *(D)* legge *f* elettorale federale (tedesca).
BWL (*Abk* = **Betriebswirtschaftslehre**) economia *f* aziendale.
BZR (*Abk* = **Bundeszentralregister**) *(D)* casellario *m* giudiziale (o: giudiziario) federale (tedesco).
BZSt (*Abk* = **Bundeszentralamt für Steuern**) *(D)* Ufficio *m* federale centrale tributario (tedesco), Ufficio *m* federale centrale delle imposte (tedesco).
bzw. (*Abk* = **beziehungsweise**) *(im anderen Fall)* risp., rispettivamente, *(genauer gesagt)* cioè, per l'esattezza, o meglio, anzi, *(oder)* o, oppure, ovvero, e/o.

C

Callgeld *n (CH)* prestito *m* giornaliero, prestito *m* giorno per giorno.
Cargo *m* carico *m*.
CEDEFOP (*Abk* = **Europäisches Zentrum für die Förderung der Berufsbildung**) *EuR* Centro *m* europeo per lo sviluppo della formazione professionale.
CEN (*Abk* = **Europäisches Komitee für Normung**) *EuR* Comitato *m* europeo per la standardizzazione.
CERN (*Abk* = **Europäische Kernenergie-Organisation**) *EuR* Organizzazione *f* europea per l'energia nucleare.
Chancengleichheit *f* pari opportunità *fpl*, uguaglianza *f* di possibilità.
Chantage *f (CH)* estorsione *f*.
Charakter *m* carattere *m*, natura *f*, peculiarità *f*; **amtlicher ~** *m* carattere *m* ufficiale; **öffentlich-rechtlicher ~** *m* natura *f* pubblicistica.
Charge *f (A)* carica *f*, grado *m*.
Charta *f (pol)* carta *f*; **~ *f* der Vereinten Nationen** *VölkerR* Carta *f* delle Nazioni Unite.
Charterer *m* noleggiatore *m*.
Charter | fracht *f* nolo *m*; **~gebühr** *f* tassa *f* di noleggio; **~geld** *n* prezzo *m* di noleggio; **~gesellschaft** *f* compagnia *f* charter; **~klausel** *f* clausola *f* di noleggio.
chartern *v* noleggiare, prendere a nolo.
Charterung *f* noleggio *m*.
Chartervertrag *m* contratto *m* di noleggio.
Check *m (CH)* → *Scheck* assegno *m*.
Chemikaliengesetz *n* (*Abk* = **ChemG**) *(D: Bundesgesetz zum Schutz vor gefährlichen Stoffen; CH: Bundesgesetz über den Schutz vor gefährlichen Stoffen und Zubereitungen)* legge *f* sui prodotti chimici *(CH: LPChim)* (*legge federale (svizzera) sulla protezione contro le sostanze e i preparati pericolosi*).
cic (*Abk* = **culpa in contrahendo**) *(lat) SchuldR (Verschulden bei Vetragsabschluss) (§ 311 BGB)* responsabilità *f* precontrattuale
CIF | -Klausel *f* clausola *f* cif; **~ -Preis** *m* prezzo *m* cif; **~ -Verkauf** *m* vendita *f* cif.
CIM (*Abk* = **Internationales Übereinkommen über den Eisenbahnfrachtverkehr**) *TransportR* Convenzione *f* internazionale concernente il trasporto delle merci per ferrovia.
Circularscheck *m* assegno *m* circolare.
CISG (*Abk* = **UN-Kaufrecht / Wiener Kaufrechtsübereinkommen / Übereinkommen der Vereinten Nationen über Verträge über den internationalen Warenkauf**) *VölkerR* Convenzione *f* di Vienna sulla vendita internazionale di beni mobili, Convenzione *f* delle Nazioni Unite sui contratti di compravendita internazionale di merci.
CIV (*Abk* = **Internationales**

Übereinkommen über den Eisenbahn-Personen- und Gepäckverkehr) *TransportR* Convenzione *f* internazionale concernente il trasporto dei viaggiatori e dei bagagli per ferrovia.

Clearing *n* clearing *m*, compensazione *f* generale; **bilaterales ~** *n* clearing *m* bilaterale; **multilaterales ~** *n* clearing *m* multilaterale.

Clearing | abkommen *n* accordo *m* di clearing; **~bank** *f* banca *f* di clearing; **~konto** *n* conto *m* di clearing; **~stelle** *f* stanza *f* di compensazione; **~übereinkommen** *n* accordo *m* di clearing; **~verkehr** *m* clearing *m*; **~vertrag** *m* accordo *m* di clearing.

CMR (*Abk* = **Übereinkommen über den Beförderungsvertrag im internationalen Straßenverkehr**) *TransportR* Convenzione *f* relativa al contratto di trasporto internazionale di merci su strada.

Code *m* codice *m*.

Collation *f* collazione *f*.

Computer | betrug *m StrafR (§ 263a StGB)* frode *f* informatica, crimine *m* informatico; **~kriminalität** *f StrafR* criminalità *f* informatica; **~sabotage** *f StrafR (§ 303b StGB)* sabotaggio *m* informatico; **~spionage** *f StrafR (§ 202 StGB)* spionaggio *m* informatico; **~straftat** *f StrafR* reato *m* informatico.

Copyright *n* copyright *m*, diritto *m* di riproduzione.

COREPER (*Abk* = **Ausschuss der ständigen Vertreter der Mitgliedstaaten bei der EU**) *EuR* Comitato *m* dei rappresentanti permanenti degli Stati membri presso l'UE.

corpus delicti *(lat) StrafR* corpo *m* del delitto, corpo *m* del reato.

COTIF (*Abk* = **Übereinkommen über den internationalen Eisenbahnverkehr**) *TransportR* Convenzione *f* relativa ai trasporti internazionali per ferrovia.

Coulisse *f* mercato *m* libero (al di fuori del recinto delle grida).

Couponsteuer *f* imposta *f* cedolare.

Courtage *f*; **~gebühr** *f (Maklerlohn)* courtage *m*, mediazione *f*, senseria *f*, provvigione *f* dell'agente di cambio, commissione *f* di borsa, brokeraggio *m*.

culpa in committendo *(lat) SchuldR* responsabilità *f* nell'affidare incarichi.

culpa in contrahendo *(lat)* (*Abk* = **cic**) *SchuldR (Verschulden bei Vetragsabschluss) (§ 311 BGB)* responsabilità *f* precontrattuale.

culpa in contrahendo

L'espressione *culpa in contrahendo* designa quella responsabilità comunemente definita precontrattuale, ossia la responsabilità in cui incorrono le parti qualora, nello svolgimento delle trattative e nella formazione del contratto, trasgrediscano l'obbligo di comportarsi secondo buona fede, sancito dall'articolo 1337 c.c. Secondo la giurisprudenza italiana, la *culpa in contrahendo* è di natura extracontrattuale, anche se va comuque precisato che una parte consistente della dottrina la riconduce nell'alveo della responsabilità contrattuale. Nell'ordinamento tedesco, la responsabilità per *culpa in contrahendo* è considerata invece come una particolare forma di responsabilità di tipo quasi-contrattuale. La premessa per la configurabilità del risarcimento del danno da responsabilità precontrattuale è rappresentata p.es. dalla rottura improvvisa delle trattative compiuta da una delle parti, senza una giusta causa o un ragionevole motivo, sebbene l'altra parte abbia fatto affidamento sulla conclusione del contratto. Anteriormente al 2002, nell'ordinamento giuridico tedesco la responsabilità per *culpa in contrahendo*, così come la c.d. *positive Vertragsverletzung – pVV* (detta anche *positive Forderungsverletzung – pFV*), rappresentavano un raro esempio di fattispecie creata nel tempo dalla dottrina e dalla giurisprudenza. La riforma del diritto delle obbligazioni tedesco, introdotta con la Legge di riforma del diritto delle obbligazioni (*Schuldrechtsmodernisierungsgesetz*), entrata in vigore in data 1° gennaio 2002, ha tuttavia positivizzato le acquisizioni dottrinali e giurisprudenziali relative alla *culpa in contrahendo* basate sul principio generale di buona fede. La responsabilità per *culpa in contrahendo* ha quindi trovato disciplina all'interno del BGB, risultando dal combinato disposto dei §§ 280, 311, 241 II BGB.

Vedi anche: *Positive Vertragsverletzung*

culpa in educando *(lat)* colpa *f* nell'educare *(imputazione della responsabilità dei genitori e del tutore per i danni cagionati dal fatto illecito commesso dai figli minori non emancipati o dalle persone soggette a tutela (in caso di coabitazione). Le persone sopra indicate sono esonerate dalla responsabilità se provano di non aver potuto impedire, in concreto, il fatto).*

culpa in eligendo *(lat) SchuldR (Verschulden bei der Auswahl eines Dritten, z.B. bei der Auswahl des Dritten bei Übertragung eines Auftrages gemäß § 664 BGB)* colpa *f* nella scelta *(responsabilità di padroni e committenti in ordine ai danni arrecati a terzi dai loro dipendenti nell'esercizio delle incombenze cui sono adibiti. La ratio della disposizione è il rimprovero ai datori di lavoro per il fatto di non aver curato con la dovuta accortezza la scelta dei propri collaboratori).*

D

DA (*Abk* = **Dienstanweisung**) istruzione *f* di servizio, disposizione *f* di servizio.

DAAD (*Abk* = **Deutscher Akademischer Austauschdienst**) *(D)* Servizio *m* tedesco per lo scambio accademico (*istituzione che eroga borse di studio e promuove le attività culturali e la mobilità di studenti, ricercatori, dottorandi e professori*).

Dach | gesellschaft *f* holding *f*, società *f* finanziaria; **~gewerkschaft** *f* sindacato *m* centrale; **~organisation** *f* organizzazione *f* centrale; **~traufenrecht** *n* diritto *m* di stillicidio; **~unternehmen** *n* casa *f* madre; **~verband** *m* federazione *f* centrale, confederazione *f*.

Damnationslegat *n ErbR* legato *m* con effetto obbligatorio, legatum per damnationem *(lat)*.

darlegen *v* esporre, enunciare, argomentare, *(erklären)* spiegare, *(entwickeln)* sviluppare, *(ausführen)* svolgere.

Darlegung *f* esposizione *f*, enunciazione *f*, *(Erklärung)* spiegazione *f*, *(Ausführung)* svolgimento *m*; **~ *f* des Sachverhalts** esposizione *f* dei fatti.

Darlegungslast *f ZivProzR* onere *m* delle parti di allegare i fatti posti a fondamento delle rispettive pretese, onere *m* di allegazione, onere *m* dichiarativo, onere *m* argomentativo, onere *m* di esporre i fatti, onere *m* dell'esposizione dei fatti, onere *m* della deduzione dei fatti, onere *m* di esporre le proprie ragioni, onere *m* dell'affermazione, *(für das*

Vorliegen entgegenstehender Gründe) onere *m* di provare l'esistenza di specifiche ragioni ostative, onere *m* di comunicare i motivi ostativi.

Darlehen *n (Kredit)* mutuo *m*, prestito *m*, credito *m*; **ein ~ ablösen** rimborsare un mutuo; **ein ~ aufnehmen** accendere un mutuo, accendere un prestito, contrarre un mutuo, contrarre un prestito, prendere un mutuo, prendere un prestito; **für ein ~ bürgen** *KredSichR* prestare fideiussione a garanzia di un prestito, garantire un prestito; **ein ~ gewähren** concedere un mutuo, concedere un prestito; **ein ~ kündigen** chiedere la restituzione di un prestito; **ein ~ tilgen** estinguere un mutuo, estinguere un prestito, rimborsare un mutuo, rimborsare un prestito; **ein ~ zurückfordern** chiedere la restituzione di un prestito; **ein ~ zurückzahlen** rimborsare un mutuo, rimborsare un prestito; **dinglich gesichertes ~** *n* mutuo *m* assistito da garanzia reale; **entgeltliches ~** *n* mutuo *m* oneroso; **gedecktes ~** *n*; **gesichertes ~** *n* mutuo *m* garantito, mutuo *m* assistito da garanzia, prestito *m* garantito, prestito *m* su garanzia; **hypothekarisch gesichertes ~** *n* mutuo *m* su ipoteca, mutuo *m* ipotecario, prestito *m* ipotecario; **kündbares ~** *n* prestito *m* rimborsabile a richiesta; **kurzfristiges ~** *n* prestito *m* a breve scadenza; **langfristiges ~** *n* prestito *m* a lunga scadenza; **partiarisches ~** *n GesR* prestito *m* con diritto di partecipazione agli utili di esercizio; **persönliches ~** *n* credito *m* personale; **unentgeltliches ~** *n* mutuo *m* gratuito; **ungedecktes ~** *n*; **ungesichertes ~** *n* prestito *m* libero, prestito *m* allo scoperto; **unkündbares ~** *n* prestito *m* irredimibile; **unverzinsliches ~** *n* mutuo *m* a tasso zero, mutuo *m* infruttifero, prestito *m* infruttifero, prestito *m* senza interessi; **verlorenes ~** *n* prestito *m* a fondo perduto; **verzinsliches ~** *n* mutuo *m* fruttifero, prestito *m* fruttifero, prestito *m* a interesse, prestito *m* con interessi; **wucherisches ~** *n* mutuo *m* usurario, prestito *m* usurario; **zinsfreies ~** *n* mutuo *m* a tasso zero, mutuo *m* infruttifero, prestito *m* infruttifero, prestito *m* senza interessi; **zinsgünstiges ~** *n* mutuo *m* (a tasso) agevolato, prestito *m* (a tasso) agevolato; **zinsloses ~** *n* mutuo *m* a tasso zero, mutuo *m* infruttifero, prestito *m* infruttifero, prestito *m* senza interessi; **zinsverbilligtes ~** *n* mutuo *m* (a tasso) agevolato, prestito *m* (a tasso) agevolato; **zweckgebundenes ~** *n* mutuo *m* di scopo.

Darleh(e)ns | abrede *f* convenzione *f* di prestito; **~antrag** *m* domanda *f* di mutuo, richiesta *f* di mutuo, domanda *f* di prestito, richiesta *f* di prestito; **~aufnahme** *f* contrazione *f* di un mutuo, accensione *f* di un mutuo, conclusione *f* di un prestito; **~bedingungen** *fpl* condizioni *fpl* del mutuo, condizioni *fpl* del prestito; **~betrag** *m* importo *m* del mutuo, ammontare *m* del mutuo, somma *f* mutuata, importo *m* del prestito, somma *f* prestata; **~empfänger/in** *m/f* mutuatario/-a *m/f*, contraente *m/f* di un mutuo; **~finanzierung** *f* finanziamento *m* mediante accensione di (un) mutuo; **~forderung** *f* mutuo *m* attivo, credito *m* derivante da un prestito; **~geber/in** *m/f* mutuante *m/f*, prestatore *m*; **~geschäft** *n* operazione *f* di mutuo, operazione *f* di prestito, concessione *f* di mutui, concessione *f* di prestiti; **~gewährung** *f* concessione *f* di un mutuo, concessione *f* di un prestito; **~kapital** *n* capitale *m* mutuato, capitale *m* prestato; **~konto** *n* conto *m* anticipazioni; **~laufzeit** *f* durata *f* del mutuo, scadenza *f* del prestito; **~nehmer/in** *m/f* mutuatario *m*, contraente *m/f* di un mutuo; **~politik** *f EuR* politica *f* di prestiti; **~rückzahlung** *f* rimborso *m* del mutuo, rimborso *m* del prestito; **~satz** *m* tasso *m* di interesse del mutuo, tasso *m* di interesse del prestito; **~schuld** *f* mutuo *m* passivo, debito *m* derivante da prestito; **~schuldner/in** *m/f* mutuatario/-a *m/f*; **~summe** *f* importo *m* del mutuo, ammontare *m* del mutuo, somma *f* mutuata, importo *m* del prestito, somma *f* prestata; **~tilgung** *f* ammortamento *m* del mutuo, rimborso *m* del mutuo, ammortamento *m* del prestito, rimborso *m* del prestito; **~versprechen** *n* promessa *f* di mutuo, preliminare *m* di mutuo, patto *m* de mutuo contrahendo; **~vertrag** *m (§§ 488 ff. BGB)* contratto *m* di mutuo, mutuo *m*; **~zinsen** *mpl* interessi *mpl* del mutuo, interessi *mpl* sul mutuo, interessi *mpl* del prestito, interessi *mpl* sul prestito; **~zinssatz** *m* tasso *m* di interesse del mutuo, tasso *m* di interesse del prestito; **~zusage** *f* promessa *f* di mutuo, preliminare *m* di mutuo, patto *m* de mutuo contrahendo.

Darleihen *n (A, CH)* mutuo *m*, prestito *m*, credito *m*.

Darleihens | gewährung *f (A, CH)* concessione *f* di un mutuo, concessione *f* di un prestito; **~vertrag** *m (A, CH)* contratto *m* di mutuo, mutuo *m*.

Darleiher/in *m/f (A, CH)* mutuante *m/f*, prestatore/-trice *m/f*.

darstellen *v (beschreiben)* descrivere, *(schildern)* illustrare, *(darlegen)* esporre, svolgere, presentare, *(wiedergeben)* raffigurare, riprodurre, *(IT) (visuell, bildlich)* visualizzare, *(bedeuten)* rappresentare, costituire, significare, *(sein)* essere.

Darstellung *f (Beschreibung)* descrizione *f*, *(Schilderung)* illustrazione *f*, *(Darlegung)* esposizione *f*, enunciazione *f*, svolgimento *m*, presentazione *f*, *(Wiedergabe)* raffigurazione *f*, rappresentazione *f*, *(IT) (Visualisierung)* visualizzazione *f*, *(Abbildung)* riproduzione *f*; **amtliche ~** *f* versione *f* ufficiale; **unrichtige ~** *f* rappresentazione *f* non veritiera, comunicazione *f* di notizie false, falsa dichiarazione *f*; **~** *f* **der Fakten**; **~** *f* **des Sachverhalts** esposizione *f* dei fatti.

dartun *v* dimostrare, mostrare, provare.

Datei *f* file *m*, archivio *m*.

Daten *pl* dati *mpl*, indicazioni *fpl*, particolari *mpl*, estremi *mpl*; **~ auswerten** analizzare i dati, valutare i dati, elaborare i dati; **~ berichtigen** correggere i dati, rettificare i dati; **~ eingeben** inserire i dati; **~ erfassen**; **~ erheben** raccogliere i dati, acquisire i dati, rilevare i dati; **~ fälschen** falsificare i dati; **~ löschen** cancellare i dati; **~ speichern** salvare i dati, memorizzare i dati; **~ übermitteln**; **~ übertragen** trasferire i dati, trasmettere i dati; **~ verarbeiten** elaborare i dati, trattare i dati; **aktualisierte ~** *pl* dati *mpl* aggiornati; **gespeicherte ~** *pl* dati *mpl* salvati, dati *mpl* memorizzati; **melderechtliche ~** *pl* dati *mpl* anagrafici; **personenbezogene ~** *pl* dati *mpl* personali; **persönliche ~ freigeben** inviare dati personali, permettere di usare (liberamente) i dati personali; **saisonbereinigte ~** *pl* dati *mpl* destagionalizzati; **vertrauliche ~** *pl* dati *mpl* riservati, dati *mpl* confidenziali.

Datenbank *f* banca *f* dati, database *m*; **juristische ~** *f* banca *f* dati giuridica.

Daten | bestand *m* dati *mpl*, banca *f* dati, insieme *m* dei dati, archivio *m* di dati; **~eingabe** *f* immissione *f* dei dati, inserimento *m* dei dati, ingresso *m* (dei) dati, data entry *m*; **~erfassung** *f*, **~erhebung** *f* raccolta *f* dei dati, acquisizione *f* dei dati, rilevamento *m* dei dati, rilevazione *f* dei dati; **~fälschung** *f* alterazione *f* dei dati, falsificazione *f* dei dati; **~geheimnis** *n* segretezza *f* dei dati (personali), segreto *m* sui dati, segreto *m* relativo ai dati; **~manipulation** *f* alterazione *f* dei dati, falsificazione *f* dei dati; **~piraterie** *f StrafR* pirateria *f* informatica.

Datenschutz *m* protezione *f* dei dati (personali), tutela *f* dei dati (personali), privacy *f*; **Bundesgesetz** *n* **über den ~** *(CH)* (*Abk* = **DSG**) legge *f* federale (svizzera) sulla protezione dei dati *(LPD).*

Daten | schutzbeauftragte/r *f/m*; **~schützer/in** *m/f* garante *m* per la protezione (o: tutela) dei dati personali, garante *m* della privacy.

Datenschutz | gesetz *n* legge *f* sulla protezione (o: tutela) dei dati personali, legge *f* sulla privacy; **~ -Grundverordnung** *f EuR* → *s. Anhang 3 a)* Regolamento *m* generale sulla protezione dei dati (*Regolamento (UE) 2016/679 del Parlamento europeo e del Consiglio, del 27 aprile 2016, relativo alla protezione delle persone fisiche con riguardo al trattamento dei dati personali, nonché alla libera circolazione di tali dati e che abroga la direttiva 95/46/CE*).

Daten | sicherheit *f* protezione *f* dei dati, sicurezza *f* dei dati, sicurezza *f* informatica; **~sicherung** *f* backup *m* dei dati, salvataggio *m* dei dati; **~speicherung** *f* salvataggio *m* dei dati, memorizzazione *f* dei dati; **~spionage** *f StrafR* spionaggio *m* informatico; **~übermittlung** *f*; **~übertragung** *f* trasferimento *m* dei dati, trasmissione *f* dei dati; **~veränderung** *f* alterazione *f* dei dati.

Datenverarbeitung *f* elaborazione *f* dei dati, trattamento *m* dei dati; **elektronische ~** *f* (*Abk* = **EDV**) elaborazione *f* elettronica dei dati *(EED o EDP, acronimo di "Electronic Data Processing").*

Daten | verarbeitungssystem *n* sistema *m* informatico; **~verkehr** *m* traffico *m* (dei) dati; **~verlust** *m* perdita *f* di dati; **~zugriff** *m* accesso *m* ai dati.

datieren *v* [1] *(ein Datum tragen)* portare la data, recare la data.

datieren *v* [2] [auf *Akk*] *(mit einem Datum versehen)* datare.

Datierung *f* datazione *f*.

dato, bis ~ fino ad oggi.

Datowechsel *m* cambiale *f* a certo tempo data.

Datum *n* data *f*; **mit einem ~ versehen** mettere la data, datare; **~** *n* **des Inkrafttretens** data *f* di entrata in vigore.

Datumsangabe *f* indicazione *f* della data.

Datumsstempel *m* datario *m*; **mit einem ~ versehen** apporre la data mediante un datario.

Dauer *f* durata *f*; **auf ~** a lungo andare, alla lunga, a lungo termine, a tempo indeterminato, durevole; **unbegrenzte ~** *f* durata *f* illimitata.

Dauer- permanente, continuativo, duraturo, a lungo termine, fisso, stabile.

Dauer | abkommen *n* accordo *m* permanente; **~akkreditiv** *n* credito *m* permanente; **~angestellte/r** *f/m* impiegato/-a *m/f* in pianta stabile; **~anlage** *f* investimento *m* permanente, investimento *m* fisso, classamento *m*; **~arrest** *m* *(Jugendstrafrecht)* arresto *m* lungo (per minorenni); **~auftrag** *m* *BankR* bonifico *m* permanente, ordine *m* permanente (*di pagamento*); **~ausstellung** *f* mostra *f* permanente, esposizione *f* permanente; **~ausweis** *m* tessera *f* permanente, lasciapassare *m* permanente; **~beschäftigung** *f* occupazione *f* permanente, impiego *m* permanente, lavoro *m* continuativo, lavoro *m* fisso, impiego *m* fisso; **~besitz** *m* possesso *m* continuato; **~betrieb** *m* attività *f* continua; **~delikt** *n* *StrafR* reato *m* permanente; **~erlaubnis** *f* permesso *m* permanente; **~garantie** *f* garanzia *f* permanente; **~genehmigung** *f* permesso *m* permanente; **~invalidität** *f* invalidità *f* permanente; **~kunde/-in** *m/f* cliente *m/f* abituale; **~lieferungs-vertrag** *m*; **~liefervertrag** *m* *SchuldR* contratto *m* di somministrazione, somministrazione *f*; **~mietvertrag** *m MietR* contratto *m* di locazione a tempo indeterminato; **~nutzungsrecht** *n* diritto *m* di godimento permanente; **~recht** *n* diritto *m* permanente; **~regelung** *f* disciplina *f* permanente; **~rente** *f* rendita *f* perpetua; **~schaden** *m* danno *m* permanente; **~schuld** *f* debito *m* permanente, obbligazione *f* di durata.

Dauerschuldverhältnis
Il termine tedesco *Dauerschuldverhältnis* si può ricollegare al concetto italiano di *contratto di durata*. La locazione (*Miete*), il rapporto di lavoro (*Arbeitsverhältnis*) o il prestito (*Leihe*) sono solo alcuni degli esempi di *Dauerschuldverhältnis*, che si caratterizza per il fatto che lo scambio di beni o servizi, verso corrispettivo di un prezzo, si ripete più volte. Tra le parti del contratto si instaura un vincolo che si protrae nel tempo e in virtù del quale spesso una parte si obbliga ad eseguire regolarmente, a favore dell'altra, una serie di prestazioni.

Dauer | schuldverhältnis *n*; **~schuldvertrag** *m* contratto *m* di durata (*contratto ad esecuzione continuata (o: continuativa) o contratto ad esecuzione periodica*), rapporto *m* obbligatorio di durata; **~straftat** *f StrafR* reato *m* permanente; **~überweisung** *f BankR* bonifico *m* permanente; **~verlust** *m* perdita *f* permanente; **~visum** *n* visto *m* permanente; **~vollmacht** *f* procura *f* permanente; **~wert** *m* valore *m* duraturo; **~wohnrecht** *n* diritto *m* d'abitazione ereditario ed alienabile; **~wohnsitz** *m* domicilio *m* permanente.

DAV (*Abk* = **Deutscher Anwaltverein**) *(D)* Associazione *f* degli avvocati tedeschi.

DBA (*Abk* = **Doppelbesteuerungsabkommen**) *SteuerR* = *Abkommen zur Vermeidung der Doppelbesteuerung* convenzione *f* per evitare la doppia imposizione, convenzione *f* contro la doppia imposizione, accordo *m* sulla doppia imposizione fiscale.

DDR-Straftaten *fpl (D)* reati *mpl* commessi nell'ex DDR.

Deal *m StrafProzR (Absprache im Prozess)* patteggiamento *m*.

Debet *n* debito *m*, dare *m*.

debitieren *v* addebitare, scrivere a debito.

Debitoren *pl (Bilanz)* crediti *mpl*, debitori *mpl*; **~abtretung** *f* cessione *f* di crediti; **~buch** *n* libro *m* dei debitori; **~konto** *n* conto *m* debitori; **~saldo** *m* saldo *m* debitore.

debitorisch *adj* debitorio.

Deck | adresse *f*; **~anschrift** *f* indirizzo *m* convenzionale, indirizzo *m* di comodo.

decken *v* coprire, colmare, *(befriedigen)* soddisfare, *(sichern)* garantire, *(versichern)* assicurare.

Deck | konto *n* conto *m* fittizio, conto *m* di comodo; **~ladung** *f* carico *m* di coperta; **~name** *m* nome *m* fittizio, nome *m* convenzionale, pseudonimo *m*.

Deckung *f* copertura *f*, *(Geldmittel)* fondi *mpl*, *(Sicherheit)* garanzia *f*, assicurazione *f*; **mangels ~** per mancanza di copertura, per mancanza di fondi; **~ anschaffen** provvedere alla copertura, procurare i fondi; **~ für einen Wechsel anschaffen** provvedere alla copertura di una cambiale; **als ~ dienen** *(eines Kredits)* a garanzia; **bankmäßige ~** *f* garanzia *f* bancaria; **fehlende ~** *f* mancata copertura *f*, mancanza *f* di copertura, mancanza *f* di fondi; **genügende ~** *f* copertura *f* sufficiente, fondi *mpl* sufficienti; **keine ~** *f*; **mangelnde ~** *f* mancata copertura *f*, mancanza *f* di copertura, mancanza *f* di fondi; **provisorische ~** *f* assicurazione *f* provvisoria, copertura *f* provvisoria; **ungenügende ~** *f* copertura *f* insufficiente, fondi *mpl* insufficienti; **volle ~** *f* garanzia *f* totale; **vorläufige ~** *f* assicurazione *f* provvisoria, copertura *f* provvisoria; **~** *f* **des Risikos** copertura *f* del rischio; **zur ~ der Unkosten** a copertura delle spese.

Deckungs | beitrag *m* margine *m* di contribuzione; **~bestätigung** *f* nota *f* di copertura; **~betrag** *m* importo *m* di copertura, *(Börse)* margine *m* di copertura, *VersR* somma *f* assicurata; **~geschäft** *n* operazione *f* di copertura; **~grad** *m* tasso *m* di copertura; **~grenze** *f* margine *m* di copertura; **~kapital** *n* capitale *m* di copertura, riserva *f* legale; **~kauf** *m* acquisto *m* di copertura, acquisto *m* di rimpiazzo; **~konto** *n* conto *m* di copertura.

deckungslos *adj* scoperto, allo scoperto.

Deckungs | lücke *f* vuoto *m* di copertura; **~mangel** *m* mancata copertura *f*, mancanza *f* di copertura, mancanza *f* di fondi; **~masse** *f* fondo *m* di garanzia; **~mittel** *npl* fondi *mpl* di copertura; **~prüfung** *f* verifica *f* della copertura; **~register** *n* registro *m* delle ipoteche iscritte a garanzia delle cartelle emesse dagli istituti di credito immobiliare; **~reserve** *f* riserva *f* di garanzia, riserva *f* di copertura, riserva *f* legale; **~risiko** *n* rischio *m* di copertura; **~rücklage** *f*; **~rückstellung** *f* riserva *f* di garanzia, riserva *f* di copertura, riserva *f* legale.

Deckungsschutz *m* copertura *f*; **vorläufiger ~** *m* copertura *f* provvisoria.

Deckungs | spanne *f* margine *m* di copertura; **~stock** *m* fondo *m* di garanzia, fondo *m* di copertura.

deckungsstockfähig *adj* idoneo ad essere ammesso al fondo di copertura delle società di assicurazioni.

Deckungs | stockfähigkeit *f* idoneità *f* di un titolo ad essere ammesso al fondo di copertura delle società di assicurazioni; **~stockregister** *n*; **~stockverzeichnis** *n* registro *m* dei valori ammessi al fondo di copertura; **~summe** *f VersR* somma *f* assicurata, importo *m* assicurato, massimale *m* (*di polizza*); **~verhältnis** *n* coefficiente *m* di copertura, coefficiente *m* di garanzia; **~verkauf** *m* vendita *f* di copertura; **~werte** *mpl* valori *mpl* ammessi a costituire il fondo di copertura delle società di assicurazioni.

Deckungszusage *f VersR* lettera *f* di copertura, nota *f* di copertura, copertura *f*; **vorläufige ~** *f VersR* copertura *f* provvisoria.

de facto *(lat)* di fatto.

De-facto-Anerkennung *f* riconoscimento *m* di fatto.

De-facto-Regierung *f* governo *m* di fatto.

de facto und de jure *(lat)* in fatto e in diritto.

definieren *v* definire.

Definition *f* definizione *f*; **begriffliche ~** *f* definizione *f* concettuale.

Defizit *n* deficit *m*, disavanzo *m*, passivo *m*; **das ~ abbauen** ridurre il disavanzo; **mit einem ~ abschließen** chiudere in perdita; **ein ~ ausgleichen**; **ein ~ decken** colmare un deficit, colmare un disavanzo; **haushaltsmäßiges ~** *n* disavanzo *m* pubblico; **rechnerisches ~** *n* deficit *m* contabile; **übermäßiges ~** *n EuR* disavanzi *mpl* eccessivi, deficit *m* eccessivo; **~** *n* **der Zahlungsbilanz** disavanzo *m* della bilancia dei pagamenti.

defizitär *adj* deficitario.

Defizithaushalt *m* bilancio *m* deficitario.

Deflation *f* deflazione *f*.

Deflationismus *m* deflazionismo *m*.

deflationistisch *adj* deflazionista, deflazionistico, disinflazionista.

Deflations | druck *m* pressione *f* deflazionistica; **~politik** *f* politica *f* deflazionistica, politica *f* disinflazionistica.

deflatorisch *adj* deflazionista, deflazionistico, disinflazionista.

Degradation *f* degradazione *f*, degradamento *m*.

degradieren *v* degradare.

Degradierung *f* degradazione *f*, degradamento *m*.

Deichrecht *n* normativa *f* in materia di dighe.

Dekan *m* [f: Dekanin] decano *m*, *(Universität)* preside *m/f* di facoltà.

Dekanat *n (Universität)* decanato *m*.

dekartellieren *v* decartellizzare, sciogliere un cartello.

Dekartellierung *f* = *Dekartellisierung f* decartellizzazione *f*, scioglimento *m* di un cartello.

Deklarant/in *m/f* dichiarante *m/f*.

Deklaration *f (Erklärung)* dichiarazione *f*.

Deklarations | pflicht *f* obbligo *m* di

dichiarazione, obbligo *m* dichiarativo, obbligo *m* di dichiarare; **~protest** *m* protesto *m* levato nel caso di identità del portatore della cambiale col protestato; **~wert** *m* valore *m* dichiarato; **~zwang** *m* obbligo *m* di dichiarazione, obbligo *m* dichiarativo, obbligo *m* di dichiarare.

deklaratorisch *adj* dichiarativo.

deklarieren *v* dichiarare.

Deklarierung *f* dichiarazione *f*.

Deklassierung *f (A)* degradamento *m*.

Dekremententafel *f (A)* tavola *f* di mortalità.

Dekret *n* decreto *m*; **ein ~ erlassen** emanare un decreto.

dekretieren *v* decretare.

Delegation *f* [1] *(Abordnung)* delegazione *f*, rappresentanza *f*, missione *f*.

Delegation *f* [2] *(Übertragung von Befugnissen)* delegazione *f* (*di poteri*), delega *f* (*di poteri*).

Delegations | befugnis *f* potere *m* di delega; **~führer/in** *m/f*; **~leiter/in** *m/f* capodelegazione *m*; **~mitglied** *n* membro *m* della delegazione; **~sache** *f (CH)* causa *f* delegata.

delegieren *v* [an *Akk*] delegare.

Delegiertenversammlung *f* assemblea *f* dei delegati.

Delegierte/r *f/m* delegato/-a *m/f*; **ständige/r ~** *f/m* delegato/-a *m/f* permanente.

Delegierung *f* [1] delegazione *f*, delega *f*.

Delegierung *f* [2] *(A) (des Strafverfahrens)* remissione *f* del procedimento.

Delegierungs | akt *m* atto *m* di delega; **~schreiben** *n* lettera *f* di delega.

Delikt *n* [1] *ZivR (unerlaubte Handlung)* fatto *m* illecito, atto *m* illecito.

Delikt *n* [2] *StrafR (weiterer Begriff als Straftat)* delitto *m*, reato *m*; **allgemeines ~** *n StrafR* reato *m* comune; **erfolgsqualifiziertes ~** *n StrafR* reato *m* aggravato dall'evento, reato *m* qualificato dall'evento; **fahrlässiges ~** *n StrafR* reato *m* colposo; **fortdauerndes ~** *n (A) StrafR* reato *m* permanente; **fortgesetztes ~** *n StrafR* reato *m* continuato; **mehraktiges ~** *n StrafR* reato *m* plurisussistente; **politisches ~** *n StrafR* delitto *m* politico, reato *m* politico; **versuchtes ~** *n StrafR* delitto *m* tentato, reato *m* tentato; **völkerrechtliches ~** *n StrafR* delitto *m* internazionale, reato *m* internazionale; **vollendetes ~** *n StrafR* reato *m* consumato; **vorsätzliches ~** *n StrafR* reato *m* doloso.

deliktisch *adj* [1] *ZivR* extracontrattuale, aquiliano.

deliktisch *adj* [2] *StrafR* delittuoso.

deliktsfähig *adj* [1] *ZivR* responsabile dei danni cagionati dal fatto illecito compiuto.

deliktsfähig *adj* [2] *StrafR* capace di intendere e di volere.

Deliktsfähigkeit *f* [1] *ZivR (§§ 827, 828 BGB)* capacità *f* delittuale (*idoneità del soggetto a rimanere obbligato al risarcimento dei danni cagionati dal fatto illecito dallo stesso posto in essere*), capacità *f* di compiere atti illeciti.

Deliktsfähigkeit *f* [2] *StrafR* capacità *f* di intendere e di volere, facoltà *f* di intendere e di volere.

Delikts | haftung *f ZivR* responsabilità *f* (civile) per (o: da) fatto illecito; **~handlung** *f ZivR (unerlaubte Handlung)* fatto *m* illecito, atto *m* illecito; **~recht** *n ZivR* diritto *m* della responsabilità civile per (o: da) fatto illecito; **~typus** *m StrafR* tipo *m* di reato.

Delinquent/in *m/f StrafR* delinquente *m/f*.

Delkredere *n HandelsR (bei Handelsvertreter, Kommissionär)* star del credere *m*; **~abzug** *m* deduzione *f* per garanzia; **~agent/in** *m/f* rappresentante *m* tenuto allo star del credere; **~fonds** *m* fondo *m* di garanzia; **~haftung** *f* star del credere *m*, responsabilità *f* per garanzia; **~klausel** *f* clausola *f* dello star del credere; **~konto** *n* conto *m* garanzie; **~provision** *f* provvigione *f* per lo star del credere; **~reserve** *f*; **~rückstellung** *f* riserva *f* di garanzia; **~vereinbarung** *f*; **~vertrag** *m* contratto *m* contenente la clausola dello star del credere.

Démarche *f* passo *m* (diplomatico).

dementsprechend *adv (entsprechend)* in modo corrispondente, conformemente, *(folglich)* quindi, dunque.

Demission *f* dimissioni *fpl*; **seine ~ einreichen** dare le dimissioni, rassegnare le dimissioni.

demissionieren *v* dimettersi, dare le dimissioni, rassegnare le dimissioni.

Demokrat/in *m/f* democratico/-a *m/f*.

Demokratie *f* democrazia *f*; **parlamentarische ~** *f (pol)* democrazia *f* parlamentare; **repräsentative ~** *f (pol)* democrazia *f* rappresentativa; **soziale ~** *f (pol)* socialdemocrazia *f*, democrazia *f* sociale; **unmittelbare ~** *f (pol)* democrazia *f* diretta.

Demokratiedefizit *n EuR* deficit *m* democratico, deficit *m* di democrazia.

demokratiefeindlich *adj* antidemocratico.

demokratisch *adj* democratico.

Demonstrant/in *m/f* manifestante *m/f*, dimostrante *m/f*.

Demonstration *f* [1] *(öffentliche Kundgebung)* manifestazione *f*, dimostrazione *f*; **eine ~ anmelden** dare avviso di una manifestazione; **eine ~ verbieten** vietare una manifestazione; **friedliche ~** *f* manifestazione *f* pacifica; **genehmigte ~** *f* manifestazione *f* autorizzata; **genehmigungspflichtige ~** *f* manifestazione *f* soggetta ad autorizzazione; **gewalttätige ~** *f* manifestazione *f* violenta.

Demonstration *f* [2] *(Willensausdruck, Bekundung)* dimostrazione *f*, prova *f*.

Demonstrationsdelikt *n StrafR* reato *m* di manifestazione illegale.

Demonstrationsrecht *n* [1] *(Anspruch)* diritto *m* di riunione in luogo pubblico.

Demonstrationsrecht *n* [2] *(Vorschriften)* disciplina *f* giuridica delle manifestazioni pubbliche, normativa *f* (vigente) in materia di pubbliche manifestazioni.

Demonstrations|schaden *m* danno *m* causato da manifestazione pubblica; **~streik** *m* sciopero *m* dimostrativo; **~zug** *m* corteo *m*.

demonstrieren *v* [1] *(für, gegen etwas)* manifestare, dimostrare, partecipare a una manifestazione, partecipare a una dimostrazione.

demonstrieren *v* [2] *(bekunden)* dimostrare, mostrare, dare prova di.

demzufolge *adv* dunque, quindi, di conseguenza, perciò, pertanto.

Denaturalisation *f (Entlassung aus der bisherigen Staatsangehörigkeit)* privazione *f* della cittadinanza, denaturalizzazione *f*.

denaturalisieren *v (aus der bisherigen Staatsangehörigkeit entlassen)* privare della cittadinanza, togliere la cittadinanza, denaturalizzare.

denkbar *adj* possibile, probabile, pensabile, concepibile, immaginabile.

denkmalgeschützt *adj* dichiarato monumento nazionale, tutelato come monumento nazionale, dichiarato patrimonio storico.

Denkmalschutz *m* tutela *f* dei monumenti, tutela *f* dei beni monumentali; **unter ~ stehen** essere monumento nazionale, essere patrimonio storico.

Denkschrift *f* memoria *f*, memoriale *m*.

Denunziant/in *m/f* delatore/-trice *m/f*, denunciante *m/f* [o: denunziante], *(Spitzel)* informatore/-trice *m/f*, spia *f*.

Denunziat *m (CH)* chiamato *m* in causa.

Denunziation *f* delazione *f*.

denunzieren *v* denunciare.

Departement *n (CH) (= Ministerium)* dipartimento *m* (svizzero) *(CH)*, ministero *m* (svizzero) *(I)*; **Eidgenössisches ~** *n (CH)* Dipartimento *m* federale (svizzero); **Eidgenössisches ~** *n* **für auswärtige Angelegenheiten** *(CH)* (*Abk* = **EDA**) Dipartimento *m* federale (svizzero) degli affari esteri *(DFAE)*; **Eidgenössisches Finanz~** *n (CH)* (*Abk* = **EFD**) Dipartimento *m* federale (svizzero) delle finanze *(DFF)*; **Eidgenössisches ~** *n* **des Innern** *(CH)* (*Abk* = **EDI**) Dipartimento *m* federale (svizzero) dell'interno *(DFI)*; **Eidgenössisches Justiz- und Polizei~** *n (CH)* (*Abk* = **EJPD**) Dipartimento *m* federale (svizzero) di giustizia e polizia *(DFGP)*; **Eidgenössisches ~** *n* **für Umwelt, Verkehr, Energie und Kommunikation** *(CH)* (*Abk* = **UVEK**) Dipartimento *m* federale (svizzero) dell'ambiente, dei trasporti, dell'energia e delle comunicazioni *(DATEC)*; **Eidgenössisches ~** *n* **für Verteidigung, Bevölkerungsschutz und Sport** *(CH)* (*Abk* = **VBS**) Dipartimento *m* federale (svizzero) della difesa, della protezione della popolazione e dello sport *(DDPS)*; **Eidgenössisches Volkswirtschafts~** *n (CH)* (*Abk* = **EVD**) Dipartimento *m* federale (svizzero) dell'economia *(DFE)*.

Deponent/in *m/f* depositante *m/f*.

Deponentenaktie *f* azione *f* in deposito presso una banca per conto del suo portatore.

Deport | geschäft *n* operazione *f* di deporto, deporto *m*; **~kurs** *m* corso *m* del deporto; **~satz** *m* tasso *m* del deporto.

Depositar/in *m/f* depositario/-a *m/f*.

Depositen *pl* deposito *m*; **befristete ~** *pl* deposito *m* vincolato, deposito *m* a termine, deposito *m* a termine fisso, deposito *m* a scadenza fissa; **vinkulierte ~** *pl (CH)* deposito *m* vincolato.

Depositen | anstalt *f* cassa *f* di depositi; **~bank** *f* banca *f* di depositi; **~buch** *n* libretto *m* di deposito; **~gelder** *npl* fondi *mpl* in deposito; **~geschäft** *n* operazione *f* di deposito; **~kasse** *f* cassa *f* di depositi, agenzia *f* di banca; **~konto** *n* conto *m* di deposito; **~schein** *m* buono *m* di cassa, buono *m* di deposito, certificato *m* di deposito, distinta *f* di deposito di denaro; **~stelle** *f* agenzia *f* di banca.

Deposition *f (A, CH)* deposito *m*, deposizione *f*.

Depot *n* deposito *m*; **gemeinschaftliches ~** *n* deposito *m* comune; **gesperrtes ~** *n* deposito *m* bloccato; **irreguläres ~** *n* deposito *m* irregolare; **offenes ~** *n* deposito *m* aperto; **reguläres ~** *n* deposito *m* regolare; **verschlossenes ~** *n* deposito *m* chiuso.

Depot | aktien *fpl* azioni *fpl* in deposito presso una banca per conto del loro portatore; **~auszug** *m* estratto *m* conto di deposito; **~bank** *f* banca *f* depositaria; **~bestand** *m* portafoglio *m*; **~buch** *n* libretto *m* di deposito.

DepotG (*Abk* = **Depotgesetz / Gesetz über die Verwahrung und Anschaffung von Wertpapieren**) *(D)* legge *f* (tedesca) sul deposito e l'acquisto dei titoli di credito.

Depot | gebühr *f* diritto *m* di deposito; **~geschäft** *n* (operazione *f* di) deposito *m* (a custodia); **~gesetz** *n* (*Abk* = **D: DepotG; A: DpG**) *(Gesetz über die Verwahrung und Anschaffung von Wertpapieren)* legge *f* sul deposito e l'acquisto dei titoli di credito; **~inhaber/in** *m/f* depositante *m/f*; **~konto** *n* conto *m* di deposito; **~kosten** *pl* diritti *mpl* di deposito; **~kunde/-in** *m/f* depositario/-a *m/f*; **~quittung** *f* ricevuta *f* di deposito; **~schein** *m* certificato *m* di deposito; **~stimmrecht** *n (der Banken)* diritto *m* di voto delle banche per le azioni in deposito presso di esse; **~stimmrechtsermächtigung** *f* delega *f* di voto rilasciata alla banca depositaria; **~unterschlagung** *f (§ 34 DepotG)* appropriazione *f* indebita di oggetti depositati; **~vertrag** *m* contratto *m* di deposito (a custodia); **~verwahrung** *f* custodia *f* in deposito; **~wechsel** *m* effetto *m* di smobilizzo, cambiale *f* propria tenuta in deposito a garanzia di un credito; **~zwang** *m* deposito *m* obbligatorio, obbligo *m* di deposito.

Deputat *n* compenso *m* in natura, remunerazione *f* in natura.

Deputation *f* deputazione *f*, delegazione *f*.

Deputierte/r *f/m* deputato/-a *m/f*.

Deregulation *f* deregolamentazione *f*, deregulation *f*.

deregulieren *v* deregolamentare.

Deregulierung *f* deregolamentazione *f*, deregulation *f*.

Dereliktion *f (Eigentumsaufgabe) (§ 959 BGB)* derelizione *f*, abbandono *m* (*di una cosa propria con l'intenzione di* *rinunciare al diritto di proprietà su di essa*).

derelinquieren *v* derelinquere *(lat)*, abbandonare (*una cosa propria con l'intenzione di rinunciare al diritto di proprietà su di essa*).

derivativ *adj* ↔ *originär* derivato, derivativo.

derogativ *adj* = *derogatorisch, derogierend* derogatorio, derogativo.

Derogierbarkeit *f (CH)* derogabilità *f*.

Desinflation *f* disinflazione *f*.

Desinvestition *f* disinvestimento *m*.

deskriptiv *adj* descrittivo.

Destinatar/in *m/f* destinatario/-a *m/f*.

Deszendent/in *m/f* discendente *m/f*.

Deszendenz *f* discendenza *f*.

Detail|handel *m* commercio *m* al dettaglio, commercio *m* al minuto; **~händler/in** *m/f*; **~kaufmann** *m* commerciante *m/f* al dettaglio, commerciante *m/f* al minuto, negoziante *m/f* al dettaglio, negoziante *m/f* al minuto, dettagliante *m/f*.

Detaillist/in *m/f* dettagliante *m/f*, commerciante *m/f* al dettaglio, commerciante *m/f* al minuto, negoziante *m/f* al dettaglio, negoziante *m/f* al minuto.

Detailpreis *m* prezzo *m* (di vendita) al dettaglio, prezzo *m* (di vendita) al minuto, prezzo *m* (di vendita) al consumatore, prezzo *m* al consumo.

Details *pl* dettagli *mpl*, particolari *mpl*.

Detailverkauf *m* vendita *f* al dettaglio, vendita *f* al minuto.

Detarifierung *f* ribasso *m* delle tariffe.

Devalorisierung *f* devalorizzazione *f*.

Devaluation *f* = *Devalvation f* svalutazione *f*.

Devastation *f* devastazione *f*.

Devianz *f* devianza *f*.

Devise *f* = *Devisen pl* divisa *f* (estera), valuta *f* (estera), moneta *f* (estera).

Devisen|abfluss *m* efflusso *m* di divise, emorragia *f* di divise; **~abkommen** *n* accordo *m* di cambio, accordo *m* monetario; **~ankauf** *m* acquisto *m* di valuta estera; **~ankaufskurs** *m* cambio *m* d'acquisto (di valuta estera); **~arbitrage** *f* arbitraggio *m* sui cambi, arbitraggio *m* di cambio; **~ausfuhr** *f* esportazione *f* di valuta (estera); **~ausgänge** *mpl* esiti *mpl* di valuta, uscite *fpl* di divise; **~bank** *f* banca *f* abilitata (a intrattenere operazioni in valuta); **~behörde** *f* autorità *f* valutaria; **~beschränkung** *f* restrizione *f* valutaria; **~bestände** *mpl* scorte *fpl* di divise, divise *fpl* in portafoglio; **~bestimmungen** *fpl* disposizioni *fpl* valutarie; **~bewilligung** *f* assegnazione *f* di divise; **~bewirtschaftung** *f* controllo *m* dei cambi, disciplina *f* dei cambi, gestione *f* valutaria, contingentamento *m* delle divise; **~bewirtschaftungsstelle** *f* ufficio *m* dei cambi; **~bilanz** *f* bilancia *f* valutaria, bilancia *f* monetaria; **~börse** *f* borsa *f* dei cambi; **~depot** *n* deposito *m* in valuta estera; **~disponent/in** *m/f* cambista *m/f*; **~eingänge** *mpl* introiti *mpl* di valuta, entrate *fpl* di divise; **~einkaufsgenehmigung** *f* autorizzazione *f* di cambio; **~einnahmen** *fpl* introiti *mpl* di valuta, entrate *fpl* di divise; **~erleichterung** *f* facilitazione *f* valutaria; **~erlös** *m* ricavato *m* in divise; **~export** *m* esportazione *f* di valuta (estera); **~freigabe** *f* liberazione *f* dei cambi; **~genehmigung** *f* autorizzazione *f* di cambio; **~geschäfte** *npl* cambi *mpl*, operazioni *fpl* di cambio, operazioni *fpl* in valuta estera; **~gesetze** *npl*; **~gesetzgebung** *f* leggi *fpl* valutarie; **~handel** *m* commercio *m* delle divise, commercio *m* dei cambi, cambio *m* traiettizio; **~händler/in** *m/f* cambista *m/f*; **~inländer/in** *m/f* residente *m/f*; **~kauf** *m* acquisto *m* di valuta (estera); **~knappheit** *f* penuria *f* di valuta estera; **~kontingent** *n* contingente *m* di valuta estera; **~kontingentierung** *f* contingentamento *m* di valuta estera; **~konto** *n* conto *m* valutario, conto *m* in valuta estera; **~kontrolle** *f* controllo *m* valutario, controllo *m* dei cambi, controllo *m* delle divise; **~kredit** *m* credito *m* in valuta estera.

Devisenkurs *m* corso *m* del cambio, corso *m* delle divise, cambio *m*;

amtlicher ~ *m* cambio *m* ufficiale (di valuta estera).

Devisen | kursschwankung *f* oscillazione *f* dei cambi; **~lage** *f* situazione *f* valutaria; **~makler/in** *m/f* agente *m/f* di cambio, cambista *m/f*; **~mangel** *m* penuria *f* di valuta estera; **~markt** *m* mercato *m* valutario, mercato *m* dei cambi, mercato *m* delle divise; **~notierung** *f* quotazione *f* dei cambi; **~politik** *f* politica *f* valutaria, politica *f* dei cambi; **~polster** *n* scorta *f* di divise, riserva *f* di divise; **~position** *f* posizione *f* in divisa; **~recht** *n* diritto *m* valutario.

devisenrechtlich *adj* (di diritto) valutario.

Devisen | reserve *f* riserva *f* di divise, scorta *f* di divise, riserva *f* valutaria, riserva *f* di valuta; **~rückführung** *f* rimpatrio *m* di divise; **~rücklage** *f* riserva *f* di divise, riserva *f* valutaria, riserva *f* di valuta; **~scheck** *m* assegno *m* in valuta estera; **~schieber/in** *m/f* trafficante *m/f* in divise; **~schiebung** *f* traffico *m* illecito di divise; **~schmuggel** *m* contrabbando *m* di divise; **~spekulation** *f* speculazione *f* sui cambi; **~stabilisierungsfonds** *m* fondo *m* di stabilizzazione monetaria, fondo *m* di stabilizzazione dei cambi; **~stelle** *f* agenzia *f* dell'ufficio dei cambi; **~termingeschäft** *n* operazione *f* a termine sulle divise, operazione *f* di cambio a termine; **~terminhandel** *m* operazioni *fpl* di cambio a termine; **~terminmarkt** *m* mercato *m* a termine delle divise; **~überwachung** *f* controllo *m* valutario, controllo *m* dei cambi; **~überwachungsstelle** *f* ufficio *m* (di controllo) dei cambi; **~vergehen** *n* *StrafR* reato *m* in materia valutaria; **~verkaufskurs** *m* cambio *m* di vendita (di valuta estera); **~verkehr** *m* commercio *m* dei cambi, commercio *m* delle divise, commercio *m* delle valute, movimento *m* valutario; **~vorschriften** *fpl* disposizioni *fpl* valutarie; **~wechsel** *m* cambiale *f* in valuta estera; **~werte** *mpl* divise *fpl*, titoli *mpl* cambiari.

devisenwirtschaftlich *adj* relativo ai cambi, relativo alle divise.

Devisen | zahlung *f* pagamento *m* in divise; **~zufluss** *m*; **~zustrom** *m* afflusso *m* di divise; **~zuteilung** *f* assegnazione *f* di divise; **~zuwiderhandlung** *f* infrazione *f* valutaria; **~zwangswirtschaft** *f* contingentamento *m* delle divise.

Devolutionsrecht *n* *(Staatsanwaltschaft)* diritto *m* di avocazione.

Devolutiv | effekt *m*; **~wirkung** *f* effetto *m* devolutivo.

Dezernat *n* sezione *f*, ufficio *m*, divisione *f*.

Dezernatsleiter/in *m/f* = *Dezernent/in m/f* capo *m* (di) sezione, capo *m* (di) divisione.

DGB (*Abk* = **Deutscher Gewerkschaftsbund**) *(D)* Confederazione *f* sindacale tedesca.

d.h. (*Abk* = **das heißt**) cioè, vale a dire, ossia, ovvero, o meglio.

Diätar/in *m/f* chi riceve un'indennità giornaliera.

Diäten *pl* indennità *f* giornaliera, diaria *f* (in particolare: indennità parlamentare).

Dieb/in *m/f* *StrafR* ladro/-a *m/f*.

Diebes | gut *n* *StrafR* refurtiva *f*; **~werkzeug** *n* *StrafR* attrezzo *m* per commettere un furto.

Diebsgut *n* *(A)* *StrafR* refurtiva *f*.

Diebstahl *m* *StrafR* *(§ 242 StGB)* furto *m*; **einen ~ begehen** *StrafR* commettere un furto; **bandenmäßiger ~** *m* *StrafR* furto *m* commesso da una banda; **bewaffneter ~** *m* *StrafR* furto *m* a mano armata; **einfacher ~** *m* *StrafR* furto *m* semplice; **fortgesetzter ~** *m* *StrafR* furto *m* continuato; **räuberischer ~** *m* *StrafR* *(Gewaltanwendung nach Wegnahme)* *(§ 252 StGB)* rapina *f* impropria (*reato integrato da chiunque adopera violenza o minaccia immediatamente dopo la sottrazione della cosa, per assicurare a sé o ad altri il possesso della cosa sottratta*); **schwerer ~** *m* *StrafR* furto *m* aggravato; **besonders schwerer Fall** *m* **des ~s** *StrafR*

(§ 243 StGB) circostanza *f* aggravante del (reato di) furto, aggravante *f* del (reato di) furto, caso *m* di furto di particolare gravità; **versuchter ~** *m StrafR* tentato furto *m*, furto *m* tentato; **~** *m* **geistigen Eigentums** *StrafR* plagio *m*; **~** *m* **geringwertiger Sachen** *StrafR (§ 248a StGB)* furto *m* commesso su cose di tenue valore, furto *m* di cose di tenue valore; **~** *m* **im Rückfall** *StrafR* furto *m* con recidiva; **~** *m* **mit Waffen** *StrafR (§ 244 I Nr. 1a StGB)* furto *m* a mano armata.

Diebstahl(s) | anzeige *f StrafR* denuncia *f* di furto; **~delikt** *n StrafR* reato *m* di furto; **~gefahr** *f*; **~risiko** *n StrafR* rischio *m* di furto.

diebstahl(s)sicher *adj StrafR* antifurto.

Diebstahl(s) | sicherung *f StrafR* antifurto *m*; **~versicherung** *f VersR* assicurazione *f* contro il furto.

dienen *v [Dat] (verwendet werden als)* servire, essere strumentale a, *(nützlich sein)* essere utile, essere d'aiuto, giovare, *(helfen)* aiutare.

Dienst *m* servizio *m*, *(Amt)* ufficio *m*, carica *f*, funzione *f*, *(Stelle)* posto *m*, impiego *m*, occupazione *f*, *(Hilfe)* aiuto *m*; **außer ~** fuori servizio, a riposo, in congedo, in pensione, ex; **im ~** in servizio; **den ~ ableisten** prestare servizio; **den ~ antreten** prendere servizio; **aus dem ~ ausscheiden** dimettersi dalla carica, lasciare la carica, ritirarsi dall'ufficio, ritirarsi dall'impiego, ritirarsi dal servizio, lasciare il lavoro; **~ leisten** prestare servizio; **einen ~ leisten** prestare un servizio, rendere un servizio, fornire un servizio; **außer ~ stellen** mettere fuori servizio, riformare; **in ~ stellen** mettere in servizio; **im aktiven ~** in attività di servizio, in servizio attivo; **Auswärtiger ~** *m* servizio *m* estero; **diplomatischer ~** *m* servizio *m* diplomatico; **einfacher ~** *m* carriera *f* ausiliaria, servizio *m* ordinario; **gehobener ~** *m* carriera *f* di concetto, servizio *m* intermedio superiore; **geleisteter ~** *m* servizio *m* prestato, servizio *m* reso, servizio *m* erogato; **höherer ~** *m* carriera *f* direttiva, servizio *m* superiore; **innerer ~** *m* servizio *m* interno; **konsularischer ~** *m* servizio *m* consolare; **mittlerer ~** *m* (*Abk* = **mD**) carriera *f* esecutiva, servizio *m* intermedio; **öffentlicher ~** *m* servizio *m* pubblico, pubblico impiego *m*; **sozialer ~** *m* servizio *m* sociale; **~** *m* **am Kunden** servizio *m* clienti, assistenza *f* clienti, assistenza *f* alla clientela; **~** *m* **nach Vorschrift** *(Streikform)* sciopero *m* pignolo, ostruzionismo *m*; **~** *m* **mit der Waffe** servizio *m* armato; **~** *m* **ohne Waffe** servizio *m* civile (sostitutivo).

Dienstabzeichen *n* distintivo *m* d'ufficio.

Dienstalter *n* anzianità *f* (di servizio).

Dienstalters | liste *f* ruolo *m* d'anzianità; **~prämie** *f* premio *m* d'anzianità (di servizio); **~stufe** *f* grado *m* d'anzianità; **~zulage** *f*; **~zuschlag** *m* scatto *m* d'anzianità, supplemento *m* d'anzianità, indennità *f* d'anzianità, maggiorazione *f* d'anzianità, premio *m* d'anzianità.

Dienstangelegenheit *f* questione *f* di servizio.

dienstansässig *adj* domiciliato (per la carica/per l'incarico), con domicilio professionale, con sede [in].

Dienst | antritt *m* entrata *f* in servizio, insediamento *m* in un ufficio; **~anweisung** *f* (*Abk* = **DA**) istruzione *f* di servizio, disposizione *f* di servizio; **~aufnahme** *f* entrata *f* in servizio; **~aufsicht** *f* vigilanza *f* gerarchica, controllo *m* gerarchico; **~aufsichtsbehörde** *f* autorità *f* gerarchicamente superiore, autorità *f* di controllo; **~aufsichtsbeschwerde** *f* ricorso *m* gerarchico.

dienstaufsichtsmäßig *adj* gerarchicamente.

Dienst | auftrag *m* ordine *m* di missione; **~aufwandsentschädigung** *f*; **~aufwandsgelder** *npl* indennità *f* per spese di servizio; **~aussetzung** *f* assenza *f* dal servizio; **~ausübung** *f* esercizio *m* delle funzioni; **~ausweis** *m* tessera *f* di servizio.

Dienstbarkeit *f SachenR* servitù *f*;

eine ~ ablösen *SachenR* riscattare una servitù; **eine ~ bestellen** *SachenR* costituire una servitù; **aktive ~** *f SachenR* servitù *f* attiva; **bejahende ~** *f SachenR* servitù *f* positiva; **beschränkt persönliche ~** *f SachenR* servitù *f* personale; **gesetzliche ~** *f SachenR* servitù *f* legale; **negative ~** *f SachenR* servitù *f* negativa; **nicht ständig ausgeübte ~** *f SachenR* servitù *f* discontinua; **offenbare ~** *f*; **offene ~** *f SachenR* servitù *f* apparente; **passive ~** *f SachenR* servitù *f* passiva; **persönliche ~** *f SachenR* servitù *f* personale; **positive ~** *f SachenR* servitù *f* positiva; **regelmäßige ~** *f SachenR* servitù *f* regolare; **städtische ~** *f SachenR* servitù *f* civica; **ständig ausgeübte ~** *f*; **ständige ~** *f SachenR* servitù *f* continua; **unregelmäßige ~** *f SachenR* servitù *f* irregolare; **verborgene ~** *f SachenR* servitù *f* non apparente; **verneinende ~** *f SachenR* servitù *f* negativa; **vertragliche ~** *f SachenR* servitù *f* costituita per contratto; **~** *f* **mit unterbrochener Ausübung** *(A) SachenR* servitù *f* discontinua; **~** *f* **mit ununterbrochener Ausübung** *(A) SachenR* servitù *f* continua.

Dienstbarkeits | ablösung *f SachenR* riscatto *m* di una servitù; **~recht** *n SachenR* diritto *m* di servitù; **~vertrag** *m SachenR* contratto *m* di servitù.

Dienst | befehl *m* ordine *m* di servizio, ordine *m* gerarchico; **~befreiung** *f* esenzione *f* dal servizio; **~behinderung** *f* impedimento *m* di servizio.

Dienstbehörde *f* autorità *f* amministrativa, ufficio *m*, servizio *m*; **vorgesetzte ~** *f* autorità *f* gerarchicamente superiore.

Dienst | berechtigte/r *f/m* avente *m/f* diritto alla prestazione di servizi; **~bereich** *m* ambito *m* delle funzioni d'ufficio; **~bereitschaft** *f* turno *m* (di servizio); **~beschädigung** *f* lesione *f* riportata in servizio; **~besprechung** *f* riunione *f* di servizio; **~betrieb** *m* servizio *m* (interno); **~beurteilung** *f* nota *f* di qualifica; **~bezeichnung** *f* qualifica *f* (professionale); **~bezüge** *pl* stipendio *m* (*di un dipendente pubblico*), retribuzione *f*, compenso *m*, emolumenti *mpl*; **~büchlein** *n (CH)* libretto *m* di lavoro; **~diebstahl** *m (A) StrafR* furto *m* commesso tra datore di lavoro e prestatore di lavoro.

Dienste *mpl* servizi *mpl*, *(Geheimdienste)* servizi *mpl* segreti.

Dienst | eid *m* giuramento *m* d'ufficio, giuramento *m* di servizio; **~einteilung** *f* divisione *f* del servizio; **~enthebung** *f*; **~entlassung** *f*; **~entsetzung** *f* sospensione *f* dal servizio, sospensione *f* dall'ufficio, sospensione *f* dalla carica, rimozione *f* dalla carica, rimozione *f* dall'ufficio, destituzione *f* dalla carica, dispensa *f* dal servizio, licenziamento *m*; **~erfindung** *f* invenzione *f* di servizio, invenzione *f* del prestatore di lavoro.

Dienstes | rücksichten *fpl (A)* ragioni *fpl* di servizio; **~verschwiegenheit** *f (A)* segreto *m* professionale.

Dienst | flucht *f* abbandono *m* del servizio, abbandono *m* d'ufficio; **~freiheit** *f* esenzione *f* dal servizio; **~gang** *m* giro *m* di servizio; **~geber/in** *m/f (A)* datore *m* di lavoro; **~geheimnis** *n* segreto *m* professionale, segreto *m* d'ufficio; **~gericht** *n (Disziplinargericht für Richter)* sezione *f* disciplinare (per giudici); **~gerichtsbarkeit** *f* disciplina *f* giudiziaria; **~geschäft** *n* affare *m* d'ufficio.

Dienstgrad *m* grado *m* (gerarchico); **~herabsetzung** *f* rimozione *f* dal grado.

diensthabend *adj* di servizio, di turno.

Dienst | handlung *f* atto *m* d'ufficio; **~herr/in** *m/f* lo Stato *m* o una persona *f* giuridica di diritto pubblico (*in qualità di datore di lavoro dei dipendenti pubblici*), *(Arbeitgeber)* datore *m* di lavoro, titolare *m/f*, padrone/-a *m/f*; **~instruktion** *f* istruzione *f* di servizio; **~jahr** *n* anno *m* di servizio; **~kasse** *f* cassa *f* di servizio; **~kaution** *f* cauzione *f* (dei funzionari); **~kleidung** *f* divisa *f*.

Dienstleistung *f* servizio *m*,

prestazione *f* di servizi; **eine ~ erbringen** prestare un servizio, rendere un servizio, erogare un servizio.

Dienstleistungen *fpl* servizi *mpl*, attività *f* terziaria, settore *m* terziario, il terziario *m*.

Dienstleistungs | betrieb *m* impresa *f* di servizio; **~bilanz** *f* bilancia *f* dei servizi.

Dienstleistungsverkehr *m* servizi *mpl*, scambio *m* di servizi, circolazione *f* dei servizi; **freier ~** *m EuR* libera prestazione *f* di servizi, libera circolazione *f* dei servizi.

Dienstleistungsvertrag *m SchuldR (§ 611 BGB)* contratto *m* di prestazione d'opera, contratto *m* di prestazione di servizi, contratto *m* di servizi.

dienstlich *adj* di servizio, d'ufficio, ufficiale, per ragioni di servizio, per ragioni d'ufficio, per motivi di servizio, per motivi d'ufficio, ufficialmente, in veste ufficiale.

Dienst | marke *f* francobollo *m* di servizio (usato dalle autorità); **~mitteilung** *f* comunicazione *f* interna; **~nehmer/in** *m/f (A) (Arbeitnehmer)* prestatore *m* di lavoro (subordinato), prestatore *m* d'opera; **~nehmerschutz** *m (A)* tutela *f* del prestatore di lavoro (subordinato), tutela *f* del lavoratore (dipendente); **~notiz** *f* avviso *m* di servizio; **~obliegenheit** *f* dovere *m* d'ufficio.

Dienstordnung *f* regolamento *m* di servizio, regolamento *m* disciplinare.

Dienstordnungs | bescheid *m* decisione *f* disciplinare; **~gericht** *n* consiglio *m* di disciplina; **~gerichtsbarkeit** *f* giurisdizione *f* disciplinare; **~mittel** *n* pena *f* disciplinare; **~verfahren** *n* procedimento *m* disciplinare.

Dienst | papiere *npl* documenti *mpl* di servizio; **~pass** *m* passaporto *m* di servizio; **~person** *f* domestico/-a *m/f*; **~personal** *n* personale *m* domestico, personale *m* di servizio; **~pflicht** *f* dovere *m* di servizio, dovere *m* d'ufficio, obbligo *m* di servizio; **~pflichtige/r** *f/m (CH)* prestatore *m* di lavoro (subordinato), prestatore *m* d'opera; **~pflichtverletzung** *f* violazione *f* dei doveri d'ufficio; **~postenplan** *m (A)* ruolo *m* organico, organico *m*; **~pragmatik** *f (A)* legge *f* sullo stato giuridico dei funzionari pubblici; **~rang** *m* grado *m*.

dienstrangmäßig *adj* gerarchicamente.

Dienst | recht *n (Recht des öffentlichen Dienstes)* diritto *m* del pubblico impiego; **~reglement** *n (CH)* regolamento *m* di servizio; **~reise** *f* viaggio *m* di servizio, viaggio *m* di lavoro, trasferta *f*; **~sache** *f* affare *m* d'ufficio, corrispondenza *f* ufficiale, corrispondenza *f* di servizio; **~schein** *m* certificato *m* di servizio; **~sichtvermerk** *m* visto *m* di servizio; **~siegel** *n* sigillo *m* d'ufficio, sigillo *m* ufficiale; **~stelle** *f* ufficio *m*, centro *m*, autorità *f*; **~stellenleiter/in** *m/f* capo *m* ufficio; **~stellung** *f* funzione *f*; **~stempel** *m* bollo *m* d'ufficio.

Dienststrafe *f* pena *f* disciplinare, sanzione *f* disciplinare.

Dienststraf | erkenntnis *f* decisione *f* disciplinare; **~gericht** *n* tribunale *m* disciplinare, consiglio *m* di disciplina; **~gerichtsbarkeit** *f* giurisdizione *f* disciplinare; **~gewalt** *f* potere *m* disciplinare; **~kammer** *f* consiglio *m* di disciplina; **~ordnung** *f* regolamento *m* di disciplina, regolamento *m* disciplinare; **~recht** *n* diritto *m* disciplinare; **~richter/in** *m/f* giudice *m* disciplinare; **~sache** *f* affare *m* disciplinare, causa *f* disciplinare; **~senat** *m* consiglio *m* di disciplina; **~urteil** *n* decisione *f* disciplinare, sentenza *f* disciplinare; **~verfahren** *n* processo *m* disciplinare, procedimento *m* disciplinare; **~verfügung** *f* sanzione *f* disciplinare.

Dienststunden *fpl* ore *fpl* di servizio, orario *m* di servizio, ore *fpl* d'ufficio, orario *m* d'ufficio, orario *m* di apertura.

diensttuend *adj* di servizio, di turno.

dienstunfähig *adj* inabile al servizio, inabile al lavoro, inabile.

Dienst | unfähigkeit *f* inabilità *f*

al lavoro, inabilità *f* al servizio, incapacità *f* al lavoro, incapacità *f* di servizio; **~unfall** *m (Beamtenrecht)* infortunio *m* di servizio; **~unkosten** *pl* spese *fpl* di servizio; **~unkostenentschädigung** *f* indennità *f* per spese di servizio.

dienstuntauglich *adj* inabile al servizio, inabile al lavoro, inabile.

Dienst | unterbrechung *f*; **~unterbruch** *m (CH)* interruzione *f* del servizio; **~urkunde** *f* documento *m* di servizio; **~vereinbarung** *f* accordo *m* di servizio; **~vergehen** *n* infrazione *f* disciplinare, violazione *f* dei doveri d'ufficio; **~verhältnis** *n* rapporto *m* di lavoro, rapporto *m* di servizio, rapporto *m* gerarchico; **~verhinderung** *f* impedimento *m* di servizio; **~verlängerung** *f* proroga *f* del servizio; **~vermerk** *m* indicazione *f* di servizio; **~verpflichtung** *f* obbligo *m* di servizio, obbligazione *f* di servizio, *(zwangsweise Heranziehung zum Dienst)* precettazione *f*; **~versäumnis** *f* assenza *f* dal servizio; **~verschwiegenheit** *f* segreto *m* professionale, segreto *m* d'ufficio.

Dienstvertrag *m SchuldR (eine spezielle Form des Dienstvertrags ist der Arbeitsvertrag) (§ 611 BGB)* contratto *m* di servizio *(contratto mediante il quale una parte si obbliga a svolgere un determinato servizio dietro corrispettivo)*, contratto *m* di lavoro (autonomo), contratto *m* d'opera, contratto *m* d'appalto, *(Arbeitsvertrag)* contratto *m* di lavoro (subordinato).

Dienstvertrag
Contratto mediante il quale una parte si obbliga a svolgere un determinato servizio dietro corrispettivo. Una forma speciale di *Dienstvertrag* è rappresentata dal contratto di lavoro subordinato (*Arbeitsvertrag*). La figura contrattuale del *Dienstvertrag* può essere confrontata con gli istituti italiani del contratto d'appalto e del contratto d'opera (detto anche contratto di lavoro autonomo), in quanto entrambe le succitate figure contrattuali hanno ad oggetto il compimento di un'opera o di un servizio verso un determinato corrispettivo senza vincolo di subordinazione nei confronti del committente. La principale differenza tra i due istituti dell'ordinamento italiano risiede nel fatto che il prestatore d'opera rischia prevalentemente il proprio lavoro personale, mentre l'appaltatore deve provvedere ad organizzare tutti i *mezzi necessari*, assumendo quindi un rischio ben maggiore.

Dienst | vorgesetzte/r *f/m* superiore *m/f* (*gerarchico*), capo *m* (*gerarchico*), principale *m/f*; **~vorschrift** *f* disposizione *f* di servizio, norma *f* di servizio; **~vorsteher/in** *m/f* capo *m* ufficio; **~waffe** *f* arma *f* d'ordinanza; **~wagen** *m* vettura *f* di servizio, auto *f* di servizio, macchina *f* di servizio; **~weg** *m* via *f* gerarchica; **~weisung** *f* istruzione *f* di servizio; **~wohnung** *f* alloggio *m* di servizio, abitazione *f* di servizio.

Dienstzeit *f*[1] *(tägliche Arbeitszeit)* ore *fpl* di servizio, orario *m* di servizio, ore *fpl* d'ufficio, orario *m* d'ufficio, orario *m* di apertura.

Dienstzeit *f*[2] *(Dienstjahre)* anni *mpl* di servizio, anzianità *f* di servizio.

Dienst | zettel *m (A)* foglio *m* indicante i diritti e i doveri dei prestatori di lavoro; **~zeugnis** *n (§ 630 BGB)* certificato *m* di servizio, certificazione *f* di servizio, certificato *m* di lavoro, attestato *m* di lavoro, benservito *m*; **~zulage** *f* indennità *f* di servizio.

diesbezüglich *adv* relativo, in merito, al riguardo, a questo riguardo, a tale riguardo, a questo proposito, a tale proposito, sotto questo aspetto, sotto tale aspetto, sotto questo profilo, sotto tale profilo.

Diffamation *f* diffamazione *f*.
diffamatorisch *adj* diffamatorio.
diffamieren *v* diffamare.
diffamierend *adj* diffamante, diffamatorio.
Diffamierung *f* diffamazione *f*.
Differential | einkommen *n* reddito *m* differenziale; **~gewinn** *m* utile *m* differenziale; **~preise** *mpl* prezzi *mpl* differenziali; **~rente** *f* rendita *f* differenziale; **~rententheorie** *f* teoria *f* della rendita differenziale; **~tarif** *m* tariffa *f* differenziale; **~zoll** *m* dazio *m* differenziale.
Differenz | betrag *m* differenza *f*; **~entschädigung** *f* indennità *f* differenziale; **~geschäft** *n*; **~handel** *m* contratto *m* differenziale; **~zahlung** *f* pagamento *m* della differenza.
DIHK (*Abk* = **Deutscher Industrie- und Handelskammertag**) *(D)* Associazione *f* delle Camere di commercio e industria tedesche.
DIJV (*Abk* = **Deutsch-Italienische Juristenvereinigung**) *(Vereinigung für den Gedankenaustausch zwischen deutschen und italienischen Juristen e. V.)* → *http://www.dijv.org* Associazione *f* dei giuristi italo-tedeschi (*Associazione per gli scambi culturali tra giuristi italiani e tedeschi*).
Diktum *n* detto *m*.
dilatorisch *adj* ↔ *peremptorisch* dilatorio.
DIN (*Abk* = **Deutsches Institut für Normung**) *(D)* Istituto *m* tedesco per la normazione (*organizzazione tedesca che si occupa della definizione di norme tecniche*).
dinglich *adj SachenR* reale, materiale, concreto; **~ gesichert** con garanzia reale.
Diplom *n (Abschlusszeugnis)* diploma *m*, *(Hochschulzeugnis)* diploma *m* universitario, diploma *m* di laurea, laurea *f*, *(Ehrenurkunde)* diploma *m* di benemerenza, attestato *m* di benemeranza; **~arbeit** *f (Univ)* tesi *f* di laurea.
Diplomat *m* diplomatico *m*; **akkreditierter ~** *m* diplomatico *m* accreditato.
Diplomaten | ausweis *m* tessera *f* diplomatica; **~gepäck** *n* valigia *f* diplomatica; **~laufbahn** *f* carriera *f* diplomatica; **~pass** *m* passaporto *m* diplomatico; **~sichtvermerk** *m*; **~visum** *n* visto *m* diplomatico.
Diplomatie *f* diplomazia *f*.
diplomatisch *adj* diplomatico.
Diplomvolkswirt/in *m/f* economista *m/f*, laureato/-a *m/f* in economia.
Direkt | absatz *m* vendita *f* diretta; **~anspruch** *m* azione *f* diretta; **~beteiligung** *f* partecipazione *f* diretta; **~bezug** *m*; **~einkauf** *m*; **~erwerb** *m* acquisto *m* diretto; **~geschäft** *n* vendita *f* diretta (senza intervento dell'agente); **~investition** *f* investimento *m* diretto.
Direktion *f* direzione *f*.
Direktions | ausschuss *m* comitato *m* direttivo; **~büro** *n*; **~kabinett** *n* ufficio *m* di direzione; **~mitglied** *n* membro *m* della direzione; **~recht** *n (des Arbeitgebers)* potere *m* direttivo.
Direktive *f* direttiva *f*, istruzione *f*.
Direkt | kandidat/in *m/f* candidato/-a *m/f* diretto/-a; **~kontrolle** *f* controllo *m* diretto; **~kredit** *m* prestito *m* diretto; **~lieferung** *f* fornitura *f* diretta; **~mandat** *n (Parlamentswahl)* mandato *m* diretto (del candidato vincitore di una circoscrizione elettorale).
Direktor *m* [f: Direktorin] direttore/-trice *m/f*, *(von Schule)* preside *m/f*; **geschäftsführender ~** *m* direttore *m* amministrativo, direttore *m* esecutivo; **kaufmännischer ~** *m* direttore *m* commerciale; **stellvertretender ~** *m* vicedirettore *m*.
Direktorium *n* comitato *m* direttivo, direzione *f*.
Direkt | verkauf *m*; **~vermarktung** *f* vendita *f* diretta; **~versicherung** *f ArbR (Durchführungsweg der betrieblichen Altersversorgung)* assicurazione *f* diretta (*il datore di lavoro sottoscrive delle polizze individuali o collettive sulla vita del lavoratore a favore del lavoratore o dei*

suoi superstiti); **~wahl** *f* elezione *f* diretta; **~werbung** *f* pubblicità *f* diretta; **~zugriff** *m (z.B. auf Daten)* accesso *m* diretto; **~zusage** *f ArbR (auch Pensionszusage genannt: Durchführungsweg der betrieblichen Altersversorgung)* promessa *f* diretta (*il datore di lavoro si obbliga a erogare al lavoratore prestazioni di previdenza complementare e integrativa aziendale al verificarsi dell'evento da cui nasce il diritto alla pensione. A tal fine, il datore di lavoro non versa i contributi in un fondo pensione separato, bensì procede ad effettuare appositi accantonamenti in bilancio*).

Dirigismus *m* dirigismo *m*, politica *f* dirigista; **wirtschaftspolitischer ~** *m* dirigismo *m* economico.

dirigistisch *adj* dirigista.

Disagio *n* disaggio *m*, disaggio *m* di emissione, perdita *f* di emissione.

Diskont *m* sconto *m*, tasso *m* di sconto; **zum ~ hereinnehmen** scontare.

Diskont | abrechnung *f* distinta *f* di sconto, distinta *f* di netto ricavo; **~arbitrage** *f* arbitraggio *m* sui tassi di sconto; **~bank** *f* banca *f* di sconto.

Diskonten *pl* effetti *mpl* nazionali.

Diskonterhöhung *f* aumento *m* del tasso di sconto.

Diskonteur *m* scontatore *m*, scontante *m*.

diskontfähig *adj* scontabile.

Diskont | fähigkeit *f* scontabilità *f*; **~geber/in** *m/f* scontatore *m*, scontante *m*; **~geschäft** *n* operazione *f* di sconto.

diskontieren *v* scontare.

Diskontierung *f* operazione *f* di sconto, sconto *m*.

Diskont | kredit *m* credito *m* di sconto, fido *m* di sconto; **~makler/in** *m/f* sensale *m* in materia di sconto di effetti; **~markt** *m* mercato *m* dello sconto; **~nehmer/in** *m/f* scontista *m*, scontatario *m*; **~nota** *f*; **~note** *f* distinta *f* di sconto, distinta *f* di netto ricavo.

Diskonto *n* sconto *m*; **~geschäft** *n* operazione *f* di sconto; **~markt** *m* mercato *m* dello sconto; **~wechsel** *m* cambiale *f* allo sconto.

Diskont | politik *f* politica *f* dello sconto; **~provision** *f* provvigione *f* di sconto; **~rate** *f* saggio *m* di sconto, tasso *m* di sconto; **~rechnung** *f* calcolo *m* dello sconto, distinta *f* di sconto, distinta *f* di netto ricavo; **~risiko** *n* rischio *m* di sconto.

Diskontsatz *m* tasso *m* di sconto, saggio *m* di sconto; **den ~ erhöhen** aumentare il tasso di sconto; **den ~ herabsetzen** ridurre il tasso di sconto, abbassare il tasso di sconto; **den ~ heraufsetzen** aumentare il tasso di sconto; **den ~ senken** ridurre il tasso di sconto, abbassare il tasso di sconto.

Diskontsatz | erhöhung *f* aumento *m* del tasso di sconto; **~senkung** *f* riduzione *f* del tasso di sconto.

Diskont | senkung *f* riduzione *f* del tasso di sconto; **~spesen** *pl* spese *fpl* di sconto; **~wechsel** *m* cambiale *f* allo sconto.

Diskretionsfähigkeit *f (A) StrafR* capacità *f* di intendere.

diskriminieren *v* discriminare.

diskriminierend *adj* discriminante, discriminatorio.

Diskriminierung *f* discriminazione *f*; **positive ~** *f* discriminazione *f* positiva; **~** *f* **aufgrund des Alters** discriminazione *f* per età, discriminazione *f* fondata sull'età; **~** *f* **am Arbeitsplatz** discriminazione *f* sul lavoro; **jede ~ aus Gründen der Staatsangehörigkeit ist verboten** *EuR* è vietata qualsiasi discriminazione fondata sulla cittadinanza, è vietata qualsiasi discriminazione in base alla nazionalità.

Diskriminierungs | grund *m* motivo *m* di discriminazione; **~maßnahme** *f* misura *f* discriminante, misura *f* discriminatoria, misura *f* di discriminazione, provvedimento *m* discriminante; **~verbot** *n* divieto *m* di discriminazione, *EuR* principio *m* di non discriminazione.

Dispache *f* liquidazione *f* d'avaria, regolamento *m* d'avaria.

Dispacheur/in *m/f* liquidatore *m* d'avaria.

dispachieren *v* liquidare l'avaria, regolare l'avaria.

Disparität *f* disparità *f*.

Dispens *m* dispensa *f*, esonero *m*, esenzione *f*, permesso *m*; **einen ~ erteilen** concedere una dispensa.

Dispensation *f* dispensa *f*.

Dispensationsrecht *n* diritto *m* di concedere una dispensa.

Dispens | ehe *f (A) FamR* matrimonio *m* contratto in seguito a dispensa dall'impedimento costituito da un precedente vincolo coniugale; **~erteilung** *f* concessione *f* di dispensa.

Dispensierungsrecht *n* diritto *m* di concedere una dispensa.

Dispensrecht *n* diritto *m* di concedere una dispensa.

Disponent/in *m/f* institore *m*.

disponieren *v* [1] [über *Akk*] *(verfügen)* disporre [di]; **frei ~ können** [über *Akk*] poter(e) disporre liberamente [di].

disponieren *v* [2] *(bestimmen)* disporre, ordinare, stabilire, *(planen)* pianificare, programmare.

Disposition *f* [1] *(freie Verwendung)* disposizione *f*, disponibilità *f*; **zur ~ stellen** mettere a disposizione.

Disposition *f* [2] *(Anweisung)* disposizione *f*, ordine *m*, istruzione *f*, *(Plan)* piano *m*, progetto *m*, disegno *m*; **~en treffen** disporre.

Disposition *f* [3] *(Neigung)* inclinazione *f*, predisposizione *f*.

Dispositionsbefugnis *f* facoltà *f* di disporre.

dispositionsfähig *adj* [1] capace di disporre, atto a disporre.

dispositionsfähig *adj* [2] *(A) StrafR* capace di volere.

Dispositionsfähigkeit *f* [1] facoltà *f* di disporre.

Dispositionsfähigkeit *f* [2] *(A) StrafR* capacità *f* di volere.

Dispositions | fonds *m* fondi *mpl* occulti, fondi *mpl* segreti; **~grundsatz** *m*; **~maxime** *f* *ZivProzR (die Parteien sind „Herren des Zivilprozesses", d.h. die Parteien und nicht das Gericht bestimmen den Beginn, den Gegenstand und das Ende des Verfahrens) = Verfügungsgrundsatz* principio *m* dispositivo (*in senso sostanziale o in senso materiale o in senso proprio, secondo cui le parti possono determinare l'inizio, l'oggetto e la fine del processo e in cui rientrano quindi sia il principio della domanda sia il principio di disponibilità dell'oggetto del giudizio*); **~möglichkeit** *f* facoltà *f* di disporre; **~papier** *n* titolo *m* rappresentativo, documento *m* rappresentativo.

dispositiv *adj* ↔ *zwingend* dispositivo.

Dispositiv *n (CH)* dispositivo *m*.

Dispositivbestimmung *f* norma *f* dispositiva.

Dissens *m (§§ 154, 155 BGB)* ↔ *Konsens* dissenso *m*; **offener ~** *m* dissenso *m* palese, dissenso *m* consapevole; **versteckter ~** *m* dissenso *m* occulto, dissenso *m* latente.

Dissertation *f* dissertazione *f*, tesi *f* di dottorato (di ricerca).

Dissident/in *m/f* dissidente *m/f*.

Distanz | delikt *n StrafR* reato *m* a distanza; **~fracht** *f* nolo *m* di distanza, nolo *m* di percorso; **~geschäft** *n* vendita *f* a distanza, acquisto *m* a distanza.

distanzieren *v* [sich] distanziarsi.

Distanz | kauf *m* vendita *f* a distanza, acquisto *m* a distanza; **~scheck** *m* assegno *m* fuori piazza, assegno *m* emesso su un'altra piazza; **~tarif** *m* tariffa *f* proporzionata alla distanza; **~wechsel** *m* cambiale *f* pagabile su piazza diversa da quella d'emissione.

Disziplin *f* disciplina *f*, materia *f*, campo *m*, ramo *m*, branca *f*.

Disziplinar- disciplinare.

Disziplinar | anwalt/-anwältin *m/f (A) (§ 103 BDG)* rappresentante *m* dell'accusa davanti al consiglio di disciplina; **~anzeige** *f* denuncia *f* disciplinare; **~aufsicht** *f* vigilanza *f* disciplinare; **~ausschuss** *m* commissione *f* disciplinare; **~befugnis** *f* potere *m* disciplinare; **~behörde** *f* autorità *f* che esercita il potere disciplinare; **~beschwerde** *f (CH)* ricorso *m* disciplinare; **~bestrafung** *f* punizione *f* disciplinare; **~entscheid** *m (CH)*; **~erkenntnis** *n* decisione *f* disciplinare; **~gericht** *n* tribunale *m*

disciplinare; **~gerichtsbarkeit** *f* giurisdizione *f* disciplinare; **~gewalt** *f* potere *m* disciplinare, potere *m* gerarchico.
disziplinarisch *adj* disciplinare.
Disziplinar | kammer *f* sezione *f* disciplinare; **~kommission** *f (A, CH)* consiglio *m* di disciplina; **~maßnahme** *f* misura *f* disciplinare, provvedimento *m* disciplinare, sanzione *f* disciplinare; **~ordnung** *f* regolamento *m* di disciplina, regolamento *m* disciplinare; **~rat** *m* consiglio *m* di disciplina; **~recht** *n* diritto *m* disciplinare; **~richter/in** *m/f* guidice *m* disciplinare; **~sache** *f* affare *m* disciplinare, causa *f* disciplinare; **~senat** *m* sezione *f* disciplinare; **~statut** *n* statuto *m* disciplinare; **~strafe** *f* pena *f* disciplinare, sanzione *f* disciplinare; **~strafgewalt** *f* potere *m* disciplinare; **~strafhaft** *f* detenzione *f* disciplinare; **~strafordnung** *f* regolamento *m* disciplinare; **~strafverfahren** *n* procedimento *m* disciplinare, processo *m* disciplinare, azione *f* disciplinare; **~übertretung** *f* infrazione *f* disciplinare; **~untersuchung** *f* inchiesta *f* disciplinare, istruzione *f* disciplinare; **~verfahren** *n* procedimento *m* disciplinare, processo *m* disciplinare, azione *f* disciplinare; **~verfolgung** *f* repressione *f* disciplinare, procedimento *m* disciplinare; **~verfügung** *f* sanzione *f* disciplinare; **~vergehen** *n* infrazione *f* disciplinare; **~vorgesetzte/r** *f/m* superiore *m* gerarchico, superiore *m* titolare del potere disciplinare; **~vorschrift** *f* norma *f* disciplinare.
disziplinieren *v* disciplinare.
Diversifikation *f* diversificazione *f*.
diversifizieren *v* diversificare.
Diversifizierung *f* diversificazione *f*.
Dividende *f* dividendo *m*; **ausschließlich ~**; **ex ~** ex dividendo; **mit ~** col dividendo; **ohne ~** ex dividendo; **die ~ anheben** aumentare il dividendo; **eine ~ ausschütten**; **eine ~ verteilen** distribuire un dividendo, ripartire un dividendo, corrispondere un dividendo; **ausgeschüttete ~** *f* dividendo *m* distribuito; **außerordentliche ~** *f* extra dividendo *m*; **erklärte ~** *f* dividendo *m* dichiarato; **fällige ~** *f* dividendo *m* pagabile, dividendo *m* esigibile, dividendo *m* maturato; **gleich bleibende ~** *f* dividendo *m* invariato; **halbjährige ~** *f* dividendo *m* semestrale; **limitierte ~** *f* dividendo *m* limitato; **rückständige ~** *f* dividendo *m* arretrato; **unbehobene ~** *f* dividendo *m* non riscosso; **unveränderte ~** *f* dividendo *m* invariato.
Dividenden | abschlag *m* acconto *m* sui dividendi, decurtazione *f* del dividendo dalla quotazione piena; **~abschnitt** *m* cedola *f* di dividendo; **~ansammlung** *f* accumulazione *f* di dividendi; **~anspruch** *m* diritto *m* al dividendo, diritto *m* ai dividendi; **~ausfall** *m* mancata distribuzione *f* di dividendi; **~ausgleich** *m* conguaglio *m* (dei) dividendi; **~ausgleichsfonds** *m* fondo *m* conguaglio dividendi; **~ausschüttung** *f* distribuzione *f* dei dividendi, ripartizione *f* dei dividendi, pagamento *m* dei dividendi; **~auszahlung** *f* pagamento *m* dei dividendi; **~auszahlungsstelle** *f* cassa *f* incaricata del pagamento dei dividendi.
dividendenberechtigt *adj* avente diritto ai dividendi, con diritto di godimento.
Dividenden | berechtigung *f* diritto *m* al dividendo, diritto *m* ai dividendi, godimento *m*; **~besteuerung** *f* *SteuerR* tassazione *f* dei dividendi; **~beteiligung** *f* partecipazione *f* al dividendo.
dividendenbevorrechtigt *adj* privilegiato nel dividendo.
Dividenden | bogen *m* foglio *m* cedolare, foglio *m* di cedole, foglio *m* delle cedole del dividendo, cartella *f* di cedole, cedolario *m*; **~ergänzungsfonds** *m* fondo *m* integrazione dividendi; **~erhebung** *f* riscossione *f* dei dividendi; **~erhöhung** *f* aumento *m* dei dividendi; **~erklärung** *f*

dichiarazione *f* dei dividendi; **~ertrag** *m* proventi *mpl* in forma di dividendi, proventi *mpl* da dividendi, redditi *mpl* da dividendi; **~garantie** *f* dividendo *m* garantito, garanzia *f* di dividendi; **~konto** *n* conto *m* dividendi; **~kürzung** *f* riduzione *f* dei dividendi.

dividendenlos *adj* senza dividendo, infruttifero.

Dividenden | papier *n* titolo *m* a reddito variabile; **~politik** *f* politica *f* dei dividendi; **~recht** *n* diritto *m* al dividendo, diritto *m* ai dividendi.

dividendenreif *adj* che è sul punto di distribuire un dividendo.

Dividenden | rendite *f* rendimento *m* dei dividendi, reddito *m* lordo di azione; **~reserve** *f*; **~rücklage** *f* riserva *f* (di) dividendi, riserva *f* per dividendi, riserva *f* utili da ripartire; **~satz** *m* tasso *m* del dividendo, saggio *m* del dividendo, aliquota *f* del dividendo.

Dividendenschein *m* cedola *f* del dividendo, cedola *f*, coupon *m*; **einen ~ abtrennen** staccare un dividendo.

Dividenden | scheinbogen *m* foglio *m* cedolare, foglio *m* di cedole, foglio *m* delle cedole del dividendo, cartella *f* di cedole, cedolario *m*; **~senkung** *f* riduzione *f* dei dividendi; **~stopp** *m* blocco *m* dei dividendi; **~verteilung** *f* distribuzione *f* dei dividendi, ripartizione *f* dei dividendi, pagamento *m* dei dividendi; **~vorzugsaktie** *f* azione *f* a dividendo privilegiato; **~wert** *m* titolo *m* a reddito variabile, valore *m* a reddito variabile, titolo *m* azionario; **~zahlung** *f* pagamento *m* dei dividendi.

DJB (*Abk* = **Deutscher Juristinnenbund**) *(D)* Associazione *f* delle giuriste tedesche.

DNotI (*Abk* = **Deutsches Notarinstitut**) *(D)* *(Würzburg)* Istituto *m* notarile tedesco.

DNotV (*Abk* = **Deutscher Notarverein**) *(D)* Associazione *f* dei notai tedeschi.

Dogma *n* (*pl. Dogmen*) dogma *m*.

DÖJ (*Abk* = **Deutsch-Österreichische Juristenvereinigung**) → *http://www.doejev.de* Associazione *f* dei giuristi tedeschi e austriaci.

Doktor *m* (*Abk* = **Dr.**) dottore *m* di ricerca (*da non confondere con il titolo accademico di dottore / dottore magistrale, abbreviato in dott., che in Italia si acquisisce con la laurea*); **seinen ~ machen** fare il dottorato di ricerca; **~ *m* ehrenhalber** dottore *m* honoris causa.

Doktorand/in *m/f* dottorando/-a *m/f* (di ricerca).

Doktor | arbeit *f* tesi *f* di dottorato (di ricerca); **~grad** *m* titolo *m* di dottore di ricerca; **~prüfung** *f* discussione *f* della tesi di dottorato (di ricerca), esame *m* di dottorato (di ricerca); **~titel** *m* titolo *m* di dottore di ricerca; **~vater/-mutter** *m/f* relatore/-trice *m/f* della tesi di dottorato (di ricerca); **~würde** *f* titolo *m* di dottore di ricerca.

Doktrin *f* dottrina *f*.

Dokument *n (Urkunde)* documento *m*, atto *m*, scrittura *f*; **ein ~ beglaubigen** autenticare un atto, legalizzare un atto; **ein ~ beibringen** produrre un documento, esibire un documento, presentare un documento; **ein ~ fälschen** falsificare un documento; **ein ~ vorlegen** presentare un documento, produrre un documento, esibire un documento; **vertrauliches ~** *n* documento *m* riservato, documento *m* confidenziale; **~e** *npl* **gegen Akzept** documenti *mpl* contro accettazione; **~e** *npl* **gegen Kasse**; **~e** *npl* **gegen Zahlung** documenti *mpl* contro pagamento.

Dokumentation *f* documentazione *f*.

Dokumentationszentrum *n* centro *m* di documentazione.

Dokumenten | abteilung *f (einer Bank)* reparto *m* merci; **~akkreditiv** *n* credito *m* documentato, credito *m* documentario; **~aufnahme** *f* ritiro *m* di documenti; **~geschäft** *n* operazione *f* di credito documentato; **~inkasso** *n* incasso *m* documenti, rimessa *f* documentata, documenti *mpl* all'incasso; **~kauf** *m* vendita *f* su documenti; **~kredit** *m* credito *m* documentato, credito *m* documentario; **~sendung** *f* rimessa *f* documentata; **~tratte** *f*; **~wechsel** *m* tratta *f* documentata, tratta *f* documentaria.

dokumentieren *v* documentare.

Dolmetsch/in *m/f (A)* interprete *m/f*.

dolmetschen *v* tradurre (a voce), fare da interprete.

Dolmetscherentschädigung *f* compenso *m* spettante all'interprete, onorario *m* spettante all'interprete.

Dolmetscher/in *m/f* interprete *m/f*; **(allgemein) beeidigte/r ~** *m/f*; **(allgemein) vereidigte/r ~** *m/f* interprete *m/f* giurato/-a.

Domizil *n* domicilio *m*; **politisches ~** *n (CH)* domicilio *m* del comune di iscrizione nelle liste elettorali.

Domiziliat *m* domiciliatario *m*.

domizilieren *v* domiciliare.

Domizilierung *f* domiciliazione *f*.

Domizilierungs | bank *f* banca *f* domiciliataria; **~vermerk** *m* visto *m* di domiciliazione.

Domizil | provision *f* provvigione *f* di domiciliazione; **~recht** *n* diritto *m* del domicilio.

Domizilwechsel *m* cambiale *f* domiciliata; **echter ~** *m* cambiale *f* domiciliata (domicilio del trattario situato in luogo diverso da quello del pagamento); **unechter ~** *m* cambiale *f* domiciliata (domicilio del trattario situato nel luogo del pagamento).

Doppel *n (Abschrift)* duplicato *m*, copia *f*; **~belastung** *f* doppia imposizione *f* (fiscale), doppio carico *m*; **~beschäftigung** *f* doppio lavoro *m*, doppio impiego *m*; **~besteuerung** *f SteuerR* doppia imposizione *f* (fiscale), doppia tassazione *f*; **~besteuerungsabkommen** *n* (*Abk* = **DBA**) *SteuerR* = *Abkommen zur Vermeidung der Doppelbesteuerung* convenzione *f* per evitare la doppia imposizione, convenzione *f* contro la doppia imposizione, accordo *m* sulla doppia imposizione fiscale; **~bestrafung** *f* secondo giudizio *m*; **~buchhaltung** *f* contabilità *f* in partita doppia, partita *f* doppia; **~buchung** *f* doppia registrazione *f*; **~bürger/in** *m/f (CH)* soggetto *m* con doppia cittadinanza, soggetto *m* misto; **~bürgerrecht** *n (CH)*; **~bürgerschaft** *f (A)* doppia cittadinanza *f*.

doppeldeutig *adj* a doppio senso, ambiguo, equivoco.

Doppel | deutigkeit *f* doppio senso *m*, ambiguità *f*, equivocità *f*; **~ehe** *f EheR* bigamia *f*; **~funktion** *f* cumulo *m* di due funzioni, doppia funzione *f*; **~gesellschaft** *f GesR* gruppo *m* costituito da una società di persone con funzione di holding e da una società industriale di capitali oppure da una società industriale di persone e da una società commerciale di capitali; **~mandat** *n* doppio mandato *m*; **~mord** *m StrafR* duplice omicidio *m*; **~name** *m* doppio nome *m*, doppio cognome *m*, cognome *m* doppio; **~prämie** *f* doppio premio *m*; **~prämiengeschäft** *n* contratto *m* a doppio premio; **~preis** *m* prezzo *m* doppio; **~selbstmord** *m StrafR* duplice suicidio *m*; **~sitz** *m* doppia sede *f*; **~staater/in** *m/f* soggetto *m* misto, soggetto *m* con doppia cittadinanza; **~staatsangehörigkeit** *f*; **~staatsbürgerschaft** *f (A)* doppia cittadinanza *f*; **~stück** *n* doppione *m*; **~tarif** *m* tariffa *f* doppia; **~veranlagung** *f SteuerR* doppia imposizione *f* (fiscale), doppia tassazione *f*; **~verdiener/in** *m/f* persona *f* con due fonti di reddito (o: guadagno), chi riceve due salari o stipendi, *(Ehepaar)* coppia *f* di sposi con doppio reddito, coniugi *mpl* entrambi salariati o stipendiati; **~verdienst** *m (Ehegatten)* doppio reddito *m*, doppio guadagno *m*, cumulo *m* dei redditi (dei coniugi); **~vermietung** *f MietR* locazione *f* simultanea a due persone; **~versicherung** *f* doppia assicurazione *f*, assicurazione *f* cumulativa; **~währung** *f* bimetallismo *m*; **~währungssystem** *n* sistema *m* bimetallico, bimetallismo *m*; **~waise** *f* orfano *m* di padre e di madre; **~wertigkeit** *f* ambivalenza *f*; **~wohnsitz** *m* doppio domicilio *m*.

Doppik *f (A)* contabilità *f* in partita doppia, partita *f* doppia.

Dorftestament *n ErbR* testamento *m* ricevuto dal sindaco.

Dossier *n* dossier *m*.

Dotal | gelder *npl* capitali *mpl* dotali; **~recht** *n*; **~system** *n* regime *m* dotale.

Dotation *f* dotazione *f*.

Dotations | fonds *m* fondo *m* di dotazione; **~kapital** *n* capitale *m* di dotazione.

dotieren *v* dotare.

Dotierung *f* dotazione *f*.

DpG (*Abk* = **Depotgesetz**) *(A)* legge *f* (austriaca) sul deposito (*e l'acquisto dei titoli di credito*), legge *f* (austriaca) sui depositi.

Dr. (*Abk* = **Doktor**) dottore *m* di ricerca (*da non confondere con il titolo accademico di dottore / dottore magistrale, abbreviato in dott., che in Italia si acquisisce con la laurea*).

Drauf | gabe *f*; **~geld** *n SchuldR* caparra *f*.

DRB (*Abk* = **Deutscher Richterbund**) *(D) ProzR* Associazione *f* dei magistrati tedeschi.

Dreiecks | geschäft *n* operazione *f* triangolare, triangolazione *f*; **~handel** *m* commercio *m* triangolare; **~verhältnis** *n* rapporto *m* triangolare.

Dreier | konferenz *f* conferenza *f* a tre; **~pakt** *m* patto *m* tripartito; **~senat** *m* *(A) ProzR* sezione *f* (*della corte d'appello (Oberlandesgericht) composta da 3 magistrati*); **~vertrag** *m VölkerR* trattato *m* tripartito.

Dreimeilenzone *f VölkerR* zona *f* delle tre miglia.

Dreimonats | akzept *n* tratta *f* a tre mesi; **~einrede** *f (des Erben)* eccezione *f* (dilatoria) dei tre mesi (dell'erede nei confronti dei creditori); **~geld** *n* deposito *m* a tre mesi, prestito *m* a tre mesi; **~tratte** *f* tratta *f* a tre mesi; **~wechsel** *m* cambiale *f* a tre mesi.

Dreißigster *m ErbR* obbligazione *f* dell'erede di prestare gli alimenti ai componenti della famiglia del defunto per trenta giorni dopo la apertura della successione.

Dreiteilung *f* tripartizione *f*; **~ *f* der Gewalten** separazione *f* dei tre poteri dello Stato (*legislativo, esecutivo, giudiziario*).

Dreiviertelmehrheit *f* maggioranza *f* dei tre quarti.

Dreizeugentestament *n ErbR* testamento *m* speciale dichiarato in presenza di tre testimoni.

Dr. h.c. (*Abk* = **Ehrendoktor**) *(Univ)* dottore *m* honoris causa.

DRiG (*Abk* = **Deutsches Richtergesetz**) *(D) ProzR* legge *f* sull'ordinamento giudiziario tedesco.

dringend *adj (eilig)* urgente, urgentemente, con urgenza, stringente, impellente, pressante, *(sehr wichtig)* importante, di grande importanza, grave, *(unbedingt)* assolutamente, *(nachdrücklich)* insistentemente, con insistenza.

dringlich *adj* urgente, urgentemente, con urgenza.

Dringlicherklärung *f (CH)* dichiarazione *f* di urgenza.

Dringlichkeit *f* urgenza *f*; **die Sache ist von äußerster ~** la questione (o: l'affare) è estremamente urgente.

Dringlichkeits | anfrage *f* *(Parlament)* interpellanza *f* di urgenza, interrogazione *f* urgente; **~antrag** *m* mozione *f* di urgenza; **~erklärung** *f* dichiarazione *f* di urgenza; **~fall** *m* caso *m* di urgenza, emergenza *f*; **~klausel** *f* clausola *f* di urgenza; **~maßnahme** *f* provvedimento *m* di urgenza, provvedimento *m* adottato per motivi di urgenza, misura *f* di urgenza, misura *f* urgente, misura *f* di emergenza, intervento *m* di emergenza; **~programm** *n* programma *m* urgente, programma *m* di urgenza, programma *m* di emergenza, intervento *m* di emergenza; **~sitzung** *f* seduta *f* urgente, seduta *f* di urgenza, riunione *f* urgente, riunione *f* di urgenza, riunione *f* di emergenza; **~stufe** *f* grado *m* di urgenza; **~verfahren** *n* procedimento *m* di urgenza, procedura *f* di urgenza.

Dritt- terzo *m*, terzi *mpl*.

Dritt | anspruch *m* domanda *f* del terzo interveniente; **~ausfertigung** *f* terza spedizione *f*, *(eines Wechsels)* terza *f* di cambio; **~begünstigte/r** *f/m* terzo *m* beneficiario; **~besitzer/in** *m/f* terzo *m* possessore; **~eigentümer/in** *m/f* terzo *m* proprietario.

Dritter *m* terzo *m*; **zu Gunsten ~** a favore di terzi; **gutgläubiger ~** *m* terzo *m* di buona fede, terzo *m* in buona fede; **unparteiischer ~** *m* arbitro *m* terzo e imparziale.

Dritt | erwerber/in *m/f* terzo *m* acquirente; **~geschädigte/r** *f/m* terzo *m* danneggiato; **~gläubiger/in** *m/f* terzo *m* creditore; **~haftung** *f* responsabilità *f* del terzo; **~kontrahent/in** *m/f* terzo *m* contraente; **~land** *n* paese *m* terzo; **~leistung** *f* prestazione *f* del terzo; **~markt** *m* mercato *m* terzo; **~schaden** *m* danno *m* del terzo, danno *m* subito da terzi; **~schadensliquidation** *f* (*Abk* = **DSL**) *SchuldR* liquidazione *f* del danno del (o: al) terzo, liquidazione *f* del danno subito da terzi; **~schuldner/in** *m/f* terzo *m* debitore; **~schuldnerklage** *f* azione *f* surrogatoria; **~staat** *m* paese *m* terzo, Stato *m* terzo; **~staatsangehörige/r** *f/m EuR* cittadino/-a *m/f* di un paese terzo; **~verbot** *n* divieto *m* a un debitore di pagare a un suo creditore che è a sua volta debitore di colui che ha provocato il divieto; **~verpflichtete/r** *f/m* terzo *m* obbligato; **~verwahrung** *f* deposito *m* presso terzi; **~währung** *f* valuta *f* di paese terzo; **~widerspruchsklage** *f (D) ZivProzR (bei Zwangsvollstreckungen) (§§ 771 ff. ZPO)* opposizione *f* di terzo; **~widerspruchskläger/in** *m/f ZivProzR* terzo *m* opponente; **~wirksamkeit** *f* opponibilità *f* a(i) terzi.

Drittwirkung *f* effetto *m* verso (o: nei confronti di) terzi; **~ *f* der Grundrechte** effetti *mpl* orizzontali dei diritti fondamentali.

Drittwirkung der Grundrechte
Le norme costituzionali che sanciscono i diritti fondamentali e inviolabili della persona in certi casi esplicano i propri effetti giuridici non soltanto nel rapporto fra individui e poteri pubblici, ma sono anche pienamente e direttamente operanti nei rapporti tra privati.

Dr. iur. (*Abk* = **Doctor iuris**) dottore *m* in legge.

Drogen *fpl (Rauschmittel)* droga *f*, droghe *fpl*, stupefacenti *mpl*; **~ nehmen** fare uso di droga, fare uso di stupefacenti; **unter (dem Einfluss von) ~ stehen** essere sotto (l') effetto di droghe, essere sotto (l') effetto di (sostanze) stupefacenti, essere drogato.

drogenabhängig *adj* drogato, tossicodipendente, tossicomane.

Drogen | abhängige/r *f/m* drogato/-a *m/f*, tossicodipendente *m/f*, tossicomane *m/f*; **~abhängigkeit** *f* tossicodipendenza *f*; **~bekämpfung** *f* lotta *f* antidroga, lotta *f* contro la droga; **~dezernat** *n (Polizei)* sezione *f* antidroga; **~gesetzgebung** *f* normativa *f* sulla droga.

Drogenhandel *m StrafR* spaccio *m* di droga, traffico *m* di droga, narcotraffico *m*; **~ treiben** *StrafR* spacciare la droga.

Drogen | händler/in *m/f StrafR* spacciatore/-trice *m/f* di droga, trafficante *m/f* di droga, narcotrafficante *m/f*; **~konsum** *m* consumo *m* di droghe; **~kurier** *m* corriere *m* della droga; **~missbrauch** *m* abuso *m* di droghe, abuso *m* di stupefacenti; **~politik** *f* politica *f* antidroga; **~spürhund** *m* cane *m* antidroga; **~sucht** *f* tossicodipendenza *f*.

drogensüchtig *adj* drogato, tossicodipendente, tossicomane.

Drogen | süchtige/r *f/m* drogato/-a *m/f*, tossicodipendente *m/f*, tossicomane *m/f*;

~syndikat *n* sindacato *m* della droga; **~test** *m* narcotest *m*.
Drohbrief *m* lettera *f* minatoria.
drohen *v* [*Dat*] minacciare, *(bevorstehen)* incombere [su].
drohend *adj (einschüchternd)* minaccioso, minatorio, intimidatorio, *(bevorstehend)* incombente, imminente.
Drohung *f* minaccia *f*, intimidazione *f*; **widerrechtliche ~** *f* violenza *f*.
Drosselung *f* [1] *(Einschränkung)* limitazione *f*, riduzione *f*.
Drosselung *f* [2] *(Tötungsart)* strangolamento *m*.
Druck *m* [1] *(Belastung, Zwang)* pressione *f*.
Druck *m* [2] *(das Drucken)* stampa *f*.
Drucksache *f* stampato *m*, *(Post)* stampe *fpl*.
Druckschrift *f* stampato *m*; **periodische ~** *f* periodico *m*.
Druckwerk *n* stampato *m*.
DSG (*Abk* = **Bundesgesetz über den Datenschutz**) *(CH)* legge *f* federale (svizzera) sulla protezione dei dati *(LPD)*.
DSJV (*Abk* = **Deutsch-Schweizerische Juristenvereinigung**) → *http://www.dsjv.de* Associazione *f* dei giuristi tedeschi e svizzeri.
DSL (*Abk* = **Drittschadensliquidation**) *SchuldR* liquidazione *f* del danno del (o: al) terzo, liquidazione *f* del danno subito da terzi.
Dualismus *m* ↔ *Monismus* dualismo *m*.
Dubiosen | konto *n* conto *m* crediti dubbi; **~reserven** *fpl* riserve *fpl* per crediti dubbi.
Dublin III-Verordnung *f EuR* → *s. Anhang 3 a)* Regolamento *m* Dublino III (*Regolamento (UE) n. 604/2013 del Parlamento europeo e del Consiglio, del 26 giugno 2013, che stabilisce i criteri e i meccanismi di determinazione dello Stato membro competente per l'esame di una domanda di protezione internazionale presentata in uno degli Stati membri da un cittadino di un paese terzo o da un apolide*).
dulden *v (zulassen)* ammettere, consentire, permettere, sopportare, tollerare; **stillschweigend ~** tollerare tacitamente.
Duldung *f* [1] tolleranza *f*.
Duldung *f* [2] *AuslR* stato *m* di illegalità tollerata per ragioni umanitarie, soggiorno *m* tollerato, espulsione *f* rinviata.
Duldungs | klage *f* azione *f* volta a far tollerare qualcosa; **~pflicht** *f* obbligo *m* di tolleranza; **~schuld** *f* obbligazione *f* negativa, obbligazione *f* di sopportare; **~vollmacht** *f* → *s. Infokasten unter „Anscheinsvollmacht"* rappresentanza *f* tollerata (*caratterizzata da un comportamento di tolleranza di una situazione di apparenza venutasi a creare indipendentemente dal rappresentato apparente. La rappresentanza tollerata non è altro che una particolare fattispecie di rappresentanza apparente, che si caratterizza per la conoscenza, da parte del rappresentato apparente, dell'agire del rappresentante apparente. Si potrebbe quindi definire come "rappresentanza apparente consapevole"*), procura *f* per comportamento concludente.
Dumping *n* dumping *m*; **~politik** *f* politica *f* del dumping; **~preis** *m* prezzo *m* di dumping.
Dunkelziffer *f (unentdeckte Fälle)* cifra *f* nera, numero *m* oscuro.
Duplik *f ZivProzR (Erwiderung des Beklagten auf eine Replik)* → *s. Infokasten unter „Schriftsätze"* duplica *f*, controreplica *f* (*del convenuto*).
Duplikat *n* duplicato *m*, copia *f*, doppione *m*; **~frachtbrief** *m* duplicato *m* della lettera di vettura.
Durchbeförderung *f* trasporto *m* in transito.
durchdacht *adj* ponderato, approfondito.
durchfahren *v* passare, transitare, attraversare.
Durchfahrt *f* passaggio *m* (con veicolo), transito *m*; **freie ~** *f* libertà *f* di transito.
Durchfahrts | bewilligung *f* autorizzazione *f* di transito; **~recht** *n* diritto *m* di passaggio (con veicolo); **~verbot** *n* divieto *m* di transito.
Durchforschung *f* esame *m*, ricerca *f*.
Durchfracht *f* nolo *m* cumulativo; **~brief** *m*; **~konnossement** *n* polizza *f* di carico diretta.

Durchfuhr *f* transito *m*; **~abfertigung** *f (CH)* sdoganamento *m* in transito; **~abgabe** *f* tassa *f* di transito.

durchführbar *adj* fattibile, realizzabile, attuabile, effettuabile, eseguibile.

Durchführbarkeit *f* fattibilità *f*, realizzabilità *f*, attuabilità *f*, effettuabilità *f*, eseguibilità *f*.

Durchfuhrbewilligung *f* permesso *m* di transito.

durchführen *v (ausführen)* eseguire, effettuare, svolgere, *ProzR (Verhandlung, Verfahren)* celebrare, *(vollenden)* compiere, *(zu Ende führen)* portare a termine, *(erledigen)* espletare, *(Kontrolle)* operare, *(verwirklichen)* realizzare, attuare, porre in essere, *(veranstalten)* organizzare, *(führen)* guidare, condurre.

Durchfuhr | fracht *f* nolo *m* di transito; **~gepäck** *n* bagaglio *m* in transito; **~gut** *n* merce *f* in transito, collo *m* in transito; **~handel** *m* commercio *m* di transito; **~land** *n* paese *m* di transito; **~tarif** *m* tariffa *f* di transito.

Durchführung *f* esecuzione *f*, effettuazione *f*, svolgimento *m*, *ProzR (der Verhandlung, des Verfahrens)* celebrazione *f*, *(Vollendung)* compimento *m*, espletamento *m*, *(Verwirklichung)* realizzazione *f*, attuazione *f*, messa *f* in atto.

Durchführungs | abkommen *n* convenzione *f* di applicazione, convenzione *f* di attuazione, accordo *m* di esecuzione; **~anordnung** *f* modalità *f* di esecuzione, modalità *f* di applicazione, modalità *f* di attuazione, provvedimento *m* di attuazione; **~bestimmung** *f* disposizione *f* di attuazione, disposizione *f* attuativa, norma *f* di attuazione, norma *f* attuativa; **~gesetz** *n* legge *f* di attuazione, legge *f* attuativa, legge *f* di esecuzione; **~konvention** *f* convenzione *f* di esecuzione; **~plan** *m* piano *m* esecutivo; **~programm** *n* programma *m* di attuazione; **~verordnung** *f EuR* regolamento *m* di esecuzione, regolamento *m* esecutivo, regolamento *m* di attuazione, regolamento *m* attuativo; **~vorschrift** *f* disposizione *f* di attuazione, disposizione *f* attuativa, norma *f* di attuazione, norma *f* attuativa; **~weg** *m* modalità *f* di attuazione.

Durchfuhr | verbot *n* divieto *m* di transito; **~verkehr** *m* traffico *m* in transito; **~zoll** *m* dazio *m* di transito.

Durchgang *m* [1] *(Durchfahren)* passaggio *m*, transito *m*; **~** *m* **verboten** divieto *m* di transito; **offener ~** *m* transito *m* allo scoperto.

Durchgang *m* [2] *(Weg)* passaggio *m*, via *f*, strada *f*.

Durchgang *m* [3] *(einer Gesetzesvorlage im Bundesrat)* discussione *f*, *(Phase)* turno *m*.

Durchgangs | abkommen *n* convenzione *f* di transito; **~beförderung** *f* trasporto *m* in transito; **~bescheinigung** *f* certificato *m* di transito, certificato *m* di passaggio; **~delikt** *n StrafR* reato *m* di passaggio, reato *m* progressivo; **~gebühr** *f* tassa *f* di transito; **~gut** *n* merce *f* in transito; **~handel** *m* commercio *m* di transito; **~kosten** *pl* spese *fpl* di transito; **~lager** *n* campo *m* di transito; **~land** *n* paese *m* di transito; **~recht** *n SachenR* diritto *m* di passaggio, diritto *m* di transito; **~tarif** *m* tariffa *f* di transito; **~ware** *f* merce *f* in transito; **~zoll** *m* dazio *m* di transito.

Durchgriff *m* regresso *m*, ricorso *m* a terzi.

Durchgriffs | anspruch *m* azione *f* diretta; **~erinnerung** *f (RpflG)* opposizione-reclamo *f* (*opposizione (Erinnerung) contro le decisioni del Rechtspfleger, che, se non accolta, ha l'effetto di un reclamo (Beschwerde) su cui decide il giudice*); **~haftung** *f GesR* responsabilità *f* del socio nei confronti dei creditori sociali, responsabilità *f* del socio per i debiti sociali, responsabilità *f* diretta.

Durchkonnossement *n* polizza *f* di carico diretta.

Durchlassschein *m* lasciapassare *m*.

Durchlieferung *f* estradizione *f* in transito.

Durchschnitts | aufwand *m* spesa *f*

media; **~beitrag** *m* contributo *m* medio, contribuzione *f* media; **~belastung** *f* carico *m* medio; **~bestand** *m* giacenza *f* media; **~betrag** *m* importo *m* medio; **~einkommen** *n* reddito *m* medio; **~ertrag** *m* rendimento *m* medio; **~gehalt** *n* stipendio *m* medio; **~gewinn** *m* guadagno *m* medio; **~kosten** *pl* costo *m* medio; **~kurs** *m* corso *m* medio, prezzo *m* medio; **~lohn** *m* salario *m* medio; **~miete** *f MietR* canone *m* di locazione medio; **~preis** *m* prezzo *m* medio; **~produkt** *n* prodotto *m* medio; **~qualität** *f* qualità *f* media; **~rendite** *f* rendimento *m* medio; **~satz** *m* tasso *m* medio; **~tarif** *m* tariffa *f* media; **~valuta** *f* valuta *f* adeguata, valuta *f* media; **~ware** *f* merce *f* di qualità corrente; **~wert** *m* valore *m* medio; **~ziffer** *f* media *f*.

Durchschreibebuchführung *f* contabilità *f* a ricalco.

Durchschrift *f* copia *f*.

durchsetzbar *adj* attuabile, realizzabile, azionabile; **gerichtlich ~** giuridicamente azionabile, azionabile in giudizio, tutelabile in giudizio; **nicht ~** irrealizzabile.

Durchsetzbarkeit *f* attuabilità *f*, realizzabilità *f*, azionabilità *f*.

durchsetzen *v* attuare, realizzare, ottenere (con la forza), applicare, *(Willen)* imporre, affermare, *(Recht)* far(e) valere, azionare, *(Gesetz)* far(e) approvare, far(e) passare, far(e) accettare.

Durchsetzung *f* attuazione *f*, realizzazione *f*, applicazione *f*, *(von Gesetzen)* varo *m*, *(Erfolg)* successo *m*, riuscita *f*, imposizione *f*.

Durchsicht *f* esame *m*, controllo *m*, verifica *f*, revisione *f*; **zur ~** in esame; **nach ~ der Akten** dopo l'esame della pratica, esaminata la pratica.

durchsuchen *v* perquisire.

Durchsuchung *f* perquisizione *f*; **körperliche ~** *f*; **~** *f* **von Personen** perquisizione *f* personale; **~** *f* **von Wohnungen** perquisizione *f* domiciliare.

Durchsuchungs | anordnung *f*; **~befehl** *m*; **~beschluss** *m* decreto *m* di perquisizione, mandato *m* di perquisizione, ordine *m* di perquisizione; **~recht** *n* diritto *m* di perquisizione, diritto *m* di visita.

Durchtarif *m* tariffa *f* combinata.

Durchzugsrecht *n* diritto *m* di far passare le truppe attraverso il territorio di un altro Stato.

Dürftigkeitseinrede *f ErbR* eccezione *f* di insufficienza della massa ereditaria.

Dyopol *n* duopolio *m*.

E

EAG (*Abk* = **Europäische Atomgemeinschaft**) *EuR* Comunità *f* europea dell'energia atomica *(CEEA / Euratom)*.

EAGFL (*Abk* = **Europäischer Ausrichtungs- und Garantiefonds für die Landwirtschaft**) *EuR* Fondo *m* europeo agricolo di orientamento e garanzia *(FEAOG)*.

EAZ (*Abk* = **Europäische Agentur für Zusammenarbeit**) *EuR* Agenzia *f* europea di cooperazione *(AEC)*.

EB (*Abk* = **Empfangsbekenntnis**) avviso *m* di ricevimento, conferma *f* di ricevimento, accusa *f* di ricevimento, accusa *f* di ricezione, ricevuta *f*.

ebd. (*Abk* = **ebenda**) *(bei Zitaten)* ibidem *(ibid. o ib.)*.

Ebene *f* piano *m*, livello *m*, scala *f*; **auf breiter ~** su vasta scala; **auf internationaler ~** a livello internazionale, su scala internazionale; **auf kommunaler ~** a livello comunale; **auf nationaler ~** a livello nazionale.

EBS (*Abk* = **Europäische Beschäftigungsstrategie**) *EuR* strategia *f* europea per l'occupazione *(SEO)*.
EBV (*Abk* = **Eigentümer-Besitzer-Verhältnis**) *(D) (§§ 985 ff. BGB)* rapporto *m* tra proprietario e possessore.
EBWE (*Abk* = **Europäische Bank für Wiederaufbau und Entwicklung**) *EuR* Banca *f* europea per la ricostruzione e lo sviluppo *(BERS)*.
echt *adj* puro, naturale, vero, autentico, genuino.
Echtheit *f* veridicità *f*, autenticità *f*, genuinità *f*; **die ~ bestätigen** attestare l'autenticità; **die ~ einer Urkunde bestreiten** proporre querela di falso; **~** *f* **der Unterschrift** autenticità *f* della firma.
Echtheits | beweis *m* prova *f* di autenticità; **~bürgschaft** *f*; **~garantie** *f* garanzia *f* di autenticità; **~zeichen** *n* marchio *m* di autenticità; **~zeugnis** *n* certificato *m* di autenticità.
Ecklohn *m* salario *m* di riferimento.
E-Commerce-Richtlinie *f EuR → s. Anhang 3 b)* direttiva *f* sul commercio elettronico (*Direttiva 2000/31/ CE del Parlamento europeo e del Consiglio, dell'8 giugno 2000, relativa a taluni aspetti giuridici dei servizi della società dell'informazione, in particolare il commercio elettronico, nel mercato interno*).
ECOSOC (*Abk* = **Wirtschafts- und Sozialrat**) *(der Vereinten Nationen)* Consiglio *m* economico e sociale (*delle Nazioni Unite*).
ECU (*Abk* = **Europäische Währungseinheit**) *EuR* unità *f* monetaria europea, valuta *f* europea.
EDA (*Abk* = **Eidgenössisches Departement für auswärtige Angelegenheiten**) *(CH)* Dipartimento *m* federale (svizzero) degli affari esteri *(DFAE)*.
EDI (*Abk* = **Eidgenössisches Departement des Innern**) *(CH)* Dipartimento *m* federale (svizzero) dell'interno *(DFI)*.
Edikt *n (A)* avviso *m* ufficiale.
Ediktal | frist *f (A)* termine *m* fissato con avviso ufficiale; **~ladung** *f (A)* intimazione *f* ad esercitare certi diritti in un termine stabilito a pena di decadenza, citazione *f* in giudizio.
Ediktausfertigung *f (A)* copia *f* dell'avviso ufficiale.
Edition *f*[1] *(Ausgabe, Herausgabe)* edizione *f*, pubblicazione *f*.
Edition *f*[2] *(A) ProzR* produzione *f* (di un documento).
Editionspflicht *f (A) ProzR* obbligo *m* di produrre un documento (nel processo).
EDV (*Abk* = **elektronische Datenverarbeitung**) elaborazione *f* elettronica dei dati *(EED o EDP, acronimo di "Electronic Data Processing")*.
EEA (*Abk* = **Einheitliche Europäische Akte**) *EuR* Atto *m* unico europeo *(AUE)*.
EEF (*Abk* = **Europäischer Entwicklungsfonds**) *EuR* Fondo *m* europeo di sviluppo *(FES)*.
EFA (*Abk* = **Europäisches Fürsorgeabkommen**) *EuR* Convenzione *f* europea di assistenza sociale e medica.
EFD (*Abk* = **Eidgenössisches Finanzdepartement**) *(CH)* Dipartimento *m* federale (svizzero) delle finanze *(DFF)*.
Effekt *m (Wirkung)* effetto *m*, conseguenza *f*, risultato *m*.
Effekten *pl KapMarktR (Wertpapiere)* titoli *mpl*, valori *mpl*; **festverzinsliche ~** *pl* titoli *mpl* a reddito fisso; **marktgängige ~** *pl* valori *mpl* negoziabili; **nicht notierte ~** *pl* titoli *mpl* non quotati; **persönliche ~** *pl* effetti *mpl* personali.
Effekten | abteilung *f* servizio *m* titoli, ufficio *m* titoli; **~arbitrage** *f* arbitraggio *m* sui titoli; **~besitz** *m* possesso *m* mobiliare; **~bestand** *m* portafoglio *m* titoli; **~börse** *f* borsa *f* valori, borsa *f* di commercio; **~buch** *n* libro *m* mastro dei titoli; **~depot** *n* deposito *m* di titoli; **~depotkonto** *n* conto *m* titoli; **~diskont** *m* sconto *m* di titoli; **~erwerb** *m* acquisto *m* (di) titoli; **~geschäft** *n* operazione *f* su titoli;

~giro *n* trasferimento *m* di titoli; **~handel** *m* commercio *m* in titoli; **~händler/in** *m/f* commissionario *m* in titoli, commissionario *m* di borsa; **~kauf** *m* acquisto *m* (di) titoli; **~kommissionär/in** *m/f* commissionario *m* in titoli, commissionario *m* di borsa; **~kommissionsgeschäft** *n* compravendita *f* di titoli su commissione; **~konto** *n* conto *m* titoli; **~kredit** *m* credito *m* su titoli; **~kurs** *m* quotazione *f* dei titoli; **~lombard** *m* prestito *m* su titoli, anticipazione *f* su valori mobiliari, anticipazione *f* su titoli; **~makler/in** *m/f* agente *m/f* di cambio; **~markt** *m* mercato *m* dei valori, mercato *m* dei valori mobiliari; **~portefeuille** *n* portafoglio *m* titoli; **~spekulation** *f* speculazione *f* sui titoli; **~verkauf** *m* vendita *f* di titoli; **~versicherung** *f* assicurazione *f* contro la diminuzione di valore dei titoli; **~verwahrung** *f* custodia *f* di titoli; **~verwaltung** *f* amministrazione *f* di titoli, gestione *f* di titoli, gestione *f* di valori mobiliari, gestione *f* di portafoglio.

Effektiv | aufwand *m* spesa *f* effettiva; **~bestand** *m* effettivo *m*; **~geschäft** *n* operazione *f* in effettivo; **~händler/in** *m/f* commerciante *m/f* (*non speculatore*); **~klausel** *f* clausola *f* (di pagamento) "effettivo" (*in moneta estera*); **~kosten** *pl* costo *m* effettivo; **~leistung** *f* rendimento *m* effettivo; **~lohn** *m* salario *m* reale; **~vermerk** *m* clausola *f* (di pagamento) "effettivo" (*in moneta estera*); **~verzinsung** *f* interesse *m* effettivo, reddito *m* effettivo; **~wert** *m* valore *m* effettivo; **~zinsen** *mpl* interesse *m* effettivo; **~zinssatz** *m* tasso *m* di interesse effettivo.

EFTA (*Abk* = **Europäische Freihandelsassoziation / Europäische Freihandelszone**) *EuR* Associazione *f* europea di libero scambio.

EFWZ (*Abk* = **Europäischer Fonds für Währungspolitische Zusammenarbeit**) *EuR* Fondo *m* europeo di cooperazione monetaria *(FECOM)*.

EFZG (*Abk* = **Entgeltfortzahlungsgesetz / Gesetz über die Zahlung des Arbeitsentgelts an Feiertagen und im Krankheitsfall**) *(D)* legge *f* (tedesca) sulla corresponsione continuata della retribuzione (*nelle festività e in caso di malattia*).

eG (*Abk* = **eingetragene Genossenschaft**) società *f* cooperativa iscritta nel registro delle imprese.

EG (*Abk* = **Europäische Gemeinschaft**) *EuR* Comunità *f* europea *(CE)*.

EGBGB (*Abk* = **Einführungsgesetz zum Bürgerlichen Gesetzbuch**) *(D)* legge *f* introduttiva al codice civile (tedesco), disposizioni *fpl* preliminari al codice civile (tedesco).

EGE (*Abk* = **Europäische Größeneinheit**) *EuR* unità *f* di dimensione europea *(UDE)*.

EGKS (*Abk* = **Europäische Gemeinschaft für Kohle und Stahl**) *EuR* Comunità *f* europea del carbone e dell'acciaio *(CECA)*.

EGMR (*Abk* = **Europäischer Gerichtshof für Menschenrechte**) *EuR (Straßburg)* Corte *f* europea dei diritti dell'uomo *(CEDU)*.

EGZPO (*Abk* = **Einführungsgesetz zur Zivilprozessordnung / Gesetz betreffend die Einführung der Zivilprozessordnung**) *(D)* legge *f* introduttiva al codice di procedura civile (tedesco), disposizioni *fpl* preliminari al codice di procedura civile (tedesco).

Ehe *f* matrimonio *m*; **die ~ aufheben** annullare il matrimonio (con effetto ex nunc); **die ~ eingehen** contrarre (il) matrimonio; **die ~ wird geschieden** pronunciare (o: dichiarare) lo scioglimento del matrimonio, pronunciare (o: dichiarare) la cessazione degli effetti civili del matrimonio concordatario *(I)*; **aus der ~ sind zwei Kinder hervorgegangen** dal matrimonio sono nati due figli; **die ~ schließen** contrarre (il) matrimonio, celebrare il matrimonio; **die ~ vollziehen** consumare il matrimonio; **anfechtbare ~** *f* matrimonio *m* annullabile; **bürgerliche ~** *f* matrimonio *m* civile; **aus erster ~** di prime nozze, di primo letto; **freie ~** *f* unione *f* libera; **frühere ~** *f* precedente matrimonio *m*, matrimonio *m* antecedente; **geschiedene ~** *f* matrimonio *m* sciolto per divorzio; **gleichgeschlechtliche ~** *f* matrimonio *m* tra persone dello stesso sesso, matrimonio *m* omosessuale, matrimonio *m* gay; **~** *f* **zur linken Hand** matrimonio *m* morganatico, matrimonio *m* della mano sinistra; **mehrfache ~** *f (A, CH)* bigamia *f*, poligamia *f*; **nachfolgende ~** *f* successivo matrimonio *m*, susseguente matrimonio *m*; **nichtige ~** *f* matrimonio *m* nullo; **standesamtliche ~** *f* matrimonio *m* civile; **ungültige ~** *f* matrimonio *m* invalido; **vollzogene ~** *f* matrimonio *m* consumato; **zerrüttete ~** *f* matrimonio *m* disfatto.

Ehe | abschluss *m (CH)* celebrazione *f* del matrimonio; **~anfechtbarkeit** *f* annullabilità *f* del matrimonio; **~aufgebot** *n* pubblicazioni *fpl* di matrimonio; **~aufhebung** *f* annullamento *m* del matrimonio (con effetto ex nunc); **~aufhebungsgrund** *m* causa *f* di annullamento del matrimonio; **~aufhebungsklage** *f* azione *f* di annullamento del matrimonio; **~auflösung** *f* scioglimento *m* del matrimonio; **~band** *n* vincolo *m* coniugale; **~betrug** *m* induzione *f* al matrimonio mediante inganno; **~delikt** *n* delitto *m* contro il matrimonio; **~dispens** *m* dispensa *f* da impedimenti al matrimonio; **~einwilligung** *f* consenso *m* al matrimonio, assenso *m* al matrimonio.

ehefähig *adj* capace di contrarre matrimonio.

Ehe | fähigkeit *f* capacità *f* matrimoniale, capacità *f* al matrimonio, emancipazione *f*, assenza *f* di impedimenti al matrimonio; **~fähigkeitszeugnis** *n (für Ausländer) (§ 1309 BGB)* nulla osta *m* al matrimonio; **~feststellungsklage** *f* azione *f* di accertamento dell'esistenza del matrimonio; **~frau** *f* moglie *f*, coniuge *f*, consorte *f*, sposa *f*.

Ehegatte *m* marito *m*, coniuge *m*, consorte *m*, sposo *m*; **erstversterbender ~** *m ErbR (gemeinschaftliches Testament)* coniuge *m* che muore prima (dell'altro), coniuge *m* che muore per primo, primo coniuge *m* a morire, primo coniuge *m* deceduto; **geschiedener ~** *m* coniuge *m* divorziato; **überlebender ~** *m ErbR (gemeinschaftliches Testament)* coniuge *m* superstite; **verstorbener ~** *m* coniuge *m* deceduto, coniuge *m* defunto; **zuletzt versterbender ~** *m ErbR (gemeinschaftliches Testament)* coniuge *m* che muore per ultimo, ultimo coniuge *m* a morire, ultimo coniuge *m* deceduto.

Ehegatten | schutzklausel *f FamR (Härteklausel) (§ 1568 I 2. Fallgruppe BGB)* clausola *f* a tutela del coniuge; **~splitting** *n SteuerR* splitting *m* del reddito dei coniugi; **~testament** *n ErbR (auch als gemeinschaftliches Testament bezeichnet; Sonderform: Berliner Testament) (§§ 2265 ff. BGB)* testamento *m* reciproco (*tra coniugi*), testamento *m* redatto congiuntamente dai coniugi, testamento *m* collettivo (*nel quale i coniugi si istituiscono reciprocamente eredi*), testamento *m* congiuntivo (*a favore di un terzo*); **~unterhalt** *m EheR* mantenimento *m* del coniuge (*economicamente più debole*), alimenti *mpl* per il coniuge.

Ehe | gattin *f* moglie *f*, coniuge *f*, consorte *f*, sposa *f*; **~gelöbnis** *n* promessa *f* di matrimonio; **~gemeinschaft** *f* unione *f* coniugale; **~geschenk** *n* dono *m* fatto durante il matrimonio; **~gesetz** *n (A)* (*Abk* = **EheG**) *EheR* legge *f* (austriaca) sul matrimonio, legge *f* matrimoniale (austriaca); **~güterrecht** *n* regime *m* patrimoniale tra i coniugi, regime *m* patrimoniale della famiglia;

~güterrechts-Verordnung *f EuR* → *s. Anhang 3 a)* Regolamento *m* (UE) 2016/1103 del Consiglio, del 24 giugno 2016, che attua la cooperazione rafforzata nel settore della competenza, della legge applicabile, del riconoscimento e dell'esecuzione delle decisioni in materia di regimi patrimoniali tra coniugi; **~güterstatut** *n IPR (= Güterstatut, Güterrechtsstatut) (Art. 15 EGBGB)* legge *f* applicabile ai rapporti patrimoniali tra i coniugi; **~hindernis** *n* impedimento *m* al matrimonio; **~konsens** *m (A)* consenso *m* al matrimonio, assenso *m* al matrimonio; **~leute** *pl* coniugi *mpl*.

ehelich *adj* coniugale, matrimoniale, legittimo; **nicht ~** [auch: nichtehelich] naturale, illegittimo, extraconiugale; **für ~ erklären** legittimare, dichiarare legittimo.

Ehelicherklärung *f (A, CH)* legittimazione *f*.

Ehelichkeit *f* legittimità *f*, stato *m* di figlio legittimo.

Ehelichkeits | anfechtung *f* disconoscimento *m* di (o: della) paternità, contestazione *f* della paternità; **~anfechtungsklage** *f* azione *f* di disconoscimento della paternità, azione *f* di contestazione della paternità, impugnativa *f* di paternità; **~bestreitung** *f (A)* disconoscimento *m* di (o: della) paternità, contestazione *f* della paternità; **~bestreitungsklage** *f (A)* azione *f* di disconoscimento della paternità, azione *f* di contestazione della paternità, impugnativa *f* di paternità; **~erklärung** *f* legittimazione *f* (*di un figlio*), riconoscimento *m* della paternità; **~vermutung** *f* presunzione *f* di legittimità.

Ehe | mann *m* marito *m*, coniuge *m*, consorte *m*, sposo *m*; **~mündigkeit** *f (§ 1303 BGB)* età *f* matrimoniale; **~mündigkeitserklärung** *f* dispensa *f* d'età (per il matrimonio); **~name** *m (§ 1355 BGB)* cognome *m* coniugale, cognome *m* dei coniugi, cognome *m* scelto dai coniugi, cognome *m* della famiglia, cognome *m* di famiglia; **~nichtigkeit** *f* nullità *f* del matrimonio; **~nötigung** *f (A)* induzione *f* al matrimonio mediante violenza; **~paar** *n* coppia *f* di sposi, coniugi *mpl*; **~pakt** *m (A)* convenzione *f* matrimoniale; **~partner/in** *m/f* coniuge *m/f*, consorte *m/f*, sposo/-a *m/f*; **~prozess** *m* giudizio *m* di divorzio; **~recht** *n EheR* → *DE: §§ 1303 ff. BGB, A: §§ 44 ff. ABGB, CH: Artt. 90 ff. ZGB* diritto *m* matrimoniale; **~register** *n (CH)* registro *m* di matrimonio, registro *m* degli atti di matrimonio; **~sache** *f* causa *f* matrimoniale; **~scheidung** *f (= Scheidung der Ehe, Scheidung)* divorzio *m*, scioglimento *m* del matrimonio.

Ehescheidungs | antrag *m (= Antrag auf Ehescheidung, Antrag auf Scheidung der Ehe, Scheidungsantrag)* domanda *f* di divorzio, ricorso *m* per divorzio, domanda *f* di scioglimento del matrimonio, ricorso *m* per lo scioglimento del matrimonio; **~grund** *m* causa *f* di divorzio; **~verfahren** *n (früher: Ehescheidungsklage)* giudizio *m* di divorzio, ricorso *m* per divorzio, ricorso *m* per lo scioglimento del matrimonio.

Eheschein *m (CH)* certificato *m* di matrimonio.

Eheschließung *f* matrimonio *m*, celebrazione *f* del matrimonio; **nachfolgende ~** *f* successivo matrimonio *m*, susseguente matrimonio *m*; **standesamtliche ~** *f* matrimonio *m* civile.

Eheschließungs | freiheit *f* libertà *f* matrimoniale; **~recht** *n* diritto *m* di contrarre matrimonio; **~verbot** *n* divieto *m* di matrimonio.

Ehe | schuld *f* debito *m* della comunione fra coniugi; **~stand** *m* rapporto *m* di coniugio, stato *m* coniugale, stato *m* matrimoniale.

Ehestands | beihilfe *f* sussidio *m* matrimoniale; **~darlehen** *n*; **~hilfe** *f* prestito *m* matrimoniale.

Ehe | steuer *f (CH)* dote *f*; **~störung** *f* turbamento *m* della convivenza coniugale; **~streitigkeit** *f* controversia *f* matrimoniale; **~tauglichkeit** *f* capacità *f* matrimoniale, capacità *f* al matrimonio, emancipazione *f*, assenza *f* di impedimenti al matrimonio; **~tauglichkeitszeugnis** *n* nulla osta *m* al matrimonio; **~täuschung** *f (A)* induzione *f* al matrimonio mediante inganno; **~trennung** *f* separazione *f* personale dei coniugi, separazione *f* tra coniugi, separazione *f* coniugale; **~unbedenklichkeitszeugnis** *n* nulla osta *m* al matrimonio; **~unmündigkeit** *f* incapacità *f* a contrarre matrimonio (per non raggiunta età matrimoniale); **~urkunde** *f (§ 57 PStG)* atto *m* di matrimonio, certificato *m* di matrimonio; **~verbot** *n* divieto *m* di matrimonio; **~verfehlung** *f* violazione *f* dei doveri reciproci dei coniugi; **~verkündung** *f (CH)* pubblicazioni *fpl* di matrimonio; **~verlöbnis** *n (A) (§§ 45 f. ABGB)* promessa *f* di matrimonio; **~vermittler/in** *m/f* agente *m/f* matrimoniale; **~vermittlungsbüro** *n* agenzia *f* matrimoniale; **~verordnung** *f EuR (= Brüssel IIa-Verordnung) → s. Anhang 3 a)* Regolamento *m* (CE) n. 2201/2003 del Consiglio, del 27 novembre 2003, relativo alla competenza, al riconoscimento e all'esecuzione delle decisioni in materia matrimoniale e in materia di responsabilità genitoriale, che abroga il regolamento (CE) n. 1347/2000; **~versprechen** *n* promessa *f* di matrimonio; **~vertrag** *m (wenig gebräuchlich)* convenzione *f* matrimoniale, contratto *m* di matrimonio, contratto *m* matrimoniale.

ehewidrig *adj* contrario ai doveri coniugali.

Ehe | wohnung *f* casa *f* coniugale, casa *f* familiare, domicilio *m* coniugale; **~zerrüttung** *f* disfacimento *m* del matrimonio, disfacimento *m* della comunione materiale e spirituale tra i coniugi; **~zeuge/-zeugin** *m/f* testimone *m/f* di nozze.

Ehre *f* onore *m*; **die ~ verletzen** ledere l'onore.

ehren *v* onorare, rispettare, stimare.

Ehrenamt *n* carica *f* onorifica.

ehrenamtlich *adj* onorifico, a titolo onorifico, onorario, non retribuito, senza retribuzione, volontario, a titolo di volontariato; **~ arbeiten** lavorare a titolo gratuito, lavorare come volontario.

Ehren | amtliche/r *f/m* volontario/-a *m/f*; **~beamter/-beamtin** *m/f* funzionario *m* onorifico, funzionario *m* non retribuito; **~beleidigung** *f (A)* offesa *f* dell'onore, ingiuria *f*.

Ehrenbürger/in *m/f* cittadino/-a *m/f* onorario/-a.

Ehrenbürger | brief *m* diploma *m* di cittadino onorario; **~recht** *n* cittadinanza *f* onoraria.

Ehrendoktor *m (Univ)* (*Abk* = **Dr. h.c.**) dottore *m* honoris causa; **~würde** *f* laurea *f* ad honorem, laurea *f* honoris causa.

Ehren | erklärung *f* ammenda *f* onorevole; **bürgerliche ~fähigkeit** *f (CH)* esercizio *m* dei diritti politici; **~gericht** *n* giurì *m* d'onore, corte *f* d'onore, collegio *m* dei probiviri.

ehrenhalber *adv* ad honorem, honoris causa.

Ehren | kränkung *f* offesa *f* dell'onore, ingiuria *f*; **~mitglied** *n* membro *m* onorario, socio *m* onorario; **~mitgliedschaft** *f* qualità *f* di membro onorario, qualità *f* di socio onorario; **~präsident/in** *m/f* presidente *m* onorario.

Ehrenrecht *n* diritto *m* onorifico; **bürgerliche ~e** *pl* diritti *mpl* civili e politici.

ehrenrührig *adj* lesivo dell'onore, *(die Ehre verletzend)* oltraggioso, *(verleumdend)* diffamatorio.

Ehren | sache *f (die Ehre betreffende Angelegenheit)* questione *f* d'onore, *(Pflicht)* dovere *m*; **~schuld** *f* debito *m* d'onore, debito *m* sulla parola; **~schutz** *m* tutela *f* dell'onore; **~strafe** *f (Verletzung der Ehre)* pena *f* infamante, *(Aberkennung der bürgerlichen Ehrenrechte)* privazione *f* dei diritti civili e politici; **~titel** *m* titolo *m* onorario, titolo *m* onorifico; **~urkunde** *f* diploma *m* d'onore, atto *m* onorevole; **~vorsitz** *m* presidenza *f* onoraria; **~vorsitzende/r** *f/m*; **~vorsitzer** *m* presidente *m* onorario.

ehrverletzend *adj* lesivo dell'onore.

Ehr | verletzung *f* lesione *f* dell'onore; **~verletzungsdelikt** *n* reato *m* contro l'onore; **~verlust** *m* perdita *f* dei diritti civili e politici.

EHUG (*Abk* = **Gesetz über elektronische Handelsregister und Genossenschaftsregister sowie das Unternehmensregister**) *(D)* legge *f* (tedesca) sul registro elettronico di commercio, delle cooperative e delle imprese.

EIB (*Abk* = **Europäische Investitionsbank**) *EuR* Banca *f* europea per gli investimenti *(BEI)*.

Eich | amt *n* ufficio *m* pesi e misure; **~beamter/-beamtin** *m/f* verificatore *m* dei pesi e misure; **~behörde** *f* ufficio *m* pesi e misure.

eichen *v* verificare, punzonare.

Eichen *n* = *Eichung f* verifica *f* (dei pesi e misure).

Eich | gebühr *f* tassa *f* di verifica; **~meister** *m* perito *m* stazzatore, verificatore *m* dei pesi e misure; **~pflichtige/r** *f/m* utente *m* di pesi e misure; **~schein** *m* certificato *m* di stazza; **~stempel** *m* bollo *m* di verifica; **~verwaltung** *f* servizio *m* dei pesi e misure.

Eid *m* giuramento *m*; **unter ~** sotto (il vincolo del) giuramento; **einen ~ ablegen** prestare giuramento; **einen ~ abnehmen** ricevere un giuramento; **unter ~ aussagen** deporre sotto giuramento; **von einem ~ entbinden** sciogliere da un giuramento; **einen ~ leisten**; **einen ~ schwören** prestare giuramento; **unter ~ stehen** essere sotto giuramento; **den ~ verweigern** rifiutarsi di prestare giuramento; **assertorischer ~** *m* giuramento *m* assertorio; **falscher ~** *m (A, CH)* giuramento *m* falso; **geleisteter ~** *m* giuramento *m* prestato; **gerichtlicher ~** *m* giuramento *m* giudiziario; **~** *m* **auf die Verfassung** giuramento *m* sulla costituzione.

Eidablegung *f* giuramento *m*, prestazione *f* di giuramento.

eidbrüchig werden violare il giuramento.

Eidbrüchigwerden *n* violazione *f* del giuramento.

Eides | abnahme *f* il ricevere un giuramento; **~belehrung** *f* ammonimento *m* sull'importanza del giuramento; **~bruch** *m* violazione *f* del giuramento; **~delikt** *n* reato *m* di giuramento falso; **~fähigkeit** capacità *f* di prestare giuramento; **~formel** *f* formula *f* del giuramento.

Eidesleistung *f* giuramento *m*, prestazione *f* di giuramento; **zur ~ laden** deferire il giuramento (dal giudice a una parte); **die ~ verweigern** rifiutarsi di prestare giuramento.

Eidesleistungsprotokoll *n* verbale *m* di prestazione di giuramento.

Eides | mündigkeit *f* capacità *f* di prestare giuramento (per maggiore età); **~pflicht** *f* obbligo *m* di prestare giuramento.

eidesstattlich *adj* = *A: eidesstättig* giurato, sotto (il vincolo del) giuramento.

Eides | unfähigkeit *f* incapacità *f* di prestare giuramento; **~unmündigkeit** *f* incapacità *f* di prestare giuramento (per minore età); **~verweigerung** *f* rifiuto *m* di prestare giuramento; **~verweigerungsrecht** *n* diritto *m* di rifiutarsi di prestare giuramento, diritto *m* di rifiutare la prestazione di giuramento.

Eidgenosse *m (CH)* [f: Eidgenossin, seltener: Eidgenössin] confederato/-a *m/f*, svizzero/-a *m/f*, elvetico/-a *m/f*.

Eidgenossenschaft *f (CH)* confederazione *f*; **schweizerische ~** *f (CH)* Confederazione *f* svizzera, Confederazione *f* elvetica.

eidgenössisch *adj (CH)* confederale, federale, della Confederazione elvetica, elvetico, svizzero.

Eidgenössische Abstimmung *f (CH)* votazione *f* federale (svizzera); **~ Steuerverwaltung** *f (CH)* (*Abk* = **ESTV**) Amministrazione *f* federale (svizzera) delle contribuzioni *(AFC)*;

~ Verrechnungssteuer *f (CH) SteuerR* imposta *f* preventiva federale (svizzera); **~ Zollverwaltung** *f (CH)* (*Abk* = **EZV**) Amministrazione *f* federale (svizzera) delle dogane *(AFD)*.

Eidgenössisches Departement *n (CH)* Dipartimento *m* federale (svizzero); **~ Departement** *n* **für auswärtige Angelegenheiten** *(CH)* (*Abk* = **EDA**) Dipartimento *m* federale (svizzero) degli affari esteri *(DFAE)*; **~ Departement** *n* **des Innern** *(CH)* (*Abk* = **EDI**) Dipartimento *m* federale (svizzero) dell'interno *(DFI)*; **~ Departement** *n* **für Umwelt, Verkehr, Energie und Kommunikation** *(CH)* (*Abk* = **UVEK**) Dipartimento *m* federale (svizzero) dell'ambiente, dei trasporti, dell'energia e delle comunicazioni *(DATEC)*; **~ Departement** *n* **für Verteidigung, Bevölkerungsschutz und Sport** *(CH)* (*Abk* = **VBS**) Dipartimento *m* federale (svizzero) della difesa, della protezione della popolazione e dello sport *(DDPS)*; **~ Finanzdepartement** *n (CH)* (*Abk* = **EFD**) Dipartimento *m* federale (svizzero) delle finanze *(DFF)*; **~ Institut** *n* **für Geistiges Eigentum** *(CH)* (*Abk* = **IGE**) *(Bern)* Istituto *m* federale (svizzero) della proprietà intellettuale *(IPI)*; **~ Institut** *n* **für Metrologie** *(CH)* (*Abk* = **METAS**) Istituto *m* federale (svizzero) di metrologia *(METAS)*; **~ Justiz- und Polizeidepartement** *n (CH)* (*Abk* = **EJPD**) Dipartimento *m* federale (svizzero) di giustizia e polizia *(DFGP)*; **~ Versicherungsgericht** *n (CH)* Tribunale *m* federale (svizzero) delle assicurazioni; **~ Volkswirtschaftsdepartement** *n (CH)* (*Abk* = **EVD**) Dipartimento *m* federale (svizzero) dell'economia *(DFE)*.

Eidleistung *f* giuramento *m*, prestazione *f* di giuramento.

eidlich *adj* sotto (il vincolo del) giuramento.

eigen *adj* proprio, *(persönlich)* personale, *(gesondert)* a parte, separato, *(typisch)* particolare, caratteristico, *(merkwürdig)* singolare, strano.

Eigen- → *Selbst-* proprio, personale, auto-.

Eigen | anteil *m* quota *f* propria; **~anzeige** *f* autodenuncia *f*; **~bedarf** *m* proprio fabbisogno *m*, necessità *fpl* personali.

Eigenbedarfs | klage *f MietR* azione *f* di sfratto per esigenze familiari (*del locatore*); **~kündigung** *f MietR* recesso *m* del locatore per proprie esigenze familiari.

Eigen | behalt *m VersR* pieno *m*; **~besitz** *m (§ 872 BGB)* possesso *m* (*in proprio*); **~besitzer/in** *m/f (wer eine Sache als ihm gehörend besitzt)* possessore *m* (*in proprio*); **~betrieb** *m (Kommunalrecht)* azienda *f* municipalizzata; **~bewirtschaftung** *f* conduzione *f* diretta, gestione *f* in proprio; **~deckung** *f* assicurazione *f* in proprio; **~depot** *n* deposito *m* in mani proprie; **~erzeugung** *f*; **~fertigung** *f* produzione *f* propria; **~finanzierung** *f* autofinanziamento *m*, finanziamento *m* interno, finanziamento *m* mediante conferimento di capitale proprio.

Eigenfinanzierungs | anteil *m* quota *f* di autofinanziamento; **~politik** *f* politica *f* dell'autofinanziamento.

Eigen | gebrauch *m* uso *m* proprio, uso *m* personale; **~gefahr** *f* rischio *m* personale; **~geschäft** *n* affare *m* per proprio conto; **~gesetzlichkeit** *f* autonomia *f*; **~gewicht** *n* peso *m* netto; **~haftung** *f* responsabilità *f* personale; **~handel** *n* commercio *m* in proprio.

eigenhändig *adj* di proprio pugno, di propria mano, autografo, *(Testament)* olografo; **~ geschrieben** scritto di proprio pugno, scritto di propria mano, *(Testament)* olografo.

Eigenhändler/in *m/f* commerciante *m/f* in proprio.

Eigenhändlergeschäft *n* operazione *f* in proprio.

Eigen | interesse *n* proprio interesse *m*; **~investition** *f* autoinvestimento *m*; **~kapital** *n* capitale *m* proprio, capitale *m* netto, capitale *m* di diretta pertinenza; **~konto** *n* conto *m* personale; **aktivierte ~leistungen** *fpl* opere *fpl* effettuate per proprio conto e iscritte all'attivo del bilancio.

Eigenmacht *f* arbitrio *m*; **verbotene ~** *f (gegen den Besitzer) (§ 858 BGB)* atto *m* di spoglio illegale o molestia del possesso.

eigenmächtig *adj* arbitrario.

Eigen | mittel *pl* mezzi *mpl* propri, mezzi *mpl* di diretta pertinenza, capitali *mpl* propri, capitali *mpl* di diretta pertinenza, fondi *mpl* propri, fondi *mpl* patrimoniali, capitale *m* e riserve *fpl*; **~nutz** *m* interesse *m* (personale), fini *mpl* personali; **~nutzung** *f* uso *m* proprio, uso *m* personale; **~produktion** *f* produzione *f* propria; **~rechnung** *f* autofattura *f*; **~risiko** *n* rischio *m* personale.

Eigenschaft *f* qualità *f*, proprietà *f*, caratteristica *f*, carattere *m*, prerogativa *f*; **in seiner ~** [als] in qualità [di]; **in amtlicher ~** in veste ufficiale; **erforderliche ~** *f* requisito *m*; **innewohnende ~** *f* qualità *f* intrinseca; **notwendige ~** *f* qualità *f* essenziale; **rechtliche ~** *f (der Sache)* qualità *f* giuridica, condizione *f* giuridica; **wesentliche ~** *f* qualità *f* essenziale; **zugesicherte ~** *f* qualità *f* garantita, qualità *f* promessa.

Eigenschaftsirrtum *m (Willenserklärung) (§ 119 Abs. 2 BGB)* error in substantia (*errore sulla sostanza*) *(lat)*, errore *m* sulle qualità, errore *m* che cade su una qualità della cosa o della persona che costituisce oggetto del negozio.

Eigen | schuld *f* colpa *f* propria, autoresponsabilità *f*; **~sicherung** *f* autoprotezione *f*; **~staatlichkeit** *f* sovranità *f*.

Eigentum *n* [an *Dat*] proprietà *f* [di], beni *mpl*; **~** *n* **an einer beweglichen Sache** proprietà *f* di un bene mobile; **~** *n* **an einem Grundstück** proprietà *f* di un (bene) immobile; **das ~ an einer Sache erlangen**; **das ~ an einer Sache erwerben** acquistare la proprietà di un bene, acquisire la proprietà di un bene; **das ~ an einem Grundstück auf jemanden (Akk) übertragen** trasferire a qn. la proprietà di un (bene) immobile; **sich das ~ vorbehalten** riservarsi la proprietà; **abgeleitetes ~** *n* proprietà *f* a titolo derivativo; **alleiniges ~** *n*; **ausschließliches ~** *n* proprietà *f* esclusiva; **befriedetes ~** *n* proprietà *f* recintata; **belastetes ~** *n* proprietà *f* gravata; **beschränktes ~** *n* proprietà *f* limitata; **bewegliches ~** *n* proprietà *f* mobiliare, beni *mpl* mobili; **bloßes ~** *n* nuda proprietà *f*; **derivatives ~** *n* proprietà *f* a titolo derivativo; **feindliches ~** *n* proprietà *f* nemica; **freies ~** *n* libera proprietà *f*; **fremdes ~** *n* proprietà *f* altrui; **fremdes ~ verletzen** violare la proprietà altrui; **geistiges ~** *n* proprietà *f* intellettuale; **Übereinkommen** *n* **über handelsbezogene Aspekte der Rechte am geistigen ~** (*Abk* = **TRIPS**) Accordo *m* sugli aspetti dei diritti di proprietà intellettuale attinenti al commercio; **gemeinschaftliches ~** *n* proprietà *f* (in) comune, proprietà *f* collettiva, proprietà *f* congiunta; **~** *n* **zur gesamten Hand** proprietà *f* indivisa; **gewerbliches ~** *n* proprietà *f* industriale; **künstlerisches ~** *n* proprietà *f* artistica; **künstlerisches und literarisches ~** *n* proprietà *f* artistica e letteraria; **literarisches ~** *n* proprietà *f* letteraria; **nacktes ~** *n* nuda proprietà *f*; **öffentliches ~** *n* demanio *m* pubblico; **originäres ~** *n* proprietà *f* originaria; **persönliches ~** *n* proprietà *f* individuale; **treuhänderisches ~** *n* proprietà *f* fiduciaria; **umfriedetes ~** *n* proprietà *f* recintata; **unbewegliches ~** *n* proprietà *f* immobiliare, beni *mpl* immobili; **uneingeschränktes ~** *n*; **volles ~** *n* piena proprietà *f*.

Eigentümer *m* [f: Eigentümerin] proprietario/-a *m/f*, padrone/-a *m/f*; **als ~ auftreten** agire come proprietario; **~ sein** essere il proprietario; **alleiniger ~** *m* proprietario *m* unico; **bloßer ~** *m* nudo proprietario *m*; **eingetragener**

~ *m* proprietario *m* iscritto (*nel libro fondiario*); **früherer ~** *m* vecchio proprietario *m*; **gutgläubiger ~** *m* proprietario *m* di buona fede; **rechtmäßiger ~** *m* proprietario *m* legittimo.

Eigentümer | befugnis *f* dominio *m*, diritto *m* di proprietà; **~ -Besitzer-Verhältnis** *(D)* (*Abk* = **EBV**) *(§§ 985 ff. BGB)* rapporto *m* tra proprietario e possessore; **~dienstbarkeit** *f* servitù *f* per destinazione del padre di famiglia; **~grundpfand** *n (CH)* ipoteca *f* a favore del proprietario.

Eigentümergrundschuld *f (D) (§ 1196 BGB)* debito *m* fondiario del proprietario, debito *m* fondiario iscritto a nome del proprietario, debito *m* fondiario facente capo, dal lato attivo, al proprietario dell'immobile.

Eigentümergrundschuld
Debito fondiario (*Grundschuld*) facente capo, dal lato attivo, allo stesso proprietario dell'immobile. Poiché tale vincolo reale non è accessorio ad alcun credito, esso può venire assegnato più volte nel corso della sua esistenza a creditori diversi per garantire obbligazioni anche successive alla sua costituzione. In virtù della sua natura astratta, il debito fondiario prescinde da un'obbligazione sottostante e ha una esistenza indipendente rispetto al credito al quale sia stato eventualmente collegato. Ciò significa che l'estinzione del credito non comporta l'estinzione della garanzia, che viene meno soltanto con la sua cancellazione e che pertanto può venire nuovamente utilizzata conservando il proprio grado originario a favore di tutti i creditori che beneficeranno di volta in volta della garanzia.

Eigentümer | haftpflichtversicherung *f* assicurazione *f* contro la responsabilità civile del proprietario; **~hypothek** *f* ipoteca *f* a favore del proprietario; **~recht** *n* diritto *m* di proprietà.

Eigentümerschaft *f* proprietà *f*.

Eigentümer | servitut *f (A)* servitù *f* per destinazione del padre di famiglia; **~wechsel** *m* cambio *m* di proprietario, cambiamento *m* di proprietario.

Eigentums | ansprache *f (CH)* rivendicazione *f* in proprietà *(CH)*; **~anspruch** *m* diritto *m* di proprietà; **~anteil** *m* quota *f* di proprietà; **~aufgabe** *f SachenR (Dereliktion) (§ 959 BGB)* rinuncia *f* alla proprietà, abbandono *m* della proprietà, derelizione *f*; **~beschränkung** *f* limitazione *f* della proprietà, lilmiti *mpl* della proprietà; **~delikt** *n* reato *m* contro la proprietà; **~erwerb** *m* acquisto *m* della proprietà; **~feststellungsklage** *f* azione *f* di accertamento della proprietà; **~form** *f* tipo *m* di proprietà; **~freiheitsklage** *f (A)* azione *f* negatoria; **~garantie** *f (Grundrecht)* garanzia *f* (costituzionale) della proprietà privata; **~gemeinschaft** *f (A)* condominio *m*; **~herausgabeanspruch** *m SachenR (§ 985 BGB)* azione *f* di rivendicazione; **~klage** *f ZivProzR* azione *f* petitoria; **~nachweis** *m (Urkunde)* titolo *m* di proprietà, *(Beweis)* prova *f* della proprietà; **~ordnung** *f* disciplina *f* della proprietà (privata).

Eigentumsrecht *n* diritto *m* di proprietà; **geistiges ~** *n* diritto *m* di proprietà intellettuale; **gewerbliches ~** *n* diritto *m* di proprietà industriale.

Eigentums | schranken *fpl (verfassungsrechtliche Beschränkungen)* lilmiti *mpl* della proprietà; **~schutz** *m* tutela *f* della proprietà; **~schutzklage** *f* azione *f* a difesa della proprietà; **~störung** *f SachenR (§ 1004 BGB)* → *Beseitigungs- und Unterlassungsanspruch* turbativa *f* della proprietà; **~störungsklage** *f* azione *f* di cessazione della turbativa della proprietà, azione *f* negatoria; **~streuung** *f* diffusione *f* della proprietà; **~titel** *m* titolo *m* di proprietà; **~übergang** *m* passaggio *m* di (o: della) proprietà, trapasso *m* di proprietà.

Eigentumsübertragung *f (§§ 929 ff. BGB)* trasferimento *m* di (o: della) proprietà.

Eigentumsübertragung
Nell'ordinamento tedesco il § 929 BGB prevede che per trasferire la proprietà di beni mobili devono essere presenti questi tre elementi:
1) ci deve essere un accordo tra il cedente e il cessionario in relazione al trasferimento di proprietà (*dingliche Einigung*);
2) il cessionario deve entrare in possesso del bene oggetto del trasferimento;
3) il cedente deve avere il diritto di trasferire la proprietà.

Contrariamente a quanto accade nel diritto italiano (fatte salve alcune eccezioni), nel diritto tedesco la proprietà non si trasferisce con un contratto di vendita per effetto del semplice consenso manifestato dalle parti. Il trasferimento della proprietà avviene in virtù di un meccanismo piuttosto complesso che si articola in un negozio obbligatorio causale (*Verpflichtungsgeschäft*), che produce il solo effetto di *obbligare* il venditore a trasferire la proprietà del bene venduto al compratore, seguito da un negozio astratto dispositivo (*Verfügungsgeschäft*), da esso separato e del tutto indipendente, che richiede da un punto di vista materiale anche la consegna della cosa (*Übergabe*). In forza del principio di separazione e di astrazione (cfr. *Trennungs-und Abstraktionsprinzip*), l'efficacia del contratto astratto dispositivo è completamente svincolata dalle sorti del contratto obbligatorio causale. Ciò significa che il negozio di trasferimento della proprietà è perfettamente valido, pur in presenza di un contratto di vendita sottostante invalido.

Eigentums | urkunde *f* titolo *m* di proprietà; **~verletzung** *f* violazione *f* della proprietà; **~verlust** *m* perdita *f* di (o: della) proprietà; **~vermutung** *f (§ 1006 BGB)* presunzione *f* di proprietà; **~verzicht** *m* rinuncia *f* alla proprietà; **~vorbehalt** *m* (*Abk* = **EV**) *KredSichR (§ 449 BGB)* riserva *f* di (o: della) proprietà, riservato dominio *m*; **~vorbehaltsregister** *n (CH) KredSichR (Art. 715, 716 ZGB)* registro *m* dei patti di riserva della proprietà, registro *m* delle riserve di proprietà.

Eigentumswechsel *m* [1] *(Eigentümerwechsel)* cambio *m* di proprietario, cambiamento *m* di proprietario.

Eigentumswechsel *m* [2] *(Eigentumsübergang)* passaggio *m* di (o: della) proprietà, trapasso *m* di proprietà.

Eigentumswohnung *f* abitazione *f* di proprietà, appartamento *m* di proprietà, abitazione *f* in condominio, appartamento *m* in condominio, alloggio *m* in condominio.

eigenverantwortlich *adj* sotto la propria responsabilità.

Eigen | verantwortlichkeit *f* responsabilità *f* personale; **~verbrauch** *m* consumo *m* personale, consumo *m* proprio; **~vermögen** *n* patrimonio *m* personale, beni *mpl* personali; **~verschulden** *n* colpa *f* propria; **~versicherung** *f* assicurazione *f* personale, assicurazione *f* in proprio; **~verwaltung** *f (unmittelbare Staatsverwaltung)* amministrazione *f* diretta, *(eigenständige Verwaltung)* gestione *f* autonoma; **~vorsorge** *f* autoprevidenza *f*; **~wechsel** *m* pagherò *m*, pagherò *m* cambiario, vaglia *m* cambiario, cambiale *f* propria; **~zuständigkeit** *f* propria competenza *f*.

eignen *v* [sich] adattarsi, essere adatto, essere idoneo.

Eigner *m* proprietario *m*.

Eignung *f* attitudine *f*, idoneità *f*, qualifica *f*, qualificazione *f*.

Eil | antrag *m* istanza *f* di procedura d'urgenza; **~auftrag** *m* ordine *m* urgente.

eilbedürftig *adj* urgente.

Eilbedürftigkeit *f* urgenza *f*; **besondere ~** *f* urgenza *f* particolare.

Eil | beförderung *f* spedizione *f* per espresso; **~bestellgebühr** *f (CH)* tassa *f* di recapito per espresso.

Eilbestellung *f* [1] ordine *m* urgente.

Eilbestellung *f* [2] *(CH)* recapito *m* per espresso.

Eil | fall *m* caso *m* urgente; **~fracht** *f* grande velocità *f*; **~frachtbrief** *m* lettera *f* di vettura a grande velocità; **~gebühr** *f* diritto *m* d'urgenza, tassa *f* d'espresso; **~geld** *n* premio *m* di acceleramento, premio *m* di allestimento; **~gut** *n* merce *f* viaggiante a grande velocità; **~maßnahme** *f* provvedimento *m* d'urgenza; **~sache** *f* affare *m* urgente; **~sendung** *f* spedizione *f* per espresso, corrispondenza *f* espressa; **~stück** *n (CH)* pacco *m* espresso; **~taxe** *f (CH)* tassa *f* d'espresso; **~überweisung** *f* vaglia *m* espresso, bonifico *m* urgente; **~verfahren** *n* procedimento *m* di urgenza, procedura *f* di urgenza; **~zustellgebühr** *f* tassa *f* d'espresso; **~zustellung** *f* recapito *m* espresso, consegna *f* per espresso.

einantworten *v (A) (den Erben)* immettere nel possesso.

Einantwortung *f (A) (des Erben)* immissione *f* nel possesso.

Einantwortungsurkunde *f (A) ErbR (= Erbschein)* certificato *m* di eredità, certificato *m* ereditario.

einarbeiten *v* [1] [in *Akk*] *(jemanden)* insegnare il lavoro [a], impratichire, iniziare, istruire.

einarbeiten *v* [2] [in *Akk*] *(etwas)* inserire, introdurre.

Einarbeitung *f (am Arbeitsplatz)* pratica *f*, introduzione *f* al lavoro, *(ugs)* rodaggio *m*.

Einarbeitungszeit *f* periodo *m* iniziale, periodo *m* di adattamento.

Einbau *m* installazione *f*, montaggio *m*, incorporamento *m*.

Einbehalt *m* ritenuta *f*, trattenuta *f*.

einbehalten *v* ritenere, trattenere.

Einbehaltung *f* ritenuta *f*, trattenuta *f*.

Einbenennung *f (des nichtehelichen Kindes)* imposizione *f* del cognome del marito al figlio naturale che la moglie ha avuto da altri prima del matrimonio.

einberufen *v* [1] *(Versammlung)* convocare, indire.

einberufen *v* [2] *(zum Wehrdienst)* (ri)chiamare alle armi, arruolare.

Einberufung *f* [1] *(der Versammlung)* convocazione *f*; **~** *f* **der Hauptversammlung** convocazione *f* dell'assemblea (dei soci); **~** *f* **des Sicherheitsrats** *(der Vereinten Nationen)* convocazione *f* del Consiglio di sicurezza (*delle Nazioni Unite*); **~** *f* **einer Versammlung** convocazione *f* d'assemblea.

Einberufung *f* [2] *(zum Wehrdienst)* chiamata *f* alle armi, richiamo *m*, arruolamento *m*.

Einberufungs | befehl *m* ordine *m* di chiamata alle armi, cartolina *f* precetto; **~bekanntmachung** *f* avviso *m* di convocazione; **~bescheid** *m (zum Wehrdienst)* ordine *m* di chiamata alle armi, cartolina *f* precetto; **~mitteilung** *f* avviso *m* di convocazione; **~recht** *n* diritto *m* di convocazione; **~schreiben** *n* lettera *f* di convocazione.

einbeziehen *v* comprendere, includere, inserire, coinvolgere.

Einbeziehung *f* inclusione *f*, inserimento *m*, considerazione *f*, coinvolgimento *m*; **unter ~** [Gen / von Dat] comprendendo, includendo, inserendo, prevedendo l'inserimento [di].

einbrechen *v* [1] *(abnehmen, sinken)* diminuire, calare, *(einstürzen)* crollare, sprofondare, precipitare.

einbrechen *v* [2] *StrafR (gewaltsam in ein Gebäude, in einen Raum eindringen, um etwas zu stehlen)* entrare (scassinando), scassinare, fare un furto con scasso, rubare, *(einfallen)* irrompere, fare irruzione, penetrare di forza, sfondare.

Einbrecher/in *m/f StrafR* scassinatore/-trice *m/f*, ladro/-a *m/f*.
einbringen *v* [1] *(einreichen)* presentare, proporre.
einbringen *v* [2] *(Gewinn)* fruttare, rendere.
einbringen *v* [3] *(Geld, Kapital)* portare, apportare, conferire.
einbringen *v* [4] *(nachholen)* recuperare [o: ricuperare], riguadagnare.
Einbringen *n* **der Klage bei Gericht** *(A) ZivProzR* deposito *m* dell'atto introduttivo presso la cancelleria (del giudice adito), deposito *m* in cancelleria dell'atto introduttivo del giudizio, deposito *m* in cancelleria dell'atto di citazione.
einbringlich *adj (A)* recuperabile [o: ricuperabile].
Einbringlichkeit *f (A)* recuperabilità *f* [o: ricuperabilità].
Einbringung *f* [1] *(Einreichung)* presentazione *f*; **erneute ~** *f* ripresentazione *f*; **~** *f* **einer Gesetzesvorlage** presentazione *f* di un disegno di legge; **~** *f* **von Sachen bei Gastwirten** *(D) (§§ 701–704 BGB)* deposito *m* in albergo.
Einbringung *f* [2] *(von Geld, Kapital)* apporto *m*, conferimento *m*; **~** *f* **von Sachwerten** conferimenti *mpl* in natura.
Einbringung *f* [3] *(Nachholen)* recupero *m* [o: ricupero]; **~** *f* **der Arbeitsstunden** *(A)* recupero *m* delle ore di lavoro.
Einbringungs|bilanz *f* bilancio *m* degli apporti; **~klausel** *f* clausola *f* d'apporto; **~wert** *m* valore *m* di conferimento.
Einbruch *m* [1] *(in der Wirtschaftsentwicklung)* diminuzione *f*, calo *m*, caduta *f*, crollo *m*; **konjunktureller ~** *m* recessione *f*; **saisonaler ~** *m*; **saisonbedingter ~** *m* recesso *m* stagionale.
Einbruch *m* [2] *(Straftat)* scasso *m*, effrazione *f*, irruzione *f*.
Einbruch(s)|diebstahl *m StrafR* furto *m* con scasso, furto *m* con effrazione; **~versicherung** *f* assicurazione *f* contro il furto con scasso; **~werkzeug** *n* arnese *m* da scasso.
einbürgern *v* naturalizzare, concedere la cittadinanza [a]; **sich ~** *v* naturalizzarsi, acquisire la cittadinanza.
Einbürgerung *f* naturalizzazione *f*, concessione *f* della cittadinanza.
Einbürgerungs|antrag *m* domanda *f* di naturalizzazione; **~bescheid** *m* decreto *m* di naturalizzazione; **~urkunde** *f* atto *m* di naturalizzazione; **~verfahren** *n* procedimento *m* di naturalizzazione.
Einbuße *f* perdita *f*, calo *m*, flessione *f*, danno *m*.
einbüßen *v* perdere.
Eindämmung *f* **der öffentlichen Ausgaben** contenimento *m* della spesa pubblica.
eindecken *v* [sich] rifornirsi, coprirsi.
Eindeckung *f* approvvigionamento *m*, ricopertura *f*.
Einfachtarif *m* tariffa *f* semplice.
Einfluss *m (Wirkung)* influenza *f*, influsso *m*, azione *f*, effetto *m*, impatto *m*, *(Geltung)* ascendente *m*, autorità *f*, potere *m*; **~ ausüben** [auf *Akk*] esercitare un'influenza [su], esercitare un influsso [su], esercitare un ascendente [su]; **~ nehmen** [auf *Akk*] influenzare, influire [su]; **unter dem ~ von Drogen stehen** essere sotto l'effetto di droghe, essere sotto l'effetto di sostanze stupefacenti.
Einfluss|bereich *m*; **~gebiet** *n* sfera *f* d'influenza.
Einflussnahme *f* influenza *f*, pressione *f*.
einforderbar *adj* esigibile.
Einforderbarkeit *f* esigibilità *f*.
einfordern *v* chiedere il pagamento di, esigere il pagamento di, reclamare.
Einforderung *f* richiesta *f* di pagamento, esazione *f*, riscossione *f*, recupero *m* [o: ricupero].
einfrieden *v* recintare.
Einfriedung *f* recinzione *f*.
Einfrieren *n (von Guthaben, Preisen)* congelamento *m* (*di crediti, prezzi*).
einfügen *v* inserire, interporre, intercalare, inquadrare, aggiungere, integrare, *(IT)* incollare.
Einfügung *f* inserimento *m*, inserzione *f*.
Einfuhr *f* importazione *f*; **~** *f* **ohne**

Bezahlung importazione *f* franco valuta; **endgültige ~** *f* importazione *f* definitiva; **unentgeltliche ~** *f* importazione *f* franco valuta; **unsichtbare ~** *f* importazione *f* invisibile; **vorübergehende ~** *f*; **~** *f* **auf Zeit**; **zeitweise ~** *f* importazione *f* temporanea; **zollfreie ~** *f* importazione *f* in franchigia, entrata *f* in franchigia.

Einfuhr | abfertigung *f (CH)* sdoganamento *m* all'entrata; **~abgabe** *f* tassa *f* all'importazione; **~anrecht** *n* diritto *m* accordato all'esportatore di importare liberamente certe merci in cambio di merci da lui esportate; **~antrag** *m* domanda *f* di licenza di importazione; **~bescheinigung** *f* certificato *m* di importazione.

Einfuhrbeschränkung *f* restrizione *f* all'importazione, limitazione *f* delle importazioni; **mengenmäßige ~** *f EuR* restrizioni *fpl* quantitative all'importazione.

Einfuhr | bestimmungen *fpl* norme *fpl* per l'importazione; **~bewilligung** *f* permesso *m* di importazione, licenza *f* di importazione; **~deklaration** *f* dichiarazione *f* di importazione, dichiarazione *f* di entrata; **~dokumente** *npl* documenti *mpl* di importazione; **~drosselung** *f* riduzione *f* delle importazioni.

einführen *v (Person, Thema)* presentare, introdurre, *(Artikel)* lanciare, immettere, promuovere, *(Waren aus dem Ausland beziehen, kaufen)* importare, *(mit der zukünftigen Arbeit vertraut machen)* avviare, iniziare; **zollfrei ~** importare in franchigia.

Einführer *m* importatore *m*.

Einfuhr | erklärung *f* dichiarazione *f* di importazione, dichiarazione *f* di entrata; **~erleichterung** *f* facilitazione *f* di importazione; **~erschwerung** *f* restrizione *f* all'importazione; **~förmlichkeiten** *fpl* formalità *fpl* per l'importazione; **~genehmigung** *f* permesso *m* di importazione, licenza *f* di importazione; **~hafen** *m* porto *m* d'entrata; **~handel** *m* commercio *m* di importazione; **~händler/in** *m/f* commerciante *m* importatore, importatore *m*; **~kontingent** *n* contingente *m* di importazione; **~kontingentierung** *f* contingentamento *m* delle importazioni; **~kontrolle** *f* controllo *m* delle importazioni; **~kredit** *m* credito *m* all'importazione; **~land** *n* paese *m* importatore; **~monopol** *n* monopolio *m* di importazione; **~papier** *n* documento *m* di importazione; **~patent** *n* brevetto *m* di importazione; **~preis** *m* prezzo *m* all'importazione; **~quote** *f*; **~rate** *f* quota *f* di importazione; **~restriktion** *f* restrizione *f* all'importazione; **~schein** *m* bolletta *f* di importazione; **~sperre** *f*; **~stopp** *m* blocco *m* delle importazioni; **~tarif** *m* tariffa *f* di importazione, tariffa *f* di entrata; **~überschuss** *m* eccedenza *f* delle importazioni; **~überwachung** *f* controllo *m* delle importazioni.

Einführung *f* presentazione *f*, introduzione *f*, *(Neuanwendung)* adozione *f*, attivazione *f*, *(Verbreitung)* lancio *m*, promozione *f*, immissione *f*, ammissione *f*, *(Einfuhr)* importazione *f*, *(Einarbeitung)* avviamento *m*, *(Prinzipien)* principi *mpl*, elementi *mpl*; **schrittweise ~** *f* introduzione *f* graduale.

Einführungs | angebot *n* offerta *f* di lancio (*di un prodotto*), offerta *f* promozionale; **~brief** *m* lettera *f* di presentazione.

Einführungsgesetz *n* legge *f* istitutiva, legge *f* introduttiva, legge *f* di introduzione, disposizioni *fpl* preliminari; **~** *n* **zum Bürgerlichen Gesetzbuch** *(D)* (*Abk* = **EGBGB**) legge *f* introduttiva al codice civile (tedesco), disposizioni *fpl* preliminari al codice civile (tedesco); **~** *n* **zur Zivilprozessordnung** *(D)* (*Abk* = **EGZPO / ZPOEG**) *(auch: Gesetz betreffend die Einführung der Zivilprozessordnung)* legge *f* introduttiva al codice di procedura civile (tedesco), disposizioni *fpl* preliminari al codice di procedura civile (tedesco).

Einführungs | kurs *m (Lehrgang)* corso *m* introduttivo, corso *m* di introduzione, *(Börse)* prezzo *m* di introduzione in borsa; **~patent** *n* brevetto *m* di importazione; **~preis** *m* prezzo *m* promozionale; **~prospekt** *m* prospetto *m* di introduzione.

Einfuhr | verbot *n* divieto *m* di importazione; **~vertrag** *m* contratto *m* di importazione; **~verzollung** *f* sdoganamento *m* all'entrata; **~volumen** *n* volume *m* delle importazioni; **~ware** *f* merce *f* di importazione, merce *f* importata; **~wert** *m* valore *m* all'importazione; **~zoll** *m* dazio *m* di importazione.

Eingabe *f* [1] *(von Daten)* immissione *f*, inserimento *m*, introduzione *f*, *(IT)* input *m*.

Eingabe *f* [2] *(Ersuchen)* richiesta *f*, domanda *f*, istanza *f*, petizione *f*, ricorso *m*.

Eingaben *fpl* corrispondenza *f*; **~gebühr** *f (A)* tassa *f* di bollo.

Eingang *m* [1] *(Eintritt)* ingresso *m*, entrata *f*.

Eingang *m* [2] *(Eintreffen, Empfang von Waren, Post)* arrivo *m*, ricevimento *m*, carico *m*, entrata *f*, *(von Geld)* incasso *m*, riscossione *f*, introito *m*, accredito *m*; **nach ~** al ricevimento, una volta ricevuto, dopo l'incasso; **den ~ bestätigen** confermare il ricevimento, accusare ricevuta (*di qc.*); **~ vorbehalten** (*Abk* = **E.v.**) salvo buon fine *(s.b.f.)*, salvo incasso; **zollfreier ~** *m* entrata *f* in franchigia.

eingangs *adv* in epigrafe, all'inizio.

Eingangs | abfertigung *f* sdoganamento *m*, disbrigo *m* delle formalità di entrata; **~abgabe** *f* diritto *m* d'entrata; **~amt** *n* prima qualifica *f*; **~anzeige** *f* avviso *m* di incasso; **~bescheinigung** *f* certificato *m* d'entrata; **~bestätigung** *f* conferma *f* di ricevimento, conferma *f* di arrivo; **~buch** *n* registro *m* delle entrate, registro *m* degli arrivi; **~datum** *n* data *f* di arrivo, data *f* di ricevimento; **~formel** *f* preambolo *m*; **~gehalt** *n* stipendio *m* iniziale; **~nummer** *f* numero *m* d'ordine; **~prüfung** *f* verifica *f* al ricevimento, collaudo *m* al ricevimento, controllo *m* accettazione; **~staat** *m* paese *m* d'entrata; **~stempel** *m* timbro *m* di arrivo; **~steuersatz** *m (bei progressiver Besteuerung)* aliquota *f* minima; **~zoll** *m* dazio *m* di entrata, dazio *m* di importazione; **~zollamt** *n* ufficio *m* doganale di entrata; **~zollfreiheit** *f* entrata *f* in franchigia.

eingehen *v* [1] *(ankommen: von Waren, Post)* arrivare, giungere, pervenire, *(von Geld)* venire incassato, venire accreditato.

eingehen *v* [2] *(Vertrag, Waffenstillstand)* concludere, stipulare, *(Bündnis)* stringere, *(Ehe, Verpflichtung)* contrarre, assumere, *(Risiko)* correre, *(Wette)* fare.

eingehen *v* [3] [auf *Akk*] *(auf ein Problem, eine Frage)* interessarsi [di], occuparsi [di], trattare, entrare [in], *(auf einen Vorschlag, Plan)* aderire [a], accettare, accogliere, approvare, *(auf jdn., auf jds. Bitten)* ascoltare, dare ascolto [a].

eingehend *adj* [1] *(eintreffend)* in arrivo, in entrata.

eingehend *adj* [2] *(gründlich)* approfondito, accurato, attento, a fondo, *(sorgfältig)* accuratamente, attentamente, *(ausführlich)* dettagliato, circostanziato, minuzioso, esauriente, esaustivo, dettagliatamente, minuziosamente.

Eingehung *f* **der Ehe** *FamR* celebrazione *f* del matrimonio.

Eingehungsbetrug *m* truffa *f* contrattuale.

eingemeinden *v* incorporare in un comune.

Eingemeindung *f* incorporazione *f* in un comune, fusione *f* di comuni mediante incorporazione del comune minore nel comune maggiore.

Eingeständnis *n* ammissione *f*, confessione *f*.

eingestehen *v* ammettere, confessare, riconoscere.

eingestellt *part* [1] *(gestoppt)* cessato, smesso, sospeso.

eingestellt *part* [2] *(z.B. als Arbeitnehmer)* assunto, impiegato.

eingestellt *part* [3] *(zur Benutzung bereit)* regolato, aggiustato, messo a punto.
eingestellt *part* [4] *(gesinnt)* di idee…, di tendenze…, orientato.
eingetragen *adj* iscritto, registrato; **handelsgerichtlich ~** iscritto nel registro delle imprese.
eingliedern *v* incorporare, annettere, *(in die Gesellschaft)* integrare, inserire, *(einordnen)* inquadrare, classificare.
Eingliederung *f* incorporazione *f*, annessione *f*, *(in die Gesellschaft)* integrazione *f*, inserimento *m*, *(Einordnung)* inquadramento *m*, classificazione *f*; **berufliche ~** *f* inserimento *m* professionale; **finanzielle ~** *f GesR* integrazione *f* finanziaria; **soziale ~** *f* inserimento *m* sociale.
Eingliederungs | hilfe *f* misure *fpl* per l'inserimento; **~prozess** *m* processo *m* di inserimento.
eingreifen *v (einschreiten)* intervenire, entrare in azione, operare, *(sich einmischen)* interferire, intromettersi, *(Art., §)* trovare applicazione; **stützend ~** intervenire a sostegno.
Eingreifen *n (Einschreiten)* intervento *m*, azione *f*, opera *f*, *(Einmischung)* interferenza *f*, intromissione *f*, ingerenza *f*; **gerichtliches ~** *n* intervento *m* del giudice; **gesetzgeberisches ~** *n* intervento *m* del legislatore; **gewaltsames ~** *n* intervento *m* armato; **militärisches ~** *n* intervento *m* militare; **~** *n* **der Regierung** intervento *m* del governo, intervento *m* governativo; **staatliches ~** *n* intervento *m* dello Stato, intervento *m* statale, intervento *m* pubblico.
Eingriff *m* [1] *(Einschreiten)* intervento *m*, azione *f*, opera *f*, *(Einmischung)* interferenza *f*, intromissione *f*, ingerenza *f*; **enteignender ~** *m* atto *m* espropriativo; **enteignungsgleicher ~** *m VerwR* espropriazione *f* di fatto, restrizione *f* di tipo espropriativo, atto *m* simile all'espropriazione, atto *m* di tipo espropriativo; **rechtmäßiger ~** *m VerwR* atto *m* legittimo; **staatlicher ~** *m* intervento *m* dello Stato, intervento *m* statale, intervento *m* pubblico.
Eingriff *m* [2] *(Verletzung, Vorstoß)* violazione *f*, lesione *f*, attentato *m*; **~** *m* **in die Freiheit** attentato *m* alla libertà; **~** *m* **in die Rechte anderer** lesione *f* dei diritti altrui.
Eingriff *m* [3] *(ärztlicher Eingriff)* intervento *m* chirurgico, operazione *f*.
Eingriffs | ermächtigung *f* autorizzazione *f* ad intervenire; **~gegenstand** *m* oggetto *m* fabbricato usurpando un brevetto; **~klage** *f (A)* azione *f* negatoria; **~pflicht** *f* dovere *m* di intervento, obbligo *m* di intervento; **~recht** *n* diritto *m* di intervento.
einhalten *v* osservare, rispettare, attenersi a, adempiere, mantenere.
Einhaltung *f* osservanza *f*, rispetto *m*, adempimento *m*, mantenimento *m*; **~** *f* **einer Frist** osservanza *f* di un termine, osservanza *f* di una scadenza, rispetto *m* di un termine, rispetto *m* di una scadenza; **~** *f* **der Gesetze** osservanza *f* delle leggi, rispetto *m* della legge; **~** *f* **der Kündigungsfrist** osservanza *f* del periodo di preavviso, rispetto *m* del termine di preavviso, obbligo *m* di preavviso; **~** *f* **der Vertragsbedingungen** osservanza *f* dei termini contrattuali, rispetto *m* dei termini contrattuali.
Einhandsgut *n (A)* bene *m* non facente parte della comunione, bene *m* proprio.
einheben *v (A)* riscuotere.
Einhebung *f (A)* riscossione *f*, prelievo *m*; **~** *f* **an der Quelle** *(A)* prelievo *m* all'origine, prelievo *m* alla fonte.
Einheit *f* unità *f*, unione *f*, coesione *f*, identità *f*; **~** *f* **des Haushaltsplans** unità *f* del bilancio (pubblico).
einheitlich *adj* unico, *(eine Einheit bildend)* unito, indiviso, *(für alle gleich)* unitario, omogeneo, organico, uniforme, *(genormt)* unificato, univoco, standardizzato, standard.
Einheitlichkeit *f* **der Rechtsprechung** unità *f* della giurisdizione.
Einheits | bewertung *f* valutazione *f*

unitaria; **~buchführung** *f* contabilità *f* unificata; **~formular** *n* modulo *m* unificato; **~gebühr** *f* contributo *m* unificato, diritto *m* unico, diritto *m* globale; **~gesetz** *n* legge *f* uniforme; **~gewerkschaft** *f* sindacato *m* unico, sindacato *m* unitario; **~gründung** *f GesR* costituzione *f* simultanea; **~hypothek** *f* ipoteca *f* che sostituisce più ipoteche dello stesso grado o di gradi differenti ma consecutive costituite a favore dello stesso creditore; **~kontenrahmen** *m* quadro *m* dei conti unificato; **~kosten** *pl* costo *m* unitario; **~kurs** *m* corso *m* unico, prezzo *m* unico; **~laufbahn** *f* carriera *f* unica; **~liste** *f* lista *f* unica; **~markt** *m* mercato *m* comune; **~mietvertrag** *m* contratto *m* tipo di locazione; **~partei** *f* partito *m* unico; **~police** *f* polizza *f* standardizzata, polizza *f* tipo; **~prämie** *f* premio *m* unico; **~preis** *m* prezzo *m* unitario, prezzo *m* unico; **~preisgeschäft** *n* negozio *m* a prezzo unico; **~prinzip** *n* principio *m* dell'unità del bilancio (pubblico); **vertragliche ~regelungen** *fpl ArbR* condizioni *fpl* contrattuali uniformi indirizzate alla generalità dei lavoratori; **~satz** *m* tasso *m* unitario, tariffa *f* unitaria, tasso *m* uniforme; **~staat** *m* Stato *m* unitario; **~steuer** *f* imposta *f* unica; **~tarif** *m* tariffa *f* unitaria; **~versicherung** *f* assicurazione *f* di più rischi, assicurazione *f* universale, assicurazione *f* del monte merci dall'acquisto della materia prima fino alla vendita del prodotto finito contro i rischi d'incendio, di furto con scasso, di danno alle condutture d'acqua e di trasporto; **~vertrag** *m* contratto *m* standard, contratto *m* standardizzato; **~vordruck** *m* modulo *m* unificato; **~wechsel** *m* cambiale *f* (di tipo unificato); **~wert** *m* valore *m* unitario; **~zoll** *m* dazio *m* unitario.

einholen *v (Auskunft, Rat)* chiedere, richiedere, raccogliere, prendere, assumere, attingere, acquisire.

Einholung *f* **einer amtlichen Auskunft** richiesta *f* di informazioni ufficiali.

einig sein [sich] essere d'accordo, convenire, concordare.

einigen *v* unire, unificare, conciliare, mettere d'accordo; **sich ~** *v* mettersi d'accordo, accordarsi, giungere a un'intesa, venire a patti, convenire, concordare, *(über den Preis, über die Bedingungen)* accomodarsi; **sich gütlich ~** raggiungere un accordo amichevole, addivenire ad una composizione bonaria.

Einigkeit *f* unità *f*, unione *f*, concordia *f*, armonia *f*, consenso *m*, unanimità *f*.

Einigung *f* [1] *(Vereinigung)* unione *f*, unificazione *f*.

Einigung *f* [2] *(Vereinbarung, Abmachung)* intesa *f*, accordo *m*, consenso *m*, *(Beilegung)* componimento *m*, accomodamento *m*, conciliazione *f*; **außergerichtliche ~** *f* accordo *m* stragiudiziale, accordo *m* extragiudiziale; **gütliche ~** *f* accordo *m* amichevole, componimento *m* amichevole, composizione *f* bonaria, conciliazione *f*; **vergleichsweise ~** *f* accordo *m* transattivo, transazione *f*.

Einigung *f* [3] *(Eigentumsübergang)* negozio *m* traslativo.

Einigungs | amt *n (A)* ufficio *m* di conciliazione; **~gebühr** *f*; **~gebühren** *fpl (Rechtsanwaltsvergütungsgesetz – RVG)* competenze *fpl* di conciliazione, competenze *fpl* di transazione; **~kommission** *f (A)* commissione *f* d'arbitrato; **~mangel** *m* vizio *m* del consenso, dissenso *m*; **~stelle** *f* ufficio *m* di conciliazione, collegio *m* arbitrale; **~verfahren** *n (CH)* procedimento *m* di conciliazione; **~verhandlung** *f (CH)* udienza *f* di conciliazione; **~versuch** *m* tentativo *m* di conciliazione; **~vertrag** *m (D) (Vertrag zwischen der Bundesrepublik Deutschland und der Deutschen Demokratischen Republik über die Herstellung der Einheit Deutschlands)* Trattato *m* di unificazione; **~vorschlag** *m* proposta *f* d'intesa.

eininstanzlich *adj ProzR* di grado unico, di istanza unica.
Einkammersystem *n* sistema *m* unicamerale, unicameralismo *m*, monocameralismo *m*.
Einkauf *m* acquisto *m*, compera *f*.
einkaufen *v* acquistare, comp(e)rare.
Einkäufer/in *m/f* acquirente *m/f*, compratore/-trice *m/f*, agente *m* compratore; **gewerbliche/r ~** *m/f* compratore *m* qualificato.
Einkaufs | abteilung *f* ufficio *m* acquisti; **~agentur** *f* agenzia *f* di acquisti; **~bedingungen** *fpl* condizioni *fpl* di acquisto; **~buch** *n* libro *m* degli acquisti; **~büro** *n* ufficio *m* acquisti; **~chef/in** *m/f* capo *m* dell'ufficio acquisti; **~ermächtigung** *f* autorizzazione *f* di acquisto.
Einkaufsgenossenschaft *f* cooperativa *f* di acquisti; **Einkaufs- und Verkaufsgenossenschaft** *f* cooperativa *f* di acquisto e di vendita.
Einkaufs | kartell *n* cartello *m* di acquisto; **~kommission** *f* ordine *m* di acquisto, commessa *f* di acquisto; **~kommissionär/in** *m/f* agente *m* compratore; **~konto** *n* conto *m* acquisti; **~kontor** *n* ufficio *m* acquisti; **~land** *n* paese *m* di acquisto; **~leiter/in** *m/f* direttore *m* dell'ufficio acquisti; **~organisation** *f* organizzazione *f* di acquisto; **~preis** *m* prezzo *m* di acquisto; **~provision** *f* provvigione *f* di acquisto; **~rabatt** *m* sconto *m*; **~verband** *m*; **~vereinigung** *f* associazione *f* di acquisto; **~vertreter/in** *m/f* agente *m* d'acquisto, agente *m* compratore; **~zentrum** *n* centro *m* commerciale.
Einkindschaft *f (A)* contratto *m* che prevede che i figli di differenti letti siano trattati allo stesso modo nella successione.
einklagbar *adj* esigibile (*per vie legali*), rivendicabile (*in via giudiziaria*), azionabile (*in giudizio*); **nicht ~** *(Forderung)* inesigibile, non esigibile (*in via giudiziaria*), non azionabile (*in giudizio*).
Einklagbarkeit *f* esigibilità *f* (*per vie legali*), azionabilità *f* (*in giudizio*).
einklagen *v* esigere (*per vie legali*), rivendicare (*in via giudiziaria*), azionare (*in giudizio*).
Einklang *m* armonia *f*, sintonia *f*, accordo *m*, concordanza *f*; **im ~** [mit *Dat*] d'accordo [con], d'intesa [con], di concerto [con]; **in ~ bringen** conciliare; **etwas wieder in ~ bringen** [mit *Dat*] riconciliare qc. [con]; **im ~ stehen** [mit *Dat*] essere in linea [con], essere in sintonia [con], essere in armonia [con], essere in accordo [con].
Einklarierung *f* compimento *m* delle formalità al ritorno di una nave.
Einkommen *n* reddito *m*; **das ~ ermitteln** accertare il reddito; **ein ~ erzielen** produrre un reddito; **beitragspflichtiges ~** *n* reddito *m* soggetto a contribuzione obbligatoria; **besteuertes ~** *n* reddito *m* tassato; **besteuerungsfähiges ~** *n* reddito *m* imponibile, reddito *m* tassabile, imponibile *m*; **entgangenes ~** *n SchadensR* mancato reddito *m*, perdita *f* di reddito, perdita *f* di entrate, lucro *m* cessante; **festes ~** *n* reddito *m* fisso; **fundiertes ~** *n* reddito *m* di capitale; **landwirtschaftliches ~** *n* reddito *m* agrario; **steuerpflichtiges ~** *n* reddito *m* imponibile, reddito *m* tassabile, imponibile *m*; **verfügbares ~** *n* reddito *m* disponibile; **zu versteuerndes ~** *n* reddito *m* imponibile, reddito *m* tassabile, imponibile *m*; **~** *n* **aus Gewerbebetrieb** reddito *m* d'impresa; **~** *n* **aus nichtselb(st) ständiger Arbeit** reddito *m* di (o: da) lavoro dipendente; **~** *n* **aus selb(st)ständiger Arbeit** reddito *m* di (o: da) lavoro autonomo.
Einkommens | art *f* tipo *m* di reddito, categoria *f* di reddito; **~ausgleich** *m* compenso *m*; **~begriff** *m* concetto *m* di reddito; **~bescheinigung** *f* certificato *m* di reddito; **~besteuerung** *f* tassazione *f* del reddito; **~bezieher** *m*; **~bezüger** *m (CH)* reddituario *m*; **~einbuße** *f* perdita *f* di reddito; **~empfänger/in** *m/f* reddituario *m*; **~entwicklung** *f* andamento *m* dei

redditi; **~erhöhung** *f* aumento *m* di reddito; **~ermittlung** *f* accertamento *m* del reddito; **~gefälle** *n* dislivello *m* dei redditi; **~grenze** *f* limite *m* di reddito; **~gruppe** *f* fascia *f* di reddito, categoria *f* di reddito, classe *f* di reddito; **~höchstgrenze** *f* massimale *m* di reddito; **~höhe** *f* livello *m* di reddito; **~index** *m* indice *m* di reddito; **~klasse** *f* fascia *f* di reddito, categoria *f* di reddito, classe *f* di reddito; **~niveau** *n* livello *m* di reddito; **~quelle** *f* fonte *f* di reddito, cespite *m*; **~schicht** *f* fascia *f* di reddito, categoria *f* di reddito, classe *f* di reddito.

einkommensschwach *adj* a basso reddito.

Einkommenssplitting *n* splitting *m* dei redditi.

einkommensstark *adj* ad alto reddito.

Einkommensstufe *f* fascia *f* di reddito, categoria *f* di reddito, classe *f* di reddito.

Einkommensteuer *f* (*Abk* = **ESt**) *SteuerR* imposta *f* sul reddito, imposta *f* sul reddito delle persone fisiche *(IRPEF) (I)*; **progressive ~** *f* *SteuerR* imposta *f* progressiva sul reddito complessivo.

Einkommensteuer | bescheid *m* *SteuerR* avviso *m* di accertamento; **~erklärung** *f* *SteuerR (= Steuererklärung)* dichiarazione *f* dei redditi, denuncia *f* dei redditi; **~gesetz** *n* (*Abk* = **EStG**) *SteuerR* legge *f* relativa all'imposta sul reddito delle persone fisiche (IRPEF).

einkommensteuerpflichtig *adj* *SteuerR* soggetto all'imposta sul reddito delle persone fisiche, soggetto a IRPEF, soggetto a tassazione IRPEF.

Einkommens | umschichtung *f*; **~umverteilung** *f* redistribuzione *f* dei redditi; **~ungleichheit** *f* disparità *f* dei redditi, disuguaglianza *f* dei redditi; **~verlust** *m* perdita *f* di reddito; **~vermehrung** *f* accrescimento *m* del reddito; **~verteilung** *f* distribuzione *f* dei redditi, ripartizione *f* del reddito; **~zuwachs** *m* accrescimento *m* del reddito.

Einkünfte *pl* reddito *m*, redditi *mpl*, proventi *mpl*, entrate *fpl*, emolumenti *mpl*; **~ erzielen** produrre un reddito; **ausländische ~** *pl* redditi *mpl* prodotti all'estero; **entgangene ~** *pl* mancato reddito *m*, perdita *f* di reddito, perdita *f* di entrate, lucro *m* cessante; **fortlaufende ~** *pl* redditi *mpl* periodici; **sonstige ~** *pl* altri redditi *mpl*; **steuerbegünstigte ~** *pl* redditi *mpl* agevolati; **steuerfreie ~** *pl* redditi *mpl* esenti, redditi *mpl* non tassati, reddito *m* non imponibile; **~** *pl* **aus Gewerbebetrieb** redditi *mpl* d'impresa; **~** *pl* **aus Grundvermögen** redditi *mpl* fondiari; **~** *pl* **aus Kapitalvermögen** redditi *mpl* di capitale; **~** *pl* **aus Land- und Fortstwirtschaft** redditi *mpl* agrari; **~** *pl* **aus nichtselb(st)ständiger Arbeit** *(§ 19 EStG)* redditi *mpl* di (o: da) lavoro dipendente; **~** *pl* **aus selb(st)ständiger Arbeit** *(§ 18 EStG)* redditi *mpl* di (o: da) lavoro autonomo.

Einkunfts | art *f* tipo *m* di reddito; **~quelle** *f* fonte *f* di reddito.

einladen *v* [1] *(eine Ladung, Fracht in ein Transportfahrzeug befördern)* caricare, imbarcare.

einladen *v* [2] *(zu einem Besuch auffordern)* invitare, convocare.

Einladung *f* [1] *(Verladen)* caricamento *m*, *(Ladung)* carico *m*.

Einladung *f* [2] *(Äußerung, mit der man jemanden einlädt)* invito *m*, convocazione *f*; **~** *f* **zu einer Versammlung** convocazione *f* d'assemblea; **~** *f* **zur Zeichnung** offerta *f* di sottoscrizione.

Einladungs | bekanntmachung *f* avviso *m* di convocazione; **~frist** *f* *(Versammlungen)* termine *m* di convocazione.

Einlage *f* *(des Gesellschafters)* apporto *m*, conferimento *m*, *(bei der Bank)* deposito *m*; **eine ~ leisten** eseguire un conferimento; **~** *f* **auf laufende Rechnung** deposito *m* in conto corrente; **~** *f* **in Sachwerten**

apporto *m* in natura, conferimento *m* in natura; **befristete ~** *f* deposito *m* vincolato, deposito *m* a scadenza fissa, deposito *m* a termine, deposito *m* a termine fisso; **bücherliche ~** *f (A)* partita *f* tavolare; **feste ~** *f* deposito *m* a termine fisso; **kurzfristige ~** *f* deposito *m* a breve termine; **langfristige ~** *f* deposito *m* a lungo termine; **mittelfristige ~** *f* deposito *m* a medio termine; **täglich fällige ~** *f* deposito *m* a vista; **unverzinsliche ~** *f* deposito *m* infruttifero; **verschlossene ~** *f* deposito *m* sigillato; **verzinsliche ~** *f* deposito *m* fruttifero.

Einlage | buch *n*; **~heft** *n (A, CH)* libretto *m* di deposito, libretto *m* di risparmio; **~konto** *n* conto *m* di deposito.

Einlagen | bestand *m* totale *m* dei depositi, massa *f* fiduciaria; **~schutz** *m* tutela *f* del risparmio; **~schutzfonds** *m* fondo *m* (interbancario) di tutela dei depositi; **~sicherung** *f* garanzia *f* dei depositi; **~sicherungsfonds** *m* fondo *m* (interbancario) di tutela dei depositi; **~summe** *f* massa *f* fiduciaria; **~versicherung** *f* assicurazione *f* dei depositi; **~zugang** *m*; **~zuwachs** *m* aumento *m* dei depositi.

Einlagepflicht *f GesR* obbligo *m* dei conferimenti.

Einlagerer *m* depositante *m* (di merci).

einlagern *v* immagazzinare, mettere in magazzino, mettere in deposito, accantonare.

Einlagerung *f* immagazzinamento *m*, magazzinaggio *m*, deposito *m*, accantonamento *m*.

Einlagerungs | gebühr *f* diritto *m* di magazzinaggio; **~kosten** *pl* spese *fpl* di magazzinaggio; **~schein** *m* certificato *m* di deposito, ricevuta *f* di deposito.

Einlageschein *m* certificato *m* di deposito, ricevuta *f* di deposito.

einlassen *v* ammettere, lasciare entrare, introdurre, inserire; **sich ~** *v* [auf *Akk*] *(auf einen Vorschlag)* aderire, assentire, *ZivProzR (auf die Klage)* costituirsi in giudizio, *StrafProzR (erklären)* dichiarare.

Einlasskarte *f* biglietto *m* d'ingresso, biglietto *m* d'ammissione.

Einlassung *f ZivProzR (des Beklagten)* costituzione *f* in giudizio (del convenuto), *StrafProzR* dichiarazioni *fpl* (dell'accusato); **rügelose ~** *f ZivProzR (§ 39 ZPO) → Art. 24 Brüssel I-VO* comparizione *f* del convenuto (*senza eccepire l'incompetenza del giudice adito*); **~** *f* **auf die Anklage** *StrafProzR* dichiarazioni *fpl* rese dall'imputato; **~** *f* **zur Sache** *StrafProzR* difesa *f* nel merito.

Einlassungsfrist *f ZivProzR* termine *m* per la costituzione in giudizio del convenuto.

einlegen *v* [1] mettere, *(einfügen)* inserire, introdurre, allegare, includere.

einlegen *v* [2] *(Rechtsmittel)* fare, presentare, proporre, interporre, porre, promuovere, intentare.

einlegen *v* [3] *(Geld)* depositare, versare, investire.

Einleger/in *m/f* depositante *m/f*.

Einlegung *f* proposizione *f*, deposito *m*; **~** *f* **der Anschlussberufung** *ProzR* proposizione *f* dell'appello incidentale; **~** *f* **der Berufung** *ProzR* proposizione *f* dell'appello; **~** *f* **des Rechtsmittels** *ProzR* impugnazione *f*.

Einlegungsfrist *f* termine *m* di deposito, *ProzR (Rechtsmitteleinlegung)* termine *m* di impugnazione, *ProzR* termine *m* per impugnare (la sentenza).

einleiten *v* introdurre, *(Untersuchung, Beratungen)* avviare, iniziare, aprire, intavolare, *(Gerichtsverfahren)* promuovere, intentare, istruire, *(gerichtliche Schritte)* adire (le vie legali), procedere (per vie legali).

einleitend *adj* introduttivo, preliminare.

Einleitung *f* [1] *(Einführung)* introduzione *f*, preambolo *m*, *(Vorwort)* prefazione *f*.

Einleitung *f* [2] *(Beginn)* avvio *m*, inizio *m*, preliminari *mpl*, *(Eröffnung)* apertura *f*, introduzione *f*, istruzione *f*; **~** *f* **des Verfahrens** *ProzR* apertura *f* del procedimento, introduzione *f* della causa.

Einleitungs | behörde *f (Diszipli-*

narverfahren) autorità *f* che istruisce il procedimento disciplinare; **~beschluss** *m (Disziplinarverfahren)* ordinanza *f* di apertura del procedimento disciplinare, decreto *m* di apertura del procedimento disciplinare; **~richter/in** *m/f (CH)* giudice *m* istruttore; **~verfügung** *f (Disziplinarverfahren)* ordinanza *f* di apertura del procedimento disciplinare, decreto *m* di apertura del procedimento disciplinare.

einliefern *v (Post)* impostare.

Einlieferung *f* [1] *(Post)* impostazione *f*.

Einlieferung *f* [2] *(Person)* estradizione *f* passiva.

Einlieferungs | anzeige *f (bei Festnahme)* avviso *m* di cattura; **~land** *n (UPU)* paese *m* di origine; **~ort** *m (UPU)* origine *f*; **~schein** *m* ricevuta *f*.

einlösbar *adj (Pfand)* riscattabile, redimibile, *(Scheck)* incassabile, riscuotibile, *(Wechsel)* pagabile, *(Banknoten)* rimborsabile, convertibile.

Einlösbarkeit *f (Pfand)* riscattabilità *f*, redimibilità *f*, *(Banknoten)* rimborsabilità *f*, convertibilità *f*.

einlösen *v* [1] *(Pfand)* riscattare, redimere, disimpegnare, svincolare, *(Scheck)* incassare, riscuotere, *(Wechsel)* onorare, pagare, *(Banknoten)* rimborsare, convertire.

einlösen *v* [2] *(Versprechen)* mantenere, adempiere, tener(e) fede [a].

Einlösestelle *f* cassa *f* di pagamento.

Einlösung *f* [1] *(Pfand)* riscatto *m*, svincolo *m*, liberazione *f*, *(Scheck)* incasso *m*, riscossione *f*, *(Begleichung)* pagamento *m*, saldo *m*, estinzione *f*, *(Banknoten)* rimborso *m*, convertibilità *f*; **~** *f* **in Gold** convertibilità *f* in oro.

Einlösung *f* [2] *(Versprechen)* mantenimento *m*, adempimento *m*.

Einlösungs | auftrag *m* ordine *m* d'incasso; **~frist** *f* termine *m* di pagamento; **~garantie** *f (Scheck)* garanzia *f* di pagamento (*dell'assegno bancario*); **~kasse** *f* cassa *f* di pagamento; **~klausel** *f* clausola *f* di pagamento; **~konto** *n* conto *m* di riscatto; **~kurs** *m* prezzo *m* di riscatto; **~pflicht** *f* obbligo *m* di pagamento, convertibilità *f*; **~provision** *f* provvigione *f* di pagamento; **~recht** *n* diritto *m* di riscatto; **~rückgriff** *m* regresso *m* dell'obbligato che ha pagato; **~stelle** *f* cassa *f* di pagamento; **~tag** *m* giorno *m* dell'incasso.

einmahnen *v (A)* ingiungere.

Einmahnung *f (A)* ingiunzione *f*.

Einmal | prämie *f* premio *m* unico; **~zahlung** *f* pagamento *m* una tantum, unica soluzione *f*.

Einmann | -AG *f GesR* società *f* per azioni unipersonale *(s.p.a. unipersonale)*, società *f* per azioni con socio unico, società *f* per azioni con un unico socio, società *f* per azioni a socio unico; **~gesellschaft** *f GesR* società *f* unipersonale, società *f* con socio unico, società *f* con un unico socio, società *f* a socio unico; **~ -GmbH** *f GesR* società *f* a responsabilità limitata unipersonale *(s.r.l. unipersonale)*, società *f* a responsabilità limitata con socio unico, società *f* a responsabilità limitata con un unico socio, società *f* a responsabilità limitata a socio unico; **~wahlkreis** *m* collegio *m* uninominale.

einmischen *v* [sich] immischiarsi, intromettersi, interferire, intervenire.

Einmischung *f* intromissione *f*, ingerenza *f*, interferenza *f*, intervento *m*; **unzulässige ~** *f* ingerenza *f* indebita; **~** *f* **in die inneren Angelegenheiten** ingerenza *f* negli affari interni.

Einmischungsklage *f ZivProzR* intervento *m* principale.

Einmonatsfrist *f* termine *m* di un mese.

Einnahme *f* reddito *m*, utile *m*, guadagno *m*, ricavato *m*, provento *m*, entrata *f*, introito *m*, incasso *m*, riscossione *f*, esazione *f*; **~** *f* **des Augenscheins** ispezione *f* giudiziale.

Einnahme | anweisung *f* mandato *m* d'entrata; **~ausfall** *m* perdita *f* di entrate; **~beleg** *m* pezza *f* giustificativa d'entrata; **~buch** *n* libro *m* delle entrate; **~konto** *n* conto *m* delle entrate.

Einnahmen *pl* utili *mpl*, proventi *mpl*, entrate *fpl*, introiti *mpl*; **~ und Ausgaben** *pl* entrate *fpl* ed uscite *fpl*; **~ erzielen** produrre un reddito; **außerordentliche ~** *pl*; **einmalige ~** *pl* entrate *fpl* straordinarie; **finanzielle ~** *pl* entrate *fpl* patrimoniali; **laufende ~** *pl* entrate *fpl* correnti; **öffentliche ~** *pl* entrate *fpl* pubbliche; **ordentliche ~** *pl* entrate *fpl* ordinarie; **vermischte ~** *pl* entrate *fpl* miste; **zweckgebundene ~** *pl* entrate *fpl* a destinazione vincolata.

Einnahmen | ausfall *m* perdita *f* di entrate; **~rechnung** *f* conto *m* delle entrate; **~soll** *n* previsione *f* delle entrate; **~tagebuch** *n* libro *m* giornale delle entrate; **~verlust** *m* perdita *f* di entrate; **~voranschlag** *m* stato *m* di previsione delle entrate, previsione *f* delle entrate.

Einnahme | posten *m* posta *f* d'entrata, voce *f* d'entrata; **~quelle** *f* cespite *m* (d'entrata), fonte *f* di guadagno, fonte *f* di introiti, fonte *f* di entrate; **~rest** *m* residuo *m* attivo; **~soll** *n* stato *m* di previsione delle entrate, previsione *f* delle entrate; **~stelle** *f* cassa *f* delle riscossioni; **~titel** *m* titolo *m* di entrate, capitolo *m* di entrate; **~überschuss** *m* eccedenza *f* attiva; **~verlust** *m* perdita *f* di entrate.

einnehmen *v (kassieren)* incassare, riscuotere, ricevere, *(verdienen)* guadagnare, *(annehmen)* assumere, *(innehaben)* occupare.

Einnehmer/in *m/f* ricevitore *m*, esattore *m*.

Einphasensteuer *f* imposta *f* monofase.

einräumen *v* [1] *(gewähren)* concedere, accordare, assegnare.

einräumen *v* [2] *(zugeben)* ammettere, riconoscere, convenire.

Einräumung *f* [1] *(Gewährung)* concessione *f*, cessione *f*, assegnazione *f*; **~ *f* einer Frist** concessione *f* di un termine; **~ *f* eines Kredits** concessione *f* di un credito.

Einräumung *f* [2] *(Zugeständnis)* ammissione *f*, riconoscimento *m*.

Einrede *f ZivR* eccezione *f* (*deducibile dalle parti*); **eine ~ erheben**; **eine ~ geltend machen** [gegen *Akk*] *ZivR* eccepire, sollevare un'eccezione, proporre un'eccezione; **eine ~ verwerfen** *ZivR* rigettare un'eccezione; **aufschiebende ~** *f ZivR* eccezione *f* dilatoria; **dauernde ~** *f ZivR* eccezione *f* perentoria; **dilatorische ~** *f ZivR* eccezione *f* dilatoria; **gemeinsame ~** *f (CH) ZivR* eccezione *f* comune; **hemmende ~** *f ZivR* eccezione *f* dilatoria; **materiell-rechtliche ~** *f ZivR (rechtshemmende Einwendungen, unterteilt in peremptorische und dilatorische Einreden)* eccezione *f* sostanziale, eccezione *f* di merito; **peremptorische ~** *f ZivR* eccezione *f* perentoria; **persönliche ~** *f ZivR* eccezione *f* personale, eccezione *f* relativa; **prozesshindernde ~** *f ZivR*; **prozessuale ~** *f ZivR* eccezione *f* processuale, eccezione *f* (pregiudiziale) di rito; **rechtsvernichtende ~** *f ZivR* eccezione *f* perentoria; **variable ~** *f (CH) ZivR* eccezione *f* variabile; **verzögernde ~** *f ZivR* eccezione *f* dilatoria; **zerstörende ~** *f ZivR* eccezione *f* perentoria; **~ *f* der Arglist** eccezione *f* di dolo; **~ *f* der Aufrechnung** eccezione *f* di compensazione; **die ~ der Aufrechnung erheben** eccepire la compensazione; **~ *f* mit aufschiebender Wirkung** eccezione *f* dilatoria; **~ *f* der beurteilten Sache** *(CH)*; **~ *f* der entschiedenen Sache** *(CH)* eccezione *f* di cosa giudicata; **~ *f* der höheren Gewalt** eccezione *f* di forza maggiore; **~ *f* des Mehrverkehrs** eccezione *f* "plurium concumbentium"; **~ *f* des nicht erfüllten Vertrags** *SchuldR (§ 320 BGB)*; **~ *f* der Nichterfüllung** *SchuldR* eccezione *f* di inadempimento *(la parte obbligata può rifiutare la propria prestazione fino al momento dell'esecuzione della controprestazione, a meno che debba adempiere per prima)*, exceptio non adimpleti contractus *(lat)*; **~ *f* der Nichtfälligkeit** *(bei vereinbarter Leistungszeit)* beneficio *m* del termine; ~ *f* **der nicht richtigen Erfüllung** eccezione *f* di non perfetto adempimento, exceptio non rite adimpleti contractus *(lat)*; ~ *f* **der Rechtsanhängigkeit**; ~ *f* **der Rechtshängigkeit** eccezione *f* di litispendenza; ~ *f* **der Rechtskraft** eccezione *f* di cosa giudicata; ~ *f* **der Simulation** *(CH)* eccezione *f* di simulazione; ~ *f* **der Streitanhängigkeit** *(A)* eccezione *f* di litispendenza; ~ *f* **der unzulässigen Rechtsausübung** exceptio doli generalis *(lat)*, eccezione *f* che tende a paralizzare il doloso e abusivo esercizio del diritto da parte di chi ne è legittimo titolare; ~ *f* **der Unzulässigkeit** eccezione *f* di inammissibilità; ~ *f* **der Unzuständigkeit** eccezione *f* declinatoria, eccezione *f* di incompetenza; ~ *f* **der Verfassungswidrigkeit** eccezione *f* di incostituzionalità; ~ *f* **der Verjährung** eccezione *f* di prescrizione; ~ *f* **der Vorausklage** *(§ 771 BGB)* beneficio *m* della preventiva escussione del debitore principale, beneficio *m* di escussione (*riconosciuto al fideiussore, per cui il creditore deve innanzitutto rivolgere la richiesta di pagamento e svolgere l'azione esecutiva nei confronti del debitore principale, potendo, solo in caso di esito infruttuoso, rivolgersi al fideiussore*), beneficium excussionis *(lat)*; ~ *f* **der Vorbenutzung** eccezione *f* del preuso.

Einrede – Einwendung
I concetti di *Einrede* e *Einwendung* sono usati con un diverso significato e in modo non univoco nel codice civile e nel codice di procedura civile tedesco.
Nel codice civile vengono qualificate come *Einwendungen* tutte quelle contronorme (*Gegennormen*) di diritto sostanziale che impediscono fin dall'inizio il sorgere dell'effetto giuridico, ovvero lo estinguono o lo sospendono. A seconda del loro effetto, le *Einwendungen* possono qualificarsi pertanto come:
- *rechtshindernde Einwendungen* (eccezioni impeditive): il convenuto deduce fatti impeditivi del diritto vantato dall'attore, con la conseguenza che il diritto fatto valere in giudizio non sorge affatto;
- *rechtsvernichtende Einwendungen* (eccezioni estintive): il convenuto eccepisce l'esistenza di fatti estintivi del diritto vantato dall'attore, con conseguente estinzione del diritto fatto valere in giudizio;
- *rechtshemmende Einwendungen* (eccezioni sospensive), chiamate anche *Einreden* nella terminologia di diritto sostanziale. Il tratto caratteristico delle eccezioni sospensive è che il diritto fatto valere sorge e continua ad esistere, ma la sua attuazione è sospesa. A differenza delle eccezioni impeditive ed estintive, rilevabili d'ufficio, quelle sospensive sono rilevabili solo su istanza di parte.

A loro volta, le *Einreden* di diritto sostanziale si distinguono in:
- *aufschiebende (hemmende, dilatorische) Einreden*: eccezioni dilatorie, in cui l'attuazione della pretesa è temporaneamente sospesa;
- *dauernde (zerstörende, peremptorische) Einreden*: eccezioni perentorie, in cui l'attuazione della pretesa è durevolmente sospesa (classico esempio ne è la prescrizione).

Nel diritto processuale civile, invece, per *Einwendung* si intende genericamente qualsiasi mera difesa posta in essere dal convenuto, consistente nella semplice negazione dei fatti costitutivi posti dall'attore a fondamento della propria domanda, mentre per *Einrede* si intende ogni deduzione, sia di natura sostanziale che di natura processuale, rimessa all'iniziativa del convenuto, di fatti nuovi e diversi rispetto a quelli posti dall'attore a fondamento della propria pretesa, che esplicano un effetto modificativo, estintivo o impeditivo del diritto fatto valere in giudizio dall'attore. Al riguardo, preme evidenziare che nelle *Einreden* sostanziali di diritto processuale civile sono ricomprese sia le eccezioni sospensive (le vere e proprie *Einreden* di diritto sostanziale) che le eccezioni impeditive ed estintive di cui sopra (vale a dire le *Einwendungen* di diritto sostanziale).

einreichen *v* presentare, produrre, esibire, sottoporre, inoltrare, consegnare, depositare, *(Schecks und Wechsel bei Banken)* cedere.

Einreicher/in *m/f* depositante *m/f*, *(von Schecks und Wechseln bei Banken)* cedente *m/f*.

Einreichung *f* presentazione *f*, produzione *f*, esibizione *f*, consegna *f*, deposito *m*; **~** *f* **der Klage** *ZivProzR* proposizione *f* della domanda (giudiziale), proposizione *f* dell'azione, deposito *m* dell'azione; **~** *f* **der Klage bei Gericht**; **~** *f* **der Klageschrift bei Gericht** *ZivProzR* deposito *m* dell'atto introduttivo presso la cancelleria (del giudice adito), deposito *m* in cancelleria dell'atto introduttivo del giudizio, deposito *m* in cancelleria dell'atto di citazione; **~** *f* **zur Zahlung** presentazione *f* per il pagamento.

Einreichungsverzeichnis *n (Diskont)* distinta *f* di sconto.

Einreise *f* ingresso *m*, entrata *f* (*in uno Stato straniero*); **illegale ~** *f* entrata *f* clandestina (*in uno Stato straniero*).

Einreise | beschränkung *f* restrizione *f* di entrata (*in uno Stato straniero*); **~bestimmungen** *fpl* disposizioni *fpl* relative all'ingresso (*in uno Stato*); **~bewilligung** *f* permesso *m* di ingresso, permesso *m* di entrata (*in uno Stato straniero*); **~blatt** *n* foglio *m* di entrata (*in uno Stato straniero*); **~datum** *n* data *f* dell'entrata (*in uno Stato straniero*); **~erlaubnis** *f*; **~genehmigung** *f* permesso *m* di ingresso, permesso *m* di entrata (*in uno Stato straniero*).

einreisen *v* entrare (*in uno Stato straniero*).

Einreise | sichtvermerk *m* visto *m* di entrata, visto *m* di ingresso; **~sperre** *f* divieto *m* di entrata (*in uno Stato*); **~stempel** *m* bollo *m* di entrata (*in uno Stato*); **~verbot** *n* divieto *m* di entrata (*in uno Stato*); **~verweigerung** *f* rifiuto *m* d'ingresso, il rifiutare l'ingresso; **~visum** *n* visto *m* di entrata, visto *m* di ingresso.

einrichten *v (ausstatten)* allestire, arredare, attrezzare, *(aufstellen)* impiantare, installare, *(organisieren)* organizzare, sistemare, preparare, disporre, *(gründen)* fondare, istituire, *(eröffnen)* aprire.

Einrichtung *f* [1] *(Ausstattung)* allestimento *m*, *(Aufstellung)* installazione *f*, *(Einstellung)* regolazione *f*, messa *f* a punto, *(Gründung)* fondazione *f*, costituzione *f*, istituzione *f*, *(Eröffnung)* apertura *f*.

Einrichtung *f* [2] *(Möbel)* arredamento *m*, *(Ausrüstung)* attrezzatura *f*, *(Vorrichtung)* dispositivo *m*, meccanismo *m*, *(Anlage)* impianto *m*, *(Maßnahme)* provvedimento *m*, misura *f*.

Einrichtung *f* [3] *(Anstalt)* istituto *m*, istituzione *f*, ente *m*, organismo *m*, organizzazione *f*, servizio *m*; **gemeinnützige ~** *f* organizzazione *f* senza fini di lucro, organizzazione *f* non a scopo di lucro, organizzazione *f* non profit, organizzazione *f* non lucrativa di utilità sociale *(ONLUS)*; **halbstaatliche ~** *f* ente *m* parastatale; **innerbetriebliche ~** *f* servizio *m* aziendale; **kommunale ~** *f* servizio *m* comunale;

öffentliche ~ *f* ente *m* pubblico, istituzione *f* pubblica; **soziale ~** *f* servizio *m* sociale; **staatliche ~** *f* ente *m* statale, istituzione *f* statale; **städtische ~** *f* servizio *m* municipale; **zwischenstaatliche ~** *f* organizzazione *f* internazionale.

Einrichtungs | kredit *m* credito *m* di impianto; **~prämie** *f* premio *m* di impianto.

einrücken *v* inserire (avvisi in giornali).

Einrückungsgebühr *f* prezzo *m* dell'inserzione.

Einsatz *m* [1] *(Operation von Polizei, Armee etc.)* azione *f*, operazione *f*, intervento *m*, missione *f*; **humanitärer ~** *m* missione *f* umanitaria, intervento *m* umanitario; **militärischer ~** *m* intervento *m* militare; **polizeilicher ~** *m* operazione *f* della polizia; **UN- ~** *m* operazione *f* ONU.

Einsatz *m* [2] *(Verwendung)* impiego *m*, uso *m*, utilizzo *m*, utilizzazione *f*.

Einsatz *m* [3] *(Dienst)* servizio *m*, lavoro *m*, prestazione *f*.

Einsatz *m* [4] *(Pfand)* deposito *m*, pegno *m*, cauzione *f*.

Einsatz *m* [5] *(innere Einstellung)* impegno *m*, applicazione *f*, dedizione *f*.

Einsatz *m* [6] *(Spieleinsatz)* puntata *f*, posta *f*.

Einsatzauftrag *m* ordine *m* (di operazione).

einsatzbereit *adj* [1] *(Person)* attivo, operativo, intraprendente, disposto a impegnarsi, *(bereit um einzugreifen)* pronto a entrare in azione, pronto all'azione, pronto al combattimento.

einsatzbereit *adj* [2] *(Gegenstand)* disponibile, *(zur Verwendung bereit)* pronto per l'uso, pronto per l'impiego.

Einsatzbereitschaft *f* [1] *(Person)* prontezza *f* all'azione, impegno *m*, abnegazione *f*, dedizione *f*, *(Arbeitswille)* intraprendenza *f*, efficienza *f* operativa.

Einsatzbereitschaft *f* [2] *(Einsatzgruppe)* nucleo *m* operativo.

Einsatzbereitschaft *f* [3] *(Gegenstand)* stato *m* di pronto funzionamento, condizioni *fpl* di immediato impiego.

Einsatz | gebiet *n* zona *f* operativa; **~gruppe** *f* gruppo *m* operativo, nucleo *m* operativo; **Mobiles ~kommando** *n (D)* (*Abk* = **MEK**) squadra *f* mobile (di pronto intervento); **~leiter/in** *m/f* comandante *m/f* dell'operazione; **~leitung** *f* comando *m* operativo; **~plan** *m* piano *m* operativo; **~strafe** *f StrafR* pena *f* base (*della pena cumulativa*).

Einschaltung *f (A)* inserzione *f*.

Einschaltungs | beitrag *m (A)* quota *f* di inserzione; **~gebühren** *fpl (A)* diritti *mpl* di inserzione; **~kosten** *pl (A)* costo *m* di inserzione.

einschätzen *v* stimare, valutare; **zu hoch ~** sopravvalutare.

Einschätzung *f* stima *f*, valutazione *f*, apprezzamento *m*; **meiner ~ nach** secondo me, a mio parere, a mio avviso, a mio giudizio; **~** *f* **des Risikos** valutazione *f* del rischio.

Einschätzungs | kommission *f (A)* commissione *f* di valutazione; **~mitteilung** *f (CH) SteuerR* avviso *m* di tassazione.

einschlägig *adj* relativo, pertinente, competente, in materia, del ramo, del settore; **~e Bestimmungen** *fpl* disposizioni *fpl* (vigenti) in materia, normativa *f* (vigente) in materia.

einschleusen *v (Ausländer)* introdurre clandestinamente, far(e) entrare clandestinamente, far(e) passare clandestinamente.

Einschleusen *n (von Ausländern)* (*§ 96 AufenthG)* favoreggiamento *m* dell'immigrazione clandestina; **gewerbs- und bandenmäßiges ~** *n AuslR (§ 97 AufenthG)* favoreggiamento *m*, a fini di lucro e in forma organizzata, dell'immigrazione clandestina.

einschließen *v* comprendere, includere, contenere, sottendere.

einschließlich *präp* [*Gen*] incluso, compreso, inclusivo, comprensivo, al lordo; **~, aber nicht beschränkt** [auf *Akk*] tra cui (o: ivi inclusi) a titolo esemplificativo e non esaustivo.

Einschließung *f (CH)* carcere *m*.

einschmuggeln *v* introdurre clandestinamente, introdurre di contrabbando.

Einschnitte *pl* tagli *mpl.*

einschränken *v* limitare, ridurre, diminuire, moderare, contenere, frenare, restringere, circoscrivere, ridimensionare.

einschränkend *adj* limitativo, restrittivo.

Einschränkung *f* limitazione *f*, riduzione *f*, contenimento *m*, restrizione *f*, circoscrizione *f*, riserva *f*; **ohne ~** senza restrizioni, senza riserve, illimitatamente; **~** *f* **des freien Wettbewerbs** limitazione *f* alla libera concorrenza; **~** *f* **eines Grundrechts** limitazione *f* di un diritto fondamentale, violazione *f* di un diritto fondamentale; **~** *f* **der Pressefreiheit** limitazione *f* della libertà di stampa.

Einschränkungsklausel *f* clausola *f* restrittiva.

einschreiten *v* intervenire, agire, procedere, prendere provvedimenti, prendere misure.

Einschreiten *n* intervento *m*, azione *f*; **~** *n* **von Amts wegen** *StrafProzR* procedibilità *f* d'ufficio.

Einschuss *m* [1] *(von Geldmitteln)* conferimento *m*.

Einschuss *m* [2] *(bei Börsen- oder Außenhandelsgeschäften)* margine *m* di copertura, margine *m* di garanzia.

Einschuss *m* [3] *(Einschussloch)* foro *m* d'entrata (del proiettile).

Einschusspflicht *f* obbligo *m* dei conferimenti.

einsehen *v (Akten, Bücher)* esaminare.

einseitig *adj (auf einer Seite)* unilaterale, unilateralmente, *(parteilich)* parziale, parzialmente, non equo.

einsetzen *v* [1] *(einfügen)* inserire, introdurre, aggiungere, immettere, *(montieren)* montare, installare.

einsetzen *v* [2] *(verwenden)* impiegare, usare, utilizzare, adoperare, impegnare; **sich ~** *v* [für *Akk*] *(sich befleißigen)* impegnarsi, adoperarsi, *(Fürsprache einlegen)* intercedere, insistere, *(verfechten)* difendere.

einsetzen *v* [3] *(ein Amt übertragen)* insediare, installare, investire, *(ernennen)* nominare, designare, istituire, *(ersetzen)* sostituire, surrogare; **sich gegenseitig als Erben ~** *ErbR (Ehegatten: in einem gemeinschaftlichen Testament) (§ 2269 BGB)* istituirsi reciprocamente eredi, istituirsi reciprocamente erede l'uno dell'altra.

einsetzen *v* [4] *(beginnen)* (in)cominciare, iniziare.

Einsetzung *f* [1] *(Einfügung)* inserimento *m*, inserzione *f*, introduzione *f*, immissione *f*.

Einsetzung *f* [2] *(Verwendung)* impiego *m*, uso *m*, utilizzo *m*.

Einsetzung *f* [3] *(Amtsübertragung)* insediamento *m*, *(Ernennung)* nomina *f*, designazione *f*, istituzione *f*, *(Ersetzen)* sostituzione *f*, surrogazione *f*; **~** *f* **eines Erben** istituzione *f* di erede; **~** *f* **eines Testamentsvollstreckers** nomina *f* di un esecutore testamentario; **~** *f* **eines (parlamentarischen) Untersuchungsausschusses** istituzione *f* di una commissione (parlamentare) d'inchiesta.

Einsicht *f* [1] *(Einsichtnahme, Prüfung)* visione *f*, visura *f*, esame *m*, ispezione *f*; **~ nehmen** [in *Akk*] prendere visione.

Einsicht *f* [2] *(Verständnis)* comprensione *f*, discernimento *m*, *(Erkenntnis)* convinzione *f*, *(Vernunft)* ragione *f*, giudizio *m*, criterio *m*; **mangelnde ~** *f* incapacità *f* di intendere.

einsichtig *adj* ragionevole, giudizioso, comprensivo.

Einsichtnahme *f* visione *f*, presa *f* di (o: in) visione, consultazione *f*, visura *f*, ispezione *f*; **nach ~ in die Akten** presa visione degli atti; **~** *f* **in das Grundbuch** *SachenR* visura *f* immobiliare, consultazione *f* del libro fondiario, consultazione *f* del registro fondiario *(CH)*; **~** *f* **in das Handelsregister** *GesR* visura *f* camerale; **~** *f* **in das Liegenschaftskataster** *SachenR* visura *f* catastale; **~** *f* **in das Unternehmensregister** *GesR* visura *f* camerale.

einsichtsfähig *adj* capace di intendere.

Einsichts | fähigkeit *f* discernimento *m*, capacità *f* di intendere; **~recht** *n* diritto *m* di ispezione.

einsichtsunfähig *adj* incapace di intendere.

Einsichtsunfähigkeit *f* incapacità *f* di intendere.

einsperren *v* imprigionare, mettere in prigione, incarcerare.

Einsperrung *f* imprigionamento *m*, incarceramento *m*.

Einsprache *f (CH)* opposizione *f*, ricorso *m*; **~entscheid** *m (CH)* decisione *f* pronunciata su un'opposizione; **~frist** *f (CH)* termine *m* di opposizione; **~verfahren** *n (CH)* procedimento *m* di opposizione.

Einsprecher/in *m/f (CH)* opponente *m/f*.

Einspruch *m (Rechtsbehelf, der gegen Gerichts- oder Verwaltungsentscheidungen eingelegt werden kann. Da er das Verfahren nicht in eine höhere Instanz bringt, ist er kein Rechtsmittel)* opposizione *f*, ricorso *m* (*ordinario in opposizione all'organo che ha emesso l'atto*), reclamo *m*, obiezione *f*, eccezione *f*; **~ abgelehnt** obiezione respinta; **den ~ begründen** motivare l'opposizione; **~ einlegen**; **~ erheben** far(e) opposizione, proporre opposizione, opporsi, presentare ricorso, avanzare ricorso, sollevare un'obiezione, eccepire; **dem ~ stattgeben** accogliere l'opposizione; **(dem) ~ (wird) stattgegeben** obiezione accolta; **den ~ verwerfen**; **den ~ zurückweisen** respingere l'opposizione, rigettare l'opposizione; **~** *m* **gegen die Auszahlung** opposizione *f* al pagamento; **~** *m* **gegen den Bußgeldbescheid** opposizione *f* all'ordinanza-ingiunzione; **~** *m* **gegen die Eheschließung** opposizione *f* al matrimonio; **~** *m* **gegen einen Strafbefehl** opposizione *f* ad un decreto (penale) di condanna; **~** *m* **gegen ein Versäumnisurteil** opposizione *f* ad una sentenza contumaciale.

Einspruchs|entscheidung *f* pronuncia *f* sull'opposizione; **~erhebung** *f* opposizione *f*; **~frist** *f* termine *m* di opposizione, termine *m* per proporre opposizione; **~grund** *m* motivo *m* di opposizione; **~recht** *n* diritto *m* di opposizione; **~schrift** *f* atto *m* di opposizione; **~verfahren** *n* procedimento *m* di opposizione, procedura *f* di opposizione; **~werber/in** *m/f (A)* opponente *m/f*.

Einstands|preis *m* prezzo *m* di acquisto, prezzo *m* di costo; **~wert** *m* valore *m* di costo.

einstehen *v* [für *Akk*] rispondere [di], garantire [per].

Einstehen *n* responsabilità *f*.

einstellen *v* ¹ *ArbR (beschäftigen)* assumere.

einstellen *v* ² *(beenden)* interrompere, sospendere, cessare, smettere, terminare, finire, archiviare; **endgültig ~** *(Verfahren)* archiviare gli atti (del procedimento); **vorläufig ~** *(Verfahren)* sospendere (il procedimento).

Einstellpreis *m* prezzo *m* di costo.

Einstellung *f* ¹ *ArbR (Anstellung)* assunzione *f*; **~** *f* **von Arbeitskräften** *ArbR* assunzione *f* di manodopera; **~** *f* **auf Probe**; **probeweise ~** *f* *ArbR* assunzione *f* in prova; **~** *f* **auf Zeit** *ArbR* assunzione *f* a termine, assunzione *f* a tempo determinato.

Einstellung *f* ² *(Beendigung)* interruzione *f*, sospensione *f*, arresto *m*, cessazione *f*, chiusura *f*, *(des Strafverfahrens)* archiviazione *f*; **teilweise ~** *f* *StrafProzR (des Verfahrens)* archiviazione *f* parziale; **vorläufige ~** *f* *StrafProzR (des Verfahrens)* archiviazione *f* provvisoria (degli atti); **~** *f* **der Arbeit** sospensione *f* del lavoro; **~** *f* **in der bürgerlichen Ehrenfähigkeit** *(CH)* privazione *f* dei diritti civili; **~** *f* **der Feindseligkeiten** cessazione *f* delle ostilità; **~** *f* **wegen Geringfügigkeit** *(Strafverfahren)* archiviazione *f* per irrilevanza penale del fatto; **~** *f* **des Geschäftsbetriebes** cessazione *f* dell'esercizio; **~** *f* **der Kampfhandlungen** cessazione *f* delle ostilità; **~** *f* **der Kursnotierung**; **~** *f* **der Notierung** *(Börse)* cessazione *f* della quotazione (*ufficiale*); **~** *f* **der Produktion** sospensione *f* della produzione; **~** *f* **der Tätigkeit**

cessazione *f* d'attività; **~ *f* mangels Tatnachweise** *StrafProzR* archiviazione *f* per mancanza di prove; **~ *f* des Verfahrens** *StrafProzR* archiviazione *f* (*degli atti al termine delle indagini preliminari*), *StrafProzR* non luogo a procedere (*al termine dell'udienza preliminare*), *ProzR (vorläufig)* sospensione *f* del procedimento, *ProzR* interruzione *f* del processo; **~ *f* der Zwangsvollstreckung** sospensione *f* dell'esecuzione forzata.

Einstellung *f* [3] *(Verhalten)* atteggiamento *m*, attitudine *f*, disposizione *f*, *(Denkweise)* mentalità *f*, orientamento *m*, *(Ansicht)* opinione *f*, idea *f*, posizione *f*.

Einstellungs | anforderungen *fpl* *ArbR* requisiti *mpl* per l'assunzione; **~anordnung** *f* ordine *m* di sospensione, *StrafProzR* ordine *m* di archiviazione; **~bescheinigung** *f* *ArbR* certificato *m* di assunzione; **~beschluss** *m* *StrafProzR* decreto *m* di archiviazione (*degli atti del procedimento penale*), ordinanza *f* di archiviazione (*degli atti del procedimento penale*), *(Zwischenverfahren)* decreto *m* di non luogo a procedere, dichiarazione *f* di non doversi procedere *(CH)*; **~beschwerde** *f* *StrafProzR* ricorso *m* contro l'archiviazione degli atti; **~datum** *n* *ArbR* data *f* di assunzione; **~pflicht** *f* *ArbR* obbligo *m* di assunzione; **~sperre** *f*; **~stopp** *m* *ArbR* blocco *m* delle assunzioni; **~termin** *m* *ArbR* data *f* di assunzione; **~urteil** *n* *StrafProzR* sentenza *f* di non luogo a procedere; **~verfahren** *n* *ArbR* procedura *f* di assunzione, reclutamento *m*; **~verfügung** *f* *StrafProzR* archiviazione *f* degli atti del procedimento; **~voraussetzung** *f* *ArbR* requisito *m* per l'assunzione.

Einstiegslohn *m* *ArbR* salario *m* iniziale, retribuzione *f* iniziale, paga *f* iniziale.

einstimmig *adj* concorde, unanime, all'unanimità; **~ annehmen** approvare all'unanimità; **~ entscheiden** decidere all'unanimità; **~ verabschieden** approvare all'unanimità.

Einstimmigkeit *f* unanimità *f*, voto *m* unanime.

Einstimmigkeitsprinzip *n* principio *m* dell'unanimità.

einstufen *v* inquadrare, classificare.

Einstufung *f* inquadramento *m*, classificazione *f*, graduazione *f*.

Einstufungstest *m* test *m* di valutazione.

einstweilen *adv* temporaneamente, in via temporanea, provvisoriamente, in via provvisoria, per il momento, per ora.

einstweilig *adj* temporaneo, provvisorio, interinale.

Eintrag *m* [1] *(Eintragung)* registrazione *f*, iscrizione *f*.

Eintrag *m* [2] *(Vermerk, Notiz)* annotazione *f*, nota *f*, appunto *m*.

eintragen *v* [1] *(einschreiben)* registrare, iscrivere, immatricolare, intestare, riportare, trascrivere, schedare; **sich ~** *v* iscriversi; **von Amts wegen ~** iscrivere d'ufficio; **erststellig ~** iscrivere al primo grado.

eintragen *v* [2] *(einbringen, einträglich sein)* rendere, portare, fruttare.

Einträglichkeit *f* redditività *f*.

Eintrags | begehren *n* *(CH)* domanda *f* di iscrizione, richiesta *f* di iscrizione; **~bescheinigung** *f* *(CH)* certificato *m* di iscrizione; **~pflicht** *f* *(CH)* obbligo *m* di registrazione, registrazione *f* obbligatoria, obbligo *m* di iscrizione, iscrizione *f* obbligatoria.

eintragspflichtig *adj* soggetto a registrazione.

Eintragsrolle *f* registro *m* di iscrizione, matricola *f*.

Eintragung *f* registrazione *f*, iscrizione *f*, immatricolazione *f*, intestazione *f*, trascrizione *f*, annotazione *f*; **Inhalt: Keine ~** *StrafR (Führungszeugnis)* si attesta che nella Banca dati del Casellario giudiziale risulta: nulla; **die ~ beantragen** chiedere l'iscrizione, domandare l'iscrizione; **die ~ berichtigen** rettificare l'iscrizione; **die ~ löschen** cancellare l'iscrizione; **grundbücherliche ~** *f* *(A)* intavolazione *f*, iscrizione *f* tavolare, iscrizione *f* nel libro fondiario, iscrizione *f* nel registro fondiario *(CH)*; **vorläufige ~** *f* iscrizione *f* provvisoria; **~** *f* **von Amts wegen** iscrizione *f* d'ufficio; **~** *f* **auf Antrag** iscrizione *f* su istanza di parte; **~** *f* **einer Eigentumsvormerkung** → *Auflassungsvormerkung* iscrizione *f* preliminare nel libro fondiario dell'avvenuto accordo tra le parti contraenti sul passaggio (o: trasferimento/trapasso) di proprietà di un bene immobile, prenotazione *f* (tavolare) dell'avvenuto accordo sul passaggio di proprietà; **~** *f* **im (oder: ins, in das) Grundbuch** intavolazione *f*, iscrizione *f* tavolare, iscrizione *f* nel libro fondiario, iscrizione *f* nel registro fondiario *(CH)*; **~** *f* **im (oder: ins, in das) Handelsregister** *GesR* iscrizione *f* al (o: nel) registro delle imprese; **~** *f* **der Hypothek** *(§ 1115 BGB)* iscrizione *f* ipotecaria, iscrizione *f* di (o: dell') ipoteca; **~** *f* **des Sichtvermerks** apposizione *f* del visto; **~** *f* **im (oder: ins, in das) Strafregister** iscrizione *f* nel casellario giudiziale, menzione *f* nel casellario giudiziale, annotazione *f* nel casellario giudiziale; **~** *f* **im (oder: ins, in das) Unternehmensregister** *GesR* iscrizione *f* al (o: nel) registro delle imprese; **~** *f* **im (oder: ins, in das) Vereinsregister** iscrizione *f* nel registro delle associazioni; **~** *f* **in das Wählerverzeichnis** iscrizione *f* nelle liste elettorali; **~** *f* **eines Warenzeichens** deposito *m* di un marchio d'impresa.

Eintragungs|antrag *m*; **~begehren** *n* domanda *f* di iscrizione, richiesta *f* di iscrizione; **~bewilligung** *f (in Trient, Bozen, Triest, Görz sowie in einigen Gemeinden der Provinzen Udine, Brescia, Belluno und Vicenza)* autorizzazione *f* all'iscrizione *f* (nel libro fondiario), autorizzazione *f* alla trascrizione (nei registri immobiliari) *(restliches Italien)*, autorizzazione *f* all'iscrizione *f* (nel registro fondiario) *(CH)*.

eintragungsfähig *adj* registrabile.

Eintragungs|gebühr *f* tassa *f* di iscrizione, tassa *f* di registrazione; **~ort** *m* luogo *m* di registrazione, luogo *m* di iscrizione, luogo *m* di immatricolazione; **~pflicht** *f* obbligo *m* di registrazione, registrazione *f* obbligatoria, obbligo *m* di iscrizione, iscrizione *f* obbligatoria.

eintragungspflichtig *adj* soggetto a registrazione.

Eintragungs|protokoll *n* verbale *m* di registrazione; **~schein** *m* certificato *m* di iscrizione, certificato *m* di registrazione; **~voraussetzung** *f* requisito *m* per l'iscrizione, requisito *m* per la registrazione, presupposto *m* di registrazione, criterio *m* di registrazione, condizione *f* per la registrazione; **~zwang** *m* obbligo *m* di registrazione, registrazione *f* obbligatoria, obbligo *m* di iscrizione, iscrizione *f* obbligatoria.

eintreiben *v* esigere, riscuotere, incassare, recuperare [o: ricuperare].

Eintreibung *f* esazione *f*, riscossione *f*, incasso *m*, recupero *m* [o: ricupero]; **zwangsweise ~** *f* riscossione *f* coattiva.

Eintreibungsverfahren *n* procedimento *m* di riscossione.

eintreten *v* 1 *(hineingehen)* entrare.

eintreten *v* 2 [in *Akk*] *(beitreten)* entrare, aderire, iscriversi.

eintreten *v* 3 *(geschehen, sich ereignen)* accadere, verificarsi, avverarsi, sopraggiungere, sopravvenire.

eintreten *v* 4 *(in die Rechte, Rechtsposition)* subentrare, surrogare, sostituirsi.

eintreten *v* 5 [für *Akk*] *(garantieren)* garantire [per], sostenere, perorare, prendere le parti [di], prendere le difese [di].

eintreten *v* 6 [in *Akk*] *(anfangen)* iniziare, cominciare.

Eintreten *n* **des Erbfalls** *ErbR* apertura *f* della successione.

Eintritt *m* 1 *(Zugang)* entrata *f*, ingresso *m*, accesso *m*; **~ gewähren** lasciare entrare, ammettere; **Kein ~!** vietato l'ingresso, divieto *m* di accesso.

Eintritt *m* [2] *(Beitritt)* entrata *f*, adesione *f*, iscrizione *f*, ammissione *f*.
Eintritt *m* [3] *(Geschehen)* il verificarsi, avveramento *m*; **~** *m* **der Bedingung** avveramento *m* della condizione, il verificarsi della condizione, il ricorrere della condizione; **~** *m* **des Erbfalls** *ErbR* apertura *f* della successione; **~** *m* **des Erfolg(e)s** *StrafR* il verificarsi dell'evento *(lesivo, dannoso)*, verificazione *f* dell'evento, accadimento *m* dell'evento; **~** *m* **des Fälligkeitstermins** scadenza *f* del termine; **~** *m* **der Rechtskraft des Urteils** *ProzR* passaggio *m* in giudicato della sentenza; **~** *m* **eines Schadens** il verificarsi di un danno, *VersR* il verificarsi di un sinistro; **~** *m* **eines Schadensfalles** *VersR* il verificarsi di un sinistro.
Eintritt *m* [4] *(in die Rechte)* surrogazione *f*, surroga *f*, subingresso *m*; **~** *m* **in die Rechte** *(eines anderen)*; **~** *m* **in die Rechtsposition** *(eines anderen)*; **~** *m* **in die Rechtsstellung** *(eines anderen)* surrogazione *f*, surroga *f*.
Eintritt *m* [5] *(Beginn)* inizio *m*, principio *m*.
Eintritts | alter *n* età *f* all'entrata; **~erklärung** *f* dichiarazione *f* di adesione; **~gebühr** *f* tassa *f* di ingresso, tassa *f* di ammissione; **~geld** *n* prezzo *m* di ingresso; **~karte** *f* biglietto *m* di ingresso, biglietto *m* di ammissione.
Eintrittsrecht *n* [1] diritto *m* di entrata, diritto *m* di accessione.
Eintrittsrecht *n* [2] *ErbR* diritto *m* di rappresentazione.
Eintrittsrecht *n* [3] *(der vorgeordneten Behörde)* potere *m* di avocazione.
einverleiben *v* [1] incorporare, inglobare, assorbire, annettere, unire, includere.
einverleiben *v* [2] *(A) (im Grundbuch)* → *eintragen* iscrivere, trascrivere, registrare.
Einverleibung *f* [1] incorporazione *f*, incorporamento *m*, assorbimento *m*, annessione *f*, unione *f*, inclusione *f*.
Einverleibung *f* [2] *(A) (Grundbuchrecht)* → *Eintragung* iscrizione *f*, trascrizione *f*, registrazione *f*.
Einverleibungs | ansuchen *n (A)*; **~antrag** *m (A)*; **~gesuch** *n (A)* domanda *f* di iscrizione.
Einvernahme *f (A, CH) (von Zeugen)* → *Anhörung, Vernehmung* interrogatorio *m*, ascolto *m*, audizione *f*, escussione *f*, esame *m*.
einvernehmen *v (A, CH) (Zeugen)* interrogare, ascoltare, sentire, escutere.
Einvernehmen *n* accordo *m*, armonia *f*, intesa *f*, consenso *m*; **im ~** [mit *Dat*] d'accordo [con], d'intesa [con], di concerto [con]; **in beiderseitigem ~** [oder: im beiderseitigen Einvernehmen]; **in gegenseitigem ~** [oder: im gegenseitigen Einvernehmen] di comune accordo, di mutuo accordo, di comune intesa; **gegenseitiges ~** *n* comune accordo *m*, comune intesa *f*, mutuo consenso *m*, consenso *m* reciproco; **geheimes ~** *n (zu Lasten Dritter)* collusione *f*; **gemeinsames ~** *n* comune accordo *m*, comune intesa *f*, mutuo consenso *m*, consenso *m* reciproco.
einvernehmlich *adj* consensuale, concorde, di comune accordo.
einverstanden *adj* consenziente, d'accordo; **sich ~ erklären** [mit *Dat*] prestare il (proprio) consenso [a].
einverständlich *adj* consensuale, concorde, di comune accordo.
Einverständnis *n* consenso *m*, assenso *m*, approvazione *f*, accordo *m*, intesa *f*; **sein ~ erteilen** dare il proprio consenso, dare la propria approvazione; **ausdrückliches ~** *n* espresso consenso *m*, espressa approvazione *f*, consenso *m* esplicito; **beiderseitiges ~** *n* comune accordo *m*, comune intesa *f*, mutuo consenso *m*, consenso *m* reciproco; **in beiderseitigem ~** [oder: im beiderseitigen Einverständnis] di comune accordo, di mutuo accordo, di comune intesa; **betrügerisches ~** *n* collusione *f*; **bei fehlendem ~** in caso di dissenso; **gegenseitiges ~** *n* comune accordo *m*, comune intesa *f*, mutuo consenso *m*, consenso *m* reciproco; **geheimes ~** *n* intesa *f* segreta, combutta *f*; **notwendiges ~** *n* assenso *m*

necessario; **stillschweigendes ~** *n* consenso *m* tacito, approvazione *f* tacita, silenzio *m* assenso.

Einverständniserklärung *f* benestare *m*, dichiarazione *f* di assenso, atto *m* di assenso.

Einwand *m (Einrede)* eccezione *f*, obiezione *f*; **~ erheben** eccepire, sollevare un'eccezione, sollevare un'obiezione, muovere un'obiezione; **den ~ zurückweisen** respingere l'obiezione; **prozessualer ~** *m ProzR* eccezione *f* processuale; **~** *m* **der Nichtigkeit** eccezione *f* di nullità; **~** *m* **des Rechtsmissbrauchs**; **~** *m* **der unzulässigen Rechtsausübung** exceptio doli generalis *(lat)*, eccezione *f* di abuso del diritto.

Einwanderer/in *m/f* immigrante *m/f*.

einwandern *v* immigrare.

Einwanderung *f (Migration, Zuwanderung)* immigrazione *f*; **illegale ~** *f* immigrazione *f* clandestina, immigrazione *f* illegale.

Einwanderungs | beschränkung *f* restrizione *f* all'immigrazione, limitazione *f* delle immigrazioni; **~bestimmungen** *fpl* disposizioni *fpl* relative all'immigrazione; **~gebiet** *n* zona *f* di immigrazione, territorio *m* di immigrazione; **~land** *n* paese *m* di immigrazione; **~quote** *f* quota *f* di immigrazione, contingente *m* di immigrazione; **~verbot** *n* divieto *m* di immigrazione; **~visum** *n* visto *m* di immigrazione.

einwandfrei *adj (tadellos)* irreprensibile, ineccepibile, in modo ineccepibile, *(fehlerlos)* senza difetti, correttamente, perfetto, alla perfezione, *(eindeutig)* inequivocabile, *(klar)* chiaro, lampante.

einweisen *v* [1] *(in die Arbeit)* addestrare, avviare, istruire.

einweisen *v* [2] *(in eine Anstalt)* ricoverare, internare.

einweisen *v* [3] *(in den Besitz)* immettere *(nel possesso)*.

einweisen *v* [4] *(in ein Amt)* insediare, installare.

einweisen *v* [5] *(in eine Wohnung)* assegnare, destinare.

Einweisung *f* [1] *(Einarbeitung)* addestramento *m*, avviamento *m*.

Einweisung *f* [2] *(in Krankenhaus, Anstalt)* ricovero *m*, internamento *m*; **~** *f* **in eine Anstalt** ricovero *m* in un istituto.

Einweisung *f* [3] *(in den Besitz)* immissione *f (nel possesso)*; **vorläufige ~** *f* **in den Besitz** immissione *f* nel possesso temporaneo.

Einweisung *f* [4] *(in ein Amt)* insediamento *m*.

Einweisung *f* [5] *(Zuweisung)* assegnazione *f*.

einwendbar *adj* opponibile, eccepibile.

Einwendbarkeit *f* opponibilità *f*.

einwenden *v* eccepire, obiettare, opporre.

Einwendung *f* → *s. Infokasten unter „Einrede – Einwendung"* eccezione *f (rilevabile d'ufficio)*, obiezione *f*; **~en erheben**; **~en geltend machen**; **~en vorbringen** [gegen *Akk*] eccepire, sollevare eccezioni, opporre eccezioni, proporre eccezioni, sollevare obiezioni, opporre obiezioni, muovere obiezioni, formulare obiezioni; **von Amts wegen zu berücksichtigende ~** *f* eccezione *f* rilevabile d'ufficio; **persönliche ~** *f* eccezione *f* personale, eccezione *f* relativa; **rechtshemmende ~** *f* eccezione *f* sospensiva *(chiamata anche "Einrede" nella terminologia di diritto sostanziale. Il tratto caratteristico delle eccezioni sospensive è che il diritto fatto valere sorge e continua ad esistere, ma la sua attuazione è sospesa. A differenza delle eccezioni impeditive ed estintive, rilevabili d'ufficio, quelle sospensive sono rilevabili solo ad istanza di parte)*; **rechtshindernde ~** *f* eccezione *f* impeditiva *(il convenuto deduce fatti impeditivi del diritto vantato dall'attore, con la conseguenza che il diritto fatto valere in giudizio non sorge affatto)*; **rechtsvernichtende ~** *f* eccezione *f* estintiva *(il convenuto eccepisce l'esistenza di fatti estintivi del diritto vantato dall'attore, con conseguente estinzione del diritto fatto valere in giudizio)*; **sachliche ~** *f* eccezione *f* reale, eccezione *f* assoluta; **~** *f* **der**

Fälschung querela *f* di falso; **~** *f* **der Gewährleistung** eccezione *f* di garanzia; **~** *f* **der Nichtigkeit** eccezione *f* di nullità; **~** *f* **der Ungesetzlichkeit** eccezione *f* di illegalità; **~** *f* **des Wechselschuldners** eccezione *f* cambiaria.

einwilligen *v* [in *Akk*] (ac)consentire [a], prestare il consenso, accondiscendere [a], assentire [a], approvare, *(in einen Vorschlag)* accettare, accogliere, aderire [a].

Einwilligung *f* = *vorherige Zustimmung* → *s. Infokasten unter „Zustimmung – Einwilligung – Genehmigung"* consenso *m* (*preventivo*), assenso *m*, approvazione *f* (*preventiva*), beneplacito *m*, benestare *m*, accettazione *f*, adesione *f*; **die ~ einholen** chiedere il consenso, chiedere l'approvazione, chiedere il benestare; **die ~ erteilen** prestare il consenso, dare il consenso, dare il benestare, concedere il benestare, dare il permesso; **mutmaßliche ~** *f* consenso *m* presunto; **stillschweigende ~** *f* consenso *m* tacito, approvazione *f* tacita, silenzio *m* assenso; **~** *f* **zur Eheschließung** consenso *m* al matrimonio, assenso *m* al matrimonio; **~** *f* **der Eltern** consenso *m* dei genitori; **~** *f* **des Verletzten** consenso *m* dell'offeso.

Einwilligungs | erklärung *f* dichiarazione *f* di consenso, dichiarazione *f* di approvazione; **~vorbehalt** *m* riserva *f* di approvazione.

einwirken *v* [auf *Akk*] agire [su], incidere [su], influire [su], influenzare.

Einwirkung *f* azione *f*, effetto *m*, influsso *m*; **unter ~** [Gen / von Dat] sotto l'influsso [di].

Einwirkungen *fpl (auf ein benachbartes Grundstück)* immissioni *fpl*.

Einwohner/in *m/f* abitante *m/f*.

Einwohner | gemeinde *f (CH)* comune *m* in cui abitanti e semplici residenti hanno gli stessi diritti, comune *m* politico *(CH)*; **~liste** *f* anagrafe *f* (*della popolazione residente*), registro *m* anagrafico; **~meldeamt** *n* ufficio *m* anagrafe, ufficio *m* anagrafico, anagrafe *f*; **~melderegister** *n*; **~verzeichnis** *n* anagrafe *f* (*della popolazione residente*), registro *m* anagrafico.

einzahlen *v* pagare (*con versamento*), versare, *(Aktien)* liberare.

Einzahlung *f* pagamento *m*, versamento *m*, rimessa *f*, *(auf Aktien)* liberazione *f*; **~** *f* **auf Aktien** liberazione *f* di azioni; **~** *f* **auf ein Konto** versamento *m* su un conto.

Einzahlungs | beleg *m* distinta *f* di versamento; **~bescheinigung** *f* certificato *m* di versamento, ricevuta *f* di versamento; **~buch** *n* registro *m* dei versamenti; **~formular** *n* modulo *m* di versamento, modello *m* di pagamento, distinta *f* di versamento, bollettino *m* di versamento (*in c/c postale*); **~gebühr** *f* tassa *f* di versamento; **~meldung** *f* avviso *m* di versamento; **~pflicht** *f* obbligo *m* dei conferimenti; **~quittung** *f* ricevuta *f* di versamento; **~schein** *m* bollettino *m* di versamento, distinta *f* di versamento; **~termin** *m* termine *m* di versamento, data *f* del versamento.

Einzel- individuale, singolo, unico, particolare, speciale.

Einzel | abkommen *n* convenzione *f* particolare; **~abmachung** *f* accordo *m* individuale; **~abnehmer/in** *m/f* utente *m* privato; **~abrede** *f* convenzione *f* particolare, pattuizione *f* particolare; **~akkord** *m* cottimo *m* individuale; **~akt** *m* atto *m* individuale; **~anfertigung** *f* lavorazione *f* singola, lavorazione *f* su specificazione del cliente, *(einzelner Artikel)* prodotto *m* singolo; **~angabe** *f* specificazione *f*; **~anleger/in** *m/f* investitore *m* privato; **~anordnung** *f*; **~anweisung** *f* istruzione *f* individuale, ordine *m*; **~arbeitsverhältnis** *n* rapporto *m* individuale di lavoro; **~arbeitsvertrag** *m* contratto *m* individuale di lavoro; **~aufstellung** *f* elenco *m* dettagliato; **~beratung** *f* consulenza *f* individuale, *(Parlament)* discussione *f* particolare; **~bericht** *m* relazione *f* particolareggiata; **~betrieb** *m* azienda *f* individuale; **~debatte** *f* discussione *f* particolare; **~einbürgerung** *f* naturalizzazione *f* individuale; **~eingriff** *m* intervento *m* speciale; **~einkommen** *n* reddito *m* individuale; **~entlassung** *f* *ArbR* licenziamento *m* individuale; **~entscheidung** *f* decisione *f* individuale; **~erbfolge** *f* *ErbR* successione *f* (a titolo) particolare; **~erlass** *m* decreto *m* particolare.

Einzelermächtigung *f* autorizzazione *f* speciale; **Prinzip** *n* **der begrenzten ~** *EuR* principio *m* delle competenze di attribuzione.

Einzelfall *m* singolo caso *m*, caso *m* particolare; **~entscheidung** *f* decisione *f* individuale; **~gesetz** *n* *(Maßnahmegesetz)* legge *f* singolare, legge-provvedimento *f*; **~maßnahme** *f*; **~regelung** *f* provvedimento *m* individuale.

Einzel | fertigung *f* lavorazione *f* singola, lavorazione *f* su specificazione del cliente, *(einzelner Artikel)* prodotto *m* singolo; **~firma** *f* ditta *f* individuale; **~folge** *f* *(CH)* *ErbR* successione *f* (a titolo) particolare; **~garantie** *f* garanzia *f* individuale; **~genehmigung** *f* autorizzazione *f* individuale, *(Sondergenehmigung)* autorizzazione *f* speciale; **~geschäftsführer/in** *m/f* amministratore *m* unico; **~geschäftsführung** *f* amministrazione *f* disgiuntiva; **~gesetz** *n* legge *f* singolare; **~gewerkschaft** *f* sindacato *m* di categoria; **~gewicht** *n* peso *m* unitario; **~haft** *f* *StrafProzR* segregazione *f* cellulare.

Einzelhandel *m* commercio *m* al dettaglio, commercio *m* al minuto; **im ~** al dettaglio, al minuto.

Einzelhandels | firma *f*; **~geschäft** *n* negozio *m* (di vendita) al dettaglio; **~kaufmann** *m* negoziante *m* al dettaglio; **~preis** *m* prezzo *m* (di vendita) al dettaglio, prezzo *m* (di vendita) al minuto, prezzo *m* al consumatore; **~spanne** *f* margine *m* del dettagliante, margine *m* del commercio al minuto; **~verkaufspreis** *m* (*Abk* = **EVP**) prezzo *m* (di vendita) al dettaglio, prezzo *m* (di vendita) al minuto, prezzo *m* al consumatore.

Einzel | händler/in *m/f* commerciante *m/f* al dettaglio, commerciante *m/f* al minuto, dettagliante *m/f*, negoziante *m/f* al dettaglio, negoziante *m/f* al minuto; **~händlerrabatt** *m* sconto *m* per rivenditori.

Einzelheiten *fpl* particolari *mpl*, dettagli *mpl*, modalità *fpl*, dati *mpl*, estremi *mpl*, particolarità *fpl*.

Einzel | inhaber/in *m/f* titolare *m* unico; **~interesse** *n* interesse *m* individuale; **~kaufmann/-frau** *m/f* *HandelsR* commerciante *m/f* in proprio, imprenditore *m* individuale, ditta *f* individuale, titolare *m/f* di ditta individuale; **~klage** *f* azione *f* individuale; **~konto** *n* conto *m* singolo; **~kredit** *m* credito *m* individuale; **~kündigung** *f* *ArbR* licenziamento *m* individuale; **~nachfolge** *f* *ErbR* successione *f* (a titolo) particolare; **~nachfolger/in** *m/f* *ErbR* successore *m* (a titolo) particolare; **~nachweis** *m* specificazione *f*.

Einzelne/r *f/m* singolo *m*, individuo *m*; **jeder Einzelne** ognuno, ciascuno.

Einzel | pass *m* passaporto *m* individuale; **~person** *f* individuo *m*; **~police** *f*; **~polizze** *f* *(A)* polizza *f* individuale; **~posten** *m* partita *f* isolata; **~prämie** *f* premio *m* unico; **~preis** *m* prezzo *m* unitario; **~prokura** *f* procura *f* commerciale individuale; **~prokurist/in** *m/f* procuratore *m* commerciale con potere di firma individuale; **~quote** *f* quota *f* individuale, quota *f* singola; **~rechnung** *f* conto *m* particolare; **~rechtsnachfolge** *f* *ErbR* successione *f* (a titolo) particolare; **~rechtsnachfolger/in** *m/f* *ErbR* successore *m* (a titolo) particolare; **~regelung** *f* disciplina *f* particolare; **~richter/in** *m/f* *ProzR* giudice *m* monocratico, giudice *m* in composizione monocratica, tribunale *m* in composizione monocratica, giudice *m* singolo; **~richtlinie** *f* direttiva *f* particolare; **~sache** *f* cosa *f* singola, *(Angelegenheit)* affare *m* singolo; **~schiedsrichter/in** *m/f* arbitro *m* unico; **~schuldner/in** *m/f* debitore *m* particolare, debitore *m* individuale; **~schuldverhältnis** *n* rapporto *m* obbligatorio individuale; **~staat** *m* Stato *m* membro, Stato *m* aderente.

einzelstaatlich *adj* nazionale.

Einzel | statut *n* statuto *m* speciale; **~stellvertretung** *f* rappresentanza *f* disgiunta, rappresentanza *f* disgiuntiva; **~strafe** *f* pena *f* concorrente; **~streitigkeit** *f* controversia *f* individuale; **~unfallversicherung** *f* assicurazione *f* individuale contro gli infortuni; **~unternehmen** *n* *HandelsR* impresa *f* individuale; **~unternehmer/in** *m/f* imprenditore *m* individuale; **~unternehmung** *f* impresa *f* individuale; **~unterschrift** *f* firma *f* disgiunta, firma *f* individuale, firma *f* singola, firma *f* libera; **~veranlagung** *f (Steuerrecht)* accertamento *m* separato; **~vereinbarung** *f* accordo *m* individuale, *(Sondervereinbarung)* accordo *m* particolare; **~verfügung** *f* atto *m* individuale, ordine *m*; **~verkaufspreis** *m* prezzo *m* (di vendita) al dettaglio, prezzo *m* (di vendita) al minuto, prezzo *m* al consumatore; **~vermächtnis** *n* *ErbR* legato *m* (a titolo) particolare; **~vermächtnisnehmer/in** *m/f* *ErbR* legatario *m* (a titolo) particolare; **~vernehmung** *f* audizione *f* separata; **~versicherung** *f* assicurazione *f* individuale; **~vertrag** *m* contratto *m* individuale, contratto *m* particolare.

Einzelvertretung *f* rappresentanza *f* disgiunta, rappresentanza *f* disgiuntiva; **~sbefugnis** *f* potere *m* (o: poteri) di rappresentanza disgiunta, potere *m* (o: poteri) di rappresentanza disgiuntiva.

einzelvertretungs | befugt *adj*; **~berechtigt** *adj* con / munito di / dotato di potere (o: poteri) di rappresentanza disgiunta, con / munito di / dotato di potere (o: poteri) di rappresentanza disgiuntiva.

Einzelvertretungs | berechtigung *f*; **~macht** *f* potere *m* (o: poteri) di rappresentanza disgiunta, potere *m* (o: poteri) di rappresentanza disgiuntiva.

Einzel | vollmacht *f* ↔ *Gesamtvollmacht* procura *f* individuale, procura *f* speciale; **~vollstreckung** *f* esecuzione *f* particolare, esecuzione *f* singolare; **~vorhaben** *n* singolo progetto *m*; **~vormund** *m* tutore *m* singolo, tutore *m* individuale; **~vormundschaft** *f* tutela *f* individuale, tutela *f* esercitata da una sola persona; **~vorschrift** *f* disposizione *f* particolare; **~wahl** *f* scrutinio *m* uninominale; **~weisung** *f* istruzione *f* particolare, istruzione *f* individuale.

einzelwertberichtigt *adj (Forderung)* rettificato separatamente.

Einzel | wille *m* volontà *f* individuale; **~zahlung** *f* pagamento *m* individuale; **~zeichnung** *f* firma *f* disgiunta, firma *f* individuale, firma *f* singola, firma *f* libera; **~zeichnungs-berechtigung** *f* potere *m* di firma disgiunta, facoltà *f* di firma disgiunta, firma *f* disgiunta, firma *f* individuale, firma *f* singola, firma *f* libera; **~zelle** *f* *StrafProzR* cella *f* d'isolamento; **~zuständigkeit** *f* competenza *f* specifica; **~zwangsvollstreckung** *f* esecuzione *f* (forzata) particolare.

einziehbar *adj* [1] *(Forderung)* riscuotibile, recuperabile [o: ricuperabile].

einziehbar *adj* [2] *(beschlagnahmbar)* confiscabile.

einziehen *v* [1] *(Forderung)* esigere, riscuotere, incassare, recuperare [o: ricuperare], realizzare.

einziehen *v* [2] *(beschlagnahmen)* confiscare, sequestrare, incamerare.

einziehen *v* [3] *(aus dem Verkehr ziehen)* ritirare (*dalla circolazione*), mettere fuori corso.

einziehen *v* [4] *(Informationen)* prendere (*informazioni*), assumere, raccogliere.

einziehen *v* [5] *(zum Militär)* chiamare alle armi, arruolare.

einziehen *v* [6] *(hineingehen)* entrare, penetrare, *(in Wohnung, Haus)* andare ad abitare, trasferirsi.

Einziehung *f* [1] *(einer Forderung)* esazione *f*, riscossione *f*, incasso *m*, recupero *m* [o: ricupero], realizzo *m*; **zwangsweise ~** *f* riscossione *f* coattiva.

Einziehung *f* [2] *StrafProzR (davon zu unterscheiden ist der Verfall) (§§ 74 ff. StGB)* confisca *f (facoltativa delle cose che costituiscono il prodotto del reato o delle cose che servirono o furono destinate a commettere il reato)*; **die ~ anordnen**; **die ~ aussprechen** *StrafProzR* disporre la confisca, confiscare; **~** *f* **des Vermögens** *StrafProzR* confisca *f* dei beni.

Einziehung *f* [3] *(Einholen)* ritiro *m*; **~** *f* **von Aktien** ritiro *m* di azioni; **~** *f* **des Erbscheins** *ErbR (durch das Nachlassgericht, wenn es sich ergibt, dass der erteilte Erbschein unrichtig ist) (§ 2361 BGB)* revoca *f* del certificato di eredità (o: ereditario rilasciato); **~** *f* **des Führerscheins** ritiro *m* della patente (di guida).

Einziehung *f* [4] *(Einberufung)* coscrizione *f*, richiamo *m* alle armi.

Einziehungs | abtretung *f* cessione *f* a scopo di incasso; **~anordnung** *f* *StrafProzR* ordine *m* di confisca; **~auftrag** *m* ordine *m* di incasso, mandato *m* di incasso, mandato *m* di riscossione; **~bescheid** *m* *StrafProzR* decisione *f* di confisca, dichiarazione *f* di confisca; **~beschluss** *m* *StrafProzR* decreto *m* di confisca; **~erkenntnis** *n* *StrafProzR* decisione *f* di confisca; **~ermächtigung** *f* mandato *m* di incasso, mandato *m* di riscossione; **~gebühr** *f* tassa *f* di incasso, diritto *m* di incasso, diritto *m* di riscossione; **~provision** *f* provvigione *f* di incasso; **~spesen** *pl* spese *fpl* di incasso; **~verfahren** *n* *StrafProzR* procedimento *m* di confisca; **~verfügung** *f* *StrafProzR* ordine *m* di confisca; **~vollmacht** *f* procura *f* per incasso.

Einzug *m* [1] *(einer Forderung)* esazione *f*, riscossione *f*, incasso *m*, recupero *m* [o: ricupero].

Einzug *m* [2] *(Umzug)* trasferimento *m*, ingresso *m*.

Einzugs | auftrag *m* ordine *m* di incasso, mandato *m* di incasso, mandato *m* di riscossione; **~bereich** *m* zona *f* di attrazione, bacino *m* d'utenza; **~ermächtigung** *f (Girokonto)* autorizzazione *f* di addebito (diretto in conto corrente bancario), mandato *m* di addebito (diretto in c/c); **~gebiet** *n* zona *f* di attrazione, bacino *m* d'utenza; **~gebühr** *f* tassa *f* di incasso, diritto *m* di incasso, diritto *m* di riscossione; **~papier** *n* titolo *m* da incassare; **~spesen** *pl* spese *fpl* di incasso; **~verfahren** *n* procedimento *m* di riscossione dei contributi assicurativi.

Eisenbahn | abkommen *n* convenzione *f* ferroviaria; **~betriebshaftung** *f* responsabilità *f* oggettiva dell'imprenditore ferroviario; **~delikt** *n* contravvenzione *f* ai regolamenti di polizia ferroviaria; **~fracht** *f* nolo *m* ferroviario; **~frachtbrief** *m* lettera *f* di vettura, lettera *f* di porto; **Internationales Übereinkommen** *n* **über den ~frachtverkehr** (*Abk* = **CIM**) *TransportR* Convenzione *f* internazionale concernente il trasporto delle merci per ferrovia; **Internationales Übereinkommen** *n* **über den ~ -Personen- und Gepäckverkehr** (*Abk* = **CIV**) *TransportR* Convenzione *f* internazionale concernente il trasporto dei viaggiatori e dei bagagli per ferrovia; **~recht** *n* diritto *m* ferroviario; **~unfall** *m* incidente *m* ferroviario; **internationaler ~verband** *m* Unione *f* internazionale delle ferrovie; **Übereinkommen** *n* **über den internationalen ~verkehr** (*Abk* = **COTIF**) *TransportR* Convenzione *f* relativa ai trasporti internazionali per ferrovia; **~ -Verkehrsordnung** *f (D)* (*Abk* = **EVO**) codice *m* (tedesco) del trasporto ferroviario; **~verwaltung** *f* *(Bundesbahn)* amministrazione *f* ferroviaria.

EJPD (*Abk* = **Eidgenössisches Justiz- und Polizeidepartement**) *(CH)* Dipartimento *m* federale

(svizzero) di giustizia e polizia *(DFGP)*.
Ekart *m* scarto *m*.
EKHK (*Abk* = **Erste/r Kriminalhauptkommissar/in**) ispettore *m* capo di polizia giudiziaria.
EKMR (*Abk* = **Europäische Kommission für Menschenrechte**) *EuR (auch: Europäische Menschenrechtskommission)* Commissione *f* europea dei diritti dell'uomo.
Elastizität *f* **von Angebot und Nachfrage** elasticità *f* della domanda e dell'offerta.
Elektrokution *f (Hinrichtung mittels elektrischen Stuhls)* elettrocuzione *f*.
Elementar | schadenversicherung *f* assicurazione *f* contro i danni causati dagli elementi naturali; **~versicherung** *f (A)* assicurazione *f* contro il furto, il furto con scasso e l'incendio.
elterlich *adj* parentale, dei genitori, genitoriale.
Eltern *pl* genitori *mpl*; **~geld** *n (D) FamR (Unterstützung für Familien nach der Geburt eines Kindes)* indennità *f* per congedo parentale; **~mord** *m (CH) StrafR* parricidio *m*; **~recht** *n* diritto *m* dei genitori (*di mantenere, istruire ed educare i figli*); **~rente** *f* pensione *f* per i genitori.
Elternteil *m* genitore *m*; **sorgeberechtigter ~** *m FamR* genitore *m* che esercita la potestà (genitoriale) sui figli minori, genitore *m* esercente la potestà (genitoriale) sui figli minori, genitore *m* titolare della potestà (genitoriale) sui figli minori, *EuR* genitore *m* affidatario, *EuR* genitore *m* titolare dell'affidamento, *EuR* genitore *m* che ha l'affidamento (di un figlio).
Eltern | versammlung *f* riunione *f* dei genitori; **~vertreter/in** *m/f* rappresentante *m/f* dei genitori; **~zeit** *f ArbR (frühere Bezeichnung: Erziehungsurlaub)* congedo *m* parentale.
Embargo *n* embargo *m*; **ein ~ verhängen** mettere l'embargo.
Embargoliste *f* lista *f* di embargo.
Embryonenschutzgesetz *n (D)* (*Abk* = **ESchG**) legge *f* (tedesca) sulla tutela degli embrioni.
Emissär/in *m/f* emissario/-a *m/f*.
Emission *f* emissione *f*; **~** *f* **von Schadstoffen** emissione *f* di agenti inquinanti.
Emissions | abgabe *f (CH)* imposta *f* sull'emissione di titoli; **~bank** *f* banca *f* emittente, banca *f* di emissione; **~garantie** *f (für die Übernahme und Platzierung einer Emission)* garanzia *f* di collocamento (*di titoli*); **~geschäft** *n* operazione *f* di emissione; **~gesellschaft** *f* società *f* emittente; **~grenzwert** *m* valore *m* limite di emissione; **~gruppe** *f* consorzio *m* di emissione, sindacato *m* di emissione; **~handel** *m UmweltR* commercio *m* delle emissioni, commercio *m* delle quote di emissione, mercato *m* delle emissioni; **~haus** *n* banca *f* emittente, banca *f* di emissione; **~höchstwert** *m* valore *m* limite di emissione; **~institut** *n* istituto *m* emittente, istituto *m* di emissione; **~konsortium** *n* consorzio *m* di emissione, sindacato *m* di emissione; **~kontrolle** *f* controllo *m* delle emissioni; **~kosten** *pl* costi *mpl* di emissione; **~kurs** *m* prezzo *m* di emissione; **~land** *n* paese *m* emittente, paese *m* di emissione; **~monopol** *n* monopolio *m* di emissione; **~preis** *m* prezzo *m* di emissione; **~privileg** *n* privilegio *m* di emissione; **~prospekt** *m* prospetto *m* di emissione, opuscolo *m* illustrativo delle emissioni; **~recht** *n* diritto *m* di emissione; **~sperre** *f* blocco *m* delle emissioni; **~steuer** *f* imposta *f* sull'emissione di titoli; **~stopp** *m* blocco *m* delle emissioni; **~syndikat** *n* sindacato *m* di emissione; **~vertrag** *m* contratto *m* di emissione; **~volumen** *n* volume *m* delle emissioni; **~währung** *f* moneta *f* di emissione (di un prestito); **~welle** *f* ondata *f* di (nuove) emissioni.
Emittent/in *m/f* emittente *m/f* (*di titoli*).
emittieren *v* emettere.
Empfang *m (Entgegennahme)*

ricevimento *m*, arrivo *m*, ricevuta *f*, ricezione *f*; **den ~ bestätigen** confermare il ricevimento, accusare ricevuta (*di qc.*); **in ~ nehmen** prendere in consegna, ricevere; **bei ~ prüfen** verificare alla consegna; **zahlbar bei ~** pagabile alla consegna.

empfangen *v* ricevere.

Empfänger/in *m/f* destinatario/-a *m/f*, ricevente *m/f*, ricevitore/-trice *m/f*, consegnatario/-a *m/f*, beneficiario/-a *m/f*, assegnatario/-a *m/f*.

Empfänger | bank *f* banca *f* destinataria; **~horizont** *m* intelligibilità *f* oggettiva di un atto recettizio da parte del destinatario; **~land** *n* paese *m* beneficiario; **~staat** *m* Stato *m* beneficiario, Stato *m* ricevente.

Empfangnahme *f* ricevimento *m*, presa *f* in consegna.

Empfängnis *f* concepimento *m*; **gesetzliche ~zeit** *f* periodo *m* legale di concepimento.

Empfangs | amt *n* ufficio *m* di destinazione; **~anweisung** *f* ordine *m* di prendere in consegna; **~anzeige** *f* avviso *m* di ricevimento, ricevuta *f*.

empfangsbedürftig *adj (Willenserklärung)* recettizio, indirizzato.

Empfangs | bedürftigkeit *f (einer Willenserklärung)* recettizietà *f*; **~bekenntnis** *n* (*Abk* = **EB**) avviso *m* di ricevimento, conferma *f* di ricevimento, accusa *f* di ricevimento, accusa *f* di ricezione, ricevuta *f*; **~berechtigte/r** *f/m* destinatario/-a *m/f*, persona *f* autorizzata a ricevere; **~berechtigung** *f* autorizzazione *f* a ricevere.

Empfangsbescheinigung *f* avviso *m* di ricevimento, ricevuta *f*, quietanza *f*; **samthafte ~** *f (CH)* ricevuta *f* collettiva.

Empfangs | bestätigung *f* conferma *f* di ricevimento, avviso *m* di ricevimento, ricevuta *f*, quietanza *f*; **~blatt** *n (des Eisenbahnfrachtbriefes)* bollettino *m* di consegna, *(ugs)* svincolo *m*; **~bote** *m (Willenserklärung)* nunzius *m* del destinatario; **~schein** *m* ricevuta *f*; **~spediteur** *m* spedizioniere *m* destinatario; **~staat** *m* Stato *m* di residenza, Stato *m* ricevente; **~vertreter/in** *m/f* rappresentante *m* passivo; **~vollmacht** *f* procura *f* per ricevere qc., procura *f* passiva.

empfehlen *v* consigliare, raccomandare.

Empfehlung *f* consiglio *m*, raccomandazione *f*, suggerimento *m*, segnalazione *f*, proposta *f*.

Empfehlungsschreiben *n* lettera *f* di raccomandazione, lettera *f* di presentazione, referenze *fpl*.

EMRK (*Abk* = **Europäische Menschenrechtskonvention / Europäische Konvention zum Schutz der Menschenrechte und Grundfreiheiten**) Convenzione *f* europea dei diritti dell'uomo *(CEDU)* (*anche: Convenzione europea per la salvaguardia dei diritti dell'uomo e delle libertà fondamentali*).

End | abnahme *f (Endprüfung)* collaudo *m* finale, prova *f* finale; **~abnehmer/in** *m/f* ultimo acquirente *m*, consumatore *m* finale, *(Strom, Gas)* utente *m* finale; **~abrechnung** *f* liquidazione *f* finale, *(abschließende Bilanz)* bilancio *m* finale, consuntivo *m*; **~abstimmung** *f* votazione *f* finale; **~auszählung** *f (der Stimmen)* scrutinio *m* definitivo; **~begünstigte/r** *f/m* ultimo/-a beneficiario/-a *m/f*; **~bescheid** *m* decisione *f* definitiva; **~bestimmungsland** *n* paese *m* di destinazione finale; **~betrag** *m* importo *m* finale, somma *f* finale, *(endgültiger Betrag)* importo *m* definitivo, *(Gesamtbetrag)* importo *m* totale, totale *m*.

Ende *n* fine *f*, termine *m*, conclusione *f*; **zu ~ führen** terminare, portare a termine; **~** *n* **des Arbeitsverhältnisses** fine *f* del rapporto di lavoro.

enden *v* finire, terminare, cessare.

End | entscheid *m (CH)*; **~entscheidung** *f* decisione *f* finale; **~erzeugnis** *n* prodotto *m* finale; **~fälligkeit** *f* scadenza *f* (*finale*); **~fassung** *f* testo *m* definitivo, versione *f* definitiva; **~finanzierung** *f*

(Restfinanzierung) finanziamento *m* residuo; **~gehalt** *n* stipendio *m* finale.
endgültig *adj* definitivo, conclusivo, perentorio, tassativo, *(unanfechtbar)* inappellabile; **~ entscheiden** decidere in via definitiva.
Endgültigkeit *f* definitività *f.*
endigen *v (enden)* finire, terminare, concludersi.
End | kapital *n* capitale *m* finale; **~kontrolle** *f* controllo *m* finale; **~preis** *m* prezzo *m* finale; **~produkt** *n* prodotto *m* finito; **~produktpreis** *m* prezzo *m* del prodotto finito; **~saldo** *m* saldo *m* finale; **~summe** *f* importo *m* finale, somma *f* finale, *(endgültiger Betrag)* importo *m* definitivo, *(Gesamtbetrag)* importo *m* totale, totale *m*; **~termin** *m* termine *m* finale; **~ursache** *f* causa *f* finale; **~urteil** *n ProzR* sentenza *f* finale, giudizio *m* finale, sentenza *f* definitiva; **~verbrauch** *m* consumo *m* finale; **~verbraucher/in** *m/f* consumatore *m* finale; **~verbraucherpreis** *m* prezzo *m* al consumatore (finale); **~verkauf** *m* vendita *f* al pubblico; **~verkaufspreis** *m* prezzo *m* di vendita al pubblico; **~vermögen** *n* patrimonio *m* finale, capitale *m* finale; **~wert** *m (einer Rente)* valore *m* finale; **~zustand** *m* stato *m* finale; **~zweck** *m* fine *m* ultimo.
ENEA (*Abk* = **Europäische Kernenergie-Agentur**) *EuR* Agenzia *f* europea per l'energia nucleare.
Energie *f* energia *f*; **Internationale ~agentur** *f* (*Abk* = **IEA**) Agenzia *f* internazionale dell'energia *(AIE)*; **~ausschuss** *m* commissione *f* dell'energia; **~markt** *m* mercato *m* dell'energia; **~steuer** *f* tassa *f* sull'energia; **~wirtschaft** *f* industria *f* energetica.
Engros | geschäft *n*; **~handel** *m* commercio *m* all'ingrosso.
Enquete *f* inchiesta *f*; **~bericht** *m* rapporto *m* di inchiesta; **~kommission** *f (zur Vorbereitung von Entscheidungen des Bundestages)* commissione *f* preparatoria; **~recht** *n (des Parlaments)* diritto *m* dell'inchiesta parlamentare.
Enseigne *f (CH)* insegna *f* (commerciale).
entbehrlich *adj* di cui si può fare a meno, non necessario, non indispensabile, superfluo; **~ sein** non essere indispensabile.
entbinden *v (von einer Pflicht, Verantwortung befreien)* liberare, assolvere, esonerare, dispensare, esentare, esimere, sciogliere, prosciogliere.
Entbindung *f (Befreiung von einer Pflicht, Verantwortung)* liberazione *f*, esenzione *f*, esonero *m*, dispensa *f*, proscioglimento *m*; **~ *f* von der Verschwiegenheitspflicht** esonero *m* dall'obbligo del segreto professionale.
entehrend *adj* infamante.
enteignen *v* espropriare; **entschädigungslos ~** *(A)* confiscare.
Enteigner/in *m/f* espropriante *m/f.*
Enteignete/r *f/m* espropriato/-a *m/f.*
Enteignung *f* → *BVerfGE 58, 300: Nassauskiesungsentscheidung des Bundesverfassungsgerichts* espropriazione *f*, esproprio *m*; **entschädigungslose ~** *f (A)* confisca *f*, confisca *f* dei beni; **teilweise ~** *f* espropriazione *f* parziale; **zwangsweise ~** *f* espropriazione *f* forzata; **~ *f* zum Wohl der Allgemeinheit**; **~ *f* zum Allgemeinwohl** espropriazione *f* per pubblica utilità; **~ *f* im öffentlichen Interesse** espropriazione *f* per pubblico interesse.
Enteignungs | anordnung *f*; **~ausspruch** *m* decreto *m* di espropriazione; **~befugnis** *f* diritto *m* di espropriazione; **~begehren** *n* domanda *f* di espropriazione; **~behörde** *f* autorità *f* espropriante; **~bescheid** *m*; **~beschluss** *m* decreto *m* di espropriazione; **~charakter** *m (einer Maßnahme)* natura *f* espropriativa (*dell'atto*); **~entschädigung** *f* indennità *f* di espropriazione; **~erkenntnis** *f (A)* decreto *m* di espropriazione, provvedimento *m* di confisca.
enteignungsgleich *adj* che ha gli stessi

effetti di un'espropriazione, di tipo espropriativo.

Enteignungs | maßnahme *f* provvedimento *m* espropriativo; **~plan** *m* piano *m* di espropriazione; **~recht** *n* diritto *m* di espropriazione; **~verfahren** *n* procedimento *m* di espropriazione, procedimento *m* espropriativo, procedura *f* espropriativa; **~verfügung** *f*; **~verordnung** *f* decreto *m* di espropriazione; **~werber/in** *m/f* *(A)* espropriante *m/f*; **~wirkung** *f* effetto *m* espropriativo.

Entente *f* intesa *f*; **kleine ~** *f* piccola intesa *f*.

enterben *v ErbR* diseredare.

Enterbung *f ErbR* diseredazione *f*.

Enterbungsgrund *m ErbR* causa *f* di diseredazione.

entfallen *v* [1] *(ausfallen)* decadere, essere soppresso, venir(e) sospeso, non avere luogo, venir(e) meno, venire a mancare.

entfallen *v* [2] [auf *Akk*] *(zustehen)* spettare, toccare, competere.

Entfaltung *f* sviluppo *m*, evoluzione *f*; **freie ~** *f* **der Persönlichkeit** libero sviluppo *m* della personalità.

entfernen *v (beseitigen)* togliere, eliminare, rimuovere, allontanare, *(löschen)* cancellare; **sich ~** *v (weggehen)* allontanarsi, *(für eine gewisse Zeit)* assentarsi.

Entfernen, unerlaubtes ~ *n* **vom Unfallort** *StrafR (§ 142 StGB)* fuga *f* del conducente dal luogo del sinistro, allontanamento *m* illecito dal luogo dell'incidente.

Entfernung *f* [1] *(räumlicher Abstand)* distanza *f*.

Entfernung *f* [2] *(Beseitigung)* eliminazione *f*, rimozione *f*, *(in Bez. auf Personen)* allontanamento *m*, *(aus dem Dienst)* destituzione *f*, sospensione *f*.

entführen *v* rapire, sequestrare, dirottare (*un aereo*).

Entführer/in *m/f* rapitore/-trice *m/f*, sequestratore/-trice *m/f*, dirottatore/-trice *m/f* (*di aereo*).

Entführte/r *f/m* sequestrato/-a *m/f*.

Entführung *f* rapimento *m*, sequestro *m* (*di persona*), dirottamento *m* (*di un aereo*); **erpresserische ~** *f (A) StrafR (§ 102 öStGB)* sequestro *m* di persona a scopo di estorsione; **~** *f* **einer unmündigen Person** *(A) StrafR (§ 101 öStGB)* ratto *m* di persona minore a fine di libidine.

Entgang *m* perdita *f*.

entgangen *adj (Gewinn)* cessante, mancato.

entgegengehalten, Dritten ~ werden können essere opponibile a(i) terzi, poter(e) essere opposto a(i) terzi.

entgegengesetzt *adj* opposto, contrario.

Entgegennahme *f* ricevimento *m*, presa *f* in consegna, accettazione *f*.

entgegennehmen *v* ricevere, ricevere in consegna, prendere in consegna, accettare.

entgegenstehen *v* essere contrario, opporsi, essere in contrasto, ostare [a], essere ostativo [a].

entgegenstehend *adj* contrario, confliggente, in contrasto, ostativo.

Entgegnung *f* replica *f*.

Entgelt *n (Vergütung)* retribuzione *f*, corrispettivo *m*, compenso *m*, remunerazione *f* [o: rimunerazione], ricompensa *f*, *(Bezahlung)* pagamento *m*, trattamento *m* economico, trattamento *m* retributivo, *(Entschädigung)* indennità *f*, indennizzo *m*, risarcimento *m*, *(Gebühr)* contributo *m*, tassa *f*, tariffa *f*, prezzo *m*; **festes ~** *n* retribuzione *f* fissa.

Entgelt | anspruch *m* diritto *m* alla retribuzione; **~buch** *n* libretto *m* personale di controllo (dei lavoratori a domicilio).

entgelten *v (ungebr)* pagare, retribuire, (ri)compensare, indennizzare, risarcire.

Entgelt | fortzahlung *f* **im Krankheitsfall** *ArbR* pagamento *m* della retribuzione durante il periodo di malattia, corresponsione *f* continuata della retribuzione in caso di malattia, indennità *f* di malattia; **~fortzahlungsgesetz** *n (D)* (*Abk* = **EntgFG / EFZG**)

(Gesetz über die Zahlung des Arbeitsentgelts an Feiertagen und im Krankheitsfall) legge *f* (tedesca) sulla corresponsione continuata della retribuzione (*nelle festività e in caso di malattia*).

entgeltlich *adj* retribuito, remunerato [o: rimunerato], a pagamento, dietro compenso, oneroso, a titolo oneroso.

Entgeltlichkeit *f* onerosità *f*.

Entgeltpunkte *mpl (D) SozialR* punti *mpl* pensionistici; **in ~ (EP) umgerechnet** *(D) (Rentenversicherung)* convertito in punti pensionistici.

Entgeltumwandlung *f ArbR (betriebliche Altersversorgung)* conversione *f* salariale *(conferimento di una quota dei futuri crediti retributivi del lavoratore a forme di previdenza complementare e integrativa)*.

EntgFG (*Abk* = **Entgeltfortzahlungsgesetz / Gesetz über die Zahlung des Arbeitsentgelts an Feiertagen und im Krankheitsfall**) *(D)* legge *f* (tedesca) sulla corresponsione continuata della retribuzione (*nelle festività e in caso di malattia*).

enthaften *v (A)* rilasciare, liberare, liberare dalla responsabilità.

Enthaftung *f (A)* rilascio *m*, liberazione *f*, liberazione *f* dalla responsabilità.

Enthaftungs | antrag *m (A)* richiesta *f* di scarcerazione; **~klausel** *f* clausola *f* di non responsabilità, clausola *f* di irresponsabilità.

enthalten *v (beinhalten)* contenere, comprendere, includere; **sich ~** *v* [*Gen*] rinunciare [o: rinunziare a], trattenersi [da], *(Abstimmung)* astenersi [da].

Enthaltung *f* astensione *f*.

Enthaltungsstimme *f* voto *m* di astensione.

entheben *v (befreien)* liberare, *(einer Verpflichtung)* esentare, esimere, dispensare, *(der Verantwortung)* sollevare, *(entlassen)* esonerare, *(seines Amtes)* destituire, deporre, sospendere, rimuovere.

Enthebung *f (Befreiung)* esenzione *f*, esonero *m*, dispensa *f*, *(Absetzung)* destituzione *f*, sospensione *f*, rimozione *f*.

Entkartellisierung *f* decartellizzazione *f*.

entkleiden *v (entheben)* destituire da, privare di.

entkräften *v* indebolire, confutare, ribattere, invalidare, infirmare.

Entkräftung *f* indebolimento *m*, confutazione *f*, invalidamento *m*.

Entkräftungseid *m (CH)* giuramento *m* purgatorio *(CH)*.

entkriminalisieren *v* depenalizzare.

Entkriminalisierung *f* depenalizzazione *f*.

entladen *v* scaricare.

Entladung *f* scarico *m*, scaricazione *f*.

entlassen *v* [1] *ArbR (kündigen)* licenziare, *(des Amtes entheben)* destituire, deporre; **fristlos ~** *ArbR* licenziare in tronco.

entlassen *v* [2] *(aus der Haft, aus dem Gefängnis)* rilasciare, scarcerare, rimettere in libertà, *(aus dem Krankenhaus)* dimettere, *(aus dem Militärdienst)* congedare.

entlassen *v* [3] *(befreien, dispensieren)* liberare, dispensare, esonerare, manlevare, sollevare (*da una responsabilità*).

Entlassenenhilfe *f StrafProzR* assistenza *f* post-penitenziaria.

Entlassene/r *f/m StrafProzR* scarcerato/-a *m/f*.

Entlassung *f* [1] *ArbR (Kündigung)* licenziamento *m*, *(Amtsenthebung)* deposizione *f*, destituzione *f*; **die ~ einreichen** *ArbR* presentare le dimissioni; **~ *f* auf Antrag** *ArbR (Beamtenrecht)* dimissioni *fpl* volantarie; **fristlose ~** *f ArbR* licenziamento *m* senza preavviso, licenziamento *m* in tronco, licenziamento *m* su due piedi; **kollektive ~** *f ArbR* licenziamento *m* collettivo; **ungerechtfertigte ~** *f ArbR* licenziamento *m* ingiustificato, licenziamento *m* senza giusta causa, licenziamento *m* senza giustificato motivo.

Entlassung *f* [2] *(aus der Haft, aus dem Gefängnis)* rilascio *m*, scarcerazione *f*, *(aus dem Krankenhaus)* dimissione *f*, *(aus dem Militärdienst)* congedo *m*; **die**

~ anordnen *StrafProzR* ordinare la scarcerazione; **bedingte ~** *f*; **~** *f* **zur Bewährung** *StrafProzR* liberazione *f* condizionale; **vorläufige ~** *f* *StrafProzR* libertà *f* provvisoria; **vorzeitige ~** *f* *StrafProzR* liberazione *f* anticipata.

Entlassung *f* [3] *(Befreiung, Freistellung)* liberazione *f*, esonero *m*; **~** *f* **aus der Haftung** esonero *m* dalla responsabilità; **~** *f* **aus der Staatsangehörigkeit** *(Ausbürgerung)* privazione *f* della cittadinanza.

Entlassungs | abfindung *f* *ArbR* indennità *f* di licenziamento, trattamento *m* di fine rapporto; **~anordnung** *f* *StrafProzR*; **~befehl** *m* *StrafProzR* ordine *m* di scarcerazione; **~entschädigung** *f* *ArbR* indennità *f* di licenziamento; **~grund** *m* *ArbR* causa *f* di licenziamento, motivo *m* di licenziamento; **~mitteilung** *f* *StrafProzR* avviso *m* di scarcerazione; **~recht** *n* *ArbR* diritto *m* di licenziamento; **~sperre** *f* *ArbR*; **~verbot** *n* *ArbR* divieto *m* di licenziare, divieto *m* di licenziamento.

Entlassungsverfügung *f* [1] *ArbR* decisione *f* di licenziamento.

Entlassungsverfügung *f* [2] *StrafProzR* ordinanza *f* di scarcerazione.

entlasten *v* [1] *(die Beanspruchung mindern)* alleggerire, alleviare, *(erleichtern)* sgravare, aiutare, *(entladen)* scaricare, liberare.

entlasten *v* [2] *StrafProzR (Angeklagte)* deporre a favore [di], deporre a discarico [di], scagionare, discolpare.

entlasten *v* [3] *(Vorstand)* approvare l'operato, approvare la gestione.

entlasten *v* [4] *(Konto)* pareggiare (estinguendo un debito), accreditare (*un importo su un conto*).

entlastend *adj* a favore, a discarico, attenuante.

Entlastung *f* [1] *(von einer Beanspruchung)* alleggerimento *m*, sgravio *m*, liberazione *f*, esonero *m*.

Entlastung *f* [2] *StrafProzR (des Angeklagten)* discarico *m*, discolpa *f*.

Entlastung *f* [3] *(des Vorstands)* approvazione *f* dell'operato, approvazione *f* della gestione.

Entlastung *f* [4] *(eines Kontos)* pareggio *m*, accredito *m* (*di un importo su un conto*).

Entlastungs | bescheinigung *f* certificato *m* di discarico; **~beschluss** *m* deliberazione *f* di discarico; **~beweis** *m* *StrafProzR* prova *f* a discarico, prova *f* liberatoria; **~erteilung** *f* discarico *m*; **~material** *n* *StrafProzR* prove *fpl* a discarico; **~zeuge/-zeugin** *m/f* *StrafProzR* testimone *m/f* a discarico, teste *m/f* a discarico, testimone *m/f* della difesa, teste *m/f* della difesa; **~zeugnis** *n* certificato *m* di discarico.

entlehnen *v (A)* prestare.

Entlehner/in *m/f (A, CH)* comodatario *m*.

entleihen *v* *SchuldR* prendere in prestito, mutuare.

Entleiher/in *m/f* ↔ *Verleiher/in* *SchuldR* mutuatario *m*, *(Leihvertrag)* comodatario *m*, *(Leiharbeitsverhältnis)* utilizzatore *m*, società *f* utilizzatrice, impresa *f* utilizzatrice.

entlohnen *v* pagare, retribuire, remunerare [o: rimunerare], compensare.

Entlohnung *f (Lohn, Gehalt)* paga *f*, salario *m*, retribuzione *f*, trattamento *m* retributivo, trattamento *m* economico, remunerazione *f* [o: rimunerazione], compenso *m*; **angemessene ~** *f* retribuzione *f* equa; **feste ~** *f* retribuzione *f* fissa; **gerechte ~** *f* giusta retribuzione *f*; **leistungsbezogene ~** *f* retribuzione *f* a incentivo; **vereinbarte ~** *f* retribuzione *f* convenzionale.

Entlohnungsgruppe *f (A)* categoria *f* salariale.

entmündigen *v* interdire, dichiarare interdetto.

Entmündigte/r *f/m* interdetto/-a *m/f*; **beschränkt ~** *f/m (A)* inabilitato/-a *m/f*; **voll ~** *f/m (A)* interdetto/-a *m/f*.

Entmündigung *f (in D: ersetzt durch die „Betreuung"; in A: jetzt auch „Beistandschaft")* interdizione *f*, interdizione *f* giudiziale; **beschränkte ~** *f (A)* inabilitazione *f*; **volle ~** *f (A)* interdizione *f*.

Entmündigungs | antrag *m* istanza *f* di interdizione; **~beschluss** *m*; **~urteil** *n* sentenza *f* di interdizione; **~verfahren** *n* procedimento *m* di interdizione.

Entnahme *f* prelevamento *m*, prelievo *m*; **~recht** *n* diritto *m* di prelievo.

entnehmen *v* prelevare, ritirare.

entpflichten *v* esonerare.

Entpflichtung *f* esonero *m*.

Entpönalisierung *f* depenalizzazione *f*.

entrechten *v* privare dei diritti.

Entrechtung *f* privazione *f* dei diritti.

Entreicherte/r *f/m* impoverito/-a *m/f*.

entrichten *v (Gebühr)* pagare, versare, corrispondere.

Entrichtung *f* pagamento *m*, versamento *m*, corresponsione *f*, rimessa *f*; **~ *f* des Mietzinses** pagamento *m* del canone (di locazione/locativo).

entschädigen *v* indennizzare, risarcire (*un danno*).

Entschädigte/r *f/m* indennizzato/-a *m/f*.

Entschädigung *f* indennità *f*, indennizzo *m*, riparazione *f*, risarcimento *m* (*dei danni*); **eine ~ gewähren** concedere un'indennità, concedere un indennizzo; **eine ~ verlangen** chiedere un'indennità, chiedere un indennizzo, chiedere il risarcimento (*dei danni*); **eine ~ versagen** rifiutare il risarcimento (*dei danni*); **angemessene ~** *f*; **billige ~** *f* equo indennizzo *m*, congrua indennità *f*; **einmalige ~** *f* indennità *f* una tantum; **finanzielle ~** *f* riparazione *f* pecuniaria, indennizzo *m* pecuniario; **pauschale ~** *f* indennità *f* forfettaria; **teilweise ~** *f* indennizzo *m* parziale; **volle ~** *f* indennizzo *m* totale, risarcimento *m* totale (*dei danni*), riscarcimento *m* integrale (*dei danni*); **vorläufige ~** *f* indennità *f* provvisoria; **~ *f* in Geld** indennizzo *m* in denaro, indennizzo *m* pecuniario; **~ *f* für Strafverfolgungsmaßnahmen** riparazione *f* degli errori giudiziari.

Entschädigungs | anordnung *f* decreto *m* di liquidazione (dei compensi); **~anspruch** *m* diritto *m* all'indennizzo, diritto *m* alla riparazione, diritto *m* al risarcimento dei danni; **~antrag** *m* domanda *f* di indennizzo; **~berechtigte/r** *f/m* avente *m/f* diritto all'indennizzo; **~berechtigung** *f* diritto *m* all'indennizzo, diritto *m* alla riparazione, diritto *m* al risarcimento dei danni; **~betrag** *m* importo *m* dell'indennizzo, indennizzo *m*; **~bürge** *m* garante *m* del risarcimento del danno; **~empfänger/in** *m/f* beneficiario/-a *m/f* dell'indennizzo; **~forderung** *f* credito *m* di indennizzo, richiesta *f* di indennizzo, richiesta *f* di risarcimento dei danni; **~höhe** *f* entità *f* dell'indennizzo; **~klage** *f (CH)* azione *f* di risarcimento dei danni; **~leistung** *f* indennizzo *m*, risarcimento *m* (*dei danni*); **~pflicht** *f* obbligo *m* di indennizzo.

entschädigungspflichtig *adj* obbligato all'indennizzo.

Entschädigungs | pflichtige/r *f/m* obbligato *m* all'indennizzo; **~recht** *n* diritto *m* all'indennizzo, diritto *m* alla riparazione, diritto *m* al risarcimento dei danni; **~summe** *f* importo *m* dell'indennizzo, indennizzo *m*; **~zahlung** *f* pagamento *m* dell'indennizzo.

Entscheid *m (CH)* → *Entscheidung* decisione *f*, risoluzione *f*, *(Urteil)* sentenza *f*; **rechtskräftiger ~** *m (CH) ProzR* decisione *f* definitiva, decisione *f* passata in giudicato, sentenza *f* passata in giudicato, sentenza *f* definitiva, sentenza *f* irrevocabile, sentenza *f* inappellabile, sentenza *f* non più impugnabile.

entscheiden *v* [über *Akk*] decidere, deliberare, giudicare, sentenziare, decretare, statuire, stabilire, risolvere, definire; **sich ~** *v* decidersi, risolversi; **sich ~** *v* [für *Akk*] scegliere, optare [per], decidersi [a favore di]; **~ zugunsten** [Gen / von Dat] *ProzR (Gericht)* decidere [in favore di]; **abschließend ~** decidere in via definitiva; **einstimmig ~** decidere all'unanimità; **endgültig ~** decidere in via definitiva; **sachlich ~** *ProzR* decidere nel merito.

entscheidend *adj (ausschlaggebend)* decisivo, cruciale, determinante, essenziale, *(endgültig)* definitivo, conclusivo, risolutivo.

Entscheidung *f* decisione *f*, provvedimento *m*, pronuncia *f* [o: pronunzia], verdetto *m*, *(Urteil)* sentenza *f*, *(Beschluss)* decreto *m*, ordinanza *f*, *(Wahl)* scelta *f*; **eine ~ akzeptieren** accettare una decisione; **eine ~ anfechten** *ProzR* impugnare una decisione, impugnare una sentenza, appellare una sentenza; **eine ~ annehmen** accettare una decisione; **eine ~ aufheben** *ProzR* cassare una decisione, cassare una sentenza, annullare una decisione, annullare una sentenza; **eine ~ begründen** motivare una decisione; **eine ~ erlassen** *ProzR* emettere una decisione, emettere una sentenza, pronunciare una sentenza; **eine ~ fällen** prendere una decisione, adottare una decisione; **die ~ ist gefallen** la decisione è stata presa; **eine ~ mit Gründen versehen** motivare una decisione; **zur ~ reif sein** *ZivProzR (Rechtsstreit) (causa)* essere matura per la decisione; **eine ~ treffen** prendere una decisione, adottare una decisione; **ablehnende ~** *f* decisione *f* di rigetto; **abschließende ~** *f* decisione *f* finale; **abweisende ~** *f* decisione *f* di rigetto; **angefochtene ~** *f ProzR* decisione *f* impugnata, sentenza *f* impugnata, sentenza *f* appellata; **aufgehobene ~** *f ProzR* decisione *f* cassata, sentenza *f* cassata, decisione *f* annullata, sentenza *f* annullata; **bestandskräftige ~** *f* decisione *f* definitiva, decisione *f* passata in giudicato; **billige ~** *f* decisione *f* equa; **bindende ~** *f* decisione *f* vincolante; **einschlägige ~** *f* decisione *f* in materia; **einstimmige ~** *f* decisione *f* unanime, decisione *f* all'unanimità; **endgültige ~** *f* decisione *f* definitiva; **erstinstanzliche ~** *f ProzR* decisione *f* di primo grado, sentenza *f* di primo grado; **fehlerbehaftete ~** *f*; **fehlerhafte ~** *f* decisione *f* viziata, decisione *f* errata; **gerichtliche ~** *f* decisione *f* giudiziaria, sentenza *f* (giudiziaria), sentenza *f* del tribunale; **eine gerichtliche ~ beantragen** chiedere la decisione del giudice; **getroffene ~** *f* decisione *f* presa, decisione *f* adottata; **grundsätzliche ~** *f* decisione *f* di principio, decisione *f* storica, sentenza *f* di riferimento (*in cui viene trattata per la prima volta una questione di diritto di importanza fondamentale*), delibera *f* quadro; **höchstrichterliche ~** *f* decisione *f* della corte suprema, sentenza *f* di ultimo grado; **kontradiktorische ~** *f* decisione *f* contraddittoria; **politische ~** *f* decisione *f* politica; **rechtskräftige ~** *f ProzR* decisione *f* definitiva, decisione *f* passata in giudicato, sentenza *f* passata in giudicato, sentenza *f* definitiva, sentenza *f* irrevocabile, sentenza *f* inappellabile, sentenza *f* non più impugnabile; **rechtswidrige ~** *f* decisione *f* illegittima; **richterliche ~** *f ProzR* decisione *f* del giudice; **sachliche ~** *f ProzR* decisione *f* nel merito; **schiedsgerichtliche ~** *f* sentenza *f* arbitrale, lodo *m*, lodo *m* arbitrale; **unabänderliche ~** *f* decisione *f* irrevocabile; **unanfechtbare ~** *f ProzR* decisione *f* inoppugnabile, sentenza *f* inoppugnabile, sentenza *f* non impugnabile, sentenza *f* inappellabile; **ungesetzliche ~** *f* decisione *f* illegale; **unrechtmäßige ~** *f* decisione *f* illegittima; **vollstreckbare ~** *f ProzR* decisione *f* esecutiva, sentenza *f* esecutiva; **vorbereitende ~** *f* provvedimento *m* preparatorio; **vorgreifliche ~** *f* decisione *f* pregiudiziale; **vorläufige ~** *f* decisione *f* provvisoria; **willkürliche ~** *f* decisione *f* arbitraria; **~** *f* **nach Aktenlage**; **~** *f* **nach Lage der Akten** *ProzR* decisione *f* allo stato degli atti, decisione *f* pronunciata allo stato degli atti, decisione *f* in base allo stato degli atti; **~** *f* **in der Sache** *ProzR* decisione *f* nel merito; **~** *f* **des Verfahrens** *ProzR* definizione *f* del processo.

Entscheidungen *fpl* decisioni *fpl*; **~** *fpl*

des Bundesarbeitsgerichts *(D)* (*Abk* = **BAGE**) decisioni *fpl* della Corte federale (tedesca) del lavoro; **~** *fpl* **des Bundesgerichtshofs in Zivilsachen** (*Abk* = **BGHZ**) decisioni *fpl* della Corte suprema federale (tedesca) in materia civile; **~** *fpl* **des Bundesgerichtshofs in Strafsachen** (*Abk* = **BGHSt**) decisioni *fpl* della Corte suprema federale (tedesca) in materia penale; **~** *fpl* **des Bundesverfassungsgerichts** *(D)* (*Abk* = **BVerfGE**) decisioni *fpl* della Corte costituzionale federale (tedesca); **~** *fpl* **des Bundesverwaltungsgerichts** *(D)* (*Abk* = **BVerwGE**) *VerwR* decisioni *fpl* della Corte amministrativa federale (tedesca); **~** *fpl* **des Reichsgerichts in Zivilsachen** *(D)* (*Abk* = **RGZ**) decisioni *fpl* della Corte Suprema del Reich in materia civile; **~** *fpl* **des Reichsgerichts in Strafsachen** *(D)* (*Abk* = **RGSt**) decisioni *fpl* della Corte Suprema del Reich in materia penale.

Entscheidungen des Gerichts
Nel diritto tedesco i provvedimenti di competenza del giudice, sia civile che penale, si articolano in *Urteil*, *Beschluss* e *Verfügung,* mentre i provvedimenti a disposizione del giudice italiano sono la *sentenza*, il *decreto* e l'*ordinanza*. Se da una parte vi è una piena corrispondenza tra i termini *Urteil* = *sentenza*, dall'altra parte, invece, ogni qualvolta ci si trova a tradurre i termini *Beschluss* e *Verfügung* è necessario esaminare di che tipo di provvedimento si tratta nel caso specifico per cercare il corrispondente (*decreto* ovvero *ordinanza*, o semplicemente il termine generico *provvedimento*) nel diritto processuale italiano. Preme inoltre precisare che in materia familiare e in materia di volontaria giurisdizione il termine *Beschluss* designa il provvedimento che definisce e chiude il giudizio, al pari di una sentenza (§§ *38, 116 FamFG: Entscheidung durch Beschluss*), e che contiene l'indicazione delle parti, dell'autorità giudiziaria che l'ha pronunciato, data, dispositivo e motivazione. In tale contesto, è pertanto consigliabile tradurre il termine *Beschluss* con *sentenza*, spiegando tra parentesi al lettore italiano, con una nota, il motivo della scelta traduttiva operata, come nel caso della sentenza di divorzio, che dall'entrata in vigore della riforma del diritto di famiglia in data 1° settembre 2009 non si chiama più *Scheidungsurteil*, ma è stata ribattezzata *Scheidungsbeschluss.*

... continua nell'Allegato 1

Entscheidungs | befugnis *f* potere *m* decisionale, competenza *f* (*per decidere*), giurisdizione *f*; **~begründung** *f ProzR* motivazione *f* della decisione, motivazione *f* della sentenza, motivi *mpl* della decisione, motivi *mpl* della sentenza, ratio decidendi *(lat)*.
entscheidungserheblich *adj* rilevante.
Entscheidungs | erheblichkeit *f* rilevanza *f*; **~fähigkeit** *f* capacità *f* decisionale; **~formel** *f ProzR* dispositivo *m* (*della sentenza*); **~freiheit** *f* libertà *f* decisionale, libertà *f* di decisione; **~gegenstand** *m ProzR (des Verfahrens)* oggetto *m* di giudizio; **~gewalt** *f* potere *m* decisionale, potere *m* di decisione; **~gremium** *n* organo *m* decisionale; **~gründe** *mpl ProzR* motivi *mpl* della decisione, motivi *mpl* della sentenza, motivazione *f* della decisione, motivazione *f* della sentenza, ratio decidendi *(lat)*; **~organ** *n* organo *m* decisionale; **~pflicht** *f* obbligo *m* della decisione, obbligatorietà *f* della decisione; **~prozess** *m* processo *m*

decisionale; **~recht** *n* diritto *m* di decisione.

entscheidungsreif *adj ZivProzR (Rechtsstreit)* (causa) matura per la decisione.

Entscheidungssammlung *f* massimario *m*, raccolta *f* di giurisprudenza, repertorio *m* di giurisprudenza.

Entscheidungssammlungen Oberster Gerichte (D)
Le decisioni delle Corti supreme tedesche vengono pubblicate e rese accessibili attraverso massimari ufficiali (*Entscheidungssammlungen*). Questi sono in particolare:
- BVerfGE = decisioni del *Bundesverfassungsgericht* (Corte costituzionale federale)
- BGHZ = decisioni del *Bundesgerichtshof* (Corte Suprema federale) in materia civile
- BGHSt = decisioni del *Bundesgerichtshof* (Corte Suprema federale) in materia penale
- BAGE = decisioni del *Bundesarbeitsgericht* (Corte federale del lavoro)
- SAE = raccolta di decisioni in materia di diritto del lavoro
- BVerwGE = decisioni del *Bundesverwaltungsgericht* (Corte amministrativa federale)
- RGZ = decisioni del *Reichsgericht* (Corte Suprema del Reich) in materia civile
- RGSt = decisioni del *Reichsgericht* (Corte Suprema del Reich) in materia penale

Entscheidungs | spielraum *m* discrezionalità *f*; **~tenor** *m ProzR* dispositivo *m* (*della sentenza*).

entscheidungsunerheblich *adj* irrilevante.

Entscheidungs | verfahren *n* procedura *f* decisionale; **~verkündungstermin** *m ProzR* udienza *f* per la pubblicazione della sentenza; **~zwang** *m ProzR* obbligo *m* di decidere (del giudice).

Entschlagung *f (A) (von der Aussage)* rifiuto *m* di deporre.

Entschlagungs | grund *m (A)* motivo *m* per astenersi dal deporre; **~recht** *n (A)* diritto *m* di astenersi dal deporre.

entschließen *v* [sich] decidersi, prendere una decisione, risolversi.

Entschließung *f* decisione *f*, risoluzione *f*; **~** *f* **des Weltsicherheitsrates** risoluzione *f* del Consiglio di sicurezza (*delle Nazioni Unite*).

Entschließungs | antrag *m* proposta *f* di risoluzione; **~entwurf** *m* progetto *m* di risoluzione.

Entschluss *m* decisione *f*, deliberazione *f*, risoluzione *f*, determinazione *f*, *(Absicht)* proposito *m*, iniziativa *f*.

entschuldbar *adj* scusabile, giustificabile.

Entschuldbarkeit *f* scusabilità *f*; **~** *f* **des Irrtums** scusabilità *f* dell'errore.

entschulden *v* sdebitare.

entschuldigen *v* scusare, *(rechtfertigen)* giustificare; **sich ~** *v* scusarsi, giustificarsi.

Entschuldigung *f* scusa *f*, giustificazione *f*; **ohne ausreichende ~**; **ohne genügende ~** senza giustificazione.

Entschuldigungsgrund *m* [1] *(allgemein)* causa *f* di giustificazione.

Entschuldigungsgrund *m* [2] *StrafR* causa *f* di esclusione della colpevolezza, causa *f* soggettiva di esclusione del reato, scusante *f*.

Entschuldung *f* pagamento *m* dei debiti, sdebitamento *m*.

Entsendestaat *m (Diplomatie)* Stato *m* d'invio, Stato *m* accreditante.

Entsendung *f ArbR* distacco *m*; **~** *f* **von Arbeitnehmern** *ArbR (ins Ausland)* distacco *m* di lavoratori, distacco *m* di lavoro.

Entsetzung *f* rimozione *f*, spossessamento *m*.

entsiegeln *v* dissigillare, dissuggellare.

Entsiegelung *f* rimozione *f* dei sigilli.

entsprechen *v* [*Dat*] corrispondere [a], essere conforme [a], accondiscendere [a], esaudire, soddisfare, rispondere [a], equivalere [a], essere pari [a].

entsprechend *präp* [*Dat*] conformemente [a], in conformità [a/di], in linea [con], secondo, a norma [di], in relazione [a].
entsprechend *adj* corrispondente, adeguato, appropriato, opportuno, adatto, conforme, proporzionale, relativo, rispettivo, corrispettivo, equivalente, analogo, di pertinenza.
entsprechend *adv* adeguatamente, in maniera adeguata, conformemente, in modo conforme, in tal senso, mutatis mutandis, per analogia.
Entsprechung *f* corrispondenza *f*, conformità *f*, analogia *f*.
entstehen *v* nascere, sorgere, *(sich bilden)* formarsi, svilupparsi, *(sich ergeben)* risultare, derivare, *(verursacht werden)* avere origine, essere causato.
Entstehen *n* il sorgere, nascita *f*, *(eines Schadens)* il verificarsi; **~** *n* **der Forderung** il sorgere del credito; **~** *n* **der Schuld** il sorgere dell'obbligo; **~** *n* **der Verbindlichkeit** il sorgere dell'obbligazione.
Entstehung *f (von Rechten)* nascita *f*, origine *f*, formazione *f*, insorgenza *f*, *(Entwicklung)* sviluppo *m*, realizzazione *f*, costituzione *f*, *(eines Schadens)* il verificarsi; **~** *f* **des Rechtsverhältnisses** nascita *f* del rapporto guiridico; **~** *f* **des Schuldverhältnisses** nascita *f* del rapporto obbligatorio.
Entstehungs|geschichte *f* lavori *mpl* preparatori, antecedenti *mpl*, origini *fpl*; **~tatbestand** *m* fattispecie *f* costitutiva, fattispecie *f* formativa; **~verfahren** *n (eines Gesetzes)* procedura *f* di formazione di una legge.
Entstrickung *f* sottrazione *f* o danneggiamento *m* di cose sottoposte a pignoramento o a sequestro.
Entwährungsklage *f (A)* opposizione *f* di terzo.
entwehren *v* evincere.
Entwehrung *f* evizione *f*; **teilweise ~** *f* evizione *f* parziale; **vollständige ~** *f* evizione *f* totale.
entwenden *v* sottrarre (a scopo di furto), rubare, trafugare.
Entwendung *f* sottrazione *f*, furto *m*, trafugamento *m*, sottrazione *f* di poca entità *(CH)*, furto *m* di cosa di tenue valore *(CH)*.
entwerfen *v* progettare, abbozzare, stendere a grandi linee, delineare, impostare.
entwerten *v* [1] deprezzare, svalutare.
entwerten *v* [2] *(durch Abstempeln)* invalidare, *(Briefmarken)* annullare, *(Fahrkarten)* obliterare.
Entwerter *m* macchina *f* obliteratrice, obliteratrice *f*.
Entwertung *f* [1] deprezzamento *m*, svalutazione *f*.
Entwertung *f* [2] *(durch Abstempeln)* invalidazione *f*, *(von Briefmarken)* annullamento *m*, *(von Fahrkarten)* obliterazione *f*.
Entwertungs|rücklage *f* fondo *m* di riserva per deprezzamento; **~stempel** *m* bollo *m* cancellatore.
Entwichener *m* evaso *m*, latitante *m*.
entwickeln *v* sviluppare, *(erzeugen)* produrre, generare, *(schaffen)* creare, realizzare, *(planen)* progettare, concepire, ideare, *(ausarbeiten)* elaborare, *(zeigen)* mostrare, maturare.
Entwicklung *f* [1] *(Erzeugung)* sviluppo *m*, produzione *f*, *(Schaffung)* creazione *f*, realizzazione *f*, *(Planung)* progettazione *f*, concezione *f*, ideazione *f*, *(Ausarbeitung)* elaborazione *f*.
Entwicklung *f* [2] *(Entwicklungsprozess)* sviluppo *m*, evoluzione *f*, *(Tendenz)* tendenza *f*, andamento *m*, *(Wachstum)* crescita *f*, *(Vorgang)* processo *m*, procedimento *m*; **Europäischer Ausschuss** *m* **für Forschung und ~** *EuR* Comitato *m* europeo della ricerca e dello sviluppo; **defizitäre ~** *f* andamento *m* deficitario; **gesamtwirtschaftliche ~** *f* andamento *m* globale dell'economia; **konjunkturelle ~** *f* andamento *m* congiunturale; **nachhaltige ~** *f* sviluppo *m* sostenibile; **Europäischer Fonds** *m* **für regionale ~** *EuR* Fondo *m* europeo di sviluppo regionale; **rückläufige ~** *f* sviluppo *m* regressivo; **strukturelle ~** *f* evoluzione *f* strutturale; **Fonds** *m*

für wirtschaftliche und soziale ~ Fondo *m* di sviluppo economico e sociale.

Entwicklungsbank *f* banca *f* di sviluppo.

Entwicklungsfonds *m* fondo *m* di sviluppo; **Europäischer ~** *m* (*Abk* = **EEF**) *EuR* Fondo *m* europeo di sviluppo *(FES)*.

Entwicklungs | gesellschaft *f* società *f* di sviluppo (di infrastrutture zonali); **Internationale ~organisation** *f* (*Abk* = **IDA**) Associazione *f* internazionale per lo sviluppo.

entwidmen *v* sclassificare.

Entwidmung *f* sclassificazione *f*.

Entwurf *m (Planung)* progettazione *f*, ideazione *f*, *(Plan)* piano *m*, progetto *m*, disegno *m*, *(Skizze)* schizzo *m*, abbozzo *m*, bozza *f*, *(erste Niederschrift)* prima stesura *f*, minuta *f*, modello *m*; **als ~** in forma di bozza; **einen ~ ausarbeiten** preparare un progetto; **~** *m* **eines Briefes** bozza *f* di una lettera, brutta copia *f* di una lettera.

entziehen *v (wegnehmen)* togliere, sottrarre, *(Besitz)* spogliare, spossessare, *(Kaufvertragsrecht)* evincere, *(Führerschein)* ritirare, *(aufheben)* revocare, *(aberkennen)* privare di, *(verweigern)* rifiutare, negare, *(verbieten)* proibire, vietare; **sich ~** *v* [*Dat*] sottrarsi [a].

Entziehung *f* sottrazione *f*, *(des Besitzes)* spo(g)liazione *f*, spossessamento *m*, *(Kaufvertragsrecht)* evizione *f*, *(Wegnahme)* ritiro *m*, *(Aufhebung)* revoca *f*, *(Aberkennung)* privazione *f*, *(Verweigerung)* rifiuto *m*, *(Verbot)* proibizione *f*, divieto *m*; **~** *f* **des Besitzes** *SachenR* spoglio *m* del possesso; **~** *f* **elektrischer Energie** *(D) (§ 248c StGB)* furto *m* di energia elettrica; **~** *f* **der Fahrerlaubnis** *StrafR (§ 69 StGB)* revoca *f* della patente (di guida); **vorläufige ~** *f* **der Fahrerlaubnis** sospensione *f* della patente (di guida); **~** *f* **des Führerscheins** ritiro *m* della patente (di guida); **~** *f* **einer Genehmigung** ritiro *m* di un permesso; **~** *f* **der Lizenz** ritiro *m* della licenza; **~** *f* **des Pflichtteils** *ErbR* privazione *f* della legittima; **~** *f* **der elterlichen Sorge**; **~** *f* **des Sorgerechts** *FamR* decadenza *f* dalla responsabilità genitoriale (*ha sostituito il precedente istituto della "decadenza dalla potestà genitoriale sui figli/sul minore"*); **~** *f* **einer Vollmacht** revoca *f* di una procura; **~** *f* **einer Zulassung** ritiro *m* di un permesso.

Entzug *m (Entziehung)* ritiro *m*, *(Aufhebung)* revoca *f*, *(Aberkennung)* privazione *f*; **~** *m* **der Beschäftigung** *(Strafvollzug)* esclusione *f* dalle attività lavorative.

Enumerationsprinzip *n* principio *m* della enumerazione tassativa.

enumerativ *adj* tassativo.

EP (*Abk* = **Europäisches Parlament**) *EuR* Parlamento *m* europeo *(PE)*.

EPA / EPO (*Abk* = **Europäisches Patentamt**) *GewRS* Ufficio *m* europeo (dei) brevetti *(UEB)*.

EPZ (*Abk* = **Europäische Politische Zusammenarbeit**) *EuR* Cooperazione *f* politica europea *(CPE)*.

erachten *v* [als/für] ritenere, reputare, giudicare.

Erachten *n* parere *m*, opinione *f*; **meines ~s** secondo me, a mio parere, a mio avviso, a mio giudizio.

Erb | anfall *m* delazione *f* dell'eredità, delazione *f* ereditaria, devoluzione *f* dell'eredità, devoluzione *f* ereditaria; **~anspruch** *m* diritto *m* ereditario; **~anteil** *m* quota *f* ereditaria, quota *f* di eredità, porzione *f* di eredità; **~antritt** *m* adizione *f* di eredità; **~anwärter/in** *m/f* aspirante erede *m*, futuro erede *m*; **~anwartschaft** *f* aspettativa *f* di successione; **~auseinandersetzung** *f* divisione *f* dell'eredità, divisione *f* ereditaria, divisione *f* dell'asse ereditario; **~auseinandersetzungsklage** *f* domanda *f* di divisione dell'eredità; **~auseinandersetzungsvertrag** *m* accordo *m* di divisione dell'eredità (*fra coeredi*); **vorzeitiger ~ausgleich** *m (des nichtehelichen Kindes)* indennizzo *m* successorio anticipato, soddisfacimento *m* anticipato (*diritto del figlio naturale nei confronti del padre al pagamento* *di una somma di denaro a titolo di compensazione della quota ereditaria*); **~ausgleichung** *f* collazione *f* ereditaria; **~ausschlagung** *f* rinuncia (o: rinunzia) *f* all'eredità; **~ausschließung** *f* diseredazione *f*.

Erbbau | berechtigte/r *f/m* superficiario *m*; **~grundbuch** *n* libro *m* fondiario dei diritti di costruzione; **~recht** *n SachenR* diritto *m* di superficie, diritto *m* ereditario di costruzione, diritto *m* di enfiteusi; **~zins** *m* canone *m* pagato dal titolare del diritto di superficie al proprietario del terreno.

erbberechtigt *adj* successibile.

Erb | berechtigte/r *f/m* successibile *m*; **~berechtigung** *f* diritto *m* di successione, diritto *m* successorio.

Erbe *m* [f: Erbin] *(Person)* erede *m/f*; **~ nach** *(Name des Erblassers)* erede di (*nome del de cuius*); **einen ~n einsetzen** istituire un erede; **hiermit setze ich ... zum alleinigen ~n / zur alleinigen Erbin meines gesamten Vermögens ein** con il presente testamento nomino erede universale di tutti i miei beni ...; **alleiniger ~** *m* erede *m* universale, unico erede *m*; **bedingt erbserklärter ~** *m (A)* erede *m* accettante con il beneficio di inventario; **benannter ~** *m* erede *m* istituito; **berufener ~** *m* chiamato *m* (all'eredità); **eingesetzter ~** *m*; **ernannter ~** *m* erede *m* istituito; **gesetzlicher ~** *m* erede *m* legittimo; **pflichtteilsberechtigter ~** *m* erede *m* legittimario, erede *m* necessario, legittimario *m*, riservatario *m*; **rechtmäßiger ~** *m* erede *m* legittimo; **testamentarischer ~** *m* erede *m* testamentario; **vermeintlicher ~** *m* erede *m* apparente; **vorläufiger ~** *m (berufener Erbe vor Annahme)* chiamato *m* (*all'eredità prima dell'accettazione*).

Erbe *n (= Erbschaft)* eredità *f*.

Erbeinsetzung *f* istituzione *f* di erede; **gegenseitige ~** *f (§ 2269 BGB)* l'istituirsi reciprocamente eredi (*tra i coniugi*).

Erbeinsetzungsvertrag *m* patto *m* successorio istitutivo.

erben *v* ereditare.

Erben | eigenschaft *f* qualità *f* di erede; **~gemeinschaft** *f* comunione *f* ereditaria; **~haftung** *f* responsabilità *f* dell'erede (per i debiti ereditari).

erbenlos *adv* senza eredi.

Erbenlosigkeit *f* l'essere senza eredi.

Erben | nachweis *m* prova *f* della qualità di erede; **~stellung** *f* qualità *f* di erede, status *m* di erede, status *m* ereditario.

Erb | ersatzanspruch *m (des nichtehelichen Kindes)* diritto *m* successorio surrogatorio *(diritto del figlio naturale nei confronti dell'erede al pagamento della quota ereditaria)*; **~erschleichung** *f* captazione *f* di eredità.

erbeten *adj* (*gewünscht, angefordert*) chiesto, richiesto.

erbfähig *adj* successibile, capace di succedere (*a causa di morte*).

Erbfähigkeit *f (§ 1923 BGB)* successibilità *f*, capacità *f* di succedere (*a causa di morte*).

Erbfall *m* apertura *f* della successione; **Eintritt** *m* **des ~s** apertura *f* della successione.

Erbfallschuld *f* debito *m* derivante dall'apertura della successione.

Erbfolge *f* successione *f* a causa di morte, successione *f* mortis causa, successione *f* ereditaria; **zur ~ berufen sein** essere chiamato all'eredità; **zur ~ Berufene/r** *f/m* chiamato *m* all'eredità; **gesetzliche ~** *f* successione *f* legittima, successione *f* ereditaria legittima, successione *f* ab intestato, successione *f* intestata; **gewillkürte ~** *f*; **testamentarische ~** *f* successione *f* testamentaria; **~** *f* **der Seitenverwandten** successione *f* collaterale; **~** *f* **nach Stämmen** successione *f* per stirpi.

Erbfolge | ordnung *f* ordine *m* di successione; **~recht** *n* diritto *m* di successione, diritto *m* successorio.

Erb | gang *m (A, CH)* apertura *f* della successione; **~gut** *n* beni *mpl* ereditari; **~hof** *m* podere *m* ereditario, maso *m* chiuso.

Erbieten, öffentliches ~ *n* pubblica offerta *f*.

Erblasser/in *m/f* de cuius *m/f*, defunto/-a *m/f*, testatore/-trice *m/f*, soggetto *m* della cui eredità si tratta.

Erblasserschuld *f* debito *m* del defunto.

erblich *adj* ereditario, trasmissibile per successione.

Erblichkeit *f* trasmissibilità *f* per successione.

Erblindungsversicherung *f* assicurazione *f* contro la perdita della vista.

erblos *adj (A)* senza eredi.

Erbloserklärung *f (A)* dichiarazione *f* giudiziale dell'assenza di eredi.

Erb | masse *f* massa *f* ereditaria, asse *m* ereditario; **~nachweis** *m* prova *f* della qualità di erede; **~pacht** *f* enfiteusi *f*; **~pächter/in** *m/f* enfiteuta *m/f*.

Erbpacht | gut *n* fondo *m* enfiteutico; **~vertrag** *m* contratto *m* di enfiteusi; **~zins** *m* canone *m* enfiteutico.

Erbquote *f* quota *f* di eredità, quota *f* ereditaria.

Erbrecht *n* [1] *(Anspruch)* diritto *m* di successione, diritto *m* alla successione; **gesetzliches ~** *n* diritto *m* alla successione legittima, titolo *m* alla successione legittima.

Erbrecht *n* [2] *(Rechtsgebiet)* diritto *m* delle successioni, diritto *m* successorio, diritto *m* ereditario.

erbrechtlich *adj* in / di / relativo al diritto delle successioni, in materia successoria, in materia ereditaria.

Erbrechts | klage *f (A)* azione *f* di petizione di eredità; **Europäische ~verordnung** *f* (*Abk* = **EU-Erbrechtsverordnung / EU-ErbVO / EuErbVO**) *EuR* → *s. Anhang 3 a)* Regolamento *m* (UE) n. 650/2012 del Parlamento europeo e del Consiglio, del 4 luglio 2012, relativo alla competenza, alla legge applicabile, al riconoscimento e all'esecuzione delle decisioni e all'accettazione e all'esecuzione degli atti pubblici in materia di successioni e alla creazione di un certificato successorio europeo.

erbringen *v* portare, apportare, *(Leistung)* erogare, prestare, rendere, *(Beweis, Nachweis)* produrre, fornire, addurre, dedurre.

Erbringung *f* prestazione *f*; **~ *f* der / von Arbeitsleistung** prestazione *f* dell'attività lavorativa; **~ *f* von Dienstleistungen** prestazione *f* di servizi.

Erbschaft *f* eredità *f*; **die ~ annehmen** accettare l'eredità; **eine ~ antreten** adire un'eredità; **die ~ ausschlagen** rinunciare (o: rinunziare) all'eredità; **angefallene ~** *f* eredità *f* devoluta; **ruhende ~** *f* eredità *f* giacente, hereditas iacens *(lat)*; **überschuldete ~** *f*; **verschuldete ~** *f* eredità *f* dannosa.

Erbschafts | anfall *m* delazione *f* dell'eredità, delazione *f* ereditaria, devoluzione *f* dell'eredità, devoluzione *f* ereditaria; **~angelegenheit** *f* causa *f* ereditaria; **~annahme** *f* accettazione *f* dell'eredità; **~anspruch** *m* petizione *f* di eredità, diritto *m* alla successione, rivendicazione *f* dell'eredità; **~antretung** *f*; **~antritt** *m* adizione *f* di eredità; **~ausschlagung** *f* rinuncia (o: rinunzia) *f* all'eredità; **~besitz** *m* possesso *m* di beni ereditari; **~besitzer/in** *m/f* possessore *m* di beni ereditari; **~gegenstand** *m* bene *m* ereditario; **~gläubiger/in** *m/f* creditore *m* della massa ereditaria; **~inventar** *n* inventario *m* dell'eredità; **~kauf** *m* vendita *f* di eredità; **~klage** *f* azione *f* di petizione di eredità, petizione *f* di eredità; **~sache** *f* causa *f* ereditaria; **~schuld** *f* debito *m* della massa ereditaria; **~streit** *m*; **~streitigkeit** *f* causa *f* ereditaria; **~teilung** *f* divisione *f* dell'eredità, divisione *f* ereditaria, divisione *f* dell'asse ereditario.

Erbschaftsteuer *f SteuerR* imposta *f* sulle successioni, imposta *f* di successione, tassa *f* di successione; **~bescheid** *m SteuerR* avviso *m* di accertamento dell'imposta di successione; **~erklärung** *f SteuerR* dichiarazione *f* di successione.

Erbschafts | übergang *m* passaggio *m* del patrimonio dal defunto all'erede; **~vergleich** *m* accordo *m* di divisione dell'eredità; **~vermögen** *n* beni *mpl* ereditari; **~verwalter/in** *m/f* curatore *m* dell'eredità, amministratore *m* della successione; **~verzicht** *m* rinuncia (o: rinunzia) *f* all'eredità.

Erbschein *m* certificato *m* di eredità, certificato *m* ereditario; **den ~ einziehen** *(durch das Nachlassgericht, wenn es sich ergibt, dass der erteilte Erbschein unrichtig ist) (§ 2361 BGB)* revocare il certificato di eredità (o: ereditario rilasciato); **einen ~ erteilen** rilasciare un certificato di eredità (o: ereditario); **Einziehung** *f* **des ~s** *(durch das Nachlassgericht, wenn es sich ergibt, dass der erteilte Erbschein unrichtig ist) (§ 2361 BGB)* revoca *f* del certificato di eredità (o: ereditario rilasciato); **Erteilung** *f* **eines ~s** rilascio *m* di un certificato di eredità (o: ereditario); **Europäischer ~** *m EuR (= Europäisches Nachlasszeugnis)* certificato *m* successorio europeo *(CSE)*, certificato *m* di eredità europeo, certificato *m* ereditario europeo; **gemeinschaftlicher ~** *m (§ 2357 BGB)* certificato *m* ereditario per la comunione, certificato *m* ereditario per i coeredi.

Erbschein
Provvedimento emesso dall'autorità giudiziaria all'esito di un procedimento di volontaria giurisdizione. Gli eredi possono, mediante ricorso, chiedere alla Pretura tedesca competente in materia di successioni (*Nachlassgericht*) o al Tribunale in composizione monocratica del luogo in cui si è aperta la successione (in Italia nelle Province di Bolzano, Trento, Trieste e Gorizia) il rilascio di un certificato dal quale risultino la propria qualità di erede e la quota ereditaria.

Erbscheins | antrag *m = Antrag auf Erteilung eines Erbscheins* ricorso *m* per il rilascio di un certificato di eredità (o: ereditario), domanda *f* di rilascio di un certificato di eredità (o: ereditario), richiesta *f* di rilascio di un certificato di eredità (o: ereditario); **~verfahren** *n* ricorso *m* per il rilascio di un certificato di eredità (o: ereditario).

Erb | schleicher *m* cacciatore *m* di eredità; **~schleicherei** *f* captazione *f* di eredità.

Erbs | einsetzung *f (A)* istituzione *f* di erede; **~entschlagung** *f (A)* rinuncia (o: rinunzia) *f* all'eredità.

Erbserklärung *f (A)* dichiarazione *f* di accettazione dell'eredità; **bedingte ~** *f (A)*; **~** *f* **mit der Rechtswohltat des Inventariums** *(A)* accettazione *f* con beneficio d'inventario; **unbedingte ~** *f (A)* accettazione *f* pura e semplice.

Erb | statut *n IPR (nationales Erbrecht, das auf einen bestimmten internationalen Erbfall zur Anwendung kommt) (Art. 25 Abs. 1 EGBGB)* legge *f* applicabile alla successione; **~teil** *m* quota *f* d'eredità, quota *f* ereditaria, porzione *f* d'eredità; **~teilskauf** *m* vendita *f* di quota ereditaria; **~teilung** *f* divisione *f* dell'eredità, divisione *f* ereditaria, divisione *f* dell'asse ereditario.

Erbteilungs | klage *f* domanda *f* di divisione dell'eredità; **~übereinkommen** *n*; **~vertrag** *m* accordo *m* di divisione dell'eredità (*fra coeredi*).

Erbübereinkommen *n (A)* accordo *m* di divisione dell'eredità (*fra coeredi*).

erbunfähig *adj* incapace di succedere (*a causa di morte*).

Erbunfähigkeit *f* incapacità *f* di succedere (*a causa di morte*).

erbunwürdig *adj* indegno a succedere.

Erb | unwürdigkeit *f* indegnità *f* a succedere; **~vertrag** *m (§§ 1941, 2274 ff. BGB)* patto *m* successorio, contratto *m* successorio; **~verzicht** *m (§§ 2346 ff. BGB)* rinuncia (o: rinunzia) *f* all'eredità.

Erbzins *m* canone *m* enfiteutico, livello *m*, censo *m*; **~gut** *n* fondo *m* enfiteutico, livello *m*; **~vertrag** *m* contratto *m* di enfiteusi.

Erdbeben | klausel *f* clausola *f* del

terremoto; **~versicherung** *f* assicurazione *f* contro il terremoto.
erdichtet *adj* fittizio, immaginario.
erdrosseln *v* strangolare.
Erdrosselung *f* strangolamento *m*.
erdulden *v* sopportare, patire, subire.
ERE (*Abk* = **Europäische Rechnungseinheit**) *EuR* unità *f* di conto europea *(ECU)*.
Ereignis *n* avvenimento *m*, evento *m*, fatto *m*, caso *m*; **außergewöhnliche ~se** *npl* eventi *mpl* straordinari; **künftiges ~** *n* evento *m* futuro; **rechtserhebliches ~** *n* fatto *m* giuridicamente rilevante; **schädigendes ~** *n* evento *m* dannoso; **unabwendbares ~** *n* caso *m* di forza maggiore, evento *m* inevitabile, fatto *m* inevitabile; **unvermeidbares ~** *n* evento *m* inevitabile, fatto *m* inevitabile; **unvorhersehbares ~** *n* caso *m* imprevedibile, evento *m* imprevedibile, fatto *m* imprevedibile; **versichertes ~** *n* caso *m* assicurato, evento *m* assicurato, avvenimento *m* assicurato; **zufälliges ~** *n* caso *m* fortuito, evento *m* fortuito, alea *f*.
erfahren *v* apprendere, venire a sapere, venire a conoscenza [di].
erfahren *adj* esperto, pratico, abile, versato.
Erfahrung *f* esperienza *f*, pratica *f*.
erfahrungsgemäß *adj* secondo l'esperienza, per esperienza, empiricamente.
Erfahrungs | grundsatz *m*; **~satz** *m* massima *f* di esperienza; **~tatsache** *f* fatto *m* empirico.
erfassen *v* [1] *(Daten)* rilevare, accertare, acquisire, registrare.
erfassen *v* [2] *(einbeziehen)* comprendere, includere, *(berücksichtigen)* considerare, prendere in considerazione, contemplare.
erfassen *v* [3] *(verstehen)* comprendere, afferrare.
Erfassung *f* [1] *(von Daten)* rilevamento *m*, rilevazione *f*, accertamento *m*, acquisizione *f*, registrazione *f*.
Erfassung *f* [2] *(Einbeziehung)* inclusione *f*.
Erfassung *f* [3] *(Verständnis)* comprensione *f*.
erfinden *v* inventare.
Erfinder *m* inventore *m*; **~eigenschaft** *f* qualità *f* di inventore; **~kollektiv** *n* collettivo *m* inventore; **~recht** *n* diritto *m* di invenzione; **~schutz** *m* privativa *f* industriale.
Erfindung *f* invenzione *f*; **patentfähige ~** *f* invenzione *f* brevettabile; **patentierte ~** *f* invenzione *f* brevettata; **~** *f* **des Dienstpflichtigen** *(CH)* invenzione *f* del prestatore d'opera.
Erfindungs | gedanke *m* idea *f* inventiva (soggettiva); **~höhe** *f* apporto *m* creativo; **~idee** *f* idea *f* inventiva (oggettiva); **~patent** *n* brevetto *m* d'invenzione.
Erfolg *m* [1] *(positives Ergebnis)* successo *m*, affermazione *f*, esito *m* positivo, *(Ergebnis)* risultato *m*, *(Folge)* conseguenza *f*, *(Wirkung)* effetto *m*.
Erfolg *m* [2] *(Gewinn)* utile *m*, utili *mpl*, profitto *m*, profitti *mpl*.
Erfolg *m* [3] *StrafR* evento *m* (*lesivo, dannoso, delittuoso*).
erfolgen *v* [1] *(als Folge eintreten)* seguire, risultare.
erfolgen *v* [2] *(geschehen)* avvenire, succedere, *(stattfinden)* avere luogo.
erfolgen *v* [3] *(Zahlung)* essere effettuato.
Erfolglassungsauftrag *m (A)* ordine *m* di consegna di un deposito giudiziario ad un interessato.
Erfolglosigkeitsbescheinigung *f* certificato *m* di mancata conciliazione.
Erfolgs | abwendung *f StrafR* impedimento *m* dell'evento; **~abwendungspflicht** *f StrafR* obbligo *m* di impedire l'evento; **~anteil** *m* premio *m* di rendimento, quota *f* di partecipazione agli utili; **~aussicht** *f* probabilità *f* di successo, possibilità *f* di successo, prospettive *fpl* di successo, chance *f*; **~besteuerung** *f* imposizione *f* in base al rendimento; **~beteiligung** *f* partecipazione *f* agli utili; **~delikt** *n StrafR* reato *m* di evento, reato *m* materiale; **~eintritt** *m StrafR* il verificarsi dell'evento (*lesivo, dannoso*), verificazione *f* dell'evento,

accadimento *m* dell'evento; **~haftung** *f* responsabilità *f* oggettiva; **~honorar** *n (der Anwalt wird prozentual an dem dem Mandanten zugesprochen Betrag beteiligt)* palmario *m*, corrispettivo *m* in funzione del risultato, compenso *m* parametrato al risultato, compenso *m* parametrato al raggiungimento degli obiettivi perseguiti; **~konto** *n* conto *m* economico, situazione *f* economica; **~ort** *m StrafR* luogo *m* in cui si è verificato l'evento; **~prämie** *f* premio *m* pagato in caso di successo di un'operazione; **~rechnung** *f* conto *m* economico; **~straftat** *f StrafR* reato *m* d'evento, reato *m* materiale; **~vertrag** *m* contratto *m* di risultato.

erforderlich *adj* necessario, indispensabile, essenziale, richiesto; **soweit ~** se necessario, qualora (o: ove/laddove) se ne ravvisi la necessità, ove se ne dovesse ravvisare la necessità, ove ne sia ravvisata la necessità; **unbedingt ~** assolutamente necessario, indispensabile.

erforderlichenfalls *adv* in caso di bisogno, all'occorrenza.

erfordern *v* esigere, richiedere, necessitare.

Erfordernis *n* esigenza *f*, necessità *f*, bisogno *m*, requisito *m*; **dringende betriebliche ~se** *npl ArbR* urgenti esigenze *fpl* aziendali; **formales ~** *n*; **formelles ~** *n* requisito *m* formale; **gesetzliches ~** *n* requisito *m* legale.

erforschen *v* indagare, studiare, esaminare (*a fondo*), ricercare, esplorare.

Erforschung *f* indagine *f*, studio *m*, esame *m* (*approfondito*), ricerca *f*, esplorazione *f*.

erfüllen *v (nachkommen)* adempiere (a), ottemperare a, assolvere, *(beachten)* osservare, rispettare, *(ausführen)* eseguire, compiere, svolgere, espletare, *(verwirklichen)* realizzare, *(befriedigen)* soddisfare, appagare, *(Wunsch, Bitte)* esaudire, *(Versprechen)* mantenere, *(Zweck)* raggiungere, *(entsprechen)* rispondere a, essere (o: risultare) conforme a; **nicht ~** inadempiere, disattendere, venire meno a.

Erfüllung *f* adempimento *m*, assolvimento *m*, *(Beachtung)* osservanza *f*, rispetto *m*, *(Ausführung)* esecuzione *f*, compimento *m*, espletamento *m*, *(Verwirklichung)* realizzazione *f*, attuazione *f*, *(Befriedigung)* soddisfacimento *m*, soddisfo *m*, soddisfazione *f*, appagamento *m*, *(eines Versprechens)* mantenimento *m*, *(eines Zwecks)* raggiungimento *m*, *(Entsprechung)* conformità *f*; **befreiende ~** *f* adempimento *m* ad effetto liberatorio; **freiwillige ~** *f* adempimento *m* volontario; **mangelhafte ~** *f* adempimento *m* inesatto; **ordnungsgemäße ~** *f* regolare adempimento *m*; **restlose ~** *f* adempimento *m* completo; **teilweise ~** *f* adempimento *m* parziale; **verspätete ~** *f* adempimento *m* ritardato; **vertragsgemäße ~** *f*; **vertragsmäßige ~** *f* adempimento *m* contrattuale; **vertragstreue ~** *f* adempimento *m* usando la diligenza del buon padre di famiglia, esatto adempimento *m*; **vollständige ~** *f* pieno adempimento *m*, adempimento *m* completo; **~** *f* **der Bedingung** adempimento *m* della condizione; **~** *f* **in natura** adempimento *m* in natura; **an ~s Statt** pro soluto, in luogo d'adempimento; **~** *f* **des Vermächtnisses** *ErbR* adempimento *m* del legato; **~** *f* **Zug um Zug** esecuzione *f* donnant-donnant.

Erfüllungs | angebot *n* offerta *f* di adempimento; **~annahme** *f* accettazione *f* dell'adempimento; **~frist** *f* termine *m* per l'adempimento; **~gehilfe/-gehilfin** *m/f SchuldR (§ 278 BGB)* ausiliario/-a *m/f*; **~geschäft** *n* atto *m* negoziale di adempimento.

erfüllungshalber *adv* pro solvendo, solvendi causa.

Erfüllungs | interesse *n SchuldR (Schadensersatz) → positives Interesse, Nichterfüllungsschaden* interesse *m* positivo (*all'esecuzione della prestazione dovuta in forza del contratto*), interesse *m* all'adempimento, interesse *m* di esecuzione; **~klage** *f* azione *f* di esecuzione in forma specifica; **~ort** *m SchuldR* luogo *m* dell'adempimento, luogo *m* dell'esecuzione; **~pflicht** *f* obbligo *m* di adempimento; **~surrogat** *n* surrogato *m* dell'adempimento; **~tag** *m* giorno *m* dell'adempimento, data *f* dell'adempimento, *(Börse)* giorno *m* della liquidazione; **~übernahme** *f* accollo *m* di pagamento; **~valuta** *f* valuta *f* di pagamento; **~verweigerung** *f* rifiuto *m* di adempiere; **~zeit** *f* tempo *m* dell'adempimento.

ergänzen *v* completare, integrare, aggiungere, supplire.

ergänzend *adj* complementare, integrante, integrativo, aggiuntivo, supplementare, suppletivo.

ergänzend *adv* per completezza, a completamento, in aggiunta.

Ergänzung *f* completamento *m*, integrazione *f*, aggiunta *f*, supplemento *m*; **~** *f* **eines Vertrages** integrazione *f* di un contratto.

Ergänzungs | abgabe *f* tributo *m* complementare, supertassa *f*; **~abkommen** *n* accordo *m* complementare, accordo *m* supplementare; **~beihilfe** *f* sussidio *m* integrativo; **~bescheid** *m* decisione *f* complementare; **~bestimmung** *f* disposizione *f* complementare; **~eid** *m (CH)* giuramento *m* suppletorio; **~gebühr** *f* complemento *m* di tassa, tassa *f* complementare, tassa *f* addizionale; **~gesetz** *n* legge *f* addizionale, legge *f* complementare; **~klausel** *f* clausola *f* complementare; **~kredit** *m* credito *m* complementare; **~lieferung** *f (bei Druckwerken)* supplemento *m*, aggiornamento *m*; **~mitglied** *n* membro *m* supplente; **~pflegschaft** *f* curatela *f* speciale (in caso di impedimento del titolare della potestà sui figli o del tutore); **~prämie** *f* premio *m* complementare; **~protokoll** *n* protocollo *m* addizionale; **~prüfung** *f* esame *m* integrativo; **~rente** *f* rendita *f* complementare, complemento *m* di rendita; **~richter/in** *m/f* giudice *m* aggiunto; **~richtlinie** *f* direttiva *f* complementare; **~schöffe/-in** *m/f StrafProzR* giudice *m* popolare aggiunto; **~steuer** *f* imposta *f* complementare, imposta *f* aggiuntiva; **~übereinkommen** *n* accordo *m* complementare, accordo *m* supplementare; **~urteil** *n* sentenza *f* complementare; **~vereinbarung** *f* accordo *m* supplementare, accordo *m* complementare, convenzione *f* complementare; **~versicherung** *f* assicurazione *f* complementare; **~vertrag** *m* contratto *m* integrativo; **~vorschlag** *m* lista *f* complementare di candidati, proposta *f* complementare; **~wahl** *f* elezione *f* complementare; **~zuschuss** *m* sovvenzione *f* complementare.

erga omnes *(lat) (gegenüber jedermann, gegen jedermann)* erga omnes.

ergeben *v* [1] *(zum Resultat, zur Folge haben)* dare come risultato, produrre, generare, *(zeigen)* rivelare, provare, dimostrare, *(abwerfen)* rendere, fruttare; **sich ~** *v* [aus *Dat*] *(folgen)* risultare, derivare, seguire, conseguire, *(sich zeigen)* emergere, delinearsi, *(eintreten)* presentarsi, verificarsi, capitare.

ergeben *v* [2] [sich] *(nachgeben, kapitulieren)* arrendersi, capitolare.

Ergebnis *n* risultato *m*, esito *m*, *(Ertrag)* ricavato *m*, frutto *m*, risultanze *fpl*, *(Folge)* conseguenza *f*, *(Schluss)* conclusione *f*, *(Bilanz)* bilancio *m*, *(Gewinn)* utile *m*, utili *mpl*, profitto *m*, profitti *mpl*; **im ~** all'esito; **~** *n* **der Verhandlungen** esito *m* delle trattative; **finanzielles ~** *n* risultato *m* finanziario; **positives ~** *n* risulto *m* positivo; **wirtschaftliches ~** *n* risultato *m* economico, risultanza *f* economica.

Ergebnis | beteiligung *f* partecipazione *f* agli utili; **~rechnung** *f* conto *m* economico, conto *m* profitti e perdite, conto *m* perdite e profitti.

ergehen *v ProzR (erlassen werden:*

Beschluss, Urteil) essere pronunciato, essere emesso, essere emanato.
ergreifen *v* [1] *(Maßnahmen)* prendere, adottare, *(Beruf)* intraprendere, *(nützen)* cogliere.
ergreifen *v* [2] *StrafProzR (festnehmen)* catturare, arrestare.
Ergreifung *f* [1] *(von Maßnahmen)* adozione *f*, presa *f*; **~** *f* **vorbeugender Maßnahmen** adozione *f* di misure preventive.
Ergreifung *f* [2] *StrafProzR (Festnahme)* cattura *f*, arresto *m*; **~** *f* **auf frischer Tat** *StrafProzR* arresto *m* in flagranza (*di reato*).
Ergreifungsort *m StrafProzR* luogo *m* dell'arresto.
Erhalt *m* [1] *(Empfang, Entgegennahme)* ricevimento *m*, ricezione *f*, ricevuta *f*; **bei ~ der Ware** al ricevimento della merce, alla ricezione della merce.
Erhalt *m* [2] *(Erhaltung)* mantenimento *m*, conservazione *f*.
erhalten *v* [1] *(bekommen)* ricevere, percepire, conseguire, ottenere, acquisire, ricavare.
erhalten *v* [2] *(bewahren)* conservare, mantenere, *(ernähren)* sostentare; **gut ~** in buone condizioni.
erhältlich *adj* disponibile, ottenibile, reperibile, acquistabile, in vendita.
Erhaltung *f* [1] *(Bewahrung)* conservazione *f*, salvaguardia *f*, mantenimento *m*, *(Versorgung)* sostentamento *m*; **~** *f* **des kulturellen Erbes** conservazione *f* del patrimonio culturale, salvaguardia *f* del patrimonio culturale, tutela *f* del patrimonio culturale.
Erhaltung *f* [2] *(Instandhaltung)* manutenzione *f*.
Erhaltungs | arbeiten *fpl* lavori *mpl* di manutenzione; **~aufwand** *m*; **~kosten** *pl* spese *fpl* di manutenzione, spesa *f* conservativa; **~pflicht** *f* obbligo *m* di manutenzione; **~zustand** *m* stato *m* di conservazione.
erheben *v* [1] *(Einwand, Einrede)* sollevare, avanzare, muovere, opporre, *(Forderungen)* far(e) valere, *(Klage)* intentare, esperire, promuovere, proporre, sporgere.
erheben *v* [2] *(Zoll, Steuer, Betrag)* riscuotere, incassare, prelevare, esigere.
erheben *v* [3] *(Daten, Beweise)* rilevare, accertare, registrare, raccogliere, acquisire, assumere.
erheblich *adj* rilevante; **rechtlich ~** giuridicamente rilevante.
Erheblichkeit *f* rilevanza *f*.
Erhebung *f* [1] *ProzR (Einreichung, Vorbringen)* proposizione *f*, esercizio *m*, promozione *f (CH)*; **~** *f* **der Anklage** *StrafProzR* esercizio *m* dell'azione penale, formulazione *f* dell'imputazione, incriminazione *f*, promozione *f* dell'accusa *(CH)*; **~** *f* **der Herabsetzungsklage** *(CH) ErbR* esercizio *m* dell'azione di riduzione; **~** *f* **der Klage** *ZivProzR* proposizione *f* della domanda (giudiziale), proposizione *f* dell'azione, costituzione *f* in giudizio (*dell'attore*), deposito *m* del fascicolo (*in cancelleria da parte dell'attore*); **auf die ~ einer Klage verzichten** *ZivProzR* rinunciare a promuovere un'azione (legale); **~** *f* **der öffentlichen Klage** *StrafProzR* esercizio *m* dell'azione pubblica, esercizio *m* dell'azione penale.
Erhebung *f* [2] *(von Zoll, Steuern, Betrag)* esazione *f*, incasso *m*, riscossione *f*, prelievo *m*; **~** *f* **an der Quelle** ritenuta *f* all'orgine, ritenuta *f* alla fonte.
Erhebung *f* [3] *(von Daten, Beweisen)* rilevamento *m*, rilevazione *f*, accertamento *m*, raccolta *f*, acquisizione *f*, assunzione *f*, *(Ermittlung)* indagine *f*, inchiesta *f*, *(Umfrage)* sondaggio *m*, censimento *m*.
erhöhen *v* aumentare, (ri)alzare, elevare, innalzare, incrementare, maggiorare, rincarare.
Erhöhung *f* aumento *m*, rialzo *m*, elevazione *f*, innalzamento *m*, incremento *m*, accrescimento *m*, crescita *f*, maggiorazione *f*; **~** *f* **der Abgaben** aumento *m* delle tasse; **~** *f* **der Beiträge** aumento *m* dei contributi; **~** *f* **des Diskontsatzes** aumento *m* del tasso di sconto; **~** *f* **der Gehälter** aumento *m* degli stipendi; **~** *f* **des Grundkapitals**

aumento *m* del capitale sociale; **~ *f* des Kapitals** aumento *m* del capitale; **~ *f* der Lebenshaltungskosten** aumento *m* del costo della vita; **~ *f* der Miete** aumento *m* del canone (di locazione/locativo); **~ *f* der Nachfrage** aumento *m* della domanda; **~ *f* der Preise** aumento *m* dei prezzi; **~ *f* der Produktion** aumento *m* della produzione; **~ *f* der Strafe** aumento *m* della pena; **~ *f* der Versicherungssumme** aumento *m* della somma assicurata; **~ *f* der Zinsen** aumento *m* dei tassi (di interesse).

Erhöhungs | faktor *m*; **~koeffizient** *m* coefficiente *m* di maggiorazione; **~satz** *m* tasso *m* d'incremento.

erholen *v* [sich] riprendersi, *(Konjunktur, Markt)* essere in ripresa, subire una ripresa, *(Börse)* rimbalzare; **sich an jemandem ~** rivalersi su qualcuno; **sich für eine Zahlung ~** farsi rimborsare un pagamento, reintroitare un pagamento.

Erholung *f (der Konjunktur, des Marktes)* ripresa *f*; **~ *f* des Marktes** ripresa *f* del mercato; **saisonale ~** *f*; **saisonbedingte ~** *f* ripresa *f* stagionale; **wirtschaftliche ~** *f* ripresa *f* economica.

Erholungsurlaub *m ArbR (Arbeitnehmer)* ferie *fpl*, *(Beamtenrecht)* congedo *m* ordinario; **nicht verbrauchter ~** *m ArbR* ferie *fpl* non godute.

Erholungswert *m* valore *m* ricreativo.

Erinnerung *f* [1] *(Mahnung)* sollecito *m*, sollecitazione *f*, richiamo *m*, avviso *m*, avvertimento *m*, ammonizione *f*.

Erinnerung *f* [2] *ZivProzR (Rechtsbehelf)* opposizione *f*; **der ~ abhelfen** *ZivProzR* riformare o revocare una decisione impugnata dal soggetto interessato (*ad opera della stessa autorità giudiziaria o amministrativa che ha emesso la decisione impugnata*); **~ einlegen** *ZivProzR* proporre opposizione.

Erinnerung *f* [3] *(Erinnerungsvermögen)* memoria *f*.

Erinnerungs | brief *m* sollecito *m*, comunicazione *f* di sollecito, lettera *f* di sollecitazione, sollecitatoria *f*; **~frist** *f ZivProzR* termine *m* di opposizione; **~lücke** *f* vuoto *m* di memoria; **~posten** *m* posta *f* "pro memoria"; **~schreiben** *n* sollecito *m*, comunicazione *f* di sollecito, lettera *f* di sollecitazione, sollecitatoria *f*; **~schrift** *f ZivProzR* atto *m* di opposizione; **~verlust** *m* perdita *f* della memoria, amnesia *f*; **~wert** *m* valore *m* "pro memoria"; **~zeichen** *n* medaglia *f* commemorativa.

erkennbar *adj* riconoscibile, distinguibile.

erkennen *v* [1] *(sehen, wahrnehmen)* riconoscere, discernere, distinguere, ravvisare, individuare, *(erfassen)* comprendere, *(einsehen)* ammettere; **er/sie hätte ~ können** avrebbe potuto averne la consapevolezza.

erkennen *v* [2] [auf *Akk*] *ProzR (urteilen, entscheiden)* giudicare, conoscere di, decidere, *(ein Urteil fällen)* emettere la sentenza [di].

erkennen *v* [3] *(einem Konto eine Summe gutschreiben)* accreditare (*su un conto*).

Erkenntnis *f* [1] *(Einsicht)* riconoscimento *m*, ammissione *f*, convinzione *f*, *(Schluss)* conclusione *f*, *(Kenntnis)* conoscenza *f*, cognizione *f*, nozione *f*; **zur ~ gelangen** riconoscere, convincersi, giungere alla conclusione.

Erkenntnis *n* [2] *ProzR (gerichtliche Entscheidung, Urteil)* decisione *f*, giudizio *m*, sentenza *f*; **verurteilendes ~** *n ProzR* sentenza *f* di condanna.

Erkenntnisfähigkeit *f* facoltà *f* conoscitiva.

Erkenntnisse *pl (Kenntnisse)* cognizioni *fpl*, nozioni *fpl*, *(Informationen)* informazioni *fpl*.

Erkenntnis | verfahren *n ZivProzR* ↔ *Vollstreckungsverfahren* processo *m* di cognizione, procedimento *m* di cognizione, giudizio *m* di cognizione; **~vermögen** *n* facoltà *f* conoscitiva; **~wert** *m* valore *m* conoscitivo.

Erkennung *f* riconoscimento *m*, identificazione *f*, *StrafProzR* ricognizione *f* (*di persone o cose*).

Erkennungs | dienst *m* servizio *m* di ricognizione; **~karte** *f* carta *f* d'identità.

erklären *v* [1] *(mitteilen, eine Erklärung abgeben)* dichiarare, affermare, asserire, proclamare; **für ehelich ~** legittimare, dichiarare legittimo; **sich einverstanden ~** [mit *Dat*] prestare il (proprio) consenso [a]; **für gültig ~** dichiarare valido, convalidare; **für nichtig ~** dichiarare nullo, annullare, invalidare; **für rechtmäßig ~** legittimare, dichiarare legittimo; **für schuldig ~** *StrafProzR* dichiarare colpevole; **sich für schuldig ~** *StrafProzR* dichiararsi colpevole; **für ungültig ~** dichiarare nullo, annullare, invalidare, *(Geld)* mettere fuori corso; **für unrechtmäßig ~** dichiarare illegale, dichiarare illegittimo; **für unwirksam ~** dichiarare nullo, annullare, invalidare; **für unzulässig ~** dichiarare inammissibile; **für verfassungswidrig ~** dichiarare l'illegittimità costituzionale; **für volljährig ~** emancipare; **für vollstreckbar ~** dichiarare esecutivo; **für sofort vollstreckbar ~** dichiarare immediatamente esecutivo; **für vorläufig vollstreckbar ~** dichiarare provvisoriamente esecutivo; **für wirksam ~** dichiarare valido, convalidare; **für zulässig ~** dichiarare ammissibile.

erklären *v* [2] *(erläutern)* spiegare, chiarire, illustrare, commentare, interpretare, motivare.

Erklärung *f* [1] *(Mitteilung)* → *Willenserklärung* dichiarazione *f*, denuncia *f*, proclamazione *f*, deposizione *f*, testimonianza *f*; **eine ~ abgeben** fare una dichiarazione, rilasciare una dichiarazione, rendere una dichiarazione, porre in essere una dichiarazione; **amtliche ~** *f* dichiarazione *f* ufficiale; **ausdrückliche ~** *f* dichiarazione *f* espressa; **beschworene ~** *f* *(A)* dichiarazione *f* giurata, affidavit *m*; **dienstliche ~** *f* dichiarazione *f* di servizio; **diplomatische ~** *f* dichiarazione *f* diplomatica; **eidesstattliche ~** *f* dichiarazione *f* giurata, affidavit *m*; **einseitige ~** *f* dichiarazione *f* unilaterale; **empfangsbedürftige ~** *f* dichiarazione *f* recettizia; **ergänzende ~** *f* dichiarazione *f* complementare; **falsche ~** *f* dichiarazione *f* falsa; **gemeinsame ~** *f* dichiarazione *f* congiunta; **gemeinschaftliche ~** *f* **des letzten Willens** *(A)* *ErbR* testamento *m* congiuntivo; **mündliche ~** *f* dichiarazione *f* orale; **nichternstliche ~** *f* dichiarazione *f* non seria; **rechtsgeschäftliche ~** *f* dichiarazione *f* negoziale; **schriftliche ~** *f* dichiarazione *f* scritta; **stillschweigende ~** *f* dichiarazione *f* tacita; **typisierte ~** *f* dichiarazione *f* tipica; **vorherige ~** *f* dichiarazione *f* preventiva, previa dichiarazione *f*; **~** *f* **zur Abstimmung** dichiarazione *f* di voto; **~** *f* **auf Ehrenwort** dichiarazione *f* sull'onore; **~** *f* **unter Eid** *(A)*; **~** *f* **an Eides Statt** dichiarazione *f* giurata, affidavit *m*; **~** *f* **der Menschen- und Bürgerrechte** Dichiarazione *f* dei diritti dell'uomo e del cittadino; **Allgemeine ~** *f* **der Menschenrechte** *(der UN von 1948; auch als Deklaration der Menschenrechte, UN-Menschenrechtserklärung oder UN-Menschenrechtscharta bekannt)* Dichiarazione *f* universale dei diritti dell'uomo *(adottata dall'Assemblea Generale delle Nazioni Unite il 10 Dicembre 1948)*; **~** *f* **der Rechte** dichiarazione *f* dei diritti.

Erklärung *f* [2] *(Erläuterung)* spiegazione *f*, chiarimento *m*, chiarificazione *f*, illustrazione *f*, commento *m*, interpretazione *f*, delucidazione *f*, nota *f*.

Erklärungsakt *m* atto *m* dichiarativo.

Erklärungsbewusstsein *n* *(Willenserklärung)* consapevolezza *f* di colui che rende una dichiarazione giuridicamente rilevante; **potentielles ~** *n* potenziale consapevolezza *f* di colui che rende una dichiarazione giuridicamente rilevante.

Erklärungs | bote *m* *(Willenserklärung)* nunzius *m* del dichiarante; **~empfänger/in** *m/f* destinatario *m* della dichiarazione; **~frist** *f* termine *m* di dichiarazione; **~irrtum** *m (§ 119 Abs. 1 Alt. 2 BGB)* errore *m* ostativo, errore *m* nella dichiarazione; **~tag** *m (Börse)* giorno *m* di risposta dei premi.

Erkundigung *f* informazione *f.*

Erkundigungspflicht *f* obbligo *m* di informarsi.

Erkundung *f* esplorazione *f,* ricognizione *f,* perlustrazione *f.*

Erlag *m (A)* deposito *m*, versamento *m*; **gerichtlicher ~** *m (A)*; **~** *m* **bei Gericht** *(A)* deposito *m* giudiziario.

Erlags | anzeige *f (A)* ricevuta *f;* **~gegner/in** *m/f (A)* persona *f* a vantaggio della quale è fatto il deposito giudiziario; **~schein** *m (A)* dichiarazione *f* di deposito; **~verfügung** *f (A)* atto *m* di disposizione di un oggetto in deposito.

erlangen *v* ottenere, conseguire, acquistare, raggiungere; **erlangtes Gut** *n StrafR = das Erlangte* cosa *f* sottratta.

Erlangung *f* ottenimento *m*, conseguimento *m*, raggiungimento *m*.

Erlass *m* [1] *(Nachlass, Schenkung)* remissione *f,* condono *m*, *(Befreiung)* esenzione *f,* esonero *m*, dispensa *f;* **~** *m* **einer Schuld** remissione *f* di un debito, condono *m* di un debito.

Erlass *m* [2] *(einer Entscheidung)* pronuncia *f* [o: pronunzia], emanazione *f,* emissione *f,* rilascio *m*, *(eines Gesetzes)* promulgazione *f;* **~** *m* **des Aufgebots** pubblicazione *f* di matrimonio; **~** *m* **eines Beschlusses** pronuncia *f* di un'ordinanza, emanazione *f* di un'ordinanza, emissione *f* di un'ordinanza, adozione *f* di un'ordinanza; **~** *m* **eines Gesetzes** emanazione *f* di una legge, promulgazione *f* di una legge.

Erlass *m* [3] *(amtliche Verfügung)* decreto *m*; **interministerieller ~** *m* decreto *m* interministeriale.

Erlass *m* [4] *(Runderlass)* istruzione *f,* circolare *f.*

Erlassantrag *m SteuerR* domanda *f* di remissione (di imposta).

erlassen *v* [1] *(eine Schuld)* rimettere, condonare, *(befreien)* esentare, esonerare, dispensare.

erlassen *v* [2] *(eine Entscheidung)* pronunciare [o: pronunziare], emettere, emanare, *(ein Gesetz)* promulgare, varare.

Erlass | gesuch *n SteuerR* domanda *f* di remissione (di imposta); **~preis** *m (A)* prezzo *m* di consegna; **~verfügung** *f* ordinanza *f* di remissione (di un debito); **~vertrag** *m* contratto *m* di remissione.

erlauben *v* permettere, autorizzare, consentire, concedere.

Erlaubnis *f* permesso *m*, autorizzazione *f,* concessione *f,* licenza *f,* nulla osta *m* [o: nullaosta], consenso *m*, approvazione *f;* **die ~ erhalten** ottenere il permesso; **eine ~ erteilen** dare un permesso, concedere un permesso, concedere un'autorizzazione, autorizzare; **behördliche ~** *f* permesso *m* delle autorità; **~** *f* **zum Daueraufenthalt – EU** *AuslR (§ 9a AufenthG)* permesso *m* di soggiorno UE per soggiornanti di lungo periodo; **polizeiliche ~** *f* autorizzazione *f* di polizia; **zeitweilige ~** *f* autorizzazione *f* temporanea.

Erlaubnis | antrag *m* domanda *f* di autorizzazione; **~erteilung** *f* autorizzazione *f.*

erlaubnisfrei *adj* non soggetto ad autorizzazione.

Erlaubnis | pflicht *f* l'essere soggetto ad autorizzazione; **~rücknahme** *f* ritiro *m* di autorizzazione; **~satz** *m* norma *f* permissiva.

Erlaubnisschein *m* permesso *m*; **~inhaber/in** *m/f* titolare *m/f* del permesso.

Erlaubnis | verzeichnis *n* registro *m* delle autorizzazioni; **~vorbehalt** *m* riserva *f* di autorizzazione.

erlaubt *adj* permesso, consentito, ammissibile, lecito.

Erlaubtheit *f* liceità *f.*

erläutern *v* spiegare, chiarire, illustrare, commentare.

erläuternd *adj* esplicativo, illustrativo.

Erläuterung *f* spiegazione *f,* chiarimento *m*, illustrazione *f,* descrizione *f,* commento *m*, delucidazione *f.*

Erläuterungswerk *n* commentario *m*.

Erlebens | fallversicherung *f*; **~versicherung** *f* assicurazione *f* in caso di vita.

erledigen *v* *(ausführen)* evadere, sbrigare, assolvere, eseguire, effettuare, svolgere, espletare, *(regeln)* regolare, sistemare, risolvere, *(zu Ende bringen)* terminare.

Erledigung *f* *(Ausführung)* disbrigo *m*, *(eines Auftrags)* evasione *f*, esecuzione *f*, realizzazione *f*, compimento *m*, liquidazione *f*, *(Regelung)* sistemazione *f*, regolamento *m*, *(eines Rechtsstreits)* componimento *m*; **gütliche ~** *f* *(von Streitigkeiten)* composizione *f* bonaria, composizione *f* amichevole, componimento *m* amichevole, definizione *f* amichevole, accomodamento *m* amichevole, accordo *m* amichevole; **~** *f* **der Formalitäten** compimento *m* delle formalità; **~** *f* **der Hauptsache** *ZivProzR* cessazione *f* della materia del contendere; **~** *f* **eines Rechtsstreits** *ZivProzR* componimento *m* di una lite.

Erledigungserklärung *f* *ZivProzR* dichiarazione *f* di cessazione della materia del contendere.

erleichtern *v* alleggerire, facilitare, semplificare, agevolare, sgravare.

Erleichterung *f* alleggerimento *m*, facilitazione *f*, agevolazione *f*, sgravio *m*, incentivo *m*; **steuerliche ~en gewähren** concedere agevolazioni fiscali.

erleiden *v* subire.

Erlös *m* ricavo *m*, ricavato *m*, proventi *mpl*.

erlöschen *v* cessare (*di esistere*), finire, spirare, scadere, estinguersi, decadere, venir(e) meno.

Erlöschen *n* cessazione *f*, scadenza *f*, estinzione *f*, decadenza *f*; **~** *n* **des Auftrags** estinzione *f* del mandato; **~** *n* **der Dienstbarkeit** estinzione *f* della servitù; **~** *n* **der Forderung** estinzione *f* del credito; **~** *n* **der Gesellschaft** *GesR* estinzione *f* della società; **~** *n* **der Hypothek** estinzione *f* dell'ipoteca; **~** *n* **des Patents** decadenza *f* del brevetto; **~** *n* **des Pfandrechts** estinzione *f* del diritto di pegno; **~** *n* **eines Rechts** estinzione *f* di un diritto, cessazione *f* di un diritto; **~** *n* **des Schuldverhältnisses** estinzione *f* del rapporto obbligatorio; **~** *n* **der Verbindlichkeiten** estinzione *f* delle obbligazioni; **~** *n* **der Vollmacht** estinzione *f* della procura.

Erlöschensgrund *m* causa *f* estintiva.

Erlöschung *f* estinzione *f*.

ermächtigen *v* autorizzare, dare facoltà, delegare, abilitare.

Ermächtigung *f* autorizzazione *f*, facoltà *f*, autorità *f*, potere *m*, delega *f*, abilitazione *f*; **gerichtliche ~** *f* autorizzazione *f* giudiziaria, mandato *m* giudizario; **gesetzliche ~** *f* delega *f* legislativa; **richterliche ~** *f* autorizzazione *f* giudiziaria, mandato *m* giudizario; **~** *f* **zur Strafverfolgung** *StrafProzR* autorizzazione *f* a procedere; **umfassende ~** *f* pieni poteri *mpl*; **im voraus erteilte ~** *f* autorizzazione *f* preventiva.

Ermächtigungsdelikt *n* *StrafR* reato *m* punibile in seguito ad autorizzazione a procedere.

Ermächtigungsgesetz *n* [1] *(zum Erlass von Verordnungen)* legge *f* delega, legge *f* di delegazione.

Ermächtigungsgesetz *n* [2] *(D) (hist) (Gesetz zur Behebung der Not von Volk und Reich vom 24. März 1933)* Decreto *m* dei pieni poteri.

Ermächtigungsschreiben *n* *(eines Konsuls)* patente *f* consolare.

ermahnen *v* esortare, raccomandare, sollecitare, ammonire, richiamare.

Ermahnung *f* esortazione *f*, raccomandazione *f*, avvertimento *m*, ammonimento *m*, ammonizione *f*, richiamo *m*; **~** *f* **zur Wahrheit** ammonimento *m* a dire la verità.

ermangeln *v* [*Gen*] *(fehlen)* mancare [di].

ermäßigen *v* ribassare, ridurre, diminuire, scontare.

Ermäßigung *f* ribasso *m*, riduzione *f*, diminuzione *f*, sconto *m*; **preisliche ~** *f* riduzione *f* del prezzo; **steuerliche ~** *f* sgravio *m* fiscale; **~** *f* **der Strafe** riduzione *f* della pena; **tarifliche ~** *f* riduzione *f* tariffaria.

Ermessen *n* discrezionalità *f*, potere *m* discrezionale, discrezione *f*, giudizio *m*, apprezzamento *m*, parere *m*; **dem ~ überlassen** rimettere al giudizio, rimettere alla discrezione, lasciar(e) decidere; **behördliches ~** *n* discrezionalità *f* amministrativa; **billiges ~** *n* equità *f*; **nach eigenem ~** a propria discrezione, con libero apprezzamento; **nach freiem ~** discrezionalmente, con libero apprezzamento, a giudizio insindacabile; **nach freiem ~ entscheiden** decidere discrezionalmente; **freies ~** *n* libero apprezzamento *m*; **gebundenes ~** *n* potere *m* discrezionale vincolato; **richterliches ~** *n* apprezzamento *m* del giudice, discrezionalità *f* del giudice; **~** *n* **der Verwaltungsbehörde** discrezionalità *f* amministrativa.

Ermessens | akt *m* atto *m* discrezionale, provvedimento *m* discrezionale; **~ausübung** *f* esercizio *m* del potere discrezionale; **~befugnis** *f* potere *m* discrezionale; **~bereich** *m* ambito *m* di discrezionalità; **~entscheidung** *f* decisione *f* discrezionale; **~fehler** *m* vizio *m* nell'esercizio del potere discrezionale; **~fehlgebrauch** *m* cattivo uso *m* del potere discrezionale; **~frage** *f* decisione *f* discrezionale; **~freiheit** *f* discrezionalità *f*; **~gebrauch** *m* uso *m* del potere discrezionale; **~grenze** *f* limite *m* di discrezionalità; **~handlung** *f* atto *m* discrezionale; **~leistung** *f* prestazione *f* facoltativa, prestazione *f* discrezionale, *VersR* indennità *f* "ex gratia"; **~mangel** *m* vizio *m* di merito, vizio *m* nell'esercizio del potere discrezionale; **~missbrauch** *m* abuso *m* di potere (discrezionale), eccesso *m* di potere (discrezionale), sviamento *m* di potere (discrezionale); **~nachprüfung** *f* sindacato *m* della discrezionalità; **~nichtgebrauch** *m* mancato uso *m* del potere discrezionale; **~rahmen** *m* ambito *m* di discrezionalità; **~reduzierung** *f* riduzione *f* del potere discrezionale; **~spielraum** *m* discrezionalità *f* (amministrativa), margine *m* di apprezzamento; **~überschreitung** *f* eccesso *m* di potere (discrezionale), abuso *m* di potere (discrezionale); **~verwaltung** *f* attività *f* amministrativa discrezionale; **~vorschrift** *f* norma *f* potestativa; **~willkür** *f* eccesso *m* di potere (discrezionale).

ermittelbar *adj* rilevabile, accertabile.

ermitteln *v (herausfinden)* rintracciare, scoprire, individuare, *(feststellen)* accertare, verificare, appurare, *(bestimmen)* determinare, stabilire, rilevare, *(die Höhe des Schadens)* quantificare, *(errechnen)* calcolare, *(erforschen)* ricercare, *(Untersuchungen durchführen)* indagare.

Ermittler/in *m/f* inquirente *m*, persona *f* incaricata delle indagini, agente *m* investigativo, investigatore *m*, detective *m*; **verdeckte/r ~** *m/f* agente *m* sotto copertura, agente *m* in incognito, agente *m* infiltrato.

Ermittlung *f (Feststellung)* accertamento *m*, determinazione *f*, rilevamento *m*, *(Errechnung)* calcolo *m*, *(Nachforschung)* ricerca *f*, *(Untersuchung)* indagine *f*, inchiesta *f*; **~** *f* **von Amts wegen** inchiesta *f* d'ufficio; **~** *f* **der Einkünfte** determinazione *f* dei redditi; **~** *f* **an Ort und Stelle** inchiesta *f* sul luogo; **~** *f* **des Sachverhalts**; **~** *f* **des Tatbestands** accertamento *m* dei fatti.

Ermittlungen *fpl (Untersuchung)* indagini *fpl*, indagini *fpl* preliminari; **~ anstellen**; **~ tätigen** indagare; **polizeiliche ~** *fpl* indagini *fpl* della polizia; **Abschluss** *m* **der ~** *StrafProzR* chiusura *f* delle indagini preliminari, conclusione *f* delle indagini preliminari.

Ermittlungs- di inchiesta, inquirente.

Ermittlungs | akte *f (der Staatsanwaltschaft)* fascicolo *m* del Pubblico Ministero; **~ausschuss** *m* commissione *f* d'inchiesta, commissione *f* inquirente; **~beamter/-beamtin** *m/f* *StrafProzR* inquirente *m*, funzionario *m* inquirente;

~behörde *f StrafProzR* autorità *f* inquirente; **~ergebnis** *n* risultato *m* dell'inchiesta; **~geheimnis** *n* segreto *m* istruttorio; **~grundsatz** *m StrafProzR* principio *m* inquisitorio; **~handlung** *f* atto *m* istruttorio; **~organ** *n StrafProzR* organo *m* inquirente; **~recht** *n* diritto *m* d'inchiesta; **~richter/in** *m/f StrafProzR* giudice *m* per le indagini preliminari *(G.I.P.)*; **~sache** *f StrafProzR* indagini *fpl* preliminari, fase *f* delle indagini preliminari, fase *f* investigativa, procedimento *m* in fase di indagini preliminari; **~stadium** *n* stadio *m* delle indagini; **~tätigkeit** *f StrafProzR* attività *f* inquirente.

Ermittlungsverfahren *n* [1] *StrafProzR* = *Vorverfahren* indagini *fpl* preliminari, fase *f* delle indagini preliminari, fase *f* investigativa, procedimento *m* in fase di indagini preliminari; **das ~ betreiben** *StrafProzR* istruire; **das ~ einstellen** *StrafProzR* archiviare gli atti del procedimento.

Ermittlungsverfahren *n* [2] *(CH)* inchiesta *f* preliminare.

ermöglichen *v* rendere possibile, permettere, consentire.

ermorden *v* assassinare, uccidere.

Ermordung *f* assassinio *m*, uccisione *f*.

Ernährung, zwangsweise ~ *f* alimentazione *f* forzata.

Ernährungs | beihilfe *f* sussidio *m* d'alimentazione; **~kette** *f* catena *f* alimentare; **~ - und Landwirtschaftsorganisation** *f* **der Vereinten Nationen** (*Abk* = **FAO**) *(auch: Welternährungsorganisation)* Organizzazione *f* delle Nazioni Unite per l'alimentazione e l'agricoltura.

ernennen *v* nominare, designare, eleggere, istituire.

Ernennung *f* nomina *f*, designazione *f*, elezione *f*; **~** *f* **auf Lebenszeit** nomina *f* a vita; **~** *f* **auf Probe** nomina *f* in prova; **~** *f* **durch die Regierung** nomina *f* governativa.

Ernennungs | akt *m (CH)* atto *m* di nomina; **~befugnis** *f* potere *m* di nomina; **~bescheid** *m*; **~dekret** *n (A)* decreto *m* di nomina; **~recht** *n* diritto *m* di nomina, diritto *m* di designazione; **~urkunde** *f* atto *m* di nomina, atto *m* di designazione, decreto *m* di nomina.

erneuern *v (verlängern)* rinnovare, *(modernisieren)* rimodernare, ammodernare, restaurare, *(aktualisieren)* aggiornare, *(auswechseln)* cambiare, sostituire.

Erneuerung *f (Verlängerung)* rinnovo *m*, rinnovazione *f*, *(Renovierung)* rinnovamento *m*, *(Modernisierung)* rimodernamento *m*, ammodernamento *m*, restauro *m*, ristrutturazione *f*, *(Aktualisierung)* aggiornamento *m*, *(Wechsel)* sostituzione *f*, *(des Dividenden- oder Zinsscheinbogens)* rinnovo *m* del foglio cedolare, affogliamento *m*; **ausdrückliche ~** *f* rinnovo *m* espresso, rinnovazione *f* espressa; **stillschweigende ~** *f* rinnovo *m* tacito, rinnovazione *f* tacita; **~** *f* **des Bestandverhältnisses** *(A)*; **~** *f* **des Bestandvertrages** *(A)*; **~** *f* **des Mietverhältnisses** rinnovazione *f* della locazione, rinnovazione *f* del rapporto locativo; **~** *f* **des Pachtverhältnisses** rinnovazione *f* dell'affitto.

Erneuerungs | fonds *m* fondo *m* di rinnovamento; **~gebühr** *f* tassa *f* di rinnovazione, tassa *f* di rinnovo; **~prämie** *f* premio *m* di rinnovo; **~rücklage** *f* riserva *f* di rinnovamento; **~schein** *m* cedola *f* di riaffogliamento.

Ernstfall, im ~ in caso di emergenza.

Ernsthaftigkeit *f* = *Ernstlichkeit f* serietà *f*.

Ernte *f* **auf dem Halm** frutti *mpl* non ancora raccolti, frutti *mpl* non ancora separati dal suolo, frutti *mpl* pendenti.

Ernteversicherung *f* assicurazione *f* dei raccolti.

eröffnen *v* aprire, iniziare, avviare, inaugurare.

Eröffnung *f* apertura *f*, inizio *m*, avvio *m*, avviamento *m*, inaugurazione *f*; **~** *f* **des Erbganges** *(CH) ErbR* apertura *f* della successione; **~** *f* **der Feindseligkeiten** apertura *f* delle ostilità; **~** *f* **des Hauptverfahrens** *StrafProzR* rinvio *m* a giudizio; **~** *f* **des Insolvenzverfahrens** *(D,*

A); ~ *f* **des Konkursverfahrens** *(CH) InsolvenzR* apertura *f* del fallimento, apertura *f* della procedura fallimentare; ~ *f* **eines Kontos** apertura *f* di un conto; ~ *f* **des Testaments** *ErbR* pubblicazione *f* del testamento, apertura *f* del testamento.

Eröffnungsantrag *m* [1] *InsolvenzR (durch den Schuldner und Gläubiger)* ricorso *m* (per la dichiarazione) di fallimento, istanza *f* (per la dichiarazione) di fallimento, istanza *f* fallimentare, *(durch die Staatsanwaltschaft)* richiesta *f* (di dichiarazione) di fallimento.

Eröffnungsantrag *m* [2] *StrafProzR* richiesta *f* di rinvio a giudizio.

Eröffnungsbeschluss *m* [1] *InsolvenzR (§§ 27 ff. InsO)* sentenza *f* dichiarativa di fallimento.

Eröffnungsbeschluss *m* [2] *StrafProzR* decreto *m* che dispone il giudizio, decreto *m* di rinvio a giudizio, ordinanza *f* di rinvio a giudizio.

Eröffnungs | bilanz *f (Börse)* quotazione *f* di apertura; **~gebot** *n* offerta *f* iniziale; **~kurs** *m (Börse)* quotazione *f* di apertura, prezzo *m* di apertura, corso *m* di apertura; **~notierung** *f (Börse)* quotazione *f* di apertura; **~protokoll** *n* verbale *m* di apertura; **~rede** *f* discorso *m* inaugurale, discorso *m* di apertura; **~sitzung** *f*; **~tagung** *f* seduta *f* inaugurale, seduta *f* di apertura, riunione *f* inaugurale, riunione *f* di apertura; **~verfahren** *n StrafProzR* = *Zwischenverfahren* fase *f* processuale nella quale viene vagliata la richiesta di rinvio a giudizio depositata dal pubblico ministero e all'esito della quale il giudice stabilisce se l'imputato debba essere rinviato a giudizio (*in Italia: udienza preliminare prevista dagli artt. 416–433 c.p.p.*).

erörtern *v* discutere, dibattere.

Erörterung *f* discussione *f*, dibattito *m*, dibattimento *m*.

erpressen *v* ricattare, estorcere.

Erpressen *n* **von Aussagen** estorsione *f* di deposizioni.

Erpresser/in *m/f* ricattatore *m*, estorsore *m*.

Erpresserbrief *m* lettera *f* di ricatto.

erpresserisch *adj* ricattatorio, estorsivo.

Erpressung *f StrafR (§ 253 StGB)* ricatto *m*, estorsione *f*; **räuberische ~** *f (D) StrafR (§ 255 StGB)* estorsione *f* mediante violenza personale o minaccia di un pericolo imminente per la vita o l'incolumità fisica; ~ *f* **von Geld** estorsione *f* di denaro; ~ *f* **eines Geständnisses** estorsione *f* di una confessione.

Erpressungsversuch *m* tentativo *m* di estorsione.

Erprobungszeit *f* periodo *m* di prova.

Erregung *f* **öffentlichen Ärgernisses** *StrafR (§ 183a StGB)* atti *mpl* osceni in luogo pubblico, offesa *f* al pubblico pudore.

Erregungszustand, affektiver ~ *m* stato *m* di eccitamento affettivo.

erreichbar *adj (Person)* raggiungibile, reperibile.

Erreichbarkeit *f (einer Person)* reperibilità *f*.

erreichen *v* [1] *(gelangen)* raggiungere, giungere [a], arrivare [a], *(erzielen)* ottenere, conseguire, maturare.

erreichen *v* [2] *(Personen)* reperire, contattare, mettersi in contatto [con].

Erreichung *f* = *Erreichen n* raggiungimento *m*, conseguimento *m*; **wegen ~ der Altersgrenze** per raggiunti limiti di età; ~ *f* **eines gemeinsamen Zwecks** raggiungimento *m* di uno scopo comune.

errichten *v* [1] *(bauen)* erigere, innalzare, costruire, fabbricare, edificare.

errichten *v* [2] *(gründen)* fondare, costituire, istituire.

errichten *v* [3] *(ausfertigen: Urkunde, Testament)* redigere, stilare, stendere, compilare.

Errichtung *f* [1] *(Bau)* erezione *f*, innalzamento *m*, costruzione *f*, fabbricazione *f*, edificazione *f*, montaggio *m*, installazione *f*.

Errichtung *f* [2] *(Gründung)* fondazione *f*, costituzione *f*, istituzione *f*, creazione *f*, formazione *f*; ~ *f* **des Binnenmarkts** *EuR* istituzione *f* del mercato unico, creazione *f* del mercato unico; ~ *f* **der Gesellschaft** costituzione *f* della società.

Errichtung *f* [3] *(Ausfertigung: Urkunde, Testament)* redazione *f*, stesura *f*; **~** *f* **eines Testaments** *ErbR* redazione *f* di un testamento, stesura *f* di un testamento.

Errichtungs | akt *m (CH)*; **~urkunde** *f* atto *m* costitutivo.

Errungenschaft *f* conquista *f*, acquisto *m*.

Errungenschaftsgemeinschaft *f* *(ehemaliger vertraglicher Güterstand)* comunione *f* degli acquisti.

Ersatz *m* [1] *(stellvertretend eingesetzte Person oder Sache)* sostituzione *f*, cambio *m*, rimpiazzo *m*, *(Stellvertreter)* sostituto/-a *m/f*, supplente *m/f*, *(Ersatzteil)* ricambio *m*, pezzo *m* di ricambio, *(Ersatzmittel)* surrogato *m*, succedaneo *m*.

Ersatz *m* [2] *(Schadenersatz)* risarcimento *m*, *(Erstattung)* rimborso *m*, rifusione *f*, *(Entschädigung)* indennizzo *m*, riparazione *f*; **~ leisten** indennizzare, risarcire, pagare un risarcimento; **~** *m* **von Aufwendungen** rimborso *m* (delle) spese; **~** *m* **des immateriellen Schadens** *SchuldR (§ 253 BGB)* risarcimento *m* del danno non patrimoniale, risarcimento *m* dei danni non patrimoniali; **~** *m* **von Mehraufwendungen** *(§ 304 BGB)* rimborso *m* delle spese supplementari (o: aggiuntive), rimborso *m* delle maggiori spese sostenute; **~** *m* **des Nichtvermögensschadens** *SchuldR* risarcimento *m* del danno non patrimoniale, risarcimento *m* dei danni non patrimoniali; **~** *m* **des Vermögensschadens** *SchuldR* risarcimento *m* del danno patrimoniale, risarcimento *m* dei danni patrimoniali; **~** *m* **des Vertrauensschadens** *SchuldR (z.B. § 122 und § 179 BGB)* risarcimento *m* dei danni da lesione dell'affidamento, risarcimento *m* del danno derivante dall'aver fatto affidamento sulla validità di un negozio giuridico o di una dichiarazione.

Ersatz | anspruch *m* pretesa *f* risarcitoria, diritto *m* al risarcimento (del danno), *(Entschädigungsanspruch)* diritto *m* all'indennizzo; **~befugnis** *f* facoltà *f* alternativa; **~berufung** *f (Erbrecht)* sostituzione *f*; **~bescheinigung** *f* certificato *m* sostitutivo; **~betrag** *m* indennizzo *m*; **~deckung** *f* copertura *f* sostitutiva; **~dienst** *m* servizio *m* civile, servizio *m* sostitutivo (*per obiettori di coscienza*); **~dokument** *n* documento *m* sostitutivo; **~erbe/-erbin** *m/f ErbR* sostituito *m*, erede *m* sostituito; **~erbfolge** *f*; **~erbschaft** *f ErbR* sostituzione *f* ordinaria, sostituzione *f* volgare.

ersatzfähig *adj (Schaden)* risarcibile.

Ersatz | forderung *f (CH)* credito *m* di risarcimento; **~freiheitsstrafe** *f StrafR (tritt an die Stelle einer uneinbringlichen Geldstrafe) (§ 43 StGB)* pena *f* detentiva sostitutiva della pena pecuniaria che non può essere riscossa, detenzione *f* quale misura sostitutiva della pena pecuniaria; **~funktion** *f* funzione *f* di sostituzione; **~geld** *n* indennità *f* compensatrice; **~geldstrafe** *f (CH)* ammenda *f* compensatrice; **~geschworne/r** *f/m (A) StrafProzR* giudice *m* popolare supplente; **~hehlerei** *f* ricettazione *f* di cose acquistate con il ricavato dell'alienazione di cose provenienti da un precedente delitto; **~jahr** *n (CH)* anno *m* di assoggettamento alla tassa d'esenzione dal servizio militare; **~kasse** *f* cassa *f* mutua autonoma; **~klage** *f (CH)* azione *f* di risarcimento dei danni; **~kosten** *pl* spese *fpl* di sostituzione; **~krankenkasse** *f* cassa *f* malattia autonoma; **~leistung** *f* indennizzo *m*, risarcimento *m*, riparazione *f*; **~leistungsanspruch** *m* diritto *m* all'indennizzo, diritto *m* al risarcimento; **~leistungspflicht** *f* obbligo *m* di indennizzo, obbligo *m* di risarcimento; **~lieferung** *f* fornitura *f* sostitutiva, sostituzione *f* della merce; **~mann** *m* supplente *m*, sostituto *m*; **~mitglied** *n* membro *m* supplente; **~organisation** *f* organizzazione *f* sostitutiva; **~pflegschaft** *f* curatela *f* speciale;

~pflicht *f* obbligo *m* di indennizzo, obbligo *m* di risarcimento.

ersatzpflichtig *adj* obbligato all'indennizzo, obbligato al risarcimento.

Ersatz | revision *f ProzR* ricorso *m* sostitutivo per cassazione (nei casi in cui la sentenza non è appellabile); **~richter/in** *m/f* giudice *m* supplente; **~ruhetag** *m*; **~ruhezeit** *f* riposo *m* compensativo; **~schöffe/-in** *m/f StrafProzR* giudice *m* popolare supplente; **~steuer** *f* imposta *f* sostitutiva; **~strafe** *f StrafProzR* pena *f* sostitutiva; **~summe** *f (Entschädigungssumme)* indennizzo *m*; **~teil** *n* ricambio *m*, pezzo *m* di ricambio; **~veranlagung** *f (CH)* fissazione *f* della tassa d'esenzione dal servizio militare; **~verbindlichkeit** *f* obbligazione *f* surrogatoria; **~verfügung** *f (CH) ErbR (Art. 487 ZGB)* sostituzione *f* volgare; **~vermächtnis** *n ErbR* legato *m* (nella sostituzione volgare); **~vornahme** *f* esecuzione *f* d'ufficio; **~wahl** *f* elezione *f* complementare.

ersatzweise *adv* sostitutivo, in alternativa, in subordine; **~ für** [*Akk*] in cambio [di], in sostituzione [di].

Ersatz | wert *m* valore *m* di rimpiazzo; **~wirtschaftsgut** *n* surrogato *m*; **~zeit** *f (Sozialversicherung)* periodo *m* di contribuzione figurativa; **~zustellung** *f* notifica(zione) *f* non a mani proprie (del destinatario); **~zwangshaft** *f* pena *f* detentiva sostitutiva della pena pecuniaria che non può essere riscossa, detenzione *f* quale misura sostitutiva della pena pecuniaria.

erscheinen *v* ¹ *(Person)* comparire, presentarsi; **nicht ~** non comparire, non presentarsi; **vor Gericht ~** comparire in giudizio, comparire davanti al giudice, comparire in tribunale, comparire innanzi al tribunale; **persönlich ~** comparire personalmente.

erscheinen *v* ² *(Publikation)* essere pubblicato, uscire.

Erscheinen *n* ¹ *(vor Gericht)* comparizione *f*, presentazione *f*, costituzione *f* (*in giudizio*); **freiwilliges ~** *n* presentazione *f* spontanea; **persönliches ~** *n* *ZivProzR* comparizione *f*, comparizione *f* personale (*delle parti*); **das persönliche ~ der Parteien anordnen** *ZivProzR* ordinare la comparizione personale delle parti; **unaufgefordertes ~** *n* presentazione *f* spontanea.

Erscheinen *n* ² *(Publikation)* pubblicazione *f*, uscita *f*.

Erscheinungsfrist *f ZivProzR* termine *m* di comparizione.

Erschienene/r *f/m* comparente *m*, presente *m*, intervenuto *m*.

erschleichen *v* carpire.

Erschleichung *f* captazione *f*, truffa *f*; **~ *f* der Erbschaft** captazione *f* d'eredità; **~ *f* eines gerichtlichen Nachlassvertrages** *(CH)* conseguimento *m* fraudolento di un concordato giudiziale.

erschließen *v* ¹ *(zugänglich machen)* rendere accessibile, *(Markt)* aprire, *(Land)* esplorare, *(nutzbar machen)* sfruttare, utilizzare, *(Gebiet, Bauland, Baugrundstück)* urbanizzare, infrastrutturare, valorizzare, *(Einnahmequelle)* scoprire.

erschließen *v* ² *(folgern)* dedurre.

Erschließung *f (von Märkten)* apertura *f*, *(von Land)* esplorazione *f*, *(Nutzung)* sfruttamento *m*, utilizzazione *f*, *(von Gebieten, Bauland, Baugrundstücken)* urbanizzazione *f*, valorizzazione *f*, sviluppo *m*; **~ *f* neuer Märkte** apertura *f* di nuovi mercati.

Erschließungs | anlagen *fpl* opere *fpl* di urbanizzazione; **~beitrag** *m* contributo *m* di urbanizzazione; **~kosten** *pl* spese *fpl* di urbanizzazione, oneri *mpl* di urbanizzazione (*da parte del comune: obbligo di allacciamento e utilizzo di impianti*).

erschöpfend *adj* tassativo.

Erschöpfung *f* **des Rechtswegs** esaurimento *m* delle vie legali.

erschweren *v* rendere più difficile, aggravare, complicare, ostacolare.

erschwerend *adj* aggravante.

Erschwernis | zulage *f*; **~zuschlag** *m* supplemento *m* per lavoro gravoso.
Erschwerung *f* aggravamento *m*, complicazione *f*, ostacolo *m*.
Erschwerungs | grund *m*; **~umstand** *m* circostanza *f* aggravante, aggravante *f*.
ersetzen *v* [1] *(austauschen)* sostituire, cambiare, *(an die Stelle von jemandem setzen)* rimpiazzare, *(vertreten)* prendere il posto [di], fare le veci [di], supplire.
ersetzen *v* [2] *(Geld, Schaden)* risarcire, *(erstatten)* rimborsare, rifondere, *(entschädigen)* indennizzare, riparare, *(ausgleichen)* compensare.
Ersetzung *f* [1] *(Ersatz, Vertretung)* sostituzione *f*, rimpiazzo *m*.
Ersetzung *f* [2] *(Schadenersatz)* risarcimento *m*, *(Erstattung)* rimborso *m*, *(Entschädigung)* indennizzo *m*, riparazione *f*.
Ersetzungsbefugnis *f* facoltà *f* alternativa.
ersitzbar *adj* usucapibile.
Ersitzbarkeit *f* usucapibilità *f*.
ersitzen *v* usucapire.
Ersitzer *m* = *Ersitzender m* usucapiente *m*.
Ersitzung *f (§§ 937 ff. BGB)* usucapione *f*.
Ersitzungsbesitz *m* possesso *m* ad usucapionem.
ersitzungsfähig *adj* usucapibile.
Ersitzungsfrist *f* termine *m* di usucapione.
ersparen *v* risparmiare, economizzare.
Ersparnis *f* risparmio *m*, economia *f*; **~bildung** *f* formazione *f* del risparmio; **~kasse** *f (CH)* cassa *f* di risparmio; **~prämie** *f* premio *m* d'economia.
Ersparnisse *fpl* risparmi *mpl*.
Erstanstellung *f ArbR* primo impiego *m*.
erstatten *v* [1] *(zurückzahlen, ersetzen)* risarcire, rimborsare, rifondere, restituire, *(entschädigen)* indennizzare; **in voller Höhe ~** rimborsare per intero.
erstatten *v* [2] *(Anzeige)* sporgere, *(Bericht)* fare.
Erstattung *f* [1] *(Ersatz)* risarcimento *m*, rimborso *m*, rifusione *f*, restituzione *f*, *(Entschädigung)* indennizzo *m*; **~** *f* **der Auslagen**; **~** *f* **der Unkosten** rimborso *m* (delle) spese.
Erstattung *f* [2] *(einer Anzeige)* denuncia *f*.
Erstattungs | anspruch *m* diritto *m* al rimborso, *(Entschädigungsanspruch)* diritto *m* all'indennizzo, diritto *m* al risarcimento, pretesa *f* risarcitoria; **~antrag** *m* richiesta *f* di rimborso; **~betrag** *m* importo *m* del rimborso; **~forderung** *f* diritto *m* al rimborso, *(Entschädigungsanspruch)* diritto *m* all'indennizzo, diritto *m* al risarcimento, pretesa *f* risarcitoria; **~pflicht** *f* obbligo *m* di rimborso.
erstattungspflichtig *adj* soggetto a rimborso, rimborsabile, obbligato al rimborso, obbligato alla restituzione, obbligato all'indennizzo.
Erstattungsverfahren *n* procedura *f* di rimborso.
Erstaufnahme | einrichtung *f*; **~stelle** *f*; **~zentrum** *n (für Flüchtlinge)* centro *m* di prima accoglienza (per richiedenti asilo/rifugiati/profughi/migranti).
Erst | ausfertigung *f* prima spedizione *f*, prima *f* di cambio; **~begünstigte/r** *f/m* primo beneficiario *m*; **~beschäftigung** *f* primo impiego *m*, *(Hauptbeschäftigung)* occupazione *f* primaria; **~bescheinigung** *f* primo certificato *m*.
erstehen *v* acquistare, acquistare all'asta, aggiudicarsi.
Ersteher/in *m/f* acquirente *m/f*, aggiudicatario *m*.
Ersteigerer *m* aggiudicatario *m*.
ersteigern *v* acquistare all'asta, aggiudicarsi.
erstellen *v* eseguire, costruire, compilare, redigere, stendere.
Ersteller/in *m/f* costruttore/-trice *m/f*, produttore/-trice *m/f*, fabbricante *m/f*.
Erstellung *f* esecuzione *f*, realizzazione *f*, costruzione *f*, compilazione *f*, elaborazione *f*, redazione *f*, stesura *f*; **~** *f* **einer Urkunde** redazione *f* di un atto, stesura *f* di un atto.
Erstellungs | kosten *pl* spese *fpl* di

costruzione; **~wert** *m* valore *m* di costo.
erstere(r,s) *adj* ↔ *letztere(r,s)* primo (*fra due*).
Erst | erfinder/in *m/f* primo inventore *m*; **~erwerb** *m* primo acquisto *m*; **~erwerber/in** *m/f* primo acquirente *m*; **~geborene/r** *f/m* primogenito/-a *m/f*; **~gebot** *n* offerta *f* iniziale; **~geburtsrecht** *n* diritto *m* di primogenitura, primogenitura *f*.
erstgenannte(r,s) *adj* primo nominato, primo menzionato, primo citato.
Erstgericht *n* giudice *m* di primo grado.
Ersticken *n* soffocazione *f*.
erstinstanzlich *adj ProzR* di primo grado, di prima istanza.
erstklassig *adj* di prima qualità, di prim'ordine, eccellente, di primaria importanza.
Erstprämie *f* primo premio *m*, premio *m* di perfezionamento.
erstrangig *adj (erststellig)* di primo grado, *(erstklassig)* di prim'ordine, di prima qualità, eccellente, di primaria importanza.
erstreben *v* aspirare [a], ambire [a].
erst recht più che mai, a fortiori.
Erstrecht *n* prerogativa *f*.
erstreckbar *adj* estensibile.
erstrecken *v* estendere.
Erstreckung *f* estensione *f*.
Erst | richter/in *m/f* giudice *m* di primo grado; **~risikoversicherung** *f* assicurazione *f* del primo rischio; **~schrift** *f* originale *m*; **~schuldner/in** *m/f* debitore *m* primario.
erststellig *adj (Hypothek)* di primo grado.
Erst | stimme *f* primo voto *m*; **~täter/in** *m/f StrafR* delinquente *m* primario; **~verbraucher/in** *m/f* consumatore *m* primario; **~versicherer** *m* assicuratore *m* diretto; **~versicherung** *f* assicurazione *f* diretta; **~versterbende/r** *f/m ErbR (gemeinschaftliches Testament)* coniuge *m* che muore prima (dell'altro), coniuge *m* che muore per primo, primo coniuge *m* a morire, primo coniuge *m* deceduto; **~vollzug** *m StrafProzR* esecuzione *f* della prima pena.
ersuchen *v* chiedere, domandare, *(auffordern)* invitare, pregare, sollecitare.
Ersuchen *n* domanda *f*, richiesta *f*, istanza *f*, sollecito *m*; **auf ~** a/su/dietro richiesta, su/ad istanza; **auf behördliches ~** a richiesta delle autorità; **dem ~ nachkommen** dare seguito alla richiesta; **~** *n* **um Vorabentscheidung** *EuR* rinvio *m* pregiudiziale, domanda *f* di pronuncia pregiudiziale.
Ersuchende/r *f/m* richiedente *m/f*, istante *m/f*.
Ersuchschreiben *n (A)* = *Ersuchsschreiben n (A), Ersuchungsschreiben n* commissione *f* rogatoria, rogatoria *f*.
ertappt *part* colto, sorpreso; **auf frischer Tat ~** *StrafProzR* colto sul fatto, colto in flagrante, colto in flagranza di reato, sorpreso in flagrante.
erteilen *v (Auskunft, Wort)* dare, *(Befehl, Unterricht)* impartire, *(Erlaubnis, Genehmigung)* concedere, rilasciare, accordare, *(Vollmacht, Prokura)* conferire, *(Auftrag)* trasmettere, assegnare, affidare.
Erteilung *f (einer Erlaubnis, Genehmigung)* concessione *f*, rilascio *m*, *(einer Vollmacht)* conferimento *m*, *(eines Auftrags)* trasmissione *f*, assegnazione *f*; **~** *f* **des Auftrags** conferimento *m* del mandato, conferimento *m* dell'incarico (professionale), conferimento *m* di incarico professionale, *(Bestellung)* ordinazione *f*; **~** *f* **der Baugenehmigung** rilascio *m* della concessione edilizia; **~** *f* **eines Erbscheins** *ErbR* rilascio *m* di un certificato di eredità (o: ereditario); **~** *f* **der Erlaubnis** autorizzazione *f*; **~** *f* **der Fahrerlaubnis** rilascio *m* della patente (di guida); **~** *f* **der Genehmigung** autorizzazione *f*; **~** *f* **der Vollmacht** *(§ 167 BGB)* conferimento *m* di (o: della) procura, conferimento *m* del mandato; **~** *f* **des Zuschlags** aggiudicazione *f*

(*dell'appalto*); ~ *f* **einer Zustimmung** autorizzazione *f*, il dare il benestare.

Ertrag *m* reddito *m*, rendita *f*, rendimento *m*, ricavo *m*, ricavato *m*, profitto *m*, guadagno *m*, utile *m*, frutto *m*, raccolto *m*; **~ abwerfen** portare profitto, rendere; **einen ~ erzielen** realizzare un utile; **abnehmender ~** *m* rendita *f* decrescente; **außerordentlicher ~** *m* sopravvenienza *f* attiva; **~** *m* **vor Zinsen, Steuern und Abschreibungen sowie Abschreibung auf immaterielle Vermögensgegenstände** utile *m* prima degli interessi, delle imposte, delle svalutazioni e degli ammortamenti (*EBITDA: Earning Before Interest, Taxes, Depreciation and Amortization, corrispondente al margine operativo lordo: MOL*); **~** *m* **vor Zinsen und Steuern** utile *m* prima degli interessi e delle imposte (*EBIT: Earning Before Interest and Taxes, equivalente al reddito operativo o risultato operativo*).

ertragbringend *adj* produttivo, fruttifero, redditizio, remunerativo [o: rimunerativo].

Erträge *mpl* utili *mpl*, entrate *fpl*, proventi *mpl*, introiti *mpl*, redditi *mpl*.

Ertragenheit *f (CH)* capacità *f* di rendimento, redditività *f*.

Erträgnisse *pl* utili *mpl*, entrate *fpl*, proventi *mpl*, introiti *mpl*, redditi *mpl*.

Ertragsabnahme *f* rendita *f* decrescente; **~gesetz** *n* legge *f* della rendita decrescente.

Ertrags|anteil *m* quota *f* di partecipazione agli utili; **~ausfall** *m* perdita *f* di proventi; **~ausschüttung** *f* distribuzione *f* degli utili; **~besteuerung** *f* tassazione *f* sul reddito; **~beteiligung** *f* partecipazione *f* agli utili, partecipazione *f* ai proventi; **~bilanz** *f* conto *m* economico, conto *m* profitti e perdite; **~entwicklung** *f* andamento *m* reddituale; **~erhöhung** *f* aumento *m* dei proventi; **~fähigkeit** *f* capacità *f* di reddito, redditività *f*, produttività *f*; **~faktor** *m* componente *f* di reddito; **~gemeinderschaft** *f (CH)* compartecipazione *f*; **~koeffizient** *m* coefficiente *m* di redditività; **~kraft** *f* capacità *f* di reddito, redditività *f*, produttività *f*; **~lage** *f* andamento *m* reddituale, situazione *f* economica d'impresa, situazione *f* economica d'azienda; **~minderung** *f* diminuzione *f* dei proventi; **~quelle** *f* cespite *m*, fonte *f* di ricavo; **~rechnung** *f* conto *m* economico, conto *m* profitti e perdite; **~rückgang** *m* diminuzione *f* dei proventi; **~satz** *m* tasso *m* di rendimento; **~schein** *m* cedola *f* di dividendo; **~skonto** *m/n* sconto *m* attivo; **~spitze** *f* punta *f* di reddito.

Ertragsteuer *f SteuerR* imposta *f* sul reddito, imposta *f* sui profitti, imposta *f* cedolare.

Ertrags|wert *m* valore *m* reddituale; **~zinsen** *pl* interessi *mpl*.

Erwachsenenschutzübereinkommen, Haager ~ *n IPR (Haager Übereinkommen vom 13. Januar 2000 über den internationalen Schutz von Erwachsenen)* Convenzione *f* dell'Aja del 13 gennaio 2000 sulla protezione internazionale degli adulti.

erwägen *v (durchdenken)* ponderare, riflettere su, *(in Betracht ziehen)* considerare, prendere in considerazione, prendere in esame, *(prüfen)* valutare, vagliare.

Erwägung *f* riflessione *f*, considerazione *f*, ponderazione *f*, valutazione *f*, proposito *m*, intenzione *f*; **in der ~, dass** considerato che; **in ~ ziehen** prendere in considerazione, considerare, ponderare.

erwählen *v* eleggere.

erwähnen *v* citare, menzionare.

erwähnt *part* citato, menzionato.

Erwähnung *f* menzione *f*.

Erwahrungsbeschluss *m (CH)* decreto *m* federale proclamante il risultato di una votazione.

erwarten *v* aspettare, attendere, aspettarsi, sperare, *(vermuten)* supporre.

erwartet *part* atteso, aspettato, previsto, sperato.

Erwartung *f* attesa *f*, aspettativa *f*, previsione *f*, speranza *f*.

Erwartungen *fpl* attese *fpl*, aspettative *fpl*, previsioni *fpl*; **den ~ nicht entsprechen** non corrispondere alle aspettative; **konjunkturelle ~** *fpl*; **wirtschaftliche ~** *fpl* previsioni *fpl* sull'andamento dell'economia, aspettative *fpl* sull'andamento dell'economia, previsioni *fpl* congiunturali, attese *fpl* congiunturali.

Erwartungs|kauf *m* acquisto *m* speculativo; **mathematischer ~wert** *m* speranza *f* matematica.

erwehren *v* [sich] [Gen] difendersi [da].

erweitern *v* *(weiter machen)* allargare, ampliare, *(vergrößern)* ingrandire, *(ausdehnen)* estendere, espandere, *(ausbauen)* potenziare, sviluppare.

Erweiterung *f* *(Vergrößerung)* allargamento *m*, ampliamento *m*, ingrandimento *m*, *(Ausdehnung)* estensione *f*, espansione *f*, *(Ausbau)* potenziamento *m*, sviluppo *m*; **~ *f* der Europäischen Union** *EuR* = *EU-Erweiterung* allargamento *m* dell'Unione europea, allargamento *m* dell'UE.

Erweiterungs|bau *m* lavori *mpl* di ampliamento, ampliamento *m*, *(Gebäude)* annesso *m*, costruzione *f* in ampliamento; **~prozess** *m* processo *m* di allargamento; **~rücklage** *f* riserva *f* per ingrandimenti, riserva *f* per ampliamenti.

Erwerb *m* [1] *(Kauf)* acquisto *m*, *(Aneignung)* acquisizione *f*, *(Erlangung)* conseguimento *m*, ottenimento *m*; **abgeleiteter ~** *m* acquisto *m* (a titolo) derivativo; **bösgläubiger ~** *m* acquisto *m* in (o: di) mala fede; **derivativer ~** *m* acquisto *m* (a titolo) derivativo; **entgeltlicher ~** *m* acquisto *m* a titolo oneroso; **gemeinschaftlicher ~** *m* acquisto *m* (in) comune; **gesetzlicher ~** *m* acquisto *m* per legge; **gutgläubiger ~** *m* acquisto *m* in (o: di) buona fede; **gutgläubiger lastenfreier ~** *m* *SachenR (§ 936 BGB)* acquisto *m* in buona fede della proprietà libera da diritti altrui *(Il § 936 BGB prevede che la proprietà si acquista libera da ogni diritto altrui gravante sul bene mobile, se vi è la buona fede dell'acquirente, intesa in senso soggettivo quale quella situazione psicologica di ignoranza di ledere l'altrui diritto. L'acquisto di buona fede estingue dunque i diritti di terzi sulla cosa.)*; **konstitutiver ~** *m* acquisto *m* costitutivo, successione *f* costitutiva; **mittelbarer ~** *m* acquisto *m* indiretto; **originärer ~** *m* acquisto *m* (a titolo) originario; **steuerpflichtiger ~** *m* acquisto *m* tassabile; **translativer ~** *m* acquisto *m* traslativo, successione *f* traslativa; **unentgeltlicher ~** *m* acquisto *m* a titolo gratuito; **unmittelbarer ~** *m* acquisto *m* diretto; **ursprünglicher ~** *m* acquisto *m* (a titolo) originario; **~** *m* **eigener Aktien** acquisto *m* di proprie azioni; **~** *m* **durch Aneignung** acquisto *m* per occupazione; **~** *m* **eines Anspruchs** acquisto *m* di un diritto; **~** *m* **der Erbschaft** acquisto *m* dell'eredità; **~** *m* **unter Lebenden** successione *f* tra vivi; **~** *m* **vom Nichtberechtigten** acquisto *m* a non domino, acquisto *m* da colui che non è proprietario, acquisto *m* da chi non è proprietario; **~** *m* **eines Rechts** acquisto *m* di un diritto; **~** *m* **der Staatsangehörigkeit** acquisto *m* della cittadinanza; **~** *m* **von Todes wegen** successione *f* a causa di morte, successione *f* mortis causa, successione *f* ereditaria; **~** *m* **aus zweiter Hand** acquisto *m* di seconda mano.

Erwerb *m* [2] *(Gewinn, Verdienst)* guadagno *m*, profitto *m*, reddito *m*, retribuzione *f*.

Erwerb *m* [3] *(bezahlte Tätigkeit)* lavoro *m*, occupazione *f* retribuita.

erwerben *v* [1] *(kaufen)* acquistare, comp(e)rare, *(Recht, Kenntnisse)* acquisire, *(in seinen Besitz bringen)* entrare in possesso di, venire in possesso di, *(erlangen)* conseguire, ottenere, *(Anwartschaft)* maturare; **en bloc ~** acquistare in blocco; **gutgläubig ~** acquistare in buona fede; **käuflich ~** comp(e)rare, acquistare; **unentgeltlich ~** acquisire gratuitamente, acquistare gratuitamente.

erwerben *v* ² *(verdienen)* guadagnare.

Erwerber *m* [f: Erwerberin] acquirente *m/f*, compratore/-trice *m/f*, acquisitore/-trice *m/f*, cessionario/-a *m/f*; **bösgläubiger ~** *m* acquirente *m* in (o: di) mala fede; **gutgläubiger ~** *m* acquirente *m* in (o: di) buona fede; **rechtmäßiger ~** *m* acquirente *m* legittimo.

Erwerbsart *f* ¹ modo *m* di acquisto.

Erwerbsart *f* ² *(Verdienst)* tipo *m* di reddito.

Erwerbsausweis *m* certificato *m* d'origine.

erwerbsbeschränkt *adj* parzialmente inabile al lavoro, parzialmente invalido.

Erwerbs | beschränkung *f* inabilità *f* parziale al lavoro [o: parziale inabilità al lavoro], invalidità *f* parziale [o: parziale invalidità], limitazione *f* della capacità di guadagno; **~betrieb** *m* impresa *f* commerciale, impresa *f* a scopo di lucro; **~bevölkerung** *f* popolazione *f* attiva; **~datum** *n* data *f* di acquisto; **~einkommen** *n*; **~einkünfte** *pl* reddito *m* da lavoro.

erwerbsfähig *adj* in grado di lavorare, abile al lavoro, capace di lavoro proficuo, capace di guadagnare.

Erwerbsfähigkeit *f* abilità *f* al lavoro, idoneità *f* al lavoro, capacità *f* di lavoro, capacità *f* lavorativa; **geminderte ~** *f* inabilità *f* parziale al lavoro [o: parziale inabilità al lavoro], invalidità *f* parziale [o: parziale invalidità], capacità *f* ridotta di lavoro.

Erwerbs | - und Wirtschaftsgenossenschaft *f* cooperativa *f* di produzione e di consumo; **~geschäft** *n* impresa *f* commerciale, impresa *f* a scopo di lucro.

Erwerbsgesellschaft *f* società *f* a scopo di lucro; **bürgerliche ~** *f (A)* società *f* semplice.

Erwerbsgrund *m* titolo *m* d'acquisto.

erwerbslos *adj* disoccupato.

Erwerbslosenunterhalt *m FamR (§ 1573 Abs. 1 BGB)* → *Unterhalt wegen Erwerbslosigkeit* assegno *m* di mantenimento in caso di disoccupazione dell'ex coniuge, assegno *m* di mantenimento in favore dell'ex coniuge disoccupato.

Erwerbslose/r *f/m* disoccupato/-a *m/f*.

Erwerbslosigkeit *f* disoccupazione *f*.

Erwerbs | minderung *f* diminuzione *f* della capacità lavorativa; **~person** *f* lavoratore/-trice *m/f*; **~preis** *m* prezzo *m* d'acquisto.

erwerbstätig *adj* attivo.

Erwerbstätige/r *f/m* lavoratore/-trice *m/f*; **unselb(st)ständige/r ~** *f/m* lavoratore *m* salariato, lavoratore *m* dipendente.

Erwerbstätigkeit *f* attività *f* lavorativa, attività *f* remunerata, lavoro *m*; **unselb(st)ständige ~** *f* lavoro *m* salariato, lavoro *m* subordinato.

Erwerbsteuer *f SteuerR* imposta *f* sugli acquisti, imposta *f* sugli scambi.

Erwerbstitel *m* titolo *m* d'acquisto.

erwerbsunfähig *adj* inabile al lavoro, invalido, incapace di lavoro proficuo, incapace di guadagnare.

Erwerbs | unfähigkeit *f* inabilità *f* al lavoro, incapacità *f* lavorativa, invalidità *f*; **~unfähigkeitsrente** *f* assegno *m* di invalidità; **~unternehmen** *n*; **~unternehmung** *f* impresa *f* commerciale, impresa *f* a scopo di lucro; **~ziel** *n*; **~zweck** *m* scopo *m* di lucro, fine *m* di lucro.

Erwerbung *f* acquisto *m*, acquisizione *f*.

erwidern *v* rispondere, replicare, riscontrare, ribattere.

Erwiderung *f* risposta *f*, replica *f*, riscontro *m*; **in ~** [auf *Akk*] in risposta [a].

Erwiderungs | recht *n* diritto *m* di replica, diritto *m* di risposta; **~schrift** *f* replica *f*, comparsa *f* di risposta.

erwirken *v* conseguire, ottenere.

Erwirkung *f* conseguimento *m*, ottenimento *m*.

erworben *part* acquisito, maturato.

erzeugen *v* ¹ *(produzieren, hervorbringen)* produrre, fabbricare.

erzeugen *v* ² *(zeugen)* generare, procreare.

erzeugen *v* ³ *(entstehen lassen, bewirken)* generare, creare, suscitare.

Erzeuger *m* ¹ [f: Erzeugerin] *(Hersteller)* produttore/-trice *m/f*, *(Firma)* ditta *f* produttrice; **inländischer ~** *m* produttore *m* nazionale.

Erzeuger *m* [2] *(leiblicher Vater)* genitore *m*, procreatore *m*.

Erzeuger | gemeinschaft *f* associazione *f* di produttori; **~genossenschaft** *f* cooperativa *f* di produzione; **~land** *n* paese *m* produttore; **~monopol** *n* monopolio *m* di produzione, monopolio *m* di fabbricazione; **~organisation** *f* organizzazione *f* di produttori; **~preis** *m* prezzo *m* alla produzione; **~verband** *m*; **~vereinigung** *f* associazione *f* di produttori; **~zusammenschluss** *m* unione *f* di produttori.

Erzeugnis *n* prodotto *m*; **~patent** *n* brevetto *m* di prodotto.

Erzeugung *f* [1] *(Produktion, Herstellung)* produzione *f*, fabbricazione *f*.

Erzeugung *f* [2] *(Schaffen)* generazione *f*, creazione *f*.

Erzeugungs | beschränkung *f* limitazione *f* della produzione; **~betrieb** *m* azienda *f* di produzione; **~bilanz** *f* bilancio *m* di produzione; **~gebiet** *n* zona *f* di produzione, area *f* di produzione; **~kontingent** *n* contingente *m* di produzione; **~kosten** *pl* costo *m* di produzione; **~kraft** *f* capacità *f* produttiva; **~krise** *f* crisi *f* di produzione; **~land** *n* paese *m* produttore; **~monopol** *n* monopolio *m* di produzione, monopolio *m* di fabbricazione; **~quote** *f* quota *f* di produzione.

erziehen *v* allevare, educare, istruire.

Erziehung *f* educazione *f*, addestramento *m*, istruzione *f*; **~** *f* **unter Aufsicht** *(CH)* educazione *f* vigilata.

Erziehungs | aufsicht *f* educazione *f* vigilata; **~beistandschaft** *f (Jugendstrafrecht)* assistenza *f* educativa; **~berechtigte/r** *f/m* persona *f* responsabile dell'educazione di un minore; **~fähigkeit** *f FamR* idoneità *f* educativa (*dei genitori*); **~gewalt** *f* potere *m* di educazione; **~hilfe** *f* assistenza *f* educativa; **~kosten** *pl* costo *m* dell'educazione; **~maßnahme** *f* misura *f* educativa; **~maßregeln** *fpl (Jugendstrafrecht) (§§ 9 ff. JGG)* misure *fpl* rieducative; **~pflicht** *f* obbligo *m* di educazione; **~recht** *n* diritto *m* di educazione; **~register** *n (Jugendstrafrecht)* casellario *m* giudiziale delle misure rieducative; **~rente** *f* rendita *f* di educazione; **~urlaub** *m ArbR (seit 2001 neue Bezeichnung: Elternzeit)* congedo *m* parentale; **~zoll** *m* dazio *m* protettivo temporaneo (*per proteggere una nuova industria nel periodo di assestamento*).

Erzwingbarkeit *f* coercibilità *f*.

erzwingen *v* ottenere con la forza, estorcere.

Erzwingungshaft *f* = *Beugehaft* arresto *m* coercitivo (*volto ad ottenere l' esecuzione forzata degli obblighi di fare, di non fare o di tollerare, p.es. provvedere al pagamento della sanzione pecuniaria inflitta, riconsegnare certi oggetti, rendere una testimonianza o prestare giuramento*).

erzwungen *part* forzato, estorto.

ESchG (*Abk* = **Embryonenschutzgesetz**) *(D)* legge *f* (tedesca) sulla tutela degli embrioni.

Escompte *m* sconto *m*.

ESF (*Abk* = **Europäischer Sozialfonds**) *EuR* Fondo *m* sociale europeo *(FSE)*.

es sei denn (, dass) a meno che, eccetto che, tranne che, salvo che.

essentialia negotii *(lat) SchuldR (wesentliche Bestandteile eines Rechtsgeschäfts)* elementi *mpl* essenziali del negozio giuridico.

ESt (*Abk* = **Einkommensteuer**) *SteuerR* imposta *f* sul reddito, imposta *f* sul reddito delle persone fisiche *(IRPEF) (I)*.

ESTAT (*Abk* = **Statistisches Amt der Europäischen Union**) *EuR* Ufficio *m* (centrale) di statistica dell'Unione europea, Istituto *m* di statistica dell'Unione europea.

EStG (*Abk* = **Einkommensteuergesetz**) *SteuerR* legge *f* relativa all'imposta sul reddito delle persone fisiche (IRPEF).

ESTV (*Abk* = **Eidgenössische Steuerverwaltung**) *(CH)* Amministrazione *f* federale (svizzera) delle contribuzioni *(AFC)*.

ESZB (*Abk* = **Europäisches System der Zentralbanken**) *EuR* Sistema *m* europeo delle banche centrali *(SEBC)*.
Etat *m (Haushalt)* bilancio *m* (*pubblico*), bilancio *m* (*preventivo*), budget *m*.
Etatismus *m* statalismo *m*.
etatmäßig *adj (gemäß Haushaltsplan)* secondo il bilancio, conforme al bilancio, *(planmäßig)* di ruolo.
Etattitel *m* titolo *m* di bilancio.
EU (*Abk* = **Europäische Union**) *EuR* Unione *f* europea *(UE)*.
EUA (*Abk* = **Europäische Umweltagentur**) *EuR* Agenzia *f* europea per l'ambiente.
EU|-Außenbeauftragte/r *f/m*; **~ -Außenminister/in** *EuR (auch: Außenminister/in der Europäischen Union, offizielle Bezeichnung: Hoher Vertreter der Europäischen Union für Außen- und Sicherheitspolitik; im Vertragstext kurz: Hoher Vertreter der Union für Außen- und Sicherheitspolitik)* alto rappresentante *m* dell'Unione europea per gli affari esteri e la politica di sicurezza.
EU-Bürger/in *m/f EuR* eurocittadino/-a *m/f*.
EU-ErbVO / EuErbVO (*Abk* = **Europäische Erbrechtsverordnung / EU-Erbrechtsverordnung**) *EuR* → *s. Anhang 3 a)* Regolamento *m* (UE) n. 650/2012 del Parlamento europeo e del Consiglio, del 4 luglio 2012, relativo alla competenza, alla legge applicabile, al riconoscimento e all'esecuzione delle decisioni e all'accettazione e all'esecuzione degli atti pubblici in materia di successioni e alla creazione di un certificato successorio europeo.
Euer Ehren Vostro Onore.
EU-Erweiterung *f EuR* allargamento *m* dell'UE, allargamento *m* dell'Unione europea.
EuG (*Abk* = **Gericht der Europäischen Union**) *EuR (vor Inkrafttreten des Vertrags von Lissabon: Gericht erster Instanz der Europäischen Gemeinschaften)* Tribunale *m* dell'Unione europea.
EuGeI (*Abk* = **Gericht erster Instanz der Europäischen Gemeinschaften**) *EuR (seit dem Inkrafttreten des Vertrags von Lissabon umbenannt in: Gericht der Europäischen Union)* Tribunale *m* di primo grado delle Comunità europee *(TPGCE)*.
EuGH [1] (*Abk* = **Europäischer Gerichtshof**) *EuR (seit Inkrafttreten des Vertrags von Lissabon Teil des Gerichtshofs der Europäischen Union mit untergeordnetem Gericht der Europäischen Union, EuG)* Corte *f* di giustizia europea.
EuGH [2] (*Abk* = **Gerichtshof der Europäischen Union**) *EuR (seit Inkrafttreten des Vertrags von Lissabon)* Corte *f* di giustizia dell'Unione europea *(CGUE)*.
EuGH [3] (*Abk* = **Gerichtshof der Europäischen Gemeinschaften**) *EuR (vor Inkrafttreten des Vertrags von Lissabon)* Corte *f* di giustizia delle Comunità europee *(CGCE)*.
EU-Gipfel *m EuR* vertice *m* UE, vertice *m* dell'UE, vertice *m* europeo.
EUGöD (*Abk* = **Gericht für den öffentlichen Dienst der Europäischen Union**) *EuR* Tribunale *m* della funzione pubblica dell'Unione europea.
EuGVÜ (*Abk* = **Brüsseler Übereinkommen**) *IPR (auch: Übereinkommen von Brüssel über die gerichtliche Zuständigkeit und die Vollstreckung gerichtlicher Entscheidungen in Zivil- und Handelssachen von 1968, Europäisches Gerichtsstands- und Vollstreckungsübereinkommen in Zivil- und Handelssachen)* Convenzione *f* di Bruxelles del 1968 concernente la competenza giurisdizionale e l'esecuzione delle decisioni in materia civile e commerciale.
EuGVVO (*Abk* = **Brüssel Ia-Verordnung**) *IPR (Neufassung, gültig für Entscheidungen ab dem 10. Januar 2015; alte Fassung: Brüssel-I-Verordnung)* → *s. Anhang 3 a)* Regolamento *m* Bruxelles I bis *(Regolamento (UE) n. 1215/2012 del Parlamento europeo e del Consiglio, del 12 dicembre 2012, concernente la competenza giurisdizionale, il*

riconoscimento e l'esecuzione delle decisioni in materia civile e commerciale, entrato in vigore il 10 gennaio 2015, che abroga e sostituisce il Regolamento Bruxelles I, n. 44/2001).

EU-Haushalt *m EuR* bilancio *m* UE.

EuHb (*Abk* = **Europäischer Haftbefehl**) *StrafProzR* mandato *m* d'arresto europeo *(MAE)*, mandato *m* di cattura europeo.

EuInsVO (*Abk* = **Europäische Insolvenzverordnung / EU-Insolvenzverordnung**) *EuR (Neufassung 2015) → s. Anhang 3 a)* Regolamento *m* (UE) 2015/848 del Parlamento europeo e del Consiglio, del 20 maggio 2015, relativo alle procedure di insolvenza.

EU|-Land *n EuR* paese *m* dell'UE; **~ -Parlamentspräsident/in** *m/f EuR* presidente *m* del Parlamento europeo; **~ -Rat** *m EuR (auch: Rat der EU, Rat der Europäischen Union)* Consiglio *m* dell'UE, Consiglio *m* dell'Unione europea.

Euratom (*Abk* = **Europäische Atomgemeinschaft**) *EuR* Comunità *f* europea dell'energia atomica *(CEEA / Euratom)*.

Euratom-Versorgungsagentur *f EuR* Agenzia *f* di approvvigionamento dell'Euratom.

EU|-Raum *m EuR* area *f* dell'UE, area *f* dell'Unione europea, territorio *m* dell'UE, territorio *m* dell'Unione europea, UE *f*, Unione *f* europea; **~ -Recht** *n* diritto *m* dell'UE, diritto *m* comunitario.

EuRH (*Abk* = **Europäischer Rechnungshof**) *EuR* Corte *f* dei conti europea.

EU-Richtlinie *f EuR* direttiva *f* UE, direttiva *f* dell'Unione europea, direttiva *f* europea, direttiva *f* comunitaria.

Euro *m* euro *m*; **~anleihe** *f* europrestito *m*; **~bonds** *mpl* eurobond *mpl*, eurobbligazioni *fpl*; **~ -Einführung** *f* introduzione *f* dell'euro.

Eurokrat *m* eurocrate *m*.

Euromarkt *m* euromercato *m*.

Europaabgeordnete/r *f/m* deputato *m* europeo, eurodeputato *m*.

Europa-AG *f* (*Abk* = **SE: Societas Europaea**) *(auch: Europäische Gesellschaft oder Europäische Aktiengesellschaft)* società *f* europea *(SE)*.

europafreundlich *adj* filoeuropeo.

Europäische Agentur *f* **für Zusammenarbeit** (*Abk* = **EAZ**) *EuR* Agenzia *f* europea di cooperazione *(AEC)*; **Einheitliche ~ Akte** *f* (*Abk* = **EEA**) *EuR* Atto *m* unico europeo *(AUE)*; **~ Aktiengesellschaft** *f* (*Abk* = **SE: Societas Europaea**) *EuR (auch: Europäische Gesellschaft oder Europa-AG)* società *f* europea *(SE)*; **~ Atomgemeinschaft** *f* (*Abk* = **EAG / Euratom**) *EuR* Comunità *f* europea dell'energia atomica *(CEEA / Euratom)*; **~ Bank** *f* **für Wiederaufbau und Entwicklung** (*Abk* = **EBWE**) *EuR* Banca *f* europea per la ricostruzione e lo sviluppo *(BERS)*; **~ Beschäftigungsstrategie** *f* (*Abk* = **EBS**) *EuR* strategia *f* europea per l'occupazione *(SEO)*; **~ Freihandelsassoziation** *f* (*Abk* = **EFTA**) *EuR (auch: Europäische Freihandelszone)* Associazione *f* europea di libero scambio; **~ Gemeinschaft** *f* (*Abk* = **EG**) *EuR* Comunità *f* europea *(CE)*; **~ Gemeinschaft** *f* **für Kohle und Stahl** (*Abk* = **EGKS**) *EuR* Comunità *f* europea del carbone e dell'acciaio *(CECA)*; **~ Gesellschaft** *f* (*Abk* = **SE: Societas Europaea**) *EuR (auch: Europäische Aktiengesellschaft oder Europa-AG)* società *f* europea *(SE)*; **Gesetz** *n* **zur Einführung der ~n Gesellschaft** *(D)* (*Abk* = **SEEG**) legge *f* (tedesca) introduttiva della società europea (SE); **~ Größeneinheit** *f* (*Abk* = **EGE**) *EuR* unità *f* di dimensione europea *(UDE)*; **~ Integration** *f EuR* integrazione *f* europea; **~ Investitionsbank** *f* (*Abk* = **EIB**) *EuR* Banca *f* europea per gli investimenti *(BEI)*; **~ Kernenergie-Agentur** *f* (*Abk* = **ENEA**) *EuR* Agenzia *f* europea per l'energia nucleare; **~ Kernenergie-Organisation** *f* (*Abk* = **CERN**) *EuR* Organizzazione *f* europea per l'energia nucleare; **~ Kommission** *f EuR* Commissione *f* europea; **~ Kommission** *f* **für Menschenrechte** (*Abk* = **EKMR**) *EuR (auch: Europäische Menschenrechtskommission)* Commissione *f* europea dei diritti dell'uomo; **~ Marktordnung** *f EuR* organizzazione *f* europea del mercato; **~ Menschenrechtskonvention** *f* (*Abk* = **EMRK**) *EuR (auch: Europäische Konvention zum Schutz der Menschenrechte und Grundfreiheiten)* Convenzione *f* europea dei diritti dell'uomo *(CEDU)* (*anche: Convenzione europea per la salvaguardia dei diritti dell'uomo e delle libertà fondamentali*); **~ Patentanmeldung** *f EuR* domanda *f* di brevetto europeo, deposito *m* della domanda di brevetto europeo; **~ Patentorganisation** *f EuR* Organizzazione *f* europea dei brevetti; **~ Politische Zusammenarbeit** *f* (*Abk* = **EPZ**) *EuR* Cooperazione *f* politica europea *(CPE)*; **~ Rechnungseinheit** *f* (*Abk* = **ERE**) *EuR* unità *f* di conto europea *(ECU)*; **~ Sozialcharta** *f EuR* Carta *f* sociale europea; **~ Stiftung** *f* fondazione *f* europea; **~ Umweltagentur** *f* (*Abk* = **EUA**) *EuR* Agenzia *f* europea per l'ambiente; **~ Union** *f* (*Abk* = **EU**) *EuR* Unione *f* europea *(UE)*; **~ Verteidigungsgemeinschaft** *f* (*Abk* = **EVG**) *EuR* Comunità *f* europea di difesa *(CED)*; **~ Währungseinheit** *f* (*Abk* = **ECU**) *EuR* unità *f* monetaria europea, valuta *f* europea; **~ Weltraumorganisation** *f* (*Abk* = **EWO**) *EuR* Agenzia *f* spaziale europea *(ASE)*; **~ Wirtschaftliche Interessenvereinigung** *f* (*Abk* = **EWIV**) *EuR* Gruppo *m* europeo di interesse economico *(GEIE)*; **~ Wirtschaftsgemeinschaft** *f* (*Abk* = **EWG**) *EuR* Comunità *f* economica europea *(CEE)*; **~ Wirtschafts- und Währungsunion** *f* (*Abk* = **EWWU**) *EuR* Unione *f* economica e monetaria europea *(UEM)*; **~ Zahlungsunion** *f* (*Abk* = **EZU**) *EuR* Unione *f* europea dei pagamenti *(UEP)*; **~ Zentralbank** *f* (*Abk* = **EZB**) *EuR* Banca *f* centrale europea *(BCE)*; **~ Zollunion** *f EuR* Unione *f* doganale europea.

Europäischer Ausrichtungs- und Garantiefonds *m* **für die Landwirtschaft** (*Abk* = **EAGFL**) *EuR* Fondo *m* europeo agricolo di orientamento e garanzia *(FEAOG)*; **~ Ausschuss** *m* **für Forschung und Entwicklung** *EuR* Comitato *m* europeo della ricerca e dello sviluppo; **~ Ausschuss** *m* **der Regionen** (*Abk* = **AdR**) *EuR* Comitato *m* europeo delle regioni *(CdR)*; **~ Beamtenbund** *m EuR* Federazione *f* della funzione pubblica europea; **~ Betriebsrat** *m EuR* Comitato *m* aziendale europeo; **~ Binnenmarkt** *m EuR* mercato *m* unico europeo, mercato *m* interno europeo.

Europäische/r Bürgerbeauftragte/r *f/m EuR* mediatore *m* europeo.

Europäischer Entwicklungsfonds *m* (*Abk* = **EEF**) *EuR* Fondo *m* europeo di sviluppo *(FES)*; **~ Erbschein** *m EuR (= Europäisches Nachlasszeugnis)* certificato *m* successorio europeo *(CSE)*, certificato *m* di eredità europeo, certificato *m* ereditario europeo; **~ Fonds** *m* **für regionale Entwicklung** *EuR* Fondo *m* europeo di sviluppo regionale; **~ Fonds** *m* **für Währungspolitische Zusammenarbeit** (*Abk* = **EFWZ**) *EuR* Fondo *m* europeo di cooperazione monetaria *(FECOM)*; **~ Gerichtshof** *m* (*Abk* = **EuGH**) *EuR (seit Inkrafttreten des Vertrags von Lissabon Teil des Gerichtshofs der Europäischen Union mit untergeordnetem Gericht der Europäischen Union, EuG)* Corte *f* di giustizia europea; **~ Gerichtshof** *m* **für Menschenrechte** (*Abk* = **EGMR**) *EuR (Straßburg)* Corte *f* europea dei diritti dell'uomo *(CEDU)*; **~ Gewerkschaftsbund** *m EuR* Confederazione *f* europea dei sindacati; **~ Haftbefehl** *m* (*Abk* = **EuHb**) *StrafProzR* mandato *m* d'arresto europeo *(MAE)*, mandato *m* di cattura europeo; **~ Rat** *m EuR* Consiglio *m* europeo; **~ Rechnungshof** *m* (*Abk* = **EuRH**) *EuR* Corte *f* dei conti europea; **~ Regionalfonds** *m EuR* Fondo *m* europeo di sviluppo regionale; **~ Sozialfonds** *m* (*Abk* = **ESF**) *EuR* Fondo *m* sociale europeo *(FSE)*; **~ Verbund** *m* **für territoriale Zusammenarbeit** (*Abk* = **EVTZ**) *EuR* Gruppo *m* europeo di cooperazione territoriale *(GECT)*; **~ Vollstreckungstitel** *m EuR* titolo *m* esecutivo europeo; **~ Währungsfonds** *m* (*Abk* = **EWF**) *EuR* Fondo *m* monetario europeo *(FME)*; **~ Wirtschaftsraum** *m* (*Abk* = **EWR**) *EuR* Spazio *m* economico europeo *(SEE)*; **~ Wirtschafts- und Sozialausschuss** *m* (*Abk* = **EWSA**) *EuR* Comitato *m* economico e sociale europeo *(CESE)*.

Europäisches Fürsorgeabkommen *n* (*Abk* = **EFA**) *EuR* Convenzione *f* europea di assistenza sociale e medica; **~ Gemeinschaftsrecht** *n* diritto *m* comunitario europeo; **~ Gerichtsstands- und Vollstreckungsübereinkommen** *n* **in Zivil- und Handelssachen** (*Abk* = **EuGVÜ oder GVÜ, auch Brüsseler Übereinkommen**) *IPR* Convenzione *f* concernente la competenza giurisdizionale e l'esecuzione delle decisioni in materia civile e commerciale *(Convenzione di Bruxelles)*; **~ Komitee** *n* **für Normung** (*Abk* = **CEN**) *EuR* Comitato *m* europeo per la standardizzazione; **~ Nachlasszeugnis** *n EuR* certificato *m* successorio europeo *(CSE)*; **~ Parlament** *n* (*Abk* = **EP**) *EuR* Parlamento *m* europeo *(PE)*; **~ Patent** *n GewRS* brevetto *m* europeo; **~ Patentamt** *n* (*Abk* = **EPA / EPO**) *GewRS* Ufficio *m* europeo (dei) brevetti *(UEB)*; **~ Patentübereinkommen** *n GewRS* Convenzione *f* sul brevetto europeo; **~ System** *n* **der Zentralbanken** (*Abk* = **ESZB**) *EuR* Sistema *m* europeo delle banche centrali *(SEBC)*; **~ Umweltbüro** *n EuR* Ufficio *m* europeo dell'ambiente; **~ Währungsabkommen** *n* (*Abk* = **EWA**) *EuR* Accordo *m* monetario europeo *(AME)*; **~ Währungssystem** *n* (*Abk* = **EWS**) *EuR* Sistema *m* monetario europeo *(SME)*; **~ Zentrum** *n* **für die Förderung der Berufsbildung** (*Abk* = **CEDEFOP**) *EuR* Centro *m* europeo per lo sviluppo della formazione professionale.

Europäische Union
Trattati sull'Unione europea
Alla versione originale del Trattato sull'Unione europea (TUE), noto come Trattato di Maastricht (firmato a Maastricht il 7 febbraio 1992 ed entrato in vigore il 1° novembre 1993), hanno fatto seguito i Trattati sottoelencati:
- Trattato di Amsterdam: firmato il 2 ottobre 1997 ed entrato in vigore il 1° maggio 1999
- Trattato di Nizza: firmato il 26 febbraio 2001 ed entrato in vigore il 1° febbraio 2003
- Trattato che adotta una Costituzione per l'Europa: firmato il 29 ottobre 2004 ma mai entrato in vigore
- Trattato di Lisbona: firmato il 13 dicembre 2007 ed entrato in vigore il 1° dicembre 2009

Europa | parlament *n EuR* europarlamento *m*, Parlamento *m* europeo *(PE)*; **~parlamentarier** *m EuR* deputato *m* europeo, eurodeputato *m*; **~patent** *n GewRS* brevetto *m* europeo; **~rat** *m EuR (Straßburg)* Consiglio *m* d'Europa; **~recht** *n* diritto *m* europeo, *(Recht der Europäischen Gemeinschaften)* diritto *m* comunitario; **~wahl** *f*; **~wahlen** *fpl EuR* elezioni *fpl* europee.

europaweit *adj* a livello europeo.

Europol *f EuR* Europol *m* (*Ufficio europeo di polizia*).

Euro-Rettungs | fonds *m*; **~schirm** *m EuR* piano *m* di salvataggio dell'euro, piano / scudo / fondo *m* salva-euro.

Euroscheck *m* eurochèque *m*; **~karte** *f* carta *f* eurochèque.

Eurostat (*Abk* = **Statistisches Amt der Europäischen Union**) *EuR* Ufficio *m* (centrale) di statistica dell'Unione europea, Istituto *m* di statistica dell'Unione europea.

Euro-Währung *f EuR* eurovaluta *f*.

Eurozone *f EuR* = *Euro-Währungsgebiet n, Euroraum m, Euroland n* area *f* dell'euro, zona *f* (dell') euro, Eurozona *f*, Eurolandia *f*.

Euthanasie *f* eutanasia *f*.

EU-Verordnung *f EuR* regolamento *m* UE, regolamento *m* dell'Unione europea.

EUV / EU-Vertrag (*Abk* = **Vertrag über die Europäische Union**) *EuR* Trattato *m* sull'Unione europea *(TUE)*.

e.V. (*Abk* = **eingetragener Verein**) *(D) (§§ 55 ff. BGB)* associazione *f* registrata (*senza fini di lucro*).

EV (*Abk* = **Eigentumsvorbehalt**) *KredSichR (§ 449 BGB)* riserva *f* di (o: della) proprietà, riservato dominio *m*.

E.v. (*Abk* = **Eingang vorbehalten**) salvo buon fine *(s.b.f.)*, salvo incasso.

EVD (*Abk* = **Eidgenössisches Volkswirtschaftsdepartement**) *(CH)* Dipartimento *m* federale (svizzero) dell'economia *(DFE)*.

Eventual | anspruch *m* diritto *m* eventuale; **~antrag** *m (Prozessrecht)* conclusioni *fpl* subordinate; **~haftung** *f* responsabilità *f* eventuale; **~verbindlichkeit** *f*; **~verpflichtung** *f* obbligazione *f* eventuale; **~verzicht** *m* rinuncia *f* eventuale; **~vorsatz** *m* dolo *m* eventuale, dolus eventualis *(lat)*.

EVG (*Abk* = **Europäische Verteidigungsgemeinschaft**) *EuR* Comunità *f* europea di difesa *(CED)*.

Evidenzzentrale *f* centrale *f* dei rischi.

Eviktion *f* evizione *f*.

Eviktionshaftung *f* garanzia *f* per evizione.

EVO (*Abk* = **Eisenbahn-Verkehrsordnung**) *(D)* codice *m* (tedesco) del trasporto ferroviario.

Evokationsrecht *n* diritto *m* di avocazione.

EVP (*Abk* = **Einzelhandelsverkaufspreis**) prezzo *m* (di vendita) al dettaglio, prezzo *m* (di vendita) al minuto, prezzo *m* al consumatore.

EVTZ (*Abk* = **Europäischer Verbund für territoriale Zusammenarbeit**) *EuR* Gruppo *m* europeo di cooperazione territoriale *(GECT)*.

EWA (*Abk* = **Europäisches Währungsabkommen**) *EuR* Accordo *m* monetario europeo *(AME)*.

EWF (*Abk* = **Europäischer Währungsfonds**) *EuR* Fondo *m* monetario europeo *(FME)*.

EWG (*Abk* = **Europäische Wirtschaftsgemeinschaft**) *EuR* Comunità *f* economica europea *(CEE)*; **~ -Richtlinie** *f EuR* direttiva *f* CEE; **~ -Verordnung** *f EuR* regolamento *m* CEE.

EWG-Vertrag (*Abk* = **Vertrag zur Gründung der Europäischen Wirtschaftsgemeinschaft**) *EuR* Trattato *m* che istituisce la Comunità economica europea *(Trattato CEE)*.

Ewigkeitsklausel *f (D) VerfR (Art. 79 Abs. 3 GG)* clausola *f* di eternità.

Ewigkeitsklausel
L'articolo 79, comma 3 della Costituzione tedesca (*Grundgesetz:* Legge Fondamentale) contiene la c.d. *clausola di eternità*, che sottrae a qualsivoglia revisione costituzionale i principi basilari di struttura dello Stato tedesco (la democrazia, lo Stato di diritto,

lo Stato sociale e federale, la Repubblica, la sostanza dei diritti fondamentali a salvaguardia della dignità umana), i quali, pertanto, sono intangibili da parte di qualsiasi potere costituito. A tale proposito, l'art. 1 e l'art. 20 della Legge Fondamentale non possono essere abrogati.

Ewigpacht *f* locazione *f* perpetua, enfiteusi *f* perpetua.
EWIV (*Abk* = **Europäische Wirtschaftliche Interessenvereinigung**) *EuR* Gruppo *m* europeo di interesse economico *(GEIE)*.
EWO (*Abk* = **Europäische Weltraumorganisation**) *EuR* Agenzia *f* spaziale europea *(ASE)*.
EWR (*Abk* = **Europäischer Wirtschaftsraum**) *EuR* Spazio *m* economico europeo *(SEE)*.
EWS (*Abk* = **Europäisches Währungssystem**) *EuR* Sistema *m* monetario europeo *(SME)*.
EWSA (*Abk* = **Europäischer Wirtschafts- und Sozialausschuss**) *EuR* Comitato *m* economico e sociale europeo *(CESE)*.
EWWU (*Abk* = **Europäische Wirtschafts- und Währungsunion**) *EuR* Unione *f* economica e monetaria europea *(UEM)*.
exekutieren *v* [1] *(hinrichten)* giustiziare, *(bestrafen)* condannare.
exekutieren *v* [2] *(vollziehen, durchführen)* eseguire.
exekutieren *v* [3] *(A) (pfänden)* pignorare.
Exekution *f* [1] *(Hinrichtung)* esecuzione *f* (capitale).
Exekution *f* [2] *(A) (Zwangsvollstreckung)* esecuzione *f* forzata; **abgesonderte ~** *f (A)* esecuzione *f* individuale, esecuzione *f* autonoma.
Exekutionsaufschiebung *f (A)* sospensione *f* dell'esecuzione forzata.
exekutionsfrei *adj (A)* insequestrabile.
Exekutions | freiheit *f (A)* insequestrabilità *f*; **~gericht** *n (A)* giudice *m* dell'esecuzione; **~interventionsklage** *f (A)* opposizione *f* di terzo; **~titel** *m (A)* titolo *m* esecutivo; **~verfahren** *n (A)* procedimento *m* di esecuzione, procedimento *m* esecutivo.
exekutiv *adj* esecutivo.
Exekutiv | ausschuss *m* comitato *m* esecutivo; **~befugnis** *f* potere *m* esecutivo.
Exekutive *f* potere *m* esecutivo, esecutivo *m*.
Exekutiv | gewalt *f* potere *m* esecutivo; **~komitee** *n* comitato *m* esecutivo; **~organ** *n* organo *m* esecutivo; **~rat** *m* consiglio *m* esecutivo.
Exequatur *n* exequatur *m*; **~verfahren** *n IZVR (§§ 722, 723 ZPO)* procedura *f* di exequatur, exequatur *m*, giudizio (o: procedimento) *m* di delibazione, delibazione *f*.
Exhibitionismus *m* esibizionismo *m*.
Exhibitionist/in *m/f* esibizionista *m/f*.
exhumieren *v* esumare.
Exhumierung *f* esumazione *f*.
Existenz *f (menschliches Dasein)* esistenza *f*, vita *f*, *(Lebensunterhalt)* sostentamento *m*, sussistenza *f*, *(Existenzmittel)* mezzi *mpl* di sussistenza, posizione *f* (*sociale*); **~gründer/in** *m/f* piccolo imprenditore *m* che avvia un'attività autonoma, lavoratore *m* (subordinato) che si mette in proprio; **~gründung** *f* start-up *m*, avvio *m* d'impresa, avvio *m* di un'attività autonoma, creazione *f* d'impresa; **~minimum** *n* minimo *m* vitale, minimo *m* (necessario) per vivere, minimo *m* di mezzi di sussistenza, reddito *m* minimo di sussistenza, livello *m* minimo di sussistenza; **~mittel** *pl* mezzi *mpl* di sussistenza; **~recht** *n* diritto *m* all'esistenza.
existieren *v* esistere, vivere.
exklusiv *adj* esclusivo.
Exklusivität *f* esclusività *f*.
Exklusiv | recht *n* diritto *m* esclusivo; **~vertrag** *m* patto *m* di esclusività.
Exkulpation *f* discolpa *f*.
Exkulpationsbeweis *m* prova *f* liberatoria.
exkulpieren *v* discolpare.

Exmissionsklage *f* procedimento *m* per convalida di sfratto.
ex nunc *(lat)* ex nunc (*sinonimo di non retroattività nella produzione di effetti giuridici*).
ex officio *(lat) (= von Amts wegen)* ex officio.
Expedient *m* addetto *m* alle spedizioni.
Expedition *f* spedizione *f*, *(Expeditionsabteilung)* reparto *m* spedizioni, ufficio *m* spedizioni.
Expeditionsabteilung *f* reparto *m* spedizioni, ufficio *m* spedizioni.
Explosionsversicherung *f* assicurazione *f* contro le esplosioni.
Export *m (Ausfuhr)* export *m*, esportazione *f*; **vorübergehender ~** *m* esportazione *f* temporanea.
Export | akkreditiv *n* apertura *f* di credito all'esportazione; **~anteil** *m* quota *f* delle esportazioni; **~artikel** *m* articolo *m* d'esportazione; **~auftrag** *m* commessa *f* per l'esportazione; **~belebung** *f* aumento *m* delle esportazioni; **~bescheinigung** *f* certificato *m* d'esportazione; **~entwicklung** *f* andamento *m* delle esportazioni; **~erhöhung** *f* aumento *m* delle esportazioni.
Exporteur *m* esportatore *m*.
exportfähig *adj* esportabile.
Export | finanzierung *f* finanziamento *m* delle esportazioni; **~firma** *f* ditta *f* di esportazione, ditta *f* esportatrice, casa *f* di esportazione; **~forderung** *f* credito *m* di esportazione; **~förderung** *f* aiuto *m* all'esportazione, incentivi *mpl* all'esportazione; **~gesellschaft** *f* società *f* di esportazione; **~handel** *m* commercio *m* di esportazione; **~haus** *n* casa *f* di esportazione; **~hilfe** *f* aiuto *m* all'esportazione.
exportieren *v* esportare.
Export | industrie *f* industria *f* esportatrice, industria *f* per l'esportazione; **~kartell** *n* cartello *m* di esportazione; **~kaufmann** *m* commerciante *m* esportatore, esportatore *m*, *(Angestellter)* addetto *m* all'ufficio esportazioni, addetto *m* alle esportazioni; **~konjunktur** *f* andamento *m* delle esportazioni; **~kontingent** *n* contingente *m* di esportazione.
Exportkredit *m* credito *m* all'esportazione; **~versicherung** *f* assicurazione *f* dei crediti all'esportazione.
Export | land *n* paese *m* esportatore; **~lieferung** *f* fornitura *f* per l'esportazione; **~lizenz** *f* licenza *f* di esportazione; **~markt** *m* mercato *m* delle esportazioni; **~möglichkeit** *f* possibilità *f* di esportazione; **~monopol** *n* monopolio *m* di esportazione; **~prämie** *f* premio *m* all'esportazione; **~preis** *m* prezzo *m* all'esportazione, prezzo *m* di esportazione; **~produkt** *n* prodotto *m* di esportazione; **~quote** *f* quota *f* di export, quota *f* di esportazione, contingente *m* di esportazione; **~risikogarantie** *f* garanzia *f* contro i rischi delle esportazioni; **~rückgang** *m* diminuzione *f* delle esportazioni; **~sperre** *f* blocco *m* delle esportazioni, divieto *m* di esportazione; **~steigerung** *f* aumento *m* delle esportazioni; **~stützung** *f*; **~subvention** *f* sovvenzione *f* all'esportazione; **~tratte** *f* tratta *f* di esportazione; **~überschuss** *m* surplus *m* delle esportazioni, eccesso *m* di esportazioni, eccedenza *f* delle esportazioni; **~unternehmen** *n* impresa *f* esportatrice, impresa *f* di esportazioni; **~unterstützung** *f* aiuto *m* all'esportazione; **~verbot** *n* divieto *m* di esportazione; **~verkauf** *m* vendita *f* per l'esportazione; **~vertreter** *m* rappresentante *m* di commercio in prodotti d'esportazione; **~volumen** *n* volume *m* delle esportazioni; **~ware** *f* merce *f* esportata, merce *f* di esportazione, prodotto *m* di esportazione.
Exposé *n* esposto *m*, promemoria *m*.
Expositur *f (A)* ufficio *m* locale, agenzia *f*, succursale *f*.
Expressgut *n* collo *m* celere.
Expromission *f* espromissione *f*.
Expropriant *m* espropriante *m*.

Expropriat *m* espropriato *m*.
Expropriation *f* espropriazione *f*.
Exszindierungs | klage *f (A)* opposizione *f* di terzo; **~kläger/in** *m/f (A)* terzo opponente *m*.
Extabulation *f (A)* = *Extabulierung f* cancellazione *f* di un'iscrizione tavolare.
Extag *m (Wiener Börse)* giorno *m* della quotazione ex dividendo o ex diritto di opzione.
extensiv *adj* estensivo.
exterritorial *adj* extraterritoriale [o: estraterritoriale].
Exterritorialität *f* extraterritorialità *f* [o: estraterritorialità].
Extra | ausschüttung *f* distribuzione *f* straordinaria; **~dividende** *f* dividendo *m* supplementare; **~prämie** *f* premio *m* extra; **~risiken** *pl* rischi *mpl* straordinari.
ex tunc *(lat)* ex tunc (*sinonimo di retroattività nella produzione di effetti giuridici*).
exzerpieren *v* estrarre.
Exzerpt *n* estratto *m*.
Exzess *m* eccesso *m*.
exzessiv *adj* eccessivo.
EZB (*Abk* = **Europäische Zentralbank**) *EuR* Banca *f* centrale europea *(BCE)*; **Direktorium** *n* **der ~** *EuR* Comitato *m* esecutivo della BCE; **~ -Rat** *m EuR* Consiglio *m* direttivo della BCE.
EZU (*Abk* = **Europäische Zahlungsunion**) *EuR* Unione *f* europea dei pagamenti *(UEP)*.
EZV (*Abk* = **Eidgenössische Zollverwaltung**) *(CH)* Amministrazione *f* federale (svizzera) delle dogane *(AFD)*.

F

f. (*Abk* = **folgend**) seguente *(s./seg.)*, successivo.
Fa. (*Abk* = **Firma**) *(Betrieb)* ditta *f*, casa *f* (di commercio), azienda *f*, impresa *f*, *(Firmenbezeichnung: einer Personengesellschaft)* ragione *f* sociale, *(einer Kapitalgesellschaft)* denominazione *f* sociale.
Fabrikat *n (Produkt)* articolo *m*, prodotto *m*, *(Marke)* marca *f*, *(Ausführungsart)* tipo *m*.
Fabrikation *f (Herstellung, Produktion)* fabbricazione *f*, produzione *f*, lavorazione *f* (*industriale*), manifattura *f*.
Fabrikations | abgabe *f (CH) SteuerR* imposta *f* di fabbricazione; **~anlage** *f* impianto *m* di produzione; **~betrieb** *m* fabbrica *f*; **~buch** *n* libro *m* delle merci in lavorazione; **~fehler** *m* difetto *m* di fabbricazione, difetto *m* di fabbrica, difetto *m* di produzione; **~geheimnis** *n* segreto *m* di fabbricazione; **~gewinn** *m* utile *m* di fabbricazione; **~konto** *n* conto *m* di fabbricazione; **~kosten** *pl* costo *m* di fabbricazione; **~lizenz** *f* licenza *f* di fabbricazione; **~monopol** *n* monopolio *m* di fabbricazione; **~nummer** *f* numero *m* di serie; **~preis** *m* prezzo *m* di fabbricazione; **~programm** *n* programma *m* di fabbricazione; **~prozess** *m* processo *m* di fabbricazione; **~risiko** *n* rischio *m* di fabbricazione; **~stätte** *f* stabilimento *m*; **~verbot** *n* divieto *m* di fabbricazione; **~verfahren** *n* processo *m* di fabbricazione.
Fabrikatsteuer *f SteuerR* imposta *f* di fabbricazione, sovrimposta *f* di fabbricazione.
Fabrikmarke *f* marchio *m* di fabbricazione.
fabrikneu *adj* nuovo di fabbrica.
Fabrik | ordnung *f* regolamento *m* di fabbrica; **~preis** *m* prezzo *m* alla produzione, prezzo *m* di fabbrica.
Fabriksmarke *f (A)* marchio *m* di fabbricazione.
Fach *n (Unterrichtsfach)* materia *f*, *(Studienfach)* disciplina *f*, *(Zweig)*

ramo *m*, branca *f*, *(Fachgebiet)* campo *m*, settore *m*, specialità *f*, *(Berufszweig)* mestiere *m*; **~anwalt/-anwältin** *m/f (z.B. für Steuerrecht, für Familienrecht)* avvocato *m* specializzato (*p.es. in diritto tributario, in diritto di famiglia*); **~aufsicht** *f VerwR* controllo *m* di merito; **~ausbildung** *f* specializzazione *f*, specializzazione *f* professionale, formazione *f* professionale specializzata.

Fachausdruck *m* termine *m* tecnico, tecnicismo *m*; **juristischer ~** *m* termine *m* giuridico.

Fach | ausschuss *m* commissione *f* tecnica, commissione *f* di esperti, commissione *f* di specialisti; **~begriff** *m* termine *m* tecnico, tecnicismo *m*; **~behörde** *f* autorità *f* competente; **~beisitzer/in** *m/f* esperto *m* (*nelle sezioni specializzate*); **~berater/in** *m/f* consulente *m/f* specializzato/-a; **~beratung** *f* consulenza *f* specializzata.

Fachbereich *m* [1] *(Fachgebiet)* settore *m* (di specializzazione), ramo *m* (di competenza), branca *f* (specialistica), disciplina *f* (*universitaria*).

Fachbereich *m* [2] *(einer Hochschule)* facoltà *f* (*universitaria*), dipartimento *m* (*universitario*).

Fach | dienststelle *f* reparto *m* specializzato; **~firma** *f* ditta *f* specializzata; **~gebiet** *n* settore *m* (di specializzazione), ramo *m* (di competenza), branca *f* (specialistica), campo *m* (specifico), materia *f*, disciplina *f*.

fachgerecht *adj* a regola d'arte.

Fach | gewerkschaft *f* sindacato *m* di categoria; **~gutachten** *n* perizia *f* (specialistica), consulenza *f* tecnica *(CT)*; **~gutachter/in** *m/f* perito *m* (specialista), esperto/-a *m/f*, consulente *m* tecnico *(CT)*; **~handel** *m* commercio *m* specializzato; **~händler/in** *m/f* rivenditore *m* specializzato; **~hochschule** *f (D)* (*Abk* = **FH**) università *f* di scienze applicate, istituto *m* parauniversitario (*di qualificazione professionale*); **~kommission** *f* commissione *f* tecnica, commissione *f* di esperti, commissione *f* di specialisti; **~konferenz** *f (Fachbereichsbesprechung)* riunione *f* di reparto, *(Fachkongress)* convegno *m* (specializzato); **~kraft** *f* esperto/-a *m/f*, specialista *m/f*, tecnico/-a *m/f*, lavoratore/-trice *m/f* specializzato/-a, operaio/-a *m/f* qualificato/-a; **~kräfte** *fpl* specialisti *mpl*, esperti *mpl*, personale *m* qualificato, personale *m* specializzato, manodopera *f* qualificata, manodopera *f* specializzata; **~kunde** *f* competenza *f* (in materia).

fachkundig *adj* esperto, competente (in materia).

fachlich *adj* professionale, specialistico, tecnico, specializzato, specifico.

fachmännisch *adj* specialistico, specializzato, da specialista, competente, a regola d'arte.

Fach | personal *n* personale *m* qualificato, personale *m* specializzato; **~senat** *m (Gericht)* sezione *f* specializzata; **~sprache** *f* linguaggio *m* tecnico, linguaggio *m* settoriale, microlingua *f*; **~tagung** *f* convegno *m* (di specialisti), congresso *m* (di specialisti); **~terminologie** *f* terminologia *f* tecnica.

fachübergreifend *adj* interdisciplinare.

Fach | verband *m*; **~verein** *m*; **~vereinigung** *f* associazione *f* professionale, associazione *f* di categoria, sindacato *m* professionale; **~wissen** *n* nozioni *fpl* tecniche, cognizioni *fpl* tecniche, competenze *fpl* tecniche, conoscenze *fpl* tecniche, conoscenze *fpl* specialistiche; **~wörterbuch** *n* dizionario *m* terminologico, dizionario *m* tecnico, dizionario *m* specialistico, dizionario *m* specializzato.

Fachzeitschrift *f* rivista *f* specializzata; **juristische ~** *f* rivista *f* giuridica (specializzata).

Factor *m* factor *m*.

Factoring *n* factoring *m*; **~vertrag** *m* contratto *m* di factoring.

facultas alternativa *(lat)* facoltà *f* di scelta della prestazione o delle prestazioni dedotte in una obbligazione alternativa.

fähig *adj* capace, abile, qualificato, adatto, idoneo, atto.

Fähigkeit *f* capacità *f*, abilità *f*, attitudine *f*, idoneità *f*; **berufliche ~** *f* qualificazione *f* professionale; **mangelnde ~** *f* incapacità *f*.

fahnden *v* [nach *Dat*] *StrafProzR* ricercare, dare la caccia [a], indagare [su], investigare [su].

Fahndung *f* [nach *Dat*] *StrafProzR* ricerca *f* [di], indagini *fpl* (di polizia) [su]; **zur ~ ausgeschrieben** *StrafProzR* ricercato, segnalato; **zur ~ ausschreiben** *StrafProzR* emettere un avviso di ricerca, ricercare.

Fahndungs | foto *n*; **~photo** *n* *StrafProzR* foto(grafia) *f* segnaletica.

Fahnen | eid *m* giuramento *m* di fedeltà alla bandiera; **~flucht** *f* diserzione *f*.

fahnenflüchtig *adj* disertore; **~ werden** disertare, abbandonare la bandiera.

Fahnenflüchtige/r *f/m* disertore/-trice *m/f*.

Fahrausweis *m* [1] *(Fahrkarte)* biglietto *m*, titolo *m* di viaggio, documento *m* di viaggio, titolo *m* di trasporto.

Fahrausweis *m* [2] *(CH) (Führerschein)* patente *f* (di guida).

Fahren *n* guida *f*; **verkehrsgefährdendes ~** *n* guida *f* pericolosa; **~** *n* **unter Alkoholeinfluss** guida *f* sotto l'influenza dell'alcool, guida *f* sotto (l') effetto di (o: dell') alcol; **~** *n* **ohne Fahrerlaubnis** *(§ 21 StVG)*; **~** *n* **ohne Führerschein** guida *f* senza patente.

Fahrerflucht *f* *StrafR (jetzt: unerlaubtes Entfernen vom Unfallort)* fuga *f* del conducente.

Fahrerlaubnis *f* *(Genehmigung)* autorizzazione *f* a circolare, autorizzazione *f* alla guida, *(Führerschein)* patente *f* (di guida); **die ~ entziehen** revocare la patente (di guida); **ausländische ~** *f* patente *f* di guida rilasciata da uno Stato estero; **Fahren** *n* **ohne ~** *(§ 21 StVG)* guida *f* senza patente; **~** *f* **auf Probe** patente *f* (di guida) provvisoria.

Fahrerlaubnis | entziehung *f* *StrafR* *(§ 69 StGB)*; **~entzug** *m* *StrafR* revoca *f* della patente (di guida).

Fahrgast *m* passeggero *m*; **~beförderung** *f* trasporto *m* di persone.

Fahr | geld *n* prezzo *m* della corsa; **~gestellnummer** *f* numero *m* di (identificazione del) telaio; **~habe** *f* *(CH) (Fahrnis)* bene *m* mobile; **~habeversicherung** *f* *(CH)* assicurazione *f* mobiliare.

fahrlässig *adj* colposo, per negligenza; **~ verursacht** causato per colpa; **grob ~** per colpa grave; **leicht ~** per colpa lieve.

Fahrlässigkeit *f* *(im engeren Sinne und im Gegensatz zum Vorsatz)* colpa *f*, negligenza *f*; **aus ~** per colpa; **~** *f* **bei aktivem Tun** colpa *f* commissiva; **bewusste ~** *f* colpa *f* cosciente, colpa *f* con previsione dell'evento; **einfache ~** *f* colpa *f* lieve; **grobe ~** *f* colpa *f* grave; **leichte ~** *f* colpa *f* lieve; **unbewusste ~** *f* colpa *f* incosciente, colpa *f* senza previsione dell'evento, colpa *f* lieve.

Fahrlässigkeits | delikt *n* *StrafR* reato *m* colposo, delitto *m* colposo, delitto *m* contro l'intenzione; **~klausel** *f* *(Seeversicherung)* clausola *f* della negligenza dell'equipaggio; **~tat** *f* *StrafR* reato *m* colposo, delitto *m* colposo.

Fahrnis *f* bene *m* mobile; **~baute** *f* *(CH)* costruzione *f* mobiliare; **~eigentum** *n* *(CH)* proprietà *f* mobiliare; **~exekution** *f* *(A)* esecuzione *f* mobiliare; **~gemeinschaft** *f* comunione *f* dei beni mobili fra coniugi; **~kauf** *m* vendita *f* di cose mobili, vendita *f* di beni mobili, vendita *f* mobiliare; **~klage** *f* *(CH)* azione *f* mobiliare; **~pfand** *n* pegno *m* mobiliare; **~pfändung** *f* pignoramento *m* mobiliare; **~sturz** *m* inventario *m* mobiliare; **~verschreibung** *f* *(CH)* ipoteca *f* mobiliare; **~versicherung** *f* assicurazione *f* mobiliare; **~vollstreckung** *f* esecuzione *f* mobiliare.

Fahr | preis *m* prezzo *m* del trasporto, prezzo *m* della corsa, prezzo *m* del viaggio; **~prüfung** *f* esame *m* di giuda; **~radversicherung** *f* assicurazione *f* delle biciclette; **~recht** *n* servitù *f* di passo carraio, servitù *f* di passo carrabile, diritto *m* di passaggio (con veicoli); **~schein** *m* biglietto *m*, titolo *m* di viaggio, titolo *m* di trasporto.

Fahrtausweis *m* biglietto *m*, titolo *m* di viaggio, titolo *m* di trasporto.

Fahrten | buch *n* tabella *f* delle corse; **~schreiber** *m* tachigrafo *m*, cronotachigrafo *m*.

Fahrt | erlaubnisschein *m* permesso *m* di circolazione, permesso *m* di navigazione; **~kosten** *pl* spese *fpl* di viaggio; **~kostenentschädigung** *f* indennità *f* di trasferta.

fahrtüchtig *adj* in grado di guidare, idoneo alla guida (di autoveicoli).

Fahr | tüchtigkeit *f* capacità *f* di guidare, idoneità *f* alla guida (di autoveicoli); **~tüchtigkeitsbescheinigung** *f* certificato *m* di idoneità alla guida.

fahruntauglich *adj* non in grado di guidare, inidoneo alla guida (di autoveicoli).

Fahruntauglichkeit *f* incapacità *f* di guidare, inidoneità *f* alla guida (di autoveicoli).

fahruntüchtig *adj* non in grado di guidare, inidoneo alla guida (di autoveicoli).

Fahruntüchtigkeit *f* incapacità *f* di guidare, inidoneità *f* alla guida (di autoveicoli); **absolute ~** *f* assoluta incapacità *f* di guidare, assoluta inidoneità *f* alla guida (di autoveicoli).

Fahrverbot *n* [1] divieto *m* di circolazione.

Fahrverbot *n* [2] *(Nebenfolge im Ordnungswidrigkeitenrecht nach § 25 StVG sowie Nebenstrafe nach § 44 StGB)* sospensione *f* della patente (di guida), *StrafR* pena *f* accessoria consistente nel divieto, sancito con la sentenza di condanna, di guidare un autoveicolo da 1 fino a un massimo di 3 mesi, divieto *m* di guida; **ein ~ verhängen** sospendere la patente (di guida).

Fahr | verhalten *n* condotta *f* di guida; **~vorschrift** *f* norma *f* di circolazione stradale.

Fahrzeug *n* → *Kfz, Kraftfahrzeug* veicolo *m*, vettura *f*, *(Kraftfahrzeug)* automezzo *m*, autoveicolo *m*, autovettura *f*, *(Wasserfahrzeug)* imbarcazione *f*; **ein ~ zulassen** immatricolare un veicolo; **auffahrendes ~** *n* veicolo *m* tamponante; **vorfahrtberechtigtes ~** *n* veicolo *m* con diritto di precedenza; **zugelassenes ~** *n* veicolo *m* immatricolato.

Fahrzeug | bestand *m* parco *m* circolante; **~brief** *m* certificato *m* di proprietà, carta *f* di proprietà, titolo *m* di proprietà dell'autoveicolo, *(früher)* foglio *m* complementare; **~führer/in** *m/f* conducente *m/f* (*di veicolo*), guidatore *m*; **~halter/in** *m/f* detentore *m* del veicolo (*nella maggior parte dei casi coincide con il proprietario del veicolo*); **~kaskoversicherung** *f VersR* polizza *f* Kasko (*speciale forma di assicurazione che permette di coprire i danni subiti dalla propria auto e risarcire i danni causati dal mezzo a terze persone indipendentemente dalla responsabilità*), assicurazione *f* contro tutti i rischi automobilistici; **~klasse** *f* categoria *f* del veicolo; **~papiere** *npl* documenti *mpl* di circolazione, documenti *mpl* del veicolo; **~register** *n* registro *m* automobilistico; **~schein** *m* libretto *m* di circolazione, carta *f* di circolazione, libretto *m* di immatricolazione; **~vollversicherung** *f VersR* assicurazione *f* contro tutti i rischi automobilistici, polizza *f* Kasko (*speciale forma di assicurazione che permette di coprire i danni subiti dalla propria auto e risarcire i danni causati dal mezzo a terze persone indipendentemente dalla responsabilità*); **~zulassung** *f* immatricolazione *f*.

fair *adj* giusto, equo, leale, onesto, corretto.

Fairness *f* giustizia *f*, equità *f*, lealtà *f*, onestà *f*, correttezza *f*.

Fair-Trial-Grundsatz *m ProzR* principio *m* del giusto processo.

Fakten *pl* fatti *mpl*.

faktisch *adj* effettivo, reale, di fatto, de facto *(lat)*.

Faktor *m* fattore *m*; **bestimmender**

~ *m* fattore *m* determinante; **kostenmäßiger ~** *m* fattore *m* di costo; **saisonaler ~** *m* fattore *m* stagionale; **wirtschaftlicher ~** *m* fattore *m* economico.

faktorisieren *v* fattorizzare.

Faktorkosten *pl* costo *m* dei fattori.

Faktura *f (Rechnung)* fattura *f* (*commerciale*); **eine ~ ausstellen** emettere una fattura; **beglaubigte ~** *f* fattura *f* legalizzata.

Faktura | duplikat *n* duplicato *m* di fattura; **~preis** *m* prezzo *m* di fattura, prezzo *m* fatturato; **~wert** *m* valore *m* di fattura, valore *m* fatturato.

Fakturen | betrag *m* importo *m* della fattura, importo *m* fatturato; **~buch** *n* libro *m* copia fatture; **~doppel** *n* duplicato *m* di fattura; **~preis** *m* prezzo *m* di fattura, prezzo *m* fatturato; **~wert** *m* valore *m* di fattura, valore *m* fatturato; **~zweitschrift** *f* copia *f* di fattura, duplicato *m* di fattura.

fakturieren *v* fatturare.

Fakturiermaschine *f* macchina *f* per fatturare, fatturatrice *f*.

Fakturierung *f* fatturazione *f*.

Fakultät *f (einer Universität)* facoltà *f*; **juridische ~** *f (A)*; **juristische ~** *f* facoltà *f* di giurisprudenza, facoltà *f* di legge.

fakultativ *adj* facoltativo.

Fakultativ | klausel *f* clausola *f* facoltativa; **~obligation** *f (CH)* obbligazione *f* facoltativa, obbligazione *f* con facoltà alternativa.

Fall *m* [1] *(Umstand)* caso *m*, ipotesi *f*, eventualità *f*, evento *m*, *(Angelegenheit)* affare *m*, faccenda *f*, *(Frage)* questione *f*, *(Prozess)* processo *m*, causa *f*; **auf alle Fälle**; **auf jeden ~** in ogni caso, comunque, *(unbedingt)* assolutamente; **auf keinen ~** in nessun caso, assolutamente no; **für den ~, dass** nel caso in cui, nel caso che, nell'ipotesi in cui, nell'ipotesi che, nell'evenienza che, nell'eventualità che; **gesetzt den ~, dass** poniamo il caso che, mettiamo il caso che, posto che, supposto che; **im ~e** [*Gen*] in caso di, nel caso in cui, nel caso che; **in diesem ~** in tal caso, in questo caso; **einen ~ bewerten** valutare un caso; **einen ~ entscheiden** *ZivProzR* decidere una causa; **sollte dies nicht der ~ sein** in caso contrario; **einen ~ übernehmen** occuparsi di un caso; **besonderer ~** *m* caso *m* particolare; **besonders schwerer ~** *m* caso *m* particolarmente grave (o: gravissimo), *StrafR* circostanza *f* aggravante (del reato), *StrafR* aggravante *f* (del reato); **gleichgelagerter ~** *m* caso *m* analogo; **~** *m* **höherer Gewalt** caso *m* di forza maggiore; **hypothetischer ~** *m* caso *m* ipotetico; **minder schwerer ~** *m* caso *m* meno grave, *StrafR* circostanza *f* attenuante (del reato), *StrafR* attenuante *f* (del reato); **schwerer ~** *m* caso *m* grave, *StrafR* reato *m* grave; **im vorliegenden ~** nella fattispecie, nel caso di specie, nel caso di cui si tratta, nel caso di cui trattasi, nel presente caso, in questo caso.

Fall *m* [2] *(Sturz, Untergang)* caduta *f*, discesa *f*, *(Abnahme)* ribasso *m*, *(Zusammensturz)* rovina *f*, crollo *m*, *(Niedergang)* decadenza *f*, declino *m*.

fallen *v* [1] cadere, *(sinken)* calare, subire un ribasso, crollare, scendere, *(abnehmen)* diminuire, abbassarsi; **~ lassen** abbandonare, rinunciare [a]; **ins Freie ~** *(A)* divenire caduco, decadere.

fallen *v* [2] *(Entscheidung)* essere preso, essere emesso.

fallen *v* [3] [auf *Akk*] *(zufallen)* toccare [a], spettare [a], *(treffen)* cadere [su], ricadere [su], colpire; **auf einen Sonntag ~** cadere di domenica.

fallen [4] [in/unter *Akk*] *(Kategorie)* rientrare [in], ricadere [in/sotto], essere ricompreso [in], appartenere [a], *(Gesetz)* essere contemplato [da].

fällen *v (Entscheidung)* prendere, *(Urteil, Schiedsspruch)* pronunciare, formulare, emettere, emanare.

Fallen *n (Sinken)* abbassamento *m*, ribasso *m*, diminuzione *f*, calo *m*, *(der Preise)* caduta *f*, *(der Kurse)* cedimento *m*.

fallend *adj (abnehmend)* decrescente, in ribasso, in diminuzione, in calo.

Fallfrist *f (A)* termine *m* perentorio,

termine *m* finale, termine *m* fatale, termine *m* decadenziale, termine *m* a pena di decadenza, termine *m* di preclusione.

fällig *adj SchuldR* in scadenza, che scade, scaduto, pagabile, *(Forderung)* esigibile, *(Zinsen)* maturato; **~ sein** *SchuldR* scadere, *(Zinsen)* maturare, *(Zahlung)* dover(e) essere effettuato, essere atteso, essere previsto, essere necessario; **~ werden** *SchuldR* scadere, venire a scadenza, diventare esigibile, rendersi necessario.

Fälligkeit *f SchuldR* scadenza *f*, *(einer Forderung)* esigibilità *f*, *(von Zinsen)* maturazione *f*; **zahlbar bei ~** *SchuldR* pagabile alla scadenza; **bei ~ zahlen** *SchuldR* pagare alla scadenza; **vorzeitige ~** *f SchuldR* scadenza *f* anticipata; **~** *f* **der Forderung** *SchuldR* esigibilità *f* del credito; **~** *f* **der Zinsen** *SchuldR* maturazione *f* degli interessi.

Fälligkeits | aufschub *m SchuldR* proroga *f* di scadenza; **~datum** *n SchuldR* data *f* di scadenza, termine *m* di scadenza, scadenza *f*; **~klausel** *f SchuldR* clausola *f* di decadenza dal termine; **~plan** *m SchuldR* scadenzario *m*; **~tag** *m*; **~termin** *m SchuldR* data *f* di scadenza, termine *m* di scadenza, scadenza *f*; **~vereinbarung** *f SchuldR (Leistungszeit)* accordo *m* sul termine dell'adempimento.

Fälligstellung *f SchuldR* richiesta *f* di rimborso anticipato.

Fälligwerden *n SchuldR* scadenza *f*, *(einer Forderung)* esigibilità *f*, *(von Zinsen)* maturazione *f*.

Fallrecht *n* [1] diritto *m* di raccogliere i frutti caduti dai rami protesi.

Fallrecht *n* [2] *(Common Law)* case law (*insieme delle regole e dei principi enunciati dalle decisioni giudiziarie*).

falls *konj* se, nel caso in cui, nel caso che, qualora; **~ nicht** in caso contrario, se non, a meno che, eccetto che, salvo che.

Fallsammlung *f* casistica *f*, *(Rechtsprechungssammlung)* repertorio *m* (di giurisprudenza).

falsch *adj* falso, *(unrichtig)* sbagliato, errato, erroneo, inesatto, *(vorgetäuscht)* finto, simulato, *(künstlich)* artificiale, *(gefälscht)* falsificato, contraffatto, *(unzweckmäßig)* inadeguato, *(unangebracht)* inopportuno, fuori luogo.

Falschanzeige *f StrafR* denuncia *f* falsa.

Falschaussage *f ProzR* falsa testimonianza *f*, falsa deposizione *f*, falsa dichiarazione *f*; **uneidliche ~** *f* falsa dichiarazione *f* non giurata; **~** *f* **des Dolmetschers** *ProzR* falsa interpretazione *f*; **~** *f* **des Sachverständigen** *ProzR* falsa perizia *f*; **~** *f* **des Zeugen** *ProzR* falsa testimonianza *f*.

Falschbeschuldigung *f StrafR* calunnia *f*.

Falschbeurkundung *f StrafR* falsa attestazione *f*, falsità *f* in atti, falso *m* in atti, falso *m* in atto pubblico; **mittelbare ~** *f StrafR (§ 271 StGB)* falsità *f* ideologica, falsità *f* intellettuale, falso *m* ideologico, falsificazione *f* documentale indiretta; **~** *f* **im Amt** *StrafR (§ 348 StGB)* falsità *f* ideologica commessa dal pubblico ufficiale in atti pubblici, falsificazione *f* di documenti in atti d'ufficio.

Falsch | buchung *f* registrazione *f* errata; **~eid** *m* falso giuramento *m*.

fälschen *v* falsificare, falsare, contraffare, alterare, adulterare, manipolare, manomettere.

Fälscher/in *m/f* falsario/-a *m/f*, falsificatore/-trice *m/f*.

Falschfahrer/in *m/f* chi va contromano in autostrada.

Falschgeld *n StrafR* denaro *m* falso, denaro *m* contraffatto, denaro *m* falsificato, moneta *f* falsa, moneta *f* contraffatta; **~ ausgeben** *StrafR* spacciare moneta falsa.

fälschlich *adj* falso, erroneo, sbagliato.

Falsch | lieferung *f* consegna *f* sbagliata, consegna *f* di merce diversa da quella pattuita, invio *m* di merce diversa da quella ordinata; **~meldung** *f* notizia *f* falsa; **~münzer** *m* falsario *m*, fabbricante *m* di monete false; **~münzerei** *f* fabbricazione *f* di monete false.

Fälschung *f* falso *m*, falsità *f*, falsificazione *f*, contraffazione *f*, alterazione *f*, adulterazione *f*, manipolazione *f*; ~ *f* **amtlicher Zeichen** *(CH)* contraffazione *f* di marche ufficiali; ~ *f* **des Personenstandes** alterazione *f* di stato.

Fälschungs | delikt *n StrafR* delitto *m* di falso; **~einwand** *m*; **~klage** *f* querela *f* di falso.

fälschungssicher *adj* non falsificabile, a prova di falsificazione.

Falsch | urkunde *f* documento *m* falso; **~verdächtigung** *f StrafR* calunnia *f*; **~vertreter/in** *m/f* rappresentante *m/f* senza potere, falsus procurator *(lat)*.

Falsifikat *n* falsificazione *f*.

falsifizieren *v* falsificare.

falsus procurator *(lat)* falsus procurator (*chi agisce come rappresentante senza averne i poteri*), falso rappresentante *m*.

FamFG (*Abk* = **Gesetz über das Verfahren in Familiensachen und in den Angelegenheiten der freiwilligen Gerichtsbarkeit**) *(D) (auch: Familienverfahrensgesetz, am 1. September 2009 in Kraft getreten)* legge *f* (tedesca) sulla procedura in materia familiare e in materia di volontaria giurisdizione.

FamGKG (*Abk* = **Gesetz über Gerichtskosten in Familiensachen**) *(D)* legge *f* (tedesca) sulle spese di giudizio in materia familiare, legge *f* (tedesca) sulle spese giudiziarie in materia di diritto di famiglia.

Familie *f* famiglia *f*; **faktische** ~ *f* famiglia *f* di fatto.

Familien | abzüge *mpl* detrazioni *fpl* per (i) familiari a carico, detrazioni *fpl* familiari a carico, detrazioni *fpl* per carichi di famiglia; **~angehörige/r** *f/m* membro *m* della famiglia, componente *m/f* della famiglia, familiare *m/f*, congiunto/-a *m/f*; **~beihilfe** *f* assegni *mpl* familiari, assegno *m* di famiglia; **~beratungsstelle** *f* consultorio *m* familiare; **~bericht** *m (der Bundesregierung)* rapporto *m* (*del governo federale sulla situazione delle famiglie*); **~betreuung** *f* assistenza *f* familiare; **~betrieb** *m* azienda *f* (a conduzione) familiare, impresa *f* (a conduzione) familiare, impresa *f* di famiglia; **~buch** *n* registro *m* dello stato di famiglia, registro *m* delle famiglie, libro *m* di famiglia; **~büchlein** *n (CH)* libretto *m* di famiglia; **~diebstahl** *m StrafR* furto *m* commesso tra coniugi o tra ascendenti e discendenti; **~einkommen** *n* reddito *m* familiare; **~fideikommiss** *n (A)* fedecommesso *m* familiare; **~fürsorge** *f* assistenza *f* alla famiglia, sussidi *mpl* familiari.

familiengeführt *adj (Unternehmen)* a conduzione familiare.

Familien | genosse/-sin *m/f (CH)* membro *m* della comunione domestica; **~gericht** *n (D) (ist nach § 23b des deutschen Gerichtsverfassungsgesetzes (GVG) seit 1976 eine Abteilung des Amtsgerichts, die für die Entscheidung von Familiensachen zuständig ist)* sezione *f* famiglia (*della pretura tedesca*), giudice *m* della famiglia; **~gesellschaft** *f* società *f* familiare; **~gesetzbuch** *n* codice *m* della famiglia; **~habe** *f* patrimonio *m* familiare; **~haushalt** *m* bilancio *m* familiare; **~hilfe** *f* assistenza *f* familiare; **~lastenausgleich** *m* perequazione *f* dei carichi di famiglia; **~mitglied** *n* membro *m* della famiglia, componente *m/f* della famiglia, familiare *m/f*, congiunto/-a *m/f*; **~nachzugsrichtlinie** *f EuR (= Familienzusammenführungsrichtlinie) → s. Anhang 3 b)* Direttiva *f* 2003/86/CE del Consiglio, del 22 settembre 2003, relativa al diritto al ricongiungimento familiare; **~name** *m* cognome *m*, cognome *m* della famiglia, cognome *m* da sposata, cognome *m* da coniugata, cognome *m* coniugale; **~papiere** *npl* carte *fpl* domestiche; **~pass** *m* passaporto *m* familiare; **~pflege** *f* affidamento *m* familiare; **~rat** *m* consiglio *m* di famiglia; **~recht** *n* diritto *m* di famiglia; **~rechtsreform** *f* riforma *f* del diritto di famiglia.

Familienrechtsreform im Jahre 2009
Con l'entrata in vigore della riforma del diritto di famiglia in data 1° settembre 2009 è cambiata anche la terminologia usata nelle procedure in materia familiare. Qui di seguito vengono illustrate le modifiche più importanti:

1. Non si parla più di *Prozess* (processo), ma di ***Verfahren*** (procedura, procedimento)
2. Di conseguenza, non ci sono più *Prozessbevollmächtigte*, bensì ***Verfahrensbevollmächtigte*** (procuratori alle liti)
3. Le parti non si chiamano più *Parteien*, bensì ***Beteiligte***
4. Non si promuove più un'azione (*Klage erheben*), ma si presenta domanda o ricorso (***Antrag stellen***)
5. Pertanto, i termini *Kläger* (attore) e *Beklagter* (convenuto) sono stati sostituiti da ***Antragsteller*** (ricorrente) e ***Antragsgegner*** (resistente)
6. La sentenza di divorzio, che prima era chiamata *Scheidungsurteil*, prende ora il nome di ***Scheidungsbeschluss***

Familien|register *n (CH)* registro *m* delle famiglie; **~richter/in** *m/f (D) (Abteilung für Familiensachen beim Amtsgericht)* giudice *m* della famiglia; **~sache** *f ProzR* ricorso *m* di competenza della sezione famiglia della pretura (Familiengericht), ricorso *m* (in materia) di diritto di famiglia, procedimento *m* in materia di famiglia, causa *f* familiare, causa *f* matrimoniale; **~schein** *m (CH)* estratto *m* dal registro delle famiglie; **~schriften** *fpl (CH)* carte *fpl* domestiche, scritti *mpl* di famiglia *(CH)*; **~splitting** *n SteuerR* splitting *m* del reddito familiare; **~stammbuch** *n* libro *m* di famiglia; **~stand** *m* stato *m* di famiglia, stato *m* civile; **~standsbescheinigung** *f* certificato *m* di stato di famiglia; **~sterbegeld** *n* indennità *f* di spese funerarie pagata ai membri della famiglia; **~stiftung** *f* fondazione *f* di famiglia; **~unterhalt** *m* sostentamento *m* della famiglia, mantenimento *m* della famiglia; **~unternehmen** *n* impresa *f* (a conduzione) familiare, impresa *f* di famiglia, società *f* a carattere familiare, azienda *f* (a conduzione) familiare; **~unterstützung** *f* assegni *mpl* familiari, sostegno *m* alle famiglie, assistenza *f* alla famiglia; **~verband** *m* associazione *f* familiare; **~verfahrensgesetz** *n (D)* (*Abk* = **FamFG**) *(auch: Gesetz über das Verfahren in Familiensachen und in den Angelegenheiten der freiwilligen Gerichtsbarkeit, am 1. September 2009 in Kraft getreten)* legge *f* (tedesca) sulla procedura in materia familiare e in materia di volontaria giurisdizione; **~verhältnis** *n* rapporto *m* familiare; **~verhältnisse** *npl* situazione *f* familiare; **~vermögen** *n* patrimonio *m* familiare; **~versicherung** *f VersR* assicurazione *f* di famiglia, assicurazione *f* familiare; **~vertrag** *m* patto *m* di famiglia; **~wohnsitz** *m* residenza *f* familiare; **~zulage** *f* assegni *mpl* familiari, assegno *m* di famiglia; **~zusammenführung** *f* ricongiungimento *m* familiare, riunificazione *f* delle famiglie; **~zusammenführungsrichtlinie** *f EuR (= Familiennachzugsrichtlinie) → s. Anhang 3 b)* Direttiva *f* 2003/86/CE del Consiglio, del 22 settembre 2003, relativa al diritto al ricongiungimento familiare; **~zuschlag** *m*; **~zuschuss** *m* assegni *mpl* familiari, assegno *m* di famiglia.

Fang|prämie *f* premio *m* di cattura; **~schein** *m (A)* permesso *m* di caccia.

FAO (*Abk* = **Organisation der Vereinten Nationen für Ernährung und Landwirtschaft / Ernährungs- und Landwirtschaftsorganisation der Vereinten Nationen, Welternährungsorganisation**) Organizzazione *f* delle Nazioni Unite per l'alimentazione e l'agricoltura.

fassen *v* [1] *(ergreifen)* afferrare, prendere, *(festnehmen)* catturare, arrestare.
fassen *v* [2] *(verstehen)* capire, comprendere, rendersi conto [di], capacitarsi [di].
fassen *v* [3] *(formulieren)* esprimere, formulare.
fassen *v* [4] *(aufnehmen)* contenere, accogliere, avere una capacità [di].
Fassongründung *f GesR* costituzione *f* di società di capitali senza intenzione di esercitare un'impresa.
Fassung *f* versione *f*, forma *f*, testo *m*, stesura *f*, redazione *f*, formulazione *f*, compilazione *f*, composizione *f*; **abgekürzte ~** *f (eines Urteils)* motivazione *f* sommaria (*di una sentenza*); **alte ~** *f* (*Abk* = **a.F.**) previgente testo *m* (*o: testo previgente*), vecchio testo *m*, vecchia versione *f*; **endgültige ~** *f* versione *f* definitiva; **gekürzte ~** *f (z.B. eines Buchs)* versione *f* ridotta, versione *f* abbreviata; **in der jeweils geltenden ~** e (tutte le sue) successive modifiche (o: modificazioni) e integrazioni; **konsolidierte ~** *f (eines Gesetzes nach Änderung)* versione *f* consolidata; **neue ~** *f* (*Abk* = **n.F.**) nuova versione *f*, nuovo testo *m*; **ungekürzte ~** *f* versione *f* integrale.
Faustpfand *n* pegno *m* manuale; **~gläubiger/in** *m/f* creditore *m* pignoratizio; **~kredit** *m* credito *m* su pegno.
Faustrecht *n* diritto *m* di farsi giustizia.
Fautfracht *f* nolo *m* falso.
Fazilität *f* facilitazione *f* creditizia.
federführend *adj* responsabile, competente, leader, capofila.
Federführung *f* responsabilità *f*, competenza *f*, direzione *f*; **unter der ~** [Gen / von Dat] sotto la direzione [di], gestito [da], sotto la responsabilità [di], di competenza [di].
Fehl | anzeige *f* rapporto *m* negativo, risultato *m* negativo; **~belegung** *f (von Sozialwohnungen)* occupazione *f* irregolare (*di case popolari*); **~belegungsabgabe** *f* sovrattassa *f* per occupazione irregolare di case popolari; **~bericht** *m* rapporto *m* negativo; **~bestand** *m* deficit *m*, ammanco *m*, disavanzo *m*.
Fehlbetrag *m* deficit *m*, ammanco *m*, disavanzo *m*; **mit einem ~ abschließen** chiudere in perdita; **einen ~ ausgleichen**; **einen ~ decken** colmare un deficit, colmare un disavanzo.
Fehl | bewertung *f* valutazione *f* inesatta; **~buchung** *f* registrazione *f* errata.
fehlen *v* essere assente, mancare; **unentschuldigt ~** *(am Arbeitsplatz)* assentarsi ingiustificatamente, assentarsi senza giustificazione (*dal posto di lavoro*).
Fehlen *n (Abwesenheit)* assenza *f*, *(Mangel)* mancanza *f*, difetto *m*, carenza *f*; **entschuldigtes ~** *n* assenza *f* giustificata; **unentschuldigtes ~** *n* assenza *f* ingiustificata; **~** *n* **der Geschäftsgrundlage** mancanza *f* della base negoziale; **~** *n* **des Rechtsgrundes** mancanza *f* della causa.
Fehlentscheidung *f* decisione *f* sbagliata, decisione *f* erronea, decisione *f* errata.
Fehler *m* vizio *m*, difetto *m*, errore *m*, mancanza *f*, non conformità *f*, sbaglio *m*, svista *f*; **anhaftender ~** *m* vizio *m* inerente; **heilbarer ~** *m* vizio *m* sanabile; **materieller ~** *m*; **materiell-rechtlicher ~** *m* difetto *m* sostanziale; **offenbarer ~** *m*; **offensichtlicher ~** *m* vizio *m* apparente, vizio *m* palese; **sachlicher ~** *m* errore *m* materiale; **unentschuldbarer ~** *m* colpa *f* inescusabile, errore *m* inescusabile, errore *m* non scusabile; **unheilbarer ~** *m* vizio *m* insanabile; **verborgener ~** *m* vizio *m* occulto; **verfahrensrechtlicher ~** *m* vizio *m* procedurale; **versteckter ~** *m* vizio *m* occulto (*della cosa oggetto di compravendita*); **~** *m* **des Verwaltungsaktes** vizio *m* dell'atto amministrativo.
fehlerfrei *adj* esente da vizi, senza difetti, perfetto, conforme, senza errori, corretto.
Fehlergrenze *f* tolleranza *f* (di pesi di misura).
fehlerhaft *adj* viziato, vizioso, difettoso, non conforme, imperfetto, errato, scorretto, sbagliato.
Fehlerhaftigkeit *f* vizio *m*, non conformità *f*, erroneità *f*, presenza *f* di errori, imperfezione *f*, inesattezza/-e

f/pl, scorrettezza *f*; **~** *f* **des Besitzes** vizio *m* del possesso.
Fehlerhäufigkeit *f* frequenza *f* di errori.
fehlerlos *adj* esente da vizi, senza difetti, perfetto, conforme, senza errori, corretto.
Fehl | fracht *f* falso nolo *m*; **~gebrauch** *m* cattivo uso *m*, abuso *m*.
Fehlgehen *n* **der Tat** *StrafR* reato *m* aberrante, aberratio ictus *(lat)*.
Fehl | geld *n* ammanco *m*; **~geldentschädigung** *f*; **~gelder** *npl* indennità *f* di cassa; **~gewicht** *n* ammanco *m* di peso, calo *m*; **~interpretation** *f* interpretazione *f* errata; **~investition** *f* investimento *m* errato; **~menge** *f* ammanco *m*; **~schätzung** *f* stima *f* inesatta; **~spekulation** *f* speculazione *f* sbagliata; **~urteil** *n* *ProzR* sentenza *f* erronea, giudizio *m* errato; **~verhalten** *n* comportamento *m* sbagliato, comportamento *m* illecito, cattiva amministrazione *f*; **~zeiten** *fpl* assenze *fpl*.
Feiertags | geld *n*; **~zuschlag** *m* maggiorazione *f* per lavoro festivo, indennità *f* per lavoro festivo.
feilbieten *v* offrire in vendita.
Feilbietung *f* messa *f* in vendita.
feilhalten *v* mettere in vendita, esporre in vendita.
Feilschaften *fpl (A)* merci *fpl* messe in vendita.
feindlich *adj* nemico, ostile, contrario, avverso.
Feld | dienstbarkeit *f* servitù *f* rurale; **~gericht** *n* tribunale *m* militare di campo; **~kriegsgericht** *n* tribunale *m* militare di campo; **~servitut** *n/f* servitù *f* rurale; **~urteil** *n* sentenza *f* pronunciata da un tribunale militare di campo.
Fensterrecht *n* diritto *m* di veduta.
Ferien | kammer *f* *ProzR* sezione *f* operante durante le ferie giudiziarie; **~sache** *f* *ProzR* causa *f* trattata durante le ferie giudiziarie; **~senat** *m* *ProzR* sezione *f* operante durante le ferie giudiziarie; **~vergütung** *f* indennità *f* di vacanze.
Fernabsatz *m* vendita *f* a distanza, contratti *mpl* a distanza; **~geschäft** *n* negozio *m* a distanza, contratto *m* a distanza; **~richtlinie** *f* *EuR (aufgehoben durch Verbraucherrechte-Richtlinie 2011/83/EU; Umsetzung in D: §§ 312c ff. BGB) → s. Anhang 3 b)* Direttiva *f* 97/7/CE del Parlamento europeo e del Consiglio, del 20 maggio 1997, riguardante la protezione dei consumatori in materia di contratti a distanza; **~vertrag** *m (§ 312c BGB)* contratto *m* a distanza, negozio *m* a distanza.
fernbleiben *v* essere assente, mancare, non partecipare.
Fernbleiben *n* assenza *f*; **entschuldigtes ~** *n (vom Arbeitsplatz)* assenza *f* giustificata; **unentschuldigtes ~** *n (vom Arbeitsplatz)* assenza *f* ingiustificata.
Fern | bleiberecht *n* *ArbR* libertà *f* sindacale negativa (*diritto garantito al lavoratore di non aderire ad alcun sindacato*); **~handel** *m* contrattazioni *fpl* fuori piazza; **~kauf** *m* vendita *f* a distanza.
Fernmeldegeheimnis *n* segreto *m* delle telecomunicazioni.
Fernsehversicherung *f* assicurazione televisione.
Fernsprechgeheimnis *n* segreto della corrispondenza telefonica.
Fern | trauung *f* matrimonio per procura; **~überweisung** *f* bonifico da una piazza all'altra; **~wirkung** *f* effetto a distanza.
fertig *adj* finito, terminato, ultimato, pronto, maturo; **~ stellen** *v* completare, ultimare, finire, terminare, portare a termine.
Fertigung *f* fabbricazione *f*, produzione *f*, lavorazione *f*, manifattura *f*, confezione *f*.
Fertigungs | kontrolle *f* controllo *m* di fabbricazione; **~kosten** *pl* costo *m* di fabbricazione; **~lohn** *m* salario *m* per il compimento di un lavoro; **~protokoll** *n (A)* protocollo *m* di firma; **~verfahren** *n* processo *m* di fabbricazione.
Fest | angebot *n* offerta *f* a fermo; **~angestellte/r** *f/m* *ArbR* impiegato/-a *m/f* di ruolo, impiegato/-a *m/f* in pianta stabile; **~anlage** *f* investimento *m* vincolato, immobilizzazione *f*, immobilizzo *m*,

deposito *m* vincolato, deposito *m* a termine, deposito *m* a scadenza (fissa).

fest anlegen *v* vincolare, immobilizzare.

Fest|anstellung *f ArbR* assunzione *f* definitiva, assunzione *f* in ruolo, impiego *m* fisso, posto *m* (di lavoro) fisso; **~auftrag** *m* ordine *m* (al) fermo; **~besoldete/r** *f/m* dipendente *m/f* con retribuzione fissa; **~betrag** *m* importo *m* fisso; **~einlage** *f* investimento *m* vincolato, immobilizzazione *f*, immobilizzo *m*, deposito *m* vincolato, deposito *m* a termine, deposito *m* a scadenza (fissa); **~entlohnung** *f* retribuzione *f* fissa; **~gebühr** *f* tassa *f* fissa, canone *m* fisso, diritto *m* fisso; **~gehalt** *n* stipendio *m* fisso.

Festgeld *n*; **~anlage** *f* deposito *m* vincolato, deposito *m* a termine, deposito *m* a scadenza (fissa); **~konto** *n* conto *m* a termine.

festgelegt *part* [1] *(festgesetzt)* fissato, stabilito, determinato, definito; **gesetzlich ~** disposto per legge, disposto dalla legge, stabilito dalla legge, statuito per legge.

festgelegt *part* [2] *(Kapital)* vincolato, immobilizzato, investito.

festgenommen *part StrafProzR* arrestato, fermato.

festgesetzt *part (festgelegt)* fissato, stabilito, determinato, definito, *(durch Übereinkunft)* pattuito, stipulato, concordato, *(geschätzt)* valutato, stimato, *(ermittelt)* accertato, *(Höhe)* quantificato, *(Kosten, Gebühren)* liquidato.

festhalten *v* tener(e) fermo, reggere, trattenere, arrestare, fermare, *(erfassen, registrieren)* registrare, fissare, *(niederschreiben)* mettere per iscritto, *(notieren)* annotare, *(im Protokoll)* verbalizzare, mettere a verbale, *(sich merken)* ricordare, tenere presente, tenere a mente, *(feststellen)* constatare; **~ an** [*Dat*] *(aufrechterhalten)* attenersi [a], osservare, *(treu bleiben)* restare fedele [a], tener(e) fede [a], essere ancorato [a], *(beharren, bestehen auf)* persistere [in], insistere [per]; **es wird festgehalten, dass** si constata che, viene fatto presente che, si rileva che, si evidenzia che, si sottolinea che, si precisa che, si puntualizza che, si dà atto che, resta inteso che; **schriftlich ~** mettere per iscritto.

Festhaltung *f* fermo *m*.

festigen *v* consolidare, rafforzare, fortificare, stabilizzare.

Fest|investition *f* investimento *m* vincolato, deposito *m*, immobilizzazione *f*, immobilizzo *m*; **~kapital** *n* capitale *m* immobilizzato; **~kauf** *m* acquisto *m* fermo; **~konto** *n* conto *m* bloccato; **~kosten** *pl* spese *fpl* fisse.

Festlandsockel *m VölkerR* piattaforma *f* continentale.

festlegen *v* [1] *(bestimmen, festsetzen)* fissare, stabilire, determinare, definire, *(Höhe)* quantificare; **genau ~** precisare, specificare; **neu ~** ridefinire, rideterminare; **schriftlich ~** mettere per iscritto; **vertraglich ~** stabilire per contratto; **vorher ~** prefissare, prestabilire, predeterminare.

festlegen *v* [2] *(Kapital)* vincolare, immobilizzare, investire.

Festlegung *f* [1] *(Bestimmung)* fissazione *f*, determinazione *f*, definizione *f*, quantificazione *f*, disposizione *f*.

Festlegung *f* [2] *(von Kapital)* vincolo *m*, immobilizzazione *f*, immobilizzo *m*, investimento *m* vincolato, deposito *m*.

Festlohn *m ArbR* salario *m* fisso.

Festnahme *f StrafProzR* arresto *m*; **~** *f* **auf frischer Tat** *StrafProzR* arresto *m* in flagranza (*di reato*); **unrechtmäßige ~** *f StrafProzR* arresto *m* illegale; **vorläufige ~** *f StrafProzR (§ 127 StPO) (auf frischer Tat durch Polizei und Privatpersonen)* arresto *m* in flagranza (di reato), *(durch Staatsanwaltschaft und Polizei)* fermo *m* (di indiziato di delitto); **willkürliche ~** *f StrafProzR* arresto *m* arbitrario.

Festnahmerecht *n StrafProzR (§ 127 StPO)* facoltà *f* di arrestare, facoltà *f* di procedere all'arresto, autorizzazione *f* a procedere all'arresto, *(wenn jemand auf frischer Tat betroffen oder verfolgt wird)* facoltà *f* di arrestare chiunque è colto in flagranza di un delitto, facoltà *f* di arresto in flagranza (di reato), *(Jedermann-Festnahmerecht)* facoltà *f* di arresto da parte dei privati (*ogni persona è autorizzata a procedere all'arresto in flagranza*).

festnehmen *v StrafProzR* arrestare; **vorläufig ~** *StrafProzR (auf frischer Tat durch Polizei und Privatpersonen)* arrestare (chiunque è colto in flagranza di un delitto), procedere all'arresto (in flagranza di reato), *(durch Staatsanwaltschaft und Polizei)* fermare (una persona gravemente indiziata di un delitto).

Festnehmung *f (A) StrafProzR* arresto *m*.

Fest | offerte *f* offerta *f* ferma, offerta *f* al fermo; **~preis** *m* prezzo *m* fisso, prezzo *m* fermo, prezzo *m* bloccato, prezzo *m* imposto, *(behördlich festgelegter Preis)* prezzo *m* di calmiere.

festsetzen *v* [1] [auf *Akk*] *(festlegen)* fissare, stabilire, determinare, definire, *(durch Übereinkunft)* pattuire, stipulare, concordare, *(schätzen)* valutare, stimare, *(ermitteln)* accertare, *(Höhe)* quantificare, *(Kosten, Gebühren)* liquidare; **neu ~** ridefinire, rideterminare.

festsetzen *v* [2] *(in Haft nehmen)* arrestare.

Festsetzung *f* [1] *(Bestimmung, Festlegung)* fissazione *f*, determinazione *f*, definizione *f*, assegnazione *f* (*di termine*), *(durch Übereinkunft)* stipulazione *f*, *(Schätzung)* valutazione *f*, stima *f*, *(Ermittlung)* accertamento *m*, calcolo *m*, *(der Höhe)* quantificazione *f*, *(von Kosten, Gebühren)* liquidazione *f*; **~** *f* **des Geschäftswerts** determinazione *f* del valore della causa, determinazione *f* del valore della controversia; **~** *f* **der Kosten** liquidazione *f* delle spese.

Festsetzung *f* [2] *(Inhaftierung)* arresto *m*.

Festsetzungs | antrag *m*; **~gesuch** *n* domanda *f* di liquidazione; **~klage** *f* azione *f* di fissazione.

feststehen *v* [1] *(bestimmt, festgelegt sein)* essere fissato, essere stabilito.

feststehen *v* [2] *(sicher sein)* essere sicuro, essere certo, essere pacifico.

feststellbar *adj* accertabile.

feststellen *v (ermitteln)* accertare, verificare, appurare, identificare, riscontrare, rilevare, ravvisare, constatare, prendere atto, *(aussprechen)* asserire, dichiarare, *(beobachten)* osservare, *(bemerken)* notare, precisare, *(festsetzen)* stabilire, fissare, determinare, *(Höhe)* quantificare; **von Amts wegen ~** accertare d'ufficio.

Feststellung *f (Ermittlung)* accertamento *m*, verifica *f*, controllo *m*, individuazione *f*, constatazione *f*, *(Erklärung)* dichiarazione *f*, *(Beobachtung)* osservazione *f*, *(Festsetzung)* fissazione *f*, determinazione *f*, *(der Höhe)* quantificazione *f*; **gerichtliche ~** *f* accertamento *m* giudiziale; **gerichtliche ~** *f* **der Vaterschaft** *FamR* dichiarazione *f* giudiziale di (o: della) paternità (naturale); **gutachterliche ~** *f* accertamento *m* peritale; **tatsächliche ~** *f* accertamento *m* di fatto; **~** *f* **der Ausgaben** liquidazione *f* delle spese; **~** *f* **der Forderung** accertamento *m* del credito; **~** *f* **des Jahresabschlusses** *GesR* approvazione *f* del bilancio; **~** *f* **der Nämlichkeit** identificazione *f*; **~** *f* **der Personalien** accertamento *m* delle generalità; **~** *f* **des Sachverhalts** accertamento *m* dei fatti; **~** *f* **der Schadenshöhe** accertamento *m* dell'entità del danno, quantificazione *f* del danno, quantificazione *f* dei danni; **~** *f* **des Todes** accertamento *m* della morte; **~** *f* **der Vaterschaft** *FamR* dichiarazione *f* giudiziale di (o: della) paternità (naturale), accertamento *m* della paternità; **~** *f* **des Verteidigungsfalles** *(D)* deliberazione *f* dello stato di guerra.

Feststellungs- di accertamento, dichiarativo.

Feststellungs | antrag *m* domanda *f* di accertamento; **~bescheid** *m* avviso *m* di accertamento; **~geschäft** *n* negozio *m* di accertamento; **~interesse** *n ProzR* interesse *m* all'accertamento.

Feststellungsklage *f ProzR* azione *f* di (mero) accertamento, azione *f* dichiarativa; **negative ~** *f ProzR* azione *f* di accertamento negativo; **positive ~** *f ProzR* azione *f* di accertamento positivo.

Feststellungs | protokoll *n* verbale *m* di accertamento; **~prozess** *m* procedimento *m* di accertamento, giudizio *m* di accertamento; **~urteil** *n ProzR* sentenza *f* di (mero) accertamento, sentenza *f* dichiarativa; **~verfahren** *n* procedimento *m* di accertamento; **~widerklage** *f ZivProzR* domanda *f* riconvenzionale di accertamento; **~wirkung** *f ProzR* efficacia *f* di accertamento.

Festverkauf *m* vendita *f* ferma, vendita *f* al fermo.

festverzinslich *adj* a interesse fisso, a tasso fisso, a reddito fisso.

Festzins *m* interesse *m* fisso, tasso *m* (di interesse) fisso.

Feuer | gefahr *f* rischio *m* di incendio; **~kasse** *f* cassa *f* di assicurazione contro gli incendi; **~mauer** *f* muro *m* tagliafuoco.

feuern *v (ugs) ArbR (kündigen, (fristlos) entlassen)* licenziare (in tronco), mandar(e) via, buttare fuori.

Feuer | polizei *f* servizio *m* antincendio; **~schaden** *m* danno *m* causato dall'incendio, danno *m* da incendio; **~schutz** *m* protezione *f* antincendio; **~schutzbestimmung** *f* norma *f* anticendio; **~schutzdienst** *m* servizio *m* antincendio; **~schutzsteuer** *f SteuerR* contributo *m* antincendio; **~versicherung** *f VersR* assicurazione *f* contro gli incendi.

ff. (*Abk* = **folgende**) seguenti *(ss./segg.)*, (*Abk* = **fortfolgende**) *(§, Art.)* ss., (e) segg.

FG (*Abk* = **Finanzgericht**) *SteuerR* commissione *f* tributaria (*di primo grado*), tribunale *m* tributario (*di primo grado*), corte *f* tributaria (*di primo grado*).

FGO (*Abk* = **Finanzgerichtsordnung**) *(D) SteuerR* Codice *m* di procedura tributaria (tedesco).

FH (*Abk* = **Fachhochschule**) *(D)* università *f* di scienze applicate, istituto *m* parauniversitario (*di qualificazione professionale*).

Fideikommiss *m* fedecommesso *m*, sostituzione *f* fedecommissaria.

fideikommissarisch *adj* fedecommissario.

Fiduziant/in *m/f* fiduciante *m/f*.

Fiduziar/in *m/f* fiduciario/-a *m/f*.

Fiduziargesellschaft *f* società *f* fiduciaria, fiduciaria *f*.

fiduziarisch *adj* fiduciario.

Fiktion *f* finzione *f*; **gesetzliche ~** *f* finzione *f* legale; **juristische ~** *f* finzione *f* giuridica.

Fiktionsbescheinigung *f AuslR* permesso *m* di soggiorno provvisorio, certificazione *f* provvisoria.

fiktiv *adj* fittizio.

Filial | bank *f* banca *f* con filiali, filiale *f* di banca; **~betrieb** *m* filiale *f*; **~büro** *n* ufficio *m* distaccato; **~direktor/in** *m/f* direttore *m* di filiale.

Filiale *f* filiale *f*, succursale *f*, agenzia *f*.

Filial | geschäft *n* negozio *m* a catena; **~leiter/in** *m/f* direttore *m* di filiale; **~netz** *n* rete *f* di filiali; **~prokura** *f* procura *f* institoria; **~unternehmen** *n* filiale *f*.

Film | bezugsvertrag *m* noleggio *m* cinematografico; **~prüfstelle** *f* ufficio *m* di censura cinematografica; **~rechte** *npl* diritti *mpl* di utilizzazione economica dell'opera cinematografica; **~verleihvertrag** *m* noleggio *m* cinematografico, contratto *m* di noleggio di pellicole cinematografiche; **~werk** *n* opera *f* cinematografica; **~zensur** *f* censura *f* cinematografica.

Finanz *f* finanza *f*, finanze *fpl*.

Finanz- finanziario.

Finanz | abgabe *f* tributo *m*, onere *m* finanziario; **~abkommen** *n* accordo *m* finanziario; **~abteilung** *f* servizio *m* finanziario, reparto *m* finanziario, sezione *f* finanziaria; **~amt** *n* *(vergleichbar in Italien: Agenzia delle Entrate)* ufficio *m* (delle) imposte, intendenza *f* di finanza, ufficio *m* delle finanze, fisco *m*; **~analyse** *f* analisi *f* finanziaria; **~anlagen** *fpl (Bilanz)*; **~anlagevermögen** *n (Bilanz)* immobilizzazioni *fpl* finanziarie, investimenti *mpl* finanziari; **~aufwand** *m*; **~aufwendungen** *fpl* oneri *mpl* finanziari.

Finanzausgleich *m* perequazione *f* finanziaria, conguaglio *m* finanziario; **horizontaler ~** *m (D)* → *Länderfinanzausgleich* perequazione *f* finanziaria tra i Länder tedeschi; **vertikaler ~** *m (D)* perequazione *f* finanziaria tra il Bund e i Länder tedeschi.

Finanzausschuss *m* commissione *f* (delle) finanze, commissione *f* finanziaria; **Wirtschafts- und ~** *m* (*Abk* = **WFA**) *EuR* Comitato *m* economico e finanziario *(CEF)*.

Finanz | ausweis *m* prospetto *m* finanziario; **~autonomie** *f* autonomia *f* finanziaria; **~bankrott** *m* bancarotta *f* finanziaria; **~beamter/-beamtin** *m/f* impiegato/-a *m/f* delle imposte, intendente *m/f* di finanza; **~bedarf** *m* fabbisogno *m* finanziario, necessità *fpl* finanziarie; **~behörde** *f* autorità *f* finanziaria, autorità *f* fiscale, intendenza *f* di finanza, fisco *m*; **~beihilfe** *f* concorso *m* finanziario; **~beitrag** *m* contributo *m* finanziario; **~berater/in** *m/f* consulente *m* finanziario; **~beratung** *f* consulenza *f* finanziaria; **~bericht** *m* rapporto *m* finanziario, rendiconto *m* finanziario; **~bestimmung** *f* disposizione *f* finanziaria; **~beteiligung** *f* partecipazione *f* finanziaria; **~blatt** *n* giornale *m* finanziario; **~buchführung** *f*; **~buchhaltung** *f* contabilità *f* finanziaria; **Internationale ~ -Corporation** *f* (*Abk* = **IFC**) *(Teil der Weltbankgruppe)* Società *f* Finanziaria Internazionale *(SFI)*; **~delikt** *n* *StrafR* reato *m* fiscale.

Finanzdepartement *n (CH)* dipartimento *m* delle finanze; **Finanz- und Zolldepartement** *n (CH)* Dipartimento *m* delle finanze e delle dogane.

Finanzdeputation *f* commissione *f* delle finanze, commissione *f* finanziaria.

Finanzen *fpl* finanza *f*, finanze *fpl*; **öffentliche ~** *fpl* finanze *fpl* pubbliche; **zerrüttete ~** *fpl* finanze *fpl* dissestate.

Finanz | ergebnis *n* risultato *m* finanziario; **~erträge** *mpl* proventi *mpl* finanziari, redditi *mpl* finanziari; **~experte** *m*; **~fachmann** *m* esperto *m* finanziario; **~fahndungsdienst** *m (A)* polizia *f* tributaria; **~forderung** *f* credito *m* finanziario; **~garantie** *f* garanzia *f* finanziaria; **~gebaren** *n*; **~gebarung** *f* gestione *f* finanziaria, gestione *f* di fondi pubblici; **~gefüge** *n* struttura *f* finanziaria; **~gericht** *n* (*Abk* = **FG**) *SteuerR* commissione *f* tributaria (*di primo grado*), tribunale *m* tributario (*di primo grado*), corte *f* tributaria (*di primo grado*); **~gerichtsbarkeit** *f* *SteuerR* giurisdizione *f* tributaria, contenzioso *m* tributario; **~gerichtsordnung** *f (D)* (*Abk* = **FGO**) *SteuerR* Codice *m* di procedura tributaria (tedesco); **~geschäft** *n* operazione *f* finanziaria; **~gesellschaft** *f* società *f* finanziaria, finanziaria *f*; **~gesetz** *n* legge *f* finanziaria, finanziaria *f*; **~gesetzgebung** *f* legislazione *f* finanziaria; **~gewalt** *f* potestà *f* finanziaria, potere *m* finanziario, potestà *f* di imposizione; **~gläubiger/in** *m/f* creditore *m* finanziario; **~gruppe** *f* gruppo *m* finanziario; **~haushalt** *m* bilancio *m* pubblico; **~hilfe** *f* aiuto *m* finanziario; **~hoheit** *f* potestà *f* finanziaria, potere *m* finanziario, sovranità *f* finanziaria, potestà *f* di imposizione.

finanziell *adj* finanziario.

Finanzier *m* finanziere *m*.

finanzieren *v* finanziare, sovvenzionare.

Finanzierung *f* finanziamento *m*, sovvenzione *f*; **bankmäßige ~** *f* finanziamento *m* bancario; **günstige ~** *f* finanziamento *m* agevolato; **kurzfristige ~** *f* finanziamento *m* a breve termine; **langfristige ~** *f* finanziamento *m* a lungo termine; **mittelfristige ~** *f* finanziamento *m* a medio termine; **zinsgünstige ~** *f* finanziamento *m* a tasso agevolato.

Finanzierungs | abkommen *n* accordo *m* di finanziamento; **~art** *f* tipo *m* di finanziamento; **~aufwand** *m* costo *m* finanziario; **~bedarf** *m* fabbisogno *m* di finanziamento; **~bedingungen** *fpl* condizioni *fpl* di finanziamento; **~beteiligung** *f* partecipazione *f* al finanziamento; **~darlehen** *n* mutuo *m* di finanziamento, prestito *m* di finanziamento; **~einrichtung** *f* istituto *m* di finanziamento; **~form** *f* tipo *m* di finanziamento, forma *f* di finanziamento; **~geschäft** *n* operazione *f* di finanziamento; **~gesellschaft** *f* società *f* finanziaria, finanziaria *f*, società *f* di finanziamento; **~hilfe** *f* aiuto *m* finanziario; **~institut** *n* istituto *m* di finanziamento; **~instrument** *n* strumento *m* di finanziamento; **~konto** *n* conto *m* di finanziamento; **~kosten** *pl* spese *fpl* di finanziamento, costi *mpl* di finanziamento; **~kredit** *m* credito *m* di finanziamento, credito *m* finanziario; **~last** *f* onere *m* di finanziamento; **~leasing** *n* leasing *m* finanziario; **~maßnahme** *f* misura *f* di finanziamento, intervento *m* di finanziamento, operazione *f* di finanziamento, attività *f* di finanziamento, misura *f* finanziaria, provvedimento *m* finanziario, intervento *m* finanziario; **~mittel** *npl* fondi *mpl* di finanziamento, mezzi *mpl* di finanziamento, mezzi *mpl* finanziari; **~modalitäten** *fpl* modalità *fpl* di finanziamento; **~möglichkeit** *f* possibilità *f* di finanziamento; **~plan** *m* piano *m* di finanziamento; **~programm** *n* programma *m* di finanziamento; **~protokoll** *n* protocollo *m* finanziario; **~risiko** *n* rischio *m* di finanziamento; **~system** *n* sistema *m* di finanziamento; **~träger** *m* finanziatore *m*, ente *m* finanziatore; **~verfahren** *n* sistema *m* di finanziamento; **~verpflichtung** *f* obbligo *m* di finanziamento, obbligazione *f* di finanziamento; **~vertrag** *m* contratto *m* di finanziamento; **~volumen** *n* volume *m* dei finanziamenti; **~wechsel** *m* cambiale *f* di finanziamento; **~weise** *f* modo *m* di finanziamento, tipo *m* di finanziamento, forma *f* di finanziamento; **~wunsch** *m* richiesta *f* di finanziamento; **~zusage** *f* promessa *f* di finanziamento.

Finanz | institut *n* istituto *m* finanziario, ente *m* finanziario; **~jahr** *n* anno *m* finanziario, esercizio *m* finanziario; **~kapital** *n* capitale *m* finanziario; **~kompetenz** *f* competenza *f* finanziaria; **~konjunktur** *f* congiuntura *f* finanziaria; **~konsortium** *n* consorzio *m* finanziario, sindacato *m* finanziario; **~konto** *n* conto *m* finanziario; **~kontrolle** *f* controllo *m* finanziario; **Internationale ~korporation** *f* *(englisch: International Finance Corporation, IFC; Tochtergesellschaft der Weltbank)* Società *f* finanziaria internazionale *(SFI)*; **~kraft** *f* capacità *f* finanziaria, potenzialità *f* finanziaria, possibilità *fpl* finanziarie, risorse *fpl* finanziarie; **~kredit** *m* credito *m* finanziario; **~kreise** *mpl* ambienti *mpl* finanziari; **~krise** *f* crisi *f* finanziaria; **~lage** *f* situazione *f* finanziaria; **~lasten** *fpl* oneri *mpl* finanziari; **~lücke** *f* deficit *m* finanziario; **~mann** *m* finanziere *m*; **~markt** *m* mercato *m* finanziario, piazza *f* finanziaria; **~mathematik** *f* matematica *f* finanziaria; **~minister/in** *m/f* ministro *m* delle finanze; **~ministerium** *n* ministero *m* delle finanze; **~mittel** *npl (Geldmittel)* mezzi *mpl* finanziari, *(Finanzierungsmittel)* mezzi *mpl* di finanziamento, fondi *mpl* di finanziamento; **~monopol** *n* monopolio *m* fiscale, privativa *f* fiscale; **~ordnung** *f* ordinamento *m* finanziario, regolamento *m* finanziario; **~ordnungswidrigkeit** *f (A) SteuerR* violazione *f* tributaria; **~papier** *n* carta *f* finanziaria; **~plan** *m* programma *m* finanziario, piano *m* finanziario; **~planung** *f (Planung der Finanzpolitik)* pianificazione *f* finanziaria, programmazione *f* finanziaria, *(Ausgabenplanung)* previsione *f* di spesa; **~politik** *f* politica *f* finanziaria; **~presse** *f* stampa *f* finanziaria; **~programm** *n* programma *m* finanziario; **~prokuratur** *f (A)* avvocatura *f* dello Stato; **~protokoll** *n* protocollo *m* finanziario; **~quelle** *f* risorsa *f* finanziaria; **~rahmen** *m* quadro *m* finanziario, contesto *m* finanziario; **~recht** *n* diritto *m* finanziario; **~rechtsprechung** *f* giurisprudenza *f* tributaria; **~reform** *f* riforma *f* finanziaria; **~sachverständige/r** *f/m* esperto *m* finanziario; **~schuld** *f* debito *m* finanziario; **~schwierigkeiten** *fpl* difficoltà *fpl* finanziarie; **~senator/in** *m/f* assessore *m* alle finanze (nelle giunte governative di Brema ed Amburgo); **~sperre** *f* sospensione *f* delle sovvenzioni finanziarie; **~staatsrecht** *n* diritto *m* delle finanze pubbliche; **~stabilität** *f* stabilità *f* finanziaria; **~statistik** *f* statistica *f* finanziaria; **~status** *m* situazione *f* finanziaria, stato *m* finanziario; **~strafgesetz** *n (A)* (*Abk* = **FinStrG**) legge *f* (austriaca) penale tributaria, legge *f* (austriaca) sui reati tributari, legge *f* (austriaca) sulla repressione dei reati tributari; **~strafrecht** *n (A)* diritto *m* penale tributario; **~strafverfahren** *n (A)* procedimento *m* penale tributario; **~strategie** *f* strategia *f* finanziaria; **~struktur** *f* struttura *f* finanziaria; **~system** *n* sistema *m* finanziario; **~träger** *m* finanziatore *m*, ente *m* finanziatore; **~transaktion** *f* transazione *f* finanziaria, operazione *f* finanziaria; **~transaktionssteuer** *f SteuerR* imposta *f* sulle transazioni finanziarie (*detta anche: Tobin tax*); **~verantwortung** *f* responsabilità *f* finanziaria; **~verbindlichkeit** *f* debito *m* finanziario; **~verfassung** *f* ordinamento *m* finanziario; **~vergehen** *n (A) SteuerR* reato *m* tributario; **~verhältnisse** *npl* situazione *f* finanziaria; **~vermögen** *n* patrimonio *m* finanziario, attività *fpl* finanziarie, beni *mpl* patrimoniali (di ente territoriale), demanio *m* privato, demanio *m* fiscale; **~vertrag** *m* convenzione *f* finanziaria; **~verwaltung** *f* amministrazione *f* finanziaria, amministrazione *f* delle finanze, amministrazione *f* fiscale, amministrazione *f* tributaria, gestione *f* finanziaria, fisco *m*; **~vorlage** *f* progetto *m* di legge finanziaria; **~wache** *f (A)* guardia *f* di finanza; **~wechsel** *m* cambiale *f* finanziaria, carta *f* finanziaria, effetto *m* di smobilizzo; **~welt** *f* mondo *m* della finanza, mondo *m* finanziario, circoli *mpl* finanziari; **~wesen** *n* finanza *f*, finanze *fpl*, sistema *m* finanziario.

Finanzwirtschaft *f* economia *f* finanziaria; **öffentliche ~** *f* economia *f* della finanza pubblica.

Finanz | wissenschaft *f* scienza *f* delle finanze; **~zoll** *m* dazio *m* fiscale; **~zuweisung** *f* sovvenzione *f* finanziaria.

finden *v* [1] trovare, scoprire, rinvenire, rintracciare.

finden *v* [2] *(beurteilen, meinen)* trovare, ritenere, pensare.

Finder | lohn *m* ricompensa *f* per chi ritrova un oggetto smarrito, compenso *m* per chi trova un oggetto smarrito, premio *m* dovuto al ritrovatore; **~recht** *n* diritto *m* di invenzione.

Fingerabdruck *m* impronta *f* digitale; **genetischer ~** *m* impronta *f* digitale genetica.

fingieren *v* fingere, simulare.

FinStrG (*Abk* = **Finanzstrafgesetz**) *(A)* legge *f* (austriaca) penale tributaria, legge *f* (austriaca) sui reati tributari, legge *f* (austriaca) sulla repressione dei reati tributari.

Firma *f* (*Abk* = **Fa.**) *(Betrieb)* ditta *f*, casa *f* (di commercio), azienda *f*, impresa *f*, *(Firmenbezeichnung: einer Personengesellschaft)* ragione *f* sociale, *(einer Kapitalgesellschaft)* denominazione *f* sociale; **eine ~ löschen** cancellare una ditta; **ausländische ~** *f* ditta *f* estera; **eingetragene ~** *f* ditta *f* registrata.

Firma | änderung *f (CH)* modificazione *f* della ditta; **~inhaber/in** *m/f (CH)* titolare *m/f* della ditta; **~unterschrift** *f (CH)* firma *f* della ditta.

Firmen | änderung *f* modificazione *f* della ditta; **~anmeldung** *f* registrazione *f* della ditta, **~ausschließlichkeit** *f* esclusività *f* (dell'uso) della ditta; **~berater/in** *m/f* consulente *m/f* d'azienda; **~bezeichnung** *f* denominazione *f* della ditta, nome *m* commerciale, *(einer Personengesellschaft)* ragione *f* sociale, *(einer Kapitalgesellschaft)* denominazione *f* sociale; **~buch** *n (CH)* libro *m* delle ditte *(CH)*, registro *m* delle ditte; **~chef/in** *m/f* titolare *m/f* della ditta, direttore/-trice *m/f* della ditta; **~eintragung** *f* registrazione *f* della ditta; **~gruppe** *f* gruppo *m* (di imprese); **~inhaber/in** *m/f* titolare *m/f* della ditta; **~kapital** *n* capitale *m* dell'azienda, capitale *m* aziendale; **~konsortium** *n* consorzio *m* di ditte; **~konto** *n* conto *m* intestato a una ditta; **~kunde/-in** *m/f* cliente *m/f* aziendale, cliente *m/f* commerciale; **~löschung** *f* cancellazione *f* della ditta; **~mantel** *m* società *f* scatola vuota (*società di capitali formalmente costituita ma non operativa*); **~name** *m* denominazione *f* della ditta, nome *m* commerciale, *(einer Personengesellschaft)* ragione *f* sociale, *(einer Kapitalgesellschaft)* denominazione *f* sociale; **~politik** *f* politica *f* di gestione; **~recht** *n* diritto *m* della ditta; **~register** *n* registro *m* delle ditte, registro *m* delle imprese; **~schild** *n* insegna *f* dell'impresa; **~schutz** *m* tutela *f* della ditta; **~sitz** *m* sede *f* aziendale, sede *f* sociale, sede *f* della ditta, sede *f* dell'impresa; **~übernahme** *f* acquisizione *f* di un'azienda, rilevamento *m* di un'azienda, assorbimento *m* di un'azienda; **~übernehmer/in** *m/f* rilevatario/-a *m/f* di una ditta; **~vermögen** *n* beni *mpl* dell'azienda; **~vertreter/in** *m/f* rappresentante *m/f* (di una ditta); **~wahrheit** *f* verità *f* della ditta; **~wert** *m* valore *m* d'avviamento, avviamento *m*; **~wortlaut** *m (A)* denominazione *f* della ditta, nome *m* commerciale, *(einer Personengesellschaft)* ragione *f* sociale, *(einer Kapitalgesellschaft)* denominazione *f* sociale; **~zeichen** *n* marchio *m* (*d'impresa*); **~zeichnung** *f* firma *f* della ditta; **~zusammenschluss** *m* fusione *f*.

firmieren *v* firmare col nome di una ditta.

Fischerei | abkommen *n* accordo *m* sulla pesca; **~berechtigung** *f* diritto *m* di pesca; **~bezirk** *m* distretto *m* di pesca; **~delikt** *n StrafR* reato *m* di pesca; **~erlaubnis** *f*; **~erlaubnisschein** *m* permesso *m* di pesca; **~freiheit** *f* libertà *f* di pesca; **~gebiet** *n* zona *f* di pesca; **~gerechtigkeit** *f* diritto *m* di pesca; **~gesellschaft** *f* società *f* di pesca; **~karte** *f (A)* permesso *m* di pesca; **~konvention** *f* convenzione *f* di pesca; **~ordnung** *f* regolamento *m* di pesca; **Gemeinsame ~politik** *f* (*Abk* = **GFP**) *EuR* politica *f* comune della pesca *(PCP)*; **~polizei** *f* polizia *f* della pesca; **~recht** *n* diritto *m* della pesca; **~schein** *m* permesso *m* di pesca; **~vertrag** *m* trattato *m* di pesca.

Fisch | karte *f (A)* permesso *m* di pesca; **~wilderei** *f* pesca *f* di frodo.

Fiskal | delikt *n (CH)* reato *m* tributario; **~gesetz** *n (CH)* legge *f* fiscale, legge *f* tributaria.

fiskalisch *adj* fiscale, tributario.

Fiskalismus *m* fiscalismo *m*.

Fiskalität *f* fiscalità *f*.

Fiskal | pakt *m EuR (auch: Fiscal Compact) → Vertrag über Stabilität, Koordinierung und Steuerung in der Wirtschafts- und Währungsunion* patto *m* di bilancio; **~politik** *f* politica *f* tributaria; **~recht** *n* diritto *m* fiscale, diritto *m* tributario; **~strafrecht** *n (CH)* diritto *m* penale tributario; **~vermögen** *n* beni *mpl* patrimoniali (di ente territoriale), demanio *m* privato, demanio *m* fiscale; **~vertrag** *m EuR (auch: Fiscal Compact) → Vertrag über Stabilität, Koordinierung und Steuerung in der Wirtschafts- und Währungsunion* patto *m* di bilancio; **~zoll** *m* dazio *m* fiscale.

Fiskus *m* fisco *m*.

Fixauftrag *m* ordine *m* fermo.

fixen *v* vendere allo scoperto, speculare al ribasso.

Fixer *m* ribassista *m*.

Fixgeschäft *n SchuldR* contratto *m* con termine essenziale, contratto *m* a termine fisso, vendita *f* con consegna a giorno fisso, *(Börse)* operazione *f* a fermo; **absolutes ~** *n SchuldR* contratto *m* con termine essenziale assoluto *(il termine fissato dalle parti per l'adempimento penetra nell'essenza stessa della prestazione, che deve essere eseguita esclusivamente nei tempi pattuiti. L'inutile decorso del termine stabilito comporta l'impossibilità della prestazione)*; **relatives ~** *n SchuldR* contratto *m* con termine essenziale relativo *(dagli accordi contrattuali risulta escluso l'interesse del creditore all'esecuzione della prestazione oltre il termine pattuito. Decorso inutilmente detto termine, il creditore può recedere dal contratto)*.

Fixgeschäft: relatives und absolutes Fixgeschäft
Nello stabilire se un contratto che prevede la consegna di merci o altre prestazioni (ad esempio, la fonitura di servizi) ad una data prestabilita costituisca un negozio con termine essenziale relativo *(relatives Fixgeschäft)* o con termine essenziale assoluto *(absolutes Fixgeschäft)*, bisogna tener conto dell'intenzione delle parti determinata in base alle regole sull'interpretazione (§§ 133, 157 BGB).

… continua nell'Allegato 1

Fixing *n* fixing *m*.
Fix | kauf *m* vendita *f* con consegna a giorno fisso; **~kosten** *pl* spese *fpl* fisse, costi *mpl* fissi; **~preis** *m* prezzo *m* fisso.
Fläche *f* superficie *f*, area *f*, zona *f*, piano *m*; **bebaute ~** *f* area *f* edificata, superficie *f* coperta; **öffentliche ~** *f* spazio *m* pubblico, area *f* pubblica; **öffentlich genutzte ~** *f* area *f* di uso pubblico; **zugewiesene ~** *f* area *f* assegnata.
Flächen | einheit *f* unità *f* di superficie; **~nutzungsplan** *m BauR* piano *m* regolatore generale *(P.R.G.)*; **~widmungsplan** *m (A) BauR* piano *m* regolatore.
Flaggen | bescheinigung *f* atto *m* di nazionalità; **~missbrauch** *m* uso *m* abusivo di bandiera; **~recht** *n* legge *f* della bandiera; **~schein** *m* certificato *m* di nazionalità, atto *m* di nazionalità; **~staat** *m* Stato *m* della bandiera; **~wechsel** *m* trasferimento *m* di bandiera; **~zeugnis** *n* certificato *m* di nazionalità, atto *m* di nazionalità.
Fledderei *f* furto *m* commesso su feriti o prigionieri.
Fleisch | beschau *f*; **~schau** *f (CH)* visita *f* sanitaria della carne.
Flexibilisierung *f* **der Arbeitszeit** flessibilizzazione *f* dell'orario di lavoro.
Flotten | abkommen *n* accordo *m* navale; **~stützpunkt** *m* base *f* navale; **~verein** *m* lega *f* navale; **~vertrag** *m* trattato *m* navale.
Flucht *f* fuga *f*, evasione *f*, esodo *m*, migrazione *f*; **~** *f* **in die Sachwerte** fuga *f* nei valori reali.
flüchten *v* fuggire.
Flucht | gefahr *f* pericolo *m* di fuga; **~gelder** *npl* capitale *m* fuggitivo; **~helfer/in** *m/f StrafR* chi organizza una fuga; **~hilfe** *f StrafR* complicità *f* nella fuga.
flüchtig *adj StrafR (fliehend, geflüchtet)* fuggitivo, fuggiasco, fuggito, evaso, in fuga, latitante; **~ werden** *StrafR* darsi alla latitanza, rendersi latitante.
Fluchtkapital *n* capitale *m* fuggitivo.
Flüchtling *m* profugo *m*, rifugiato *m*, sfollato *m*, fuoriuscito *m*, fuggiasco *m*; **Anerkennung** *f* **als ~** riconoscimento *m* dello status di rifugiato; **anerkannter ~** *m* profugo *m* riconosciuto; **politischer ~** *m* rifugiato *m* politico; **Abkommen** *n* **über die Rechtsstellung der ~e** *(= Genfer Flüchtlingskonvention – GFK)* Convenzione *f* di Ginevra sullo statuto dei rifugiati, Convenzione *f* di Ginevra relativa allo status dei rifugiati.
Flüchtlings | ausweis *m* carta *f* d'identità di rifugiato; **~betreuung** *f* assistenza *f* ai rifugiati; **~eigenschaft** *f* qualità *f* di rifugiato, status *m* di rifugiato; **~fonds** *m* fondo *m* per i rifugiati; **~fürsorge** *f* assistenza *f* ai rifugiati; **~heim** *n* centro *m* (per) profughi (o: rifugiati/richiedenti asilo/migranti); **~hilfe** *f* assistenza *f* ai rifugiati; **~hochkommissariat** *n (der UNO)* alto commissariato *m* per i rifugiati; **~kommissar** *m* alto commissario *m* per i rifugiati; **Genfer ~konvention** *f* (*Abk* = **GFK**) *(= Abkommen über die Rechtsstellung der Flüchtlinge)* Convenzione *f* di Ginevra sullo statuto dei rifugiati, Convenzione *f* di Ginevra relativa allo status dei rifugiati; **~krise** *f* crisi *f* dei rifugiati, crisi *f* dei profughi, crisi *f* dei migranti; **~lager** *n* campo *m* (di) profughi, campo *m* (di) rifugiati; **Internationale ~organisation** *f* (*Abk* = **IRO**) Organizzazione *f* internazionale dei rifugiati; **~politik** *f* politica *f* relativa (o: politiche relative)

ai rifugiati, politica *f* (o: politiche) in materia di rifugiati, politica *f* (o: politiche) per i rifugiati, politica *f* (o: politiche) per i profughi.

Flüchtlingsstatus *m* status *m* di rifugiato; **den ~ aberkennen** revocare lo status di rifugiato.

Flüchtlings | strom *m* ondata *f* di profughi; **~unterkunft** *f* centro *m* (per) profughi (o: rifugiati/richiedenti asilo/migranti); **~verteilung** *f* *EuR* ripartizione *f* dei rifugiati, redistribuzione *f* dei richiedenti asilo, sistema *m* di quote obbligatorie per la redistribuzione dei profughi nell'Unione europea, piano *m* di ricollocamento dei profughi nei paesi dell'Unione europea.

Flucht | linie *f BauR* allineamento *m*; **~linienplan** *m* piano *m* d'allineamento; **~möglichkeit** *f* possibilità *f* di fuga; **~verdacht** *m StrafR* sospetto *m* di fuga; **~versuch** *m StrafR* tentativo *m* di fuga, tentativo *m* d'evasione.

Flug | beförderung *f (A)* trasporto *m* aereo; **~dienst** *m* servizio *m* aereo; **~hafengebühr** *f* tassa *f* aeroportuale; **~karte** *f* biglietto *m* aereo; **~recht** *n* diritto *m* di sorvolo; **~schein** *m* biglietto *m* aereo; **~schreiber** *m* registratore *m* di volo.

Flugzeug | entführer/in *m/f* dirottatore *m* di aereo; **~entführung** *f* dirottamento *m* aereo; **~führer/in** *m/f* pilota *m/f*; **~risiko** *n* rischio *m* aereo; **~schaden** *m* danno *m* causato da aerei; **~unfall** *m* incidente *m* aereo.

Flugzuschlag *m* soprattassa *f* di trasporto aereo, sopratassa *f* aerea.

Fluktuation *f* **des Personals** mobilità *f* del personale, ricambio *m* dei dipendenti.

Flur | buch *n* catasto *m*; **~grenze** *f* confine *m* del territorio comunale; **~karte** *f* mappa *f* catastale; **~nummer** *f* numero *m* di particella catastale, numero *m* di mappale catastale; **~recht** *n* diritto *m* agrario; **~regelung** *f* riordinamento *m* della proprietà rurale; **~schutzpolizei** *f (A)* polizia *f* rurale, polizia *f* campestre; **~stück** *n* particella *f* catastale, mappale *m* catastale; **~verfassung** *f* ordinamento *m* agrario; **~zwang** *m* obbligo *m* di coltura unitaria.

Flussversicherung *f* assicurazione *f* fluviale.

FOB-Preis *m* prezzo *m* fob.

FOB-Verkauf *m* vendita *f* fob.

föderal *adj* federale.

Föderalismus *m* federalismo *m*.

Föderalist/in *m/f* federalista *m/f*.

föderalistisch *adj* federale, federalista, federalistico, federativo.

Föderation *f* federazione *f*, confederazione *f*.

föderativ *adj* federativo.

Folge *f* [1] *(Ergebnis)* risultato *m*, esito *m*, *(Auswirkung)* conseguenza *f*, *(Wirkung)* effetto *m*; **etwas zur ~ haben** avere come conseguenza qc., portare a qc., comportare qc.; **~n nach sich ziehen** avere (delle) conseguenze; **gesetzliche ~** *f* conseguenza *f* legale; **rechtliche ~** *f* conseguenza *f* giuridica.

Folge *f* [2] *(Reihenfolge)* ordine *m*, *(Aufeinanderfolge)* successione *f*, sequenza *f*, seguito *m*, ciclo *m*, *(Reihe)* serie *f*, *(von Zeitschrift)* numero *m*, *(von Sendung)* puntata *f*, episodio *m*; **in ~** di fila, di seguito; **in der ~** in seguito, successivamente, in futuro; **~ leisten** [*Dat*] *(einer Aufforderung entsprechen, nachkommen)* osservare, ottemperare [a], seguire, *(einer Einladung)* accettare.

Folge | fehler *m* errore *m* conseguente; **~konferenz** *f* conferenza *f* successiva.

folgen *v* [1] *(hinterhergehen, nachher stattfinden)* seguire, *(nachfolgen)* succedere; **wie folgt** come segue, come di seguito riportato, come di seguito indicato, come di seguito specificato.

folgen *v* [2] *(gehorchen)* seguire, obbedire [o: ubbidire a], *(beachten)* osservare, rispettare, ottemperare [a], attenersi [a].

folgen *v* [3] [aus *Dat*] *(hervorgehen)* risultare [da], derivare [da], conseguire [da], seguire [da].

Folgen *fpl* conseguenze *fpl*; **für die ~ einstehen**; **für die ~ haften** rispondere delle conseguenze; **mittelbare ~** *fpl* conseguenze *fpl* mediate.

Folgenbeseitigungsanspruch *m* *VerwR* diritto *m* alla reintegrazione *(diritto all'eliminazione delle conseguenze* *giuridiche derivanti dall'esecuzione di un atto amministrativo illecito*).

folgend *adj* (*Abk* = **f.**) seguente *(s. / seg.)*, successivo; **im ~en** in seguito, qui di seguito, in prosieguo; **im ~en „..." genannt** *(Vertrag)* nel prosieguo chiamato "...", in appresso denominato "...", di seguito denominato "...".

folgende *adj* (*Abk* = **ff.**) seguenti *(ss. / segg.)*.

folgendermaßen *adv* così, nel modo seguente, come segue.

Folgerecht *n* diritto *m* di seguito.

folgern *v* [aus *Dat*] dedurre, desumere, arguire, evincere, concludere, argomentare, inferire.

Folgerung *f* deduzione *f*, conclusione *f*, conseguenza *f*; **~en ziehen** trarre conclusioni.

Folge | sachen *fpl FamR (Folgesachen sind die Verfahren, die im Zusammenhang mit der Scheidung stehen. Hierzu zählen: Versorgungsausgleichssachen, Unterhaltssachen, Ehewohnungs- und Haushaltssachen, Güterrechtssachen und Kindschaftssachen) (§ 137 FamFG)* decisioni *fpl* conseguenti allo scioglimento del matrimonio, decisioni *fpl* accessorie alla sentenza di divorzio, cause *fpl* relative agli effetti giuridici del divorzio, cause *fpl* accessorie al divorzio; **~schaden** *m* danno *m* conseguente, danno *m* indiretto; **~verzug** *m* mora *f* nel pagamento di un secondo o successivo premio d'assicurazione; **~wirkung** *f* conseguenza *f*.

Folter *f* tortura *f*.

foltern *v* torturare.

Fonds *m* fondo *m*; **geheime ~** *mpl* fondi *mpl* segreti, fondi *mpl* occulti; **gemeinsamer ~** *m* fondo *m* comune; **geschlossener ~** *m* fondo *m* chiuso; **offener ~** *m* fondo *m* aperto; **öffentlicher ~** *m* fondo *m* pubblico.

Fonds | börse *f* borsa *f* valori; **~verstärkung** *f* potenziamento *m* di un fondo.

Förder | anstalt *f* ente *m* di promozione, ente *m* di sviluppo; **~ausfall** *m* perdita *f* di produzione.

Förderer/-derin *m/f* promotore/-trice *m/f*, promoter *m*, sponsor *m*, sponsorizzatore/-trice *m/f*, fautore/-trice *m/f*.

Fördermittel *npl* sovvenzioni *fpl*, contributi *mpl*, incentivi *mpl*.

fördern *v* [1] *(unterstützen)* favorire, promuovere, dare impulso, sostenere, caldeggiare, appoggiare, aiutare, *(finanziell)* sovvenzionare, incentivare, *(anregen)* stimolare, *(verstärken)* incoraggiare, aumentare, incrementare, potenziare.

fördern *v* [2] *(Bodenschätze)* estrarre.

fordern *v* chiedere, richiedere, domandare, esigere, pretendere, rivendicare, reclamare.

Förderprogramm *n* programma *m* di sviluppo, programma *m* di sostegno, programma *m* di incentivazione, programma *m* di promozione, programma *m* di aiuti, programma *m* di finanziamento.

Förderung *f* [1] *(Unterstützung)* promozione *f*, sostegno *m*, appoggio *m*, protezione *f*, aiuto *m*, agevolazione *f*, intervento *m* agevolativo, contributo *m* agevolativo, *(finanzielle)* sovvenzione *f*, sussidio *m*, contributo *m*, finanziamento *m*, incentivo *m*, incentivazione *f*, *(Anreiz)* stimolo *m*, incitamento *m*, *(Verstärkung)* incoraggiamento *m*, aumento *m*, incremento *m*, potenziamento *m*; **öffentliche ~** *f*; **staatliche ~** *f* incentivi *mpl* statali, incentivi *mpl* pubblici, sovvenzione *f* statale, sovvenzioni *fpl* statali, sovvenzione *f* pubblica, sovvenzioni *fpl* pubbliche, contributi *mpl* statali, contributi *mpl* pubblici; **~** *f* **des Absatzes** promozione *f* delle vendite; **~** *f* **der Investitionstätigkeit** promozione *f* degli investimenti; **~** *f* **der Prostitution** *StrafR*; **~** *f* **gewerbsmäßiger Unzucht** *(A) StrafR* favoreggiamento *m* della prostituzione.

Förderung *f* [2] *(Bodenschätze)* estrazione *f*.

Forderung *f (Verlangen)* richiesta *f*, domanda *f*, istanza *f*, reclamo *m*, pretesa *f*, rivendicazione *f*, *(Anspruch)* diritto *m*, credito *m*, somma *f* da pagare, somma *f* dovuta, *(Erfordernis)* esigenza *f*, requisito *m*; **eine ~**

abtreten cedere un credito; **eine ~ anmelden** *InsolvenzR* domandare l'ammissione di un credito al passivo fallimentare, chiedere l'insinuazione di un credito al passivo del fallimento; **~en gegeneinander aufrechnen** compensare i crediti con i debiti, compensare i debiti con i crediti (reciproci); **eine ~ befriedigen** soddisfare un credito, soddisfare un diritto; **eine ~ beitreiben** recuperare un credito, riscuotere un credito, realizzare un credito; **eine ~ durchsetzen** far(e) accettare una richiesta; **eine ~ einbringlich machen** *(A)*; **eine ~ eintreiben**; **eine ~ einziehen** recuperare un credito, riscuotere un credito, realizzare un credito; **eine ~ erheben** esigere, richiedere, chiedere, avanzare una richiesta, avanzare una pretesa; **eine ~ geltend machen** vantare un credito, far(e) valere una pretesa, accampare una pretesa, (ri)chiedere il pagamento [di]; **eine ~ stellen**; **eine ~ vorbringen** esigere, richiedere, chiedere, avanzare una richiesta, avanzare una pretesa; **abgetretene ~** *f* credito *m* ceduto; **abtretbare ~** *f* credito *m* cedibile; **nicht abtretbare ~** *f* credito *m* incedibile; **anerkannte ~** *f* credito *m* accertato, credito *m* ammesso; **angemeldete ~** *f* credito *m* dichiarato, *InsolvenzR* credito *m* insinuato; **ausgeschlossene ~** *f InsolvenzR* credito *m* escluso; **ausstehende ~** *f* credito *m* in essere, credito *m* pendente, credito *m* insoluto, credito *m* non riscosso, credito *m* da riscuotere; **bedingte ~** *f* credito *m* condizionato; **berechtigte ~** *f* rivendicazione *f* legittima; **bestehende ~** *f* credito *m* esistente, credito *m* in essere; **seit langem bestehende ~** *f* [an *Akk*] richiesta *f* da tempo avanzata, richiesta *f* avanzata molto tempo fa, richiesta *f* di vecchia data, appello *m* da tempo rivolto, invito *m* che si ribadisce da molto tempo; **bestrittene ~** *f* credito *m* contestato, credito *m* oggetto di contestazione, credito *m* litigioso; **bevorrechtete ~** *f (A)*; **bevorrechtigte ~** *f* credito *m* privilegiato; **bürgerliche ~** *f* credito *m* civile; **dinglich gesicherte ~** *f* credito *m* con garanzia reale, credito *m* assistito da garanzia reale; **dubiose ~** *f* credito *m* dubbio; **eingefrorene ~** *f* credito *m* congelato; **erdichtete ~** *f* credito *m* simulato; **erloschene ~** *f* credito *m* estinto; **fällige ~** *f* credito *m* esigibile, credito *m* scaduto; **festgestellte ~** *f InsolvenzR* credito *m* ammesso (*al passivo fallimentare*); **fingierte ~** *f* credito *m* simulato; **garantierte ~** *f* credito *m* garantito; **gegenseitige ~** *f* credito *m* reciproco; **geltend gemachte ~** *f* **aus etwas (Dat) gegen jemanden (Akk)** credito *m* vantato ai sensi di (o: derivante da) qualcosa nei confronti di qualcuno; **gemeinschaftliche ~** *f* credito *m* indiviso; **gepfändete ~** *f* credito *m* pignorato, credito *m* sequestrato; **geringfügige ~** *f* credito *m* di modesta entità, credito *m* di importo ridotto, somma *f* (da pagare) di modesta entità; **gesicherte ~** *f* credito *m* garantito; **gesperrte ~** *f* credito *m* bloccato; **grundversicherte ~** *f (CH)*; **hypothekarisch gesicherte ~** *f* credito *m* ipotecario; **klägerische ~** *f ZivProzR* credito *m* dell'attore/attrice, credito *m* vantato dall'attore/attrice, credito *m* attoreo; **laufende ~** *f* credito *m* corrente; **offene ~** *f* credito *m* in essere, credito *m* pendente, credito *m* insoluto, credito *m* non riscosso, credito *m* da riscuotere; **pfandversicherte ~** *f (CH)* credito *m* garantito da pegno; **sichergestellte ~** *f* credito *m* garantito; **sonstige ~en** *fpl* altri crediti *mpl*; **streitige ~** *f*; **strittige ~** *f* credito *m* contestato, credito *m* oggetto di contestazione, credito *m* litigioso; **nicht übertragbare ~** *f* credito *m* intrasmissibile; **unbestrittene ~** *f* credito *m* certo, credito *m* non contestato, credito *m* non oggetto di contestazione; **uneinbringliche ~** *f* credito *m* irrecuperabile, credito *m* inesigibile; **ungedeckte ~** *f*; **ungesicherte ~** *f* credito *m* chirografario;

unpfändbare ~ *f* credito *m* impignorabile; **unverzinsliche** ~ *f* credito *m* infruttifero; **verjährte** ~ *f* credito *m* prescritto; **verpfändete** ~ *f* credito *m* costituito in pegno; **verschiedene ~en** *fpl* crediti *mpl* diversi; **vertragliche** ~ *f* credito *m* contrattuale; **verzinsliche** ~ *f* credito *m* fruttifero; **vorgetäuschte** ~ *f* credito *m* simulato; **wechselseitige** ~ *f* credito *m* reciproco; **wucherische** ~ *f* credito *m* usurario; **zivilrechtliche** ~ *f* credito *m* civile; **zukünftige** ~ *f* credito *m* futuro; **zweifelhafte** ~ *f* credito *m* dubbio, credito *m* di dubbia esigibilità.

Forderungen *fpl* crediti *mpl*; ~ *fpl* **an** [*Akk*] crediti *mpl* nei confronti di, crediti *mpl* verso; ~ *fpl* **aus** [*Dat*] crediti *mpl* ai sensi di, crediti *mpl* derivanti da; ~ *fpl* **gegen** [*Akk*]; ~ *fpl* **gegenüber** [*Dat*] crediti *mpl* nei confronti di, crediti *mpl* verso; **Geringfügige- ~ -Verordnung** *f EuR (= Small-Claims-Verordnung) → s. Anhang 3 a)* Regolamento *m* (CE) n. 861/2007 del Parlamento europeo e del Consiglio, dell'11 luglio 2007, che istituisce un procedimento europeo per le controversie di modesta entità; ~ *fpl* **an Banken** crediti *mpl* verso banche; ~ *fpl* **gegenüber Dritten** crediti *mpl* verso terzi; ~ *fpl* **an Konzerngesellschaften** crediti *mpl* verso società consociate, crediti *mpl* verso società collegate; ~ *fpl* **an Kunden** crediti *mpl* verso clienti; ~ *fpl* **aus Lieferungen und Leistungen** *(Bilanz)* crediti *mpl* verso clienti, crediti *mpl* da forniture e servizi; ~ *fpl* **gegen Unternehmen, mit denen ein Beteiligungsverhältnis besteht** *(Bilanz)* crediti *mpl* verso imprese collegate; ~ *fpl* **gegen verbundene Unternehmen** *(Bilanz)* crediti *mpl* verso imprese controllate.

Forderungs | abschreibung *f* ammortamento *m* di un credito; **~abtretung** *f (§§ 398 ff. BGB)* cessione *f* di (o: del) credito (o: dei crediti); **~anmeldung** *f (im Insolvenzverfahren)* domanda *f* di ammissione di un credito al passivo fallimentare, istanza *f* di ammissione di un credito alla massa passiva del fallimento, domanda *f* di insinuazione di un credito al passivo fallimentare, istanza *f* di insinuazione di un credito al passivo del fallimento; **~aufrechnung** *f* compensazione *f* dei crediti; **~ausfall** *m* perdita *f* di un credito; **~berechtigte/r** *f/m* creditore *m*; **~betrag** *m* ammontare *m* del credito, importo *m* del credito.

Förderungsdarlehen *n* credito *m* di agevolazione.

Forderungs | eingabe *f (CH)* insinuazione *f* di credito; **~eintreibung** *f*; **~einziehung** *f*; **~einzug** *m*; **~inkasso** *n* recupero *m* crediti, riscossione *f* di crediti; **~kauf** *m* acquisizione *f* di un credito, cessione *f* di credito (*a titolo oneroso*), factoring *m*.

Förderungsmaßnahme *f* incentivo *m*, incentivazione *f*, misura *f* di incentivazione, misura *f* di aiuto, misura *f* di sostegno, misura *f* di promozione, misura *f* promozionale, azione *f* di promozione, attività *f* promozionale, programma *m* promozionale.

Forderungs | papier *n* titolo *m* di credito; **~pfand** *n*; **~pfandrecht** *n* pegno *m* di credito; **~pfändung** *f* pignoramento *m* di un credito (o: di crediti).

Förderungsprogramm *n* programma *m* di incentivazione, programma *m* di promozione, programma *m* di sostegno, programma *m* di aiuti, programma *m* di finanziamento.

Forderungs | recht *n* diritto *m* di credito, ragione *f* di credito; **~tilgung** *f* ammortamento *m* di un credito; **~übergang** *m* trasferimento *m* di credito, trasmissione *f* di crediti, passaggio *m* di credito; **~übernahme** *f* cessione *f* di credito, rilievo *m* di credito; **~übertragung** *f* trasferimento *m* di credito; **~verhältnis** *n* rapporto *m* di credito; **~verkauf** *m* vendita *f* di crediti, cessione *f* di credito (*a titolo oneroso*), factoring *m*; **positive**

~verletzung *f* (*Abk* = **pFV**) *SchuldR (eine Art von Leistungsstörung, auch als „positive Vertragsverletzung" bezeichnet, s. Infokasten unter „positive Vertragsverletzung – positive Forderungsverletzung")* violazione *f* positiva del contratto, inosservanza *f* della diligenza dovuta nell'adempimento di un'obbligazione; **~vermächtnis** *n* legato *m* di credito; **~verzicht** *m* rinuncia *f* al credito; **~wechsel** *m (A)* cambiale *f* attiva.

forensisch *adj* forense.

Forfaitierung *f* forfaiting *m*.

Form *f* forma *f*, *(Figur)* figura *f*, *(Umriss)* conformazione *f*, contorni *mpl*, sagoma *f*, profilo *m*, configurazione *f*, *(Weise)* modo *m*, maniera *f*, *(Typ)* tipo *m*, modello *m*; **in der ~ und mit den Wirkungen** nella forma e con gli effetti; **eigenhändige ~** *f* forma *f* olografa; **in elektronischer ~** *(§ 126a BGB)* in via telematica, in via elettronica, in forma elettronica, in formato elettronico, in formato digitale; **in der gesetzlich vorgeschriebenen ~** nella forma prescritta dalla legge; **in guter und gehöriger ~** in buona e dovuta forma; **holographische ~** *f* forma *f* olografa; **mündliche ~** *f* forma *f* orale; **notarielle ~** *f* forma *f* notarile; **in schriftlicher ~** per iscritto, in forma scritta, in forma cartacea, in formato cartaceo; **vereinbarte ~** *f* forma *f* convenzionale; **vorgeschriebene ~** *f* forma *f* prescritta; **~** *f* **des Rechtsgeschäfts** forma *f* del negozio giuridico.

Formal | akt *m* atto *m* formale; **~beleidigung** *f StrafR* ingiuria *f* consistente nella forma offensiva dell'espressione; **~delikt** *n (A)* reato *m* formale.

Formalien *fpl* formalità *fpl*.

Formalismus *m* formalismo *m*; **juristischer ~** *m* formalismo *m* giuridico.

formalistisch *adj* formalista, formalistico.

Formalität *f* formalità *f*.

Formalitäten *fpl* formalità *fpl*; **die erforderlichen ~ erfüllen** espletare le necessarie formalità; **gesetzliche ~** *fpl* formalità *fpl* di legge.

formaljuristisch *adj* formalista (in diritto).

Formal | vertrag *m* contratto *m* formale, contratto *m* solenne; **~vorschrift** *f (A)* prescrizione *f* di forma.

formbedürftig *adj* formale.

Form | blatt *n* modulo *m*; **~buch** *n* formulario *m*; **~ehe** *f EheR* matrimonio *m* fittizio.

Formel *f* formula *f*, *(Urteilsformel)* dispositivo *m*.

formell *adj* formale, solenne.

Formenstrenge *f* rigore *m* formale, rigorismo *m* formale.

Form | erfordernis *n* requisito *m* di forma, requisito *m* formale; **~fehler** *m* vizio *m* di forma, vizio *m* formale, difetto *m* di forma; **~frage** *f* questione *f* di forma.

formfrei *adj* a forma libera, non formale, non solenne, non soggetto a particolari formalità, per cui non è richiesta una forma determinata, per cui non è richiesta una forma particolare, per cui non è prevista una forma specifica, per cui non è richiesta l'osservanza di fomalità.

Form | freiheit *f VertragsR* libertà *f* di forma, libertà *f* della forma; **~gebrechen** *n (A)* vizio *m* di forma, difetto *m* di forma.

formgerecht *adj* nella dovuta forma, nella forma prescritta, nelle forme richieste, nelle forme di legge, in modo corretto, regolarmente.

Form | gerechtigkeit *f* regolarità *f* formale; **~gültigkeit** *f* validità *f* di forma; **~kaufmann** *m* soggetto *m* considerato imprenditore per ragioni di forma.

förmlich *adj* formale, nella dovuta forma, ufficiale.

Förmlichkeit *f* formalità *f*; **ohne ~en** senza formalità; **wesentliche ~** *f* formalità *f* essenziale.

formlos *adj* informale, non formale, non solenne, senza prescrizioni di forma, semplice.

Form | mangel *m* vizio *m* di forma, vizio *m* formale, difetto *m* di forma; **~nichtigkeit** *f* nullità *f* di forma;

~pflicht *f* vincolo *m* di forma, obbligo *m* di forma.
formpflichtig *adj* a forma vincolata, soggetto a vincoli di forma.
Form | sache *f* questione *f* di forma, formalità *f*; **~strenge** *f* rigore *m* formale, rigorismo *m* formale.
Formular *n* modulo *m*; **~buch** *n* formulario *m*.
Formularienbuch *n (A)* formulario *m*.
Formularvertrag *m* contratto *m* tipo.
formulieren *v* formulare.
Formulierung *f* formulazione *f*.
Form | ungültigkeit *f* invalidità *f* formale; **~verletzung** *f*; **~verstoß** *m* violazione *f* di forma, vizio *m* di forma, vizio *m* formale, irregolarità *f* formale, inosservanza *f* della forma prescritta.
Formvorschrift *f* prescrizione *f* di forma, prescrizione *f* formale, vincolo *m* di forma, obbligo *m* di forma, formalità *f*; **wesentliche ~en** *fpl* forme *fpl* ad substantiam.
formwidrig *adj* contrario alla forma, non conforme alla forma richiesta, in forma diversa da quella prescritta (o: prevista), non fatto nella forma prescritta (o: prevista).
Form | widrigkeit *f* vizio *m* di forma, vizio *m* formale, irregolarità *f* formale, inosservanza *f* della forma prescritta; **~zwang** *m* vincolo *m* di forma, obbligo *m* di forma.
forschen *v* [nach *Dat*] ricercare, indagare [su], fare indagini [su], investigare [su], condurre ricerche (scientifiche).
Forscher/in *m/f* studioso/-a *m/f*, ricercatore/-trice *m/f*.
Forschung *f* ricerca *f*, indagini *fpl*, investigazione *f*, studio *m*, ricerca *f* (scientifica); **Europäischer Ausschuss** *m* **für ~ und Entwicklung** *EuR* Comitato *m* europeo della ricerca e dello sviluppo.
Forst | amt *n* ufficio *m* forestale; **~aufseher** *m* guardia *f* forestale; **~beamter/-beamtin** *m/f* funzionario *m* forestale; **~behörde** *f* autorità *f* forestale, ente *m* forestale; **~frevel** *m* reato *m* forestale; **~hüter** *m* guardia *f* forestale; **~polizei** *f* polizia *f* forestale; **~recht** *n* diritto *m* forestale; **~verwaltung** *f* amministrazione *f* forestale, amministrazione *f* del patrimonio forestale.
Fortbestand *m* continuità *f*, durata *f*, perpetuazione *f*, sopravvivenza *f*.
fortbestehen *v* continuare, continuare a esistere, continuare a sussistere, durare, sopravvivere.
fortfolgende (*Abk* = **ff.**) *(§, Art.)* ss., (e) segg.
fortgeltend *adj* ultrattivo.
Fortgeltung *f (von Gesetzen)* ultrattività *f*.
fortgesetzt *adj* continuato, continuo.
Fortschreibung *f* registrazione *f* progressiva, *(Aktualisierung)* aggiornamento *m*.
fortsetzen *v* continuare, proseguire.
Fortsetzung *f* continuazione *f*, proseguimento *m*, prosecuzione *f*, seguito *m*, prosieguo *m*; **~** *f* **des Arbeitsverhältnisses** *ArbR* prosecuzione *f* del rapporto di lavoro; **~** *f* **der Ehe** *FamR* prosecuzione *f* del matrimonio, continuazione *f* del matrimonio; **~** *f* **der Gesellschaft** *GesR* proroga *f* della società; **~** *f* **des Vertrags** *VertragsR* rinnovo *m* del contratto.
Fortsetzungs | delikt *n StrafR* reato *m* continuato; **~gefahr** *f (CH) StrafR* pericolo *m* di ulteriore commissione di reati; **~klausel** *f* clausola *f* di continuazione; **~straftat** *f StrafR* reato *m* continuato; **~zusammenhang** *m StrafR* continuazione *f* (tra più reati), vincolo *m* della continuazione.
Fortwälzung *f* traslazione *f* (dell'imposta).
Fortwirkung *f* effetto *m* continuato.
Fortzahlung *f* pagamento *m* continuato della retribuzione.
Forum *n (lat)* foro *m*, tribunale *m*, forum *m*; **~ shopping** *(lat) IPR* forum shopping *m* (*ricorso al foro più favorevole tra le varie giurisdizioni disponibili*).
Fracht *f* carico *m*, merce *f*, spese *fpl* di trasporto, trasporto *m*, porto *m*, nolo *m*; **gewöhnliche ~** *f (CH)* piccola velocità *f*.

Frachtbörse *f* borsa *f* dei noli.
Frachtbrief *m* *HandelsR* lettera *f* di vettura, lettera *f* di trasporto, lettera *f* di carico, polizza *f* di carico, bollettino *m* di spedizione; **durchgehender ~** *m* lettera *f* di vettura diretta; **internationaler ~** *m* lettera *f* di vettura internazionale.
Frachtbrief | doppel *n* duplicato *m* della lettera di vettura, ricevuta *f* di spedizione; **~dritt** *n* terzo originale *m* della lettera di vettura; **~duplikat** *n* duplicato *m* della lettera di vettura, ricevuta *f* di spedizione.
Frachten | börse *f* borsa *f* dei noli; **~markt** *m* mercato *m* dei noli.
Frachtforderung *f* credito *m* di nolo.
frachtfrei *adj* franco di porto, in porto franco, in porto affrancato, franco di nolo.
Frachtführer/in *m/f* vettore *m*, trasportatore/-trice *m/f*, corriere *m*.
Frachtführer | haftpflicht *f* responsabilità *f* del vettore; **~pfandrecht** *n* privilegio *m* del vettore.
Fracht | gebühr *f*; **~geld** *n* spese *fpl* di trasporto, porto *m*, nolo *m*; **~geschäft** *n* contratto *m* di noleggio, contratto *m* di nolo; **~gut** *n* merce *f* (spedita a piccola velocità); **~karte** *f* foglio *m* di via; **~kosten** *pl* spese *fpl* di trasporto, porto *m*, nolo *m*; **~kurs** *m* quotazione *f* dei noli; **~liste** *f* foglio *m* di via; **~makler/in** *m/f* sensale *m* in noleggi; **~notierung** *f* quotazione *f* dei noli; **~rate** *f*; **~satz** *m* tasso *m* di nolo, tariffa *f* dei noli; **~schein** *m* titolo *m* di trasporto; **~stück** *n* collo *m*; **~tarif** *m* tariffa *f* dei noli; **~versicherung** *f* assicurazione *f* del carico; **~vertrag** *m* contratto *m* di noleggio, contratto *m* di trasporto (*di cose*); **~vorschuss** *m* anticipo *m* sul nolo; **~zuschlag** *m* maggiorazione *f* delle spese di trasporto, supplemento *m* di nolo.
Frage *f* domanda *f*, richiesta *f*, interrogativo *m*, quesito *m*, problema *m*, questione *f*; **eine ~ beanstanden** contestare una domanda; **in ~ stellen** [auch: infrage stellen] mettere in dubbio, mettere in discussione, mettere in questione; **hypothetische ~** *f* questione *f* ipotetica; **juristische ~** *f* questione *f* giuridica; **materiell-rechtliche ~** *f* questione *f* di merito; **offene ~** *f* questione *f* aperta, questione *f* in sospeso, questione *f* (rimasta) irrisolta, questione *f* insoluta, questione *f* da risolvere, punto *m* (rimasto) in sospeso, problema *m* da risolvere, problema *m* in sospeso, problema *m* insoluto; **präjudizielle ~** *f* questione *f* pregiudiziale; **rechtliche ~** *f* questione *f* di diritto, questione *f* legale, questione *f* giuridica, problema *m* giuridico; **sachlich-rechtliche ~** *f* questione *f* di merito; **schwebende ~** *f* questione *f* in sospeso, questione *f* aperta, questione *f* (rimasta) irrisolta, questione *f* insoluta, questione *f* da risolvere, punto *m* (rimasto) in sospeso, problema *m* da risolvere, problema *m* in sospeso, problema *m* insoluto; **~** *f* **der Verfassungsmäßigkeit** questione *f* di costituzionalità, questione *f* di legittimità costituzionale.
Frage | recht *n* diritto *m* di interrogare; **~stellung** *f* impostazione *f* del problema, formulazione *f* di una domanda, problematica *f*, *(Frage)* problema *m*, questione *f*.
fraglich *adj (ungewiss)* dubbio, *(unsicher)* incerto, non chiaro, discutibile, contestabile, problematico, in forse, *(infrage kommend)* in questione, de quo *(lat)*, di cui si tratta, *(betreffend)* in oggetto.
Fraktion *f* frazione *f*, gruppo *m*, gruppo *m* parlamentare; **parlamentarische ~** *f* gruppo *m* parlamentare.
Fraktions | beschluss *m* delibera *f* del gruppo; **~chef/in** *m/f* capogruppo *m/f* (*parlamentare*); **~disziplin** *f* disciplina *f* di gruppo (*obbligo dei membri di un gruppo parlamentare di votare uniformemente*); **~führer/in** *m/f* capogruppo *m/f* (*parlamentare*); **~geschäftsführer/in** *m/f* segretario *m* del gruppo.
fraktionslos *adj* indipendente.
Fraktionslose/r *f/m* indipendente *m/f*.
Fraktions | mitglied *n* membro *m*

del gruppo; **~sitzung** *f* riunione *f* del gruppo; **~sprecher/in** *m/f* portavoce *m/f* del gruppo (*parlamentare*); **~vorlage** *f* proposta *f* di legge (presentata da un gruppo parlamentare); **~vorsitzende/r** *f/m* capogruppo *m/f* (*parlamentare*), presidente *m/f* di gruppo (*parlamentare*); **~vorstand** *m* presidenza *f* del gruppo; **~wechsel** *m* cambio *m* di gruppo parlamentare; **~zwang** *m* appartenenza *f* obbligatoria a un gruppo parlamentare, *(Fraktionsdisziplin)* obbligo *m* dei membri di un gruppo parlamentare di votare uniformemente, disciplina *f* di gruppo.

Franchise *f* franchigia *f*.

Franchise *n* → *Franchising* franchising *m*, affiliazione *f* commerciale.

Franchise | geber/in *m/f* franchisor *m*, affiliante *m/f*; **~nehmer/in** *m/f* franchisee *m*, affiliato/-a *m/f*; **~vertrag** *m* contratto *m* di franchising, contratto *m* di affiliazione commerciale.

Franchising *n* franchising *m*, affiliazione *f* commerciale.

Frankatur *f* affrancazione *f*, affrancamento *m*, affrancatura *f*.

franko *adv* [auch: franco] franco, franco di porto, in franchigia; **~ Bestimmungsort** franco destinazione; **~ Domizil** franco domicilio; **~ Fracht** franco di porto; **~ Zoll** franco dogana.

Frauen | arbeitsschutz *m* tutela *f* della lavoratrice; **~gut** *n (CH)* beni *mpl* della moglie; **~handel** *m* tratta *f* di donne; **~haus** *n* Casa *f* delle Donne (*centro antiviolenza che funge da luogo di prima accoglienza e consulenza per donne che hanno subito o sono minacciate da violenza fisica, psichica, economica e sessuale*); **~quote** *f* quota *f* rosa, quota *f* di genere, quota *f* femminile, quota *f* di (o: per la) rappresentanza femminile, quota *f* per la partecipazione delle donne agli organi rappresentativi istituzionali e ai vertici aziendali; **~rechtlerin** *f* suffragetta *f*, suffragista *f*; **~verband** *m*; **~verein** *m*; **~vereinigung** *f* associazione *f* femminile; **~versicherung** *f* assicurazione *f* delle casalinghe; **~wahlrecht** *n* suffragio *m* femminile, diritto *m* di voto della donna.

frei *adj* libero, *(ungebunden)* liberamente, in libertà, *(unabhängig)* indipendente, indipendentemente, *(dienstfrei)* non lavorativo, non si lavora, *(befreit)* esente, esonerato, *(unbesetzt)* vuoto, *(Stelle)* vacante, *(verfügbar)* disponibile, di dominio pubblico, *(unbedeckt)* scoperto, *(kostenlos)* gratuito, gratuitamente, gratis, franco, in porto franco, affrancato, *(Eisenbahnverkehr)* porto *m* affrancato, porto *m* pagato; **~ von** [*Dat*] libero [da], privo [di], senza; **~ von Beschädigung** franco d'avaria; **~ an Bord** franco a bordo; **~ Grenze** franco confine; **~ Haus** *(Lieferung)* franco domicilio.

Frei | aktie *f* azione *f* gratuita; **~anteil** *m* quota *f* gratuita; **~berufler/in** *m/f* libero/-a professionista *m/f*, professionista *m/f*, freelance *m/f* [o: free-lance], lavoratore/-trice *m/f* autonomo/-a, lavoratore/-trice *m/f* in proprio.

freiberuflich *adj* da (o: come) libero professionista, freelance [o: free-lance], autonomo, indipendente, in proprio.

Frei | betrag *m* = *Steuerfreibetrag, Steuerfreigrenze* quota *f* esente (*da imposta, dalle imposte*), importo *m* esente (*da imposte*), importo *m* non tassato, importo *m* dell'esenzione, reddito *m* non imponibile, abbattimento *m* alla base, franchigia *f*, detrazione *f*; **~beweis** *m ZivProzR* ↔ *Strengbeweis* prova *f* libera (*rimessa al prudente apprezzamento del giudice secondo il principio del libero convincimento*), prova *f* liberamente valutabile (dal giudice), prova *f* liberamente apprezzabile (dal giudice), prova *f* non disciplinata dalla legge, prova *f* rimessa alla valutazione discrezionale del giudice secondo il suo prudente apprezzamento, non acquisita con i mezzi di prova previsti dalla legge e senza necessità di rispettare la disciplina normativa prevista per ciascuno di essi; **~bezirk** *m* zona *f* franca, punto *m* franco.

freibleibend *adj* non vincolante, non impegnativo, senza impegno, senza obbligo.

Freifall *m* decadenza *f* da una concessione mineraria.

Freigabe *f* [1] *(Freilassung)* liberazione *f*, rilascio *m*, *(Aufhebung von Sperren)* sblocco *m*, svincolo *m*, *(beschlagnahmter Gegenstände)* dissequestro *m*, derequisizione *f*, restituzione *f*, liberalizzazione *f*, *(Aufhebung von Regelungen)* deregulation *f*, deregolamentazione *f*; **~ *f* der Mieten** sblocco *m* degli affitti.

Freigabe *f* [2] *(Genehmigung)* autorizzazione *f*, permesso *m*, approvazione *f*, accettazione *f*, *(von Daten)* invio *m*.

Freigang *m (Strafvollzug)* regime *m* di semilibertà.

Freigänger/in *m/f (Strafvollzug)* semilibero/-a *m/f*.

freigeben *v* [1] *(freilassen)* liberare, (ri)mettere in libertà, lasciare libero, aprire, *(Sperren aufheben)* sbloccare, scongelare, svincolare, *(beschlagnahmte Gegenstände)* dissequestrare, derequisire, *(Drogen)* liberalizzare, *(Regeln lockern)* deregolamentare.

freigeben *v* [2] *(genehmigen)* autorizzare, approvare, permettere, concedere (o: dare) un permesso, permettere il libero uso, *(Daten)* inviare.

Frei | gebiet *n* territorio *m* franco; **~gebigkeit** *f* liberalità *f*; **~gebühr** *f* affrancatura *f*; **~gepäck** *n* bagaglio *m* in franchigia; **~gewicht** *n* peso *m* in franchigia, franchigia *f* di porto; **~grenze** *f* limite *m* di esenzione di imposta, quota *f* esente, importo *m* non tassato; **~gut** *n* merce *f* esente da dazio, merce *f* in franchigia; **~hafen** *m* porto *m* franco; **~handel** *m* libero scambio *m*, liberismo *m* economico.

Freihandels | abkommen *n* → *Transatlantische Handels- und Investitionspartnerschaft* accordo *m* di libero scambio; **Europäische ~assoziation** *f* (*Abk* = **EFTA**) *EuR (auch: Europäische Freihandelszone)* Associazione *f* europea di libero scambio; **~bewegung** *f* movimento *m* liberoscambista; **~lehre** *f* liberismo *m*, liberoscambismo *m*; **~politik** *f* politica *f* liberista; **~verein** *m* associazione *f* liberoscambista; **~zone** *f* area *f* di libero scambio.

freihändig *adj* a trattativa privata.

Freihändler/in *m/f* liberista *m/f*, liberoscambista *m/f*.

freihändlerisch *adj* liberista, liberoscambista.

Frei | handverkauf *m* vendita *f* privata, vendita *f* a trattativa privata; **~haus** *n (A)* casa *f* esente da imposta sui fabbricati.

Freiheit *f* libertà *f*, *(Unabhängigkeit)* indipendenza *f*, *(Privileg)* esenzione *f*, esonero *m*, franchigia *f*, margine *m*, privilegio *m*, immunità *f*; **jemanden der (persönlichen) ~ berauben** privare qn. della libertà (personale), sequestrare qn.; **bürgerliche ~ *f*** libertà *f* civile; **geschlechtliche ~ *f*** *(CH)* libertà *f* sessuale; **individuelle ~ *f*** libertà *f* individuale; **persönliche ~ *f*** libertà *f* personale; **politische ~ *f*** libertà *f* politica; **religiöse ~ *f*** libertà *f* religiosa; **sexuelle ~ *f*** libertà *f* sessuale; **~ *f* des Aufenthalts** *(A)* libertà *f* di soggiorno; **~ *f* der Berichterstattung** libertà *f* di cronaca; **~ *f* der Berufswahl** libertà *f* di scelta della professione; **~ *f* des Durchgangsverkehrs** libertà *f* di transito; **~ *f* der Forschung und Lehre** libertà *f* della scienza e dell'insegnamento; **~ *f* des gewerkschaftlichen Zusammenschlusses** libertà *f* sindacale; **~ *f* des Luftraumes** libertà *f* dell'aria; **~ *f* der Meere** libertà *f* del mare; **~ *f* der Meinungsäußerung** libertà *f* di parola, libertà *f* d'opinione, libertà *f* d'espressione, libertà *f* di manifestazione del pensiero; **~ *f* der Religionsausübung** libertà *f* religiosa, libertà *f* di culto; **~ *f* der Schifffahrt** libertà *f* di navigazione; **~ *f* der Stimmabgabe** libertà *f* di voto.

Freiheitsberaubung *f StrafR (§ 239 StGB)* privazione *f* della libertà personale, sequestro *m* di persona.

freiheitsbeschränkend *adj* restrittivo della libertà personale, limitativo della libertà personale.

Freiheits | beschränkung *f* restrizione *f* della libertà personale, limitazione *f* della libertà personale; **~delikt** *n* reato *m* contro la libertà individuale.

freiheitseinschränkend *adj* restrittivo della libertà personale, limitativo della libertà personale.

Freiheitseinschränkung *f* restrizione *f* della libertà personale, limitazione *f* della libertà personale.

freiheitsentziehend *adj* privativo della libertà personale, detentivo.

Freiheits | entziehung *f*; **~entzug** *m* privazione *f* della libertà personale, detenzione *f*; **~ersitzung** *f (A)* usucapio libertatis *(lat)*.

Freiheitsrecht *n* diritto *m* di libertà; **individuelle ~e** *npl* diritti *mpl* individuali di libertà.

Freiheitsschutz *m* tutela *f* della libertà personale, tutela *f* della libertà individuale.

Freiheitsstrafe *f StrafProzR* pena *f* detentiva (*arresto, reclusione o ergastolo*), pena *f* restrittiva della libertà personale; **kurze ~** *f StrafProzR* pena *f* detentiva breve; **lebenslange ~** *f*; **lebenslängliche ~** *f StrafProzR* ergastolo *m*, carcere *m* a vita, reclusione *f* a vita, pena *f* detentiva a vita; **zeitige ~** *f StrafProzR* pena *f* detentiva temporanea (*reclusione, arresto*).

Frei | jahr *n* annualità *f* gratuita, anno *m* libero da ammortamento; **~kauf** *m* riscatto *m*.

freilassen *v* rilasciare, liberare, (ri)mettere in libertà, scarcerare, lasciare libero, affrancare (uno schiavo); **auf Kaution ~** rilasciare su cauzione, liberare su cauzione.

Freilassung *f (Entlassung)* rilascio *m*, liberazione *f*, (ri)messa *f* in libertà, *(aus dem Gefängnis)* scarcerazione *f*, affrancamento *m* (di schiavo); **bedingte ~** *f* liberazione *f* condizionale; **~** *f* **auf Ehrenwort** liberazione *f* sulla parola; **~** *f* **auf Kaution**; **~** *f* **gegen Kaution**; **~** *f* **gegen Sicherheitsleistung** rilascio *m* su cauzione, liberazione *f* su cauzione.

Freiliste *f* elenco *m* delle merci ammesse in franchigia doganale, lista *f* libera.

freimachen *v* affrancare.

Freimachung *f* affrancazione *f*, affrancamento *m*, affrancatura *f*.

Freimachungs | gebühr *f* tassa *f* di affrancamento, affrancatura *f*; **~zwang** *m* affrancatura *f* obbligatoria.

Frei | marke *f* francobollo *m*; **~markt** *m* mercato *m* libero; **~pass** *m (CH)* carta *f* di passo *(CH)*; **~prägung** *f* coniatura *f* libera; **~schein** *m* certificato *m* di franchigia.

freischreiben *v* ammettere in franchigia.

Freischreibung *f* ammissione *f* in franchigia.

freisprechen *v StrafProzR* assolvere, prosciogliere.

Freisprechung *f* [1] *StrafProzR* assoluzione *f*, proscioglimento *m*.

Freisprechung *f* [2] *(Ausbildung)* certificato *m* di finito apprendistato.

Freispruch *m StrafProzR* assoluzione *f*, proscioglimento *m*; **~** *m* **aus Mangel an Beweisen**; **~** *m* **mangels Beweises** *StrafProzR* assoluzione *f* per insufficienza (o: mancanza) di prove; **~** *m* **wegen erwiesener Unschuld** *StrafProzR* assoluzione *f* per non aver commesso il fatto, assoluzione *f* con formula piena.

Freistaat *m* Stato *m* libero.

freistehend *adj* libero, indipendente, autonomo.

freistellen *v* [1] [von *Dat*] *(befreien)* esonerare [da], esentare [da], dispensare [da], esimere [da], liberare [da], tenere indenne [da], esonerare (il dipendente) dal prestare (materialmente) la propria attività lavorativa durante il periodo di preavviso; **von der Arbeit ~**; **von der Arbeitsleistung ~** *(einen Arbeitnehmer von der Pflicht zur Erbringung seiner Arbeitsleistung entbinden)* esonerare (il dipendente) dal prestare (materialmente) la propria attività lavorativa (durante il periodo di preavviso).

freistellen *v* [2] *(freigeben, aufheben)* sbloccare, svincolare.

freistellen *v* [3] *(überlassen, entscheiden lassen)* rimettere, lasciar(e) decidere, lasciar(e) libero, lasciare.

Freistellung *f* [1] [von *Dat*] *(Befreiung)* esenzione *f* [da], esonero *m* [da], dispensa *f* [da], liberazione *f* [da]; **~ *f* von der Arbeit**; **~ *f* von der Arbeitsleistung** esonero *m* (del dipendente) dal prestare (materialmente) la propria attività lavorativa (durante il periodo di preavviso), esonero *m* dal lavoro; **~ *f* von der Haftung** esonero *m* dalla responsabilità; **~ *f* vom Wehrdienst** esonero *m* dal servizio militare.

Freistellung *f* [2] *(Freigabe, Aufhebung)* sblocco *m*, svincolo *m*.

Freistellungs | antrag *m* domanda *f* di esonero; **~auftrag** *m* *SteuerR (zur Vorlage bei Banken, Kreditinstituten und Sparkassen zur Freistellung von Sparzinsen und anderen Kapitalerträgen von der Abgeltungsteuer)* richiesta *f* di esonero, richiesta *f* di esenzione (*da imposta sui redditi di capitale (interessi e dividendi) fino a un massimo di 801 € per singoli e 1602 per coniugi/coppie*); **~bescheinigung** *f* certificato *m* di esonero, certificato *m* di esenzione.

Freitod *m (Selbstmord)* suicidio *m*.

Freiverkehr *m (Börse)* mercato *m* libero, contrattazioni *fpl* fuori borsa; **geregelter ~** *m (Börse)* mercatino *m*, mercato *m* libero disciplinato dalle autorità di borsa; **ungeregelter ~** *m (Börse)* terzo mercato *m*.

Freiverkehrsmarkt *m* mercato *m* libero.

freiwillig *adj* volontario.

Freiwillige Selbstkontrolle *f* (*Abk* = **FSK**) Autocensura *f* volontaria, Autoregolamentazione *f* volontaria (dell'industria cinematografica).

Freiwilligkeit *f* libera volontà *f*.

Frei | zeichen *n* insegna *f* o marchio *m* non appropriabile; **~zeichnung** *f* esenzione *f*, esonero *m*, franchigia *f*; **~zeichnungsklausel** *f* clausola *f* dell'irresponsabilità.

Freizeit | arrest *m (Jugendstrafrecht)* arresto *m* festivo; **~ausgleich** *m* *ArbR* riposo *m* compensativo (quantitativamente equivalente alla durata delle prestazioni straordinarie effettivamente rese, in luogo del relativo compenso economico), riposo *m* compensativo per le ore di lavoro straordinario prestato e non liquidato, giorni *mpl* di riposo compensativo per lavoro straordinario prestato; **~unfall** *m* *SozialR* infortunio *m* (occorso/verificatosi) nel tempo libero; **~wert** *m* valore *m* ricreativo, funzione *f* ricreativa, importanza *f* ricreativa.

Freizone *f* zona *f* franca.

Freizügigkeit *f EuR* libera circolazione *f*, libertà *f* di circolazione e di soggiorno (nel territorio degli Stati membri), libero movimento *m*, mobilità *f*, libertà *f* di passare da una cassa mutua malattie all'altra *(CH)*; **~ *f* der Arbeitnehmer** *EuR* libera circolazione *f* dei lavoratori, mobilità *f* del lavoro.

freizügigkeitsberechtigt *adj EuR (Unionsbürger)* (cittadino dell'Unione europea) avente diritto a circolare e soggiornare liberamente nel territorio degli Stati membri.

Freizügigkeits | berechtigung *f*; **~recht** *n EuR (der Unionsbürger)* diritto *m* (dei cittadini dell'Unione europea) di circolare e di soggiornare liberamente nel territorio degli Stati membri.

Fremd | abtreibung *f* aborto *m* procurato da altri; **~besitz** *m* *SachenR* detenzione *f*; **~besitzer** *m* [f: Fremdbesitzerin] *SachenR* detentore *m* (*qualificato*); **~besitzerexzess** *m SachenR* eccesso *m* del detentore; **~depot** *n* deposito *m* presso terzi.

fremdenfeindlich *adj* xenofobo.

Fremden | feindlichkeit *f*; **~hass** *m* xenofobia *f*; **~recht** *n* diritto *m* degli stranieri.

Fremd | finanzierung *f* finanziamento *m* passivo, finanziamento *m* con capitale altrui, finanziamento *m* da parte di terzi; **~geschäftsführer/in** *m/f GesR*

(Geschäftsführer, der keine Gesellschaftsanteile hat) amministratore *m* non socio, amministratore *m* esterno (alla società stessa), amministratore *m* estraneo; **~kapital** *n* capitale *m* mutuato, capitale *m* prestato, capitale *m* di prestito, capitale *m* di credito, capitale *m* esterno, capitale/-i m/pl altrui, capitale/-i m/pl di terzi; **~konto** *n* conto *m* tenuto da terzi; **~mittel** *npl* capitali *mpl* di terzi, capitali *mpl* altrui, capitali *mpl* mutuati, capitali *mpl* prestati, mezzi *mpl* altrui, mezzi *mpl* di altri; **~rente** *f* pensione *f* per profughi e apolidi; **~verschulden** *n* colpa *f* altrui; **~verschuldung** *f* indebitamento *m*; **~versicherung** *f* assicurazione *f* per conto di terzi; **~währung** *f* valuta *f* estera.

Fremdwährungs | anleihe *f* prestito *m* in valuta estera; **~forderung** *f* credito *m* in valuta estera; **~geschäft** *n* operazione *f* in valuta estera; **~klausel** *f* clausola *f* di cambio; **~konto** *n* conto *m* in valuta estera; **~kredit** *m* credito *m* in valuta estera; **~scheck** *m* assegno *m* in valuta estera; **~schuld** *f* debito *m* in valuta estera; **~versicherung** *f* assicurazione *f* in valuta estera.

Freundschafts | kauf *m* vendita *f* a prezzo d'amico; **~vertrag** *m* trattato *m* d'amicizia, patto *m* d'amicizia.

Frieden, öffentlicher ~ *m* pace *f* pubblica.

Friedensbürgschaft *f (CH) StrafProzR* cauzione *f* preventiva *(CH)*, cauzione *f* di buona condotta.

friedenserhaltend *adj* di mantenimento della pace.

Friedens | erhaltung *f* mantenimento *m* della pace; **~gericht** *n* ufficio *m* di conciliazione, conciliazione *f*; **~konferenz** *f* conferenza *f* di pace; **Haager ~konferenzen** *fpl VölkerR (1899 und 1907)* Conferenze *fpl* dell'Aja per la pace; **~miete** *f* pigione *f* del tempo di pace; **~palast** *m (Den Haag, Sitz des Internationalen Gerichtshofs)* Palazzo *m* della Pace; **~pflicht** *f ArbR* dovere *m* di pace sindacale; **~regelung** *f* regolamento *m* della pace; **~richter/in** *m/f* giudice *m* di pace, conciliatore *m*, giudice *m* conciliatore; **~sicherung** *f* tutela *f* della pace; **~störung** *f* turbamento *m* della pace; **~vereinbarung** *f* accordo *m* di pace; **~verhandlungen** *fpl* negoziati *mpl* di pace, trattative *fpl* di pace; **~vermittler/in** *m/f* mediatore *m* di pace; **~vertrag** *m VölkerR* trattato *m* di pace; **~wahrung** *f* mantenimento *m* della pace.

Frist *f (festgesetzter Zeitraum)* tempo *m* (stabilito/determinato), periodo *m*, *(Termin)* termine *m*, scadenza *f*, *(Kündigungsfrist)* preavviso *m*, *(Aufschub)* proroga *f*, dilazione *f*, rinvio *m*; **die ~ ist abgelaufen** il termine è scaduto, il termine è decorso; **die ~ beginnt mit** [*Dat*] il termine decorre da; **die ~ beginnt mit Zustellung** il termine decorre dalla notifica; **die ~ beginnt zu laufen** il termine decorre; **eine ~ bestimmen** fissare un termine, fissare una scadenza; **eine ~ bewilligen** concedere un termine, concedere una proroga, accordare una dilazione, accordare un rinvio; **eine ~ einhalten** rispettare un termine, rispettare una scadenza, osservare un termine, osservare una scadenza; **eine ~ gewähren** concedere un termine, concedere una proroga, accordare una dilazione, accordare un rinvio; **eine ~ setzen** fissare un termine, porre un termine, fissare una scadenza; **eine ~ verlängern** prorogare un termine, prorogare una scadenza; **eine ~ versäumen** non rispettare un termine, non rispettare una scadenza, non osservare un termine, non osservare una scadenza; **die ~ verstreichen lassen** far(e) trascorrere il termine, lasciar(e) scadere il termine, lasciar(e) passare il termine, non rispettare il termine, non rispettare la scadenza; **die ~ ist verstrichen** il termine è scaduto, il termine è decorso; **die ~ wahren** rispettare il termine, rispettare la scadenza, osservare il termine, observare la scadenza; **angemessene ~** *f* termine *m* ragionevole, congruo termine *m*; **aufschiebende ~** *f* termine *m* sospensivo; **bestimmte ~** *f* termine *m* certo; **gerichtliche ~** *f* termine *m* giudiziale; **gesetzlich bestimmte ~** *f* termine *m* fissato dalla legge; **gesetzliche ~** *f* termine *m* legale; **präklusive ~** *f* termine *m* di preclusione; **prozessrechtliche ~** *f* termine *m* processuale; **richterliche ~** *f* termine *m* giudiziario; **satzungsmäßige ~** *f* termine *m* statutario; **vereinbarte ~** *f* termine *m* convenzionale; **verfahrensrechtliche ~** *f* termine *m* processuale; **verlängerbare ~** *f* termine *m* prorogabile.

Fristablauf *m* scadenza *f* del termine, scadere *m* del termine, spirare *m* del termine, decorso *m* del termine; **mit ~** alla scadenza del termine, allo scadere del termine, allo spirare del termine; **nach ~** dopo la scadenza del termine, dopo lo scadere del termine, dopo lo spirare del termine, scaduto il termine, decorso il termine; **nach erfolglosem ~; nach fruchtlosem ~** decorso infruttuosamente il termine, decorso inutilmente il termine, trascorso inutilmente detto termine; **vor ~** prima della scadenza del termine, prima dello scadere del termine, prima dello spirare del termine, prima del decorso del termine.

Frist | ansetzung *f (CH)* fissazione *f* di un termine; **~aufschub** *m* proroga *f*, dilazione *f*, rinvio *m*; **~beginn** *m* inizio *m* della decorrenza del termine, decorrenza *f* del termine, decorrenza *f* dei termini, dies a quo *(lat)*, termine *m* iniziale; **~berechnung** *f* computo *m* del termine; **~bestimmung** *f* fissazione *f* di un termine; **~bewilligung** *f* concessione *f* di un termine, concessione *f* di una proroga; **~einhaltung** *f* rispetto *m* di un termine, rispetto *m* di una scadenza, osservanza *f* di un termine, osservanza *f* di una scadenza; **~einräumung** *f* concessione *f* di un termine, concessione *f* di una proroga.

Fristenablauf *m (A)* scadenza *f* del termine, scadere *m* del termine, spirare *m* del termine, decorso *m* del termine.

Fristende *n* scadenza *f* del termine, scadere *m* del termine, spirare *m* del termine, decorso *m* del termine (o: dei termini), dies ad quem *(lat)*, termine *m* finale, termine *m* ultimo.

fristenhemmend *adj* sospensivo.

Fristen | hemmung *f* sospensione *f* dei termini; **~lauf** *m (A)* decorrenza *f* del termine, decorrenza *f* dei termini; **~unterbrechung** *f* interruzione *f* dei termini.

Fristerstreckung *f (A, CH)* estensione *f* del termine.

frist | gemäß *adj*; **~gerecht** *adj* entro il termine stabilito/convenuto/fissato/prescritto, nel termine stabilito/convenuto/fissato/prescritto, entro i termini (di decadenza), nei termini (di decadenza), in termine utile, in tempo utile, nei tempi dovuti, entro la data convenuta, tempestivo, puntuale.

Frist | hemmung *f* sospensione *f* del termine; **~kürzung** *f* abbreviazione *f* del termine; **~lauf** *m* decorrenza *f* del termine, decorrenza *f* dei termini, dies a quo *(lat)*, termine *m* iniziale.

fristlos *adj* senza preavviso, senza dare il preavviso, senza rispettare il termine di preavviso (pattuito), in tronco.

Frist | setzung *f* fissazione *f* di un termine; **~setzungsantrag** *m (A)* domanda *f* di fissazione di termine; **~überschreitung** *f* superamento *m* del termine, inosservanza *f* del termine, mancato rispetto *m* del termine, mancato rispetto *m* della scadenza; **~verkürzung** *f* abbreviazione *f* del termine; **~verlängerung** *f* proroga *f*, dilazione *f*, rinvio *m*, estensione *f* dei termini; **~versäumnis** *f*; **~versäumung** *f* inosservanza *f* del termine, mancato rispetto *m* del termine; **~wahrung** *f* osservanza *f* di un (o: del) termine, osservanza *f* di una (o: della) scadenza, rispetto *m* di un (o: del) termine, rispetto *m* di una (o: della) scadenza.

Fruchtbezug *m* percezione *f* dei frutti.

frucht | bezugsberechtigt *adj* usufruttuario; **~bringend** *adj* fruttifero.

Früchte *fpl* frutti *mpl*; **bürgerliche ~** *fpl* frutti *mpl* civili; **natürliche ~** *fpl* frutti *mpl* naturali; **stehende ~** *fpl* frutti *mpl* pendenti.

Fruchterwerb *m* acquisto *m* dei frutti.

Fruchtgenuss *m (A) SachenR* usufrutto *m*; **~einräumung** *f (A) SachenR* concessione *f* di usufrutto.

fruchtlos *adj* [1] *(unfruchtbar)* infruttifero.

fruchtlos *adj* [2] *(nutzlos)* infruttuoso, inutile, vano, sterile, inefficace.

Fruchtnießer/in *m/f (A) SachenR* usufruttuario/-a *m/f*.

Fruchtnießung *f (A) SachenR (§§ 509 ff. ABGB)* usufrutto *m*; **übermäßige ~** *f (A) SachenR* abuso *m* di usufrutto.

Fruchtziehung *f SachenR* usufrutto *m*; **übermäßige ~** *f SachenR (§ 1039 BGB)* abuso *m* di usufrutto.

Fruchtziehungsrecht *n SachenR* diritto *m* di usufrutto.

Früh | ehe *f* matrimonio *m* di minorenni; **~invalidität** *f* invalidità *f* prematura; **~pensionierung** *f* prepensionamento *m*, pensionamento *m* anticipato.

frühzeitig *adj* [1] *(vorzeitig)* precoce, prematuro, anticipato, precocemente, prematuramente.

frühzeitig *adj* [2] *(rechtzeitig)* tempestivo, per tempo, presto.

FSK (*Abk* = **Freiwillige Selbstkontrolle**) Autocensura *f* volontaria, Autoregolamentazione *f* volontaria (dell'industria cinematografica).

Führen *n* guida *f*; **~** *n* **von Kraftfahrzeugen** guida *f* di autoveicoli; **unbefugtes ~** *n* **von Waffen** porto *m* abusivo di armi.

Führer *m* [f: Führerin] dirigente *m/f*, direttore/-trice *m/f*, leader *m/f*, capo *m*, guida *f*, gerente *m/f*, gestore *m*; **~ausweis** *m (CH)* patente *f* (di guida); **~prinzip** *n* principio *m* autoritario.

Führerschein *m* patente *f* (di guida); **den ~ entziehen** ritirare la patente (di guida); **ohne ~ fahren** guidare senza patente; **den ~ vorweisen** esibire la patente (di guida); **internationaler ~** *m* permesso *m* internazionale di guida, patente *f* (di guida) internazionale.

Führerschein | entzug *m* ritiro *m* della patente (di guida); **~inhaber/in** *m/f* titolare *m/f* della patente (di guida).

Führung *f* [1] comando *m*, governo *m*, gestione *f*, guida *f*, conduzione *f*, *(Verwaltung)* amministrazione *f*, *(Leitung)* direzione *f*, dirigenza *f*, *(leitende Personengruppe)* dirigenti *mpl*, direttori *mpl*, *(von Partei)* direttivo *m*, vertice *m*, (massimi) vertici *mpl*, quadri *mpl* (*direttivi, dirigenti*), *(führende Stellung)* primo posto *m*, leadership *f*, vantaggio *m*, *(Gebrauch)* maneggio *m*, uso *m*, *(Innehaben)* detenzione *f*, *(der Geschäftsbücher)* tenuta *f*, *(Besichtigung)* visita *f* guidata; **~** *f* **der Bücher** tenuta *f* dei libri, contabilità *f*, tenuta *f* della contabilità; **~** *f* **eines falschen Namens** uso *m* di nome falso; **~** *f* **der Geschäfte** amministrazione *f*, gestione *f*, attività *f* gestoria, gestione *f* aziendale, gestione *f* di azienda, gestione *f* di impresa, gestione *f* di affari; **~** *f* **des Namens** uso *m* del nome; **~** *f* **des Titels** uso *m* del titolo.

Führung *f* [2] *(Benehmen, Verhalten)* comportamento *m*, condotta *f*; **gute ~** *f* buona condotta *f*; **schlechte ~** *f* cattiva condotta *f*.

Führungs | aufsicht *f StrafR (Maßregel der Besserung und Sicherung) (§§ 68–68g StGB)* vigilanza *f* sulla condotta, sorveglianza *f* sulla condotta, libertà *f* vigilata; **~pflicht** *f (CH)* obbligo *m* di offerta; **~provision** *f* provvigione *f* di gestione.

Führungszeugnis *n (D) StrafR (früher: polizeiliches Führungszeugnis)* certificato *m* del casellario giudiziale (o: giudiziario), certificato *m* di buona condotta, certificato *m* penale, fedina *f* penale; **~** *n* **über** [*Akk*] *StrafR* certificato *m* del casellario giudiziale al nome di.

Fuhr | unternehmen *n* impresa *f* di

trasporti; **~unternehmer/in** *m/f* titolare *m/f* di impresa di trasporti.

Fund *m* [1] ritrovamento *m*, rinvenimento *m*, *(Fundstück)* oggetto *m* rinvenuto.

Fund *m* [2] *SachenR (Form des Eigentumserwerbs) (§§ 965–984 BGB)* invenzione *f*.

Fund | amt *n (A)* ufficio *m* (degli) oggetti smarriti, ufficio *m* (degli) oggetti rinvenuti; **~anzeige** *f* denuncia *f* di ritrovamento; **~büro** *n* ufficio *m* (degli) oggetti smarriti, ufficio *m* (degli) oggetti rinvenuti; **~diebstahl** *m* furto *m* di cosa ritrovata; **~gegenstand** *m*; **~gut** *n* cosa *f* ritrovata, oggetto *m* ritrovato, oggetto *m* rinvenuto.

Fundierungsanleihe *f* prestito *m* consolidato.

Fund | ort *m* luogo *m* di ritrovamento, luogo *m* del rinvenimento; **~recht** *n* diritto *m* di invenzione, diritto *m* di scoperta; **~sache** *f* cosa *f* ritrovata, oggetto *m* ritrovato, oggetto *m* rinvenuto.

Fundstelle *f* [1] *(Fundort)* luogo *m* di ritrovamento, luogo *m* del rinvenimento.

Fundstelle *f* [2] *(Quelle)* fonte *f*.

Fund | stellenangabe *f* citazione *f*; **~unterschlagung** *f* appropriazione *f* di cosa smarrita, appropriazione *f* di cosa trovata.

Fünfersenat *m (A) ProzR* sezione *f* composta di 5 membri.

Fünf | prozentklausel *f (Wahlrecht)* clausola *f* della percentuale minima del 5% (dei voti); **~tagewoche** *f* settimana *f* di cinque giorni, settimana *f* corta.

Funktion *f* funzione *f*, carica *f*, ufficio *m*; **eine ~ ausüben** esercitare una funzione; **in beratender ~** con funzione consultiva; **doppelte ~** *f* doppia funzione *f*; **gesetzgebende ~** *f* funzione *f* legislativa; **leitende ~** *f* funzione *f* direttiva; **politische ~** *f* funzione *f* politica.

Funktionär/in *m/f* funzionario *m* (*di sindacato, partito politico*).

Funktionsfähigkeit *f* **der Rechtspflege** funzionalità *f* della giustizia.

Funktionsträger *m* funzionario *m*; **ehrenamtlicher ~** *m* funzionario *m* onorario.

Funktionszulage *f* indennità *f* di servizio.

Für *n* pro *m*; **das ~** *n* **und Wider** *n* il pro *m* e il contro *m*.

Furchterregung *f (CH)* minaccia *f*.

Fürsorge *f (Sorge)* cura *f*, premure *fpl*, *(organisierte Hilfstätigkeit)* assistenza *f* (sociale), *(staatliche Hilfstätigkeit)* previdenza *f* sociale, *(Einrichtung)* ente *m* assistenziale, patronato *m*; **soziale ~** *f* assistenza *f* sociale.

Fürsorgeabkommen *n* convenzione *f* di assistenza (sociale); **Europäisches ~** *n* (*Abk* = **EFA**) *EuR* Convenzione *f* europea di assistenza sociale e medica.

Fürsorge | leistung *f* prestazione *f* assistenziale, prestazione *f* previdenziale; **~pflicht** *f* obbligo *m* di assistenza, obbligo *m* assistenziale, assistenza *f* obbligatoria; **~pflichtverletzung** *f* violazione *f* dell'obbligo di assistenza; **~recht** *n* diritto *m* previdenziale.

Fürsprache *f* intercessione *f*.

Fürsprech *m (CH) = Fürsprecher m* avvocato *m*.

Fürtrag *m (A)* riporto *m*.

Fusion *f GesR* fusione *f*.

fusionieren *v GesR* fondersi, unirsi.

Fusionierung *f GesR* fusione *f*.

Fusions | abkommen *n GesR* accordo *m* di fusione; **~bilanz** *f GesR* bilancio *m* di fusione; **~gesellschaft** *f GesR* società *f* risultante dalla fusione; **~kontrolle** *f GesR* controllo *m* sulle (o: delle) fusioni; **~kontrollverordnung** *f EuR → s. Anhang 3 a)* Regolamento *m* comunitario sulle concentrazioni (*Regolamento (CE) n. 139/2004 del Consiglio, del 20 gennaio 2004, relativo al controllo delle concentrazioni tra imprese*); **~kosten** *pl GesR* spese *fpl* di fusione.

Fusionsvertrag *m* [1] *GesR* contratto *m* di fusione.

Fusionsvertrag *m* [2] *EuR (Vertrag zur Einsetzung eines gemeinsamen Rates und einer gemeinsamen Kommission der Europäischen Gemeinschaften)*

Trattato *m* di fusione (*Trattato che istituisce un Consiglio unico ed una Commissione unica delle Comunità europee*).

Fuß, auf freien ~ setzen *StrafProzR* mettere a piede libero, rimettere in libertà.

Fußfessel, elektronische ~ *f* *StrafProzR* braccialetto *m* elettronico (*antievasione indossato alla caviglia*).

Fußnote *f* nota *f* in calce, nota *f* a piè di pagina.

FWD (*Abk* = **Freiwilliger Wehrdienst**) *(D)* servizio *m* militare volontario, servizio *m* di leva volontario.

G

GA (*Abk* = **Gerichtsakte**) fascicolo *m* d'ufficio, fascicolo *m* del giudice.

Gage *f* paga *f*, cachet *m*, compenso *m*, onorario *m* (*di artisti*).

Gang *m (Verlauf)* andamento *m*, corso *m*, svolgimento *m*, sviluppo *m*; **~** *m* **der Geschäfte** andamento *m* degli affari; **~** *m* **eines Prozesses** svolgimento *m* di un processo.

gangbar *adj (Ware) = gängig* corrente, facilmente vendibile, *(begehbar)* praticabile.

ganz oder teilweise in tutto o in parte.

ganztägig *adj* che dura tutto il giorno, a tempo pieno.

Ganztagsbeschäftigung *f* lavoro *m* a tempo pieno, occupazione *f* a tempo pieno, occupazione *f* full-time.

GAP (*Abk* = **Gemeinsame Agrarpolitik**) *EuR* politica *f* agricola comune *(PAC)*.

Garant *m* garante *m*; **als ~** per garanzia, per avallo, per buon fine.

Garanten | pflicht *f (bei Unterlassungsdelikt)* obbligo *m* del garante (*di impedire l'evento*); **~stellung** *f (bei Unterlassungsdelikt)* posizione *f* di garante (*situazione giuridica della persona che ha l'obbligo di impedire l'evento*).

Garantie *f* garanzia *f* (*impropria: oltre il termine previsto dalla legge*), garanzia *f* personale, fideiussione *f*; **(eine) ~ gewähren**; **(eine) ~ leisten**; **(eine) ~ übernehmen** [für *Akk*] prestare una garanzia, rilasciare una garanzia, assumersi la garanzia, garantire; **finanzielle ~** *f* garanzia *f* finanziaria; **geleistete ~** *f*; **gewährte ~** *f* garanzia *f* prestata.

Garantie | abkommen *n* accordo *m* di garanzia, trattato *m* di garanzia; **~ausschluss** *m* esclusione *f* della garanzia; **~begünstigte/r** *f/m* beneficiario/-a *m/f* della garanzia; **~betrag** *m* importo *m* della garanzia, ammontare *m* della garanzia; **~depot** *n* deposito *m* di garanzia; **~empfänger/in** *m/f* garantito *m*; **~erklärung** *f* dichiarazione *f* di garanzia, garanzia *f*; **~fonds** *m* fondo *m* di garanzia; **~frist** *f* periodo *m* di garanzia; **~funktion** *f* funzione *f* di garanzia; **~geber/in** *m/f* garante *m/f*; **~gebühr** *f* diritto *m* di garanzia, provvigione *f* di garanzia; **~geschäft** *n* contratto *m* di garanzia; **~kapital** *n* capitale *m* di garanzia; **~kasse** *f* cassa *f* di garanzia; **~kauf** *m* compera *f* garantita; **~klage** *f* chiamata *f* in garanzia, domanda *f* di garanzia; **~klausel** *f* clausola *f* di garanzia; **~konsortium** *n* consorzio *m* di garanzia, sindacato *m* di garanzia; **~leistung** *f* prestazione *f* di (una) garanzia, rilascio *m* di (una) garanzia, assunzione *f* di (una) garanzia; **~lohn** *m* salario *m* (minimo) garantito; **~menge** *f* quantità *f* garantita; **~nehmer/in** *m/f* beneficiario/-a *m/f* della garanzia, garantito *m*; **~police** *f* polizza *f* di fedeltà; **~preis** *m* prezzo *m* garantito; **~provision** *f* provvigione *f* di garanzia.

garantieren *v* garantire.

Garantie | schein *m* garanzia *f*, certificato *m* di garanzia, lettera *f* di garanzia; **~schreiben** *n* lettera *f* di garanzia; **~stempel** *m* bollo *m* di garanzia; **~syndikat** *n* sindacato *m* di garanzia; **~übernahme** *f* assunzione *f* di (una) garanzia, prestazione *f* di (una) garanzia, rilascio *m* di (una) garanzia; **~verband** *m* sindacato *m* di garanzia; **~verbindlichkeit** *f* obbligazione *f* di garanzia; **~verkauf** *m* vendita *f* garantita; **~verletzung** *f* violazione *f* della garanzia; **~verpflichtung** *f* obbligazione *f* di garanzia; **~versicherung** *f* assicurazione *f* fideiussoria, assicurazione *f* di garanzia; **~versprechen** *n* promessa *f* di garanzia; **~vertrag** *m* contratto *m* di garanzia; **~wert** *m* valore *m* di garanzia; **~zeichen** *n* marchio *m* di garanzia; **~zeit** *f* periodo *m* di garanzia, durata *f* della garanzia, garanzia *f*; **~zeugnis** *n* certificato *m* di garanzia; **~zusage** *f* promessa *f* di garanzia.

Gaschromatographie *f (zur Blutalkoholbestimmung)* gascromatografia *f*.

GASP (*Abk* = **Gemeinsame Außen- und Sicherheitspolitik**) *EuR* politica *f* estera e di sicurezza comune *(PESC)*.

Gast *m* cliente *m/f*, ospite *m/f*, invitato/-a *m/f*; **~aufnahmevertrag** *m* contratto *m* di albergo; **~recht** *n* diritto *m* di ospitalità; **~stätteninhaber/in** *m/f* esercente *m/f*; **~wirt** *m* albergatore *m*; **~wirtshaftung** *f* responsabilità *f* dell'albergatore; **~wirtsvertrag** *m* contratto *m* di albergo.

GATT (*Abk* = **Allgemeines Zoll- und Handelsabkommen**) Accordo *m* generale sulle tariffe doganali e sul commercio.

Gattung *f* genere *m*, specie *f*, categoria *f*, tipo *m*, classe *f*.

Gattungs | kauf *m* ↔ *Stückkauf* vendita *f* di cosa generica, vendita *f* di cosa determinata solo nel genere, vendita *f* generica; **~sache** *f* cosa *f* generica, cosa *f* determinata solo nel genere; **~schenkung** *f* donazione *f* di cosa generica; **~schuld** *f* *(§ 243 BGB)* obbligazione *f* di genere, obbligazione *f* generica; **~vermächtnis** *n* *ErbR* legato *m* di genere, legato *m* di quantità; **~warenschuld** *f* obbligazione *f* di genus limitatum, obbligazione *f* di quasi genus.

GAV [1] (*Abk* = **Gewinnabführungsvertrag**) *GesR* contratto *m* di trasferimento di utili (*dalla società controllata al soggetto controllante, in virtù del quale la prima attribuisce al secondo i propri utili o le proprie perdite*).

GAV [2] (*Abk* = **Gesamtarbeitsvertrag**) *(CH) ArbR (Artt. 356–358 OR)* contratto *m* collettivo di lavoro *(CCL) (CH)*.

GBO (*Abk* = **Grundbuchordnung**) *(D)* legge *f* tavolare (tedesca), legge *f* (tedesca) sui libri fondiari.

GbR (*Abk* = **Gesellschaft des bürgerlichen Rechts**) *(§§ 705 ff. BGB)* società *f* semplice, società *f* (di diritto) civile.

geb. (*Abk* = **geboren**) nato/-a, *(per le donne coniugate)* nome + cognome da nubile + in + cognome del marito (*anche: nome + cognome da nubile + coniugata + cognome del marito*).

Gebaren *n* contegno *m*, comportamento *m*.

Gebarung *f* gestione *f*, amministrazione *f*.

Gebarungs | abgang *m (A)*; **~defizit** *n*; **~verlust** *m* disavanzo *m* di gestione, deficit *m* di gestione.

Gebäude *n* edificio *m*, costruzione *f*, fabbricato *m*, stabile *m*, immobile *m*, palazzo *m*, struttura *f*, complesso *m*; **denkmalgeschütztes ~** *n* edificio *m* dichiarato monumento nazionale, edificio *m* dichiarato patrimonio storico; **gewerbliches ~** *n* fabbricato *m* industriale; **landwirtschaftliches ~** *n* fabbricato *m* rurale; **öffentliches ~** *n* edificio *m* pubblico.

Gebäude | abriss *m* demolizione *f* di un edificio; **~art** *f* tipo *m* di edificio; **~ertragsteuer** *f* imposta *f* sul reddito dei fabbricati; **~haftung** *f* responsabilità *f* per il crollo di fabbricati; **~kataster** *m* catasto *m* (dei) fabbricati; **~steuer** *f* imposta *f* sui fabbricati; **~teil** *m* porzione *f* di fabbricato; **~versicherung** *f* assicurazione *f* immobiliare, assicurazione *f* del fabbricato; **~wert** *m* valore *m* del fabbricato.

Geberland *n* paese *m* donatore.

Gebiet *n (Gegend)* area *f*, territorio *m*, *(Zone)* zona *f*, *(Region)* regione *f*, *(Sachbereich)* campo *m*, ambito *m*, sfera *f*, *(Sektor)* settore *m*, *(Zweig)* ramo *m*, *(Fach)* materia *f*; **auf dem ~** nel campo (di), nel settore (di), in materia (di); **abgetretenes ~** *n* territorio *m* ceduto; **angegliedertes ~** *n* territorio *m* incorporato; **angrenzendes ~** *n* territorio *m* limitrofo, zona *f* limitrofa; **annektiertes ~** *n* territorio *m* annesso; **autonomes ~** *n* zona *f* autonoma; **befreites ~** *n* territorio *m* liberato; **benachbartes ~** *n* territorio *m* limitrofo, zona *f* limitrofa; **besetztes ~** *n* territorio *m* occupato, zona *f* occupata, zona *f* di occupazione; **freies ~** *n* territorio *m* libero; **geräumtes ~** *n* territorio *m* evacuato; **unter Treuhandschaft gestelltes ~** *n*; **unter Treuhand stehendes ~** *n* territorio *m* sotto tutela, territorio *m* sotto amministrazione fiduciaria; **umstrittenes ~** *n* territorio *m* controverso; **unbesetztes ~** *n* territorio *m* non occupato, zona *f* non occupata.

Gebiets- territoriale.

Gebiets | abkommen *n* patto *m* regionale; **~abtretung** *f* cessione *f* di territorio, cessione *f* territoriale; **~agent/in** *m/f* agente *m/f* regionale, agente *m/f* di zona; **~änderung** *f* modificazione *f* territoriale; **~annektion** *f* annessione *f* territoriale; **~ansässige/r** *f/m* residente *m/f*; **~anspruch** *m* rivendicazione *f* territoriale; **~aufteilung** *f (BauR)* suddivisione *f* del territorio, ripartizione *f* del territorio; **~ausschuss** *m* comitato *m* regionale; **~austausch** *m* scambio *m* territoriale, scambio *m* di territorio; **~autonomie** *f* autonomia *f* territoriale; **~bereinigung** *f* regolamento *m* di confine; **~erweiterung** *f* espansione *f* territoriale; **~erwerb** *m* acquisto *m* di territorio; **~forderung** *f* rivendicazione *f* territoriale; **~garantie** *f* garanzia *f* territoriale; **~gemeinde** *f (A)* consorzio *m* di comuni; **~gliederung** *f* divisione *f* territoriale; **~grenze** *f* confine *m* territoriale; **~hoheit** *f* sovranità *f* territoriale, potestà *f* territoriale, competenza *f* giurisdizionale; **~kartell** *n* cartello *m* di zona.

Gebietskörperschaft *f* ente *m* locale, ente *m* territoriale; **lokale und regionale ~en** *fpl EuR* enti *mpl* locali e regionali; **nachgeordnete ~** *f (A)*; **untergeordnete ~** *f* ente *m* (territoriale) minore.

Gebiets | leiter/in *m/f* capo *m* area; **~nachfolger/in** *m/f* successore *m* (su un territorio); **~plan** *m* piano *m* di settore; **~recht** *n* legge *f* territoriale; **~rechte** *npl* diritti *mpl* territoriali; **~stand** *m* situazione *f* dal punto di vista territoriale; **~statut** *n* statuto *m* territoriale; **~übergang** *m*; **~übertragung** *f* trasferimento *m* di territorio; **~veränderung** *f* modificazione *f* territoriale; **~verletzung** *f* violazione *f* di territorio; **~vertreter/in** *m/f* agente *m/f* regionale, agente *m/f* di zona; **~vorgänger/in** *m/f* predecessore *m* (su un territorio); **~zuständigkeit** *f* competenza *f* territoriale, competenza *f* per territorio; **~zuteilung** *f* assegnazione *f* dell'area, ripartizione *f* del territorio.

gebilligt *part* approvato.

geboren *part* (*Abk* = **geb.**) nato/-a, *(per le donne coniugate)* nome + cognome da nubile + in + cognome del marito (*anche: nome + cognome da nubile + coniugata + cognome del marito*).

Gebot *n* [1] *(bei einer Versteigerung)* offerta *f*; **ein ~ abgeben** *(bei Versteigerungen)*; **ein ~ machen** fare un'offerta, offrire; **erstes ~** *n* offerta *f* iniziale; **festes ~** *n* offerta *f* ferma, offerta *f* al fermo; **geringstes ~** *n* offerta *f* minima; **höheres ~** *n* offerta *f* più alta, offerta *f* più elevata;

niedrigeres ~ *n* offerta *f* più bassa, offerta *f* di ribasso.

Gebot *n* [2] *(Anordnung)* norma *f*, precetto *m*, comando *m*, ordine *m*, ingiunzione *f*.

geboten *adj (erforderlich)* necessario, *(angezeigt)* indicato, *(dringend)* urgente.

Gebots | norm *f*; **~satz** *m* norma *f* precettiva; **~zeichen** *n* segnale *m* di obbligo, segnale *m* di prescrizione.

Gebrauch *m* [1] *(Benutzung)* uso *m*, utilizzo *m*, impiego *m*; **von einem Recht ~ machen** esercitare un diritto, avvalersi di un diritto; **~** *m* **einer falschen Urkunde** uso *m* di atto falso; **alleiniger ~** *m* uso *m* esclusivo; **anerkannt ständiger ~** *m* uso *m* costante e riconosciuto; **bestimmungsmäßiger ~** *m* uso *m* appropriato; **eigener ~** *m* uso *m* proprio; **öffentlicher ~** *m* uso *m* pubblico; **persönlicher ~** *m* uso *m* personale; **rechtmäßiger ~** *m* uso *m* legittimo; **ständiger ~** *m* uso *m* costante; **unbefugter ~** *m* uso *m* illecito, uso *m* non autorizzato; **unrechtmäßiger ~** *m* uso *m* illegittimo; **unsachgemäßer ~** *m* uso *m* improprio; **ununterbrochener ~** *m* uso *m* continuo; **vertragsgemäßer ~** *m*; **vertragsmäßiger ~** *m* uso *m* convenuto, uso *m* pattuito, uso *m* determinato nel contratto; **widerrechtlicher ~** *m* uso *m* illegittimo.

Gebrauch *m* [2] *(Sitte)* uso *m*, usanza *f*, costume *m*, consuetudine *f*, prassi *f*.

gebrauchen *v* usare, utilizzare, adoperare, impiegare.

gebräuchlich *adj* solitamente in uso, usuale, comune, corrente, abituale, solito, consueto.

Gebrauchmachen *n* uso *m*.

Gebrauchs | abgabe *f* tassa *f* d'uso; **~abnahmebescheinigung** *f (Haus)* permesso *m* di abitabilità; **~anleitung** *f* istruzioni *fpl* per l'uso; **~anmaßung** *f* furto *m* d'uso; **~anweisung** *f* istruzioni *fpl* per l'uso; **~artikel** *m* articolo *m* d'uso; **~diebstahl** *m* furto *m* d'uso; **~erlaubnis** *f* autorizzazione *f* d'uso.

gebrauchsfähig *adj* utilizzabile, funzionante.

Gebrauchs | fähigkeitsgarantie *f* garanzia *f* di buon funzionamento; **~garantie** *f* garanzia *f* d'uso.

Gebrauchsgegenstand *m* oggetto *m* di uso comune; **persönliche Gebrauchsgegenstände** *mpl* effetti *mpl* personali.

Gebrauchs | gestattung *f* autorizzazione *f* d'uso; **~gewährung** *f* concessione *f* d'uso; **~güter** *npl* beni *mpl* di consumo (durevole), beni *mpl* d'uso, generi *mpl* di consumo.

Gebrauchsleihe *f (CH)* comodato *m*, prestito *m* ad uso; **~vertrag** *m (CH)* contratto *m* di comodato.

Gebrauchslizenz *f* licenza *f* d'uso.

Gebrauchsmuster *n* modello *m* d'utilità; **~berühmung** *f* usurpazione *f* del modello d'utilità; **~recht** *n* diritto *m* dei modelli d'utilità; **~rolle** *f* registro *m* dei modelli d'utilità; **~schutz** *m* protezione *f* dei modelli d'utilità.

Gebrauchs | recht *n* diritto *m* d'uso; **~tarif** *m* tariffa *f* d'uso; **~tauglichkeit** *f* idoneità *f* all'uso; **~überlassung** *f* cessione *f* d'uso, concessione *f* in uso; **~überlassungsvertrag** *m* contratto *m* di cessione d'uso; **~wert** *m* valore *m* d'uso; **~zolltarif** *m* tariffa *f* doganale.

Gebrechensklausel *f VersR* clausola *f* di esclusione di infermità.

Gebrechlichkeitspflegschaft *f (in D abgeschafft)* → *Betreuung* curatela *f* dell'inabilitato.

Gebrüder *(in Firmennamen)* Fratelli, F.lli.

Gebühr *f* [1] *(Abgabe)* tassa *f*, diritti *mpl*, *(Preis)* prezzo *m*, tariffa *f*, *(für Fernsehen, Rundfunk, Telefon)* canone *m*, *(für Autobahn)* pedaggio *m*, *(Mitgliedsbeitrag)* quota *f*, contributo *m*, *(Kosten)* spese *fpl*, costo *m* (della transazione), *(Vermittlungsgebühr)* provvigione *f*, commissione *f*, *(Honorar)* onorario *m*, parcella *f*, compenso *m*, competenze *fpl*, spettanze *fpl*, emolumenti *mpl*; **gegen eine ~** [von] pagando la somma [di], dietro pagamento di una tassa [di], a fronte del pagamento di una quota [di]; **~ bezahlt der Empfänger** tassa a carico del destinatario; **~en einziehen** riscuotere le tasse; **eine ~ entrichten** pagare una tassa, versare un canone; **eine ~ erlassen** esentare da una tassa, esonerare dal pagamento di un canone, dispensare dal pagamento di una commissione; **eine ~ verlangen** [für *Akk*] far(e) pagare una tassa [per], chiedere un canone [per]; **doppelte ~** *f* doppia tassa *f*; **einmalige ~** *f* tassa *f* unica, contributo *m* una tantum; **feste ~** *f* tassa *f* fissa, tariffa *f* fissa, canone *m* fisso; **halbe ~** *f* mezzo diritto *m*; **progressive ~** *f* tassa *f* progressiva; **zusätzliche ~** *f* diritto *m* addizionale, tassa *f* addizionale.

Gebühr *f* [2] *(Pflicht)* dovere *m*; **über ~** eccessivamente, più del dovuto.

gebühren *v* spettare, essere dovuto, competere, toccare.

Gebühren *fpl (Abgaben)* tasse *fpl*, diritti *mpl*, *(Preis)* tariffe *fpl*, *(für Fernsehen, Rundfunk, Telefon)* canone *m*, *(Kosten)* spese *fpl*, costo *m* (della transazione), *(Vermittlungsgebühren)* provvigione *f*, commissioni *fpl*, *(Honorar)* onorario *m*, parcella *f*, compenso *m*, competenze *fpl*, spettanze *fpl*, emolumenti *mpl*; **~befreiung** *f* esenzione *f* dalle tasse, franchigia *f*; **~bemessung** *f*; **~berechnung** *f* liquidazione *f* dei diritti, calcolo *m* dei diritti, calcolo *m* delle tasse, calcolo *m* delle tariffe, *(Telefon)* calcolo *m* degli addebiti; **~einheit** *f* *(Telefon)* scatto *m*; **~einziehung** *f* ricossione *f* delle tasse, riscossione *f* dei diritti; **~einzugszentrale** *f* (*Abk* = **GEZ**) ufficio *m* centrale di riscossione dei canoni di abbonamento alla radio e alla televisione; **~entscheid** *m (CH)* tassazione *f*; **~erhebung** *f* ricossione *f* delle tasse, riscossione *f* dei diritti; **~erhöhung** *f* aumento *m* delle tasse; **~erlass** *m* rimessione *f* delle tasse, rimessione *f* dei diritti; **~ermäßigung** *f* riduzione *f* delle tasse; **~erstattung** *f* rimborso *m* (delle) spese, rimborso *m* delle tasse, rimborso *m* dei diritti; **~festsetzung** *f* liquidazione *f* dei diritti, calcolo *m* delle tasse, fissazione *f* delle commissioni.

gebührenfrei *adj* esente da tasse, franco di diritti, gratuito, senza canone, senza spese, senza addebito, senza commissioni, a costo zero, in franchigia.

Gebühren | freiheit *f* franchigia *f*, esenzione *f* da (o: dalle) tasse, esenzione *f* da (o: dai) diritti; **~marke** *f* marca *f* da bollo; **~ordnung** *f* tariffa *f*.

gebührenpflichtig *adj* tassabile, soggetto a tassa, a pagamento.

Gebühren | rahmen *m* tariffa *f*; **~rechnung** *f* nota *f* (delle) spese, parcella *f*; **~satz** *m* tariffa *f*; **~tabelle** *f* tabella *f* dei diritti, tabella *f* degli onorari; **~tarif** *m* tariffa *f* dei diritti; **~überforderung** *f (CH)*; **~überhebung** *f* concussione *f*; **~verfügung** *f* decisione *f* di tassazione; **~vorschuss** *m* *(Anwaltsgebühren)* anticipo *m* sulla parcella, fondo *m* spese; **~zettel** *m* bollettino *m* di affrancazione; **~zuschlag** *m* sopra(t)tassa *f* (*anche: sovra(t)tassa*).

Gebührnisse *pl* competenze *fpl*, spettanze *fpl*, diritti *mpl*, onorari *mpl*, vacazione *f*.

gebunden *adj* legato, vincolato, limitato, controllato; **gesetzlich ~** vincolato per legge.

Geburten | beihilfe *f (A)* sussidio *m* di maternità; **~buch** *n* registro *m* di nascita, registro *m* degli atti di nascita; **~regelung** *f* regolamento *m* delle nascite; **~register** *n* registro *m* di nascita, registro *m* degli atti di nascita; **~zulage** *f* premio *m* di maternità.

Geburts | beihilfe *f* sussidio *m* di maternità; **~meldung** *f* dichiarazione *f* di nascita; **~name** *m* cognome *m* (*alla nascita, di nascita*), cognome *m* da nubile; **~register** *n (CH)* registro *m* di nascita, registro *m* degli atti di nascita; **~schein** *m* certificato *m* di nascita, estratto *m* dell'atto di nascita; **~standesamt** *n* anagrafe *f*, ufficio *m* anagrafe; **~urkunde** *f* atto *m* di nascita, certificato *m* di nascita; **~versicherung** *f* assicurazione *f* di natalità; **~zulage** *f (CH)* premio *m* di maternità.

Gedächtnisprotokoll *n* promemoria *m*.

Gedanken | austausch *m* scambio *m* di idee, scambio *m* di vedute; **~freiheit** *f* libertà *f* di pensiero.

gedeckt *adj* coperto, garantito.

Gedinge *n* cottimo *m*; **~arbeit** *f* lavoro *m* a cottimo; **~arbeiter/in** *m/f* cottimista *m/f*; **~lohn** *m* salario *m* a cottimo; **~vertrag** *m* contratto *m* di cottimo.

geeignet *adj* adatto, idoneo, atto, opportuno, appropriato, conveniente, indicato, qualificato.

Geeignetheit *f* idoneità *f*.

Gefahr *f* pericolo *m*, rischio *m*; **eine ~ abwenden** evitare un pericolo, scongiurare un pericolo; **einer ~ ausgesetzt** esposto a un pericolo; **drohende ~** *f StrafProzR* pericolo *m* incombente, pericolo *m* imminente, pericolo *m* incalzante; **auf eigene ~** a proprio rischio e pericolo; **erhebliche ~en** *fpl* gravi pericoli *mpl*, notevoli rischi *mpl*; **gemeine ~** *f* pericolo *m* comune; **innewohnende ~** *f* pericolo *m* inerente; **objektive ~** *f* rischio *m* oggettivo; **subjektive ~** *f* rischio *m* soggettivo; **unmittelbar bevorstehende ~** *f* pericolo *m* imminente; **auf ~ des Empfängers** a rischio e pericolo del destinatario; **gegenwärtige ~** *f* **für Leib und Leben** pericolo *m* attuale di danno grave alla persona; **~** *f* **der See** pericolo *m* di mare, rischio *m* di mare, rischio *m* marittimo; **~** *f* **für die Umwelt** rischio *m* ambientale; **~** *f* **im Verzug** *StrafProzR* periculum in mora *(lat)*, pericolo *m* nel ritardo, pericolo *m* di un pregiudizio imminente e irreparabile, causato dal ritardo nell'adozione degli opportuni provvedimenti, pericolo *m* imminente; **~** *f* **des zufälligen Untergangs** *SchuldR* rischio *m* del perimento (per caso) fortuito (*della cosa*); **~** *f* **der zufälligen Verschlechterung** *SchuldR* rischio *m* del deterioramento (per caso) fortuito (*della cosa*).

gefährden *v* mettere in pericolo, minacciare, attentare, compromettere, pregiudicare.

gefährdet *adj* in pericolo, a rischio.

Gefährdung *f* messa *f* in pericolo, pericolo *m*, rischio *m*, minaccia *f*; **~** *f* **des Rechtsstaats** attentato *m* allo stato di diritto; **~** *f* **des Straßenverkehrs** attentato *m* alla sicurezza della circolazione stradale, messa *f* in pericolo della circolazione stradale.

Gefährdungsdelikt *n StrafR* reato *m* di pericolo; **abstraktes ~** *n StrafR* reato *m* di pericolo astratto; **konkretes ~** *n StrafR* reato *m* di pericolo concreto.

Gefährdungs | haftung *f DeliktsR* responsabilità *f* oggettiva; **~vorsatz** *m* dolo *m* di pericolo.

Gefahren | abwendungspflicht *f* obbligo *m* di impedire l'evento; **~ausgleich** *m* compensazione *f* di rischi; **~einteilung** *f* classificazione *f* dei rischi; **~erhöhung** *f* aggravamento *m* del rischio; **~gemeinschaft** *f* comunanza *f* di rischi, comunione *f* di rischi; **~klasse** *f* categoria *f* di rischi; **~klassifikation** *f* classificazione *f* dei rischi; **~merkmale** *pl* caratteristiche *fpl* del rischio; **~prämie** *f* premio *m* di rischio; **~rückstellung** *f* riserva *f* di previdenza; **~tarif** *m* tariffa *f* dei rischi; **~übergang** *m* passaggio *m* del rischio, trasferimento *m* del rischio, trapasso *m* del rischio; **~zone** *f* zona *f* di pericolo; **~zulage** *f*; **~zuschlag** *m* indennità *f* di lavorazione pericolosa, indennità *f* di rischio; **~zustand** *m* stato *m* di pericolo.

Gefahrerhöhung *f* aggravamento *m* del rischio.

gefahrgeneigt *adj* pericoloso.

Gefahrgut *n* merce *f* pericolosa; **~transport** *m* trasporto *m* di merci pericolose.

gefährlich *adj* pericoloso, rischioso.

Gefährlichkeit *f* pericolosità *f*.

Gefahrstoffe *mpl* materiale *m* pericoloso.
Gefahrstragung *f (CH)* sopportazione *f* del rischio.
Gefahr | tragung *f* sopportazione *f* del rischio; **~übergang** *m* passaggio *m* del rischio, trasferimento *m* del rischio, trapasso *m* del rischio.
Gefahrübernahme *f* assunzione *f* di rischio; **freiwillige ~** *f* accettazione *f* di rischio.
Gefahr | verminderung *f* diminuzione *f* di rischio; **~verschollenheit** *f* scomparsa *f* verificatasi in situazioni di pericolo.
Gefälligkeit *f* cortesia *f*, gentilezza *f*, compiacenza *f*, favore *m*, piacere *m*.
Gefälligkeits | akzept *n* accettazione *f* di favore, cambiale *f* di favore, cambiale *f* di comodo; **~annahme** *f* accettazione *f* di favore; **~fahrt** *f* trasporto *m* di cortesia; **~indossament** *n* girata *f* di favore; **~leistung** *f* prestazione *f* di favore; **~verhältnis** *n* ↔ *Schuldverhältnis* rapporto *m* di cortesia; **~wechsel** *m* cambiale *f* di favore, cambiale *f* di comodo, carta *f* di comodo, carta *f* di favore, carta *f* di compiacenza.
gefälscht *adj* falsificato, contraffatto.
gefangen *adj* preso, catturato, carcerato, detenuto, prigioniero.
Gefangenen | anstalt *f* istituto *m* di pena, casa *f* di pena, istituto *m* carcerario, penitenziario *m*, prigione *f*; **~arbeit** *f* lavoro *m* del condannato, lavoro *m* penitenziario; **~austausch** *m* scambio *m* di prigionieri; **~befreiung** *f (§ 120 StGB)* procurata evasione *f*; **~fürsorge** *f* assistenza *f* ai detenuti; **~haus** *n (A) (gerichtliches)* carcere *m* giudiziario; **~hilfe** *f* assistenza *f* ai detenuti; **~lager** *n* campo *m* di concentramento; **~meuterei** *f* ammutinamento *m* di detenuti; **~post** *f* corrispondenza *f* (epistolare) dei detenuti.
Gefangene/r *f/m* recluso/-a *m/f*, carcerato/-a *m/f*, detenuto/-a *m/f*, prigioniero/-a *m/f*; **entlassene/r ~** *f/m* scarcerato/-a *m/f*; **politische/r ~** *f/m* prigioniero/-a *m/f* politico/-a.
Gefangenhaltung *f* detenzione *f*.
Gefangennahme *f* cattura *f*.
gefangen nehmen fare prigioniero, catturare, arrestare.
Gefangennehmung *f* cattura *f*.
Gefängnis *n* [1] prigione *f*, carcere *m*; **aus dem ~ ausbrechen** evadere dal carcere; **aus dem ~ entlassen** rimettere in libertà, scarcerare, rilasciare; **ins ~ werfen** mettere in prigione, mettere dentro.
Gefängnis *n* [2] *(CH)* detenzione *f*.
Gefängnis | arbeit *f* lavoro *m* penitenziario; **~aufseher** *m* carceriere *m*, secondo *m*; **~ausbruch** *m* evasione *f* dal carcere; **~fürsorge** *f* assistenza *f* ai detenuti; **~personal** *n* personale *m* dei penitenziari; **~seelsorger** *m* cappellano *m* delle carceri; **~strafe** *f StrafR* pena *f* carceraria, pena *f* detentiva; **~verwaltung** *f* amministrazione *f* del penitenziario; **~wärter/in** *m/f* guardia *f* carceraria, agente *m/f* di custodia; **~wesen** *n* regime *m* carcerario.
gefördert *part (öffentlich, staatlich)* sovvenzionato (*dallo Stato*).
gegebenenfalls *adv* (*Abk* = **ggf.**) in caso, eventualmente, all'occorrenza.
Gegebenheiten *fpl* situazione *f*, circostanze *fpl*.
gegen *präp* [*Akk*] contro, *(Forderungen)* nei confronti di, verso, *StrafProzR (Verfahren, Prozess)* a carico di.
Gegen- contro-.
Gegen | abrede *f* pattuizione *f* contraria; **~akkreditiv** *n* controcredito *m*; **~aktion** *f* controazione *f*; **~angebot** *n* controfferta *f*, controproposta *f*; **~anordnung** *f* contrordine *m*; **~anspruch** *m* contropretesa *f*, controrivendicazione *f*; **~antrag** *m* controproposta *f*, controricorso *m*; **~anwalt/-anwältin** *m/f* avvocato *m* della controparte; **~auftrag** *m* contrordine *m*; **~ausführung** *f* replica *f*, controdeduzione *f*; **~auslese** *f VersR* antiselezione *f*; **~aussage** *f* deposizione *f* contraria, controtestimonianza *f*.
Gegenäußerung *f* replica *f*; **schriftliche ~** *f* risposta *f* scritta, *ProzR* comparsa *f* di risposta.

Gegen | befehl *m* contrordine *m*; **~begutachtung** *f* controperizia *f*; **~bericht** *m* controrelazione *f*; **~beschuldigung** *f* contraccusa *f*.

Gegenbeweis *m* controprova *f*, prova *f* contraria; **Beweis** *m* **und ~** *m* prova *f* e controprova *f*; **bis zum ~** fino a prova contraria; **den ~ erbringen** provare il contrario.

Gegen | buch *n* libro *m* di riscontro; **~buchung** *f (Buchführung)* storno *m*, registrazione *f* in contropartita; **~bürge** *m* controgarante *m*; **~bürgschaft** *f* controgaranzia *f*.

Gegendarstellung *f* replica *f*, smentita *f*, *(Presse)* rettifica *f*; **Recht** *n* **auf ~** diritto *m* alla rettifica.

Gegen | einrede *f* replica *f*; **~entwurf** *m* controprogetto *m*; **~erklärung** *f* controdichiarazione *f*, *ProzR* comparsa *f* di risposta; **~erwiderung** *f* duplica *f*; **~forderung** *f* *SchuldR* credito *m* in contropartita, contropretesa *f*; **~garantie** *f* controgaranzia *f*; **~gebot** *n* controfferta *f*; **~gutachten** *n* controperizia *f*; **~gutachter/in** *m/f* perito *m* della controparte; **~indikation** *f* controindicazione *f*; **~information** *f* controinformazione *f*; **~intervention** *f* controintervento *m*; **~kandidat/in** *m/f* controcandidato/-a *m/f*; **~klage** *f* *ProzR* domanda *f* riconvenzionale, azione *f* riconvenzionale, riconvenzione *f*, opposizione *f*, controquerela *f*; **~konto** *n* conto *m* di contropartita; **~kontrahent/in** *m/f* controparte *f*.

Gegenleistung *f* controprestazione *f*, corrispettivo *m*, equivalente *m*, contropartita *f*; **vereinbarte ~** *f* corrispettivo *m* pattuito; **~** *f* **in Geld** corrispettivo *m* in denaro.

Gegen | macht *f* contropotere *m*; **~marke** *f* contromarca *f*; **~maßnahme** *f*; **~maßregel** *f* contromisura *f*; **~offensive** *f* controffensiva *f*; **~offerte** *f* controfferta *f*, *(Vertragsabschluss)* controproposta *f* *(CH)*; **~order** *f* contrordine *m*; **~partei** *f* controparte *f*, parte *f* avversa, parte *f* avversaria; **~posten** *m* contropartita *f*; **~probe** *f* controprova *f*; **~protest** *m* controprotesta *f*; **~rechnung** *f* conto *m* di contropartita; **~recht** *n* diritto *m* contrario, reciprocità *f* *(CH)*; **~rede** *f* replica *f*; **~regierung** *f* controgoverno *m*; **~saldo** *m* saldo *m* del conto di contropartita.

Gegensatz *m* contrario *m*, contrasto *m*, collisione *f*, antitesi *f*, opposizione *f*, contrapposizione *f*, contraddizione *f*; **im ~** [zu *Dat*] a differenza [di], al contrario [di], contrariamente [a], in contrasto [con], in opposizione [a].

Gegen | sätzlichkeit *f* contraddittorietà *f*; **~schluss** *m* *(argumentum e contrario)* argumentum a contrario *(lat)*, argomento *m* a contrario, argomentazione *f* a contrario; **~schrift** *f*; **~schriftsatz** *m* comparsa *f* di risposta; **~schuld** *f* obbligazione *f* contraria.

Gegenseite *f* controparte *f*, parte *f* avversa, parte *f* avversaria; **von der ~** ex adverso *(lat)*.

gegenseitig *adj* mutuo, reciproco, vicendevole, bilaterale, sinallagmatico; **~ abhängig** interdipendente.

Gegenseitigkeit *f* reciprocità *f*, mutualità *f*; **auf der Basis der ~** su base di reciprocità; **die ~ gewährleisten** garantire la reciprocità.

Gegenseitigkeits | abkommen *n* accordo *m* di reciprocità, convenzione *f* di reciprocità; **~erklärung** *f* dichiarazione *f* di reciprocità; **~geschäft** *n* affare *m* di reciprocità; **~gesellschaft** *f* società *f* mutua, società *f* a scopo mutualistico, società *f* mutualistica; **~klausel** *f* clausola *f* di reciprocità; **~prinzip** *n* principio *m* di reciprocità; **~übereinkommen** *n* accordo *m* di reciprocità, convenzione *f* di reciprocità; **~verein** *m* società *f* di mutuo soccorso, ente *m* mutualistico; **~vereinbarung** *f* accordo *m* di reciprocità, convenzione *f* di reciprocità; **~versicherung** *f* mutua assicurazione *f*, mutua assicuratrice *f*; **~vertrag** *m* contratto *m* bilaterale, contratto *m* a prestazioni corrispettive, *VölkerR* trattato *m* di reciprocità.

Gegen | sicherheit *f* controgaranzia *f*; **~spionage** *f* controspionaggio *m*.
Gegenstand *m (körperlich)* oggetto *m*, *(Thema)* materia *f*, argomento *m*, tema *m*; **zum ~ haben** avere ad oggetto, avere per oggetto; **beschlagnahmter ~** *m* oggetto *m* confiscato, oggetto *m* sequestrato; **gemeinschaftlicher ~** *m* oggetto *m* indiviso; **herrenlose Gegenstände** *mpl* oggetti *mpl* smarriti; **nachgeahmter ~** *m* oggetto *m* contraffatto; **patentierter ~** *m* oggetto *m* brevettato; **streitbefangener ~** *m* oggetto *m* del contendere, oggetto *m* della causa, oggetto *m* della lite, materia *f* del contendere; **verfallener ~** *m (A)* oggetto *m* confiscato; **vermachter ~** *m ErbR* oggetto *m* legato, cosa *f* legata; **~** *m* **der Beschuldigung** oggetto *m* dell'imputazione; **~** *m* **der Klage** oggetto *m* della domanda (giudiziale); **~** *m* **des Patents** oggetto *m* del brevetto; **~** *m* **des Risikos** oggetto *m* del rischio; **~** *m* **des Schadens** oggetto *m* del danno; **~** *m* **des täglichen Bedarfs** oggetto *m* di uso corrente; **~** *m* **des Unternehmens** oggetto *m* dell'impresa, *(bei Gesellschaften)* oggetto *m* sociale; **~** *m* **des Verfahrens** oggetto *m* della causa; **~** *m* **der Verpflichtung** oggetto *m* dell'obbligazione; **~** *m* **des Vertrags** oggetto *m* del contratto.
gegenstandslos *adj* inconsistente, irrilevante, *(unbegründet)* infondato, insussistente, immotivato, privo di fondamento, *(ungültig)* nullo, *(überflüssig)* superfluo, inutile, *(Einwand, Problem)* superato; **als ~ betrachten** *(Schreiben, Mahnung)* non tener(e) conto di, ignorare, non prendere in considerazione, considerare nullo, considerare ininfluente.
Gegenstandswert *m* valore *m* della causa.
Gegen | stimme *f* voto *m* contrario; **~stück** *n (Pendant)* pendant *m*, *(Gegensatz)* contrario *m*, opposto *m*.
Gegenteil *n* contrario *m*, opposto *m*; **das ~ beweisen** dimostrare il contrario.
gegenteilig *adj* contrario, opposto.
gegenüber jedermann erga omnes *(lat)*.
gegenüberstellen *v StrafProzR (Zeugen)* mettere a confronto, porre a confronto, *(vergleichen)* confrontare, raffrontare, paragonare, riscontrare, *(entgegensetzen)* contrapporre.
Gegenüberstellung *f StrafProzR* confronto *m* (*mezzo di prova nel dibattimento e nell'incidente probatorio*), *(Vergleich)* paragone *m*, raffronto *m*, riscontro *m*, *(Entgegensetzung)* contrapposizione *f*.
Gegen | unterschrift *f* controfirma *f*; **~untersuchung** *f* controinchiesta *f*; **~verfügung** *f* disposizione *f* contraria; **~verpflichtung** *f* obbligazione *f* contraria; **~versicherung** *f* controassicurazione *f*; **~vorbehalt** *m* controriserva *f*; **~vorschlag** *m* controproposta *f*, controprogetto *m*; **~vorstellung** *f (formloser Rechtsbehelf, der an die Behörde gerichtet ist, die den beanstandeten Akt erlassen hat)* ricorso *m* (*straordinario in opposizione all'organo che ha emesso un atto*), opposizione *f*.
gegenwärtig *adj* presente, attuale, corrente, contemporaneo.
Gegenwarts | versicherung *f* assicurazione *f* immediata; **~wert** *m* valore *m* attuale.
Gegen | wehr *f* difesa *f*; **~wert** *m* controvalore *m*, corrispettivo *m*, equivalente *m*; **~zeichen** *n* contrassegno *m*, contromarca *f*.
gegenzeichnen *v* controfirmare.
Gegen | zeichnung *f* controfirma *f*; **~zeichnungsrecht** *n* diritto *m* di controfirma; **~zeuge/-zeugin** *m/f* testimone *m/f* della controparte, teste *m/f* della controparte.
Gegner/in *m/f* avversario/-a *m/f*, oppositore/-trice *m/f*, nemico/-a *m/f*.
gegnerisch *adj* avversario, avverso, contrario, opposto, ostile, nemico.
gegründet *part* fondato, creato.
Gehalt *n* [1] *ArbR (monatliche Bezahlung der Angestellten und Beamten)*

stipendio *m*, paga *f*, retribuzione *f*; **vom ~ abziehen** trattenere sullo stipendio; **ein ~ bezahlen** pagare lo stipendio, versare lo stipendio, corrispondere lo stipendio; **das ~ erhöhen** aumentare lo stipendio; **das ~ kürzen** ridurre lo stipendio, diminuire lo stipendio; **das ~ pfänden** pignorare lo stipendio; **festes ~** *n* stipendio *m* fisso, fisso *m*; **volles ~** *n* stipendio *m* intero.

Gehalt *m* [2] *(Inhalt)* contenuto *m*, *(innerer Wert)* valore *m* (intrinseco), *(Anteil)* percentuale *f*, *(in Bez. auf Edelmetalle)* titolo *m*.

gehalten *adj* [1] *(verpflichtet)* tenuto, obbligato; **~ sein** [etwas zu tun] essere tenuto [a fare qc.].

gehalten *adj* [2] *(Kurs)* sostenuto.

Gehalts | abrechnung *f* contabilità *f* stipendi, calcolo *m* dello stipendio, calcolo *m* della busta paga, *(Gehaltszettel)* busta *f* paga, prospetto *m* paga, cedolino *m* paga, *(Betriebsabteilung)* ufficio *m* paghe, ufficio *m* contabilità stipendi; **~abtretung** *f* cessione *f* dello stipendio; **~abzug** *m* ritenuta *f* sullo stipendio, trattenuta *f* sullo stipendio; **~anspruch** *m (Recht auf Gehalt)* diritto *m* allo stipendio, *(Gehaltsforderung)* richiesta *f* (salariale); **~aufbesserung** *f* aumento *m* di (o: dello) stipendio, aumento *m* salariale, miglioramento *m* salariale, miglioramento *m* dello stipendio, incremento *m* dello stipendio; **~ausgleich** *m* conguaglio *m* retributivo; **~bogen** *m* busta *f* paga, prospetto *m* paga, cedolino *m* paga; **~buchführung** *f* contabilità *f* stipendi; **~empfänger/in** *m/f* stipendiato/-a *m/f*; **~erhöhung** *f* aumento *m* di (o: dello) stipendio, aumento *m* salariale, miglioramento *m* salariale, miglioramento *m* dello stipendio, incremento *m* dello stipendio; **~forderung** *f* credito *m* di stipendio, *(Gehaltsanspruch)* richiesta *f* (salariale); **~gruppe** *f* fascia *f* retributiva, classe *f* retributiva, categoria *f* retributiva, categoria *f* di stipendio, classe *f* di stipendio; **~kasse** *f* cassa *f* degli stipendi; **~klasse** *f* fascia *f* retributiva, classe *f* retributiva, categoria *f* retributiva, categoria *f* di stipendio, classe *f* di stipendio; **~konto** *n* conto *m* stipendi, conto *m* sul quale viene versato lo stipendio; **~kürzung** *f* riduzione *f* dello stipendio, diminuzione *f* dello stipendio, taglio *m* agli stipendi, riduzione *f* delle retribuzioni; **~liste** *f* libro *m* paga, ruolo *m* paga, ruolo *m* degli stipendi; **~nachzahlung** *f* conguaglio *m* retributivo, pagamento *m* degli arretrati (di stipendio); **~pfändung** *f* pignoramento *m* dello stipendio; **~rückstände** *mpl* arretrati *mpl* (*di stipendio*); **~schema** *n (A)* tabella *f* degli stipendi; **~schuldner/in** *m/f* debitore *m* dello stipendio; **~senkung** *f* riduzione *f* dello stipendio, diminuzione *f* dello stipendio, taglio *m* agli stipendi, riduzione *f* delle retribuzioni; **~skala** *f* scala *f* degli stipendi; **~streifen** *m* busta *f* paga, prospetto *m* paga, cedolino *m* paga; **~stufe** *f* fascia *f* retributiva, classe *f* retributiva, categoria *f* retributiva, categoria *f* di stipendio, classe *f* di stipendio; **~tabelle** *f*; **~tafel** *f* tabella *f* degli stipendi; **~volumen** *n* volume *m* degli stipendi; **~vorrückung** *f (A)* avanzamento *m* di stipendio; **~vorschuss** *m* anticipo *m* sullo stipendio; **~vorstellung** *f* stipendio *m* desiderato, prospettive *fpl* di guadagno; **~zahlung** *f* pagamento *m* dello stipendio, versamento *m* dello stipendio; **~zettel** *m* busta *f* paga, prospetto *m* paga, cedolino *m* paga; **~zulage** *f*; **~zuschlag** *m* aumento *m* di (o: dello) stipendio, aumento *m* salariale, incremento *m* dello stipendio, maggiorazione *f* di stipendio, supplemento *m* di retribuzione, premio *m*, gratifica *f*, bonus *m*.

geheim *adj* segreto, nascosto, clandestino, occulto, riservato, confidenziale; **streng ~** strettamente confidenziale, riservatissimo.

Geheimhaltung *f* segretezza *f*, occultamento *m*, riservatezza *f*.

Geheimhaltungspflicht *f* obbligo *m* di segretezza, obbligo *m* del segreto, obbligo *m* del segreto professionale; **Verletzung** *f* **der ~** violazione *f* del segreto professionale, rivelazione *f* di segreto professionale.
Geheimklausel *f* clausola *f* segreta.
Geheimnis *n* segreto *m*, mistero *m*; **~bruch** *m* violazione *f* di segreto; **~schutz** *m* riservatezza *f*; **~verletzung** *f* violazione *f* di segreto; **~verrat** *m* rivelazione *f* di segreto.
Geheim | patent *n* brevetto *m* segreto; **~protokoll** *n* protocollo *m* segreto; **~sache** *f* affare *m* segreto; **~verkauf** *m* vendita *f* clandestina, vendita *f* segreta; **~vertrag** *m* contratto *m* segreto, convenzione *f* segreta, *VölkerR* trattato *m* segreto.
Gehilfe/-in *m/f* aiutante *m/f*, aiuto *m*, assistente *m/f*, collaboratore/-trice *m/f*, *(Erfüllungsgehilfe/-in)* ausiliario/-a *m/f*, *(Verrichtungsgehilfe/-in)* commesso/-a *m/f*, *StrafR* complice *m/f*.
Gehilfenhaftung *f* responsabilità *f* per il fatto illecito del commesso.
Gehilfenschaft *f StrafR* complicità *f*.
Gehör *n* udito *m*, *(Beachtung)* ascolto *m*, attenzione *f*, *(von Zeugen)* audizione *f*; **rechtliches ~** *n* contraddittorio *m*; **Anspruch** *m* **auf rechtliches ~** *(D) (Art. 103 Abs. 1 GG)*; **Recht** *n* **auf rechtliches ~** *(D)* diritto *m* di essere ascoltato (o: sentito) dal giudice, diritto *m* al contraddittorio.
Gehorsams | pflicht *f* obbligo *m* di obbedienza; **~verweigerung** *f* rifiuto *m* di obbedienza.
Gehörs | gewährung *f* il dare a qualcuno la possibilità di essere ascoltato (o: sentito) in giudizio; **~rüge** *f ProzR (besonderer Rechtsbehelf, der es erlaubt, Verstöße einer Entscheidung gegen den Anspruch auf rechtliches Gehör geltend zu machen)* → *Anhörungsrüge* rimedio *m* speciale e sussidiario presentato per denunciare una violazione del diritto della parte ad essere sentita dal giudice.
Gehülfe *m (CH) StrafR* complice *m*.
Gehülfenschaft *f (CH) StrafR* complicità *f*.
Geisel *f* ostaggio *m*; **als ~ nehmen** prendere in ostaggio.
Geisel | nahme *f* presa *f* in ostaggio, sequestro *m* di persona; **~nehmer/in** *m/f* chi tiene in ostaggio qn., rapitore/-trice *m/f*, sequestratore/-trice *m/f* (*di persone*).
Geist *m* **des Gesetzes** spirito *m* della legge.
Geisterfahrer/in *m/f* automobilista *m/f* che guida contromano (in autostrada).
geisteskrank *adj* malato di mente, infermo di mente.
Geistes | krankheit *f* malattia *f* mentale, infermità *f* mentale; **~störung** *f* turba *f* mentale, disturbo *m* mentale; **~werk** *n* opera *f* dell'ingegno; **~zustand** *m* stato *m* mentale.
geistig *adj* intellettuale, mentale, spirituale; **~ behindert** minorato mentale, ritardato mentale, disabile psichico; **~ krank** malato di mente, infermo di mente.
Geladene/r *f/m* parte *f* citata, citato *m*.
Geld *n* denaro *m*, soldi *mpl*, capitale *m*, fondi *mpl*, *(Münze, Währung)* moneta *f*; **~ abheben** *(von einem Konto)* ritirare denaro, prelevare contanti; **~ anlegen** investire denaro, impiegare denaro; **~ ausgeben** spendere denaro, sborsare denaro; **~ erpressen** estorcere denaro; **~ fälschen** *(§ 146 StGB)* falsificare denaro, falsificare monete; **~ festlegen** vincolare denaro, immobilizzare denaro; **~ in Kost geben** riportare; **~ außer Kraft setzen** mettere una moneta fuori corso; **~ prägen** coniare moneta, battere moneta; **in ~ umsetzen** convertire in denaro; **~ für ungültig erklären** mettere una moneta fuori corso; **falsches ~ in Verkehr bringen** spacciare moneta falsa; **~ wechseln** cambiare denaro; **angelegtes ~** *n* denaro *m* investito; **bares ~** *n* denaro *m* contante, contanti *mpl*; **billiges ~** *n* denaro *m* a buon mercato; **echtes ~** *n* moneta *f* genuina; **falsches ~** *n* moneta *f* falsa, soldi *mpl* falsi; **festes ~** *n* deposito *m* a scadenza fissa; **flüssiges ~** *n* denaro *m* liquido, liquidità *f*;

gemünztes ~ *n* denaro *m* monetato; **gesetzliches ~** *n* moneta *f* legale, moneta *f* a corso legale; **heißes ~** *n* denaro *m* bruciante; **außer Kurs gesetztes ~** *n* moneta *f* fuori corso; **kurzfristiges ~** *n* prestito *m* a breve termine; **nachgemachtes ~** *n* moneta *f* contraffatta; **neues ~** *n* denaro *m* fresco; **schmutziges ~** *n* denaro *m* sporco; **uneinbringliches ~** *n* pena *f* pecuniaria non eseguita; **verfälschtes ~** *n* moneta *f* alterata; **verrufenes ~** *n* moneta *f* fuori corso; **wertbeständiges ~** *n* moneta *f* a valore costante, moneta *f* a potere d'acquisto stabile, moneta *f* stabile.

Geld- monetario, pecuniario.

Geld | abfindung *f* indennità *f* in denaro, tacitazione *f* in denaro; **~abfluss** *m* deflusso *m* di denaro; **~abhebung** *f* prelievo *m* di denaro, prelevamento *m* di denaro, ritiro *m* di fondi; **~abkommen** *n* accordo *m* monetario; **~abundanz** *f* eccesso *m* di liquidità; **~abwertung** *f* svalutazione *f* monetaria; **~angelegenheit** *f* affare *m* pecuniario; **~anlage** *f* investimento *m* (di fondi), impiego *m* di fondi, *(Anlageform)* forma *f* di investimento; **~anleger/in** *m/f* investitore/-trice *m/f*; **~anlegung** *f* investimento *m* (di fondi), impiego *m* di fondi; **~anspruch** *m* richiesta *f* di denaro, pretesa *f* pecuniaria; **~anstalt** *f* istituto *m* finanziario, istituto *m* di credito; **~aufnahme** *f (Kreditaufnahme)* ricorso *m* al credito, prestito *m*, *(durch die Banken)* raccolta *f* di fondi; **~ausfuhr** *f* esportazione *f* di valuta; **~ausfuhrverbot** *n* divieto *m* di esportazione di valuta; **~ausgabe** *f* esborso *m*; **~ausgabeautomat** *m* bancomat *m*, sportello *m* automatico (per il prelievo di contanti); **~ausgang** *m* uscita *f* monetaria, uscita *f* di fondi; **~ausgleichung** *f (A)* compensazione *f* in denaro; **~ausleiher/in** *m/f* prestatore *m* di fondi, prestatore *m* di denaro, chi presta fondi, chi presta denaro; **~ausweitung** *f* espansione *f* monetaria; **~automat** *m* bancomat *m*, sportello *m* automatico (per il prelievo di contanti); **~basis** *f* base *f* monetaria; **~bedarf** *m* fabbisogno *m* di denaro, fabbisogno *m* monetario; **~beihilfe** *f* sussidio *m* pecuniario, sovvenzione *f*; **~beitrag** *m* contributo *m* in denaro; **~belohnung** *f* ricompensa *f* in denaro; **~beschaffung** *f* raccolta *f* di fondi; **~beschaffungskosten** *pl* costi *mpl* di finanziamento, spese *fpl* di finanziamento; **~bestand** *m* scorta *f* monetaria; **~betrag** *m* somma *f* di denaro; **~bewegung** *f* movimento *m* di denaro, movimento *m* di fondi, transazione *f* contabile; **~bewilligung** *f* stanziamento *m* di fondi; **~bezüge** *pl* retribuzione *f* in denaro; **~brief** *m* lettera *f* assicurata, assicurata *f*.

Geldbuße *f (Rechtsfolge der Begehung einer Ordnungswidrigkeit; teilweise auch als "Bußgeld" bezeichnet)* sanzione *f* amministrativa pecuniaria, *(Disziplinarmaßnahme)* pena *f* pecuniaria (sanzione disciplinare), multa *f* (*quale sanzione disciplinare pecuniaria*), *EuR* ammenda *f* (*quale sanzione comunitaria*); **eine ~ verhängen** *(bei Ordnungswidrigkeiten)* infliggere (o: comminare/irrogare/applicare) una sanzione amministrativa pecuniaria.

Geld | darlehen *n* mutuo *m* di denaro, mutuo *m* pronto contante, prestito *m* di denaro; **~depot** *n* deposito *m* di denaro; **~eingang** *m* entrata *f* (*di denaro*), entrate *fpl* (*di denaro*), entrata *f* monetaria; **~einheit** *f* unità *f* monetaria; **~einlage** *f (Kapitaleinlage eines Gesellschafters)* conferimento *m* in denaro, conferimento *m* in numerario, apporto *m* in denaro, apporto *m* di capitale, *(Sparguthaben eines Anlegers)* deposito *m* di denaro (su un conto); **~einnahme** *f* entrata *f* (*di denaro*), entrata *f* monetaria; **~entschädigung** *f* indennità *f* in denaro, indennizzo *m* in denaro; **~entwertung** *f* svalutazione *f* (monetaria), deprezzamento *m* della moneta, deprezzamento *m* monetario.

Gelder *pl* fondi *mpl*, risorse *fpl* (finanziarie), capitali *mpl*, somme *fpl*; **~ abheben**; **~ abziehen** ritirare fondi; **eingefrorene ~** *pl* fondi *mpl* congelati; **feste ~** *pl* depositi *mpl* vincolati; **festgelegte ~** *pl* capitali *mpl* immobilizzati; **flüssige ~** *pl* fondi *mpl* liquidi, liquidità *fpl*; **öffentliche ~** *pl* fondi *mpl* pubblici; **nicht öffentliche ~** *pl* fondi *mpl* privati; **tägliche ~** *pl* denaro *m* a vista; **verfügbare ~** *pl* fondi *mpl* disponibili, disponibilità *fpl*.

Geld | ersatz *m* risarcimento *m* in denaro; **~ersatzmittel** *n* surrogato *m* del denaro, surrogato *m* monetario, mezzo *m* di pagamento sostitutivo del denaro; **~ersparnisse** *pl* risparmio *m* monetario; **~erwerb** *m* guadagno *m*.

Geldeswert *m (CH)* valore *m* monetario, valore *m* in denaro.

Geld | fälscher/in *m/f StrafR* falsario/-a *m/f*, falsificatore/-trice *m/f*, contraffattore/-trice *m/f*; **~fälschung** *f StrafR (§ 146 StGB)* falsificazione *f* di monete, contraffazione *f* di monete, falso *m* nummario; **~fluss** *m (wirtschaftliche Messgröße im Bezug auf liquide Mittel eines Unternehmens)* flusso *m* monetario, flusso *m* finanziario, flusso *m* di fondi; **~flüssigkeit** *f* liquidità *f* monetaria; **~forderung** *f (Kreditsumme)* credito *m* pecuniario, credito *m* di denaro, credito *m* in denaro, *(Geldanspruch)* richiesta *f* di denaro; **~geber/in** *m/f* finanziatore *m*, sovventore *m*, prestatore *m* di denaro; **~geschäft** *n* operazione *f* finanziaria; **~handel** *m* commercio *m* dei cambi, commercio *m* delle valute, *(Geldmarkt)* mercato *m* monetario; **~hilfe** *f* aiuto *m* finanziario; **~inflation** *f* inflazione *f* monetaria; **~institut** *n* istituto *m* di credito, istituto *m* finanziario, istituto *m* bancario; **~kapital** *n* capitale *m* monetario, capitale *m* liquido; **~knappheit** *f* scarsa liquidità *f*, scarsità *f* di liquidità, scarsità *f* di denaro, mancanza *f* di denaro, penuria *f* di denaro; **~kosten** *pl* costo *m* del denaro; **~kreislauf** *m* circolazione *f* monetaria; **~krise** *f* crisi *f* monetaria; **~kurs** *m* denaro *m*, *(Börse)* corso *m* denaro, prezzo *m* denaro, *(Währungskurs)* cambio *m* (delle valute); **~leiher/in** *m/f* prestatore *m* di fondi, prestatore *m* di denaro, chi presta fondi, chi presta denaro.

Geldleistung *f* prestazione *f* in denaro, prestazione *f* pecunaria; **wiederkehrende ~en** *fpl* erogazioni *fpl* monetarie periodiche.

Geld | lohn *m* salario *m* in denaro; **~lotterie** *f* lotteria *f*; **~macht** *f* potenza *f* finanziaria; **~mangel** *m* mancanza *f* di denaro; **~markt** *m* mercato *m* finanziario, mercato *m* monetario, mercato *m* del denaro; **~marktsätze** *pl (Zinssätze am Geldmarkt)* tassi *mpl* di interesse del mercato finanziario; **~menge** *f* denaro *m* in circolazione, volume *m* monetario, massa *f* monetaria; **~mengensteuerung** *f* regolazione *f* della circolazione monetaria; **~mittel** *pl* fondi *mpl*, risorse *fpl* (finanziarie), mezzi *mpl* finanziari, mezzi *mpl* monetari; **~nehmer/in** *m/f* mutuatario/-a *m/f*; **~not** *f* stretta *f* monetaria, urgenza *f* di denaro, mancanza *f* di denaro, difficoltà *fpl* finanziarie, ristrettezze *fpl* economiche; **~papier** *n* cartamoneta *f*, carta *f* moneta; **~politik** *f* politica *f* monetaria; **~prägung** *f* coniatura *f* di denaro, coniazione *f* di monete; **~preis** *m* prezzo *m* del denaro, *(Belohnung)* premio *m* in denaro; **~punkt** *m* punto *m* dell'oro; **~rente** *f* rendita *f* in denaro; **~reserve** *f* scorta *f* monetaria; **~reserven** *fpl* riserve *fpl* monetarie; **~satz** *m (Diskontsatz)* tasso *m* di sconto; **~schöpfung** *f* creazione *f* di denaro; **~schuld** *f* debito *m* pecuniario, obbligazione *f* pecuniaria, debito *m* di una somma di denaro, debito *m* numerario, debito *m* di moneta; **~schwierigkeiten** *fpl* difficoltà *fpl* economiche, difficoltà *fpl* finanziarie; **~sendung** *f* rimessa *f* di denaro, invio *m* di denaro; **~sorte** *f* tipo *m* monetario; **~sortenschuld** *f* debito *m* di specie monetaria; **~spende** *f* offerta *f* in denaro, elargizione *f* di denaro, contributo *m* in denaro, contribuzione *f* in denaro.

Geldstrafe *f StrafR* pena *f* pecuniaria, sanzione *f* penale pecuniaria; **jemanden mit einer ~ belegen** *StrafR* infliggere (o: comminare / irrogare / applicare) una pena pecuniaria a qn.; **eine ~ verhängen** [gegen *Akk*] *StrafR* infliggere (o: comminare / irrogare / applicare) una pena pecuniaria [a].

Geld | summe *f* somma *f* di denaro; **~summenschuld** *f* debito *m* di una somma di denaro; **~surrogat** *n* surrogato *m* del denaro, surrogato *m* monetario, mezzo *m* di pagamento sostitutivo del denaro; **~theorie** *f* teoria *f* della moneta, teoria *f* monetaria; **~transaktion** *f* transazione *f* di capitali; **~transport** *m* trasporto *m* di denaro, trasferimento *m* di fondi; **~überfluss** *m*; **~überhang** *m* pletora *f* monetaria, eccessiva circolazione *f* monetaria, eccesso *m* di liquidità; **~überweisung** *f* bonifico *m*, versamento *m*, trasferimento *m* di denaro, trasferimento *m* di fondi, rimessa *f* di denaro; **~umlauf** *m* circolante *m*, circolazione *f* monetaria, denaro *m* in circolazione, moneta *f* in circolazione; **~umsatz** *m* circolazione *f* monetaria, movimento *m* di fondi; **~umstellung** *f* conversione *f* monetaria; **~umtausch** *m* cambio *m* (*di valuta*); **~unterstützung** *f* sussidio *m* pecuniario, sovvenzione *f*; **~verbindlichkeit** *f* debito *m* pecuniario, obbligazione *f* pecuniaria; **~verfälschung** *f* alterazione *f* di moneta; **~verkehr** *m* movimento *m* di capitali, traffico *m* monetario; **~verknappung** *f* scarsa liquidità *f*, scarsità *f* di liquidità, scarsità *f* di denaro, mancanza *f* di denaro, penuria *f* di denaro; **~verleiher/in** *m/f* prestatore *m* di fondi, prestatore *m* di denaro, chi presta fondi, chi presta denaro; **~vermittler/in** *m/f* mediatore *m* di capitali; **~verpflichtung** *f* obbligazione *f* pecuniaria, impegno *m* finanziario; **~versand** *m*; **~versendung** *f* rimessa *f* di denaro, invio *m* di denaro; **~volumen** *n* volume *m* monetario, massa *f* monetaria; **~vorrat** *m* scorta *f* monetaria; **~vorschuss** *m* anticipo *m* di denaro.

Geldwäsche *f StrafR (§ 261 StGB)* riciclaggio *m* di denaro (sporco); **~richtlinie** *f EuR → s. Anhang 3 b)* Direttiva *f* (UE) 2015/849 del Parlamento europeo e del Consiglio, del 20 maggio 2015, relativa alla prevenzione dell'uso del sistema finanziario a fini di riciclaggio o finanziamento del terrorismo, che modifica il regolamento (UE) n. 648/2012 del Parlamento europeo e del Consiglio e che abroga la direttiva 2005/60/CE del Parlamento europeo e del Consiglio e la direttiva 2006/70/CE della Commissione.

Geld | wechsel *m* cambio *m* (*di valuta*); **~wechsler/in** *m/f* cambiavalute *m/f*, cambiamonete *m/f*, cambista *m/f*.

Geldwert *m (in Geld umgerechneter Wert)* valore *m* monetario, valore *m* in denaro, *(Kaufkraft)* potere *m* di acquisto; **~schuld** *f* debito *m* di valuta; **~schwankung** *f* instabilità *f* della moneta, instabilità *f* monetaria, oscillazione *f* del valore della moneta, oscillazione *f* del valore monetario; **~stabilität** *f* stabilità *f* della moneta, stabilità *f* monetaria, stabilità *f* del valore della moneta.

Geld | wesen *n* finanze *fpl*, sistema *m* monetario; **~wirtschaft** *f* economia *f* monetaria; **~wucher** *m* usura *f* pecuniaria; **~zahlung** *f* pagamento *m* in denaro; **~zins** *m* interesse *m* del denaro, tasso *m* di interesse sul denaro; **~zufluss** *m* afflusso *m* monetario, afflusso *m* di denaro; **~zufuhr** *f* apporto *m* finanziario; **~zuschuss** *m*; **~zuwendung** *f* contributo *m* finanziario, sovvenzione *f*.

gelegen sein essere posto, essere situato.

Gelegenheit *f* occasione *f*, circostanza *f*, opportunità *f*, possibilità *f*, modo *m*.

Gelegenheits | agent/in *m/f VersR* produttore *m* occasionale; **~arbeit** *f* lavoro *m* occasionale, attività *f* occasionale; **~arbeiter/in** *m/f* lavoratore/-trice *m/f* occasionale, collaboratore/-trice *m/f* occasionale; **~beschäftigung** *f* lavoro *m* occasionale, attività *f* occasionale; **~delinquenz** *f StrafR* delinquenza *f* occasionale; **~diebstahl** *m StrafR* furto *m* occasionale; **~gewinne** *pl* utili *mpl* aleatori; **~kauf** *m* acquisto *m* di occasione, occasione *f*; **~tat** *f StrafR* reato *m* occasionale; **~täter/in** *m/f StrafR* delinquente *m/f* occasionale; **~verkehr** *m* traffico *m* occasionale, traffico *m* irregolare; **~vermittler/in** *m/f* mediatore *m* occasionale, intermediario *m* occasionale.

gelegentlich *adj* occasionale, saltuario, sporadico, all'occasione, occasionalmente, saltuariamente, di tanto in tanto, ogni tanto.

Geleitschein *m* salvacondotto *m*.

gelesen und genehmigt letto ed approvato.

Geliebtentestament *n ErbR* testamento *m* a favore dell'amante.

geloben *v* giurare, promettere solennemente.

Gelöbnis *n* giuramento *m*, promessa *f* solenne; **feierliches ~** *n* promessa *f* solenne; **~** *n* **an Eides Statt** *(CH)* dichiarazione *f* sostitutiva del giuramento.

Gelöbnisbruch *m* violazione *f* della promessa solenne.

gelten *v (gültig sein)* valere, essere valido, essere in vigore, vigere, avere valore, contare, *(laufen)* decorrere, *(betreffen)* riguardare, concernere, toccare, *(zur Anwendung kommen)* applicarsi, essere applicato, trovare applicazione; **~ als** (è da/sarà da/dovrà) considerarsi, (è da/sarà da/dovrà) intendersi; **~ als erfolgt** considerarsi (o: intendersi) validamente effettuato; **~ als gebilligt** considerarsi (o: intendersi) approvato, considerarsi (o: intendersi) accolto, considerarsi (o: intendersi) accettato; **~ als wesentlicher Bestandteil** sono da considerarsi parti integranti e sostanziali (*di un contratto, atto, bando*), costituirne parte integrante e sostanziale; **~ für** [*Akk*] valere per, applicarsi a, essere applicato a, trovare applicazione per; **entsprechend ~** trovare applicazione mutatis mutandis.

geltend *adj* vigente, in vigore.

geltend machen far(e) valere, affermare, interporre, rivendicare, vantare, reclamare, esigere, pretendere, *(Recht)* esercitare, *(mit einer Klage)* azionare, esperire, *(Forderung)* (ri)chiedere il pagamento [di]; **einen Anspruch ~** [gegen *Akk*] esercitare un diritto [nei confronti di/verso], far(e) valere un diritto [nei confronti di/verso], vantare un diritto [nei confronti di/verso], rivendicare (un diritto) [nei confronti di/verso], azionare una pretesa [nei confronti di/verso]; **eine Forderung ~** vantare un credito, far(e) valere una pretesa, accampare una pretesa, (ri)chiedere il pagamento [di]; **mit der Klage geltend gemacht** azionato; **ein Recht ~** esercitare un diritto, far(e) valere un diritto, vantare un diritto, rivendicare un diritto, accampare un diritto.

Geltendmachung *f* esercizio *m*, affermazione *f*, rivendicazione *f*, il far(e) valere, *(einer Forderung)* richiesta *f* di pagamento; **~** *f* **eines Anspruchs** esercizio *m* di un diritto, affermazione *f* di un diritto, rivendicazione *f* di un diritto, il far(e) valere un diritto.

Geltstag *m (CH)* bancarotta *f*.

geltstagen *v (CH)* fare bancarotta.

Geltung *f* [1] *(Gültigkeit)* validità *f*, valore *m*, vigore *m*, applicazione *f*; **zeitlich beschränkte ~** *f* efficacia *f* limitata nel tempo.

Geltung *f* [2] *(Bedeutung)* importanza *f*, *(Ansehen)* considerazione *f*, prestigio *m*, credito *m*, autorità *f*, influenza *f*.

Geltungsbereich *m* ambito *m* di validità, ambito *m* di applicazione, ambito *m* di competenza, campo *m* di applicazione, sfera *f* di applicazione, sfera *f* di competenza, giurisdizione *f*; **persönlicher ~** *m* ambito *m* di applicazione ratione personae, campo *m* di applicazione ratione personae, ambito *m* di applicazione soggettivo, campo *m* di applicazione soggettivo, campo *m* di applicazione personale, il / la presente … si applica (*a determinate persone o categorie di persone*); **räumlicher ~** *m* ambito *m* di applicazione territoriale; **sachlicher ~** *m* ambito *m* di applicazione ratione materiae, campo *m* di applicazione ratione materiae, ambito *m* di applicazione materiale, campo *m* di applicazione materiale, portata *f* materiale, il / la presente … si applica (*a un determinato oggetto, una determinata materia*); **zeitlicher ~** *m* ambito *m* di applicazione temporale.

Geltungsdauer *f* validità *f*, durata *f* di validità, periodo *m* di validità, termine *m* di validità; **begrenzte ~** *f* validità *f* limitata.

Geltungs | gebiet *n* ambito *m* di validità, ambito *m* di applicazione, ambito *m* di competenza, campo *m* di applicazione, sfera *f* di applicazione, sfera *f* di competenza, giurisdizione *f*; **~kraft** *f* validità *f*.

Gelübde *n (CH)* promessa *f* solenne, voto *m*.

GEMA (*Abk* = **Gesellschaft für musikalische Aufführungsrechte und mechanische Vervielfältigungsrechte**) *(D)* Società *f* per i diritti di esecuzione musicale e di riproduzione meccanica (*società tedesca omologa della SIAE che tutela il diritto d'autore per le opere musicali*).

Gemarkung *f* territorio *m* comunale, feudo *m* comunale.

gemäß *präp* [*Dat*] secondo, come da, conformemente a, in conformità a/ di, in ossequio a, in osservanza a, a norma di, *(§, Art., Abs.)* ai sensi di, ex; **~ § … Absatz 1** ai sensi del primo comma del § …, di cui al § …, comma 1, ex § …, 1° comma.

Gemäßheit *f* conformità *f*.

gemein *adj (alt für gleich, gemeinsam)* comune, *(gewöhnlich)* corrente, *(allgemein)* generale, universale, pubblico, collettivo, *(einfach)* ordinario, *(ordinär)* volgare.

Gemeinbedarf *m* fabbisogno *m* di interesse generale.

Gemeinde *f* comune *m*, comunità *f*; **amtsangehörige ~** *f* frazione *f* di comune; **amtsfreie ~** *f* comune *m* autonomo; **kreisangehörige ~** *f* comune *m* facente parte di un circondario; **kreisfreie ~** *f*; **kreisunmittelbare ~** *f* comune *m* che costituisce da solo un circondario.

Gemeinde- comunale, municipale.

Gemeinde | abgabe *f* tributo *m* comunale, tributo *m* locale; **~ammann** *m (CH)* sindaco *m*; **~amt** *n* ufficio *m* comunale, casa *f* comunale; **~angestellte/r** *f/m* impiegato/-a *m/f* comunale; **~anleihe** *f* prestito *m* comunale; **~ausschuss** *m* commissione *f* comunale; **~autonomie** *f* autonomia *f* comunale; **~beamter/-beamtin** *m/f* funzionario *m* comunale; **~bedienstete/r** *f/m* impiegato/-a *m/f* comunale; **~behörde** *f* autorità *f* comunale; **~beschluss** *m* delibera *f* del consiglio comunale, deliberazione *f* del consiglio comunale; **~betrieb** *m* azienda *f* comunale, azienda *f* municipale; **~bezirk** *m* circoscrizione *f* comunale; **~bürgerrecht** *n (CH)* attinenza *f* comunale; **~darlehen** *n* mutuo *m* comunale; **~diener** *m* messo *m* comunale, usciere *m* del comune; **~direktor/in** *m/f (D) (Nordrhein-Westfalen)* sindaco *m* (solo come capo della giunta comunale), *(Niedersachsen)* segretario *m* comunale; **~eigentum** *n* proprietà *f* del comune; **~einnahmen** *pl* entrate *fpl* del comune; **~einnehmer/in** *m/f* ricevitore *m* comunale; **~entscheid** *m* consultazione *f* popolare degli abitanti di un comune; **~erheber/in** *m/f* esattore *m* comunale; **~finanzen** *pl* finanze *fpl* comunali, finanza *f* locale; **~freiheiten** *pl* libertà *fpl* comunali; **~fremde/r** *f/m* persona *f* senza diritto di residenza nel comune; **~gebiet** *n* territorio *m* comunale; **~gebühr** *f* tassa *f* comunale; **~genosse/-sin** *m/f (CH)* concittadino/-a *m/f*; **~gesetz** *n* legge *f* comunale; **~gliedervermögen** *n* beni *mpl* appartenenti a certe categorie di abitanti del comune; **~gut** *n* bene *m* comunale; **~haushalt** *m* bilancio *m* comunale; **~hoheit** *f* autonomia *f* comunale; **~kanzlei** *f* segreteria *f* comunale; **~kasse** *f* tesoreria *f* comunale; **~lasten** *pl* oneri *mpl* comunali; **~mitglied** *n* cittadino/-a *m/f* del comune, appartenente *m/f* al comune, comunista *m/f*, comunale *m/f*, attinente *m/f* al comune *(CH)*; **~mitgliedschaft** *f* appartenenza *f* a un comune, attinenza *f* comunale *(CH)*; **~ordnung** *f* ordinamento *m* comunale, testo *m* unico delle leggi comunali; **~organ** *n* organo *m* comunale; **~polizei** *f* polizia *f* municipale; **~präsident/in** *m/f* sindaco *m*; **~rat** *m* consiglio *m* comunale, consiglio *m* municipale; **~rat/-rätin** *m/f* consigliere *m* comunale, consigliere *m* municipale.

Gemeinderats | beschluss *m* delibera *f* del consiglio comunale, deliberazione *f* del consiglio comunale; **~mitglied** *n* consigliere *m* comunale, consigliere *m* municipale; **~sitzung** *f* seduta *f* del consiglio comunale; **~wahl** *f*; **~wahlen** *fpl* elezioni *fpl* del consiglio comunale, elezioni *fpl* amministrative.

Gemeinde | recht *n* diritto *m* comunale, diritto *m* municipale; **~rendant/in** *m/f*; **~rentmeister/in** *m/f* ricevitore *m* comunale.

Gemeinderschaft *f (CH)* comunione *f*.

Gemeinde | schlichtungsstelle *f* ufficio *m* comunale d'arbitrato; **~sekretär/in** *m/f* segretario *m* comunale; **~sparkasse** *f* cassa *f* di risparmio comunale; **~stelle** *f* ufficio *m* comunale; **~steuer** *f* imposta *f* comunale; **~straße** *f* strada *f* comunale; **~testament** *n* *ErbR* testamento *m* ricevuto dal sindaco in presenza di due testimoni; **~verband** *m* consorzio *m* di comuni, unione *f* di comuni; **~verfassung** *f* ordinamento *m* comunale; **~vermittlungsamt** *n (CH)* ufficio *m* comunale di collocamento, ufficio *m* comunale del lavoro; **~vermögen** *n* demanio *m* comunale, patrimonio *m* del comune; **~verordnung** *f* regolamento *m* comunale; **~versammlung** *f* assemblea *f* degli elettori di un comune; **~verschmelzung** *f* fusione *f* di comuni; **~vertreter/in** *m/f* consigliere *m* comunale, consigliere *m* municipale; **~vertretung** *f (Hessen, Schleswig-Holstein)* consiglio *m* comunale, consiglio *m* municipale; **~verwaltung** *f* amministrazione *f* comunale; **~voranschlag** *m (A)* bilancio *m* comunale (di previsione); **~vorstand** *m* giunta *f* comunale; **~vorsteher** *m* sindaco *m*; **~wahl** *f*; **~wahlen** *fpl* elezioni *fpl* comunali, elezioni *fpl* amministrative; **~wappen** *n* stemma *m* civico; **~weg** *m* strada *f* comunale; **~zuschlag** *m* sovrattassa *f* comunale.

gemeindlich *adj* comunale, municipale.

Gemeineigentum *n* proprietà *f* collettiva; **in ~ überführen** collettivizzare, socializzare.

Gemein | gebrauch *m* uso *m* comune, uso *m* pubblico; **~gefahr** *f* pericolo *m* pubblico.

gemeingefährlich *adj* che costituisce un pericolo pubblico, socialmente pericoloso.

Gemein | gefährlichkeit *f* pericolo *m* pubblico, pericolosità *f* sociale; **~gläubiger/in** *m/f* creditore *m* chirografario; **~gut** *n* bene *m* comune; **~interesse** *n* interesse *m* generale; **~kosten** *pl* costi *mpl* comuni, spese *fpl* comuni; **~nutz** *m* pubblica utilità *f*, utilità *f* pubblica, utilità *f* collettiva, utilità *f* sociale.

gemeinnützig *adj* di pubblica utilità, di interesse collettivo, *(Organisation)* senza fini di lucro, senza scopo di lucro, non a scopo di lucro, non profit [o: non-profit], non lucrativa di utilità sociale.

Gemeinnützigkeit *f* pubblica utilità *f*, utilità *f* pubblica, utilità *f* collettiva, utilità *f* sociale.

gemeinrechtlich *adj* di diritto comune.

Gemeinschaft *f* unione *f*, comunione *f*, comunanza *f*, comunità *f*, collettività *f*, associazione *f*, società *f*, congregazione *f*; **die ~**

auflösen sciogliere la comunione; **eheähnliche ~** *f FamR* convivenza *f* more uxorio, famiglia *f* di fatto, coppia *f* di fatto, comunione *f* di vita spirituale e materiale tra due persone, non fondata sul matrimonio; **eheliche ~** *f FamR* comunione *f* di vita spirituale e materiale tra i coniugi; **Europäische ~** *f* (*Abk* = **EG**) *EuR* Comunità *f* europea *(CE)*; **Europäische ~** *f* **für Kohle und Stahl** (*Abk* = **EGKS**) *EuR* Comunità *f* europea del carbone e dell'acciaio *(CECA)*; **häusliche ~** *f* convivenza *f*, coabitazione *f*; **supranationale ~** *f* comunità *f* sovranazionale; **~** *f* **nach Bruchteilen** comunione *f* per quote; **~** *f* **zur gesamten Hand** comunione *f* a mani riunite; **~** *f* **der Güter** *(A)* comunione *f* dei beni.

gemeinschaftlich *adj* comune, collettivo, congiunto, congiuntivo, collegiale, *SchuldR* solidale, *EuR* comunitario.

gemeinschaftlich *adv* in comune, collettivamente, insieme, in via congiunta, congiuntamente, *SchuldR* in solido, *StrafR* in concorso (di persone); **~ handelnd** agire in comune, *StrafR* agire in concorso tra loro.

Gemeinschaftlichkeit *f* comunità *f*.

Gemeinschafts | anleihe *f EuR* prestito *m* comunitario; **~aufgabe** *f* compito *m* comune, *EuR* compito *m* comunitario; **~ausfuhren** *fpl EuR* esportazioni *fpl* comunitarie; **~ausgaben** *fpl EuR* spese *fpl* comunitarie; **~behandlung** *f EuR* trattamento *m* comunitario; **~beihilfe** *f EuR* aiuto *m* comunitario; **~beitrag** *m EuR* contributo *m* comunitario; **~besitz** *m* possesso *m* comune; **~bestimmung** *f EuR* norma *f* comunitaria; **~bürger/in** *m/f EuR* cittadino/-a *m/f* comunitario/-a; **~charta** *f* **der sozialen Grundrechte der Arbeitnehmer** *EuR* Carta *f* comunitaria dei diritti sociali fondamentali dei lavoratori; **~darlehen** *n EuR* prestito *m* comunitario; **~depot** *n* deposito *m* comune; **~durchschnitt** *m EuR* media *f* comunitaria; **auf ~ebene** *EuR* a livello comunitario; **~einfuhren** *fpl EuR* importazioni *fpl* comunitarie; **~emission** *f* emissione *f* di prestito fatta in comune da più società; **~erfindung** *f* invenzione *f* fatta da più persone; **~erzeugung** *f EuR* produzione *f* comunitaria; **~exporte** *mpl EuR* esportazioni *fpl* comunitarie; **~finanzierung** *f* finanziamento *m* in comune, *EuR* finanziamento *m* comunitario; **~fonds** *m* fondo *m* comune, *EuR* fondo *m* comunitario; **~gebiet** *n EuR* territorio *m* comunitario; **~geschäft** *n* operazione *f* in compartecipazione; **~gründung** *f* costituzione *f* in compartecipazione; **~gut** *n* bene *m* comune; **~gutachten** *n* perizia *f* collegiale; **~haft** *f StrafProzR* detenzione *f* in comune; **~haftung** *f SchuldR* responsabilità *f* solidale, solidarietà *f*, responsabilità *f* cumulativa; **~haushalt** *m EuR* bilancio *m* comunitario; **~hilfe** *f EuR* aiuto *m* comunitario; **~importe** *mpl EuR* importazioni *fpl* comunitarie; **~initiative** *f* iniziativa *f* comune, *EuR* iniziativa *f* comunitaria; **~interesse** *n* interesse *m* collettivo, *EuR* interesse *m* comunitario.

gemeinschaftsintern *adj EuR* comunitario.

Gemeinschafts | kasse *f* cassa *f* comune; **~kontingent** *n EuR* contingente *m* comunitario; **~konto** *n* conto *m* (corrente) congiunto, conto *m* collettivo; **~kosten** *pl (bei Wohneigentum)* spese *fpl* di condominio, spese *fpl* condominiali, quota *f* condominiale; **~kunde** *f (Schule)* educazione *f* civica; **~land** *n EuR* paese *m* comunitario; **~marke** *f EuR (selbstständiges Markenrecht der Europäischen Union)* marchio *m* comunitario; **~markenverordnung** *f EuR* regolamento *m* sul marchio comunitario; **~maßnahme** *f EuR* misura *f* comunitaria; **~mauer** *f (zwischen Grundstücken)* muro *m* comune; **~ordnung** *f (Wohnungsei-*

gentümergemeinschaft) regolamento *m* di condominio, regolamento *m* condominiale; **~organ** *n EuR* organo *m* comunitario; **~pass** *m EuR* passaporto *m* comunitario.

Gemeinschaftspatent *n GewRS* brevetto *m* comunitario; **~übereinkommen** *n* (*Abk* = **GPÜ**) *GewRS* Convenzione *f* sul brevetto comunitario.

Gemeinschafts | politik *f EuR* politica *f* comunitaria; **~präferenz** *f EuR* preferenza *f* comunitaria.

Gemeinschaftspraxis *f*[1] *EuR* prassi *f* comunitaria.

Gemeinschaftspraxis *f*[2] *(Sozietät)* studio *m* associato.

Gemeinschafts | preis *m EuR* prezzo *m* comunitario; **~produktion** *f* coproduzione *f*; **~projekt** *m EuR* progetto *m* comunitario.

Gemeinschaftsrecht *n EuR* diritto *m* comunitario; **Europäisches ~** *n* diritto *m* comunitario europeo.

Gemeinschafts | regelung *f EuR* regime *m* comunitario; **~richtlinie** *f EuR* direttiva *f* comunitaria; **~sprache** *f EuR* lingua *f* comunitaria; **~strategie** *f* strategia *f* comune, *EuR* strategia *f* comunitaria; **~system** *n EuR* sistema *m* comunitario; **~tarif** *m* tariffa *f* comune, *EuR* tariffa *f* comunitaria; **~transport** *m* trasporto *m* in comune; **~unternehmen** *n* impresa *f* comune, joint venture *f*, *EuR* impresa *f* comunitaria; **~verfahren** *n EuR* procedimento *m* comunitario; **~verfassung** *f EuR* ordinamento *m* comunitario; **~verordnung** *f EuR* regolamento *m* comunitario; **~versicherung** *f* assicurazione *f* collettiva; **~vertrag** *m EuR* trattato *m* comunitario; **~vorschrift** *f EuR* norma *f* comunitaria; **~wahl** *f* elezione *f* con collegio elettorale comune; **~währung** *f EuR* moneta *f* comunitaria; **~ware** *f EuR* merce *f* comunitaria; **~werbung** *f* pubblicità *f* collettiva, pubblicità *f* combinata; **~zollkontingent** *n EuR* contingente *m* doganale comunitario.

Gemein | schuldner/in *m/f* fallito *m*, debitore *m* fallito; **~wille** *m* volontà *f* collettiva; **~wirtschaft** *f* economia *f* collettiva; **~wohl** *n* bene *m* comune, bene *m* pubblico, interesse *m* comune, interesse *m* generale.

Gemengsteuer *f (CH)* imposta *f* congiunta con altri tributi.

gemischtwirtschaftlich *adj* di economia mista.

Gemütswert *m* valore *m* d'affezione.

genehmigen *v (erlauben)* permettere, consentire, autorizzare, *(zustimmen)* approvare, *(gerichtlich billigen)* omologare, *(ratifizieren)* ratificare, sancire, sanzionare, *(bewilligen)* accettare, accogliere, *(gewähren)* concedere, accordare.

Genehmigung *f = nachträgliche Zustimmung → s. Infokasten unter „Zustimmung – Einwilligung – Genehmigung" (Erlaubnis)* permesso *m*, autorizzazione *f*, *(Lizenz)* concessione *f*, licenza *f*, patente *f*, *(Zustimmung)* approvazione *f*, consenso *m*, benestare *m*, beneplacito *m*, nulla osta *m* [o: nullaosta], *(gerichtliche Billigung)* omologazione *f*, *(Ratifizierung)* ratifica *f*, *(Bewilligung)* accettazione *f*, accoglimento *m*; **einer ~ bedürfen** richiedere un'autorizzazione, è necessaria un'autorizzazione; **die ~ einholen** chiedere l'autorizzazione, chiedere l'approvazione; **die ~ erhalten**; **die ~ erlangen** ottenere l'autorizzazione; **die ~ erteilen** rilasciare l'autorizzazione, concedere l'autorizzazione; **der ~ unterliegen** essere soggetto ad autorizzazione, essere soggetto ad approvazione; **die ~ verweigern** negare l'autorizzazione, ricusare l'approvazione; **zur ~ vorlegen** sottoporre all'approvazione; **die ~ widerrufen** revocare l'autorizzazione; **die ~ zurücknehmen** ritirare l'autorizzazione; **ausdrückliche ~** *f* autorizzazione *f* espressa; **bedingte ~** *f* autorizzazione *f* condizionale; **befristete ~** *f* autorizzazione *f* sottoposta a termine; **behördliche ~** *f* autorizzazione *f* delle autorità; **besondere ~** *f* autorizzazione *f* speciale; **gerichtliche ~** *f* autorizzazione *f* giudiziaria, autorizzazione *f* giudiziale, omologazione *f*; **gesundheits-polizeiliche ~** *f* autorizzazione *f* sanitaria; **gewerbliche ~** *f* licenza *f* d'esercizio; **ministerielle ~** *f* autorizzazione *f* ministeriale; **nachträgliche ~** *f* ratifica *f* (*da parte dell'organo competente*), ratificazione *f*; **polizeiliche ~** *f* autorizzazione *f* di polizia; **schriftliche ~** *f* autorizzazione *f* scritta; **staatliche ~** *f* approvazione *f* governativa; **stillschweigende ~** *f* autorizzazione *f* tacita; **teilweise ~** *f* autorizzazione *f* parziale; **verwaltungsbehördliche ~** *f* autorizzazione *f* amministrativa; **im voraus erteilte ~** *f* autorizzazione *f* preventiva; **widerrufliche ~** *f* autorizzazione *f* revocabile; **~** *f* **der Bilanz** approvazione *f* del bilancio; **~** *f* **zur Durchfahrt** autorizzazione *f* di transito; **~** *f* **für das Überfliegen** autorizzazione *f* di sorvolo; **~** *f* **auf Widerruf** autorizzazione *f* revocabile.

Genehmigungsantrag *m* domanda *f* di autorizzazione.

genehmigungsbedürftig *adj* soggetto ad autorizzazione, soggetto ad approvazione.

Genehmigungs | befugnis *f* potere *m* di autorizzazione; **~behörde** *f* autorità *f* che rilascia l'autorizzazione; **~bescheid** *m* decisione *f* di approvazione; **~beschluss** *m* deliberazione *f* di autorizzazione; **~erfordernis** *n* necessità *f* di ottenere l'autorizzazione.

genehmigungsfrei *adj* non soggetto ad autorizzazione, non soggetto ad approvazione.

Genehmigungs | gebühr *f* tassa *f* di autorizzazione; **~gesuch** *n* domanda *f* di autorizzazione; **~inhaber/in** *m/f* concessionario *m*, titolare *m/f* dell'autorizzazione; **~pflicht** *f* obbligo *m* di autorizzazione.

genehmigungspflichtig *adj* soggetto ad autorizzazione, soggetto ad approvazione.

Genehmigungs | recht *n* diritto *m* di approvazione; **~urkunde** *f* atto *m* d'approvazione, atto *m* di ratifica; **~verfahren** *n* procedimento *m* di autorizzazione; **~vermerk** *m*; **~visum** *n* visto *m* di autorizzazione; **~widerruf** *m* revoca *f* di autorizzazione.

General- generale.

General | abkommen *n* accordo *m* generale; **~agent/in** *m/f* agente *m/f* generale; **~agentur** *f* agenzia *f* generale; **~amnestie** *f* amnistia *f* generale; **~anwalt/-anwältin** *m/f* *(am EuGH)* avvocato *m* generale; **~aussprache** *f* discussione *f* generale; **~bevollmächtigte/r** *f/m* procuratore *m* generale; **~bilanz** *f* *(CH)* bilancio *m* generale; **~bundesanwalt/-anwältin** *m/f* *(D) (beim Bundesgerichtshof)* procuratore *m* generale della Repubblica presso la Corte suprema federale tedesca (Bundesgerichtshof); **~bürgschaft** *f* garanzia *f* generale, fideiussione *f* generale; **~debatte** *f* dibattito *m* generale; **~direktion** *f* direzione *f* generale; **~direktor/in** *m/f* direttore *m* generale; **~embargo** *n* embargo *m* generale; **~ermächtigung** *f* delega *f* generale; **~gouvernement** *n* governatorato *m* generale; **~gouverneur** *m* governatore *m* generale; **~handlungsbevollmächtigte/r** *f/m* procuratore *m* generale; **~index** *m* indice *m* generale; **~inspekteur** *m*; **~inspektor** *m (A)* ispettore *m* generale; **~klausel** *f* clausola *f* generale; **~kommissariat** *n* commissariato *m* generale; **~kommissar/in** *m/f*; **~kommissär/in** *m/f (A)* commissario *m* generale; **~kommission** *f* commissione *f* generale; **~konsul** *m* console *m* generale; **~konsulat** *n* consolato *m* generale; **~kosten** *pl* spese *fpl* generali; **~mobilmachung** *f* mobilitazione *f* generale; **~police** *f*; **~polizze** *f (A)* polizza *f* generale; **~prävention** *f* prevenzione *f* generale; **~prokurator/in** *m/f* *(A) (beim Obersten Gerichtshof)* procuratore *m* generale della

Repubblica presso la Corte suprema austriaca (Oberster Gerichtshof); **~prokuratur** *f (A)* (*Abk* = **GP**) *(beim Obersten Gerichtshof)* procura *f* generale della Repubblica presso la Corte suprema austriaca (Oberster Gerichtshof); **~quittung** *f* ricevuta *f* a saldo, quietanza *f* liberatoria; **~repräsentanz** *f* rappresentanza *f* generale; **~sekretariat** *n* segreteria *f* generale, segretariato *m* generale.

Generalsekretär/in *m/f* segretario *m* generale; **Stellvertretende/r ~** *m/f EuR* vicesegretario *m* generale.

General | staatsanwalt/-anwältin *m/f StrafProzR* procuratore *m* generale (della Repubblica federale) *(P.G.)*; **~staatsanwaltschaft** *f StrafProzR* procura *f* generale della Repubblica; **~streik** *m ArbR* sciopero *m* generale; **~tarif** *m* tariffa *f* generale; **~unternehmen** *n* impresa *f* appaltatrice; **~unternehmervertrag** *m* contratto *m* di appalto generale; **~verfügung** *f* ordinanza *f* generale.

Generalversammlung *f* assemblea *f* generale; **außerordentliche ~** *f* assemblea *f* generale straordinaria; **konstituierende ~** *f* assemblea *f* costitutiva; **ordentliche ~** *f* assemblea *f* generale ordinaria; **~** *f* **der Vereinten Nationen** = *UN-Generalversammlung* Assemblea *f* generale delle Nazioni Unite, Assemblea *f* generale dell'ONU.

Generalvertrag *m* [1] accordo *m* generale.

Generalvertrag *m* [2] *(Vertrag über die Beziehungen zwischen der Bundesrepublik Deutschland und den Drei Mächten)* Convenzione *f* sulle relazioni tra le tre Potenze e la Repubblica Federale di Germania.

General | vertreter/in *m/f* rappresentante *m/f* generale, agente *m/f* generale; **~vertretung** *f* rappresentanza *f* generale, agenzia *f* generale; **~vollmacht** *f* procura *f* generale, mandato *m* generale; **~zahlmeister** *m* tesoriere *m* generale; **~zolldirektion** *f (D)* (*Abk* = **GZD**) Direzione *f* generale delle dogane.

generell *adj* generale, generico, generalmente, in genere, di norma.

Genesungsurlaub *m ArbR* congedo *m* di convalescenza.

Genfer Abkommen *n* Convenzione *f* di Ginevra; **~ Protokoll** *n* protocollo *m* di Ginevra.

genießen *v* godere, fruire, usufruire, beneficiare, avere.

Genosse/-sin *m/f* socio *m* di società cooperativa.

Genossenschaft *f* società *f* cooperativa, cooperativa *f*, consorzio *m*; **eingetragene ~** *f* (*Abk* = **eG**) società *f* cooperativa iscritta nel registro delle imprese; **landwirtschaftliche ~** *f* cooperativa *f* agricola.

Genossenschaft(l)er/in *m/f* socio *m* di società cooperativa.

genossenschaftlich *adj* cooperativo.

Genossenschafts | anteil *m* quota *f* di società cooperativa; **~bank** *f* banca *f* cooperativa; **~bauer** *m* coltivatore *m* consorziato; **~beitrag** *m* contributo *m* consortile, contributo *m* consorziale; **~bewegung** *f* movimento *m* cooperativo; **~gründungsvertrag** *m* atto *m* costitutivo di società cooperativa; **~kapital** *n* capitale *m* di società cooperativa; **~kasse** *f* cassa *f* cooperativa; **~laden** *m* spaccio *m* cooperativo; **~mitglied** *n* socio *m* di società cooperativa; **~register** *n* registro *m* delle cooperative; **~sozialismus** *m* socialismo *m* cooperativo; **~unternehmen** *n* impresa *f* cooperativa; **~verband** *m* unione *f* cooperativa, unione *f* di cooperative; **~vermögen** *n* patrimonio *m* cooperativo; **~vertrag** *m* contratto *m* di cooperazione; **~wesen** *n* cooperativismo *m*; **~wirtschaft** *f* economia *f* cooperativa.

Genozid *m* genocidio *m*.

genügen *v* [1] *(reichen)* bastare, essere sufficiente.

genügen *v* [2] [*Dat*] *(erfüllen, befriedigen)* soddisfare.

Genugtuung *f* soddisfazione *f*,

riparazione *f* morale; **volle ~** *f (A)* risarcimento *m* del danno emergente, lucro *m* cessante e danno *m* non patrimoniale.
Genugtuungs | anspruch *m (CH)*; **~klage** *f (CH)* azione *f* di risarcimento del danno non patrimoniale.
Genuss *m* godimento *m*; **den ~ antreten**; **in den ~ kommen**; **in den ~ treten** entrare nel godimento, beneficiare; **ungestörter ~** *m* pacifico godimento *m*; **~** *m* **eines Rechts** godimento *m* di un diritto.
Genussaktie *f* azione *f* di godimento.
Genusschuld *f* obbligazione *f* generica, obbligazione *f* di genere.
Genuss | mittel *n* genere *m* voluttuario; **~recht** *n* diritto *m* di godimento; **~schein** *m* certificato *m* di godimento, titolo *m* di godimento, buono *m* di godimento.
Gepflogenheit *f* abitudine *f*, uso *m*, usanza *f*, costume *m*, consuetudine *f*, tradizione *f*, pratica *f*, prassi *f*; **diplomatische ~** *f* uso *m* diplomatico; **internationale ~** *f* uso *m* internazionale.
gerecht *adj* giusto, equo, ragionevole, imparziale, equanime, retto, onesto, probo, legittimo, meritato, adatto.
gerechtfertigt *adj* giustificato, legittimo, per giusta causa.
Gerechtigkeit *f* giustizia *f*, equità *f*, onestà *f*, legittimità *f*, *(Berechtigung)* diritto *m*, privilegio *m*; **materielle ~** *f* giustizia *f* sostanziale; **soziale ~** *f* giustizia *f* sociale; **steuerliche ~** *f* giustizia *f* tributaria.
Gerechtigkeits | empfinden *n*; **~gefühl** *n*; **~sinn** *m* senso *m* della giustizia.
Gerechtsame *f* servitù *f*.
geregelt *adj* regolamentato, regolato, normato, disciplinato, ordinato; **~ sein** [durch *Akk*] essere disciplinato [da]; **gesetzlich ~** regolamentato per legge, disciplinato dalla legge, regolato dalla (o: per) legge.
Gericht *n (als Behörde)* tribunale *m*, giudizio *m*, autorità *f* giudiziaria, autorità *f* giurisdizionale, ufficio *m* giudiziario, *(Gerichtshof)* corte *f*, *(Gerichtsstand)* foro *m*, *(Gerichtsgebäude)* palazzo *m* di giustizia, *(als Person)* giudice *m*; **durch das ~** dal tribunale, dalla corte; **vor ~** in giudizio; **ein ~ anrufen** adire un giudice, adire un tribunale, adire un'autorità giudiziaria; **vor ~ auftreten** intervenire in giudizio, stare in giudizio; **vor ~ aussagen** deporre in giudizio; **das ~ befand, dass** il giudice ha deciso che; **vor ~ bringen** citare in giudizio, portare in giudizio, tradurre in giudizio, condurre in giudizio; **bei ~ einschreiten** *(A)* agire in giudizio; **vor ~ erscheinen** comparire davanti al giudice; **vor ~ gehen** agire in giudizio, adire il tribunale, ricorrere alla giustizia; **bei ~ klagen**; **vor ~ klagen** agire in giudizio, citare in giudizio; **vor ~ laden** citare in giudizio; **vor ~ stehen** stare in giudizio; **vor ~ stellen** *(wenig gebräuchlich)* tradurre in giudizio, condurre in giudizio, consegnare alla giustizia; **vor ~ verklagen** citare in giudizio, convenire in giudizio, far causa a; **vor ~ verteidigen** difendere in giudizio; **bei ~ vertreten** *(A)*; **vor ~ vertreten** rappresentare (e difendere) in giudizio; **(die Sache) an ein anderes ~ verweisen** rinviare (la causa) ad altro giudice; **allgemeines ~** *n* giudice *m* ordinario; **angerufenes ~** *n* tribunale *m* adito, giudice *m* adito; **außerordentliches ~** *n* giudice *m* straordinario; **besonderes ~** *n* giudice *m* speciale; **einzelstaatliches ~** *n EuR* giurisdizione *f* nazionale; **erkennendes ~** *n* giudice *m* della cognizione; **erstinstanzliches ~** *n* giudice *m* di primo grado, tribunale *m* di primo grado, giudice *m* di prima istanza (*meno comune*), tribunale *m* di prima istanza (*meno comune*); **geistliches ~** *n* tribunale *m* ecclesiastico; **höchstes ~** *n* corte *f* suprema, suprema corte *f*, supremo collegio *m*; **höheres ~** *n* giudice *m* (di competenza) superiore; **innerstaatliches ~** *n* tribunale *m* nazionale, tribunale *m* interno; **internationales ~** *n* tribunale *m*

internazionale; **korruptes ~** *n* giudice *m* corrotto; **oberstes ~** *n* corte *f* suprema, suprema corte *f*, supremo collegio *m*; **ordentliches ~** *n* tribunale *m* ordinario, giudice *m* ordinario; **mit der Sache befasstes ~** *n* giudice *m* della causa; **unteres ~** *n* organo *m* giurisdizionale di grado inferiore, giudice *m* di grado inferiore; **unzuständiges ~** *n* giudice *m* incompetente; **zuständiges ~** *n* foro *m* competente, giudice *m* competente, tribunale *m* competente, organo *m* giudicante competente; **~** *n* **der belegenen Sache** forum rei sitae *(lat)*, foro *m* del luogo di situazione della cosa; **~** *n* **erster Instanz** giudice *m* di primo grado, tribunale *m* di primo grado, giudice *m* di prima istanza (*meno comune*), tribunale *m* di prima istanza (*meno comune*); **~** *n* **erster Instanz der Europäischen Gemeinschaften** (*Abk* = **EuGeI**) *EuR (seit dem Inkrafttreten des Vertrags von Lissabon umbenannt in: Gericht der Europäischen Union)* Tribunale *m* di primo grado delle Comunità europee *(TPGCE)*; **~** *n* **der Europäischen Union** (*Abk* = **EuG**) *EuR (vor Inkrafttreten des Vertrags von Lissabon: Gericht erster Instanz der Europäischen Gemeinschaften)* Tribunale *m* dell'Unione europea; **~** *n* **für den öffentlichen Dienst der Europäischen Union** (*Abk* = **EUGöD**) *EuR* Tribunale *m* della funzione pubblica dell'Unione europea; **~** *n* **gleicher Ordnung** giudice *m* di pari grado; **~** *n* **höherer Ordnung** giudice *m* di grado superiore; **~** *n* **niederer Ordnung** giudice *m* di grado inferiore; **~** *n* **des Zahlungsorts** foro *m* del luogo del pagamento.

gerichtlich *adj* giudiziale, giudiziario, giurisdizionale, forense, legale; **~ belangen** citare (*in giudizio*), convenire (*in giudizio*), chiamare (*in giudizio, in causa*), far(e) causa (a qn.), intentare causa (a qn.), escutere (*un debitore*), perseguire (*legalmente*), procedere (*per vie legali*); **~ festgestellt** giudizialmente accertato, giudizialmente dichiarato; **~ vorgehen** adire le vie legali, procedere per vie legali, procedere legalmente, agire in giudizio, agire giudizialmente, intentare causa; **jdn. ~ vertreten** rappresentare (e difendere) qn. in giudizio.

Gerichtsabteilung *f* sezione *f*.

gerichtsähnlich *adj* quasi giudiziario.

Gerichts | akte *f* (*Abk* = **GA**) fascicolo *m* d'ufficio, fascicolo *m* del giudice; **~akten** *pl* atti *mpl* giudiziari; **~apparat** *m* apparato *m* giudiziaro; **~arzt/-ärztin** *m/f* medico *m* legale; **~assessor** *m (jetzt: Richter oder Staatsanwalt auf Probe)* aggiunto *m* giudiziario.

Gerichtsbarkeit *f* giurisdizione *f*, giustizia *f*, magistratura *f*, contenzioso *m*; **die ~ ausüben** esercitare la giurisdizione; **ausschließliche ~** *f* giurisdizione *f* esclusiva; **außergebietliche ~** *f* giurisdizione *f* extraterritoriale; **außerstreitige ~** *f (A)* giurisdizione *f* volontaria (*o: volontaria giurisdizione*); **bürgerliche ~** *f* giurisdizione *f* civile; **fehlende ~** *f* difetto *m* di giurisdizione; **freiwillige ~** *f* → *Beteiligte* giurisdizione *f* volontaria (*o: volontaria giurisdizione*); **internationale ~** *f* giurisdizione *f* internazionale, giustizia *f* internazionale; **obligatorische ~** *f* giurisdizione *f* obbligatoria; **ordentliche ~** *f* giurisdizione *f* ordinaria, magistratura *f* ordinaria; **streitige ~** *f* giurisdizione *f* contenziosa, contenzioso *m*; **volle ~** *f* giurisdizione *f* piena, pienezza *f* di giurisdizione.

Gerichtsbehörde *f* autorità *f* giudiziaria.

gerichtsbekannt *adj* noto al giudice.

Gerichts | bericht *m* cronaca *f* giudiziaria; **~berichterstatter/in** *m/f* cronista *m* giudiziario; **~berichterstattung** *f* cronaca *f* giudiziaria; **~beschluss** *m* decreto *m* giudiziario, ordinanza *f*; **~besetzung** *f* composizione *f* del collegio giudicante; **~bezirk** *m* circoscrizione *f* giudiziaria, mandamento *m* (*pretura*), circondario *m* (*tribunale*), distretto *m* (*corte di appello*), circolo *m* (*corte d'assise*); **~brauch** *m* usi *mpl* giudiziari; **~diener/in** *m/f* usciere *m* (*di ufficio giudiziario*), aiutante ufficiale *m* giudiziario; **~dolmetscher/in** *m/f* interprete *m* giudiziario; **~entscheid** *m (CH)*; **~entscheidung** *f* decisione *f* giudiziaria, sentenza *f* giudiziaria, sentenza *f* del tribunale; **~erlag** *m (A)* deposito *m* giudiziario; **~fach** *n* casella *f* postale presso il tribunale; **~ferien** *pl* ferie *fpl* giudiziarie.

gerichtsfrei *adj* esente da giurisdizione.

Gerichts | freiheit *f* esenzione *f* dalla giurisdizione; **~gebäude** *n* palazzo *m* di giustizia; **~gebrauch** *m* uso *m* giudiziario; **~gebühr** *f* tassa *f* giudiziaria, tassa *f* di giustizia *(CH)*; **~gebühren** *fpl* tasse *fpl* giudiziarie, diritti *mpl* giudiziari; **~gefängnis** *n* carcere *m* giudiziario; **~gewalt** *f* potere *m* giudiziario; **~helfer/in** *m/f* *(Strafprozess)* assistente *m/f* sociale; **~hilfe** *f (Strafprozess)* ufficio *m* di servizio sociale.

Gerichtshof *m* corte *f* (di giustizia); **~** *m* **der Europäischen Gemeinschaften** (*Abk* = **EuGH**) *EuR (vor Inkrafttreten des Vertrags von Lissabon)* Corte *f* di giustizia delle Comunità europee *(CGCE)*; **~** *m* **der Europäischen Union** (*Abk* = **EuGH**) *EuR (seit Inkrafttreten des Vertrags von Lissabon)* Corte *f* di giustizia dell'Unione europea *(CGUE)*; **Europäischer ~** *m* (*Abk* = **EuGH**) *EuR (seit Inkrafttreten des Vertrags von Lissabon Teil des Gerichtshofs der Europäischen Union mit untergeordnetem Gericht der Europäischen Union, EuG)* Corte *f* di giustizia europea; **Europäischer ~** *m* **für Menschenrechte** (*Abk* = **EGMR**) *EuR (Straßburg)* Corte *f* europea dei diritti dell'uomo *(CEDU)*; **Hoher ~** *m* Alta Corte *f* di Giustizia; **Internationaler ~** *m* (*Abk* = **IGH**) *(Den Haag)* Corte *f* internazionale di giustizia *(CIG)* (*L'Aja*); **Oberster ~** *m* (*Abk* = **A: OGH**) Corte *f* suprema, Corte *f* suprema di cassazione, suprema Corte *f* (di giustizia); **Ständiger Internationaler ~** *m* Corte *f* permanente di giustizia internazionale.

Gerichts | hoheit *f* competenza *f* giurisdizionale; **~instanz** *f* grado *m* del giudizio, istanza *f* giudiziara; **~jahr** *n* anno *m* giudiziario; **~kanzlei** *f (A, CH)* cancelleria *f* (*di ufficio giudiziario*), cancelleria *f* del tribunale; **~kontrolle** *f* sindacato *m* giurisdizionale.

Gerichtskosten *pl* spese *fpl* giudiziali, spese *fpl* giudiziarie, spese *fpl* di giudizio, spese *fpl* del giudizio, spese *fpl* di causa, spese *fpl* di lite, spese *fpl* di giustizia, spese *fpl* processuali; **Gesetz** *n* **über ~ in Familiensachen** *(D)* (*Abk* = **FamGKG**) legge *f* (tedesca) sulle spese di giudizio in materia familiare, legge *f* (tedesca) sulle spese giudiziarie in materia di diritto di famiglia; **Gerichts-** *n* **und Notarkostengesetz** *(D)* (*Abk* = **GNotKG**) *(Gesetz über Kosten der freiwilligen Gerichtsbarkeit für Gerichte und Notare: in Kraft getreten am 01.08.2013)* legge *f* (tedesca) sulle tariffe notarili e giudiziarie in materia di volontaria giurisdizione.

Gerichtskosten | marke *f* marca *f* per atti giudiziari; **~vorschuss** *m* anticipazione *f* delle spese processuali, anticipazione *f* delle spese giudiziarie, fondo *m* spese di procedura (*a carico dell'attore*).

gerichtskundig *adj* noto al giudice.

Gerichts | medizin *f* medicina *f* legale; **~mediziner** *m* medico *m* legale.

gerichtsmedizinisch *adj* medico-legale.

Gerichts | offizier *m* ufficiale *m* facente parte di un tribunale militare; **~ordnung** *f* ordinamento *m* giudiziario, ordine *m* giudiziario; **~organisation** *f* ordinamento *m* giudiziario; **~organisationsgesetz** *n* legge *f* sull'ordinamento giudiziario; **~person** *f* membro *m* del personale giudiziario; **~präsident/in** *m/f* presidente *m* di ufficio giudiziario; **~praxis** *f* pratica *f* giudiziaria; **~protokoll** *n* processo *m* verbale; **~psychiatrie** *f* psichiatria *f* forense; **~referendar/in** *m/f* uditore *m* giudiziario; **~saal** *m* aula *f* del tribunale, aula *f* giudiziaria, aula *f* di giustizia, sala *f* d'udienza; **~sachverständige/r** *f/m* perito *m* giudiziario; **~schreiberei** *f* cancelleria *f*; **~schreiber/in** *m/f* cancelliere *m*; **~schutz** *m* tutela *f* giurisdizionale; **~siegel** *n* sigillo *m* giudiziario; **~sitzung** *f* udienza *f*; **~sprache** *f (§ 185 GVG)* lingua *f* usata negli atti processuali, linguaggio *m* forense; **~sprengel** *m* circoscrizione *f* giudiziaria, mandamento *m* (*pretura*), circondario *m* (*tribunale*), distretto *m* (*corte di appello*), circolo *m* (*corte d'assise*); **~spruch** *m* sentenza *f* (*giudiziaria, del tribunale*).

Gerichtsstand *m* foro *m* (*competente*); **allgemeiner ~** *m* foro *m* generale; **ausschließlicher ~** *m* unico foro *m* competente, foro *m* (speciale) esclusivo; **besonderer ~** *m* foro *m* speciale (*facoltativo*); **dinglicher ~** *m* forum rei sitae *(lat)*, foro *m* del luogo di situazione della cosa; **vereinbarter ~** *m* foro *m* convenzionale, foro *m* stabilito per accordo delle parti; **~** *m* **der begangenen Tat** forum commissi delicti *(lat)*, foro *m* del luogo del commesso reato; **~** *m* **der belegenen Sache** forum rei sitae *(lat)*, foro *m* del luogo di situazione della cosa; **~** *m* **des Erfüllungsorts** foro *m* del luogo di esecuzione; **~** *m* **der unerlaubten Handlung** foro *m* del luogo di compimento dell'atto illecito; **~** *m* **des Wohnsitzes des Beklagten** foro *m* del domicilio del convenuto.

Gerichtsstands | klausel *f* clausola *f* del foro competente, clausola *f* attributiva di competenza, clausola *f* di attribuzione della competenza; **~vereinbarung** *f* accordo *m* relativo al foro competente, clausola *f* attributiva di competenza, deroga *f* (convenzionale) alla competenza territoriale dell'autorità giudiziaria; **Haager ~vereinbarungsübereinkommen** *n IPR (Haager Übereinkommen vom 30. Juni 2005 über Gerichtsstandsvereinbarungen)* Convenzione *f* dell'Aja del 30 giugno 2005 sugli accordi di scelta del foro.

Gerichts | tafel *f* albo *m* pretorio; **~tag** *m* giorno *m* d'udienza; **~tätigkeit** *f* attività *f* giurisdizionale.

Gerichtstermin *m (Gerichtstag)* giorno *m* d'udienza, *(Gerichtsverhandlung)* udienza *f*; **den ~ vertagen** rinviare l'udienza.

Gerichts | übung *f* usi *mpl* giudiziari; **~urkunde** *f* atto *m* giudiziario; **~urteil** *n* sentenza *f* giudiziaria, sentenza *f* del tribunale.

Gerichtsverfahren *n* procedimento *m* giudiziario, procedura *f* giudiziaria, processo *m* legale, giudizio *m*; **ein ~ anstrengen**; **ein ~ einleiten** promuovere un'azione giudiziaria, esperire un'azione legale, instaurare un processo, intentare un processo, radicare un giudizio.

Gerichts | verfassung *f* ordinamento *m* giudiziario; **~verfassungsgesetz** *n (D)* (*Abk* = **GVG**) legge *f* (tedesca) sull'ordinamento giudiziario; **~verfügung** *f* provvedimento *m* giudiziario; **~verhandlung** *f* udienza *f*, *StrafProzR* dibattimento *m*; **~verwaltung** *f* amministrazione *f* giudiziaria; **~vollzieher/in** *m/f* ufficiale *m* giudiziario; **~vorsitzende/r** *f/m*; **~vorstand** *m*; **~vorsteher/in** *m/f (A)* presidente *m* dell'ufficio giudiziario; **~wachtmeister/in** *m/f* ufficiale *m* giudiziario; **~weg** *m* via *f* giudiziaria; **~wesen** *n* magistratura *f*, giustizia *f*, sistema *m* giudiziario; **~zeuge/-zeugin** *m/f (A)* testimone *m/f*, teste *m/f*.

geringfügig *adj* insignificante, irrilevante, di scarsa importanza, futile, esiguo, lieve, leggero, marginale, di piccola entità.

Geringfügigkeit *f* esiguità *f*, futilità *f*, irrilevanza *f*; **Einstellung** *f* **des Verfahrens wegen ~** *StrafProzR* archiviazione *f* per irrilevanza penale del fatto.

Geringverdiener/in *m/f* lavoratore/-trice *m/f* a basso reddito.

geringwertig *adj* di poco valore,

di scarso valore, di tenue valore, scadente.

Gesamt- totale, complessivo, globale, generale, universale, comune, collettivo, indiviso, *SchuldR* solidale.

Gesamt | abrechnung *f* rendiconto *m* generale; **~absatz** *m* vendite *fpl* totali, totale *m* delle vendite; **~abstimmung** *f* votazione *f* finale; **~abwägung** *f* ponderazione *f* globale, valutazione *f* complessiva; **~akt** *m (mehrseitiges Rechtsgeschäft)* atto *m* collettivo; **~aktiva** *pl* attivo *m* totale; **~angebot** *n* offerta *f* complessiva, offerta *f* globale; **~annuität** *f* annualità *f* cumulativa; **~arbeitsvertrag** *m (CH)* (*Abk* = **GAV**) *ArbR (Artt. 356–358 OR)* contratto *m* collettivo di lavoro *(CCL) (CH)*; **~aufkommen** *n* gettito *m* totale; **~aufwand** *m*; **~aufwendungen** *fpl* spese *fpl* totali, spesa *f* complessiva; **~ausfuhr** *f* totale *m* delle esportazioni, esportazioni *fpl* complessive; **~ausgaben** *pl* spese *fpl* totali, spesa *f* complessiva; **~ausgebot** *n* vendita *f* all'incanto di tutti i beni fondiari (esecuzione forzata); **~bedarf** *m* fabbisogno *m* totale, fabbisogno *m* complessivo; **~beitrag** *m* contributo *m* complessivo; **~belastung** *f* onere *m* complessivo; **~bericht** *m* relazione *f* generale; **~betrag** *m* totale *m*, importo *m* totale, importo *m* complessivo, ammontare *m* complessivo, monte *m*; **~bewertung** *f* valutazione *f* complessiva, valutazione *f* globale; **~bezüge** *pl* retribuzione *f* totale, retribuzione *f* complessiva; **~bilanz** *f* bilancio *m* generale; **~budget** *n* budget *m* totale, budget *m* complessivo, bilancio *m* complessivo; **~bürgschaft** *f* garanzia *f* generale; **~dividende** *f* dividendo *m* totale; **~durchschnitt** *m* media *f* complessiva; **~eigentum** *n* proprietà *f* collettiva, proprietà *f* comune; **~einfuhr** *f* totale *m* delle importazioni, importazioni *fpl* complessive; **~einkommen** *n* reddito *m* totale, reddito *m* complessivo (netto); **~einkünfte** *pl* reddito *m* complessivo (lordo), entrate *fpl* complessive; **~einnahmen** *fpl* entrate *fpl* totali, incasso *m* totale; **~entschädigung** *f* indennità *f* totale, indennità *f* globale; **~erbe/-erbin** *m/f ErbR* erede *m/f* universale; **~erbfolge** *f ErbR* successione *f* (a titolo) universale; **~erlös** *m* ricavo *m* totale, introito *m* totale, proventi *mpl* totali, ricavato *m* totale; **~ersparnis** *f* risparmio *m* totale, risparmio *m* complessivo, risparmio *m* globale; **~ertrag** *m* ricavo *m* totale, introito *m* totale, proventi *mpl* totali, ricavato *m* totale; **~erzeugung** *f* produzione *f* complessiva; **~etat** *m* bilancio *m* complessivo.

gesamteuropäisch *adj* paneuropeo.

Gesamt | fläche *f* superficie *f* totale, superficie *f* complessiva; **~folge** *f (CH)* successione *f* (a titolo) universale; **~forderung** *f* credito *m* totale, *SchuldR* credito *m* solidale; **~fracht** *f* totale *m* del porto; **~freiheitsstrafe** *f StrafProzR* pena *f* detentiva complessiva; **~gemeinde** *f* comune *m* costituito da più frazioni, consorzio *m* di comuni; **~geschäftsführung** *f GesR* amministrazione *f* congiuntiva, gestione *f* collettiva degli affari.

Gesamtgewicht *n* peso *m* totale; **zulässiges ~** *n* peso *m* massimo (consentito).

Gesamt | gewinn *m* utile *m* totale, utile *m* complessivo; **~gläubiger/in** *m/f* creditore *m* in solido, creditore *m* solidale; **~gläubigerschaft** *f* creditori *mpl* in solido, solidarietà *f* attiva, comunità *f* di creditori in solido *(CH)*; **~grundschuld** *f* debito *m* fondiario simultaneo (*costituito su più immobili*); **~gut** *n* bene *m* comune, *FamR* beni *mpl* in (o: della) comunione (legale); **~haftung** *f SchuldR* responsabilità *f* solidale, solidarietà *f*, responsabilità *f* cumulativa; **~handeigentum** *n* proprietà *f* in mano comune, comproprietà *f* indivisa; **~handelsbilanz** *f* bilancia *f* commerciale complessiva; **~handelsspanne** *f* margine *m*

commerciale totale; **~händer/in** *m/f* comproprietario *m* (di bene indiviso).
gesamthänderisch *adj* a mani riunite.
Gesamthands | eigentum *n* (com)proprietà *f* indivisa; **~gemeinschaft** *f* comunione *f* a mani riunite.
Gesamthaushalt *m* bilancio *m* complessivo, bilancio *m* globale.
Gesamtheit *f* totalità *f*, totale *m*, complesso *m*, globalità *f*, universalità *f*, insieme *m*, *(Allgemeinheit)* comunità *f*, collettività *f*.
Gesamt | herrschaft *f* condominio *m* (di più Stati su un territorio); **~hypothek** *f* ipoteca *f* simultanea; **~index** *m* indice *m* generale; **~interesse** *n* interesse *m* generale, interesse *m* collettivo; **~investition** *f* investimento *m* globale; **~kapital** *n* capitale *m* totale, capitale *m* complessivo; **~kommission** *f* commissione *f* plenaria; **~konjunktur** *f* congiuntura *f* generale; **~kosten** *pl* spese *fpl* totali, spese *fpl* complessive, costi *mpl* totali, costi *mpl* complessivi, costo *m* globale; **~leistung** *f* rendimento *m* totale; **~lohn** *m* salario *m* totale, salario *m* complessivo; **~nachfolge** *f* successione *f* (a titolo) universale; **~nachfolger/in** *m/f* successore *m* (a titolo) universale; **~nachfrage** *f* domanda *f* complessiva, domanda *f* globale; **~nachlass** *m* *ErbR* intero asse *m* ereditario; **~nettoeinkommen** *n* reddito *m* complessivo netto; **~ordnung** *f* ordinamento *m* generale; **~personalrat** *m (öffentl. Dienst)* consiglio *m* generale del personale; **~preis** *m* prezzo *m* totale, prezzo *m* complessivo, prezzo *m* globale; **~prokura** *f* procura *f* congiunta; **~quittung** *f* ricevuta *f* a saldo, quietanza *f* liberatoria; **~rechnung** *f* conto *m* totale, contabilità *f*, conti *mpl* economici; **~rechtsnachfolge** *f* *ErbR (= Universalsukzession) (§ 1922 BGB)* successione *f* (a titolo) universale; **~rechtsnachfolger/in** *m/f ErbR* successore *m* (a titolo) universale; **~regelung** *f* regolamento *m* generale; **~sache** *f* *(A)* universalità *f* (di beni mobili); **~schaden** *m* danno *m* complessivo; **~schuld** *f (§§ 421 ff. BGB)* debito *m* solidale, obbligazione *f* solidale, obbligazione *f* in solido.
Gesamtschuldner/in *m/f* debitore *m* solidale, debitore *m* in solido; **als ~** in solido, solidalmente; **als ~ haften** essere obbligato in solido, rispondere in solido.
gesamtschuldnerisch *adj* solidale, in solido, solidalmente; **~ verpflichtet sein** essere obbligato in solido.
Gesamt | schuldnerschaft *f* debitori *mpl* in solido, solidarietà *f* passiva; **~schuldverhältnis** *n SchuldR* obbligazione *f* solidale, obbligazione *f* in solido, solidarietà *f*, rapporto *m* di solidarietà; **~staat** *m* Stato *m* centrale (*da distinguere dagli Stati membri della federazione*); **~steueraufkommen** *n* gettito *m* tributario totale; **~strafe** *f* *StrafR* (unica) pena *f* complessiva (*delle singole pene*), pena *f* cumulativa; **~überschuss** *m* eccedenza *f* totale; **~umsatz** *m* fatturato *m* totale, giro *m* d'affari totale.
gesamtverbindlich *adj* solidale, in solido, solidalmente.
Gesamt | verbindlichkeit *f* *SchuldR* obbligazione *f* solidale, obbligazione *f* in solido, solidarietà *f*; **~vereinbarung** *f* convenzione *f* collettiva; **~verlust** *m* perdita *f* totale.
Gesamtvermächtnis *n ErbR* legato *m* universale; **~nehmer/in** *m/f ErbR* legatario *m* universale.
Gesamt | vermögen *n* patrimonio *m* totale, patrimonio *m* complessivo, totalità *f* dei beni; **~verpflichtung** *f* *SchuldR* obbligazione *f* solidale, obbligazione *f* in solido, solidarietà *f*; **~versicherung** *f* assicurazione *f* tutti i rischi; **~versicherungssumme** *f* totale *m* assicurato; **~vertrag** *m* *VölkerR* trattato *m* collettivo; **~vertretung** *f* rappresentanza *f* congiunta, rappresentanza *f* collettiva, rappresentanza *f* congiuntiva; **~verweisung** *f* rinvio *m* al diritto di un paese straniero (compreso il suo diritto internazionale); **~vollmacht** *f* procura *f* congiunta, procura *f* collettiva; **~vollstreckung** *f*

esecuzione *f* universale, esecuzione *f* concorsuale; **~volumen** *n* totale *m*, volume *m* totale, volume *m* complessivo; **~vorsatz** *m (bei fortgesetzter Handlung)* deliberazione *f* generica; **~wert** *m* valore *m* totale, valore *m* complessivo; **~würdigung** *f* valutazione *f* complessiva, valutazione *f* globale; **~zahl** *f* totale *m*, numero *m* totale, numero *m* complessivo; **~zahlungsbilanz** *f* bilancia *f* globale dei pagamenti; **~zeichnung** *f* firma *f* congiunta, firma *f* abbinata.

gesamtzeichnungsberechtigt sein avere potere di firma congiunta.

Gesamtzeichnungsberechtigung *f* potere *m* di firma congiunta.

Gesamtzusagen *fpl ArbR* promesse *fpl* unilaterali rivolte alla generalità dei lavoratori.

Geschädigte/r *f/m* ↔ *Schädiger/in* danneggiato/-a *m/f*, parte *f* lesa, *VersR* sinistrato/-a *m/f*, *StrafR (durch eine Straftat)* danneggiato/-a *m/f* dal reato, *StrafR* soggetto *m* danneggiato dal reato, *StrafR* persona *f* danneggiata dal reato.

Geschäft *n* [1] *(Laden)* negozio *m*, *(Firma)* ditta *f*, azienda *f*, impresa *f*.

Geschäft *n* [2] *(Handel)* affare *m*, affari *mpl*, *(Rechtsgeschäft)* negozio *m* (*giuridico*), contratto *m*, *(Transaktion)* transazione *f*, operazione *f*, negoziazione *f*, contrattazione *f*; **ein ~ abschließen** concludere un affare; **ein ~ abwickeln** eseguire un'operazione; **~ für den, den es angeht** negozio *m* per conto di chi spetta; **das ~ aufgeben** abbandonare gli affari, ritirarsi dagli affari; **fremde ~e besorgen** gestire gli affari altrui; **ein ~ tätigen** concludere un affare; **über ein ~ verhandeln** trattare un affare; **sich aus einem ~ zurückziehen** ritirarsi da un affare; **aleatorisches ~** *n* contratto *m* aleatorio; **bedingungsfeindliches ~** *n* negozio *m* puro, negozio *m* legittimo, atto *m* puro, atto *m* legittimo; **dissimuliertes ~** *n* negozio *m* dissimulato; **entgeltliches ~** *n* negozio *m* oneroso; **ertragreiches ~** *n* buon affare *m*; **gewagtes ~** *n* operazione *f* rischiosa, operazione *f* arrischiata, affare *m* arrischiato, contratto *m* aleatorio; **gewinnbringendes ~** *n* operazione *f* lucrativa; **laufende ~e** *npl* affari *mpl* correnti, operazioni *fpl* correnti, affari *mpl* di ordinaria amministrazione, atti *mpl* di ordinaria amministrazione, operazioni *fpl* di ordinaria amministrazione; **lohnendes ~** *n* operazione *f* redditizia, affare *m* redditizio; **nichternstliches ~** *n* negozio *m* non serio; **schwebendes ~** *n* affare *m* in sospeso; **sittenwidriges ~** *n* negozio *m* immorale; **unentgeltliches ~** *n* negozio *m* gratuito; **unerlaubtes ~** *n*; **verbotenes ~** *n* negozio *m* illecito; **verdecktes ~** *n* negozio *m* dissimulato, negozio *m* occulto; **zugrunde liegendes ~** *n* negozio *m* base, negozio *m* sottostante.

geschäftlich *adj* d'affari, per (ragioni di) affari, commerciale, aziendale, professionale; **~ tätig sein** condurre affari, svolgere un'attività commerciale, operare.

Geschäfts | ablauf *m* andamento *m* degli affari; **~abschluss** *m* conclusione *f* di un affare; **~abwicklung** *f* esecuzione *f* dell'operazione; **~adresse** *f* indirizzo *m* commerciale; **~agent/in** *m/f (CH)* agente *m/f* di affari; **~agentur** *f* agenzia *f* di affari; **~akt** *m* atto *m* di gestione.

geschäftsansässig *adj* domiciliato (per la carica/per l'incarico), con domicilio professionale, con sede (in).

Geschäftsanteil *m* [an *Dat*] quota *f* di partecipazione (in una società), partecipazione *f*, quota *f* sociale; **~haftung** *f* responsabilità *f* limitata all'ammontare della quota.

Geschäfts | anweisung *f* istruzione *f*; **~aufgabe** *f* cessazione *f* di un esercizio, cessazione *f* di un'attività, cessazione *f* di un'azienda; **~auflösung** *f* scioglimento *m* di un'azienda, cessazione *f* di un'azienda, cessazione *f* di un esercizio, cessazione *f* di un'attività; **~aufnahme** *f* inizio *m* dell'attività; **~ausstattung** *f* attrezzatura *f* commerciale, arredamenti *mpl*, mobili *mpl*; **~ausweitung** *f* espansione *f* degli affari; **~bank** *f* banca *f* ordinaria.

Geschäftsbedingungen *fpl* condizioni *fpl* di contratto, condizioni *fpl* contrattuali, condizioni *fpl* dell'operazione; **Allgemeine ~** *fpl* (*Abk* = **AGB**) *(§§ 305 ff. BGB)* condizioni *fpl* generali di contratto *(CGC)*.

Geschäfts | beginn *m* inizio *m* dell'attività; **~belebung** *f* rianimazione *f* degli affari; **~bereich** *m* campo *m* di attività, settore *m* di attività, attribuzioni *fpl*, competenza *f*, sfera *f* di competenza; **~bericht** *m* rendiconto *m* di gestione, rapporto *m* di gestione, rapporto *m* annuale, relazione *f* di bilancio, relazione *f* sull'esercizio commerciale; **~besorger/in** *m/f* gestore *m* (di affari); **~besorgung** *f* gestione *f* di affari, cura *f* di affari, mandato *m* commerciale; **~besorgungsvertrag** *m SchuldR (§§ 675 ff. BGB)* contratto *m* di mandato, contratto *m* di gestione di affari; **~betrieb** *m* attività *f* economica, *(Geschäftsfirma)* azienda *f* commerciale; **~beziehungen** *fpl* relazioni *fpl* commerciali, rapporti *mpl* commerciali, rapporti *mpl* di affari; **~brauch** *m* uso *m* commerciale; **~brief** *m* lettera *f* commerciale, lettera *f* d'affari; **~bücher** *npl* libri *mpl* contabili, registri *mpl* contabili, scritture *fpl* contabili; **~buchhaltung** *f* contabilità *f*; **~einlage** *f* apporto *m*, conferimento *m*; **~einrichtung** *f* arredamento *m* d'ufficio, mobili *mpl* e macchine *fpl* (d'ufficio); **~entwicklung** *f* andamento *m* degli affari, business development *m*.

geschäftserfahren *adj* abile negli affari, pratico degli affari.

Geschäfts | erfahrung *f* esperienza *f* commerciale; **~ergebnis** *n* risultato *m* di gestione, risultato *m* dell'esercizio; **~erlaubnis** *f* licenza *f* d'esercizio; **~eröffnung** *f* apertura *f* di un negozio; **~ertrag** *m* utile *m* di gestione; **~erweiterung** *f* espansione *f* degli affari, sviluppo *m* degli affari, ampliamento *m* di un negozio.

geschäftsfähig *adj* capace di agire, capace di porre in essere negozi giuridici, *(im engeren Sinne)* capace di contrattare.

Geschäftsfähige/r *f/m* persona *f* capace di agire; **beschränkt ~** *f/m* inabilitato *m*.

Geschäftsfähigkeit *f (Unterart der Handlungsfähigkeit)* capacità *f* di agire, capacità *f* negoziale (*idoneità del soggetto a manifestare validamente la propria volontà per porre in essere negozi giuridici*), capacità *f* contrattuale, *(im engeren Sinne)* capacità *f* di contrattare, capacità *f* di negoziare; **beschränkte ~** *f (§§ 106 ff. BGB)* limitata capacità *f* di agire, limitata capacità *f* negoziale, *(im engeren Sinne)* limitata capacità *f* di contrattare, inabilitazione *f*; **mangelnde ~** *f* incapacità *f* di agire; **partielle ~** *f (D) (§§ 112, 113 BGB)* parziale capacità *f* di agire.

Geschäfts | fall *m (A)* fatto *m* di gestione, fatto *m* amministrativo, fenomeno *m* di gestione, fenomeno *m* di azienda, accadimento *m* di azienda; **~firma** *f* ditta *f*; **~freund/in** *m/f* corrispondente *m/f*.

geschäftsführend *adj* direttivo, direzionale, amministrativo, gestionale, gerente.

Geschäftsführer *m* [f: Geschäftsführerin] *(einer GmbH)* amministratore *m*, *(von Fabrik)* direttore *m*, dirigente *m/f*, manager *m/f*, *(von Geschäften, Hotels)* gestore *m*, gerente *m/f*, *(von Partei, Organisation)* segretario *m*; **zum ~ bestellen** *GesR* nominare amministratore; **alleiniger ~** *m GesR = Alleingeschäftsführer* amministratore *m* unico.

Geschäftsführung *f* amministrazione *f*, *(Verwaltung)* gestione *f*, gestione *f* aziendale, gestione *f* di affari, *(Direktion)* direzione *f*, *(Gesamtheit der Geschäftsführer)* dirigenti *mpl*, *(Personal)* dirigenza *f*, management *m*; **auftraglose ~** *f*; **~** *f* **ohne Auftrag** (*Abk* = **GoA**) *SchuldR (§§ 677 ff. BGB)* gestione *f* di affari (altrui), gestione *f* di affari senza mandato *(CH)*, negotiorum gestio *(lat)*; **gemeinsame ~** *f GesR*; **gemeinschaftliche ~** *f GesR* amministrazione *f* congiuntiva; **ordnungsgemäße ~** *f* gestione *f* regolare; **ungetreue ~** *f (CH)*; **unredliche ~** *f* gestione *f* infedele, amministrazione *f* infedele *(CH)*.

Geschäftsführungs | befugnis *f* potere *m* di gestione, potere *m* amministrativo; **~organ** *n* organo *m* di gestione.

Geschäfts | gang *m* andamento *m* degli affari, *(Dienstweg)* iter *m* burocratico; **~gebaren** *n*; **~gebarung** *f* gestione *f* di affari, gestione *f*; **~gebrauch** *m* uso *m* negoziale, uso *m* di affari, uso *m* commerciale, usanza *f* commerciale; **~gebühr** *f*; **~gebühren** *fpl (Rechtsanwaltsvergütungsgesetz – RVG)* competenze *fpl* generiche stragiudiziali; **~gegenstand** *m* oggetto *m* dell'impresa; **~geheimnis** *n* segreto *m* aziendale, segreto *m* commerciale, segreto *m* industriale; **~gewinn** *m* utile *m* d'esercizio; **~gläubiger/in** *m/f* creditore *m* dell'impresa.

Geschäftsgrundlage *f (Vertrag)* base *f* negoziale, presupposizione *f*; **objektive ~** *f* base *f* negoziale oggettiva; **subjektive ~** *f* base *f* negoziale soggettiva.

Geschäfts | herr/in *m/f* committente *m/f*, *(Agenturvertrag)* preponente *m/f (Südtirol)*, *(Geschäftsinhaber)* titolare *m/f*, principale *m/f*, *(Geschäftsführung ohne Auftrag)* padrone/-a *m/f (CH)*, dominus negotii *(lat)*; **~inhaber/in** *m/f* titolare *m/f*, titolare *m/f* di negozio, titolare *m/f* di esercizio, *(Firmeninhaber)* titolare *m/f* dell'azienda, titolare *m/f* della ditta; **~inventar** *n* inventario *m* commerciale; **~irrtum** *m (Willenserklärung)* errore *m* ostativo.

Geschäftsjahr *n* anno *m* commerciale, anno *m* finanziario, anno *m* economico, anno *m* amministrativo, anno *m* di esercizio, esercizio *m* (sociale), esercizio *m* commerciale; **das ~ abschließen** chiudere l'esercizio; **abgelaufenes ~** *n* esercizio *m* precedente; **laufendes ~** *n* esercizio *m* in corso; **vorangegangenes ~** *n* esercizio *m* precedente.

Geschäfts | kapital *n* capitale *m* di esercizio, capitale *m* di impresa; **~konto** *n* conto *m* (corrente) aziendale, conto *m* (corrente) di un'impresa, conto *m* (corrente) professionale (*riservato ai professionisti per la gestione delle operazioni relative alla loro attività professionale*); **~korrespondenz** *f* corrispondenza *f* commerciale; **~kosten** *pl* costi *mpl* di gestione, spese *fpl* di esercizio, spese *fpl* dell'azienda, spese *fpl* d'ufficio; **~kunde/-in** *m/f* cliente *m/f* aziendale; **~lage** *f* andamento *m* degli affari, situazione *f* degli affari, stato *m* degli affari; **~leiter/in** *m/f* dirigente *m/f*, manager *m/f*, direttore/-trice *m/f*, gerente *m/f*; **~leitung** *f* amministrazione *f*, *(Verwaltung)* gestione *f*, gestione *f* aziendale, gestione *f* di affari, *(Direktion)* direzione *f*, *(Personal)* dirigenti *mpl*, dirigenza *f*, management *m*, centro *m* direzionale dell'attività; **~leute** *pl* uomini *mpl* d'affari, commercianti *mpl*; **~lokal** *n* locale *m* commerciale, locale *m* (adibito) ad uso commerciale, locale *m* aziendale, locale *m* di vendita, immobile *m* adibito ad uso diverso da quello di abitazione, *(Büro)* ufficio *m*; **~mann** *m* uomo *m* d'affari, commerciante *m*; **unlautere ~methoden** *pl* scorrettezza *f* professionale; **~moral** *f* morale *f* commerciale, moralità *f* commerciale; **~nachfolger/in** *m/f* successore *m*; **~niederlassung** *f* filiale *f*; **~nummer** *f* numero *m* della pratica, numero *m* di riferimento, *ProzR* R.G. n.; **~ordnung** *f* regolamento *m* (interno); **~ordnungsausschuss** *m (Parlament)* giunta *f* per il regolamento (parlamentare); **~papiere** *pl* documenti *mpl* (commerciali), atti *mpl* (commerciali), *(UPU)* manoscritti *mpl*; **~partner/in** *m/f* socio *m* (*d'affari*), *(Handelspartner)* partner *m/f* (commerciale), *(Vertragspartner)* parte *f* contraente, contraente *m/f*; **~plan** *m* business plan *m*, piano *m* di business, piano *m* di esercizio, progetto *m* d'impresa; **~politik** *f* politica *f* di gestione, politica *f* gestionale, politica *f* aziendale; **~praktiken** *pl*; **~praxis** *f* pratiche *fpl* commerciali; **~prüfung** *f* revisione *f*; **~raum** *m* locale *m* commerciale, locale *m* (adibito) ad uso commerciale, locale *m* aziendale, locale *m* di vendita, immobile *m* adibito ad uso diverso da quello di abitazione, *(Büro)* ufficio *m*; **~reglement** *n* *(CH)* regolamento *m*; **~reise** *f* viaggio *m* d'affari; **~risiko** *n* rischio *m* commerciale; **~rückgang** *m* rallentamento *m* degli affari, recessione *f*; **~schuld** *f* debito *m* commerciale; **~sitz** *m* sede *f* degli affari, sede *f* dell'azienda, sede *f* commerciale, sede *f* sociale, sede *f* legale; **~sparte** *f* ramo *m* commerciale, settore *m* commerciale, settore *m* di attività, branca *f* di affari; **~status** *m* situazione *f* contabile; **~stelle** *f* ufficio *m*, sede *f*, sportello *m* (*bancario*), agenzia *f* (*bancaria*), succursale *f*, *(Gericht)* cancelleria *f*, *(Staatsanwaltschaft)* segreteria *f*; **~stellenverwalter/in** *m/f* *(Justiz)* cancelliere *m*, segretario *m* giudiziario; **~stillstand** *m* marasma *m* negli affari; **~tätigkeit** *f* attività *f*, attività *f* commerciale; **~träger** *m* incaricato *m* d'affari.

geschäftstüchtig *adj* abile negli affari, pratico di affari.

Geschäfts | übernahme *f* rilevamento *m* di un'azienda, rilievo *m* di un'azienda, rilievo *m* di un affare; **~umfang** *m* volume *m* d'affari, giro *m* d'affari; **~umsatz** *m* fatturato *m*, giro *m* d'affari, cifra *f* d'affari.

geschäftsunfähig *adj* incapace di agire, incapace di porre in essere negozi giuridici, *(im engeren Sinne)* incapace di contrattare.

Geschäfts | unfähige/r *f/m* persona *f* incapace (di agire); **~unfähigkeit** *f (§§ 104 f. BGB)* incapacità *f* di agire, incapacità *f* negoziale; **~unkosten** *pl* spese *fpl* di esercizio, spese *fpl* di gestione; **~unterlagen** *pl* documenti *mpl* (commerciali), atti *mpl* (commerciali); **~veräußerung** *f* cessione *f* d'azienda; **~verbindlichkeit** *f* debito *m* commerciale; **~verbindung** *f* rapporto *m* d'affari, relazione *f* d'affari, rapporto *m* commerciale, relazione *f* commerciale; **~verkehr** *m* movimento *m* d'affari; **~verlauf** *m* andamento *m* degli affari, corso *m* degli affari; **~verlust** *m* perdita *f* d'esercizio; **~vermittler/in** *m/f* agente *m/f* di affari, intermediatore/-trice *m/f* di affari, intermediario/-a *m/f* di affari, procacciatore/-trice *m/f* di affari; **~vermittlung** *f* mediazione *f*, intermediazione *f* di affari; **~vermögen** *n* capitale *m* di esercizio; **~verteilung** *f* ripartizione *f* degli affari, *ProzR* assegnazione *f* delle cause; **~volumen** *n* volume *m* degli affari, volume *m* d'affari; **~vorfall** *m* fatto *m* di gestione, fatto *m* amministrativo, fenomeno *m* di gestione, fenomeno *m* d'azienda, accadimento *m* d'azienda; **~vorgang** *m* operazione *f* di gestione, operazione *f* commerciale, transazione *f* commerciale.

Geschäftswert *m* [1] *(eines Betriebes)* avviamento *m*, avviamento *m* commerciale, valore *m* di avviamento.

Geschäftswert *m* [2] *ZivProzR (einer Rechtssache)* valore *m* della causa, valore *m* della controversia, valore *m* della pratica; **~festsetzung** *f* *ZivProzR* determinazione *f* del

valore della causa, determinazione *f* del valore della controversia.
Geschäfts | wille *m (Willenserklärung)* volontà *f* negoziale; **~zeichen** *n* (*Abk* = **Gz.**) sigla *f*, riferimento *m (rif.)*, numero *m* di riferimento della pratica, n° di riferimento, riferimento n° *(rif. n.)*; **~zeitraum** *m* periodo *m* di gestione; **~zweck** *m (der Gesellschaft)* oggetto *m* sociale; **~zweig** *m* ramo *m* commerciale, settore *m* commerciale, settore *m* di attività, branca *f* di affari.
geschehen *part* [zu] fatto [a].
Geschehen *n* avvenimento *m*, eventi *mpl*, fatti *mpl*, andamento *m*, attività *f*.
Geschehnis *n* avvenimento *m*, evento *m*, fatto *m*.
Geschenk | annahme *f* accettazione *f* di dono; **~geber/in** *m/f* donatore *m*; **~nehmer/in** *m/f* donatario *m*.
geschieden *part* divorziato.
Geschiedene/r *f/m* divorziato/-a *m/f*.
Geschlechterdiskriminierung *f* discriminazione *f* basata sul sesso.
Geschlechtsname *m (A)* cognome *m*.
Geschlossenheitserklärung *f* dichiarazione *f* di solidarietà.
Geschmacksmuster *n* modello *m* ornamentale, disegno *m* ornamentale; **~recht** *n* diritto *m* dei modelli ornamentali; **~schutz** *m* tutela *f* dei modelli ornamentali.
geschützt *part* protetto, tutelato; **verfassungsrechtlich ~** costituzionalmente tutelato.
Geschwindigkeitsüberschreitung *f* eccesso *m* di velocità.
Geschwor(e)nen | bank *f (A) StrafProzR (mit acht Geschworenen besetzt)* banco *m* dei giurati, banco *m* dei giudici popolari; **~gericht** *n (A) StrafProzR (besteht aus dem Schwurgerichtshof und der Geschworenenbank)* corte *f* d'assise; **~liste** *f (A) StrafProzR* lista *f* dei giurati, albo *m* dei giudici popolari.
Geschwor(e)ne/r *f/m (A) StrafProzR (in Deutschland ist die Bezeichnung „Geschworene" (ehrenamtliche Richter beim Schwurgericht) abgeschafft und durch „Schöffen" ersetzt worden)* giurato/-a *m/f*, giudice *m* popolare.
gesehen und genehmigt visto e approvato.
Gesellschaft *f* società *f*, compagnia *f*, associazione *f*, unione *f*, sodalizio *m*; **eine ~ auflösen** sciogliere una società; **eine ~ aufnehmen** rilevare una società, acquisire una società, incorporare una società, assorbire una società; **eine ~ beherrschen** controllare una società; **eine ~ errichten**; **eine ~ gründen** costituire una società, fondare una società, creare una società; **eine ~ übernehmen** rilevare una società, acquisire una società, incorporare una società, assorbire una società; **abgebende ~** *f* società *f* cedente; **abhängige ~** *f* società *f* controllata, controllata *f*; **angegliederte ~** *f* società *f* aggregata; **anonyme ~** *f* società *f* anonima; **aufnehmende ~** *f* società *f* incorporante, incorporante *f*; **ausländische ~** *f* società *f* estera; **beherrschende ~** *f* società *f* controllante, controllante *f*; **beherrschte ~** *f* società *f* controllata, controllata *f*; **börsennotierte ~** *f* società *f* quotata (in borsa); **bürgerliche ~** *f* società *f* borghese, società *f* semplice *(A)*; **bürgerlich-rechtliche ~** *f* società *f* semplice, società *f* (di diritto) civile; **einfache ~** *f (CH) (Artt. 530 ff. OR)* società *f* semplice; **eingegliederte ~** *f* società *f* incorporata, incorporata *f*; **emittierende ~** *f* società *f* emittente; **erloschene ~** *f* società *f* estinta; **Europäische ~** *f* (*Abk* = **SE: Societas Europaea**) *(auch: Europäische Aktiengesellschaft oder Europa-AG)* società *f* europea *(SE)*; **faktische ~** *f* società *f* di fatto; **fehlerhafte ~** *f* società *f* irregolare; **formierte ~** *f* società *f* strutturata; **gemeinnützige ~** *f* società *f* di pubblica utilità; **gemischtwirtschaftliche ~** *f* società *f* mista, società *f* di economia mista; **handelsrechtliche ~** *f* società *f* (di diritto) commerciale; **herrschende ~** *f* società *f* controllante, controllante *f*; **konzessionierte**

~ *f* società *f* concessionaria; **multinationale ~** *f* società *f* multinazionale, multinazionale *f*; **offene ~** *f (Soziologie)* società *f* aperta; **rechtsfähige ~** *f* società *f* avente personalità giuridica; **stille ~** *f GesR (D: §§ 230 ff. HGB, A: §§ 179 ff. UGB)* associazione *f* in partecipazione; **übernehmende ~** *f* società *f* incorporante, incorporante *f*; **übernommene ~** *f* società *f* incorporata, incorporata *f*; **verstaatlichte ~** *f* società *f* nazionalizzata; **~** *f* **in Auflösung** società *f* in corso di scioglimento; **~** *f* **mit beschränkter Haftung** (*Abk* = **GmbH**) *(früher auch oft in A: GesmbH bzw. Ges.m.b.H.)* società *f* a responsabilità limitata *(s.r.l.)*, società *f* a garanzia limitata *(CH)*; **~** *f* **mit beschränkter Haftung & Compagnie Kommanditgesellschaft** (*Abk* = **GmbH & Co. KG**) *GesR (Sonderform der Kommanditgesellschaft, bei der der persönlich haftende Gesellschafter eine Gesellschaft mit beschränkter Haftung ist)* società *f* in accomandita semplice, il cui socio accomandatario è una società a responsabilità limitata, anziché una o più persone fisiche; **~** *f* **des bürgerlichen Rechts** (*Abk* = **GbR**) *(§§ 705 ff. BGB)* società *f* semplice, società *f* (di diritto) civile; **~en** *fpl* **des bürgerlichen Rechts und des Handelsrechts** società *fpl* di diritto civile e di diritto commerciale, società *fpl* civili e commerciali; **~** *f* **mit festem Kapital** società *f* a capitale fisso; **~** *f* **auf Gegenseitigkeit** società *f* mutua; **~** *f* **in Gründung** *(A)* società *f* in formazione; **~** *f* **des Handelsrechts** società *f* (di diritto) commerciale; **Deutsche ~** *f* **für Internationale Zusammenarbeit** *(D)* (*Abk* = **GIZ**) Società *f* tedesca per la cooperazione internazionale; **~** *f* **in Liquidation** società *f* in liquidazione; **~** *f* **für musikalische Aufführungsrechte und mechanische Vervielfältigungsrechte** *(D)* (*Abk* = **GEMA**) Società *f* per i diritti di esecuzione musicale e di riproduzione meccanica (*società tedesca omologa della SIAE che tutela il diritto d'autore per le opere musicali*); **~** *f* **mit staatlicher Beteiligung** società *f* a partecipazione statale; **~** *f* **mit variablem Kapital** società *f* a capitale variabile.

Gesellschafter *m* [f: Gesellschafterin] socio *m*, partner *m/f*, quotista *m/f*; **abwickelnder ~** *m* socio *m* liquidatore; **alleiniger ~** *m* socio *m* unico; **ausgeschiedener ~** *m* socio *m* receduto; **ausscheidender ~** *m* socio *m* uscente, socio *m* recedente; **außenstehender ~** *m* socio *m* esterno alla società; **beschränkt haftender ~** *m* socio *m* accomandante, accomandante *m*, socio *m* limitatamente responsabile, socio *m* a responsabilità limitata; **einbringender ~** *m* socio *m* conferente; **geschäftsführender ~** *m* socio *m* amministratore; **persönlich haftender ~** *m* socio *m* accomandatario, accomandatario *m*; **stiller ~** *m* associato *m*; **tätiger ~** *m* socio *m* d'opera; **unbeschränkt haftender ~** *m* socio *m* accomandatario, accomandatario *m*, socio *m* illimitatamente responsabile, socio *m* a responsabilità illimitata.

Gesellschafter|anteil *m* quota *f* sociale; **~austritt** *m* recesso *m* del socio; **~beschluss** *m* delibera *f* dei soci, deliberazione *f* dei soci, delibera *f* dell'assemblea dei soci, deliberazione *f* dell'assemblea dei soci, delibera *f* sociale, deliberazione *f* sociale, *(Aktiengesellschaft)* delibera *f* assembleare, deliberazione *f* assembleare (di s.p.a.); **~eigenschaft** *f* qualità *f* di socio; **~einlage** *f* conferimento *m* del socio; **~eintritt** *m* ammissione *f* di un socio; **~haftung** *f* responsabilità *f* dei soci; **~liste** *f* lista *f* dei soci; **~pflichten** *fpl* obblighi *mpl* dei soci; **~rechte** *npl* diritti *mpl* dei soci; **~register** *n* libro *m* dei soci; **~stellung** *f* qualità *f* di socio.

Gesellschafterversammlung *f (einer GmbH)* assemblea *f* dei soci (*di una s.r.l.*), assemblea *f* (sociale); **außeror-**

dentliche ~ *f* assemblea *f* (generale) straordinaria (*dei soci di una s.r.l.*); **ordentliche ~** *f* assemblea *f* (generale) ordinaria (*dei soci di una s.r.l.*).
gesellschaftlich *adj* sociale.
Gesellschafts- sociale, societario.
Gesellschafts | abschluss *m* bilancio *m* sociale, bilancio *m* della società; **~aktie** *f* azione *f* sociale, azione *f* societaria, azione *f* della società; **~angelegenheit** *f* affare *m* sociale; **~anspruch** *m* credito *m* sociale; **~anteil** *m* quota *f* sociale, quota *f* di partecipazione, partecipazione *f*, azione *f*; **~auflösung** *f* scioglimento *m* della società; **~ausweis** *m* bilancio *m* sociale, bilancio *m* della società; **~beteiligung** *f* partecipazione *f* in una società; **~bezeichnung** *f* denominazione *f* sociale; **~bilanz** *f* bilancio *m* sociale, bilancio *m* della società; **~blatt** *n* giornale *m* designato dallo statuto per la pubblicazione degli avvisi della società; **~bücher** *npl* libri *mpl* sociali; **~buchführung** *f* contabilità *f* sociale; **~diebstahl** *m (A) StrafR* furto *m* commesso da più persone; **~eigentum** *n* proprietà *f* della società, *(Kollektiveigentum)* proprietà *f* collettiva; **~einkommen** *n* reddito *m* di società; **~einlage** *f* apporto *m* di capitale, apporto *m* nella società, conferimento *m* nella società.
gesellschaftsfeindlich *adj* antisociale.
Gesellschafts | firma *f* → *Gesellschaftsname (Personengesellschaft)* ragione *f* sociale, *(Kapitalgesellschaft)* denominazione *f* sociale; **~forderung** *f* credito *m* sociale; **~form** *f* forma *f* societaria, forma *f* sociale, forma *f* della società, tipo *m* di società; **~gegenstand** *m* oggetto *m* sociale; **~gewinn** *m* utili *mpl* sociali; **~gläubiger/in** *m/f* creditore *m* sociale; **~gründer/in** *m/f* fondatore *m* della società, socio *m* fondatore; **~gründung** *f* costituzione *f* di società; **~gründungsvertrag** *m* atto *m* costitutivo (di società); **~insolvenz** *f* fallimento *m* della società; **~interesse** *n* interesse *m* della società; **~jahr** *n* anno *m* sociale, esercizio *m* sociale; **~kapital** *n* capitale *m* sociale; **~kasse** *f* cassa *f* sociale; **~konkurs** *m InsolvenzR* fallimento *m* della società; **~mittel** *pl* fondi *mpl* sociali, mezzi *mpl* di pertinenza della società; **~modell** *n* modello *m* di società; **~name** *m (Personengesellschaft)* ragione *f* sociale, *(Kapitalgesellschaft)* denominazione *f* sociale; **~organ** *n* organo *m* sociale; **~recht** *n* diritto *m* societario, diritto *m* delle società; **~rechte** *npl* diritti *mpl* sociali; **~register** *n* registro *m* delle società; **~satzung** *f* statuto *m* sociale, statuto *m* societario, statuto *m* della società; **~schuld** *f* debito *m* sociale; **~sitz** *m* sede *f* della società, sede *f* sociale; **~statut** *n* statuto *m* sociale, statuto *m* societario, statuto *m* della società; **~stimmrecht** *n* diritto *m* di voto dei soci; **~tätigkeit** *f* attività *f* sociale.
Gesellschaftsteuer *f* imposta *f* sulla circolazione dei capitali sociali.
Gesellschafts | typ *m* tipo *m* di società; **~umstellung** *f* trasformazione *f* di società; **~unternehmen** *n* impresa *f* sociale, impresa *f* societaria; **~verbindlichkeit** *f* debito *m* sociale, obbligazione *f* sociale; **~vermögen** *n* patrimonio *m* sociale, attivo *m* sociale, fondi *mpl* della società; **~verpflichtung** *f* obbligazione *f* sociale; **~versammlung** *f* assemblea *f* sociale; **~vertrag** *m* contratto *m* di società, contratto *m* societario, contratto *m* sociale, atto *m* societario, atto *m* costitutivo.

Gesellschaftsvertrag – Satzung
Mentre in Germania i termini *Gesellschaftsvertrag* e *Satzung* sono utilizzati indistintamente alla stregua di sinonimi, i corrispondenti termini italiani *atto costitutivo* e *statuto* esprimono invece concetti diversi. In Italia, infatti, lo statuto è il documento, redatto nella forma dell'atto pubblico, contenente le norme

relative al funzionamento della società. Lo statuto e l'atto costitutivo possono essere sia uniti in un unico documento, sia formalmente separati. Anche se forma oggetto di atto separato, lo statuto costituisce parte integrante dell'atto costitutivo. In particolare, lo statuto rappresenta la parte normativa dell'atto costitutivo. In caso di contrasto tra le clausole dell'atto costitutivo e quelle dello statuto prevalgono le seconde (art. 2328, ult. co., c.c.).

Gesellschafts | zeichnung *f* firma *f* sociale; **~zweck** *m* scopo *m* sociale, oggetto *m* sociale, oggetto *m* della società.

Gesetz *n* legge *f*; **durch ~** per legge, dalla legge; **kraft ~es** in forza di legge, in virtù della legge; **laut ~**; **nach dem ~** a norma di legge, ai sensi della legge, ai termini di legge, secondo la legge, per legge; **im Namen des ~es** in nome della legge; **per ~** per legge, dalla legge; **von ~es wegen** per legge; **ein ~ ändern** emendare una legge, modificare una legge; **ein ~ annehmen** *(A)* approvare una legge; **das ~ anwenden** applicare la legge; **ein ~ aufheben**; **ein ~ außer Kraft setzen** abrogare una legge; **das ~ beachten**; **das ~ befolgen** rispettare la legge, osservare la legge, attenersi alla legge; **ein ~ beschließen** approvare una legge, votare una legge; **~e beschließen** legiferare; **soweit das ~ nichts Anderes bestimmt** salvo diversa disposizione di legge; **das ~ brechen** violare la legge, trasgredire la legge, infrangere la legge, contravvenire alla legge; **ein ~ durchbringen** far passare una legge; **ein ~ erlassen** emanare una legge, promulgare una legge; **~e erlassen** legiferare; **sich an das ~ halten** attenersi alla legge, osservare la legge, rispettare la legge; **das ~ lautet** la legge recita; **das ~ übertreten** violare la legge, trasgredire la legge, infrangere la legge, contravvenire alla legge; **ein ~ umgehen** eludere una legge; **ein ~ verabschieden** approvare una legge, votare una legge, varare una legge; **ein ~ verkünden** promulgare una legge; **das ~ verletzen**; **gegen das ~ verstoßen**; **dem ~ zuwiderhandeln** violare la legge, trasgredire la legge, infrangere la legge, contravvenire alla legge; **allgemeines ~** *n* legge *f* generale; **aufhebendes ~** *n* legge *f* abrogativa; **besonderes ~** *n* legge *f* particolare; **einheitliches ~** *n* legge *f* uniforme; **ermächtigendes ~** *n* legge *f* (di) delega; **~** *n* **im formellen Sinn(e)**; **formelles ~** *n* *(auch: Parlamentsgesetz)* legge *f* (in senso) formale; **geltendes ~** *n* legge *f* vigente, legge *f* in vigore; **geschriebenes ~** *n* legge *f* scritta; **in Kraft befindliches ~** *n*; **in Kraft stehendes ~** *n* legge *f* vigente, legge *f* in vigore; **~** *n* **im materiellen Sinn(e)**; **materielles ~** *n* *(Rechtsverordnungen, Satzungen)* legge *f* (in senso) materiale; **oberstes ~** *n* legge *f* suprema; **rückwirkendes ~** *n* legge *f* retroattiva; **ungeschriebenes ~** *n* legge *f* non scritta; **verfassungsänderndes ~** *n* *VerfR* legge *f* di revisione costituzionale, legge *f* di revisione della costituzione; **verfassungswidriges ~** *n* legge *f* incostituzionale; **wirtschaftliches ~** *n* legge *f* economica.

Gesetz | blatt *n* gazzetta *f* ufficiale; **~buch** *n* codice *m*; **~entwurf** *m* progetto *m* di legge, disegno *m* di legge *(ddl)*, proposta *f* di legge, schema *m* di legge.

Gesetzes- di/della legge, legislativo.

Gesetzes | änderung *f* emendamento *m* (a una legge), modifica *f* di una legge, modifica *f* legislativa, modificazione *f* di una legge; **~antrag** *m* *(A)* proposta *f* di legge; **~anwendung** *f* applicazione *f* della legge; **~artikel** *m* articolo *m* di legge; **~aufhebung** *f* abrogazione *f* della legge; **~auslegung** *f* interpretazione *f* della legge; **~begriff** *m* concetto *m* legale; **~beschluss** *m* legge *f* approvata (ma non ancora promulgata); **~bestimmung** *f* norma *f* di legge, norma *f* legale, disposizione *f* di legge, disposizione *f* legislativa; **~brecher/in** *m/f* trasgressore *m* della legge; **~definition** *f* definizione *f* normativa; **~delegation** *f (CH)* delegazione *f* legislativa; **~einführung** *f* adozione *f* di una legge; **~einheit** *f* concorso *m* apparente di norme; **~entwurf** *m* progetto *m* di legge, disegno *m* di legge *(ddl)*, proposta *f* di legge, schema *m* di legge; **~fiktion** *f* finzione *f* legale; **~form** *f* forma *f* legislativa; **~initiative** *f* iniziativa *f* legislativa, iniziativa *f* delle leggi, iniziativa *f* di legge; **~kollision** *f* conflitto *m* di legge; **~kommentar** *m* commentario *m*; **~komplex** *m* pacchetto *m* di leggi; **~konflikt** *m* conflitto *m* di legge; **~konkurrenz** *f* concorso *m* di leggi.

Gesetzeskraft *f* forza *f* di legge, forza *f* legislativa, efficacia *f* legislativa; **~ haben** avere forza di legge; **~ verleihen** dare forza di legge.

Gesetzeslage, nach der geltenden ~ secondo le norme vigenti.

Gesetzes | lücke *f* vuoto *m* legislativo, carenza *f* legislativa, lacuna *f* legislativa; **~materialien** *pl* lavori *mpl* preparatori; **~norm** *f* norma *f* di legge; **~novelle** *f* emendamento *m*; **~paket** *n* pacchetto *m* di leggi; **~paragraph** *m* articolo *m* di legge; **~positivismus** *m* giuspositivismo *m*; **~prüfungsverfahren** *n (A)* sindacato *m* di legittimità (costituzionale) delle leggi; **~rang** *m* forza *f* di legge; **~recht** *n* diritto *m* scritto, diritto *m* positivo; **~referendum** *n* referendum *m* legislativo; **~sammlung** *f* raccolta *f* di leggi; **~schlupfloch** *n* scappatoia *f* legale; **~strenge** *f* rigore *m* legale, rigore *m* della legge; **~tatbestand** *m* fattispecie *f* giuridica; **~text** *m* testo *m* di legge, testo *m* legislativo.

gesetzestreu *adj* ossequente alla legge, rispettoso della legge.

Gesetzes | treue *f* osservanza *f* della legge; **~überschreitung** *f* violazione *f* della legge, infrazione *f* della legge, trasgressione *f* della legge; **~übertreter/in** *m/f* trasgressore *m* della legge; **~übertretung** *f* violazione *f* della legge, infrazione *f* della legge, trasgressione *f* della legge; **~umgehung** *f* atto *m* in frode alla legge, frode *f* alla legge, elusione *f* della legge; **~unkenntnis** *f* ignoranza *f* della legge; **~verabschiedung** *f* approvazione *f* della legge, votazione *f* della legge; **~verfügung** *f* disposizione *f* legale; **~verkündung** *f* promulgazione *f* della legge; **~verletzung** *f* violazione *f* della legge, infrazione *f* della legge, trasgressione *f* della legge; **~verordnung** *f* decreto-legge *m*; **~verstoß** *m* violazione *f* della legge, infrazione *f* della legge, trasgressione *f* della legge; **~vorbehalt** *m* principio *m* di legalità, riserva *f* di legge.

Gesetzesvorlage *f* progetto *m* di legge, disegno *m* di legge *(ddl)*, proposta *f* di legge; **eine ~ einbringen** presentare un disegno di legge, presentare un progetto di legge.

Gesetzes | vorrang *m* preminenza *f* della legge, preferenza *f* della legge; **~vorschlag** *m* proposta *f* di legge; **~vorschrift** *f* norma *f* di legge, norma *f* legale, disposizione *f* di legge, disposizione *f* legislativa, prescrizione *f* della legge; **~werk** *n* legge *f*, testo *m* legislativo; **~widerspruch** *m* antinomia *f*; **~wortlaut** *m* tenore *m* della legge; **~zweck** *m* scopo *m* della norma, ratio legis *(lat)*.

gesetzgebend *adj* legislativo, legiferante.

Gesetzgeber *m* legislatore *m*, legiferatore *m*.

gesetzgeberisch *adj* legislativo, legiferante.

Gesetzgebung *f* legislazione *f*; **ausschließliche ~** *f* legislazione *f* esclusiva; **autonome ~** *f* **der Mitgliedstaaten** *EuR* legislazione *f* autonoma degli Stati membri; **innerstaatliche ~** *f EuR* legislazione *f* nazionale, legislazione *f* interna; **konkurrierende ~** *f* legislazione *f* concorrente; **parallele ~** *f* legislazione *f* parallela.

Gesetzgebungs | akt *m* atto *m* legislativo, provvedimento *m* legislativo; **~arbeit** *f* lavoro *m* legislativo; **~autonomie** *f* autonomia *f* legislativa; **~befugnis** *f* competenza *f* legislativa; **~funktion** *f* funzione *f* legislativa; **~gang** *m* procedura *f* legislativa, iter *m* legislativo, iter *m* di formazione delle leggi, procedimento *m* di formazione delle leggi, processo *m* di formazione delle leggi.

Gesetzgebungsgewalt *f* potere *m* legislativo; **autonome ~** *f* autonomia *f* legislativa.

Gesetzgebungs | hoheit *f* sovranità *f* legislativa; **~initiative** *f* iniziativa *f* legislativa, iniziativa *f* delle leggi, iniziativa *f* di legge; **~kompetenz** *f* competenza *f* legislativa; **~körper** *m* *(A)*; **~körperschaft** *f* organo *m* legislativo, corpo *m* legiferante; **~monopol** *n* monopolio *m* legislativo; **~notstand** *m* emergenza *f* legislativa; **~organ** *n* organo *m* legislativo; **~periode** *f* legislatura *f*; **~programm** *n* programma *m* legislativo; **~prozess** *m* processo *m* legislativo; **~recht** *n* diritto *m* di legiferare; **~verfahren** *n* procedura *f* legislativa, iter *m* legislativo, iter *m* di formazione delle leggi, procedimento *m* di formazione delle leggi, processo *m* di formazione delle leggi; **~zuständigkeit** *f* competenza *f* legislativa.

gesetzlich *adj* di legge, legale, legittimo; **~ bestimmt**; **~ festgelegt** disposto per legge, disposto dalla legge, stabilito dalla legge, statuito per legge; **~ gebunden** vincolato per legge; **~ geregelt** regolamentato per legge, disciplinato dalla legge, regolato dalla (o: per) legge; **~ unzulässig** non consentito dalla legge, illecito; **~ verankert** disposto per legge, disposto dalla legge, stabilito dalla legge, statuito per legge; **~ verboten** vietato dalla legge, vietato ai sensi di legge; **~ verpflichtet sein** essere obbligato per legge, essere tenuto per legge; **~ vertreten** [durch *Akk*] in persona del legale rappresentante; **~ vorgesehen** previsto dalla legge, contemplato dalla legge; **~ zulässig** consentito dalla legge, lecito.

Gesetzlichkeit *f* legalità *f*, legittimità *f*.

Gesetzlichkeits | prinzip *n* principio *m* di legalità; **~vermutung** *f* presunzione *f* di legittimità.

gesetzlos *adj* senza legge, anarchico.

Gesetzlosigkeit *f* mancanza *f* di leggi, anarchia *f*.

gesetzmäßig *adj* legale, conforme alla legge, a norma di legge, legittimo, regolare.

Gesetzmäßigkeit *f* legalità *f*, conformità *f* alla legge, legittimità *f*, regolarità *f*.

Gesetzsammlung *f* raccolta *f* di leggi.

gesetzwidrig *adj* contrario alla legge, illegale, illecito, illegittimo.

gesetzwidrigerweise *adv* illegalmente.

Gesetzwidrigkeit *f* illegalità *f*, illegittimità *f*.

gesichert *adj* garantito, assistito da garanzia, assicurato, sicuro; **dinglich ~** con garanzia reale; **grundbuchrechtlich ~** garantito da iscrizione tavolare.

Gesinnung, feindliche ~ *f* ostilità *f*.

Gesinnungsfreiheit *f* libertà *f* di pensiero.

gestalten *v* *(Gestalt verleihen)* dar(e) forma a, strutturare, configurare, sistemare, *(organisieren)* organizzare, allestire, *(einrichten)* arredare, *(verwirklichen)* realizzare.

Gestaltung *f* formazione *f*, *(Schöpfung)* creazione *f*, costituzione *f*, costruzione *f*, strutturazione *f*, *(Organisation)* organizzazione *f*, *(Ausstattung)* allestimento *m*, *(Anlage)* impostazione *f*, configurazione *f*, conformazione *f*, *(Form)* forma *f*, struttura *f*; **~** *f* **von Rechtsverhältnissen** costituzione *f* o modificazione *f* di rapporti giuridici.

Gestaltungs | akt *m* atto *m* costitutivo; **~freiheit** *f* *VertragsR* → *Inhaltsfreiheit* libertà *f* di determinare il contenuto del contratto; **~klage** *f* *ProzR* azione *f* costitutiva; **~recht** *n* diritto *m* potestativo; **~urteil** *n* *ProzR* sentenza *f* costitutiva; **~wirkung** *f* effetto *m* costitutivo.

geständig *adj* confesso.

Geständnis *n* confessione *f*; **Ablegung** *f* **eines ~ses** confessione *f*; **ein ~ ablegen** confessare, fare una confessione; **ein umfassendes ~ ablegen** rendere piena confessione; **ein ~ erpressen** estorcere una confessione; **das ~ widerrufen** revocare la confessione; **ausdrückliches ~** *n* confessione *f* esplicita; **außergerichtliches ~** *n* confessione *f* stragiudiziale; **freiwilliges ~** *n* confessione *f* spontanea; **gerichtliches ~** *n* confessione *f* giudiziale.

Geständniserpressung *f* estorsione *f* di confessione.

gestatten *v* permettere, autorizzare, consentire, concedere, accordare.

Gestattung *f* permesso *m*, autorizzazione *f*.

gestehen *v* confessare, ammettere.

Gestehungs | kosten *pl* costi *mpl* di produzione; **~preis** *m* costo *m* di produzione.

Gestellfrist *f* termine *m* di presentazione.

gestört *part* disturbato, turbato.

gestundet *part (Zahlung)* dilazionato, differito.

Gesuch *n (= Antrag)* domanda *f*, richiesta *f*, istanza *f*, petizione *f*; **ein ~ ablehnen** respingere una domanda, rigettare un'istanza; **ein ~ bewilligen** accogliere una domanda, accogliere un'istanza; **ein ~ einreichen** presentare domanda, inoltrare una domanda, presentare un'istanza; **~** *n* **um Genehmigung** = *Gesuch auf Genehmigung* richiesta *f* di approvazione.

Gesuchsteller/in *m/f* istante *m/f*, richiedente *m/f*, postulante *m/f*.

gesucht *part StrafR (Täter)* ricercato.

Gesundheit *f* salute *f*, sanità *f*.

Gesundheitsamt *n* ufficio *m* sanitario, Servizio *m* di igiene e sanità pubblica *(SISP) (I)*; **internationales ~** *n* Ufficio *m* internazionale di igiene pubblica.

Gesundheits | attest *n* certificato *m* sanitario; **~behörde** *f* autorità *f* sanitaria; **~beschädigung** *f* danno *m* alla salute; **~bescheinigung** *f* certificato *m* sanitario; **~buch** *n (Schifffahrtsrecht)* giornale *m* sanitario; **~dokument** *n* documento *m* sanitario; **~fürsorge** *f* assistenza *f* sanitaria.

gesundheitsgefährdend *adj* pericoloso per la salute, dannoso per la salute, nocivo alla salute.

Gesundheits | gefährdung *f* rischi *mpl* per la salute; **~recht** *n* diritto *m* sanitario; **~schaden** *m* danno *m* alla salute.

gesundheitsschädlich *adj* nocivo alla salute.

Gesundheits | schein *m* certificato *m* sanitario; **~schutz** *m* tutela *f* sanitaria.

Gesundheitsvorschriften *fpl* norme *fpl* sanitarie; **internationale ~** *fpl* regolamento *m* sanitario internazionale.

Gesundheits | wesen *n* sanità *f*, servizio *m* sanitario, assistenza *f* sanitaria; **~zeugnis** *n* certificato *m* sanitario.

Gesundwert *m* valore *m* della merce sana.

Getäuschte/r *f/m* raggirato *m*.

geteilt *adj* diviso.

getragen werden [von *Dat*] essere amministrato [da], essere gestito [da], essere sostenuto [da], essere a carico [di].

Getränkesteuer *f* imposta *f* sulle bevande.

getrennt *adj* diviso, separato, staccato.

Getrenntbesteuerung *f* imposizione *f* separata.

getrennt leben *FamR* vivere separati, essere separati di fatto.

Getrenntleben *n FamR (§ 1567 BGB)* separazione *f* di fatto (*dei coniugi*).

getrennt lebend *FamR* separati di fatto.

Gewähr *f* garanzia *f*, assicurazione *f*; **ohne ~** senza garanzia; **~ leisten**; **die ~ übernehmen** garantire, rendersi garante, offrire garanzia, rispondere, assumersi la responsabilità.

Gewährbrief *m (A)* lettera *f* di garanzia.

gewähren *v* accordare, concedere, permettere, *(erfüllen)* esaudire, accogliere, *(geben)* dare, assegnare, conferire, offrire, procurare.

Gewähr | fehler *m (A)* vizio *m* occulto della cosa; **~frist** *f* periodo *m* di garanzia.

gewährleisten *v* garantire, assicurare.

Gewährleistende/r *f/m* garante *m/f*.

Gewährleistung *f SchuldR* garanzia *f* (*propria: rispetta il termine previsto dalla legge*).

Gewährleistungs | anspruch *m* [gegen *Akk*] diritto *m* alla (o: a) garanzia; **~ausschluss** *m* esclusione *f* di (o: della) garanzia; **~erklärung** *f* dichiarazione *f* di garanzia; **~fehler** *m* vizio *m* occulto della cosa; **~frist** *f* periodo *m* di garanzia, garanzia *f*; **~klage** *f ZivProzR* azione *f* di garanzia (*per i vizi della cosa*), chiamata *f* in garanzia; **~klausel** *f* clausola *f* di garanzia; **~mangel** *m* vizio *m* occulto della cosa; **~pflicht** *f* obbligo *m* di garanzia.

Gewährleistungsrecht *n* diritto *m* alla (o: a) garanzia; **gesetzliches ~** *n* diritto *m* alla garanzia legale.

Gewährleistungs | verband *m* sindacato *m* di garanzia, consorzio *m* di garanzia; **~vertrag** *m* contratto *m* di garanzia.

Gewährmangel *m (A)* vizio *m* occulto della cosa.

Gewahrsam *m StrafR* custodia *f*, arresto *m*, detenzione *f*; **in ~ nehmen** *(Sache)* prendere in custodia, *(Person)* arrestare; **öffentlicher ~** *m* custodia *f* pubblica.

Gewahrsame *f (A)* detenzione *f*.

Gewahrsams | behörde *f* autorità *f* detentrice; **~inhaber/in** *m/f* detentore *m*; **~kredit** *m* credito *m* concesso sugli oggetti in custodia presso terzi; **~land** *n* paese *m* detentore; **~staat** *m* potenza *f* detentrice.

Gewährung *f* concessione *f*, attribuzione *f*, prestazione *f*, permesso *m*; **~** *f* **einer Mitgift** constituzione *f* di dote; **~** *f* **eines Rechtsanspruchs** costituzione *f* di un diritto; **~** *f* **einer Rente** concessione *f* di una pensione, attribuzione *f* di una rendita.

Gewähr | verband *m* sindacato *m* di garanzia, consorzio *m* di garanzia; **~vertrag** *m* contratto *m* di garanzia; **~zeichen** *n* marchio *m* di garanzia.

Gewalt *f* violenza *f*, forza *f*, costrizione *f*, *(Macht)* potere *m*, potestà *f*, autorità *f*, controllo *m*, dominio *m*; **~ anwenden** [gegen *Akk*] usare violenza, usare la forza, ricorrere alla forza; **absolute ~** *f* potere *m* assoluto; **ausführende ~** *f* potere *m* esecutivo; **elterliche ~** *f FamR (1979 wurde dieser Begriff in Deutschland durch „elterliche Sorge“ ersetzt)* potestà *f* dei genitori, potestà *f* genitoriale; **gesetzgebende ~** *f*; **gesetzgeberische ~** *f* potere *m* legislativo; **häusliche ~** *f FamR* violenza *f* domestica; **höchste ~** *f* potere *m* supremo; **höhere ~** *f* forza *f* maggiore, vis maior (cui resisti non potest) *(lat)*; **kompulsive ~** *f* vis *f* compulsiva; **körperliche ~** *f* forza *f* fisica; **oberste ~** *f* potere *m* supremo, autorità *f* suprema; **öffentliche ~** *f* forza *f* pubblica; **physische ~** *f* forza *f* fisica; **rechtsprechende ~** *f*; **richterliche ~** *f* potere *m* giudiziario, potere *m* giurisdizionale; **sexuelle ~** *f* violenza *f* sessuale; **staatliche ~** *f* potere *m* dello Stato; **tatsächliche ~** *f* potere *m* effettivo, potere *m* di fatto; **unmittelbare ~** *f* forza *f* fisica; **unwiderstehliche ~** *f* forza *f* irresistibile; **väterliche ~** *f* patria potestà *f* (*In Italia la legge 19 maggio 1975 n.151 di riforma del diritto di famiglia ha convertito la patria potestà in "potestà dei genitori"*); **verfassunggebende ~** *f* potere *m* costituente; **verfassungsmäßige ~** *f* potere *m* costituzionale; **vollziehende ~** *f* potere *m* esecutivo; **vormundschaftliche ~** *f* potestà *f* tutelare.

Gewalt | akt *m* atto *m* di forza, atto *m* di violenza; **~aktion** *f* azione *f* violenta; **~androhung** *f* minaccia *f* di violenza; **~anwendung** *f* uso *m* della forza, impiego *m* della forza, ricorso *m* alla forza; **~delikt** *n StrafR* reato *m* violento.

Gewalten | häufung *f* cumulo *m* dei poteri; **~teilung** *f*; **~trennung** *f* separazione *f* dei poteri, divisione *f* dei poteri; **~vereinigung** *f* confusione *f* di poteri.

Gewalt | geber/in *m/f (A)* mandante *m*; **~haber/in** *m/f (A)* mandatario *m*; **~handlung** *f* atto *m* di forza, atto *m* di violenza; **~herrschaft** *f* tirannia *f*, regime *m* totalitario; **~maßnahme** *f* misura *f* di forza.

gewaltsam *adj* violento, forzato.

Gewalttat *f StrafR* atto *m* di violenza, attentato *m*.

gewalttätig *adj* violento, brutale, autoritario.

Gewalttätigkeit *f* violenza *f*, brutalità *f*, atto *m* di violenza.

Gewaltverbot *n* divieto *m* del ricorso alla forza.

Gewaltverbrechen *n* crimine *m*; **nationalsozialistische ~** *pl* crimini *mpl* nazisti.

Gewaltverhältnis *n* rapporto *m* di supremazia; **besonderes ~** *n (Verwaltungsrecht)* rapporto *m* di supremazia speciale.

Gewaltverzicht *m* rinuncia *f* alla violenza.

Gewässer, internationale ~ *pl* acque *fpl* internazionali.

Gewässer | verschmutzung *f*; **~verunreinigung** *f* inquinamento *m* idrico, inquinamento *m* delle acque.

Gewerbe *n* mestiere *m*, professione *f* (*indipendente*), lavoro *m* (*autonomo*), attività *f* (*economica, produttiva*), attività *f* lucrativa indipendente, commercio *m*, artigianato *m*, (piccola e media) industria *f*; **ein ~ ausüben**; **ein ~ betreiben**; **~ treiben** esercitare un'attività (commerciale), esercitare una professione, fare un mestiere; **ambulantes ~** *n* commercio *m* ambulante, mestiere *m* girovago; **anmeldungspflichtiges ~** *n* professione *f* soggetta all'obbligo della dichiarazione di inizio attività; **gebundenes ~** *n (A)* professione *f* per il cui esercizio è richiesta una speciale abilitazione; **konzessioniertes ~** *n* professione *f* il cui esercizio è soggetto a concessione; **stehendes ~** *n* commercio *m* fisso; **verarbeitendes ~** *n* industria *f* manifatturiera.

Gewerbe | amt *n* ufficio *m* competente per la registrazione dell'attività, ufficio *m* presso il quale va presentata la dichiarazione di inizio attività; **~anmeldung** *f* dichiarazione *f* di inizio attività; **~ansiedlung** *f* insediamento *m* produttivo; **~aufsicht** *f* ispettorato *m* del lavoro; **~aufsichtsamt** *n* ufficio *m* dell'ispettorato del lavoro; **~berechtigung** *f* diritto *m* di esercitare una professione.

Gewerbebetrieb *m* attività *f* produttiva, attività *f* commerciale, attività *f* industriale, attività *f* lucrativa indipendente, azienda *f* commerciale, azienda *f* industriale, esercizio *m* commerciale, esercizio *m* industriale, impresa *f* commerciale, piccola impresa *f*; **stehender ~** *m* attività *f* commerciale o industriale con sede fissa.

Gewerbe | erlaubnis *f* licenza *f* (di esercizio); **~ertrag** *m* reddito *m* d'impresa; **~freiheit** *f* libertà *f* professionale, libertà *f* di impresa, libertà *f* di iniziativa imprenditoriale, libertà *f* di industria, libertà *f* di esercizio di attività indipendenti; **~gebiet** *n* zona *f* industriale; **~geheimnis** *n* segreto *m* industriale, segreto *m* commerciale; **~genossenschaft** *f* cooperativa *f*; **~kammer** *f* camera *f* professionale; **~kapital** *n* capitale *m* d'esercizio; **~ordnung** *f* (*Abk* = **GewO**) Codice *m* delle professioni artigianali, commerciali e industriali, Codice *m* industriale, commerciale e artigianale, Codice *m* delle attività lucrative indipendenti, Codice *m* delle attività economiche; **~polizei** *f* polizia *f* commerciale e industriale, polizia *f* del commercio e dell'industria *(CH)*; **~recht** *n* diritto *m* delle attività lucrative indipendenti.

gewerberechtlich *adj* (di diritto) industriale.

Gewerbe | schein *m* licenza *f* (di esercizio); **~steuer** *f SteuerR* imposta *f* sulle attività produttive (*riscossa dai Comuni*), imposta *f* comunale sul reddito d'impresa, imposta *f* comunale su industria e commercio; **~tätigkeit** *f* attività *f* produttiva, attività *f* commerciale, attività *f* industriale, attività *f* lucrativa indipendente; **~treibende/r** *f/m* esercente *m/f*, commerciante *m/f*, artigiano/-a *m/f*, piccolo imprenditore *m*, piccolo industriale *m*, professionista *m/f*; **~unfallversicherung** *f* assicurazione *f* contro gli infortuni professionali; **~untersagung** *f* interdizione *f* dall'esercizio di attività (commerciali), divieto *m* di esercitare un'attività (commerciale); **~verfassung** *f* ordinamento *m* professionale; **~zulassung** *f* licenza *f* (di esercizio); **~zweig** *m* ramo *m* professionale, ramo *m* commerciale, ramo *m* industriale, settore *m* industriale, settore *m* di attività professionale.

gewerblich *adj* commerciale, industriale, aziendale, produttivo, artigiano, artigianale.

gewerbsmäßig *adj* professionale, di professione, industriale, commerciale, produttivo.

Gewerbsmäßigkeit *f StrafR* professionalità *f* (nel reato).

Gewerke *m* socio *m* di consorzio minerario.

Gewerken | buch *n* libro *m* dei soci di un consorzio minerario; **~tag** *m* assemblea *f* generale dei soci di un consorzio minerario.

Gewerkschaft *f* [1] *(Organisation der Arbeitnehmer zur Durchsetzung ihrer Interessen)* sindacato *m* (*operaio*), associazione *f* sindacale, unione *f* di lavoratori; **anerkannte ~** *f* sindacato *m* riconosciuto; **freie ~** *f* sindacato *m* libero.

Gewerkschaft *f* [2] *(bergbauliche Unternehmensform einer Kapitalgesellschaft)* società *f* mineraria; **bergrechtliche ~** *f* società *f* mineraria.

Gewerkschaft(l)er/in *m/f* sindacalista *m/f*, iscritto/-a *m/f* al sindacato.

gewerkschaftlich *adj* sindacale; **~ organisiert** sindacalizzato; **sich ~ organisieren** organizzarsi in sindacato, costituirsi in sindacato, fondare un sindacato.

Gewerkschafts | angehörige/r *f/m* iscritto/-a *m/f* al sindacato; **~beitrag** *m* contributo *m* sindacale; **~beschluss** *m* delibera *f* sindacale; **~bewegung** *f* movimento *m* sindacale.

Gewerkschaftsbund *m* confederazione *f* sindacale, confederazione *f* dei lavoratori; **Deutscher ~** *m (D)* (*Abk* = **DGB**) Confederazione *f* sindacale tedesca; **Europäischer ~** *m EuR* Confederazione *f* europea dei sindacati.

Gewerkschaftsdruck *m* pressione *f* sindacale.

gewerkschaftsfeindlich *adj* antisindacale.

Gewerkschafts | forderung *f* rivendicazione *f* sindacale, richiesta *f* sindacale; **~freiheit** *f* libertà *f* sindacale; **~führer/in** *m/f* dirigente *m/f* sindacale, leader *m/f* sindacale; **~führung** *f* direzione *f* del sindacato; **~funktionär/in** *m/f* sindacalista *m/f*; **~kartell** *n* cartello *m* sindacale; **~kongress** *m* congresso *m* sindacale; **~mitglied** *n* iscritto/-a *m/f* al sindacato; **~ordnung** *f* ordinamento *m* sindacale; **~organisation** *f* organizzazione *f* sindacale; **~recht** *n* diritto *m* sindacale; **~sekretär/in** *m/f* segretario *m* sindacale; **~verband** *m* federazione *f* sindacale; **~vertreter/in** *m/f* delegato *m* sindacale, rappresentante *m* sindacale; **~wesen** *n* sindacalismo *m*; **~zugehörigkeit** *f* appartenenza *f* al sindacato.

gewichten *v (abwägen)* ponderare, valutare.

gewichtig *adj* importante, grave, essenziale, influente, autorevole.

Gewichts | angabe *f* indicazione *f* del peso; **~bescheinigung** *f* nota *f* dei pesi; **~fracht** *f* nolo *m* a peso; **~klasse** *f* categoria *f* di peso; **~nachweisung** *f* prospetto *m* del peso, distinta *f* dei pesi; **~nota** *f* nota *f* dei pesi; **~stufe** *f* categoria *f* di peso; **~verlust** *m* calo *m* di peso, perdita *f* di peso, diminuzione *f* di peso; **~zoll** *m* dazio *m* specifico.

Gewichtung *f (Abwägung)* ponderazione *f*, valutazione *f*.

gewillkürt *adj* arbitrario, volontario.

Gewinn *m* guadagno *m*, profitto *m*, lucro *m*, utile *m*, attivo *m*, surplus *m*, ricavato *m*, reddito *m*, frutto *m*, beneficio *m*, tornaconto *m*, vantaggio *m*, *(Spiel)* vincita *f*, premio *m*; **mit ~ abschließen** chiudere in attivo, chiudere con un utile, chiudere in avanzo; **~ abwerfen** produrre un reddito, rendere, essere redditizio, remunerare [o: rimunerare], dar(e) profitto, fruttare un guadagno; **~ ausschütten** distribuire (gli) utili; **am ~ beteiligt sein** partecipare agli utili; **~ bringen** essere redditizio; **~e erhöhen** aumentare i profitti, incrementare i profitti; **einen ~ erwirtschaften**; **einen ~ erzielen** realizzare un profitto, realizzare un utile, ottenere un guadagno, ricavare un guadagno; **~ verteilen** distribuire (gli) utili; **angemessener ~** *m* giusto profitto *m*; **ausgeschütteter ~** *m* utili *mpl* distribuiti; **nicht ausgeschütteter ~** *m* utili *mpl* non distribuiti, utili *mpl* indivisi; **ausgewiesener ~** *m* utile *m* dichiarato; **buchmäßiger ~** *m* utile *m* contabile; **eingetretener ~** *m* utile *m* realizzato; **entgangener ~** *m SchadensR (§ 252 BGB)* lucro *m* cessante, lucrum cessans *(lat)*, mancato guadagno *m*, perdita *f* di guadagno; **erhoffter ~** *m* utile *m* presunto, utile *m* sperato; **erzielter ~** *m* utile *m* realizzato; **gesetzwidriger ~** *m* utile *m* illecito; **imaginärer ~** *m* utile *m* sperato; **realisierter ~** *m* utile *m* realizzato; **reiner ~** *m* utile *m* netto; **spekulativer ~** *m* utile *m* di speculazione; **steuerpflichtiger ~** *m* utile *m* tassabile; **tatsächlicher ~** *m* utile *m* effettivo; **unerlaubter ~** *m*; **ungesetzlicher ~** *m* profitto *m* illecito; **unverteilter ~** *m*; **nicht verteilter ~** *m* utili *mpl* non distribuiti, utili *mpl* indivisi; **wucherischer ~** *m* profitto *m* usurario; **~** *m* **nach Steuern** utile *m* al netto delle imposte; **~** *m* **aus einer strafbaren Handlung** profitto *m* di reato.

Gewinn | abführung *f* trasferimento *m* degli utili; **~abführungsvertrag** *m* (*Abk* = **GAV**) *GesR* contratto *m* di trasferimento di utili (*dalla società controllata al soggetto controllante, in virtù del quale la prima attribuisce al secondo i propri utili o le proprie perdite*); **~abschluss** *m* bilancio *m* attivo; **~abschöpfung** *f* prelievo *m* degli utili; **~absicht** *f* scopo *m* di lucro; **~ansammlung** *f* capitalizzazione *f* degli utili; **~anspruch** *m* *(des Gesellschafters)* diritto *m* agli utili, *(Spiel)* diritto *m* alla vincita.

Gewinnanteil *m* quota *f* di utile, quota *f* di partecipazione agli utili, partecipazione *f* agli utili, quota *f* di profitto; **~schein** *m* cedola *f*; **~scheinbogen** *m* foglio *m* di cedole, cedolario *m*.

Gewinnausfall *m* lucro *m* cessante, lucrum cessans *(lat)*, mancato guadagno *m*, mancati utili *mpl*.

Gewinnausschüttung *f* distribuzione *f* degli utili, ripartizione *f* degli utili, riparto *m* (degli) utili; **verdeckte ~** *f* distribuzione *f* degli utili in forma camuffata.

Gewinnberechnung *f* calcolo *m* degli utili.

gewinnberechtigt *adj* partecipante agli utili, che ha diritto agli utili.

Gewinn | berechtigung *f* diritto *m* agli utili, godimento *m*; **~beteiligung** *f* (com)partecipazione *f* agli utili, (co)interessenza *f*; **~bilanz** *f* bilancio *m* attivo.

gewinnbringend *adj* redditizio, produttivo, proficuo, remunerativo [o: rimunerativo], lucroso, lucrativo.

Gewinneinziehung *f* riscossione *f* degli utili.

gewinnen *v* [1] *(einen Profit erzielen)* guadagnare, realizzare un utile, realizzare un profitto, ricavare, *(erlangen)* conseguire, ottenere, *(erreichen)* raggiungere, *(erwerben)* acquistare, acquisire, assumere, conquistare.

gewinnen *v* [2] *(Prozess)* vincere.

gewinnen *v* [3] *(fördern)* estrarre.

Gewinn | entnahme *f* prelevamento *m* degli utili; **~ergebnis** *n* risultati *mpl* positivi; **~ermittlung** *f* determinazione *f* degli utili;

~erzielung *f* realizzazione *f* di utili; **~erzielungsabsicht** *f* scopo *m* di lucro; **~feststellungsbescheid** *m* fissazione *f* d'ufficio degli utili; **~gemeinschaft** *f* comunione *f* degli utili; **~jahr** *n* esercizio *m* chiuso in attivo; **~kalkulation** *f* calcolo *m* degli utili.

Gewinnkonto *n* conto *m* profitti; **Gewinn- und Verlustkonto** *n* (*Abk* = **GuV**) conto *m* economico, conto *m* profitti e perdite.

Gewinn | lage *f* redditività *f*; **~liste** *f* lista *f* dei numeri estratti; **~marge** *f* margine *m* di guadagno, margine *m* di profitto, margine *m* di utile; **~maximierung** *f* massimizzazione *f* del profitto; **~minderung** *f* diminuzione *f* degli utili; **~mitnahme** *f (Börse)* presa *f* di beneficio, realizzo *m*, monetizzazione *f* degli utili conseguiti; **~mitnahmen** *fpl (Börse)* realizzi *mpl*; **~obligation** *f* obbligazione *f* a premio; **~plan** *m VersR* piano *m* di partecipazione; **~provision** *f* provvigione *f* in forma di partecipazione agli utili; **~quelle** *f* fonte *f* di reddito; **~quote** *f* tasso *m* dei profitti; **~realisierung** *f* realizzazione *f* di profitto, realizzo *m* vantaggioso.

Gewinnrechnung *f* conto *m* profitti; **Gewinn- und Verlustrechnung** *f* (*Abk* = **GuV**) conto *m* economico, conto *m* profitti e perdite.

Gewinn | reserve *f*; **~rücklage** *f*; **~rückstellung** *f* riserva *f* di utili, accantonamento *m* degli utili, accantonamento *m* di utili a riserva, *VersR* riserva *f* di partecipazione; **~saldo** *m* saldo *m* attivo; **~satz** *m VersR* tasso *m* di partecipazione; **~schuldverschreibung** *f* obbligazione *f* a premio; **~spanne** *f* margine *m* di guadagno, margine *m* di profitto, margine *m* di utile; **~sparen** *n* risparmio *m* a premi; **~streben** *n* finalità *f* di lucro; **~summe** *f (Lotterie)* montepremi *m*; **~transfer** *m* traferimento *m* degli utili; **~überschuss** *m* utile *m* eccedente, plusvalenza *f*.

Gewinnung *f* estrazione *f*, produzione *f*.

Gewinnungs | recht *n* diritto *m* di estrazione; **~vertrag** *m* contratto *m* di estrazione.

Gewinn | verheimlichung *f* dissimulazione *f* di utili; **~verlosung** *f* estrazione *f* dei numeri vincenti; **~verschleierung** *f* dissimulazione *f* di utili; **~verteilung** *f* distribuzione *f* degli utili, ripartizione *f* degli utili, riparto *m* (degli) utili; **~verteilungsplan** *m* piano *m* di ripartizione degli utili; **~verwendung** *f* destinazione *f* del reddito d'esercizio.

Gewinnvortrag *m* utile *m* a nuovo, riporto *m* utili a nuovo, riserva *f* di utili, avanzo *m* di utili dall'esercizio precedente; **vorjähriger ~** *m* riporto *m* degli utili dell'anno precedente.

Gewinnzweck *m* scopo *m* di lucro.

Gewissen *n* coscienza *f*; **nach bestem Wissen und ~** secondo scienza e coscienza.

Gewissens | freiheit *f* libertà *f* di coscienza; **~gründe** *mpl* motivi *mpl* di coscienza; **~konflikt** *m* conflitto *m* di coscienza.

GewO (*Abk* = **Gewerbeordnung**) Codice *m* delle professioni artigianali, commerciali e industriali, Codice *m* industriale, commerciale e artigianale, Codice *m* delle attività lucrative indipendenti, Codice *m* delle attività economiche.

Gewohnheitsrecht *n* diritto *m* consuetudinario, consuetudine *f*, uso *m* normativo, usi *mpl* normativi; **völkerrechtliches ~** *n* diritto *m* consuetudinario internazionale.

gewohnheitsrechtlich *adj* di diritto consuetudinario.

Gewohnheits | rechtssatz *m* norma *f* consuetudinaria; **~täter/in** *m/f StrafR* delinquente *m* abituale; **~verbrechen** *n StrafR* delitto *m* abituale; **~verbrecher/in** *m/f StrafR* delinquente *m* abituale.

gewöhnlich *adj* solito, abituale, usuale, comune, normale, ordinario, di solito, solitamente, abitualmente, di consueto.

gez. (*Abk* = **gezeichnet**) firmato *(f.to)*, sottoscritto.

GEZ (*Abk* = **Gebühreneinzugszentrale**) ufficio *m* centrale di riscossione dei canoni di abbonamento alla radio e alla televisione.

GFK (*Abk* = **Genfer Flüchtlingskonvention**) *(= Abkommen über die Rechtsstellung der Flüchtlinge)* Convenzione *f* di Ginevra sullo statuto dei rifugiati, Convenzione *f* di Ginevra relativa allo status dei rifugiati.

GFP (*Abk* = **Gemeinsame Fischereipolitik**) *EuR* politica *f* comune della pesca *(PCP)*.

GG (*Abk* = **Grundgesetz**) *(Verfassung der Bundesrepublik Deutschland)* → *s. Infokasten im Anhang 1* Legge *f* fondamentale (*Costituzione della Repubblica Federale di Germania*).

ggf. (*Abk* = **gegebenenfalls**) in caso, eventualmente, all'occorrenza.

giltig *adj (A)* valido, valevole.

Giltigkeit *f (A)* validità *f*.

Giltvaterschaft *f* paternità *f* accertata giudizialmente.

Gipfel *m* vertice *m*.

Giro *n* girata *f*, giro *m*; **~anweisung** *f*; **~auftrag** *m* ordine *m* di giro, ordine *m* di trasferimento, ordine *m* di bonifico; **~einlage** *f*; **~gelder** *pl* deposito *m* su conto corrente di corrispondenza; **~guthaben** *n* disponibilità *f* su conto corrente di corrispondenza; **~kasse** *f* stanza *f* di compensazione; **~konto** *n* conto *m* corrente (di corrispondenza) *(c/c)*; **~sammeldepot** *n* deposito *m* collettivo di giro; **~sammelverwahrung** *f* custodia *f* collettiva di giro; **~umsatz** *m* volume *m* dei trasferimenti; **~verkehr** *m* bancogiro *m*; **~zahlung** *f* pagamento *m* a mezzo bonifico; **~zentrale** *f* ufficio *m* centrale di compensazione, ufficio *m* centrale di trasferimento.

GIZ (*Abk* = **Deutsche Gesellschaft für Internationale Zusammenarbeit**) *(D)* Società *f* tedesca per la cooperazione internazionale.

Glasbruchversicherung *f* = *Glasversicherung f* assicurazione *f* contro la rottura dei cristalli.

glattstellen *v* realizzare.

Glattstellung *f* realizzo *m*.

Glaube *m* fede *f*; **böser ~** *m ZivR* mala fede *f* (*soggettiva*); **guter ~** *m ZivR* buona fede *f* (*soggettiva: ignoranza incolpevole di ledere una situazione giuridica altrui*); **in gutem ~n** *ZivR* in buona fede (*soggettiva*); **öffentlicher ~** *m (z.B. an das Grundbuch)* fede *f* pubblica; **schlechter ~** *m* mala fede *f* (*soggettiva*).

glauben *v* credere, pensare.

Glaubens|bekenntnis *n* fede *f* religiosa, confessione *f*, credo *m*; **~freiheit** *f VerfR (Art. 4 GG)* libertà *f* di culto, libertà *f* di fede (religiosa), libertà *f* religiosa.

glaubhaft *adj* credibile, verosimile, plausibile, attendibile, convincente; **für ~ erachten** giudicare attendibile; **~ machen** dimostrare la verosimiglianza, dimostrare con argomenti almeno probabili/abbastanza convincenti, rendere credibile, rendere verosimile, rendere plausibile, rendere attendibile, accreditare, convincere.

Glaubhaftigkeit *f* credibilità *f*, attendibilità *f*; **~ *f* der Zeugenaussage** *ProzR* attendibilità *f* della testimonianza.

Glaubhaftmachung *f ZivProzR* prova *f* di verosimiglianza.

Gläubiger *m* [f: Gläubigerin] creditore *m*, *(Schuld)* espromissario *m*, accollatario *m*; **einen ~ befriedigen** soddisfare un creditore; **absonderungsberechtigter ~** *m* creditore *m* separatista; **alter ~** *m* vecchio creditore *m*; **ausgeschlossener ~** *m* creditore *m* escluso; **bevorrechteter ~** *m (A)*; **bevorrechtigter ~** *m* creditore *m* privilegiato; **bisheriger ~** *m* vecchio creditore *m*; **gewöhnlicher ~** *m (nicht gesichert und kein Recht zur vorrangigen Befriedigung)* creditore *m* ordinario, creditore *m* chirografario; **neuer ~** *m* nuovo creditore *m*;

nicht bevorrechtigter ~ *m (nicht gesichert und kein Recht zur vorrangigen Befriedigung)* creditore *m* chirografario; **persönlicher ~** *m* **des Gesellschafters** creditore *m* del socio; **pfändender ~** *m* creditore *m* pignoratizio; **privater ~** *m* = *Privatgläubiger* creditore *m* privato, creditore *m* personale, creditore *m* particolare; **privilegierter ~** *m (CH)* creditore *m* privilegiato; **säumiger ~** *m* creditore *m* moroso; **sichergestellter ~** *m* creditore *m* garantito; **unbefriedigter ~** *m* creditore *m* insoddisfatto.

Gläubiger | abfindung *f* tacitazione *f* dei creditori; **~anfechtung** *f* azione *f* revocatoria (ordinaria), azione *f* pauliana; **~aufgebot** *n*; **~aufruf** *m* convocazione *f* dei creditori; **~ausschuss** *m InsolvenzR* comitato *m* dei creditori; **~bank** *f* banca *f* creditrice; **~befriedigung** *f InsolvenzR* soddisfacimento *m* dei creditori, soddisfazione *f* dei creditori, soddisfo *m* dei creditori; **~begünstigung** *f* atto *m* del fallito di favorire certi creditori a danno degli altri; **~beirat** *m (Vergleichsverfahren)* comitato *m* dei creditori; **~benachteiligung** *f* atti *mpl* del fallito pregiudizievoli ai creditori; **~gemeinschaft** *f* comunità *f* di creditori; **~interesse** *n* interesse *m* creditorio; **~komitee** *n* comitato *m* dei creditori; **~konvokation** *f (A)* convocazione *f* dei creditori; **~position** *f* posizione *f* creditoria, posizione *f* creditrice; **~recht** *n* diritto *m* del creditore; **~schädigung** *f* atti *mpl* del fallito pregiudizievoli ai creditori; **~schutz** *m* tutela *f* dei creditori; **~stellung** *f* posizione *f* creditoria, posizione *f* creditrice; **~versammlung** *f InsolvenzR* assemblea *f* dei creditori, adunanza *f* dei creditori; **~vertreter/in** *m/f* rappresentante *m* dei creditori; **~verwaltung** *f (UPU)* amministrazione *f* creditrice; **~verzeichnis** *n InsolvenzR* elenco *m* dei creditori; **~verzug** *m SchuldR (Annahmeverzug) (§§ 293 ff. BGB) (mora credendi)* mora *f* del creditore.

glaubwürdig *adj* credibile, plausibile, attendibile, fondato, degno di fede, accreditato, autentico, autorevole.

Glaubwürdigkeit *f* credibilità *f*, plausibilità *f*, attendibilità *f*, fondatezza *f*, autenticità *f*; **~ *f* des Zeugen** *ProzR* attendibilità *f* del testimone.

gleich *adj* uguale, stesso, simile, analogo, medesimo, equivalente, pari.

Gleichbehandlung *f* parità *f* di trattamento, uguaglianza *f* di trattamento, trattamento *m* paritario; **Allgemeines ~sgesetz** *n (D)* (*Abk* = **AGG**) legge *f* (tedesca) generale sulla parità di trattamento, legge *f* (tedesca) generale anti-discriminazione.

Gleichbehandlungs | grundsatz *m* principio *m* della parità di trattamento; **~richtlinie** *f EuR → s. Anhang 3 b)* Direttiva *f* 2006/54/CE del Parlamento europeo e del Consiglio, del 5 luglio 2006, riguardante l'attuazione del principio delle pari opportunità e della parità di trattamento fra uomini e donne in materia di occupazione e impiego (rifusione).

gleichberechtigt *adj* con gli stessi diritti, con pari diritti, avente gli stessi diritti, equiparato nei diritti.

Gleichberechtigung *f* parità *f* di (o: nei) diritti, uguaglianza *f* (dei diritti), equiparazione *f* dei diritti, par condicio *f*, pari opportunità *fpl*; **~ *f* von Mann und Frau** parità *f* uomo-donna, parità *f* nei diritti dei sessi.

gleichgeschlechtlich *adj* dello stesso sesso, omosessuale.

Gleichheit *f* uguaglianza *f* [o: eguaglianza], parità *f*; **formelle ~ *f*** uguaglianza *f* formale; **rechtliche ~ *f*** uguaglianza *f* giuridica; **substantielle ~ *f*** uguaglianza *f* sostanziale; **~ *f* vor dem Gesetz** uguaglianza *f* davanti alla legge; **~ *f* von Mann und Frau** parità *f* uomo-donna; **~ *f* der Staaten** uguaglianza *f* degli Stati.

Gleichheitsgrundsatz *m* principio *m* di uguaglianza; **allgemeiner ~** *m*

(D) VerfR (Art. 3 GG) principio *m* generale di uguaglianza.

gleich | lauten *v* essere conforme; **~lautend** *adj* conforme; **~mäßig** *adj* regolare, uniforme, proporzionato, simmetrico, armonico; **~rangig** *adj* uguale, di pari grado.

gleichschalten *v* equiparare, *(vereinheitlichen)* uniformare, livellare.

Gleichschaltung *f* equiparazione *f*, *(Vereinheitlichung)* uniformazione *f*, livellamento *m*.

Gleichschrift *f (A)* copia *f*.

gleich | setzen *v*; **~stellen** *v* equiparare, assimilare.

Gleichstellung *f* equiparazione *f*, assimilazione *f*; **~ *f* der Geschlechter** parificazione *f* dei sessi, parità *f* nei diritti dei sessi.

gleichwertig *adj* di ugual valore, equivalente, equipollente.

Gleichwertigkeit *f* valore *m* uguale, equivalenza *f*, equipollenza *f*; **~ *f* von Diplomen**; **~ *f* von Zeugnissen** equipollenza *f* dei diplomi.

gleichzeitig *adj* contemporaneo, simultaneo, concomitante, contestuale.

Gleichzeitigkeit *f* contemporaneità *f*, simultaneità *f*.

Gleit | klausel *f* clausola *f* della scala mobile; **~lohn** *m* salario *m* a scala mobile; **~preis** *m* prezzo *m* mobile; **~zeit** *f* orario *m* flessibile; **~zölle** *pl* dazi *mpl* mobili.

Gliedertaxe *f* scala *f* d'invalidità.

Global | angebot *n* offerta *f* globale; **~einigung** *f* accordo *m* globale; **~entschädigung** *f (CH)* indennità *f* globale; **~kontingent** *n* contingente *m* globale; **~lösung** *f* soluzione *f* globale; **~police** *f*; **~polizze** *f (A)* polizza *f* globale; **~strategie** *f* strategia *f* globale; **~übereinkunft** *f* accordo *m* globale; **~versicherung** *f* assicurazione *f* globale; **~zession** *f* cessione *f* globale.

Glossar *n* glossario *m*.

Glossator *m (hist.)* glossatore *m*.

Glücks | spiel *n* gioco *m* d'azzardo; **~vertrag** *m* contratto *m* aleatorio.

GmbH (*Abk* = **Gesellschaft mit beschränkter Haftung**) *(früher auch oft in A: GesmbH bzw. Ges.m.b.H.)* società *f* a responsabilità limitata *(s.r.l.)*, società *f* a garanzia limitata *(CH)*.

GmbH & Co. KG (*Abk* = **Gesellschaft mit beschränkter Haftung & Compagnie Kommanditgesellschaft**) *GesR (Sonderform der Kommanditgesellschaft, bei der der persönlich haftende Gesellschafter eine Gesellschaft mit beschränkter Haftung ist)* società *f* in accomandita semplice, il cui socio accomandatario è una società a responsabilità limitata, anziché una o più persone fisiche.

GmbH | -Gesetz *n (D)* (*Abk* = **GmbHG**) *GesR (Gesetz betreffend die Gesellschaften mit beschränkter Haftung)* legge *f* (tedesca) sulle società a responsabilità limitata (s.r.l.); **Gesetz *n* zur Modernisierung des ~ -Rechts und zur Bekämpfung von Missbräuchen** *(D)* (*Abk* = **MoMiG**) legge *f* (tedesca) di riforma (o: modernizzazione) del diritto delle società a responsabilità limitata (s.r.l., in tedesco: GmbH) e per combattere gli abusi societari.

GMO (*Abk* = **gemeinsame Marktorganisation**) *EuR* organizzazione *f* comune dei mercati *(OCM)*.

Gnade *f* grazia *f*.

Gnaden | akt *m* atto *m* di grazia; **~behörde** *f* autorità *f* competente per la concessione della grazia; **~bezüge** *pl* stipendio *m* che continua ad essere pagato dopo la morte o il collocamento a riposo del prestatore d'opera; **~entscheidung** *f* decisione *f* di grazia; **~erlass** *m* decreto *m* di grazia; **~erweis** *m* atto *m* di grazia, atto *m* di clemenza; **~frist** *f* giorni *mpl* di grazia; **~gesuch** *n* domanda *f* di grazia; **~recht** *n (Anspruch)* diritto *m* di grazia, potere *m* di grazia, *(Rechtsvorschriften)* normativa *f* in materia di grazia; **auf dem ~weg(e)** in via di grazia; **~zuständigkeit** *f* competenza *f* in materia di grazia.

GNotKG (*Abk* = **Gerichts- und Notarkostengesetz**) *(D) (Gesetz über Kosten der freiwilligen Gerichtsbarkeit für Gerichte und Notare:*

in Kraft getreten am 01.08.2013) legge *f* (tedesca) sulle tariffe notarili e giudiziarie in materia di volontaria giurisdizione.

GoA (*Abk* = **Geschäftsführung ohne Auftrag**) *SchuldR (§§ 677 ff. BGB)* gestione *f* di affari (altrui), gestione *f* di affari senza mandato *(CH)*, negotiorum gestio *(lat)*.

Gold | abfluss *m* efflusso *m* dell'oro, deflusso *m* dell'oro; **~agio** *n* aggio *m* sull'oro; **~anleihe** *f* prestito *m* oro; **~arbitrage** *f* arbitraggio *m* sull'oro; **~basis** *f* base *f* aurea; **~bestand** *m* riserva *f* aurea, scorta *f* aurea; **~bewegung** *f* movimento *m* dell'oro; **~bilanz** *f* bilancio *m* oro; **~deckung** *f* copertura *f* oro; **~devise** *f* divisa *f* oro, divisa *f* aurea; **~devisenwährung** *f* gold exchange standard *m*, cambio *m* in divise auree, cambio *m* a sistema aureo; **~einlösung** *f* convertibilità *f* in oro; **~franken** *m* franco *m* oro; **~garantie** *f* garanzia *f* oro; **~gehalt** *m* titolo *m* dell'oro; **~klausel** *f* clausola *f* oro; **~markt** *m* mercato *m* dell'oro, mercato *m* aureo; **~münze** *f* moneta *f* d'oro; **~option** *f* opzione *f* oro; **~parität** *f* parità *f* aurea; **~prägung** *f* coniatura *f* dell'oro; **~preis** *m* prezzo *m* dell'oro; **~punkt** *m* punto *m* dell'oro, punto *m* metallico; **~reserve** *f* riserva *f* aurea; **~standard** *m* regime *m* aureo, sistema *m* aureo, base *f* aurea, tallone *m* aureo; **~vorrat** *m* scorta *f* aurea; **~währung** *f* moneta *f* aurea, valuta *f* aurea, divisa *f* aurea, tallone *m* aureo, valuta *f* oro; **~wert** *m* valore *m* oro; **~zertifikat** *n* certificato *m* oro; **~zufluss** *m* afflusso *m* d'oro.

Goodwill *m* valore *m* d'avviamento.

Gouverneursrat *m (Weltbank)* Comitato *m* dei Governatori.

GP (*Abk* = **Generalprokuratur**) *(A) (beim Obersten Gerichtshof)* procura *f* generale della Repubblica presso la Corte suprema austriaca (Oberster Gerichtshof).

GPÜ (*Abk* = **Gemeinschaftspatentübereinkommen**) *GewRS* Convenzione *f* sul brevetto comunitario.

Grabschändung *f* violazione *f* di sepolcro, vilipendio *m* delle tombe.

Grad *m* grado *m*, *(Stärke)* intensità *f*, *(Satz)* tasso *m*, *(Rang)* rango *m*, *(Titel)* titolo *m*, carica *f*; **erster ~** *m* primo grado *m*; **zu einem gewissen ~** fino a un certo punto; **~** *m* **der Behinderung** grado *m* di invalidità; **~** *m* **des Verschuldens** grado *m* della colpa.

Gratifikation *f ArbR* gratifica *f*, gratificazione *f*.

Gratis | aktie *f (für Mitarbeiter als Bonuszahlung)* azione *f* gratuita; **~beförderung** *f* trasporto *m* gratuito; **~gabe** *f* dono *m* gratuito; **~obligation** *f* obbligazione *f* gratuita; **~probe** *f* campione *m* gratuito, saggio *m* (gratuito); **~zuteilung** *f* assegnazione *f* gratuita.

Gräueltaten *fpl* atrocità *fpl*.

Gremium *n* collegio *m*, comitato *m*, commissione *f*, organo *m*, gruppo *m*; **beratendes ~** *n* organo *m* consultivo, collegio *m* consultivo, comitato *m* consultivo; **internationales ~** *n* organismo *m* internazionale, comitato *m* internazionale.

Grenz | abfertigung *f* compimento *m* delle formalità di attraversamento di confine; **~abfertigungsstelle** *f* valico *m* (di frontiera); **~abkommen** *n* accordo *m* di frontiera, convenzione *f* di frontiera; **~abmarkung** *f* apposizione *f* di termini; **~abstand** *m* distanza *f*; **~absteckung** *f* delimitazione *f* di frontiera; **~alter** *n* età *f* limite; **~änderung** *f* spostamento *m* di frontiera, modificazione *f* di frontiera; **~änderungsvertrag** *m SchuldR* contratto *m* di modificazione di confini, *VölkerR* trattato *m* di modificazione di frontiera; **~angebot** *n* offerta *f* limitata; **~angelegenheit** *f* questione *f* di frontiera; **~arbeitnehmer/in** *m/f* lavoratore/-trice *m/f* di frontiera; **~aufseher/in** *m/f* guardia *f* confinaria; **~ausgleichung** *f (CH)* regolamento *m* di confini; **~ausweis** *m* tessera *f* di frontiera; **~baum** *m (Nachbarrecht)* albero *m* sorgente sulla linea di confine,

(Schlagbaum) barriera *f* di confine; **~behörden** *fpl* autorità *fpl* di confine; **~bereinigung** *f*; **~berichtigung** *f* rettificazione *f* di confine; **~betrieb** *m* impresa *f* marginale, azienda *f* marginale; **~betrug** *m (A)* frode *f* relativa al tracciamento di confine; **~dokument** *n* documento *m* per l'attraversamento del confine.

Grenze *f* confine *m*, frontiera *f*, limite *m*, margine *m*, soglia *f*, plafond *m*; **~n** *fpl* **eines Grundstücks** confini *mpl* di un fondo, confini *mpl* di un terreno.

Grenz | eigentum *n* proprietà *f* limitrofa; **~erlös** *m* ricavo *m* marginale; **~erneuerungsklage** *f (A)* azione *f* di regolamento di confini; **~ertrag** *m* rendita *f* marginale; **~fall** *m* caso *m* limite; **~festsetzung** *f* delimitazione *f* di frontiera; **~feststellungsklage** *f* azione *f* di regolamento di confini; **~formalität** *f* formalità *f* di frontiera; **~frage** *f* questione *f* di frontiera; **~gemeinde** *f* comune *m* limitrofo, comune *m* confinario, comune *m* di frontiera; **~kapazität** *f* produttività *f* marginale; **~käufer/in** *m/f* acquirente *m/f* marginale; **~kommission** *f* commissione *f* per la delimitazione di frontiera; **~konflikt** *m* conflitto *m* di frontiera; **~kontrolle** *f* controllo *m* alla frontiera; **~kosten** *pl* costo *m* marginale; **~kurs** *m* corso *m* limite, prezzo *m* limite; **~lohn** *m* salario *m* limite; **~nutzen** *m* profitto *m* marginale; **~nutzenlehre** *f* *(Marginalismus)* marginalismo *m*; **~nutzung** *f* utilità *f* marginale; **~passierschein** *m* lasciapassare *m* di frontiera; **~polizei** *f* polizia *f* di frontiera; **~polizeikommissariat** *n* commissariato *m* di polizia di frontiera; **~posten** *m* posto *m* di frontiera; **~preis** *m* prezzo *m* marginale; **~produktivität** *f* produttività *f* marginale; **~regelung** *f* regolamento *m* di termini; **~scheidung** *f* apposizione *f* di termini; **~scheidungsklage** *f* azione *f* per apposizione di termini; **~schein** *m* tessera *f* di frontiera.

Grenzschutz *m* [1] *(staatliche Aufgabe)* difesa *f* delle frontiere.

Grenzschutz *m* [2] *(Behörde)* guardie *fpl* confinarie; **~beamter/-beamtin** *m/f* guardia *f* confinaria.

Grenz | sicherung *f* sicurezza *f* dei confini; **~spediteur/in** *m/f* spedizioniere *m* doganale; **~streit** *m*; **~streitigkeit** *f* controversia *f* di confine, controversia *f* di frontiera.

grenzüberschreitend *adj* internazionale, transnazionale, transfrontaliero, estero.

Grenz | übertrittsschein *m* lasciapassare *m* di frontiera; **~überwachung** *f* controllo *m* delle frontiere, controlli *mpl* alle frontiere, sorveglianza *f* delle frontiere, sorveglianza *f* di frontiera, sorveglianza *f* del confine, gestione *f* dei confini, gestione *f* delle frontiere; **~vereinbarung** *f* convenzione *f* di frontiera; **~verletzung** *f* violazione *f* di confine; **~vermarkung** *f* apposizione *f* di termini; **~verrückung** *f* alterazione *f* di termini; **~vertrag** *m* trattato *m* di delimitazione di frontiera, trattato *m* di frontiera, convenzione *f* di frontiera; **~verwirrung** *f* incertezza *f* dei confini; **~wache** *f* guardia *f* confinaria; **~wert** *m* valore *m* marginale, valore *m* limite, valore *m* alla frontiera *(CH)*; **~zeichen** *n* segno *m* di confine; **~ziehung** *f* delimitazione *f* di frontiera; **~zoll** *m* dazio *m* di dogana, diritto *m* di confine; **~zollamt** *n*; **~zollstelle** *f* ufficio *m* doganale di confine, ufficio *m* doganale di frontiera, dogana *f* di confine, dogana *f* di frontiera, posto *m* doganale di frontiera; **~zone** *f* zona *f* di frontiera, zona *f* di confine; **~zwischenfall** *m* incidente *m* di frontiera.

grob *adj (schlimm)* grave, grossolano, grosso, grande, *(schwer)* pesante, *(ungefähr)* approssimativo; **~ fahrlässig** per colpa grave.

gröblich *adj* grave.

Groß | abnehmer/in *m/f* acquirente *m/f* all'ingrosso; **~abschluss** *m* grande affare *m*; **~aktionär/in** *m/f* grande azionista *m/f*; **~einkauf** *m* acquisto *m* all'ingrosso; **~einkäufer/in** *m/f* acquirente *m/f* all'ingrosso; **~handel** *m* commercio *m* all'ingrosso.

Großhandels | firma *f* ditta *f* grossista; **~index** *m* indice *m* dei prezzi all'ingrosso; **~preis** *m* prezzo *m* all'ingrosso; **~spanne** *f* margine *m* del grossista.

Groß | händler/in *m/f* grossista *m/f*, commerciante *m/f* all'ingrosso; **~handlung** *f* ditta *f* grossista.

Grossist/in *m/f* grossista *m/f*, commerciante *m/f* all'ingrosso.

Groß | kapital *n* grosso capitale *m*; **~kaufmann** *m* commerciante *m* all'ingrosso, negoziante *m* all'ingrosso; **~kredit** *m* grosso credito *m*; **~kunde/-in** *m/f* grande cliente *m/f*; **~lebensversicherung** *f* assicurazione *f* vita ordinaria; **~lieferant/in** *m/f* fornitore *m* grossista; **~produktion** *f* produzione *f* in massa; **~prozess** *m* maxi-processo *m*; **~rat** *m* gran consiglio *m*; **~schaden** *m* danno *m* grave; **~unternehmer/in** *m/f* grande imprenditore *m*; **~verbraucher/in** *m/f* grande consumatore *m*; **~verfahren** *n* maxi-processo *m*; **~verkauf** *m* vendita *f* all'ingrosso; **~verkäufer/in** *m/f* venditore *m* all'ingrosso; **~verschleiß** *m (A)* vendita *f* all'ingrosso; **~verschleißer** *m (A)* venditore *m* all'ingrosso; **~verteiler** *m* grossista *m*; **~vertrieb** *m* vendita *f* all'ingrosso.

Grünbuch *n EuR* Libro *m* verde.

Grund *m* [1] *(Boden, Grundstück)* terreno *m*, suolo *m*, fondo *m*, possesso *m* fondiario, proprietà *f* terriera; **~ und Boden** *m* proprietà *f* terriera, proprietà *f* immobiliare, proprietà *f* fondiaria, patrimonio *m* fondiario, patrimonio *m* immobiliare; **dienstbarer ~** *m (A)* fondo *m* servente; **herrschender ~** *m (A)* fondo *m* dominante.

Grund *m* [2] *(Ursache)* causa *f*, *(Beweggrund)* motivo *m*, motivazione *f*, ragione *f*, *(Argument)* argomento *m*, prova *f*, *(Anlass)* occasione *f*; **auf ~** [auch: aufgrund Gen / von Dat] per, a causa [di], in base [a], in virtù [di], in forza [di], visto, in ragione [di]; **aus irgendeinem ~**; **aus irgendwelchem ~**; **aus jedwedem ~** a qualsiasi titolo; **ausreichender ~** *m* sufficiente ragione *f*, sufficiente motivo *m*; **ausschlaggebender ~** *m* motivo *m* determinante, causa *f* determinante; **berechtigter ~** *m* ragione *f* fondata, giustificato motivo *m*; **bestimmender ~** *m* motivo *m* determinante, causa *f* determinante; **gesetzlicher ~** *m* causa *f* legittima; **rechtfertigender ~** *m* giustificato motivo *m*; **rechtlicher ~** *m* motivo *m* giuridico, motivo *m* legale; **rechtmäßiger ~** *m* motivo *m* legittimo; **wichtiger ~** *m* giusta causa *f*, causa *f* grave; **aus wichtigem ~** per giusta causa; **zwingender ~** *m* motivo *m* impellente.

Grund *m* [3] *(Basis, Grundlage)* base *f*, fondamento *m*; **im ~e** fondamentalmente, sostanzialmente, in sostanza, in fondo, praticamente.

Grund *m* [4] *(Ursprung)* origine *f*.

Grund | abtretung *f* cessione *f* di bene fondiario; **~bedarf** *m* fabbisogno *m* elementare; **~bedingung** *f* condizione *f* fondamentale, condizione *f* principale, condizione *f* essenziale, *(Voraussetzung)* presupposto *m* essenziale; **~begriff** *m* nozione *f* fondamentale, concetto *m* fondamentale, idea *f* fondamentale.

Grundbesitz *m* fondo *m*, terreno *m*, proprietà *f* terriera, proprietà *f* immobiliare, proprietà *f* fondiaria, patrimonio *m* fondiario, beni *mpl* immobili, beni *mpl* immobiliari; **ererbter ~** *m ErbR* beni *mpl* immobili ereditati, patrimonio *m* immobiliare ereditato.

Grund | besitzer/in *m/f* proprietario *m* terriero, proprietario *m* immobiliare, proprietario *m* di immobili, possidente *m/f*; **~betrag** *m* importo *m* base; **~bezüge** *pl* retribuzione *f* base.

Grundbuch *n (in Italien – mit Ausnahme von Trient, Bozen, Triest, Görz sowie einigen Gemeinden der*

Provinzen Udine, Brescia, Belluno und Vicenza: registri immobiliari) libro *m* fondiario, registro *m* fondiario *(CH)*.

Grundbuch
In Italia coesistono attualmente due sistemi di pubblicità immobiliare: da una parte la trascrizione, nelle vecchie province, e dall'altra il sistema tavolare o Libro fondiario, in vigore nei territori ex austriaci annessi all'Italia in seguito al primo conflitto mondiale.

… continua nell'Allegato 1

Grundbuch | amt *n (in Italien – mit Ausnahme von Trient, Bozen, Triest, Görz sowie einigen Gemeinden der Provinzen Udine, Brescia, Belluno und Vicenza: ufficio di pubblicità immobiliare, früher: conservatoria dei registri immobiliari)* ufficio *m* tavolare, ufficio *m* del libro fondiario, ufficio *m* del registro fondiario *(CH)*; **~antrag** *m* domanda *f* tavolare; **~auszug** *m* estratto *m* tavolare, estratto *m* del libro fondiario, estratto *m* del registro fondiario *(CH)*; **~beamter/-beamtin** *m/f (in Italien – mit Ausnahme von Trient, Bozen, Triest, Görz sowie einigen Gemeinden der Provinzen Udine, Brescia, Belluno und Vicenza: conservatore dei registri immobiliari)* funzionario *m* dell'ufficio tavolare, conservatore *m* tavolare, funzionario *m* dell'ufficio del libro fondiario, conservatore *m* del libro fondiario, funzionario *m* dell'ufficio del registro fondiario *(CH)*, conservatore *m* del registro fondiario *(CH)*; **~bereinigung** *f* aggiornamento *m* del libro fondiario; **~berichtigung** *f* rettificazione *f* (di un'iscrizione) del libro fondiario, rettificazione *f* (di un'iscrizione) del registro fondiario *(CH)*; **~berichtigungsanspruch** *m (§ 894 BGB)* diritto *m* di rettificare un'iscrizione del libro fondiario, diritto *m* di rettificare un'iscrizione del registro fondiario *(CH)*; **~blatt** *n* partita *f* tavolare; **~eintrag** *m (CH)*; **~eintragung** *f* intavolazione *f*, iscrizione *f* tavolare, iscrizione *f* nel libro fondiario, iscrizione *f* nel registro fondiario *(CH)*.

Grundbücher *pl (Buchführung)* libri *mpl* elementari.

grundbücherlich *adj (A)* del libro fondiario.

Grundbuch | kreis *m (CH)* mandamento *m* dell'ufficio tavolare; **~ordnung** *f (D)* (*Abk* = **GBO**) legge *f* tavolare (tedesca), legge *f* (tedesca) sui libri fondiari; **~plan** *m (CH)* partita *f* tavolare, mappa *f* catastale *(CH)*; **~recht** *n* diritto *m* tavolare.

grundbuchrechtlich gesichert garantito da iscrizione tavolare.

Grundbuch | richter/in *m/f* giudice *m* tavolare; **~sache** *f* affare *m* tavolare.

Grundbuchs | auszug *m (A)* estratto *m* tavolare, estratto *m* del libro fondiario, estratto *m* del registro fondiario *(CH)*; **~bereinigung** *f (A)* aggiornamento *m* del libro fondiario; **~einlage** *f (A)* partita *f* tavolare; **~führer/in** *m/f (A)* conservatore *m* tavolare, conservatore *m* del libro fondiario; **~gericht** *n (A)* giudice *m* tavolare; **~gesuch** *n (A)* domanda *f* tavolare; **~körper** *m (A)* corpo *m* tavolare; **~mappe** *f (A)* partita *f* tavolare; **~richter/in** *m/f (A)* giudice *m* tavolare; **~sache** *f (A)* affare *m* tavolare; **~stand** *m (A)* situazione *f* tavolare, stato *m* tavolare; **~umschreibung** *f (A)* modificazione *f* di un'iscrizione tavolare; **~verfahren** *n (A)* procedimento *m* in affari tavolari, procedimento *m* relativo agli affari tavolari.

Grundbuchumschreibung *f* modificazione *f* di un'iscrizione tavolare.

Grundbuchung *f* scrittura *f* elementare, rilevazione *f* elementare.

Grundbuch | vermerk *m* annotazione *f* tavolare; **~vormerkung** *f* prenotazione *f* tavolare; **~zwang** *m* obbligo *m* dell'iscrizione tavolare.

Grund | delikt *n StrafR* reato *m* semplice; **~dienstbarkeit** *f SachenR* servitù *f* prediale.

Gründe *mpl* motivi *mpl*, ragioni *fpl*; **mit ~n versehen** motivare; **aus dienstlichen ~n** per ragioni di servizio; **entgegenstehende ~** *mpl* ragioni *fpl* ostative, motivi *mpl* ostativi; **rechtfertigende ~** *mpl* motivi *mpl* giustificatori; **aus rechtlichen ~n** per motivi di diritto; **aus steuerlichen ~n** per ragioni di natura fiscale; **aus tatsächlichen ~n** per motivi di fatto.

Grund | eigentum *n* proprietà *f* terriera, proprietà *f* immobiliare, proprietà *f* fondiaria, patrimonio *m* fondiario, patrimonio *m* immobiliare; **~eigentümer/in** *m/f* proprietario *m* terriero, proprietario *m* immobiliare, proprietario *m* di immobili, possidente *m/f*; **~einheit** *f* unità *f* base.

gründen *v* fondare, costituire, impiantare, istituire, creare; **sich ~** *v* [auf *Akk*] basarsi [su], fondarsi [su].

Grund | entlohnung *f* retribuzione *f* base; **~entschädigung** *f* indennità *f* di base.

Gründer *m* [f: Gründerin] fondatore *m*, *(einer Gesellschaft)* socio *m* fondatore; **~aktie** *f* azione *f* di fondazione; **~anteil** *m* parte *f* di fondatore, azione *f* beneficiaria, quota *f* di socio fondatore; **~bericht** *m* relazione *f* dei promotori o fondatori sui conferimenti in natura; **~haftung** *f* responsabilità *f* dei soci fondatori (per gli atti compiuti prima dell'iscrizione della società per azioni nel registro delle imprese); **~lohn** *m* beneficio *m* riservato ai promotori, compenso *m* per i fondatori e promotori; **~vorteil** *m (CH)* beneficio *m* riservato ai promotori.

Grunderwerb *m* acquisto *m* di terreni, acquisto *m* immobiliare; **~steuer** *f SteuerR* imposta *f* sull'acquisto di terreni, imposta *f* sugli acquisti immobiliari.

Grund | finanzierung *f* finanziamento *m* base; **~fläche** *f* superficie *f*, area *f* coperta; **~freibetrag** *m* reddito *m* esente da imposta, quota *f* esente base; **~freiheit** *f* libertà *f* fondamentale.

Grundfreiheiten *fpl EuR* libertà *fpl* fondamentali; **die Menschenrechte und ~ wahren** *EuR* tutelare i diritti dell'uomo e le libertà fondamentali.

Grund | gebühr *f* tassa *f* base; **~gehalt** *n ArbR* stipendio *m* base, retribuzione *f* base; **~gerechtigkeit** *f SachenR* servitù *f* prediale; **~geschäft** *n* negozio *m* base; **~gesetz** *n* (*Abk* = **GG**) *(Verfassung der Bundesrepublik Deutschland)* → *s. Infokasten im Anhang 1* Legge *f* fondamentale (*Costituzione della Repubblica Federale di Germania*); **~handelsgeschäft** *n* atto *m* di commercio; **~kapital** *n GesR (einer AG oder KGaA)* → *Stammkapital einer GmbH* capitale *m* sociale (*di una s.p.a. o s.a.p.a.*), capitale *m* nominale, capitale *m* iniziale, capitale *m* azionario; **~kataster** *n* catasto *m* fondiario; **~kontingent** *n* contingente *m* di base; **~kredit** *m* credito *m* fondiario; **~kreditanstalt** *f* istituto *m* di credito fondiario; **~kreditbank** *f* banca *f* di credito fondiario.

Grundlage *f* base *f*, fondamento *m*, principio *m*, criterio *m*, presupposto *m*, condizione *f*; **rechtliche ~** *f* base *f* legale, base *f* giuridica, fondamento *m* giuridico.

Grundlagen | irrtum *m (CH)* errore *m* ostativo; **~vertrag** *m* trattato *m* base.

Grund | last *f* onere *m* reale; **~linie** *f (Seerecht)* linea *f* base; **~lohn** *m* salario *m* base; **~miete** *f* canone *m* base; **~modell** *n* modello *m* base, modello *m* standard; **~norm** *f* norma *f* fondamentale.

Grundordnung *f* assetto *m* istituzionale, ordinamento *m* (*base, di fondo*); **freiheitliche demokratische ~** *f* ordinamento *m* costituzionale liberale e democratico.

Grund | pacht *f* affitto *m* di fondo rustico; **~pächter/in** *m/f* affittuario *m*; **~patent** *n* brevetto *m* fondamentale.

Grundpfand *n* ipoteca *f* (immobiliare), garanzia *f* immobiliare, pegno *m*

immobiliare; **gesetzliches ~** *n* ipoteca *f* legale.
Grundpfand | brief *m* cartella *f* fondiaria; **~darlehen** *n* mutuo *m* ipotecario; **~forderung** *f* credito *m* ipotecario; **~gläubiger/in** *m/f* creditore *m* ipotecario.
Grundpfandrecht *n (in das Grundbuch -Abteilung III- eingetragene Belastung eines Grundstücks in Zusammenhang mit der Sicherung von Geldforderungen in Form der Grundschuld und Hypothek, selten durch eine Rentenschuld; in der Praxis hat sich jedoch überwiegend die Grundschuld durchgesetzt)* diritto *m* reale di garanzia (*costituito su beni immobili: in Italia esiste solo l'ipoteca, il debito fondiario è sconosciuto*), garanzia *f* reale; **gesetzliches ~** *n* ipoteca *f* legale.
Grundpfand | schuld *f* debito *m* fondiario; **~sicherheit** *f* garanzia *f* immobiliare, garanzia *f* reale; **~titel** *m* titolo *m* ipotecario; **~verschreibung** *f (CH)* ipoteca *f*.
Grundpflicht *f* obbligo *m* fondamentale; **verfassungsrechtliche ~en** *fpl* doveri *mpl* costituzionali.
Grund | prämie *f* premio *m* base; **~preis** *m* prezzo *m* base.
Grundprinzipien *pl* principi *mpl* fondamentali; **~** *pl* **der Rechtsordnung** principi *mpl* fondamentali dell'ordinamento giuridico.
Grundrecht *n* diritto *m* fondamentale, diritto *m* costituzionale, garanzia *f* costituzionale; **Drittwirkung** *f* **der ~e** → *s. Infokasten unter „Drittwirkung der Grundrechte"* effetti *mpl* orizzontali dei diritti fondamentali.
Grundrechts | eingriff *m* limitazione *f* di un diritto fondamentale, violazione *f* di un diritto fondamentale, offesa *f* ad un diritto fondamentale; **~einschränkung** *f* limitazione *f* di un diritto fondamentale, violazione *f* di un diritto fondamentale; **~garantie** *f* garanzia *f* dei diritti fondamentali; **~katalog** *m (Art. 1–19 GG)* elenco *m* dei diritti fondamentali; **~schutz** *m* tutela *f* dei diritti fondamentali; **~verletzung** *f* violazione *f* di un diritto fondamentale.
Grund | regel *f* regola *f* fondamentale; **~rendite** *f* reddito *m* base.
Grundrente *f* [1] rendita *f* fondiaria, rendita *f* terriera, rendita *f* della terra, rendita *f* catastale.
Grundrente *f* [2] *(Kriegsopfer)* pensione *f* base.
Grundsatz *m* principio *m*, regola *f*, massima *f*, criterio *m*, norma *f*, legge *f*, assioma *m*; **verfassungsmäßiger ~** *m* principio *m* costituzionale; **~** *m* **der Effektivität** principio *m* di effettività; **~** *m* **der Gegenseitigkeit** principio *m* della reciprocità; **~** *m* **einer offenen Marktwirtschaft mit freiem Wettbewerb** *EuR* principio *m* di un'economia di mercato aperta e in libera concorrenza; **~** *m* **der Spezialität** *(der Auslieferung)* principio *m* della specialità (*dell'estradizione*); **~** *m* **der Vorbeugung** principio *m* di prevenzione, principio *m* dell'azione preventiva; **~** *m* **der Vorsorge** *EuR* principio *m* di precauzione.
Grundsatz | abkommen *n* accordo *m* di massima; **~bestimmung** *f* disposizione *f* di principio.
Grundsätze *mpl* principi *mpl*; **allgemein anerkannte ~** *mpl* **des Völkerrechts** principi *mpl* generalmente riconosciuti del diritto internazionale; **nach allgemeinen ~n** secondo i principi generali; **hergebrachte ~** *mpl* **des Berufsbeamtentums** principi *mpl* tradizionali dell'impiego pubblico.
Grundsatz | entscheidung *f* decisione *f* di principio, decisione *f* storica, sentenza *f* di riferimento (*in cui viene trattata per la prima volta una questione di diritto di importanza fondamentale*), delibera *f* quadro; **~erklärung** *f* dichiarazione *f* di principio; **~frage** *f* questione *f* di principio.
grundsätzlich *adj (hat in der Rechtssprache eine andere Bedeutung als in der Umgangssprache. In der Umgangssprache wird es meist im*

Sinne von „ausnahmslos" gebraucht (z.B. „grundsätzlich nicht" = „nie", „auf keinen Fall"); dagegen bedeutet „grundsätzlich" in der Rechtssprache: „vom Grundsatz her, aber mit Ausnahmen", also: „in der Regel") di regola, *(prinzipiell)* di principio, di massima, per principio, in linea di massima, tendenzialmente, praticamente, in sostanza, sostanzialmente, essenzialmente, *(wesentlich)* basilare, fondamentale, sostanziale, importante.

Grundsatz | papier *n* documento *m* programmatico; **~programm** *n (z. B. einer Partei)* piattaforma *f* programmatica; **~vereinbarung** *f* accordo *m* di base.

Grundschaden *m* danno *m* causato al proprietario del fondo dall'impresa di sfruttamento del sottosuolo.

Grundschuld *f* debito *m* fondiario (*diritto immobiliare di garanzia simile all'ipoteca ma non legato come questa a un determinato credito*), ipoteca *f* incorporata in titolo trasferibile; **eine ~ bestellen** costituire un debito fondiario.

> **Grundschuld**
> Il debito fondiario (*Grundschuld*) è un istituto sconosciuto all'ordinamento italiano. È una garanzia reale assimilabile all'ipoteca, dalla quale si differenzia per la sua natura astratta. Mentre all'ipoteca viene infatti attribuita natura accessoria, il debito fondiario rappresenta il diritto, gravante su una proprietà fondiaria, di prelevare una determinata somma di denaro in sede di espropriazione ed è strutturalmente non accessorio rispetto ad un credito da garantire. Esso non contiene un motivo o una causa per cui sia stato costituito o per cui il suo beneficiario lo abbia ottenuto, può sorgere prima del credito e sopravvive alla sua estinzione, in quanto ha una esistenza indipendente dal credito garantito.

Grundschuldbrief *m* certificato *m* di debito fondiario, titolo *m* girabile incorporante il debito fondiario, cedola *f* ipotecaria.

Grundsicherung *f* **für Arbeitsuchende** *(D) ArbR (Arbeitslosengeld II)* → *§§ 1 ff. SGB II, s. auch Infokasten zu „Hartz IV"* assegno *m* minimo di sussistenza per persone in cerca di lavoro.

Grundsteuer *f* imposta *f* fondiaria, imposta *f* immobiliare, imposta *f* sui terreni; **~buch** *n*; **~kataster** *m (A)*; **~rolle** *f* catasto *m*.

Grundstück *n* fondo *m*, terreno *m*, lotto *m* di terreno, appezzamento *m*, podere *m*, area *f*, immobile *m*, bene *m* immobile, bene *m* immobiliare, bene *m* fondiario, unità *f* immobiliare; **ein ~ mit einer Hypothek belasten** ipotecare un immobile; **ein ~ parzellieren** lottizzare un terreno; **angrenzendes ~** *n* fondo *m* confinante; **bebautes ~** *n* terreno *m* edificato, area *f* edificata, superficie *f* coperta; **bebauungsfähiges ~** *n* terreno *m* edificabile, area *f* edificabile; **belastetes ~** *n* fondo *m* servente, fondo *m* ipotecato; **berechtigtes ~** *n (CH)* fondo *m* dominante; **dienendes ~** *n* fondo *m* servente; **eingefriedetes ~** *n* fondo *m* recintato; **eingeschlossenes ~** *n* fondo *m* intercluso; **fremdes ~** *n* fondo *m* altrui; **herrschendes ~** *n* fondo *m* dominante; **hypothekarisch belastetes ~** *n* fondo *m* ipotecato; **landwirtschaftliches ~** *n* fondo *m* rustico; **unbebautes ~** *n* terreno *m* libero, terreno *m* inedificato, terreno *m* non edificato, area *f* inedificata, area *f* non edificata.

Grundstückkauf *m (CH)* compravendita *f* immobiliare, vendita *f* immobiliare, vendita *f* di immobili, vendita *f* di beni immobili, vendita *f* di cose immobili, acquisto *m* di un immobile, acquisto *m* di un terreno.

Grundstücks | belastung *f* onere *m* reale; **~bestandteil** *m* pertinenze *fpl*, accessioni *fpl* dell'immobile; **~eigentümer/in** *m/f* proprietario *m* terriero, proprietario *m* di un immobile; **~erwerb** *m* acquisto *m* di un immobile, acquisto *m* di un terreno; **~firma** *f* agenzia *f* immobiliare; **~fläche** *f* superficie *f* fondiaria; **~geschäft** *n* contratto *m* immobiliare; **~gesellschaft** *f* società *f* immobiliare; **~kauf** *m* compravendita *f* immobiliare, vendita *f* immobiliare, vendita *f* di immobili, vendita *f* di beni immobili, vendita *f* di cose immobili, acquisto *m* di un immobile, acquisto *m* di un terreno; **~kaufvertrag** *m* contratto *m* di compravendita immobiliare; **~klage** *f* azione *f* immobiliare; **~last** *f* onere *m* reale; **~makler/in** *m/f (§ 93 Abs. 2 HGB)* agente *m/f* immobiliare; **~markt** *m* mercato *m* immobiliare, mercato *m* fondiario; **~pacht** *f* affitto *m* di fondo rustico; **~parzelle** *f* particella *f* fondiaria.

Grundstücksrecht *n* diritto *m* immobiliare; **dingliches ~** *n* diritto *m* reale immobiliare.

Grundstücks | sicherheit *f* garanzia *f* immobiliare; **~teilung** *f* divisione *f* del fondo; **~veräußerung** *f* vendita *f* immobiliare, vendita *f* di immobili, vendita *f* di beni immobili, vendita *f* di cose immobili; **~verkehr** *m* trasferimento *m* di immobili; **~vermögen** *n* immobili *mpl*, beni *mpl* immobili, beni *mpl* immobiliari, patrimonio *m* immobiliare, patrimonio *m* fondiario; **~versicherung** *f* assicurazione *f* immobiliare; **~verwalter/in** *m/f* amministratore *m* di immobili; **~wert** *m* valore *m* del terreno.

Grund | tarif *m* tariffa *f* base; **~taxe** *f* tassa *f* base.

Gründung *f* fondazione *f*, istituzione *f*, costituzione *f*, creazione *f*, apertura *f*; **qualifizierte ~** *f GesR* costituzione *f* di una società con apporto di beni; **~** *f* **einer Gesellschaft** *GesR* costituzione *f* di una società, fondazione *f* di una società, creazione *f* di una società; **~** *f* **einer kriminellen Vereinigung** costituzione *f* di un'associazione a delinquere.

Gründungs | akt *m GesR* atto *m* costitutivo; **~aufwand** *m* spese *fpl* di costituzione; **~ausschuss** *m* comitato *m* fondatore; **~bericht** *m* relazione *f* dei promotori o fondatori sui conferimenti in natura; **~bilanz** *f* bilancio *m* di apertura; **~gesellschaft** *f* società *f* per azioni prima dell'iscrizione nel registro delle imprese; **~gesellschafter/in** *m/f* socio *m* fondatore; **~gewinn** *m* beneficio *m* riservato ai promotori; **~jahr** *n* anno *m* di fondazione; **~kapital** *n* capitale *m* di costituzione, capitale *m* di impianto, capitale *m* di fondazione; **~kosten** *pl* spese *fpl* di costituzione; **~mitglied** *n* membro *m* fondatore; **~prüfer** *m* revisore *m* dei conti, sindaco *m*; **~stock** *m* riserva *f* destinata a coprire le spese di costituzione e di avviamento; **~urkunde** *f GesR* atto *m* costitutivo; **~versammlung** *f* assemblea *f* costitutiva; **~vertrag** *m GesR* atto *m* costitutivo; **~verträge** *mpl EuR* trattati *mpl* istitutivi.

Grund | urteil *n ProzR* sentenza *f* sulla fondatezza, *ZivProzR* sentenza *f* di condanna generica (*con rinvio della liquidazione del "quantum" in separato giudizio: quando è già accertata la sussistenza di un diritto, ma è ancora controversa la quantità della prestazione dovuta*); **~vereinbarung** *f* accordo *m* di base; **~vergütung** *f* paga *f* base, indennità *f* base; **~verhältnis** *n* rapporto *m* fondamentale; **~vermögen** *n* immobili *mpl*, beni *mpl* immobili, beni *mpl* immobiliari, patrimonio *m* immobiliare, patrimonio *m* fondiario; **~versorgung** *f* assistenza *f* di base; **~vertrag** *m SchuldR* contratto *m* base, *VölkerR* trattato *m* base; **~voraussetzung** *f* requisito *m* essenziale; **~wehrdienst** *m (D)* ferma *f* di leva; **~wert** *m* valore *m* di base, valore *m* del suolo; **~werte** *mpl (eines Gemeinwesens)* valori *mpl* fondamentali; **~zins** *m* canone *m* d'affitto del fondo; **~zollsatz** *m* dazio *m* base; **~zulage** *f* assegno *m* base.

Gruppen | akkord *m* cottimo *m* a squadre; **~besteuerung** *f SteuerR* tassazione *f* di gruppo; **~klage** *f ZivProzR* azione *f* di gruppo; **~kosten** *pl* costi *mpl* di gruppo; **~lebensversicherung** *f* assicurazione *f* di gruppo sulla vita; **~unfallversicherung** *f* assicurazione *f* collettiva contro gli infortuni; **~versicherung** *f* assicurazione *f* collettiva, assicurazione *f* di gruppo; **~wahl** *f*; **~wahlen** *fpl* elezioni *fpl* per collegio elettorale separato.

Gruppierung, politische ~ *f* formazione *f* politica.

Gült *f (CH)* = *Gülte f* rendita *f* fondiaria.

gültig *adj* valido, in corso di validità, in corso, valevole, operante, vigente, in vigore, applicabile; **für ~ erklären** dichiarare valido, convalidare.

Gültigkeit *f* → *siehe Infokasten unter „Wirksamkeit und Gültigkeit"* validità *f*, efficacia *f*, vigore *m*, vigenza *f*, valore *m*, forza *f*; **die ~ anfechten**; **die ~ bestreiten** contestare la validità; **~** *f* **der Fahrerlaubnis** validità *f* della patente (di guida).

Gültigkeits | bedingung *f* condizione *f* di validità; **~dauer** *f* validità *f*, durata *f* di validità, periodo *m* di validità; **~erfordernis** *n* requisito *m* di validità; **~erklärung** *f* dichiarazione *f* di validità, convalida *f*, convalidazione *f*, sanatoria *f*; **~prüfung** *f* esame *m* di validità, verifica *f* della validità; **~verlängerung** *f* proroga *f* di validità; **~vermerk** *m* convalida *f*; **~voraussetzung** *f* presupposto *m* di validità; **~zeugnis** *n* certificato *m* di validità.

Gültverschreibung *f (CH)* obbligazione *f*.

Gunst *f* favore *m*, benevolenza *f*; **zu seinen ~en** a suo favore.

Günstigkeitsprinzip *n (Tarifvertrag)* principio *m* di convenienza.

Günstlingswirtschaft *f* favoritismo *m*.

Gut *n* bene *m*, *(Besitz)* proprietà *f*, avere *m*, possedimento *m*, tenuta *f*, podere *m*, *(Ware)* merce *f*; **ärarisches ~** *n (A)* demanio *m* pubblico, bene *m* demaniale, bene *m* di demanio pubblico, bene *m* pubblico; **bewegliches ~** *n* bene *m* mobile, mobile *m*; **erlangtes ~** *n*; **gestohlenes ~** *n StrafR* cosa *f* sottratta; **herrenloses ~** *n* cosa *f* di nessuno, res nullius *(lat)*; **unbewegliches ~** *n* bene *m* immobile, immobile *m*.

Gutachten *n* perizia *f*, referto *m*, consulto *m*, parere *m*, relazione *f* peritale, consulenza *f* tecnica *(C.T.)*; **ein ~ erstatten** periziare; **ein ~ erstellen** eseguire una perizia, redigere una perizia, redigere una consulenza tecnica, esperire una consulenza tecnica; **falsches ~** *n (CH)* falsa perizia *f*; **gerichtsärztliches ~** *n*; **gerichtsmedizinisches ~** *n* perizia *f* medico-legale; **psychiatrisches ~** *n* perizia *f* psichiatrica; **technisches ~** *n* perizia *f* tecnica.

Gutachtenerstellung *f* espletamento *m* della consulenza tecnica, esperimento *m* della consulenza tecnica, redazione *f* della consulenza tecnica, redazione *f* della perizia, stesura *f* della perizia, redazione *f* della relazione peritale, stesura *f* della relazione peritale, formazione *f* della relazione peritale.

Gutachter/in *m/f* perito *m*, esperto/-a *m/f*, consulente *m* tecnico *(C.T.)*.

Gutachter | ausschuss *m* commissione *f* di esperti; **~protokoll** *n* verbale *m* di perizia; **~verfahren** *n* procedura *f* consultiva.

gutachtlich *adj* peritale, di perito.

Gutbegleitschein *m* foglio *m* di via.

gutbringen *v* accreditare, registrare a credito.

Güte *f* [1] *(Qualität)* (buona) qualità *f*, bontà *f*, gentilezza *f*, categoria *f*.

Güte *f* [2] *(Vergleich)* conciliazione *f*.

Güte | antrag *m* domanda *f* di

conciliazione; **~kammer** *f* ufficio *m* di conciliazione, conciliazione *f*; **~klasse** *f* categoria *f*, classe *f*; **~protokoll** *n* verbale *m* di (mancata) conciliazione, processo *m* verbale di (mancata) conciliazione; **~prüfung** *f* controllo *m* della qualità.

Güter *npl* beni *mpl*, merci *fpl*, risorse *fpl*; ~ *npl* **des täglichen Bedarfs** generi *mpl* di uso corrente, beni *mpl* di largo consumo; **eilbedürftige ~** *npl* merci *fpl* urgenti; **gefahrbringende ~** *npl*; **gefährliche ~** *npl* merci *fpl* pericolose; **gewerbliche ~** *npl* beni *mpl* industriali; **immaterielle ~** *npl* beni *mpl* immateriali; **langlebige ~** *npl* beni *mpl* durevoli; **lebenswichtige ~** *npl* generi *mpl* di prima necessità; **sperrige ~** *npl* merci *fpl* ingombranti, merci *fpl* voluminose; **verderbliche ~** *npl* beni *mpl* deperibili, beni *mpl* deteriorabili; **wertbeständige ~** *npl* beni *mpl* durevoli.

Güter | abfertigung *f* spedizione *f* merci; **~abtretung** *f* cessione *f* dei beni; **~abwägung** *f (Strafrecht)* bilanciamento *m* degli interessi in conflitto, bilanciamento *m* di beni morali (*giudizio di proporzionalità in senso stretto volto a stabilire quale interesse debba prevalere*); **~austausch** *m* scambio *m* di merci; **~beförderungsvertrag** *m* contratto *m* di trasporto di merci; **~fahrzeug** *n* veicolo *m* utilitario.

Gütergemeinschaft *f FamR (zwischen Ehegatten)* comunione *f* dei (o: di) beni; **eheliche ~** *f FamR* comunione *f* dei beni tra i coniugi; **fortgesetzte ~** *f FamR* comunione *f* dei beni continuata tra il coniuge superstite e gli eredi; **gesetzliche ~** *f FamR* comunione *f* legale; **vertragliche ~** *f FamR* comunione *f* convenzionale.

Güterichter/in *m/f ZivProzR* giudice *m* conciliatore.

Güterrecht *n FamR* regime *m* patrimoniale; **eheliches ~** *n FamR* regime *m* patrimoniale tra i coniugi, regime *m* patrimoniale della famiglia.

güterrechtlich *adj FamR* patrimoniale.

Güterrechts | register *n FamR* registro *m* dei regimi patrimoniali; **~statut** *n IPR (Art. 15 EGBGB)* → *Güterstatut, Ehegüterstatut* legge *f* applicabile ai rapporti patrimoniali tra i coniugi; **~vereinbarung** *f FamR* convenzione *f* matrimoniale.

Güterstand *m FamR* regime *m* patrimoniale; **ehelicher ~** *m FamR* regime *m* patrimoniale tra i coniugi, regime *m* patrimoniale della famiglia; **gesetzlicher ~** *m FamR* regime *m* patrimoniale legale (*tra i coniugi*); **vertraglicher ~** *m FamR* regime *m* patrimoniale convenzionale (*tra i coniugi*).

Güterstandsvereinbarung *f FamR* convenzione *f* matrimoniale.

Güter | statut *n IPR (Art. 15 EGBGB)* → *Güterrechtsstatut, Ehegüterstatut* legge *f* applicabile ai rapporti patrimoniali tra i coniugi; **~tarif** *m* tariffa *f* merci.

Gütertransport *m* trasporto *m* (di) merci; **~versicherung** *f* assicurazione *f* delle merci trasportate.

Gütertrennung *f FamR* separazione *f* dei beni; **gerichtliche ~** *f (CH) FamR* separazione *f* giudiziale dei beni; **~svertrag** *m FamR* convenzione *f* di separazione dei beni.

Güter | verbindung *f (CH)* unione *f* dei beni; **~versicherung** *f* assicurazione *f* delle merci.

Güterverzeichnis *n (CH)* inventario *m* dei beni; **einheitliches ~** *n EuR* nomenclatura *f* uniforme delle merci.

Güte | stelle *f* ufficio *m* di conciliazione, conciliazione *f*; **~termin** *m* udienza *f* di conciliazione; **~überwachung** *f* controllo *m* della qualità; **~verfahren** *n* procedimento *m* di conciliazione; **~verhandlung** *f* udienza *f* di conciliazione; **~versuch** *m* tentativo *m* di conciliazione; **~vorschlag** *m* proposta *f* di conciliazione; **~zeichen** *n* marchio *m* di qualità.

Gutgewicht *n* buon peso *m*.

Gutglaubens | erwerb *m* acquisto *m* di buona fede; **~schutz** *m* tutela *f* della buona fede.

gutgläubig *adj* in (o: di) buona fede

(*soggettiva*); **~ erwerben** acquistare in buona fede.

Gutgläubigkeit *f* buona fede *f* (*soggettiva: ignoranza incolpevole di ledere una situazione giuridica altrui*); **die ~ ausnutzen** abusare della buona fede di qn.

Guthaben *n* credito *m*, saldo *m* a credito, saldo *m* attivo, avere *m*, disponibilità *f*, fondi *mpl*, deposito *m*; **~konto** *n* conto *m* corrente a scoperto unilaterale (non può essere mandato allo scoperto dal suo titolare); **~saldo** *m* saldo *m* creditore.

gutheißen *v* approvare, ammettere.

Gutheißung *f (A) = CH: Gutheissung* approvazione *f*, ammissione *f*, accoglimento *m*; **~ *f* mit Strafe bedrohter Handlungen** *(A) StrafR (§ 282 öStGB)* apologia *f* di reato.

gütlich *adj* amichevole, bonario, alla buona; **sich ~ einigen** raggiungere un accordo amichevole, addivenire ad una composizione bonaria.

Gutsbestandsblatt *n (A) (Grundbuch)* foglio *m* di consistenza.

Gutschein *m* buono *m*.

gutschreiben *v* accreditare, registrare a credito, scrivere a credito, bonificare.

Gutschrift *f* ↔ *Lastschrift* accredito *m*, accreditamento *m*, registrazione *f* a credito, bonifico *m*, *(Gutschriftsbetrag)* importo *m* accreditato, somma *f* accreditata, *(Gutschriftsanzeige)* nota *f* di (ac)credito.

Gutschrifts | anzeige *f* nota *f* di (ac)credito, avviso *m* di accredito; **~betrag** *m* importo *m* accreditato, somma *f* accreditata; **~zettel** *m* nota *f* di (ac)credito, avviso *m* di accredito, certificato *m* di accreditamento.

GuV (*Abk* = **Gewinn- und Verlustkonto / Gewinn- und Verlustrechnung**) conto *m* economico, conto *m* profitti e perdite.

GVG (*Abk* = **Gerichtsverfassungsgesetz**) *(D)* legge *f* (tedesca) sull'ordinamento giudiziario.

GVÜ (*Abk* = **Europäisches Gerichtsstands- und Vollstreckungsübereinkommen in Zivil- und Handelssachen / Übereinkommen von Brüssel über die gerichtliche Zuständigkeit und die Vollstreckung gerichtlicher Entscheidungen in Zivil- und Handelssachen von 1968 / Brüsseler Übereinkommen**) *IPR* Convenzione *f* di Bruxelles del 1968 concernente la competenza giurisdizionale e l'esecuzione delle decisioni in materia civile e commerciale.

GWB (*Abk* = **Gesetz gegen Wettbewerbsbeschränkungen / Kartellgesetz**) *(D)* legge *f* (tedesca) contro le restrizioni alla concorrenza, legge *f* antitrust (tedesca).

Gz. (*Abk* = **Geschäftszeichen**) sigla *f*, riferimento *m (rif.)*, numero *m* di riferimento della pratica, n° di riferimento, riferimento n° *(rif. n.)*.

GZD (*Abk* = **Generalzolldirektion**) *(D)* Direzione *f* generale delle dogane.

H

Haager Abkommen *n* Convenzione *f* dell'Aja.

Haager Akademie *f* für Internationales Recht Accademia *f* di diritto internazionale dell'Aja.

Habe *f* possesso *m*, sostanze *fpl*, averi *mpl*, beni *mpl*, effetti *mpl*; **bewegliche ~** *f* beni *mpl* mobili; **persönliche ~** *f* effetti *mpl* personali.

Haben *n* avere *m*, credito *m*; **~posten** *m* partita *f* in avere; **~saldo** *m* saldo *m* creditore; **~seite** *f* lato *m* dell'avere, avere *m*; **~spalte** *f* colonna *f* dell'avere; **~zinsen** *mpl* interessi *mpl* attivi, interessi *mpl* creditori; **~zinssatz** *m* tasso *m* creditore.

Habgier *f (Mordmerkmal § 211 StGB)* avidità *f*, cupidigia *f*.

Habhaftigkeits | bescheinigung *f (CH)*; **~zeugnis** *n (CH)* certificato *m* di solvibilità.

Hackfleischverordnung *f* regolamento *m* sulla produzione e la vendita di carne tritata.

Hafen *m* porto *m*; **~abgabe** *f* diritto *m* di porto, diritto *m* portuale, tassa *f* portuale; **~amt** *n* ufficio *m* marittimo; **~behörde** *f* autorità *f* portuale; **~direktion** *f* direzione *f* marittima; **~direktor/in** *m/f* direttore *m* marittimo; **~gebühren** *fpl* diritti *mpl* di porto, diritti *mpl* portuali, tasse *fpl* portuali; **~geld** *n* diritto *m* di porto, diritto *m* portuale, tassa *f* portuale; **~kommandant** *m* comandante *m* di porto, prefetto *m* marittimo; **~kommandantur** *f* prefettura *f* marittima; **~meisteramt** *n*; **~meisterei** *f* capitaneria *f* di porto; **~ordnung** *f* regolamento *m* del porto, regolamento *m* portuario; **~polizei** *f* polizia *f* di porto, polizia *f* portuale, polizia *f* portuaria; **~verwaltung** *f* amministrazione *f* portuale.

Haft *f StrafProzR* detenzione *f*, carcerazione *f*; **aus der ~ entlassen** *StrafProzR* scarcerare, rilasciare; **in ~ nehmen** *StrafProzR* arrestare, incarcerare; **zu fünf Jahren ~ verurteilen** *StrafProzR* condannare a cinque anni di reclusione.

Haft | anordnung *f StrafProzR* ordine *m* di arresto; **~anstalt** *f StrafProzR* istituto *m* di pena, penitenziario *m*, carcere *m*, prigione *f*; **~aufhebung** *f StrafProzR* scarcerazione *f*; **~aufschub** *m StrafProzR* differimento *m* dell'esecuzione della pena.

haftbar *adj ZivR* responsabile; **jdn. für etw. (Akk) ~ machen** *ZivR* ritenere qn. responsabile di qc., considerare qn. responsabile di qc., dare a qn. la responsabilità di qc.; **persönlich ~ gemacht werden** [für *Akk*] *ZivR* essere ritenuto personalmente responsabile [di]; **~ sein** [für *Akk*] *ZivR* essere responsabile [di], rispondere [di].

Haftbarkeit *f ZivR* responsabilità *f*; **persönliche ~** *f ZivR* responsabilità *f* personale.

Haftbefehl *m StrafProzR* ordinanza *f* di custodia cautelare (in carcere), mandato *m* d'arresto, mandato *m* di cattura, ordine *m* d'arresto, ordine *m* di cattura, ordine *m* di carcerazione; **einen ~ aufheben** *StrafProzR* revocare un'ordinanza di custodia cautelare (in carcere), revocare un mandato d'arresto, revocare un mandato di cattura; **einen ~ erlassen** *StrafProzR* emettere (un') ordinanza di custodia cautelare (in carcere), emettere un mandato d'arresto, emettere un mandato di cattura; **Europäischer ~** *m* (*Abk* = **EuHb**) *StrafProzR* mandato *m* d'arresto europeo *(MAE)*, mandato *m* di cattura europeo.

Haft | befehlsantrag *m StrafProzR* richiesta *f* di custodia cautelare, richiesta *f* di emissione di ordinanza di custodia cautelare (in carcere); **~beschwerde** *f StrafProzR* richiesta *f* di riesame (del mandato d'arresto / mandato di cattura); **~dauer** *f StrafProzR* periodo *m* di detenzione, durata *f* della carcerazione, durata *f* della pena detentiva.

haften *v* [für *Akk*] *ZivR* essere responsabile [di], rispondere [di], essere obbligato (*civilmente*), obbligarsi, *(Risiko)* essere a carico [di], *(bürgen)* garantire [per], essere garante [di]; **gesamtschuldnerisch ~** *ZivR* essere obbligato in solido, rispondere in solido, essere solidalmente responsabile; **persönlich ~** *ZivR* rispondere personalmente, garantire di persona; **unbeschränkt ~** *ZivR* rispondere illimitatamente, avere una responsabilità illimitata; **zivilrechtlich ~** *ZivR* essere obbligato civilmente.

haftend *adj ZivR* responsabile, obbligato.

Haftende/r *f/m ZivR* responsabile *m/f*, obbligato/-a *m/f*.

Haftentlassung *f StrafProzR* scarcerazione *f*, liberazione *f*; **bedingte ~** *f StrafProzR* liberazione *f* condizionale; **vorzeitige ~** *f StrafProzR* liberazione *f* anticipata.

Haft | entlassungsbefehl *m StrafProzR* ordine *m* di scarcerazione; **~entschädigung** *f StrafProzR* riparazione *f* per l'ingiusta detenzione; **~entweichung** *f StrafProzR* evasione *f*; **~fähigkeit** *f StrafProzR* capacità *f* di essere sottoposto all'esecuzione della pena (detentiva).

Haftfortdauer *f StrafProzR* proroga *f* della carcerazione; **~ anordnen** *StrafProzR* ordinare la proroga della carcerazione.

Haft | gefangene/r *f/m (CH) StrafProzR* arrestato/-a *m/f*, carcerato/-a *m/f*, detenuto/-a *m/f*; **~geld** *n (CH) VertragsR (Angeld, Draufgeld) (Art. 158 Abs. 1 OR)* caparra *f* confirmatoria; **~grund** *m StrafProzR* motivo *m* dell'arresto; **~kosten** *pl StrafProzR* spese *fpl* di mantenimento in carcere; **~kostenbeitrag** *m StrafProzR (des Strafgefangenen)* contributo *m* alle spese di mantenimento in carcere.

Häftling *m StrafProzR (keine feminine Bezeichnung)* detenuto/-a *m/f*, carcerato/-a *m/f*, prigioniero/-a *m/f*; **politischer ~** *m* prigioniero *m* politico.

Haftpflicht *f ZivR* responsabilità *f* civile (*verso terzi*); **gesetzliche ~** *f ZivR* responsabilità *f* legale; **unbeschränkte ~** *f ZivR* responsabilità *f* illimitata; **vertragliche ~** *f ZivR* responsabilità *f* contrattuale.

haftpflichtig *adj ZivR* (civilmente) responsabile.

Haftpflicht | risiko *n ZivR* rischio *m* di responsabilità civile; **~versicherung** *f VersR* assicurazione *f* di (o: della/contro la) responsabilità civile (verso terzi) *(assicurazione RC)*; **~wagnis** *n ZivR* rischio *m* di responsabilità civile.

Haftprüfung *f StrafProzR* riesame *m* (del mandato d'arresto/mandato di cattura).

Haftprüfungs | antrag *m StrafProzR* richiesta *f* di riesame (del mandato d'arresto/mandato di cattura); **~termin** *m StrafProzR* udienza *f* di riesame (del mandato d'arresto/mandato di cattura); **~verfahren** *n StrafProzR* procedimento *m* di riesame (del mandato d'arresto/mandato di cattura).

Haftsache *f StrafProzR* caso *m* di arresto.

Haftstrafe *f StrafProzR* pena *f* detentiva (*arresto, reclusione o ergastolo*); **eine ~ verbüßen** *StrafProzR* scontare una pena detentiva.

Haft | summe *f GesR* ammontare *m* della responsabilità, garanzia *f*; **~unfähigkeit** *f StrafProzR* incapacità *f* di essere sottoposto all'esecuzione della pena (detentiva).

Haftung *f* responsabilità *f* civile (*verso terzi*), responsabilità *f*, garanzia *f*; **die ~ ablehnen** declinare la responsabilità; **die ~ ausschließen** escludere la responsabilità; **von der ~ befreien** esonerare dalla responsabilità, sollevare dalla responsabilità; **die ~ beschränken** limitare la responsabilità; **von der ~ freistellen** esonerare dalla responsabilità, sollevare dalla responsabilità; **die ~ übernehmen** assumersi la responsabilità; **außervertragliche ~** *f* responsabilità *f* extracontrattuale, responsabilità *f* aquiliana; **beschränkte ~** *f* responsabilità *f* limitata; **deliktische ~** *f ZivR* responsabilità *f* (civile) per (o: da) fatto illecito, responsabilità *f* extracontrattuale, responsabilità *f* aquiliana; **dingliche ~** *f SachenR* responsabilità *f* reale; **gesamtschuldnerische ~** *f* responsabilità *f* solidale; **gesetzliche ~** *f* responsabilità *f* legale; **mittelbare ~** *f* responsabilità *f* indiretta; **obligatorische ~** *f* responsabilità *f* contrattuale; **persönliche ~** *f* responsabilità *f* personale; **persönliche ~** *f* **eines Gesellschafters** responsabilità *f* personale di un socio; **solidarische ~** *f* responsabilità *f* solidale; **strafrechtliche ~** *f* responsabilità *f* penale; **subsidiäre**

~ *f* responsabilità *f* sussidiaria; **unbeschränkte ~** *f* responsabilità *f* illimitata; **unmittelbare ~** *f* responsabilità *f* diretta; **verschärfte ~** *f* responsabilità *f* aggravata; **verschuldensunabhängige ~** *f* responsabilità *f* oggettiva; **vertragliche ~** *f* responsabilità *f* contrattuale; **volle ~** *f* completa responsabilità *f*, intera responsabilità *f*, piena responsabilità *f*; **vorvertragliche ~** *f* responsabilità *f* precontrattuale, culpa in contrahendo *(lat)*; **wechselmäßige ~** *f* responsabilità *f* cambiaria; **zivilrechtliche ~** *f* responsabilità *f* civile; **~** *f* **des Aufsichtspflichtigen** *(§ 832 BGB)* culpa in vigilando *(lat)*, responsabilità *f* per il fatto illecito altrui, attribuita a coloro che sono tenuti alla sorveglianza di determinate persone reputate non in grado di rendersi pienamente conto delle proprie azioni, responsabilità *f* del sorvegliante; **~** *f* **für den Besorgungsgehilfen** *(A)* culpa in eligendo *(lat)*, responsabilità *f* del committente, responsabilità *f* per il fatto illecito del commesso; **~** *f* **gegenüber Dritten** responsabilità *f* civile verso terzi *(RCT)*; **~** *f* **für dritte Personen** responsabilità *f* indiretta, responsabilità *f* per fatto altrui; **~** *f* **für den Erfüllungsgehilfen** *(§ 278 BGB)* culpa in eligendo *(lat)*, responsabilità *f* del committente, responsabilità *f* per il fatto illecito del commesso; **~** *f* **für fehlerhafte Produkte** responsabilità *f* per danno da prodotti difettosi; **~** *f* **für fremdes Verschulden** *SchuldR* responsabilità *f* indiretta, responsabilità *f* per fatto altrui; **~** *f* **des Geschäftsherrn** responsabilità *f* del committente, responsabilità *f* del padrone; **~** *f* **des Tierhalters** *(§ 833 BGB)* responsabilità *f* del danno cagionato da animali; **~** *f* **aus unerlaubter Handlung** responsabilità *f* (civile) per (o: da) fatto illecito; **~** *f* **für den Verrichtungsgehilfen** *DeliktsR (§ 831 BGB)* responsabilità *f* del committente, responsabilità *f* del titolare, responsabilità *f* per il fatto illecito del commesso, culpa in eligendo *(lat)*; **~** *f* **für Verschulden eines Dritten** responsabilità *f* indiretta, responsabilità *f* per fatto altrui; **~** *f* **für Verschulden des Erfüllungsgehilfen**; **~** *f* **für Verschulden des Verrichtungsgehilfen** culpa in eligendo *(lat)*, responsabilità *f* del committente, responsabilità *f* per il fatto illecito del commesso; **~** *f* **ohne Verschulden** responsabilità *f* oggettiva; **~** *f* **aus Vertrag** responsabilità *f* contrattuale.

Haftungs | anerkenntnis *n* dichiarazione *f* di responsabilità; **~anspruch** *m* azione *f* di responsabilità; **~anteil** *m* parte *f* di responsabilità; **~ausschließungsklausel** *f* clausola *f* di non responsabilità, clausola *f* di esonero da responsabilità.

Haftungsausschluss *m* non responsabilità *f*, esonero *m* da responsabilità, esclusione *f* della responsabilità; **~klausel** *f* clausola *f* di non responsabilità, clausola *f* di esonero da responsabilità; **~vereinbarung** *f* patto *m* di esonero da responsabilità, patto *m* di esclusione della responsabilità.

Haftungs | befreiung *f* esonero *m* da responsabilità; **~begrenzung** *f* limite *m* alla responsabilità, limitazione *f* di (o: della) responsabilità; **~begründung** *f* fonte *f* di responsabilità.

Haftungsbeschränkung *f* limite *m* alla responsabilità, limitazione *f* di (o: della) responsabilità; **vertragliche ~** *f* limitazione *f* convenzionale della responsabilità.

Haftungs | betrag *m* ammontare *m* della responsabilità, somma *f* garantita, cauzione *f*; **~erklärung** *f* dichiarazione *f* di responsabilità; **~fonds** *m* fondo *m* di garanzia; **~freiheit** *f*; **~freistellung** *f* esonero *m* da responsabilità; **~freistellungsklausel** *f* clausola *f* di non responsabilità, clausola *f* di esonero da responsabilità; **~gemeinschaft** *f* responsabilità *f* collettiva; **~grenze** *f* limite *m* di responsabilità, *VersR* massimale *m* di rischio, massimale *m* di copertura; **~grund** *m* causa *f* di responsabilità; **~grundlage** *f* fonte *f* di responsabilità; **~höchstbetrag** *m* importo *m* massimo garantito, ammontare *m* massimo della responsabilità, massimale *m* di responsabilità, limite *m* di responsabilità; **~höchstgrenze** *f* *(Versicherungsdeckung)* massimale *m* di rischio, massimale *m* di copertura; **~klage** *f* azione *f* di responsabilità; **~klausel** *f (A)* clausola *f* relativa alla responsabilità; **~konkurrenz** *f* concorso *m* di responsabilità; **~milderung** *f* attenuazione *f* della responsabilità; **~privileg** *n*; **~privilegierung** *f (Befreiung von der Verpflichtung zum Schadensersatz (= Haftung))* privilegio *m* dell'esonero dalla responsabilità, privilegio *m* di esclusione di responsabilità, privilegio *m* di responsabilità; **~recht** *n* (disciplina *f* della) responsabilità *f* civile; **~risiko** *n* rischio *m* di responsabilità; **~summe** *f* ammontare *m* della responsabilità, somma *f* garantita, cauzione *f*; **~übernahme** *f* assunzione *f* di responsabilità, assunzione *f* di garanzia; **~umfang** *m* grado *m* di responsabilità, portata *f* della responsabilità, entità *f* della responsabilità, limite *m* del risarcimento; **~verschärfung** *f* aggravamento *m* della responsabilità.

Haft | unterbrechung *f StrafProzR* interruzione *f* della detenzione; **~urlaub** *m StrafProzR* permesso *m*.

Haftverschonung *f StrafProzR* libertà *f* provvisoria.

Haftverschonungs | antrag *m StrafProzR* domanda *f* di libertà provvisoria; **~auflage** *f StrafProzR* obbligo *m* imposto (all'imputato) con l'ordinanza di libertà provvisoria; **~beschluss** *m StrafProzR* ordinanza *f* di libertà provvisoria.

Haftvollzug *m StrafProzR* esecuzione *f* della pena detentiva.

Haftzeit *f*[1] *StrafProzR* periodo *m* di reclusione, durata *f* della carcerazione.

Haftzeit *f*[2] *VersR* periodo *m* di risarcimento.

Hagelversicherung *f* assicurazione *f* contro la grandine.

halbamtlich *adj* semiufficiale, ufficioso.

Halb | erzeugnis *n*; **~fabrikat** *n* prodotto *m* semilavorato, semilavorato *m*, semimanufatto *m*.

halbfertig *adj* semilavorato.

Halbfertigware *f* prodotto *m* semilavorato, semilavorato *m*, semimanufatto *m*.

Halbjahres | abschluss *m* bilancio *m* semestrale; **~bericht** *m* rendiconto *m* semestrale, relazione *f* semestrale; **~bilanz** *f* bilancio *m* semestrale; **~dividende** *f* dividendo *m* semestrale; **~rate** *f* rata *f* semestrale, semestralità *f*; **~versammlung** *f* assemblea *f* semestrale.

Halb | kanton *m (CH)* semicantone *m*; **~pacht** *f* mezzadria *f*; **~pächter** *m* mezzadro *m*; **~pachtvertrag** *m* contratto *m* di mezzadria; **~satz** *m* mezza tariffa *f*; **~scheidpächter** *m* mezzadro *m*.

halbstaatlich *adj* semistatale, parastatale.

Halbtags | arbeit *f*; **~beschäftigung** *f*; **~stelle** *f* lavoro *m* a mezza giornata, lavoro *m* part-time, impiego *m* a mezza giornata, impiego *m* part-time, occupazione *f* a mezza giornata, occupazione *f* part-time, mezzo servizio *m*.

Halbware *f* prodotto *m* semilavorato, semilavorato *m*, semimanufatto *m*.

halbzwingend *adj* semi-imperativo.

halten *v* tenere, *(haben)* avere, *(innehaben)* detenere, *(stützen)* reggere, sorreggere, sostenere, *(zurückhalten)* trattenere, *(unterdrücken)* contenere, *(bewahren)* mantenere, conservare, *(abhalten)* fare, *(führen)* gestire, *(anhalten)* fermarsi, *(dauern)* durare, *(widerstandsfähig sein)* resistere, essere resistente; **davon ~** *(meinen)* pensare, credere, essere dell'opinione, sostenere; **~ für** [*Akk*] *(ansehen, betrachten)* ritenere, giudicare, considerare, stimare, reputare, credere, prendere [per]; **sich ~** [an *Akk*] *(Gesetze, Tatsachen, Vertrag)* attenersi [a], stare [a], rispettare, osservare,

(Befehl) seguire, *(Versprechen)* mantenere.

Halter/in *m/f* detentore *m*; **~** *m/f* **eines Kfz** detentore *m* di un autoveicolo (*nella maggior parte dei casi coincide con il proprietario / intestatario / titolare dell'autoveicolo*).

Halteverbot *n* divieto *m* di fermata.

Halt | gebot *n* obbligo *m* di arresto; **~linie** *f* linea *f* di arresto, striscia *f* di arresto; **~verbot** *n* divieto *m* di fermata.

Hammelsprung *m (Abstimmungsmodus)* votazione *f* per divisione.

Hand *f* mano *f*; **zur gesamten ~** a mani riunite, indiviso; **öffentliche ~** *f* mano *f* pubblica, pubblica amministrazione *f (PA)*, pubblico potere *m*.

Hand | akte *f* fascicolo *m*, pratica *f*, incartamento *m*, inserto *m*; **~änderung** *f (CH)* cambiamento *m* di mani, passaggio *m* di proprietà, trasferimento *m* di proprietà; **~änderungsabgabe** *f (CH) SteuerR*; **~änderungssteuer** *f (CH) SteuerR* tassa *f* di mutazione *(CH)*, tassa *f* sui trasferimenti di proprietà (dei beni immobili) *(CH)*, imposta *f* sul passaggio di proprietà; **~ - und Spanndienste** *mpl* prestazione *f* corporale.

Handel *m (Kauf unf Verkauf)* commercio *m*, traffico *m*, vendita *f*, *(Geschäft)* affare *m*, transazione *f*, operazioni *fpl*, *(Börse)* negoziazione *f*, contrattazione *f*; **in den ~ bringen** mettere in commercio; **~ treiben** esercitare il commercio, commerciare, trafficare, negoziare; **ambulanter ~** *m* vendita *f* ambulante; **amtlicher ~** *m (Börse)* negoziazione *f* ufficiale; **auswärtiger ~** *m* commercio *m* con l'estero, commercio *m* estero; **bilateraler ~** *m* commercio *m* bilaterale; **grenzüberschreitender ~** *m* commercio *m* transfrontaliero; **inländischer ~** *m* commercio *m* interno, commercio *m* nazionale; **innergemeinschaftlicher ~** *m* commercio *m* intracomunitario; **innerstaatlicher ~** *m* commercio *m* nazionale; **internationaler ~** *m* commercio *m* internazionale; **multinationaler ~** *m* commercio *m* multinazionale; **nachbörslicher ~** *m* contrattazioni *fpl* dopoborsa; **überseeischer ~** *m* commercio *m* d'oltremare; **unerlaubter ~** *m* commercio *m* illecito, traffico *m* illecito; **zwischenstaatlicher ~** *m* commercio *m* internazionale; **~** *m* **mit dem Ausland** commercio *m* con l'estero, commercio *m* estero; **~** *m* **per Erscheinen** negoziazione *f* di titoli i cui certificati definitivi non sono stati ancora emessi; **~** *m* **und Gewerbe** *n* industria *f* e commercio *m*; **~** *m* **im Großen** commercio *m* all'ingrosso.

handelbar *adj (von Waren)* commerciabile, *(von Wertpapieren)* negoziabile.

handeln *v* agire, operare, procedere; **~ in / mit** [*Dat*] *(Handel treiben)* commerciare [in], trafficare [in]; **~ um** [*Akk*] *(Preis)* (con)trattare [su], mercanteggiare [su]; **es handelt sich um** [*Akk*] si tratta [di]; **~ über (Akk) / von (Dat)** *(behandeln)* trattare [di], vertere [su], avere per argomento; **arglistig ~** agire con dolo; **im Auftrag ~** [von *Dat*] agire per conto [di], operare per conto [di], intervenire per conto [di], agire su mandato [di], operare su mandato [di], agire per incarico [di]; **auf Befehl ~** [von *Dat*] agire per ordine [di]; **betrügerisch ~** agire in frode, agire in modo fraudolento, agire fraudolentemente; **an der Börse ~** trattare in Borsa, scambiare in Borsa, negoziare in Borsa, contrattare in Borsa; **bösgläubig ~** agire in mala fede; **auf eigene Gefahr ~** agire a proprio rischio; **im eigenen Namen ~** agire in nome proprio; **fahrlässig ~** agire con colpa; **im / unter fremden Namen ~** agire in nome altrui; **für fremde Rechnung ~** agire per conto di terzi; **gutgläubig ~** agire in buona fede; **rechtswidrig ~** agire in modo illegale, agire illegalmente, agire antigiuridicamente; **ohne Schuld ~** agire senza colpevolezza;

schuldhaft ~ agire con colpevolezza; **vorsätzlich ~** agire con dolo.

Handeln *n* [1] *(Vorgehen, Handlung)* azione *f*, l'agire, *(Verhalten)* comportamento *m*, condotta *f*; **fahrlässiges ~** *n* azione *f* colposa; **gesetzgeberisches ~** *n* atto *m* legislativo; **schlüssiges ~** *n* comportamento *m* concludente; **schuldhaftes ~** *n* azione *f* colpevole, comportamento *m* colpevole; **vorsätzliches ~** *n* azione *f* dolosa.

Handeln *n* [2] *(Handeltreiben)* il commerciare, *(Feilschen)* contrattazione *f*.

Handelnde/r *f/m* agente *m/f*, autore/-trice *m/f*.

Handels | abkommen *n* accordo *m* commerciale, trattato *m* commerciale, convenzione *f* commerciale; **~abmachung** *f* convenzione *f* commerciale; **~abordnung** *f* delegazione *f* commerciale; **~agent/in** *m/f* agente *m/f* commerciale; **~agentur** *f* agenzia *f* commerciale; **~akzept** *n* accettazione *f* commerciale; **Schweizerisches ~amtsblatt** *n* *(CH)* (*Abk* = **SHAB**) Foglio *m* ufficiale svizzero di commercio *(FUSC)*; **~angelegenheit** *f* affare *m* commerciale; **~angestellte/r** *f/m* impiegato/-a *m/f* di commercio; **~artikel** *m* articolo *m* commerciale; **~attaché** *m* addetto *m* commerciale; **~auskunft** *f* informazione *f* commerciale; **~auskunftei** *f* agenzia *f* di informazioni commerciali; **~austausch** *m* interscambio *m*; **~bank** *f* banca *f* di commercio, banca *f* commerciale; **~bericht** *m* rapporto *m* commerciale; **~beschränkungen** *fpl* restrizioni *fpl* al commercio, limitazioni *fpl* al commercio, restrizioni *fpl* commerciali, limitazioni *fpl* commerciali; **~betrieb** *m* azienda *f* commerciale; **~betriebslehre** *f* tecnica *f* commerciale; **~bevollmächtigte/r** *f/m* agente *m/f* commerciale; **~bewilligung** *f* *(CH)* licenza *f* per l'esercizio del commercio; **~bezeichnung** *f* denominazione *f* commerciale, nome *m* commerciale; **~beziehungen** *fpl* relazioni *fpl* commerciali, rapporti *mpl* commerciali.

Handelsbilanz *f* *(Gegenüberstellung der Aktiva und Passiva eines Unternehmens)* bilancio *m* economico, *(Gegenüberstellung der Ausfuhr (Export) und Einfuhr (Import) von Waren in einer Volkswirtschaft)* bilancia *f* commerciale; **ausgeglichene ~** *f* bilancia *f* commerciale in equilibrio.

Handelsbilanz | defizit *n* deficit *m* della bilancia commerciale, disavanzo *m* della bilancia commerciale, passivo *m* della bilancia commerciale, saldo *m* passivo della bilancia commerciale; **~überschuss** *m* avanzo *m* della bilancia commerciale, attivo *m* della bilancia commerciale, saldo *m* attivo della bilancia commerciale.

Handels | blatt *n* giornale *m* commerciale, gazzetta *f* commerciale; **~blockade** *f* blocco *m* commerciale; **~boykott** *m* boicottaggio *m* commerciale; **~brauch** *m* uso *m* commerciale, usanza *f* commerciale, prassi *f* commerciale, pratica *f* commerciale; **~brief** *m* lettera *f* commerciale; **~bücher** *npl* scritture *fpl* contabili; **~buchführung** *f* contabilità *f* commerciale; **~defizit** *n* deficit *m* commerciale, disavanzo *m* commerciale, deficit *m* della bilancia commerciale, disavanzo *m* della bilancia commerciale, passivo *m* della bilancia commerciale, saldo *m* passivo della bilancia commerciale; **~delegation** *f* delegazione *f* commerciale; **~embargo** *n* embargo *m* commerciale; **~erfahrung** *f* esperienza *f* commerciale; **~erlaubnis** *f* licenza *f* per l'esercizio del commercio; **~erleichterungen** *fpl* facilitazioni *fpl* agli scambi commerciali; **~erschwernis** *f* intralcio *m* agli scambi.

handelsfähig *adj* *(von Waren)* commerciabile, *(von Wertpapieren)* negoziabile.

Handels | fähigkeit *f* *(von Waren)*

capacità *f* commerciale, *(von Wertpapieren)* negoziabilità *f*; **~firma** *f* casa *f* di commercio, ditta *f* commerciale, impresa *f* commerciale, azienda *f* commerciale; **~flagge** *f* bandiera *f* commerciale; **~flotte** *f* flotta *f* mercantile; **~forderung** *f* credito *m* commerciale; **~freiheit** *f* libertà *f* di commercio, libertà *f* commerciale; **~gebrauch** *m* uso *m* commerciale, usanza *f* commerciale, prassi *f* commerciale, pratica *f* commerciale; **~genossenschaft** *f* cooperativa *f* commerciale; **~gepflogenheit** *f* uso *m* commerciale, usanza *f* commerciale, prassi *f* commerciale, pratica *f* commerciale; **~gericht** *n* tribunale *m* commerciale.

handelsgerichtlich eingetragen iscritto nel registro delle imprese.

Handelsgerichtsbarkeit *f* giurisdizione *f* commerciale.

Handelsgeschäft *n* [1] operazione *f* commerciale, transazione *f* commerciale, affare *m* (commerciale), commercio *m*, attività *f* commerciale; **einseitiges ~** *n* atto *m* di commercio unilaterale (*tra un commerciante e un non commerciante*).

Handelsgeschäft *n* [2] *(Handelsfirma)* casa *f* di commercio, ditta *f* commerciale, impresa *f* commerciale, azienda *f* commerciale.

Handelsgesellschaft *f* società *f* commerciale; **Offene ~** *f* (*Abk* = **OHG**) *GesR* società *f* in nome collettivo *(s.n.c.)*, società *f* di fatto.

Handels | gesetz *n* legge *f* commerciale; **~gesetzbuch** *n (D)* (*Abk* = **HGB**) codice *m* commerciale (tedesco), codice *m* di commercio (tedesco); **~gesetzgebung** *f* legislazione *f* commerciale.

Handelsgewerbe *n* attività *f* commerciale; **ein ~ treiben** esercitare un'attività commerciale, svolgere un'attività commerciale.

Handels | gewinn *m* utile *m* commerciale; **~gewohnheit** *f* consuetudine *f* commerciale, uso *m* commerciale, usanza *f* commerciale, prassi *f* commerciale, pratica *f* commerciale; **~gewohnheitsrecht** *n* diritto *m* commerciale consuetudinario; **~gläubiger/in** *m/f* creditore *m* commerciale.

Handelsgut *n* mercanzia *f*, merce *f*; **~ *n* mittlerer Art und Güte** merce *f* sana e mercantile.

Handels | hafen *m* porto *m* commerciale; **~hemmnisse** *npl* ostacoli *mpl* al commercio, intralci *mpl* agli scambi, barriere *fpl* commerciali, barriere *fpl* al commercio, restrizioni *fpl* commerciali; **~innung** *f* corporazione *f* di commercianti.

Handelskammer *f* Camera *f* di commercio; **Internationale ~** *f* (*Abk* = **ICC**) Camera *f* di commercio internazionale *(CCI)*; **Industrie- und ~** *f (D)* (*Abk* = **IHK**) Camera *f* di commercio e industria; **Deutscher Industrie- und ~tag** *m (D)* (*Abk* = **DIHK**) Associazione *f* delle Camere di commercio e industria tedesche.

Handels | kauf *m* vendita *f* commerciale; **~kette** *f* catena *f* commerciale; **~klasse** *f* categoria *f*, qualità *f*; **~klausel** *f* clausola *f* commerciale; **~konsul** *m* console *m* onorario; **~konzession** *f* licenza *f* per l'esercizio del commercio; **~kredit** *m* credito *m* al commercio, credito *m* commerciale; **~kreditbrief** *m* lettera *f* di credito commerciale; **~kreislauf** *m* circuito *m* commerciale; **~makler/in** *m/f (D) (§§ 93 ff. HGB)*; **~mäkler/in** *m/f (A)* sensale *m*, mediatore *m* di commercio, mediatore *m* di affari; **~marke** *f* marchio *m* (commerciale), marchio *m* di commercio; **~minister/in** *m/f* ministro *m* del commercio; **~ministerium** *n* ministero *m* del commercio.

Handelsmonopol *n* monopolio *m* commerciale; **staatliches ~** *n* monopolio *m* nazionale a carattere commerciale.

Handels | muster *n* campione *m* commerciale; **~name** *m* nome *m* commerciale; **~niederlassung** *f* stabilimento *m* commerciale.

Handelsorganisation *f* organizzazione *f* commerciale,

organizzazione *f* del commercio; **Internationale ~** *f* Organizzazione *f* internazionale del commercio.
Handels | papier *n* carta *f* commerciale, effetto *m* commerciale; **~partner/in** *m/f* partner *m/f* commerciale; **~pfand** *n* pegno *m* commerciale; **~platz** *m* piazza *f* commerciale; **~politik** *f* politica *f* commerciale.
handelspolitisch *adj* di politica commerciale.
Handels | präferenz *f* preferenza *f* commerciale; **~praktiken** *pl* pratiche *fpl* commerciali; **~prämie** *f* premio *m* al commercio; **~praxis** *f* pratica *f* commerciale; **~preis** *m* prezzo *m* di mercato; **~rabatt** *m* sconto *m* commerciale; **~rechnung** *f* fattura *f* commerciale.
Handelsrecht *n* diritto *m* commerciale; **Internationales ~** *n* (*Abk* = **IHR**) diritto *m* commerciale internazionale.
Handelsrechtler/in *m/f* esperto *m* di diritto commerciale, avvocato *m* specializzato in diritto commerciale.
handelsrechtlich *adj* di diritto commerciale, commercialistico.
Handelsregister *n* registro *m* delle imprese, registro *m* commerciale, registro *m* di commercio *(CH)*; **eine Gesellschaft ins ~ eintragen** iscrivere una società nel registro delle imprese *(I)*, iscrivere una società nel registro di commercio *(CH)*; **Gesetz** *n* **über elektronische ~ und Genossenschaftsregister sowie das Unternehmensregister** *(D)* (*Abk* = **EHUG**) legge *f* (tedesca) sul registro elettronico di commercio, delle cooperative e delle imprese.

Handelsregister
Il Registro (delle) Imprese (R.I.) in Germania è tenuto dalle competenti Preture (*Amtsgericht*), mentre in Italia è tenuto dalle Camere di commercio. Il Registro (delle) Imprese italiano riunisce due precedenti registri: il Registro delle Società, tenuto dalle Cancellerie commerciali dei Tribunali, ed il Registro Ditte, tenuto dalle Camere di commercio.

Handelsregister | amt *n (CH)* ufficio *m* del registro di commercio *(CH)*, ufficio *m* (del) registro delle imprese *(I)*; **~auszug** *m* visura *f* camerale *(I)*, estratto *m* del registro di commercio *(CH)*; **~eintrag** *m*; **~eintragung** *f* iscrizione *f* nel registro delle imprese *(I)*, iscrizione *f* nel registro di commercio *(CH)*; **~führer** *m (CH)* ufficiale *m* del registro di commercio *(CH)*, tenitore *m* del registro di commercio *(CH)*, conservatore *m* del registro delle imprese *(I)*.
Handels | reisende/r *f/m* viaggiatore *m* di commercio, commesso *m* viaggiatore; **~richter/in** *m/f* giudice *m* commerciale; **~risiko** *n* rischio *m* commerciale; **~sache** *f* affare *m* commerciale, materia *f* commerciale, causa *f* commerciale; **Europäisches Übereinkommen** *n* **über die internationale ~schiedsgerichtsbarkeit vom 21. April 1961** *EuR (Europarat)* Convenzione *f* europea del 21 aprile 1961 sull'arbitrato commerciale internazionale; **~schranken** *fpl* ostacoli *mpl* al commercio, intralci *mpl* agli scambi, barriere *fpl* commerciali, barriere *fpl* al commercio, restrizioni *fpl* commerciali; **~schuld** *f* debito *m* commerciale; **~senat** *m (A) ProzR* sezione *f* commerciale (*del tribunale*); **~sitte** *f* uso *m* commerciale, usanza *f* commerciale, prassi *f* commerciale, pratica *f* commerciale; **~spanne** *f* margine *m* commerciale, margine *m* di guadagno, margine *m* di utile (di commercio); **~sperre** *f* blocco *m* commerciale, embargo *m*; **~statistik** *f* statistica *f* commerciale; **~ströme** *pl* correnti *fpl* commerciali; **~übereinkunft** *f* accordo *m* commerciale; **~überschuss** *m* surplus *m* commerciale, eccedenza *f* commerciale, avanzo *m* commerciale,

avanzo *m* della bilancia commerciale, attivo *m* della bilancia commerciale, saldo *m* attivo della bilancia commerciale.

handelsüblich *adj* commerciale, di uso commerciale, secondo gli usi commerciali, comunemente venduto.

Handels | umsatz *m* volume *m* degli scambi commerciali, *(umgesetzte Geldbeträge)* fatturato *m* commerciale; **~unternehmen** *n* impresa *f* mercantile, impresa *f* commerciale; **~usance** *f* uso *m* commerciale, usanza *f* commerciale, prassi *f* commerciale, pratica *f* commerciale; **~verbindlichkeit** *f* debito *m* commerciale; **~verbindung** *f* relazione *f* commerciale; **~verbot** *n* divieto *m* di commerciare, divieto *m* di commercio; **~verkehr** *m* scambi *mpl* commerciali, traffici *mpl* commerciali, traffico *m* merci, movimento *m* commerciale, movimento *m* delle merci, circolazione *f* delle merci, commercio *m*; **~vertrag** *m* accordo *m* commerciale, accordo *m* di commercio, trattato *m* commerciale, trattato *m* di commercio; **~vertreter/in** *m/f HandelsR (§§ 84 ff. HGB) ↔ Unternehmer (contratto di agenzia)* agente *m/f*, agente *m/f* di commercio, agente *m/f* commerciale, rappresentante *m/f* di commercio, rappresentante *m/f* commerciale, piazzista *m/f*; **~vertretervertrag** *m HandelsR* contratto *m* di agenzia; **~vertretung** *f* rappresentanza *f* commerciale; **~vollmacht** *f* rappresentanza *f* commerciale, procura *f* commerciale; **~volumen** *n* volume *m* degli scambi commerciali; **~ware** *f* articolo *m* commerciale, merce *f*, mercanzia *f*; **~wechsel** *m* carta *f* commerciale; **~wert** *m* valore *m* commerciale; **~zeichen** *n* marchio *m* (commerciale), marchio *m* di commercio.

Händen, zu ~ [von *Dat*] (*Abk* = **z. Hd.**) *(Herrn / Frau)* alla cortese attenzione [di] *(alla C.A. di / alla C.Att.ne di)*, all'attenzione [di], *(Zustellung)* a mani [di]; **zu eigenen ~** sue proprie mani *(S.P.M. / s.p.m.)*; **zu getreuen ~ überlassen** affidare; **zu treuen ~** a mani fidate.

handgeschrieben *part* scritto a mano.

Handhabe *f (Anhaltspunkt)* appiglio *m*, *(Veranlassung)* pretesto *m*.

Handkauf *m* vendita *f* con consegna immediata.

Händler/in *m/f* commerciante *m/f*, mercante *m/f*, negoziante *m/f*, (ri)venditore/-trice *m/f*, operatore/-trice *m/f* (*di Borsa*), concessionario/-a *m/f*, trafficante *m/f*.

Händler | netz *n* rete *f* distributiva; **~rabatt** *m* sconto *m* d'uso ai commercianti.

Handlung *f (Tat)* azione *f*, atto *m*, fatto *m*, operazione *f*, attività *f*, *(Verhalten)* condotta *f*, comportamento *m* (*commissivo/omissivo*); **eine ~ vornehmen** porre in essere un atto, porre in essere una condotta, porre in essere un comportamento; **arglistige ~** *f* atto *m* doloso; **außergerichtliche ~** *f* atto *m* stragiudiziale; **betrügerische ~** *f* atto *m* fraudolento; **dienstliche ~** *f* atto *m* di servizio; **diskriminierende ~** *f* atto *m* discriminatorio, atto *m* di discriminazione; **~** *f* **eines Dritten** fatto *m* altrui; **einseitige ~** *f* atto *m* unilaterale; **exhibitionistische ~** *f (§ 183 StGB)* atto *m* esibizionistico; **fahrlässige ~** *f* fatto *m* colposo; **fahrlässige unerlaubte ~** *f DeliktsR* fatto *m* illecito colposo; **feindliche ~** *f*; **feindselige ~** *f* atto *m* ostile; **formbedürftige ~** *f* atto *m* solenne; **fortgesetzte ~** *f* atto *m* continuato; **gemeinsame ~** *f*; **gemeinschaftliche ~** *f* azione *f* comune, azione *f* congiunta; **geschäftsähnliche ~** *f (Eine auf einen tatsächlichen Erfolg gerichtete Erklärung (insbesondere Mitteilung oder Aufforderung), an die das Gesetz bestimmte Rechtfolgen knüpft)* atto *m* quasi-negoziale; **gesetzwidrige ~** *f* illecito *m*, atto *m* illegale, azione *f* illegale; **gewalttätige ~** *f* atto *m* di violenza; **höchstpersönliche ~** *f* atto *m* personalissimo; **hoheitliche ~** *f* atto *m* di sovranità, atto *m* d'autorità, atto *m* d'impero; **homosexuelle ~** *f* atto *m* omosessuale; **juristische ~** *f (A)* atto *m* giuridico; **konkludente ~** *f* atto *m* concludente, fatto *m* concludente; **kriegerische ~** *f* atto *m* di guerra; **kriminelle ~** *f* atto *m* criminale; **parteimäßige ~** *f* atto *m* di parte; **rechtsgeschäftliche ~** *f* atto *m* negoziale; **rechtsgestaltende ~** *f* atto *m* costitutivo di diritto; **rechtswidrige ~** *f* illecito *m*, atto *m* illecito, atto *m* illegittimo, atto *m* antigiuridico; **schadenstiftende ~** *f*; **schädigende ~** *f* fatto *m* dannoso, atto *m* pregiudizievole; **schlüssige ~** *f* atto *m* concludente, fatto *m* concludente; **sexuelle ~** *f* atto *m* sessuale; **sittenwidrige ~** *f* atto *m* turpe; **staatsfeindliche ~** *f* atto *m* antinazionale; **strafbare ~** *f* *StrafR* reato *m*, atto *m* punibile; **unerlaubte ~** *f DeliktsR (§§ 823 ff. BGB)* illecito *m*, atto *m* illecito, fatto *m* illecito; **unsittliche ~** *f* atto *m* turpe; **unzüchtige ~** *f* atto *m* di libidine, atto *m* osceno; **verbotene ~** *f* illecito *m*, atto *m* illecito, fatto *m* illecito; **vorbereitende ~** *f* atto *m* preparatorio; **vorsätzliche ~** *f* fatto *m* doloso; **vorsätzliche unerlaubte ~** *f DeliktsR* fatto *m* illecito doloso.

Handlungs | bereich *m* ambito *m* di azione, campo *m* di azione, raggio *m* di azione; **~bevollmächtigte/r** *f/m* titolare *m/f* di una procura (commerciale), institore *m*, procuratore *m* (commerciale), mandatario *m* (commerciale) *(CH)*; **~ermessen** *n* discrezionalità *f*.

handlungsfähig *adj* capace di agire.

Handlungs | fähigkeit *f (gliedert sich in Geschäftsfähigkeit und Deliktsfähigkeit)* capacità *f* di agire; **~freiheit** *f* libertà *f* d'azione; **~gehilfe/-in** *m/f (§ 59 HGB)* commesso *m*; **~haftung** *f* responsabilità *f* da condotta; **~objekt** *n StrafR (Opfer)* soggetto *m* passivo (*del reato: persona offesa o vittima*); **~pflicht** *f* obbligazione *f* di fare; **~reisende/r** *f/m* commesso *m* viaggiatore, viaggiatore *m* di commercio; **~spesen** *pl* spese *fpl* generali; **~spielraum** *m (Ermessen)* discrezionalità *f*, margine *m* di azione, margine *m* di manovra, spazio *m* di manovra; **~subjekt** *n StrafR (Täter)* soggetto *m* attivo (*del reato: autore, reo, agente, colpevole*).

handlungsunfähig *adj* incapace di agire.

Handlungs | unfähigkeit *f* incapacità *f* di agire; **~unkosten** *pl* spese *fpl* generali; **~verschulden** *n* colpa *f* commissiva; **~vollmacht** *f* procura *f* (commerciale), mandato *m* (commerciale); **~weise** *f* modalità *f* di azione, modo *m* di agire; **~wille** *m* → *Willenserklärung* volontà *f* di agire.

Hand | pfand *n (A)* pegno *m* manuale; **~schenkung** *f* donazione *f* manuale; **~schreiben** *n* lettera *f* autografa; **~schriftenvergleichung** *f* confronto *m* di scritture.

handschriftlich *adj* scritto a mano, manoscritto, autografo, *(Testament)* olografo, *(Unterschrift)* autentico.

Hand | schuhehe *f EheR* matrimonio *m* per procura; **~verkauf** *m* vendita *f* con consegna immediata.

Handwerk *n* artigianato *m*, mestiere *m*.

Handwerker *m* [f: Handwerkerin] artigiano/-a *m/f*; **~genossenschaft** *f* cooperativa *f* artigiana; **~kredit** *m* credito *m* artigiano; **~rolle** *f* albo *m* delle imprese artigiane.

handwerklich *adj* artigiano, artigianale.

Handwerks | betrieb *m* impresa *f* artigiana; **~brauch** *m* uso *m* artigiano; **~genossenschaft** *f* cooperativa *f* artigiana; **~innung** *f* corporazione *f* artigiana; **~kammer** *f* camera *f* dell'artigianato; **~karte** *f* attestato *m* di iscrizione all'albo delle imprese artigiane; **~ordnung** *f (D)* (*Abk* = **HwO / HandwO**) *(Gesetz zur Ordnung des Handwerks)* codice *m* (tedesco) dell'artigianato; **~rolle** *f* albo *m* delle imprese artigiane; **~unternehmen** *n* impresa *f* artigiana.

Handzeichen *n* [1] *(gekürzte Unterschrift)* sigla *f* (*firma abbreviata che si appone in calce a un documento per autenticarlo*), parafa *f*, paraffa *f*, paraffo *m*.

Handzeichen *n* [2] *(eines Schreibunkundigen)* crocesegno *m*.
Handzeichen *n* [3] *(Aufheben der Hand)* alzata *f* di mano; **durch ~ abstimmen** votare per alzata di mano; **Abstimmung** *f* **durch ~** votazione *f* per alzata di mano.
hängig *adj (CH) (Verfahren, Prozess)* pendente, in corso.
Hangtäter *m StrafR* delinquente *m* per tendenza.
Harmonisierung *f* armonizzazione *f*; **~** *f* **der Rechts- und Verwaltungsvorschriften der Mitgliedstaaten** *EuR* armonizzazione *f* delle disposizioni legislative, regolamentari e amministrative degli Stati membri.
Harmonisierungs | maßnahme *f EuR* misura *f* di armonizzazione; **~richtlinie** *f EuR* direttiva *f* di armonizzazione; **~vorschrift** *f EuR* norma *f* di armonizzazione.
Hartdevise *f* valuta *f* forte, moneta *f* forte.
Härte *f (in Bezug auf Geld: Stabilität)* stabilità *f*, *(Festigkeit)* solidità *f*, *(Heftigkeit)* violenza *f*, forza *f*, *(Strenge)* rigore *m*, durezza *f*, severità *f*, austerità *f*, *(Ungerechtigkeit)* ingiustizia *f*, *(harte Bedingung)* condizione *f* difficile, difficoltà *f*, fatica *f*; **unbillige ~** *f* manifesta ingiustizia *f*; **unzumutbare ~** *f* situazione *f* inaccettabile, situazione *f* intollerabile, situazione *f* insostenibile, *SchuldR* eccessiva onerosità *f* (*della prestazione*).
Härteausgleich *m* indennizzo *m* compensativo (*per casi di manifesta ingiustizia*).
Härtefall *m* caso *m* di manifesta ingiustizia; **~scheidung** *f EheR (vorzeitige Scheidung ohne Einhaltung des Trennungsjahres, wenn die Fortsetzung der Ehe für den Antragsteller aus Gründen, die in der Person des anderen Ehegatten liegen, eine unzumutbare Härte darstellen würde) (§ 1565 Abs. 2 BGB)* divorzio *m* in caso di onere intollerabile per il coniuge ricorrente.
Härte | fonds *m* fondo *m* destinato a riparare i casi di manifesta ingiustizia; **~klausel** *f* clausola *f* di durezza; **~maßnahme** *f* misura *f* di rigore; **~milderungsklage** *f* azione *f* per la riparazione di ingiustizie; **~scheidung** *f EheR (vorzeitige Scheidung ohne Einhaltung des Trennungsjahres, wenn die Fortsetzung der Ehe für den Antragsteller aus Gründen, die in der Person des anderen Ehegatten liegen, eine unzumutbare Härte darstellen würde) (§ 1565 Abs. 2 BGB)* divorzio *m* in caso di onere intollerabile per il coniuge ricorrente.
Hart | geld *n* moneta *f* metallica; **~währung** *f* valuta *f* forte, moneta *f* forte.
Hartz IV *(D) → BVerfG, 1 BvL 1/09 vom 9.2.2010, s. Infokasten im Anhang 1* sistema *m* di welfare tedesco; **~ beziehen** *(D) SozialR* ricevere l'assegno dell'assistenza sociale, beneficiare dell'assistenza sociale, percepire un sussidio sociale.
Hasardspiel *n* gioco *m* d'azzardo.
Häufigkeitsindex *m* indice *m* di frequenza.
Haupt | abkommen *n* accordo *m* principale; **~abnehmer/in** *m/f* principale acquirente *m/f*; **~abteilung** *f* direzione *f* generale; **~agent** *m* agente *m* principale; **~aktionär/in** *m/f GesR* principale azionista *m/f*, maggiore azionista *m/f*, azionista *m/f* di maggioranza, azionista *m/f* di riferimento.
hauptamtlich *adj* di carriera, effettivo.
Haupt | angeklagte/r *f/m StrafProzR* principale imputato/-a *m/f*; **~anklagepunkt** *m StrafProzR* principale capo *m* d'accusa; **~anliegen** *n* richiesta *f* principale, obiettivo *m* principale, scopo *m* primario; **~anspruch** *m* credito *m* principale; **~anteil** *m* quota *f* principale; **~antrag** *m ProzR* domanda *f* principale, domanda *f* in via principale, conclusioni *fpl* principali, conclusioni *fpl* (formulate) in via principale; **~ausschuss** *m* commissione *f* centrale, commissione *f* permanente del Consiglio Nazionale *(A)*; **~belastungszeuge/-in** *m/f StrafProzR* principale teste *m/f* a carico, principale teste *m/f* d'accusa,

principale teste *m/f* dell'accusa, principale testimone *m/f* dell'accusa; **~beruf** *m* professione *f* principale.

hauptberuflich *adj* come professione principale.

Haupt | berufung *f ProzR* appello *m* principale; **~bestimmung** *f* disposizione *f* principale; **~beteiligte/r** *f/m* principale interessato/-a *m/f*, *ProzR* parte *f* principale (*nei giudizi amministrativi o nei procedimenti in materia di famiglia*); **~bilanz** *f* bilancio *m* annuale; **~buch** *n* libro *m* mastro, mastro *m*, mastro *m* generale; **~buchhalter/in** *m/f* ragioniere/-a *m/f* capo, capo contabile *m/f*; **~buchhaltung** *f* contabilità *f* generale, ufficio *m* contabilità generale; **~datei** *f (IT)* archivio *m* principale, file *m* principale; **~domizil** *n (CH)* domicilio *m* principale; **~einnahmequelle** *f* entrata *f* principale, fonte *f* principale di entrate, fonte *f* principale di reddito; **~folge** *f* conseguenza *f* principale; **~forderung** *f SchuldR* credito *m* principale, richiesta *f* maggiore, principale rivendicazione *f*; **~frage** *f* questione *f* principale; **~gefängnis** *n StrafProzR* carceri *fpl* centrali; **~gehilfe/-in** *m/f* commesso *m* principale; **~geschäftsführer/in** *m/f* direttore *m* gerente; **~geschäftssitz** *m* sede *f* principale; **~geschäftsstelle** *f* agenzia *f* centrale, centrale *f*; **~geschworner** *m (A) StrafProzR* giudice *m* popolare ordinario; **~gläubiger/in** *m/f SchuldR* creditore *m* principale; **~intervenient/in** *m/f ZivProzR* interveniente *m/f* principale; **~intervention** *f ZivProzR (§ 64 ZPO)* intervento *m* volontario principale (*quando l'interveniente afferma un diritto proprio in contrasto con quelli vantati da attore e convenuto*), intervento *m* volontario adesivo autonomo (*o litisconsortile, quando l'interveniente, pur facendo valere un autonomo diritto, assume una posizione uguale o parallela a quella di una delle parti*); **~klage** *f ZivProzR* azione *f* principale, domanda *f* principale; **~kläger/in** *m/f ZivProzR* attore/-trice *m/f* principale; **~kommission** *f* commissione *f* centrale; **~konto** *n* conto *m* principale, conto *m* generale; **~kosten** *pl* spese *fpl* principali; **~kriegsverbrecher** *m StrafR* grande criminale *m* di guerra; **~leistung** *f SchuldR* prestazione *f* principale; **~leistungspflicht** *f SchuldR* obbligazione *f* principale; **~lieferant/in** *m/f* fornitore *m* principale; **~mangel** *m* difetto *m* principale, *(Viehkauf)* vizio *m* redibitorio; **~mieter/in** *m/f* conduttore *m* principale, inquilino/-a *m/f* principale; **~niederlassung** *f GesR* sede *f* centrale, sede *f* principale; **~organ** *n* organo *m* centrale; **~partei** *f* parte *f* principale; **~patent** *n* brevetto *m* principale; **~pflicht** *f* obbligo *m* principale, *SchuldR* obbligazione *f* principale; **~police** *f VersR* polizza *f* base; **~position** *f* voce *f* principale; **~prozess** *m* processo *m* principale, procedimento *m* principale; **~rechnung** *f* conto *m* generale, conto *m* sintetico; **~register** *n* registro *m* generale; **~rente** *f* pensione *f* principale.

Hauptsache *f* cosa *f* principale, bene *m* principale, cosa *f* essenziale, causa *f* principale, punto *m* essenziale, questione *f* principale, *ProzR (Streitgegenstand)* oggetto *m* (principale) della causa, *ProzR* oggetto *m* del contendere, *ProzR* oggetto *m* della lite, *ProzR* merito *m*; **die ~ entscheiden**; **in der ~ entscheiden**; **zur ~ entscheiden** *ZivProzR* decidere nel merito.

Hauptsache | klage *f ZivProzR (im Verhältnis zum Antrag auf vorläufigen Rechtsschutz durch Arrest oder einstweilige Verfügung)*; **~verfahren** *n ZivProzR (das eigentliche Klageverfahren) → Nebenverfahren* giudizio *m* di merito, procedimento *m* di merito, causa *f* di merito.

Haupt | schöffe/-in *m/f StrafProzR* giudice *m* popolare ordinario; **~schriftleiter/in** *m/f* direttore *m* responsabile (*di giornale*); **~schuld** *f SchuldR* debito *m* principale, obbligazione *f* principale; **~schuldige/r** *f/m StrafR* principale colpevole *m/f*; **~schuldner/in** *m/f SchuldR* debitore *m* principale, obbligato *m* principale; **~sitz** *m* sede *f* centrale; **~stadt** *f* città *f* capitale, capitale *f*; **~stamm** *m (A) GesR* capitale *m* di una società semplice; **~stelle** *f* centrale *f*; **~steuer** *f* imposta *f* principale; **~strafanstalt** *f StrafProzR* carceri *fpl* centrali; **~strafe** *f StrafR* pena *f* principale; **~summe** *f* capitale *m*; **~tat** *f StrafR* reato *m* principale; **~täter/in** *m/f StrafR* autore/-trice *m/f* principale (*di un reato*); **~tätigkeit** *f* attività *f* principale, attività *f* prevalente; **~taxe** *f (CH) SteuerR* tassa *f* principale; **~teilhaber/in** *m/f* socio/-a *m/f* principale, socio/-a *m/f* di maggioranza; **~termin** *m ZivProzR (§ 272 ZPO)* udienza *f* principale, unica udienza *f* di trattazione orale (*della causa*); **~unternehmer/in** *m/f* imprenditore/-trice *m/f* principale; **~untersuchung** *f* revisione *f* generale; **~ursache** *f* causa *f* principale; **~verbindlichkeit** *f* obbligazione *f* principale.

Hauptverfahren *n StrafProzR* giudizio *m*, fase *f* del giudizio, giudizio *m* dibattimentale; **das ~ eröffnen** *StrafProzR* rinviare a giudizio; **es wird beantragt, das ~ zu eröffnen** *StrafProzR* si chiede il rinvio a giudizio, si chiede di rinviare a giudizio, si chiede l'emissione del decreto che dispone il giudizio.

Hauptverhandlung *f StrafProzR (§§ 226 ff. StPO)* dibattimento *m*, fase *f* del dibattimento, *(Sitzung)* udienza *f* dibattimentale; **Ansetzung** *f* **eines Termins zur ~** *StrafProzR* fissazione *f* dell'udienza dibattimentale; **die ~ aussetzen** *StrafProzR* rinviare il dibattimento; **die ~ leiten** *StrafProzR* dirigere il dibattimento; **die ~ unterbrechen** *StrafProzR* sospendere il dibattimento; **es wird beantragt, die Anklage zur ~ zuzulassen** *StrafProzR* si chiede il rinvio a giudizio, si chiede di rinviare a giudizio, si chiede l'emissione del decreto che dispone il giudizio; **öffentliche ~** *f StrafProzR* dibattimento *m* pubblico.

Hauptverhandlungsprotokoll *n StrafProzR* verbale *m* del dibattimento.

Haupt|verpflichtete/r *f/m SchuldR* obbligato *m* principale; **~verpflichtung** *f SchuldR* obbligazione *f* principale.

Hauptversammlung *f* (*Abk* = **HV**) *GesR (einer AG oder KGaA)* assemblea *f* generale (*dei soci di una s.p.a. o s.a.p.a.*), assemblea *f* plenaria, assemblea *f* (sociale), assemblea *f* dei soci, assemblea *f* degli azionisti; **außerordentliche ~** *f GesR (einer AG oder KGaA)* assemblea *f* (generale) straordinaria (*dei soci di una s.p.a. o s.a.p.a.*); **ordentliche ~** *f GesR (einer AG oder KGaA)* assemblea *f* (generale) ordinaria (*dei soci di una s.p.a. o s.a.p.a.*).

Hauptversammlungsbeschluss *m GesR* delibera *f* assembleare.

Haupt|versicherung *f VersR* assicurazione *f* principale; **~vertrag** *m* contratto *m* principale; **~vertreter/in** *m/f* rappresentante *m/f* principale; **~verwaltung** *f* amministrazione *f* centrale, amministrazione *f* generale, direzione *f* centrale, direzione *f* generale; **~vorstand** *m* presidenza *f*; **~wahlbehörde** *f (A)* commissione *f* elettorale suprema (elezioni presidenziali e politiche); **~wohnsitz** *m* residenza *f* principale; **~wohnung** *f* abitazione *f* principale; **~zeuge/-in** *m/f ProzR* principale testimone *m/f*, testimone *m/f* principale, principale teste *m/f*, teste *m/f* principale; **~zollamt** *n* dogana *f* principale.

Haus *n (Gebäude)* casa *f*, edificio *m*, fabbricato *m*, stabile *m*, palazzo *m*, *(Wohnung)* abitazione *f*, dimora *f*, domicilio *m*, *(Firma)* ditta *f*, impresa *f*, azienda *f*, *(parl) (Kammer)* camera *f*; **regierendes ~** *n* casa *f* regnante.

Haus|arrest *m StrafProzR* arresti *mpl*

domiciliari; **~bank** *f* banca *f* di cui un'azienda si serve esclusivamente o in via preferenziale; **~buch** *n* registro *m* degli inquilini (*dello stabile*); **~durchsuchung** *f StrafProzR* perquisizione *f* domiciliare, visita *f* domiciliare *(CH)*; **~durchsuchungsbefehl** *m StrafProzR* decreto *m* di perquisizione domiciliare.

Hausfriedensbruch *m StrafR* → *D: § 123 StGB, A: § 109 öStGB, CH: Art. 186 sStGB* violazione *f* di domicilio; **schwerer ~** *m (D) StrafR (§ 124 StGB)* violazione *f* di domicilio aggravata, violazione *f* di domicilio commessa da più persone.

Haus | geld *n* spese *fpl* di condominio, spese *fpl* condominiali, quota *f* condominiale; **~gemeinschaft** *f* comunità *f* domestica, comunità *f* degli inquilini (*dello stabile*); **~gewerbe** *n* industria *f* domestica; **~grundstück** *n* terreno *m* (*edificato*).

Haushalt *m* [1] *(Familie)* famiglia *f*, nucleo *m* familiare, nucleo *m* abitativo, casa *f*, ménage *m*, *(Wirtschaftsführung einer Familie)* governo *m* della casa, faccende *fpl* domestiche.

Haushalt *m* [2] *(Etat)* bilancio *m* (pubblico); **den ~ aufstellen** formare il bilancio (*di previsione*), redigere il bilancio, compilare il bilancio (pubblico); **den ~ ausgleichen** pareggiare il bilancio, equilibrare il bilancio; **den ~ verabschieden** approvare il bilancio; **den ~ vorlegen** presentare il bilancio; **ausgeglichener ~** *m* bilancio *m* in pareggio, bilancio *m* in equilibrio; **außerordentlicher ~** *m* bilancio *m* straordinario, bilancio *m* provvisorio; **defizitärer ~** *m* bilancio *m* deficitario; **öffentlicher ~** *m* bilancio *m* pubblico, bilancio *m* dello Stato, bilancio *m* statale, conti *mpl* pubblici; **ordentlicher ~** *m* bilancio *m* ordinario.

Haushalts | ansatz *m* bilancio *m* previsionale; **~aufstellung** *f* formazione *f* del bilancio (*di previsione*), redazione *f* del bilancio, compilazione *f* del bilancio (pubblico); **~ausgaben** *fpl* spesa *f* pubblica, spesa *f* di bilancio; **~ausgaberest** *m* residuo *m* passivo di bilancio; **~ausgleich** *m* pareggio *m* di bilancio, pareggio *m* del bilancio pubblico, equilibrio *m* del bilancio pubblico; **~ausschuss** *m* commissione *f* del bilancio; **~beratung** *f* discussione *f* del bilancio pubblico; **~beratungen** *fpl (des Parlaments)* sessione *f* di bilancio; **~betrieb** *m* azienda *f* di erogazione; **~bewilligung** *f* approvazione *f* del bilancio pubblico, votazione *f* del bilancio; **~debatte** *f* discussione *f* del bilancio pubblico; **~defizit** *n* deficit *m* di bilancio, deficit *m* pubblico, disavanzo *m* pubblico, disavanzo *m* statale, disavanzo *m* di bilancio, disavanzo *m* del bilancio pubblico; **~durchführung** *f* esecuzione *f* del bilancio pubblico; **~einnahmen** *fpl* entrate *fpl* dello Stato; **~entscheidung** *f* decisione *f* di bilancio; **~fehlbetrag** *m* ammanco *m* nel bilancio; **~freibetrag** *m SteuerR* quota *f* esente per nucleo familiare.

Haushaltsführung *f* [1] *(privat)* governo *m* della casa.

Haushaltsführung *f* [2] *(öffentlich)* gestione *f* di bilancio.

Haushalts | gebarung *f* gestione *f* di bilancio; **~geld** *n* denaro *m* per le spese domestiche; **~gesetz** *n* legge *f* di bilancio; **~gleichgewicht** *n* pareggio *m* di bilancio, pareggio *m* del bilancio pubblico, equilibrio *m* del bilancio pubblico; **~grundsätze** *mpl* regole *fpl* del bilancio; **~jahr** *n* anno *m* finanziario, esercizio *m* finanziario; **~kapitel** *n* capitolo *m* di bilancio pubblico; **~klarheit** *f* chiarezza *f* del bilancio; **~konsolidierung** *f* consolidamento *m* del bilancio; **~kontrolle** *f* controllo *m* del bilancio pubblico, controllo *m* sulla gestione del bilancio; **~kosten** *pl* spese *fpl* del governo della casa, spese *fpl* di casa; **~kürzung** *f* tagli *mpl* al bilancio, taglio *m* al bilancio, tagli *mpl* del bilancio, taglio *m* del bilancio; **~maßnahmen** *fpl* manovra *f* di bilancio; **~minister/in** *m/f* ministro *m* del bilancio; **~mittel** *npl* risorse *fpl* di bilancio, fondi *mpl* di bilancio, stanziamenti *mpl* di bilancio; **~plan** *m* bilancio *m* pubblico di previsione, bilancio *m* preventivo, bilancio *m* previsionale, budget *m*; **~planänderung** *f* modificazione *f* del bilancio (pubblico); **~planung** *f* programmazione *f* di bilancio; **~planvorentwurf** *m* progetto *m* preliminare di bilancio; **~politik** *f* politica *f* di bilancio; **~posten** *m* voce *f* del bilancio; **~prüfung** *f* controllo *m* sulla gestione del bilancio; **~rechnung** *f* conto *m* di bilancio pubblico, bilancio *m* consuntivo, conto *m* consuntivo; **~recht** *n* parte *f* del diritto finanziario che studia il bilancio pubblico; **~rest** *m* residuo *m* di bilancio; **~stelle** *f* articolo *m* del bilancio pubblico; **~titel** *m* titolo *m* di bilancio; **~überschuss** *m* avanzo *m* del bilancio pubblico, surplus *m* di bilancio, eccedenza/-e f/pl di bilancio; **~verbrauch** *m* consumo *m* domestico; **~verfahren** *n* procedura *f* di bilancio; **~vollzug** *m* esecuzione *f* del bilancio pubblico; **~voranschlag** *m* bilancio *m* di previsione, bilancio *m* preventivo, bilancio *m* previsionale, stato *m* di previsione; **~vorlage** *f* progetto *m* di legge di bilancio; **~vorstand** *m* capofamiglia *m*; **~zulage** *f* assegno *m* per il nucleo familiare.

Haushaltung *f (Haushalt)* famiglia *f*, nucleo *m* familiare, nucleo *m* abitativo, casa *f*, *(Haushaltsführung)* governo *m* della casa, *(Hauswirtschaft)* economia *f* domestica.

Haushaltungs | steuer *f (CH)* imposta *f* di famiglia; **~vorstand** *m* capofamiglia *m*; **~zuschuss** *m* assegno *m* per il nucleo familiare.

Hausier | handel *m* commercio *m* ambulante (di casa in casa); **~schein** *m* licenza *f* di commercio ambulante; **~verbot** *n* divieto *m* di commercio ambulante.

Haus | kollekte *f* colletta *f* a domicilio; **~macht** *f* seguito *m* personale nel proprio partito; **~ordnung** *f* regolamento *m* interno (di uno stabile).

Hausrat *m EheR* suppellettili *fpl* domestiche, mobilia *f*, mobilio *m*, mobili *mpl* di casa, masserizie *fpl*, beni *mpl* domestici, beni *mpl* mobili facenti parte dell'abitazione (*acquisiti in costanza di matrimonio*), tutti i beni *mpl* di un appartamento; **~sverordnung** *f EheR* disciplina *f* della divisione dei beni domestici (mobilia, ecc.) in caso di separazione o di scioglimento del matrimonio; **~versicherung** *f VersR* assicurazione *f* mobiliare, assicurazione *f* sui beni mobili facenti parte dell'abitazione, assicurazione *f* sulle suppellettili domestiche.

Hausrecht *n* [1] *SachenR* diritto *m* del proprietario, *(Hausfrieden)* inviolabilità *f* del domicilio; **das ~ verletzen** violare il domicilio.

Hausrecht *n* [2] *(Parlament)* polizia *f* delle assemblee.

Haussammlung *f* colletta *f* a domicilio.

Hausse *f* rialzo *m*; **auf ~ spekulieren** speculare al rialzo, giocare al rialzo; **künstliche ~** *f* rialzo *m* artificiale.

Hausse | bewegung *f* tendenza *f* al rialzo, tendenza *f* rialzista, andamento *m* al rialzo, andamento *m* rialzista; **~partei** *f* rialzisti *mpl*; **~spekulant/in** *m/f* speculatore *m* al rialzo, giocatore *m* al rialzo; **~spekulation** *f* speculazione *f* al rialzo; **~tendenz** *f* tendenza *f* al rialzo, tendenza *f* rialzista.

Haussier *m* rialzista *m/f*, speculatore *m* al rialzo, giocatore *m* al rialzo, operatore *m* al rialzo.

Haus | strafe *f (interne Firmenstrafe)* sanzione *f* disciplinare (interna); **~suchung** *f StrafProzR* perquisizione *f* domiciliare.

Haussuchungs | befehl *m StrafProzR* decreto *m* di perquisizione domiciliare; **~protokoll** *n StrafProzR* verbale *m* di perquisizione domiciliare.

Haustür | geschäft *n* vendita *f* porta a porta, contratto *m* a domicilio; **~widerrufsrichtlinie** *f EuR (Umsetzung in D: §§ 312 f. BGB)*

→ *s. Anhang 3 b)* direttiva *f* sulle vendite porta a porta (*diritto di recesso, detto anche "diritto di ripensamento": Direttiva 85/577/CEE del Consiglio, del 20 dicembre 1985, per la tutela dei consumatori in caso di contratti negoziati fuori dei locali commerciali*).

Haus | verbot *n* divieto *m* di accesso (*a un edificio o locale*); **~verwalter/in** *m/f* amministratore *m* dello stabile, amministratore *m* dell'immobile, amministratore *m* del condominio; **~verwaltung** *f* amministrazione *f* dello stabile, amministrazione *f* dell'immobile, amministrazione *f* del condominio; **~verwaltungsvollmacht** *f* procura *f* per l'amministrazione di stabili, procura *f* per l'amministrazione di immobili.

Havarie *f* avaria *f*; **allgemeine ~** *f* avaria *f* generale; **besondere ~** *f* avaria *f* particolare; **einfache ~** *f* avaria *f* semplice; **gemeinschaftliche ~** *f*; **große ~** *f* avaria *f* comune; **kleine ~** *f* piccola avaria *f*.

havariefrei *adj* franco d'avaria.

Havarie | geld *n* spese *fpl* di avaria; **~gutachten** *n* perizia *f* di avaria; **~kommissar/in** *m/f* commissario *m* di avaria, liquidatore *m* di avaria; **~kosten** *pl* spese *fpl* di avaria; **~schaden** *m* danno *m* di avaria, avaria *f*; **~vertrag** *m* contratto *m* di avaria; **~zertifikat** *n* certificato *m* di avaria, testimoniale *m* di avaria.

Haverei *f* → *Havarie* avaria *f*.

Hebe | berechtigung *f SteuerR* diritto *m* di riscuotere le imposte; **~gebühr** *f (Gebühr des Rechtsanwaltes oder des Notars für die Weiterleitung eines Geldbetrages im Rahmen eines Anderkontos oder wertvoller Sachen)* tassa *f* di deposito (*onorario da corrispondere nel caso in cui il pagamento di quanto dovuto avvenga mediante deposito presso il conto aperto e gestito fiduciariamente da notai e avvocati e in caso di deposito e custodia di valori presso notai e avvocati*); **~liste** *f SteuerR* ruolo *m* delle esazioni.

heben *v SteuerR* riscuotere.

Hebe | recht *n SteuerR* diritto *m* di riscuotere le imposte; **~rolle** *f SteuerR* ruolo *m* delle esazioni; **~satz** *m SteuerR* aliquota *f* d'imposta, tasso *m* d'imposta, saggio *m* d'imposta; **~stelle** *f SteuerR* esattoria *f*.

Heckenschütze *m* cecchino *m*.

hehlen *v StrafR* ricettare.

Hehler/in *m/f StrafR* ricettatore *m*.

Hehlerei *f StrafR (§ 259 StGB)* ricettazione *f*.

heilbar *adj (Mangel)* sanabile.

Heilbarkeit *f (eines Mangels)* sanabilità *f*.

Heilbehandlung *f* cure *fpl* mediche, trattamento *m* terapeutico; **eigenmächtige ~** *f (A) (§ 110 öStGB)* trattamento *m* terapeutico senza il consenso del paziente.

heilen *v (Mangel)* sanare.

Heil | fürsorge *f* assistenza *f* sanitaria; **~kostenversicherung** *f* assicurazione *f* per le spese di cure mediche; **~mittelgesetz** *n (CH)* (*Abk* = **HMG**) *(Bundesgesetz über Arzneimittel und Medizinprodukte)* legge *f* sugli agenti terapeutici *(LATer)* (*legge federale (svizzera) sui medicamenti e i dispositivi medici*).

Heilung *f* convalescenza *f*, *(von fehlerhaften Rechtshandlungen)* sanatoria *f*, *(eines Rechtsgeschäfts)* convalida *f*; **~** *f* **fehlerhafter Verwaltungsakte** convalescenza *f* di atti amministrativi viziati, sanatoria *f* di atti amministrativi viziati; **~** *f* **von Mängeln** sanatoria *f* dei vizi; **~** *f* **der Nichtigkeit** sanatoria *f* della nullità; **~** *f* **von Verfahrens- und Formfehlern** sanatoria *f* dei vizi formali e procedurali, sanatoria *f* dei vizi formali e procedimentali.

Heilungskosten *pl* spese *fpl* di cura.

Heim | arbeit *f* lavoro *m* a domicilio; **~arbeiter/in** *m/f* lavoratore/-trice *m/f* a domicilio, prestatore *m* di lavoro a domicilio.

Heimat *f* patria *f*.

heimatberechtigt *adj* avente diritto alla cittadinanza di un comune, avente diritto di residenza.

Heimat | berechtigung *f* diritto *m* alla cittadinanza di un comune, diritto *m* di residenza; **~börse** *f* borsa *f* regionale, borsa *f* locale; **~gemeinde** *f* comune *m* di cui si è cittadini, comune *m* di origine;

~land *n* paese *m* di origine, patria *f*, terra *f* natale.

heimatlos *adj* senza cittadinanza in un comune, *(keine Heimat besitzend)* senza patria, *(heimatvertrieben)* profugo, *(staatenlos)* apolide.

Heimatlose/r *f/m* persona *f* senza cittadinanza in un comune, *(Mensch ohne Heimat)* persona *f* senza patria, senzapatria *m/f*, *(Flüchtling)* profugo/-a *m/f*, rifugiato/-a *m/f*, *(Staatenloser)* apolide *m/f*.

Heimatlosigkeit *f* difetto *m* di cittadinanza in un comune, *(keine Heimat besitzen)* l'essere senza patria, *(Staatenlosigkeit)* apolidia *f*.

Heimat | ort *m* luogo *m* natio, patria *f*; **~pass** *m* passaporto *m* nazionale; **~recht** *n* indigenato *m*, diritto *m* alla cittadinanza di un comune, *(Staatsbürgerschaftsrecht)* diritto *m* di cittadinanza, *(Wohnrecht)* diritto *m* di residenza, *(Gesetz)* legge *f* nazionale; **~rolle** *f* registro *m* dei cittadini di un comune; **~schein** *m* certificato *m* di cittadinanza, fede *f* di origine *(CH)*; **~staat** *m* Stato *m* di origine, paese *m* di origine, *(Entsendestaat)* Stato *m* accreditante; **~stadt** *f* città *f* natale, città *f* di origine; **~vertriebene/r** *f/m* persona *f* deportata, profugo/-a *m/f*.

Heim | beförderung *f* rimpatrio *m*; **~bewohner/in** *m/f* *(Heimvertrag)* ospite *m/f*; **~einweisung** *f* affidamento *m* in istituto di correzione; **~erziehung** *f* educazione *f* in un istituto di correzione.

Heimfall *m* reversione *f*, reversibilità *f*, devoluzione *f*.

heimfallen *v* ricadere in possesso (di), ritornare di proprietà (di).

Heimfallrecht *n* diritto *m* di devoluzione (dell'eredità allo Stato in mancanza di eredi), diritto *m* di reversione.

Heimruf *m (CH)* richiamo *m* nel cantone di origine.

heimsagen *v (A)* abbandonare un'azione mineraria.

Heimsagung *f (A)* abbandono *m* di un'azione mineraria.

heimschaffen *v* rimpatriare.

Heimschaffung *f* rimpatrio *m*.

heimsenden *v* rimpatriare.

Heimsendung *f* rimpatrio *m*.

Heimträger *m (Heimvertrag)* struttura *f* socio-sanitaria (casa di riposo, comunità alloggio per disabili...), gestore *m* di una struttura ricettiva.

Heimtücke *f (u.a. § 211 StGB)* *(Hinterlistigkeit)* perfidia *f*, slealtà *f*, *(Bosheit)* malignità *f*, malizia *f*, *(Hinterhalt)* insidia *f*.

heimtückisch *adj (hinterlistig)* perfido, sleale, infido, *(boshaft)* maligno, malizioso, *(hinterhältig)* insidioso, subdolo, con mezzo insidioso, perfidamente.

Heim | unterbringung *f* affidamento *m* in istituto di correzione; **~vertrag** *m* contratto *m* di ospitalità.

Heirat *f EheR* matrimonio *m*, nozze *fpl*.

heiraten *v EheR* sposare, sposarsi [con]; **standesamtlich ~** *EheR* sposarsi civilmente.

Heirats | antrag *m EheR* proposta *f* di matrimonio; **~beihilfe** *f EheR* sussidio *m* di matrimonio, sussidio *m* matrimoniale; **~buch** *n EheR* registro *m* di matrimonio, registro *m* degli atti di matrimonio; **~eintragung** *f EheR* registrazione *f* del matrimonio; **~erlaubnis** *f EheR* autorizzazione *f* a contrarre matrimonio; **~gut** *n (A) EheR* dote *f*; **~register** *n EheR* registro *m* di matrimonio, registro *m* degli atti di matrimonio; **~schein** *m*; **~urkunde** *f EheR* atto *m* di matrimonio, certificato *m* di matrimonio; **~urlaub** *m EheR* congedo *m* matrimoniale; **~versicherung** *f VersR* assicurazione *f* di nuzialità; **~visum** *n (Visum zum Zwecke der Eheschließung)* visto *m* nazionale di ingresso per permettere il matrimonio; **~zulage** *f (CH) EheR* sussidio *m* di matrimonio, sussidio *m* matrimoniale.

Heizölsteuer *f SteuerR* imposta *f* sugli oli combustibili.

Heizungskosten *pl* spese *fpl* di riscaldamento.

Helfer/in *m/f* aiutante *m/f*, ausiliario/-a *m/f*, assistente *m/f*,

SteuerR consulente *m/f*, *StrafR* complice *m/f*.
Helfershelfer/in *m/f* *StrafR* complice *m/f*.
Helsinki-Akte *f* Carta *f* di Helsinki.
hemmen *v* *(bremsen)* frenare, arrestare, bloccare, *(Verjährung)* sospendere, *(hindern)* ostacolare, impedire, intralciare, *(verlangsamen)* rallentare.
Hemmnis *n* impedimento *m*, ostacolo *m*, freno *m*.
Hemmung *f* arresto *m*, sospensione *f*, *(Verhinderung)* impedimento *m*, *(Behinderung)* ostacolo *m*, intralcio *m*, intoppo *m*, *(Verlangsamung)* rallentamento *m*, *(Bedenken)* scrupolo *m*, *(innerer Widerstand)* freno *m*; **~ *f* der Ersitzung** *SachenR (§ 939 BGB)* sospensione *f* dell'usucapione; **~ *f* der Fristen** sospensione *f* dei termini; **~ *f* der Verjährung**; **~ *f* der Verjährungsfrist** sospensione *f* della prescrizione.
Hemmungswirkung *f* effetto *m* sospensivo.
herabgesetzt *adj* ridotto, ribassato, scontato.
herabsetzen *v* [1] *(reduzieren, senken)* diminuire, ridurre, abbassare, ribassare, ridimensionare, scontare, deprezzare, *(Rating)* declassare.
herabsetzen *v* [2] *(herabwürdigen)* sminuire, screditare.
herabsetzend *adj* sprezzante, *(Werbung)* denigratorio.
Herabsetzung *f* [1] *(Senkung, Verringerung)* diminuzione *f*, riduzione *f*, decurtazione *f*, detrazione *f*, ribasso *m*, abbassamento *m*, ridimensionamento *m*, sconto *m*, deprezzamento *m*, *(des Ratings)* declassamento *m*; **~ *f* des Grundkapitals** *GesR* riduzione *f* del capitale sociale; **~ *f* der Strafe** riduzione *f* della pena.
Herabsetzung *f* [2] *(Herabwürdigung)* discredito *m*.
Herabsetzungsklage *f* *(CH) ErbR (Artt. 522 ff. ZGB)* azione *f* di riduzione; **eine ~ einreichen** *(CH)*; **eine ~ erheben** *(CH) ErbR* esercitare l'azione di riduzione.
Herabsetzungsrecht *n* diritto *m* di riduzione.
herabwürdigen *v* *(abwerten)* svalutare, deprezzare, svilire, *(geringschätzig beurteilen)* screditare, sminuire.
Herabwürdigung *f* *(Abwertung)* svalutazione *f*, deprezzamento *m*, discredito *m*, *(Demütigung)* umiliazione *f*; **~ *f* des Staates und seiner Symbole** *(A) (§ 248 öStGB)* vilipendio *m* dello Stato e dei suoi emblemi.
Heranwachsende/r *f/m* *(wer das 18., aber noch nicht das 21. Lebensjahr vollendet hat) (§ 1 Abs. 2 JGG)* maggiorenne *m/f* tra i 18 e i 21 anni, giovane *m/f*, adolescente *m/f*.
heranziehen *v* *(Sachverständige, Dolmetscher, Übersetzer)* chiamare, consultare, far(e) intervenire, ricorrere [a], servirsi [di], avvalersi (dell'ausilio/dell'operato/dell'intervento) [di], *(Paragrafen, Quellen)* citare, *(in Betracht ziehen, verwenden)* utilizzare, *(einsetzen)* impiegare, *(Recht)* applicare, *(geltend machen)* far(e) valere.
Heranziehung *f* *(eines Sachverständigen, Dolmetschers, Übersetzers)* intervento *m*, chiamata *f*, ricorso *m* (all'ausilio di), il servirsi [di], l'avvalersi (dell'ausilio/dell'operato/dell'intervento) [di].
heraufsetzen *v* *(erhöhen)* aumentare, alzare, far(e) salire.
Heraufsetzung *f* *(Erhöhung)* aumento *m*.
Herausgabe *f* [1] *(Übergabe)* consegna *f*, *(Rückgabe)* restituzione *f*, rilascio *m*, cessione *f*; **die ~ verlangen** chiedere la restituzione; **freiwillige ~ *f*** consegna *f* volontaria; **~ *f* eines Kindes** *FamR* restituzione *f* del/la minore; **~ *f* der Sache** restituzione *f* della cosa, restituzione *f* del bene.
Herausgabe *f* [2] *(eines Buches)* pubblicazione *f*, edizione *f*.
Herausgabe | anspruch *m* diritto *m* alla consegna, *(Rückgabeanspruch)* diritto *m* alla restituzione, *SachenR (des Eigentümers aus § 985 BGB)* azione *f* di rivendicazione; **~klage** *f* azione *f* di restituzione; **~recht** *n* diritto *m* alla consegna,

(Rückgaberecht) diritto *m* alla restituzione.

herausgeben *v* [1] *(aushändigen)* dare, porgere, consegnare, *(zurückgeben)* restituire, rilasciare.

herausgeben *v* [2] *(veröffentlichen)* pubblicare, *(die Veröffentlichung leiten)* curare (l'edizione di).

Herausgeber/in *m/f* editore/-trice *m/f*, curatore/-trice *m/f* (*di una pubblicazione*), direttore/-trice *m/f* (*di un giornale*).

herausverlangen *v* rivendicare, reclamare, chiedere la restituzione di.

herbeiführen *v (bewirken)* cagionare, causare, provocare, (ap)portare, procurare, *(Rechtsfolge)* produrre.

Herbeiführung *f* cagionamento *m*, il cagionare, il causare, il provocare, il procurare, *(einer Rechtsfolge)* produzione *f*; **fahrlässige ~** *f* **einer Feuersbrunst** *(A) StrafR (§ 170 öStGB)* incendio *m* colposo; **~** *f* **von Rechtsfolgen** produzione *f* di effetti giuridici; **~** *f* **des Schadens** cagionamento *m* del danno.

herbeischaffen *v* far(e) venire, portare, procurare.

Herdsteuer *f (CH) SteuerR* imposta *f* di famiglia.

Herfracht *f* nolo *m* di ritorno.

Herkunft *f* origine *f*, nascita *f*, provenienza *f*.

Herkunfts|angabe *f* indicazione *f* di provenienza, indicazione *f* di origine; **~ausweis** *m*; **~bescheinigung** *f* certificato *m* di origine; **~bezeichnung** *f* indicazione *f* di origine, denominazione *f* di origine, indicazione *f* di provenienza, designazione *f* di provenienza; **~garantie** *f* garanzia *f* di provenienza; **~land** *n* paese *m* di provenienza, paese *m* di origine, paese *m* originario; **~marke** *f*; **~zeichen** *n* marchio *m* di provenienza, marchio *m* di origine; **~zeugnis** *n* certificato *m* di origine.

herleiten *v (ableiten)* derivare, dedurre, *(zurückführen)* far(e) risalire, ricondurre.

herrenlos *adj* senza padrone, senza proprietario, di nessuno, abbandonato, smarrito.

Herrenlosigkeit *f* l'essere senza padrone.

Herrschaft *f (Regierungsgewalt)* signoria *f*, dominio *m*, dominazione *f*, supremazia *f*, *(Macht)* potere *m*, autorità *f*, sovranità *f*, regime *m*, *(Einfluss)* influsso *m*, *(Beherrschung)* controllo *m*, padronanza *f*; **territoriale ~** *f* sovranità *f* territoriale.

Herrschaftsausübung *f* esercizio *m* della sovranità.

Herrschaftsgewalt *f* dominio *m*, potere *m*, signoria *f*; **tatsächliche ~** *f* **über die Sache** *SachenR (Besitz)* potere *m* di fatto sulla cosa, signoria *f* di fatto sulla cosa, potere *m* materiale sulla cosa, signoria *f* materiale sulla cosa.

Herrschaftsmacht *f* dominio *m*, potere *m*, signoria *f*; **tatsächliche ~** *f* **über die Sache** *SachenR (Besitz)* potere *m* di fatto sulla cosa, signoria *f* di fatto sulla cosa, potere *m* materiale sulla cosa, signoria *f* materiale sulla cosa.

herrschen *v* [1] [über *Akk*] *(regieren)* dominare, essere al potere, regnare, comandare.

herrschen *v* [2] *(verbreitet, vorhanden sein)* esserci, regnare, vigere, *(Meinung)* predominare, prevalere.

herrschend *adj* [1] *(regierend)* dominante, al potere, regnante.

herrschend *adj* [2] *(verbreitet, vorhanden)* vigente, *(Meinung, Lehre)* dominante, predominante, prevalente.

herstellen *v (produzieren, bauen)* fabbricare, produrre, costruire, fare.

Hersteller/in *m/f* produttore/-trice *m/f*, fabbricante *m/f*, costruttore/-trice *m/f*.

Hersteller|firma *f* casa *f* produttrice; **~haftung** *f* responsabilità *f* del produttore; **~land** *n* paese *m* produttore; **~preis** *m* prezzo *m* al produttore; **~verband** *m* associazione *f* di produttori.

Herstellung *f (Produktion)* fabbricazione *f*, produzione *f*, costruzione *f*, realizzazione *f*, *(des Werkes)* esecuzione *f*, compimento *m*;

~ *f* im Akkord(lohn) produzione *f* a cottimo.

Herstellungs | betrieb *m* impresa *f* produttrice; **~datum** *n* data *f* di produzione, data *f* di fabbricazione; **~fehler** *m* difetto *m* di fabbricazione, vizio *m* di lavorazione; **~firma** *f* casa *f* produttrice, ditta *f* produttrice; **~gewerbe** *n* industria *f* manifatturiera; **~kapazität** *f* capacità *f* produttiva; **~klage** *f* *FamR* azione *f* di ricostituzione della vita coniugale; **~kosten** *pl* costi *mpl* di produzione, costi *mpl* di fabbricazione; **~land** *n* paese *m* produttore; **~lizenz** *f* licenza *f* di fabbricazione; **~monopol** *n* monopolio *m* di fabbricazione, monopolio *m* di produzione; **~preis** *m* prezzo *m* di fabbrica, prezzo *m* di produzione; **~prozess** *m* processo *m* produttivo, processo *m* di fabbricazione; **~recht** *n* diritto *m* di fabbricazione; **~steuer** *f* *SteuerR* imposta *f* di fabbricazione; **~verfahren** *n* *(Methode)* metodo *m* di fabbricazione, *(Prozess)* processo *m* produttivo, processo *m* di fabbricazione.

herunterladen *v* *(IT)* scaricare.

hervorgehen *v* [aus *Dat*] *(sich ergeben)* risultare, *(überstehen)* uscire, *(herrühren)* provenire, *(Kind)* nascere; **daraus geht hervor, dass** da ciò risulta che; **aus der Ehe sind zwei Kinder hervorgegangen** *FamR* dal matrimonio sono nati due figli.

heuer *adv* *(A, CH)* *(dieses Jahr)* quest'anno.

Heuer *f* retribuzione *f* dell'arruolato su nave; **~vertrag** *m* contratto *m* di arruolamento.

HGB (*Abk* = **Handelsgesetzbuch**) *(D)* codice *m* commerciale (tedesco), codice *m* di commercio (tedesco).

Hiebwaffe *f* arma *f* da taglio.

Hierarchie *f* gerarchia *f*.

hierarchisch *adj* gerarchico.

hiergerichts *adv* *(A)* = *hiergerichtlich (CH)* di quest'autorità giudiziaria.

hiermit *adv* *(in Briefen)* con la presente.

hiesig *adj* locale, di qui, di questo luogo, *(von dieser Stadt)* di questa città, *(einheimisch)* nostrano, indigeno, nativo, *ProzR* odierno, di cui trattasi, di cui si tratta, in questione.

Hilfe *f* *(Hilfeleistung)* aiuto *m*, soccorso *m*, *(Unterstützung)* appoggio *m*, assistenza *f*, *(Mitwirkung)* collaborazione *f*, *(finanzielle Unterstützung)* sussidio *m*, sovvenzione *f*, sovvenzioni *fpl*, aiuti *mpl*, *(Hilfskraft)* aiutante *m/f*, assistente *m/f*; **um ~ ersuchen** chiedere aiuto; **~ leisten** aiutare, prestare aiuto, prestare assistenza, fornire assistenza, assistere; **gegenseitige ~** *f* aiuto *m* reciproco; **humanitäre ~** *f* aiuto *m* umanitario, aiuti *mpl* umanitari; **materielle ~** *f* aiuto *m* materiale; **staatliche ~** *f* aiuto *m* statale, aiuto *m* pubblico, sovvenzioni *fpl* statali.

Hilfeleistung *f* (prestazione *f* di) aiuto *m*, (prestazione *f* di) soccorso *m*, (prestazione *f* di) assistenza *f*; **unterlassene ~** *f* *StrafR (§ 323c StGB)* omissione *f* di soccorso; **verweigerte ~** *f* rifiuto *m* di prestare assistenza.

Hilfeleistungsvertrag *m* contratto *m* di assistenza.

Hilfestellung *f* aiuto *m*, assistenza *f*, sostegno *m*; **~ leisten** aiutare, prestare aiuto, prestare assistenza, fornire assistenza, assistere.

Hilfs | antrag *m* *ZivProzR* domanda *f* subordinata, domanda *f* in via subordinata, conclusioni *fpl* subordinate, conclusioni *fpl* in via subordinata; **~arbeiter/in** *m/f* manovale *m*, bracciante *m*; **~beamter** *m* **der Staatsanwaltschaft** *StrafProzR* agente *m* di polizia giudiziaria; **~beweisantrag** *m* *ZivProzR* istanza *f* subordinata di assunzione di prova; **~fonds** *m* fondo *m* di soccorso; **~gelder** *npl* sussidio *m*, sovvenzione *f*; **~gesellschaft** *f* società *f* di soccorso; **~kasse** *f* cassa *f* di mutuo soccorso, cassa *f* ausiliaria; **~konto** *n* conto *m* ausiliario; **~kredit** *m* credito *m* di aiuto, credito *m* assistenziale; **~leistung** *f* (prestazione *f* di) aiuto *m*, (prestazione *f* di) soccorso *m*, (prestazione *f* di) assistenza *f*; **~leistungsvertrag** *m* contratto *m* di assistenza; **~maßnahme** *f* misura *f* di soccorso, misura *f* di assistenza, misura *f* di sostegno, misura *f* di aiuto, provvedimento *m* di aiuto, aiuti *mpl*, azione *f* di soccorso; **~organ** *n* organo *m* ausiliario; **~organisation** *f* organizzazione *f* umanitaria; **~paket** *n EuR* pacchetto *m* di aiuti, pacchetto *m* di salvataggio, piano *m* di salvataggio, programma *m* di salvataggio; **~person** *f* ausiliario/-a *m/f*; **~personal** *n* personale *m* ausiliario; **~polizei** *f* polizia *f* ausiliaria; **~programm** *n* programma *m* di aiuti, programma *m* di assistenza, programma *m* di sostegno; **~richter/in** *m/f ProzR* giudice *m* ausiliare; **~schöffe/-in** *m/f StrafProzR* giudice *m* popolare supplente; **~tätigkeit** *f* attività *f* di assistenza, attività *f* di aiuto, lavoro *m* di aiuto, attività *f* ausiliaria, attività *f* di carattere ausiliario, attività *f* di natura ausiliaria.

hilfsweise *adv* in subordine, in via subordinata.

Hilfs | werk *n* ente *m* assistenziale; **~zuständigkeit** *f* competenza *f* sussidiaria.

Hinblick, im/in ~ [auf *Akk*] riguardo [a], rispetto [a], in relazione [a], in/con riferimento [a], in vista [di], per quanto riguarda, per quanto concerne, (in) quanto [a], in ordine [a], relativamente [a], in merito [a].

hindern *v (abhalten)* impedire, *(hemmen)* ostacolare, contrastare, *(stören)* disturbare, essere di ostacolo a, *(Amtsspr)* ostare, intralciare.

Hindernis *n (Behinderung)* impedimento *m*, ostacolo *m*, barriera *f*, *(Hemmung)* inconveniente *m*, intralcio *m*, intoppo *m*; **gesetzliches ~** *n*; **rechtliches ~** *n* impedimento *m* legale; **unheilbares ~** *n* impedimento *m* dirimente; **unüberwindbares ~** *n* ostacolo *m* insormontabile.

Hinderungs | grund *m* causa *f* ostativa, causa *f* di impedimento, motivo *m* di impedimento, impedimento *m*; **~recht** *n* diritto *m* di impedire.

hindeuten *v* [auf *Akk*] additare, indicare, denotare, alludere [a], accennare [a], far(e) pensare [a].

hinfällig *adj (gegenstandslos)* inconsistente, insussistente, *(ungültig)* non valido, nullo, inoperante, caduco, *(gebrechlich)* cadente, decrepito; **~ werden** decadere, perdere ogni valore, scadere.

Hinfälligkeit *f (Gegenstandslosigkeit)* inconsistenza *f*, *(Ungültigkeit)* nullità *f*, caducità *f*, *(Gebrechlichkeit)* decrepitezza *f*.

Hinfracht *f* nolo *m* di andata.

Hingabe *f SchuldR* dazione *f*; **~** *f* **erfüllungshalber** *SchuldR* dazione *f* pro solvendo, dazione *f* solvendi causa; **~** *f* **an Erfüllungs statt** *SchuldR* dazione *f* in luogo dell'adempimento; **~** *f* **an Zahlungs statt** *SchuldR* dazione *f* in pagamento, datio in solutum *(lat)*.

hinreichend *adj* sufficiente, sufficientemente, a sufficienza, abbastanza.

hinrichten *v* giustiziare.

Hinrichtung *f* esecuzione *f* (capitale); **~** *f* **ohne Verfahren** esecuzione *f* sommaria.

Hinsicht *f* aspetto *m*, riguardo *m*, senso *m*, profilo *m*, punto *m* di vista, lato *m*; **in ~** [auf *Akk*] riguardo [a], rispetto [a], in relazione [a], in/con riferimento [a], in vista [di], per quanto riguarda, per quanto concerne, (in) quanto [a], in ordine [a], relativamente [a], in merito [a]; **in … ~** sul piano, dal lato, dal punto di vista, sotto il profilo, per quanto riguarda (o: concerne) l'aspetto, in termini; **in dieser ~** al riguardo, a questo riguardo, a tale riguardo, a questo proposito, a tale proposito, sotto questo aspetto, sotto tale aspetto, sotto questo profilo, sotto tale profilo; **in finanzieller ~** sul piano finanziario, dal lato finanziario, dal punto di vista finanziario, sotto il profilo finanziario, finanziariamente, per quanto riguarda (o: concerne) l'aspetto finanziario, in termini finanziari, in termini monetari; **in gewisser ~** in un certo senso, da un certo punto di vista, sotto un certo profilo; **in tatsächlicher und rechtlicher ~** di fatto e di diritto.

hinsichtlich *präp* [*Gen*] riguardo [a], rispetto [a], in relazione [a], in/con riferimento [a], in vista [di], per quanto riguarda, per quanto concerne, (in) quanto [a], in ordine [a], relativamente [a], in merito [a].
Hinterbliebenen | bezüge *mpl* assegni *mpl* ai superstiti; **~pension** *f*; **~rente** *f* pensione *f* di reversibilità, pensione *f* reversibile, pensione *f* per i superstiti; **~versicherung** *f* assicurazione *f* a favore dei superstiti.
Hinterbliebene/r *f/m* superstite *m/f*, sopravvissuto/-a *m/f*.
hinterlassen *v ErbR* lasciare (in eredità).
Hinterlassenen | rente *f (CH)* rendita *f* di sopravvivenza, rendita *f* a favore dei superstiti, pensione *f* di reversibilità, pensione *f* reversibile, pensione *f* per i superstiti; **~versicherung** *f (CH)* assicurazione *f* a favore dei superstiti.
Hinterlassene/r *f/m (CH)* superstite *m/f*.
Hinterlassenschaft *f ErbR* eredità *f*, asse *m* ereditario, lascito *m*, successione *f*.
hinterlegen *v* depositare.
Hinterleger/in *m/f* depositante *m/f*.
hinterlegt *part* depositato, in deposito.
Hinterlegung *f* deposito *m*; **gerichtliche ~** *f* deposito *m* giudiziario; **notwendige ~** *f* deposito *m* necessario; **~** *f* **bei Gericht** deposito *m* giudiziario; **~** *f* **einer Marke** deposito *m* di un marchio; **~** *f* **der Ratifikationsurkunden** deposito *m* degli strumenti di ratifica; **~** *f* **der Unterschrift** deposito *m* della firma; **~** *f* **eines Warenzeichens** deposito *m* di un marchio di fabbrica.
Hinterlegungs | befugnis *f* facoltà *f* di deposito; **~benachrichtigung** *f* avviso *m* di deposito; **~bescheinigung** *f (für die Hauptversammlung)* ricevuta *f* di deposito (a custodia); **~bestätigung** *f* certificato *m* di deposito; **~betrag** *m* somma *f* depositata; **~frist** *f* termine *m* di deposito; **~konto** *n* conto *m* di deposito; **~kosten** *pl* spese *fpl* di deposito; **~ort** *m* luogo *m* di deposito; **~pflicht** *f* obbligo *m* di deposito; **~quittung** *f* ricevuta *f* di consegna; **~schein** *m* certificato *m* di deposito; **~stelle** *f* ufficio *m* depositario, cassa *f* incaricata del deposito (di azioni ecc.); **~urkunde** *f* atto *m* di deposito; **~vertrag** *m* contratto *m* di deposito.
Hintermann *m* [1] *(Drahtzieher)* mandante *m*, tirafili *m*, uomo *m* che sta dietro le quinte.
Hintermann *m* [2] *(späterer Wechselinhaber)* giratario *m* susseguente, giratario *m* posteriore.
hinterziehen *v* evadere, sottrarre, frodare.
Hinterziehung *f* evasione *f*, frode *f*; **~** *f* **von Steuern** *SteuerR* evasione *f* fiscale, frode *f* fiscale, evasione *f* delle imposte.
Hinweis *m (Angabe)* indicazione *f*, informazione *f*, segnalazione *f*, *(Rat)* consiglio *m*, avviso *m*, avvertenza *f*, *(kurze Bemerkung)* cenno *m*, *(Andeutung)* allusione *f*, accenno *m*, *(Verweis)* riferimento *m*, rimando *m*, richiamo *m*, rinvio *m*; **unter ~** [auf *Akk*] in/con riferimento [a], facendo riferimento [a], richiamandosi [a], rinviando [a], accennando [a], adducendo, facendo presente; **sachdienliche ~e** *mpl* indicazioni *fpl* utili, informazioni *fpl* utili, informazioni *fpl* al riguardo; **vertraulicher ~** *m* segnalazione *f* confidenziale.
hinweisen *v* [auf *Akk*] *(informieren)* informare, segnalare, ricordare, avvertire, avvisare, *(aufmerksam machen)* far(e) notare, far(e) presente, precisare, puntualizzare, sottolineare, rimandare [a], richiamare l'attenzione [su], *(zeigen)* indicare, mostrare, *(mit dem Finger)* additare.
Hinweispflicht *f* obbligo *m* di informazione, obbligo *m* informativo, obbligo *m* di informare, obbligo *m* di avviso, obbligo *m* di avvertire.
Hinzurechnungsbetrag *m* importo *m* addizionale.
Hinzuwahl *f* cooptazione *f*.
hinzuziehen *v (Sachverständige, Dolmetscher, Übersetzer)* chiamare, consultare, far(e) intervenire,

ricorrere [a], servirsi [di], avvalersi (dell'ausilio/dell'operato/dell'intervento) [di].

Hinzuziehung *f (eines Sachverständigen, Dolmetschers, Übersetzers)* intervento *m*, chiamata *f*, ricorso *m* (all'ausilio di), il servirsi [di], l'avvalersi (dell'ausilio/dell'operato/dell'intervento) [di].

h.M. (*Abk* = **herrschende Meinung**) opinione *f* dominante, dottrina *f* dominante.

HMG (*Abk* = **Heilmittelgesetz**) *(CH) (Bundesgesetz über Arzneimittel und Medizinprodukte)* legge *f* sugli agenti terapeutici *(LATer)* (*legge federale (svizzera) sui medicamenti e i dispositivi medici*).

Hochachtung *f* stima *f*, rispetto *m*, considerazione *f*.

hochachtungsvoll *adv (Brief)* distinti saluti.

Hoch | kommissar *m* Alto Commissario *m*; **~kommissariat** *n* Alto Commissariato *m*; **~kommission** *f* Alta Commissione *f*; **~rechnung** *f (Berechnung)* stima *f*, calcolo *m* estimativo, calcolo *m* previsionale, calcolo *m* approssimativo, *(bei Wahlen)* proiezioni *fpl* elettorali.

Hochschul | abgänger/in *m/f* neolaureato/-a *m/f*; **~abschluss** *m* laurea *f*, diploma *m* di laurea, diploma *m* universitario; **~absolvent/in** *m/f* neolaureato/-a *m/f*; **~bereich** *m* facoltà *f* universitaria, dipartimento *m* universitario; **~diplom** *n* diploma *m* universitario.

Hochschule *f* università *f*, istituto *m* universitario, scuola *f* superiore (*universitaria*), istituto *m* superiore (*universitario*), facoltà *f*, ateneo *m*.

Hochschüler/in *m/f* studente/-essa *m/f* universitario/-a.

Hochschul | grad *m* titolo *m* accademico; **~kooperation** *f* cooperazione *f* universitaria; **~lehrer/in** *m/f* professore/-essa *m/f* universitario/-a; **~partnerschaft** *f* gemellaggio *m* universitario; **~rahmengesetz** *n (D)* (*Abk* = **HRG**) legge *f* quadro (tedesca) sull'istruzione superiore; **~recht** *n* diritto *m* universitario; **~reform** *f* riforma *f* universitaria; **~reife** *f* diploma *m* di maturità, maturità *f*; **~rektorenkonferenz** *f* Conferenza *f* dei Rettori; **~studium** *n* studi *mpl* universitari, corso *m* di studio, corso *m* di studi, corso *m* di laurea; **~wesen** *n* istruzione *f* superiore, istruzione *f* universitaria.

Hochseefischerei *f* pesca *f* d'alto mare.

Hochsicherheits | bereich *m* zona *f* di massima sicurezza; **~gefängnis** *n* carcere *m* di massima sicurezza, supercarcere *m*; **~saal** *m (Gericht)* aula *f* bunker; **~trakt** *m* reparto *m* di massima sicurezza.

Höchst | altersgrenze *f* età *f* massima; **~angebot** *n* offerta *f* massima.

Hochstapler/in *m/f* cavaliere *m* d'industria, filibustiere *m*.

Höchst | arbeitszeit *f ArbR* orario *m* massimo di lavoro, durata *f* massima del lavoro; **~beitrag** *m* contributo *m* massimo.

Höchstbetrag *m* importo *m* massimo, ammontare *m* massimo, *VersR* massimale *m*; **bis zum ~ von** fino a concorrenza di.

Höchstbetrags | bürgschaft *f* fideiussione *f* limitata ad un ammontare massimo, fideiussione *f* con determinazione dell'importo massimo; **~hypothek** *f* ipoteca *f* iscritta nel registro delle ipoteche col solo importo massimo.

Höchst | bietende/r *f/m* maggiore offerente *m/f*, migliore offerente *m/f*; **~dauer** *f* durata *f* massima; **~entlohnung** *f* retribuzione *f* massima; **~gebot** *n* offerta *f* maggiore, offerta *f* più alta, offerta *f* massima, ultima offerta *f*; **~gewicht** *n* peso *m* massimo; **~grenze** *f* limite *m* massimo, tetto *m*, massimale *m*; **~haftungssumme** *f VersR* massimale *m*; **zulässige ~konzentration** *f* concentrazione *f* massima ammissibile; **~kurs** *m* quotazione *f* massima, prezzo *m* massimo, corso *m* massimo; **~ladegewicht** *n* limite *m* di carico; **~leistung** *f* rendimento *m* massimo, produttività *f* massima; **~lohn** *m* salario *m* massimo; **~maß** *n* massimo *m*, misura *f* massima, massimo grado *m*, dimensione *f* massima; **~menge** *f* quantità *f* massima.

höchstpersönlich *adj* personalissimo, di persona, personalmente.

Höchst | preis *m* prezzo *m* massimo, prezzo *m* limite; **~produktion** *f* produzione *f* massima, produzione *f* record.

höchstrichterlich *adj* (di competenza) della corte suprema, dell'ultimo grado (di giudizio).

Höchst | satz *m* tasso *m* massimo, saggio *m* massimo, aliquota *f* massima; **~stand** *m* livello *m* massimo, massimo *m*.

Höchststrafe *f StrafProzR* pena *f* massima, massimo *m* della pena, *(gesetzlich vorgesehen)* massimo *m* edittale (della pena); **gesetzliche ~** *f StrafProzR* massimo *m* edittale (della pena).

Höchst | summe *f* importo *m* massimo, ammontare *m* massimo, *VersR* massimale *m*; **~tarif** *m* tariffa *f* massima, tariffa *f* limite; **~wert** *m* valore *m* massimo, massimo *m*; **~zahlverfahren** *n* sistema *m* maggioritario; **~zölle** *mpl* dazi *mpl* massimi.

höchstzulässig *adj* massimo ammesso, massimo ammissibile, limite.

Hoch | verrat *m StrafR (D: §§ 81 ff. StGB; A: §§ 242 ff. öStGB; CH: Art. 265 sStGB)* alto tradimento *m*; **~verräter/in** *m/f StrafR* reo/-a *m/f* di alto tradimento.

hochverräterisch *adj* di alto tradimento.

hochverschuldet *adj* fortemente indebitato, con un alto livello di indebitamento, che versa in condizioni di grave indebitamento.

Hochwasser *n* inondazione *f*; **~schaden** *m* danno *m* prodotto da un'inondazione, danni *mpl* da inondazione, danni *mpl* da piena; **~versicherung** *f VersR* assicurazione *f* contro le inondazioni.

Höfe | ordnung *f (D)* (*Abk* = **HöfeO**) regolamento *m* (tedesco) sulla successione nei poderi familiari; **~recht** *n* diritto *m* dei poderi familiari, diritto *m* dei masi chiusi *(A)*; **~rolle** *f (A)* registro *m* dei masi chiusi.

Hoffnung, in der ~, dass sperando che, confidando che.

Hoffnungskauf *m* vendita *f* aleatoria.

Höhe *f* altezza *f*, *(Anzahl, Betrag)* ammontare *m*, importo *m*, tasso *m*, quota *f*, entità *f*, livello *m*, quantum *m*, *(Ausmaß)* limite *m*, dimensione *f*, proporzione *f*; **in ~ von** (*Abk* = **i.H.v.**) *(Betrag)* dell'ammontare di, del valore di, dell'importo di, nella misura di, in ragione di, nell'ordine di, di; **angemessene ~** *f* livello *m* ragionevole, importo *m* ragionevole.

hoheitlich *adj* sovrano, autoritario.

Hoheitlichkeit *f (einer Maßnahme)* autoritarietà *f*.

Hoheits | akt *m* atto *m* di sovranità, atto *m* di autorità, atto *m* di impero; **~befugnis** *f* potere *m* di sovranità, potestà *f* di impero, potere *m* di impero; **~betrieb** *m* azienda *f* (pubblica) di servizi pubblici (esente da imposte); **~gebiet** *n* territorio *m* sul quale si esercita la sovranità, territorio *m* nazionale, territorio *m* (dello Stato); **~gewalt** *f* potere *m* di sovranità, sovranità *f*, potere *m* sovrano, potestà *f* di impero; **~gewässer** *n* acque *fpl* territoriali, mare *m* territoriale; **~grenze** *f* limite *m* di sovranità, confine *m* territoriale; **~handlung** *f* atto *m* di sovranità, atto *m* di autorità, atto *m* di impero; **~recht** *n* diritto *m* di sovranità; **~träger** *m* detentore *m* della sovranità; **~verletzung** *f* violazione *f* della sovranità; **~zeichen** *n* insegna *f* di sovranità, simbolo *m* di sovranità, emblema *m* di sovranità, emblema *m* nazionale, emblema *m* dello Stato, *(Hoheitsabzeichen)* distintivo *m* di nazionalità.

Höher | einstufung *f* avanzamento *m*, riqualificazione *f*, superiore inquadramento *m* (contrattuale), inquadramento *m* superiore, inquadramento *m* nel livello superiore, inquadramento *m* in una qualifica superiore, livello *m* di inquadramento superiore, aumento *m* di classe, aumento *m* di grado;

~gruppierung *f (Wechsel von der bisherigen in eine höhere Entgeltgruppe)* passaggio *m* al livello retributivo superiore, inquadramento *m* nel livello retributivo superiore.
höherrangig *adj* di livello superiore, di grado superiore, superiore.
Höherversicherung *f* assicurazione *f* supplementare facoltativa.
Holdinggesellschaft *f GesR* holding *f*, società *f* holding, società *f* madre, società *f* capogruppo, capogruppo *f*, società *f* finanziaria che detiene il controllo di un gruppo di società.
holographisch *adj* olografo.
Holschuld *f SchuldR* debito *m* chiedibile.

Holschuld – Bringschuld – Schickschuld

Holschuld
Debito chiedibile: obbligazione caratterizzata dal fatto che il creditore deve presentarsi al domicilio del debitore (luogo dell'adempimento) e richiedergli la prestazione

Bringschuld
Debito portabile: l'obbligazione deve essere portata dal debitore al domicilio del creditore, che rappresenta il luogo dell'adempimento

Schickschuld
Debito di invio: obbligazione caratterizzata dal fatto che il debitore esegue la prestazione inviando la cosa al domicilio del creditore, che rappresenta il luogo dell'adempimento

Honorand *m* accettante *m* per intervento, interveniente *m*.
Honorant *m* onorante *m*.
Honorar *n* onorario *m*, compenso *m*, retribuzione *f*, competenze *fpl*, spettanze *fpl*, parcella *f*; **~abrede** *f* accordo *m* sul compenso (del professionista), patto *m* sul compenso (al professionista), pattuizione *f* del compenso (professionale), pattuizione *f* dell'onorario (spettante al professionista), onorario *m* convenzionale; **~anspruch** *m* credito *m* per onorari, credito *m* riguardante onorari; **~festsetzung** *f* determinazione *f* del compenso, determinazione *f* dell'onorario, determinazione *f* degli onorari (professionali), liquidazione *f* dell'onorario; **~forderung** *f* credito *m* per onorari, credito *m* riguardante onorari, parcella *f*; **~konsul** *m* console *m* onorario; **~ordnung** *f* tariffa *f*; **~rechnung** *f* parcella *f*; **~vereinbarung** *f* accordo *m* sul compenso (del professionista), patto *m* sul compenso (al professionista), pattuizione *f* del compenso (professionale), pattuizione *f* dell'onorario (spettante al professionista), onorario *m* convenzionale; **~vorschuss** *m* anticipo *m* sulla parcella.
Honorat *m* onorato *m*.
Honoratioren *pl* notabili *mpl*.
honorieren *v* onorare, *(bezahlen)* pagare (un onorario a/per), saldare, retribuire.
Honorierung *f* pagamento *m* (di un onorario), retribuzione *f*.
Hörensagen *n* sentito dire *m*; **vom ~** per sentito dire, de auditu *(lat)*, de relato *(lat)*.
Hotel | aufnahmevertrag *m* contratto *m* di albergo; **~betrieb** *m* azienda *f* alberghiera, albergo *m*; **~gewerbe** *n* industria *f* alberghiera.
HRG (*Abk* = **Hochschulrahmengesetz**) *(D)* legge *f* quadro (tedesca) sull'istruzione superiore.
Hundeabgabe *f (A) SteuerR* imposta *f* sui cani.
Hundertsatz *m* percentuale *f*.
Hundesteuer *f SteuerR* imposta *f* sui cani.
Hupverbot *n* divieto *m* di segnalazioni acustiche.
Hüter *m* [f: Hüterin] tutore *m*, custode *m/f*; **~** *m* **des Gesetzes** tutore *m* della legge; **~** *m* **der Verfassung** tutore *m* della costituzione; **~in** *f* **der Verträge**

EuR (= Europäische Kommission) custode *f* dei trattati.

HV (*Abk* = **Hauptversammlung**) *GesR (einer AG oder KGaA)* assemblea *f* generale (*dei soci di una s.p.a. o s.a.p.a.*), assemblea *f* plenaria, assemblea *f* (sociale), assemblea *f* dei soci, assemblea *f* degli azionisti.

HwO (*Abk* = **Handwerksordnung**) *(D) (Gesetz zur Ordnung des Handwerks)* codice *m* (tedesco) dell'artigianato.

hybrid *adj (Rechtssystem)* ibrido.

Hygiene | schutz *m* tutela *f* igienica; **~vorschriften** *fpl* norme *fpl* igieniche, norme *fpl* in materia di igiene, norme *fpl* sanitarie, disposizioni *fpl* sanitarie.

Hyperinflation *f* iperinflazione *f*.

Hyperocha *f (A)* differenza *f* in più nella realizzazione del pegno da assegnare al debitore.

Hypothek *f KredSichR* ipoteca *f*; **eine ~ ablösen** *KredSichR* purgare un immobile dall'ipoteca su di esso gravante, liberare un immobile dall'ipoteca che *vi* sia iscritta, liberare un bene dai vincoli ipotecari, riscattare un'ipoteca; **eine ~ aufnehmen** [auf *Akk*] *KredSichR* accendere un'ipoteca [su]; **mit einer ~ belasten** *KredSichR* ipotecare; **mit einer ~ belastet** *KredSichR* ipotecato, gravato da ipoteca; **eine ~ bestellen** *KredSichR* costituire un'ipoteca, accendere un'ipoteca, iscrivere un'ipoteca; **eine ~ bewilligen**; **eine ~ einräumen** *KredSichR* concedere un'ipoteca; **eine ~ eintragen** *KredSichR* iscrivere un'ipoteca; **die ~ erlischt** *KredSichR* l'ipoteca si estingue; **eine ~ gewähren** *KredSichR* concedere un'ipoteca; **auf ~ leihen** *KredSichR* prestare su ipoteca; **eine ~ löschen** *KredSichR* cancellare un'ipoteca; **eingetragene ~** *f KredSichR* ipoteca *f* iscritta; **~** *f* **im ersten Rang**; **erste ~** *f*; **erstrangige ~** *f*; **erststellige ~** *f KredSichR* ipoteca *f* di primo grado, prima ipoteca *f* (iscritta su un bene immobile); **gesetzliche ~** *f KredSichR* ipoteca *f* legale; **gleichrangige ~** *f KredSichR* ipoteca *f* di pari grado, ipoteca *f* dello stesso grado, ipoteca *f* iscritta nello stesso grado; **im Rang höherstehende ~** *f KredSichR* ipoteca *f* di grado anteriore, ipoteca *f* di grado superiore; **auf einem Grundstück lastende ~** *f KredSichR* ipoteca *f* immobiliare, ipoteca *f* gravante su un (bene) immobile, ipoteca *f* gravante su un terreno, ipoteca *f* gravante su un fondo, ipoteca *f* gravante su un fabbricato; **nachrangige ~** *f KredSichR* ipoteca *f* di grado posteriore, ipoteca *f* di grado inferiore, ipoteca *f* di grado successivo al primo; **nicht eingetragene ~** *f KredSichR* ipoteca *f* occulta; **~** *f* **im zweiten Rang**; **zweite ~** *f*; **zweitrangige ~** *f*; **zweitstellige ~** *f KredSichR* ipoteca *f* di secondo grado, seconda ipoteca *f* (iscritta su un bene immobile); **~** *f* **kraft Gesetzes** *KredSichR* ipoteca *f* legale; **~** *f* **an einem Grundstück** *KredSichR* ipoteca *f* immobiliare, ipoteca *f* gravante su un (bene) immobile, ipoteca *f* gravante su un terreno, ipoteca *f* gravante su un fondo, ipoteca *f* gravante su un fabbricato; **~** *f* **an einem Luftfahrzeug** *KredSichR* ipoteca *f* aeronautica.

Hypothekar | darlehen *n (A, CH) KredSichR* mutuo *m* ipotecario; **~forderung** *f (A, CH) KredSichR* credito *m* ipotecario; **~gläubiger/in** *m/f (A, CH) KredSichR* creditore *m* ipotecario; **~haftung** *f (A, CH) KredSichR* garanzia *f* ipotecaria.

hypothekarisch *adj KredSichR* ipotecario; **~ belasten** *KredSichR* ipotecare; **~ belastet** *KredSichR* ipotecato, gravato da ipoteca (o: ipoteche).

Hypothekar | klage *f (A, CH) KredSichR* azione *f* ipotecaria; **~kredit** *m (A, CH) KredSichR* credito *m* ipotecario, credito *m* su ipoteca; **~recht** *n (A, CH) KredSichR* diritto *m* ipotecario; **~schuld** *f (A, CH) KredSichR* debito *m* ipotecario; **~schuldner/in** *m/f (A, CH) KredSichR* debitore *m* ipotecario;

~verschreibung *f (A, CH) KredSichR* obbligazione *f* ipotecaria; **~verschuldung** *f (A, CH) KredSichR* indebitamento *m* ipotecario; **~zinsen** *mpl (A, CH) KredSichR* interessi *mpl* ipotecari, interessi *mpl* sul prestito ipotecario, interessi *mpl* (passivi) sul mutuo ipotecario.

Hypotheken | ablösung *f KredSichR* purgazione *f* dell'ipoteca, purgazione *f* delle ipoteche, purgazione *f* ipotecaria, liberazione *f* di un immobile dalle ipoteche su di esso gravanti, liberazione *f* da ipoteca (di un immobile); **~anlage** *f KredSichR* investimento *m* ipotecario; **~anleihe** *f KredSichR* prestito *m* ipotecario; **~aufwertung** *f KredSichR* rivalutazione *f* delle ipoteche; **~bank** *f KredSichR* banca *f* di credito ipotecario, banca *f* di credito fondiario, banca *f* di credito edilizio; **~belastung** *f KredSichR* vincolo *m* ipotecario, onere *m* ipotecario; **~besteller/in** *m/f KredSichR* concedente *m/f* l'ipoteca, datore *m* di ipoteca; **~bestellung** *f KredSichR* costituzione *f* di ipoteca; **~bestellungsurkunde** *f KredSichR* atto *m* costitutivo di ipoteca, atto *m* di ipoteca; **~bewilligung** *f KredSichR* concessione *f* di ipoteca; **~brief** *m KredSichR* titolo *m* ipotecario, certificato *m* di ipoteca; **~buch** *n KredSichR* registro *m* delle ipoteche, registro *m* immobiliare; **~darlehen** *n KredSichR* mutuo *m* ipotecario; **~eintragung** *f KredSichR* iscrizione *f* ipotecaria, iscrizione *f* di (o: dell') ipoteca; **~forderung** *f KredSichR* credito *m* ipotecario.

hypothekenfrei *adj KredSichR* libero da ipoteche, libero da vincoli ipotecari.

Hypotheken | gewährung *f KredSichR* concessione *f* di ipoteca; **~gläubiger/in** *m/f KredSichR* creditore *m* ipotecario; **~klage** *f KredSichR* azione *f* ipotecaria; **~kredit** *m KredSichR* credito *m* ipotecario, credito *m* su ipoteca; **~last** *f KredSichR* vincolo *m* ipotecario, onere *m* ipotecario; **~löschung** *f KredSichR* cancellazione *f* di (o: dell') ipoteca; **~makler/in** *m/f* agente *m* immobiliare; **~markt** *m* mercato *m* ipotecario, mercato *m* delle ipoteche; **~obligation** *f KredSichR* obbligazione *f* ipotecaria; **~pfandbrief** *m KredSichR* cartella *f* di credito ipotecario, cartella *f* fondiaria, cartella *f* edilizia; **~recht** *n KredSichR* diritto *m* ipotecario; **~register** *n KredSichR* registro *m* delle ipoteche iscritte a garanzia delle cartelle emesse dagli istituti di credito immobiliare; **~schuld** *f KredSichR* debito *m* ipotecario; **~schuldner/in** *m/f KredSichR* debitore *m* ipotecario; **~schuldverschreibung** *f KredSichR* obbligazione *f* ipotecaria; **~verschuldung** *f KredSichR* indebitamento *m* ipotecario; **~zinsen** *mpl KredSichR* interessi *mpl* ipotecari, interessi *mpl* sul prestito ipotecario, interessi *mpl* (passivi) sul mutuo ipotecario.

I

i.A. (*Abk* = **im Auftrag**) per procura *(p.p.)*, per.

IAA (*Abk* = **Internationales Arbeitsamt**) Ufficio *m* internazionale del lavoro *(UIL)*.

IAEO (*Abk* = **Internationale Atomenergie-Organisation**) Agenzia *f* internazionale per l'energia atomica *(AIEA)*.

IAO (*Abk* = **Internationale Arbeitsorganisation**) Organizzazione *f* internazionale del lavoro *(OIL / ILO)*.

IATA (*Abk* = **Internationaler Luftverkehrsverband**) Associazione *f* del trasporto aereo internazionale, Associazione *f* internazionale dei trasporti aerei.

IBFG (*Abk* = **Internationaler Bund Freier Gewerkschaften**) Confederazione *f* internazionale dei sindacati liberi *(CISL).*

IBRD / IBWE (*Abk* = **Internationale Bank für Wiederaufbau und Entwicklung**) *(Weltbank)* Banca *f* internazionale per la ricostruzione e lo sviluppo *(BIRS).*

ICAO (*Abk* = **Internationale Zivilluftfahrtorganisation**) Organizzazione *f* internazionale per l'aviazione civile.

ICC (*Abk* = **Internationale Handelskammer**) Camera *f* di commercio internazionale *(CCI).*

IDA (*Abk* = **Internationale Entwicklungsorganisation**) Associazione *f* internazionale per lo sviluppo.

Ideal | ausgleichung *f (CH)*; **~kollation** *f ErbR* collazione *f* per imputazione; **~konkurrenz** *f StrafR* concorso *m* formale di reati, concorso *m* ideale di reati; **~verein** *m (§§ 21 ff., insb. § 55 BGB)* ↔ *wirtschaftlicher Verein* associazione *f* senza fini di lucro.

Identifikationsnummer *f* numero *m* di identificazione, codice *m* di identificazione, codice *m* identificativo; **steuerliche ~** *f SteuerR (auch: Steueridentifikationsnummer, Steuer-Identifikationsnummer, Steuer-ID, IdNr)* codice *m* fiscale.

Identität *f* identità *f*; **die ~ feststellen** accertare l'identità, identificare; **seine ~ nachweisen** provare la propria identità.

Identitäts | ausweis *m (A)* carta *f* d'identità; **~betrug** *m*; **~diebstahl** *m StrafR (missbräuchliche Nutzung personenbezogener Daten (der Identität) einer natürlichen Person durch Dritte)* furto *m* d'identità, furto *m* dell'identità, uso *m* improprio di un'identità (*personale*); **~erklärung** *f* dichiarazione *f* d'identità; **~feststellung** *f* accertamento *m* dell'identità, identificazione *f*; **~irrtum** *m* errore *m* sull'identità; **~karte** *f* carta *f* d'identità; **~klau** *m*; **~missbrauch** *m StrafR (missbräuchliche Nutzung personenbezogener Daten (der Identität) einer natürlichen Person durch Dritte)* furto *m* d'identità, furto *m* dell'identità, uso *m* improprio di un'identità (*personale*); **~nachweis** *m* prova *f* dell'identità, certificato *m* d'identità.

i.d.R. (*Abk* = **in der Regel**) di regola, di norma, normalmente, di solito, solitamente.

IEA (*Abk* = **Internationale Energieagentur**) Agenzia *f* internazionale dell'energia *(AIE).*

i.e.S. (*Abk* = **im eng(er)en Sinn**) in senso (più) stretto.

IFC (*Abk* = **Internationale Finanz-Corporation**) *(Teil der Weltbankgruppe)* Società *f* Finanziaria Internazionale *(SFI).*

IGE (*Abk* = **Eidgenössisches Institut für Geistiges Eigentum**) *(CH) (Bern)* Istituto *m* federale (svizzero) della proprietà intellettuale *(IPI).*

IGH (*Abk* = **Internationaler Gerichtshof**) *(Den Haag)* Corte *f* internazionale di giustizia *(CIG)* (*L'Aja*).

IHK (*Abk* = **Industrie- und Handelskammer**) *(D)* Camera *f* di commercio e industria.

IHR (*Abk* = **Internationales Handelsrecht**) diritto *m* commerciale internazionale.

i.H.v. (*Abk* = **in Höhe von**) *(Betrag)* dell'ammontare di, del valore di, dell'importo di, nella misura di, in ragione di, nell'ordine di, di.

IKEA-Klausel *f (§ 434 Abs. 2 S. 2 BGB)* clausola *f* IKEA.

> **IKEA-Klausel**
> La clausola IKEA prevede che la carenza delle istruzioni di installazione della merce acquistata costituisce un vizio della cosa.

IKRK (*Abk* = **Internationales Komitee vom Roten Kreuz**) Comitato *m* internazionale della Croce Rossa *(CICR).*

Illationsgründung *f GesR* costituzione *f* mediante conferimento in natura.
illegal *adj* illegale.
Illegalität *f* illegalità *f*.
illegitim *adj* illegittimo.
Illegitimität *f* illegittimità *f*.
illiquid *adj* non liquido, illiquido.
Illiquidität *f* mancanza *f* di liquidità, illiquidità *f*.
ILO (*Abk* = **Internationale Arbeitsorganisation**) Organizzazione *f* internazionale del lavoro *(OIL / ILO)*.
immanent *adj* immanente.
Immaterial | güter *npl* beni *mpl* immateriali; **~güterrecht** *n (Rechtsgebiet)* diritto *m* dei beni immateriali; **~güterrechte** *npl* diritti *mpl* immateriali; **~schaden** *m* danno *m* non patrimoniale.
immateriell *adj* immateriale.
imminent *adj (bevorstehend)* imminente.
Immission *f* immissione *f*.
Immissions | schaden *m* danno *m* provocato da immissioni; **~schutz** *m* tutela *f* dalle immissioni, protezione *f* dalle immissioni, protezione *f* dalle sostanze inquinanti, misure *fpl* antinquinamento, controllo *m* dell'inquinamento; **~schutzbeauftragte/r** *f/m* tecnico *m* del controllo ambientale, tecnico *m* abbattimento fumi.
Immobiliar | arrest *m* sequestro *m* immobiliare; **~eigentum** *n* proprietà *f* immobiliare; **~klage** *f* azione *f* immobiliare; **~klausel** *f* disposizione *f* che vieta ai procuratori commerciali di stipulare negozi immobiliari; **~kredit** *m* credito *m* immobiliare; **~kreditgesellschaft** *f* società *f* di credito immobiliare; **~nutzpfand** *n* anticresi *f*; **~pfändung** *f* pignoramento *m* immobiliare; **~recht** *n* diritto *m* immobiliare; **~schaden** *m* danno *m* immobiliare; **~vermögen** *n* patrimonio *m* immobiliare; **~versicherung** *f* assicurazione *f* immobiliare; **~vollstreckung** *f*; **~zwangsvollstreckung** *f* esecuzione *f* (forzata) immobiliare, procedura *f* di esecuzione immobiliare, procedura *f* esecutiva immobiliare, espropriazione *f* (forzata) immobiliare.
Immobilie *f SachenR* immobile *m*, bene *m* immobile, bene *m* immobiliare.
Immobilien *fpl SachenR* immobili *mpl*; **~besitz** *m* proprietà *f* immobiliare; **~büro** *n* agenzia *f* immobiliare; **~fonds** *m* fondo *m* di investimento immobiliare; **~geschäft** *n* operazione *f* immobiliare; **~gesellschaft** *f* società *f* immobiliare; **~handel** *m* compravendita *f* di immobili, compravendita *f* immobiliare, commercio *m* di (beni) immobili; **~händler/in** *m/f* agente *m/f* immobiliare; **~kauf** *m* acquisto *m* di un immobile, vendita *f* di un immobile, vendita *f* immobiliare, compravendita *f* immobiliare; **~käufer/in** *m/f* acquirente *m/f* di un immobile, compratore *m* di un immobile; **~kaufvertrag** *m* contratto *m* di vendita immobiliare, contratto *m* di compravendita immobiliare; **~konto** *n* conto *m* immobiliare; **~leasing** *n* leasing *m* immobiliare; **~makler/in** *m/f* agente *m/f* immobiliare; **~markt** *m* mercato *m* immobiliare; **~verkauf** *m* vendita *f* di un immobile, vendita *f* immobiliare, compravendita *f* immobiliare; **~vermögen** *n* beni *mpl* immobili, patrimonio *m* immobiliare, asset *m* immobiliare; **~verwalter/in** *m/f* amministratore *m* di immobili.
immun *adj* [gegen *Akk*] immune [da].
Immunität *f* immunità *f*; **die ~ aufheben** concedere l'autorizzazione a procedere; **diplomatische ~** *f* immunità *f* diplomatica; **gerichtliche ~** *f* esenzione *f* dalla giurisdizione; **konsularische ~** *f* immunità *f* consolare; **parlamentarische ~** *f* immunità *f* parlamentare, prerogativa *f* parlamentare.
Immunitäts | ausschuss *m (des Parlaments)* giunta *f* per le autorizzazioni a procedere; **~recht** *n* diritto *m* di immunità.

Impf|gesetz *n* legge *f* sulla vaccinazione (obbligatoria); **~pflicht** *f* vaccinazione *f* obbligatoria, obbligo *m* di vaccinazione.

impfpflichtig *adj* soggetto a vaccinazione obbligatoria.

Impf|schaden *m* danno *m* alla salute in seguito a vaccinazione, danno *m* da vaccino, danno *m* vaccinale; **~schein** *m* certificato *m* di vaccinazione.

Impfung *f* vaccinazione *f*.

Impf|zeugnis *n* certificato *m* di vaccinazione; **~zwang** *m* vaccinazione *f* obbligatoria, obbligo *m* di vaccinazione.

implementieren *v* implementare.

Implementierung *f* implementazione *f*.

implizieren *v* implicare.

Import *m (Einfuhr)* importazione *f*; **~beschränkung** *f* limitazione *f* delle importazioni, restrizione *f* delle importazioni, restrizione *f* all'importazione; **~drosselung** *f* freno *m* all'importazione.

Importeur/in *m/f* importatore/-trice *m/f*.

Import-Export *m* import-export *m*; **~geschäft** *n* operazione *f* di import-export, attività *f* di import-export.

Import|finanzierung *f* finanziamento *m* delle importazioni; **~firma** *f* casa *f* di importazioni, ditta *f* importatrice; **~geschäft** *n* operazione *f* di importazione, *(Firma)* ditta *f* importatrice; **~gut** *n* merce *f* importata, merce *f* di importazione, bene *m* importato, bene *m* di importazione; **~handel** *m* commercio *m* di importazione; **~händler** *m* importatore *m*, commerciante *m* in generi di importazione; **~haus** *n* casa *f* di importazioni.

importieren *v* importare, introdurre.

Import|kontingent *n* contingente *m* di importazione, quota *f* di importazione; **~kontingentierung** *f* contingentamento *m* delle importazioni; **~kredit** *m* credito *m* all'importazione; **~kürzung** *f* riduzione *f* delle importazioni; **~land** *n* paese *m* importatore; **~lizenz** *f* licenza *f* di importazione; **~preis** *m* prezzo *m* all'importazione; **~restriktion** *f* restrizione *f* all'importazione; **~schein** *m* certificato *m* di importazione; **~überschuss** *m* eccedenza *f* delle importazioni, surplus *m* di importazioni, eccesso *m* di importazioni; **~verbot** *n* divieto *m* di importazione; **~ware** *f* merce *f* importata, merce *f* di importazione.

Impressum *n (von Buch)* colophon *m* [o: colofone], *(von Internetseite)* credits *pl*.

Impressum
Informazioni che devono essere obbligatoriamente incluse in ogni sito web realizzato in Germania, Austria e Svizzera. Ai sensi del § 5 della Legge tedesca sui mezzi di comunicazione telematici (*TMG*), i siti Internet tedeschi devono contenere le seguenti indicazioni: nome, denominazione o ragione sociale, indirizzo, numero di telefono, e-mail, partita IVA, dati societari, numero di iscrizione al Registro delle Imprese, note legali. Mancando un vero e proprio corrispettivo nella lingua italiana, si consiglia di lasciare il termine tedesco *Impressum* e di spiegare in una nota di cosa si tratta.

Impugnationsklage *f (A)* opposizione *f* all'esecuzione.

Imstichlassen *n* **eines Verletzten** *(A) StrafR (§ 94 öStGB)* omissione *f* di soccorso ad un ferito.

Inanspruchnahme *f (das Gebrauchmachen, Nutzen)* utilizzo *m*, utilizzazione *f*, sfruttamento *m*, impiego *m*, ricorso *m*, il ricorrere, operatività *f*, *(Geltendmachung)* esercizio *m*, richiesta *f*, domanda *f*, rivendicazione *f*, *(des Urlaubs)* godimento *m*, fruizione *f*; **~ *f* der Bürgschaft** *KredSichR* operatività *f* della fideiussione; ~ *f* **des Kredits** ricorso *m* al credito, utilizzo *m* del credito, operatività *f* (*di un credito*); ~ *f* **einer Kreditlinie** ricorso *m* a una linea di credito, utilizzo *m* di una linea di credito; ~ *f* **öffentlicher Mittel** utilizzo *m* di fondi pubblici; ~ *f* **des Schuldners** escussione *f* del debitore; ~ *f* **des Urlaubs** *ArbR* godimento *m* delle ferie, fruizione *f* delle ferie.

Inaugenscheinnahme *f* ispezione *f*.

Inbesitznahme *f* presa *f* di possesso, impossessamento *m*, occupazione *f*.

Inbetrieb | nahme *f*; **~setzung** *f* attivazione *f*, avviamento *m*, messa *f* in funzione, messa *f* in servizio, messa *f* in esercizio, messa *f* a punto, messa *f* in attività, entrata *f* in funzione.

Indemnität *f (§ 36 StGB)* insindacabilità *f* (*prerogativa riconosciuta ai parlamentari, in forza della quale questi ultimi non possono essere chiamati a rispondere delle opinioni espresse e dei voti dati nell'esercizio delle loro funzioni*).

Index *m* indice *m*, elenco *m*; **auf den ~ setzen** mettere all'indice (dei libri proibiti); **gewogener ~** *m* indice *m* ponderato; **wirtschaftlicher ~** *m* indice *m* economico; **~** *m* **der Aktienkurse** indice *m* azionario, indice *m* delle quotazioni azionarie, indice *m* delle azioni; **~** *m* **der Einzelhandelspreise** indice *m* dei prezzi al dettaglio, indice *m* dei prezzi al minuto; **~** *m* **der Großhandelspreise** indice *m* dei prezzi all'ingrosso; **~** *m* **der Industrieproduktion** indice *m* della produzione industriale; **~** *m* **der Industrietätigkeit** indice *m* dell'attività industriale; **~** *m* **der wirtschaftlichen Entwicklung** indice *m* economico.

Index- indicizzato.

Index | anleihe *f* prestito *m* indicizzato; **~bindung** *f* indicizzazione *f*.

indexgebunden *adj* indicizzato.

Index | klausel *f* clausola *f* di indicizzazione; **~lohn** *m* salario *m* indicizzato; **~preis** *m* prezzo *m* indicizzato; **~rente** *f* pensione *f* indicizzata; **~versicherung** *f* assicurazione *f* indicizzata; **~währung** *f* moneta *f* indice, valuta *f* indice; **~zahl** *f*; **~ziffer** *f* numero *m* indice.

Indienst | nahme *f*; **~stellung** *f* messa *f* in servizio.

Indikation *f* indicazione *f*; **ethische ~** *f* indicazione *f* etica; **eugenische ~** *f* indicazione *f* eugenica; **medizinische ~** *f* indicazione *f* medica, indicazione *f* terapeutica; **soziale ~** *f* indicazione *f* sociale.

Indikator *m* indicatore *m*.

Individual | abrede *f VertragsR (§ 305b BGB)* accordo *m* individuale; **~akt** *m* atto *m* individuale; **~anspruch** *m* diritto *m* individuale; **~arbeitsrecht** *n (Verhältnis zwischen dem einzelnen Arbeitgeber und dem einzelnen Arbeitnehmer) (§§ 611 ff. BGB)* diritto *m* del lavoro individuale; **~beschwerde** *f* ricorso *m* individuale; **~eigentum** *n* proprietà *f* individuale; **~einkommen** *n* reddito *m* individuale; **~entscheidung** *f* decisione *f* individuale, decisione *f* personale; **~haftung** *f* responsabilità *f* individuale; **~interesse** *n* interesse *m* individuale.

individualisieren *v (CH)* individuare, specificare.

Individualisierung *f* **der Leistung** *(CH)* individuazione *f* della prestazione.

Individual | leistung *f* prestazione *f* personale; **~lohn** *m* salario *m* individuale; **~recht** *n* diritto *m* personale, diritto *m* individuale, diritto *m* dell'individuo; **~verkehr** *m* traffico *m* individuale; **~versicherung** *f* assicurazione *f* individuale; **~vertrag** *m* contratto *m* individuale; **~zeichen** *n* marchio *m* individuale.

Indiz *n* indizio *m*, segno *m*.

indiziell *adj* indiziario.

Indizien | beweis *m ProzR* prova *f* indiziaria; **~prozess** *m* processo *m* indiziario.

indizieren *v* indicare, essere indizio [di].

indossabel *adj* girabile.
Indossament *n* girata *f*, endorsement *m* *(engl)*; **durch ~ übertragbar** girabile; **mit einem ~ versehen** girare; **unbedingtes ~** *n* girata *f* incondizionata.
Indossamentenkette *f* serie *f* continua di girate.
Indossamentsverbindlichkeiten *fpl* impegni *mpl* di girata.
Indossant/in *m/f* girante *m/f*.
Indossat/in *m/f* = *Indossatar/in* giratario *m*.
indossierbar *adj* girabile.
Indossierbarkeit *f* girabilità *f*.
indossieren *v* girare.
Indossierung *f* girata *f*.
in dubio pro reo *(lat) StrafProzR (im Zweifel für den Angeklagten)* nel dubbio, a favore dell'imputato (*nelle situazioni di incertezza, il presunto colpevole deve essere assolto per non rischiare mai di punire un innocente*).
Indult *m/n (Seekriegsrecht)* indulto *m*; **~frist** *f* termine *m* d'indulto.
Industrie *f* industria *f*; **bodenständige ~** *f* industria *f* legata al suolo; **chemische ~** *f* industria *f* chimica; **einheimische ~** *f* industria *f* locale, industria *f* nazionale; **eisenschaffende ~** *f* industria *f* siderurgica; **elektronische ~** *f* industria *f* elettronica; **exportorientierte ~** *f* industria *f* esportatrice, industria *f* di esportazione; **heimische ~** *f* industria *f* locale, industria *f* nazionale; **metallverarbeitende ~** *f* industria *f* metallurgica; **pharmazeutische ~** *f* industria *f* farmaceutica; **verarbeitende ~** *f*; **weiterverarbeitende ~** *f* industria *f* manifatturiera, industria *f* di trasformazione, industria *f* trasformatrice.
Industrie | abfälle *mpl* rifiuti *mpl* industriali; **~abkommen** *n* accordo *m* industriale; **~abwässer** *npl* acque *fpl* di scarico industriali; **~aktie** *f* azione *f* industriale; **~anlage** *f* impianto *m* industriale; **~ausstellung** *f* esposizione *f* industriale, fiera *f* industriale; **~bank** *f* banca *f* industriale, banca *f* dell'industria; **~beteiligung** *f* partecipazione *f* industriale; **~betrieb** *m* azienda *f* industriale; **~betriebslehre** *f* tecnica *f* industriale; **~erzeugnis** *n* prodotto *m* industriale; **~erzeugung** *f* produzione *f* industriale; **~firma** *f* ditta *f* industriale; **~führer** *m* capitano *m* d'industria; **~gebiet** *n* area *f* industriale, zona *f* industriale, regione *f* industriale; **~geheimnis** *n* segreto *m* industriale; **~gelände** *n* area *f* industriale, zona *f* industriale, regione *f* industriale; **~gewerkschaft** *f* sindacato *m* industriale; **~grundstück** *n* terreno *m* industriale; **~güter** *npl* beni *mpl* industriali; **~investitionen** *fpl* investimenti *mpl* industriali; **~ - und Handelskammer** *f (D)* (*Abk* = **IHK**) Camera *f* di commercio e industria; **Deutscher ~ - und Handelskammertag** *m (D)* (*Abk* = **DIHK**) Associazione *f* delle Camere di commercio e industria tedesche; **~kartell** *n* cartello *m* industriale, consorzio *m* industriale; **~komplex** *m* complesso *m* industriale; **~konzentration** *f* concentrazione *f* industriale; **~konzern** *m* gruppo *m* industriale; **~kredit** *m* credito *m* all'industria, credito *m* industriale; **~kreditbank** *f* banca *f* di credito industriale.
industriell *adj* industriale, industrialmente.
Industrie | müll *m* rifiuti *mpl* industriali; **~nation** *f* paese *m* industriale, paese *m* industrializzato, nazione *f* industrializzata; **~obligation** *f* obbligazione *f* industriale; **~papier** *n* valore *m* industriale; **~patent** *n* brevetto *m* industriale; **~potential** *n* potenziale *m* industriale; **~produkt** *n* prodotto *m* industriale; **~produktion** *f* produzione *f* industriale; **~produktivität** *f* produttività *f* industriale; **~sektor** *m* settore *m* industriale; **~spionage** *f* spionaggio *m* industriale; **~staat** *m* paese *m* industriale, paese *m* industrializzato, Stato *m* industriale, Stato *m* industrializzato; **~tätigkeit** *f* attività *f*

industriale; **~unternehmen** *n* impresa *f* industriale, azienda *f* industriale; **~verband** *m* associazione *f* industriale; **~wachstum** *n* crescita *f* industriale; **~wertpapier** *n* valore *m* industriale; **~zweig** *m* ramo *m* dell'industria, settore *m* dell'industria, settore *m* industriale.

Inempfangnahme *f* presa *f* in consegna.

in flagranti *(lat)* in flagrante, in stato di flagranza, in flagranza (*di reato*).

Inflation *f* inflazione *f*; **die ~ bekämpfen** combattere l'inflazione, contrastare l'inflazione; **die ~ dämpfen** contenere l'inflazione, frenare l'inflazione, ridurre l'inflazione; **galoppierende ~** *f* inflazione *f* galoppante; **hausgemachte ~** *f* inflazione *f* fatta in casa; **nachfragebedingte ~** *f* inflazione *f* da domanda; **schleichende ~** *f* inflazione *f* latente, inflazione *f* strisciante; **steigende ~** *f* inflazione *f* crescente, inflazione *f* in aumento; **versteckte ~** *f* inflazione *f* latente.

inflationär *adj* inflazionistico, inflazionista.

Inflationismus *m* inflazionismo *m*.

inflationistisch *adj* inflazionista, inflazionistico.

Inflationsbekämpfung *f* lotta *f* all'inflazione.

inflationsdämpfend *adj* antinflazionistico [meno com.: antiinflazionistico], antinflativo [o: antinflattivo].

Inflations | dämpfung *f* contenimento *m* dell'inflazione, freno *m* all'inflazione, riduzione *f* dell'inflazione; **~dämpfungsmaßnahme** *f* misura *f* antinflazionistica, provvedimento *m* antinflazionistico; **~druck** *m* spinta *f* inflazionistica, pressione *f* inflazionistica; **~eindämmung** *f* contenimento *m* dell'inflazione, freno *m* all'inflazione, riduzione *f* dell'inflazione; **~erscheinung** *f* fenomeno *m* inflazionistico, fenomeno *m* dell'inflazione; **~gefahr** *f* pericolo *m* inflazionistico, pericolo *m* di inflazione.

inflationshemmend *adj* antinflazionistico [meno com.: antiinflazionistico], antinflativo [o: antinflattivo].

Inflations | krise *f* crisi *f* inflazionistica; **~periode** *f* periodo *m* inflazionistico; **~politik** *f* politica *f* inflazionistica; **~rate** *f* tasso *m* di inflazione; **~spirale** *f* spirale *f* inflazionistica; **~tempo** *n* ritmo *m* dell'inflazione; **~tendenz** *f* tendenza *f* inflazionistica.

inflatorisch *adj* inflazionistico, inflazionista.

infolge *präp* [*Gen*] in seguito [a], a causa [di], per.

infolgedessen *adv* perciò, per tale ragione, quindi.

Informant/in *m/f* informatore/-trice *m/f*.

Information *f* informazione *f*, ragguaglio *m*; **zu Ihrer ~** per Sua/Vs. informazione, a titolo informativo; **~en einholen** chiedere informazioni, raccogliere informazioni, prendere informazioni; **gespeicherte ~en** *fpl* informazioni *fpl* memorizzate, informazioni *fpl* salvate, informazioni *fpl* archiviate, informazioni *fpl* conservate; **objektive ~** *f* informazione *f* oggettiva.

Informations | freiheit *f (Art. 5 GG) → BVerfGE 27, 71: Leipziger Volkszeitung-Entscheidung des Bundesverfassungsgerichts* libertà *f* d'informazione; **~gehalt** *m* contenuto *m* informativo; **~interesse** *n* interesse *m* informativo; **~pflicht** *f* obbligo *m* d'informazione, obbligo *m* informativo, obbligo *m* di fornire informazioni; **~quelle** *f* fonte *f* di informazioni; **~recht** *n* diritto *m* di informazione, diritto *m* all'informazione; **~stelle** *f* ufficio *m* informazioni; **~system** *n* sistema *m* d'informazione, sistema *m* informativo.

Infrastruktur *f* infrastruttura *f*, infrastrutture *fpl*; **soziale ~** *f* infrastrutture *fpl* sociali; **wirtschaftliche ~** *f* infrastruttura *f* economica.

Infrastruktur | investitionen *fpl* investimenti *mpl* infrastrutturali, investimenti *mpl* in infrastrutture;

~kosten *pl* costi *mpl* infrastrutturali, costi *mpl* di infrastruttura, spese *fpl* infrastrutturali; **~maßnahmen** *fpl* misure *fpl* infrastrutturali, interventi *mpl* infrastrutturali; **~politik** *f* politica *f* infrastrutturale, politica *f* delle infrastrutture.

Ingangsetzung *f* **des Verfahrens** avvio *m* del procedimento.

Ingebrauchnahme *f* uso *m*.

Ingerenz *f* ingerenza *f*.

Inhaber *m* [f: Inhaberin] (*Abk* = **Inh.**) *(eines Amtes, Rechts)* titolare *m/f*, *(Kontoinhaber)* intestatario/-a *m/f*, *(von Geschäft)* principale *m/f*, esercente *m/f*, *(Besitzer)* detentore/-trice *m/f*, possessore *m* (precario), *(Eigentümer)* proprietario/-a *m/f*, *(von Wertpapieren)* portatore *m*, *(von Auszeichnungen)* insignito/-a *m/f*; **auf den ~ ausstellen** emettere al portatore; **auf den ~ lauten** essere al portatore; **auf den ~ lautend** al portatore; **alleiniger ~** *m* titolare *m* unico, proprietario *m* unico; **rechtmäßiger ~** *m* legittimo titolare *m*, legittimo proprietario *m*; **~** *m* **eines Amtes** titolare *m* di un ufficio, titolare *m* di una carica, titolare *m* di una funzione pubblica; **~** *m* **eines Anspruchs** avente diritto *m*, avente titolo *m*, titolare *m* di un diritto; **~** *m* **einer Bewilligung** titolare *m* di un'autorizzazione; **~** *m* **eines Diploms** titolare *m* di un diploma, diplomato *m*, *(von Hochschule)* laureato *m*; **~** *m* **einer Genehmigung** titolare *m* di un'autorizzazione; **~** *m* **eines Rechts** avente diritto *m*, avente titolo *m*, titolare *m* di un diritto; **~** *m* **einer Schuldverschreibung** obbligazionista *m*.

Inhaber | aktie *f* azione *f* al portatore; **~anweisung** *f (Postanweisung)* vaglia *m* al portatore, *(Scheck)* assegno *m* al portatore.

inhabergeführt *adj (Unternehmen)* unipersonale.

Inhaber | grundschuld *f* debito *m* fondiario al portatore; **~klausel** *f* clausola *f* al portatore; **~obligation** *f* obbligazione *f* al portatore; **~papier** *n* documento *m* al portatore, titolo *m* al portatore; **~police** *f VersR* polizza *f* (di assicurazione) al portatore; **~rente** *f* rendita *f* al portatore.

Inhaberschaft *f* titolarità *f*, *(Eigentum)* proprietà *f*.

Inhaber | scheck *m* assegno *m* al portatore; **~schuldverschreibung** *f* obbligazione *f* al portatore; **~versicherungspolice** *f VersR* polizza *f* (di assicurazione) al portatore; **~zertifikat** *n* certificato *m* al portatore.

inhaftieren *v StrafProzR* arrestare, trarre in arresto, (in)carcerare.

Inhaftierte/r *f/m StrafProzR* detenuto/-a *m/f*, carcerato/-a *m/f*.

Inhaftierung *f StrafProzR* arresto *m*, carcerazione *f*; **unrechtmäßige ~** *f StrafProzR* arresto *m* illegale; **~** *f* **eines Unschuldigen** *StrafProzR* arresto *m* di un innocente.

Inhaftnahme *f (A, CH) StrafProzR* arresto *m*, carcerazione *f*.

Inhalt *m* contenuto *m*, argomento *m*, soggetto *m*, tenore *m*; **mit folgendem ~** del seguente tenore (letterale), avente il seguente tenore (letterale); **zum ~ haben** avere ad (o: per) oggetto, avere come (o: per) soggetto.

Inhalts | angabe *f*; **~erklärung** *f* dichiarazione *f* del contenuto; **~freiheit** *f VertragsR* → *Gestaltungsfreiheit* libertà *f* di determinare il contenuto del contratto; **~irrtum** *m ZivR (§ 119 Abs. 1 Alt. 1 BGB)* errore vizio *m*, errore motivo *m*, errore *m* sul contenuto; **~verzeichnis** *n* indice *m* (analitico), sommario *m*; **~wert** *m* valore *m* del contenuto.

Inhibitorium *n (Forderungspfändung)* intimazione *f* al debitore di astenersi dal disporre del credito pignorato.

Initiativ | antrag *m* proposta *f* di iniziativa parlamentare; **~begehren** *n (CH)* domanda *f* d'iniziativa *(CH)*, proposta *f* di iniziativa parlamentare; **~bewerbung** *f* candidatura *f* spontanea.

Initiative *f* iniziativa *f*; **aus eigener ~** di propria iniziativa.

Initiativ | gesetzentwurf *m* proposta *f* di legge; **~recht** *n* diritto *m* di iniziativa legislativa.
initiieren *v (in die Wege leiten)* iniziare, dare inizio, avviare, promuovere, varare, lanciare.
Inkasso *n* incasso *m*; **~auftrag** *m* ordine *m* di incasso, mandato *m* di incasso.
inkassobevollmächtigt *adj* munito di procura per l'incasso, autorizzato a incassare.
Inkasso | bevollmächtigte/r *f/m* persona *f* munita di procura per l'incasso, soggetto *m* autorizzato a incassare, procuratore *m* all'incasso; **~büro** *n* agenzia *f* di recupero crediti; **~gebühr** *f* provvigione *f* di incasso; **~geschäft** *n* operazione *f* di incasso; **~gesellschaft** *f* società *f* di recupero crediti; **~indossament** *n* girata *f* per incasso; **~mandat** *n* mandato *m* di incasso, ordine *m* di incasso; **~provision** *f* provvigione *f* di incasso; **~scheck** *m* assegno *m* all'incasso; **~spesen** *pl* spese *fpl* d'incasso; **~tratte** *f* tratta *f* all'incasso; **~vollmacht** *f* delega *f* per l'incasso, procura *f* per l'incasso; **~wechsel** *m* cambiale *f* all'incasso; **~zession** *f* cessione *f* per l'incasso.
inklusive *präp* [*Gen*] (*Abk* = **inkl.**) incluso *(incl.)*, (ivi) compreso.
Inklusivpreis *m* prezzo *m* tutto compreso.
Inkorporation *f* incorporazione *f*.
inkorporieren *v* incorporare.
in Kraft in vigore.
Inkraftbleiben *n* il restare in vigore, il rimanere in vigore, mantenimento *m* in vigore.
in Kraft bleiben *v* restare in vigore, rimanere in vigore.
in Kraft sein *v* essere in vigore, vigere.
in Kraft setzen *v* far(e) entrare in vigore, mettere in vigore, attuare, porre in essere, applicare.
Inkraftsetzung *f* messa *f* in vigore, attuazione *f*, applicazione *f*; **~** *f* **eines Gesetzes** attuazione *f* di una legge.
Inkrafttreten *n* entrata *f* in vigore; **~** *n* **des Gesetzes** entrata *f* in vigore della legge.
in Kraft treten *v* entrare in vigore.
Inländer | behandlung *f* trattamento *m* dei residenti; **~eigenschaft** *f* qualità *f* di residente.
inländisch *adj* nazionale, interno, domestico.
Inlands- nazionale, interno.
Inlands | absatz *m* vendite *fpl* sul mercato interno; **~anlagen** *fpl* investimenti *mpl* all'interno; **~anleihe** *f* prestito *m* nazionale, prestito *m* interno; **~aufenthalt** *m* soggiorno *m* all'interno, residenza *f* all'interno; **~auftrag** *m* commessa *f* dall'interno; **~bedarf** *m* fabbisogno *m* nazionale, fabbisogno *m* interno; **~dienst** *m* servizio *m* interno; **~erzeugnis** *n* prodotto *m* nazionale; **~erzeugung** *f* produzione *f* nazionale; **~gebühr** *f* tassa *f* interna; **~konjunktur** *f* congiuntura *f* nazionale; **~konsum** *m* consumo *m* interno; **~lieferung** *f* fornitura *f* per l'interno; **~markt** *m* mercato *m* interno, mercato *m* nazionale; **~nachfrage** *f* domanda *f* interna; **~preis** *m* prezzo *m* all'interno, prezzo *m* sul mercato interno, prezzo *m* interno, livello *m* dei prezzi interni; **~tarif** *m* tariffa *f* interna; **~verbrauch** *m* consumo *m* interno, consumo *m* nazionale; **~verbraucher/in** *m/f* consumatore *m* nazionale; **~verkaufspreis** *m* prezzo *m* di vendita all'interno; **~verkehr** *m* traffico *m* nazionale, traffico *m* interno, movimento *m* interno; **~verschuldung** *f* indebitamento *m* nazionale; **~versorgung** *f* approvvigionamento *m* interno; **~wechsel** *m* cambiale *f* sull'interno, tratta *f* sull'interno, effetto *m* sull'interno; **~zahlung** *f* pagamento *m* interno; **~zollamt** *n* dogana *f* interna.
innehaben *v* detenere, tenere, avere, *(Amt)* ricoprire, occupare.
Innehabung *f* detenzione *f*, possesso *m* (precario).
Innen | auftrag *m (Betrieb)* richiesta *f* di fabbisogno; **~dienst** *m* organizzazione *f* interna, servizio *m* interno, lavoro *m* in sede; **~finanzierung** *f* finanziamento *m* interno; **~gesellschaft** *f* società *f*

interna, società *f* occulta; **~revision** *f* controllo *m* interno, revisione *f* interna, audit *m* interno; **~umsatz** *m* scambio *m* interno (all'interno della stessa azienda), fatturato *m* interno del gruppo, fatturato *m* intercompany; **~verhältnis** *n* rapporto *m* interno; **~vollmacht** *f* *(§ 167 Abs. 1 Fall 1 BGB) (Bei der Innenvollmacht (internen Vollmacht) erklärt der Vollmachtgeber dem zu Bevollmächtigenden, dass er ihn bevollmächtige)* procura *f* interna (*conferita con dichiarazione unilaterale recettizia del rappresentato nei confronti del rappresentante*).

inner *adj* interno; **~betrieblich** *adj* interno (all'azienda), all'interno dell'azienda, intra-aziendale; **~europäisch** *adj EuR* intereuropeo; **~gemeinschaftlich** *adj EuR* intracomunitario, intercomunitario.

innerhalb *präp* [*Gen*] [auch: innerhalb von (Dat)] *(in einem bestimmten Raum)* in, all'interno di, dentro, *(zeitlich: binnen)* entro, *(während)* durante; **~ einer angemessenen Frist** entro un termine ragionevole.

innerstaatlich *adj* interno, nazionale.

innert *präp* [*Gen/Dat*] *(CH) (binnen, innerhalb)* entro (e non oltre), nel termine di, nel giro di, tra, fra.

Innominat | kontrakt *m*; **~vertrag** *m* = *atypischer Vertrag* contratto *m* innominato, contratto *m* atipico.

Innung *f* corporazione *f*, associazione *f* di categoria.

Innungs | gericht *n* tribunale *m* corporativo; **~krankenkasse** *f* cassa *f* malattia corporativa, cassa *f* malattia di categoria; **~satzung** *f* statuto *m* della corporazione; **~schein** *m* certificato *m* rilasciato da una corporazione; **~schiedsgericht** *n* tribunale *m* arbitrale della corporazione; **~spruchbehörde** *f* tribunale *m* corporativo; **~wesen** *n* corporativismo *m*.

Inobhutnahme *f* custodia *f*.

inoffiziell *adj (nicht amtlich)* non ufficiale, ufficioso, ufficiosamente, *(vertraulich)* confidenziale.

Inpfandnahme *f* presa *f* in pegno.

inquirieren *v* inquisire.

Inquisition *f* inquisizione *f*.

Inquisitions | grundsatz *m*; **~maxime** *f*; **~prinzip** *n* principio *m* inquisitorio.

Inrechnungstellung *f* messa *f* in conto.

Insasse/-in *m/f*[1] *StrafProzR (Häftling)* detenuto/-a *m/f*, carcerato/-a *m/f*, recluso/-a *m/f*.

Insasse/-in *m/f*[2] *TransportR (eines Verkehrsmittels)* passeggero/-a *m/f*, occupante *m/f*.

Insasse/-in *m/f*[3] *(einer Anstalt)* ospite *m/f*, pensionante *m/f*.

Insassenversicherung *f VersR* assicurazione *f* delle persone trasportate su automobili o aeromobili, assicurazione *f* passeggeri.

insbesondere *adv* soprattutto, particolarmente, specialmente, in special modo, segnatamente.

Insich | geschäft *n (§ 181 BGB)* contratto *m* con se stesso; **~prozess** *m* processo *m* promosso contro se stesso (da soggetto che riveste contemporaneamente qualità differenti).

InsO (*Abk* = **Insolvenzordnung**) *(D) InsolvenzR* legge *f* fallimentare (tedesca).

insofern *konj* per quanto, nella misura in cui, se, nel caso in cui, nell'ipotesi in cui, qualora, purché; **~ ..., als** nella misura in cui, (solo) in quanto, (solo) per il fatto che.

insofern *adv (diesbezüglich)* riguardo a ciò, a tale riguardo, a questo riguardo, su questo punto, in questo, per questo, in quanto a ciò, *(demzufolge)* quindi.

insolvent *adj (D, A) InsolvenzR* insolvente, insolvibile, in stato di insolvenza, fallito.

Insolvenz *f (D, A) InsolvenzR → CH: Konkurs* insolvenza *f*, stato *m* di insolvenza, insolvibilità *f*, fallimento *m*; **die ~ abwenden** *(D, A) InsolvenzR* evitare il fallimento; **~ anmelden**; **~ beantragen** *(D, A) InsolvenzR* chiedere la dichiarazione di fallimento, presentare (o: depositare) il ricorso (per la dichiarazione) di fallimento, presentare (o: proporre/depositare) istanza (per la dichiarazione) di fallimento.

Insolvenz | anfechtung *f (D, A) InsolvenzR* revocatoria *f* fallimentare; **~anfechtungsklage** *f (D, A) InsolvenzR* azione *f* revocatoria fallimentare; **~anmeldung** *f (D, A) InsolvenzR* presentazione *f* (o: deposito) del ricorso (per la dichiarazione) di fallimento, presentazione *f* (o: deposito) dell'istanza (per la dichiarazione) di fallimento.

Insolvenzantrag *m (D, A) InsolvenzR (durch den Schuldner und Gläubiger)* ricorso *m* (per la dichiarazione) di fallimento, istanza *f* (per la dichiarazione) di fallimento, istanza *f* fallimentare, *(durch die Staatsanwaltschaft)* richiesta *f* (di dichiarazione) di fallimento; **~stellen** *(D, A) InsolvenzR (durch den Schuldner und Gläubiger)* chiedere la dichiarazione di fallimento, presentare (o: depositare) il ricorso (per la dichiarazione) di fallimento, presentare (o: proporre/depositare) istanza (per la dichiarazione) di fallimento, *(durch die Staatsanwaltschaft)* presentare la richiesta (di dichiarazione) di fallimento.

Insolvenz | delikt *n (D, A) StrafR* reato *m* fallimentare; **~erklärung** *f (CH) InsolvenzR* dichiarazione *f* di insolvenza *(CH)*, dichiarazione *f* dello stato di insolvenza; **~eröffnung** *f (D, A) InsolvenzR* apertura *f* del fallimento, apertura *f* della procedura fallimentare; **~eröffnungsantrag** *m (D, A) InsolvenzR (durch den Schuldner und Gläubiger)* ricorso *m* (per la dichiarazione) di fallimento, istanza *f* (per la dichiarazione) di fallimento, istanza *f* fallimentare, *(durch die Staatsanwaltschaft)* richiesta *f* (di dichiarazione) di fallimento; **~forderung** *f (D, A) InsolvenzR* credito *m* fallimentare, credito *m* ammesso al passivo (fallimentare/del fallimento); **~geld** *n (D, A) InsolvenzR (früher: Konkursausfallgeld)* indennità *f* di mancata retribuzione (*in caso di insolvenza del datore di lavoro*); **~gericht** *n (D, A) InsolvenzR* tribunale *m* fallimentare; **~gläubiger/in** *m/f (D, A) InsolvenzR* creditore *m* (*della massa fallimentare*); **~masse** *f (D, A) InsolvenzR* massa *f* fallimentare; **~ordnung** *f* (*Abk* = **D: InsO; A: IO**) *InsolvenzR (D: Die Insolvenzordnung ist am 1. Januar 1999 in Kraft getreten. Die Insolvenzordnung hat die bisherige Konkurs- und die Vergleichsordnung, sowie in den neuen Bundesländern die Gesamtvollstreckungsordnung abgelöst und ein für die ganze Bundesrepublik einheitliches Insolvenzrecht geschaffen; A: Bundesgesetz über das Insolvenzverfahren. Die am 1. Juli 2010 in Kraft getretene Insolvenzordnung löste die beiden bisherigen Gesetze (die Konkursordnung für ordentliche Konkursverfahren und die Ausgleichsordnung für Ausgleichsverfahren zur Unternehmenssanierung) ab)* legge *f* fallimentare; **~plan** *m (D, A) InsolvenzR (zur Firmensanierung)* piano *m* di risanamento; **~recht** *n (D, A)* diritto *m* fallimentare; **~richter/in** *m/f (D, A) InsolvenzR* giudice *m* delegato *(G.D.)* (*al fallimento*); **~schuldner/in** *m/f (D, A) InsolvenzR* fallito/-a *m/f*; **~strafrecht** *n StrafR* diritto *m* penale fallimentare; **~straftat** *f (D, A) StrafR* reato *m* fallimentare; **~tabelle** *f (D, A) InsolvenzR* elenco *m* dei crediti insinuati al passivo del fallimento, elenco *m* delle domande di ammissione dei crediti al passivo fallimentare.

Insolvenzverfahren *n (D, A) InsolvenzR* procedura *f* fallimentare, procedura *f* di fallimento, procedimento *m* fallimentare, rito *m* fallimentare, procedura *f* concorsuale; **Gesetz** *n* **zur Vereinfachung des ~s** *(D)* (*Abk* = **InsVerfVereinfG**) *InsolvenzR* legge *f* (tedesca) di semplificazione delle procedure fallimentari.

Insolvenz | verfahrenseröffnung *f (D, A) InsolvenzR* apertura *f* del fallimento, apertura *f* della procedura fallimentare; **Europäische ~verordnung** *f* (*Abk* = **EU-Insolvenzverordnung /**

EuInsVO) *EuR (Neufassung 2015) → s. Anhang 3 a)* Regolamento *m* (UE) 2015/848 del Parlamento europeo e del Consiglio, del 20 maggio 2015, relativo alle procedure di insolvenza; **~verwalter/in** *m/f (D, A) InsolvenzR* curatore *m* fallimentare, curatore *m* del fallimento.

insoweit *konj* per quanto, nella misura in cui, se, nel caso in cui, nell'ipotesi in cui, qualora, purché; **~ …, als** nella misura in cui, (solo) in quanto, (solo) per il fatto che.

insoweit *adv (diesbezüglich)* riguardo a ciò, a tale riguardo, a questo riguardo, su questo punto, in questo, per questo, in quanto a ciò, *(demzufolge)* quindi.

Inspekteur/in *m/f* ispettore *m*.

Inspektion *f* ispezione *f*.

Inspektionszertifikat *n* certificato *m* di ispezione.

Inspizierungsrecht *n* diritto *m* di ispezione.

instandhalten *v* tenere in buono stato.

Instand | haltung *f* manutenzione *f*; **~haltungskosten** *pl* spese *fpl* di manutenzione; **~setzung** *f* riparazione *f*, miglioria *f*, restauro *m*, restaurazione *f*; **~setzungskosten** *pl* spese *fpl* di riparazione.

Instanz *f ProzR* grado *m* (*di giudizio*), istanza *f* (*poco comune*); **erste ~** *f ProzR* primo grado *m* (*del procedimento*), prima istanza *f*; **gerichtliche ~** *f ProzR* procedimento *m* giudiziario; **höchste ~** *f ProzR* massimo grado *m*, ultimo grado *m* (*di giudizio*), massima istanza *f* (*giurisdizionale*), ultima istanza *f*; **höhere ~** *f ProzR* grado *m* superiore (*del procedimento*), istanza *f* superiore, giudice *m* ad quem (*giudice a cui: indica il giudice competente a decidere sulla impugnazione del provvedimento emesso dal giudice a quo*); **letzte ~** *f ProzR* ultimo grado *m* (*di giudizio*), ultima istanza *f*; **untere ~** *f ProzR* giudice *m* a quo (*giudice da cui: indica il giudice che ha emesso il provvedimento impugnato che verrà esaminato dal giudice ad quem*); **zweite ~** *f ProzR* secondo grado *m*, grado *m* di appello.

Instanzenzug *m ProzR* via *f* gerarchica, tutti i vari gradi *mpl* di giudizio esperibili, successione *f* dei gradi del procedimento; **administrativer ~** *m* via *f* gerarchica amministrativa.

Instanz | gericht *n ProzR* giudice *m* della causa, giudice *m* di primo grado, giudice *m* di merito; **~vollmacht** *f ProzR* procura *f* rilasciata per un solo grado del procedimento.

Institut *n* istituto *m*, istituzione *f*, organismo *m*; **Deutsches ~** *n* **für Normung** *(D)* (*Abk* = **DIN**) Istituto *m* tedesco per la normazione (*organizzazione tedesca che si occupa della definizione di norme tecniche*); **Eidgenössisches ~** *n* **für Geistiges Eigentum** *(CH)* (*Abk* = **IGE**) *(Bern)* Istituto *m* federale (svizzero) della proprietà intellettuale *(IPI)*; **Eidgenössisches ~** *n* **für Metrologie** *(CH)* (*Abk* = **METAS**) Istituto *m* federale (svizzero) di metrologia *(METAS)*; **Fraunhofer ~** *n (D)* Istituto *m* Fraunhofer; **~** *n* **für Internationales Recht** Istituto *m* di diritto internazionale; **Internationales ~** *n* **für die Vereinheitlichung des Privatrechts** (*Abk* = **UNIDROIT**) *IPR (Rom)* Istituto *m* internazionale per l'unificazione del diritto privato; **Max-Planck- ~** *n* **für ausländisches und internationales Privatrecht** *(D) IPR (Hamburg)* Istituto *m* Max Planck di diritto privato comparato e internazionale.

Institution *f* istituzione *f*, istituto *m*, organismo *m*, sistema *m*; **staatliche ~** *f* istituzione *f* pubblica.

institutionell *adj* istituzionale.

Instradierung *f (A)* instradamento *m*.

instruieren *v* istruire, *(Anweisungen geben)* dare istruzioni, dare direttive, *(in Kenntnis setzen)* informare.

Instruktion *f* istruzione *f*, direttiva *f*.

Instruktionsrichter/in *m/f (CH) ProzR* giudice *m* delegato *(CH)*, giudice *m* dell'istruzione *(CH)*, *ZivProzR* giudice *m* istruttore (*civile*) *(I)*.

Instrument *n* strumento *m*, mezzo *m*; **juristisches ~** *n* strumento *m* giuridico.

InsVerfVereinfG (*Abk* = **Gesetz zur Vereinfachung des Insolvenzverfahrens**) *(D) InsolvenzR* legge *f* (tedesca) di semplificazione delle procedure fallimentari.

Intabulation *f (A)* intavolazione *f*.

intabulieren *v (A)* iscrivere, intavolare.

Integration *f* integrazione *f*; **~** *f* **der Ausländer** integrazione *f* degli stranieri; **europäische ~** *f EuR* integrazione *f* europea; **Motor** *m* **der europäischen ~** *EuR* motore *m* dell'integrazione europea; **gesellschaftliche ~** *f*; **soziale ~** *f* integrazione *f* sociale; **vertikale ~** *f* integrazione *f* verticale; **wirtschaftliche ~** *f* integrazione *f* economica.

Integrationsprozess *m* processo *m* di integrazione.

integrieren *v* integrare.

Integrierung *f* integrazione *f*.

Integrität *f* integrità *f*; **körperliche ~** *f* integrità *f* fisica; **territoriale ~** *f* integrità *f* territoriale.

interalliiert *adj* interalleato.

Inter | bankensatz *m*; **~bankrate** *f* tasso *m* interbancario; **~dependenz** *f* interdipendenza *f*.

Interesse *n* interesse *m*; **ein ~ verletzen** ledere un interesse; **allgemeines ~** *n*; **~** *n* **der Allgemeinheit** interesse *m* pubblico, pubblico interesse *m*, interesse *m* generale, interesse *m* collettivo, interesse *m* comune; **berechtigtes ~** *n* interesse *m* legittimo; **besonderes öffentliches ~** *n* **an der Strafverfolgung** *StrafProzR* particolare interesse *m* pubblico all'esercizio dell'azione penale; **dienstliches ~** *n* motivo *m* di servizio; **fehlendes ~** *n* mancanza *f* di interesse, scarso interesse *m*; **gesamtstaatliches ~** *n* interesse *m* nazionale; **mangelndes ~** *n* mancanza *f* di interesse, scarso interesse *m*; **negatives ~** *n (Vertrauensschaden im Schadenersatzrecht)* interesse *m* negativo; **öffentliches ~** *n* interesse *m* pubblico, pubblico interesse *m*, pubblica utilità *f*; **positives ~** *n (Erfüllungsinteresse, Nichterfüllungsschaden)* interesse *m* positivo; **qualifiziertes ~** *n* interesse *m* qualificato; **rechtliches ~** *n* interesse *m* giuridico; **rechtlich geschütztes ~** *n* interesse *m* legittimo; **rechtserhebliches ~** *n* interesse *m* giuridicamente rilevante; **versicherbares ~** *n* interesse *m* assicurabile; **vorrangiges ~** *n* interesse *m* prioritario; **wirtschaftliches ~** *n* interesse *m* economico.

Interessen *npl* interessi *mpl*; **die ~ vertreten**; **die ~ wahren**; **die ~ wahrnehmen** salvaguardare gli interessi, tutelare gli interessi, curare gli interessi, difendere gli interessi; **entgegengesetzte ~** *npl* interessi *mpl* contrapposti, interessi *mpl* opposti, interessi *mpl* contrastanti, interessi *mpl* in conflitto, interessi *mpl* confliggenti; **lebenswichtige ~** *npl* interessi *mpl* vitali.

Interessen | abwägung *f* bilanciamento *m* degli interessi in conflitto, bilanciamento *m* di interessi; **~ausgleich** *m* composizione *f* degli interessi, compromesso *m*; **~gegensatz** *m* contrapposizione *f* di interessi, contrasto *m* di interessi, conflitto *m* di interessi, divergenza *f* di interessi; **~gemeinschaft** *f* comunione *f* di interessi, comunità *f* di interessi, insieme *m* di persone con interessi comuni, *(von Unternehmen)* consorzio *m*, sindacato *m*, pool *m*, *(Interessengruppe)* gruppo *m* di interesse, gruppo *m* di pressione, lobby *f*; **~gruppe** *f* gruppo *m* di interesse, gruppo *m* di pressione, lobby *f*; **~jurisprudenz** *f* giurisprudenza *f* degli interessi; **~kollision** *f* conflitto *m* di interessi, collisione *f* di interessi; **~konflikt** *m* conflitto *m* di interessi.

Interessennahme *f* interessenza *f*.

Interessen | quote *f* quota *f* d'interessenza; **~sphäre** *f* sfera *f* di interessi.

Interessent/in *m/f* interessato/-a *m/f*, persona *f* interessata, soggetto *m* interessato, *(Kaufinteressent)*

potenziale acquirente *m/f*, possibile acquirente *m/f*.
Interessen | übereinstimmung *f* convergenza *f* degli interessi; **~verband** *m* cartello *m*, consorzio *m*, pool *m*, comunione *f* di interessi, associazione *f* di interesse, gruppo *m* di interesse.
Interessenvereinigung *f* cartello *m*, consorzio *m*, pool *m*, comunione *f* di interessi, associazione *f* di interesse, gruppo *m* di interesse; **Europäische Wirtschaftliche ~** *f* (*Abk* = **EWIV**) *EuR* Gruppo *m* europeo di interesse economico *(GEIE)*.
Interessen | vertreter/in *m/f* rappresentante *m/f* degli interessi, difensore *m* degli interessi, lobbista *m/f*; **~vertretung** *f* rappresentanza *f* degli interessi, difesa *f* degli interessi, tutela *f* degli interessi, salvaguardia *f* degli interessi, *(Interessengruppe)* lobby *f*; **~wahrnehmung** *f*; **~wahrung** *f* tutela *f* degli interessi, salvaguardia *f* degli interessi, difesa *f* degli interessi; **~widerstreit** *m* conflitto *m* di interessi, opposizione *f* di interessi.
interfraktionell *adj* intergruppo.
interimistisch *adj* interinale, ad interim, interinalmente.
Interims | aktie *f* certificato *m* provvisorio; **~dividende** *f* acconto *m* di dividendo, dividendo *m* provvisorio; **~konto** *n* conto *m* provvisorio, conto *m* transitorio, conto *m* d'ordine; **~quittung** *f* ricevuta *f* provvisoria; **~regierung** *f* governo *m* ad interim; **~schein** *m* certificato *m* provvisorio; **~wechsel** *m* cambiale *f* provvisoria.
Interkalarzinsen *mpl* interessi *mpl* intercalari.
interkantonal *adj (CH)* intercantonale.
Intermediär/in *m/f* intermediario/-a *m/f*.
interministeriell *adj* interministeriale.
Internuntius *m* internunzio *m*.
interparlamentarisch *adj* interparlamentare.
Interpellant/in *m/f* interpellante *m/f*.
Interpellation *f* interpellanza *f*.
Interpellationsrecht *n* diritto *m* d'interpellanza.
interpellieren *v* interpellare.
INTERPOL (*Abk* = **Internationale kriminalpolizeiliche Organisation**) Organizzazione *f* internazionale della polizia criminale.
Interpretation *f (Auslegung)* interpretazione *f*; **authentische ~** *f* interpretazione *f* autentica; **doktrinelle ~** *f* interpretazione *f* dottrinale; **extensive ~** *f* interpretazione *f* estensiva; **historische ~** *f* interpretazione *f* storica; **logische ~** *f* interpretazione *f* logica; **restriktive ~** *f* interpretazione *f* restrittiva; **wissenschaftliche ~** *f* interpretazione *f* dottrinale.
Interpretationsvorschrift *f* norma *f* di interpretazione, norma *f* interpretativa.
interpretieren *v (auslegen)* interpretare.
Interregnum *n* interregno *m*.
Intervenient/in *m/f ZivProzR* interveniente *m/f*, terzo *m* interveniente, parte *f* interveniente.
intervenieren *v* intervenire.
Intervenieren *n* intervento *m*.
Intervention *f ZivProzR (§§ 64 ff. ZPO)* intervento *m* (*di terzi nel processo*); **bewaffnete ~** *f* intervento *m* armato; **diplomatische ~** *f* intervento *m* diplomatico; **humanitäre ~** *f* intervento *m* umanitario; **militärische ~** *f* intervento *m* militare.
Interventionismus *m* interventismo *m*.
Interventionist/in *m/f* interventista *m/f*.
interventionistisch *adj* interventista.
Interventions | akzept *n* accettazione *f* per intervento; **~akzeptant/in** *m/f* accettante *m/f* per intervento; **~annahme** *f* accettazione *f* per intervento; **~befugnis** *f* potere *m* di intervento; **~fonds** *m* fondo *m* di intervento; **~handlung** *f* atto *m* di intervento; **~kauf** *m* acquisto *m* di sostegno; **~klage** *f (D) ZivProzR (Drittwiderspruchsklage)* opposizione *f* di terzo; **~konsortium** *n* consorzio *m* di intervento; **~krieg** *m* guerra *f* di intervento; **~maßnahme** *f* misura *f* di intervento; **~politik** *f* politica *f*

interventista, interventismo *m*; **~preis** *m* prezzo *m* di intervento; **~provision** *f* provvigione *f* di intervento; **~punkt** *m* limite *m* di intervento; **~recht** *n* diritto *m* di intervento; **~schrift** *f* comparsa *f* di intervento; **~zahlung** *f* pagamento *m* per intervento.

Interzession *f* intercessione *f*.

Intestat | erbe/-erbin *m/f ErbR* erede *m/f* ab intestato; **~erbfolge** *f*; **~erbgang** *m*; **~erbrecht** *n*; **~verlassenschaft** *f (A) ErbR* successione *f* intestata.

Intimsphäre *f VerfR* sfera *f* intima, sfera *f* della riservatezza, sfera *f* privata, sfera *f* personale, privacy *f*, intimità *f*, riservatezza *f*.

Invaliden | fürsorge *f* assistenza *f* agli invalidi; **~pension** *f*; **~rente** *f* pensione *f* di invalidità; **~rentner/in** *m/f* titolare *m/f* di una pensione di invalidità; **~versicherung** *f* assicurazione *f* contro l'invalidità, assicurazione *f* di invalidità, assicurazione *f* per l'invalidità.

Invalidität *f* invalidità *f*; **dauernde ~** *f* invalidità *f* permanente; **teilweise ~** *f* invalidità *f* parziale; **vollständige ~** *f* invalidità *f* totale; **vorübergehende ~** *f*; **zeitweilige ~** *f* invalidità *f* temporanea.

Invaliditäts | grad *m* grado *m* di invalidità; **~rente** *f* pensione *f* di invalidità, rendita *f* di invalidità; **~versicherung** *f* assicurazione *f* contro l'invalidità, assicurazione *f* di invalidità, assicurazione *f* per l'invalidità; **~zusatzversicherung** *f* assicurazione *f* complementare contro l'invalidità.

Inventar *n* inventario *m*; **ein ~ aufnehmen**; **ein ~ aufstellen**; **ein ~ errichten** fare un inventario, redigere un inventario, formare un inventario, compilare un inventario, inventariare; **lebendes ~** *n* scorte *fpl* vive; **öffentliches ~** *n (CH)* beneficio *m* d'inventario, inventario *m* per atto pubblico *(CH)*; **totes ~** *n* scorte *fpl* morte.

Inventar | aufnahme *f*; **~aufstellung** *f* redazione *f* dell' (o: di) inventario, formazione *f* dell'inventario, compilazione *f* dell'inventario, inventariazione *f*; **~bewertung** *f* valutazione *f* dell'inventario; **~buch** *n* libro *m* degli inventari; **~erbe/-erbin** *m/f ErbR* erede *m* beneficiato, erede *m* che accetta l'eredità con beneficio d'inventario; **~errichtung** *f* redazione *f* dell' (o: di) inventario, formazione *f* dell'inventario, compilazione *f* dell'inventario, inventariazione *f*; **~frist** *f* termine *m* per la redazione dell'inventario; **~gegenstand** *m* oggetto *m* di inventario, oggetto *m* inventariato, articolo *m* inventariato.

Inventarisation *f* inventariazione *f*, redazione *f* dell' (o: di) inventario, formazione *f* dell'inventario, compilazione *f* dell'inventario.

inventarisieren *v* inventariare, fare l'inventario, redigere l'inventario, formare l'inventario, compilare l'inventario.

Inventarisierung *f* inventariazione *f*, redazione *f* dell' (o: di) inventario, formazione *f* dell'inventario, compilazione *f* dell'inventario.

Inventarium *n (A)* inventario *m*.

Inventar | konto *n* conto *m* mobili e arredamenti; **~liste** *f* lista *f* di inventario, inventario *m*; **~posten** *m* partita *f* di inventario, articolo *m* inventariato, oggetto *m* inventariato; **~recht** *n* beneficio *m* d'inventario; **~stück** *n* oggetto *m* di inventario, oggetto *m* inventariato, articolo *m* inventariato; **~verzeichnis** *n* inventario *m*, libro *m* degli inventari; **~wert** *m* valore *m* di inventario.

Inventur *f* inventariazione *f*, redazione *f* dell' (o: di) inventario, formazione *f* dell'inventario, compilazione *f* dell'inventario, *(Inventar)* inventario *m*; **~ausverkauf** *m* liquidazione *f*, svendita *f*; **~kosten** *pl* spese *fpl* di inventario; **~verkauf** *m* liquidazione *f*, svendita *f*.

Inverkehrbringen *n* messa *f* in circolazione.

Inverwahrungnahme *f* presa *f* in custodia.

Inverzugsetzung *f SchuldR* costituzione *f* in mora, messa *f* in mora (*del debitore*).

investieren *v* investire.
Investierung *f* investimento *m*.
Investition *f (Anlage)* investimento *m*; **öffentliche ~** *f* investimento *m* pubblico; **private ~** *f* investimento *m* privato; **produktive ~** *f* investimento *m* produttivo.
Investitionen *fpl* investimenti *mpl*; **~ tätigen**; **~ vornehmen** fare investimenti, investire; **~** *fpl* **im Anlagevermögen** investimenti *mpl* in beni patrimoniali; **~** *fpl* **im Ausland** investimenti *mpl* all'estero; **ausländische ~** *fpl* investimenti *mpl* esteri.
Investitions | anreiz *m* incentivazione *f* agli investimenti, incentivo *m* agli investimenti, incentivo *m* a investire, stimolo *m* agli investimenti; **~aufwendungen** *fpl*; **~ausgaben** *fpl* spese *fpl* di investimento.
Investitionsbank *f* banca *f* di investimento; **Europäische ~** *f* (*Abk* = **EIB**) *EuR* Banca *f* europea per gli investimenti *(BEI)*.
Investitions | bedarf *m* necessità *f* di investimenti, necessità *fpl* di investimento, necessità *fpl* in termini di investimenti, investimenti *mpl* necessari, esigenze *fpl* di investimento, fabbisogno *m* di investimenti; **~finanzierung** *f* finanziamento *m* degli investimenti; **~fonds** *m* fondo *m* di investimento; **~förderung** *f* promozione *f* degli investimenti; **~geschäft** *n* investimento *m*, operazione *f* di investimento; **~gesellschaft** *f* società *f* di investimenti; **~güter** *npl* beni *mpl* strumentali, beni *mpl* di investimento; **~kapital** *n* capitale *m* di investimento; **~klima** *n* clima *m* di investimento; **~kosten** *pl* costo *m* dell'investimento; **~kredit** *m* credito *m* di investimento; **~leistungen** *fpl* investimenti *mpl* effettuati; **~lenkung** *f* direzione *f* degli investimenti; **~mittel** *npl* investimenti *mpl*; **~nachfrage** *f* domanda *f* di investimenti; **~neigung** *f* propensione *f* a investire; **~plan** *m* piano *m* di investimenti; **~politik** *f* politica *f* degli investimenti; **~programm** *n* programma *m* di investimenti; **~quote** *f*; **~rate** *f* tasso *m* degli investimenti; **~tätigkeit** *f* attività *f* di investimento; **~träger** *m* ente *m* investitore; **~vorhaben** *n* progetto *m* di investimento; **~zulage** *f* indennità *f* di investimento; **~zuschüsse** *mpl* contributi *mpl* agli investimenti.
Investitur *f* investitura *f*.
Investment *n* investimento *m*; **~anteil** *m* quota *f* di un fondo comune di investimento; **~fonds** *m* fondo *m* comune di investimento; **~gesellschaft** *f* società *f* di investimenti; **~papier** *n* certificato *m* di partecipazione; **~trust** *m* fondo *m* comune di investimento; **~zertifikat** *n* certificato *m* di partecipazione (a un fondo comune di investimento).
Investor/in *m/f* investitore/-trice *m/f*.
invitatio ad offerendum *(lat) VertragsR (Aufforderung zur Abgabe eines (Vertrags-)Angebots)* invito *m* a proporre, invito *m* ad offrire, invito *m* a fare un'offerta.
Inzest *m* incesto *m*.
Inzident | feststellungsklage *f* azione *f* di accertamento incidentale; **~frage** *f* questione *f* incidentale; **~klage** *f* azione *f* incidentale, domanda *f* incidentale.
Inzidenzstreit *m (A)* incidente *m*, questione *f* incidentale.
IO (*Abk* = **Insolvenzordnung**) *(A) InsolvenzR* legge *f* fallimentare (austriaca).
IPR (*Abk* = **Internationales Privatrecht**) *(auch „Kollisionsrecht" genannt)* diritto *m* internazionale privato *(d.i.p. / dir. int. priv.)*.
IPR-Gesetz *n* legge *f* di riforma del diritto internazionale privato.
IRO (*Abk* = **Internationale Flüchtlingsorganisation**) Organizzazione *f* internazionale dei rifugiati.
irreführen *v* ingannare, trarre in inganno, raggirare, indurre in errore.
irreführend *adj* fuorviante, ingannevole.
Irreführung *f* inganno *m*, raggiro *m*, induzione *f* in errore.
Irrende/r *f/m* parte *f* in errore.

irrig *adj* errato, erroneo, sbagliato.
Irr|läufer *m*; **~leitung** *f* disguido *m*.
Irrtum *m (§§ 119 ff. BGB; §§ 16, 17 StGB)* errore *m*, sbaglio *m*; **einen ~ erregen** indurre in errore; **~ vorbehalten** salvo errore; **beachtlicher ~** *m* errore *m* rilevante; **beiderseitiger ~** *m* errore *m* comune; **entschuldbarer ~** *m* errore *m* scusabile; **gemeinsamer ~** *m (A)* errore *m* comune; **sachlicher ~** *m* errore *m* materiale; **unbeachtlicher ~** *m* errore *m* irrilevante; **wesentlicher ~** *m* errore *m* essenziale; **~** *m* **im Beweggrund**; **~** *m* **über den Beweggrund** errore *m* sul motivo; **~** *m* **bei der Eheschließung** errore *m* nel matrimonio; **~** *m* **über die Erklärungshandlung und -bedeutung** errore *m* nella dichiarazione, errore *m* ostativo; **~** *m* **im Motiv** errore *m* nel motivo; **~** *m* **über die Natur des Geschäfts** errore *m* sulla natura del negozio; **~** *m* **beider Parteien** errore *m* comune; **~** *m* **über die Person** errore *m* sulla persona; **~** *m* **über Rechtfertigungsgründe** errore *m* sulle cause di giustificazione; **~** *m* **über den Sachverhalt** *(CH)* errore *m* ostativo; **~** *m* **über die Strafbarkeit** errore *m* sulla punibilità (del fatto); **~** *m* **über Tatumstände** *StrafR (§ 16 StGB)* errore *m* sul (o: di) fatto; **~** *m* **über den Vertragsgegenstand** errore *m* sull'oggetto del contratto; **~** *m* **über den Wert** errore *m* sul valore; **~** *m* **über eine wesentliche Eigenschaft** errore *m* sulle qualità essenziali.
irrtümlich *adj* errato, erroneo, per errore.
Irrtumsanfechtung *f* annullamento *m* per errore.
i.S.d. (*Abk* = **im Sinne des / der**) ai sensi di.
ISO (*Abk* = **Internationale Organisation für Normung**) Organizzazione *f* internazionale per la normazione.
Isolier|haft *f* segregazione *f* cellulare; **~zelle** *f* cella *f* di isolamento.
Ist|aufkommen *n SteuerR* gettito *m* effettivo; **~ausgaben** *fpl* spesa *f* effettiva, spesa *f* reale; **~bestand** *m* effettivo *m*; **~bilanz** *f* bilancio *m* effettivo; **~einnahme** *f* entrata *f* effettiva.
Ist-Etat *m* bilancio *m* consuntivo.
IStGH (*Abk* = **internationaler Strafgerichtshof**) *(Den Haag)* Corte *f* penale internazionale *(CPI)* (*L'Aja*).
Ist|kaufmann *m* imprenditore *m* commerciale ex lege; **~kosten** *pl* costo *m* effettivo; **~prämie** *f* premio *m* incassato; **~stärke** *f* effettivo *m*; **~wert** *m* valore *m* effettivo, valore *m* reale, valore *m* di mercato.
Ist-Zustand *m* ↔ *Soll-Zustand* situazione *f* attuale, stato *m* attuale, stato *m* effettivo, condizione *f* presente.
IT-Recht *n* diritto *m* dell'informatica, diritto *m* informatico.
iudex ad quem *(lat) ProzR (Richter zu dem es geht: Richter bzw. Gericht, das über ein Rechtsmittel zu entscheiden hat)* giudice *m* ad quem (*giudice a cui: indica il giudice competente a decidere sulla impugnazione del provvedimento emesso dal giudice a quo*).
iudex a quo *(lat) ProzR (Richter, von dem es kommt: Richter bzw. Gericht, dessen Entscheidung mit einem Rechtsmittel angefochten wird)* giudice *m* a quo (*giudice da cui: indica il giudice che ha emesso il provvedimento impugnato che verrà esaminato dal giudice ad quem*).
i.V. (*Abk* = **in Vollmacht**) per procura *(p.p.)*, per delega.
i.V.m. (*Abk* = **in Verbindung mit**) in relazione [a], insieme [a], in collegamento [con], *(§, Art.)* in combinato disposto [con].
IWF (*Abk* = **Internationaler Währungsfonds**) Fondo *m* monetario internazionale *(FMI)*.
i.w.S. (*Abk* = **im weit(er)en Sinn**) in senso (più) ampio, in senso lato.
IZ (*Abk* = **internationale Zuständigkeit**) *IPR (eines Gerichts)* competenza *f* internazionale.
IZVR (*Abk* = **Internationales Zivilverfahrensrecht**) diritto *m* processuale civile internazionale.

J

Jagd *f* caccia *f*, inseguimento *m*; **~ausübung** *f* esercizio *m* della caccia; **~ausübungsberechtigte/r** *f/m* avente *m/f* diritto di caccia; **~berechtigung** *f* diritto *m* di caccia; **~erlaubnis** *f*; **~erlaubnisschein** *m* licenza *f* di caccia, permesso *m* di caccia; **~folge** *f* diritto *m* di seguire la selvaggina; **~genossenschaft** *f* cooperativa *f* di caccia.

jagdgerecht *adj* conforme agli usi della caccia.

Jagd | karte *f (A)* licenza *f* di caccia; **~nutzung** *f* proventi *mpl* della caccia; **~ordnung** *f* regolamento *m* di caccia; **~recht** *n* diritto *m* della caccia, diritto *m* venatorio; **~regal** *n* monopolio *m* della caccia; **~schaden** *m* danno *m* cagionato nel cacciare; **~schein** *m* licenza *f* di caccia, permesso *m* di caccia; **~schutzberechtigte/r** *f/m* guard(i)acaccia *m*; **~schutzverein** *m* associazione *f* di protezione della caccia; **~verbot** *n* divieto *m* di caccia; **~vergehen** *n* reato *m* di caccia; **~versicherung** *f* assicurazione *f* dei cacciatori; **~waffe** *f* arma *f* da caccia; **~waffenschein** *m* licenza *f* di porto d'armi da caccia, licenza *f* di porto di fucile per uso di caccia; **~wilderei** *f* *(§ 292 StGB)* caccia *f* di frodo.

Jagen *n* caccia *f*, inseguimento *m*; **unberechtigtes ~** *n* caccia *f* proibita.

Jahr *n* anno *m*, annata *f*; **pro ~** per anno, all'anno; **kommendes ~** *n* l'anno *m* prossimo, il prossimo anno *m*; **laufendes ~** *n* anno *m* in corso, anno *m* corrente, corrente anno *m*; **vergangenes ~** *n* l'anno *m* scorso, lo scorso anno *m*.

Jahres | abschluss *m* bilancio *m* annuale, bilancio *m* d'esercizio, bilancio *m* di fine anno, bilancio *m* consuntivo, consuntivo *m*, rendiconto *m* annuale di gestione, rendiconto *m* generale d'esercizio, chiusura *f* d'esercizio, chiusura *f* di fine anno; **~abschlussbilanz** *f* bilancio *m* annuale, bilancio *m* d'esercizio, bilancio *m* di fine anno, bilancio *m* consuntivo, consuntivo *m*; **~abschlussprämie** *f* premio *m* di fine anno; **~abschreibung** *f* ammortamento *m* annuale, ammortamento *m* annuo; **~arbeitslohn** *m*; **~arbeitsverdienst** *m* retribuzione *f* annua; **~ausgleich** *m* conguaglio *m* di fine anno; **~ausstoß** *m* produzione *f* annua; **~beitrag** *m* quota *f* annua, annualità *f*.

Jahresbericht *m* relazione *f* annuale, rapporto *m* annuale, rendiconto *m* annuale, relazione *f* di bilancio; **gemeinsamer ~** *m* **des Rates und der Kommission** *EuR* relazione *f* annuale congiunta del Consiglio e della Commissione.

Jahres | bilanz *f* bilancio *m* annuale, bilancio *m* d'esercizio, bilancio *m* di fine anno, bilancio *m* consuntivo, consuntivo *m*; **~budget** *n* bilancio *m* annuale (preventivo), budget *m* annuale; **~dividende** *f* dividendo *m* annuale, dividendo *m* annuo; **~einkommen** *n* reddito *m* annuo; **~endkurs** *m* quotazione *f* di fine anno; **~erfolg** *m* *GesR* utile *m* annuo, utile *m* di esercizio, utile *m* netto complessivo, profitto *m* annuo; **~ergebnis** *n* *GesR* risultato *m* di esercizio; **~fehlbetrag** *m* *GesR* ↔ *Jahresüberschuss* disavanzo *m* di esercizio, perdita *f* di esercizio; **~gebühr** *f* annualità *f*, canone *m* annuale, diritto *m* annuale, tassa *f* annuale; **~gehalt** *n* *ArbR* stipendio *m* annuo, stipendio *m* annuale; **~gewinn** *m* *GesR* utile *m* annuo, utile *m* di esercizio, utile *m* netto complessivo, profitto *m* annuo; **~hauptversammlung** *f GesR* assemblea *f* generale annuale, assemblea *f* annuale degli azionisti; **~leistung** *f* rendimento *m* annuo; **~lohn** *m ArbR* salario *m* annuo, salario *m* annuale; **~miete** *f*; **~mietzins** *m* canone *m* annuo di locazione, canone *m* di locazione annuo, canone *m* annuale di locazione, canone *m* di locazione annuale; **~prämie** *f* premio *m* annuale; **~produktion** *f* produzione *f* annua; **~quote** *f* quota *f* annua, quota *f* annuale, contingente *m* annuo, contingente *m* annuale; **~rate** *f* rata *f* annua, annualità *f*; **~rechnung** *f* conto *m* annuale, conteggio *m* annuale, bilancio *m* annuale, rendiconto *m* annuale di gestione; **~rendite** *f* rendimento *m* annuale, rendimento *m* annuo; **~schlussbilanz** *f* bilancio *m* annuale, bilancio *m* d'esercizio, bilancio *m* di fine anno, bilancio *m* consuntivo, consuntivo *m*; **~soll** *n* produzione *f* annuale neccessaria, contingente *m* annuale; **~überschuss** *m GesR* ↔ *Jahresfehlbetrag* utile/-i m/pl annuo/-i, utile/-i m/pl di esercizio, utile/-i m/pl netto/-i complessivo/-i, utile *m* dell'esercizio al netto degli ammortamenti, avanzo *m* di esercizio, profitto *m* annuo; **~umsatz** *m* fatturato *m* annuo, giro *m* d'affari annuo, volume *m* d'affari annuo, vendite *fpl* annuali; **~urlaub** *m ArbR* ferie *fpl* annuali; **~verbrauch** *m* consumo *m* annuo; **~verdienst** *m* reddito *m* annuo; **~versammlung** *f* assemblea *f* annuale; **~wirtschaftsbericht** *m (D) (der Bundesregierung)* relazione *f* economica annuale, rapporto *m* economico annuale.

Jahreszins *m* interesse *m* annuo, tasso *m* (di interesse) annuale, tasso *m* (di interesse) annuo; **effektiver ~** *m* tasso *m* (di interesse) annuo effettivo (globale).

Jahrgebung *f (CH)* emancipazione *f*.

Jährlichkeitsprinzip *n* principio *m* dell'annualità del bilancio (pubblico).

Jänner-Liste *f (A) (alljährlich im Januar dem Handelsgericht einzureichende Liste der Gesellschafter)* elenco *m* (annuale) dei soci.

JArbSchG (*Abk* = **Jugendarbeitsschutzgesetz**) *(D) (Gesetz zum Schutz der arbeitenden Jugend)* legge *f* (tedesca) sulla tutela del lavoro minorile.

Ja-Stimme *f* voto *m* favorevole, voto *m* a favore, sì; **Ja- und Nein-Stimmen** *fpl* voti *mpl* favorevoli e contrari, i sì e i no.

Jedermann-Festnahmerecht *n StrafProzR (§ 127 Abs. 1 StPO)* facoltà *f* di arresto da parte dei privati (*ogni persona è autorizzata a procedere all'arresto in flagranza*).

Jetzt | wert *m* valore *m* attuale; **~wirkung** *f* effetto *m* ex nunc.

JGG (*Abk* = **Jugendgerichtsgesetz**) *(D) StrafProzR* legge *f* (tedesca) sui procedimenti penali minorili, legge *f* (tedesca) sui procedimenti penali a carico di minorenni, legge *f* (tedesca) sul processo penale a carico di imputati minorenni, codice *m* (tedesco) del processo penale minorile.

Joint Venture *n* joint venture *f*.

Journal *n (Rechnungsbuch)* libro *m* giornale, giornale *m*, *(Schiffstagebuch)* giornale *m* di bordo; **~dienst** *m (A)* servizio *m* di turno; **~eintragung** *f* scrittura *f* di giornale.

journalhabend *adj (A)* di turno.

Journalisierung *f* registrazione *f* nel giornale.

Journalrichter/in *m/f (A)* magistrato *m* di turno.

Judikat *n (A)* sentenza *f*.

Judikatanspruch *m* diritto *m* risultante da una decisione giudiziaria.

Judikatenbuch *n (A)* raccolta *f* delle decisioni delle sezioni riunite della Corte suprema.

Judikative *f* potere *m* giudiziario, potere *m* giurisdizionale.

judikatmäßig *adj (A)* conforme alla sentenza.

Judikats | hypothek *f (A)* ipoteca *f* giudiziale; **~obligation** *f (A)*; **~schuld** *f (A)* obbligazione *f* risultante da una decisione giudiziaria.

Judikatur *f* giurisprudenza *f.*
judizieren *v* giudicare.
Judizium *n* sentenza *f.*
Jugend *f* gioventù *f,* giovinezza *f,* adolescenza *f, (Kinder und Jugendliche)* minori *mpl,* minorenni *mpl,* giovani *mpl;* **~amt** *n* ufficio *m* di assistenza ai minori, ufficio *m* di assistenza per minorenni, ufficio *m* (per i) minori, ufficio *m* di servizio sociale minorile; **~anwalt/-anwältin** *m/f (CH)* magistrato *m* dei minorenni; **~arbeitslosigkeit** *f* disoccupazione *f* giovanile; **~arbeitsschutz** *m* tutela *f* del lavoro minorile; **~arbeitsschutzgesetz** *n (D)* (*Abk* = **JArbSchG**) *(Gesetz zum Schutz der arbeitenden Jugend)* legge *f* (tedesca) sulla tutela del lavoro minorile; **~arrest** *m (Jugendstrafrecht) (§ 16 JGG)* arresto *m* di minorenne, arresto *m* per i minori; **~fürsorge** *f* assistenza *f* sociale per i minori, servizi *mpl* sociali per i minori, servizio *m* sociale minorile; **~gefängnis** *n StrafProzR* carcere *m* per minorenni; **~gericht** *n StrafProzR* tribunale *m* per i minorenni *(T.M.),* tribunale *m* dei minori, ufficio *m* giudiziario minorile; **~gerichtsbarkeit** *f StrafProzR* giustizia *f* (penale) minorile, sistema *m* (di giustizia) penale minorile, giurisdizione *f* dei minori; **~gerichtsgesetz** *n (D)* (*Abk* = **JGG**) *StrafProzR* legge *f* (tedesca) sui procedimenti penali minorili, legge *f* (tedesca) sui procedimenti penali a carico di minorenni, legge *f* (tedesca) sul processo penale a carico di imputati minorenni, codice *m* (tedesco) del processo penale minorile; **~gerichtshilfe** *f StrafProzR (§ 38 JGG)* servizio *m* sociale minorile; **~gerichtshof** *m (A) StrafProzR* tribunale *m* per i minorenni, tribunale *m* dei minori; **~gerichtsverfahren** *n StrafProzR* procedimento *m* penale minorile, procedimento *m* penale a carico di (imputati) minorenni; **~gerichtsverfassung** *f StrafProzR (§§ 33 ff. JGG)* organi *mpl* giudiziari nel procedimento a carico di minorenni; **~hilfe** *f* assistenza *f* ai minori, assistenza *f* sociale per i minori, servizi *mpl* sociali per i minori, servizio *m* sociale minorile; **~kammer** *f StrafProzR (Strafkammer beim Landgericht) (§§ 33b, 35, 41 JGG)* sezione *f* minori, sezione *f* per i minorenni; **~kriminalität** *f StrafProzR* delinquenza *f* minorile.
Jugendliche/r *f/m (wer das 14., aber noch nicht das 18. Lebensjahr vollendet hat) → Kind, Heranwachsende/r* minore *m/f* (ultraquattordicenne), minorenne *m/f* (di età compresa tra i 14 e i 18 anni non compiuti), giovane *m/f* (tra i 14 e i 18 anni non compiuti), ragazzo/-a *m/f* (dai 14 ai 18 anni non compiuti).
Jugend | organisation *f* organizzazione *f* giovanile; **~pfleger/in** *m/f* assistente *m/f* sociale per i minori; **~richter/in** *m/f StrafProzR (Strafrichter beim Amtsgericht) (§§ 34, 39 JGG)* giudice *m* (togato/di carriera) minorile (presso la pretura); **~sache** *f StrafProzR* procedimento *m* penale minorile, processo *m* penale minorile, materia *f* penale minorile; **~schöffe/-in** *m/f StrafProzR (§ 35 JGG)* giudice *m* onorario minorile (*componente privato dell'organo collegiale*); **~schöffengericht** *n StrafProzR (Spruchkörper beim Amtsgericht) (§§ 33a, 35, 40 JGG)* pretura *f* per i minorenni, sezione *f* penale minorile (*della pretura: organo collegiale composto da un giudice di carriera in qualità di Presidente e da due giudici onorari: un uomo ed una donna*); **~schutz** *m* tutela *f* dei minori; **~staatsanwalt/-anwältin** *m/f StrafProzR (§ 36 JGG)* procuratore *m* della Repubblica presso il tribunale per i minorenni; **~strafanstalt** *f StrafProzR* carcere *m* minorile, carcere *m* per i minorenni, istituto *m* penale minorile, istituto *m* penitenziario minorile, penitenziario *m* minorile, riformatorio *m;* **~strafe** *f StrafProzR* pena *f* detentiva per i minorenni, pena *f* della reclusione per i minori; **~strafkammer** *f StrafProzR* sezione *f* (penale) minori, sezione *f* (penale)

per i minorenni; **~strafprozess** *m StrafProzR* processo *m* penale minorile, processo *m* penale a carico di (imputati) minorenni; **~strafrecht** *n* diritto *m* penale minorile; **~strafsache** *f StrafProzR* procedimento *m* penale minorile, processo *m* penale minorile, materia *f* penale minorile; **~straftat** *f StrafR* reato *m* commesso da un minore; **~strafverfahren** *n StrafProzR* procedimento *m* penale minorile, procedimento *m* penale a carico di (imputati) minorenni; **~strafvollzug** *m StrafProzR* esecuzione *f* delle pene detentive a carico di minori (o: minorenni).

Jungschein *m* nuovo certificato *m*, certificato *m* provvisorio (azionario od obbligazionario).

Junktim *n* connessione *f* obbligatoria tra varie misure o proposte di legge.

Jura *pl (Univ)* diritto *m*, legge *f*, giurisprudenza *f*; **~ studieren** *(Univ)* studiare legge, studiare giurisprudenza.

Jura | student/in *m/f (Univ)* studente/ssa *m/f* di (o: in) legge, studente/ssa *m/f* di giurisprudenza; **~studium** *n (Univ)* studi *mpl* in legge, studi *mpl* di giurisprudenza, corso *m* di laurea in giurisprudenza.

juridisch *adj (A)* giuridico.

Jurisdiktion *f* giurisdizione *f*.

Jurisdiktionsnorm *f (A)* legge *f* sulla giurisdizione e sulla competenza in materia di cause civili.

Jurisprudenz *f (= Rechtswissenschaft)* giurisprudenza *f*.

Juristen | ausbildung *f* formazione *f* professionale dei laureati in legge, formazione *f* giuridica; **~ausschuss** *m*; **~kommission** *f* commissione *f* di giuristi, commissione *f* giuridica; **~recht** *n* diritto *m* giurisprudenziale; **~sprache** *f* linguaggio *m* giuridico.

Juristenvereinigung *f* associazione *f* dei giuristi, associazione *f* per gli scambi culturali tra giuristi; **Deutsch-Italienische ~** *f* (*Abk* = **DIJV**) *(Vereinigung für den Gedankenaustausch zwischen deutschen und italienischen Juristen e. V.)* → *http://www.dijv.org* Associazione *f* dei giuristi italo-tedeschi (*Associazione per gli scambi culturali tra giuristi italiani e tedeschi*); **Deutsch-Österreichische ~** *f* (*Abk* = **DÖJ**) → *http://www.doejev.de* Associazione *f* dei giuristi tedeschi e austriaci; **Deutsch-Schweizerische ~** *f* (*Abk* = **DSJV**) → *http://www.dsjv.de* Associazione *f* dei giuristi tedeschi e svizzeri.

Jurist/in *m/f* giurista *m/f*, giureconsulto *m*, dottore/ssa *m/f* in legge; **Deutscher Juristinnenbund** *m (D)* (*Abk* = **DJB**) Associazione *f* delle giuriste tedesche.

juristisch *adj* giuridico, giuridicamente, legale, legalmente; **~ gesehen** dal punto di vista giuridico, giuridicamente.

Justitiar *m* consulente *m* legale; **~abteilung** *f* ufficio *m* legale.

Justiz *f* giustizia *f*, magistratura *f*, ordine *m* giudiziario, autorità *f* giudiziaria; **~angestellte/r** *f/m* impiegato/-a *m/f* giudiziario/-a; **~apparat** *m* apparato *m* giudiziario; **~ausbildung** *f* formazione *f* giudiziaria, formazione *f* dei magistrati e ausiliari di giustizia; **~beamter/-beamtin** *m/f* funzionario *m* dell'ordine giudiziario, funzionario *m* giudiziario, ufficiale *m* giudiziario; **~behörde** *f* autorità *f* giudiziaria, magistratura *f*.

Justizbeschäftigte/r *f/m* impiegato/-a *m/f* giudiziario/-a; **~** *f/m* **als Urkundsbeamter/ Urkundsbeamtin der Geschäftsstelle** funzionario *m* giudiziario responsabile del servizio certificativo, responsabile *m/f* del servizio certificativo.

Justiz | fachangestellte/r *f/m* impiegato/-a *m/f* giudiziario/-a; **~gebäude** *n* palazzo *m* di giustizia; **~gewährungsanspruch** *m* diritto *m* alla tutela giurisdizionale; **~grundrecht** *n VerfR* diritto *m* fondamentale alla giustizia.

justiziabel *adj* giustiziabile.

Justiziabilität *f* giustiziabilità *f*.

Justiziar/in *m/f* consulente *m/f* legale.
justiziell *adj* giudiziario.
Justiz | inspektor/in *m/f* funzionario *m* amministrativo dell'ordine giudiziario; **~irrtum** *m* errore *m* giudiziario; **~konvention** *f* convenzione *f* giudiziaria; **~minister/in** *m/f* ministro *m* della giustizia, ministro *m* di grazia e giustizia *(I)*, ministro *m* guardasigilli *(I)*; **~ministerium** *n* ministero *m* della giustizia, ministero *m* di grazia e giustizia *(I)*; **~mord** *m* assassinio *m* giudiziario, condanna *f* a morte di un innocente; **~palast** *m* palazzo *m* di giustizia; **~pressesprecher/in** *m/f* portavoce *m/f* dell'autorità giudiziaria; **~pressestelle** *f* ufficio *m* stampa giudiziario; **~rat** *m* titolo *m* onorifico conferito ai notai; **~reform** *f* riforma *f* giudiziaria; **~sekretär/in** *m/f* segretario/-a *m/f* giudiziario/-a; **~system** *n* sistema *m* giudiziario; **~verfassung** *f* ordinamento *m* giudiziario; **~vergütungs- und -entschädigungsgesetz** *n (D)* (*Abk* = **JVEG**) *(Gesetz über die Vergütung von Sachverständigen, Dolmetscherinnen, Dolmetschern, Übersetzerinnen und Übersetzern sowie die Entschädigung von ehrenamtlichen Richterinnen, ehrenamtlichen Richtern, Zeuginnen, Zeugen und Dritten)* legge *f* (tedesca) sui compensi e i rimborsi nei procedimenti giudiziari; **~verwaltung** *f* amministrazione *f* dei servizi giudiziari; **~verwaltungsakt** *m* atto *m* amministrativo (dell'ordine giudiziario); **~verweigerung** *f* diniego *m* di giustizia, denegata giustizia *f*; **~vollzugsanstalt** *f* (*Abk* = **JVA**) *StrafProzR* istituto *m* di pena, casa *f* di pena, istituto *m* penitenziario, carcere *m*, prigione *f*; **~wachtmeister/in** *m/f* ufficiale *m* giudiziario; **~wesen** *n* giustizia *f*.
JVA (*Abk* = **Justizvollzugsanstalt**) *StrafProzR* istituto *m* di pena, casa *f* di pena, istituto *m* penitenziario, carcere *m*, prigione *f*.
JVEG (*Abk* = **Justizvergütungs- und -entschädigungsgesetz**) *(D) (Gesetz über die Vergütung von Sachverständigen, Dolmetscherinnen, Dolmetschern, Übersetzerinnen und Übersetzern sowie die Entschädigung von ehrenamtlichen Richterinnen, ehrenamtlichen Richtern, Zeuginnen, Zeugen und Dritten)* legge *f* (tedesca) sui compensi e i rimborsi nei procedimenti giudiziari.

K

Kabinett *n (= Regierung)* gabinetto *m*, governo *m*, *(Ministerrat)* Consiglio *m* dei ministri *(Cdm)*; **~** *n* **von Fachministern** gabinetto *m* di tecnici.
Kabinetts | beschluss *m* decisione *f* del gabinetto, decreto *m* governativo, delibera *f* del Consiglio dei ministri; **~bildung** *f* formazione *f* del governo; **~chef/in** *m/f* capo *m* di gabinetto; **~entwurf** *m* disegno *m* di legge governativo, progetto *m* governativo; **~frage** *f* questione *f* di gabinetto; **~krise** *f* crisi *f* ministeriale, crisi *f* di gabinetto; **~mitglied** *n* membro *m* del governo; **~rat** *m* consiglio *m* di gabinetto; **~sitzung** *f* seduta *f* di gabinetto, seduta *f* del Consiglio dei ministri, riunione *f* del Consiglio dei ministri; **~umbildung** *f* rimpasto *m* ministeriale, rimpasto *m* di governo; **~vorlage** *f (einer Regierung zur Entscheidung vorgelegte Angelegenheit)* proposta *f* presentata al Consiglio dei ministri, *(durch die Regierung in den Bundestag oder Landtag eingebrachte Gesetzesvorlage)* disegno *m* di legge governativo, progetto *m* governativo.
kaduk *adj (A)* caduco, senza eredi.

Kadukerklärung *f (A)* atto *m* giudiziario dichiarante l'assenza di eredi.

Kaduzierung *f* [1] dichiarazione *f* di nullità.

Kaduzierung *f* [2] *GesR* decadenza *f* del socio moroso.

Kaduzierung *f* [3] *(A) GesR* esclusione *f* da una società a responsabilità limitata o da una cooperativa.

Kaduzität *f (A)* caducità *f.*

Kaffeesteuer *f* imposta *f* sul consumo del caffè.

KAG [1] (*Abk* = **Kapitalanlagegesellschaft**) società *f* di investimento/-i.

KAG [2] (*Abk* = **Kommanditaktiengesellschaft**) *(CH) GesR (Artt. 764 ff. OR)* società *f* in accomandita per azioni *(s.a.p.a.).*

KAG [3] (*Abk* = **Kommunalabgabengesetz**) *(D)* legge *f* sulle imposte comunali (dei diversi Land tedeschi).

Kahlpfändung *f* pignoramento *m* totale.

Kalkulation *f (Preisberechnung)* calcolo *m.*

Kalkulations | fehler *m* errore *m* di calcolo; **~grundlage** *f* base *f* di calcolo; **~irrtum** *m* errore *m* di calcolo.

Kalo *m* calo *m.*

Kammer *f (Parlament, Berufsvertretung)* camera *f*, ordine *m* (*professionale*), *ProzR (eines Gerichts)* sezione *f*, collegio *m*; **in ~n tagen** riunirsi in sezioni; **auswärtige ~** *f* sezione *f* distaccata (*del tribunale*); **beratende ~** *f* camera *f* consultiva; **berufsständische ~** *f* collegio *m*, ordine *m* professionale; **gerichtliche ~** *f* sezione *f* (*del tribunale*); **große ~** *f* Grande Sezione *f* (*della Corte di giustizia dell'Unione europea*), sezione *f* allargata, Grande Camera *f* (*della Corte europea dei diritti dell'uomo*); **~** *f* **für Arbeiter und Angestellte** *(A) (kurz: Arbeiterkammer, AK)* camera *f* del lavoro; **~** *f* **der gewerblichen Wirtschaft** *(A)* camera *f* di commercio e industria; **~** *f* **für Handelssachen** *(D) ZivProzR (Kammer am Landgericht, die für Handelssachen zuständig ist)* sezione *f* commerciale; **~** *f* **für Wirtschaftssachen** sezione *f* economica.

Kammer | auflösung *f* scioglimento *m* della camera; **~ausschuss** *m (A, Südtirol)* consiglio *m* dell'ordine; **~beitrag** *m* imposta *f* camerale.

Kämmerei *f* tesoreria *f.*

Kämmerer *m* tesoriere *m.*

Kammergericht *n (D)* (*Abk* = **KG**) *ProzR (für Berlin zuständiges Oberlandesgericht)* corte *f* di appello (di Berlino).

kammerreif *adj ProzR* (causa) matura per essere rimessa al collegio.

Kammer | umlage *f (A)* imposta *f* camerale; **~versammlung** *f* assemblea *f* dell'ordine; **~vorsitzende/r** *f/m ProzR* presidente *m* di sezione; **~vorstand** *m* consiglio *m* dell'ordine; **~wahl** *f* elezione *f* politica, elezione *f* della camera (dei deputati).

Kann | bestimmung *f* disposizione *f* potestativa, disposizione *f* facoltativa; **~kaufmann** *m* soggetto *m* che può farsi iscrivere nel registro delle imprese come imprenditore senza esserne obbligato; **~leistung** *f* prestazione *f* facoltativa; **~recht** *n* diritto *m* costitutivo; **~vorschrift** *f* norma *f* potestativa, norma *f* facoltativa.

Kanton *m (CH)* → *s. Anhang 6* Cantone *m.*

Kantonal | bank *f (CH)* banca *f* cantonale; **~recht** *n (CH)* diritto *m* cantonale; **~wahl** *f (CH)* elezione *f* cantonale.

Kantons | bürgerrecht *n (CH)* cittadinanza *f* cantonale; **~rat** *m (CH)* consiglio *m* cantonale; **~regierung** *f (CH)* governo *m* cantonale; **~verweisung** *f (CH)* espulsione *f* da un Cantone.

Kanzlei *f (Büro eines Rechtsanwalts)* studio *m*, ufficio *m*, *(einer Behörde)* cancelleria *f*, segreteria *f*; **~angestellte/r** *f/m* impiegato/-a *m/f* di cancelleria; **~format** *n* formato *m* protocollo; **~gebühr** *f (A)* diritto *m* di cancelleria; **~kosten** *pl* spese *fpl* di cancelleria; **~papier** *n* carta *f* protocollo; **~spesen** *pl* spese *fpl* di cancelleria; **~taxe** *f* diritto *m* di cancelleria.

Kanzler *m* [f: Kanzlerin] cancelliere/-a *m/f*; **~** *m* **des Gerichtshofs** *EuR* cancelliere *m* della Corte di giustizia.

Kanzleramt *n (D) (Bundeskanzleramt)* ufficio *m* di Cancelleria (federale), Cancelleria *f* (federale), *(Amt des Kanzlers)* cancellierato *m*, carica *f* di cancelliere/-a, ufficio *m* di cancelliere/-a.

Kapazität *f* capacità *f*, *(Produktionsfähigkeit)* capacità *f* produttiva, potenzialità *f*.

Kapazitäts | abbau *m* riduzione *f* della capacità (produttiva); **~auslastung** *f*; **~ausnutzung** *f (eines Unternehmens)* utilizzo *m* della capacità (produttiva), utilizzo *m* delle capacità produttive, sfruttamento *m* delle capacità produttive, sfruttamento *m* delle potenzialità produttive; **~ausweitung** *f*; **~erhöhung** *f*; **~erweiterung** *f* ampliamento *m* della capacità (produttiva), aumento *m* della capacità (produttiva), aumento *m* delle potenzialità; **~grenze** *f* limite *m* di capacità; **~steigerung** *f* aumento *m* della capacità (produttiva), aumento *m* delle potenzialità; **~überhang** *m* capacità *f* eccessiva; **~verringerung** *f* riduzione *f* della capacità (produttiva).

Kapellenrecht *n* diritto *m* di culto privato.

Kaper *m* corsaro *m*; **~brief** *m* lettera *f* di corsa, lettera *f* di marca.

Kaperei *f* corsa *f*.

Kaperer *m* cattore *m*.

kapern *v* catturare (*navi*).

Kapern *n* cattura *f* (*di nave*).

Kaperschiff *n* nave *f* pirata.

Kapital *n* capitale *m*, fondi *mpl*; **~ anlegen** investire capitali; **~ aufstocken** aumentare il capitale; **~ einlegen** conferire capitale, apportare capitale; **~ erhöhen** aumentare il capitale; **~ investieren** investire capitali; **amortisiertes ~** *n* capitale *m* ammortato, capitale *m* ammortizzato; **angelegtes ~** *n* capitale *m* investito, capitale *m* impiegato; **ausgegebenes ~** *n* capitale *m* emesso; **brachliegendes ~** *n* capitale *m* inattivo, capitale *m* improduttivo; **einbezahltes ~** *n* capitale *m* versato; **eingebrachtes ~** *n* capitale *m* conferito, capitale *m* apportato; **eingezahltes ~** *n* capitale *m* versato; **festliegendes ~** *n* capitale *m* immobilizzato; **flüssiges ~** *n* capitale *m* liquido; **genehmigtes ~** *n* capitale *m* approvato, capitale *m* autorizzato; **gezeichnetes ~** *n* capitale *m* sottoscritto; **haftendes ~** *n* capitale *m* di rischio; **investiertes ~** *n* capitale *m* investito; **privates ~** *n* capitale *m* privato; **stehendes ~** *n* capitale *m* immobilizzato; **totes ~** *n* capitale *m* inattivo, capitale *m* improduttivo; **umlaufendes ~** *n* capitale *m* circolante; **verfügbares ~** *n* capitale *m* disponibile; **verwässertes ~** *n* capitale *m* annacquato, capitale *m* diluito; **volleingezahltes ~** *n* capitale *m* interamente versato; **zurückgezahltes ~** *n* capitale *m* rimborsato.

Kapital- [1] *(Finanz-)* di capitale/-i, di fondi, finanziario.

Kapital- [2] *(schwerwiegend)* capitale.

Kapital | abfindung *f* indennità *f* in capitale, indennità *f* sotto forma di capitale; **~abfluss** *m* deflusso *m* di capitali, esodo *m* di capitali, fuga *f* di capitali; **~abtragung** *f* ammortamento *m* del capitale; **~abwanderung** *f* esodo *m* di capitali, fuga *f* di capitali; **~amortisierung** *f* ammortamento *m* del capitale; **~änderung** *f* modifica *f* del capitale, modificazione *f* del capitale; **~anhäufung** *f* accumulo *m* di capitale, accumulazione *f* di capitale.

Kapitalanlage *f* investimento *m* (*di capitale/-i*), capitale *m* investito; **~betrug** *m StrafR (§ 264a StGB)* frode *f* su capitale investito, frode *f* negli investimenti; **~gesellschaft** *f* (*Abk* = **KAG**) società *f* di investimento/-i; **~konto** *n* conto *m* capitale.

Kapitalanleger/in *m/f* investitore/-trice *m/f* (*di capitale/-i*).

Kapitalanleger-Musterverfahren procedimento *m* modello per il contenzioso relativo agli strumenti finanziari, procedimento *m* pilota per pretese conesse al mercato finanziario, azione *f* modello nelle controversie relative ai mercati finanziari.

> **Kapitalanleger-Musterverfahren** Nel 2005, dopo la quotazione in Borsa di *Deutsche Telekom* e la svalutazione delle sue azioni, il Tribunale competente, il *Landgericht Frankfurt*, è stato sommerso da più di 17.000 cause intentate dagli azionisti per il risarcimento dei danni subiti. Poiché il Tribunale non sarebbe stato in grado di trattare queste azioni di massa, il legislatore tedesco ha approvato una legge, particolarmente adatta per questo caso e per futuri casi analoghi, che consentisse di procedere con un caso modello (*Musterverfahren*) ed usare alcuni elementi del suo esito processuale più generale come precedente parziale in altri processi. La nuova legge (*Kapitalanleger-Musterverfahrensgesetz*) è stata predisposta esclusivamente per i casi riguardanti strumenti finanziari e, pertanto, il procedimento modello per il contenzioso relativo agli strumenti finanziari (*Kapitalanleger-Musterverfahren*) non può essere paragonato alla class action statunitense o ad altri meccanismi di ricorso collettivo come le azioni di gruppo o le azioni combinate di classe / gruppo presenti in altri ordinamenti.

Kapitalanleger-Musterverfahrensgesetz *(D)* (*Abk* = **KapMuG**) *(Gesetz über Musterverfahren in kapitalmarktrechtlichen Streitigkeiten)* legge *f* (tedesca) sul procedimento modello per il contenzioso relativo agli strumenti finanziari *(legge in vigore dal 1° novembre 2005, che consente la gestione collettiva delle controversie che coinvolgono gli investitori mediante un procedimento cd. "modello")*.

Kapital | anlegung *f* investimento *m* (*di capitale/-i*); **~ansammlung** *f* capitalizzazione *f*; **~ansammlungsvertrag** *m* contratto *m* di capitalizzazione; **~anteil** *m GesR* quota *f* di capitale, quota *f* sociale, quota *f* di partecipazione, partecipazione *f*; **~aufbringung** *f* conferimento *m* di capitale, apporto *m* di capitale; **~aufnahme** *f* assunzione *f* di capitale; **~aufstockung** *f* aumento *m* di capitale; **~aufwand** *m*; **~aufwendungen** *fpl* costo *m* del capitale; **~ausfuhr** *f* esportazione *f* di capitali; **~ausschüttung** *f* distribuzione *f* di capitale; **~ausstattung** *f* dotazione *f* di capitale, capitalizzazione *f*; **~auswanderung** *f* esodo *m* di capitali, fuga *f* di capitali; **~auszahlung** *f* pagamento *m* di capitale; **~bedarf** *m* fabbisogno *m* di capitale, fabbisogno *m* finanziario; **~belastung** *f* carico *m* di capitale; **~berichtigung** *f* aumento *m* gratuito di capitale (sociale); **~berichtigungsaktie** *f* azione *f* liberata con utilizzo di riserve; **~beschaffung** *f* approvvigionamento *m* di capitali, raccolta *f* di capitali, ricerca *f* di capitali; **~besteuerung** *f* tassazione *f* del capitale; **~beteiligung** *f* partecipazione *f* al capitale, cointeressenza *f*; **~beteiligungsgesellschaft** *f* società *f* di partecipazione, società *f* di finanziamento, società *f* finanziaria; **~betrag** *m (Geldsumme)* importo *m* del capitale, ammontare *m* del capitale; **~bewegung** *f* movimento *m* di fondi, movimento *m* di capitali; **~bilanz** *f* bilancia *f* dei capitali; **~bildung** *f* formazione *f* di capitale; **~bonus** *m* dividendo *m* supplementare; **~deckungssystem** *n*; **~deckungsverfahren** *n VersR* sistema *m* di capitalizzazione; **~einbringung** *f* conferimento *m* di capitale, apporto *m* di capitale; **~einbuße** *f* perdita *f* di capitale; **~einfuhr** *f* importazione *f* di capitale; **~einkommen** *n* reddito *m* da (o: di) capitale; **~einkünfte** *pl* redditi *mpl* da (o: di) capitale, reddito *m* di puro capitale; **~einlage** *f* *GesR* conferimento *m* di capitale, apporto *m* di capitale; **~einsatz** *m* impiego *m* di capitale; **~einschuss** *m* conferimento *m* di capitale, apporto *m* di capitale; **~einzahlung** *f* versamento *m* di capitale; **~entnahme** *f* prelevamento *m* di capitale; **~entwertung** *f* svalutazione *f* del capitale, deprezzamento *m* del capitale.

Kapitalerhöhung *f* *GesR* aumento *m* di (o: del) capitale (*sociale*); **~** *f* **aus Gesellschaftsmitteln** *GesR* aumento *m* gratuito di capitale (*sociale*), capitalizzazione *f* di riserve, ricapitalizzazione *f*.

Kapital | erneuerung *f* rinnovo *m* del capitale; **~ertrag** *m* reddito *m* da capitale, reddito *m* di puro capitale, rendimento *m* del capitale, rendita *f* del capitale; **~erträgnisse** *pl* redditi *mpl* da (o: di) capitale; **~ertragsteuer** *f* (*Abk* = **KESt**) *SteuerR* imposta *f* sul reddito da (o: di) capitale; **~fehlleitung** *f* investimento *m* erroneo di capitali; **~festlegung** *f* immobilizzo *m* di capitali, immobilizzazione *f* di capitali; **~flucht** *f* fuga *f* di capitali; **~fluchtsteuer** *f* *SteuerR* imposta *f* sui capitali fuggitivi; **~fluss** *m* flusso *m* di capitale; **~forderung** *f* credito *m* di capitale; **~freisetzung** *f* smobilizzo *m* di capitali, disinvestimento *m* di capitali, svincolo *m* di capitali; **~geber/in** *m/f* finanziatore/-trice *m/f*, investitore/-trice *m/f*.

Kapitalgesellschaft *f* *GesR* società *f* di capitale/-i; **ausländische ~** *f* *GesR* società *f* di capitali estera.

Kapital | gewinn *m* utile *m* di capitale; **~güter** *npl* beni *mpl* capitali, beni *mpl* strumentali, beni *mpl* d'investimento; **~herabsetzung** *f* *GesR* riduzione *f* di (o: del) capitale (*sociale*); **~hilfe** *f* aiuto *m* finanziario; **~höhe** *f* importo *m* del capitale, ammontare *m* del capitale; **~investierung** *f*; **~investition** *f* investimento *m* (*di capitale/-i*).

Kapitalisation *f* capitalizzazione *f*.

kapitalisierbar *adj* capitalizzabile.

kapitalisieren *v* capitalizzare.

Kapitalisierung *f* capitalizzazione *f*; **~** *f* **der Zinsen** capitalizzazione *f* degli interessi, anatocismo *m*.

Kapitalisierungs | anleihe *f* prestito *m* consolidato; **~faktor** *m* fattore *m* di capitalizzazione; **~gesellschaft** *f* società *f* di capitalizzazione; **~satz** *m* tasso *m* di capitalizzazione, saggio *m* di capitalizzazione; **~vertrag** *m* contratto *m* di capitalizzazione.

Kapital | klemme *f* stretta *f* monetaria; **~knappheit** *f* penuria *f* di capitali, scarsità *f* di capitali; **~koeffizient** *m* coefficiente *m* di capitale; **~konto** *n* *(für die Einlagen eines Gesellschafters)* conto *m* capitale; **~konzentration** *f* concentrazione *f* di capitali; **~kosten** *pl* costo *m* del capitale; **~kraft** *f* capacità *f* finanziaria, potenza *f* finanziaria; **~lebensversicherung** *f* *VersR* assicurazione *f* mista sulla vita e di capitalizzazione; **~mangel** *m* mancanza *f* di capitali, scarsità *f* di capitali.

Kapitalmarkt *m* mercato *m* finanziario, mercato *m* dei capitali; **~entwicklung** *f* andamento *m* del mercato finanziario; **~klima** *n*; **~lage** *f* situazione *f* del mercato finanziario, situazione *f* del mercato dei capitali; **~recht** *n* diritto *m* dei mercati finanziari.

Kapital | mehrheit *f (in einer Versammlung)* maggioranza *f* del capitale; **~minderheit** *f (in einer Versammlung)* minoranza *f* del capitale; **~nachfrage** *f* domanda *f* di capitale; **~not** *f* mancanza *f* di capitali, scarsità *f* di capitali; **~quote** *f* quota *f* di capitale; **~rendite** *f* *(ROE)* rendimento *m* del capitale proprio, redditività *f* del capitale proprio, *(ROI)* rendimento *m* del capitale investito, redditività *f* del capitale investito; **~rentabilität** *f* rendimento *m* del capitale, redditività *f* del capitale; **~rente** *f* rendita *f* da capitale, rendita *f* del capitale; **~rentensteuer** *f* imposta *f* di ricchezza mobile sui redditi di puro capitale; **~reserve** *f* riserva *f* di capitale; **~risiko** *n* rischio *m* di capitale; **~rückfluss** *m* riflusso *m* di capitali; **~rückführung** *f* rimpatrio *m* di capitali; **~rücklage** *f*; **~rückstellung** *f* riserva *f* di capitale, accantonamento *m* di capitale; **~rückwanderung** *f* rimpatrio *m* di capitali; **~rückzahlung** *f* rimborso *m* del capitale; **~rückziehung** *f* ritiro *m* del capitale.

Kapitals | abfindung *f* indennità *f* in capitale, indennità *f* sotto forma di capitale; **~bestandteil** *m (A)* elemento *m* patrimoniale.

Kapital | schnitt *m* riduzione *f* del capitale; **~schöpfung** *f* creazione *f* di capitale; **~schuld** *f* debito *m* di capitale; **~schutz** *m* tutela *f* dei capitali.

kapitalschwach *adj* finanziariamente debole.

Kapitalserhöhung *f (A)* aumento *m* del capitale.

Kapital | sparplan *m* piano *m* di accumulo del capitale; **~spritze** *f* iniezione *f* di capitale.

Kapitalsrückzahlung *f* rimborso *m* del capitale.

Kapital | steuer *f* imposta *f* sul capitale; **~struktur** *f* struttura *f* finanziaria.

Kapitals | veränderung *f (A)* variazione *f* del capitale; **~verminderung** *f (A)* riduzione *f* del capitale.

Kapital | tilgung *f* ammortamento *m* del capitale; **~transfer** *m* trasferimento *m* di capitali; **~überfluss** *m* abbondanza *f* di capitali, eccedenza *f* di capitali, esuberanza *f* di capitali, pletora *f* di capitali; **~überlassung** *f* cessione *f* di capitale; **~überschuss** *m* abbondanza *f* di capitali, eccedenza *f* di capitali, esuberanza *f* di capitali, pletora *f* di capitali; **~übertragung** *f* trasferimento *m* di capitali; **~umlauf** *m* circolazione *f* dei capitali; **~umschlag** *m* rotazione *f* del capitale; **~umstellung** *f* modificazione *f* del capitale (dopo la riforma monetaria); **~verbindlichkeit** *f* debito *m* di capitale; **~verbrechen** *n StrafR* delitto *m* capitale; **~verflüssigung** *f* svincolo *m* di capitali, smobilizzo *m* di capitali, disinvestimento *m* di capitali; **~vergeudung** *f* dilapidazione *f* di capitali; **~verheimlichung** *f* dissimulazione *f* di capitali.

Kapitalverkehr *m EuR* movimento *m* di capitali, circolazione *f* di capitali, scambio *m* di capitali; **freier ~** *m EuR* libero movimento *m* dei capitali, libera circolazione *f* dei capitali; **Kapital- und Zahlungsverkehr** *m EuR* movimenti *mpl* di capitali e pagamenti.

Kapitalverkehrsbilanz *f* bilancia *f* dei movimenti di capitali.

Kapitalverkehrsteuer *f* imposta *f* sulla cirolazione dei capitali.

Kapital | verknappung *f* rarefazione *f* dei capitali; **~verlust** *m* perdita *f* di capitale; **~verminderung** *f* riduzione *f* del capitale; **~vermögen** *n* capitale *m*, patrimonio *m* finanziario; **~vernichtung** *f* distruzione *f* di capitali; **~verringerung** *f* riduzione *f* del capitale; **~versicherung** *f* assicurazione *f* di capitale/-i; **~verteilung** *f* distribuzione *f* di capitale; **~verwaltungsgesellschaft** *f* società *f* di gestione di capitali, società *f* di investimenti; **~verwässerung** *f (durch Ausgabe junger Aktien)* annacquamento *m* del capitale; **~verwendung** *f* impiego *m* di capitale/-i; **~verzinsung** *f* rendimento *m* del capitale investito, ritorno *m* del capitale investito, tasso *m* di rendimento; **~wert** *m* valore *m* del capitale, valore *m* in capitale, valore *m* capitale, valore *m* capitalizzato, valore *m* monetario, *(Barwert, z. B. einer Rente)* valore *m* attuale (netto); **~zeichnung** *f* sottoscrizione *f* di capitale; **~zins** *m* interesse *m* sul capitale, interesse *m* di capitale; **~zufluss** *m* afflusso *m* di capitali; **~zufuhr** *f* apporto *m* di capitali; **~zusammenlegung** *f* riduzione *f* del capitale, consolidamento *m* di capitale, fusione *f* di capitali; **~zuschuss** *m* sovvenzione *f*; **~zustrom** *m* afflusso *m* di capitali; **~zuwachs** *m* aumento *m* di capitale, incremento *m* di capitale, capitalizzazione *f*.

Kapitel *n* capitolo *m*, voce *f*.

KapMuG (*Abk* = **Kapitalanleger-Musterverfahrensgesetz**) *(D) (Gesetz über Musterverfahren in kapitalmarktrechtlichen Streitigkeiten)* legge *f* (tedesca) sul procedimento modello per il contenzioso relativo agli strumenti finanziari *(legge in vigore dal 1° novembre 2005, che consente la gestione collettiva delle controversie che coinvolgono gli investitori mediante un procedimento cd. "modello").*

Karenz *f* carenza *f*; **bezahlte ~** *f ArbR* periodo *m* durante il quale un ex impiegato non può esercitare un'attività in una ditta concorrente dietro corresponsione di un'indennità da parte del suo vecchio datore di lavoro.

Karenz | frist *f*; **~tag** *m (CH)*; **~zeit** *f* periodo *m* di carenza, periodo *m* d'attesa, termine *m* d'attesa.

Kargadeur *m* destinatario *m*.

Kargoversicherung *f* assicurazione *f* del carico.

Kartell *n* cartello *m*, consorzio *m*, sindacato *m* industriale (o: di produzione); **~abkommen** *n* accordo *m* di cartello; **~abmachung** *f*; **~abrede** *f* convenzione *f* di cartello; **~absprache** *f* intesa *f*; **~amt** *n* ufficio *m* anti-cartello, autorità *f* antitrust, autorità *f* di vigilanza sulla concorrenza, Autorità *f* garante della concorrenza e del mercato *(AGCM) (I)*; **~auflösung** *f* scioglimento *m* di cartello; **~aufsicht** *f* vigilanza *f* antitrust, vigilanza *f* sulla concorrenza; **~behörde** *f* autorità *f* anti-cartello, autorità *f* antitrust, autorità *f* per la concorrenza, Autorità *f* garante della concorrenza e del mercato *(AGCM) (I)*; **~bevollmächtigte/r** *f/m (A)* rappresentante *m/f* di un cartello presso le autorità governative; **~bildung** *f* cartellizzazione *f*, formazione *f* di cartelli; **~entflechtung** *f* decartellizzazione *f*; **~gesetz** *n* (*Abk* = **D: GWB; A: KartG; CH: KG**) *(D: Gesetz gegen Wettbewerbsbeschränkungen; A: Bundesgesetz gegen Kartelle und andere Wettbewerbsbeschränkungen; CH: Bundesgesetz über Kartelle und andere Wettbewerbsbeschränkungen)* legge *f* antitrust (*legge (contro i cartelli e) contro le (altre) restrizioni alla concorrenza*), legge *f* sui cartelli *(LCart)* (*legge federale (svizzera) sui cartelli e altre limitazioni della concorrenza*) *(CH)*; **~gesetzgebung** *f* legislazione *f* sui cartelli.

kartellieren *v* cartellizzare.

Kartellierung *f* cartellizzazione *f*.

Kartellrecht *n* diritto *m* antitrust, diritto *m* dei cartelli, legislazione *f* antitrust, legislazione *f* anti-cartello.

kartellrechtlich *adj* antitrust, anti-cartello, in materia di diritto antitrust.

Kartell | register *n* registro *m* dei cartelli; **~senat** *m ProzR (OLG)* sezione *f* cartelli; **~verbot** *n* divieto *m* di costituire cartelli; **~vereinbarung** *f* convenzione *f* di cartello; **~vertrag** *m* contratto *m* di cartello.

Karten | abstimmung *f* votazione *f* con scheda; **~anweisung** *f* cartolina *f* vaglia; **~schluss** *m (UPU)* dispaccio *m* chiuso.

KartG (*Abk* = **Kartellgesetz**) *(A) (Bundesgesetz gegen Kartelle und andere Wettbewerbsbeschränkungen)* legge *f* antitrust (*legge austriaca contro i cartelli e le altre restrizioni alla concorrenza*).

Kasko | police *f*; **~polizze** *f (A) (für Fahrzeuge)* polizza *f* casco, *(für Schiffe und Flugzeuge)* polizza *f* su corpi; **~versicherung** *f (für Fahrzeuge)* assicurazione *f* casco, assicurazione *f* contro tutti i rischi, *(für Schiffe und Flugzeuge)* assicurazione *f* corpi.

Kassa *f* cassa *f*, contante *m*; **~ausgangsbeleg** *m* pezza *f* giustificativa di un'uscita di cassa; **~beleg** *m (A)* pezza *f* giustificativa di cassa; **~buch** *n (A)* libro *m* di cassa; **~devise** *f* divisa *f* a contanti;

~eingangsbeleg *m* pezza *f* giustificativa di un'entrata di cassa; **~geschäft** *n* contratto *m* a contanti, operazione *f* a contanti; **~handel** *m* contrattazioni *fpl* per contanti; **~kauf** *m* acquisto *m* a contanti, compera *f* a contanti; **~konto** *n* conto *m* cassa; **~kurs** *m* corso *m* a contanti, prezzo *m* a contanti, *(Devisen)* quotazione *f* del contante; **~markt** *m* mercato *m* a contanti, mercato *m* del pronto, mercato *m* del disponibile; **~notiz** *f* quotazione *f* a contanti; **~preis** *m* prezzo *m* a contanti; **~schaden** *m* sinistro *m* per contanti; **~schein** *m* ricevuta *f* di cassa, scontrino *m* (*di cassa, fiscale*); **~skonto** *n* sconto *m* per contanti; **~strazza** *f (A)* libro *m* di cassa.

Kassation *f ProzR* cassazione *f*.

Kassations | beschwerde *f (CH) ProzR* ricorso *m* per (o: in) cassazione; **~gericht** *n*; **~gerichtshof** *m*; **~hof** *m ProzR* corte *f* di cassazione; **~verfahren** *n ProzR* giudizio *m* di cassazione.

Kasse *f* cassa *f*, contante *m*; **gegen ~** a contanti; **gegen ~ verkaufen** vendere a contanti; **die ~ abstimmen** fare la cassa; **die ~ führen** tenere la cassa; **~** *f* **ohne Abzug** contanti *mpl* netto; **~** *f* **gegen Dokumente** documenti *mpl* contro pagamento; **auszahlende ~** *f* cassa *f* dei pagamenti; **gemeinschaftliche ~** *f* cassa *f* comune; **kleine ~** *f* piccola cassa *f*; **paritätische ~** *f* cassa *f* paritetica; **sofortige ~** *f* pronta cassa *f*, a contanti.

Kassen | abschluss *m* chiusura *f* di cassa; **~abteilung** *f* ufficio *m* di cassa; **~anweisung** *f* mandato *m* di cassa; **~ausfall** *m* ammanco *m* di cassa; **~ausgänge** *pl* uscite *fpl* di cassa; **~ausgangsbeleg** *m* pezza *f* giustificativa di un'uscita di cassa; **~ausweis** *m* situazione *f* di cassa, prospetto *m* di cassa; **~beamter/-beamtin** *m/f* cassiere/-a *m/f*; **~bedarf** *m* fabbisogno *m* di cassa, fabbisogno *m* di tesoreria; **~beleg** *m* ricevuta *f* di cassa, scontrino *m* (*di cassa, fiscale*); **~bericht** *m* relazione *f* di cassa, situazione *f* di cassa; **~bestand** *m (Geldvorrat)* disponibilità *f* di cassa, giacenza *f* di cassa, fondo *m* cassa, consistenza *f* di cassa; **~bewegung** *f* movimento *m* di cassa; **~bilanz** *f* bilancio *m* di cassa; **~bon** *m* ricevuta *f* di cassa, scontrino *m* (*di cassa, fiscale*); **~buch** *n* libro *m* di cassa; **~buchführung** *f* contabilità *f* di cassa; **~budget** *n* bilancio *m* di cassa; **~darlehen** *n* anticipazione *f* di cassa; **~defizit** *n* deficit *m* di cassa, disavanzo *m* di cassa, ammanco *m* di cassa; **~dienst** *m* servizio *m* di cassa; **~disposition** *f* liquidità *f* di cassa; **~eingänge** *pl* entrate *fpl* di cassa; **~eingangsbeleg** *m* pezza *f* giustificativa di un'entrata di cassa; **~einnahme** *f* entrata *f* di cassa; **~erfolg** *m* successo *m* di cassetta; **~fehlbetrag** *m* deficit *m* di cassa, disavanzo *m* di cassa, ammanco *m* di cassa; **~freiheit** *f* libertà *f* di aderire o meno a una cassa mutua; **~führer/in** *m/f* cassiere/-a *m/f*; **~führung** *f* tenuta *f* di cassa; **~geschäft** *n* contratto *m* a contanti, operazione *f* a contanti; **~guthaben** *n* disponibilità *f* di cassa; **~halter/in** *m/f* contabile *m/f*; **~haltung** *f* tenuta *f* di cassa; **~konto** *n* conto *m* cassa; **~kredit** *m* credito *m* di cassa; **~lage** *f* situazione *f* di cassa; **~liquidität** *f* liquidità *f* di cassa; **~manko** *n* ammanco *m* di cassa, deficit *m* di cassa, disavanzo *m* di cassa; **~obligation** *f* obbligazione *f* di cassa; **~patient/in** *m/f* paziente *m/f* della mutua, mutuato/-a *m/f*; **~praxis** *f* ambulatorio *m* medico convenzionato; **~prüfer/in** *m/f* revisore *m* di cassa; **~prüfung** *f* revisione *f* di cassa, verifica *f* di cassa, controllo *m* della cassa, ispezione *f* di cassa, riscontro *m* di cassa; **~quittung** *f* ricevuta *f* di cassa, certificato *m* azionario provvisorio, ricevuta *f* provvisoria; **~rabatt** *m* sconto *m* per contanti; **~reserve** *f* riserva *f* di cassa; **~revision** *f* revisione *f* di cassa, verifica *f* di cassa, controllo *m* della cassa, ispezione *f* di cassa, riscontro *m* di cassa; **~schein** *m* ricevuta *f* di cassa, scontrino *m* (*di cassa, fiscale*); **~schlager** *m* successo *m* di cassetta; **~skonto** *n* sconto *m* per contanti; **~sollbestand** *m* esistenza *f* teorica di cassa; **~stand** *m* situazione *f* di cassa; **~stärkung** *f* potenziamento *m* delle disponibilità; **~stunden** *pl* orario *m* di cassa; **~sturz** *m* alzata *f* di cassa; **~tagebuch** *n* giornale *m* di cassa; **~überschuss** *m* avanzo *m* di cassa, eccedenza *f* di cassa; **~umsatz** *m* movimenti *mpl* di cassa; **~verein** *m* banca *f* di deposito di valori mobiliari; **~verlust** *m* ammanco *m* di cassa; **~verlustentschädigung** *f* indennità *f* per ammanco di cassa; **~verwalter** *m* tesoriere *m*; **~vorschau** *f* previsione *f* di cassa, preventivo *m* di cassa; **~vorschuss** *m* anticipazione *f* di cassa; **~vorstand** *m* capo *m* cassiere; **~zettel** *m* ricevuta *f* di cassa, scontrino *m* (*di cassa, fiscale*); **~zwang** *m* obbligo *m* di aderire a una cassa mutua.

Kassiber *m* messaggio *m* segreto scambiato fra detenuti.

kassieren *v* [1] *(Geld)* incassare, riscuotere.

kassieren *v* [2] *(ein Gerichtsurteil aufheben)* cassare.

Kassierung *f* cassazione *f*.

Kasuistik *f* casistica *f*.

Katalogpreis *m* prezzo *m* di catalogo, prezzo *m* di listino.

Kataster *n* catasto *m*; **~amt** *n* catasto *m*, ufficio *m* del catasto; **~auszug** *m* estratto *m* catastale, visura *f* catastale; **~beamter/-beamtin** *m/f* impiegato/-a *m/f* del catasto; **~bescheinigung** *f* certificato *m* catastale; **~bewertung** *f* valutazione *f* catastale; **~buch** *n* registro *m* catastale, registro *m* del catasto; **~daten** *pl* dati *mpl* catastali; **~eintragung** *f* accatastamento *m*, iscrizione *f* al catasto; **~fläche** *f* superficie *f* catastale; **~gemeinde** *f* comune *m* catastale; **~karte** *f* mappa *f* catastale; **~mappe** *f* mappa *f* catastale; **~nummer** *f* numero *m* del catasto; **~parzelle** *f* particella *f* catastale; **~plan** *m* mappa *f* catastale; **~wert** *m* valore *m* catastale.

Katastral | einheitswert *m* valore *m* della rendita catastale; **~ertrag** *m* rendita *f* catastale; **~ertragswert** *m* valore *m* della rendita catastale.

Katastralmappe *f (A)* mappa *f* catastale; **Auszug** *m* **aus der ~** *(A)* estratto *m* di mappa catastale.

Katastralzahl *f (A)* numero *m* del catasto.

katastrieren *v* accatastare, iscrivere (un immobile) al catasto.

Katastrierung *f* accatastamento *m*, iscrizione *f* al catasto.

Kauf *m (Kaufvertrag)* vendita *f*, compravendita *f*, *(Erwerb)* acquisto *m*, compera *f*; **zum ~ anbieten** offrire in vendita; **~** *m* **bricht nicht Miete** *(§ 566 BGB)* emptio non tollit locatum *(lat) (la compravendita non elimina la locazione: fondamentale principio giuridico, in virtù del quale l'acquirente di un bene (che il venditore aveva in precedenza dato in locazione) è tenuto a rispettare il contratto di locazione stipulato dal suo dante causa con un terzo)*; **bedingter ~** *m* vendita *f* sotto condizione; **fester ~** *m* acquisto *m* fermo; **internationaler ~** *m* vendita *f* internazionale; **~** *m* **auf Abruf** vendita *f* con consegna a richiesta del compratore; **~** *m* **auf Abzahlung** vendita *f* a pagamento rateale; **~** *m* **nach Ansicht**; **~** *m* **auf Besicht** vendita *f* salvo vista e verifica, vendita *f* su gradimento; **~** *m* **beweglicher Sachen** vendita *f* mobiliare; **~** *m* **auf Borg** *(A)* vendita *f* a credito; **~** *m* **unter Eigentumsvorbehalt** *(§ 449 BGB)* vendita *f* con riserva di (o: della) proprietà, vendita *f* con patto di riservato dominio; **~** *m* **zum Festpreis** vendita *f* a prezzo fisso; **~** *m* **auf Hoffnung** *(A)* vendita *f* aleatoria; **~** *m* **auf Kredit** acquisto *m* a credito, vendita *f* a credito; **~** *m* **nach Maß** vendita *f* a misura; **~** *m* **nach Muster** vendita *f* su campione; **~** *m* **als Probe** acquisto *m* a titolo di prova; **~** *m* **auf Probe** vendita *f* a prova; **~** *m* **nach Probe** vendita *f* su campione; **~** *m* **zur Probe** acquisto *m* a titolo di prova; **~** *m* **mit Rückgaberecht** vendita *f* con riserva di non gradimento; **~** *m* **mit Rücktrittsrecht** vendita *f* con diritto di recesso; **~** *m* **mit Umtauschrecht**; **~** *m* **mit Umtauschvorbehalt** vendita *f* con diritto di cambio; **~** *m* **auf Ziel** vendita *f* a credito.

Kauf | abschluss *m* conclusione *f* del contratto di (compra)vendita, stipulazione *f* del contratto di (compra)vendita, stipula *f* del contratto di (compra)vendita; **~angebot** *n* offerta *f* di acquisto, proposta *f* di acquisto; **~anmeldung** *f* dichiarazione *f* di acquisto; **~anreiz** *m* incentivo *m* all'acquisto; **~antrag** *m* offerta *f* di acquisto, proposta *f* di acquisto; **~anwartschaft** *f* opzione *f* di acquisto; **~anwartschafts-vertrag** *m* contratto *m* con diritto di opzione per un acquisto; **~auftrag** *m* ordine *m* di acquisto; **~bedingungen** *fpl* condizioni *fpl* di vendita.

kaufen *v* comp(e)rare, acquistare.

Käufer *m* [f: Käuferin] ↔ *Verkäufer/in* compratore/-trice *m/f*, acquirente *m/f*; **potentieller ~** *m* potenziale acquirente *m*, possibile acquirente *m*.

Käufer | firma *f* ditta *f* compratrice; **~gruppe** *f* categoria *f* di acquirenti, gruppo *m* di acquirenti.

Kauferlös *m* ricavato *m* della vendita, ricavo *m* della vendita.

Käufermarkt *m (Marktsituation sinkender Preise)* mercato *m* al ribasso, mercato *m* del compratore, mercato *m* di acquirenti.

Käuferschaft *f* clientela *f*.

Käufer | schicht *f* categoria *f* di acquirenti; **~vereinigung** *f* associazione *f* di compratori.

Kauf | frau *f* commerciante *f*, negoziante *f*, esercente *f*; **~gegenstand** *m* oggetto *m* della (compra)vendita, oggetto *m* (compra)venduto, oggetto *m* comprato, cosa *f* (compra)venduta, cosa *f* acquistata; **~geld** *n* prezzo *m* di acquisto, prezzo *m* di vendita; **~geldforderung** *f* credito *m* del prezzo di acquisto; **~gelegenheit** *f* occasione *f* di acquisto; **~geschäft** *n* vendita *f*, operazione *f* di vendita; **~gesuch** *n* domanda *f* di acquisto; **~interesse** *n* interesse *m* all'acquisto, propensione *f* all'acquisto; **~interessent/in** *m/f* potenziale acquirente *m/f*, possibile acquirente *m/f*.

Kaufkraft *f* potere *m* di acquisto, *(Zahlungsfähigkeit)* capacità *f* di acquisto; **gleichbleibende ~** *f* potere *m* di acquisto costante.

Kaufkraft | abschöpfung *f* assorbimento *m* del potere di acquisto; **~erhöhung** *f* aumento *m* del potere di acquisto.

kaufkräftig *adj* che ha potere di acquisto, dotato di potere di acquisto, *(zahlungsfähig)* solvente, solvibile.

Kaufkraft | parität *f* parità *f* del potere di acquisto; **~schöpfung** *f* creazione *f* di potere di acquisto; **~schwund** *m* perdita *f* di potere di acquisto; **~stabilität** *f* stabilità *f* del potere di acquisto; **~überhang** *m* eccedenza *f* di potere di acquisto; **~verlust** *m* perdita *f* di potere di acquisto; **~vermehrung** *f*; **~zuwachs** *m* aumento *m* del potere di acquisto.

Kauf | kurs *m (Ankaufskurs)* cambio *m* di acquisto, quotazione *f* di acquisto, corso *m* di acquisto; **~leute** *pl* commercianti *mpl*, negozianti *mpl*, esercenti *mpl*.

käuflich *adj* [1] *(durch Kauf zu erwerben)* comprabile, acquistabile, vendibile, in vendita, commerciabile, negoziabile; **~ erwerben** comp(e)rare, acquistare.

käuflich *adj* [2] *(bestechlich)* corruttibile, venale.

Käuflichkeit *f (Bestechlichkeit)* corruttibilità *f*, venalità *f*.

Kauflizenz *f* licenza *f* di acquisto.

Kaufmann *m* [1] [f: Kauffrau; pl: Kaufleute] commerciante *m*, negoziante *m*, esercente *m*.

Kaufmann *m* [2] *(Handelsrecht)* imprenditore *m* commerciale.

kaufmännisch *adj* commerciale, di commercio, mercantile.

Kaufmannschaft *f* commercianti *mpl*, negozianti *mpl*, esercenti *mpl*.

Kaufmanns | eigenschaft *f* qualità *f*

di imprenditore (commerciale); **~gehilfenbrief** *m* certificato *m* di attitudine professionale al commercio; **~stand** *m* categoria *f* dei commercianti.

Kauf | objekt *n* immobile *m* compravenduto; **~option** *f* opzione *f* di acquisto, opzione *f* call; **~order** *f* ordine *m* di acquisto; **~potential** *n* potere *m* di acquisto.

Kaufpreis *m* prezzo *m* di acquisto, prezzo *m* di vendita; **den ~ zahlen** pagare il prezzo; **den ~ zurückerstatten** restituire il prezzo (*pagato*).

Kaufpreis | anzahlung *f* acconto *m* sul prezzo; **~berechnung** *f* calcolo *m* del prezzo di acquisto (o: di vendita); **~forderung** *f (geforderter Kaufpreis)* prezzo *m* richiesto, *(Kaufpreisanspruch)* credito *m* del prezzo di acquisto; **~hypothek** *f* ipoteca *f* a garanzia del pagamento del prezzo di acquisto; **~minderung** *f* riduzione *f* del prezzo; **~rückvergütung** *f* storno *m* del prezzo di acquisto.

Kaufrecht *n (Anspruch)* diritto *m* di compravendita, diritto *m* di acquisto, *(Rechtsgebiet)* disciplina *f* della vendita (*di beni*), normativa *f* che disciplina i contratti di compravendita; **UN- ~** *n* (*Abk* = **CISG**) *VölkerR (auch: Wiener Kaufrechtsübereinkommen, Übereinkommen der Vereinten Nationen über Verträge über den internationalen Warenkauf)* Convenzione *f* di Vienna sulla vendita internazionale di beni mobili, Convenzione *f* delle Nazioni Unite sui contratti di compravendita internazionale di merci; **Vorschlag** *m* **für eine Verordnung des Europäischen Parlaments und des Rates über ein Gemeinsames Europäisches ~** *EuR → s. Anhang 3 a)* proposta *f* di regolamento del Parlamento europeo e del Consiglio relativo a un diritto comune europeo della vendita.

Kauf | sache *f* cosa *f* acquistata, cosa *f* comprata, cosa *f* venduta, cosa *f* compravenduta; **~schilling** *m (A)* prezzo *m* di acquisto; **~steuer** *f* imposta *f* sull'acquisto; **~summe** *f* prezzo *m* di acquisto, prezzo *m* di vendita; **~urkunde** *f* atto *m* di compravendita; **~verhandlungen** *fpl* trattative *fpl* (contrattuali di compravendita); **~vertrag** *m (§§ 433 ff. BGB)* contratto *m* di vendita, vendita *f*, vendita *f* obbligatoria, contratto *m* di compravendita, atto *m* di compravendita, compravendita *f*; **~vorvertrag** *m* contratto *m* preliminare di (compra)vendita, preliminare *m* di (compra)vendita, promessa *f* di (compra)vendita, compromesso *m* di (compra)vendita; **~wert** *m* valore *m* venale; **~zusage** *f* promessa *f* di acquisto; **~zwang** *m* obbligo *m* di acquisto, obbligo *m* di compera.

kausal *adj* causale.

Kausal | beitrag *m* apporto *m* causale; **~beziehung** *f* rapporto *m* di causalità, rapporto *m* causale; **~faktor** *m* fattore *m* causale; **~geschäft** *n* negozio *m* causale; **~haftung** *f* responsabilità *f* civile causale.

Kausalität *f* causalità *f*; **überholende ~** *f* causalità *f* sopravvenuta.

Kausal | kette *f* serie *f* causale, catena *f* dei nessi causali; **~verhältnis** *n* rapporto *m* di causalità, rapporto *m* causale; **~verlauf** *m* processo *m* causale; **~wirkung** *f* efficienza *f* causale.

Kausalzusammenhang *m* nesso *m* di causalità, nesso *m* causale, nesso *m* eziologico, rapporto *m* di causalità, rapporto *m* causale, connessione *f* causale; **Unterbrechung** *f* **des ~s** *StrafR* interruzione *f* del nesso causale.

Kautelarjurisprudenz *f* attività *f* giuridica che si occupa di prevenire il sorgere delle controversie attraverso un'attenta redazione dei contratti.

Kaution *f* cauzione *f*, deposito *m* cauzionale; **gegen ~** dietro cauzione, su cauzione; **gegen ~ entlassen** *StrafProzR* rilasciare su cauzione, liberare su cauzione; **eine ~ leisten**; **eine ~ stellen**; **eine ~ zahlen** pagare una cauzione, versare una cauzione, prestare una cauzione, costituire una cauzione; **aktorische**

~ *f (A)* cautio iudicatum solvi *(lat)*, cauzione *f* per le spese processuali.

Kautions | depot *n* deposito *m* cauzionale; **~freigabe** *f* svincolo *m* di cauzione; **~hypothek** *f (A)* ipoteca *f* iscritta a titolo di cauzione con il solo ammontare massimo; **~kredit** *m* credito *m* di cauzione, credito *m* cauzionale; **~leistung** *f* pagamento *m* di (o: della) cauzione, versamento *m* di (o: della) cauzione, prestazione *f* di (o: della) cauzione, costituzione *f* di (o: della) cauzione; **~nachschuss** *m* cauzione *f* supplementare; **~soll** *n (CH)* debito *m* per la cauzione da costituire; **~stellung** *f* pagamento *m* di (o: della) cauzione, versamento *m* di (o: della) cauzione, prestazione *f* di (o: della) cauzione, costituzione *f* di (o: della) cauzione; **~summe** *f* somma *f* data in cauzione, ammontare *m* della cauzione; **~versicherung** *f* assicurazione *f* cauzionale, assicurazione *f* fideiussoria; **~wechsel** *m* cambiale *f* data in cauzione.

KBA (*Abk* = **Kraftfahrt-Bundesamt**) *(D)* Ufficio *m* federale (tedesco) della motorizzazione (civile).

Kennenmüssen *n* ignoranza *f* inescusabile.

Kenntnis *f* conoscenza *f*, nozioni *fpl*, cognizioni *fpl*; **in ~** [Gen / von Dat] a conoscenza [di]; **meiner ~ nach** a / per quanto ne so; **~ erlangen** venire a conoscenza; **zur ~ nehmen** prendere atto [di], prendere visione [di]; **in ~ setzen** mettere a conoscenza, portare a conoscenza, avvisare, informare, mettere al corrente, rendere edotto.

Kenntnisnahme *f* presa *f* d'atto, conoscenza *f*; **zur ~** (*Abk* = **z.K.**) per conoscenza *(p.c.)*, e per conoscenza *(e.p.c.)*, copia per conoscenza *(c.p.c.)*; **zu Ihrer ~** per Sua/Vs. (opportuna) conoscenza, per Sua/Vs. informazione, a titolo informativo.

Kennzeichen *n (Merkmal)* segno *m* distintivo, segno *m* caratteristico, caratteristica *f*, contrassegno *m*, *(eines Fahrzeugs)* targa *f*, numero *m* di targa; **amtliches ~** *n* contrassegno *m* ufficiale, *(Auto)* targa *f* (automobilistica); **besonderes ~** *n* segno *m* particolare; **polizeiliches ~** *n (Auto)* targa *f* (automobilistica).

Kernenergie *f* energia *f* nucleare, energia *f* atomica; **Europäische ~ -Agentur** *f* (*Abk* = **ENEA**) *EuR* Agenzia *f* europea per l'energia nucleare; **Europäische ~ -Organisation** *f* (*Abk* = **CERN**) *EuR* Organizzazione *f* europea per l'energia nucleare.

Kern | kraftwerk *n* (*Abk* = **KKW**) centrale *f* atomica, centrale *f* nucleare; **~problem** *n* problema *m* fondamentale; **~zeit** *f (bei gleitender Arbeitszeit)* orario *m* obbligatorio.

KESt (*Abk* = **Kapitalertragsteuer**) *SteuerR* imposta *f* sul reddito da (o: di) capitale.

Ketten | arbeitsvertrag *m* contratto *m* di lavoro a catena, contratto *m* di lavoro a termine ripetutamente rinnovato; **~geschäft** *n* vendita *f* a catena; **~handel** *m* commercio *m* a catena.

KfW (*Abk* = **Kreditanstalt für Wiederaufbau**) *(D)* Istituto *m* di credito (tedesco) per la ricostruzione (*braccio finanziario del Governo tedesco analogo alla Cassa depositi e prestiti (Cdp) italiana*).

Kfz (*Abk* = **Kraftfahrzeug**) autoveicolo *m*, automezzo *m*, automobile *f*, autovettura *f*.

Kfz-Anmeldung (*Abk* = **Kraftfahrzeuganmeldung**) immatricolazione *f* di un autoveicolo.

Kfz-Bestand (*Abk* = **Kraftfahrzeugbestand**) parco *m* automobilistico.

Kfz-Brief (*Abk* = **Kraftfahrzeugbrief**) foglio *m* complementare (*titolo di proprietà dell'autoveicolo*).

Kfz-Führer/in (*Abk* = **Kraftfahrzeugführer/in**) conducente *m/f* (di un autoveicolo).

Kfz-Haftpflicht (*Abk* = **Kraftfahrzeug-Haftpflicht**) responsabilità *f* civile autoveicoli *(RCA o RC auto)*.

Kfz-Haftpflichtversicherung (*Abk* = **Kraftfahrzeug-Haftpflichtversicherung**) assicurazione *f* della responsabilità civile autoveicoli *(assicurazione RCA o assicurazione RC auto)*, assicurazione *f* (obbligatoria) della responsabilità civile derivante dalla circolazione dei veicoli a motore.

Kfz-Halter/in (*Abk* = **Kraftfahrzeughalter/in**) detentore *m* dell'autoveicolo (*nella maggior parte dei casi coincide con il proprietario/intestatario/titolare dell'autoveicolo*).

Kfz-Industrie (*Abk* = **Kraftfahrzeugindustrie**) industria *f* automobilistica.

Kfz-Kaskoversicherung (*Abk* = **Kraftfahrzeugkaskoversicherung**) assicurazione *f* tutti i rischi automobilistici.

Kfz-Kennzeichen (*Abk* = **Kraftfahrzeugkennzeichen**) targa *f* automobilistica, targa *f* (*di riconoscimento*).

Kfz-Papiere (*Abk* = **Kraftfahrzeugpapiere**) documenti *mpl* di circolazione.

Kfz-Schein (*Abk* = **Kraftfahrzeugschein**) carta *f* di circolazione.

Kfz-Steuer (*Abk* = **Kraftfahrzeugsteuer**) *SteuerR* tassa *f* di circolazione (*degli autoveicoli*), imposta *f* sui veicoli a motore, bollo *m* (*auto*).

Kfz-Unfall (*Abk* = **Kraftfahrzeugunfall**) incidente *m* automobilistico.

Kfz-Unfallversicherung (*Abk* = **Kraftfahrzeugunfallversicherung**) assicurazione *f* contro gli infortuni automobilistici.

Kfz-Versicherung (*Abk* = **Kraftfahrzeugversicherung**) assicurazione *f* autoveicoli, assicurazione *f* automobilistica, assicurazione *f* auto.

Kfz-Zulassung (*Abk* = **Kraftfahrzeugzulassung**) immatricolazione *f* di un autoveicolo.

KG [1] (*Abk* = **Kammergericht**) *(D) ProzR (für Berlin zuständiges Oberlandesgericht)* corte *f* di appello (di Berlino).

KG [2] (*Abk* = **Kartellgesetz**) *(CH) (Bundesgesetz über Kartelle und andere Wettbewerbsbeschränkungen)* legge *f* antitrust, legge *f* sui cartelli *(LCart)* (*legge federale svizzera sui cartelli e altre limitazioni della concorrenza*) *(CH)*.

KG [3] (*Abk* = **Kommanditgesellschaft**) *GesR* società *f* in accomandita semplice *(s.a.s.)*.

KGaA (*Abk* = **Kommanditgesellschaft auf Aktien**) *GesR* società *f* in accomandita per azioni *(s.a.p.a.)*.

KHK (*Abk* = **Kriminalhauptkommissar/in**) ispettore *m* principale di polizia giudiziaria, commissario *m* capo della polizia criminale.

Kind *n (wer noch nicht 14 Jahre alt ist)* bambino/-a *m/f*, figlio/-a *m/f*, minore *m/f* degli anni 14, minore *m/f* di 14 anni, minore *m/f* infraquattordicenne; **ein ~ adoptieren** adottare un/a bambino/-a; **ein ~ entführen**; **ein ~ kidnappen** sequestrare un/a bambino/-a; **aus der Ehe ist ein ~ hervorgegangen** dal matrimonio è nato un figlio/è nata una figlia; **ein ~ (schwer) misshandeln** seviziare un/a bambino/-a; **adoptiertes ~** *n* figlio/-a *m/f* adottivo/-a, adottato/-a *m/f*; **anerkanntes ~** *n* figlio/-a *m/f* riconosciuto/-a; **(als ~) angenommenes Kind** *n* figlio/-a *m/f* adottivo/-a, adottato/-a *m/f*; **außereheliches ~** *n (CH)* figlio/-a *m/f* naturale, figlio/-a *m/f* illegittimo/-a; **~** *n* **aus erster Ehe** figlio/-a *m/f* di primo letto; **für ehelich erklärtes ~** *n* figlio/-a *m/f* legittimato/-a; **eheliches ~** *n* figlio/-a *m/f* legittimo/-a; **gefährdetes ~** *n* bambino/-a *m/f* a rischio; **gemeinsames ~** *n*; **gemeinschaftliches ~** *n* figlio/-a *m/f* comune, figlio/-a *m/f* avuto/-a in comune, figlio/-a *m/f* avuto/-a insieme da entrambi i coniugi; **legitimiertes ~** *n (A)* figlio/-a *m/f* legittimato/-a; **nichteheliches ~** *n* figlio/-a *m/f* naturale, figlio/-a *m/f* illegittimo/-a; **uneheliches ~** *n* figlio/-a *m/f* naturale, figlio/-a *m/f* illegittimo/-a; **unterhaltsberechtigtes ~** *n* figlio/-a *m/f* a carico.

Kinder *pl* figli *mpl*, prole *f*; **aus der Ehe hervorgegangene minderjährige ~** *pl* figli *mpl* minori (o: minorenni) nati dal matrimonio.

Kinder | absetzbetrag *m (A)* quota *f* esente per figlio a carico; **~beihilfe** *f* assegno/-i m/pl familiare/-i (*per figli*); **~freibetrag** *m* quota *f* esente per figlio a carico; **~geld** *n* assegno/-i m/pl familiare/-i (*per figli*); **~handel** *m* tratta *f* di minori; **~ - und Jugendhilfegesetz** *n* (*Abk* = **KJHG**) *FamR (Achtes Buch Sozialgesetzbuch)* legge *f* (tedesca) sull'assistenza (sociale) ai minori; **~hilfswerk** *n* **der Vereinten Nationen** (*Abk* = **UNICEF**) *(Kurzbezeichnung: UN-Kinderhilfswerk, Weltkinderhilfswerk)* Fondo *m* delle Nazioni Unite per l'infanzia.

Kinderschutz *m* protezione *f* dell'infanzia, protezione *f* dei minori, tutela *f* dell'infanzia, tutela *f* dei minori, tutela *f* dei figli; **~klausel** *f FamR (die Ehe soll nicht geschieden werden, obwohl sie gescheitert ist, wenn und solange die Aufrechterhaltung der Ehe im Interesse der aus der Ehe hervorgegangenen minderjährigen Kinder aus besonderen Gründen ausnahmsweise notwendig ist) (§ 1568 1. Alt. BGB)* clausola *f* a tutela dei figli; **Haager ~übereinkommen** *n* (*Abk* = **KSÜ**) *(Haager Übereinkommen vom 19. Oktober 1996 über die Zuständigkeit, das anzuwendende Recht, die Anerkennung, Vollstreckung und Zusammenarbeit auf dem Gebiet der elterlichen Verantwortung und der Maßnahmen zum Schutz von Kindern)* Convenzione *f* dell'Aja del 19 ottobre 1996 concernente la competenza, la legge applicabile, il riconoscimento, l'esecuzione e la cooperazione in materia di responsabilità genitoriale e di misure di protezione dei minori.

Kinder | versicherung *f* assicurazione *f* per i bambini; **~verwechselung** *f* sostituzione *f* (involontaria) di neonato; **~zulage** *f*; **~zuschlag** *m*; **~zuschuss** *m* assegno/-i m/pl familiare/-i (*per figli*).

Kindes | annahme *f* adozione *f*; **~annahmevertrag** *m* contratto *m* di adozione; **~aussetzung** *f* abbandono *m* di minori; **~entführer/in** *m/f StrafR* sequestratore *m* di bambini, rapitore *m* di bambini; **~entführung** *f StrafR (Kindesentziehung)* sottrazione *f* di minore/-i, *(Kidnapping)* sequestro (o: rapimento) *m* di minore a scopo di ricatto o di estorsione, kidnapping *m*; **Haager ~entführungsübereinkommen** *n IPR (Haager Übereinkommen vom 25. Oktober 1980 über die zivilrechtlichen Aspekte internationaler Kindesentführung)* Convenzione *f* dell'Aja del 25 ottobre 1980 sugli aspetti civili della sottrazione internazionale dei minori; **~entziehung** *f StrafR (§ 235 StGB)* sottrazione *f* di minore/-i; **~herausgabe** *f* restituzione *f* del/la minore; **~missbrauch** *m* abuso *m* sui (o: dei) minori, abuso *m* di minore; **~misshandlung** *f* maltrattamento *m* minorile, maltrattamento *m* verso fanciulli; **~mord** *m StrafR* = *Kindsmord* infanticidio *m* (*aggravato*); **~mörder/in** *m/f StrafR* = *Kindsmörder/in* infanticida *m/f*; **~raub** *m StrafR* ratto *m* di minore degli anni 14; **~tötung** *f StrafR* infanticidio *m*.

Kindesunterhalt *m FamR* mantenimento *m* del figlio/della figlia (minore)/dei figli (minori), mantenimento *m* della prole, *(Geld)* assegno *m* di mantenimento del figlio/della figlia (minore)/dei figli (minori), assegno *m* di mantenimento per i figli (*minori/minorenni*), assegno *m* di mantenimento spettante al figlio/alla figlia/alla prole, contributo *m* per il mantenimento dei figli (*minori/minorenni*); **als ~** *FamR* a titolo di contributo al (o: per il) mantenimento del figlio/della figlia (minore)/dei figli (minori).

Kindesunterschiebung *f* supposizione *f* di parto.

Kindesverhältnis *n* rapporto *m* di filiazione; **außereheliches ~** *n (CH)* filiazione *f* naturale, filiazione *f* illegittima; **eheliches ~** *n (CH)* filiazione *f* legittima.

Kindesvermögen *n* beni *mpl* del/la minore.

Kindeswohl *n* bene *m* dei figli, interesse *m* dei figli; **zum ~** per il bene del figlio/dei figli, nell'interesse del figlio (minore/minorenne)/

dei figli (minori/minorenni); **dem ~ dienen** essere nell'interesse del figlio (minore/minorenne)/dei figli (minori/minorenni).

Kindschafts | prozess *m* causa *f* in materia di filiazione; **~rechtsreformgesetz** *n (D)* (*Abk* = **KindRG**) *(Gesetz zur Reform des Kindschaftsrechts)* legge *f* (tedesca) di riforma del diritto minorile, legge *f* (tedesca) di riforma del diritto dei minori, legge *f* (tedesca) di riforma del diritto di filiazione; **~sache** *f* causa *f* in materia di filiazione.

Kirchen | behörde *f* autorità *f* ecclesiastica; **~beitrag** *m (A)* imposta *f* di culto, imposta *f* ecclesiastica, imposta *f* per la chiesa, tassa *f* per la chiesa; **~buch** *n* libro *m* parrocchiale; **~diebstahl** *m StrafR* furto *m* su cose destinate a pubblica reverenza, furto *m* di oggetti sacri; **~gericht** *n* tribunale *m* ecclesiastico; **~gerichtsbarkeit** *f* giurisdizione *f* ecclesiastica; **~pfründe** *f* beneficio *m* ecclesiastico; **~recht** *n (kanonisches Recht)* diritto *m* canonico, *(Staatskirchenrecht)* diritto *m* ecclesiastico; **~register** *n* registro *m* parrocchiale; **~schändung** *f* sacrilegio *m*; **~staat** *m* Stato *m* pontificio, Stato *m* della Chiesa; **~steuer** *f*; **~umlage** *f* imposta *f* di culto, imposta *f* ecclesiastica, imposta *f* per la chiesa, tassa *f* per la chiesa; **~verfassung** *f* ordinamento *m* della chiesa; **~vermögen** *n* beni *mpl* ecclesiastici, patrimonio *m* ecclesiastico.

KJHG (*Abk* = **Kinder- und Jugendhilfegesetz**) *FamR (Achtes Buch Sozialgesetzbuch)* legge *f* (tedesca) sull'assistenza (sociale) ai minori.

KKW (*Abk* = **Kernkraftwerk**) centrale *f* atomica, centrale *f* nucleare.

Klag | abweisung *f ZivProzR* rigetto *m* della domanda; **~änderung** *f ZivProzR* modifica *f* della domanda, mutamento *m* della domanda; **~anspruch** *m ZivProzR* diritto *m* di azione, pretesa *f* azionata, pretesa *f* fatta valere in giudizio, pretesa *f* vantata in giudizio; **~antrag** *m ZivProzR* domanda *f* (giudiziale), conclusioni *fpl*.

klagbar *adj ZivProzR* azionabile.

Klagbarkeit *f ZivProzR* azionabilità *f*.

Klage *f ZivProzR* domanda *f* (giudiziale), *(gerichtliches Verfahren)* azione *f* (*legale/giudiziaria civile*), causa *f*, ricorso *m*, istanza *f*, *(Klageschrift)* atto *m* di citazione, atto *m* introduttivo del giudizio, citazione *f* (in giudizio), *(Beschwerde)* reclamo *m*; **~ gegen** [*Akk*] *ZivProzR* azione *f* (legale / giudiziaria) nei confronti di (o: contro), causa *f* nei confronti di (o: contro); **die ~ abweisen** *ZivProzR* respingere la domanda, rigettare la domanda, respingere l'azione (legale), rigettare l'azione (legale); **die ~ kostenpflichtig abweisen** *ZivProzR* respingere la domanda con condanna alle spese di causa, respingere la domanda, condannando (l'attore) al pagamento delle spese processuali, rigettare la domanda, condannando (l'attore) alla rifusione delle spese di lite, rigettare la domanda con vittoria di spese (e compensi professionali/onorari di causa/onorari di giudizio/ competenze di lite/competenze di giudizio); **eine ~ anbringen** *(CH)*; **eine ~ anheben** *(CH)*; **eine ~ anstrengen** *ZivProzR* intentare causa, intentare un'azione (legale), promuovere un'azione (legale), esperire un'azione (legale); **die ~ hat Aussicht auf Erfolg** *ZivProzR* l'azione ha (buone) probabilità di successo, l'azione ha (buone) prospettive di sucesso, ci sono (buone) possibilità di vincere la causa; **die ~ begründen** *ZivProzR* motivare la domanda; **~ einbringen** *(A)*; **~ einreichen**; **~ erheben** *ZivProzR → s. Infokästchen zu „Klage erheben"* proporre domanda, proporre la (o: una) domanda giudiziale, proporre un'azione (legale), promuovere un'azione (legale), esperire un'azione (legale), intentare un'azione (legale), intentare causa, convenire in giudizio; **gegen jemanden vor einem Gericht ~ erheben** *ZivProzR* convenire in giudizio qn. davanti/dinanzi/innanzi al Tribunale; **die ~ ist rechtshängig** *ZivProzR* la causa è pendente; **der ~ stattgeben** *ZivProzR* accogliere la domanda, accogliere il ricorso; **die ~ zurücknehmen** *ZivProzR*; **die ~ zurückziehen** *ZivProzR* rinunciare agli atti (del giudizio), rinunciare all'azione già promossa/proposta; **für eine ~ zuständig sein** *ZivProzR* essere investito della controversia, avere giurisdizione; **arbeitsgerichtliche ~** *f*; **arbeitsrechtliche ~** *f* ricorso *m* in materia di lavoro; **dingliche ~** *f* azione *f* reale; **gerichtliche ~** *f* domanda *f* giudiziale, azione *f* giudiziaria, azione *f* legale, causa *f*; **handelsrechtliche ~** *f* azione *f* commerciale; **konfessorische ~** *f (A)* azione *f* confessoria; **konnexe ~** *f (A)* azione *f* accessoria, domanda *f* accessoria, azione *f* connessa per accessorietà, domanda *f* connessa per accessorietà; **negatorische ~** *f* azione *f* negatoria; **nicht vermögensrechtliche ~** *f* azione *f* personale; **öffentliche ~** *f* *StrafProzR (§§ 151 ff. StPO)* azione *f* pubblica, azione *f* penale; **(die) öffentliche ~ erheben** *StrafProzR* esercitare l'azione penale; **persönliche ~** *f* azione *f* personale; **petitorische ~** *f* azione *f* petitoria; **possessorische ~** *f* azione *f* possessoria; **publizianische ~** *f (A)* → *Klage aus dem rechtlich vermuteten Eigentum* actio publiciana *(lat)*; **rechtsgestaltende ~** *f* azione *f* costitutiva; **statusrechtliche ~** *f* azione *f* di stato; **strafrechtliche ~** *f* azione *f* penale; **unmittelbare ~** *f* *EuR* ricorso *m* diretto; **unterhaltsrechtliche ~** *f* *FamR* azione *f* alimentare; **unzulässige ~** *f* azione *f* inammissibile; **vermögensrechtliche ~** *f* azione *f* patrimoniale; **verwaltungsgerichtliche ~** *f*; **verwaltungsrechtliche ~** *f* ricorso *m* giurisdizionale amministrativo; **vollstreckungsrechtliche ~** *f* azione *f* esecutiva; **~** *f* **auf Anerkennung der Vaterschaft** *FamR* azione *f* di riconoscimento della paternità; **~** *f* **auf Anfechtung der Ehelichkeit** *FamR* azione *f* di contestazione della legittimità, azione *f* di contestazione della paternità, azione *f* di disconoscimento della paternità, impugnativa *f* di paternità; **~** *f* **zur Aufdeckung eines Scheingeschäftes** azione *f* di simulazione; **~** *f* **auf Aufhebung der Ehe** *FamR* azione *f* di annullamento del matrimonio; **~** *f* **auf Aufhebung eines Vertrages** azione *f* di risoluzione di un contratto; **~** *f* **auf Aufhebung der Zwangsverwaltung** azione *f* di revoca del sequestro; **~** *f* **auf Auflösung eines Vertrages** azione *f* di risoluzione di un contratto; **~** *f* **aus Besitzesentziehung** *(CH) (Art. 927 sZGB)* azione *f* di reintegrazione (*nel possesso*), azione *f* di reintegra *(CH)*, azione *f* di spoglio; **~** *f* **aus Besitzesstörung** *(CH) (Art. 928 sZGB)* azione *f* di manutenzione, azione *f* di turbativa possessoria; **~** *f* **auf Feststellung der Abstammung** azione *f* di stato, azione *f* di reclamo di stato; **~** *f* **auf Feststellung der Nichtigkeit** azione *f* di accertamento della nullità; **~** *f* **auf Gehaltszahlung** azione *f* di pagamento dello stipendio; **~** *f* **auf Herausgabe** azione *f* di restituzione; **~** *f* **auf Herausgabe der Erbschaft** *ErbR* azione *f* di petizione di eredità; **~** *f* **auf Leistung** azione *f* di adempimento; **~** *f* **auf Lohnzahlung** azione *f* di pagamento di salario; **~** *f* **auf Löschung** azione *f* di cancellazione; **~** *f* **auf Minderung** azione *f* estimatoria, azione *f* di riduzione del prezzo, azione *f* quanti minoris, actio quanti minoris *(lat)*; **~** *f* **auf Nichtigerklärung** *(A)*; **~** *f* **auf Nichtigkeitserklärung** azione *f* di annullamento, azione *f* di nullità; **~** *f* **auf Prämienzahlung** azione *f* di pagamento del premio; **~** *f* **auf Räumung** intimazione *f* di sfratto, citazione *f* per la convalida di sfratto; **~** *f* **auf Rechnungslegung** azione *f* di rendiconto; **~** *f* **aus dem rechtlich vermuteten Eigentum** *(A)* actio publiciana *(lat)*; **~** *f* **auf Rückgabe** azione *f* di restituzione;

~ *f* auf Rückkauf azione *f* di riscatto; **~ *f* auf Rückzahlung** azione *f* di rimborso; **~ *f* auf Schadensersatz** azione *f* di risarcimento (dei) danni, azione *f* risarcitoria; **~ *f* aus unerlaubter Handlung** azione *f* aquiliana (*di risarcimento del danno da fatto illecito*), azione *f* per fatto illecito; **~ *f* aus ungerechtfertigter Bereicherung** azione *f* di arricchimento; **~ *f* auf Unterlassung** azione *f* negatoria; **~ *f* auf Unterlassung einer Bauführung** *(A)* azione *f* di nuova opera, azione *f* di denuncia di nuova opera, denuncia *f* di nuova opera; **~ *f* auf Unterlassung der Besitzstörung** azione *f* di manutenzione, azione *f* di turbativa possessoria; **~ *f* auf Unterlassung der Errichtung eines Bauwerks** azione *f* di nuova opera, azione *f* di denuncia di nuova opera, denuncia *f* di nuova opera; **~ *f* auf Unwirksamerklärung** *(A)*; **~ *f* auf Unwirksamkeitserklärung** *(A)* azione *f* di annullamento, azione *f* di nullità; **~ *f* aus Vertrag** azione *f* contrattuale; **~ *f* auf Vertragserfüllung** azione *f* di esecuzione in forma specifica; **~ *f* auf Wandelung** azione *f* redibitoria; **~ *f* auf Widerruf** azione *f* revocatoria; **~ *f* auf Widerruf der Schenkung** azione *f* di revocazione di donazione; **~ *f* auf Wiedereinräumung des Besitzes** azione *f* di spoglio; **~ *f* auf Zahlung** azione *f* di pagamento.

Klage | abweisung *f ZivProzR* rigetto *m* della domanda; **~änderung** *f ZivProzR* modifica *f* della domanda, mutamento *m* della domanda; **~anspruch** *m ZivProzR* diritto *m* di azione, pretesa *f* azionata, pretesa *f* fatta valere in giudizio, pretesa *f* vantata in giudizio, pretesa *f* dedotta in giudizio.

Klageantrag *m ZivProzR* domanda *f* (giudiziale), conclusioni *fpl*; **den ~ abweisen** *ZivProzR* rigettare la domanda, respingere la domanda; **nach ~ erkennen**; **dem ~ stattgeben** *ZivProzR* accogliere la domanda.

Klage | antwort *f ZivProzR* comparsa *f* di risposta; **~art** *f ZivProzR* tipo *m* di azione; **~beantwortung** *f ZivProzR* comparsa *f* di risposta; **~befugnis** *f ZivProzR* legittimazione *f* ad agire (in giudizio); **~begehren** *n ZivProzR* domanda *f* (giudiziale); **~begründung** *f ZivProzR* motivazione *f* della domanda, motivi *mpl* della domanda; **~einlassung** *f ZivProzR* costituzione *f* in giudizio (*del convenuto*); **~einreichung** *f ZivProzR* proposizione *f* della domanda (giudiziale), proposizione *f* dell'azione, costituzione *f* in giudizio (*dell'attore*), deposito *m* del fascicolo (*in cancelleria da parte dell'attore*).

Klage erheben
Formulazioni contenute nell'atto di citazione e relativa proposta traduttiva:

namens und im Auftrag des Klägers erhebe ich hiermit Klage zum Landgericht ... Im Termin zur mündlichen Verhandlung werde ich beantragen = in nome e per conto dell'attore propongo domanda giudiziale davanti / dinanzi / innanzi al Tribunale di ... Nel corso dell'udienza di trattazione chiederò al Tribunale adito di accogliere le seguenti conclusioni

namens und im Auftrag des Klägers erhebe ich hiermit Klage zum Landgericht ... und beantrage / werde beantragen / mit folgenden Anträgen / mit dem Antrag = in nome e per conto dell'attore propongo domanda giudiziale davanti / dinanzi / innanzi al Tribunale di ... affinché accolga le seguenti conclusioni

Klageerhebung *f ZivProzR* *(§ 253 ZPO)* proposizione *f*

della domanda (giudiziale), proposizione *f* dell'azione, costituzione *f* in giudizio (*dell'attore*), deposito *m* del fascicolo (*in cancelleria da parte dell'attore*).

Klageerhebung
Nel processo civile ordinario la fase iniziale introduttiva del giudizio (*Klageerhebung*) si compone di due distinti momenti: il deposito dell'atto introduttivo presso la cancelleria del giudice adito (*Einreichung der Klageschrift bei Gericht*), cui segue la notifica d'ufficio al convenuto dell'atto introduttivo (*Zustellung der Klageschrift an den Beklagten durch das Gericht*), unitamente al provvedimento di fissazione dell'udienza e all'invito al convenuto a comparire, nell'udienza indicata, dinanzi al giudice designato (*Ladung*). Dal momento in cui avviene il deposito in cancelleria dell'atto introduttivo fino alla notificazione dello stesso, la causa è definita *anhängig*: essa produce alcuni effetti processuali, ma non è ancora giuridicamente pendente a tutti gli effetti. È solo la notifica dell'atto introduttivo al convenuto a segnare il momento di vera e propria proposizione della domanda e quindi pendenza della lite: è qui che si producono gli effetti processuali e sostanziali tipici della domanda giudiziale e la causa da *anhängig* diventa *rechtshängig (Die Erhebung der Klage erfolgt durch Zustellung eines Schriftsatzes (Klageschrift): § 253 Abs. I; Durch die Erhebung der Klage wird die Rechtshängigkeit der Streitsache begründet: § 261 Abs. I).* In tale contesto, preme rilevare che in Italia nel processo ordinario di cognizione, tanto in primo grado quanto nei procedimenti d'impugnazione dinanzi a giudici di merito, l'atto con il quale un soggetto richiede tutela giurisdizionale, proponendo una domanda giudiziale, prende il nome di *atto di citazione* (*la domanda si propone mediante citazione a comparire a udienza fissa,* ai sensi del comma 1 dell'art. 163 c.p.c.). Rispetto al ricorso, che costituisce l'altro modello di atto introduttivo ed è prescritto per la maggior parte dei procedimenti speciali, la peculiarità della citazione è data dall'avere come destinatario diretto il convenuto, nei cui confronti, dunque, instaura immediatamente il contraddittorio. La locuzione *atto di citazione* deriva dal fatto che la sua caratteristica fondamentale è la presenza, all'interno dell'atto introduttivo stesso e non, diversamente da quanto succede in Germania, in un atto separato (*Ladung)*, dell'invito al convenuto a costituirsi tempestivamente e a comparire dinanzi all'autorità giudiziaria competente, in una data fissa, prescelta dall'attore in conformità alle disposizioni con cui il Presidente del Tribunale competente ha stabilito i giorni e le ore delle udienze destinate alla comparizione delle parti, affinché il processo si svolga in contraddittorio (ovvero perché il convenuto sia in condizione di difendersi dalla domanda svolta).

Klage | erweiterung *f ZivProzR* nuove domande *fpl*, domande *fpl* aggiuntive; **~erwiderung** *f ZivProzR* → *s. Infokasten unter „Schriftsätze"* comparsa *f* di risposta, comparsa *f* di costituzione e (di) risposta; **~erzwingungsantrag** *m StrafProzR* atto *m* di opposizione (della persona offesa dal reato) alla richiesta di archiviazione (formulata dal pubblico ministero); **~erzwingungsverfahren** *n StrafProzR* procedimento *m* relativo all'opposizione (della persona offesa dal reato) alla richiesta di archiviazione (formulata dal pubblico ministero); **~forderung** *f ZivProzR* credito *m* azionato, somma *f* rivendicata; **~frist** *f ZivProzR* termine *m* per promuovere l'azione; **~führung** *f ZivProzR* esercizio *m* dell'azione; **~gegenstand** *m ZivProzR* petitum *(lat)*, oggetto *m* della domanda, oggetto *m* della causa; **~grund** *m ZivProzR* causa petendi *(lat)*, ragione *f* della domanda, ragione *f* di diritto su cui poggia la domanda, ragione *f* giustificativa dell'azione dedotta in giudizio, titolo *m* giuridico (*della domanda proposta*).

Klagehäufung *f (D) ZivProzR* cumulo *m* di domande, cumulo *m* di azioni; **objektive ~** *f (D) ZivProzR (§ 260 ZPO)* cumulo *m* oggettivo di domande (*proposte dall'attore contro lo stesso convenuto nel medesimo processo*), pluralità *f* di domande contro la stessa parte; **subjektive ~** *f (D) ZivProzR* → *Streitgenossenschaft* cumulo *m* soggettivo di azioni, cumulo *m* soggettivo di cause, cumulo *m* soggettivo di domande.

Klageinreichung *f ZivProzR* proposizione *f* della domanda (giudiziale), proposizione *f* dell'azione, costituzione *f* in giudizio (*dell'attore*), deposito *m* del fascicolo (*in cancelleria da parte dell'attore*).

klagen *v ZivProzR* agire in giudizio, domandare (in giudizio), citare (in giudizio), convenire (in giudizio), intentare un'azione (legale), far(e) causa; **~ auf** [*Akk*] *ZivProzR* promuovere un'azione (legale) [per], intentare un'azione (legale) [per], intentare causa [per], citare [per], *(Scheidung)* chiedere.

Klagen | häufung *f ZivProzR* cumulo *m* di domande, cumulo *m* di azioni; **~verbindung** *f ZivProzR* riunione *f* di cause.

Klagepartei *f ZivProzR* parte *f* attrice, parte *f* attorea, attore/attrice *m/f*, istante *m/f*, ricorrente *m/f*.

Kläger *m* [f: Klägerin] *ZivProzR* attore/attrice *m/f*, parte *f* attrice, parte *f* attorea, istante *m/f*, ricorrente *m/f*; **als ~ auftreten** *ZivProzR* intervenire in giudizio come attore, stare in giudizio come attore; **öffentlicher ~** *m StrafProzR* pubblico accusatore *m*.

Klagerecht *n ZivProzR* diritto *m* di azione.

klägerisch *adj ZivProzR* attoreo, attorio, dell'attore/attrice.

Klägerseite *f ZivProzR* parte *f* attrice, parte *f* attorea, attore/attrice *m/f*, istante *m/f*, ricorrente *m/f*.

Klagerücknahme *f ZivProzR (§ 269 ZPO)* rinuncia *f* agli atti (del giudizio), rinuncia *f* all'azione già promossa/proposta.

Klageschrift *f ZivProzR (§ 253 ZPO)* → *s. Infokasten unter „Klageerhebung" und unter „Schriftsätze"* atto *m* introduttivo della causa, atto *m* introduttivo del giudizio, atto *m* di citazione, ricorso *m*; **die ~ einreichen** *ZivProzR* depositare l'atto introduttivo (*presso la cancelleria del giudice adito*), depositare l'atto introduttivo del giudizio (*in cancelleria*), depositare l'atto di citazione (*in cancelleria*); **Einreichung** *f* **der ~ bei Gericht** *ZivProzR* deposito *m* dell'atto introduttivo presso la cancelleria (del giudice adito), deposito *m* in cancelleria dell'atto introduttivo del giudizio, deposito *m* in cancelleria dell'atto di citazione; **Zustellung** *f* **der ~** *ZivProzR* notifica *f* dell'atto di citazione, notificazione *f* dell'atto di citazione.

Klage | verbindung *f ZivProzR* riunione *f* di cause; **~verfahren** *n ZivProzR* procedimento *m* giudiziario, procedura *f* giudiziaria, processo *m* legale, giudizio *m*; **~verjährung** *f ZivProzR* prescrizione *f* dell'azione; **~verzicht** *m ZivProzR* rinuncia *f* all'azione; **~voraussetzung** *f ZivProzR* requisito *m* dell'azione; **~vorbringen** *n ZivProzR* allegazioni *fpl*; **~zurückweisung** *f ZivProzR* rigetto *m* della domanda; **~zurückziehung** *f (A) ZivProzR* rinuncia *f* agli atti (del giudizio), rinuncia *f* all'azione già promossa/proposta; **~zustellung** *f ZivProzR* notifica *f* dell'atto di citazione, notificazione *f* dell'atto di citazione.

Klaggrund *m ZivProzR* causa petendi *(lat)*, ragione *f* della domanda, ragione *f* di diritto su cui poggia la domanda, ragione *f* giustificativa dell'azione dedotta in giudizio, titolo *m* giuridico (*della domanda proposta*).

Klaglosstellung *f ZivProzR* soddisfazione *f* della domanda.

Klags | abweisung *f (A) ZivProzR* rigetto *m* della domanda; **~änderung** *f (A) ZivProzR* modifica *f* della domanda, mutamento *m* della domanda; **~anspruch** *m (A) ZivProzR* diritto *m* di azione, pretesa *f* azionata, pretesa *f* fatta valere in giudizio, pretesa *f* vantata in giudizio; **~ausdehnung** *f (A) ZivProzR* nuove domande *fpl*; **~einbringung** *f (A) ZivProzR* proposizione *f* della domanda (giudiziale), proposizione *f* dell'azione, costituzione *f* in giudizio (*dell'attore*), deposito *m* del fascicolo (*in cancelleria da parte dell'attore*); **~erweiterung** *f (A) ZivProzR* nuove domande *fpl*; **~erzählung** *f (A) ZivProzR* esposizione *f* dei fatti (su cui l'attore fonda la domanda).

Klagshäufung *f (A) ZivProzR (§ 227 öZPO)* cumulo *m* di domande, cumulo *m* di azioni; **objektive ~** *f (A) ZivProzR (§ 227 öZPO)* cumulo *m* oggettivo di domande (*proposte dall'attore contro lo stesso convenuto nel medesimo processo*), pluralità *f* di domande contro la stessa parte; **subjektive ~** *f (A) ZivProzR* → *Streitgenossenschaft* cumulo *m* soggettivo di azioni, cumulo *m* soggettivo di cause, cumulo *m* soggettivo di domande.

Klags | rücknahme *f (A) ZivProzR*; **~rückziehung** *f (A) ZivProzR* rinuncia *f* agli atti (del giudizio), rinuncia *f* all'azione già promossa/proposta; **~zurückweisung** *f (A) ZivProzR* rigetto *m* della domanda; **~zurückziehung** *f (A) ZivProzR* rinuncia *f* agli atti (del giudizio), rinuncia *f* all'azione già promossa/proposta; **~zustellung** *f (A) ZivProzR* notifica *f* dell'atto di citazione, notificazione *f* dell'atto di citazione.

klären *v* chiarire, mettere in chiaro, far(e) luce.

Klarheit *f* chiarezza *f*, trasparenza *f*; **~ *f* des Haushaltsplanes** chiarezza *f* del bilancio.

Klarheitsprinzip *n* principio *m* della chiarezza del bilancio.

Klärung *f* chiarimento *m*, delucidazione *f*, spiegazione *f*, precisazione *f*; **~ *f* der Haftungsfrage** accertamento *m* della responsabilità.

Klassifikation *f* classificazione *f*.

Klassifikations | attest *n*; **~zertifikat** *n* certificato *m* di classe.

klassifizieren *v* classificare.

Klassifizierungszeugnis *n (CH)* certificato *m* di classe.

Klausel *f* clausola *f*; **eine ~ in den Vertrag aufnehmen**; **eine ~ in den Vertrag einfügen** inserire una clausola nel contratto; **abweichende ~** *f* clausola *f* difforme; **kassatorische ~** *f* clausola *f* di decadenza; **kompromissorische ~** *f* clausola *f* compromissoria; **missbräuchliche ~** *f (AGB-Kontrolle)* clausola *f* abusiva, clausola *f* vessatoria; **salvatorische ~** *f VertragsR* clausola *f* di invalidità e nullità parziale, clausola *f* in virtù della quale la nullità di singole clausole non importa (o: comporta necessariamente) la nullità del contratto; **„si omnes"** **~** *f* clausola *f* "si omnes"; **übliche ~** *f* clausola *f* d'uso; **~** *f* **„nicht an Order"** clausola *f* "non all'ordine"; **~** *f* **„nur für Seegefahr"** clausola *f* "solo per rischio di mare"; **~** *f* **zur Selbstbeteiligung im Schadensfall** *VersR* clausola *f* di franchigia in caso di sinistro (*normalmente in cifra fissa*), clausola *f* di scoperto in caso di sinistro (*in percentuale*); **~** *f* **„soweit der Vorrat reicht"** clausola *f* "salvo il venduto".

Klausel: salvatorische Klausel
Proposta traduttiva di una *salvatorische Klausel:*
Qualora una o più clausole del presente contratto dovessero risultare invalide o nulle, in tutto o in parte, successivamente alla sua stipula, il contratto resterà valido e le clausole risultate invalidate o nulle dovranno essere sostituite con disposizioni pienamente valide ed efficaci.

Klauselrichtlinie *f EuR (= Vertragsklauselrichtlinie; Umsetzung in D: §§ 305 ff. BGB) → s. Anhang 3 b)* Direttiva *f* 93/13/CEE del Consiglio, del 5 aprile 1993, concernente le clausole abusive nei contratti stipulati con i consumatori.
Klauselverbot *n* divieto *m* di clausola.
Klein | abnehmer/in *m/f* piccolo utente *m*; **~aktie** *f* piccola azione *f*; **~aktionär/in** *m/f* piccolo azionista *m*; **~betrieb** *m* piccola impresa *f*; **~einfuhr** *f* importazione *f* di tenue valore; **~erzeuger/in** *m/f* piccolo produttore *m*; **~forderung** *f* credito *m* di tenue valore; **~fund** *m* invenzione *f* (= ritrovamento) di cose di tenue valore; **~gewerbe** *n* piccola industria *f*; **~gewerbetreibende/r** *f/m* piccolo imprenditore *m*; **~handel** *m* piccolo commercio *m*, commercio *m* al minuto; **~handelsindex** *m* indice *m* dei prezzi al minuto; **~handelsspanne** *f* margine *m* del dettagliante, margine *m* del commercio al minuto; **~händler/in** *m/f* piccolo commerciante *m*, commerciante *m* al minuto, dettagliante *m*; **~industrie** *f* piccola industria *f*; **~kaufmann** *m* piccolo imprenditore *m*.
Kleinkredit *m* piccolo credito *m*; **persönlicher ~** *m* piccolo credito *m* individuale, credito *m* personale.
Klein | kriminalität *f* piccola criminalità *f*, microdelinquenza *f*; **~schaden** *m* piccolo danno *m*.
Kleinst | betrag *m* importo *m* minimo; **~rente** *f* pensione *f* minima; **~unternehmen** *n* impresa *f* minima.
Klein | unternehmen *n* piccola impresa *f*, impresa *f* minore; **~unternehmer/in** *m/f* piccolo imprenditore *m*; **~unternehmerregelung** *f SteuerR (§ 19 UStG)* regime *m* fiscale per piccoli imprenditori; **~verbraucher/in** *m/f* piccolo consumatore *m*; **~verkauf** *m* vendita *f* al minuto; **~verkäufer/in** *m/f* dettagliante *m*, venditore *m* al minuto; **~verkaufspreis** *m* prezzo *m* al minuto, prezzo *m* di vendita al minuto; **~verkaufszuschlag** *m* maggiorazione *f* di prezzo per la vendita al minuto; **~verschleiß** *m (A)* vendita *f* al minuto; **~verschleißer** *m (A)* dettagliante *m*, venditore *m* al minuto; **~verteiler** *m* distributore *m* al minuto, dettagliante *m*.
Klub *m (A) (Fraktion)* gruppo *m*; **~obmann** *m (A)* capogruppo *m*.
Klumpen | auswahl *f (Stat.)* campionamento *m* a grappoli; **~risiko** *n VersR* rischio *m* di accumulazione.
KMU (*Abk* = **kleine und mittlere Unternehmen**) piccole e medie imprese *fpl (PMI)*.
Knappschaft *f* maestranza *f* di una miniera, corporazione *f* di minatori.
Knappschafts | kasse *f* cassa *f* di previdenza per minatori; **~pension** *f (A)*; **~rente** *f* pensione *f* di vecchiaia per minatori; **~versicherung** *f* assicurazione *f* dei minatori.
Knebelung *f* imbavagliamento *m*, danneggiamento *m*.
Knebelungsvertrag *m SchuldR* contratto *m* capestro, contratto *m* iugulatorio.
KO (*Abk* = **Konkursordnung**) *InsolvenzR (D, A: Vorgänger der Insolvenzordnung)* legge *f* fallimentare.
koalieren *v* coalizzarsi.
Koalition *f* coalizione *f*.
Koalitions | freiheit *f* libertà *f* d'associazione, libertà *f* sindacale; **~kabinett** *n* governo *m* di coalizione; **~partei** *f* partito *m* della (o: di) coalizione; **~partner/in** *m/f* partner *m/f* della coalizione, partito *m* della (o: di) coalizione;

~recht *n* diritto *m* di coalizione, diritto *m* di associazione, diritto *m* sindacale; **~regierung** *f* governo *m* di coalizione; **~vereinbarung** *f*; **~vertrag** *m* patto *m* di coalizione, accordo *m* di coalizione.
Kodex *m* codice *m*.
Kodifikation *f* codificazione *f*.
kodifizieren *v* codificare.
Kodifizierung *f* codificazione *f*.
Kodizill *n* codicillo *m*.
Kodizillarklausel *f* codicillo *m*.
Kohärenz *f* coerenza *f*.
Kohäsion *f* coesione *f*.
Kohäsionsfonds *m* *EuR* Fondo *m* di coesione.
KOK (*Abk* = **Kriminaloberkommissar/in**) ispettore *m* di polizia giudiziaria, sostituto commissario *m* della polizia criminale.
kollateral *adj* collaterale.
Kollateralschaden *m* danno *m* collaterale.
Kollation *f* *ErbR* collazione *f*; **rechnerische ~** *f* collazione *f* per imputazione.
kollationieren *v* collazionare.
Kollationierung *f* collazione *f*.
Kollationspflicht *f* *ErbR* (*§ 2050 BGB)* obbligo *m* di collazione.
Kollaudation *f* *(A, CH)* = *Kollaudierung* *f* collaudo *m*.
Kollegatar *m* collegatario *m*.
kollegial *adj* collegiale.
Kollegial | behörde *f* autorità *f* collegiale; **~entscheidung** *f* decisione *f* collegiale; **~gericht** *n* ↔ *Einzelrichter/in* giudice *m* collegiale, giudice *m* in composizione collegiale, tribunale *m* in composizione collegiale, collegio *m* giudicante.
Kollegialität *f* collegialità *f*.
Kollegial | organ *n* organo *m* collegiale; **~prinzip** *n* collegialità *f*; **~system** *n* sistema *m* collegiale, collegialità *f*.
kollektiv *adj* collettivo.
Kollektiv | arbeitsrecht *n* *(Recht der arbeitsrechtlichen Koalitionen (Gewerkschaften und Arbeitgeberverbände), Tarifvertragsrecht, Arbeitskampfrecht (Streiks und Aussperrungen) sowie Mitbestimmungsrecht in Unternehmen und Betrieben)* ↔ *Individualarbeitsrecht* diritto *m* del lavoro collettivo; **~arbeitsvertrag** *m* *(CH)* contratto *m* collettivo di lavoro; **~beleidigung** *f* *StrafR* offesa *f* a gruppo collettivo; **~delikt** *n* *StrafR* delitto *m* collettivo; **~eigentum** *n* proprietà *f* collettiva.

kollektiver Rechtsschutz
In Germania, come in Austria e Svizzera, al momento non vi è alcun meccanismo classico di ricorso collettivo. In modo molto limitato, in Germania sono stati introdotti procedimenti modello esclusivamente per il contenzioso relativo agli strumenti finanziari (*Kapitalanleger-Musterverfahren*) a seguito dell'entrata in Borsa di *Deutsche Telekom* nel 2005. In Austria la giurisprudenza creativa ha iniziato ad utilizzare un particolare tipo di cessione (*Sicherungsabtretung*) al fine di far fronte in modo efficace ad un elevato numero di casi simili. In Svizzera la situazione è simile a quella della Germania. Da anni ormai è in corso una discussione sull'introduzione del ricorso collettivo, ma nessuna proposta di legge è stata ancora presentata, e neppure è in vista.

Kollektiv | garantie *f* garanzia *f* collettiva; **~gesellschaft** *f* *(CH)* società *f* in nome collettivo; **~gesellschafter/in** *m/f* *(CH)* socio *m* di una società in nome collettivo; **~haftung** *f* responsabilità *f* collettiva; **~interesse** *n* interesse *m* collettivo; **~intervention** *f* intervento *m* collettivo; **~klausel** *f* clausola *f* della firma congiunta; **~konto** *n* conto *m* collettivo; **~marke** *f* marchio *m* collettivo; **~note** *f* nota *f* collettiva; **~prämie** *f* premio *m* collettivo; **~prokura** *f* *(A, CH)* procura *f* collettiva, procura *f* congiunta; **~prokurist/in** *m/f* *(A, CH)* titolare *m/f* di una procura generale collettiva; **~sanktion** *f* sanzione *f* collettiva; **~strafe** *f* pena *f* collettiva; **~streitigkeit** *f* controversia *f* collettiva; **~unfallversicherung** *f* assicurazione *f* collettiva contro gli infortuni; **~unterschrift** *f (CH)* firma *f* collettiva, firma *f* congiunta, firma *f* abbinata; **~vereinbarung** *f* accordo *m* collettivo, convenzione *f* collettiva; **~verhandlungen** *fpl ArbR* trattative *fpl* collettive, negoziati *mpl* collettivi; **~versicherung** *f* assicurazione *f* collettiva; **~verteidigung** *f* difesa *f* collettiva.

Kollektivvertrag *m* [1] *VölkerR* trattato *m* collettivo.

Kollektivvertrag *m* [2] *(A)* (*Abk* = **KV**) *ArbR* contratto *m* collettivo di lavoro.

Kollektivvertrags | fähigkeit *f (A) ArbR* capacità *f* di concludere contratti collettivi di lavoro; **~gesetz** *n (A) ArbR* legge *f* (austriaca) sui contratti collettivi di lavoro; **~parteien** *fpl (A)*; **~partner** *mpl (A) ArbR* parti *fpl* sociali, parti *fpl* stipulanti il contratto collettivo di lavoro.

Kollektiv | vertretung *f* rappresentanza *f* collettiva; **~vollmacht** *f* procura *f* collettiva, procura *f* congiunta; **~wirtschaft** *f* economia *f* collettivista; **~zeichnung** *f* firma *f* collettiva, firma *f* congiunta, firma *f* abbinata; **~zeichnungsbefugnis** *f* potere *m* di firma congiunta, facoltà *f* di firma congiunta.

Kollisions | klausel *f* clausola *f* di abbordaggio; **~kurator** *m (A)* curatore *m* speciale (del pupillo in conflitto di interessi con il tutore); **~norm** *f IPR* norma *f* di diritto internazionale privato, norma *f* di conflitto, norma *f* sui conflitti di legge; **~recht** *n IPR* diritto *m* internazionale privato *(d.i.p. / dir. int. priv.)*, norme *fpl* di diritto internazionale privato, diritto *m* dei conflitti di leggi, norme *fpl* sui conflitti di legge.

Kollo *n* collo *m*.

kolludieren *v* colludere.

Kollusion *f* collusione *f*.

Kolonenvertrag *m* contratto *m* di colonia parziaria.

Komitee *n* comitato *m*; **Internationales ~** *n* **vom Roten Kreuz** (*Abk* = **IKRK**) Comitato *m* internazionale della Croce Rossa *(CICR)*.

Kommandit | aktiengesellschaft *f (CH)* (*Abk* = **KAG**) *GesR (Artt. 764 ff. OR)* società *f* in accomandita per azioni *(s.a.p.a.)*; **~aktionär/in** *m/f GesR* azionista *m* accomandante, socio *m* accomandante, accomandante *m*; **~anteil** *m GesR* quota *f* di partecipazione del socio accomandante; **~anteilschein** *m GesR* certificato *m* di partecipazione del socio accomandante.

Kommanditär/in *m/f (CH) GesR* socio *m* accomandante, accomandante *m*.

Kommanditbeteiligung *f GesR* partecipazione *f* a società in accomandita.

Kommandite *f GesR* accomandita *f*, società *f* in accomandita semplice.

Kommanditeinlage *f GesR* quota *f* del socio accomandante.

Kommanditgesellschaft *f* (*Abk* = **KG**) *GesR* società *f* in accomandita semplice *(s.a.s.)*; **~ *f* auf Aktien** (*Abk* = **KGaA**) *GesR* società *f* in accomandita per azioni *(s.a.p.a.)*.

Kommanditierte/r *f/m (CH) GesR* socio *m* accomandatario, accomandatario *m*.

Kommanditistenanteil *m GesR* quota *f* di partecipazione del socio accomandante.

Kommanditist/in *m/f GesR* ↔ *Komplementär/in* socio *m* accomandante, accomandante *m*.

Kommandit | kapital *n GesR* capitale *m* conferito dai soci accomandanti; **~summe** *f (CH) GesR* quota *f* del socio accomandante; **~vertrag** *m GesR* atto *m* costitutivo di una società in accomandita.

Kommentar *m (Anmerkung)* commento *m*, *(Gesetzeskommentar)* commentario *m*.

kommentieren *v* commentare.
Kommentierung *f* commento *m*.
Kommerzpapier *n* carta *f* commerciale.
Kommissar *m* [f: Kommissarin, A: Kommissär/in] commissario *m*; **Hoher ~** *m* Alto Commissario *m*; **Hoher ~** *m* **der Vereinten Nationen für Menschenrechte** *VölkerR* Alto Commissario *m* delle Nazioni Unite per i diritti umani.
Kommissariat *n* commissariato *m*.
kommissarisch *adj (vorübergehend)* commissariale, temporaneo, provvisorio, interinale, ad interim.
Kommission *f*[1] *(Ausschuss)* commissione *f*, comitato *m*; **eine ~ einsetzen** istituire una commissione; **in ~ geben** dare in commissione; **in ~ nehmen** prendere in commissione; **beratende ~** *f* commissione *f* consultiva; **Europäische ~** *f EuR* Commissione *f* europea; **Europäische ~** *f* **für Menschenrechte** (*Abk* = **EKMR**) *EuR (auch: Europäische Menschenrechtskommission)* Commissione *f* europea dei diritti dell'uomo; **gemischte ~** *f* commissione *f* mista; **Hohe ~** *f* Alta commissione *f*; **Internationale ~** *f* **für das Personenstandswesen** Commissione *f* internazionale dello stato civile; **paritätische ~** *f* commissione *f* paritetica; **strafrechtliche ~** *f (CH)* commissione *f* penale; **zentrale ~** *f* commissione *f* centrale; **~** *f* **für auswärtige Angelegenheiten** *(CH)* Commissione *f* per gli affari esteri; **~** *f* **der Europäischen Gemeinschaft** Commissione *f* della Comunità europea; **~** *f* **der Vereinten Nationen für internationales Handelsrecht** (*Abk* = **UNCITRAL**) *(Sitz in Wien)* Commissione *f* delle Nazioni Unite per il diritto commerciale internazionale.
Kommission *f*[2] *HandelsR (Handelsgeschäft)* commissione *f*.
Kommissionär/in *m/f HandelsR* ↔ *Kommittent/in* commissionario *m*.
Kommissions|agent/in *m/f* agente *m* commissionario; **auf ~basis** su commissione; **~bericht** *m* rapporto *m* della commissione; **~buch** *n* bollettario *m* per le ordinazioni; **~firma** *f* casa *f* commissionaria; **~gebühr** *f HandelsR* provvigione *f* (*spettante al commissionario*), diritto *m* di commissione; **~geschäft** *n HandelsR (§§ 383 ff. HGB)* contratto *m* di commissione, commissione *f*; **~gut** *n* merce *f* spedita in conto deposito; **~handel** *m* commercio *m* di commissione; **~haus** *n* casa *f* commissionaria; **~konto** *n*; **~rechnung** *f* conto *m* della merce spedita in deposito; **~referent/in** *m/f (CH)* relatore *m* della commissione; **~reisende/r** *f/m* commissionario *m* viaggiatore; **~satz** *m* provvigione *f* (*spettante al commissionario*); **~verkauf** *m* vendita *f* in commissione; **~vertrag** *m HandelsR* contratto *m* di commissione, commissione *f*; **~ware** *f* merce *f* spedita in conto deposito; **~wechsel** *m* cambiale *f* tratta per conto di un terzo.
kommissionsweise *adj* su commissione, in commissione, in conto deposito.
Kommissivdelikt *n (A, CH) StrafR* reato *m* commissivo.
Kommittent/in *m/f HandelsR* ↔ *Kommissionär/in* committente *m/f*.
Kommorient *m* commoriente *m*.
kommunal *adj* comunale, municipale.
Kommunal|abgabe *f* tributo *m* comunale; **~abgabengesetz** *n (D)* (*Abk* = **KAG**) legge *f* sulle imposte comunali (dei diversi Land tedeschi); **~anleihe** *f* prestito *m* comunale; **~aufsicht** *f* vigilanza *f* sui comuni; **~aufsichtsbehörde** *f* autorità *f* di vigilanza sui comuni; **~beamter/-beamtin** *m/f* funzionario *m* comunale; **~behörde** *f* autorità *f* comunale; **~betrieb** *m* azienda *f* comunale; **~darlehen** *n* mutuo *m* comunale.
kommunalisieren *v* municipalizzare.
Kommunalisierung *f* municipalizzazione *f*.

Kommunal | kredit *m* credito *m* comunale; **~obligation** *f* obbligazione *f* comunale; **~recht** *n* diritto *m* comunale; **~schuldverschreibung** *f* obbligazione *f* comunale; **~steuer** *f* imposta *f* comunale, tributo *m* comunale; **~verband** *m* consorzio *m* di comuni; **~verwaltung** *f* amministrazione *f* comunale, amministrazione *f* municipale; **~wahl** *f*; **~wahlen** *fpl* elezioni *fpl* comunali, elezioni *fpl* amministrative.

Kommune *f (Gemeinde)* comune *m*.

kompensabel *adj* compensabile.

Kompensandoforderung *f (A)* credito *m* in compensazione.

Kompensation *f (Ausgleich)* compensazione *f*, *(Entschädigung)* indennizzo *m*, risarcimento *m*, compenso *m*.

Kompensations | abkommen *n* accordo *m* di compensazione, *VölkerR* trattato *m* di compensazione; **~einrede** *f (A)* eccezione *f* di compensazione; **~geschäft** *n* operazione *f* di compensazione, operazione *f* abbinata; **~kasse** *f* cassa *f* di compensazione; **~kredit** *m* credito *m* di compensazione; **~kurs** *m* prezzo *m* di compenso, corso *m* di compensazione, prezzo *m* di compensazione; **~recht** *n* *(A)* diritto *m* di compensazione; **~verkehr** *m* clearing *m*; **~vertrag** *m* contratto *m* di compensazione; **~zoll** *m* dazio *m* compensatore.

kompensatorisch *adj* di compensazione, compensativo, compensatore, compensatorio.

kompetent *adj* competente.

Kompetenz *f* competenza *f*; **gesetzgeberische ~** *f* competenza *f* legislativa.

Kompetenz | abgrenzung *f* delimitazione *f* di competenza; **~anmaßung** *f* usurpazione *f* di potere; **~aufteilung** *f* ripartizione *f* delle competenze; **~ausweitung** *f* ampliamento *m* della competenza; **~bereich** *m* competenza *f*, ambito *m* di competenza, sfera *f* di competenza; **~beschränkung** *f* limitazione *f* della competenza; **~kompetenz** *f (auch: Kompetenz-Kompetenz)* competenza *f* della competenza.

Kompetenzkonflikt *m IZVR* conflitto *m* di competenza; **bejahender ~** *m (A) IZVR* conflitto *m* positivo di competenza; **negativer ~** *m IZVR* conflitto *m* negativo di competenza; **positiver ~** *m IZVR* conflitto *m* positivo di competenza; **verneinender ~** *m (A) IZVR* conflitto *m* negativo di competenza.

Kompetenz | norm *f* norma *f* di competenza; **~streit** *m*; **~streitigkeit** *f* conflitto *m* di competenza, controversia *f* sulle competenze; **~stück** *n (CH)* oggetto *m* impignorabile; **~überschreitung** *f* straripamento *m* di potere; **~übertragung** *f* trasferimento *m* della competenza; **~verlagerung** *f*; **~verschiebung** *f* spostamento *m* della competenza; **~verteilung** *f* ripartizione *f* delle competenze; **~zuweisung** *f* attribuzione *f* di competenza.

Komplementar *m* [f: Komplementarin] *GesR* = *Komplementär/in* ↔ *Kommanditist/in* socio *m* accomandatario, accomandatario *m*; **~anteil** *m GesR* quota *f* del socio accomandatario.

Komplize/-zin *m/f StrafR (auch: Komplice/-cin)* complice *m/f*.

Komplott *n* complotto *m*; **verbrecherisches ~** *n (A) StrafR* complotto *m* criminoso, intesa *f* per delinquere.

komplottieren *v* complottare.

Komptantgeschäft *n (CH)* contratto *m* a contanti, operazione *f* a contanti.

Kondiktion *f (§§ 812 ff. BGB)* ripetizione *f* dell'indebito, azione *f* restitutoria, condictio indebiti *(lat)*.

Konditionen *fpl* condizioni *fpl*, termini *mpl*; **die ~ aushandeln** trattare le condizioni; **die ~ festlegen** determinare le condizioni.

Konditionenkartell *n* cartello *m* di condizioni contrattuali.

konditionieren *v* condizionare.

kondizieren *v* ripetere (l'indebito), chiedere la restituzione (dell'indebito).

Kondominat *n* = *Kondominium n* condominio *m*.
Konferenz *f (Tagung)* conferenza *f*, congresso *m*, *(Besprechung)* riunione *f*, *(von Lehrern)* consiglio *m* di classe; **eine ~ abhalten** tenere una conferenza; **eine ~ einberufen** indire una conferenza; **eine ~ leiten** presiedere una conferenza; **internationale ~** *f* conferenza *f* internazionale; **Ständige ~** *f* Conferenza *f* permanente; **Ständige ~** *f* **der Kultusminister der Länder in der Bundesrepublik Deutschland** *(D)* Conferenza *f* permanente dei ministri della pubblica istruzione (o: dell'istruzione e degli affari culturali) dei Länder della Repubblica Federale di Germania; **Haager ~** *f* **für Internationales Privatrecht** *IPR* Conferenza *f* dell'Aja di diritto internazionale privato; **~** *f* **über internationale wirtschaftliche Zusammenarbeit** Conferenza *f* sulla cooperazione economica internazionale; **~** *f* **über Sicherheit und Zusammenarbeit in Europa** (*Abk* = **KSZE**) Conferenza *f* sulla sicurezza e la cooperazione in Europa *(CSCE)*; **~** *f* **der Vereinten Nationen für Handel und Entwicklung** (*Abk* = **UNCTAD**) *(Kurzbezeichnung: Welthandelskonferenz)* Conferenza *f* delle Nazioni Unite sul commercio e lo sviluppo.
Konferenzteilnehmer/in *m/f* partecipante *m/f* alla conferenza.
Konfination *f (A)* confino *m*.
konfinieren *v (A)* confinare.
Konfinierung *f (A)* confino *m*.
Konfiskation *f* confisca *f*; **~** *f* **von Vermögen** *(A)* confisca *f* di beni.
Konfiskationsbescheid *m (A)* dichiarazione *f* di confisca, decisione *f* di confisca.
konfiszierbar *adj* confiscabile.
konfiszieren *v* confiscare.
Konfiszierung *f* confisca *f*.
Konflikt *m (Gegensatz)* conflitto *m*, contrasto *m*, *(Kampf)* battaglia *f*, guerra *f*.
Konföderation *f (Staatenbund)* confederazione *f*.
Konfusion *f SchuldR* confusione *f* (*modo di estinzione dell'obbligazione*).
Konjunktur *f* congiuntura *f*, situazione *f* economica; **die ~ ankurbeln** rianimare la congiuntura, stimolare la congiuntura; **die ~ bremsen**; **die ~ dämpfen** frenare la congiuntura; **anziehende ~** *f* congiuntura *f* positiva, congiuntura *f* in crescita, congiuntura *f* in ascesa; **rückläufige ~** *f*; **sinkende ~** *f* congiuntura *f* negativa, recessione *f* (economica), regressione *f* economica; **steigende ~** *f* congiuntura *f* positiva, congiuntura *f* in crescita, congiuntura *f* in ascesa.
Konjunktur | ablauf *m* andamento *m* congiunturale, andamento *m* della congiuntura; **~abschwächung** *f* rallentamento *m* congiunturale, rallentamento *m* della congiuntura; **~abschwung** *m*; **~abstieg** *m* recessione *f* (economica), discesa *f* della congiuntura; **~analyse** *f* analisi *f* congiunturale; **~ankurbelung** *f* reflazione *f*, incentivazione *f* della congiuntura; **~anstieg** *m*; **~aufschwung** *m* ripresa *f* economica, ripresa *f* congiunturale, ripresa *f* della congiuntura, ascesa *f* della congiuntura; **~ausgleichsrücklage** *f* riserva *f* di compensazione delle fluttuazioni economiche; **~aussichten** *pl* prospettive *fpl* congiunturali; **~barometer** *n* barometro *m* congiunturale, barometro *m* della congiuntura, indice *m* congiunturale, *(Grafik)* grafico *m* della situazione economica.
konjunkturbedingt *adj* congiunturale.
Konjunktur | befragung *f (Umfrage)* indagine *f* congiunturale, inchiesta *f* congiunturale; **~belebung** *f* rilancio *m* economico, rilancio *m* dell'economia, rilancio *m* congiunturale, rilancio *m* della congiuntura, ripresa *f* della congiuntura, ripresa *f* congiunturale, ripresa *f* economica; **~beobachter** *m* osservatore *m* economico; **~beobachtung** *f* osservazione *f* della congiuntura; **~bericht** *m* rapporto *m* congiunturale, rapporto *m*

sulla situazione economica; **~beruhigung** *f* rallentamento *m* congiunturale, rallentamento *m* della congiuntura; **~besserung** *f* miglioramento *m* della situazione congiunturale, miglioramento *m* della situazione economica; **~bewegung** *f* movimento *m* congiunturale, andamento *m* congiunturale; **~bild** *n* quadro *m* congiunturale.

konjunkturdämpfend *adj* anticongiunturale.

Konjunktur | dämpfung *f* ristagno *m* della congiuntura; **~dämpfungsmaßnahme** *f* provvedimento *m* anticongiunturale; **~daten** *pl* dati *mpl* congiunturali; **~diagnose** *f* diagnosi *f* congiunturale; **~dynamik** *f* dinamica *f* congiunturale; **~einbruch** *m* recessione *f* (economica), crollo *m* congiunturale.

konjunkturell *adj* congiunturale.

Konjunktur | empfindlichkeit *f* sensibilità *f* congiunturale; **~entwicklung** *f* andamento *m* congiunturale, andamento *m* della congiuntura, sviluppo *m* della congiuntura, evoluzione *f* congiunturale; **~erholung** *f* ripresa *f* economica, ripresa *f* congiunturale, ripresa *f* della congiuntura; **~erwartungen** *fpl* previsioni *fpl* congiunturali, attese *fpl* congiunturali; **~faktor** *m* fattore *m* congiunturale; **~flaute** *f* stasi *f* congiunturale, recessione *f* (economica), recessione *f* congiunturale; **~forscher/in** *m/f* congiunturalista *m/f*, esperto/-a *m/f* di problemi congiunturali; **~forschung** *f* analisi *f* congiunturale, ricerca *f* congiunturale, studio *m* sulla congiuntura; **~forschungsinstitut** *n* istituto *m* per lo studio della congiuntura; **~gewinn** *m* utile *m* di congiuntura, profitto *m* di congiuntura, guadagno *m* congiunturale.

konjunkturhemmend *adj* anticongiunturale.

Konjunktur | impuls *m* impulso *m* alla congiuntura; **~index** *m* indice *m* congiunturale; **~indikator** *m* indicatore *m* economico; **~klima** *n* *(wirtschaftliches Klima)* clima *m* congiunturale, *(Konjunktur)* congiuntura *f*; **~kurve** *f* curva *f* congiunturale, andamento *m* congiunturale, andamento *m* della congiuntura; **~lage** *f* situazione *f* economica, situazione *f* congiunturale; **~maßnahme** *f* misura *f* congiunturale; **~perspektiven** *fpl* prospettive *fpl* congiunturali; **~phase** *f* fase *f* congiunturale, ciclo *m* economico, periodo *m* di congiuntura; **~politik** *f* politica *f* congiunturale, politica *f* di congiuntura.

konjunkturpolitisch *adj* di politica congiunturale, congiunturale.

Konjunktur | prognose *f* previsione *f* congiunturale, prognosi *f* congiunturale, prognosi *f* della congiuntura; **~programm** *n* programma *m* di rilancio della congiuntura; **~rat** *m* Consiglio *m* per la congiuntura; **~rückgang** *m*; **~rückschlag** *m* recessione *f* (economica), recessione *f* della congiuntura, regressione *f* economica, regresso *m* economico, regresso *m* congiunturale; **~schwankung** *f* fluttuazione *f* economica, fluttuazione *f* congiunturale, fluttuazione *f* della congiuntura, oscillazione *f* congiunturale, variazione *f* congiunturale; **~spritze** *f* incentivo *m* alla congiuntura; **~statistik** *f* statistica *f* congiunturale; **~steuerung** *f* controllo *m* dell'andamento congiunturale, gestione *f* economica; **~theorie** *f* teoria *f* della congiuntura; **~tief** *n* depressione *f* (economica); **~überhitzung** *f* surriscaldamento *m* della congiuntura; **~umfrage** *f* indagine *f* congiunturale, inchiesta *f* congiunturale; **~verlangsamung** *f* rallentamento *m* congiunturale, rallentamento *m* della congiuntura; **~verlauf** *m* andamento *m* congiunturale, andamento *m* della congiuntura; **~vorausschau** *f*; **~vorhersage** *f* previsione *f* congiunturale; **~welle** *f* onda *f* di congiuntura; **~zahlen** *pl* dati *mpl* congiunturali; **~zulage** *f* *(CH)* supplemento *m* eccezionale di retribuzione; **~zusammenbruch** *m* crollo *m* economico; **~zyklus** *m* ciclo *m* economico, ciclo *m* congiunturale.

konkludent *adj* concludente.

Konkordat *n* concordato *m*; **interkantonales ~** *n (CH)* concordato *m* intercantonale.

Konkordats | ehe *f* matrimonio *m* concordatario; **~kanton** *m (CH)* Cantone *m* concordatario; **~wohnsitz** *m (CH)* domicilio *m* concordatario.

Konkurrent/in *m/f* concorrente *m/f*, competitore/-trice *m/f*.

Konkurrenz *f* [1] *(Wettbewerb)* concorrenza *f*, competizione *f*, concorso *m*, gara *f*, *(Konkurrenten)* concorrenti *mpl*.

Konkurrenz *f* [2] *(von Ansprüchen, Straftaten)* concorso *m*; **~ *f* von Straftatbeständen** *StrafR* concorso *m* di reati.

Konkurrenz | angebot *n* offerta *f* competitiva, offerta *f* della concorrenza; **~ausschluss** *m* esclusione *f* della concorrenza; **~beschränkung** *f* limitazione *f* della concorrenza; **~betrieb** *m* impresa *f* concorrente; **~druck** *m* pressione *f* concorrenziale.

konkurrenzfähig *adj* concorrenziale, competitivo.

Konkurrenz | fähigkeit *f* concorrenzialità *f*, competitività *f*, capacità *f* concorrenziale, capacità *f* competitiva; **~firma** *f*; **~geschäft** *n* ditta *f* concorrente; **~industrie** *f* industria *f* concorrente; **~kampf** *m* lotta *f* concorrenziale; **~klausel** *f* clausola *f* di non concorrenza; **~marke** *f* marca *f* concorrente; **~preis** *m* prezzo *m* concorrenziale, prezzo *m* della concorrenza; **~produkt** *n* prodotto *m* concorrenziale, prodotto *m* concorrente, prodotto *m* della concorrenza; **~straße** *f (A)* strada *f* la cui manutenzione è a carico di un consorzio; **~tätigkeiten** *fpl* attività *fpl* concorrenti; **~unternehmen** *n* impresa *f* concorrente; **~verbot** *n* divieto *m* di concorrenza, obbligo *m* di non concorrenza; **~verschärfung** *f* inasprimento *m* della concorrenza; **~wirtschaft** *f* regime *m* di concorrenza, regime *m* concorrenziale, economia *f* concorrenziale.

konkurrieren *v* concorrere, competere, gareggiare.

konkurrierend *adj* concorrente, in concorrenza.

Konkurs *m (CH)* → *D, A jetzt: Insolvenz* fallimento *m*, bancarotta *f*; **(den) ~ abwenden** *(CH) InsolvenzR* evitare il fallimento; **(den) ~ anmelden** *(CH) InsolvenzR* chiedere la dichiarazione di fallimento, presentare (o: depositare) il ricorso (per la dichiarazione) di fallimento, presentare (o: proporre/depositare) istanza (per la dichiarazione) di fallimento; **eine Forderung zum ~ anmelden** *(CH) InsolvenzR* domandare l'ammissione di un credito al passivo fallimentare, chiedere l'insinuazione di un credito al passivo del fallimento; **(den) ~ beantragen** *(CH) InsolvenzR (durch den Schuldner und Gläubiger)* chiedere la dichiarazione di fallimento, presentare (o: depositare) il ricorso (per la dichiarazione) di fallimento, presentare (o: proporre/depositare) istanza (per la dichiarazione) di fallimento, *(durch die Staatsanwaltschaft)* presentare la richiesta (di dichiarazione) di fallimento; **(den) ~ erklären** *(CH)*; **(den) ~ eröffnen** *(CH) InsolvenzR* dichiarare il fallimento; **in ~ fallen** *(CH)*; **in ~ gehen** *(CH)*; **in ~ geraten** *(CH) InsolvenzR* fallire, andare in fallimento; **betrügerischer ~** *m (CH) StrafR (Art. 163 sStGB)* bancarotta *f* fraudolenta; **leichtsinniger ~** *m (CH) StrafR* bancarotta *f* semplice.

Konkurs | amt *n (CH) InsolvenzR* ufficio *m* dei fallimenti; **~androhung** *f (CH) InsolvenzR* comminatoria *f* di fallimento; **~anfechtung** *f (CH) InsolvenzR* revocatoria *f* fallimentare; **~anmeldung** *f (CH) InsolvenzR* presentazione *f* (o: deposito) del ricorso (per la dichiarazione) di fallimento, presentazione *f* (o: deposito) dell'istanza (per la dichiarazione) di fallimento.

Konkursantrag *m (CH) InsolvenzR (durch den Schuldner und Gläubiger)* ricorso *m* (per la dichiarazione) di fallimento, istanza *f* (per la dichiarazione) di fallimento, istanza *f* fallimentare, *(durch die Staatsanwaltschaft)* richiesta *f* (di dichiarazione) di fallimento; **~ stellen** *(CH) InsolvenzR (durch den Schuldner und Gläubiger)* chiedere la dichiarazione di fallimento, presentare (o: depositare) il ricorso (per la dichiarazione) di fallimento, presentare (o: proporre/depositare) istanza (per la dichiarazione) di fallimento, *(durch die Staatsanwaltschaft)* presentare la richiesta (di dichiarazione) di fallimento.

Konkurs | antragspflicht *f (CH) InsolvenzR* obbligo *m* di chiedere la dichiarazione di fallimento; **~ausfallgeld** *n (CH) InsolvenzR* indennità *f* di mancata retribuzione (in caso di fallimento del datore di lavoro); **~beamter/-beamtin** *m/f (CH) InsolvenzR* ufficiale *m* dei fallimenti; **~begehren** *n (CH) InsolvenzR (durch den Schuldner und Gläubiger)* ricorso *m* (per la dichiarazione) di fallimento, istanza *f* (per la dichiarazione) di fallimento, istanza *f* fallimentare, *(durch die Staatsanwaltschaft)* richiesta *f* (di dichiarazione) di fallimento; **~beschlag** *m (CH) InsolvenzR* apposizione *f* di sigilli sui beni della massa fallimentare; **~bilanz** *f (CH) InsolvenzR* bilancio *m* fallimentare; **~delikt** *n (CH) StrafR* reato *m* fallimentare; **~dividende** *f (CH) InsolvenzR* distribuzione *f* (fatta ai creditori del fallito); **~edikt** *n (A) InsolvenzR* avviso *m* ufficiale di fallimento; **~erkenntnis** *n (CH) InsolvenzR*; **~erklärung** *f (CH) InsolvenzR* dichiarazione *f* di fallimento; **~eröffnung** *f (CH) InsolvenzR* apertura *f* del fallimento, apertura *f* della procedura fallimentare; **~eröffnungsantrag** *m (CH) InsolvenzR (durch den Schuldner und Gläubiger)* ricorso *m* (per la dichiarazione) di fallimento, istanza *f* (per la dichiarazione) di fallimento, istanza *f* fallimentare, *(durch die Staatsanwaltschaft)* richiesta *f* (di dichiarazione) di fallimento; **~eröffnungsbeschluss** *m (CH) InsolvenzR* sentenza *f* dichiarativa di fallimento; **~forderung** *f (CH) InsolvenzR* credito *m* fallimentare, credito *m* ammesso al passivo (fallimentare/del fallimento); **~gericht** *n (CH) InsolvenzR* tribunale *m* fallimentare; **~gläubiger/in** *m/f (CH) InsolvenzR* creditore *m* (*della massa fallimentare*).

Konkursit *m (CH) InsolvenzR* fallito *m*.

Konkurs | kommissär/in *m/f (A) InsolvenzR* giudice *m* delegato *(G.D.)* (*al fallimento*); **~kreis** *m (CH) InsolvenzR* circondario *m* per i fallimenti; **~masse** *f (CH) InsolvenzR (Artt. 197 ff. SchKG)* massa *f* fallimentare, massa *f* del fallimento *(CH)*; **~ordnung** *f* (*Abk* = **KO**) *InsolvenzR (D, A: Vorgänger der Insolvenzordnung)* legge *f* fallimentare; **~quote** *f (CH) InsolvenzR* quota *f* di riparto; **~recht** *n* diritto *m* fallimentare, diritto *m* concorsuale; **~richter/in** *m/f (CH) InsolvenzR* giudice *m* delegato *(G.D.)* (*al fallimento*); **~schuldner/in** *m/f (CH) InsolvenzR* fallito *m*; **~straftat** *f (CH) StrafR* reato *m* fallimentare; **~tabelle** *f (CH) InsolvenzR* elenco *m* delle domande di ammissione al passivo (fallimentare/del fallimento); **~verfahren** *n (CH) InsolvenzR* procedura *f* fallimentare, procedura *f* di fallimento, procedura *f* concorsuale, procedimento *m* fallimentare; **~vergehen** *n (CH) StrafR* reato *m* fallimentare; **~vergleich** *m (CH) InsolvenzR* concordato *m* (fallimentare); **~vermögen** *n (CH) InsolvenzR* patrimonio *m* fallimentare; **~versteigerung** *f (CH) InsolvenzR* asta *f* fallimentare; **~verwalter/in** *m/f (CH) InsolvenzR* curatore *m* fallimentare, curatore *m* del fallimento; **~verwaltung** *f (CH) InsolvenzR* amministrazione *f*

fallimentare; **~vorrecht** *n* *(CH) InsolvenzR* privilegio *m*; **~warenverkauf** *m (CH) InsolvenzR* vendita *f* fallimentare.
Konnexität *f* connessione *f*.
Konnivenz *f* connivenza *f*.
Konnossement *n* polizza *f* di carico, polizza *f* marittima; **durchgehendes ~** *n* polizza *f* di carico diretta; **reines ~** *n* polizza *f* di carico pulita, polizza *f* di carico netta.
Konnossements | inhaber/in *m/f* possessore *m* (dell'originale) della polizza di carico; **~teilschein** *m* delivery order *m*, ordine *m* di consegna.
Konnotation *f* connotazione *f*.
Konsens *m* ↔ *Dissens* consenso *m*; **gesellschaftlicher ~** *m* consenso *m* sociale.
konsenspflichtig *adj* obbligato a dare il proprio consenso.
Konsensual | prinzip *n VertragsR* principio *m* consensualistico; **~vertrag** *m* ↔ *Realvertrag* contratto *m* consensuale.
konsensuell *adj* consensuale.
Konsignant/in *m/f* proprietario *m* della merce spedita in conto deposito (*nel commercio internazionale*).
Konsignatar/in *m/f* = *Konsignatär/in* importatore-commissionario *m* che riceve la merce in conto deposito.
Konsignation *f* merce *f* spedita in conto deposito.
Konsignations | ausfuhr *f* esportazione *f* di merci in conto deposito; **~buch** *n* registro *m* delle merci spedite in conto deposito; **~gut** *n* merce *f* spedita in conto deposito; **~konto** *n* conto *m* delle merci spedite in conto deposito; **~verkauf** *m* vendita *f* in conto deposito; **~ware** *f* merce *f* spedita in conto deposito.
konsignationsweise *adv* in conto deposito.
konsignieren *v* spedire merce in conto deposito.
Konskription *f* coscrizione *f*.
Konsol *m* consolidato *m*, prestito *m* consolidato.
Konsolidation *f* consolidazione *f*, consolidamento *m*.
konsolidieren *v* consolidare.
Konsolidierung *f* consolidamento *m*; **~ *f* schwebender Schulden** consolidamento *m* di debiti fluttuanti.
Konsolidierungsanleihe *f* prestito *m* di consolidamento.
Konsorten *pl* consorti *mpl*, consorziati *mpl*.
Konsortial | anteil *m* quota *f* di partecipazione a un consorzio; **~bank** *f* banca *f* facente parte di un consorzio, banca *f* sindacata; **~beteiligung** *f* partecipazione *f* a un consorzio, partecipazione *f* sindacale; **~führer/in** *m/f* capofila *m/f*; **~geschäft** *n* operazione *f* fatta in consorzio; **~konto** *n* conto *m* di partecipazione a un consorzio, conto *m* consortile; **~kredit** *m* credito *m* consorziale; **~leitung** *f* direzione *f* di un consorzio, direzione *f* di un sindacato; **~mitglied** *n* membro *m* di un consorzio; **~vertrag** *m* atto *m* consortile, contratto *m* di consorzio.
Konsortium *n* consorzio *m*, sindacato *m*.
konstituieren *v* costituire, fondare.
Konstituierung *f* costituzione *f*, fondazione *f*, istituzione *f*.
Konstitution *f* costituzione *f*, fondazione *f*, istituzione *f*.
konstitutionell *adj* costituzionale; **~e Monarchie** *f* monarchia *f* costituzionale.
Konstitutiv | akt *m* atto *m* costitutivo; **~bestimmung** *f* norma *f* costitutiva; **~urkunde** *f* atto *m* costitutivo, documento *m* costitutivo; **~wirkung** *f* effetto *m* costitutivo.
Konstruktionsfehler *m* difetto *m* di costruzione, errore *m* di costruzione.
Konsul *m* console *m*.
Konsular- consolare.
Konsular | abkommen *n* convenzione *f* consolare; **~abteilung** *f* ufficio *m* consolare; **~agent/in** *m/f* agente *m/f* consolare; **~agentur** *f* agenzia *f* consolare, ufficio *m* consolare; **~behörde** *f* autorità *f* consolare; **~bescheinigung** *f* certificato *m* consolare; **~bezirk** *m* circoscrizione *f* consolare; **~dienst** *m* servizio *m*

consolare; **~faktura** *f* fattura *f* consolare; **~gebühr** *f* diritto *m* consolare, tassa *f* consolare; **~gericht** *n* tribunale *m* consolare; **~gerichtsbarkeit** *f* giurisdizione *f* consolare; **~gesetz** *n* legge *f* consolare.

konsularisch *adj* consolare.

Konsular | konvention *f* convenzione *f* consolare; **~korps** *n* corpo *m* consolare; **~matrikel** *f* registro *m* consolare; **~recht** *n* diritto *m* consolare; **~reglement** *n (CH)* regolamento *m* consolare; **~schutz** *m* protezione *f* consolare; **~sichtvermerk** *m* visto *m* consolare; **~vertrag** *m* convenzione *f* consolare; **~vertreter/in** *m/f* agente *m/f* consolare; **~vertretung** *f* agenzia *f* consolare.

Konsulat *n* consolato *m*.

Konsulats | akten *pl* archivi *mpl* consolari; **~amtsräume** *pl* locali *mpl* consolari; **~beamter/-beamtin** *m/f* funzionario *m* consolare, funzionario *m* di consolato; **~bescheinigung** *f* certificato *m* consolare; **~dienst** *m* servizio *m* consolare; **~faktura** *f* fattura *f* consolare; **~gebühr** *f* diritto *m* consolare, tassa *f* consolare; **~kanzlei** *f* cancelleria *f* consolare; **~kosten** *pl* spese *fpl* consolari; **~leiter/in** *m/f* agente *m/f* consolare; **~rechnung** *f* fattura *f* consolare; **~sichtvermerk** *m* visto *m* consolare.

Konsulent/in *m/f* consulente *m/f*.

Konsultation *f* consulto *m*, consultazione *f*.

Konsultations | pflicht *f* dovere *m* di consultazione, obbligo *m* di consultazione; **~vereinbarung** *f* accordo *m* di consultazione; **~verfahren** *n* procedimento *m* di consultazione.

Konsultativ | komitee *n (CH)* comitato *m* consultivo; **~versammlung** *f* assemblea *f* consultiva, consulta *f*.

konsultieren *v* consultare.

Konsultierung *f* consultazione *f*.

Konsum *m* consumo *m*; **~artikel** *m* articolo *m* di consumo, genere *m* di consumo; **~ausgaben** *pl* spese *fpl* di consumo; **~bedürfnis** *n* bisogno *m* di consumo; **~einschränkung** *f* limitazione *f* dei consumi.

Konsument/in *m/f (A) (= D: Verbraucher/in)* consumatore/-trice *m/f*.

Konsumenten | kredit *m (A)* credito *m* al consumo; **~schutzgesetz** *n (A) (= D: Verbraucherschutzgesetz)* legge *f* (austriaca) a tutela / protezione dei consumatori.

Konsum | freudigkeit *f* tendenza *f* al consumo, propensione *f* al consumo; **~genossenschaft** *f* cooperativa *f* di consumo; **~güter** *npl* beni *mpl* di consumo, generi *mpl* di consumo.

konsumieren *v* consumare.

Konsum | kraft *f* potere *m* di consumo; **~kredit** *m* credito *m* al consumo; **~neigung** *f* tendenza *f* al consumo, propensione *f* al consumo.

Konsumtion *f StrafR* consunzione *f*.

Konsumtionskredit *m* = *Konsumtivkredit m* credito *m* al consumo.

Kontaktbereichsbeamter/-beamtin *m/f* poliziotto *m* di quartiere.

Kontakt | person *f* interlocutore/-trice *m/f*, persona *f* da contattare, persona *f* di riferimento; **~sperre** *f (Terrorismusbekämpfung, z.B. für Gefangene)* divieto *m* di contatti esterni, segregazione *f* dal mondo esterno (*del detenuto*), isolamento *m*.

Konten | abgleichung *f* pareggiamento *m* dei conti; **~abstimmung** *f* appuramento *m* dei conti; **~bewegungen** *fpl* movimenti *mpl* di conto; **~blatt** *n* scheda *f* di conto; **~buch** *n* libro *m* dei conti, partitario *m*; **~führer** *m* posizionista *m*; **~führung** *f* tenuta *f* dei conti, contabilità *f*; **~karte** *f* scheda *f* di conto; **~plan** *m* piano *m* dei conti, piano *m* contabile; **~rahmen** *m* quadro *m* dei conti, piano *m* dei conti della contabilità generale; **~saldo** *n* saldo *m* (di conto); **~spalte** *f* sezione *f* di conto; **~sperre** *f* blocco *m* dei conti.

Kontingent *n* contingente *m*; **bilaterales ~** *n* contingente *m* bilaterale; **zollfreies ~** *n* contingente *m* libero.

kontingentieren *v* contingentare.

Kontingentierung *f* contingentamento *m*.

Kontingentierungs | maßnahme *f* misura *f* di contingentamento; **~satz** *m* quota *f* di contingentamento; **~system** *n* sistema *m* di contingentamento; **~vereinbarung** *f* accordo *m* di contingentamento.

kontinuierlich *adj* continuo, continuato, continuativo, continuamente, di continuo, in continuazione.

Kontinuitätserklärung *f* dichiarazione *f* di continuità.

Konto *n* conto *m* (corrente); **vom ~ abbuchen** addebitare (un importo) sul conto (corrente); **von einem ~ abheben** prelevare da un conto (corrente); **ein ~ abschließen** chiudere un conto, appurare un conto, assestare un conto, liquidare un conto; **ein ~ anlegen** aprire un conto (corrente), accendere un conto (corrente); **ein ~ ausgleichen** bilanciare un conto, pareggiare un conto; **das ~ mit einem Betrag belasten** addebitare un importo sul conto (corrente); **ein ~ einrichten** aprire un conto (corrente), accendere un conto (corrente); **auf ein ~ einzahlen** versare su un conto (corrente); **ein ~ erkennen** accreditare un conto; **ein ~ eröffnen**; **ein ~ errichten** aprire un conto (corrente), accendere un conto (corrente); **ein ~ führen** tenere un conto (corrente), avere un conto (corrente), gestire un conto (corrente); **ein ~ glattstellen** appurare un conto; **einem ~ gutschreiben** accreditare sul conto (corrente); **ein ~ löschen**; **ein ~ schließen** chiudere un conto (corrente), estinguere un conto (corrente); **ein ~ speisen** alimentare un conto; **ein ~ sperren** bloccare un conto (corrente); **ein ~ überziehen** mandare un conto allo scoperto, andare allo scoperto, andare in rosso; **ein ~ unterhalten** tenere un conto (corrente), avere un conto (corrente); **ausgeglichenes ~** *n* conto *m* pareggiato; **belastetes ~** *n* conto *m* (corrente) addebitato; **~** *n* **ohne Bewegung** conto *m* (corrente) inattivo; **eingefrorenes ~** *n* conto *m* (corrente) congelato; **erkanntes ~** *n* conto *m* accreditato; **freies ~** *n* conto *m* libero; **gebundenes ~** *n* conto *m* (corrente) vincolato; **gemeinsames ~** *n*; **gemeinschaftliches ~** *n* conto *m* (corrente) congiunto, conto *m* (corrente) cointestato, conto *m* (corrente) comune, conto *m* (corrente) collettivo; **gesperrtes ~** *n* conto *m* (corrente) bloccato; **kreditorisches ~** *n* conto *m* passivo (per chi lo tiene), conto *m* creditori; **laufendes ~** *n* conto *m* corrente; **lebendes ~** *n* conto *m* di persone; **offenes ~** *n* conto *m* aperto; **persönliches ~** *n* conto *m* personale, conto *m* individuale; **provisorisches ~** *n* conto *m* provvisorio, conto *m* in sospeso; **ruhendes ~** *n* conto *m* (corrente) inattivo; **totes ~** *n* conto *m* intestato a cose; **überzogenes ~** *n* conto *m* (corrente) scoperto, conto *m* (corrente) allo scoperto; **umsatzloses ~** *n* conto *m* (corrente) inattivo; **unverzinsliches ~** *n* conto *m* (corrente) infruttifero; **verzinsliches ~** *n* conto *m* (corrente) fruttifero; **vorläufiges ~** *n* conto *m* provvisorio, conto *m* in sospeso.

Konto | abschluss *m* chiusura *f* di conto; **~auszug** *m* estratto *m* conto, estratto *m* di conto corrente; **~belastung** *f* addebito *m* in/sul conto (corrente); **~bewegung** *f* movimenti *mpl* (*sul conto corrente*), transazioni *fpl*; **~bezeichnung** *f* denominazione *f* del conto; **~eingang** *m* accredito *m* in/sul conto (corrente); **~einrichtung** *f*; **~eröffnung** *f* apertura *f* di un conto (corrente), accensione *f* di un conto (corrente); **~führer/in** *m/f* posizionista *m/f*, impiegato/-a *m/f* di banca incaricato/-a di gestire un conto; **~führung** *f* tenuta *f* di conto, gestione *f* di un conto; **~führungsgebühr/en f/pl** spese *fpl* di gestione del conto, spese *fpl* di tenuta del conto; **~gegenbuch** *n* libretto *m* di conto corrente; **~guthaben** *n* saldo *m* attivo di un conto, avere *m* su un conto; **~gutschrift** *f* accredito *m* in/sul conto (corrente); **~inhaber/in** *m/f* intestatario/-a *m/f* del conto (corrente), titolare *m/f* del conto (corrente), correntista *m/f*; **~karte** *f* scheda *f* di conto.

Kontokorrent *n* conto *m* corrente; **~auszug** *m* estratto *m* di conto corrente, estratto *m* conto; **~buch** *n* libretto *m* di conto corrente; **~debitor** *m* debitore *m* in conto corrente, conto *m* corrente debitore; **~einlage** *f* deposito *m* in conto corrente; **~forderung** *f* credito *m* di conto corrente; **~gelder** *npl* saldo *m* attivo di conto corrente, averi *mpl* in conto corrente, credito *m* di conto corrente; **~geschäft** *n* operazione *f* in conto corrente; **~guthaben** *n* saldo *m* attivo di conto corrente, avere *m* in conto corrente, credito *m* di conto corrente; **~heft** *n (CH)* libretto *m* di conto corrente; **~inhaber/in** *m/f* intestatario/-a *m/f* del conto corrente, titolare *m/f* del conto corrente, correntista *m/f*; **~konto** *n* conto *m* corrente; **~kredit** *m* credito *m* in conto corrente, credito *m* per scoperto di conto corrente; **~kreditor** *m* creditore *m* in conto corrente, conto *m* corrente creditore; **~schuld** *f* debito *m* di conto corrente; **~schuldner/in** *m/f* debitore *m* in conto corrente; **~verbindlichkeit** *f* debito *m* di conto corrente; **~vertrag** *m* contratto *m* di conto corrente; **~vorschuss** *m* anticipo *m* in conto corrente, anticipazione *f* in conto corrente.

Konto | neueröffnung *f* apertura *f* di un conto (corrente), accensione *f* di un conto (corrente); **~nummer** *f* numero *m* di conto (corrente); **~prüfung** *f* revisione *f* dei conti.

Kontor *n* ufficio *m* commerciale, agenzia *f* di commercio.

Kontorist/in *m/f* impiegato/-a *m/f* commerciale.

Konto | schließung *f* chiusura *f* del conto (corrente), estinzione *f* del conto (corrente); **~sperre** *f* blocco *m* del conto (corrente); **~stand** *m* situazione *f* del conto (corrente), saldo *m* del conto (corrente); **~stelle** *f* ufficio *m* dei conti; **~überziehung** *f* scoperto *m* di conto (corrente); **~umsatz** *m* movimenti *mpl* (*sul conto corrente*), transazioni *fpl*; **~verbindung** *f* rapporto *m* di conto corrente; **~währung** *f* moneta *f* di conto.

kontradiktorisch *adj* contraddittorio.

Kontrahent/in *m/f* contraente *m/f*, parte *f* contraente.

kontrahieren *v* contrarre.

Kontrahierungs | freiheit *f* libertà *f* contrattuale; **~sperre** *f (bei Kartellen)*; **~verbot** *n* divieto *m* a (o: di) contrarre; **~zwang** *m* obbligo *m* a (o: di) contrarre.

Kontraprotest *m* protesto *m* contro il bisognatario interveniente.

Kontroll | abkommen *n* accordo *m* di controllo; **~ausschuss** *m* commissione *f* di controllo; **~beamter/-beamtin** *m/f* agente *m/f* di controllo, controllore *m*, verificatore *m*; **~beauftragte/r** *f/m* persona *f* incaricata del controllo, persona *f* delegata al controllo, controllore *m*, verificatore *m*; **~befugnis** *f* potere *m* di controllo; **~behörde** *f* autorità *f* di controllo; **~beleg** *m* pezza *f* giustificativa, documento *m* giustificativo; **~buch** *n* registro *m* di controllo; **~dienst** *m* servizio *m* di controllo.

Kontrolle *f (Aufsicht)* controllo *m*, *(Überprüfung)* ispezione *f*, *(Prüfung)* verifica *f*, esame *m*, riscontro *m*, sindacato *m*, collaudo *m*, *(Überwachung)* sorveglianza *f*; **einer ~ unterziehen** sottoporre a controllo, sottoporre a verifica; **~ *f* an den Außengrenzen** *EuR* controllo *m* alle frontiere esterne; **betriebliche ~** *f* controllo *m* aziendale; **flächendeckende ~n** *fpl* controlli *mpl* a tappeto; **gesundheitspolizeiliche ~** *f* controllo *m* sanitario; **interne ~** *f* controllo *m* interno; **kostenmäßige ~** *f* controllo *m* dei costi; **nachträgliche ~** *f* controllo *m* successivo, controllo *m* a posteriori; **parlamentarische ~** *f* controllo *m* parlamentare; **regelmäßige ~** *f* controllo *m* periodico; **staatliche ~** *f* controllo *m* statale; **verfassungsmäßige ~** *f* sindacato *m* di costituzionalità (*delle leggi*); **vorgängige ~** *f*; **vorherige ~** *f* controllo *m* preventivo, controllo *m* a priori; **wirksame ~** *f* controllo *m* efficace.

Kontrolleinrichtung *f* organo *m* di controllo.

Kontrolleur/in *m/f* controllore *m*.

Kontroll | funktion *f* funzione *f* di controllo; **~gebiet** *n* territorio *m* sotto controllo; **~gebühr** *f* tassa *f* di controllo; **~geleitschein** *m (CH)* bolletta *f* di cauzione di controllo.

kontrollieren *v (durchsehen)* controllare, *(überprüfen)* ispezionare, *(prüfen)* verificare, esaminare, riscontrare, sindacare, *(überwachen)* sorvegliare.

Kontroll | instanz *f* istanza *f* di controllo; **~instrument** *n* strumento *m* di controllo; **~karte** *f* cartellino *m* di controllo; **~kasse** *f* registratore *m* di cassa; **~kommission** *f* commissione *f* di controllo; **~maßnahme** *f* misura *f* di controllo; **~mechanismus** *m* meccanismo *m* di controllo; **~mehrheit** *f* maggioranza *f* di controllo; **~nummer** *f* numero *m* di controllo.

Kontrollor/in *m/f (A)* controllore *m*.

Kontroll | organ *n* organo *m* di controllo; **~recht** *n* diritto *m* di controllo, diritto *m* di ispezione; **~regelung** *f* regime *m* di controllo; **~sichtvermerk** *m* visto *m* di controllo.

Kontrollstelle *f* [1] ufficio *m* di controllo, posto *m* di controllo, posto *m* di blocco.

Kontrollstelle *f* [2] *(CH)* collegio *m* dei sindaci, collegio *m* sindacale.

Kontroll | stempel *m* bollo *m* di controllo, timbro *m* di controllo; **~system** *n* sistema *m* di controllo; **~verfahren** *n* procedura *f* di controllo; **~verlust** *m* perdita *f* del controllo; **~vermerk** *m* visto *m* di controllo; **~zeugnis** *n* certificato *m* di verifica.

Kontumaz *n (A)* cordone *m* sanitario, isolamento *m*.

Kontumazial | urteil *n (A) ProzR* sentenza *f* contumaciale; **~verfahren** *n (A) ProzR* procedimento *m* in contumacia, giudizio *m* contumaciale.

kontumazieren *v (A)* dichiarare giudizialmente l'assenza di una persona, stabilire un cordone sanitario.

Kontumazierung *f (A)* sentenza *f* dichiarativa di assenza, cordone *m* sanitario.

Kontumazurteil *n (A) ProzR* sentenza *f* contumaciale.

Konvaleszenz *f* convalida *f*.

Konvention *f (Abkommen)* convenzione *f*; **geschlossene ~** *f* convenzione *f* chiusa, trattato *m* chiuso; **internationale ~** *f* convenzione *f* internazionale; **offene ~** *f* convenzione *f* aperta, trattato *m* aperto.

Konventional | norm *f*; **~regel** *f* norma *f* convenzionale; **~scheidung** *f* divorzio *m* consensuale; **~strafe** *f* pena *f* convenzionale, penalità *f* convenzionale, penalità *f* contrattuale, penale *f*; **~tarif** *m* tariffa *f* convenzionale; **~zinsen** *pl* interessi *mpl* convenzionali; **~zoll** *m* dazio *m* convenzionale.

Konventionsstaat *m* Stato *m* aderente alla convenzione.

Konvergenz *f EuR* convergenza *f*; **~kriterien** *npl EuR* criteri *mpl* di convergenza.

Konversion *f* conversione *f*; **freiwillige ~** *f* conversione *f* facoltativa; **zwangsweise ~** *f* conversione *f* obbligatoria; **~** *f* **von Anleihen** conversione *f* di prestiti; **~** *f* **von Verwaltungsakten** conversione *f* di atti amministrativi.

Konversions | angebot *n* offerta *f* di conversione; **~anleihe** *f* prestito *m* di conversione; **~kasse** *f* cassa *f* di conversione; **~klausel** *f* clausola *f* di conversione; **~prämie** *f* premio *m* di conversione; **~satz** *m* tasso *m* di conversione; **~zeichner** *m* sottoscrittore *m* di prestito di conversione.

konvertibel *adj* convertibile; **nicht ~** inconvertibile.

Konvertibilität *f* convertibilità *f*; **freie ~** *f*; **uneingeschränkte ~** *f* libera convertibilità *f*.

konvertierbar *adj* convertibile; **frei ~** liberamente convertibile; **nicht ~** inconvertibile, non convertibile.

Konvertierbarkeit *f* convertibilità *f*; **freie ~** *f* libera convertibilità *f*.

konvertieren *v* convertire.

Konvertierung *f* conversione *f*.

Konvertierungs | angebot *n* offerta *f* di conversione; **~anleihe** *f* prestito *m* di conversione; **~prämie** *f* premio *m* di conversione.

Konzentration *f* concentrazione *f*; **horizontale ~** *f* concentrazione *f* orizzontale; **vertikale ~** *f* concentrazione *f* verticale.

Konzentrations | grundsatz *m*; **~maxime** *f* principio *m* di concentrazione; **~tendenz** *f* tendenza *f* alla concentrazione.

Konzern *m* complesso *m* (*industriale*), gruppo *m* (*industriale*), consorzio *m*; **multinationaler ~** *m* multinazionale *f*.

Konzern | abschluss *m*; **~bilanz** *f* bilancio *m* consolidato; **~entflechtung** *f* deconcentrazione *f*; **~gesellschaft** *f* società *f* del gruppo, società *f* controllata, controllata *f*, società *f* affiliata, affiliata *f*, società *f* collegata, collegata *f*, società *f* consociata, consociata *f*.

Konzernumsatz *m* fatturato *m* consolidato; **bereinigter ~** *m* fatturato *m* consolidato.

Konzernunternehmen *n* impresa *f* collegata (facente parte di un gruppo).

Konzertierungs | ausschuss *m* commissione *f* di concertazione; **~verfahren** *n* procedura *f* di concertazione.

Konzertzeichner *m* speculatore *m* che sottoscrive titoli di nuova emissione per rivenderli a un prezzo maggiore, premista *m*.

Konzession *f* concessione *f*, *(Nutzungsverleihung)* concessione *f* (governativa), *(Erlaubnis)* permesso *m*, *(amtliche Erlaubnis)* licenza *f*; **eine ~ entziehen** ritirare una concessione; **eine ~ erteilen**; **eine ~ verleihen** dare una concessione, rilasciare una concessione; **~ *f* öffentlicher Arbeiten** concessione *f* di lavori pubblici.

Konzessionär/in *m/f* concessionario *m*.

konzessionieren *v* sottoporre al regime della concessione, dare una concessione.

Konzessionierung *f* sottomissione *f* al regime della concessione, conferimento *m* di una concessione.

Konzessions | dekret *n (A)* atto *m* di concessione; **~entziehung** *f*; **~entzug** *m* ritiro *m* della concessione; **~erteilung** *f* conferimento *m* di una concessione; **~geber/in** *m/f* concedente *m/f*; **~gebühr** *f* tassa *f* di concessione; **~gesellschaft** *f* società *f* concessionaria; **~gesuch** *n (CH)* domanda *f* di concessione; **~inhaber/in** *m/f* concessionario *m*, titolare *m/f* della concessione; **~nehmer/in** *m/f* concessionario *m*.

konzessionspflichtig *adj* soggetto a concessione, sottomesso al regime della concessione.

Konzessions | system *n* regime *m* della concessione, regime *m* dell'autorizzazione preventiva; **~urkunde** *f* atto *m* di concessione; **~vertrag** *m* contratto *m* di concessione, capitolato *m* di concessione.

Konzipient *m (A)* praticante procuratore *m* legale.

Kooperation *f* cooperazione *f*.

Kooperations | abkommen *n*; **~vereinbarung** *f* accordo *m* di cooperazione; **~verfahren** *n (EU)* procedura *f* di cooperazione; **~vertrag** *m* accordo *m* di cooperazione.

Kooperative *f* cooperativa *f*.

kooperieren *v* cooperare.

Kooptation *f* cooptazione *f*.
kooptieren *v* cooptare.
Kooptierung *f* cooptazione *f*.
Koordination *f* coordinazione *f*, coordinamento *m*.
Koordinationsausschuss *m* comitato *m* di coordinamento.
koordinieren *v* coordinare.
Koordinierung *f* coordinazione *f*, coordinamento *m*.
Koordinierungs | ausschuss *m* comitato *m* di coordinamento; **~funktion** *f* funzione *f* di coordinamento; **~gremium** *n* comitato *m* di coordinamento; **~maßnahme** *f* misura *f* di coordinamento.
Kopf *m* testa *f*, *(Briefkopf)* intestazione *f*, *(Journal)* testata *f*, *(Journal)* titolo *m*; **pro ~** a testa, pro capite; **~** *m* **einer Urkunde** intestazione *f* di un atto, intestazione *f* di un documento.
Kopf | betrag *m* somma *f* pro capite; **~ertrag** *m* reddito *m* pro capite; **~steuer** *f SteuerR* tassa *f* pro capite, capitazione *f*, testatico *m*; **~tuch** *n* → *BVerfGE 108, 282: Kopftuch-Entscheidung des Bundesverfassungsgerichts (Religionsfreiheit)* velo *m*, fazzoletto *m* (*da testa*), foulard *m*; **~zeile** *f* ↔ *Fußzeile (IT)* intestazione *f*.
Kopie *f (Abschrift)* copia *f*, *(Fotokopie)* fotocopia *f*, *(Nachbildung)* riproduzione *f*, *(Nachahmung)* imitazione *f*.
Kopierrecht *n* diritto *m* di riproduzione.
koppeln *v (verbinden)* abbinare, accoppiare, unire, collegare, *(von etwas abhängig machen)* far(e) dipendere, subordinare.
Kopp(e)lung *f*[1] *(Verbindung)* abbinamento *m*, accoppiamento *m*, collegamento *m*, *(Abhängigkeit)* dipendenza *f*.
Kopp(e)lung *f*[2] *(A)* apparentamento *m* elettorale.
Kopp(e)lungs | geschäft *n* negozio *m* abbinato, operazione *f* abbinata; **~kauf** *m*; **~verkauf** *m* vendita *f* abbinata; **~vertrag** *m KartellR* contratto *m* legante.
Kornbörse *f* borsa *f* dei cereali.
Körper *m* corpo *m*; **moralischer ~** *m (A)* ente *m* morale.
Körperbeschädigung *f* lesione *f* personale, danno *m* fisico, danno *m* corporale.
körperlich *adj* corporeo, corporale, fisico, materiale, sostanziale; **nicht ~** immateriale, incorporeo, incorporale.
Körperschaden *m* danno *m* fisico, danno *m* corporale, lesione *f* personale.
Körperschaft *f* ente *m* (*collettivo*), organo *m*, organismo *m*, istituzione *f*, corpo *m*, corporazione *f*, persona *f* giuridica; **beratende ~** *f* corpo *m* consultivo, organo *m* consultivo; **bundesunmittelbare ~** *f* ente *m* federale; **gemeinnützige ~** *f* ente *m* di pubblica utilità; **gesetzgebende ~** *f* organo *m* legislativo, corpo *m* legislativo; **öffentliche ~** *f* ente *m* pubblico; **öffentlich-rechtliche ~** *f (CH)*; **~** *f* **des öffentlichen Rechts** ente *m* di diritto pubblico, ente *m* pubblico.
körperschaftlich *adj* corporativo.
Körperschaftsteuer *f* (*Abk* = **KSt**) *SteuerR* imposta *f* sulle società, imposta *f* societaria, imposta *f* sui profitti d'impresa, imposta *f* sul reddito delle società *(IRES)* (*in Italia a decorrere dal 1° gennaio 2004 ha sostituito l'IRPEG: imposta sul reddito delle persone giuridiche*); **~gesetz** *n* (*Abk* = **KStG**) *SteuerR* legge *f* relativa all'imposta sulle società, legge *f* sulla tassazione delle società, legge *f* in materia di imposta sul reddito delle società.
Körperverletzung *f*[1] *DeliktsR (§§ 823 ff. BGB)* lesione *f* corporale.
Körperverletzung *f*[2] *StrafR (§§ 223 ff. StGB)* lesione *f* personale; **beabsichtigte schwere ~** *f StrafR* lesione *f* personale grave secondo l'intenzione; **einfache ~** *f StrafR* lesione *f* personale comune; **fahrlässige ~** *f StrafR (§§ 229 StGB)* lesione *f* personale colposa, lesioni *fpl* personali colpose; **gefährliche ~** *f StrafR (§ 224 StGB)* lesione *f* personale pericolosa, lesione *f* personale aggravata (*cagionata con mezzi pericolosi, quali un'arma o altro*

oggetto pericoloso, veleno o altra sostanza nociva alla salute, in seguito a un agguato); **schwere ~** *f StrafR (§ 226 StGB)* lesione *f* personale grave; **vorsätzliche ~** *f StrafR* lesione *f* personale dolosa; **~** *f* **im Amt** *StrafR* lesione *f* personale commessa nell'esercizio di pubbliche funzioni; **~** *f* **mit schweren Dauerfolgen** *(A) StrafR* lesione *f* personale gravissima; **~** *f* **mit Todesfolge** *(D) StrafR (§ 227 StGB)*; **~** *f* **mit tödlichem Ausgang** *(A) StrafR (§ 86 öStGB)* omicidio *m* preterintenzionale.

Korrealhypothek *f (A)* ipoteca *f* iscritta su più immobili.

Korrealität *f (A)* solidarietà *f.*

Korreal | obligation *f (A)* obbligazione *f* solidale (in materia di ipoteche); **~schuldner/in** *m/f (A)* debitore *m* solidale (in materia di ipoteche); **~verbindlichkeit** *f (A)* obbligazione *f* solidale (in materia di ipoteche).

Korrektur *f* correzione *f*, modifica *f*, rettifica *f.*

Korrelation *f* correlazione *f.*

Korrelationskoeffizient *m* coefficiente *m* di correlazione.

Korrespondentreeder *m* armatore *m* gerente.

Korrespondenz *f* corrispondenza *f*; **diplomatische ~** *f* corrispondenza *f* diplomatica; **vertrauliche ~** *f* corrispondenza *f* riservata.

Korrespondenzbank *f* banca *f* corrispondente.

korrespondieren *v* [mit *Dat*] corrispondere, essere in corrispondenza (epistolare).

korrumpieren *v* corrompere.

korrupt *adj* corrotto.

Korruption *f* corruzione *f.*

Korruptionsbekämpfung *f* lotta *f* alla corruzione.

kosten *v* costare.

Kosten *pl* spesa *f*, spese *fpl*, costo *m*, costi *mpl*; **auf ~** [von *Dat*] a spese di; **ohne ~** *(Wechsel, Scheck)* senza spese; **~** *pl* **des Rechtsstreits**; **~** *pl* **des Verfahrens** *ProzR* spese *fpl* del procedimento, spese *fpl* di giudizio, spese *fpl* di causa, spese *fpl* di lite, spese *fpl* processuali, spese *fpl* di giustizia; **die ~ auferlegen** condannare alle spese, porre a carico di qn. le spese; **die ~ des Rechtsstreits / Verfahrens werden gegeneinander aufgehoben** *ZivProzR* dichiarare interamente compensate tra le parti le spese di giudizio (o: di lite), compensare interamente tra le parti le spese del giudizio; **für die ~ aufkommen** pagare le spese, farsi carico delle spese, assumersi le spese, accollarsi le spese; **die ~ aufschlüsseln** suddividere le spese; **die ~ berechnen** calcolare i costi; **die ~ bestreiten** sopperire alle spese; **sich an den ~ beteiligen** concorrere alle spese, contribuire alle spese, partecipare alle spese; **die ~ decken** coprire le spese, coprire i costi; **die ~ erstatten** rimborsare le spese, risarcire le spese, rifondere le spese; **die ~ festsetzen** liquidare le spese, quantificare le spese, determinare le spese; **keine ~ scheuen** non badare a spese; **die ~ tragen** le spese sono a carico (di qn.), farsi carico delle spese, sostenere le spese, sostenere gli oneri, far(e) fronte alle spese, sopportare le spese, sopportare i costi; **der / die Beklagte trägt die ~ des Rechtsstreits / Verfahrens** *ZivProzR* con vittoria di spese (e compensi professionali/onorari di causa/onorari di giudizio/competenze di lite/competenze di giudizio), con vittoria di spese e onorari, con vittoria di diritti e onorari di causa, con vittoria di spese, diritti ed onorari (del presente giudizio), con il favore delle spese e degli onorari di giudizio; **die ~ tragen die Parteien je zur Hälfte** *ZivProzR* le spese sono suddivise (o: divise/ripartite) in parti uguali tra le parti, le spese sono sostenute in parti uguali dalle parti; **die ~ übernehmen** pagare le spese, farsi carico delle spese, assumersi le spese, accollarsi le spese; **mit ~ verbunden sein** comportare spese; **zu den ~ verurteilen** *ProzR* condannare alle spese; **die ~ vorschießen** anticipare le spese;

die ~ wettschlagen compensare le spese; **abnehmende ~** *pl* costi *mpl* decrescenti; **absetzbare ~** *pl*; **abzugsfähige ~** *pl* costi *mpl* deducibili, costi *mpl* detraibili, oneri *mpl* deducibili, oneri *mpl* detraibili; **allgemeine ~** *pl* spese *fpl* generali; **ansteigende ~** *pl* costi *mpl* crescenti; **außergerichtliche ~** *pl* spese *fpl* stragiudiziali; **degressive ~** *pl* costi *mpl* decrescenti; **effektive ~** *pl* costo *m* effettivo; **auf eigene ~** a proprie spese; **erstattungsfähige ~** *pl*; **erstattungspflichtige ~** *pl* costi *mpl* rimborsabili; **fallende ~** *pl* costi *mpl* decrescenti; **feste ~** *pl*; **fixe ~** *pl* costi *mpl* fissi, spese *fpl* fisse; **gemeinsame ~** *pl* costi *mpl* comuni; **gerichtliche ~** *pl ProzR* spese *fpl* giudiziali, spese *fpl* giudiziarie, spese *fpl* di giudizio, spese *fpl* del giudizio, spese *fpl* di causa, spese *fpl* di lite, spese *fpl* di giustizia, spese *fpl* processuali; **gewöhnliche ~** *pl* spese *fpl* ordinarie; **indirekte ~** *pl* spese *fpl* generali; **konstante ~** *pl* costi *mpl* costanti; **laufende ~** *pl* spese *fpl* correnti, spese *fpl* ordinarie; **tatsächliche ~** *pl* spese *fpl* effettive, costi *mpl* effettivi, costi *mpl* reali; **überhöhte ~** *pl* costo *m* eccessivo; **unproduktive ~** *pl* spese *fpl* generali; **unverhältnismäßig hohe ~** *pl* costi *mpl* eccessivi; **variable ~** *pl*; **veränderliche ~** *pl* spese *fpl* variabili, costi *mpl* variabili; **voraussichtliche ~** *pl* spese *fpl* previste.

Kosten | abbau *m* riduzione *f* delle spese, taglio *m* dei costi; **~abrechnung** *f* liquidazione *f* delle spese; **~analyse** *f* analisi *f* dei costi; **~anfall** *m* incidenza *f* dei costi; **~anschlag** *m* preventivo *m* (di spesa/delle spese), valutazione *f* approssimativa delle spese, stima *f* dei costi; **~anstieg** *m* aumento *m* dei costi, incremento *m* dei costi; **~anteil** *m* quota *f* parte delle spese, parte *f* delle spese, quota *f* dei costi; **~aufgliederung** *f* specificazione *f* delle spese, analisi *f* dei costi; **~aufhebung** *f ZivProzR* (intera) compensazione *f* delle spese di giudizio (o: di lite) tra le parti; **~aufrechnung** *f* compensazione *f* delle spese; **~aufstellung** *f* nota *f* (delle) spese, distinta *f* delle spese, elencazione *f* delle spese, piano *m* dei costi, impostazione *f* dei costi; **~aufteilung** *f* riparto *m* delle spese, ripartizione *f* dei costi; **~auftrieb** *m* lievitazione *f* dei costi; **~aufwand** *m* dispendio *m*, costo *m*, costi *mpl*, spesa *f*, spese *fpl*.

kosten | aufwändig *adj*; **~aufwendig** *adj* costoso, ad alto costo.

Kosten | ausgleich *m* perequazione *f* dei costi; **~beamter/-beamtin** *m/f* funzionario *m* incaricato della riscossione delle spese di giudizio; **~beitrag** *m* contributo *m* alle spese, contributo *m* ai costi, partecipazione *f* alle spese; **~beitreibung** *f* recupero *m* delle spese; **~berechnung** *f* calcolo *m* delle spese, calcolo *m* dei costi; **~beschluss** *m ProzR* decisione *f* relativa alle spese; **~bestandteil** *m* elemento *m* di costo, componente *f* di costo; **~beteiligung** *f* concorso *m* alle spese, contributo *m* alle spese, partecipazione *f* alle spese; **~betrag** *m* ammontare *m* delle spese, ammontare *m* dei costi; **~dämpfung** *f* contenimento *m* dei costi; **~deckung** *f* copertura *f* delle spese, copertura *f* dei costi; **~druck** *m* pressione *f* dei costi; **~einschränkung** *f* contenimento *m* dei costi; **~einsparung** *f* riduzione *f* delle spese, riduzione *f* dei costi, risparmio *m* sui costi; **~eintreibung** *f* recupero *m* delle spese; **~entscheid** *m (CH)*; **~entscheidung** *f ProzR* condanna *f* alle spese, decisione *f* relativa alle spese; **~erhöhung** *f* aumento *m* dei costi, incremento *m* dei costi; **~ermittlung** *f* rilevazione *f* dei costi, calcolo *m* dei costi, accertamento *m* dei costi, valutazione *f*.

Kostenersatz *m* rimborso *m* (delle) spese, risarcimento *m* delle spese, rifusione *f* delle spese; **~anspruch** *m* diritto *m* al rimborso (delle) spese; **~pflicht** *f* obbligo *m* di rimborso delle spese, obbligo *m* di rimborsare le spese.

Kosten | ersparnis *f* risparmio *m* sui costi; **~erstattung** *f* rimborso *m* (delle) spese, risarcimento *m* delle spese, rifusione *f* delle spese; **~erstattungsanspruch** *m* diritto *m* al rimborso (delle) spese; **~explosion** *f* esplosione *f* dei costi.

kostenfällig *adj ProzR (abgewiesen, zurückgewiesen, verworfen)* con condanna alla rifusione delle spese, competenze, diritti ed onorari del presente giudizio, con condanna al pagamento delle spese (*processuali, di giudizio, di lite*), con condanna alle spese (*processuali, di giudizio, di lite*).

Kostenfestsetzung *f* liquidazione *f* delle spese, quantificazione *f* delle spese, quantificazione *f* dei costi, determinazione *f* delle spese, determinazione *f* dei costi.

Kostenfestsetzungs | antrag *m ProzR* istanza (o: richiesta) *f* di liquidazione delle spese (*processuali, di giudizio, di lite*); **~beschluss** *m ProzR* ordinanza *f* di liquidazione delle spese (*processuali, di giudizio, di lite*); **~gesuch** *n ProzR* istanza (o: richiesta) *f* di liquidazione delle spese (*processuali, di giudizio, di lite*); **~verfahren** *n ProzR (zuständig zur Kostenfestsetzung ist der Rechtspfleger)* procedimento *m* di liquidazione delle spese (*processuali, di giudizio, di lite*).

Kostenforderung *f* credito *m* di spese.

kostenfrei *adj* esente da spese, franco di spese, senza spese, gratuito.

Kosten | freiheit *f* esenzione *f* da spese, gratuità *f*; **aus ~gründen** per motivi di costo, per ragioni di costo, visti i costi, in considerazione dei costi, per una questione di costi, a causa dei costi, per motivi economici, per ragioni di ordine economico, per gli alti costi, per ridurre i costi.

kostengünstig *adj* economico, conveniente, vantaggioso, a basso costo.

Kosten | kalkulation *f* calcolo *m* dei costi; **~kompensation** *f (A)* compensazione *f* delle spese; **~konto** *n* conto *m* spese, conto *m* dei costi; **~last** *f* carico *m* dei costi; **~liquidation** *f*; **~liquidierung** *f* liquidazione *f* delle spese.

kostenlos *adj* gratis, gratuito, a titolo gratuito, senza spese.

Kosten | marke *f* marca *f* da bollo; **~minimierung** *f* minimizzazione *f* dei costi; **~niederschlagung** *f* annullamento *m* delle spese; **~niveau** *n* livello *m* dei costi.

Kosten-Nutzen | -Analyse *f* analisi *f* costi-benefici, analisi *f* benefici-costi; **~ -Verhältnis** *n* rapporto *m* costi-benefici, rapporto *m* benefici-costi.

Kosten | ordnung *f (D)* (*Abk* = **KostO**) *(Gesetz über die Kosten in Angelegenheiten der freiwilligen Gerichtsbarkeit: ist mit Wirkung vom 01.08.2013 durch das Gerichts- und Notarkostengesetz (GNotKG) aufgehoben worden)* legge *f* (tedesca) sulle spese giudiziarie in materia di volontaria giurisdizione; **~pflicht** *f* obbligo *m* di pagamento delle spese, obbligo *m* di pagare le spese, obbligo *m* di sostenere le spese, obbligo *m* di sopportare le spese.

kostenpflichtig *adj* che comporta spese, soggetto a spese, obbligato a sostenere le spese, con obbligo di pagamento delle spese, da pagare, a pagamento, a carico di qn., *(Klage)* con vittoria di spese (e compensi professionali/onorari di causa/onorari di giudizio/competenze di lite/competenze di giudizio).

Kosten | plan *m* piano *m* di spesa, piano *m* dei costi; **~preis** *m* prezzo *m* di calmiere, prezzo *m* di costo *(CH)*; **~rechnung** *f* calcolo *m* dei costi, conto *m* delle spese, nota *f* (delle) spese, parcella *f*; **~schuldner/in** *m/f* debitore *m* delle spese; **~senkung** *f* riduzione *f* delle spese, riduzione *f* dei costi; **~soll** *n* costo *m* teorico; **~spruch** *m (CH) ProzR* decisione *f* relativa alle spese; **~steigerung** *f* aumento *m* dei costi, incremento *m* dei costi; **~teilung** *f* ripartizione *f* delle spese, riparto *m* delle spese; **~träger** *m* chi si fa carico delle spese, chi sostiene le spese, chi sopporta le spese; **~tragung** *f* carico *m* delle spese; **~tragungspflicht** *f* onere *m* delle spese; **~übernahme** *f* pagamento *m* delle spese, il farsi carico *m* delle spese, assunzione *f* delle spese; **~überschlag** *m* preventivo *m* (di spesa/delle spese), valutazione *f* approssimativa delle spese, stima *f* dei costi; **~unterdeckung** *f* insufficienza *f* di copertura delle spese; **~verfügung** *f (CH) ProzR* decisione *f* relativa alle spese; **~vergütung** *f* rimborso *m* (delle) spese, risarcimento *m* delle spese, rifusione *f* delle spese; **~verteilung** *f* ripartizione *f* delle spese, riparto *m* delle spese; **~verzeichnis** *n* distinta *f* delle spese, elencazione *f* delle spese; **~voranschlag** *m* preventivo *m* (*di spesa*), bilancio *m* preventivo; **~vorschuss** *m* anticipo *m* sulle spese, anticipazione *f* delle spese, fondo *m* spese; **~vorteil** *m* vantaggio *m* di costo; **~wettschlagung** *f* compensazione *f* delle spese; **~zuschlag** *m* maggiorazione *f* dei costi, supplemento *m* di costi, maggiorazione *f* per spese, caricamento *m* per spese.

KostO (*Abk* = **Kostenordnung**) *(D) (Gesetz über die Kosten in Angelegenheiten der freiwilligen Gerichtsbarkeit: ist mit Wirkung vom 01.08.2013 durch das Gerichts- und Notarkostengesetz (GNotKG) aufgehoben worden)* legge *f* (tedesca) sulle spese giudiziarie in materia di volontaria giurisdizione.

kotieren *v (CH)* quotare, ammettere alla quotazione in borsa.

Kotierung *f (CH)* quotazione *f*, ammissione *f* alla quotazione in borsa.

kraft *präp* [*Gen*] in virtù di, in forza di; **~ Gesetzes** in virtù della legge, per forza di legge, per effetto della legge, per legge; **~ Vertrages** in virtù del contratto, in forza del contratto.

Kraft *f* forza *f*, vigore *m*, efficacia *f*, capacità *f*, facoltà *f*, potere *m*, potenza *f*; **außer ~** invalido, non in vigore; **außer ~ setzen** annullare, invalidare, dichiarare invalido, *(Gesetz)* abrogare, abolire; **außer ~ treten** non essere più in vigore, cessare di essere in vigore, cessare di avere vigore, decadere, scadere; **in ~** in vigore; **in ~ bleiben** restare in vigore, rimanere in vigore; **in ~ sein** essere in vigore, vigere; **in ~ setzen** far(e) entrare in vigore, mettere in vigore, attuare, porre in essere, applicare; **in ~ treten** entrare in vigore; **bindende ~** *f* forza *f* vincolante; **rückwirkende ~** *f* effetto *m* retroattivo.

Kraftfahrt-Bundesamt *n (D)* (*Abk* = **KBA**) Ufficio *m* federale (tedesco) della motorizzazione (civile).

Kraftfahrzeug *n* (*Abk* = **Kfz**) autoveicolo *m*, automezzo *m*, automobile *f*, autovettura *f*; **~anmeldung** *f* (*Abk* = **Kfz-Anmeldung**) immatricolazione *f* di un autoveicolo; **~bestand** *m* (*Abk* = **Kfz-Bestand**) parco *m* automobilistico; **~brief** *m* (*Abk* = **Kfz-Brief**) foglio *m* complementare (*titolo di proprietà dell'autoveicolo*); **~führer/in** *m/f* (*Abk* = **Kfz-Führer/in**) conducente *m/f* (di un autoveicolo); **~ -Haftpflicht** *f* (*Abk* = **Kfz-Haftpflicht**) responsabilità *f* civile autoveicoli *(RCA o RC auto)*; **~ -Haftpflichtversicherung** *f* (*Abk* = **Kfz-Haftpflichtversicherung**) assicurazione *f* della responsabilità civile autoveicoli *(assicurazione RCA o assicurazione RC auto)*, assicurazione *f* (obbligatoria) della responsabilità civile derivante dalla circolazione dei veicoli a motore; **~halter/in** *m/f* (*Abk* = **Kfz-Halter/in**) detentore *m* dell'autoveicolo (*nella maggior parte dei casi coincide con il proprietario/intestatario/titolare dell'autoveicolo*); **~industrie** *f* (*Abk* = **Kfz-Industrie**) industria *f* automobilistica; **~kaskoversicherung** *f* (*Abk* = **Kfz-Kaskoversicherung**) assicurazione *f* tutti i rischi automobilistici; **~kennzeichen** *n* (*Abk* = **Kfz-Kennzeichen**) targa *f* automobilistica, targa *f* (*di riconoscimento*); **~papiere** *pl* (*Abk* = **Kfz-Papiere**) documenti *mpl* di circolazione; **~schein** *m* (*Abk* = **Kfz-Schein**) carta *f* di circolazione; **~steuer** *f* (*Abk* = **Kfz-Steuer**)

SteuerR tassa *f* di circolazione (*degli autoveicoli*), imposta *f* sui veicoli a motore, bollo *m* (*auto*); **~unfall** *m* (*Abk* = **Kfz-Unfall**) incidente *m* automobilistico; **~unfallversicherung** *f* (*Abk* = **Kfz-Unfallversicherung**) assicurazione *f* contro gli infortuni automobilistici; **~versicherung** *f* (*Abk* = **Kfz-Versicherung**) assicurazione *f* autoveicoli, assicurazione *f* automobilistica, assicurazione *f* auto; **~zulassung** *f* (*Abk* = **Kfz-Zulassung**) immatricolazione *f* di un autoveicolo.

kraftlos *adj* nullo, senza effetto.

Kraftloserklärung *f* dichiarazione *f* di nullità, decreto *m* di ammortamento.

Kraftlosigkeit *f* nullità *f*.

Kraftverkehrsamt *n* ispettorato *m* della motorizzazione civile.

Kraftwerk *n* centrale *f* elettrica.

Kranken | akte *f*; **~akten** *fpl* cartella *f* clinica; **~beihilfe** *f* indennità *f* di malattia, sussidio *m* per malattia; **~blatt** *n* cartella *f* clinica.

Krankengeld *n* indennità *f* di malattia, sussidio *m* per malattia; **~anspruch** *m* diritto *m* all'indennità di malattia.

Krankenhaus *n* ospedale *m*, clinica *f*; **~kosten** *pl* spese *fpl* ospedaliere; **~kostenversicherung** *f* assicurazione *f* delle spese ospedaliere; **~pflegesatz** *m* retta *f* giornaliera di degenza.

Kranken | hilfe *f* assistenza *f* in caso di malattia; **~kasse** *f* mutua *f*, cassa *f* mutua, cassa *f* malattia, cassa *f* malati; **~schein** *m (früher: Bestätigung der Mitgliedschaft in einer Krankenkasse)* foglio *m* del libretto della mutua, *(Krankmeldung)* certificato *m* medico; **~tagegeld** *n* indennità *f* giornaliera di malattia; **~urlaub** *m* licenza *f* per malattia; **~versicherung** *f SozialR* assicurazione *f* contro le malattie, assicurazione *f* medica, assicurazione *f* sanitaria, mutua *f*; **~versicherungsbeitrag** *m* contributo *m* dell'assicurazione contro le malattie, contributo *m* di malattia, contributo *m* sanitario, contributo *m* versato alla cassa mutua, contributo *m* per la cassa malattia; **~zusatzversicherung** *f* assicurazione *f* complementare contro le malattie.

Krankfeiern *n (ugs.)* assenteismo *m*.

Krankheit *f* malattia *f*, infermità *f*, morbo *m*; **meldepflichtige ~** *f* malattia *f* da denunciare (*alle autorità*), malattia *f* da dichiarare (*alla Sanità*), malattia *f* a notifica obbligatoria.

Krankheits | bescheinigung *f* certificato *m* di malattia; **~fall** *m* caso *m* (di malattia); **~kostenversicherung** *f* assicurazione *f* delle spese di cura; **~quote** *f* tasso *m* delle assenze per malattia; **~risiko** *n* rischio *m* di malattia; **~tag** *m* giorno *m* di malattia; **~urlaub** *m* licenza *f* per malattia; **~wert** *m (einer Störung)* valore *m* di malattia.

Krankmeldung *f* denuncia *f* di malattia.

krankschreiben *v (jemanden)* prescrivere i giorni di malattia a qn., rilasciare un certificato di malattia a qn.; **sich ~ lassen** mettersi in malattia, mettersi in mutua, farsi fare un certificato di malattia; **krankgeschrieben sein** essere in malattia.

Krankschreibung *f* certificato *m* (medico) di malattia, certificato *m* (medico) di inabilità al lavoro, certificato *m* (medico) di incapacità lavorativa.

Krätzel *n (Wiener Börse)* mercato *m* libero (al di fuori del recinto delle grida).

Kreationstheorie *f* teoria *f* della creazione, teoria *f* creazionistica.

Kredit *m* credito *m*, *(Darlehen)* prestito *m*, fido *m*; **auf ~** a credito; **einen ~ in Anspruch nehmen** utilizzare un credito; **einen ~ vollständig in Anspruch nehmen** esaurire un credito; **einen ~ aufnehmen** farsi aprire un credito, farsi concedere un credito; **einen ~ beantragen** chiedere un credito, chiedere un prestito, chiedere un fido; **einen ~ benutzen** utilizzare un credito; **einen ~ bewilligen**; **einen ~ einräumen** concedere un credito, concedere un prestito, concedere un fido; **einen ~ eröffnen** aprire un credito; **~ geben** far(e) fido; **einen ~ gewähren** concedere un credito, concedere un prestito, concedere un fido; **einen ~ kündigen** dare avviso di revoca di un credito, revocare un credito; **einen ~ überschreiten**; **einen ~ überziehen** superare i limiti di un credito, superare i limiti del fido concesso; **~ vergeben** erogare crediti; **einen ~ verlängern** prorogare un credito; **einen ~ widerrufen** revocare un credito; **einen ~ zurückzahlen** rimborsare un credito; **einen ~ zurückziehen** ritirare un credito, revocare un credito; **in Anspruch genommener ~** *m* credito *m* utilizzato; **nicht in Anspruch genommener ~** *m* credito *m* inutilizzato; **befristeter ~** *m* credito *m* a tempo determinato; **begrenzter ~** *m* credito *m* limitato; **bewilligter ~** *m* credito *m* concesso, prestito *m* concesso, fido *m* concesso; **eingefrorener ~** *m* credito *m* congelato, credito *m* bloccato, credito *m* immobilizzato; **eingeräumter ~** *m* credito *m* concesso, prestito *m* concesso, fido *m* concesso; **gedeckter ~** *m* credito *m* garantito; **gesperrter ~** *m* credito *m* congelato, credito *m* bloccato, credito *m* immobilizzato; **gewährter ~** *m* credito *m* concesso, prestito *m* concesso, fido *m* concesso; **inflatorischer ~** *m* credito *m* inflazionistico; **kurzfristiger ~** *m* credito *m* a breve termine, credito *m* a breve scadenza; **langfristiger ~** *m* credito *m* a lungo termine, credito *m* a lunga scadenza; **laufender ~** *m* credito *m* in corso; **mittelfristiger ~** *m* credito *m* a medio termine, mediocredito *m*; **notleidender ~** *m* credito *m* in sofferenza; **öffentlicher ~** *m* credito *m* pubblico; **persönlicher ~** *m* credito *m* individuale, credito *m* personale; **privater ~** *m* credito *m* privato; **revolvierender ~** *m* credito *m* rinnovabile, credito *m* rotativo; **unbefristeter ~** *m* credito *m* a tempo indeterminato, credito *m* di durata illimitata; **unbegrenzter ~** *m* credito *m* illimitato; **ungedeckter ~** *m* credito *m* (allo) scoperto, credito *m* in bianco; **unverzinslicher ~** *m* prestito *m* infruttifero; **unwiderruflicher ~** *m* credito *m* irrevocabile; **widerruflicher ~** *m* credito *m* revocabile; **zinsbegünstigter ~** *m*; **zinsverbilligter ~** *m* credito *m* agevolato.

Kredit | abkommen *n* accordo *m* di credito; **~ablösung** *f* rimborso *m* del credito; **~absicherung** *f* garanzia *f* del credito; **~abteilung** *f* ufficio *m* crediti; **~anspannung** *f* tensione *f* del credito.

Kreditanstalt *f* istituto *m* di credito; **~ *f* für Wiederaufbau** *(D)* (*Abk* = **KfW**) Istituto *m* di credito (tedesco) per la ricostruzione (*braccio finanziario del Governo tedesco analogo alla Cassa depositi e prestiti (Cdp) italiana*).

Kredit | antrag *m* domanda *f* di credito, richiesta *f* di credito, domanda *f* di prestito, richiesta *f* di prestito, domanda *f* di fido, richiesta *f* di concessione di fido; **~aufblähung** *f* gonfiamento *m* del credito; **~aufnahme** *f* accensione *f* di un credito, accensione *f* di un fido; **~aufsicht** *f* vigilanza *f* sul credito; **~auftrag** *m (§ 778 BGB)* mandato *m* di credito; **~ausdehnung** *f*; **~ausweitung** *f* espansione *f* del credito, espansione *f* creditizia, dilatazione *f* creditizia.

Kreditbank *f* banca *f* di credito, azienda *f* di credito; **landwirtschaftliche ~** *f* cassa *f* rurale.

Kredit | beanspruchung *f* ricorso *m* al credito; **~bedarf** *m* fabbisogno *m* creditizio, fabbisogno *m* di credito; **~bedingungen** *fpl* condizioni *fpl* del credito; **~bedürfnis** *n* fabbisogno *m* creditizio, fabbisogno *m* di credito; **~begehren** *n* domanda *f* di credito, richiesta *f* di credito, domanda *f* di prestito, richiesta *f* di prestito, domanda *f* di fido, richiesta *f* di concessione di fido; **~begrenzung** *f* plafond *m* creditizio, plafond *m* di credito, linea *f* di credito, limite *m* di credito, limite *m* di fido; **~bereitstellung** *f* stanziamento *m* di un credito, concessione *f* di (o: del) credito, concessione *f* di (o: del) fido; **~beschaffung** *f* fornitura *f* di credito, approvvigionamento *m* di credito; **~beschränkungen** *fpl* restrizioni *fpl* creditizie; **~bestätigung** *f* conferma *f* di credito; **~betrag** *m* importo *m* del credito; **~betrug** *m* *StrafR* *(§ 265b StGB)* truffa *f* per ottenere un credito; **~bewilligung** *f* concessione *f* di (o: del) credito, concessione *f* di (o: del) fido, finanziamento *m* attivo; **~bremse** *f* restrizione *f* creditizia; **~brief** *m* lettera *f* di credito, credenziale *f*; **~buch** *n* libro *m* dei fidi, castelletto *m*; **~bürgschaft** *f* garanzia *f* del credito; **~dauer** *f* durata *f* del credito; **~einräumung** *f* concessione *f* di (o: del) credito, concessione *f* di (o: del) fido, accreditamento *m*, affidamento *m*; **~einschränkung** *f* restrizione *f* creditizia; **~empfänger/in** *m/f* beneficiario *m* del credito, affidato *m*; **~engagement** *n* impegno *m* di credito; **~entziehung** *f* ritiro *m* del credito, revocazione *f* del credito; **~erleichterung** *f* facilitazione *f* creditizia, facilitazione *f* di credito; **~eröffnung** *f* apertura *f* di credito, apertura *f* di una linea di credito; **~eröffnungsvertrag** *m* contratto *m* di apertura di credito; **~ersuchen** *n* domanda *f* di credito, richiesta *f* di credito, domanda *f* di prestito, richiesta *f* di prestito, domanda *f* di fido, richiesta *f* di concessione di fido; **~erteilung** *f* concessione *f* di (o: del) credito, concessione *f* di (o: del) fido, finanziamento *m* attivo; **~expansion** *f* espansione *f* del credito, espansione *f* creditizia, dilatazione *f* creditizia.

kreditfähig *adj* con capacità creditizia, degno di credito, meritevole di credito, degno di fido, meritevole di fido.

Kredit | fähigkeit *f* capacità *f* di credito; **~fälscher** *m* *(A)* contraffattore *m* di titoli di credito; **~fazilität** *f* facilitazione *f* creditizia, facilitazione *f* di credito; **~finanzierung** *f* finanziamento *m* con/mediante ricorso al credito; **~förderung** *f* facilitazione *f* creditizia, facilitazione *f* di credito; **~form** *f* tipo *m* di credito; **~funktion** *f* funzione *f* creditizia; **~garantie** *f* garanzia *f* del credito; **~geber/in** *m/f* soggetto *m* concedente il credito, finanziatore *m*, *(Krediteröffnung)* banca *f* accreditante, *(Darlehen)* mutuante *m/f*; **~gefährdung** *f* offesa *f* al credito.

Kreditgenossenschaft *f* cooperativa *f* di credito, società *f* cooperativa di credito; **ländliche ~** *f* cassa *f* rurale.

Kredit | geschäft *n* operazione *f* di credito; **~geschichte** *f* storia *f* creditizia; **~gesellschaft** *f* società *f* di credito; **~gewährung** *f* concessione *f* di (o: del) credito, concessione *f* di (o: del) fido, finanziamento *m* attivo; **~gewerbe** *n* settore *m* creditizio; **~grenze** *f* limite *m* di credito, limite *m* di fido, linea *f* di credito, plafond *m* di credito, plafond *m* creditizio; **~hilfe** *f* aiuto *m* finanziario; **~höchstgrenze** *f* massimale *m* di credito; **~höhe** *f* volume *m* del credito, importo *m* del credito; **~hypothek** *f* *(A)* ipoteca *f* a garanzia di un credito.

kreditieren *v* fare credito, accreditare.

Kreditierung *f* concessione *f* di (o: del) credito, concessione *f* di (o: del) fido, *(Gutschreibung)* accredito *m*.

Kredit | inanspruchnahme *f* ricorso *m* al credito, utilizzo *m* del credito, operatività *f* (*di un credito*); **~inflation** *f* inflazione *f* creditizia; **~institut** *n* istituto *m* di credito, ente *m* creditizio; **~instrument** *n* strumento *m* creditizio, strumento *m* di credito; **~kapital** *n* capitale *m* di credito, capitale *m* di prestito, capitale *m* mutuato, capitale *m* prestato; **~karte** *f* carta *f* di credito.

Kreditkasse *f* cassa *f* di credito; **landwirtschaftliche ~** *f* *(CH)* cassa *f* rurale, cassa *f* di credito agricolo; **~** *f* **mit Wartezeit** *(CH)* cassa *f* di credito a termine differito.

Kredit | kauf *m* vendita *f* a credito, acquisto *m* a credito, *(Kauf mit Kreditkarte)* acquisto *m* con carta di credito; **~klemme** *f* stretta *f* creditizia; **~knappheit** *f* stretta *f* creditizia, stretta *f* del credito, penuria *f* di credito; **~kommission** *f* commissione *f* di credito;

~konditionen *fpl* condizioni *fpl* di credito, termini *mpl* di credito; **~konsortium** *n* consorzio *m* di credito; **~kontingent** *n* linea *f* di credito; **~konto** *n* conto *m* anticipazioni, conto *m* anticipi, conto *m* di finanziamento, conto *m* di credito; **~kosten** *pl* costo *m* del credito; **~kunde/-din** *m/f* cliente *m/f* (beneficiario/-a del credito); **~kündigung** *f* revoca *f* del credito; **~laufzeit** *f* durata *f* del credito, scadenza *f* del credito; **~leihe** *f* credito *m* di firma; **~lenkung** *f* direzione *f* del credito; **~limit** *n* limite *m* di credito, limite *m* di fido, linea *f* di credito, plafond *m* di credito, plafond *m* creditizio.

Kreditlinie *f* linea *f* di credito, linea *f* di fido (*bancario*); **gelegentliche ~** *f* linea *f* di credito occasionale.

Kredit | liquidität *f* liquidità *f* di credito; **~liste** *f* castelletto *m*; **~lockerung** *f* facilitazione *f* creditizia; **~mangel** *m* stretta *f* creditizia, stretta *f* del credito, penuria *f* di credito; **~marge** *f* margine *m* di credito; **~markt** *m* mercato *m* creditizio, mercato *m* del credito; **~missbrauch** *m* cattivo uso *m* del credito; **~mittel** *npl* fondi *mpl* di credito, mezzi *mpl* creditizi; **~nachfrage** *f* domanda *f* di credito; **~nahme** *f* accensione *f* di un credito, accensione *f* di un fido; **~nehmer/in** *m/f* beneficiario/-a *m/f* del credito, *(mutuo)* mutuatario/-a *m/f*, *(fido)* affidato/-a *m/f*, *(apertura di credito bancario)* accreditato/-a *m/f*, debitore *m*; **~not** *f* urgenza *f* di credito.

Kreditoren *pl* creditori *mpl*, conti *mpl* creditori, debiti *mpl*; **verschiedene ~** *pl* creditori *mpl* diversi; **~anzahlung** *f* acconto *m* versato; **~konto** *n* conto *m* creditori; **~versammlung** *f* assemblea *f* dei creditori.

kreditorisch *adj* a saldo attivo.

Kreditpapier *n* titolo *m* di credito; **~fälscher** *m* contraffattore *m* di titoli di credito.

Kreditplafond *m* plafond *m* creditizio, plafond *m* di credito, linea *f* di credito, limite *m* di credito, limite *m* di fido.

Kreditpolitik *f* politica *f* creditizia, politica *f* del credito; **restriktive ~** *f* politica *f* di contenimento del credito.

Kredit | posten *m* voce *f* attiva, posta *f* attiva; **~potential** *n* potenziale *m* di credito; **~prolongation** *f* proroga *f* del credito; **~provision** *f* provvigione *f* di credito; **~quelle** *f* fonte *f* di credito; **~rahmen** *m* plafond *m* creditizio, plafond *m* di credito, linea *f* di credito, limite *m* di credito, limite *m* di fido; **~restriktion** *f* restrizione *f* creditizia; **~rückzahlung** *f* rimborso *m* del credito; **~rückziehung** *f* ritiro *m* del credito, revocazione *f* del credito; **~saldo** *m* saldo *m* creditore; **~schädigung** *f (A) (§ 152 öStGB)* offesa *f* al credito; **~schöpfung** *f* creazione *f* di credito; **~schrumpfung** *f* compressione *f* del credito; **~schutz** *m* tutela *f* del credito; **~sekretariat** *n* segreteria *f* fidi; **~sektor** *m* settore *m* creditizio; **~sicherheit** *f*; **~sicherung** *f* garanzia *f* del credito, fornitura *f* di garanzia sul credito; **~sicherungsrecht** *n* diritto *m* delle garanzie del credito, disciplina *f* delle garanzie finanziarie; **~spanne** *f* margine *m* di credito; **~spannung** *f* tensione *f* del credito; **~sperre** *f* blocco *m* del credito; **~steuerung** *f* direzione *f* del credito; **~summe** *f* importo *m* del credito; **~tilgung** *f* rimborso *m* del credito; **~umfang** *m* volume *m* del credito, importo *m* del credito; **~unternehmen** *n*; **~unternehmung** *f* azienda *f* di credito; **~verein** *m* cooperativa *f* di credito, società *f* cooperativa di credito, società *f* mutua di credito.

Kreditvereinbarung *f* accordo *m* di credito; **allgemeine ~en** *fpl* accordi *mpl* generali di prestito.

Kredit | verhältnis *n* rapporto *m* di credito, rapporto *m* di fido; **~verkauf** *m* vendita *f* a credito; **~verknappung** *f* stretta *f* creditizia, stretta *f* del credito, penuria *f* di credito; **~verlängerung** *f* proroga *f* del credito; **~vermittler/in** *m/f* intermediario *m* che procura il credito; **~vermittlung** *f* intermediazione *f* creditizia, mediazione *f* creditizia; **~vermittlungsgebühr** *f* provvigione *f* di credito; **~versicherung** *f* assicurazione *f* (dei) crediti; **~vertrag** *m* contratto *m* di credito, contratto *m* di mutuo, mutuo *m*; **~volumen** *n* volume *m* del credito, volume *m* dei crediti; **~wechsel** *m* cambiale *f* finanziaria; **~wesen** *n* credito *m*, sistema *m* creditizio; **~wirtschaft** *f* economia *f* creditizia; **~wucher** *m* usura *f* pecuniaria; **~wucherer** *m* usuraio *m*.

kreditwürdig *adj* degno di credito, meritevole di credito, degno di fido, meritevole di fido.

Kredit | würdigkeit *f* affidabilità *f* (*creditizia*), fido *m*, castelletto *m*; **~zinsen** *mpl* interessi *mpl* del credito; **~zurückziehung** *f* ritiro *m* del credito, revocazione *f* del credito; **~zusage** *f* promessa *f* di credito, lettera *f* di impegno, impegno *m*.

Kreis *m* circondario *m*; **~ausschuss** *m* giunta *f* amministrativa del circondario; **~beigeordnete/r** *f/m* assessore *m* di circondario; **~direktor/in** *m/f* direttore *m* di circondario.

Kreise *mpl* ambienti *mpl*.

kreisfrei *adj* che non fa parte di un circondario.

Kreis | gericht *n (A)* tribunale *m*; **~laufwirtschaftsgesetz** *n (D)* (*Abk* = **KrWG**) *(Gesetz zur Förderung der Kreislaufwirtschaft und Sicherung der umweltverträglichen Bewirtschaftung von Abfällen: hat zum 01.06.2012 das Kreislaufwirtschafts- und Abfallgesetz ersetzt)* legge *f* (tedesca) sulla gestione dei rifiuti, legge *f* (tedesca) sullo smaltimento dei rifiuti; **~ordnung** *f* ordinamento *m* circondariale; **~rat** *m* consigliere *m* circondariale; **~schreiben** *n (CH)* circolare *f*, lettera *f* circolare; **~sparkasse** *f* cassa *f* di risparmio distrettuale.

Kreisstadt *f* capoluogo *m* di circondario; **unmittelbare ~** *f* città *f* che costituisce da sola un circondario.

Kreistag *m* assemblea *f* circondariale.

Kreistags | abgeordnete/r *f/m*; **~mitglied** *n* consigliere *m* circondariale; **~präsident/in** *m/f*; **~vorsitzende/r** *f/m* presidente *m* dell'assemblea circondariale; **~wahl** *f*; **~wahlen** *fpl* elezioni *fpl* dell'assemblea circondariale.

Kreis | umlage *f* imposta *f* riscossa dal circondario; **~verkehr** *m* circolazione *f* rotatoria; **~verordnete/r** *f/m* consigliere *m* circondariale; **~versammlung** *f* assemblea *f* del circondario; **~verwaltung** *f* amministrazione *f* circondariale; **~wehrersatzamt** *n (Bundeswehr)* ufficio *m* distrettuale di leva; **~zulage** *f* indennità *f* concessa a certi funzionari del circondario.

Kreuzverhör *n StrafProzR (§ 239 StPO)* interrogatorio *m* incrociato, controinterrogatorio *m*, esame *m* incrociato, controesame *m*; **ins ~ nehmen** *StrafProzR* controinterrogare, controesaminare.

Krida *f (A)* bancarotta *f*, bancarotta *f* semplice; **betrügerische ~** *f (A) StrafR (§ 156 öStGB)* bancarotta *f* fraudolenta; **fahrlässige ~** *f (A)* bancarotta *f* semplice.

Kridatar *m (A)* bancarottiere *m*.

Kriegsdienst *m* servizio *m* militare; **~verweigerer** *m* obiettore *m* di coscienza; **~verweigerung** *f* obiezione *f* di coscienza.

Kriegs | flüchtling *m* rifugiato *m* di guerra, rifugiato *m* a causa di una guerra civile; **Abkommen** *n* **über die Behandlung der ~gefangenen** *(Genf)* Convenzione *f* relativa al trattamento dei prigionieri di guerra; **~gericht** *n* tribunale *m* militare, tribunale *m* di guerra, corte *f* marziale; **~gerichtsbarkeit** *f* giurisdizione *f* militare (in tempo di guerra); **~gesetz** *n* legge *f* di guerra; **~gesetzgebung** *f* legislazione *f* di guerra; **~pension** *f* pensione *f* di guerra; **~rat** *m* consiglio *m* di guerra; **~recht** *n* diritto *m* bellico, diritto *m* della guerra; **~reparationen** *fpl* riparazioni *fpl* di guerra; **~risikoversicherung** *f* assicurazione *f* contro i rischi di guerra; **~rücklage** *f* riserva *f* di guerra; **~sachschaden** *m* danno *m* materiale di guerra; **~schaden** *m* danno *m* di guerra; **~steuer** *f* imposta *f* di guerra; **~strafrecht** *n* diritto *m* penale militare (in tempo di guerra), legge *f* marziale; **~verbrechen** *n* delitto *m* di guerra, crimine *m* di guerra; **~verbrecher/in** *m/f* criminale *m/f* di guerra; **~verbrechertribunal** *n (für Jugoslawien und Ruanda)* tribunale *m* per i crimini di guerra; **~verhütungsrecht** *n* diritto *m* di prevenzione della guerra; **~versicherung** *f* assicurazione *f* sulla vita contro i rischi di guerra; **~waffenkontrollgesetz** *n (D)* (*Abk* = **KrWaffKontrG**) *(Gesetz über die Kontrolle von Kriegswaffen, Ausführungsgesetz zu Artikel 26 Abs. 2 GG)* legge *f* (tedesca) sul controllo delle armi da guerra.

kriminal *adj* criminale.

Kriminal | beamter/-beamtin *m/f* agente *m/f* di polizia giudiziaria; **~gericht** *n* tribunale *m* penale.

Kriminalhauptkommissar/in *m/f* (*Abk* = **KHK**) ispettore *m* principale di polizia giudiziaria, commissario *m* capo della polizia criminale; **Erste/r ~** *m/f* (*Abk* = **EKHK**) ispettore *m* capo di polizia giudiziaria.

kriminalisieren *v* criminalizzare.

Kriminalisierung *f* criminalizzazione *f*.

Kriminalistik *f* criminalistica *f*.

Kriminalist/in *m/f* criminalista *m/f*.

Kriminalität *f* criminalità *f*, delinquenza *f*; **die ~ bekämpfen** combattere la criminalità, lottare contro la criminalità; **die ~ zurückdrängen** reprimere la criminalità; **allgemeine ~** *f* criminalità *f* comune; **organisierte ~** *f* criminalità *f* organizzata; **politische ~** *f* criminalità *f* politica; **wirtschaftliche ~** *f* criminalità *f* economica; **~** *f* **in den Städten** criminalità *f* urbana; **Bekämpfung** *f* **der organisierten ~** lotta *f* alla (o: contro la) criminalità organizzata, repressione *f* della criminalità organizzata; **Maßnahmen** *fpl* **zur Verhütung und Bekämpfung der ~** *EuR* misure *fpl* per prevenire e combattere la criminalità.

Kriminalitäts | anstieg *m* aumento *m* della criminalità; **~bekämpfung** *f* lotta *f* alla (o: contro la) criminalità, lotta *f* alla delinquenza; **~entwicklung** *f* andamento *m* della criminalità; **~quote** *f*; **~rate** *f* tasso *m* di criminalità; **~statistik** *f* statistica *f* criminale, statistica *f* della criminalità; **~zuwachs** *m* aumento *m* della criminalità.

Kriminal | kammer *f (CH)* sezione *f* penale, camera *f* criminale *(CH)*; **~kommissar/in** *m/f*; **~kommissär/in** *m/f (A, CH)* vice ispettore *m* di polizia giudiziaria, commissario *m* della polizia criminale; **~oberkommissar/in** *m/f* (*Abk* = **KOK**) ispettore *m* di polizia giudiziaria, sostituto commissario *m* della polizia criminale; **~politik** *f* politica *f* criminale; **~polizei** *f* (*Abk* = **Kripo**) polizia *f* giudiziaria *(P.G.)*, polizia *f* criminale; **~psychologie** *f* psicologia *f* criminale; **~recht** *n* diritto *m* criminale; **~soziologie** *f* sociologia *f* criminale; **~statistik** *f* statistica *f* criminale, statistica *f* della criminalità; **~strafe** *f* pena *f* criminale, sanzione *f* criminale; **~taktik** *f* tattica *f* criminale.

kriminell *adj* criminale, criminoso, delittuoso.

Kriminelle/r *f/m* criminale *m/f*, delinquente *m/f*.

Kriminologe/-in *m/f* criminologo/-a *m/f*.

Kriminologie *f* criminologia *f*.

kriminologisch *adj* della (o: riguardante la) criminologia.

Kripo (*Abk* = **Kriminalpolizei**) polizia *f* giudiziaria *(P.G.)*, polizia *f* criminale.

Kronzeuge/-zeugin *m/f StrafProzR* testimone *m/f* principale, teste *m/f* principale, superteste *m/f*.

Kruzifix *n* → *BVerfGE 93, 1: Kruzifix-Entscheidung des Bundesverfassungsgerichts (Religionsfreiheit)* crocifisso *m*.

KrWaffKontrG (*Abk* = **Kriegswaf-**

fenkontrollgesetz) *(D) (Gesetz über die Kontrolle von Kriegswaffen, Ausführungsgesetz zu Artikel 26 Abs. 2 GG)* legge *f* (tedesca) sul controllo delle armi da guerra.

KrWG (*Abk* = **Kreislaufwirtschaftsgesetz**) *(D) (Gesetz zur Förderung der Kreislaufwirtschaft und Sicherung der umweltverträglichen Bewirtschaftung von Abfällen: hat zum 01.06.2012 das Kreislaufwirtschafts- und Abfallgesetz ersetzt)* legge *f* (tedesca) sulla gestione dei rifiuti, legge *f* (tedesca) sullo smaltimento dei rifiuti.

KSchG (*Abk* = **Kündigungsschutzgesetz**) *(D) ArbR* legge *f* (tedesca) sulla tutela (o: protezione) contro i licenziamenti ingiustificati.

KSt (*Abk* = **Körperschaftsteuer**) *SteuerR* imposta *f* sulle società, imposta *f* societaria, imposta *f* sui profitti d'impresa, imposta *f* sul reddito delle società *(IRES)* (*in Italia a decorrere dal 1° gennaio 2004 ha sostituito l'IRPEG: imposta sul reddito delle persone giuridiche*).

KStG (*Abk* = **Körperschaftsteuergesetz**) *SteuerR* legge *f* relativa all'imposta sulle società, legge *f* sulla tassazione delle società, legge *f* in materia di imposta sul reddito delle società.

KSÜ (*Abk* = **Haager Kinderschutzübereinkommen**) *(Haager Übereinkommen vom 19. Oktober 1996 über die Zuständigkeit, das anzuwendende Recht, die Anerkennung, Vollstreckung und Zusammenarbeit auf dem Gebiet der elterlichen Verantwortung und der Maßnahmen zum Schutz von Kindern)* Convenzione *f* dell'Aja del 19 ottobre 1996 concernente la competenza, la legge applicabile, il riconoscimento, l'esecuzione e la cooperazione in materia di responsabilità genitoriale e di misure di protezione dei minori.

KSZE (*Abk* = **Konferenz über Sicherheit und Zusammenarbeit in Europa**) Conferenza *f* sulla sicurezza e la cooperazione in Europa *(CSCE)*.

kulant *adj* corrente.

Kulanz | deckung *f*; **~leistung** *f VersR* indennità *f* "ex gratia".

Kulisse *f (Börse)* mercato *m* libero (al di fuori del recinto delle grida).

Kulissier *m* mediatore *m* di borsa (che non opera nel recinto delle grida).

kulpos *adj (A)* colposo.

Kultfreiheit *f* libertà *f* di culto.

Kultur | abkommen *n* convenzione *f* culturale, accordo *m* culturale; **Haager Konvention** *f* **vom 14. Mai 1954 zum Schutz von ~gut bei bewaffneten Konflikten** Convenzione *f* dell'Aja del 14 maggio 1954 per la protezione dei beni culturali in caso di conflitto armato; **~güter** *npl* beni *mpl* culturali; **~güterschutzrichtlinie** *f EuR* → *s. Anhang 3 b)* Direttiva *f* 2014/60/UE del Parlamento europeo e del Consiglio, del 15 maggio 2014, relativa alla restituzione dei beni culturali usciti illecitamente dal territorio di uno Stato membro e che modifica il regolamento (UE) n. 1024/2012 (Rifusione); **~hoheit** *f (D) (der Länder)* competenza *f* esclusiva dei Länder tedeschi negli affari culturali e di pubblica istruzione; **~konvention** *f* convenzione *f* culturale; **~übereinkommen** *n* convenzione *f* culturale, accordo *m* culturale.

Kultus | freiheit *f* libertà *f* di culto; **~gemeinde** *f* comunità *f* religiosa; **~minister/in** *m/f (D)* ministro *m* della Pubblica Istruzione (*di un Land tedesco*); **~ministerium** *n (D)* Ministero *m* della Pubblica Istruzione (*di un Land tedesco*); **~ministerkonferenz** *f (D)* conferenza *f* dei ministri (tedeschi) della Pubblica Istruzione.

Kumul *m VersR* accumulazione *f* di rischi.

Kumulation *f* cumulo *m*.

Kumulationsprinzip *n* principio *m* del cumulo delle pene.

kumulativ *adj* cumulativo.

Kumulgefahr *f* rischio *m* di accumulazione.

kumulieren *v* accumulare.

Kumulierung *f* cumulo *m*, accumulazione *f*.

Kumulierungsverbot *n* divieto *m* del cumulo delle pene.

Kumulrisiko *n* rischio *m* di accumulazione.

kündbar *adj VertragsR* risolubile, *VölkerR* denunciabile, *ArbR* licenziabile, *(Anleihe, Darlehen)* redimibile, riscattabile, rimborsabile.

Kunde/-in *m/f* cliente *m/f*; **solvente/r ~** *m/f*; **zahlungsfähige/r ~** *m/f* cliente *m/f* solvibile.

Kunden | abwerbung *f* sviamento *m* di clientela; **~akquisition** *f* acquisizione *f* di clienti; **~anzahlung** *f* acconto *m* della clientela; **~außenstände** *mpl* crediti *mpl* verso clienti; **~berater/in** *m/f* consulente *m/f* clienti, consulente *m/f* della clientela; **~beratung** *f* consulenza *f* ai clienti, assistenza *f* (ai) clienti, *(Beratungsstelle)* ufficio *m* assistenza clienti; **~betreuung** *f* assistenza *f* (ai) clienti, servizio *m* clienti, servizio *m* (di) assistenza (ai) clienti, customer service *m*, *(Kundenpflege)* contatti *mpl* con la clientela; **~boni** *pl* abbuoni *mpl* alla clientela; **~buch** *n* giornale *m* dei clienti, libro *m* dei reclami.

Kundendienst *m* assistenza *f* (ai) clienti, servizio *m* clienti, servizio *m* (di) assistenza (ai) clienti; **~sachbearbeiter/in** *m/f* addetto/-a *m/f* al servizio clienti; **~techniker** *m* tecnico *m* assistenza clienti.

Kunden | einlagen *pl* depositi *mpl* della clientela, depositi *mpl* fiduciari; **~forderung** *f* credito *m* verso clienti, credito *m* verso la clientela; **~guthaben** *n* deposito *m* della clientela, deposito *m* clienti, deposito *m* fiduciario; **~kartei** *f* schedario *m* (dei) clienti; **~konto** *n* conto *m* clienti; **~kredit** *m* *(Verbraucherkredit)* credito *m* al consumo, *(Kredit für Kunden)* credito *m* alla clientela; **~kreis** *m* clientela *f*; **~nummer** *f* numero *m* cliente, codice *m* cliente; **~pflege** *f* contatti *mpl* con i clienti, contatti *mpl* con la clientela; **~rabatt** *m*; **~skonto** *m* sconto *m* per clienti, sconto *m* alla clientela, sconto *m* passivo.

Kundenstamm *m* clienti *mpl* fissi, vecchi clienti *mpl*, clienti *mpl* esistenti, clientela *f* fissa, clientela *f* stabile, clientela *f* abituale; **fester ~** *m* clientela *f* fissa, clientela *f* stabile.

Kunden | stammnummer *f* codice *m* cliente; **~stock** *m* clientela *f* fissa, clientela *f* stabile; **~umsatz** *m* vendite *fpl* alla clientela; **~versicherung** *f* assicurazione *f* dei clienti; **~wechsel** *m* cambiale *f* data dai clienti in pagamento; **~werber** *m* acquisitore *m* di clienti, procacciatore *m* di clienti; **~werbung** *f* acquisizione *f* di clienti.

Kundgabe *f* **des Willens** manifestazione *f* della volontà.

kundgeben *v* manifestare.

Kundgebung *f* manifestazione *f*; **eine ~ abhalten** tenere una manifestazione (pubblica); **öffentliche ~** *f* manifestazione *f* pubblica.

kundig *adj (informiert)* informato, *(erfahren)* esperto, versato.

kündigen *v (Dauerschuldverhältnisse)* recedere (*da un contratto in corso prima della scadenza prestabilita*), disdire (*un contratto impedendo il suo rinnovo automatico alla scadenza prestabilita*), dare la disdetta, disdettare, risolvere (*un contratto per inadempimento, impossibilità sopravvenuta o eccessiva onerosità della prestazione*), *ArbR (durch Arbeitgeber)* licenziare, *ArbR (durch Arbeitnehmer)* licenziarsi, *ArbR* rassegnare (o: presentare/dare) le dimissioni, *(Kündigung aussprechen)* dare il preavviso, *ArbR (Kündigungserklärung des Arbeitgebers)* dare il preavviso di licenziamento, *ArbR (Kündigungserklärung des Arbeitnehmers)* dare il preavviso di dimissioni, *(Darlehen)* chiedere la restituzione di, *(Hypothek)* riscattare, redimere, *(Anleihe)* rimborsare anticipatamente, *VölkerR* denunciare; **fristlos ~** recedere (da un contratto) senza preavviso, *ArbR (jemandem durch Arbeitgeber)* licenziare (qn.) senza preavviso, *ArbR* licenziare (qn.) in tronco, *ArbR (durch Arbeitnehmer)* rassegnare (o: presentare/dare) le dimissioni senza preavviso; **aus wichtigem Grund ~** recedere (da un contratto) per giusta causa, *MietR* recedere (da un contratto) per gravi motivi, *ArbR (durch Arbeitgeber)* licenziare per giusta causa, *ArbR (durch Arbeitnehmer)* rassegnare (o: presentare/dare) le dimissioni per giusta causa.

Kündigung *f (von Dauerschuldverhältnissen)* recesso *m* (*da un contratto in corso prima della scadenza prestabilita*), disdetta *f* (*impedisce il rinnovo automatico del contratto alla scadenza prestabilita*), risoluzione *f* (*del contratto per inadempimento, impossibilità sopravvenuta o eccessiva onerosità della prestazione*), *ArbR (Entlassung durch Arbeitgeber)* licenziamento *m* (*individuale*), *ArbR (durch Arbeitnehmer)* dimissioni *fpl*, *(Kündigungserklärung)* preavviso *m*, preavviso *m* di recesso, *ArbR (Kündigungserklärung des Arbeitgebers)* preavviso *m* di licenziamento, *ArbR (Kündigungserklärung des Arbeitnehmers)* preavviso *m* di dimissioni, *(von Darlehen, Hypothek, Versicherung)* riscatto *m*, *(von Anleihen)* rimborso *m* anticipato, *VölkerR* denuncia *f*; **eine ~ aussprechen** dare il preavviso, *ArbR (durch Arbeitgeber)* dare il preavviso di licenziamento, *ArbR (durch Arbeitnehmer)* dare il preavviso di dimissioni; **die ~ erhalten** ricevere il preavviso, *ArbR (des Arbeitgebers)* ricevere il preavviso di licenziamento, *ArbR (des Arbeitnehmers)* ricevere il preavviso di dimissioni; **außerordentliche ~** *f* recesso *m* straordinario, recesso *m* per giusta causa, recesso *m* senza preavviso, recesso *m* in tronco, *MietR* recesso *m* per gravi motivi, *MietR* disdetta *f* straordinaria *(CH)*, *ArbR (durch Arbeitgeber)* licenziamento *m* per giusta causa, *ArbR* licenziamento *m* senza preavviso, *ArbR* licenziamento *m* in tronco, *ArbR (durch Arbeitnehmer)* dimissioni *fpl* per giusta causa, *ArbR* dimissioni *fpl* senza preavviso; **betriebsbedingte ~** *f ArbR* licenziamento *m* per ragioni che riguardano la riorganizzazione aziendale, licenziamento *m* per motivi relativi alla riorganizzazione dell'azienda, licenziamento *m* per motivi legati (o: inerenti) all'attività aziendale, licenziamento *m* per esigenze aziendali, licenziamento *m* per motivi economici, licenziamento *m* per motivazioni economiche (*in Italia detto anche: licenziamento per giustificato motivo oggettivo*); **fristgerechte ~** *f* recesso *m* con preavviso, *ArbR (durch Arbeitgeber)* licenziamento *m* con preavviso, *ArbR (durch Arbeitnehmer)* dimissioni *fpl* con preavviso; **fristlose ~** *f* recesso *m* senza preavviso, risoluzione *f* del rapporto senza (obbligo di) preavviso, *ArbR (durch Arbeitgeber)* licenziamento *m* senza preavviso, *ArbR* licenziamento *m* in tronco, *ArbR (durch Arbeitnehmer)* dimissioni *fpl* senza preavviso; **gerechtfertigte ~** *f ArbR* licenziamento *m* per giustificato motivo; **gerichtliche ~** *f (A)* rescissione *f* giudiziale; **ordentliche ~** *f* recesso *m* ordinario, recesso *m* con preavviso, disdetta *f* ordinaria *(CH)*, *ArbR (durch Arbeitgeber)* licenziamento *m* ordinario, *ArbR* licenziamento *m* con preavviso, *ArbR (durch Arbeitnehmer)* dimissioni *fpl* ordinarie, *ArbR* dimissioni *fpl* con preavviso; **personenbedingte ~** *f ArbR* licenziamento *m* per ragioni che riguardano la persona del dipendente, licenziamento *m* per motivi legati (o: inerenti) alla persona (*p.es. in caso di frequenti malattie brevi o una malattia molto lunga del dipendente*); **rechtsmissbräuchliche ~** *f ArbR*; **rechtswidrige ~** *f ArbR* licenziamento *m* illegittimo, licenziamento *m* (per motivo) illecito; **sozial gerechtfertigte ~** *f ArbR* licenziamento *m* per giustificato motivo; **sozial ungerechtfertigte ~** *f ArbR (§ 1 KSchG)* licenziamento *m* socialmente ingiustificato, licenziamento *m* non giustificato sotto l'aspetto sociale, licenziamento *m* senza giustificato motivo, licenziamento *m* illegittimo; **unrechtmäßige ~** *f ArbR* licenziamento *m* illegittimo, licenziamento *m* (per motivo) illecito; **verhaltensbedingte ~** *f ArbR* licenziamento *m* per motivi legati (o: inerenti) al comportamento, licenziamento *m* disciplinare; **~** *f* **des Arbeitsverhältnisses** *ArbR* risoluzione *f* del rapporto di lavoro; **~** *f* **des Gesellschafters** *GesR* recesso *m* del socio; **~** *f* **aus wichtigem Grund** recesso *m* per giusta causa, *MietR* recesso *m* per gravi motivi, *ArbR (durch Arbeitgeber)* licenziamento *m* per giusta causa, *ArbR (durch Arbeitnehmer)* dimissioni *fpl* per giusta causa.

Kündigung – Rücktritt – Widerruf

Nei contratti di durata (contratti a esecuzione continuata o contratti a esecuzione periodica, *Dauerschuldverhältnisse*) si usa il termine *Kündigung*, che sta a indicare la cessazione degli effetti del contratto a qualsiasi titolo, sia quando essa è una facoltà attribuita ad una o entrambe le parti (*recesso*), sia quando essa costituisce la reazione di una parte all'inadempienza dell'altra (*risoluzione*). Nel diritto del lavoro il termine *Kündigung* si traduce con *licenziamento* quando indica l'atto recettizio con cui il datore di lavoro manifesta la propria volontà di recedere unilateralmente dal contratto di lavoro e con *dimissioni* quando indica invece l'atto recettizio con cui il dipendente manifesta la propria volontà di recedere dal rapporto di lavoro.

Nei contratti a esecuzione istantanea (contratti a esecuzione immediata o contratti a esecuzione differita) si usa il termine *Rücktritt*, traducibile in italiano con il termine *recesso* quando indica la facoltà di una parte di cessare il contratto prima che esso abbia effetti (o quando essi siano appena iniziati) ovvero con il termine *risoluzione* quando indica la reazione di una parte contraente all'inadempienza dell'altra.

Preme inoltre rilevare che in italiano l'atto di recesso che evita il rinnovo tacito o automatico dei contratti di durata può prendere anche il nome di *disdetta*.

Recesso equivale poi a *Widerruf* nei contratti stipulati tra un operatore commerciale e un consumatore per la fornitura di beni o la prestazione di servizi, conclusi fuori dai locali commerciali, con mezzi particolari (vendita a domicilio, per corrispondenza, attraverso canali televisivi o radiofonici, o mediante strumenti informatici o telematici). Tale diritto spetta solo al consumatore.

Kündigungs | abfindung *f ArbR* indennità *f* di licenziamento, indennità *f* di risoluzione; **~akt** *m VölkerR* atto *m* di denuncia; **~anfechtung** *f ArbR* impugnazione *f* del licenziamento; **~anzeige** *f VölkerR* avviso *m* di denuncia, notificazione *f* di denuncia; **~entschädigung** *f ArbR* indennità *f* di licenziamento, indennità *f* di risoluzione; **~erklärung** *f* preavviso *m*, preavviso *m* di recesso, *ArbR (des Arbeitgebers)* preavviso *m* di licenziamento, *ArbR (des Arbeitnehmers)* preavviso *m* di dimissioni; **~frist** *f* termine *m* di disdetta, periodo *m* di disdetta, preavviso *m*, termine *m* di preavviso, periodo *m* di preavviso; **~gelder** *npl* depositi *mpl* ritirabili dietro preavviso; **~grund** *m ArbR* causa *f* di licenziamento; **~klage** *f* azione *f* di risoluzione; **~klausel** *f* clausola *f* di recesso dietro preavviso, *VölkerR (Staatsverträge)* clausola *f* di denuncia; **~mitteilung** *f* comunicazione *f* del recesso, *ArbR* comunicazione *f* del licenziamento; **~recht** *n* diritto *m* di recesso, *ArbR (Recht auf Entlassung)* diritto *m* di licenziamento; **~schreiben** *n* lettera *f* di disdetta, avviso *m* di risoluzione, *ArbR (des Arbeitgebers)* lettera *f* di licenziamento, *ArbR* avviso *m* di licenziamento, *ArbR (des Arbeitnehmers)* lettera *f* di dimissioni.

Kündigungsschutz *m ArbR* tutela *f* contro il licenziamento, *ArbR* protezione *f* contro il licenziamento, *MietR* protezione *f* dei locatari contro l'evizione; **~gesetz** *n (D)* (*Abk* = **KSchG**) *ArbR* legge *f* (tedesca) sulla tutela (o: protezione) contro i licenziamenti ingiustificati; **~klage** *f ArbR* azione *f* di opposizione al licenziamento, azione *f* di accertamento dell'inefficacia del licenziamento, ricorso *m* contro il licenziamento.

Kündigungs | termin *m* termine *m* di presentazione del preavviso (di recesso), termine *m* di preavviso, termine *m* di disdetta; **~urkunde** *f VölkerR* atto *m* di denuncia; **~verbot** *n ArbR* divieto *m* di licenziamento; **~verfahren** *n* procedimento *m* di risoluzione, procedimento *m* di disdetta.

kundmachen *v (A) (bekannt machen)* rendere noto, comunicare, *(Gesetz)* pubblicare, promulgare.

Kundmachung *f (A) (Bekanntmachung)* annuncio *m*, avviso *m*, comunicazione *f*, notifica *f*, notificazione *f*, pubblicità *f*, *(Gesetz)* pubblicazione *f*, promulgazione *f*.

Kundschaft *f* clientela *f*, clienti *mpl*.

Kunst | freiheit *f (Art. 5 Abs. 3 GG) → BVerfGE 30, 173: Mephisto-Entscheidung des Bundesverfassungsgerichts* libertà *f* artistica; **~geheimnis** *n* segreto *m* artistico, segreto *m* di fabbricazione; **~wert** *m* valore *m* artistico; **~zensur** *f* censura *f* artistica.

Kupon *m* cedola *f*, tagliando *m*; **ohne ~** senza cedola, secco, ex cedola; **abgetrennter ~** *m* cedola *f* staccata; **anhaftender ~** *m* cedola *f* attaccata; **ausstehender ~** *m* cedola *f* scaduta.

Kupon | bogen *m* cedolario *m*, foglio *m* di cedole, cartella *f* di cedole; **~einlösung** *f* pagamento *m* delle cedole; **~kasse** *f* cassa *f* cedole; **~konto** *n* conto *m* cedole; **~schalter** *m* cassa *f* cedole; **~steuer** *f* imposta *f* cedolare, cedolare *f*; **~verzeichnis** *n* distinta *f* delle cedole; **~zahlstelle** *f* cassa *f* cedole.

Kuppelei, gewerbsmäßige ~ *f* lenocinio *m*.

Kuppler, gewerbsmäßiger ~ *m* lenone *m*.

Kurabgabe *f* tassa *f* di soggiorno.

Kuratel *f (A)* curatela *f*.

Kurator *m (A)* curatore *m*.

Kuratorium *n (auch als Stiftungsrat oder Beirat bezeichnet)* consiglio *m* di fondazione.

Kurkostenversicherung *f* assicurazione *f* delle spese di cura.

Kurpfuscher *m (A)* chi pratica illegalmente l'esercizio della medicina.

Kurpfuscherei *f (A)* abusivo esercizio *m* della professione medica.

Kurrent | forderung *f (CH)* credito *m* chirografario; **~gläubiger/in** *m/f (CH)* creditore *m* chirografario.

Kurs *m* corso *m*, circolazione *f*, quotazione *f*, prezzo *m* (*di mercato, di Borsa*), *(Wechselkurs)* cambio *m*; **den ~ drücken** deprimere la quota; **den ~ pflegen** sostenere il corso, sostenere la quotazione; **außer ~ setzen** mettere fuori corso; **den ~ stützen** sostenere il corso, sostenere la quotazione; **amtlicher ~** *m*; **amtlich notierter ~** *m* corso *m* ufficiale, cambio *m* ufficiale; **annähernder ~** *m* corso *m* approssimativo, prezzo *m* approssimativo; **anziehender ~** *m* corso *m* in rialzo, prezzo *m* in rialzo; **außerbörslicher ~** *m* prezzo *m* del mercato libero; **fallender ~** *m* corso *m* in ribasso, prezzo *m* in ribasso, quotazione *f* in calo; **fester ~** *m* corso *m* fisso, cambio *m* fisso; **fortlaufender ~** *m* corso *m* variabile; **freier ~** *m* corso *m* libero, cambio *m* libero; **garantierter ~** *m* cambio *m* garantito; **gedrückter ~** *m* corso *m* depresso; **gegenwärtiger ~** *m* cambio *m* attuale; **gehaltener ~** *m* corso *m* sostenuto; **gesetzlicher**

~ *m* corso *m* legale; **gestützter ~** *m* corso *m* sostenuto; **getätigter ~** *m* prezzo *m* praticato; **jetziger ~** *m* cambio *m* attuale; **künstlicher ~** *m* corso *m* artificiale; **limitierter ~** *m* prezzo *m* limitato; **nachbörslicher ~** *m* prezzo *m* del dopoborsa; **notierter ~** *m* prezzo *m* quotato; **offizieller ~** *m* corso *m* ufficiale, prezzo *m* ufficiale; **politischer ~** *m* linea *f* politica; **schwankender ~** *m* quotazione *f* oscillante, corso *m* variabile; **sinkender ~** *m* corso *m* in ribasso, prezzo *m* in ribasso, quotazione *f* in calo; **ungefährer ~** *m (A)* corso *m* approssimativo, prezzo *m* approssimativo; **unverbindlicher ~** *m* cambio *m* non garantito; **variabler ~** *m* corso *m* variabile, prezzo *m* variabile; **wirtschaftlicher ~** *m* linea *f* economica.

Kurs | abschlag *m* deporto *m*; **~abschwächung** *f* indebolimento *m* della quota, indebolimento *m* delle quotazioni, cedimento *m* della quota; **~abweichung** *f* scarto *m* delle quotazioni, differenza *f* dei corsi, differenza *f* dei prezzi, differenza *f* di cambio, differenza *f* di quotazione; **~änderung** *f* variazione *f* del corso, *(Politik)* cambiamento *m* di rotta; **~angleichung** *f* livellamento *m* del cambio; **~anstieg** *m* rialzo *m* dei prezzi di borsa, rialzo *m* delle quotazioni, aumento *m* delle quotazioni; **~anzeiger** *m* quadro *m* delle quotazioni; **~aufschlag** *m* riporto *m*; **~aufschwung** *m* rialzo *m* dei prezzi di borsa, rialzo *m* delle quotazioni, aumento *m* delle quotazioni, ripresa *f* delle quotazioni, miglioramento *m* della quota; **~ausschläge** *mpl* oscillazioni *fpl* delle quotazioni; **~basis** *f* base *f* del cambio; **~befestigung** *f* consolidamento *m* della quota; **~bericht** *m* listino *m* di borsa, listino *m* dei cambi; **~berichtigung** *f (Börse)* correzione *f* dei prezzi, correzione *f* del cambio, correzione *f* della quotazione, correzione *f* del corso, *(Politik)* correzione *f* di rotta; **~bewegung** *f* andamento *m* dei corsi, andamento *m* delle quotazioni, quotazioni *fpl*; **~bildung** *f* formazione *f* dei corsi; **~blatt** *n* listino *m* di borsa, listino *m* dei cambi; **~buch** *n (amtliches)* orario *m* ufficiale; **~differenz** *f* scarto *m* delle quotazioni, differenza *f* dei corsi, differenza *f* dei prezzi, differenza *f* di cambio, differenza *f* di quotazione; **~druck** *m* pressione *f* sui corsi; **~durchschnitt** *m* corso *m* medio; **~einbruch** *m* crollo *m* delle quotazioni, crollo *m* dei prezzi di borsa, caduta *f* dei prezzi di borsa; **~einbuße** *f* perdita *f* di negoziazione di titoli, perdita *f* sui corsi; **~entwicklung** *f* andamento *m* dei corsi, andamento *m* delle quotazioni, quotazioni *fpl*; **~erholung** *f* recupero *m* delle quotazioni, ripresa *f* delle quotazioni, ripresa *f* dei corsi.

kursfähig *adj* quotabile.

Kurs | fall *m* caduta *f* delle quotazioni, caduta *f* dei corsi; **~festigung** *f* consolidamento *m* dei corsi; **~festsetzung** *f* fissazione *f* dei corsi, fissazione *f* del cambio; **~feststellung** *f* accertamento *m* del corso; **~fixing** *n* fixing *m* (*delle quotazioni*); **~garantie** *f* garanzia *f* di cambio; **~gestaltung** *f* formazione *f* dei corsi; **~gewähr** *f* garanzia *f* di cambio; **~gewinn** *m (an Devisen)* guadagno *m* sul cambio, utile *m* di cambio, profitto *m* sui cambi, *(von Wertpapieren)* utile *m* di negoziazione in borsa, plusvalenza *f* sui titoli realizzati; **~grenze** *f* limite *m* di prezzo, prezzo *m* limite.

kursieren *v* circolare.

Kurs | index *m* indice *m* delle quotazioni, indice *m* dei titoli quotati in borsa, indice *m* di borsa; **~intervention** *f* intervento *m* a sostegno dei prezzi di borsa; **~klausel** *f* clausola *f* di salvaguardia contro l'oscillazione dei cambi; **~korrektur** *f (Börse)* correzione *f* dei prezzi, correzione *f* del cambio, correzione *f* della quotazione, correzione *f* del corso, *(Politik)* correzione *f* di rotta; **~limit** *n* limite *m* di prezzo, prezzo *m* limite; **~makler/**

in *m/f* agente *m/f* di cambio; **~manipulation** *f* manipolazione *f* dei corsi, manipolazione *f* di mercato; **~niveau** *n* livello *m* dei corsi, quota *f*; **~notierung** *f* quotazione *f* in borsa, prezzo *m* di borsa, corso *m* di borsa; **~notiz** *f* quotazione *f*; **~parität** *f* parità *f* cambiaria, parità *f* di cambio; **~pflege** *f* sostegno *m* della quota; **~regulierung** *f* stabilizzazione *f* dei prezzi di borsa; **~reserve** *f* riserva *f* per perdite sui corsi; **~risiko** *n* rischio *m* di perdita sui corsi, rischio *m* di cambio; **~rückgang** *m* flessione *f* delle quotazioni, flessione *f* della quota, flessione *f* dei corsi; **~schnitt** *m* carotte *f* (reato del commissionario di borsa consistente nel liquidare i titoli negoziati in borsa ad un prezzo differente da quello realmente praticato e più sfavorevole per il committente); **~schwankung** *f* oscillazione *f* dei prezzi di borsa, oscillazione *f* dei cambi, fluttuazione *f* dei corsi; **~sicherung** *f* garanzia *f* di cambio; **~spanne** *f* margine *m* di cambio, scarto *m* dei prezzi di borsa; **~stabilisierung** *f* stabilizzazione *f* dei prezzi di borsa; **~stand** *m* livello *m* dei corsi, quota *f*; **~steigerung** *f* rialzo *m* dei prezzi di borsa, rialzo *m* delle quotazioni, aumento *m* delle quotazioni; **~streichung** *f* mancata quotazione *f*; **~sturz** *m* crollo *m* dei prezzi di borsa, tracollo *m* dei prezzi di borsa, crollo *m* delle quotazioni, crollo *m* dei corsi; **~stützung** *f* sostegno *m* delle quotazioni, sostegno *m* dei corsi, difesa *f* dei corsi; **~tafel** *f* quadro *m* delle quotazioni, listino *m* dei corsi; **~tendenz** *f* indirizzo *m*, tendenza *f*; **~treiber** *m* aggiotatore *m* (che fa salire artificiosamente i prezzi di borsa); **~treiberei** *f* aggiotaggio *m*, rialzo *m* fraudolento dei prezzi di borsa; **~verbesserung** *f* miglioramento *m* della quota; **~verfall** *m* erosione *f* delle quotazioni; **~verlust** *m* *(von Wertpapieren)* perdita *f* sul prezzo di borsa, perdita *f* sui corsi, perdita *f* di negoziazione di titoli, *(an Devisen)* perdita *f* sul cambio, flessione *f* dei cambi; **~verwässerung** *f* annacquamento *m* della quota (mediante emissione di azioni gratuite o di valore nominale inferiore al prezzo di borsa); **~wert** *m* quotazione *f* di borsa, prezzo *m* di borsa, *(Marktwert)* valore *m* di mercato, valore *m* di scambio; **~zettel** *m* listino *m* di borsa; **~zuschlag** *m* riporto *m*.

Kurtage *f* commissione *f* di borsa, senseria *f*, provvigione *f* dell'agente di cambio.

Kurtaxe *f* tassa *f* di soggiorno.

Kurz | arbeit *f* lavoro *m* a orario ridotto; **~arbeitergeld** *n* integrazione *f* salariale; **~arbeiter/in** *m/f* chi lavora a orario ridotto; **~arrest** *m* *(Jugendstrafrecht)* arresto *m* breve.

kürzen *v* ridurre, diminuire, tagliare, decurtare, abbreviare, accorciare.

kurzfristig *adj* a breve, *(für geringe Dauer gültig)* a breve termine, a breve scadenza, di breve durata, *(dringend)* urgente, *(umgehend)* sollecito, immediato, *(schnell)* rapido, veloce, in breve tempo, rapidamente, *(nicht lange vorher)* poco tempo prima, senza preavviso, all'ultimo momento, improvviso, improvvisamente.

Kurz | kredit *m* credito *m* a breve termine; **~mitteilung** *f* breve comunicazione *f*; **~tarif** *m* tariffa *f* applicabile per brevi periodi di tempo.

Kürzung *f* riduzione *f*, diminuzione *f*, ribasso *m*, tagli *mpl*, decurtazione *f*, abbreviazione *f*, accorciamento *m*; **~** *f* **der Haushaltsmittel** tagli *mpl* al bilancio; **~** *f* **der öffentlichen Ausgaben** tagli *mpl* alla spesa pubblica; **~** *f* **des Ruhegehalts** *(Disziplinarmaßnahme)* riduzione *f* della pensione (*sanzione disciplinare*).

Kürzungsrecht *n* diritto *m* di riduzione.

Kurzvertrag *m* *VölkerR* trattato *m* abbreviato.

KV (*Abk* = **Kollektivvertrag**) *(A)* *ArbR* contratto *m* collettivo di lavoro.

L

laden *v* [1] *(Fracht)* caricare.

laden *v* [2] *ProzR (amtliche Aufforderung zum Erscheinen)* citare (*in giudizio*), chiamare (*in giudizio, in causa*), invitare, intimare; **vor Gericht ~** *ProzR* citare in giudizio, chiamare in giudizio.

Laden *m* negozio *m*, magazzino *m*; **~dieb/in** *m/f StrafR* taccheggiatore/-trice *m/f*; **~diebstahl** *m StrafR* taccheggio *m*; **~gehilfe/-in** *m/f* commesso/-a *m/f* di negozio; **~kette** *f* catena *f* di negozi; **~preis** *m* prezzo *m* di vendita (al minuto), *(Buch)* prezzo *m* di copertina.

Ladenschluss *m* chiusura *f* dei negozi, orario *m* di chiusura dei negozi; **~gesetz** *n (D)* (*Abk* = **LadSchlG**) *(Gesetz über den Ladenschluss)* legge *f* (tedesca) sull'orario di apertura e di chiusura dei negozi e delle altre attività esercenti la vendita al dettaglio; **~zeit** *f* chiusura *f* dei negozi, orario *m* di chiusura dei negozi.

Laden | verkaufspreis *m* prezzo *m* di vendita (al minuto), *(Buch)* prezzo *m* di copertina; **~vollmacht** *f* procura *f* del commesso (di negozio).

Lade | schein *m* polizza *f* di carico, ricevuta *f* di carico; **~zettel** *m* distinta *f* di carico.

LadSchlG (*Abk* = **Ladenschlussgesetz**) *(D) (Gesetz über den Ladenschluss)* legge *f* (tedesca) sull'orario di apertura e di chiusura dei negozi e delle altre attività esercenti la vendita al dettaglio.

Ladung *f* [1] *(Fracht)* carico *m*, *(Munition)* carica *f*; **~ löschen** scaricare (*merci*); **gemischte ~** *f* carico *m* misto; **lose ~** *f* carico *m* alla rinfusa.

Ladung *f* [2] *ProzR (zu einem Termin)* citazione *f* (*in giudizio, a giudizio*), ordine *m* di comparizione, mandato *m* di comparizione, chiamata *f* (*in giudizio, in causa*), invito *m* a comparire, intimazione *f*; **jemandem eine ~ zustellen** *ProzR* notificare una citazione a qn.; **~ *f* vor Gericht** *ProzR* citazione *f* in giudizio, citazione *f* a giudizio, chiamata *f* in giudizio; **~ *f* zum Strafantritt** ingiunzione *f* di costituirsi in carcere.

Ladung
Nel processo civile ordinario la fase iniziale introduttiva del giudizio (*Klageerhebung*) si compone di due distinti momenti: il deposito dell'atto introduttivo presso la cancelleria del giudice adito (*Einreichung der Klageschrift bei Gericht*), cui segue la notifica d'ufficio al convenuto dell'atto introduttivo (*Zustellung der Klageschrift an den Beklagten durch das Gericht*), unitamente al provvedimento di fissazione dell'udienza e all'invito al convenuto a comparire, nell'udienza indicata, dinanzi al giudice designato (*Ladung*). In tale contesto, preme precisare che in Italia nel processo ordinario di cognizione, tanto in primo grado quanto nei procedimenti d'impugnazione dinanzi a giudici di merito, l'atto con il quale un soggetto richiede tutela giurisdizionale, proponendo una domanda giudiziale, prende il nome di *atto di citazione* (*la domanda si propone mediante citazione a comparire a udienza fissa,* ai sensi del comma 1 dell'art. 163 c.p.c.). La

locuzione *atto di citazione* deriva dal fatto che la sua caratteristica fondamentale è la presenza, all'interno dell'atto introduttivo stesso e non, diversamente da quanto succede in Germania, in un atto separato (*Ladung*), dell'invito al convenuto a costituirsi tempestivamente e a comparire dinanzi all'autorità giudiziaria competente, in una data fissa, prescelta dall'attore in conformità alle disposizioni con cui il Presidente del Tribunale competente ha stabilito i giorni e le ore delle udienze destinate alla comparizione delle parti, affinché il processo si svolga in contraddittorio (ovvero perché il convenuto sia in condizione di difendersi dalla domanda svolta).

Ladungs | absender/in *m/f* mittente *m/f* (*del carico*); **~beschädigung** *f* danneggiamento *m* del carico, danno *m* al carico; **~empfänger/in** *m/f* destinatario/-a *m/f* (*del carico*).

ladungsfähige Anschrift *f ProzR* indirizzo *m* per la notifica (*degli atti di citazione*).

Ladungs | frist *f* termine *m* di comparizione, termine *m* per comparire; **~gläubiger/in** *m/f* creditore *m* (*del carico*); **~schrift** *f*; **~urkunde** *f ProzR* citazione *f*; **~verfügung** *f* decreto *m* di citazione; **~versicherung** *f* assicurazione *f* del carico; **~verzeichnis** *n* lista *f* di carico; **~zustellung** *f ProzR* notifica *f* della citazione, notificazione *f* della citazione.

LAG (*Abk* = **Landesarbeitsgericht**) *(D)* tribunale *m* (tedesco) del lavoro del Land (*di secondo grado*).

Lage *f* [1] *(Standort, Stelle)* posizione *f*, luogo *m*, posto *m*, ubicazione *f*.

Lage *f* [2] *(Situation, Umstände)* situazione *f*, condizione *f*, circostanza *f*, stato *m*, andamento *m*, piano *m*; **in der ~ sein, etw. zu tun** essere in grado di fare qc.; **rechtliche ~** *f* situazione *f* di diritto; **tatsächliche ~** *f* situazione *f* di fatto; **nach ~ der Akten entscheiden** *ProzR* decidere allo stato degli atti; **~** *f* **auf dem Arbeitsmarkt** situazione *f* del mercato del lavoro; **~** *f* **an der Börse** situazione *f* della Borsa; **je nach ~ des Falls** secondo i casi, a seconda del caso, a seconda dei casi, secondo le circostanze del caso; **in jeder ~ des Verfahrens** *ProzR* in ogni stato e grado del procedimento, in ogni stato e grado del processo, in ogni stato e grado del giudizio.

Lageort *m* luogo *m* ove si trova la cosa, luogo *m* di situazione del bene.

Lager *n* [1] *(Raum für die Lagerung des Warenbestandes)* magazzino *m*, deposito *m*, *(gelagerter Warenvorrat)* stock *m*, scorte *fpl*; **ab ~** franco magazzino, franco deposito; **auf ~** in magazzino, in giacenza; **das ~ auffüllen** rifornire il magazzino, rinnovare le scorte; **das ~ räumen** liquidare il magazzino.

Lager *n* [2] *(von Flüchtlingen, Kriegsgefangenen)* campo *m*, *(von Truppen)* accampamento *m*.

Lager *n* [3] *(Partei, Seite)* campo *m*, schieramento *m*, partito *m*, file *fpl*.

Lager | abbau *m* diminuzione *f* delle scorte, riduzione *f* delle scorte; **~aufstockung** *f* aumento *m* delle scorte; **~auftrag** *m* ordine *m* di magazzino; **~bestand** *m*; **~bestände** *mpl* scorte *fpl* (di magazzino), giacenze *fpl* (di/in magazzino), rimanenze *fpl* (di/in magazzino), consistenza *f* di magazzino, disponibilità *f* di magazzino, magazzino *m*, stock *m*, monte *m* merci; **~bildung** *f* formazione *f* di scorte, costituzione *f* di scorte; **~buch** *n* libro *m* di magazzino; **~buchhaltung** *f* contabilità *f* di magazzino; **~frist** *f* durata *f* di permanenza delle merci in magazzino, periodo *m* di conservazione in magazzino, periodo *m* di magazzinaggio, termine *m* di custodia; **~gebühr** *f*; **~geld** *n* magazzinaggio *m*, diritti *mpl* di magazzinaggio, spese *fpl* di magazzinaggio, spese *fpl* di deposito, spese *fpl* di sosta, tassa *f* di sosta; **~geschäft** *n* operazione *f* di magazzinaggio; **~gut** *n* merce *f* depositata, merce *f* in deposito, merce *f* in magazzino; **~halter/in** *m/f* magazziniere/-a *m/f*, addetto/-a *m/f* al magazzino; **~haltung** *f* magazzinaggio *m*, tenuta *f* a magazzino; **~haus** *n* magazzino *m* (*generale*), deposito *m*; **~knappheit** *f* penuria *f* di scorte; **~konto** *n* conto *m* magazzino, conto *m* merci in magazzino, conto *m* merci generali, conto *m* mercanzie, conto *m* monte merci, conto *m* merci in monte; **~kontrolle** *f* riscontro *m* di magazzino; **~kosten** *pl* magazzinaggio *m*, spese *fpl* di magazzinaggio, costi *mpl* di magazzinaggio, spese *fpl* di deposito, spese *fpl* di magazzino; **~miete** *f* magazzinaggio *m*, diritti *mpl* di magazzinaggio, spese *fpl* di magazzinaggio, spese *fpl* di deposito.

lagern *v (aufbewahren)* immagazzinare, mettere in magazzino, mettere in deposito, stoccare, conservare, *(aufbewahrt sein)* essere depositato, trovarsi in magazzino, giacere, essere in giacenza, *(Wein, Tabak, Holz)* stagionare, *(an einem Rastplatz bleiben)* essere accampato.

Lager | register *n* registro *m* di magazzino; **~schein** *m* fede *f* di deposito, ricevuta *f* di deposito; **~taxe** *f (CH)* tassa *f* di magazzinaggio; **~überschuss** *m* eccedenze *fpl* di magazzino; **~umschlag** *m* rotazione *f* del magazzino, rotazione *f* delle scorte.

Lagerung *f (Lagern)* immagazzinamento *m*, *(Gelagertsein)* magazzinaggio *m*, deposito *m*, stoccaggio *m*, costituzione *f* di scorte, tenuta *f* in magazzino, giacenza *f* (*in magazzino*), conservazione *f*.

Lager | versicherung *f* assicurazione *f* (dei) magazzini; **~vertrag** *m* contratto *m* di deposito; **~verwalter/in** *m/f* magazziniere/-a *m/f* (*gestionale*), amministratore *m* dei magazzini; **~verwaltung** *f* gestione *f* del magazzino, amministrazione *f* dei magazzini; **~vorrat** *m*; **~vorräte** *mpl* scorte *fpl* (di magazzino), giacenze *fpl* (di/in magazzino), rimanenze *fpl* (di/in magazzino), consistenza *f* di magazzino, disponibilità *f* di magazzino, magazzino *m*, stock *m*, monte *m* merci; **~ware** *f* merce *f* depositata, merce *f* in deposito, merce *f* in magazzino; **~zeit** *f* durata *f* di permanenza delle merci in magazzino, periodo *m* di conservazione in magazzino, periodo *m* di magazzinaggio, periodo *m* di permanenza della merce in deposito, giacenza *f*; **~zins** *m (A)* tassa *f* di magazzinaggio.

Lahmlegung *f* **der Wirtschaft** = *Lähmung f der Wirtschaft* paralisi *f* economica, paralisi *f* dell'economia.

Laien | beisitzer/in *m/f*; **~richter/in** *m/f ProzR* giudice *m* popolare, giudice *m* non togato, giudice *m* non di carriera, giudice *m* laico.

Land *n (Grund)* terreno *m*, *(Ackerland)* terra *f*, *(dörfliche Gegend)* campagna *f*, *(Staat)* Stato *m*, paese *m*, *(Nation)* nazione *f*, *(Bundesland)* Land *m* (*pl. Länder*), regione *f*, Provincia *f (Südtirol)*; **assoziiertes ~** *n* paese *m* associato; **meistbegünstigtes ~** *n* nazione *f* più favorita; **vertragschließendes ~** *n* paese *m* contraente.

Land | absatz *m* mercato *m* interno; **~abtretung** *f* cessione *f* di territorio, cessione *f* territoriale; **~aufkauf** *m* incetta *f* di terreni; **~bezirk** *m* distretto *m* rurale.

Landegebühr *f* tassa *f* di atterraggio, tassa *f* di approdo.

Länder | anteil *m* quota-parte *f* dei Länder; **~finanzausgleich** *m (D)* = *horizontaler Finanzausgleich* ↔ *vertikaler Finanzausgleich* perequazione *f* finanziaria tra i

Länder tedeschi; **~haushalte** *mpl* bilanci *mpl* dei Länder; **~hoheit** *f* autonomia *f* dei Länder; **~kammer** *f* camera *f* dei Länder; **~parlamente** *npl* parlamenti *mpl* dei Länder; **~steuer** *f* imposta *f* di competenza dei Länder; **~vereinbarung** *f* accordo *m* tra i Länder; **~vertretung** *f* rappresentanza *f* dei Länder.

Landesamt *n* ufficio *m* regionale, *(Südtirol)* ufficio *m* provinciale; **~** *n* **für Verfassungsschutz** Ufficio *m* regionale di difesa della Costituzione.

Landes | anstalt *f* ente *m* regionale, istituto *m* regionale; **~arbeitsamt** *n* ufficio *m* del lavoro del Land, ufficio *m* di collocamento del Land; **~arbeitsgericht** *n (D)* (*Abk* = **LAG**) tribunale *m* (tedesco) del lavoro del Land (*di secondo grado*); **~ausschuss** *m (Südtirol)* giunta *f* provinciale; **~bank** *f* banca *f* regionale; **~beamter/-beamtin** *m/f* funzionario *m* del Land; **~behörde** *f* autorità *f* del Land; **~beirat** *m (Südtirol)* comitato *m* provinciale; **~gericht** *n (A)* (*Abk* = **LG**) *ProzR* → *D: Landgericht* tribunale *m* (*ordinario che, a seconda dei casi, funge da tribunale di prima istanza, corte d'appello e autorità di ricorso*); **~gesetz** *n* legge *f* del Land *(D, A)*, legge *f* provinciale *(Südtirol)*; **~gesetzblatt** *n* gazzetta *f* ufficiale del Land; **~gesetzgeber** *m* legislatore *m* del Land; **~gesetzgebung** *f* legislazione *f* del Land; **~hauptkasse** *f* tesoreria *f* del Land; **~hauptmann/-frau** *m/f (vergleichbar mit dem Ministerpräsidenten eines Bundeslandes in Deutschland)* Presidente *m/f* del Land a capo del governo di un Land austriaco *(A)*, Presidente *m/f* della Provincia *(Südtirol)*, Presidente *m/f* della Giunta provinciale *(Südtirol)*; **~hauptmannschaft** *f (A)* uffici *mpl* del governo regionale; **~haushalt** *m* bilancio *m* del Land; **~hoheit** *f* sovranità *f* (territoriale); **~kriminalamt** *n* ufficio *m* anticrimine del Land; **~minister/in** *m/f* ministro *m* del Land, *(Südtirol)* assessore *m* provinciale; **~ministerium** *n* ministero *m* del Land; **~parlament** *n* parlamento *m* del Land; **~rat/-rätin** *m/f (A)* ministro *m* del Land, *(Südtirol)* assessore *m* provinciale; **~recht** *n* diritto *m* nazionale, diritto *m* interno, diritto *m* del Land *(D, A)*; **~regierung** *f* governo *m* del Land *(D, A)*, giunta *f* provinciale *(Südtirol)*; **~satzung** *f* statuto *m* regionale; **~sozialgericht** *n (D)* (*Abk* = **LSG**) *SozialR* tribunale *m* sociale (tedesco) del Land (*di secondo grado*); **~statthalter** *m (CH)* capo *m* del governo del cantone; **~verfassung** *f VerfR* Costituzione *f* del Land; **~verfassungsgericht** *n ProzR* corte *f* costituzionale del Land.

Landesverrat *m (D) StrafR (§ 94 StGB)* alto tradimento *m*, tradimento *m* della patria (*consistente nel divulgare o rendere accessibile un segreto di Stato, mettendo a rischio la sicurezza del Paese*), procacciamento *m* e divulgazione *f* illecita di notizie concernenti la sicurezza dello Stato; **diplomatischer ~** *m (CH)* tradimento *m* nelle relazioni diplomatiche.

Landes | verräter/in *m/f StrafR* reo/-a *m/f* di alto tradimento, traditore/-trice *m/f* della patria; **~verteidigung** *f* difesa *f* nazionale; **~vertretung** *f* rappresentanza *f* del Land, rappresentanza *f* del paese; **~verwaltung** *f* amministrazione *f* del Land *(D, A)*, amministrazione *f* provinciale *(Südtirol)*.

Landesverweisung *f (CH)* espulsione *f* (di straniero), bando *m*; **die ~ aussprechen** *(CH)* bandire.

Landes | währung *f* moneta *f* nazionale, moneta *f* del paese, valuta *f* nazionale, valuta *f* del paese; **~zentralbank** *f* (*Abk* = **LZB**) banca *f* centrale del Land.

Land | fracht *f* trasporto *m* terrestre; **~friedensbruch** *m StrafR (§ 125 StGB)* sommossa *f*, violazione *f* dell'ordine pubblico; **~gemeinde** *f* comune *m* rurale.

Landgericht *n (D)* (*Abk* = **LG**) *ProzR* → *A: Landesgericht* tribunale *m* (*ordinario che, a seconda dei casi, funge da tribunale di prima istanza, corte d'appello e autorità di ricorso*).

Landgerichts | bezirk *m ProzR* circondario *m* di tribunale; **~direktor/in** *m/f ProzR (jetzt: Vorsitzende/r Richter/in am Landgericht)* presidente *m/f* di sezione di tribunale; **~präsident/in** *m/f ProzR (jetzt: Präsident/in des Landgerichts)* presidente *m/f* di tribunale; **~rat** *m ProzR (jetzt: Richter/in am Landgericht)* consigliere *m* di tribunale.

Land | gut *n* fondo *m* rustico, proprietà *f* terriera, tenuta *f*; **~kreis** *m (D)* circondario *m* (rurale), distretto *m* (*unità amministrativa tedesca costituita da più comuni situati nella stessa regione geografica*); **Haager ~kriegsordnung** *f VölkerR (Anlage zum II. Haager Abkommen von 1899 sowie zum IV. Haager Abkommen von 1907 betreffend die Gesetze und Gebräuche des Landkriegs)* Regolamento *m* dell'Aja sulla guerra terrestre (*annesso rispettivamente alla II Convenzione dell'Aja del 1899 e alla IV Convenzione dell'Aja del 1907 concernenti le leggi e gli usi della guerra terrestre*); **~pacht** *f* affitto *m* di fondo rustico; **~pachtvertrag** *m SchuldR (§§ 585 ff. BGB)* affitto *m* di fondo rustico; **~rat** *m (CH)* consiglio *m* cantonale; **~rat/-rätin** *m/f* presidente *m/f* del circondario *(D)*, consigliere/-a *m/f* cantonale *(CH)*; **~ratsamt** *n (D)* ufficio *m* del circondario, ufficio *m* distrettuale, autorità *f* amministrativa circondariale, autorità *f* amministrativa distrettuale; **~schaden** *m* danno *m* alle colture.

Landschafts | schutzgebiet *n* (*Abk* = **LSG**) territorio *m* soggetto a vincolo paesaggistico, zona *f* soggetta a vincolo paesaggistico, area *f* soggetta a vincolo paesaggistico, zona *f* paesaggistica protetta; **~verband** *m (D) (Nordrhein-Westfalen und Niedersachsen)* consorzio *m* di circondari.

Landsgemeinde *f (CH)* consiglio *m* cantonale.

Landstreitkräfte *fpl* forze *fpl* di terra.

Landtag *m* dieta *f* del Land (*organo parlamentare*) *(D, A)*, parlamento *m* del Land, consiglio *m* provinciale *(Südtirol)*.

Landtags | abgeordnete/r *f/m* deputato/-a *m/f* della dieta del Land *(D, A)*, deputato/-a *m/f* del parlamento del Land, parlamentare *m/f* del Land, consigliere/-a *m/f* provinciale *(Südtirol)*; **~präsident/in** *m/f (D, A)* presidente *m/f* della dieta del Land, presidente *m/f* del parlamento del Land; **~wahl** *f (D, A)*; **~wahlen** *fpl (D, A)* elezioni *fpl* della dieta del Land, elezioni *fpl* del parlamento del Land, elezioni *fpl* parlamentari del Land.

Land | vermögen *n* proprietà *f* terriera, proprietà *f* fondiaria, proprietà *f* rurale; **~wirt/in** *m/f (Bauer)* agricoltore *m*, *(Absolvent: einer landwirtschaftlichen Hochschule)* agronomo *m*, *(Absolvent: einer höheren Landbauschule)* perito *m* agrario.

Landwirtschaft *f* agricoltura *f*; **Europäischer Ausrichtungs- und Garantiefonds** *m* **für die ~** (*Abk* = **EAGFL**) *EuR* Fondo *m* europeo agricolo di orientamento e garanzia *(FEAOG)*.

landwirtschaftlich *adj* agrario, agricolo.

Landwirtschafts | ausschuss *m* commissione *f* per l'agricoltura; **~bank** *f* banca *f* agricola; **~betrieb** *m* azienda *f* agricola; **~darlehen** *n* prestito *m* agrario, prestito *m* agricolo; **~erzeugnisse** *npl* prodotti *mpl* agricoli; **~genossenschaft** *f* cooperativa *f* agricola; **~industrie** *f* industria *f* agricola; **~kammer** *f* camera *f* dell'agricoltura; **~markt** *m* mercato *m* agricolo; **~minister/in** *m/f* ministro *m* dell'agricoltura; **~ministerium** *n* ministero *m* dell'agricoltura; **~politik** *f* politica *f* agraria; **~recht** *n* diritto *m* agrario.

Landzwang *m (A)* pubblica intimidazione *f*.

langfristig *adj* a lungo termine, a lunga scadenza, di lunga durata.

Langzeitstation *f (Strafvollzug)* reparto *m* lunghe permanenze.

Lärm *m* rumore *m*, frastuono *m*, chiasso *m*, schiamazzo *m*; **ruhestörender ~** *m* turbamento *m* della quiete pubblica; **unzulässiger ~** *m* disturbo *m* alle persone mediante rumori; **zumutbarer ~** *m* rumore *m* ammissibile.

Lärm | belästigung *f* inquinamento *m* acustico, disturbo *m* causato da un rumore, fastidio *m* dovuto ai rumori; **~schutz** *m (Vorrichtung gegen Lärm)* protezione *f* antirumore, protezione *f* contro i rumori, protezione *f* acustica, isolamento *m* acustico, *(Schalldämmung)* insonorizzazione *f*; **~schutzbereich** *m* zona *f* di silenzio, zona *f* insonorizzata; **~schutzvorschriften** *fpl* norme *fpl* antirumore, normativa *f* antirumore.

Last *f* carico *m*, peso *m*, fardello *m*, gravame *m*, aggravio *m*, onere *m*, vincolo *m*; **zur ~ legen** *StrafProzR (Straftat)* accusare [di], imputare [di], contestare, ascrivere, addebitare (*un reato*).

lasten *v* [auf *Dat*] gravare [su], pesare [su], poggiare [su].

Lasten *fpl* oneri *mpl*; **zu ~** [Gen / von Dat] a carico [di]; **außerordentliche ~** *fpl* oneri *mpl* straordinari; **finanzielle ~** *fpl* oneri *mpl* finanziari; **öffentliche ~** *fpl* oneri *mpl* pubblici, oneri *mpl* ordinari; **soziale ~** *fpl* oneri *mpl* sociali; **steuerliche ~** *fpl* oneri *mpl* tributari.

Lasten | ausgleich *m* perequazione *f* degli oneri, perequazione *f* dei carichi; **~blatt** *n (A, Südtirol) SachenR (des Grundbuchs)* foglio *m* degli aggravi.

lastenfrei *adj SachenR* esente da oneri, senza vincoli, libero da ipoteche, passività immobiliari, da diritti reali di godimento spettanti a terzi ed immune da arretrati di imposte, da oneri e privilegi e da qualsiasi altro vincolo pregiudizievole, libero da diritti altrui, non ipotecato.

Lasten | freiheit *f SachenR* esenzione *f* da oneri, assenza *f* di vincoli, assenza *f* di ipoteche, trascrizioni, vincoli ed oneri di qualsiasi natura; **~heft** *n* capitolato *m*, quaderno *m* di oneri, disciplinare *m*; **~verteilung** *f* ripartizione *f* dei carichi.

lastschreiben *v (Postüberweisungen)* addebitare.

Lastschrift *f* addebito *m*, addebitamento *m*, registrazione *f* a debito, nota *f* di addebito, certificato *m* di addebitamento; **~anzeige** *f*; **~aufgabe** *f* avviso *m* di addebito, nota *f* di addebito, certificato *m* di addebitamento, lettera *f* di addebitamento; **~einzug** *m* addebito *m* diretto (su conto corrente); **~mandat** *n* mandato *m* per addebito diretto; **~note** *f* avviso *m* di addebito, nota *f* di addebito, certificato *m* di addebitamento, lettera *f* di addebitamento; **~verfahren** *n* pagamento *m* mediante addebito su conto corrente, sistema *m* di addebitamento diretto, addebito *m* diretto (su conto corrente); **~zettel** *m* avviso *m* di addebito, nota *f* di addebito, certificato *m* di addebitamento, lettera *f* di addebitamento.

Lauf *m* percorso *m*, *(Verlauf)* corso *m*, decorso *m*, andamento *m*, *(Dauer)* durata *f*, *(Beginn der Laufzeit)* decorrenza *f*.

Laufbahn *f* carriera *f*; **~ *f* des einfachen Dienstes** carriera *f* ausiliare; **~ *f* des gehobenen Dienstes** carriera *f* di concetto; **~ *f* des höheren Dienstes** carriera *f* direttiva; **~ *f* des mittleren Dienstes** carriera *f* esecutiva.

Laufbahn | beamter/-beamtin *m/f* funzionario *m* di carriera; **~bewerber/in** *m/f* aspirante funzionario *m*.

Lauf | frist *f* durata *f* di circolazione, decorrenza *f*; **~kunde/-din** *m/f* cliente *m/f* occasionale, cliente *m/f* di passaggio; **~kundschaft** *f* clientela *f* occasionale, clientela *f* di passaggio, clienti *mpl* occasionali, clienti *mpl* di passaggio; **~schreiben** *n* lettera *f* circolare, circolare *f*.

Laufzeit *f* decorrenza *f*, durata *f*, validità *f*, durata *f* di validità, periodo *m* di validità, termine *m* di validità, scadenza *f*; **vertragliche ~** *f* durata *f* del contratto, durata *f* contrattuale; **~** *f* **des Darlehens** *SchuldR* durata *f* del mutuo.

Lauschangriff *m* *StrafProzR* intercettazioni *fpl* ambientali [o: intercettazione ambientale].

laut *präp* [*Gen/Dat*] secondo, come [da], conformemente [a], in conformità [a/di], in base [a], ai sensi [di], a norma [di].

lauten *v* *(besagen)* dire, *(Wortlaut haben)* essere, suonare, *(Gesetz, Regel)* recitare; **~ auf** [*Akk*] essere intestato [a].

lauter *adj* schietto, sincero, leale, onesto.

LBA (*Abk* = **Luftfahrt-Bundesamt**) *(D)* Ufficio *m* federale (tedesco) dell'aeronautica, Ufficio *m* federale (tedesco) per la navigazione aerea.

Leasing *n* *SchuldR* leasing *m*, locazione *f* finanziaria; **~geber/in** *m/f* *SchuldR* locatore/-trice *m/f* (del bene oggetto di leasing), concedente *m/f* (del bene oggetto di leasing); **~gesellschaft** *f* società *f* di leasing; **~nehmer/in** *m/f* *SchuldR* locatario/-a *m/f* (del bene oggetto di leasing), conduttore/-trice *m/f* (del bene oggetto di leasing), utilizzatore/-trice *m/f* (del bene oggetto di leasing), concessionario/-a *m/f* (del bene oggetto di leasing); **~vertrag** *m* *SchuldR* contratto *m* di leasing, leasing *m*, locazione *f* finanziaria.

Lebenden, unter ~ tra vivi.

Lebendgewicht *n* peso *m* vivo.

Lebensbedarf *m* occorrente *m* per vivere, fabbisogno *m* per vivere, fabbisogno *m* vitale; **notwendiger ~** *m* il necessario *m* per vivere.

Lebens | bedingungen *fpl* condizioni *fpl* di vita; **~bescheinigung** *f*; **~bestätigung** *f* certificato *m* di esistenza in vita, certificato *m* di vita *(CH)*.

Lebensdauer *f* durata *f*, vita *f*, durata *f* della vita; **mittlere ~** *f* durata *f* media di vita, vita *f* media; **wahrscheinliche ~** *f* vita *f* probabile, probabilità *f* di vita.

Lebensgemeinschaft *f* *(Zusammenleben)* comunione *f* di vita (spirituale e materiale tra due persone), vita *f* in comune, *(eheähnliche Gemeinschaft)* convivenza *f*, *(Ehe)* matrimonio *m*; **außereheliche ~** *f*; **eheähnliche ~** *f* *FamR* convivenza *f* more uxorio, famiglia *f* di fatto, coppia *f* di fatto, comunione *f* di vita spirituale e materiale tra due persone, non fondata sul matrimonio; **eheliche ~** *f* *FamR (§ 1353 BGB)*; **~** *f* **der Ehegatten** *FamR* comunione *f* spirituale e materiale tra i coniugi; **die eheliche ~ wiederherstellen** ricostituire la comunione spirituale e materiale tra i coniugi; **nichteheliche ~** *f* *FamR* convivenza *f* more uxorio, famiglia *f* di fatto, coppia *f* di fatto, comunione *f* di vita spirituale e materiale tra due persone, non fondata sul matrimonio.

Lebenshaltung *f* vita *f*, tenore *m* di vita, costo *m* della vita.

Lebenshaltungsindex *m* indice *m* del costo della vita.

Lebenshaltungskosten *pl* costo *m* della vita; **~index** *m* indice *m* del costo della vita.

Lebensinteresse *n* interesse *m* vitale.

Lebensjahr *n* anno *m* (di vita/d'età); **nach Vollendung des 18. ~es** a 18 anni compiuti, al compimento dei 18 anni, al compimento del 18° anno (di età).

lebenslänglich *adj* = *lebenslang* perpetuo, per tutta la vita, a vita, vita natural durante, vitalizio; **~ bekommen** *StrafR* essere condannato all'ergastolo.

Lebenslauf *m* curriculum vitae *m* *(CV)*, curriculum *m*.

Lebensmittel *npl* generi *mpl* alimentari, alimentari *mpl*, derrate *fpl*, viveri *mpl*; **~branche** *f* settore *m* alimentare; **~hygiene** *f* igiene *f* degli alimenti; **~industrie** *f* industria *f* alimentare; **~kontrolle** *f*; **~überwachung** *f* vigilanza *f* sull'igiene degli alimenti, vigilanza *f* sulle derrate alimentari, controllo *m* dei prodotti alimentari, controllo *m* sui generi alimentari.

Lebens | nachweis *m* certificato *m* di vita; **~partner/in** *m/f FamR* partner *m/f* dell'unione civile, parte *f* dell'unione civile tra persone dello stesso sesso.

Lebenspartnerschaft *f FamR* unione *f* civile (*tra persone dello stesso sesso*); **die ~ aufheben** *FamR* sciogliere l'unione civile (*tra persone dello stesso sesso*); **eine ~ begründen** *FamR* costituire un'unione civile (*tra persone dello stesso sesso*), contrarre un'unione civile (*tra persone dello stesso sesso*); **eingetragene ~** *f FamR* unione *f* civile (*tra persone dello stesso sesso registrata presso le autorità competenti*), convivenza *f* registrata (*tra coppie omosessuali*); **gleichgeschlechtliche ~** *f FamR* unione *f* civile tra persone dello stesso sesso.

Lebenspartnerschaftsgesetz *n (D)* (*Abk* = **LPartG**) *FamR (Gesetz über die Eingetragene Lebenspartnerschaft)* legge *f* (tedesca) sulle unioni civili (*tra persone dello stesso sesso*), legge *f* (tedesca) sulla convivenza registrata (*tra coppie omosessuali*).

Lebens | rente *f* rendita *f* vitalizia, vitalizio *m*; **~unterhalt** *m* mantenimento *m*, sostentamento *m*, sussistenza *f*; **~versicherung** *f* assicurazione *f* sulla vita.

Lebensversicherungs | gesellscha ft *f* società *f* di assicurazioni sulla vita; **~vertrag** *m* contratto *m* di assicurazione sulla vita.

Lebenszeit *f* vita *f*, periodo *m* di vita, durata *f* della vita; **auf ~** per tutta la vita, a vita, vita natural durante, *(Rente)* vitalizio, *(Beamter)* di ruolo, in pianta stabile.

Lebenszeitbeamter/-beamtin *m/f* funzionario *m* di ruolo, impiegato *m* pubblico di ruolo.

Lebenszeugnis *n* certificato *m* di vita.

Lebzeiten, bei/zu ~ in vita.

ledig *adj (Mann)* celibe, *(Frau)* nubile.

Ledige *f* nubile *f*.

Lediger *m* celibe *m*.

Ledigkeit *f FamR* stato *m* libero, libertà *f* di stato.

Ledigkeitsbescheinigung *f FamR* certificato *m* di stato libero, certificato *m* negativo di matrimonio.

lediglich *adv* solo, solamente, soltanto, unicamente.

leer *adj* vuoto, vacante, bianco.

Leer | aktie *f* azione *f* non interamente liberata; **~gewicht** *n* peso *m* a vuoto.

leerstehend *adj (Gebäude)* vuoto, libero, disabitato, sfitto.

Leer | stelle *f* posto *m* vacante, vacanza *f*; **~verkauf** *m (von Wertpapieren)* vendita *f* allo scoperto; **~verkäufer/in** *m/f* scopertista *m/f*, venditore/-trice *m/f* allo scoperto, venditore/-trice *m/f* a nudo; **~wechsel** *m* cambiale *f* che non si basa su un'operazione commerciale.

legal *adj* legale, conforme alla legge, legittimo.

Legal | begriff *m* concetto *m* legale; **~definition** *f* definizione *f* legale; **~enteignung** *f* espropiazione *f* ex lege; **~interpretation** *f* interpretazione *f* legale.

Legalisation *f* legalizzazione *f*; **Haager ~sübereinkommen** *n IPR (Haager Übereinkommen vom 5. Oktober 1961 zur Befreiung ausländischer öffentlicher Urkunden von der Legalisation)* Convenzione *f* dell'Aja del 5 ottobre 1961 relativa all'abolizione della legalizzazione di atti pubblici stranieri.

legalisieren *v* legalizzare.

Legalisierung *f* legalizzazione *f*.

Legalisierungsprotokoll *n* verbale *m* di legalizzazione.

Legalität *f* legalità *f*; **am Rande der ~** ai margini della legalità.

Legalitäts | kontrolle *f* controllo *m* di legalità; **~prinzip** *n* principio *m* di legalità.

Legal | servitut *n/f* servitù *f* legale; **~zession** *f* surrogazione *f* legale.

Legat *m (päpstlicher Gesandter)* legato *m* (pontificio).

Legat *n ErbR (= Vermächtnis)* legato *m*.

Legatar/in *m/f ErbR (= Vermächtnisnehmer/in)* legatario *m*.

Legations | rat/-rätin *m/f* consigliere *m* di legazione; **~sekretär/in** *m/f* segretario *m* di legazione.

legislativ *adj* legislativo.
Legislative *f* potere *m* legislativo.
Legislatur | periode *f* legislatura *f*; **~vereinbarung** *f* accordo *m* di legislatura.
Legisvakanz *f (Zeitraum zwischen Verabschiedung/Bekanntmachung und Inkrafttreten eines Gesetzes)* vacatio legis (*periodo di tempo decorrente dalla pubblicazione della legge alla sua entrata in vigore*) *(lat)*.
legitim *adj* legittimo.
Legitimation *f* legittimazione *f*, *(Beglaubigung)* autenticazione *f*, *(Berechtigung)* autorizzazione *f*; **~ *f* durch Erklärung des Bundespräsidenten** *(A)* legittimazione *f* per decreto; **~ *f* durch nachfolgende Ehe**; **~ *f* durch nachfolgende Eheschließung** legittimazione *f* per susseguente matrimonio.
Legitimations | funktion *f* funzione *f* di legittimazione; **~karte** *f* carta *f* d'identità, carta *f* di legittimazione; **~papier** *n* documento *m* di legittimazione, titolo *m* di legittimazione, documento *m* di autorizzazione; **~prüfung** *f* verifica *f* dell'identità.
legitimieren *v* legittimare, *(beglaubigen)* autenticare, *(berechtigen)* autorizzare, dare facoltà, dare il diritto, *(für legitim erklären)* dichiarare legittimo, *(als rechtmäßig anerkennen)* riconoscere come legittimo, *(ausweisen)* identificare; **sich ~** *v (sich ausweisen)* dimostrare la propria identità, attestare (con un documento) la propria identità, *(sich als berechtigt ausweisen)* mostrare l'autorizzazione; **sich ~ als** attestare (con un documento) di essere, qualificarsi come, presentarsi quale.
legitimiert *part* legittimato; **(dazu) ~ sein, etw. zu tun** essere autorizzato a fare qc., avere la facoltà di fare qc., avere il diritto di fare qc., avere diritto a fare qc.; **aktiv ~** legittimato attivamente, attivamente legittimato; **passiv ~** legittimato passivamente, passivamente legittimato.
Legitimierung *f* legittimazione *f*, *(Beglaubigung)* autenticazione *f*, *(Berechtigung)* autorizzazione *f*.

Legitimität *f* legittimità *f*.
Lehr | auftrag *m (Univ)* incarico *m* di insegnamento, incarico *m* di docenza, contratto *m* (per attività) di insegnamento; **~beauftragte/r** *f/m (Univ)* professore *m* incaricato, professore *m* a contratto, docente *m/f* a contratto; **~brief** *m* certificato *m* di apprendistato; **~buch** *n* libro *m* (di testo), testo *m* (scolastico), manuale *m*.
Lehre *f* [1] *(Theorie, Lehrmeinung)* teoria *f*, dottrina *f*; **herrschende ~** *f* dottrina *f* dominante.
Lehre *f* [2] *(Ausbildung für einen handwerklichen Beruf)* apprendistato *m*, tirocinio *m*.
lehren *v* insegnare.
Lehrfreiheit *f* libertà *f* di insegnamento.
Lehrling *m* apprendista *m*.
Lehrlings | lohn *m* salario *m* di apprendista; **~rolle** *f* registro *m* degli apprendisti; **~verhältnis** *n* rapporto *m* di apprendistato, apprendistato *m*; **~wesen** *n* apprendistato *m*.
Lehr | mädchen *n* apprendista *f*; **~meinung** *f* dottrina *f*, orientamento *m* dottrinale; **~meister** *m* maestro *m*; **~personal** *n* personale *m* insegnante, personale *m* docente.
Lehrstuhl *m (Univ)* cattedra *f* (di insegnamento), docenza *f*; **einen ~ innehaben** *(Univ) (z.B. für Strafrecht)* essere titolare di una cattedra (*p.es. di diritto penale*), avere una cattedra.
Lehrstuhlinhaber/in *m/f (Univ)* titolare *m/f* di (una) cattedra.
Lehr | tätigkeit *f* attività *f* didattica, attività *f* docente, attività *f* di insegnamento, insegnamento *m*; **~veranstaltung** *f (Univ) (einzelne Vorlesung)* lezione *f* (universitaria), *(Vorlesungsreihe)* corso *m* (di lezioni), *(Seminar)* seminario *m*; **~verhältnis** *n* rapporto *m* di apprendistato; **~vertrag** *m* contratto *m* di apprendistato, contratto *m* di tirocinio; **~zeit** *f* periodo *m* di apprendistato, periodo *m* di tirocinio, apprendistato *m*, tirocinio *m*; **~zeugnis** *n* certificato *m* di apprendistato, attestato *m* di tirocinio.

Leibes | frucht *f (juristisch)* nascituro/-a *m/f*, *(medizinisch)* feto *m*; **~strafe** *f* pena *f* corporale; **~visitation** *f* perquisizione *f* personale.
leiblich *adj (blutsverwandt)* consanguineo, carnale, *(Geschwister)* germano.
Leibrente *f* rendita *f* vitalizia, pensione *f* vitalizia, vitalizio *m*; **aufgeschobene ~** *f* rendita *f* differita.
Leibrenten | empfänger/in *m/f* beneficiario/-a *m/f* di rendita vitalizia; **~versprechen** *n* promessa *f* di vitalizio; **~vertrag** *m* contratto *m* di rendita vitalizia.
Leiche *f* cadavere *m*, salma *f*.
Leichen | ausgrabung *f* esumazione *f*; **~beschau** *f (A)* necroscopia *f*; **~dieb/in** *m/f StrafR* ladro/-a *m/f* di cadaveri; **~diebstahl** *m StrafR* sottrazione *f* di cadavere; **~flecke(n)** *mpl* lividure *fpl* cadaveriche, macchie *fpl* cadaveriche; **~fledderei** *f StrafR* spoliazione *f* di cadaveri, furto *m* commesso su cadaveri, sciacallaggio *m*; **~fledderer/-fledderin** *m/f StrafR* spogliatore/-trice *m/f* di cadaveri, chi commette furto sui cadaveri, sciacallo *m*; **~öffnung** *f (Obduktion)* autopsia *f*, necroscopia *f*, *(Sektion)* dissezione *f* di un cadavere, sezione *f* cadaverica; **~pass** *m* passaporto *m* mortuario; **~raub** *m StrafR* sottrazione *f* di cadavere; **~räuber/in** *m/f StrafR* ladro/-a *m/f* di cadaveri; **~schänder/in** *m/f* profanatore/-trice *m/f* di cadaveri, *(sexuell)* necrofilo/-a *m/f*; **~schändung** *f* vilipendio *m* di cadaveri, profanazione *f* di cadaveri, *(sexuell)* necrofilia *f*; **~schau** *f* necroscopia *f*; **~schauhaus** *n* obitorio *m*; **~starre** *f* rigidità *f* cadaverica; **~temperatur** *f* temperatura *f* del cadavere; **~wagen** *m* carro *m* funebre; **~zug** *m* corteo *m* funebre.
Leichnam *m* cadavere *m*, salma *f*.
leicht *adj* leggero, *(geringfügig)* lieve, di poco conto, piccolo, *(schwach)* debole, *(nicht schwierig)* facile.
leichtfertig *adj StrafR* per colpa grave.
Leichtfertigkeit *f StrafR (entspricht objektiv der groben Fahrlässigkeit im Zivilrecht)* colpa *f* grave.
leichtsinnig *adj* imprudente, leggero, sventato, sconsiderato.
Leichtsinnigkeit *f* imprudenza *f*, leggerezza *f*, sventatezza *f*, sconsideratezza *f*.
Leih | amt *n*; **~anstalt** *f* monte *m* di credito su pegno, agenzia *f* di prestiti su pegno, banco *m* dei pegni, monte *m* di pietà; **~arbeit** *f ArbR* lavoro *m* somministrato, lavoro *m* in somministrazione, lavoro *m* interinale, lavoro *m* temporaneo; **~arbeitnehmer/in** *m/f ArbR* lavoratore *m* somministrato.
Leiharbeits | richtlinie *f EuR → s. Anhang 3 b)* Direttiva *f* 2008/104/CE del Parlamento europeo e del Consiglio, del 19 novembre 2008, relativa al lavoro tramite agenzia interinale; **~verhältnis** *n ArbR* somministrazione *f* di lavoro (*in Italia ha abrogato e sostituito la precedente figura del lavoro interinale*), somministrazione *f* di personale, somministrazione *f* di manodopera; **~vertrag** *m ArbR* contratto *m* di somministrazione.
Leihbank *f* monte *m* di credito su pegno, agenzia *f* di prestiti su pegno, banco *m* dei pegni, monte *m* di pietà.
Leihe *f SchuldR (§§ 598 ff. BGB)* comodato *m*, prestito *m* ad uso.
leihen *v* prestare, dare in prestito, *(gewähren)* concedere, accordare; **sich etw. von jemandem ~** farsi prestare qc. da qn., prendere in prestito qc. da qn.; **gegen Zinsen ~** prestare a interesse.
Leih | gebühr *f* tariffa *f* per il noleggio, diritto *m* di noleggio, tariffa *f* per il prestito, diritto *m* di prestito; **~haus** *n* monte *m* di credito su pegno, agenzia *f* di prestiti su pegno, banco *m* dei pegni, monte *m* di pietà; **~kapital** *n* capitale *m* di prestito, capitale *m* prestato, capitale *m* mutuato; **~miete** *f* noleggio *m* (di automobili, film), nolo *m* (di automobili, film);

~vertrag *m SchuldR* contratto *m* di comodato, comodato *m*, contratto *m* di noleggio (di automobili, film).

leihweise *adv* in prestito, a titolo di prestito.

leisten *v* prestare, *(erfüllen)* adempiere, *(ausführen)* eseguire, *(vollbringen)* compiere, effettuare, *(tun, schaffen)* fare, *(erbringen)* produrre, fornire, *(zahlen)* pagare, versare, *(bei der Arbeit)* rendere, avere un rendimento; **nicht ~** inadempiere.

Leistende/r *f/m* persona *f* adempiente.

Leistung *f* prestazione *f*, *(Erfüllung)* adempimento *m*, *(Ausführung)* esecuzione *f*, compimento *m*, *(Zahlung)* pagamento *m*, versamento *m*, *(Beitrag)* contributo *m*, *(Arbeitsergebnis)* rendimento *m*, efficienza *f*, performance *f*, *(Wirkungsgrad)* resa *f*, *(Ergebnis)* risultato *m*, *(von Schüler)* profitto *m*, *(Produktion)* produzione *f*, *(Produktivität)* produttività *f*, *(Arbeit)* lavoro *m*, *(Geleistetes)* opera *f*, servizio *m*, *(Tech) (von Motor)* potenza *f*; **eine ~ bewirken**; **eine ~ erbringen** eseguire una prestazione, erogare una prestazione, fornire una prestazione; **eine ~ fordern** esigere una prestazione; **die ~ verweigern** rifiutare la prestazione, negare la prestazione, non eseguire la prestazione; **auferlegte ~** *f* prestazione *f* imposta; **ausbedungene ~** *f* prestazione *f* convenuta; **durchschnittliche ~** *f* rendimento *m* medio; **einmalige ~** *f* prestazione *f* unica, pagamento *m* una tantum; **ergänzende ~** *f* prestazione *f* complementare; **fakultative ~** *f* prestazione *f* facoltativa; **freiwillige ~** *f* prestazione *f* facoltativa, *VersR* indennità *f* "ex gratia"; **gemeinnützige ~** *f* prestazione *f* di utilità sociale; **geschuldete ~** *f* prestazione *f* dovuta; **gutwillige ~** *f VersR* indennità *f* "ex gratia"; **künftige ~** *f* prestazione *f* futura; **mangelhafte ~** *f SchuldR* inesatta esecuzione *f* della prestazione; **monatliche ~** *f* mensilità *f*; **nicht erbrachte ~** *f SchuldR* mancata esecuzione *f* della prestazione; **periodische ~** *f (CH)* prestazione *f* periodica; **rechtsgrundlose ~** *f* prestazione *f* indebita, pagamento *m* indebito; **soziale ~** *f* prestazione *f* sociale, erogazione *f* sociale; **teilbare ~** *f* prestazione *f* divisibile; **unentgeltliche ~** *f* prestazione *f* senza corrispettivo, prestazione *f* gratuita, prestazione *f* a titolo gratuito; **unmögliche ~** *f* prestazione *f* impossibile; **unteilbare ~** *f* prestazione *f* indivisibile; **vereinbarte ~** *f* prestazione *f* convenuta, prestazione *f* pattuita; **vermögenswirksame ~** *f* (*Abk* = **VWL / VL**) *ArbR* prestazione *f* ad effetto patrimoniale; **vertragliche ~** *f*; **vertragsgemäße ~** *f* prestazione *f* contrattuale, prestazione *f* contrattualmente convenuta (o: pattuita / concordata / stabilita / definita / fissata / prevista / dovuta), prestazione *f* di cui al contratto, prestazione *f* ai sensi del contratto; **wiederkehrende ~** *f* prestazione *f* periodica; **~** *f* **eines aliud** *SchuldR* prestazione *f* diversa da quella dovuta; **~** *f* **erfüllungshalber** *SchuldR* prestazione *f* solvendi causa; **~** *f* **an Erfüllungs Statt** *SchuldR (§ 364 BGB)* prestazione *f* in luogo dell'adempimento (*anche nota come datio in solutum*); **~** *f* **in Geld** prestazione *f* pecuniaria; **~** *f* **in Naturalien** prestazione *f* in natura; **~** *f* **Zug um Zug** *SchuldR (§ 322 BGB)* esecuzione *f* della propria prestazione per ottenere la controprestazione, esecuzione *f* simultanea (delle prestazioni), adempimento *m* simultaneo (delle prestazioni).

Leistungs | abfall *m* diminuzione *f* del rendimento, diminuzione *f* della produttività; **~angebot** *n* offerta *f* di servizi, offerta *f* di prestazioni, servizi *mpl* offerti, prestazioni *fpl* offerte; **~anspruch** *m* diritto *m* alla prestazione, diritto *m* al pagamento; **~antrag** *m ProzR* domanda *f* di condanna; **~berechtigte/r** *f/m* avente *m/f* diritto alla prestazione, avente *m/f* diritto al pagamento; **~berechtigung** *f* diritto *m* alla prestazione, diritto *m* al pagamento; **~bereitschaft** *f* impegno *m*, dedizione *f*; **~bescheid** *m* *VerwR* ordine *m* di requisizione; **~bewirkung** *f* *SchuldR* esecuzione *f* della prestazione, adempimento *m*; **~bilanz** *f* *(betriebswirtschaftlich)* conto *m* profitti e perdite, *(außenwirtschaftlich)* bilancia *f* delle partite correnti; **~empfänger/in** *m/f* beneficiario/-a *m/f* (della prestazione), destinatario/-a *m/f* (del servizio), chi riceve un pagamento; **~erbringer/in** *m/f* erogatore/-trice *m/f* di servizi, fornitore/-trice *m/f* di servizi; **~erbringung** *f* *SchuldR* esecuzione *f* della prestazione, adempimento *m*; **~fach** *n* *(Schule)* materia *f* di approfondimento, materia *f* che si sceglie di approfondire negli ultimi due o tre anni di liceo.

leistungsfähig *adj* *(wirksam)* efficiente, *(tüchtig)* capace, *(produktiv)* produttivo, *(Anlage, Maschine)* potente, ad alto rendimento, ad alta resa, di elevate prestazioni, che fornisce alte prestazioni, *(zahlungsfähig)* solvente.

Leistungs | fähigkeit *f* *(Wirksamkeit)* efficienza *f*, *(Tüchtigkeit)* capacità *f*, *(Produktivität)* produttività *f*, capacità *f* produttiva, redditività *f*, potenziale *m*, potenzialità *f*, *(Anlage, Maschine)* rendimento *m*, resa *f*, potenza *f*, vitalità *f*, *(Zahlungsfähigkeit)* solvibilità *f*, capacità *f* contributiva; **~faktor** *m* coefficiente *m* di rendimento, fattore *m* di potenza; **~frist** *f* periodo *m* di prestazione, periodo *m* di esecuzione; **~gebot** *n* ordine *m* di erogare una prestazione; **~gefahr** *f* *SchuldR* *(gegenseitiger Vertrag)* rischio *m* dell'impossibilità sopravvenuta; **~gegenstand** *m* oggetto *m* della prestazione; **~grenze** *f* margine *m* di produttività, limite *m* di produttività, margine *m* di rendimento, limite *m* di rendimento; **~klage** *f* *ProzR* azione *f* di condanna, *(Klage auf Erfüllung)* azione *f* di adempimento; **~lohn** *m* salario *m* a rendimento, salario *m* di produttività; **~missverhältnis** *n* sproporzione *f* tra le prestazioni; **~ort** *m* *SchuldR* luogo *m* dell'adempimento, luogo *m* dell'esecuzione, luogo *m* della prestazione; **~pflicht** *f* *SchuldR* obbligo *m* di adempimento, obbligo *m* di eseguire la prestazione, obbligo *m* di pagamento, obbligo *m* contributivo, *VersR* obbligo *m* di indennizzo; **~pflichtige/r** *f/m* *SchuldR* soggetto *m* obbligato all'adempimento, soggetto *m* obbligato alla prestazione, soggetto *m* obbligato al pagamento; **~prämie** *f* premio *m* di produttività, premio *m* di rendimento; **~schätzung** *f* valutazione *f* del rendimento, valutazione *f* dei meriti; **~schuldner/in** *m/f* *SchuldR* debitore *m* della prestazione; **~schutzrechte** *npl* diritti *mpl* connessi (al diritto d'autore); **~steigerung** *f* aumento *m* del rendimento, aumento *m* della produttività; **~störung** *f* *SchuldR* inadempimento *m* (in generale), disfunzione *f* dell'esecuzione della prestazione, alterazione *f* dell'equilibrio sinallagmatico (delle prestazioni), alterazione *f* dell'equilibrio tra le prestazioni, interferenza *f* relativa alla prestazione (*quando una delle prestazioni sinallagmatiche del contratto non viene eseguita o viene eseguita in ritardo, in modo parziale ovvero viziato*); **~störungsrecht** *n* *SchuldR* disciplina *f* dell'inadempimento (in generale), disciplina *f* generale dell'inadempimento, disfunzioni *fpl* dell'esecuzione della prestazione; **~urteil** *n* *ProzR* sentenza *f* di condanna; **~verlangen** *n* richiesta *f* di adempimento; **~vermögen** *n* *(Wirksamkeit)* efficienza *f*, *(Tüchtigkeit)* capacità *f*, *(Produktivität)* produttività *f*, capacità *f* produttiva, redditività *f*, potenziale *m*, potenzialità *f*, *(Anlage, Maschine)* rendimento *m*, resa *f*, potenza *f*, *(Zahlungsfähigkeit)* solvibilità *f*, capacità *f* contributiva; **~verpflichtete/r** *f/m* *SchuldR* soggetto *m* obbligato all'adempimento, soggetto *m* obbligato alla prestazione, soggetto *m* obbligato al pagamento; **~verpflichtung** *f SchuldR* obbligo *m* di adempimento, obbligo *m* di eseguire la prestazione, obbligo *m* di pagamento, obbligo *m* contributivo, *VersR* obbligo *m* di indennizzo; **~verwaltung** *f* attività *f* sociale della pubblica amministrazione; **~verweigerung** *f SchuldR* rifiuto *m* della prestazione; **~verweigerungsrecht** *n SchuldR* diritto *m* di rifiutare la prestazione, facoltà *f* di rifiutare la prestazione; **~verzeichnis** *n VertragsR* capitolato *m* speciale (di oneri), capitolato *m* d'appalto; **~verzug** *m SchuldR* mora *f* nella prestazione, ritardo *m* nell'adempimento; **~vorbehalt** *m SchuldR* riserva *f* di pagamento; **~zeit** *f* periodo *m* di esecuzione, periodo *m* di prestazione, *VersR* periodo *m* di risarcimento; **~zulage** *f* premio *m* di rendimento, premio *m* di produttività.

leiten *v (führen)* condurre, guidare, *(verantwortlich führen)* dirigere, *(an der Spitze stehen)* essere a capo [di], *(den Vorsitz haben)* presiedere, *(befehligen)* comandare, *(regieren)* governare, *(Gesuch, Antrag)* inoltrare.

leitend *adj (in Betrieben)* direttivo, dirigente, dirigenziale, manageriale, *(führend)* preminente, *(beherrschend)* predominante, *(Gedanke)* dominante, prevalente.

Leiter/in *m/f (Führer)* capo *m*, guida *f*, *(Verantwortlicher)* responsabile *m/f*, *(Chef)* direttore/-trice *m/f*, *(leitender Angestellter)* dirigente *m/f*, manager *m/f*, *(Geschäftsführer)* gerente *m/f*, *(Abteilungsleiter)* caporeparto *m/f*, *(Vorsitzender)* presidente *m/f*, *(Schulleiter)* preside *m/f*; **bauliche/r ~** *m/f* direttore *m* dei lavori (di costruzione), capocantiere *m/f* [anche: capo cantiere]; **betriebliche/r ~** *m/f* dirigente *m/f* di azienda, capo *m* dell'azienda; **kaufmännische/r ~** *m/f* direttore *m* commerciale; **stellvertretende/r ~** *m/f* vicedirettore *m*; **~** *m/f* **einer Zweigstelle** institore *m*, direttore *m* di filiale, capo *m* agenzia.

Leiterrecht *n* servitù *f* di appoggio di una scala.

Leit | idee *f* idea *f* guida, idea *f* dominante, pensiero *m* dominante; **~kriterium** *n* criterio *m* direttivo; **~linie** *f* linea *f* guida, linea *f* direttiva, linea *f* direttrice, direttiva *f*, *(Norm)* norma *f*; **~niveau** *n* livello *m* guida; **~prinzip** *n* principio *m* guida, principio *m* ispiratore, principio *m* direttivo; **~satz** *m* principio *m* (guida/ispiratore), *(eines Urteils)* massima *f*; **~stelle** *f* ufficio *m* centrale, centrale *f*, direzione *f*.

Leitung *f (Führung)* guida *f*, conduzione *f*, direzione *f*, dirigenza *f*, *(Verwaltung)* gestione *f*, amministrazione *f*, *(Regieren)* governo *m*, comando *m*, *(Vorsitz)* presidenza *f*, *(Führungsgruppe von Parteien, Organisationen)* direttivo *m*; **unter der ~** [Gen / von Dat] sotto la direzione [di], diretto [da].

Leitungsorgan *n* organo *m* direttivo, organo *m* di direzione, organo *m* dirigenziale.

Leit | vermerk *m* indicazione *f* dell'instradamento, indicazione *f* dell'avviamento; **~währung** *f* valuta *f* guida, valuta *f* internazionale, moneta *f* di riferimento internazionale; **~weg** *m* instradamento *m*, avviamento *m*, itinerario *m*; **~zins** *m* tasso *m* (di interesse) di riferimento, tasso *m* guida, *(Diskontsatz)* tasso *m* di sconto.

Lenkungs | ausschuss *m* comitato *m* di coordinamento, commissione *f* direttiva; **~maßnahme** *f* provvedimento *m* dirigista, misura *f* dirigistica.

Lenkzeit *f* periodo *m* di guida.

Leseabschrift *f* copia *f* per gli atti.

Lesung *f* lettura *f*, interpretazione *f*; **erste ~** *f* prima lettura *f*; **zweite ~** *f* seconda lettura *f*.

Letaldosis *f* dose *f* letale.

Letzt | abnehmer/in *m/f* ultimo/-a acquirente *m/f*; **~angebot** *n* offerta *f* finale, ultima offerta *f*.

letzte(r,s) *adj* ultimo, finale, conclusivo, *(vergangen)* scorso, passato.

letztendlich *adv* infine, alla fin fine.
letztere(r,s) *adj* quest'ultimo.
letztgenannte(r,s) *adj* ultimo nominato, ultimo menzionato, ultimo citato.
Letzt | verbraucher/in *m/f* consumatore/-trice *m/f* finale; **~versterbende/r** *f/m ErbR (gemeinschaftliches Testament)* coniuge *m* che muore per ultimo, ultimo coniuge *m* a morire, ultimo coniuge *m* defunto.
letztwillig *adj ErbR* di ultima volontà, testamentario, per testamento.
leugnen *v* negare.
Leugnen *n* negazione *f*.
Leumund *m* fama *f*, reputazione *f*, nomea *f*.
Leumunds | zeuge/-gin *m/f* testimone *m/f* di buona condotta; **~zeugnis** *n (A, CH) StrafR (heute in A: Strafregisterbescheinigung; in CH: Strafregisterauszug, Auszug aus dem Schweizerischen Strafregister)* certificato *m* del casellario giudiziale (o: giudiziario), certificato *m* di buona condotta, certificato *m* penale, fedina *f* penale.
Leutehaftung *f (A)* responsabilità *f* per il fatto del commesso o domestico.
lex fori *(lat) IPR (Recht des Staates, in dem das angerufene Gericht seinen Sitz hat)* lex fori.
lex mercatoria *(lat) HandelsR (Gewohnheitsrecht im Bereich des internationalen Handels)* lex mercatoria.
lex rei sitae *(lat) IPR (Recht des Staates, in dem die Sache belegen ist)* lex rei sitae.
LG (*Abk* = **D: Landgericht / A: Landesgericht**) *ProzR* tribunale *m* (*ordinario che, a seconda dei casi, funge da tribunale di prima istanza, corte d'appello e autorità di ricorso*).
Liberationsvermächtnis *n ErbR* legato *m* di liberazione di un debito.
Liberierung *f (CH)* liberazione *f* (di azioni).
Lichtbildausweis *m* carta *f* d'identità (con fotografia).
Lichtrecht *n* diritto *m* di veduta.
Lidlohn *m* salario *m*.
Liebhaber | interesse *n* interesse *m* affettivo, interesse *m* d'affezione; **~preis** *m* prezzo *m* affettivo, prezzo *m* d'affezione; **~wert** *m* valore *m* affettivo, valore *m* d'affezione.
Lieferabkommen *n* accordo *m* di fornitura.
Lieferant/in *m/f* fornitore/-trice *m/f*, *(contratto di somministrazione)* somministrante *m/f*.
Lieferanten | buch *n* giornale *m* dei fornitori; **~kartei** *f* schedario *m* dei fornitori; **~konto** *n* conto *m* fornitori; **~kredit** *m* credito *m* di fornitura, credito *m* mercantile; **~schuld** *f* debito *m* verso i fornitori; **~skonto** *m/n* sconto *m* attivo.
Liefer | auflage *f (A)*; **~auftrag** *m* ordine *m* di consegna; **~ausfall** *m* mancata consegna *f*.
lieferbar *adj* consegnabile, fornibile, disponibile, *(zustellbar)* pronto per la consegna.
Lieferbarkeitsbescheinigung *f (Wertpapiere)* certificato *m* di negoziabilità.
Liefer | bedingungen *fpl* condizioni *fpl* di consegna, termini *mpl* di consegna; **~buch** *n* libro *m* delle consegne; **~datum** *n* data *f* di consegna.
Lieferer *m* fornitore *m*, *(contratto di somministrazione)* somministrante *m*; **~konto** *n* conto *m* fornitori.
Liefer | firma *f* ditta *f* fornitrice, *(Zustellerfirma)* ditta *f* addetta alla consegna; **~frist** *f* termine *m* di consegna, tempi *mpl* di consegna, termine *m* di resa; **~garantie** *f* garanzia *f* di consegna, garanzia *f* di fornitura, garanzia *f* per l'adempimento di contratti di fornitura; **~gebot** *n* ordine *m* di consegna; **~geschäft** *n* contratto *m* di fornitura, contratto *m* a consegna futura, operazione *f* a termine; **~kette** *f* catena *f* di distribuzione, catena *f* di approvvigionamento, catena *f* logistica; **~kosten** *pl* spese *fpl* di consegna, costi *mpl* di consegna; **~land** *n* paese *m* fornitore; **~menge** *f* quantità *f* da consegnare, quantità *f* fornita.
liefern *v* fornire, *(zustellen)* consegnare, somministrare, *(Wasser, Strom)* erogare, *(erzeugen, erbringen)* produrre, *(beschaffen)* procurare, *(bieten)* offrire.

Liefer | ort *m* luogo *m* di consegna, destinazione *f*; **~prämie** *f* premio *m* alla consegna; **~preis** *m* prezzo *m* di consegna; **~programm** *n* programma *m* di fornitura, programma *m* di consegna; **~schein** *m* bolla *f* di consegna, bollettino *m* di consegna, buono *m* di consegna; **~spesen** *pl* spese *fpl* di consegna; **~tag** *m* giorno *m* di consegna; **~termin** *m* termine *m* di consegna, data *f* di consegna.

Lieferung *f (von Waren)* fornitura *f*, consegna *f*, somministrazione *f*, *(von Wasser, Strom)* erogazione *f*; **bei ~** alla consegna; **aufgeschobene ~** *f* consegna *f* differita; **öffentliche ~en** *fpl* forniture *fpl* pubbliche; **verspätete ~** *f* consegna *f* ritardata; **vorzeitige ~** *f* consegna *f* anticipata; **zukünftige ~** *f* consegna *f* futura; **~** *f* **auf Abruf** consegna *f* a richiesta del compratore; **~** *f* **aus dem Ausland** fornitura *f* dall'estero; **~** *f* **frei Haus** consegna *f* a domicilio; **~** *f* **prompt** pronta consegna *f*; **~** *f* **sofort** consegna *f* immediata.

Lieferungs | abkommen *n* accordo *m* di fornitura; **~auflage** *f*; **~auftrag** *m* ordine *m* di consegna; **~geschäft** *n* contratto *m* con consegna a termine, contratto *m* a termine, operazione *f* a termine; **~kauf** *m* acquisto *m* a termine; **~preis** *m* prezzo *m* di consegna; **~schein** *m* bolla *f* di consegna, bollettino *m* di consegna, buono *m* di consegna; **~spesen** *pl* spese *fpl* di consegna; **~verkauf** *m* vendita *f* con consegna futura; **~verpflichtung** *f* obbligo *m* di consegna; **~vertrag** *m* contratto *m* di fornitura, contratto *m* di somministrazione.

Liefer | verbindlichkeit *f* obbligo *m* di consegna; **~verkauf** *m* vendita *f* con consegna futura; **~verpflichtung** *f* obbligo *m* di consegna; **~vertrag** *m* contratto *m* di fornitura, contratto *m* di somministrazione; **~verzögerung** *f* ritardo *m* nella consegna; **~verzug** *m* mora *f* nella consegna; **~wert** *m* valore *m* alla consegna, valore *m* della fornitura; **~zeit** *f* termine *m* di consegna, tempi *mpl* di consegna, periodo *m* di consegna; **~zettel** *m* bollettino *m* di consegna, distinta *f* di consegna; **~zusage** *f* promessa *f* di consegna.

Liegenschaft *f (unbewegliches Gut)* bene *m* immobile, bene *m* immobiliare, bene *m* fondiario, immobile *m*, *(Grundstück)* fondo *m*, terreno *m*, proprietà *f* fondiaria, proprietà *f* terriera, proprietà *f* immobiliare.

Liegenschaftensteuer *f (CH)* imposta *f* immobiliare.

Liegenschafts | gewinnsteuer *f (CH)* imposta *f* sull'incremento di valore di immobili alienati; **~kataster** *n (Nachweis aller Grundstücke und Gebäude)* catasto *m* (immobiliare), catasto *m* (dei) terreni e catasto (dei) fabbricati; **~steuer** *f (CH)* imposta *f* immobiliare; **~übertragung** *f* trasferimento *m* immobiliare.

Limit *n* prezzo *m* limite, limite *m* di prezzo; **~auftrag** *m* ordine *m* limitato, ordine *m* vincolato.

limitieren *v* limitare.

Limitierung *f* limitazione *f*.

Limit | kurs *m*; **~preis** *m* prezzo *m* limite, limite *m* di prezzo.

liquid *adj* liquido.

Liquidation *f*[1] *GesR (Abwicklung)* liquidazione *f*; **in ~ geraten**; **in ~ treten** entrare in liquidazione; **freiwillige ~** *f* liquidazione *f* volontaria; **~** *f* **der Gesellschaft** liquidazione *f* della società.

Liquidation *f*[2] *(Rechnung)* parcella *f*, onorario *m*.

Liquidations | anteil *m* quota *f* di liquidazione; **~ausverkauf** *m* vendita *f* di liquidazione; **~bilanz** *f* bilancio *m* di liquidazione; **~erlös** *m* ricavato *m* della liquidazione; **~firma** *f* ditta *f* in liquidazione; **~gesellschaft** *f* società *f* in liquidazione; **~gewinn** *m* utile *m* di liquidazione; **~kasse** *f* cassa *f* di liquidazione, stanza *f* di compensazione annessa alla Borsa; **~konto** *n* conto *m* di liquidazione; **~kosten** *pl* spese *fpl* di liquidazione; **~kurs** *m*; **~preis** *m* prezzo *m* di liquidazione, prezzo *m* di compenso, prezzo *m* di compensazione; **~protokoll** *n* verbale *m* di liquidazione; **~verfahren** *n* procedura *f* di liquidazione, procedura *f* liquidatoria; **~vergleich** *m* concordato *m* con cessione dei beni; **~verkauf** *m* vendita *f* di liquidazione; **~wert** *m* valore *m* di liquidazione.

Liquidator/in *m/f* liquidatore *m*; **gerichtlich bestellte/r ~** *m/f* liquidatore *m* giudiziario.

liquidieren *v* liquidare, saldare, *(beseitigen)* eliminare, risolvere.

Liquidierung *f* liquidazione *f*; **~** *f* **des Honorars** liquidazione *f* dell'onorario.

Liquidität *f (flüssiges Mittel)* liquidità *f*, *(Zahlungsfähigkeit)* solvibilità *f*, solvenza *f*; **einzugsbedingte ~** *f* liquidità *f* di secondo grado, liquidità *f* secondaria; **überschüssige ~** *f* liquidità *f* eccessiva; **umsatzbedingte ~** *f* liquidità *f* di terzo grado; **~** *f* **des Unternehmens** liquidità *f* dell'impresa.

Liquiditäts | abschöpfung *f* riduzione *f* della liquidità; **~anspannung** *f* tensione *f* di liquidità; **~ausstattung** *f* disponibilità *fpl*; **~ausweis** *m* situazione *f* di liquidità; **~grad** *m* grado *m* di liquidità; **~lage** *f* situazione *f* di liquidità; **~quote** *f*; **~rate** *f* tasso *m* di liquidità; **~reserve** *f* riserva *f* di liquidità, riserva *f* bancaria; **~überhang** *m* eccesso *m* di liquidità.

List *f (A)* dolo *m*.

Listen | abstimmung *f* scrutinio *m* di lista; **~führer/in** *m/f* capolista *m/f*; **~kandidat/in** *m/f* candidato/-a *m/f* di lista; **~koppelung** *f (A)* apparentamento *m* di liste; **~preis** *m* prezzo *m* di listino; **~verbindung** *f* apparentamento *m* di liste; **~vertreter/in** *m/f* rappresentante *m/f* di lista; **~wahl** *f* scrutinio *m* di lista.

Litisdenunziat *m (CH) ZivProzR* terzo *m* chiamato in causa.

Lizenz *f* licenza *f*, licenza *f* d'esercizio, patente *f*, concessione *f*; **in ~** in concessione; **eine ~ beantragen** (ri)chiedere una licenza; **eine ~ entziehen** ritirare una licenza; **eine ~ erteilen** concedere una licenza, dare una licenza; **eine ~ erwerben** acquistare una licenza; **eine ~ vergeben** concedere una licenza, dare una licenza; **ausschließliche ~** *f* licenza *f* esclusiva; **behördliche ~** *f* licenza *f* governativa; **gesetzliche ~** *f* licenza *f* legale.

Lizenz | abgaben *fpl* diritti *mpl* di licenza; **~abkommen** *n* accordo *m* di licenza; **~amt** *n* ufficio *m* delle licenze; **~antrag** *m* domanda *f* di licenza; **~bewilligung** *f* concessione *f* di (o: della) licenza; **~einnahmen** *fpl* proventi *mpl* di licenza, diritti *mpl* di licenza; **~einräumung** *f* concessione *f* di (o: della) licenza; **~entziehung** *f*; **~entzug** *m* ritiro *m* di (o: della) licenza; **~erteilung** *f* concessione *f* di (o: della) licenza; **~erwerb** *m* acquisto *m* di (o: della) licenza; **~erwerber/in** *m/f* licenziatario/-a *m/f*, concessionario/-a *m/f* (*di licenza*); **~fertigung** *f* produzione *f* su licenza.

lizenzfrei *adj* di dominio pubblico, che non ha bisogno di una licenza, non soggetto a licenza, senza licenza, esente da licenza, libero, *(im Verlagswesen)* esente da royalties.

Lizenz | geber/in *m/f* licenziante *m/f*, concedente *m/f* (*di licenza*), chi concede una licenza; **~gebühr** *f* diritto *m* di licenza, tassa *f* di licenza, canone *m* di licenza, *(im Verlagswesen)* royalty *f* (*pl. royalties*).

lizenzieren *v (Lizenz erteilen)* concedere una licenza, dare una licenza, concedere in licenza, dare in licenza.

Lizenz | inhaber/in *m/f*; **~nehmer/in** *m/f* licenziatario *m*, concessionario *m* (*di licenza*), titolare *m/f* di licenza.

lizenzpflichtig *adj* soggetto a licenza.

Lizenz | recht *n* diritto *m* di licenza; **~übertragung** *f* cessione *f* di (o: della) licenza, trasferimento *m* di (o: della) licenza; **~vergabe** *f* concessione *f* di (o: della) licenza; **~vertrag** *m* contratto *m* di licenza.

Lizitant/in *m/f (= Versteigerer)* offerente *m/f*.
Lizitation *f (= Versteigerung)* licitazione *f*.
Lock | artikel *m* articolo *m* civetta; **~preis** *m* prezzo *m* civetta; **~spitzel** *m StrafR* agente *m* provocatore; **~vogelwerbung** *f* pubblicità *f* ingannevole, pubblicità-esca *f* (*quando il prodotto pubblicizzato ad un prezzo conveniente non è disponibile*).
Logis | entschädigung *f (CH)* indennità *f* d'alloggio; **~geber/in** *m/f (CH)* alloggiatore/-trice *m/f*, chi dà alloggio.
Logistik *f* logistica *f*.
Lohn *m* (*pl. Löhne*) *ArbR (Bezahlung für geleistete Arbeit, die dem Arbeiter ausgezahlt wird)* salario *m*, paga *f*, retribuzione *f*, trattamento *m* economico, corrispettivo *m*, *(Belohnung)* ricompensa *f*, compenso *m*; **vom ~ abziehen** *ArbR* trattenere dalla (o: in) busta paga, trattenere sulla retribuzione, operare le trattenute sulla retribuzione, operare le trattenute in (o: sulla) busta paga, effettuare trattenute in (o: sulla) busta paga; **durchschnittlicher ~** *m ArbR* salario *m* medio; **fester ~** *m ArbR* salario *m* fisso; **garantierter ~** *m ArbR* salario *m* garantito; **gerechter ~** *m ArbR* giusta retribuzione *f*; **gleitender ~** *m ArbR* salario *m* a scala mobile, salario *m* mobile; **örtlicher ~** *m*; **ortsüblicher ~** *m ArbR* salario *m* locale; **wöchentlicher ~** *m ArbR* salario *m* settimanale.
Lohn | abbau *m ArbR* riduzione *f* dei salari, riduzione *f* salariale; **~abgaben** *fpl ArbR* oneri *mpl* salariali, imposte *fpl* sul reddito da lavoro dipendente; **~abkommen** *n ArbR* accordo *m* collettivo sui salari; **~abrechnung** *f ArbR* contabilità *f* salari, conteggio *m* del salario, busta *f* paga; **~abrechnungszeitraum** *m ArbR* periodo *m* di paga; **~abrechnungszettel** *m ArbR* busta *f* paga, foglio *m* paga, prospetto *m* di paga; **~abstandsgebot** *n SozialR* *(Gebot, dass ein Geringverdiener mehr Geld zur Verfügung haben muss als ein Harzt IV-Empfänger)* regola *f* della differenza di reddito, principio *m* del divario salariale; **~abtretung** *f ArbR* cessione *f* di salario; **~abzug** *m ArbR* trattenuta *f* salariale, trattenuta *f* sul salario, ritenuta *f* sul salario, trattenuta *f* sulla retribuzione, trattenuta *f* in (o: sulla) busta paga; **~änderung** *f ArbR* variazione *f* salariale; **~angleichung** *f ArbR* adeguamento *m* salariale, adeguamento *m* dei salari, perequazione *f* salariale, perequazione *f* delle retribuzioni; **~anhebung** *f ArbR* aumento *m* salariale, aumento *m* di salario, aumento *m* dei salari, aumento *m* di paga, miglioramento *m* salariale; **~anpassung** *f ArbR* adeguamento *m* salariale, adeguamento *m* dei salari, perequazione *f* salariale, perequazione *f* delle retribuzioni; **~anreiz** *m ArbR* incentivo *m* (salariale); **~anspruch** *m ArbR* diritto *m* al salario; **~anstieg** *m ArbR* aumento *m* salariale, aumento *m* di salario, aumento *m* dei salari, aumento *m* di paga, miglioramento *m* salariale; **~anteil** *m ArbR* quota *f* di salario; **~arbeit** *f ArbR* lavoro *m* salariato, lavoro *m* retribuito; **~arbeiter/in** *m/f ArbR* lavoratore/-trice *m/f* salariato/-a, salariato/-a *m/f*; **~arbeitskräfte** *fpl ArbR* lavoratori *mpl* salariati, manodopera *f* salariata; **~art** *f ArbR* voce *f* retributiva; **~aufbesserung** *f ArbR* miglioramento *m* salariale, aumento *m* del salario; **~aufstellung** *f ArbR* busta *f* paga, prospetto *m* di paga; **~auftrieb** *m ArbR* lievitazione *f* dei salari; **~aufwand** *m ArbR* costo *m* del lavoro, costi *mpl* salariali; **~auseinandersetzung** *f ArbR* controversia *f* salariale.
Lohnausfall *m ArbR* riduzione *f* in busta paga, perdita *f* di salario; **~entschädigung** *f*, **~vergütung** *f ArbR* indennità *f* per perdita di salario, trattamento *m* di integrazione salariale.

Lohn | ausgleich *m ArbR* conguaglio *m* salariale, conguaglio *m* di salario, conguaglio *m* retributivo, integrazione *f* salariale, integrazione *f* di salario, integrazione *f* retributiva; **~ausgleichskasse** *f ArbR* cassa *f* integrazione guadagni *(CIG)*, cassa *f* di integrazione salariale; **~ausweis** *m (CH) ArbR* certificato *m* di salario; **~auszahlung** *f ArbR* pagamento *m* del salario; **~bedienstete/r** *f/m ArbR* lavoratore/-trice *m/f* salariato/-a, salariato/-a *m/f*; **~bedingungen** *fpl ArbR* condizioni *fpl* salariali, condizioni *fpl* di remunerazione; **~berechnung** *f ArbR* calcolo *m* del salario, conteggio *m* del salario; **~bereich** *m ArbR* fascia *f* salariale; **~bescheinigung** *f ArbR* dichiarazione *f* sulla retribuzione, attestazione *f* della retribuzione, prospetto *m* della paga, certificato *m* di salario *(CH)*, attestazione *f* di salario *(CH)*; **~beschlagnahme** *f ArbR* sequestro *m* di salario; **~bestätigung** *f ArbR* dichiarazione *f* sulla retribuzione, attestazione *f* della retribuzione, prospetto *m* della paga, certificato *m* di salario *(CH)*, attestazione *f* di salario *(CH)*; **~bewegung** *f ArbR* movimento *m* dei salari, dinamica *f* salariale, evoluzione *f* dei salari, evoluzione *f* delle retribuzioni; **~bezieher/in** *m/f ArbR* lavoratore *m* salariato, salariato *m*, percettore *m* di salario; **~bildung** *f ArbR* formazione *f* dei salari; **~buch** *n ArbR* libro *m* paga; **~buchführung** *f ArbR* contabilità *f* salariale, contabilità *f* salari, contabilità *f* delle retribuzioni; **~buchhalter/in** *m/f ArbR* contabile *m/f* addetto/-a alle paghe, impiegato/-a *m/f* addetto/-a alle paghe; **~buchhaltung** *f ArbR* contabilità *f* salariale, contabilità *f* salari, contabilità *f* delle retribuzioni, *(Lohnbüro)* ufficio *m* paga; **~büro** *n ArbR* ufficio *m* paga; **~durchschnitt** *m ArbR* media *f* dei salari; **~einbehaltung** *f ArbR* trattenuta *f* salariale, trattenuta *f* sul salario, ritenuta *f* sul salario, trattenuta *f* sulla retribuzione, trattenuta *f* in (o: sulla) busta paga; **~einbuße** *f ArbR* perdita *f* di salario; **~einkommen** *n ArbR* reddito *m* di lavoro dipendente, reddito *m* di lavoro salariato; **~empfänger/in** *m/f ArbR* lavoratore/-trice *m/f* salariato/-a, salariato/-a *m/f*; **~entwicklung** *f ArbR* dinamica *f* salariale, evoluzione *f* dei salari, evoluzione *f* delle retribuzioni, movimento *m* dei salari; **~ergänzung** *f ArbR* integrazione *f* salariale, integrazione *f* di salario; **~erhöhung** *f ArbR* aumento *m* salariale, aumento *m* di salario, aumento *m* dei salari, aumento *m* di paga, miglioramento *m* salariale.

Lohnforderung *f*[1] *ArbR* credito *m* di salario, credito *m* salariale.

Lohnforderung *f*[2] *ArbR (Anspruch)* richiesta *f* salariale, richiesta *f* di salario, rivendicazione *f* salariale.

Lohn | fortzahlung *f ArbR (im Krankheitsfall)* indennità *f* di malattia, pagamento *m* continuato del salario durante il periodo di malattia, versamento *m* continuato del salario in caso di malattia, protrazione *f* del pagamento del salario in caso di malattia, corresponsione *f* continuata della retribuzione in caso di malattia; **~garantie** *f ArbR* garanzia *f* salariale, garanzia *f* di salario; **~gefälle** *n ArbR* disparità *f* salariale; **~gefüge** *n ArbR* struttura *f* salariale; **~gestaltung** *f ArbR* formazione *f* dei salari; **~gleichheit** *f ArbR* parità *f* di salario, parità *f* salariale, parità *f* di retribuzione, parità *f* retributiva; **~gleitklausel** *f ArbR* clausola *f* del salario a scala mobile; **~gruppe** *f ArbR* categoria *f* salariale, fascia *f* salariale, fascia *f* retributiva, fascia *f* di reddito; **~höhe** *f ArbR* livello *m* salariale, livello *m* dei salari, entità *f* del salario; **~index** *m ArbR* indice *m* dei salari, indice *m* delle retribuzioni; **~indexierung** *f ArbR* indicizzazione *f* dei salari; **~inflation** *f ArbR* inflazione *f* salariale, inflazione *f* da salari; **~kampf** *m ArbR* conflitto *m* di lavoro, conflitto *m* sindacale, conflitto *m* salariale, lotta *f* salariale, agitazione *f* salariale, agitazione *f* sindacale, agitazione *f* operaia; **~klage** *f ArbR* azione *f* per il pagamento del salario, azione *f* (giudiziaria) volta ad ottenere il pagamento della retribuzione spettante; **~klasse** *f ArbR* categoria *f* salariale, fascia *f* salariale, fascia *f* retributiva, fascia *f* di reddito; **~konflikt** *m ArbR* conflitto *m* di lavoro, conflitto *m* sindacale, conflitto *m* salariale, lotta *f* salariale, agitazione *f* salariale, agitazione *f* sindacale, agitazione *f* operaia; **~konto** *n ArbR* conto *m* salari; **~kosten** *pl ArbR* costo *m* del lavoro, costi *mpl* salariali; **~kostenindex** *m ArbR* indice *m* del costo del lavoro; **~kürzung** *f ArbR* riduzione *f* salariale, riduzione *f* di salario, diminuzione *f* del salario, riduzione *f* della paga, riduzione *f* delle retribuzioni, taglio *m* dei salari; **~liste** *f ArbR* libro *m* paga, ruolo *m* paga, ruolino *m* di paga; **~minderung** *f ArbR* riduzione *f* salariale, riduzione *f* di salario, diminuzione *f* del salario, riduzione *f* della paga, riduzione *f* delle retribuzioni, taglio *m* dei salari; **~minimum** *n ArbR* salario *m* minimo, retribuzione *f* minima, paga *f* minima, trattamento *m* economico minimo; **~nachweis** *m ArbR* dichiarazione *f* sulla retribuzione, attestazione *f* della retribuzione, prospetto *m* della paga, certificato *m* di salario *(CH)*, attestazione *f* di salario *(CH)*; **~nebenkosten** *pl ArbR (indirekte Kosten: gesetzliche Arbeitgeberbeiträge zur Sozialversicherung sowie betriebsintern festgelegte Zusatzaufwendungen)* contributi *mpl* (previdenziali e sociali) a carico del datore di lavoro, oneri *mpl* (previdenziali e sociali) a carico del datore di lavoro, costi *mpl* non salariali del lavoro, costi *mpl* del lavoro extrasalariali, costi *mpl* non retributivi del lavoro, costi *mpl* del lavoro diversi dalla retribuzione, costi *mpl* del lavoro non legati alla retribuzione, costi *mpl* indiretti gravanti sul lavoro, costi *mpl* indiretti del lavoro, costi *mpl* non salariali della manodopera, elementi *mpl* accessori della retribuzione; **~niveau** *n ArbR* livello *m* salariale, livello *m* dei salari; **~pause** *f ArbR* tregua *f* salariale; **~pfändung** *f ArbR* pignoramento *m* del salario; **~politik** *f ArbR* politica *f* salariale.

Lohn-Preis-Spirale *f ArbR* spirale *f* prezzi-salari.

Lohn | rückhalt *m (CH) ArbR* trattenuta *f* salariale, trattenuta *f* sul salario, ritenuta *f* sul salario, trattenuta *f* sulla retribuzione, trattenuta *f* in (o: sulla) busta paga; **~rückstand** *m ArbR* arretrati *mpl* di lavoro dipendente, arretrati *mpl* retributivi, arretrati *mpl* di retribuzione, retribuzione *f* arretrata, salario *m* arretrato; **~runde** *f ArbR (Tarifverhandlungen)* trattativa *f* collettiva (sui salari); **~satz** *m ArbR* paga *f* base, salario *m* base, saggio *m* del salario, saggio *m* dei salari; **~schuldner/in** *m/f ArbR* debitore *m* del salario; **~senkung** *f ArbR* riduzione *f* salariale, riduzione *f* di salario, diminuzione *f* del salario, riduzione *f* della paga, riduzione *f* delle retribuzioni, taglio *m* dei salari.

Lohnskala *f ArbR* scala *f* dei salari, scala *f* retributiva; **gleitende ~** *f ArbR* scala *f* mobile dei salari.

Lohn | stand *m ArbR* livello *m* salariale, livello *m* dei salari; **~statistik** *f ArbR* statistica *f* dei salari.

Lohnsteuer *f SteuerR* imposta *f* sul reddito da lavoro dipendente, imposta *f* sui redditi da lavoro subordinato, imposta *f* sul salario; **~abzug** *m SteuerR* trattenuta *f* dell'imposta sul reddito da lavoro dipendente, trattenuta *f* d'imposta sul salario; **~bescheinigung** *f ArbR (vergleichbar in Italien: Certificazione Unica – modello CU, ex-CUD: Certificazione Unica dei Redditi)* certificazione *f* dei redditi di (o: da) lavoro dipendente.

lohnsteuerfrei *adj SteuerR* esente dall'imposta sul reddito da lavoro dipendente, esente dall'imposta sul salario.

Lohnsteuer | freibetrag *m SteuerR* quota *f* del reddito esente da imposta sul reddito da lavoro dipendente, quota *f* del reddito esente da imposta sul salario; **~jahresausgleich** *m SteuerR* conguaglio *m* di fine anno dell'imposta sul reddito da lavoro dipendente versata; **~karte** *f SteuerR* scheda *f* tributaria per l'imposta sul reddito da lavoro dipendente, tessera *f* individuale del contribuente soggetto al pagamento dell'imposta sul reddito da lavoro dipendente.

Lohnsteuerkarte
Certificato contentente i dati necessari per la determinazione dell'imposta sul reddito da lavoro dipendente. Tale documento è rilasciato dal comune di residenza al contribuente e va consegnato al datore di lavoro, che sulla base dei dati ivi riportati effettua le trattenute sulla busta paga del dipendente.

lohnsteuerpflichtig *adj SteuerR* soggetto all'imposta sul reddito da lavoro dipendente, soggetto al pagamento dell'imposta sul reddito da lavoro dipendente, soggetto al pagamento dell'imposta sul salario.

Lohnsteuertabelle *f SteuerR* tabella *f* delle aliquote d'imposta sul reddito da lavoro dipendente.

Lohn | stopp *m ArbR* blocco *m* dei salari, congelamento *m* dei salari; **~streifen** *m ArbR* busta *f* paga, foglio *m* paga, prospetto *m* di paga; **~streit** *m*; **~streitigkeit** *f ArbR* controversia *f* salariale, vertenza *f* salariale, vertenza *f* sindacale; **~struktur** *f ArbR* struttura *f* salariale, struttura *f* del salario; **~stufe** *f ArbR* categoria *f* salariale, fascia *f* salariale, fascia *f* retributiva, fascia *f* di reddito; **~tabelle** *f*; **~tafel** *f ArbR* tabella *f* dei salari; **~tarif** *m ArbR* tariffa *f* dei salari, tariffa *f* salariale, regime *m* dei salari, scala *f* salariale; **~tarifvertrag** *m ArbR* contratto *m* collettivo sui salari; **~tüte** *f ArbR* busta *f* paga; **~ungleichheit** *f ArbR* disparità *f* di salario, disparità *f* salariale, disparità *f* di retribuzione, disparità *f* retributiva; **~unterschiede** *mpl ArbR* differenziali *mpl* salariali; **~vereinbarung** *f ArbR* accordo *m* salariale, accordo *m* sui salari; **~verhandlungen** *fpl ArbR* trattativa *f* collettiva (sui salari), trattative *fpl* salariali; **~volumen** *n ArbR* volume *m* dei salari; **~vorschuss** *m ArbR* anticipo *m* sulla paga, anticipo *m* di salario, acconto *m* sul salario, acconto *m* di retribuzione; **~zahlung** *f ArbR* pagamento *m* del salario; **~zahlungstag** *m ArbR* giorno *m* di paga; **~zahlungs-zeitraum** *m ArbR* periodo *m* di paga; **~zettel** *m ArbR* busta *f* paga, foglio *m* paga, prospetto *m* di paga; **~zeugnis** *n ArbR* dichiarazione *f* sulla retribuzione, attestazione *f* della retribuzione, prospetto *m* della paga, certificato *m* di salario *(CH)*, attestazione *f* di salario *(CH)*; **~zulage** *f*; **~zuschlag** *m ArbR* supplemento *m* salariale, supplemento *m* di salario, maggiorazione *f* salariale, maggiorazione *f* di paga.

lokal *adj* locale, del luogo.

Lokal | augenschein *m* ispezione *f* locale; **~bank** *f* banca *f* locale; **~behörde** *f* autorità *f* locale; **~recht** *n* diritto *m* locale, legge *f* locale, legislazione *f* locale; **~termin** *m ProzR* sopralluogo *m*.

Loko | geschäft *n* contratto *m* con consegna immediata, contratto *m* con consegna prontissima, contratto *m* a contanti; **~markt** *m (Warenbörsenmarkt)* mercato *m* del disponibile, mercato *m* del pronto, pronto *m*; **~preis** *m* prezzo *m* del pronto, prezzo *m* sul posto; **~ware** *f* merce *f* a contanti, merce *f* disponibile sul posto, merce *f* reperibile sulla piazza.

Lombard *m/n* prestito *m* su pegno; **~bank** *f* banca *f* di prestiti su pegno; **~darlehen** *n* prestito *m* su pegno (di titoli o merci).

lombardfähig *adj* che può essere preso in pegno, suscettibile di essere preso in pegno, accettabile come pegno, impegnabile, sovvenzionabile.

Lombard | fähigkeit *f* sovvenzionabilità *f* (di titoli o merci); **~geschäft** *n* operazione *f* di prestito su pegno (di titoli o merci).

lombardierbar *adj* che può essere preso in pegno, suscettibile di essere preso in pegno, accettabile come pegno, impegnabile, sovvenzionabile.

lombardieren *v* prestare su pegno (titoli o merci).

Lombardierung *f* prestito *m* su pegno (di titoli o merci), anticipazione *f* su pegno.

Lombard | kredit *m* credito *m* su pegno (di titoli o merci); **~pfand** *n* pegno *m* costituito da titoli o merci; **~satz** *m* tasso *m* d'interesse sulle anticipazioni presso la banca centrale; **~schuld** *f* debito *m* garantito da pegno; **~verkehr** *m* operazioni *fpl* di prestito su pegno (di titoli o merci); **~vorschuss** *m* prestito *m* su pegno (di titoli o merci), anticipazione *f* su pegno (di titoli o merci); **~zins** *m*; **~zinsen** *mpl (A)* interessi *mpl* sui prestiti su pegno (di titoli o merci); **~zinssatz** *m* tasso *m* d'interesse sulle anticipazioni presso la banca centrale.

Los *n (Warenposten)* partita *f* (di merce).

Losanleihe *f* titolo *m* (di Stato) a premio, prestito *m* a premi.

lösbar *adj* risolvibile, risolubile, solubile.

löschen *v* [1] *(streichen)* cancellare, radiare, cassare, *(tilgen)* estinguere, eliminare, *(Patent)* annullare, *(Feuer, Brand)* spegnere.

löschen *v* [2] *(Schiff, Waren)* scaricare.

Löschen *n (von Daten)* cancellazione *f* (*dei dati*).

Lösch | erlaubnis *f* permesso *m* di scarico; **~hafen** *m* porto *m* di scarico.

Löschung *f* [1] *(Streichung)* cancellazione *f*, radiazione *f*, *(Tilgung)* estinzione *f*, *(eines Patents)* annullamento *m*, *(von Feuer, Brand)* spegnimento *m*; **~ *f* von Amts wegen** cancellazione *f* d'ufficio; **freiwillige ~ *f*** cancellazione *f* volontaria; **gerichtliche ~ *f*** cancellazione *f* giudiziale; **~ *f* einer Eintragung** cancellazione *f* di un'iscrizione, cancellazione *f* di una registrazione; **~ *f* einer Hypothek** *KredSichR* cancellazione *f* di (un') ipoteca; **~ *f* eines Kontos** chiusura *f* di un conto (corrente), estinzione *f* di un conto (corrente).

Löschung *f* [2] *(von Schiff, Ladung)* scarico *m*.

Löschungs | antrag *m* domanda *f* di cancellazione; **~anzeige** *f* avviso *m* di cancellazione; **~bescheinigung** *f* certificato *m* di cancellazione, *(von Schiff, Ladung)* certificato *m* di scarico; **~bewilligung** *f* autorizzazione *f* alla cancellazione, autorizzazione *f* a cancellare (*un diritto, un'ipoteca*); **~hafen** *m* porto *m* di scarico; **~klage** *f* azione *f* di cancellazione; **~urteil** *n* sentenza *f* di cancellazione; **~vormerkung** *f (Grundbuch)* prenotazione *f* di cancellazione (di un'iscrizione tavolare).

lose *adj (ungebunden)* sciolto, sfuso, alla rinfusa, *(beweglich)* mobile, *(locker)* lento.

Loseblatt *n* foglio *m* sciolto, foglio *m* mobile, foglio *m* staccato; **~ausgabe** *f* edizione *f* in fogli sciolti; **~buchführung** *f* contabilità *f* a fogli mobili.

Lösegeld *n StrafR* prezzo *m* del riscatto, riscatto *m*.

lösen *v* [1] *(aufheben)* sciogliere, annullare, *(abbrechen)* troncare, interrompere, *(beseitigen)* risolvere, eliminare, definire, *(freimachen)* liberare, *(abtrennen, entfernen)* staccare, *(lockern)* allentare.

lösen *v* [2] *(Fahrkarte)* comp(e)rare, acquistare, fare (*il biglietto*).

Lösung *f* [1] *(Aufklärung, Auflösung)* soluzione *f*, risoluzione *f*, *(Ausweg)* via *f*, *(Ergebnis)* risultato *m*, esito *m*; **abgestimmte ~ *f*** soluzione *f* concordata; **friedliche ~ *f* der Konflikte** soluzione *f* pacifica delle controversie; **gesetzgeberische ~ *f*** soluzione *f* legislativa; **gütliche ~ *f*** soluzione *f* amichevole, soluzione *f* bonaria, risoluzione *f* bonaria; **innovative ~ *f*** soluzione *f* innovativa; **pragmatische ~ *f*** soluzione *f* pragmatica.

Lösung *f* [2] *(Aufhebung)* risoluzione *f*, scioglimento *m*, annullamento *m*, *(Abbruch)* rottura *f*, troncamento *m*, interruzione *f*, *(Befreiung)* liberazione *f*, *(Trennung)* distacco *m*; **~** *f* **des Vertragsverhältnisses** risoluzione *f* del rapporto contrattuale.

Lotse *m* pilota *m*.

lotsen *v* pilotare.

Lotsen *n* pilotaggio *m*; **~dienst** *m* servizio *m* di pilotaggio; **~gebühr** *f*; **~geld** *n* tassa *f* di pilotaggio, diritti *mpl* di pilotaggio; **~patent** *n* brevetto *m* di pilota; **~pflicht** *f* pilotaggio *m* obbligatorio, obbligo *m* di pilotaggio, obbligo *m* del pilota (a bordo); **~schein** *m* brevetto *m* di pilota; **~vertrag** *m* contratto *m* di pilotaggio; **~zwang** *m* pilotaggio *m* obbligatorio, obbligo *m* di pilotaggio, obbligo *m* del pilota (a bordo).

Lotterie *f* lotteria *f*; **~einnehmer/in** *m/f* ricevitore/-trice *m/f* del lotto; **~gewinn** *m* vincita *f* alla lotteria; **~vertrag** *m* contratto *m* di lotteria.

loyal *adj* leale, fedele, onesto, *(pol)* lealista.

Loyalität *f* lealtà *f*, fedeltà *f*, onestà *f*, *(pol)* lealismo *m*.

Loyalitäts | erklärung *f* dichiarazione *f* di lealtà; **~pflicht** *f* obbligo *m* di lealtà, dovere *m* di lealtà.

LPartG (*Abk* = **Lebenspartnerschaftsgesetz**) *(D) FamR (Gesetz über die Eingetragene Lebenspartnerschaft)* legge *f* (tedesca) sulle unioni civili (*tra persone dello stesso sesso*), legge *f* (tedesca) sulla convivenza registrata (*tra coppie omosessuali*).

LSG [1] (*Abk* = **Landessozialgericht**) *(D) SozialR* tribunale *m* sociale (tedesco) del Land (*di secondo grado*).

LSG [2] (*Abk* = **Landschaftsschutzgebiet**) territorio *m* soggetto a vincolo paesaggistico, zona *f* soggetta a vincolo paesaggistico, area *f* soggetta a vincolo paesaggistico, zona *f* paesaggistica protetta.

Lücke *f* lacuna *f*, vuoto *m*; **~** *f* **im Gesetz** lacuna *f* legislativa, vuoto *m* legislativo.

Luft | beförderung *f* trasporto *m* aereo; **~beförderungsvertrag** *m* contratto *m* di trasporto aereo.

Luftfahrt *f* aviazione *f*, aeronautica *f*, navigazione *f* aerea; **~abkommen** *n* accordo *m* aereo.

Luftfahrt-Bundesamt *n (D)* (*Abk* = **LBA**) Ufficio *m* federale (tedesco) dell'aeronautica, Ufficio *m* federale (tedesco) per la navigazione aerea.

Luftfahrtkommission *f* commissione *f* aeronautica, commissione *f* di navigazione aerea; **internationale ~** *f* commissione *f* internazionale di navigazione aerea.

Luftfahrt | recht *n* diritto *m* della navigazione aerea; **~versicherung** *f* assicurazione *f* aeronautica, assicurazione *f* aerea.

Luftfahrzeug *n* aeroplano *m*, aeromobile *m*; **Haager Übereinkommen** *n* **zur Bekämpfung der widerrechtlichen Inbesitznahme von ~en vom 16. Dezember 1970** Convenzione *f* dell'Aja del 16 dicembre 1970 per la repressione della cattura illecita di aeromobili.

Luftfahrzeug | register *n*; **~rolle** *f* registro *m* aeronautico.

Luftfracht *f* carico *m* aereo, trasporto *m* (per) via aerea, aerotrasporto *m*, nolo *m* aereo; **~brief** *m* lettera *f* di trasporto aereo, lettera *f* di vettura aerea; **~führer/in** *m/f* vettore *m* aereo; **~vertrag** *m* contratto *m* di trasporto aereo di merci.

Luft | freiheit *f* libertà *f* dell'aria; **~hoheit** *f* sovranità *f* aerea; **~pirat** *m* pirata *m* dell'aria; **~piraterie** *f* pirateria *f* aerea, *(einzelne Entführung)* dirottamento *m*; **~polizei** *f* polizia *f* della navigazione aerea; **~raumverletzung** *f* violazione *f* dello spazio aereo; **~recht** *n* diritto *m* aereo; **~sicherheitsgesetz** *n (D)* (*Abk* = **LuftSiG**) → *BVerfGE 115, 118* legge *f* (tedesca) sulla sicurezza aerea.

Lufttransport *m* trasporto *m* aereo; **~recht** *n* diritto *m* del trasporto aereo; **~versicherung** *f* assicurazione *f* aeronautica.

Luftverkehr *m* traffico *m* aereo,

circolazione *f* aerea, navigazione *f* aerea.

Luftverkehrs | abkommen *n* accordo *m* sul traffico aereo; **~gesellschaft** *f* società *f* di navigazione aerea, società *f* di trasporti aerei, compagnia *f* aerea; **~gesetz** *n (D)* (*Abk* = **LuftVG**) legge *f* (tedesca) sul traffico aereo, legge *f* (tedesca) sul trasporto aereo, legge *f* (tedesca) sulla navigazione aerea; **~ -Ordnung** *f (D)* (*Abk* = **LuftVO**) regolamento *m* (tedesco) in materia di traffico aereo, regolamento *m* (tedesco) relativo ai trasporti aerei; **~recht** *n* diritto *m* aereo, diritto *m* della navigazione aerea, diritto *m* del trasporto aereo, diritto *m* delle comunicazioni aeree; **Internationaler ~verband** *m* (*Abk* = **IATA**) Associazione *f* del trasporto aereo internazionale, Associazione *f* internazionale dei trasporti aerei; **~ -Zulassungs-Ordnung** *f (D)* (*Abk* = **LuftVZO**) regolamento *m* (tedesco) concernente l'autorizzazione di servizi di traffico aereo, regolamento *m* (tedesco) sulle condizioni prescritte in materia di circolazione aerea, decreto *m* (tedesco) di autorizzazione del trasporto aereo.

Luft | verschmutzung *f UmweltR* inquinamento *m* dell'aria, inquinamento *m* atmosferico; **~versicherung** *f* assicurazione *f* aerea; **~verunreinigung** *f UmweltR* inquinamento *m* dell'aria, inquinamento *m* atmosferico.

LuftVG (*Abk* = **Luftverkehrsgesetz**) *(D)* legge *f* (tedesca) sul traffico aereo, legge *f* (tedesca) sul trasporto aereo, legge *f* (tedesca) sulla navigazione aerea.

LuftVO (*Abk* = **Luftverkehrs-Ordnung**) *(D)* regolamento *m* (tedesco) in materia di traffico aereo, regolamento *m* (tedesco) relativo ai trasporti aerei.

LuftVZO (*Abk* = **Luftverkehrs-Zulassungs-Ordnung**) *(D)* regolamento *m* (tedesco) concernente l'autorizzazione di servizi di traffico aereo, regolamento *m* (tedesco) sulle condizioni prescritte in materia di circolazione aerea, decreto *m* (tedesco) di autorizzazione del trasporto aereo.

Luftzwischenfall *m* incidente *m* aereo.

Lugano-Übereinkommen *n IPR* *(Übereinkommen über die gerichtliche Zuständigkeit und die Vollstreckung gerichtlicher Entscheidungen in Zivil- und Handelssachen, geschlossen in Lugano am 16. September 1988)* Convenzione *f* di Lugano (*del 16 settembre 1988 concernente la competenza giurisdizionale e l'esecuzione delle decisioni in materia civile e commerciale*).

Lügendetektor *m* macchina *f* della verità.

Lustbarkeits | abgabe *f (A)*; **~steuer** *f SteuerR (veralteter Begriff für Vergnügungssteuer)* imposta *f* sugli spettacoli (pubblici), diritti *mpl* erariali sui pubblici spettacoli e divertimenti.

Lustmord *m StrafR* omicidio *m* con violenza carnale.

Luxus | artikel *m* articolo *m* di lusso; **~güter** *npl* generi *mpl* di lusso, beni *mpl* di lusso, prodotti *mpl* di lusso; **~steuer** *f SteuerR* imposta *f* sui generi di lusso, imposta *f* sugli articoli di lusso; **~ware** *f* articolo *m* di lusso, prodotto *m* di lusso, bene *m* di lusso, generi *mpl* di lusso.

LZB (*Abk* = **Landeszentralbank**) banca *f* centrale del Land.

M

Maastricht-Kriterien *npl EuR* parametri *mpl* di Maastricht.

Maastricht-Vertrag *m EuR (auch: Maastrichter Vertrag / Vertrag von Maastricht) → Vertrag über die Europäische Union (EU-Vertrag, EUV)* Trattato *m* di Maastricht (*firmato a Maastricht il 7 febbraio 1992 ed entrato in vigore il 1° novembre 1993*).

Macht *f (Einfluss, Gewalt)* potere *m*, autorità *f*, *(Kraft)* forza *f*, *(Herrschaft)* dominio *m*, *(Befugnis)* facoltà *f*, potestà *f*, *(Heftigkeit)* violenza *f*, *(Nation)* potenza *f*; **~anspruch** *m* rivendicazione *f* del potere; **~ausübung** *f* esercizio *m* del potere; **~befugnis** *f* potere *m*, poteri *mpl*, autorità *f*; **~bereich** *m* sfera *f* di competenza, ambito *m* del potere; **~missbrauch** *m* abuso *m* di potere, abuso *m* di autorità, prevaricazione *f*; **~überschreitung** *f* eccesso *m* di potere.

Mädchenhandel *m* tratta *f* delle donne, tratta *f* delle bianche, traffico *m* delle donne, traffico *m* delle ragazze; **Internationales Übereinkommen** *n* **zur Bekämpfung des ~s** Convenzione *f* internazionale per la repressione della tratta delle bianche.

Mädchenname *m (von verheirateter Frau)* cognome *m* da nubile, cognome *m* da ragazza.

Magazinverwalter/in *m/f* magazziniere *m*.

Magistrat *m (städtische Verwaltungsbehörde)* giunta *f* comunale, autorità *fpl* municipali, municipalità *f*.

Magistrats | direktor/in *m/f (A) (Wien)* segretario *m* generale del comune; **~kollegium** *n* giunta *f* comunale; **~mitglied** *n*; **~rat/-rätin** *m/f* assessore *m* comunale.

Mahn | antrag *m ZivProzR (§ 690 ZPO)* domanda *f* di ingiunzione; **~bescheid** *m ZivProzR (§ 692 ZPO)* decreto *m* ingiuntivo, decreto *m* di ingiunzione, decreto *m* monitorio, ingiunzione *f* di pagamento; **~betrag** *m* somma *f* che costituisce l'oggetto dell'ingiunzione; **~brief** *m* sollecito *m* (*di pagamento scritto*), lettera *f* di sollecito, lettera *f* di sollecitazione, lettera *f* sollecitatoria, sollecitatoria *f*, lettera *f* di diffida, diffida *f*, lettera *f* monitoria.

mahnen *v (zur Zahlung auffordern)* sollecitare, ingiungere (*il pagamento al debitore*), intimare, diffidare, precettare, *(nachdrücklich erinnern)* ricordare, *(nachdrücklich auffordern)* esortare, *(ermahnen)* ammonire; **jemanden ~, etwas zu tun** esortare qn. a fare qc., ammonire qn. a fare qc.

Mahn | gebühr *f* tassa *f* di ingiunzione; **~gericht** *n ZivProzR* giudice *m* del procedimento di ingiunzione, giudice *m* competente per l'ingiunzione; **~gesuch** *n (A) ZivProzR* domanda *f* di ingiunzione; **~klage** *f (A) ZivProzR* procedimento *m* di ingiunzione, procedimento *m* ingiuntivo, procedimento *m* monitorio, procedura *f* monitoria; **~kosten** *pl* spese *fpl* di ingiunzione; **~schreiben** *n* sollecito *m* (*di pagamento scritto*), lettera *f* di sollecito, lettera *f* di sollecitazione, lettera *f* sollecitatoria, sollecitatoria *f*, lettera *f* di diffida, diffida *f*, lettera *f* monitoria; **~spesen** *pl* spese *fpl* di ingiunzione.

Mahnung *f* sollecito *m* (*di pagamento*), *(Mahnbrief)* sollecitatoria *f*, *(von Schuldner)* sollecitazione *f*, diffida *f*, ingiunzione *f* (*di pagamento*), intimazione *f*, precetto *m*, *(Aufforderung)* esortazione *f*, *(Ermahnung)* ammonimento *m*, *(mahnende Äußerung)* ammonizione *f*, monito *m*, avviso *m*, avvertimento *m*.

Mahnverfahren *n ZivProzR (§§ 688*

ff. ZPO) procedimento *m* di ingiunzione, procedimento *m* ingiuntivo, procedimento *m* monitorio, procedura *f* monitoria; **Europäische ~sverordnung** *f EuR* → *s. Anhang 3 a)* Regolamento *m* (CE) n. 1896/2006 del Parlamento europeo e del Consiglio, del 12 dicembre 2006, che istituisce un procedimento europeo d'ingiunzione di pagamento.

Mahnwesen *n* procedimento *m* di ingiunzione, procedure *fpl* di sollecito (*p.es. delle forniture o dei pagamenti*), sollecitazioni *fpl*.

Majorität *f* → *Mehrheit* maggioranza *f*; **absolute ~** *f* maggioranza *f* assoluta; **relative ~** *f* maggioranza *f* relativa.

Majoritäts | beschluss *m* decisione *f* della maggioranza; **~beteiligung** *f* partecipazione *f* maggioritaria; **~gruppe** *f* gruppo *m* di maggioranza; **~prinzip** *n* principio *m* maggioritario; **~regierung** *f* governo *m* di maggioranza.

Makler/in *m/f* = *Mäkler/in* mediatore/-trice *m/f*, intermediario/-a *m/f*, sensale *m*, *(Immobilienmakler)* agente *m/f* immobiliare, *(Börse)* agente *m/f* di cambio, *(Finanz, Versicherung)* broker *m*, operatore *m* (*commerciale*).

Makler | büro *n* agenzia *f*; **~courtage** *f* provvigione *f* (*di mediazione*); **~firma** *f* agenzia *f*; **~gebühr** *f* = *Mäklergebühr* provvigione *f* (*di mediazione*); **~geschäft** *n* mediazione *f*; **~kammer** *f* comitato *m* degli agenti di cambio, sindacato *m* dei mediatori, sindacato *m* di borsa, sindacato *m* degli agenti di cambio; **~lohn** *m* = *Mäklerlohn* provvigione *f* (*di mediazione*), mercede *f* del mediatore *(CH)*; **~provision** *f* provvigione *f* (*di mediazione*); **~spanne** *f* margine *m* dell'agente di cambio, margine *m* del mediatore; **~tätigkeit** *f* mediazione *f*; **~vertrag** *m* = *Mäklervertrag* contratto *m* di mediazione, mediazione *f*; **~zwang** *m* obbligo *m* di vendere titoli con l'intervento dell'agente di cambio.

Makroökonomie *f* macroeconomia *f*.

makroökonomisch *adj* macroeconomico.

mala fide *(lat)* in (o: di) mala fede.

mala fides *(lat)* mala fede *f*.

mala fides superveniens non nocet *(lat)* la mala fede sopravvenuta non nuoce (*ai fini del possesso*).

Malus *m VersR* supplemento *m* di premio riscosso al verificarsi del danno.

Management *n (Führung)* gestione *f*, management *m*, *(Firmenleitung)* direzione *f* aziendale, *(leitendes Firmenpersonal)* direzione *f*, dirigenza *f*.

managen *v* gestire, dirigere, amministrare, *(bewerkstelligen)* organizzare, sistemare, *(geschäftlich betreuen)* fare da manager a qn., essere il manager di qn.

Manager/in *m/f* manager *m/f*, dirigente *m/f*, direttore/-trice *m/f*, gestore/-trice *m/f*.

Mandant/in *m/f* mandante *m/f*, committente *m/f*, *(einer Anwaltskanzlei)* cliente *m/f*, assistito/-a *m/f* (*di un avvocato*).

Mandantschaft *f (einer Anwaltskanzlei)* cliente *m/f*, clienti *mpl*, assistito/-a *m/f*, assistiti *mpl* (*di un avvocato*).

Mandat *n (Auftrag)* mandato *m*, incarico *m* (professionale), *(Abgeordnetenamt)* mandato *m* (politico), *(Abgeordnetensitz)* seggio *m*; **ein ~ ablehnen** rifiutare un mandato, rifiutare un incarico (professionale); **ein ~ annehmen** accettare un mandato, accettare un incarico (professionale); **das ~ entziehen** revocare il mandato; **ein ~ erteilen** affidare un mandato, conferire un mandato, affidare un incarico (professionale), conferire un incarico (professionale); **das ~ niederlegen** deporre il mandato, restituire il mandato, rassegnare il mandato, *(durch den Anwalt)* rinunciare al mandato; **ein ~ übernehmen** assumere un mandato, accettare un mandato, assumere un incarico (professionale), accettare un incarico (professionale); **auf**

sein ~ verzichten rinunciare al mandato; **das ~ widerrufen** revocare il mandato; **freies ~** *n (Abgeordnetenrecht) (Art. 38 Abs. 1 S. 2 GG)* libero mandato *m* (parlamentare), mandato *m* libero, libertà *f* di mandato, divieto *m* di mandato imperativo (*«i deputati del Bundestag tedesco sono i rappresentanti di tutto il popolo, non soggetti a direttive o istruzioni; rispondono soltanto alla propria coscienza»*); **gebundenes ~** *n*; **imperatives ~** *n (Abgeordnetenrecht)* mandato *m* imperativo, vincolo *m* di mandato; **parlamentarisches ~** *n* mandato *m* parlamentare.

Mandatar/in *m/f* [1] *(Beauftragter)* mandatario/-a *m/f*.

Mandatar/in *m/f* [2] *(A) (Abgeordneter)* deputato/-a *m/f*.

Mandatar|macht *f*; **~staat** *m* potenza *f* mandataria, Stato *m* mandatario.

Mandats|ausübung *f* esercizio *m* del mandato; **~dauer** *f* durata *f* del mandato; **~entziehung** *f*; **~entzug** *m* revoca *f* del mandato; **~gebiet** *n* territorio *m* sotto mandato; **~land** *n* paese *m* sotto mandato; **~macht** *f* potenza *f* mandataria; **~niederlegung** *f* dimissioni *fpl*, *(durch den Anwalt)* rinuncia *f* al mandato; **~periode** *f* *(pol)* legislatura *f*; **~staat** *m* Stato *m* mandatario; **~träger/in** *m/f* *(Beauftragter)* mandatario/-a *m/f*, *(Abgeordneter)* deputato/-a *m/f*; **~übernahme** *f* assunzione *f* del mandato, accettazione *f* del mandato, assunzione *f* dell'incarico (professionale), accettazione *f* dell'incarico (professionale); **~verfahren** *n (A) (zivilrechtlich)* procedimento *m* per ordine di pagamento, *(strafrechtlich)* giudizio *m* per decreto (penale); **~verhältnis** *n (Vertrag zwischen dem Mandanten und dem Rechtsanwalt)* rapporto *m* di mandato, contratto *m* tra avvocato e parte assistita, contratto *m* di mandato professionale (tra cliente e avvocato), mandato *m* professionale conferito all'avvocato da parte del cliente; **~verlust** *m (pol)* decadenza *f* dal mandato (politico), perdita *f* del mandato (politico); **~verteilung** *f* *(pol)* ripartizione *f* dei seggi; **~vertrag** *m* contratto *m* di mandato; **~verzicht** *m* rinuncia *f* al mandato.

Mangel *m* [1] *(Fehler)* vizio *m*, difetto *m*, *(Codice del consumo)* difetto *m* di conformità, imperfezione *f*, mancanza *f*; **Mängel** *mpl* **des Rechtsgeschäfts** vizi *mpl* del negozio (giuridico); **einen ~ anzeigen** denunciare un vizio, contestare un vizio; **einen ~ aufweisen**; **mit einem ~ behaftet sein** *(Ware)* presentare un vizio, presentare un difetto, essere (o: risultare) viziato, essere (o: risultare) difettoso; **einen ~ beheben**; **einen ~ beseitigen** sanare un vizio, eliminare un difetto, correggere, *SchuldR* riparare (*la cosa viziata*); **einen ~ feststellen** rilevare un vizio, rilevare un difetto, trovare un difetto; **einen ~ heilen** sanare un vizio; **anhaftender ~** *m* vizio *m* inerente; **erkennbarer ~** *m* vizio *m* riconoscibile; **geheimer ~** *m* vizio *m* occulto; **heilbarer ~** *m* vizio *m* sanabile; **offener ~** *m*; **offensichtlicher ~** *m* vizio *m* apparente, vizio *m* palese, difetto *m* apparente; **keine offensichtlichen Mängel aufweisen** non presentare vizi apparenti, non presentare alcun difetto apparente; **prozessualer ~** *m* vizio *m* procedurale; **unheilbarer ~** *m* vizio *m* insanabile; **verborgener ~** *m*; **verdeckter ~** *m SchuldR* vizio *m* occulto; **verfahrensrechtlicher ~** *m* vizio *m* procedurale; **versteckter ~** *m SchuldR* vizio *m* occulto.

Mangel *m* [2] [an *Dat*] *(Fehlen)* mancanza *f* [di], assenza *f* [di], difetto *m* [di], *(Knappheit)* carenza *f* [di], scarsità *f* [di], penuria *f* [di], lacuna *f* [di], insufficienza *f* [di], deficienza *f* [di], ristrettezza *f* [di], *(Bedürfnis)* bisogno *m* [di]; **aus ~ an** [*Dat*] per mancanza di, per difetto di; **aus ~ an Beweisen** *ProzR (Freispruch)* = *wegen Mangels an Beweisen* per insufficienza di prove; **einem ~ abhelfen** supplire a una mancanza, ovviare a una mancanza;

~ *m* **an Arbeitskräften** mancanza *f* di manodopera, carenza *f* di manodopera; ~ *m* **an Fachkräften** mancanza (o: carenza) *f* di personale specializzato (o: qualificato), mancanza (o: carenza) *f* di manodopera specializzata (o: qualificata); ~ *m* **an Kapital** mancanza *f* di capitali, scarsità *f* di capitali, penuria *f* di capitali, necessità *f* di capitali; ~ *m* **an Masse** *InsolvenzR* insufficienza *f* d'attivo; ~ *m* **an Wettbewerb** mancanza *f* di concorrenza.

Mängel | anzeige *f SchuldR* denuncia *f* dei vizi, denuncia *f* dei difetti; **~beseitigung** *f SchuldR* eliminazione *f* dei vizi, eliminazione *f* dei difetti, riparazione *f* (*della cosa viziata*).

Mangelfolgeschaden *m SchuldR* danno *m* indiretto provocato (o: generato/causato/cagionato) dalla cosa viziata.

Mangelfolgeschaden
Danno indiretto provocato dalla cosa viziata ad un'altra cosa o ad un altro bene giuridico del compratore. Determina una lesione dell'interesse a non veder danneggiate altre posizioni giuridiche facenti capo al creditore medesimo per effetto dell'inadempimento.

mangelfrei *adj* esente da vizi, non viziato, non difettoso, senza difetti, senza imperfezioni, perfetto, ineccepibile.

Mängel | gewähr *f*; **~gewährleistung** *f SchuldR* garanzia *f* per i vizi della cosa; **~gewährleistungsanspruch** *m SchuldR* diritto *m* alla (o: a) garanzia per i vizi della cosa.

mangelhaft *adj* [1] *(mit Fehlern behaftet)* viziato, vizioso, difettoso, imperfetto.

mangelhaft *adj* [2] *(unzureichend)* insufficiente, scarso, carente, *(unvollständig)* incompleto, manchevole, lacunoso.

Mangelhaftigkeit *f* [1] *(Fehlerhaftigkeit)* vizio *m*, viziosità *f*, presenza *f* di errori, difettosità *f*, imperfezione *f*, manchevolezza *f*; ~ *f* **der Ware** vizi *mpl* della cosa (venduta), merce *f* difettosa.

Mangelhaftigkeit *f* [2] *(Unvollständigkeit)* incompletezza *f*, manchevolezza *f*, *(Mangel)* mancanza *f*, scarsità *f*, insufficienza *f*, carenza *f*, deficienza *f*.

Mängelhaftung *f SchuldR* responsabilità *f* per i vizi della cosa, garanzia *f* per i vizi della cosa.

Mangellage *f* scarsità *f*, penuria *f*.

mangeln *v* [an *Dat*] *(fehlen)* mancare, difettare [di], scarseggiare [di].

Mängelrüge *f SchuldR (Ware)* denuncia *f* dei vizi, denuncia *f* dei difetti, ricorso *m* in garanzia per i vizi della cosa.

mangels *präp* [*Gen*] in (o: per) mancanza [di], in (o: per) assenza [di], in (o: per) difetto [di], *(Beweis)* per insufficienza [di]; ~ **Annahme** per mancata accettazione; ~ **Beweis(es)**; ~ **Beweisen** *ProzR (Freispruch)* per insufficienza di prove; ~ **Deckung** per mancanza di copertura, per mancanza di fondi; ~ **anderer Vereinbarung** salvo diversa pattuizione, salvo diverso accordo; ~ **Zahlung** per (o: in caso di) mancato pagamento.

Mangelschaden
Danno derivante al creditore dai vizi della cosa stessa. Determina un'alterazione del rapporto di valore tra prestazione e controprestazione contrattuale, in quanto viene leso l'interesse del compratore che risiede nel ricevere il tipo di prestazione che è stata oggetto di contratto, nonché nell'avere un rapporto più o meno equilibrato tra prezzo d'acquisto e valore della cosa acquistata.

Mangel | schaden *m SchuldR* danno *m* derivante dai vizi della cosa (compravenduta), danni *mpl* derivanti dai vizi della cosa; **~ware** *f* merce *f* rara, merce *f* scarsa.

Manko *n* ammanco *m*; **~gelder** *npl* indennità *f* di cassa; **~haftung** *f* responsabilità *f* per l'ammanco.

Mantel | gesetz *n* legge *f* quadro; **~gründung** *f* costituzione *f* di s.p.a. o di s.r.l. senza intenzione di esercitare un'impresa; **~tarif** *m*; **~tarifvertrag** *m* (*Abk* = **MTV**) *(Rahmenvertrag)* accordo *m* quadro che mira soprattutto a una regolamentazione delle condizioni lavorative, contratto *m* collettivo quadro, contratto *m* collettivo tipo, contratto *m* collettivo normativo; **~vertrag** *m* contratto *m* quadro.

Mantelzession *f* cessione *f* di crediti a una banca a garanzia dei prestiti da questa concessi.

Mantelzession
Cessione di crediti a una banca a garanzia dei prestiti da questa concessi. Il cedente e il cessionario hanno entrambi il diritto di riscuotere i crediti. In tal caso, però, il cedente si impegna a cedere alla banca altri crediti dello stesso ammontare di quelli da lui riscossi.

Mappe *f (A) (des Grundbuchs)* mappa *f* (tavolare), *(Kataster)* mappa *f* catastale.

Marchzinsen *mpl (CH)* interessi *mpl* pro rata.

Marge *f* margine *m*, *(Börse)* margine *m* di copertura, margine *m* di garanzia.

Marke *f* [1] *GewRS (Warenzeichen)* marchio *m*, marchio *m* di fabbrica, marchio *m* d'impresa, contrassegno *m* di fabbrica, *(Fabrikat)* marca *f*; **eingetragene ~** *f* marchio *m* registrato, marchio *m* depositato; **geschützte ~** *f* marchio *m* protetto, marchio *m* tutelato; **international geschützte ~** *f* marchio *m* internazionale; **notorische ~** *f* marchio *m* notorio.

Marke *f* [2] *(Steuermarke)* marca *f* da bollo, bollo *m*, *(Lebensmittelmarke, Essensmarke)* bollino *m*, scontrino *m*, *(Briefmarke)* francobollo *m*, *(Münze)* gettone *m*, contromarca *f*.

Marken | eintragung *f* registrazione *f* del marchio, deposito *m* del marchio; **~erzeugnis** *n* prodotto *m* di marca, prodotto *m* di qualità; **~gesetz** *n (D)* (*Abk* = **MarkenG**) *(Gesetz über den Schutz von Marken und sonstigen Kennzeichen)* legge *f* (tedesca) sui marchi, legge *f* (tedesca) sulla tutela (o: protezione) dei marchi (d'impresa) e degli altri contrassegni (o: segni distintivi); **~hinterlegung** *f* deposito *m* del marchio; **~inhaber/in** *m/f* proprietario/-a *m/f* del marchio, titolare *m/f* del marchio; **~name** *m* marchio *m* di commercio, marchio *m* di fabbrica, marca *f*, nome *m* di una marca; **~recht** *n* diritto *m* dei marchi d'impresa; **~register** *n (A)* registro *m* dei brevetti per marchi; **~registrierung** *f* registrazione *f* del marchio; **~schutz** *m* tutela *f* dei marchi, protezione *f* dei marchi (di fabbrica); **~ware** *f* articolo *m* di marca, prodotto *m* di marca, merce *f* di marca.

Markenzeichen *n* marchio *m*, marchio *m* di fabbrica, marchio *m* d'impresa, *(Fabrikat)* marca *f*, *(Firmenzeichen)* logo *m*; **eingetragenes ~** *n* marchio *m* registrato, marchio *m* depositato.

Marketing *n* marketing *m*.

Markt *m* mercato *m*; **den ~ abtasten** sondare il mercato; **den ~ beherrschen** controllare il mercato, dominare il mercato; **auf den ~ bringen** lanciare (*sul mercato*), introdurre sul mercato, immettere sul mercato, mettere in commercio, commercializzare; **den ~ drücken** deprimere il mercato; **am ~ einführen** introdurre sul mercato, lanciare sul mercato, immettere sul mercato, mettere in commercio, commercializzare; **einen ~ erobern** conquistare un mercato; **einen neuen ~ erschließen** aprire un nuovo mercato; **vom ~ nehmen** ritirare dal mercato; **einen ~ schaffen** creare un mercato; **den ~ überschwemmen** inondare il mercato; **in den ~ vordringen** penetrare nel mercato; **auf den ~ werfen** lanciare sul mercato, immettere sul mercato, mettere in commercio, commercializzare; **amtlicher ~** *m* mercato *m* ufficiale; **aufnahmebereiter ~** *m* mercato *m* favorevole; **beschränkter ~** *m* mercato *m* ristretto; **bewirtschafteter ~** *m* mercato *m* disciplinato; **breiter ~** *m* vasto mercato *m*, ampio mercato *m*; **einheimischer ~** *m* mercato *m* interno; **einheitlicher ~** *m* mercato *m* unico; **einheitlicher europäischer ~** *m EuR* mercato *m* unico europeo; **einzelstaatlicher ~** *m* mercato *m* nazionale; **fester ~** *m* mercato *m* fermo, mercato *m* sostenuto; **freier ~** *m* libero mercato *m*, mercato *m* libero, mercato *m* privato; **gemeinsamer ~** *m* mercato *m* comune, mercato *m* comunitario, mercato *m* unico; **mit dem gemeinsamen ~ unvereinbar** *EuR* incompatibile con il mercato comune; **geordneter ~** *m* mercato *m* disciplinato; **gesättigter ~** *m* mercato *m* saturo; **geschlossener ~** *m* mercato *m* chiuso; **grauer ~** *m* mercato *m* grigio; **internationaler ~** *m* mercato *m* internazionale; **lokaler ~** *m* mercato *m* locale; **offener ~** *m* mercato *m* aperto; **öffentlicher ~** *m* mercato *m* pubblico; **ruhiger ~** *m* mercato *m* calmo, mercato *m* poco animato; **schwacher ~** *m* mercato *m* debole, mercato *m* fiacco; **schwarzer ~** *m* mercato *m* nero, mercato *m* clandestino; **übersättigter ~** *m* mercato *m* soprasaturo; **uneinheitlicher ~** *m* mercato *m* irregolare; **widerstandsfähiger ~** *m* mercato *m* resistente.

Markt | abrede *f*; **~absprache** *f* accordo *m* di mercato; **~analyse** *f* analisi *f* di mercato; **~analyst/in** *m/f*; **~analytiker/in** *m/f* analista *m/f* di mercato; **~änderung** *f* cambiamento *m* del mercato, modificazione *f* del mercato; **~anteil** *m* quota *f* di mercato; **~aufteilung** *f* ripartizione *f* dei mercati; **~ausdehnung** *f* espansione *f* del mercato; **~ausgleich** *m* equilibrio *m* del mercato; **~aussichten** *fpl* prospettive *fpl* del mercato; **~ausweitung** *f* espansione *f* del mercato.

marktbedingt *adj* del mercato, di mercato, determinato dal mercato, determinato dalla situazione del mercato, relativo al mercato.

Markt | bedingungen *fpl* condizioni *fpl* di mercato; **~bedürfnisse** *npl* necessità *fpl* del mercato, esigenze *fpl* del mercato; **~beeinflussung** *f* influsso *m* sul mercato.

marktbeherrschend *adj* che controlla il mercato, che domina il mercato, (pre)dominante sul mercato.

Markt | beherrschung *f KartellR* controllo *m* del mercato, dominio *m* del mercato, egemonia *f* sul mercato; **~belebung** *f* rianimazione *f* del mercato; **~belieferung** *f* rifornimento *m* del mercato; **~beobachtung** *f* osservazione *f* del mercato, indagine *f* di mercato, studio *m* di mercato; **~bericht** *m* relazione *f* di mercato, bollettino *m* del mercato, listino *m* dei prezzi di mercato, mercuriale *f*; **~bewegung** *f* tendenza *f* del mercato, andamento *m* del mercato, movimento *m* del mercato; **~breite** *f* diffusione *f* (sul mercato); **~chancen** *fpl* possibilità *fpl* di vendita, prospettive *fpl* di vendita; **~daten** *pl* dati *mpl* del mercato; **~durchdringung** *f* penetrazione *f* nel mercato; **~effizienz** *f* efficienza *f* di mercato; **~einführung** *f (eines Produkts)* lancio *m* (*sul mercato di un prodotto*), immissione *f* sul mercato, introduzione *f* sul mercato; **~eintritt** *m* ingresso *m* nel mercato, entrata *f* nel mercato, accesso *m* al mercato; **~eintrittsschranken** *fpl IntHandelsR* barriere *fpl* di accesso al mercato, barriere *fpl* all'ingresso (nel mercato), barriere *fpl* all'entrata (nel mercato); **~entwicklung** *f* andamento *m* del (o: di) mercato, evoluzione *f* del mercato, sviluppo *m* di mercato; **~erfolg** *m* successo *m* di mercato; **~erholung** *f* ripresa *f* del mercato, recupero *m* del mercato; **~eroberung** *f* conquista *f* del mercato; **~erscheinung** *f* fenomeno *m* di mercato; **~erschließung** *f* apertura *f* del mercato; **~erwartung** *f* aspettativa *f* del mercato, percezione *f* del mercato.

marktfähig *adj* negoziabile, commerciabile, smerciabile, vendibile.

Markt | fähigkeit *f* negoziabilità *f*, commerciabilità *f*, smerciabilità *f*, vendibilità *f*; **~flaute** *f* ristagno *m* del mercato, pesantezza *f* del mercato; **~form** *f* tipo *m* di mercato, forma *f* di mercato; **~forschung** *f* ricerca *f* di mercato, indagine *f* di mercato, analisi *f* di mercato, studio *m* di mercato.

marktführend *adj* leader nel (o: del) settore, leader del (o: sul) mercato, leader di mercato, dominante sul mercato.

Marktführer/in *m/f* leader *m/f* nel (o: del) settore, leader *m/f* del (o: sul) mercato, leader *m/f* di mercato, azienda *f* leader di mercato.

marktgängig *adj* negoziabile, commerciabile, quotato sul mercato, ammesso al mercato, *(leicht absetzbar)* smerciabile, di facile smercio, *(handelsüblich)* corrente, di mercato.

Markt | gängigkeit *f* negoziabilità *f*, commerciabilità *f*, commercializzazione *f*; **~gebühren** *fpl* diritti *mpl* di mercato; **~gefüge** *n* struttura *f* del mercato; **~gegebenheiten** *fpl* condizioni *fpl* di mercato.

marktgerecht *adj* di mercato, adatto al mercato, conforme al mercato, conforme alle tendenze del mercato, in linea con il mercato.

Markt | geschehen *n* funzionamento *m* del mercato, situazione *f* del mercato; **~gesetze** *npl* leggi *fpl* del mercato; **~gestaltung** *f* struttura *f* del mercato; **~gleichgewicht** *n* equilibrio *m* del mercato; **~helfer/in** *m/f* facchino *m* del mercato, fattorino *m* di piazza; **~herrschaft** *f* dominio *m* del mercato, egemonia *f* sul mercato, supremazia *f* sul mercato; **~klima** *n* clima *m* del mercato; **~konstellation** *f* situazione *f* del mercato, struttura *f* di mercato; **~kontrolle** *f* controllo *m* del mercato; **~konzentration** *f* concentrazione *f* del mercato; **~kräfte** *fpl* forze *fpl* di mercato; **~kurs** *m* prezzo *m* di mercato; **~lage** *f* situazione *f* del mercato, andamento *m* del mercato; **~logik** *f* logica *f* di mercato; **~lücke** *f* lacuna *f* di mercato; **~mechanismen** *mpl* meccanismi *mpl* di mercato; **~monopol** *n* monopolio *m* di mercato; **~müdigkeit** *f* fiacchezza *f* del mercato; **~nachfrage** *f* domanda *f* del mercato, richiesta *f* del mercato; **~nische** *f* nicchia *f* di mercato; **~öffnung** *f* apertura *f* del mercato.

Marktordnung *f* organizzazione *f* dei mercati, *(Vorschriften zur Abhaltung von Wochenmärkten)* disciplina *f* del mercato, ordinamento *m* del mercato, regolamento *m* del mercato; **europäische ~** *f* organizzazione *f* europea del mercato.

Marktorganisation *f* organizzazione *f* del mercato; **gemeinsame ~** *f* (*Abk* = **GMO**) *EuR* organizzazione *f* comune dei mercati *(OCM)*; **gemeinsame ~** *f* **für landwirtschaftliche Erzeugnisse** *EuR* organizzazione *f* comune dei mercati (dei prodotti) agricoli.

Marktorientierung *f* orientamento *m* del mercato.

Marktpolitik *f* politica *f* di mercato; **offene ~** *f* politica *f* del mercato aperto.

Markt | preis *m* prezzo *m* di mercato, prezzo *m* corrente, prezzo *m* commerciale; **~produktion** *f* produzione *f* per il mercato; **~prognosen** *fpl* previsioni *fpl* di mercato; **~quote** *f* quota *f* di mercato; **~reaktion** *f* reazione *f* di mercato, reazioni *fpl* del mercato.

marktregelnd *adj* disciplinante il mercato.

Marktregelung *f* disciplina *f* del mercato, regolazione *f* del mercato.

marktreif *adj* pronto per essere immesso sul mercato, pronto per il lancio sul mercato.

Markt | risiko *n* rischio *m* di mercato; **~sanierung** *f* risanamento *m* del mercato; **~sättigung** *f* saturazione *f* del mercato; **~schwäche** *f* debolezza *f* del mercato; **~schwankungen** *fpl* oscillazioni *fpl* del mercato, fluttuazione *f* del mercato; **~segment** *n* segmento *m* di mercato; **~segmentierung** *f* segmentazione *f* del mercato; **~situation** *f* situazione *f* del mercato; **~spannungen** *fpl* tensioni *fpl* sul mercato; **~stabilisierung** *f* stabilizzazione *f* del mercato; **~stabilität** *f* stabilità *f* del mercato; **~standgeld** *n* tassa *f* di posteggio; **~stellung** *f* posizione *f* di (o: sul) mercato; **~störung** *f* perturbazione *f* del mercato; **~strategie** *f* strategia *f* di mercato; **~struktur** *f* struttura *f* del mercato; **~studie** *f* studio *m* di mercato, analisi *f* di mercato; **~stützung** *f* sostegno *m* del mercato; **~system** *n* regime *m* di mercato; **~teilnehmer/in** *m/f* operatore *m* di mercato; **~tendenz** *f* tendenza *f* del mercato, tendenza *f* di mercato; **~transparenz** *f* trasparenza *f* del mercato; **~überwachung** *f* controllo *m* del mercato, monitoraggio *m* del mercato, sorveglianza *f* del mercato.

marktüblich *adj* di mercato.

Markt | ungleichgewicht *n* squilibrio *m* del mercato; **~untersuchung** *f* indagine *f* di mercato, analisi *f* di mercato; **~verband** *m* consorzio *m* di mercato; **~verbot** *n* divieto *m* di vendita; **~vereinbarung** *f* accordo *m* di mercato.

Marktverfassung *f* [1] *(Marktordnung)* ordinamento *m* del mercato.

Marktverfassung *f* [2] *(Marktsituation)* situazione *f* del mercato.

Markt | verhältnisse *npl* condizioni *fpl* di (o: del) mercato, situazione *f* del mercato; **~verkauf** *m* vendita *f* sul mercato; **~verschiebung** *f* spostamento *m* del mercato; **~versorgung** *f* rifornimento *m* del mercato, approvvigionamento *m* del mercato; **~versteifung** *f* irrigidimento *m* del mercato, pesantezza *f* del mercato; **~wert** *m* valore *m* di mercato, valore *m* corrente, valore *m* commerciale, valore *m* quotato.

Marktwirtschaft *f* economia *f* di mercato; **freie ~** *f* libera economia *f* di mercato; **offene ~** *f* **mit freiem Wettbewerb** *EuR* economia *f* di mercato aperta e in libera concorrenza; **soziale ~** *f* economia *f* sociale di mercato.

Markt | zugang *m*; **~zutritt** *m* accesso *m* al mercato, ingresso *m* nel (o: sul) mercato, entrata *f* nel mercato; **~zutrittsbeschränkungen** *fpl*; **~zutrittsschranken** *fpl IntHandelsR* barriere *fpl* di accesso al mercato, barriere *fpl* all'ingresso (nel mercato), barriere *fpl* all'entrata (nel mercato).

Markung *f* limite *m*, delimitazione *f*.

Maschinen | bruchversicherung *f* assicurazione *f* contro i guasti alle macchine; **~versicherung** *f* assicurazione *f* (delle) macchine, assicurazione *f* del macchinario.

Masse *f* massa *f*, *(Menge)* gran quantità *f*, volume *m*, mole *f*, moltitudine *f*, *(Volk)* folla *f*, *(Insolvenzmasse)* massa *f* fallimentare, patrimonio *m* fallimentare, *(Erbmasse)* asse *m* ereditario, massa *f* ereditaria; **~ansprüche** *mpl*; **~forderungen** *fpl (A) InsolvenzR* crediti *mpl* della massa fallimentare; **~gläubiger/in** *m/f InsolvenzR* creditore *m* della massa fallimentare; **~kosten** *pl InsolvenzR* spese *fpl* di amministrazione della massa fallimentare.

Massen | absatz *m* vendita *f* in massa, vendita *f* massiccia, vendita *f* su vastissima scala, grande smercio *m*, smercio *m* di massa; **~ankauf** *m* acquisto *m* in massa, acquisto *m* massiccio, acquisto *m* su vastissima scala; **~artikel** *m* articolo *m* prodotto su vasta (o: larga) scala, articolo *m* prodotto in serie, articolo *m* di grande (o: largo) consumo, articolo *m* di consumo; **~basis** *f* base *f* di massa; **~einkauf** *m* acquisto *m* in massa, acquisto *m* massiccio, acquisto *m* su vastissima scala; **~entlassung** *f ArbR* licenziamento *m* in (o: di) massa, licenziamento *m* collettivo; **~erzeugung** *f*; **~fabrikation** *f*; **~fertigung** *f* produzione *f* di massa, fabbricazione *f* di massa, produzione *f* su larga scala, fabbricazione *f* su larga scala.

Maßengebühr *f (A)* diritto *m* pagato dal concessionario di una miniera.

Massen | gesellschaft *f* società *f* di massa; **~güter** *npl* merce *f* di largo consumo, beni *mpl* di grande (o: largo) consumo, beni *mpl* prodotti su vasta (o: larga) scala, beni *mpl* prodotti in serie; **~herstellung** *f* produzione *f* di massa, produzione *f* su larga scala; **~hinrichtung** *f* esecuzione *f* di massa; **~kaufkraft** *f* potere *m* d'acquisto delle masse; **~kündigung** *f ArbR* licenziamento *m* in (o: di) massa, licenziamento *m* collettivo; **~mord** *m StrafR* massacro *m*, strage *f*; **~mörder/in** *m/f StrafR* pluriomicida *m/f*, massacratore *m*; **~produktion** *f* produzione *f* di massa, produzione *f* su larga scala; **~schaden** *m* danno *m* grave; **~streik** *m ArbR* sciopero *m* di massa; **~verbrauch** *m* consumo *m* di massa; **~verhaftungen** *fpl StrafR* arresti *mpl* in massa; **~verkauf** *m* vendita *f* in massa, vendita *f* massiccia, vendita *f* su vastissima scala; **~vernichtungswaffen** *fpl* armi *fpl* di distruzione di massa.

Masse | schulden *fpl InsolvenzR* debiti *mpl* della massa fallimentare; **~verwalter/in** *m/f InsolvenzR* curatore *m* fallimentare, curatore *m* del fallimento; **~verzeichnis** *n InsolvenzR* elenco *m* dei beni componenti la massa fallimentare; **~zugehörigkeit** *f InsolvenzR* appartenenza *f* alla massa fallimentare.

Maßgabe *f* misura *f*, proporzione *f*, autorevolezza *f*; **mit der ~, dass** a condizione che; **nach ~** [*Gen*] secondo, conformemente [a], in conformità [a/di], ai sensi [di], a norma [di], alle condizioni [di]; **nach ~ des Gesetzes** a norma di legge, ai sensi di legge, ai sensi della legge …, ai termini di legge; **nach ~ dieses Vertrags** *EuR* ai sensi di questo trattato, alle condizioni previste dal presente trattato.

maßgebend = maßgeblich *adj* *(entscheidend)* fondamentale, *(ausschlaggebend)* determinante, in modo determinante, decisivo, in modo decisivo, *(in hohem, besonderem Maße)* particolare, *(relevant)* rilevante (*ai fini di*), valido (*ai fini di*), *(zentral)* centrale, chiave, cruciale, *(Person)* competente, *(einflussreich)* influente, *(Persönlichkeit, Quelle)* autorevole, *(Text)* autentico, *(Urteil)* normativo; **maßgebend / maßgeblich beteiligt sein** [an *Dat*] avere (o: svolgere) un ruolo centrale (o: chiave / determinante / fondamentale / importante / di primissimo piano / essenziale) [in]; **maßgebend / maßgeblich sein** [für *Akk*] far fede, far stato, *(entscheidend sein)* essere fondamentale, essere determinante, essere decisivo, essere rilevante (*ai fini di*), rilevare, essere valido (*ai fini di*), avere (o: svolgere) un ruolo centrale (o: chiave / determinante / fondamentale / importante / di primissimo piano / essenziale) [in], essere alla base [di], essere determinato sulla base [di], essere stabilito in funzione [di].

Mäßigungsrecht, richterliches ~ *n (A)* diritto *m* del giudice di ridurre la pena (convenzionale).

Maßnahme *f* misura *f*, provvedimento *m*, disposizione *f*; **abgestimmte ~** *f* atto *m* di concerto; **alternative ~** *f* misura *f* alternativa; **begleitende ~** *f* misura *f* di accompagnamento, misura *f* connessa, misura *f* complementare, misura *f* concomitante; **begünstigende ~** *f* misura *f* preferenziale, misura *f* di favore; **behördliche ~** *f* provvedimento *m* dell'autorità, provvedimento *m* autoritativo; **benachteiligende ~** *f* misura *f* pregiudizievole; **diskriminierende ~** *f* misura *f* discriminante, provvedimento *m* discriminante; **einschneidende ~** *f* provvedimento *m* incisivo, misura *f* radicale; **einschränkende ~** *f* misura *f* restrittiva; **einseitige ~** *f* misura *f* unilaterale; **einstweilige ~** *f* disposizione *f* provvisoria, misura *f* provvisoria, provvedimento *m* provvisorio, provvedimento *m* conservativo; **einvernehmliche ~** *f* atto *m* d'intesa; **einwanderungspolitische ~** *f EuR* misura *f* in materia di politica dell'immigrazione; **fiskalpolitische ~** *f* misura *f* di politica fiscale; **flankierende ~** *f EuR* misura *f* di accompagnamento, misura *f* connessa, misura *f* complementare, misura *f* concomitante; **freiheitsentziehende ~** *f* misura *f* privativa della libertà personale, provvedimento *m* limitativo della libertà personale; **friedenserhaltende ~** *f* attività *f* di mantenimento della pace, operazione *f* di mantenimento della pace; **gerichtliche ~** *f* provvedimento *m* giudiziale, atto *m* del giudice; **gesetzgeberische ~** *f* provvedimento *m* legislativo; **gesetzwidrige ~** *f* provvedimento *m* illegale; **gesundheitliche ~** *f* misura *f* sanitaria; **handelspolitische ~** *f EuR* misura *f* di politica commerciale; **hoheitliche ~** *f* provvedimento *m* d'imperio; **humanitäre ~** *f* azione *f* umanitaria; **konjunkturelle ~** *f* misura *f* congiunturale; **ordnungsbehördliche ~** *f* provvedimento *m* di polizia amministrativa; **polizeiliche ~** *f* misura *f* di polizia, provvedimento *m* di polizia; **richterliche ~** *f* atto *m* del giudice, provvedimento *m* giudiziale; **sichernde ~** *f* provvedimento *m* cautelare, misura *f* di sicurezza *(CH)*; **städtebauliche ~** *f* intervento *m* urbanistico; **steuerliche ~** *f* misura *f* fiscale; **unerlässliche ~** *f* misura *f* indispensabile, misura *f* necessaria; **vertrauensbildende ~** *f* misura *f* mirante a rafforzare la fiducia; **vorbeugende ~** *f* misura *f* di prevenzione, misura *f* preventiva, misura *f* precauzionale, misura *f* cautelare; **vorsorgliche ~** *f* provvedimento *m* cautelare, misura *f* cautelare; **willkürliche ~** *f* provvedimento *m* arbitrario.

Maßnahmegesetz *n (Gesetz, das – offen oder versteckt – einen oder wenige Einzelfälle regelt, daher auch: Einzelfallgesetz; nur unter engen Voraussetzungen zulässig)* legge-provvedimento *f*, legge *f* singolare.

Maßnahmen *fpl* misure *fpl*, provvedimenti *mpl*; **~ ergreifen**; **~ treffen** adottare misure, prendere misure, adottare provvedimenti, prendere provvedimenti; **geeignete ~ ergreifen / treffen**; **zweckdienliche ~ ergreifen / treffen** adottare opportune misure, adottare appropriate misure, prendere appropriate misure, prendere adeguati provvedimenti; **~** *fpl* **im Bereich der justiziellen Zusammenarbeit in Zivilsachen** *EuR* misure *fpl* nel settore della cooperazione giudiziaria in materia civile; **~** *fpl* **zur Verhütung und Bekämpfung der Kriminalität** *EuR* misure *fpl* per prevenire e combattere la criminalità.

Maßnahmen|bündel *n*; **~paket** *n* pacchetto *m* di misure, pacchetto *m* di provvedimenti, *(in Form von Gesetzesverordnungen)* decretone *m*.

maßregeln *v* infliggere una punizione.

Maßregeln *fpl* **der Besserung und Sicherung** *StrafR (§§ 61 ff. StGB)* misure *fpl* di rieducazione e di sicurezza, misure *fpl* di correzione e di sicurezza.

Maßregelung *f* punizione *f*.

Maßzölle *mpl* dazi *mpl* a misura.

Material *n* materiale *m*; **~fehler** *m* difetto *m* del materiale; **~kosten** *pl* costo *m* del materiale, costi *mpl* del materiale; **~verwalter/in** *m/f* economo *m*; **~verwaltung** *f* economato *m*.

materiell *adj* materiale, sostanziale, *(finanziell)* economico, finanziario.

materiell-rechtlich *adj* [auch: materiellrechtlich] di diritto sostanziale.

Mätressentestament *n ErbR* testamento *m* a favore dell'amante.

Matrik *f (A)* matricola *f*.

Matrikel *f* matricola *f*; **~nummer** *f* numero *m* di matricola; **~schein** *m* certificato *m* di immatricolazione.

Matriken|führer *m (A)* conservatore *m* di registri; **~führung** *f (A)* tenuta *f* dei registri.

Mauerschütze *m (D)* → *BVerfGE 95, 96: Mauerschützen-Entscheidung des Bundesverfassungsgerichts* guardia *f* di frontiera della DDR che sorvegliava i movimenti lungo il muro e aveva l'ordine di sparare a vista contro chi tentava di fuggire dal territorio della Repubblica Democratica Tedesca.

Maut *f* pedaggio *m*; **~gebühr** *f* pedaggio *m*, diritto *m* di pedaggio; **~straße** *f* strada *f* a pedaggio.

Maximal | forderung *f* rivendicazione *f* massima, il (ri)chiedere il massimo, posizione *f* massimalista; **~garantie** *f* massimale *m* di garanzia, garanzia *f* massima; **~hypothek** *f (A)* ipoteca *f* iscritta con il solo ammontare massimo; **~leistung** *f* prestazione *f* massima, rendimento *m* massimo, potenza *f* massima; **~preis** *m* prezzo *m* massimo, prezzo *m* limite.

Maximalschaden *m* danno *m* massimo; **geschätzter ~** *m* danno *m* massimo previsto; **wahrscheinlicher ~** *m* danno *m* massimo probabile.

Maximal | tarif *m* tariffa *f* massima; **~wert** *m* valore *m* massimo, massimo *m*, massimale *m*.

Maxime *f* massima *f*, principio *m*.

mD (*Abk* = **mittlerer Dienst**) carriera *f* esecutiva, servizio *m* intermedio.

Mediation *f* mediazione *f*.

Mediations | gesetz *n (D)* (*Abk* = **MediationsG**) legge *f* (tedesca) sulla mediazione; **~richtlinie** *f EuR (Umsetzung in D: Mediationsgesetz) → s. Anhang 3 b)* Direttiva *f* 2008/52/ CE del Parlamento europeo e del Consiglio, del 21 maggio 2008, relativa a determinati aspetti della mediazione in materia civile e commerciale.

Mediator/in *m/f* mediatore *m*.

Medienrecht *n* diritto *m* dei media.

Medio *n (Monatsmitte)* il 15 del mese, *(Mediogeschäft)* operazione *f* di borsa da liquidare il 15 del mese; **~ausweis** *m* situazione *f* al 15 del mese; **~geschäft** *n* operazione *f* (di borsa) da liquidare il 15 del mese; **~liquidation** *f* liquidazione *f* al 15 del mese; **~wechsel** *m* cambiale *f* che scade il 15 del mese.

Medizin *f* medicina *f*; **forensische ~** *f*; **gerichtliche ~** *f* medicina *f* legale.

Medizinprodukt *n* dispositivo *m* medico.

Medizinprodukte | gesetz *n* (*Abk* = **MPG**) *(D: Gesetz über Medizinprodukte; A: Bundesgesetz betreffend Medizinprodukte)* legge *f* relativa ai dispositivi medici; **~verordnung** *f EuR (Vorschlag 2016) → s. Anhang 3 a)* Regolamento *m* per i dispositivi medici (*proposta di regolamento del Parlamento europeo e del Consiglio relativo ai dispositivi medici e recante modifica della direttiva 2001/83/ CE, del regolamento (CE) n. 178/2002 e del regolamento (CE) n. 1223/2009 e che abroga le direttive 90/385/CEE e 93/42/CEE del Consiglio*).

Medizinrecht *n* diritto *m* sanitario.

Mehr | anspruch *m* pretesa *f* supplementare; **~arbeit** *f* lavoro *m* straordinario, straordinario *m*, lavoro *m* extra.

Mehrarbeits | stunde *f* ora *f* di lavoro straordinario, ora *f* di straordinario; **~vergütung** *f* pagamento *m* delle ore di lavoro straordinario, pagamento *m* delle ore di straordinario, pagamento *m* del lavoro straordinario, pagamento *m* dello straordinario; **~zuschlag** *m* indennità *f* per lavoro straordinario, maggiorazione *f* per lavoro straordinario.

Mehr | aufkommen *n* maggiore gettito *m*; **~aufwand** *m*; **~aufwendungen** *fpl*; **~ausgaben** *fpl* spese *fpl* supplementari, spese *fpl* extra, aumento *m* delle spese, maggiore spesa *f*, spesa *f* eccedente, eccedenza *f* di spesa, supplemento *m* di spesa; **~bedarf** *m* maggiore fabbisogno *m*; **~begehren** *n (A)* domanda *f* supplementare.

Mehrbelastung *f (zusätzliche Belastung)* onere *m* maggiore, *(Überbelastung)* sovraccarico *m*, sovraccarico *m* di lavoro; **steuerliche ~** *f* maggior carico *m* fiscale.

Mehr | betrag *m* importo *m* eccedente, eccedenza *f*, sovrapprezzo *m* di emissione; **~bietende/r** *f/m* maggior offerente *m/f*, miglior offerente *m/f*.

mehrdeutig *adj* ambiguo, equivoco, con più significati.

Mehr | deutigkeit *f* ambiguità *f*,

equivocità *f*, doppio senso *m*; **~einfuhr** *f* eccedenza *f* di importazione; **~einkommen** *n* maggiore reddito *m*, reddito *m* aggiuntivo; **~einnahme** *f* maggiore entrata *f*; **~erlös** *m* maggiore ricavo *m*, *SteuerR (aus dem Verkauf von Anlagegütern)* plusvalenza *f*; **~ertrag** *m* maggiore provento *m*, guadagno *m* addizionale, ricavo *m* addizionale.

Mehrfach | besteuerung *f* imposizione *f* multipla; **~versicherung** *f* assicurazione *f* cumulativa, assicurazione *f* multipla; **~vertretung** *f (wenn jemand als Vertreter eines anderen mit sich selbst als Vertreter eines Dritten ein Rechtsgeschäft abschließt)* contratto *m* che il rappresentante conclude con se stesso come rappresentante di un'altra parte.

Mehr | fracht *f* supplemento *m* di nolo; **~gebot** *n (bei Versteigerungen)* maggiore offerta *f*; **~gebühr** *f (A)* tassa *f* supplementare; **~gehalt** *n* aumento *m* di stipendio, maggiorazione *f* di stipendio; **~gewinn** *m* maggiore utile *m*, guadagno *m* supplementare, guadagno *m* extra.

Mehrheit *f* maggioranza *f*; **mit der ~ seiner Mitglieder** a maggioranza dei suoi membri; **mit großer ~ annehmen** approvare a larga maggioranza; **die ~ besitzen**; **die ~ haben** avere la maggioranza, possedere la maggioranza; **absolute ~** *f* maggioranza *f* assoluta; **breite ~** *f* larga maggioranza *f*; **doppelt qualifizierte ~** *f* maggioranza *f* dei due terzi degli aventi diritti di voto; **einfache ~** *f* maggioranza *f* semplice; **erforderliche ~** *f* maggioranza *f* richiesta; **knappe ~** *f* stretta maggioranza *f*; **~** *f* **im Parlament**; **parlamentarische ~** *f* maggioranza *f* parlamentare, maggioranza *f* in Parlamento; **mit qualifizierter ~** *f* a maggioranza *f* qualificata; **relative ~** *f* maggioranza *f* relativa; **schweigende ~** *f* maggioranza *f* silenziosa; **überwältigende ~** *f* stragrande maggioranza *f*, maggioranza *f* schiacciante; **zustimmende ~** *f* maggioranza *f* favorevole.

Mehrheits | abstimmung *f* votazione *f* a maggioranza; **~aktionär/in** *m/f GesR* azionista *m/f* di maggioranza; **~anteil** *m GesR* quota *f* di maggioranza, quota *f* maggioritaria; **~beschluss** *m* decisione *f* (presa) a maggioranza, deliberazione *f* (presa) a maggioranza, decisione *f* maggioritaria, deliberazione *f* maggioritaria; **~beteiligung** *f GesR* partecipazione *f* di maggioranza, partecipazione *f* maggioritaria, partecipazione *f* di controllo; **~entscheid** *m*; **~entscheidung** *f* decisione *f* (presa) a maggioranza, deliberazione *f* (presa) a maggioranza, decisione *f* maggioritaria, deliberazione *f* maggioritaria; **~gesellschafter/in** *m/f GesR* socio *m* di maggioranza; **~grundsatz** *m* principio *m* maggioritario; **~nachlass** *m VersR* sconto *m* per pluralità di rischi; **~paket** *n GesR (Aktien)* pacchetto *m* di maggioranza; **~partei** *f* partito *m* di maggioranza; **~prinzip** *n* principio *m* maggioritario; **~regierung** *f* governo *m* di maggioranza; **~verhältnis** *n* rapporto *m* di maggioranza; **~wahl** *f* scrutinio *m* maggioritario, elezione *f* a collegio uninominale; **~wahlrecht** *n*; **~wahlsystem** *n* sistema *m* (elettorale) maggioritario, sistema *m* uninominale.

Mehr | kosten *pl* maggiori spese *fpl*, maggiori costi *mpl*, maggior costo *m*, sovraccosto *m*, spese *fpl* supplementari, supplemento *m* di spesa, spese *fpl* eccedenti; **~leistung** *f* prestazione *f* supplementare, sovrapproduzione *f*; **~parteiensystem** *n* multipartitismo *m*, pluripartitismo *m*, sistema *m* pluripartitico, sistema *m* a più partiti; **~personenhaushalt** *m* nucleo *m* familiare composto da più persone.

Mehrphasensteuer *f* imposta *f* plurifase, imposta *f* a cascata; **kumulative ~** *f* imposta *f* plurifase cumulativa, imposta *f* cumulativa a cascata.

Mehr | preis *m* sovrapprezzo *m*, soprapprezzo *m*, supplemento *m* di prezzo; **~schichtbetrieb** *m* lavorazione *f* a più turni.

mehrseitig *adj* plurilaterale, multilaterale, plurimo, *(in Bezug auf Geschriebenes)* di più pagine.

Mehrstaater/in *m/f* soggetto *m* avente (o: in possesso di/con) cittadinanza doppia o plurima, soggetto *m* misto.

Mehrstimmen | aktie *f* azione *f* a voto plurimo, azione *f* a voto multiplo, azione *f* privilegiata nel voto, azione *f* di comando, azione *f* di padronanza; **~wahl** *f* voto *m* plurimo; **~wahlrecht** *n* diritto *m* di voto plurimo.

Mehrstimm | recht *n* diritto *m* di voto plurimo; **~rechtsaktie** *f* azione *f* a voto plurimo, azione *f* a voto multiplo, azione *f* privilegiata nel voto, azione *f* di comando, azione *f* di padronanza.

Mehrverbrauch *m* maggiore consumo *m*, aumento *m* del consumo, eccedenza *f* di consumo.

Mehrverkehrs | einrede *f*; **~einwand** *m FamR (exceptio plurium)* eccezione *f* «plurium concubentium», exceptio plurium concubentium *(eccezione di concubinato con più uomini: può essere sollevata in sede di contestazione della paternità, per dimostrare che all'epoca del concepimento la madre aveva avuto rapporti con altri uomini) (lat)*.

Mehrvertretung *f (wenn jemand als Vertreter eines anderen mit sich selbst als Vertreter eines Dritten ein Rechtsgeschäft abschließt)* contratto *m* che il rappresentante conclude con se stesso come rappresentante di un'altra parte.

Mehrwert *m* valore *m* aggiunto, plusvalore *m*, *(im Rahmen der Bewertung des Anlagevermögens einer Gesellschaft)* plusvalenza *f*; **~lehre** *f* teoria *f* del plusvalore.

Mehrwertsteuer *f* (*Abk* = **MwSt./ MWSt.**) imposta *f* sul valore aggiunto *(IVA)*; **~buch** *n* registro *m* IVA; **~erhöhung** *f* aumento *m* dell'IVA.

mehrwertsteuerfrei *adj* esente (da) IVA.

Mehrwertsteuer | nummer *f* numero *m* di partita IVA, partita *f* IVA; **~satz** *m* aliquota *f* IVA.

Mehrwertversicherung *f* assicurazione *f* del plusvalore.

Meineid *m (§ 154 StGB)* falso giuramento *m*, spergiuro *m*; **einen ~ leisten**; **einen ~ schwören** giurare il falso, spergiurare.

meineidig *adj* spergiuro.

Meineidige/r *f/m* spergiuro/-a *m/f*.

Meinung *f (Ansicht)* opinione *f*, idea *f*, avviso *m*, parere *m*, giudizio *m*, *(Standpunkt)* punto *m* di vista, *(Wertschätzung)* stima *f*, *(Achtung)* considerazione *f*; **meiner ~ nach** secondo me, a mio avviso, a mio parere, a mio giudizio; **eine ~ äußern** esprimere un parere, esprimere un'opinione; **anderer ~ sein** dissentire, essere di parere diverso, essere d'altro avviso, pensarla in modo diverso; **abweichende ~** *f* divergenza *f* di opinioni, opinione *f* divergente, opinione *f* dissenziente; **herrschende ~** *f* (*Abk* = **h.M.**) opinione *f* dominante, dottrina *f* dominante; **öffentliche ~** *f* opinione *f* pubblica; **verbreitete ~** *f* opinione *f* diffusa.

Meinungsäußerung *f* manifestazione *f* del pensiero, manifestazione *f* della/-e propria/-e opinione/-i, espressione *f* del pensiero; **freie ~** *f*; **Freiheit** *f* **der ~** libertà *f* di parola, libertà *f* di opinione, libertà *f* di espressione, libertà *f* di manifestazione del pensiero.

Meinungs | freiheit *f (Art. 5 GG)* → *BVerfGE 7, 198: Lüth-Entscheidung des Bundesverfassungsgerichts, BVerfGE 93, 266: Soldaten sind Mörder-Entscheidung des Bundesverfassungsgerichts* libertà *f* di opinione, libertà *f* di pensiero; **~streit** *m (Diskussion, Debatte)* discussione *f*, dibattito *m*, controversia *f*, disputa *f*, polemiche *fpl*.

Meistbegünstigung *f* trattamento *m* della nazione più favorita, trattamento *m* preferenziale, massima agevolazione *f*, massima facilitazione *f*.

Meistbegünstigungs | abkommen *n*

accordo *m* sulla clausola della nazione più favorita; **~klausel** *f* clausola *f* della nazione più favorita; **~satz** *m*; **~tarif** *m* tariffa *f* della nazione più favorita; **~zollsatz** *m* tariffa *f* doganale della nazione più favorita, aliquota *f* di imposta preferenziale.

Meistbietende/r *f/m (Auktion)* maggior offerente *m/f*, miglior offerente *m/f*.

Meistbot *n (A)* maggiore offerta *f*, offerta *f* massima.

Meistbots | rate *f (A)* pagamento *m* parziale ai creditori del ricavo della vendita all'asta; **~verteilung** *f (A)* riparto *m* fra i creditori del ricavo della vendita all'asta.

Meistgebot *n* maggiore offerta *f*, offerta *f* massima.

MEK (*Abk* = **Mobiles Einsatzkommando**) *(D)* squadra *f* mobile (di pronto intervento).

Melde | amt *n* ufficio *m* di presentazione della dichiarazione, *(Einwohnermeldeamt)* ufficio *m* anagrafe, anagrafe *f*; **~anschrift** *f* residenza *f* anagrafica; **~auflage** *f* obbligo *m* di presentarsi periodicamente a un determinato ufficio di polizia; **~behörde** *f* ufficio *m* anagrafe, anagrafe *f*; **~bescheinigung** *f (Aufenthaltsbescheinigung)* certificato *m* di residenza; **~blatt** *n* foglio *m* di dichiarazione, *(Einwohnermeldeamt)* scheda *f* anagrafica; **~formular** *n* modulo *m* di dichiarazione, modulo *m* di registrazione, modulo *m* di iscrizione; **~frist** *f* termine *m* di (o: per la) denuncia.

melden *v (ankündigen)* annunciare, *(mitteilen)* comunicare, render(e) noto, *(informieren)* informare, *(bekannt machen)* dare notizia di, *(berichten)* riferire, *(einer zuständigen Stelle mitteilen)* denunciare [o: denunziare], notificare, *(angeben)* dichiarare, *(zur Kenntnis bringen)* segnalare, *(einschreiben)* iscrivere; **sich ~** *v (sich anbieten)* offrirsi, *(sich einschreiben)* iscriversi, registrarsi, *(erscheinen)* presentarsi, *(von sich hören lassen)* farsi sentire, *(antworten)* rispondere a, *(ums Wort bitten)* alzare la mano.

Meldepflicht *f* obbligo *m* di denuncia (*alle autorità*), *(für Dinge)* obbligo *m* di notifica, obbligo *m* di dichiarazione, obbligo *m* di dichiarare, obbligo *m* di segnalazione, *(bei der Polizei)* obbligo *m* di presentarsi a un determinato ufficio di polizia, *(für Personen)* iscrizione *f* obbligatoria, obbligo *m* di registrazione (*all'anagrafe*).

meldepflichtig *adj* soggetto a denuncia (*obbligatoria*), con obbligo di denuncia, con obbligo di notifica, soggetto a dichiarazione, *(Person)* obbligato a dichiarare, *(Dinge)* da dichiarare, *(Person)* soggetto a iscrizione, soggetto a registrazione (*all'anagrafe*).

Melde | pflichtige/r *f/m* dichiarante *m/f*, soggetto *m* obbligato a dichiarare qc., soggetto *m* obbligato a denunciare qc., soggetto *m* obbligato a notificare qc., soggetto *m* obbligato a iscriversi, soggetto *m* obbligato a registrarsi; **~register** *n* registro *m* delle dichiarazioni, *(Einwohnermelderegister)* registro *m* anagrafico, anagrafe *f*; **~schluss** *m* chiusura *f* iscrizioni, termine *m* di (o: per la) denuncia; **~stelle** *f (Einwohnermeldeamt)* ufficio *m* anagrafe, anagrafe *f*.

Meldeverfahren *n* procedura *f* di dichiarazione, procedura *f* di segnalazione; **~** *n* **für den Kapitalverkehr** *EuR* procedura *f* per la dichiarazione dei movimenti di capitali.

Meldezwang *m* obbligo *m* di dichiarare.

Meldung *f (Ankündigung)* annuncio *m*, *(Mitteilung)* comunicazione *f*, comunicato *m*, avviso *m*, *(Nachricht)* notizia *f*, informazione *f*, *(Bericht)* rapporto *m*, *(IT)* messaggio *m*, *(Anzeige)* denuncia *f* [o: denunzia], *(Angabe)* notifica *f*, segnalazione *f*, *(Einschreibung)* iscrizione *f*, *(Wortmeldung)* il chiedere la parola.

Meliorations | darlehen *n* prestito *m* di miglioramento fondiario; **~fonds** *m* fondo *m* di miglioramento agrario; **~genossenschaft** *f* consorzio *m* di miglioramento fondiario; **~kosten** *pl* spese *fpl* di miglioramento; **~kredit** *m* credito *m* di miglioramento.

Memorandum *n* memorandum *m*.

Memorial *n* libro *m* giornale, giornale *m*.

mengen | bezogen *adj*; **~mäßig** *adj* quantitativo, in termini quantitativi, quantitativamente.

Menschen | handel *m StrafR (§§ 232, 233 StGB)* tratta *f* degli esseri umani, traffico *m* di esseri umani, tratta *f* di persone, traffico *m* di persone, tratta *f* degli schiavi; **~händler/in** *m/f* trafficante *m/f* di esseri umani, trafficante *m/f* di persone, trafficante *m/f* di schiavi, schiavista *m/f*.

Menschenraub *m StrafR (§ 234 StGB)* rapimento *m*, sequestro *m* di persona, ratto *m*, kidnapping *m*; **erpresserischer ~** *m StrafR (§ 239a StGB)* sequestro *m* di persona a scopo di estorsione.

Menschenrechte *npl* diritti *mpl* dell'uomo, diritti *mpl* umani; **die ~ und Grundfreiheiten wahren** *EuR* tutelare i diritti dell'uomo e le libertà fondamentali; **Allgemeine Erklärung** *f* **der ~** *(der UN von 1948; auch als Deklaration der Menschenrechte, UN-Menschenrechtserklärung oder UN-Menschenrechtscharta bekannt)* Dichiarazione *f* universale dei diritti dell'uomo (*adottata dall'Assemblea Generale delle Nazioni Unite il 10 Dicembre 1948*).

Menschenrechts | beschwerde *f (Beschwerde beim Europäischen Gerichtshof für Menschenrechte)* ricorso *m* alla Corte europea dei diritti dell'uomo; **~charta** *f* carta *f* dei diritti dell'uomo; **~erklärung** *f* dichiarazione *f* dei diritti dell'uomo.

Menschenrechtskommission *f* commissione *f* dei diritti dell'uomo, commissione *f* per i diritti umani; **Europäische Kommission** *f* **für Menschenrechte** (*Abk* = **EKMR**) *EuR (auch: Europäische Menschenrechtskommission)* Commissione *f* europea dei diritti dell'uomo.

Menschenrechtskonvention *f* convenzione *f* dei diritti dell'uomo; **Europäische ~** *f* (*Abk* = **EMRK**) *EuR (auch: Europäische Konvention zum Schutz der Menschenrechte und Grundfreiheiten)* Convenzione *f* europea dei diritti dell'uomo *(CEDU)* (*anche: Convenzione europea per la salvaguardia dei diritti dell'uomo e delle libertà fondamentali*).

Menschenrechtsverletzung *f* violazione *f* dei diritti dell'uomo, violazione *f* dei diritti umani.

Menschenwürde *f (Art. 1 GG)* dignità *f* umana, dignità *f* dell'uomo.

> **Menschenwürde**
> L'articolo 1 della Costituzione tedesca (*Grundgesetz: Legge fondamentale*) recita: «La dignità umana è intangibile. È dovere di ogni potere statale rispettarla e proteggerla» (*Die Würde des Menschen ist unantastbar. Sie zu achten und zu schützen ist Verpflichtung aller staatlichen Gewalt*).

Mentalreservation *f* riserva *f* mentale.

Merkantilismus *m* mercantilismo *m*.

Merkantilist/in *m/f* mercantilista *m/f*.

merkantilistisch *adj* mercantilista, mercantilistico.

Merkblatt *n* promemoria *m*, memorandum *m*, *(Erläuterungen)* foglio *m* di istruzioni, istruzioni *fpl*, foglio *m* informativo, scheda *f* informativa, *(Notizzettel)* foglio *m* di appunti, foglio *m* di note.

Merkmal *n* segno *m* (distintivo/caratteristico), contrassegno *m*, *(Kennzeichen)* carattere *m*, caratteristica *f*, particolarità *f*, *(Zug)* tratto *m*, *(Anzeichen)* indice *m*, indizio *m*, sintomo *m*, criterio *m*.

Merkzeichen *n* contrassegno *m*, marca *f* di contrassegno, segno *m* (di riconoscimento).

Meta | geschäft *n* affare *m* a metà, affare *m* al cinquanta percento, transazione *f* congiunta; **~konto** *n* conto *m* in comune; **~kredit** *m* credito *m* concesso in comune.

METAS (*Abk* = **Eidgenössisches Institut für Metrologie**) *(CH)*

Istituto *m* federale (svizzero) di metrologia *(METAS)*.

Methode *f* metodo *m*, procedimento *m*, modo *m*, sistema *m*; **angewandte ~** *f* metodo *m* adottato; **sokratische ~** *f* metodo *m* socratico; **vergleichende ~** *f* metodo *m* comparativo.

Methodenlehre *f* metodologia *f*.

Metist/in *m/f (Teilnehmer an einem Metageschäft)* partecipante *m/f* a un affare a metà, partner *m/f* d'affari in una transazione congiunta.

Miet- di locazione, locativo, locato.

Miet | aufwand *m*; **~aufwendungen** *fpl* spese *fpl* di locazione, spese *fpl* locative; **~ausfall** *m* mancato pagamento *m* del canone (di locazione / locativo); **~ausfallversicherung** *f* assicurazione *f* che tutela il locatore dal rischio di mancato pagamento del canone (di locazione / locativo), assicurazione *f* contro la perdita delle pigioni; **~beihilfe** *f* sussidio *m* per l'alloggio, sussidio *m* casa, contributo *m* al canone di locazione; **~betrag** *m* canone *m* (di locazione / locativo), prezzo *m* della locazione, corrispettivo *m* della locazione, pigione *f*; **~bindung** *f* blocco *m* dei canoni (di locazione / locativi); **~dauer** *f* durata *f* della locazione.

Miete *f (Mietvertrag)* locazione *f*, *(Mietzins)* canone *m* (di locazione / locativo), prezzo *m* della locazione, corrispettivo *m* della locazione, pigione *f*; **angemessene ~** *f* equo canone *m*.

Miet | einkommen *n*; **~einkünfte** *fpl*; **~einnahmen** *fpl* reddito *m* locativo, reddito *m* (o: redditi) da locazione.

mieten *v* prendere in locazione, condurre in locazione.

Mieter/in *m/f* conduttore *m*, locatario *m*, inquilino/-a *m/f*, *(ungebr)* conducente *m/f*.

Mieter | bund *m* associazione *f* per la tutela dei diritti dei conduttori, associazione *f* (degli) inquilini; **~darlehen** *n* mutuo *m* concesso dal locatario al locatore; **~haftpflichtversicherung** *f* assicurazione *f* del rischio locativo.

Mieterhöhung *f* aumento *m* del canone (di locazione / locativo).

Mieterschutz *m* tutela *f* del locatario, tutela *f* dell'inquilino, protezione *f* del locatario, protezione *f* dell'inquilino; **~gesetz** *n* legge *f* sulla tutela del locatario.

Mietertrag *m* reddito *m* locativo, reddito *m* (o: redditi) da locazione.

Mieter | verein *m*; **~vereinigung** *f* associazione *f* (degli) inquilini; **~zuschuss** *m* somma *f* versata dal locatario al locatore a titolo di contributo alle spese di costruzione e di manutenzione dei vani locati.

Miet | fläche *f* superficie *f* locativa, superficie *f* locata, superficie *f* locabile; **~gebühr** *f* canone *m* di noleggio, prezzo *m* del noleggio, noleggio *m*; **~gegenstand** *m* oggetto *m* della locazione, cosa *f* locata, bene *m* locato, immobile *m* locato; **~geld** *n* indennità *f* di locazione; **~gericht** *n* sezione *f* locazioni (della pretura), sezione *f* della pretura competente (a decidere le controversie) in materia di locazione; **~index** *m* indice *m* dei canoni di locazione, indice *m* per l'adeguamento del canone di locazione; **~kauf** *m* leasing *m*, locazione-vendita *f*, locazione *f* con diritto di riscatto; **~kaufvertrag** *m* contratto *m* di leasing, contratto *m* di locazione-vendita, contratto *m* di locazione con diritto di riscatto; **~kaution** *f* cauzione *f* (*depositata a garanzia del pagamento del canone di locazione*), deposito *m* cauzionale; **~kündigung** *f* disdetta *f* del contratto di locazione, *(durch den Vermieter)* sfratto *m*; **~objekt** *n* oggetto *m* della locazione, cosa *f* locata, bene *m* locato, immobile *m* locato.

Mietpreis *m* prezzo *m* della locazione, canone *m* (di locazione / locativo), corrispettivo *m* della locazione, pigione *f*, *(bewegliche Sachen)* prezzo *m* del noleggio, noleggio *m*; **~bindung** *f* blocco *m* dei canoni (di locazione / locativi); **~bremse** *f* limite *m* massimo consentito per l'aumento percentuale del canone locativo quando un immobile viene nuovamente dato in locazione (*misura legislativa, voluta dal Ministro della Giustizia Heiko Maas, la quale prevede che quando un inquilino libera un immobile, quest'ultimo non può, successivamente, essere concesso in locazione ad un prezzo superiore del 10% rispetto al valore delle locazioni praticate in quella determinata zona*); **~überhöhung** *f* canone *m* (di locazione / locativo) eccessivo.

Miet | raum *m* locale *m* locato, locale *m* in locazione; **~recht** *n* diritto *m* delle locazioni, disciplina *f* delle locazioni, normativa *f* sulle (o: in materia di) locazioni, norme *fpl* sulla locazione; **~rückstand** *m* canoni *mpl* (di locazione) arretrati, pigione *f* arretrata; **~sache** *f* cosa *f* locata, bene *m* locato, immobile *m* locato, oggetto *m* della locazione.

Mietsdauer *f (CH)* durata *f* della locazione.

Miet | spiegel *m (Mietwerttabelle) (§ 558c BGB)* tabella *f* dei canoni (di locazione / locativi) indicativi praticati in una certa zona, tabella *f* comparativa che definisce la media e la forbice di prezzo dei canoni (di locazione / locativi) nelle varie zone; **~streitigkeit** *f* controversia *f* in materia di locazione; **~summe** *f* canone *m* (di locazione / locativo), prezzo *m* della locazione, corrispettivo *m* della locazione, pigione *f*; **~verhältnis** *n* rapporto *m* locativo, rapporto *m* locatizio, rapporto *m* di locazione, locazione *f*; **~verlängerung** *f* proroga *f* del contratto di locazione, rinnovo *m* del contratto di locazione.

Mietvertrag *m (§§ 535 ff. BGB)* contratto *m* di locazione, locazione *f*.

Mietvertrag

L'equivalente italiano del termine tedesco *Mietvertrag* è *contratto di locazione*. Preme puntualizzare che in Italia, nel linguaggio comune, viene spesso usato impropriamente il termine *affitto* come sinonimo di locazione, mentre la legislazione speciale e il codice civile riservano la nozione di affitto esclusivamente al rapporto di locazione di beni produttivi, mobili o immobili. Giova inoltre sottolineare che la locazione di beni mobili (macchinari, attrezzi, automobili, ecc.) non va confusa con il contratto di noleggio di navi (artt. 384 ss. cod. nav.). Questa fattispecie contrattuale è stata infatti usata in maniera indiscriminata e generalizzata sia nel linguaggio comune che tra gli operatori commerciali specializzati, come dimostrano alcune locuzioni quali *noleggiare un'automobile* o *noleggiare un film*, che risultano errate da un punto di vista strettamente tecnico-giuridico, in quanto il contratto di noleggio è esclusivamente quello previsto dai succitati articoli di legge.

Miet | vertragsgebühr *f (A)* tassa *f* di locazione; **~vorauszahlung** *f* pagamento *m* anticipato del canone (di locazione / locativo), pagamento *m* anticipato della pigione; **~wert** *m* valore *m* locativo; **~wohnung** *f* appartamento *m* in locazione, appartamento *m* concesso in locazione, appartamento *m* preso in locazione, appartamento *m* condotto in locazione, appartamento *m* locato; **~wucher** *m* richiesta *f* di canoni (di locazione / locativi) esorbitanti; **~zahlung** *f* pagamento *m* del canone (di locazione / locativo); **~zeit** *f* durata *f* della locazione, periodo *m* di locazione.

Mietzins *m* canone *m* (di locazione / locativo), prezzo *m* della locazione, corrispettivo *m* della locazione, pigione *f*; **~ausfall** *m* mancato pagamento *m* del canone (di locazione / locativo); **~beihilfe** *f (A)* sussidio *m* per l'alloggio, sussidio *m* casa, contributo *m* al canone di locazione; **~erhöhung** *f* aumento *m* del canone (di locazione / locativo); **~forderung** *f* credito *m* di pigione, canoni *mpl* (di locazione) arretrati; **~minderung** *f (A, CH)* riduzione *f* del canone (di locazione / locativo), diminuzione *f* del canone (di locazione / locativo); **~reserve** *f (A)* riserva *f* costituita da una parte dei canoni (di locazione / locativi) e destinata alle riparazioni dello stabile; **~zahlung** *f* pagamento *m* del canone (di locazione / locativo).

Mietzuschuss *m* sussidio *m* per l'alloggio, sussidio *m* casa, contributo *m* al canone di locazione.

Mikroökonomie *f* microeconomia *f*.

mikroökonomisch *adj* microeconomico.

Milderung *f (Abschwächung)* attenuazione *f*, mitigazione *f*, *(Linderung)* lenimento *m*, alleviamento *m*, *(Verringerung)* diminuzione *f*, riduzione *f*, moderazione *f*.

Milderungs | grund *m StrafR* circostanza *f* attenuante, attenuante *f*; **~recht** *n StrafR* diritto *m* di ridurre la pena; **~umstand** *m StrafR* circostanza *f* attenuante, attenuante *f*.

Militär | abkommen *n* accordo *m* militare, convenzione *f* militare; **~behörde** *f* autorità *f* militare; **~bündnis** *n* alleanza *f* militare; **~delikt** *n* reato *m* militare; **~departement** *n (CH)* dipartimento *m* militare (*corrispondente al ministero della difesa*) *(CH)*; **~dienst** *m* servizio *m* militare, servizio *m* di leva; **~dienstleistung** *f* prestazione *f* del servizio militare; **~dienstpflicht** *f* obbligo *m* del servizio militare, servizio *m* militare obbligatorio, coscrizione *f* obbligatoria; **~gefängnis** *n* carcere *m* militare; **~gericht** *n* tribunale *m* militare; **~gerichtsbarkeit** *f* giurisdizione *f* militare; **Internationaler ~gerichtshof** *m* tribunale *m* militare internazionale; **~gesetz** *n* legge *f* militare; **~gesetzgebung** *f* legislazione *f* militare; **~kassationsgericht** *n* *(CH)* corte *f* militare di cassazione; **~konvention** *f* convenzione *f* militare; **~pakt** *m* patto *m* militare; **~pflichtersatz** *m (CH)* tassa *f* d'esenzione dal servizio militare; **~richter/in** *m/f* giudice *m* militare; **~steuer** *f (CH)* tassa *f* d'esenzione dal servizio militare; **~strafanstalt** *f* carcere *m* militare, penitenziario *m* militare; **~strafgesetz** *n (A, CH)* codice *m* penale militare; **~strafrecht** *n* diritto *m* penale militare; **~testament** *n* testamento *m* dei militari; **~vertrag** *m* trattato *m* militare; **~verwaltung** *f* amministrazione *f* militare.

MiLoG (*Abk* = **Mindestlohngesetz**) *(D) ArbR (Gesetz zur Regelung eines allgemeinen Mindestlohns)* legge *f* (tedesca) sul minimo salariale, legge *f* (tedesca) sui salari minimi, legge *f* (tedesca) sulle retribuzioni minime.

Minderheit *f* minoranza *f*; **~** *f* **im Parlament**; **parlamentarische ~** *f* minoranza *f* parlamentare, minoranza *f* in Parlamento; **qualifizierte ~** *f* minoranza *f* qualificata.

Minderheiten | recht *n* diritto *m* delle minoranze; **~schutz** *m* protezione *f* delle minoranze, tutela *f* delle minoranze; **~schutzvertrag** *m* trattato *m* di protezione delle minoranze; **~statut** *n* statuto *m* delle minoranze; **~vertrag** *m* trattato *m* delle minoranze.

Minderheits | aktionär/in *m/f GesR* azionista *m/f* di minoranza; **~anteil** *m GesR* quota *f* di minoranza, quota *f* minoritaria; **~beteiligung** *f GesR* partecipazione *f* di minoranza, partecipazione *f* minoritaria; **~gesellschafter/in** *m/f GesR* socio *m* di minoranza; **~regierung** *f* governo *m* di minoranza; **~vertrag** *m* trattato *m* delle minoranze.

minderjährig *adj* minore, minorenne.

Minderjährigenrecht *n* diritto *m* dei minori, diritto *m* minorile.

Minderjährige/r *f/m* minore *m/f*, minorenne *m/f*.

Minderjährigkeit *f* minore età *f*, minorità *f*.

Minderkaufmann *m* piccolo imprenditore *m*.
mindern *v* diminuire, ridurre, abbassare.
Minderung *f* diminuzione *f*, riduzione *f*, ribasso *m*, *(Kaufvertrag)* riduzione *f* del prezzo; **~** *f* **der Erwerbsfähigkeit** riduzione *f* della capacità lavorativa, diminuzione *f* della capacità lavorativa, riduzione *f* della capacità di guadagno, diminuzione *f* della capacità di guadagno; **~** *f* **des Kaufpreises** *(Kaufvertrag) (§ 441 BGB)* riduzione *f* del (o: di) prezzo; **~** *f* **des Mietzinses** *MietR* riduzione *f* del canone (di locazione/locativo), diminuzione *f* del canone (di locazione/locativo).
Minderungs | anspruch *m (Kaufvertragsrecht)* diritto *m* alla riduzione del prezzo; **~klage** *f (Kaufvertragsrecht)* azione *f* estimatoria, azione *f* di riduzione del prezzo, azione *f* quanti minoris, actio quanti minoris *(lat)*; **~recht** *n (Kaufvertragsrecht)* diritto *m* alla riduzione del prezzo.
Mindest- minimo.
Mindest | abnahme *f* acquisto *m* minimo; **~anforderung** *f* requisito *m* minimo, richiesta *f* minima; **~anzahl** *f* numero *m* minimo, minimo *m*, *(für Beschlussfähigkeit)* quorum *m*; **~arbeitsbedingungen** *fpl* condizioni *fpl* minime di lavoro; **~auflage** *f (einer Zeitung)* tiratura *f* minima; **~ausstattung** *f* dotazione *f* minima; **~beitrag** *m* contributo *m* minimo; **~beitragsleistung** *f* contribuzione *f* minima; **~beitragszeit** *f* periodo *m* minimo di contribuzione; **~bestandteile** *mpl* **eines Vertrags** elementi *mpl* essenziali di un contratto, essentialia negotii *(lat)*; **~besteuerung** *f* *SteuerR* imposizione *f* minima; **~beteiligung** *f* partecipazione *f* minima; **~betrag** *m* importo *m* minimo, ammontare *m* minimo, minimo *m*; **~dauer** *f* durata *f* minima; **~deckung** *f* copertura *f* minima, riserva *f* minima; **~dienstalter** *n* *ArbR* anzianità *f* minima; **~einkommen** *n* reddito *m* minimo; **~einlage** *f* conferimento *m* minimo, apporto *m* minimo, deposito *m* minimo; **~entlohnung** *f ArbR* retribuzione *f* minima, minimo *m* di retribuzione, minimale *m* retributivo; **~erwerb** *m* acquisto *m* minimo; **~garantie** *f* garanzia *f* minima; **~gebot** *n* offerta *f* minima (*all'asta*); **~gebühr** *f* tariffa *f* minima, minimo *m* tariffario, tassa *f* minima; **~gehalt** *n* stipendio *m* minimo; **~gewicht** *n* peso *m* minimo; **~grenze** *f* minimo *m*, limite *m* minimo; **~kapital** *n GesR* capitale *m* minimo; **~kurs** *m* prezzo *m* minimo; **~laufzeit** *f* durata *f* minima; **~leistung** *f* rendimento *m* minimo.
Mindestlohn *m ArbR* salario *m* minimo, minimo *m* salariale, paga *f* minima, retribuzione *f* minima; **tariflicher ~** *m ArbR* minimo *m* tabellare.
Mindestlohn | gesetz *n (D)* (*Abk* = **MiLoG**) *ArbR (Gesetz zur Regelung eines allgemeinen Mindestlohns)* legge *f* (tedesca) sul minimo salariale, legge *f* (tedesca) sui salari minimi, legge *f* (tedesca) sulle retribuzioni minime; **~sätze** *mpl ArbR* tariffe *fpl* minime salariali, tariffe *fpl* salariali minime, salari *mpl* minimi, retribuzioni *fpl* minime, minimi *mpl* salariali.
Mindest | maß *n* [an *Dat*] minimo *m* [di]; **~menge** *f* quantitativo *m* minimo; **~normen** *fpl EuR* standard *mpl* minimi; **~prämie** *f* premio *m* minimo; **~preis** *m* prezzo *m* minimo; **~qualität** *f* qualità *f* minima; **~quote** *f* quota *f* minima; **~rate** *f* rata *f* minima; **~rente** *f* pensione *f* minima; **~reserve** *f* riserva *f* minima, riserva *f* obbligatoria; **~reservesatz** *m* coefficiente *m* minimo di liquidità, aliquota *f* di riserva minima; **~rücklage** *f*; **~rückstellung** *f* riserva *f* minima; **~satz** *m* tariffa *f* minima, tasso *m* minimo, aliquota *f* minima; **~schluss** *m* quantitativo *m* minimo nelle contrattazioni di Borsa; **~steuersatz** *m SteuerR* aliquota *f* (d'imposta) minima; **~strafe** *f* *StrafR* pena *f* minima, minimo *m* della pena, *(gesetzlich vorgesehen)*

minimo *m* edittale (della pena); **~streitwert** *m ZivProzR* valore *m* minimo (della causa); **~tarif** *m* tariffa *f* minima; **~teilnehmerzahl** *f* numero *m* minimo di partecipanti; **~umsatz** *m* fatturato *m* minimo; **~unterhalt** *m FamR (minderjähriger Kinder) (§ 1612a BGB)* contributo *m* minimo al mantenimento (dei figli minori); **~urlaub** *m ArbR* ferie *fpl* annuali minime, periodo *m* minimo annuale (legale) di ferie retribuite; **~verdienst** *m* guadagno *m* minimo; **~verzinsung** *f* interesse *m* minimo, tasso *m* di interesse minimo; **~wert** *m* valore *m* minimo; **~zeichnung** *f* sottoscrizione *f* minima; **~zeichnungsbetrag** *m* importo *m* minimo sottoscrivibile; **~zinssatz** *m* tasso *m* di interesse minimo.

Mineralölsteuer *f SteuerR* imposta *f* di fabbricazione degli oli minerali.

Minijob *m (D) ArbR* mini-impiego *m*, mini-lavoro *m* (*forma di lavoro atipico, con uno stipendio massimo di 450 euro mensili e con un limite di 15 ore settimanali*).

Minister *m* [f: Ministerin] → *Bundesminister/in* ministro *m*; **bevollmächtigter ~** *m* ministro *m* plenipotenziario; **~** *m* **ohne Geschäftsbereich**; **~** *m* **ohne Portefeuille** ministro *m* senza portafoglio.

Minister | amt *n* ministero *m*, carica *f* di ministro; **~anklage** *f* messa *f* in stato d'accusa di un ministro; **auf ~ebene** a livello ministeriale.

Ministerial | beamter/-beamtin *m/f* funzionario/-a *m/f* ministeriale, funzionario/-a *m/f* di ministero; **~blatt** *n* bollettino *m* ministeriale; **~direktor/in** *m/f* direttore/-trice *m/f* generale (di ministero), caposezione *m/f*; **~dirigent/in** *m/f* dirigente *m/f* ministeriale, ispettore *m* generale di ministero; **~erlass** *m* decreto *m* ministeriale *(D.M.)*; **~pass** *m* passaporto *m* ministeriale; **~rat/-rätin** *m/f* direttore/-trice *m/f* di una divisione del ministero, funzionario/-a *m/f* ministeriale o statale (con gli stessi compiti di un dirigente ministeriale), consigliere *m* ministeriale; **~runderlass** *m* circolare *f* ministeriale; **~verordnung** *f* regolamento *m* ministeriale; **~zulage** *f (Besoldung)* indennità *f* ministeriale.

ministeriell *adj* ministeriale.

Ministerium *n* → *D, A: Bundesministerium, CH: Departement* ministero *m*, dicastero *m*.

Minister | komitee *n* comitato *m* dei ministri; **~konferenz** *f* conferenza *f* dei ministri, conferenza *f* ministeriale; **~liste** *f* lista *f* dei ministri; **~posten** *m* carica *f* di ministro; **~präsident/in** *m/f* presidente *m* del consiglio (dei ministri) (*capo del governo di un Land tedesco; in Austria questa funzione è ricoperta dal "Landeshauptmann"*) *(D)*, primo ministro *m*, premier *m/f*; **~rat** *m* consiglio *m* dei ministri *(Cdm)*; **~ratssitzung** *f* consiglio *m* dei ministri, riunione *f* del consiglio dei ministri; **~sessel** *m* poltrona *f* di ministro, poltrona *f* ministeriale; **~sitzung** *f* consiglio *m* dei ministri, riunione *f* del consiglio dei ministri; **~verantwortlichkeit** *f* responsabilità *f* politica di un ministro, responsabilità *f* ministeriale.

Minorität *f* minoranza *f*.

Minoritäts | aktionär/in *m/f GesR* azionista *m/f* di minoranza; **~beteiligung** *f GesR* partecipazione *f* di minoranza, partecipazione *f* minoritaria; **~gruppe** *f* gruppo *m* di minoranza; **~partei** *f* partito *m* di minoranza.

Minus *n (Defizit)* ammanco *m*, deficit *m*, *(Nachteil)* svantaggio *m*, punto *m* negativo; **~bestand** *m*; **~betrag** *m* ammanco *m*, deficit *m*; **~saldo** *m* saldo *m* negativo, saldo *m* debitore; **~vermögen** *n* patrimonio *m* in cui il passivo eccede l'attivo.

Mischehe *f FamR* matrimonio *m* misto.

Mischgeschäft *n* negozio *m* misto; **~** *n* **mit Schenkung** negozio *m* misto con donazione.

Misch | kurs *m (A)* corso *m* medio; **~prozess** *m* processo *m* misto; **~sendung** *f* spedizione *f* mista; **~steuer** *f* imposta *f* congiunta con altri tributi; **~unternehmen** *n* impresa *f* a carattere misto; **~vertrag** *m* contratto *m* misto; **~verwaltung** *f* amministrazione *f* mista; **~zoll** *m* dazio *m* misto.

Mise *f* posta *f*, messa *f*, puntata *f*.

missachten *v (nicht einhalten)* non tenere (in alcun) conto, non osservare, *(nicht befolgen)* trascurare, *(Vorschriften)* disattendere.

Missachtung *f (Nichteinhaltung)* mancato rispetto *m*, *(von Vorschriften)* inosservanza *f*.

missbilligen *v* disapprovare, dissentire, *(tadeln)* biasimare, riprovare, censurare.

Missbilligung *f* disapprovazione *f*, dissenso *m*, *(Tadel)* biasimo *m*, riprovazione *f*, censura *f*.

Missbilligungsantrag *m* mozione *f* di sfiducia.

Missbrauch *m* [1] *(unerlaubter Gebrauch)* abuso *m*, sopruso *m*, *(falsche Anwendung)* uso *m* improprio, uso *m* indebito, uso *m* illecito, cattivo uso *m*; **~** *m* **der Amtsgewalt** *(A) StrafR (§ 302 öStGB)* abuso *m* di potere, abuso *m* (dei poteri) d'ufficio, abuso *m* di autorità; **~** *m* **von Ausweispapieren** *StrafR (§ 281 StGB)* abuso *m* dei documenti d'identità altrui, abuso *m* di documenti di riconoscimento; **~** *m* **eines Autoritätsverhältnisses** *(A)* atti *mpl* di libidine commessi con abuso di autorità; **~** *m* **der Befehlsbefugnis** *(Wehrstrafgesetz)* abuso *m* del potere di comando; **~** *m* **einer beherrschenden Stellung** *(Wirtschaftsunternehmen)* abuso *m* di posizione dominante; **~** *m* **des Berufes oder Gewerbes** abuso *m* di professione o arte; **~** *m* **der Monopolstellung** abuso *m* della posizione di monopolio, abuso *m* di posizione monopolistica; **~** *m* **von Notrufen** abuso *m* di un impianto per chiamate di soccorso; **~** *m* **von Titeln** abuso *m* di titoli; **~** *m* **der Vertretungsmacht** abuso *m* della rappresentanza, abuso *m* del potere rappresentativo.

Missbrauch *m* [2] *(Vergewaltigung)* abuso *m* sessuale, violenza *f* carnale; **sexueller ~** *m* abuso *m* sessuale; **sexueller ~** *m* **von Jugendlichen** *StrafR (§ 182 StGB)* abuso *m* sessuale di (o: sui/su) minori (o: minorenni tra i 14 e i 18 anni non compiuti), violenza *f* sessuale sui (o: su) minori (o: minorenni tra i 14 e i 18 anni non compiuti); **sexueller ~** *m* **von Kindern** *StrafR (§ 176 StGB)* abuso *m* sessuale di (o: sui/ su) minorenni (o: minori di 14 anni), violenza *f* sessuale sui (o: su) minorenni (o: minori di 14 anni), atti *mpl* di libidine su fanciulli.

missbrauchen *v* [1] *(unerlaubten Gebrauch machen)* abusare [di], *(Dinge)* fare uso indebito [di], fare cattivo uso [di], *(ausnützen)* approfittare [di].

missbrauchen *v* [2] *(vergewaltigen)* abusare [di], violentare, usare violenza [a].

missbräuchlich *adj* abusivo, improprio, indebito, illecito.

missdeuten *v* interpretare male, fraintendere, equivocare.

misshandeln *v (schlecht behandeln)* maltrattare, *(körperlich)* malmenare, percuotere.

Misshandlung *f (schlechte Behandlung)* maltrattamento *m*, *(körperliche)* percosse *fpl*; **körperliche ~** *f StrafR (§ 223 StGB)* maltrattamento *m* fisico, sevizie *fpl*, *(durch Schläge)* percosse *fpl*; **~** *f* **von Kindern** maltrattamento *m* di minori; **~** *f* **von Schutzbefohlenen** *StrafR (§ 225 StGB)* maltrattamento *m* di persone sotto affidamento, maltrattamento *m* di soggetti sottoposti a protezione; **~** *f* **von Tieren** maltrattamento *m* di animali.

Misstrauen *n (mangelndes Vertrauen)* sfiducia *f*, diffidenza *f*, *(Argwohn)* sospetto *m*; **das ~ aussprechen** votare la sfiducia.

Misstrauensantrag *m (pol)* mozione *f* di sfiducia; **einen ~ einbringen** *(pol)* presentare una mozione di sfiducia.

Misstrauensvotum *n (pol)* voto *m* di sfiducia; **konstruktives ~** *n (D) VerfR (Art. 67 GG)* sfiducia *f* costruttiva.

Missverhältnis *n (Unausgeglichenheit)* sproporzione *f*, sproporzionalità *f*, *(Diskrepanz)* contrasto *m*, discrepanza *f*, *(Ungleichheit)* disparità *f*;

~ *n* **der Leistungen** *(gegenseitiger Vertrag)* sproporzione *f* tra le prestazioni.

Misswirtschaft *f* cattiva amministrazione *f*, disordine *m* economico, malgoverno *m*.

Mitangeklagte/r *f/m StrafProzR* coimputato/-a *m/f*.

Mitarbeit *f (Zusammenarbeit)* collaborazione *f*, cooperazione *f*, *(nichtselbstständige Arbeit)* lavoro *m* dipendente; **unter ~** [Gen / von Dat] con la collaborazione [di].

mitarbeiten *v* [an *Dat*] collaborare [a], cooperare [a], coadiuvare.

Mitarbeiter/in *m/f* collaboratore/-trice *m/f*, aiuto *m*, collega *m/f*, *(Mitglied der Belegschaft)* dipendente *m/f*, addetto/-a *m/f*; **freie/r ~** *m/f* collaboratore/-trice *m/f* esterno/-a, collaboratore/-trice *m/f* freelance, *(Journal)* pubblicista *m/f*; **wissenschaftliche/r ~** *m/f* ricercatore/-trice *m/f*.

Mitarbeiterstab *m* staff *m*, gruppo *m* di collaboratori, équipe *f* di collaboratori, squadra *f* di collaboratori.

Mit|autor/in *m/f* coautore/-trice *m/f*; **~begründer/in** *m/f* cofondatore/-trice *m/f*; **~benutzer/in** *m/f* coutente *m/f*; **~benutzung** *f*; **~benützung** *f (A, CH)* uso *m* (in) comune, couso *m*, coutenza *f*; **~benutzungsrecht** *n*; **~benützungsrecht** *n (A, CH)* diritto *m* di couso; **~berechtigte/r** *f/m* contitolare *m/f*; **~berechtigung** *f* l'essere titolare di un diritto insieme ad altri, contitolarità *f*; **~beschuldigte/r** *f/m StrafProzR* coimputato/-a *m/f*; **~besitz** *m SachenR (§ 866 BGB)* compossesso *m*, possesso *m* (in) comune; **~besitzer/in** *m/f SachenR* compossessore *m*.

MitbestG (*Abk* = **Mitbestimmungsgesetz**) *(D) (Gesetz über die Mitbestimmung der Arbeitnehmer)* legge *f* (tedesca) sulla codeterminazione, legge *f* (tedesca) sulla cogestione.

mitbestimmen *v* codecidere [o: co-decidere], partecipare alla decisione di/su, *(mitreden)* avere voce in capitolo, *(im Betrieb)* codeterminare, cogestire, partecipare alla gestione dell'impresa.

Mitbestimmung *f* decisione *f* (in) comune, codecisione *f* [o: co-decisione], *(im Betrieb)* codeterminazione *f*, cogestione *f*, partecipazione *f* dei lavoratori alla gestione dell'impresa, coinvolgimento *m* dei lavoratori dipendenti alla gestione dell'impresa e partecipazione *f* dei rappresentanti dei lavoratori negli organi di amministrazione e controllo dell'impresa; **betriebliche ~** *f ArbR (Beteiligung der Arbeitnehmer an der Ausgestaltung der Arbeitsbedingungen im Betrieb)* codeterminazione *f*, ad opera della direzione aziendale e dell'organo di rappresentanza del personale (il Betriebsrat, consiglio d'azienda) di numerosissime questioni in materia sociale, del personale ed economica, codeterminazione *f* attraverso i consigli di unità produttiva, codeterminazione *f* a livello aziendale, cogestione *f* aziendale, cogestione *f* attraverso gli organi di rappresentanza del personale, partecipazione *f* dei lavoratori alla gestione dell'impresa, coinvolgimento *m* dei lavoratori dipendenti alla gestione dell'impresa, partecipazione *f* dei lavoratori alle decisioni dell'impresa a livello di unità produttiva; **erzwingbare ~** *f ArbR* cogestione *f* obbligatoria; **gesamtwirtschaftliche ~** *f ArbR* codeterminazione *f* della politica economica; **paritätische ~** *f ArbR* codeterminazione *f* paritaria, cogestione *f* paritetica; **unternehmerische ~** *f ArbR (unternehmenspolitische Entscheidungen: die Arbeitnehmervertreter werden in die Leitungsorgane des Unternehmens entsandt)* codeterminazione *f* negli organi societari, codeterminazione *f* negli organi dell'impresa societaria, codeterminazione *f* a livello di organi societari, codeterminazione *f* societaria, partecipazione *f* dei lavoratori agli organi direttivi societari, partecipazione *f* dei lavoratori agli organi dell'impresa (societaria), partecipazione *f* dei lavoratori alle decisioni dell'impresa negli organi societari, partecipazione *f* dei rappresentanti dei lavoratori negli organi di amministrazione e controllo dell'impresa, rappresentanza *f* dei lavoratori in seno agli organi direttivi societari.

Mitbestimmungs | gesetz *n (D)* (*Abk* = **MitbestG**) *(Gesetz über die Mitbestimmung der Arbeitnehmer)* legge *f* (tedesca) sulla codeterminazione, legge *f* (tedesca) sulla cogestione; **~recht** *n* diritto *m* di codeterminazione, diritto *m* di cogestione.

mitbeteiligt *adj* compartecipe, cointeressato, coinvolto.

Mitbeteiligte/r *f/m* [1] compartecipe *m/f*, cointeressato/-a *m/f*, persona *f* coinvolta.

Mitbeteiligte/r *f/m* [2] *(A) (im Verwaltungsgerichtsverfahren)* parte *f* interessata.

Mit | beteiligung *f* compartecipazione *f*, cointeressenza *f*; **~bewerber/in** *m/f* concorrente *m/f*, competitore/-trice *m/f*; **~bürge** *m* confideiussore *m*, cogarante *m*, *(bei Wechsel oder Scheck)* coavallante *m*; **~bürger/in** *m/f* concittadino/-a *m/f*; **~bürgerschaft** *f* concittadinanza *f*; **~bürgschaft** *f* confideiussione *f*, fideiussione *f* solidale, cogaranzia *f*, *(bei Wechsel oder Scheck)* coavallo *m*; **~eigentum** *n SachenR* comproprietà *f*, condominio *m*; **~eigentümer/in** *m/f SachenR* comproprietario/-a *m/f*, condomino/-a *m/f*; **~eigentumsanteil** *m* quota *f* di comproprietà, quota *f* di condominio; **~eigentumsrecht** *n* diritto *m* di comproprietà, diritto *m* di condominio.

mitentscheiden *v* codecidere [o: co-decidere], partecipare alla decisione di/su, *(mitreden)* avere voce in capitolo.

Mitentscheidung *f* decisione *f* (in) comune, codecisione *f* [o: co-decisione].

Mitentscheidungs | befugnis *f* potere *m* di codecisione (o: co-decisione), potere *m* codecisionale; **~verfahren** *n EuR* procedura *f* di codecisione (o: co-decisione).

Miterbe/-erbin *m/f ErbR* coerede *m/f*.

miterben *v (A)* ereditare insieme ad altri.

Miterbengemeinschaft *f ErbR* comunione *f* ereditaria.

mitfertigen *v (A)* controfirmare.

mitfinanzieren *v* cofinanziare.

Mitfinanzierung *f* cofinanziamento *m*.

mit freundlichen Grüßen *(Briefschluss)* cordiali saluti, distinti saluti; **In Erwartung Ihrer Antwort verbleiben wir ~** *(Briefschluss)* In attesa di un Vs. cortese cenno di riscontro, porgiamo cordiali saluti.

Mitführen *n* **von Waffen** porto *m* d'armi.

Mit | gebrauch *m* couso *m*; **~geschäftsführer/in** *m/f* cogerente *m/f*; **~gesellschafter/in** *m/f* consocio *m*; **~gestaltungsrecht** *n* diritto *m* di partecipazione; **~gewahrsam** *m* condetenzione *f*.

Mitgift *f* dote *f*, beni *mpl* dotali; **~bestellung** *f (A)* costituzione *f* di dote; **~versicherung** *f* assicurazione *f* dotale.

Mitgläubiger/in *m/f* concreditore *m*.

Mitglied *n* membro *m*, socio/-a *m/f* (*di un'associazione, un circolo, un club*), associato/-a *m/f*, consociato/-a *m/f*, affiliato/-a *m/f*, aderente *m/f*, iscritto/-a *m/f*, tesserato/-a *m/f*; **aktives ~** *n* membro *m* attivo, socio *m* attivo; **angeschlossenes ~** *n*; **assoziiertes ~** *n* membro *m* associato; **ausscheidendes ~** *n* membro *m* uscente; **beigeordnetes ~** *n* membro *m* aggiunto; **beratendes ~** *n* membro *m* consultivo; **eingeschriebenes ~** *n*; **eingetragenes ~** *n* membro *m* iscritto, socio *m* iscritto; **förderndes ~** *n* socio *m* promotore; **freiwilliges ~** *n* socio *m* volontario; **gründendes ~** *n* socio *m* fondatore; **korrespondierendes ~** *n* socio *m* corrispondente; **ordentliches ~** *n* socio *m* effettivo, socio *m* ordinario; **passives ~** *n* socio *m* promotore, socio *m* passivo; **ständiges ~** *n* membro *m* permanente; **stellvertretendes ~** *n* membro *m* supplente; **unbeschränkt haftendes ~** *n* *(CH)* socio *m* accomandatario, accomandatario *m*; **unterstützendes ~** *n* socio *m* promotore; **wählbares ~** *n* membro *m* elettivo; **zugewähltes ~** *n* membro *m* cooptato; **~** *n* **kraft Amtes** membro *m* di diritto; **~** *n* **des Gemeinderats** consigliere *m* comunale; **~** *n* **des Landtags** *(Südtirol)* consigliere *m* provinciale; **~** *n* **auf Lebenszeit** socio *m* a vita; **~** *n* **des Nationalrats** consigliere *m* nazionale; **~** *n* **des Regionalrats** consigliere *m* regionale; **~** *n* **des Senats** senatore *m*.

Mitglieder | versammlung *f* assemblea *f* dei soci, riunione *f* degli iscritti; **~werbung** *f (Gewerkschaft u. ä.)* campagna *f* per il tesseramento.

Mitglieds | ausweis *m* tessera *f* di socio; **~beitrag** *m* quota *f* sociale.

Mitgliedschaft *f* qualità *f* di membro, qualità *f* di socio, condizione *f* di socio, appartenenza *f* (*in qualità di membro, socio*), adesione *f*, iscrizione *f*; **die ~ erwerben** diventare membro, diventare socio.

Mitgliedschaftsrechte *npl* diritti *mpl* dei soci.

Mitglieds | gesellschaft *f* società *f* aderente; **~karte** *f* tessera *f* di socio; **~land** *n* paese *m* membro; **~rechte** *npl* diritti *mpl* dei soci.

Mitglied(s)staat *m (der EU)* Stato *m* membro (*dell'UE*), Stato *m* aderente.

mithaftend *adj* corresponsabile.

Mit | haftung *f* corresponsabilità *f*; **~herausgeber/in** *m/f* coeditore/-trice *m/f*; **~hilfe** *f (Hilfe)* aiuto *m*, *(Zusammenarbeit)* collaborazione *f*, cooperazione *f*, *StrafR (Beihilfe)* concorso *m*; **~inhaber/in** *m/f* contitolare *m/f*, cointestatario/-a *m/f*, comproprietario/-a *m/f*; **~kläger/in** *m/f ZivProzR* coattore/-trice *m/f*.

mitkriegführend *adj* cobelligerante.

Mit | kriegführende/r *f/m* cobelligerante *m/f*; **in ~leidenschaft ziehen** coinvolgere, implicare, compromettere, danneggiare; **~leitung** *f* condirezione *f*; **~mieter/in** *m/f* coinquilino/-a *m/f*; **~pacht** *f* affitto *m* in comune; **~pächter/in** *m/f* coaffittuario/-a *m/f*; **~schuld** *f* *StrafR* corresponsabilità *f*, colpa *f* concorrente.

mitschuldig *adj* [an *Dat*] corresponsabile [di].

Mit | schuldige/r *f/m StrafR* corresponsabile *m/f*; **~schuldner/in** *m/f ZivR* coobbligato/-a *m/f*, condebitore/-trice *m/f*.

Mitsprache *f* partecipazione *f* (alla discussione), parola *f*; **~recht** *n* diritto *m* di parola, diritto *m* di essere consultato, diritto *m* di essere interpellato.

mitstimmen *v* prendere parte alla votazione, votare.

Mit | täter/in *m/f StrafR (§ 25 Abs. 2 StGB)* coautore/-trice *m/f*, correo/-a *m/f*; **~täterschaft** *f StrafR (§ 25 Abs. 2 StGB)* concorso *m* di persone nel reato, correità *f*, coautoria *f*.

mitteilen *v* comunicare, *(benachrichtigen)* informare, avvisare, avvertire, segnalare, far(e) presente, *(amtlich benachrichtigen)* notificare, dare atto.

Mitteilung *f (Benachrichtigung)* comunicazione *f*, informazione *f*, segnalazione *f*, comunicato *m*, *(Bekanntmachung)* avviso *m*, *(Meldung)* annuncio *m*, *(Nachricht)* notizia *f*, messaggio *m*, *(amtliche Nachricht)* notifica *f*, notificazione *f*; **amtliche ~** *f* comunicazione *f* d'ufficio, avviso *m* ufficiale, comunicato *m* ufficiale; **vertrauliche ~** *f* comunicazione *f* confidenziale, comunicazione *f* riservata.

Mitteilungsblatt *n* foglio *m* di comunicazioni, bollettino *m* d'informazione; **amtliches ~** *n* foglio *m* degli annunci legali.

Mitteilungspflicht *f* obbligo *m* informativo, obbligo *m* di avviso, obbligo *m* di comunicazione.

Mittel *n* [1] *(zur Erreichung eines Zieles)* mezzo *m*, strumento *m*, *(Methode)* modo *m*, *(Weg)* strada *f*, via *f*,

(Ausweg) espediente *m*, *(Stoff)* sostanza *f*, agente *m*, *(Heilmittel)* rimedio *m*, farmaco *m*, medicina *f*; **unlautere ~** *npl*; **unzulässige ~** *npl* mezzi *mpl* illeciti.
Mittel *n* [2] *(Durchschnitt)* media *f*, valore *m* medio; **arithmetisches ~** *n* media *f* aritmetica.
Mittel *npl* [3] *(in der Mehrzahl: Geldmittel)* mezzi *mpl* (*finanziari*), risorse *fpl* (*finanziarie*), fondi *mpl*, capitale *m*, capitali *mpl*, disponibilità f/pl (*finanziaria, finanziarie*), possibilità *fpl* finanziarie, sostanze *fpl*; **~ bereitstellen**; **~ bewilligen** stanziare fondi; **~** *npl* **zur Bestreitung des Lebensunterhalts** mezzi *mpl* di sussistenza, mezzi *mpl* di sostentamento; **bereitgestellte ~** *npl*; **bewilligte ~** *npl* fondi *mpl* stanziati; **eigene ~** *npl* fondi *mpl* propri, mezzi *mpl* propri, capitali *mpl* propri, mezzi *mpl* di diretta pertinenza, capitali *mpl* di diretta pertinenza; **finanzielle ~** *npl* mezzi *mpl* finanziari, ricorse *fpl* finanziarie, disponibilità *fpl* finanziarie, possibilità *fpl* finanziarie; **flüssige ~** *npl* disponibilità *f* liquida, disponibilità *fpl* liquide, liquidità *f*, attività *fpl* liquide; **freie ~** *npl*; **greifbare ~** *npl* mezzi *mpl* disponibili, fondi *mpl* disponibili, disponibilità *fpl*; **haftende ~** *npl* capitale *m* di rischio; **laufende ~** *npl* capitale *m* circolante; **liquide ~** *npl* disponibilità *f* liquida, disponibilità *fpl* liquide, liquidità *f*, attività *fpl* liquide; **liquide ~** *npl* **ersten Grades**; **liquide ~** *npl* **erster Ordnung** liquidità *f* di primo grado, liquidità *f* primaria; **liquide ~** *npl* **zweiten Grades**; **liquide ~** *npl* **zweiter Ordnung** liquidità *f* di secondo grado, liquidità *f* secondaria; **~** *npl* **der öffentlichen Hand**; **öffentliche ~** *npl* fondi *mpl* pubblici; **verfügbare ~** *npl*; **vorhandene ~** *npl* mezzi *mpl* disponibili, fondi *mpl* disponibili, disponibilità *fpl*; **zweckbestimmte ~** *npl*; **zweckgebundene ~** *npl* fondi *mpl* a destinazione vincolata.
Mittel | aufbringung *f*; **~aufnahme** *f* raccolta *f* di fondi.
mittelbar *adj* indiretto, mediato.
Mittel | behörde *f* autorità *f* intermedia; **~beschaffung** *f* raccolta *f* di fondi; **~betrieb** *m* media impresa *f*, azienda *f* di medie dimensioni; **~einsatz** *m* impiego *m* di fondi.
mittelfristig *adj* a medio termine, a media scadenza.
Mittel | instanz *f* istanza *f* intermedia; **~kurs** *m* prezzo *m* medio, corso *m* medio; **~losigkeitszeugnis** *n* certificato *m* di nullatenenza; **~partei** *f* partito *m* di centro; **~preis** *m* prezzo *m* medio.
Mittels | mann *m*; **~person** *f* intermediario *m*, mediatore *m*, intercessore *m*, prestanome *m*, interposta persona *f*.
Mittestamentsvollstrecker/in *m/f* *ErbR* coesecutore *m* testamentario.
Mittler *m* mediatore *m*, intermediario *m*; **~rolle** *f* ruolo *m* di mediazione.
Mit | übernahme *f (einer Schuld)* accollo *m* cumulativo; **~übernehmer/in** *m/f (einer Schuld)* assuntore *m* (*nell'accollo cumulativo*); **~unternehmer/in** *m/f* consocio/-a *m/f*, coimprenditore/-trice *m/f*; **~unterschrift** *f* controfirma *f*.
mitunterzeichnen *v* controfirmare.
Mit | unterzeichner/in *m/f* cofirmatario/-a *m/f*; **~unterzeichnerstaat** *m* paese *m* cofirmatario; **~unterzeichnete/r** *f/m* cofirmatario/-a *m/f*; **~unterzeichnung** *f* controfirma *f*; **~urheber/in** *m/f* coautore/-trice *m/f*; **~ursache** *f* concausa *f*; **~ursächlichkeit** *f* concausalità *f*, causalità *f* concorrente.
mitverantwortlich *adj* corresponsabile.
Mit | verantwortlichkeit *f*; **~verantwortung** *f* corresponsabilità *f*; **~verfasser/in** *m/f* coautore/-trice *m/f*; **~vermächtnisnehmer/in** *m/f ErbR* collegatario/-a *m/f*.
mitverpflichtet *adj* coobbligato.
Mit | verpflichtete/r *f/m* coobbligato/-a *m/f*; **~verpflichtung** *f* coobbligazione *f*; **~verschluss** *m* chiusura *f* doppia;

~verschulden *n (§ 254 BGB; § 9 StVG; § 6 ProdHaftG)* concorso *m* di colpa, concorso *m* del fatto colposo, colpa *f* concorrente; **~versicherer** *m* coassicuratore *m*; **~versicherung** *f* coassicurazione *f*; **~verursachung** *f* concausa *f*, concorso *m* di cause; **~verwaltung** *f* coamministrazione *f*; **~vormund** *m* protutore *m*; **~vormundschaft** *f* protutela *f*; **~vorsitzende/r** *f/m* copresidente *m*.

mitwirken *v* cooperare, collaborare, partecipare, prendere parte.

mitwirkend *adj* concomitante, concorrente, *(unter Mitwirkung von)* con la collaborazione [di], con la cooperazione [di], con la partecipazione [di], con l'intervento [di].

Mitwirkung *f (Mitarbeit)* collaborazione *f*, cooperazione *f*, *(Beitrag)* concorso *m*, contributo *m*, *(Beteiligung)* partecipazione *f*, coinvolgimento *m*; **unter ~** [Gen / von Dat] con la collaborazione [di], con la cooperazione [di], con la partecipazione [di], con l'intervento [di]; **~** *f* **am Selbstmord** *(A)* istigazione *f* o aiuto *m* al suicidio.

Mitwirkungs | pflicht *f* obbligo *m* di cooperazione, obbligo *m* di cooperare, obbligo *m* di partecipazione; **~recht** *n* diritto *m* di partecipazione.

Mit | zeichnende/r *f/m* cofirmatario/-a *m/f*; **~zeuge/-zeugin** *m/f* conteste *m/f*, cotestimone *m/f*.

Mobiliar *n* mobili *mpl*, mobilia *f*; **~hypothek** *f KredSichR* ipoteca *f* mobiliare; **~klage** *f* azione *f* mobiliare; **~kredit** *m* credito *m* mobiliare; **~kreditbank** *f* banca *f* di credito mobiliare; **~pfändung** *f* pignoramento *m* mobiliare; **~schuld** *f* debito *m* mobiliare; **~sicherheit** *f* garanzia *f* mobiliare; **~steuer** *f* tributo *m* mobiliare; **~vermögen** *n* patrimonio *m* mobiliare, beni *mpl* mobili; **~versicherung** *f* assicurazione *f* mobiliare; **~verzeichnis** *n* inventario *m* mobiliare; **~vollstreckung** *f*; **~zwangsvollstreckung** *f* espropriazione *f* mobiliare.

Mobilien *pl* mobili *mpl*, beni *mpl* mobili.

Mobilitätsrichtlinie *f EuR* → *s. Anhang 3 b)* Direttiva *f* 2014/50/UE del Parlamento europeo e del Consiglio, del 16 aprile 2014, relativa ai requisiti minimi per accrescere la mobilità dei lavoratori tra Stati membri migliorando l'acquisizione e la salvaguardia di diritti pensionistici complementari.

Modalitäten *fpl* modalità *fpl*.

Modell *n* modello *m*, campione *m*, esempio *m*, esemplare *m*, tipo *m*, disegno *m*; **gewerbliches ~** *n* modello *m* industriale.

Molestklausel *f* clausola *f* del rischio di guerra.

Momentanwert *m (Jetztwert)* valore *m* attuale.

MoMiG (*Abk* = **Gesetz zur Modernisierung des GmbH-Rechts und zur Bekämpfung von Missbräuchen**) *(D)* legge *f* (tedesca) di riforma (o: modernizzazione) del diritto delle società a responsabilità limitata (s.r.l., in tedesco: GmbH) e per combattere gli abusi societari.

Monats- mensile.

Monats | abrechnung *f* conto *m* mensile; **~abschluss** *m* bilancio *m* mensile, chiusura *f* mensile (dei conti); **~aufstellung** *f* bilancio *m* mensile; **~ausweis** *m* situazione *f* mensile; **~bericht** *m* rapporto *m* mensile, relazione *f* mensile, situazione *f* mensile; **~bilanz** *f* bilancio *m* mensile; **~einkommen** *n* reddito *m* mensile; **~ende** *n* fine *f* (del) mese; **~frist** *f* termine *m* di un mese, spazio *m* di un mese.

Monatsgehalt *n ArbR* stipendio *m* mensile, mensilità *f*, mensile *m*, mesata *f*; **dreizehntes ~** *n ArbR* tredicesima *f*, tredicesima mensilità *f*; **vierzehntes ~** *n ArbR* quattordicesima *f*, quattordicesima mensilità *f*.

Monats | geld *n* prestito *m* a un mese, *(Festgeld)* deposito *m* vincolato a un mese; **~karte** *f* abbonamento *m* mensile, tessera *f* di abbonamento mensile, tessera *f* mensile; **~lohn** *m ArbR* salario *m* mensile, paga *f* mensile, mensilità *f*, mensile *m*, mesata *f*; **~miete** *f* canone *m* mensile; **~rate** *f* rata *f* mensile, mensilità *f*; **~rechnung** *f* conto *m* mensile; **~wechsel** *m* cambiale *f* a un mese.

monetär *adj* monetario.

Monismus *m* ↔ *Dualismus* monismo *m*.

Monopol *n* monopolio *m*; **ein ~ ausüben** monopolizzare, esercitare un monopolio; **gesetzliches ~** *n* monopolio *m* legale, monopolio *m* di diritto; **natürliches ~** *n* monopolio *m* naturale; **originäres ~** *n* monopolio *m* della creazione intellettuale; **staatliches ~** *n* monopolio *m* statale; **tatsächliches ~** *n* monopolio *m* di fatto.

Monopol | abgabe *f* tassa *f* di monopolio, diritto *m* di monopolio; **~absprache** *f* intesa *f* monopolistica.

monopolfeindlich *adj* antitrust.

Monopol | gebühr *f* tassa *f* di monopolio, diritto *m* di monopolio; **~gesellschaft** *f* società *f* in situazione di monopolio; **~gewinn** *m* utile *m* di monopolio, profitto *m* di monopolio; **~gut** *n* articolo *m* di monopolio.

monopolisieren *v* monopolizzare.

Monopolisierung *f* monopolizzazione *f*.

Monopolist/in *m/f* monopolista *m/f*.

monopolistisch *adj* monopolistico.

Monopol | missbrauch *m* abuso *m* della posizione di monopolio; **~preis** *m* prezzo *m* di monopolio; **~recht** *n* diritto *m* di monopolio; **~rente** *f* rendita *f* di monopolio; **~stellung** *f KartellR* posizione *f* di monopolio, posizione *f* monopolistica, situazione *f* di monopolio; **~vereinbarung** *f* convenzione *f* di monopolio; **~verwaltung** *f* amministrazione *f* del monopolio; **~ware** *f* articolo *m* di monopolio.

Montan | union *f EuR* → *Europäische Gemeinschaft für Kohle und Stahl (EGKS)* Comunità *f* europea del carbone e dell'acciaio *(CECA)*, comunità *f* carbo-siderurgica, pool *m* carbone-acciaio; **~unionsvertrag** *m*; **~vertrag** *m EuR* Trattato *m* istitutivo della Comunità europea del carbone e dell'acciaio (CECA).

Moral *f* morale *f*, moralità *f*.

Moratorium *n SchuldR* moratoria *f*.

Moratoriumsrisiko *n* rischio *m* di moratoria.

Mord *m (D) StrafR (§ 211 StGB)* omicidio *m* doloso (*grave*), omicidio *m* aggravato, omicidio *m* in presenza di (circostanze) aggravanti, *(A) StrafR (§ 75 öStGB)* omicidio *m*, *(CH) StrafR (Art. 112 sStGB)* assassinio *m*; **~anklage** *f StrafR* accusa *f* di omicidio, accusa *f* di assassinio *(CH)*; **~anschlag** *m StrafR* attentato *m*; **~dezernat** *n* sezione *f* omicidi, squadra *f* omicidi.

morden *v StrafR* commettere un omicidio, commettere un assassinio, uccidere, assassinare.

Mörder/in *m/f StrafR* omicida *m/f*, assassino/-a *m/f (CH)*.

Mord | fall *m StrafR* caso *m* di omicidio; **~kommission** *f (Kriminalpolizei)* sezione *f* omicidi, squadra *f* omicidi; **~merkmale** *npl (D) (Tatbestandsmerkmale des § 211 Abs. 2 StGB, die die vorsätzliche Tötung eines Menschen als Mord und nicht lediglich als Totschlag qualifizieren)* aggravanti *fpl* dell'omicidio (doloso), circostanze *fpl* aggravanti dell'omicidio (doloso); **~tat** *f StrafR* omicidio *m*, assassinio *m*, fatto *m* di sangue; **~verdacht** *m StrafR* sospetto *m* di omicidio, sospetto *m* di assasinio; **~versuch** *m StrafR* tentato omicidio *m*, tentativo *m* di assassinio; **~waffe** *f StrafR* arma *f* del delitto, arma *f* omicida.

Mortifikationserklärung *f (CH)* decreto *m* di ammortamento.

Motion *f (CH)* mozione *f*.

Motiv *n* [1] *(Beweggrund)* motivo *m*, movente *m* (*di un delitto*), impulso *m*, *(Grund)* ragione *f*, *(Ursache)* causa *f*.

Motiv *n* [2] *(Thema)* motivo *m*, soggetto *m*, argomento *m*, tema *m*.

Motivierung *f* motivazione *f*.

Motivirrtum *m ZivR (rechtlich unbeachtlich)* errore *m* sui motivi, errore *m* nel motivo.

MPG (*Abk* = **Medizinproduktegesetz**) *(D: Gesetz über Medizinprodukte; A: Bundesgesetz betreffend Medizinprodukte)* legge *f* relativa ai dispositivi medici.
MSchG (*Abk* = **Mutterschutzgesetz**) *(A) (Bundesgesetz über den Mutterschutz)* legge *f* (austriaca) sulla tutela della maternità.
MTV (*Abk* = **Manteltarifvertrag**) *(Rahmenvertrag)* accordo *m* quadro che mira soprattutto a una regolamentazione delle condizioni lavorative, contratto *m* collettivo quadro, contratto *m* collettivo tipo, contratto *m* collettivo normativo.
Müll *m* rifiuti *mpl*, scarti *mpl*, scorie *fpl* (*radioattive, tossiche*), immondizia *f*, spazzatura *f*; **~ablagerung** *f* scarico *m* dei rifiuti solidi; **~beseitigung** *f* smaltimento *m* dei rifiuti.
Mülldeponie *f* discarica *f* di rifiuti; **wilde ~** *f* discarica *f* incontrollata (di rifiuti).
Müllentsorgung *f* smaltimento *m* dei rifiuti.
multi | lateral *adj* multilaterale; **~national** *adj* multinazionale.
Mündel *n* pupillo/-a *m/f*; **~gelder** *npl* capitali *mpl* del minore.
mündelsicher *adj* di tutto riposo (tali devono essere i titoli in cui si possono investire i capitali del minore).
Mündel | sicherheit *f* sicurezza *f* prescritta per l'investimento dei capitali del minore; **~vermögen** *n* beni *mpl* del pupillo, patrimonio *m* del minore.
mündig *adj* → *volljährig* maggiorenne.
Mündigerklärung *f (CH)* emancipazione *f* di minore.
Mündigkeit *f* → *Volljährigkeit* maggiore età *f*.
Mündigkeitsalter *n* maggiore età *f*.
mündlich *adj* verbale, orale.
Mündlichkeit *f* oralità *f*.
Mündlichkeits | grundsatz *m*; **~prinzip** *n ProzR* principio *m* di oralità.
Mundraub *m StrafR* furto *m* lieve di generi alimentari o voluttuari per essere consumati immediatamente.
MuSchG (*Abk* = **Mutterschutzgesetz**) *(D) (Gesetz zum Schutze der erwerbstätigen Mutter)* legge *f* (tedesca) sulla tutela della lavoratrice madre, legge *f* (tedesca) sulla tutela della maternità.
Mussbestimmung *f* norma *f* imperativa, norma *f* cogente, norma *f* assoluta.
müssen *v* dovere, *(haben zu)* avere [da], *(gezwungen sein)* essere costretto [a], *(verpflichtet sein)* essere obbligato [a], avere l'obbligo [di], essere tenuto [a], *(notwendig sein)* occorrere, bisognare, essere necessario.

müssen – sollen – dürfen – können
Nella lingua tedesca gli stranieri spesso lottano con i verbi ausiliari *müssen, sollen, dürfen* e *können.* Questo compito diventa ancora più arduo quando ci si trova in un contesto giuridico. Nella contrattualistica e in genere nei testi giuridici tedeschi questi verbi hanno spesso l'accezione forte di: avere il diritto, avere facoltà, avere l'obbligo. Essi sono dunque usati per indicare situazioni giuridiche attive o passive.

... continua nell'Allegato 1

Muss | kaufmann *m* imprenditore *m* ex lege; **~vorschrift** *f* norma *f* imperativa, norma *f* cogente, norma *f* assoluta.
Muster *n (Modell)* modello *m*, *(Probestück)* campione *m*, prototipo *m*, tipo *m*, *(Vorbild)* esempio *m*, saggio *m*, specimen *m*, modulo *m*, facsimile *m* [o: fac-simile], falsariga *f*, standard *m*, *(Musterung)* disegno *m*, motivo *m*, *(Schema)* schema *m*, sistema *m*; **nach ~ herstellen** fabbricare su campione; **nach ~ kaufen** comprare su campione; **eingetragenes ~** *n* modello *m* brevettato; **gewerbliches ~** *n* disegno *m* industriale; **~** *n* **ohne Wert** campione *m* senza valore.
Muster | anmeldung *f* deposito *m*

di un modello; **~arbeitsvertrag** *m* modello *m* di contratto di lavoro, fac-simile *m* di contratto di lavoro, schema *m* di contratto di lavoro; **~auftrag** *m* ordine *m* a titolo di prova, ordine *m* campione; **~auswahl** *f* campionario *m*; **~bedingung** *f* condizione *f* tipo; **~entnahme** *f* prelevamento *m* di campioni, prelievo *m* di campioni, campionamento *m*; **~entwurf** *m* *VertragsR* modello *m*, esempio *m*, facsimile *m* [o: fac-simile], schema *m*; **~katalog** *m* campionario *m*; **~klausel** *f* clausola *f* tipo; **~koffer** *m*; **~kollektion** *f* campionario *m*; **~messe** *f* fiera *f* campionaria; **~prozess** *m* *ProzR* processo *m* modello, processo *m* tipo, causa *f* modello; **~recht** *n* diritto *m* dei modelli; **~register** *n* registro *m* dei modelli; **~rolle** *f* registro *m* dei modelli, albo *m* di bordo, ruolo *m* dell'equipaggio; **~sammlung** *f* campionario *m*; **~schutz** *m* tutela *f* dei modelli; **~schutzrecht** *n* diritto *m* della tutela dei modelli; **~vereinbarung** *f* accordo *m* tipo, convenzione *f* tipo; **~verfahren** *n* *ProzR* → *KapMuG* procedimento *m* modello, processo *m* modello, processo *m* tipo; **~vertrag** *m* modello *m* di contratto, fac-simile *m* di contratto, schema *m* di contratto, contratto *m* tipo; **~vorlage** *f* modello *m*, esempio *m*, facsimile *m* [o: fac-simile], schema *m*.

mutmaßen *v* presumere, supporre, ipotizzare, congetturare.

mutmaßlich *adj (vermutlich)* presunto, presumibile, supposto, *(wahrscheinlich)* probabile.

Mutmaßung *f (Vermutung)* presunzione *f*, congettura *f*, *(Annahme)* supposizione *f*.

Mutter | firma *f*; **~gesellschaft** *f* *GesR* casa *f* madre, società *f* madre, società *f* controllante, società *f* capogruppo, capogruppo *f*.

mütterlicherseits *adv* materno, in linea materna, da parte di (o: della) madre.

Mutterschaft *f* maternità *f*.

Mutterschafts | anerkennung *f* riconoscimento *m* di (o: della) maternità; **~beihilfe** *f*; **~geld** *n* *ArbR* indennità *f* di maternità, assegno *m* di maternità, sussidio *m* di maternità; **~schutz** *m (CH)* tutela *f* della maternità; **~urlaub** *m* *ArbR* congedo *m* di maternità, maternità *f*; **~versicherung** *f (CH)* assicurazione *f* per la maternità.

Mutterschutz *m* *ArbR* tutela *f* della lavoratrice madre, tutela *f* della maternità, protezione *f* della maternità, *(Mutterschaftsurlaub)* maternità *f*; **~gesetz** *n* (*Abk* = **D: MuSchG, A: MSchG**) *(D: Gesetz zum Schutze der erwerbstätigen Mutter; A: Bundesgesetz über den Mutterschutz)* legge *f* sulla tutela della lavoratrice madre, legge *f* sulla tutela della maternità.

Mutwillensstrafe *f (A)* ammenda *f* per temerarietà.

mutwillig *adj (absichtlich)* intenzionale, intenzionalmente, di proposito, volontario, *(vorsätzlich)* doloso, *(willkürlich)* arbitrario, senza motivo.

Mutwilligkeit *f (Absicht)* intenzione *f*, proposito *m*, dolo *m*, *(Boshaftigkeit)* cattiveria *f*.

MwSt./MWSt. (*Abk* = **Mehrwertsteuer**) imposta *f* sul valore aggiunto *(IVA)*.

N

nach *präp* [*Dat*] *(zeitlich)* dopo, *(zufolge, gemäß)* secondo, in conformità [di], in ossequio [a], *(entsprechend)* stando [a], ai sensi [di], ai sensi e per gli effetti (*dell'art./di cui all'art.*).

Nachbar *m* [f: Nachbarin] vicino/-a *m/f*; **~gemeinde** *f* comune *m* limitrofo; **~grundstück** *n* terreno *m* adiacente, terreno *m* confinante, fondo *m* confinante, fondo *m* vicino; **~interessen** *pl* interessi *mpl* del vicino; **~recht** *n* *(Recht des Nachbarn)* diritto *m* del vicino, *(Nachbarrechtsnormen)* diritto *m* di vicinato; **~rechte** *npl* *(Urheberrecht)* diritti *mpl* connessi (al diritto d'autore).

nachbelasten *v* addebitare successivamente.

Nachbelastung *f* addebito *m* successivo.

Nachberufene/r *f/m* chiamato *m* sostituito, sostituto *m*.

nachbessern *v (Kaufvertrag, Werkvertrag)* eliminare i vizi, eliminare i difetti, *(ausbessern)* riparare, *(nachträglich verbessern)* migliorare, ritoccare, ripassare.

Nachbesserung *f SchuldR (Kaufvertrag, Werkvertrag)* eliminazione *f* dei vizi, eliminazione *f* dei difetti, *(Ausbesserung)* riparazione *f*, ritocco *m*, ripassata *f*.

Nachbesserungs | anspruch *m*; **~recht** *n SchuldR (Kaufvertrag, Werkvertrag)* diritto *m* all'eliminazione dei vizi.

nachbestellen *v (nachträglich bestellen)* ordinare dopo, ordinare successivamente, fare una seconda ordinazione, *(zusätzlich bestellen)* ordinare in più, fare una ordinazione supplementare.

Nach | bestellung *f (nachträgliche Bestellung)* ordinazione *f* successiva, ordine *m* di riassortimento, seconda ordinazione *f*, *(zusätzliche Bestellung)* ordinazione *f* supplementare; **~besteuerung** *f* imposizione *f* supplementare; **~bezugsrecht** *n* diritto *m* degli azionisti privilegiati di recuperare il dividendo non percepito in esercizi precedenti; **~bildung** *f (Nachahmung)* imitazione *f*, copiatura *f*, contraffazione *f*, *(nachgebildetes Werk)* copia *f*, *(Reproduktion)* riproduzione *f*; **~börse** *f (Zeit)* dopoborsa *m*, *(Abschlüsse)* contrattazioni *fpl* dopoborsa.

nachbörslich *adj* (del / nel) dopoborsa, dopo la chiusura della borsa.

Nach | buchung *f* registrazione *f* successiva, registrazione *f* supplementare, registrazione *f* rettificatrice; **~bürge** *m KredSichR* fideiussore *m* del fideiussore; **~bürgschaft** *f KredSichR* fideiussione *f* della fideiussione, fideiussione *f* di regresso.

nachdatieren *v (zurückdatieren)* antidatare, retrodatare, *(nachträglich datieren)* datare in seguito.

Nachdruck *m (Reproduktion)* riproduzione *f*, *(unveränderte Neuauflage)* ristampa *f*; **unerlaubter ~** *m* riproduzione *f* non autorizzata; **~** *m* **verboten** *UrhR* riproduzione *f* non autorizzata, riproduzione *f* vietata.

nachehelich *adj* post-matrimoniale.

Nach | eichung *f* verifica *f* periodica (pesi e misure); **~eid** *m* giuramento *m* (prestato dopo la deposizione); **~eile** *f* inseguimento *m*; **~entrichtung** *f* pagamento *m* posteriore; **~entschädigung** *f* indennità *f* supplementare; **~erbe/-erbin** *m/f ErbR* sostituito *m*, erede *m* sostituito; **~erb(en) einsetzung** *f ErbR* sostituzione *f* fedecommissaria, istituzione *f* di sostituiti; **~erbfolge** *f ErbR* sostituzione *f* testamentaria, sostituzione *f* fedecommissaria, successione *f* del chiamato in sostituzione; **~erbschaft** *f ErbR* sostituzione *f* fedecommissaria; **~erfinder** *m* inventore *m* posteriore; **~erfüllung** *f (§§ 439, 635 BGB)* adempimento *m* successivo, *(Kaufvertragsrecht)* eliminazione *f* dei vizi o consegna di una cosa esente da vizi, ripristino *m* della conformità del bene mediante riparazione o sostituzione (*a carico del venditore*), *(Werkvertragsrecht)* eliminazione *f* dei vizi dell'opera o esecuzione di un'altra opera; **~erhebung** *f* riscossione *f* posticipata; **~erwerber/in** *m/f* acquirente *m/f* successivo/-a; **~finanzierung** *f* finanziamento *m* supplementare.

Nachfolge *f* successione *f*, subentro *m*; **~gesellschaft** *f* società *f* continuatrice.

nachfolgen *v* succedere, subentrare.

nachfolgend *adj* seguente, susseguente, successivo.

Nachfolgeorganisation *f* organizzazione *f* continuatrice.

Nachfolger *m* [f: Nachfolgerin] successore *m*; **~** *m* **im Amt** successore *m* in carica.

Nachfolge | recht *n* diritto *m* di seguito; **~staat** *m* Stato *m* successore.

nachfordern *v* domandare qualcosa in più, *(erneut fordern)* richiedere ulteriormente, richiedere successivamente.

Nachforderung *f* ulteriore domanda *f*, ulteriore richiesta *f*, richiesta *f* successiva, richiesta *f* supplementare.

nachforschen *v* ricercare, indagare, investigare, verificare, controllare, accertare.

Nachforschung *f* ricerca *f*, indagine *f*, inchiesta *f*, investigazione *f*, verifica *f*, controllo *m*, accertamento *m*; **~en anstellen** fare ricerche, fare indagini, svolgere indagini, condurre indagini.

Nachfrage *f* [nach *Dat*] domanda *f* [di], richiesta *f* [di], richiesta *f* di informazioni; **Angebot** *n* **und ~** *f* domanda *f* e offerta *f*; **bei ~** a richiesta; **die ~ befriedigen** soddisfare la domanda; **anhaltende ~** *f* domanda *f* costante; **ausländische ~** *f* domanda *f* estera; **elastische ~** *f* domanda *f* elastica; **geringe ~** *f* scarsa domanda *f*; **gezielte ~** *f* domanda *f* selettiva; **gleich bleibende ~** *f* domanda *f* costante; **inländische ~** *f* domanda *f* interna; **lebhafte ~** *f* viva richiesta *f*, domanda *f* vivace; **selektive ~** *f* domanda *f* selettiva; **spekulative ~** *f* domanda *f* speculativa; **starke ~** *f* forte domanda *f*, forte richiesta *f*; **steigende ~** *f* crescente domanda *f*, crescita *f* della domanda, domanda *f* in crescita, domanda *f* in aumento, aumento *m* della domanda; **übermäßige ~** *f* domanda *f* eccessiva; **wachsende ~** *f* crescente domanda *f*, crescita *f* della domanda, domanda *f* in crescita, domanda *f* in aumento, aumento *m* della domanda; **~** *f* **nach Arbeitskräften** domanda *f* di manodopera, richiesta *f* di manodopera; **~** *f* **nach Dienstleistungen** domanda *f* di servizi; **~** *f* **nach Gütern** domanda *f* di beni.

Nachfrage | belebung *f* aumento *m* della domanda, crescita *f* della domanda, incremento *m* della domanda; **~druck** *m* pressione *f* della domanda; **~elastizität** *f* elasticità *f* della domanda; **~entwicklung** *f* andamento *m* della domanda; **~erhöhung** *f* aumento *m* della domanda, crescita *f* della domanda; **~expansion** *f* espansione *f* della domanda; **~explosion** *f* esplosione *f* della domanda; **~inflation** *f* inflazione *f* da domanda; **~kurve** *f* curva *f* della domanda; **~monopol** *n* monopolio *m* della domanda, monopolio *m* d'acquisto, monopsonio *m*.

nachfragen *v* informarsi, chiedere, richiedere.

Nachfragepreis *m* prezzo *m* di domanda.

Nachfrager/in *m/f* chi domanda, richiedente *m/f*.

Nachfrage | rückgang *m* diminuzione *f* della domanda, riduzione *f* della domanda, flessione *f* della domanda; **~schwäche** *f* debolezza *f* della domanda; **~sog** *m* pressione *f* della domanda;

~starrheit *f* rigidità *f* della domanda; **~stau** *m* domanda *f* accumulata; **~steigerung** *f* aumento *m* della domanda, crescita *f* della domanda; **~überhang** *m*; **~überschuss** *m* eccedenza *f* della domanda, eccesso *m* di domanda.

Nachfrist *f* dilazione *f* (di tempo), proroga *f* (del termine), termine *m* supplementare (*per l'adempimento*), giorni *mpl* di grazia, giorni *mpl* di respiro, moratoria *f*, termine *m* di mora.

nachgeben *v (Preise, Kurse)* cedere, calare, flettersi.

Nachgeben *n (der Preise, Kurse)* calo *m*, flessione *f*.

Nach | geborene/r *f/m (nach dem Tod des Vaters Geborener)* postumo/-a *m/f*, figlio/-a *m/f* postumo/-a, *(viele Jahre nach den Geschwistern Geborener)* figlio/-a *m/f* nato/-a molti anni dopo i fratelli, *(Nachkomme)* discendente *m/f*; **~gebot** *n* offerta *f* posteriore, offerta *f* tardiva; **~gebühr** *f* sopra(t)tassa *f* [anche: sovra(t)tassa], supplemento *m* di tassa, tassa *f* supplementare.

nachgehen *v* [*Dat*] approfondire, analizzare, *(einem Geschäft, Gewerbe)* dedicarsi [a], svolgere, esercitare.

Nachgenuss *m* godimento *m* ulteriore.

nachgeordnet *adj* sottoposto, subordinato, in sott'ordine.

Nach | gründung *f GesR* contratti *mpl* che obbligano una S.p.A. ad acquistare determinati beni materiali entro 2 anni dalla sua registrazione; **~gründungsbericht** *m GesR* relazione *f* sugli acquisti.

Nachhinein, im ~ a posteriori, in seguito, col senno di poi.

Nach | holungsfrist *f* termine *m* di rettifica; **~indossament** *n* girata *f* posteriore al protesto per mancato pagamento o al termine per levare protesto; **~indossant/in** *m/f* girante *m/f* di cambiale posteriormente al protesto per mancato pagamento o al termine per levare protesto.

nachkommen *v* [*Dat*] *(befriedigen)* soddisfare, dar(e) seguito a, *(erfüllen)* adempiere (a), ottemperare a, rispettare, *(gehorchen)* obbedire a [o: ubbidire].

Nach | kommenschaftskurator *m (A)* curatore *m* del non concepito, curatore *m* dei nascituri; **~kosten** *pl* spese *fpl* successive.

Nachlass *m* [1] *ErbR (Erbschaft)* eredità *f*, beni *mpl* ereditari, patrimonio *m* ereditario, massa *f* ereditaria, asse *m* ereditario, lascito *m*; **zum ~ gehörend** *ErbR* (bene) caduto in successione; **einen ~ verwalten** *ErbR* amministrare la massa ereditaria; **erb(en)loser ~** *m ErbR* eredità *f* vacante; **ruhender ~** *m (A)*; **schwebender ~** *m ErbR* eredità *f* giacente, hereditas iacens *(lat)*.

Nachlass *m* [2] *(Ermäßigung, Rabatt)* sconto *m*, riduzione *f*, ribasso *m*, abbuono *m*, *(Entlastung)* sgravio *m*, *(Minderung)* remissione *f*; **einen ~ gewähren** accordare uno sconto, concedere uno sconto.

Nachlass | angelegenheit *f ErbR* successione *f*; **~anspruch** *m ErbR* credito *m* ereditario; **~behörde** *f (CH)* autorità *f* dei concordati.

nachlassen *v* [1] *ErbR (Erbschaft)* lasciare.

nachlassen *v* [2] *(herabsetzen)* ridurre, ribassare, abbassare, diminuire, calare, *(eine Ermäßigung gewähren)* concedere uno sconto, accordare uno sconto, fare uno sconto, *(erlassen)* rimettere, *(Strafe)* condonare.

Nachlassen *n (Abnahme)* riduzione *f*, diminuzione *f*.

Nachlass | forderung *f ErbR* credito *m* ereditario; **~gebühr** *f (A) ErbR* imposta *f* di successione; **~gegenstand** *m ErbR* bene *m* ereditario, bene *m* caduto in successione; **~gericht** *n (D) ErbR (in Baden-Württemberg ist das Notariat als Nachlassgericht zuständig; im übrigen Bundesgebiet das Amtsgericht)* sezione *f* successioni (*della pretura tedesca = Amtsgericht*), sezione *f* della pretura (tedesca) competente in materia di successioni, ufficio *m* giudiziario competente in materia di successioni, giudice *m* competente in materia di successioni; **~gläubiger/in** *m/f ErbR* creditore *m* della massa ereditaria; **~inventar** *n*

ErbR inventario *m* dell'eredità; **~konkurs** *m* *ErbR* liquidazione *f* concorsuale dell'eredità; **~kuratel** *f* *(A)* *ErbR* curatela *f* dell'eredità; **~kurator** *m* *(A)* *ErbR* curatore *m* dell'eredità; **~liquidation** *f* *(CH)* *InsolvenzR* liquidazione *f* concordataria *(CH)*; **~masse** *f* *ErbR* massa *f* ereditaria, asse *m* ereditario; **~pfleger/in** *m/f* *ErbR* curatore *m* dell'eredità; **~pflegschaft** *f* *ErbR* curatela *f* dell'eredità; **~register** *n* *ErbR* registro *m* delle successioni; **~richter/in** *m/f* *ErbR* *(Notar)* giudice *m* competente in materia di successioni; **~sache** *f* *ErbR* successione *f*, causa *f* di successione; **~schuld** *f* *ErbR* debito *m* ereditario; **~schuldner/in** *m/f* *ErbR* debitore *m* del de cuius, debitore *m* del defunto; **~steuer** *f* *SteuerR* imposta *f* di successione, imposta *f* sulle successioni, imposta *f* sull'asse ereditario; **~stundung** *f* *(CH)* moratoria *f*, dilazione *f* concordataria *(CH)*; **~teilung** *f* *ErbR* divisione *f* dell'eredità; **~verbindlichkeit** *f* *ErbR* obbligazione *f* ereditaria, debito *m* ereditario; **~verfahren** *n* *(CH)* *InsolvenzR* procedura *f* di concordato; **~vermögen** *n* *ErbR* patrimonio *m* ereditario, beni *mpl* ereditari, massa *f* ereditaria, asse *m* ereditario.

Nachlassvertrag *m* *(CH)* *InsolvenzR* concordato *m*; **gerichtlicher ~** *m* *(CH)* *InsolvenzR* concordato *m* fallimentare, concordato *m* giudiziale, concordato *m* forzoso; **~** *m* **durch Vermögensabtretung** *(CH)* *InsolvenzR* concordato *m* con cessione dei beni.

Nachlass | verwalter/in *m/f* *ErbR* amministratore *m* dell'eredità; **~verwaltung** *f* *ErbR* amministrazione *f* dell'eredità; **~verzeichnis** *n* *ErbR* inventario *m* dell'eredità, inventario *m* dei beni ereditari, inventario *m* dei beni del defunto.

Nachlasszeugnis *n* *EuR* certificato *m* successorio; **Europäisches ~** *n* *EuR* certificato *m* successorio europeo *(CSE)*.

Nachleistung *f* prestazione *f* ulteriore.

nachliefern *v* *(später liefern)* fornire in un secondo tempo, fornire in seguito, completare la fornitura di, *(zusätzlich liefern)* fornire in più, *(Gattungskauf)* sostituire (*la cosa difettosa*).

Nachlieferung *f* fornitura *f* supplementare, fornitura *f* successiva, consegna *f* successiva, *(Gewährleistung bei Gattungskauf)* sostituzione *f* (*della cosa difettosa*).

Nachlieferungsanspruch *m* *(Gattungskauf)* diritto *m* alla sostituzione (*della cosa difettosa*).

nachmachen *v* imitare, copiare, *(Geld)* contraffare, falsare, falsificare.

Nach | machung *f* imitazione *f*, *(von Geld)* contraffazione *f*, falsificazione *f*; **~mieter/in** *m/f* *MietR* conduttore *m* subentrante (o: successivo), locatario *m* subentrante (o: successivo), inquilino *m* subentrante (o: successivo), successore *m*.

Nachmittagsbörse *f* borsa *f* pomeridiana.

Nachnahme *f* contrassegno *m*, *(Nachnahmesendung)* spedizione *f* (in) contrassegno; **~gebühr** *f* tassa *f* di spedizione (in) contrassegno.

Nach | order *f* seconda ordinazione *f*, ordinazione *f* successiva, *(zusätzliche Bestellung)* ordinazione *f* supplementare; **~pfändung** *f* pignoramento *m* complementare.

nachprüfen *v* controllare, verificare, accertare, appurare, riesaminare.

Nachprüfung *f* controllo *m*, verifica *f*, accertamento *m*, revisione *f*, riesame *m*; **gerichtliche ~** *f*; **richterliche ~** *f* controllo *m* giudiziario; **verfassungsrechtliche ~** *f* *(von Gesetzen)* sindacato *m* di costituzionalità (*delle leggi*).

Nachprüfungs | befugnis *f* potere *m* di verifica; **~pflicht** *f* obbligo *m* di verifica; **~recht** *n* diritto *m* di controllo, diritto *m* di verifica; **~verfahren** *n* procedura *f* di verifica.

nachrangig *adj* secondario, di secondaria importanza.

Nachrangigkeit *f* secondaria importanza *f*.

Nachrede, üble ~ *f* *(§ 186 StGB)* diffamazione *f* (*consistente nell'attribuzione di un fatto determinato*).

nachreichen *v* presentare (in seguito), depositare (in seguito), trasmettere (in seguito), fornire (in seguito o in un secondo tempo).

Nachreichung *f* presentazione *f* (in seguito), deposito *m* (in seguito), trasmissione *f* (in seguito).

Nachricht *f* notizia *f*, messaggio *m*, comunicazione *f*, avviso *m*.

Nachrichten *fpl* notizie *fpl*; **~dienst** *m* agenzia *f* di stampa, agenzia *f* giornalistica, agenzia *f* di informazioni giornalistiche, *(Geheimdienst)* servizio *m* segreto, *(Spionageabwehr)* servizio *m* di controspionaggio.

nachrichtlich *adv* per conoscenza, a titolo informativo, a titolo di informazione.

Nach | schätzung *f* revisione *f* della stima, valutazione *f* posteriore; **~schau** *f* visita *f* (doganale).

Nachschieben *n (unlauterer Wettbewerb)* il procurarsi merci dopo aver annunciato pubblicamente la svendita per venderle nel corso di quest'ultima; **~** *n* **von Gründen** *ProzR* indicazione *f* a posteriori dei motivi nel corso di un processo.

nachschießen *v* fare un pagamento integrativo, fare un versamento supplementare.

Nachschrift *f* poscritto *m*, *(Nachtrag)* aggiunta *f*.

Nachschuss *m* pagamento *m* integrativo, versamento *m* supplementare, *(in Unternehmen)* apporto *m* supplementare di capitale, deposito *m* supplementare di capitale.

nachschüssig *adj* posticipato, in via posticipata, posticipatamente.

Nachschuss | pflicht *f* obbligo *m* di effettuare un pagamento integrativo, obbligo *m* di fare versamenti supplementari, *(in Unternehmen)* obbligo *m* di apporto supplementare di capitale, responsabilità *f* sussidiaria (del socio di società cooperativa); **~zahlung** *f* pagamento *m* integrativo, pagamento *m* supplementare.

nachsenden *v (Post)* inoltrare al nuovo recapito, spedire al nuovo indirizzo, rispedire, inviare in seguito.

Nachsendung *f (Post)* inoltro *m* al nuovo recapito, spedizione *f* al nuovo indirizzo, rispedizione *f*.

Nachsicht *f* [1] indulgenza *f*; **bedingte ~** *f (A) StrafR (der Strafe)* sospensione *f* condizionale della pena.

Nachsicht *f* [2] *SteuerR* restituzione *f* in termini.

Nachsichts | frist *f* periodo *m* di grazia, moratoria *f*; **~tage** *mpl* giorni *mpl* di grazia.

Nachsichtwechsel *m* cambiale *f* a certo tempo vista.

Nachspiel, gerichtliches ~ *n* strascico *m* in tribunale.

nachstehend *adj* seguente, in seguito, qui di seguito; **~ aufgeführt** sottoelencato, sottoindicato; **~ „…" genannt** *(Vertrag)* nel prosieguo chiamato "…", in appresso denominato "…", di seguito denominato "…".

Nachsteuer *f* supplemento *m* d'imposta, imposta *f* supplementare.

Nacht | arbeit *f ArbR* lavoro *m* notturno; **~arbeitsverbot** *n ArbR* divieto *m* di lavoro notturno; **~arbeitszuschlag** *m ArbR* maggiorazione *f* per lavoro notturno, indennità *f* per lavoro notturno.

Nachtat *f* fatto *m* successivo; **mitbestrafte ~** *f*; **straflose ~** *f StrafR* fatto *m* successivo non punibile.

Nacht | backverbot *n* divieto *m* del lavoro notturno nei forni; **~briefkasten** *m* cassetta *f* postale notturna.

Nachteil *m* svantaggio *m*, danno *m*, pregiudizio *m*, sfavore *m*, scapito *m*, inconveniente *m*; **zum ~ Dritter** a danno di terzi; **einen ~ erleiden** subire un pregiudizio; **einen ~ zufügen** recare pregiudizio.

nachteilig *adj (unvorteilhaft)* svantaggioso, *(schädigend)* dannoso, pregiudizievole, *(ungünstig)* sfavorevole, negativo, negativamente.

Nachtrag *m (Ergänzung)* aggiunta *f*, supplemento *m*, complemento *m*, *(zu einem Brief)* poscritto *m*, *(zu einem Vertrag)* appendice *f*, postilla *f*, *(zu einem Testament)* codicillo *m*.

nachträglich *adj (folgend)* successivo, seguente, *(danach)* in seguito, in un secondo tempo, successivamente, *(später eingehend)* posteriore, a posteriori, ulteriore, *(später nachfolgend)* ritardato, tardivo, *(verspätet)* in ritardo, *(ergänzend)* supplementare, addizionale, complementare.

Nachtrags | abhandlung *f (A) ErbR* divisione *f* ereditaria complementare; **~anklage** *f (D) StrafProzR (§ 266 StPO)* accusa *f* suppletiva; **~bestimmung** *f* clausola *f* aggiuntiva; **~botschaft** *f (CH)* messaggio *m* complementare *(CH)*; **~budget** *n*; **~etat** *m*; **~haushalt** *m* bilancio *m* complementare di previsione.

Nacht | ruhe *f* riposo *m* notturno; **~schicht** *f* turno *m* di notte; **~tarif** *m* tariffa *f* notturna; **~tresor** *m* cassa *f* continua.

Nach | untersuchung *f* visita *f* di controllo; **~urlaub** *m ArbR* prolungamento *m* delle ferie, prolungamento *m* della licenza, prolungamento *m* del congedo; **~veranlagung** *f SteuerR* ulteriore tassazione *f*, ulteriore imposizione *f* fiscale, imposizione *f* supplementare, imposizione *f* susseguente, pagamento *m* di imposta addizionale; **~verfahren** *n (nach Vorbehaltsurteil)* procedimento *m* posteriore (a sentenza di condanna con riserva); **~vermächtnis** *n ErbR* legato *m* gravato da sostituzione fedecommissaria; **~vermächtnisnehmer/in** *m/f ErbR* legatario/-a *m/f* sostituito/-a; **~versicherung** *f* assicurazione *f* suppletiva, *(Sozialversicherung)* trasferimento *m* dei contributi all'assicurazione generale obbligatoria; **~versteuerung** *f SteuerR* ulteriore tassazione *f*, ulteriore imposizione *f* fiscale, imposizione *f* supplementare, imposizione *f* susseguente, pagamento *m* di imposta addizionale.

nachvertraglich *adj* post-contrattuale.

nachverzollen *v* fare posticipatamente la dichiarazione doganale.

Nachverzollung *f* dichiarazione *f* doganale (in via) posticipata, supplemento *m* alla dichiarazione doganale.

nachvollziehbar *adj* comprensibile, *(Gedanken)* che può essere seguito, ricostruibile, ripercorribile, *(Verhalten)* giustificabile.

Nachvollziehbarkeit *f* comprensibilità *f*, *(Gedanken)* possibilità *f* di seguire (un concetto, un'idea), possibilità *f* di ricostruire, riferibilità *f*.

nachvollziehen *v* capire, comprendere, *(gedanklich verfolgen)* seguire, ricostruire, ripercorrere, *(vorstellen)* immaginare.

Nachwahl *f* elezione *f* parziale, elezione *f* complementare.

Nachweis *m (Beweis)* prova *f*, comprova *f*, dimostrazione *f*, *(urkundlicher Nachweis)* documentazione *f*, documentazione *f* comprovante qc., documento *m* comprovante qc., documentazione *f* attestante qc., documento *m* attestante qc., attestato *m*, certificato *m*, *(Angabe)* indicazione *f*, elenco *m*; **den ~ erbringen**; **den ~ führen**; **den ~ liefern** fornire la prova, produrre la prova, provare, dimostrare; **buchmäßiger ~** *m* prova *f* contabile; **~** *m* **der Echtheit** prova *f* di (o: dell') autenticità; **bis zum ~ des Gegenteils** fino a prova contraria.

nachweisbar *adj (erweisbar)* provabile, comprovabile, dimostrabile, accertabile, *(urkundlich belegbar)* documentabile.

nachweisen *v (beweisen)* provare, comprovare, dimostrare, *(urkundlich belegen)* documentare, *(angeben)* indicare, segnalare; **es muss nachgewiesen werden, dass** si deve dimostrare che.

nachweislich *adj (beweisbar)* dimostrabile, *(bewiesen)* dimostrato, provato.

Nachweispflicht *f* obbligo *m* di rendiconto, obbligo *m* di prova.

nachweispflichtig *adj* soggetto a verifica.

Nachweisung *f* prova *f*, dimostrazione *f*, *(Angabe)* indicazione *f*, segnalazione *f*, ragguaglio *m*, imposizione *f*.

nachwirkend *adj* ultrattivo.

Nachwirkung *f (eines alten Gesetzes)* ultrattività *f*.

nachzahlen *v (nachträglich zahlen)* pagare successivamente, pagare dopo, pagare posticipatamente, *(zusätzlich zahlen)* pagare in più, pagare la differenza in più, *(nachlösen)* pagare un supplemento.

Nach | zahlung *f (nachträgliche Zahlung)* pagamento *m* successivo, *(zusätzliche Zahlung)* pagamento *m* supplementare, pagamento *m* suppletivo, *(zusätzlich zu zahlende Summe)* pagamento *m* della differenza, *(der Rückstände)* pagamento *m* degli arretrati, *(auf Aktien)* versamento *m* di decimi; **~zahlungsaufforderung** *f* richiesta *f* di un pagamento suppletivo, *(Aktien)* avviso *m* di richiamo di decimi; **~zensur** *f* censura *f* successiva, censura *f* repressiva; **~zoll** *m* dazio *m* supplementare; **~zugsaktie** *f* azione *f* postergata, azione *f* a dividendo differito.

Nadelgeld *n* spillatico *m*.

NAG (*Abk* = **Niederlassungs- und Aufenthaltsgesetz**) *(A) (Bundesgesetz über die Niederlassung und den Aufenthalt in Österreich)* legge *f* (austriaca) in materia di stabilimento e di soggiorno in Austria.

Nahbereich *m* zona *f* di influenza immediata.

Näherungswert *m* valore *m* approssimativo.

Name *m* nome *m*, denominazione *f*; **im ~n** [Gen / von Dat] a nome di, in nome di; **im ~n des Gesetzes** in nome della legge; **im ~n des Volkes** in nome del popolo; **auf den ~n von (Dat) lauten** essere a nome di, essere intestato a; **auf den ~n lautend** nominativo; **angenommener ~** *m* nome *m* di battaglia, nome *m* d'arte, pseudonimo *m*; **in eigenem / im eigenen ~n** in nome proprio, in proprio, a nome proprio; **in eigenem / im eigenen ~n handeln** agire in nome proprio; **in eigenem / im eigenen ~n und für eigene Rechnung** in nome e per conto proprio; **falscher ~** *m* nome *m* falso; **in fremdem / im fremden ~n** in nome altrui, a nome altrui; **in fremdem / im fremden ~n handeln** agire in nome altrui.

Namen | aktie *f (CH)* azione *f* nominativa, azione *f* nominale; **~aktionär/in** *m/f (CH)* portatore *m* di azione nominativa; **~papier** *n (CH)* titolo *m* nominativo.

namens *präp* [*Gen*] a nome di, in nome di; **~ und im Auftrag des Klägers erhebe ich hiermit Klage zum Landgericht … und beantrage (oder: werde beantragen / mit folgenden Anträgen / mit dem Antrag)** *ZivProzR* in nome e per conto dell'attore propongo domanda giudiziale davanti al Tribunale di … affinché accolga le seguenti conclusioni.

Namensaktie *f* azione *f* nominativa, azione *f* nominale; **vinkulierte ~** *f* azione *f* nominativa non trasferibile senza il consenso della società, azione *f* nominativa vincolata.

Namensänderung *f* cambiamento *m* del nome.

Namensangabe *f* indicazione *f* della propria identità, dichiarazioni (o: indicazioni/attestazioni) *fpl* sulla propria identità personale, indicazione *f* delle proprie generalità, dichiarazioni (o: indicazioni/ attestazioni) *fpl* sulle proprie generalità; **falsche ~** *f (§ 111 OWiG)* false dichiarazioni (o: indicazioni/ attestazioni) *fpl* sulla propria identità personale, false dichiarazioni (o: indicazioni/attestazioni) *fpl* sulle proprie generalità, falsa dichiarazione *f* sulla propria identità.

Namens | anmaßung *f* usurpazione *f* di nome; **~aufruf** *m* appello *m* nominale; **~ehe** *f* matrimonio *m* fittizio; **~firma** *f* ditta *f* soggettiva; **~führung** *f* uso *m* del nome; **~gleichheit** *f* omonimia *f*; **~missbrauch** *m* uso *m* indebito del nome; **~obligation** *f* obbligazione *f* nominativa; **~papier** *n* titolo *m* nominativo; **~police** *f VersR* polizza *f* nominativa; **~recht** *n* diritto *m* al nome; **~scheck** *m* assegno *m* nominativo; **~schuldverschreibung** *f* obbligazione *f* nominativa; **~schutz** *m* protezione *f* del nome; **~wechsel** *m* cambiamento *m* del nome; **~zertifikat** *n* certificato *m* nominativo.

namentlich *adj* nominale, nominalmente.

namentlich *adv (besonders)* specialmente, soprattutto, segnatamente.

Nämlichkeit *f* identità *f* (di cose).

Nämlichkeits | feststellung *f* accertamento *m* dell'identità; **~nachweis** *m* prova *f* d'identità; **~prüfung** *f* verifica *f* dell'identità; **~sicherung** *f* garanzia *f* dell'identità; **~zeugnis** *n* certificato *m* d'identità.

Nasziturus *m (lat.: nasciturus) (§ 1923 Abs. 2 BGB; § 22 österr. ABGB) → Leibesfrucht* nascituro *m*.

Nationalbank *f* banca *f* nazionale; **schweizerische ~** *f (CH)* Banca *f* nazionale svizzera.

nationalbankfähig *adj (CH)* scontabile dalla Banca nazionale svizzera.

Nationale *n (A)* dati *mpl* personali, generalità *fpl*.

Nationalitäten | prinzip *n* principio *m* delle nazionalità; **~staat** *m* Stato *m* plurinazionale.

Nationalitäts | prinzip *n* principio *m* delle nazionalità; **~zeichen** *n* targa *f* di nazionalità.

National | ökonom *m* economista *m*; **~ökonomie** *f* economia *f* politica, economia *f* nazionale; **~rat** *m (A, CH)* consiglio *m* nazionale; **~rat/-rätin** *m/f (A, CH)*; **~ratsmitglied** *n (A, CH)* consigliere *m* nazionale, membro *m* del consiglio nazionale; **~ratspräsident/in** *m/f (A, CH)* presidente *m* del consiglio nazionale; **~ratswahl** *f (A, CH)*; **~ratswahlen** *fpl (A, CH)* elezioni *fpl* per il consiglio nazionale; **~vermögen** *n* patrimonio *m* nazionale; **~versammlung** *f* assemblea *f* nazionale; **~wirtschaft** *f* economia *f* nazionale.

NATO *(auch: Nordatlantikpakt, Nordatlantikpakt-Organisation)* NATO (*anche: Patto Atlantico, Organizzazione del Trattato Nord Atlantico*); **~ -Land** *n* paese *m* (membro) della NATO; **~ -Streitkräfte** *pl* forze *fpl* armate della NATO.

Natur *f* natura *f*; **~** *f* **der Sache** natura *f* della cosa.

Natural | abgabe *f* imposta *f* in natura; **~ausgleich** *m* conguaglio *m* in natura; **~bezüge** *mpl*; **~einkommen** *n* reddito *m* in natura; **~entlohnung** *f* remunerazione *f* in natura; **~entschädigung** *f* indennità *f* in natura; **~erfüllung** *f* adempimento *m* in natura; **~ersatz** *m* indennità *f* in natura; **~herstellung** *f (auch genannt: Naturalrestitution) (§ 249 I BGB)* restitutio in integrum *(lat)*, reintegrazione *f* in forma specifica, risarcimento *m* (del danno) in forma specifica.

Naturalien *pl* prestazioni *fpl* in natura, *(Bodenerzeugnisse)* prodotti *mpl* naturali, *(Rohstoffe)* materie *fpl* prime; **in ~ bezahlen** pagare in natura.

Naturalisation *f (Einbürgerung)* naturalizzazione *f*.

Naturalisationsurkunde *f* atto *m* di naturalizzazione.

naturalisieren *v (einbürgern)* naturalizzare.

Naturalisierung *f (Einbürgerung)* naturalizzazione *f*.

Naturalisierungsgesuch *n* domanda *f* di naturalizzazione.

Natural | kollation *f* collazione *f* in natura; **~komputation** *f* computo *m* naturale; **~leistung** *f* prestazione *f* in natura; **~lohn** *m* salario *m* in natura, retribuzione *f* in natura; **~obligation** *f* obbligazione *f* naturale; **~pacht** *f* affitto *m* con pagamento in natura; **~rente** *f* rendita *f* in natura; **~restitution** *f (auch genannt: Naturalherstellung) (§ 249 I BGB)* restitutio in integrum *(lat)*, reintegrazione *f* in forma specifica, risarcimento *m* (del danno) in forma specifica; **~steuer** *f* imposta *f* in natura;

~tausch *m* baratto *m*; **~teilung** *f* divisione *f* in natura; **~vergütung** *f* retribuzione *f* in natura; **~verpflichtung** *f* obbligazione *f* naturale; **~wirtschaft** *f* economia *f* naturale; **~wohnung** *f (A)* alloggio *m* in natura; **~zinsen** *mpl* interessi *mpl* in natura.

Natur | recht *n* diritto *m* naturale; **~rechtler** *m* giusnaturalista *m*; **~rechtslehre** *f* giusnaturalismo *m*; **~schutz** *m* tutela *f* della natura, tutela *f* delle bellezze naturali, tutela *f* ambientale, tutela *f* dell'ambiente naturale, protezione *f* della natura, protezione *f* dell'ambiente naturale; **~schutzgebiet** *n* riserva *f* naturale, zona *f* protetta, zona *f* a vincolo ambientale; **~schutzgesetz** *n* legge *f* sulla tutela dell'ambiente naturale.

neben *präp* [*Dat*] *(örtlich)* accanto [a], vicino [a], *(außer)* oltre [a], *(im Vergleich zu)* in confronto [a], rispetto [a].

Neben- addizionale, supplementare, accessorio, secondario.

Neben | abgabe *f* imposta *f* complementare, tassa *f* addizionale; **~abrede** *f VertragsR* accordo *m* accessorio, clausola *f* accessoria, clausola *f* annessa, patto *m* accessorio.

Nebenamt *n* [1] *(Dienststelle)* ufficio *m* accessorio.

Nebenamt *n* [2] *(Aufgabe, Funktion)* ufficio *m* secondario, funzione *f* accessoria, funzione *f* secondaria, carica *f* secondaria, incarico *m* secondario.

nebenamtlich *adj* secondario, accessorio, a titolo di carica secondaria, come incarico secondario.

Neben | anspruch *m* pretesa *f* accessoria, diritto *m* accessorio; **~antrag** *m* domanda *f* in via subordinata; **~arbeit** *f* secondo lavoro *m*, lavoro *m* extra, occupazione *f* secondaria, attività *f* marginale; **~ausgaben** *fpl* spese *fpl* accessorie; **~bedingung** *f* condizione *f* accessoria; **~beruf** *m* secondo lavoro *m*, secondo impiego *m*, occupazione *f* secondaria.

nebenberuflich *adj* come secondo lavoro, come secondo impiego, secondario, extra.

Neben | beschäftigung *f* lavoro *m* extra, secondo lavoro *m*, seconda occupazione *f*, occupazione *f* secondaria, occupazione *f* complementare, attività *f* secondaria; **~bestimmung** *f* disposizione *f* accessoria, clausola *f* accessoria, clausola *f* annessa; **~betrieb** *m* dipendenza *f*, agenzia *f*, filiale *f*, succursale *f*; **~bezüge** *mpl* redditi *mpl* accessori, incerti *mpl*; **~buch** *n* libro *m* ausiliario; **~bürge** *m* garante *m* sussidiario; **~bürgschaft** *f* garanzia *f* sussidiaria; **~einkommen** *n* reddito *m* accessorio; **~einkünfte** *pl*; **~einnahmen** *pl* entrate *fpl* accessorie, entrate *fpl* extra, incerti *mpl*; **~entscheidung** *f* decisione *f* accessoria; **~erwerb** *m* guadagno *m* secondario, guadagno *m* accessorio, introito *m* aggiuntivo, *(Tätigkeit)* attività *f* secondaria; **~erzeugnis** *n* sottoprodotto *m*; **~fach** *n (Universität)* materia *f* complementare, insegnamento *m* complementare; **~folge** *f StrafR* conseguenza *f* accessoria; **~forderung** *f SchuldR* credito *m* accessorio; **~frage** *f* questione *f* secondaria; **~gebäude** *n (dem Hauptgebäude untergeordneter Bau)* dipendenza *f*, edificio *m* annesso, annesso *m*, *(angrenzendes Gebäude)* edificio *m* adiacente; **~gebühr** *f* tassa *f* accessoria; **~gebühren** *fpl (z. B. zur Prämie)* accessori *mpl*.

Nebengeschäft *n* [1] *(Transaktion)* operazione *f* accessoria, attività *f* secondaria.

Nebengeschäft *n* [2] *(Unternehmen)* dipendenza *f*, agenzia *f*, filiale *f*, succursale *f*.

Neben | gesetz *n* legge *f* annessa; **~gewerbe** *n* attività *f* commerciale o industriale secondaria, mestiere *m* secondario; **~gewinn** *m* guadagni *mpl* occasionali, guadagno *m* extra, guadagno *m* secondario, utili *mpl* accessori.

Nebenintervenient/in *m/f ZivProzR*

(auch: Streithelfer/in) interveniente *m* adesivo.

Nebenintervention *f ZivProzR (auch: Streithilfe) (§§ 66 ff. ZPO)* intervento *m* volontario adesivo dipendente (*quando l'interveniente ha interesse alla vittoria di una delle parti in causa e partecipa al giudizio per sostenere le ragioni di tale parte*); **streitgenössische ~** *f ZivProzR* intervento *m* litisconsortile.

Neben | job *m* lavoro *m* extra, secondo lavoro *m*; **~klage** *f StrafProzR (§§ 395 ff. StPO)* azione *f* penale adesiva (*della persona offesa dal reato, che appoggia quella esercitata dal pubblico ministero*), coaccusa *f*; **~kläger/in** *m/f StrafProzR* accusatore *m* adesivo (*persona offesa dal reato che appoggia la pubblica accusa*), coaccusatore *m*, parte *f* di appoggio; **~klausel** *f* clausola *f* accessoria; **~konto** *n* conto *m* sussidiario, sottoconto *m*.

Nebenkosten *pl* spese *fpl* accessorie, spese *fpl* addizionali, costi *mpl* accessori, accessorie *fpl*, accessori *mpl*; **~** *pl* **zur Prämie** *VersR* accessori *mpl* del premio.

Nebenleistung *f* prestazione *f* accessoria.

Nebenleistungs | aktiengesell schaft *f* società *f* per azioni i cui soci sono tenuti a fornire prestazioni periodiche; **~gesellschaft** *f* società *f* i cui soci sono tenuti a fornire prestazioni periodiche.

Nebenleistungspflicht *f*[1] *(Aktiengesellschaft)* obbligo *m* di (fornire) prestazioni periodiche.

Nebenleistungspflicht *f*[2] *(gegenseitiger Vertrag)* obbligo *m* di (eseguire) prestazioni accessorie.

Neben | linie *f* linea *f* cadetta; **~partei** *f* parte *f* accessoria, parte *f* secondaria, parte *f* collaterale; **~pflicht** *f (Vertrag)* obbligo *m* accessorio, obbligazione *f* accessoria, obbligazione *f* secondaria; **~recht** *n* diritto *m* accessorio.

Nebensache *f*[1] *(Gegenstand)* cosa *f* accessoria.

Nebensache *f*[2] *(Frage, Angelegenheit)* questione *f* accessoria.

nebensächlich *adj* secondario, di secondaria importanza, marginale, accessorio.

Neben | schuldner/in *m/f* condebitore *m*; **~sicherheit** *f* garanzia *f* collaterale, garanzia *f* accessoria; **~spesen** *pl* spese *fpl* accessorie, spese *fpl* addizionali, accessori *mpl*; **~stelle** *f* dipendenza *f*, agenzia *f*, filiale *f*, succursale *f*; **~steuer** *f* imposta *f* complementare; **~strafe** *f StrafR* pena *f* accessoria; **~strafrecht** *n* leggi *fpl* penali speciali; **~täter/in** *m/f StrafR* secondo autore *m*.

Nebentätigkeit *f* attività *f* secondaria, secondo lavoro *m*; **genehmigungspflichtige ~** *f* attività *f* secondaria soggetta ad autorizzazione.

Neben | ursache *f* concausa *f*; **~verdienst** *m* guadagno *m* extra, guadagno *m* supplementare, guadagno *m* secondario, guadagno *m* accessorio; **~vereinbarung** *f* accordo *m* accessorio, patto *m* accessorio; **~verfahren** *n ZivProzR (Verfahren zum vorläufigen Rechtsschutz, z.B. Arrest oder einstweilige Verfügung)* procedimento *m* cautelare, procedimento *m* relativo ai provvedimenti provvisori; **~vergünstigungen** *fpl* benefici *mpl* accessori; **~vergütung** *f* prestazione *f* accessoria; **~verpflichtung** *f* obbligo *m* accessorio, obbligazione *f* accessoria, obbligazione *f* secondaria; **~vertrag** *m* contratto *m* accessorio, contratto *m* annesso, subcontratto *m*; **~vormund** *m* cotutore *m*; **~wirkung** *f* effetto *m* collaterale; **~wohnsitz** *m* residenza *f* secondaria; **~zweig** *m* ramo *m* secondario.

ne bis in idem *(lat) StrafProzR (Strafklageverbrauch)* un imputato non può essere giudicato due volte per lo stesso reato.

Negativ | attest *n*; **~bescheinigung** *f (Unbedenklichkeitsbescheinigung)* nullaosta *m* (*o: nulla osta*), certificato *m* di nullaosta (o: nulla osta); **~klausel** *f* clausola *f* contenuta nelle condizioni di emissione di prestiti obbligazionari con la quale l'emittente si obbliga a non ipotecare o dare in pegno il suo patrimonio

senza estenderne il beneficio ai creditori del prestito; **~zins** *m* interesse *m* negativo.
Negatorienklage *f (A) ZivProzR* azione *f* negatoria.
neigen *v* [zu *Dat*] tendere [a], essere portato [a], essere incline [a], propendere [per].
Neigung *f* tendenza *f*, inclinazione *f*, disposizione *f*, propensione *f*; **schädliche ~** *f* tendenza *f* nociva.
Nein-Stimme *f* voto *m* contrario, voto *m* a sfavore, no *m*; **Ja- und ~n** *fpl* voti *mpl* favorevoli e contrari, i sì e i no.
Nenn- nominale.
Nenn | betrag *m* importo *m* nominale; **~kapital** *n* capitale *m* nominale.
Nennwert *m* valore *m* nominale; **~aktie** *f* azione *f* a valore nominale; **~prinzip** *n* principio *m* nominalistico, principio *m* del valore nominale; **~theorie** *f* nominalismo *m*.
netto *adv* netto; **~ Kasse** contante *m* netto.
Netto | abbau *m* riduzione *f* netta; **~anlageinvestitionen** *fpl* investimenti *mpl* netti; **~anstieg** *m* aumento *m* netto; **~ausgaben** *fpl* spesa *f* netta, spese *fpl* nette; **~besteuerung** *f* imposizione *f* netta; **~betrag** *m* importo *m* netto, ammontare *m* netto; **~bezüge** *mpl* retribuzione *f* netta; **~defizit** *n* disavanzo *m* netto; **~dividende** *f* dividendo *m* netto; **~einkommen** *n* reddito *m* netto; **~einnahme** *f* entrata *f* netta; **~ergebnis** *n* risultato *m* netto; **~erlös** *m* ricavo *m* netto; **~ersparnis** *f* risparmio *m* netto; **~ertrag** *m* ricavo *m* netto, rendita *f* netta, utile *m* netto; **~forderung** *f* credito *m* netto; **~fracht** *f* nolo *m* netto; **~gehalt** *n* stipendio *m* netto; **~gewicht** *n* peso *m* netto; **~gewinn** *m* utile *m* netto, guadagno *m* netto, profitto *m* netto; **~inlandsprodukt** *n* prodotto *m* interno netto *(PIN)*; **~investition** *f* investimento *m* netto; **~kapital** *n* capitale *m* netto; **~kosten** *pl* costo *m* netto, spese *fpl* nette; **~lohn** *m* salario *m* netto, paga *f* netta; **~miete** *f* canone *m* (di locazione/locativo) netto; **~prämie** *f* premio *m* netto; **~preis** *m* prezzo *m* netto; **~rendite** *f* reddito *m* netto, rendimento *m* netto; **~reserve** *f* riserva *f* netta; **~saldo** *m* saldo *m* netto; **~schaden** *m* danno *m* netto.
Nettosozialprodukt *n* reddito *m* nazionale netto, prodotto *m* sociale netto; **~** *n* **zu Faktorkosten** reddito *m* nazionale netto al costo dei fattori; **~** *n* **zu Marktpreisen** reddito *m* nazionale netto ai prezzi di mercato.
Netto | umsatz *m* fatturato *m* netto, giro *m* d'affari netto; **~verdienst** *m* guadagno *m* netto; **~verlust** *m* perdita *f* netta; **~vermögen** *n* patrimonio *m* netto, attivo *m* netto; **~wert** *m* valore *m* netto.
Netzfahndung *f StrafProzR (auch: Schleppnetzfahndung) (§ 163 d StPO)* ricerca *f* di un reo tramite raccolta computerizzata di dati personali.
Neuangleichung *f* riallineamento *m*.
Neuanlage *f*[1] *(neue Installation)* nuova installazione *f*, nuovo impianto *m*, *(neue Anlage)* impianto *m* nuovo.
Neuanlage *f*[2] *(Geld)* reinvestimento *m*.
Neu | auflage *f* ristampa *f*; **~auftrag** *m* nuovo ordine *m*; **~bau** *m* nuova costruzione *f*; **~bearbeitung** *f* rielaborazione *f*, rifacimento *m*, nuova versione *f*, *(neu bearbeitetes Buch)* edizione *f* aggiornata; **~begebung** *f* nuova emissione *f*; **~beginn** *m ZivProzR* nuovo inizio *m* del termine; **~beschaffung** *f* riacquisto *m*; **~besetzung** *f* nuova nomina *f*, sostituzione *f* nella carica, occupazione *f* di un posto vacante; **~bewertung** *f* rivalutazione *f*, rivalutazione *f* monetaria; **~bewilligung** *f* nuova autorizzazione *f*; **~bürger/in** *m/f* cittadino/-a *m/f* naturalizzato/-a, forestiero *m* stabilitosi di recente; **~druck** *m* ristampa *f*; **~einstellung** *f* nuova assunzione *f*; **~emission** *f (von Wertpapieren)* nuova emissione *f*.
Neuerer *m* innovatore *m*.
Neuerscheinung *f (Buch)* novità *f* (editoriale/libraria).
Neuerung *f (Erneuerung)*

rinnovamento *m*, *(Neuheit)* innovazione *f*, *SchuldR (einer Verbindlichkeit)* novazione *f*.
Neuerungs | verbot *n (A)* divieto *m* di presentare nuovi motivi o nuove prove; **~vertrag** *m (A) SchuldR* contratto *m* novativo, contratto *m* di novazione.
Neufassung *f* rifacimento *m*, nuovo testo *m*, nuova versione *f*, nuova redazione *f*, nuova edizione *f*, testo *m* rimaneggiato, *EuR* rifusione *f*; **~** *f* **eines Gesetzes** emendamento *m*.
Neufestlegung *f* ridefinizione *f*.
neu für alt nuovo per vecchio.
Neu | geschäft *n* affari *mpl* nuovi, nuova operazione *f*, nuova contrattazione *f*, nuova negoziazione *f*; **~gestaltung** *f (Erneuerung)* rinnovamento *m*, *(Umgestaltung)* trasformazione *f*, cambiamento *m*, *(Reform)* riforma *f*, *(neue Organisierung)* riorganizzazione *f*, riassetto *m*, riordinamento *m*.
neu gewählt neoeletto, appena eletto.
Neu | gläubiger/in *m/f* nuovo creditore *m*, cessionario *m*; **~gliederung** *f* ristrutturazione *f*, nuova suddivisione *f*; **~gründung** *f (Gründung von etwas Neuem)* nuova fondazione *f*, nuova istituzione *f*, nuova costituzione *f*, nuova formazione *f*, *(erneute Gründung)* ricostituzione *f*, *(pol)* rifondazione *f*, *(von Unternehmen)* start-up *m* (*avvio d'impresa*).
Neuheit *f* novità *f*, articolo *m* nuovo, l'essere nuovo.
Neuheits | merkmal *n* carattere *m* di novità; **~prüfung** *f* esame *m* della novità.
Neu | investition *f* reinvestimento *m*; **~ordnung** *f* riordinamento *m*, riorganizzazione *f*, riassetto *m*, nuovo assetto *m*, nuovo ordine *m*, *(Reform)* riforma *f*; **~regelung** *f (neue Regelung)* nuova regolamentazione *f*, nuova disciplina *f*, nuova normativa *f*, nuove disposizioni *fpl*, *(Reform)* riforma *f*, *(Umordnung)* riordinamento *m*, riorganizzazione *f*, riassetto *m*.
Neusetzung *f* modifica *f*, ridefinizione *f*.
Neutralaufwand *m* spesa *f* che non può figurare nel calcolo dei prezzi.
Neu | veranlagung *f SteuerR* nuova iscrizione *f* al ruolo delle imposte; **~vergabe** *f (von Aufträgen)* riappalto *m*; **~verteilung** *f* ridistribuzione *f*.
Neuwahl *f* rielezione *f*, nuova elezione *f*, *(= Neuwahlen)* nuove elezioni *fpl*; **vorgezogene ~en** *fpl (pol)* elezioni *fpl* anticipate.
Neu | wert *m (neues Wert)* nuovo valore *m*, *(Wert eines neuen Gegenstandes)* valore *m* da nuovo; **~wertversicherung** *f* assicurazione *f* del valore a nuovo; **~zulassung** *f TransportR* nuova immatricolazione *f*.
New Yorker Übereinkommen *n* **von 1958** *(New Yorker Übereinkommen über die Anerkennung und Vollstreckung ausländischer Schiedssprüche vom 10. Juni 1958)* Convenzione *f* di New York del 1958 (*Convenzione di New York del 10 giugno 1958 sul riconoscimento e l'esecuzione delle sentenze arbitrali straniere*).
n.F. (*Abk* = **neue Fassung**) nuova versione *f*, nuovo testo *m*.
NGO (*Abk* = **Nichtregierungsorganisation**) organizzazione *f* non governativa *(ONG)*.
Nichtablieferung *f* mancata consegna *f*.
Nichtabsetzbarkeit *f* [1] *SteuerR (von Kosten, Ausgaben)* indeducibilità *f*, non deducibilità *f*, indetraibilità *f*, non detraibilità *f*.
Nichtabsetzbarkeit *f* [2] *(von Amtspersonen)* inamovibilità *f*.
Nicht | abtretbarkeit *f* incedibilità *f*, non cedibilità *f*; **~abziehbarkeit** *f*; **~abzugsfähigkeit** *f SteuerR* indeducibilità *f*, non deducibilità *f*, indetraibilità *f*, non detraibilità *f*; **~achtung** *f (Mangel an Respekt)* mancanza *f* di rispetto, *(Nichtbeachtung)* inosservanza *f*, mancata osservanza *f*, mancato rispetto *m*; **~akt** *m* atto *m* inesistente; **~anerkennung** *f* non riconoscimento *m*, disconoscimento *m*; **~angabe** *f*

mancata indicazione *f*; **~angriffspakt** *m* patto *m* di non aggressione; **~annahme** *f* mancata accettazione *f*, non accettazione *f*; **~anwendbarkeit** *f* inapplicabilità *f*, non applicabilità *f*; **~anwendung** *f* mancata applicazione *f*, disapplicazione *f*.

Nichtanzeige *f* omessa denuncia *f*, omissione *f* di denuncia, omesso avviso *m*, *VersR* reticenza *f*; **~ *f* geplanter Straftaten** *StrafR* omessa denuncia *f* di reato.

Nicht | ausübung *f (eines Rechts)* mancato esercizio *m* (*di un diritto*); **~beachtung** *f*; **~befolgung** *f* inosservanza *f*, mancata osservanza *f*, mancato rispetto *m*; **~beitreibbarkeit** *f* irrecuperabilità *f*; **~berechtigte/r** *f/m* non avente *m/f* diritto; **~berufsunfall** *m* infortunio *m* extra-professionale.

Nichtbestehen *n* inesistenza *f*, insussistenza *f*; **~ *n* eines Rechts** inesistenza *f* di un diritto, insussistenza *f* di un diritto.

Nicht | besteuerung *f* detassazione *f*; **~beteiligung** *f* non partecipazione *f*, clausola *f* di esenzione; **~betriebsunfall** *m* infortunio *m* extra-professionale; **~bezahlung** *f* mancato pagamento *m*; **~billigung** *f* mancata approvazione *f*; **~diskriminierung** *f* non discriminazione *f*; **~diskriminierungsklausel** *f* clausola *f* di non discriminazione; **~ehe** *f* *FamR* matrimonio *m* inesistente; **~eigentümer/in** *m/f* non proprietario *m*; **~eignung** *f* inidoneità *f*, non idoneità *f*; **~einhaltung** *f* inosservanza *f*, mancata osservanza *f*, mancato rispetto *m*, inadempimento *m*, inadempienza *f*; **~einklagbarkeit** *f* *(einer Forderung)* inesigibilità *f* (*di un credito in via giudiziaria*); **~einlassung** *f* *ZivProzR (des Beklagten)* mancata costituzione *f*; **~einlösung** *f* mancato pagamento *m*; **~einmischung** *f* non ingerenza *f*, non intervento *m*.

Nichteinmischungs | abkommen *n*; **~pakt** *m* patto *m* di non intervento; **~politik** *f* politica *f* di non intervento.

Nichteintritt *m* mancato avveramento *m*, mancato (o: non) avverarsi *m*, mancato (o: non) verificarsi; **~ *m* einer Bedingung** mancato avveramento *m* di una condizione, mancato (o: non) avverarsi *m* di una condizione, mancato (o: non) verificarsi *m* di una condizione.

Nichterfüllung *f* inadempimento *m*, inadempienza *f*, mancato soddisfacimento *m*; **teilweise ~ *f*** *SchuldR* inadempimento *m* parziale; **vollständige ~ *f*** *SchuldR* inadempimento *m* totale; **~ *f* des Vertrag(e)s** *SchuldR* inadempimento *m* del contratto, inadempimento *m* contrattuale, inadempienza *f* contrattuale.

Nichterfüllungsschaden *m* *SchuldR* → *Erfüllungsinteresse, positives Interesse* danno *m* da (o: per) inadempimento, danno *m* derivante dall'inadempienza.

Nicht | erneuerung *f* mancato rinnovo *m*; **~erscheinen** *n* mancata comparizione *f*, assenza *f*, contumacia *f*; **~erweisbarkeit** *f* non provabilità *f*, indimostrabilità *f*.

Nicht-EU-Land *n* *EuR* Paese *m* non UE, Paese *m* extra UE.

Nicht-EU-Staat *m* *EuR* Stato *m* non UE, Stato *m* extra UE.

Nicht | funktionieren *n* mancato funzionamento *m*, disfunzione *f*; **~gebrauch** *m* non uso *m*, non impiego *m*; **~genehmigung** *f* mancata approvazione *f*; **~gesellschafter/in** *m/f* non socio *m*; **~haftung** *f (A)* mancata responsabilità *f*, irresponsabilità *f*.

nichtig *adj* nullo, *(unbedeutend)* futile; **von Anfang an ~** radicalmente nullo; **für ~ erklären** dichiarare nullo, annullare, invalidare; **teilweise ~** parzialmente nullo.

Nichtigerklärung *f* dichiarazione *f* di nullità, annullamento *m*, invalidamento *m*, invalidazione *f*.

Nichtigkeit *f* nullità *f*; **bei ~**; **bei sonstiger ~** *(A)* a pena di nullità, sotto pena di nullità; **die ~**

einwenden; **die ~ geltend machen** eccepire la nullità, opporre la nullità; **die ~ heilen** sanare la nullità; **die ~ rügen** eccepire la nullità, opporre la nullità; **absolute ~** *f* nullità *f* assoluta; **heilbare ~** *f* nullità *f* sanabile; **relative ~** *f* nullità *f* relativa; **teilweise ~** *f* nullità *f* parziale; **unheilbare ~** *f* nullità *f* assoluta insanabile; **~** *f* **der Gesellschaft** *GesR* nullità *f* della società.

Nichtigkeit – Anfechtung
La nullità (*Nichtigkeit*) è una forma di invalidità (*Unterform der Unwirksamkeit*) del negozio giuridico ed è definita come il rimedio più forte che l'ordinamento giuridico offre per sanzionare l'invalidità di un atto giuridico, in quanto opera *ipso iure* travolgendo il negozio *ab origine* e in modo permanente, ha inoltre effetto *erga omnes*, può essere fatta valere da chiunque vi abbia interesse (è cioè assoluta) e può essere rilevata d'ufficio dal giudice, ove risulti dai fatti allegati. Le cause di nullità (*Nichtigkeitsgründe*) possono essere di vario genere: collegate all'agire come tale, come nei casi di incapacità di agire; riferite all'atto in sé, come quando vi sono vizi di forma; dipendenti dal contenuto del negozio, quando ad esempio fosse contrario a norme imperative, all'ordine pubblico e al buon costume.
L'istituto dell'annullabilità (*Anfechtbarkeit*) ha una propria regolamentazione contenuta nei §§ 142–144 BGB e le ipotesi in cui esso può trovare applicazione sono essenzialmente quelle dei vizi del consenso, errore (§§ 119, 120 BGB), dolo e violenza (§ 123 BGB). A differenza dell'atto nullo, l'atto annullabile (*anfechtbar*) si presenta in origine valido ed efficace, e destinato a rimanerlo se la persona legittimata non lo contesta nel termine previsto.
Se invece il medesimo soggetto decide di attivarsi entro il termine previsto dalla legge, con l'impugnazione il negozio annullabile diventa nullo, e precisamente è da reputarsi nullo fin dall'inizio *(Wird ein anfechtbares Rechtsgeschäft angefochten, so ist es als von Anfang an nichtig anzusehen; § 142 c. 1 BGB)*. La *Anfechtung* rappresenta quindi il mezzo utilizzabile per ottenere l'annullamento del negozio viziato in forma di una dichiarazione di volontà negoziale rivolta alla controparte, come esercizio non giudiziale di un diritto potestativo (*Gestaltungsrecht*) – diversamente da quanto succede in Italia – che conduce a una situazione di nullità.
In Italia le cose stanno invece diversamente…

… continua nell'Allegato 1

Nichtigkeits | abteilung *f (A) (des Patentamts)* ufficio *m* dei ricorsi; **~beschwerde** *f (A)* ricorso *m* per (o: in) cassazione; **~einrede** *f*; **~einwand** *m* eccezione *f* di nullità; **~erklärung** *f* dichiarazione *f* di nullità, annullamento *m*; **~grund** *m* causa *f* di nullità, *(bei Nichtigkeitsbeschwerde)* motivo *m* del ricorso per (o: in) cassazione *(A)*; **~klage** *f* azione *f* di annullamento, azione *f* di nullità, *EuR* ricorso *m* di annullamento; **~senat** *m (Patentstreitsachen)* commissione *f* dei ricorsi; **~urteil** *n* sentenza *f* di annullamento, sentenza *f* dichiarativa di nullità.

Nicht | intervention *f* non intervento *m*; **~jurist/in** *m/f* non giurista *m/f*; **~kaufmann** *m* non commerciante *m*; **~kenntnis** *f* ignoranza *f*; **~konvertierbarkeit** *f* inconvertibilità *f*, non convertibilità *f*; **~leistung** *f* mancata prestazione *f*; **~lieferung** *f* mancata consegna *f*; **~mitglied** *n* non membro *m*, non socio *m*; **~mitgliedstaat** *m* Stato *m* non membro; **~regierungsorganisation** *f* (*Abk* = **NGO**) organizzazione *f* non governativa *(ONG)*; **~resident** *m* non residente *m*; **~rückwirkung** *f* irretroattività *f*, non retroattività *f*, effetto *m* non retroattivo.

Nichtschuld *f* [1] *SchuldR* indebito *m*.

Nichtschuld *f* [2] *(A) StrafR* incolpevolezza *f*.

Nicht | tätigwerden *n EuR* mancata azione *f*; **~teilnehmerland** *n* paese *m* non partecipante; **~übereinstimmung** *f* non conformità *f*, non concordanza *f*, disaccordo *m*, discordanza *f*, discrepanza *f*; **~übertragbarkeit** *f* intrasferibilità *f*, non trasferibilità *f*, incedibilità *f*, non cedibilità *f*, intrasmissibilità *f*, non trasmissibilità *f*; **~urteil** *n* sentenza *f* inesistente.

Nichtverbreitung *f* non proliferazione *f*; **~ *f* von Kernwaffen** → *Vertrag über die Nichtverbreitung von Kernwaffen (NVV), Atomwaffensperrvertrag* non proliferazione *f* nucleare.

Nicht | verfolgbarkeit *f StrafR* non perseguibilità *f*; **~verfügbarkeit** *f* indisponibilità *f*; **~vermögensschaden** *m* danno *m* non patrimoniale, lesione *f* non patrimoniale; **~vertragsstaat** *m* Stato *m* non contraente; **~vollziehung** *f* mancata esecuzione *f*, non esecuzione *f*; **~vorhandensein** *n* assenza *f*, inesistenza *f*, non disponibilità *f*; **~wählbarkeit** *f* ineleggibilità *f*; **~wähler** *mpl* non voto *m*; **~wissen** *n* ignoranza *f*.

Nichtzahlung *f* mancato pagamento *m*, non pagamento *m*; **bei ~** in difetto di pagamento.

Nicht | zugehörigkeit *f* non appartenenza *f*; **~zulassung** *f* **der Revision** *ZivProzR (durch das Berufungsgericht)* non ammissione *f* del ricorso per cassazione, non impugnabilità *f* della sentenza (con ricorso) per cassazione (*sancita dal giudice di appello*), diniego *m* dell'impugnabilità della sentenza (con ricorso) per cassazione (*da parte del giudice di appello*), rifiuto *m* dell'autorizzazione all'impugnazione della sentenza (con ricorso) per cassazione (*da parte del giudice di appello*); **~zulassungsbeschwerde** *f (D) ZivProzR (§ 544 ZPO)* reclamo *m* proposto alla Corte Suprema tedesca (BGH) contro il provvedimento di non ammissione del ricorso per cassazione (Revision) emanato dal giudice di appello, reclamo *m* proposto alla Corte Suprema tedesca (BGH) in caso di diniego dell'impugnabilità della sentenza (con ricorso) per cassazione sancito dal giudice di appello; **~zumutbarkeit** *f* inesigibilità *f*; **~zuständigkeit** *f (A)* incompetenza *f*; **~zustimmung** *f* mancato consenso *m*.

Nichtzutreffendes *n* ciò che non interessa; **~ bitte streichen** *(Anweisung auf Formularen)* cancellare (o: barrare) ciò che non interessa, cancellare (o: barrare) la voce (o: la dicitura) che non interessa.

Niedergelassene/r *f/m (CH)* domiciliato/-a *m/f*.

Niederlage *f* [1] sconfitta *f*, disfatta *f*, insuccesso *m*.

Niederlage *f* [2] *(Lager)* deposito *m*, magazzino *m*.

Niederlage *f* [3] *(Filiale)* filiale *f*, succursale *f*.

Niederlage *f* [4] *(A)* casa *f* di commercio all'ingrosso.

Niederläger *m (A)* grossista *m*.

Niederlagshaus *n (CH)* deposito *m*.

niederlassen *v* [sich] *(Wohnsitz nehmen)* stabilirsi (*in una città*), *(als Rechtsanwalt)* aprire uno studio legale.

Niederlassung *f* stabilimento *m*, *(als Rechtsanwalt)* apertura *f* di uno studio legale, *(von Unternehmen)* sede *f*, domicilio *m*, *(Zweigstelle)* filiale *f*, succursale *f*, sede *f* secondaria, agenzia *f* (*di banca*); **gewerbliche ~** *f* stabilimento *m* industriale.

Niederlassungs | abkommen *n* convenzione *f* di stabilimento; **~bedingung** *f* condizione *f* di stabilimento; **~beschränkung** *f* restrizione *f* allo stabilimento; **~bewilligung** *f (CH)* permesso *m* di domicilio, permesso *m* di residenza; **~erlaubnis** *f (D) AuslR (§ 9 AufenthG)* permesso *m* di soggiorno (*la cui validità è illimitata nel tempo e nello spazio e che autorizza ad intraprendere un'attività lavorativa senza dover chiedere il consenso all'Ufficio di collocamento federale*), permesso *m* di soggiorno illimitato, permesso *m* di residenza, permesso *m* di domicilio (permanente), permesso *m* di stabilimento; **~freiheit** *f EuR* libertà *f* di stabilimento, libertà *f* di stabilire il proprio domicilio; **~ - und Aufenthaltsgesetz** *n (A)* (*Abk* = **NAG**) *(Bundesgesetz über die Niederlassung und den Aufenthalt in Österreich)* legge *f* (austriaca) in materia di stabilimento e di soggiorno in Austria; **~netz** *n* rete *f* di filiali; **~ort** *m* domicilio *m*, sede *f* della succursale; **~recht** *n EuR* diritto *m* di stabilimento, diritto *m* di stabilire il proprio domicilio.

niederlegen *v* [1] *(Sachen)* posare, deporre, *(hinterlegen)* depositare.

niederlegen *v* [2] *(aufgeben)* rinunciare [o: rinunziare a], abbandonare, *(Amt)* dimettersi [da], *(Mandat)* deporre, *(unterbrechen)* sospendere, interrompere, *(aufhören)* cessare, *(Arbeit)* scioperare.

niederlegen *v* [3] *(schriftlich festhalten)* mettere per iscritto, fissare per iscritto, registrare.

Niederlegung *f* [1] *(von Sachen, Schriftstücken)* deposizione *f*, *(Hinterlegung)* deposito *m*.

Niederlegung *f* [2] *(Aufgabe)* rinuncia *f* [o: rinunzia], abbandono *m*, *(eines Amts)* dimissioni *fpl*, *(Unterbrechung)* interruzione *f*, sospensione *f*, cessazione *f*, *(der Arbeit)* sciopero *m*.

niederschlagen *v (Aufstand)* reprimere, soffocare, stroncare, *(Geldstrafe, Kosten)* rimettere, *(Verfahren)* sospendere, archiviare; **sich ~** *v* ripercuotersi [su], riflettersi [su].

Niederschlagung *f (eines Aufstandes)* repressione *f*, *(von Geldstrafe, Kosten)* rimessione *f*, *(eines Verfahrens)* sospensione *f*.

niederschreiben *v* mettere per iscritto, scrivere, stendere.

Niederschrift *f (Niederschreiben)* stesura *f*, redazione *f*, trascrizione *f*, *(Niedergeschriebenes)* scritto *m*, *(Protokoll)* verbale *m*, processo *m* verbale.

Niedrigpreis *m* prezzo *m* basso.

Niedrigstkurs *m* corso *m* minimo, quotazione *f* minima.

Nießbrauch *m SachenR (an einem Grundstück, an einer beweglichen Sache) (§§ 1030 ff. BGB)* usufrutto *m*; **mit einem ~ belasten** *SachenR* gravare di usufrutto; **einen ~ bestellen** *SachenR* costituire un usufrutto; **lebenslänglicher ~** *m*; **~** *m* **auf Lebenszeit** *SachenR* usufrutto *m* a vita, usufrutto *m* vita natural durante, usufrutto *m* vitalizio; **uneigentlicher ~** *m SachenR* quasi usufrutto *m*.

nießbrauchen *v SachenR* usufruttare [o: usufruttuare].

Nießbraucher/in *m/f SachenR* usufruttuario/-a *m/f*; **lebenslängliche/r ~** *m/f SachenR* usufruttuario/-a *m/f* a vita, usufruttuario/-a *m/f* vita natural durante.

Nießbrauchrecht *n SachenR* diritto *m* di usufrutto, usufrutto *m*; **lebenslanges ~** *n*; **~** *n* **auf Lebenszeit** *SachenR* usufrutto *m* a vita, usufrutto *m* vita natural durante.

Nießbrauchs | berechtigte/r *f/m SachenR* usufruttuario/-a *m/f*; **~bestellung** *f SachenR* costituzione *f* di usufrutto; **~einräumung** *f SachenR* concessione *f* di usufrutto.

Nießbrauchsrecht *n SachenR* diritto *m* di usufrutto, usufrutto *m*; **lebenslanges ~** *n*; **~** *n* **auf Lebenszeit** *SachenR* usufrutto *m* a vita, usufrutto *m* vita natural durante.

Nießbrauchsvermächtnis *n ErbR* legato *m* di usufrutto.

Nivellierung *f* livellamento *m*.

Noch-nicht-Erzeugter *m* nascituro *m* non concepito.

Nomenklatur *f* nomenclatura *f*.

Nominal | betrag *m* importo *m* nominale; **~einkommen** *n* reddito *m* nominale.

Nominalismus *m* nominalismo *m*.

Nominal | kapital *n (A)* capitale *m* nominale; **~lohn** *m* salario *m* nominale; **~preis** *m* prezzo *m* nominale; **~satz** *m* tasso *m* nominale, saggio *m* nominale; **~verzinsung** *f* interesse *m* nominale; **~wert** *m* valore *m* nominale; **~zins** *m* interesse *m* nominale, *(Nominalzinssatz)* tasso *m* di interesse nominale; **~zinsfuß** *m*; **~zinssatz** *m* tasso *m* di interesse nominale.

Nominat | kontrakt *m*; **~vertrag** *m* *SchuldR* → *typischer Vertrag* contratto *m* nominato, contratto *m* tipico.

nominell *adj* nominale.

nominieren *v* nominare, designare.

Nominierung *f* nomina *f*, designazione *f*.

Nordatlantikpakt-Organisation *f* *(auch: Nordatlantikpakt, NATO: North Atlantic Treaty Organization)* Organizzazione *f* del Trattato Nord Atlantico (*anche: Patto Atlantico*).

Nordatlantikrat *m (NAC: North Atlantic Council)* Consiglio *m* Atlantico (*o: Consiglio del Nord Atlantico*).

Norm *f (Vorschrift)* norma *f*, regola *f*, *(in Wirtschaft, Industrie, Technik, Wissenschaft)* standard *m*; **dispositive ~** *f* norma *f* dispositiva; **gleichrangige ~** *f* norma *f* di pari grado, norma *f* di pari rango; **nachgiebige ~** *f* norma *f* relativa; **nachrangige ~** *f* norma *f* di grado inferiore, norma *f* di rango inferiore; **überpositive ~** *f* norma *f* fondamentale del diritto; **verfahrensrechtliche ~** *f* norma *f* procedurale, norma *f* processuale; **verfassungsrechtliche ~** *f* norma *f* costituzionale; **völkerrechtliche ~** *f* norma *f* internazionale; **vorrangige ~** *f* norma *f* di grado superiore, norma *f* di rango superiore; **zwingende ~** *f* norma *f* cogente, norma *f* imperativa.

Norm | abschreibung *f* ammortamento *m* ordinario; **~adressat** *m* destinatario *m* della norma.

Normalien *pl (A)* istruzioni *fpl* generali.

Normal | kostentarif *m (A)* *(Verzeichnis häufig vorkommender Rechtsanwaltsgebühren)* tabella *f* degli onorari; **~preis** *m* prezzo *m* normale; **~tarif** *m* tariffa *f* ordinaria; **~verbraucher/in** *m/f* consumatore *m* normale; **~vertrag** *m* *SchuldR* contratto *m* tipo.

Norm | arbeitsvertrag *m (CH)* contratto *m* normale di lavoro; **~arbeitszeit** *f* orario *m* (lavorativo) normale.

normativ *adj* normativo.

Normativbedingungen *fpl* condizioni *fpl* normative.

Normativismus *m* normativismo *m*.

Norm | bedingungen *fpl* condizioni *fpl* normative; **~blatt** *n* tabella *f* di unificazione (*in Italia: tabella UNI*).

normen *v* normare, normalizzare, standardizzare, unificare.

Normenhierarchie *f* gerarchia *f* normativa.

Normenkollision *f* conflitto *m* di norme, concorso *m* di norme; **räumliche ~** *f* conflitto *m* di norme nello spazio; **zeitliche ~** *f* conflitto *m* di norme nel tempo.

Normenkontrolle *f* *VerfR* sindacato *m* di legittimità costituzionale, sindacato *m* di costituzionalità delle leggi; **abstrakte ~** *f (D) VerfR* → *Art. 93 Abs. 1 Nr. 2 GG i.V.m. § 13 Nr. 6 BVerfGG, prinzipale Normenkontrolle* sindacato *m* di legittimità costituzionale in astratto (*il giudizio dinanzi al Bundesverfassungsgericht (Corte costituzionale federale) è instaurato indipendentemente da un caso di applicazione concreto, al di fuori e in mancanza di qualsiasi controversia giudiziaria in atto. È attivabile su iniziativa di determinati organi costituzionali*); **inzidente ~** *f* *VerfR* → *konkrete Normenkontrolle* sindacato *m* di legittimità costituzionale in via incidentale, sindacato *m* incidentale di legittimità costituzionale; **konkrete ~** *f (D) VerfR* → *Art. 100 GG i.V.m. § 13 Nr. 11 BVerfGG, inzidente Normenkontrolle* sindacato *m* di legittimità costituzionale in concreto (*ha carattere concreto perché presuppone la necessità di applicare la norma ritenuta incostituzionale ad una fattispecie concreta; è sostanzialmente identico al giudizio di legittimità costituzionale in via incidentale instaurato in Italia*); **prinzipale ~** *f (D) VerfR* → *abstrakte Normenkontrolle* sindacato *m* di legittimità costituzionale in via principale (*il giudizio di legittimità può essere attivato direttamente da determinati soggetti*).

Normenkontroll | klage *f*; **~verfahren** *n VerfR* giudizio *m* di legittimità costituzionale, giudizio *m* di costituzionalità delle leggi.

Normenvertrag *m SchuldR* contratto *m* normativo.

normieren *v* normare, normalizzare, standardizzare, unificare.

Normung *f* = *Normierung f* normazione *f*, normalizzazione *f*, standardizzazione *f*, unificazione *f*; **Europäisches Komitee** *n* **für ~** (*Abk* = **CEN**) *EuR* Comitato *m* europeo per la standardizzazione; **Internationale Organisation** *f* **für ~** (*Abk* = **ISO**) Organizzazione *f* internazionale per la normazione.

Nostrifikation *f*[1] *(A) (Einbürgerung)* = *Nostrifizierung f* naturalizzazione *f*.

Nostrifikation *f*[2] *(A) (Anerkennung von ausländischen Schul- und Studienabschlüssen)* = *Nostrifizierung f* equipollenza *f* dei titoli di studio, scolastici o accademici, conseguiti all'estero.

Nota *f* nota *f*, conto *m*.

Notabeln *pl* notabili *mpl*.

Notanwalt/-anwältin *m/f ZivProzR* difensore *m* d'ufficio.

Notar *m* [f: Notarin] notaio *m*; **amtierender ~** *m*; **beurkundender ~** *m* notaio *m* rogante; **öffentlicher ~** *m (A)* notaio *m*.

Notar | amt *n* notariato *m*, ufficio *m* notarile, studio *m* notarile; **~anderkonto** *n* conto *m* fiduciario del notaio; **~assessor/in** *m/f* praticante notaio *m*.

Notarenkollegium *n (A)* collegio *m* notarile.

Notariat *n* studio *m* notarile, ufficio *m* notarile, notariato *m*.

Notariats | akt *m* atto *m* notarile; **~angestellte/r** *f/m* impiegato/-a *m/f* di uno studio notarile, dipendente *m/f* di uno studio notarile, personale *m* dello studio notarile; **~archiv** *n* archivio *m* notarile; **~bescheinigung** *f* certificato *m* notarile; **~büro** *n* studio *m* notarile, ufficio *m* notarile, notariato *m*; **~form** *f (A)* forma *f* notarile; **~gebühr** *f* onorario *m* notarile, onorario *m* del notaio; **~kammer** *f (A)* collegio *m* notarile; **~kandidat/in** *m/f* praticante notaio *m*; **~kanzlei** *f* studio *m* notarile, ufficio *m* notarile, notariato *m*; **~kosten** *pl* spese *fpl* notarili; **~mitarbeiter/in** *m/f* dipendente *m/f* di uno studio notarile, impiegato/-a *m/f* di uno studio notarile, personale *m* dello studio notarile; **~ordnung** *f (A)* ordinamento *m* notarile; **~praxis** *f* prassi *f* notarile; **~protokoll** *n (A)* protocollo *m* notarile; **~siegel** *n* sigillo *m* notarile; **~substitut** *m (A)* sostituto *m* del notaio; **~tarif** *m (A)* tariffa *f* notarile; **~urkunde** *f* atto *m* notarile, atto *m* di notaio, atto *m* pubblico redatto da un notaio, documento *m* notarile, rogito *m* (*notarile*); **~verweser** *m* sostituto *m* del notaio; **~zwang** *m* obbligo *m* della forma notarile.

notariell *adj* notarile, di notaio, *(Urkunde)* redatto da un notaio, *(beglaubigt, beurkundet)* da un notaio; **~ beurkundet** autenticato da un notaio, rogato (*da un notaio*).

Notarinstitut, Deutsches ~ *n (D)* (*Abk* = **DNotI**) *(Würzburg)* Istituto *m* notarile tedesco.

Notar | kammer *f* collegio *m* notarile; **~kanzlei** *f* studio *m* notarile, ufficio *m* notarile, notariato *m*; **~ordnung** *f* ordinamento *m* notarile; **~stelle** *f* studio *m* notarile, ufficio *m* notarile, notariato *m*; **Deutscher ~verein** *m (D)* (*Abk* = **DNotV**) Associazione *f* dei notai tedeschi; **~vertreter/in** *m/f* coadiutore *m*.

Not | aufnahmelager *n* campo *m* profughi; **~bedarf** *m (CH)* minimo *m* vitale; **~behelf** *m* espediente *m*; **~bestellung** *f* designazione *f* giudiziaria di certi organi di un'associazione; **~betrug** *m* truffa *f* lieve per bisogno; **~diebstahl** *m* furto *m* lieve per bisogno.

Notdienst *m* servizio *m* di emergenza, servizio *m* di pronto intervento; **ärztlicher ~** *m* guardia *f* medica.

Note *f* [1] *(Bemerkung)* nota *f*, annotazione *f*, osservazione *f*; **diplomatische ~** *f* nota *f* diplomatica.

Note *f* [2] *(Rechnung)* nota *f*, conto *m*.

Note *f* [3] *(Banknote)* banconota *f*, biglietto *m* (*di banca*).

Noten | ausgabe *f* emissione *f* di banconote, emissione *f* di biglietti di banca, emissione *f* di carta moneta; **~austausch** *m (dipl)* scambio *m* di note.

Notenbank *f* banca *f* di emissione, banca *f* centrale; **~chef/in** *m/f*; **~präsident/in** *m/f* governatore *m* della banca centrale, presidente *m* della banca centrale.

Noten | druck *m* stampa *f* di banconote, stampa *f* di biglietti di banca; **~emission** *f* emissione *f* di banconote, emissione *f* di biglietti di banca, emissione *f* di carta moneta; **~inflation** *f* inflazione *f* monetaria; **~presse** *f* torchio *m* per la stampa di banconote; **~privileg** *n*; **~regal** *n* privilegio *m* di emissione.

Notentwendung *f* furto *m* lieve per bisogno.

Noten | umlauf *m* circolazione *f* di banconote, banconote *fpl* in circolazione, biglietti *mpl* di banca in circolazione; **~wechsel** *m (dipl)* scambio *m* di note.

Not | erbe/-erbin *m/f ErbR* legittimario *m*, erede *m* legittimario, erede *m* necessario; **~erbfolge** *f ErbR* successione *f* necessaria; **~etat** *m* esercizio *m* provvisorio; **~fall** *m* caso *m* di emergenza, emergenza *f*, caso *m* di bisogno, caso *m* di necessità.

notfalls *adv* all'occorrenza, in caso di bisogno, in caso di necessità, all'uopo.

Notfrist *f ProzR* termine *m* perentorio; **~attest** *n*; **~zeugnis** *n ProzR* certificato *m* attestante che non è stato interposto appello durante il termine di appello.

Not | geld *n* moneta *f* emessa in periodo di crisi economica; **~gesetz** *n* legge *f* eccezionale; **~gesetzgebung** *f* legislazione *f* di emergenza.

Nothilfe *f* [1] soccorso *m*.

Nothilfe *f* [2] *StrafR (§ 34 StGB)* legittima difesa *f* a favore di terzi.

notieren *v* [1] *(aufschreiben)* annotare, prendere nota, segnare, *(vormerken)* prenotare, iscrivere, *(eintragen)* registrare.

notieren *v* [2] *(Kurse, Aktien)* quotare.

Notierung *f (Börse)* quotazione *f*; **zur ~ zulassen** ammettere alla quotazione; **amtliche ~** *f* quotazione *f* ufficiale.

Notifikation *f* notificazione *f*.

notifizieren *v* notificare.

Notifizierung *f* notificazione *f*.

nötigen *v (zwingen)* costringere, forzare, imporre, obbligare, coartare.

nötigenfalls *adv* all'occorrenza, in caso di bisogno, in caso di necessità, all'uopo.

Nötigung *f* [1] costrizione *f*, costringimento *m*, coercizione *f*, coartazione *f*, coazione *f*, imposizione *f*.

Nötigung *f* [2] *StrafR (§ 240 StGB)* violenza *f* (*privata*); **sexuelle ~** *f StrafR* violenza *f* sessuale, stupro *m*.

Nötigungsmittel *n* mezzo *m* di coercizione.

Notiz *f (an der Börse)* quotazione *f*; **amtliche ~** *f* quotazione *f* ufficiale.

Notizaufnahme *f* inizio *m* della quotazione ufficiale di un titolo di nuova ammissione alla borsa.

Notorietät *f* notorietà *f*.

Notorietätsurkunde *f* atto *m* di notorietà, atto *m* notorio.

Not | parlament *n* parlamento *m* provvisorio; **~plan** *m* piano *m* di emergenza; **~programm** *n* programma *m* di emergenza; **~recht** *n* diritto *m* di emergenza; **~requisition** *f (CH)* requisizione *f* in caso di emergenza.

Notstand *m* [1] *StrafR* stato *m* di necessità; **entschuldigender ~** *m StrafR (§ 35 StGB)* stato *m* di necessità (come) scusante; **rechtfer-**

tigender ~ *m StrafR (§ 34 StGB)* stato *m* di necessità giustificante, stato *m* di necessità come causa di giustificazione; **übergesetzlicher ~** *m StrafR* stato *m* di necessità non codificato; **zivilrechtlicher ~** *m (§§ 228, 904 BGB)* stato *m* di necessità di diritto civile.

Notstand *m* [2] *(Notlage)* situazione *f* di emergenza, stato *m* di emergenza, emergenza *f*, stato *m* di crisi, *(innerer Notstand)* stato *m* di urgenza, *(äußerer Notstand)* stato *m* di guerra; **äußerer ~** *m* stato *m* di guerra; **innerer ~** *m* stato *m* di urgenza; **ziviler ~** *m (Katastrophe)* stato *m* di calamità pubblica.

Notstands|exzess *m StrafR* eccesso *m* colposo nello stato di necessità; **~gesetzgebung** *f* legislazione *f* (per lo stato) di emergenza; **~hilfe** *f (A) (für Arbeitslose)* assistenza *f* ai disoccupati; **~lage** *f StrafR* situazione *f* di necessità; **~maßnahme** *f* provvedimento *m* di urgenza; **~recht** *n StrafR* diritto *m* di necessità; **~regierung** *f* governo *m* di emergenza.

Not|stundung *f (CH)* moratoria *f* straordinaria; **~testament** *n ErbR (§§ 2249 ff. BGB)* testamento *m* speciale; **~trauung** *f* matrimonio *m* d'urgenza; **~verkauf** *m* vendita *f* forzata; **~verordnung** *f* ordinanza *f* d'urgenza; **~verordnungsrecht** *n* diritto *m* di emanare ordinanze d'urgenza; **~vorrichtung** *f* dispositivo *m* di emergenza.

Notweg *m* accesso *m* coattivo, passaggio *m* coattivo, passo *m* coattivo, accesso *m* necessario *(CH)*; **~recht** *n* servitù *f* di passaggio coattivo, servitù *f* coattiva di passaggio.

Notwehr *f StrafR* legittima difesa *f*; **in ~** *StrafR* per legittima difesa; **berechtigte ~** *f (CH) StrafR* legittima difesa *f*.

Notwehr|exzess *m StrafR (§ 33 StGB)* eccesso *m* (colposo) di (o: nella) legittima difesa; **~lage** *f StrafR* ipotesi *f* di legittima difesa; **~recht** *n StrafR* diritto *m* alla legittima difesa; **~tatbestand** *m StrafR* ipotesi *f* di legittima difesa; **~überschreitung** *f StrafR (§ 33 StGB)* eccesso *m* (colposo) di legittima difesa.

notwendig *adj* necessario; **sofern ~; soweit ~** ove necessario, se necessario, se del caso; **dringend ~ sein** essere assolutamente necessario.

Notwendigkeit *f* bisogno *m*, necessità *f*.

Notzucht *f StrafR* violenza *f* carnale, stupro *m*.

notzüchtigen *v StrafR* violentare, usare violenza carnale, stuprare.

Notzuständigkeit *f* competenza *f* sussidiaria.

Novation *f* novazione *f*.

Novelle *f* novella *f*, legge *f* modificativa.

novellieren *v (ein Gesetz)* emendare.

Novellierung *f* emendamento *m*.

Novellierungsvorschlag *m* proposta *f* di emendamento.

Nr. (*Abk* = **Nummer**) numero *m (n., n°, n.ro, No.)*.

Nullität *f (A)* nullità *f*.

Nullitätsklage *f (A)* azione *f* di nullità.

null und nichtig nullo e non avvenuto, nullo e senza effetto, irrito e nullo.

Nullwachstum *n* crescita *f* zero.

Nummer *f* (*Abk* = **Nr.**) numero *m (n., n°, n.ro, No.)*; **unter der ~** al numero.

Nutzbarmachung *f* sfruttamento *m*, messa *f* a coltura.

nutzen *v* [1] = *nützen (benutzen)* utilizzare, sfruttare, approfittare [di], godere [di], usufruire [di], *(Geld)* mettere a profitto.

nutzen *v* [2] = *nützen (dienen)* servire, *(von Nutzen sein)* essere utile, giovare.

Nutzen *m* = *Nützen m (Nützlichkeit)* utilità *f*, *(Vorteil)* vantaggio *m*, beneficio *m*, giovamento *m*, *(Gewinn)* utile *m*, profitto *m*, guadagno *m*, lucro *m*, *(Interesse)* interesse *m*, tornaconto *m*; **zum ~** [Gen / von Dat] a vantaggio [di], a beneficio [di]; **erwarteter ~** *m* utilità *f* attesa.

Nutzer/in *m/f* = *Nützer/in* utente *m/f*.

Nutzlast *f* carico *m* utile.

nützlich *adj* utile.

Nutzniesser/in *m/f (CH) SachenR* usufruttuario/-a *m/f*.

Nutzniessung *f (CH) SachenR*

(Artt. 745 ff. sZGB) usufrutto *m*; **gesetzliche ~** *f (CH) SachenR* usufrutto *m* legale.

Nutzniessungs | berechtigte/r *f/m (CH) SachenR* usufruttuario/-a *m/f*; **~recht** *n (CH) SachenR* diritto *m* di usufrutto, usufrutto *m*.

Nutzpfand *n* anticresi *f*; **~gläubiger/in** *m/f* creditore *m* anticretico.

Nutzung *f = Nützung f (Nutzen)* utilizzo *m*, utilizzazione *f*, impiego *m*, *(Benutzung)* uso *m*, utenza *f*, godimento *m*, *(Ausnutzung)* sfruttamento *m*; **bauliche ~** *f* utilizzazione *f* edilizia; **gewerbliche ~** *f* uso *m* commerciale, uso *m* industriale; **industrielle ~** *f* uso *m* industriale; **wirtschaftliche ~** *f* uso *m* economico, utilizzazione *f* economica.

Nutzungs | anschlag *m* valutazione *f* della rendita, estimo *m*; **~ausfall** *m* mancato godimento *m*; **~befugnis** *f*; **~berechtigung** *f* diritto *m* di godimento; **~entschädigung** *f* indennizzo *m* per mancato godimento; **~genehmigung** *f* autorizzazione *f* all'uso.

Nutzungspfand *n* anticresi *f*; **~gläubiger/in** *m/f* creditore *m* anticretico; **~recht** *n* anticresi *f*.

Nutzungsrecht *n* diritto *m* di godimento, diritto *m* d'uso, diritto *m* di utilizzazione, diritto *m* di sfruttamento; **ausschließliches ~** *n* diritto *m* esclusivo di godimento; **dingliches ~** *n* diritto *m* reale di godimento; **persönliches ~** *n* diritto *m* personale di godimento.

Nutzungs | vertrag *m* contratto *m* d'uso, contratto *m* di utilizzazione, contratto *m* di utenza; **~wert** *m* valore *m* d'uso, rendimento *m*; **~zeitraum** *m* periodo *m* di utilizzo, periodo *m* di utilizzazione; **~zuweisung** *f* assegnazione *f* in godimento.

Nutzwert *m* valore *m* d'uso, valore *m* produttivo.

NVV (*Abk* = **Vertrag über die Nichtverbreitung von Kernwaffen**) *VölkerR* Trattato *m* di non proliferazione nucleare *(TNP)*.

O

Obduktion *f* autopsia *f*, esame *m* autoptico, necroscopia *f*, esame *m* necroscopico, sezione *f* cadaverica.

Obduktionsgutachter/in *m/f (Gerichtsmedizin)* perito *m* settore.

obduzieren *v* fare l'autopsia, eseguire l'autopsia.

oben *adv* sopra, su; **~ angeführt** [oder: obenangeführt]; **~ erwähnt** [oder: obenerwähnt]; **~ genannt** [oder: obengenannt] (*Abk* = **o.g.**) di cui sopra, in oggetto, sopraindicato, suindicato, succitato, detto, suddetto, predetto, anzidetto, summenzionato, sunnominato, suaccennato, surrichiamato, sopra richiamato, richiamato, surriferito, suesteso, suesposto; **wie ~ angegeben**; **wie ~ ausgeführt**; **wie ~ erwähnt** di cui sopra, come indicato sopra [o: come sopra indicato], come accennato sopra [o: come sopra accennato], come sopra esposto.

Ober | amtmann *m* funzionario *m* amministrativo (di grado superiore all'Amtmann); **~amtsanwalt/-anwältin** *m/f (D) StrafProzR* primo procuratore *m* della Repubblica presso la pretura tedesca (Amtsgericht); **~aufsicht** *f* sovrintendenza *f*, supervisione *f*, alta vigilanza *f*; **~aufsichtsbehörde** *f* autorità *f* superiore di vigilanza; **~aufsichtsrecht** *n* diritto *m* di vigilanza; **~befehl** *m* comando *m* supremo; **~befehlshaber/in** *m/f* comandante *m* supremo, comandante *m* in capo; **~begriff** *m* iperonimo *m*, termine *m* generico, concetto *m* generale; **~buchhalter/**

in *m/f* capo *m* contabile; **~bundesanwalt/-anwältin** *m/f VerwR (§ 35 VwGO)* procuratore *m* generale della Repubblica presso la Corte amministrativa federale(Bundesverwaltungsg ericht); **~bürgermeister/in** *m/f* sindaco *m* (di una grande città), borgomastro *m* (di una grande città), *(Nordrhein-Westfalen, Niedersachsen)* presidente *m* del consiglio comunale; **~eigentum** *n (A)* proprietà *f* diretta; **~eigentümer/in** *m/f (A)* direttario *m*; **~einigungsamt** *n (A) ArbR* ufficio *m* superiore di conciliazione; **~expertise** *f (CH)* controperizia *f*, superperizia *f*; **~finanzamt** *n* intendenza *f* di finanza; **~finanzgericht** *n ProzR* corte *f* d'appello competente per contenziosi tributari; **~finanzkasse** *f* tesoreria *f* provinciale; **~gericht** *n* ufficio *m* giudiziario di secondo grado; **~gutachten** *n* controperizia *f*, superperizia *f*; **~gutachter/in** *m/f* terzo perito *m*, perito *m* che effettua la controperizia; **~hoheit** *f* sovranità *f*, supremazia *f*; **~inspektor/in** *m/f* ispettore *m* superiore; **~kommando** *n* alto comando *m*; **~kreisdirektor/in** *m/f* segretario *m* provinciale; **~landesgericht** *n (D, A)* (*Abk* = **OLG**) *ProzR (in Berlin: Kammergericht)* corte *f* d'appello, corte *f* superiore del Land, corte *f* di grado superiore (*con funzione di giudice di appello o giudice di terzo grado*); **~landesgerichtsbezirk** *m* distretto *m* di corte d'appello; **~regierungsrat** *m* consigliere *m* di prima classe (*grado delle carriere direttive della gerarchia amministrativa tedesca*).

Obersatz
Con il termine *Obersatz* si indica la prima frase della valutazione giuridica di un caso ipotetico, che nelle facoltà di giurisprudenza tedesche è analizzato secondo il c.d. *Gutachtenstil*. Si basa sulla formula *chi contro chi, per cosa, in base a cosa?* (*wer gegen wen, was, woraus?*), in cui:
- *wer?* = indica l'attore / ricorrente (*Anspruchsteller*)
- *gegen wen?* = indica il convenuto / resistente (*Anspruchsgegner*)
- *was?* = indica il ristoro che l'attore / ricorrente sta cercando (*Anspruchsziel*)
- *woraus?* = indica il fondamento dell'azione (*Anspruchsgrundlage*)

Tale frase è espressa al condizionale.

Ober | schiedsrichter/in *m/f* superarbitro *m*, terzo arbitro *m*; **~staatsanwalt/-anwältin** *m/f StrafProzR* primo procuratore *m* della Repubblica; **~stadtdirektor/in** *m/f (Nordrhein-Westfalen)* sindaco *m* (solo come capo della giunta comunale), *(Niedersachsen)* segretario *m* generale (di grande comune).

Oberste Gerichtshöfe
In Germania ci sono cinque Corti supreme:
1. *Bundesgerichtshof* (Corte suprema federale), BGH, competente in materia civile e penale (Karlsruhe)
2. *Bundesarbeitsgericht* (Corte federale del lavoro), BAG (Erfurt)
3. *Bundesfinanzhof* (Corte tributaria federale), BFH (Monaco di Baviera)
4. *Bundessozialgericht* (Corte sociale federale), BSG (Kassel)
5. *Bundesverwaltungsgericht* (Corte amministrativa federale), BVerwG (Lipsia)

Il *Bundesverfassungsgericht* (la Corte costituzionale federale), BVerfG, non rientra tra le Corti supreme tedesche.
Corti supreme di altri Paesi:

- Austria: Oberster Gerichtshof (OGH)
- Belgio: Cour de Cassation/Hof van Cassatie
- Danimarca: Hojesteret
- Francia: Cour de Cassation
- Italia: Corte Suprema di Cassazione
- Paesi Bassi: Hoge Raad
- Regno Unito: Supreme Court of the United Kingdom (prima del 1° ottobre 2009: House of Lords)
- Svizzera: Bundesgericht/Tribunale federale/Tribunal fédéral
- Sud Africa: Supreme Court of Appeal
- USA: US Supreme Court

Oberster Gerichtshof *m* (*Abk* = **A: OGH**) Corte *f* suprema, Corte *f* suprema di cassazione, suprema Corte *f* (di giustizia).

Ober|verwaltungsgericht *n (D)* (*Abk* = **OVG**) *VerwR* → *Verwaltungsgerichtshof in Baden-Württemberg, Bayern und Hessen* corte *f* superiore amministrativa (*tedesca: giudice amministrativo di secondo grado*); **~zolldirektion** *f (CH)* Direzione *f* generale delle dogane.

Obhut *f (Aufsicht)* custodia *f*, *(Fürsorge)* cura *f*, *(Schutz)* tutela *f*, protezione *f*, egida *f*.

Obhutspflicht *f* obbligo *m* di custodia.

Objekt *n* [1] *(Gegenstand)* oggetto *m*.

Objekt *n* [2] *(Immobilie)* immobile *m*.

Objektbesteuerung *f SteuerR* imposizione *f* oggettiva, tassazione *f* oggettiva.

objektiv *adj* obiettivo, oggettivo.

Objektivität *f* obiettività *f*, oggettività *f*.

Objektsteuer *f SteuerR* imposta *f* oggettiva.

obliegen *v* [*Dat*] spettare [a], toccare [a], competere [a], essere compito [di], essere demandato [a], incombere [a].

Obliegenheit *f (Aufgabe)* compito *m*, incombenza *f*, mansione *f*, *(Pflicht, Verpflichtung)* obbligo *m*, dovere *m*, onere *m*; **dienstliche ~** *f* dovere *m* di servizio.

Obligation *f* obbligazione *f*; **~** *f* **mit facultas alternativa** obbligazione *f* con facoltà alternativa, obbligazione *f* alternativa; **ungesicherte ~** *f* obbligazione *f* non garantita; **unvollkommene ~** *f (CH)* obbligazione *f* imperfetta.

Obligationär/in *m/f* obbligazionista *m/f*.

Obligationen *fpl* obbligazioni *fpl*; **~anleihe** *f*; **~anleihen** *n (CH)* prestito *m* obbligazionario; **~ausgabe** *f* emissione *f* di obbligazioni; **~buch** *n* libro *m* delle obbligazioni; **~gläubiger/in** *m/f*; **~inhaber/in** *m/f* portatore *m* di obbligazioni, obbligazionista *m/f*; **~kapital** *n* capitale *m* obbligazionario; **~recht** *n (CH)* (*Abk* = **OR**) codice *m* delle obbligazioni (svizzero) *(CO)*, diritto *m* delle obbligazioni; **~schuld** *f* debito *m* obbligazionario; **~schuldner/in** *m/f (CH)* debitore *m* obbligazionario; **~zinsen** *mpl* interessi *mpl* obbligazionari.

Obligations- → *Obligationen-*.

Obligationsanleihe *f* prestito *m* obbligazionario.

obligatorisch *adj* obbligatorio.

Obligo *n* impegno *m*, *(Obligobuch)* libro *m* rischi; **ohne ~** senza impegno.

obligolos *adj* senza impegno, *(Auskunft)* senza responsabilità né garanzia.

Obmann *m* [1] *(Vorsitzender)* capo *m*, presidente *m*.

Obmann *m* [2] *(Schiedsmann)* arbitro *m*.

Obmann *m* [3] *(Vertrauensmann)* fiduciario *m*.

Obmann *m* [4] *(Betriebsobmann)* delegato *m* d'impresa.

Observanz *f* consuetudine *f* locale.

obsiegen *v ZivProzR* vincere (*una causa, un processo*).

obsiegend *adj ZivProzR (Partei)* parte *f* vittoriosa (*in una causa, un processo*), parte *f* vincente.

obsolet werden cadere in desuetudine.

Obsorge *f* **über die Kinder** *(CH)* vigilanza *f* dei minori.

Oderkonto *n* conto *m* a più firme (disgiunte).

OECD (*Abk* = **Organisation für wirtschaftliche Zusammenarbeit und Entwicklung**) Organizzazione *f* per la cooperazione e lo sviluppo economico *(OCSE)*.

OEEC (*Abk* = **Organisation für europäische wirtschaftliche Zusammenarbeit**) Organizzazione *f* europea di cooperazione economica *(OECE)*.

offen *adj* aperto, apertamente, *(frei)* libero, *(unbesetzt)* vacante, *(ungedeckt)* scoperto, *(unbezahlt)* non pagato, insoluto, in sospeso, *(nicht verpackt)* sfuso, sciolto, *(offenkundig, klar)* chiaro, palese, manifesto, evidente, *(aufrichtig)* sincero, schietto, franco, *(öffentlich)* pubblicamente.

offenbar *adj* ovvio, chiaro, manifesto, palese, evidente, *(sichtlich)* visibilmente, *(offensichtlich)* evidentemente, a quanto pare.

offenbaren *v* manifestare, far conoscere, rivelare, svelare, palesare, rendere noto, divulgare.

Offenbarung *f* rivelazione *f*, manifestazione *f*, palesamento *m*, divulgazione *f*; **~** *f* **von Geheimnissen** rivelazione *f* di segreti.

Offenbarungs|eid *m* giuramento *m* dichiarativo prestato dal debitore; **~pflicht** *f ArbR (Auskunftspflichten des Arbeitnehmers vor der Einstellung)* obbligo *m* di chi si candida per un lavoro di dare risposte veritiere alle domande contenute nel questionario da compilare.

Offene Handelsgesellschaft *f* (*Abk* = **OHG**) *GesR* società *f* in nome collettivo *(s.n.c.)*, società *f* di fatto.

offenkundig *adj* [1] *(deutlich, offensichtlich)* manifesto, evidente, palese, chiaro, palesemente, evidentemente.

offenkundig *adj* [2] *(bekannt)* noto, notorio.

Offenkundigkeit *f* [1] *(Offensichtlichkeit)* evidenza *f*.

Offenkundigkeit *f* [2] *(Bekanntsein)* notorietà *f*.

offenlegen *v* rivelare, svelare, comunicare, trasmettere, rendere pubblico.

Offenlegung *f* rivelazione *f*, comunicazione *f*, pubblicazione *f*, il render(e) pubblico, trasparenza *f*.

Offenlegungspflicht *f* obbligo *m* di render(e) pubblico, obbligo *m* di trasparenza.

Offenmarkt|geschäft *n* operazione *f* di mercato aperto; **~politik** *f* politica *f* del mercato aperto.

offensichtlich *adj* evidente, ovvio, chiaro, apparente, manifesto, palese, evidentemente.

Offensiv|bündnis *n* alleanza *f* offensiva; **~krieg** *m* guerra *f* offensiva.

offen stehend *(Rechnung)* non pagato, insoluto, in sospeso, aperto.

öffentlich *adj* pubblico; **nicht ~** [auch: nichtöffentlich] non pubblico, privato, a porte chiuse, *ProzR (Verfahren)* in camera di consiglio; **~ bekannt** di dominio pubblico, notorio.

Öffentlichkeit *f (Allgemeinheit)* pubblico *m*, *(das Öffentlichsein)* pubblicità *f*; **in der ~** in (luogo) pubblico; **unter Ausschluss der ~** *ProzR* a porte chiuse; **unter Ausschluss der ~ verhandeln** *ProzR* tenere udienza a porte chiuse; **die ~ ausschließen** *ProzR* disporre di procedere a porte chiuse; **für die ~ freigeben** rendere pubblico; **die ~ wieder-herstellen** *ProzR* riaprire le porte al pubblico; **~** *f* **der Gerichtsverhandlungen** *ProzR* pubblicità *f* delle udienze; **~** *f* **des Haushaltsplanes** pubblicità *f* del bilancio (pubblico).

Öffentlichkeits|arbeit *f* pubbliche relazioni *fpl (PR: dall'inglese Public Relations)*, relazioni *fpl* pubbliche; **~grundsatz** *m ProzR* principio *m* di pubblicità.

Öffentlichrechtler/in *m/f (Spezialist für Öffentliches Recht)* pubblicista *m/f*.

öffentlich-rechtlich *adj* di diritto pubblico, pubblicistico.

Offerent/in *m/f (CH)* offerente *m/f*.

offerieren *v* offrire.

Offerte *f VertragsR* → *Angebot* offerta *f*, proposta *f*.

Offizial | betrieb *m ProzR* svolgimento *m* del processo per impulso del giudice; **~delikt** *n StrafProzR* delitto *m* perseguibile d'ufficio; **~klage** *f StrafProzR* azione *f* pubblica; **~maxime** *f*; **~prinzip** *n (im Strafprozess, Verwaltungsstreitverfahren und in der freiwilligen Gerichtsbarkeit)* principio *m* di officialità, principio *m* dell'iniziativa d'ufficio (*secondo cui il giudice può iniziare il procedimento, determinarne l'oggetto e porvi termine senza essere condizionato dalle istanze delle parti*); **~verfahren** *n* procedimento *m* d'ufficio; **~verteidiger/in** *m/f StrafProzR* difensore *m* d'ufficio.

Öffnungsklausel *f VertragsR* clausola *f* di apertura, clausola *f* di riserva.

o.g. (*Abk* = **oben genannt / obengenannt**) di cui sopra, in oggetto, sopraindicato, suindicato, succitato, detto, suddetto, predetto, anzidetto, summenzionato, sunnominato, suaccennato, surrichiamato, sopra richiamato, richiamato, surriferito, suesteso, suesposto.

OGH (*Abk* = **Oberster Gerichtshof**) *(A)* Corte *f* suprema (austriaca), Corte *f* suprema di cassazione (austriaca), suprema Corte *f* (di giustizia austriaca).

OHG (*Abk* = **Offene Handelsgesellschaft**) *GesR* società *f* in nome collettivo *(s.n.c.)*, società *f* di fatto.

Ohrenzeuge/-zeugin *m/f* testimone *m/f* auricolare.

Okkupationsrecht *n* diritto *m* di occupazione.

Ökonometrie *f* econometria *f*.

ökonometrisch *adj* econometrico.

Ökonomie *f* economia *f*; **politische ~** *f* economia *f* politica.

Ökonom/in *m/f* economo *m*.

ökonomisch *adj* economico.

Ökosteuer *f SteuerR* tassa *f* ecologica.

OLG (*Abk* = **Oberlandesgericht**) *(D, A) ProzR (in Berlin: Kammergericht)* corte *f* d'appello, corte *f* superiore del Land, corte *f* di grado superiore (*con funzione di giudice di appello o giudice di terzo grado*).

Ombudsmann *m* ombudsman *m*, difensore *m* civico.

OPEC (*Abk* = **Organisation erdölexportierender Länder**) Organizzazione *f* dei Paesi esportatori di petrolio.

OPEC-Länder *npl* paesi *mpl* dell'OPEC.

Operate-Leasing *n* leasing *m* operativo.

Operationskostenversicherung *f* assicurazione *f* delle spese chirurgiche.

Opfer *n* [1] *StrafR (Person)* vittima *f*, *(durch eine Straftat Verletzte/r)* persona *f* offesa (dal reato) *(p.o.)*, offeso/-a *m/f*, parte *f* lesa, soggetto *m* passivo del reato, *(durch eine Straftat Geschädigte/r)* danneggiato/-a *m/f* dal reato, soggetto *m* danneggiato dal reato, persona *f* danneggiata dal reato; **~** *n* **einer Gewalttat** *StrafR* vittima *f* di un atto di violenza.

Opfer *n* [2] *(Verzicht)* sacrificio *m*, rinuncia *f* [o: rinunzia].

> **Opfer**
> Ai sensi dei §§ 65 ss. öStPO (codice di procedura penale austriaco) il termine *Opfer* (l'equivalente della figura tedesca del *Verletzter*) designa sia la persona offesa dal reato che il soggetto danneggiato dal reato, due figure che, pur coincidendo generalmente nella stessa persona fisica, sono ben distinte all'interno dell'ordinamento italiano e a cui fanno capo diritti e facoltà autonomi e differenti.
>
> Si veda anche il box informativo alla voce *Verletzte/r*

Opferschutz *m StrafR* tutela *f* della persona offesa (dal reato); **~richtlinie** *f EuR* → *s. Anhang 3 b)* Direttiva *f* 2012/29/UE del Parlamento europeo e del Consiglio, del 25 ottobre 2012, che istituisce norme minime in materia di diritti, assistenza e protezione delle vittime di reato e che sostituisce la decisione quadro 2001/220/GAI.

Opferverschulden *n StrafR* colpa *f* della vittima.

Opportunitätsprinzip *n (im Verwaltungsrecht, Polizeirecht, Ordnungswidrigkeitenrecht und Strafprozessrecht)* principio *m* di opportunità.

Opposition *f (im Parlament)* opposizione *f*; **in der ~ sein** essere all'opposizione; **zur ~ wechseln** passare all'opposizione; **parlamentarische ~** *f* opposizione *f* parlamentare.

Oppositions | führer/in *m/f* capo *m* dell'opposizione; **~klage** *f (A) (Vollstreckungsabwehrklage)* opposizione *f* all'esecuzione; **~partei** *f* partito *m* d'opposizione.

Optant/in *m/f* optante *m/f*.

optieren *v* optare.

Optierende/r *f/m* optante *m/f*.

Option *f* opzione *f*.

optional *adj* opzionale.

Options | anleihe *f* obbligazione *f* a opzione, prestito *m* a opzione; **~ausübung** *f* esercizio *m* dell'opzione; **~erklärung** *f* dichiarazione *f* di opzione; **~frist** *f* termine *m* per l'opzione; **~geschäft** *n* contratto *m* ad opzione; **~klausel** *f* clausola *f* di opzione; **~möglichkeit** *f* facoltà *f* di optare; **~recht** *n HandelsR* diritto *m* di opzione; **~vertrag** *m* trattato *m* di opzione.

OR (*Abk* = **Obligationenrecht**) *(CH)* codice *m* delle obbligazioni (svizzero) *(CO)*, diritto *m* delle obbligazioni.

ordentlich *adj* ordinario, titolare, *(ordnungsgemäß)* regolare, *(geregelt)* ordinato, regolato, *(sorgfältig)* accurato, preciso.

Order *f* ordine *m*, ordinazione *f*; **an ~** all'ordine; **für mich an die ~ von** [*Dat*] e per me pagate all'ordine di; **zahlbar an ~** pagabile all'ordine.

Orderbuch *n* libro *m* delle ordinazioni.

Orderklausel *f* clausola *f* all'ordine; **negative ~** *f* clausola *f* "non all'ordine".

Order | papier *n* titolo *m* all'ordine; **~scheck** *m* assegno *m* all'ordine; **~schuldverschreibung** *f* obbligazione *f* all'ordine.

Ordnung *f* ordine *m*, assetto *m*, organizzazione *f*, ordinamento *m*, regolamento *m*, *(Vorschriften)* norme *fpl*, *(Disziplin)* disciplina *f*; **die ~ aufrechterhalten** mantenere l'ordine; **zur ~ rufen** richiamare all'ordine; **die ~ stören** turbare l'ordine; **die ~ wiederherstellen** ristabilire l'ordine; **bestehende ~** *f* ordine *m* costituito; **demokratische ~** *f* ordine *m* democratico; **internationale ~** *f* ordine *m* internazionale; **marktwirtschaftliche ~** *f* sistema *m* dell'economia di mercato; **öffentliche ~** *f* ordine *m* pubblico; **politische ~** *f* assetto *m* politico; **soziale ~** *f* ordinamento *m* sociale; **verfassungsmäßige ~** *f* ordinamento *m* costituzionale.

Ordnungs | amt *n (D, A)* ufficio *m* per l'ordine e la sicurezza pubblica (*non si può tradurre fedelmente in italiano, in quanto non esiste un unico corrispondente; si intende l'ufficio dell'ordine, sottinteso pubblico, che raccoglie diversi uffici amministrativi, tra cui anche l'ufficio stranieri, l'anagrafe e l'ufficio della motorizzazione civile*), ufficio *m* di pubblica sicurezza, autorità *f* (locale/provinciale) di pubblica sicurezza; **~busse** *f (CH)* multa *f* disciplinare; **~dienst** *m* servizio *m* d'ordine; **~geld** *n ProzR* pena *f* pecuniaria disciplinare (*volta ad ottenere l' esecuzione forzata degli obblighi di fare, non fare o tollerare ovvero a punire la mancata comparizione di testimoni o un contegno sconveniente tenuto in tribunale*), sanzione *f* disciplinare pecuniaria.

ordnungsgemäß *adj* regolare, regolamentare, rituale, regolarmente, debitamente, come prescritto, come da disposizioni; **~ geladen** *ProzR* regolarmente citato (*in giudizio*).

Ordnungs | gewalt *f* potere *m* di polizia; **~haft** *f ProzR* arresto *m* disciplinare (*inflitto in caso di mancato pagamento della pena pecuniaria* *disciplinare (Ordnungsgeld) irrogata)*, pena *f* detentiva disciplinare, sanzione *f* disciplinare detentiva; **~konto** *n (CH)* conto *m* d'ordine.

ordnungsmäßig *adj* regolare, regolamentare, rituale, regolarmente, debitamente, come prescritto, come da disposizioni.

Ordnungs | mäßigkeit *f* regolarità *f*, conformità *f*, ritualità *f*; **~maßnahme** *f*; **~mittel** *n* misura *f* disciplinare, provvedimento *m* disciplinare; **~nummer** *f* numero *m* d'ordine; **~polizei** *f* polizia *f* di pubblica sicurezza, servizio *m* d'ordine; **~recht** *n (Universität)* regolamento *m* disciplinare; **~ruf** *m* richiamo *m* all'ordine; **~strafe** *f* pena *f* disciplinare, sanzione *f* disciplinare; **~verletzung** *f (CH)* contravvenzione *f* alle misure d'ordine.

ordnungswidrig *adj* irregolare, contrario al regolamento, contrario alle norme, contrario alla normativa, contrario all'ordine.

Ordnungswidrigkeit *f (Rechtsverstoß „ohne kriminellen Gehalt", der nicht mit einer Strafe, sondern mit einer Geldbuße geahndet wird)* illecito *m* amministrativo, violazione *f* amministrativa, infrazione *f* amministrativa, irregolarità *f*.

Ordnungswidrigkeiten | gesetz *n (D)* (*Abk* = **OWiG**) *(Gesetz über Ordnungswidrigkeiten)* legge *f* (tedesca) sugli illeciti amministrativi, legge *f* (tedesca) sulle violazioni amministrative; **~recht** *n* illeciti *mpl* amministrativi, normativa *f* in materia di illeciti amministrativi; **~verfahren** *n* procedimento *m* di accertamento dell'illecito amministrativo.

Ordrepapier *n (CH)* titolo *m* all'ordine.

ordre public *IPR* ordine *m* pubblico.

Organ *n (Staatsorgan)* organo *m*, organismo *m*, ente *m*, istituzione *f*; **ausführendes ~** *n* organo *m* esecutivo; **beratendes ~** *n* organo *m* consultivo; **beschließendes ~** *n* organo *m* deliberante, organo *m* deliberativo, organo *m* volitivo, corpo *m* deliberante; **geschäftsführendes ~** *n* organo *m* amministrativo; **gesetzgebendes ~** *n* organo *m* legislativo; **internes ~** *n* organo *m* interno; **kollegiales ~** *n* organo *m* collegiale; **leitendes ~** *n* organo *m* direttivo; **lokales ~** *n* organo *m* locale; **mittelbares ~** *n* organo *m* indiretto; **offizielles ~** *n (Zeitung)* organo *m* ufficiale; **rechtsprechendes ~** *n* organo *m* giurisdizionale; **staatliches ~** *n* organo *m* dello Stato; **ständiges ~** *n* organo *m* permanente; **vertretendes ~** *n* organismo *m* rappresentativo; **vollziehendes ~** *n* organo *m* esecutivo; **zentrales ~** *n* organo *m* centrale; **zuständiges ~** *n* organo *m* competente; **~e** *npl* **der Europäischen Union** *EuR* organi *mpl* dell'Unione europea; **~** *n* **der Rechtsprechung** organo *m* giurisdizionale.

Organ | gesellschaft *f SteuerR (Juristisch selbständige, aber finanziell, wirtschaftlich und organisatorisch in ein anderes übergeordnetes Unternehmen (Organträger) eingegliederte Gesellschaft)* società *f* consolidata, consolidata *f*, società *f* aderente al consolidato, società *f* partecipante al consolidato, soggetto *m* controllato, società *f* controllata, controllata *f*, società *f* organo, società *f* affiliata; **~haftpflichtgesetz** *n (A)* legge *f* (austriaca) sulla responsabilità degli enti pubblici; **~haftung** *f* responsabilità *f* delle persone giuridiche per le conseguenze civili degli atti illeciti commessi dai rappresentanti legali.

Organisation *f* organizzazione *f*; **gemeinnützige ~** *f* organizzazione *f* senza fini di lucro, organizzazione *f* non a scopo di lucro, organizzazione *f* non profit, organizzazione *f* non lucrativa di utilità sociale *(ONLUS)*; **humanitäre ~** *f* organizzazione *f* umanitaria; **internationale ~** *f* organizzazione *f* internazionale; **Internationale kriminalpolizeiliche ~** *f* (*Abk* = **INTERPOL**) Organizzazione *f* internazionale della polizia criminale; **supranationale ~** *f* organizzazione *f* sovranazionale, organizzazione *f* sopranazionale; **zwischenstaatliche ~** *f* organizzazione *f* interstatale; **~** *f* **erdölexportierender Länder** (*Abk* = **OPEC**) Organizzazione *f* dei Paesi esportatori di petrolio; **~** *f* **für europäische wirtschaftliche Zusammenarbeit** (*Abk* = **OEEC**) Organizzazione *f* europea di cooperazione economica *(OECE)*; **~** *f* **für Sicherheit und Zusammenarbeit in Europa** (*Abk* = **OSZE**) Organizzazione *f* per la sicurezza e la cooperazione in Europa *(OSCE)*; **~** *f* **der Vereinten Nationen** (*Abk* = **UNO**) Organizzazione *f* delle Nazioni Unite *(ONU)*; **~** *f* **der Vereinten Nationen für Ernährung und Landwirtschaft** (*Abk* = **FAO**) *(auch bezeichnet als: Ernährungs- und Landwirtschaftsorganisation der Vereinten Nationen, Welternährungsorganisation)* Organizzazione *f* delle Nazioni Unite per l'alimentazione e l'agricoltura; **~** *f* **der Vereinten Nationen für Erziehung, Wissenschaft und Kultur** (*Abk* = **UNESCO**) Organizzazione *f* delle Nazioni Unite per l'educazione, la scienza e la cultura; **~** *f* **für wirtschaftliche Zusammenarbeit und Entwicklung** (*Abk* = **OECD**) Organizzazione *f* per la cooperazione e lo sviluppo economico *(OCSE)*.

Organ | kredit *m* mutuo *m* accordato da una società per azioni ai suoi dirigenti; **~prinzip** *n* principio *m* di organicità, principio *m* della dipendenza organica della società consolidata (Organgesellschaft).

Organschaft *f SteuerR* consolidato *m* (fiscale).

Organschafts | verhältnis *n* rapporto *m* organico; **~vertrag** *m* contratto *m* regolante il rapporto di dipendenza finanziaria, economica ed organizzativa di una società controllata dalla società controllante.

Organ | streit *m* controversia *f* tra organi dello Stato; **~träger** *m SteuerR* società *f* consolidante, soggetto *m* consolidante, consolidante *f*, società *f* controllante, soggetto *m* controllante, ente *m* controllante, controllante *f*, società *f* capogruppo, capogruppo *f*; **~vertrag** *m* contratto *m* regolante il rapporto di dipendenza finanziaria, economica ed organizzativa di una società controllata dalla società controllante.

Orientierungspreis *m* prezzo *m* di orientamento.

Original *n* originale *m*; **~ausfertigung** *f* originale *m*; **~beleg** *m (Buchhaltung)*; **~dokument** *n* documento *m* originale; **~faktura** *f* fattura *f* originale; **~fassung** *f* versione *f* originale; **~frachtbrief** *m* originale *m* della lettera di vettura.

originalgetreu *adj* conforme all'originale, fedele all'originale, identico all'originale.

Original | preis *m* prezzo *m* di fabbrica; **~quittung** *f* ricevuta *f* originale; **~rechnung** *f* fattura *f* originale; **~tara** *f* tara *f* originale; **~urkunde** *f* atto *m* originale, documento *m* originale; **~verbal** *n (CH)* originale *m* del (processo) verbale; **~währung** *f* valuta *f* originaria; **~wechsel** *m* cambiale *f* originale; **~werk** *n* opera *f* originale.

originär *adj* originale, originario.

Orts- locale, del luogo.

Orts | ausschuss *m* comitato *m* locale; **~begehung** *f* sopral(l)uogo *m*, ispezione *f* locale; **~behörde** *f* autorità *f* locale; **~besichtigung** *f* sopral(l)uogo *m*, ispezione *f* locale; **~gebrauch** *m* uso *m* locale; **~gebühr** *f* tassa *f* locale; **~gemeinde** *f (A)* comune *m*; **~gewohnheit** *f* consuetudine *f* locale; **~obrigkeit** *f (A)* autorità *f* locale; **~polizei** *f* polizia *f* locale; **~recht** *n* diritto *m* locale; **~satzung** *f* statuto *m* locale; **~statut** *n* statuto *m* locale; **~tarif** *m* tariffa *f* locale; **~termin** *m ProzR* sopral(l)uogo *m*, ispezione *f* locale.

ortsüblich *adj* locale, dell'uso locale, relativo all'uso locale.

Orts | üblichkeit *f*; **~übung** *f (CH)*

uso *m* locale; **~verbrauch** *m* consumo *m* locale; **~verkehr** *m* traffico *m* locale; **~vertreter/in** *m/f* rappresentante *m/f* locale; **~verwaltung** *f* amministrazione *f* locale; **~vorstand** *m (A)*; **~vorsteher** *m* sindaco *m*, capo *m* del comune; **~währung** *f* moneta *f* locale; **~zulage** *f*; **~zuschlag** *m* indennità *f* di residenza.

OSZE (*Abk* = **Organisation für Sicherheit und Zusammenarbeit in Europa**) Organizzazione *f* per la sicurezza e la cooperazione in Europa *(OSCE)*.

OVG (*Abk* = **Oberverwaltungsgericht**) *(D) VerwR* → *Verwaltungsgerichtshof in Baden-Württemberg, Bayern und Hessen* corte *f* superiore amministrativa (*tedesca: giudice amministrativo di secondo grado*).

OWiG (*Abk* = **Ordnungswidrigkeitengesetz**) *(D) (Gesetz über Ordnungswidrigkeiten)* legge *f* (tedesca) sugli illeciti amministrativi, legge *f* (tedesca) sulle violazioni amministrative.

P

Pacht *f (Pachtvertrag)* affitto *m*, *(Landwirtschaft)* affitto *m* di fondo rustico, *(Pachtzins)* canone *m* di affitto, fitto *m*; **~besitz** *m* proprietà *f* (data) in affitto, proprietà *f* affittata; **~betrieb** *m* azienda *f* affittata; **~dauer** *f* durata *f* dell'affitto.

pachten *v* prendere in affitto, condurre.

Pächter/in *m/f* affittuario/-a *m/f*, conduttore/-trice *m/f*, conducente *m/f*, fittavolo/-a *m/f*, fittaiuolo/-a *m/f*, fittabile *m/f*, *(Landwirtschaft)* affittuario *m* coltivatore diretto.

Pacht | ertrag *m* reddito *m* dominicale; **~gebiet** *n* territorio *m* in affitto, territorio *m* in concessione; **~gebot** *n* offerta *f* di canone di affitto; **~gegenstand** *m* oggetto *m* dell'affitto, cosa *f* affittata; **~geld** *n* prezzo *m* dell'affitto, canone *m* di affitto, fitto *m*; **~grundstück** *n* terreno *m* (dato) in affitto, terreno *m* affittato, fondo *m* locato; **~jahr** *n* anno *m* di affitto; **~land** *n* terreno *m* affittato, terra *f* affittata; **~preis** *m* prezzo *m* dell'affitto, canone *m* di affitto, fitto *m*; **~recht** *n* diritto *m* degli affitti; **~schilling** *m (A)* prezzo *m* dell'affitto, canone *m* di affitto, fitto *m*.

Pachtung *f* conduzione *f*.

Pacht | verhältnis *n* rapporto *m* di affitto, affitto *m*; **~verlängerung** *f* proroga *f* dell'affitto.

Pachtvertrag *m (§§ 581 ff. BGB)* contratto *m* di affitto, affitto *m*; **landwirtschaftlicher ~** *m* contratto *m* di affittanza agraria.

Pacht | zeit *f* durata *f* dell'affitto; **~zins** *m* canone *m* di affitto, fitto *m*.

pacta sunt servanda *(lat) (Prinzip der Vertragstreue im Zivil- und Völkerrecht)* i patti devono essere rispettati.

panaschieren *v (pol)* votare candidati di liste diverse nel sistema proporzionale.

Pandektenwissenschaft *f* pandettistica *f*.

PAngV (*Abk* = **Preisangabenverordnung**) *(D)* regolamento *m* (tedesco) sull'indicazione dei prezzi (*dei prodotti offerti ai consumatori*), regolamento *m* (tedesco) sull'esposizione dei prezzi.

PAO (*Abk* = **Patentanwaltsordnung**) *(D)* Codice *m* (tedesco) dei consulenti in materia di brevetti, normativa *f* (tedesca) sui consulenti in materia di brevetti.

Papier *n* carta *f*, *(Wechsel)* effetto *m*, *(Wertpapier)* titolo *m*, *(auf Kurszetteln = Brief)* lettera *f*; **bankfähiges ~** *n* carta *f* bancabile, foglio *m* bancabile, effetto *m* bancabile; **börsengängiges ~** *n* titolo *m* negoziato in Borsa;

diskontfähiges ~ *n* effetto *m* scontabile; **fälliges ~** *n* titolo *m* scaduto; **festverzinsliches ~** *n* titolo *m* a reddito fisso; **kurzfristiges ~** *n* effetto *m* a breve scadenza, carta *f* breve; **langfristiges ~** *n* effetto *m* a lunga scadenza, carta *f* lunga; **leichtes ~** *n* titolo *m* quotato sotto la pari; **mittelfristiges ~** *n* carta *f* media; **stempelfreies ~** *n*; **ungestempeltes ~** *n* carta *f* libera; **unnotiertes ~** *n* titolo *m* non quotato.

Papiere *npl* documenti *mpl*; **die ~ verlangen** richiedere i documenti; **die ~ vorzeigen** esibire i documenti.

Papiergeld *n* moneta *f* cartacea, moneta *f* fiduciaria, carta *f* moneta; **~inflation** *f* inflazione *f* cartacea; **~umlauf** *m* circolazione *f* fiduciaria.

Papier | währung *f* moneta *f* cartacea, moneta *f* fiduciaria; **~werte** *mpl* carte *fpl* valori, titoli *mpl*, valori *mpl*.

Paragraph *m* → § *(eines Gesetzes)* articolo *m* (di legge), *(in formellen Schriftstücken, Verträgen)* paragrafo *m*.

paragraphieren *v* paragrafare.

Parallelwährung *f* bimetallismo *m*.

Paraphe *f* paraf(f)a *f*, *(meno com.)* paraffo *m*, sigla *f* (*che si appone in calce a un documento per autenticarlo*).

Paraphernalgüter *npl* beni *mpl* parafernali.

paraphieren *v* paraf(f)are, siglare (*un accordo, documento*).

Paraphierung *f* paraf(f)atura *f* (*di un documento*).

Parentel *f* parentela *f*, parentado *m*.

Parere, ärztliches ~ *n (A)* certificato *m* medico.

pari, al ~ alla pari; **über ~** sopra la pari; **unter ~** sotto la pari; **zu ~** alla pari.

Parikurs *m* prezzo *m* alla pari, corso *m* alla pari.

Parität *f* parità *f*, uguaglianza *f*; **amtliche ~** *f* parità *f* ufficiale.

paritätisch *adj* paritetico, paritario.

Paritäts | klausel *f* clausola *f* della parità; **~kurs** *m*; **~preis** *m* prezzo *m* alla pari, corso *m* alla pari.

Paritionsfrist *f (A)* termine *m* di esecuzione.

Pariwert *m* valore *m* alla pari, valore *m* nominale.

Parkett *n (Börse)* recinto *m* delle grida, parquet *m*.

Parlament *n* parlamento *m*; **das ~ auflösen** sciogliere il parlamento; **das ~ einberufen** convocare il parlamento; **ins ~ einziehen** essere eletto al parlamento; **das ~ wählen** eleggere il parlamento; **demokratisch gewähltes ~** *n* parlamento *m* democraticamente eletto; **Europäisches ~** *n* (*Abk* = **EP**) *EuR* Parlamento *m* europeo *(PE)*.

Parlamentär/in *m/f* parlamentario *m*.

Parlamentarier/in *m/f* membro *m* del parlamento, parlamentare *m/f*, onorevole *m/f (on.) (I)*.

parlamentarisch *adj* parlamentare.

Parlamentarismus *m* parlamentarismo *m*.

Parlaments | abgeordnete/r *f/m* deputato/-a *m/f*, parlamentare *m/f*, onorevole *m/f (on.)*; **~akte** *f* atti *mpl* parlamentari; **~auflösung** *f* scioglimento *m* del parlamento, scioglimento *m* delle camere; **~ausschuss** *m* commissione *f* parlamentare; **~berichte** *mpl* atti *mpl* parlamentari; **~beschluss** *m* deliberazione *f* del parlamento; **~debatte** *f* dibattito *m* parlamentare; **~einberufung** *f* convocazione *f* del parlamento; **~ferien** *pl* vacanze *fpl* parlamentari; **~fraktion** *f* gruppo *m* parlamentare; **~kammern** *fpl* Camere *fpl (I)*; **~kandidat/in** *m/f* candidato *m* al parlamento; **~kommission** *f (CH)* commissione *f* parlamentare; **~kontrolle** *f* controllo *m* parlamentare; **~mehrheit** *f* maggioranza *f* parlamentare; **~minderheit** *f* minoranza *f* parlamentare; **~mitglied** *n* membro *m* del parlamento, parlamentare *m/f*, deputato/-a *m/f*, onorevole *m/f (on.)*; **~präsident/in** *m/f* presidente *m* del parlamento; **~protokolle** *npl* atti *mpl* parlamentari; **~recht** *n* diritto *m* parlamentare; **~reform** *f* riforma *f* parlamentare; **~sitz** *m* seggio *m* al parlamento; **~sitzung** *f* seduta *f* parlamentare, riunione *f* parlamentare, seduta *f* del parlamento, riunione *f* del parlamento; **~tagung** *f* sessione *f* parlamentare; **~vorlage** *f* progetto (o: disegno) *m* di legge presentato al parlamento; **~wahl** *f*; **~wahlen** *fpl* elezioni *fpl* politiche.

Parquette *f (A) (Börse)* recinto *m* delle grida, parquet *m*.

Partei *f*[1] *(eines Vertrags, Rechtsstreits)* parte *f*; **die ~en anhören** *ZivProzR* sentire le parti, ascoltare le parti; **~ *f* kraft Amtes** *ZivProzR (§ 116 ZPO) (Prozesspartei, die in Ausübung eines bestimmten Amtes zwar im eigenen Namen, aber für Rechnung der von ihm verwalteten Vermögensmasse handelt)* parte *f* in virtù della carica rivestita (*p. es.: curatore fallimentare, esecutore testamentario*); **abwesende ~** *f ZivProzR* parte *f* assente, parte *f* contumace; **antragstellende ~** *f* parte *f* istante, istante *m/f*; **auftretende ~** *f ZivProzR* parte *f* comparente; **beklagte ~** *f ZivProzR* parte *f* convenuta, convenuto/-a *m/f*; **beschwerte ~** *f ZivProzR* onerato/-a *m/f*, parte *f* gravata; **beteiligte ~** *f* parte *f* interessata, parte *f* in causa, parte *f* (*in giudizio*); **betreibende ~** *f* parte *f* procedente, procedente *m/f*, precettante *m/f*, richiedente *m/f*; **erschienene ~** *f ZivProzR* parte *f* comparente, parte *f* intervenuta; **gegnerische ~** *f ZivProzR* parte *f* avversa, parte *f* avversaria, controparte *f*; **geladene ~** *f ZivProzR* parte *f* citata; **Hohe Vertragschließende ~** *f* Alta Parte *f* Contraente; **klagende ~** *f*; **klägerische ~** *f ZivProzR* parte *f* attrice, parte *f* attorea, attore/attrice *m/f*; **kriegführende ~** *f* parte *f* belligerante, belligerante *m/f*; **nicht erschienene ~** *f ZivProzR* parte *f* assente, parte *f* contumace; **obsiegende ~** *f ZivProzR* parte *f* vittoriosa (in un processo), parte *f* vincente; **säumige ~** *f ZivProzR* parte *f* contumace, contumace *m/f*; **streitende ~** *f ZivProzR* parte *f* (*in un contenzioso*), parte *f* in giudizio, parte *f* in causa, parte *f* in lite, parte *f* contendente, contendente *m/f*; **unterlegene ~** *f*; **unterliegende ~** *f ZivProzR* parte *f* soccombente, soccombente *m/f*; **Verfahrenshilfe genießende ~** *f (A) ZivProzR* parte *f* ammessa al patrocinio a spese dello Stato, parte *f* ammessa al gratuito patrocinio; **verletzte ~** *f* parte *f* lesa; **vertragsbrüchige ~** *f SchuldR* parte *f* inadempiente; **vertragschließende ~** *f SchuldR* parte *f* contraente, contraente *m/f*; **widersprechende ~** *f ZivProzR* parte *f* avversa, parte *f* avversaria, controparte *f*.

Partei *f*[2] *(Politik)* partito *m* (*politico*); **einer ~ beitreten** iscriversi a un partito (*politico*); **politische ~** *f* partito *m* politico; **verfassungswidrige ~** *f* partito *m* anticostituzionale.

Partei | abrede *f* accordo *m* delle (o: tra / fra le) parti; **~ausschluss** *m* espulsione *f* dal partito; **~autonomie** *f* autonomia *f* privata; **~basis** *f* base *f* del partito; **~behauptung** *f ZivProzR* allegazione *f*, deduzioni *fpl*; **~betrieb** *m ZivProzR* impulso *m* di parte; **~disziplin** *f* disciplina *f* di partito; **~einvernahme** *f ZivProzR* interrogatorio *m* (formale) della parte, ascolto *m* della parte, audizione *f* della parte, interpello *m*, *StrafProzR* esame *m* delle parti (*in Italia mezzo di prova nel dibattimento e nell'incidente probatorio*).

Parteien | betrieb *m (A) ZivProzR* impulso *m* di parte; **~eid** *m ZivProzR* giuramento *m* delle parti in giudizio; **~finanzierung** *f* finanziamento *m* dei (o: ai) partiti; **~gehör** *n (A) ZivProzR* audizione *f* delle parti, ascolto *m* delle parti, *StrafProzR* esame *m* delle parti (*in Italia mezzo di prova nel dibattimento e nell'incidente probatorio*); **~herrschaft** *f* partitocrazia *f*; **~öffentlichkeit** *f (A) ZivProzR* pubblicità *f* dell'udienza limitata alle parti; **~privileg** *n* privilegio *m* dei partiti; **~proporz** *m* lottizzazione *f*; **~prozess** *m ZivProzR* processo *m* di parti; **~system** *n* sistema *m* dei partiti.

Parteientschädigung *f (CH) ZivProzR* spese *fpl* legali.

Parteien | verbot *n* divieto *m* di

formare partiti; **~vereinbarung** *f (A)* accordo *m* delle (o: tra/fra le) parti; **~verkehr** *m (A)* orario *m* per il pubblico; **~vernehmung** *f (A) ZivProzR* interrogatorio *m* (formale) della parte, ascolto *m* della parte, audizione *f* della parte, interpello *m*, *StrafProzR* esame *m* delle parti (*in Italia mezzo di prova nel dibattimento e nell'incidente probatorio*); **~verrat** *m (A)* prevaricazione *f*, patrocinio *m* o consulenza *f* infedele; **~vertreter/in** *m/f (A)* rappresentante *m/f* della parte.

parteifähig *adj ZivProzR* capace di essere parte (*in giudizio*).

Partei | fähigkeit *f ZivProzR (entspricht der Rechtsfähigkeit des materiellen Rechts)* capacità *f* di essere parte (*in giudizio: idoneità alla titolarità di posizioni giuridiche processuali, coincide con la capacità giuridica di diritto sostanziale*); **~führer/in** *m/f* capo *m* del partito, leader *m* del (o: di) partito; **~führung** *f* direzione *f* del partito; **~gericht** *n* tribunale *m* del partito; **~gutachten** *n ZivProzR* consulenza *f* tecnica di parte *(CTP)*, perizia *f* di parte; **~handlung** *f* atto *m* di parte; **~herrschaft** *f (im Zivilprozess)* iniziativa *f* delle parti.

parteiisch *adj* parziale, di parte, fazioso, tendenzioso, unilaterale.

Parteiklage *f* azione *f* di sindacato di legittimità costituzionale di una norma promossa da una parte in giudizio.

parteilich *adj* [1] *(eine Partei betreffend)* partitico, di partito.

parteilich *adj* [2] *(parteiisch)* parziale, di parte, fazioso, tendenzioso, unilaterale.

Parteilichkeit *f* parzialità *f*, faziosità *f*, tendenziosità *f*, unilateralità *f*.

parteilos *adj* indipendente, senza partito.

Partei | obmann *m (A, Südtirol)* presidente *m* del partito; **~öffentlichkeit** *f ZivProzR* pubblicità *f* dell'udienza limitata alle parti; **~organ** *n* organo *m* del partito; **~prozess** *m ZivProzR (§ 79 ZPO)* ↔ *Anwaltsprozess* processo *m* in cui le parti non sono obbligate a ricorrere al ministero di un avvocato, processo *m* in cui non è obbligatoria la difesa tecnica; **~sekretär/in** *m/f* segretario *m* del partito; **~stellung** *f ZivProzR* qualità *f* di parte nel processo; **~vereinbarung** *f* accordo *m* delle (o: tra/fra le) parti; **~verhandlung** *f (CH)* dibattimento *m*; **~verhör** *n (CH)*; **~vernehmung** *f ZivProzR (Beweismittel im Zivilprozess) (§§ 445 ff. ZPO)* interrogatorio *m* (formale) della parte (o: delle parti); **~verrat** *m (§ 356 StGB)* patrocinio *m* infedele, infedeltà *f* del patrocinatore; **~vertreter/in** *m/f* rappresentante *m/f* della parte; **~vorbringen** *n ZivProzR* allegazioni *fpl* (*di parte o delle parti*), deduzioni *fpl* (*delle parti*), argomentazioni *fpl* (*delle parti*), dichiarazioni *fpl* (*delle due parti in un processo*), comparsa *f*; **~vorsitzende/r** *f/m* presidente *m* del partito; **~vorstand** *m* presidenza *f* del partito; **~vortrag** *m ZivProzR* allegazioni *fpl* (*di parte o delle parti*), deduzioni *fpl* (*delle parti*), argomentazioni *fpl* (*delle parti*), dichiarazioni *fpl* (*delle due parti in un processo*), comparsa *f*.

Parteiwechsel *m* [1] *(Prozess)* mutamento *m* della parte.

Parteiwechsel *m* [2] *(Abgeordneter)* cambiamento *m* di partito.

Parteiwille *m* volontà *f* delle parti (*contraenti*), comune intenzione *f* delle parti.

PartG (*Abk* = **Partnerschaftsgesetz**) *(CH) FamR (Bundesgesetz über die eingetragene Partnerschaft gleichgeschlechtlicher Paare)* → *D: Lebenspartnerschaftsgesetz – LPartG* legge *f* sull'unione domestica registrata *(LUD)* (*legge federale (svizzera) sull'unione domestica registrata di coppie omosessuali*).

PartGG (*Abk* = **Partnerschaftsgesellschaftsgesetz**) *(D) GesR (Gesetz über Partnerschaftsgesellschaften Angehöriger Freier Berufe)* legge *f* (tedesca) sulle società tra professionisti.

Partial | revision *f* revisione *f* parziale; **~schaden** *m* danno *m* parziale; **~verlust** *m* perdita *f* parziale.

partiarisch *adj (mit Gewinnbeteiligung)* con partecipazione agli utili, che partecipa agli utili.
Partie *f* partita *f*, lotto *m*.
partienweise *adv* a partite, a lotti.
Partiepreis *m* prezzo *m* all'ingrosso.
Partierei *f* favoreggiamento *m* reale.
Partie | verkauf *m* svendita *f*, vendita *f* in blocco; **~waren** *fpl* rimanenze *fpl* merci vendute in blocco.
Partner/in *m/f* [1] *(Geschäftspartner)* partner *m/f*, *(Teilhaber)* socio/-a *m/f*, associato/-a *m/f*, *(Vertragspartner)* parte *f* contraente, contraente *m/f*, *(Verhandlungspartner)* controparte *f*, *(Gesprächspartner)* interlocutore/-trice *m/f*.
Partner/in *m/f* [2] *FamR (Lebensgefährte)* compagno/-a *m/f*.
Partnerschaft *f* [1] *(Geschäftsverbindung)* partnership *f*, partenariato *m*, compartecipazione *f*, associazione *f* in partecipazione, *(Mitarbeit)* collaborazione *f*, *(Zusammenarbeit)* cooperazione *f*, *(zwischen Städten)* gemellaggio *m*.
Partnerschaft *f* [2] *GesR (Partnerschaftsgesellschaft)* società *f* tra professionisti *(s.t.p.)*.
Partnerschaft *f* [3] *FamR (Zweierbeziehung)* rapporto *m* di coppia, *(Zusammenleben)* convivenza *f*; **eingetragene ~ *f* gleichgeschlechtlicher Paare** *(CH) FamR → D: Lebenspartnerschaft* unione *f* domestica registrata di coppie omosessuali *(CH)*.
Partnerschafts | gesellschaft *f GesR (auch: Partnerschaft)* società *f* tra professionisti *(s.t.p.)*; **~gesellschaftsgesetz** *n (D)* (*Abk* = **PartGG**) *GesR (Gesetz über Partnerschaftsgesellschaften Angehöriger Freier Berufe)* legge *f* (tedesca) sulle società tra professionisti; **~gesetz** *n (CH)* (*Abk* = **PartG**) *FamR (Bundesgesetz über die eingetragene Partnerschaft gleichgeschlechtlicher Paare) → D: Lebenspartnerschaftsgesetz – LPartG* legge *f* sull'unione domestica registrata *(LUD)* (*legge federale (svizzera) sull'unione domestica registrata di coppie omosessuali*); **~güterrechts-Verordnung** *f EuR → s. Anhang 3 a)* Regolamento *m* (UE) 2016/1104 del Consiglio, del 24 giugno 2016, che attua la cooperazione rafforzata nel settore della competenza, della legge applicabile, del riconoscimento e dell'esecuzione delle decisioni in materia di effetti patrimoniali delle unioni registrate.
Partnerschaftsregister *n GesR* registro *m* delle società tra professionisti; **eingetragen im ~** *GesR (des Amtsgerichts)* iscritta nel registro delle società tra professionisti (*tenuto dalla Pretura*).
Partnerwahlfreiheit *f VertragsR* libertà *f* di scegliere il contraente.
Parzelle *f* particella *f* (*catastale*), parcella *f* (*di terreno*), appezzamento *m*, lotto *m*.
parzellieren *v* lottizzare, dividere in particelle.
Parzellierung *f* lottizzazione *f*.
Parzellierungsplan *m* piano *m* di lottizzazione.
Pass *m* passaporto *m*; **einen ~ ausstellen** rilasciare un passaporto; **den ~ entziehen** ritirare il passaporto; **den ~ verlängern** rinnovare il passaporto; **abgelaufener ~** *m* passaporto *m* scaduto; **gültiger ~** *m* passaporto *m* valido, passaporto *m* in corso di validità; **verlorengegangener ~** *m* passaporto *m* smarrito.
Pass | abfertigung *f* controllo *m* dei passaporti; **~abteilung** *f* ufficio *m* passaporti; **~amt** *n* ufficio *m* passaporti; **~behörde** *f* autorità *f* che rilascia i passaporti; **~bewerber/in** *m/f* richiedente *m/f* il passaporto; **~entzug** *m* ritiro *m* del passaporto; **~ersatz** *m*; **~ersatzpapier** *n* documento *m* rilasciato in sostituzione del passaporto; **~fälschung** *f StrafR* falsificazione *f* di (o: del) passaporto; **~freiheit** *f* esenzione *f* dall'obbligo del passaporto; **~gebühr** *f* tassa *f* per il rilascio del passaporto; **~inhaber/in** *m/f* titolare *m/f* del passaporto.
passiv *adj* passivo.
Passiva *npl* passivo *m*, passività *fpl*; **antizipative ~** *npl* risconti *mpl*

passivi; **transitorische ~** *npl* ratei *mpl* passivi.

Passiv | antizipationen *pl (A)* risconti *mpl* passivi; **~bilanz** *f* bilancio *m* passivo, bilancio *m* deficitario; **~delegation** *f* delegazione *f* passiva.

Passiven *pl* passivo *m*, passività *fpl*.

Passiv | finanzierung *f* finanziamento *m* passivo, sovvenzione *f* passiva, anticipazione *f* passiva; **~geschäft** *n* operazione *f* passiva, operazioni *fpl* passive, operazione *f* di raccolta, operazione *f* di provvista; **~handel** *m* commercio *m* di importazione.

passivieren *v* mettere al passivo, registrare al passivo, mandare al passivo.

Passivierung *f* registrazione *f* al passivo, disavanzo *m*, deficit *m*.

Passiv | konto *n* conto *m* passivo; **~legitimation** *f ZivProzR* legittimazione *f* passiva; **~posten** *m* voce *f* del passivo; **im ~rubrum** *ZivProzR* (soggetto passivo / convenuto) indicato in epigrafe; **~saldo** *m* saldo *m* passivo, saldo *m* debitore.

Passivseite *f* passivo *m*; **auf der ~** al passivo.

Passiv | stand *m (A)* stato *m* passivo; **~vollmacht** *f ZivProzR* procura *f* di rappresentanza del convenuto (o: soggetto passivo); **~wechsel** *mpl* cambiali *fpl* passive, effetti *mpl* passivi, effetti *mpl* da pagare; **~zinsen** *mpl* interessi *mpl* passivi, interessi *mpl* debitori.

Pass | pflicht *f* obbligo *m* del passaporto; **~stelle** *f* ufficio *m* passaporti; **~verlängerung** *f* rinnovo *m* del passaporto; **~vermerk** *m* visto *m*; **~werber/in** *m/f (A)* richiedente *m/f* il passaporto; **~zwang** *m* obbligo *m* del passaporto, passaporto *m* obbligatorio.

Patent *n* [1] *GewRS* brevetto *m*, brevetto *m* d'invenzione; **ein ~ anmelden; zum ~ anmelden** *GewRS* depositare domanda di brevetto, chiedere il brevetto; **ein ~ erteilen** *GewRS* concedere un brevetto, rilasciare un brevetto, brevettare; **abgelaufenes ~** *n*; **erloschenes ~** *n GewRS* brevetto *m* scaduto; **europäisches ~** *n GewRS* brevetto *m* europeo; **Übereinkommen** *n* **über das europäische ~ für den Gemeinsamen Markt** *GewRS* Convenzione *f* sul brevetto europeo per il mercato comune; **industrielles ~** *n GewRS* brevetto *m* industriale.

Patent *n* [2] *(CH) (Erlaubnis zur Ausübung bestimmter Berufe oder Tätigkeiten)* licenza *f* (*di abilitazione all'esercizio di determinate professioni o attività*), patente *f*.

Patentamt *n GewRS* ufficio *m* (dei) brevetti; **Europäisches ~** *n* (*Abk* = **EPA / EPO**) *GewRS* Ufficio *m* europeo (dei) brevetti *(UEB)*; **Internationales ~** *n GewRS* Istituto *m* internazionale dei brevetti.

Patent | anmaßung *f (A) GewRS* usurpazione *f* di brevetto; **~anmelder/in** *m/f GewRS* chi deposita domanda di brevetto.

Patentanmeldung *f GewRS* domanda *f* di brevetto, domanda *f* di concessione di brevetto, deposito *m* della domanda di brevetto; **europäische ~** *f GewRS* domanda *f* di brevetto europeo, deposito *m* della domanda di brevetto europeo; **internationale ~** *f GewRS* domanda *f* di brevetto internazionale, deposito *m* della domanda di brevetto internazionale; **Europäische Übereinkunft** *f* **über Formerfordernisse bei ~en** *GewRS* Convenzione *f* europea relativa alle formalità prescritte per le domande di brevetto.

Patent | anspruch *m GewRS* rivendicazione *f* di un brevetto, rivendicazione *f* brevettuale; **~antrag** *m GewRS* domanda *f* di brevetto; **~anwalt/-anwältin** *m/f GewRS* consulente *m/f* in materia di brevetti, consulente *m/f* brevettuale, agente *m/f* (di) brevetti, agente *m/f* brevettuale; **~anwaltschaft** *f GewRS* esercizio *m* della professione di consulente in materia di brevetti; **~anwaltskammer** *f GewRS*

Ordine *m* dei consulenti in materia di brevetti; **~anwaltsordnung** *f* *(D)* (*Abk* = **PAO**) Codice *m* (tedesco) dei consulenti in materia di brevetti, normativa *f* (tedesca) sui consulenti in materia di brevetti; **~berühmung** *f* *GewRS* usurpazione *f* di brevetto, arrogazione *f* di brevetto; **~beschreibung** *f* *GewRS* descrizione *f* dell'invenzione (brevettata o da brevettare); **~blatt** *n* *GewRS* bollettino *m* dei brevetti; **~brief** *m* lettera *f* patente; **~dauer** *f* *GewRS* durata *f* del brevetto; **~eingriff** *m (A) GewRS* violazione *f* di brevetto; **~erteilung** *f* *GewRS* concessione *f* di brevetto, rilascio *m* di brevetto; **~erteilungsverfahren** *n* *GewRS* procedura *f* di concessione di brevetto.

patentfähig *adj GewRS* brevettabile.

Patent | fähigkeit *f GewRS* brevettabilità *f*; **~gebühr** *f GewRS* tassa *f* di brevetto, tassa *f* annuale di brevetto, tassa *f* sul brevetto; **~gericht** *n GewRS* tribunale *m* dei brevetti; **~gesetz** *n* (*Abk* = **PatG**) *GewRS* legge *f* sui brevetti; **~gesetzgebung** *f* *GewRS* legislazione *f* sui brevetti, legislazione *f* brevettuale; **~gesuch** *n* *GewRS* domanda *f* di brevetto.

patentieren *v GewRS* brevettare; **~ lassen** *GewRS* far(e) brevettare, chiedere il brevetto.

patentiert *adj GewRS* brevettato.

Patentierung *f GewRS* brevettazione *f*.

Patentierungsverfahren *n GewRS* procedura *f* di brevettazione, procedimento *m* di brevettazione.

Patent | inhaber/in *m/f GewRS* titolare *m/f* del brevetto, detentore *m* del brevetto; **~jahr** *n (CH) GewRS* anno *m* di brevetto; **~klage** *f GewRS* azione *f* di contraffazione di brevetto.

Patentklassifikation *f GewRS* classificazione *f* dei brevetti; **internationale ~** *f GewRS (IPC: International Patent Classification)* classificazione *f* internazionale dei brevetti; **Europäische Übereinkunft** *f* **über die Internationale ~** *GewRS* Convenzione *f* europea sulla classificazione internazionale dei brevetti di invenzione (o: per invenzioni industriali).

Patent | kosten *pl GewRS* spese *fpl* di brevetto; **~monopol** *n GewRS* monopolio *m* fondato sul brevetto, monopolio *m* brevettuale; **Europäische ~organisation** *f* *EuR* Organizzazione *f* europea dei brevetti; **~prozess** *m GewRS* causa *f* per violazione di brevetto, causa *f* per contraffazione di brevetto; **~recht** *n GewRS* diritto *m* dei brevetti, diritto *m* brevettuale, normativa *f* in materia di brevetti, normativa *f* brevettuale, leggi *fpl* sui brevetti, legislazione *f* sui brevetti, legislazione *f* brevettuale; **~rechte** *npl* *GewRS* diritti *mpl* di brevetto, diritti *mpl* di privativa.

patentrechtlich geschützt *GewRS* brevettato.

Patent | register *n*; **~rolle** *f GewRS* registro *m* dei brevetti; **~sache** *f* *GewRS* materia *f* di brevetti, causa *f* in materia di brevetti; **~schrift** *f GewRS* descrizione *f* dell'invenzione (brevettata o da brevettare); **~schutz** *m GewRS* tutela *f* brevettuale, protezione *f* brevettuale, protezione *f* delle invenzioni mediante brevetto; **~streitsache** *f GewRS* causa *f* in materia di brevetti; **~taxe** *f* *(CH) GewRS* tassa *f* di brevetto; **Europäisches ~übereinkommen** *n* *GewRS* Convenzione *f* sul brevetto europeo; **~übertragung** *f GewRS* cessione *f* di brevetto; **~urkunde** *f* *GewRS* brevetto *m*; **~verlängerung** *f* *GewRS* proroga *f* del brevetto; **~verletzung** *f GewRS* violazione *f* di brevetto, contraffazione *f* di brevetto; **~vertreter/in** *m/f GewRS* consulente *m/f* in materia di brevetti, consulente *m/f* brevettuale, agente *m/f* (di) brevetti, agente *m/f* brevettuale; **~verwertung** *f* *GewRS* utilizzazione *f* del brevetto, sfruttamento *m* del brevetto; **~vindikation** *f GewRS* rivendicazione *f* di un brevetto, rivendicazione *f* brevettuale.

PatG (*Abk* = **Patentgesetz**) *GewRS* legge *f* sui brevetti.

Patient *m* [f: Patientin] paziente *m/f*.

Patientenverfügung *f (§ 1901a BGB)* dichiarazione *f* anticipata di trattamento *(D.A.T.)*, testamento *m* biologico, testamento *m* di vita, direttive *fpl* anticipate di trattamento, dichiarazioni *fpl* di volontà anticipate di trattamento sanitario, volontà *fpl* anticipate di trattamento, volontà *fpl* previe di trattamento, disposizioni *fpl* anticipate del paziente.

Patronatserklärung *f GesR* lettera *f* di patronage.

Pausch(al)- forfettario, a forfait, forfettariamente, globale, globalmente, complessivo, totale, in blocco.

pauschal *adj* forfettario, a forfait, forfettariamente, globale, globalmente, complessivo, totale, in blocco, *(Aussage)* (di carattere) generale.

Pauschal | abfindung *f* indennità *f* forfettaria; **~abgabe** *f* tassa *f* forfettaria; **~abkommen** *n* accordo *m* a forfait; **~abnehmer/in** *m/f* consumatore *m* a forfait; **~abschlag** *m* ribasso *m* forfettario, sconto *m* forfettario; **~abschreibung** *f*; **~abzug** *m* deduzione *f* forfettaria, detrazione *f* forfettaria; **~beitrag** *m* contributo *m* forfettario; **~besteuerung** *f* imposizione *f* forfettaria, tassazione *f* forfettaria; **~betrag** *m* somma *f* forfettaria, importo *m* forfettario, forfait *m*; **~deckung** *f* copertura *f* globale.

Pauschale *f* somma *f* forfettaria, importo *m* forfettario, forfait *m*.

Pauschal | entlohnung *f* remunerazione *f* forfettaria; **~entschädigung** *f* indennità *f* forfettaria, indennizzo *m* forfettario; **~gebühr** *f* tassa *f* forfettaria, diritto *m* forfettario, canone *m* forfettario; **~gehalt** *n ArbR* stipendio *m* forfettario, stipendio *m* a forfait; **~honorar** *n ArbR* onorario *m* forfettario, onorario *m* a forfait.

pauschalieren *v* fare un forfait per (o: su), forfet(t)izzare, stabilire forfettariamente, liquidare globalmente.

pauschaliert *adj* forfettario, globale.

Pauschalierung *f* forfet(t)izzazione *f*, liquidazione *f* forfettaria.

Pauschal | kosten *pl* spese *fpl* forfettarie; **~lohn** *m ArbR* paga *f* forfettaria, paga *f* a forfait, salario *m* forfettario, salario *m* a forfait; **~police** *f VersR* polizza *f* in bianco, polizza *f* globale; **~prämie** *f VersR* premio *m* fisso, premio *m* forfettario; **~preis** *m* prezzo *m* forfettario, prezzo *m* a forfait; **~quote** *f* quota *f* forfettaria; **~regelung** *f VersR* liquidazione *f* forfettaria.

Pauschalreise *f* viaggio *m* (organizzato) tutto compreso, viaggio *m* all inclusive, pacchetto *m* vacanza (all inclusive); **~richtlinie** *f EuR (Umsetzung in D: §§ 651a ff. BGB) → s. Anhang 3 b)* Direttiva *f* (UE) 2015/2302 del Parlamento europeo e del Consiglio, del 25 novembre 2015, relativa ai pacchetti turistici e ai servizi turistici collegati, che modifica il regolamento (CE) n. 2006/2004 e la direttiva 2011/83/UE del Parlamento europeo e del Consiglio e che abroga la direttiva 90/314/CEE del Consiglio.

Pauschal | satz *m* tasso *m* forfettario, tariffa *f* forfettaria, *SteuerR* aliquota *f* forfettaria; **~schätzung** *f* valutazione *f* forfettaria; **~steuer** *f* imposta *f* forfettaria; **~summe** *f* somma *f* forfettaria, importo *m* forfettario, forfait *m*; **~tarif** *m* tariffa *f* forfettaria, tariffa *f* a forfait; **~vergütung** *f* retribuzione *f* forfettaria, compenso *m* forfettario, indennità *f* forfettaria; **~versicherung** *f* assicurazione *f* forfettaria, assicurazione *f* globale; **~wert** *m* valore *m* forfettario.

pauschalwertberichtigt *adj (Forderung)* rettificato in blocco.

Pauschal | zahlung *f* pagamento *m* forfettario, pagamento *m* a forfait; **~zuweisung** *f* attribuzione *f* complessiva, assegnazione *f* totale.

Pausch | besteuerung *f* imposizione *f* forfettaria, tassazione *f* forfettaria; **~betrag** *m* somma *f* forfettaria, importo *m* forfettario, forfait *m*; **~gebühr** *f* tassa *f* forfettaria, diritto *m* forfettario, canone *m* forfettario;

~satz *m* tasso *m* forfettario, tariffa *f* forfettaria, *SteuerR* aliquota *f* forfettaria.

pekuniär *adj* pecuniario.

Pension *f (Ruhestand der Beamten)* pensione *f*, riposo *m*, quiescenza *f*, *(Bezüge für Beamte im Ruhestand)* trattamento *m* pensionistico, trattamento *m* di quiescenza; **in ~ gehen** andare in pensione; **mit ~ verabschieden** pensionare; **lebenslängliche ~** *f*; **~** *f* **auf Lebenszeit** pensione *f* a vita; **staatliche ~** *f* pensione *f* statale.

Pensionär/in *m/f (Beamter in Pension)* pensionato/-a *m/f*.

pensionieren *v* pensionare, mettere in pensione, mandare in pensione, collocare a riposo, collocare in quiescenza; **sich ~ lassen** andare in pensione.

pensioniert *adj* pensionato.

Pensionierte/r *f/m* pensionato/-a *m/f*.

Pensionierung *f* pensionamento *m*, collocamento *m* a riposo, collocamento *m* in quiescenza; **vorzeitige ~** *f* prepensionamento *m*, pensionamento *m* anticipato; **zwangsweise ~** *f* collocamento *m* a riposo d'ufficio.

Pensionist/in *m/f (A)* pensionato/-a *m/f*.

Pensions | alter *n* età *f* pensionabile, età *f* del pensionamento, età *f* del collocamento a riposo; **~anspruch** *m* diritto *m* alla pensione; **~anwartschaft** *f* aspettativa *f* pensionistica (maturata), aspettativa *f* di pensione, diritto *m* alla pensione maturato, diritto *m* acquisito alla pensione; **~beitrag** *m (A)* contributo *m* pensionistico, contributo *m* per la pensione, ritenuta *f* per la pensione.

pensionsberechtigt *adj* avente diritto alla pensione.

Pensions | berechtigte/r *f/m* avente *m/f* diritto alla pensione; **~berechtigung** *f* diritto *m* alla pensione; **~bezüger/in** *m/f (CH)* pensionato/-a *m/f*; **~dienstalter** *n* anni *mpl* di anzianità contributiva, anni *mpl* di servizio computabili ai fini della pensione; **~empfänger/in** *m/f* pensionato/-a *m/f*, titolare *m/f* di (una) pensione; **~entziehung** *f* decadenza *f* dalla pensione.

pensionsfähig *adj* pensionabile.

Pensions | fonds *m* fondo *m* pensione, fondo *m* pensionistico, fondo *m* di previdenza sociale, fondo *m* previdenza, piano *m* pensionistico (integrativo/complementare); **~geschäft** *n* operazione *f* di vendita con patto di riacquisto, operazione *f* di pronti contro termine, effetti *mpl* in pensione; **~kasse** *f* cassa *f* pensioni, monte *m* pensioni; **~leistung** *f* prestazione *f* pensionistica, prestazione *f* previdenziale, trattamento *m* pensionistico, trattamento *m* previdenziale, erogazione *f* della pensione, pagamento *m* della pensione; **~rückstellungen** *fpl* fondo *m* pensione, fondo *m* pensionistico, piano *m* pensionistico (integrativo/complementare), accantonamenti *mpl* (a fini) pensionistici, accantonamenti *mpl* per piani pensionistici; **~versicherung** *f* assicurazione *f* pensioni, assicurazione *f* pensionistica, assicurazione *f* previdenziale; **~zahlung** *f* erogazione *f* della pensione, pagamento *m* della pensione, corresponsione *f* della pensione; **~zusage** *f ArbR (auch „Direktzusage" genannt: Durchführungsweg der betrieblichen Altersversorgung)* promessa *f* diretta (*il datore di lavoro si obbliga a erogare al lavoratore prestazioni di previdenza complementare e integrativa aziendale al verificarsi dell'evento da cui nasce il diritto alla pensione. A tal fine, il datore di lavoro non versa i contributi in un fondo pensione separato, bensì procede ad effettuare appositi accantonamenti in bilancio*).

peremptorisch *adj* ↔ *dilatorisch* perentorio.

perlustrieren *v (A)* perlustrare.

Perlustrierung *f (A)* perlustrazione *f*.

Person *f* persona *f*, individuo *m*, soggetto *m* (*di diritto*); **ablehnbare ~** *f* persona *f* ricusabile; **beschuldigte ~** *f (CH) StrafProzR*

(Artt. 111 ff. sStPO) imputato/-a *m/f*; **eingebürgerte ~** *f* naturalizzato/-a *m/f*; **erschienene ~** *f* intervenuto/-a *m/f*, comparente *m/f*; **juristische ~** *f* ↔ *natürliche Person* persona *f* giuridica; **inländische juristische ~** *f* persona *f* giuridica nazionale; **juristische ~** *f* **des öffentlichen Rechts** persona *f* giuridica di diritto pubblico, persona *f* giuridica pubblica; **juristische ~** *f* **des Privatrechts** persona *f* giuridica di diritto privato, persona *f* giuridica privata; **juristische ~en** *fpl* **des öffentlichen und privaten Rechts** persone *fpl* giuridiche di diritto pubblico e privato, persone *fpl* giuridiche pubbliche e private; **moralische ~** *f (A)* persona *f* giuridica; **natürliche ~** *f* ↔ *juristische Person* persona *f* fisica; **pflegebedürftige ~** *f* persona *f* non autosufficiente; **physische ~** *f (A)* persona *f* fisica; **unerwünschte ~** *f* persona *f* non grata; **unterstützungsbedürftige ~** *f* persona *f* bisognosa; **verdächtige ~** *f* persona *f* sospetta.

Personal *n* personale *m*, organico *m*, dipendenti *mpl*; **~ abbauen** ridurre il personale; **~ einstellen** assumere personale; **~ entlassen** licenziare il personale; **das ~ verringern** ridurre il personale; **diplomatisches ~** *n* personale *m* diplomatico; **leitendes ~** *n* personale *m* direttivo, personale *m* di direzione, personale *m* dirigente; **qualifiziertes ~** *n* personale *m* qualificato; **untergeordnetes ~** *n* personale *m* subalterno.

Personal | abbau *m* riduzione *f* del personale, taglio *m* del personale, tagli *mpl* al personale, ridimensionamento *m* dell'organico; **~abteilung** *f* ufficio *m* (del) personale; **~akte** *f* fascicolo *m* personale, cartella *f* personale; **~angaben** *fpl* dati *mpl* personali, dati *mpl* anagrafici, generalità *fpl*; **~arrest** *m* arresto *m* personale; **~aufwand** *m*; **~aufwendungen** *fpl*; **~ausgaben** *fpl* spese *fpl* per il personale, oneri *mpl* per il personale, costo *m* del personale; **~ausschuss** *m* commissione *f* del personale; **~ausweis** *m* carta *f* d'identità *(C.I.)*, tessera *f* di legittimazione; **~beschreibung** *f* dati *mpl* segnaletici, connotati *mpl*; **~bestand** *m* organico *m*, personale *m* (*in forza*), consistenza *f* del personale; **~blatt** *n*; **~bogen** *m* scheda *f* personale, foglio *m* matricolare; **~büro** *n* ufficio *m* (del) personale; **~chef/in** *m/f* capo *m* del personale, direttore/-trice *m/f* del personale; **~daten** *pl* dati *mpl* personali, dati *mpl* anagrafici, generalità *fpl*; **~einsparung** *f* riduzione *f* del personale, taglio *m* del personale, tagli *mpl* al personale, ridimensionamento *m* dell'organico; **~einteilung** *f* ripartizione *f* del personale; **~fürsorge** *f* assistenza *f* a favore del personale; **~fürsorgefonds** *m (CH)* fondo *m* di assistenza per il personale; **~gesellschaft** *f* società *f* di persone; **~haft** *f* arresto *m* personale; **~hoheit** *f (des Staates)* sovranità *f* sugli individui, potere *m* (*dello Stato sui sudditi*).

Personalien *pl* dati *mpl* personali, dati *mpl* anagrafici, generalità *fpl*; **die ~ angeben** declinare le generalità, dichiarare le proprie generalità; **falsche ~ angeben** fornire false generalità; **die ~ feststellen** accertare le generalità, prendere le generalità.

Personalimmunität *f* immunità *f* personale.

Personalitätsprinzip *n StrafR (§§ 5 ff. StGB)* principio *m* di personalità.

Personal | konto *n* conto *m* individuale, conto *m* personale; **~konzession** *f* concessione *f* a titolo personale; **~kosten** *pl* spese *fpl* per il personale, oneri *mpl* per il personale, costo *m* del personale; **~kredit** *m* credito *m* personale; **~leasing** *n* somministrazione *f* di lavoro (*in Italia ha abrogato e sostituito la precedente figura del lavoro interinale*), somministrazione *f* di personale, somministrazione *f* di manodopera, lavoro *m* somministrato, lavoro *m* in somministrazione, lavoro *m* interinale, lavoro *m* temporaneo; **~leiter/in** *m/f* capo *m* del personale, direttore/-trice *m/f* del personale; **~mangel** *m* mancanza *f* di personale, scarsità *f* di personale; **~ordnung** *f* regolamento *m* del personale, regolamento *m* organico; **~papiere** *npl* documenti *mpl* di identificazione; **~rat** *m* consiglio (o: comitato) *m* del personale *(rappresentanza dei dipendenti di un ufficio della pubblica amministrazione)*; **~servitut** *f* servitù *f* personale; **~sicherheit** *f* garanzia *f* personale; **~stand** *m (A)* organico *m*, personale *m* (*in forza*), consistenza *f* del personale; **~statut** *n* statuto *m* personale; **~steuer** *f* imposta *f* personale; **~überhang** *m* eccedenza *f* di personale; **~union** *f* unione *f* personale; **~verminderung** *f* riduzione *f* del personale, taglio *m* del personale, tagli *mpl* al personale, ridimensionamento *m* dell'organico; **~versammlung** *f* assemblea *f* del personale; **~vertretung** *f* rappresentanza *f* del personale; **~verwaltung** *f* amministrazione *f* del personale.

personell *adj* [1] *(persönlich)* personale.

personell *adj* [2] *(das Personal betreffend)* del personale, relativo al personale.

Personen | beförderung *f TransportR* trasporto *m* (di) persone, trasporto *m* (di) passeggeri; **~beförderungsvertrag** *m TransportR* contratto *m* di trasporto di persone; **~beschreibung** *f* dati *mpl* segnaletici, connotati *mpl*.

personenbezogen *adj (Daten)* personale.

Personen | daten *pl* dati *mpl* personali, dati *mpl* anagrafici, generalità *fpl*; **~durchsuchung** *f* perquisizione *f* personale; **~feststellung** *f* identificazione *f* (di persona); **~firma** *f* ditta *f* soggettiva; **~gemeinschaft** *f* comunità *f* di persone; **~gesamtheit** *f* collettività *f*; **~gesellschaft** *f GesR (§§ 705 ff. BGB)* società *f* di persone.

Personenkreis *m* persone *fpl*, cerchia *f* di persone; **begünstigter ~** *m* beneficiari *mpl*.

Personen | recht *n* diritto *m* delle persone; **~schaden** *m* danno *m* alle persone; **~sorge** *f FamR (Sorge für die Person des Kindes als Teil der elterlichen Sorge) (§§ 1626 ff. BGB)* mantenimento *m*, cura *f*, vigilanza *f*, educazione *f* ed istruzione *f* dei figli; **~sorgerecht** *n FamR* diritto *m* e dovere *m* di mantenere, prendersi cura, vigilare, educare e istruire la prole.

Personenstand *m* stato *m* civile, stato *m* di famiglia, stato *m* (*delle persone*), status *m* (*delle persone*).

Personenstands | buch *n* registro *m* di (o: dello) stato civile, registro *m* dell'anagrafe, registro *m* anagrafico, anagrafe *f*; **~fälschung** *f (§ 169 StGB)* alterazione *f* di stato, alterazione *f* dello stato civile; **~gesetz** *n (D)* (*Abk* = **PStG**) legge *f* (tedesca) sullo stato civile; **~klage** *f* azione *f* di reclamo di stato; **~register** *n (Eheregister, Lebenspartnerschaftsregister, Geburtenregister, Sterberegister) (§ 3 PStG)* registro *m* di (o: dello) stato civile, registro *m* dell'anagrafe, registro *m* anagrafico, anagrafe *f*; **~urkunde** *f* atto *m* di stato civile; **~wesen** *n* stato *m* civile.

Personen | steuer *f* imposta *f* personale; **~tarif** *m* tariffa *f* viaggiatori; **~verbindung** *f (CH)* associazione *f* di persone.

Personenvereinigung *f* associazione *f* di persone; **privatrechtliche ~** *f* associazione *f* di persone di diritto privato.

Personenversicherung *f* assicurazione *f* di persone.

persönlich *adj* personale, *(individuell)* individuale, *(privat)* privato, *(vertraulich)* riservato, *(in Person)* personalmente, di persona, in persona, ad personam.

Persönlichkeit *f (Eigenschaften)* personalità *f*, carattere *m*, *(Mensch)* personaggio *m*; **juristische ~** *f (CH)* personalità *f* giuridica; **völkerrechtliche ~** *f* personalità *f* giuridica di diritto internazionale.

Persönlichkeitsrecht *n* diritto *m* alla (o: della) personalità.

Persönlichkeitsschutz *m* tutela *f*

della personalità, tutela *f* del diritto della personalità; **postmortaler ~** *m* → *BVerfGE 30, 173: Mephisto-Entscheidung des Bundesverfassungsgerichts* tutela *f* post-mortem del diritto della personalità.

Persons | beschreibung *f (A)* dati *mpl* segnaletici, connotati *mpl*; **~durchsuchung** *f (A)* perquisizione *f* personale.

Petition *f* petizione *f*; **eine ~ richten** [an *Akk*] presentare una petizione [a].

Petitionsausschuss *m* commissione *f* per le petizioni.

Petitionsrecht *n* diritto *m* di petizione; **~** *n* **beim Europäischen Parlament** *EuR* diritto *m* di petizione dinanzi al Parlamento europeo, diritto *m* di presentare una petizione al Parlamento europeo.

petitorisch *adj* petitorio.

Petitum *n ZivProzR* petitum *m*.

Petschaft *n* sigillo *m*.

Pfand *n* pegno *m*, garanzia *f*, *(Flaschenpfand)* deposito *m* (o: cauzione *f*) per il vuoto a rendere; **mit einem ~ belasten** impegnare; **ein ~ bestellen** costituire un pegno; **ein ~ einlösen** riscattare un pegno; **als ~ geben** dare in pegno; **auf ~ leihen** prestare su pegno; **in ~ nehmen** prendere in pegno; **verbüchertes ~** *n (A)* ipoteca *f*.

Pfandausfallschein *m (CH)* attestato *m* di insufficienza di pegno.

pfändbar *adj* pignorabile, soggetto a pignoramento.

Pfändbarkeit *f* pignorabilità *f*.

Pfand | besitzer/in *m/f* possessore *m* del pegno; **~besteller/in** *m/f* costituente *m/f* del pegno; **~bestellung** *f* costituzione *f* in pegno, costituzione *f* di pegno; **~bestellungsurkunde** *f* atto *m* costitutivo di pegno; **~bestellungsvertrag** *m* contratto *m* di pegno.

Pfandbrief *m* lettera *f* di pegno, titolo *m* ipotecario, obbligazione *f* garantita da ipoteca su immobili, cartella *f* fondiaria, cartella *f* edilizia; **~anleihe** *f* prestito *m* garantito da ipoteca su immobili; **~anstalt** *f* istituto *m* di credito fondiario; **~gläubiger/in** *m/f*; **~inhaber/in** *m/f* portatore *m* di cartelle fondiarie, portatore *m* di cartelle edilizie; **~institut** *n* istituto *m* di credito fondiario; **~zentrale** *f (CH)* centrale *f* d'emissione di lettere di pegno.

Pfand | bruch *m* sottrazione *f* di cosa data in pegno; **~darlehen** *n* prestito *m* su pegno; **~einlösung** *f* riscatto *m* del pegno.

pfänden *v* pignorare.

Pfandentstrickung *f* sottrazione *f* o danneggiamento *m* di cose sottoposte a pignoramento o a sequestro.

Pfänder/in *m/f* usciere *m* pignorante.

Pfand | forderung *f* credito *m* pignoratizio, credito *m* garantito da pegno; **~freigabe** *f* liberazione *f* dal pignoramento; **~geber/in** *m/f* chi dà qc. in pegno, datore *m* di pegno, costituente *m/f* del pegno; **~gegenstand** *m* oggetto *m* del pegno; **~gelder** *npl* somma *f* costituita in pegno, pegno *m* irregolare di denaro; **~gläubiger/in** *m/f* creditore *m* pignoratizio; **~grenze** *f (CH)* limite *m* di ipoteca; **~gut** *n* cosa *f* data in pegno; **~halter** *m* detentore *m* del pegno; **~hinterlegung** *f* deposito *m* cauzionale, cauzione *f*; **~indossament** *n* girata *f* in pegno; **~inhaber/in** *m/f* detentore *m* del pegno; **~kapitalforderung** *f (CH)* credito *m* ipotecario di capitale; **~kehr** *f StrafR (§ 289 StGB)* sottrazione *f* di cosa data in pegno; **~klausel** *f* clausola *f* «valuta in pegno», clausola *f* «valuta in garanzia»; **~leihe** *f* prestito *m* su pegno, *(Pfandhaus)* monte *m* di pietà; **~leiher/in** *m/f* prestatore *m* su pegno; **~missbrauch** *m* uso *m* illecito di pegno; **~nachlassverfahren** *n (CH)* procedura *f* di concordato ipotecario; **~nachlassvertrag** *m (CH)* concordato *m* ipotecario; **~nahme** *f* presa *f* in pegno; **~nehmer/in** *m/f* chi prende qc. in pegno, prenditore *m* del pegno, pignorante *m/f*, pignoratario/-a *m/f*; **~objekt** *n* cosa *f* data in pegno, cosa *f* ricevuta in pegno, bene *m* costituito in pegno, cosa *f* pignorata.

Pfandrecht *n* diritto *m* di pegno, pegno *m*, *(gesetzliches)* privilegio *m*; **gesetzliches ~** *n* privilegio *m*; **unregelmäßiges ~** *n (A)* pegno *m* irregolare; **verbüchertes ~** *n (A)* ipoteca *f*; **~** *n* **an beweglichen Sachen** *SachenR (§§ 1204 ff. BGB)* pegno *m* di beni mobili; **~** *n* **des Vermieters** privilegio *m* del locatore; **~** *n* **des Werkunternehmers** *(D) (§ 647 BGB)* privilegio *m* dell'appaltatore.

Pfandrechts | besitzer/in *m/f (A)* possessore *m* del pegno; **~bestellung** *f* costituzione *f* in pegno, costituzione *f* di pegno; **~erwerb** *m* acquisto *m* del diritto di pegno.

Pfand | register *n (CH)* registro *m* dei pegni; **~sache** *f* cosa *f* data in pegno, cosa *f* ricevuta in pegno, bene *m* costituito in pegno, cosa *f* pignorata; **~schein** *m* polizza *f* di pegno; **~schuld** *f* debito *m* pignoratizio; **~schuldner/in** *m/f* debitore *m* pignoratizio; **~sicherheit** *f* garanzia *f* pignoratizia, pegno *m*; **~siegel** *n* sigillo *m* su oggetti pignorati; **~stück** *n* cosa *f* data in pegno, cosa *f* ricevuta in pegno, bene *m* costituito in pegno, cosa *f* pignorata; **~titel** *m (CH)* titolo *m* di pegno.

Pfändung *f* pignoramento *m*; **~** *f* **der Früchte auf dem Halm** pignoramento *m* dei frutti pendenti.

Pfändungs | akt *m* atto *m* di pignoramento; **~ankündigung** *f* avviso *m* di pignoramento; **~anordnung** *f* ordine *m* di pignoramento; **~anzeige** *f* notificazione *f* dell'atto di pignoramento; **~befehl** *m* ordine *m* di pignoramento; **~begehren** *n (CH)* domanda *f* di pignoramento; **~benachrichtigung** *f* notificazione *f* dell'atto di pignoramento; **~beschluss** *m (bei Forderungen)* ordinanza *f* di pignoramento; **~beschränkung** *f* limitazione *f* alla pignorabilità; **~betrug** *m (CH)* frode *f* nel pignoramento; **~einschränkung** *f* limitazione *f* alla pignorabilità.

pfändungsfrei *adj* impignorabile, non soggetto a pignoramento.

Pfändungs | freiheit *f* impignorabilità *f*; **~gebühr** *f* diritto *m* di pignoramento; **~gläubiger/in** *m/f* creditore *m* pignorante, pignorante *m/f*, pignoratario/-a *m/f*; **~grenze** *f* limite *m* del pignoramento; **~pfandrecht** *n* diritto *m* di pegno derivante dal pignoramento; **~protokoll** *n* verbale *m* di pignoramento, processo *m* verbale di pignoramento; **~register** *n (A)* registro *m* dei pignoramenti; **~schuldner/in** *m/f* debitore *m* pignorato; **~schutz** *m* tutela *f* contro il pignoramento; **~verfahren** *n* procedimento *m* di pignoramento, procedura *f* di pignoramento; **~verfügung** *f* ordine *m* di pignoramento.

Pfand | veräußerung *f*; **~verkauf** *m* vendita *f* del pegno; **~verleiher/in** *m/f* prestatore *m* su pegno; **~vermittler/in** *m/f* agente *m/f* intermediario di prestiti su pegno; **~verschreibung** *f* obbligazione *f* ipotecaria; **~versteigerung** *f* vendita *f* all'incanto di pegno; **~verstrickung** *f* vincolo *m* del pignoramento.

Pfandvertrag *m* contratto *m* di pegno; **~** *m* **mit Verfallklausel** patto *m* commissorio.

Pfand | verwahrung *f* conservazione *f* della cosa data in pegno; **~verwertung** *f* realizzazione *f* del pegno.

Pflanzen | gesundheitszeugnis *n* certificato *m* fitosanitario; **Internationales ~schutzübereinkommen** *n (IPPC: International Plant Protection Convention)* Convenzione *f* internazionale per la protezione dei vegetali.

Pflege *f (Fürsorge)* cura *f*, cure *fpl*, *(von Kranken)* assistenza *f*, *(Obhut)* custodia *f*, affidamento *m*, *(Schutz)* tutela *f*, *(Verwaltung)* gestione *f*, amministrazione *f*, *(von Interessen, Beziehungen)* il coltivare, *(von Maschinen, Anlagen)* manutenzione *f*; **~aufsicht** *f (A)* vigilanza *f* sui minori affidati; **~befohlene/r** *f/m* pupillo/-a *m/f*; **~beistand** *m* protutore *m*; **~geld** *n* contributo *m* per l'assistenza sanitaria a casa (di persone non autosufficienti), assegno *m* di accompagnamento.

Pfleger/in *m/f* curatore *m*, *(Vormund)* tutore *m*, *(Betreuer)* assistente *m/f*, *(Krankenpfleger)* infermiere/-a *m/f*.

Pflege | satz *m (in Krankenhäusern)* retta *f*; **~versicherung** *f SozialR* assicurazione *f* (obbligatoria) per l'assistenza continuativa (a lungo termine) alle persone non autosufficienti.

Pflegschaft *f* curatela *f*.

Pflegschaftsgericht *n (A)* giudice *m* tutelare.

Pflicht *f* dovere *m*, *(Verpflichtung)* obbligo *m*, impegno *m*, *(Aufgabe)* mansione *f*, compito *m*, *(Funktion)* funzione *f*, ufficio *m*; **~en** *fpl* [aus *Dat*] obblighi *mpl* derivanti / nascenti / scaturenti [da], obblighi *mpl* ai sensi [di]; **eine ~ erfüllen**; **einer ~ nachkommen** adempiere (a) un obbligo, ottemperare a un obbligo, assolvere un obbligo, rispettare un obbligo, soddisfare un obbligo, adempiere (a) un dovere, svolgere un dovere; **seine ~en nicht erfüllen**; **seinen ~en nicht nachkommen**; **seine ~en verletzen**; **gegen seine ~en verstoßen** non adempiere (a)i propri obblighi, non ottemperare ai propri obblighi, non assolvere i propri obblighi, violare i propri obblighi, non rispettare i propri obblighi, non rispettare gli impegni assunti, mancare agli impegni assunti, mancare ai propri doveri, non assolvere i propri doveri, non rispettare i propri doveri, violare i propri doveri, non compiere i propri doveri, non svolgere i propri doveri, non svolgere i propri compiti; **eheliche ~** *f* dovere *m* coniugale; **gesellschaftliche ~** *f* dovere *m* sociale; **gesetzliche ~** *f* obbligo *m* di legge; **sittliche ~** *f* dovere *m* morale, obbligazione *f* morale; **staatsbürgerliche ~** *f* dovere *m* civico; **übernommene ~en** *fpl* [aus *Dat*] obblighi *mpl* assunti (*ai sensi di*), impegni *mpl* assunti; **vertragliche ~en** *fpl* obblighi *mpl* contrattuali; **~en** *fpl* **des Arbeitgebers** obblighi *mpl* del datore di lavoro, obblighi *mpl* in capo al datore di lavoro; **~** *f* **zum Eingreifen** obbligo *m* di intervento; **~** *f* **zur Verschwiegenheit** dovere *m* di segretezza e riservatezza, obbligo *m* di riservatezza, obbligo *m* del segreto professionale, obbligo *m* di mantenere il segreto professionale; **~en** *fpl* **aus diesem Vertrag** obblighi *mpl* ai sensi del presente contratto, obblighi *mpl* derivanti dal presente contratto; **~** *f* **zur Wahrung des Amts- oder Dienstgeheimnisses** obbligo *m* del segreto professionale.

Pflicht | ablieferung *f* consegna *f* obbligatoria; **~aktien** *fpl (CH)* azioni *fpl* depositate dagli amministratori di una s.p.a. a titolo di cauzione; **~arbeit** *f* lavoro *m* obbligatorio; **~beitrag** *m* quota *f* obbligatoria, contributo *m* obbligatorio; **~bekanntmachung** *f* annuncio *m* obbligatorio; **~beteiligung** *f* partecipazione *f* obbligatoria; **~blatt** *n (Börsenpflichtblatt)* giornale *m* designato dalla Borsa per la pubblicazione obbligatoria degli avvisi agli azionisti; **~einlage** *f* deposito *m* obbligatorio, versamento *m* minimo obbligatorio sulla quota di una società cooperativa; **~einstellung** *f* assunzione *f* obbligatoria.

Pflichten | abwägung *f* bilanciamento *m* dei doveri; **~angelobung** *f (A)* giuramento *m* d'ufficio; **~kollision** *f StrafR* conflitto *m* di doveri.

Pflicht | erbe/-erbin *m/f ErbR* erede *m* legittimario, legittimario *m*, riservatario *m*, erede *m* necessario; **~erfüllung** *f* adempimento *m* del dovere; **~exemplar** *n* copia *f* d'obbligo.

pflichtgemäß *adj* doveroso, doverosamente, debito, debitamente.

Pflichtgrenze *f (Sozialversicherung)* limite *m* dell'obbligo assicurativo (connesso alla retribuzione).

Pflichtige/r *f/m* soggetto *m* passivo.

Pflicht | impfung *f* vaccinazione *f* obbligatoria; **~investierung** *f* investimento *m* obbligatorio; **~lager** *n (CH)* riserva *f* obbligatoria; **~leistung** *f* prestazione *f* obbligatoria; **~meldung** *f* denuncia *f* obbligatoria; **~mitglied** *n* membro *m* obbligatorio, socio *m* obbligatorio; **~mitgliedschaft** *f* adesione *f* obbligatoria, appartenenza *f* obbligatoria, obbligo *m* di appartenenza; **~prüfung** *f* esame *m* obbligatorio; **~reserve** *f*; **~rücklage** *f* riserva *f* obbligatoria; **~schenkung** *f* donazione *f* obbligatoria; **~stück** *n* copia *f* d'obbligo.

Pflichtteil *m ErbR (§§ 2303 ff. BGB)* legittima *f*, quota *f* di legittima, quota *f* indisponibile, riserva *f*, quota *f* di riserva.

Pflichtteils | anspruch *m ErbR* diritto *m* alla legittima; **~berechtigte/r** *f/m ErbR* legittimario/-a *m/f*, riservatario/-a *m/f*, erede *m/f* legittimario/-a, erede *m/f* necessario/-a; **~entziehung** *f ErbR* privazione *f* della legittima; **~recht** *n ErbR* diritto *m* alla legittima; **~strafklausel** *f ErbR (Berliner Testament, gemeinschaftliches Testament)* clausola *f* penale sulla quota di legittima *(nei testamenti collettivi viene spesso stabilito che il figlio che reclami la propria quota di legittima dopo la morte del primo coniuge, anche dopo la morte del coniuge superstite dovrà ricevere solo la quota di legittima spettantegli)*; **~unwürdigkeit** *f ErbR* indegnità *f* a succedere del legittimario; **~verzicht** *m ErbR* rinuncia *f* alla legittima, rinuncia *f* alla (propria) quota di legittima.

Pflicht | verband *m (von Gemeinden)* consorzio *m* (intercomunale) coattivo; **~verhör** *n (A) (richterliche Vernehmung des vorläufig Festgenommenen)* interrogatorio *m* obbligatorio (*davanti al giudice*); **~verletzung** *f* violazione *f* del (o: di) dovere, violazione *f* di un obbligo, inadempimento *m* di un obbligo, mancato adempimento *m* dei propri doveri, mancata ottemperanza *f* ad obblighi contrattuali, inadempimento *m* contrattuale, mancata o inesatta esecuzione *f* della prestazione, *(patrocinatore o consulente tecnico)* prevaricazione *f*; **~versicherte/r** *f/m* titolare *m/f* di un'assicurazione obbligatoria; **~versicherung** *f* assicurazione *f* obbligatoria; **~verteidiger/in** *m/f StrafProzR (gerichtlich bestellter Verteidiger)* ↔ *Wahlverteidiger/in* difensore *m* d'ufficio, difensore *m* nominato d'ufficio.

pflichtwidrig *adj* antidoveroso, contrario al proprio dovere.

Pflichtwidrigkeit *f* antidoverosità *f*.

pFV (*Abk* = **positive Forderungsverletzung**) *SchuldR (eine Art von Leistungsstörung, auch als „positive Vertragsverletzung" bezeichnet, s. Infokasten unter „positive Vertragsverletzung – positive Forderungsverletzung")* violazione *f* positiva del contratto, inosservanza *f* della diligenza dovuta nell'adempimento di un'obbligazione.

Phantom | bild *n*; **~zeichnung** *f* identikit *m*, fotokit *m*.

Phase *f* fase *f*; **vorbereitende ~** *f* fase *f* preparatoria; **~** *f* **des Ermittlungsverfahrens** *StrafProzR* fase *f* delle indagini preliminari, fase *f* istruttoria.

PJZS (*Abk* = **polizeiliche und justizielle Zusammenarbeit in Strafsachen**) *EuR* cooperazione *f* di polizia e giudiziaria in materia penale.

PKH (*Abk* = **Prozesskostenhilfe**) *(D) ProzR (früher „Armenrecht" genannt) (§§ 114 ff. ZPO)* patrocinio *m* a spese dello Stato (*in Italia la legge 134/2001 ha abrogato il precedente istituto del gratuito patrocinio*).

placieren *v (Anleihe)* collocare.

Placierung *f (einer Anleihe)* collocamento *m*.

plädieren *v* ¹ [für *Akk*] auspicare, augurarsi, essere (o: dichiararsi) favorevole [a], battersi (*in favore di, per*).

plädieren *v* ² [auf *Akk*] *StrafProzR*

chiedere, perorare, patrocinare, difendere.

Plädoyer *n StrafProzR* perorazione *f*, *(Verteidigungsrede)* difesa *f*, *(Schlussvortrag des Verteidigers)* arringa *f*, *(Schlussvortrag des Staatsanwalts)* requisitoria *f*; **das ~ halten** *(Verteidiger)* pronunciare l'arringa.

Plafond *m (oberer Grenzbetrag, z.B. bei der Gewährung von Krediten)* plafond *m*, limite *m* massimo, massimale *m*.

Planfeststellung *f BauR* formazione *f* e deliberazione *f* del piano (*regolatore*).

planmäßig *adj* [1] *(wie geplant)* come previsto, come (pre)stabilito, conforme alle previsioni, secondo i piani, conforme ai piani, *(ordnungsgemäß)* regolare, regolarmente, *(systematisch)* sistematico, *(pünktlich, rechtzeitig)* puntuale, puntualmente, in orario.

planmäßig *adj* [2] *(Beamter)* di ruolo, in organico.

Planung *f* progettazione *f*, pianificazione *f*, programmazione *f*, ideazione *f*, *(Entwurf)* progetto *m*, piano *m*; **städtebauliche ~** *f* pianificazione *f* urbanistica.

Planungs | amt *n* ufficio *m* di pianificazione; **~ausschuss** *m* comitato *m* per la programmazione; **~büro** *n* ufficio *m* di progettazione, ufficio *m* tecnico (di progettazione), ufficio *m* progetti; **~hoheit** *f* potestà *f* pianificatoria; **~instrument** *n* strumento *m* programmatorio; **~kommission** *f* commissione *f* per la pianificazione, commissione *f* per la programmazione; **~kompetenz** *f* competenza *f* pianificatoria; **~maßnahme** *f* misura *f* di pianificazione; **~zuständigkeit** *f* competenza *f* pianificatoria.

Planvorgabe *f* previsione *f* di piano.

Platz | gebrauch *m* uso *m* locale; **~handel** *m* contrattazioni *fpl* su piazza; **~kauf** *m* acquisto *m* su piazza; **~verlust** *m* perdita *f* di piazza.

Plebiszit *n* plebiscito *m*.

plebiszitär *adj* plebiscitario.

Plenar | ausschuss *m* comitato *m* plenario; **~beratung** *f* dibattito *m* in assemblea plenaria; **~beschluss** *m* deliberazione *f* presa in assemblea plenaria; **~entscheidung** *f* decisione *f* presa in assemblea plenaria; **~sitzung** *f* seduta *f* plenaria, adunanza *f* plenaria; **~tagung** *f* sessione *f* plenaria; **~versammlung** *f* assemblea *f* plenaria, riunione *f* plenaria.

Plenum *n* assemblea *f* plenaria, plenum *m*; **als ~ tagen** essere riuniti in sessione plenaria.

Police *f VersR* polizza *f*.

Policen | darlehen *n* prestito *m* su polizza; **~inhaber/in** *m/f VersR* detentore *m* della polizza, portatore *m* della polizza.

Politikverdrossenheit *f* antipolitica *f*, sentimento *m* di stanchezza disgustata, insoddisfazione, delusione, sfiducia, disinteresse ed indifferenza nei confronti della politica.

Polizei *f* polizia *f*; **sich der ~ stellen** costituirsi alla polizia, presentarsi alla polizia; **gerichtliche ~** *f (CH)* polizia *f* giudiziaria; **kantonale ~** *f (CH)* polizia *f* cantonale; **politische ~** *f* polizia *f* politica.

Polizei | abschnitt *m* commissariato *m* di polizia; **~aktion** *f* operazione *f* di polizia; **~anordnung** *f* ordine *m* di polizia; **~beamter/-beamtin** *m/f* agente *m/f* di polizia, agente *m/f* di pubblica sicurezza, funzionario *m* di polizia; **~befehl** *m* ordine *m* di polizia; **~behörde** *f* polizia *f*, autorità *f* di polizia, autorità *f* di pubblica sicurezza; **~buße** *f (CH)* ammenda *f* di polizia; **~chef/in** *m/f* capo *m* della polizia; **~dienst** *m* servizio *m* di polizia; **~dienststelle** *f* ufficio *m* di polizia, distretto *m* di polizia; **~einheiten** *fpl* forze *fpl* di polizia, forze *fpl* dell'ordine; **~einsatz** *m* intervento *m* della polizia, operazione *f* di polizia; **~erlaubnis** *f* autorizzazione *f* di polizia; **~gericht** *n (CH)* tribunale *m* di polizia; **~gesetz** *n* legge *f* di polizia, legge *f* di pubblica sicurezza; **~gewahrsam** *m* camera *f* di sicurezza, guardina *f*; **~gewalt** *f* potere *m* della polizia; **~gewerkschaft** *f* sindacato *m* di polizia; **~haft** *f* arresto *m* (di polizia); **~hund** *m* cane *m* poliziotto; **~kommissariat** *n* commissariato *m* di polizia, commissariato *m* di pubblica sicurezza; **~kommissar/in** *m/f*; **~kommissär/in** *m/f* *(A)* commissario *m* di polizia, commissario *m* di pubblica sicurezza; **~kräfte** *fpl* forze *fpl* di polizia, forze *fpl* dell'ordine.

polizeilich *adj* di (o: della) polizia, di pubblica sicurezza, poliziesco; **~ verboten** vietato per ordine della polizia.

Polizei | maßnahme *f* misura *f* di polizia; **~ordnung** *f* regolamento *m* di polizia; **~posten** *m* stazione *f* di polizia; **~präfekt** *m* questore *m*; **~präfektur** *f* questura *f*; **~präsident/in** *m/f* questore *m*; **~präsidium** *n* questura *f*; **~revier** *n* distretto *m* di polizia, commissariato *m* di polizia, commissariato *m* di pubblica sicurezza; **~staat** *m* Stato *m* di polizia, Stato *m* poliziesco; **~station** *f* commissariato *m* di polizia, stazione *f* di polizia; **~stelle** *f* posto *m* di polizia; **~streife** *f* pattuglia *f* di polizia; **~stunde** *f* ora *f* di chiusura obbligatoria dei locali con mescita di bevande alcoliche; **~verfügung** *f* provvedimento *m* di polizia, *(Allgemeinverfügung)* ordinanza *f* di polizia, *(Einzelfallverfügung)* ordine *m* della polizia; **~verordnung** *f* regolamento *m* di polizia, ordinanza *f* di polizia; **~vorschrift** *f* norma *f* di polizia; **~wache** *f* posto *m* di polizia; **~wachtmeister/in** *m/f* agente *m/f* di pubblica sicurezza.

polizeiwidrig *adj* contrario ai regolamenti di polizia, *(ungesetzlich)* illegale.

Polizist/in *m/f* agente *m/f* di polizia, agente *m/f* di pubblica sicurezza, poliziotto/-a *m/f*.

Polizze *f (A) VersR* polizza *f*; **~darlehen** *n (A)* prestito *m* su polizza.

pönalisieren *v* penalizzare.

Pönalisierung *f* penalizzazione *f*.

Pool *m* pool *m*, consorzio *m*; **~abkommen** *n* accordo *m* di pool, contratto *m* di pool, contratto *m* di consorzio.

poolen *v* consorziare, combinare.

Poolvertrag *m* contratto *m* di pool, contratto *m* di consorzio.

Popularklage *f* azione *f* popolare.

Pornographie *f* pornografia *f*.

pornographisch *adj* pornografico.

Portefeuille *n* portafoglio *m*.

Porto *n* spese *fpl* postali, tassa *f* postale, tariffa *f* postale, affrancatura *f*, porto *m*; **~auslagen** *fpl* spese *fpl* postali, spese *fpl* di affrancatura, spese *fpl* di spedizione.

portofrei *adj* franco di porto, esente da tassa postale, esente da affrancatura, in franchigia postale.

Porto | freiheit *f* franchigia *f* postale, franchigia *f* di porto; **~gebühr** *f* tariffa *f* postale; **~gebühren** *fpl*; **~kosten** *pl* spese *fpl* postali, spese *fpl* di affrancatura, spese *fpl* di spedizione.

Position *f* [1] posizione *f*, *(Lage)* situazione *f*, *(Zustand)* stato *m*, condizioni *fpl*.

Position *f* [2] *(Bilanz)* voce *f* (*del bilancio*), posta *f* (*contabile*), articolo *m*.

positiv *adj* positivo, *(bejahend)* affermativo, *(konkret)* concreto, *(wirklich)* reale.

positive Vertragsverletzung *f* (*Abk* = **pVV**) *SchuldR (eine Art von Leistungsstörung, auch als „positive Forderungsverletzung" bezeichnet)* violazione *f* positiva del contratto, inosservanza *f* della diligenza dovuta nell'adempimento di un'obbligazione.

positive Vertragsverletzung – positive Forderungsverletzung

La teoria della c.d. violazione positiva del contratto (*positive Vertragsverletzung – pVV*, detta anche *positive Forderungsverletzung – pFV*), di conio dottrinale e giurisprudenziale e positivizzata solo con la riforma del diritto delle obbligazioni del 2002, si basa sull'assunto che l'obbligazione contrattuale può essere violata non solo attraverso la mancata esecuzione della prestazione e/o il ritardo nell'adempimento, bensì anche attraverso un comportamento *positivo* che comporti una prestazione non conforme al contratto, in quanto inesatta o incompleta, con conseguenti danni per il creditore, il quale ha diritto ad ottenere il risarcimento del danno subito a causa di tale violazione dell'obbligazione contrattuale secondaria (*vertragliche Nebenpflicht*). Attraverso la teoria della violazione positiva del contratto, che ha avuto il merito di aver integrato la disciplina della responsabilità contrattuale oltre gli angusti limiti dell'impossibilità e del ritardo, si è giunti ad affermare la responsabilità contrattuale del debitore in caso di violazione dei c.d. obblighi di protezione (*Schutzpflichten*), posti a tutela di cose o persone coinvolte nella prestazione contrattuale. Tali doveri, pur non essendo esplicitamente e formalmente contenuti nell'accordo contrattuale, devono essere comunque considerati parte integrante dello stesso, in quanto collaterali all'obbligo principale di adempimento della prestazione e strettamente legati all'esatto adempimento della stessa. Di conseguenza, la violazione degli obblighi di protezione è fonte del medesimo tipo di responsabilità derivante dall'inadempimento della prestazione principale. Con l'entrata in vigore in data 1° gennaio 2002 della legge di riforma del diritto delle obbligazioni tedesco (*Schuldrechtsmodernisierungsgesetz*), il diritto al risarcimento del danno per violazione positiva del contratto è stato disciplinato all'interno del BGB, trovando la sua collocazione nel combinato disposto dei §§ 280, 241 II BGB.

Vedi anche *culpa in contrahendo*

possessorisch *adj* possessorio.

Post *f* posta *f*, corrispondenza *f*, *(Postamt)* ufficio *m* postale; **~abkommen** *n* accordo *m* postale; **~agentur** *f* agenzia *f* postale; **~beschlagnahme** *f StrafProzR* sequestro *m* della corrispondenza.

postdatieren *v (vorausdatieren)* postdatare, *(zurückdatieren)* retrodatare.

Posten *m* [1] *(Stellung)* posto *m*, impiego *m*, posizione *f*, *(Amt)* carica *f*, ufficio *m*.

Posten *m* [2] *(Warenmenge)* partita *f*, lotto *m*.

Posten *m* [3] *(einer Bilanz)* voce *f* (*del bilancio*), posta *f* (*contabile*), scrittura *f* (*contabile*), partita *f*; **~** *mpl*, **die der Rechnungsabgrenzung dienen** ratei *mpl* e risconti *mpl*; **~** *m* **unter dem Strich** conto *m* d'ordine; **antizipative ~** *mpl* risconti *mpl*; **durchlaufender ~** *m* partita *f* di giro, posta *f* d'ordine, conto *m* d'ordine; **laufender ~** *m* partita *f* corrente; **offener ~** *m* partita *f* in sospeso; **transitorische ~** *mpl* ratei *mpl*.

Post | geheimnis *n VerfR* segreto *m* postale, segreto *m* epistolare; **~gesetz** *n* Codice *m* delle Poste e delle Telecomunicazioni; **~gesetzgebung** *f* legislazione *f* postale; **~sperre** *f* blocco *m* della corrispondenza (ad es. di quella diretta al fallito), sequestro *m* postale *(CH)*; **~stelle** *f* ufficio *m* postale, agenzia *f* postale; **~stempel** *m* bollo *m* postale, timbro *m* postale; **~überwachung** *f* controllo *m* postale; **~überweisung** *f* postagiro *m*, bonifico *m* postale, versamento *m* in conto corrente postale.

postulationsfähig *adj ProzR* capace di chiedere in giudizio, autorizzato a proporre domande in giudizio (*per il proprio patrocinato*).
Postulationsfähigkeit *f ProzR* capacità *f* di chiedere in giudizio, facoltà *f* di proporre domande in giudizio (*per il proprio patrocinato*), ius postulandi *(lat)*.
postulieren *v* postulare.
Post | vollmacht *f* procura *f* postale; **auf dem ~weg** per posta, a mezzo posta.
postwendend *adj* a volta di corriere, a (stretto) giro di posta.
Post | zensur *f* censura *f* postale; **~zustellung** *f* recapito *m* della posta, consegna *f* della posta, *ProzR* notificazione *f* a mezzo posta, *ProzR* notificazione *f* a mezzo del servizio postale; **~zustellungsurkunde** *f* (*Abk* = **PZU**) *ProzR* relata *f* di notifica a mezzo del servizio postale, relata *f* di notifica a mezzo posta, relazione *f* di notificazione a mezzo posta; **~zwang** *m* monopolio *m* postale.
Potestativ | bedingung *f* condizione *f* potestativa; **~bestimmung** *f* disposizione *f* potestativa.
Präambel *f* preambolo *m*, premessa *f*, narrativa *f*; **~** *f* **des Grundgesetzes** preambolo *m* della Legge fondamentale.
Präfekt/in *m/f* prefetto *m*.
Präfektur *f* prefettura *f*.
Präferenz- preferenziale, di preferenza.
Präferenz | abkommen *n* accordo *m* preferenziale; **~behandlung** *f* trattamento *m* preferenziale; **~rate** *f*; **~satz** *m* tasso *m* preferenziale; **~system** *n* sistema *m* preferenziale; **~tarif** *m* tariffa *f* preferenziale; **~zoll** *m* dazio *m* preferenziale.
Präjudiz *n* pregiudizio *m*, causa *f* pregiudicata, precedente *m* giurisprudenziale.
präjudiziell *adj* pregiudiziale.
präjudizieren *v* pregiudicare.
präkludieren *v* precludere.
Präklusion *f* preclusione *f*.
Präklusionswirkung *f* effetto *m* preclusivo.
Präklusivfrist *f* termine *m* perentorio, termine *m* finale, termine *m* fatale, termine *m* a pena di decadenza, termine *m* di preclusione.
Praktiken *fpl* pratiche *fpl*; **diskriminierende ~** *fpl* pratiche *fpl* discriminanti; **unerlaubte ~** *fpl* pratiche *fpl* illecite.
Prälegat *n* prelegato *m*.
Präliminar | frieden *m* preliminari *mpl* della pace; **~konvention** *f* convenzione *f* preliminare; **~vereinbarung** *f* accordo *m* preliminare.
Prämie *f* premio *m*, bonus *m*, gratifica *f*; **abnehmende ~** *f* premio *m* decrescente; **anteilige ~** *f* quota *f* di premio; **ausstehende ~** *f* premio *m* arretrato, premio *m* da riscuotere; **eingenommene ~** *f* premio *m* incassato; **fallende ~** *f* premio *m* decrescente; **fällige ~** *f* premio *m* scaduto, premio *m* in scadenza; **feste ~** *f* premio *m* fisso; **gestundete ~** *f* premio *m* a scadere di competenza dell'esercizio; **gleichbleibende ~** *f*; **konstante ~** *f* premio *m* costante; **laufende ~** *f* premio *m* periodico; **mittlere ~** *f* premio *m* medio; **natürliche ~** *f* premio *m* naturale; **nicht verbrauchte ~** *f* premio *m* non consumato; **nicht verdiente ~** *f* premio *m* non maturato, premio *m* non acquisito all'esercizio; **periodische ~** *f* premio *m* periodico; **rückständige ~** *f* premio *m* arretrato; **rückvergütete ~** *f* premio *m* stornato; **steigende ~** *f* premio *m* crescente; **stornierte ~** *f* premio *m* stornato; **unterjährig zahlbare ~** *f* premio *m* frazionato; **veränderliche ~** *f* premio *m* variabile; **verbrauchte ~** *f* premio *m* consumato; **verdiente ~** *f* premio *m* maturato, premio *m* acquisito all'esercizio; **vorläufige ~** *f* premio *m* provvisorio; **~** *f* **zur Förderung** premio *m* di incoraggiamento; **~** *f* **pro Kopf** premio *m* pro-capite.
Prämien | abrechnung *f* conteggio *m* del premio; **~abzug** *m* rimborso *m* di premio; **~anleihe** *f*; **~anleihen** *n* *(CH)* prestito *m* a premi; **~basis** *f* prezzo *m* base (per il calcolo del premio); **~befreiung** *f* esonero *m* dal

pagamento del premio; **~depot** *n* deposito *m* di premi; **~einnahme** *f* incasso *m* premi; **~erhöhung** *f* aumento *m* di (o: del) premio, maggiorazione *f* di (o: del) premio; **~festsetzung** *f* fissazione *f* del premio; **~geber/in** *m/f* chi paga il premio, pagatore *m* del premio; **~geschäft** *n* contratto *m* a premio, operazione *f* a premio; **~inkasso** *n* incasso *m* premi, incasso *m* del premio; **~lohn** *m* salario *m* a premio, retribuzione *f* a incentivo; **~los** *n* titolo *m* a premio; **~rabatt** *m* ribasso *m* di premio; **~rate** *f* frazione *f* di premio, rata *f* di premio; **~reserve** *f* riserva *f* premi, riserva *f* matematica; **~rückerstattung** *f*; **~rückgewähr** *f*; **~rückvergütung** *f* rimborso *m* di (o: del) premio; **~satz** *m* tasso *m* di premio; **~sparvertrag** *m* contratto *m* di risparmio a premi; **~übertrag** *m* riporto *m* dei premi; **~verlosung** *f* estrazione *f* a sorte dei premi; **~volumen** *n* volume *m* dei premi; **~zahlung** *f* versamento *m* di (o: del) premio, pagamento *m* di (o: del) premio; **~zulage** *f*; **~zuschlag** *m* supplemento *m* di premio.

Prämisse *f* premessa *f*; **unter der ~, dass** premesso che.

Pränotation *f (A) (Grundbuchvormerkung)* prenotazione *f* (*tavolare*), iscrizione *f* (tavolare) provvisoria.

pränumerando *adv* in anticipo, anticipatamente, in via anticipata; **~ zahlen** pagare in anticipo, pagare anticipatamente, pagare in via anticipata.

Prärogative *f* prerogativa *f*.

Präsentations | frist *f* termine *m* di presentazione; **~pflicht** *f* obbligo *m* di presentazione; **~recht** *n* diritto *m* di presentazione; **~vermerk** *m* annotazione *f* della presentazione.

präsentieren *v (Wechsel)* presentare.

Präsenz | geld *n* gettone *m* di presenza; **~liste** *f* lista *f* delle presenze, elenco *m* dei presenti.

Präsident *m* [f: Präsidentin] presidente *m*; **amtierender ~** *m* presidente *m* in carica.

Präsidentenwahl *f* elezione *f* presidenziale.

Präsidentschaft *f* presidenza *f*.

Präsidentschafts | system *n* sistema *m* presidenziale; **~wahl** *f* elezione *f* presidenziale.

Präsidial | amt *n* ufficio *m* della presidenza, ufficio *m* presidenziale; **~ausschuss** *m* comitato *m* di presidenza; **~demokratie** *f* democrazia *f* presidenziale; **~erlass** *m* decreto *m* presidenziale; **~rat** *m* *(Richtervertretung)* consiglio *m* di presidenza (*organo di rappresentanza dei giudici*); **~regierung** *f* governo *m* presidenziale; **~republik** *f* repubblica *f* presidenziale; **~stelle** *f* ufficio *m* della presidenza; **~system** *n* sistema *m* presidenziale.

präsidieren *v* presiedere.

Präsidium *n* presidenza *f*, presidium *m*, comitato *m* di presidenza.

Präsidiumsmitglied *n* membro *m* del comitato di presidenza.

Präsumtion *f* presunzione *f*.

Prätendentenstreit *m* *ZivProzR* conflitto *m* tra pretendenti.

Präventiv | maßnahme *f* misura *f* preventiva; **~zensur** *f* censura *f* preventiva.

Praxis *f* [1] pratica *f*, atto *m* pratico, *(Handlungsweise)* prassi *f*, *(Verfahren)* procedimento *m*, metodo *m*, *(Brauch)* uso *m*, procedura *f* abituale, *(Erfahrung)* esperienza *f*; **diplomatische ~** *f* prassi *f* diplomatica.

Praxis *f* [2] *(Anwaltspraxis)* studio *m* legale, *(Arztpraxis)* studio *m* medico, ambulatorio *m*.

Präzedenzfall *m* precedente *m*.

Preis *m* [1] *(Kaufpreis)* prezzo *m*, *(Kosten)* costo *m*; **~e absprechen** *KartellR* concordare i prezzi, accordarsi sui prezzi; **den ~ angeben** indicare il prezzo; **einen ~ aushandeln** negoziare un prezzo; **den ~ erhöhen** alzare il prezzo, aumentare il prezzo; **den ~ ermäßigen** diminuire il prezzo, abbassare il prezzo, ridurre il prezzo; **einen ~ festsetzen** stabilire un prezzo, fissare un prezzo; **den ~ herabsetzen**; **den ~ reduzieren**; **den ~ senken** diminuire il prezzo, abbassare il prezzo, ridurre il prezzo; **einen ~ vereinbaren** pattuire un prezzo; **unter ~ verkaufen** vendere sottocosto (o: sotto costo); **abgemachter ~** *m* prezzo *m* concordato, prezzo *m* convenuto, prezzo *m* pattuito; **abgesprochener ~** *m KartellR* prezzo *m* fatto, prezzo *m* fissato artificialmente; **amtlicher ~** *m* prezzo *m* ufficiale; **angebotener ~** *m* prezzo *m* offerto; **angemessener ~** *m* prezzo *m* ragionevole, prezzo *m* adeguato, prezzo *m* giusto, prezzo *m* equo, prezzo *m* congruo; **annehmbarer ~** *m* prezzo *m* ragionevole, prezzo *m* accessibile; **ausbedungener ~** *m*; **ausgemachter ~** *m* prezzo *m* concordato, prezzo *m* convenuto, prezzo *m* pattuito; **äußerster ~** *m* prezzo *m* limite; **empfohlener ~** *m* prezzo *m* indicativo, prezzo *m* consigliato, prezzo *m* raccomandato; **ermäßigter ~** *m* prezzo *m* ridotto; **erschwinglicher ~** *m* prezzo *m* accessibile; **fallender ~** *m* prezzo *m* in ribasso; **fester ~** *m* prezzo *m* fisso, prezzo *m* fermo; **gebundener ~** *m* prezzo *m* vincolato, prezzo *m* controllato; **geltender ~** *m* prezzo *m* corrente; **gerechter ~** *m* giusto prezzo *m*; **gestoppter ~** *m* prezzo *m* bloccato; **gleitender ~** *m* prezzo *m* mobile; **zum halben ~** a metà prezzo; **handelsüblicher ~** *m* prezzo *m* di mercato; **~** *m* **frei Haus** prezzo *m* franco domicilio; **höchster ~** *m* prezzo *m* massimo; **konkurrenzfähiger ~** *m* prezzo *m* competitivo, prezzo *m* concorrenziale; **zu konstanten ~en** in termini reali; **zu laufenden ~en** in termini monetari; **laufender ~** *m* prezzo *m* corrente; **letzter ~** *m* ultimo prezzo *m*; **marktüblicher ~** *m* prezzo *m* di mercato; **mäßiger ~** *m* prezzo *m* moderato; **mittlerer ~** *m* prezzo *m* medio; **niedrigster ~** *m* prezzo *m* più basso, prezzo *m* minimo; **nomineller ~** *m* prezzo *m* nominale; **prohibitiver ~** *m* prezzo *m* proibitivo; **reduzierter ~** *m* prezzo *m* ridotto; **saisonbedingter ~** *m* prezzo *m* stagionale; **sinkender ~** *m* prezzo *m* in ribasso; **staatlich überwachter ~** *m* prezzo *m* sorvegliato; **stabiler ~** *m* prezzo *m* stabile; **subventionierter ~** *m* prezzo *m* sovvenzionato; **überhöhter ~** *m*; **übermäßiger ~** *m* prezzo *m* eccessivo, prezzo *m* esorbitante; **üblicher ~** *m* prezzo *m* normalmente praticato; **unerlaubter ~** *m* prezzo *m* illecito; **unerschwinglicher ~** *m* prezzo *m* inaccessibile, prezzo *m* proibitivo; **verbindlicher ~** *m* prezzo *m* vincolato; **vereinbarter ~** *m* prezzo *m* concordato, prezzo *m* convenuto, prezzo *m* pattuito; **voller ~** *m* prezzo *m* intero; **vorgeschriebener ~** *m* prezzo *m* imposto; **vorher festgelegter ~** *m* prezzo *m* prefissato, prezzo *m* prestabilito, prezzo *m* predeterminato; **vorteilhafter ~** *m* prezzo *m* vantaggioso, prezzo *m* conveniente; **wettbewerbsfähiger ~** *m* prezzo *m* competitivo, prezzo *m* concorrenziale; **wucherischer ~** *m* prezzo *m* eccessivo, prezzo *m* esorbitante, prezzo *m* usurario.

Preis *m* [2] *(Auszeichnung)* premio *m*.

Preis | abbau *m* riduzione *f* dei prezzi; **~abkommen** *n*; **~abmachung** *f*; **~abrede** *f* convenzione *f* sui prezzi, accordo *m* sui prezzi; **~abschlag** *m* sconto *m*, ribasso *m* (*sul prezzo*), riduzione *f* del prezzo; **~absprache** *f KartellR* intesa *f* sui prezzi; **~abstand** *m*; **~abweichung** *f* differenza *f* di prezzo, disparità *f* di prezzo, divario *m* tra i prezzi; **~amt** *n* ufficio *m* prezzi; **~analyse** *f* analisi *f* del prezzo; **~änderung** *f* modifica *f* del prezzo, variazione *f* di prezzo; **~anfrage** *f* richiesta *f* del prezzo; **~angabe** *f* indicazione *f* del prezzo.

Preisangaben | richtlinie *f EuR (Umsetzung in D: Preisangabenverordnung) → s. Anhang 3 b)* Direttiva *f* 98/6/CE del Parlamento europeo e del Consiglio, del 16 febbraio 1998, relativa alla protezione dei consumatori in materia di indicazione dei prezzi dei prodotti offerti ai consumatori; **~verordnung** *f (D)* (*Abk* = **PAngV**) regolamento *m* (tedesco) sull'indicazione dei prezzi (*dei prodotti offerti ai consumatori*), regolamento *m* (tedesco) sull'esposizione dei prezzi.

Preis | angebot *n* offerta *f* (corredata di prezzi), prezzo *m* offerto; **~angleichung** *f* adeguamento *m* dei prezzi, allineamento *m* dei prezzi; **~anhebung** *f* aumento *m* dei prezzi, incremento *m* dei prezzi, rialzo *m* dei prezzi; **~anpassung** *f* adeguamento *m* dei prezzi, allineamento *m* dei prezzi; **~ansatz** *m* prezzo *m* stabilito; **~anschreibung** *f (A)*; **~anschrift** *f (A)* indicazione *f* del prezzo; **~anspannung** *f* tensione *f* dei prezzi; **~anstieg** *m* aumento *m* dei prezzi, incremento *m* dei prezzi, rialzo *m* dei prezzi; **~arbitrage** *f* arbitraggio *m* sui prezzi; **~aufschlag** *m* maggiorazione *f* di prezzo, aumento *m* di prezzo, supplemento *m* (di prezzo); **~aufsicht** *f* controllo *m* dei prezzi, calmiere *m*; **~auftrieb** *m* aumento *m* dei prezzi, incremento *m* dei prezzi, rialzo *m* dei prezzi; **~ausgleich** *m* perequazione *f* dei prezzi, conguaglio *m* dei prezzi; **~ausgleichung** *f* compensazione *f* dei prezzi, perequazione *f* dei prezzi; **~ausschreiben** *n*; **~ausschreibung** *f* concorso *m* a premi, bando *m* di concorso a premi; **~auszeichnung** *f* indicazione *f* del prezzo, prezzatura *f*; **~auszeichnungspflicht** *f* obbligo *m* di indicare i prezzi; **~bedingungen** *fpl* condizioni *fpl* di prezzo; **~behörde** *f* autorità *f* di controllo dei prezzi; **~bericht** *m* bollettino *m* dei prezzi, mercuriale *f*; **~berichtigung** *f* correzione *f* dei prezzi; **~bestimmung** *f* determinazione *f* del prezzo, fissazione *f* del prezzo; **~bewegung** *f* oscillazione *f* dei prezzi, fluttuazione *f* dei prezzi, variazione *f* dei prezzi; **~bildung** *f* formazione *f* dei prezzi.

Preisbindung *f KartellR* blocco *m* dei prezzi, prezzi *mpl* imposti, imposizione *f* del prezzo, vincolo *m* di prezzo; **~** *f* **der zweiten Hand** controllo *m* dei prezzi di vendita al consumatore.

Preis | deflation *f* deflazione *f* dei prezzi; **~differenz** *f* differenza *f* di prezzo; **~differenzierung** *f* diversificazione *f* dei prezzi; **~druck** *m* pressione *f* sui prezzi; **~dumping** *n* dumping *m*; **~durchschnitt** *m* media *f* dei prezzi; **~einbruch** *m* crollo *m* dei prezzi, caduta *f* dei prezzi, cedimento *m* dei prezzi; **~elastizität** *f* elasticità *f* dei prezzi; **~empfehlung** *f* prezzo *m* indicativo, prezzo *m* consigliato, prezzo *m* raccomandato; **~entwicklung** *f* andamento *m* dei prezzi, evoluzione *f* dei prezzi; **~erhöhung** *f* aumento *m* di prezzo, rialzo *m* dei prezzi, rincaro *m*; **~ermäßigung** *f* riduzione *f* di prezzo, diminuzione *f* di prezzo, ribasso *m* (*sul prezzo*), sconto *m*; **~ermittlung** *f* determinazione *f* del prezzo, fissazione *f* del prezzo, definizione *f* del prezzo, assegnazione *f* del prezzo, *(Preiserhebung)* rilevazione *f* dei prezzi; **~fächer** *m* gamma *f* dei prezzi; **~fall** *m* caduta *f* dei prezzi; **~festlegung** *f*; **~festsetzung** *f*; **~feststellung** *f*; **~findung** *f* determinazione *f* del prezzo, fissazione *f* del prezzo, definizione *f* del prezzo, assegnazione *f* del prezzo; **~forderung** *f (Anspruch auf den Kaufpreis)* credito *m* del prezzo, *(geforderter Preis)* prezzo *m* richiesto; **~freigabe** *f* sblocco *m* dei prezzi, svincolo *m* dei prezzi, liberalizzazione *f* dei prezzi.

Preisgabe *f* [1] *(Aufgabe)* abbandono *m*, rinuncia *f*.

Preisgabe *f* [2] *(Enthüllung)* rivelazione *f*; **~** *f* **von Staatsgeheimnissen** *(§ 97 StGB)* rivelazione *f* di segreti di Stato.

Preisgaberecht *n* diritto *m* di abbandono.

Preisgarantie *f* garanzia *f* di prezzo.

preisgeben *v* [1] *(aufgeben)* abbandonare, rinunciare [a].

preisgeben *v* [2] *(enthüllen)* rivelare.

preisgeben *v* [3] *(aussetzen)* esporre.

preisgeben *v* [4] *(opfern)* sacrificare.

preisgebunden *adj* a prezzo (di vendita al consumatore) controllato, a prezzo vincolato, a prezzo imposto.

Preis | gefahr *f (Vertrag)* rischio *m* contrattuale, rischio *m* della controprestazione; **~gefälle** *n* differenza *f* di prezzo, disparità *f* di prezzo, divario *m* tra i prezzi; **~gefüge** *n* struttura *f* dei prezzi; **~gericht** *n* giuria *f* (di un concorso a premi).

preisgesenkt *adj* scontato, ribassato.

Preis | gesetzgebung *f* legislazione *f* sui prezzi; **~gestaltung** *f* formazione *f* dei prezzi, strutturazione *f* dei prezzi, fissazione *f* dei prezzi; **~gleichgewicht** *n* equilibrio *m* dei prezzi; **~gleitklausel** *f (in Kaufverträgen, Lieferverträgen)* clausola *f* della scala mobile dei prezzi.

Preisgrenze *f* limite *m* dei prezzi; **obere ~** *f* limite *m* massimo dei prezzi, prezzo *m* massimo (consentito); **untere ~** *f* limite *m* minimo dei prezzi, prezzo *m* minimo (consentito).

Preisgruppe *f* categoria *f* di prezzo, fascia *f* di prezzo.

preisgünstig *adj* conveniente, a buon mercato, a buon prezzo, a prezzo favorevole.

Preis | harmonisierung *f* armonizzazione *f* dei prezzi; **~herabsetzung** *f* riduzione *f* di prezzo, diminuzione *f* di prezzo, ribasso *m* (*sul prezzo*), sconto *m*; **~index** *m* indice *m* dei prezzi; **~indexierung** *f* indicizzazione *f* dei prezzi; **~inflation** *f* inflazione *f* dei prezzi; **~kalkulation** *f* calcolo *m* del prezzo; **~kartell** *n* cartello *m* dei prezzi; **~klasse** *f* categoria *f* di prezzo, fascia *f* di prezzo; **~kontrolle** *f* controllo *m* dei prezzi; **~korrektur** *f* correzione *f* del prezzo, rettifica *f* del prezzo; **~krieg** *m* guerra *f* dei prezzi; **~kurve** *f* curva *f* dei prezzi; **~lage** *f* categoria *f* di prezzo, livello *m* di prezzo, prezzo *m*; **~ -Leistungs-Verhältnis** *n* rapporto *m* qualità-prezzo; **~lenkung** *f* controllo *m* dei prezzi.

preislich *adj* di (o: del) prezzo, nel prezzo, per quanto riguarda (o: concerne) il prezzo, dal punto di vista del prezzo.

Preis | limit *n* limite *m* di prezzo, prezzo *m* limite; **~liste** *f* listino *m* (dei) prezzi, prezzario *m*; **~manipulation** *f*; **~manipulierung** *f* manipolazione *f* dei prezzi; **~mechanismus** *m* meccanismo *m* dei prezzi; **~minderung** *f* riduzione *f* di prezzo, diminuzione *f* di prezzo, *(Entwertung)* deprezzamento *m*; **~minderungsklage** *f* azione *f* di riduzione di prezzo, azione *f* estimatoria, azione *f* quanti minoris; **~nachlass** *m* sconto *m*, ribasso *m* (*sul prezzo*), abbuono *m*, riduzione *f* di prezzo; **~niveau** *n* livello *m* dei prezzi; **~notierung** *f*; **~notiz** *f* quotazione *f* dell'incerto per il certo, quotazione *f* dell'incerto, quotazione *f* diretta; **~politik** *f* politica *f* dei prezzi; **~regelung** *f* regolamentazione *f* dei prezzi; **~regulator** *m* regolatore *m* dei prezzi; **~relation** *f* rapporto *m* di prezzo, *(im Außenhandel)* ragione *f* di scambio; **~risiko** *n* rischio *m* del prezzo; **~rückgang** *m* calo *m* dei prezzi, flessione *f* dei prezzi, diminuzione *f* dei prezzi; **~rückschlag** *m* cedimento *m* dei prezzi; **~schwankung** *f* oscillazione *f* dei prezzi, fluttuazione *f* dei prezzi; **~senkung** *f* riduzione *f* di prezzo, diminuzione *f* di prezzo, ribasso *m* (*sul prezzo*); **~spanne** *f* differenza *f* di prezzo, margine *m* di prezzo; **~spiegel** *m* livello *m* (medio) dei prezzi; **~spirale** *f* spirale *f* dei prezzi; **~stabilisierung** *f* stabilizzazione *f* dei prezzi; **~stabilität** *f* stabilità *f* dei prezzi; **~staffelung** *f* scaglionamento *m* dei prezzi, differenziazione *f* dei prezzi; **~stand** *m* livello *m* dei prezzi; **~steigerung** *f* aumento *m* dei prezzi, incremento *m* dei prezzi, rialzo *m* dei prezzi; **~stellung** *f* determinazione *f* del prezzo, fissazione *f* del prezzo, definizione *f* del prezzo, assegnazione *f* del prezzo; **~struktur** *f* struttura *f* dei prezzi; **~sturz** *m* caduta *f* dei prezzi, crollo *m* dei prezzi; **~stützung** *f* sostegno *m* dei prezzi; **~stützungsaktion** *f* azione *f* a sostegno dei prezzi; **~tabelle** *f*; **~tafel** *f* tabella *f* dei prezzi, listino *m* (dei) prezzi; **~tarif** *m* tariffa *f* (dei prezzi); **~tendenz** *f* tendenza *f* dei prezzi; **~tiefstand** *m* basso livello *m* dei prezzi; **~träger/in** *m/f* premiato/-a *m/f*, vincitore/-trice *m/f* di un premio; **~treiberei** *f* rialzo *m* artificiale dei prezzi, rialzo *m* fraudolento dei prezzi, rialzo *m* abusivo dei prezzi; **~treiber/in** *m/f* rialzista *m/f*; **~trend** *m* tendenza *f* dei prezzi; **~überhöhung** *f*; **~überspitzung** *f* rialzo *m* eccessivo dei prezzi; **~überwachung** *f* controllo *m* dei prezzi, vigilanza *f* sui prezzi; **~überwachungsausschuss** *m* comitato *m* di controllo dei prezzi; **~überwachungsstelle** *f* ufficio *m* di controllo dei prezzi; **~unruhe** *f* instabilità *f* dei prezzi; **~unterbietung** *f* vendita *f* a minor prezzo, vendita *f* a prezzi inferiori, vendita *f* con forte sconto; **~unterschied** *m* differenza *f* di prezzo, disparità *f* di prezzo, divario *m* tra i prezzi; **~vereinbarung** *f* accordo *m* sui prezzi; **~verfall** *m* caduta *f* dei prezzi; **~vergleich** *m* confronto *m* dei prezzi, comparazione *f* dei prezzi; **~verständigung** *f* intesa *f* sui prezzi; **~verstoß** *m* infrazione *f* al regolamento dei prezzi imposti; **~verteilung** *f* distribuzione *f* dei premi, premiazione *f*; **~verzeichnis** *n* listino *m* (dei) prezzi, prezzario *m*.

preiswert *adj* conveniente, a prezzo conveniente, a prezzo vantaggioso, a buon mercato, a buon prezzo.

Preis | wucher *m* strozzinaggio *m* sui prezzi, rialzo *m* eccessivo dei prezzi; **~zettel** *m* cartellino *m* del prezzo, etichetta *f* del prezzo; **~zusammenbruch** *m* crollo *m* dei prezzi; **~zuschlag** *m* supplemento *m* di prezzo, maggiorazione *f* del prezzo.

Prekarist/in *m/f (A)* precarista *m/f*.

Prekarium *n (A)* possesso *m* precario.

Premierminister/in *m/f* primo ministro *m*, premier *m/f*.

Pressdelikt *n (A)* reato *m* di stampa, delitto *m* commesso a mezzo stampa.

Presse *f* stampa *f*; **~agentur** *f* agenzia *f* giornalistica, agenzia *f* di stampa; **~amt** *n* ufficio *m* stampa (governativo); **~delikt** *n* reato *m* di stampa, delitto *m* commesso a mezzo stampa; **~freiheit** *f (Art. 5 GG)* libertà *f* di stampa; **~gesetz** *n* legge *f* sulla stampa; **~inhaltsdelikt** *n* reato *m* commesso a mezzo stampa; **~privileg** *n* privilegio *m* (di libertà) della stampa; **~recht** *n* diritto *m* della stampa; **~sperre** *f* silenzio *m* stampa; **~stelle** *f* ufficio *m* stampa; **~strafrecht** *n* diritto *m* penale della stampa; **~vergehen** *n* reato *m* di stampa, delitto *m* commesso a mezzo stampa; **~zensur** *f* censura *f* della stampa.

Press | freiheit *f (CH)* libertà *f* di stampa; **~gesetz** *n (A, D 1874)* legge *f* sulla stampa; **~recht** *n (A)* diritto *m* della stampa.

Prevarikation *f (A)* prevaricazione *f*.

prima facie a prima vista.

prima-facie-Beweis *m ProzR* prova *f* per presunzione semplice.

Primanota *f* prima nota *f*.

primär *adj* primario, principale, prioritario, primariamente, principalmente, in primis.

Primärrecht *n* diritto *m* primario.

Primat *m/n (Vorrang)* primato *m*; **~** *m/n* **des Völkerrechts** *(vor dem innerstaatlichen Recht)* primato *m* del diritto internazionale (*sul diritto interno*).

Prima | ware *f* merce *f* di prima qualità; **~wechsel** *m* prima *f* di cambio.

Primogenitur *f* primogenitura *f*.

Prinzip *n (Grundsatz)* principio *m*.

Prinzipal *m* principale *m*, capo *m*, padrone *m*.

Prinzipienerklärung *f* dichiarazione *f* di principi.

Priorität *f* priorità *f*, precedenza *f*, preferenza *f*, *VersR* pieno *m*.

Prioritäts | abtretung *f* cessione *f* di priorità, cessione *f* di grado, postergazione *f* di grado; **~aktie** *f* azione *f* privilegiata, azione *f* di priorità, azione *f* preferenziale; **~anleihe** *f* prestito *m* privilegiato; **~anspruch** *m* diritto *m* di priorità, priorità *f*, *(Patentrecht)* rivendicazione *f* di priorità; **~beleg** *m* *GewRS* documento *m* comprovante la priorità di un brevetto; **~erklärung** *f* dichiarazione *f* di priorità; **~gläubiger/in** *m/f*

(CH) creditore *m* privilegiato; **~obligation** *f* obbligazione *f* privilegiata; **~ordnung** *f* ordine *m* di priorità; **~papiere** *npl* titoli *mpl* privilegiati; **~prinzip** *n* principio *m* di priorità; **~recht** *n* diritto *m* di priorità, diritto *m* prioritario; **~zession** *f* cessione *f* di priorità, cessione *f* di grado, postergazione *f* di grado.

privat *adj* privato, personale.

Privat | angestellte/r *f/m (A)* impiegato/-a *m/f*; **~anklage** *f (A) StrafProzR* azione *f* penale privata (*esercitata direttamente dalla persona offesa in caso di determinati reati*); **~ankläger/in** *m/f (A) StrafProzR (§ 71 öStPO)* accusatore *m* privato (*persona offesa dal reato che esercita direttamente l'azione penale in qualità di pubblico ministero*), accusa *f* privata, parte *f* querelante; **~anleger/in** *m/f* investitore *m* privato; **~anleihe** *f* prestito *m* privato; **~autonomie** *f ZivR* autonomia *f* privata; **~bank** *f* banca *f* privata; **~bankier** *m* banchiere *m* privato; **~besitz** *m* proprietà *f* privata; **~beteiligte/r** *f/m (A) StrafProzR (§§ 65 ff. öStPO)* parte *f* civile (*nel processo penale*); **~betrieb** *m* azienda *f* privata; **~clearing** *m* compensazione *f* privata; **~eigentum** *n* proprietà *f* privata; **~einkommen** *n* reddito *m* personale; **~entnahme** *f* prelevamento *m* a titolo personale; **~gebrauch** *m* uso *m* privato, uso *m* personale; **~gelder** *npl* fondi *mpl* privati; **~geschäfte** *npl* operazioni *fpl* esguite a titolo personale; **~gesellschaft** *f* società *f* di diritto privato; **~gläubiger/in** *m/f* creditore *m* privato, creditore *m* personale, creditore *m* particolare; **~haftpflichtversicherung** *f* assicurazione *f* (di) responsabilità civile privata; **~handel** *m* commercio *m* privato; **~industrie** *f* industria *f* privata; **~interesse** *n* interesse *m* privato, interesse *m* particolare; **~kapital** *n* capitale *m* privato; **~klage** *f (D) StrafProzR (§§ 374 ff. StPO)* azione *f* penale privata (*esercitata direttamente dalla persona offesa in caso di determinati reati, quali a titolo esemplificativo la violazione di domicilio, le ingiurie, le lesioni personali, le minacce, il danneggiamento, la concorrenza sleale, le violazioni del diritto d'autore, di brevetti, marchi e contrassegni*); **~kläger/in** *m/f (D) StrafProzR* accusatore *m* privato (*persona offesa dal reato che esercita direttamente l'azione penale in qualità di pubblico ministero*), accusa *f* privata, parte *f* querelante; **~konto** *n* conto *m* privato, conto *m* personale; **~kredit** *m* credito *m* privato; **~kundschaft** *f* clientela *f* privata, clienti *mpl* privati; **~person** *f* privato *m*.

Privatrecht *n* diritto *m* privato; **Internationales ~** *n* (*Abk* = **IPR**) *(auch „Kollisionsrecht" genannt)* diritto *m* internazionale privato *(d.i.p. / dir. int. priv.)*.

Privatrechtler/in *m/f* studioso/-a *m/f* di diritto privato, esperto/-a *m/f* di diritto privato, privatista *m/f*.

privatrechtlich *adj* di diritto privato, relativo al diritto privato, privatistico.

Privatrechts | fähigkeit *f* capacità *f* di diritto privato; **~norm** *f* norma *f* di diritto privato; **~ordnung** *f* ordinamento *m* giuridico privato, ordinamento *m* del diritto privato.

privatschriftlich *adj* per scrittura privata.

Privat | schuld *f* debito *m* personale; **~schuldner/in** *m/f* debitore *m* personale, debitore *m* particolare; **~sektor** *m* settore *m* privato; **~sphäre** *f* privacy *f*, sfera *f* privata, vita *f* privata; **~stiftung** *f* fondazione *f* privata; **~strafkläger/in** *m/f (CH)* accusatore *m* privato *(CH)*, parte *f* civile; **~testament** *n* testamento *m* privato; **~unternehmen** *n* impresa *f* privata; **~unternehmer** *m* imprenditore *m* privato; **~unternehmung** *f (A, CH)* impresa *f* privata; **~urkunde** *f* scrittura *f* privata, atto *m* privato; **~verbrauch** *m* consumo *m* privato; **~vermögen** *n* patrimonio *m* privato (*della persona fisica*), beni *mpl* privati; **~versicherung** *f* assicurazione *f* privata; **~vertrag** *m* scrittura *f* privata; **~weg** *m* via *f* privata; **~wirtschaft** *f* economia *f* privata.

Privileg *n* = *Privilegium n* privilegio *m*.

privilegiert *adj* privilegiato.

Probe *f* [1] *(Versuch)* prova *f*, tentativo *m*; **auf ~ anstellen** assumere in prova.

Probe *f* [2] *(Muster)* campione *m*, saggio *m*; **eine ~ entnehmen** prelevare un campione; **eine ~ untersuchen** analizzare un campione.

Probe | anstellung *f ArbR* assunzione *f* in prova; **~arbeitsverhältnis** *n ArbR* rapporto *m* di lavoro in prova; **~arbeitsvertrag** *m ArbR* patto *m* di prova, contratto *m* di lavoro in prova; **~auftrag** *m*; **~bestellung** *f* ordine *m* di prova, ordinazione *f* di prova, ordinazione *f* a titolo di prova; **~bilanz** *f* bilancio *m* di verifica; **~dienst** *m* tirocinio *m*; **~frist** *f* periodo *m* di prova.

Probekauf *m* [1] *(Kauf auf Probe)* vendita *f* a prova, acquisto *m* di prova.

Probekauf *m* [2] *(Kauf nach Probe)* vendita *f* su campione.

Probe | stück *n* campione *m*, saggio *m*, provetta *f*; **~vertrag** *m* patto *m* di prova, contratto *m* di prova; **~zeit** *f* (*Abk* = **PZ**) periodo *m* di prova.

Problem *n* problema *m*, difficoltà *f*; **juristisches ~** *n* questione *f* giuridica; **logistisches ~** *n* problema *m* logistico; **ungelöstes ~** *n* problema *m* aperto, problema *m* irrisolto; **vorrangiges ~** *n* problema *m* prioritario.

Problemstellung *f* definizione *f* del problema, esposizione *f* del problema, impostazione *f* della problematica.

ProdHaftG (*Abk* = **Produkthaftungsgesetz**) *(D) (Gesetz über die Haftung für fehlerhafte Produkte)* legge *f* (tedesca) sulla responsabilità per danno da prodotti difettosi.

Prodigalitätserklärung *f (A)* dichiarazione *f* di prodigalità.

Produkt *n* prodotto *m*; **ein ~ auf den Markt bringen** lanciare un prodotto (*sul mercato*); **fehlerhaftes ~** *n* prodotto *m* difettoso.

Produkt | analyse *f* analisi *f* del prodotto; **~differenzierung** *f* differenziazione *f* del prodotto.

Produkten | börse *f* borsa *f* merci; **~handel** *m* commercio *m* delle derrate.

Produkt | haftpflichtversicherung *f* assicurazione *f* della responsabilità civile del fabbricante o venditore del prodotto; **~haftung** *f* responsabilità *f* per danno da prodotti difettosi, responsabilità *f* da prodotto (difettoso); **~haftungsgesetz** *n (D)* (*Abk* = **ProdHaftG**) *(Gesetz über die Haftung für fehlerhafte Produkte)* legge *f* (tedesca) sulla responsabilità per danno da prodotti difettosi.

Produktion *f* produzione *f*; **die ~ einstellen** arrestare la produzione.

Produktions | abkommen *n* accordo *m* sulla produzione; **~anlagen** *fpl* impianti *mpl* di produzione, impianti *mpl* produttivi; **~apparat** *m* apparato *m* produttivo; **~aufnahme** *f* inizio *m* della produzione; **~ausfall** *m* perdita *f* di produzione; **~bedingungen** *fpl* condizioni *fpl* di produzione, condizioni *fpl* produttive; **~bereich** *m* settore *m* produttivo, settore *m* di produzione; **~betrieb** *m* *(Unternehmen)* azienda *f* di produzione, azienda *f* manifatturiera, *(produktive Tätigkeit)* attività *f* produttiva; **~drosselung** *f* riduzione *f* della produzione, rallentamento *m* della produzione; **~einheit** *f* unità *f* produttiva, unità *f* di produzione; **~einschränkung** *f* riduzione *f* della produzione, limitazione *f* della produzione; **~einstellung** *f* arresto *m* della produzione, interruzione *f* della produzione, sospensione *f* della produzione; **~entwicklung** *f* sviluppo *m* della produzione; **~fähigkeit** *f* capacità *f* di produzione, capacità *f* produttiva, potenzialità *f* produttiva; **~faktor** *m* fattore *m* della produzione, fattore *m* produttivo; **~gang** *m* andamento *m* della produzione, processo *m* di produzione; **~gebiet** *n* zona *f* di produzione, *(Produktionsbereich)* settore *m* produttivo; **~genossenschaft** *f* società *f* cooperativa di produzione, cooperativa *f* di produzione;

~güter *npl* beni *mpl* strumentali, beni *mpl* produttivi, beni *mpl* di produzione; **~güterindustrie** *f* industria *f* dei beni strumentali; **~index** *m* indice *m* della produzione; **~kapazität** *f* capacità *f* di produzione, capacità *f* produttiva, potenzialità *f* produttiva; **~kartell** *n* cartello *m* di produzione, cartello *m* produttivo; **~kataster** *n (CH)* catasto *m* agricolo; **~koeffizient** *m* coefficiente *m* di produzione; **~kosten** *pl* costi *mpl* di produzione; **~kraft** *f* capacità *f* di produzione, capacità *f* produttiva, potenzialità *f* produttiva; **~kredit** *m* credito *m* alla produzione; **~kreislauf** *m* ciclo *m* di produzione, ciclo *m* produttivo; **~land** *n* paese *m* produttore; **~leistung** *f* rendimento *m*, produzione *f*, quantità *f* prodotta, efficienza *f* produttiva; **~menge** *f* quantità *f* prodotta; **~mittel** *npl* mezzi *mpl* di produzione, strumenti *mpl* di produzione, mezzi *mpl* produttivi; **~monopol** *n* monopolio *m* di produzione; **~planung** *f* pianificazione *f* della produzione; **~potential** *n*; **~potenzial** *n* potenzialità *f* produttiva, potenziale *m* produttivo; **~prämie** *f* premio *m* alla produzione, premio *m* di produzione, premio *m* di produttività, premio *m* di rendimento; **~programm** *n* programma *m* di produzione; **~prozess** *m* processo *m* di produzione, processo *m* produttivo; **~reserve** *f* riserva *f* di capacità produttiva; **~rückgang** *m* diminuzione *f* della produzione, contrazione *f* della produzione, flessione *f* della produzione; **~sektor** *m* settore *m* produttivo, settore *m* di produzione; **~stand** *m* livello *m* di produzione, livello *m* produttivo; **~stätte** *f* sede *f* produttiva, unità *f* produttiva, unità *f* di produzione, impianto *m* produttivo, stabilimento *m*; **~steigerung** *f* aumento *m* della produzione, incremento *m* della produzione, incremento *m* produttivo; **~stillstand** *m* arresto *m* della produzione; **~stufe** *f* stadio *m* della produzione; **~system** *n* sistema *m* produttivo; **~tätigkeit** *f* attività *f* produttiva; **~überschuss** *m* eccesso *m* di produzione, produzione *f* eccedente, sovrapproduzione *f*; **~umstellung** *f* conversione *f* produttiva; **~verfahren** *n* processo *m* produttivo, processo *m* di produzione, procedimento *m* di produzione; **~volumen** *n* volume *m* produttivo, volume *m* di produzione; **~vorgang** *m* processo *m* produttivo; **~zuwachs** *m* aumento *m* della produzione, incremento *m* della produzione, incremento *m* produttivo; **~zweig** *m* ramo *m* di produzione, settore *m* di produzione, settore *m* produttivo; **~zyklus** *m* ciclo *m* di produzione, ciclo *m* produttivo.

produktiv *adj* produttivo.

Produktivgenossenschaft *f* società *f* cooperativa di produzione, cooperativa *f* di produzione.

Produktivität *f* produttività *f*.

Produktivitäts | grenze *f* limite *m* di produttività; **~prämie** *f* premio *m* di produttività; **~steigerung** *f*; **~zuwachs** *m* aumento *m* di (o: della) produttività.

Produktiv | kapital *n* capitale *m* produttivo; **~kräfte** *fpl* forze *fpl* produttive; **~kredit** *m* credito *m* alla produzione.

Produkt | lebenszyklus *m* ciclo *m* di vita del prodotto; **~palette** *f* gamma *f* dei prodotti; **~piraterie** *f* contraffazione *f* dei prodotti; **~planung** *f* pianificazione *f* del prodotto; **~positionierung** *f* posizionamento *m* del prodotto; **~qualität** *f* qualità *f* del prodotto; **~sicherheit** *f* sicurezza *f* dei prodotti; **~warnung** *f* avvertenze *fpl* sul prodotto.

Produzent/in *m/f* produttore/-trice *m/f*.

Produzenten | haftung *f* responsabilità *f* del produttore; **~preis** *m* prezzo *m* alla produzione; **~rente** *f* rendita *f* del produttore.

produzieren *v* produrre.

Profit *m* profitto *m*, vantaggio *m*, utile *m*, guadagno *m*.
profitieren *v* [von *Dat*] trarre vantaggio, trarre profitto, approfittare, beneficiare.
Proforma | faktura *f*; **~rechnung** *f* fattura *f* pro forma.
Programmgesetz *n* legge *f* programmatica.
Progression *f* progressione *f*; **steuerliche ~** *f* progressione *f* dell'imposta.
Progressions | satz *m* tasso *m* d'incremento; **~tarif** *m* tariffa *f* progressiva; **~vorbehalt** *m SteuerR* riserva *f* di progressione.
progressiv *adj* progressivo.
Progressivsteuer *f* imposta *f* progressiva.
Prohibitionismus *m* proibizionismo *m*.
Prohibitionist/in *m/f* proibizionista *m/f*.
prohibitionistisch *adj* proibizionista.
Prohibitiv | system *n* proibizionismo *m*; **~zoll** *m* dazio *m* proibitivo.
Projekt *n* progetto *m*, piano *m*, iniziativa *f* progettuale.
Projektant/in *m/f* = *Projekteur/in* progettista *m/f*.
Projektierungs | gesellschaft *f* società *f* di progettazione; **~kosten** *pl* spese *fpl* di progettazione.
Proklamation *f* proclamazione *f*.
proklamieren *v* proclamare.
Pro-Kopf- | Anteil *m* quota *f* pro capite; **~Ausgaben** *fpl* spesa *f* pro capite; **~Einkommen** *n* reddito *m* pro capite, reddito *m* individuale; **~Produktivität** *f* produttività *f* pro capite; **~Verbrauch** *m* consumo *m* pro capite.
Prokura *f HandelsR* procura *f* (*commerciale*); **per ~** per procura; **~ erteilen** conferire (una) procura.
Prokuraindossament *n* girata *f* per procura.
Prokurist/in *m/f HandelsR* procuratore *m* (*commerciale*).
Prolongation *f* riporto *m*, proroga *f* di contratto a termine.
prolongieren *v* riportare, prolungare.
Promesse *f* promessa *f*.
Promillewert *m (Alkohol)* tasso *m* alcolico.
Promotion *f* dottorato *m* (di ricerca).
Promotionsarbeit *f* tesi *f* di dottorato (di ricerca).
promovieren *v (über ein Thema eine Dissertation schreiben)* scrivere la tesi di dottorato (di ricerca) su qc., *(die Doktorwürde erlangen)* conseguire il dottorato (di ricerca), *(jemandem die Doktorwürde verleihen)* conferire il dottorato (di ricerca) a qn.
promoviert sein [in] aver(e) conseguito il dottorato (di ricerca) [in], avere un dottorato (di ricerca) [in], essere dottore (di ricerca) [in].
Promptgeschäft *n* contratto *m* a pronti, contratto *m* a contanti.
Promulgation *f* promulgazione *f*.
promulgieren *v* promulgare.
Propergeschäft *n* contratto *m* stipulato in conto proprio.
Proportion *f* proporzione *f*.
proportional *adj* proporzionale.
Proportionalwahlsystem *n* sistema *m* elettorale proporzionale.
proportionieren *v* proporzionare.
Proporz *m* proporzionale *f*.
Proporzwahlsystem *n* sistema *m* elettorale proporzionale.
proprietär *adj* proprio, di proprietà.
Prorogation *f* [1] proroga *f*.
Prorogation *f* [2] *ZivProzR (Zuständigkeitsvereinbarung)* accordo *m* tra le parti in causa sulla competenza del tribunale.
Prorogationsvertrag *m* accordo *m* sulla competenza.
Prosequierung *f* **des Arrestes** *(CH)* convalida *f* del sequestro.
Proskription *f* proscrizione *f*, messa *f* fuori legge.
Prospekt *m* prospetto *m*, *(Börsenprospekt)* prospetto *m* informativo, *(Werbeschrift)* opuscolo *m*, stampato *m* (*illustrato*), foglio *m* illustrativo, *(Faltblatt)* dépliant *m*, pieghevole *m*; **~haftung** *f* responsabilità *f* per i dati figuranti nel prospetto.
prostituieren *v* prostituire; **sich ~** *v* prostituirsi.
Prostituierte *f* prostituta *f*.
Prostitution *f* prostituzione *f*.

Protest *m* [1] *(Einspruch)* protesta *f*.
Protest *m* [2] *(Wechsel)* protesto *m*; **ohne ~** senza protesto; **~ aufnehmen**; **~ erheben** levare protesto; **~** *m* **mangels Annahme** protesto *m* per mancata accettazione; **~** *m* **mangels Zahlung** protesto *m* per mancato pagamento.
Protest | akt *m* atto *m* di protesto; **~anzeige** *f* avviso *m* di protesto.
Protestat *m* protestato *m*.
Protest | aufnahme *f*; **~erhebung** *f* protestazione *f*, presentazione *f* di protesto; **~erlass** *m* dispensa *f* dal protesto; **~förmlichkeiten** *fpl* modalità *fpl* di protesto; **~frist** *f* termine *m* di protesto; **~gebühr** *f* tassa *f* di protesto; **~gegner/in** *m/f* protestato/-a *m/f*.
protestieren *v* protestare.
Protest | kosten *pl* spese *fpl* di protesto; **~kundgebung** *f* manifestazione *f* di protesta; **~liste** *f* bollettino *m* dei protesti; **~note** *f* nota *f* di protesta; **~schreiben** *n* lettera *f* di protesta; **~spesen** *pl* spese *fpl* di protesto; **~stimme** *f* voto *m* di protesta; **~streik** *m* sciopero *m* di protesta; **~urkunde** *f* protesto *m*, atto *m* di protesto; **~wechsel** *m* cambiale *f* protestata; **~zahlung** *f* pagamento *m* sotto protesto; **~zeugnis** *n* certificato *m* di protesto.
Protokoll *n* [1] *(Niederschrift)* verbale *m*, processo *m* verbale; **ein ~ abfassen**; **ein ~ aufnehmen**; **ein ~ aufsetzen** redigere un verbale, stendere un verbale, verbalizzare; **im ~ festhalten** mettere a verbale, verbalizzare; **(das) ~ führen** redigere il verbale, stendere il verbale, fare il verbale, verbalizzare; **zu ~ geben** far mettere a verbale; **zu ~ nehmen** mettere a verbale, verbalizzare, mettere agli atti; **polizeiliches ~** *n* verbale *m* di polizia.
Protokoll *n* [2] *(Diplomatie)* protocollo *m*; **gemeinsames ~** *n* protocollo *m* congiunto.
protokollarisch *adj* in forma di verbale, protocollare.
Protokollarklage *f* *(A)* *(Klage zu Protokoll der Geschäftsstelle)* azione *f* esperita a mezzo di (processo) verbale redatto dal cancelliere.
Protokoll | aufnahme *f* redazione *f* del verbale, stesura *f* del verbale, verbalizzazione *f*; **~bestimmung** *f* clausola *f* protocollare; **~buch** *n* registro *m* dei verbali; **~chef** *m* capo *m* del protocollo; **~erklärung** *f* dichiarazione *f* a verbale; **~führer/in** *m/f* segretario/-a *m/f*, protocollista *m/f*, *(Gericht)* cancelliere *m*.
protokollieren *v* protocollare, verbalizzare, mettere a verbale, fare il verbale, redigere il verbale, stendere il verbale.
Protokollierung *f* verbalizzazione *f*, redazione *f* del verbale, stesura *f* del verbale; **wörtliche ~** *f* verbalizzazione *f* parola per parola.
Provinz *f* provincia *f*; **autonome ~** *f* provincia *f* autonoma.
Provinzialregierung *f* governo *m* provinciale.
Provision *f* *(des Kommissionärs, Handelsvertreters)* provvigione *f*; **eine ~ bekommen**; **eine ~ erhalten** ricevere una provvigione; **vereinbarte ~** *f* provvigione *f* pattuita.
Provisions | abgabe *f* abbuono *m* di provvigione; **~abgabeverbot** *n* divieto *m* dell'abbuono di provvigione; **~abrechnung** *f* calcolo *m* delle provvigioni, conteggio *m* delle provvigioni; **~agent/in** *m/f* agente *m/f* a provvigione; **~anspruch** *m* diritto *m* alla provvigione; **~anteil** *m* quota *f* di provvigione; **auf ~basis** a provvigione, su provvigione; **~berechnung** *f* calcolo *m* della provvigione.
provisionsfrei *adj* senza provvigione, franco di provvigione.
Provisions | geschäft *n* affare *m* a provvigione; **~gutschrift** *f* accredito *m* di (o: della) provvigione.
provisionspflichtig *adj* soggetto a provvigione.
Provisions | satz *m* percentuale *f* di provvigione, tasso *m* di provvigione; **~überlassung** *f* abbuono *m* di provvigione; **~vertreter/**

in *m/f* agente *m/f* a provvigione; **~zahlung** *f* pagamento *m* della provvigione.

Prozent *n* percentuale *f*, *(nach Zahlen)* per cento [o: percento], *(Alkoholgehalt)* grado *m*; **~kurs** *m*; **~notierung** *f* quotazione *f* percentuale; **~tara** *f* tara *f* percentuale; **~vergleich** *m* concordato *m* a percentuale.

Prozess *m (Gerichtsverfahren)* processo *m*, procedimento *m*, procedura *f*, giudizio *m*, *(Rechtsstreit)* causa *f*, controversia *f* (*giudiziaria*), lite *f*, vertenza *f*; **einen ~ anhängig machen**; **einen ~ anstrengen**; **einen ~ einleiten** [gegen *Akk*] *ProzR* far(e) causa, intentare causa, intentare un processo (*a/contro qn.*); **einen ~ führen** [gegen *Akk*] *ProzR* condurre un processo, essere in causa (*con qn.*); **einen ~ gewinnen** *ProzR* vincere un processo, vincere una causa; **einen ~ verlieren** *ProzR* soccombere in giudizio, perdere un processo, perdere una causa; **einen ~ vertagen** *ProzR* rinviare un processo, aggiornare un processo, rinviare una causa (*ad altra udienza*), aggiornare una causa; **anhängiger ~** *m ProzR* processo *m* pendente, causa *f* pendente; **schrittweiser ~** *m* processo *m* graduale.

Prozess | absprache *f ProzR* patteggiamento *m*; **~abweisung** *f ProzR* rigetto *m* della domanda (per ragioni procedurali); **~agent/in** *m/f ProzR* persona *f* esperta di diritto che può difendere in pretura; **~akten** *fpl ProzR* atti *mpl* processuali, atti *mpl* del processo, fascicolo *m* della causa, fascicolo *m* d'ufficio; **~antrag** *m ProzR* istanza *f*; **~anträge** *mpl ZivProzR* conclusioni *fpl* di rito; **~art** *f ProzR* rito *m* processuale; **~beendigung** *f ProzR* estinzione *f* del processo; **~beitritt** *m ZivProzR* intervento *m* (volontario) in causa; **~beschleunigung** *f ProzR* semplificazione *f* del processo; **~beteiligte/r** *f/m ZivProzR* parte *f* (del processo), parte *f* in causa, parte *f* in giudizio; **~betrug** *m ProzR* truffa *f* processuale; **~bevollmächtigte/r** *f/m ProzR* procuratore *m* alle liti, procuratore *m* ad litem, procuratore *m* legale, rappresentante *m/f* in giudizio, *(in den Schriftsätzen)* rappresentato e difeso dall'avv./dall'avvocato ….

Prozesseinrede *f ProzR* eccezione *f*; **aufschiebende ~** *f ProzR* eccezione *f* dilatoria.

Prozess | entscheidung *f ProzR* pronuncia *f* di rito, decisione *f* di rito, sentenza *f* di rito; **~erörterung** *f ZivProzR* discussione *f* della causa, esame *m* della causa.

prozessfähig *adj ProzR* capace di stare in giudizio.

Prozessfähigkeit *f ProzR (entspricht im materiellen Recht der Geschäftsfähigkeit)* capacità *f* processuale, legittimazione *f* processuale, legitimatio ad processum *(lat)*, capacità *f* di stare in giudizio (*riflesso della capacità di agire di diritto sostanziale*); **mangelnde ~** *f ProzR* incapacità *f* di stare in giudizio, incapacità *f* processuale.

Prozessführung *f ProzR* condotta *f* del processo; **mutwillige ~** *f ProzR* lite *f* temeraria.

Prozessführungsbefugnis *f ProzR* legittimazione *f* ad agire (in giudizio).

prozessführungsbefugt *adj ProzR* legittimato ad agire (in giudizio).

Prozess | gefahr *f* rischio *m* processuale; **~gegenstand** *m ProzR* oggetto *m* del processo; **~gegner/in** *m/f ProzR* controparte *f*, parte *f* avversa, parte *f* avversaria; **~gericht** *n ProzR* giudice *m* della causa, giudice *m* procedente, giudice *m* che procede, ufficio *m* giudiziario davanti al quale si procede; **~gesetz** *n* legge *f* processuale; **~grundsatz** *m ProzR* principio *m* processuale.

Prozesshandlung *f ProzR* atto *m* processuale; **nachgeholte ~** *f ProzR* atto *m* processuale tardivo ma regolare.

Prozesshindernis *n ProzR* mancanza *f* di una condizione di procedibilità, causa *f* di improcedibilità.

prozessieren *v ProzR* far(e) causa, intentare causa, *(mit jemandem)* essere in causa con qn.

Prozess | kaution *f (CH)* cauzione *f*

giudiziaria; **~kosten** *pl ProzR (Anwalts- und Gerichtskosten)* spese *fpl* processuali, spese *fpl* di giudizio, spese *fpl* di causa, spese *fpl* di lite, spese *fpl* legali, spese *fpl* di giustizia.

Prozesskostenhilfe *f (D)* (*Abk* = **PKH**) *ProzR (früher „Armenrecht" genannt) (§§ 114 ff. ZPO)* patrocinio *m* a spese dello Stato (*in Italia la legge 134/2001 ha abrogato il precedente istituto del gratuito patrocinio*); **~antrag** *m (D) ProzR* domanda *f* di ammissione al patrocinio a spese dello Stato, domanda *f* di ammissione al gratuito patrocinio; **~bewilligung** *f (D) ProzR* ammissione *f* al patrocinio a spese dello Stato, ammissione *f* al gratuito patrocinio.

Prozesskosten | kaution *f (A)* cauzione *f* per le spese processuali; **~richtlinie** *f EuR (Umsetzung in D: Inkorporation in die ZPO und weitere Gesetze siehe http://www.gesmat. bundesgerichtshof.de gesetzes-materialien/15_wp/EG-ProzesskohG/RegE635.pdf) → s. Anhang 3 b)* Direttiva *f* 2002/8/CE del Consiglio, del 27 gennaio 2003, intesa a migliorare l'accesso alla giustizia nelle controversie transfrontaliere attraverso la definizione di norme minime comuni relative al patrocinio a spese dello Stato in tali controversie; **~sicherheit** *f ZivProzR (§ 110 ZPO)* cauzione *f* per le spese processuali; **~vorschuss** *m FamR (§ 1360a IV BGB)* anticipazione *f* delle spese processuali.

Prozess | leitung *f ProzR* direzione *f* del processo; **~mangel** *m ProzR (Verfahrensfehler)* vizio *m* procedurale; **~maxime** *f ProzR* principio *m* processuale; **~ordnung** *f ProzR* codice *m* di procedura, normativa *f* procedurale, norme *fpl* procedurali; **~partei** *f ProzR* parte *f* in causa, parte *f* in giudizio, parte *f* processuale; **~pfleger/in** *m/f ZivProzR (§ 57 ZPO)* curatore *m* speciale; **~recht** *n* diritto *m* processuale; **~rechtler/in** *m/f* processualista *m/f*.

prozessrechtlich *adj* (di diritto) processuale, processualistico.

Prozess | rechtsverhältnis *n ProzR* rapporto *m* giuridico processuale; **~risiko** *n ProzR* rischio *m* processuale (*eventuale soccombenza*), rischio *m* di perdere la causa; **~sprache** *f ProzR* lingua *f* processuale; **~standschaft** *f ProzR (Befugnis, im eigenen Namen einen Prozess über ein fremdes Recht führen zu dürfen)* sostituzione *f* processuale, *(Person)* sostituto *m* processuale; **~steuerung** *f* controllo *m* del processo; **~stoff** *m ProzR* materia *f* del processo; **~tatsache** *f ProzR* fatto *m* processuale; **~trennung** *f ZivProzR* separazione *f* delle cause, separazione *f* dei procedimenti.

prozessual *adj* processuale.

Prozess | unfähigkeit *f ProzR* incapacità *f* di stare in giudizio, incapacità *f* processuale; **~unterbrechung** *f* interruzione *f* del processo; **~urteil** *n ProzR* sentenza *f* di rito, sentenza *f* processuale; **~verbindung** *f ZivProzR* riunione *f* di cause; **~vergleich** *m ZivProzR* verbale *m* di conciliazione giudiziale, transazione *f* giudiziaria, transazione *f* giudiziale, accordo *m* transattivo giudiziale; **~verhalten** *n ProzR* comportamento *m* processuale; **~verlauf** *m ProzR* svolgimento *m* del processo; **~verschleppung** *f ProzR* ostruzionismo *m* processuale; **~vertreter/in** *m/f ProzR* rappresentante *m/f* in giudizio; **~vertretung** *f ProzR* rappresentanza *f* in giudizio, rappresentanza *f* processuale; **~verweisung** *f ProzR* rimessione *f* del processo; **~vollmacht** *f ProzR* procura *f* alle liti, mandato *m* alle liti, procura *f* ad litem, mandato *m* ad litem; **~voraussetzung** *f ProzR* presupposto *m* processuale; **~vorschrift** *f ProzR* norma *f* processuale; **~zinsen** *mpl ProzR (§ 291 BGB)* interessi *mpl* giudiziali (*interessi che il debitore deve corrispondere a decorrere dal momento in cui viene radicato il giudizio avente ad oggetto il pagamento di un debito pecuniario*).

prüfen *v (untersuchen)* esaminare, prendere in esame, vagliare, passare al vaglio, *(analysieren)* analizzare, studiare, *(kontrollieren)* controllare, sindacare, *(überprüfen)* ispezionare, *(nachprüfen)* verificare, rivedere, *(feststellen)* accertare, appurare, *(abfragen)* interrogare, *(Tech) (testen)* collaudare, provare; **genau ~** esaminare attentamente, esaminare a fondo; **von Amts wegen ~** esaminare d'ufficio.

Prüf | plakette *f* contrassegno *m* di controllo; **~protokoll** *n* verbale *m* di prova; **~stelle** *f* ufficio *m* di controllo, ufficio *m* di verifica, *(Tech)* stazione *f* di collaudo, *(Tech)* stazione *f* prove.

Prüfung *f (Untersuchung, auch Examen)* esame *m*, disamina *f*, *(Kontrolle)* controllo *m*, sindacato *m*, *(Überprüfung)* ispezione *f*, *(Nachprüfung)* verifica *f*, *(Buchprüfung)* revisione *f*, *(Abfragen)* interrogazione *f*, *(Tech) (Test)* collaudo *m*, *(Probe)* prova *f*; **sich einer ~ unterziehen** sottoporsi ad un esame; **meritorische ~** *f (A)* esame *m* nel merito; **sorgfältige ~** *f* controllo *m* accurato; **~** *f* **von Amts wegen** esame *m* d'ufficio; **~** *f* **auf Antrag** esame *m* su istanza (*di parte*); **~** *f* **der Mandate**; **~** *f* **der Vollmacht** verifica *f* dei poteri, verifica *f* delle procure.

Prüfungs | bericht *m* rapporto *m* di revisione, rapporto *m* del collegio sindacale, rapporto *m* dei sindaci, *(Tech)* verbale *m* di collaudo; **~bescheinigung** *f* certificato *m* d'esame, certificato *m* di verifica, *(Tech)* certificato *m* di collaudo; **~gebühr** *f* tassa *f* d'esame, diritto *m* di verifica; **~gesellschaft** *f* società *f* di revisione; **~nachweis** *m* certificato *m* d'esame; **~ordnung** *f* regolamento *m* d'esame; **~protokoll** *n* verbale *m* di verifica, processo *m* verbale di verifica; **~recht** *n* diritto *m* di ispezione, diritto *m* di verifica; **~stelle** *f* ufficio *m* d'esame, ufficio *m* di controllo, ufficio *m* di verifica, *(Tech)* ufficio *m* collaudi; **~tagsatzung** *f (A) InsolvenzR* udienza *f* di verifica (*dello stato passivo*); **~taxe** *f* tassa *f* d'esame; **~termin** *m InsolvenzR* udienza *f* di verifica (*dello stato passivo*); **~verband** *m* associazione *f* di revisione; **~verfahren** *n* procedimento *m* di verifica, procedimento *m* d'esame; **~verhandlung** *f InsolvenzR* udienza *f* di verifica (*dello stato passivo*); **~vermerk** *m* annotazione *f* di verifica, visto *m* di controllo; **~zeichen** *n* contrassegno *m* di controllo; **~zeugnis** *n* certificato *m* di prova, certificato *m* d'esame, attestato *m* d'esame, diploma *m* d'esame.

Prüf | vorrichtung *f* dispositivo *m* di prova; **~zeichen** *n* marchio *m* di controllo.

PStG (*Abk* = **Personenstandsgesetz**) *(D)* legge *f* (tedesca) sullo stato civile.

Psychiatrie, forensische ~ *f* psichiatria *f* forense.

Publizität *f* pubblicità *f*.

Publizitätsprinzip *n* principio *m* di pubblicità.

puncto, in ~ riguardo [a], rispetto [a], in relazione [a], in/con riferimento [a], per quanto riguarda, per quanto concerne, (in) quanto [a], in ordine [a], relativamente [a], in merito [a], a proposito [di], dal lato [di].

Punkt *m* punto *m*; **streitiger ~** *m* punto *m* controverso; **~** *m* **der Tagesordnung** punto *m* all' (o: dell') ordine del giorno.

Punktation *f* messa *f* a punto di un contratto, progetto *m* di contratto.

Pünktlichkeitsprämie *f* premio *m* di regolarità.

Punze *f (A, CH)* punzone *m*.

punzieren *v (A, CH)* punzonare.

Punzierung *f (A, CH)* punzonatura *f*.

Punzierungs | gebühr *f (A, CH)* tassa *f* di punzonatura; **~zeichen** *n (A, CH)* punzonatura *f*.

pupillar | mäßig *(A)*; **~sicher** *(A)* di tutto riposo (*tali devono essere i titoli in cui si possono investire i capitali del minore*).

Pupillarsicherheit *f (A)* sicurezza *f* prescritta per l'investimento dei capitali dei minori.

Putativ | delikt *n* reato *m* putativo; **~ehe** *f EheR* matrimonio *m* putativo; **~notstand** *m StrafR* stato *m* di necessità supposto a torto; **~notwehr** *f StrafR* legittima difesa *f* putativa, legittima difesa *f* supposta a torto.

pVV (*Abk* = **positive Vertragsverletzung**) *SchuldR (eine Art von Leistungsstörung, auch als „positive Forderungsverletzung" bezeichnet, s. Infokasten unter „positive Vertragsverletzung – positive Forderungsverletzung")* violazione *f* positiva del contratto, inosservanza *f* della diligenza dovuta nell'adempimento di un'obbligazione.

PZ (*Abk* = **Probezeit**) periodo *m* di prova.

PZU (*Abk* = **Postzustellungsurkunde**) *ProzR* relata *f* di notifica a mezzo del servizio postale, relata *f* di notifica a mezzo posta, relazione *f* di notificazione a mezzo posta.

Q

Quadruplik *f ZivProzR (des Beklagten)* → *s. Infokasten unter „Schriftsätze"* controreplica *f* del convenuto alla seconda replica dell'attore, quarta replica *f*.

Qualifikation *f* [1] *ArbR (berufliche Tätigkeit)* qualifica *f* (*professionale*), qualificazione *f* (*professionale*), *(Eignung)* attitudine *f*, *(Befähigung)* idoneità *f*, *(Fähigkeit)* capacità *f*, competenza *f*.

Qualifikation *f* [2] *IPR (einer rechtlichen Frage)* qualificazione *f* (*giuridica*).

Qualifikation *f* [3] *StrafR* aggravante *f*, sussistenza *f* di circostanze aggravanti.

qualifizieren *v* [1] *ArbR (berufliche Tätigkeit)* qualificare, *(ausbilden)* istruire, *(befähigen)* abilitare.

qualifizieren *v* [2] *(bezeichnen, klassifizieren)* qualificare, *(kennzeichnen)* definire, *(beurteilen)* giudicare, considerare, ritenere.

qualifiziert *adj* [1] *(fachlich ausgebildet)* qualificato, specializzato, *(tauglich)* idoneo; **hoch ~** *ArbR (Personal)* → *z.B. § 19 AufenthG* altamente qualificato, altamente specializzato.

qualifiziert *adj* [2] *StrafR (Straftat)* aggravato (*da circostanze specificamente previste dalla legge*), qualificato.

Qualifizierung *f* [1] *ArbR (berufliche Tätigkeit)* qualificazione *f* (*professionale*), abilitazione *f* (*p. es. promozione dell'aggiornamento professionale*).

Qualifizierung *f* [2] *IPR (einer rechtlichen Frage)* qualificazione *f* (*giuridica*); **rechtliche ~** *f* qualificazione *f* giuridica.

Qualifizierung *f* [3] *StrafR* aggravante *f*, sussistenza *f* di circostanze aggravanti.

Qualität *f* qualità *f*; **handelsübliche ~** *f* qualità *f* commerciale, qualità *f* mercantile; **unzureichende ~** *f* qualità *f* insufficiente, qualità *f* insoddisfacente; **zugesicherte ~** *f* qualità *f* promessa.

qualitativ *adj* qualitativo, di qualità.

Qualitäts | abschlag *m* riduzione *f* per qualità difettosa; **~abweichung** *f* differenza *f* di qualità; **~anforderungen** *fpl* requisiti *mpl* di qualità; **~kontrolle** *f* controllo *m* di qualità; **~mangel** *m* mancanza *f* di qualità, carenza *f* di qualità, difetto *m* di qualità, qualità *f* difettosa, scarsa qualità *f*, insufficienza *f* qualitativa, lacuna *f* qualitativa; **~marke** *f* marchio *m* di qualità; **~merkmal** *n* caratteristica *f* di qualità, criterio *m* di qualità, caratteristica *f* qualitativa; **~minderung** *f* scadimento *m* della qualità, diminuzione *f* della qualità, calo *m* qualitativo; **~norm** *f* norma *f* di qualità; **~prämie** *f* premio *m* di qualità; **~schwankung** *f* variazione *f* della qualità; **~sprung** *m* salto *m* di qualità; **~standard** *m* standard *m* di qualità; **~ware** *f* merce *f* di qualità; **~zeugnis** *n* certificato *m* di qualità; **~zirkel** *mpl* circoli *mpl* di qualità;

~zuschlag *m* supplemento *m* di qualità.

Quartal *n* trimestre *m*.

Quartals | abschluss *m* bilancio *m* consuntivo trimestrale; **~bericht** *m* relazione *f* trimestrale, rapporto *m* trimestrale; **~budget** *n* bilancio *m* preventivo trimestrale; **~dividende** *f* dividendo *m* trimestrale; **~rechnung** *f* conto *m* trimestrale; **~schluss** *m* fine *f* trimestre; **~termin** *m* scadenza *f* trimestrale.

quartalsweise *adv* a cadenza trimestrale, trimestralmente.

Quartalszahlung *f* pagamento *m* trimestrale.

Quartier | entschädigung *f*; **~geld** *n* *(A)* indennità *f* di alloggio.

quasi- quasi, semi-, para-.

Quasi | delikt *n* *StrafR* quasi delitto *m*, quasi reato *m*; **~jurisdiktion** *f* quasi giurisdizione *f*; **~kontrakt** *m* quasi contratto *m*; **~monopol** *n* quasi monopolio *m*; **~protektorat** *n* quasi protettorato *m*; **~verbindlichkeit** *f* quasi obbligazione *f*; **~vertrag** *m* quasi contratto *m*.

Quästur *f* cassa *f* dell'università, *(Südtirol)* questura *f*.

Quelle *f* fonte *f*, origine *f*; **an der ~ abziehen** trattenere alla fonte.

Quellen | abzug *m* trattenuta *f* alla fonte, ritenuta *f* alla fonte, trattenuta *f* all'origine, ritenuta *f* all'origine; **~angabe** *f* indicazione *f* delle fonti; **~besteuerung** *f* *SteuerR* tassazione *f* alla fonte, imposizione *f* alla fonte, tassazione *f* all'origine, imposizione *f* all'origine; **~nachweis** *m* indicazione *f* delle fonti; **~steuer** *f* *SteuerR* imposta *f* alla fonte, imposta *f* trattenuta all'origine, ritenuta *f* d'imposta.

quer schreiben *(Wechsel)* accettare.

Querverweis *m* rinvio *m*, rimando *m*, *(IT)* riferimenti *mpl* incrociati.

quittieren *v* [1] *(den Erhalt)* quietanzare, apporre la firma per quietanza, rilasciare quietanza.

quittieren *v* [2] *(den Dienst)* lasciare, abbandonare, dimettersi [da], ritirarsi [da].

Quittung *f* quietanza *f*, ricevuta *f* (di pagamento); **~ erteilen** quietanzare, rilasciare quietanza, rilasciare la ricevuta; **löschungsfähige ~** *f* quietanza *f* comprovante il rimborso di un debito garantito da ipoteca e costituente titolo per la cancellazione dell'ipoteca.

Quittungs | abschnitt *m* quietanza *f* a tagliando; **~buch** *n* libro *m* delle ricevute; **~doppel** *n*; **~duplikat** *n* duplicato *m* di quietanza, duplicato *m* di ricevuta; **~erteilung** *f* rilascio *m* di quietanza, rilascio *m* di ricevuta; **~formular** *n* modulo *m* di quietanza, modulo *m* di ricevuta; **~marke** *f* marca *f* da bollo per quietanza; **~stempel** *m* bollo *m* di quietanza.

Quorum *n* quorum *m*, numero *m* legale.

Quotation *f* *KapMarktR* quotazione *f*.

Quote *f* quota *f*, percentuale *f*, tasso *m*; **nach ~n** proporzionalmente.

Quoten | aktie *f* azione *f* senza valore nominale; **~kartell** *n* cartello *m* di contingentamento; **~rückversicherung** *f* riassicurazione *f* in quota parte.

quotieren *v* quotare.

Quotierung *f* quotazione *f*.

R

RA (*Abk* = **Rechtsanwalt**) avvocato *m* *(avv.)*.

Rabatt *m* sconto *m*, ribasso *m*, riduzione *f*, abbuono *m*; **einen ~ gewähren** concedere uno sconto, accordare un ribasso.

Rabatt | gesetz *n* legge *f* sul ribasso (*che vieta la concessione di un ribasso superiore al 3% sugli articoli di largo consumo*); **~satz** *m* tasso *m* di sconto, percentuale *f* di sconto.

Radar | gerät *n* *(zur Geschwindig-*

keitsmessung) radar *m* tachimetro; **~kontrolle** *f*; **~überwachung** *f* controllo *m* radar.

RAe (*Abk* = **Rechtsanwälte**) avvocati *mpl (avv.ti)*.

Ragionenbuch, schweizerisches ~ *n* annuario *m* svizzero del registro di commercio.

Rahmen *m (Bereich)* quadro *m*, ambito *m*, campo *m*, *(Umwelt)* ambiente *m*, *(Umgebung)* cornice *f*, sfondo *m*, *(Grenzen)* limiti *mpl*; **im ~** [*Gen*] nel quadro di, nell'ambito di, nel contesto di, in materia di, in sede di, in seno a, ai sensi di, nei limiti di; **rechtlicher ~** *m* contesto *m* giuridico, quadro *m* giuridico, quadro *m* normativo, cornice *f* normativa.

Rahmenabkommen *n* accordo *m* quadro, convenzione *f* quadro.

Rahmenbedingungen *fpl* quadro *m*, condizioni *fpl* generali, condizioni *fpl* quadro *(CH)*; **monetäre ~** *fpl* condizioni *fpl* monetarie; **rechtliche ~** *fpl* quadro *m* giuridico, quadro *m* normativo, quadro *m* legislativo; **~** *fpl* **für eine erfolgreiche Zusammenarbeit** percorso *m* di collaborazione fattiva.

Rahmen | bestimmung *f* disposizione *f* quadro, disposizione *f* di principio; **~frist** *f* termine *m* normale; **~gebühr** *f* tariffa *f* quadro (*di cui la legge fissa il minimo e il massimo*); **~gesetz** *n* legge *f* quadro, legge *f* programmatica, legge *f* cornice; **~gesetzgebung** *f* legislazione *f* quadro; **~plan** *m* piano *m* di base, progetto *m* di base; **~programm** *n* programma *m* di base, *(bei Kongressen)* attività *fpl* concomitanti; **~regelung** *f* disciplina *f* tipo; **~richtlinie** *f* direttiva *f* generale, direttiva *f* quadro; **~strafe** *f (A) (Jugendstrafe von unbestimmter Dauer innerhalb eines Höchst- und Mindestmaßes)* pena *f* di cui è fissato solo il minimo e il massimo; **~tarif** *m* *ArbR* → *Manteltarif* accordo *m* quadro che mira soprattutto a una regolamentazione delle condizioni lavorative, contratto *m* collettivo quadro, contratto *m* collettivo tipo, contratto *m* collettivo normativo; **~vereinbarung** *f* accordo *m* quadro; **~vertrag** *m* contratto *m* base, contratto *m* tipo, contratto *m* quadro; **~vorschriften** *fpl* disposizioni *fpl* generali.

Raiffeisen | bank *f* banca *f* di credito agrario, cassa *f* rurale; **~genossenschaft** *f* cooperativa *f* rurale di acquisto e di vendita, cooperativa *f* di credito rurale, cassa *f* rurale; **~kasse** *f* cassa *f* rurale, cooperativa *f* di credito rurale.

RAin (*Abk* = **Rechtsanwältin**) avvocato *m (avv.)*.

Ramschgeschäft *n* negozio *m* dove si vende merce di scarto.

Rand- a margine, marginale.

Rand | anmerkung *f (CH)* annotazione *f* a margine, annotazione *f* marginale; **~gemeinde** *f* comune *m* limitrofo; **~ständigkeit** *f* marginalità *f*; **~vermerk** *m* annotazione *f* a margine, annotazione *f* marginale.

Rang *m (Stufe)* grado *m*, rango *m*, posto *m*, *(Stellung)* posizione *f*, carica *f*, titolo *m* (*accademico*), *(Bedeutung)* importanza *f*, rilevanza *f*, calibro *m*, ordine *m*, categoria *f*, classe *f*; **~abtretung** *f* cessione *f* di grado, postergazione *f* (*di rango, di grado*); **~änderung** *f (Hypothek)* postergazione *f* di grado, modifica *f* del grado di ipoteca; **~erhöhung** *f* avanzamento *m* di grado, promozione *f* (al grado superiore), elevazione *f* di grado; **~folge** *f* gerarchia *f*, ordine *m* gerarchico, grado *m* gerarchico, ordine *m* di precedenza, *(Rangliste)* graduatoria *f*.

ranggleich *adj (gleich im Rang)* di pari grado, *(Bedeutung)* di pari importanza.

Ranggleichheit *f* parità *f* di grado.

ranghöher *adj* superiore (*di posizione, grado*), di grado più elevato.

rangieren *v* classificarsi, piazzarsi, occupare un posto in classifica, essere/trovarsi/figurare (al primo/al secondo/all'ultimo posto).

Rangliste *f* graduatoria *f*, classifica *f*, lista *f* delle priorità, *ArbR* ruolo *m* di anzianità.

rangniedriger *adj* inferiore (*di posizione, grado*), subordinato.

Rang|ordnung *f (Rangfolge)* gerarchia *f*, ordine *m* (*gerarchico, di grado*), *(Stufe)* grado *m*, scala *f*, *(Rangliste)* graduatoria *f*, *(der Ziele)* priorità *f*; **~rücktritt** *m* cessione *f* di grado, postergazione *f* (*di rango, di grado*), retrocessione *f* in graduatoria, subordinazione *f*; **~rücktrittserklärung** *f GesR* dichiarazione *f* di postergazione (*di crediti*); **~rücktrittsvereinbarung** *f GesR* accordo *m* di postergazione (*di crediti*); **~stelle** *f* grado *m*, rango *m* (*in una scala di responsabilità o di importanza*); **~stufe** *f* grado *m*; **~verlust** *m* perdita *f* di grado; **~vorbehalt** *m* riserva *f* di grado.

Rassen|diskriminierung *f* discriminazione *f* razziale; **~verhetzung** *f* istigazione *f* all'odio razziale.

Rat *m* [1] *(Ratschlag)* consiglio *m*, *(Beratung)* consulenza *f*, consulto *m*, consultazione *f*, *(Meinung)* parere *m*, *(Vorschlag)* suggerimento *m*, *(Empfehlung)* raccomandazione *f*; **zurate / zu ~e ziehen** chiedere consiglio, consultare, interpellare, sentire; **juristischer ~** *m* consulenza *f* legale.

Rat *m* [2] *(Gremium)* → *für Personen siehe: Rat/Rätin* consiglio *m*, consulta *f*, comitato *m*, commissione *f*; **Europäischer ~** *m EuR* Consiglio *m* europeo; **Nordischer ~** *m* Consiglio *m* nordico; **Parlamentarischer ~** *m* Consiglio *m* parlamentare (assemblea costituente della Repubblica Federale di Germania nel 1948/49); **~** *m* **für Auswärtige Angelegenheiten** *(A)* Consiglio *m* per gli affari esteri; **~** *m* **der Europäischen Union** *(auch: Rat der EU, EU-Rat)* Consiglio *m* dell'Unione europea, Consiglio *m* dell'UE; **~** *m* **der Gemeinde** *(Niedersachsen, Nordrhein-Westfalen)* consiglio *m* comunale; **~** *m* **der Gemeinden Europas** Consiglio *m* dei comuni d'Europa; **~** *m* **der Stadt** *(Niedersachsen, Nordrhein-Westfalen)* consiglio *m* comunale; **~** *m* **für die Zusammenarbeit auf dem Gebiet des Zollwesens** Consiglio *m* di cooperazione doganale.

Rat *m* [3] [f: Rätin] *(Person)* consigliere *m*.

Rate *f (Geldbetrag)* rata *f*, *(Quote)* quota *f*, *(Satz)* tasso *m*, saggio *m*, *(Prozentsatz)* percentuale *f*; **in ~n** a rate; **in ~n bezahlen** pagare a rate; **in ~n einteilen** rateizzare, rateare; **auf ~n kaufen** acquistare a rate.

raten *v (Ratschläge geben)* consigliare, *(vorschlagen)* suggerire, *(empfehlen)* raccomandare, *(erraten)* indovinare.

Raten|brief *m (A)* contratto *m* di vendita a rate, contratto *m* di vendita rateale; **~geschäft** *n*; **~kauf** *m* vendita *f* a rate, vendita *f* rateale, acquisto *m* a rate, acquisto *m* rateale; **~kaufvertrag** *m* contratto *m* di vendita a rate, contratto *m* di vendita rateale; **~wechsel** *m* cambiale *f* di pagamento rateale.

ratenweise *adj* a rate, rateale, ratealmente.

Ratenzahlung *f* pagamento *m* a rate, pagamento *m* rateale, rateizzazione *f*, rateazione *f*.

Ratenzahlungs|beschluss *m* ordinanza *f* di pagamento rateale; **~geschäft** *n*; **~kauf** *m* vendita *f* a rate, vendita *f* rateale, acquisto *m* a rate, acquisto *m* rateale; **~preis** *m* prezzo *m* a rate; **~system** *n* sistema *m* di pagamento rateale; **~vertrag** *m* contratto *m* di vendita a rate, contratto *m* di vendita rateale.

Räte|regierung *f* governo *m* dei soviet; **~republik** *f* repubblica *f* dei soviet.

Raterteilung *f* consulenza *f*.

Rathaus *n* municipio *m*, casa *f* comunale, palazzo *m* di città; **~partei** *f* partito *m* indipendente (in un comune).

Ratifikation *f* ratifica *f*, ratificazione *f*; **förmliche ~** *f* ratificazione *f* formale.

Ratifikations|gesetz *n* legge *f* di ratificazione; **~urkunde** *f* atto *m* di ratifica, strumento *m* di ratifica; **~verfahren** *n* procedimento *m* di ratificazione; **~vorbehalt** *m* riserva *f* di ratifica.

ratifizieren *v* ratificare.

Ratifizierung *f* ratifica *f*, ratificazione *f*.
Ratingagentur *f (auch: Rating-Agentur)* agenzia *f* di rating (del credito).
Rationalisierungskartell *n* cartello *m* di razionalizzazione.
Rats | beschluss *m* delibera *f* del consiglio, delibera *f* consiliare, deliberazione *f* del consiglio, deliberazione *f* consiliare; **~herr** *m* consigliere *m* comunale; **~kammer** *f (A)* camera *f* del consiglio (*sezione di tribunale*); **~mitglied** *n* consigliere *m*, membro *m* del consiglio; **~sitzung** *f* seduta *f* consiliare, seduta *f* del consiglio, riunione *f* del consiglio; **~verfassung** *f* sistema *m* di amministrazione comunale nel quale predomina il consiglio comunale; **~versammlung** *f* riunione *f* del consiglio; **~vorsitzende/r** *f/m (Niedersachsen)* sindaco *m* (solo come capo della giunta comunale).
Raub *m StrafR (Gewaltanwendung zur Wegnahme) (§ 249 StGB)* rapina *f* (*propria*); **einen ~ begehen** *StrafR* commettere una rapina; **schwerer ~** *m StrafR (§ 250 StGB)* rapina *f* aggravata; **~** *m* **mit Todesfolge** *StrafR (§ 251 StGB)* omicidio *m* preterintenzionale in seguito a rapina, rapina *f* con omicidio preterintenzionale, rapina *f* aggravata dalla morte della vittima, rapina *f* con la morte della vittima come conseguenza/aggravante; **~** *m* **mit Waffen** *StrafR* rapina *f* a mano armata.
rauben *v* rapinare, rubare, predare, rapire.
Räuber/in *m/f StrafR* rapinatore/-trice *m/f*, ladro/-a *m/f*, bandito *m*.
räuberisch *adj StrafR* rapace, predatorio.
Raub | gut *n StrafR* bottino *m*, preda *f*, cose *fpl* rubate; **~kopie** *f UrhR* copia *f* pirata, copia *f* illegale, copia *f* non autorizzata; **~mord** *m StrafR* omicidio *m* a scopo di rapina; **~mörder/in** *m/f StrafR* assassino *m* rapinatore.
Raubüberfall *m StrafR* rapina *f*; **bewaffneter ~** *m StrafR* rapina *f* a mano armata.
Raubwirtschaft *f* economia *f* rapace.
Rauchverbot *n* divieto *m* di fumare.
Raufhandel *m (A, CH)* rissa *f*.
Raum *m (Platz)* spazio *m*, posto *m*, *(Gebiet, Bereich)* area *f*, zona *f*, regione *f*, territorio *m*, *(Ort)* luogo *m*, *(Räumlichkeit)* locale *m*, vano *m* (*di un appartamento*), ambiente *m*, *(Zimmer)* camera *f*, stanza *f*, *(Saal)* sala *f*, aula *f*, *(Rauminhalt)* volume *m*, capacità *f* (*di carico*); **gewerblicher ~** *m* locale *m* ad uso industriale o commerciale; **rechtsfreier ~** *m* spazio *m* giuridicamente vuoto, sfera *f* non regolata da norme.
Raumarbitrage *f* arbitraggio *m* da piazza a piazza.
räumen *v (verlassen)* lasciare, *(aufgeben)* abbandonare, *(befreien)* sgomb(e)rare, liberare, *(evakuieren)* evacuare, *(leeren)* vuotare, *(Lager)* liquidare, *(com)* svendere.
Raumgehalt *m* capacità *f*, tonnellaggio *m*.
Räumlichkeiten *fpl (meist Plural)* locali *mpl*, vani *mpl*.
Raumordnung *f VerwR* assetto *m* territoriale, pianificazione *f* territoriale, ordinamento *m* urbanistico, urbanistica *f*.
Raumordnungs | behörde *f* autorità *f* competente per l'assetto territoriale; **~plan** *m* piano *m* urbanistico, piano *m* di assetto territoriale; **~politik** *f* politica *f* dell'assetto territoriale.
Raumüberwachung *f StrafProzR* intercettazione *f* ambientale, intercettazioni *fpl* ambientali.
Räumung *f (Verlassen)* abbandono *m*, liberazione *f*, *(von Wohnungen)* rilascio *m* di immobile, *(zwangsweise Räumung)* sfratto *m*, *(des Lagers, der Unfallstelle)* sgomb(e)ro *m*, *(Evakuierung)* evacuazione *f*, *(Leerung)* vuotamento *m*, *(com)* liquidazione *f*, *(com)* svendita *f*; **zwangsweise ~** *f* sfratto *m*.
Räumungs | ankündigung *f* avviso *m* di sfratto; **~anordnung** *f* ordinanza *f* di rilascio; **~aufforderung** *f* intimazione *f* di sfratto; **~auftrag** *m (A)* ordine *m* di sfratto; **~ausverkauf** *m* vendita *f* di liquidazione, liquidazione *f* totale (*della merce*), svendita *f*

totale; **~befehl** *m* ordine *m* di sfratto, ordine *m* di evacuazione; **~exekution** *f (A)* sfratto *m*; **~frist** *f* termine *m* di sfratto; **~klage** *f* intimazione *f* di sfratto, citazione *f* per la convalida di sfratto; **~urteil** *n* sentenza *f* di convalida di sfratto; **~verfahren** *n* procedimento *m* per convalida di sfratto; **~verkauf** *m (von Waren)* vendita *f* di liquidazione, liquidazione *f* totale (*della merce*), svendita *f* totale; **~zone** *f* zona *f* di evacuazione.

Rausch *m* stato *m* di ebbrezza, ebbrezza *f*, stato *m* di ubriachezza, ubriachezza *f*, ubriacatura *f*; **~delikt** *n StrafR* reato *m* commesso in stato di ebbrezza, reato *m* commesso in stato di ubriachezza.

Rauschgift *n* droga *f*, stupefacente *m*, sostanza *f* stupefacente; **~bekämpfung** *f* lotta *f* antidroga; **~dezernat** *n (Polizei)* sezione *f* antidroga, sezione *f* narcotici; **~handel** *m* traffico *m* di droga, traffico *m* di stupefacenti; **~händler** *m* trafficante *m* di droga, trafficante *m* di stupefacenti, narcotrafficante *m*, spacciatore *m*; **~schmuggel** *m* traffico *m* di droga, traffico *m* di stupefacenti, contrabbando *m* di stupefacenti; **~schmuggler** *m* trafficante *m* di droga, trafficante *m* di stupefacenti, narcotrafficante *m*, spacciatore *m*; **~sucht** *f* tossicodipendenza *f*.

rauschgiftsüchtig *adj* tossicodipendente.

Rauschgiftsüchtige/r *f/m* tossicodipendente *m/f*.

Rausch | mittel *n* sostanza *f* stupefacente; **~tat** *f StrafR* reato *m* commesso in stato di ebbrezza, reato *m* commesso in stato di ubriachezza; **~zustand** *m* stato *m* di ebbrezza, stato *m* di ubriachezza.

Razzia *f* retata *f*, rastrellamento *m*.

Reaktionszeit *f* tempo *m* di reazione.

real *adj (wirklich)* reale, effettivo, *(sachlich)* di fatto, *(konkret)* concreto.

Real | akt *m (Rechtshandlung)* atto *m* reale, atto *m* materiale, atto *m* non negoziale; **~angebot** *n* offerta *f* reale; **~ausgleichung** *f* collazione *f* in natura; **~besitz** *m* proprietà *f* immobiliare; **~einkommen** *n* reddito *m* reale, reddito *m* effettivo; **~erfüllung** *f (CH)* esecuzione *f* in forma specifica; **~erlös** *m* ricavo *m* effettivo; **~exekution** *f (A)* esecuzione *f* (forzata) immobiliare; **~firma** *f* ditta *f* oggettiva; **~gerechtigkeit** *f (A)* servitù *f* reale.

Realisation *f* realizzo *m*, realizzazione *f*.

Realisations | ankauf *m* acquisto *m* in vista di un realizzo; **~auftrag** *m* ordine *m* di realizzo; **~geschäft** *n* realizzo *m*; **~kauf** *m* acquisto *m* in vista di un realizzo; **~verkauf** *m* vendita *f* di realizzo, realizzo *m*; **~wert** *m* valore *m* di realizzo, valore *m* di realizzazione.

Realität *f (A)* immobile *m*.

Realitäten | agent/in *m/f (A)* agente *m/f* immobiliare; **~büro** *n (A)* agenzia *f* immobiliare; **~händler/in** *m/f (A)*; **~makler/in** *m/f (A)*; **~vermittler/in** *m/f (A)* agente *m/f* immobiliare; **~verwalter/in** *m/f (A)* amministratore *m* di immobili.

Real | kapital *n* capitale *m* reale; **~kaufkraft** *f* potere *m* d'acquisto reale; **~kollation** *f* collazione *f* in natura; **~konkurrenz** *f StrafR* concorso *m* materiale di reati; **~kredit** *m* credito *m* reale, credito *m* immobiliare, credito *m* con garanzia reale, credito *m* garantito; **~lasten** *fpl SachenR (§§ 1105 ff. BGB)* oneri *mpl* reali; **~lohn** *m* salario *m* reale; **~schätzung** *f (A) (Grundstücksbewertung)* valutazione *f* degli immobili; **~servitut** *n/f* servitù *f* reale; **~sicherheit** *f* garanzia *f* reale; **~statut** *n* statuto *m* reale; **~steuer** *f* imposta *f* reale; **~union** *f* unione *f* reale; **~vertrag** *m* ↔ *Konsensualvertrag* contratto *m* reale; **~wert** *m* valore *m* reale; **~zins** *m* interesse *m* reale.

Rechenschaft *f* conto *m*, ragione *f*, spiegazioni *fpl*; **~ ablegen** rendere (o: dar) conto.

Rechenschafts | bericht *m*; **~legung** *f* rendiconto *m*, rapporto *m* di gestione; **~pflicht** *f* obbligo *m* di rendiconto.

Rechnung *f (Berechnung)* conto *m*, calcolo *m*, conteggio *m*, *(schriftliche*

Aufstellung) fattura *f*, *(für Strom, Wasser, Telefon)* bolletta *f*, *(des Anwalts)* parcella *f*; **auf ~** per conto; **auf Ihre ~ und Gefahr** per Vostro conto e rischio; **~ ablegen** rendere conto; **eine ~ abschließen** chiudere un conto; **eine ~ ausgleichen** saldare una fattura, saldare un conto; **eine ~ ausschreiben** compilare una fattura, fare una fattura, fatturare; **eine ~ ausstellen** emettere una fattura, rilasciare una fattura; **eine ~ begleichen** saldare una fattura, pagare una fattura; **eine ~ bereinigen** appurare un conto; **eine ~ berichtigen** rettificare un conto; **eine ~ bezahlen** pagare una fattura, saldare una fattura; **in ~ bringen** mettere in conto, conteggiare; **~ legen** rendere conto; **eine ~ prüfen** verificare un conto; **in ~ stellen** mettere in conto, conteggiare, addebitare, fatturare; **auf neue ~ vortragen** riportare a nuovo; **ausgeglichene ~** *f*; **beglichene ~** *f* fattura *f* pagata, fattura *f* saldata, conto *m* saldato, conto *m* liquidato; **für eigene ~** per conto proprio; **in eigenem / im eigenen Namen und für eigene ~** in nome e per conto proprio; **auf feste ~** al fermo; **fingierte ~** *f* fattura *f* fittizia; **für fremde ~** per conto di altri, per conto di terzi; **für gemeinschaftliche ~** per conto comune; **laufende ~** *f* conto *m* corrente, conto *m* pendente, parte *f* effettiva (*di bilancio*), *(unbezahlte Rechnung)* fattura *f* non pagata, fattura *f* non saldata; **offene ~** *f*; **offenstehende ~** *f* fattura *f* non pagata, fattura *f* non saldata, fattura *f* insoluta, conto *m* aperto; **quittierte ~** *f* fattura *f* quietanzata; **in Rückstand befindliche ~** *f* conto *m* arretrato; **spezifizierte ~** *f* conto *m* dettagliato; **überschlägige ~** *f* calcolo *m* approssimativo; **unbeglichene ~** *f*; **unbezahlte ~** *f* fattura *f* non pagata, fattura *f* non saldata, fattura *f* insoluta, conto *m* non pagato; **vorläufige ~** *f* fattura *f* provvisoria, conto *m* provvisorio.

Rechnungs|abgleichung *f* pareggiamento *m* dei conti; **~abgrenzung** *f* determinazione *f* dei ratei e risconti; **~abgrenzungsposten** *pl* ratei *mpl* e risconti *mpl*; **~ablage** *f* resa *f* dei conti, rendiconto *m*; **~abnahme** *f* riscontro *m* dei conti; **~abschluss** *m* chiusura *f* dei conti, bilancio *m* consuntivo *(A)*, conto *m* consuntivo; **~abschnitt** *m* periodo *m* contabile, periodo *m* d'esercizio; **~aufstellung** *f* stato *m* contabile, distinta *f* dei conti; **~ausstellung** *f* emissione *f* di fattura, rilascio *m* di fattura, fatturazione *f*; **~auszug** *m* estratto *m* (di) conto; **~beamter/-beamtin** *m/f* agente *m/f* contabile; **~begleichung** *f* pagamento *m* di una fattura, il saldare una fattura, il saldare un conto; **~beleg** *m* documento *m* contabile, pezza *f* contabile, pezza *f* d'appoggio, pezza *f* giustificativa, documento *m* giustificativo, giustificativo *m*; **~betrag** *m* importo *m* della fattura, importo *m* fatturato; **~buch** *n* libro *m* contabile, registro *m* contabile, libro *m* dei conti, registro *m* delle fatture, copia *f* fatture; **~bücher** *npl* libri *mpl* contabili, registri *mpl* contabili, libri *mpl* dei conti; **~datum** *n* data *f* della fattura; **~defizit** *n* deficit *m* contabile; **~doppel** *n* duplicato *m* di fattura; **~eingang** *m* ricezione *f* della fattura, ricevimento *m* della fattura, arrivo *m* della fattura, inserimento *m* della fattura; **Europäische ~einheit** *f* (*Abk* = **ERE**) *EuR* unità *f* di conto europea *(ECU)*; **~empfang** *m* ricezione *f* della fattura, ricevimento *m* della fattura.

Rechnungserteilung *f* [1] *(Rechnungsausstellung)* fatturazione *f*.

Rechnungserteilung *f* [2] *(Rechnungsablage)* rendiconto *m*, resa *f* dei conti.

Rechnungs|führer/in *m/f* ragioniere/-a *m/f*, contabile *m/f*, computista *m/f*, posizionista *m/f*; **~führung** *f* contabilità *f*, gestione *f* contabile, ragioneria *f*, tenuta *f* dei conti; **~geld** *n* moneta *f* di conto; **~grundlage** *f* base *f* di calcolo.

Rechnungshof *m* corte *f* dei conti;

Europäischer ~ *m* (*Abk* = **EuRH**) *EuR* Corte *f* dei conti europea.

Rechnungs|jahr *n* anno *m* contabile, anno *m* finanziario, anno *m* fiscale, esercizio *m* (finanziario); **~kammer** *f* corte *f* dei conti; **~leger/in** *m/f* chi rende conto; **~legung** *f* resoconto *m*, rendiconto *m*, bilancio *m* consuntivo, chiusura *f* dei conti, rendimento *m* dei conti, resa *f* dei conti; **~legungsgrundsatz** *m* norma *f* contabile; **~legungspflicht** *f* obbligo *m* di rendiconto; **~nachlass** *m* sconto *m*; **~nummer** *f* numero *m* di (o: della) fattura; **~periode** *f* periodo *m* contabile, esercizio *m* finanziario; **~position** *f*; **~posten** *m* voce *f* contabile, voce *f* (di un conto); **~preis** *m* prezzo *m* di fattura, prezzo *m* fatturato; **~prüfer/in** *m/f* revisore *m* dei conti, revisore *m* contabile, sindaco *m*; **~prüfung** *f* revisione *f* dei conti, revisione *f* contabile, verifica *f* contabile; **~revisor/in** *m/f* revisore *m* dei conti, revisore *m* contabile, sindaco *m*; **~ruf** *m (CH)* grida *f (CH)*; **~sachverständige/r** *f/m* esperto *m* contabile; **~saldo** *m* saldo *m* contabile, saldo *m* di conto; **~schluss** *m (CH)* chiusura *f* dei conti; **~stelle** *f* ufficio *m* di contabilità, sezione *f* contabilità; **~stellung** *f* rendiconto *m*, *(Erstellung einer Rechnung)* emissione *f* della fattura, fatturazione *f*; **~summe** *f* importo *m* della fattura, importo *m* fatturato; **~überschuss** *m* eccedenza *f* contabile, saldo *m* contabile, saldo *m* di conto; **~unterlagen** *pl* scritture *fpl* contabili, documenti *mpl* contabili; **~wert** *m* valore *m* contabile, valore *m* di conto, valore *m* di fattura, valore *m* fatturato, importo *m* fatturato.

Rechnungswesen *n* contabilità *f*, ragioneria *f*, accounting *m*; **betriebliches ~** *n* contabilità *f* aziendale, ragioneria *f* privata; **öffentliches ~** *n* contabilità *f* pubblica, ragioneria *f* pubblica.

Rechnungszinsfuß *m* tasso *m* tecnico di interesse.

recht *adj (richtig)* giusto, *(passend)* adatto, appropriato, *(gelegen)* opportuno, *(Seite, Hand)* destro; **~ und billig** giusto ed equo.

Recht *n* diritto *m*, *(objektiv: Gesamtheit der Gesetze)* legislazione *f*, disciplina *f*, *(Gesetz)* legge *f*, *(Gesamtheit der Normen)* norme *fpl*, normativa *f*, *(Rechtswissenschaft)* giurisprudenza *f*, *(Rechtspflege)* giustizia *f*, *(subjektiv: berechtigter Anspruch)* titolo *m*, ragione *f*, *(Befugnis)* facoltà *f*, potere *m*, autorità *f*, *(Vorrecht)* privilegio *m*; **mit ~**; **zu ~** a buon diritto, con diritto, a giusto titolo, a ragione; **von ~s wegen** di diritto, de jure *(lat)*; **ein ~ absprechen** negare un diritto; **ein ~ abtreten** cedere un diritto; **ein ~ anerkennen** riconoscere un diritto; **sich das ~ anmaßen** arrogarsi il diritto; **das ~ anwenden** applicare la legge; **ein ~ aufgeben** rinunciare a un diritto, abbandonare un diritto; **ein ~ ausüben** esercitare un diritto; **ein ~ beanspruchen** rivendicare un diritto; **eines ~s berauben** privare di un diritto; **sich auf seine ~e berufen** far(e) valere i propri diritti, invocare i propri diritti; **ein ~ durchsetzen** attuare un diritto, far(e) valere un diritto; **ein ~ einklagen** rivendicare un diritto (*in via giudiziaria*), azionare (in giudizio) un diritto; **in die ~e eintreten** essere surrogato; **in die ~e eintreten lassen** surrogare; **hat für ~ erkannt** *ProzR (Urteil)* ha deciso (quanto segue), (così) dichiara, così pronuncia, così provvede, ritiene di giustizia; **für ~ erkennen** decidere; **ein ~ erwerben** acquisire un diritto, acquistare un diritto; **von einem ~ Gebrauch machen** avvalersi di un diritto; **ein ~ geltend machen** esercitare un diritto, far(e) valere un diritto, vantare un diritto, rivendicare un diritto, accampare un diritto; **seine ~e geltend machen** far(e) valere i propri diritti; **~e gewähren** concedere i diritti; **das ~ haben** avere il diritto [di], avere diritto [a], essere in diritto [di], avere (la) facoltà [di], essere facoltizzato [a], essere legittimato [a], essere autorizzato [a], potere; **~ sprechen** amministrare la giustizia; **ein ~ übertragen** trasferire un diritto, cedere un diritto; **dem deutschen ~ unterliegen** *IPR* essere retto dal diritto tedesco (o: dalla legge tedesca), essere regolato dal diritto tedesco (o: dalla legge tedesca), essere disciplinato dal diritto tedesco (o: dalla legge tedesca), essere soggetto al diritto tedesco (o: alla legge tedesca); **das ~ verletzen** violare la legge; **ein ~ verletzen** violare un diritto, ledere un diritto; **ein ~ verlieren** perdere un diritto; **eines ~es verlustig gehen**; **ein ~ verwirken** decadere da un diritto; **auf ein ~ verzichten** rinunciare a un diritto; **alle ~e vorbehalten** tutti i diritti riservati; **sich das ~ vorbehalten** riservarsi il diritto, riservarsi la facoltà; **in seine ~e wiedereinsetzen** reintegrare nei suoi diritti; **abdingbares ~** *n* diritto *m* disponibile; **abgeleitetes ~** *n* diritto *m* derivato; **absolutes ~** *n* *DeliktsR* diritto *m* assoluto; **abstraktes ~** *n* diritto *m* astratto; **abtretbares ~** *n* diritto *m* cedibile; **akzessorisches ~** *n* diritto *m* accessorio; **alleiniges ~** *n* diritto *m* esclusivo; **allgemein anerkanntes ~** *n* diritto *m* generalmente riconosciuto; **allgemeines ~** *n* diritto *m* comune; **älteres ~** *n*; **altes ~** *n* normativa *f* previgente, diritto *m* previgente, diritto *m* anteriore; **angeborenes ~** *n*; **angestammtes ~** *n* diritto *m* innato; **angrenzende ~e** *npl* diritti *mpl* connessi (al diritto d'autore); **anwendbares ~** *n* *IPR*; **anzuwendendes ~** *n* *IPR* diritto *m* applicabile, legge *f* applicabile, legge *f* regolatrice; **ausländisches ~** *n* diritto *m* straniero; **ausschließliches ~** *n* diritto *m* esclusivo, privativa *f*; **benachbarte ~e** *npl* diritti *mpl* connessi (al diritto d'autore); **beschränktes ~** *n* diritto *m* limitato; **bürgerliches ~** *n* diritto *m* civile; **dingliches ~** *n* diritto *m* reale; **dispositives ~** *n* diritto *m* dispositivo; **eingetragenes ~** *n* diritto *m* iscritto, diritto *m* trascritto; **einklagbares ~** *n* diritto *m* esigibile (*per vie legali*), diritto *m* azionabile (*in giudizio*); **ersessenes ~** *n* diritto *m* usucatto; **formelles ~** *n* diritto *m* formale, diritto *m* processuale, diritto *m* procedurale; **früheres ~** *n* normativa *f* previgente, diritto *m* previgente, diritto *m* anteriore; **nach geltendem ~** secondo la normativa vigente, secondo la normativa in vigore, secondo le norme vigenti, secondo le norme in vigore; **geltendes ~** *n* diritto *m* vigente, diritto *m* in vigore, normativa *f* vigente, normativa *f* in vigore, norme *fpl* vigenti, norme *fpl* in vigore; **gemeines ~** *n* *Rgesch* ius commune *(lat)*, diritto *m* comune; **geschriebenes ~** *n* diritto *m* scritto, legge *f* scritta; **gesetztes ~** *n* diritto *m* positivo; **göttliches ~** *n* diritto *m* divino; **grundlegendes ~** *n* diritto *m* fondamentale; **gutgläubig erworbenes ~** *n* diritto *m* acquisito in buona fede; **höchstpersönliches ~** *n* diritto *m* personalissimo; **ideelles ~** *n* diritto *m* ideale; **inländisches ~** *n*; **innerstaatliches ~** *n* *IPR* diritto *m* nazionale, diritto *m* interno; **internationales ~** *n* diritto *m* internazionale; **intertemporales ~** *n* diritto *m* intertemporale; **kanonisches ~** *n* diritto *m* canonico; **kantonales ~** *n* *(CH)* diritto *m* cantonale; **kodifiziertes ~** *n* diritto *m* codificato; **künftiges ~** *n* diritto *m* futuro; **materielles ~** *n* diritto *m* sostanziale, diritto *m* materiale; **nachgiebiges ~** *n* diritto *m* dispositivo, diritto *m* derogabile; **nationales ~** *n* *IPR* diritto *m* nazionale, diritto *m* interno, normativa *f* nazionale; **natürliches ~** *n* diritto *m* naturale; **objektives ~** *n* diritto *m* oggettivo; **öffentliches ~** *n* diritto *m* pubblico; **originäres ~** *n* diritto *m* originario; **örtliches ~** *n* diritto *m* locale; **persönliches ~** *n* diritto *m* personale; **politische ~e** *npl* diritti *mpl* politici; **positives ~** *n* diritto *m* positivo, legge *f* positiva; **privates ~** *n* diritto *m* privato; **relatives ~** *n* diritto *m* relativo; **reversibles ~** *n* diritto *m* invocabile in sede di ricorso in cassazione; **römisches ~** *n* diritto *m* romano; **sachliches ~** *n* diritto *m* materiale; **selb(st)ständiges ~** *n* diritto *m* autonomo; **streitbefangenes ~** *n*; **streitiges ~** *n*; **streitverfangenes ~** *n* diritto *m* controverso; **strenges ~** *n* diritto *m* stretto; **strittiges ~** *n* diritto *m* controverso; **subjektives ~** *n* diritto *m* soggettivo; **subjektives öffentliches ~** *n* diritto *m* pubblico soggettivo; **subsidiäres ~** *n* diritto *m* sussidiario; **supranationales ~** *n* diritto *m* sovranazionale; **traditionelles ~** *n* diritto *m* consuetudinario; **übertragbares ~** *n* diritto *m* trasmissibile; **nicht übertragbares ~** *n* diritto *m* intrasmissibile; **unabdingbares ~** *n* diritto *m* indisponibile; **unantastbares ~** *n* diritto *m* inviolabile; **unbedingtes ~** *n*; **uneingeschränktes ~** *n* diritto *m* assoluto; **unersitzbares ~** *n* diritto *m* non usucapibile; **ungeschriebenes ~** *n* diritto *m* non scritto; **unkörperliches ~** *n* diritto *m* immateriale; **unübertragbares ~** *n* diritto *m* intrasmissibile; **unveräußerliches ~** *n* diritto *m* inalienabile; **unverjährbares ~** *n*; **unverlierbares ~** *n* diritto *m* imprescrittibile; **unverzichtbares ~** *n* diritto *m* irrinunciabile; **ursprüngliches ~** *n* diritto *m* originario; **veräußerliches ~** *n* diritto *m* alienabile; **verbriefte ~e** *npl* diritti *mpl* costituzionali; **verbrieftes ~** *n* diritto *m* incorporato; **von der Verfassung garantiertes ~** *n* diritto *m* costituzionalmente garantito; **verfügbares ~** *n* diritto *m* disponibile; **vergleichendes ~** *n* diritto *m* comparato; **verliehenes ~** *n* diritto *m* conferito; **verwandte ~e** *npl* diritti connessi *mpl* (al diritto d'autore); **vorher bestehendes ~** *n* diritto *m* preesistente; **vorkonstitutionelles ~** *n* diritto *m* precostituzionale; **widerrufliches ~** *n* diritto *m* revocabile; **wohlerworbenes ~** *n* diritto *m* acquisito, diritto *m* quesito; **zugehöriges ~** *n* *SachenR* diritto *m* accessorio; **zukünftiges ~** *n* diritto *m* futuro; **zwingendes ~** *n* diritto *m* cogente, diritto *m* imperativo; **zwischenstaatliches ~** *n* diritto *m* internazionale; **~** *n* **auf Achtung** *(Völkerrecht)* diritto *m* all'onore; **~** *n* **zum Ankern** diritto *m* di ancoraggio; **~** *n* **auf Arbeit** diritto *m* al lavoro; **~** *n* **der belegenen Sache** *IPR* lex rei sitae (*legge del luogo ove si trova la cosa*) *(lat)*; **~** *n* **auf Berichterstattung** *(Presserecht)* diritto *m* di cronaca; **~** *n* **zum Besitz** *SachenR (§ 986 BGB)* diritto *m* di possesso; **~e** *npl* **Dritter** diritti *mpl* di terzi; **~** *n* **auf effektiven Rechtsschutz** *VerfR* diritto *m* alla tutela giurisdizionale effettiva; **~** *n* **an der Ehre** diritto *m* all'onore; **~** *n* **am eigenen Bild** diritto *m* all'immagine, diritto *m* alla propria immagine; **~** *n* **zum Einschreiten** diritto *m* di intervento; **~** *n* **auf Einsicht**; **~** *n* **auf Einsichtnahme**; **~** *n* **zur Einsichtnahme** diritto *m* di ispezione; **~** *n* **der Erstgeburt** diritto *m* di primogenitura; **~** *n* **auf ein faires Verfahren** *ProzR (Fair-Trial-Grundsatz)* diritto *m* a un equo processo, diritto *m* a un giusto processo; **~** *n* **der Flagge** legge *f* della bandiera; **~** *n* **zur freien Fahrt** diritto *m* di trasporto gratuito; **~** *n* **zur freien Würdigung** *ProzR* potere *m* discrezionale del giudice; **~** *n* **auf Freizügigkeit** diritto *m* di libera circolazione; **~** *n* **der Gegenäußerung** diritto *m* di replica; **~** *n* **auf Gegendarstellung** diritto *m* alla rettifica; **~** *n* **am eingerichteten und ausgeübten Gewerbebetrieb** *(D) (absolutes Recht i.S.d. § 823 BGB)* diritto *m* dell'impresa alla sua attività economica, diritto *m* dell'azienda all'attività imprenditoriale; **~** *n* **des gewerblichen Eigentums** diritto *m* della proprietà industriale; **~** *n* **auf Immunität**; **~** *n* **der Immunität** diritto *m* di immunità; **~** *n* **auf Inventarerrichtung** beneficio *m* d'inventario; **~** *n* **auf Nacheile** diritto *m* di inseguimento; **~** *n* **am**

Papier diritto *m* al titolo; **~** *n* **aus dem Papier** diritto *m* incorporato; **~** *n* **auf das Patent** diritto *m* al brevetto; **~** *n* **der Persönlichkeit** *(CH)* personalità *f* giuridica; **~** *n* **auf Privatsphäre** *VerfR* diritto *m* alla privacy; **~** *n* **auf rechtliches Gehör** *ProzR* diritto *m* di essere ascoltato dal giudice; **~** *n* **der Schuldverhältnisse** diritto *m* delle obbligazioni; **~** *n* **des Stärkeren** diritto *m* del più forte; **~** *n* **auf Verteidigung** diritto *m* di difesa; **~** *n* **auf vorzugsweise Befriedigung** diritto *m* di prelazione, diritto *m* alla soddisfazione privilegiata; **~** *n* **der Wiedervergeltung** legge *f* del taglione; **~** *n* **auf Wohnraum** diritto *m* all'abitazione; **~** *n* **des Wohnsitzes** legge *f* del domicilio; **~** *n* **auf Wohnung** diritto *m* all'abitazione.

Rechte *f* destra *f*; **äußerste ~** *f* estrema destra *f*.

rechtens sein essere legittimo, essere giusto.

rechtfertigen *v* giustificare, legittimare, *(entschuldigen)* scusare, *(verteidigen)* difendere; **nicht zu ~** ingiustificabile.

Rechtfertigung *f* giustificazione *f*, *(Entschuldigung)* scusa *f*, *(Verteidigung)* difesa *f*, discolpa *f*.

Rechtfertigungselement, subjektives ~ *n StrafR* causa *f* soggettiva di giustificazione.

Rechtfertigungsgrund *m StrafR* causa *f* di giustificazione, giustificante *f*, scriminante *f*, esimente *f*, causa *f* di esclusione dell'antigiuridicità, causa *f* oggettiva di esclusione del reato.

rechtlich *adj* giuridico, legale, legittimo, di diritto, di legge; **~ und tatsächlich** di diritto e di fatto; **~ bindend** giuridicamente vincolante; **~ erheblich** giuridicamente rilevante; **~ unerheblich** giuridicamente irrilevante, privo di rilevanza giuridica; **~ verpflichtet sein** essere obbligato per legge, essere tenuto per legge.

Rechtlichkeit *f* legalità *f*.

rechtlos *adj* senza diritto.

Rechtlose/r *f/m* fuorilegge *m/f*.

Rechtlosigkeit *f* stato *m* di fuorilegge.

rechtmäßig *adj* legale, legittimo, giusto, equo, conforme al diritto, conforme alla legge; **für ~ erklären** legittimare, dichiarare legittimo; **~ verurteilt** *StrafProzR* regolarmente condannato.

Rechtmäßigkeit *f* legalità *f*, legittimità *f*, regolarità *f*, conformità *f* al diritto; **~** *f* **des Handelns** legittimità *f* dell'atto.

Rechtmäßigkeits|mangel *m* vizio *m* di legittimità; **~prüfung** *f* esame *m* di legittimità, controllo *m* di legittimità, sindacato *m* di legittimità; **~vermutung** *f* presunzione *f* di legittimità.

Rechts- giuridico, legale.

Rechts|abteilung *f* ufficio *m* legale, ufficio *m* (del) contenzioso, sezione *f* giuridica; **~abtretung** *f* cessione *f* di diritti; **~agent/in** *m/f (CH)* agente *m/f* di diritto; **~akt** *m* atto *m* giuridico, atto *m* normativo; **~alltag** *m* prassi *f* (giuridica quotidiana); **~analogie** *f* analogia *f* giuridica; **~änderungsklage** *f* azione *f* costitutiva; **~änderungsrecht** *n* diritto *m* costitutivo; **~angelegenheit** *f* questione *f* giuridica, problema *m* (di carattere) giuridico, aspetto *m* giuridico, affare *m* giuridico, questione *f* legale, materia *f* legale, questione *f* normativa, *(Rechtsstreitigkeit)* causa *f*, lite *f*, processo *m*; **~angleichung** *f* *IPR* armonizzazione *f* del diritto, armonizzazione *f* legislativa, ravvicinamento *m* legislativo, ravvicinamento *m* delle legislazioni, coordinamento *m* del diritto.

rechtsanhängig *adj ZivProzR* pendente.

Rechts|anmaßung *f* usurpazione *f* di un diritto; **~anschauung** *f*; **~ansicht** *f* concezione *f* giuridica, concezione *f* del diritto; **~anspruch** *m* diritto *m* (*soggettivo*), pretesa *f* (*giuridica*).

Rechtsanwalt *m* [f: Rechtsanwältin, pl: Rechtsanwälte] (*Abk* = **m: RA / f: RAin / pl: RAe**) = *Anwalt/Anwältin* avvocato *m (avv.)* (*in Italia la Legge 24 febbraio 1997, n. 27 ha* *soppresso l'albo dei procuratori legali e ha sostituito l'espressione "procuratore legale" contenuto nelle disposizioni legislative vigenti con il termine "avvocato"*), legale *m*, difensore *m* (*nel processo civile*), patrocinatore *m* (*legale*); **einen ~ beiordnen** nominare un difensore; **einen ~ um Rat fragen** chiedere il consiglio di un legale.

Rechtsanwalts | anwärter/in *m/f (A)* praticante procuratore *m*; **~büro** *n* studio *m* legale.

Rechtsanwaltschaft *f* avvocatura *f*; **aus der ~ ausschließen** radiare dall'albo degli avvocati.

Rechtsanwalts | fachangestellte/r *f/m* assistente *m/f* (*di studio legale*), segretario/-a *m/f* (*di studio legale*); **~gebühr/en f/pl** onorari *mpl* e diritti *mpl* dell'avvocato, compenso *m* (professionale) dell'avvocato, parcella *f* dell'avvocato, competenze *fpl* spettanti all'avvocato, spettanze *fpl* dell'avvocato, *(gerichtliche Rechtsanwaltskosten)* spese *fpl* legali; **~gebührenordnung** *f* tariffe *fpl* forensi; **~gehilfe/-in** *m/f* assistente *m/f* (*di studio legale*), segretario/-a *m/f* (*di studio legale*); **~honorar** *n* onorario *m* dell'avvocato, compenso *m* (professionale) dell'avvocato, parcella *f* dell'avvocato, competenze *fpl* spettanti all'avvocato, spettanze *fpl* dell'avvocato.

Rechtsanwaltskammer *f* = *Anwaltskammer* ordine *m* degli avvocati; **Vorstand** *m* **der ~** consiglio *m* dell'ordine degli avvocati.

Rechtsanwaltskanzlei *f* = *Anwaltskanzlei* studio *m* legale.

Rechtsanwaltskosten *pl* = *Anwaltskosten* onorari *mpl* e diritti *mpl* dell'avvocato, compenso *m* (professionale) dell'avvocato, parcella *f* dell'avvocato, competenze *fpl* spettanti all'avvocato, spettanze *fpl* dell'avvocato, *(gerichtliche Rechtsanwaltskosten)* spese *fpl* legali; **außergerichtliche ~** *pl* spese *fpl* stragiudiziali; **gerichtliche ~** *pl* spese *fpl* legali, onorari *mpl* di lite.

Rechtsanwaltstarif *m (A)* tariffa *f* forense.

Rechts | anwendung *f* applicazione *f* del diritto; **~auffassung** *f* concezione *f* giuridica, concetto *m* giuridico, opinione *f* giuridica, assunto *m* giuridico, tesi *f* giuridica; **~aufsicht** *f* *(Verwaltungsrecht)* controllo *m* di legittimità; **~ausdruck** *m* termine *m* legale, termine *m* giuridico; **~ausführungen** *fpl* argomentazioni *fpl* giuridiche, esposizione *f* degli elementi di diritto, in diritto; **~auslegung** *f* interpretazione *f* del diritto; **~ausschuss** *m* commissione *f* giuridica.

Rechtsausübung *f* esercizio *m* di un diritto; **missbräuchliche ~** *f*; **unzulässige ~** *f* abuso *m* di diritto.

Rechtsausübungsfrist *f* termine *m* per l'esercizio del diritto.

Rechts | bedingung *f* condizione *f* legale, condizione *f* di diritto; **~befolgung** *f* osservanza *f* della legge, rispetto *m* della legge.

Rechtsbegriff *m* concetto *m* giuridico, nozione *f* giuridica; **unbestimmter ~** *m* concetto *m* giuridico indeterminato, nozione *f* giuridica indeterminata.

rechtsbegründend *adj* costitutivo (di diritti).

Rechtsbehelf *m ProzR (z.B. Rechtsmittel, Einspruch, Widerspruch, Erinnerung, Gegenvorstellung)* mezzo *m* di impugnazione, impugnazione *f*, mezzo *m* di gravame, rimedio *m* giuridico, espediente *m* giuridico; **gegen diesen Beschluss ist ein ~ nicht gegeben** *ProzR* la presente ordinanza non è impugnabile; **außerordentlicher ~** *m ProzR* mezzo *m* di impugnazione straordinario, mezzo *m* di impugnazione straordinaria, impugnazione *f* straordinaria; **ordentlicher ~** *m ProzR* mezzo *m* di impugnazione ordinario, mezzo *m* di impugnazione ordinaria, impugnazione *f* ordinaria.

Rechtsbehelfsbelehrung *f ProzR* avvertimento *m* sui (o: relativo ai) mezzi di impugnazione, indicazione *f* dei rimedi giuridici *(CH)*.

Rechts | behinderung *f* intralcio *m* alla giustizia; **~beistand** *m* patrocinio *m*, assistenza *f* legale, *(Person)* patrocinatore *m* legale; **~belehrung** *f* avvertimento *m* sui diritti di una parte; **~berater/in** *m/f* consulente *m/f* legale, giureconsulto *m*; **~beratung** *f* consulenza *f* legale; **~beratungsstelle** *f* ufficio *m* di consulenza legale; **~beschwerde** *f ProzR* ricorso *m* per motivi di diritto, *ZivProzR* reclamo *m* per (o: fondato su) motivi di diritto; **~besitz** *m* possesso *m* di un diritto; **~bestand** *m* validità *f* giuridica.

rechtsbeständig *adj* legalmente valido.

Rechts | beständigkeit *f* validità *f* giuridica; **~beugung** *f (D) StrafR (§ 339 StGB)* applicazione *f* volutamente erronea del diritto da parte di un giudice, arbitro o pubblico funzionario in sede di decisione di una controversia; **~beziehung** *f* rapporto *m* giuridico, relazione *f* giuridica; **~bildung** *f* formazione *f* del diritto.

Rechtsbrecher *m StrafR* violatore *m* della legge, chi viola la legge, delinquente *m*, malfattore *m*; **erstmaliger ~** *m (A) StrafR* delinquente *m* primario; **internationaler ~** *m StrafR* delinquente *m* internazionale; **junger ~** *m (A) StrafR* delinquente *m* minore.

Rechts | bruch *m StrafR* violazione *f* della legge; **~darlegung** *f*; **~darstellung** *f* esposizione *f* di diritto, esposizione *f* degli elementi di diritto, esposizione *f* giuridica, in diritto; **~dezernat** *n* ufficio *m* legale; **~dogmatik** *f* dogmatica *f* giuridica; **~domizil** *n (CH)* domicilio *m* legale; **~eigenschaft** *f* qualità *f* giuridica; **~einheit** *f* unità *f* del diritto; **~einrichtung** *f* istituto *m* giuridico; **~einwand** *m* eccezione *f*; **~empfinden** *n* senso *m* della giustizia, sentimento *m* del diritto; **~erfolg** *m* effetto *m* dell'atto giuridico, evento *m* giuridico.

rechtserheblich *adj* giuridicamente rilevante.

Rechts | erheblichkeit *f* rilevanza *f* giuridica, rilievo *m* giuridico; **~erwerb** *m* acquisto *m* di un diritto, acquisizione *f* di un diritto.

Rechtsetzung *f* legislazione *f*, produzione *f* del diritto, produzione *f* normativa, formazione *f* delle leggi.

Rechtsetzungs | akt *m* atto *m* normativo; **~befugnis** *f*; **~gewalt** *f* potere *m* legislativo, potere *m* legiferante, potere *m* di legiferare; **~verfahren** *n* procedimento *m* di formazione delle leggi, procedimento *m* di creazione del diritto.

Rechts | experte/-tin *m/f* giurisperito *m*; **~extremist/in** *m/f* estremista *m/f* di destra.

rechtsfähig *adj* avente capacità giuridica, che ha capacità giuridica, *(Verein)* (associazione) riconosciuta, (associazione) con personalità giuridica; **nicht ~** [auch: nichtrechtsfähig] senza capacità giuridica, senza personalità giuridica, *(Verein)* (associazione) non riconosciuta.

Rechtsfähigkeit *f (§ 1 BGB; §§ 16 ff. österr. ABGB)* capacità *f* giuridica, capacità *f* di diritto; **völkerrechtliche ~** *f* capacità *f* giuridica di diritto internazionale pubblico.

Rechts | fall *m* causa *f*, caso *m* giuridico; **~figur** *f* figura *f* giuridica; **~fiktion** *f* finzione *f* giuridica.

Rechtsfolge *f* conseguenza *f* giuridica, effetto *m* giuridico; **eine ~ herbeiführen** produrre un effetto giuridico.

Rechts | form *f* forma *f* giuridica, forma *f* legale; **~formalismus** *m* formalismo *m* giuridico; **~fortbildung** *f* diritto *m* di natura giurisprudenziale, evoluzione *f* del diritto, adattamento *m* del diritto ai cambiamenti economici e sociali.

Rechtsfrage *f* questione *f* di diritto, questione *f* legale, questione *f* giuridica, problema *m* giuridico; **grundsätzliche ~** *f* questione *f* di massima.

Rechts | früchte *pl (Erträge eines Rechts)* frutti *mpl* civili; **~fürsorge** *f* assistenza *f* legale, assistenza *f* giuridica; **~gang** *m* procedura *f*, procedimento *m*, istanza *f*; **~garantie** *f* garanzia *f* giuridica; **~gebiet** *n* branca *f* del diritto, ramo *m* del diritto, materia *f* giuridica, campo *m* giuridico; **~gebilde** *n* figura *f* giuridica, entità *f* giuridica; **~gebühr** *f (A)* imposta *f* sugli affari; **~gefährdung** *f* messa *f* in pericolo di un diritto soggettivo; **~gefühl** *n* senso *m* della giustizia; **~gelehrte/r** *f/m* giurista *m/f*, giureconsulto *m*, giurisperito *m*; **~gelehrtheit** *f* giurisprudenza *f*; **~geltungswille** *m* opinio necessitatis *(lat)*, opinio iuris *(lat)*; **~gemeinschaft** *f* comunità *f*; **~genuss** *m* godimento *m* di un diritto; **~gesamtheit** *f* universalità *f* di diritto.

Rechtsgeschäft *n (Vertrag)* negozio *m* giuridico, operazione *f* negoziale; **abstraktes ~** *n* negozio *m* (giuridico) astratto; **anfechtbares ~** *n* negozio *m* (giuridico) annullabile; **bedingtes ~** *n* negozio *m* (giuridico) condizionale; **bedingungsfeindliches ~** *n* negozio *m* (giuridico) puro, negozio *m* (giuridico) legittimo, actus legitimus *(lat)*; **dingliches ~** *n* negozio *m* (giuridico) con efficacia reale; **einseitiges ~** *n*; **einseitig verpflichtendes ~** *n* negozio *m* (giuridico) unilaterale; **entgeltliches ~** *n* negozio *m* (giuridico) oneroso; **fiduziarisches ~** *n* negozio *m* (giuridico) fiduciario, interposizione *f* reale di persona; **formbedürftiges ~** *n* negozio *m* (giuridico) a forma vincolata, negozio *m* (giuridico) formale; **gemischtes ~** *n* negozio *m* (giuridico) misto; **gesichertes ~** *n (z.B. Ratenkauf, der durch einen Eigentumsvorbehalt abgesichert ist)* negozio *m* (giuridico) garantito; **kausales ~** *n* negozio *m* (giuridico) causale; **~** *n* **unter Lebenden** negozio *m* (giuridico) tra vivi; **nichtiges ~** *n* negozio *m* (giuridico) nullo; **~** *n* **von Todes wegen** negozio *m* (giuridico) mortis causa; **unsittliches ~** *n* negozio *m* (giuridico) turpe; **verdecktes ~** *n (D) (§ 117 BGB)* negozio *m* (giuridico) dissimulato; **zweiseitiges ~** *n*; **zweiseitig verpflichtendes ~** *n* negozio *m* (giuridico) bilaterale.

rechtsgeschäftlich *adj* negoziale.

Rechtsgeschäfts | gebühr *f (A)* imposta *f* sugli affari; **~typ** *m* tipo *m* negoziale.

Rechtsgeschichte *f* storia *f* del diritto.

rechtsgestaltend *adj* costitutivo (di diritto).

Rechts | gestaltung *f* costituzione *f* di diritti; **~gestaltungsklage** *f* azione *f* costitutiva; **~gewährleistung** *f (CH)* garanzia *f* per evizione; **~gewährungsanspruch** *m* diritto *m* alla tutela giurisdizionale; **~gleichheit** *f* uguaglianza *f* davanti alla legge.

Rechtsgrund *m* motivo *m* giuridico, motivo *m* legale, causa *f* (*del negozio giuridico*); **gleich aus welchem ~** a qualsiasi titolo.

Rechtsgrundlage *f* base *f* legale, base *f* giuridica, fondamento *m* giuridico.

Rechtsgrundsatz *m* principio *m* giuridico; **allgemeine Rechtsgrundsätze** *mpl* principi *mpl* generali del diritto.

rechtsgültig *adj* giuridicamente valido.

Rechtsgültigkeit *f* validità *f* giuridica.

Rechtsgut *n* bene *m* giuridico; **höchstpersönliches ~** *n* bene *m* giuridico personalissimo.

Rechts | gutachten *n* parere *m* legale, perizia *f* legale; **~gutsverletzung** *f* lesione *f* del bene giuridico; **~handlung** *f* atto *m* giuridico.

rechtshängig *adj ZivProzR* pendente (*giuridicamente pendente a tutti gli effetti*).

Rechtshängigkeit *f ZivProzR (der Streitsache: wird durch die Erhebung der Klage begründet) (§ 261 ZPO)* (piena) pendenza *f* (*della lite*), vera e propria pendenza *f* della lite, litispendenza *f* (*dopo la notifica dell'atto introduttivo al convenuto*).

Rechtshängigkeit
Dal momento in cui avviene il deposito in cancelleria dell'atto introduttivo (*Einreichung der Klageschrift bei Gericht*) fino alla sua notificazione d'ufficio al convenuto (*Zustellung der Klageschrift an den Beklagten durch das Gericht*) la causa è definita *anhängig*: essa produce alcuni effetti processuali, ma non è ancora giuridicamente pendente a tutti gli effetti. È solo la notifica dell'atto introduttivo al convenuto a segnare il momento di vera e propria pendenza della lite: è qui che si producono gli effetti processuali e sostanziali tipici della domanda giudiziale e la causa da *anhängig* diventa *rechtshängig*.

Rechtsharmonisierung *f IPR* armonizzazione *f* del diritto, armonizzazione *f* delle legislazioni (*degli Stati membri dell'UE*), armonizzazione *f* delle normative.

Rechtshilfe *f* rogatoria *f*, assistenza *f* giudiziaria (tra autorità giudiziarie); **internationale ~** *f* rogatoria *f* internazionale, assistenza *f* giudiziaria internazionale.

Rechtshilfe | abkommen *n* accordo *m* di assistenza giudiziaria; **~ersuchen** *n* rogatoria *f*, commissione *f* rogatoria, richiesta *f* di rogatoria, richiesta *f* di assistenza giudiziaria, domanda *f* di assistenza giudiziaria; **~übereinkommen** *n* accordo *m* di assistenza giudiziaria.

Rechtshilfeverkehr *m* assistenza *f* giudiziaria; **kleiner ~** *m* assistenza *f* giudiziaria minore.

Rechtshilfevertrag *m VölkerR* trattato *m* di assistenza giudiziaria.

Rechts | hoheit *f* sovranità *f*; **~hülfe** *f (CH)* assistenza *f* giudiziaria; **~inhaber/in** *m/f* titolare *m/f* di un diritto; **~inhaberschaft** *f* titolarità *f* del diritto; **~instanz** *f* giudizio *m* di legittimità, grado *m* di legittimità; **~institut** *n* istituto *m* giuridico; **~instrument** *n* strumento *m* giuridico; **~irrtum** *m* errore *m* di diritto.

rechtsirrtümlich *adj* giuridicamente erroneo.

Rechts | kauf *m* vendita *f* di diritti; **~kenntnis** *f* conoscenza *f* del diritto; **~kenntnisse** *pl* nozioni *fpl* di diritto; **~kollision** *f IPR* conflitto *m* di leggi (in diritto internazionale privato); **~kontinuität** *f* continuità *f* giuridica; **~kontrolle** *f* controllo *m* di legittimità, sindacato *m* di legittimità, controllo *m* giuridico, sindacato *m* giurisdizionale.

Rechtskraft *f ProzR* giudicato *m*, cosa *f* giudicata, autorità *f* di cosa giudicata, efficacia *f* di cosa giudicata, efficacia *f* giuridica, forza *f* legale, passaggio *m* in giudicato (*della sentenza*); **~ erlangen**; **in ~ erwachsen** *ProzR (Urteil, Entscheidung)* passare in giudicato; **formelle ~** *f ProzR (§ 705 ZPO)* cosa *f* giudicata formale, giudicato *m* formale; **materielle ~** *f ProzR* cosa *f* giudicata sostanziale, giudicato *m* sostanziale, giudicato *m* materiale.

rechtskräftig *adj ProzR (Urteil, Entscheidung)* passato in giudicato, avente autorità di cosa giudicata, definitivo, esecutivo, legalmente valido; **~ werden** *ProzR (Urteil, Entscheidung)* passare in giudicato, diventare (o: divenire) esecutivo.

Rechtskraftvermerk *m ProzR* certificato *m* di passaggio in giudicato (della sentenza).

Rechtskraftwirkung *f ProzR* effetto *m* di cosa giudicata; **auf die Prozessparteien beschränkte ~** *f ProzR* limiti *mpl* soggettivi della cosa giudicata, limiti *mpl* soggettivi del giudicato.

Rechtskraftzeugnis *n ProzR* certificato *m* di passaggio in giudicato (della sentenza).

Rechts | kreis *m* sfera *f* giuridica, famiglia *f* giuridica; **~kultur** *f* cultura *f* giuridica; **~kunde** *f (Schulfach)* diritto *m* (*materia di insegnamento*); **~kundige/r** *f/m* giurista *m/f*, giureconsulto *m*, giurisperito *m*; **~lage** *f* situazione *f* giuridica, situazione *f* di diritto.

Rechtslehre *f* dottrina *f* giuridica; **dualistische ~** *f* dualismo *m*.

Rechts|lehrer/in *m/f* docente *m/f* di diritto; **~logik** *f* logica *f* giuridica; **~lücke** *f* lacuna *f* del diritto.

Rechtsmangel *m* vizio *m* giuridico, vizio *m* di diritto, difetto *m* nel diritto, *VerwR* vizio *m* di legittimità.

Rechtsmängel|gewähr *f*; **~gewährleistung** *f*; **~haftung** *f* *SchuldR (Kaufrecht)* garanzia *f* per evizione.

Rechts|maxime *f* massima *f* legale; **~medizin** *f* medicina *f* legale; **~meinung** *f* opinione *f* giuridica.

Rechtsmissbrauch *m* abuso *m* del diritto; **Einwand** *m* **des ~s** exceptio doli generalis *(lat)*, eccezione *f* di abuso del diritto.

Rechtsmittel *n ProzR (Rechtsbehelf zur Überprüfung von Gerichtsentscheidungen durch ein höheres Gericht = Berufung, Revision und Beschwerde)* mezzo *m* di impugnazione, impugnazione *f*, impugnazioni *fpl*, impugnativa *f*, gravame *m*, mezzo *m* di gravame; **durch ~ anfechtbar** *ProzR* impugnabile; **~ einlegen** *ProzR* impugnare, proporre impugnazione [o: proporre l'impugnazione], proporre impugnazioni, proporre gravame; **gegen das Urteil ~ einlegen** *ProzR* impugnare la sentenza; **~ ergreifen** *ProzR* impugnare, proporre impugnazione [o: proporre l'impugnazione], proporre impugnazioni, proporre gravame; **außerordentliches ~** *n ProzR* mezzo *m* di impugnazione straordinario, mezzo *m* di impugnazione straordinaria, impugnazione *f* straordinaria; **~** *n* **mit Devolutiveffekt** *ProzR* mezzo *m* di impugnazione con effetto devolutivo, mezzo *m* di impugnazione devolutivo; **ordentliches ~** *n ProzR* mezzo *m* di impugnazione ordinario, mezzo *m* di impugnazione ordinaria, impugnazione *f* ordinaria.

Rechtsmittel|belehrung *ProzR* avvertimento *m* sui (o: relativo ai) mezzi di impugnazione, indicazione *f* dei rimedi giuridici *(CH)*; **~beschränkung** *f ProzR* limitazione *f* dei mezzi di impugnazione; **~eingabe** *f (CH)*; **~einlegung** *f ProzR* impugnazione *f*, proposizione *f* dell'impugnazione; **~entscheidung** *f ProzR* decisione *f* pronunciata in sede di giudizio di impugnazione; **~erklärung** *f ProzR* dichiarazione *f* di impugnazione; **~frist** *f ProzR* termine *m* di impugnazione, termine *m* per impugnare (*la sentenza*), termine *m* per proporre l'impugnazione; **~gericht** *n ProzR* giudice *m* dell'impugnazione, giudice *m* ad quem (*giudice a cui: indica il giudice competente a decidere sulla impugnazione del provvedimento emesso dal giudice a quo*); **~instanz** *f ProzR* giudizio *m* di impugnazione; **~kläger/in** *m/f ProzR* impugnante *m/f*; **~kosten** *pl ProzR* spese *fpl* del giudizio di impugnazione; **~schrift** *f ProzR* atto *m* di impugnazione; **~verfahren** *n ProzR* giudizio *m* di impugnazione; **~verzicht** *m ProzR* acquiescenza *f*, rinuncia *f* all'impugnazione, rinuncia *f* al gravame (*proposto*); **~werber/in** *m/f (A) ProzR* impugnante *m/f*; **~zulassung** *f ProzR* ammissione *f* del mezzo di impugnazione.

Rechtsnachfolge *f* successione *f* (*legale, nei diritti, nei rapporti giuridici*); **begrenzte ~** *f*; **konstitutive ~** *f* successione *f* costitutiva; **translative ~** *f*; **vollkommene ~** *f* successione *f* traslativa.

Rechts|nachfolger/in *m/f* successore *m*, avente *m/f* causa, causam habens *(lat)*; **~nachteil** *m* pregiudizio *m* legale; **~natur** *f* natura *f* giuridica; **~nehmer/in** *m/f (A)* avente *m/f* causa; **~nießbrauch** *m* usufrutto *m* legale; **~norm** *f* norma *f* giuridica; **~öffnung** *f (CH)* rigetto *m* d'opposizione *(CH)*; **~ordnung** *f* ordinamento *m* giuridico, ordine *m* giuridico, disciplina *f* giuridica, regolamento *m (CH)*, ordinanza *f (CH)*, decreto *m (CH)*.

Rechtspersönlichkeit *f* personalità *f* giuridica; **~** *f* **im Völkerrecht**

personalità *f* giuridica di diritto internazionale.

Rechtspflege *f* amministrazione *f* della giustizia, giustizia *f*; **~delikt** *n StrafR* reato *m* contro l'amministrazione della giustizia; **~organ** *n* organo *m* di amministrazione della giustizia.

Rechts | pfleger/in *m/f ProzR* funzionario *m* giudiziario (*con poteri/competenze/funzioni giurisdizionali che in Italia sono invece svolte dal giudice*); **~pflicht** *f* dovere *m* giuridico, obbligo *m* giuridico; **~philosophie** *f* filosofia *f* del diritto.

Rechtsposition *f* situazione *f* giuridica; **erlangte ~** *f* situazione *f* giuridica acquisita.

Rechts | positivismus *m* positivismo *m* giuridico; **~praxis** *f* pratica *f* giuridica.

Rechtsprechung *f*[1] *(Institution) (Artt. 92 ff. GG)* giurisdizione *f*, potere *m* giudiziario, amministrazione *f* della giustizia, giustizia *f*.

Rechtsprechung *f*[2] *(Produkt)* giurisprudenza *f* (*come insieme di sentenze emesse dagli organi giurisdizionali*), precedenti *mpl* giurisprudenziali; **höchstrichterliche ~** *f* giurisprudenza *f* della corte suprema; **schwankende ~** *f* giurisprudenza *f* oscillante; **ständige ~** *f* (*Abk* = **st.Rspr.**) giurisprudenza *f* costante; **überwiegende ~** *f* giurisprudenza *f* maggioritaria.

Rechtsprechungs | befugnis *f*; **~gewalt** *f* potere *m* giudiziario, potere *m* giurisdizionale; **~kasuistik** *f* casistica *f* giurisprudenziale; **~organ** *n* organo *m* giurisdizionale; **~praxis** *f* pratica *f* giurisprudenziale; **~tendenz** *f* indirizzo *m* giurisprudenziale; **~verfahren** *n* procedimento *m* giurisdizionale.

Rechtsprinzip *n* principio *m* di diritto.

Rechtsquelle *f* fonte *f* del diritto, fonte *f* legislativa, fonte *f* giuridica, riferimento *m* normativo; **primäre ~** *f (z.B. Verfassung, Gesetze, Verordnungen)* fonte *f* primaria del diritto; **sekundäre ~** *f* fonte *f* secondaria del diritto.

rechtsradikal *adj* di estrema destra, radicale di destra.

Rechts | radikale/r *f/m* estremista *m/f* di destra; **~referendariat** *n (D)* praticantato *m*, tirocinio *m* legale (*periodo di pratica della durata di due anni, al termine del quale il praticante tedesco (Referendar) sostiene un secondo esame di Stato (c.d. Zweites Staatsexam)*); **~referendar/in** *m/f (D) (am besten nach der Übersetzung den deutschen Begriff in Klammern)* praticante *m* legale (tedesco), uditore *m* giudiziario; **~reflex** *m* diritto *m* riflesso; **~reform** *f* riforma *f* (di legge); **~regel** *f* brocardo *m*; **~regierung** *f* governo *m* di destra.

Rechtssache *f ZivProzR* controversia *f* (*legale, giudiziaria*), contenzioso *m*, lite *f* (*giudiziaria*), vertenza *f* (*giudiziaria*), causa *f*, processo *m*; **die ~ hat grundsätzliche Bedeutung** *ProzR (Revision)* la questione di diritto è di importanza fondamentale; **anhängige ~** *f ZivProzR* lite *f* pendente, causa *f* pendente; **bürgerliche ~** *f ZivProzR* contenzioso *m* civile, causa *f* civile.

Rechtssatz *m* norma *f* giuridica; **zwingender ~** *m* norma *f* cogente, norma *f* imperativa.

Rechtsschaffung *f* creazione *f* del diritto, produzione *f* del diritto, produzione *f* normativa, formazione *f* delle leggi.

Rechtsschein *m* apparenza *f* giuridica, apparenza *f* del diritto; **~vollmacht** *f* apparenza *f* di procura.

rechtsschöpferisch *adj* creativo del diritto.

Rechts | schöpfung *f* creazione *f* del diritto, produzione *f* del diritto, produzione *f* normativa, formazione *f* delle leggi; **~schrift** *f (CH) ProzR* memoria *f*, comparsa *f*; **~schrifttum** *n* letteratura *f* giuridica.

Rechtsschutz *m* tutela *f* giuridica, tutela *f* giurisdizionale, tutela *f* legale, tutela *f* dei diritti, protezione *f* giuridica, protezione *f* giurisdizionale, difesa *f* giurisdizionale, difesa *f* legale, assistenza *f* legale; **einstweiliger ~** *m* provvedimenti *mpl* cautelari, procedimento *m* cautelare; **gewerblicher ~** *m* tutela *f* della proprietà industriale, protezione *f* della proprietà industriale; **vorläufiger ~** *m* provvedimenti *mpl* cautelari, procedimento *m* cautelare.

Rechtsschutz | anspruch *m* diritto *m* alla tutela giurisdizionale; **~bedürfnis** *n (Prozessvoraussetzung)* interesse *m* ad agire; **~garantie** *f* garanzia *f* giurisdizionale; **~interesse** *n* interesse *m* ad agire; **~versicherung** *f VersR* assicurazione *f* di tutela legale, assicurazione *f* di tutela giudiziaria, assicurazione *f* di protezione giuridica *(CH)*.

Rechtssetzung *f* produzione *f* normativa.

Rechtssetzungs | autonomie *f* autonomia *f* normativa; **~befugnis** *f*; **~gewalt** *f* potestà *f* normativa, potere *m* normativo.

Rechts | sicherheit *f* certezza *f* giuridica, certezza *f* del diritto, certezza *f* legale, sicurezza *f* giuridica; **~sitz** *m* sede *f* legale, domicilio *m* legale; **~soziologie** *f* sociologia *f* del diritto; **~sphäre** *f* sfera *f* giuridica; **~sprache** *f* linguaggio *m* giuridico; **~spruch** *m* sentenza *f*, verdetto *m*.

Rechtsstaat *m* Stato *m* di diritto; **sozialer ~** *m* Stato *m* sociale di diritto.

Rechtsstaatlichkeit *f* la caratteristica dello Stato di diritto.

Rechtsstaats | gefährdung *f* attentato *m* all'ordinamento dello Stato di diritto; **~grundsatz** *m*; **~prinzip** *n (Art. 20 GG)* principio *m* dello Stato di diritto.

Rechts | standpunkt *m* punto *m* di vista giuridico, assunto *m* giuridico; **~status** *m* stato *m* giuridico, status *m*.

Rechtsstellung *f* situazione *f* giuridica (*soggettiva*), posizione *f* giuridica, status *m* giuridico, statuto *m* giuridico, condizione *f* giuridica, qualità *f*, diritti *mpl*; **in seine ~ wiedereinsetzen** reintegrare nei propri diritti.

Rechts | stillstand *m (CH)* sospensione *f* degli atti esecutivi, sospensione *f* del processo esecutivo; **~stoff** *m* materia *f* giuridica, materia *f* legale.

Rechtsstreit *m ZivProzR* → *Prozess, Sache* controversia *f* (*legale, giudiziaria*), contenzioso *m*, lite *f* (*giudiziaria*), vertenza *f* (*giudiziaria*), causa *f*, processo *m*; **einen ~ beilegen** *ZivProzR* comporre una lite; **einen ~ zurückverweisen** *ZivProzR (an eine untere Instanz)* rinviare la causa (*ad altro giudice di grado inferiore*); **anhängiger ~** *m ZivProzR* lite *f* pendente, causa *f* pendente; **bürgerlicher ~** *m ZivProzR* contenzioso *m* civile, causa *f* civile; **schwebender ~** *m ZivProzR* lite *f* pendente, causa *f* pendente.

Rechts | streitigkeit *f ZivProzR* controversia *f* (*legale, giudiziaria*), contenzioso *m*, lite *f* (*giudiziaria*), vertenza *f* (*giudiziaria*), causa *f*, processo *m*; **~student/in** *m/f* studente/ssa *m/f* di giurisprudenza; **~studium** *n* corso *m* di laurea in giurisprudenza; **~subjekt** *n* soggetto *m* di diritto.

Rechtssystem *n* sistema *m* giuridico; **hybrides ~** *n* sistema *m* giuridico ibrido.

Rechts | tag *m (CH)* udienza *f* giudiziaria, giorno *m* di udienza; **~tatsache** *f* fatto *m* giuridico; **~terminologie** *f* terminologia *f* giuridica; **~terrorismus** *m* terrorismo *m* di destra; **~titel** *m* titolo *m* giuridico; **~tradition** *f* tradizione *f* giuridica; **~träger** *m* soggetto *m* di diritto; **~übergang** *m* trapasso *m* di diritti; **~überholen** *n (Verkehr)* sorpasso *m* a destra; **~überlieferung** *f* tradizione *f* giuridica; **~übernahme** *f* recezione *f* del diritto; **~übertragung** *f* trapasso *m* di diritti.

rechts | unerheblich *adj* giuridicamente irrilevante, privo di rilevanza giuridica; **~unfähig** *adj* giuridicamente incapace, non avente capacità giuridica, che non ha capacità giuridica.

Rechts | unfähigkeit *f* incapacità *f* giuridica; **~ungleichheit** *f* disuguaglianza *f* giuridica.

rechtsungültig *adj* (giuridicamente) invalido.

Rechts | ungültigkeit *f* invalidità *f*

(giuridica); **~unkenntnis** *f* ignoranza *f* del diritto.

rechtsunkundig *adj* inesperto del diritto, ignorante del diritto.

Rechts | unkundige/r *f/m* persona *f* inesperta del diritto; **~unsicherheit** *f* incertezza *f* del (o: di) diritto, incertezza *f* giuridica; **~unterworfene/r** *f/m* soggetto *m* di diritto.

rechtsunwirksam *adj* privo di efficacia giuridica, (giuridicamente) invalido.

Rechts | unwirksamkeit *f* inefficacia *f* (giuridica), invalidità *f* (giuridica); **~unwissenheit** *f* ignoranza *f* del diritto; **~vakuum** *n* lacuna *f* del diritto, vuoto *m* giuridico, carenza *f* legislativa.

rechtsverbindlich *adj* obbligatorio, (giuridicamente) vincolante, impegnativo, *(Vertrag)* che produce effetti giuridici, valevole ad ogni effetto di legge, da valere ad ogni effetto di legge, da valersi ad ogni effetto di legge; **~ unterschrieben**; **~ unterzeichnet** debitamente firmato, debitamente sottoscritto.

Rechts | verbindlichkeit *f* obbligazione *f* giuridica, vincolo *m* giuridico; **~verdreher** *m* storcileggi *m*, azzeccagarbugli *m*, leguleio *m*; **~vereinheitlichung** *f* *IPR* unificazione *f* del diritto; **~verfahren** *n* procedimento *m* giudiziario, procedura *f* giudiziaria, azione *f* giudiziaria, azione *f* legale, processo *m* legale, giudizio *m*; **~verfolgung** *f* esercizio *m* di un diritto, attuazione *f* di un diritto, perseguimento *m* del diritto, presentazione *f* delle istanze; **~verfolgungskosten** *pl* spese *fpl* di giustizia, spese *fpl* di giudizio, spese *fpl* di causa.

rechtsvergleichend *adj* di diritto comparato.

Rechts | vergleicher/in *m/f* esperto *m* di diritto comparato; **~vergleichung** *f* diritto *m* comparato; **~verhältnis** *n* rapporto *m* giuridico; **~verjährung** *f* *(A)* prescrizione *f* del diritto; **~verkehr** *m* rapporti *mpl* giuridici, traffico *m* giuridico, circolazione *f* giuridica; **~verletzung** *f* infrazione *f* della legge, violazione *f* della legge, violazione *f* del diritto, lesione *f* di un diritto; **~verlust** *m* perdita *f* di un diritto, decadenza *f* da un diritto; **~vermutung** *f* presunzione *f* legale; **~verordnung** *f* *(Art. 80 GG)* decreto *m* legislativo, regolamento *m*, regolamento *m* esecutivo, regolamento *m* delegato, disposizioni *fpl* regolamentari, normativa *f*, norme *fpl*; **~verweigerung** *f* diniego *m* di giustizia, denegata giustizia *f*; **~verwirkung** *f* decadenza *f* da un diritto, perdita *f* di un diritto; **~verzögerung** *f (CH)* ritardata giustizia *f (CH)*, lungaggine *f* procedurale; **~vorbehalt** *m* riserva *f* di un diritto; **~vorfahr** *m* *(CH)* autore *m*, dante *m* causa; **~vorgang** *m* atto *m* giuridico; **~vorgänger/in** *m/f* autore *m*, dante *m/f* causa, causam dans *(lat)*; **~vorschlag** *m (CH)* opposizione *f*; **~vorschrift** *f* prescrizione *f* giuridica, norma *f* legale, norma *f* giuridica, atto *m* normativo; **~vorschriften** *fpl (eines Rechtsgebiets)* normativa *f*; **~wahl** *f IPR* scelta *f* del diritto applicabile, scelta *f* della legge applicabile.

Rechtsweg *m ProzR* vie *fpl* legali, via *f* giudiziaria, via *f* giudiziale; **den ~ beschreiten** *ProzR* adire le vie legali, adire la via giudiziaria; **ordentlicher ~** *m ProzR* vie *fpl* legali ordinarie.

Rechtsweg | erschöpfung *f ProzR (gegen eine gerichtliche/behördliche Entscheidung ist ein weiterer Rechtsbehelf von Gesetz wegen nicht mehr gegeben)* esaurimento *m* delle vie legali; **~garantie** *f ProzR (Art. 19 Abs. 4 GG)* garanzia *f* di tutela giurisdizionale, garanzia *f* giustiziale.

Rechtswesen *n* diritto *m*, giustizia *f*, sistema *m* giuridico, disciplina *f* giuridica.

rechtswidrig *adj* antigiuridico, illegittimo, illegale, illecito, ingiusto.

Rechts | widrigkeit *f* antigiuridicità *f*, illegittimità *f*, illegalità *f*, illiceità *f*, illecito *m*; **~wiederherstellung** *f* riparazione *f* del diritto, restituzione *f* nel diritto.

rechtswirksam *adj* (giuridicamente) efficace, (giuridicamente) valido, a tutti gli effetti di legge, valido a tutti gli effetti di legge, valevole ad ogni effetto di legge, da valere ad ogni effetto di legge, da valersi ad ogni effetto di legge.

Rechtswirksamkeit *f* efficacia *f* (giuridica), validità *f* (giuridica).

Rechtswirkung *f* effetto *m* giuridico; **~ *f* gegenüber Dritten** effetti *mpl* giuridici verso (o: nei confronti di) terzi.

Rechts | wissenschaft *f* giurisprudenza *f* (*come scienza del diritto*), scienza *f* giuridica; **~wörterbuch** *n* dizionario *m* giuridico, vocabolario *m* giuridico; **~zersplitterung** *f* frammentazione *f* del diritto.

Rechtszug *m* grado *m* (*del giudizio, del procedimento*), istanza *f*; **im ersten ~** in primo grado, in prima istanza.

Rechts | zustand *m* situazione *f* giuridica, stato *m* del diritto; **~zuständigkeit** *f* competenza *f*.

rechtzeitig *adj* tempestivo, puntuale, tempestivamente, in tempo, a tempo debito.

Redefreiheit *f* *VerfR (Art. 5 GG)* libertà *f* di parola.

Rediskont *m* risconto *m*; **~bank** *f* banca *f* di risconto.

rediskontfähig *adj* = *rediskontierbar* riscontabile.

Rediskontfähigkeit *f* riscontabilità *f*.

rediskontieren *v* riscontare.

Rediskontierung *f* risconto *m*.

Rediskont | kredit *m* credito *m* di risconto; **~satz** *m* tasso *m* di risconto.

redlich *adj* in buona fede, *(aufrichtig)* leale, sincero, *(ehrlich)* onesto, *(rechtschaffen)* retto, integro.

Redlichkeit *f* buona fede *f*, lealtà *f*.

Reduktion *f* riduzione *f*, diminuzione *f*; **geltungserhaltende ~** *f* *VertragsR* riduzione *f* conservativa (delle clausole invalide, circoscritte cioè alla parte non eccedente il limite massimo consentito); **teleologische ~** *f* riduzione *f* teleologica.

Reduktionswert *m* valore *m* di riduzione, capitale *m* ridotto su polizza liberata.

reduzieren *v* ridurre, diminuire, limitare.

Referendariat *n (D)* = *Rechtsreferendariat* praticantato *m*, tirocinio *m* legale (*periodo di pratica della durata di due anni, al termine del quale il praticante tedesco (Referendar) sostiene un secondo esame di Stato, il c.d. Zweites Staatsexam*).

Referendar/in *m/f (D) (am besten nach der Übersetzung den deutschen Begriff in Klammern)* = *Rechtsreferendar/in* praticante *m* legale (tedesco), uditore *m*.

Referendum *n* referendum *m*, consultazione *f* referendaria.

Referendumsbegehren *n (CH)* domanda *f* di referendum.

Referent/in *m/f* caposezione *m/f*, *(Sachbearbeiter)* responsabile *m/f*, addetto/-a *m/f* [a], *(Berichterstatter)* relatore/-trice *m/f*, *(Gutachter)* perito *m*; **persönliche/r ~** *m/f* segretario/-a *m/f* particolare.

Referenz *f* referenza *f*, riferimento *m*; **~jahr** *n* anno *m* di riferimento; **~kurs** *m* corso *m* di riferimento; **~preis** *m* prezzo *m* di riferimento; **~schreiben** *n* lettera *f* di referenze; **~wert** *m* valore *m* di riferimento; **~zeitraum** *m* periodo *m* di riferimento.

referieren *v* [über *Akk*] fare (o: tenere) una relazione [su], relazionare, riferire.

refinanzieren *v* rifinanziare.

Refinanzierung *f* rifinanziamento *m*.

Refinanzierungskredit *m* credito *m* di rifinanziamento.

Reflation *f* reflazione *f*.

Reflektant *m* potenziale *m* acquirente.

Reflex | handlung *f* atto *m* riflesso; **~recht** *n* diritto *m* riflesso; **~wirkung** *f* riflessione *f*.

Reform *f* riforma *f*; **~bestrebung** *f* tendenza *f* riformatrice; **~eingriff** *m* intervento *m* di riforma; **~gesetz** *n* legge *f* di riforma.

reformieren *v* riformare.

Reform | maßnahme *f* intervento *m* di riforma; **~umsetzung** *f* attuazione *f* della riforma; **~vorhaben** *n* progetto *m* di riforma;

~vorschriften *fpl* norme *fpl* di riforma.

Regal *n* = *Regalie f* regalia *f*, privativa *f* fiscale, monopolio *m* fiscale.

Regel *f* regola *f*, *(Norm)* norma *f*, *(Vorschrift)* disposizione *f*, precetto *m*, *(Grundsatz)* principio *m*, massima *f*; **in der ~** (*Abk* = **i.d.R.**) di regola, di norma, normalmente, di solito, solitamente; **eine ~ befolgen**; **eine ~ einhalten** osservare una regola, rispettare una regola, seguire una regola; **sich an die ~n halten** attenersi alle regole, seguire le regole.

Regel | bedarf *m (Unterhaltspflicht)* normale fabbisogno *m*, fabbisogno *m* (necessario) di base, fabbisogno *m* minimo; **~beförderung** *f (Beamtenrecht)* promozione *f* per anzianità; **~fall** *m* caso *m* normale; **~fracht** *f* tariffa *f* ordinaria, tariffa *f* generale; **~leistung** *f* prestazione *f* normale, prestazione *f* obbligatoria; **~lohn** *m* salario *m* normale.

regelmäßig *adj* regolare, *(normal)* normale, normalmente, *(geregelt)* regolato, ordinato, *(den Regeln entsprechend)* regolarmente, *(gewöhnlich)* di regola; **~ wiederkehrend** periodico, ricorrente.

regeln *v* [1] *(ordnen, einstellen)* regolare, *(durch Verordnung)* regolamentare, disciplinare, *(gesetzlich)* regolarizzare, *(festlegen)* fissare; **~, dass** prevedere che, stabilire che, disporre che.

regeln *v* [2] *(Angelegenheit, Frage)* sistemare, definire.

Regel | satz *m* tasso *m* normale, tasso *m* base, importo *m* base; **~strafe** *f* pena *f* normale.

Regelstudienzeit *f (Univ)* durata *f* legale del corso di laurea (o: degli studi universitari); **die ~ überschreiten** *(Univ)* essere fuori corso.

Regeltarif *m* tariffa *f* ordinaria, tariffa *f* generale.

Regelung *f* [1] *(Regulierung)* regolazione *f*, *(Reglementierung)* regolamentazione *f*, disciplina *f*, *(Behandlung)* trattamento *m*, regime *m*, *(von Position, Verhältnis)* regolarizzazione *f*, *(Ordnung)* regolamento *m*, ordinamento *m*, *(Vorschriften)* norme *fpl*, normativa *f*, *FamR* disposizioni *fpl*; **baurechtliche ~** *f* disciplina *f* edilizia, norme *fpl* edilizie, normativa *f* edilizia, normativa *f* urbanistica; **bundeseinheitliche ~** *f* disciplina *f* federale; **einheitliche ~** *f* regolamentazione *f* unitaria; **gesetzliche ~** *f* normativa *f* (legislativa), disciplina *f* legislativa, disposizioni *fpl* di legge, disposizioni *fpl* legislative, regime *m* (giuridico), legalizzazione *f*, regolarizzazione *f* (*legale*); **steuerliche ~** *f* *SteuerR* regime *m* fiscale, regime *m* tributario; **vertragliche ~** *f* disciplina *f* contrattuale.

Regelung *f* [2] *(Schlichtung)* composizione *f*, componimento *m*, sistemazione *f*, definizione *f*, accomodamento *m*, accordo *m*; **gütliche ~** *f (von Streitigkeiten)* composizione *f* bonaria, composizione *f* amichevole, componimento *m* amichevole, definizione *f* amichevole, accomodamento *m* amichevole, accordo *m* amichevole; **vergleichsweise ~** *f* accordo *m* transattivo, transazione *f*.

Regelung *f* [3] *(Zahlung)* pagamento *m*, *(des Schadens)* liquidazione *f*.

Regelunterhalt *m (bei nichtehelichen Kindern)* contributo *m* minimo al mantenimento (dei figli minori naturali), alimenti *mpl* base.

regelwidrig *adj* irregolare, contrario alle regole, eccepibile.

Regelzuständigkeit *f* competenza *f* ordinaria.

Regenversicherung *f* assicurazione *f* contro la pioggia.

Regierung *f (Staatsgewalt)* governo *m*, *(Herrschaft)* regime *m*; **die ~ bilden** formare il governo; **die ~ umbilden** rimpastare il governo, rimpastare il gabinetto, rimaneggiare il gabinetto; **demokratische ~** *f* governo *m* democratico; **geschäftsführende ~** *f* governo *m* d'affari; **legitime ~** *f* governo *m* legittimo; **provisorische ~** *f* governo *m* provvisorio; **rechtmäßige ~** *f* governo *m* legittimo.

Regierungs | abkommen *n* accordo *m* governativo, accordo *m* intergovernativo; **~akt** *m* atto *m* di governo; **~antritt** *m (Übernahme)* assunzione *f* del governo, accesso *m* al potere, avvento *m* al potere, *(von Monarchen)* ascesa *f* al trono, salita *f* al trono; **~apparat** *m* apparato *m* governativo; **~assessor/in** *m/f* grado *m* della gerarchia amministrativa tedesca (carriere direttive: consigliere di 3a classe); **~aufsicht** *f* vigilanza *f* governativa, controllo *m* governativo; **~auftrag** *m (zur Regierungsbildung)* incarico *m* governativo; **~ausschuss** *m* commissione *f* governativa, comitato *m* intergovernativo; **~bank** *f (im Parlament)* banco *m* del governo; **~beamter/-beamtin** *m/f* funzionario *m* governativo; **~beauftragte/r** *f/m* agente *m* politico; **~behörde** *f* autorità *f* governativa; **~beschluss** *m* decisione *f* del governo, decreto *m* governatoriale; **~beteiligung** *f* partecipazione *f* al governo; **~betrieb** *m* azienda *f* di Stato; **~bezirk** *m* circoscrizione *f* amministrativa, distretto *m* regionale, distretto *m* governativo, provincia *f*; **~bildung** *f* formazione *f* del governo; **~bündnis** *n* alleanza *f* di governo, coalizione *f* di governo, coalizione *f* governativa.

Regierungschef/in *m/f* capo *m* del governo; **auf der Ebene der Staats- und Regierungschefs** *EuR* a livello dei capi di Stato e di Governo.

Regierungs | direktor/in *m/f* direttore *m* di sezione (*carriera direttiva: grado della gerarchia amministrativa tedesca*); **auf ~ebene** a livello governativo; **~entwurf** *m* progetto *m* di legge governativo; **~erhebung** *f* inchiesta *f* governativa; **~erklärung** *f* dichiarazione *f* governativa.

regierungsfeindlich *adj* antigovernativo.

Regierungsform *f* forma *f* di governo, regime *m*; **parlamentarische ~** *f* governo *m* parlamentare.

regierungsfreundlich *adj* filogovernativo, governativo.

Regierungs | genehmigung *f* approvazione *f* governativa, autorizzazione *f* governativa; **~geschäft** *n* affare *m* di governo; **~gewalt** *f* potere *m* (governativo); **~handlung** *f* atto *m* di governo, atto *m* politico; **~intervention** *f* intervento *m* governativo, intervento *m* del governo; **~koalition** *f* coalizione *f* di governo, coalizione *f* governativa; **~kommissar/in** *m/f*; **~kommissär/in** *m/f* *(A)* commissario *m* governativo, commissario *m* del governo; **~kommission** *f* commissione *f* governativa; **~konferenz** *f* conferenza *f* intergovernativa; **~konsultationen** *fpl* consultazioni *fpl* intergovernative; **~kreise** *pl* circoli *mpl* governativi, ambienti *mpl* governativi; **~krise** *f* crisi *f* di governo, crisi *f* governativa; **~majorität** *f* maggioranza *f* governativa; **~maßnahme** *f* provvedimento *m* governativo; **~mehrheit** *f* maggioranza *f* governativa; **~mitglied** *n* membro *m* del governo; **~organ** *n* organo *m* del governo; **~partei** *f* partito *m* al governo; **~politik** *f* politica *f* del governo; **~präsident/in** *m/f* *(Leiter eines Regierungsbezirks)* presidente *m* di un distretto amministrativo, capo *m* del distretto regionale, capo *m* del governo del cantone *(CH)*; **~programm** *n* programma *m* di governo, programma *m* governativo; **~rat** *m* *(CH)* consiglio *m* di governo (organo governativo dei cantoni), consiglio *m* di Stato; **~rat/-rätin** *m/f* grado *m* della gerarchia amministrativa tedesca (carriere direttive: consigliere di 2a classe) *(D)*, *(ehrenhalber Berufstitel)* consigliere *m (A)*; **~rücktritt** *m* dimissioni *fpl* del governo; **~sachverständige/r** *f/m* esperto *m* governativo; **~sitz** *m* sede *f* di (o: del) governo; **~sprecher** *m* portavoce *m* del governo; **~stelle** *f* ufficio *m* governativo, organo *m* governativo, organismo *m* governativo; **~sturz** *m* caduta *f* del governo, rovesciamento *m* del governo; **~system** *n* sistema *m* di governo, regime *m*; **~übereinkommen** *n* accordo *m* governativo, accordo *m* intergovernativo; **~umbildung** *f* rimpasto *m* del governo, rimpasto *m* ministeriale, rimaneggiamento *m* ministeriale; **~vereinbarung** *f* accordo *m* governativo, accordo *m* intergovernativo; **~verhandlungen** *fpl* negoziati *mpl* intergovernativi; **~verlautbarung** *f* comunicato *m* governativo; **~verordnung** *f* regolamento *m* governativo, decreto *m* governativo; **~vertrag** *m* accordo *m* governativo, accordo *m* intergovernativo; **~vertreter/in** *m/f* rappresentante *m* del governo, rappresentante *m* governativo, delegato *m* del governo, delegato *m* governativo; **~vorlage** *f* disegno *m* di legge governativo; **~wechsel** *m* cambio *m* di governo, cambiamento *m* di governo; **~zuschuss** *m* sovvenzione *f* governativa; **~zuständigkeit** *f* competenza *f* governativa.

Region *f* regione *f*; **Europäischer Ausschuss** *m* **der ~en** (*Abk* = **AdR**) *EuR* Comitato *m* europeo delle regioni *(CdR)*; **autonome ~** *f* regione *f* autonoma; **~** *f* **mit Sonderstatut** regione *f* a statuto speciale.

Regional | abkommen *n* intesa *f* regionale; **~bank** *f* banca *f* regionale.

Regionalfonds *m* fondo *m* di sviluppo regionale; **Europäischer ~** *m* *EuR* Fondo *m* europeo di sviluppo regionale.

Regional | gesetz *n* legge *f* regionale; **~haushalt** *m* bilancio *m* regionale; **~rat** *m* consiglio *m* regionale; **~ratsabgeordnete/r** *f/m* consigliere *m* regionale; **~regierung** *f* giunta *f* regionale; **~statut** *n* statuto *m* regionale; **~verband** *m* *(Raumordnung)* consorzio *m* zonale di pianificazione; **~wahl** *f*; **~wahlen** *fpl* elezioni *fpl* regionali.

Register *n* registro *m*, *(Buch)* libro *m*, *(Verzeichnis)* elenco *m*, lista *f*, ruolo *m*, repertorio *m*, albo *m* (*professionale*), casellario *m* (*giudiziale, giudiziario*), *(Inhaltsverzeichnis)* indice *m*; **in ein ~ eintragen** iscrivere in un registro, registrare.

Register | amt *n* ufficio *m* del registro, ufficio *m* dei registri *(CH)*; **~auszug** *m* estratto *m* del registro, *(Strafregister)* estratto *m* del casellario giudiziale; **~behörde** *f* ufficio *m* del registro; **~einsicht** *f* ispezione *f* del registro; **~eintrag** *m*; **~eintragung** *f* iscrizione *f* nel registro; **~führer/in** *m/f* conservatore *m* del registro, ufficiale *m* del registro *(CH)*; **~führung** *f* tenuta *f* del registro; **~gebühr** *f* tassa *f* di registro; **~gericht** *n* ufficio *m* giudiziario incaricato di tenere il registro, *(Handelsregister)* ufficio *m* del registro delle imprese; **~nummer** *f* numero *m* di registro; **~ort** *m* luogo *m* di registrazione, luogo *m* di iscrizione, luogo *m* di immatricolazione; **~pfand** *n* pegno *m* registrato; **~pflicht** *f* obbligo *m* di registrazione, registrazione *f* obbligatoria; **~richter/in** *m/f* giudice *m* incaricato di tenere il registro.

Registratur *f* registratura *f*.

registrieren *v* registrare.

Registrier | kasse *f* registratore *m* di cassa; **~ort** *m* luogo *m* di registrazione, luogo *m* di iscrizione, luogo *m* di immatricolazione.

Registrierung *f* registrazione *f*.

Registrierungs | abgabe *f (CH)*; **~gebühr** *f (CH)* tassa *f* di registrazione; **~ort** *m* luogo *m* di registrazione, luogo *m* di iscrizione, luogo *m* di immatricolazione; **~pflicht** *f* obbligo *m* di registrazione, registrazione *f* obbligatoria; **~stelle** *f* ufficio *m* di registrazione; **~zwang** *m* obbligo *m* di registrazione, registrazione *f* obbligatoria.

Reglement *n* regolamento *m*.

reglementieren *v* regolamentare, regolare, disciplinare.

Reglementierung *f* regolamentazione *f*.

Regress *m* regresso *m*, rivalsa *f*;

~anspruch *m* diritto *m* di regresso, diritto *m* di rivalsa; **~anspruchversicherung** *f* assicurazione *f* contro il regresso di terzi; **~forderung** *f* credito *m* di regresso; **~klage** *f* azione *f* di regresso, azione *f* di rivalsa; **~kläger/in** *m/f*; **~nehmer/in** *m/f* creditore *m* (*nell'azione di regresso*); **~pflichtige/r** *f/m* obbligato *m* di regresso; **~recht** *n* diritto *m* di regresso, diritto *m* di rivalsa; **~schuldner/in** *m/f* obbligato *m* di regresso; **im ~weg** in via di regresso.

Regularien *pl* atti *mpl* di ordinaria amministrazione.

Regulativ *n* regolamento *m*.

regulieren *v* regolare, *(Schaden)* liquidare.

Regulierung *f (Regelung)* regolazione *f*, regolamento *m*, regolamentazione *f*, sistemazione *f*, correzione *f*, *(von Kurs, Valuta)* stabilizzazione *f*, *(eines Schadens)* liquidazione *f*.

Regulierungs | abkommen *n VersR* accordo *m* per la liquidazione dei sinistri; **~behörde** *f* authority *f*; **~kosten** *pl* spese *fpl* di liquidazione; **~plan** *m* piano *m* regolatore; **~preis** *m* prezzo *m* di liquidazione.

Reichs | gericht *n* (*Abk* = **RG**) Corte *f* suprema del Reich (*tedesco: corrispondente all'attuale Bundesgerichtshof*); **~rat** *m* consiglio *m* dell'impero; **~versicherungsordnung** *f* (*Abk* = **RVO**) legge *f* sull'assicurazione sociale (*del Reich*).

reif, zur Entscheidung ~ *(Rechtsstreit)* maturo per la decisione.

Reihe *f* fila *f*, riga *f*, *(Linie)* linea *f*, *(Folge)* serie *f*, ciclo *m*, successione *f*, ordine *m*, *(Anzahl)* quantità *f*, numero *m*, *(Verlagsw)* collana *f*.

Reihenfolge *f* successione *f*, ordine *m*, sequenza *f*, turno *m*.

Reimport *m* reimportazione *f*.

Reinheitsgebot *n (D)* legge *f* (tedesca) sulla purezza della birra (*emanata dal Duca di Baviera Guglielmo IV nella città di Ingolstadt nel 1516*), precetto *m* di genuinità.

Reinvermögen *n (Nettovermögen)* patrimonio *m* netto, attivo *m* netto.

Reinvestition *f* reinvestimento *m*.

Reise *f* viaggio *m*; **einheitliche ~** *f*; **fortgesetzte ~** *f (Blockaderecht)* viaggio *m* continuo.

Reise | abkommen *n* accordo *m* sul turismo; **~auslagen** *pl* spese *fpl* di viaggio, spese *fpl* di trasferta; **~ausweis** *m* titolo *m* di viaggio, documento *m* di viaggio; **~entschädigung** *f (CH)* indennità *f* di viaggio, indennità *f* di trasferta; **~fracht** *f* nolo *m* a viaggio; **~freiheit** *f EuR* libertà *f* di viaggiare, libertà *f* di movimento, libertà *f* di spostamento; **~gepäckversicherung** *f* assicurazione *f* dei bagagli; **~gewerbe** *n* commercio *m* ambulante; **~gewerbekarte** *f* licenza *f* di commercio ambulante; **~gut** *n* bagaglio *m*.

Reisekosten *pl* spese *fpl* di viaggio, spese *fpl* di trasferta; **~entschädigung** *f*; **~vergütung** *f* indennità *f* di trasferta, indennità *f* di viaggio, rimborso *m* delle spese di viaggio.

Reise | muster *pl* campionario *m* del commesso viaggiatore; **~pass** *m* passaporto *m*; **~police** *f*; **~polizze** *f (A)* polizza *f* di viaggio; **~scheck** *m* assegno *m* turistico; **~sichtvermerk** *m* visto *m* di viaggio; **~spesen** *pl* spese *fpl* di viaggio, spese *fpl* di trasferta; **~unfallversicherung** *f* assicurazione *f* contro gli infortuni in viaggio; **~unkosten** *pl* spese *fpl* di viaggio, spese *fpl* di trasferta; **~veranstalter** *m* operatore *m* turistico, tour operator *m*; **~verfrachtung** *f* noleggio *m* a viaggio; **~vergütung** *f* indennità *f* di trasferta, indennità *f* di viaggio, rimborso *m* delle spese di viaggio; **~versicherung** *f* assicurazione *f* di viaggio; **~versicherungspolice** *f* polizza *f* di viaggio; **~vertrag** *m (§§ 651a ff. BGB)* contratto *m* di viaggio (*turistico*); **~zulage** *f* indennità *f* di viaggio, indennità *f* di trasferta.

Reklamation *f* reclamo *m*.

Reklame *f* → *Werbung* pubblicità *f*, réclame *f*, propaganda *f*; **~preis** *m (A)* prezzo *m* di propaganda; **~steuer** *f* imposta *f* sulla pubblicità.

reklamieren *v* reclamare, richiamare, richiedere.

Rekonstruktion *f* ricostruzione *f*; **~** *f* **des Verbrechens** *StrafR* ricostruzione *f* del delitto.

Rekta | giro *n*; **~indossament** *n* girata *f* nominativa, girata *f* non all'ordine; **~klausel** *f* clausola *f* "non all'ordine"; **~konnossement** *n* polizza *f* di carico non all'ordine; **~lagerschein** *m* fede *f* di deposito nominativa; **~papier** *n* titolo *m* nominativo, titolo *m* non all'ordine; **~scheck** *m* assegno *m* non trasferibile, assegno *m* non all'ordine; **~wechsel** *m* cambiale *f* non all'ordine.

Rektorenkonferenz *f* conferenza *f* dei rettori.

Rekurrent/in *m/f* ricorrente *m/f*.

Rekurs *m* ricorso *m* (*amministrativo, in Austria anche giudiziario*); **~ einlegen** ricorrere, fare ricorso.

Rekurs | bescheid *m (A)*; **~entscheid** *m (CH)* decisione *f* sul ricorso; **~frist** *f (A, CH)* termine *m* di ricorso; **~gericht** *n (A)* giudice *m* del ricorso; **strafrechtliche ~kommission** *f (CH)* commissione *f* penale di ricorso; **~schrift** *f (A)* atto *m* di ricorso; **~verfahren** *n (A)* procedimento *m* di ricorso; **~werber/in** *m/f (A)* ricorrente *m/f*.

relevant *adj* rilevante.

Religion *f* religione *f*, confessione *f*, fede *f*, culto *m*.

Religionsausübung *f* esercizio *m* del culto; **freie ~** *f* libertà *f* di culto, libertà *f* religiosa; **Störung** *f* **der ~** *(D) (§ 167 StGB)* turbamento *m* di funzioni religiose.

Religionsausübungsfreiheit *f VerfR (Art. 4 GG) → Kopftuch-Entscheidung und Kruzifix-Entscheidung des dt. BVerfG* libertà *f* di culto, libertà *f* religiosa.

Religions | bekenntnis *n* confessione *f*, professione *f* di fede; **~delikt** *n StrafR* delitto *m* contro la religione; **~freiheit** *f VerfR (Art. 4 GG) → BVerfGE 108, 282: Kopftuch-Entscheidung des Bundesverfassungsgerichts, BVerfGE 93, 1: Kruzifix-Entscheidung des Bundesverfassungsgerichts* libertà *f* religiosa, libertà *f* di confessione religiosa, libertà *f* di fede, libertà *f* di culto; **~vergehen** *n StrafR* delitto *m* contro il sentimento religioso.

Rembours *m* rimborso *m*; **~geschäft** *n* operazione *f* di credito di rimborso; **~kredit** *m* credito *m* di rimborso.

Remisier *m* remissore *m*, produttore *m* di ordini, procacciatore *m* di affari.

Remittent *m* prenditore *m*, beneficiario *m*, ordinatario *m*.

remittieren *v* rimettere.

Remonstration *f (Gegenvorstellung)* opposizione *f*.

Remuneration *f (A)* remunerazione *f*.

Rendite *f* rendita *f*, *(von Wertpapieren)* rendimento *m*, reddito *m* (*effettivo*), margine *m*, utile *m*; **~ erzielen** ottenere un rendimento.

Rendite | niveau *n*; **~satz** *m* saggio *m* di reddito, saggio *m* di rendimento.

rentabel *adj* redditizio, remunerativo [o: rimunerativo], produttivo, fruttifero, proficuo.

Rentabilität *f* redditività *f*, rendimento *m*, margine *m* di guadagno.

Rentabilitäts | analyse *f* analisi *f* della redditività; **~berechnung** *f* calcolo *m* della redditività; **~grenze** *f* limite *m* di redditività, margine *m* di redditività.

Rente *f (Sozialversicherung: Altersrente, Erwerbsminderungsrente)* pensione *f*, *(regelmäßiges Einkommen aus Kapitalanlagen, als Zuwendung)* rendita *f*, annualità *f*; **eine ~ ablösen** riscattare una rendita; **eine ~ bestellen** costituire una rendita; **eine ~ beziehen** percepire una pensione; **in ~ gehen** andare in pensione; **abgekürzte ~** *f* rendita *f* temporanea; **ablösbare ~** *f* rendita *f* riscattabile; **anwartschaftliche ~** *f* rendita *f* eventuale; **aufgeschobene ~** *f* rendita *f* differita, annualità *f* differita; **aufgewertete ~** *f* rendita *f* rivalutata; **ausgerichtete ~** *f*; **bezahlte ~** *f* rendita *f* pagata; **dynamische ~** *f*; **dynamisierte ~** *f* pensione *f* indicizzata; **ewige ~** *f* rendita *f* perpetua, annualità *f* perpetua; **festverzinsliche ~** *f* titolo *m* a reddito fisso; **geleistete ~** *f* rendita *f* pagata; **gesetzliche ~** *f* pensione *f* obbligatoria, pensione *f* erogata dagli enti previdenziali obbligatori, pensione *f* derivante dal pagamento dei contributi obbligatori per legge; **immerwährende ~** *f* rendita *f* perpetua; **kontinuierlich zahlbare ~** *f* rendita *f* continua; **kündbare ~** *f* rendita *f* a termine; **laufende ~** *f* rendita *f* continua; **lebenslängliche ~** *f* rendita *f* vitalizia, vitalizio *m*; **nachschüssige ~** *f* rendita *f* pagabile posticipatamente; **sofort beginnende ~** *f*; **sofort fällige ~** *f* rendita *f* immediata; **steigende ~** *f* rendita *f* crescente; **temporäre ~** *f* rendita *f* temporanea, annualità *f* temporanea; **unkündbare ~** *f* rendita *f* perpetua; **unterjährig zahlbare ~** *f*; **in unterjährigen Raten zahlbare ~** *f* rendita *f* frazionata, annualità *f* frazionata; **veränderliche ~** *f* rendita *f* variabile; **verbundene ~** *f (CH)* rendita *f* su più teste; **vererbliche ~** *f* rendita *f* reversibile, annualità *f* reversibile, pensione *f* reversibile, pensione *f* di reversibilità; **vollständige ~** *f* rendita *f* completa, annualità *f* completa; **vorschüssige ~** *f* rendita *f* pagabile anticipatamente; **~** *f* **auf Lebenszeit** rendita *f* vitalizia, vitalizio *m*; **~** *f* **auf mehrere Leben** rendita *f* su più teste.

Renten *pl (Wertpapiere)* titoli *mpl* a reddito fisso; **~ablehnungsbescheid** *m* provvedimento *m* di reiezione della domanda di pensione; **~ablösung** *f* riscatto *m* di rendita; **~alter** *n* età *f* pensionabile; **~angleichung** *f*; **~anpassung** *f* adeguamento *m* delle pensioni; **~anspruch** *m* diritto *m* alla pensione; **~anspruchsberechtigte/r** *f/m* avente *m/f* diritto alla pensione; **~anstalt** *f* ente *m* pensionistico, istituto *m* di previdenza sociale; **~antrag** *m* domanda *f* di pensione; **~anwartschaft** *f* aspettativa *f* di pensione, aspettativa *f* pensionistica; **~beitrag** *m* contributo *m* pensionistico; **~berechnung** *f* calcolo *m* della pensione; **~berechtigte/r** *f/m* beneficiario/-a *m/f* della pensione; **~bescheid** *m* decisione *f* di attribuzione di una rendita; **~bestellung** *f* costituzione *f* di una rendita; **~bezieher** *m*; **~bezüger** *m (CH)* beneficiario *m* di una rendita, titolare *m* di una rendita; **~brief** *m* titolo *m* di rendita; **~einlage** *f* capitale *m* costitutivo di rendita; **~einmaleinlage** *f* capitale *m* unico di rendita; **~empfänger/in** *m/f* beneficiario/-a *m/f* della pensione; **~erhöhung** *f* aumento *m* delle pensioni; **~fonds** *m* fondo *m* obbligazionario; **~inhaber/in** *m/f* titolare *m/f* della pensione, beneficiario/-a *m/f* della pensione, titolare *m/f* di una rendita, beneficiario/-a *m/f* di una rendita; **~kurs** *m* quotazione *f* dei titoli a reddito fisso; **~leistung** *f* prestazione *f* pensionistica; **~markt** *m* mercato *m* dei titoli a reddito fisso; **~nachzahlung** *f* pagamento *m* degli arretrati di una pensione; **~papier** *n* titolo *m* di rendita; **~reform** *f* riforma *f* delle pensioni, riforma *f* pensionistica; **~schein** *m* titolo *m* di rendita, cedola *f* di rendita; **~schuld** *f SachenR (eine Grundschuld kann in der Weise bestellt werden, dass in regelmäßig wiederkehrenden Terminen eine bestimmte Geldsumme aus dem Grundstück zu zahlen ist) (§§ 1199 ff. BGB)* credito *m* ipotecario; **~schuldner/in** *m/f* debitore *m* di una rendita; **~system** *n* sistema *m* pensionistico; **~titel** *m* titolo *m* di rendita; **~verfügung** *f (CH)* decisione *f* di attribuzione di una rendita; **~vermächtnis** *n ErbR* legato *m* di una rendita; **~versicherung** *f SozialR* fondo *m* pensioni, assicurazione *f* (obbligatoria) per l'invalidità, la vecchiaia ed i superstiti, assicurazione *f* pensionistica, *(Deutsche Rentenversicherung: Rentenversicherungsträger)* ente *m* pensionistico, istituto *m* di previdenza sociale; **~versicherungsträger** *m SozialR* ente *m* pensionistico, istituto *m* di previdenza sociale;

~vertrag *m* contratto *m* costitutivo di rendita; **~wert** *m* titolo *m* di rendita.
Renterate *f* rata *f* di rendita.
Rentier *m* titolare *m* di una rendita, beneficario *m* di una rendita, chi vive di rendita.
Rentner/in *m/f* pensionato/-a *m/f*.
Reorganisation *f* riorganizzazione *f*; **betriebliche ~** *f* riorganizzazione *f* aziendale.
Reparationen *pl* riparazioni *fpl*.
Reparations | abkommen *n* accordo *m* sulle riparazioni; **~anleihe** *f* prestito *m* per le riparazioni; **~einhebung** *f (A)*; **~entnahme** *f*; **~erhebung** *f (A)* prelevamento *m* a titolo di riparazione; **~forderung** *f* credito *m* di riparazione; **~gläubiger/in** *m/f* creditore *m* delle riparazioni.
Repartitionssteuer *f* imposta *f* di contingente.
Repertorium *n (A)* repertorio *m*.
Replik *f ZivProzR (Erwiderung des Klägers auf die Verteidigung des Beklagten) → s. Infokasten unter „Schriftsätze"* replica *f* (*dell'attore alla comparsa di costituzione e risposta del convenuto*).
replizieren *v* replicare.
Report *m* [1] *(Bericht)* rapporto *m*, relazione *f*.
Report *m* [2] *(Bankwesen)* riporto *m*; **in ~ geben** mettere a riporto; **in ~ nehmen** prendere a riporto.
Reporteur *m* riportatore *m*.
Report | geber/in *m/f* riportato *m*; **~geschäft** *n* contratto *m* di riporto.
reportieren *v* riportare.
Reportierung *f* riporto *m*.
Report | nehmer/in *m/f* riportatore *m*; **~satz** *m* tasso *m* di riporto, saggio *m* di riporto; **~tag** *m* giorno *m* di riporto.
Repräsentant/in *m/f* rappresentante *m/f*.
Repräsentanz *f* rappresentanza *f*; **~büro** *n* sede *f* di rappresentanza.
Repräsentation *f* [1] rappresentanza *f*.
Repräsentation *f* [2] *(A) (Erbrecht)* rappresentazione *f*.
Repräsentations | aufwendungen *fpl* spese *fpl* di rappresentanza; **~gelder** *npl* indennità *f* di rappresentanza; **~kosten** *pl* spese *fpl* di rappresentanza; **~papier** *n* titolo *m* rappresentativo; **~recht** *n (A) (Erbrecht)* diritto *m* di rappresentazione; **~spesen** *pl* spese *fpl* di rappresentanza.
repräsentativ *adj* rappresentativo, di rappresentanza.
Repräsentativ | befragung *f*; **~umfrage** *f* indagine *f* rappresentativa.
repräsentieren *v* rappresentare, costituire.
Repressiv | wirkung *f* effetto *m* repressivo; **~zensur** *f* censura *f* repressiva.
Reprise *f (Kurserholung)* ripresa *f*.
reprivatisieren *v* riprivatizzare.
Reprivatisierung *f* riprivatizzazione *f*.
Reproduktions | recht *n* diritto *m* di riproduzione; **~wert** *m (Substanzwert)* valore *m* dell'attivo netto.
Reptilienfonds *pl* fondi *mpl* occulti, fondi *mpl* segreti.
Republik *f* repubblica *f*; **die ~ ausrufen** proclamare la repubblica; **parlamentarische ~** *f* repubblica *f* parlamentare.
requirieren *v* requisire.
Requisition *f* requisizione *f*.
Requisitions | anordnung *f* ordine *m* di requisizione; **~entschädigung** *f* indennità *f* di requisizione; **~objekt** *n (CH)* oggetto *m* requisito; **~recht** *n* diritto *m* di requisizione; **~vergütung** *f* indennità *f* di requisizione.
Reservat *n* [1] riserva *f*.
Reservat *n* [2] *(vorbehaltenes Recht, Sonderrecht)* diritto *m* riservato, privilegio *m*.
Reservatrecht *n* diritto *m* riservato, privilegio *m*.
Reserve *f* riserva *f*, scorta *f*; **eine ~ auflösen** sciogliere una riserva; **ausgewiesene ~** *f* riserva *f* dichiarata, riserva *f* visibile; **außerordentliche ~** *f* riserva *f* straordinaria; **gesetzliche ~** *f* riserva *f* legale; **mathematische ~** *f* riserva *f* matematica; **offene ~** *f* riserva *f* dichiarata, riserva *f* visibile; **satzungsmäßige ~** *f* riserva *f*

statutaria; **stille ~** *f* riserva *f* tacita, riserva *f* occulta, riserva *f* latente, riserva *f* segreta, riserva *f* nascosta.
Reservefonds *m* fondo *m* di riserva; **gesetzlicher ~** *m (CH)* fondo *m* di riserva legale, riserva *f* legale; **statutarischer ~** *m (CH)* riserva *f* statutaria.
Reserve-Ist *n* riserva *f* effettivamente esistente.
Reserve | kapital *n* fondo *m* di riserva; **~konto** *n* conto *m* di riserva.
Reserven | bildung *f*; **~stellung** *f (CH)* costituzione *f* di riserve; **~verstärkung** *f* potenziamento *m* delle riserve.
Reserve-Soll *n* riserva *f* minima obbligatoria.
Reserve | übertragung *f*; **~überweisung** *f* trasferimento *m* di riserva; **~währung** *f* moneta *f* di riserva.
Residenzpflicht *f* obbligo *m* di residenza.
Resolution *f* risoluzione *f*.
Resolutivbedingung *f* condizione *f* risolutiva.
Resorption *f* assorbimento *m*.
resozialisieren *v (wieder in die Gesellschaft eingliedern)* risocializzare, riabilitare, reinserire nella società.
Resozialisierung *f* risocializzazione *f*, riadattamento *m* sociale, recupero *m* sociale, reinserimento *m* sociale, reinserimento *m* nella società.
Resozialisierungszweck *m* finalità *f* risocializzante.
Respektfrist *f* termine *m* di rispetto.
respektieren *v* rispettare.
Respekttage *mpl* giorni *mpl* di rispetto; **gesetzliche ~** *mpl* giorni *mpl* di rispetto legali; **richterliche ~** *mpl* giorni *mpl* di rispetto giudiziari.
Ressort *n* competenza *f*, dicastero *m*; **~besprechung** *f* conferenza *f* interministeriale; **~chef/in** *m/f*; **~leiter/in** *m/f* capodivisione *m*, caposezione *m*; **~minister/in** *m/f* ministro *m* competente; **~voranschlag** *m* stato *m* di previsione di un ministero.
Ressourcen | allokation *f* allocazione *f* delle risorse; **~transfer** *m* trasferimento *m* di risorse.
Rest *m* resto *m*, avanzo *m*, restante *m*, residuo *m*, rimanenza *f*, saldo *m*, differenza *f*.
Restantenliste *f* lista *f* dei titoli estratti ma non ancora presentati per il rimborso.
Rest | bestand *m* resto *m*, rimanenza *f*, rimanenze *fpl*, saldo *m*; **~betrag** *m* somma *f* restante, importo *m* restante, importo *m* residuo, resto *m*, rimanenza *f*, avanzo *m*, saldo *m*; **~buchwert** *m* valore *m* (contabile) rimanente; **~dividende** *f* saldo *m* di dividendo; **~forderung** *f* credito *m* restante; **~guthaben** *n* saldo *m* attivo restante.
Restitution *f* restituzione *f*.
Restitutionsklage *f* domanda *f* di revocazione (di sentenza).
Rest | kapital *n* capitale *m* residuo; **~lohn** *m*; **~löhnung** *f* salario *m* residuo; **~mandat** *n* seggio *m* attribuito in via di assegnazione dei resti; **~masse** *f* massa *f* restante; **~posten** *pl* rimanenze *fpl*, saldi *mpl*, giacenze *fpl*; **~preis** *m* saldo *m* prezzo, prezzo *m* residuo, valore *m* residuo.
Restriktion *f* restrizione *f*.
Restriktions | maßnahme *f* misura *f* restrittiva; **~politik** *f* politica *f* restrittiva.
restriktiv *adj* restrittivo.
Restsaldo *m* saldo *m* residuo, saldo *m* restante.
Restschuld *f* debito *m* residuo; **~befreiung** *f InsolvenzR (§ 286 ff. InsO)* esdebitazione *f* (*del fallito: istituto che consente al debitore, al ricorrere di certe condizioni e al passare di un determinato periodo di tempo, di liberarsi di tutti i suoi debiti, anche se non sono stati pagati, all'esito della procedura fallimentare*); **~versicherung** *f* assicurazione *f* del debito residuo.
Rest | stimme *f* voto *m* residuale; **~strafe** *f* residuo *m* della pena, pena *f* residua; **~summe** *f* somma *f* restante, importo *m* restante, importo *m* residuo, resto *m*, rimanenza *f*, avanzo *m*, saldo *m*; **~wert** *m (verbleibender Buchwert)* valore *m* residuo, valore *m* rimanente, *(beim Leasingsvertrag)* valore *m* di riscatto;

~zahlung *f* pagamento *m* a saldo, saldo *m*.
Retardierung *f* ritardo *m*.
Retentions | gegenstand *m (CH)* oggetto *m* colpito dal diritto di ritenzione, cosa *f* soggetta a diritto di ritenzione; **~recht** *n (A, CH)* diritto *m* di ritenzione; **~verzeichnis** *n (CH)* inventario *m* delle cose soggette a diritto di ritenzione.
Retorsion *f* ritorsione *f*.
Retorsionszoll *m* dazio *m* di ritorsione.
Retouren *pl* [1] *(Waren)* merci *fpl* di ritorno.
Retouren *pl* [2] *(Wechsel)* cambiali *fpl* di ritorno.
Retourfracht *f* nolo *m* di ritorno.
retournieren *v* ritornare, rispedire.
Retour | rechnung *f* conto *m* di ritorno; **~scheck** *m* assegno *m* respinto; **~ware** *f* merce *f* di ritorno; **~wechsel** *m* cambiale *f* non pagata, cambiale *f* di ritorno.
Retrozedent/in *m/f* retrocedente *m*.
retrozedieren *v* retrocedere.
Retrozession *f* retrocessione *f*.
Retrozessionär/in *m/f* retrocessionario *m*.
Retrozessionsvertrag *m* trattato *m* di retrocessione.
Rettung *f* salvataggio *m*.
Rettungs | aktion *f* azione *f* di salvataggio; **~aufwand** *m*; **~kosten** *pl* spese *fpl* di salvataggio; **~lohn** *m* indennità *f* di salvataggio, compenso *m* di salvataggio; **~vertrag** *m* contratto *m* di salvataggio.
Reue *f* pentimento *m*, rimorso *m*, ravvedimento *m*; **tätige ~** *f StrafR (nach Abschluss der Tathandlung aber vor Eintritt des tatbestandsmäßigen Erfolgs)* recesso *m* attivo, pentimento *m* operoso, pentimento *m* attivo *(CH)*, *(ausnahmsweise nach Eintritt des tatbestandsmäßigen Erfolgs)* ravvedimento *m* post delictum, ravvedimento *m* attivo, *SteuerR* ravvedimento *m* operoso.
Reu | geld *n* caparra *f* penitenziale, penale *f*, *(Prämiengeschäft)* premio *m*; **~kauf** *m* penale *f*, incanto *m* senza adempimento *(CH)*.
Revalierung *f* copertura *f*, rivalsa *f*.
Revalierungs | anspruch *m* diritto *m* di rivalsa; **~geschäft** *n* operazione *f* di rivalsa; **~klage** *f* azione *f* di rivalsa.
Revers *m* lettera *f* di garanzia.
revidieren *v (überprüfen)* rivedere, riesaminare, *(nachprüfen)* verificare, *(kontrollieren)* controllare, *(ändern)* cambiare, correggere.
revisibel *adj ProzR* suscettibile di ricorso per (o: in) cassazione, ricorribile per (o: in) cassazione.
Revision *f* [1] *(Überprüfung)* revisione *f*, riesame *m*, *(Nachprüfung)* verifica *f*, *(Kontrolle)* controllo *m*, ispezione *f*, *(Änderung)* cambiamento *m*, correzione *f*; **betriebsinterne ~** *f*; **innerbetriebliche ~** *f* revisione *f* aziendale, revisione *f* interna; **interne ~** *f* revisione *f* interna; **zollamtliche ~** *f* visita *f* doganale, ispezione *f* doganale.
Revision *f* [2] *ProzR (Rechtsmittel)* ricorso *m* per (o: in) cassazione; **das Urteil mit der ~ angreifen** *ProzR* ricorrere (per/in cassazione) contro la sentenza; **die ~ begründen** *ProzR* motivare il ricorso per (o: in) cassazione; **~ einlegen** *ProzR (gegen das Urteil)* proporre ricorso per (o: in) cassazione, presentare ricorso per (o: in) cassazione, fare ricorso per (o: in) cassazione, ricorrere per (o: in) cassazione; **gegen das Urteil in die ~ gehen** *ProzR* ricorrere (per/in cassazione) contro la sentenza; **die ~ als unbegründet verwerfen** *StrafProzR* rigettare (o: respingere) il ricorso per (o: in) cassazione (proposto) in quanto (o: perché / dichiarandolo) infondato; **die ~ als unzulässig verwerfen** *ProzR* rigettare (o: respingere) il ricorso per (o: in) cassazione (proposto) in quanto (o: perché / dichiarandolo) inammissibile; **die ~ zurücknehmen** *ProzR* rinunciare al ricorso per (o: in) cassazione; **die ~ als unbegründet zurückweisen** *ZivProzR* rigettare (o: respingere) il ricorso per (o: in) cassazione

(proposto) in quanto (o: perché / dichiarandolo) infondato.

Revision
In Germania, il ricorso per cassazione alla Corte Suprema tedesca (*Bundesgerichtshof – BGH*) può essere ammesso, in materia civile, soltanto se il giudice di appello nella stessa sentenza impugnata o la Corte Suprema, su reclamo in caso di diniego del giudice di appello (*Nichtzulassungsbeschwerde, § 544 ZPO*), hanno stabilito l'impugnabilità della sentenza (*§ 543 ZPO*). L'impugnazione per cassazione può avere corso quando la questione di diritto sia di importanza fondamentale ovvero allorché l'evoluzione del diritto o la salvaguardia dell'uniformità della giurisprudenza richiedano una decisione della Suprema Corte.

Revisionismus *m* revisionismo *m*.
Revisionist/in *m/f* revisionista *m/f*.
revisionistisch *adj* revisionista.
Revisions | abteilung *f* ufficio *m* revisioni (e riscontri); **~begehren** *n (CH)* domanda *f* di revisione; **~begründung** *f ProzR* motivazione *f* del ricorso per (o: in) cassazione; **~begründungsfrist** *f ProzR* termine *m* per la motivazione del ricorso per (o: in) cassazione; **~beklagte/r** *f/m ProzR* resistente *m/f* (*in cassazione, a ricorso per cassazione*); **~bericht** *m* rapporto *m* dei revisori dei conti, rapporto *m* del collegio sindacale, relazione *f* dei sindaci; **~einlegung** *f ProzR* proposizione *f* del ricorso per (o: in) cassazione, deposito *m* del ricorso per (o: in) cassazione; **~entscheidung** *f ProzR* pronuncia *f* sul ricorso per (o: in) cassazione.
revisionsfähig *adj ProzR* suscettibile di ricorso per (o: in) cassazione, ricorribile per (o: in) cassazione.
Revisions | frist *f ProzR* termine *m* di ricorso per (o: in) cassazione; **~gegner/in** *m/f (A) ProzR* resistente *m/f* (*a ricorso per cassazione*); **~gericht** *n ProzR* Corte *f* (suprema) di cassazione; **~gesellschaft** *f* società *f* di revisione; **~gesuch** *n (CH)* domanda *f* di revisione; **~grund** *m ProzR* motivo *m* di ricorso (per/ in cassazione); **~instanz** *f ProzR* procedimento *m* di cassazione, giudizio *m* di cassazione, giudizio *m* di legittimità, grado *m* di cassazione; **~kläger/in** *m/f ProzR* ricorrente *m/f* (*in cassazione*); **~kommission** *f (CH)* collegio *m* dei sindaci, collegio *m* sindacale; **~rekurs** *m (A) ProzR* ricorso *m* per (o: in) cassazione; **~rücknahme** *f ProzR* rinuncia *f* al ricorso per (o: in) cassazione; **~schrift** *f ProzR* atto *m* di ricorso per (o: in) cassazione, ricorso *m* per (o: in) cassazione; **~stelle** *f (CH)* ufficio *m* di revisione *(CH)*, collegio *m* dei sindaci, collegio *m* sindacale; **~summe** *f ProzR* valore *m* minimo di una causa per formare oggetto di ricorso per (o: in) cassazione; **~verband** *m* sindacato *m* di revisione; **~verfahren** *n ProzR* procedimento *m* di cassazione, giudizio *m* di cassazione, giudizio *m* di legittimità.
Revisorenkommission *f (CH)* collegio *m* dei sindaci, collegio *m* sindacale.
Revisor/in *m/f* revisore *m*.
Revolvingkredit *m* credito *m* rotativo, credito *m* rinnovabile.
Rezeption *f* ricezione *f* [o: recezione]; **~** *f* **des Rechts** recezione *f* del diritto.
Rezession *f* recessione *f*; **konjunkturelle ~** *f* recessione *f* congiunturale.
reziprok *adj* reciproco.
Reziprozität *f* reciprocità *f*.
Reziprozitäts | geschäft *n* contratto *m* reciproco; **~klausel** *f* clausola *f* di reciprocità.
RG (*Abk* = **Reichsgericht**) Corte *f* suprema del Reich (*tedesco: corrispondente all'attuale Bundesgerichtshof*).

RGSt (*Abk* = **Entscheidungen des Reichsgerichts in Strafsachen**) *(D)* decisioni *fpl* della Corte Suprema del Reich in materia penale.

RGZ (*Abk* = **Entscheidungen des Reichsgerichts in Zivilsachen**) *(D)* decisioni *fpl* della Corte Suprema del Reich in materia civile.

RiAG (*Abk* = **Richter am Amtsgericht**) *ProzR* pretore *m*.

Ricambio *m* cambiale *f* di rivalsa, rivalsa *f*.

Richter *m* [f: Richterin] *ProzR* giudice *m*, magistrato *m* (*giudicante*); **einen ~ ablehnen** *ProzR* ricusare un giudice; **zum ~ ernennen** *ProzR* nominare giudice; **abgelehnter ~** *m ProzR* giudice *m* ricusato; **ausgeschlossener ~** *m ProzR* giudice *m* escluso (dalla decisione); **außerordentlicher ~** *m (CH) ProzR* giudice *m* straordinario; **beauftragter ~** *m ProzR* giudice *m* delegato; **befangener ~** *m ProzR* giudice *m* sospetto di parzialità; **beisitzender ~** *m ProzR* giudice *m* a latere, giudice *m* assessore; **berichterstattender ~** *m ProzR* giudice *m* relatore; **ehrenamtlicher ~** *m ProzR* giudice *m* onorario, magistrato *m* onorario; **ersuchter ~** *m ProzR* giudice *m* richiesto, giudice *m* delegato; **gesetzlicher ~** *m ProzR* giudice *m* naturale; **oberster ~** *m ProzR* giudice *m* supremo; **ordentlicher ~** *m ProzR* giudice *m* ordinario; **vorsitzender ~** *m ProzR* presidente *m* di sezione (*di un tribunale o di una corte; da non confondere con il termine tedesco "Präsident", che designa il presidente di un tribunale o di una corte*); **vorsitzender ~** *m* **am Landgericht** *ProzR* presidente *m* di sezione (*di un tribunale*); **zuständiger ~** *m ProzR* giudice *m* competente; **~** *m* **ad hoc** *ProzR* giudice *m* ad hoc; **~** *m* **am Amtsgericht** (*Abk* = **RiAG**) *ProzR* pretore *m*; **~** *m* **am Arbeitsgericht** *ProzR* giudice *m* del lavoro; **~** *m* **erster Instanz** *ProzR* giudice *m* di primo grado, giudice *m* di prima istanza; **~** *m* **am Kammergericht** *ProzR (Berlin)* consigliere *m*; **~** *m* **am Landgericht** *ProzR* giudice *m* (*di tribunale*); **~** *m* **auf Lebenszeit** *ProzR* giudice *m* a vita; **~** *m* **im Nebenamt** *(CH) ProzR* giudice *m* a latere, giudice *m* assessore; **~** *m* **auf Probe** *ProzR* giudice *m* in prova, aggiunto *m* giudiziario; **~** *m* **im Sühneverfahren** *ProzR* giudice *m* conciliatore, conciliatore *m*; **~** *m* **am Verwaltungsgericht** *VerwR* giudice *m* amministrativo; **~** *m* **in Zivilsachen** *ZivProzR* giudice *m* civile.

Richter | ablehnung *f ProzR* ricusazione *f* del giudice; **~amt** *n ProzR* ufficio *m* di giudice; **~amtsanwärter** *m (A) ProzR* uditore *m* giudiziario; **~amtsprüfung** *f (A) ProzR* esame *m* di giudice; **~anklage** *f ProzR* messa *f* in stato d'accusa di un giudice; **~bank** *f ProzR* banco *m* dei giudici; **~bestechung** *f StrafR* corruzione *f* di un magistrato.

Richterbund *m ProzR* associazione *f* dei magistrati; **Deutscher ~** *m (D)* (*Abk* = **DRB**) *ProzR* Associazione *f* dei magistrati tedeschi.

Richterdienstgesetz *n (A) ProzR* legge *f* (austriaca) sullo stato giuridico dei giudici.

Richtergesetz *n ProzR* legge *f* sullo stato giuridico dei giudici; **Deutsches ~** *n (D)* (*Abk* = **DRiG**) *ProzR* legge *f* sull'ordinamento giudiziario tedesco.

Richter | haftung *f ProzR* responsabilità *f* civile dei giudici; **~kollegium** *n ProzR* giudice *m* collegiale, collegio *m* giudicante, collegio *m* di giudici, organo *m* collegiale giudicante.

richterlich *adj ProzR* giudiziale, giudiziario, giurisdizionale.

Richter | rat *m ProzR (Vertretungsorgan)* consiglio *m* giudiziario; **~recht** *n ProzR* diritto *m* giudiziale, diritto *m* giurisprudenziale.

Richterschaft *f ProzR* magistratura *f* (*giudicante*).

Richter | selbstablehnung *f ProzR* astensione *f* del giudice; **~spruch** *m ProzR* sentenza *f* (*giudiziaria, del giudice*); **~stand** *m*

ProzR magistratura *f* (*giudicante*); **~vorbehalt** *m ProzR* riserva *f* di giurisdizione; **~wahlausschuss** *m ProzR* commissione *f* di designazione dei giudici.

richtig *adj* giusto, *(genau)* esatto, preciso, *(fehlerfrei)* corretto, *(wahrhaftig)* vero, veritiero, *(passend)* adatto, idoneo, *(günstig)* opportuno, *(angemessen)* adeguato, appropriato.

Richtigkeit *f* giustezza *f*, *(Genauigkeit)* esattezza *f*, precisione *f*, *(Fehlerlosigkeit)* correttezza *f*, *(Wahrhaftigkeit)* verità *f*, veridicità *f*, *(Übereinstimmung)* conformità *f*; **für die ~ der Abschrift** per copia conforme.

Richtigstellung *f* rettifica *f*.

Richtigstellungserklärung *f* dichiarazione *f* rettificativa.

Richtlinie *f* direttiva *f*, linea *f* guida, linea *f* direttrice, *(Norm)* norma *f*, disposizione *f*, *(Grundsatz)* criterio *m*, *(Anweisung)* istruzione *f*; **EU- ~** *f EuR* direttiva *f* UE, direttiva *f* dell'Unione europea, direttiva *f* europea, direttiva *f* comunitaria; **eine EU- ~ umsetzen** *EuR (in nationales Recht)* recepire una direttiva comunitaria (*nel diritto nazionale*), attuare una direttiva europea; **EWG- ~** *f EuR* direttiva *f* CEE; **~n** *fpl* **der Politik** indirizzo *m* politico, scelte *fpl* politiche.

Richtlinienkompetenz *f* potere *m* di direzione, potere *m* di indirizzo (politico).

Richtmenge *f* quantità *f* indicativa.

Rikambio *m* = *Ricambio* cambiale *f* di rivalsa, rivalsa *f*.

Rimesse *f*[1] *(Übersendung)* rimessa *f*.

Rimesse *f*[2] *(Wechsel)* cambiale *f* tratta, tratta *f*.

Rinnverlust *m* colaggio *m*.

Risiken *pl* rischi *mpl*; **gemischte ~** *pl* rischi *mpl* misti; **laufende ~** *pl* rischi *mpl* in corso.

Risiken | häufung *f* cumulo *m* di rischi, accumulazione *f* di rischi; **~verteilung** *f* ripartizione *f* dei rischi.

Risiko *n* rischio *m*, *VertragsR* alea *f*; **auf ~ und Gefahr von** [*Dat*] a rischio e pericolo di; **~** *n* **für eigene Rechnung** rischio *m* in proprio, rischio *m* per proprio conto; **ein ~ decken** coprire un rischio; **ein ~ eingehen** correre un rischio; **~ streuen** diversificare il rischio; **ein ~ übernehmen** assumersi un rischio, assumere un rischio; **~ verteilen** distribuire il rischio, ripartire il rischio, frazionare il rischio; **anormales ~** *n* rischio *m* anormale; **ausgeschlossenes ~** *n* rischio *m* escluso; **außergewöhnliches ~** *n* rischio *m* straordinario; **berufliches ~** *n* rischio *m* professionale; **einfaches ~** *n* rischio *m* semplice; **erhöhtes ~** *n* rischio *m* aggravato; **finanzielles ~** *n* rischio *m* finanziario; **gedecktes ~** *n* rischio *m* coperto; **gewöhnliches ~** *n* rischio *m* ordinario; **gleichbleibendes ~** *n* rischio *m* costante; **kalkuliertes ~** *n* rischio *m* calcolato; **minderwertiges ~** *n* rischio *m* tarato; **objektives ~** *n* rischio *m* oggettivo; **politisches ~** *n* rischio *m* politico; **potentielles ~** *n* rischio *m* potenziale; **ruhendes ~** *n* rischio *m* inattivo; **schweres ~** *n* rischio *m* grave; **subjektives ~** *n* rischio *m* soggettivo; **unerwünschtes ~** *n* rischio *m* indesiderato; **unversicherbares ~** *n* rischio *m* non assicurabile; **veränderliches ~** *n* rischio *m* variabile; **vermeintliches ~** *n* rischio *m* putativo; **versicherbares ~** *n* rischio *m* assicurabile; **versichertes ~** *n* rischio *m* assicurato; **wirtschaftliches ~** *n* rischio *m* economico.

Risiko | abschätzung *f* valutazione *f* del rischio; **~analyse** *f* analisi *f* dei rischi, risk analysis *f*; **~ausgleichung** *f* compensazione *f* dei rischi; **~ausschlussklausel** *f* clausola *f* di esclusione dei rischi; **~begrenzung** *f* limitazione *f* del rischio, riduzione *f* del rischio; **~begrenzungsklausel** *f* clausola *f* di limitazione del rischio; **~beschränkung** *f* limitazione *f* del rischio, riduzione *f* del rischio; **~beschreibung** *f* descrizione *f* del rischio; **~beteiligung** *f* partecipazione *f* al rischio;

~beurteilung *f*; **~bewertung** *f* valutazione *f* del rischio, apprezzamento *m* del rischio; **~deckung** *f* copertura *f* del rischio; **~erhöhung** *f* aggravamento *m* del rischio; **~fonds** *m* fondo *m* rischi, hedge fund *m*, fondo *m* a rischio coperto; **~gemeinschaft** *f* comunanza *f* di rischi; **~geschäft** *n* operazione *f* rischiosa, operazione *f* arrischiata, affare *m* rischioso; **~gruppe** *f* categoria *f* a rischio; **~kapital** *n* capitale *m* sotto rischio, capitale *m* di rischio, capitale *m* a pieno rischio; **~mischung** *f* diversificazione *f* del rischio, ripartizione *f* del rischio; **~prämie** *f* premio *m* di rischio; **~rückstellung** *f* riserva *f* di previdenza, fondo *m* rischi; **~streuung** *f* diversificazione *f* del rischio (o: dei rischi); **~summe** *f* somma *f* sotto rischio, capitale *m* sotto rischio; **~übernahme** *f* assunzione *f* di rischio, accettazione *f* del rischio; **~versicherung** *f* assicurazione *f* contro i rischi, assicurazione *f* di rischio, *(Risikolebensversicherung)* assicurazione *f* puro rischio; **~verteilung** *f* distribuzione *f* dei rischi, ripartizione *f* dei rischi, frazionamento *m* dei rischi; **~zuschlag** *m* sovrappremio *m* (di rischio).

ristornieren *v* ristornare, stornare.

Ristorno *m* ristorno *m*, storno *m*.

Robe *f (des Richters)* toga *f*.

Roh- lordo.

Roh | bilanz *f* progetto *m* di bilancio, bilancio *m* di verificazione; **~ertrag** *m* ricavo *m* lordo.

Rohgewicht *n* peso *m* lordo; **~** *n* **für Reingewicht** lordo *m* per netto.

Rohgewinn *m* utile *m* lordo.

Rohheitsdelikt *n StrafR* reato *m* di violenza.

Rohprodukt *n* prodotto *m* grezzo.

Rohstoff *m* materia *f* prima; **~märkte** *mpl* mercati *mpl* delle materie prime; **~preis** *m* prezzo *m* delle materie prime.

Rolle *f* ruolo *m*, *(Wichtigkeit)* importanza *f*.

Rollenauszug *m* estratto *m* di registro.

Rollfuhrdienst *m* servizio *m* di presa e resa a domicilio.

Rom | -Übereinkommen *n IPR (von 1980)* Convenzione *f* di Roma (*del 1980*); **~ I-Verordnung** *f IPR → s. Anhang 3 a)* Regolamento *m* Roma I (*Regolamento (CE) n. 593/2008 del Parlamento europeo e del Consiglio, del 17 giugno 2008, sulla legge applicabile alle obbligazioni contrattuali*); **~ II-Verordnung** *f IPR → s. Anhang 3 a)* Regolamento *m* Roma II (*Regolamento (CE) n. 864/2007 del Parlamento europeo e del Consiglio, dell'11 luglio 2007, sulla legge applicabile alle obbligazioni extracontrattuali*); **~ III-Verordnung** *f IPR → s. Anhang 3 a)* Regolamento *m* Roma III (*Regolamento (UE) n. 1259/2010 del Consiglio, del 20 dicembre 2010, relativo all'attuazione di una cooperazione rafforzata nel settore della legge applicabile al divorzio e alla separazione personale*); **~ IV-Verordnung** *f IPR (= Europäische Erbrechtsverordnung / EU-Erbrechtsverordnung / EU-ErbVO / EuErbVO) → s. Anhang 3 a)* Regolamento *m* Roma IV (*Regolamento (UE) n. 650/2012 del Parlamento europeo e del Consiglio, del 4 luglio 2012, relativo alla competenza, alla legge applicabile, al riconoscimento e all'esecuzione delle decisioni e all'accettazione e all'esecuzione degli atti pubblici in materia di successioni e alla creazione di un certificato successorio europeo*).

Rotation *f* rotazione *f*, avvicendamento *m*.

rotieren *v* ruotare, girare.

Rotkreuz | gesellschaft *f* società *f* della Croce Rossa; **~konferenz** *f* Conferenza *f* (Internazionale) della Croce Rossa.

Rubrik *f* rubrica *f*.

rubrizieren *v* rubricare.

Rubrum *n* [1] *(Aktenaufschrift)* rubrica *f*, titolo *m*.

Rubrum *n* [2] *ProzR (Urteilskopf)* epigrafe *f*, intestazione *f* della sentenza; **im ~** *ProzR* in epigrafe.

Rück | abtretung *f* retrocessione *f*; **~abwicklung** *f (einer Zahlung)* restituzione *f*, liquidazione *f*, *(eines Vertrags)* risoluzione *f*, recesso *m*, annullamento *m*, *(der Abrechnung)* ricalcolo *m*; **~anspruch** *m* contropretesa *f*; **~äußerung** *f* riscontro *m*, risposta *f*; **~belastung** *f* riaddebito *m*; **~buchung** *f* storno *m*, scrittura *f* di storno; **~bürge** *m* controgarante *m*; **~bürgschaft** *f* controgaranzia *f*.

rückdatieren *v* retrodatare, antidatare.

Rück | datierung *f* retrodatazione *f*, antidata *f*; **~einfuhr** *f* reimportazione *f*.

Rückersatz *m (A)* → *Rückgriff* regresso *m*; **~anspruch** *m* diritto *m* di regresso.

rückerstatten *v* restituire, rendere, rimborsare, risarcire, rifondere.

Rückerstattung *f* restituzione *f*, resa *f*, rimborso *m*, risarcimento *m*, rifusione *f*; **~ leisten** restituire, rimborsare, risarcire, rifondere; **~** *f* **des ohne rechtlichen Grund Geleisteten** restituzione *f* dell'indebito.

Rückerstattungs | anspruch *m* diritto *m* alla restituzione; **~antrag** *m* domanda *f* di restituzione.

rückerstattungspflichtig *adj* soggetto a rimborso, rimborsabile.

Rückerstattungsrecht *n* diritto *m* alla restituzione.

Rück | erwerb *m* riacquisto *m*, riscatto *m*; **~erwerbsrecht** *n* diritto *m* di riscatto.

Rückfall *m* [1] *StrafR* recidiva *f*; **gleichartiger ~** *m StrafR* recidiva *f* specifica; **wiederholter ~** *m StrafR* recidiva *f* reiterata.

Rückfall *m* [2] *(Heimfall)* riversione *f*.

Rückfall | diebstahl *m StrafR* furto *m* con recidiva; **~geschwindigkeit** *f StrafR* recidività *f*.

rückfällig *adj (Straftäter)* recidivo; **~ werden** *StrafR* recidivare.

Rück | fällige/r *f/m StrafR* recidivo/-a *m/f*; **~fälligkeit** *f StrafR*; **~fälligwerden** *n StrafR* recidività *f*, recidiva *f*; **~fallrecht** *n* reversibilità *f*, diritto *m* di reversibilità.

Rückfalls | diebstahl *m (A) StrafR* furto *m* con recidiva; **~recht** *n (CH)* reversibilità *f*, diritto *m* di reversibilità; **~schärfung** *f (A) StrafR* aggravamento *m* della pena in caso di recidiva; **~schlag** *m (CH)* valore *m* in meno dei beni della comunione fra i coniugi al momento dello scioglimento della stessa; **~strafe** *f (A) StrafR* pena *f* in caso di recidiva; **~täter/in** *m/f (A) StrafR* recidivo/-a *m/f*; **~verjährung** *f (A) StrafR* prescrizione *f* della recidiva.

Rückfall | tat *f StrafR* fatto *m* commesso in recidiva; **~täter/in** *m/f StrafR* recidivo/-a *m/f*; **~verjährung** *f StrafR* prescrizione *f* della recidiva; **~voraussetzungen** *fpl StrafR* presupposti *mpl* della recidiva.

Rück | forderung *f* ripetizione *f* (*dell'indebito*), rivendicazione *f*, richiesta *f* di restituzione, domanda *f* di rimborso; **~forderungsklage** *f (CH)* azione *f* per la ripetizione dell'indebito; **~fracht** *f* nolo *m* di ritorno; **~führung** *f EuR (von illegalen Einwanderern)* rimpatrio *m*; **~führungsrichtlinie** *f EuR* → *s. Anhang 3 b)* Direttiva *f* 2008/115/ CE del Parlamento europeo e del Consiglio, del 16 dicembre 2008, recante norme e procedure comuni applicabili negli Stati membri al rimpatrio di cittadini di paesi terzi il cui soggiorno è irregolare.

Rückgabe *f (bei ungerechtferigter Bereicherung)* restituzione *f*, riconsegna *f*; **~pflicht** *f* obbligo *m* di restituzione.

Rückgang *m (Abnahme)* diminuzione *f*, riduzione *f*, *(Senkung)* calo *m*, declino *m*, regresso *m*, abbassamento *m*, arretramento *m*, *(Verringerung)* contrazione *f*, rallentamento *m*, *(Rezession)* recessione *f*, flessione *f*; **~** *m* **der Inlandsnachfrage** flessione *f* della domanda interna.

rückgängig machen *(Vertrag)* rescindere, *(Bestellung, Kauf, Geschäft)* annullare, *(Beschluss)* revocare.

Rückgängigmachung *f (eines Vertrags)* rescissione *f*, *(einer Bestellung, eines Kaufs, eines Geschäfts)* annullamento *m*.

Rückgespräch *n* telefonata *f* a carico del destinatario.

Rückgewähr *f* restituzione *f*, rimborso *m*; **~anspruch** *m* diritto *m* di restituzione.

rückgewähren *v* restituire, rimborsare.

Rückgriff *m* regresso *m*, rivalsa *f*; **~ nehmen** [gegen *Akk*] esercitare il regresso (contro); **~** *m* **mangels Annahme** regresso *m* per mancata accettazione; **~** *m* **mangels Zahlung** regresso *m* per mancato pagamento.

Rückgriffs | anspruch *m* diritto *m* di regresso, diritto *m* di rivalsa; **~forderung** *f* credito *m* di regresso; **~haftung** *f* responsabilità *f* del garante; **~klage** *f* azione *f* di regresso; **~möglichkeit** *f* facoltà *f* di rivalsa; **~recht** *n* diritto *m* di regresso, diritto *m* di rivalsa; **~schuldner/in** *m/f* obbligato *m* di regresso.

Rück | gründung *f GesR* ricostituzione *f* di una società mediante annullamento di una precedente deliberazione di scioglimento; **~indossament** *n* girata *f* a favore di un precedente giratario.

Rückkauf *m* riacquisto *m*, riscatto *m*; **~** *m* **von Aktien** riscatto *m* di azioni, rimborso *m* di azioni.

rückkaufbar *adj* riacquistabile, riscattabile.

Rückkaufbarkeit *f* riscattabilità *f*.

Rückkaufs | kurs *m* corso *m* di riscatto; **~prämie** *f* premio *m* di rimborso; **~preis** *m* prezzo *m* di riscatto; **~recht** *n* diritto *m* di riscatto; **~summe** *f* capitale *m* di riscatto; **~vertrag** *m* patto *m* di riscatto; **~wert** *m* valore *m* di riscatto.

Rückladung *f* carico *m* di ritorno.

Rücklage *f* riserva *f*, accantonamento *m*, fondo *m* di riserva, risparmi *mpl*; **~** *f* **für laufende Risiken** riserva *f* per rischi in corso; **außerordentliche ~** *f* riserva *f* straordinaria; **freie ~** *f*; **freiwillige ~** *f* riserva *f* libera, riserva *f* facoltativa, riserva *f* straordinaria, riserva *f* eventuale; **gesetzliche ~** *f* riserva *f* legale; **offene ~** *f* riserva *f* dichiarata, riserva *f* visibile, riserva *f* palese; **satzungsmäßige ~** *f*; **statutarische ~** *f* riserva *f* statutaria; **stille ~** *f* riserva *f* tacita, riserva *f* occulta, riserva *f* latente; **versicherungstechnische ~** *f* riserva *f* tecnica; **vertragliche ~** *f* riserva *f* statutaria; **zweckgebundene ~** *f* riserva *f* a destinazione stabilita, stanziamento *m*.

Rücklagefonds *m* fondo *m* di riserva, fondo *m* di accantonamento.

rückliefern *v* [1] *(Person)* riestradare.

rückliefern *v* [2] *(Waren)* restituire, riconsegnare.

Rücklieferung *f* [1] *(einer Person)* riestradizione *f*.

Rücklieferung *f* [2] *(von Waren)* restituzione *f*, riconsegna *f*.

Rücknahme *f* ritiro *m*, *ProzR* rinuncia *f* (*o: rinunzia agli atti del giudizio*), *StrafProzR* remissione *f* (*di querela*); **~** *f* **des Antrags** ritiro *m* della domanda; **~** *f* **der Berufung** *ProzR* rinuncia *f* all'appello; **~** *f* **des Rechtsmittels** *ProzR* rinuncia *f* all'impugnazione; **~** *f* **eines rechtswidrigen Verwaltungsaktes** revoca *f* di un atto amministrativo illegittimo; **~** *f* **der Revision** *ProzR* rinuncia *f* al ricorso per (o: in) cassazione; **~** *f* **des Strafantrags** *StrafProzR* remissione *f* della querela.

Rücknahmepreis *m* prezzo *m* di riscatto.

Rück | optant/in *m/f* rioptante *m/f*; **~porto** *n* francobollo *m* per la risposta; **~rechnung** *f* conto *m* di ritorno, conto *m* di rivalsa; **~schaffung** *f* rimpatrio *m*; **~scheck** *m* assegno *m* ritornato; **~schein** *m* ricevuta *f* di ritorno, avviso *m* di ricevimento.

rückschließen *v* concludere, dedurre, desumere.

Rück | schluss *m* conclusione *f*, deduzione *f*; **~sendung** *f* spedizione *f* di ritorno, rinvio *m* all'origine.

Rücksicht *f* riguardo *m*, considerazione *f*, rispetto *m*, attenzione *f*.

Rücksprache *f* colloquio *m*, consultazione *f*; **~ halten**; **~ nehmen** [mit *Dat*] consultarsi [con], conferire [con].

Rückstand *m* ritardo *m*, sofferenza *f*, arretrato *m*.

Rückstände *pl* [1] *(Gelder)* arretrati *mpl*, somme *fpl* arretrate.

Rückstände *pl* [2] *(Arbeit)* lavoro *m* arretrato.

rückständig *adj* in ritardo, in sofferenza, arretrato.

Rück | standsausweis *m (A)* avviso *m* di pagamento di imposte arretrate; **~stellung** *f (Bilanz)* accantonamento *m*, riserva *f* (*impropria*), fondo *m* di riserva, restituzione *f (A)*; **~stellungsfonds** *m* fondo *m* di riserva, fondo *m* di accantonamento.

Rücktritt *m (vom Vertrag nach §§ 346 ff. BGB)* recesso *m*, risoluzione *f* (*del contratto per via di recesso unilaterale*), *(Verzicht)* rinuncia *f* [o: rinunzia], *(vom Amt)* dimissioni *fpl*, ritiro *m*; **den ~ annehmen** accettare le dimissioni; **seinen ~ einreichen**; **den ~ erklären** presentare le dimissioni, rassegnare le dimissioni, dimettersi; **einseitiger ~** *m* recesso *m* unilaterale; **~** *m* **von der Anklage** *(A)* ritiro *m* dell'atto di accusa; **~** *m* **vom beendeten Versuch** *StrafR (§ 24 Abs. 1 S. 1 Alt. 2 StGB)* recesso *m* attivo; **~** *m* **vom unbeendeten Versuch** *StrafR (§ 24 Abs. 1 S. 1 Alt. 1 StGB)* desistenza *f* volontaria; **~** *m* **von der Verfolgung** *(A)* rinuncia *f* all'azione penale; **~** *m* **von einer Wahlkandidatur** ritiro *m* della candidatura elettorale.

Rücktritt
Nei contratti a esecuzione istantanea (contratti a esecuzione immediata o contratti a esecuzione differita) si usa il termine *Rücktritt*, traducibile in italiano con il termine *recesso* quando indica la facoltà di una parte di cessare il contratto prima che esso abbia effetti (o quando essi siano appena iniziati) ovvero con il termine *risoluzione* quando indica la reazione di una parte contraente all'inadempienza dell'altra.

Per maggiori informazioni, consultare il box informativo *Kündigung-Rücktritt-Widerruf*

Rücktritts | erklärung *f (vom Vertrag)* dichiarazione *f* di recesso, recesso *m*, *(vom Amt)* dimissioni *fpl*; **~gesuch** *n* dimissioni *fpl*; **~klausel** *f* clausola *f* di recesso.

Rücktrittsrecht *n* diritto *m* di recesso; **gesetzliches ~** *n* diritto *m* di recesso legale, recesso *m* legale; **vertragliches ~** *n* diritto *m* di recesso convenzionale, recesso *m* convenzionale.

Rücktritts | schreiben *n* lettera *f* di dimissioni; **~vorbehalt** *m* clausola *f* di recesso.

Rück | übereignung *f* ritrasferimento *m* della proprietà; **~übernehmer/in** *m/f* retrocessionario *m*.

rückübertragen *v* retrocedere.

Rück | übertragende/r *f/m*; **~überträger/in** *m/f (A)* retrocedente *m/f*; **~übertragung** *f* retrocessione *f*; **~überweisung** *f* bonifico *m* di rimborso, storno *m* di una rimessa.

rückvergüten *v* rimborsare, rifondere.

Rückvergütung *f* rimborso *m*, rifusione *f*.

Rückverkauf *m* retrovendita *f*.

Rückverkaufs | recht *n (A)* diritto *m* di retrovendita; **~vertrag** *m (A)* patto *m* di retrovendita.

Rückversicherer *m* riassicuratore *m*.

rückversichern *v* riassicurare.

Rückversicherte/r *f/m* riassicurato *m*.

Rückversicherung *f* riassicurazione *f*; **abgegebene ~** *f* riassicurazione *f* ceduta; **aktive ~** *f* riassicurazione *f* attiva; **obligatorische ~** *f* riassicurazione *f* obbligatoria; **passive ~** *f* riassicurazione *f* passiva.

Rückversicherungs | anstalt *f* istituto *m* di riassicurazione; **~gesellschaft** *f* società *f* di riassicurazione; **~makler/in** *m/f* mediatore *m* di riassicurazioni; **~prämie** *f* premio *m* di riassicurazione; **~quote** *f* quota *f*

di cessione; **~träger** *m* ente *m* riassicuratore; **~unternehmen** *n*; **~unternehmung** *f* impresa *f* di riassicurazione; **~vertrag** *m* contratto *m* di riassicurazione, *VölkerR* trattato *m* di riassicurazione.
Rück | verweisung *f* rinvio *m* di ritorno, rinvio *m* indietro, rinvio *m* a giudice di grado inferiore; **~ware** *f* merce *f* di ritorno; **~wärtsversicherung** *f* assicurazione *f* retroattiva; **~wechsel** *m* rivalsa *f*, *(in der Banksprache auch)* cambiale *f* di ritorno, cambiale *f* ritornata.
rückweisen *v (CH)* espellere.
Rückweisung *f (CH)* espulsione *f*.
rückwirken *v* retroagire, avere effetto retroattivo.
rückwirkend *adj* retroattivo, avente effetto retroattivo, con effetto retroattivo; **nicht ~** irretroattivo, non retroattivo, non avente effetto retroattivo.
Rückwirkung *f (rückwirkende Gültigkeit)* retroattività *f*, effetto *m* retroattivo, retroazione *f*, *(Auswirkung)* ripercussione *f*, riflesso *m*.
Rückwirkungsverbot *n* divieto *m* di retroattività.
rückzahlbar *adj* rimborsabile.
rückzahlen *v* rimborsare, restituire.
Rückzahlung *f* rimborso *m*, restituzione *f*; **zur ~ fällig sein** dover(e) essere rimborsato; **zur ~ fällig stellen** chiedere il rimborso anticipato; **vorzeitige ~** *f* rimborso *m* anticipato; **~** *f* **der Einlagen** *GesR* rimborso *m* dei conferimenti; **~** *f* **auf Sicht** rimborso *m* a vista.
Rückzahlungs | agio *n* premio *m* di rimborso; **~anspruch** *m* diritto *m* al rimborso; **~anweisung** *f* autorizzazione *f* di rimborso; **~bedingungen** *fpl* condizioni *fpl* di rimborso; **~betrag** *m* importo *m* del rimborso, importo *m* rimborsato; **~frist** *f* scadenza *f* per il rimborso, termine *m* di rimborso, data *f* di rimborso; **~kurs** *m* corso *m* di rimborso, prezzo *m* di rimborso; **~pflicht** *f* obbligo *m* di rimborso, rimborso *m* obbligatorio.
rückzahlungspflichtig *adj* rimborsabile, da rimborsare.
Rückzahlungs | plan *m* piano *m* di rimborso; **~prämie** *f* premio *m* di rimborso; **~preis** *m* prezzo *m* di rimborso; **~provision** *f* provvigione *f* di rimborso; **~recht** *n* diritto *m* al rimborso; **~termin** *m* termine *m* di rimborso, data *f* di rimborso, scadenza *f* per il rimborso; **~verpflichtung** *f* obbligo *m* di rimborso; **~wert** *m* valore *m* di rimborso.
Rück | zession *f* retrocessione *f*; **~zoll** *m* dazio *m* di ritorno, restituzione *f* di dazio, drawback *m*.
Rückzug *m* [1] ritirata *f*, ritiro *m*, *ArbR* dimissioni *fpl* (*dal lavoro*); **~** *m* **aus dem politischen Leben** ritiro *m* dalla vita politica.
Rückzug *m* [2] *(CH)* prelevamento *m*, prelievo *m*.
Ruf *m* [1] *(Leumund)* reputazione *f*, *(Ruhm)* fama *f*, *(Ansehen)* buon nome *m*, credito *m*.
Ruf *m* [2] *(Berufung)* nomina *f*, *(Univ)* cattedra *f*, incarico *m*, chiamata *f*, *(Aufforderung)* invito *m*, *(zur Ordnung)* richiamo *m*; **~** *m* **zur Ordnung** richiamo *m* all'ordine; **~** *m* **zur Sache** richiamo *m* alla questione.
Rufschädigung *f* lesione *f* alla reputazione, discredito *m*.
rügbar *adj* eccepibile.
Rüge *f ProzR* eccezione *f*, *(Beanstandung)* contestazione *f* (*di un vizio formale o sostanziale*), reclamo *m*, critica *f*, denuncia *f*, *(Vorwurf)* rimprovero *m*, *(Tadel)* biasimo *m*, ammonizione *f*, censura *f*, richiamo *m*; **eine ~ erheben** eccepire; **eine ~ erteilen** ammonire.
rügen *v ProzR* eccepire, *(beanstanden)* contestare, reclamare, criticare, *(tadeln)* biasimare, rimproverare, censurare, riprendere, richiamare.
Rügeobliegenheiten, Untersuchungs- und ~ *fpl HandelsR (§ 377 HGB)* obbligo *m* di controllare (o: collaudare) la merce e denunciare (o: contestare) gli eventuali vizi.
Ruhe *f* quiete *f*, pace *f*, tranquillità *f*,

riposo *m*; **öffentliche ~** *f* quiete *f* pubblica.
Ruhe | alter *n* età *f* per il collocamento a riposo, età *f* di (o: del) collocamento a riposo, età *f* pensionabile; **~bezug** *m*; **~gehalt** *n* pensione *f*, trattamento *m* di quiescenza.
Ruhegehalts | anspruch *m*; **~berechtigung** *f* diritto *m* alla pensione, diritto *m* al trattamento di quiescenza; **~bezüge** *pl* pensione *f*, trattamento *m* di quiescenza; **~bezüger/in** *m/f (CH)*; **~empfänger/in** *m/f* pensionato/-a *m/f*; **~rückstellung** *f* fondo *m* pensioni.
Ruhegeld *n* pensione *f*, trattamento *m* di quiescenza; **~empfänger/in** *m/f* pensionato/-a *m/f*; **~kasse** *f* cassa *f* per le pensioni.
Ruhegenuss *m (A)* pensione *f*, trattamento *m* di quiescenza; **~empfänger/in** *m/f (A)* pensionato/-a *m/f*.
Ruhen *n* sospensione *f*, quiescenza *f*; **~** *n* **des Verfahrens** *ProzR* sospensione *f* del procedimento, sospensione *f* del processo; **~** *n* **der Verjährung** sospensione *f* della prescrizione.
Ruhe | pause *f (Pause zum Entspannen)* pausa *f*, intervallo *m*, interruzione *f*, *(Ruhezeit)* riposo *m*; **dauerndes ~recht** *n (Grabstätte)* concessione *f* perpetua.
Ruhestand *m* pensione *f*, pensionamento *m*, riposo *m*, quiescenza *f*; **in den ~ treten** andare in pensione; **in den ~ versetzen** collocare in pensione, mettere in pensione, mandare in pensione, collocare a riposo, collocare in quiescenza, pensionare; **einstweiliger ~** *m* disponibilità *f*; **vorzeitiger ~** *m* pensionamento *m* anticipato, prepensionamento *m*; **Zwangsversetzung** *f* **in den ~** collocamento *m* a riposo d'ufficio.
Ruheständler/in *m/f* pensionato/-a *m/f*.
Ruhestands | beamter/-beamtin *m/f* funzionario *m* a riposo, funzionario *m* in pensione; **~versetzung** *f* collocamento *m* a riposo, collocamento *m* in quiescenza; **~versorgung** *f* pensione *f*, trattamento *m* di quiescenza.
Ruhestörung *f* disturbo *m* del riposo, disturbo *m* della quiete (pubblica), turbamento *m* della quiete (pubblica), turbamento *m* della tranquillità, perturbazione *f* della quiete; **nächtliche ~** *f* turbamento *m* della quiete notturna.
Ruhe | versicherung *f* assicurazione *f* degli autoveicoli durante la loro permanenza in garage; **~zeit** *f* periodo *m* di riposo, riposo *m*.
Rumpf | betriebsjahr *n*; **~geschäftsjahr** *n*; **~wirtschaftsjahr** *n* esercizio *m* parziale.
Runderlass *m* circolare *f*.
Runder Tisch *m* tavola *f* rotonda.
Rundfunk | freiheit *f VerfR* libertà *f* della radiodiffusione; **~gebühr** *f* canone *m* di abbonamento alle radiodiffusioni.
Rundverfügung *f* circolare *f*.
RVO (*Abk* = **Reichsversicherungsordnung**) legge *f* sull'assicurazione sociale (*del Reich*).

S

S. (*Abk* = **Seite**) *(von Buch, Zeitung)* pagina *f (p./pag.)*.
Sabotage *f* sabotaggio *m*; **~akt** *m* atto *m* di sabotaggio.
Saboteur/in *m/f* sabotatore *m*.
sabotieren *v* sabotare.
Sach | abweisung *f ProzR* rigetto *m* nel merito; **~anlagen** *fpl (Bilanz)*; **~anlagevermögen** *n (Bilanz)* immobilizzazioni *fpl* materiali,

attivo *m* immobilizzato, attivo *m* fisso, beni *mpl* patrimoniali; **~anträge** *mpl ZivProzR* conclusioni *fpl* di merito; **~aufklärung** *f* accertamento *m* della verità, chiarificazione *f* della situazione di fatto; **~aufruf** *m ZivProzR* appello *m* della causa; **~aufwand** *m*; **~aufwendungen** *fpl*; **~ausgaben** *fpl* spese *fpl* di materiale; **~auslieferung** *f (CH)* consegna *f* di oggetti sequestrati; **~ausschüttung** *f* distribuzione *f* in natura; **~bearbeiter/in** *m/f* addetto/-a *m/f*, incaricato/-a *m/f* (*della pratica*), responsabile *m/f* (*del servizio*), referente *m/f*; **~bereich** *m* materia *f*; **~bericht** *m* esposizione *f* dei fatti; **~beschädigung** *f StrafR (§ 303 StGB)* danneggiamento *m* (di cose), danno *m* materiale, danno *m* a cose.

sachbezogen *adj* pertinente.

Sach | bezüge *pl* emolumenti *mpl* in natura, retribuzione *f* in natura; **~darstellung** *f* esposizione *f* dei fatti.

sachdienlich *adj* opportuno, adeguato (*alla circostanza*), *(Hinweis)* utile.

Sachdividende *f* dividendo *m* in natura.

Sache *f*¹ *(Gegenstand) (§§ 90 ff. BGB)* cosa *f*, bene *m*, oggetto *m*; **abhandengekommene ~** *f* cosa *f* smarrita; **abnützbare ~** *f (A)* cosa *f* deteriorabile; **ansprüchige ~** *f (A)* cosa *f* giacente; **belastete ~** *f* bene *m* gravato; **beschlagnahmte ~** *f* oggetto *m* sequestrato; **bestandene ~** *f (A)* cosa *f* locata; **bestimmte ~** *f* cosa *f* determinata; **bewegliche ~** *f* cosa *f* mobile, bene *m* mobile, mobile *m*; **einheitliche ~** *f* cosa *f* semplice; **freistehende ~** *f (A)* cosa *f* di nessuno, res nullius *(lat)*; **fremde bewegliche ~** *f* cosa *f* mobile altrui; **fremde ~** *f* cosa *f* d'altri, cosa *f* altrui; **früchtetragende ~** *f* cosa *f* fruttifera; **gemeinschaftliche ~** *f* cosa *f* comune; **herrenlose ~** *f* cosa *f* di nessuno, res nullius *(lat)*; **körperliche ~** *f* cosa *f* corporale, cosa *f* materiale, bene *m* materiale; **künftige ~** *f* cosa *f* futura; **mit einem Mangel behaftete ~** *f*; **mangelhafte ~** *f* cosa *f* viziata, cosa *f* difettosa; **~** *f* **von mittlerer Art und Güte** cosa *f* di qualità non inferiore alla media; **öffentliche ~** *f* bene *m* pubblico; **teilbare ~** *f* cosa *f* divisibile; **unbewegliche ~** *f* cosa *f* immobile, bene *m* immobile, immobile *m*; **ungeteilte ~** *f* cosa *f* indivisa; **unkörperliche ~** *f* cosa *f* incorporale, cosa *f* immateriale, bene *m* immateriale; **unpfändbare ~** *f* cosa *f* impignorabile; **unteilbare ~** *f* cosa *f* indivisibile; **untergegangene ~** *f* cosa *f* perita; **unverbrauchbare ~** *f* cosa *f* inconsumabile; **verbrauchbare ~** *f (§ 92 BGB)* cosa *f* consumabile, bene *m* consumabile, bene *m* di consumo; **~** *f* **außer Verkehr** cosa *f* fuori commercio; **~** *f* **in Verkehr** cosa *f* in commercio; **verkehrsfähige ~** *f* cosa *f* in commercio; **verkehrsunfähige ~** *f* cosa *f* fuori commercio; **verlorene ~** *f* cosa *f* smarrita; **vertretbare ~** *f* cosa *f* fungibile; **zukünftige ~** *f* cosa *f* futura; **zusammengesetzte ~** *f* cosa *f* composta.

Sache *f*² *(Angelegenheit)* affare *m*, *(Frage)* questione *f*, *(Thema)* tema *m*, argomento *m*, materia *f*, *(Vorfall)* fatto *m*, *(Aufgabe)* compito *m*, *(Lage)* situazione *f*, *(Fall)* caso *m*, *ZivProzR (Rechtsstreit)* causa *f*, *ProzR* merito *m*; **in ~n** in materia (di), sul tema (di), in relazione a, *ZivProzR* nella causa; **in der ~** *ProzR* nel merito; **in einer ~ entscheiden** *ZivProzR* decidere una controversia, pronunciarsi su una controversia; **in der ~ urteilen** *ProzR* decidere nel merito; **in eigener ~** in causa propria, per fatto personale; **zur ~** *ProzR* nel merito; **zur ~ gehörig** pertinente; **zur ~ vernehmen** *ProzR* interrogare nel merito; **zur ~ verweisen** richiamare alla questione; **anhängige ~** *f ZivProzR* causa *f* pendente; **außerstreitige ~** *f (A)* affare *m* di volontaria giurisdizione; **entscheidungsreife ~** *f ZivProzR* causa *f* matura per la decisione; **rechtskräftige entschiedene ~** *f ProzR* cosa *f* giudicata, giudicato *m*, regiudicata *f*; **streitbefangene ~** *f (A)*; **streitgegenständliche ~** *f (A)*;

streitige ~ *f (A)*; **streitverfangene ~** *f (A)* cosa *f* controversa.

Sach | einlage *f* apporto *m* in natura, conferimento *m* in natura, contributo *m* in natura; **~einleger/in** *m/f* chi conferisce beni in natura.

Sachenrecht *n (Rechtsgebiet)* beni *mpl* e diritti *mpl* reali, diritto *m* delle cose (*diritto della proprietà e degli altri diritti reali*).

Sach | entscheid *m (CH)*; **~entscheidung** *f ProzR* pronuncia *f* di merito, pronuncia *f* sul merito, decisione *f* nel merito, decisione *f* di merito, sentenza *f* di merito; **~entscheidungsvoraussetzung** *f ProzR* presupposto *m* processuale; **~firma** *f* ditta *f* oggettiva; **~frage** *f* questione *f* di fatto, problema *m* materiale; **~früchte** *pl (Erzeugnisse einer Sache)* frutti *mpl* naturali; **~gebiet** *n* campo *m*, ramo *m*, ambito *m*, materia *f*.

sachgemäß *adj (angemessen)* conveniente, adeguato, adatto, appropriato, *(entsprechend)* conforme, *(richtig)* corretto.

Sach | gesamtheit *f SachenR* universalità *f* di mobili, universalità *f* di cose mobili, universalità *f* di beni mobili, universalità *f* di fatto; **~gewährleistung** *f (CH)* responsabilità *f* per vizio della cosa, garanzia *f* per vizio della cosa; **~gewalt** *f* potere *m* sulla cosa; **~gründung** *f* fondazione *f* con apporti in natura; **~gut** *n* bene *m* materiale; **~haftung** *f* responsabilità *f* materiale; **~hehlerei** *f* favoreggiamento *m* reale; **~herrschaft** *f* dominio *m* della cosa, potere *m* sulla cosa; **~inbegriff** *m* universalità *f* di cose; **~instanz** *f ProzR* giudizio *m* di merito, grado *m* di merito; **~kapital** *n* capitale *m* reale; **~kapitalerhöhung** *f* aumento *m* di capitale mediante apporti in natura; **~kenntnis** *f*; **~kompetenz** *f* competenza *f* (in materia); **~kosten** *pl* spese *fpl* materiali; **~kredit** *m* credito *m* reale; **~kunde** *f (Sachkenntnis)* competenza *f*, cognizione *f* di causa, *(Erfahrung)* esperienza *f*, pratica *f*.

sachkundig *adj* competente, esperto.

Sach | kundige/r *f/m* esperto/-a *m/f*; **~lage** *f (Lage)* stato *m* delle cose, *(bestehende Situation)* situazione *f* di fatto, stato *m* di fatto, *(Tatbestand)* fatti *mpl*; **~legitimation** *f* legittimazione *f* ad agire; **~leistung** *f* prestazione *f* in natura; **~leitung** *f (als Teil der Prozessleitung)* direzione *f* del processo.

sachlich *adj (dinglich)* materiale, *(wirklich)* reale, *(objektiv)* oggettivo, obiettivo, *(unparteiisch)* imparziale, *(unpersönlich)* impersonale, *(nüchtern)* sobrio; **~ entscheiden** *ProzR* decidere nel merito.

Sach | lieferung *f* consegna *f* in natura; **~lohn** *m* salario *m* in natura, retribuzione *f* in natura; **~mangel** *m SchuldR* vizio *m* della cosa, *VerwR* vizio *m* di merito.

Sachmängel | gewährleistung *f SchuldR (§§ 434 ff. BGB)*; **~haftung** *f SchuldR* garanzia *f* per i vizi della cosa, responsabilità *f* per i vizi della cosa.

Sach | miete *f* noleggio *m* di cose; **~nießbrauch** *m* usufrutto *m* di cose.

Sachnorm *f IPR* norma *f* materiale, norma *f* che regola in concreto il fatto; **~verweisung** *f IPR* rinvio *m* alla norma materiale di un altro paese.

Sach | prüfung *f ProzR* esame *m* di merito, controllo *m* di merito; **~schaden** *m* danno *m* materiale, danno *m* alle cose; **~sicherheit** *f* garanzia *f* reale; **~stand** *m* stato *m* delle cose, *(eines Aktenvorgangs)* stato *m* della pratica; **~steuer** *f* imposta *f* reale; **~übernahme** *f GesR* rilievo *m* di conferimenti in natura; **~urteil** *n ProzR* sentenza *f* di merito; **~urteilsvoraussetzung** *f ProzR* presupposto *m* processuale.

Sachverhalt *m* fattispecie *f* (*concreta*), fatto *m*, fatti *mpl*, merito *m*, circostanze *fpl* (di fatto), stato *m* di fatto, stato *m* delle cose, in fatto.

Sachverhalts | aufklärung *f ProzR* accertamento *m* dei fatti; **~darstellung** *f ProzR* esposizione *f* dei fatti, enunciazione *f* dei fatti, narrativa *f*, fatti *mpl* descritti in narrativa.

Sach | vermögen *n* beni *mpl* materiali; **~versicherung** *f* assicurazione *f* di cose.

sachverständig *adj* competente, esperto.

Sachverständigen | aussage *f* *ProzR* giudizio *m* peritale; **~ausschuss** *m* commissione *f* di esperti; **~bericht** *m* *ProzR* relazione *f* peritale, relazione *f* di perizia; **~bescheinigung** *f* *ProzR* certificato *m* peritale, certificato *m* di perizia; **~bestellung** *f* *ProzR* nomina *f* del consulente tecnico, *StrafProzR* nomina *f* del perito; **~beweis** *m* *ProzR* prova *f* peritale; **~eid** *m* *ProzR* giuramento *m* del consulente tecnico, *StrafProzR* giuramento *m* del perito; **~gebühr** *f* *ProzR* onorario *m* del consulente tecnico, *StrafProzR* onorario *m* del perito; **~gremium** *n*; **~gruppe** *f* gruppo *m* di esperti; **~gutachten** *n* *ProzR* consulenza *f* tecnica *(CT)* (*in Italia nel processo civile: disposta dal giudice (consulenza tecnica d'ufficio: CTU) e resa da un esperto nominato dalle parti (consulenza tecnica di parte: CTP); nel processo penale: fornita da un esperto nominato dalle parti*), *StrafProzR* perizia *f* (*disposta dal giudice nel processo penale in Italia*); **~honorar** *n* *ProzR* onorario *m* del consulente tecnico, *StrafProzR* onorario *m* del perito; **~kommission** *f* commissione *f* di esperti; **~kosten** *pl* spese *fpl* peritali, spese *fpl* di perizia; **~liste** *f* *ProzR* albo *m* dei consulenti tecnici, *StrafProzR* albo *m* dei periti; **~rat** *m* comitato *m* di esperti, consiglio *m* degli esperti; **~vergütung** *f* *ProzR* compenso *m* del consulente tecnico, *StrafProzR* compenso *m* del perito (*nominato dal giudice*).

Sachverständige/r *f/m* *ProzR* consulente *m* tecnico *(CT)* (*in Italia nel processo civile: esperto nominato dal giudice (consulente tecnico d'ufficio: CTU) e dalle parti (consulente tecnico di parte: CTP); nel processo penale: esperto nominato dalle parti*), *StrafProzR* perito *m* (*esperto nominato dal giudice nel processo penale in Italia*), esperto *m*; **eine/n Sachverständige/n bestellen** *ProzR* nominare un consulente tecnico, *StrafProzR* nominare un perito; **beeidigte/r ~** *f/m* *ProzR* perito *m* giurato; **gerichtlich bestellte/r ~** *f/m* *ZivProzR* consulente *m* tecnico d'ufficio *(CTU)*, *StrafProzR* perito *m* nominato dal giudice, *StrafProzR* perito *m* giudiziario; **medizinische/r ~** *f/m* *ProzR* perito *m* medico, esperto *m* medico; **vereidigte/r ~** *f/m* *ProzR* perito *m* giurato.

Sachverständige/r
In Germania, così come in Austria e in Svizzera, i consulenti tecnici e i periti sono scelti e nominati dal giudice, invece che dalle parti, e per questo sono ritenuti neutrali. In tal modo si cerca di evitare la c.d. guerra dei periti, in cui ciascuna delle parti in causa cerca di contestare la consulenza tecnica o la perizia della controparte attraverso un altro esperto.

Sach | verwalter/in *m/f* procuratore *m*, mandatario *m*, agente *m/f*, amministratore *m*; **~verzeichnis** *n* indice *m* delle materie; **~vortrag** *m* *ProzR* esposizione *f* dei fatti, enunciazione *f* dei fatti, narrativa *f*; **~walter/in** *m/f* procuratore *m*, mandatario *m*, agente *m/f*, amministratore *m*, commissario *m* giudiziale *(CH)*.

Sachwert *m* valore *m* reale, bene *m*, *(Substanzwert)* valore *m* dell'attivo netto; **~klausel** *f* clausola *f* merce.

Sach | wucher *m (A)* usura *f*; **~zusammenhang** *m* *ProzR* connessione *f* oggettiva; **~zuwendung** *f* liberalità *f* in natura.

Saison | arbeit *f* lavoro *m* stagionale; **~arbeiter/in** *m/f* lavoratore/-trice *m/f* stagionale, stagionale *m/f*; **~arbeitslosigkeit** *f* disoccupazione *f*

stagionale; **~ausverkauf** *m* svendita *f* di fine stagione.
saison | bedingt *adj* stagionale; **~bereinigt** *adj* destagionalizzato, depurato della stagionalità.
Saison | bereinigung *f* destagionalizzazione *f*, depuramento *m* della stagionalità; **~betrieb** *m* impresa *f* stagionale, attività *f* stagionale; **~bewegung** *f* movimento *m* stagionale, oscillazione *f* stagionale, fluttuazione *f* stagionale; **~handel** *m* commercio *m* stagionale; **~index** *m* indice *m* stagionale; **~kredit** *m* credito *m* di stagione, credito *m* di campagna, credito *m* stagionale; **~rhythmus** *m* ritmo *m* stagionale; **~schlussverkauf** *m* svendita *f* di fine stagione; **~schwankung** *f* oscillazione *f* stagionale, fluttuazione *f* stagionale.
Salär *n (CH) ArbR* salario *m*, paga *f*, stipendio *m*.
Saldakonto *n (A)* saldaconto *m*.
Saldenkonto *n* conto *m* a saldi, conto *m* a sezione unica, conto *m* scalare.
saldieren *v* saldare.
Saldierung *f* pagamento *m* a saldo, liquidazione *f*.
Saldo *m* saldo *m*; **per ~** a saldo; **kassenmäßiger ~** *m* saldo *m* di cassa; **verfügbarer ~** *m* saldo *m* disponibile; **vorgetragener ~** *m* saldo *m* riportato.
Saldo | abdeckung *f* pagamento *m* a saldo; **~auszug** *m* estratto *m* conto; **~feststellung** *f* accertamento *m* del saldo; **~guthaben** *n* saldo *m* creditore; **~klausel** *f* clausola *f* di regolamento dei saldi; **~konto** *n (A)* saldaconto *m*; **~pfändung** *f (Kontokorrent)* pignoramento *m* del saldo; **~übertrag** *m*; **~vortrag** *m* saldo *m* riportato, riporto *m* di saldo; **~zahlung** *f* pagamento *m* a saldo; **~ziehung** *f* chiusura *f* di conto.
Sammel- collettivo.
Sammel | bestellung *f* ordinazione *f* collettiva; **~bogen** *m* foglio *m* riepilogativo; **~buch** *n* registro *m* riepilogativo; **~depot** *n* deposito *m* collettivo di titoli; **~klage** *f ZivProzR* azione *f* collettiva, azione *f* di classe, class action *f*; **~konto** *n* conto *m* sintetico.
sammeln *v* raccogliere, *(für eine Sammlung)* collezionare, *(anhäufen)* accumulare, *(versammeln)* radunare, riunire, *(erwerben)* acquisire, *(Erfahrung)* fare, *(Kräfte)* concentrare.
Sammel | sichtvermerk *m* visto *m* collettivo; **~termin** *m ProzR* udienza *f* collettiva; **~versicherung** *f* assicurazione *f* collettiva; **~verwahrung** *f* deposito *m* collettivo; **~verzeichnis** *n* bollettino *m* riepilogativo; **~visum** *n* visto *m* collettivo; **~werk** *n* repertorio *m*, raccolta *f* (di scritti), miscellanea *f*, opera *f* collettiva.
Sammlung *f* [1] *(Geldsammlung)* colletta *f*, questua *f*, pubblica sottoscrizione *f*.
Sammlung *f* [2] *(Gesamtheit gesammelter Gegenstände)* collezione *f*, raccolta *f*, repertorio *m*; **~** *f* **der eidgenössischen Gesetze** *(CH)* raccolta *f* delle leggi federali; **~** *f* **der Rechtsprechung** raccolta *f* di giurisprudenza, repertorio *m* di giurisprudenza.
samt *präp* [*Dat*] con, insieme [a], unitamente [a].
Samtgemeinde *f* associazione *f* di comuni.
sanieren *v (Unternehmen)* risanare.
Sanierung *f (eines Unternehmens)* risanamento *m*.
Sanierungs | anleihe *f*; **~darlehen** *n* prestito *m* di risanamento; **~gebiet** *n* zona *f* di risanamento, zona *f* di recupero; **~maßnahme** *f* misura *f* di risanamento, intervento *m* di recupero; **~plan** *m* piano *m* di risanamento, piano *m* di recupero; **~programm** *n* programma *m* di risanamento.
Sanktion *f* sanzione *f*, conseguenza *f* sanzionatoria; **strafrechtliche ~** *f* sanzione *f* penale; **wirtschaftliche ~** *f* sanzione *f* economica.
Sanktionensystem *n* sistema *m* sanzionatorio.
sanktionieren *v* sanzionare.
Sanktionierung *f* sanzionamento *m*.
Sanktions | befugnis *f*; **~gewalt** *f* potere *m* sanzionatorio, potere *m* di

sanzione; **~maßnahme** *f* sanzione *f*, misura *f* sanzionatoria.

Sättigung *f* **des Marktes** saturazione *f* del mercato.

Satz *m* [1] *(Quote)* quota *f*, *(Beitrag)* contributo *m*, *(Tarif)* tariffa *f*, *(Zinssatz)* tasso *m*, saggio *m*, *(Prozentsatz)* percentuale *f*, *(Steuersatz)* aliquota *f*; **durchschnittlicher ~** *m* tasso *m* medio; **gesetzlicher ~** *m* tasso *m* legale.

Satz *m* [2] *(Rechtssatz)* norma *f*.

Satz *m* [3] *(nach Art., §, Abs.)* periodo *m*, frase *f*.

Satz *m* [4] *(Serie, Gruppe)* serie *f*, set *m*.

Satz *m* [5] *(These)* tesi *f*, principio *m*, *(Lehrsatz)* teorema *m*, *(Grundsatz)* assioma *m*.

Satzung *f* → *s. Infokasten unter „Gesellschaftsvertrag – Satzung"* statuto *m*, atto *m* costitutivo, carta *f*; **wenn die ~ nichts anderes bestimmt** salvo diversa disposizione dello statuto, salvo diversa disposizione statutaria; **~** *f* **des Gerichtshofs der Europäischen Union** *EuR* statuto *m* della Corte di giustizia dell'Unione europea; **~** *f* **der Vereinten Nationen** Carta *f* delle Nazioni Unite.

Satzungs | änderung *f* *GesR* modifica *f* statutaria, modifica(zione) *f* dello statuto, modifica(zione) *f* dell'atto costitutivo; **~autonomie** *f* autonomia *f* statutaria; **~bestimmung** *f* disposizione *f* statutaria.

satzungsgemäß *adj* statutario, conforme allo statuto.

Satzungsgewalt *f* autonomia *f* statutaria.

satzungsmäßig *adj* statutario, conforme allo statuto.

Satzungs | muster *n* statuto *m* tipo, modello *m* di statuto; **~verletzung** *f* violazione *f* dello statuto; **~verpflichtung** *f* obbligazione *f* statutaria.

satzungswidrig *adj* contrario allo statuto.

säumig *adj (verspätet)* ritardatario, in ritardo (*con il pagamento*), *(Zahlung)* arretrato, *(Schuldner)* moroso, *VertragsR* inadempiente, *(abwesend)* assente, *ProzR* contumace, *(nachlässig)* negligente, *(träge)* indolente.

Säumnis *f/n (Verspätung)* ritardo *m*, *(Zögern)* indugio *m*, *(von Schuldnern)* mora *f*, *(Abwesenheit)* assenza *f*, *ProzR (Versäumnis)* contumacia *f*, *(Nachlässigkeit)* negligenza *f*; **~beschwerde** *f (A)* ricorso *m* contro l'inerzia della pubblica amministrazione; **~urteil** *n* *ZivProzR (üblicher: Versäumnisurteil)* sentenza *f* contumaciale; **~zuschlag** *m* *SteuerR* indennità *f* di mora (*per il mancato pagamento di imposte*).

Saumsal *f (A)* mora *f*.

saumselig *adj (A)* moroso.

SBF (*Abk* = **Staatssekretariat für Bildung und Forschung**) *(CH)* Segreteria *f* di Stato (svizzera) per l'educazione e la ricerca *(SER)*.

Schachtel | gewinn *m* utile *m* della società controllata tassato una sola volta; **~privileg** *n*; **~vergünstigung** *f* esenzione *f* tributaria degli utili distribuiti da una società di capitali ad altra società che detiene almeno un quarto del capitale della prima.

Schächten *n* → *BVerfGE 104, 337* modo *m* di macellare (*secondo le prescrizioni religiose ebraiche ed islamiche*).

schaden *v* [*Dat*] *(beeinträchtigen)* nuocere [a], fare male [a], danneggiare, pregiudicare, essere dannoso [per], *(Schaden zufügen)* (ar)recare danno [a].

Schaden *m (Beschädigung)* danno *m*, *(Nachteil)* svantaggio *m*, pregiudizio *m*, *(Verlust)* perdita *f*, *(körperlich)* lesione *f*, *(Verletzung)* ferita *f*, *(Seeschaden)* avaria *f*, *(Tech)* guasto *m*, *VersR (Schadensfall)* sinistro *m*; **einen ~ abwenden** evitare un danno; **für den ~ aufkommen** rispondere del danno; **einen ~ erleiden** subire un danno, riportare un danno, patire un danno; **den ~ ermitteln** accertare il danno, rilevare il danno, determinare il danno, valutare il danno, valutare i danni, quantificare il danno, quantificare i danni; **die Höhe des ~s ermitteln** quantificare il danno, quantificare i danni; **den ~ ersetzen** risarcire il danno; **den ~ festsetzen**; **den ~ feststellen** accertare il danno, rilevare il danno, determinare il danno, valutare il danno, valutare i danni, quantificare il danno, quantificare i danni; **einen ~ melden** *VersR* denunciare un sinistro, effettuare (o: fare) la denuncia di un sinistro; **einen ~ regulieren** *VersR* liquidare un danno; **einen ~ verursachen** cagionare un danno, causare un danno, produrre un danno, arrecare un danno, infliggere un danno; **den ~ wiedergutmachen** riparare il danno; **einen ~ zufügen** causare un danno, arrecare un danno, infliggere un danno; **arglistiger ~** *m* danno *m* doloso; **~** *m* **durch Aufprall** danno *m* da urto; **böswilliger ~** *m* danno *m* doloso; **darüber hinausgehender ~** *m* danno *m* ulteriore; **eingetretener ~** *m*; **entstandener ~** *m* danno *m* emergente, damnum emergens *(lat)*, danno *m* effettivo, danno *m* reale; **erlittener ~** *m* danno *m* subito, danno *m* patito; **erstattungsfähiger ~** *m* danno *m* riparabile, danno *m* risarcibile; **festgestellter ~** *m* danno *m* accertato; **geringfügiger ~** *m* danno *m* insignificante, danno *m* di lieve entità, danni *mpl* di lieve entità; **gesundheitlicher ~** *m* danno *m* alla salute, danno *m* biologico; **ideeller ~** *m*; **immaterieller ~** *m* danno *m* immateriale, danno *m* non patrimoniale, lesione *f* non patrimoniale, danno *m* morale; **körperlicher ~** *m* danno *m* fisico, danno *m* corporale, lesione *f* personale; **leichter ~** *m* danno *m* lieve; **materieller ~** *m* danno *m* materiale; **mittelbarer ~** *m* danno *m* indiretto, danno *m* mediato; **nachträglich eingetretener ~** *m* danno *m* consecutivo; **schwebender ~** *m* *VersR* sinistro *m* da regolare, sinistro *m* in sospeso; **tatsächlich entstandener ~** *m* danno *m* effettivo, danno *m* emergente, damnum emergens *(lat)*; **unmittelbarer ~** *m* danno *m* diretto; **vermeidbarer ~** *m* danno *m* evitabile; **vermutlicher ~** *m* danno *m* presunto; **verursachter ~** *m* danno *m* cagionato; **nicht wiedergutzumachender ~** *m* danno *m* irreparabile; **wirtschaftlicher ~** *m* danno *m* economico.

Schaden(s) | abrechnung *f* conteggio *m* del danno; **~abschätzung** *f* valutazione *f* del danno; **~abteilung** *f* *VersR* ufficio *m* sinistri; **~abwendungskosten** *pl* spese *fpl* di conservazione; **~abwicklung** *f* *VersR* liquidazione *f*, liquidazione *f* dei danni, liquidazione *f* di sinistro; **~anfall** *m* *VersR* sinistrosità *f*, incidenza *f* dei sinistri; **~anmeldung** *f*; **~anzeige** *f* *VersR* denuncia *f* di sinistro, denuncia *f* di danno, dichiarazione *f* di sinistro; **innerbetrieblicher ~ausgleich** *m* *ArbR* risarcimento *m* (dei) danni all'interno dell'azienda (*responsabilità limitata del lavoratore per un danno arrecato al datore di lavoro durante lo svolgimento dell'attività lavorativa*); **~begriff** *m* nozione *f* di danno; **~begutachtung** *f* perizia *f* dei danni; **~belastung** *f* *VersR* onere *m* dei sinistri; **~berechner** *m* liquidatore *m* di avarie, commissario *m* di avarie; **~berechnung** *f* *VersR* liquidazione *f*, liquidazione *f* dei danni, liquidazione *f* di sinistro; **~betrag** *m* ammontare *m* del danno; **~beweis** *m* prova *f* del danno; **~bewertung** *f* valutazione *f* del danno, valutazione *f* dell'entità del danno, quantificazione *f* del danno, quantificazione *f* dei danni; **~eintritt** *m* *VersR* il verificarsi del sinistro; **~ereignis** *n* evento *m* dannoso, evento *m* di danno, *VersR* sinistro *m*; **~erledigung** *f* *VersR* liquidazione *f*, liquidazione *f* dei danni, liquidazione *f* di sinistro.

Schaden(s)ersatz *m* risarcimento *m* del danno, risarcimento *m* (dei) danni, rifusione *f* dei danni, riparazione *f* dei danni, danni *mpl*; **~ erhalten** essere risarcito, essere rimborsato; **~ fordern** chiedere i danni, chiedere il risarcimento (dei) danni; **auf ~ klagen** citare per danni, chiedere il risarcimento (dei) danni; **~ leisten** risarcire i danni, pagare i danni; **~ verlangen** chiedere i danni, chiedere il risarcimento (dei) danni; **~ zuerkennen** concedere il risarcimento (dei danni), riconoscere il risarcimento (del danno); **kompensatorischer ~** *m* risarcimento *m* volto a compensare il danno subito; **pauschalierter ~** *m* liquidazione *f* forfet(t)aria dei danni; **~** *m* **für entgangenen Gewinn** risarcimento *m* del danno da lucro cessante; **~** *m* **in Geld** riparazione *f* pecuniaria; **~** *m* **wegen Nichterfüllung** risarcimento *m* del danno per inadempimento; **~** *m* **für Vertragsbruch** indennità *f* di rottura di contratto.

Schaden(s)ersatz | anspruch *m* diritto *m* al risarcimento del danno, diritto *m* al risarcimento (dei) danni, diritto *m* all'indennizzo, *(Schaden(s)ersatzforderung)* pretesa *f* risarcitoria; **~berechtigte/r** *f/m* avente *m/f* diritto al risarcimento (del danno), avente *m/f* diritto al risarcimento (dei) danni; **~forderung** *f (bestehende)* credito *m* di risarcimento, *(behauptete)* richiesta *f* di risarcimento (dei) danni, pretesa *f* risarcitoria, pretesa *f* di risarcimento; **~haftung** *f* responsabilità *f* risarcitoria, responsabilità *f* per danni; **~höhe** *f* misura *f* del risarcimento, entità *f* del risarcimento; **~klage** *f* azione *f* di risarcimento (dei) danni, azione *f* risarcitoria; **~leistung** *f* pagamento *m* del risarcimento (dei) danni, risarcimento *m* (dei) danni, indennizzo *m*, indennità *f*; **~pflicht** *f* obbligo *m* di risarcimento (dei) danni, obbligo *m* di risarcire i danni, obbligo *m* di indennizzo.

schaden(s)ersatzpflichtig *adj* obbligato al risarcimento (dei) danni, obbligato a risarcire i danni.

Schaden(s)ersatz | recht *n* diritto *m* al risarcimento del danno, diritto *m* al risarcimento (dei) danni, diritto *m* all'indennizzo; **~umfang** *m* misura *f* del risarcimento, entità *f* del risarcimento.

Schaden(s) | expertise *f* perizia *f* dei danni; **~fall** *m* evento *m* dannoso, evento *m* di danno, *VersR* sinistro *m*; **~festsetzung** *f*; **~feststellung** *f* accertamento *m* del danno, determinazione *f* del danno, stima *f* del danno, quantificazione *f* del danno, quantificazione *f* dei danni; **~folge** *f* conseguenza *f* dannosa; **~forderung** *f (bestehende)* credito *m* di risarcimento, *(behauptete)* richiesta *f* di risarcimento (dei) danni, pretesa *f* risarcitoria, pretesa *f* di risarcimento; **~freiheitsrabatt** *m* (*Abk* = **SF-Rabatt**) *VersR (schadensabhängige Versicherungsprämie)* bonus-malus *m*; **~gebiet** *n* zona *f* danneggiata; **~gefahr** *f* pericolo *m* di danno; **~gegenstand** *m* oggetto *m* del danno; **~gutmachung** *f (A)* riparazione *f* del danno; **~haftung** *f* responsabilità *f* del danno; **~handlung** *f* fatto *m* dannoso; **~häufigkeit** *f VersR* sinistrosità *f*, frequenza *f* dei sinistri; **~höhe** *f* entità *f* del danno; **~index** *m VersR* indice *m* di sinistrosità; **~last** *f VersR* onere *m* di sinistro; **~leistung** *f* indennizzo *m*; **~liquidation** *f*; **~liquidierung** *f VersR* liquidazione *f*, liquidazione *f* dei danni, liquidazione *f* di sinistro; **~meldung** *f VersR* denuncia *f* di sinistro, denuncia *f* di danno, dichiarazione *f* di sinistro; **~minderungskosten** *pl* spese *fpl* di conservazione; **~minderungspflicht** *f SchuldR* obbligo *m* di salvataggio; **~nachweis** *m* prova *f* del danno; **~prüfung** *f* verifica *f* del danno; **~quelle** *f* fonte *f* di danno; **~quote** *f VersR* percentuale *f* dei sinistri, rapporto *m* sinistri a premi; **~recht** *n* disciplina *f* del danno, disciplina *f* dei danni, disciplina *f* del risarcimento del danno, normativa *f* in materia di risarcimento (dei) danni; **~regulierung** *f VersR* liquidazione *f*, liquidazione *f* dei danni, liquidazione *f* di sinistro; **~reserve** *f*; **~rücklage** *f VersR* riserva *f* per sinistri in sospeso; **~schätzung** *f* valutazione *f* del danno; **~stifter** *m* autore *m* del danno; **~summe** *f* ammontare *m* del danno; **~umfang** *m* entità *f* del danno, *VersR* entità *f* del sinistro; **~urheber** *m* autore *m* del danno; **~ursache** *f* causa *f* del danno; **~verhütung** *f* prevenzione *f* dei danni, *VersR* prevenzione *f* dei sinistri; **~verlauf** *m VersR* andamento *m* dei sinistri; **~versicherung** *f* assicurazione *f* contro i danni; **~verteilung** *f* ripartizione *f* dei danni; **~wahrscheinlichkeit** *f VersR* probabilità *f* di sinistro; **~wert** *m* valore *m* del danno; **~wiedergutmachung** *f* riparazione *f* del danno; **~wiedergutmachungspflicht** *f* obbligo *m* di riparare il danno.

schädigen *v (Schaden zufügen)* danneggiare, *(sich nachteilig auswirken)* nuocere [a], *(beeinträchtigen)* pregiudicare, *(verletzen)* ledere, intaccare.

Schädiger/in *m/f* ↔ *Geschädigte/r* autore *m* del danno, danneggiante *m/f*.

Schädigung *f (Beschädigung)* danneggiamento *m*, *(Schaden)* danno *m*, *(Beeinträchtigung)* pregiudizio *m*, *(Verletzung)* lesione *f*.

Schädigungsabsicht *f* intenzione *f* di nuocere.

schädlich *adj* dannoso, nocivo, pregiudizievole.

Schadlos | bürge *m* fideiussore *m* di indennità; **~bürgschaft** *f* fideiussione *f* di indennità.

schadlos halten manlevare, tenere indenne, indennizzare, risarcire; **sich an jemandem ~** rivalersi su qn., rifarsi su qn.

Schadloshaltung *f* manleva *f*, indennizzo *m*, rivalsa *f*.

schadlos stellen indennizzare, risarcire.

Schadlosstellung *f* indennizzo *m*.

Schadwirkung *f* effetto *m* nocivo.

Schalter *m* sportello *m*; **~geschäft** *n* contratto *m* bancario ad esecuzione immediata; **~schluss** *m* chiusura *f* degli sportelli; **~stunden** *pl* orario *m* per il pubblico, orario *m* di cassa.

schänden *v (entehren)* disonorare, *(entweihen)* profanare, violare, *(vergewaltigen)* violentare, stuprare, *(entstellen)* deturpare.

Schändung *f* [1] il disonorare, *(Entweihung)* profanazione *f*, violazione *f*, *(Vergewaltigung)* violenza *f* carnale, stupro *m*, *(Entstellung)* deturpazione *f*.

Schändung *f* [2] *(A, CH)* atti *mpl* di libidine su donna inetta a resistere.

Schank | erlaubnis *f* licenza *f* di vendita al minuto di alcolici; **~steuer** *f* imposta *f* sulla mescita degli alcolici.

Scharfschütze *m* tiratore *m* scelto.

Schatten | kabinett *n* governo *m* ombra; **~wirtschaft** *f* economia *f* sommersa.

Schatz *m* tesoro *m*; **~amt** *n* tesoreria *f*; **~anweisung** *f* buono *m* del Tesoro.

schätzbar *adj* valutabile, stimabile.

Schätzbarkeit *f* valutabilità *f*.

Schatzbrief *m* buono *m* del Tesoro.

schätzen *v* [etwas, jemanden auf + Akk (Euro, Millionen, Jahre)] *(Wert festlegen)* valutare, stimare, apprezzare, *(veranschlagen)* calcolare, *(Preis bestimmen)* quotare, *(Schaden)* quantificare, *(Alter)* dare, *(vermuten)* pensare, ritenere, presumere, *(raten)* indovinare.

Schätzer/in *m/f* stimatore *m*, perito *m*.

Schatz | fund *m* inventio thesauri; **~kammer** *f* tesoreria *f*; **~kanzler** *m* cancelliere *m* dello scacchiere; **~meisteramt** *n* tesoreria *f*; **~meister/in** *m/f* tesoriere *m*; **~minister/in** *m/f* ministro *m* del tesoro; **~ministerium** *n* ministero *m* del tesoro; **~note** *f* biglietto *m* di Stato.

Schätzpreis *m* prezzo *m* di stima.

Schatzschein *m* buono *m* del Tesoro.

Schätzung *f (Bewertung)* valutazione *f*, stima *f*, apprezzamento *m*, *(Abschätzung)* perizia *f*, *(von Immobilien)* estimo *m*, *(ungefähre Berechnung)* calcolo *m* (approssimativo), *(Stat)* previsione *f*; **amtliche ~** *f* stima *f* ufficiale; **fehlerhafte ~** *f* stima *f* errata; **pauschale ~** *f* valutazione *f* forfet(t)aria; **rohe ~** *f* valutazione *f* approssimativa; **~** *f* **durch die Steuerbehörde** valutazione *f* fiscale.

Schätzungs | bericht *m* relazione *f* di stima; **~preis** *m* prezzo *m* di stima; **~protokoll** *n* verbale *m* di stima, processo *m* verbale di stima.

Schatzungs | summe *f (CH)* valore *m* di stima; **~verbal** *n (CH)* verbale *m* di stima, processo *m* verbale di stima.

Schätzungswert *m* = *CH: Schatzungswert* valore *m* di stima.

Schatzverheimlichung *f (A)* occultamento *m* di tesoro.

Schatzwechsel *m* buono *m* del Tesoro a breve scadenza; **~bestand** *m* portafoglio *m* di buoni del Tesoro a breve scadenza.

Schätzwert *m* valore *m* di stima.

Schau *f* mostra *f*; **~blatt** *n (Kfz)* foglio *m* di registrazione; **~prozess** *m* processone *m*, processo *m* sensazionale.

Scheck *m* assegno *m* (*bancario*); **einen ~ ausstellen** emettere un assegno; **einen ~ bestätigen** confermare un assegno, vistare un assegno, vidimare un assegno; **einen ~ einkassieren**; **einen ~ einlösen**; **einen ~ einziehen** incassare un assegno, pagare un assegno; **einen ~ sperren** mettere il fermo su un assegno; **einen ~ zurückgeben** ritornare un assegno; **einen ~ zurückweisen** respingere un assegno; **allgemein gekreuzter ~** *m* assegno *m* con sbarramento generale; **besonders gekreuzter ~** *m* assegno *m* con sbarramento speciale; **bestätigter ~** *m* assegno *m* autenticato, assegno *m* confermato, assegno *m* vademecum, assegno *m* a copertura garantita, assegno *m* vidimato, assegno *m* vistato; **~** *m* **ohne Deckung** assegno *m* senza copertura, assegno *m* senza provvista, assegno *m* a vuoto; **garantierter ~** *m* assegno *m* a copertura garantita; **gefälschter ~** *m* assegno *m* falsificato; **gekreuzter ~** *m* assegno *m* sbarrato, assegno *m* incrociato; **gesperrter ~** *m* assegno *m* bloccato, assegno *m* colpito da fermo; **offener ~** *m* assegno *m* ordinario, assegno *m* non sbarrato; **protestierter ~** *m* assegno *m* protestato; **quittierter ~** *m* assegno *m* quietanzato; **unausgefüllter ~** *m* assegno *m* in bianco; **ungedeckter ~** *m* assegno *m* senza copertura, assegno *m* a vuoto; **verjährter ~** *m* assegno *m* prescritto; **vordatierter ~** *m* assegno *m* postdatato.

Scheck | abrechnung *f* compensazione *f* degli assegni; **~aussteller/in** *m/f* traente *m* di un assegno; **~ausstellung** *f* emissione *f* di un assegno, traenza *f* di un assegno; **~bestand** *m* portafoglio *m* assegni, assegni *mpl* da esigere; **~betrag** *m* importo *m* dell'assegno; **~betrug** *m* emissione *f* di un assegno a vuoto; **~bezogene/r** *f/m* trattario *m* dell'assegno, trassato *m* dell'assegno; **~buch** *n* libretto *m* di assegni; **~bürge** *m* avallante *m* d'assegno; **~bürgschaft** *f* avallo *m* d'assegno; **~deckung** *f* copertura *f* dell'assegno; **~einlösung** *f* incasso *m* di un assegno, pagamento *m* di un assegno; **~einreichung** *f* rimessa *f* di assegni; **~einzug** *m* incasso *m* di un assegno, pagamento *m* di un assegno; **~empfänger/in** *m/f* beneficiario *m* dell'assegno; **~erklärung** *f* dichiarazione *f* d'assegno; **~erlös** *m* ricavo *m* dell'assegno.

scheckfähig *adj* capace di obbligarsi per assegno.

Scheck | fähigkeit *f* capacità *f* di obbligarsi per assegno; **~fälschung** *f* falsificazione *f* di un assegno; **~formular** *n* modulo *m* di assegno; **~gesetz** *n* legge *f* sull'assegno; **~gutschrift** *f* accredito *m* dell'assegno; **~heft** *n* libretto *m* di assegni; **~inhaber/in** *m/f* portatore *m* dell'assegno; **~inkasso** *n* incasso *m* di un assegno, pagamento *m* di un assegno; **~karte** *f* carta-assegni *f*; **~klage** *f* azione *f* di regresso per mancato pagamento di un assegno; **~konto** *n* conto *m* corrente di corrispondenza; **~leiste** *f* matrice *f* dell'assegno; **~missbrauch** *m* emissione *f* di un assegno a vuoto; **~nehmer/in** *m/f* prenditore *m* dell'assegno, beneficiario *m* dell'assegno; **~nummer** *f* numero *m* dell'assegno; **~protest** *n* protesto *m* di assegno;

~prozess *m* procedimento *m* giudiziario promosso con l'azione di regresso per mancato pagamento di un assegno; **~rechnung** *f* conto *m* corrente di corrispondenza; **~sendung** *f* rimessa *f* di assegni; **~sperre** *f* fermo *m* su assegno; **~stempel** *m* bollo *m* dell'assegno; **~steuer** *f* tassa *f* di bollo sull'assegno; **~summe** *f* importo *m* dell'assegno; **~umlauf** *m* assegni *mpl* in circolazione; **~verpflichtete/r** *f/m* obbligato *m* per assegno; **~verrechnung** *f* compensazione *f* degli assegni; **~vertrag** *m* contratto *m* di trarre assegni; **~vordruck** *m* modulo *m* di assegno; **~vorlage** *f*; **~vorlegung** *f* presentazione *f* dell'assegno; **~zahlung** *f* pagamento *m* a mezzo assegno; **~ziehung** *f* traenza *f* di un assegno.

scheiden *v FamR (Ehe)* sciogliere, *(trennen)* separare, dividere; **sich ~ lassen** [von *Dat*] *FamR* divorziare [da].

Scheidewand *f (A) (zwischen benachbarten Grundstücken)* muro *m* divisorio.

Scheidung *f FamR (§§ 1564–1587 BGB) = Scheidung der Ehe, Ehescheidung* divorzio *m*, scioglimento *m* del matrimonio; **die ~ aussprechen** *FamR* pronunciare il divorzio; **die ~ beantragen**; **die ~ begehren**; **die ~ einreichen** *FamR* chiedere il divorzio; **auf ~ der Ehe erkennen** *FamR* pronunciare il divorzio; **auf ~ klagen** *FamR* chiedere il divorzio; **der ~ zustimmen** *FamR* acconsentire al divorzio, concedere il divorzio, accettare di divorziare, aderire alla domanda di divorzio; **einvernehmliche ~** *f*; **einverständliche ~** *f FamR* divorzio *m* consensuale, divorzio *m* per mutuo consenso; **streitige ~** *f FamR* divorzio *m* contenzioso.

Scheidungsantrag *m FamR (nach der Familienrechtsreform 2009; vorher: Scheidungsklage) = Ehescheidungsantrag, Antrag auf Scheidung der Ehe, Antrag auf Ehescheidung → s. Infokasten unter „Familienrechtsreform im Jahre 2009"* domanda *f* di divorzio, ricorso *m* per divorzio, domanda *f* di scioglimento del matrimonio, ricorso *m* per lo scioglimento del matrimonio; **einen ~ einreichen**; **~ stellen** *FamR* presentare domanda di divorzio, presentare il ricorso per divorzio.

Scheidungs | anwalt/-anwältin *m/f FamR* avvocato *m* divorzista, divorzista *m/f*; **~begehren** *n FamR* domanda *f* di divorzio; **~beschluss** *m FamR (nach der Familienrechtsreform 2009; vorher: Scheidungsurteil) → s. Infokasten unter „Familienrechtsreform im Jahre 2009"* sentenza *f* di divorzio; **~folgesachen** *fpl FamR (Verfahren, die im Zusammenhang mit der Scheidung stehen. Hierzu zählen: Versorgungsausgleichssachen, Unterhaltssachen, Ehewohnungs- und Haushaltssachen, Güterrechtssachen und Kindschaftssachen) (§ 137 FamFG)* decisioni *fpl* conseguenti allo scoglimento del matrimonio, decisioni *fpl* accessorie alla sentenza di divorzio, cause *fpl* relative agli effetti giuridici del divorzio, cause *fpl* accessorie al divorzio; **~grund** *m FamR* motivo *m* di divorzio, causa *f* di divorzio; **~klage** *f FamR (vor der Familienrechtsreform 2009; danach: Scheidungsantrag) → s. Infokasten unter „Familienrechtsreform im Jahre 2009"* domanda *f* di divorzio; **~prozess** *m FamR (vor der Familienrechtsreform 2009; danach: Scheidungsverfahren) → s. Infokasten unter „Familienrechtsreform im Jahre 2009"* processo *m* di divorzio, causa *f* di divorzio; **~recht** *n FamR* disciplina *f* del divorzio; **~sache** *f FamR* causa *f* di divorzio; **~unterhalt** *m FamR* assegno *m* di divorzio, assegno *m* divorzile; **~urteil** *n FamR (vor der Familienrechtsreform 2009; danach: Scheidungsbeschluss) → s. Infokasten unter „Familienrechtsreform im Jahre 2009"* sentenza *f* di divorzio; **~verfahren** *n FamR (nach der Familienrechtsreform 2009; vorher: Scheidungsprozess) → s. Infokasten unter „Familienrechtsreform im Jahre 2009"* giudizio *m* di divorzio, procedimento *m* di divorzio, procedura *f* di divorzio, causa *f* di divorzio; **~widerklage** *f* *FamR* domanda *f* riconvenzionale di divorzio.

Schein *m* [1] *(Anschein)* apparenza *f*, aspetto *m* (esteriore).

Schein *m* [2] *(Bescheinigung)* certificato *m*, attestato *m*, *(Urkunde)* documento *m*, *(Univ) (Seminarschein)* attestato *m* di frequenza (*rilasciato agli studenti*), *(Erlaubnisschein)* permesso *m*, *(Quittung)* ricevuta *f*, *(Zettel)* scontrino *m*, bolla *f*, bolletta *f*, bollettino *m*, *(Zinsschein)* cedola *f*, tagliando *m*, *(Gutschein)* buono *m*, *(Formular)* modulo *m*, *(Fahrschein)* biglietto *m*, *(Geldschein)* banconota *f*, *(Führerschein)* patente *f*.

Schein | adresse *f* indirizzo *m* fittizio; **~akt** *m* atto *m* fittizio, atto *m* apparente, atto *m* simulato; **~auktion** *f* asta *f* simulata; **~bedingung** *f* condizione *f* fittizia; **~bilanz** *f* bilancio *m* fittizio; **~dienstbarkeit** *f (A)* servitù *f* apparente; **~dividende** *f* dividendo *m* fittizio; **~ehe** *f* matrimonio *m* fittizio, matrimonio *m* apparente; **~erbe/-erbin** *m/f ErbR* erede *m/f* apparente; **~faktura** *f* fattura *f* simulata; **~firma** *f* pseudoditta *f*; **~forderung** *f* credito *m* simulato; **~gefahr** *f* pericolo *m* apparente; **~geschäft** *n (§ 117 BGB)* simulazione *f* (*del negozio*), negozio *m* simulato, negozio *m* fittizio; **~gesellschaft** *f* società *f* apparente, società *f* fittizia; **~gesellschafter/in** *m/f* socio *m* apparente; **~gewinn** *m* utile *m* fittizio; **~gläubiger/in** *m/f* creditore *m* apparente; **~grund** *m* causa *f* simulata; **~handlung** *f* atto *m* fittizio, atto *m* simulato, atto *m* apparente; **~kauf** *m* vendita *f* simulata; **~kaufmann** *m* commerciante *m* apparente; **~quittung** *f* ricevuta *f* fittizia; **~rechnung** *f* fattura *f* fittizia; **~regierung** *f* pseudogoverno *m*; **~servitut** *f (A)* servitù *f* apparente; **~tod** *m* morte *f* apparente; **~urteil** *n* sentenza *f* inesistente; **~verkauf** *m* vendita *f* simulata; **~vertrag** *m* contratto *m* simulato; **~wahlen** *fpl* elezioni *fpl* farsa; **~wechsel** *m* cambiale *f* fittizia, cambiale *f* di comodo; **~wert** *m* valore *m* apparente; **~zahlung** *f* pagamento *m* fittizio.

scheitern *v* naufragare, fallire.

Scheitern *n* naufragio *m*, fallimento *m*; **~** *n* **der Ehe** *FamR (§ 1565 BGB)* fallimento *m* del matrimonio; **~** *n* **des Güteversuchs** mancata conciliazione *f*; **~** *n* **der Verhandlungen** fallimento *m* delle trattative.

Schengener Abkommen *n* accordo *m* di Schengen; **~ Informationssystem** *n* (*Abk* = **SIS**) *EuR* sistema *m* d'informazione Schengen, sistema *m* informativo Schengen.

schenken *v (geben)* regalare, donare, elargire, *(gewähren)* concedere, dare, *(Aufmerksamkeit)* prestare.

Schenkende/r *f/m* = *Schenker/in* ↔ *Beschenkte/r* donante *m/f*, donatore/-trice *m/f*.

Schenkung *f (§§ 516 ff. BGB)* donazione *f*, dono *m*, liberalità *f*; **im Wege der ~** tramite donazione; **belastende ~** *f* donazione *f* modale, donazione *f* onerosa; **belohnende ~** *f (A)* donazione *f* remuneratoria, donazione *f* rimuneratoria; **gegenseitige ~** *f* donazione *f* reciproca; **indirekte ~** *f* donazione *f* indiretta; **letztwillige ~** *f* liberalità *f* testamentaria; **mittelbare ~** *f* donazione *f* indiretta; **remuneratorische ~** *f* donazione *f* remuneratoria, donazione *f* rimuneratoria; **wechselseitige ~** *f (A)* donazione *f* reciproca; **~** *f* **unter Auflage**; **~** *f* **mit einer Belastung** donazione *f* modale, donazione *f* onerosa; **~** *f* **zur Belohnung** donazione *f* remuneratoria, donazione *f* rimuneratoria; **~** *f* **von Hand zu Hand** *(CH)* donazione *f* manuale; **~** *f* **unter Lebenden** donazione *f* tra/fra vivi; **~** *f* **für den Todesfall**; **~** *f* **von Todes wegen** donazione *f* a causa di morte, donazione *f* mortis causa.

Schenkungs | absicht *f* animus donandi *m*; **~akt** *m* atto *m* di liberalità; **~anfechtung** *f InsolvenzR* azione *f* di revocazione degli atti a titolo gratuito (*pregiudizievoli ai creditori*); **~annahme** *f* accettazione *f* della donazione; **~brief** *m* atto *m* di donazione; **~empfänger/in** *m/f* donatario *m*.

Schenkungsteuer *f* imposta *f* sulle donazioni.

Schenkungs | urkunde *f* atto *m* di donazione; **~versprechen** *n* promessa *f* di donazione; **~vertrag** *m* contratto *m* di donazione.

schenkungsweise *adv* in donazione.

Schenkungswiderruf *m* revoca *f* della donazione.

Scherenbewegung *f* andamento *m* a forbice.

Scherz | erklärung *f* dichiarazione *f* fatta per scherzo; **~geschäft** *n* negozio *m* per scherzo.

Schicht *f* [1] *(Stand)* classe *f*, ceto *m*.

Schicht *f* [2] *(Arbeitsschicht)* turno *m*.

Schicht | arbeit *f* lavoro *m* a turni, turnazione *f*; **~arbeiter/in** *m/f* lavoratore/-trice *m/f* di turno, lavoratore/-trice *m/f* turnista, turnista *m/f*; **im ~dienst arbeiten** lavorare a turni; **~wechsel** *m* cambio *m* di turno; **~zulage** *f*; **~zuschlag** *m* indennità *f* di turno.

schicken *v* inviare, mandare, spedire.

Schickschuld *f* *SchuldR* → *s. Infokasten unter „Holschuld"* debito *m* di invio.

Schieds | abkommen *n* compromesso *m*, patto *m* compromissorio, patto *m* arbitrale, *VölkerR* trattato *m* di arbitrato; **~abrede** *f* compromesso *m*, patto *m* compromissorio, patto *m* arbitrale; **~amt** *n* ufficio *m* arbitrale, ufficio *m* di arbitrato; **~ausschuss** *m* commissione *f* arbitrale, commissione *f* di arbitrato.

Schiedsgericht *n* tribunale *m* arbitrale, collegio *m* arbitrale, camera *f* arbitrale; **gemischtes ~** *n* tribunale *m* arbitrale misto; **paritätisches ~** *n* tribunale *m* arbitrale paritetico; **~** *n* **der Sozialversicherung** *(A)* tribunale *m* arbitrale delle assicurazioni sociali.

schiedsgerichtlich *adj* arbitrale.

Schiedsgerichtsbarkeit *f* giurisdizione *f* arbitrale.

Schiedsgerichtsgebühren *fpl* diritti *mpl* di arbitrato.

Schiedsgerichtshof *m* tribunale *m* arbitrale, corte *f* di arbitrato; **gemischter ~** *m* tribunale *m* arbitrale misto; **Ständiger ~** *m* Corte *f* permanente di arbitrato.

Schiedsgerichtsklausel *f* clausola *f* arbitrale, clausola *f* compromissoria; **obligatorische ~** *f* clausola *f* di arbitrato obbligatorio.

Schiedsgerichts | kosten *pl* spese *fpl* di arbitrato; **~ordnung** *f* regolamento *m* arbitrale, regolamento *m* di arbitrato; **~sitzung** *f* udienza *f* arbitrale, udienza *f* di arbitrato; **~vereinbarung** *f* compromesso *m*, patto *m* compromissorio, patto *m* arbitrale; **~verfahren** *n* arbitrato *m*, procedimento *m* arbitrale, procedura *f* arbitrale, giudizio *m* arbitrale, procedimento *m* di arbitrato, procedura *f* di arbitrato; **~vertrag** *m* compromesso *m*, patto *m* compromissorio, patto *m* arbitrale, *VölkerR* trattato *m* di arbitrato.

Schiedsgerichtswesen *n* arbitrato *m*; **internationales ~** *n* arbitrato *m* internazionale.

Schieds | gutachten *n* arbitraggio *m*; **~gutachter/in** *m/f* arbitratore *m*; **~gutachtervertrag** *m* contratto *m* di arbitraggio.

Schiedshof *m* corte *f* di arbitrato; **Ständiger ~** *m* *(Den Haag)* Corte *f* permanente di arbitrato.

Schieds | kammer *f* camera *f* arbitrale; **~klausel** *f* clausola *f* arbitrale, clausola *f* compromissoria; **~kommission** *f* commissione *f* arbitrale, commissione *f* di arbitrato; **~mann** *m* arbitro *m*, conciliatore *m*; **~obmann** *m* presidente *m* del collegio arbitrale, terzo arbitro *m*; **~ordnung** *f* regolamento *m* arbitrale, regolamento *m* di arbitrato.

Schiedsrichter/in *m/f* arbitro *m*, *(Friedensrichter)* giudice *m* conciliatore; **als ~ entscheiden** arbitrare.

Schiedsrichterkollegium *n* collegio *m* arbitrale.

schiedsrichterlich *adj* arbitrale.

Schiedsrichtervertrag *m*

compromesso *m*, patto *m* compromissorio, patto *m* arbitrale.

Schiedsspruch *m* → *New Yorker Übereinkommen von 1958* arbitrato *m*, lodo *m* (*arbitrale*), sentenza *f* arbitrale, giudizio *m* arbitrale, verdetto *m* arbitrale; **einen ~ fällen** emettere un giudizio (*arbitrale*), pronunciare un giudizio (*arbitrale*); **internationaler ~** *m* arbitrato *m* internazionale.

Schieds | stelle *f* ufficio *m* di arbitrato, ufficio *m* arbitrale, organo *m* arbitrale; **~vereinbarung** *f* compromesso *m*, patto *m* compromissorio, patto *m* arbitrale; **~verfahren** *n* arbitrato *m*, procedimento *m* arbitrale, procedura *f* arbitrale, giudizio *m* arbitrale, procedimento *m* di arbitrato, procedura *f* di arbitrato; **~vergleich** *m* compromesso *m* arbitrale; **~vertrag** *m* compromesso *m*, patto *m* compromissorio, patto *m* arbitrale, *VölkerR* trattato *m* di arbitrato.

Schifffahrts | abgabe *f* tassa *f* marittima; **~abkommen** *n* trattato *m* di navigazione; **~aktien** *pl* azioni *fpl* di società di navigazione, titoli *mpl* marittimi, valori *mpl* marittimi; **~börse** *f (Duisburg, Hamburg)* borsa *f* dei noli fluviali e marittimi; **~freiheit** *f* libertà *f* di navigazione; **~gebühren** *fpl* diritti *mpl* di navigazione; **~gesellschaft** *f* società *f* di navigazione; **~konferenz** *f* conferenza *f* marittima; **~kontor** *n* agenzia *f* marittima; **~linie** *f* linea *f* di navigazione; **~ordnung** *f* regolamento *m* di navigazione; **~polizei** *f* polizia *f* della navigazione; **~recht** *n* diritto *m* della navigazione; **~vertrag** *m* trattato *m* di navigazione.

Schiffs | abgabe *f* tassa *f* sulle navi; **~agent/in** *m/f* agente *m* marittimo; **~anteil** *m* carato *m*, caratura *f*; **~arrest** *m* arresto *m* di nave, fermo *m* di nave; **~befrachter/in** *m/f* noleggiatore *m* di nave; **~befrachtung** *f* noleggio *m* di nave; **~besatzung** *f* equipaggio *m*; **~brief** *m* certificato *m* di iscrizione della nave; **~buch** *n* libro *m* di bordo; **~direktor/in** *m/f* armatore *m* gerente; **~eigentümer/in** *m/f*; **~eigner/in** *m/f* proprietario/-a *m/f* di nave; **~fracht** *f* nolo *m* marittimo, carico *m* della nave; **~frachtbrief** *m* polizza *f* di carico; **~frachtvertrag** *m* contratto *m* di noleggio; **~führer/in** *m/f* comandante *m* (della nave); **~gläubiger/in** *m/f* creditore *m* della nave; **~hypothek** *f* ipoteca *f* navale, ipoteca *f* di nave; **~inventar** *n* inventario *m* di bordo; **~journal** *n* giornale *m* nautico, giornale *m* di navigazione, giornale *m* di bordo, libro *m* di bordo; **~kapitän** *m* capitano *m* della nave, capitano *m* marittimo; **~klassifikation** *f* classificazione *f* della nave; **~ladung** *f* carico *m* della nave; **~makler/in** *m/f* agente *m* marittimo, sensale *m* marittimo; **~manifest** *n* manifesto *m* del carico della nave; **~mannschaft** *f* equipaggio *m*; **~messbrief** *m* certificato *m* di stazza; **~miete** *f* locazione *f* di nave; **~ordnung** *f* regolamento *m* di bordo; **~papiere** *pl* documenti *mpl* di bordo; **~part** *m* carato *m*, caratura *f*; **~partner/in** *m/f* caratista *m/f*; **~pass** *m* passaporto *m* marittimo, permesso *m* di navigazione; **~patent** *n* patente *f* nautica, patente *f* di navigazione; **~pfand** *n* pegno *m* su nave; **~pfandbrief** *m* cartella *f* di prestito a cambio marittimo; **~pfandrecht** *n* privilegio *m* marittimo; **~raum** *m* stiva *f*, tonnellaggio *m*; **~reeder** *m* armatore *m*; **~register** *n* registro *m* navale, registro *m* di iscrizione delle navi; **~schaden** *m* avaria *f*; **~tagebuch** *n* giornale *m* nautico, giornale *m* di navigazione, giornale *m* di bordo, libro *m* di bordo; **~testament** *n (Nottestament)* testamento *m* a bordo della nave; **~verlust** *m* perdita *f* della nave; **~vermessung** *f* stazzatura *f*, stazzamento *m*; **~versicherung** *f* assicurazione *f* su corpo; **~zertifikat** *n* certificato *m* di iscrizione della nave; **~zusammenstoß** *m* abbordo *m* di mare, abbordaggio *m*, urto *m* di navi.

Schikane *f* vessazione *f*, angheria *f*, cavillo *m*; **~verbot** *n (bei Rechtsausübung)* divieto *m* dell'abuso del diritto soggettivo, divieto *m* degli atti di emulazione.

schikanieren *v* vessare, tormentare, tartassare, usare cavilli.

schikanös *adj* vessatorio, pignolo, cavilloso, fiscale.

Schild *n* insegna *f*, targa *f*, targhetta *f*, etichetta *f*, cartellino *m*.

schildern *v* descrivere, esporre, illustrare.

Schilderung *f* descrizione *f*, esposizione *f*, illustrazione *f*; **~** *f* **des Sachverhalts** esposizione *f* dei fatti, enunciazione *f* dei fatti, narrativa *f*.

SchKG (*Abk* = **Schuld- und Konkursgesetz**) *(CH) InsolvenzR (Bundesgesetz über Schuldbetreibung und Konkurs)* legge *f* federale (svizzera) sulla esecuzione e sul fallimento *(LEF)*.

Schlacht | gebühr *f*; **~steuer** *f* tassa *f* di macellazione.

Schlägerei *f* rissa *f*, zuffa *f*; **Beteiligung** *f* **an einer ~** *StrafR (§ 231 StGB)* partecipazione *f* a(d) una rissa; **sich an einer ~ beteiligen** *StrafR* partecipare a(d) una rissa, prendere parte a(d) una rissa.

Schlechterfüllung *f SchuldR (positive Vertragsverletzung)* adempimento *m* non conforme al contratto (*in quanto inesatto*), inesatto adempimento *m*, inosservanza *f* della diligenza dovuta nell'adempimento.

Schlechterstellung *f* [1] *ProzR* reformatio in peius *(lat)*.

Schlechterstellung *f* [2] *ZivR (Diskriminierung)* discriminazione *f*.

Schlechterstellungsverbot *n ProzR* divieto *m* della reformatio in peius.

Schlechtleistung *f SchuldR (positive Vertragsverletzung)* prestazione *f* non conforme al contratto (*in quanto inesatta*), prestazione *f* inesatta.

Schlechtwettergeld *n (Baugewerbe)* integrazione *f* salariale.

Schleich | handel *m* contrabbando *m*, mercato *m* nero; **~händler/in** *m/f* contrabbandiere *m*, borsaro *m* nero, borsanerista *m*; **~werbung** *f WettbewerbsR* pubblicità *f* indiretta, pubblicità *f* occulta, pubblicità *f* camuffata.

Schlepper/in *m/f (Fluchthelfer)* criminale *m/f* che organizza traffici di immigranti clandestini.

Schleppnetzfahnung *f StrafProzR (auch: Netzfahndung) (§ 163 d StPO)* ricerca *f* di un reo tramite raccolta computerizzata di dati personali.

schleudern *v* vendere a prezzi stracciati, vendere a vil prezzo.

Schleuder | preis *m* prezzo *m* stracciato, prezzo *m* di realizzo, vil prezzo *m*; **~verkauf** *m WettbewerbsR* dumping *m*, vendita *f* sottocosto, vendita *f* a prezzi stracciati.

schleusen *v (Menschen, Geld)* far(e) passare clandestinamente, portare/ introdurre/esportare di nascosto.

Schleusengeld *n* diritti *mpl* di chiusa.

Schleuser/in *m/f (Fluchthelfer)* criminale *m/f* che organizza traffici di immigranti clandestini.

schlichten *v (einen Streit)* conciliare, comporre, appianare, accomodare, aggiustare, sistemare, risolvere.

Schlichter/in *m/f* conciliatore *m*, paciere *m*, amichevole compositore *m*, *(Vermittler)* mediatore *m*, *(Schiedsmann)* arbitro *m*.

Schlichtung *f (von Streitigkeiten)* conciliazione *f*, *(Vermittlung)* mediazione *f*, *(Beilegung)* composizione *f*, componimento *m*, accomodamento *m*, appianamento *m*, definizione *f*, sistemazione *f*.

Schlichtungs | amt *n* ufficio *m* di conciliazione; **~ausschuss** *m* commissione *f* di conciliazione, comitato *m* conciliativo; **~kammer** *f* camera *f* di conciliazione; **~kommission** *f* commissione *f* di conciliazione; **~stelle** *f* ufficio *m* di conciliazione; **~verfahren** *n* procedimento *m* di conciliazione.

schließen *v* [1] *(beenden)* chiudere, terminare, portare a termine, concludere, *(Sitzung)* togliere.

schließen *v* [2] *(Vertrag)* concludere, stipulare, *(Ehe)* contrarre, *(eingehen)* stabilire, *(Frieden, Freundschaft)* fare, stringere.

schließen *v* [3] *(folgern)* concludere, desumere, dedurre; **lässt darauf ~, dass** fa presumere che, fa dedurre che, fa pensare che.

Schluss *m* [1] *(Ende)* chiusura *f*, conclusione *f*, termine *m*, fine *f*; **~** *m* **der Beweisaufnahme** *ProzR* chiusura *f* dell'assunzione delle prove, chiusura *f* dell'assunzione dei mezzi di prova, chiusura *f* dell'istruzione probatoria; **~** *m* **der Verhandlung** *StrafProzR* chiusura *f* del dibattimento; **~** *m* **des Vorverfahrens** *(CH) StrafProzR* chiusura *f* dell'istruzione; **~** *m* **der Wahl** chiusura *f* della votazione.
Schluss *m* [2] *(Vertragsabschluss)* conclusione *f*, stipulazione *f*, stipula *f*.
Schluss *m* [3] *(Schlussfolgerung)* conclusione *f*, deduzione *f*; **Schlüsse ziehen** [aus *Dat*] trarre le conclusioni [da].
Schluss *m* [4] *(Börse)* quantitativo *m* minimo (*nelle contrattazioni di borsa*), lotto *m*.
Schluss- finale, conclusivo.
Schluss | abnahme *f* collaudo *m* finale; **~abrechnung** *f* conteggio *m* finale; **~abstimmung** *f* votazione *f* finale, scrutinio *m* finale; **~akt** *m*; **~akte** *f* atto *m* finale, atto *m* conclusivo; **~alter** *n* età *f* finale; **~anträge** *mpl ProzR* conclusioni *fpl*, domande *fpl* finali; **~artikel** *m* articolo *m* finale; **~bericht** *m* relazione *f* consuntiva, relazione *f* finale, rapporto *m* finale.
Schlussbestimmungen *fpl* disposizioni *fpl* finali, clausole *fpl* finali; **Übergangs- und ~** *fpl* disposizioni *fpl* transitorie e finali.
Schluss | bilanz *f* bilancio *m* di chiusura, bilancio *m* consuntivo, consuntivo *m*; **~dividende** *f* dividendo *m* finale, saldo *m* di dividendo.
Schlüssel | begriff *m* concetto *m* chiave; **~bereich** *m* settore *m* chiave; **~gewalt** *f* potere *m* domestico del coniuge; **~industrie** *f* industria *f* chiave, industria *f* di base; **~sektor** *m* settore *m* chiave; **~stellung** *f* posizione *f* chiave; **~währung** *f* moneta *f* chiave; **~zuweisung** *f* sovvenzione *f* di base dello Stato ai Comuni.
Schluss | erbe/-erbin *m/f ErbR (gemeinschaftliches Testament)* erede *m/f* finale; **~erbeneinsetzung** *f ErbR (gemeinschaftliches Testament)* istituzione *f* di erede finale.
Schlussfolgerung *f* conclusione *f*, deduzione *f*; **eine ~ ziehen** [aus *Dat*] trarre una conclusione [da].
schlüssig *adj ZivProzR* concludente.
Schlüssigkeit *f ZivProzR* concludenza *f*.
Schluss | kurs *m* corso *m* di chiusura, prezzo *m* di chiusura, quotazione *f* di chiusura; **~liste** *f* bollettino *m* riepilogativo; **~nahme** *f (CH)* deliberazione *f*; **~niederschrift** *f* protocollo *m* finale; **~notierung** *f* quotazione *f* di chiusura; **~plädoyer** *n StrafProzR (des Verteidigers)* arringa *f* finale (*pronunciata dal difensore dell'imputato o dall'avvocato di parte civile*), *(des Staatsanwalts)* requisitoria *f* finale (*pronunciata dal pubblico ministero*); **~protokoll** *n* protocollo *m* finale; **~rechnung** *f* conto *m* finale, conteggio *m* finale; **~sitzung** *f* seduta *f* finale, seduta *f* conclusiva, seduta *f* di chiusura; **~urteil** *n ProzR* sentenza *f* finale; **~verkauf** *m* vendita *f* di fine stagione, svendita *f* di fine stagione, liquidazione *f* di fine stagione, saldi *mpl* di fine stagione; **~vermerk** *m* clausola *f* «da qui la girata non vale che sulla copia»; **~verteilung** *f (Konkurs)* ripartizione *f* finale (*dell'attivo*); **~verzeichnis** *n* indice *m* riepilogativo, bollettino *m* riepilogativo; **~vortrag** *m StrafProzR (des Verteidigers)* arringa *f* (*pronunciata dal difensore dell'imputato o dall'avvocato di parte civile*), *(des Staatsanwalts)* requisitoria *f* (*pronunciata dal pubblico ministero*).
Schmerzensgeld *n (§ 253 Abs. 2 BGB) = A: Schmerzengeld* risarcimento *m* del danno non patrimoniale, risarcimento *m* per danni morali, pretium doloris *(lat)*.
Schmiergeld *n* bustarella *f*, tangente *f*, *(ugs)* mazzetta *f*.
Schmuggel *m* contrabbando *m*;

~gut *n* merce *f* di contrabbando, merce *f* contrabbandata, articolo *m* di contrabbando; **~handel** *m* traffico *m* di contrabbando.

schmuggeln *v* contrabbandare, praticare il contrabbando, esercitare il contrabbando.

Schmuggelware *f* merce *f* di contrabbando, merce *f* contrabbandata, articolo *m* di contrabbando.

Schmuggler *m* contrabbandiere *m*; **~bande** *f* banda *f* di contrabbandieri; **~schiff** *n* nave *f* contrabbandiera.

Schmutz | zulage *f*; **~zuschlag** *m* indennità *f* per lavori sporchi.

Schneeballsystem *n* operazioni *fpl* di vendita a catena aperta.

Schnell | gericht *n* ufficio *m* giudiziario che giudica per direttissima; **~verfahren** *n* giudizio *m* direttissimo.

Schöffe/-in *m/f (D, A) StrafProzR (Laienrichter im Strafprozess bei den Amts- und Landgerichten)* giudice *m* popolare.

Schöffen | amt *n StrafProzR* ufficio *m* di giudice popolare; **~auslosung** *f StrafProzR* estrazione *f* a sorte dei giudici popolari.

Schöffengericht *n (D, A) StrafProzR (in Deutschland beim Amtsgericht, in Österreich beim Landesgericht)* giudice *m* collegiale (in materia) penale, generalmente composto da un giudice togato che presiede il collegio e da due giudici popolari; **erweitertes ~** *n (D) StrafProzR* giudice *m* collegiale (in materia) penale presso la pretura tedesca (Amtsgericht), composto da due giudici togati e da due giudici popolari.

Schöffen | liste *f StrafProzR* lista *f* dei giudici popolari; **~senat** *m (A) StrafProzR* sezione *f* penale del tribunale (*composta da due giudici togati e da due giudici popolari*).

Schonfrist *f* termine *m* di respiro.

Schönheitsreparaturen *fpl (bei Wohnungsmieten)* riparazioni *fpl* di piccola manutenzione.

Schranke *f (Absperrung)* (s)barra *f*, *(Grenze)* barriera *f*, limite *m*; **verfassungsrechtliche ~** *f* limite *m* costituzionale.

Schranken *m (A)* recinto *m* delle grida.

Schreibauslagen *pl* spese *fpl* di cancelleria.

Schreiben *n (Brief)* lettera *f*, *(Schriftstück)* scritto *m*; **Ihr ~ liegt uns vor** la Sua/Vs. lettera ci è pervenuta, abbiamo ricevuto la Sua/Vs. lettera, siamo in possesso della Sua/Vs. lettera; **vertrauliches ~** *n* lettera *f* riservata.

Schreib | fehler *m* errore *m* di scrittura, *(Rechtschreibfehler)* errore *m* ortografico, errore *m* di ortografia; **~gebühr** *f*; **~gebühren** *fpl* diritti *mpl* di copiatura, diritti *mpl* di segreteria, diritti *mpl* di cancelleria.

Schrift *f (Schriftsystem, Schriftart, Handschrift)* scrittura *f*, calligrafia *f*, grafia *f*, *(Aufschrift)* scritta *f*, *(Geschriebenes)* scritto *m*, *(Urkunde)* atto *m*, *(Werk)* opera *f*, *(Abhandlung)* trattato *m*, *(Gedrucktes)* pubblicazione *f*, *(Text)* testo *m*; **pornographische ~** *f* pubblicazione *f* pornografica; **verleumderische ~** *f* scritto *m* diffamante, libello *m*, libello *m* famoso.

Schriften *pl (CH) (Ausweispapiere)* documenti *mpl*; **~arrest** *m (CH)* sequestro *m* dei documenti di legittimazione; **~vergleich** *m* confronto *m* delle scritture.

Schriftform *f (§ 126 BGB)* forma *f* scritta; **zu ihrer/seiner Wirksamkeit der ~ bedürfen** richiedere la forma scritta a pena di nullità, (per...) è richiesta la forma scritta a pena di nullità, (per...) è necessaria la forma scritta a pena di nullità.

Schriftform
Proposta traduttiva della formulazione sottostante contenuta nella clausola finale di un contratto:

Änderungen oder Ergänzungen dieses Vertrag(e)s bedürfen zu ihrer Wirksamkeit der Schriftform = eventuali modifiche o integrazioni del presente contratto dovranno essere apportate per iscritto a pena di nullità

Schriftformerfordernis *n* requisito *m* della forma scritta, esigenza *f* della forma scritta.

Schrift | führer/in *m/f* segretario/-a *m/f*, cancelliere *m*, scrivano/-a *m/f*; **~geheimnis** *n (CH)* segreto *m* epistolare; **~gutachter/in** *m/f* perito *m* calligrafo; **~leiter/in** *m/f* direttore *m* responsabile (*di un giornale*); **~leitung** *f* direzione *f* (*di un giornale*).

schriftlich *adj* scritto, per iscritto, in forma scritta, per lettera, in forma cartacea, in formato cartaceo; **~ festhalten**; **~ festlegen** mettere per iscritto.

Schriftlichkeit *f* forma *f* scritta.

Schriftsachverständige/r *f/m* perito *m* calligrafo.

Schriftsatz *m ProzR (im zivilrechtlichen Klageverfahren werden in der Regel Schriftsätze in dieser Reihenfolge gewechselt: Klageschrift des Klägers; Klageerwiderung des Beklagten; Replik des Klägers; Duplik des Beklagten; Triplik des Klägers; Quadruplik des Beklagten)* memoria *f*, comparsa *f* (*scritta*), atto *m*, scritto *m*; **gegnerischer ~** *m ZivProzR* comparsa *f* avversaria; **vorbereitende Schriftsätze** *mpl ZivProzR* atti *mpl* preparatori prodotti dalle parti.

Schriftsätze
Nel processo civile tedesco, di regola, le parti si scambiano le seguenti memorie:

1. *Klageschrift des Klägers* (atto di citazione depositato dall'attore);
2. *Klageerwiderung des Beklagten* (comparsa di costituzione e risposta del convenuto);
3. *Replik des Klägers* (replica dell'attore alla comparsa di costituzione e risposta del convenuto);
4. *Duplik des Beklagten* (controreplica del convenuto);
5. *Triplik des Klägers* (replica dell'attore alla controreplica del convenuto);
6. *Quadruplik des Beklagten* (controreplica del convenuto alla seconda replica dell'attore).

Schriftstück *n (Urkunde)* atto *m*, documento *m*, *(Schriftsatz)* memoria *f*, comparsa *f* (*scritta*), *(Schreiben)* scritto *m*, scrittura *f*; **privates ~** *n* scrittura *f* privata.

Schrift | vergleich *m*; **~vergleichung** *f* confronto *m* delle scritture; **~verkehr** *m*; **~wechsel** *m* corrispondenza *f* (*epistolare*), carteggio *m*, scambio *m* di lettere.

Schritte *mpl* misure *fpl*, provvedimenti *mpl*, azioni *fpl*; **die erforderlichen ~ einleiten**; **die notwendigen ~ einleiten** prendere le misure necessarie, prendere i provvedimenti necessari; **gerichtliche ~ einleiten** adire le vie legali, procedere per vie legali, agire in sede giudiziaria, avviare un'azione legale.

schrittweise *adj* graduale, progressivo, poco per volta, passo passo, passo dopo passo, per gradi, gradatamente, gradualmente, progressivamente.

SchRModG (*Abk* = **Schuldrechtsmodernisierungsgesetz**) *(D) (Gesetz zur Modernisierung des Schuldrechts, am 01.01.2002 in Kraft getreten)* legge *f* (tedesca) di riforma (o: modernizzazione) del diritto delle obbligazioni.

Schrumpfung *f (Verringerung)* riduzione *f*, diminuzione *f*, contrazione *f*.

Schub *m (A) (Abschiebung)* allontanamento *m* (dello straniero) dal territorio dello Stato; **~haft** *f* *(A) (Abschiebungshaft)* detenzione *f* in attesa dell'allontanamento (dello straniero) dal territorio dello Stato.

Schul | aufsicht *f*; **~aufsichtsbehörde** *f* ispettorato *m* scolastico; **~behörde** *f* autorità *f* scolastica; **~bezirk** *m* distretto *m* scolastico.

Schuld *f* [1] *ZivR* debito *m*, obbligazione *f*; **eine ~ begleichen** saldare un debito; **eine ~ eingehen** contrarre un debito; **eine ~ eintreiben** riscuotere un debito; **eine ~ erlassen** rimettere un debito, condonare un debito, cancellare un debito; **eine ~ tilgen** ammortare un debito, ammortizzare un debito, estinguere un debito; **eine ~ übernehmen** accollarsi un debito; **anerkannte ~** *f* debito *m* riconosciuto; **aufgeschobene ~** *f* debito *m* differito; **äußere ~** *f* debito *m* estero; **~** *f* **auf Ehrenwort** debito *m* sulla parola; **fällige ~** *f* debito *m* scaduto, debito *m* esigibile; **feste ~** *f (CH)*; **fundierte ~** *f* debito *m* consolidato; **innere ~** *f* debito *m* interno; **konsolidierte ~** *f* debito *m* consolidato; **öffentliche ~** *f* debito *m* pubblico; **schwebende ~** *f* debito *m* fluttuante; **uneinbringliche ~** *f* debito *m* irrecuperabile, debito *m* insolvibile; **unfundierte ~** *f* debito *m* fluttuante, debito *m* non consolidato; **unteilbare ~** *f* debito *m* indivisibile; **verbriefte ~** *f* debito *m* trascritto nel libro fondiario, debito *m* obbligazionario.

Schuld *f* [2] *StrafR (im engeren Sinne)* colpevolezza *f*, *(im weiteren Sinne)* colpa *f*, *(Verantwortung)* responsabilità *f*; **ohne ~** senza colpevolezza; **eine ~ abstreiten** negare una colpa; **eine ~ eingestehen** confessare una colpa.

Schuld | ablösung *f SchuldR* ammortamento *m* di un debito; **~abtretung** *f SchuldR* cessione *f* di un debito.

Schuldanerkenntnis *n SchuldR = CH: Schuldanerkennnung f* ricognizione *f* di debito, riconoscimento *m* di debito; **abstraktes ~** *n SchuldR (§ 781 BGB)* ricognizione *f* astratta di debito.

Schuld | anteil *m* quota *f* di debito; **~arrest** *m (CH)* arresto *m* per debiti; **~aufhebung** *f SchuldR* estinzione *f* del debito; **~aufnahme** *f SchuldR* accensione *f* di un debito; **~ausschließungsgrund** *m StrafR* causa *f* di esclusione della colpevolezza, causa *f* soggettiva di esclusione del reato; **~ausschluss** *m StrafR* esclusione *f* della colpevolezza; **~ausspruch** *m StrafProzR* verdetto *m* di colpevolezza.

schuldbefreiend *adj SchuldR* liberatorio.

Schuld | beitreibung *f SchuldR* recupero *m* del credito; **~beitritt** *m SchuldR* accollo *m* cumulativo.

Schuldbekenntnis *n* [1] *StrafR* confessione *f* (*dell'imputato di aver commesso il reato*), ammissione *f* di colpevolezza.

Schuldbekenntnis *n* [2] *(CH) SchuldR* ricognizione *f* di debito, riconoscimento *m* di debito.

Schuld | bescheinigung *f SchuldR* atto *m* di ricognizione di debito; **~betrag** *m* importo *m* del debito, ammontare *m* del debito; **~betreibung** *f (CH)* esecuzione *f* per debiti; **~brief** *m (CH) SachenR (Artt. 842 ff. ZGB)* cartella *f* ipotecaria.

Schuldbuch *n* libro *m* del debito pubblico; **~forderung** *f* credito *m* iscritto nel libro del debito pubblico.

Schuldeingeständnis *n StrafR* confessione *f* (*di un reato commesso*), ammissione *f* di colpevolezza.

schulden *v* dovere, essere debitore (di), avere un debito (di), essere in debito (con).

Schulden *pl ZivR* debiti *mpl*; **~ abzahlen** saldare i debiti, pagare i debiti a rate; **~ aufnehmen**; **~ eingehen**; **~ machen** far(e) debiti, contrarre debiti, indebitarsi.

Schulden | abbau *m* riduzione *f* dei debiti; **~ablösung** *f* ammortamento *m* dei debiti; **~anteil** *m* quota *f* di debito; **~aufstellung** *f* stato *m* passivo; **~bereinigung** *f* appuramento *m* dei debiti.

Schuldenbremse *f (D) (Regelung, um die Staatsverschuldung Deutschlands zu begrenzen)* freno *m* ai debiti, freno *m* all'indebitamento.

Schuldenbremse
Provvedimento ancorato nella Legge fondamentale tedesca (artt. 109, 115 e 143d GG), che a partire dal 2016 limita ad una quota di appena lo 0,35% del PIL la possibilità del deficit strutturale del *Bund* (Stato federale) ed a partire dal 2020 proibisce ai *Länder* tedeschi di contrarre nuovi debiti nel proprio bilancio.

Schulden | dienst *m* servizio *m* dei debiti; **~erklärung** *f* ricognizione *f* di debito, riconoscimento *m* di debito.

schuldenfrei *adj* esente da debiti, senza debiti.

Schulden | haftung *f* responsabilità *f* per i debiti; **~krise** *f* crisi *f* del debito, crisi *f* dei debiti, crisi *f* debitoria; **~last** *f* indebitamento *m*, carico *m* dei debiti, onere *m* dei debiti; **~masse** *f* massa *f* dei debiti, massa *f* passiva, stato *m* passivo; **~regelung** *f* regolamento *m* dei debiti; **~rückzahlung** *f* rimborso *m* dei debiti; **~ruf** *m (CH)* grida *f (CH)*, diffida *f* ai creditori *(CH)*, convocazione *f* dei creditori; **~tilgung** *f* ammortamento *m* dei debiti, estinzione *f* dei debiti; **~tilgungsfonds** *m*; **~tilgungskasse** *f* fondo *m* di ammortamento.

Schuldentlastung *f* sdebitamento *m*.

Schulden | trennung *f* separazione *f* dei debiti; **~verwaltung** *f* amministrazione *f* dei debiti; **~verzeichnis** *n* stato *m* passivo.

Schuld | erlass *m SchuldR* remissione *f* di debito; **~ersetzung** *f SchuldR* novazione *f*.

schuldfähig *adj StrafR* imputabile, capace di intendere e di volere.

Schuldfähigkeit *f StrafR* imputabilità *f*, capacità *f* di intendere e di volere; **bedingte ~** *f StrafR* imputabilità *f* condizionata (*cfr. semi-imputabilità dai 14 ai 18 anni*); **verminderte ~** *f StrafR (§ 21 StGB)* imputabilità *f* diminuita, imputabilità *f* ridotta, imputabilità *f* parziale.

Schuld | forderung *f SchuldR* debito *m* attivo, credito *m*; **~frage** *f StrafR* questione *f* della colpevolezza; **~gefühl** *n StrafR* senso *m* di colpa; **~gegenstand** *m SchuldR* oggetto *m* dell'obbligazione; **~ - und Konkursgesetz** *n (CH)* (*Abk* = **SchKG**) *InsolvenzR (Bundesgesetz über Schuldbetreibung und Konkurs)* legge *f* federale (svizzera) sulla esecuzione e sul fallimento *(LEF)*; **~geständnis** *n StrafR* confessione *f*; **~grund** *m SchuldR* causa *f* dell'obbligazione.

schuldhaft *adj* colpevole, colposo, con colpa, per colpa.

Schuldhaft *f* arresto *m* per debiti.

schuldig *adj* colpevole, reo, responsabile; **für ~ befinden** *StrafProzR* giudicare colpevole; **für ~ befunden** *StrafProzR* giudicato colpevole, riconosciuto colpevole; **sich ~ bekennen** *StrafProzR* dichiararsi colpevole, riconoscersi colpevole, confessarsi colpevole; **für ~ erklären** *StrafProzR* dichiarare colpevole; **sich für ~ erklären** *StrafProzR* dichiararsi colpevole; **~ geschieden sein** *FamR* essere divorziato per propria colpa; **sich ~ machen** [*Gen*] rendersi colpevole [di]; **~ sein** [*Gen*] *(z.B. eines Raubes, Mordes)* essere colpevole [di]; **~ sprechen** [*Akk*] *StrafProzR* dichiarare colpevole, giudicare colpevole, condannare; **~ werden** [*Gen*] rendersi colpevole [di].

Schuldige/r *f/m StrafR* colpevole *m/f*, reo/-a *m/f*, responsabile *m/f*.

Schuldigerklärung *f StrafProzR* dichiarazione *f* di colpevolezza, verdetto *m* di colpevolezza.

Schuldkompensation *f StrafR* compensazione *f* delle colpe.

schuldlos geschieden sein *FamR* essere divorziato senza propria colpa.
Schuldlosigkeit *f StrafR* assenza *f* di colpevolezza, non colpevolezza *f*, incolpevolezza *f*, innocenza *f*.
Schuldlosigkeitszeugnis *n StrafR* certificato *m* di non colpevolezza.
Schuld | mitübernahme *f SchuldR* accollo *m* cumulativo; **~nachlass** *m SchuldR* remissione *f* di un debito.
Schuldner *m* [f: Schuldnerin] debitore *m*, obbligato *m*; **aufrechtstehender ~** *m (CH)* debitore *m* solvente; **beklagter ~** *m* debitore *m* convenuto; **säumiger ~** *m* debitore *m* moroso; **verklagter ~** *m* debitore *m* convenuto; **zahlungsunfähiger ~** *m* debitore *m* insolvente.
Schuldner | bank *f* banca *f* debitrice; **~begünstigung** *f* il favorire illecitamente un debitore; **~gesellschaft** *f* società *f* debitrice; **~land** *n* paese *m* debitore; **~position** *f* posizione *f* debitoria; **~schutz** *m* tutela *f* del debitore; **~staat** *m* Stato *m* debitore; **~stellung** *f* posizione *f* debitoria; **~vermögen** *n* patrimonio *m* del debitore; **~verwaltung** *f* amministrazione *f* debitrice; **~verzeichnis** *n* elenco *m* dei debitori (insolventi); **~verzug** *m* mora *f* del debitore.
Schuld | pflicht *f SchuldR* obbligazione *f*; **~post** *f (A)*; **~posten** *m* posta *f* passiva, partita *f* debitoria; **~recht** *n* diritto *m* delle obbligazioni, diritto *m* obbligazionario, obbligazioni *fpl*.
schuldrechtlich *adj* obbligatorio.
Schuldrechtsmodernisierungsgesetz *n (D)* (*Abk* = **SchRModG / SMG**) *(Gesetz zur Modernisierung des Schuldrechts, am 01.01.2002 in Kraft getreten)* legge *f* (tedesca) di riforma (o: modernizzazione) del diritto delle obbligazioni.
Schuldsaldo *m* saldo *m* debitore.
Schuldschein *m* certificato *m* di debito; **~darlehen** *n* mutuo *m* comprovato da un certificato di debito.
Schuld | schwere *f StrafR* grado *m* della colpa; **~spruch** *m StrafProzR* verdetto *m* di colpevolezza, sentenza *f* di colpevolezza, condanna *f*; **~stufe** *f StrafR* grado *m* della colpa; **~summe** *f SchuldR* debito *m*, somma *f* dovuta.
schuldtilgend *adj SchuldR* liberatorio.
Schuld | tilgung *f SchuldR* ammortamento *m* del debito; **~titel** *m* titolo *m* di debito.
Schuldübernahme *f SchuldR* *(§§ 414 ff. BGB) (durch Vertrag zwischen Gläubiger und Übernehmer)* espromissione *f*, *(durch Vertrag zwischen Schuldner und Übernehmer)* accollo *m*, accollo *m* di debito, accollo *m* esterno, accollo *m* con efficacia esterna, assunzione *f* di debito *(CH)*; **befreiende ~** *f SchuldR* accollo *m* privativo; **bestärkende ~** *f*; **kumulative ~** *f SchuldR* accollo *m* cumulativo; **privative ~** *f SchuldR* accollo *m* privativo.
Schuld | übernahmevertrag *m SchuldR (zwischen Gläubiger und Übernehmer)* contratto *m* di espromissione, *(zwischen Schuldner und Übernehmer)* contratto *m* di accollo, contratto *m* di assunzione del debito *(CH)*; **~übernehmer/in** *m/f SchuldR (Vertrag zwischen Gläubiger und Übernehmer)* espromittente *m*, *(Vertrag zwischen Schuldner und Übernehmer)* accollante *m*, assuntore *m (CH)*; **~übertragung** *f SchuldR* cessione *f* di un debito; **~umschaffung** *f*; **~umwandlung** *f SchuldR* novazione *f*.
schuldunfähig *adj StrafR* non imputabile, inimputabile, incapace di intendere e di volere.
Schuld | unfähigkeit *f StrafR (§§ 19, 20 StGB)* non imputabilità *f*, inimputabilità *f*, mancanza *f* di imputabilità, mancata imputabilità *f*, incapacità *f* di intendere e di volere; **~urkunde** *f* titolo *m* di debito; **~verhaft** *m (CH)* arresto *m* per debiti.
Schuldverhältnis *n* rapporto *m* (giuridico) obbligatorio, obbligazione *f*; **gesetzliches ~** *n* obbligazione *f* derivante dalla legge, obbligazione *f* legale; **steuerliches ~** *n* rapporto *m* obbligatorio di

imposta; **~** *n* **aus unerlaubter Handlung** obbligazione *f* da fatto illecito; **unvollkommenes ~** *n* obbligazione *f* imperfetta; **vertragliches ~** *n* obbligazione *f* derivante da contratto, obbligazione *f* contrattuale, rapporto *m* obbligatorio contrattuale.

Schuld | vermächtnis *n ErbR* legato *m* di debito; **~vermutung** *f* presunzione *f* di colpa; **~verpflichtung** *f* obbligazione *f.*

Schuldverschreibung *f* obbligazione *f* (*di prestito obbligazionario*), titolo *m* obbligazionario; **~en ausgeben**; **~en emittieren** emettere obbligazioni; **~** *f* **auf den Inhaber** obbligazione *f* al portatore.

Schuldverschreibungs | gläubiger/in *m/f* creditore *m* obbligazionista; **~inhaber/in** *m/f* obbligazionista *m/f.*

Schuldversprechen *n SchuldR* promessa *f* di debito; **abstraktes ~** *n SchuldR (§ 780 BGB)* promessa *f* astratta di debito, promessa *f* pura di debito.

Schuld | vertrag *m SchuldR* contratto *m* obbligatorio; **~wechsel** *m* cambiale *f* passiva, effetto *m* passivo, effetto *m* da pagare; **~zinsen** *mpl* interessi *mpl* debitori, interessi *mpl* passivi.

Schul | geld *n* tassa *f* scolastica; **~ordnung** *f* ordinamento *m* scolastico, regolamento *m* scolastico; **~pflicht** *f (allgemeine)* obbligo *m* scolastico.

schulpflichtig *adj* soggetto all'obbligo scolastico.

Schulrecht *n* diritto *m* scolastico.

Schuss *m (aus einer Schusswaffe)* colpo *m*, tiro *m*, sparo *m*; **~entfernung** *f* distanza *f* di sparo; **~waffe** *f* arma *f* da fuoco; **~waffengebrauch** *m* uso *m* delle armi (da fuoco).

Schutz *m* protezione *f*, difesa *f*, tutela *f*, salvaguardia *f*; **diplomatischer ~** *m* protezione *f* diplomatica; **gerichtlicher ~** *m* tutela *f* giurisdizionale, tutela *f* giudiziaria, protezione *f* giudiziaria; **konsularischer ~** *m* protezione *f* consolare; **~** *m* **des Anwartschaftsberechtigten** tutela *f* dell'aspettativa; **~** *m* **der Gesundheit und des Lebens** tutela *f* della salute e della vita; **~** *m* **des gewerblichen Eigentums** tutela *f* della proprietà industriale, protezione *f* della proprietà industriale; **~** *m* **des Individuums** difesa *f* dell'individuo; **~** *m* **der Intimsphäre** tutela *f* della privacy, tutela *f* della sfera privata, tutela *f* della sfera personale, tutela *f* della riservatezza; **~** *m* **der körperlichen Unversehrtheit** tutela *f* dell'integrità fisica; **~** *m* **der Menschenrechte** tutela *f* dei diritti umani; **Internationales Übereinkommen** *n* **zum ~ des menschlichen Lebens auf See** Convenzione *f* internazionale per la salvaguardia della vita umana in mare; **~** *m* **der Privatsphäre** tutela *f* della privacy, tutela *f* della sfera privata, tutela *f* della sfera personale, tutela *f* della riservatezza.

Schutz | aufsicht *f* sorveglianza *f*, patronato *m (CH)*; **~aufsichtsbehörde** *f (CH)* autorità *f* di patronato; **~bedürfnis** *n* necessità *f* di tutela; **~befohlene/r** *f/m* protetto/-a *m/f*, pupillo/-a *m/f*; **~behauptung** *f* affermazione *f* protettrice; **~bereich** *m* zona *f* di rispetto, *(eines Gesetzes, Grundrechts)* portata *f* della tutela, ambito *m* di tutela; **~bestimmung** *f* disposizione *f* di tutela, disposizione *f* protettiva, norma *f* protettiva, clausola *f* di salvaguardia; **~bündnis** *n* alleanza *f* difensiva; **~dauer** *f* durata *f* della protezione.

schützen *v* [etwas / jemanden vor + Dat / gegen + Akk] proteggere, difendere, tutelare, salvaguardare.

Schutz | frist *f* termine *m* della protezione; **~geld** *n StrafR* tangente *f*, pizzo *m* (*estorto da un'organizzazione di stampo mafioso*); **~gemeinschaft** *f* associazione *f* protettrice; **~gesetz** *n* legge *f* protettiva, legge *f* garantista; **~gewahrsam** *m*; **~haft** *f* arresto *m* preventivo; **~instrument** *n* strumento *m* di tutela; **~klausel** *f* clausola *f* di salvaguardia, clausola *f* protettiva; **~marke** *f* marchio *m* di fabbrica, marchio *m* protetto.

Schutzmaßnahme *f* misura *f* di protezione, misura *f* di sicurezza, misura *f* di salvaguardia, misura *f* protettiva, misura *f* preventiva, misura *f* precauzionale; **handelspolitische ~n** *fpl EuR* misure *fpl* di difesa commerciale.

Schutzmittel *n* mezzo *m* di protezione.

Schutzniveau *n* livello *m* di protezione; **hohes ~** *n* elevato livello *m* di protezione.

Schutz | norm *f* norma *f* protettiva; **~pflichten** *fpl SchuldR* obblighi *mpl* di protezione (*categoria elaborata dalla dottrina tedesca, ma ormai recepita anche nel diritto privato italiano. Si allude con questa formula ad una serie di obblighi che incombono su ciascuna delle parti di un rapporto obbligatorio e che hanno lo scopo di mantenere intatta la loro sfera giuridica nei confronti di possibili invasioni lesive a causa o in occasione dello svolgimento del rapporto*), doveri *mpl* di protezione; **~polizei** *f* polizia *f* (per la pubblica sicurezza).

Schutzrecht *n* diritto *m* di protezione, diritto *m* protettivo; **diplomatisches ~** *n* protezione *f* diplomatica; **gewerbliches ~** *n* diritto *m* di proprietà industriale; **verwandtes ~** *n* diritto *m* connesso (al diritto d'autore).

Schutz | verband *m* associazione *f* protezionistica; **~vereinigung** *f* associazione *f* protettrice; **~vertrag** *m* trattato *m* di protettorato; **~wirkung** *f* effetto *m* protettivo; **~zoll** *m* dazio *m* protettivo, dazio *m* economico; **~zolltarif** *m* tariffa *f* protezionista, tariffa *f* protettiva; **~zone** *f* zona *f* di rispetto, *(Anschlusszone)* zona *f* contigua; **~zweck** *m* finalità *f* della tutela.

Schwangerschaftsabbruch *m StrafR (§§ 218–219b StGB) → BVerfGE 39, 1 und BVerfGE 88, 203* interruzione *f* volontaria di (o: della) gravidanza *(IVG)*, aborto *m* (*procurato*); **einen ~ durchführen** *StrafR* eseguire un aborto, praticare un aborto; **medizinisch indizierter ~** *m* aborto *m* terapeutico.

Schwangerschafts | geld *n* indennità *f* di gravidanza; **~unterbrechung** *f StrafR* interruzione *f* volontaria di (o: della) gravidanza *(IVG)*, aborto *m* (*procurato*); **~urlaub** *m ArbR* congedo *m* di maternità.

schwanken *v (wechseln)* oscillare, fluttuare, variare, *(unentschlossen sein)* essere indeciso, esitare, tentennare.

schwankend *adj (wechselnd)* oscillante, fluttuante, variabile, instabile, incostante, *(unentschlossen)* esitante, incerto, indeciso, titubante.

Schwankung *f* oscillazione *f*, fluttuazione *f*, variazione *f*; **konjunkturelle ~en** *fpl*; **wirtschaftliche ~en** *fpl* variazioni *fpl* congiunturali, fluttuazioni *fpl* economiche; **zyklische ~** *f* fluttuazione *f* ciclica.

Schwankungs | breite *f* banda *f* di oscillazione, margine *m* di fluttuazione; **~fonds** *m* fondo *m* di compensazione; **~grenze** *f* limite *m* di oscillazione; **~kurs** *m* corso *m* variabile, prezzo *m* variabile; **~rückstellung** *f* fondo *m* di compensazione.

Schwänze *f (Börse)* incetta *f*, accaparramento *m*.

Schwarz | arbeit *f* lavoro *m* abusivo, lavoro *m* clandestino, lavoro *m* (in) nero, lavoro *m* sommerso, sommerso *m*; **~arbeiter/in** *m/f* lavoratore *m* abusivo, lavoratore *m* clandestino, lavoratore *m* in nero; **~arbeitsbekämpfungsgesetz** *n (D)* (*Abk* = **SchwarzArbG**) *(Gesetz zur Bekämpfung der Schwarzarbeit und illegalen Beschäftigung)* legge *f* (tedesca) contro il lavoro nero; **~brennen** *n* distillazione *f* clandestina; **~brennerei** *f* distilleria *f* clandestina.

schwarzfahren *v (ohne Fahrkarte fahren)* viaggiare senza biglietto, viaggiare clandestinamente, *(ohne Führerschein fahren)* guidare senza avere la patente.

Schwarz | fahrer/in *m/f (wer ohne Fahrkarte fährt)* viaggiatore *m* clandestino (senza biglietto), passeggero *m* clandestino (senza biglietto), *(wer ohne Führerschein fährt)* chi guida senza avere la patente; **~fahrt** *f (Fahrt ohne Fahrkarte)* viaggio *m* senza biglietto, viaggio *m* clandestino, corsa *f* abusiva, *(Fahrt ohne Führerschein)* guida *f* senza patente; **~gelder** *npl*; **~geldkonten** *npl* fondi *mpl* neri; **~handel** *m* commercio *m* abusivo, mercato *m* nero; **~händler/in** *m/f* borsanerista *m*, borsaro *m* nero; **~markt** *m* mercato *m* nero, mercato *m* clandestino, borsanera *f* [o: borsa nera].

Schwebe, in der ~ = *A: in Schwebe* in sospeso.

schwebend *adj* sospeso, *(Angelegenheit, Frage)* in sospeso, *(ungewiss)* incerto, *(Schuld)* fluttuante, *(Nachlass)* giacente, *(Rechtsstreit, Prozess)* pendente, in pendenza, in corso, vertente; **~ unwirksam** *(Rechtsgeschäft)* provvisoriamente inefficace, provvisoriamente invalido, in sospeso.

Schwebe | zeit *f*; **~zustand** *m* pendenza *f*.

Schweigegeld *n* prezzo *m* del silenzio, tacitazione *f*.

Schweigepflicht *f* divieto *m* di divulgazione di notizie riservate, obbligo *m* del segreto (professionale), obbligo *m* di riservatezza, obbligo *m* di discrezione; **berufliche ~** *f* segreto *m* professionale.

Schweiggeld *n (A)* prezzo *m* del silenzio.

Schweizer | bürger/in *m/f* cittadino/-a *m/f* svizzero/-a; **~bürgerrecht** *n* cittadinanza *f* svizzera.

Schweizerisches Zivilgesetzbuch
Il testo del codice civile svizzero (CC) è reperibile all'indirizzo internet http://www.admin.ch/ch/d/sr/2/210.de.pdf. (Per il diritto delle obbligazioni consultare anche il codice delle obbligazioni svizzero, CO)

Schwellen | land *n* paese *m* emergente; **~preis** *m* prezzo *m* di soglia.

Schwer | arbeit *f* lavoro *m* pesante; **~arbeiter** *m* operaio *m* addetto ai lavori pesanti; **~arbeiterzulage** *f* indennità *f* di lavoro pesante.

Schwere *f* gravità *f*, serietà *f*, *(Schwierigkeit)* difficoltà *f*, *(Gewichtigkeit)* importanza *f*, *(Last)* peso *m*, carico *m*, onere *m*, gravame *m*; **~ *f* der Schuld** *StrafR* grado *m* della colpa; **besondere ~ *f* der Schuld** *StrafR* particolare gravità *f* della colpa; **~ *f* der Tat** *StrafR* gravità *f* del fatto; **~ *f* der Zuwiderhandlung** gravità *f* della violazione.

Schwer | kriminalität *f StrafR* grande criminalità *f*; **~verbrechen** *n StrafR* reato *m* grave; **~verbrecher/in** *m/f StrafR* grande criminale *m/f*.

schwerwiegend *adj* grave, serio, pregiudizievole, rilevante, importante.

Schwester | firma *f*; **~gesellschaft** *f*; **~unternehmen** *n GesR* consorella *f*, affiliata *f*, filiale *f*.

schwören *v* giurare, prestare giuramento; **~, die reine Wahrheit zu sagen, nichts zu verschweigen und nichts hinzuzufügen** giurare di dire la verità, tutta la verità e nient'altro che la verità.

Schwund *m (Abnahme)* diminuzione *f*, calo *m*, *(Verlust)* perdita *f*.

Schwur *m* giuramento *m*.

Schwurgericht *n (D) StrafProzR (besondere Strafkammer am Landgericht)* corte *f* d'assise (*composta da tre giudici togati e da due giudici popolari*).

Schwurgerichts | bezirk *m StrafProzR* circolo *m* di corte d'assise; **~hof** *m (A) StrafProzR (bestehend aus drei Richtern)* → *Geschworenengericht* collegio *m* giudicante composto da tre magistrati togati (di carriera), che insieme agli otto giudici popolari (Geschworenenbank) formano la corte d'assise austriaca (Geschworenengericht); **~periode** *f*; **~tagung** *f StrafProzR* sessione *f* della corte d'assise; **~verfahren** *n StrafProzR* giudizio *m* di assise, procedimento *m* di assise.

SE (*Abk* = **Societas Europaea**) *(auch: Europäische Gesellschaft, Europäische Aktiengesellschaft oder Europa-AG)* società *f* europea *(SE)*.

SE-Beteiligungsrichtlinie *f EuR* → *s. Anhang 3 b)* Direttiva *f* 2001/86/CE del Consiglio, dell'8 ottobre 2001, che completa lo statuto della società europea per quanto riguarda il coinvolgimento dei lavoratori.

SECO (*Abk* = **Staatssekretariat für Wirtschaft**) *(CH)* Segreteria *f* di Stato (svizzera) dell'economia.

See | amt *n* ufficio *m* marittimo; **~assekuranz** *f* assicurazione *f* marittima; **~beförderung** *f* trasporto *m* marittimo.

seebeschädigt *adj* avariato.

See | darlehen *n* prestito *m* marittimo; **~darlehensgeber/in** *m/f* prestatore *m* (a cambio marittimo); **~durchgang** *m* transito *m* marittimo; **~fahrtbuch** *n* libretto *m* di navigazione marittima.

Seefracht *f* nolo *m* marittimo, trasporto *m* marittimo; **~brief** *m* polizza *f* di carico; **~geschäft** *n* trasporto *m* marittimo; **~vertrag** *m* contratto *m* di trasporto marittimo di cose.

SEEG (*Abk* = **Gesetz zur Einführung der Europäischen Gesellschaft**) *(D)* legge *f* (tedesca) introduttiva della società europea (SE).

See | gebrauch *m* uso *m* marittimo; **~gefahr** *f* pericolo *m* di mare, rischio *m* di mare, rischio *m* marittimo, fortuna *f* di mare; **~gericht** *n* tribunale *m* marittimo; **~gerichtsbarkeit** *f* giurisdizione *f* marittima; **~grenze** *f* frontiera *f* marittima; **~handel** *m* commercio *m* marittimo; **~handelsrecht** *n* diritto *m* del commercio marittimo; **~kaskoversicherung** *f* assicurazione *f* dei corpi di navi; **~kasse** *f* cassa *f* di assicurazione per il personale marittimo; **~konnossement** *n* polizza *f* di carico; **~kosten** *pl* spese *fpl* di transito marittimo; **~kriegsrecht** *n* diritto *m* marittimo di guerra, diritto *m* bellico marittimo; **~ladeschein** *m* polizza *f* di carico; **~macht** *f* potenza *f* marittima, potenza *f* navale; **~police** *f* polizza *f* di assicurazione marittima; **~raub** *m* *StrafR* pirateria *f*; **~räuber** *m StrafR* pirata *m*, corsaro *m*; **~räuberei** *f StrafR* pirateria *f*; **~recht** *n* diritto *m* marittimo; **~rechtskonferenz** *f* conferenza *f* sul diritto marittimo; **~risiko** *n* rischio *m* di mare, rischio *m* marittimo; **~schaden** *m* avaria *f*; **~schiffsregister** *n* registro *m* navale, registro *m* di iscrizione della nave; **~straßenrecht** *n* diritto *m* della navigazione marittima; **~testament** *n ErbR* testamento *m* a bordo di nave, testamento *m* in navigazione marittima.

Seetransport *m* trasporto *m* marittimo; **~versicherung** *f* assicurazione *f* marittima.

seeuntüchtig *adj* innavigabile.

See | untüchtigkeit *f* innavigabilità *f*; **~verkehr** *m* traffico *m* marittimo; **~vermögen** *n* fortuna *f* di mare; **~verschollenheit** *f* scomparizione *f* in mare; **~versicherer** *m* assicuratore *m* marittimo; **~versicherung** *f* assicurazione *f* marittima; **~völkerrecht** *n* diritto *m* marittimo internazionale.

Seezoll | grenze *f* linea *f* doganale marittima; **~hafen** *m* porto *m* doganale marittimo.

Sehr geehrte Damen und Herren *(in den Schreiben)* Gentili Signore, egregi Signori, *(Firma)* Spett.le (nome della ditta).

Seite *f* [1] (*Abk* = **S.**) *(von Buch, Zeitung)* pagina *f* *(p./pag.)*; **folgende ~** *f* pagina *f* seguente; **vorherige ~** *f* pagina *f* precedente.

Seite *f* [2] *(Aspekt, Teil)* parte *f*, aspetto *m*, lato *m*; **gegnerische ~** *f ZivProzR* controparte *f*, parte *f* avversa, parte *f* avversaria; **von amtlicher ~** da fonti ufficiali; **von gut unterrichteter ~** da fonti ben informate.

seitens *präp* [*Gen*] da parte di.

Sektion *f* [1] *(Abteilung)* sezione *f*.

Sektion *f* [2] *(Leichenöffnung)* sezione *f* cadaverica.

Sektionschef/in *m/f (A, CH)* caposezione *m/f*.

Sektor *m* settore *m*, ambito *m*, campo *m*, ramo *m*; **halböffentlicher ~** *m* parastato *m*; **industrieller ~** *m* settore *m* industriale; **öffentlicher**

~ *m* settore *m* pubblico; **primärer ~** *m* settore *m* primario, industria *f* primaria; **sekundärer ~** *m* settore *m* secondario, industria *f* secondaria; **terziärer ~** *m (Dienstleistungssektor)* settore *m* terziario, industria *f* terziaria, terziario *m*.

Sektsteuer *f* imposta *f* sui vini spumanti.

sekundär *adj* secondario.

Sekundär | liquidität *f* liquidità *f* di secondo grado; **~recht** *n* diritto *m* secondario.

Sekundawechsel *m* seconda *f* di cambio.

Selbst | ablehnung *f ZivProzR (eines Richters)* astensione *f* (*del giudice*), dichiarazione *f* di astensione (*del giudice*); **~abschluss** *m* contratto *m* con se stesso; **~abtreibung** *f* aborto *m* procurato dalla donna.

selb(st)ständig *adj* indipendente, autonomo, *(tätig)* in proprio; **nicht ~** [auch: nichtselb(st)ständig] dipendente, subordinato, non autonomo.

Selb(st)ständigenversicherung *f* assicurazione *f* dei lavoratori autonomi.

Selb(st)ständige/r *f/m* lavoratore *m* autonomo, *(Freiberufler)* professionista *m/f*.

Selb(st)ständigkeit *f* indipendenza *f*, autonomia *f*; **rechtliche ~** *f* autonomia *f* giuridica.

Selbst | anklage *f StrafProzR* autoaccusa *f*, autoincriminazione *f*; **~anzeige** *f StrafProzR* autodenuncia *f* [o: autodenunzia]; **~aufbringungsbetrag** *m* somma *f* a carico dell'interessato; **~auflösung** *f* autoscioglimento *m*; **~ausführung** *f (Ersatzvornahme)* esecuzione *f* d'ufficio; **~befreiung** *f* evasione *f*; **~begünstigung** *f* autofavoreggiamento *m*; **~behalt** *m VersR* quota *f* a carico dell'assicurato, franchigia *f* (*normalmente espressa in cifra fissa, si applica sulla somma assicurata e di conseguenza il suo ammontare è definibile a priori*), scoperto *m* (*espresso in percentuale, si applica sul danno e di conseguenza il suo ammontare non è definibile a priori*); **~belastung** *f StrafProzR* autodenuncia *f* [o: autodenunzia]; **~berechnung** *f (A) (von Abgaben)* autotassazione *f*; **~beschädigung** *f* autolesione *f*; **~beschädigungsgefahr** *f* pericolo *m* di autolesione; **~bescheinigung** *f* autocertificazone *f*.

Selbstbeschuldigung *f StrafProzR* autoaccusa *f*, autoincriminazione *f*; **falsche ~** *f StrafProzR* autocalunnia *f*.

Selbst | bestätigung *f* autoaffermazione *f*; **~besteuerung** *f* autotassazione *f*; **~bestimmung** *f* autodecisione *f*, autodeterminazione *f*.

Selbstbestimmungsrecht *n* diritto *m* di (o: all') autodeterminazione; **~ *n* der Völker** autodeterminazione *f* dei popoli.

Selbst | bestrafung *f* autopunizione *f*; **~beteiligung** *f VersR* quota *f* a carico dell'assicurato, franchigia *f* (*normalmente espressa in cifra fissa, si applica sulla somma assicurata e di conseguenza il suo ammontare è definibile a priori*), scoperto *m* (*espresso in percentuale, si applica sul danno e di conseguenza il suo ammontare non è definibile a priori*); **~bewirtschaftung** *f* gestione *f* in economia, conduzione *f* in economia, gestione *f* diretta, conduzione *f* diretta, servizio *m* in economia.

Selbstbezichtigung *f StrafProzR* autoaccusa *f*, autoincriminazione *f*; **falsche ~** *f StrafProzR* autocalunnia *f*.

Selbst | bindung *f (der Verwaltung)* autolimitazione *f*; **~einschätzung** *f* valutazione *f* fatta dall'interessato; **~eintritt** *m (des Kommissionärs)* entrata *f* (del commissionario) nel contratto, *(der übergeordneten Verwaltungsbehörde)* avocazione *f*; **~fahrer/in** *m/f (von Mietwagen)* noleggiatore *m* di automobile senza autista; **~finanzierung** *f* autofinanziamento *m*, finanziamento *m* interno; **~gesetzgebung** *f (CH)* autonomia *f*.

Selbsthilfe *f* autotutela *f*, autodifesa *f*, esercizio *m* arbitrario delle proprie ragioni, difesa *f* privata; **zur ~ schreiten** farsi ragione da sé, farsi giustizia da sé.

Selbsthilfe | recht *n* diritto *m* di

autodifesa, diritto *m* di farsi giustizia da sé; **~vereinigung** *f* associazione *f* di auto-aiuto; **~verkauf** *m* vendita *f* coattiva, vendita *f* in danno.

Selbstkontrahent/in *m/f* contraente *m/f* in proprio.

selbstkontrahieren *v* contrarre in proprio.

Selbst | kontrahieren *n;* **~kontrahierung** *f;* **~kontraktion** *f* *(wenn jemand als Vertreter eines anderen im eigenen Namen mit sich selbst ein Rechtsgeschäft abschließt)* contratto *m* con se (o: sé) stesso, contratto *m* che il rappresentante conclude con se (o: sé) stesso in (nome) proprio; **~kontrolle** *f* autocontrollo *m*; **~korrektur** *f* autocorrezione *f*.

Selbstkosten *pl* spese *fpl* vive; **~preis** *m* prezzo *m* di costo.

Selbstlegitimierung *f* autolegittimazione *f*.

Selbstmord *m* suicidio *m*; **~ begehen** suicidarsi; **erweiterter ~** *m* suicidio *m* allargato; **Mitwirkung** *f* **am ~** *(A)* istigazione *f* o aiuto *m* al suicidio.

Selbstmörder/in *m/f* suicida *m/f*.

Selbstmord | rate *f* tasso *m* di suicidio; **~versuch** *m* tentativo *m* di suicidio.

Selbst | organisation *f* auto-organizzazione *f*; **~regelung** *f* autoregolamento *m*; **~regierung** *f* autogoverno *m*; **~reglementierung** *f* autoregolamentazione *f*; **~regulierung** *f* autoregolazione *f*; **~risiko** *n* *VersR* franchigia *f*; **~schuldner/in** *m/f* *(selbstschuldnerischer Bürge)* fideiussore *m* solidale; **~schutz** *m* autotutela *f*; **~tötung** *f* suicidio *m*; **~tötungsgefahr** *f* pericolo *m* di suicidio; **~überwachung** *f* autocontrollo *m*; **~veranlagung** *f* autotassazione *f*; **~verbrauch** *m* consumo *m* proprio, consumo *m* personale, autoconsumo *m*; **~verbraucher/in** *m/f* autoconsumatore *m*; **im ~verlag des Verfassers** pubblicato (e distribuito) dall'autore; **~verletzung** *f* autolesione *f*; **~verschulden** *n* colpa *f* personale, colpa *f* propria; **~versicherer** *m* assicuratore *m* in proprio; **~versicherung** *f* assicurazione *f* in proprio, autoassicurazione *f*, *(freiwillige Versicherung)* assicurazione *f* volontaria; **~verstümmelung** *f* autolesione *f*, mutilazione *f* della propria persona; **~verteidigung** *f* difesa *f* personale, autodifesa *f*.

Selbstverwaltung *f* autonomia *f*, autonomia *f* amministrativa, amministrazione *f* autonoma, amministrazione *f* autarchica, autoamministrazione *f*, autogoverno *m*, autogestione *f*; **~** *f* **der Gemeinden**; **kommunale ~** *f* autonomia *f* comunale; **örtliche ~** *f* autonomia *f* locale.

Selbstverwaltungs | behörde *f* amministrazione *f* autonoma, ente *m* autonomo, organismo *m* autonomo; **~einrichtung** *f*; **~körper** *m* *(A)*; **~körperschaft** *f* ente *m* autonomo, organismo *m* autonomo; **~organ** *n* organo *m* di autogoverno, organismo *m* autonomo.

Selbstverwaltungsrecht *n* diritto *m* all'autonomia amministrativa, autonomia *f*; **~** *n* **der Gemeinden** autonomia *f* comunale.

Selbst | zahler/in *m/f* *(A)* fideiussore *m* senza beneficio d'escussione; **~zahlung** *f* *(A)* pagamento *m* fatto dal fideiussore senza beneficio d'escussione; **~zensur** *f* autocensura *f*.

Selektionstafel *f* tavola *f* di selezione.

Senat *m* [1] *(staatsrechtlich)* senato *m* (*nelle città-stato di Berlino, Brema ed Amburgo, il "Senat" funge al contempo da giunta comunale e da governo del Land*).

Senat *m* [2] *ProzR* *(kollegialer Spruchkörper höherer Gerichte)* sezione *f*; **auswärtiger ~** *m*; **detachierter ~** *m* *ProzR* sezione *f* distaccata (*di corte d'appello*); **vereinigte ~e** *mpl* *ProzR* sezioni *fpl* unite.

Senator/in *m/f* senatore *m* (*nelle città-stato di Berlino, Brema e Amburgo, il "Senator" è al tempo stesso assessore della giunta comunale e ministro*).

Senats | kanzlei *f* *(D)* *(Berlin)* cancelleria *f* di Stato; **~mitglied** *n* membro *m* del senato.

Senatspräsident/in *m/f* [1] presidente *m* del senato.

Senatspräsident/in *m/f* [2] *ProzR*

presidente *m* di sezione (*di corte d'appello o corte suprema di cassazione*).
Senatssitz *m* seggio *m* al senato, seggio *m* di senatore.
Senatsvorsitzende/r *f/m* [1] presidente *m* del senato.
Senatsvorsitzende/r *f/m* [2] *ProzR* presidente *m* di sezione (*di corte d'appello o corte suprema di cassazione*).
Senatswahl *f* elezione *f* del senato.
senden *v* spedire, inviare, mandare, *(Daten, Rundfunk)* trasmettere.
Sende | recht *n* diritto *m* di radiodiffusione; **~staat** *m* Stato *m* che invia l'agente diplomatico.
Sendung *f (Versendung)* spedizione *f*, invio *m*, *(von Daten, Rundfunk)* trasmissione *f*, *(versendete Ware)* plico *m*, oggetto *m* spedito.
Senior | chef/in *m/f* vecchio principale *m*; **~partner/in** *m/f (in einer Kanzlei)* senior partner *m*.
senken *v (Preise)* ridurre, diminuire, calare, ribassare, abbassare.
Senkung *f (der Preise)* riduzione *f*, diminuzione *f*, abbassamento *m*; **~** *f* **des Diskontsatzes** riduzione *f* del tasso di sconto; **~** *f* **der Steuern** riduzione *f* delle tasse, sgravio *m* fiscale.
Sensal *m (A)* sensale *m*, agente *m* di cambio.
Sensarie *f (A)* senseria *f*, provvigione *f* dell'agente di cambio.
Separat | abkommen *n* accordo *m* separato; **~frieden** *m* pace *f* separata; **~friedensvertrag** *m* trattato *m* di pace separata.
Sequester *m* sequestro *m*, *(Person)* sequestratario *m* giudiziario; **unter ~ stellen** mettere sotto sequestro, sequestrare.
Sequester | liquidator/in *m/f* liquidatore *m* sequestratario; **~vermögen** *n* beni *mpl* sotto sequestro, beni *mpl* sequestrati; **~verwalter/in** *m/f* sequestratario *m*.
Sequestration *f (A)* sequestro *m*.
sequestrierbar *adj* sequestrabile.
sequestrieren *v* sequestrare.
Sequestrierung *f* sequestro *m*.
Serien | artikel *m* articolo *m* di serie; **~erzeugung** *f*; **~fabrikation** *f*; **~fertigung** *f*; **~herstellung** *f* produzione *f* in serie, fabbricazione *f* in serie; **~nummer** *f* numero *m* di serie.
Servitut *n/f SachenR* servitù *f*; **völkerrechtliche ~** *f* servitù *f* internazionale.
Servitutenablösung *f* riscatto *m* di servitù.
Session *f* sessione *f*.
SE-Verordnung *f EuR* → *s. Anhang 3 a)* Regolamento *m* (CE) n. 2157/2001 del Consiglio, dell'8 ottobre 2001, relativo allo statuto della società europea (SE).
Sexual | delikt *n StrafR* reato *m* (a sfondo) sessuale, delitto *m* sessuale; **~sphäre** *f* sfera *f* sessuale; **~strafrecht** *n* disciplina *f* dei reati sessuali (o: a sfondo sessuale); **~straftat** *f StrafR* reato *m* (a sfondo) sessuale, delitto *m* sessuale; **~straftäter/in** *m/f StrafR* autore *m* di un reato (a sfondo) sessuale.
Sezession *f* secessione *f*.
Sezessionskrieg *m* guerra *f* di secessione.
SF-Rabatt (*Abk* = **Schaden(s) freiheitsrabatt**) *VersR (schadensabhängige Versicherungsprämie)* bonus-malus *m*.
SGB (*Abk* = **Sozialgesetzbuch**) *(D) SozialR* codice *m* sociale (tedesco), codice *m* previdenziale (tedesco), codice *m* (tedesco) della (o: di) previdenza sociale, codice *m* (tedesco) della (o: di) legislazione sociale, codice *m* (tedesco) della (o: di) sicurezza sociale.
SGG (*Abk* = **Sozialgerichtsgesetz**) *(D) SozialR* legge *f* (tedesca) sulla giurisdizione (in materia di previdenza) sociale.
SHAB (*Abk* = **Schweizerisches Handelsamtsblatt**) *(CH)* Foglio *m* ufficiale svizzero di commercio *(FUSC)*.
Sicherheit *f* [1] sicurezza *f*, *(Schutz)* protezione *f*, *(Gewissheit)* certezza *f*; **innere ~** *f* sicurezza *f* interna; **internationale ~** *f* sicurezza *f* internazionale; **kollektive ~** *f* sicurezza *f* collettiva; **öffentliche ~** *f* pubblica sicurezza *f* [o: sicurezza pubblica]; **öffentliche ~** *f* **und**

Ordnung *f* ordine *m* e sicurezza *f* pubblica; **soziale ~** *f* sicurezza *f* sociale; **Abkommen** *n* **über die soziale ~** Convenzione *f* di sicurezza sociale; **~** *f* **am Arbeitsplatz** sicurezza *f* sul lavoro, sicurezza *f* sul posto di lavoro; **~** *f* **des Straßenverkehrs** sicurezza *f* stradale.

Sicherheit *f* [2] *KredSichR (Bürgschaft)* garanzia *f*; **als ~** *KredSichR* a garanzia, a titolo di garanzia; **eine ~ bestellen** *KredSichR* costituire una garanzia; **als ~ dienen** *KredSichR* servire da garanzia; **als ~ hinterlegen** *KredSichR* depositare in garanzia; **~ leisten** *KredSichR* prestare garanzia, rilasciare una garanzia; **~en stellen** *KredSichR* fornire garanzie, dare garanzie; **eine ~ verwerten** *KredSichR* realizzare una garanzia; **akzessorische ~** *f KredSichR* garanzia *f* accessoria; **bankmäßige ~** *f KredSichR* garanzia *f* bancaria; **banktübliche ~en** *fpl KredSichR* adeguate garanzie *fpl* bancarie, consuete garanzie *fpl* bancarie, garanzie *fpl* abitualmente richieste dalle banche, garanzie *fpl* bancarie normalmente richieste (per la concessione di crediti); **dingliche ~** *f KredSichR* garanzia *f* reale; **hypothekarische ~** *f KredSichR* garanzia *f* ipotecaria; **persönliche ~** *f KredSichR* garanzia *f* semplice, garanzia *f* personale; **sachliche ~** *f KredSichR* garanzia *f* reale; **zusätzliche ~** *f KredSichR* garanzia *f* accessoria, garanzia *f* suppletiva.

Sicherheits | abkommen *n* accordo *m* di sicurezza; **~abstand** *m* distanza *f* di sicurezza; **~anforderungen** *fpl* requisiti *mpl* di sicurezza; **~arrest** *m* arresto *m* come misura precauzionale; **~beamter/-beamtin** *m/f* agente *m/f* di pubblica sicurezza; **~beauftragte/r** *f/m* persona *f* delegata alla sicurezza; **~bereich** *m* area *f* di sicurezza; **~bestellung** *f KredSichR* costituzione *f* di garanzia; **~direktion** *f (A)* direzione *f* della polizia di un Bundesland; **~direktor/in** *m/f (A)* questore *m*; **~fonds** *m* fondo *m* di garanzia; **~garantie** *f* garanzia *f* di sicurezza; **aus ~gründen** per motivi di sicurezza; **~haft** *f (CH)* detenzione *f* preventiva; **~hinterlegung** *f* deposito *m* cauzionale; **~klausel** *f* clausola *f* di salvaguardia; **~kontrolle** *f* controllo *m* di sicurezza; **~kräfte** *fpl* forze *fpl* di sicurezza.

Sicherheitsleistung *f* cauzione *f*, prestazione *f* di garanzia, rilascio *m* di (una) garanzia, deposito *m* di garanzia, *ZivProzR* versamento *m* di una determinata somma di denaro a titolo di garanzia (o: cauzione); **gegen ~** *ZivProzR* previo versamento di una determinata somma di denaro a titolo di garanzia (o: cauzione), previa prestazione di una cauzione; **gegen ~ aus der Haft entlassen** *StrafProzR* rilasciare su cauzione, liberare su cauzione; **~** *f* **für die Prozesskosten** cautio iudicatum solvi *(lat)*, cauzione *f* per le spese processuali.

Sicherheits | marge *f* margine *m* di sicurezza; **~maßnahme** *f*; **~maßregel** *f* misura *f* di sicurezza; **~norm** *f* norma *f* di sicurezza.

Sicherheitspolitik *f* politica *f* di sicurezza; **Gemeinsame Außen- und ~** *f* (*Abk* = **GASP**) *EuR* politica *f* estera e di sicurezza comune *(PESC)*.

Sicherheits | polizei *f* polizia *f* di sicurezza; **~rat** *m* Consiglio *m* di sicurezza; **~reserve** *f*; **~rücklage** *f* riserva *f* di sicurezza, riserva *f* di garanzia; **~saal** *m (Gericht)* aula *f* bunker; **~spanne** *f* margine *m* di sicurezza; **~standard** *m* standard *m* di sicurezza; **~struktur** *f* struttura *f* di sicurezza; **~vorschrift** *f* norma *f* di sicurezza; **~vorschriften** *fpl* regolamento *m* di sicurezza; **~wachebeamter/-beamtin** *m/f (A)*; **~wachmann** *m (A)* agente *m/f* di pubblica sicurezza; **~wechsel** *m* effetto *m* di smobilizzo; **~zeugnis** *n* certificato *m* di sicurezza; **~zuschlag** *m* caricamento *m* di sicurezza.

sichern *v* [1] *(gewährleisten)* assicurare, garantire.

sichern *v* [2] *(in Sicherheit bringen)* mettere al sicuro, porre al sicuro.

sichern *v* [3] *(schützen)* proteggere, salvaguardare, preservare, *(festigen)* consolidare; **sich gegen ein Risiko ~** cautelarsi contro un rischio.
sicherstellen *v* [1] *(gewährleisten)* assicurare, garantire.
sicherstellen *v* [2] *(in Sicherheit bringen)* mettere al sicuro, porre al sicuro.
sicherstellen *v* [3] *(beschlagnahmen)* sequestrare.
Sicherstellung *f* [1] *(Gewährleistung)* garanzia *f*, costituzione *f* di garanzia.
Sicherstellung *f* [2] *(Beschlagnahme)* sequestro *m*.
Sicherstellungs | auftrag *m* mandato *m* di costituire una garanzia; **~depot** *n* deposito *m* cauzionale; **~fonds** *m* fondo *m* di garanzia.
Sicherung *f* [1] *(Sichern)* assicurazione *f*.
Sicherung *f* [2] *KredSichR (Sicherheit)* garanzia *f*; **zur ~** *KredSichR* a garanzia, a titolo di garanzia; **zur ~ übereignen** vendere a scopo di garanzia.
Sicherung *f* [3] *(Schutz)* protezione *f*, tutela *f*, salvaguardia *f*, *(Kontrolle)* controllo *m*, *(Festigung)* consolidamento *m*, sicurezza *f*, *(IT)* salvataggio *m*, *(IT)* backup *m*; **~ *f* einer einheitlichen Rechtsprechung** *ProzR (Revision)* salvaguardia *f* dell'uniformità della giurisprudenza.
Sicherungs | abrede *f KredSichR* accordo *m* di garanzia; **~abtretung** *f KredSichR* cessione *f* a titolo di garanzia; **~beschlagnahme** *f* sequestro *m* conservativo, sequestro *m* cautelativo, sequestro *m* cautelare; **~exekution** *f (A)* sequesto *m* conservativo; **~fonds** *m* fondo *m* di garanzia; **~geber/in** *m/f KredSichR (Schuldner)* cedente *m/f* di cosa a titolo di garanzia, venditore *m* di cosa a scopo di garanzia, costituente *m/f* (*garanzia*), garante *m/f*; **~geschäft** *n* negozio *m* a scopo di garanzia; **~grundschuld** *f KredSichR (§ 1192 Abs. 1a BGB)* debito *m* fondiario a garanzia di un credito; **~gut** *n KredSichR* bene *m* ceduto in garanzia; **~hypothek** *f KredSichR* ipoteca *f* a garanzia di un credito; **~klausel** *f* clausola *f* di sicurezza; **~maßnahme** *f* misura *f* di sicurezza, misura *f* cautelativa, misura *f* di garanzia, misura *f* di salvaguardia, misura *f* conservativa; **~maßregel** *f* misura *f* di sicurezza; **~nehmer/in** *m/f KredSichR (Gläubiger)* cessionario *m* di cosa data in garanzia, compratore *m* di cosa a titolo di garanzia, parte *f* garantita, creditore *m* garantito, beneficiario *m* (*della garanzia*); **~pflicht** *f* obbligo *m* di sicurezza.
Sicherungsrecht *n KredSichR* garanzia *f*, diritto *m* cautelativo; **dingliches ~** *n KredSichR* garanzia *f* reale.
Sicherungs | übereigner/in *m/f KredSichR* cedente *m/f* di cosa a titolo di garanzia, venditore *m* di cosa a scopo di garanzia, costituente *m/f* (*garanzia*); **~übereignung** *f*; **~übertragung** *f KredSichR* cessione *f* a titolo di garanzia, vendita *f* a scopo di garanzia; **~vereinbarung** *f KredSichR* accordo *m* di garanzia; **~verfahren** *n* processo *m* di sicurezza; **~vertrag** *m KredSichR* accordo *m* di garanzia, contratto *m* di garanzia.
Sicherungsverwahrung *f (D) StVZ (Maßregel der Besserung und Sicherung) (§§ 61 Nr. 3, 66 StGB)* misura *f* di sicurezza detentiva, detenzione *f* di sicurezza, misura *f* di carcerazione di sicurezza, custodia *f* di sicurezza.

Sicherungsverwahrung
Speciale misura di sicurezza, a scopo preventivo, privativa della libertà personale, prevista dal codice penale tedesco e volta ad impedire che l'autore di un reato (generalmente a sfondo sessuale) torni in libertà, sebbene abbia scontato completamente la pena inflittagli. Presupposto per

l'applicazione della *Sicherungsverwahrung* è che sussistano elementi tali da far ritenere il condannato socialmente pericoloso, in quanto propenso a commettere gravi reati. Con la sentenza del 17/12/2009, la Corte europea dei diritti dell'uomo ha dichiarato che parte della normativa vigente nella Repubblica Federale di Germania in materia di *Sicherungsverwahrung* è in contrasto con gli artt. 5 e 7 della Convenzione per la salvaguardia dei diritti dell'uomo e delle libertà fondamentali.

Sicherungszession *f KredSichR* cessione *f* a titolo di garanzia.

Sicht | akkreditiv *n* apertura *f* di credito a vista; **~depositen** *pl* depositi *mpl* a vista; **~einlage** *f*; **~guthaben** *n* deposito *m* a vista; **~kurs** *m* cambio *m* a vista; **~papier** *n* effetto *m* a vista; **~tratte** *f* tratta *f* a vista; **~verbindlichkeiten** *fpl* impegni *mpl* a vista.

Sichtvermerk *m* visto *m*; **mit einem ~ versehen** vistare, vidimare, apporre il visto.

Sichtvermerkszwang *m* obbligo *m* del visto, visto *m* obbligatorio.

Siegel *n* sigillo *m*, suggello *m*; **ein ~ anbringen**; **ein ~ anlegen** apporre un sigillo, mettere un sigillo; **ein ~ aufbrechen**; **ein ~ erbrechen** violare un sigillo, rompere un sigillo; **unter ~ legen** mettere sotto sigillo.

Siegel | abdruck *m* impronta *f* di sigillo; **~abnahme** *f* rimozione *f* dei sigilli; **~bewahrer** *m* Guardasigilli *m*; **~bruch** *m* violazione *f* di sigilli, rottura *f* di sigilli; **~fälschung** *f* contraffazione *f* di sigillo.

siegeln *v* sigillare, suggellare.

Siegelung *f* apposizione *f* di sigilli.

Siegelverfälschung *f* falsificazione *f* di sigillo, alterazione *f* di sigillo.

siehe oben (*Abk* = **s.o.**) vedi sopra, si veda sopra; **~ unten** (*Abk* = **s.u.**) vedi sotto, si veda sotto.

SIF (*Abk* = **Staatssekretariat für internationale Finanzfragen**) *(CH)* Segreteria *f* di Stato (svizzera) per le questioni finanziarie internazionali *(SFI)*.

SigG (*Abk* = **Signaturgesetz**) *(D: Gesetz über Rahmenbedingungen für elektronische Signaturen; A: Bundesgesetz über elektronische Signaturen)* legge *f* sulla firma digitale, legge *f* sulle firme elettroniche.

Signalbuch, Internationales ~ *n* Codice *m* internazionale dei segnali.

Signalement *n* connotati *mpl*.

Signatar *m* firmatario *m*, segnatario *m*; **~land** *n (CH)* paese *m* firmatario; **~macht** *f* potenza *f* firmataria; **~regierung** *f* governo *m* firmatario; **~staat** *m* Stato *m* firmatario.

Signatur *f* firma *f*; **~gesetz** *n* (*Abk* = **SigG**) *(D: Gesetz über Rahmenbedingungen für elektronische Signaturen; A: Bundesgesetz über elektronische Signaturen)* legge *f* sulla firma digitale, legge *f* sulle firme elettroniche.

Simultan | gründung *f* costituzione *f* simultanea, fondazione *f* simultanea; **~hypothek** *f (A)* ipoteca *f* simultanea, ipoteca *f* costituita su più immobili.

Singular | sukzession *f (Einzelrechtsnachfolge)* successione *f* particolare; **~vollstreckung** *f* esecuzione *f* particolare, esecuzione *f* singolare.

Sinn *m* senso *m*, significato *m*; **im ~e des / der** (*Abk* = **i.S.d.**); **im ~e von** [*Dat*] ai sensi di; **im ~e des / von § ...** ai sensi del § ..., ai sensi dell'articolo ...; **im eng(er)en ~** (*Abk* = **i.e.S.**) in senso (più) stretto; **im weit(er)en ~** (*Abk* = **i.w.S.**) in senso (più) ampio, in senso lato; **~ *m* des Gesetzes** ratio legis *(lat)*, ratio *f* della legge, senso *m* della legge; **~ *m* der Vorschrift** ratio *f* della norma, senso *m* della norma.

sinngemäß *adj* per analogia, in via analogica, analogicamente, mutatis mutandis.

SIS (*Abk* = **Schengener Informationssystem**) *EuR* sistema *m* d'informazione Schengen, sistema *m* informativo Schengen.

sistieren *v* [1] *StrafProzR* fermare (*persone sospette*).

sistieren *v* [2] *(aufheben)* sospendere.

Sistierung *f* [1] *StrafProzR* fermo *m* (*di polizia*).

Sistierung *f* [2] *(Aufhebung)* sospensione *f*.

Sitten *fpl* usi *mpl*, costumi *mpl*; **~** *fpl* **und Bräuche** *mpl* usi *mpl* e costumi *mpl*; **die guten ~** il buon costume *m* [o: buoncostume]; **Verstoß** *m* **gegen die guten ~** offesa *f* al buon costume.

sittenwidrig *adj* immorale, contrario al buon costume.

Sittenwidrigkeit *f (§ 138 BGB)* immoralità *f*, offesa *f* al buon costume, contrarietà *f* al buon costume.

Sittlichkeit *f* moralità *f*, il buon costume *m* [o: buoncostume]; **aus Gründen der öffentlichen ~** per motivi di moralità pubblica.

Sitz *m* [1] *(Standort)* sede *f* (*sociale*); **den ~ verlegen** trasferire la sede; **satzungsmäßiger ~** *m* sede *f* statutaria; **ständiger ~** *m* sede *f* permanente; **statutarischer ~** *m (CH)* sede *f* statutaria.

Sitz *m* [2] *(im Parlament)* seggio *m* (*in parlamento*).

Sitz | abkommen *n (Völkerrrecht)* accordo *m* di sede; **~staat** *m* Stato *m* ove si trova la sede.

Sitzung *f* seduta *f*, riunione *f*, assemblea *f*, adunanza *f*, tornata *f*, *ProzR (Gericht)* udienza *f*; **eine ~ abhalten** tenere una seduta; **eine ~ anberaumen**; **eine ~ einberufen** convocare una riunione; **die ~ eröffnen** aprire la seduta, *ProzR (Gericht)* aprire l'udienza; **die ~ wird geleitet von** la seduta è presieduta da; **die ~ schließen** togliere la seduta, *ProzR (Gericht)* togliere l'udienza; **die ~ unterbrechen** sospendere la seduta, *ProzR (Gericht)* sospendere l'udienza; **eine ~ vertagen** aggiornare una seduta, rinviare una seduta; **außerordentliche ~** *f* seduta *f* straordinaria; **geheime ~** *f* riunione *f* segreta; **inoffizielle ~** *f* seduta *f* informale; **konstitutive ~** *f* assemblea *f* costitutiva; **nichtöffentliche ~** *f ProzR* udienza *f* a porte chiuse, udienza *f* camerale, udienza *f* in camera di consiglio; **öffentliche ~** *f* seduta *f* pubblica, *ProzR* pubblica udienza *f*; **parlamentarische ~** *f* seduta *f* parlamentare.

Sitzungs | bericht *m* relazione *f* (della seduta); **~entschädigung** *f* indennità *f* di presenza; **~geld** *n* gettone *m* di presenza; **~gewalt** *f ProzR* polizia *f* delle udienze; **~niederschrift** *f* verbale *m* della (o: di) seduta, *ProzR (Gericht)* verbale *m* d'udienza.

Sitzungsperiode *f* sessione *f*; **ordentliche ~** *f* sessione *f* ordinaria; **~** *f* **des Parlaments** sessione *f* parlamentare.

Sitzungs | polizei *f* polizia *f* dell'assemblea, *ProzR* polizia *f* delle udienze; **~protokoll** *n* verbale *m* della (o: di) seduta, *ProzR (Gericht)* verbale *m* d'udienza; **~saal** *m* sala *f* (delle) riunioni, sala *f* (delle) conferenze, sala (o: aula) *f* delle adunanze, sala *f* delle sedute (*parlamentari*), *ProzR (Gericht)* aula *f* delle udienze, *ProzR* sala *f* di udienza; **~tag** *m* giorno *m* di seduta, *ProzR* giorno *m* d'udienza; **~tagegelder** *pl* indennità *f* di sessione; **~zimmer** *n* sala *f* delle riunioni, *ProzR (Gericht)* sala *f* d'udienza.

Sitz | verlegung *f* trasferimento *m* della sede; **~verteilung** *f* ripartizione *f* dei seggi.

Skadenz *f (A)* scadenza *f*.

skontieren *v* concedere uno sconto, scontare.

Skonto *m/n* sconto *m* (*per pagamento immediato, in contanti o entro un determinato periodo di tempo*).

Skontration *f* compensazione *f*.

skontrieren *v* scontrare, riscontrare, compensare.

Skontrierung *f* riscontro *m*, compensazione *f*.

Skontro *n* riscontro *m*, scheda *f* di riscontro, compensazione *f*, *(Skontrobuch)* libro *m* del magazzino, libro *m* delle entrate ed uscite di merce; **~buch** *n* libro *m* di riscontro, libro *m* del magazzino, libro *m* delle entrate ed uscite di merce.

Small-Claims-Verordnung *f EuR (= Geringfügige-Forderungen-Verordnung) → s. Anhang 3 a)* Regolamento *m* (CE) n. 861/2007 del Parlamento europeo e del Consiglio, dell'11 luglio 2007, che istituisce un procedimento europeo per le controversie di modesta entità.

SMG [1] (*Abk* = **Schuldrechtsmodernisierungsgesetz**) *(D) (Gesetz zur Modernisierung des Schuldrechts, am 01.01.2002 in Kraft getreten)* legge *f* (tedesca) di riforma (o: modernizzazione) del diritto delle obbligazioni.

SMG [2] (*Abk* = **Suchtmittelgesetz**) *(A) (Bundesgesetz über Suchtgifte, psychotrope Stoffe und Vorläuferstoffe; 1998 wurde das Suchtgiftgesetz vom Suchtmittelgesetz abgelöst)* legge *f* (austriaca) sugli stupefacenti, legge *f* (austriaca) sulle sostanze stupefacenti.

Smogverordnung *f* legge *f* antismog.

s.o. (*Abk* = **siehe oben**) vedi sopra, si veda sopra.

Sockelbetrag *m* somma *f* base.

Sofortbearbeitung *f (Dienststelle)* servizio *m* di turno.

Soforthilfe *f* aiuto *m* immediato; **~gesetz** *n* legge *f* di aiuto immediato; **~programm** *n* programma *m* di aiuto immediato.

Sofortmaßnahme *f EuR* misura *f* d'urgenza, provvedimento *m* d'urgenza, provvedimento *m* immediato.

Solawechsel *m* pagherò *m*, vaglia *m* cambiario, cambiale *f* propria.

Sold *m* soldo *m*, paga *f*.

Soldatengesetz *n* legge *f* sullo stato giuridico dei militari.

Soldat/in *m/f → BVerfGE 93, 266: Soldaten sind Mörder-Entscheidung des Bundesverfassungsgerichts (Meinungsfreiheit)* soldato *m*.

Solidar | bürge *m (A, CH)* garante *m* solidale, fideiussore *m* solidale; **~bürgschaft** *f (A, CH)* garanzia *f* solidale, fideiussione *f* solidale; **~forderung** *f (A, CH)* credito *m* solidale, solidarietà *f* attiva; **~gläubiger/in** *m/f (A, CH)* creditore *m* solidale, creditore *m* in solido; **~gläubigerschaft** *f (A, CH)* solidarietà *f* attiva; **~haft** *f*; **~haftung** *f (A, CH)* responsabilità *f* solidale, responsabilità *f* cumulativa.

solidarisch *adj (A, CH)* solidale, in solido; **~ verpflichtet sein** *(A, CH)* essere obbligato in solido.

Solidar | obligation *f*; **~schuld** *f (A, CH) (Gesamtschuld)* debito *m* solidale, obbligazione *f* solidale, solidarietà *f* passiva; **~schuldner/in** *m/f (A, CH)* debitore *m* solidale, debitore *m* in solido; **~verbindlichkeit** *f*; **~verpflichtung** *f (A, CH)* obbligazione *f* solidale.

Soll *n* debito *m*, dare *m*; **~ und Haben** *n* dare e avere *m*; **ins ~ eintragen** registrare a debito, addebitare; **im ~ stehen** essere a debito.

Soll | aufkommen *n* gettito *m* teorico; **~ausgabe** *f* spesa *f* teorica; **~bestand** *m* esistenza *f* teorica; **~betrag** *m* somma *f* dovuta; **~buch** *n* libro *m* dei crediti; **~einnahme** *f* entrata *f* teorica; **~etat** *m* bilancio *m* preventivo; **~kaufmann** *m* imprenditore *m* che ha l'obbligo di farsi iscrivere nel registro del commercio; **~posten** *m* registrazione *f* a debito; **~prämie** *f* premio *m* emesso; **~saldo** *m* saldo *m* debitore, saldo *m* a debito; **auf der ~seite** dalla parte del dare; **~spalte** *f* colonna *f* del dare; **~vorschrift** *f* norma *f* dispositiva; **~zahl** *f* cifra *f* teorica; **~zinsen** *mpl* interessi *mpl* a debito, interessi *mpl* debitori; **~zinssatz** *m* tasso *m* debitore.

Soll-Zustand *m ↔ Ist-Zustand* soluzione *f* ideale (che si desidera raggiungere), stato *m* desiderato, stato *m* teorico.

solvent *adj* solvente, solvibile.

Solvenz *f* solvenza *f*, solvibilità *f*.

Sömmerungsrecht *n* diritto *m* d'alpeggio.

Sonder | abgabe *f* contributo *m* straordinario; **~abkommen** *n* accordo *m* particolare, convenzione *f* particolare, trattato *m* particolare; **~abmachung** *f* convenzione *f* particolare; **~abschreibung** *f* ammortamento *m* straordinario; **~auftrag** *m* incarico *m* speciale, *(Bestellung)* ordinazione *f* speciale; **~ausgaben** *pl* spese *fpl* particolari; **~ausschuss** *m* commissione *f* speciale; **~ausschüttung** *f* distribuzione *f* straordinaria; **~baugenehmigung** *f* concessione *f* edilizia in deroga; **~beauftragte/r** *f/m* mandatario *m* speciale, inviato *m* speciale, incaricato *m* speciale; **~bedarf** *m* bisogno *m* straordinario; **~bedingungen** *fpl* condizioni *fpl* speciali; **~behandlung** *f* trattamento *m* speciale, regime *m* speciale; **~beihilfe** *f* aiuto *m* speciale; **~berichterstatter/in** *m/f* inviato *m* speciale (*di giornale*); **~bestellung** *f* ordinazione *f* speciale; **~besteuerung** *f* tassazione *f* straordinaria; **~bestimmung** *f* disposizione *f* speciale, *(Klausel)* clausola *f* speciale; **~bestrebungen** *fpl* tendenze *fpl* particolaristiche; **~betrieb** *m* azienda *f* speciale; **~bevollmächtigte/r** *f/m* procuratore *m* speciale; **~bevollmächtigung** *f* procura *f* speciale, pieni poteri *mpl* speciali; **~botschafter** *m* ambasciatore *m* straordinario; **~delikt** *n StrafR* ↔ *Allgemeindelikt* reato *m* speciale, reato *m* proprio; **~depot** *n* deposito *m* «a dossier»; **~dividende** *f* dividendo *m* supplementare; **~eigentum** *n* proprietà *f* esclusiva; **~einheit** *f* nucleo *m* speciale, unità *f* speciale; **~einnahmen** *fpl* entrate *fpl* straordinarie; **~erbfolge** *f ErbR* successione *f* (a causa di morte) a titolo particolare; **~erlaubnis** *f* permesso *m* speciale; **~fonds** *m* fondo *m* speciale; **~freibetrag** *m* quota *f* esente speciale; **~gebühr** *f* commissione *f* speciale, commissione *f* straordinaria; **~genehmigung** *f* autorizzazione *f* speciale; **~gericht** *n* tribunale *m* speciale; **~gerichtsbarkeit** *f* giurisdizione *f* speciale; **~gesandte/r** *f/m* inviato *m* straordinario; **~gesetz** *n* legge *f* speciale, legge *f* particolare; **~gesetzgebung** *f* legislazione *f* speciale; **~hilfe** *f* aiuto *m* speciale; **~interesse** *n* interesse *m* particolare; **~kammer** *f (Gericht)* sezione *f* specializzata; **~kasse** *f* cassa *f* particolare; **~kommission** *f* commissione *f* speciale; **~konditionen** *pl* condizioni *fpl* particolari; **~konkurs** *m InsolvenzR (auf einen bestimmten Vermögenskomplex beschränktes Konkursverfahren)* fallimento *m* parziale; **~kontingent** *n* contingente *m* speciale; **~konto** *n* conto *m* speciale; **~kontrolle** *f* controllo *m* speciale; **~kredit** *m* credito *m* speciale; **~leistung** *f* prestazione *f* straordinaria, servizio *m* extra; **~maßnahme** *f* misura *f* straordinaria, provvedimento *m* straordinario, provvedimento *m* speciale; **~mission** *f* missione *f* speciale; **~mittel** *pl* fondi *mpl* straordinari; **~nachfolge** *f* successione *f* (a titolo) particolare; **~nachlass** *m* sconto *m* speciale, ribasso *m* speciale; **~nutzung** *f* uso *m* particolare; **~opfer** *n* sacrificio *m*; **~organisation** *f (UNO)* istituto *m* specializzato; **~preis** *m* prezzo *m* speciale; **~prüfung** *f* esame *m* speciale, controllo *m* speciale; **~rabatt** *m* sconto *m* speciale; **~rechnung** *f* conto *m* speciale, fattura *f* speciale; **~recht** *n* privilegio *m*, prerogativa *f*, diritto *m* speciale, diritto *m* esclusivo; **~rechtsnachfolge** *f* successione *f* (a titolo) particolare; **~regel** *f* norma *f* particolare; **~regelung** *f* disciplina *f* speciale, regolamentazione *f* speciale, regime *m* particolare, normativa *f* particolare; **~reserve** *f* riserva *f* speciale; **~risiko** *n* rischio *m* speciale; **~rücklage** *f* riserva *f* speciale; **~sitzung** *f* seduta *f* straordinaria, tornata *f* straordinaria; **~status** *m* status *m* speciale, stato *m* speciale; **~statut** *n* statuto *m* speciale; **~stellung** *f* posizione *f* particolare, posizione *f* speciale.

Sondersteuer *f* imposta *f* speciale, imposta *f* straordinaria; **einmalige ~** *f* imposta *f* una tantum.

Sonder | strafkammer *f StrafProzR* sezione *f* penale specializzata; **~straftat** *f StrafR* reato *m* speciale, reato *m* proprio; **~tagung** *f* sessione *f* straordinaria; **~tarif** *m* tariffa *f* speciale; **~übereinkommen** *n* convenzione *f* particolare, trattato *m* particolare; **~urlaub** *m* congedo *m* straordinario, licenza *f* straordinaria, licenza *f* speciale; **~vereinbarung** *f* accordo *m* speciale, accordo *m* particolare; **~verfahren** *n* procedimento *m* straordinario, procedimento *m* speciale, procedura *f* speciale, procedura *f* particolare; **~vergünstigung** *f* facilitazione *f* speciale; **~vergütung** *f* indennità *f* speciale, indennità *f* straordinaria, gratifica *f*; **~verhältnis** *n* rapporto *m* speciale.

Sondervermögen *n* patrimonio *m* autonomo, patrimonio *m* separato, fondo *m* autonomo; **öffentlich-rechtliches ~** *n* patrimonio *m* separato di diritto pubblico.

Sonder | versammlung *f* assemblea *f* generale straordinaria; **~vertrag** *m* contratto *m* particolare; **~verwahrung** *f* deposito *m* «a dossier»; **~vollmacht** *f* procura *f* speciale; **~vorschrift** *f* norma *f* speciale; **~vorteil** *m (Aktiengesellschaft)* beneficio *m* riservato ai promotori; **~votum** *n* voto *m* dissidente; **~zahlung** *f* pagamento *m* straordinario; **~ziehungsrecht** *n* diritto *m* speciale di prelievo; **~zins** *m*; **~zinssatz** *m* tasso *m* speciale (di interesse); **~zulage** *f* indennità *f* speciale, indennità *f* straordinaria; **~zuständigkeit** *f* competenza *f* particolare; **~zuwendung** *f* gratifica *f* straordinaria.

Sondierungs | auftrag *m* mandato *m* esplorativo; **~gespräch** *n* colloquio *m* esplorativo, colloquio *m* di sondaggio.

Sonntags | arbeit *f* lavoro *m* domenicale; **~ruhe** *f* riposo *m* domenicale.

Sonn- *n* **und Feiertagsfahrverbot** *(Lastkraftwagen)* divieto *m* di circolazione nei giorni festivi (*per gli autotreni*).

Sonstiges *n* varie *fpl* (ed eventuali), disposizioni *fpl* varie.

Sorge *f (Fürsorge)* cure *fpl*, premure *fpl*, sollecitudine *f*; **dafür ~ tragen, dass** fare in modo che, assicurarsi che, badare che; **elterliche ~** *f FamR (§ 1626 ff. BGB) (Die Eltern haben die Pflicht und das Recht, für das minderjährige Kind zu sorgen (elterliche Sorge). Die elterliche Sorge umfasst die Sorge für die Person des Kindes (Personensorge) und das Vermögen des Kindes (Vermögenssorge))* potestà *f* dei genitori, potestà *f* genitoriale (*che corrisponde alla nozione di "responsabilità genitoriale" accolta in sede comunitaria*).

Sorgeberechtigte/r *f/m FamR* soggetto *m* (o: persona *f*) che esercita la potestà (genitoriale) su un minore, esercente *m/f* la potestà (genitoriale) su un minore, titolare *m/f* della potestà (genitoriale) su un minore, *EuR* titolare *m/f* del diritto di affidamento, *EuR* titolare *m/f* dell'affidamento, *EuR* soggetto *m* che ha l'affidamento (di un minore), *EuR* affidatario *m*.

sorgeberechtigter Elternteil *m FamR* genitore *m* che esercita la potestà (genitoriale) sui figli minori, genitore *m* esercente la potestà (genitoriale) sui figli minori, genitore *m* titolare della potestà (genitoriale) sui figli minori, *EuR* genitore *m* affidatario, *EuR* genitore *m* titolare dell'affidamento, *EuR* genitore *m* che ha l'affidamento (di un figlio).

Sorgerecht *n FamR* potestà *f* dei genitori, potestà *f* genitoriale (*che corrisponde alla nozione di "responsabilità genitoriale" accolta in sede comunitaria*), *EuR* affidamento *m* (*dei figli*), diritto *m* di tutela, diritto *m* di custodia; **das ~ für ein Kind einem (oder: auf einen) Elternteil allein übertragen** *FamR* attribuire ad uno solo dei genitori l'esercizio esclusivo della potestà (genitoriale) sul figlio minore, *EuR* affidare il figlio minore in via esclusiva a un genitore, *EuR* disporre l'affidamento esclusivo del figlio minore a un genitore; **jemandem das ~ für ein Kind zusprechen** *FamR* attribuire a qn. l'esercizio della potestà (genitoriale) sul minore, *EuR* affidare il minore a qn., *EuR* disporre l'affidamento del minore a qn.; **alleiniges ~** *n FamR* esercizio *m* esclusivo della potestà (genitoriale) sui figli minori, *EuR* affidamento *m* esclusivo (*dei figli*); **gemeinsames ~** *n FamR* esercizio *m* congiunto della potestà (genitoriale) sui figli minori, *EuR* affidamento *m* condiviso (*dei figli*).

Sorgerechtsregelung *f FamR* provvedimenti *mpl* in merito all'esercizio della potestà (genitoriale) sul figlio minore, *EuR* provvedimenti *mpl* circa l'affidamento dei figli.

Sorgfalt *f* diligenza *f*, *(Gewissenhaftigkeit)* cura *f*, *(Gründlichkeit)* accuratezza *f*, *(Genauigkeit)* precisione *f*, esattezza *f*, meticolosità *f*; **mit äußerster ~** con la massima prudenza; **berufliche ~** *f* diligenza *f* professionale; **mangelnde ~** *f* negligenza *f*; **die im Verkehr erforderliche ~** *f*; **verkehrsübliche ~** *f* diligenza *f* del buon padre di famiglia; **~** *f* **in eigenen Angelegenheiten** diligenza *f* quam in suis; **~** *f* **des ordentlichen Kaufmanns** *(A)* diligenza *f* del buon padre di famiglia.

sorgfältig *adj* diligente, *(gründlich)* accurato, *(gewissenhaft)* scrupoloso, *(genau)* preciso, meticoloso.

Sorgfaltspflicht *f* dovere *m* di diligenza; **~verletzung** *f* violazione *f* del dovere di diligenza.

Sorglosigkeit, auffallende ~ *f (A)* colpa *f* grave.

Sorten *pl* banconote *fpl* e monete *fpl* metalliche estere, valute *fpl* estere; **~abteilung** *f* ufficio *m* cambi (di una banca); **~geschäft** *n*; **~handel** *m* cambio *m* manuale; **~händler/in** *m/f* operatore *m* in cambi, cambista *m*, cambiavalute *m*, cambiamonete *m*; **~konto** *n* conto *m* valute estere; **~kurs** *m* corso *m* dei cambi; **~markt** *m* mercato *m* dei cambi, mercato *m* delle divise; **~zettel** *m* distinta *f* di negoziazione, nota *f* di negoziazione.

Sortiment *n* assortimento *m*.

Sortimentshändler *m* libraio *m* commissionario.

Souchenregister *n (CH)* registro *m* a madre e figlia.

souverän *adj* sovrano.

Souverän *m* sovrano *m*.

Souveränität *f* sovranità *f*; **äußere ~** *f* sovranità *f* esterna; **innere ~** *f* sovranità *f* interna; **nationale ~** *f*; **staatliche ~** *f* sovranità *f* nazionale; **völkerrechtliche ~** *f* sovranità *f* internazionale; **volle ~** *f* piena sovranità *f*.

Souveränitäts | akt *m* atto *m* di sovranità; **~recht** *n* diritto *m* di sovranità; **~verletzung** *f* violazione *f* della sovranità, attentato *m* alla sovranità.

soweit *konj* per quanto, per quello che, nella misura in cui, se; **~ … nicht …** salvo; **~ in den Artikeln xy nicht etwas anderes bestimmt ist** salvo disposizioni contrarie degli articoli xy; **~ nicht ausdrücklich etwas anderes geregelt ist**; **~ nicht ausdrücklich etwas anderes vereinbart wurde** salvo espresso patto contrario, salvo espressa pattuizione contraria.

sozial *adj* sociale.

Sozial | abgaben *fpl SozialR* contributi *mpl* sociali, contributi *mpl* previdenziali, oneri *mpl* sociali, oneri *mpl* previdenziali; **~adäquanz** *f* adeguatezza *f* sociale; **~amt** *n* ufficio *m* di assistenza sociale; **ehrenamtliche ~arbeit** *f* volontariato *m*; **~aufwand** *m*; **~aufwendungen** *fpl*; **~ausgaben** *fpl* spesa *f* sociale.

Sozialausschuss *m* commissione *f* sociale; **Wirtschafts- und ~** *m (D)* commissione *f* degli affari economici e sociali (del Bundestag); **Europäischer Wirtschafts- und ~** *m* (*Abk* = **EWSA**) *EuR* Comitato *m* economico e sociale europeo *(CESE)*.

Sozialauswahl *f ArbR* scelta *f* sociale.

Sozialauswahl
Il datore di lavoro deve licenziare il lavoratore per il quale la perdita del posto di lavoro abbia effetti meno gravosi. I criteri della scelta sociale sono gli obblighi di mantenimento, l'anzianità di servizio, l'età e un'eventuale disabilità del lavoratore.

Sozial | behörde *f* ufficio *m* di assistenza sociale; **~beirat** *m* comitato *m* consultivo sociale; **~beiträge** *mpl SozialR* contributi *mpl* sociali, contributi *mpl* previdenziali; **~belastung** *f* onere *m* sociale; **~bericht** *m* rapporto *m* sociale; **~bindung** *f (des Eigentums)* funzione *f* sociale (*della proprietà*).

Sozialcharta *f* carta *f* sociale; **Europäische ~** *f EuR* Carta *f* sociale europea.

Sozial | dienst *m* servizio *m* sociale; **~einrichtung** *f* istituzione *f* sociale, istituto *m* sociale; **Europäischer ~fonds** *m* (*Abk* = **ESF**) *EuR* Fondo *m* sociale europeo *(FSE)*; **~forderungen** *fpl* rivendicazioni *fpl* sociali; **~fürsorge** *f* previdenza *f* sociale; **~gefährlichkeit** *f* pericolosità *f* sociale; **~gericht** *n SozialR* tribunale *m* sociale (*di primo grado*); **~gerichtsbarkeit** *f SozialR* giurisdizione *f* (in materia di previdenza) sociale; **~gerichtsgesetz** *n (D)* (*Abk* = **SGG**) *SozialR* legge *f* (tedesca) sulla giurisdizione (in materia di previdenza) sociale; **~gesetz** *n SozialR* legge *f* sociale, legge *f* previdenziale; **~gesetzbuch** *n (D)* (*Abk* = **SGB**) *SozialR* codice *m* sociale (tedesco), codice *m* previdenziale (tedesco), codice *m* (tedesco) della (o: di) previdenza sociale, codice *m* (tedesco) della (o: di) legislazione sociale, codice *m* (tedesco) della (o: di) sicurezza sociale; **~gesetzgebung** *f SozialR* legislazione *f* sociale, legislazione *f* previdenziale; **~haushalt** *m* bilancio *m* sociale.

Sozialhilfe *f SozialR* assistenza *f* sociale, *(Sozialwesen)* pubblica assistenza *f*, welfare *m*, *(Sozialzulage)* sussidio *m* sociale, assegno *m* assistenziale a favore di persone particolarmente disagiate; **~ beziehen** *SozialR* ricevere l'assegno dell'assistenza sociale, beneficiare dell'assistenza sociale, percepire un sussidio sociale; **von ~ leben** *SozialR* vivere della pubblica assistenza.

Sozialhilfeträger *m SozialR* ente *m* di assistenza sociale.

Sozialisations | prozess *m* processo *m* di socializzazione; **~schwierigkeiten** *fpl* difficoltà *fpl* di socializzazione.

Sozial | kredit *m* credito *m* sociale; **~lasten** *pl* oneri *mpl* sociali; **~leistungen** *fpl* prestazioni *fpl* sociali, erogazioni *fpl* sociali; **~miete** *f* canone *m* sociale; **~ordnung** *f* ordinamento *m* sociale; **~pakt** *m* patto *m* sociale; **~partner** *mpl (Gewerkschaften und Arbeitgeberverbände)* parti *fpl* sociali; **~pension** *f (A)* pensione *f* sociale; **~pflichtigkeit** *f (des Eigentums)* funzione *f* sociale (*della proprietà*); **~plan** *m* piano *m* sociale; **Wirtschafts- und ~rat** *m* (*Abk* = **ECOSOC**) *(der Vereinten Nationen)* Consiglio *m* economico e sociale (*delle Nazioni Unite*); **~recht** *n* diritto *m* della previdenza sociale (e della sicurezza sociale), legislazione *f* sociale, diritto *m* sociale; **~reform** *f* riforma *f* sociale, riforma *f* previdenziale; **~rente** *f* pensione *f* sociale; **~rentner/in** *m/f* pensionato *m* sociale; **~richter/in** *m/f* giudice *m* sociale.

sozialschädlich *adj* socialmente dannoso.

Sozial | schädlichkeit *f* dannosità *f* sociale; **~staat** *m* Stato *m* sociale; **~standard** *m* standard *m* sociale; **~system** *n* sistema *m* sociale; **~versicherer** *m SozialR* ente *m* previdenziale, ente *m* di previdenza sociale; **~versicherung** *f SozialR (= Krankenversicherung, Pflegeversicherung, Unfallversicherung, Rentenversicherung, Arbeitslosenversicherung)* previdenza *f* sociale, assicurazione *f* sociale.

Sozialversicherungs | abgaben *fpl*

SozialR contributi *mpl* previdenziali e assistenziali (obbligatori per legge), contributi *mpl* sociali; **~ansprüche** *mpl SozialR* diritti *mpl* previdenziali; **~anstalt** *f SozialR* istituto *m* di previdenza sociale.

Sozialversicherungsbeiträge *mpl SozialR* contributi *mpl* previdenziali e assistenziali (obbligatori per legge), contributi *mpl* sociali; **~ abführen** *SozialR* pagare i contributi previdenziali e assistenziali, versare i contributi previdenziali e assistenziali, pagare i contributi sociali, versare i contributi sociali.

Sozialversicherungs | leistung *f SozialR* prestazione *f* previdenziale; **~pension** *f (A) SozialR* pensione *f* dell'assicurazione sociale; **~pflicht** *f SozialR* obbligo *m* di versamento dei contributi previdenziali e assistenziali, previdenza *f* (sociale) obbligatoria, obbligo *m* di iscrizione alla previdenza (sociale).

sozialversicherungspflichtig *adj SozialR* tenuto al versamento dei contributi previdenziali e assistenziali, soggetto a contribuzione previdenziale, soggetto all'obbligo previdenziale.

Sozialversicherungs | recht *n SozialR* diritto *m* previdenziale, diritto *m* della previdenza sociale; **~rente** *f SozialR* pensione *f* dell'assicurazione sociale; **~schutz** *m SozialR* tutela *f* previdenziale; **~system** *n SozialR* sistema *m* previdenziale, sistema *m* di previdenza sociale; **~träger** *m SozialR* ente *m* previdenziale, ente *m* di previdenza sociale.

Sozial | wesen *n* pubblica assistenza *f*, sociale *m*, welfare *m*; **~wohnung** *f* casa *f* popolare; **~wucher** *m* usura *f* pecuniaria; **~zulage** *f* sussidio *m* sociale, maggiorazione *f* sociale.

Sozietät *f (Bürogemeinschaft)* studio *m* associato.

Sozius *m* socio *m*.

Spar | aktie *f* azione *f* di risparmio; **~anlage** *f* investimento *m*; **~anreiz** *m* incentivo *m* al risparmio; **~bank** *f* banca *f* di risparmio, cassa *f* di risparmio; **~brief** *m* buono *m* di risparmio; **~buch** *n* libretto *m* di risparmio; **~eckzins** *m* tasso *m* di interesse base (*sui depositi a risparmio*); **~einlage** *f* deposito *m* a risparmio; **~einlagebuch** *n (A)* libretto *m* di risparmio; **~einleger/in** *m/f* risparmiatore *m*, titolare *m* di deposito a risparmio.

sparen *v* risparmiare.

Sparen *n* risparmio *m*.

Sparer *m* risparmiatore *m*; **~freibetrag** *m* quota *f* esente dei risparmiatori; **~schutz** *m* difesa *f* del risparmio, tutela *f* del risparmio.

Spar | förderung *f* promozione *f* del risparmio; **~freudigkeit** *f* propensione *f* al risparmio; **~geld** *n* denaro *m* risparmiato, risparmio *m*; **~guthaben** *n* deposito *m* a risparmio; **~heft** *n (CH)* libretto *m* di risparmio; **~kapital** *n* capitale *m* risparmiato, capitale *m* di risparmio; **~kasse** *f* cassa *f* di risparmio; **~kassenbuch** *n* libretto *m* della cassa di risparmio, libretto *m* di risparmio; **~kassenverband** *m* associazione *f* fra le casse di risparmio; **~konto** *n* conto *m* di risparmio; **~kraft** *f* capacità *f* di risparmio; **~leistung** *f* risparmio *m*; **~maßnahmen** *fpl* misure *fpl* di austerity, misure *fpl* di austerità, tagli *mpl*; **~neigung** *f* propensione *f* al risparmio; **~politik** *f* politica *f* del risparmio; **~prämie** *f* premio *m* di risparmio, premio *m* d'economia; **~programm** *n* programma *m* di austerità, programma *m* di austerity; **~rate** *f* tasso *m* di risparmio; **~rücklage** *f* riserva *f* di risparmio.

sparsam *adj* economo, risparmiatore, parsimonioso.

Sparsamkeit *f* economia *f*, parsimonia *f*; **~ *f* des Haushaltsplanes** economicità *f* del bilancio.

Spartengewerkschaft *f* sindacato *m* di categoria, organizzazione *f* sindacale di categoria, associazione *f* sindacale di categoria.

Spar | verein *m* cassa *f* di risparmio, società *f* di risparmio, associazione *f* di risparmio; **~vermögen** *n* capacità *f* di risparmio; **~versicherung** *f* assicurazione *f* di risparmio; **~vertrag** *m* contratto *m* di risparmio;

~zins *m* tasso *m* di interesse sui depositi a risparmio; **~zulage** *f* contributo *m* al risparmio; **~zwang** *m* risparmio *m* forzato.
Spät | folge *f* conseguenza *f* tardiva; **~lieferung** *f* consegna *f* ritardata; **~schaden** *m* danno *m* accertato tardivamente.
Spediteur *m* spedizioniere *m*, corriere *m*; **~übernahmebescheinigung** *f*; **~übernahmeschein** *m* certificato *m* di spedizione, ricevuta *f* di presa in consegna dello spedizioniere.
Spedition *f* spedizione *f*.
Speditions | agentur *f* agenzia *f* di spedizioni, agenzia *f* di trasporti; **~büro** *n* ufficio *m* (di) spedizioni; **~firma** *f* ditta *f* di spedizioni, corriere *m*; **~gebühren** *fpl* diritti *mpl* di spedizione; **~geschäft** *n* operazione *f* di spedizione; **~gewerbe** *n*; **~handel** *m* commercio *m* di spedizione; **~haus** *n* casa *f* di spedizioni, corriere *m*; **~kosten** *pl* spese *fpl* di spedizione; **~provision** *f* provvigione *f* di spedizione; **~vertrag** *m* contratto *m* di spedizione.
Spekulant/in *m/f* speculatore *m*, affarista *m*, *(Börse auch)* giocatore *m*.
Spekulation *f* speculazione *f*; **berufsmäßige ~** *f* speculazione *f* professionale; **verfehlte ~** *f* speculazione *f* mancata, speculazione *f* sfortunata; **zweifelhafte ~** *f* speculazione *f* equivoca.
Spekulations | anlage *f* investimento *m* speculativo; **~bewegung** *f* movimento *m* speculativo; **~drang** *m* spinta *f* speculativa; **~druck** *m* pressione *f* speculativa; **~geschäft** *n* operazione *f* speculativa, affare *m* speculativo; **~gewinn** *m* plusvalenza *f* speculativa, utile *m* di speculazione; **~händler** *m* speculatore *m*; **~kapital** *n* capitale *m* speculativo; **~kauf** *m* acquisto *m* speculativo; **~papier** *n* titolo *m* speculativo, titolo *m* di speculazione; **~steuer** *f* tassa *f* sui profitti di speculazione; **~verkauf** *m* vendita *f* di speculazione; **~verlust** *m* perdita *f* di speculazione; **~wert** *m* valore *m* speculativo, valore *m* di speculazione.
spekulativ *adj* speculativo.
Spekulativ | handel *m* speculazione *f*; **~händler/in** *m/f* speculatore *m*.
spekulieren *v* speculare, *(Börse auch)* giocare.
Spende *f* dono *m*, offerta *f*, elargizione *f*, oblazione *f*, donazione *f*.
spenden *v* donare, offrire, dare, elargire.
Spender/in *m/f* donatore *m*, elargitore *m*, benefattore *m*.
Sperr | betrag *m* importo *m* bloccato; **~bezirk** *m* zona *f* vietata; **~depot** *n* deposito *m* bloccato.
Sperre *f* [1] *(Absperrung)* blocco *m*, sbarramento *m*, fermo *m*, *(Schranke)* barriera *f*, *(Tech)* arresto *m*, *(Tech)* bloccaggio *m*, *(Telefon)* disabilitazione *f*, *(vorübergehende Aufhebung)* sospensione *f*; **die ~ aufheben** sbloccare.
Sperre *f* [2] *(Verbot)* divieto *m*, interdizione *f*, *(Embargo)* embargo *m*, *(Nachrichtensperre)* censura *f*.
sperren *v* [1] *(absperren)* bloccare, mettere il fermo, sbarrare, *(Strom, Gas, Wasser)* tagliare, chiudere, sospendere l'erogazione di, *(Telefon)* staccare, disabilitare.
sperren *v* [2] *(Ausfuhr, Einfuhr, Handel)* bloccare, vietare, proibire, interdire.
sperren *v* [3] *(ins Gefängnis)* rinchiudere, chiudere.
Sperr | frist *f* periodo *m* di attesa, periodo *m* di sospensione; **~gebiet** *n* zona *f* bloccata, zona *f* interdetta, zona *f* vietata, area *f* vietata.
Sperrgeld *n* [1] denaro *m* bloccato.
Sperrgeld *n* [2] *(A)* mancia *f* dovuta al portiere per l'apertura del portone dopo un certo orario.
Sperr | gut *n* merce *f* ingombrante, collo *m* ingombrante; **~guthaben** *n* avere *m* bloccato, deposito *m* (bancario) bloccato, deposito *m* vincolato; **~jahr** *n* anno *m* di attesa; **~klausel** *f (bei Wahlen)* clausola *f* di sbarramento, clausola *f* di esclusione, sbarramento *m* elettorale; **~konto** *n* conto *m* bloccato, conto *m* vincolato, conto *m* indisponibile; **~minderheit** *f*; **~minorität** *f* minoranza *f* di blocco; **~stück** *n*

(Wertpapier) titolo *m* bloccato, titolo *m* vincolato; **~stunde** *f* ora *f* di chiusura (dei pubblici esercizi).
Sperrung *f* blocco *m*.
Sperr | vermerk *m* clausola *f* «da qui la girata non vale che sulla copia»; **~wirkung** *f* effetto *m* sospensivo, effetto *m* preclusivo, effetto *m* proibitivo, effetto-barriera *m*, effetto *m* di sbarramento.
Sperrzeit *f*[1] ora *f* di chiusura, ora *f* del coprifuoco.
Sperrzeit *f*[2] *(Arbeitslosengeld)* mancato pagamento *m* dell'indennità di disoccupazione per alcune settimane.
Sperrzoll *m* dazio *m* proibitivo.
Spesen *pl* spese *fpl*; **~aufstellung** *f* distinta *f* delle spese.
spesenfrei *adj* franco di spese, senza spese.
Spesen | konto *n* conto *m* delle spese; **~nota** *f*; **~note** *f* nota *f* (delle) spese; **~rechnung** *f* conto *m* delle spese; **~vergütung** *f* rimborso *m* (delle) spese; **~vorschuss** *m* anticipo *m* sulle spese, anticipazione *f* delle spese, fondo *m* spese.
Spezial | arbeiter/in *m/f* operaio *m* specializzato; **~bank** *f* istituto *m* di credito speciale; **~bestimmung** *f* disposizione *f* speciale; **~einheit** *f* unità *f* speciale; **~einsatzkommando** *n* nucleo *m* speciale; **~ermächtigung** *f* autorizzazione *f* particolare; **~fonds** *m* fondo *m* speciale; **~gericht** *n* tribunale *m* speciale; **~gesetz** *n* legge *f* speciale.
Spezialitäts | grundsatz *m*; **~prinzip** *n* principio *m* di specificazione.
Spezial | kammer *f ProzR* sezione *f* specializzata; **~prävention** *f* prevenzione *f* speciale; **~reserve** *f* riserva *f* speciale; **~risiko** *n* rischio *m* speciale; **~rücklage** *f* riserva *f* speciale; **~strafkammer** *f StrafProzR* sezione *f* penale specializzata; **~vollmacht** *f* procura *f* speciale, mandato *m* speciale.
Spezies | kauf *m* vendita *f* di cosa specifica; **~sache** *f* cosa *f* specifica; **~schuld** *f* obbligazione *f* specifica.
Spezifikation *f* specificazione *f*.
Spezifikationskauf *m* vendita *f* con individuazione (*da parte del compratore*).
spezifizieren *v* specificare, individuare.
Spiel | einwand *m* eccezione *f* di gioco; **~forderung** *f* credito *m* di gioco; **~gewinn** *m* vincita *f* al gioco; **~kartensteuer** *f* imposta *f* sulle carte da gioco.
Spielraum *m* spazio *m*, libertà *f* d'azione, margine *m*, tolleranza *f*.
Spiel | schuld *f* debito *m* di gioco; **~vertrag** *m* contratto *m* di gioco.
Spitalkostenversicherung *f (A, CH)* assicurazione *f* delle spese ospedaliere.
Spitzel *m* confidente *m* della polizia.
Spitzen | aktie *f* azione *f* pilota; **~bedarf** *m* fabbisogno *m* di punta; **~erzeugnis** *n* prodotto *m* di gran qualità; **~lohn** *m* retribuzione *f* massima, salario *m* massimo; **~organ** *n* organo *m* di vertice; **~organisation** *f* organizzazione *f* di punta, organizzazione *f* al vertice, organizzazione *f* centrale, centrale *f*; **~papier** *n* titolo *m* pilota, titolo *m* guida; **~preis** *m* prezzo *m* massimo; **~qualität** *f* primissima qualità *f*, qualità *f* superiore; **~risiko** *n* punta *f* di rischio; **~satz** *m* tasso *m* massimo, *(Steuer)* aliquota *f* massima; **~steuersatz** *m* aliquota *f* di imposta massima; **~verband** *m* associazione *f* centrale, organizzazione *f* centrale, organizzazione *f* al vertice, confederazione *f*; **~verbrauch** *m* consumo *m* massimo; **~verdiener** *m* persona *f* con reddito molto elevato; **~verkehr** *m* traffico *m* di punta; **~wert** *m* valore *m* massimo, valore *m* di punta.
Splitter | gruppe *f* gruppuscolo *m*; **~partei** *f* piccolo partito *m*.
Splitting *n* frazionamento *m*, splitting *m*.
Sponsoringvertrag *m* contratto *m* di sponsorizzazione.
Sportel *f* sportula *f*.
Sport | gerichtsbarkeit *f* giustizia *f* sportiva; **~recht** *n* diritto *m* sportivo; **~veranstaltung** *f* manifestazione *f* sportiva.
Spot | geschäft *n* operazione *f* a pronti; **~kurs** *m* corso *m* a pronti; **~markt** *m* mercato *m* a pronti; **~preis** *m* prezzo *m* a pronti.
Spottpreis *m* prezzo *m* irrisorio.

Sprach | minderheit *f* minoranza *f* linguistica; **~zugehörigkeit** *f* appartenenza *f* linguistica; **~zulage** *f* maggiorazione *f* per lingua estera.

Sprengel *m* circondario *m*.

Sprengstoff | anschlag *m* attentato *m* dinamitardo; **~delikt** *n* reato *m* dinamitardo; **~erlaubnisschein** *m* permesso *m* di detenzione di esplosivi; **Herbeiführen** *n* **einer ~explosion** cagionamento *m* di esplosione dinamitarda; **~verbrechen** *n* attentato *m* dinamitardo.

Spruch *m ProzR (Urteilsspruch)* verdetto *m*, giudizio *m*, pronuncia *f*, *(Urteil)* sentenza *f*, *(Urteilstenor)* dispositivo *m* (*della sentenza*), *(Schiedsspruch)* lodo *m*; **~gebühr** *f (CH) ProzR* tassa *f* di sentenza *(CH)*; **~kammer** *f ProzR* sezione *f* giudicante; **~körper** *m ProzR* collegio *m* giudicante, corpo *m* giudicante, sezione *f* giudicante; **~praxis** *f ProzR* giurisprudenza *f*; **~richter/in** *m/f ProzR* magistrato *m* giudicante; **~richterprivileg** *n ProzR (Haftungsbeschränkung auf Rechtsbeugung)* limitazione *f* della responsabilità civile dei giudici; **~sammlung** *f (A) ProzR* raccolta *f* di giurisprudenza, repertorio *m* di giurisprudenza; **~stelle** *f ProzR* organo *m* arbitrale; **~termin** *m ProzR* udienza *f* in cui viene pronunciata la sentenza.

Sprung | beschwerde *f (CH) ProzR* ricorso *m* per (o: in) cassazione per saltum, ricorso *m* immediato per (o: in) cassazione; **~regress** *m* regresso *m* contro uno qualsiasi dei giranti senza tener conto dell'ordine delle girate; **~revision** *f ProzR (gegen ein erstinstanzliches Urteil)* ricorso *m* per (o: in) cassazione per saltum, ricorso *m* immediato per (o: in) cassazione; **~rückgriff** *m* regresso *m* contro uno qualsiasi dei giranti senza tener conto dell'ordine delle girate.

StA [1] (*Abk* = **Staatsanwalt / Staatsanwältin**) *StrafProzR* pubblico ministero *m (P.M.)*, procuratore *m* della Repubblica, pubblica accusa *f*, magistrato *m* (*requirente*), procuratore *m* pubblico *(CH)*.

StA [2] (*Abk* = **Staatsanwaltschaft**) *StrafProzR* pubblico ministero *m (P.M.)*, procura *f* della Repubblica, pubblica accusa *f*, magistratura *f* (*requirente*)

Staat *m* Stato *m*, nazione *f*, paese *m*; **absoluter ~** *m* Stato *m* assoluto; **assoziierter ~** *m* Stato *m* associato; **beigetretener ~** *m* Stato *m* aderente; **beschickter ~** *m* Stato *m* territoriale (ospitante un agente diplomatico); **demokratischer ~** *m* Stato *m* democratico; **dezentralisierter ~** *m* Stato *m* decentrato; **ersuchender ~** *m* Stato *m* richiedente, paese *m* richiedente, governo *m* richiedente; **ersuchter ~** *m* Stato *m* richiesto, paese *m* richiesto, governo *m* richiesto; **laizistischer ~** *m* Stato *m* laico; **meistbegünstigter ~** *m* Stato *m* più favorito; **neutraler ~** *m* Stato *m* neutrale; **souveräner ~** *m* Stato *m* sovrano; **sozialer ~** *m* Stato *m* sociale; **unabhängiger ~** *m* Stato *m* indipendente; **vertragschließender ~** *m* Stato *m* contraente.

Staaten | bund *m* confederazione *f* (*di Stati*); **internationale ~gemeinschaft** *f* comunità *f* internazionale, società *f* degli Stati, società *f* internazionale.

staatenlos *adj* apolide.

Staatenlose/r *f/m* apolide *m/f*.

Staatenlosigkeit *f* apolidia *f*, apatridia *f*.

Staaten | nachfolge *f* successione *f* degli Stati; **~praxis** *f* pratica *f* internazionale, prassi *f* internazionale; **~streitigkeit** *f* controversia *f* internazionale; **~sukzession** *f* successione *f* degli Stati; **~verbindung** *f* unione *f* di Stati, associazione *f* fra Stati.

staatlich *adj* statale, di/dello Stato, nazionale, pubblico, erariale.

Staatlichkeit *f* statalità *f*.

Staats- statale, di/dello Stato, nazionale, pubblico, erariale.

Staats | abgabe *f* tributo *m* erariale; **~abkommen** *n* accordo *m* governativo; **~akt** *m* atto *m* statale; **~amt** *n* ufficio *m* statale, carica *f* pubblica.

Staatsangehörige/r *f/m* cittadino/-a *m/f*; **~** *f/m* **eines Mitgliedstaates der Europäischen Union** *EuR* cittadino/-a *m/f* appartenente ad uno Stato membro dell'Unione europea.

Staatsangehörigkeit *f* cittadinanza *f*, nazionalità *f*; **Entlassung** *f* **aus der ~** *(Ausbürgerung)* privazione *f* della cittadinanza; **die ~ aberkennen** togliere la cittadinanza, privare della cittadinanza; **die deutsche ~ besitzen** essere in possesso della cittadinanza tedesca; **die ~ erwerben** acquistare la cittadinanza, acquisire la cittadinanza, acquisire la nazionalità; **für eine ~ optieren** optare per una cittadinanza; **die ~ verleihen** conferire la cittadinanza; **die ~ verlieren** perdere la cittadinanza; **auf die ~ verzichten** rinunciare alla cittadinanza; **die ~ wiedererlangen** riacquistare la cittadinanza; **ausländische ~** *f* nazionalità *f* straniera; **derivative ~** *f* cittadinanza *f* a titolo derivativo; **doppelte ~** *f* doppia cittadinanza *f*, doppia nazionalità *f*; **mehrfache ~** *f* cittadinanza *f* plurima; **originäre ~** *f* cittadinanza *f* a titolo originario; **durch Eheschließung erworbene ~** *f* cittadinanza *f* per matrimonio; **durch Geburt erworbene ~** *f* cittadinanza *f* per nascita; **durch Option erworbene ~** *f* cittadinanza *f* per opzione; **~** *f* **kraft Gesetzes** cittadinanza *f* per beneficio di legge.

Staatsangehörigkeits | ausweis *m*; **~bescheinigung** *f* certificato *m* di cittadinanza; **~erwerb** *m* acquisto *m* della cittadinanza; **~gesetz** *n (D)* (*Abk* = **StAG**) legge *f* (tedesca) sulla cittadinanza; **~option** *f* opzione *f* di cittadinanza; **~recht** *n* diritto *m* della cittadinanza; **~urkunde** *f* atto *m* di cittadinanza, certificato *m* di cittadinanza; **~verlust** *m* perdita *f* della cittadinanza; **~vertrag** *m* trattato *m* sulla cittadinanza; **~verzicht** *m* rinuncia *f* alla cittadinanza; **~zeugnis** *n* certificato *m* di cittadinanza.

Staats | angelegenheit *f* affare *m* di Stato; **~angestellte/r** *f/m* impiegato *m* statale, impiegato *m* pubblico; **~anleihe** *f* prestito *m* dello Stato; **~anleihen** *pl* titoli *mpl* di Stato, titoli *mpl* del debito pubblico, titoli *mpl* pubblici, fondi *mpl* di Stato, fondi *mpl* pubblici.

Staatsanwalt *m* [f: Staatsanwältin] (*Abk* = **StA**) *StrafProzR* pubblico ministero *m (P.M.)*, procuratore *m* della Repubblica, pubblica accusa *f*, magistrato *m* (*requirente*), procuratore *m* pubblico *(CH)*; **Erster ~** *m (CH) StrafProzR* procuratore *m* generale; **leitender ~** *m StrafProzR* procuratore *m* capo della Repubblica.

Staatsanwaltschaft *f* (*Abk* = **StA**) *StrafProzR* pubblico ministero *m (P.M.)*, procura *f* della Repubblica, pubblica accusa *f*, magistratura *f* (*requirente*).

> **Staatsanwaltschaft**
> Il pubblico ministero in Germania ha un ruolo molto più limitato del pubblico ministero nel processo civile italiano ed è completamente assente dal rito della volontaria giurisdizione.

Staats | anwaltsrat *m StrafProzR (Personalvertretung der Staatsanwälte)* consiglio *m* dei procuratori della Repubblica; **~anzeiger** *m* gazzetta *f* ufficiale; **~apparat** *m* apparato *m* statale; **~archiv** *n* archivio *m* di Stato; **~aufsicht** *f* sorveglianza *f* statale; **~ausgaben** *pl* spesa *f* pubblica, spese *fpl* dello Stato; **~bank** *f* banca *f* di Stato; **~bankrott** *m* bancarotta *f* statale; **~beamter/-beamtin** *m/f* funzionario *m* statale, statale *m/f*; **~bedienstete/r** *f/m* dipendente *m/f* dello Stato, statale *m/f*; **~behörde** *f* autorità *f* statale; **~beihilfe** *f* sovvenzioni *fpl* statali; **~besitz** *m* demanio *m*, proprietà *f* dello Stato; **~beteiligung** *f* partecipazione *f* statale; **~betrieb** *m* azienda *f* di Stato, azienda *f* statale; **~buchhaltung** *f* contabilità *f* di Stato; **~budget** *n* bilancio *m* dello Stato; **~bürger/in** *m/f* cittadino/-a *m/f*.

staatsbürgerlich *adj* del cittadino, civico.

Staatsbürgerrecht *n* diritto *m* del cittadino.

Staatsbürgerschaft *f* cittadinanza *f*, nazionalità *f*; **die ~ aberkennen** togliere la cittadinanza, privare della cittadinanza; **angeborene ~** *f (A)* cittadinanza *f* per nascita; **doppelte ~** *f* doppia cittadinanza *f*, doppia nazionalità *f*.

Staatsbürgerschafts | evidenz *f (A)* anagrafe *f* dei cittadini; **~nachweis** *m (A)* certificato *m* di cittadinanza; **~recht** *n (A)* diritto *m* della cittadinanza.

Staatsbürgschaft *f* garanzia *f* statale.

Staatschef/in *m/f* capo *m* di (o: dello) Stato; **auf der Ebene der Staats- und Regierungschefs** *EuR* a livello dei capi di Stato e di Governo.

Staats | defizit *n* deficit *m* statale, deficit *m* dello Stato, disavanzo *m* pubblico; **~dienst** *m* servizio *m* statale, servizio *m* di Stato, carriera *f* statale; **~eigentum** *n* proprietà *f* dello Stato, proprietà *f* del demanio; **~eingriff** *m* intervento *m* dello Stato; **~einnahmen** *fpl* entrate *fpl* pubbliche, entrate *fpl* statali, entrate *fpl* erariali; **~einrichtung** *f* istituzione *f* statale; **~examen** *n* esame *m* di Stato (*a conclusione degli studi universitari, che deve essere sostenuto dagli aspiranti giuristi, medici ed insegnanti al fine di poter esercitare le rispettive professioni*).

staatsfeindlich *adj* antistatale, antinazionale.

Staats | finanzen *pl* finanze *fpl* dello Stato; **~form** *f* forma *f* statale; **~führung** *f* governo *m*; **~funktionen** *pl* funzioni *fpl* dello Stato; **~garantie** *f* garanzia *f* statale; **~gebiet** *n* territorio *m* dello Stato; **~gefährdung** *f* attentato *m* contro la integrità dello Stato; **~geheimnis** *n* segreto *m* di Stato; **~gelder** *pl* fondi *mpl* pubblici; **~genehmigung** *f* autorizzazione *f* governativa; **~gerichtshof** *m* corte *f* costituzionale; **~geschäft** *n* affare *m* di Stato; **~gesetz** *n* legge *f* dello Stato; **~gesetzblatt** *n* gazzetta *f* ufficiale; **~gewalt** *f* potere *m* statale, autorità *f* dello Stato, sovranità *f*; **~gewalten** *fpl* poteri *mpl* dello Stato; **~grundgesetz** *n* legge *f* fondamentale dello Stato; **~gut** *n* demanio *m*, bene *m* demaniale, bene *m* di demanio pubblico, bene *m* pubblico, bene *m* dello Stato; **~haftung** *f* responsabilità *f* dello Stato; **~handel** *m* commercio *m* di Stato; **~handelsland** *n* paese *m* a commercio di Stato; **~handlung** *f* atto *m* statale; **~hauptkasse** *f* tesoreria *f* centrale dello Stato; **~haushalt** *m*; **~haushaltsplan** *m* bilancio *m* dello Stato, bilancio *m* pubblico; **~hilfe** *f* aiuto *m* statale, sovvenzioni *fpl* statali; **~hoheit** *f* sovranità *f* (dello Stato); **~hoheitsakt** *m* atto *m* di sovranità; **~interesse** *n* interesse *m* dello Stato; **~intervention** *f* intervento *m* dello Stato; **~kanzlei** *f* cancelleria *f*; **~kasse** *f* erario *m*, fisco *m*, tesoreria *f* dello Stato, casse *fpl* dello Stato; **~kirche** *f* chiesa *f* di Stato, religione *f* di Stato; **~kirchenrecht** *n* diritto *m* ecclesiastico; **~kommissar/in** *m/f*; **~kommissär/in** *m/f (A)* commissario *m* governativo; **~kontinuität** *f* continuità *f* dello Stato; **~kontrolle** *f* controllo *m* dello Stato.

Staatskosten *pl* spesa *f* pubblica, spese *fpl* dello Stato; **auf ~** a spese dello Stato.

Staats | kredit *m* credito *m* dello Stato; **~lasten** *pl* oneri *mpl* dello Stato; **~lehre** *f* teoria *f* dello Stato, dottrina *f* dello Stato; **~minister/in** *m/f* ministro *m* di Stato; **~ministerium** *n* ministero *m* di Stato, dicastero *m*; **~monopol** *n* monopolio *m* statale, monopolio *m* di Stato; **~notstand** *m* stato *m* d'urgenza; **~oberhaupt** *n* capo *m* di (o: dello) Stato; **~ordnung** *f* ordinamento *m* statale; **~papiere** *pl* titoli *mpl* di Stato, titoli *mpl* del debito pubblico, titoli *mpl* pubblici, fondi *mpl* di Stato, fondi *mpl* pubblici; **~pension** *f* pensione *f* statale; **~polizei** *f* polizia *f* di Stato; **~präsident/in** *m/f* presidente *m* dello Stato; **~prüfung** *f* esame *m* di Stato; **~raison** *f* ragione *f* di Stato; **~rat** *m* Consiglio *m* di Stato; **~rat/-rätin** *m/f* consigliere *m* di Stato; **~rechnungswesen** *n* contabilità *f* di Stato; **~recht** *n* diritto *m* pubblico, diritto *m* pubblico interno, diritto *m* statuale; **~rechtler/in** *m/f* pubblicista *m/f*, studioso/-a *m/f* di diritto pubblico, esperto/-a *m/f* di diritto pubblico.

staatsrechtlich *adj* pubblicistico, di diritto pubblico.

Staats | rechtslehre *f* pubblicistica *f*; **~reform** *f* riforma *f* istituzionale; **~regierung** *f* governo *m* dello Stato; **~religion** *f* religione *f* di Stato; **~rente** *f* pensione *f* statale, rendita *f* pubblica; **~schatz** *m* tesoro *m* (pubblico).

Staatsschuld *f* debito *m* pubblico, debito *m* sovrano, debito *m* dello Stato; **fundierte ~** *f*; **konsolidierte ~** *f* debito *m* pubblico consolidato, debito *m* pubblico irredimibile; **schwebende ~** *f* debito *m* pubblico fluttuante, debito *m* pubblico oscillante.

Staats | schuldbuch *n* grande libro *m* del debito pubblico; **~schuldenkrise** *f* crisi *f* del debito sovrano, crisi *f* dei debiti sovrani, crisi *f* del debito pubblico, crisi *f* dei debiti pubblici; **~schuldverschreibungen** *fpl* titoli *mpl* di Stato, titoli *mpl* del debito pubblico, titoli *mpl* pubblici, fondi *mpl* di Stato, fondi *mpl* pubblici; **~schutzdelikt** *n* delitto *m* contro la personalità dello Stato; **~schutzkammer** *f* *(Landgericht)* sezione *f* del tribunale competente in materia dei delitti contro la personalità dello Stato.

Staatssekretär *m* sottosegretario *m* di Stato; **Parlamentarischer ~** *m* sottosegretario *m* di Stato per i rapporti con il parlamento.

Staatssekretariat *n* **für Bildung und Forschung** *(CH)* (*Abk* = **SBF**) Segreteria *f* di Stato (svizzera) per l'educazione e la ricerca *(SER)*; **~** *n* **für internationale Finanzfragen** *(CH)* (*Abk* = **SIF**) Segreteria *f* di Stato (svizzera) per le questioni finanziarie internazionali *(SFI)*; **~** *n* **für Wirtschaft** *(CH)* (*Abk* = **SECO**) Segreteria *f* di Stato (svizzera) dell'economia.

Staats | servitut *f* servitù *f* internazionale; **~sicherheit** *f* sicurezza *f* dello Stato; **~siegel** *n* sigillo *m* dello Stato; **~sprache** *f* lingua *f* ufficiale; **~streich** *m* colpo *m* di Stato; **~theorie** *f* teoria *f* dello Stato, dottrina *f* dello Stato; **~unternehmen** *n* impresa *f* statale, impresa *f* pubblica; **~verbrechen** *n* delitto *m* contro la personalità dello Stato; **~verfassung** *f* costituzione *f* dello Stato; **~verleumdung** *f* vilipendio *m* della Repubblica, vilipendio *m* alla nazione; **~vermögen** *n* patrimonio *m* dello Stato, pubblico patrimonio *m*, patrimonio *m* demaniale; **~verschuldung** *f* indebitamento *m* statale, indebitamento *m* dello Stato, indebitamento *m* pubblico, debito *m* pubblico.

Staatsvertrag *m* *VölkerR* trattato *m* (internazionale); **einen ~ aufkündigen**; **einen ~ kündigen** *VölkerR* denunciare un trattato.

Staats | verwaltung *f* amministrazione *f* dello Stato; **~volk** *n* popolazione *f* dello Stato; **~wappen** *n* emblema *m* dello Stato; **~wille** *m* volontà *f* statale; **~wirtschaft** *f* economia *f* dello Stato, economia *f* pubblica; **~wirtschaftslehre** *f* economia *f* politica; **~wissenschaft** *f* scienza *f* politica, scienza *f* dello Stato, *(Univ)* scienze *fpl* politiche; **~zugehörigkeit** *f* *(CH)* cittadinanza *f*; **~zuschuss** *m* sovvenzione *f* statale, sussidio *m* statale, contributo *m* statale, contributo *m* erariale.

stabil *adj* stabile.

stabilisieren *v* stabilizzare.

Stabilisierung *f* stabilizzazione *f*; **wirtschaftliche ~** *f* stabilizzazione *f* economica; **~** *f* **der Ausfuhrerlöse** *EuR* stabilizzazione *f* dei proventi

delle esportazioni; ~ *f* **der Währung** stabilizzazione *f* monetaria.
Stabilisierungs | anleihe *f* prestito *m* di stabilizzazione; **~fonds** *m* fondo *m* di stabilizzazione.
Stabilität *f* stabilità *f*; **politische** ~ *f* stabilità *f* politica; **wirtschaftliche** ~ *f* stabilità *f* economica; ~ *f* **des Geldes** stabilità *f* monetaria; ~ *f* **der Preise** stabilità *f* dei prezzi; ~ *f* **der Regierung** stabilità *f* del governo.
Stabilitäts | gesetz *n* legge *f* in favore della stabilità e dello sviluppo dell'economia; **~ - und Wachstumspakt** *m* (*Abk* = **SWP**) *EuR* patto *m* di stabilità e crescita *(PSC)*.
Stadium *n* **des Verfahrens** *ProzR* fase *f* del procedimento, stato *m* del procedimento, fase *f* del giudizio, stato *m* del giudizio, fase *f* del processo, stato *m* del processo.
Stadt *f* città *f*; **freie** ~ *f* città *f* libera, città *f* franca; **kreisfreie** ~ *f* città-circondario *f*; **offene** ~ *f* città *f* aperta; **selb(st)ständige** ~ *f* città *f* autonoma.
Stadt | abgabe *f* tributo *m* comunale, imposta *f* comunale; **~anleihe** *f* prestito *m* comunale; **~ausschuss** *m* commissione *f* comunale; **~bezirk** *m* quartiere *m*, distretto *m* comunale, circoscrizione *f* di quartiere; **~bezirksgericht** *n* pretura *f*; **~bürgerschaft** *f* *(D) (Bremen-Stadt)* consiglio *m* comunale; **~direktor/in** *m/f* segretario *m* municipale.
Städtebau *m* urbanistica *f*; **~recht** *n* diritto *m* urbanistico.
Stadt | erhebung *f (A)* elevazione *f* di un comune a città; **~gebiet** *n* territorio *m* comunale; **~gemeinde** *f* comune *m* urbano, città *f*.
städtisch *adj* urbano, cittadino, comunale, municipale, civico.
Stadt | kämmerer *m* assessore *m* al bilancio; **~kanzlei** *f* segreteria *f* comunale; **~kasse** *f* cassa *f* civica, tesoreria *f* comunale; **~kreis** *m* circondario *m* municipale; **~präsident/in** *m/f (CH)* sindaco *m*, *(Schleswig-Holstein)* (sindaco *m* solo come) presidente *m* del consiglio comunale *(D)*.
Stadtrat *m* [1] consiglio *m* comunale, consiglio *m* municipale.
Stadtrat *m* [2] *(A)* giunta *f* comunale.
Stadtrat/-rätin *m/f* [1] = *Stadtratsmitglied* consigliere *m* comunale, consigliere *m* municipale.
Stadtrat/-rätin *m/f* [2] *(A)* = *Stadtratsmitglied* assessore *m* comunale.
Stadtrats | wahl *f*; **~wahlen** *fpl* elezioni *fpl* amministrative.
Stadt | recht *n* diritto *m* civico; **~sekretär/in** *m/f* funzionario *m* comunale; **~senat** *m (A)* giunta *f* comunale; **~staat** *m (D) (Berlin, Hamburg, Bremen)* città-stato *f*; **~verband** *m* consorzio *m* urbano.
Stadtverordneten | versammlung *f* *(D) (Hessen)* consiglio *m* comunale, consiglio *m* municipale; **~vorsteher** *m (D) (Hessen)* (sindaco *m* solo come) presidente *m* del consiglio comunale.
Stadt | verordnete/r *f/m*; **~vertreter/in** *m/f* consigliere *m* comunale, consigliere *m* municipale; **~vertretung** *f (D) (Schleswig-Holstein)* consiglio *m* comunale, consiglio *m* municipale; **~verwaltung** *f* amministrazione *f* comunale, amministrazione *f* municipale, amministrazione *f* civica; **~vorstand** *m* giunta *f* comunale; **~wappen** *n* stemma *m* civico; **~werke** *pl* aziende *fpl* comunali, aziende *fpl* municipali; **~zoll** *m* dazio *m* comunale.
Staffel | anleihe *f* prestito *m* ad interesse scalare; **~besteuerung** *f* *SteuerR* imposizione *f* progressiva, tassazione *f* progressiva; **~fahrt** *f* navigazione *f* di scalo; **~gebühren** *fpl* diritti *mpl* differenziali; **~konto** *n* conto *m* scalare, conto *m* a scala, conto *m* a sezione unica; **~miete** *f* *MietR* canone *m* scalare, canone *m* scaglionato, clausola *f* contrattuale che prevede un progressivo e graduale aumento del canone (di locazione/locativo), scaglionato nel tempo.
staffeln *v* scaglionare.
Staffel | preise *mpl* prezzi *mpl*

differenziati, prezzi *mpl* multipli; **~rechnung** *f* calcolo *m* con il metodo scalare, conto *m* scalare, conto *m* a scala, conto *m* a sezione unica; **~regress** *m* regresso *m* secondo l'ordine delle girate; **~satz** *m* tasso *m* differenziale, *SteuerR* aliquota *f* differenziale; **~steuer** *f* *SteuerR* imposta *f* progressiva; **~tarif** *m* tariffa *f* differenziale.

Staffelung *f* graduazione *f*, scaglionamento *m*; **~** *f* **der Zahlungen** scaglionamento *m* dei pagamenti.

Staffelzins *m* interesse *m* scalare.

StAG (*Abk* = **Staatsangehörigkeitsgesetz**) *(D)* legge *f* (tedesca) sulla cittadinanza.

Stagnation, wirtschaftliche ~ *f* ristagno *m* economico.

Stamm | abschnitt *m* matrice *f*; **~aktie** *f* azione *f* ordinaria, azione *f* comune; **~aktionär/in** *m/f* portatore *m* di azioni ordinarie, azionista *m* ordinario; **~anteil** *m (CH)* quota *f* sociale; **~belegschaft** *f ArbR* personale *m* fisso, dipendenti *mpl* fissi; **~betrieb** *m* casa *f* madre; **~dividende** *f* dividendo *m* sulle azioni ordinarie; **~einlage** *f GesR (bei einer GmbH)* quota *f* di conferimento (*dei soci di una s.r.l.*), conferimento *m* (*in una s.r.l.*), apporto *m* (*in una s.r.l.*), deposito *m* iniziale; **~elternteil** *m* stipite *m*.

Stämmen, nach ~ *ErbR* per stirpi.

Stamm | entschädigung *f* indennità *f* di base; **~erbfolge** *f ErbR* successione *f* per stirpi.

Stammesrecht *n* diritto *m* consuetudinario.

Stammhaus *n* casa *f* madre.

Stammkapital *n GesR (einer GmbH)* → *Grundkapital einer AG* capitale *m* sociale (*di una s.r.l*), capitale *m* nominale, capitale *m* iniziale; **~anteil** *m GesR (einer GmbH)* quota *f* del capitale sociale (*di una s.r.l*), quota *f* sociale.

Stamm | leiste *f* matrice *f*; **~mitglied** *n* membro *m* originario, membro *m* permanente; **~patent** *n (A)* brevetto *m* principale; **~personal** *n* *ArbR* personale *m* fisso; **~police** *f* polizza *f* base; **~priorität** *f* azione *f* privilegiata, azione *f* preferenziale, azione *f* di priorità; **~register** *n* registro *m* a madre e figlia; **~rolle** *f* ruolo *m*, matricola *f*; **~vermögen** *n* patrimonio *m* sociale.

Stammzellgesetz *n (D)* (*Abk* = **StZG**) *(Gesetz zur Sicherstellung des Embryonenschutzes im Zusammenhang mit Einfuhr und Verwendung menschlicher embryonaler Stammzellen)* legge *f* (tedesca) sulle cellule staminali.

Stampilie *f (A) (Stempelvordruck)* stampiglia *f*.

Stand *m* [1] *(Personenstand)* stato *m* civile; **lediger ~** *m (CH)* stato *m* libero, libertà *f* di stato.

Stand *m* [2] *(Beruf)* professione *f*.

Stand *m* [3] *(Zustand)* stato *m*, condizione *f*, *(Lage)* situazione *f*, *(Stellung)* posizione *f*; **auf den neuesten ~ bringen** aggiornare; **in den vorigen ~ wiedereinsetzen** *ProzR* restituire in termini; **~** *m* **des Verfahrens** *ProzR* stato *m* del procedimento, stato *m* del giudizio, stato *m* del processo.

Standard *m* standard *m*, norma *f*; **~aktie** *f* titolo *m* standard; **~ausführung** *f* modello *m* standard; **~ausrüstung** *f* dotazione *f* standard; **~klausel** *f* clausola *f* tipo; **~kosten** *pl* costi *mpl* standard; **~maßnahmen** *fpl* misure *fpl* standard; **~papier** *n* titolo *m* standard; **~qualität** *f* qualità *f* standard; **~wert** *m* valore *m* standard.

Ständerat *m* consiglio *m* delle corporazioni, Consiglio *m* degli Stati *(CH)*.

Standesamt *n* ufficio *m* di (o: dello) stato civile, *(Einwohnermeldeamt)* ufficio *m* anagrafe, ufficio *m* anagrafico, anagrafe *f*.

standesamtlich *adj* di/dello stato civile, *(Einwohnermeldeamt)* di/dell'anagrafe.

Standes | ausweis *m (A)* scheda *f* personale; **~beamter/-beamtin** *m/f* ufficiale *m* di (o: dello) stato civile, *(Einwohnermeldeamt)* ufficiale *m* d'anagrafe (o: dell'anagrafe); **~buch** *n* registro *m* dello stato civile;

~gericht *n* tribunale *m* corporativo; **~gerichtsbarkeit** *f* giurisdizione *f* corporativa, giurisdizione *f* domestica; **~organisation** *f* organizzazione *f* professionale, organizzazione *f* di categoria; **~pflicht** *f* dovere *m* professionale; **~recht** *n* diritto *m* professionale; **~regel** *f* norma *f* di comportamento professionale; **~register** *n* registro *m* dello stato civile.

Ständestaat *m* Stato *m* delle corporazioni, Stato *m* corporativo.

Standes | vereinigung *f* associazione *f* professionale; **~vertretung** *f* rappresentanza *f* professionale.

standeswidrig *adj* contrario ai doveri professionali.

Stand | geld *n* tassa *f* di posteggio; **~gericht** *n* tribunale *m* statario, corte *f* marziale.

ständig *adj (fest)* stabile, fisso, permanente, *(häufig)* abituale, *(ununterbrochen)* continuo, incessante, costante.

ständisch *adj* corporativo.

Standort *m (Sitz)* sede *f* (fissa), *(Position)* ubicazione *f*, posizione *f*, posto *m*, sito *m*; **~** *m* **des Betriebes** localizzazione *f* dell'azienda, ubicazione *f* dell'azienda.

Standort | politik *f* politica *f* di localizzazione industriale; **~wahl** *f* scelta *f* della localizzazione.

Stand | punkt *m* punto *m* di vista, opinione *f*; **~recht** *n* legge *f* stataria, legge *f* marziale.

Stärkung *f* **der Reserven** potenziamento *m* delle riserve.

Start-up-Unternehmen *n* impresa *f* in fase di start-up.

Stationierungs | kosten *pl* spese *fpl* di stazionamento; **~recht** *n (Streitkräfte)* diritto *m* di stazionamento.

Statt *f* luogo *m*, posto *m*; **an Zahlungs ~** in luogo del pagamento, pro soluto.

stattgeben *v* [*Dat*] *(einem Antrag, Gesuch)* accogliere, approvare, permettere, dar(e) corso [a]; **nicht ~** *(einem Antrag, Gesuch)* rigettare, respingere; **einem Antrag ~** *ProzR* accogliere una domanda, accogliere un ricorso, accogliere un'istanza.

statthaft *adj (erlaubt)* lecito, permesso, ammesso, *(zulässig)* ammissibile, *ProzR* ricevibile, *ProzR (Rechtsbehelf)* esperibile.

Statthaftigkeit *f (Erlaubtheit)* liceità *f*, *(Zulässigkeit)* ammissibilità *f*, *ProzR* procedibilità *f*, *ProzR (Rechtsbehelf)* esperibilità *f*.

statuieren *v* statuire, stabilire.

Status *m* [1] stato *m* (giuridico), status *m* (giuridico); **diplomatischer ~** *m* stato *m* diplomatico; **rechtlicher ~** *m* status *m* giuridico.

Status *m* [2] *(Vermögenslage)* stato *m* patrimoniale, situazione *f* patrimoniale; **finanzieller ~** *m* situazione *f* finanziaria.

Statusklage *f* azione *f* di reclamo di stato.

Status quo status quo *m*.

Statussache *f* causa *f* relativa allo stato delle persone.

Statut *n* statuto *m*.

statutarisch *adj* statutario.

Statutarrecht *n (A)* diritto *m* scritto.

Statuten *pl (CH)* statuto *m*; **~änderung** *f (CH)* modifica *f* statutaria, modifica(zione) *f* dello statuto; **~wechsel** *m* cambiamento *m* di statuto.

StBA (*Abk* = **Statistisches Bundesamt**) *(D) (Destatis)* Ufficio *m* federale (tedesco) di statistica.

StBerG (*Abk* = **Steuerberatungsgesetz**) *(D)* legge *f* (tedesca) sui commercialisti (o: consulenti fiscali), legge *f* (tedesca) sull'attività dei commercialisti (o: consulenti fiscali), legge *f* (tedesca) in materia di consulenza fiscale.

Steckbrief *m StrafProzR* avviso *m* di ricerca dell'autore di un delitto, scheda *f* segnaletica.

stehlen *v StrafR* rubare.

Stehlzeit *f* stallie *fpl*.

steigen *v (Preise)* aumentare, crescere, salire, essere in rialzo.

steigern *v* aumentare, accrescere, incrementare, maggiorare, rincarare, (ri)alzare, elevare, innalzare; **sich ~** *v* aumentare, crescere.

Steigerung *f* aumento *m*, incremento *m*, crescita *f*.

Steigerungs | protokoll *n (CH)*

verbale *m* di vendita all'asta; **~rate** *f*; **~satz** *m* tasso *m* di incremento.

Stellage | geschäft *n* contratto *m* di opzione, contratto *m* a doppio premio, contratto *m* tedesco, contratto *m* stellage, contratto *m* di stellaggio, stellage *m*, stellaggio *m*; **~nehmer/in** *m/f* acquirente *m* allo stellage; **~verkäufer/in** *m/f* venditore *m* allo stellage.

Stellbrief *m* fissato *m* di stellage.

Stelle *f* [1] *ArbR (Arbeitsplatz)* posto *m* (*di lavoro*), posizione *f*, *(Arbeitsstelle, Anstellung)* impiego *m*, occupazione *f*, *(Amt)* carica *f*; **eine ~ annehmen** accettare un posto; **eine ~ besetzen** coprire un posto (vacante), occupare un posto; **freie ~** *f*; **offene ~** *f* posto *m* vacante.

Stelle *f* [2] *(Amt, Behörde)* ufficio *m*; **amtliche ~** *f* ufficio *m* pubblico; **zuständige ~** *f* ufficio *m* competente.

Stellen | abbau *m ArbR* taglio *m* di posti di lavoro, tagli *mpl* ai posti di lavoro, riduzione *f* dei posti di lavoro, soppressione *f* di posti; **~angebot** *n ArbR* offerta *f* di impiego, offerta *f* di lavoro; **~anzeige** *f ArbR* annuncio *m* di lavoro, inserzione *f* di lavoro, annuncio *m* di ricerca personale; **~ausschreibung** *f ArbR* bando *m* di concorso (per la copertura di un posto vacante); **~beschreibung** *f ArbR* descrizione *f* dell'impiego, descrizione *f* della posizione, descrizione *f* delle mansioni; **~besetzung** *f ArbR* copertura *f* di un posto (vacante), occupazione *f* di un posto; **~bewerber/in** *m/f ArbR* candidato/-a *m/f* per un posto, aspirante *m/f* a un impiego; **~bewerbung** *f ArbR* domanda *f* di assunzione, domanda *f* di impiego, candidatura *f* (per un posto); **~bezeichnung** *f ArbR* titolo *m* della posizione; **~gesuch** *n ArbR* domanda *f* di assunzione, domanda *f* di impiego; **~inhaber/in** *m/f ArbR* titolare *m/f* di un posto; **~markt** *m ArbR* mercato *m* del lavoro; **~nachweis** *m ArbR* agenzia *f* di collocamento, ufficio *m* di collocamento; **~plan** *m ArbR* ruolo *m* organico, organico *m*, organigramma *m*; **~vermittlung** *f ArbR* collocamento *m*; **~vorbehalt** *m ArbR* riserva *f* di posti; **~zulage** *f ArbR* indennità *f* di funzione.

Steller/in *m/f* venditore *m* allo stellage.

Stell | geld *n* premio *m* dello stellage; **~geschäft** *n* contratto *m* di opzione, contratto *m* a doppio premio, contratto *m* tedesco, contratto *m* stellage, contratto *m* di stellaggio, stellage *m*, stellaggio *m*.

Stellung *f* [1] *(Position, Lage)* posizione *f*, collocazione *f*, *(Anordnung)* disposizione *f*.

Stellung *f* [2] *(Verhältnisse)* posizione *f*, condizione *f*, stato *m*, *(Rang)* grado *m*, rango *m*; **abhängige ~** *f* posizione *f* dipendente; **beherrschende ~** *f* posizione *f* dominante; **eine beherrschende ~ ausnutzen** *KartellR* abusare di una posizione dominante; **bevorzugte ~** *f* posizione *f* di privilegio; **finanzielle ~** *f* posizione *f* finanziaria; **führende ~** *f* posizione *f* dominante; **gleichgeordnete ~** *f* posizione *f* equiordinata; **marktbeherrschende ~** *f* posizione *f* dominante; **rechtliche ~** *f* condizione *f* giuridica, stato *m* giuridico, status *m* giuridico; **übergeordnete ~** *f* posizione *f* di supremazia.

Stellung *f* [3] *(Arbeitsplatz)* posto *m* (*di lavoro*), *(Stelle, Anstellung)* impiego *m*, occupazione *f*, *(Amt)* carica *f*, funzione *f*; **die ~ verlieren** perdere il posto; **leitende ~** *f* posto *m* direttivo.

Stellung *f* [4] *(Beschaffung)* fornitura *f*, *(eines Antrags)* presentazione *f*; **~** *f* **von Garantien** costituzione *f* di garanzie.

Stellung *f* [5] *(Ansicht, Meinung, Auffassung)* posizione *f*, atteggiamento *m*, opinione *f*; **~ nehmen** *(zu einer Klage)* prendere posizione, formulare un parere, replicare a.

Stellungnahme *f (Äußern einer Ansicht)* presa *f* di posizione, posizione *f*, *(Meinung)* parere *m*, parere *m* legale, osservazioni *fpl*, dichiarazioni *fpl*, *(Antwort)* risposta *f*, riscontro *m*, replica *f*, controdeduzioni *fpl*;

eine ~ einholen chiedere un parere; **ablehnende ~** *f* parere *m* sfavorevole; **begründete ~** *f* parere *m* motivato; **gutachtliche ~** *f* parere *m* peritale; **positive ~** *f* parere *m* favorevole.

Stellungs | frist *f StrafProzR* termine *m* per costituirsi alla polizia; **~kommission** *f (A)* consiglio *m* di leva; **~wechsel** *m* cambiamento *m* di impiego, cambiamento *m* di posto, cambiamento *m* di posizione.

stellvertretend [für *Akk*] in rappresentanza [di], sostituto, supplente, vice [o: vice-], facente funzione *(f.f.)* [o: facente funzioni].

Stellvertreter/in *m/f (im Amt)* sostituto/-a *m/f*, supplente *m/f*, vice *m/f*, *(bei Rechtsgeschäft)* rappresentante *m/f*; **~** *m/f* **des Bürgermeisters** vicesindaco *m*.

Stellvertretung *f (im Amt)* sostituzione *f*, supplenza *f*, veci *fpl*, *(bei Rechtsgeschäft)* rappresentanza *f*; **in ~** in sostituzione, in rappresentanza, per procura, per delega; **gewillkürte ~** *f* rappresentanza *f* volontaria; **mittelbare ~** *f* rappresentanza *f* indiretta, rappresentanza *f* impropria, rappresentanza *f* mediata; **verdeckte ~** *f* rappresentanza *f* indiretta.

Stempel *m* timbro *m*, bollo *m*; **~abgabe** *f* tributo *m* di bollo, imposta *f* di bollo; **~amt** *n* ufficio *m* del bollo; **~bogen** *m* foglio *m* di carta bollata.

stempelfrei *adj* esente da bollo.

Stempel | freiheit *f* esenzione *f* da bollo; **~gebühr** *f* diritto *m* di bollo; **~gesetz** *n* legge *f* sul bollo; **~marke** *f* marca *f* da bollo, bollo *m* fiscale.

stempeln *v* bollare, timbrare.

Stempelpapier *n* carta *f* da bollo, carta *f* bollata, carta *f* legale.

stempelpflichtig *adj* soggetto a bollo.

Stempelsteuer *f* imposta *f* di bollo; **~gesetz** *n* legge *f* sul bollo.

Stempel | streifen *m* marca *f* da bollo a contrassegno; **~uhr** *f* orologio *m* di controllo.

Stempelung *f* bollatura *f*, timbratura *f*, stampigliatura *f*.

Sterbe | anzeige *f* avviso *m* di morte, dichiarazione *f* di morte; **~buch** *n* registro *m* degli atti di morte.

Sterbefall *m* caso *m* di morte, decesso *m*; **~anzeige** *f* avviso *m* di morte, dichiarazione *f* di morte; **~überschuss** *m* eccedenza *f* delle morti.

Sterbegehalt *n* stipendio *m* che continua ad essere pagato per un certo periodo dopo la morte.

Sterbegeld *n* somma *f* pagabile in caso di morte, indennità *f* in caso di morte, indennità *f* di spese funerarie; **~summe** *f* indennità *f* di spese funerarie; **~versicherung** *f* assicurazione *f* delle spese funerarie, assicurazione *f* di un'indennità in caso di morte.

Sterbe | gesetz *n* legge *f* di mortalità; **~hilfe** *f (§ 216 StGB)* → *Tötung auf Verlangen* eutanasia *f*; **~kasse** *f* cassa *f* di soccorso in caso di morte.

sterben *v* morire, decedere.

Sterbe | rate *f* tasso *m* di mortalità; **~register** *n (§ 31 PStG)* registro *m* degli atti di morte; **~risiko** *n* rischio *m* di morte; **~standesamt** *n* ufficio *m* atti di morte; **~tafel** *f* tavola *f* di mortalità; **~urkunde** *f* atto *m* di morte, certificato *m* di morte.

Steuer *f (öffentliche Abgabe)* → *s. auch unter „Steuern"* imposta *f* (*da non confondere con il termine tassa (Gebühr), che nel linguaggio comune viene spesso usato impropriamente come sinonimo di imposta*), tributo *m*; **nach ~** dopo l'imposta; **vor ~** prima dell'imposta; **von der ~ absetzen** detrarre dal reddito imponibile, detrarre dalle tasse, dedurre dalle tasse; **eine ~ abwälzen** scaricare un'imposta; **von der ~ abziehen** detrarre dal reddito imponibile, detrarre dalle tasse, dedurre dalle tasse; **mit einer ~ belegen** tassare, assoggettare a tassazione; **die ~ bemessen** commisurare l'imposta; **eine ~ einheben** *(A)*; **eine ~ erheben** riscuotere un'imposta; **eine ~ überwälzen** scaricare un'imposta; **die ~ umgehen** eludere l'imposta; **der ~ unterliegen** essere imponibile, essere soggetto a tassazione, essere assoggettato a tassazione; **außerordentliche ~** *f* imposta *f* straordinaria; **degressive ~** *f* imposta *f* degressiva; **direkte ~** *f* imposta *f* diretta; **einmalige ~** *f* imposta *f* istantanea; **einzige ~** *f* imposta *f* unica; **gestaffelte ~** *f* imposta *f* progressiva; **indirekte ~** *f* imposta *f* indiretta; **laufende ~** *f* imposta *f* periodica; **mittelbare ~** *f* imposta *f* indiretta; **ordentliche ~** *f* imposta *f* ordinaria; **örtliche ~** *f* imposta *f* locale; **persönliche ~** *f* imposta *f* personale; **progressive ~** *f* imposta *f* progressiva; **proportionale ~** *f* imposta *f* proporzionale; **regressive ~** *f* imposta *f* regressiva; **rückständige ~** *f* imposta *f* arretrata; **staatliche ~** *f* imposta *f* statale, imposta *f* erariale; **tarifierte ~** *f* imposta *f* indiretta; **veranlagte ~** *f* imposta *f* diretta; **zuviel gezahlte ~** *f* indebito *m* tributario; **zweckgebundene ~** *f* imposta *f* a destinazione determinata.

Steuer *n (Lenkrad)* volante *m*, *(Leitung, Führung)* timone *m*, guida *f*, direzione *f*.

> **Steuer**
> N.B.: In tedesco i diversi tipi di imposta si scrivono solo con **una s**! Quindi: *Einkommensteuer* e non *Einkommenssteuer*, *Körperschaftsteuer* e non *Körperschaftssteuer*, ecc.

Steuer- fiscale, tributario.

Steuer | abbau *m* riduzione *f* delle tasse, tagli *mpl* fiscali; **~abfindung** *f* imposta *f* forfet(t)aria; **~abkommen** *n* accordo *m* fiscale, accordo *m* tributario, convenzione *f* fiscale, convenzione *f* tributaria; **~abmeldung** *f (A)* denuncia *f* all'ufficio delle imposte del cambiamento di domicilio o della forma giuridica dell'impresa; **~abschnitt** *m* periodo *m* di imposta, periodo *m* di imposizione, periodo *m* fiscale, esercizio *m* fiscale; **~abschöpfung** *f* prelievo *m* tributario; **~absetzbetrag** *m (A)* quota *f* esente (da imposta); **~abwälzung** *f* scaricamento *m* dell'imposta, traslazione *f* dell'imposta; **~abzug** *m (Einbehaltung vom Gehalt)* ritenuta *f* di imposta, ritenuta *f* fiscale, trattenuta *f* di imposta, trattenuta *f* fiscale, *(von den Steuern abgezogener Betrag)* detrazione *f* fiscale; **~amnestie** *f* amnistia *f* fiscale; **~amt** *n* ufficio *m* delle imposte, ufficio *m* tributario; **~anfall** *m* gettito *m* d'imposta, gettito *m* fiscale, gettito *m* tributario.

Steueranmeldung *f*[1] denuncia *f* fiscale.

Steueranmeldung *f*[2] *(A)* denuncia *f* del nuovo domicilio all'ufficio delle imposte.

Steuer | anreiz *m* incentivo *m* fiscale; **~anspruch** *m* credito *m* di imposta, credito *m* fiscale, pretesa *f* tributaria; **~anzeige** *f (CH)* denuncia *f* fiscale, denuncia *f* del contribuente; **~art** *f* tipo *m* di imposta; **~aufkommen** *n* gettito *m* d'imposta, gettito *m* fiscale, gettito *m* tributario; **~aufschlag** *m* sovrimposta *f*; **~aufsicht** *f* controllo *m* fiscale, vigilanza *f* fiscale; **~ausfall** *m* gettito *m* fiscale inferiore al previsto, mancati introiti *mpl* fiscali; **~ausgleich** *m* perequazione *f* fiscale, perequazione *f* tributaria, perequazione *f* delle imposte, conguaglio *m* d'imposta, conguaglio *m* fiscale; **~ausländer/in** *m/f* non residente *m/f* (ai sensi delle leggi tributarie), contribuente *m/f* non residente; **~ausschuss** *m* commissione *f* tributaria, comitato *m* tributario; **~ausweichung** *f* rimozione *f* dell'imposta; **~auswirkung** *f* incidenza *f* dell'imposta; **~banderole** *f* marca *f* da bollo a fascetta.

steuerbar *adj* tassabile, imponibile.

Steuerbeamter/-beamtin *m/f* funzionario *m* delle imposte, agente *m/f* delle imposte.

steuerbefreit *adj* esentato dall'imposta, esente da imposta/-e, esente da tasse, esentasse, non tassabile, non imponibile.

Steuer | befreiung *f* esenzione *f* fiscale, esonero *m* fiscale, immunità *f* fiscale, esenzione *f* tributaria, esenzione *f* da (o: dall') imposta, esenzione *f* da (o: dalle) tasse, esonero *m* da (o: dall') imposta, esonero *m* da (o: dalle) tasse; **~begleitschein** *m* bolletta *f* di cauzione.

steuerbegünstigt *adj* con agevolazioni fiscali, che gode di agevolazioni fiscali, agevolato fiscalmente.

Steuer | begünstigungen *fpl* agevolazioni *fpl* fiscali, agevolazioni *fpl* tributarie, privilegi *mpl* fiscali; **~behörde** *f* autorità *f* fiscale, fisco *m*; **~beitreibung** *f* riscossione *f* delle imposte, riscossione *f* dei tributi, *(ugs)* riscossione *f* delle tasse, esazione *f* delle imposte, esazione *f* dei tributi, *(ugs)* esazione *f* delle tasse, esazione *f* fiscale, esazione *f* tributaria; **~belastung** *f* carico *m* fiscale, carico *m* tributario, carico *m* impositivo, onere *m* fiscale, onere *m* tributario, pressione *f* fiscale, gravame *m* fiscale, imposizione *f* fiscale, incidenza *f* delle imposte; **~bemessungsgrundlage** *f* base *f* imponibile, imponibile *m*; **~berater/in** *m/f* consulente *m* fiscale, consulente *m* tributario, commercialista *m/f*, fiscalista *m/f*, tributarista *m/f*; **~beratung** *f* consulenza *f* fiscale, consulenza *f* tributaria.

Steuerberatungs | gesetz *n (D)* (*Abk* = **StBerG**) legge *f* (tedesca) sui commercialisti (o: consulenti fiscali), legge *f* (tedesca) sull'attività dei commercialisti (o: consulenti fiscali), legge *f* (tedesca) in materia di consulenza fiscale; **~kosten** *pl* spese *fpl* di consulenza fiscale; **~zentrum** *n* centro *m* di assistenza fiscale.

Steuer | berechtigte/r *f/m* soggetto *m* attivo d'imposta; **~bescheid** *m* avviso *m* di accertamento, cartella *f* esattoriale; **~bestimmung** *f* disposizione *f* fiscale, disposizione *f* tributaria; **~betrag** *m* ammontare *m* dell'imposta; **~betrug** *m StrafR* frode *f* fiscale; **~bevollmächtigte/r** *f/m* consulente *m* fiscale, consulente *m* tributario, commercialista *m/f*, fiscalista *m/f*, tributarista *m/f*; **~bewertung** *f* valutazione *f* dell'imposta, estimazione *f* dell'imposta; **~bilanz** *f* bilancio *m* finanziario, bilancio *m* fiscale; **~buchführung** *f* contabilità *f* fiscale, contabilità *f* tributaria; **~bürger/in** *m/f* cittadino/-a *m/f* contribuente; **~defraudation** *f (CH)*; **~defraude** *f (CH)* frode *f* fiscale; **~delikt** *n* reato *m* tributario; **~destinatar/in** *m/f*; **~destinatär/in** *m/f (CH)* destinatario *m* dell'imposta; **~domizil** *n (CH)* domicilio *m* fiscale; **~druck** *m* pressione *f* fiscale; **~eingänge** *pl* entrate *fpl* fiscali, entrate *fpl* tributarie, introiti *mpl* fiscali, introiti *mpl* tributari, gettito *m* fiscale; **~einheber/in** *m/f (A)* esattore *m* delle imposte, collettore *m* delle imposte, ricevitore *m* delle imposte; **~einhebung** *f (A)* riscossione *f* delle imposte, riscossione *f* dei tributi, *(ugs)* riscossione *f* delle tasse, esazione *f* delle imposte, esazione *f* dei tributi, *(ugs)* esazione *f* delle tasse, esazione *f* fiscale, esazione *f* tributaria; **~einnahmen** *fpl* entrate *fpl* fiscali, entrate *fpl* tributarie, introiti *mpl* fiscali, introiti *mpl* tributari, gettito *m* fiscale; **~einnehmer/in** *m/f* esattore *m* delle imposte, collettore *m* delle imposte, ricevitore *m* delle imposte; **~einschätzung** *f* estimazione *f* dell'imponibile; **~eintreibung** *f (A)* riscossione *f* delle imposte, riscossione *f* dei tributi, *(ugs)* riscossione *f* delle tasse, esazione *f* delle imposte, esazione *f* dei tributi, *(ugs)* esazione *f* delle tasse, esazione *f* fiscale, esazione *f* tributaria; **~entlastung** *f* sgravio *m* fiscale; **~entrichtung** *f* pagamento *m* dell'imposta, versamento *m* dell'imposta; **~erheber/in** *m/f* esattore *m* delle imposte, collettore *m* delle imposte, ricevitore *m* delle imposte; **~erhebung** *f* riscossione *f* delle imposte, riscossione *f* dei tributi, *(ugs)* riscossione *f* delle tasse, esazione *f* delle imposte, esazione *f* dei tributi, *(ugs)* esazione *f* delle tasse, esazione *f* fiscale, esazione *f* tributaria; **~erhöhung** *f* aumento *m* delle imposte, aumento *m* delle tasse, inasprimento *m* fiscale.

Steuererklärung *f (= Einkommensteuererklärung)* dichiarazione *f* dei redditi, denuncia *f* dei redditi, dichiarazione *f* fiscale, dichiarazione *f* tributaria, dichiarazione *f* d'imposta; **eine ~ abgeben** fare la dichiarazione dei redditi, presentare la dichiarazione dei redditi; **gemeinsame ~** *f* dichiarazione *f* dei redditi congiunta.

Steuererklärungspflicht *f* obbligo *m* della dichiarazione dei redditi, obbligo *m* di fare la dichiarazione dei redditi, obbligo *m* di presentare la dichiarazione dei redditi.

Steuer | erlass *m*; **~erlassung** *f (A)* condono *m* fiscale, remissione *f* d'imposta; **~erleichterungen** *fpl* agevolazioni *fpl* fiscali, agevolazioni *fpl* tributarie, privilegi *mpl* fiscali; **~ermäßigung** *f* riduzione *f* delle imposte, diminuzione *f* delle imposte, taglio *m* delle imposte, riduzione *f* fiscale, sgravio *m* fiscale; **~ermittlung** *f* accertamento *m* fiscale, accertamento *m* tributario, accertamento *m* dell'imposta; **~erstattung** *f* rimborso *m* di imposta, rimborso *m* delle imposte, restituzione *f* di imposta, rimborso *m* fiscale, *(ugs)* rimborso *m* delle tasse; **~ertrag** *m* proventi *mpl* delle imposte, gettito *m* d'imposta, gettito *m* fiscale, gettito *m* tributario; **~evasion** *f* evasione *f* fiscale; **~fachmann/-frau** *m/f* consulente *m* fiscale, consulente *m* tributario, commercialista *m/f*, fiscalista *m/f*, tributarista *m/f*.

steuerfähig *adj* tassabile, imponibile.

Steuer | fähigkeit *f* capacità *f* contributiva, imponibilità *f*; **~fahnder** *m* guardia *f* di finanza, finanza *f*; **~fahndung** *f* accertamento *m* tributario, inchiesta *f* tributaria; **~fahndungsdienst** *m* polizia *f* tributaria, tributaria *f*; **~festsetzung** *f* accertamento *m* fiscale, accertamento *m* tributario, accertamento *m* dell'imposta, determinazione *f* dell'imposta, determinazione *f* dell'imponibile, liquidazione *f* dell'imposta; **~fiskus** *m* fisco *m*; **~flucht** *f* evasione *f* fiscale, fuga *f* di capitali all'estero; **~forderung** *f* credito *m* di imposta, credito *m* fiscale, pretesa *f* tributaria.

steuerfrei *adj* esente da imposta/-e, esente da tasse, esentasse, non tassabile, non imponibile.

Steuer | freibetrag *m*; **~freigrenze** *f* quota *f* esente dalle imposte, quota *f* esente da imposta, importo *m* esente da imposte, importo *m* non tassato, importo *m* dell'esenzione, reddito *m* non imponibile, abbattimento *m* alla base, franchigia *f*, detrazione *f*; **~freiheit** *f* esenzione *f* fiscale, esonero *m* fiscale, immunità *f* fiscale, esenzione *f* tributaria, esenzione *f* da (o: dall') imposta, esenzione *f* da (o: dalle) tasse, esonero *m* da (o: dall') imposta, esonero *m* da (o: dalle) tasse; **~freilager** *n (A)* deposito *m* franco; **~fuß** *m (A)* aliquota *f* di imposta, aliquota *f* fiscale; **~gefährdung** *f* il mettere in pericolo la riscossione delle imposte (o: tasse); **~gegenstand** *m* oggetto *m* di imposta, oggetto *m* imponibile, materia *f* imponibile; **~geheimnis** *n* segreto *m* fiscale, segreto *m* tributario; **~gerechtigkeit** *f* giustizia *f* fiscale, giustizia *f* tributaria; **~gesetz** *n* legge *f* d'imposta, legge *f* fiscale, legge *f* tributaria; **~gesetzgebung** *f* legislazione *f* fiscale, legislazione *f* tributaria; **~gläubiger/in** *m/f* soggetto *m* attivo d'imposta; **~grenze** *f* frontiera *f* fiscale; **~grundlage** *f* base *f* imponibile, imponibile *m*; **~grundsätze** *mpl* principi *mpl* dell'imposta; **~gruppe** *f* categoria *f* di reddito, fascia *f* di contribuenti; **~guthaben** *n* credito *m* verso il fisco, credito *m* di imposta; **~gutschein** *m* buono *m* d'imposta, buono *m* tributario; **~gutschrift** *f* credito *m* verso il fisco, credito *m* di imposta; **~haftende/r** *f/m* responsabile *m/f* d'imposta; **~haftung** *f* responsabilità *f* d'imposta; **~harmonisierung** *f* *EuR* armonizzazione *f* fiscale; **~hebebuch** *n*; **~hebeliste** *f* ruolo *m* delle imposte; **~hehlerei** *f* ricettazione *f* di merci su cui non è stata pagata l'imposta; **~hehler/in** *m/f* ricettatore *m* di merci su cui non è stata pagata l'imposta; **~helfer/in** *m/f* consulente *m* fiscale, consulente *m* tributario, commercialista *m/f*, fiscalista *m/f*, tributarista *m/f*; **~herabsetzung** *f* riduzione *f* di imposta, sgravio *m* fiscale; **~hinterzieher/in** *m/f* evasore *m* fiscale; **~hinterziehung** *f* *(§ 370 AO)* evasione *f* fiscale, frode *f* fiscale, evasione *f* delle imposte, evasione *f* delle tasse; **~hoheit** *f* potestà *f* tributaria.

Steueridentifikationsnummer *f* *(D) = Steuer-Identifikationsnummer, Steuer-ID, steuerliche Identifikationsnummer, IdNr* codice *m* fiscale, codice *m* di identificazione fiscale, codice *m* identificativo (*personale*).

Steueridentifikationsnummer
Codice fiscale di 11 cifre, introdotto a partire dal 2008, che serve a identificare in modo univoco a fini fiscali le persone fisiche residenti sul territorio della Repubblica Federale di Germania. Esso viene attribuito e rilasciato a ciascun cittadino tedesco e può essere attribuito anche ai cittadini stranieri. Si consiglia di usare la traduzione *codice di identificazione fiscale* solo in casi eccezionali, laddove risulti necessario operare una distinzione terminologica rispetto al codice fiscale tedesco *Steuernummer*, che viene di volta in volta attribuito e rilasciato sia a persone fisiche che giuridiche dall'ufficio dell'Agenzia delle Entrate tedesca (*Finanzamt*) competente in base al domicilio fiscale del contribuente. Di conseguenza, si potranno avere diversi *Steuernummer* a seconda del proprio domicilio fiscale.

Steuer | inländer/in *m/f* residente *m/f* (ai sensi delle leggi tributarie), contribuente *m/f* residente; **~inzidenz** *f* incidenza *f* dell'imposta (o: delle imposte); **~jahr** *n* anno *m* fiscale, anno *m* tributario, esercizio *m* fiscale, esercizio *m* tributario; **~justiz** *f* giustizia *f* fiscale, giustizia *f* tributaria; **~karte** *f* *(Lohnsteuerkarte)* tessera *f* individuale del contribuente, cartella *f* delle imposte, cartella *f* delle tasse; **~kasse** *f* esattoria *f*, ricevitoria *f* delle imposte, collettoria *f* delle imposte; **~klasse** *f* categoria *f* di imposizione, scaglione *m* fiscale; **~kommission** *f* *(CH)* commissione *f* tributaria; **~konvention** *f* convenzione *f* fiscale, convenzione *f* tributaria; **~kosten** *pl* costo *m* delle imposte; **~kraft** *f* capacità *f* contributiva; **~last** *f* carico *m* fiscale, carico *m* tributario, carico *m* impositivo, onere *m* fiscale, onere *m* tributario, pressione *f* fiscale, gravame *m* fiscale; **~leistung** *f* *(Kraftfahrzeug)* potenza *f* fiscale; **~leistungsfähigkeit** *f* capacità *f* contributiva.

steuerlich *adj* fiscale, tributario; **~ absetzbar** deducibile ai fini fiscali, detraibile ai fini fiscali; **~ belasten** tassare, assoggettare a tassazione.

Steuer | liste *f* ruolo *m* di imposizione, ruolo *m* delle imposte; **~marke** *f* marca *f* da bollo; **~maß** *n* aliquota *f* di imposta, aliquota *f* fiscale; **~mehraufkommen** *n* maggiore gettito *m* fiscale; **~messzahl** *f* aliquota *f* di imposta, aliquota *f* fiscale; **~milderung** *f* riduzione *f* delle imposte, diminuzione *f* delle imposte, taglio *m* delle imposte, riduzione *f* fiscale, sgravio *m* fiscale; **~monopol** *n* monopolio *m* fiscale, monopolio *m* tributario; **~moral** *f* etica *f* tributaria.

Steuern *fpl* imposte *fpl*, tributi *mpl*, *(ugs)* tasse *fpl*; **vor ~** prima delle imposte, al lordo delle imposte; **~ und Abgaben** *fpl* *(Gewinn- und Verlustrechnung)* oneri *mpl* tributari, imposte e tasse *fpl*; **direkte ~** *fpl* imposte *fpl* dirette; **indirekte ~** *fpl* imposte *fpl* indirette; **~ abführen**

pagare le imposte, versare le imposte, *(ugs)* pagare le tasse; **~ einnehmen**; **~ eintreiben**; **~ einziehen**; **~ erheben** riscuotere le imposte, *(ugs)* riscuotere le tasse; **~ erlassen** esentare (o: esonerare) dalle (o: dal pagamento delle) imposte, *(ugs)* esentare (o: esonerare) dalle (o: dal pagamento delle) tasse; **~ hinterziehen** evadere le imposte, evadere il fisco, *(ugs)* evadere le tasse; **~ umgehen** eludere le imposte, eludere il fisco, *(ugs)* eludere le tasse; **~ zahlen** pagare le imposte, versare le imposte, *(ugs)* pagare le tasse.

Steuer | nachfolge *f (CH)* successione *f* nel debito d'imposta; **~nachlass** *m* abbuono *m* di imposta, abbattimento *m*, sgravio *m* fiscale; **~nummer** *f* → *s. Infokasten unter „Steueridentifikationsnummer"* codice *m* fiscale; **~oase** *f* paradiso *m* fiscale, rifugio *m* fiscale, oasi *f* fiscale; **~objekt** *n* oggetto *m* di imposta, oggetto *m* imponibile, materia *f* imponibile; **~ordnung** *f* ordinamento *m* fiscale, ordinamento *m* tributario; **~ordnungswidrigkeit** *f* illecito *m* fiscale, illecito *m* tributario, violazione *f* fiscale, violazione *f* tributaria, contravvenzione *f* fiscale, contravvenzione *f* tributaria, infrazione *f* fiscale, infrazione *f* tributaria; **~pacht** *f* appalto *m* di imposte; **~pächter/in** *m/f* appaltatore *m* di imposte; **~paket** *n* pacchetto *m* fiscale; **~paradies** *n* paradiso *m* fiscale; **~pauschalierung** *f* imposta *f* forfet(t)aria; **~periode** *f (CH)* periodo *m* di imposta, periodo *m* fiscale; **~pflicht** *f* sogettività *f* passiva all'imposta, assoggettamento *m* all'imposta, obbligo *m* fiscale, obbligo *m* tributario, obbligo *m* di pagare le tasse.

steuerpflichtig *adj* imponibile, tassabile, soggetto a tassazione, soggetto a imposizione, soggetto a imposta.

Steuer | pflichtige/r *f/m* contribuente *m/f*, soggetto *m* passivo d'imposta, soggetto *m* passivo del rapporto tributario, soggetto *m* passivo dell'obbligazione tributaria, soggetto *m* passivo del tributo, soggetto *m* imponibile; **~politik** *f* politica *f* fiscale, politica *f* tributaria; **~präferenz** *f* agevolazione *f* fiscale; **~privilegien** *pl* privilegi *mpl* fiscali, privilegi *mpl* tributari; **~progression** *f* progressività *f* impositiva, progressione *f* fiscale; **~prozess** *m* processo *m* tributario, contenzioso *m* tributario; **~prüfung** *f* controllo *m* fiscale, verifica *f* fiscale, ispezione *f* fiscale; **~quelle** *f* fonte *f* di'imposta, risorsa *f* tributaria; **~quote** *f* aliquota *f* di imposta, aliquota *f* fiscale; **~rate** *f* rata *f* di imposta.

Steuerrecht *n* diritto *m* tributario; **internationales ~** *n* diritto *m* internazionale tributario.

Steuerrechtler/in *m/f* tributarista *m/f*.

steuerrechtlich *adj* di diritto tributario, di carattere tributario, fiscale, ai fini fiscali.

Steuerrechts | norm *f* norma *f* tributaria; **~ordnung** *f* ordinamento *m* tributario; **~pflege** *f* giustizia *f* tributaria.

Steuerrechtsprechung *f* giurisprudenza *f* tributaria.

Steuerrechts | streit *m* controversia *f* tributaria, contenzioso *m* tributario; **~verhältnis** *n* rapporto *m* (giuridico) di imposta, rapporto *m* tributario.

Steuer | reform *f* riforma *f* fiscale, riforma *f* tributaria; **~regress** *m* regresso *m* di chi ha pagato l'imposta contro il debitore d'imposta; **~regression** *f* regressività *f* (dell'imposta), regressione *f* fiscale; **~reserve** *f* accantonamento *m* per imposte e tasse, fondo *m* imposte e tasse; **~rolle** *f* ruolo *m* di imposizione, ruolo *m* delle imposte; **~rückerstattung** *f* rimborso *m* di imposta, rimborso *m* delle imposte, restituzione *f* di imposta, rimborso *m* fiscale, *(ugs)* rimborso *m* delle tasse; **~rückgriff** *m* → *Steuerregress* regresso *m* di chi ha pagato l'imposta contro il debitore d'imposta; **~rücklage** *f* accantonamento *m* per imposte e tasse, fondo *m* imposte e tasse; **~rückstände** *pl* arretrati *mpl* di imposta, imposte *fpl* arretrate; **~rückstellung** *f* accantonamento *m* per imposte e tasse, fondo *m* imposte e tasse; **~rückvergütung** *f* rimborso *m* di imposta, rimborso *m* delle imposte, restituzione *f* di imposta, rimborso *m* fiscale, *(ugs)* rimborso *m* delle tasse; **~sache** *f* questione *f* fiscale, materia *f* fiscale, materia *f* tributaria, *(Steuerrechtsstreit)* controversia *f* tributaria, contenzioso *m* tributario; **~sachverständige/r** *f/m* esperto *m* fiscale, esperto *m* tributario, fiscalista *m/f*, tributarista *m/f*.

Steuersatz *m* aliquota *f* di imposta, aliquota *f* fiscale; **erhöhter ~** *m* aliquota *f* maggiorata (*di imposta*); **progressiver ~** *m* aliquota *f* progressiva (*di imposta*).

Steuer | säumniszuschlag *m* indennità *f* di mora (*per il mancato pagamento di imposte*); **~schiebung** *f* frode *f* fiscale.

Steuerschraube *f* pressione *f* fiscale; **die ~ anziehen** aumentare la pressione fiscale.

Steuer | schuld *f* debito *m* di imposta, debito *m* fiscale, imposta *f* dovuta, obbligazione *f* tributaria, obbligazione *f* di imposta; **~schuldner/in** *m/f* debitore *m* di imposta, soggetto *m* passivo d'imposta, soggetto *m* passivo del rapporto tributario, soggetto *m* passivo dell'obbligazione tributaria, soggetto *m* passivo del tributo; **~schuldverhältnis** *n* rapporto *m* obbligatorio di imposta, rapporto *m* obbligatorio tributario, obbligazione *f* tributaria; **~senkung** *f* riduzione *f* delle imposte, diminuzione *f* delle imposte, taglio *m* delle imposte, riduzione *f* fiscale, sgravio *m* fiscale; **~solidarität** *f* solidarietà *f* nel debito di imposta; **~soll** *n* entrate *fpl* tributarie teoriche; **~staffelung** *f* progressività *f* dell'imposta, tassazione *f* progressiva; **~stempler** *m* macchina *f* bollatrice; **~strafe** *f* sanzione *f* fiscale; **~strafrecht** *n* diritto *m* penale tributario; **~straftat** *f* reato *m* tributario; **~strafverfahren** *n* procedimento *m* penale tributario, procedimento *m* penale per reati tributari; **~streik** *m* sciopero *m* dei contribuenti; **~stundung** *f* dilazione *f* per il pagamento delle imposte; **~subjekt** *n* soggetto *m* di imposta, soggetto *m* fiscale; **~substitut** *m* sostituto *m* di imposta; **~substitution** *f* sostituzione *f* tributaria; **~sukzession** *f* successione *f* nel debito di imposta; **~sünder/in** *m/f* trasgressore *m* delle norme tributarie; **~system** *n* sistema *m* fiscale, regime *m* fiscale, sistema *m* tributario; **~tabelle** *f* tabella *f* delle imposte; **~tarif** *m* aliquote *fpl* di imposta, aliquote *fpl* fiscali; **~tatbestand** *m* presupposto *m* dell'imposta; **~technik** *f* tecnica *f* tributaria; **~termin** *m* scadenza *f* fiscale, scadenza *f* tributaria, data *f* di scadenza dell'imposta; **~träger/in** *m/f* contribuente *m/f*; **~übertretung** *f* illecito *m* fiscale, illecito *m* tributario, violazione *f* fiscale, violazione *f* tributaria, contravvenzione *f* fiscale, contravvenzione *f* tributaria, infrazione *f* fiscale, infrazione *f* tributaria; **~überwälzung** *f* traslazione *f* dell'imposta, ripercussione *f* dell'imposta; **~umgehung** *f (mit gesetzlichen Mitteln)* elusione *f* fiscale, elusione *f* tributaria, elusione *f* d'imposta, *(mit ungesetzlichen Mitteln)* frode *f* fiscale, evasione *f* fiscale; **~ungleichheit** *f* sperequazione *f* tributaria.

Steuerungsfähigkeit *f (Strafrecht)* capacità *f* di volere.

steuerunschädlich *adj* irrilevante ai fini fiscali.

Steuer | veranlagung *f* accertamento *m* fiscale, accertamento *m* tributario, accertamento *m* dell'imposta, determinazione *f* dell'imposta, determinazione *f* dell'imponibile; **~vergehen** *n* reato *m* tributario; **~vergünstigungen** *fpl* agevolazioni *fpl* fiscali, agevolazioni *fpl* tributarie, privilegi *mpl* fiscali; **~vergütung** *f* rimborso *m* di imposta, rimborso *m* delle imposte, restituzione *f* di imposta, rimborso *m* fiscale, *(ugs)* rimborso *m* delle tasse; **~verhältnis** *n* rapporto *m* di imposta, rapporto *m* tributario; **~verheimlichung** *f* frode *f* fiscale; **~verkürzung** *f* riduzione *f* delle imposte, diminuzione *f* delle imposte, taglio *m* delle imposte, riduzione *f* fiscale, sgravio *m* fiscale; **~vermeidung** *f* rimozione *f* dell'imposta; **~verpachtung** *f* il dare in appalto le imposte.

steuerverpflichtet *adj* soggetto a tassazione, soggetto a imposizione, soggetto a imposta.

Steuer | verpflichtung *f* obbligazione *f* tributaria; **~verschärfung** *f* inasprimento *m* fiscale.

Steuerverteilung *f* ripartizione *f* delle imposte, distribuzione *f* delle imposte; **gerechte ~** *f* perequazione *f* tributaria.

Steuervertretung *f* sostituzione *f* tributaria.

Steuerverwaltung *f* amministrazione *f* delle imposte, amministrazione *f* fiscale; **Eidgenössische ~** *f (CH)* (*Abk* = **ESTV**) Amministrazione *f* federale (svizzera) delle contribuzioni *(AFC)*.

Steuer | verwaltungsakt *m* atto *m* amministrativo tributario; **~vorauszahlung** *f* acconto *m* d'imposta, anticipo *m* d'imposta, ritenuta *f* d'acconto; **~vorrecht** *n* privilegio *m* fiscale; **~vorschrift** *f* norma *f* fiscale, norma *f* tributaria; **~vorteil** *m* vantaggio *m* fiscale, beneficio *m* fiscale; **~wert** *m* valore *m* imponibile, valore *m* fiscale; **~wesen** *n* sistema *m* fiscale, sistema *m* tributario, ordinamento *m* tributario, regime *m* fiscale, fiscalità *f*, materia *f* fiscale, materia *f* tributaria; **~wohnsitz** *m* domicilio *m* fiscale; **~zahler/in** *m/f* contribuente *m/f*; **~zahlung** *f* pagamento *m* delle imposte, *(ugs)* pagamento *m* delle tasse; **~zeichen** *n* bollo *m* fiscale, marca *f* da bollo; **~zuschlag** *m* supplemento *m* di imposta, sovrimposta *f*; **~zuwiderhandlung** *f* illecito *m* fiscale, illecito *m* tributario, violazione *f* fiscale, violazione *f* tributaria, contravvenzione *f* fiscale, contravvenzione *f* tributaria, infrazione *f* fiscale, infrazione *f* tributaria.

StGB (*Abk* = **Strafgesetzbuch**) codice *m* penale *(c.p.)*.

Stich, im ~ lassen lasciare, abbandonare, piantare in asso.

Stichentscheid *m* voto *m* decisivo.

stichhaltig *adj (Argument)* fondato, motivato, valido, plausibile, credibile, convincente, concludente.

Stichhaltigkeit *f (eines Arguments)* fondatezza *f*, validità *f*, plausibilità *f*, credibilità *f*.

Stich | probe *f (Kontrolle)* controllo *m* (di qualità) a campione, sondaggio *m*, prova *f* (*a caso*), saggio *m*, *(Musterstück)* campione *m* (*prelevato a caso*); **~tag** *m* giorno *m* di riferimento, data *f* di riferimento, giorno *m* stabilito, giorno *m* fissato, giorno *m* determinato, giorno *m* di scadenza.

Stichverletzung *f* ferita *f* da punta; **Stich-** *f* **und Schnittverletzung** ferita *f* da punta e taglio.

Stich | waffe *f StrafR* arma *f* da punta; **~wahl** *f* ballottaggio *m*.

stiften *v* [1] *(gründen, errichten)* fondare, istituire.

stiften *v* [2] *(schenken)* offrire, donare, elargire.

Stifter/in *m/f* [1] *(Gründer)* fondatore/-trice *m/f*, istitutore/-trice *m/f*, promotore/-trice *m/f*, *(Urheber)* autore/-trice *m/f*.

Stifter/in *m/f* [2] *(Spender)* donatore/-trice *m/f*.

Stifterwille *m* volontà *f* del fondatore.

Stiftung *f* [1] *(Institution, Gründung)* fondazione *f*, istituzione *f*; **europäische ~** *f* fondazione *f* europea; **fromme ~** *f*; **milde ~** *f*; **mildtätige ~** *f* opera *f* pia, congregazione *f* di carità; **öffentliche ~** *f* fondazione *f* pubblica; **privatrechtliche ~** *f* fondazione *f* di diritto privato, fondazione *f* privata; **wohltätige ~** *f* opera *f* pia, congregazione *f* di carità; ~ *f* **des bürgerlichen Rechts** fondazione *f* di diritto privato, fondazione *f* privata; ~ *f* **des öffentlichen Rechts** fondazione *f* pubblica.

Stiftung *f*² *(Schenkung)* donazione *f*.

Stiftungs | erklärung *f (A)* atto *m* di fondazione; **~geschäft** *n* atto *m* di fondazione, negozio *m* di fondazione; **~rat** *m (auch als Beirat oder Kuratorium bezeichnet)* consiglio *m* di fondazione; **~satzung** *f*; **~statut** *n (CH)* statuto *m* della fondazione; **~urkunde** *f* atto *m* di fondazione; **~vermögen** *n* patrimonio *m* della fondazione; **~versammlung** *f* assemblea *f* della fondazione.

Stillschweigen *n* segreto *m*, silenzio *m*; **~ bewahren** [über *Akk*] mantenere il segreto [su], mantenere il silenzio [su], mantenere la riservatezza [su], mantenere il riserbo [su]; **strengstes ~ bewahren** [über *Akk*] osservare la massima discrezione [su], osservare la massima riservatezza [su], attenersi alla più rigorosa riservatezza [circa].

stillschweigend *adj* tacito, implicito; **~ billigen** approvare tacitamente.

Stillstand *m (Betriebseinstellung)* arresto *m*, fermata *f*, *(Unterbrechung einer Entwicklung)* stasi *f*, ristagno *m*, *(Erfolglosigkeit)* situazione *f* di stallo, punto *m* di stasi; ~ *m* **der Geschäfte** ristagno *m* degli affari; ~ *m* **der Rechtspflege** arresto *m* del funzionamento della giustizia.

Stimmabgabe *f* → *Abstimmung* votazione *f*, voto *m*, espressione *f* del voto; **betrügerische** ~ *f* votazione *f* fraudolenta; **freie** ~ *f* libera votazione *f*; **geheime** ~ *f* scrutinio *m* segreto; **schriftliche** ~ *f* votazione *f* per corrispondenza; ~ *f* **durch Vertreter** votazione *f* per procura.

stimmberechtigt *adj* avente diritto di voto, avente diritto al voto; **~ sein** avere diritto di voto, avere diritto al voto.

Stimm | berechtigte/r *f/m* avente *m/f* diritto di voto, avente *m/f* diritto al voto, votante *m/f*; **~berechtigung** *f* diritto *m* di voto, diritto *m* al voto; **~beteiligung** *f* partecipazione *f* elettorale, partecipazione *f* al voto, partecipazione *f* alle urne, affluenza *f* alle urne; **~bezirk** *m* circoscrizione *f* elettorale; **~bindungsvertrag** *m* contratto *m* con il quale gli azionisti si impegnano a votare in un certo senso, contratto *m* di sindacato di voto, convenzione *f* di voto, contratto *m* di voto vincolato (*grazie al quale i rappresentanti, negli organi di sorveglianza o di amministrazione, che non provengono dal versante dei dipendenti si obbligano a votare in consonanza con i rappresentanti di questi ultimi*); **~domizil** *n (CH)* domicilio *m* del comune di iscrizione nelle liste elettorali.

Stimme *f* voto *m*, suffragio *m*; **Ja-** ~ *f* voto *m* favorevole, voto *m* a favore, sì; **Nein-** ~ *f* voto *m* contrario, voto *m* a sfavore, no *m*; **Ja- und Nein- ~n** *fpl* voti *mpl* favorevoli e contrari, i sì e i no; **seine ~ abgeben** votare, dare il proprio voto, esprimere il proprio voto; **die ~n auszählen** fare lo spoglio dei voti, scrutinare i voti, fare lo scrutinio dei voti, fare il computo dei voti; **sich der ~ enthalten** astenersi (dal voto); **abgegebene** ~ *f* voto *m* espresso, voto *m* dato; **ablehnende** ~ *f* voto *m* contrario, voto *m* a sfavore, no *m*; **ausschlaggebende** ~ *f* voto *m* preponderante; **beratende** ~ *f* voto *m* consultivo; **entscheidende** ~ *f* voto *m* decisivo, voto *m* deliberativo; **gekaufte** ~ *f* voto *m* di scambio; **gültige** ~ *f* voto *m* valido; **leere** ~ *f* scheda *f* bianca; **ungültige** ~ *f* voto *m* nullo, scheda *f* nulla.

stimmen *v* votare.

Stimmen | abgabe *f* votazione *f*; **~austausch** *m* scambio *m* di voti; **~auszählung** *f* scrutinio *m*, spoglio *m* dei voti, computo *m* dei voti; **~einheit** *f* unanimità *f*.

stimmeneinhellig *adj (A)* all'unanimità.

Stimmen | einhelligkeit *f (A)* unanimità *f*; **~gewicht** *n (A)* ponderazione *f* dei voti; **~gleichheit** *f* parità *f* di voti; **~kauf** *m* mercato *m* di voto, acquisto *m* di voti, incetta *f* di voti;

~mehr *n (CH)*; **~mehrheit** *f* maggioranza *f* (dei voti); **~paket** *n* pacchetto *m* di voti.
Stimmenthaltung *f* astensione *f* (dal voto), astensionismo *m*.
Stimmen | wägung *f* ponderazione *f* dei voti; **~werbung** *f* sollecitazione *f* di voti; **die ~zahl erreichen** raggiungere il quorum; **~zähler/in** *m/f* scrutatore *m*; **~zählung** *f* scrutinio *m*, spoglio *m* dei voti, computo *m* dei voti.
stimmfähig *adj* capace di votare.
Stimm | karte *f* scheda *f* di votazione; **~liste** *f* lista *f* elettorale, lista *f* degli elettori; **~material** *n* raccolta *f* delle deleghe di voto degli azionisti; **~ordnung** *f* regolamento *m* elettorale; **~pflicht** *f* dovere *m* di votare, obbligo *m* di votare.
Stimmrecht *n* diritto *m* di voto, diritto *m* al voto, suffragio *m*; **das ~ ausüben** esercitare il diritto di voto; **~ haben** avere diritto di voto, avere diritto al voto; **allgemeines ~** *n* suffragio *m* universale; **doppeltes ~** *n* voto *m* doppio; **mehrfaches ~** *n* voto *m* plurimo.
Stimmrechts | aktie *f* azione *f* a voto plurimo, azione *f* a voto multiplo, azione *f* privilegiata nel voto, azione *f* di comando, azione *f* di padronanza; **~ausübung** *f* esercizio *m* del diritto di voto; **~ermächtigung** *f*; **~vollmacht** *f* delega *f* di voto; **~vorzugsaktie** *f* azione *f* a voto plurimo, azione *f* a voto multiplo, azione *f* privilegiata nel voto, azione *f* di comando, azione *f* di padronanza.
Stimm | register *n (CH)* lista *f* elettorale; **~schein** *m* certificato *m* elettorale che permette di votare in un comune diverso da quello in cui l'elettore è iscritto.
Stimmung *f (Börse)* tono *m*, intonazione *f*; **freundliche ~** *f* tendenza *f* favorevole; **~** *f* **am Markt** intonazione *f* del mercato.
Stimmzählung *f* scrutinio *m*, spoglio *m* dei voti, computo *m* dei voti.
Stimmzettel *m* scheda *f* (elettorale); **leerer ~** *m*; **unbeschriebener ~** *m* scheda *f* bianca; **ungültiger ~** *m* scheda *f* nulla.
Stipendiat/in *m/f* borsista *m/f*, titolare *m/f* di una borsa di studio.
Stipendium *n* borsa *f* di studio.
stipulieren *v (A)* stipulare.
Stipulierung *f (A)* stipulazione *f*.
Stockdividende *f* azione *f* gratuita.
Stockung *f* ristagno *m*, stasi *f*.
Stockwerk | eigentum *n (CH) (Artt. 712a ff. ZGB)* condominio *m* (*negli edifici*), proprietà *f* per piani *(CH)*; **~eigentümer/in** *m/f (CH)* condomino/-a *m/f*, comproprietario/-a *m/f (CH)*.
Stoffe, umweltbelastende ~ *pl* sostanze *fpl* inquinanti.
Stopppreis *m* prezzo *m* bloccato.
stören *v* disturbare, *(unterbrechen)* interrompere, *(beeinträchtigen)* turbare, perturbare, *(belästigen)* importunare, molestare, *(behindern)* intralciare.
Störer/in *m/f* disturbatore/-trice *m/f*, perturbatore/-trice *m/f*.
stornieren *v (Buchung)* stornare, annullare, cancellare.
Stornierung *f (einer Buchung)* storno *m*, annullamento *m*, cancellazione *f*.
Storno *m* storno *m*, rimborso *m*, *VersR* eliminazione *f* anormale; **~buchung** *f* storno *m*, storno *m* di scrittura, partita *f* di storno; **~gewinn** *m VersR* utile *m* sulle eliminazioni anormali; **~wahrscheinlichkeit** *f VersR* probabilità *f* di eliminazione anormale.
Störung *f* disturbo *m*, *(Unterbrechung)* interruzione *f*, *(Beeinträchtigung)* turbamento *m*, turbativa *f*, perturbazione *f*, violazione *f*, *(Belästigung)* molestia *f*, *(Behinderung)* impedimento *m*, intralcio *m*, intoppo *m*, *(der Geistesfähigkeit)* vizio *m*, *(Problem)* problema *m*, disfunzione *f*, interferenza *f*, *(Tech) (Panne, Defekt)* guasto *m*, *(Tech)* inconveniente *m*; **~** *f* **einer Bestattungsfeier** *(D) (§ 167a StGB)* turbamento *m* di un funerale; **~** *f* **der freien Wahl** violazione *f* della libertà elettorale; **~** *f* **der Geistestätigkeit** vizio *m* di mente; **~** *f* **des Gottesdienstes** turbamento *m*

di funzione religiosa; ~ *f* **der Nachtruhe** disturbo *m* del riposo notturno; ~ *f* **der öffentlichen Ordnung** turbamento *m* dell'ordine pubblico; ~ *f* **der Privatsphäre** interferenze *fpl* illecite nella vita privata; ~ *f* **der Religionsausübung** *(D) (§ 167 StGB)* turbamento *m* di funzioni religiose; ~ *f* **des sozialen Friedens** turbamento *m* della pace sociale; ~ *f* **des Totenfriedens** *(CH)* turbamento *m* della pace dei defunti; ~ *f* **der Totenruhe** *(D) (§ 168 StGB)* turbamento *m* del riposo dei defunti, turbamento *m* della pace dei defunti, manomissione *f* di cadavere.

Störungs|handlung *f* atto *m* di turbamento; **~unterlassung** *f* cessazione *f* della turbativa.

StPO (*Abk* = **Strafprozessordnung**) codice *m* di procedura penale *(c.p.p.)*.

Straf- penale.

Straf|abgabe *f (A)* sopra(t)tassa *f* [anche: sovra(t)tassa]; **~akte** *f* fascicolo *m* penale.

Strafandrohung *f* comminatoria *f*, pena *f* comminata, pena *f* prevista; **gesetzliche ~** *f* pena *f* prevista dalla legge, sanzione *f* comminata dalla legge.

Straf|anspruch *m* pretesa *f* punitiva; **~anstalt** *f* istituto *m* di pena, casa *f* di pena, istituto *m* carcerario, penitenziario *m*, prigione *f*; **~anstaltsordnung** *f* regolamento *m* penitenziario.

Strafantrag *m (des Geschädigten)* querela *f*, *(des Staatsanwalts im Plädoyer)* requisitoria *f*; **(einen) ~ stellen** sporgere querela, proporre querela, presentare querela, querelare; **einen ~ zurücknehmen**; **einen ~ zurückziehen** ritirare una querela; **Zurücknahme** *f* **des ~s** remissione *f* della (o: di) querela.

Strafantrags|frist *f* termine *m* di presentazione della querela; **~recht** *n* diritto *m* di querela.

Strafantritt *m* inizio *m* di esecuzione della pena, inizio *m* di espiazione della pena, inizio *m* della pena; **zum ~ laden** ingiungere a costituirsi in carcere.

Strafanwendung *f* applicazione *f* della pena.

Strafanzeige *f* denuncia *f* (*penale*); **~ erstatten** sporgere denuncia, presentare denuncia, denunciare.

Straf|arrest *m* arresto *m*; **~art** *f* tipo *m* di pena; **~aufhebungsgrund** *m* causa *f* estintiva della punibilità, causa *f* estintiva della pena, discriminante *f*; **~aufschub** *m* differimento *m* dell'esecuzione della pena; **~ausmaß** *n (A)* misura *f* della pena; **~ausschließungsgrund** *m* causa *f* di esclusione della pena, causa *f* di non punibilità.

Strafaussetzung *f* sospensione *f* della pena; **bedingte ~** *f*; ~ *f* **zur Bewährung** *(§§ 56 ff. StGB)* sospensione *f* condizionale della pena, condizionale *f*.

Strafausstand *m* sospensione *f* dell'esecuzione della pena.

strafbar *adj* punibile, condannabile, passibile di pena; **sich ~ machen** incorrere in un reato, commettere un reato, essere passibile di pena; **~ sein** costituire reato, costituire illecito penale, essere punito come reato, essere punibile, essere passibile di pena, essere passibile di sanzione penale, essere sanzionato, essere prevista una pena [per], essere prevista una sanzione penale [per], venire comminata una pena [per]; **~ sein wegen versuchten Mordes** essere colpevole di tentato omicidio.

Strafbarkeit *f* punibilità *f*, conseguenze *fpl* penali; ~ *f* **des Versuchs** punibilità *f* del tentativo.

Strafbarkeitsbedingung *f* condizione *f* di punibilità.

Strafbefehl *m* decreto *m* (penale) di condanna.

Strafbefehls|antrag *m* richiesta *f* di (emettere un) decreto (penale) di condanna; **~verfahren** *n (§§ 407 ff. StPO)* procedimento *m* per decreto (penale di condanna).

Straf|befugnis *f* potere *m* di punire, potere *m* punitivo, potere *m* repressivo; **~behörde** *f* autorità *f* repressiva; **~bemessung** *f* commisurazione *f* della pena; **~bestimmung** *f* disposizione *f* penale, norma *f* penale; **~betrag** *m (A)* ammenda *f*, multa *f*; **~buch** *n* registro *m* delle punizioni.

Strafcharakter *m* carattere *m* sanzionatorio, carattere *m* punitivo, natura *f* punitiva, natura *f* penale; **mit ~** di carattere sanzionatorio, *(Schadensersatz)* punitivo, avente carattere punitivo.

Straf|dauer *f* durata *f* della pena; **~drohung** *f* comminatoria *f*, pena *f* comminata, pena *f* prevista.

Strafe *f* pena *f*, sanzione *f* penale, penale *f*, penalità *f*, *(Bestrafung)* punizione *f*, *(Züchtigung)* castigo *m*; **keine ~ ohne Gesetz** nessuna pena senza una legge, nulla poena sine lege *(lat) (non si può infliggere ad alcuno una sanzione penale, a meno che non sia espressamente prevista dalla legge)*; **von ~ absehen** rinunciare all'irrogazione di una pena, rinunciare alla pena; **eine ~ androhen** comminare una pena; **eine ~ antreten** costituirsi in carcere; **eine ~ anwenden** applicare una pena; **die ~ zur Bewährung aussetzen** sospendere condizionalmente l'esecuzione della pena; **mit ~ bedrohen** comminare una pena; **mit ~ bedroht sein** costituire reato, costituire illecito penale, essere punito come reato, essere punibile, essere passibile di pena, essere passibile di sanzione penale, essere sanzionato, essere prevista una pena [per], essere prevista una sanzione penale [per], venire comminata una pena [per]; **mit einer ~ belegen** punire; **die ~ erhöhen** aggravare la pena; **eine ~ erlassen** condonare una pena, rimettere una pena; **die ~ mildern** attenuare la pena; **unter ~ stellen** considerare reato, configurare come reato, considerare illecito penale, punire come reato, rendere punibile, prevedere una pena [per], prevedere una sanzione penale [per], sanzionare, penalizzare, criminalizzare; **eine ~ umwandeln** commutare una pena; **eine ~ verbüßen** scontare una pena, espiare una pena; **eine ~ verhängen** infliggere una pena, irrogare una pena, comminare una pena; **die ~ verschärfen** inasprire la pena; **eine ~ vollstrecken**; **eine ~ vollziehen** eseguire una pena; **abschreckende ~** *f* pena *f* esemplare; **ausgestandene ~** *f (A)* pena *f* scontata, pena *f* espiata, pena *f* eseguita; **im Ausland verhängte ~** *f* pena *f* inflitta all'estero; **erkannte ~** *f* pena *f* inflitta, pena *f* irrogata; **freiheitsentziehende ~** *f* pena *f* detentiva, pena *f* restrittiva della libertà personale; **gesetzlich bestimmte ~** *f*; **vom Gesetz vorgesehene ~** *f* pena *f* edittale, pena *f* prevista dalla legge (*per un determinato reato*); **höchstmögliche ~** *f* pena *f* (edittale) massima (*prevista per un reato*); **lebenslange ~** *f*; **lebenslängliche ~** *f* pena *f* a vita, pena *f* perpetua, *(lebenslängliche Freiheitsstrafe)* ergastolo *m*, carcere *m* a vita, reclusione *f* a vita, pena *f* detentiva a vita; **milde ~** *f* pena *f* mite; **verbüßte ~** *f* pena *f* scontata, pena *f* espiata; **verjährte ~** *f* pena *f* prescritta; **vollzogene ~** *f* pena *f* eseguita, pena *f* scontata.

strafen *v* punire.

Strafen|auszug *m (CH)* estratto *m* del casellario giudiziale; **~häufung** *f (A)* cumulo *m* delle pene, concorso *m* di pene.

Straf|entlassenenhilfe *f* assistenza *f* post-penitenziaria; **~entlassene/r** *f/m* scarcerato/-a *m/f*, dimesso/-a *m/f*.

Strafentlassung *f* scarcerazione *f*, dimissione *f* (del detenuto); **bedingte ~** *f* liberazione *f* condizionale.

Straf|entscheid *m (CH)* decisione *f* amministrativa infliggente una pena; **~erhöhung** *f* aumento *m* della pena; **~erkenntnis** *n* sentenza *f* penale; **~erlass** *m* remissione *f* della pena, condono *m* della pena, indulto *m*; **~ermächtigung** *f* autorizzazione *f* a procedere; **~ermäßigung** *f* riduzione *f* di pena; **~erschwerungsgrund** *m* circostanza *f* aggravante, aggravante *f*; **~fähigkeit** *f* capacità *f* penale, punibilità *f*; **~fall** *m (CH)* reato *m*.

straffällig *adj* punibile, passibile di pena.

Straffällige/r *f/m* colpevole *m/f*, chi/colui che è passibile di pena.
Straffälligkeit *f* punibilità *f*.
Straffestsetzung *f* determinazione *f* della pena, fissazione *f* della pena.
straffrei *adj* esente da pena, impunito, impunemente.
Straffreierklärung *f* declaratoria *f* di non punibilità.
Straf|freiheit *f* impunità *f*; **~freiheitsgesetz** *n* legge *f* d'amnistia; **~funktion** *f* funzione *f* punitiva.
Strafgefangene/r *f/m* detenuto/-a *m/f*, recluso/-a *m/f*, carcerato/-a *m/f*; **entlassene/r ~** *f/m* scarerato/-a *m/f*.
Strafgeld *n* [1] *(Vertragsstrafe)* penale *f*.
Strafgeld *n* [2] *StrafR* multa *f*, ammenda *f*.
Straf|gericht *n* tribunale *m* penale, *(Amtsgericht)* sezione *f* penale (della pretura); **~gerichtsbarkeit** *f* giurisdizione *f* penale, giustizia *f* penale, magistratura *f* penale.
Strafgerichtshof *m* corte *f* penale; **internationaler ~** *m* (*Abk* = **IStGH**) *(Den Haag)* Corte *f* penale internazionale *(CPI)* (*L'Aja*).
Straf|gesetz *n* legge *f* penale; **~gesetzbuch** *n* (*Abk* = **StGB**) codice *m* penale *(c.p.)*; **~gesetzgebung** *f* legislazione *f* penale; **~gewalt** *f* potere *m* di punire, potere *m* punitivo, potere *m* repressivo; **~haft** *f* carcere *m*; **~häufung** *f (A)* cumulo *m* delle pene, concorso *m* di pene; **~herabsetzung** *f* riduzione *f* di pena; **~justiz** *f* giustizia *f* penale.
Strafkammer *f (beim Landgericht)* sezione *f* penale; **auswärtige ~** *f* sezione *f* penale distaccata; **besondere ~** *f* sezione *f* penale specializzata; **große ~** *f (drei Berufs- und zwei Laienrichter)* grande sezione *f* penale; **kleine ~** *f (ein Berufs- und zwei Laienrichter)* piccola sezione *f* penale.
Straf|karte *f (A) (Mitteilung an die Registerbehörde über erfolgte Verurteilung)* comunicazione *f* di condanna; **~klage** *f* azione *f* penale; **~klageverbrauch** *m* consunzione *f* dell'azione penale; **~klausel** *f (Vertragsstrafe)* penale *f*, clausola *f* penale; **~liste** *f* casellario *m* giudiziale.
straflos *adj* esente da pena, impunito, impunemente.
Straf|löschung *f* cancellazione *f* della menzione di condanna dal casellario giudiziale; **~losigkeit** *f* impunità *f*; **~mandat** *n* decreto *m* di condanna.
Strafmaß *n* misura *f* della pena; **~berufung** *f* appello *m* parziale (*proposto per impugnare la gravità della pena inflitta*).
Strafmaßnahme *f* misura *f* punitiva, provvedimento *m* sanzionatorio, sanzione *f*; **wirtschaftliche ~** *f* sanzione *f* economica.
strafmildernd *adj* attenuante.
Straf|milderung *f* attenuazione *f* della pena, mitigazione *f* della pena; **~milderungsgrund** *m* circostanza *f* attenuante, attenuante *f*; **~mündigkeit** *f* età *f* imputabile, maggiore età *f* penale, capacità *f* penale; **~nachlass** *m* remissione *f* di pena, indulto *m*; **~nachricht** *f* comunicazione *f* della condanna; **bedingte ~nachsicht** *f (A) (§ 43 öStGB)* sospensione *f* condizionale della pena; **~norm** *f* norma *f* penale; **~ortsänderung** *f (A)* cambiamento *m* del luogo di esecuzione della pena; **~protokoll** *n* verbale *m* di contravvenzione, processo *m* verbale di contravvenzione.
Strafprozess *m* processo *m* penale; **~ordnung** *f* (*Abk* = **StPO**) codice *m* di procedura penale *(c.p.p.)*; **~recht** *n* diritto *m* processuale penale, diritto *m* penale formale.
Straf|punkt *m* punto *m* di penalità; **~rahmen** *m (Mindest- und Höchstmaß der Strafe)* cornice *f* edittale (*di pena*), spazio *m* edittale (*tra il minimo e il massimo della pena*), limiti *mpl* edittali (*di pena*), limite *m* edittale minimo e massimo, minimi *mpl* e massimi *mpl* di pena.
Strafrecht *n* diritto *m* penale; **formelles ~** *n* diritto *m* penale formale, diritto *m* processuale penale; **internationales ~** *n* diritto *m* internazionale penale; **materielles**

~ *n* diritto *m* penale sostanziale, diritto *m* penale materiale.

Strafrechtler/in *m/f* penalista *m/f*.

strafrechtlich *adj* penalistico, (di diritto) penale, penalmente; **im ~en Sinn** in senso penalistico; **~ nicht in Erscheinung getreten** *StrafProzR* senza precedenti penali, incensurato; **~ verantwortlich sein** essere penalmente responsabile.

Strafrechts|irrtum *m* errore *m* sulla legge penale; **~lehre** *f* dottrina *f* penale; **~lehrer/in** *m/f* penalista *m/f*, criminalista *m/f*, docente *m/f* di diritto penale; **~pflege** *f* giustizia *f* penale; **~reform** *f* riforma *f* del diritto penale; **~schutz** *m* tutela *f* penale; **~system** *n* sistema *m* penale; **~weg** *m* giurisdizione *f* penale; **~wissenschaft** *f* scienza *f* del diritto penale.

Strafregister *n* casellario *m* giudiziale, casellario *m* giudiziario, casellario *m* penale; **Eintragung** *f* **im / ins / in das ~** iscrizione *f* nel casellario giudiziale, menzione *f* nel casellario giudiziale, annotazione *f* nel casellario giudiziale.

Strafregister|auszug *m (CH) (Auszug aus dem Schweizerischen Strafregister; früher: Leumundszeugnis)*; **~bescheinigung** *f (A) (früher: Leumundszeugnis, Führungszeugnis, polizeiliches Führungszeugnis oder Sittenzeugnis)* certificato *m* del casellario giudiziale (o: giudiziario), estratto *m* del casellario giudiziale (o: giudiziario), certificato *m* di buona condotta, certificato *m* penale, fedina *f* penale.

Straf|richter/in *m/f (Amtsgericht)* giudice *m* penale, pretore *m* (*in materia penale*); **~sache** *f* questione *f* penale, materia *f* penale, *StrafProzR* causa *f* penale; **~sanktion** *f* sanzione *f* penale; **~satz** *m (A)* misura *f* della pena.

strafschärfend *adj* aggravante.

Straf|schärfung *f* aggravamento *m* della pena, inasprimento *m* della pena; **~schärfungsgrund** *m* circostanza *f* aggravante, aggravante *f*; **~senat** *m (beim Oberlandesgericht, Bundesgerichtshof)* sezione *f* penale; **~sitzung** *f* udienza *f* penale.

Straftat *f* → *Delikt* reato *m*; **subjektives Element** *n* **der ~** elemento *m* psicologico del reato, elemento *m* soggettivo del reato; **eine ~ begehen** commettere un reato; **einer ~ beschuldigen** incolpare di un reato; **von Amts wegen verfolgbare ~** *f* reato *m* perseguibile d'ufficio, reato *m* procedibile d'ufficio; **erfolgsqualifizierte ~** *f* reato *m* aggravato dall'evento, reato *m* qualificato dall'evento; **fahrlässige ~** *f* reato *m* colposo; **fortgesetzte ~** *f* reato *m* continuato; **militärische ~** *f* reato *m* militare; **~en** *fpl* **der organisierten Kriminalität** reati *mpl* di criminalità organizzata; **politische ~** *f* reato *m* politico; **versuchte ~** *f* reato *m* tentato; **vollendete ~** *f* reato *m* consumato.

Straftatbestand *m = gesetzlicher Straftatbestand m* fattispecie *f* astratta (o: tipica/legale) di reato, figura *f* di reato, titolo *m* di reato, ipotesi *f* di reato, ipotesi *f* criminosa, figura *f* criminosa.

Straftäter *m* [f: Straftäterin] autore *m* di un reato, reo *m*, delinquente *m*; **gesuchter ~** *m* ricercato *m*; **jugendlicher ~** *m* delinquente *m* minorenne, delinquente *m* minorile; **reuiger ~** *m* pentito *m*.

Straf|termin *m* udienza *f* penale; **~tilgung** *f* estinzione *f* della pena; **~umwandlung** *f* commutazione *f* di pena, conversione *f* della pena; **~unmündige/r** *f/m* minore *m/f* degli anni 14; **~unmündigkeit** *f* minore età *f* penale; **~unterbrechung** *f* sospensione *f* dell'esecuzione della pena; **~untersuchung** *f* istruzione *f* penale; **~urteil** *n* sentenza *f* penale; **~verbüßung** *f* espiazione *f* della pena; **~vereitelung** *f (D) (persönliche Begünstigung) (§ 258 StGB)* favoreggiamento *m* (*personale*).

Strafverfahren *n* procedimento *m* penale, processo *m* penale, giudizio *m* penale, procedura *f* penale; **ein ~ einleiten** promuovere un procedimento penale, promuovere un'azione penale, esperire un'azione penale, istruire un procedimento penale, instaurare un processo penale, intentare un processo penale, radicare un giudizio penale; **das ~ einstellen** archiviare gli atti (*del procedimento penale al termine delle indagini preliminari*), pronunciare sentenza di non luogo a procedere (*al termine dell'udienza preliminare*); **anhängiges ~** *n* procedimento *m* penale pendente, processo *m* penale pendente, giudizio *m* penale pendente; **laufendes ~** *n* procedimento *m* penale in corso, processo *m* penale in corso, giudizio *m* penale in corso.

Strafverfahrensrecht *n* diritto *m* processuale penale.

Strafverfolgung *f* esercizio *m* dell'azione penale, azione *f* penale; **~** *f* **von Amts wegen** perseguibilità *f* d'ufficio, procedibilità *f* d'ufficio; **von der ~ absehen** rinunciare all'esercizio dell'azione penale; **besonderes öffentliches Interesse** *n* **an der ~** particolare interesse *m* pubblico all'esercizio dell'azione penale; **öffentliches Interesse** *n* **an der ~** interesse *m* pubblico all'esercizio dell'azione penale.

Strafverfolgungs | behörde *f* pubblico ministero *m (P.M.)*; **~hindernis** *n* divieto *m* dell'esercizio dell'azione penale; **~pflicht** *f* obbligatorietà *f* (dell'esercizio) dell'azione penale; **~verjährung** *f* prescrizione *f* dell'azione penale; **~zwang** *m* obbligatorietà *f* (dell'esercizio) dell'azione penale.

Straf | verfügung *f (A, CH)* decreto *m* penale; **~verhandlung** *f* udienza *f* penale; **~verjährung** *f* prescrizione *f* della pena; **~verlangen** *n* richiesta *f* dell'esercizio dell'azione penale; **~vermerk** *m* menzione *f* della condanna nel casellario giudiziale.

strafverschärfend *adj* aggravante.

Straf | verschärfung *f* aggravamento *m* della pena, inasprimento *m* della pena; **~verschärfungsgrund** *m* circostanza *f* aggravante, aggravante *f*.

strafversetzen *v* trasferire per misura disciplinare.

Straf | versetzung *f* trasferimento *m* per misura disciplinare; **~verteidiger/in** *m/f* difensore *m*, avvocato *m* difensore (*nel processo penale*); **~verteidigung** *f* difesa *f* (*nel processo penale*); **~vollstreckung** *f* esecuzione *f* della pena, esecuzione *f* penale.

Strafvollstreckungs | gericht *n* tribunale *m* di sorveglianza; **~kammer** *f* sezione *f* di sorveglianza; **~verfahren** *n* procedimento *m* di sorveglianza; **~verjährung** *f* prescrizione *f* della pena.

Strafvollzug *m* esecuzione *f* della pena, esecuzione *f* penale; **bedingter ~** *m* sospensione *f* condizionale della pena; **offener ~** *m* regime *m* di semilibertà, semilibertà *f*.

Strafvollzugs | anstalt *f (A)* istituto *m* di pena, casa *f* di pena, istituto *m* carcerario, penitenziario *m*, prigione *f*; **~gesetz** *n (D)* (*Abk* = **StVollzG**) *(Gesetz über den Vollzug der Freiheitsstrafe und der freiheitsentziehenden Maßregeln der Besserung und Sicherung)* legge *f* penitenziaria (tedesca), legge *f* (tedesca) sull'ordinamento penitenziario, legge *f* (tedesca) sull'esecuzione della pena detentiva e delle misure di rieducazione e di sicurezza privative della libertà personale; **~recht** *n* ordinamento *m* penitenziario, *(Rechtsgebiet)* diritto *m* penitenziario.

Strafvorschrift *f* norma *f* penale.

strafwürdig *adj* meritevole di pena, punibile, sanzionabile.

Straf | würdigkeit *f* valutazione *f* dell'opportunità di punire certi reati; **~zoll** *m* ammenda *f* fiscale.

Strafzumessung *f* commisurazione *f* della pena, determinazione *f* (concreta) della pena, determinazione *f* della misura della pena (*tra il minimo e il massimo edittale*), computo *m* della pena, applicazione *f* della pena, graduazione *f* della pena, trattamento *m* sanzionatorio; **~** *f* **auf Antrag** applicazione *f* della pena su richiesta.

Straf|zuschlag *m* supplemento *m* imposto a titolo di penalità; **~zuständigkeit** *f* competenza *f* penale; **~zweck** *m* funzione *f* della pena.

Straßen|anlieger/in *m/f*; **~anrainer/in** *m/f* frontista *m/f*; **~benutzungsgebühr** *f* pedaggio *m*; **~frachtführer/in** *m/f* vettore *m* su strada; **internationaler ~güterverkehr** *m* trasporto *m* internazionale delle merci su strada; **~kontrollstelle** *f* blocco *m* stradale; **~polizei** *f* polizia *f* stradale, stradale *f*; **~raub** *m StrafR* rapina *f* commessa in pubblica via, *(in der Stadt)* scippo *m*, *(auf Landstraßen)* brigantaggio *m*; **~unterhaltungs-beitrag** *m* contributo *m* di viabilità; **~verkehr** *m* circolazione *f* stradale, traffico *m* stradale, traffico *m* su strada, *(Straßentransport)* trasporto *m* su strada, trasporto *m* stradale, trasporti *mpl* stradali.

Straßenverkehrsgefährdung *f* pericolo *m* per la circolazione.

Strassenverkehrsgesetz *n (CH)* (*Abk* = **SVG**) legge *f* federale (svizzera) sulla circolazione stradale *(LCStr)*.

Straßenverkehrs|gesetz *n (D)* (*Abk* = **StVG**) legge *f* (tedesca) sulla circolazione stradale; **~ordnung** *f* (*Abk* = **StVO**) *(in Österreich; Straßenverkehrs-Ordnung in Deutschland)* regolamento *m* della circolazione stradale, codice *m* della strada *(c.d.s.) (I)*, codice *m* stradale; **~recht** *n* disciplina *f* giuridica della circolazione stradale; **~sicherheit** *f* sicurezza *f* stradale; **~teilnehmer/in** *m/f* utente *m/f* della strada; **~unfall** *m* incidente *m* stradale.

Strecken|geschäft *n* operazione *f* di commercio all'ingrosso di mediazione; **~handel** *m* commercio *m* all'ingrosso di mediazione; **~recht** *n (CH)* diritto *m* di passaggio per arare.

streichen *v (tilgen)* cancellare, *(annullieren)* annullare, stornare, sospendere, *(beseitigen)* eliminare, sopprimere, abolire, *(ausstreichen)* radiare, cassare, *(durchstreichen)* depennare; **Nicht-/Unzutreffendes bitte ~** *(Anweisung auf Formularen)* cancellare (o: barrare) ciò che non interessa, cancellare (o: barrare) la voce (o: la dicitura) che non interessa.

Streichung *f* cancellazione *f*, taglio *m*, tagli *mpl*, *(Ausschluss)* radiazione *f*; **~ *f* von der Liste der Rechtsanwälte** *(A)* radiazione *f* dall'albo degli avvocati; **~ *f* der Sache aus der Prozessliste** *ProzR* cancellazione *f* della causa dal ruolo.

Streifbanddepot *n* deposito *m* "a dossier".

Streik *m ArbR* sciopero *m*; **einen ~ ausrufen** *ArbR* proclamare uno sciopero; **den ~ aussetzen** *ArbR* sospendere lo sciopero; **einen ~ brechen** *ArbR* non prendere parte allo sciopero, *(pej)* fare il crumiro; **einen ~ organisieren** *ArbR* organizzare uno sciopero; **in den ~ treten** *ArbR* scioperare, entrare in sciopero, mettersi in sciopero; **organisierter ~** *m ArbR* sciopero *m* organizzato (*dal sindacato*); **politischer ~** *m ArbR* sciopero *m* politico; **rechtswidriger ~** *m ArbR* sciopero *m* illegale; **unbefristeter ~** *m ArbR* sciopero *m* illimitato; **wilder ~** *m ArbR* sciopero *m* selvaggio; **~ *m* der öffentlichen Bediensteten** *ArbR* sciopero *m* dei dipendenti pubblici.

Streik|aktion *f ArbR* azione *f* di sciopero; **~aufruf** *m ArbR* proclamazione *f* dello sciopero; **~ausschuss** *m ArbR* comitato *m* di sciopero; **~befehl** *m ArbR* ordine *m* di sciopero; **~bewegung** *f ArbR* movimento *m* di sciopero, movimento *m* scioperistico; **~brecher/in** *m/f ArbR* non scioperante *m/f*, *(pej)* crumiro/-a *m/f*; **~bruch** *m ArbR* crumiraggio *m*; **~drohung** *f ArbR* minaccia *f* di sciopero.

streiken *v ArbR* scioperare, fare sciopero.

Streikende/r *f/m ArbR* scioperante *m/f*.

Streik|freiheit *f ArbR* libertà *f* di sciopero; **~gefahr** *f ArbR* pericolo *m* di sciopero; **~geld** *n ArbR* indennità *f* di sciopero; **~kasse** *f ArbR* cassa *f* per gli scioperi.

Streikposten *m ArbR* picchetto *m*; **Einsatz** *m* **von ~** *ArbR* picchettaggio *m*.

Streik | recht *n ArbR* diritto *m* di sciopero, libertà *f* di sciopero; **~risiko** *n ArbR* rischio *m* di sciopero; **~risikoversicherung** *f ArbR* assicurazione *f* contro gli scioperi; **~verbot** *n ArbR* divieto *m* di sciopero; **~versammlung** *f ArbR* assemblea *f* degli scioperanti; **~wache** *f ArbR* picchetto *m*; **~welle** *f ArbR* ondata *f* di scioperi.

Streit *m (Rechtsstreit)* controversia *f*, contenzioso *m*, vertenza *f*, causa *f*, *(Zwist)* lite *f*, litigio *m*, *(heftiger Wortwechsel)* diverbio *m*, alterco *m*, *(Konflikt)* conflitto *m*, *(Uneinigkeit)* contrasto *m*, disaccordo *m*, *(Auseinandersetzung)* contesa *f*, *(Meinungsstreit)* disputa *f*, discussione *f*, polemica *f*; **einen ~ beilegen** comporre una lite, aggiustare una lite, comporre una controversia, risolvere una controversia; **einen ~ schlichten** comporre una lite, comporre una controversia; **den ~ verkünden** *ZivProzR (dem Dritten) (§ 72 ZPO)* chiamare in causa (*un terzo*), chiamare nel processo (*un terzo*), denunciare una lite (*ad un terzo*) *(CH)*.

streitanhängig *adj (A) ZivProzR* pendente.

Streit | anhängigkeit *f (A) ZivProzR* litispendenza *f*; **~anmerkung** *f (A)* annotazione *f* di lite.

streitbefangen *adj* controverso.

Streitbeilegung *f* definizione *f* di una controversia, definizione *f* di una lite, risoluzione *f* di una controversia, regolamento *m* di una controversia, componimento *m* di una controversia, componimento *m* di una lite, composizione *f* di una controversia, composizione *f* di una lite; **alternative ~** *f (ADR: Alternative Dispute Resolution)* metodi *mpl* alternativi di risoluzione delle controversie; **alternative ~ in Verbraucherangelegenheiten-Richtlinie** *f EuR (= ADR-Richtlinie)* → *s. Anhang 3 b)* direttiva *f* sull'ADR per i consumatori (*Direttiva 2013/11/UE del Parlamento Europeo e del Consiglio, del 21 maggio 2013, sulla risoluzione alternativa delle controversie dei consumatori, che modifica il regolamento (CE) n. 2006/2004 e la direttiva 2009/22/CE*).

Streit | beitritt *m ZivProzR* intervento *m* volontario; **~betrag** *m ZivProzR* valore *m* della causa, somma *f* controversa.

streiten *v (prozessieren)* essere in lite, essere in causa, *(sich zanken)* litigare, contendersi, *(sich auseinandersetzen)* discutere, dibattere.

streitend *adj* litigante, in lite.

Streit | entscheidung *f ZivProzR* decisione *f* in materia contenziosa; **~erledigung** *f* regolamento *m* delle controversie; **~fall** *m* controversia *f*, litigio *m*, lite *f*, causa *f*, conflitto *m*; **~frage** *f* questione *f* controversa, punto *m* controverso, quesito *m*, controversia *f*, lite *f*, vertenza *f*, conflitto *m*, contestazione *f*; **~gegenstand** *m ZivProzR* oggetto *m* del contendere, oggetto *m* della controversia, oggetto *m* della causa, oggetto *m* della lite, oggetto *m* della disputa, materia *f* del contendere; **~gehilfe/-gehilfin** *m/f ZivProzR* interveniente *m* adesivo; **~genosse/-genossin** *m/f ZivProzR* litisconsorte *m*.

Streitgenossenschaft *f ZivProzR* → *subjektive Klagehäufung* litisconsorzio *m*; **einfache ~** *f ZivProzR (§§ 59, 60 ZPO)* litisconsorzio *m* facoltativo; **notwendige ~** *f ZivProzR (§ 62 ZPO)* litisconsorzio *m* necessario.

Streithelfer *m* [f: Streithelferin] *ZivProzR* → *Nebenintervenient/in* interveniente *m* adesivo; **selb(st)ständiger ~** *m ZivProzR* interveniente *m* adesivo autonomo, interveniente *m* litisconsortile; **unselb(st)ständiger ~** *m ZivProzR* interveniente *m* adesivo dipendente.

Streithilfe *f ZivProzR* → *Nebenintervention* intervento *m* adesivo; **selb(st) ständige ~** *f ZivProzR* intervento *m* adesivo autonomo; **streitgenös-**

sische ~ *f ZivProzR* intervento *m* litisconsortile.

streitig *adj (Forderung)* litigioso, *ProzR* contenzioso, *(Verhandlung)* contraddittorio, *(umstritten)* controverso, contestato, discusso, contestabile, *(fraglich)* discutibile; **nicht ~** non contenzioso; **~ machen** contestare, contendere.

Streitigkeit *f (Rechtsstreitigkeit)* controversia *f*, contenzioso *m*, causa *f*, vertenza *f*, lite *f*, *(Streit)* litigio *m*, *(Konflikt)* conflitto *m*, contesa *f*, *(Uneinigkeit)* contrasto *m*, dissidio *m*, disaccordo *m*; **eine ~ beilegen** risolvere una controversia, comporre una controversia, comporre una lite, aggiustare una lite; **Beilegung** *f* **einer ~** definizione *f* di una controversia, definizione *f* di una lite, risoluzione *f* di una controversia, regolamento *m* di una controversia, componimento *m* di una controversia, componimento *m* di una lite, composizione *f* di una controversia, composizione *f* di una lite; **arbeitsrechtliche ~** *f ArbR* controversia *f* (in materia) di lavoro, controversia *f* giuslavoristica; **außergerichtliche ~** *f* controversia *f* stragiudiziale; **~** *f* **des bürgerlichen Rechts** controversia *f* in materia civile, contenzioso *m* civile; **gerichtliche ~** *f* controversia *f* giudiziale; **rechtliche ~** *f* controversia *f* giuridica; **steuerrechtliche ~** *f* controversia *f* tributaria, contenzioso *m* tributario; **verwaltungsrechtliche ~** *f* controversia *f* amministrativa, contenzioso *m* amministrativo; **völkerrechtliche ~** *f* controversia *f* internazionale; **zivilrechtliche ~** *f* controversia *f* in materia civile, contenzioso *m* civile.

Streit | objekt *n ZivProzR* oggetto *m* del contendere, oggetto *m* della controversia, oggetto *m* della causa, oggetto *m* della lite, oggetto *m* della disputa, materia *f* del contendere; **~partei** *f ZivProzR* parte *f*, parte *f* in causa, parte *f* in lite, parte *f* litigante, litigante *m/f*, parte *f* contendente, contendente *m/f*; **~punkt** *m* punto *m* controverso; **~register** *n (A) ZivProzR* ruolo *m* (generale) degli affari contenziosi civili.

Streitsache *f*[1] *(Streitfrage)* questione *f* controversa.

Streitsache *f*[2] *ZivProzR (Rechtsstreit, Rechtsstreitigkeit)* causa *f*, lite *f*, controversia *f*, contenzioso *m*, vertenza *f*, litigio *m*.

Streitsache *f*[3] *(Streitgegenstand)* oggetto *m* della lite, oggetto *m* della disputa, oggetto *m* del contendere, oggetto *m* della controversia, causa *f* (della lite).

Streit | teil *m ZivProzR* parte *f*, parte *f* in causa, parte *f* in lite, parte *f* litigante, litigante *m/f*, parte *f* contendente, contendente *m/f*; **~verfahren** *n ZivProzR* procedimento *m* contenzioso, contenzioso *m*.

streitverfangen *adj (A)* controverso.

Streit | verhandlung *f (A) ZivProzR = mündliche Streitverhandlung* udienza *f* di trattazione della causa; **~verkünder** *m ZivProzR* chi chiama un terzo in causa, parte *f* che chiama in causa un terzo; **~verkündete/r** *f/m ZivProzR* terzo *m* chiamato in causa; **~verkündigung** *f (A) (§ 21 öZPO)*; **~verkündung** *f ZivProzR → D: §§ 72 ff. ZPO, CH: Art. 16 Bundesgesetz über den Bundeszivilprozess* intervento *m* (coatto) su istanza di parte, chiamata *f* in causa (*di un terzo al quale una parte ritiene comune la causa o dal quale pretende di essere garantita*), denuncia *f* della lite *(CH)*; **~verkündungsempfänger/in** *m/f ZivProzR* terzo *m* chiamato in causa.

Streitwert *m ZivProzR* valore *m* della causa, valore *m* della controversia; **~festsetzung** *f ZivProzR* determinazione *f* del valore della causa, determinazione *f* del valore della controversia.

Strengbeweis *m ProzR* prova *f* legale, prova *f* formale.

Strenge *f* **des Gesetzes** rigore *m* della legge, rigore *m* legale.

Streu | besitz *m* proprietà *f* sparpagliata in più mani; **~pflicht** *f* obbligo *m* dei proprietari di immobili confinanti con la strada di spargere sabbia sui marciapiedi in caso di gelo.

Streuung *f* diffusione *f*, diversificazione *f*; **~** *f* **des Risikos** diversificazione *f* dei rischi.

strikt *adj* rigoroso, tassativo.

strittig *adj* controverso, contestato, in contestazione, in questione, *(fraglich)* discutibile, opinabile, contestabile.

Strohmann *m* uomo *m* di paglia, prestanome *m*, persona *f* interposta.

Strom | entwendung *f* furto *m* di energia elettrica; **~lieferungsvertrag** *m* contratto *m* di somministrazione di energia elettrica.

st.Rspr. (*Abk* = **ständige Rechtsprechung**) giurisprudenza *f* costante.

Struktur | fehler *m* difetto *m* strutturale; **~fonds** *m* fondo *m* strutturale; **~schwäche** *f* debolezza *f* strutturale; **~veränderungen** *fpl* cambiamenti *mpl* strutturali, mutamenti *mpl* strutturali; **~verbesserung** *f* miglioramento *m* strutturale.

Stubenarrest *m* arresto *m* semplice, sala *f* di punizione semplice, camera *f* di punizione semplice; **geschärfter ~** *m*; **verschärfter ~** *m* arresto *m* di rigore, stanza *f* di punizione di rigore, camera *f* di punizione di rigore.

Stück *n* pezzo *m*, titolo *m*, *(Bestandteil)* elemento *m*, parte *f* componente, *(von Gepäck, Sendungen)* collo *m*, *(von Kleidung, Vieh)* capo *m*, *(Gegenstand)* oggetto *m*, esemplare *m*; **dringendes ~** *n (CH)* pacco *m* urgente; **sperriges ~** *n (CH)* pacco *m* ingombrante; **verlostes ~** *n* titolo *m* estratto a sorte; **~** *n* **mit Wertangabe** *(CH)* pacco *m* con valore dichiarato.

Stück | aktie *f (Anteil am Grundkapital einer Aktiengesellschaft)* azione *f* senza valore nominale; **~arbeit** *f* lavoro *m* a cottimo; **~arbeiter/in** *m/f* cottimista *m/f*.

Stücke | depot *n* deposito *m* irregolare di titoli; **~konto** *n* conto *m* titoli (deposito irregolare).

Stückelung *f* taglio *m*.

Stücke | mangel *m* scarsità *f* di titoli; **~verzeichnis** *n* distinta *f* di negoziazione, nota *f* di negoziazione.

Stückgutbeförderung *f* spedizione *f* in piccole partite.

Stückgüter *pl* colli *mpl*.

Stückgut | fracht *f* trasporto *m* a collettame, trasporto *m* per piccole partite; **~frachtvertrag** *m* contratto *m* di trasporto a collettame, contratto *m* di trasporto per piccole partite; **~tarif** *m* tariffa *f* a collettame.

Stück | kauf *m SchuldR* ↔ *Gattungskauf* vendita *f* di cosa specifica, vendita *f* di cosa determinata; **~kosten** *pl* costo *m* unitario, costo *m* per unità di produzione; **~kurs** *m* quotazione *f* per titolo; **~lohn** *m* salario *m* per pezzo, salario *m* a cottimo; **~notierung** *f*; **~notiz** *f* quotazione *f* per titolo; **~preis** *m* prezzo *m* unitario, prezzo *m* per unità; **~preisnotierung** *f* quotazione *f* per titolo; **~schuld** *f* obbligazione *f* specifica; **~tara** *f* tara *f* fissa; **~vergütung** *f* retribuzione *f* a cottimo; **~vermächtnis** *n ErbR* legato *m* di specie; **~zinsen** *pl* ratei *mpl* sui titoli, interessi *mpl* maturati; **~zoll** *m* dazio *m* calcolato sul numero delle merci importate.

Stufen | gründung *f* costituzione *f* successiva, costituzione *f* per pubblica sottoscrizione; **~klage** *f ZivProzR (§ 254 ZPO)* azioni *fpl* successive, domande *fpl* successive; **~tarif** *m* tariffa *f* differenziale.

stunden *v SchuldR (Zahlung)* prorogare, dilazionare, differire.

Stunden | lohn *m* retribuzione *f* oraria, paga *f* oraria, paga *f* all'ora; **~satz** *m*; **~tarif** *m* tariffa *f* oraria; **~verdienst** *m* guadagno *m* all'ora, guadagno *m* orario; **~zettel** *m* distinta *f* delle ore di lavoro, foglio *m* delle ore lavorative.

Stundung *f SchuldR* proroga *f* (*di pagamento*), dilazione *f*, differimento *m*, rinvio *m* (*nel tempo*), pagamento *m* differito, pagamento *m* dilazionato, moratoria *f*; **um ~ bitten** chiedere una proroga; **~** *f* **eines Wechsels** proroga *f* di cambiale.

Stundungs | frist *f* termine *m* di proroga; **~vereinbarung** *f*

accordo *m* di proroga; **~vergleich** *m* concordato *m* dilatorio; **~zinsen** *mpl* interessi *mpl* moratori.
Sturmversicherung *f* assicurazione *f* contro le tempeste.
Sturz *m* [1] *(einer Regierung, eines Ministers)* caduta *f*, rovesciamento *m*; **~** *m* **der Regierung** caduta *f* del governo, rovesciamento *m* del governo.
Sturz *m* [2] *(der Preise)* crollo *m*, tracollo *m*, *(Verschlechterung)* peggioramento *m*.
stürzen *v* [1] *(Regierung)* far cadere, rovesciare.
stürzen *v* [2] *(Preise)* cadere, crollare, scendere, slittare.
Sturzgüter *pl* merci *fpl* alla rinfusa.
stützen *v* sostenere, appoggiare, aiutare, consolidare; **sich ~** *v* [auf *Akk*] *(basieren, auf etw. beruhen)* basarsi [su], essere basato [su], fondarsi [su], essere fondato [su].
Stütz | kurs *m* corso *m* stabilizzato, cambio *m* stabilizzato, prezzo *m* stabilizzato; **~preis** *m* prezzo *m* stabilizzato; **~punkt** *m* base *f*.
Stützung *f* appoggio *m*, sostegno *m*; **~** *f* **des Kurses** sostegno *m* della quota; **~** *f* **der Regierung** appoggio *m* del governo.
Stützungs | aktion *f* azione *f* di sostegno, intervento *m* (in borsa); **~kauf** *m* acquisto *m* di sostegno; **~kurs** *m* cambio *m* stabilizzato, corso *m* stabilizzato, prezzo *m* stabilizzato; **~preis** *m* prezzo *m* stabilizzato.
StVG (*Abk* = **Straßenverkehrsgesetz**) *(D)* legge *f* (tedesca) sulla circolazione stradale.
StVO (*Abk* = **D: Straßenverkehrs-Ordnung; A: Straßenverkehrsordnung**) regolamento *m* della circolazione stradale, codice *m* della strada *(c.d.s.) (I)*, codice *m* stradale.
StVollzG (*Abk* = **Strafvollzugsgesetz**) *(D) (Gesetz über den Vollzug der Freiheitsstrafe und der freiheitsentziehenden Maßregeln der Besserung und Sicherung)* legge *f* penitenziaria (tedesca), legge *f* (tedesca) sull'ordinamento penitenziario, legge *f* (tedesca) sull'esecuzione della pena detentiva e delle misure di rieducazione e di sicurezza privative della libertà personale.
StZG (*Abk* = **Stammzellgesetz**) *(D) (Gesetz zur Sicherstellung des Embryonenschutzes im Zusammenhang mit Einfuhr und Verwendung menschlicher embryonaler Stammzellen)* legge *f* (tedesca) sulle cellule staminali.
s.u. (*Abk* = **siehe unten**) vedi sotto, si veda sotto.
subaltern *adj* subalterno.
Subalternbeamter/-beamtin *m/f* funzionario *m* subalterno.
Subdelegation *f* sottodelega *f*.
Subhastation *f* vendita *f* forzata all'incanto, subastazione *f*.
subjektiv *adj* soggettivo.
Subjektsteuer *f* imposta *f* soggettiva.
Subkonto *n* sottoconto *m*, conto *m* analitico.
Sublegat *n (A) ErbR* sublegato *m*.
Sublegatar/in *m/f (A) ErbR* sublegatario *m*.
Submission *f* gara *f* pubblica, asta *f* pubblica.
Submissions | bedingungen *fpl* condizioni *fpl* di una pubblica gara; **~bewerber/in** *m/f* concorrente *m/f* ad una pubblica gara.
Submittent/in *m/f* concorrente *m/f* ad una pubblica gara.
Subordinationsverletzung *f (A)* insubordinazione *f*.
subsidiär *adj* sussidiario.
Subsidiar | anklage *f (A) StrafProzR (des Privatbeteiligten)* azione *f* penale sussidiaria (*della parte civile che subentra al pubblico ministero*), accusa *f* sussidiaria; **~ankläger/in** *m/f (A) StrafProzR (§ 72 öStPO)* accusatore *m* sussidiario *(parte civile che esercita l'azione penale subentrando al pubblico ministero che rinunci a proseguirla)*.
Subsidiarität *f* sussidiarietà *f*.
Subsidiaritätsprinzip *n EuR* principio *m* di sussidiarietà.
Subsidiär | klausel *f* clausola *f* sussidiaria; **~versicherung** *f* assicurazione *f* sussidiaria.
Subskribent/in *m/f* sottoscrittore *m*.
subskribieren *v* sottoscrivere.
Subskription *f* sottoscrizione *f*.
Subskriptions | frist *f* termine *m* di

sottoscrizione; **~preis** *m* prezzo *m* di sottoscrizione.

substantiell *adj = substanziell* sostanziale.

substantiieren *v = substanziieren* sostanziare, dimostrare la fondatezza di qc., comprovare, avvalorare, circostanziare, precisare.

substantiiert darlegen dimostrare concretamente, esporre (o: evidenziare) in maniera circostanziata, indicare in modo circostanziato, argomentare in modo fondato, dimostrare sulla scorta di prove.

Substanz *f (eines Unternehmens)* valore *m* netto del patrimonio; **~wert** *m* valore *m* netto dell'attivo.

substituieren *v* sostituire.

Substitut *n* sostituto *m*.

Substitution *f* sostituzione *f*; **fideikommissarische ~** *f* sostituzione *f* fedecommissaria; **gemeine ~** *f* sostituzione *f* ordinaria, sostituzione *f* volgare.

Substitutions | berechtigung *f* facoltà *f* di sostituzione; **~wert** *m* valore *m* di sostituzione.

subsumieren *v* sussumere.

Subsumtion *f* sussunzione *f*.

Subsumtionsirrtum *m* errore *m* di sussunzione.

Subunternehmen *n* impresa *f* subappaltatrice.

Subunternehmer/in *m/f* subappaltatore/-trice *m/f*.

Subunternehmervertrag *m* contratto *m* di subappalto.

Subvention *f* sovvenzione *f*.

subventionieren *v* sovvenzionare.

Subventionierung *f* concessione *f* di sovvenzioni.

Subventionsbetrug *m StrafR (§ 264 StGB)* truffa *f* in materia di sovvenzioni.

Such | gebühr *f* diritto *m* di ricerca; **~meldung** *f* avviso *m* di ricerca.

Suchtmittel *n* stupefacente *m*, sostanza *f* stupefacente; **~gesetz** *n (A)* (*Abk* = **SMG**) *(Bundesgesetz über Suchtgifte, psychotrope Stoffe und Vorläuferstoffe; 1998 wurde das Suchtgiftgesetz vom Suchtmittelgesetz abgelöst)* legge *f* (austriaca) sugli stupefacenti, legge *f* (austriaca) sulle sostanze stupefacenti.

Suchvermerk *m* menzione *f* di ricerca.

suggestiv *adj* suggestivo.

Suggestivfrage *f* domanda *f* suggestiva.

Sühne *f* [1] *(Wiedergutmachung einer Schuld)* espiazione *f*, *(Buße)* penitenza *f*, *(Strafe)* punizione *f*, castigo *m*.

Sühne *f* [2] *ZivProzR (Schlichtung, Versöhnung)* conciliazione *f*.

sühnen *v (für ein Unrecht bezahlen)* espiare, *(wiedergutmachen)* riparare.

Sühne | richter/in *m/f ZivProzR* giudice *m* conciliatore; **~termin** *m ZivProzR* udienza *f* di conciliazione; **~verfahren** *n ZivProzR* procedimento *m* di conciliazione; **~verhandlung** *f ZivProzR* udienza *f* di conciliazione; **~versuch** *m ZivProzR* tentativo *m* di conciliazione.

Sukzession *f* successione *f*.

Sukzessionsstaat *m* Stato *m* successore.

sukzessiv *adj* successivo, progressivo, graduale.

Sukzessiv | gründung *f* costituzione *f* successiva, costituzione *f* per pubblica sottoscrizione; **~lieferungsvertrag** *m SchuldR* contratto *m* di somministrazione, somministrazione *f*, contratto *m* ad esecuzione periodica.

summarisch *adj* sommario.

Summe *f* somma *f*, importo *m*; **eine ~ auszahlen** pagare una somma; **eine ~ hinterlegen** depositare una somma; **unter Risiko stehende ~** *f* capitale *m* sotto rischio, somma *f* sotto rischio; **streitige ~** *f* somma *f* controversa; **~** *f* **der Passiva** totale *m* passivo.

Summen | aktie *f* azione *f* a valore nominale determinato; **~depot** *n (CH)* deposito *m* irregolare; **~rabatt** *m* sconto *m* per importanza di contratto; **~versicherung** *f* assicurazione *f* di somma fissa; **~verwahrung** *f* deposito *m* irregolare.

Super | ädifikat *n (A)* costruzione *f* temporanea sul terreno altrui; **~dividende** *f* dividendo *m* supplementare, dividendo *m* addizionale; **~kontrolle** *f* supervisione *f*; **~numerar** *m* impiegato *m* soprannumerario, impiegato *m* in soprannumero, soprannumerario *m*; **~pfändung** *f* *(A)* nuovo pignoramento *m* operato sullo stesso oggetto in base a nuovo titolo esecutivo.

Supplik *f (A)* supplica *f*.

supranational *adj* sovranazionale, sopra(n)nazionale.

Surrogat *n* surrogato *m*, succedaneo *m*.

Surrogation *f* surrogazione *f*, surroga *f*; **dingliche ~** *f* surrogazione *f* reale; **~** *f* **kraft Gesetzes** surrogazione *f* legale.

Surrogationsanzeige *f* atto *m* di surrogazione.

suspendieren *v (einstweilen des Dienstes entheben)* sospendere dal servizio (o: da una carica), *(zeitweilig aufheben)* sospendere, *(von einer Verpflichtung befreien)* esentare, esonerare.

Suspendierung *f (vom Dienst)* sospensione *f* dal servizio (o: da una carica), *(vorübergehende Aufhebung)* sospensione *f*, *(Befreiung von einer Pflicht)* esenzione *f*, esonero *m*.

suspensiv bedingt soggetto a condizione sospensiva, sottoposto a condizione sospensiva, sospensivamente condizionato (a).

Suspensiv | bedingung *f* condizione *f* sospensiva; **~effekt** *m ProzR* effetto *m* sospensivo; **~frist** *f (CH)* termine *m* sospensivo; **~wirkung** *f* effetto *m* sospensivo.

SVG (*Abk* = **Strassenverkehrsgesetz**) *(CH)* legge *f* federale (svizzera) sulla circolazione stradale *(LCStr)*.

Swap | geschäft *n* operazione *f* di riporto in cambi, operazione *f* swap; **~satz** *m* tasso *m* swap.

SWP (*Abk* = **Stabilitäts- und Wachstumspakt**) *EuR* patto *m* di stabilità e crescita *(PSC)*.

Sympathiestreik *m* sciopero *m* di solidarietà.

Synallagma *n SchuldR* sinallagma *m*.

synallagmatisch *adj SchuldR* sinallagmatico.

Syndika *f* consulente *f* legale (*di un'impresa, un'associazione*).

Syndikat *n* sindacato *m*, consorzio *m*, cartello *m*, pool *m*, trust *m*.

Syndikats | anteil *m* quota *f* sindacale; **~beteiligung** *f* partecipazione *f* sindacale.

Syndikus *m*; **~anwalt/-anwältin** *m/f* consulente *m/f* legale (*di un'impresa, un'associazione*).

System *n* sistema *m*, regime *m*; **parlamentarisches ~** *n* sistema *m* parlamentare; **~** *n* **der Ausgleichsfinanzierung** sistema *m* di finanziamento compensativo; **~** *n* **der festen Wechselkurse** regime *m* dei cambi fissi.

T

Tabak | monopol *n* monopolio *m* dei tabacchi; **~steuer** *f SteuerR* imposta *f* sul tabacco; **~trafik** *f (A)* rivendita *f* di tabacchi; **~werberichtlinie** *f EuR (Umsetzung in D: Inkorporation in das Vorläufige Tabakgesetz von 1974)* → *s. Anhang 3 b)* Direttiva *f* 2003/33/CE del Parlamento europeo e del Consiglio, del 26 maggio 2003, sul ravvicinamento delle disposizioni legislative, regolamentari e amministrative degli Stati membri in materia di pubblicità e di sponsorizzazione a favore dei prodotti del tabacco.

Tabular | besitz *m* possesso *m* di immobile in virtù di titolo trascritto nel libro fondiario; **~ersitzung** *f* usucapione *f* di immobile trascritto nel libro fondiario; **~urkunde** *f* atto *m* relativo a un contratto traslativo di immobile.

Tadels | antrag *m*; **~motion** *f* mozione *f* di censura.

Tafelgeschäft *n* operazione *f* (bancaria) a contanti.

Tag *m* giorno *m*, giornata *f*, data *f*; **arbeitsfreier ~** *m* giorno *m* di riposo; **am heutigen ~** in data odierna; **~** *m* **der Eintragung** data *f* di iscrizione; **~** *m* **des Geschäftsabschlusses** giorno *m* della conclusione di un affare, data *f* di stipulazione di un'operazione; **~** *m* **des Inkrafttretens** data *f* dell'entrata in vigore.

Tagegeld *n* diaria *f*, indennità *f* giornaliera; **~versicherung** *f* assicurazione *f* di una diaria.

Tage | lohn *m ArbR* salario *m* a giornata, paga *f* giornaliera, compenso *m* giornaliero; **~löhner/in** *m/f ArbR* giornaliero/-a *m/f*, lavoratore/-trice *m/f* a giornata, bracciante *m/f*.

tagen *v* riunirsi, essere riunito/-i, essere in seduta, tenere la seduta, tenere una riunione.

Tages | auszug *m* estratto *m* giornaliero; **~bericht** *m* rapporto *m* giornaliero; **~dienst** *m* servizio *m* di turno; **~entschädigung** *f* diaria *f*, indennità *f* giornaliera; **~geld** *n BankR* denaro *m* alla giornata, prestito *m* giornaliero, prestito *m* giorno per giorno, prestito *m* a richiesta, prestito *m* a vista.

Tagesgeschäft *n* [1] *(tägliche Arbeit)* attività *f* giornaliera, attività *fpl* correnti, attività *fpl* quotidiane, operazioni *fpl* giornaliere.

Tagesgeschäft *n* [2] *(Bar- oder Kreditgeschäft, bei dem der Gegenstand des Geschäfts sofort zu liefern ist)* contratto *m* a contanti, day trade *m*.

Tages | kauf *m* acquisto *m* a contanti, compera *f* a contanti; **~kurs** *m* cambio *m* del giorno, corso *m* del giorno, quotazione *f* del giorno; **~leistung** *f* produzione *f* giornaliera, rendimento *m* giornaliero; **~notierung** *f* quotazione *f* della giornata, quotazione *f* del giorno.

Tagesordnung *f* ordine *m* del giorno *(O.d.G.)*; **von der ~ absetzen** cancellare dall'ordine del giorno, togliere dall'ordine del giorno; **die ~ aufstellen**; **die ~ festlegen**; **die ~ festsetzen** stabilire l'ordine del giorno; **auf die ~ setzen** iscrivere all'ordine del giorno, mettere all'ordine del giorno; **zur ~ übergehen** passare all'ordine del giorno.

Tagesordnungs | debatte *f* dibattito *m* sull'ordine del giorno; **~punkt** *m* punto *m* all' (o: dell') ordine del giorno.

Tages | preis *m* prezzo *m* del giorno, prezzo *m* giornaliero; **~register** *n* libro *m* giornale, giornale *m*; **~richter/in** *m/f* magistrato *m* di turno; **~satz** *m StrafR (Geldstrafe)* tasso *m* giornaliero, *ArbR* tariffa *f* giornaliera; **~stempel** *m (Gerät)* datario *m*, timbro *m* a data, *(Stempel)* timbro *m* del giorno; **~vergütung** *f* diaria *f*; **~wechsel** *m* cambiale *f* a scadenza fissa; **~wert** *m* valore *m* corrente, valore *m* del giorno, valore *m* della giornata.

Tagfahrt *f (CH)* udienza *f*.

Taggeld *n (A, CH)* diaria *f*, indennità *f* giornaliera; **~versicherung** *f (A, CH)* assicurazione *f* di una diaria.

täglich *adj* giornaliero, quotidiano, giornalmente, di ogni giorno, ogni giorno, al giorno.

Tag | lohn *m (CH) ArbR* salario *m* a giornata, paga *f* giornaliera, compenso *m* giornaliero; **~löhner/in** *m/f (CH) ArbR* giornaliero/-a *m/f*, lavoratore/-trice *m/f* a giornata, bracciante *m/f*; **~satzung** *f (A)* udienza *f*, seduta *f (CH)*, riunione *f*; **~satzungsprotokoll** *n (A)* verbale *m* d'udienza, processo *m* verbale d'udienza; **~schicht** *f ArbR* turno *m* di giorno.

Tagung *f* convegno *m*, congresso *m*, conferenza *f*, *(Sitzung)* seduta *f*, sessione *f*, riunione *f*.

Tagungs | berichte *mpl*; **~protokolle** *npl* atti *mpl* del convegno, atti *mpl* congressuali, verbali *mpl* del convegno; **~teilnehmer/in** *m/f* convegnista *m/f*, congressista *m/f*.

Tagwechsel *m* cambiale *f* a data fissa, cambiale *f* a giorno fisso, cambiale *f* a scadenza fissa.

Talar *m* toga *f*.

Tal | fracht *f* nolo *m* per trasporto

fluviale a valle; **~gemeinschaft** *f* *(Südtirol)* comunità *f* di valle.
Talions | grundsatz *m*; **~prinzip** *n* legge *f* del taglione.
Talon *m* cedola *f* di riaffogliamento.
Tantieme *f* quota *f* di utili, quota *f* di partecipazione agli utili, percentuale *f*, percentuale *f* d'interessenza, *(Urheberrecht)* diritti *mpl* d'autore, royalties *fpl*.
Tara *f* tara *f*; **handelsübliche ~** *f* tara *f* d'uso; **reelle ~** *f* tara *f* reale; **usuelle ~** *f* tara *f* d'uso; **wirkliche ~** *f* tara *f* reale.
Tara | gewicht *n* tara *f*; **~zuschlag** *m* tara *f* addizionale.
tarieren *v* tarare.
Tarierung *f* taratura *f*.
Tarif *m* tariffa *f*; **abgestufter ~** *m* tariffa *f* differenziale; **allgemeiner ~** *m* tariffa *f* generale; **autonomer ~** *m* tariffa *f* autonoma; **degressiver ~** *m* tariffa *f* degressiva; **ermäßigter ~** *m* tariffa *f* ridotta, tariffa *f* agevolata; **fester ~** *m* tariffa *f* fissa; **flexibler ~** *m* tariffa *f* flessibile; **gültiger ~** *m* tariffa *f* in vigore; **halber ~** *m* mezza tariffa *f*; **kombinierter ~** *m* tariffa *f* combinata; **öffentlicher ~** *m* tariffa *f* pubblica; **progressiver ~** *m* tariffa *f* progressiva; **proportionaler ~** *m* tariffa *f* proporzionale; **verbindlicher ~** *m* tariffa *f* obbligatoria; **voller ~** *m* tariffa *f* intera.
Tarif- tariffario, tariffale, tabellare, salariale, della retribuzione, *ArbR* collettivo, contrattuale.
Tarif | abkommen *n*; **~abmachung** *f* accordo *m* tariffario, *(Lohnabkommen)* accordo *m* salariale, *ArbR* accordo *m* collettivo; **~abschluss** *m* *ArbR* stipula(zione) *f* del contratto collettivo (di lavoro); **~änderung** *f* variazione *f* di tariffa; **~angestellte/r** *f/m* impiegato/-a *m/f* retribuito/-a in base alle tabelle degli stipendi; **~angleichung** *f* adeguamento *m* tariffario; **~auseinandersetzung** *f* *ArbR* conflitto *m* collettivo, conflitto *m* sindacale, vertenza *f* sindacale; **~ausschuss** *m* comitato *m* tariffario; **~autonomie** *f* autonomia *f* tariffaria, *ArbR* autonomia *f* collettiva; **~bestimmung** *f* disposizione *f* tariffaria, norma *f* tariffaria, *ArbR* norma *f* collettiva; **~bindung** *f* *ArbR* vincolatività *f* del contratto collettivo (di lavoro); **~bruch** *m* *ArbR* rottura *f* del contratto collettivo (di lavoro).
Tarifeinheit *f* *ArbR* unicità *f* del contratto collettivo, unitarietà *f* del contratto collettivo, unitarietà *f* di contrattazione, unità *f* contrattuale, unità *f* di contrattazione.

Tarifeinheit
Pratica diffusa di riconoscere quale piattaforma valida di discussione e trattativa solo quella proposta dal sindacato più rappresentativo della fabbrica, al fine di evitare una balcanizzazione dei rapporti fra lavoratori e non trasformare le azioni rivendicative verso l'azienda in lotte fra lavoratori (e fra sindacati) per accaparrarsi il contratto migliore. Di fronte ad un simile rischio, concretizzatosi ultimamente nella pronuncia del tribunale del lavoro tedesco, di permettere ad ogni sindacato presente in una fabbrica di presentare una sua piattaforma e concludere un accordo su quella base, valido solo per i lavoratori iscritti a quel sindacato, la *DGB* (la Confederazione sindacale) e la *BDA* (la Confindustria tedesca) hanno proposto unitariamente un compromesso che salvaguarda ad un tempo diritto di sciopero, *Tarifeinheit* e la pace aziendale (*Friedenspflicht*). Il Sindacato più rappresentativo – per numero di iscritti e per presenza nel consiglio di fabbrica – ha il diritto di presentare la piattaforma che verrà considerata come base di discussione: il contratto firmato da esso varrà *erga omnes* per tutti i lavoratori della fabbrica.

Tarif | einreihung *f* classificazione *f* tabellare; **~einstufung** *f* posizione *f* tabellare, livello *m* tariffario; **~erhöhung** *f* aumento *m* tariffario, aumento *m* delle tariffe, aumento *m* di (o: della) tariffa, *(Lohnerhöhung)* aumento *m* salariale; **~ermäßigung** *f* riduzione *f* di (o: della) tariffa; **~fähigkeit** *f ArbR* capacità *f* di concludere contratti collettivi (di lavoro); **~festsetzung** *f* tariffazione *f*; **~forderungen** *fpl ArbR* piattaforma *f* rivendicativa; **~freiheit** *f ArbR* autonomia *f* collettiva, libertà *f* di contrattazione collettiva; **~gehalt** *n ArbR* stipendio *m* tabellare, stipendio *m* contrattuale, retribuzione *f* tabellare, retribuzione *f* contrattuale, compenso *m* minimo contrattuale; **~gesetz** *n* legge *f* di tariffa; **~gesetzgebung** *f* legislazione *f* tariffaria; **~gespräche** *npl ArbR* contrattazione *f* collettiva, trattative *fpl* contrattuali; **~gestaltung** *f* tariffazione *f*; **~gruppe** *f* gruppo *m* tariffario, *(Lohnstufe)* categoria *f* salariale; **~hoheit** *f ArbR* autonomia *f* collettiva.

tarifieren *v (in einen Tarif aufnehmen)* tariffare, *(den Tarif bestimmen)* fissare la tariffa.

Tarifierung *f* tariffazione *f*; **informatorische ~** *f* tariffazione *f* informativa.

Tarifierungsrecht *n* diritto *m* di tariffazione.

Tarif | kampf *m* lotta *f* tariffaria, guerra *f* delle tariffe, *ArbR* conflitto *m* collettivo, conflitto *m* contrattuale; **~klasse** *f* categoria *f* di tariffa, classe *f* di tariffa; **~klassifizierung** *f* classificazione *f* tabellare; **~klausel** *f ArbR* clausola *f* di contratto collettivo (di lavoro); **~kommission** *f* commissione *f* tariffaria, commissione *f* di tariffazione, *ArbR* commissione *f* per la contrattazione collettiva; **~konflikt** *m* conflittualità *f*, conflitto *m* salariale, vertenza *f* salariale, *ArbR* conflitto *m* collettivo, vertenza *f* sindacale.

tariflich *adj* tariffario, tariffale, tabellare, salariale, della retribuzione, *ArbR* collettivo, contrattuale.

Tariflohn *m ArbR* salario *m* tabellare, salario *m* contrattuale, retribuzione *f* tabellare, retribuzione *f* contrattuale, compenso *m* minimo contrattuale; **~verhandlungen** *fpl ArbR* contrattazione *f* collettiva, trattative *fpl* contrattuali.

tarifmäßig *adj* tariffario, in base alle tariffe, conformemente alle tariffe.

Tarif | norm *f ArbR* norma *f* collettiva; **~nummer** *f* posizione *f* della tariffa; **~ordnung** *f* regolamento *m* tariffario, norme *fpl* tariffarie, *ArbR* regolamento *m* collettivo, norme *fpl* collettive; **~parteien** *fpl ArbR*; **~partner** *mpl ArbR* parti *fpl* sociali, parti *fpl* stipulanti il contratto collettivo (di lavoro), parti *fpl* nelle trattative contrattuali; **~plattform** *f ArbR* piattaforma *f* rivendicativa; **~politik** *f* politica *f* tariffaria, politica *f* salariale; **~position** *f* posizione *f* di tariffa, voce *f* di tariffa; **~prämie** *f* premio *m* tariffario; **~register** *n ArbR* registro *m* dei contratti collettivi (di lavoro); **~runde** *f ArbR* contrattazione *f* collettiva, trattative *fpl* annuali per il rinnovo del contratto collettivo (di lavoro); **~satz** *m* tariffa *f*; **~streitigkeit** *f ArbR* controversia *f* collettiva, conflitto *m* collettivo; **~system** *n* sistema *m* tariffario; **~tabelle** *f* tabella *f* con le tariffe, tariffario *m*, griglia *f* salariale; **~übereinkommen** *n ArbR* accordo *m* collettivo; **~vereinbarung** *f* accordo *m* tariffario, *ArbR* accordo *m* collettivo; **~verhandlungen** *fpl ArbR* contrattazione *f* collettiva, trattative *fpl* collettive, trattative *fpl* contrattuali, trattative *fpl* per il rinnovo dei contratti; **~verstoß** *m ArbR* infrazione *f* al contratto collettivo (di lavoro); **~vertrag** *m* (*Abk* = **TV**) *ArbR* contratto *m* collettivo di lavoro, accordo *m* sulla tariffa in senso stretto.

tarifvertraglich *adj ArbR* del contratto collettivo di lavoro.

Tarifvertrags | abschluss *m ArbR*

stipula(zione) *f* del contratto collettivo (di lavoro); **~gesetz** *n* *(D)* (*Abk* = **TVG**) *ArbR* legge *f* (tedesca) in materia di contrattazione collettiva, legge *f* (tedesca) sui contratti collettivi di lavoro; **~parteien** *fpl*; **~partner** *mpl ArbR* parti *fpl* sociali, parti *fpl* stipulanti il contratto collettivo (di lavoro).

Tarifvorschrift *f* prescrizione *f* di tariffa, norma *f* tariffaria, *ArbR* norma *f* collettiva.

tarifwidrig *adj ArbR* contrario al contratto collettivo di lavoro.

Tarnorganisation *f* organizzazione *f* camuffata.

Taschen | dieb/in *m/f StrafR* borseggiatore/-trice *m/f*, borsaiolo/-a *m/f*; **~diebstahl** *m* *StrafR* borseggio *m*.

Taschengeldparagraph *m (§ 110 BGB)* articolo *m* (di legge) sulla paghetta (*ai figli*).

> **Taschengeldparagraph**
> Articolo di legge (§ 110 BGB) che sancisce la validità e l'efficacia di un contratto concluso da un minore (tra i 7 e i 17 anni) senza il consenso del rappresentante legale, se il minore esegue la prestazione contrattuale con mezzi affidatigli per questo fine (o per disporne liberamente) dal rappresentante legale o, con l'approvazione di quest'ultimo, da un terzo

Taschenpfändung *f* pignoramento *m* del denaro trovato addosso ad un individuo.

Tat *f (Handlung)* azione *f*, atto *m*, fatto *m*, *(Straftat)* reato *m*; **die ~ abstreiten** *StrafR* negare il fatto; **eine ~ begehen** *StrafR* commettere un reato; **die ~ einräumen** *StrafR* ammettere il fatto; **die ~ gestehen** *StrafR* confessare (di aver commesso il fatto); **die ~ leugnen** *StrafR* negare il fatto; **in die ~ umsetzen** mettere in atto, attuare; **die ~ zugeben** *StrafR* ammettere il fatto; **auf frischer ~ betreten werden** *(A) StrafProzR*; **auf frischer ~ betroffen werden** *StrafProzR* essere colto sul fatto, essere colto in flagrante, essere colto in flagranza di reato, essere sorpreso in flagrante, essere sorpreso in flagranza di reato; **auf frischer ~ ergreifen** *StrafProzR*; **auf frischer ~ ertappen** *StrafProzR* cogliere sul fatto, cogliere in flagrante, cogliere in flagranza di reato, sorprendere in flagrante, sorprendere in flagranza di reato, arrestare in flagranza di reato; **auf frischer ~ ertappt** *StrafProzR* colto sul fatto, colto in flagrante, colto in flagranza di reato, sorpreso in flagrante, sorpreso in flagranza di reato, arrestato in flagranza di reato; **fahrlässige ~** *f StrafR* reato *m* colposo, fatto *m* colposo; **die zur Last gelegte ~** *f StrafR* fatto *m* addebitato, accusa *f*; **strafbare ~** *f* *(CH) StrafR* reato *m*; **versuchte ~** *f* *StrafR* reato *m* tentato; **vorsätzliche ~** *f StrafR* reato *m* doloso, fatto *m* doloso.

Tat | begehung *f StrafR* commissione *f* del reato, perpetrazione *f* del reato; **prozessualer ~begriff** *m StrafProzR* nozione *f* processuale del fatto.

Tatbeitrag *m StrafR* contributo *m* alla verificazione del fatto (criminoso), contributo *m* alla realizzazione del reato, apporto *m* alla commissione del reato; **kausaler ~** *m StrafR* contributo *m* causale alla verificazione del fatto (criminoso).

Tatbericht *m* esposizione *f* dei fatti, narrativa *f*.

Tatbestand *m* [1] *(im weitesten Sinne: Verbot, Gebot)* precetto *m*, *(im engeren Sinne)* fattispecie *f* (*astratta*), fatto *m* previsto dalla norma incriminatrice, *(Sachverhalt)* fatto/-i m/pl, stato *m* di fatto, dato *m* di fatto, circostanze *fpl* di fatto, stato *m* di cose; **den ~ erfüllen** *StrafR* integrare la fattispecie, integrare gli estremi; **den ~ verwirklichen** *StrafR* realizzare la fattispecie (di reato/criminosa/incriminatrice/ tipica di reato/legale); **äußerer ~** *m StrafR* fattispecie *f* oggettiva;

gesetzlicher ~ *m StrafR* fattispecie *f* giuridica, figura *f* legale del reato; **innerer ~** *m StrafR* fattispecie *f* soggettiva; **kombinierender ~** *m StrafR*; **mehraktiger ~** *m StrafR* reato *m* plurisussistente; **objektiver ~** *m StrafR* fattispecie *f* oggettiva, elemento *m* oggettivo della fattispecie, elemento *m* oggettivo del reato, fatto *m* materiale; **subjektiver ~** *m StrafR* fattispecie *f* soggettiva, elemento *m* soggettivo della fattispecie, elemento *m* soggettivo del reato.

Tatbestand *m* ² *ZivProzR (Sachverhaltsdarstellung in einem Urteil) (§ 313 ZPO)* esposizione (o: narrazione) *f* dei fatti e svolgimento *m* del processo, fatto *m*, in fatto, ritenuto in fatto.

Tatbestands | element *n StrafR* elemento *m* costitutivo della fattispecie (criminosa), elemento *m* costitutivo del reato, elemento *m* essenziale (del reato); **~irrtum** *m StrafR (§ 16 StGB)* errore *m* sul (o: di) fatto; **~mäßigkeit** *f StrafR* tipicità *f*, condotta *f* tipica, fatto *m* tipico, corrispondenza *f* al tipo legale, conformità *f* alla fattispecie.

Tatbestandsmerkmal *n StrafR* elemento *m* costitutivo della fattispecie (criminosa), elemento *m* costitutivo del reato, elemento *m* essenziale (del reato); **deskriptives ~** *n StrafR* elemento *m* descrittivo della fattispecie; **negatives ~** *n StrafR* elemento *m* negativo del fatto; **normatives ~** *n StrafR* elemento *m* normativo della fattispecie; **objektives ~** *n StrafR* elemento *m* oggettivo della fattispecie, elemento *m* oggettivo del reato; **subjektives ~** *n StrafR* elemento *m* soggettivo della fattispecie, elemento *m* soggettivo del reato; **zusätzliches ~** *n StrafR* elemento *m* accidentale.

Tatbestandsverwirklichung *f StrafR* realizzazione *f* della fattispecie (*di reato, criminosa, incriminatrice, tipica, legale, penale*), integrazione *f* della fattispecie (*di reato, criminosa, incriminatrice, tipica, legale, penale*).

Tat | beteiligte/r *f/m StrafR* complice *m/f*, concorrente *m/f* (*nel reato*); **~beteiligung** *f StrafR* partecipazione *f* criminosa, compartecipazione *f* criminosa, compartecipazione *f* al reato, concorso *m* di persone nel reato, complicità *f*; **~bild** *n (A)* → *Tatbestand* fattispecie *f*.

Tateinheit *f StrafR (§ 52 StGB)* concorso *m* formale di reati, concorso *m* ideale di reati, unità *f* di reati; **gleichartige ~** *f StrafR* concorso *m* formale omogeneo; **ungleichartige ~** *f StrafR* concorso *m* formale eterogeneo.

Tatentschluss *m StrafR* proposito *m* di commettere un reato, risoluzione *f* criminosa.

Täter *m* [f: Täterin] *StrafR* reo/-a *m/f*, autore/-trice *m/f* (*di un reato, del fatto*), agente *m/f*, colpevole *m*, soggetto *m* attivo del reato; **geständiger ~** *m StrafR* reo *m* confesso; **mittelbarer ~** *m StrafR* autore *m* mediato (*di un reato*); **mutmaßlicher ~** *m StrafR* presunto autore *m*; **überführter ~** *m StrafR* reo *m* convinto; **unbekannte ~** *mpl StrafR* ignoti *mpl*; **unmittelbarer ~** *m StrafR* autore *m* materiale.

Täter | eigenschaft *f StrafR* qualità *f* di autore; **~persönlichkeit** *f StrafR* personalità *f* del reo, carattere *m* del reo.

Täterschaft *f StrafR* reità *f*, colpevolezza *f*; **mittelbare ~** *f StrafR* autoria *f* mediata, reità *f* mediata; **~ *f* und Teilnahme** *f StrafR (§§ 25 ff. StGB)* reo *m* e concorso *m* di persone nel reato.

Täter | schuld *f StrafR* colpa *f* di autore, colpa *f* per il modo d'essere dell'agente; **~strafrecht** *n StrafR* diritto *m* penale dell'autore, diritto *m* penale basato più sulla personalità del reo che sul reato.

Tätertyp *m StrafR* tipo *m* di autore; **normativer ~** *m StrafR* tipo *m* normativo di autore.

Täterwille *m StrafR* animus *m* di autore.

Tat | frage *f* questione *f* di fatto, questione *f* di merito, merito *m*; **~gehilfe/-gehilfin** *m/f StrafR* complice *m/f*; **~geständnis** *n StrafR* confessione *f* (di aver commesso il fatto); **~handlung** *f StrafR* condotta *f* (*criminosa, criminale*), fatto *m*; **~hergang** *m StrafR* svolgimento *m* dei fatti; **~herrschaft** *f StrafR* dominio *m* sull'azione, dominio *m* sul fatto.

tätig *adj (aktiv, berufstätig)* attivo, impegnato, operante, operoso, *(wirksam)* efficace; **~ sein** lavorare, operare, occuparsi [di]; **~ sein** [als] fare, essere, lavorare [come], esercitare la professione [di]; **~ werden** attivarsi, entrare in azione, intervenire; **von Amts wegen ~ werden** provvedere d'ufficio.

tätigen *v (ausführen)* effettuare, fare, attuare, eseguire, *(abschließen)* concludere, realizzare.

Tätigkeit *f* attività *f*, azione *f*, *(Beruf)* occupazione *f*, *(Arbeit)* lavoro *m*, *(Aufgabe)* compito *m*, mansione *f*, funzione *f*; **eine ~ aufnehmen** iniziare un'attività, avviare un'attività; **eine ~ ausüben** esercitare un'attività, svolgere un'attività; **die ~ einstellen** cessare l'attività, *(vorübergehend)* sospendere l'attività; **einer ~ nachgehen** esercitare un'attività, svolgere un'attività; **ausgeübte ~** *f* attività *f* esercitata, attività *f* svolta; **außergerichtliche ~** *f* attività *f* stragiudiziale; **beratende ~** *f* attività *f* consultiva, attività *f* di consulenza; **berufliche ~** *f* attività *f* professionale; **ehrenamtliche ~** *f* volontariato *m*, attività *f* onoraria; **entgeltliche ~** *f* attività *f* retribuita, attività *f* remunerata, attività *f* fonte di reddito, lavoro *m* retribuito; **freiberufliche ~** *f* attività *f* di libero professionista; **gefahrgeneigte ~** *f*; **gefährliche ~** *f* attività *f* pericolosa; **gelegentliche ~** *f* attività *f* occasionale; **gerichtliche ~** *f* attività *f* giudiziale, attività *f* giudiziaria; **gesetzgebende ~** *f*; **gesetzgeberische ~** *f* attività *f* legislativa, funzione *f* legislativa; **gewerbliche ~** *f* attività *f* professionale, attività *f* produttiva, attività *f* commerciale, attività *f* industriale; **gewinnbringende ~** *f* attività *f* lucrativa; **hauptberufliche ~** *f* attività *f* professionale principale, professione *f* principale; **nebenberufliche ~** *f* attività *f* secondaria, secondo lavoro *m*, secondo impiego *m*; **~** *f* **des Parlaments**; **parlamentarische ~** *f* attività *f* parlamentare; **rechtschöpferische ~** *f* attività *f* creativa del diritto (del giudice); **rechtsprechende ~** *f* funzione *f* giurisdizionale; **selb(st)ständige ~** *f* lavoro *m* autonomo; **staatsfeindliche ~** *f* attività *f* antinazionale; **unerlaubte ~** *f* attività *f* illecita; **verwaltende ~** *f* funzione *f* amministrativa; **vorgerichtliche ~** *f* attività *f* pregiudiziale, attività *f* precedente l'azione legale; **vorwiegende ~** *f* attività *f* prevalente.

Tätigkeits|aufnahme *f (Gewerbe)* inizio *m* dell'attività, avvio *m* dell'attività; **~ausübung** *f* esercizio *m* di un'attività, svolgimento *m* di un'attività; **~bereich** *m* settore *m* di attività, sfera *f* di attività, campo *m* di attività, campo *m* di azione, ambito *m* di azione; **~bericht** *m (einer Organisation, eines Auschusses)* rapporto *m* di attività, *(eines Unternehmens)* relazione *f* di gestione.

Tätigkeitsdelikt *n StrafR* reato *m* di condotta; **schlichtes ~** *n StrafR* reato *m* di pura condotta, reato *m* di semplice comportamento.

Tätigkeits|feld *n*; **~gebiet** *n*; **~kreis** *m* settore *m* di attività, sfera *f* di attività, campo *m* di attività, campo *m* di azione, ambito *m* di azione; **~vertrag** *m* contratto *m* di attività, contratto *m* di mezzi, contratto *m* di diligenza, contratto *m* di contegno.

Tätigwerden *n* azione *f*, intervento *m*.

Tatirrtum *m StrafR* errore *m* sul (o: di) fatto.

tätlich *adj* violento; **~ werden** passare a vie di fatto.

Tätlichkeit *f* atto *m* di violenza.

Tat|mehrheit *f StrafR (§ 53 StGB)* concorso *m* materiale di reati, concorso *m* reale di reati, pluralità *f* di reati; **~motiv** *n StrafR* movente *m*; **~ort** *m StrafR (§ 9 StGB)* luogo *m* del (commesso) reato, luogo *m* del fatto; **~richter/in** *m/f ProzR (Richter der ersten beiden Instanzen)* giudice *m* di merito.

Tatsache *f (bewiesene)* fatto *m*, dato *m* di fatto, realtà *f*, evidenza *f*; **angesichts der ~, dass** considerando che, considerato che, dato che, visto che, posto che, stante (il fatto) che; **allgemeinkundige ~** *f* fatto *m* notorio; **behauptete ~** *f* fatto *m* allegato; **belastende ~** *f* fatto *m* a carico; **beweisbedürftige ~** *f*; **zu beweisende ~** *f* fatto *m* da provare; **beweiserhebliche ~** *f* fatto *m* rilevante; **bewiesene ~** *f* fatto *m* provato; **entlastende ~** *f* fatto *m* a discarico; **erhebliche ~** *f* fatto *m* rilevante; **erwiesene ~** *f* fatto *m* provato; **festgestellte ~** *f* fatto *m* accertato; **feststehende ~** *f* fatto *m* certo; **gerichtsbekannte ~** *f*; **gerichtskundige ~** *f*; **gerichtsnotorische ~** *f* fatto *m* noto al giudice; **grundlegende ~** *f* fatto *m* fondamentale, fatto *m* basilare, dato *m* fondamentale, punto *m* fondamentale, concetto *m* fondamentale, aspetto *m* essenziale, aspetto *m* basilare; **juristische ~** *f* fatto *m* giuridico; **neue ~** *f* fatto *m* nuovo; **offenkundige ~** *f* fatto *m* notorio, fatto *m* noto; **rechtserhebliche ~** *f* fatto *m* giuridicamente rilevante; **rechtserzeugende ~** *f* fatto *m* costitutivo di diritto; **vollendete ~** *f* fatto *m* compiuto; **zugestandene ~** *f* *ZivProzR* fatto *m* confessato.

Tatsachen *fpl* fatti *mpl*; **sich an die ~ halten** attenersi ai fatti, stare ai fatti; **dem Anspruch zugrunde liegende ~** *fpl ZivProzR* fatti *mpl* costitutivi del diritto fatto valere in giudizio; **streitige ~** *fpl ZivProzR* fatti *mpl* controversi; **unstreitige ~** *fpl ZivProzR* fatti *mpl* non controversi; **zugestandene ~** *fpl ZivProzR* fatti *mpl* ammessi dalla controparte.

Tatsachen|behauptung *f* allegazione *f* di fatto; **~beleidigung** *f* ingiuria *f* consistente nell'attribuzione di un fatto determinato; **~darstellung** *f* *ZivProzR* esposizione *f* dei fatti; **~entstellung** *f* alterazione *f* dei fatti; **~erhebung** *f* acquisizione *f* dei fatti; **~feststellung** *f* accertamento *m* dei fatti; **~gericht** *n ProzR* giudice *m* di merito; **~instanz** *f ProzR* giudizio *m* di merito, istanza *f* di merito, giudice *m* di merito; **~irrtum** *m* errore *m* sul (o: di) fatto; **~vermutung** *f* presunzione *f* di fatto, presunzione *f* semplice.

Tatsachenvortrag *m ZivProzR* fatti *mpl* posti a fondamento della domanda, premesso in fatto, in fatto, narrativa *f*; **klägerischer ~** *m* *ZivProzR* fatti *mpl* posti dall'attore a fondamento della (sua) domanda.

tatsächlich *adj* reale, effettivo; **rechtlich und ~** di diritto e di fatto.

Tat|schuld *f StrafR* colpa *f*; **~strafrecht** *n StrafR* diritto *m* penale del fatto; **~umstand** *m* circostanza *f* (*di fatto*).

Tatverdacht *m StrafProzR* → *s. Infokasten unter „Verdacht"* indizio *m*, indizi *mpl* di reato; **dringender ~** *m StrafProzR* gravi indizi *mpl* di reato, gravi indizi *mpl* di reità; **hinreichender ~** *m StrafProzR* sufficienti indizi *mpl* di reato, sufficienti indizi *mpl* di reità.

Tatverdächtige/r *f/m StrafProzR* indiziato/-a *m/f* (*di reato*), sospettato/-a *m/f* (*persona sospettata*).

tatverdächtig sein *StrafProzR* essere indiziato, essere sospettato (*di aver commesso il fatto*).

Tat|vorwurf *m StrafR* accusa *f*; **~waffe** *f StrafR* arma *f* del reato; **~zeit** *f StrafR* tempo *m* del commesso reato; **~zeitpunkt** *m StrafR* momento *m* del fatto.

Tauf|register *n* libro *m* dei battesimi, registro *m* dei battesimi; **~schein** *m* certificato *m* di battesimo, fede *f* di battesimo.

taugen *v* essere adatto a, servire, valere.

tauglich *adj (geeignet)* adatto, idoneo, atto, abile, *(fähig)* capace.

Tauglichkeit *f (Eignung)* idoneità *f*, attitudine *f*, abilità *f*, *(Fähigkeit)* capacità *f*.

Tauglichkeitszeugnis *n* certificato *m* di attitudine fisica, certificato *m* di sana costituzione fisica.

Tausch *m (§§ 480 ff. BGB)*

(Tauschgeschäft) permuta *f*, *(Tauschen)* cambio *m*, scambio *m*, *(Tauschhandel)* baratto *m*; **~abkommen** *n* accordo *m* di baratto; **~angebot** *n* offerta *f* di scambio.
tauschen *v* permutare, cambiare, *(austauschen)* scambiare, *(im Tauschhandel)* barattare.
täuschen *v (irreführen)* ingannare, illudere, *(betrügen)* imbrogliare, raggirare, *(missbrauchen)* tradire.
Tauschende/r *f/m* scambista *m/f*, barattatore *m*.
Tauschgeschäft *n* baratto *m*, operazione *f* di baratto.
Tauschhandel *m* baratto *m*; **~ betreiben** barattare.
Tauschhandelsabkommen *n* accordo *m* di baratto.
Tauschmittel *n* mezzo *m* di scambio.
Täuschung *f (Betrug)* inganno *m*, frode *f*, imbroglio *m*, raggiro *m*, *(Irrtum)* errore *m*, sbaglio *m*, *(Einbildung)* illusione *f*; **absichtliche ~** *f (CH) (Art. 28 OR)*; **arglistige ~** *f (§ 123 BGB)* dolo *m* (*come vizio della volontà*); **zur ~ im Rechtsverkehr** a scopo di inganno nei rapporti giuridici.
Täuschungszwecken, zu ~ a scopo di inganno.
Tausch | vertrag *m* contratto *m* di permuta, contratto *m* di scambio, contratto *m* di baratto; **~verwahrung** *f* deposito *m* di cose interscambiabili; **~wert** *m* valore *m* di scambio; **~wirtschaft** *f* regime *m* di baratto, economia *f* di baratto, economia *f* di scambio.
Taxation *f* stima *f*, valutazione *f*.
Taxationszettel *m (CH)* distinta *f* di tassazione.
taxativ *adj (A)* tassativo.
Taxator/in *m/f* stimatore *m*.
Taxe *f*[1] *(Gebühr)* tassa *f*.
Taxe *f*[2] *(Schätzung)* stima *f*, valutazione *f*.
Taxe *f*[3] *(festgesetzter Preis)* tariffa *f*, prezzo *m* fissato dalle autorità.
Taxe *f*[4] *VersR* valore *m* convenuto.
Taxerhöhung *f* aumento *m* di tassa.
taxfrei *adj* esente da tasse.
Tax | freiheit *f* esenzione *f* da tasse; **~gewicht** *n* peso *m* tassato, peso *m* tassabile.
taxieren *v* stimare, valutare.
Taxierung *f* stima *f*, valutazione *f*.
Tax | karte *f (CH)* tessera *f* a pagamento; **~kurs** *m* corso *m* presumibile, corso *m* di stima; **~preis** *m* prezzo *m* di stima; **~wert** *m* valore *m* di stima; **~zuschlag** *m* supplemento *m* di tassa, sopra(t)tassa *f* (*anche: sovra(t)tassa*).
Technischer Überwachungsverein *m (D)* (*Abk* = **TÜV**) Associazione *f* (tedesca) di controllo tecnico (*ente indipendente di certificazione ed ispezione presente anche sul territorio italiano dal 1987*).
Technisches Hilfswerk *n (D)* (*Abk* = **THW**) Agenzia *f* federale di soccorso tecnico (*equivalente tedesco della Protezione Civile*).
Teil *m (Abschnitt)* parte *f*, sezione *f*, *(Anteil)* porzione *f*, quota *f*, frazione *f*, *(Stück)* pezzo *m*; **Allgemeiner ~** *m* (*Abk* = **AT**) *(BGB, StGB, HGB)* parte *f* generale; **Besonderer ~** *m* (*Abk* = **BT**) *(BGB, StGB, HGB)* parte *f* speciale; **je zu gleichen ~en** a ciascuno in parti uguali; **klagender ~** *m ZivProzR* parte *f* attrice, parte *f* attorea, attore/attrice *m/f*; **säumiger ~** *m* parte *f* inadempiente; **vertragschließender ~** *m* parte *f* contraente, contraente *m*.
Teil- parziale.
Teil | abrechnung *f* conto *m* parziale; **~abschnitt** *m* sottosezione *f*, punto *m*; **~abtretung** *f* cessione *f* parziale; **~akzept** *n* accettazione *f* parziale; **~anerkennung** *f* riconoscimento *m* parziale; **~anfechtung** *f* impugnazione *f* parziale; **~annahme** *f* accettazione *f* parziale; **~aufhebung** *f (eines Urteils auf Revision)* cassazione *f* parziale.
teilbar *adj* divisibile, frazionabile.
Teilbarkeit *f* divisibilità *f*, frazionabilità *f*.
Teil | baugenehmigung *f* concessione *f* edilizia parziale; **~befreiung** *f* esenzione *f* parziale; **~befriedigung** *f (des Gläubigers)* soddisfacimento *m* parziale; **~berufung** *f ProzR* appello *m* parziale; **~beschäftigung** *f*

ArbR impiego a tempo parziale, lavoro *m* part-time, impiego *m* part-time, occupazione *f* part-time; **~bescheid** *m* provvedimento *m* parziale; **~beschlagnahme** *f* sequestro *m* parziale; **~beschwerde** *f* *ProzR* ricorso *m* parziale, reclamo *m* parziale; **~besitz** *m* possesso *m* parziale; **~betrag** *m* importo *m* parziale; **~betriebsübergang** *m* *ArbR* trasferimento *m* di (un) ramo di (o: dell') azienda (o: aziendale), cessione *f* di (un) ramo di (o: dell') azienda (o: aziendale); **~eigentum** *n* multiproprietà *f*, proprietà *f* parziale; **~eigentümer/in** *m/f* comproprietario/-a *m/f*.

teilen *v* dividere, frazionare, suddividere, *(aufteilen)* ripartire, *(trennen)* separare, *(Meinung, Ansicht)* condividere.

Teil | enteignung *f* espropriazione *f* parziale; **~entschädigung** *f* indennità *f* parziale, indennizzo *m* parziale; **~entscheidung** *f* decisione *f* parziale, sentenza *f* parziale; **~erbschein** *m* *ErbR* certificato *m* di eredità parziale, certificato *m* ereditario parziale; **~erfüllung** *f* adempimento *m* parziale; **~finanzierung** *f* finanziamento *m* parziale; **~forderung** *f* credito *m* parziale; **~freispruch** *m* assoluzione *f* parziale; **~gemeinde** *f* comune *m* facente parte di un consorzio di comuni; **~genehmigung** *f* autorizzazione *f* parziale; **~geschäftsfähigkeit** *f* *(D) (§§ 112, 113 BGB)* parziale capacità *f* negoziale, *(im engeren Sinne)* parziale capacità *f* di contrattare; **~gesellschaft** *f* società *f* in corso di fusione; **~gesetz** *n* *(aus einem Gesetzespaket)* legge *f* stralcio; **~geständnis** *n* confessione *f* parziale.

Teilhabe *f* partecipazione *f*, compartecipazione *f*.

teilhaben *v* [an *Dat*] partecipare [a], compartecipare [a], avere parte [in].

Teilhaber *m* [f: Teilhaberin] socio/-a *m/f*, associato/-a *m/f*, partner *m/f*, cointeressato/-a *m/f*; **aktiver ~** *m* associante *m*; **stiller ~** *m* associato *m* (*di associazione in partecipazione*), socio *m* occulto; **tätiger ~** *m* associante *m*.

Teilhabereffekten *pl* titoli *mpl* di partecipazione (ad una società).

Teilhaberschaft *f* associazione *f* in partecipazione, partecipazione *f*, compartecipazione *f*, partnership *f*, cointeressenza *f*.

Teilhaberversicherung *f* *VersR* assicurazione *f* sulla vita del socio.

Teil | hafter *m* *GesR* socio *m* limitatamente responsabile, socio *m* accomandante, accomandante *m*; **~haftung** *f* responsabilità *f* parziale, responsabilità *f* limitata; **~indossament** *n* girata *f* parziale; **~invalidität** *f* invalidità *f* parziale; **~konnossement** *n* delivery order *m*, ordine *m* di consegna (per merci viaggianti alla rinfusa); **~kredit** *m* credito *m* per acquisti rateali; **~kündigung** *f* disdetta *f* parziale, *ArbR* licenziamento *m* parziale; **~ladung** *f* carico *m* parziale; **~leistung** *f* *(§ 266 BGB)* prestazione *f* parziale; **~lieferung** *f* consegna *f* parziale, fornitura *f* parziale, spedizione *f* parziale, consegna *f* ripartita; **~lieferungsvertrag** *m* contratto *m* di somministrazione.

Teilnahme *f* [1] *(Mitmachen)* partecipazione *f*, *(Mitwirkung)* cooperazione *f*, *(Mitarbeit)* collaborazione *f*, intervento *m*, *(Mitgefühl)* interesse *m*, interessamento *m*.

Teilnahme *f* [2] *StrafR (an der strafbaren Handlung)* partecipazione *f* criminosa, compartecipazione *f* criminosa, compartecipazione *f* al reato, concorso *m* di persone nel reato, complicità *f*; **Täterschaft** *f* **und ~** *f* *StrafR (§§ 25 ff. StGB)* reo *m* e concorso *m* di persone nel reato; **notwendige ~** *f* concorso *m* necessario.

Teilnahme | berechtigung *f* diritto *m* di partecipazione; **~gebühr** *f* quota *f* di iscrizione, quota *f* di partecipazione, tassa *f* di partecipazione; **~recht** *n* diritto *m* di partecipazione.

teilnehmen *v* [an *Dat*] partecipare

[a], prendere parte [a], *(an einer Ausschreibung)* concorrere, *(an einer Versammlung)* intervenire [a], *(beiwohnen)* assistere [a], essere presente [a], *(an Arbeit)* cooperare, *(an einem Projekt)* collaborare, *(an einem Kurs, Lehrgang)* frequentare.

Teilnehmer/in *m/f* partecipante *m/f*, *(bei Wettbewerben)* concorrente *m/f*.

Teilnehmung *f (A)* partecipazione *f*.

Teilnehmungsrecht *n (A)* diritto *m* di partecipazione.

Teil | nichtigkeit *f (§ 139 BGB)* nullità *f* parziale; **~pacht** *f* colonia *f* parziaria, mezzadria *f*; **~pächter/in** *m/f* colono *m* parziario, colono *m*, mezzadro *m*; **~pachtvertrag** *m* contratto *m* di colonia parziaria; **~prämie** *f* premio *m* parziale; **~quittung** *f* ricevuta *f* parziale, quietanza *f* parziale; **~recht** *n* frazione *f* di diritto d'opzione; **~rechtsfähigkeit** *f* parziale capacità *f* giuridica; **~rechtsnachfolge** *f* successione *f* parziale; **~regelung** *f* sistemazione *f* parziale; **~rente** *f* pensione *f* parziale; **~reproduktionswert** *m (Substanzwert)* valore *m* dell'attivo netto; **~rückzahlung** *f* rimborso *m* parziale; **~schaden** *m* danno *m* parziale, avaria *f* parziale.

Teilschuld *f* [1] *SchuldR* obbligazione *f* parziaria.

Teilschuld *f* [2] *StrafR* colpa *f* parziale.

Teil | schuldner/in *m/f* obbligato *m* pro rata; **~schuldverschreibung** *f* obbligazione *f* parziaria, obbligazione *f* (frazionata di prestito obbligazionario), certificato *m* obbligazionario; **~streik** *m* sciopero *m* parziale; **~summe** *f* somma *f* parziale.

Teilung *f* divisione *f*, frazionamento *m*, suddivisione *f*, *(Aufteilung)* ripartizione *f*, spartizione *f*, *(Trennung)* separazione *f*; **gerichtliche ~** *f* divisione *f* giudiziale; **gütliche ~** *f* divisione *f* amichevole; **letztwillig verfügte ~** *f ErbR* divisione *f* testamentaria; **provisorische ~** *f* divisione *f* provvisoria; **~** *f* **mit Ausgleichszahlung** divisione *f* con pagamento di conguaglio; **~** *f* **unter Lebenden** divisione *f* fra vivi; **~** *f* **nach Stämmen** suddivisione *f* tra stirpi.

Teilungs | abkommen *n* accordo *m* di divisione; **~anordnung** *f (durch den Erblasser)* norme *fpl* date dal testatore per la divisione; **~klage** *f* domanda *f* di divisione, causa *f* di divisione; **~masse** *f InsolvenzR* massa *f* attiva del fallimento, massa *f* da ripartire; **~niederschrift** *f* verbale *m* di divisione, processo *m* verbale di divisione; **~plan** *m* progetto *m* di ripartizione, progetto *m* di divisione, piano *m* di riparto; **~urkunde** *f* atto *m* di divisione; **~verfahren** *n* procedimento *m* di divisione, giudizio *m* di divisione; **~versteigerung** *f (zur Aufhebung einer Gemeinschaft)* vendita *f* all'incanto nella divisione; **~vertrag** *m* accordo *m* di divisione, contratto *m* di divisione, contratto *m* di spartizione, *VölkerR* trattato *m* di suddivisione, trattato *m* di spartizione.

Teil | unmöglichkeit *f* impossibilità *f* parziale; **~unwirksamkeit** *f* inefficacia *f* parziale, nullità *f* parziale; **~urteil** *n ZivProzR (§ 301 ZPO)* sentenza *f* parziale; **~veräußerung** *f* alienazione *f* parziale; **~vereinbarung** *f* accordo *m* parziale; **~verladung** *f* spedizione *f* parziale; **~verlust** *m* perdita *f* parziale; **~verpflichtung** *f* obbligazione *f* parziaria; **~wahl** *f* elezione *f* parziale.

teilweise *adj* parziale, parzialmente, in parte.

Teil | wert *m* valore *m* parziale; **~widerruf** *m* revoca *f* parziale; **~zahlung** *f (partielle Zahlung)* pagamento *m* parziale, *(Ratenzahlung)* pagamento *m* rateale, pagamento *m* a rate, *(Rate)* rata *f*, *(Anzahlung)* acconto *m*.

Teilzahlungs | abrede *f* accordo *m* di pagamento rateale; **~bedingungen** *fpl* condizioni *fpl* per il pagamento rateale; **~darlehen** *n* credito *m* per acquisti rateali; **~geschäft** *n* acquisto *m* rateale, acquisto *m* a rate, vendita *f* rateale, vendita *f* a rate; **~gesuch** *n* domanda *f* di pagamento rateale; **~kauf** *m (§§ 507 ff. BGB)* acquisto *m* rateale, acquisto *m* a rate, vendita *f* rateale, vendita *f* a rate; **~vereinbarung** *f* accordo *m* di pagamento rateale.

Teilzeit *f* part-time, a tempo parziale; **~ arbeiten** lavorare (a) part-time, lavorare a tempo parziale.

Teilzeit | arbeit *f* part-time *m*, lavoro *m* part-time, lavoro *m* a tempo parziale; **~beschäftigte/r** *f/m* lavoratore/-trice *m/f* part-time, lavoratore/-trice *m/f* a tempo parziale; **~beschäftigung** *f* lavoro *m* part-time, occupazione *f* part-time, impiego *m* part-time, impiego *m* a tempo parziale.

Teilzeitnutzungsrecht *n* diritto *m* di godimento a tempo parziale; **~e** *npl* **an Immobilien** *(Timesharing-Richtlinie)* diritto *m* di godimento a tempo parziale di beni immobili.

Teilzeit-Wohnrechtevertrag *m* *(§§ 481 ff. BGB)* contratto *m* di multiproprietà immobiliare, contratto *m* relativo all'acquisizione di un diritto di godimento ripartito di beni immobili.

Telefon | geheimnis *n* segreto *m* della corrispondenza telefonica; **~handel** *m* negoziazione *f* di titoli per telefono; **~überwachung** *f* *(§§ 100a, 100b StPO)* intercettazioni *fpl* telefoniche, intercettazione *f* di conversazioni o comunicazioni telefoniche; **~verkehr** *m* traffico *m* telefonico, *(Börse)* negoziazione *f* di titoli per telefono; **~zensur** *f* censura *f* telefonica.

Telekommunikation *f* telecomunicazione *f*, telecomunicazioni *fpl*.

Telekommunikationsgesetz *n* (*Abk* = **TKG**) legge *f* sulle telecomunicazioni.

teleologisch *adj* teleologico.

Telquel | kurs *m* prezzo *m* tel quel, corso *m* tel quel, corso *m* tale quale; **~notierung** *f* quotazione *f* tale quale, quotazione *f* tel quel, quotazione *f* alla francese.

Tendenz *f* tendenza *f*, andamento *m*, inclinazione *f*, propensione *f*, orientamento *m*, indirizzo *m*, movimento *m*, corrente *f*; **fallende ~** *f* tendenza *f* al ribasso; **freundliche ~** *f* tendenza *f* favorevole; **konjunkturelle ~** *f* andamento *m* congiunturale; **rückläufige ~** *f* tendenza *f* al ribasso; **steigende ~** *f* tendenza *f* al rialzo; **uneinheitliche ~** *f* tendenza *f* oscillante, tendenza *f* irregolare; **verbesserte ~** *f* tendenza *f* migliorata.

Tendenzbetrieb *m* *ArbR (§ 118 Abs. 1 BetrVG)* impresa (o: organizzazione) *f* di tendenza (*il cui scopo non è essenzialmente lucrativo, ma svolge un'attività a carattere spirituale o intellettuale, vale a dire politica, confessionale, sindacale, scientifica, artistica, caritativa o di natura simile*).

tendenziös *adj* tendenzioso.

Tenor *m* *ProzR (eines Urteils)* dispositivo *m* (*della sentenza*).

Termin *m* [1] *(festgelegter Zeitpunkt)* termine *m*, *(Datum)* data *f* (prefissata), *(Frist)* scadenza *f*, *(festgesetzte Verabredung)* appuntamento *m*; **einen ~ einhalten** rispettare un termine, rispettare una scadenza, osservare un termine, osservare una scadenza; **einen ~ festlegen**; **einen ~ festsetzen** fissare una data, fissare un termine, fissare una scadenza; **auf ~ kaufen** acquistare a termine; **einen ~ vereinbaren** fissare un appuntamento; **auf ~ verkaufen** vendere a termine; **einen ~ wahrnehmen** presentarsi a un appuntamento, *ProzR* essere presente o farsi rappresentare ad un'udienza; **vereinbarter ~** *m* termine *m* convenuto; **vertraglicher ~** *m* termine *m* contrattuale.

Termin *m* [2] *ProzR (Sitzung)* udienza *f*; **einen ~ anberaumen** *ProzR*; **einen ~ ansetzen** *ProzR* fissare l'udienza; **den ~ vertagen** *ProzR* rinviare l'udienza; **früher erster ~** *m (D) ZivProzR (eine der zwei Möglichkeiten zur Vorbereitung der Hauptverhandlung im Zivilprozess) (§ 275 ZPO)* prima udienza *f* immediata (*di trattazione orale della causa in funzione strumentale e preparatoria della successiva udienza principale*), prima udienza *f* preliminare; **~** *m* **zur mündlichen Verhandlung** *ProzR* udienza *f*,

udienza *f* di discussione (*della causa*), udienza *f* di trattazione (*della causa*).
Terminabschluss *m* contratto *m* a termine.
Terminal *n (IT)* terminale *m*.
Termin | alter *n* età *f* al termine; **~angebot** *n* offerta *f* a termine; **~ansetzung** *f ProzR* fissazione *f* di (o: dell') udienza; **~börse** *f* mercato *m* a termine.
Termindevisen *pl* divise *fpl* a scadenza, divise *fpl* a termine, cambio *m* a consegna, cambio-termine *m*; **~geschäft** *n* operazione *f* di cambio a termine, operazione *f* di cambio a consegna; **~vertrag** *m* contratto *m* di cambio a termine.
Termin | effekten *pl* titoli *mpl* negoziati a termine; **~einhaltung** *f* rispetto *m* di un termine, rispetto *m* di una scadenza, osservanza *f* di un termine, osservanza *f* di una scadenza; **~einlage** *f* deposito *m* vincolato, deposito *m* non disponibile, deposito *m* a termine, deposito *m* a scadenza fissa; **~geld** *n*; **~geldeinlage** *f* deposito *m* a termine.
termin | gemäß *adj*; **~gerecht** *adj* entro il (o: nel) termine stabilito, entro il (o: nel) termine convenuto, entro il (o: nel) termine fissato, entro il (o: nel) termine prescritto, entro i (o: nei) termini, in termine utile, in tempo utile, nei tempi dovuti, entro la data convenuta, tempestivo, puntuale.
Termingeschäft *n* contratto *m* a termine, operazione *f* a termine; **festes ~** *n* contratto *m* a termine fermo, contratto *m* a termine fisso.
Terminhandel *m* commercio *m* a termine.
terminieren *v (etwas)* scadenzare, *(befristen)* fissare/stabilire un termine per qc., *(zeitlich festsetzen)* fissare/stabilire (la data di) qc.
Terminierung *f* fissazione *f* di un termine, fissazione *f* di una scadenza.
Termin | kalender *m* scadenzario *m*, agenda *f*; **~kauf** *m* acquisto *m* a termine; **~käufer/in** *m/f* acquirente *m/f* a termine; **~konto** *n* conto *m* a termine; **~kurs** *m* corso *m* a termine; **~liste** *f (A)* ruolo *m* dei dibattimenti; **~markt** *m* mercato *m* a termine; **~notierung** *f* quotazione *f* a termine; **~offerte** *f* offerta *f* a termine; **~preis** *m* prezzo *m* a termine.
Termins | anberaumung *f*; **~bestimmung** *f*; **~festsetzung** *f ProzR* fissazione *f* di (o: dell') udienza; **~gebühr** *f (Gebühr, die für die anwaltliche Vertretung bei einem gerichtlichen Termin anfällt)* tariffa *f* per le udienze, competenze *fpl* di presenza all'udienza, compenso *m* spettante all'avvocato per l'attività giudiziale quando si presenta in tribunale per un'udienza; **~verlust** *m* decadenza *f* dal termine.
Termin | verbindlichkeit *f* obbligazione *f* a termine; **~verkauf** *m* vendita *f* a termine; **~verkäufer/in** *m/f* venditore/-trice *m/f* a termine; **~verlust** *m (A) (Ratengeschäft)* decadenza *f* dal beneficio della rateazione, decadenza *f* dal beneficio della rateizzazione; **~verpflichtung** *f* impegno *m* a termine, obbligazione *f* a termine; **~vertrag** *m* contratto *m* a termine; **~wechsel** *m* cambiale *f* a termine.
territorial *adj* territoriale.
Territorial | autonomie *f* autonomia *f* territoriale; **~gericht** *n (CH)* tribunale *m* territoriale; **~gewässer** *npl* acque *fpl* territoriali; **~hoheit** *f* sovranità *f* territoriale.
Territorialität *f* territorialità *f*.
Territorialitätsprinzip *n StrafR (§§ 3 f. StGB)* principio *m* di (o: della) territorialità.
Territorial | status *n* statuto *m* territoriale; **~zulage** *f* indennità *f* di soggiorno all'estero.
Terror *m* terrore *m*, *(Terrorismus)* terrorismo *m*; **~akt** *m* atto *m* di terrorismo; **~anschlag** *m* attentato *m* terroristico, attacco *m* terroristico; **~gruppe** *f* gruppo *m* terroristico.
terrorisieren *v* terrorizzare.

Terrorismus *m* → *Fall Schleyer (BVerfGE 46, 160)* terrorismo *m*; **~ bekämpfen** combattere il terrorismo; **internationaler ~** *m* terrorismo *m* internazionale.
Terrorismusbekämpfung *f* lotta *f* al terrorismo.
Terrorist/in *m/f* terrorista *m/f*.
terroristisch *adj* terroristico, terrorista.
Terror|kommando *n* comando *m* terrorista; **~organisation** *f* organizzazione *f* terroristica; **~verdächtige/r** *f/m StrafR* sospetto terrorista *m*, soggetto *m* sospettato di terrorismo, chi è sospettato di terrorismo; **~welle** *f* ondata *f* terroristica.
Tertiawechsel *m* terza *f* di cambio.
Testament *n ErbR* testamento *m*; **ohne ~** *ErbR* intestato; **ein ~ anfechten** *ErbR* impugnare un testamento; **ein ~ entgegennehmen** *ErbR*; **ein ~ erhalten** *ErbR* ricevere un testamento; **ein ~ eröffnen** *ErbR* aprire un testamento; **ein ~ errichten** *ErbR* fare testamento, redigere un testamento, stendere un testamento; **durch ~ erwerben** *ErbR* ricevere per testamento; **ein ~ hinterlegen** *ErbR* depositare un testamento; **ein ~ machen** *ErbR* fare testamento; **ein ~ für nichtig erklären** *ErbR* annullare un testamento; **ein ~ widerrufen** *ErbR* revocare un testamento; **außerordentliches ~** *n ErbR* testamento *m* speciale; **Berliner ~** *n (D) ErbR (Sonderform des gemeinschaftlichen Testaments) (§ 2269 BGB)* Testamento *m* di Berlino (*i coniugi si istituiscono reciprocamente eredi e dispongono di comune accordo che dopo la morte dell'ultimo a decedere l'intera eredità debba andare a un terzo, generalmente i figli*); **eigenhändiges ~** *n*; **eigenhändig geschriebenes ~** *n ErbR* testamento *m* olografo; **gegenseitiges ~** *n ErbR* testamento *m* reciproco; **geheimes ~** *n ErbR* testamento *m* segreto; **gemeinschaftliches ~** *n ErbR (auch als „Ehegattentestament" bezeichnet; Sonderform: „Berliner Testament") (§§ 2265 ff. BGB)* testamento *m* reciproco (*tra coniugi*), testamento *m* redatto congiuntamente dai coniugi, testamento *m* collettivo (*nel quale i coniugi si istituiscono reciprocamente eredi*), testamento *m* congiuntivo (*a favore di un terzo*); **handgeschriebenes ~** *n*; **handschriftliches ~** *n*; **holographisches ~** *n ErbR* testamento *m* olografo; **korrespektives ~** *n ErbR* testamento *m* corrispettivo; **mündliches ~** *n ErbR* testamento *m* orale, testamento *m* nuncupativo; **notariell beurkundetes ~** *n*; **notarielles ~** *n ErbR* testamento *m* per atto di notaio, testamento *m* notarile; **öffentliches ~** *n ErbR* testamento *m* pubblico; **ordentliches ~** *n ErbR* testamento *m* ordinario; **reziprokes ~** *n ErbR* testamento *m* reciproco; **späteres ~** *n ErbR* testamento *m* posteriore; **ungültiges ~** *n ErbR* testamento *m* nullo; **wechselbezügliches ~** *n*; **wechselseitiges ~** *n ErbR* testamento *m* corrispettivo.
testamentarisch *adj ErbR* testamentario, per testamento.

Testament: gemeinschaftliches Testament
Testamento reciproco in forza del quale i coniugi si istituiscono, nello stesso atto, unico e inscindibile, reciprocamente erede l'uno dell'altra. Nel medesimo testamento viene spesso stabilito che dopo la morte del coniuge superstite l'intera eredità debba andare a un terzo, generalmente i figli (*Berliner Testament ex* § 2269 BGB).
In Italia il testamento reciproco è nullo. Al contrario, è consentito che due o più persone, in atti separati, dispongano l'uno in

favore dell'altra (c.d. *testamento corrispettivo*). Il testamento con cui due o più persone, nel medesimo atto, dispongono dei propri beni a favore di un terzo, in modo che non possano essere identificate le disposizioni che provengono dai singoli autori (c.d. *testamento congiuntivo*) è vietato in Italia. È invece valido il testamento mediante il quale due o più persone, nel medesimo atto, con previsioni autonome e tra loro non collegate dispongono a favore di un terzo (c.d. *testamento simultaneo*).

Testaments | anfechtung *f ErbR* impugnazione *f* del testamento; **~auslegung** *f ErbR* interpretazione *f* del testamento; **~erbe/-erbin** *m/f ErbR* erede *m* testamentario; **~eröffnung** *f ErbR* pubblicazione *f* del testamento, apertura *f* del testamento; **~errichtung** *f ErbR* redazione *f* di un testamento, stesura *f* di un testamento; **~erschleichung** *f (A) ErbR* captazione *f* d'eredità (con dolo o violenza esercitata sulla stesura del testamento); **~exekutor/in** *m/f (A) ErbR* esecutore *m* testamentario.

Testamentsform *f ErbR* forma *f* del testamento; **Haager ~übereinkommen** *n IPR (Haager Übereinkommen vom 5. Oktober 1961 über das auf die Form letztwilliger Verfügungen anzuwendende Recht)* Convenzione *f* dell'Aja del 5 ottobre 1961 sui conflitti di legge relativi alla forma delle disposizioni testamentarie.

Testaments | hinterlegung *f ErbR* deposito *m* del testamento; **~nachtrag** *m ErbR* codicillo *m*; **~recht** *n ErbR* diritto *m* testamentario; **~unterdrückung** *f (A) ErbR* occultamento *m* di testamento; **~vollstrecker/in** *m/f ErbR (§§ 2197 ff. BGB)* esecutore *m* testamentario; **~vollstreckung** *f ErbR* esecuzione *f* testamentaria; **~vollzieher/in** *m/f (A) ErbR* esecutore *m* testamentario; **~widerruf** *m ErbR (§§ 2253 ff. BGB)* revoca *f* del testamento, revocazione *f* del testamento; **~zeuge/-zeugin** *m/f ErbR* testimone *m* testamentario.

Testator/in *m/f ErbR* testatore *m*.

testieren *v* [1] *ErbR* testare, fare testamento, disporre per testamento.

testieren *v* [2] *(bescheinigen, bestätigen)* attestare.

testierfähig *adj ErbR* capace di testare, capace di disporre per testamento.

Testier | fähigkeit *f ErbR (§ 2229 BGB)* capacità *f* di testare, capacità *f* di disporre per testamento, capacità *f* testamentaria; **~freiheit** *f ErbR* libertà *f* testamentaria, libertà *f* di testare; **~recht** *n ErbR* diritto *m* di testare, diritto *m* di disporre per testamento.

testierunfähig *adj ErbR* incapace di testare, incapace di disporre per testamento.

Testier | unfähigkeit *f ErbR (§ 2229 BGB)* incapacità *f* di testare, incapacità *f* di disporre per testamento; **~wille** *m ErbR* volontà *f* di testare.

Teuerung *f* rincaro *m*, caroviveri *m*, carovita *m*.

Teuerungs | welle *f* ondata *f* di rincari; **~zulage** *f*; **~zuschlag** *m* indennità *f* di contingenza.

Text *m* testo *m*, contenuto *m*, tenore *m*; **authentischer ~** *m*; **maßgeblicher ~** *m* testo *m* autentico.

Textform *f (erfasst sind Nachrichten per Telefax oder Briefe ohne Unterschrift, Kopien vom Original, E-Mail oder auch SMS bzw. Whatsapp und Co.) (§ 126b BGB)* forma *f* testuale *(termine intraducibile: documento, cartaceo o informatico che sia, contenente informazioni e comunicazioni sprovviste di sottoscrizione autografa)*, forma *f* informativa.

Thema *n* tema *m*, argomento *m*, soggetto *m*; **zum ~** avente ad oggetto.

Theorie *f* teoria *f*.

These *f* tesi *f*.

THW (*Abk* = **Technisches**

Hilfswerk) *(D)* Agenzia *f* federale di soccorso tecnico (*equivalente tedesco della Protezione Civile*).

Tiefstand *m* depressione *f*.

Tiefst | kurs *m*; **~preis** *m* prezzo *m* minimo, corso *m* minimo.

Tier | frachtbrief *m* lettera *f* di vettura per animali; **~haftung** *f* responsabilità *f* del danno cagionato da animali; **~halterhaftung** *f* *(§ 833 BGB)* responsabilità *f* del danno cagionato da animali, responsabilità *f* del proprietario o dell'utilizzatore di un animale (*per i danni cagionati da quest'ultimo*); **~halter/in** *m/f* proprietario/-a *m/f* di (un) animale/-i, possessore *m* di (un) animale/-i; **~quälerei** *f* maltrattamento *m* di animali; **~schaden** *m* danno *m* cagionato da animali; **~schadenhaftung** *f* responsabilità *f* del danno cagionato da animali; **~schutzgesetz** *n* legge *f* sulla protezione degli animali; **~versicherung** *f* assicurazione *f* degli animali; **~versuche** *mpl* sperimentazione *f* animale, sperimentazione *f* sugli animali, esperimenti *mpl* sugli animali.

tilgbar *adj (von Schulden)* estinguibile, *(amortisierbar)* ammortabile, ammortizzabile, rimborsabile, redimibile, cancellabile.

Tilgbarkeit *f (von Schulden)* estinguibilità *f*, rimborsabilità *f*, redimibilità *f*.

tilgen *v (Schulden)* estinguere, *(amortisieren)* ammortare, ammortizzare, *(zurückzahlen)* rimborsare, redimere, liquidare, *(beseitigen)* cancellare, eliminare.

Tilgung *f (von Schulden)* estinzione *f*, *(Amortisation)* ammortamento *m*, ammortizzazione *f*, *(Rückzahlung)* rimborso *m*, *(Beseitigung)* cancellazione *f*; **vorzeitige ~** *f* rimborso *m* anticipato.

Tilgungs | anleihe *f* prestito *m* ammortizzabile, prestito *m* redimibile; **~art** *f* tipo *m* di ammortamento, metodo *m* di ammortamento, sistema *m* di rimborso; **~bedingungen** *fpl* condizioni *fpl* di rimborso.

Tilgungsbetrag *m* importo *m* del rimborso, importo *m* di ammortamento; **jährlicher ~** *m* annualità *f* di ammortamento.

Tilgungs | darlehen *n* prestito *m* ammortizzabile, prestito *m* redimibile; **~dauer** *f* periodo *m* di ammortamento; **~dienst** *m* servizio *m* di ammortamento; **~fonds** *m* fondo *m* di ammortamento.

tilgungsfrei *adj* irredimibile, perpetuo, senza ammortamento.

Tilgungs | freijahr *n* anno *m* libero da ammortamento; **~hypothek** *f* ipoteca *f* ammortizzabile; **~plan** *m* piano *m* di ammortamento; **~quote** *f* quota *f* di ammortamento, tasso *m* di ammortamento.

Tilgungsrate *f* rata *f* di ammortamento; **jährliche ~** *f* annualità *f* di ammortamento, rata *f* annuale di ammortamento.

Tilgungs | rente *f* rendita *f* ammortizzabile; **~satz** *m* quota *f* di ammortamento, tasso *m* di ammortamento; **~schuld** *f* debito *m* estinguibile, debito *m* redimibile; **~zahlung** *f* rimborso *m*, estinzione *f*.

Timesharing-Richtlinie *f EuR (Umsetzung in D: §§ 481 ff. BGB; für Ö siehe Teilzeitnutzungsgesetz 2011) → s. Anhang 3 b)* direttiva *f* sul Timesharing (*multiproprietà: Direttiva 2008/122/CE del Parlamento europeo e del Consiglio, del 14 gennaio 2009, sulla tutela dei consumatori per quanto riguarda taluni aspetti dei contratti di multiproprietà, dei contratti relativi ai prodotti per le vacanze di lungo termine e dei contratti di rivendita e di scambio*).

Tischvorlage *f* handout *m (testo, appunti, ciclostilati diffusi in occasione di convegni, conferenze stampa e sim., distribuiti ai presenti per favorire la migliore comprensione)*.

Titel *m* [1] *(Überschrift)* titolo *m*; **mit dem ~** intitolato, dal titolo, rubricato.

Titel *m* [2] *(vollstreckbarer Anspruch)* titolo *m* (*giuridico*); **vollstreckbarer ~** *m* titolo *m* esecutivo.

Titel *m* [3] *(Grad, Adel)* titolo *m* (*di*

studio, nobiliare), qualifica *f*; **einen ~ führen** avere un titolo; **einen ~ verleihen** conferire un titolo; **akademischer ~** *m* titolo *m* accademico; **gleichwertiger ~** *m* titolo *m* equipollente.
Titel *m* [4] *(im Haushalt)* voce *f* (*del bilancio*).
Titelführung *f* uso *m* di titolo; **unberechtigte ~** *f* usurpazione *f* di titolo.
Titel | missbrauch *m* abuso *m* di titoli; **~stempel** *m (CH)* imposta *f* sui titoli.
Titulär/in *m/f (A)* titolare *m/f*.
tituliert *adj (Anspruch, Forderung)* (credito) assistito da titolo esecutivo.
TKG (*Abk* = **Telekommunikationsgesetz**) legge *f* sulle telecomunicazioni.
Tochter *f GesR* controllata *f*, società *f* controllata, affiliata *f*, società *f* affiliata, collegata *f*, società *f* collegata, consociata *f*, società *f* consociata; **ausländische ~** *f GesR* affiliata *f* estera.
Tochter | firma *f*; **~gesellschaft** *f*; **~unternehmen** *n GesR* controllata *f*, società *f* controllata, affiliata *f*, società *f* affiliata, collegata *f*, società *f* collegata, consociata *f*, società *f* consociata.
Tod *m* morte *f*, decesso *m*; **zum ~e verurteilen** condannare a morte; **bürgerlicher ~** *m* morte *f* civile; **gewaltsamer ~** *m* morte *f* violenta; **gleichzeitiger ~** *m* commorienza *f*; **unnatürlicher ~** *m* morte *f* violenta.
Todesbeweis *m* prova *f* della morte.
Todeserklärung *f* dichiarazione *f* di morte presunta; **Antrag** *m* **auf ~** domanda *f* per dichiarazione di morte presunta; **Konvention** *f* **über die ~Verschollener** Convenzione *f* concernente la dichiarazione di morte delle persone disperse.
Todesfall *m* caso *m* di morte, morte *f*, decesso *m*; **angenommene Todesfälle** *mpl* mortalità *f* presunta, mortalità *f* teorica; **beobachtete Todesfälle** *mpl* mortalità *f* osservata; **erwartete Todesfälle** *mpl* mortalità *f* presunta, mortalità *f* teorica; **vorher eingetretener ~** *m* premorienza *f*.
Todesfall | kapital *n* somma *f* pagabile in caso di morte, capitale *m* in caso di morte; **~risiko** *n* rischio *m* di morte.
Todesfalls | anzeige *f (A)* dichiarazione *f* di morte; **~beitrag** *m (A)* sussidio *m* in caso di morte.
Todesfallversicherung *f* = *A: Todesfallsversicherung* assicurazione *f* in caso di morte, assicurazione *f* pagabile alla morte; **lebenslängliche ~** *f* = *A: lebenslängliche Todesfallsversicherung* assicurazione *f* a vita intera.
Todes | gefahr *f* pericolo *m* di morte; **~opfer** *n* vittima *f*; **~register** *n (CH)* registro *m* di morte, registro *m* degli atti di morte; **~risiko** *n* rischio *m* di morte; **~schein** *m* certificato *m* di morte, atto *m* di morte, atto *m* di decesso; **~strafe** *f StrafR* pena *f* di morte, pena *f* capitale; **~ursache** *f* causa *f* di (o: della) morte; **~urteil** *n StrafProzR* sentenza *f* di condanna a morte, condanna *f* a morte, sentenza *f* capitale; **~vermutung** *f* morte *f* presunta, presunzione *f* di morte; **~zeit** *f* data *f* della morte.
tödlich *adj* mortale; **mit ~em Ausgang** mortale.
Tonnage *f* tonnellaggio *m*.
Tonnen | gebühren *fpl* diritti *mpl* di tonnellaggio; **~gehalt** *m* tonnellaggio *m*; **~gelder** *npl* diritti *mpl* di tonnellaggio; **~kilometer** *n* tonnellata-chilometro *f*.
Tontine *f* tontina *f*.
Tontinengesellschaft *f* società *f* tontinaria.
tot *adj* morto, defunto, *(stillgelegt)* inattivo, *(ohne Nutzwert)* infruttifero, improduttivo, sterile; **klinisch ~** clinicamento morto.
Total | ausverkauf *m* liquidazione *f* totale, svendita *f* totale, vendita *f* fino a esaurimento scorte; **~betrag** *m* importo *m* totale, totale *m*; **~franchise** *f* franchigia *f* totale; **~invalidität** *f* invalidità *f* permanente totale; **~schaden** *m* danno *m* totale.
Totalverlust *m* perdita *f* totale; **konstruktiver ~** *m* perdita *f* totale virtuale; **wirklicher ~** *m* perdita *f* totale effettiva.

Totalvollstreckung *f* esecuzione *f* universale, esecuzione *f* concorsuale.
töten *v* uccidere.
Toten | beschauschein *m (A)* permesso *m* di seppellimento; **~flecke** *mpl* lividure *fpl* cadaveriche; **~schein** *m* certificato *m* di morte, atto *m* di morte, atto *m* di decesso; **~starre** *f* rigidità *f* cadaverica.
Totschlag *m* [1] *(D) StrafR (§ 212 StGB)* omicidio *m* doloso (*semplice, comune*), omicidio *m* volontario; **versuchter ~** *m StrafR* tentato omicidio *m*.
Totschlag *m* [2] *(A, CH) StrafR (§ 76 öStGB; Art. 113 sStGB)* omicidio *m* passionale.
totschlagen *v StrafR* uccidere.
Totschläger/in *m/f StrafR* omicida *m/f* (*semplice, comune*).
Totschlagsversuch *m StrafR* tentativo *m* di omicidio, tentato omicidio *m*.
Tötung *f StrafR* omicidio *m*; **fahrlässige ~** *f StrafR (§ 222 StGB)* omicidio *m* colposo; **vorsätzliche ~** *f StrafR* omicidio *m* doloso, omicidio *m* volontario, omicidio *m* intenzionale *(CH)*; **~** *f* **des Einwilligenden** *StrafR* omicidio *m* del consenziente; **~** *f* **der Leibesfrucht** *StrafR* feticidio *m*; **~** *f* **auf Verlangen** *StrafR (aktive Sterbehilfe) (§ 216 StGB; § 77 öStGB; Art. 114 chStGB)* omicidio *m* su richiesta della vittima, omicidio *m* del consenziente.
Tötungs | absicht *f StrafR* intenzione *f* omicida; **~delikt** *n StrafR* delitto *m* contro la vita, omicidio *m*; **~recht** *n StrafR* diritto *m* di condannare a morte; **~versuch** *m StrafR* tentativo *m* di omicidio, tentato omicidio *m*.
Traditionspapier *n* titolo *m* rappresentativo, documento *m* rappresentativo.
tragbar *adj* sostenibile, *(annehmbar)* accettabile, *(ertragbar)* tollerabile, sopportabile, *(zulässig)* ammissibile, *(sich tragen lassend)* portatile.
tragen *v* portare, recare, *(stützen)* sorreggere, sostenere, *(Verantwortung, Schuld)* avere, assumersi, *(Kosten)* farsi carico di, accollarsi, *(erleiden)* sopportare, subire, *(ergeben)* produrre, rendere, *(Zinsen)* fruttare.
Tragen *n* uso *m*; **unbefugtes ~** *n* **von Auszeichnungen** uso *m* illecito di onorificenze, uso *m* illecito di decorazioni, uso *m* illecito di distinzioni; **unbefugtes ~** *n* **der Uniform** uso *m* illecito di uniforme.
tragend *adj* recante.
Träger *m* soggetto *m* giuridico, soggetto *m* di diritto, *(Körperschaft, Einrichtung)* ente *m*, organismo *m*, organo *m*, gestore *m*, *(Person)* portatore *m*, *(Inhaber)* detentore *m*, titolare *m*, *(von Kultur, Idee)* rappresentante *m*, *(treibende Kraft)* sostenitore *m*; **~** *m* **der öffentlichen Gewalt** detentore *m* del potere pubblico.
Tragsteuer *f* imposta *f* di cui non è possibile la traslazione.
Traktandenliste *f (CH)* ordine *m* del giorno, agenda *f*.
Tramrecht *n* servitù *f* d'appoggio.
Tranche *f (einer Anleihe)* tranche *f* (*di un prestito*).
Tränkweg *m (CH)* passaggio *m* per abbeverare.
Transaktion *f* transazione *f*, operazione *f*; **unsichtbare ~** *f* transazione *f* invisibile; **Abschlussphase** *f* **einer ~** fase *f* conclusiva di una transazione.
Transatlantische Handels- und Investitionspartnerschaft *f* (*Abk* = **TTIP**) *VölkerR (auch: Transatlantisches Freihandelsabkommen, Transatlantic Trade and Investment Partnership, kurz: TTIP, früher: Transatlantic Free Trade Area, kurz: TAFTA)* Partenariato *m* transatlantico per il commercio e gli investimenti (*tra USA e UE*).
Transfer *m* trasferimento *m* (di fondi), rimessa *f*, transfer *m*; **~** *m* **von Daten** trasferimento *m* (dei) dati; **~** *m* **von Mitteln** trasferimento *m* di fondi.
Transfer | abkommen *n* accordo *m* di trasferimento; **~aufschub** *m* sospensione *f* dei trasferimenti; **~ausweis** *m* permesso *m* di trasferimento; **~fähigkeit** *f* trasferibilità *f*; **~garantie** *f* garanzia *f* di trasferimento; **~gebühr** *f*; **~gebühren** *fpl* diritti *mpl* di

trasferimento, diritti *mpl* di rimessa, provvigione *f* di rimessa.
transferierbar *adj* trasferibile; **nicht ~** intrasferibile.
transferieren *v* trasferire.
Transferierung *f* trasferimento *m*.
Transfer | leistung *f* trasferimento *m*; **~moratorium** *n* moratoria *f* di trasferimento; **~risiko** *n* rischio *m* di trasferimento; **~verbot** *n* divieto *m* dei trasferimenti; **~verpflichtung** *f* obbligo *m* di trasferimento.
Transformation *f (von Völkerrecht in innerstaatliches Recht)* trasformazione *f* (*del diritto internazionale in diritto interno*).
Transit *m* transito *m*; **~abfertigung** *f* sdoganamento *m* in transito; **~abkommen** *n* accordo *m* sul traffico di transito; **~erklärung** *f* dichiarazione *f* di transito; **~gut** *n* merce *f* in transito; **~handel** *m* commercio *m* di transito; **~handelsgeschäft** *n* operazione *f* di transito; **~händler/in** *m/f* transitario *m*; **~kommission** *f* commissione *f* per il traffico di transito; **~konnossement** *n* polizza *f* di carico diretta; **~recht** *n* diritto *m* di transito; **~schein** *m* bolletta *f* di transito; **~versand** *m* spedizione *f* in transito; **~visum** *n* visto *m* di transito; **~zoll** *m* dazio *m* di transito.
Transport *m* trasporto *m*; **~anstalt** *f (CH)* impresa *f* di trasporti, ditta *f* di trasporti, società *f* di trasporti; **~bedingungen** *fpl* condizioni *fpl* di trasporto; **~ersuchen** *n* richiesta *f* di trasferimento (di un detenuto).
Transporteur/in *m/f* trasportatore *m*, vettore *m*.
Transport | funktion *f (des Indossaments)* funzione *f* di trasferimento (*della girata*); **~gefährdung** *f* attentato *m* alla sicurezza dei trasporti; **~gesellschaft** *f* società *f* di trasporti, ditta *f* di trasporti, impresa *f* di trasporti.
transportieren *v* trasportare.
Transport | kosten *pl* costi *mpl* di trasporto, spese *fpl* di trasporto; **~risiko** *n* rischio *m* di trasporto, rischio *m* da trasporto; **~schaden** *m* danno *m* di trasporto, danno *m* dovuto al trasporto; **~schein** *m* bolla *f* di spedizione, foglio *m* di via; **~steuer** *f* imposta *f* sui trasporti; **~tarif** *m* tariffa *f* di trasporto; **~unternehmen** *n* impresa *f* di trasporti, ditta *f* di trasporti, società *f* di trasporti; **~unternehmer** *m* trasportatore *m*, vettore *m*; **~versicherung** *f* assicurazione *f* (sui) trasporti, assicurazione *f* sul trasporto.
Trassant/in *m/f* traente *m/f*.
Trassat/in *m/f* trattario *m*, trassato *m*.
trassieren *v* [auf *Akk*] trarre (una cambiale), spiccare (una tratta).
Trassierung *f* traenza *f*.
Trassierungs | kredit *m* credito *m* di traenza; **~provision** *f* provvigione *f* di traenza.
Tratte *f* tratta *f*; **eine ~ ausstellen** spiccare una tratta; **nichtakzeptable ~** *f* tratta *f* non presentabile per l'accettazione.
Tratten | buch *n* libro *m* cambiali passive; **~umlauf** *m* tratte *fpl* in circolazione.
Traufberechtigung *f* servitù *f* di stillicidio.
Trauschein *m* certificato *m* di matrimonio; **kirchlicher ~** *m* certificato *m* di matrimonio religioso.
Trauung *f* matrimonio *m*, celebrazione *f* del matrimonio; **kirchliche ~** *f* matrimonio *m* religioso; **standesamtliche ~** *f*; **zivilstandesamtliche ~** *f (CH)* matrimonio *m* civile.
Trauungs | buch *n*; **~matrik** *f (A)* libro *m* dei matrimoni, registro *m* dei matrimoni.
Trauungsschein *m* certificato *m* di matrimonio; **kirchlicher ~** *m* certificato *m* di matrimonio religioso.
Trauzeuge/-zeugin *m/f* testimone *m/f* di nozze.
Treffen *n* incontro *m*, meeting *m*, riunione *f*, appuntamento *m*.
Treidelrecht *n* servitù *f* di via alzaia, servitù *f* di marciapiede.
trennen *v* separare, dividere, staccare.
Trennung *f* separazione *f*, *(Teilung)* divisione *f*; **einvernehmliche ~** *f FamR*; **einverständliche ~** *f*

FamR separazione *f* consensuale; **gerichtliche ~** *f FamR* separazione *f* giudiziale; **~** *f* **der Gewalten** divisione *f* dei poteri, separazione *f* dei poteri; **~** *f* **von Kirche und Staat** *VerfR* separazione *f* tra Stato e Chiesa; **~** *f* **von Tisch und Bett** *FamR* separazione *f* personale, separazione *f* coniugale, separazione *f* "quod thorum et mensam", separazione *f* di letto e di mensa.

Trennungs | entschädigung *f*; **~geld** *n* indennità *f* di separazione; **~grund** *m* causa *f* di separazione; **~ - und Abstraktionsprinzip** *n* *(D) SachenR* principio *m* di separazione e di astrazione.

Trennungs- und Abstraktionsprinzip

Il principio di separazione e di astrazione (*Trennungs- und Abstraktionsprinzip*) è una caratteristica molto importante del diritto privato tedesco. Come una parete con pochissimi buchi, esso divide il diritto delle obbligazioni (*Schuldrecht*) dai diritti reali (*Sachenrecht*). Il principio sostanzialmente afferma che i contratti si distinguono in:

- contratti con effetti obbligatori (*schuldrechtliche Verträge*) e
- contratti con effetti reali (*dingliche Verträge*: solo questi contratti, nel diritto tedesco, comportano l'effettivo trasferimento della proprietà da una parte all'altra),

i quali sono del tutto separati ed indipendenti gli uni dagli altri (*effetto astratto*). Pertanto, un contratto di compravendita, ad esempio, produce il solo effetto di obbligare il venditore a trasferire la proprietà del bene venduto al compratore. Tale regola è enunciata dal § 433, 1° comma del codice civile tedesco (BGB), che si trova nel secondo libro del BGB intitolato *Schuldrecht*. La proprietà, tuttavia, rimane al venditore fino a quando le parti non concludono un altro tipo di contratto / accordo, denominato *dinglicher Vertrag*. Questo contratto ad effetti reali è regolato dai §§ 929 ss. BGB, che si trovano nel terzo libro del BGB intitolato *Sachenrecht*.

... continua nell'Allegato 1

Trennungs | unterhalt *m FamR* assegno *m* di mantenimento a/ in favore del coniuge separato; **~vereinbarung** *f FamR* accordo *m* di separazione (*personale dei coniugi*); **~vermerk** *m* indicazione *f* sulla copia della cambiale del limite dove essa arriva; **~zulage** *f*; **~zuschlag** *m* indennità *f* di separazione.

Tresor | schein *m* buono *m* del Tesoro; **~versicherung** *f* assicurazione *f* delle casseforti.

Tretrecht *n (CH)* diritto *m* di passaggio per arare.

Treueeid *m* giuramento *m* di fedeltà.

Treuen, in guten ~ *(CH)* in buona fede.

Treue | pflicht *f* dovere *m* di fedeltà, obbligo *m* di fedeltà, correttezza *f*; **~prämie** *f* premio *m* di fedeltà; **~rabatt** *m* sconto *m* di fedeltà; **~verhältnis** *n* rapporto *m* di fedeltà.

Treugeber/in *m/f* fiduciante *m/f*, persona *f* che crea un fedecommesso.

Treuhand *f* amministrazione *f* fiduciaria; **~anstalt** *f* istituto *m* di amministrazione fiduciaria; **~auftrag** *m* mandato *m* fiduciario; **~bank** *f* banca *f* fiduciaria; **~eigentum** *n* proprietà *f* fiduciaria.

Treuhänderdepot *n* deposito *m* fiduciario.

Treuhänder/in *m/f* amministratore *m* fiduciario, fiduciario/-a *m/f*.

treuhänderisch *adj* fiduciario; **~ verwalten** amministrare fiduciariamente, gestire fiduciariamente, gestire su base fiduciaria.

Treuhänderrat *m (ONU)* consiglio *m* per l'amministrazione fiduciaria.

Treuhänderschaft *f* amministrazione *f* fiduciaria; **Territorium** *n* **unter ~** territorio *m* sotto amministrazione fiduciaria.

Treuhand | gebiet *n* territorio *m* sotto amministrazione fiduciaria; **~genossenschaft** *f (CH)* società *f* cooperativa fiduciaria; **~geschäft** *n* negozio *m* fiduciario, interposizione *f* reale di persona; **~gesellschaft** *f* società *f* fiduciaria, fiduciaria *f*; **~konto** *n* conto *m* fiduciario; **~körperschaft** *f* ente *m* fiduciario; **~rat** *m (ONU)* consiglio *m* per l'amministrazione fiduciaria; **~sonderkonto** *n* conto *m* (particolare) fiduciario; **~vereinbarung** *f* accordo *m* fiduciario; **~verhältnis** *n* rapporto *m* fiduciario; **~vermögen** *n* patrimonio *m* amministrato fiduciariamente; **~vertrag** *m* contratto *m* fiduciario, contratto *m* di amministrazione fiduciaria; **~verwaltung** *f* amministrazione *f* fiduciaria.

Treu | nehmer/in *m/f* fiduciario/-a *m/f*; **~pflicht** *f* dovere *m* di fedeltà, obbligo *m* di fedeltà; **~rabatt** *m* sconto *m* a clienti abituali.

Treu und Glauben *(§ 242 BGB)* buona fede *f* (*oggettiva: generale dovere di correttezza e di reciproca lealtà di condotta nei rapporti tra soggetti*); **gegen ~ verstoßen** contravvenire al dovere di correttezza e buona fede; **nach ~** in buona fede (*oggettiva*), secondo buona fede; **wider ~** in mala fede (*oggettiva*).

Treuvergütung *f* premio *m* di fedeltà, abbuono *m* di fedeltà.

Tribunal *n* tribunale *m*.

Triftrecht *n* servitù *f* di passaggio del bestiame.

Triplik *f ZivProzR (des Klägers) → s. Infokasten unter „Schriftsätze"* replica *f* dell'attore alla controreplica del convenuto, terza replica *f*, triplica *f (CH)*.

TRIPS (*Abk* = **Übereinkommen über handelsbezogene Aspekte der Rechte am geistigen Eigentum**) Accordo *m* sugli aspetti dei diritti di proprietà intellettuale attinenti al commercio.

Triptyk *n* trittico *m*.

Trockenstempel *m* bollo *m* a secco, timbro *m* a secco.

Trunkenheit *f* ubriachezza *f*, ebbrezza *f*; **selbstverschuldete ~** *f* ubriachezza *f* colposa; **~** *f* **am Steuer**; **~** *f* **im Verkehr** guida *f* in stato di ebbrezza, guida *f* in stato di ubriachezza.

Trunkenheits | delikt *n* reato *m* commesso in stato di ubriachezza; **~fahrt** *f* guida *f* in stato di ebbrezza, guida *f* in stato di ubriachezza.

Trutzbündnis *n* alleanza *f* offensiva.

TTIP (*Abk* = **Transatlantische Handels- und Investitionspartnerschaft**) *VölkerR (auch: Transatlantisches Freihandelsabkommen, Transatlantic Trade and Investment Partnership, kurz: TTIP, früher: Transatlantic Free Trade Area, kurz: TAFTA)* Partenariato *m* transatlantico per il commercio e gli investimenti (*tra USA e UE*).

Tumultschäden *mpl* danni *mpl* determinati da tumulti popolari; **~versicherung** *f* assicurazione *f* contro i tumulti popolari.

Tun *n ↔ Unterlassen* azione *f*, comportamento *m* commissivo, fare, prestazione *f* di fare, prestazione *f* positiva; **durch ~ oder Unterlassen** mediante azione o omissione; **aktives ~** *n* azione *f*.

TÜV (*Abk* = **Technischer Überwachungsverein**) *(D)* Associazione *f* (tedesca) di controllo tecnico (*ente indipendente di certificazione ed ispezione presente anche sul territorio italiano dal 1987*).

TV (*Abk* = **Tarifvertrag**) *ArbR* contratto *m* collettivo di lavoro, accordo *m* sulla tariffa in senso stretto.

TVG (*Abk* = **Tarifvertragsgesetz**) *(D) ArbR* legge *f* (tedesca) in materia di contrattazione collettiva, legge *f* (tedesca) sui contratti collettivi di lavoro.

Typen | freiheit *f VertragsR* libertà *f* di concludere contratti atipici; **~schein** *m (A)* carta *f* di circolazione.

U

u.a. [1] (*Abk* = **und andere**) e altri.
u.a. [2] (*Abk* = **und anderes**) e altro.
u.a. [3] (*Abk* = **unter anderem**) tra l'altro, inter alia *(i.a.) (lat)*.
u.a. [4] (*Abk* = **unter anderen**) tra gli altri.
u.Ä. (*Abk* = **und Ähnliche(s)**) e simili *(e sim.)*.
Übel, notwendiges ~ *n* male *m* necessario.
Überangebot *n* offerta *f* eccessiva, eccesso *m* d'offerta.
überantworten *v* consegnare.
Überantwortung *f* consegna *f*.
über | arbeiten *v* rifare, rielaborare, rivedere; **~arbeitet** *adj* rielaborato, rivisto, riveduto, aggiornato.
Über | arbeitung *f* rifacimento *m*, rielaborazione *f*, revisione *f*, edizione *f* riveduta e corretta; **~bau** *m* costruzione *f* su porzione di fondo attiguo; **~baurecht** *n (A)* servitù *f* di prospetto; **~beglaubigung** *f (A)* autenticazione *f*; **~beschäftigung** *f* sovraoccupazione *f*, eccesso *m* di occupazione; **~besteuerung** *f* tassazione *f* troppo onerosa.
überbewerten *v* sopravvalutare.
Überbewertung *f* sopravvalutazione *f*, supervalutazione *f*.
überbieten *v* offrire di più.
Über | bietende/r *f/m*; **~bieter/in** *m/f* maggior offerente *m/f*; **~bot** *n (A)* offerta *f* più alta.
überbringen *v* portare, consegnare, recapitare, trasmettere.
Überbringer/in *m/f* portatore *m*, latore *m*.
Überbringer | klausel *f* clausola *f* al portatore; **~police** *f*; **~polizze** *f (A)* polizza *f* al portatore; **~scheck** *m* assegno *m* al portatore; **~sparbuch** *n* libretto *m* di risparmio al portatore.
über | brückbar *adj* superabile; **~brücken** *v* superare.
Überbrückung *f* superamento *m*.
Überbrückungs- transitorio, temporaneo, provvisorio.
Überbrückungs | abkommen *n* accordo *m* transitorio; **~beihilfe** *f*; **~geld** *n* sussidio *m* temporaneo; **~gesetz** *n* legge *f* ponte; **~hilfe** *f* aiuto *m* transitorio, aiuto *m* provvisorio; **~kredit** *m* credito *m* ponte (*credito a breve scadenza per superare una transitoria strettoia finanziaria*).
Über | deckung *f* copertura *f* eccessiva, eccesso *m* di copertura, copertura *f* in eccesso; **~dividende** *f* dividendo *m* supplementare, dividendo *m* addizionale.
übereignen *v (§§ 929 ff. BGB)* trasferire la proprietà, volturare.
Übereignung *f (§§ 929 ff. BGB)* passaggio *m* di (o: della) proprietà, trasferimento *m* di (o: della) proprietà, trapasso *m* di proprietà, voltura *f*, cessione *f*; **~** *f* **kurzer Hand** *(§ 929 S. 2 BGB)* traditio brevi manu *(lat)*.
übereinkommen *v* mettersi d'accordo, accordarsi, giungere a un'intesa, patteggiare, venire a patti, convenire.
Übereinkommen *n* accordo *m*, intesa *f*, patto *m*, convenzione *f*; **internationales ~** *n* convenzione *f* internazionale.
Übereinkunft *f* accordo *m*, intesa *f*, patto *m*, convenzione *f*; **eine ~ erzielen** giungere a un accordo.

Übereinkunft – Staatsvertrag – Abkommen – Übereinkommen – Konvention
Le parole tedesche *Übereinkunft*, *Staatsvertrag*, *Abkommen*, *Übereinkommen* e *Konvention* si distinguono tra loro nel modo seguente:

- *Übereinkunft* è il termine generico per qualsiasi trattato, convenzione o accordo internazionale.
- Lo *Staatsvertrag* quale trattato internazionale è un tipo di *Übereinkunft*. Si può distinguere ulteriormente in *bilateraler Staatsvertrag* (trattato bilaterale) e *multilateraler Staatsvertrag* (trattato multilaterale).
- *Abkommen* si riferisce solo ai trattati bilaterali, ed è quindi sinonimo di *bilateraler Staatsvertrag*.
- *Übereinkommen* si riferisce solo ai trattati multilaterali, ed è quindi sinonimo di *multilateraler Staatsvertrag*.
- Anche *Konvention* si riferisce ai trattati multilaterali, ed è quindi sinonimo di *multilateraler Staatsvertrag* e di *Übereinkommen*.

übereinstimmen *v* [mit *Dat*] *(die gleiche Meinung haben)* essere d'accordo, *(sich einig sein)* concordare, convenire, *(gleich sein)* corrispondere, coincidere, *(entsprechen)* essere conforme; **nicht ~** non essere conforme, non coincidere, non corrispondere, dissentire.

übereinstimmend *adj* concorde, conforme, consono, *(gleich)* identico, [mit *Dat*] in conformità [a/di], conformemente [a]; **nicht ~** non conforme, difforme, discordante, divergente.

Übereinstimmung *f* accordo *m*, *(Harmonie)* armonia *f*, sintonia *f*, *(Konkordanz)* concordanza *f*, conformità *f*, *(Entsprechung)* corrispondenza *f*, coincidenza *f*, identità *f*; **in ~** [mit *Dat*] in conformità [a/di], conformemente [a]; **in ~ mit den Gesetzen** in conformità alle leggi.

Überfahrts|geld *n*; **~preis** *m* prezzo *m* della traversata, prezzo *m* del passaggio, passaggio *m*; **~recht** *n* diritto *m* di passaggio, diritto *m* di transito; **~vertrag** *m* contratto *m* di passaggio.

Überfall *m* [1] attacco *m* (*di sorpresa*), assalto *m*, aggressione *f*, *(Raubüberfall)* rapina *f*; **bewaffneter ~** *m* rapina *f* a mano armata; **hinterlistiger ~** *m* attacco *m* subdolo.

Überfall *m* [2] *(der Früchte) (§ 911 BGB)* frutti *mpl* naturalmente caduti sul fondo del vicino.

überfallen *v* attaccare (*di sorpresa*), *(angreifen)* assalire, aggredire, *(Bank)* rapinare, assaltare, prendere d'assalto, *(Land)* invadere.

überfällig *adj (rückständig)* insoluto, in sofferenza, sofferente, in ritardo, scaduto, *(seit langem notwendig)* necessario da tempo.

Über|fallsrecht *n* diritto *m* di raccogliere i frutti caduti sul proprio fondo dall'albero del vicino; **~finanzierung** *f* finanziamento *m* in eccesso, finanziamento *m* eccessivo; **~fliegungsrecht** *n*; **~flugsrecht** *n* diritto *m* di sorvolo; **~fracht** *f* sovraccarico *m*, peso *m* eccedente il limite di franchigia.

überführen *v* [1] *(transportieren)* trasportare, trasferire, *(Leichen)* traslare, *(Gefangene)* tradurre.

überführen *v* [2] *(eine Schuld, Verfehlung nachweisen)* provare la colpevolezza di qn.

Überführung *f* [1] *(Transportieren)* trasporto *m*, trasferimento *m*, *(von Leichen)* traslazione *f*, *(von Gefangenen)* traduzione *f*; **~ *f* eines Toten** traslazione *f* di salma.

Überführung *f* [2] *(Nachweisen einer Tat)* il provare la colpevolezza di qn., prova *f* della colpevolezza di qn., dimostrazione *f* della colpevolezza di qn.

Überführungs|ersuchen *n* domanda *f* di traduzione (*di detenuto*); **~stück** *n* corpo *m* del reato, corpo *m* del delitto, corpus delicti *(lat)*.

Übergabe *f (von Waren)* consegna *f*, rimessa *f*, *(von Rechten)* passaggio *m*, trasferimento *m*, tradizione *f*, cessione *f*; **~ *f* von Dokumenten**

consegna *f* di documenti; ~ *f* **durch Zeichen** *(A)*; **symbolische ~** *f* consegna *f* simbolica; **tatsächliche ~** *f* consegna *f* effettiva; **unmittelbare ~** *f* consegna *f* immediata.

Übergabe | bescheinigung *f* bollettino *m* di consegna; **~nachweisung** *f* distinta *f* di consegna; **~protokoll** *n* verbale *m* di consegna; **~verweigerung** *f* rifiuto *m* di consegna; **~verzeichnis** *n* inventario *m* di consegna.

Übergabs- *(A)* → *Übergabe-*.

Übergang *m* [1] *(Wechsel)* passaggio *m*, trapasso *m*, *(Übertragung)* trasferimento *m*; ~ *m* **des Eigentums** passaggio *m* di (o: della) proprietà, trapasso *m* di proprietà, *(Eigentumsübertragung)* trasferimento *m* di (o: della) proprietà; ~ *m* **der Gefahr** passaggio *m* del rischio, trapasso *m* del rischio, *(Gefahrübertragung)* trasferimento *m* del rischio; ~ *m* **zur Tagesordnung** il passare all'ordine del giorno, passaggio *m* all'ordine del giorno.

Übergang *m* [2] *(Zwischenlösung)* transizione *f*, soluzione *f* transitoria, soluzione *f* temporanea.

Übergangs- transitorio, temporaneo.

Übergangs | abgabe *f* tassa *f* transitoria; **~abkommen** *n* accordo *m* transitorio; **~beihilfe** *f* *(Soldaten)* indennità *f* di licenziamento.

Übergangsbestimmung *f* disposizione *f* transitoria, norma *f* transitoria; **Übergangs- und Schlussbestimmungen** *fpl* disposizioni *fpl* transitorie e finali.

Übergangs | geld *n* *(Beamte)* indennità *f* di licenziamento; **~gesetz** *n* legge *f* provvisoria, legge *f* ponte, legge *f* di transizione; **~kabinett** *n* gabinetto *m* di transizione; **~klausel** *f* clausola *f* transitoria; **~konto** *n* conto *m* transitorio; **~maßnahme** *f* provvedimento *m* transitorio, misura *f* transitoria; **~posten** *m* partita *f* transitoria, posta *f* transitoria, voce *f* transitoria; **~prüfung** *f* esame *m* di passaggio; **~recht** *n* diritto *m* transitorio; **~regelung** *f* regolamentazione *f* transitoria, disciplina *f* transitoria, regime *m* transitorio; **~regierung** *f* governo *m* di transizione, governo *m* ponte; **~vorschrift** *f* disposizione *f* transitoria, norma *f* transitoria; **~zeit** *f* periodo *m* di transizione, periodo *m* transitorio.

übergeben *v* [Dat / an Akk] *(aushändigen)* consegnare, *(übereignen)* trasferire, *(übertragen)* trasmettere, cedere, rimettere, *(anvertrauen)* affidare, demandare.

Übergebot *n* offerta *f* più alta.

übergehen *v* [1] *(den Besitzer wechseln, die Tätigkeit ändern)* passare, *(sich verwandeln)* trasformarsi, diventare.

übergehen *v* [2] *(vergessen)* dimenticare, *(auslassen)* tralasciare, omettere, *(überspringen)* saltare, *(nicht berücksichtigen)* trascurare, *(im Testament)* escludere, ignorare, *(nicht beachten)* non badare a, non rispettare.

Übergehen *n* passaggio *m*.

Übergehung *f* *(Nichtbeachtung)* inosservanza *f*; ~ *f* **eines Pflichtteilsberechtigten** *ErbR* preterizione *f* (di erede).

übergeordnet *adj* ↔ *nachgeordnet* (gerarchicamente) superiore, (gerarchicamente) sovraordinato.

übergreifen *v* *(verletzen)* ledere, invadere (*i diritti altrui*), coinvolgere, *(ausdehnen)* estendersi, propagarsi.

Übergriff *m* *(Verletzung)* lesione *f*, violazione *f* (*dei diritti altrui*), usurpazione *f*, invasione *f*, *(Missbrauch)* abuso *m*, sopruso *m*, *(Einmischung)* ingerenza *f*; **sexueller ~** *m* abuso *m* sessuale, violenza *f* sessuale, aggressione *f* sessuale.

Überhang *m* [1] eccedenza *f*, eccesso *m*.

Überhang *m* [2] *(Nachbarrecht)* (§ *910 BGB)* rami *mpl* protesi e radici *fpl* addentrate nel fondo vicino.

Überhangmandate *npl* *(D)* *(parl)* mandati *mpl* aggiuntivi (o: in eccedenza), seggi *mpl* parlamentari aggiuntivi (o: in eccedenza).

Überhangmandate
Qualora in un *Land* tedesco un partito veda eletto, con il primo voto, un numero di deputati superiore a quello che gli spetterebbe secondo la quota proporzionale basata sui secondi voti, vengono comunque mantenuti i mandati diretti ottenuti col primo voto e di conseguenza si aumenta il numero complessivo dei seggi del *Bundestag*.

Überhangsrecht *n* diritto *m* di tagliare i rami dell'albero del vicino protesi sul proprio fondo.
Über | invalidität *f* superinvalidità *f*; **~kapazität** *f* capacità *f* eccessiva, eccesso *m* di capacità, sovra(c)capacità *f*, sovra(c)capacità *f* produttiva; **~kapitalisation** *f* sopracapitalizzazione *f*, sovracapitalizzazione *f*.
überkapitalisieren *v* sopracapitalizzare, sovracapitalizzare.
Über | kapitalisierung *f* sopracapitalizzazione *f*, sovracapitalizzazione *f*; **~ladung** *f* sovraccarico *m*.
überlassen *v (zur Verfügung stellen)* lasciare, *(verzichten)* cedere, *(preisgeben)* abbandonare, *(anvertrauen)* affidare, *(entscheiden lassen)* rimettere, *(verkaufen)* vendere.
Überlassung *f* cessione *f*, trasferimento *m*, abbandono *m*; **~ *f* von Arbeitnehmern** somministrazione *f* di lavoro (*in Italia ha abrogato e sostituito la precedente figura del lavoro interinale*), somministrazione *f* di personale, somministrazione *f* di manodopera, lavoro *m* somministrato, lavoro *m* in somministrazione, lavoro *m* interinale, lavoro *m* temporaneo.
Überlassungsvertrag *m* contratto *m* di cessione.
Überlast *f* sovraccarico *m*.
über | lasten *v* sovraccaricare, gravare, oberare; **~lastet** *adj* sovraccarico, oberato.
Überlastung *f* sovraccarico *m*.
Überlebens | bescheinigung *f* certificato *m* di sopravvivenza, fede *f* di sopravvivenza; **~kapital** *n* capitale *m* di sopravvivenza; **~klausel** *f* clausola *f* di sopravvivenza; **~rente** *f* pensione *f* di reversibilità, pensione *f* reversibile, pensione *f* per i superstiti; **~versicherung** *f* assicurazione *f* superstiti, assicurazione *f* di sopravvivenza.
überlegen *v* riflettere, pensare, valutare, considerare, ponderare.
überlegen *adj* superiore.
Überlegungsfrist *f* tempo *m* per riflettere.
Überleitung *f* **eines Gesetzes** vigenza *f* transitoria di una legge.
Überleitungs | gesetz *n* legge *f* transitoria; **~recht** *n* diritto *m* transitorio; **~vorschrift** *f* disposizione *f* transitoria, norma *f* transitoria.
Überliege | geld *n* diritti *mpl* di controstallia, spese *fpl* di controstallia; **~tage** *mpl* giorni *mpl* di controstallia, controstallie *fpl*; **~zeit** *f* controstallie *fpl*, soprastallia *f*.
Überliquidität *f* eccesso *m* di liquidità, liquidità *f* eccessiva, iperliquidità *f*.
Übermaß *n* eccedenza *f*, eccesso *m*, sovrabbondanza *f*, dismisura *f*.
übermäßig *adj* eccessivo, eccessivamente, esagerato, esageratamente, smodato, smisurato, esorbitante, *(allzu)* troppo, oltre misura.
Übermaßverbot *n (D) VerfR* divieto *m* di misure eccessive, divieto *m* di eccessi di misura, divieto *m* di eccessività, non eccessività *f*, divieto *m* di sproporzionalità.
übermitteln *v (übertragen)* trasmettere, inoltrare, rimettere, *(senden)* inviare, spedire, far(e) pervenire, *(mitteilen)* comunicare.
Übermittlung *f (Übertragung)* trasmissione *f*, inoltro *m*, rimessa *f*, *(Sendung)* invio *m*, *(Mitteilung)* comunicazione *f*; **~ *f* von Daten** trasmissione *f* di dati; **falsche ~ *f* der Erklärung**; **unrichtige ~ *f* der Erklärung** (*§ 120 BGB)* errore *m* nella trasmissione della dichiarazione.

Übermittlungs | fehler *m*; **~irrtum** *m* *(§ 120 BGB)* errore *m* nella trasmissione della dichiarazione.

Übernachfrage *f* eccesso *m* di domanda, domanda *f* eccessiva.

Übernahme *f (Annahme)* accettazione *f*, presa *f* in consegna, ricezione *f*, *(Aufnahme, Antritt)* assunzione *f*, presa *f*, *(Anwendung, Einführung)* adozione *f*, *(einer Firma, Gesellschaft)* acquisizione *f*, acquisto *m*, rilevamento *m*, rilievo *m*, incorporazione *f*, scalata *f*, assorbimento *m*, accorpamento *m*, *(der Ermittlungen)* avocazione *f*; **einvernehmliche ~** *f GesR* acquisizione *f* amichevole; **feindliche ~** *f GesR* acquisizione *f* ostile, scalata *f* ostile, takeover *m* ostile; **freundliche ~** *f GesR* acquisizione *f* amichevole, scalata *f* amichevole, scalata *f* non ostile; **vertikale ~** *f (bei zwei Unternehmen aus unterschiedlichen Bereichen der Lieferkette)* acquisizione *f* verticale; **~** *f* **in das Beamtenverhältnis** nomina *f* in ruolo; **~** *f* **einer Gesellschaft** acquisizione *f* di una società, rilevamento *m* di una società, rilievo *m* di una società, assorbimento *m* di una società, incorporazione *f* di una società, accorpamento *m* di una società, scalata *f*; **~** *f* **eines Konzerns** scalata *f* a un gruppo; **~** *f* **der Regierungsgewalt** presa *f* del potere.

Übernahmeangebot *n GesR* offerta *f* di acquisto, offerta *f* di acquisizione; **öffentliches ~** *n* offerta *f* pubblica di acquisto *(O.P.A.)*.

Übernahme | gericht *n* giudice (= ufficio giudiziario) *m* di rinvio; **~gründung** *f* costituzione *f* simultanea; **~konnossement** *n* polizza *f* ricevuta per imbarco; **~konsortium** *n* consorzio *m* di emissione, consorzio *m* di collocamento; **~kurs** *m* corso *m* al quale un consorzio di emissione acquista i titoli da collocare sul mercato; **~preis** *m* prezzo *m* d'acquisto; **~risiko** *n* rischio *m* connesso all'acquisizione di un'impresa; **~schein** *m* ricevuta *f*; **~syndikat** *n* sindacato *m* di collocamento; **~test** *m* test *m* di accettazione.

Übernahmevertrag *m* [1] *GesR* contratto *m* di acquisizione, contratto *m* di rilievo (*di azienda*).

Übernahmevertrag *m* [2] *VölkerR* trattato *m* di cessione.

Übernahmevertrag *m* [3] *VölkerR* trattato *m* internazionale con il quale uno Stato accoglie nei propri confini espulsi ed apolidi.

Übernahmspreis *m (A)* prezzo *m* d'acquisto.

übernehmen *v (entgegennehmen)* accettare, prendere in consegna, ricevere, *(nehmen)* prendere, *(auf sich nehmen)* assumere, *(tragen)* assumersi, addossarsi, *(Schulden, Kosten)* accollarsi, *(sich verpflichten)* incaricarsi [di], impegnarsi [a], *(Auftrag, Fall)* occuparsi [di], *(anwenden, einführen)* adottare, recepire, *(Gesellschaft, Betrieb)* acquisire, rilevare, assumere il controllo [di], incorporare, assorbire, succedere, subentrare, *(Ermittlungen)* avocare.

Übernehmer/in *m/f* cessionario/-a *m/f*, successore *m*, *(Schuld)* espromittente *m*, accollante *m*, assuntore/-trice *m/f* *(CH)*.

Überpari | ausgabe *f*; **~emission** *f* emissione *f* sopra la pari.

überparteilich *adj* al di sopra dei partiti, apartitico, indipendente, bipartisan.

Über | pfändung *f* pignoramento *m* eccessivo; **~preis** *m* prezzo *m* maggiorato, prezzo *m* eccessivo; **~produktion** *f* sovrapproduzione *f*, eccesso *m* di produzione.

überprüfen *v* esaminare, controllare, verificare, accertare, appurare, rivedere, ispezionare, sindacare.

Überprüfung *f* esame *m*, disamina *f*, controllo *m*, verifica *f*, revisione *f*, riscontro *m*, ispezione *f*, sindacato *m*; **gesundheitsbehördliche ~** *f* accertamento *m* sanitario; **~** *f* **der Fahrerlaubnis** revisione *f* della patente (di guida).

Überprüfungs | möglichkeit *f*

possibilità *f* di riesame; **~verfahren** *n* procedimento *m* di riesame, procedura *f* di verifica.
überreichen *v* consegnare, rimettere.
Überreichung *f* consegna *f*, rimessa *f*.
Übersättigung *f* **des Marktes** saturazione *f* del mercato.
Überschaden *m* danno *m* eccedente l'ammontare dell'assicurazione.
Überschar *f (A)* porzione *f* di terreno rinchiusa fra concessioni minerarie troppo piccola per costituire una concessione indipendente.
überschätzen *v* sopravvalutare, stimare troppo.
Überschätzung *f* sopravvalutazione *f*.
Überschlagsrechnung *f* calcolo *m* approssimativo.
überschreiben *v* trasferire, trasmettere, passare, trascrivere, intestare, volturare.
Überschreibung *f* trasferimento *m*, trasmissione *f*, trascrizione *f*, intestazione *f*, voltura *f*.
überschreiten *v* [1] *(übergehen, überqueren)* passare, attraversare, varcare, oltrepassare.
überschreiten *v* [2] *(hinausgehen über)* oltrepassare, superare, eccedere, *(Befugnisse, Fähigkeiten)* esulare [da], andare oltre, andare al di là di.
überschreiten *v* [3] *(übertreten)* trasgredire, infrangere, violare.
Überschreitung *f* [1] = *Überschreiten n* passaggio *m*, attraversamento *m*.
Überschreitung *f* [2] *(von Befugnissen, Fähigkeiten)* = *Überschreiten n* eccesso *m*, abuso *m*; **~** *f* **der Amtsbefugnisse**; **~** *f* **der Amtsgewalt** eccesso *m* di potere; **~** *f* **der zulässigen Höchstgeschwindigkeit** eccesso *m* di velocità; **~** *f* **der Notwehr** eccesso *m* nella legittima difesa.
Überschreitung *f* [3] *(Übertretung)* = *Überschreiten n* trasgressione *f*, infrazione *f*, violazione *f*.
Überschreitung *f* [4] *(Überwinden)* = *Überschreiten n* superamento *m*.
überschuldet *adj* oberato di debiti, carico di debiti, sovraccarico di debiti, fortemente indebitato, eccessivamente indebitato, decotto.
Überschuldung *f* indebitamento *m* eccessivo, eccedenza *f* di debiti, eccedenza *f* debitoria, decozione *f*.
Überschuss *m (Übermaß)* eccesso *m*, eccedenza *f*, *(an Arbeitskräften)* esubero *m*, *(finanziell)* avanzo *m*, surplus *m*, *(Reingewinn)* profitto *m*, utile *m*, *(Plus)* saldo *m*; **finanzieller ~** *m* avanzo *m* finanziario; **~** *m* **an Arbeitskräften** eccedenza *f* di manodopera, esubero *m* di personale.
Überschussabbau *m* riduzione *f* delle eccedenze.
überschüssig *adj* eccedente.
Überschuss | produktion *f* sovrapproduzione *f*, produzione *f* in eccedenza; **~saldo** *m* saldo *m* attivo.
Überschwemmung *f* inondazione *f*, alluvione *f*; **Herbeiführen** *n* **einer ~** *(§ 313 StGB)* cagionamento *m* di un'inondazione.
Überschwemmungsversicherung *f* assicurazione *f* contro le inondazioni.
übersenden *v* trasmettere, inoltrare, rimettere, inviare, spedire, mandare.
Übersendung *f* trasmissione *f*, inoltro *m*, rimessa *f*, invio *m*, spedizione *f*.
übersetzen *v* tradurre; **wörtlich ~** tradurre letteralmente.
Übersetzer/in *m/f* traduttore/-trice *m/f*; **(allgemein) beeidigte/r ~** *m/f*; **(allgemein) ermächtigte/r ~** *m/f*; **öffentlich bestellte/r ~** *m/f*; **(allgemein) vereidigte/r ~** *m/f* traduttore/-trice *m/f* giurato/-a.
Übersetzung *f* traduzione *f*; **beglaubigte ~** *f* traduzione *f* certificata, traduzione *f* autenticata, traduzione *f* giurata, traduzione *f* asseverata; **falsche ~** *f (CH)* falsa traduzione *f*, falsa interpretazione *f*.
Übersetzungs | fehler *m* errore *m* di traduzione; **~recht** *n* diritto *m* di traduzione.
Übersicherung *f* garanzia *f* eccessiva.
Übersicht *f (Überblick)* visione *f* di insieme, visione *f* generale, panoramica *f*, *(Inhaltsangabe)* sommario *m*, riassunto *m*, *(Abriss)* compendio *m*, rassegna *f*, *(kurze Beschreibung)* profilo *m*, sintesi *f*, *(Tabelle)* tavola *f* (sinottica), quadro *m*, prospetto *m*, tabulato *m*, dettaglio *m*.
übersichtlich *adj (leicht erfassbar)* chiaro,

in modo chiaro, chiaramente, ben strutturato, facilmente comprensibile, *(gut zu überblicken)* ben visibile.

Übersiedlung *f* trasloco *m* (in altra zona), stabilimento *m* (in altro paese).

Übersiedlungs | kosten *pl* spese *fpl* di nuova sistemazione; **~zuschuss** *m* sussidio *m* di nuova sistemazione.

Überspekulation *f* eccesso *m* di speculazione, speculazione *f* eccessiva.

überstaatlich *adj* sovranazionale, sopranazionale, supernazionale.

überstellen *v (Gefangene)* tradurre (detenuti); **der Justiz ~** consegnare nelle mani della giustizia.

Überstellung *f* traduzione *f*; **~ *f* von Gefangenen** traduzione *f* di detenuti, trasferimento *m* di prigionieri.

überstimmen *v (durch Stimmenmehrheit besiegen)* vincere (con la maggioranza dei voti), mettere in minoranza.

Überstunden *fpl ArbR* ore *fpl* straordinarie, ore *fpl* di lavoro straordinario, lavoro *m* straordinario, straordinario *m*; **~ machen** *ArbR* fare lo straordinario, fare gli straordinari.

Überstunden | arbeit *f ArbR* lavoro *m* straordinario, straordinario *m*; **~entschädigung** *f ArbR* indennità *f* per lavoro straordinario; **~vergütung** *f ArbR* retribuzione *f* del lavoro straordinario, retribuzione *f* dello straordinario, pagamento *m* del lavoro straordinario, pagamento *m* dello straordinario; **~zulage** *f*; **~zuschlag** *m ArbR* maggiorazione *f* per lavoro straordinario.

überteuern *v* rincarare troppo.

Überteuerung *f* rincaro *m* eccessivo.

Übertrag *m* riporto *m*; **~ *m* auf neue Rechnung** riporto *m* a nuovo, saldo *m* riportato a nuovo.

übertragbar *adj* trasmissibile, trasferibile, cedibile, *BankR* girabile, *(Rente)* reversibile, *(Krankheit)* contagioso; **nicht ~** *(Forderung)* intrasferibile, non trasferibile, incedibile, non cedibile, intrasmissibile, non trasmissibile.

Übertragbarkeit *f* trasmissibilità *f*, trasferibilità *f*, cedibilità *f*, *BankR* girabilità *f*, *(von Rente)* reversibilità *f*.

übertragen *v (senden)* trasmettere, *(erteilen)* conferire, affidare, assegnare, demandare, delegare, *(Besitz, Recht)* trasferire, *(abgeben, abtreten)* cedere, *(überschreiben)* volturare, trascrivere, *BankR* girare, *(com)* riportare, *(übersetzen)* tradurre, *(anwenden)* applicare; **jemandem (Dat) / auf jemanden (Akk) etwas ~** conferire qc. a qn., affidare qc. a qn., delegare qc. a qn., incaricare qn. di qc., *(Eigentum, Recht)* trasferire qc. a qn., cedere qc. a qn.

Übertragung *f (Sendung)* trasmissione *f*, *(von Amt, Aufgabe)* conferimento *m*, affidamento *m*, assegnazione *f*, delega *f*, *(von Besitz, Recht)* trasferimento *m*, cessione *f*, *(Überschreibung)* voltura *f*, trapasso *m*, trascrizione *f*, traslazione *f*, *BankR* girata *f*, *(com)* riporto *m*, *(Übersetzung)* traduzione *f*, trasposizione *f*, *(Anwendung)* applicazione *f*; **treuhänderische ~ *f*** trasferimento *m* fiduciario; **~ *f* von Befugnissen** delega *f* di poteri, delegazione *f* di poteri; **~ *f* von Daten** trasmissione *f* di dati; **~ *f* der Forderung** trasferimento *m* di credito; **~ *f* einer Hypothek** trasporto *m* di ipoteca, trasferimento *m* di ipoteca; **~ *f* der Vollmacht** delega *f* di poteri, trasferimento *m* di poteri, trasmissione *f* di poteri.

Übertragungs | anweisung *f* mandato *m* di trasferimento, mandato *m* di bonifico; **~erklärung** *f* dichiarazione *f* di trasferimento; **~geschäft** *n* negozio *m* traslativo; **~sicherheit** *f (Daten)* sicurezza *f* di trasmissione; **~verordnung** *f* decreto *m* di delegazione di poteri.

übertreten *v* trasgredire, infrangere, violare, contravvenire a.

Übertreter/in *m/f* trasgressore *m*, contravventore *m*.

Übertretung *f* trasgressione *f*, infrazione *f*, violazione *f*, inosservanza *f*, contravvenzione *f*; **~ *f* eines Gesetzes** violazione *f* di una legge, trasgressione *f* di una legge.

Übertretungsbuße *f (CH)* ammenda *f*.

Übertritt *m* [1] *(Übergang)* passaggio *m*.

Übertritt *m* ² *(Konversion)* conversione *f*.

überversichern *v* assicurare oltre il valore reale.

Überversicherung *f* sovrassicurazione *f*, soprassicurazione *f*, superassicurazione *f*, eccedenza *f* di assicurazione.

übervorteilen *v* chiedere un prezzo eccessivo.

Übervorteilte/r *f/m (CH)* parte *f* danneggiata nella lesione eccedente la metà.

Übervorteilung *f (CH)* lesione *f* eccedente la metà, lesione *f* ultra dimidium.

überwachen *v* sorvegliare, vigilare, controllare, monitorare.

Überwachung *f* sorveglianza *f*, vigilanza *f*, controllo *m*, monitoraggio *m*; **devisenwirtschaftliche ~** *f* controllo *m* valutario, controllo *m* dei cambi; **qualitätsmäßige ~** *f* controllo *m* di qualità; **~** *f* **des Börsenverkehrs** vigilanza *f* sulle Borse; **~** *f* **der Grenze** controllo *m* delle frontiere, sorveglianza *f* delle frontiere, sorveglianza *f* di frontiera, sorveglianza *f* del confine, gestione *f* delle frontiere, gestione *f* dei confini.

Überwachungs | ausschuss *m* comitato *m* di vigilanza, comitato *m* di sorveglianza, comitato *m* di controllo, *(Überwachungskommission)* commissione *f* di vigilanza, commissione *f* di sorveglianza, commissione *f* di controllo; **~befugnis** *f* potere *m* di vigilanza, potere *m* di sorveglianza; **~funktion** *f* funzione *f* di sorveglianza; **~gebühr** *f (CH)* tassa *f* di controllo, provvigione *f* di controllo; **~gerät** *n* dispositivo *m* di sorveglianza; **~kommission** *f* commissione *f* di vigilanza, commissione *f* di sorveglianza, commissione *f* di controllo; **~maßnahme** *f* misura *f* di sorveglianza, misura *f* di controllo, misura *f* cautelare, provvedimento *m* di controllo, attività *f* di monitoraggio, programma *m* di monitoraggio; **~pflicht** *f* obbligo *m* di sorveglianza; **~provision** *f* provvigione *f* di controllo; **~recht** *n* diritto *m* di vigilanza, diritto *m* di sorveglianza, diritto *m* di controllo; **~stelle** *f* ufficio *m* di controllo, ufficio *m* di sorveglianza, ente *m* di controllo, ente *m* di vigilanza; **~tätigkeit** *f* attività *f* di controllo, attività *f* di monitoraggio; **~zone** *f* zona *f* di controllo, zona *f* di vigilanza, zona *f* di sorveglianza.

überweisen *v* ¹ *(Geldbetrag)* bonificare, fare un bonifico, disporre un bonifico, versare, trasferire.

überweisen *v* ² *(zuweisen, überlassen)* rimettere, delegare.

überweisen *v* ³ *(Patienten, Kunden)* mandare, *(zusenden)* inviare, consegnare.

Überweisende/r *f/m* ordinante *m/f* di bonifico.

Überweisung *f* ¹ *(von Geld)* bonifico *m*, versamento *m*, trasferimento *m*, rimessa *f*, giro *m* di partita, giro *m* di fondi; **zwischenstaatliche ~** *f (A, CH)* bonifico *m* internazionale; **~** *f* **von Geldern** trasferimento *m* di fondi; **~** *f* **der gepfändeten Forderung** assegnazione *f* del credito pignorato.

Überweisung *f* ² *(Weiterleitung)* rinvio *m*; **~** *f* **an den Ausschuss** rinvio *m* alla commissione.

Überweisung *f* ³ *(Überweisungsschein vom Arzt)* impegnativa *f* (*del medico curante per una visita specialistica*).

Überweisungs | auftrag *m* ordine *m* di bonifico, disposizione *f* di bonifico, ordine *m* di versamento, ordine *m* di trasferimento, ordine *m* di rimessa, ordine *m* di giro, *(Postüberweisung)* ordine *m* di postagiro; **~behörde** *f (CH)* autorità *f* di rinvio, autorità *f* di accusa; **~beschluss** *m (§ 836 f. ZPO)* ordinanza *f* di assegnazione (*di un credito, di crediti, di somme*); **~betrag** *m* importo *m* del bonifico, importo *m* del versamento, importo *m* bonificato, importo *m* versato, importo *m* trasferito, somma *f* bonificata, somma *f* versata, somma *f* trasferita, rimessa *f*; **~empfänger/in** *m/f* beneficiario/-a *m/f* del bonifico, destinatario/-a *m/f* del trasferimento;

~formular *n* modulo *m* di bonifico, distinta *f* di versamento; **~schein** *m (Krankenkasse)* impegnativa *f* (*del medico curante per una visita specialistica*); **~träger** *m*; **~vordruck** *m*; **~zettel** *m* modulo *m* di bonifico, distinta *f* di versamento.

überwiegen *v* prevalere, predominare, preponderare, superare.

überwiegend *adj* prevalente, predominante, preponderante, *(Mehrheit)* stragrande.

Überzeit | arbeit *f ArbR* lavoro *m* straordinario, straordinario *m*; **~zuschlag** *m ArbR* maggiorazione *f* per lavoro straordinario.

überzeugen *v* convincere, persuadere, indurre.

überzeugend *adj* convincente, persuasivo, *(glaubhaft)* plausibile.

Überzeugung *f* convinzione *f*, convincimento *m*, persuasione *f*; **freie ~** *f* libero convincimento *m*.

Überzeugungskraft *f* forza *f* di persuasione, forza *f* persuasiva.

überziehen *v (ein Konto)* mandare (un conto) allo scoperto, trarre allo scoperto, *(ugs)* mandare in rosso, *(ugs)* andare in rosso (*sul conto corrente*), superare (*i limiti di credito*).

Überziehung *f (des Kontos)* scoperto *m* (*di conto corrente*), il mettere allo scoperto un conto.

Überziehungs | kredit *m (Dispositionskredit) (§ 493 BGB)* credito *m* per scoperto di conto corrente, credito *m* su base scoperta, fido *m* (*bancario, di conto corrente*); **~provision** *f* provvigione *f* di scoperto; **~zinsen** *mpl* interessi *mpl* di scoperto.

überzogen *adj (Konto)* scoperto, *(ugs)* in rosso.

Überzoll *m (CH)* dazio *m* maggiorato.

üblich *adj (gewöhnlich)* usuale, consueto, solito, abituale, *(normal)* normale, ordinario, *(geläufig)* corrente.

üblicherweise *adv* di solito, solitamente, normalmente, abitualmente, come di consueto, come al solito.

übrig *adj* rimanente, restante.

Übung *f* esercizio *m*, *(Univ, mil)* esercitazione *f*, *(Praxis)* pratica *f*, prassi *f*, *(Brauch, Sitte)* uso *m*, usanza *f*; **betriebliche ~** *f ArbR* uso *m* aziendale, prassi *f* aziendale; **diplomatische ~** *f* uso *m* diplomatico; **ununterbrochene ~** *f* uso *m* ininterrotto; **völkerrechtliche ~** *f* uso *m* internazionale.

UG (*Abk* = **Unternehmergesellschaft**) *(D) (auch: Mini-GmbH oder Ein-Euro-GmbH)* società *f* imprenditoriale a responsabilità limitata (*variante della S.r.l. tedesca (GmbH) che può essere costituita con il versamento simbolico di 1 Euro come capitale sociale minimo*).

UGB (*Abk* = **Unternehmensgesetzbuch**) *(A) (das ab 1.1.2007 geltende Unternehmensgesetzbuch (UGB) hat das bisherige österreichische Handelsgesetzbuch (HGB) abgelöst)* codice *m* (austriaco) delle imprese.

U-Haft (*Abk* = **Untersuchungshaft**) *StrafProzR (§§ 112 ff. StPO)* custodia *f* cautelare (*in carcere*) *(I)*, carcerazione *f* preventiva *(CH)*.

UID-Nr. (*Abk* = **Umsatzsteuer-Identifikationsnummer**) *(A) SteuerR* partita *f* IVA, numero *m* di partita IVA.

Ultimo *m* fine mese; **per ~** per fine mese.

Ultimo | abrechnung *f*; **~abschluss** *m*; **~abwicklung** *f* liquidazione *f* di fine mese; **~bedarf** *m* fabbisogno *m* di fine mese; **~fälligkeit** *f* scadenza *f* di fine mese; **~geld** *n* denaro *m* prestato da restituire a fine mese; **~geschäft** *n* operazione *f* a "fine", contratto *m* a fine mese; **~liquidation** *f*; **~liquidierung** *f*; **~regulierung** *f* liquidazione *f* di fine mese.

ultra-vires-Lehre *f* dottrina *f* dell'ultra vires.

umdeuten *v (Rechtsgeschäft)* convertire, reinterpretare, interpretare in modo diverso, dare un altro significato a.

Umdeutung *f (§ 140 BGB) (von Rechtsgeschäften)* conversione *f*, reinterpretazione *f*, diversa interpretazione *f*.

Umfang *m (Größe)* ambito *m*, portata *f*, estensione *f*, ampiezza *f*, entità *f*, volume *m*, mole *f*, dimensioni *fpl*, proporzioni *fpl*, importanza *f*, *(Haftung)* grado *m*; **~** *m* **der Ausfuhr**

volume *m* delle esportazioni; **~** *m* **der Haftung** grado *m* di responsabilità; **~** *m* **der Sache** entità *f* della causa; **~** *m* **des Schadens** entità *f* del danno, *VersR* entità *f* del sinistro; **~** *m* **des Verschuldens** grado *m* di colpevolezza; **~** *m* **der Vertretungsmacht** estensione *f* del potere di rappresentanza, ambito *m* del potere di rappresentanza.

umfangreich *adj* ampio, vasto, esteso, voluminoso, cospicuo, ricco, corposo, notevole.

umfassen *v* comprendere, essere composto di, abbracciare, contenere.

umfassend *adj* ampio, vasto, esteso, completo, complessivo, totale.

Umfeld *n* ambiente *m*, ambito *m*, campo *m*, contesto *m*; **soziales ~** *n* ambiente *m* sociale, contesto *m* sociale.

Umfinanzierung *f* conversione *f* di debiti.

umfirmieren *v* [in] *GesR (Personengesellschaft)* cambiare la ragione sociale, *(Kapitalgesellschaft)* cambiare la denominazione sociale (in).

Umfirmierung *f GesR* cambiamento *m* della ditta (della ragione sociale/denominazione sociale), *(Personengesellschaft)* cambio *m* di ragione sociale, variazione *f* della ragione sociale, *(Kapitalgesellschaft)* cambio *m* di denominazione sociale, variazione *f* della denominazione sociale.

Umfrage *f* sondaggio *m* (*di opinione*), inchiesta *f*.

Umgang *m* [1] *(Beziehungen)* relazioni *fpl*, *(gesellschaftlicher Verkehr)* rapporti *mpl*, *(Gesellschaft)* compagnia *f*.

Umgang *m* [2] *(Vertrautheit)* dimestichezza *f*, pratica *f*, gestione *f*, *(Benutzung)* uso *m*.

Umgangsrecht *n FamR (mit dem Kind) (§§ 1684, 1685 BGB)* diritto *m* di visita (*al figlio minore*).

umgehen *v* [1] [mit *Dat*] *(behandeln)* trattare, *(handhaben)* maneggiare, *(benutzen)* usare, servirsi [di].

umgehen *v* [2] *(vermeiden)* evitare, *(ausweichen)* schivare, aggirare, *(nicht beachten)* eludere, bypassare.

umgehend *adj (unverzüglich)* immediato, pronto, sollecito, *(sofort)* immediatamente, prontamente, senza indugio, rapidamente, sollecitamente.

Umgehung *f* l'eludere, elusione *f*, aggiramento *m*; **~** *f* **des Gesetzes** frode *f* alla legge.

Umgehungsgeschäft *n* negozio *m* indiretto, *(ungesetzlich)* negozio *m* in frode alla legge.

Umgemeindung *f* rimaneggiamento *m* territoriale di un comune.

Umgründung *f (einer Gesellschaft)* trasformazione *f* (*di una società*).

Umkehr *f* inversione *f*.

umkehren *v* invertire, rovesciare, capovolgere.

Umkehrschluss *m (= argumentum e contrario)* argumentum a contrario *(lat)*, argomento *m* a contrario, argomentazione *f* a contrario.

Umkehrung *f* inversione *f*, rovesciamento *m*; **~** *f* **der Beweislast** *ZivProzR* inversione *f* dell'onere della prova.

Umlade | flughafen *m* aeroporto *m* di trasbordo; **~gebühr** *f* tassa *f* di trasbordo, diritto *m* di trasbordo; **~kosten** *pl* spese *fpl* di trasbordo.

umladen *v* trasbordare.

Umladung *f* trasbordo *m*.

Umlage *f* [1] *(Austeilung, Verteilung)* ripartizione *f*, suddivisione *f*; **~** *f* **der Kosten** ripartizione *f* delle spese.

Umlage *f* [2] *(Beitrag)* quota *f*, contributo *m*, contribuzione *f*, imposta *f*, imposizione *f*.

Umlagebefreiung *f* esenzione *f* dalla contribuzione.

umlagefrei *adj* esente da contribuzione.

Umlage | fuß *m (A)* aliquota *f* di contribuzione, aliquota *f* contributiva; **~kosten** *pl* spese *fpl* da ripartire; **~pflicht** *f* obbligo *m* di contribuzione, obbligo *m* contributivo.

umlagepflichtig *adj* soggetto a contribuzione.

Umlage | recht *n* diritto *m* di ripartizione degli oneri; **~satz** *m* tasso *m* di contribuzione, aliquota *f* di contribuzione, aliquota *f* contributiva; **~verfahren** *n* sistema *m* di ripartizione, ripartizione *f*.

Umlauf *m* [1] circolazione *f*; **im ~**; **im ~ befindlich**; **in ~** in circolazione; **in ~ bringen**; **in ~ setzen** mettere in circolazione.

Umlauf *m* [2] *(Rundschreiben)* circolare *f*, lettera *f* circolare.

umlaufen *v* circolare, essere in circolazione.

umlauffähig *adj* ammesso a circolare.

Umlauf | geschwindigkeit *f* velocità *f* di circolazione; **~kapital** *n* capitale *m* circolante; **~mittel** *npl* capitale *m* circolante, beni *mpl* del capitale circolante; **~police** *f* assicurazione *f* del monte merci dall'acquisto della materia prima fino alla vendita del prodotto finito contro i rischi di incendio, di furto con scasso, di danno alle condutture d'acqua e di trasporto; **~schreiben** *n* circolare *f*, lettera *f* circolare; **~stück** *n* duplicato *m* di cambiale in circolazione; **~vermögen** *n* capitale *m* circolante, attivo *m* circolante, attivo *m* disponibile, patrimonio *m* circolante.

umlegen *v* [1] *(verlegen)* spostare, trasferire.

umlegen *v* [2] *(Kosten)* ripartire, dividere, suddividere.

umlegen *v* [3] *(Grundstück)* ricomporre.

Umlegung *f* [1] *(Verlegung)* spostamento *m*, trasferimento *m*.

Umlegung *f* [2] *(von Kosten)* ripartizione *f*, suddivisione *f*, distribuzione *f*.

Umlegung *f* [3] *(eines Grundstücks)* ricomposizione *f*.

Umlegungs | beschluss *m* deliberazione *f* di ricomposizione; **~gebiet** *n* zona *f* di ricomposizione; **~verfahren** *n* procedimento *m* di ricomposizione.

Umsatz *m* fatturato *m*, vendite *fpl*, volume *m* d'affari, giro *m* d'affari, cifra *f* d'affari, *(Konto)* movimenti *mpl* di un conto, *(Börse)* quantitativo *m* trattato, quantitativo *m* di titoli scambiati; **steuerpflichtiger ~** *m* operazioni *fpl* imponibili.

Umsatz | abgabe *f* tassa *f* di negoziazione, imposta *f* generale sulle entrate, tassa *f* sugli scambi, tassa *f* sul fatturato, diritti *mpl* di bollo; **~akt** *m* atto *m* economico, scambio *m*; **~belebung** *f* espansione *f* degli affari; **~beteiligung** *f* partecipazione *f* al fatturato; **~erlöse** *mpl* ricavi *mpl* delle vendite; **~police** *f* polizza *f* sul fatturato, polizza *f* globale; **~provision** *f* provvigione *f* sulle vendite, provvigione *f* sul fatturato, provvigione *f* sul giro d'affari; **~rechnung** *f* conto *m* d'esercizio; **~rückgang** *m* calo *m* del fatturato, calo *m* delle vendite, riduzione *f* del volume d'affari; **~steigerung** *f* aumento *m* del fatturato, incremento *m* del fatturato, aumento *m* delle vendite, incremento *m* delle vendite.

Umsatzsteuer *f* (*Abk* = **USt**) *SteuerR* imposta *f* sul valore aggiunto *(IVA)*, imposta *f* sulla cifra d'affari, imposta *f* sugli scambi; **~gesetz** *n* (*Abk* = **UStG**) *SteuerR* legge *f* sull' (o: relativa all' / concernente l') imposta sul valore aggiunto (IVA), legge *f* sull'IVA; **~ -Identifikationsnummer** *f* (*Abk* = **D: USt-ID / USt-IdNr., A: UID-Nr.**) *SteuerR* partita *f* IVA, numero *m* di partita IVA; **~ -Voranmeldung** *f* *SteuerR* dichiarazione *f* IVA periodica, liquidazione *f* periodica IVA.

Umsatz | stufe *f* fase *f* di scambio, scambio *m*; **~volumen** *n* volume *m* delle vendite, volume *m* del fatturato, volume *m* d'affari.

umschichten *v* *(Wertpapierbesitz)* ristrutturare.

Umschichtung *f* *(Wertpapierbesitz)* ristrutturazione *f*.

Umschreibegebühr *f* tassa *f* di trascrizione.

umschreiben *v* [1] *(übereignen)* trasferire, volturare, *(übertragen)* trascrivere.

umschreiben *v* [2] *(umgrenzen)* circoscrivere, *(festlegen)* definire, delimitare.

umschreiben *v* [3] *(abschreiben)* ricopiare, *(neu schreiben)* riscrivere, rifare, *(umarbeiten)* rielaborare, *(ändern)* cambiare, *(mit anderen Worten ausdrücken)* perifrasare.

Umschreibung *f* [1] *(Übereignung)*

trasferimento *m*, passaggio *m* di proprietà, *(Überschreibung)* voltura *f*, *(Übertragung)* trascrizione *f*; **katastermäßige ~** *f* voltura *f* catastale.

Umschreibung *f* [2] *(Umgrenzung)* circoscrizione *f*, *(von Aufgaben)* definizione *f*, delimitazione *f*.

Umschreibung *f* [3] *(Abschreiben)* copiatura *f*, *(Umarbeitung)* rifacimento *m*, *(umschreibender Ausdruck)* perifrasi *f*, circonlocuzione *f*.

Umschuldung *f* conversione *f* di debiti.

Umschuldungskredit *m* credito *m* per la conversione dei debiti.

Umschwung *m* inversione *f* (di tendenza).

umsetzen *v* [1] *(umwandeln)* trasformare, convertire, *(verwirklichen)* realizzare, attuare, *(anwenden)* applicare, *(EU-Richtlinie)* recepire (*una direttiva comunitaria nel diritto nazionale*).

umsetzen *v* [2] *(verkaufen)* vendere, smerciare, *(Umsatz erzielen)* fatturare.

Umsetzung *f* *(Umwandlung)* trasformazione *f*, conversione *f*, *(Verwirklichung)* realizzazione *f*, attuazione *f*, *(Anwendung)* applicazione *f*, *(einer EU-Richtlinie)* recepimento *m* (*di una direttiva comunitaria nel diritto nazionale*).

Umsetzungsphase *f* fase *f* di attuazione.

Umsiedlungsbeihilfe *f* indennità *f* di nuova sistemazione, sussidio *m* di nuova sistemazione.

Umstand *m* *(Sachverhalt)* circostanza *f*, *(Bedingung)* condizione *f*, *(Fall)* caso *m*, *(Tatsache)* fatto *m*, *(Einzelheit)* dettaglio *m*, particolare *m*; **entscheidender ~** *m* fattore *m* decisivo, fattore *m* cruciale; **erschwerender ~** *m* *StrafR* circostanza *f* aggravante, aggravante *f*; **gefahrerhöhender ~** *m* circostanza *f* aggravante il rischio; **mildernder ~** *m* *StrafR* circostanza *f* attenuante, attenuante *f*; **mitursächlicher ~** *m* fattore *m* concausale; **strafmildernder ~** *m* *StrafR* circostanza *f* attenuante, attenuante *f*; **strafschärfender ~** *m* *StrafR*; **strafverschärfender ~** *m* *StrafR* circostanza *f* aggravante, aggravante *f*; **tatbegleitender ~** *m* *StrafR* circostanza *f* concomitante; **tatsächlicher ~** *m* circostanza *f* di fatto.

Umstände *mpl* *(Verhältnisse)* circostanze *fpl*, fatti *mpl*, *(Lage)* stato *m*, situazione *f*; **außergewöhnliche ~** *mpl* circostanze *fpl* eccezionali; **besondere ~** *mpl* circostanze *fpl* particolari; **besondere ~** *mpl* **des Falles** circostanze *fpl* specifiche del caso; **neue ~** *mpl* fatti *mpl* nuovi; **unvorhersehbare ~** *mpl* circostanze *fpl* imprevedibili.

umständlich *adj* *(eingehend)* circonstanziato, particolareggiato, dettagliato, *(weitschweifig)* prolisso, lungo, *(kompliziert)* complicato, *(übergenau)* pignolo, meticoloso, *(förmlich)* cerimonioso.

Umstandsklausel *f* *(A)* clausula rebus sic stantibus *(lat)*.

Umstellung *f* *(Verstellung)* spostamento *m*, *(neue Aufstellung)* disposizione *f* diversa, *(Umbildung)* riorganizzazione *f*, *(Anpassung)* adattamento *m*, adeguamento *m*, *(Änderung)* cambiamento *m*, trasformazione *f*, riforma *f*, conversione *f*, riconversione *f*.

Umstellungs|gesetz *n* legge *f* sulla riforma monetaria; **~gewinn** *m* utile *m* di rivalutazione; **~konto** *n* conto *m* di rivalutazione; **~quote** *f*; **~satz** *m*; **~schlüssel** *m* tasso *m* di conversione.

umstritten *adj* controverso, contestato, contestabile, in contestazione, discusso, discutibile; **äußerst ~** molto controverso.

Umstrukturierung *f* ristrutturazione *f*; **betriebliche ~** *f* ristrutturazione *f* aziendale; **organisatorische ~** *f* ristrutturazione *f* organizzativa.

Umstrukturierungs|fonds *m* fondo *m* di ristrutturazione; **~plan** *m* piano *m* di ristrutturazione; **~prozess** *m* processo *m* di ristrutturazione.

Umtausch *m* *(von Waren, Währungen)* cambio *m*, scambio *m*, *(Tauschvertrag)* permuta *f*, sostituzione *f*,

conversione *f*; **~ m zum Nennwert** conversione *f* alla pari.
Umtauschangebot *n* offerta *f* di cambio, offerta *f* di permuta.
umtauschen *v (Waren, Währungen)* cambiare, scambiare, *(einen Tauschvertrag abschließen)* permutare, sostituire, convertire.
Umtausch | recht *n* diritto *m* di cambio; **~verhältnis** *n (Wandelschuldverschreibungen)* rapporto *m* di conversione.
umwandeln *v* trasformare, modificare, convertire, commutare.
Umwandlung *f* trasformazione *f*, modifica *f*, modificazione *f*, conversione *f*, commutazione *f*; **~ *f* einer Gesellschaft** trasformazione *f* di società, trasformazione *f* societaria, riorganizzazione *f* societaria; **~ *f* in ein Gesetz** conversione *f* in legge, trasformazione *f* in legge; **~ *f* von Strafen** commutazione *f* di pene, ragguaglio *m* di pene.
Umwandlungs | gesetz *n (D)* (*Abk* = **UmwG**) *GesR* legge *f* (tedesca) sulle trasformazioni (o: riorganizzazioni) societarie (o: di società); **~regel** *f VersR* regola *f* di riduzione; **~steuergesetz** *n (D)* (*Abk* = **UmwStG**) *SteuerR* legge *f* (tedesca) sull'imposizione fiscale delle trasformazioni (o: riorganizzazioni) societarie (o: di società); **~wert** *m* capitale *m* ridotto su polizza liberata, valore *m* di riduzione.
Umwelt *f* ambiente *m*; **Europäische ~agentur** *f* (*Abk* = **EUA**) *EuR* Agenzia *f* europea per l'ambiente; **~auswirkungen** *fpl* impatto *m* ambientale; **~bedingungen** *fpl* condizioni *fpl* ambientali, fattori *mpl* ambientali; **~beeinträchtigung** *f* danno *m* ambientale.
umweltbelastend *adj* inquinante.
Umwelt | belastung *f* inquinamento *m* ambientale, inquinamento *m* dell'ambiente, contaminazione *f* ambientale, contaminazione *f* dell'ambiente; **~bundesamt** *n* Ufficio *m* federale dell'ambiente; **Europäisches ~büro** *n EuR* Ufficio *m* europeo dell'ambiente; **~delikt** *n StrafR* reato *m* ambientale, reato *m* contro l'ambiente.
umweltfeindlich *adj* inquinante, nocivo per l'ambiente, antiecologico, non sensibile ai problemi ambientali.
Umweltflüchtling *m* rifugiato *m* per motivi ambientali.
umwelt | freundlich *adj* non inquinante, non dannoso per l'ambiente, ecologico, ecocompatibile, sensibile ai problemi ambientali, ambientalista; **~gefährdend** *adj* inquinante, nocivo per l'ambiente, dannoso per l'ambiente.
Umwelt | gesetzgebung *f* legislazione *f* ambientale; **~haftpflichtgesetz** *n (D)* (*Abk* = **UmweltHG**) legge *f* (tedesca) sulla responsabilità per danno ambientale; **~kriminalität** *f* criminalità *f* contro l'ambiente; **~minister/in** *m/f* ministro *m* dell'ambiente; **~ministerium** *n* ministero *m* dell'ambiente; **~politik** *f* politica *f* ambientale; **~recht** *n* diritto *m* ambientale, diritto *m* dell'ambiente; **~schaden** *m* danno *m* ambientale; **~schäden** *mpl* danni *mpl* ambientali, danni *mpl* all'ambiente, danni *mpl* ecologici, degrado *m* ambientale; **~schutz** *m* tutela *f* dell'ambiente, tutela *f* ambientale, difesa *f* dell'ambiente, salvaguardia *f* dell'ambiente, protezione *f* dell'ambiente, protezione *f* ambientale, ecologia *f*; **~schutzgesetz** *n (CH)* (*Abk* = **USG**) *(Bundesgesetz über den Umweltschutz)* legge *f* sulla protezione dell'ambiente *(LPAmb)* (*legge federale (svizzera) sulla protezione dell'ambiente*); **~schutzmaßnahmen** *fpl* misure *fpl* a tutela dell'ambiente, misure *fpl* di tutela ambientale, misure *fpl* di protezione ambientale, misure *fpl* di protezione dell'ambiente, misure *fpl* di carattere ambientale, misure *fpl* ambientali, misure *fpl* antinquinamento, provvedimenti *mpl* ecologici, azioni *fpl* a favore della protezione dell'ambiente, attività *fpl* in materia ambientale; **~schutzvereinigung** *f* associazione *f* di protezione ambientale; **~strafrecht** *n*

diritto *m* penale dell'ambiente; **~straftat** *f* reato *m* ambientale, reato *m* contro l'ambiente; **~sünder/in** *m/f* inquinatore/-trice *m/f*; **~überwachung** *f (durch Messstellen u. ä.)* controllo *m* ambientale, monitoraggio *m* ambientale; **~vergehen** *n* reato *m* ambientale, reato *m* contro l'ambiente, illecito *m* ambientale; **~verschmutzer/in** *m/f* inquinatore/-trice *m/f*; **~verschmutzung** *f* inquinamento *m* (ambientale).

umweltverträglich *adj* ecologico, ecocompatibile, a basso impatto ambientale, rispettoso dell'ambiente.

Umwelt | verträglichkeit *f* ecocompatibilità *f*, compatibilità *f* ambientale, sostenibilità *f* ambientale; **~verträglichkeitsprüfung** *f* (*Abk* = **UVP**) valutazione *f* di impatto ambientale *(VIA)*, esame *m* dell'impatto sull'ambiente *(EIA) (CH)*; **~verträglichkeitsstudie** *f* studio *m* di impatto ambientale; **~vorschriften** *fpl* normativa *f* (in materia) ambientale, norme *fpl* ambientali, norme *fpl* in materia ambientale.

Umwertung *f* cambiamento *m* di valore, rivalutazione *f*.

UmwG (*Abk* = **Umwandlungsgesetz**) *(D) GesR* legge *f* (tedesca) sulle trasformazioni (o: riorganizzazioni) societarie (o: di società).

UmwStG (*Abk* = **Umwandlungssteuergesetz**) *(D) SteuerR* legge *f* (tedesca) sull'imposizione fiscale delle trasformazioni (o: riorganizzazioni) societarie (o: di società).

Umzug *m* trasferimento *m*, trasloco *m*.

Umzugs | beihilfe *f* sussidio *m* di trasloco, sussidio *m* di nuova sistemazione; **~entschädigung** *f* indennità *f* di trasferimento, indennità *f* di nuova sistemazione.

Umzugskosten *pl* spese *fpl* di trasloco; **~beihilfe** *f*; **~vergütung** *f* indennità *f* di trasferimento, indennità *f* di nuova sistemazione.

Umzugs | meldung *f (bei Wohnungswechsel innerhalb derselben Gemeinde)* dichiarazione *f* di cambio (o: cambiamento, trasferimento) di abitazione (o: residenza, indirizzo all'interno dello stesso comune); **~vergütung** *f* indennità *f* di trasferimento, indennità *f* di nuova sistemazione.

unabänderlich *adj* immutabile, irrevocabile.

Unabänderlichkeit *f* immutabilità *f*, irrevocabilità *f*.

unabdingbar *adj* indispensabile, essenziale, imprescindibile, irrinunciabile, inalienabile, inderogabile.

Unabdingbarkeit *f* indispensabilità *f*, essenzialità *f*, imprescindibilità *f*, irrinunciabilità *f*, inalienabilità *f*, inderogabilità *f*.

unabhängig *adj* indipendente, autonomo, non subordinato, libero; **~ von** [*Dat*] indipendentemente [da], a prescindere [da].

Unabhängigkeit *f* indipendenza *f*, autonomia *f*, libertà *f*; **richterliche ~** *f* indipendenza *f* della magistratura.

Unabhängigkeitserklärung *f* dichiarazione *f* di indipendenza.

unabkömmlich *adj (Wehrdienst)* insostituibile, indispensabile.

Unabkömmlichstellung *f (Wehrdienst)* esonero *m* dal servizio militare per insostituibilità.

unablösbar *adj* irredimibile.

unabsetzbar *adj* inamovibile.

Unabsetzbarkeit *f* inamovibilità *f*.

unabsichtlich *adj* preterintenzionale, involontario.

unabtretbar *adj* incedibile.

Unabtretbarkeit *f* incedibilità *f*.

unabweisbar *adj* indispensabile, imperioso, assoluto.

unabwendbar *adj* inevitabile.

unanfechtbar *adj* inoppugnabile, inappellabile, incontestabile, inconfutabile, insindacabile.

Unanfechtbarkeit *f* inoppugnabilità *f*, inappellabilità *f*, incontestabilità *f*, inconfutabilità *f*, insindacabilità *f*.

Unanfechtbarkeitsklausel *f* clausola *f* di incontestabilità.

unangebracht *adj* inopportuno, inadeguato, inappropriato, fuori luogo, sconveniente.

unangefochten *adj* indiscusso, incontestato, incontrastato.

unangemessen *adj* inopportuno,

inadeguato, inappropriato, sproporzionato, eccessivo, non equo.
Unangemessenheit *f* inadeguatezza *f*, sproporzione *f*.
unannehmbar *adj* inaccettabile, inammissibile.
unantastbar *adj* inviolabile, intoccabile.
unanwendbar *adj* inapplicabile.
Unanwendbarkeit *f* inapplicabilità *f*.
unaufgefordert *adj* non richiesto, non sollecitato, *(spontan)* spontaneamente, senza che se ne debba fare richiesta.
unauflösbar *adj* indissolubile.
Unauflösbarkeit *f* indissolubilità *f*.
unauflöslich *adj* indissolubile.
Unauflöslichkeit *f* indissolubilità *f*.
unaufschiebbar *adj* improrogabile, inderogabile, improcrastinabile, indifferibile, urgente.
unausgeglichen *adj* non equilibrato, poco equilibrato, squilibrato, sbilanciato, *(unstetig)* instabile, incostante, *(unharmonisch)* disarmonico, *(Bilanz)* non in pareggio.
Unausgeglichenheit *f* mancanza *f* di equilibrio, squilibrio *m*, sperequazione *f*, *(Unstetigkeit)* instabilità *f*, incostanza *f*, *(Harmonielosigkeit)* disarmonia *f*, *(Bilanz)* non in pareggio; **~** *f* **des Haushalts** squilibrio *m* del bilancio.
unausweichlich *adj* inevitabile.
unbeabsichtigt *adj* non intenzionale.
unbeanstandet *adj* incontestato.
unbebaubar *adj* inedificabile, non edificabile.
Unbebaubarkeit *f* inedificabilità *f*.
unbebaut *adj* non edificato, non costruito, scoperto.
Unbedenklichkeitsbescheinigung *f* nulla osta *m* [o: nullaosta], certificato *m* di nulla osta (o: nullaosta); **grunderwerbsteuerliche ~** *f (bestätigt die Zahlung der Grunderwerbsteuer durch den Käufer eines Grundstücks oder einer Eigentumswohnung und wird vom Finanzamt ausgestellt)* nulla osta (o: nullaosta) *m* relativo all'imposta sugli acquisti immobiliari, conferma *f* dell'avvenuto pagamento dell'imposta sugli acquisti immobiliari da parte dell'acquirente; **steuerliche ~** *f* nulla osta (o: nullaosta) *m* fiscale.
unbedingt *adj (bedingungslos)* incondizionato, assoluto, *(auf jeden Fall)* assolutamente, in ogni caso.
unbeeidigt *adj* non giurato, non asseverato.
unbefangen *adj* non prevenuto, senza pregiudizi, imparziale.
Unbefangenheit *f* mancanza *f* di pregiudizi, imparzialità *f*.
unbefriedet *adj* non pacificato.
unbefriedigt *adj* insoddisfatto, scontento, deluso.
unbefristet *adj* illimitato, a tempo indeterminato.
unbefugt *adj* non autorizzato, estraneo, illecito, abusivo, abusivamente, senza autorizzazione, senza permesso; **~ betreten** entrare abusivamente, entrare senza permesso.
Unbefugte/r *f/m* persona *f* non autorizzata.
unbeglaubigt *adj* non autenticato.
unbeglichen *adj* non saldato, non pagato.
unbegründet *adj* infondato, privo di fondamento, ingiustificato, non motivato; **offensichtlich ~** manifestamente infondato.
Unbegründetheit *f* infondatezza *f*; **offensichtliche ~** *f* manifesta infondatezza *f*.
unbehebbar *adj* irreparabile, irrimediabile.
unbekannt *adj* sconosciuto, ignoto.
unbelastet *adj (frei)* libero, esente, privo, *(schuldenfrei)* non gravato.
unbenommen, jemandem ~ bleiben / sein qn. è libero (di fare qc.), nessuno impedisce a qn. (di fare qc.), qn. può (fare qc.), essere consentito a qn., essere permesso a qn.
unberechtigt *adj* non autorizzato, abusivo, ingiustificato, infondato, privo di ogni (o: qualsiasi) fondamento.
unberührt *adj* intatto, inalterato, salvo, impregiudicato; **folgende Bestimmungen bleiben ~** sono (fatte) salve le seguenti disposizioni, restano ferme le seguenti disposizioni; **das Recht bleibt ~**

resta salvo il diritto, rimane salvo il diritto, (è) fatto salvo il diritto, salvo il diritto, resta fermo il diritto, resta impregiudicato il diritto.
unbeschadet *präp* [*Gen*] fermo restando, fatto salvo, salvo, senza pregiudizio [di], impregiudicato, senza danno [per]; **~ der Rechte** fatti salvi i diritti, senza pregiudizio dei diritti, impregiudicati i diritti.
unbeschädigt *adj* intatto, indenne, incolume.
unbescholten *adj* integro, impregiudicato, incensurato, illibato.
Unbescholtenheit *f* integrità *f*, illibatezza *f*.
Unbescholtenheitszeugnis *n* certificato *m* di buona condotta.
unbeschränkt *adj* illimitato, assoluto, pieno.
unbestechlich *adj* incorruttibile, integro.
Unbestechlichkeit *f* incorruttibilità *f*, integrità *f*.
unbestellbar *adj* irrecapitabile, non recapitabile, non consegnabile.
Unbestellbarkeitsmeldung *f* avviso *m* di mancata consegna.
unbestimmbar *adj* indeterminabile, indefinibile.
unbestimmt *adj (nicht festgelegt)* indeterminato, indefinito, *(undeutlich)* vago, generico, incerto, impreciso, indistinto.
unbestraft *adj* impunito.
unbestreitbar *adj* incontestabile, indiscutibile, inoppugnabile, inconfutabile, innegabile.
Unbestreitbarkeit *f* incontestabilità *f*.
unbestritten *adj* indiscusso, incontestato, incontrastato, non controverso.
unbeweglich *adj* immobile, immobiliare, fisso.
Unbewertbarkeit *f (A)* non valutabilità *f*.
unbewusst *adj* inconsapevole, inconscio, involontario, istintivo.
unbillig *adj* iniquo, ingiusto.
Unbilligkeit *f* iniquità *f*, ingiustizia *f*.
Unbrauchbarmachung *f* distruzione *f*.
UNCITRAL (*Abk* = **Kommission der Vereinten Nationen für internationales Handelsrecht**) *(Sitz in Wien)* Commissione *f* delle Nazioni Unite per il diritto commerciale internazionale.
UNCTAD (*Abk* = **Konferenz der Vereinten Nationen für Handel und Entwicklung / Welthandelskonferenz**) Conferenza *f* delle Nazioni Unite sul commercio e lo sviluppo.
Undank *m* ingratitudine *f*; **grober ~** *m* ingratitudine *f* grave.
Undankbarkeit *f* ingratitudine *f*.
undatiert *adj* non datato, senza data.
undemokratisch *adj* antidemocratico.
Undkonto *n* conto *m* a firme collettive, conto *m* collettivo.
undurchführbar *adj* inattuabile, irrealizzabile, ineseguibile.
Undurchführbarkeit *f* inattuabilità *f*, irrealizzabilità *f*, ineseguibilità *f*.
undurchsetzbar *adj* inattuabile, irrealizzabile.
Undurchsetzbarkeit *f* inattuabilità *f*, irrealizzabilità *f*.
unecht *adj* falso, non genuino, spurio.
unehelich *adj (Kind)* illegittimo, naturale.
Unehelichkeit *f (Kind)* illegittimità *f*.
uneidlich *adj* non giurato, non sotto giuramento.
uneinheitlich *adj* non uniforme, *(Börse)* irregolare.
uneinklagbar *adj* non esigibile (*per vie legali*).
uneinlösbar *adj* inconvertibile.
uneinlöslich *adj* inconvertibile.
Uneinlöslichkeit *f* inconvertibilità *f*.
unentbehrlich *adj* indispensabile; **~ sein** essere indispensabile.
unentgeltlich *adj* gratis, gratuito, a titolo gratuito.
Unentgeltlichkeit *f* gratuità *f*.
unentschuldigt *adj* ingiustificato; **~ fehlen** *(am Arbeitsplatz)* assentarsi ingiustificatamente, assentarsi senza giustificazione (*dal posto di lavoro*); **~ ferngeblieben** *(vom Arbeitsplatz)* assente ingiustificato, assente senza giustificazione.
unerfüllbar *adj* inadempibile, ineseguibile.
Unerfüllbarkeit *f* ineseguibilità *f*.
unerheblich *adj* irrilevante,

insignificante; **rechtlich ~** giuridicamente irrilevante, privo di rilevanza giuridica.

unerlässlich *adj* indispensabile, essenziale, necessario.

unerlaubt *adj* vietato, non autorizzato, illecito, illegale, abusivo, inammissibile; **~ entfernt** *(Militär)* assente senza autorizzazione (*dal proprio reparto*).

unersitzbar *adj* non usucapibile.

Unersitzbarkeit *f* non usucapibilità *f*.

UNESCO (*Abk* = **Organisation der Vereinten Nationen für Erziehung, Wissenschaft und Kultur**) Organizzazione *f* delle Nazioni Unite per l'educazione, la scienza e la cultura.

unfähig *adj* incapace, inabile, inidoneo, non in grado.

Unfähigkeit *f* incapacità *f*, inabilità *f*, inidoneità *f*, incompetenza *f*.

Unfall *m* incidente *m*, *VersR* sinistro *m*, *(am Arbeitsplatz)* infortunio *m*; **einen ~ anzeigen**; **einen ~ melden** denunciare un incidente, *VersR* denunciare un sinistro, *ArbR* denunciare un infortunio; **einen ~ verursachen** causare un incidente, provocare un incidente; **dienstlicher ~** *m ArbR* infortunio *m* di servizio; **tödlicher ~** *m* incidente *m* mortale.

Unfall | anzeige *f* denuncia *f* di incidente, *VersR* denuncia *f* di sinistro, *ArbR* denuncia *f* di infortunio; **~beteiligte/r** *f/m* persona *f* coinvolta in un incidente; **~entschädigung** *f* risarcimento *m* in caso di incidente, *ArbR* indennità *f* in caso di infortunio; **~flucht** *f (jetzt: Unerlaubtes Entfernen vom Unfallort)* fuga *f* del conducente (*dal luogo del sinistro*); **~geschädigte/r** *f/m* vittima *f* (*di un incidente*), *VersR* sinistrato/-a *m/f*; **~häufigkeit** *f VersR* sinistrosità *f*; **~hergang** *m* dinamica *f* dell'incidente, meccanica *f* dell'incidente; **~meldung** *f* denuncia *f* di incidente, *VersR* denuncia *f* di sinistro, *ArbR* denuncia *f* di infortunio; **~opfer** *n* vittima *f* (*di un incidente*).

Unfallort *m* luogo *m* dell'incidente, *VersR* luogo *m* del sinistro; **unerlaubtes Entfernen** *n* **vom ~** *StrafR (§ 142 StGB)* fuga *f* del conducente dal luogo del sinistro, allontanamento *m* illecito dal luogo dell'incidente.

Unfall | rente *f ArbR* pensione *f* di invalidità (per infortunio sul lavoro), pensione *f* in caso di infortunio sul lavoro; **~risiko** *n* rischio *m* di incidente, *ArbR* rischio *m* di infortuni.

Unfallsanzeige *f (A)* denuncia *f* di incidente, *VersR* denuncia *f* di sinistro, *ArbR* denuncia *f* di infortunio.

Unfall | schaden *m* danno *m* derivante dall'incidente, danno *m* da incidente, *VersR* danno *m* da sinistro, *ArbR* danno *m* per infortunio sul lavoro; **~schutz** *m ArbR* antinfortunistica *f*, protezione *f* antinfortunistica, prevenzione *f* degli infortuni (sul lavoro); **~skizze** *f* grafico *m* dell'incidente; **~stelle** *f* luogo *m* dell'incidente, *VersR* luogo *m* del sinistro; **~tod** *m* morte *f* per incidente, *ArbR* morte *f* in seguito a infortunio; **~ursache** *f* causa *f* dell'incidente; **~verhütung** *f ArbR* antinfortunistica *f*, prevenzione *f* degli infortuni (sul lavoro); **~verhütungsmaßnahmen** *fpl ArbR* misure *fpl* antinfortunistiche; **~verhütungsvorschriften** *fpl ArbR* norme *fpl* antinfortunistiche, normativa *f* antinfortunistica, norme *fpl* sulla prevenzione degli infortuni (sul lavoro), normativa *f* sulla prevenzione degli infortuni (sul lavoro); **~verletzte/r** *f/m* ferito/-a *m/f*, *ArbR* infortunato/-a *m/f*; **~versicherung** *f ArbR* assicurazione *f* (obbligatoria) contro gli infortuni (sul lavoro); **~zusatzversicherung** *f ArbR* assicurazione *f* complementare contro gli infortuni (sul lavoro).

unfrankiert *adj* non affrancato.

unfrei *adj* tassa *f* a carico del destinatario, tassa *f* assegnata, in porto *m* assegnato, porto *m* dovuto.

unfreiwillig *adj* involontario.

unfundiert *adj* non consolidato.

ungeachtet *präp* [*Gen*] malgrado, nonostante, a prescindere [da].

Ungeborene/r *f/m* nascituro/-a *m/f*.

Ungebühr *f* sconvenienza *f*, contegno *m* sconveniente.
ungebunden *adj* non vincolato, libero, indipendente.
ungedeckt *adj* scoperto, allo scoperto, non garantito, a vuoto; **~ sein** essere allo scoperto.
ungeeignet *adj* inadatto, inidoneo, non adatto, non idoneo.
ungehindert *adj* libero, non impedito, senza ostacoli.
Ungehorsam *m* disobbedienza *f* [o: disubbidienza], *(mil)* insubordinazione *f*; **ziviler ~** *m* disobbedienza *f* civile.
Ungehorsamkeit *f* insubordinazione *f*.
Ungehorsamsverfahren *n (A) (gegen abwesende oder flüchtige Angeklagte)* giudizio *m* in contumacia.
ungekürzt *adj* integrale, integro, intero.
ungerecht *adj* ingiusto, iniquo, indebito.
ungerechtfertigt *adj* ingiustificato, indebito, senza causa, illegittimo, illegittimamente.
Ungerechtigkeit *f* ingiustizia *f*, iniquità *f*.
ungesetzlich *adj* illecito, illegale, illegittimo.
ungesichert *adj* non assicurato, non garantito.
ungestört *adj* indisturbato, tranquillo, pacifico.
ungestraft *adj* impunito.
ungewiss *adj* incerto, dubbio, aleatorio.
Ungewissheit *f* incertezza *f*, dubbio *m*, perplessità *f*.
ungiltig *adj (A)* non valido, invalido, nullo.
Ungiltigkeit *f (A)* non validità *f*, invalidità *f*, nullità *f*.
unglaubwürdig *adj* inattendibile.
Unglaubwürdigkeit *f* inattendibilità *f*.
ungleich *adj (nicht gleich)* disuguale, impari, *(verschieden)* diverso, differente, *(unähnlich)* dissimile.
Ungleichbehandlung *f* diverso trattamento *m*, disparità *f* di trattamento.
Ungleichheit *f (ungleiche Beschaffenheit)* disuguaglianza *f*, *(Verschiedenheit)* diversità *f*, differenza *f*, *(Unterschiedlichkeit)* disparità *f*, *(Veränderlichkeit)* instabilità *f*; **~** *f* **der Löhne** *ArbR* disparità *f* dei salari.
ungültig *adj* non valido, invalido, nullo, irrito, inoperante, *(Ausweis)* scaduto, *(Geld)* fuori corso; **für ~ erklären** dichiarare nullo, annullare, invalidare, *(Geld)* mettere fuori corso; **~ werden** *(nach Ablauf einer Frist)* scadere, *(durch Verjährung)* cadere in prescrizione.
Ungültigerklärung *f (CH)* annullamento *m*, dichiarazione *f* di nullità.
Ungültigkeit *f* non validità *f*, invalidità *f*, nullità *f*; **bei sonstiger ~** *(A)* a (o: sotto) pena di nullità; **~** *f* **wegen Formgebrechens** *(A)*; **~** *f* **wegen Formmangels** nullità *f* per vizio di forma.
Ungültigkeitserklärung *f* annullamento *m*, dichiarazione *f* di nullità; **~** *f* **der Wahl** annullamento *m* delle elezioni.
Ungültigkeitsklage *f (CH)* azione *f* di nullità.
unhaltbar *adj* insostenibile, inconsistente, infondato.
unheilbar *adj* insanabile.
Unheilbarkeit *f* insanabilità *f*.
UNICEF (*Abk* = **Kinderhilfswerk der Vereinten Nationen / UN-Kinderhilfswerk / Weltkinderhilfswerk**) Fondo *m* delle Nazioni Unite per l'infanzia.
UNIDROIT (*Abk* = **Internationales Institut für die Vereinheitlichung des Privatrechts**) *IPR (Rom)* Istituto *m* internazionale per l'unificazione del diritto privato.
unilateral *adj* unilaterale.
Union *f* unione *f*; **Europäische ~** *f* (*Abk* = **EU**) *EuR* Unione *f* europea *(UE)*; **Panamerikanische ~** *f* Unione *f* panamericana.
Unions- *EuR* dell'Unione (europea).
Unions | beitritt *m EuR* adesione *f* all'Unione (europea); **~bürger/in** *m/f EuR* cittadino/-a *m/f* dell'Unione (europea); **~bürgerschaft** *f EuR* cittadinanza *f* dell'Unione (europea); **~haushalt** *m EuR* bilancio *m* dell'Unione (europea); **~land** *n* paese *m* unionista, Stato *m* unionista; **~mitglied** *n EuR* Stato *m* membro dell'Unione

europea; **~partei** *f* partito *m* unionista, partito *m* dell'Unione (democristiana: CDU/CSU) *(D)*; **~priorität** *f* priorità *f* accordata dalla Convenzione di Unione di Parigi; **~staat** *m* Stato *m* unionista, *EuR* Stato *m* membro dell'Unione europea; **~vertrag** *m* trattato *m* di unione, convenzione *f* di unione, *EuR* Trattato *m* sull'Unione (europea).

Universalerbe/-erbin *m/f* erede *m/f* universale.

Universalitätsprinzip *n* principio *m* dell'universalità.

Universal | police *f* assicurazione *f* del monte merci dall'acquisto della materia prima fino alla vendita del prodotto finito contro i rischi di incendio, di furto con scasso, di danno alle condutture d'acqua e di trasporto; **~sukzession** *f* successione *f* (a titolo) universale; **~versammlung** *f (CH)* assemblea *f* generale in cui sono presenti tutti i soci.

universell *adj* universale.

Unkenntnis *f* ignoranza *f*, incompetenza *f*; **~** *f* **des Gesetzes schützt nicht vor Strafe** nessuno può invocare a propria scusa l'ignoranza della legge penale.

unklagbar *adj* non azionabile.

Unklagbarkeit *f* non azionabilità *f*.

unkörperlich *adj* immateriale, incorporeo, incorporale.

Unkosten *pl* costi *mpl*, spese *fpl*; **abzugsfähige ~** *pl* spese *fpl* detraibili, spese *fpl* deducibili; **allgemeine ~** *pl* costi *mpl* generali, spese *fpl* generali; **feste ~** *pl* spese *fpl* fisse; **versicherte feste ~** *pl* spese *fpl* di carattere permanente assicurate.

Unkosten | beitrag *m* contributo *m* alle spese; **~beteiligung** *f* partecipazione *f* alle spese; **~erstattung** *f* rimborso *m* spese; **~satz** *m* percentuale *f* delle spese generali; **~vergütung** *f* rimborso *m* spese.

unkündbar *adj (fest)* permanente, *(Stellung)* fisso, *(unabsetzbar)* inamovibile, *(Person)* che non può essere licenziato, *(Vertrag)* che non può essere disdetto, *VölkerR* non denunciabile, *(Anleihe, Darlehen, Schuld)* irredimibile.

unlauter *adj* sleale, disonesto.

unmittelbar *adj* immediato, diretto, imminente.

Unmittelbarkeits | grundsatz *m*; **~prinzip** *n ProzR* principio *m* di immediatezza.

unmöglich *adj* impossibile.

Unmöglichkeit *f* impossibilità *f*; **~** *f* **der Leistung** impossibilità *f* della prestazione; **absolute ~** *f* impossibilità *f* assoluta; **anfängliche ~** *f SchuldR* impossibilità *f* iniziale; **nachträgliche ~** *f SchuldR* impossibilità *f* sopravvenuta; **relative ~** *f* impossibilità *f* relativa; **teilweise ~** *f* impossibilità *f* parziale; **ursprüngliche ~** *f SchuldR* impossibilità *f* originaria; **vorübergehende ~** *f* impossibilità *f* temporanea.

unmündig *adj* minore, minorenne.

Unmündige/r *f/m* minore *m/f*, minorenne *m/f*.

Unmündigkeit *f* minore età *f*.

unnotiert *adj* non quotato.

UNO (*Abk* = **Organisation der Vereinten Nationen**) Organizzazione *f* delle Nazioni Unite *(ONU)*; **~ -Generalsekretär** *m* segretario *m* generale dell'ONU; **~ -Resolution** *f* risoluzione *f* dell'ONU; **~ -Sicherheitsrat** *m* consiglio *m* di sicurezza dell'ONU; **~ -Vollversammlung** *f* assemblea *f* generale dell'ONU.

unparteiisch *adj* imparziale, obiettivo, oggettivo.

unparteilich *adj* apartitico, *(unparteiisch)* imparziale, obiettivo, oggettivo.

Unparteilichkeit *f* imparzialità *f*, obiettività *f*.

unpfändbar *adj* impignorabile, non pignorabile.

Unpfändbarkeit *f* impignorabilità *f*.

unqualifiziert *adj* non qualificato.

unrecht *adj (falsch)* falso, sbagliato, errato, *(ungelegen)* inopportuno.

Unrecht *n (unrechte Tat)* torto *m*, errore *m*, *(Gesetzesverstoß)* illecito *m*, *(Ungerechtigkeit)* ingiustizia *f*; **zu ~**

a torto, erroneamente; **~ haben** avere torto; **im ~ sein** essere nel (o: dalla parte del) torto, avere torto; **völkerrechtliches ~** *n* illecito *m* internazionale.
unrechtmäßig *adj* illecito, illegale, illegittimo, indebito; **für ~ erklären** dichiarare illegale, dichiarare illegittimo.
Unrechtmäßigkeit *f* illiceità *f*, illegalità *f*, illegittimità *f*.
Unrechtsausschließungsgrund *m* *(jetzt: Rechtfertigungsgrund)* causa *f* di esclusione dell'illecito, causa *f* di esclusione dell'antigiuridicità, causa *f* di esclusione del reato.
Unrechtsbewusstsein *n* coscienza *f* dell'antigiuridicità del fatto; **fehlendes ~** *n* mancanza *f* di coscienza dell'antigiuridicità del fatto.
Unrechts | einsichtsfähigkeit *f (des Täters)* capacità *f* dell'autore di valutare l'illiceità del fatto; **~erfolg** *m* evento *m* (determinato da atto illecito); **~tatbestand** *m* figura *f* legale del reato.
unredlich *adj* di mala fede, disonesto.
Unredlichkeit *f* mala fede *f*, disonestà *f*.
unregelmäßig *adj* irregolare, anomalo, saltuario.
unrentabel *adj* non redditizio.
Unrentabilität *f* non redditività *f*.
unrentierlich *adj* non redditizio.
unrichtig *adj* sbagliato, errato, erroneo, falso, inesatto, impreciso.
Unrichtigkeit *f* erroneità *f*, inesattezza *f*; **offenbare ~** *f* erroneità *f* palese.
unschädlich *adj* innocuo, inoffensivo; **~ machen** rendere innocuo.
unschätzbar *adj* inestimabile, *(wertvoll)* prezioso.
Unschätzbarkeit *f* non stimabilità *f*, valore *m* inestimabile.
unschlüssig *adj ZivProzR* inconcludente, non concludente.
Unschlüssigkeit *f ZivProzR* inconcludenza *f*, non concludenza *f*.
Unschuld *f* innocenza *f*, incolpevolezza *f*, non colpevolezza *f*.
unschuldig *adj* innocente, incolpevole, non colpevole.
Unschuldige/r *f/m* innocente *m/f*.
Unschuldsvermutung *f StrafProzR* *(eines Angeklagten bis zum Beweis der Schuld)* presunzione *f* di innocenza (*dell'imputato fino a prova contraria*), presunzione *f* di non colpevolezza (*dell'imputato*).
unselb(st)ständig *adj* dipendente, subordinato, non autonomo.
Unselb(st)ständigkeit *f* dipendenza *f*, mancanza *f* di indipendenza, mancanza *f* di autonomia.
Unsicherheit *f* insicurezza *f*, incertezza *f*.
Unsicherheitseinrede *f (D) SchuldR (§ 321 BGB)* eccezione *f* di incertezza (*nel caso in cui una parte debba eseguire una prestazione per prima, può rifiutare la prestazione se la controprestazione è compromessa dalla mancante capacità di adempiere dell'altra parte*).
unstatthaft *adj (unerlaubt)* illecito, *(unzulässig)* inammissibile, *ProzR* irricevibile.
Unstatthaftigkeit *f (Unerlaubtheit)* illiceità *f*, *(Unzulässigkeit)* inammissibilità *f*, *ProzR* irricevibilità *f*.
unstimmig *adj* discorde, discrepante, contrastante.
Unstimmigkeit *f* discordanza *f*, discrepanza *f*, contrasto *m*, divergenza *f*, dissenso *m*, disaccordo *m*, dissapore *m*, incongruenza *f*, irregolarità *f*.
unstofflich *adj* immateriale.
unstreitig *adj* = *unstrittig* incontestabile, pacifico, incontestato, incontrastato, indiscutibile, innegabile.
Untat *f* misfatto *m*.
untätig *adj* inattivo, inoperoso, inerte.
Untätigbleiben *n* inerzia *f*.
Untätigkeit *f* inattività *f*, inoperosità *f*, inerzia *f*, *EuR* carenza *f*; **vorübergehende ~** *f* temporanea inattività *f*.
Untätigkeits | beschwerde *f*; **~klage** *f* *VerwR* ricorso *m* contro l'inerzia dell'amministrazione, *EuR* ricorso *m* per carenza.
untauglich *adj* inidoneo, inabile.
unteilbar *adj* indivisibile.
Unteilbarkeit *f* indivisibilità *f*.
Unter | abnehmer/in *m/f* subacquirente *m/f*; **~agent/in** *m/f* subagente *m/f*; **~agentur** *f*

subagenzia *f*; **~anspruch** *m* *(Patentschrift)* rivendicazione *f* brevettuale (successiva alla prima); **~auftrag** *m* submandato *m*; **~ausschuss** *m* sottocommissione *f*, sottocomitato *m*; **~beauftragte/r** *f/m* submandatario/-a *m/f*; **~befrachtung** *f* subnoleggio *m*; **~behörde** *f* autorità *f* subordinata.

unterbeschäftigt *adj* sottoccupato.

Unterbeschäftigung *f* sottoccupazione *f*.

Unterbestand *m (A)* sublocazione *f*; **~geber/in** *m/f (A)* sublocatore *m*; **~nehmer/in** *m/f (A)* sublocatario/-a *m/f*; **~vertrag** *m (A)* contratto *m* di sublocazione.

Unter | beteiligung *f* partecipazione *f* indiretta; **~bevollmächtigte/r** *f/m* subrappresentante *m/f*, altro procuratore *m* (nominato), *(Prozessvertreter)* procuratore *m* domiciliatario.

unterbewerten *v* sottovalutare.

Unterbewertung *f* sottovalutazione *f*.

unterbieten *v* vendere a minor prezzo, offrire a minor prezzo.

Unterbietung *f* vendita *f* a minor prezzo, dumping *m*.

Unterbilanz *f* bilancio *m* passivo, bilancio *m* deficitario, bilancio *m* in disavanzo, disavanzo *m*, deficit *m*, sbilancio *m*; **mit ~ arbeiten** lavorare in perdita.

unterbinden *v* impedire, ostacolare.

Unterbindung *f (Verhinderung)* impedimento *m*.

Unterbindungsgewahrsam *m* arresto *m* preventivo.

unterbrechen *v* interrompere, sospendere, troncare, arrestare.

Unterbrechung *f* interruzione *f*, sospensione *f*, arresto *m*, blocco *m*; **~** *f* **der Ersitzungsfrist** interruzione *f* dell'usucapione; **~** *f* **einer Gerichtsverhandlung** interruzione *f* di un'udienza, sospensione *f* di un'udienza; **~** *f* **der Hauptverhandlung** *StrafProzR* sospensione *f* del dibattimento; **~** *f* **des Kausalzusammenhangs** *StrafR* interruzione *f* del nesso causale; **~** *f* **der Sitzung** sospensione *f* di seduta, interruzione *f* di seduta; **~** *f* **des Strafvollzugs** *StrafProzR* sospensione *f* dell'esecuzione della pena; **~** *f* **des Verfahrens** sospensione *f* del procedimento; **~** *f* **der Verjährung** interruzione *f* della prescrizione.

Unterbrechungshandlung *f* *(Verjährung)* atto *m* interruttivo.

unterbringen *v (beherbergen)* alloggiare, sistemare, *(in einer Anstalt)* ricoverare, *(Gegenstand)* collocare, mettere, porre, *(platzieren)* piazzare.

Unterbringung *f (Beherbergung)* sistemazione *f*, *(in einer Anstalt)* ricovero *m*, internamento *m*, *(Platzierung)* piazzamento *m*, collocamento *m*; **einstweilige ~** *f* *StrafProzR (während der Ermittlungen) (§ 126a StPO)* custodia *f* cautelare (*non in carcere*), ricovero *m* cautelare, internamento *m* preventivo; **~** *f* **einer Anleihe** collocamento *m* di un prestito; **~** *f* **in einer Anstalt** ricovero *m* in un istituto; **~** *f* **in einer Entziehungsanstalt** *(D) (§ 64 StGB)* ricovero (o: internamento) *m* in un istituto di disintossicazione; **~** *f* **in einer Heil- oder Pflegeanstalt** ricovero *m* in una casa di cura; **~** *f* **in einem psychiatrischen Krankenhaus** *(D) (§ 63 StGB)* ricovero (o: internamento) *m* in un ospedale psichiatrico (*giudiziario*); **~** *f* **in der Sicherungsverwahrung** *(D) (§ 66 StGB)* internamento *m* in (un istituto di) custodia di sicurezza.

Unterbringungs | befehl *m* decreto *m* di ricovero; **~bonifikation** *f* provvigione *f* di collocamento.

Untercharterung *f* subnoleggio *m*.

Unterdeckung *f* copertura *f* insufficiente.

Unter-der-Hand-Vereinbarung *f* accordo *m* sottobanco.

unterdrücken *v (Aufstand)* reprimere, sopprimere, soffocare, sedare, *(Volk, Minderheiten)* opprimere, vessare, *(zurückhalten)* trattenere, *(Informationen, Tatsachen)* non divulgare, *(Nachrichten)* nascondere.

unterdrückerisch *adj* oppressivo.

Unterdrückung *f* = *Unterdrücken n (von Aufstand, Gefühl)* repressione *f*, soppressione *f*, il soffocare *m*, *(von Menschen)* oppressione *f*; **~** *f* **des**

Personenstands soppressione *f* di stato; **~** *f* **eines Testaments** soppressione *f* di testamento; **~** *f* **von Urkunden** soppressione *f* di atti, soppressione *f* di documenti.
Unterdrückungsmaßnahme *f* misura *f* repressiva.
Untererbpacht *f* subenfiteusi *f.*
unterfallen *v* [*Dat*] essere disciplinato da, essere regolato da, essere soggetto a, rientrare nell'ambito di applicazione di, rientrare nel campo di applicazione di, rientrare nella sfera di applicazione di, rientrare nella portata di.
unterfertigen *v* firmare, sottoscrivere.
Unterfertigte/r *f/m* firmatario/-a *m/f,* sottoscritto/-a *m/f.*
Unterfertigung *f* firma *f.*
Unterfrachtvertrag *m* contratto *m* di subnoleggio.
Untergang *m (der Sache)* perimento *m, (Verfall)* declino *m,* decadenza *f,* tramonto *m, (Zusammenbruch)* caduta *f,* crollo *m, (Scheitern)* rovina *f,* naufragio *m, (Ende)* fine *f,* cessazione *f,* estinzione *f;* **zufälliger ~** *m SchuldR* perimento *m* (per caso) fortuito (*della cosa*); **~** *m* **der Dienstbarkeit** *(CH)* estinzione *f* della servitù; **~** *m* **der Nutzniessung** *(CH) SachenR (Artt. 748 bis 754 sZGB)* cessazione *f* dell'usufrutto, estinzione *f* dell'usufrutto; **~** *m* **der Sache** perimento *m* della cosa.
untergeben *adj* subordinato, subalterno, sottoposto.
Untergebene/r *f/m* subordinato/-a *m/f,* subalterno/-a *m/f,* sottoposto/-a *m/f.*
untergehen *v (Sache)* perire.
untergeordnet *adj* (gerarchicamente) inferiore, (gerarchicamente) subordinato, subalterno, sottoposto.
Untergeordnete/r *f/m* subordinato/-a *m/f,* subalterno/-a *m/f,* sottoposto/-a *m/f.*
Untergesellschaft *f* società *f* facente parte di una holding.
Unterhalt *m* [1] *FamR (Lebensunterhalt)* mantenimento *m,* sostentamento *m,* sussistenza *f, (Alimente)* alimenti *mpl, (Unterhaltszahlung)* contributo *m* al mantenimento, assegno *m* di mantenimento, assegno *m* alimentare; **~ gewähren; ~ leisten; ~ zahlen** contribuire al mantenimento (di), pagare (o: versare, corrispondere) il contributo al mantenimento, pagare (o: versare, corrispondere) l'assegno di mantenimento, pagare (o: versare, corrispondere) l'assegno alimentare; **angemessener ~** *m* alimenti *mpl* commisurati alla posizione sociale dell'alimentando; **gesetzlicher ~** *m* pensione *f* alimentare; **nachehelicher ~** *m FamR* assegno *m* di divorzio, assegno *m* divorzile; **vorläufiger ~** *m* assegno *m* (alimentare) provvisorio; **~** *m* **wegen Alters** *FamR (nachehelicher Unterhalt) (§ 1571 BGB)* assegno *m* di mantenimento per anzianità dell'ex coniuge; **~** *m* **wegen Betreuung eines Kindes** *FamR (Pflege oder Erziehung eines gemeinschaftlichen Kindes) (§ 1570 BGB)* assegno *m* di mantenimento del/la figlio/-a, assegno *m* di mantenimento della prole; **~** *m* **aus Billigkeitsgründen** *FamR (nachehelicher Unterhalt) (§ 1576 BGB)* assegno *m* di mantenimento in favore dell'ex coniuge per motivi di equità; **~** *m* **wegen Erwerbslosigkeit** *FamR (nachehelicher Unterhalt) (§ 1573 Abs. 1 BGB)* assegno *m* di mantenimento in caso di disoccupazione dell'ex coniuge, assegno *m* di mantenimento in favore dell'ex coniuge disoccupato; **~** *m* **wegen Krankheit** *FamR (nachehelicher Unterhalt) (§ 1572 BGB)* assegno *m* di mantenimento in caso di malattia dell'ex coniuge.
Unterhalt *m* [2] *(Instandhaltung)* manutenzione *f.*
unterhalten *v* [1] *(Familie, Beziehungen)* mantenere, *(ernähren)* sostentare, *(pflegen, beschäftigen)* intrattenere.
unterhalten *v* [2] *(instand halten)* tenere in buono stato (o: in ordine).
unterhalten *v* [3] *(betreiben)* gestire,

dirigere, *(Geschäft)* condurre, *(führen, haben)* tenere.

Unterhalts | anspruch *m FamR* diritto *m* al mantenimento, diritto *m* agli alimenti; **Übereinkommen** *n* **über die Geltendmachung von ~ansprüchen im Ausland** *FamR* Convenzione *f* sul recupero degli alimenti all'estero; **~beihilfe** *f FamR* assegno *m* di mantenimento, assegno *m* alimentare; **~beitrag** *m FamR* contributo *m* al mantenimento, contribuzione *f* al mantenimento (dei figli e/o dell'altro coniuge), assegno *m* di mantenimento, assegno *m* alimentare, prestazione *f* alimentare, alimenti *mpl.*

unterhaltsberechtigt *adj FamR* avente diritto al mantenimento, avente diritto agli alimenti; **~ sein** *FamR* essere a carico di qn., avere diritto al mantenimento, avere diritto agli alimenti.

Unterhalts | berechtigte/r *f/m FamR* persona *f* a carico, avente *m/f* diritto al mantenimento, avente *m/f* diritto agli alimenti, alimentando *m*; **~berechtigung** *f FamR* diritto *m* al mantenimento, diritto *m* agli alimenti; **~betrag** *m FamR* assegno *m* di mantenimento, assegno *m* alimentare, alimenti *mpl*; **~empfänger/in** *m/f FamR* beneficiario/-a *m/f* dell'assegno di mantenimento, chi riceve/percepisce l'assegno di mantenimento, persona *f* a carico, alimentando *m*; **~forderung** *f FamR* credito *m* alimentare, credito *m* di alimenti; **~gläubiger/in** *m/f FamR* creditore *m* dell'assegno di mantenimento, coniuge *m* creditore (dell'assegno di mantenimento), creditore *m* alimentare, creditore *m* di alimenti; **~klage** *f FamR* azione *f* volta ad ottenere il pagamento (o: versamento/corresponsione) dell'assegno di mantenimento, azione *f* per il pagamento delle somme dovute quale assegno di mantenimento, azione *f* per gli alimenti, azione *f* alimentare, causa *f* per gli alimenti, causa *f* alimentare; **~kosten** *pl* spese *fpl* di manutenzione; **~leistung** *f FamR* contribuzione *f*, pagamento *m* (o: versamento *m*, corresponsione *f*) del contributo al mantenimento, pagamento *m* (o: versamento *m*, corresponsione *f*) dell'assegno di mantenimento, pagamento *m* (o: versamento *m*, corresponsione *f*) dell'assegno alimentare, prestazione *f* alimentare; **~mittel** *npl* mezzi *mpl* di sussistenza; **~pflicht** *f FamR* obbligo *m* di mantenimento, obbligo *m* di contribuire al mantenimento, obbligo *m* di contribuzione al mantenimento (dei figli e/o dell'altro coniuge), obbligo *m* di contribuzione, obbligazione *f* alimentare, obbligo *m* alimentare, obbligo *m* di prestare (o: passare) gli alimenti, obbligo *m* di assistenza familiare.

unterhaltspflichtig *adj FamR* tenuto al mantenimento di qn., obbligato a contribuire al mantenimento di qn., obbligato a prestare (o: passare) gli alimenti, obbligato alla prestazione degli alimenti; **~ sein** *FamR* avere qn. a carico, essere tenuto al mantenimento di qn., dover(e) contribuire al mantenimento di qn., essere obbligato a prestare (o: passare) gli alimenti.

Unterhalts | pflichtige/r *f/m FamR* persona *f* tenuta al mantenimento di qn., obbligato/-a *m/f* a contribuire al mantenimento di qn., obbligato/-a *m/f* a prestare (o: passare) gli alimenti, obbligato/-a *m/f* alla prestazione degli alimenti; **~pflichtverletzung** *f FamR* violazione *f* dell'obbligo di mantenimento (dei figli e/o dell'altro coniuge), violazione *f* dell'obbligo di assistenza familiare, violazione *f* dell'obbligo alimentare; **Haager ~protokoll** *n IPR (Haager Protokoll vom 23. November 2007 über das auf Unterhaltspflichten anzuwendende Recht)* Protocollo *m* dell'Aja del 23 novembre 2007 relativo alla legge applicabile alle obbligazioni alimentari; **~prozess** *m FamR* processo *m* volto ad ottenere il pagamento (o: versamento / corresponsione) dell'assegno di mantenimento, processo *m* per il pagamento delle somme dovute quale assegno di mantenimento, causa *f* per gli alimenti, causa *f* alimentare.

Unterhaltsrecht *n FamR* normativa *f* sul mantenimento (dei figli minori); **Gesetz** *n* **zur Änderung des ~s** *(D) FamR* legge *f* di riforma (tedesca) sul mantenimento, legge *f* di riforma (tedesca) della normativa sul mantenimento dei figli minori.

Unterhalts | rente *f FamR* assegno *m* di mantenimento, assegno *m* alimentare; **~sache** *f FamR* causa *f* volta ad ottenere il pagamento (o: versamento/ corresponsione) dell'assegno di mantenimento, causa *f* per il pagamento delle somme dovute quale assegno di mantenimento, causa *f* per gli alimenti, causa *f* alimentare; **~schuldner/in** *m/f FamR* coniuge *m* debitore (dell'assegno di mantenimento), debitore *m* alimentare, coniuge *m* obbligato a contribuire al mantenimento, coniuge *m* obbligato a prestare (o: passare) gli alimenti, coniuge *m* obbligato alla prestazione degli alimenti; **Haager ~übereinkommen** *n IPR (Haager Übereinkommen vom 23. November 2007 über die internationale Geltendmachung der Unterhaltsansprüche von Kindern und anderen Familienangehörigen)* Convenzione *f* dell'Aja del 23 novembre 2007 sull'esazione internazionale di prestazioni alimentari nei confronti di figli e altri membri della famiglia; **~urteil** *n FamR* sentenza *f* di condanna al pagamento dell'assegno di mantenimento, sentenza *f* di condanna agli alimenti; **~vereinbarung** *f FamR* accordo *m* relativo al (contributo al) mantenimento, accordo *m* di corresponsione dell'assegno di mantenimento, accordo *m* sulla prestazione alimentare.

Unterhaltsverfahren *n FamR* procedimento *m* volto ad ottenere il pagamento (o: versamento/ corresponsione) dell'assegno di mantenimento, procedimento *m* per il pagamento delle somme dovute quale assegno di mantenimento, causa *f* per gli alimenti, causa *f* alimentare; **vereinfachtes ~** *n FamR (§ 249 FamFG)* procedimento *m* semplificato per il mantenimento dei figli minori, procedura *f* semplificata in materia di contributo al mantenimento dei figli minori.

Unterhalts | vergleich *m FamR* accordo *m* transattivo relativo al contributo al mantenimento (dei figli e/o dell'altro coniuge), transazione *f* relativa alla prestazione alimentare; **~verletzung** *f FamR* violazione *f* dell'obbligo di mantenimento (dei figli e/o dell'altro coniuge), violazione *f* dell'obbligo di assistenza familiare, violazione *f* dell'obbligo alimentare; **~verpflichtung** *f FamR* obbligo *m* di mantenimento, obbligo *m* di contribuire al mantenimento, obbligo *m* di contribuzione al mantenimento (dei figli e/o dell'altro coniuge), obbligo *m* di contribuzione, obbligazione *f* alimentare, obbligo *m* alimentare, obbligo *m* di prestare (o: passare) gli alimenti, obbligo *m* di assistenza familiare; **~vertrag** *m FamR* contratto *m* relativo al (contributo al) mantenimento, contratto *m* alimentare.

Unterhaltsvorschuss *m FamR* anticipo *m* sugli assegni di mantenimento, anticipo *m* sugli assegni alimentari, anticipo *m* degli alimenti.

Unterhaltsvorschuss
Sussidio speciale, finanziato pubblicamente, che la Legge tedesca relativa agli anticipi sugli assegni di mantenimento (*Unterhaltsvorschussgesetz – UVG*) assicura ai genitori che allevano da

soli i propri figli e non ricevono il pagamento dell'assegno di mantenimento dall'altro genitore o lo percepiscono in maniera irregolare. L'anticipo è accordato fino al dodicesimo anno di età dei figli per un periodo massimo di 72 mesi.

Unterhaltsvorschussgesetz *n (D)* (*Abk* = **UVG**) *FamR* legge *f* (tedesca) relativa agli anticipi sugli assegni di mantenimento, legge *f* (tedesca) relativa agli anticipi sugli assegni alimentari.

Unterhaltszahlung *f FamR* contribuzione *f*, pagamento *m* (o: versamento *m*, corresponsione *f*) del contributo al mantenimento, pagamento *m* (o: versamento *m*, corresponsione *f*) dell'assegno di mantenimento, pagamento *m* (o: versamento *m*, corresponsione *f*) dell'assegno alimentare, prestazione *f* alimentare.

Unterhaltung *f* [1] *(Unterhalt)* mantenimento *m*, sostentamento *m*.

Unterhaltung *f* [2] *(Instandhaltung)* manutenzione *f*; **gewöhnliche ~** *f* manutenzione *f* ordinaria, interventi *mpl* di manutenzione ordinaria.

Unterhaltungs|kosten *pl* spese *fpl* di manutenzione; **~pflicht** *f* obbligo *m* di manutenzione.

unterhandeln *v* negoziare, trattare, parlamentare.

Unter|händler/in *m/f* negoziatore/-trice *m/f*, mediatore/-trice *m/f*, *VölkerR* parlamentare *m/f* (*meno com.: parlamentario/-a*); **~handlungen** *fpl* negoziati *mpl*, trattative *fpl*; **~instanz** *f* grado *m* inferiore, istanza *f* inferiore; **~kapitalisierung** *f* sottocapitalizzazione *f*; **~konto** *n* sottoconto *m*, conto *m* analitico.

Unterkunft *f* alloggio *m*.

Unterkunftsentschädigung *f* indennità *f* di alloggio.

Unterlagen *pl (Dokumente)* documenti *mpl*, documentazione *f*, pratica *f*, *(Material)* materiale *m*, *(Akten)* atti *mpl*, *(Daten)* dati *mpl*; **statistische ~** *pl* dati *mpl* statistici.

unterlassen *v (nicht tun)* omettere, *(auslassen)* tralasciare, trascurare, *(darauf verzichten)* astenersi da, *(damit aufhören)* smettere, finire, cessare, inibire la continuazione.

Unterlassen *n* ↔ *Tun* omissione *f*, comportamento *m* omissivo, non fare, prestazione *f* di non fare, prestazione *f* negativa; **durch ~** per omissione, mediante omissione; **durch Tun oder ~** mediante azione o omissione; **schuldhaftes ~** *n* omissione *f* colposa.

Unterlassung *f* omissione *f* (*di un'azione dovuta*), non fare, *(Verzicht)* astensione *f*, *(Aufhören)* cessazione *f*; **schuldhafte ~** *f* omissione *f* colposa; **~** *f* **einer Anzeige** omessa denuncia *f*, mancato avviso *m*, *(Verschweigen)* reticenza *f*; **~** *f* **der Hilfeleistung** omissione *f* di soccorso.

Unterlassungs|anordnung *f* provvedimento *m* inibitorio, ordinanza *f* inibitoria, ordine *m* inibitorio; **~anspruch** *m* diritto *m* alla cessazione di un comportamento lesivo e pregiudizievole dei propri diritti, *(unlauterer Wettbewerb)* diritto *m* alla cessazione (o: repressione) degli atti di concorrenza sleale.

Unterlassungsdelikt *n* reato *m* omissivo, reato *m* di omissione, delitto *m* omissivo, delitto *m* di omissione; **echtes ~** *n* reato *m* di pura omissione, reato *m* omissivo proprio; **unechtes ~** *n* reato *m* commissivo mediante omissione, reato *m* omissivo improprio.

Unterlassungserklärung *f* dichiarazione *f* di astensione, dichiarazione *f* di cessazione (*del comportamento lesivo, dannoso*); **strafbewehrte ~** *f* dichiarazione *f* di astensione contenente l'impegno di non mettere più in atto comportamenti pregiudizievoli dei diritti altrui o di non compiere in futuro altre violazioni e, in caso contrario, di corrispondere alla controparte, come penale, una determinata somma.

Unterlassungs | klage *f ZivProzR* azione *f* inibitoria, inibitoria *f*, *(des Eigentümers)* azione *f* negatoria, negatoria *f*; **~klagenrichtlinie** *f EuR (Umsetzung der Vorläuferrichtlinie (Richtlinie 98/27/EG) in D: Unterlassungsklagengesetz – UKlaG) → s. Anhang 3 b)* Direttiva *f* 2009/22/CE del Parlamento europeo e del Consiglio, del 23 aprile 2009, relativa a provvedimenti inibitori a tutela degli interessi dei consumatori; **~pflicht** *f* obbligo *m* di non fare; **~verfügung** *f* provvedimento *m* inibitorio, ordinanza *f* inibitoria, ordine *m* inibitorio; **~verpflichtung** *f* obbligo *m* di non fare, obbligazione *f* di non fare; **~verschulden** *n* colpa *f* omissiva.

unterliegen *v* [1] *(im Prozess)* soccombere (*in giudizio*), perdere (*un processo, una causa*), essere vinto, essere sconfitto.

unterliegen *v* [2] [*Dat*] *(unterworfen sein)* sottostare, soggiacere, essere sottomesso [a], essere sottoposto [a], *(ausgesetzt sein)* essere soggetto [a], *(Recht)* essere retto [da], essere regolato [da], essere disciplinato [da], *(in Bez. auf Strafen)* essere passibile [di].

Unterliegen *n (im Prozess)* soccombenza *f*.

Unterlizenz *f* sottolicenza *f*.

Untermiete *f* sublocazione *f*; **in ~ geben** sublocare; **in ~ nehmen** prendere in sublocazione.

Untermieter/in *m/f* subconduttore/-trice *m/f*, sublocatario/-a *m/f*, subinquilino/-a *m/f*.

Untermiet | verhältnis *n* rapporto *m* di sublocazione, sublocazione *f*; **~vertrag** *m* contratto *m* di sublocazione, sublocazione *f*; **~zins** *m* canone *m* di sublocazione, prezzo *m* della sublocazione.

unternehmen *v (durchführen)* intraprendere, *(eingreifen)* intervenire.

Unternehmen *n (Betrieb)* impresa *f*, azienda *f*, *(Vorhaben)* iniziativa *f*; **~** *npl*, **mit denen ein Beteiligungsverhältnis besteht** imprese *fpl* collegate; **abhängiges ~** *n* impresa *f* controllata, controllata *f*; **beherrschendes ~** *n* impresa *f* controllante, controllante *f*; **beherrschtes ~** *n* impresa *f* controllata, controllata *f*; **erwerbswirtschaftliches ~** *n* impresa *f* a scopo di lucro; **familiengeführtes ~** *n* azienda *f* a conduzione familiare; **gemeinnütziges ~** *n* impresa *f* di pubblica utilità; **gemischtwirtschaftliches ~** *n* azienda *f* mista, azienda *f* pubblica a gestione privatistica; **gewerbliches ~** *n* impresa *f* commerciale (*soggetto che esercita un'impresa commerciale, ovvero detiene un'azienda commerciale, in forza dell'attività esercitata o della forma giuridica rivestita*); **herrschendes ~** *n* impresa *f* controllante, controllante *f*; **insolventes ~** *n* impresa *f* in stato di insolvenza, impresa *f* in fallimento; **kaufmännisches ~** *n* impresa *f* commerciale; **kleine und mittlere ~** *npl* (*Abk* = **KMU**) piccole e medie imprese *fpl (PMI)*; **mittelständisches ~** *n* media impresa *f*, impresa *f* media; **öffentliches ~** *n*; **~** *n* **der öffentlichen Hand** impresa *f* pubblica; **verbundenes ~** *n* impresa *f* controllata, controllata *f*.

Unternehmens | berater/in *m/f* consulente *m/f* aziendale; **~beratung** *f* consulenza *f* aziendale, consulenza *f* d'impresa; **~bereich** *m* settore *m* imprenditoriale, settore *m* aziendale; **~besteuerung** *f SteuerR* tassazione *f* delle società, tassazione *f* delle imprese; **~beteiligung** *f* partecipazione *f* all'impresa, partecipazione *f* in imprese, (co)interessenza *f*; **~bewertung** *f* valutazione *f* aziendale, valutazione *f* dell'impresa; **~daten** *pl* dati *mpl* di (un') impresa, dati *mpl* aziendali, dati *mpl* enterprise; **~ergebnis** *n* risultato *m* di gestione, risultato *m* aziendale; **~ertrag** *m* reddito *m* d'impresa; **~finanzierung** *f* finanziamento *m* alle (o: delle) imprese, finanziamento *m* d'impresa; **~form** *f* forma *f* giuridica dell'impresa, forma *f* costitutiva, forma *f* aziendale; **~forschung** *f* ricerca *f* operativa; **~führung** *f* gestione *f* d' (o: dell') impresa, gestione *f* aziendale, conduzione *f* aziendale, direzione *f* dell'impresa, direzione *f* aziendale, *(Unternehmensspitze)* vertice *m* aziendale; **~gesetzbuch** *n (A)* (*Abk* = **UGB**) *(das ab 1.1.2007 geltende Unternehmensgesetzbuch (UGB) hat das bisherige österreichische Handelsgesetzbuch (HGB) abgelöst)* codice *m* (austriaco) delle imprese; **~gewinn** *m* utile *m* d'impresa, utile *m* aziendale, utile *m* dell'azienda; **~gründer/in** *m/f* fondatore *m* di un'impresa, fondatore *m* di un'azienda; **~gründung** *f* costituzione *f* di un'impresa, fondazione *f* di un'impresa, fondazione *f* di un'azienda; **~gruppe** *f* gruppo *m* di imprese, gruppo *m* aziendale; **~konzentration** *f* concentrazione *f* aziendale, concentrazione *f* di imprese; **~leiter/in** *m/f* dirigente *m/f* d'azienda, direttore *m* d'azienda, direttore *m* d'impresa; **~leitung** *f* gestione *f* d' (o: dell') impresa, gestione *f* aziendale, conduzione *f* aziendale, direzione *f* dell'impresa, direzione *f* aziendale, *(Unternehmensspitze)* vertice *m* aziendale; **~mitbestimmung** *f ArbR (unternehmenspolitische Entscheidungen: die Arbeitnehmervertreter werden in die Leitungsorgane des Unternehmens entsandt)* codeterminazione *f* negli organi societari, codeterminazione *f* a livello di organi societari, codeterminazione *f* societaria, partecipazione *f* dei lavoratori agli organi direttivi societari, partecipazione *f* dei lavoratori agli organi dell'impresa (societaria), partecipazione *f* dei lavoratori alle decisioni dell'impresa negli organi societari, partecipazione *f* dei rappresentanti dei lavoratori negli organi di amministrazione e controllo dell'impresa, rappresentanza *f* dei lavoratori in seno agli organi direttivi societari; **~planung** *f* pianificazione *f* d'impresa, pianificazione *f* aziendale, programmazione *f* aziendale; **~politik** *f* politica *f* di gestione, politica *f* direzionale (*dell'azienda*), politica *f* imprenditoriale, politica *f* aziendale; **~recht** *n* diritto *m* aziendale; **~register** *n* → *www.unternehmensregister.de* registro *m* (delle) imprese; **~sanierung** *f* risanamento *m* aziendale; **~sektor** *m* settore *m* aziendale; **~sitz** *m* sede *f* dell'impresa, sede *f* dell'azienda, sede *f* aziendale.

Unternehmenssteuer *f* imposta *f* sulle imprese; **~recht** *n* diritto *m* tributario dell'impresa; **~reform** *f* riforma *f* della tassazione delle imprese.

Unternehmens | strategie *f* strategia *f* aziendale, strategia *f* di impresa; **~übernahme** *f* acquisizione *f* di un'impresa, rilievo *m* d'azienda; **~verband** *m*; **~vereinigung** *f* associazione *f* di imprese; **~verfassung** *f* statuto *m* dell'impresa; **~ziel** *n* target *m* aziendale, obiettivo *m* aziendale.

Unternehmenszusammenschluss *m* concentrazione *f* di imprese, unione *f* di imprese, associazione *f* di imprese, aggregazione *f* di aziende; **vertikaler ~** *m (zweier Unternehmen aus unterschiedlichen Bereichen der Lieferkette)* integrazione *f* verticale, concentrazione *f* verticale.

Unternehmens | zweck *m* oggetto *m* sociale, scopo *m* aziendale; **~zweig** *m* ramo *m* d'azienda, ramo *m* aziendale.

Unternehmer *m* [f: Unternehmerin] *(§ 14 BGB)* imprenditore/-trice *m/f*, impresario/-a *m/f*, *(Werkvertrag)* appaltatore/-trice *m/f*, *(Handelsvertretervertrag)* preponente *m/f*, ↔ *Verbraucher* professionista *m/f*; **beliehener ~** *m* concessionario *m* di servizi pubblici; **~** *m* **im steuerrechtlichen Sinne** imprenditore *m* ai fini fiscali.

Unternehmer | gesellschaft *f (D)* (*Abk* = **UG**) *(auch: Mini-GmbH oder Ein-Euro-GmbH)* società *f* imprenditoriale a responsabilità limitata (*variante della S.r.l. tedesca (GmbH) che può essere costituita con il versamento simbolico di 1 Euro come capitale sociale minimo*); **~gewinn** *m* profitto *m* dell'imprenditore, utile *m* dell'imprenditore, guadagno *m* dell'imprenditore; **~haftung** *f*

responsabilità *f* dell'imprenditore, responsabilità *f* imprenditoriale.
unternehmerisch *adj* imprenditoriale.
Unternehmer | organisation *f* organizzazione *f* degli imprenditori, associazione *f* degli imprenditori, associazione *f* imprenditoriale; **~pfandrecht** *n (D) (Werkvertrag) (§ 647 BGB)* privilegio *m* dell'appaltatore; **~risiko** *n* rischio *m* dell'imprenditore, rischio *m* imprenditoriale, rischio *m* di impresa; **~tätigkeit** *f* attività *f* imprenditoriale.
Unternehmertum *n* imprenditoria *f*; **freies ~** *n* iniziativa *f* privata.
Unternehmer | verband *m*; **~vereinigung** *f* associazione *f* degli imprenditori, associazione *f* imprenditoriale.
Unternehmerwagnis *n* rischio *m* d'impresa; **allgemeines ~** *n* rischio *m* economico generale.
Unternehmerzusammenschluss *m* intesa *f* industriale.
Unternehmung *f (Betrieb)* impresa *f*, azienda *f*, *(Vorhaben)* iniziativa *f*; **beliehene ~** *f (A)* impresa *f* concessionaria, concessionaria *f*; **erwerbswirtschaftliche ~** *f* impresa *f* a scopo di lucro; **gemischtwirtschaftliche ~** *f* azienda *f* mista, azienda *f* pubblica a gestione privatistica.
Unternehmungsgewinn *m* utile *m* d'impresa.
unterordnen *v (abhängig machen)* subordinare, *(unterwerfen)* sottomettere, assoggettare.
Unterordnung *f (Untergeordnetsein)* subordinazione *f*, subordinamento *m*, *(Unterwerfung)* assoggettamento *m*.
Unterordnungsverhältnis *n* rapporto *m* di subordinazione.
Unter | pacht *f* subaffitto *m*; **~pächter/in** *m/f* subaffittuario/-a *m/f*.
Unterpari | -Begebung *f*; **~ -Emission** *f* emissione *f* sotto la pari.
Unterpfand *n* subpegno *m*, suppegno *m*.
unterpfändlich *adj* in subpegno.
Unterproduktion *f* sottoproduzione *f*.
Unterredung *f* conversazione *f*, colloquio *m*, intervista *f*, appuntamento *m*; **geheime ~** *f* colloquio *m* segreto; **vertrauliche ~** *f* colloquio *m* confidenziale.
Unterrichtsgeld *n* tasse *fpl* scolastiche.
untersagen *v* vietare, proibire, interdire.
Untersagung *f* divieto *m*, proibizione *f*, interdizione *f*; **~ *f* der Berufsausübung** interdizione *f* da una professione o da un'arte.
unterscheidbar *adj* distinguibile, differenziabile.
unterscheiden *v (eine Trennung machen)* distinguere, fare una distinzione tra, operare una distinzione, separare, *(absondern)* differenziare, discernere, discriminare, diversificare; **sich ~** *v (verschieden sein)* distinguersi, differire, essere diverso, *(sich differenzieren)* differenziarsi.
unterscheidend *adj* distintivo, caratteristico.
Unterscheidung *f (Unterschied)* distinzione *f*, *(Differenzierung)* differenziazione *f*, *(Auseinanderhalten)* discriminazione *f*, discernimento *m*, diversificazione *f*.
Unterscheidungs | merkmal *n* caratteristica *f*, segno *m* caratteristico, segno *m* distintivo, carattere *m* distintivo, criterio *m* di distinzione; **~vermögen** *n* discernimento *m*, facoltà *f* di discernimento.
unterschieben *v* [1] *(zuschreiben)* attribuire, imputare.
unterschieben *v* [2] *(vertauschen)* sostituire, scambiare.
Unterschiebung *f* **eines Kindes** *(A) StrafR (§ 200 öStGB)* supposizione *f* di parto.
Unterschied *m (Ungleichheit)* differenza *f*, divario *m*, *(Unterscheidung)* distinzione *f*, *(Verschiedenheit)* diversità *f*, disuguaglianza *f*, disparità *f*, dislivello *m*.
unterschiedlich *adj (verschieden)* diverso, in modo diverso, diversificato, vario, *(differenziert)* differenziato, differente, con differenza, discriminatorio.
Unterschiedsbetrag *m* differenza *f*, ammontare *m* della differenza.
unterschlagen *v* appropriarsi indebitamente di, *(Geld)* sottrarre,

(verheimlichen) nascondere, celare, occultare, *(verschweigen)* tacere, *(etwas Wichtiges nicht mitteilen)* non riferire, tenere nascosto.

Unterschlagung *f StrafR* (§ *246 StGB)* appropriazione *f* indebita, appropriazione *f* di cosa avuta per errore o caso fortuito *(CH)*, defraudamento *m (CH)*, sottrazione *f* (*illecita*), *(von Urkunden)* occultamento *m*; ~ *f* **im Amt** *StrafR* peculato *m*; ~ *f* **beschlagnahmter Gegenstände** *StrafR* sottrazione *f* di cose sottoposte a pignoramento o a sequestro; ~ *f* **öffentlicher Gelder** *StrafR* appropriazione *f* indebita di denaro pubblico, peculato *m*.

Unterschlagungsversicherung *f* assicurazione *f* contro le appropriazioni indebite.

unterschreiben *v* firmare, apporre la firma, sottoscrivere; **eigenhändig ~** firmare di proprio pugno.

Unterschrift *f* firma *f*, sottoscrizione *f*; **eine ~ beglaubigen** autenticare una firma; **die ~ hinterlegen** depositare la firma; **eine ~ leisten** firmare, fare una firma, apporre la firma; **~en sammeln** raccogliere le firme; **etwas mit seiner ~ versehen** apporre la propria firma a qc.; **mit ~ versehen sein** recare la firma; **beglaubigte ~** *f* firma *f* autenticata; **digitale ~** *f* firma *f* digitale; **eigenhändige ~** *f* firma *f* autografa, sottoscrizione *f* autografa, firma *f* di proprio pugno; **elektronische ~** *f* firma *f* elettronica, firma *f* digitale; **gefälschte ~** *f* firma *f* falsa; **hinterlegte ~** *f* firma *f* depositata; **persönliche ~** *f* firma *f* autografa, sottoscrizione *f* autografa, firma *f* di proprio pugno.

Unterschriften | mappe *f* firmario *m*; **~sammlung** *f* raccolta *f* di firme.

Unterschrifts | beglaubigung *f* autenticazione *f* della firma, autentica *f* di firma (o: firme), legalizzazione *f* di firma (o: firme); **~berechtigung** *f* potere *m* di firma, diritto *m* di firma, facoltà *f* di firma; **~hinterlegung** *f* deposito *m* della firma; **~karte** *f* cartellino *m* delle firme; **~probe** *f* facsimile *m* della firma; **~verzeichnis** *n* elenco *m* delle firme autorizzate, fascicolo *m* delle firme autorizzate, libro *m* delle firme autorizzate.

Unterstaatssekretär/in *m/f (pol)* sottosegretario *m* di Stato.

unterstellen *v* [1] *(unterordnen)* sottoporre, subordinare, assoggettare.

unterstellen *v* [2] *(zuteilen, zuweisen)* assegnare, affidare, attribuire.

unterstellen *v* [3] *(zur Last legen)* attribuire (la colpa), imputare, accusare (*ingiustamente*), fare carico [di], insinuare.

unterstellen *v* [4] *(annehmen)* ammettere, porre, supporre, presumere.

unterstellt *adj* subordinato, dipendente.

Unterstell | verteter/in *m/f* subrappresentante *m/f*; **~vertretung** *f* subrappresentanza *f*.

unterstützen *v (fördern)* sostenere, appoggiare, dare appoggio a, *(begünstigen)* agevolare, favorire, *(helfen)* aiutare, assistere, coadiuvare, soccorrere, *(finanziell)* sovvenzionare.

Unterstützung *f (Förderung)* sostegno *m*, appoggio *m*, *(Beistand)* aiuto *m*, assistenza *f*, soccorso *m*, *(Hilfsgelder, Zuschuss)* sussidio *m*, aiuto *m* finanziario, sostegno *m* finanziario, *(Subvention)* sovvenzione *f*.

Unterstützungs | beihilfe *f* sussidio *m*; **~empfänger/in** *m/f* assistito/-a *m/f*, beneficiario/-a *m/f* di un sussidio; **~erklärung** *f* dichiarazione *f* di appoggio; **~fonds** *m* fondo *m* di assistenza, fondo *m* di sostegno; **~geld/er n/pl** sussidio *m*; **~gesuch** *n* domanda *f* di sussidio; **~kasse** *f ArbR (Durchführungsweg der betrieblichen Altersversorgung)* cassa *f* di assistenza, cassa *f* di soccorso, cassa *f* di previdenza, cassa *f* previdenziale; **~leistung** *f* assistenza *f*, prestazione *f* assistenziale; **~maßnahme** *f* misura *f* di sostegno, misura *f* di aiuto, attività *f* di sostegno, intervento *m* di sostegno, azione *f* di sostegno, azione *f* promozionale, operazione *f* di assistenza; **~pflicht** *f* obbligo *m* di assistenza, dovere *m* di assistenza; **~zeit** *f VersR* periodo *m* di risarcimento.

untersuchen *v (nachprüfen)* verificare,

controllare, *(prüfen)* esaminare, *(analysieren)* analizzare, sottoporre ad analisi, *(erforschen)* studiare, *(ermitteln)* indagare, investigare, istruire, *(durchsuchen)* perquisire, ispezionare, *(Patienten)* visitare.

Untersuchung *f (Nachprüfung)* verifica *f*, controllo *m*, *(Prüfung)* esame *m*, *(Analyse)* analisi *f*, *(Erforschung)* studio *m*, *(wissenschaftliche Arbeit)* ricerca *f*, *(Ermittlung)* indagine *f*, inchiesta *f*, istruzione *f*, *(Durchsuchung)* perquisizione *f*, ispezione *f*, *(vom Arzt)* visita *f*; **~** *f* **durch den Käufer** *(der Ware)* controllo *m* da parte dell'acquirente; **eine ~ anordnen** ordinare un'inchiesta; **~en durchführen** svolgere indagini, compiere indagini, condurre indagini, indagare; **eine ~ einleiten** aprire un'indagine, aprire un'inchiesta, avviare un'inchiesta; **amtsärztliche ~** *f* visita *f* fiscale; **ärztliche ~** *f* visita *f* medica; **behördliche ~** *f* inchiesta *f* amministrativa; **disziplinarrechtliche ~** *f* inchiesta *f* disciplinare; **förmliche ~** *f* inchiesta *f* formale; **gerichtliche ~** *f* istruzione *f* giudiziaria; **parlamentarische ~** *f* inchiesta *f* parlamentare; **psychiatrische ~** *f* esame *m* psichiatrico; **strafrechtliche ~** *f* istruzione *f* penale; **vertrauensärztliche ~** *f* visita *f* fiscale.

Untersuchungsausschuss *m* commissione *f* di inchiesta, commissione *f* inquirente, *(parl)* commissione *f* parlamentare di inchiesta, commissione *f* di inchiesta parlamentare; **einen (parlamentarischen) ~ einsetzen** istituire una commissione parlamentare di inchiesta, istituire una commissione di inchiesta parlamentare.

Untersuchungs | befugnis *f* potere *m* di inchiesta; **~befund** *m* esito *m* dell'esame, referto *m*; **~bericht** *m* relazione *f* d'inchiesta, rapporto *m* sull'inchiesta; **~ergebnis** *n* risultato *m* di ricerca, risultato *m* di indagine, *(Untersuchungsbefund)* esito *m* di un esame, *(Analysebefund)* risultato *m* delle analisi, *(Ermittlungsergebnis)* risultato *m* dell'inchiesta; **~gebühr** *f* onorario *m* di visita; **~gefangene/r** *f/m StrafProzR* detenuto/-a *m/f* in custodia cautelare, detenuto/-a *m/f* in attesa di giudizio; **~gefängnis** *n StrafProzR* carcere *m* giudiziario; **~gewalt** *f* potere *m* di inchiesta; **~grundsatz** *m* principio *m* inquisitorio.

Untersuchungshaft *f* (*Abk* = **U-Haft**) *StrafProzR (§§ 112 ff. StPO)* custodia *f* cautelare (*in carcere*) *(I)*, carcerazione *f* preventiva *(CH)*; **in ~ nehmen** *StrafProzR* sottoporre a custodia cautelare.

Untersuchungshaftbefehl *m StrafProzR* ordinanza *f* di custodia cautelare (*in carcere*).

Untersuchungshäftling *m StrafProzR* detenuto/-a *m/f* in custodia cautelare, detenuto/-a *m/f* in attesa di giudizio.

Untersuchungshaftvollzugsordnung *f (D)* (*Abk* = **UVollzO**) *StrafProzR* regolamento *m* (tedesco) sull'esecuzione della custodia cautelare.

Untersuchungs | handlung *f* atto *m* istruttorio; **~kommissar/in** *m/f*; **~kommissär/in** *m/f (A)* commissario *m* inquirente; **~maxime** *f* principio *m* inquisitorio; **~ - und Rügeobliegenheiten** *fpl HandelsR (§ 377 HGB)* obbligo *m* di controllare (o: collaudare) la merce e denunciare (o: contestare) gli eventuali vizi; **~organ** *n* organo *m* inquirente; **~pflicht** *f* obbligo *m* di verifica; **~recht** *n* diritto *m* di inchiesta, diritto *m* di visita, diritto *m* di perquisizione; **~richter/in** *m/f StrafProzR (mit der Reform der jeweiligen Strafprozessordnungen wurde das Amt des Untersuchungsrichters in Deutschland, Österreich und in der Schweiz abgeschafft und die Aufgabe der Ermittlung der Staatsanwaltschaft übertragen)* giudice *m* istruttore (*penale: figura eliminata dal nuovo codice di procedura penale italiano, le cui funzioni sono ora ripartite fra pubblico ministero e giudice per le indagini preliminari*), magistrato *m* inquirente; **~unterlagen** *pl* documenti *mpl*

istruttori; **~verfahren** *n* istruttoria *f*, procedimento *m* istruttorio.
Untertarifierung *f* sottotariffa *f*.
unterteilen *v* suddividere, dividere, frazionare, ripartire.
Unterteilung *f* suddivisione *f*, divisione *f*, frazionamento *m*, ripartizione *f*.
Unterunternehmer/in *m/f* subappaltatore *m*.
unterverfrachten *v* subnoleggiare.
Unterverfrachter/in *m/f* subnoleggiante *m/f*.
Unterverfrachtung *f* subnoleggio *m*.
Untervermächtnis *n ErbR* sublegato *m*; **~nehmer/in** *m/f ErbR* sublegatario/-a *m/f*.
untervermieten *v* sublocare.
Untervermieter/in *m/f* sublocatore/-trice *m/f*.
Untervermietung *f* sublocazione *f*.
unterverpachten *v* subaffittare.
Unterverpächter/in *m/f* sublocatore/-trice *m/f*.
Unterverpachtung *f* subaffitto *m*.
Unterversicherung *f* sottoassicurazione *f*, assicurazione *f* insufficiente, insufficienza *f* di assicurazione.
Untervertrag *m* subcontratto *m*.
Untervertreter/in *m/f* subagente *m/f*.
Untervertretung *f* subagenzia *f*, *(mangelnde Vertretung)* sottorappresentanza *f*.
Untervollmacht *f* subprocura *f*, procura *f* conferita a terzi, subdelega *f*, delega *f* conferita a terzi, delega *f* del potere rappresentativo, atto *m* con cui il rappresentante conferisce, in tutto o in parte, a terzi l'esercizio del potere rappresentativo, pur rimanendone titolare, nomina *f* di un sostituto procuratore; **~ erteilen** subdelegare (*a terzi*), delegare in tutto o in parte i propri poteri a terzi, delegare a terzi la rappresentanza di determinati atti, conferire delega a terzi (*da parte del procuratore*), nominare un sostituto procuratore, nominare in propria vece una o più persone affinché agiscano come sostituti procuratori, col potere di esercitare tutti o alcuni dei poteri conferiti al rappresentante in forza di procura.
unterwerfen *v (unterordnen)* sottomettere, assoggettare, *(unterjochen)* soggiogare, *(unterziehen)* sottoporre; **sich etwas (Dat) ~** *(sich unterordnen)* sottomettersi a qc., assoggettarsi a qc., *(sich beugen)* piegarsi a qc., *(sich unterziehen)* sottoporsi a qc.; **jemanden etwas (Dat) ~** sottoporre qn. a qc.
Unterwerfung *f* sottomissione *f*, *(eines Volkes)* assoggettamento *m*, *(Unterjochung)* soggiogamento *m*.
Unterwerfungs | klausel *f* clausola *f* di assoggettamento (*all'esecuzione forzata immediata*); **~verhältnis** *n* rapporto *m* di subordinazione, rapporto *m* di sudditanza; **~vertrag** *m* contratto *m* di adesione, *VölkerR* trattato *m* di assoggettamento.
unterworfen sein [*Dat*] essere soggetto a, soggiacere a; **der Steuer ~** essere imponibile, essere soggetto a tassazione, essere assoggettato a tassazione.
unterzeichnen *v* sottoscrivere, firmare, apporre la firma.
unterzeichnend *adj* sottoscritto, scrivente.
Unterzeichner/in *m/f* firmatario/-a *m/f*, segnatario/-a *m/f*, sottoscrittore/-trice *m/f*, sottoscritto/-a *m/f*, scrivente *m/f*.
Unterzeichner | land *n* paese *m* firmatario, Stato *m* firmatario; **~regierung** *f* governo *m* firmatario; **~staat** *m* Stato *m* firmatario, paese *m* firmatario.
unterzeichnet *adj* sottoscritto, firmato; **bestätigt und ~** confermato e sottoscritto.
Unterzeichnete/r *f/m* sottoscritto/-a *m/f*, firmatario/-a *m/f*.
Unterzeichnung *f (Unterschreiben)* sottoscrizione *f*, *(Unterschrift)* firma *f*; **feierliche ~** *f* firma *f* solenne.
Unterzeichnungsprotokoll *n* protocollo *m* di firma.
unterziehen *v* sottoporre; **sich ~** *v* [*Dat*] sottoporsi [a].
Unterziehungserklärung *f (CH)* dichiarazione *f* di sottomissione.
untilgbar *adj* irredimibile.
untreu *adj* infedele.
Untreue *f* [1] *(allgemein)* infedeltà *f*.

Untreue *f* [2] *StrafR (§ 266 StGB)* malversazione *f.*
unüberprüfbar *adj* incontrollabile, insindacabile.
unübertragbar *adj* intrasmissibile, intrasferibile, non trasferibile, incedibile, non cedibile, inalienabile.
Unübertragbarkeit *f* intrasmissibilità *f*, intrasferibilità *f*, incedibilità *f.*
unveräußerlich *adj (Rechte)* inalienabile, indisponibile.
Unveräußerlichkeit *f* inalienabilità *f.*
Unveräußerlichkeitsklausel *f* clausola *f* di inalienabilità.
unverbindlich *adj (nicht verpflichtend)* non vincolante, non impegnativo, senza impegno, *(freiwillig)* facoltativo, non obbligatorio, senza obbligo.
Unverbindlichkeit *f (Mangel an Verpflichtung)* carattere *m* non vincolante, il non essere vincolante, il non essere impegnativo, *(Freiwilligkeit)* non obbligatorietà *f*, assenza *f* di obbligo.
unverbrauchbar *adj* inconsumabile.
unvereinbar *adj* incompatibile, inconciliabile; **mit ihren Aufgaben ~** incompatibile con le loro funzioni; **mit dem gemeinsamen Markt ~** *EuR* incompatibile con il mercato comune.
Unvereinbarkeit *f* incompatibilità *f*, inconciliabilità *f.*
Unvereinbarkeitsklausel *f* clausola *f* dell'incompatibilità.
unvererblich *adj ErbR* non ereditabile, intrasmissibile per eredità.
Unvererblichkeit *f ErbR* intrasmissibilità *f* per eredità.
unverfolgbar *adj StrafR* improcedibile.
Unverfolgbarkeit *f StrafR* immunità *f* penale, improcedibilità *f.*
unverfügbar *adj (A)* indisponibile.
Unverfügbarkeit *f (A)* indisponibilità *f.*
unverhältnismäßig *adj* sproporzionato; **~ hoch** eccessivo, esagerato.
Unverhältnismäßigkeit *f* sproporzionalità *f.*
unverheiratet *adj (Mann)* celibe, *(Frau)* nubile, non sposato, non coniugato.
unverjährbar *adj* imprescrittibile.
Unverjährbarkeit *f* imprescrittibilità *f.*
unverkäuflich *adj* invendibile, non in vendita, fuori commercio.
Unverkäuflichkeit *f* invendibilità *f.*
unverkauft *adj* invenduto.
unverletzbar *adj* inviolabile.
Unverletzbarkeit *f* inviolabilità *f.*
unverletzlich *adj* inviolabile.
Unverletzlichkeit *f* inviolabilità *f*; **~ *f* eines Gebietes** integrità *f* territoriale; **~ *f* des Hausrechts** *(A)*; **~ *f* der Wohnung** inviolabilità *f* del domicilio.
unvermeidbar *adj* inevitabile.
Unvermeidbarkeit *f* inevitabilità *f.*
Unvermögen *n (subjektive Unmöglichkeit)* impossibilità *f* (soggettiva), *(Unfähigkeit)* incapacità *f*, *(Machtlosigkeit)* impotenza *f*; **nachträgliches ~** *n* impossibilità *f* sopravvenuta; **ursprüngliches ~** *n* impossibilità *f* originaria; **~** *n* **zur Leistung** impossibilità *f* della prestazione.
unverschuldet *adj* [1] *(ohne Schulden)* non indebitato, senza debiti.
unverschuldet *adj* [2] *(ohne eigenes Verschulden)* senza (avere) colpa, *(unverdient)* immeritato.
Unversehrtheit *f (Unverletzlichkeit)* incolumità *f*, *(unbeschädigter Zustand)* integrità *f*, l'essere intatto; **körperliche ~** *f* integrità *f* fisica, incolumità *f* individuale; **territoriale ~** *f* integrità *f* territoriale; **~ *f* des Staatsgebietes** integrità *f* territoriale, integrità *f* del territorio nazionale.
unversetzbar *adj* inamovibile.
Unversetzbarkeit *f* inamovibilità *f.*
unvertretbar *adj (Maßnahme, Standpunkt)* insostenibile, *(Sache)* infungibile.
unverwertbar *adj* inutilizzabile.
Unverwertbarkeit *f* inutilizzabilità *f.*
unverzichtbar *adj* irrinunciabile.
unverzinsbar *adj* = *unverzinslich* infruttifero, non produttivo di interessi, senza interessi, a interessi zero, a tasso zero.
unverzüglich *adj (ohne schuldhaftes Zögern) (§ 121 BGB)* immediatamente, prontamente, subito, senza indugio, senza ritardo, senza por tempo in mezzo,

tempestivamente, tempestivo, sollecito, rapido, immediato.

unvollständig *adj* incompleto, incompiuto, imperfetto, frammentario.

unvollstreckbar *adj* ineseguibile.

Unvollstreckbarkeit *f* ineseguibilità *f*.

unvollziehbar *adj* ineseguibile.

Unvollziehbarkeit *f* ineseguibilità *f*.

unvoreingenommen *adj* obiettivo, imparziale, non prevenuto, senza pregiudizi.

Unvoreingenommenheit *f* obiettività *f*, imparzialità *f*.

unvorhergesehen *adj* imprevisto.

unvorhersehbar *adj* imprevedibile.

Unvorhersehbarkeit *f* imprevedibilità *f*.

unvorschriftsmäßig *adj* irregolare, non regolamentare, illegale.

unwählbar *adj* ineleggibile.

Unwählbarkeit *f* ineleggibilità *f*.

unwahr *adj* non vero, falso.

Unwahrheit *f (Mangel an Wahrheit)* falsità *f*, *(Lüge)* menzogna *f*, bugia *f*.

unwesentlich *adj* irrilevante, non essenziale, secondario, di secondaria importanza, *(unbedeutend)* insignificante, non significativo.

unwiderlegbar *adj* irrefutabile, inconfutabile, incontestabile, inoppugnabile.

unwiderruflich *adj* irrevocabile, perentorio, *(endgültig)* definitivo.

Unwiderruflichkeit *f* irrevocabilità *f*, perentorietà *f*.

unwirksam *adj* inefficace, invalido, nullo, irrito; **für ~ erklären** dichiarare nullo, annullare, invalidare; **schwebend ~** *(Rechtsgeschäft)* provvisoriamente inefficace, provvisoriamente invalido, in sospeso.

Unwirksamerklärung *f (A)* annullamento *m*, dichiarazione *f* di nullità, invalidazione *f*.

Unwirksamkeit *f* inefficacia *f*, invalidità *f*, nullità *f*; **relative ~** *f* inefficacia *f* relativa; **schwebende ~** *f* invalidità *f* sospesa, invalidità *f* pendente; **bei sonstiger ~** *(A)* a/sotto pena di nullità; **~** *f* **des Rechtsgeschäfts** inefficacia *f* del negozio giuridico.

Unwirksamkeitserklärung *f* annullamento *m*, dichiarazione *f* di nullità, invalidazione *f*.

unwirtschaftlich *adj* non economico, antieconomico.

Unwirtschaftlichkeit *f* non economicità *f*, antieconomicità *f*.

Unzucht *f* impudicizia *f*, atto *m* osceno, atto *m* di libidine; **gewerbsmäßige ~** *f* prostituzione *f*; **~** *f* **mit Kindern** *(CH)* corruzione *f* di minorenni.

unzüchtig *adj* immorale, osceno, pornografico.

Unzulänglichkeitseinrede *f ErbR* eccezione *f* di insufficienza della massa ereditaria.

unzulässig *adj (verfahrensrechtlich)* inammissibile, *(unerlaubt)* illecito; **für ~ erklären** dichiarare inammissibile; **gesetzlich ~** non consentito dalla legge, illecito.

Unzulässigkeit *f (verfahrensrechtlich: Prozessentscheidung)* inammissibilità *f*, *(unerlaubte Handlung)* illiceità *f*; **~** *f* **der Klage** *ZivProzR* inammissibilità *f* della domanda.

unzumutbar *adj* irragionevole, inaccettabile, intollerabile, insostenibile, improponibile, inesigibile.

Unzumutbarkeit *f* irragionevolezza *f*, inaccettabilità *f*, richiesta (o: pretesa) *f* inaccettabile, inesigibilità *f*.

unzurechnungsfähig *adj StrafR* non imputabile, incapace di intendere e di volere, irresponsabile.

Unzurechnungsfähigkeit *f StrafR* non imputabilità *f*, incapacità *f* di intendere e di volere.

unzureichend *adj* insufficiente, inadeguato, insoddisfacente.

unzuständig *adj* incompetente.

Unzuständigkeit *f* incompetenza *f*; **die ~ geltend machen**; **die ~ rügen** eccepire l'incompetenza; **~** *f* **des Gerichts** incompetenza *f* del giudice; **absolute ~** *f* incompetenza *f* assoluta; **instanzliche ~** *f* incompetenza *f* per grado; **örtliche ~** *f* incompetenza *f* per territorio; **relative ~** *f* incompetenza *f* relativa; **sachliche ~** *f* incompetenza *f* per materia.

Unzuständigkeits | erklärung *f* dichiarazione *f* di incompetenza;

~rüge *f* eccezione *f* di incompetenza; **~urteil** *n (A)* sentenza *f* dichiarativa di incompetenza.
unzustellbar *adj (Post)* non recapitabile, non consegnabile, destinatario *m* sconosciuto.
Unzustellbarkeit *f (Post)* impossibilità *f* di recapitare, mancato recapito *m*, mancata consegna *f*.
Unzustellbarkeitsmeldung *f* notifica *f* di mancato recapito, avviso *m* di mancata consegna.
unzutreffend *adj (ungenau)* inesatto, *(falsch)* sbagliato, errato, *(unbegründet)* infondato, *(unpassend)* inappropriato, non appropriato.
Unzutreffendes bitte streichen *(Anweisung auf Formularen)* cancellare (o: barrare) ciò che non interessa.
unzweckmäßig *adj* inopportuno.
Unzweckmäßigkeit *f* inopportunità *f*.
unzweideutig *adj (unmissverständlich)* inequivocabile, non ambiguo, *(deutlich)* chiaro.
unzweifelhaft *adj* indubbio, certo, pacifico.
UPG-Richtlinie *f EuR (Umsetzung in D: u.a. Inkorporation in das UWG) → s. Anhang 3 b)* direttiva *f* sulle pratiche commerciali sleali (*Direttiva 2005/29/CE del Parlamento europeo e del Consiglio, dell'11 maggio 2005, relativa alle pratiche commerciali sleali tra imprese e consumatori nel mercato interno e che modifica la direttiva 84/450/CEE del Consiglio e le direttive 97/7/CE, 98/27/CE e 2002/65/CE del Parlamento europeo e del Consiglio e il regolamento (CE) n. 2006/2004 del Parlamento europeo e del Consiglio*).
UR (*Abk* = **Urkundenrolle**) repertorio *m*.
Urabstimmung *f* consultazione *f* referendaria, *(Gewerkschaft)* referendum *m* sindacale, votazione *f* per corrispondenza *(CH)*.
Urantrag *m* progetto *m* originale.
Ureigentum *n* proprietà *f* originaria.
Urentwurf *m* progetto *m* originale, disegno *m* originale.
Urfassung *f* versione *f* originale, testo *m* originale.
URG (*Abk* = **Urheberrechtsgesetz / Bundesgesetz über das Urheberrecht und verwandte Schutzrechte**) *(CH)* legge *f* sul diritto d'autore *(LDA)* (*legge federale (svizzera) sul diritto d'autore e sui diritti di protezione affini*).
Urheber *m* [f: Urheberin] *(Autor)* autore/-trice *m/f*, *(Veranlasser)* promotore/-trice *m/f*, *(Initiator)* iniziatore/-trice *m/f*, fautore/-trice *m/f*, *(Schöpfer)* creatore/-trice *m/f*; **~gebühren** *fpl* diritti *mpl* d'autore; **~persönlichkeitsrecht** *n* diritto *m* morale d'autore.
Urheberrecht *n* diritto *m* d'autore, copyright *m*; **gewerbliche Schutz- und ~e** *npl UrhR* diritti *mpl* di proprietà industriale e diritti d'autore, diritti *mpl* di proprietà industriale e intellettuale.
Urheberrechts | gesetz *n* (*Abk* = **D, A: UrhG; CH: URG**) *(D: Gesetz über Urheberrecht und verwandte Schutzrechte; A: Bundesgesetz über das Urheberrecht an Werken der Literatur und der Kunst und über verwandte Schutzrechte; CH: Bundesgesetz über das Urheberrecht und verwandte Schutzrechte)* legge *f* sul diritto d'autore (*CH: legge federale (svizzera) sul diritto d'autore e sui diritti di protezione affini, in sigla: LDA*); **~verletzung** *f UrhR* violazione *f* del diritto d'autore, violazione *f* del copyright.
Urheberrolle *f* registro *m* degli autori.
Urheberschaft *f UrhR* paternità *f* (*di un'opera*).
Urheberverwertungsrecht *n* diritto *m* patrimoniale d'autore.
UrhG (*Abk* = **Urheberrechtsgesetz**) *(D, A) (D: Gesetz über Urheberrecht und verwandte Schutzrechte; A: Bundesgesetz über das Urheberrecht an Werken der Literatur und der Kunst und über verwandte Schutzrechte)* legge *f* sul diritto d'autore.
Urkund, zu ~ dessen in fede, in fede di che.
Urkunde *f (Schriftstück)* atto *m*, scrittura *f*, *(Dokument)* documento *m* (ufficiale), *(Bescheinigung)* attestato *m*, certificato *m*, *(Zeugnis)* diploma *m*, *(Rechtstitel)* titolo *m*, strumento *m*;

eine ~ aufnehmen ricevere un atto; **eine ~ ausfertigen**; **eine ~ ausstellen** rilasciare un documento, redigere un atto, stendere un atto, *(durch einen Notar)* rogare un atto; **eine ~ beglaubigen** autenticare un atto; **eine ~ beibringen** produrre un documento; **eine ~ errichten** formare un atto, *(durch einen Notar)* rogare un atto; **eine ~ fälschen** formare un atto falso, *(verfälschen)* alterare un documento, falsificare un documento; **eine ~ hinterlegen** depositare un atto; **eine ~ legalisieren** legalizzare un atto; **eine ~ unterdrücken** sopprimere un atto; **eine ~ unterschreiben**; **eine ~ unterzeichnen** firmare un atto, sottoscrivere un atto; **eine ~ verfälschen** alterare un documento; **eine ~ vorlegen** produrre un documento; **eine ~ zustellen** notificare un atto; **abhanden-gekommene ~** *f* documento *m* smarrito; **amtliche ~** *f* atto *m* ufficiale, documento *m* ufficiale; **beglaubigte ~** *f* atto *m* autenticato, atto *m* autentico; **diplomatische ~** *f* strumento *m* diplomatico; **echte ~** *f* documento *m* autentico; **gefälschte ~** *f* atto *m* falsificato, documento *m* falsificato; **gleichwertige ~** *f* documento *m* equipollente; **legalisierte ~** *f* atto *m* legalizzato; **notarielle ~** *f*; **notarische ~** *f* atto *m* notarile, atto *m* di notaio, atto *m* pubblico redatto da un notaio, documento *m* notarile, rogito *m* (*notarile*); **öffentlich beglaubigte ~** *f* atto *m* autenticato, atto *m* autentico; **öffentliche ~** *f* atto *m* pubblico, documento *m* pubblico; **privat-schriftliche ~** *f* scrittura *f* privata; **protestable ~** *f (CH)* effetto *m* protestabile; **standesamtliche ~** *f* atto *m* di stato civile; **unechte ~** *f* atto *m* falso, documento *m* falso; **verfälschte ~** *f* documento *m* alterato; **vollstreckbare ~** *f* titolo *m* esecutivo.

Urkunden | beweis *m ProzR* prova *f* documentale; **~erneuerung** *f* ricostituzione *f* di atto, ricostituzione *f* di documento; **~fälschung** *f (§§ 267 ff. StGB)* falsità *f* in atti, falsità *f* in documenti, falsità *f* documentale, falso *m* documentale, falso *m* in atto pubblico, falsificazione *f* di atti, falsificazione *f* di documenti; **~funktion** *f* funzione *f* documentale; **~hinterlegung** *f* deposito *m* di atti; **~original** *n* atto *m* originale, originale *m*; **~prozess** *m* procedimento *m* documentale; **~register** *n* registro *m* degli atti, registro *m* dei certificati, repertorio *m*.

Urkundenrolle *f* (*Abk* = **UR**) repertorio *m*; **Nummer (Nr.) … der ~ für 2017** numero (n.) … di repertorio per il 2017.

Urkunden | unterdrückung *f (§ 274 StGB)* soppressione *f* di atti, soppressione *f* di documenti; **~unterschlagung** *f* sottrazione *f* di atti, sottrazione *f* di documenti, occultamento *m* di atti, occultamento *m* di documenti; **~verfälschung** *f* alterazione *f* di atti, alterazione *f* di documenti, alterazione *f* di scritture; **~vernichtung** *f* distruzione *f* di atti, distruzione *f* di documenti; **~vorlage** *f*; **~vorlegung** *f* produzione *f* di atti, produzione *f* di documenti, esibizione *f* documentale.

urkundlich *adj* documentale, documentario; **~ dessen** in fede, in fede di che.

Urkunds | beamter/-beamtin *m/f (der Geschäftsstelle)* cancelliere *m* (*del tribunale*); **~person** *f* responsabile *m/f* del servizio certificativo, pubblico ufficiale *m* con potere certificante.

Urlaub *m (Ferien)* ferie *fpl*, vacanza/-e f/pl, *(Beurlaubung)* congedo *m*, permesso *m*, licenza *f*, aspettativa *f*; **~ beantragen** fare domanda di congedo; **bezahlter ~** *m ArbR* ferie *fpl* retribuite, ferie *fpl* pagate, congedo *m* retribuito, congedo *m* pagato; **genommener ~** *m ArbR* ferie *fpl* godute; **nicht genommener ~** *m ArbR* ferie *fpl* non godute; **unbezahlter ~** *m ArbR* ferie *fpl* non retribuite, ferie *fpl* non pagate, congedo *m* non retribuito, congedo *m* non pagato.

Urlaubsabgeltung *f ArbR* indennità *f* sostitutiva delle (o: per) ferie non godute, indennità *f* corrisposta dal datore di lavoro in sostituzione delle ferie non godute (*in caso di licenziamento, dimissioni o qualsiasi altro motivo di cessazione del rapporto di lavoro*).

Urlaubsabgeltung – Urlaubsgeld
I termini *Urlaubsabgeltung* e *Urlaubsgeld* devono essere accuratamente distinti. L'*Urlaubsgeld* è una retribuzione speciale (a volte denominata quattordicesima mensilità: *14. Monatsgehalt*) paragonabile alla gratifica natalizia (*Weihnachtsgeld*), ovvero la cosiddetta tredicesima mensilità (*13. Monatsgehalt*), mentre l'*Urlaubsabgeltung* è l'indennità corrisposta dal datore di lavoro in sostituzione delle ferie non godute in caso di licenziamento, dimissioni o qualsiasi altro motivo di cessazione del rapporto di lavoro.

Urlaubsanspruch *m ArbR* diritto *m* alle ferie, ferie *fpl* maturate; **ausstehende Urlaubsansprüche** *mpl ArbR* ferie *fpl* maturate non godute.

Urlaubs | entgelt *n ArbR* compenso *m* per ferie; **~geld** *n ArbR (corrispondente in Italia a: quattordicesima/quattordicesima mensilità)* gratifica *f* per ferie, sussidio *m* per le ferie, indennità *f* di ferie; **~gesuch** *n* domanda *f* di congedo; **~kasse** *f ArbR* cassa *f* di sussidi per le ferie; **~pass** *m (CH)* foglio *m* di licenza; **~recht** *n ArbR (Anspruch)* diritto *m* alle ferie, diritto *m* al congedo, *(Rechtsnormen)* normativa *f* dei congedi; **~schein** *m* foglio *m* di licenza.

Urlaubstag *m ArbR* giorno *m* di ferie; **ausstehende ~e** *mpl ArbR* ferie *fpl* maturate non godute.

Urlaubszeit *f ArbR* periodo *m* di ferie, periodo *m* feriale; **bezahlte ~** *f ArbR* periodo *m* di ferie retribuito.

Urne *f (Wahl)* urna *f*.

Urnengang *m* scrutinio *m*, votazione *f*.

Urproduktion *f* produzione *f* di materie prime.

Urproduzent/in *m/f* produttore/-trice *m/f* di materie prime.

Urrecht *n* diritto *m* originario.

Ursache *f* causa *f*, ragione *f*, motivo *m*; **ausschlaggebende ~** *f* causa *f* determinante; **unmittelbare ~** *f* causa *f* prossima; **wirkende ~** *f* causa *f* efficiente.

Ursachenzusammenhang *m* nesso *m* di causalità, nesso *m* causale, nesso *m* eziologico, rapporto *m* di causalità, rapporto *m* causale, connessione *f* causale.

ursächlich *adj* causale.

Ursächlichkeit *f* causalità *f*.

Urschrift *f* originale *m*, atto *m* originale; **mit der ~ übereinstimmende Abschrift** *f* copia *f* conforme all'originale.

urschriftlich *adj* in originale.

Ursprung *m* origine *f*, nascita *f*, fonte *f*, provenienza *f*.

ursprünglich *adj* originale, originario, primitivo, iniziale.

Ursprungs- di origine, di provenienza, originario, iniziale.

Ursprungs | angabe *f* indicazione *f* di origine, indicazione *f* di provenienza; **~ausweis** *m (CH)*; **~bescheinigung** *f* certificato *m* di origine, certificato *m* di provenienza; **~bezeichnung** *f* denominazione *f* di origine; **~dokument** *n* documento *m* originale; **~land** *n* paese *m* di origine, paese *m* di provenienza, nazione *f* di origine; **~nachweis** *m* prova *f* dell'origine, attestazione *f* di origine; **~wert** *m* valore *m* d'origine, valore *m* originario; **~zeichen** *n* marchio *m* d'origine; **~zeugnis** *n* certificato *m* di origine, certificato *m* di provenienza.

Urteil *n (richterliche Entscheidung)* sentenza *f*, giudizio *m*, verdetto *m*, *(Gutachten)* parere *m*; **ein ~ abändern** riformare una sentenza; **das ~ abfassen**; **das ~ absetzen** stendere la sentenza, redigere la sentenza; **das ~ anfechten** impugnare la sentenza, appellare la sentenza; **das ~ mit der Berufung anfechten** *ProzR* ricorrere in appello contro la sentenza, proporre appello contro la sentenza, appellare la sentenza; **das ~ angreifen** impugnare la sentenza, appellare la sentenza; **ein ~ aufheben** cassare una sentenza, annullare una sentenza; **ein ~ aussprechen** pronunciare una sentenza, pronunciare un giudizio, emettere un giudizio, emettere un verdetto; **ein ~ begründen** motivare una sentenza; **ein ~ bestätigen** confermare una sentenza, confermare un giudizio; **das ~ ergeht** la sentenza è pronunciata, la sentenza è emessa; **ein ~ erlassen** pronunciare una sentenza, emettere una sentenza, emanare una sentenza; **ein ~ eröffnen** *(CH)* pronunciare una sentenza; **ein ~ erwirken** ottenere una decisione; **ein ~ fällen** pronunciare una sentenza, emettere una sentenza, emanare una sentenza, sentenziare, pronunciare un giudizio, emettere un giudizio; **ein ~ kassieren** cassare una sentenza; **das ~ verfassen** stendere la sentenza, redigere la sentenza; **ein ~ verkünden** pronunciare una sentenza, emettere una sentenza, emanare una sentenza, dare lettura del dispositivo della sentenza; **das ~ vollstrecken** dare esecuzione alla sentenza, eseguire la sentenza; **ein ~ zustellen** notificare una sentenza; **abänderndes ~** *n* sentenza *f* di riforma; **abgekürztes ~** *n (bei Rechtsmittelverzicht)* sentenza *f* (a motivazione) sommaria; **abweisendes ~** *n* sentenza *f* di rigetto; **anfechtbares ~** *n* sentenza *f* impugnabile, sentenza *f* appellabile; **angefochtenes ~** *n* sentenza *f* impugnata, sentenza *f* appellata; **aufgehobenes ~** *n* sentenza *f* cassata, sentenza *f* annullata; **ausländisches ~** *n* sentenza *f* straniera; **bedingtes ~** *n* senzenta *f* condizionale; **bestätigendes ~** *n* sentenza *f* di omologazione; **endgültiges ~** *n* sentenza *f* definitva; **erstinstanzliches ~** *n* sentenza *f* di primo grado; **freisprechendes ~** *n* *StrafProzR* sentenza *f* di assoluzione, sentenza *f* assolutoria, assolutoria *f*, sentenza *f* di proscioglimento; **klageabweisendes ~** *n ZivProzR* sentenza *f* di rigetto; **klagestattgebendes ~** *n ZivProzR* sentenza *f* di accoglimento; **kontradiktorisches ~** *n* sentenza *f* pronunciata in contraddittorio; **nichtiges ~** *n* sentenza *f* nulla; **obsiegendes ~** *n* sentenza *f* di accoglimento; **rechtsgestaltendes ~** *n* sentenza *f* costitutiva; **rechtskräftiges ~** *n* sentenza *f* passata in giudicato, sentenza *f* definitiva, sentenza *f* irrevocabile, sentenza *f* inappellabile, sentenza *f* non più impugnabile; **reformatorisches ~** *n* sentenza *f* di riforma; **schiedsgerichtliches ~** *n* sentenza *f* arbitrale; **(der Klage) stattgebendes ~** *n ZivProzR* sentenza *f* di accoglimento; **auf Strafe lautendes ~** *n StrafProzR* sentenza *f* di condanna; **streitiges ~** *n* sentenza *f* dibattimentale; **unanfechtbares ~** *n* sentenza *f* non impugnabile, sentenza *f* inoppugnabile, sentenza *f* inappellabile; **vollstreckbares ~** *n* sentenza *f* esecutiva; **vorläufig vollstreckbares ~** *n* sentenza *f* provvisoriamente esecutiva; **~** *n* **in Abwesenheit des Angeklagten** *StrafProzR* sentenza *f* contumaciale; **~** *n* **auf Bewährung** *StrafProzR* condanna *f* condizionale, condanna *f* con la condizionale, sentenza *f* di condanna con sospensione condizionale della pena; **~** *n* **nach billigem Ermessen** sentenza *f* di equità; **~** *n* **des ersten Rechtszuges** sentenza *f* di primo grado.

Urteil
Il § 313 del codice di procedura civile tedesco (*Zivilprozessordnung, in sigla: ZPO*) prevede che, di regola, la sentenza tedesca si articoli in quattro parti fondamentali:

1. *Rubrum* (= intestazione), contenente i nomi delle parti, degli eventuali legali rappresentanti e dei loro difensori, l'indicazione dell'autorità giudiziaria che l'ha pronunciata e la relativa composizione, nonché l'indicazione del giorno in cui si è svolta la trattazione orale della causa;
2. *Urteilsformel* o *Tenor* (= dispositivo);
3. *Tatbestand* (= fatti), consistente in una concisa esposizione del solo contenuto essenziale delle domande presentate e delle allegazioni difensive delle parti, seguita dallo svolgimento del processo;
4. *Entscheidungsgründe* (= motivazione della decisione, letteralmente: motivi della decisione), contenente un breve riassunto delle argomentazioni su cui poggia la decisione, sia in fatto che in diritto.

… continua nell'Allegato 1

urteilen *v* giudicare, sentenziare, *(schätzen)* ritenere.

Urteils | abfassung *f*; **~absetzung** *f* stesura *f* della sentenza, redazione *f* della sentenza; **~anfechtung** *f* impugnazione *f* di una sentenza; **~aufhebung** *f* cassazione *f* della sentenza; **~ausfertigung** *f* spedizione *f* della sentenza; **~auslegung** *f* interpretazione *f* della sentenza; **~ausspruch** *m* dispositivo *m* della sentenza; **~begründung** *f* motivazione *f* della sentenza, motivi *mpl* della sentenza; **~bekanntmachung** *f* pubblicazione *f* della sentenza; **~beratung** *f* deliberazione *f* della sentenza; **~berichtigung** *f* correzione *f* della sentenza, rettificazione *f* della sentenza; **~bestätigung** *f* conferma *f* della sentenza; **~eröffnung** *f (CH)* pronuncia *f* della sentenza.

urteilsfähig *adj (CH)* capace di discernimento *(CH)*, capace di intendere.

Urteils | fähigkeit *f (CH)* capacità *f* di discernimento *(CH)*, capacità *f* di intendere; **~fällung** *f* pronuncia *f* della sentenza; **~fasser** *m* estensore *m* (della sentenza), giudice *m* estensore; **~formel** *f* dispositivo *m* della sentenza; **~gründe** *mpl* motivazione *f* della sentenza, motivi *mpl* della sentenza; **~kopf** *m* intestazione *f* della sentenza; **~kraft** *f* efficacia *f* di sentenza, giudizio *m*; **~spruch** *m* dispositivo *m* della sentenza, sentenza *f*, giudizio *m*, verdetto *m*; **~tenor** *m* dispositivo *m* della sentenza.

urteilsunfähig *adj (CH)* incapace di discernimento *(CH)*, incapace di intendere.

Urteils | unfähigkeit *f (CH)* incapacità *f* di discernimento; **~verfasser/in** *m/f* estensore *m* (della sentenza), giudice *m* estensore; **~verkündigung** *f (CH)*; **~verkündung** *f* pronuncia (o: pronunzia) *f* della sentenza, lettura *f* del dispositivo della sentenza; **~vermerk** *m* annotazione *f* di sentenza; **~vermögen** *n* discernimento *m*; **~vollstreckung** *f* esecuzione *f* della sentenza; **~zustellung** *f* notifica *f* della sentenza, notificazione *f* della sentenza.

Urwähler/in *m/f* elettore *m* primario.

Usance *f (CH)* = *Usanze f* uso *m*, usanza *f*; **völkerrechtliche ~** *f* uso *m* internazionale.

Usancenhandel *m* commercio *m* di divise, operazione *f* di cambio.

Usancetara *f* tara *f* d'uso.

USG (*Abk* = **Umweltschutzgesetz**) *(CH) (Bundesgesetz über den Umweltschutz)* legge *f* sulla protezione dell'ambiente *(LPAmb)* (*legge federale (svizzera) sulla protezione dell'ambiente*).

USt (*Abk* = **Umsatzsteuer**) *SteuerR* imposta *f* sul valore aggiunto *(IVA)*, imposta *f* sulla cifra d'affari, imposta *f* sugli scambi.

UStG (*Abk* = **Umsatzsteuergesetz**) *SteuerR* legge *f* sull' (o: relativa all' / concernente l') imposta sul valore aggiunto (IVA), legge *f* sull'IVA.

USt-ID / USt-IdNr. (*Abk* = **Umsatzsteuer-Identifikationsnummer**) *(D) SteuerR* partita *f* IVA, numero *m* di partita IVA.

Usurpator/in *m/f* usurpatore *m*.

usurpieren *v* usurpare.

Usurpierung *f* usurpazione *f*.

UVEK (*Abk* = **Eidgenössisches Departement für Umwelt, Verkehr, Energie und Kommunikation**) *(CH)* Dipartimento *m* federale (svizzero) dell'ambiente, dei trasporti, dell'energia e delle comunicazioni *(DATEC)*.

UVG (*Abk* = **Unterhaltsvorschussgesetz**) *(D) FamR* legge *f* (tedesca) relativa agli anticipi sugli assegni di mantenimento, legge *f* (tedesca) relativa agli anticipi sugli assegni alimentari.

UVollzO (*Abk* = **Untersuchungshaftvollzugsordnung**) *(D) StrafProzR* regolamento *m* (tedesco) sull'esecuzione della custodia cautelare.

UVP (*Abk* = **Umweltverträglichkeitsprüfung**) valutazione *f* di impatto ambientale *(VIA)*, esame *m* dell'impatto sull'ambiente *(EIA)* *(CH)*.

UWG (*Abk* = **D: Gesetz gegen den unlauteren Wettbewerb; A, CH: Bundesgesetz gegen den unlauteren Wettbewerb**) legge *f* contro la concorrenza sleale.

V

Vadium *n (A)* cauzione *f* (prestata dagli offerenti prima dell'inizio della vendita all'incanto di immobili).

VAG (*Abk* = **Versicherungsaufsichtsgesetz**) *VersR (D: Gesetz über die Beaufsichtigung der Versicherungsunternehmen, CH: Bundesgesetz betreffend die Aufsicht über Versicherungsunternehmen)* legge *f* sull'esercizio delle assicurazioni private, legge *f* sul controllo delle assicurazioni private, legge *f* sul controllo delle operazioni e delle compagnie assicurative, legge *f* sulla vigilanza sugli enti assicurativi, legge *f* sulla sorveglianza degli assicuratori *(LSA)* (*legge federale sulla sorveglianza delle imprese di assicurazione*) *(CH)*.

vakant *adj (Stelle)* vacante, libero.

Vakanz *f* vacanza *f* (*di una carica, cattedra*), posto *m* vacante, posto *m* libero.

validieren *v* convalidare.

Validierung *f* convalida *f*, *(ungebr)* convalidazione *f*.

Valorenversicherung *f* assicurazione *f* portavalori.

valorisieren *v* valorizzare.

Valorisierung *f* valorizzazione *f*.

Valuta *f* valuta *f*, valuta *f* estera, moneta *f* estera, valore *m*, *(Valutatag)* giorno *m* di valuta; **mit alter ~** con buona valuta; **deckungsfähige ~** *f* valuta *f* pregiata, valuta *f* forte; **feste ~** *f* quotazione *f* del certo per l'incerto; **mit guter ~** con buona valuta; **hochwertige ~** *f* valuta *f* pregiata, valuta *f* forte; **~** *f* **kompensiert** valuta *f* compensata; **veränderliche ~** *f* quotazione *f* dell'incerto per il certo.

Valuta-Akzept *n* tratta *f* in valuta estera.

Valuta|anleihe *f* prestito *m* in valuta estera; **~disparität** *f* disparità *f* monetaria; **~dumping** *n* dumping *m* di valuta.

valutagerecht *adj* con buona valuta.
Valuta | gewinn *m* utile *m* sui cambi; **~klausel** *f* clausola *f* di rimborso in valuta estera, clausola *f* "valuta ricevuta"; **~kredit** *m* credito *m* in valuta estera; **~notierung** *f* quotazione *f* dei cambi; **~papiere** *npl* valori *mpl* esteri; **~politik** *f* politica *f* valutaria; **~regulierung** *f* stabilizzazione *f* monetaria; **~risiko** *n* rischio *m* di cambio, rischio *m* monetario, rischio *m* valutario; **~scheck** *m* assegno *m* in valuta estera; **~schuld** *f* obbligazione *f* in valuta estera.
valutaschwach *adj* a valuta debole.
Valuta | spekulation *f* speculazione *f* sui cambi, speculazione *f* valutaria; **~stand** *m* corso *m* dei cambi.
valutastark *adj* a valuta forte, a valuta pregiata.
Valuta | tag *m* giorno *m* di valuta; **~trennung** *f* separazione *f* monetaria; **~verhältnis** *n* rapporto *m* di valuta; **~versicherung** *f* assicurazione *f* contro i rischi di cambio; **~wechsel** *m* cambiale *f* in valuta estera.
valutieren *v* fissare la valuta, valutare.
Valutierung *f* fissazione *f* della valuta, valuta *f*.
Valutierungstag *m* data *f* di valuta.
Varianz *f (Stat.)* varianza *f*; **~analyse** *f* analisi *f* della varianza.
Vater *m* padre *m*; **nichtehelicher ~** *m* padre *m* naturale, padre *m* illegittimo.
väterlicherseits *adv* paterno, in linea paterna, da parte di (o: del) padre.
Vaterschaft *f* paternità *f*; **die ~ anerkennen** riconoscere la paternità; **die ~ zu einem Kind anerkennen** riconoscere di essere il padre di un bambino (o: minore); **die ~ bestreiten** disconoscere la paternità; **die ~ feststellen** dichiarare (giudizialmente) la paternità (naturale), accertare la paternità; **außereheliche ~** *f* paternità *f* naturale, paternità *f* illegittima; **eheliche ~** *f* paternità *f* legittima; **nichteheliche ~** *f* paternità *f* naturale, paternità *f* illegittima.
Vaterschafts | anerkenntnis *f*; **~anerkennung** *f* riconoscimento *m* di (o: della) paternità; **~anfechtung** *f* disconoscimento *m* di (o: della) paternità, contestazione *f* della paternità; **~anfechtungsklage** *f* azione *f* di disconoscimento della paternità, azione *f* di contestazione della paternità, impugnativa *f* di paternità; **~bestreitung** *f* *(A)* disconoscimento *m* di (o: della) paternità, contestazione *f* della paternità; **~feststellung** *f* dichiarazione *f* giudiziale di (o: della) paternità (naturale), accertamento *m* della paternità; **~feststellungsklage** *f* azione *f* di dichiarazione giudiziale di paternità (naturale), azione *f* di accertamento della paternità, giudizio *m* di accertamento della paternità, procedimento *m* di accertamento della paternità; **~feststellungsurteil** *n* sentenza *f* dichiarativa della paternità (naturale), sentenza *f* di accertamento della paternità (naturale); **~feststellungsverfahren** *n* azione *f* di dichiarazione giudiziale di paternità (naturale), azione *f* di accertamento della paternità, giudizio *m* di accertamento della paternità, procedimento *m* di accertamento della paternità; **~klage** *f* azione *f* di ricerca della paternità; **~nachweis** *m* prova *f* della paternità; **~prozess** *m* procedimento *m* di ricerca della paternità; **~test** *m* test *m* di paternità; **~urlaub** *m* *ArbR* congedo *m* di paternità; **~vermutung** *f* presunzione *f* di paternità.
VBS (*Abk* = **Eidgenössisches Departement für Verteidigung, Bevölkerungsschutz und Sport**) *(CH)* Dipartimento *m* federale (svizzero) della difesa, della protezione della popolazione e dello sport *(DDPS)*.
verabreden *v* concordare, pattuire, fissare, stabilire, convenire, concertare, combinare.
Verabredung *f*[1] *(Vereinbaung)* accordo *m*, patto *m*, intesa *f*, convenzione *f*, *(zu Lasten eines Dritten)* collusione *f*; **~** *f* **des**

Rückfalls *(CH)* patto *m* di riversibilità, patto *m* di riversione; **~** *f* **eines Verbrechens** *StrafR* accordo *m* per commettere un delitto.

Verabredung *f* [2] *(Treffen)* appuntamento *m*, incontro *m*, impegno *m*.

Verabredungsgefahr *f* pericolo *m* di collusione.

verabschieden *v (Gesetz)* varare, emanare, approvare, votare; **einstimmig ~** approvare all'unanimità.

Verabschiedung *f* varo *m*, emanazione *f*, approvazione *f*, votazione *f*; **~** *f* **eines Gesetzes** approvazione *f* di una legge, votazione *f* di una legge.

veränderbar *adj* modificabile, trasformabile.

Veränderbarkeit *f* modificabilità *f*, trasformabilità *f*.

veränderlich *adj* variabile, fluttuante, instabile.

Veränderlichkeit *f* variabilità *f*, elasticità *f* (*della domanda*), instabilità *f*.

verändern *v* modificare, cambiare, variare, mutare, trasformare, alterare.

Veränderung *f* modifica *f*, modificazione *f*, variazione *f*, cambiamento *m*, cambio *m*, mutamento *m*, trasformazione *f*, alterazione *f*; **gesetzliche ~** *f* modifica *f* legislativa; **~** *f* **des rechtlichen Gesichtspunkts** *(Strafprozess)* mutamento *m* del titolo del reato.

verankert *part (im Gesetz)* fissato, stabilito, statuito, *(verbunden)* ancorato, fondato; **gesetzlich ~** disposto per legge, disposto dalla legge, stabilito dalla legge, statuito per legge.

veranlagen *v SteuerR* tassare, accertare (*l'imponibile*), determinare (*l'imponibile*), fissare (*l'imponibile*).

Veranlagung *f* [1] *(Steuerfestsetzung)* tassazione *f*, imposizione *f* (*fiscale*), accertamento *m* (*fiscale, d'imposta, dell'imponibile*), determinazione *f* (*dell'imponibile, dell'imposta*).

Veranlagung *f* [2] *(Wesensart)* attitudine *f*, predisposizione *f*; **~** *f* **zum Unfall** predisposizione *f* all'infortunio.

Veranlagungs|bescheid *m SteuerR* avviso *m* di imposizione, avviso *m* di tassazione, decisione *f* di tassazione; **~jahr** *n SteuerR* anno *m* di tassazione, anno *m* di imposizione (*fiscale*), anno *m* di imposta; **~periode** *f SteuerR* periodo *m* di imposta, periodo *m* di imposizione, periodo *m* di tassazione, periodo *m* fiscale; **~steuer** *f SteuerR* imposta *f* accertata, imponibile *m*; **~verfahren** *n SteuerR* procedimento *m* di accertamento; **~verfügung** *f SteuerR* decisione *f* di tassazione; **~zeitraum** *m SteuerR* periodo *m* di imposta, periodo *m* di imposizione, periodo *m* di tassazione, periodo *m* fiscale.

veranlassen *v (anordnen)* disporre, predisporre, ordinare, *(bewirken)* fare in modo (che), provvedere (a), *(herbeiführen)* causare, determinare, provocare, produrre; **jemanden ~** [zu *Dat*] *(bewegen)* indurre qualcuno [a], spingere qualcuno [a].

veranlasst *part (bewegt)* indotto, spinto, *(verpflichtet)* obbligato, costretto; **sich ~ sehen** [zu *Dat*] vedersi obbligato a fare qc., vedersi costretto a fare qc.

Veranlassung *f (Grund)* causa *f*, motivo *m*, ragione *f*, *(Anlass)* adito *m*, occasione *f*, *(Antrieb)* iniziativa *f*, *(Befehl)* disposizione *f*, ordine *m*; **auf ~** [von *Dat*] per (o: su) iniziativa [di], su consiglio [di], dietro (o: su) richiesta [di], per (o: su) disposizione [di].

veranschlagen *v* preventivare, calcolare, valutare, stimare.

Veranschlagung *f* preventivo *m*, calcolo *m*, valutazione *f*, stima *f*.

veranstalten *v* organizzare, disporre, allestire, preparare, *(durchführen)* condurre.

Veranstalter/in *m/f* organizzatore/-trice *m/f*, promotore/-trice *m/f*.

Veranstaltung *f (Organisierung)* organizzazione *f*, allestimento *m*, *(Kundgebung)* manifestazione *f*, *(Vorstellung)* evento *m*, spettacolo *m*; **unerlaubte ~** *f* **eines Glücksspiels** *(§ 284 StGB)* esercizio *m* di giochi d'azzardo.

Veranstaltungsausschuss *m* comitato *m* organizzatore.

verantworten *v* rispondere di, assumersi la responsabilità di, essere responsabile di, giustificare (*un provvedimento*); **sich vor Gericht ~** stare in giudizio, essere processato, essere sottoposto a procedimento giudiziario, rispondere in tribunale (dell'accusa di); **sich wegen Mordes vor Gericht ~ müssen**; **sich wegen Mordes vor Gericht zu ~ haben** dover(e) rispondere dell'accusa di omicidio, essere accusato di omicidio.

verantwortlich *adj (Person)* responsabile, *(Posten, Stellung)* di responsabilità; **~ machen** ritenere responsabile, addossare la responsabilità, imputare, rendere responsabile, responsabilizzare; **~ sein** [für *Akk*] essere responsabile [di/per], rispondere [di], essere imputabile [di].

Verantwortliche/r *f/m* responsabile *m/f*, soggetto *m* responsabile.

Verantwortlichkeit *f* responsabilità *f*; **persönliche ~** *f* responsabilità *f* individuale, responsabilità *f* personale; **rechtliche ~** *f* responsabilità *f* giuridica; **strafrechtliche ~** *f* responsabilità *f* penale; **völkerrechtliche ~** *f* responsabilità *f* internazionale.

Verantwortlichkeitsklage *f (CH)* azione *f* di responsabilità.

Verantwortung *f* responsabilità *f*; **die ~ ablehnen** declinare la (o: ogni) responsabilità; **die ~ abwälzen** [auf *Akk*] scaricare la responsabilità [su]; **jdn. der ~ entheben** sollevare qn. dalla responsabilità; **sich der ~ entziehen** sottrarsi alla responsabilità; **die ~ tragen** avere la responsabilità, essere responsabile; **die ~ übernehmen** assumersi la responsabilità; **jdn. zur ~ ziehen** chiedere conto a qn., chiedere ragione a qn.; **auf eigene ~** sotto la propria responsabilità, sotto la personale responsabilità (di); **elterliche ~** *f FamR* responsabilità *f* genitoriale, responsabilità *f* dei genitori; **politische ~** *f* responsabilità *f* politica; **strafrechtliche ~** *f* responsabilità *f* penale; **zivilrechtliche ~** *f* responsabilità *f* civile.

verantwortungsbewusst *adj* responsabile, consapevole della propria responsabilità, responsabilmente, in modo responsabile.

verantwortungslos *adj* irresponsabile, privo di responsabilità, senza responsabilità.

Verantwortungsreife *f (Jugendstrafrecht)* grado *m* di responsabilità (penale) del giovane, imputabilità *f*, capacità *f* di intendere e di volere, facoltà *f* di intendere e di volere.

verantwortungsvoll *adj (Person)* responsabile, *(Posten, Stellung)* di responsabilità.

verarbeiten *v* lavorare, trasformare, *(Daten)* trattare, *(IT)* elaborare.

verarbeitend *adj* di trasformazione, manifatturiero.

Verarbeitung *f* [1] *(Bearbeitung)* lavorazione *f*, trasformazione *f*, *(von Daten)* trattamento *m*, *(IT)* elaborazione *f*; **~** *f* **personenbezogener Daten** trattamento *m* dei dati personali.

Verarbeitung *f* [2] *SachenR (Art des Eigentumserwerbs) (§ 950 BGB)* specificazione *f* (*modo di acquisto della proprietà*).

Verarbeitungs|betrieb *m* impresa *f* di trasformazione, azienda *f* di trasformazione; **~industrie** *f* industria *f* di trasformazione; **~spanne** *f* margine *m* di fabbricazione.

Verarrestierung *f (CH)* sequestro *m* (*atto del sequestrare*).

verausgaben *v* spendere.

Verausgabung *f* spesa *f*.

verauslagen *v* anticipare.

Veräußerer/-in *m/f* alienante *m/f*, *(Abtretende/r)* cedente *m/f*, *(Verkäufer/in)* venditore/-trice *m/f*, parte *f* venditrice.

veräußerlich *adj* alienabile, cedibile, vendibile.

Veräußerlichkeit *f* alienabilità *f*, cedibilità *f*, vendibilità *f*.

veräußern *v* alienare, cedere, vendere, realizzare.

Veräußerung *f* alienazione *f*, cessione *f*,

vendita *f*, realizzazione *f*, realizzo *m*; **freihändige ~** *f* vendita *f* privata; **unentgeltliche ~** *f* alienazione *f* a titolo gratuito.

Veräußerungs | akt *m* atto *m* di alienazione; **~dokument** *n* atto *m* di alienazione; **~erlös** *m* ricavo *m* della vendita; **~gewinn** *m* plusvalenza *f* realizzata, plusvalenza *f* di cessione, guadagno *m* in conto capitale; **~handlung** *f* atto *m* di alienazione; **~preis** *m* prezzo *m* di alienazione; **~recht** *n* diritto *m* di alienazione; **~urkunde** *f* atto *m* di alienazione; **~verbot** *n* divieto *m* di alienazione.

Verbal | angebot *n* offerta *f* verbale; **~injurie** *f* ingiuria *f* verbale.

Verbalisierung *f (A)* verbalizzazione *f*.

Verbal | kontrakt *m* contratto *m* verbale, contratto *m* orale; **~kopie** *f (CH)* copia *f* del verbale, copia *f* del processo verbale; **~note** *f* nota *f* verbale; **~offerte** *f* offerta *f* verbale.

Verband *m* associazione *f*, associazione *f* professionale, unione *f*, federazione *f*, confederazione *f*, lega *f*, consorzio *m*, sindacato *m*; **angeschlossener ~** *m* associazione *f* affiliata; **berufsständischer ~** *m* associazione *f* professionale.

Verbands | ausgleichskasse *f* cassa *f* di assistenza professionale; **~beitrag** *m* quota *f* di associazione professionale.

Verbandsklage *f ZivProzR* azione *f* rappresentativa, azione *f* delle associazioni *(azione collettiva instaurata da un ente o una fondazione riconosciuta, che agisce nell'interesse collettivo o diffuso di una categoria o di un gruppo omogeneo ed identificato di persone).*

Verbandsklage
Le azioni rappresentative (*Verbandsklagen*) sono procedimenti giudiziari che vengono avviati da un organo rappresentativo, come un ente di tutela dei consumatori o una ONG nel settore della protezione ambientale (*Umweltschutzorganisation*), al fine di tutelare i diritti individuali di un gruppo di persone colpite allo stesso modo o un diritto indivisibile (come un ambiente pulito).

Verbands | klagerecht *n ZivProzR* legittimazione *f* a stare in giudizio delle associazioni; **~marke** *f* marchio *m* collettivo; **~satzung** *f* statuto *m* (di associazione); **~strafe** *f* pena *f* inflitta da un'associazione ad un suo iscritto; **~tarifvertrag** *m ArbR* contratto *m* collettivo bilateralmente sindacale.

Verbandsübereinkunft *f* convenzione *f* d'Unione; **Pariser ~ *f* zum Schutze des gewerblichen Eigentums** Convenzione *f* d'Unione di Parigi per la protezione della proprietà industriale.

Verbands | versicherung *f* assicurazione *f* collettiva di associati; **~zeichen** *n* marchio *m* collettivo; **~zwang** *m* obbligo *m* di aderire a un'associazione.

verbeamten *v* nominare funzionario pubblico, assumere di ruolo, collocare a ruolo.

verbeamtet *part* di ruolo; **~ werden** passare di ruolo.

Verbeamtung *f* nomina *f* di un funzionario pubblico, assunzione *f* di ruolo, collocazione *f* a ruolo.

Verbeiständung *f (CH)* prestazione *f* di assistenza, gratuito patrocinio *m*.

verbessern *v* migliorare, perfezionare, *(korrigieren)* correggere, *(berichtigen)* emendare, *(steigern)* incrementare, aumentare.

Verbesserung *f* miglioramento *m*, miglioria *f* (*spec. di edifici, strade, terreni*), perfezionamento *m*, *(Korrektur)* correzione *f*, rettifica *f*, emendamento *m*, *(Steigerung)* incremento *m*, aumento *m*, potenziamento *m*.

verbieten *v (gesetzlich)* vietare, proibire, inibire, interdire.

verbinden *v* collegare, connettere, congiungere, unire, legare, associare, abbinare, *(Telekom)* mettere in comunicazione, *(Telekom)* passare,

(Tech) allacciare, *(verpflichten)* obbligare.

verbindlich *adj* obbligatorio, vincolante, impegnativo.

Verbindlicherklärung *f* dichiarazione *f* di obbligatorietà.

Verbindlichkeit *f* obbligazione *f*, obbligo *m*, vincolo *m*, impegno *m*, *(Schuld)* debito *m*, passività *f*, *(Bindungswirkung)* obbligatorietà *f*, carattere *m* vincolante; **von einer ~ befreien** dispensare da un obbligo, sciogliere da un vincolo, liberare da un obbligo, esonerare da un impegno; **eine ~ eingehen** contrarre un obbligo, contrarre un'obbligazione, contrarre un debito, assumere un obbligo, assumere un'obbligazione, assumere un impegno; **eine ~ erfüllen** adempiere (a) un'obbligazione, adempiere (a) un obbligo, ottemperare a un obbligo, assolvere un obbligo, rispettare un obbligo, soddisfare un obbligo, assolvere un impegno; **eine ~ nicht erfüllen** mancare ad un impegno, non mantenere un impegno, non fare onore ad un impegno, essere inadempiente; **bedingte ~** *f* obbligazione *f* condizionale; **teilbare ~** *f* obbligazione *f* divisibile; **unteilbare ~** *f* obbligazione *f* indivisibile; **unvollkommene ~** *f* obbligazione *f* naturale; **vertragsmäßige ~** *f* obbligazione *f* da contratto.

Verbindlichkeiten *fpl* debiti *mpl*, passività *fpl*, *(Bilanzposten)* creditori *mpl*; **nicht mehr in der Lage sein, seine ~ zu erfüllen** non essere più in grado di soddisfare le proprie obbligazioni; **fällige ~** *fpl* debiti *mpl* scaduti, debiti *mpl* liquidi, debiti *mpl* esigibili, passivo *m* esigibile; **kurzfristige ~** *fpl* debiti *mpl* a breve scadenza; **langfristige ~** *fpl* debiti *mpl* a lunga scadenza, debiti *mpl* a scadenza differita; **laufende ~** *fpl* debiti *mpl* correnti; **mittelfristige ~** *fpl* debiti *mpl* a media scadenza; **sonstige ~** *fpl* altri debiti *mpl*, debiti *mpl* diversi; **~** *fpl* **aus der Annahme gezogener Wechsel und der Ausstellung eigener Wechsel** debiti *mpl* dall'accettazione di tratte e dall'emissione di cambiali proprie; **~** *fpl* **gegenüber Banken** debiti *mpl* verso banche; **~** *fpl* **gegenüber Kreditinstituten** debiti *mpl* verso istituti di credito; **~** *fpl* **gegenüber Kunden** debiti *mpl* verso clienti; **~** *fpl* **gegenüber Lieferanten**; **~** *fpl* **aus Lieferungen und Leistungen** debiti *mpl* verso fornitori; **~** *fpl* **gegenüber Unternehmen, mit denen ein Beteiligungsverhältnis besteht** debiti *mpl* verso imprese collegate; **~** *fpl* **gegenüber verbundenen Unternehmen** debiti *mpl* verso imprese controllate.

Verbindlichkeitserklärung *f* dichiarazione *f* di obbligatorietà.

Verbindung *f* [1] collegamento *m*, comunicazione *f*, *(Kontakt)* contatto *m*, *(Zusammenhang)* legame *m*, nesso *m*, *(Beziehung)* rapporto *m*, relazione *f*, *(Vereinigung)* associazione *f*, *(Zusammenschluss)* unione *f*, *(IT)* connessione *f*, *(Telekom)* linea *f*, *(Tech)* allacciamento *m*; **in ~ mit** [*Dat*] (*Abk* = **i.V.m.**) in relazione [a], insieme [a], in collegamento [con], *(§, Art.)* in combinato disposto [con]; **~en abbrechen** [zu *Dat*] rompere le relazioni [con], troncare i rapporti [con]; **bewaffnete ~** *f (A)* banda *f* armata; **staatsfeindliche ~** *f (A)* associazione *f* antinazionale; **studentische ~** *f* associazione *f* studentesca; **~** *f* **von Rechtsgeschäften** collegamento *m* negoziale; **~** *f* **von Verfahren** *ProzR* riunione *f* dei procedimenti, riunione *f* dei processi.

Verbindung *f* [2] *SachenR (Art des Eigentumserwerbs)* unione *f* (*modo di acquisto della proprietà*); **~** *f* **mit beweglichen Sachen** *SachenR (§ 947 BGB)* unione *f* di cose mobili (*modo di acquisto della proprietà*); **~** *f* **mit einem**

Grundstück *SachenR (§ 946 BGB)* accessione *f* (*modo di acquisto della proprietà*).

Verbindungs | ausschuss *m*; **~kommission** *f* commissione *f* di collegamento, comitato *m* di collegamento; **~mann** *m* (*Abk* = **V-Mann**) agente *m* di collegamento; **~rente** *f* rendita *f* su due teste; **~stelle** *f* ufficio *m* di collegamento.

Verbleib *m* permanenza *f*, soggiorno *m*, dimora *f*, luogo *m* (*dove si trova qc. o qn.*), destinazione *f*; **zum ~ im Archiv bestimmt sein** essere destinato all'archivio; **über den ~ einer Person / einer Sache nichts wissen** non sapere dove sia (o: possa trovarsi / sia andato/-a a finire) qn. / qc.

verbleiben *v* restare, rimanere, avanzare; **In Erwartung Ihrer Antwort ~ wir mit freundlichen Grüßen** In attesa di un Vs. cortese / gentile (cenno di) riscontro, porgiamo cordiali saluti.

verbleibend *adj* restante, rimanente, residuo, residuale.

Verbot *n* divieto *m*, proibizione *f*, inibizione *f*, interdizione *f*; **ein ~ aufheben** revocare un divieto, rimuovere un divieto; **ein ~ beachten**; **ein ~ einhalten** rispettare un divieto, osservare un divieto; **ein ~ erteilen** imporre un divieto, emettere un divieto; **sich an ein ~ halten** rispettare un divieto, osservare un divieto; **ein ~ verhängen** imporre un divieto, emettere un divieto; **gegen ein ~ verstoßen** contravvenire a un divieto, non rispettare un divieto, non osservare un divieto; **gesetzliches ~** *n* divieto *m* legale; **~** *n*, **einen Beruf, ein Gewerbe oder ein Handelsgeschäft auszuüben** *(CH)* interdizione *f* dall'esercizio di una professione, di un'industria o di un commercio *(CH)*, interdizione *f* da una professione o da un'arte; **~** *n* **der Doppelbestrafung** *StrafProzR* divieto *m* del doppio giudizio; **~** *n* **von Ein- und Ausfuhrzöllen** *EuR* divieto *m* dei dazi doganali all'importazione e all'esportazione (*tra gli Stati membri*); **~** *n* **mit Erlaubnisvorbehalt** *(Verwaltungsrecht)* divieto *m* con riserva di permesso; **~** *n* **der Folter** divieto *m* di tortura; **~** *n* **von mengenmäßigen Beschränkungen zwischen den Mitgliedstaaten** *EuR* divieto *m* delle restrizioni quantitative tra gli Stati membri.

verboten *part* vietato, proibito, interdetto; **gesetzlich ~** vietato dalla legge, vietato ai sensi di legge; **polizeilich ~** vietato per ordine della polizia; **strengstens ~** severamente proibito.

Verbots | bestimmung *f* disposizione *f* di divieto; **~gesetz** *n (A)* legge *f* di divieto (in particolare contro la ricostituzione del partito nazionalsocialista); **~irrtum** *m StrafR (A, CH: Rechtsirrtum) (§ 17 StGB)* errore *m* sull'antigiuridicità del fatto, errore *m* sul precetto, errore *m* sul divieto; **~kenntnis** *f StrafR* conoscenza *f* dell'antigiuridicità del fatto commesso; **~maßnahme** *f* misura *f* interdittiva; **~norm** *f* norma *f* proibitiva, norma *f* di divieto; **~recht** *n* diritto *m* di vietare; **~satz** *m* norma *f* proibitiva, norma *f* di divieto; **~tafel** *f* cartello *m* segnaletico di divieto; **~unkenntnis** *f StrafR* ignoranza *f* dell'antigiuridicità del fatto commesso; **~vorschrift** *f* norma *f* proibitiva, norma *f* di divieto; **~zeichen** *n* segnale *m* di divieto.

Verbrauch *m* consumo *m*.

verbrauchbar *adj* consumabile, di consumo.

verbrauchen *v* consumare, impiegare, utilizzare.

Verbraucher/in *m/f* → *A: Konsument/in* consumatore/-trice *m/f*, utente *m/f*, utenza *f* (*insieme degli utenti*).

Verbraucher | aufklärung *f* informazione *f* dei consumatori, l'informare il consumatore, il fornire informazioni e chiarimenti ai consumatori, educazione *f* dei consumatori, sensibilizzazione *f* dei consumatori; **~darlehensvertrag** *m SchuldR (§§ 491 ff. BGB)* contratto *m* di credito al consumo, mutuo *m* a favore del consumatore; **~genossenschaft** *f* società *f* cooperativa di consumo, cooperativa *f* di consumo, cooperativa *f* di consumatori; **~geschäft** *n SchuldR* contratto *m* concluso dai consumatori; **~gruppe** *f* categoria *f* di consumatori, gruppo *m* di consumatori; **~insolvenz** *f (D) InsolvenzR* insolvenza *f* del consumatore (*sovraindebitato*), fallimento *m* del consumatore (*sovraindebitato*); **~insolvenzverfahren** *n (D) InsolvenzR (§§ 304 ff. InsO)* procedura *f* concorsuale in caso di insolvenza del consumatore.

Verbraucherinsolvenzverfahren in Deutschland
Procedura concorsuale tedesca semplificata destinata, in via esclusiva, alle persone fisiche che non svolgono né abbiano svolto in precedenza alcuna attività d'impresa o anche ai piccoli imprenditori, cioè coloro che in passato hanno esercitato un'attività economica autonoma e all'atto del deposito del ricorso abbiano un numero di creditori inferiore a 20. Ulteriore condizione per l'applicazione di detta procedura è che nessuno di tali crediti derivi da rapporti di lavoro.

Verbraucher | interesse *n* interesse *m* dei consumatori; **~kaufkraft** *f* potere *m* d'acquisto dei consumatori.

Verbraucherkredit *m* credito *m* al consumo; **~gesetz** *n* (*Abk* = **D: VerbrKrG; A: VKrG**) *(D: Das Gesetz ist im Zuge der Schuldrechtsreform zum 01.01.2002 aufgehoben worden; A: Bundesgesetz über Verbraucherkreditverträge und andere Formen der Kreditierung zu Gunsten von Verbrauchern)* legge *f* sul credito al consumo; **~richtlinie** *f EuR → s. Anhang 3 b)* Direttiva *f* 2008/48/CE del Parlamento europeo e del Consiglio, del 23 aprile 2008, relativa ai contratti di credito ai consumatori e che abroga la direttiva 87/102/CEE.

Verbraucherpreis *m* prezzo *m* (di vendita) al pubblico, prezzo *m* al consumatore, prezzo *m* al consumo.

Verbraucherrechte *npl* diritti *mpl* del consumatore, diritti *mpl* dei consumatori; **~richtlinie** *f EuR (Umsetzung in D: Gesetz zur Umsetzung der Verbraucherrechterichtlinie und zur Änderung des Gesetzes zur Regelung der Wohnungsvermittlung vom 20. September 2013, siehe hierzu die Informationen des Bundesjustiz- und Verbraucherschutzministeriums unter http://www.bmjv.de) → s. Anhang 3 b)* Direttiva *f* 2011/83/UE del Parlamento europeo e del Consiglio, del 25 ottobre 2011, sui diritti dei consumatori, recante modifica della direttiva 93/13/CEE del Consiglio e della direttiva 1999/44/CE del Parlamento europeo e del Consiglio e che abroga la direttiva 85/577/CEE del Consiglio e la direttiva 97/7/CE del Parlamento europeo e del Consiglio.

Verbraucherrente *f* rendita *f* del consumatore.

Verbraucherschutz *m → Glykol-Entscheidung des Bundesverfassungsgericht* tutela *f* dei diritti del/-i consumatore/-i, tutela *f* del/-i consumatore/-i, difesa *f* del/-i consumatore/-i; **~gesetz** *n (D) → A: Konsumentenschutzgesetz* legge *f* a tutela dei consumatori; **~niveau** *n* livello *m* di tutela dei consumatori; **~recht** *n* norme *fpl* per la tutela dei consumatori, legislazione *f* in materia di tutela dei consumatori; **Zusammenarbeit im ~ -Verordnung** *f EuR → s. Anhang 3 a)* Regolamento *m* sulla cooperazione per la tutela dei consumatori (*Regolamento (CE) n. 2006/2004 del Parlamento europeo e del Consiglio, del 27 ottobre 2004, sulla cooperazione tra le autorità nazionali responsabili dell'esecuzione della normativa che tutela i consumatori*).

Verbraucher | verband *m*; **~vereinigung** *f* associazione *f* dei consumatori, unione *f* dei consumatori, associazione *f* per la tutela dei consumatori, associazione *f* per la difesa del consumatore; **~zentrale** *f* associazione *f* per la tutela dei consumatori, associazione *f* per la difesa del consumatore, centro *m* di informazione dei consumatori.

Verbrauchs | abgaben *fpl EuR* imposte *fpl* di consumo, imposte *fpl* sui consumi, dazi *mpl* di consumo; **~artikel** *m* articolo *m* di consumo, genere *m* di consumo, bene *m* di consumo; **~aufwand** *m*; **~ausgaben** *fpl* spese *fpl* di consumo; **~betrieb** *m* azienda *f* di consumo, azienda *f* di erogazione; **~einheit** *f* unità *f* di consumo; **~forschung** *f* indagine *f* sui consumi.

Verbrauchsgüter *npl* beni *mpl* di consumo; **langlebige ~** *npl* beni *mpl* di consumo durevole.

Verbrauchsgüterindustrie *f* industria *f* produttrice di beni di consumo.

Verbrauchsgüterkauf *m (§§ 474 ff. BGB)* vendita *f* dei beni di consumo; **~richtlinie** *f EuR (Umsetzung in D: §§ 474 ff. BGB)* → *s. Anhang 3 b)* Direttiva *f* 1999/44/CE del Parlamento europeo e del Consiglio, del 25 maggio 1999, su taluni aspetti della vendita e delle garanzie dei beni di consumo.

Verbrauchsrückgang *m* diminuzione *f* dei consumi, riduzione *f* dei consumi, contrazione *f* dei consumi.

Verbrauchsteuer *f SteuerR* imposta *f* di consumo, imposta *f* sui consumi.

Verbrechen *n StrafR* delitto *m* (*più grave rispetto al "Vergehen"*), crimine *m (CH)*; **ein ~ begehen** *StrafR*; **ein ~ verüben** *StrafR* commettere un delitto, commettere un crimine, compiere un delitto, compiere un crimine; **gemeingefährliches ~** *n StrafR* delitto *m* di comune pericolo; **organisiertes ~** *n StrafR* crimine *m* organizzato; **politisches ~** *n StrafR* delitto *m* politico; **vollendetes ~** *n StrafR* delitto *m* consumato; **~** *n* **gegen den Frieden** *StrafR* crimine *m* contro la pace; **~** *n* **gegen Leib und Leben** *StrafR* delitto *m* contro la vita e l'incolumità individuale; **~** *n* **aus Leidenschaft** *StrafR* delitto *m* passionale; **~** *n* **gegen die Menschheit** *StrafR*; **~** *n* **gegen die Menschlichkeit** *StrafR* crimine *m* contro l'umanità.

Verbrechensanzeige *f StrafR* denuncia *f* di reato; **unterlassene ~** *f StrafR* omessa denuncia *f* di reato.

Verbrechens | aufforderung *f StrafR* istigazione *f* a delinquere; **~bekämpfung** *f StrafR* lotta *f* alla criminalità; **~häufung** *f StrafR*; **~konkurrenz** *f StrafR* concorso *m* di reati; **~statistik** *f StrafR* statistica *f* criminale; **~verhütung** *f StrafR*; **~vorbeugung** *f StrafR* prevenzione *f* criminale.

Verbrechen und Vergehen
Il codice penale degli ordinamenti della Germania, dell'Austria e della Svizzera suddivide i reati in due grosse categorie: *Verbrechen* e *Vergehen*, che si distinguono gli uni dagli altri in base alla gravità della pena inflitta. Vengono definiti *Verbrechen* i reati per cui è comminata una pena detentiva rispettivamente di oltre un anno (§ 12 StGB tedesco) e di oltre tre anni (§ 17 StGB austriaco, Art. 10 StGB svizzero). Tutti gli altri reati per cui è prevista una pena detentiva inferiore o una pena pecuniaria vengono classificati come *Vergehen*. La distinzione tra *Verbrechen* e *Vergehen* riveste ad esempio

particolare rilevanza in materia di disciplina del tentativo (il § 23 c. 1 StGB tedesco sancisce che il delitto tentato - *Versuch eines Verbrechens* – è sempre punibile, mentre in caso di *Vergehen* il tentativo è punibile solo nei casi espressamente previsti dalla legge) e di emissione di un decreto penale di condanna (solo per i *Vergehen*, come disposto dal § 407 c. 1 StPO tedesco). Nell'ordinamento italiano i reati si distinguono in delitti e contravvenzioni, non per differenze qualitative, ma soltanto *secondo la diversa specie delle pene per essi rispettivamente stabilite* dal codice penale (art. 39 c.p.). Per i delitti la legge dispone la pena dell'ergastolo, della reclusione e della multa, mentre per le contravvenzioni sono previste la pena dell'arresto e dell'ammenda.

Verbrecher/in *m/f StrafR* criminale *m/f*, delinquente *m/f*.
verbrecherisch *adj* delittuoso, criminale, criminoso.
verbreiten *v (Nachricht)* diffondere, divulgare.
verbreitet *adj* diffuso, comune.
Verbreitung *f (von Nachrichten)* diffusione *f*, divulgazione *f*; **~** *f* **pornographischer Schriften** divulgazione *f* di pubblicazioni pornografiche.
Verbreitungsrecht *n (Urheber)* diritto *m* di diffusione.
verbriefen *v* garantire per iscritto.
verbringen *v* [1] *(Zeit)* passare, trascorrere.
verbringen *v* [2] *(an einen bestimmten Ort bringen)* portare, trasportare.
Verbringungsverbot *n (Propaganda)* divieto *m* di importazione.
VerbrKrG (*Abk* = **Verbraucherkreditgesetz**) *(D) (das Gesetz ist im Zuge der Schuldrechtsreform zum 01.01.2002 aufgehoben worden)* legge *f* (tedesca) sul credito al consumo.
verbuchen *v* registrare, iscrivere (*nei libri contabili*), contabilizzare, allibrare.
verbüchern *v (A) SachenR* iscrivere nel libro fondiario.
verbüchert *adj (A) SachenR* iscritto nel libro fondiario.
Verbücherung *f (A) SachenR (Eintragung des Eigentumsrechts ins Grundbuch)* iscrizione *f* nel libro fondiario.
Verbuchung *f* registrazione *f* (*contabile*), iscrizione *f* (*nei libri contabili*), contabilizzazione *f*, allibramento *m*, scrittura *f* (*contabile*).
Verbuchungsstelle *f* ufficio *m* di registrazione.
Verbund *m* unione *f*, associazione *f*, consorzio *m*, raggruppamento *m*, *(Verbindung)* collegamento *m*, legame *m*, collaborazione *f*; **~** *m* **von Scheidungs- und Folgesachen** *FamR* cumulo *m* processuale di più cause (*la trattazione e la decisione della causa di divorzio e delle cause relative ai suoi effetti giuridici sono concentrate in un unico processo*), unione *f* del procedimento di divorzio e delle cause annesse.
verbunden *adj* collegato, unito, congiunto, combinato, integrato, connesso, *(Unternehmen)* controllata, *(verpflichtet)* obbligato, *(dankbar)* grato; **~ sein** [mit *Dat*] essere legato a, essere collegato a, essere connesso a, essere inerente a, comportare.
verbündet *adj* alleato, coalizzato.
Verbündete/r *f/m* alleato/-a *m/f*.
Verbundkredit *m* credito *m* combinato.
verbürgen *v* garantire, assicurare, avallare; **sich ~** [für *Akk*] garantire [per], rendersi (o: farsi) garante (*per qualcuno o di qualcosa*), rispondere [di].
Verbürgerlichung *f* imborghesimento *m*.
Verbürgung *f* garanzia *f*, malleveria *f*.
verbüßen *v (Strafe)* scontare, espiare.
Verbüßung *f (einer Strafe)* espiazione *f*.
Verdacht *m* sospetto *m*; **einen ~ hegen** nutrire un sospetto; **im /**

unter ~ stehen essere sospettato [di]; **begründeter ~** *m* fondato sospetto *m*; **falscher ~** *m* falso sospetto *m*; **grundloser ~** *m* sospetto *m* infondato; **~** *m* **einer strafbaren Handlung** sospetto *m* di reato.

> **Verdacht**
> Ci sono tre tipi di indizi di reato:
> 1. sospetto di reità (*Anfangsverdacht*): come presupposto per l'avvio delle indagini preliminari;
> 2. sufficienti indizi di reato (*hinreichender Tatverdacht*): come presupposto per l'esercizio dell'azione penale;
> 3. gravi indizi di reato (*dringender Tatverdacht*): come presupposto per l'emissione di un mandato di cattura (cfr. § 112 StPO).

verdächtig *adj (Verdacht erregend)* sospetto, *(zweifelhaft)* dubbio, *(tatverdächtig)* sospettato, indiziato.
verdächtigen *v (des ... (Gen))* sospettare [di], indiziare [di].
Verdächtige/r *f/m (verdächtige Person)* persona *f* sospetta, *(Verdächtigte/r)* persona *f* sospettata, sospettato/-a *m/f*, indiziato/-a *m/f*.
Verdächtigte/r *f/m* persona *f* sospettata, sospettato/-a *m/f*, indiziato/-a *m/f*.
Verdächtigung *f* sospetto *m*; **falsche ~** *f StrafR (§§ 164 f. StGB)* calunnia *f*.
Verdachtsgrund *m* indizio *m*.
verdecken *v* coprire, mascherare, nascondere, occultare, dissimulare.
verdeckt *adj* coperto, mascherato, nascosto, occulto, latente, dissimulato, simulato.
Verdeckung *f* dissimulazione *f*, camuffamento *m*, mascheramento *m*, occultamento *m*; **~** *f* **einer Straftat** occultamento *m* di reato.
verdienen *v* [1] *(Geld)* guadagnare.
verdienen *v* [2] *(Lob, Strafe)* meritare.
Verdienst *m* [1] *(Gewinn, Einkommen)* guadagno *m*, utile *m*, profitto *m*, reddito *m*, stipendio *m*, salario *m*.
Verdienst *n* [2] *(Leistung)* merito *m*, benemerenza *f*.
Verdienst | ausfall *m* mancato guadagno *m*, perdita *f* di guadagno; **~ausfallentschädigung** *f* indennità *f* per perdita di guadagno; **~durchschnitt** *m* media *f* retributiva; **~einbuße** *f*; **~entgang** *m (A)* mancato guadagno *m*; **~ersatz** *m (CH)* indennità *f* per perdita di guadagno; **~spanne** *f* margine *m* di guadagno.
Verdingung *f (Vergabe von Arbeiten durch Ausschreibung)* aggiudicazione *f*, appalto *m* (*pubblico*).
Verdingungs | ordnung *f* capitolato *m* (generale) d'appalto; **~preis** *m* prezzo *m* di aggiudicazione; **~vertrag** *m* contratto *m* di aggiudicazione.
Verdoppelung *f* **der Versicherungssumme** *(bei Unfalltod)* capitale *m* raddoppiato in caso di morte per infortunio.
verdunkeln *v* oscurare, offuscare, dissimulare, mascherare, occultare, alterare, *(Beweise)* inquinare.
Verdunkelung *f* oscuramento *m*, offuscamento *m*, mascheramento *m*, occultamento *m*, alterazione *f*, collusione *f*, *(der Beweise)* inquinamento *m*; **~** *f* **der Beweise** *StrafProzR* inquinamento *m* delle prove, inquinamento *m* probatorio.
Verdunkelungsgefahr *f StrafProzR* pericolo *m* di collusione e di inquinamento delle prove, pericolo *m* di collusione e di distruzione delle prove.
Veredelungs | betrieb *m* azienda *f* di trasformazione; **~genossenschaft** *f* cooperativa *f* di trasformazione; **~gut** *n* merce *f* ammessa temporaneamente per la trasformazione; **~industrie** *f* industria *f* di trasformazione; **~police** *f* assicurazione *f* del monte merci dall'acquisto della materia prima fino alla vendita del prodotto finito contro i rischi d'incendio, di furto con scasso, di danno alle condutture d'acqua e di trasporto.

verehelichen *v* [sich] sposarsi.
Verehelichung *f* matrimonio *m*.
vereidigen *v* far(e) prestare (il) giuramento a, far(e) giurare.
Vereidigung *f* prestazione *f* di giuramento, giuramento *m*.
Vereidigungsverbot *n ProzR* divieto *m* di prestare giuramento, divieto *m* di deporre sotto giuramento.
Verein *m* associazione *f*, società *f*, sodalizio *m*, unione *f*, cooperativa *f*, lega *f*, circolo *m*, club *m*; **einen ~ auflösen** sciogliere un'associazione; **aus dem ~ austreten** recedere dall'associazione, uscire dall'associazione; **einem ~ beitreten** entrare in un'associazione, aderire a un'associazione; **einen ~ gründen** costituire un'associazione, fondare un'associazione; **eingetragener ~** *m (D)* (*Abk* = **e.V.**) *(§§ 55 ff. BGB)* associazione *f* registrata *(senza fini di lucro)*; **~** *m* **auf Gegenseitigkeit** ente *m* mutualistico, società *f* mutualistica, società *f* mutua; **gemeinnütziger ~** *m* associazione *f* di pubblica utilità, associazione *f* senza fini di lucro, associazione *f* non a scopo di lucro, associazione *f* non profit, associazione *f* non lucrativa di utilità sociale, associazione *f* di interesse collettivo; **genehmigter ~** *m* associazione *f* riconosciuta; **idealer ~** *m* ente *m* morale; **karitativer ~** *m* associazione *f* di beneficenza, società *f* di soccorso; **nicht angemeldeter ~** *m* associazione *f* non registrata; **nicht eingetragener ~** *m* associazione *f* non registrata; **nicht rechtsfähiger ~** *m* associazione *f* non riconosciuta, associazione *f* priva di personalità giuridica; **politischer ~** *m* associazione *f* politica; **rechtsfähiger ~** *m* associazione *f* riconosciuta, associazione *f* con personalità giuridica; **unerlaubter ~** *m*; **verbotener ~** *m* associazione *f* illegale, associazione *f* illecita.
vereinbar *adj* compatibile, conciliabile.
vereinbaren *v (abmachen)* concordare, accordarsi su, *(vertraglich)* pattuire, convenire, stipulare, *(festlegen)* fissare, stabilire, *(in Einklang bringen)* conciliare.
Vereinbarkeit *f* compatibilità *f*, conciliabilità *f*.
vereinbart *adj (vertraglich)* pattuito, concordato, convenuto, *(festgelegt)* fissato, stabilito; **wie im Vertrag ~** ai sensi del contratto, secondo il contratto, come da contratto; **wenn / soweit nichts anderes ~** salvo diversa pattuizione, salvo patto contrario.
Vereinbarung *f* convenzione *f*, accordo *m*, contratto *m*, intesa *f*, patto *m*, pattuizione *f*, stipulazione *f*; **eine ~ abschließen** stipulare un accordo, concludere un accordo, giungere a un accordo; **eine ~ ändern** modificare un accordo; **~en einhalten**; **sich an die ~en halten** stare ai patti, attenersi ai patti; **eine ~ treffen** giungere a un accordo, trovare un'intesa, concludere un accordo, stipulare un accordo, pattuire; **abweichende ~** *f* patto *m* in deroga, diversa pattuizione *f*; **ausdrückliche ~** *f* accordo *m* espresso; **außergerichtliche ~** *f* accordo *m* stragiudiziale; **bilaterale ~** *f* accordo *m* bilaterale; **bindende ~** *f* accordo *m* vincolante; **gegenseitige ~** *f* accordo *m* reciproco; **gütliche ~** *f* accordo *m* amichevole, accordo *m* bonario; **horizontale ~** *f KartellR* accordo *m* orizzontale; **kollektivrechtliche ~** *f* accordo *m* collettivo; **langfristige ~** *f* accordo *m* a lungo termine; **multilaterale ~** *f* accordo *m* multilaterale; **mündliche ~** *f* accordo *m* verbale, intesa *f* verbale, convenzione *f* verbale; **schriftliche ~** *f* accordo *m* scritto; **stillschweigende ~** *f* accordo *m* tacito; **vertragliche ~** *f* accordo *m* contrattuale; **völkerrechtliche ~** *f* accordo *m* internazionale; **nach vorheriger ~** previo accordo; **vorläufige ~** *f* accordo *m* provvisorio; **vorvertragliche ~** *f* dichiarazione *f* di intenti, lettera *f* di intenti, accordo *m* precontrattuale; **wechselseitige ~** *f* accordo *m* reciproco; **zwischenstaatliche ~** *f*

accordo *m* internazionale; **~** *f* **eines Erfolgshonorars** palmario *m*; **~** *f* **auf Gegenseitigkeit** accordo *m* di reciprocità; **~** *f* **der Tarifparteien** accordo *m* sindacale; **~** *f* **zwischen Unternehmen** *KartellR* accordo *m* tra imprese; **~** *f* **eines (nachvertraglichen) Wettbewerbsverbots** patto *m* di non concorrenza.

vereinbarungsgemäß *adj* come da intese (intercorse), come d'accordo, secondo gli accordi, come stabilito, come pattuito.

Vereinbarungsprotokoll *n* verbale *m* di accordo, memorandum *m* d'intesa.

vereinfachen *v* *(Verfahren)* semplificare, snellire.

Vereinfachung *f* *(des Verfahrens)* semplificazione *f*, snellimento *m*.

vereinheitlichen *v* unificare, uniformare, standardizzare.

Vereinheitlichung *f* unificazione *f*, uniformazione *f*, standardizzazione *f*.

vereinigen *v* *(zusammenbringen)* unire, unificare, congiungere, *(versammeln)* riunire, raccogliere, raggruppare, adunare, concentrare, conglobare, associare, *(zusammenschließen)* fondere, *(in Einklang bringen)* conciliare, armonizzare.

vereinigt *adj* *(verbunden)* unito, unificato, congiunto, *(versammelt)* riunito, *(zusammengeschlossen)* fuso, *(in Einklang gebracht)* conciliato.

Vereinigte Nationen *fpl (CH)* Nazioni *fpl* Unite.

Vereinigung *f*[1] *(Verein, Bündnis)* associazione *f*, organismo *m* associativo, confederazione *f* di associazioni professionali, società *f*, federazione *f*, confederazione *f*, lega *f*, alleanza *f*, coalizione *f*; **Internationale Kriminalistische ~** *f* Unione *f* internazionale del diritto penale; **Internationale ~** *f* **für gewerblichen Rechtsschutz** Associazione *f* internazionale per la protezione della proprietà industriale; **kriminelle ~** *f* *StrafR* associazione *f* a (o: per) delinquere, organizzazione *f* criminosa; **mafiöse ~** *f* *StrafR* = *Mafia-Vereinigung f* associazione *f* di tipo mafioso, associazione *f* di stampo mafioso; **rechtswidrige ~** *f (A, CH)* associazione *f* illegale, associazione *f* illecita; **terroristische ~** *f* *StrafR* *(§§ 129, 130 StGB)* gruppo *m* terroristico, associazione *f* terroristica, associazione *f* con finalità di terrorismo; **verbotene ~** *f* associazione *f* illegale, associazione *f* illecita; **~** *f* **der Arbeitgeberverbände** confederazione *f* delle associazioni padronali; **~** *f* **der Strafverteidiger** Camera *f* penale.

Vereinigung *f*[2] *(Vorgang)* unione *f*, unificazione *f*, congiunzione *f*, collegamento *m*, *(Versammlung)* riunione *f*, raggruppamento *m*, concentrazione *f*, *(Zusammenschluss, Verschmelzung)* fusione *f*, *(Harmonisierung)* armonizzazione *f*, conciliazione *f*, confusione *f* (*modo di estinzione dell'obbligazione*).

Vereinigungs | freiheit *f* *VerfR* libertà *f* di associazione, libertà *f* sindacale; **~prozess** *m* processo *m* di unificazione; **~recht** *n* diritto *m* di associazione.

vereinnahmen *v* incassare, riscuotere, introitare.

Vereinnahmung *f* incasso *m*.

Vereins | auflösung *f* scioglimento *m* dell'associazione; **~freiheit** *f* libertà *f* d'associazione; **~gesetz** *n* legge *f* sulle associazioni; **~gründungsakt** *m* atto *m* costitutivo d'associazione; **~haftung** *f* responsabilità *f* delle associazioni; **~land** *n* paese *m* membro dell'unione, paese *m* unionista; **~mitglied** *n* socio *m*, membro *m*, associato *m*; **~mitgliedschaft** *f* qualità *f* di socio, qualità *f* di associato; **~recht** *n* diritto *m* delle associazioni; **~register** *n* registro *m* delle associazioni; **~satzung** *f* statuto *m* dell'associazione; **~staat** *m* Stato *m* membro dell'unione, Stato *m* unionista; **~statuten** *pl (A)* statuto *m* dell'associazione; **~strafe** *f* sanzione *f* disciplinare (statutaria); **~vermögen** *n* patrimonio *m* dell'associazione; **~versammlung** *f* assemblea *f* dell'associazione; **~verwaltung** *f (UPU)* amministrazione *f* dell'Unione; **~vormundschaft** *f* tutela *f* assistenziale; **~vorsitzende/r** *f/m* presidente *m* dell'associazione; **~vorstand** *m* direzione *f* dell'associazione, amministratori *mpl* dell'associazione; **~wesen** *n* associazioni *fpl*, associazionismo *m*.

vereint *adj* unito, riunito, congiunto.

Vereinte Nationen *fpl* (*Abk* = **VN**) Nazioni *fpl* Unite *(NU)*; **Organisation** *f* **der Vereinten Nationen** (*Abk* = **UNO**) Organizzazione *f* delle Nazioni Unite *(ONU)*.

vereiteln *v* impedire, sventare, vanificare, far(e) fallire, mandare a monte.

Vereiteln *n* **der Zwangsvollstreckung** *(§ 288 StGB)* impedimento *m* doloso dell'esecuzione forzata.

Vereitelung *f* impedimento *m*, lo sventare.

vererbbar *adj ErbR* ereditario, trasmissibile per eredità, trasferibile per successione a causa di morte.

vererben *v ErbR* lasciare in eredità, lasciare a titolo di eredità, trasmettere in eredità.

vererblich *adj ErbR* ereditario, trasmissibile per eredità, trasferibile per successione a causa di morte.

Vererblichkeit *f ErbR* trasmissibilità *f* per eredità.

verfahren *v* procedere, agire.

Verfahren *n (Gerichtsverfahren)* procedimento *m*, processo *m*, giudizio *m*, rito *m*, *(Klage)* causa *f*, azione *f*, *(Vorgang)* procedura *f*, prassi *f*, pratica *f*, *(Arbeitsgang)* operazione *f*, *(Methode)* metodo *m*, *(Technik)* tecnica *f*, *(System)* sistema *m*; **in jeder Lage des ~s** in ogni stato del procedimento, in ogni stato del processo, in ogni stato del giudizio; **ein ~ abtrennen** separare un procedimento; **ein ~ anstrengen** promuovere un procedimento, promuovere un'azione (giudiziaria), esperire un'azione (legale), istruire un procedimento, instaurare un processo, intentare un processo, radicare un giudizio; **das ~ (wieder) aufnehmen** *(nach Ruhen)* riassumere il processo; **ein ~ aussetzen** sospendere un procedimento; **das ~ beschleunigen** sollecitare il procedimento; **ein ~ betreiben** promuovere un procedimento; **ein ~ einleiten** promuovere un procedimento, promuovere un'azione (giudiziaria), esperire un'azione (legale), istruire un procedimento, instaurare un processo, intentare un processo, radicare un giudizio; **das ~ einstellen** archiviare il procedimento, *StrafProzR* archiviare gli atti (*del procedimento al termine delle indagini preliminari*), *StrafProzR* pronunciare sentenza di non luogo a procedere (*al termine dell'udienza preliminare*), *(vorläufig)* sospendere il procedimento, interrompere il processo; **das ~ unterbrechen** sospendere il procedimento; **das ~ vereinfachen** snellire il procedimento; **abgekürztes ~** *n* giudizio *m* abbreviato, rito *m* abbreviato, procedura *f* abbreviata; **anhängiges ~** *n* giudizio *m* pendente; **arbeitsgerichtliches ~** *n* procedimento *m* in materia di lavoro; **außerstreitiges ~** *n (A)* procedimento *m* di volontaria giurisdizione; **beschleunigtes ~** *n (D) (teilweise vergleichbar in Italien: giudizio direttissimo) (§§ 417 ff. StPO)* procedimento *m* accelerato, procedura *f* accelerata *(CH)*; **einstufiges ~** *n* giudizio *m* di grado unico; **erleichtertes ~** *n* procedimento *m* semplificato; **faires ~** *n* giusto processo *m*, processo *m* equo; **förmliches ~** *n* procedura *f* formale; **gerichtliches ~** *n* procedimento *m* giudiziario, procedura *f* giudiziaria, processo *m* legale, giudizio *m*; **gerichtliches ~** *n* **zur Todeserklärung** procedimento *m* per la dichiarazione di morte presunta; **mündliches ~** *n* procedimento *m* orale; **nichtöffentliches ~** *n* procedimento *m* in camera di consiglio; **ordentliches ~** *n* procedimento *m* ordinario, giudizio *m* ordinario, rito *m* ordinario, procedura *f* ordinaria; **parlamentarisches ~** *n* procedura *f* parlamentare; **schiedsgerichtliches**

~ *n* arbitrato *m*, procedimento *m* arbitrale, procedura *f* arbitrale, giudizio *m* arbitrale, procedimento *m* di arbitrato, procedura *f* di arbitrato; **schriftliches ~** *n* procedimento *m* scritto; **schwebendes ~** *n* causa *f* pendente, giudizio *m* pendente, processo *m* pendente, processo *m* in corso; **strafgerichtliches ~** *n*; **strafrechtliches ~** *n* procedimento *m* penale, processo *m* penale, giudizio *m* penale; **streitiges ~** *n* procedimento *m* contenzioso, processo *m* contenzioso, contenzioso *m*; **summarisches ~** *n* procedimento *m* sommario, giudizio *m* sommario, procedura *f* sommaria; **vereinfachtes ~** *n* procedimento *m* semplificato; **vorbereitendes ~** *n (Ermittlungsverfahren)* istruttoria *f*; **zweistufiges ~** *n* giudizio *m* di doppio grado; **zivilrechtliches ~** *n* causa *f* civile; **~** *n* **gegen Abwesende** *StrafProzR*; **~** *n* **in Abwesenheit des Angeklagten** *StrafProzR* procedimento *m* in contumacia, giudizio *m* contumaciale; **~** *n* **zur Anerkennung eines ausländischen Urteils** procedimento *m* di delibazione di una sentenza straniera; **~** *n* **erster Instanz** giudizio *m* di primo grado; **~** *n* **der freiwilligen Gerichtsbarkeit**; **~** *n* **außer Streitsachen** *(A)* procedimento *m* di volontaria giurisdizione.

Verfahrens | ablauf *m* svolgimento *m* del procedimento, svolgimento *m* del processo; **~abschnitt** *m* fase *f* del procedimento, fase *f* del processo, fase *f* del giudizio, stato *m* del procedimento, stato *m* del processo, stato *m* del giudizio; **~antrag** *m* istanza *f*; **~anträge** *mpl* *ZivProzR* conclusioni *fpl* di rito; **~art** *f* tipo *m* di procedura, procedura *f*; **~beginn** *m* avvio *m* del procedimento, apertura *f* del procedimento, inizio *m* della procedura.

Verfahrensbeistand *m FamR (§ 158 FamFG)* curatore *m* processuale (*per il figlio minorenne, che può essere nominato dal giudice per i processi che riguardano la sua persona, se ciò è necessario per la tutela degli interessi del figlio*); **einen ~ bestellen** *FamR (§ 158 FamFG)* nominare un curatore processuale (*che rappresenta in giudizio gli interessi del figlio minore*).

Verfahrens | bestimmung *f* disposizione *f* procedurale; **~beteiligte/r** *f/m ZivProzR* parte *f* (*in causa, nel giudizio, nel processo*), soggetto *m* del processo civile; **~bevollmächtigte/r** *f/m ProzR (in einem vorläufigen Rechtsschutzverfahren, in Familiensachen)* procuratore *m* alle liti, procuratore *m* ad litem, procuratore *m* legale, rappresentante *m/f* in giudizio; **~einstellung** *f StrafProzR* archiviazione *f* (*degli atti al termine delle indagini preliminari*), *StrafProzR* non luogo a procedere (*al termine dell'udienza preliminare*), *(vorläufig)* sospensione *f* del procedimento, interruzione *f* del processo; **~erfindung** *f* invenzione *f* di processo (di fabbricazione); **~fähigkeit** *f (Prozessfähigkeit)* capacità *f* processuale; **~fehler** *m* vizio *m* di procedura, vizio *m* procedurale, vizio *m* di procedimento; **~frage** *f* questione *f* procedurale, questione *f* processuale, questione *f* di rito; **~gebühr** *f (Vergütung des Rechtsanwalts für seine Tätigkeit in einem Gerichtsverfahren)* tariffa *f* processuale, competenze *fpl* processuali, compenso *m* spettante all'avvocato per l'attività giudiziale quando inizia ad occuparsi della pratica; **~grundsatz** *m* principio *m* processuale; **~handlung** *f* atto *m* processuale; **~hilfe** *f (A)* patrocinio *m* a spese dello Stato (*in Italia la legge 134/2001 ha abrogato il precedente istituto del gratuito patrocinio*); **~hindernis** *n* mancanza *f* di una condizione di procedibilità, improcedibilità *f*; **~kosten** *pl* spese *fpl* del procedimento, spese *fpl* di giudizio, spese *fpl* di causa, spese *fpl* di lite, spese *fpl* processuali, spese *fpl* di giustizia.

Verfahrenskostenhilfe *f (D) FamR*

patrocinio *m* a spese dello Stato (*in Italia la legge 134/2001 ha abrogato il precedente istituto del gratuito patrocinio*); **~antrag** *m (D) FamR* domanda *f* di ammissione al patrocinio a spese dello Stato, domanda *f* di ammissione al gratuito patrocinio; **~bewilligung** *f (D) FamR* ammissione *f* al patrocinio a spese dello Stato, ammissione *f* al gratuito patrocinio.

Verfahrens | mangel *m* vizio *m* di procedura, vizio *m* procedurale, vizio *m* di procedimento; **~norm** *f* norma *f* processuale, norma *f* procedurale, regola *f* processuale, regola *f* procedurale; **~ordnung** *f* regolamento *m* della procedura, regolamento *m* procedurale, ordinamento *m* della procedura, ordinamento *m* processuale; **~patent** *n* brevetto *m* di processo (di fabbricazione); **~recht** *n* diritto *m* processuale, diritto *m* procedurale.

verfahrensrechtlich *adj* (di diritto) processuale, processualistico, procedurale, di rito.

Verfahrens | regel *f* norma *f* processuale, norma *f* procedurale, regola *f* processuale, regola *f* procedurale; **~rüge** *f* ricorso *m* per violazione di norme processuali; **~stadium** *n* fase *f* del procedimento, fase *f* del processo, fase *f* del giudizio, stato *m* del procedimento, stato *m* del processo, stato *m* del giudizio; **~unterbrechung** *f* sospensione *f* del procedimento; **~verschleppung** *f* ostruzionismo *m* (*procedurale, processuale*), condotta *f* processuale dilatoria; **~verstoß** *m* violazione *f* di norme processuali, violazione *f* procedurale, difetto *m* di procedura; **~voraussetzung** *f* presupposto *m* processuale; **~vorschrift** *f* norma *f* processuale, norma *f* procedurale, regola *f* processuale, regola *f* procedurale.

Verfall *m* [1] *(Erlöschen von Rechten)* decadenza *f*, estinzione *f*, *(Fristablauf)* scadenza *f*, decorrenza *f* (*dei termini*), *(Fall)* caduta *f*, crollo *m*, *(Untergang)* declino *m*, rovina *f*, degrado *m*, *(Niedergang)* decadimento *m*, *(Abnahme)* deperimento *m*, deprezzamento *m* (*della moneta*), marasma *m* (*politico, economico*); **bei ~** alla scadenza.

Verfall *m* [2] *StrafR (als Nebenstrafe; davon zu unterscheiden ist die Einziehung) (§§ 73 ff. StGB)* confisca *f* (*obbligatoria del prezzo del reato e del profitto del reato*).

Verfall(s) | buch *n* scadenzario *m*, libro *m* delle scadenze; **~datum** *n* data *f* di scadenza, scadenza *f*.

verfallen *v* [1] *(erlöschen, hinfällig werden)* decadere, *(ablaufen)* scadere, spirare, *(Wertpapiere)* perdere ogni valore, *(Bauwerk)* cadere, andare in rovina, *(schwach werden)* deperire.

verfallen *v* [2] [*Dat*] *(jemandem, einer Institution zufallen)* essere devoluto [a], diventare proprietà [di], essere confiscato [da]; **dem Staat ~** essere devoluto allo Stato, diventare proprietà dello Stato, essere confiscato dallo Stato.

verfallen *adj* [1] *(hinfällig, ungültig)* decaduto, *(abgelaufen)* scaduto, *(baufällig)* in rovina, cadente, deteriorato, degradato.

verfallen *adj* [2] *(dem Staat)* devoluto, confiscato.

Verfall(s) | erklärung *f* provvedimento *m* di confisca, dichiarazione *f* di confisca; **~frist** *f* termine *m* di decadenza, termine *m* di scadenza, termine *m* perentorio; **~klausel** *f VertragsR* clausola *f* di decadenza (*i contraenti possono pattuire clausole contrattuali in forza delle quali la parte che non adempie agli obblighi assunti verso l'altro contraente perde i propri diritti*); **~tag** *m* data *f* di scadenza, giorno *m* di scadenza, scadenza *f*.

Verfallvertrag *m (A)* patto *m* commissorio.

verfälschen *v (Banknoten, Urkunden, Daten, Bericht)* falsificare, *(Tatsachen)* falsare, contraffare, truccare, alterare, manipolare, *(Wein, Lebensmittel)* adulterare, sofisticare.

Verfälschung *f (von Banknoten, Urkunden, Daten, Bericht)* falsificazione *f*, falsità *f* materiale, contraffazione *f*, alterazione *f*, manipolazione *f*, *(von Wein, Lebensmitteln)* adulterazione *f*, sofisticazione *f*; **~** *f* **von Lebensmitteln** adulterazione *f* di sostanze alimentari.

verfassen *v* redigere, stendere, compilare, scrivere, comporre.

Verfasser/in *m/f* autore/-trice *m/f* (*di un'opera letteraria, artistica, scientifica*), scrittore/-trice *m/f*, redattore/-trice *m/f*, compilatore/-trice *m/f*, *(eines Urteils)* estensore *m*.

Verfassung *f* [1] *(oberstes Gesetz)* costituzione *f*, carta *f* costituzionale; **geschriebene ~** *f* costituzione *f* scritta; **ungeschriebene ~** *f* costituzione *f* non scritta.

Verfassung *f* [2] *(Aufbau)* costituzione *f*, ordinamento *m*, organizzazione *f*, struttura *f*, sistema *m*, *(Zustand)* stato *m*, condizioni *fpl*; **demokratische ~** *f* ordinamento *m* costituzionale democratico.

Verfassung *f* [3] *(Abfassung, Anfertigung)* redazione *f*, stesura *f*, compilazione *f*.

Verfassungsachtung *f* rispetto *m* della costituzione.

verfassungsändernd *adj (Gesetz)* di revisione costituzionale, di revisione della costituzione.

Verfassungsänderung *f* riforma *f* della costituzione, riforma *f* costituzionale, revisione *f* della costituzione, revisione *f* costituzionale, modifica *f* della costituzione, modifica *f* costituzionale.

Verfassungsbeschwerde *f (D) (Art. 93 Abs. 1 Nr. 4a GG)* ricorso *m* costituzionale (*diretto alla Corte costituzionale federale tedesca da parte dei cittadini*).

Verfassungsbeschwerde
Il ricorso costituzionale diretto è un istituto previsto dalla Costituzione tedesca (*Grundgesetz: Legge fondamentale*), in virtù del quale i cittadini, dopo aver esperito i normali rimedi giurisdizionali, hanno la facoltà di adire direttamente, senza il ruolo di mediazione del giudice, la Corte costituzionale federale (*Bundesverfassungsgericht*) per vedere tutelati i propri diritti fondamentali costituzionalmente garantiti contro qualsiasi atto o omissione di un'autorità pubblica tedesca (sia a livello federale che statale). Malgrado la rigidità dei requisiti richiesti e i termini perentori ridotti per la presentazione del ricorso, sin dalla sua introduzione la Corte costituzionale è stata letteralmente sommersa dai ricorsi diretti ed è proprio per questo motivo che sono stati creati dei meccanismi volti a selezionare i ricorsi. In particolare, è stato introdotto un procedimento di ammissione, che ha portato all'introduzione delle c.d. *Kammern*, che sono essenzialmente delle commissioni operanti all'interno del *Senat* chiamate a decidere sull'ammissibilità del ricorso.

Verfassungs | bestimmung *f* norma *f* costituzionale, disposizione *f* costituzionale; **~bruch** *m* violazione *f* della costituzione.

verfassungsfeindlich *adj* anticostituzionale, contrario alla costituzione.

Verfassungs | frage *f* questione *f* di costituzionalità, questione *f* di legittimità costituzionale; **~garantie** *f* garanzia *f* costituzionale.

verfassungsgebend *adj* costituente.

Verfassungsgebot *n* precetto *m* costituzionale, dettato *m* costituzionale.

verfassungsgemäß *adj* costituzionale, conforme alla costituzione.

Verfassungs | gericht *n* corte *f* costituzionale; **~gerichtsbarkeit** *f* giurisdizione *f* costituzionale; **~gerichtshof** *m* corte *f* costituzionale; **~geschichte** *f* storia *f* costituzionale; **~gesetz** *n* legge *f* costituzionale; **~gewohnheitsrecht** *n* diritto *m* costituzionale consuetudinario;

~grundsatz *m* principio *m* costituzionale; **~hochverrat** *m* attentato *m* alla costituzione; **~klage** *f* ricorso *m* costituzionale; **~konflikt** *m* conflitto *m* costituzionale.

verfassungskonform *adj* costituzionale, conforme alla costituzione; **nicht ~** incostituzionale, non conforme alla costituzione.

Verfassungs | kontrolle *f (von Gesetzen)* sindacato *m* di costituzionalità (*delle leggi*); **~krise** *f* crisi *f* costituzionale.

verfassungsmäßig *adj* costituzionale, conforme alla costituzione.

Verfassungsmäßigkeit *f* costituzionalità *f*, legittimità *f* costituzionale.

Verfassungs | modell *n* modello *m* costituzionale; **~ordnung** *f* ordinamento *m* costituzionale; **~organ** *n* organo *m* costituzionale; **~praxis** *f* prassi *f* costituzionale; **~prinzip** *n* principio *m* costituzionale; **~recht** *n* diritto *m* costituzionale; **~rechtler/in** *m/f* costituzionalista *m/f*.

verfassungsrechtlich *adj* (di diritto) costituzionale, costituzionalistico; **~ geschützt** costituzionalmente tutelato.

Verfassungs | rechtslehre *f* dottrina *f* costituzionalistica; **~reform** *f* riforma *f* costituzionale, riforma *f* della costituzione; **~richter/in** *m/f* giudice *m* costituzionale.

Verfassungsschutz *m* [1] tutela *f* costituzionale, tutela *f* della costituzione, salvaguardia *f* della costituzione, difesa *f* dei principi costituzionali.

Verfassungsschutz *m* [2] *(D) (= Bundesamt für Verfassungsschutz)* Ufficio *m* federale per la (o: di) difesa (o: tutela / protezione) della Costituzione (tedesca) (*servizi segreti tedeschi*).

Verfassungs | staat *m* Stato *m* costituzionale; **~streitigkeit** *f* controversia *f* in materia di legittimità costituzionale (*delle leggi*); **~system** *n* sistema *m* costituzionale; **~text** *m* testo *m* costituzionale; **~treue** *f* fedeltà *f* alla costituzione; **~urkunde** *f* carta *f* costituzionale; **~verletzung** *f* violazione *f* della costituzione; **~vorschrift** *f* norma *f* costituzionale, disposizione *f* costituzionale.

verfassungswidrig *adj (mit der Verfassung unvereinbar)* incostituzionale, *(mit den Grundsätzen der Verfassung unvereinbar)* anticostituzionale; **für ~ erklären** dichiarare l'illegittimità costituzionale.

Verfassungs | widrigkeit *f (Unvereinbarkeit mit der Verfassung, besonders bei Gesetzen)* incostituzionalità *f*, *(Unvereinbarkeit mit den Grundsätzen der freiheitlichen demokratischen Grundordnung)* anticostituzionalità *f*, illegittimità *f* costituzionale; **~wirklichkeit** *f* realtà *f* costituzionale, prassi *f* costituzionale.

verfehlen *v* mancare, sbagliare, fallire, perdere.

Verfehlung *f* mancanza *f*, errore *m*, fallo *m*, colpa *f*, infrazione *f*, violazione *f*; **schwere ~** *f* mancanza *f* grave.

Verfilmungsrechte *npl* diritti *mpl* di riduzione cinematografica.

Verflechtung *f* formazione *f* di consorzi, concentrazione *f*; **~** *f* **der Märkte** interdipendenza *f* dei mercati.

verfolgbar *adj* perseguibile, procedibile.

verfolgen *v StrafProzR* sottoporre a procedimento penale, *StrafProzR* esercitare l'azione penale, *(gerichtlich)* procedere legalmente contro qn., *(Straftat, Ziel, Zweck, Absicht, Plan)* perseguire, *(aus politischen, rassischen, religiösen Gründen)* perseguitare, *(hinterhergehen, -fahren)* inseguire, *(Verbrecher)* dare la caccia a, *(Entwicklung, Unterricht, Spur)* seguire, *(Politik)* portare avanti, *(beobachten)* osservare, monitorare, controllare; **von Amts wegen ~** *StrafProzR* perseguire d'ufficio, procedere d'ufficio.

Verfolger/in *m/f* inseguitore/-trice *m/f*, persecutore/-trice *m/f*.

Verfolgte/r *f/m = verfolgte Person f* perseguitato/-a *m/f*; **politisch ~** *f/m* perseguitato *m* politico.

Verfolgung *f StrafProzR* procedimento *m* penale, *StrafProzR* azione *f* penale, *StrafProzR* esercizio *m* dell'azione penale, *StrafProzR* procedibilità *f* (*dell'azione penale*), *(aus politischen, rassischen, religiösen Gründen)* persecuzione *f*, *(Hinterhergehen, -fahren)* inseguimento *m*, *(von Ziel)* perseguimento *m*; **außer ~ setzen** *StrafProzR* dichiarare il non luogo a procedere; **disziplinarische ~** *f* procedimento *m* disciplinare; **~** *f* **auf frischer Tat** *StrafProzR* inseguimento *m* in stato di flagranza; **gerichtliche ~** *f* procedimento *m* giudiziario, azione *f* giudiziaria; **politische ~** *f* persecuzione *f* politica; **rassische ~** *f* persecuzione *f* razziale.

Verfolgungs|ermächtigung *f* autorizzazione *f* a procedere; **~immunität** *f (A)* esenzione *f* dalla giurisdizione penale; **~recht** *n StrafProzR* diritto *m* di esercitare l'azione penale, *(des Besitzers)* diritto *m* di seguito, diritto *m* di inseguimento *(CH)*, *(Konkurs)* diritto *m* di ripresa *(CH)*; **~verjährung** *f StrafProzR* prescrizione *f* dell'azione penale; **~zwang** *m (bei Straftaten)* obbligatorietà *f* dell'azione penale.

verfrachten *v* noleggiare.

Verfrachter/in *m/f* noleggiante *m*, armatore *m*.

Verfrachtung *f* noleggio *m*.

Verfrachtungs|bedingungen *fpl* condizioni *fpl* di noleggio, condizioni *fpl* di trasporto; **~vertrag** *m* contratto *m* di noleggio.

verfügbar *adj* disponibile, a disposizione.

Verfügbarkeit *f* disponibilità *f*.

verfügen *v* [1] *(anordnen)* disporre, decretare, decidere, *(vorschreiben)* prescrivere, *(befehlen)* ordinare; **letztwillig ~** *ErbR* disporre a causa di morte, disporre mortis causa; **testamentarisch ~** *ErbR* disporre per testamento.

verfügen *v* [2] [über *Akk*] *(zur Verfügung haben)* disporre [di], avere a disposizione, *(besitzen)* possedere, avere.

Verfügende/r *f/m* disponente *m/f*.

Verfügung *f* [1] *(Maßnahme, Anordnung)* *→ s. Infokasten „Entscheidungen des Gerichts" im Anhang 1* disposizione *f*, provvedimento *m*, decreto *m*, ordinanza *f*; **eine ~ erlassen** emanare un provvedimento, emettere un provvedimento; **eine ~ treffen** disporre; **allgemeine ~** *f* ordinanza *f* generale; **amtliche ~** *f*; **behördliche ~** *f* ordine *m* dell'autorità, provvedimento *m* autoritativo; **einseitige ~** *f* disposizione *f* unilaterale; **einstweilige ~** *f* provvedimento *m* cautelare, provvedimento *m* d'urgenza, provvedimento *m* urgente, provvedimento *m* provvisorio, provvedimento *m* temporaneo; **eine einstweilige ~ erlassen** *ProzR* emanare un provvedimento d'urgenza, emettere un provvedimento d'urgenza; **gerichtliche ~** *f ProzR* provvedimento *m* giudiziario, provvedimento *m* giudiziale, decreto *m* giudiziario, ordinanza *f* giudiziaria; **gesetzliche ~** *f* disposizione *f* di legge; **letztwillige ~** *f ErbR* ultima volontà *f*, ultime volontà *fpl*, atto *m* di ultima volontà, disposizione *f* di ultima volontà, disposizione *f* testamentaria, volontà *f* testamentaria, testamento *m*; **polizeiliche ~** *f* ordinanza *f* di polizia, provvedimento *m* di polizia; **prozessleitende ~** *f* provvedimento *m* ordinatorio, provvedimento *m* relativo alla direzione del processo; **rechtsgeschäftliche ~** *f* disposizione *f* negoziale; **richterliche ~** *f* provvedimento *m* giudiziario, provvedimento *m* giudiziale, decreto *m* giudiziario, ordinanza *f* giudiziaria; **testamentarische ~** *f ErbR* disposizione *f* testamentaria, volontà *f* testamentaria, testamento *m*; **unentgeltliche ~** *f* disposizione *f* a titolo gratuito; **wechselbezügliche ~** *f ErbR (in einem gemeinschaftlichen Testament)*

(§ 2270 BGB); **wechselseitige ~** *f ErbR* disposizione *f* reciproca, disposizione *f* corrispettiva; **~** *f* **unter Lebenden** disposizione *f* tra vivi; **~** *f* **des Nichtberechtigten** disposizione *f* del non titolare, disposizione *f* del non dominus; **~** *f* **auf den Todesfall**; **~** *f* **von Todes wegen** *ErbR* disposizione *f* a causa di morte, disposizione *f* mortis causa, disposizione *f* testamentaria, disposizione *f* di ultima volontà.

Verfügung *f* [2] *(Verfügenkönnen, Disposition)* disposizione *f*; **sich zur ~ halten** tenersi a disposizione; **zur ~ stehen** [*Dat*] essere a disposizione [di]; **zur ~ stellen** mettere a disposizione, stanziare, concedere, fornire.

Verfügungsbefugnis *f* potere *m* di disposizione, potere *m* di disporre, facoltà *f* di disposizione, facoltà *f* di disporre; **freie ~** *f*; **unbeschränkte ~** *f* illimitato potere *m* di disposizione.

Verfügungsbeklagte/r *f/m ZivProzR (im einstweiligen Verfügungsverfahren)* resistente *m/f* (*nel procedimento cautelare*).

verfügungsberechtigt *adj* autorizzato a disporre.

Verfügungs | bereitschaft *f* disponibilità *f*; **~beschränkung** *f* limitazione *f* del potere di disposizione; **~fähigkeit** *f* capacità *f* di disporre; **~freiheit** *f* libertà *f* di disposizione; **~geschäft** *n* ↔ *Verpflichtungsgeschäft* atto *m* dispositivo, atto *m* di disposizione, negozio *m* dispositivo, negozio *m* di disposizione; **~gewalt** *f (rechtsgeschäftliche)* potere *m* di disposizione, potere *m* di disporre, *(hoheitliche)* potere *m* di ordinanza; **~grundsatz** *m ZivProzR (die Parteien sind „Herren des Zivilprozesses", d.h. die Parteien und nicht das Gericht bestimmen den Beginn, den Gegenstand und das Ende des Verfahrens) = Dispositionsgrundsatz, Dispositionsmaxime* principio *m* dispositivo (*in senso sostanziale o in senso materiale o in senso proprio, secondo cui le parti possono determinare l'inizio, l'oggetto e la fine del processo e in cui rientrano quindi sia il principio della domanda sia il principio di disponibilità dell'oggetto del giudizio*); **~handlung** *f* atto *m* dispositivo, atto *m* di disposizione; **~kläger/in** *m/f ZivProzR (im einstweiligen Verfügungsverfahren)* ricorrente *m/f* (*nel procedimento cautelare*); **~kredit** *m* credito *m* per elasticità di cassa; **~macht** *f* potere *m* di disposizione, potere *m* di disporre, facoltà *f* di disposizione, facoltà *f* di disporre; **~recht** *n* diritto *m* di disporre, diritto *m* di disposizione, facoltà *f* di disporre, facoltà *f* di disposizione; **~verbot** *n* divieto *m* di disporre, divieto *m* di disposizione; **einstweiliges ~verfahren** *n ZivProzR* procedimento *m* d'urgenza.

Vergabe *f* conferimento *m*, assegnazione *f*, aggiudicazione *f*, appalto *m*, concessione *f*, *(von Darlehen)* erogazione *f*; **freihändige ~** *f* licitazione *f* privata, trattativa *f* privata; **~** *f* **öffentlicher Arbeiten** concessione *f* di lavori pubblici.

Vergabe | beirat *m EuR* commissione *f* consultiva per acquisti e contratti; **~ordnung** *f* **für freiberufliche Leistungen** *(D)* (*Abk* = **VOF**) *(früher: Verdingungsordnung für freiberufliche Leistungen)* regolamento *m* (tedesco) degli appalti pubblici relativi a servizi forniti da liberi professionisti; **~ - und Vertragsordnung** *f* **für Bauleistungen** *(D)* (*Abk* = **VOB**) *(früher: Verdingungsordnung für Bauleistungen)* regolamento *m* (tedesco) dei contratti e degli appalti pubblici relativi a lavori e opere edili; **~ - und Vertragsordnung** *f* **für Leistungen** *(D)* (*Abk* = **VOL**) *(früher: Verdingungsordnung für Leistungen)* regolamento *m* (tedesco) dei contratti e degli appalti pubblici relativi a forniture e servizi.

vergangen *adj* scorso, passato, ultimo scorso *(u.s.)* (*nelle date, dopo giorno e mese*).

vergeben *v* [1] *(zuteilen)* conferire, affidare (*un incarico*), *(Stelle)* assegnare, *(erteilen)* passare, trasmettere, *(Auftrag)* appaltare, dare in appalto, *(Kredit)* concedere, erogare, *(Rechte)* cedere.

vergeben *v* ² *(verzeihen)* perdonare, rimettere.

vergeblich *adj* vano, inutile, invano, inutilmente.

Vergebührung *f (A)* tassazione *f*.

Vergebung *f* ¹ *(Vergabe)* conferimento *m*, assegnazione *f*, aggiudicazione *f*, appalto *m*, concessione *f*, *(von Darlehen)* erogazione *f*.

Vergebung *f* ² *(Verzeihung)* perdono *m*, remissione *f*, condono *m*.

vergehen, sich ~ *v* [an *Dat*] *(sexuell)* violentare, abusare sessualmente [di], usare violenza [a].

Vergehen *n StrafR (§ 12 StGB; § 17 öStGB; Art. 10 sStGB) → siehe auch Infokasten „Verbrechen und Vergehen"* delitto *m* (*meno grave rispetto al "Verbrechen"*), infrazione *f* (*penale*); **dienstliches ~** *n* infrazione *f* disciplinare.

vergelten *v* ricambiare, contraccambiare, ricompensare, ripagare (*qualcuno con la stessa moneta*), rendere (*la pariglia*), usare rappresaglie.

Vergeltung *f* contraccambio *m*, ricompensa *f*, vendetta *f*, rivincita *f*, rivalsa *f*, ritorsione *f*, rappresaglia *f*, *(als Strafzweck)* retribuzione *f*.

Vergeltungs | maßnahme *f* misura *f* di rappresaglia, rappresaglia *f*; **~recht** *n* diritto *m* di ritorsione; **~zoll** *m* dazio *m* di ritorsione, dazio *m* di rappresaglia.

vergesellschaften *v* pubblicizzare, socializzare.

Vergesellschaftung *f* pubblicizzazione *f*, socializzazione *f*, collettivizzazione *f*.

vergewaltigen *v StrafR* violentare, stuprare, abusare (sessualmente) [di], usare violenza (carnale) [a].

Vergewaltiger/in *m/f StrafR* violentatore/-trice *m/f*, stupratore/-trice *m/f*, oppressore *m*.

Vergewaltigung *f StrafR* violenza *f* carnale, stupro *m*, oppressione *f*.

vergiften *v* avvelenare, intossicare.

Vergiftung *f* avvelenamento *m*, intossicazione *f*; **gemeingefährliche ~** *f* avvelenamento *m* di comune pericolo, avvelenamento *m* di acque o di sostanze alimentari.

Vergleich *m* ¹ *(Ausgleich, Einigung)* verbale *m* di conciliazione, processo *m* verbale di conciliazione, accordo *m* di conciliazione, accordo *m* conciliativo, transazione *f*, accordo *m* transattivo, compromesso *m*, aggiustamento *m*, *InsolvenzR* concordato *m*; **zu einem ~ kommen**; **einen ~ schließen** transigere, accordarsi, mettersi d'accordo, giungere a un accordo, conciliarsi, venire a un accomodamento, venire a un aggiustamento, venire a patti, addivenire a un accordo transattivo, concludere un accordo transattivo, *InsolvenzR* concludere un concordato; **~** *m* **zur Abwendung des Konkurses** *InsolvenzR* concordato *m* preventivo; **außergerichtlicher ~** *m InsolvenzR* concordato *m* stragiudiziale; **gerichtlicher ~** *m ZivProzR = Vergleich vor Gericht, Prozessvergleich* verbale *m* di conciliazione giudiziale, transazione *f* giudiziaria, transazione *f* giudiziale, accordo *m* transattivo giudiziale, *InsolvenzR* concordato *m* giudiziale; **gütlicher ~** *m* compromesso *m* amichevole, accordo *m* amichevole.

Vergleich *m* ² *(Gegenüberstellung)* paragone *m*, confronto *m*, raffronto *m*, riscontro *m*, ragguaglio *m*, comparazione *f*, collazione *f* (*delle copie di un testo*); **im ~** [zu *Dat*] in confronto [a], rispetto [a].

vergleichen *v (gegenüberstellen)* confrontare, mettere a confronto, *(prüfend nebeneinanderstellen)* paragonare, equiparare, raffrontare, riscontrare, ragguagliare, rapportare, comparare, *(eine Abschrift mit der Urschrift)* collazionare, verificare; **sich ~** *v (streitende Parteien)* transigere, accordarsi, mettersi d'accordo, giungere a un accordo, conciliarsi, venire a un accomodamento, venire a un aggiustamento, venire a patti.

Vergleichs | abkommen *n* contratto *m* di transazione; **~angebot** *n* proposta *f* di transazione, *InsolvenzR* proposta *f* di concordato; **~antrag** *m* *InsolvenzR* domanda *f* di concordato; **~eröffnung** *f* *InsolvenzR* apertura *f* del procedimento di concordato; **~gläubiger/in** *m/f* *InsolvenzR* creditore *m* concordatario; **~jahr** *n* anno *m* di confronto; **~klausel** *f* clausola *f* di transazione; **~lohn** *m* salario *m* di riferimento; **~miete** *f* canone *m* (locativo) di riferimento; **~ - und Schiedsgerichtsordnung** *f* *(der Internationalen Handelskammer – ICC: International Chamber of Commerce)* Regolamento *m* di conciliazione e (di) arbitrato (*della CCI: Camera di Commercio Internazionale*); **~protokoll** *n* verbale *m* di transazione, processo *m* verbale di transazione; **~termin** *m* *InsolvenzR* udienza *f* di concordato; **~untersuchung** *f* indagine *f* comparativa; **~verfahren** *n* *InsolvenzR* procedura *f* di concordato; **~vertrag** *m* contratto *m* di transazione; **~verwalter/in** *m/f* commissario *m* giudiziale; **~vorschlag** *m* proposta *f* di transazione, *InsolvenzR* proposta *f* di concordato.

vergleichsweise *adv* [1] in via di transazione, in via transattiva.

vergleichsweise *adv* [2] *(im Vergleich zu)* a titolo di paragone, in confronto, comparativamente, *(relativ)* relativamente.

Vergnügungsteuer *f* tassa *f* sugli spettacoli.

vergünstigt *adj* agevolato, ridotto.

Vergünstigung *f* *(Erleichterung)* agevolazione *f*, facilitazione *f*, *(Vorteil)* vantaggio *m*, trattamento *m* di favore, privilegio *m*, *(Ermäßigung)* riduzione *f*, *(Nachlass)* sconto *m*, abbuono *m*; **~en gewähren** concedere delle agevolazioni, accordare delle facilitazioni, conferire vantaggi; **steuerliche ~en** *fpl* *SteuerR* agevolazioni *fpl* fiscali, agevolazioni *fpl* tributarie.

Vergünstigungs | klausel *f* clausola *f* di favore; **~tarif** *m* tariffa *f* preferenziale; **~vertrag** *m* contratto *m* di favore.

vergüten *v* *(bezahlen)* pagare, retribuire, remunerare [o: rimunerare], *(Leistung)* compensare, gratificare (*un dipendente*), *(com)* accreditare, *(Bankw)* bonificare, *(zurückerstatten)* rimborsare, *(Schaden)* risarcire, *(entschädigen)* indennizzare, *(Auslagen, Aufwendungen)* rifondere.

Vergütung *f* *(Bezahlung)* pagamento *m*, versamento *m*, *(Arbeitsvergütung)* retribuzione *f*, trattamento *m* retributivo, trattamento *m* economico, remunerazione *f* [o: rimunerazione], compenso *m*, corrispettivo *m*, *(com)* accredito *m*, *(Bankw)* bonifico *m*, indennità *f*.

Vergütungs | gruppe *f* classe *f* di stipendio; **~vereinbarung** *f* accordo *m* sul compenso; **~zinsen** *mpl* interessi *mpl* compensativi, interessi *mpl* corrispettivi.

verhaften *v* arrestare, catturare, trarre in arresto.

Verhaftung *f* arresto *m*, cattura *f*; **rechtswidrige ~** *f* arresto *m* illegale; **~** *f* **wegen Fluchtverdachts** fermo *m* di indiziato per sospetto di fuga; **~** *f* **im Sitzungssaal** arresto *m* in udienza.

Verhalten *n* comportamento *m*, condotta *f*, contegno *m*, modo *m* di agire, atteggiamento *m*, attitudine *f*, *(Wirtsch)* andamento *m*; **abweichendes ~** *n* comportamento *m* deviante; **arglistiges ~** *n* comportamento *m* doloso, dolosità *f*; **berufswidriges ~** *n* comportamento *m* contrario ai doveri professionali; **dienstliches ~** *n* condotta *f* in servizio; **ehewidriges ~** *n* comportamento *m* contrario ai doveri coniugali; **entschuldbares ~** *n* comportamento *m* scusabile; **gesellschaftsfeindliches ~** *n* comportamento *m* antisociale; **gesetzwidriges ~** *n* comportamento *m* contrario alle leggi; **gewerkschaftsfeindliches ~** *n* comportamento *m* antisindacale; **illegales ~** *n* comportamento *m* illecito; **konkludentes ~** *n* comportamento *m* concludente, facta concludentia *(lat)*; **ordnungswidriges ~** *n* condotta *f* scorretta, comportamento *m* illecito, comportamento *m* contravvenzionale; **rechtswidriges ~** *n* condotta *f* antigiuridica; **schlüssiges ~** *n* comportamento *m* concludente; **schuldhaftes ~** *n* condotta *f* colpevole; **standeswidriges ~** *n (von Rechtsanwälten)* comportamento *m* non conforme alla dignità e al decoro professionale, comportamento *m* contrario ai doveri professionali; **strafbares ~** *n StrafR* condotta *f* criminosa; **strafrechtlich relevantes ~** *n* condotta *f* penalmente rilevante; **tatbestandsmäßiges ~** *n StrafR* condotta *f* tipica; **ungesetzliches ~** *n* comportamento *m* illecito; **vertragswidriges ~** *n* comportamento *m* contrario ai patti; **vorwerfbares ~** *n* condotta *f* rimproverabile; **wettbewerbsbeschränkendes ~** *n WettbewerbsR* comportamento *m* anticoncorrenziale; **~** *n* **im Straßenverkehr** comportamento *m* stradale; **~** *n* **nach der Tat** *StrafR* comportamento *m* successivo al reato; **~** *n* **vor der Tat** *StrafR* comportamento *m* anteriore al reato; **~** *n* **nach Treu und Glauben** comportamento *m* secondo buona fede.

Verhaltens | haftung *f* responsabilità *f* da condotta; **~maßregel** *f (Benehmensregel)* regola *f* di condotta, *(Richtlinie)* direttiva *f*; **~norm** *f* norma *f* comportamentale, norma *f* di comportamento; **~pflicht** *f* obbligo *m* di comportamento; **~regel** *f*; **~vorschrift** *f* norma *f* comportamentale, norma *f* di comportamento.

Verhaltensweise *f* comportamento *m*, modo *m* di comportarsi; **abgestimmte ~n** *fpl* pratiche *fpl* concordate.

Verhältnis *n* [1] *(Proportion)* rapporto *m*, proporzione *f*, quota *f*, percentuale *f*, tasso *m*, indice *m*.

Verhältnis *n* [2] *(menschliche Beziehung)* rapporto *m*, relazione *f*; **ehebrecherisches ~** *n* relazione *f* adulterina; **eheliches ~** *n* rapporto *m* matrimoniale; **zivilrechtliches ~** *n* rapporto *m* civile.

verhältnismäßig *adj* proporzionale, proporzionalmente, in proporzione, in modo proporzionale, relativo, relativamente.

Verhältnismäßigkeit *f* proporzionalità *f*.

Verhältnismäßigkeits | grundsatz *m*; **~prinzip** *n VerfR* principio *m* (costituzionale) di proporzionalità.

Verhältnisregel *f* regola *f* proporzionale.

Verhältnisse *npl (Situation)* condizioni *fpl*, circostanze *fpl*, situazione *f*, stato *m*, affari *mpl*.

Verhältnis | wahl *f*; **~wahlsystem** *n* sistema *m* proporzionale, rappresentanza *f* proporzionale; **~zahl** *f* quoziente *m*.

verhandelbar *adj* negoziabile, trattabile, contrattabile.

verhandeln *v (besprechen)* trattare, condurre trattative, patteggiare, contrattare, negoziare, *(in einem Gerichtsverfahren behandeln)* discutere, dibattere; **neu ~** rinegoziare; **in einer Sache ~** *ZivProzR* discutere una causa.

verhandelt (zu…, am …) *(notarielle Urkunden)* atto *m* stipulato (a…, il giorno…), fatto (a…, il giorno…).

Verhandlung *f* [1] *(Diskussion)* trattativa *f*, contrattazione *f*, negoziazione *f*, negoziato *m*, patteggiamento *m*, discussione *f*, dibattito *m*.

Verhandlung *f* [2] *(gerichtlich) ZivProzR* trattazione *f* (*della causa*), *ZivProzR* discussione *f* (*della causa*), *StrafProzR* dibattimento *m*, *(Verhandlungstermin)* udienza *f*; **die ~ aussetzen** *StrafProzR* rinviare il dibattimento; **die ~ leiten** dirigere l'udienza, *StrafProzR (Hauptverhandlung)* dirigere il dibattimento; **die ~ unterbrechen** *StrafProzR* sospendere il dibattimento; **die ~ vertagen** rinviare l'udienza, *StrafProzR* rinviare il dibattimento; **kontradiktorische ~** *f* contraddittorio *m*; **mündliche ~** *f ZivProzR* udienza *f* di trattazione (*della causa*), trattazione *f* orale (*della causa*), trattazione *f* (*della causa*), udienza *f* di discussione (*della causa*), discussione *f* (*della causa*); **nichtöffentliche ~** *f* udienza *f* a porte chiuse; **öffentliche ~** *f* pubblica udienza *f* (*o: udienza pubblica*); **streitige ~** *f* contraddittorio *m*.

Verhandlungen *fpl* trattative *fpl*, negoziati *mpl*; **~ abbrechen** interrompere le trattative, rompere le trattative; **~ aufnehmen**; **~ beginnen** intavolare le trattative, avviare le trattative, iniziare le trattative, entrare in trattative, aprire le trattative, aprire i negoziati; **~ führen** condurre le trattative, gestire le trattative.

Verhandlungs | basis *f* base *f* delle trattative; **~bereitschaft** *f* disponibilità *f* a trattare; **~ergebnis** *n* esito *m* delle trattative.

verhandlungsfähig *adj ProzR* in grado di prendere parte al processo, in grado di comparire in giudizio.

Verhandlungs | fähigkeit *f ZivProzR* capacità *f* di prendere parte al processo, capacità *f* di essere processato; **~führer/in** *m/f* negoziatore *m*, *(Delegationsführer/in)* capodelegazione *m*, responsabile *m/f* (*delle trattative*); **~führung** *f ProzR (in der Sitzung)* direzione *f* dell'udienza; **~gebühr** *f ProzR* onorario *m* per l'assistenza in udienza, *StrafProzR* onorario *m* per la fase dibattimentale; **~grundlage** *f* base *f* delle trattative; **~grundsatz** *m ZivProzR (die Prozessparteien müssen die streitentscheidenden Tatsachen selbst beibringen und gegebenenfalls beweisen) = Verhandlungsmaxime, Beibringungsgrundsatz* principio *m* dispositivo (*in senso processuale o in senso improprio: solo alle parti spetta l'indicazione dei mezzi di prova a sostegno dei fatti allegati in giudizio, con conseguente vincolo del giudice alle iniziative delle parti per ciò che riguarda in genere la tecnica e lo svolgimento interno del processo e in particolare la scelta degli strumenti per la formazione del convincimento giudiziale*), principio *m* di (o: della) disponibilità delle prove, principio *m* della trattazione; **~kalender** *m StrafProzR* ruolo *m* dei dibattimenti; **~leiter/in** *m/f* presidente *m*; **~leitung** *f* direzione *f* dei dibattiti, *(Gericht)* direzione *f* dell'udienza; **~mandat** *n* mandato *m* negoziale; **~maxime** *f ZivProzR (die Prozessparteien müssen die streitentscheidenden Tatsachen selbst beibringen und gegebenenfalls beweisen) = Verhandlungsgrundsatz, Beibringungsgrundsatz* principio *m* dispositivo (*in senso processuale o in senso improprio: solo alle parti spetta l'indicazione dei mezzi di prova a sostegno dei fatti allegati in giudizio, con conseguente vincolo del giudice alle iniziative delle parti per ciò che riguarda in genere la tecnica e lo svolgimento interno del processo e in particolare la scelta degli strumenti per la formazione del convincimento giudiziale*), principio *m* di (o: della) disponibilità delle prove, principio *m* della trattazione; **~niederschrift** *f* verbale *m*, processo *m* verbale, *ProzR* verbale *m* di udienza, *ProzR* processo *m* verbale di udienza, *StrafProzR* verbale *m* del dibattimento, *StrafProzR* processo *m* verbale del dibattimento; **~partner/in** *m/f* negoziatore *m*, controparte *f* nelle trattative; **~pause** *f ProzR* sospensione *f* di udienza; **~phase** *f* fase *f* delle trattative, fase *f* dei negoziati; **~protokoll** *n* verbale *m*, processo *m* verbale, *ProzR* verbale *m* di udienza, *ProzR* processo *m* verbale di udienza, *StrafProzR* verbale *m* del dibattimento, *StrafProzR* processo *m* verbale del dibattimento.

verhandlungsreif *adj ProzR* (causa) matura per essere rimessa al collegio.

Verhandlungs | saal *m ProzR* sala *f* di udienza; **~schluss** *m StrafProzR* chiusura *f* del dibattimento; **~schrift** *f* verbale *m*, processo *m* verbale, *ProzR* verbale *m* di udienza, *ProzR* processo *m* verbale di udienza, *StrafProzR* verbale *m* del dibattimento, *StrafProzR* processo *m* verbale del dibattimento; **~tag** *m ProzR* giorno *m* dell'udienza, giorno *m* d'udienza.

Verhandlungstermin *m ProzR* udienza *f*, udienza *f* di trattazione (*della causa*), udienza *f* di discussione (*della causa*); **einen ~ anberaumen**; **einen ~ ansetzen** *ProzR* fissare l'udienza.

Verhandlungsverlauf *m* andamento *m*

delle trattative, andamento *m* dei negoziati.

verhängen *v (staatlich anordnen)* ordinare, decretare, *(verkünden)* proclamare, dichiarare, *(auferlegen)* imporre, *(Strafen, Sanktionen)* infliggere, comminare, irrogare, applicare.

Verhängung *f (Anordnung)* ordine *m*, *(Verkündung)* proclamazione *f*, dichiarazione *f*, *(Auferlegung)* imposizione *f*, *(von Strafen, Sanktionen)* inflizione *f*, comminazione *f*.

verheiratet *part* sposato, coniugato.

Verherrlichung *f* **von Gewalt** *StrafR* apologia *f* della violenza.

Verhetzung *f (A)* istigazione *f* all'odio.

verhinderbar *adj* evitabile, prevenibile.

verhindern *v* impedire, ostacolare, precludere, evitare, prevenire, sventare.

Verhinderung *f* impedimento *m*, ostacolo *m*, prevenzione *f*.

Verhinderungs | fall *m* caso *m* di impedimento; **~grund** *m* causa *f* di impedimento.

Verhör *n* interrogatorio *m*, ascolto *m*, audizione *f*, escussione *f*, esame *m*.

verhören *v* interrogare, ascoltare, sentire, escutere.

Verhörrichter/in *m/f (CH)* giudice *m* istruttore.

verhüten *v* prevenire, evitare, impedire, sventare.

Verhütung *f* prevenzione *f*; **~** *f* **von Berufsunfällen und Berufskrankheiten** *ArbR* prevenzione *f* degli infortuni e delle malattie professionali.

verjährbar *adj* prescrittibile.

Verjährbarkeit *f* prescrittibilità *f*.

verjähren *v* prescriversi, cadere in prescrizione, andare in prescrizione.

verjährt *adj* prescritto, caduto in prescrizione, andato in prescrizione.

Verjährung *f* prescrizione *f*; **mit Eintritt der ~**; **nach Eintritt der ~** (una volta) decorso il termine di prescrizione, (una volta) decorso il termine prescrizionale; **~ einwenden** eccepire la prescrizione; **die ~ hemmen** sospendere la prescrizione; **die ~ unterbrechen** interrompere la prescrizione; **der ~ unterliegen** essere soggetto a prescrizione; **dreißigjährige ~** *f* prescrizione *f* trentennale; **erlöschende ~** *f* prescrizione *f* estintiva; **erwerbende ~** *f* prescrizione *f* acquisitiva; **zehnjährige ~** *f* prescrizione *f* decennale; **~** *f* **eines Anspruchs** prescrizione *f* di un diritto.

> **Verjährung**
> Mentre nel diritto italiano la prescrizione estingue il diritto, ai sensi dell'art. 2934 c.c., nel diritto tedesco la prescrizione non estingue il diritto, bensì crea nel soggetto debitore un nuovo e prevalente diritto di negare la prestazione (*nach Eintritt der Verjährung ist der Schuldner berechtigt, die Leistung zu verweigern*, § 214 BGB).

Verjährungs | ablauf *m* decorso *m* della prescrizione, decorso *m* del termine di prescrizione, decorso *m* del termine prescrizionale; **~beginn** *m* decorrenza *f* del termine di (o: della) prescrizione, decorrenza *f* del termine prescrizionale, momento *m* iniziale di decorrenza del termine prescrizionale.

Verjährungsfrist *f* periodo *m* di prescrizione, termine *m* di prescrizione, termine *m* prescrizionale; **Beginn** *m* **der ~** decorrenza *f* del termine di (o: della) prescrizione, decorrenza *f* del termine prescrizionale, momento *m* iniziale di decorrenza del termine prescrizionale; **die ~ beginnt (zu laufen)** il termine di prescrizione (o: termine prescrizionale) inizia (o: comincia) a decorrere [dal], il termine di prescrizione (o: termine prescrizionale) decorre [dal]; **verkürzte ~** *f* prescrizione *f* breve.

Verjährungs | hemmung *f* sospensione *f* della prescrizione; **~unterbrechung** *f* interruzione *f* della prescrizione; **~vorschriften** *fpl* norme *fpl* in materia di prescrizione.

Verjährungszeit *f* periodo *m* di prescrizione, termine *m* di prescrizione, termine *m* prescrizionale; **allgemeine ~** *f (A)* prescrizione *f* ordinaria; **besondere ~** *f* prescrizione *f* breve.

Verkauf *m* vendita *f*; **zum ~ anbieten** offrire in vendita, mettere in vendita; **zum ~ ausstellen** esporre in vendita; **zum ~ bringen** mettere in vendita; **zum ~ freigeben** autorizzare la vendita, permettere la vendita; **zum ~ stellen** mettere in vendita; **betrügerischer ~** *m* vendita *f* fraudolenta; **freihändiger ~** *m* vendita *f* privata, vendita *f* a trattativa privata; **freiwilliger ~** *m* vendita *f* volontaria; **garantierter ~** *m* vendita *f* garantita; **gerichtlicher ~** *m* vendita *f* giudiziaria; **unzulässiger ~** *m* vendita *f* irregolare; **~** *m* **auf Abzahlung** vendita *f* a rate, vendita *f* rateale; **~** *m* **gegen bar** vendita *f* a contanti; **~** *m* **mit Eigentumsvorbehalt**; **~** *m* **unter Eigentumsvorbehalt** vendita *f* con riserva di proprietà, vendita *f* con patto di riservato dominio; **~** *m* **FOB** vendita *f* fob; **~** *m* **aus freier Hand** *(A)* vendita *f* privata, vendita *f* a trattativa privata, vendita *f* all'amichevole; **~** *m* **einer fremden Sache** vendita *f* di cosa altrui; **~** *m* **gegen Kasse** vendita *f* a contanti; **~** *m* **nach Muster**; **~** *m* **nach Probe** vendita *f* su campione; **~** *m* **zur Probe** vendita *f* a prova, vendita *f* con riserva di gradimento; **~** *m* **mit Rückgaberecht** vendita *f* con riserva di gradimento; **~** *m* **zu wohltätigen Zwecken** vendita *f* di beneficenza; **~** *m* **auf Ziel** vendita *f* a credito.

verkaufen *v* vendere; **fest ~** vendere al fermo; **meistbietend ~** vendere al miglior offerente; **mit Verlust ~** vendere in perdita.

Verkäufer/in *m/f* ↔ *Käufer/in (Kaufvertrag)* venditore/-trice *m/f*, *(als Angestellter)* commesso/-a *m/f*.

Verkäufermarkt *m* mercato *m* di venditori.

verkäuflich *adj* [1] vendibile, commerciabile, smerciabile.

verkäuflich *adj* [2] *(bestechlich)* venale.

Verkäuflichkeit *f* [1] vendibilità *f*, commerciabilità *f*.

Verkäuflichkeit *f* [2] *(Bestechlichkeit)* venalità *f*.

Verkaufs | abteilung *f* ufficio *m* vendite, reparto *m* vendite; **~agent/in** *m/f* agente *m/f* di vendita; **~agentur** *f* agenzia *f* di vendita; **~anbot** *n (A)*; **~angebot** *n* proposta *f* di vendita, offerta *f* di vendita; **~anzeige** *f* avviso *m* di vendita.

Verkaufsauftrag *m* ordine *m* di vendita; **limitierter ~** *m* ordine *m* di vendita limitato.

Verkaufs | aufwendungen *fpl* spese *fpl* di vendita; **~ausstellung** *f* esposizione-mercato *f*, mostra-mercato *f*.

Verkaufsbedingungen *fpl* condizioni *fpl* di vendita; **allgemeine ~** *fpl* condizioni *fpl* generali di vendita.

Verkaufs | berater/in *m/f* consulente *m/f* alle vendite; **~buch** *n* libro *m* delle vendite; **~büro** *n* ufficio *m* di vendita, ufficio *m* vendite; **~erlös** *m* ricavo *m* della vendita, ricavato *m* della vendita, realizzo *m*.

verkaufsfördernd *adj* promozionale.

Verkaufs | förderung *f* promozione *f* delle vendite, incentivazione *f* delle vendite, sales promotion *f*; **~gemeinschaft** *f* unione *f* di vendita; **~genossenschaft** *f* cooperativa *f* di vendita; **~geschäft** *n* operazione *f* di vendita; **~kartell** *n* cartello *m* di vendita; **~kommission** *f* commissione *f* di vendita; **~kontingent** *n* contingente *m* di vendita; **~konto** *n* conto *m* di vendita, conto *m* vendite; **~konzession** *f* concessione *f* di vendita; **~kosten** *pl* spese *fpl* di vendita; **~kurs** *m* corso *m* di vendita, prezzo *m* di vendita, cambio *m* di vendita; **~leiter/in** *m/f* direttore *m* delle vendite, direttore *m* dell'ufficio vendite; **~leitung** *f* direzione *f* commerciale; **~limit** *n* prezzo *m* limite di vendita; **~liste** *f* distinta *f* di vendita; **~lizenz** *f* licenza *f* di vendita; **~monopol** *n* monopolio *m* di vendita; **~niederlassung** *f* agenzia *f* di vendita; **~option** *f* opzione *f* di vendita, *(Börse)* opzione *f* put; **~order** *f* ordine *m* di vendita; **~organisation** *f* organizzazione *f* di vendita; **~personal** *n* personale *m* addetto alle vendite; **~politik** *f* politica *f* delle vendite; **~praktiken** *pl* pratiche *fpl* di vendita; **~preis** *m* prezzo *m* di vendita, prezzo *m* venale; **~prospekt** *m* prospetto *m* d'emissione; **~provision** *f* provvigione *f* di vendita; **~quote** *f* quota *f* di vendita; **~raum** *m* locale *m* di vendita; **~rechnung** *f* conto *m* di vendita; **~rückgang** *m* flessione *f* delle vendite, calo *m* delle vendite; **~stelle** *f* rivendita *f*, punto *m* (di) vendita; **~steuerung** *f* disciplina *f* della vendita; **~syndikat** *n* sindacato *m* di vendita, sindacato *m* di collocamento; **~tätigkeit** *f* attività *f* di vendita; **~technik** *f* tecnica *f* del vendere, tecnica *f* di vendita; **~urkunde** *f* atto *m* di vendita, atto *m* di compravendita; **~verbot** *n* divieto *m* di vendita; **~versprechen** *n* promessa *f* di vendita; **~vertrag** *m* *(CH)* contratto *m* di compravendita; **~vertreter/in** *m/f* agente *m/f* di vendita; **~vollmacht** *f* procura *f* a vendere, procura *f* per la vendita; **~volumen** *n* volume *m* delle vendite; **~vorvertrag** *m* contratto *m* preliminare di (compra)vendita, preliminare *m* di (compra)vendita, promessa *f* di (compra)vendita, compromesso *m* di (compra)vendita; **~werbung** *f* pubblicità *f*; **~wert** *m* valore *m* venale, valore *m* di realizzo; **~zone** *f* zona *f* di vendita; **~zwang** *m* obbligo *m* di vendita.

Verkehr *m* [1] *(Straße)* traffico *m*, circolazione *f*, *(Bewegung)* movimento *m*, *(Handel)* commercio *m*, scambi *mpl*, transazioni *fpl*, operazioni *fpl*, *(Börse)* contrattazioni *fpl*, *(Dienst)* servizio *m*, *(Beförderung)* trasporti *mpl*; **außer ~** fuori commercio; **außer ~ setzen** mettere fuori commercio; **in ~ bringen** mettere in circolazione, mettere in commercio; **für den ~ freigeben** aprire al traffico; **aus dem ~ ziehen** mettere fuori commercio, *(Banknoten)* ritirare dalla circolazione, togliere dalla circolazione; **amtlicher ~** *m* *(Börse)* quotazione *f* officiale; **fließender ~** *m* traffico *m* in movimento; **freier ~** *m* libera circolazione *f*, libero traffico *m*, libera pratica *f*; **gewerblicher ~** *m* traffico *m* professionale; **grenzüberschreitender ~** *m* circolazione *f* transfrontaliera, traffico *m* internazionale; **innerstädtischer ~** *m* traffico *m* urbano; **internationaler ~** *m* traffico *m* internazionale; **Europäisches Übereinkommen** *n* **über die Hauptstraßen des internationalen ~s** (*Abk* = **AGR**) *TransportR* Accordo *m* europeo sulle grandi strade a traffico internazionale; **öffentlicher ~** *m* trasporto *m* pubblico, trasporti *mpl* pubblici; **ruhender ~** *m* veicoli *mpl* fermi; **wirtschaftlicher ~** *m* traffico *m* economico.

Verkehr *m* [2] *(Umgang, Beziehungen)* rapporti *mpl*, relazioni *fpl*, *(Geschlechtsverkehr)* rapporti *mpl* sessuali; **persönlicher ~** *m* rapporti *mpl* personali, relazioni *fpl* personali.

verkehren *v* [1] *(fahren)* circolare, transitare, *(besuchen)* frequentare.

verkehren *v* [2] *(Beziehungen haben)* essere in relazione, essere in rapporti, *(Geschlechtsverkehr haben)* avere rapporti sessuali.

Verkehrs | abgabe *f* tassa *f* di circolazione; **~abkommen** *n* accordo *m* sulle comunicazioni; **~amt** *n* *(Kraftverkehrsamt)* ispettorato *m* della motorizzazione, *(Fremdenverkehrsamt)* ufficio *m* turistico; **~auffassung** *f* pratica *f* commerciale, prassi *f* commerciale, usanza *f* commerciale; **~aufkommen** *n* volume *m* di traffico, intensità *f* del traffico; **~ausschuss** *m* commissione *f* dei trasporti; **~beschränkung** *f* limitazione *f* del traffico; **~betrieb** *m*

impresa *f* di pubblici servizi (trasporti e comunicazioni); **~delikt** *n* reato *m* in materia di circolazione stradale.
verkehrsfähig *adj* in commercio, commerciabile, negoziabile, fungibile.
Verkehrs | fähigkeit *f HandelsR (von Waren)* commerciabilità *f*, negoziabilità *f*, fungibilità *f*; **~freiheit** *f* libertà *f* di circolazione, libera circolazione *f*; **~gefährdung** *f* pericolo *m* alla circolazione, attentato *m* alla sicurezza della circolazione stradale; **~gewerbe** *n* trasporti *mpl*, industria *f* dei trasporti; **~hypothek** *f* ipoteca *f* ordinaria; **~lage** *f* condizioni *fpl* del traffico, situazione *f* del traffico, viabilità *f*, percorribilità *f* stradale; **~minister/in** *m/f* ministro *m* dei trasporti; **~ministerium** *n* ministero *m* dei trasporti.
Verkehrsmittel *n* mezzo *m* di trasporto; **öffentliche ~** *npl* mezzi *mpl* di trasporto pubblici, mezzi *mpl* pubblici.
Verkehrs | opfer *n* vittima *f* della strada; **~ordnungswidrigkeit** *f* infrazione *f* al codice della strada; **~polizei** *f* polizia *f* stradale, stradale *f*, polstrada *f*.
Verkehrsrecht *n* [1] *(Straßenverkehrsrecht)* diritto *m* della circolazione stradale, normativa *f* in materia di (o: sulla) circolazione stradale, norme *fpl* in materia di (o: sulla) circolazione stradale.
Verkehrsrecht *n* [2] *(Umgangsrecht)* diritto *m* di visita.
Verkehrs | regel *f* norma *f* di circolazione stradale; **~schutz** *m* tutela *f* del traffico, tutela *f* della circolazione; **~sicherheit** *f (Sicherheit im Verkehr)* sicurezza *f* stradale, sicurezza *f* della circolazione, *(eines Autos)* idoneità *f* alla circolazione, sicurezza *f*.
Verkehrssitte *f* consuetudine *f*, uso *m* commerciale, usanza *f* commerciale; **nach der ~** secondo le consuetudini.
Verkehrs | sünder/in *m/f* trasgressore *m* delle norme di circolazione stradale; **~sünderkartei** *f (Verkehrszentralregister)* casellario *m* centrale delle infrazioni al codice della strada; **~teilnehmer/in** *m/f* utente *m* della strada.
Verkehrsteuer *f* imposta *f* sui trasferimenti, imposta *f* sugli affari, tassa *f* di circolazione.
Verkehrsüberwachung *f* controllo *m* della viabilità, controllo *m* del traffico, monitoraggio *m* del traffico.
verkehrsüblich *adj* ordinario, dovuto (*nelle transazioni*).
Verkehrs | übung *f* uso *m* commerciale, usanza *f* commerciale, prassi *f* commerciale, pratica *f* commerciale; **~unfallflucht** *f (jetzt: Unerlaubtes Entfernen vom Unfallort)* fuga *f* del conducente; **~verein** *m* ente *m* per il turismo, ufficio *m* turistico, pro loco *f*, azienda *f* autonoma di soggiorno; **~vorschrift** *f* norma *f* di circolazione stradale; **~wert** *m* valore *m* corrente; **öffentliches ~wesen** *n* trasporto *m* pubblico, trasporti *mpl* pubblici; **~wirtschaft** *f* economia *f* dei trasporti, industria *f* dei pubblici servizi (trasporti e comunicazioni); **~zentralregister** *n* casellario *m* centrale della motorizzazione.
verkennen *v (nicht richtig erkennen)* non riconoscere, disconoscere, misconoscere, *(falsch beurteilen)* giudicare in modo sbagliato, valutare in modo sbagliato.
Verkennung *f* disconoscimento *m*, misconoscimento *m*, *(falsche Beurteilung)* valutazione *f* sbagliata.
verklagen *v ProzR* citare in giudizio (*il convenuto*), convenire in giudizio.
verklaren *v* far protesto di mare.
Verklarung *f* protesto *m* di mare, prova *f* di fortuna.
verklauseln *v* = *verklausulieren* inserire clausole restrittive.
verknappen *v (knapp machen)* limitare, ridurre, *(verkleinern)* diminuire; **sich ~** *v (knapp werden)* scarseggiare.
Verknappung *f* lo scarseggiare, penuria *f*, rarefazione *f*.
verknüpfen *v* collegare, connettere, associare, abbinare.
Verknüpfung *f* collegamento *m*, connessione *f*, associazione *f*, abbinamento *m*.
Verkommnis *n (CH)* accordo *m* intercantonale.

verkünden *v (ankündigen)* annunciare, rendere noto, *(Nachricht)* divulgare, *(prophezeien)* preannunciare [o: preannunziare], *(bekannt machen)* proclamare, *(erklären)* dichiarare, *(Gesetz)* promulgare, emanare, *(Urteil)* pronunciare [o: pronunziare], pubblicare.

Verkündschein *m (CH)* certificato *m* di eseguita pubblicazione di matrimonio.

Verkündung *f* annuncio *m*, notifica *f*, notificazione *f*, *(einer Nachricht)* divulgazione *f*, proclamazione *f*, *(eines Gesetzes)* promulgazione *f*, emanazione *f*, *(eines Urteils)* pronuncia *f* [o: pronunzia], pubblicazione *f*; **~** *f* **des Eheversprechens** *(CH)* pubblicazione *f* del matrimonio; **~** *f* **des Gesetzes** promulgazione *f* della legge.

Verkündungs | begehren *n (CH)* richiesta *f* di pubblicazione di matrimonio; **~blatt** *n (A)* foglio *m* di pubblicazioni; **~frist** *f (CH)* termine *m* della pubblicazione di matrimonio; **~gegner/in** *m/f* chiamato *m* in causa; **~termin** *m* *ProzR* udienza *f* di pronuncia della sentenza, udienza *f* di lettura del dispositivo della sentenza.

verkürzen *v* diminuire, ridurre, abbreviare, accorciare, ledere *(A)*.

Verkürzung *f* diminuzione *f*, riduzione *f*, abbreviamento *m*, accorciamento *m*, lesione *f (A)*; **~** *f* **der Arbeitszeit** riduzione *f* dell'orario di lavoro; **~** *f* **über die Hälfte** *(A)* lesione *f* eccedente la metà, lesione *f* ultra dimidium.

verladen *v* caricare.

Verlader *m* caricatore *m*.

Verladeschein *m* ricevuta *f* di carico.

Verladung *f* carico *m*, caricamento *m*, imbarco *m*.

Verladungs | konnossement *n* polizza *f* ricevuta per imbarco; **~kosten** *pl* spese *fpl* di caricamento; **~note** *f* bolletta *f* di imbarco, nota *f* di carico, distinta *f* di carico; **~schein** *m* buono *m* di imbarco, ordinativo *m* di imbarco.

Verlag *m* casa *f* editrice.

verlagern *v* spostare, trasferire.

Verlaggeber *m (CH)* l'autore o i suoi aventi causa (nel contratto di edizione).

Verlags | gabe *f (CH)* cessione *f* all'editore dei diritti di utilizzazione economica dell'opera; **~gruppe** *f* gruppo *m* editoriale; **~haus** *n* casa *f* editrice; **~recht** *n* proprietà *f* letteraria *(dell'editore)*, diritto *m* di edizione, copyright *m*; **~vertrag** *m* contratto *m* di edizione.

verlangen *v* chiedere, richiedere, domandare, esigere, pretendere, reclamare, rivendicare.

Verlangen *n* richiesta *f*, domanda *f*, pretesa *f*; **auf ~** su richiesta.

verlängerbar *adj (Ausweis, Vertrag)* rinnovabile, *(Frist, Gültigkeit)* prorogabile.

verlängern *v (länger gültig sein lassen)* rinnovare, *(die Gültigkeit ausdehnen)* prorogare, dilazionare, differire, *(länger dauern lassen)* prolungare, *(länger machen)* allungare.

Verlängerung *f (Erneuerung)* rinnovo *m*, rinnovamento *m*, rinnovazione *f*, *(Aufschub)* proroga *f*, dilazione *f*, *(räumlich, zeitlich)* prolungamento *m*, allungamento *m*; **stillschweigende ~** *f* rinnovazione *f* tacita, rinnovo *m* tacito, proroga *f* tacita; **~** *f* **der Frist** proroga *f*, dilazione *f*, rinvio *m*, estensione *f* dei termini; **~** *f* **der Gültigkeitsdauer** proroga *f* della validità; **~** *f* **des Mietverhältnisses** rinnovazione *f* della locazione, rinnovazione *f* del rapporto locativo.

Verlängerungs | abkommen *n* accordo *m* di rinnovazione; **~antrag** *m* domanda *f* di proroga, domanda *f* di rinnovo.

verlängerungsfähig *adj* prorogabile, rinnovabile.

Verlängerungs | gebühr *f* tassa *f* di rinnovo; **~klausel** *f (allgemein)* clausola *f* di proroga, *(Miete)* clausola *f* di rinnovazione tacita.

verlassen *v* lasciare, abbandonare.

Verlassen *n* abbandono *m*; **~** *n* **der ehelichen Wohnung** *FamR* abbandono *m* del tetto coniugale, abbandono *m* del domicilio coniugale; ~ *n* **in hilfloser Lage** abbandono *m* di persona incapace (di provvedere a se stessa); ~ *n* **eines Unmündigen** *(A)* abbandono *m* di minori.

Verlassenschaft *f (A) ErbR* successione *f*, eredità *f*, massa *f* ereditaria, i superstiti *(CH)*; **erblose ~** *f (A) ErbR*; **ruhende ~** *f (A) ErbR* eredità *f* giacente.

Verlassenschafts | abhandlung *f (A) ErbR* liquidazione *f* dell'eredità; **~absonderung** *f (A) ErbR* separazione *f* dei beni nella successione; **~gläubiger/in** *m/f (A) ErbR* creditore *m* della massa ereditaria; **~konkurs** *m (A) ErbR* procedura *f* concorsuale di liquidazione dei beni ereditari; **~kuratel** *f (A) ErbR* curatela *f* dell'eredità; **~kurator** *m (A) ErbR* curatore *m* dell'eredità; **~masse** *f (A) ErbR* massa *f* ereditaria, asse *m* ereditario.

Verlassenschaftssache *f* [1] *(A) ErbR (Rechtsstreit)* causa *f* ereditaria.

Verlassenschaftssache *f* [2] *(A) ErbR (Nachlassgegenstand)* bene *m* ereditario.

Verlauf *m (Ablauf)* corso *m*, decorso *m*, *(Fortgang)* svolgimento *m*, processo *m*, *(Entwicklung)* sviluppo *m*, evoluzione *f*, andamento *m*, tendenza *f*, *(Ausgang)* esito *m*; **fruchtloser ~** *m* **einer Frist** decorso *m* infruttuoso di un termine; **prozessualer ~** *m* svolgimento *m* del processo; ~ *m* **der Verhandlungen** andamento *m* delle trattative.

verlaufen *v (ablaufen)* andare, svolgersi, *(sich entwickeln)* procedere, svilupparsi, evolversi.

verlautbaren *v* divulgare, pubblicare, rendere di pubblica ragione.

verlautbarend *adj* dichiarativo.

Verlautbarung *f* divulgazione *f*, pubblicazione *f*, comunicato *m*; **amtliche ~** *f* comunicato *m* ufficiale.

verlegen *v* [1] *(Geschäft, Wohnsitz)* trasferire, traslocare, trasportare, delocalizzare, decentrare, cambiare (*il domicilio*).

verlegen *v* [2] *(Besprechung, Termin)* spostare, rimandare, rinviare.

verlegen *v* [3] *(Buch)* pubblicare (*da parte di una casa editrice*).

Verleger/in *m/f* editore *m* (*titolare di casa editrice*).

Verlegung *f* [1] *(Geschäft, Wohnsitz)* trasferimento *m*, trasloco *m*, delocalizzazione *f*, decentramento *m*, cambio *m* (*di residenza*); ~ *f* **ins Ausland** trasferimento *m* all'estero.

Verlegung *f* [2] *(Besprechung, Termin)* spostamento *m*, rinvio *m*.

Verlegung *f* [3] *(Buch)* pubblicazione *f*.

Verleih *m* [1] *(Ausleihe)* prestito *m*, *(gegen Gebühr)* noleggio *m*.

Verleih *m* [2] *(Filmverleih)* distribuzione *f* (*cinematografica*), casa *f* di distribuzione (*cinematografica*), società *f* di distribuzione (*cinematografica*).

verleihen *v* [1] *(vergeben)* conferire, concedere, assegnare, dare.

verleihen *v* [2] *(ausleihen)* prestare (*dare in prestito*), *(gegen Gebühr)* noleggiare (*dare a noleggio*); **auf Zinsen ~** *(A)* prestare a interesse.

Verleiher/in *m/f* ↔ *Entleiher/in* prestatore/-trice *m/f*, *(gegen Gebühr)* noleggiatore/-trice *m/f*, *(Leihvertrag)* comodante *m/f*, *(Leiharbeitsverhältnis)* somministratore *m*, società *f* somministratrice, impresa *f* somministratrice; ~ *m/f* **der Konzession** concedente *m/f*.

Verleihung *f* [1] *(Vergabe)* conferimento *m*, concessione *f*, assegnazione *f*; ~ *f* **der Staatsangehörigkeit** conferimento *m* della cittadinanza.

Verleihung *f* [2] *(Ausleihe)* prestito *m*, *(gegen Gebühr)* noleggio *m*.

Verleihungs | gesuch *n (A)* domanda *f* di concessione; **~urkunde** *f* atto *m* di concessione.

Verleitung *f* istigazione *f*, incitamento *m*; ~ *f* **zur Auswanderung** eccitamento *m* all'emigrazione, frode *f* in emigrazione; ~ *f* **zur Eheschließung** induzione *f* al matrimonio mediante inganno; ~ *f* **zur Fahnenflucht** istigazione *f* alla diserzione; ~ *f* **zur Falschaussage** subornazione *f*; ~ *f* **zum Falscheid**; ~ *f* **zum Meineid** istigazione *f* al falso giuramento; ~ *f* **zu Pflicht-**

widrigkeiten *(A)* istigazione *f* alla corruzione (per atti contrari ai doveri); **~** *f* **zum Ungehorsam** istigazione *f* a disobbedire.

verlesen *v* dare lettura di, leggere (*ad alta voce*).

Verlesung *f* lettura *f* (*a voce alta*).

verletzen *v* [1] *(verwunden)* ferire.

verletzen *v* [2] *(übertreten)* violare, *(Gesetz)* infrangere, trasgredire, *(Interessen)* ledere, *(schädigen)* danneggiare, *(kränken)* offendere, urtare, *(nicht nachkommen)* venir(e) meno [a].

Verletztenrente *f (Unfallversicherung)* pensione *f* di invalidità.

Verletzte/r *f/m* [1] *(Verwundete/r)* ferito/-a *m/f*.

Verletzte/r *f/m* [2] *StrafProzR (durch eine Straftat)* persona *f* offesa (dal reato) *(p.o.)*, offeso/-a *m/f*, parte *f* lesa, soggetto *m* passivo del reato, *(Opfer einer Straftat)* vittima *f* (del reato), *(durch eine Straftat Geschädigte/r)* danneggiato/-a *m/f* dal reato, soggetto *m* danneggiato dal reato, persona *f* danneggiata dal reato.

Verletzte/r
Nel diritto processuale penale tedesco ricorre esclusivamente il termine *Verletzte/r*, che trova il suo corrispondente nella figura austriaca dell'*Opfer* disciplinata dai §§ 65 ss. öStPO (codice di procedura penale austriaco). Entrambi i termini designano sia la persona offesa dal reato che il soggetto danneggiato dal reato. È doveroso precisare che nel sistema processuale penale italiano esiste invece una netta distinzione concettuale e terminologica tra la nozione di *offeso* e *danneggiato*, anche se nella maggior parte dei casi le due figure coincidono nella stessa persona fisica. La persona offesa, vale a dire il soggetto titolare del bene giuridico o dell'interesse tutelato dalla norma penale e leso dalla commissione del reato, non va confuso con il danneggiato, per tale intendendosi il soggetto che, per effetto della commissione del reato, subisce un danno patrimoniale o morale ed è legittimato a costituirsi parte civile nel processo penale per le pretese risarcitorie e restitutorie. Il traducente tedesco del termine italiano *danneggiato dal reato* è *Geschädigte/r*.

Verletzung *f* [1] *(Verletzen)* ferimento *m*, *(Wunde)* ferita *f*.

Verletzung *f* [2] *(Übertretung)* violazione *f*, infrazione *f*, trasgressione *f*, lesione *f*, *(Schädigung)* danno *m*, *(Kränkung)* offesa *f*; **~** *f* **des Amtsgeheimnisses** violazione *f* del segreto d'ufficio, rivelazione *f* di segreti d'ufficio; **~** *f* **der Amtspflicht** violazione *f* dei doveri d'ufficio; **~** *f* **der Amtsverschwiegenheit** violazione *f* del segreto d'ufficio, rivelazione *f* di segreti d'ufficio; **~** *f* **der Anzeigepflicht** reticenza *f*; **~** *f* **der Aufsichtspflicht** violazione *f* dell'obbligo di vigilanza; **~** *f* **der beruflichen Schweigepflicht**; **~** *f* **der beruflichen Verschwiegenheit**; **~** *f* **des Berufsgeheimnisses** violazione *f* del segreto professionale, rivelazione *f* di segreto professionale; **~** *f* **der Berufspflicht** violazione *f* del dovere professionale; **~** *f* **des Briefgeheimnisses** violazione *f* del segreto epistolare, violazione *f* del segreto della corrispondenza, violazione *f* di corrispondenza; **~** *f* **des Dienstgeheimnisses** *(§ 353b StGB)* violazione *f* del segreto d'ufficio, rivelazione *f* di segreti d'ufficio, violazione *f* del segreto professionale; **~** *f* **der Dienstpflicht** violazione *f* dei doveri d'ufficio; **~** *f* **des Fernsprechgeheimnisses** violazione *f* del segreto della corrispondenza telefonica; **~** *f* **der Geheimhaltungspflicht** violazione *f* del segreto professionale, rivelazione *f* di segreto professionale;

~ *f* **der Gewährleistung** violazione *f* della garanzia; **~** *f* **der Grenze** violazione *f* di confine; **~** *f* **eines Grundrechtes** violazione *f* di un diritto fondamentale; **~** *f* **über die Hälfte** *(A)* lesione *f* eccedente la metà, lesione *f* ultra dimidium; **~** *f* **des Hausrechts** *(A)* violazione *f* di domicilio; **~** *f* **der Intimsphäre** violazione *f* della privacy, violazione *f* della sfera privata, violazione *f* della sfera personale (del soggetto), violazione *f* del diritto alla riservatezza; **~** *f* **des Luftraums** violazione *f* dello spazio aereo; **~** *f* **der Menschenrechte** violazone *f* dei diritti dell'uomo; **~** *f* **der Neutralität** violazione *f* della neutralità; **~** *f* **der Obhutspflicht** *(Strafrecht)* abuso *m* dei mezzi di correzione o di disciplina, maltrattamenti *mpl* in famiglia o verso fanciulli, *(Zivilrecht)* violazione *f* dell'obbligo di custodia; **~** *f* **des öffentlichen Anstandes**; **~** *f* **der öffentlichen Sittlichkeit** *(CH)* offesa *f* alla moralità pubblica; **~** *f* **von Privatgeheimnissen** *(§ 203 StGB)* violazione *f* del segreto professionale, rivelazione *f* del segreto professionale; **~** *f* **eines Rechts** violazione *f* di un diritto, lesione *f* di un diritto; **~** *f* **des Schriftsgeheimnisses** *(CH)* violazione *f* del segreto epistolare, violazione *f* del segreto della corrispondenza, violazione *f* di corrispondenza; **~** *f* **der Sorgfaltspflicht** violazione *f* dell'obbligo di diligenza; **~** *f* **der Souveränität** attentato *m* alla sovranità; **~** *f* **der Standespflicht** violazione *f* del dovere professionale; **~** *f* **der Unterhaltspflicht** violazione *f* dell'obbligo di assistenza familiare, violazione *f* dell'obbligo alimentare; **~** *f* **der Verfassung** violazione *f* della costituzione; **~** *f* **des Wahlgeheimnisses** violazione *f* del segreto dello scrutinio.

Verletzungsdelikt *n (setzt die Verletzung eines tatbestandlich geschützten Rechtsguts voraus, z.B. Körperverletzung, Sachbeschädigung)* reato *m* di danno.

verleumden *v* diffamare *(D)*, calunniare *(A, CH)*.

Verleumder/in *m/f* diffamatore/-trice *m/f (D)*, calunniatore/-trice *m/f (A, CH)*.

verleumderisch *adj* diffamatorio *(D)*, calunnioso *(A, CH)*.

Verleumdung *f* [1] *(D) StrafR (§ 187 StGB)* diffamazione *f (consistente nell'attribuzione di un fatto determinato. Si differenzia dalla "üble Nachrede" ex art. § 186 StGB, in quanto quest'ultimo istituto ricorre quando non è provata la verità del fatto attribuito alla persona offesa, mentre l'elemento costitutivo della "Verleumdung" è rappresentato dalla falsità dell'addebito)*.

Verleumdung *f* [2] *(A) StrafR (nicht mit der namensgleichen Verleumdung nach § 187 des deutschen StGB zu verwechseln) (§ 297 öStGB)* calunnia *f*.

Verleumdung *f* [3] *(CH) StrafR (Art. 174 sStGB)* calunnia *f*.

verlieren *v ProzR* soccombere (*in giudizio*).

Verlierer *m ProzR* soccombente *m*, parte *f* soccombente.

Verlöbnis *n EheR (§§ 1297 ff. BGB; §§ 45 f. österr. ABGB; Artt. 90 ff. schweiz. ZGB)* promessa *f* di matrimonio, promessa *f* nuziale, fidanzamento *m*; **~bruch** *m EheR* rottura *f* degli sponsali, rottura *f* della promessa di matrimonio.

verlobt sein *EheR* essere fidanzati.

Verlobte/r *f/m EheR* promittente *m/f*, fidanzato/-a *m/f*, promesso/-a sposo/-a *m/f*.

Verlobung *f EheR (§§ 1297 ff. BGB; §§ 45 f. österr. ABGB; Artt. 90 ff. schweiz. ZGB)* promessa *f* di matrimonio, promessa *f* nuziale, fidanzamento *m*.

Verlobungsgeschenk *n* dono *m* fatto a causa della promessa di matrimonio.

verlosbar *adj* redimibile (per estrazione a sorte).

verlosen *v* estrarre a sorte, sorteggiare.

Verlosung *f* estrazione *f* a sorte, sorteggio *m*.

Verlust *m (Einbuße)* perdita *f*, *(Verwirkung)* decadenza *f*, *(Verlieren)* smarrimento *m*, *(Schaden)* danno *m*, *(com)* *(Defizit)* deficit *m*, *(com)* *(Passiva)* passivo *m*, *(com)* disavanzo *m*; **bei ~**; **bei sonstigem ~** *(A)* a (o: sotto) pena di decadenza; **mit ~ abschließen** chiudere in passivo; **den ~ anzeigen** denunciare lo smarrimento; **mit ~ arbeiten** lavorare in perdita; **mit ~ verkaufen** vendere in perdita; **buchmäßiger ~** *m* perdita *f* contabile; **eingetretener ~** *m* perdita *f* effettiva; **möglicher ~** *m* perdita *f* eventuale; **tatsächlicher ~** *m* perdita *f* effettiva; **wirklich erlittener ~** *m* *(CH)* danno *m* emergente, danno *m* effettivo, danno *m* reale; **wirklicher ~** *m* perdita *f* effettiva; **~** *m* **der Amtsfähigkeit** interdizione *f* dai pubblici uffici, sospensione *f* dall'esercizio di un pubblico ufficio; **~** *m* **des Arbeitsplatzes** perdita *f* del posto di lavoro; **~** *m* **der bürgerlichen Ehrenrechte** perdita *f* dei diritti politici; **~** *m* **der Mitgliedschaft** perdita *f* della qualità di socio; **~** *m* **der Staatsangehörigkeit** perdita *f* della cittadinanza; **~** *m* **des Stimmrechts** perdita *f* del diritto di voto; **~** *m* **der Wählbarkeit** perdita *f* dell'eleggibilità.

Verlust- deficitario.

Verlust|abschluss *m* bilancio *m* passivo, bilancio *m* deficitario; **~abzug** *m* deduzione *f* delle perdite; **~anmeldung** *f*; **~anzeige** *f* denuncia *f* di smarrimento; **~ausgleich** *m* compensazione *f* delle perdite; **~beteiligung** *f* *GesR* partecipazione *f* alle perdite; **~betrieb** *m* azienda *f* lavorante in perdita, azienda *f* deficitaria, impresa *f* deficitaria, gestione *f* deficitaria; **~bilanz** *f* bilancio *m* passivo, bilancio *m* deficitario; **~deckung** *f* copertura *f* delle perdite; **~geschäft** *n* affare *m* deficitario, operazione *f* chiusa in perdita.

verlustig *adj* decaduto; **für ~ erklärt werden**; **~ gehen** [*Gen*] decadere [da], perdere.

Verlustigerklärung *f* *(CH)* dichiarazione *f* di decadenza; **~** *f* **der Staatsbürgerschaft** *(A)* pronuncia *f* della perdita della cittadinanza.

Verlust|jahr *n* esercizio *m* passivo, esercizio *m* deficitario; **~lage** *f* situazione *f* deficitaria; **~meldung** *f* denuncia *f* di smarrimento; **~preis** *m* prezzo *m* inferiore al costo; **~risiko** *n* rischio *m* di perdita; **~rücklage** *f*; **~rückstellung** *f* riserva *f* per perdite; **~saldo** *m* saldo *m* deficitario, eccedenza *f* passiva; **~schein** *m* *(CH)* certificato *m* di carenza di beni, attestato *m* di carenza di beni; **~verkauf** *m* vendita *f* in perdita; **~vortrag** *m* riporto *m* delle perdite.

vermachen *v* *ErbR* legare, lasciare (*in legato*).

Vermächtnis *n* *ErbR* legato *m*, lascito *m*; **ein ~ aussetzen**; **ein ~ bestimmen** *ErbR* legare, disporre un legato; **jemand erhält etwas als ~**; **jemand erhält etwas im Wege des ~ses** *ErbR* lasciare qualcosa a qualcuno; **angeordnetes ~** *n* *ErbR* legato *m* disposto; **~** *n* **mit Auflage**; **~** *n* **unter einer Auflage** *ErbR* legato *m* con onere.

Vermächtnis|anordnung *f* *ErbR* legato *m*, istituzione *f* di legatario; **~erfüllung** *f* *ErbR* adempimento *m* del legato; **~kürzung** *f* *ErbR* riduzione *f* del legato; **~nehmer/in** *m/f* *ErbR* legatario/-a *m/f*.

vermarken *v* segnare il confine.

vermarkten *v* commercializzare.

Vermarktung *f* commercializzazione *f*.

Vermarkung *f* apposizione *f* dei termini.

vermeidbar *adj* evitabile.

Vermeidbarkeit *f* evitabilità *f*.

vermeiden *v* evitare, impedire.

Vermeidung *f* l'evitare, impedimento *m*; **bei ~ des Ausschlusses** a / sotto pena di decadenza; **zur ~ der Nichtigkeit** a / sotto pena di nullità; **bei ~ des Verlustes** a / sotto pena di decadenza.

vermeintlich *adj* presunto, supposto, apparente, putativo.

Vermengung *f* commistione *f*.

Vermerk *m* annotazione *f*, nota *f*, appunto *m*, promemoria *m*, menzione *f*, *(Klauselangabe)* clausola *f*;

~ *m* **„ohne Gewähr"** clausola *f* "senza garanzia"; ~ *m* **„ohne Kosten"** clausola *f* "senza spese"; ~ *m* **„ohne Obligo"** clausola *f* "senza obbligo"; ~ *m* **„an Order"** clausola *f* "all'ordine"; ~ *m* **„nicht an Order"** clausola *f* "non all'ordine"; ~ *m* **„in Prokura"** clausola *f* "per procura"; ~ *m* **„ohne Protest"** clausola *f* "senza protesto".

vermerken *v* annotare, prendere nota [di], registrare, prendere atto [di], notare, osservare.

Vermessungsamt *n (für Liegenschaften)* ufficio *m* tecnico erariale.

Vermietbarkeit *f* affittabilità *f*.

vermieten *v* locare, dare in locazione, concedere in locazione.

Vermieter/in *m/f* locatore *m*.

Vermieterpfandrecht *n (D) (§ 562 BGB)* privilegio *m* del locatore.

Vermietung *f* locazione *f*.

vermindern *v* diminuire, ridurre, ribassare, abbassare, decurtare (*somme, importi, valori*), alleggerire, mitigare.

vermindert *adj* diminuito, ridotto.

Verminderung *f* diminuzione *f*, riduzione *f*, calo *m*, abbassamento *m*, decremento *m*, arretramento *m*, contrazione *f*, decurtazione *f*, attenuazione *f*, alleggerimento *m*.

Vermischung *f SachenR (Art des Eigentumserwerbs) (§ 948 BGB)* commistione *f*.

vermisst werden scomparire.

Vermisstenanzeige *f* denuncia *f* di scomparsa.

Vermisste/r *f/m* scomparso/-a *m/f*.

Vermisstsein *n* scomparsa *f*.

vermittelbar *adj (Arbeitskräfte)* collocabile.

vermitteln *v* [1] *(verschaffen)* procurare, procacciare, fornire, *(geben)* dare, offrire, *(organisieren)* organizzare, combinare, *(als Vermittler auftreten)* fare da mediatore in qc., fare (o: agire/fungere) da intermediario, *(einschreiten)* intervenire, intercedere, *(Streit schlichten)* comporre, conciliare, mediare, *(Frieden)* negoziare, *(weitergeben, übertragen)* trasmettere, comunicare, passare (*una telefonata*).

vermitteln *v* [2] *(Arbeitskräfte und Stellen)* collocare.

Vermittler/in *m/f* intermediario/-a *m/f*, mediatore/-trice *m/f*, sensale *m*, agente *m/f*, rappresentante *m/f*, conciliatore/-trice *m/f*.

Vermittler|provision *f* provvigione *f* di mediazione, senseria *f*; **~tätigkeit** *f* attività *f* mediatrice.

Vermittlung *f* [1] mediazione *f*, intermediazione *f*, tramite *m*, *(Einschreiten)* intervento *m*, intercessione *f*, *(Schlichtung)* conciliazione *f*, accomodamento *m*, negoziazione *f*, *(von Kenntnissen)* trasmissione *f*, *(Auskünfte)* informazioni *fpl*, servizi *mpl*; **gewerbsmäßige ~** *f* mediazione *f* professionale.

Vermittlung *f* [2] *(von Arbeitskräften und Stellen)* collocamento *m* (*del personale*), *(Amt)* agenzia *f* del lavoro, centro *m* per l'impiego, agenzia *f* di collocamento, ufficio *m* di collocamento.

Vermittlungs|agent/in *m/f* intermediario/-a *m/f*, mediatore/-trice *m/f*; **~amt** *n (UPU, Postüberweisungen)* ufficio *m* di scambio; **~angebot** *n* offerta *f* di mediazione; **~ausschuss** *m* commissione *f* di conciliazione, comitato *m* di mediazione, *(EU)* Comitato *m* di conciliazione; **~beschlagnahme** *f* confisca *f* dei beni; **~büro** *n* agenzia *f* del lavoro, centro *m* per l'impiego, agenzia *f* di collocamento, ufficio *m* di collocamento; **~gebühr** *f* provvigione *f* (*di mediazione*), commissione *f* (*di mediazione*), spese *fpl* di mediazione, senseria *f*.

Vermittlungsstelle *f* [1] ufficio *m* conciliazione.

Vermittlungsstelle *f* [2] *(von Arbeitskräften und Stellen)* agenzia *f* del lavoro, centro *m* per l'impiego, agenzia *f* di collocamento, ufficio *m* di collocamento.

Vermittlungsvorschlag *m* proposta *f* di conciliazione.

Vermögen *n* [1] *(Fähigkeit)* facoltà *f*, capacità *f*, potere *m*.

Vermögen *n* [2] *(Wertgegenstände)* patrimonio *m*, beni *mpl* (patrimoniali), asse *m* (*patrimoniale,* *ereditario)*, proprietà *f*, capitale *m*, fondi *mpl*, attivo *m*, fortuna *f*, ricchezza *f*, averi *mpl*, sostanze *fpl*; **ein ~ erwerben** entrare in possesso di un patrimonio; **mit seinem gesamten ~ haften** rispondere con tutti i suoi beni; **bewegliches ~** *n* beni *mpl* mobili, ricchezza *f* mobile, patrimonio *m* mobiliare, attivo *m* circolante; **eheliches ~** *n (CH)* patrimonio *m* dei coniugi; **feindliches ~** *n* patrimonio *m* nemico, beni *mpl* nemici; **gegenwärtiges ~** *n* beni *mpl* presenti; **künftiges ~** *n* beni *mpl* futuri; **~** *n* **der öffentlichen Hand** patrimonio *m* dello Stato; **restliches ~** *n* patrimonio *m* residuo; **sequestriertes ~** *n* beni *mpl* sotto sequestro, beni *mpl* sequestrati; **steuerbares ~** *n (A)*; **steuerpflichtiges ~** *n* patrimonio *m* imponibile, imponibile *m*; **unbewegliches ~** *n* beni *mpl* immobili, beni *mpl* immobiliari, patrimonio *m* immobiliare, proprietà *f* immobiliare.

vermögend *adj* abbiente.

Vermögens | abgabe *f* imposta *f* sul patrimonio; **~absonderung** *f* separazione *f* dei beni, separazione *f* dei patrimoni; **~abtretung** *f* cessione *f* dei beni; **~angabe** *f* dichiarazione *f* dei beni; **~anlage** *f* investimento *m* di beni; **~aufgabe** *f* abbandono *m* del patrimonio, abbandono *m* dell'attivo; **~aufstellung** *f* stato *m* patrimoniale, inventario *m* patrimoniale; **~beschlagnahme** *f* confisca *f* dei beni; **~bestand** *m* consistenza *f* patrimoniale; **~bestandteil** *m* bene *m*, bene *m* patrimoniale, elemento *m* patrimoniale, componente *f* patrimoniale; **~besteuerung** *f* tassazione *f* del patrimonio; **~bilanz** *f* bilancio *m* patrimoniale; **~bildung** *f* formazione *f* di patrimoni; **~blockierung** *f (A)* blocco *m* dei beni; **~delikt** *n* delitto *m* contro il patrimonio; **~einbuße** *f* perdita *f* patrimoniale; **~einziehung** *f* confisca *f* dei beni; **~entwertung** *f (CH)* svalutazione *f* del patrimonio; **~entziehung** *f* spoglio *m*, spoliazione *f*; **~gebarung** *f* gestione *f* patrimoniale; **~gegenstand** *m* bene *m*, bene *m* patrimoniale, elemento *m* patrimoniale, componente *f* patrimoniale.

Vermögensgegenstände *mpl* beni *mpl*, patrimonio *m*, immobilizzazioni *fpl*; **immaterielle ~** *mpl (Bilanz)* immobilizzazioni *fpl* immateriali.

Vermögens | haftung *f* responsabilità *f* patrimoniale; **~interesse** *n* interesse *m* patrimoniale; **~lage** *f* situazione *f* patrimoniale, stato *m* patrimoniale; **~masse** *f* massa *f* patrimoniale, massa *f* di beni; **~mehrung** *f* aumento *m* di patrimonio, accrescimento *m* patrimoniale; **~opfer** *n* perdita *f* di beni; **~rechnung** *f* conto *m* del patrimonio; **~recht** *n* diritto *m* patrimoniale.

vermögensrechtlich *adj* (di diritto) patrimoniale; **nicht ~** [auch: nichtvermögensrechtlich] non patrimoniale, fuori patrimonio.

Vermögens | redistribution *f* ridistribuzione *f* della ricchezza; **~rendite** *f* reddito *m* patrimoniale; **~schaden** *m* danno *m* patrimoniale, lesione *f* patrimoniale, danno *m* emergente, damnum emergens *(lat)*; **~sorge** *f FamR (Sorge für das Vermögen des Kindes als Teil der elterlichen Sorge) (§ 1626 Abs. 1 BGB)* amministrazione *f* del patrimonio (o: dei beni) del minore da parte dei genitori; **~sperre** *f* blocco *m* di beni; **~stand** *m* stato *m* patrimoniale, situazione *f* patrimoniale, consistenza *f* patrimoniale; **~status** *m* stato *m* patrimoniale, situazione *f* patrimoniale, stato *m* attivo e passivo, inventario *m* patrimoniale; **~strafe** *f* pena *f* patrimoniale, pena *f* pecuniaria; **~substanz** *f* patrimonio *m*, sostanze *fpl*, averi *mpl*; **~teilung** *f* divisione *f* del patrimonio.

Vermögensteuer *f* imposta *f* sul patrimonio, imposta *f* patrimoniale, patrimoniale *f*.

Vermögens | übergang *m* cessione *f* di beni; **~übernahme** *f* rilievo *m* di beni, rilevamento *m*, acquisizione *f*; **~übernehmer/in** *m/f* cessionario *m* (*di beni, patrimonio*); **~übersicht** *f* situazione *f* patrimoniale, stato *m* patrimoniale, inventario *m* patrimoniale, situazione *f* del patrimonio; **~übertragung** *f* trasferimento *m* dei beni, trasferimento *m* di patrimonio, cessione *f* dei beni, cessione *f* del patrimonio; **~übertragungsvertrag** *m* contratto *m* di cessione dei beni.

Vermögensverfall *m* [1] dissesto *m* finanziario.

Vermögensverfall *m* [2] *(Vermögenseinziehung)* confisca *f* dei beni.

Vermögens | verfügung *f* disposizione *f* patrimoniale, atto *m* di disposizione patrimoniale; **~verhältnisse** *npl* situazione *f* patrimoniale, situazione *f* del patrimonio, situazione *f* economica, situazione *f* finanziaria, condizioni *fpl* finanziarie; **~verheimlichung** *f* occultamento *m* di beni, dissimulazione *f* di beni; **~verlust** *m* perdita *f* patrimoniale, diminuzione *f* patrimoniale; **~verschiebung** *f* trasferimento *m* di beni senza causa; **~verschleierung** *f* occultamento *m* di beni, dissimulazione *f* di beni; **~versicherung** *f* assicurazione *f* dei danni patrimoniali; **~verwalter/in** *m/f* amministratore *m* del patrimonio, amministratore *m* dei beni (*patrimoniali*); **~verwaltung** *f* gestione *f* patrimoniale, amministrazione *f* patrimoniale, amministrazione *f* del patrimonio, amministrazione *f* dei beni (*patrimoniali*); **~verzeichnis** *n* inventario *m* di beni, inventario *m* patrimoniale; **~vorteil** *m* vantaggio *m* patrimoniale.

Vermögenswert *m* [1] *(Vermögensgegenstand)* bene *m*, bene *m* patrimoniale, elemento *m* patrimoniale, componente *f* patrimoniale; **immaterielle ~e** *mpl* immobilizzazioni *fpl* immateriali, attivi *mpl* immateriali.

Vermögenswert *m* [2] *(Wert des Vermögens)* valore *m* patrimoniale.

Vermögens | zuwachs *m* incremento *m* patrimoniale; **~zuwendung** *f* *(Zuwendungsgeschäft)* attribuzione *f* patrimoniale.

Vermummungsverbot *n* *(bei Demonstrationen)* divieto *m* di camuffamento.

vermuten *v* presumere, supporre, credere, sospettare.

vermutlich *adj* presunto, presumibile, supposto, ipotizzabile, probabile, probabilmente, presumibilmente.

Vermutung *f* presunzione *f*, supposizione *f*, congettura *f*, ipotesi *f*, sospetto *m*; **gesetzliche ~** *f*; **rechtliche ~** *f* presunzione *f* legale; **tatsächliche ~** *f* presunzione *f* semplice, presunzione *f* di fatto, presunzione *f* dell'uomo; **unwiderlegbare ~** *f*; **unwiderlegliche ~** *f* presunzione *f* assoluta, presunzione *f* iuris et de iure; **widerlegbare ~** *f*; **widerlegliche ~** *f* presunzione *f* relativa, presunzione *f* iuris tantum; **~ *f* der Ehelichkeit** *FamR* presunzione *f* di concepimento durante il matrimonio (o durante il tempo di convivenza dei genitori); **~ *f* des Lebens** presunzione *f* di vita; **~ *f* des Todes** presunzione *f* di morte, morte *f* presunta; **~ *f* gleichzeitigen Todes** *(A)* presunzione *f* di commorienza; **~ *f* der Vaterschaft** presunzione *f* di paternità.

vernachlässigen *v* trascurare, abbandonare, negligere.

Vernachlässigung *f* trascuratezza *f*, abbandono *m*, negligenza *f*, incuria *f*, noncuranza *f*; **~ *f* eines Kindes** *(CH)*; **~ *f* der Pflege, Erziehung oder Beaufsichtigung** *(A)* violazione *f* degli obblighi di assistenza verso i minori; **~ *f* von Unterstützungspflichten** *(CH)* violazione *f* degli obblighi di assistenza familiare.

vernehmen *v* *(befragen)* interrogare, ascoltare, sentire, escutere, *(erfahren)* apprendere; **polizeilich ~** interrogare dalla polizia; **richterlich ~** interrogare dal giudice.

Vernehmung *f* interrogatorio *m*, ascolto *m*, audizione *f*, escussione *f*, esame *m*; **beeidete ~** *f (A)*; **eidliche ~** *f* audizione *f* sotto il vincolo del giuramento; **erste ~** *f* primo interrogatorio *m*; **förmliche ~** *f* interrogatorio *m* formale; **kommissarische ~** *f (von Zeugen)* esame *m* testimoniale assunto per delegazione o richiesta; **öffentliche ~** *f* interrogatorio *m* pubblico; **~** *f* **durch die Gegenseite** controinterrogatorio *m*; **~** *f* **der Parteien** esame *m* delle parti; **~** *f* **zur Person** interrogatorio *m* sulle generalità; **~** *f* **zur Sache** interrogatorio *m* nel merito; **~** *f* **von Zeugen** ascolto *m* dei testimoni (o: testi), audizione *f* dei testimoni (o: testi), escussione *f* dei testimoni (o: testi), assunzione *f* dei testimoni (o: testi), esame *m* dei testimoni (o: testi), esame *m* testimoniale.

Vernehmungsbeamter/-beamtin *m/f* funzionario *m* diverso dal giudice che interroga un imputato o un testimone.

vernehmungsfähig *adj* in condizioni di essere interrogato.

Vernehmungs|niederschrift *f*; **~protokoll** *n* verbale *m* di audizione, processo *m* verbale di audizione, verbale *m* di interrogatorio, processo *m* verbale di interrogatorio; **~richter/in** *m/f* giudice *m* che interroga un imputato o un testimone, giudice *m* istruttore.

vernichtbar *adj* rescindibile, annullabile.

vernichten *v* annientare, distruggere, sterminare, eliminare, annullare, rescindere.

Vernichtung *f* annientamento *m*, *(von Urkunden, Beweisen, Sachen)* distruzione *f*; **~** *f* **von Beweisen** distruzione *f* di prove; **~** *f* **von Sachen** distruzione *f* di cose; **~** *f* **von Urkunden** distruzione *f* di atti, distruzione *f* di documenti.

vernünftig *adj* ragionevole, giusto, sensato, assennato, giudizioso, razionale.

veröffentlichen *v* pubblicare, rendere pubblico.

Veröffentlichung *f* pubblicazione *f*, promulgazione *f*; **amtliche ~** *f* pubblicazione *f* ufficiale; **periodische ~** *f* pubblicazione *f* periodica; **~** *f* **des Aufgebots** *EheR* pubblicazione *f* di matrimonio, pubblicazioni *fpl* di matrimonio; **~** *f* **der Einberufung** *GesR* avviso *m* di convocazione; **~** *f* **des Gesetzes** pubblicazione *f* della legge.

Veröffentlichungs|befugnis *f* potere *m* di far pubblicare una sentenza; **~blatt** *n* gazzetta *f* ufficiale, foglio *m* degli annunci; **~verbot** *n* divieto *m* di pubblicazione.

verordnen *v* ordinare, decretare, prescrivere.

verordnend *adj* prescrittivo.

Verordnung *f* decreto *m*, ordinanza *f*, regolamento *m*, disposizione *f*, prescrizione *f*, ordine *m*; **eine ~ erlassen** emettere un decreto, emanare un decreto, emettere un'ordinanza, emanare un'ordinanza; **ärztliche ~** *f* prescrizione *f* medica; **EU- ~** *f EuR* regolamento *m* UE, regolamento *m* dell'Unione europea; **EWG- ~** *f EuR* regolamento *m* CEE; **gesetzesvertretende ~** *f* decreto *m* legge; **polizeiliche ~** *f* ordinanza *f* di polizia; **~** *f* **des Rates der Europäischen Union** *EuR* regolamento *m* del Consiglio dell'Unione europea.

Verordnungs|gewalt *f*; **~recht** *n* potere *m* regolamentare, potestà *f* regolamentare.

verordnungsrechtlich *adj* regolamentare.

Verordnungsweg *m* via *f* regolamentare.

verpachten *v* affittare (*dare in affitto*).

Verpächter/in *m/f* locatore *m* (*contratto di affitto*).

Verpachtung *f* affitto *m*.

Verpackungs|gebühr *f (UPU)* tassa *f* di ricomposizione; **~kosten** *pl* spese *fpl* di imballaggio; **~taxe** *f (CH)* tassa *f* di ricomposizione.

verpfändbar *adj* accettabile in pegno.

verpfänden *v* costituire in pegno, dare in pegno, impegnare, ipotecare.

Verpfänder/in *m/f* chi dà qc. in pegno, datore *m* di pegno, costituente *m/f* del pegno.

verpfändet *adj* costituito in pegno, dato in pegno, impegnato, ipotecato.
Verpfändung *f* costituzione *f* in pegno, deposito *m* in pegno.
Verpfändungsvertrag *m* contratto *m* di pegno.
Verpflegungszulage *f* indennità *f* di mensa.
verpflichten *v* obbligare, vincolare, impegnare, porre a carico; **sich ~** *v* [zu *Dat*] obbligarsi [a], assumersi l'obbligo [di], impegnarsi [a], assumersi l'impegno [di], promettere [di]; **sich vertraglich ~** obbligarsi contrattualmente, obbligarsi per contratto, impegnarsi per contratto.
verpflichtend *adj* obbligatorio, vincolante, impegnativo.
verpflichtet *adj* obbligato, tenuto, vincolato; **~ sein** [zu *Dat*] essere obbligato [a], essere tenuto [a]; **gesamtschuldnerisch ~ sein** essere obbligato in solido; **gesetzlich ~ sein**; **rechtlich ~ sein** essere obbligato per legge, essere tenuto per legge; **solidarisch ~ sein** *(A, CH)* essere obbligato in solido; **vertraglich ~ sein** essere obbligato per contratto, essere contrattualmente obbligato, essere vincolato da un contratto, essere contrattualmente vincolato.
Verpflichtete/r *f/m* obbligato *m* (*soggetto obbligato*); **gesamtschuldnerisch ~** *f/m*; **solidarisch ~** *f/m* obbligato *m* solidale, obbligato *m* in solido.
Verpflichtung *f* [zu *Dat*] obbligo *m*, onere *m*, obbligazione *f*, *(Schuld)* debito *m*, *(Pflicht)* dovere *m*, *(Verbindlichkeit)* impegno *m*, vincolo *m*; **~** *f* **aus** [*Dat*] obbligazione *f* derivante / nascente / scaturente [da], obbligazione *f* ai sensi [di], obbligo *m* derivante / nascente / scaturente [da], obbligo *m* ai sensi [di]; **ohne ~** senza impegno; **eine ~ eingehen** contrarre un obbligo, contrarre un'obbligazione, contrarre un debito, assumere un obbligo, assumere un'obbligazione, assumere un impegno; **eine ~ nicht einhalten** non mantenere un impegno, essere inadempiente; **jdn. einer ~ entheben** esentare qn. da un obbligo; **sich einer ~ entziehen** sottrarsi ad un obbligo; **eine ~ erfüllen** adempiere (a) un'obbligazione, adempiere (a) un obbligo, ottemperare a un obbligo, assolvere un obbligo, rispettare un obbligo, soddisfare un obbligo, assolvere un impegno; **seinen ~en nachkommen** adempiere (a)i propri obblighi, far(e) fronte ai propri obblighi, adempiere (a)i propri doveri, far(e) fronte ai propri impegni, assolvere i propri impegni, rispettare i propri impegni, soddisfare le proprie obbligazioni; **eine ~ übernehmen** prendere un impegno, assumersi un impegno, assumersi un obbligo, contrarre un'obbligazione; **finanzielle ~** *f* obbligo *m* pecuniario; **gesamtschuldnerische ~** *f* obbligazione *f* solidale, obbligazione *f* in solido; **gesetzliche ~** *f*; **rechtliche ~** *f* obbligo *m* legale; **treuhänderische ~** *f* obbligo *m* fiduciario, dovere *m* fiduciario; **übernommene ~** *f* obbligo *m* assunto; **unvollkommene ~** *f* obbligazione *f* naturale; **ursprüngliche ~** *f* obbligazione *f* originaria; **vertragliche ~** *f* obbligazione *f* contrattuale, obbligo *m* contrattuale; **~** *f* **zur Duldung** obbligazione *f* di tollerare, obbligo *m* di tollerare; **~** *f* **(des Schuldners) zur Leistung** obbligo *m* (del debitore) di adempiere (una determinata prestazione a vantaggio del creditore), obbligo *m* (del debitore) di eseguire la prestazione; **~** *f* **zum Schaden(s)ersatz** obbligo *m* di risarcimento del danno (o: dei danni); **~** *f* **zu einem Tun** obbligazione *f* di fare; **~** *f* **zur Übertragung des Eigentums an einem Grundstück** obbligo *m* di trasferire la proprietà di un (bene) immobile; **~** *f* **zur Unterhaltsleistung** *FamR* obbligo *m* di mantenimento, obbligo *m* di contribuire al mantenimento, obbligo *m* di contribuzione al mantenimento (dei figli e/o dell'altro coniuge), obbligo *m* di contribuzione,

obbligazione *f* alimentare, obbligo *m* alimentare, obbligo *m* di prestare (o: passare) gli alimenti, obbligo *m* di assistenza familiare; **~** *f* **zu einer Unterlassung** obbligazione *f* di non fare; **~** *f* **zur Verschwiegenheit** dovere *m* di segretezza e riservatezza, obbligo *m* di riservatezza, obbligo *m* del segreto professionale, obbligo *m* di mantenere il segreto professionale; **~** *f* **zur Vornahme einer Handlung** obbligazione *f* di fare.

Verpflichtungs | erklärung *f* dichiarazione *f* di obbligo, dichiarazione *f* di impegno; **~ermächtigung** *f EuR* stanziamento *m* di impegno; **~geschäft** *n* ↔ *Verfügungsgeschäft* negozio *m* obbligatorio, negozio *m* di obbligazione; **~klage** *f ZivProzR* azione *f* tendente ad ottenere un fare o non fare; **~schein** *m* obbligazione *f* (*documento del rapporto obbligatorio*), certificato *m* di impegno; **~schreiben** *n* lettera *f* di impegno; **~verhältnis** *n* rapporto *m* (giuridico) obbligatorio.

Verpfründung *f (CH)* vitalizio *m* oneroso, vitalizio *m (CH)*.

Verpfründungsvertrag *m (CH)* contratto *m* di vitalizio *(CH)*, contratto *m* di vitalizio oneroso.

verrechnen *v (in die Rechnung einbeziehen)* mettere in conto, conteggiare, computare, *(Scheck)* accreditare, *(ausgleichen)* compensare, pareggiare, conguagliare, *(etwas mit etwas (Dat))* scomputare, scalare.

Verrechnung *f (Abrechnung)* calcolo *m*, conto *m*, conteggio *m*, contabilizzazione *f*, fatturazione *f*, messa *f* in conto, *(Gutschrift)* accredito *m*, accreditamento *m*, *(Ausgleich)* compensazione *f*, pareggio *m*, conguaglio *m*, *(Wirtsch)* clearing *m*, regolamento *m*; **nur zur ~** *(Scheck)* da accreditare (*in conto*).

Verrechnungs | scheck *m* assegno *m* da accreditare; **Eidgenössische ~steuer** *f (CH) SteuerR* imposta *f* preventiva federale (svizzera).

verrichten *v* eseguire, svolgere, compiere, effettuare, fare, sbrigare.

Verrichtung *f (Ausführung)* esecuzione *f*, svolgimento *m*, compimento *m*, adempimento *m*, *(Erledigung)* disbrigo *m*, *(Arbeit)* mansione *f*, funzione *f*, compito *m*, dovere *m*, operazione *f*, impegno *m*.

Verrichtungsgehilfe/-gehilfin *m/f DeliktsR (§ 831 BGB)* commesso *m*.

versagen *v* [1] *(scheitern)* fallire, non riuscire, mancare, venire meno, *(Tech)* non funzionare, *(Tech)* guastarsi.

versagen *v* [2] *(nicht gewähren)* negare, rifiutare, ricusare.

Versagen *n* fallimento *m*, errore *m* (*umano*), *(Tech)* mancato funzionamento *m*, *(Tech)* guasto *m*.

Versagung *f* rifiuto *m*, diniego *m*.

Versagungsgrund *m* motivo *m* del rifiuto.

versammeln *v* adunare, riunire, raccogliere, convocare; **sich ~** *v* adunarsi, riunirsi (*in assemblea*), raccogliersi.

Versammlung *f (Sitzung)* assemblea *f*, seduta *f*, riunione *f*, congresso *m*, comizio *m*, convegno *m*, *(Sichversammeln)* raduno *m*, adunanza *f*; **eine ~ abhalten** tenere un'assemblea, tenere una riunione; **eine ~ anmelden** dare avviso di una riunione; **eine ~ einberufen** convocare un'assemblea; **eine ~ genehmigen** autorizzare una riunione; **eine ~ verbieten** vietare una riunione; **außerordentliche ~** *f* assemblea *f* straordinaria; **beratende ~** *f* assemblea *f* consultiva, consulta *f*; **beschließende ~** *f* assemblea *f* deliberante; **beschlussfähige ~** *f* assemblea *f* regolarmente costituita; **gemeinsame ~** *f* assemblea *f* comune; **genehmigte ~** *f* riunione *f* autorizzata; **gesetzgebende ~** *f* assemblea *f* legislativa; **konstituierende ~** *f* assemblea *f* costituente, costituente *f*; **öffentliche ~** *f* riunione *f* pubblica, assembramento *m* in luogo pubblico; **ordentliche ~** *f* assemblea *f* ordinaria; **politische ~** *f* riunione *f* a carattere politico; **verbotene ~** *f* riunione *f* vietata; **verfassunggebende ~** *f VerfR* assemblea *f* costituente, costituente *f*;

vorbereitende ~ *f* assemblea *f* preparatoria.

Versammlungs | beschluss *m* deliberazione *f* assembleare, delibera *f* assembleare; **~freiheit** *f* libertà *f* di riunione; **~gesetz** *n* legge *f* sulle riunioni pubbliche; **~recht** *n* diritto *m* di riunione, diritto *m* delle assemblee; **~verbot** *n* divieto *m* di riunione.

Versand *m* spedizione *f*, invio *m*; **~anzeige** *f* avviso *m* di spedizione; **~beleg** *m* ricevuta *f* di spedizione; **~dokumente** *npl* documenti *mpl* di spedizione, documenti *mpl* di trasporto; **~erklärung** *f* dichiarazione *f* di spedizione; **~gebühr** *f* tassa *f* di spedizione; **~geschäft** *n*; **~kauf** *m* vendita *f* per corrispondenza; **~kosten** *pl* spese *fpl* di spedizione; **~papiere** *npl* documenti *mpl* di spedizione, documenti *mpl* di trasporto; **~rechnung** *f* fattura *f* di spedizione; **~schein** *m* bollettino *m* di spedizione; **~spesen** *pl* spese *fpl* di spedizione; **~station** *f* stazione *f* di partenza (di spedizione della merce); **~steuer** *f (A)* imposta *f* di spedizione; **~stück** *n* collo *m*, *(Wechsel)* duplicato *m* di cambiale inviata per l'accettazione; **~verkauf** *m* vendita *f* per corrispondenza; **~wechsel** *m* cambiale *f* inviata all'incasso.

versäumen *v (unterlassen)* trascurare, omettere, negligere, *(nicht anwesend sein)* essere assente, mancare (a), *(Gelegenheit)* perdere.

Versäumnis *n* omissione *f*, negligenza *f*, dimenticanza *f*, mancanza *f*, inosservanza *f*, *(Abwesenheit)* assenza *f*, *ProzR* contumacia *f*; **~urteil** *n ZivProzR (§§ 330 ff. ZPO)* sentenza *f* contumaciale, sentenza *f* (pronunciata) in contumacia (*non esiste in Italia, perché in caso di contumacia il processo procede comunque nelle vie ordinarie*); **~verfahren** *n ZivProzR* procedimento *m* contumaciale, procedimento *m* in contumacia, processo *m* contumaciale, processo *m* in contumacia.

Versäumung *f (einer Frist)* inosservanza *f* (*del termine*).

Versäumungs | antrag *m (A) ZivProzR* domanda *f* di sentenza contumaciale; **~urteil** *n (A) ZivProzR* sentenza *f* contumaciale, sentenza *f* (pronunciata) in contumacia (*non esiste in Italia, perché in caso di contumacia il processo procede comunque nelle vie ordinarie*).

Verschachtelung *f* partecipazione *f* di società al capitale di altre società.

Verschaffungsvermächtnis *n ErbR* legato *m* di cosa altrui.

verschärfen *v* aumentare, accrescere, *(Strafe)* aggravare, *(Spannung, Konkurrenz)* inasprire, acuire.

Verschärfung *f* aumento *m*, *(der Strafe)* aggravamento *m*, *(der Spannung, Konkurrenz)* inasprimento *m*; **~** *f* **des Wettbewerbs** inasprimento *m* della concorrenza.

verschieben *v* [1] *(aufschieben)* spostare, rimandare, rinviare, prorogare, differire, aggiornare (*la seduta, discussione*), procrastinare, protrarre.

verschieben *v* [2] *(schwarz verkaufen)* vendere al mercato nero.

Verschiebung *f* spostamento *m*, rinvio *m*, proroga *f*, differimento *m*, dilazione *f*, aggiornamento *m*.

verschieden *adj* differente, diverso, distinto, differenziato, dissimile, disuguale, vario.

Verschiedenes *n (auf Tagesordnung)* varie *fpl* ed eventuali *fpl*.

verschiffen *v* imbarcare.

Verschiffer/in *m/f* caricatore *m*.

Verschiffung *f* imbarco *m*.

Verschiffungs | bescheinigung *f* avviso *m* di imbarco; **~dokumente** *npl* documenti *mpl* di imbarco; **~hafen** *m* porto *m* di imbarco; **~papiere** *npl* documenti *mpl* di imbarco.

verschlechtern *v* peggiorare, deteriorare, aggravare; **sich ~** *v* peggiorare, deteriorarsi, aggravarsi.

Verschlechterung *f* peggioramento *m*, deterioramento *m* (*della cosa*).

Verschlechterungsverbot *n* divieto *m* della reformatio in peius.

verschleiern *v* dissimulare.

Verschleierung *f* dissimulazione *f*.

Verschleiß *m* [1] usura *f*, logoramento *m*, logorio *m*, consumo *m*.
Verschleiß *m* [2] *(A) (Verkauf im Kleinen, Vertrieb)* vendita *f*, spaccio *m*; **~besteuerung** *f (A)* imposta *f* sul commercio al minuto.
verschleißen *v* logorare, consumare.
Verschleißer/in *m/f (A)* dettagliante *m*, venditore *m* al minuto.
Verschleiß | spanne *f (A)* margine *m* del commercio al minuto, margine *m* del dettagliante; **~stelle** *f (A)* spaccio *m*.
verschleppen *v* [1] *(verzögern)* ritardare, rinviare, differire, protrarre, tirare per le lunghe.
verschleppen *v* [2] *(entführen)* deportare.
Verschleppte/r *f/m* deportato/-a *m/f*.
Verschleppung *f* [1] *(Verzögerung)* rinvio *m* (ripetuto), differimento *m*, protrazione *f*, *(mutwillige Verzögerung)* ostruzione *f*.
Verschleppung *f* [2] *(Entführung) (§ 234a StGB)* deportazione *f*.
Verschleppungs | politik *f*; **~taktik** *f* ostruzionismo *m*.
verschleudern *v* vendere a vil prezzo, svendere, dissipare, scialacquare.
Verschleuderung *f* svendita *f*, sperpero *m*.
Verschlimmerungsverbot *n (A)* divieto *m* della reformatio in peius.
Verschluss | buch *n (CH)* libro *m* dei sigilli doganali; **~sache** *f* documento *m* avente carattere segreto o riservato; **~sachenanweisung** *f* istruzione *f* relativa alla conservazione dei documenti segreti; **~verletzung** *f* rottura *f* di sigillo.
verschmelzen *v* fondere.
Verschmelzung *f* fusione *f*; **~** *f* **durch Aufnahme** fusione *f* mediante incorporazione; **~** *f* **durch Neubildung** fusione *f* mediante costituzione di nuova società.
Verschmelzungsvertrag *m* contratto *m* di fusione.
Verschollene/r *f/m* scomparso/-a *m/f*, assente *m/f*.
Verschollenerklärung *f (CH)* dichiarazione *f* di assenza.
Verschollenheit *f* scomparsa *f*, assenza *f*, scomparizione *f* (in mare).
Verschollenheits | erklärung *f* dichiarazione *f* di assenza; **~kurator** *m (A)* curatore *m* dello scomparso.
verschreiben *v (Rezept)* prescrivere.
Verschreibung *f (Rezept)* prescrizione *f*.
verschulden *v (verursachen)* causare (per propria colpa), provocare, cagionare; **sich ~** *v* indebitarsi.
Verschulden *n ZivR* colpevolezza *f*, *(im weiteren Sinne)* colpa *f*, *(Haftung)* responsabilità *f*; **außervertragliches ~** *n* colpa *f* extracontrattuale, colpa *f* aquiliana, responsabilità *f* extracontrattuale, responsabilità *f* aquiliana; **beiderseitiges ~** *n* colpa *f* reciproca; **deliktisches ~** *n ZivR* colpa *f* extracontrattuale, colpa *f* aquiliana, responsabilità *f* (civile) per (o: da) fatto illecito, responsabilità *f* extracontrattuale, responsabilità *f* aquiliana; **eigenes ~** *n* colpa *f* propria, autoresponsabilità *f*; **fahrlässiges ~** *n* colpa *f*; **fremdes ~** *n* colpa *f* altrui; **grobes ~** *n* colpa *f* grave; **konkurrierendes ~** *n*; **mitwirkendes ~** *n* colpa *f* concorrente, concorso *m* di colpa; **nautisches ~** *n* colpa *f* nautica; **persönliches ~** *n* colpa *f* personale; **überwiegendes ~** *n* colpa *f* prevalente; **vertragliches ~** *n* colpa *f* contrattuale, responsabilità *f* contrattuale; **nicht vorsätzliches ~** *n* colpa *f*; **~** *n* **bei(m) Vertragsschluss**; **~** *n* **bei (den) Vertragsverhandlungen** → *culpa in contrahendo* responsabilità *f* precontrattuale, culpa in contrahendo *(lat)*.
Verschuldens | grad *m* grado *m* della colpevolezza; **~haftung** *f* responsabilità *f* (civile) per (o: da) fatto illecito, responsabilità *f* extracontrattuale, responsabilità *f* aquiliana; **~nachweis** *m* prova *f* della colpa; **~vermutung** *f* presunzione *f* di colpa.
verschuldet *adj* [1] *(Schulden habend)* indebitato; **hoch ~ sein** essere fortemente indebitato, essere indebitato fino al collo, avere molti debiti.

verschuldet *adj* [2] *(zu verantworten)* causato, provocato, cagionato, *(schuldhaft verursacht)* causato per colpa.
Verschuldung *f* indebitamento *m*, esposizione *f* debitoria; **in ~ geraten** indebitarsi; **öffentliche ~** *f*; **~** *f* **der öffentlichen Hand** indebitamento *m* pubblico.
Verschuldungsgrenze *f* limite *m* di indebitamento.
verschwägert *adj FamR* imparentato, affine.
Verschweigen, arglistiges ~ *n* reticenza *f* dolosa.
Verschweigung *f* reticenza *f*.
verschwiegen *adj* discreto, riservato, segreto, nascosto.
Verschwiegenheit *f* discrezione *f*, riservatezza *f*, segretezza *f*, segreto *m* professionale.
Verschwiegenheitspflicht *f* dovere *m* di segretezza e riservatezza, obbligo *m* di segretezza e riservatezza, obbligo *m* del segreto professionale, obbligo *m* di mantenere il segreto professionale.
verschwören, sich ~ *v* [gegen *Akk*] congiurare, cospirare, complottare.
Verschwörer/in *m/f* congiurato/-a *m/f*, cospiratore/-trice *m/f*.
Verschwörung *f* congiura *f*, cospirazione *f*, complotto *m*.
versehen *v* [mit *Dat*] *(ausstatten)* munire, fornire, rifornire, provvedere; **~ sein** [mit *Dat*] recante, essere munito [di], essere fornito [di], essere provvisto [di]; **etwas mit seiner Unterschrift ~** apporre la propria firma a qc.
Versehen *n* [1] *(Fehler)* errore *m*, sbaglio *m*, *(Unachtsamkeit)* svista *f*, inavvertenza *f*.
Versehen *n* [2] *(A)* colpa *f* (lievissima).
Versehrten | geld *n* indennità *f* di invalidità; **~stufe** *f* grado *m* di invalidità.
versenden *v* spedire, inviare.
Versender/in *m/f* speditore *m*.
Versendung *f* spedizione *f*, invio *m*.
Versendungs | blatt *n* foglio *m* di spedizione; **~kauf** *m* vendita *f* con trasporto; **~kosten** *pl* spese *fpl* di spedizione.
versetzbar *adj* amovibile.
Versetzbarkeit *f* amovibilità *f*.
versetzen *v* [1] spostare, *(an eine andere Dienststelle)* trasferire.
versetzen *v* [2] *(verpfänden)* impegnare, dare in pegno.
Versetzen *n* **von Grenzsteinen** spostamento *m* di termini.
Versetzung *f* [1] spostamento *m*, *(Verlegung der Arbeitsstelle)* trasferimento *m*; **dienstliche ~** *f* trasferimento *m* di servizio; **strafweise ~** *f* trasferimento *m* per misura disciplinare; **~** *f* **in den Anklagestand** *StrafProzR* messa *f* in stato d'accusa; **~** *f* **in den Ruhestand** collocamento *m* a riposo, pensionamento *m*; **~** *f* **in den Wartestand** collocamento *m* in aspettativa, collocamento *m* in disponibilità.
Versetzung *f* [2] *(Verpfändung)* l'impegnare (al monte di pietà).
Versetzungsgesuch *n* richiesta *f* di trasferimento.
versicherbar *adj VersR* assicurabile.
Versicherer *m VersR* assicuratore *m*.
versichern *v* [1] *(versprechen, zusichern)* assicurare, garantire, *(beteuern, bestätigen)* asserire, affermare, sostenere, *(erklären)* dichiarare.
versichern *v* [2] *VersR (eine Versicherung abschließen)* assicurare; **sich ~ lassen** *v VersR* stipulare un'assicurazione.
Versichertenbeitrag *m VersR* contributo *m* degli assicurati.
Versicherte/r *f/m VersR* assicurato *m*; **freiwillig ~** *f/m VersR* assicurato *m* volontario, assicurato *m* facoltativo.
Versicherung *f* [1] *(Versprechen, Zusicherung)* assicurazione *f*, garanzia *f*, *(Beteuerung, Bestätigung)* asserzione *f*, affermazione *f*, *(Erklärung)* dichiarazione *f*; **~** *f* **an Eides Statt**; **eidesstattliche ~** *f*; **eidliche ~** *f* dichiarazione *f* giurata, affidavit *m*; **eine eidesstattliche ~ abgeben** presentare una dichiarazione giurata, rilasciare una dichiarazione giurata, rendere una dichiarazione giurata; **eine eidesstattliche ~ abnehmen**

ricevere una dichiarazione giurata, acquisire una dichiarazione giurata.

Versicherung *f*[2] *VersR (Vertrag mit einer Versicherungsgesellschaft)* assicurazione *f*; **eine ~ abschließen**; **eine ~ eingehen** *VersR* stipulare un'assicurazione; **~ in sich machen** *(A) VersR* essere assicuratore in proprio; **abgekürzte ~** *f VersR* assicurazione *f* temporanea; **aufgeschobene ~** *f VersR* assicurazione *f* differita; **aufrechte ~** *f VersR* assicurazione *f* in corso; **beitragsfreie ~** *f VersR* assicurazione *f* con esonero dal pagamento dei premi; **bestehende ~** *f VersR* assicurazione *f* in corso; **dynamische ~** *f VersR* assicurazione *f* indicizzata; **freiwillige ~** *f VersR* assicurazione *f* volontaria, assicurazione *f* facoltativa, assicurazione *f* libera; **gebündelte ~** *f VersR* assicurazione *f* combinata; **gegenseitige ~** *f VersR* mutua assicurazione *f*, società *f* di mutua assicurazione, mutua assicuratrice *f*; **gemischte ~** *f VersR* assicurazione *f* mista; **herabgesetzte ~** *f VersR* assicurazione *f* ridotta; **kombinierte ~** *f VersR* assicurazione *f* combinata; **kurzfristige ~** *f VersR* assicurazione *f* di breve durata; **landwirtschaftliche ~** *f VersR* assicurazione *f* agricola; **langfristige ~** *f VersR* assicurazione *f* di lunga durata; **laufende ~** *f VersR* assicurazione *f* in corso; **mehrfache ~** *f VersR* assicurazione *f* multipla; **obligatorische ~** *f (CH) VersR* assicurazione *f* obbligatoria; **öffentlich-rechtliche ~** *f VersR* assicurazione *f* di diritto pubblico; **selb(st)ständige ~** *f VersR* assicurazione *f* autonoma, assicurazione *f* indipendente; **staatliche ~** *f VersR* assicurazione *f* di Stato; **temporäre ~** *f VersR* assicurazione *f* temporanea; **unselb(st)ständige ~** *f VersR* assicurazione *f* dipendente, assicurazione *f* complementare; **verbundene ~** *f VersR* assicurazione *f* combinata; **zeitlich begrenzte ~** *f VersR* assicurazione *f* temporanea; **~** *f* **zugunsten Dritter** *VersR* assicurazione *f* a favore di un terzo, assicurazione *f* a favore di terzi; **~** *f* **gegen Einbruchdiebstahl** *VersR* assicurazione *f* contro il furto con scasso; **~** *f* **auf erstes Risiko** *VersR* assicurazione *f* a primo rischio; **~** *f* **für fremde Rechnung** *VersR* assicurazione *f* per conto altrui; **~** *f* **auf Gegenseitigkeit** *VersR* mutua assicurazione *f*, società *f* di mutua assicurazione, mutua assicuratrice *f*; **~** *f* **für Rechnung „wen es angeht"** *VersR* assicurazione *f* per conto di chi spetta; **~** *f* **auf den Todesfall** *VersR* assicurazione *f* in caso di morte; **~** *f* **gegen Unfälle** *VersR* assicurazione *f* contro gli infortuni.

Versicherungs | abschluss *m VersR* stipulazione *f* di assicurazione, stipulazione *f* di un contratto assicurativo, stipulazione *f* di una polizza assicurativa; **~agent/in** *m/f VersR* agente *m* assicurativo, agente *m* di assicurazioni; **~agentur** *f VersR* agenzia *f* di assicurazioni; **~aktien** *fpl VersR* azioni *fpl* assicurative; **~amt** *n VersR* ufficio *m* di assicurazioni; **~anstalt** *f VersR* istituto *m* di assicurazioni, istituto *m* assicuratore; **~antrag** *m VersR* proposta *f* di assicurazione; **~art** *f VersR* forma *f* di assicurazione, forma *f* assicurativa, tipo *m* di assicurazione; **~aufsicht** *f VersR* controllo *m* delle assicurazioni, vigilanza *f* sulle assicurazioni; **~aufsichtsgesetz** *n* (*Abk* = **VAG**) *VersR (D: Gesetz über die Beaufsichtigung der Versicherungsunternehmen, CH: Bundesgesetz betreffend die Aufsicht über Versicherungsunternehmen)* legge *f* sull'esercizio delle assicurazioni private, legge *f* sul controllo delle assicurazioni private, legge *f* sul controllo delle operazioni e delle compagnie assicurative, legge *f* sulla vigilanza sugli enti assicurativi, legge *f* sulla sorveglianza degli assicuratori *(LSA)* (*legge federale sulla sorveglianza delle imprese di assicurazione*) *(CH)*; **~außendienst** *m VersR* servizio *m* esterno assicurativo; **~ausweis** *m VersR* certificato *m* di assicurazione, dichiarazione *f* di assicurazione.

Versicherungsbedingungen *fpl VersR* condizioni *fpl* di assicurazione, condizioni *fpl* di polizza; **allgemeine ~** *fpl VersR* condizioni *fpl* generali di assicurazione, condizioni *fpl* generali di polizza; **besondere ~** *fpl VersR* condizioni *fpl* particolari (o: speciali) di assicurazione, condizioni *fpl* particolari (o: speciali) di polizza.

Versicherungs | beginn *m VersR* decorrenza *f* dell'assicurazione, inizio *m* dell'assicurazione; **~beitrag** *m VersR* premio *m* assicurativo, premio *m* di assicurazione, contributo *m* di assicurazione; **~bestand** *m VersR* portafoglio *m* assicurativo, portafoglio *m* di assicurazioni; **~bestätigung** *f VersR* certificato *m* di assicurazione, dichiarazione *f* di assicurazione; **~bestimmungen** *fpl VersR* norme *fpl* assicurative, normativa *f* assicurativa; **~betrag** *m VersR* somma *f* assicurata; **~betriebslehre** *f VersR* tecnica *f* delle assicurazioni, tecnica *f* assicurativa; **~betrug** *m StrafR* frode *f* in assicurazione, frode *f* assicurativa, frode *f* a danno di un ente assicurativo, truffa *f* a danno di un ente assicurativo, truffa *f* ai danni dell'assicurazione; **~branche** *f VersR* comparto *m* assicurativo, ramo *m* assicurativo, ramo *m* di assicurazioni; **~büro** *n VersR* agenzia *f* di assicurazioni; **~dauer** *f VersR* durata *f* dell'assicurazione, durata *f* della polizza (assicurativa), periodo *m* assicurativo; **~deckung** *f VersR* copertura *f* assicurativa, garanzia *f* assicurativa; **~entschädigung** *f VersR* indennità *f* di assicurazione, indennità *f* assicurativa, indennizzo *m* assicurativo.

versicherungsfähig *adj VersR* assicurabile.

Versicherungsfall *m VersR* sinistro *m*; **im ~** *VersR* in caso di sinistro.

Versicherungs | fonds *m VersR* fondo *m* di assicurazione; **~forderung** *f VersR* credito *m* di indennità di assicurazione.

versicherungsfrei *adj VersR* non obbligato ad assicurarsi.

Versicherungs | gebühr *f*; **~gebühren** *fpl VersR* diritti *mpl* di assicurazione, tassa *f* di assicurazione; **~gegenseitigkeit** *f VersR* mutualità *f* assicurativa; **~gegenstand** *m VersR* oggetto *m* dell'assicurazione; **~genossenschaft** *f VersR* cooperativa *f* di assicurazioni; **Eidgenössisches ~gericht** *n (CH)* Tribunale *m* federale (svizzero) delle assicurazioni; **~geschäft** *n VersR* operazione *f* di assicurazione; **~gesellschaft** *f VersR* società *f* di assicurazioni, società *f* assicuratrice, impresa *f* di assicurazioni, impresa *f* assicuratrice, compagnia *f* di assicurazioni, compagnia *f* assicurativa; **~gewerbe** *n VersR* industria *f* assicurativa, settore *m* assicurativo, assicurazioni *fpl*; **~gutachter/in** *m/f VersR* perito *m* dell'assicurazione; **~inspektor/in** *m/f VersR* ispettore *m* di assicurazioni; **~institut** *n VersR* istituto *m* di assicurazioni, istituto *m* assicuratore; **~jahr** *n VersR* anno *m* assicurativo, anno *m* di assicurazione; **~kapital** *n VersR* capitale *m* assicurato.

Versicherungskarte *f VersR* tessera *f* assicurativa; **Internationale ~** *f VersR* tessera *f* assicurativa internazionale.

Versicherungs | kasse *f VersR* cassa *f* di assicurazioni; **~klasse** *f VersR* classe *f* di assicurazione; **~kombination** *f VersR* combinazione *f* di assicurazioni; **~kosten** *pl VersR* spese *fpl* di assicurazione; **~leistung** *f VersR (Leistung)* prestazione *f* assicurativa, prestazione *f* dell'assicurazione, *(Auszahlung)* liquidazione *f* dell'assicurazione; **~makler/in** *m/f VersR* agente *m* assicurativo, agente *m* di assicurazioni, sensale *m* in assicurazioni, mediatore *m* di assicurazioni; **~marke** *f VersR* marca *f* assicurativa; **~markt** *m VersR* mercato *m* assicurativo; **~monopol** *n VersR* monopolio *m* delle assicurazioni; **~nachweisheft** *n VersR* libretto *m* assicurativo; **~nehmer/in** *m/f VersR* contraente *m/f* (*nel contratto di assicurazione*), assicurato *m*; **~ort** *m VersR* ubicazione *f* del rischio, luogo *m* dell'assicurazione; **~periode** *f VersR* periodo *m* assicurativo, periodo *m* di assicurazione; **~pflicht** *f VersR* obbligo *m* assicurativo, obbligo *m* di assicurazione, assicurazione *f* obbligatoria; **~police** *f*; **~polizze** *f (A) VersR* polizza *f* di assicurazione, polizza *f* assicurativa; **~prämie** *f VersR* premio *m* assicurativo, premio *m* di assicurazione; **~recht** *n* diritto *m* delle assicurazioni, diritto *m* assicurativo; **~risiko** *n VersR* rischio *m* assicurativo; **~schaden** *m VersR* danno *m* assicurato; **~schein** *m VersR* polizza *f*, polizza *f* di assicurazione, polizza *f* assicurativa; **~schutz** *m VersR* tutela *f* assicurativa, copertura *f* assicurativa, garanzia *f* assicurativa, protezione *f* assicurativa; **~stand** *m VersR* posizione *f* assicurativa; **~summe** *f VersR* somma *f* assicurata, *(bei Lebensversicherungen)* capitale *m* assicurato.

Versicherungsteuer *f SteuerR* imposta *f* sulle assicurazioni, tassa *f* sulle assicurazioni.

Versicherungs | träger *m VersR* ente *m* assicuratore, assicuratore *m*, compagnia *f* di assicurazioni, compagnia *f* assicurativa; **~umfang** *m VersR* estensione *f* dell'assicurazione; **~unterlagen** *pl VersR* documentazione *f* assicurativa; **~unternehmen** *n*; **~unternehmung** *f VersR* impresa *f* di assicurazioni, impresa *f* assicuratrice, società *f* di assicurazioni, società *f* assicuratrice, compagnia *f* di assicurazioni, compagnia *f* assicurativa; **~urkunde** *f VersR* polizza *f* di assicurazione, polizza *f* assicurativa, certificato *m* di assicurazione; **~verein** *m* **auf Gegenseitigkeit** *(D)* (*Abk* = **VVaG**) *VersR* mutua assicuratrice *f*, associazione *f* di mutua assicurazione, società *f* di mutua assicurazione *(I)*; **~verhältnis** *n VersR* rapporto *m* assicurativo; **~vermittler/in** *m/f VersR* agente *m* assicurativo, agente *m* di assicurazioni; **~vertrag** *m VersR* contratto *m* di assicurazione; **~vertragsgesetz** *n* (*Abk* = **D, CH: VVG; A: VersVG**) *VersR (D: Gesetz über den Versicherungsvertrag; CH, A: Bundesgesetz über den Versicherungsvertrag)* legge *f* sul contratto d'assicurazione *(CH: LCA)*; **~vertreter/in** *m/f VersR* agente *m* assicurativo, agente *m* di assicurazioni; **~verzeichnis** *n VersR* distinta *f* di assicurazioni, bollettino *m* di assicurazione; **~wert** *m VersR* valore *m* assicurabile, valore *m* assicurato; **~werte** *mpl VersR (Aktien)* titoli *mpl* assicurativi; **~wesen** *n VersR* industria *f* assicurativa, settore *m* assicurativo, assicurazioni *fpl*; **~wirtschaft** *f VersR* industria *f* assicurativa, economia *f* assicurativa; **~zeit** *f*; **~zeitraum** *m VersR* periodo *m* assicurativo, periodo *m* di assicurazione, durata *f* di assicurazione; **~zertifikat** *n VersR* certificato *m* di assicurazione; **~zwang** *m VersR* obbligo *m* assicurativo, obbligo *m* di assicurazione, assicurazione *f* obbligatoria.

versiegeln *v* sigillare, apporre il sigillo a, suggellare.

Versiegelung *f* sigillatura *f*, apposizione *f* dei sigilli.

Versöhnungsversuch *m* tentativo *m* di conciliazione.

versorgen *v* provvedere [a], *(unterhalten)* mantenere, sostentare, occuparsi [di], *(pflegen)* assistere; **~ mit** [*Dat*] dotare [di], rifornire [di], fornire, approvvigionare, procurare, *(verteilen)* distribuire, erogare.

Versorgung *f* [1] *(Unterhalt)* mantenimento *m*, sostentamento *m*, *(Pflege)* assistenza *f*, *(Altersversorgung)* previdenza *f*, *(Rente)* pensione *f*.

Versorgung *f* [2] *(Lieferung)* rifornimento *m*, fornitura *f*, approvvigionamento *m*, *(Verteilung)* distribuzione *f*, erogazione *f*.

Versorgungs | amt *n* ufficio *m* di assistenza; **~anspruch** *m* diritto *m* all'assistenza, diritto *m* alla pensione; **~anstalt** *f* istituto *m* di previdenza, istituto *m* previdenziale, ente *m* previdenziale; **~ausgleich** *m* *(D) FamR (der Rentenanwartschaften bei einer Ehescheidung)* conguaglio *m* (*delle aspettative pensionistiche che ciascun coniuge ha maturato durante il matrimonio*), compensazione *f* delle aspettative previdenziali, riequilibrio *m* tra le posizioni previdenziali dei coniugi; **~betrieb** *m* impresa *f* di pubblici servizi (elettricità, gas e acqua); **~bezüge** *pl* pensione *f*; **~einrichtung** *f* istituto *m* di previdenza, istituto *m* previdenziale, ente *m* previdenziale; **~empfänger/in** *m/f* pensionato/-a *m/f*; **~genuss** *m (A)* trattamento *m* di quiescienza; **~kasse** *f* cassa *f* di previdenza; **~kosten** *pl* spese *fpl* di approvvigionamento; **~leistung** *f* prestazione *f* assistenziale, prestazione *f* previdenziale; **~monopol** *n* monopolio *m* di approvvigionamento; **~ordnung** *f* regime *m* pensionistico, regime *m* delle pensioni; **~reserve** *f*; **~rücklage** *f*; **~rückstellung** *f* riserva *f* di previdenza, fondo *m* di previdenza; **~werber/in** *m/f (A)* chi fa domanda di essere assistito; **~wirtschaft** *f* impresa *f* di pubblici servizi (elettricità, gas e acqua).

verspätet *adj* ritardato, (giunto) in ritardo, tardivo.

Verspätung *f* ritardo *m*, tardività *f*.

Verspätungs | zinsen *mpl* interessi *mpl* di mora, interessi *mpl* moratori; **~zuschlag** *m* penalità *f* per il ritardo, supplemento *m* per ritardato pagamento, addebito *m* di mora.

verspekulieren *v* [sich] *(sich ruinieren)* rovinarsi con speculazioni, speculare male, *(sich verrechnen)* sbagliarsi (di grosso), fare un calcolo sbagliato.

versprechen *v* promettere.

Versprechen *n* promessa *f*; **ein ~ einhalten** mantenere una promessa; **von einem ~ entbinden** sciogliere da una promessa; **ein ~ halten** mantenere una promessa; **einseitiges ~** *n* promessa *f* unilaterale.

Versprechende/r *f/m* promittente *m/f*.

Versprechens | empfänger/in *m/f* promissario/-a *m/f*; **~geber/in** *m/f* promittente *m/f*.

verstaatlichen *v* statalizzare, nazionalizzare.

Verstaatlichung *f* statalizzazione *f*, nazionalizzazione *f*.

Verstaatlichungs | abkommen *n* accordo *m* sulle nazionalizzazioni; **~entschädigung** *f* indennità *f* di nazionalizzazione; **~gesetz** *n* legge *f* di nazionalizzazione.

verständigen *v* informare, avvisare, avvertire; **sich ~** *v* [auf *Akk*] *(sich einigen)* mettersi d'accordo [su].

Verständigung *f* [1] *(Benachrichtigung)* informazione *f*.

Verständigung *f* [2] *(Einigung)* intesa *f*, accordo *m*; **gütliche ~** *f* accordo *m* amichevole, accordo *m* bonario.

Verständigungs | bereitschaft *f* volontà *f* di intesa; **~versuch** *m* tentativo *m* di conciliazione.

verständlich *adj* comprensibile, chiaro.

Verständlichkeit *f* comprensibilità *f*, chiarezza *f*.

Verständnis *n* comprensione *f*.

verstärken *v* rinforzare, rafforzare, potenziare, aumentare, accrescere.

verstärkt *adj* rinforzato, rafforzato, potenziato, aumentato, accresciuto.

Verstärkung *f* rinforzamento *m*, rinforzo *m*, rafforzamento *m*, potenziamento *m*, aumento *m*.

versteckt *adj* nascosto, occulto, celato, segreto.

Versteigerer *m* banditore *m* (*d'asta*), venditore *m* all'asta; **öffentlicher ~** *m* pubblico banditore *m*.

versteigern *v* mettere all'asta, vendere all'asta, vendere all'incanto; **öffentlich ~** mettere all'asta (pubblica).

Versteigerung *f* vendita *f* all'asta, asta *f*, incanto *m*, licitazione *f*; **gerichtliche ~** *f* vendita *f* giudiziaria all'incanto, asta *f* giudiziaria; **öffentliche ~** *f* asta *f* pubblica, pubblico incanto *m*, subasta *f* pubblica; **zwangsweise ~** *f* vendita *f* forzata all'incanto.

Versteigerungs | ankündigung *f* avviso *m* d'asta; **~anstalt** *f* *(A)* sala *f* delle vendite all'asta; **~bedingungen** *fpl* condizioni *fpl* della vendita all'asta; **~edikt** *n*

(A) bando *m* di vendita; **~erlös** *m* ricavato *m* della vendita all'asta, somma *f* ricavata dalla vendita all'asta; **~gebühr** *f*; **~gebühren** *fpl* diritti *mpl* d'asta; **~katalog** *m* catalogo *m* d'asta; **~lokal** *n* sala *f* delle vendite all'asta; **~preis** *m* prezzo *m* d'asta; **~protokoll** *n* verbale *m* d'asta, processo *m* verbale d'asta; **~termin** *m* data *f* dell'asta.

Versteller/in *m/f (CH) (Viehverstellung)* soccidante *m*.

Versterbende/r, zuletzt ~ *f/m ErbR (gemeinschaftliches Testament)* coniuge *m* che muore per ultimo, ultimo coniuge *m* a morire, ultimo coniuge *m* deceduto.

versteuern *v SteuerR* pagare le imposte per (o: su), pagare le tasse per (o: su).

Versteuerung *f SteuerR* pagamento *m* delle imposte, tassazione *f*.

verstorben *adj* morto, deceduto, defunto.

Verstorbene/r *f/m* morto/-a *m/f*, defunto/-a *m/f*.

Verstoß *m* [gegen *Akk*] violazione *f*, trasgressione *f*, contravvenzione *f*, infrazione *f*, mancato rispetto *m*, offesa *f*, contrarietà *f* [a]; **schwerer ~** *m* violazione *f* grave; **verfahrensrechtlicher ~** *m* violazione *f* di procedura, violazione *f* procedurale, violazione *f* processuale; **~** *m* **gegen die Bauvorschriften** illecito *m* edilizio; **~** *m* **gegen die Denkgesetze** *(Revision)* illogicità *f* (della motivazione); **~** *m* **gegen das Gesetz** infrazione *f* alla legge; **~** *m* **gegen die guten Sitten** offesa *f* al buon costume; **~** *m* **gegen die öffentliche Ordnung** attentato *m* all'ordine pubblico; **~** *m* **gegen Treu und Glauben** violazione *f* della buona fede; **~** *m* **gegen zwingende (gesetzliche) Bestimmungen**; **~** *m* **gegen zwingende (gesetzliche) Vorschriften** contrarietà *f* a norme imperative.

verstoßen *v* [1] [gegen *Akk*] violare, trasgredire, contravvenire [a], infrangere, non rispettare, essere contrario [a], essere in contrasto [con], contrastare [con].

verstoßen *v* [2] *(jemanden)* ripudiare.

Verstoßung *f* ripudio *m*.

verstreichen *v (Zeit, Frist)* passare, trascorrere.

Verstrickung *f* l'essere sequestrato o pignorato.

Verstrickungsbruch *m (§ 136 StGB)* sottrazione *f* o danneggiamento *m* di cose sottoposte a pignoramento o a sequestro.

verstümmeln *v* mutilare.

Verstümmelung *f* mutilazione *f*.

Versuch *m StrafR (§§ 22 ff. StGB)* tentativo *m*, delitto *m* tentato; **vom ~ zurücktreten** *StrafR* desistere dall'azione, recedere; **beendeter ~** *m StrafR* tentativo *m* compiuto; **strafbarer ~** *m StrafR* tentativo *m* punibile; **unbeendeter ~** *m StrafR* tentativo *m* incompiuto; **untauglicher ~** *m StrafR* tentativo *m* inidoneo, delitto *m* impossibile, reato *m* impossibile; **~** *m* **einer Straftat** *StrafR* tentativo *m* di reato; **~** *m* **mit untauglichen Mitteln** *StrafR* tentativo *m* con mezzi inidonei; **~** *m* **am untauglichen Objekt** *StrafR* reato *m* impossibile per inesistenza dell'oggetto.

versuchen *v* tentare, provare.

Versuchs | anlage *f* impianto *m* sperimentale; **~betrieb** *m* azienda *f* sperimentale; **~handlung** *f StrafR* atto *m* esecutivo (*nel tentativo*), atto *m* diretto a commettere un delitto.

versucht *adj* tentato, provato.

VersVG (*Abk* = **Versicherungsvertragsgesetz**) *(A) VersR (Bundesgesetz über den Versicherungsvertrag)* legge *f* (austriaca) sul contratto d'assicurazione.

vertagen *v* aggiornare, rinviare, rimandare.

Vertagung *f* aggiornamento *m*, rinvio *m*; **~** *f* **einer Verhandlung** *ProzR* rinvio *m* di un'udienza.

Vertagungs | antrag *m ProzR* domanda *f* di rinvio; **~termin** *m ProzR* udienza *f* di (mero) rinvio.

verteidigen *v* difendere, patrocinare; **sich gegen die Klage ~** *ZivProzR* difendersi in giudizio, costituirsi in giudizio (*convenuto*).

Verteidiger *m* [f: Verteidigerin] *StrafProzR* avvocato *m* difensore, difensore *m* (*nel processo penale*), patrocinatore/-trice *m/f*; **einen ~ bestellen** *StrafProzR* nominare un difensore; **amtlicher ~** *m (CH) StrafProzR* difensore *m* d'ufficio, difensore *m* nominato d'ufficio.

Verteidiger | bestellung *f StrafProzR* nomina *f* del difensore; **~liste** *f StrafProzR* elenco *m* dei difensori; **~post** *f StrafProzR* corrispondenza *f* fra difensore e detenuto; **~tätigkeit** *f StrafProzR* attività *f* di difensore; **~verzeichnis** *n StrafProzR* elenco *m* dei difensori.

Verteidigung *f StrafProzR* difesa *f*, patrocinio *m*, *(Verteidiger)* avvocato *m* difensore, difensore *m* (*nel processo penale*); **zu seiner ~** a propria difesa; **die Absicht der ~ anzeigen** *ZivProzR* comunicare l'intenzione di difendersi, manifestare la volontà di difendersi in giudizio, costituirsi in giudizio (*convenuto*); **notwendige ~** *f StrafProzR (§ 140 StPO)* difesa *f* (tecnica) obbligatoria, difensore *m* obbligatorio.

Verteidigungs | abkommen *n* trattato *m* di difesa; **~anzeige** *f ZivProzR (Mitteilung des Beklagten an das Gericht, dass er sich gegen die Klage verteidigen will)* comunicazione *f* (del convenuto al Tribunale) della sua volontà di difendersi in giudizio, costituzione *f* in giudizio (*del convenuto*); **~ausschuss** *m* commissione *f* per la difesa; **~beitrag** *m* contributo *m* alla difesa; **~bündnis** *n* alleanza *f* difensiva; **~fall** *m (Verfassungsrecht)* stato *m* di guerra; **Europäische ~gemeinschaft** *f* (*Abk* = **EVG**) *EuR* Comunità *f* europea di difesa *(CED)*; **~krieg** *m* guerra *f* difensiva, guerra *f* di difesa; **~minister/in** *m/f* ministro *m* della difesa; **~ministerium** *n* ministero *m* della difesa.

Verteidigungsmittel *npl* mezzi *mpl* di difesa; **Angriffs- und ~** *pl ZivProzR (dazu zählen z.B.: Behauptungen, Beweiseinreden, Bestreiten, Einreden, Einwendungen, Prozessaufrechnung)* mezzi *mpl* di attacco e di difesa, difese *fpl*.

Verteidigungs | pakt *m* patto *m* di difesa; **~rede** *f* difesa *f*, arringa *f* della difesa; **~schrift** *f* memoria *f* difensiva, atto *m* difensivo, scritto *m* difensivo; **~vorbringen** *n* difesa *f*, difese *fpl*; **~vortrag** *m* difesa *f*, arringa *f* della difesa.

verteilbar *adj* ripartibile.

verteilen *v (aufteilen)* dividere, ripartire, spartire, suddividere, *(zuweisen)* distribuire, assegnare.

Verteiler *m* distributore *m*, *(Versorgungsbetrieb)* azienda *f* erogatrice, azienda *f* distributrice, *(IT)* lista *f* di distribuzione; **~kette** *f* catena *f* di distribuzione; **~netz** *n* rete *f* di distribuzione.

Verteilung *f (Aufteilung)* divisione *f*, ripartizione *f*, spartizione *f*, suddivisione *f*, *(Zuweisung)* distribuzione *f*, assegnazione *f*, *(Versorgung)* erogazione *f*; **gebietsmäßige ~** *f* ripartizione *f* territoriale; **prozentuale ~** *f* distribuzione *f* percentuale; **quotenmäßige ~** *f* ripartizione *f* per quote; **~** *f* **des Erlöses** distribuzione *f* del ricavato, ripartizione *f* del ricavato; **~** *f* **der Gewinne** distribuzione *f* degli utili; **~** *f* **des Risikos** diversificazione *f* dei rischi; **~** *f* **von Scheindividenden** distribuzione *f* di dividendi fittizi; **~** *f* **von Scheingewinnen** distribuzione *f* di utili fittizi; **~** *f* **des Steueraufkommens** ripartizione *f* del gettito fiscale; **~** *f* **des Überschusses** ripartizione *f* dell'eccedente.

Verteilungs | beschluss *m* deliberazione *f* di distribuzione; **~grundsatz** *m* criterio *m* distributivo; **~kartell** *n* cartello *m* di distribuzione; **~kosten** *pl* spese *fpl* di distribuzione; **~liste** *f (CH) InsolvenzR (Konkurs)* stato *m* di ripartizione; **~netz** *n* rete *f* di distribuzione; **~plan** *m* piano *m* di distribuzione, piano *m* di ripartizione, *(bei Liquidation einer Gesellschaft)* piano *m* di riparto; **~quote** *f* quota *f* di ripartizione; **~schlüssel** *m* sistema *m* di ripartizione, criterio *m* di ripartizione; **~tagsatzung** *f (A)* udienza *f* per la distribuzione della somma ricavata; **~verfahren** *n* procedimento *m* di distribuzione.

verteuern *v* rincarare.

Verteuerung *f* rincaro *m*; **~** *f* **des Geldes** aumento *m* del costo del denaro.

Vertrag *m* contratto *m*, accordo *m*, patto *m*, convenzione *f*, *VölkerR* trattato *m*; **dem ~ gemäß**; **nach dem ~** ai sensi del contratto, secondo il contratto, come da contratto; **~** *m* **über ...** [*Akk*] contratto *m* di / per ...; **einen ~ abschließen** concludere un contratto, stipulare un contratto, perfezionare un contratto, porre in essere un contratto; **einen ~ achten** *VölkerR* rispettare un trattato; **einen ~ ändern** cambiare un contratto, modificare un contratto; **einen ~ anfechten** chiedere l'annullamento di un contratto, impugnare un contratto; **einen ~ aufheben** risolvere un contratto; **einen ~ aufkündigen** *SchuldR* disdire un contratto, *VölkerR* denunciare un trattato; **einen ~ ausfertigen** redigere un contratto; **einen ~ ausführen** eseguire un contratto; **den ~ brechen** violare il contratto, rompere il contratto; **einen ~ eingehen** concludere un contratto, stipulare un contratto; **in einen ~ eintreten** subentrare in un accordo, subentrare in un contratto; **einen ~ erfüllen** adempiere un contratto, eseguire un contratto; **im ~ wird festgehalten, dass** il contratto prevede che; **sich an einen ~ halten** rispettare un contratto, osservare un contratto; **einen ~ kündigen** recedere da un contratto (*determinando lo scioglimento di un contratto in corso*), disdire un contratto (*evitando il suo automatico rinnovarsi alla scadenza*), risolvere un contratto (*per inadempimento, impossibilità sopravvenuta o eccessiva onerosità della prestazione*), *VölkerR* denunciare un trattato; **einen ~ für nichtig erklären** annullare un contratto; **einen ~ paraphieren** siglare un contratto; **einen ~ ratifizieren** *VölkerR* ratificare un trattato; **einen ~ schließen** concludere un contratto, stipulare un contratto, perfezionare un contratto, porre in essere un contratto; **einen ~ übernehmen** subentrare in un accordo, subentrare in un contratto; **einen ~ unterzeichnen** *SchuldR* firmare un contratto, *VölkerR* firmare un trattato; **einen ~ verlängern** rinnovare un contratto, prolungare un contratto, prorogare un contratto; **einen ~ verletzen** *SchuldR* violare un contratto, *VölkerR* violare un trattato; **sich durch ~ verpflichten** obbligarsi per contratto; **vom ~ zurücktreten** recedere dal contratto, risolvere il contratto per via di recesso; **einen ~ zustande bringen** perfezionare un contratto, porre in essere un contratto, concludere un contratto, stipulare un contratto; **aleatorischer ~** *m* contratto *m* aleatorio, contratto *m* di sorte; **anfechtbarer ~** *m* contratto *m* annullabile; **atypischer ~** *m* ↔ *typischer Vertrag* → *CH: Innominatvertrag* contratto *m* atipico; **auflösend bedingter ~** *m* contratto *m* sottoposto a condizione risolutiva, contratto *m* sotto condizione risolutiva, contratto *m* risolutivamente condizionato; **aufschiebend bedingter ~** *m* contratto *m* sottoposto a condizione sospensiva, contratto *m* sotto condizione sospensiva, contratto *m* sospensivamente condizionato; **bedingter ~** *m* contratto *m* condizionale; **befristeter ~** *m* contratto *m* a tempo determinato; **bindender ~** *m* contratto *m* vincolante; **dinglicher ~** *m* contratto *m* (di natura) reale; **diplomatischer ~** *m* trattato *m* diplomatico; **einseitiger ~** *m*; **einseitig verbindlicher ~** *m (A)*; **einseitig verpflichtender ~** *m* contratto *m* unilaterale, contratto *m* con obbligazioni di una sola parte, contratto *m* con obbligazioni a carico di una sola parte, contratto *m* nel quale una sola delle parti ha assunto obbligazioni; **entgeltlicher ~** *m* contratto *m* a titolo oneroso, contratto *m* oneroso; **faktischer ~** *m* contratto *m* di fatto, contratto *m* irregolare; **fingierter ~** *m* contratto *m* fittizio; **formbedürftiger ~** *m* contratto *m* solenne; **formfreier ~** *m* contratto *m* non solenne; **formgerechter ~** *m* contratto *m* fatto nella forma prescritta; **förmlicher ~** *m* contratto *m* solenne, contratto *m* formale; **formloser ~** *m* contratto *m* non solenne, contratto *m* non formale; **gegenseitiger ~** *m* contratto *m* a (o: con) prestazioni corrispettive, contratto *m* sinallagmatico, contratto *m* bilaterale; **gemischter ~** *m* contratto *m* misto; **geschlossener ~** *m* trattato *m* chiuso; **gewagter ~** *m* contratto *m* aleatorio, contratto *m* di sorte; **handelsrechtlicher ~** *m* contratto *m* commerciale; **internationaler ~** *m* *VölkerR* trattato *m* internazionale; **kurzfristiger ~** *m* contratto *m* a breve scadenza; **langfristiger ~** *m* contratto *m* a lunga scadenza; **laufender ~** *m* contratto *m* in corso; **leoninischer ~** *m* patto *m* leonino; **mehrseitiger ~** *m* contratto *m* plurilaterale; **mündlicher ~** *m*; **mündlich geschlossener ~** *m* contratto *m* orale, contratto *m* verbale; **für nichtig erklärter ~** *m* contratto *m* annullato; **normativer ~** *m* trattato *m* normativo, trattato-legge *m*; **in notarieller Form geschlossener ~** *m*; **notarieller ~** *m*; **notarischer ~** *m* contratto *m* per atto pubblico; **offener ~** *m* *VölkerR* trattato *m* aperto; **öffentlich-rechtlicher ~** *m* contratto *m* di diritto pubblico; **Römischer ~** *m* *VölkerR* Trattato *m* di Roma; **schuldrechtlicher ~** *m* contratto *m* obbligatorio, contratto *m* di natura obbligatoria; **schwebend unwirksamer ~** *m* atto *m* in itinere, negozio *m* con efficacia sospesa; **sittenwidriger ~** *m* contratto *m* immorale, contratto *m* contrario al buon costume; **stillschweigender ~** *m*; **stillschweigend geschlossener ~** *m* contratto *m* concluso in silenzio; **synallagmatischer ~** *m* contratto *m* sinallagmatico, contratto *m* a (o: con) prestazioni corrispettive, contratto *m* bilaterale; **typischer ~** *m* ↔ *atypischer Vertrag* → *CH: Nominatvertrag* contratto *m* tipico; **unbefristeter ~** *m* contratto *m* a tempo indeterminato; **unentgeltlicher ~** *m* contratto *m* a titolo gratuito; **unerlaubter ~** *m* contratto *m* illecito; **ungültiger ~** *m* contratto *m* invalido; **unvollkommen zweiseitiger ~** *m* contratto *m* imperfettamente bilaterale; **verdeckter ~** *m* contratto *m* dissimulato; **verpflichtender ~** *m* contratto *m* obbligatorio; **verwaltungsrechtlicher ~** *m* contratto *m* della pubblica amministrazione; **völkerrechtlicher ~** *m* trattato *m* internazionale; **vorformulierter ~** *m*; **vorgefertigter ~** *m* contratto *m* predisposto; **wechselseitiger ~** *m*; **wechselseitig verbindlicher ~** *m* *(A)* contratto *m* a (o: con) prestazioni corrispettive, contratto *m* sinallagmatico, contratto *m* bilaterale; **wucherischer ~** *m* contratto *m* usurario; **zweiseitiger ~** *m*; **zweiseitig verbindlicher ~** *m (A)*; **zweiseitig verpflichtender ~** *m* contratto *m* bilaterale, contratto *m* a (o: con) prestazioni corrispettive, contratto *m* sinallagmatico; **zwischenstaatlicher ~** *m* *VölkerR* trattato *m* internazionale; **~** *m* **von Amsterdam** *VölkerR* Trattato *m* di Amsterdam; **~** *m* **über die Arbeitsweise der Europäischen Union** (*Abk* = **AEUV**) *EuR* Trattato *m* sul funzionamento dell'Unione europea *(TFUE)*; **~** *m* **zugunsten Dritter** *(§ 328 BGB)* contratto *m* a favore di terzi; **~** *m* **zu Lasten Dritter** contratto *m* a danno di terzi; **~** *m* **über die Europäische Union** (*Abk* = **EUV / EU-Vertrag**) *EuR* Trattato *m* sull'Unione europea *(TUE)*; **~** *m* **zur Gründung der Europäischen Atomgemeinschaft** *EuR (Euratom)* Trattato *m* che istituisce la Comunità europea dell'energia atomica; **~** *m* **zur Gründung der Europäischen**

Gemeinschaft für Kohle und Stahl *EuR (auch: EGKS-Vertrag)* Trattato *m* che istituisce la Comunità europea del carbone e dell'acciaio; **~** *m* **zur Gründung der Europäischen Wirtschaftsgemeinschaft** (*Abk* = **EWG-Vertrag**) *EuR* Trattato *m* che istituisce la Comunità economica europea *(Trattato CEE)*; **~** *m* **über die internationale Zusammenarbeit auf dem Gebiet des Patentwesens** *VölkerR (Patent Cooperation Treaty – PCT)* Trattato *m* di cooperazione in materia di brevetti; **~** *m* **über die Nichtverbreitung von Kernwaffen** (*Abk* = **NVV**) *VölkerR* Trattato *m* di non proliferazione nucleare *(TNP)*; **~** *m* **von Rom** *VölkerR* Trattato *m* di Roma; **~** *m* **mit Schutzwirkung für Dritte** contratto *m* con effetti protettivi a favore di terzi; **~** *m* **über Stabilität, Koordinierung und Steuerung in der Wirtschafts- und Währungsunion** *EuR (SKS-Vertrag, kurz als „Fiskalvertrag" oder „Fiskalpakt" bezeichnet)* Trattato *m* sulla stabilità, sul coordinamento e sulla governance nell'Unione economica e monetaria (*c.d. fiscal compact o patto di bilancio*).

vertraglich *adj* contrattuale, convenzionale, contrattualmente, per contratto; **~ festlegen** stabilire per contratto; **sich ~ verpflichten** obbligarsi contrattualmente, obbligarsi per contratto, impegnarsi per contratto; **~ verpflichtet sein** essere obbligato per contratto, essere contrattualmente obbligato, essere vincolato da un contratto, essere contrattualmente vincolato.

Vertrags | abfassung *f* formulazione *f* del contratto; **~ablauf** *m* scadenza *f* del contratto; **~abrede** *f* pattuizione *f*, disposizione *f* contrattuale; **~abschluss** *m (§§ 145 ff. BGB)* conclusione *f* del contratto, stipulazione *f* del contratto, stipula *f* del contratto, firma *f* del contratto, perfezionamento *m* del contratto; **~abtretung** *f* cessione *f* di contratto; **~abwicklung** *f* esecuzione *f* del contratto, adempimento *m* del contratto, gestione *f* contrattuale, gestione *f* dei contratti.

vertragsähnlich *adj* quasi-contrattuale.

Vertrags | änderung *f* modifica *f* contrattuale, modifica *f* del contratto, modificazione *f* del contratto; **~anfechtung** *f* impugnazione *f* del contratto; **~angebot** *n* offerta *f* di contratto, proposta *f* di contratto, proposta *f* contrattuale; **~annahme** *f* accettazione *f* della proposta di contratto; **~anspruch** *m* credito *m* contrattuale; **~antrag** *m* proposta *f* di contratto, proposta *f* contrattuale; **~arzt/-ärztin** *m/f (A)* medico *m* convenzionato; **~auflösung** *f* risoluzione *f* del contratto.

Vertragsausfertigung *f*[1] *(das Ausfertigen)* stesura *f* del contratto.

Vertragsausfertigung *f*[2] *(die ausgefertigte Urkunde)* esemplare *m* del contratto, copia *f* del contratto.

Vertrags | ausführung *f* esecuzione *f* del contratto; **~auslegung** *f* interpretazione *f* del contratto; **~autonomie** *f* autonomia *f* contrattuale; **~basis** *f* base *f* contrattuale; **~bedienstete/r** *f/m (A)* contrattista *m/f*.

Vertragsbedingung *f* condizione *f* contrattuale; **vorformulierte ~** *f* clausola *f* predisposta.

Vertragsbedingungen *fpl* condizioni *fpl* contrattuali, condizioni *fpl* di contratto, clausole *fpl* contrattuali; **Allgemeine ~** *fpl* (*Abk* = **AVB**) condizioni *fpl* generali di contratto *(CGC)*.

Vertrags | beendigung *f* scadenza *f* del contratto; **~beitritt** *m SchuldR* adesione *f* ad un contratto, *VölkerR* adesione *f* ad un trattato; **wesentliche ~bestandteile** *mpl* elementi *mpl* essenziali del contratto.

Vertragsbestimmung *f* clausola *f* contrattuale, disposizione *f* contrattuale, norma *f* contrattuale, pattuizione *f*; **auflösende ~** *f* clausola *f* risolutiva.

Vertrags | bestimmungen *fpl* termini *mpl* contrattuali, clausole *fpl* contrattuali, clausole *fpl* del contratto, disposizioni *fpl* contrattuali, disposizioni *fpl* del contratto, condizioni *fpl* del contratto; **~beziehungen** *fpl* relazioni *fpl* contrattuali, rapporti *mpl* contrattuali; **~bruch** *m* violazione *f* di (o: del) contratto, violazione *f* contrattuale, inadempienza *f* contrattuale, inadempimento *m* contrattuale, rottura *f* del contratto.

vertragsbrüchig *adj* inadempiente.

Vertrags | buße *f* penale *f* convenzionale, penale *f*; **~dauer** *f* durata *f* del contratto, durata *f* contrattuale, periodo *m* di validità di un contratto.

Vertragsende *n* scadenza *f* del contratto; **bei ~** alla scadenza del contratto.

Vertrags | entwurf *m* bozza *f* di contratto, progetto *m* di contratto; **~erbe/-erbin** *m/f* erede *m* istituito in un patto successorio, erede *m* contrattuale *(CH)*; **~erfüllung** *f* adempimento *m* del contratto, esecuzione *f* del contratto.

Vertragserneuerung *f* rinnovo *m* del contratto, rinnovazione *f* del contratto, proroga *f* del contratto; **stillschweigende ~** *f* rinnovo *m* tacito del contratto, rinnovazione *f* tacita del contratto, proroga *f* tacita del contratto.

Vertrags | formular *n* modulo *m* di contratto, formulario *m* di contratto; **~freiheit** *f (besteht aus Abschlussfreiheit und Gestaltungsfreiheit. Teil der Gestaltungsfreiheit ist beispielsweise die Formfreiheit)* libertà *f* contrattuale, autonomia *f* contrattuale, autonomia *f* negoziale; **~garantie** *f* garanzia *f* contrattuale; **~gebiet** *n VölkerR* territorio *m* di applicazione di un trattato; **~gegenstand** *m* oggetto *m* del contratto.

vertragsgegenständlich *adj* oggetto del contratto.

vertragsgemäß *adj* contrattuale, convenzionale, conforme al contratto, come da contratto, come previsto dal contratto.

Vertrags | gestaltung *f* formazione *f* del contratto (o: di contratti), contrattazione *f*, struttura *f* del contratto, contrattualistica *f* (*in generale*); **~grundlage** *f* base *f* negoziale; **~gültigkeit** *f* validità *f* del contratto; **~haftung** *f* responsabilità *f* contrattuale, responsabilità *f* da inadempimento; **~händler/in** *m/f* concessionario *m*, distributore *m*.

Vertragshändler | verhältnis *n*; **~vertrag** *m* contratto *m* di concessione di vendita, contratto *m* di distribuzione.

Vertrags | hilfe *f* revisione *f* giudiziale del contratto (*per eccessiva onerosità*); **~hypothek** *f* ipoteca *f* costituita per contratto, ipoteca *f* convenzionale, ipoteca *f* volontaria; **~inhalt** *m* contenuto *m* del contratto; **~instrument** *n* strumento *m* contrattuale.

Vertragsinteresse *n* interesse *m* contrattuale; **negatives ~** *n* interesse *m* contrattuale negativo; **positives ~** *n* interesse *m* contrattuale positivo.

Vertragsklage *f ZivProzR* azione *f* contrattuale.

Vertragsklausel *f* clausola *f* contrattuale, clausola *f* del contratto; **~richtlinie** *f EuR (= Klauselrichtlinie; Umsetzung in D: §§ 305 ff. BGB) → s. Anhang 3 b)* Direttiva *f* 93/13/CEE del Consiglio, del 5 aprile 1993, concernente le clausole abusive nei contratti stipulati con i consumatori.

Vertrags | konkurrenz *f VölkerR* incompatibilità *f* dei trattati; **~kosten** *pl* spese *fpl* di contratto; **~kündigung** *f SchuldR* recesso *m* dal contratto (*determinando lo scioglimento di un contratto in corso*), *SchuldR* disdetta *f* del contratto (*evitando il suo automatico rinnovarsi alla scadenza*), *SchuldR* risoluzione *f* del contratto (*per inadempimento, impossibilità sopravvenuta o eccessiva onerosità della prestazione*), *VölkerR* denuncia *f* del trattato; **~lücke** *f* lacuna *f* contrattuale, lacuna *f* del contratto; **~macht** *f* potenza *f* contraente.

vertragsmäßig *adj* contrattuale, convenzionale, conforme al contratto, come da contratto, come previsto dal contratto.

Vertragsmäßigkeit *f* conformità *f* al contratto.

Vertrags | muster *n* modulo *m* di contratto; **~norm** *f* norma *f* contrattuale; **~obliegenheit** *f* obbligazione *f* contrattuale.

Vertragspartei *f* contraente *m/f*, parte *f* contraente, parte *f* contrattuale; **Hohe ~en** *fpl VölkerR* Alte Parti *fpl* contraenti.

Vertragspartner/in *m/f* parte *f* contraente, contraente *m/f*, controparte *f*.

Vertragspflicht *f* obbligo *m* contrattuale; **wesentliche ~en** *fpl* obblighi *mpl* contrattuali fondamentali.

Vertrags | prämie *f* premio *m* contrattuale; **~preis** *m* prezzo *m* contrattuale.

Vertragsrecht *n* contrattualistica *f*, diritto *m* contrattuale; **internationales ~** *n* contrattualistica *f* internazionale, diritto *m* internazionale pattizio.

Vertrags | regelung *f* disciplina *f* contrattuale, regolamento *m* contrattuale; **~revision** *f VölkerR* revisione *f* del trattato; **~risiko** *n* rischio *m* contrattuale; **~sammlung** *f VölkerR* raccolta *f* di trattati; **~schließende/r** *f/m* contraente *m/f*; **~schließung** *f*; **~schluss** *m* conclusione *f* del contratto, stipulazione *f* del contratto, stipula *f* del contratto, perfezionamento *m* del contratto; **~schuld** *f* debito *m* contrattuale; **~schuldner/in** *m/f* debitore *m* contrattuale; **~sparen** *n* risparmio *m* contrattuale; **~sprache** *f* lingua *f* dell'atto; **~staat** *m* Stato *m* contraente; **~statut** *n IPR (das auf Verträge anwendbare Recht)* legge *f* applicabile al contratto; **~strafe** *f (§§ 336 ff. BGB)* penale *f*, clausola *f* penale, pena *f* convenzionale, penalità *f* contrattuale; **~tarif** *m* tariffa *f* convenzionale; **~teil** *m* parte *f* contraente, contraente *m/f*; **~text** *m* testo *m* del contratto, testo *m* contrattuale; **~treue** *f* rispetto *m* dei contratti; **~typ** *m* tipo *m* contrattuale; **~übernahme** *f* cessione *f* del contratto, successione *f* nel contratto *(successione inter vivos a titolo particolare di uno terzo nella posizione contrattuale di uno dei contraenti originari)*; **~übertragung** *f* cessione *f* del contratto.

vertragsunfähig *adj* incapace di stipulare.

Vertrags | unfähigkeit *f* incapacità *f* di stipulare; **~untreue** *f* non rispetto *m* dei contratti, mancato rispetto *m* dei contratti.

Vertragsverhältnis *n* rapporto *m* contrattuale; **faktisches ~** *n* rapporto *m* contrattuale di fatto.

Vertrags | verhandlungen *fpl* trattative *fpl* precontrattuali; **~verlängerung** *f* rinnovo *m* del contratto, rinnovazione *f* del contratto, proroga *f* del contratto.

Vertragsverletzung *f* violazione *f* di (o: del) contratto, violazione *f* contrattuale, inadempimento *m* del contratto, inadempimento *m* contrattuale; **positive ~** *f* (*Abk* = **pVV**) *SchuldR (eine Art von Leistungsstörung, auch als „positive Forderungsverletzung" bezeichnet, s. Infokasten unter „positive Vertragsverletzung – positive Forderungsverletzung")* violazione *f* positiva del contratto, inosservanza *f* della diligenza dovuta nell'adempimento di un'obbligazione.

Vertragsverletzungsklage *f EuR* ricorso *m* per inadempimento.

Vertrags | verpflichtung *f* obbligazione *f* contrattuale; **~versicherung** *f* assicurazione *f* di un contratto; **~vorlage** *f* contratto *m* tipo, modulo *m* di contratto; **~vorschlag** *m (A)* proposta *f* di contratto, proposta *f* contrattuale; **~währung** *f* moneta *f* convenuta; **~werk** *n* trattato *m*.

vertragswidrig *adj* non conforme al contratto, contrario al contratto, contrario ai termini del contratto.

Vertragswidrigkeit *f* difetto *m* di conformità (*del bene*), inadempienza *f*, inadempienza *f* contrattuale.

Vertrags | zinsen *mpl* interessi *mpl* convenzionali; **~zoll** *m*; **~zollsatz** *m* dazio *m* convenzionale; **~zustand** *m* situazione *f* contrattuale; **~zweck** *m* scopo *m* del contratto.

vertrauen *v* fidarsi [di], far(e) affidamento [su], avere fiducia [in].
Vertrauen *n* fiducia *f*, affidamento *m*; **das ~ aussprechen** votare la fiducia; **begründetes ~** *n (auf Erfüllung eines Vertrages)* legittimo affidamento *m*, ragionevole affidamento *m*; **gegenseitiges ~** *n* fiducia *f* reciproca.
Vertrauens | antrag *m* mozione *f* di fiducia; **~auftrag** *m (Börse)* ordine *m* a discrezione; **~entzug** *m* revoca *f* della fiducia.
Vertrauensfrage *f* questione *f* di fiducia, mozione *f* di fiducia; **die ~ stellen** porre la questione di fiducia.
Vertrauens | grundsatz *m* principio *m* dell'affidamento; **~haftung** *f* responsabilità *f* per affidamento; **~interesse** *n (Schadensersatz)* → *Vertrauensschaden, negatives Interesse* interesse *m* negativo; **~kredit** *m* credito *m* fiduciario; **~mann** *m* (*Abk* = **V-Mann**) *(Pl.: V-Leute, auch: V-Person, Vertrauensperson: Privatperson, die von einem verdeckten Ermittler zu unterscheiden ist, der Polizeibeamter ist)* confidente *m* (*della polizia*), informatore *m* (*della polizia*); **~missbrauch** *m* abuso *m* di fiducia.
Vertrauensperson *f* [1] persona *f* di fiducia.
Vertrauensperson *f* [2] (*Abk* = **VP / V-Person**) *(auch: Vertrauensmann, V-Mann, Pl.: V-Leute: Privatperson, die von einem verdeckten Ermittler zu unterscheiden ist, der Polizeibeamter ist)* confidente *m* (*della polizia*), informatore *m* (*della polizia*).
Vertrauensschaden *m (Schadensersatz)* → *Vertrauensinteresse, negatives Interesse* interesse *m* negativo, danno *m* da affidamento, danno *m* da lesione dell'affidamento; **~versicherung** *f* (*Abk* = **VSV**) assicurazione *f* contro l'infedeltà dei dipendenti, assicurazione *f* contro l'appropriazione indebita.
Vertrauens | schutz *m* tutela *f* dell'affidamento; **~theorie** *f* teoria *f* dell'affidamento; **~verhältnis** *n* rapporto *m* di fiducia; **~votum** *n* voto *m* di fiducia.
vertraulich *adj* riservato, confidenziale; **streng ~** strettamente riservato, strettamente confidenziale, con la massima riservatezza, riservatissimo.
Vertraulichkeit *f* riservatezza *f*.
vertreiben *v* [1] *(Personen)* espellere, cacciare, scacciare, allontanare.
vertreiben *v* [2] *(Waren)* distribuire, vendere, commercializzare, smerciare, spacciare.
Vertreibung *f* espulsione *f*.
vertretbar *adj* [1] *(Güter, Sachen)* fungibile.
vertretbar *adj* [2] *(Maßnahme, Standpunkt)* sostenibile, giustificabile.
Vertretbarkeit *f* [1] *(von Gütern, Sachen)* fungibilità *f*.
Vertretbarkeit *f* [2] *(einer Maßnahme, eines Standpunktes)* sostenibilità *f*, giustificabilità *f*.
vertreten *v* [1] *(repräsentieren)* rappresentare, essere il rappresentante [di], *(Interessen)* difendere, curare, tutelare, patrocinare; **etwas zu ~ haben**; **etwas ~ müssen** *(verantwortlich sein)* essere responsabile di qc., qc. è imputabile a qn.; **~ sein** essere rappresentato, essere presente, esserci; **jdn. anwaltlich ~** rappresentare (e difendere) qn. (*da parte di un avvocato*); **anwaltlich ~ sein** essere rappresentato (e difeso) da un avvocato; **nach außen ~** rappresentare nei rapporti esterni, rappresentare verso l'esterno; **jdn. vor Gericht ~**; **jdn. gerichtlich ~** rappresentare (e difendere) qn. in giudizio; **gesetzlich ~** [durch *Akk*] in persona del legale rappresentante.
vertreten *v* [2] *(ersetzen)* sostituire, rimpiazzare, supplire, subentrare [a], fare le veci [di], fare le funzioni [di], fungere [da].
vertreten *v* [3] *(Meinung, These)* sostenere, affermare.
Vertretene/r *f/m* rappresentato/-a *m/f*.
Vertretenmüssen *n* responsabilità *f*.
Vertreter *m* [1] [f: Vertreterin] *(Repräsentant)* rappresentante *m/f*, *(Prozessvertreter)* rappresentante *m/f* in giudizio, delegato/-a *m/f*, *(Handelsvertreter)* agente *m/f*; **akkreditierter ~** *m* rappresentante *m* accreditato; **bevollmächtigter ~** *m* rappresentante *m* autorizzato;

diplomatischer ~ *m* agente *m* diplomatico, rappresentante *m* diplomatico; **gesetzlicher ~** *m* rappresentante *m* legale (*o: legale rappresentante*); **Hoher ~** *m* alto rappresentante *m*; **Hoher ~** *m* **der Europäischen Union für Außen- und Sicherheitspolitik** *EuR (im Vertragstext kurz: Hoher Vertreter der Union für Außen- und Sicherheitspolitik, umgangssprachlich: EU-Außenminister/in, Außenminister/in der Europäischen Union oder EU-Außenbeauftragte/r)* alto rappresentante *m* dell'Unione europea per gli affari esteri e la politica di sicurezza; **Hoher ~** *m* **für die Gemeinsame Außen- und Sicherheitspolitik (GASP)** *EuR* alto rappresentante *m* per la politica estera e di sicurezza comune (PESC); **ständiger ~** *m* rappresentante *m* permanente; **vollmachtloser ~** *m* rappresentante *m* senza procura, rappresentante *m* senza potere, rappresentante *m* senza poteri; **~** *m* **kraft Gesetzes** rappresentante *m* legale (*o: legale rappresentante*); **~** *m* **der öffentlichen Gewalt** agente *m* della forza pubblica; **~** *m* **des öffentlichen Interesses** pubblico ministero *m* presso i tribunali amministrativi; **~** *m* **ohne Vertretungsmacht** rappresentante *m* senza potere, rappresentante *m* senza poteri.

Vertreter *m* [2] [f: Vertreterin] *(Ersatzkraft)* sostituto/-a *m/f*, *(Stellvertreter)* supplente *m/f*, facente *m/f* funzione.

Vertreter *m* [3] [f: Vertreterin] *(Verfechter)* sostenitore/-trice *m/f*, *(Angehöriger)* esponente *m/f*.

Vertreter | haftung *f* responsabilità *f* del rappresentante; **~provision** *f* provvigione *f* dei rappresentanti; **~versammlung** *f* assemblea *f* dei delegati; **~vertrag** *m* contratto *m* di agenzia.

Vertretung *f* [1] rappresentanza *f*, *(Abordnung)* delegazione *f*, missione *f*; **in ~** per delega; **zur alleinigen ~ berechtigt sein** avere potere di firma disgiunta; **anwaltliche ~** *f* patrocinio *m*; **ausländische ~** *f* rappresentanza *f* estera; **~** *f* **nach außen** rappresentanza *f* esterna, rappresentanza *f* verso l'esterno; **berufsständische ~** *f* rappresentanza *f* di categoria; **diplomatische ~** *f* rappresentanza *f* diplomatica, missione *f* diplomatica; **freiwillige ~** *f* rappresentanza *f* volontaria; **~** *f* **vor Gericht** *ProzR* rappresentanza *f* in giudizio; **gesetzliche ~** *f* rappresentanza *f* legale; **gewerkschaftliche ~** *f* rappresentanza *f* sindacale; **gewichtete ~** *f* rappresentanza *f* ponderata; **gewillkürte ~** *f* rappresentanza *f* volontaria; **konsularische ~** *f* rappresentanza *f* consolare; **mittelbare ~** *f* rappresentanza *f* indiretta; **notwendige ~** *f* rappresentanza *f* necessaria; **ständige ~** *f* rappresentanza *f* permanente, delegazione *f* permanente; **verhältnismäßige ~** *f* rappresentanza *f* proporzionale.

Vertretung *f* [2] *(Stellvertretung)* sostituzione *f*, supplenza *f*, *(Vertreter)* sostituto/-a *m/f*, supplente *m/f*.

Vertretung *f* [3] *(Niederlassung)* filiale *f*, agenzia *f*.

Vertretungsbefugnis *f* potere *m* di rappresentanza, potere *m* rappresentativo, facoltà *f* di rappresentanza.

vertretungsbefugt *adj* con potere di rappresentanza, *GesR* autorizzato a rappresentare (*una società*).

vertretungsberechtigt *adj* con potere di rappresentanza, *GesR* autorizzato a rappresentare (*una società*); **nicht ~** senza potere di rappresentanza; **einzeln ~** = *einzelvertretungsberechtigt, alleinvertretungsberechtigt* con potere di rappresentanza disgiunta, con potere di rappresentanza disgiuntiva, munito/dotato di poteri di rappresentanza disgiunta; **gemeinschaftlich ~** con potere di rappresentanza congiunta, con potere di rappresentanza congiuntiva, munito/dotato di poteri di rappresentanza congiunta.

Vertretungs | berechtigte/r *f/m* rappresentante *m/f*; **~berechtigung** *f* potere *m* di rappresentanza, potere *m* rappresentativo, facoltà *f* di rappresentanza, diritto *m* di rappresentanza; **~büro** *n* ufficio *m* di rappresentanza; **~körper** *m* *(A)*; **~körperschaft** *f* organo *m* rappresentativo; **~kosten** *pl* spese *fpl* di rappresentanza, spese *fpl* di supplenza.

Vertretungsmacht *f* potere *m* di rappresentanza, potere *m* rappresentativo; **ohne ~** senza potere di rappresentanza; **fehlende ~** *f*; **mangelnde ~** *f* mancanza *f* di potere (di rappresentanza), mancanza *f* del potere di rappresentanza; **unbeschränkte ~** *f* potere *m* di rappresentanza illimitato, pieno potere *m* di rappresentanza; **~** *f* **kraft Rechtsschein** rappresentanza *f* apparente.

Vertretungs | mandat *n* mandato *m* di rappresentanza; **~monopol** *n* monopolio *m* di rappresentanza; **~organ** *n* organo *m* rappresentativo; **~verhältnis** *n* rapporto *m* di rappresentanza; **~vertrag** *m* contratto *m* di rappresentanza; **~vollmacht** *f* potere *m* di rappresentanza, procura *f*; **~zwang** *m* rappresentanza *f* obbligatoria, *ZivProzR* obbligo *m* del patrocinio dell'avvocato, *ZivProzR* patrocinio *m* obbligatorio.

Vertrieb *m* distribuzione *f*, vendita *f*, commercializzazione *f*, smercio *m*, spaccio *m*.

Vertriebene/r *f/m* persona *f* deportata, espulso/-a *m/f*, rifugiato/-a *m/f*, profugo/-a *m/f*.

Vertriebs | büro *n* ufficio *m* vendite; **~gemeinschaft** *f* sindacato *m* di vendita; **~gesellschaft** *f* società *f* commerciale (distributrice); **~kosten** *pl* costi *mpl* di distribuzione, costi *mpl* di vendita, spese *fpl* di distribuzione, spese *fpl* di vendita, spese *fpl* commerciali; **~netz** *n* rete *f* di distribuzione, rete *f* di vendita; **~organisation** *f* organizzazione *f* distributrice, organizzazione *f* di distribuzione, organizzazione *f* di vendita; **~recht** *n* diritto *m* di diffusione, diritto *m* di vendita; **~system** *n* sistema *m* distributivo, sistema *m* di distribuzione, sistema *m* di vendita; **~tätigkeit** *f* attività *f* di vendita; **~unternehmen** *n* impresa *f* di distribuzione; **~vorgang** *m* processo *m* distributivo.

verüben *v (Straftaten)* compiere, commettere, perpetrare.

Verübung *f (von Straftaten)* perpetrazione *f*.

Verunfallte/r *f/m (CH)* sinistrato *m*, infortunato *m*.

verunglimpfen *v* vilipendere.

Verunglimpfung *f* vilipendio *m*; **~** *f* **des Andenkens Verstorbener** *StrafR (§ 189 StGB)* offesa *f* alla memoria dei defunti, vilipendio *m* della memoria dei defunti; **~** *f* **des Bundespräsidenten** *StrafR (§ 90 StGB)* offesa *f* all'onore o al prestigio del Presidente Federale, vilipendio *m* del Presidente Federale; **~** *f* **des Staates und seiner Symbole** *StrafR (§ 90a StGB)* vilipendio *m* dello Stato e dei suoi simboli; **verfassungsfeindliche ~** *f* **von Verfassungsorganen** *StrafR (§ 90b StGB)* vilipendio *m* anticostituzionale di organi costituzionali.

Verunglückte/r *f/m* infortunato/-a *m/f*.

verunreinigen *v* inquinare, contaminare.

Verunreinigung *f* inquinamento *m*, contaminazione *f*; **~** *f* **der Gewässer** inquinamento *m* delle acque; **~** *f* **der Luft** inquinamento *m* dell'aria, inquinamento *m* atmosferico.

Verunreinigungsgrad *m* livello *m* di inquinamento.

verunstalten *v* sfigurare, deturpare.

veruntreuen *v StrafR* appropriarsi indebitamente di, sottrarre, malversare, distrarre (*una somma*).

Veruntreuung *f StrafR (qualifizierter Fall der Unterschlagung) (§ 246 Abs. 2 StGB)* appropriazione *f* indebita (*di cosa affidata*), sottrazione *f* (*di cosa affidata*), malversazione *f*, distrazione *f* (*di fondi*); **~** *f* **im Amt** *StrafR* peculato *m*; **~** *f* **öffentlicher Gelder** *StrafR* appropriazione *f* di denaro pubblico.

Veruntreuungsversicherung *f* assicurazione *f* contro

l'appropriazione indebita, assicurazione *f* contro l'infedeltà dei dipendenti, polizza *f* di fedeltà.
Verurkundung *f (CH)* certificazione *f*.
verursachen *v* causare, cagionare, arrecare, provocare, produrre, suscitare.
Verursacher/in *m/f* agente *m/f*, autore/-trice *m/f*, responsabile *m/f*.
Verursacherprinzip *n* principio *m* di causalità, *UmweltR* principio *m* "chi inquina paga".
Verursachung *f* causa *f*, motivo *m*, causalità *f*; **adäquate ~** *f* causalità *f* adeguata; **fahrlässige ~** *f* **einer Feuersbrunst** *(CH)* incendio *m* colposo.
Verursachungs | haftung *f* responsabilità *f* oggettiva; **~verschulden** *n* colpa *f* oggettiva.
verurteilen *v StrafProzR* condannare; **zum Tode ~** *StrafProzR* condannare a morte.
verurteilt *adj StrafProzR* condannato; **rechtmäßig ~** *StrafProzR* regolarmente condannato; **zu einer Freiheitsstrafe ~ werden** *StrafProzR* essere (o: venire) condannato a(d) una pena detentiva; **zu einer Geldstrafe ~ werden** *StrafProzR* essere (o: venire) condannato a(d) una pena pecuniaria.
Verurteilte/r *f/m StrafProzR* condannato/-a *m/f*; **lebenslang ~** *f/m*; **lebenslänglich ~** *f/m StrafProzR* condannato/-a *m/f* all'ergastolo, ergastolano/-a *m/f*; **rechtskräftig ~** *f/m StrafProzR* condannato *m* definitivo.
Verurteilung *f StrafProzR (in einem Strafverfahren)* sentenza *f* di condanna, condanna *f*; **gerichtliche ~** *f StrafProzR* condanna *f* giudiziaria; **rechtskräftige ~** *f StrafProzR* condanna *f* passata in giudicato, condanna *f* definitiva; **strafrechtliche ~** *f StrafProzR* condanna *f* penale; **zivilrechtliche ~** *f ZivProzR* condanna *f* civile; **~** *f* **in Abwesenheit** *StrafProzR (des Angeklagten)* condanna *f* in contumacia; **~** *f* **auf Bewährung** *StrafProzR* condanna *f* condizionale; **~** *f* **zu Geldstrafe** *StrafProzR* condanna *f* a pena pecuniaria; **~** *f* **in die Kosten**; **~** *f* **zu den Kosten**; **~** *f* **zur Tragung der Kosten** *ProzR* condanna *f* alle spese; **~** *f* **mit Strafaussetzung zur Bewährung** *StrafProzR* condanna *f* condizionale; **~** *f* **zu zeitiger Freiheitsstrafe** *StrafProzR* condanna *f* a pena detentiva temporanea.
Verurteilungsklage *f* azione *f* di condanna.
Vervielfältigung *f* riproduzione *f*; **mechanische ~** *f (einer Unterzeichnung)* riproduzione *f* meccanica (*di una sottoscrizione*).
Vervielfältigungsrecht *n* diritto *m* di riproduzione.
vervollständigen *v* completare, integrare, perfezionare.
Vervollständigung *f* completamento *m*, integrazione *f*, perfezionamento *m*.
Verwahrauftrag *m (A)* ordine *m* di deposito.
verwahren *v* custodire, conservare, depositare, internare *(CH)*.
Verwahrer/in *m/f* custode *m/f*, depositario/-a *m/f*, consegnatario/-a *m/f*.
Verwahrerregierung *f* governo *m* depositario.
Verwahrnis *n (A)* oggetto *m* di custodia, cosa *f* depositata; **gerichtliches ~** *n (A)* oggetto *m* di deposito giudiziario, deposito *m* giudiziario.
Verwahrstück *n* oggetto *m* di custodia, cosa *f* depositata.
Verwahrte/r *f/m (CH)* internato/-a *m/f*.
Verwahrung *f (Aufbewahrung)* custodia *f*, deposito *m*; **in ~ geben** dare in deposito; **in ~ nehmen** prendere in deposito; **depotmäßige ~** *f* custodia *f* in deposito; **echte ~** *f* deposito *m* regolare; **gerichtliche ~** *f (A)* deposito *m* giudiziario; **unregelmäßige ~** *f* deposito *m* irregolare; **~** *f* **von Gewohnheitsverbrechern** *(CH) StrafProzR* internamento *m* di delinquenti abituali; **~** *f* **eines Testaments** *ErbR* deposito *m* di un testamento.
Verwahrungs | anstalt *f* casa *f* di

custodia; **~bruch** *m* violazione *f* della pubblica custodia di cose; **~gebühr** *f* diritto *m* di custodia; **~haft** *f (A) StrafProzR* arresto *m*; **~ort** *m* luogo *m* di conservazione, luogo *m* di custodia, luogo *m* di detenzione; **~vertrag** *m* contratto *m* di deposito.

verwalten *v (Vermögen, Betrieb, Gemeinde)* amministrare, gestire, governare.

Verwalter *m* [f: Verwalterin] amministratore/-trice *m/f*, gestore/-trice *m/f*, economo/-a *m/f*, curatore/-trice *m/f*; **gerichtlich bestellter ~** *m* amministratore *m* giudiziario, sequestratario *m*; **kommissarischer ~** *m* commissario *m*; **treuhänderischer ~** *m* amministratore *m* fiduciario.

Verwaltung *f* amministrazione *f*, gestione *f*; **allgemeine ~** *f* amministrazione *f* generale; **autonome ~** *f* amministrazione *f* autonoma; **bundeseigene ~** *f* amministrazione *f* federale; **bundesunmittelbare ~** *f* amministrazione *f* federale diretta; **dezentralisierte ~** *f* amministrazione *f* decentralizzata; **gebundene ~** *f* attività *f* amministrativa vincolata; **gemischte ~** *f* amministrazione *f* mista; **gerichtliche ~** *f* amministrazione *f* giudiziaria; **landeseigene ~** *f* amministrazione *f* del Land; **laufende ~** *f* ordinaria amministrazione *f*; **öffentliche ~** *f* pubblica amministrazione *f (PA)*, amministrazione *f* pubblica; **örtliche ~** *f* amministrazione *f* locale; **städtische ~** *f* amministrazione *f* comunale; **treuhänderische ~** *f* amministrazione *f* fiduciaria; **~** *f* **der Konkursmasse** *(CH) InsolvenzR* amministrazione *f* della massa fallimentare; **~** *f* **des Nachlasses** *ErbR* amministrazione *f* dell'eredità; **~** *f* **von Wertpapieren** gestione *f* di portafoglio, gestione *f* di titoli, gestione *f* di valori mobiliari.

Verwaltungs | abgabe *f* tassa *f* amministrativa; **~abkommen** *n* accordo *m* amministrativo; **~abteilung** *f* ufficio *m* amministrativo, divisione *f* amministrativa; **~akademie** *f* scuola *f* superiore della pubblica amministrazione.

Verwaltungsakt *m* atto *m* amministrativo, atto *m* della pubblica amministrazione, provvedimento *m* amministrativo; **einen ~ anfechten** impugnare un atto amministrativo; **einen ~ aufheben** annullare un atto amministrativo; **einen ~ erlassen** emanare un atto amministrativo; **~** *m* **mit Dauerwirkung** atto *m* amministrativo ad efficacia prolungata; **beeinträchtigender ~** *m* atto *m* amministrativo restrittivo; **begünstigender ~** *m* atto *m* amministrativo ampliativo; **belastender ~** *m*; **beschwerender ~** *m* atto *m* amministrativo restrittivo; **deklarierender ~** *m* atto *m* amministrativo dichiarativo; **dinglicher ~** *m* atto *m* amministrativo reale; **einfacher ~** *m* atto *m* amministrativo semplice; **ermessensfreier ~** *m* atto *m* amministrativo discrezionale; **externer ~** *m* atto *m* amministrativo esterno; **fehlerhafter ~** *m* atto *m* amministrativo viziato; **feststellender ~** *m* atto *m* amministrativo dichiarativo; **formgebundener ~** *m* atto *m* amministrativo formale; **gebundener ~** *m* atto *m* amministrativo vincolato; **implizierter ~** *m* atto *m* amministrativo implicito; **interner ~** *m* atto *m* amministrativo interno; **konkludenter ~** *m* atto *m* amministrativo concludente; **mehrstufiger ~** *m* atto *m* amministrativo complesso; **nichtiger ~** *m* atto *m* amministrativo nullo; **rechtmäßiger ~** *m* atto *m* amministrativo legittimo; **rechtsbegründender ~** *m*; **rechtsgestaltender ~** *m* atto *m* amministrativo costitutivo; **rechtswidriger ~** *m* atto *m* amministrativo illegittimo; **stillschweigender ~** *m* atto *m* amministrativo tacito; **unvollkommener ~** *m* atto *m* amministrativo imperfetto; **zusammengesetzter ~** *m*;

zustimmungsbedürftiger ~ *m* atto *m* amministrativo complesso; **zweiseitiger ~** *m* atto *m* amministrativo bilaterale.

Verwaltungs | akten *pl* atti *mpl* della pubblica amministrazione; **~angelegenheit** *f* affare *m* amministrativo, questione *f* amministrativa, questione *f* di carattere amministrativo, pratica *f* amministrativa; **~angestellte/r** *f/m* impiegato/-a *m/f* amministrativo/-a; **~anordnung** *f* regolamento *m* interno; **~anweisung** *f* istruzione *f* di servizio.

Verwaltungsapparat *m* apparato *m* amministrativo; **schlanker ~** *m* apparato *m* amministrativo snello.

Verwaltungs | aufbau *m* organizzazione *f* amministrativa, struttura *f* amministrativa; **~aufsicht** *f* vigilanza *f* amministrativa; **~ausgaben** *pl* spese *fpl* amministrative; **~ausschuss** *m* comitato *m* esecutivo, comitato *m* di amministrazione, commissione *f* amministrativa, commissione *f* amministratrice (*di un ente*), *(Niedersachsen)* giunta *f* comunale; **~beamter/-beamtin** *m/f* funzionario *m* amministrativo, impiegato/-a *m/f* statale amministrativo/-a; **~behörde** *f* autorità *f* amministrativa, amministrazione *f*; **~beirat** *m* comitato *m* amministrativo; **~bericht** *m* rapporto *m* di gestione; **~beschwerde** *f* ricorso *m* amministrativo, reclamo *m* amministrativo; **~bezirk** *m* distretto *m* amministrativo, circoscrizione *f* amministrativa; **~dezentralisation** *f* decentramento *m* amministrativo; **~direktion** *f* direzione *f* amministrativa; **~entscheidung** *f* decisione *f* amministrativa; **~ermessen** *n* potere *m* discrezionale dell'amministrazione, discrezionalità *f* amministrativa; **~funktion** *f* funzione *f* amministrativa; **~gebäude** *n* edificio *m* amministrativo; **~gebühr** *f* tassa *f* amministrativa, diritto *m* amministrativo; **~gemeinschaft** *f (internationale)* unione *f* amministrativa.

Verwaltungsgericht *n* (*Abk* = **VG**) tribunale *m* amministrativo (*giudice amministrativo di primo grado*); **~** *n* **der Internationalen Arbeitsorganisation** Tribunale *m* amministrativo dell'Organizzazione internazionale del lavoro; **~** *n* **der Vereinten Nationen** Tribunale *m* amministrativo delle Nazioni Unite.

Verwaltungsgerichtsbarkeit *f* giurisdizione *f* amministrativa, giustizia *f* amministrativa, contenzioso *m* amministrativo.

Verwaltungsgerichtsbeschwerde *f (CH)* ricorso *m* giurisdizionale amministrativo.

Verwaltungsgerichtshof *m* [1] *(D)* (*Abk* = **VGH**) corte *f* amministrativa (*tedesca: giudice amministrativo di secondo grado in Baden-Württemberg, Baviera e Assia; negli altri Länder viene definita "Oberverwaltungsgericht"*).

Verwaltungsgerichtshof *m* [2] *(A)* (*Abk* = **VwGH**) Corte *f* suprema amministrativa (austriaca).

Verwaltungsgerichts | ordnung *f (D)* (*Abk* = **VwGO**) codice *m* (tedesco) di procedura amministrativa, codice *m* (tedesco) del processo amministrativo; **~prozess** *m* processo *m* amministrativo; **~rat** *m (jetzt: Richter am Verwaltungsgericht)* giudice *m* amministrativo; **~verfahren** *n* procedimento *m* contenzioso amministrativo, processo *m* amministrativo.

Verwaltungsgesetz *n* legge *f* amministrativa.

Verwaltungshandeln *n* attività *f* amministrativa, azione *f* amministrativa, azioni *fpl* amministrative, funzioni *fpl* amministrative; **gebundenes ~** *n* attività *f* amministrativa vincolata.

Verwaltungs | handlung *f* atto *m* amministrativo, atto *m* della pubblica amministrazione; **~hierarchie** *f* gerarchia *f* amministrativa; **~hilfe** *f* assistenza *f* amministrativa; **~jahr** *n* anno *m* amministrativo; **~jargon** *m* gergo *m* burocratico; **~justiz** *f* giustizia *f* amministrativa; **~klage** *f* ricorso *m* giurisdizionale amministrativo, ricorso *m* contenzioso; **~konferenz** *f* conferenza *f* amministrativa; **~konto** *n* conto *m* di amministrazione; **~kontrolle** *f* controllo *m* ispettivo.

Verwaltungskosten *pl* spese *fpl* amministrative, spese *fpl* di amministrazione, spese *fpl* di gestione; **~gewinn** *m* utile *m* sulle spese di amministrazione, utile *m* sulle spese di gestione; **~system** *n* sistema *m* delle spese di amministrazione; **~zuschlag** *m* maggiorazione *f* per le spese di amministrazione, caricamento *m* per le spese di gestione.

verwaltungsmäßig *adj* amministrativo.

Verwaltungs | maßnahme *f* provvedimento *m* amministrativo, misura *f* amministrativa; **~norm** *f* norma *f* amministrativa; **~organ** *n* organo *m* amministrativo, organo *m* di gestione; **~personal** *n* personale *m* amministrativo; **~polizei** *f* polizia *f* amministrativa; **~praxis** *f* pratica *f* amministrativa, prassi *f* amministrativa; **~prozess** *m* processo *m* amministrativo, giudizio *m* amministrativo.

Verwaltungsrat *m* [1] *(D) (Organ zur Überwachung der Geschäftsführung bei Körperschaften, Anstalten und Stiftungen des öffentlichen Rechts, entsprechend dem Aufsichtsrat bei Aktiengesellschaften)* consiglio *m* di sorveglianza.

Verwaltungsrat *m* [2] *(CH) GesR (Geschäftsführungsorgan einer Aktiengesellschaft, das sowohl mit dem Vorstand als auch mit dem Aufsichtsrat einer deutschen AG vergleichbar ist)* consiglio *m* di amministrazione *(CdA)*.

Verwaltungsratsmitglied *n* [1] *(D)* membro *m* del consiglio di sorveglianza (*negli enti di diritto pubblico in Germania*).

Verwaltungsratsmitglied *n* [2] *(CH) GesR* membro *m* del consiglio di amministrazione (CdA), consigliere *m* di amministrazione, amministratore *m*.

Verwaltungsratsvorsitzende/r *f*/m[1] *(D)* presidente *m* del consiglio di sorveglianza (*negli enti di diritto pubblico in Germania*).

Verwaltungsratsvorsitzende/r *f/m*[2] *(CH) GesR* presidente *m* del consiglio di amministrazione (CdA).

Verwaltungsrecht *n* diritto *m* amministrativo; **internationales ~** *n* diritto *m* internazionale amministrativo.

Verwaltungsrechtler/in *m/f* amministrativista *m/f*.

verwaltungsrechtlich *adj* (di diritto) amministrativo, amministrativistico.

Verwaltungsrechtspflege *f* giustizia *f* amministrativa; **verwaltungsbehördliche ~** *f (CH)* giustizia *f* amministrativa.

Verwaltungs | rechtsprechung *f* giurisprudenza *f* amministrativa; **~rechtsschutz** *m* tutela *f* giurisdizionale amministrativa; **~rechtsweg** *m* giurisdizione *f* amministrativa, ricorso *m* alla giustizia amministrativa; **~reform** *f* riforma *f* amministrativa; **~rekurs** *m (CH)* ricorso *m* amministrativo; **~richter/in** *m/f* giudice *m* amministrativo; **~sache** *f* materia *f* amministrativa, contesto *m* amministrativo, affare *m* amministrativo, contenzioso *m* amministrativo, causa *f* amministrativa; **~schiedsverfahren** *n* arbitrato *m* amministrativo; **~schuld** *f* debito *m* amministrativo; **~sekretariat** *n* segreteria *f* amministrativa; **~sekretär/in** *m/f* segretario *m* amministrativo; **~sitz** *m* sede *f* amministrativa; **~spitze** *f* vertice *m* amministrativo; **~stelle** *f* ufficio *m* amministrativo; **~strafgesetz** *n (A)* legge *f* sulle contravvenzioni amministrative; **~strafrecht** *n* diritto *m* penale amministrativo; **~strafsenat** *m (A)* tribunale *m* penale amministrativo; **~streitsache** *f*; **~streitverfahren** *n* contenzioso *m* amministrativo, procedimento *m* contenzioso amministrativo; **~struktur** *f* struttura *f* amministrativa; **~system** *n* sistema *m* amministrativo; **~tätigkeit** *f* attività *f* amministrativa, azione *f* amministrativa; **~träger** *m* organo *m* amministrativo; **~treuhänderschaft** *f* amministrazione *f* fiduciaria; **~übereinkommen** *n* accordo *m* amministrativo; **~übertretung** *f (A)* contravvenzione *f* amministrativa, illecito *m* amministrativo; **~übung** *f* prassi *f* amministrativa; **~union** *f* unione *f* amministrativa; **~unrecht** *n* illecito *m* amministrativo; **~verband** *m* consorzio *m* amministrativo; **~vereinbarung** *f* convenzione *f* amministrativa; **~verfahren** *n* procedimento *m* amministrativo, processo *m* amministrativo, procedura *f* amministrativa; **~verfahrensgesetz** *n (D)* (*Abk* = **VwVfG**) legge *f* (tedesca) sul procedimento amministrativo; **~verfügung** *f* ordinanza *f* amministrativa; **~vermögen** *n* demanio *m* pubblico, beni *mpl* demaniali, beni *mpl* di demanio pubblico, beni *mpl* pubblici; **~verordnung** *f* ordinanza *f* amministrativa; **~vertrag** *m* contratto *m* di gestione, *VerwR* contratto *m* della pubblica amministrazione; **~vollstreckung** *f* esecuzione *f* amministrativa; **~vollzugsordnung** *f* regolamento *m* di esecuzione; **~vorschrift** *f* norma *f* amministrativa, disposizione *f* amministrativa; **~vorschriften** *fpl* regolamenti *mpl* amministrativi; **den ~weg beschreiten** adire la via amministrativa; **~wesen** *n* amministrazione *f*; **~wissenschaften** *fpl* scienza *f* dell'amministrazione, scienze *fpl* amministrative; **~zustellungsgesetz** *n (D)* (*Abk* = **VwZG**) legge *f* (tedesca) sulle notificazioni dei provvedimenti amministrativi; **~zwang** *m* coercizione *f* amministrativa.

verwandt *adj FamR* parente, imparentato, congiunto; **~ mit** [*Dat*] affine [a], simile [a], analogo [a]; **mütterlicherseits ~** *FamR* parente da parte di madre; **väterlicherseits ~** *FamR* parente da parte di padre.

Verwandten | beischlaf *m* incesto *m* (tra consanguinei); **~klausel** *f* *(Lebensversicherung)* clausola *f* della parentela; **~unterstützung** *f (CH)* assistenza *f* ai parenti.

Verwandte/r *f/m FamR* parente *m/f*, congiunto/-a *m/f*, familiare *m/f*; **~** *f/m* **in aufsteigender Linie** *FamR* ascendente *m/f*.

Verwandtschaft *f FamR* parentela *f*, parenti *mpl*, affinità *f*; **eheliche ~** *f* *FamR* parentela *f* legittima.

Verwandtschafts | grad *m FamR* grado *m* di parentela; **~linie** *f FamR* linea *f* di parentela; **~verhältnis** *n* *FamR* rapporto *m* di parentela.

verwarnen *v* avvertire, avvisare, ammonire, diffidare.

Verwarnung *f* avvertimento *m*, avviso *m*, ammonizione *f*, ammonimento *m*, diffida *f*, richiamo *m*; **gebührenpflichtige ~** *f* oblazione *f*; **~** *f* **mit Strafvorbehalt** *StrafR (§ 59 StGB)* ammonimento *m* con riserva di pena.

Verwässerung *f (eines Anteils)* annacquamento *m*.

verwehren *v* vietare, impedire, negare, precludere.

verweigern *v* rifiutare, ricusare, respingere, negare, denegare.

Verweigerung *f* rifiuto *m*, ricusa *f*, ricusazione *f*, diniego *m*; **~** *f* **der Annahme** mancata accettazione *f*, *(Wechsel)* rifiuto *m* di accettazione, *(des Gläubigers)* rifiuto *m* di ricevere la prestazione; **~** *f* **der Eidesleistung** rifiuto *m* di prestare giuramento; **~** *f* **der Erfüllung** rifiuto *m* di adempimento, rifiuto *m* di adempiere; **~** *f* **der Hilfeleistung** omissione *f* di soccorso; **~** *f* **des Rechtsschutzes** diniego *m* di giustizia, denegata giustizia *f*; **~** *f* **der Zeugenaussage** *ProzR*; **~** *f* **des Zeugnisses** *ProzR* astensione *f* dal deporre, astensione *f* dal testimoniare, rifiuto *m* di testimoniare.

Verweis *m* [1] *(Sanktion)* rimprovero *m*, biasimo *m*, *(Disziplinarmaßnahme)* censura *f (lieve sanzione disciplinare inflitta a un dipendente pubblico)*, ammonimento *m*, ammonizione *f*, richiamo *m*; **einen ~ erteilen** infliggere una censura.

Verweis *m* ² *(Bezugnahme, Hinweis)* rimando *m*, rinvio *m*, riferimento *m*, richiamo *m*, indicazione *f*.

verweisen *v* ¹ *(tadeln)* rimproverare, biasimare, ammonire.

verweisen *v* ² [auf *Akk*] *(hinweisen)* rimandare [a], rinviare [a], far(e) riferimento [a], indicare, sottolineare, far(e) presente; **auf eine Entscheidung ~** rinviare a una decisione, far(e) riferimento a una decisione.

verweisen *v* ³ [an *Akk*] *(an ein anderes Gericht)* rimandare [a], rinviare [a], *(an eine andere Person oder Stelle)* indirizzare (*una persona da*), *(Fall)* affidare (*un caso a*), rimettere (*una questione*), demandare.

verweisen *v* ⁴ *(des Landes)* bandire, espellere (*dal paese*).

Verweisung *f* ¹ *(Rüge)* rimprovero *m*, biasimo *m*, *(Disziplinarmaßnahme)* censura *f (lieve sanzione disciplinare inflitta a un dipendente pubblico)*, ammonimento *m*, ammonizione *f*, richiamo *m*.

Verweisung *f* ² *(Weiterleitung)* rimando *m*, rinvio *m*, rimessione *f*, riferimento *m*; **~** *f* **an den Ausschuss** rinvio *m* alla commissione; **~** *f* **auf den Bürgen** chiamata *f* in garanzia; **~** *f* **an ein anderes Gericht** *ProzR* rinvio *m* ad altro giudice.

Verweisung *f* ³ *(Ausweisung)* espulsione *f*.

Verweisungs | antrag *m* domanda *f* di rinvio, istanza *f* di rimessione; **~beschluss** *m* ordinanza *f* di rinvio, ordinanza *f* di rimessione; **~bruch** *m (CH)* violazione *f* del bando; **~norm** *f IPR* norma *f* di rinvio; **~verfügung** *f* ordinanza *f* di rinvio, ordinanza *f* di rimessione.

verwenden *v* usare, utilizzare, adottare, impiegare, adoperare, applicare.

Verwendung *f (Gebrauch)* uso *m*, utilizzo *m*, utilizzazione *f*, impiego *m*, applicazione *f*; **widerrechtliche ~** *f* uso *m* illegale, uso *m* illecito.

Verwendungen *fpl (Vermögensaufwendungen)* spese *fpl*; **notwendige ~** *fpl SachenR (§ 994 BGB)* spese *fpl* necessarie; **nützliche ~** *fpl SachenR (§ 996 BGB)* spese *fpl* utili.

Verwendungs | nachweis *m* certificato *m* di utilizzazione; **~patent** *n* brevetto *m* di applicazione; **~priorität** *f* priorità *f* di utilizzazione; **~zeugnis** *n* certificato *m* di utilizzazione.

verwerfen *v* respingere, rigettare, rifiutare, ricusare.

Verwerfung *f* rigetto *m*, rifiuto *m*, ricusa *f*, ricusazione *f*, reiezione *f*; **~** *f* **der Beschwerde** rigetto *m* del ricorso.

verwertbar *adj (verwendbar)* utilizzabile, impiegabile, *(ausnutzbar)* sfruttabile, *(in Bez. auf Altmaterial)* recuperabile [o: ricuperabile], riciclabile.

Verwertbarkeit *f* utilizzabilità *f*, sfruttabilità *f*; **gewerbliche ~** *f* **der Erfindung** industrialità *f* dell'invenzione.

verwerten *v (verwenden)* utilizzare, *(ausnutzen)* sfruttare, *(auswerten)* valorizzare, *(Sicherheit)* realizzare, *(in Bez. auf Altmaterial)* recuperare [o: ricuperare], riciclare.

Verwertung *f (Verwendung)* utilizzo *m*, utilizzazione *f*, *(Ausnutzung)* sfruttamento *m*, *(Auswertung)* valorizzazione *f*, *(einer Sicherheit)* realizzo *m*, realizzazione *f*, liquidazione *f*, *(in Bez. auf Altmaterial)* recupero *m* [o: ricupero], riciclaggio *m*; **bauliche ~** *f* utilizzazione *f* edificatoria.

Verwertungs | recht *n (Urheberrecht)* diritto *m* di utilizzo, diritto *m* di utilizzazione, diritto *m* di sfruttamento; **~verbot** *n* divieto *m* di utilizzo, divieto *m* di utilizzazione.

Verweser/in *m/f* ¹ *(Verwalter)* amministratore *m*.

Verweser/in *m/f* ² *(Vertreter)* sostituto *m*, reggente *m*.

verwirken *v* perdere, decadere [da].

verwirkt *adj* perso.

Verwirkung *f* rinuncia *f* tacita (*all'azione*), perdita *f*, decadenza *f*, perenzione *f*; **~** *f* **der elterlichen Sorge** *FamR* decadenza *f* dalla potestà sui figli; **~** *f* **eines Rechts**

perdita *f* di un diritto, decadenza *f* da un diritto.

Verwirkung

La *Verwirkung* è un istituto di diritto giurisprudenziale riconducibile al principio della buona fede oggettiva (*Treu und Glauben ex* § 242 BGB), che non trova espresso riconoscimento nell'ordinamento italiano. In base a tale principio se il titolare del diritto, a seguito di un comportamento oggettivamente univoco protratto per un tempo ragionevole, ingenera nella controparte un affidamento meritevole di tutela circa il non esercizio del diritto, non può in un secondo momento, anche se non è ancora decorso il termine di prescrizione, pretendere di esercitarlo, perché ciò costituirebbe un abuso del diritto, un illecito esercizio del diritto per comportamento contraddittorio e contrario alla buona fede, nella forma del ritardo sleale nell'esercizio del diritto. Nell'ordinamento italiano timide applicazioni del principio tedesco della *Verwirkung* sono da rinvenire da una parte nel divieto del cd. *venire contra factum proprium* – consistente nel fatto che *una parte non può agire in modo contraddittorio rispetto ad un intendimento che ha ingenerato nell'altra parte, e sul quale questa ha ragionevolmente fatto affidamento a proprio svantaggio*, come sancito dall'art. 1.8 dei principi UNIDROIT dei contratti commerciali internazionali -, dall'altra parte nella c.d. *rinuncia tacita*.

Verwirkungs|frist *f (A)* termine *m* perentorio, termine *m* di decadenza; **~klausel** *f VertragsR* clausola *f* di decadenza (*i contraenti possono pattuire clausole contrattuali in forza delle quali la parte che non adempie agli obblighi assunti verso l'altro contraente perde i propri diritti*).

Verzehrungssteuer *f (A)* imposta *f* di consumo.

verzeichnen *v* registrare, iscrivere, segnare, annotare, elencare, catalogare, inventariare.

verzeichnet *adj* registrato, iscritto, segnato, annotato, elencato.

Verzeichnis *n (Liste)* elenco *m*, lista *f*, listino *m*, *(Aufstellung)* distinta *f*, specifica *f*, nota *f*, *(Inventar)* inventario *m*, *(Katalog)* catalogo *m*, *(Register)* registro *m*, ruolo *m*, repertorio *m*, *(in Büchern)* indice *m*, sommario *m*, *(Übersicht)* prospetto *m*, tabella *f*, tavola *f*, *(IT)* directory *f*; **in ein ~ aufnehmen** inventariare; **ein ~ aufstellen** fare un inventario, compilare un inventario.

Verzeigung *f (CH)* denuncia *f*.

verzerren *v* deformare, distorcere.

Verzerrung *f* deformazione *f*, distorsione *f*.

Verzicht *m* rinuncia *f* [o: rinunzia], abbandono *m*; **~ leisten** rinunciare; **~** *m* **auf die Einrede der Vorausklage** rinuncia *f* al beneficio di escussione; **~** *m* **auf die Erbschaft** *ErbR* rinuncia (o: rinunzia) *f* all'eredità; **~** *m* **auf die Staatsangehörigkeit** rinuncia *f* alla cittadinanza.

verzichten *v* [auf *Akk*] rinunciare [o: rinunziare a], abbandonare, desistere [da], fare a meno [di].

Verzichtleistung *f* rinuncia *f* [o: rinunzia].

Verzichtserklärung *f* rinuncia *f* [o: rinunzia], dichiarazione *f* di rinuncia; **ausdrückliche ~** *f* espressa rinuncia *f*, espressa dichiarazione *f* di rinuncia; **konkludente ~** *f* rinuncia *f* tacita, rinuncia *f* implicita, rinuncia *f* per facta concludentia.

Verzichts|klausel *f* clausola *f* di rinuncia; **~urteil** *n (D) (§ 306 ZPO)* sentenza *f* fondata sulla rinuncia dell'attore alla domanda proposta.

verzinsen *v* pagare interessi, corrispondere interessi, *(Kapital)* remunerare.

verzinslich *adj* fruttifero, produttivo di interessi; **~ sein** fruttare interessi.
Verzinsung *f* pagamento *m* di interessi, corresponsione *f* di interessi, rendimento *m* (*da interessi*), interessi *mpl*, tasso *m* di interesse; **zur ~ ausleihen** prestare ad interesse; **feste ~** *f* tasso *m* di interesse fisso.
verzögern *v* ritardare, rimandare, rinviare, differire, protrarre.
verzögernd *adj* dilatorio.
Verzögerung *f* ritardo *m*, protrazione *f*.
Verzögerungs | zinsen *mpl (A)* interessi *mpl* di mora, interessi *mpl* moratori; **~zuschlag** *m* supplemento *m* di ritardo; **zu ~zwecken** a scopi dilatori.
verzollbar *adj* sdaziabile, sdoganabile.
verzollen *v* sdoganare, sdaziare, svincolare dalla dogana.
Verzollung *f* sdoganamento *m*, sdaziamento *m*, svincolo *m* doganale.
Verzollungs | ausweis *m* certificato *m* di svincolo doganale; **~gebühr** *f* tassa *f* di svincolo doganale.
Verzug *m* mora *f*; **in ~ geraten**; **in ~ kommen** cadere in mora; **in ~ sein** essere in mora, essere moroso; **in ~ setzen** mettere in mora, costituire in mora.
Verzugs | entschädigung *f* indennità *f* di mora; **~richtlinie** *f EuR (= Zahlungsverzugsrichtlinie) → s. Anhang 3 b)* Direttiva *f* 2011/7/UE del Parlamento europeo e del Consiglio, del 16 febbraio 2011, relativa alla lotta contro i ritardi di pagamento nelle transazioni commerciali; **~schaden** *m* danno *m* derivante dal ritardo, danno *m* da ritardo, danno *m* di mora; **~strafe** *f* penalità *f* di mora, indennità *f* di mora; **~zinsen** *mpl (§ 288 BGB)* interessi *mpl* di mora, interessi *mpl* moratori; **~zuschlag** *m* penalità *f* di mora, indennità *f* di mora.
Veto *n* veto *m*; **~ einlegen** mettere il veto, porre il veto, opporre il veto; **das ~ widerrufen** togliere il veto; **absolutes ~** *n* veto *m* assoluto; **aufschiebendes ~** *n* veto *m* sospensivo.
Vetorecht *n* diritto *m* di veto.
VG (*Abk* = **Verwaltungsgericht**) tribunale *m* amministrativo (*giudice amministrativo di primo grado*).
VGH (*Abk* = **Verwaltungsgerichtshof**) *(D)* corte *f* amministrativa (*tedesca: giudice amministrativo di secondo grado in Baden-Württemberg, Baviera e Assia; negli altri Länder viene definita "Oberverwaltungsgericht"*).
vgl. (*Abk* = **vergleiche**) cfr. (*confronta*).
vidieren *v (A)* vistare.
Vidierung, konsularische ~ *f (A)* visto *m* consolare.
vidimieren *v (A)* vidimare.
Vidimierung *f (A)* vidimazione *f*.
Vieh | bestand *m* scorte *fpl* vive; **~dieb/in** *m/f* abigeo *m*, ladro *m* di bestiame; **~diebstahl** *m* abigeato *m*, furto *m* di bestiame; **~einsteller/in** *m/f (CH)* soccidario *m*; **~kauf** *m* vendita *f* di animali; **~lebensversicherung** *f* assicurazione *f* contro la mortalità del bestiame.
Viehpacht *f* soccida *f*; **einfache ~** *f* soccida *f* semplice.
Vieh | pächter/in *m/f* soccidario *m*; **~pachtvertrag** *m* contratto *m* di soccida; **~triebsrecht** *n* servitù *f* di passaggio del bestiame; **~verpächter/in** *m/f* soccidante *m*; **~versicherung** *f* assicurazione *f* del bestiame; **~versteller/in** *m/f (CH)* soccidante *m*; **~verstellung** *f (CH)* soccida *f*.
Viermächte | abkommen *n* accordo *m* delle quattro Potenze; **~verantwortlichkeit** *f* responsabilità *f* delle quattro Potenze; **~vereinbarung** *f* accordo *m* delle quattro Potenze.
Vierteljahres | bericht *m* rapporto *m* trimestrale; **~dividende** *f* dividendo *m* trimestrale; **~rate** *f* rata *f* trimestrale.
vierteljährlich *adj* trimestrale, a cadenza trimestrale, ogni tre mesi.
Viktimologie *f* vittimologia *f*.
Vindikation *f* rivendicazione *f*.
Vindikations | klage *f* azione *f* di rivendicazione; **~legat** *n ErbR* legato *m* di specie, legatum per vindicationem *(lat)*; **~zession** *f* cessione *f* dell'azione di rivendicazione.

vindizieren *v* rivendicare.
Vinkulations | geschäft *n* operazione *f* di credito documentato; **~kredit** *m* credito *m* documentato.
vinkulieren *v* vincolare.
Vinkulierung *f* vincolo *m*.
Visitationsrecht *n* diritto *m* di visita.
Visum *n* visto *m*; **ein ~ beantragen** richiedere un visto; **das ~ ist auf sechs Monate befristet** il visto è valido sei mesi; **ein ~ erstellen**; **ein ~ erteilen** rilasciare un visto; **mit einem ~ versehen** vistare; **einfaches ~** *n* visto *m* semplice.
Visum(s)antrag *m* richiesta *f* di visto.
Visum(s)erteilung *f* rilascio *m* del visto; **Voraussetzungen** *fpl* **für die ~** condizioni *fpl* per il rilascio del visto, requisiti *mpl* per il rilascio del visto.
Visum(s) | pflicht *f*; **~zwang** *m* obbligo *m* di (o: del) visto, visto *m* obbligatorio.
Vize | bürgermeister/in *m/f (A)* vicesindaco *m*; **~kanzler/in** *m/f* vicecancelliere *m*; **~konsul** *m* viceconsole *m*; **~präsident/in** *m/f* vicepresidente *m*; **~sekretär/in** *m/f* vicesegretario *m*.
VKrG (*Abk* = **Verbraucherkreditgesetz**) *(A) (Bundesgesetz über Verbraucherkreditverträge und andere Formen der Kreditierung zu Gunsten von Verbrauchern)* legge *f* (austriaca) sul credito al consumo.
VL (*Abk* = **vermögenswirksame Leistung**) *ArbR* prestazione *f* ad effetto patrimoniale.
V-Mann [1] (*Abk* = **Verbindungsmann**) agente *m* di collegamento.
V-Mann [2] (*Abk* = **Vertrauensmann**) *(Pl.: V-Leute, auch: V-Person, Vertrauensperson: Privatperson, die von einem verdeckten Ermittler zu unterscheiden ist, der Polizeibeamter ist)* confidente *m* (*della polizia*), informatore *m* (*della polizia*).
VN (*Abk* = **Vereinte Nationen**) Nazioni *fpl* Unite *(NU)*.
VOB (*Abk* = **Vergabe- und Vertragsordnung für Bauleistungen**) *(D) (früher: Verdingungsordnung für Bauleistungen)* regolamento *m* (tedesco) dei contratti e degli appalti pubblici relativi a lavori e opere edili.
VOF (*Abk* = **Vergabeordnung für freiberufliche Leistungen**) *(D) (früher: Verdingungsordnung für freiberufliche Leistungen)* regolamento *m* (tedesco) degli appalti pubblici relativi a servizi forniti da liberi professionisti.
Vogelstraußpolitik *f* politica *f* dello struzzo.
VOL (*Abk* = **Vergabe- und Vertragsordnung für Leistungen**) *(D) (früher: Verdingungsordnung für Leistungen)* regolamento *m* (tedesco) dei contratti e degli appalti pubblici relativi a forniture e servizi.
Volk *n* popolo *m*, nazione *f*; **im Namen des ~es** in nome del popolo.
Völkerbund *m* Società *f* delle Nazioni.
Völkerbunds | akte *f* Patto *m* della Società delle Nazioni; **~mitglied** *n* membro *m* della Società delle Nazioni; **~rat** *m* Consiglio *m* della Società delle Nazioni; **~satzung** *f* Patto *m* della Società delle Nazioni; **~versammlung** *f* assemblea *f* della Società delle Nazioni.
Völkergewohnheitsrecht *n* diritto *m* internazionale consuetudinario.
Völkermord *m StrafR (§ 220a StGB)* genocidio *m*; **Konvention** *f* **über die Verhütung und Bestrafung des ~es** *StrafR* Convenzione *f* per la prevenzione e la repressione del delitto di genocidio; **~handlung** *f StrafR* atto *m* di genocidio.
Völkerrecht *n* diritto *m* internazionale (pubblico), diritto *m* delle genti; **humanitäres ~** *n* diritto *m* internazionale umanitario.
Völkerrechtler/in *m/f* internazionalista *m/f*.
völkerrechtlich *adj* (di diritto) internazionale (*pubblico*), internazionalistico.
Völkerrechts | brauch *m* uso *m* internazionale; **~fähigkeit** *f* capacità *f* di diritto internazionale; **~gemeinschaft** *f* comunità *f* internazionale; **~kommission** *f (UNO)* Commissione *f* per il diritto internazionale (*delle Nazioni*

Unite); **~norm** *f* norma *f* (di diritto) internazionale; **~ordnung** *f* ordinamento *m* internazionale; **~persönlichkeit** *f* personalità *f* giuridica internazionale; **~praxis** *f* pratica *f* internazionale, prassi *f* internazionale; **~quelle** *f* fonte *f* del diritto internazionale; **~sitte** *f* cortesia *f* internazionale; **~subjekt** *n* soggetto *m* (di diritto) internazionale; **~verletzung** *f* violazione *f* del diritto internazionale; **~vertrag** *m* trattato *m* internazionale.

Völker | strafgesetzbuch *n (D)* (*Abk* = **VStGB**) codice *m* penale internazionale (tedesco); **~strafrecht** *n* diritto *m* internazionale penale; **~vertragsrecht** *n* contrattualistica *f* internazionale, diritto *m* internazionale pattizio; **~verwaltungsrecht** *n* diritto *m* internazionale amministrativo, diritto *m* amministrativo internazionale.

Volks | abstimmung *f* referendum *m*, referendum *m* popolare, consultazione *f* popolare, plebiscito *m*; **~aktie** *f* azione *f* popolare (di società privatizzate); **~aktionäre** *pl* azionariato *m* popolare; **~anwalt/-anwältin** *m/f (A)* difensore *m* civico.

Volksbefragung *f* referendum *m*, referendum *m* popolare, consultazione *f* popolare, plebiscito *m*; **Abhaltung** *f* **einer ~** indizione *f* di un referendum, celebrazione *f* di un referendum.

Volks | begehren *n* iniziativa *f* popolare, proposta *f* popolare; **~deutsche/r** *f/m* tedesco/-a *m/f* di origine (ma non di cittadinanza tedesca); **~eigentum** *n* proprietà *f* del popolo; **~einkommen** *n* reddito *m* nazionale; **~entscheid** *m* referendum *m*, referendum *m* popolare, consultazione *f* popolare, plebiscito *m*; **~erhebung** *f* sommossa *f* popolare, insurrezione *f* popolare; **~gericht** *n* tribunale *m* del popolo; **~regierung** *f* governo *m* popolare; **~repräsentation** *f* *(CH)* rappresentanza *f* popolare; **~souveränität** *f* sovranità *f* popolare, sovranità *f* del popolo; **~verhetzung** *f (§ 130 StGB)* istigazione *f* all'odio; **~versicherung** *f* assicurazione *f* popolare; **~vertreter/in** *m/f* rappresentante *m/f* del popolo, *(Abgeordnete/r)* deputato/-a *m/f*; **~vertretung** *f (Gesamtheit der Volksvertreter)* rappresentanza *f* popolare, *(Parlament)* parlamento *m*; **~wirt/in** *m/f* economista *m/f*, esperto/-a *m/f* di economia politica; **~wirtschaft** *f* economia *f* politica, economia *f* nazionale, economia *f* pubblica; **~wirtschaftler/in** *m/f* economista *m/f*, esperto/-a *m/f* di economia politica.

volkswirtschaftlich *adj* di economia politica, dell'economia nazionale, politico-economico, economico, nazionale.

Volkswirtschafts | departement *n (CH)* dipartimento *m* dell'economia pubblica; **~lehre** *f* economia *f* politica, economia *f* pubblica.

Voll | adoption *f* adozione *f* piena; **~aktie** *f* azione *f* interamente liberata.

vollamtlich *adj (CH)* effettivo, di carriera.

vollberechtigt *adj* che ha pieno diritto.

Voll | berechtigung *f* pieno diritto *m*; **~betrieb** *m* utilizzazione *f* integrale della capacità produttiva; **~charter** *m*; **~charterung** *f* noleggio *m* totale; **~chartervertrag** *m* contratto *m* di noleggio totale; **~eigentum** *n* piena proprietà *f*, proprietà *f* piena.

volleingezahlt *adj (Kapital)* interamente versato, *(Aktie)* interamente liberata.

Volleinzahlung *f* pagamento *m* integrale, pagamento *m* totale.

vollenden *v* terminare, portare a termine, finire, completare, concludere, perfezionare, portare a compimento, compiere, *(eine Straftat)* consumare.

vollendet *adj* terminato, finito, concluso, perfezionato, compiuto, *(Straftat)* consumato.

Vollendung *f* completamento *m*, perfezionamento *m*, compimento *m*, *(einer Straftat)* consumazione *f*; **~** *f*

des Delikts; ~ *f* der Straftat *StrafR* consumazione *f* del reato, consumazione *f* del delitto.

Vollerbe/-erbin *m/f ErbR (Alleinerbe: in einem gemeinschaftlichen Testament und Erbvertrag)* erede *m/f* universale.

Vollerbeneinsetzung *f ErbR* istituzione *f* di erede universale; **auflösend bedingte ~** *f ErbR* istituzione *f* di erede universale sottoposta a condizione risolutiva.

Voll | ersatz *m* risarcimento *m* integrale; **~hafter/in** *m/f GesR* socio *m* illimitatamente responsabile, socio *m* accomandatario, accomandatario *m*; **~indossament** *n* girata *f* completa, girata *f* in pieno; **~invalidität** *f* invalidità *f* totale, invalidità *f* completa.

volljährig *adj* maggiorenne; **für ~ erklären** emancipare.

Volljährige/r *f/m* maggiorenne *m/f*.

Volljährigerklärung *f (A)* emancipazione *f*.

Volljährigkeit *f* maggiore età *f*; **bei / mit / nach Eintritt der ~; bei / mit / nach Erreichen der ~** al raggiungimento della maggiore età.

Volljährigkeitsalter *n* maggiore età *f*.

Volljährigkeitserklärung *f* emancipazione *f*; **~ *f* durch Beschluss des Vormundschaftsgerichts** emancipazione *f* con provvedimento del giudice tutelare.

Voll | jurist/in *m/f (D)* giurista *m* completo (*che ha superato i due esami di Stato: Referendarexamen e Assessorexamen*); **~kaskoversicherung** *f* assicurazione *f* contro tutti i rischi, assicurazione *f* con polizza casco, assicurazione *f* casco; **~kaufmann** *m* grande imprenditore *m* (commerciale); **~konvertibilität** *f* convertibilità *f* completa.

Vollmacht *f* procura *f*, mandato *m*, delega *f*, pieni poteri *mpl*, i più ampi poteri *mpl*, potere *m*, facoltà *f*, autorizzazione *f*; **aufgrund ~** in forza di procura, per delega; **in ~** (*Abk* = **i.V.**) per procura *(p.p.)*, per delega; **eine ~ aufheben** revocare una procura; **mit ~ ausgestattet** delegato, dotato di pieni poteri, investito di pieni poteri, investito dei più ampi poteri; **~ erteilen** [*Dat*] conferire (una) procura [a], conferire pieni poteri [a], conferire i più ampi poteri [a], delegare, dare carta bianca [a]; **die ~ überschreiten** eccedere i limiti del (proprio) mandato; **mit einer ~ versehen** autorizzare, delegare, investire di pieni poteri, investire dei più ampi poteri; **eine ~ widerrufen** revocare una procura; **allgemeine ~** *f* procura *f* generale; **ausdrückliche ~** *f* procura *f* espressa; **beschränkte ~** *f* mandato *m* limitato; **mündlich erteilte ~** *f*; **mündliche ~** *f* mandato *m* orale, mandato *m* verbale; **notariell beglaubigte ~** *f*; **notarielle ~** *f* procura *f* notarile, procura *f* per atto pubblico; **privatschriftliche ~** *f* procura *f* per scrittura privata; **stillschweigende ~** *f* procura *f* tacita; **umfassende ~** *f* (i più) ampi poteri *mpl*, ampio mandato *m*; **unwiderrufliche ~** *f* procura *f* irrevocabile; **weitgehende ~** *f* (i più) ampi poteri *mpl*, ampio mandato *m*.

Vollmacht | erteilung *f = Bevollmächtigung* conferimento *m* di (o: della) procura, conferimento *m* del mandato; **~geber/in** *m/f* mandante *m/f*, (soggetto/società) conferente *m/f* (la) procura, (soggetto/società) delegante *m/f*, rappresentato/-a *m/f*; **~indossament** *n* girata *f* per procura; **~nehmer/in** *m/f = Bevollmächtigte/r* mandatario/-a *m/f*, procuratore *m*, delegato/-a *m/f*, plenipotenziario *m*, rappresentante *m/f*.

Vollmachts | erteilung *f = Bevollmächtigung* conferimento *m* di (o: della) procura, conferimento *m* del mandato; **~indossament** *n* girata *f* per procura; **~missbrauch** *m* abuso *m* di mandato; **~überschreitung** *f* superamento *m* dei limiti del mandato; **~übertragung** *f* delega *f* di poteri, trasferimento *m* di poteri, trasmissione *f* di poteri; **~urkunde** *f* procura *f*, atto *m* di procura; **~verhältnis** *n* rapporto *m* di procura;

~widerruf *m* revoca *f* della procura, revoca *f* del mandato.

Voll | mitglied *n* membro *m* a (o: di) pieno diritto, membro *m* effettivo; **~recht** *n* pieno diritto *m*; **~schaden** *m* danno *m* totale; **~sitzung** *f* seduta *f* plenaria, riunione *f* plenaria, adunanza *f* plenaria; **~souveränität** *f* piena sovranità *f*.

vollständig *adj (komplett)* completo, completamente, *(ganz)* intero, interamente, del tutto, totale, totalmente, *(ungekürzt)* integrale, *(bis zu Ende durchgeführt)* compiuto; **~ gelten**; **~ in Kraft sein** essere pienamente in vigore.

Vollständigkeit *f* completezza *f*, perfezione *f*, integrità *f*, totalità *f*; **der ~ halber** per completezza di informazione, per ragioni di completezza, per amor(e) di completezza; **~** *f* **des Haushaltsplanes** integrità *f* del bilancio (pubblico).

Vollständigkeitsprinzip *n (Haushalt)* principio *m* dell'integrità.

vollstreckbar *adj* esecutivo, esecutorio, eseguibile, che può avere esecuzione; **für ~ erklären** dichiarare esecutivo; **sofort ~** immediatamente esecutivo; **für sofort ~ erklären** dichiarare immediatamente esecutivo; **vorläufig ~** provvisoriamente esecutivo; **für vorläufig ~ erklären** dichiarare provvisoriamente esecutivo.

Vollstreckbarerklärung *f* dichiarazione *f* di esecutività, dichiarazione *f* di esecutorietà.

Vollstreckbarkeit *f* esecutorietà *f*, esecutività *f*, efficacia *f* esecutiva, efficacia *f* di titolo esecutivo, forza *f* esecutiva, eseguibilità *f*; **sofortige ~** *f* immediata esecuzione *f* [o: esecuzione immediata], immediata esecutività *f* [o: esecutività immediata], immediata esecutorietà *f* [o: esecutorietà immediata], efficacia *f* immediatamente esecutiva, immediata efficacia *f* esecutiva; **vorläufige ~** *f* provvisoria esecuzione *f* [o: esecuzione provvisoria], provvisoria esecutività *f* [o: esecutività provvisoria], provvisoria esecutorietà *f* [o: esecutorietà provvisoria], efficacia *f* provvisoriamente esecutiva, efficacia *f* esecutiva provvisoria; **die vorläufige ~ anordnen** dichiarare l'esecuzione provvisoria.

Vollstreckbarkeits | bestätigung *f*; **~erklärung** *f* dichiarazione *f* di esecutività, dichiarazione *f* di esecutorietà; **~klausel** *f* clausola *f* esecutiva.

vollstrecken *v* eseguire, rendere esecutivo, dare esecuzione [a], procedere all'esecuzione [di], porre in esecuzione, mettere in esecuzione, mettere a esecuzione (*un titolo*), sottoporre ad esecuzione; **aus einem Urteil ~** eseguire una sentenza, dare esecuzione a una sentenza, porre in esecuzione una sentenza, mettere in esecuzione una sentenza.

Vollstrecker/in *m/f* esecutore *m* (*testamentario*).

Vollstreckung *f* esecuzione *f*; **die ~ abwenden** *(durch Sicherheitsleistung oder Hinterlegung)* evitare l'esecuzione forzata, impedire l'esecuzione forzata; **die ~ aufschieben** rinviare l'esecuzione; **die ~ aussetzen** sospendere l'esecuzione; **die ~ einer Strafe aussetzen** *StrafProzR* sospendere l'esecuzione di una pena; **die ~ vorläufig einstellen** sospendere l'esecuzione; **vorläufige ~** *f* provvisoria esecuzione *f* (*o: esecuzione provvisoria*); **gerichtliche Zuständigkeit** *f*, **Anerkennung** *f* **und ~** *f* **von Entscheidungen in Zivil- und Handelssachen** *IPR* competenza *f* giurisdizionale, riconoscimento *m* ed esecuzione *f* delle decisioni in materia civile e commerciale; **~** *f* **des Urteils** esecuzione *f* della sentenza; **~** *f* **in das Vermögen des Schuldners** esecuzione *f* (forzata) sul patrimonio del debitore, esecuzione *f* (forzata) sui beni del debitore.

Vollstreckungs | abkommen *n* accordo *m* sull'esecuzione, convenzione *f* di esecuzione; **~abwehrklage** *f* *ZivProzR*

(§ 767 ZPO) opposizione *f* all'esecuzione, ricorso *m* in opposizione all'esecuzione; **~anspruch** *m* diritto *m* di ottenere l'esecuzione; **~aufschub** *m* rinvio *m* dell'esecuzione; **~auftrag** *m* mandato *m* di esecuzione, ordine *m* di esecuzione (*per l'ufficiale giudiziario*); **~aussetzung** *f* sospensione *f* dell'esecuzione; **~beamter/-beamtin** *m/f* pubblico ufficiale *m* nell'esecuzione di leggi, regolamenti o altri provvedimenti, ufficiale *m* giudiziario che esegue una sentenza.

Vollstreckungsbefehl *m* [1] ordine *m* di esecuzione, mandato *m* esecutivo.

Vollstreckungsbefehl *m* [2] *(jetzt: Vollstreckungsbescheid)* decreto *m* di esecutorietà, decreto *m* ingiuntivo esecutivo, provvedimento *m* di esecutività.

Vollstreckungs | behörde *f* autorità *f* esecutiva; **~bescheid** *m* *ZivProzR (§ 699 ZPO)* decreto *m* di esecutorietà, decreto *m* ingiuntivo esecutivo, provvedimento *m* di esecutività; **~erinnerung** *f* opposizione *f* agli atti esecutivi; **~gegenklage** *f* *ZivProzR* opposizione *f* all'esecuzione, ricorso *m* in opposizione all'esecuzione; **~gericht** *n* giudice *m* dell'esecuzione; **~gläubiger/in** *m/f* creditore *m* esecutante, creditore *m* procedente all'esecuzione; **~handlung** *f* atto *m* esecutivo; **~heft** *n* *(Strafvollstreckung)* fascicolo *m* dell'esecuzione (*penale*); **~klausel** *f* *(§ 725 ZPO)* formula *f* esecutiva; **~kosten** *pl* spese *fpl* di esecuzione; **~leiter/in** *m/f* *(Jugendstrafrecht)* giudice *m* di sorveglianza (tribunale per i minorenni); **~maßnahme** *f* misura *f* di esecuzione, provvedimento *m* di esecuzione; **~organ** *n* organo *m* dell'esecuzione; **~recht** *n* diritto *m* di esecuzione, diritto *m* delle esecuzioni; **~schuldner/in** *m/f* debitore *m* esecutato, debitore *m* sottoposto all'esecuzione; **~schutz** *m* tutela *f* contro l'esecuzione forzata.

Vollstreckungstitel *m* titolo *m* esecutivo; **Europäischer ~** *m* **für unbestrittene Forderungen** *EuR* titolo *m* esecutivo europeo per i crediti non contestati; **Europäischer ~** *m* *EuR* titolo *m* esecutivo europeo; **~verordnung** *f* *EuR* → *s. Anhang 3 a)* Regolamento *m* (CE) n. 805/2004 del Parlamento europeo e del Consiglio, del 21 aprile 2004, che istituisce il titolo esecutivo europeo per i crediti non contestati.

Vollstreckungs | urteil *n* *(bei Vollstreckung aus ausländischen Urteilen)* sentenza *f* dichiarativa dell'esecutività (di sentenza straniera); **~vereitelung** *f* mancata esecuzione *f* dolosa di un provvedimento del giudice, procurata inosservanza *f* di pena; **~verfahren** *n* procedura *f* esecutiva, procedimento *m* esecutivo, processo *m* di esecuzione, procedimento *m* di esecuzione; **~verjährung** *f* prescrizione *f* (dell'esecuzione) della pena.

Voll | tarif *m* tariffa *f* intera; **~trunkenheit** *f* ubriachezza *f* totale; **~urteil** *n* *ProzR* sentenza *f* totale, sentenza *f* finale; **~verlust** *m* perdita *f* totale.

Vollversammlung *f* assemblea *f* plenaria, riunione *f* plenaria, *(UNO)* assemblea *f* generale; **~** *f* **der Vereinten Nationen** = *UN-Vollversammlung* Assemblea *f* generale delle Nazioni Unite, Assemblea *f* generale dell'ONU.

Vollwertversicherung *f* assicurazione *f* a valore totale.

Vollzahlung *f* pagamento *m* integrale, pagamento *m* totale.

Vollzeitbeschäftigung *f* *ArbR* lavoro *m* a tempo pieno, lavoro *m* full-time, impiego *m* a tempo pieno, occupazione *f* a tempo pieno.

vollziehbar *adj* eseguibile, effettuabile, esecutivo, esecutorio.

Vollziehbarkeit *f* eseguibilità *f*, effettuabilità *f*, esecutività *f*, esecutorietà *f*.

vollziehen *v* *(vollstrecken)* eseguire, rendere esecutivo, dare esecuzione a, *(ausführen)* effettuare, *(verwirklichen)* attuare, mettere in atto, fare, dar(e) corso a, procedere a, *(vollbringen)*

compiere, portare a compimento, *(Ehe)* consumare.
vollziehend *adj* esecutivo.
Vollzieher/in *m/f* esecutore *m*.
Vollziehung *f* esecuzione *f* (*in particolare di provvedimenti amministrativi*); **die ~ anordnen** ordinare l'esecuzione; **die ~ aussetzen** sospendere l'esecuzione; **sofortige ~** *f* immediata esecuzione *f* (*o: esecuzione immediata*); **~** *f* **der Ehe** *EheR* consumazione *f* del matrimonio.
Vollziehungs | beamter/-beamtin *m/f* funzionario *m* che fa eseguire una decisione; **~verordnung** *f (CH)* regolamento *m* di esecuzione, regolamento *m* di attuazione.
Vollzug *m* esecuzione *f* (*in particolare di provvedimenti amministrativi*), *(Strafvollzug)* esecuzione *f* della pena detentiva, *(Ausführung)* effettuazione *f*, attuazione *f*, messa *f* in atto, *(der Ehe)* consumazione *f*; **außer ~ setzen** *(etwas)* sospendere l'esecuzione [di].
Vollzugs | anstalt *f StrafProzR* istituto *m* di pena, istituto *m* penitenziario, penitenziario *m*; **~ausschuss** *m* comitato *m* esecutivo, commissione *f* esecutiva; **~beamter/-beamtin** *m/f*; **~bedienstete/r** *f/m* operatore *m* penitenziario, agente *m/f* della polizia penitenziaria; **~erlass** *m (CH)* regolamento *m* di esecuzione; **~gericht** *n (A)* giudice *m* di sorveglianza; **~gewalt** *f* potere *m* esecutivo; **~kommission** *f* commissione *f* esecutiva, commissione *f* di sorveglianza *(A)*; **~kosten** *pl* spese *fpl* di esecuzione; **~meldung** *f* avviso *m* di esecuzione; **~ordnung** *f* regolamento *m* di esecuzione; **~organ** *n* organo *m* di esecuzione; **~plan** *m (Strafvollzug)* programma *m* di trattamento; **~verordnung** *f (CH)* regolamento *m* di esecuzione; **~ziel** *n StrafProzR* finalità *f* del trattamento penitenziario.
Vor- preliminare, preparatorio, preventivo, precedente.
vorab *adv (per Telefax, E-Mail)* anticipato (*per fax, e-mail*).
Vorabentscheidung *f EuR* decisione *f* pregiudiziale, pronuncia *f* pregiudiziale, decisione *f* interlocutoria, decisione *f* preliminare, decisione *f* preventiva; **im Wege der ~** *EuR* in via pregiudiziale, a titolo pregiudiziale, in via preliminare, in via preventiva.
Vorabentscheidungs | ersuchen *n EuR* rinvio *m* pregiudiziale, domanda *f* di pronuncia pregiudiziale; **~verfahren** *n EuR (Art. 267 AEUV)* rinvio *m* pregiudiziale, procedimento *m* pregiudiziale.
Vorabfertigung *f* sdoganamento *m* all'entrata.
Vorabsterben *n (CH)* premorienza *f*.
voranmelden *v* preavvisare, prenotare.
Voranmeldung *f* preavviso *m*, prenotazione *f*, preiscrizione *f* (*a un corso*).
Voranschlag *m* preventivo *m*, stato *m* di previsione, bilancio *m* di previsione, bilancio *m* preventivo.
Voranschlagsentwurf *m (A)* progetto *m* del bilancio.
Vorarbeiten *pl* lavori *mpl* preparatori.
Voraus *m (des überlebenden Ehegatten)* mobili *mpl* e doni *mpl* nuziali spettanti di diritto al coniuge superstite e che non vengono imputati alla massa ereditaria; **im ~** in anticipo, anticipatamente, in via anticipata; **im ~ zahlen** pagare in anticipo, pagare anticipatamente.
Voraus | abschreibung *f* ammortamento *m* anticipato; **~abtretung** *f* cessione *f* anticipata.
vorausbezahlen *v* pagare in anticipo, pagare anticipatamente.
Vorausbezahlung *f* pagamento *m* anticipato, versamento *m* anticipato.
vorausdatieren *v* postdatare, *(zurückdatieren)* antidatare, retrodatare.
Voraus | datierung *f* postdatazione *f*, *(Zurückdatieren)* antidata *f*, retrodatazione *f*; **~entrichtung** *f* pagamento *m* anticipato, versamento *m* anticipato; **~erhebung** *f* riscossione *f* anticipata, riscossione *f* preventiva.

vorausgesetzt, dass a condizione che, a patto che, purché, sempre che, (sup)posto che, premesso che.

Voraus | haftung *f* responsabilità *f* preventiva; **~kasse** *f* cassa *f* anticipata, pagamento *m* anticipato, versamento *m* anticipato.

Vorausklage *f* preventiva escussione *f*; **Einrede** *f* **der ~** *(§ 771 BGB)* beneficio *m* della preventiva escussione del debitore principale, beneficio *m* di escussione (*riconosciuto al fideiussore, per cui il creditore deve innanzitutto rivolgere la richiesta di pagamento e svolgere l'azione esecutiva nei confronti del debitore principale, potendo, solo in caso di esito infruttuoso, rivolgersi al fideiussore*), beneficium excussionis *(lat)*; **Verzicht** *m* **auf die Einrede der ~** rinuncia *f* al beneficio della preventiva escussione del debitore principale.

vorausklagen *v* escutere.

Voraus | leistung *f* prestazione *f* anticipata; **wirtschaftliche ~schätzungen** *fpl* previsioni *fpl* economiche.

vorausschicken *v* premettere.

voraussetzen *v* presupporre, presumere, premettere, sottendere.

Voraussetzung *f* presupposto *m*, premessa *f*, condizione *f*, requisito *m* (*necessario*), ipotesi *f*, supposizione *f*; **die ~en erfüllen** rispondere ai requisiti, soddisfare i requisiti; **die ~en für ... (Akk) sind gegeben** ricorrono le condizioni per ...; **die ~en des § / Art. ... liegen vor** ricorrono le condizioni di cui all'art. ...; **bei Vorliegen der ~en** al ricorrere delle condizioni; **unter der ~ der Gegenseitigkeit** a condizione di reciprocità; **unter den gleichen ~en** alle stesse condizioni; **notwendige ~** *f* presupposto *m* necessario; **objektive ~** *f* presupposto *m* oggettivo; **persönliche ~** *f* requisito *m* personale; **sachliche ~** *f* requisito *m* oggettivo; **subjektive ~** *f* requisito *m* soggettivo; **tatsächliche ~** *f* presupposto *m* di fatto; **unabdingbare ~** *f* condizione *f* essenziale.

voraussichtlich *adj* prevedibile, presumibile, probabile, probabilmente, presumibilmente.

Vorausvermächtnis *n ErbR* prelegato *m*.

vorauszahlen *v* pagare in anticipo, pagare anticipatamente.

Vorauszahlung *f* pagamento *m* anticipato, versamento *m* anticipato, anticipo *m*, anticipazione *f*.

Voravis *n* preavviso *m*.

Vorbedingung *f* condizione *f* preliminare, premessa *f*, presupposto *m*.

Vorbehalt *m* riserva *f*; **geheimer ~** *m (§ 116 BGB)* riserva *f* mentale; **unter dem üblichen ~** con la riserva d'uso; **~** *m* **des Nießbrauchs** riserva *f* d'usufrutto; **~** *m* **der Rechtswohltat des Inventars** beneficio *m* d'inventario.

vorbehalten *adj* riservato, con riserva di, salvo; **sich (Dat) ~** *v*; **sich (Dat) das Recht ~** riservarsi [di], riservarsi il diritto [di], riservarsi la facoltà [di]; **alle Rechte ~** *UrhR* tutti i diritti riservati.

vorbehaltlich *präp* [*Gen*] salvo, con riserva di, previo.

vorbehaltlos *adj* incondizionato, senza riserve.

Vorbehalts | befugnis *f* competenza *f* riservata; **~erbe/-erbin** *m/f (A)* erede *m/f* che accetta con il beneficio d'inventario; **~gut** *n (§ 1418 BGB)* beni *mpl* parafernali; **~käufer/in** *m/f* acquirente *m/f* con riserva di proprietà; **~klausel** *f* clausola *f* di riserva; **~menge** *f* quantità *f* riservata; **~rechte** *npl* diritti *mpl* riservati; **~urteil** *n ZivProzR* sentenza *f* provvisoria di condanna, sentenza *f* di condanna con riserva; **~verkäufer/in** *m/f* venditore *m* con riserva di proprietà.

Vorbelastung *f*[1] *(Grundstück)* oneri *mpl* preesistenti.

Vorbelastung *f*[2] *(Vorstrafe)* precedenti *mpl* (*penali*).

Vorbemerkung *f* premessa *f*, premesso che.

Vorbenutzer/in *m/f (süddeutsch, A, CH: Vorbenützer/in)* precedente utente *m*, utente *m* anteriore.

Vorbenutzung *f (süddeutsch, A, CH: Vorbenützung)* uso *m* anteriore, preuso *m*.

Vorbenutzungsrecht *n (süddeutsch, A, CH: Vorbenützungsrecht)* diritto *m* di priorità.

vorbereiten *v* preparare, predisporre, approntare, allestire, organizzare.

vorbereitend *adj* preparatorio, preliminare, propedeutico.

Vorbereitung *f* preparazione *f*, preparativo *m*, predisposizione *f*, approntamento *m*, allestimento *m*, organizzazione *f*.

Vorbereitungs- preparatorio, preliminare, propedeutico.

Vorbereitungs | arbeit *f* lavoro *m* preparatorio, preparativi *mpl*; **~dienst** *m (Beamte)* servizio *m* preparatorio, servizio *m* di prova, tirocinio *m*; **~handlung** *f* atto *m* preparatorio.

Vorbericht *m* rapporto *m* preliminare.

Vorbescheid *m* [1] *(vorläufige behördliche Stellungnahme)* decisione *f* amministrativa preliminare.

Vorbescheid *m* [2] *(Verwaltungsprozess)* ordinanza *f* di rigetto.

Vorbesitz *m* possesso *m* anteriore.

Vorbesitzer/in *m/f* possessore *m* precedente, possessore *m* anteriore.

Vorbesprechung *f* discussione *f* preliminare.

vorbestellen *v* prenotare.

vorbestraft *adj StrafProzR* con precedenti penali; **~ sein** *StrafProzR* avere precedenti penali, essere un pregiudicato; **nicht ~** *StrafProzR* senza precedenti penali, incensurato; **einschlägig ~** *StrafProzR* con precedenti penali per lo stesso reato.

Vorbestrafte/r *f/m StrafProzR* pregiudicato/-a *m/f*.

Vorbeugehaft *f StrafProzR* fermo *m* di sicurezza.

vorbeugen *v* prevenire.

vorbeugend *adj* preventivo, precauzionale.

Vorbeugung *f* prevenzione *f*.

Vorbeugungs | anspruch *m* diritto *m* di prevenzione; **~maßnahme** *f* misura *f* di prevenzione, misura *f* preventiva, misura *f* precauzionale, misura *f* cautelare.

vorbezeichnet *adj* di cui sopra, in oggetto, sopraindicato, suindicato, succitato, suddetto, predetto, summenzionato, sunnominato, suaccennato, surrichiamato, sopra richiamato, richiamato.

Vorbilanz *f* bilancio *m* preventivo.

Vorbörse *f* mercato *m* anteriore all'apertura della borsa, mercato *m* preborsistico, avanti-borsa *m*.

vorbörslich *adj* prima dell'apertura della borsa, preborsistico.

vorbringen *v (ausdrücken)* formulare, esprimere, manifestare, pronunciare, *(Forderung, Bitte)* avanzare, sostenere, *(Gründe)* addurre, *ZivProzR* dedurre, produrre, presentare, proporre.

Vorbringen *n ZivProzR* allegazione *f*, allegazioni *fpl*, deduzione *f*, deduzioni *fpl*, argomenti *mpl*, formulazione *f*, richiesta *f*; **klägerisches ~** *n ZivProzR* deduzioni *fpl* attoree; **neues ~** *n ZivProzR* nuove allegazioni *fpl*; **rechtliches ~** *n ZivProzR* allegazioni *fpl* di diritto; **tatsächliches ~** *n ZivProzR* allegazioni *fpl* di fatto.

vordatieren *v (vorausdatieren)* postdatare, *(zurückdatieren)* antidatare, retrodatare.

Vordatierung *f (Vorausdatierung)* postdatazione *f*, *(Zurückdatieren)* antidata *f*, retrodatazione *f*.

Vorderrichter/in *m/f (CH) ProzR (Berufung)* giudice *m* precedente.

Vordividende *f* acconto *m* di dividendo.

vordringlich *adj* urgente.

Vordruck *m* modulo *m* (*stampato*), stampato *m*, prestampato *m*, formulario *m*, bollettino *m*; **einen ~ ausfüllen** riempire un modulo.

vorehelich *adj* prematrimoniale.

Voreid *m* giuramento *m* prestato prima della deposizione.

Voreigentümer/in *m/f* vecchio proprietario *m*, proprietario *m* precedente.

voreingenommen *adj* prevenuto, preconcetto, parziale, di parte.

Voreingenommenheit *f* pregiudizio *m*, prevenzione *f*,

preconcetto *m*, parzialità *f*; **aus ~** per partito preso.
Voreinschätzung *f* stima *f* preventiva.
Vorempfänge *pl ErbR (Zuwendungen, die ein Erblasser noch zu Lebzeiten seinen gesetzlichen Erben zukommen lassen hat)* beni *mpl* che sono stati donati in vita dal defunto, donazioni *fpl* (*soggette a collazione*).
vorenthalten *v* privare [di], defraudare [di], *(nicht geben)* rifiutare, *(nicht sagen)* nascondere, occultare, sottacere.
Vorenthaltung *f* ritenzione *f*, detenzione *f* illecita, privazione *f*, defraudazione *f*.
Vor|entscheid *m (CH)*; **~entscheidung** *f (A)* sentenza *f* interlocutoria, decisione *f* pregiudiziale *(CH)*.
Vorentwurf *m* progetto *m* preliminare.
Vorerbe/-erbin *m/f ErbR* primo istituito *m*, erede *m* gravato di sostituzione *(CH)*.
Vorerbeneinsetzung *f ErbR* istituzione *f* di primo istituito; **aufschiebend bedingte ~** *f ErbR* istituzione *f* di primo istituito sottoposta a condizione sospensiva.
Vorerbschaft *f ErbR* eredità *f* del primo istituito, eredità *f* gravata di sostituzione.
Vorerhebung *f* inchiesta *f* preliminare, indagine *f* preliminare.
Vorerkenntnis *f (A)* decisione *f* anteriore.
Vorfälligkeit *f* scadenza *f* anticipata.
Vorfälligkeitsklausel *f* clausola *f* di accelerazione.
vorfinanzieren *v* prefinanziare, concedere un prefinanziamento, anticipare i finanziamenti.
Vorfinanzierung *f* prefinanziamento *m*.
Vorfinanzierungskredit *m* credito *m* di prefinanziamento.
Vorfrage *f IPR* questione *f* preliminare, questione *f* pregiudiziale.
vorführen *v* [1] *ProzR (dem Richter)* accompagnare, condurre davanti a.
vorführen *v* [2] *(demonstrieren)* dimostrare, *(zeigen)* mostrare, *(vorstellen)* presentare.
Vorführung *f* [1] *ProzR (vor den Richter)* accompagnamento *m*, il condurre davanti a; **zwangsweise ~** *f ProzR* accompagnamento *m* coattivo.
Vorführung *f* [2] *(Zeigen)* dimostrazione *f*, *(Darbietung)* rappresentazione *f*.
Vorführungs|befehl *m ProzR* ordine *m* di accompagnamento, mandato *m* di accompagnamento, ordine *m* di comparizione forzata *(CH)*; **~recht** *n (Urheberrecht)* diritto *m* di rappresentazione.
Vorgabe *f (Richtlinie)* direttiva *f*, prescrizione *f*, indicazione *f*, raccomandazione *f*, *(Zielsetzung)* obiettivo *m* (*standard, da raggiungere*).
Vorgang *m* [1] *(Verlauf)* corso *m*, svolgimento *m*, andamento *m*, *(Prozess)* processo *m*, procedimento *m*.
Vorgang *m* [2] *(Angelegenheit)* affare *m*, operazione *f*, attività *f*, *(Sachverhalt)* fatti *mpl*, fatto *m*, *(Ereignis)* avvenimento *m*; **wirtschaftlicher ~** *m* fatto *m* economico.
Vorgang *m* [3] *(Akten)* pratica *f*, dossier *m*.
Vorgänger/in *m/f* [1] *(Rechtsvorgänger/in)* autore *m*, dante *m* causa.
Vorgänger/in *m/f* [2] *(im Amt, Amtsvorgänger/in)* predecessore *m* (*nella carica*).
Vorgangspfandrecht *n (CH)* diritto *m* di pegno privilegiato.
vorgeben *v* [1] *(festlegen)* prestabilire, stabilire, *(angeben)* indicare, specificare.
vorgeben *v* [2] *(behaupten)* asserire, pretendere, dare a intendere, *(vortäuschen)* fingere.
vorgehen *v* [1] *(verfahren)* procedere, agire, *(eingreifen)* intervenire; **gerichtlich ~** adire le vie legali, procedere per vie legali, procedere legalmente, agire in giudizio, agire giudizialmente, intentare causa.
vorgehen *v* [2] *(wichtiger sein)* prevalere, avere la precedenza, avere la priorità, *(vorangehen)* precedere; **im Rang ~** precedere nel grado.
vorgehen *v* [3] *(geschehen)* accadere, succedere.
Vorgehen *n* procedimento *m*, procedura *f*, azione *f*, intervento *m*; **abgestimmtes ~** *n* azione *f* concertata; **arglistiges ~** *n* azione *f*

dolosa; **betrügerisches ~** *n* azione *f* fraudolenta; **eigenmächtiges ~** *n* azione *f* arbitraria.
Vorgehensweise *f* modo *m* di procedere, modo *m* di agire.
vorgelesen, genehmigt und unterschrieben letto, approvato e sottoscritto.
Vorgenehmigung *f* autorizzazione *f* preventiva.
vorgeschrieben *adj* imposto, prescritto, ordinato, stabilito.
vorgesehen *adj* previsto, contemplato; **gesetzlich ~** previsto dalla legge, contemplato dalla legge.
Vorgesellschaft *f* società *f* in formazione.
vorgesetzt *adj* superiore.
Vorgesetzte/r *f/m* superiore *m* (*gerarchico*); **unmittelbare/r ~** *f/m* superiore *m* immediato.
vorgezogen *adj* anticipato.
vorgreifen *v* [*Dat*] *(zuvorkommen)* precedere, precorrere, *(vorwegnehmen)* anticipare, prevenire, pregiudicare.
vorgreiflich *adj* pregiudiziale.
Vorgreiflichkeit *f* pregiudizialità *f*.
Vorgründungsvertrag *m GesR* contratto *m* preliminare di fondazione di società.
vorhaben *v* intendere, avere intenzione, avere in mente, progettare, avere in programma.
Vorhaben *n* intenzione *f*, intento *m*, proposito *m*, idea *f*, iniziativa *f*, progetto *m*, piano *m*; **genehmigtes ~** *n* progetto *m* approvato.
Vorhalt *m* contestazione *f*.
vorhanden *adj (bestehend)* esistente, presente, *(verfügbar)* disponibile; **~ sein** *(bestehen)* esserci, esistere, *(verfügbar sein)* essere disponibile.
Vorhandensein *n (Bestehen)* esistenza *f*, *(Anwesenheit)* presenza *f*, *(Verfügbarkeit)* disponibilità *f*.
vorherbestimmen *v* predeterminare.
Vorherbestimmung *f* predeterminazione *f*.
vorhergehend *adj* precedente, antecedente, prima.
vorherig *adj* precedente, antecedente, pregresso, preventivo, previo.
vorherrschend *adj* preminente, predominante.
vorhersehbar *adj* prevedibile.
Vorhersehbarkeit *f* prevedibilità *f*.
vorhersehen *v* prevedere.
Vorhinein *n* anticipo *m*; **im ~** ex ante *(lat)*, a priori, prima, preventivamente, in anticipo.
Vorhypothek *f (A)* ipoteca *f* anteriore ad un'altra sullo stesso bene.
Vorindossant/in *m/f* girante *m/f* precedente.
Vorinhaber/in *m/f* titolare *m/f* precedente.
Vorinstanz *f* grado *m* precedente, istanza *f* precedente.
Vorkasse *f* cassa *f* anticipata, pagamento *m* anticipato, versamento *m* anticipato.
Vorkauf *m* prelazione *f*.
Vorkaufspreis *m* prezzo *m* di prelazione.
Vorkaufsrecht *n* diritto *m* di prelazione; **gesetzliches ~** *n* diritto *m* di prelazione legale, prelazione *f* legale.
Vorkaufsvertrag *m* patto *m* di prelazione.
Vorkehrung *f* provvedimento *m*, misura *f*, disposizione *f*; **geeignete ~en** *fpl* opportune misure *fpl*, opportuni provvedimenti *mpl*.
vorkonstitutionell *adj* precostituzionale.
vorladen *v ProzR* citare (in giudizio), convenire (in giudizio), chiamare (in giudizio), invitare (a comparire).
Vorladung *f ProzR* citazione *f* (in giudizio), chiamata *f* (in giudizio), mandato *m* di comparizione, ordine *m* di comparizione, invito *m* (a comparire); **gerichtliche ~** *f* citazione *f* in giudizio, citazione *f* in tribunale, citazione *f* giudiziaria.
Vorlage f^1 *(von Akten, Beweisen)* presentazione *f*, produzione *f*, esibizione *f*; **gegen ~** [Gen / von Dat] dietro presentazione [di]; **zahlbar bei ~** pagabile a vista; **~** *f* **der Bilanz** presentazione *f* del bilancio.
Vorlage f^2 *(Muster)* modello *m*, originale *m*.
Vorlage f^3 *(Gesetzesvorlage)* progetto *m*; **eine ~ einbringen** presentare un progetto.

Vorlage | frist *f* termine *m* di presentazione; **~gebot** *n* ordine *m* di presentare una cambiale per l'accettazione; **~verbot** *n* divieto *m* di presentare una cambiale per l'accettazione.

vorläufig *adj* provvisorio, temporaneo, transitorio, interinale, ad interim, interlocutorio, preliminare.

Vorleben *n* precedenti *mpl*, vita *f* anteriore *(CH)*.

vorlegen *v (vorzeigen)* presentare, esibire, produrre, *(unterbreiten)* sottoporre.

Vorlegung *f (von Akten, Beweisen)* presentazione *f*, produzione *f*, esibizione *f*; **~** *f* **zur Annahme** presentazione *f* per l'accettazione; **~** *f* **zur Zahlung** presentazione *f* per il pagamento.

Vorlegungs | anordnung *f* ordinanza *f* di presentazione di un documento; **~frist** *f* termine *m* di presentazione; **~pflicht** *f* obbligo *m* di presentazione; **~verbot** *n* divieto *m* di presentazione.

vorleisten *v* adempiere per primo, fornire una prestazione anticipata, eseguire consegne, fornire merce o prestare servizi prima di assicurarsi il pagamento, effettuare pagamenti anticipati, anticipare (*una somma di denaro*).

Vorleistung *f* prestazione *f* anticipata, consegne, forniture o servizi anticipati, pagamento *m* anticipato, anticipazione *f* (*di denaro*).

Vorleistungspflicht *f* obbligo *m* di prestazione anticipata.

vorliegen *v (vorhanden sein)* esserci, essere disponibile, essere presente, *(bestehen)* sussistere, esistere, *(Voraussetzungen, Bedingungen)* ricorrere, configurarsi, *(sich befinden)* essere (o: trovarsi) davanti a; **Ihr Schreiben liegt uns vor** la Sua/Vs. lettera ci è pervenuta, abbiamo ricevuto la Sua/Vs. lettera, siamo in possesso della Sua/Vs. lettera; **bei ~ der Voraussetzungen** al ricorrere delle condizioni.

vorliegend *adj* presente, in questione.

Vorlizenz *f* licenza *f* preliminare.

Vormann *m (Rechtsvorgänger)* autore *m*, dante *m* causa, *(Vorindossant)* girante *m* precedente; **bücherlicher ~** *m (A)* predecessore *m* tavolare; **unmittelbarer ~** *m* girante *m* precedente.

vormerken *v* annotare, prendere nota di, segnare, scadenzare, prenotare.

Vormerkung *f* annotazione *f*, nota *f*, *(im Grundbuch eingetragen)* prenotazione *f* (*tavolare*), iscrizione *f* preliminare, registrazione *f* provvisoria.

Vormieter/in *m/f* conduttore *m* uscente, locatario *m* uscente, inquilino *m* uscente, inquilino *m* precedente.

Vormund *m* tutore *m*; **einen ~ bestellen** nominare un tutore; **eingesetzter ~** *m* tutore *m* dativo; **gesetzlicher ~** *m* tutore *m* legittimo; **durch Testament bestellter ~** *m* tutore *m* testamentario, tutore *m* designato per testamento.

Vormundschaft *f* tutela *f*; **eingesetzte ~** *f* tutela *f* dativa; **gesetzliche ~** *f* tutela *f* legittima; **testamentarisch festgelegte ~** *f* tutela *f* testamentaria, tutela *f* volontaria.

Vormundschafts | behörde *f (CH)* autorità *f* tutoria, autorità *f* di tutela (*corrispondente al giudice tutelare*); **~gericht** *n*; **~richter/in** *m/f* giudice *m* tutelare.

Vornahme *f* esecuzione *f*; **~** *f* **eines Lokalaugenscheins** *(A)* ispezione *f* locale.

Vornahmeklage *f* azione *f* tendente ad ottenere che l'amministrazione agisca in un determinato senso.

vornehmen *v (ausführen)* eseguire, effettuare, porre in essere, *(durchführen)* compiere, svolgere, operare, procedere a, provvedere a, *(tun)* fare, *(unternehmen)* intraprendere.

Vorpatentierung *f* brevettazione *f* anteriore.

Vorpfändung *f* preavviso *m* di pignoramento (*avente effetto di pignoramento*).

Vorprüfung *f* esame *m* preliminare, esame *m* preventivo, prova *f* preliminare.

Vorrang *m* grado *m* precedente, grado *m* anteriore, precedenza *f*, priorità *f*, preferenza *f*, primato *m*, preminenza *f*, superiorità *f*, prevalenza *f*; **~ haben** [vor *Dat*] avere la precedenza [su]; **~** *m* **des Gesetzes** preferenza *f* della legge; **~** *m* **des Völkerrechts** primato *m* del diritto internazionale.

vorrangig *adj* prioritario, di favore, preminente, *(Norm)* di grado superiore, di rango superiore.

Vorrangs | einräumung *f* cessione *f* di grado precedente, postergazione *f* di grado; **~recht** *n* diritto *m* di priorità.

Vorrangstellung *f* posizione *f* di privilegio.

Vorrat *m* provvista *f*, scorta *f*, riserva *f*, stock *m*, giacenza *f*; **solange der ~ reicht**; **soweit der ~ reicht** fino a esaurimento scorte.

Vorrats | aktie *f* azione *f* di riserva; **~datenspeicherung** *f* conservazione *f* dei dati (*generati o trattati nell'ambito della fornitura di servizi di comunicazione elettronica accessibili al pubblico o di reti pubbliche di comunicazione*); **~schuld** *f (beschränkte Gattungsschuld)* obbligazione *f* di genere limitato; **~zeichen** *n* marchio *m* riservato.

Vorrecht *n* privilegio *m*, prerogativa *f*, priorità *f*; **diplomatische ~e** *npl* privilegi *mpl* diplomatici, prerogative *fpl* diplomatiche; **diplomatische ~e** *npl* **und Befreiungen** *fpl* immunità *fpl* diplomatiche; **~** *n* **der Exterritorialität** privilegio *m* di extraterritorialità; **~** *n* **der Flagge** privilegio *m* di bandiera.

Vorrechts | aktie *f* azione *f* privilegiata, azione *f* di priorità, azione *f* preferenziale; **~einräumung** *f* cessione *f* di priorità; **~vertrag** *m* patto *m* di preferenza.

Vorruhestand *m* prepensionamento *m*.

Vorruhestandsregelung *f* norme *fpl* sul prepensionamento.

Vorsatz *m* dolo *m* (*nell'illecito civile, nel diritto penale*), intenzione *f*, proposito *m*; **ohne ~** preterintenzionale; **bedingter ~** *m* dolo *m* eventuale, dolo *m* indiretto; **böser ~** *m (A)* dolo *m*, dolus malus *(lat)*; **direkter ~** *m* dolo *m* diretto, dolus directus *(lat)*; **indirekter ~** *m* dolo *m* indiretto; **mittelbarer ~** *m* dolo *m* indiretto; **nachträglicher ~** *m* dolo *m* successivo, dolus subsequens *(lat)*; **unbedingter ~** *m* dolo *m* intenzionale, dolo *m* diretto; **unmittelbarer ~** *m* dolo *m* diretto, dolus directus *(lat)*.

Vorsatzdelikt *n StrafR* reato *m* doloso.

vorsätzlich *adj* doloso, volontario, intenzionale, deliberato; **nicht ~** involontario, preterintenzionale.

Vorsatztat *f StrafR* reato *m* doloso.

Vorschieben *n* **eines Dritten** = *Vorschieben eines Strohmannes* interposizione *f* di persona.

vorschießen *v (Geld)* anticipare, concedere un anticipo.

Vorschlag *m* [1] *(Angebot)* proposta *f*, offerta *f*, *(Empfehlung)* suggerimento *m*, progetto *m*; **auf ~ der Kommission** *EuR* su proposta della Commissione; **einen ~ ablehnen** rifiutare una proposta; **einen ~ akzeptieren**; **einen ~ annehmen** accettare una proposta, accogliere una proposta, acconsentire a una proposta, adottare una proposta; **einen ~ unterbreiten** sottoporre una proposta, avanzare una proposta, fare una proposta; **einen ~ unterstützen** appoggiare una proposta; **einem ~ zustimmen** accettare una proposta, accogliere una proposta, acconsentire a una proposta, aderire a una proposta; **abändernder ~** *m* proposta *f* di emendamento, proposta *f* modificativa; **alternativer ~** *m* proposta *f* alternativa; **ergänzender ~** *m* proposta *f* complementare; **letzter ~** *m* ultimatum *m*, ultima proposta *f*; **unannehmbarer ~** *m* proposta *f* inaccettabile; **vermittelnder ~** *m* proposta *f* di conciliazione.

Vorschlag *m* [2] *(CH) (Gewinn, Überschuss)* valore *m* in più dei beni della comunione fra i coniugi al momento dello scioglimento della stessa.

vorschlagen *v* proporre, suggerire.

Vorschlags | liste *f* lista *f* dei candidati; **~paket** *n* pacchetto *m* di proposte;

~recht *n* diritto *m* di presentare candidati.

vorschreiben *v (befehlen)* prescrivere, ordinare, precettare, imporre, dettare, *(bestimmen)* stabilire, *(festsetzen)* fissare, *(vorsehen)* prevedere.

Vorschrift *f (Norm)* norma *f*, legge *f*, *(Regel)* regola *f*, *(Gebot)* precetto *m*, ordine *m*, dettame *m*, *(Anweisung)* prescrizione *f*, disposizione *f*, disposto *m*, *(Regelung)* regolamento *m*, istruzione *f*, *(Richtlinie)* direttiva *f*; **eine ~ anwenden** applicare una norma; **eine ~ auslegen** interpretare una norma; **eine ~ beachten** *(Rechtsnorm)* osservare una norma, rispettare una norma, osservare una disposizione, *(Gebot)* osservare una prescrizione; **einer ~ zuwiderhandeln** contravvenire ad una norma, violare una norma; **abweichende ~** *f* norma *f* derogatoria; **allgemeine ~** *f* disposizione *f* generale; **devisenrechtliche ~** *f* disposizione *f* valutaria; **dienstliche ~** *f* istruzione *f* di servizio; **disziplinarrechtliche ~** *f* norma *f* disciplinare; **ergänzende ~** *f* disposizione *f* integrativa; **geltende ~** *f* norma *f* vigente, norma *f* in vigore, disposizione *f* vigente, disposizione *f* in vigore; **gesetzliche ~** *f* norma *f* giuridica, disposizione *f* di legge, disposizione *f* legislativa, disposizione *f* legale; **gesundheitspolizeiliche ~** *f* norma *f* sanitaria; **interpretatorische ~** *f* norma *f* interpretativa; **materiell-rechtliche ~** *f* norma *f* (di diritto) sostanziale, norma *f* (di diritto) materiale; **öffentlichrechtliche ~** *f* norma *f* di diritto pubblico; **polizeiliche ~** *f* ordine *m* di polizia; **rechtliche ~** *f* norma *f* giuridica, disposizione *f* di legge, disposizione *f* legislativa, disposizione *f* legale; **steuerrechtliche ~** *f* norma *f* di diritto tributario, norma *f* tributaria; **strafrechtliche ~** *f* norma *f* penale; **verfahrensrechtliche ~** *f* norma *f* procedurale, norma *f* processuale; **verfassungsrechtliche ~** *f* norma *f* costituzionale; **verwaltungsrechtliche ~** *f* norma *f* amministrativa, disposizione *f* amministrativa; **zitierte ~** *f* disposizione *f* citata; **zwingende ~** *f* norma *f* imperativa, norma *f* cogente.

Vorschriften *fpl* normativa *f*, norme *fpl*, disposizioni *fpl*, disciplina *f*, regolamentazione *f*, ordinamento *m*; **baurechtliche ~** *fpl* norme *fpl* edilizie, normativa *f* edilizia, normativa *f* urbanistica; **geltende ~** *fpl* norme *fpl* vigenti, normativa *f* vigente, norme *fpl* in vigore, normativa *f* in vigore.

vorschriftsmäßig *adj* regolare, regolamentare, normale, rituale, canonico, conforme alle disposizioni, secondo le istruzioni.

vorschriftswidrig *adj* irregolare, contrario alle norme, contrario alle disposizioni, contrario al regolamento.

Vorschriftzeichen *n (Verkehr)* segnale *m* di prescrizione.

Vorschub *m* appoggio *m*, aiuto *m*, favore *m*; **~ leisten** appoggiare, favorire, favoreggiare.

Vorschub | leisten *n*; **~leistung** *f* favoreggiamento *m*.

Vorschuss *m* anticipo *m*, anticipazione *f*, acconto *m*; **einen ~ gewähren**; **einen ~ leisten** concedere un anticipo, accordare un anticipo, pagare un anticipo, versare un anticipo, dare un anticipo; **zinsenloser ~** *m (A)*; **zinsfreier ~** *m* anticipo *m* infruttifero; **~** *m* **bei Bestellung** anticipo *m* su ordinazione.

Vorschuss | dividende *f* acconto *m* di dividendi, dividendi *mpl* anticipati; **~fonds** *m* fondo *m* anticipi; **~gewährung** *f* concessione *f* di anticipi; **~kasse** *f* cassa *f* di anticipi; **~konto** *n* conto *m* di finanziamento; **~leistung** *f* pagamento *m* anticipato, versamento *m* anticipato, anticipo *m*, anticipazione *f*; **~pflicht** *f* obbligo *m* di pagamento anticipato, *ProzR* cauzione *f* per le spese di giudizio, cautio iudicatum solvi *(lat)*; **~verein** *m* associazione *f* che accorda anticipi ai suoi soci;

~zahlung *f* pagamento *m* anticipato, versamento *m* anticipato, anticipo *m*, anticipazione *f*.
vorsehen *v* [1] *(Vertrag, Gesetz)* prevedere, contemplare.
vorsehen *v* [2] *(bestimmen)* destinare, designare.
Vorsicht *f* prudenza *f*, precauzione *f*, cautela *f*, attenzione *f*.
vorsichtig *adj* prudente, attento, cauto, accorto.
vorsichtshalber *adv* a titolo precauzionale, per precauzione, per prudenza.
Vorsichtsmaßnahme *f* misura *f* precauzionale, misura *f* di precauzione, precauzione *f*, misura *f* cautelare, misura *f* cautelativa, misura *f* di prevenzione, misura *f* preventiva, provvedimento *m* cautelare, provvedimento *m* cautelativo.
Vorsitz *m* presidenza *f*; **unter dem ~** [Gen / von Dat] sotto la presidenza [di]; **den ~ führt …** la seduta è presieduta da …; **den ~ führen**; **den ~ haben** avere la presidenza, presiedere.
vorsitzen *v* [*Dat*] presiedere.
vorsitzend *adj* (che funge da) presidente, che presiede.
Vorsitzende/r *f/m* presidente *m*; **ausscheidende/r ~** *f/m* presidente *m* uscente; **stellvertretende/r ~** *f/m* vicepresidente *m*.
Vorsorge *f* previdenza *f*, precauzione/-i f/pl, provvedimenti *mpl*, prevenzione *f*, misure *fpl* preventive; **~ treffen** [für *Akk*] provvedere (in anticipo) [a].
vorsorgen *v* [für *Akk*] provvedere (*preventivamente a*), adottare misure preventive [per].
Vorsorge | prinzip *n* principio *m* di prevenzione; **~untersuchung** *f* visita *f* medica preventiva, visita *f* medica periodica (ai fini di prevenzione); **~versicherung** *f* assicurazione *f* automatica di nuovi rischi; **~vollmacht** *f (mit Patienten- und Betreuungsverfügung) (§ 1901c BGB)* procura *f* per la propria futura incapacità, procura *f* sanitaria (preventiva), attribuzione *f* di potere decisionale a una terza persona (*rispetto ai trattamenti medico-sanitari ai quali il rappresentato desidera o non desidera essere sottoposto nel caso in cui non fosse più in grado di esprimere il proprio consenso o il proprio dissenso informato al medico*).
vorsorglich *adj (vorsichtshalber)* precauzionale, a titolo precauzionale, cautelare, *(präventiv)* preventivo.
Vorspann *m (CH)* atto *m* di concorrenza sleale ingenerante confusione.
vorspiegeln *v* simulare, fingere.
Vorspiegelung *f* simulazione *f*, finzione *f*; **~** *f* **falscher Tatsachen** inganno *m*, travisamento *m* dei fatti; **unter ~ falscher Tatsachen** con inganno.
Vorstand *m* [1] *GesR (Gremium einer Aktiengesellschaft)* consiglio *m* di amministrazione *(CdA)* (*quando l'amministrazione della società è affidata a più amministratori*), comitato *m* esecutivo (*a cui il consiglio di amministrazione delega proprie attribuzioni*) *(I)*.
Vorstand *m* [2] *GesR (Vorstandsmitglied einer Aktiengesellschaft)* membro *m* del consiglio di amministrazione (CdA), consigliere *m* di amministrazione, amministratore *m*, membro *m* del comitato esecutivo.
Vorstand *m* [3] *(Gremium von Vereinen, Stiftungen, Genossenschaften)* consiglio *m* direttivo, comitato *m* direttivo, consiglio *m* di direzione, comitato *m* di direzione, presidenza *f*, direzione *f*.
Vorstand *m* [4] *(Vorstandsmitglied von Vereinen, Stiftungen, Genossenschaften)* membro *m* del consiglio direttivo, membro *m* del comitato direttivo, *(Einzelperson)* presidente *m*, capo *m*.
Vorstandsmitglied *n* [1] *GesR (einer Aktiengesellschaft)* membro *m* del consiglio di amministrazione (CdA), consigliere *m* di amministrazione, amministratore *m*, membro *m* del comitato esecutivo.
Vorstandsmitglied *n* [2] *(von Vereinen, Stiftungen, Genossenschaften)*

membro *m* del consiglio direttivo, membro *m* del comitato direttivo.

Vorstandsvorsitzende/r *f/m* [1] *GesR (einer Aktiengesellschaft)* presidente *m* del consiglio di amministrazione (CdA).

Vorstandsvorsitzende/r *f/m* [2] *(von Vereinen, Stiftungen, Genossenschaften)* presidente *m* del consiglio direttivo, presidente *m* del comitato direttivo.

vorstehen *v* [*Dat*] dirigere, presiedere, essere a capo [di], governare.

vorstehend genannt di cui sopra, in oggetto, sopraindicato, suindicato, succitato, suddetto, predetto, summenzionato, sunnominato, suaccennato, surrichiamato, richiamato.

Vorsteher/in *m/f (einer Anstalt)* direttore *m*, capo *m*, *(Leiter)* soprintendente *m*, *(Schulleiter)* preside *m*.

vorstellig werden *(irgendwo, bei jemandem: sich in einer bestimmten Angelegenheit meist mündlich an jemanden/etwas wenden)* presentarsi a qn., rivolgersi a qn., presentare un reclamo a qn., presentare un esposto a qn.

Vorstellung *f* [1] *(Einführung)* presentazione *f*, *ArbR* colloquio *m* (*di lavoro*).

Vorstellung *f* [2] *(Idee)* concetto *m*, idea *f*, visione *f*.

Vorstellung *f* [3] *(Einwand, Vorhaltung)* obiezione *f*, reclamo *m*, rimostranza *f*.

Vorstellungsgespräch *n ArbR* colloquio *m* (*di lavoro, di presentazione, di selezione*).

Vorsteuer *f SteuerR (Umsatzsteuer)* imposta *f* sul valore aggiunto (IVA) a credito, IVA *f* (sugli) acquisti.

Vorstrafe *f StrafProzR* precedente condanna *f*, precedenti *mpl* penali, precedenti *mpl* giudiziari.

vorstrecken *v* anticipare.

Vortagsnotierung *f* quotazione *f* del giorno precedente.

Vortat, mitbestrafte ~ *f StrafR* = *straflose Vortat* antefatto *m* non punibile.

vortäuschen *v* simulare, fingere.

Vortäuschen *n* **einer Straftat** *StrafR (§ 145d StGB)* simulazione *f* di reato.

Vortäuschung *f* simulazione *f*, finzione *f*; **~** *f* **einer mit Strafe bedrohten Handlung** *(A) StrafR (§ 298 öStGB)*; **~** *f* **einer Straftat** *(D) StrafR (§ 145d StGB)* simulazione *f* di reato.

Vorteil *m* vantaggio *m*, beneficio *m*, bene *m*, privilegio *m*, utilità *f*, convenienza *f*, interesse *m*, *(Gewinn)* profitto *m*, guadagno *m*, utile *m*, lucro *m*; **einen ~ ziehen** [aus *Dat*] trarre vantaggio [da].

vorteilhaft *adj (Nutzen bringend)* vantaggioso, proficuo, *(günstig)* favorevole, conveniente.

Vorteils|annahme *f StrafR (§ 331 StGB)* corruzione *f* (passiva) impropria, corruzione *f* (passiva) per un atto d'ufficio; **~anrechnung** *f*; **~ausgleich** *m*; **~ausgleichung** *f* compensatio lucri cum damno *(lat)*; **~gewährung** *f StrafR (§ 333 StGB)* corruzione *f* (attiva) impropria, corruzione *f* (attiva) per un atto d'ufficio, istigazione *f* alla corruzione impropria.

Vortermin *m ProzR* udienza *f* precedente.

Vortrag *m* [1] *(Rede)* conferenza *f*, discorso *m*, *(Bericht)* relazione *f*, rapporto *m*, esposizione *f*, deduzione *f*, *ZivProzR* deduzioni *fpl*, *ZivProzR* argomentazioni *fpl*; **einen ~ halten** tenere una conferenza.

Vortrag *m* [2] *(Übertrag)* riporto *m*; **~** *m* **auf neue Rechnung** riporto *m* a nuovo.

vortragen *v* [1] *(einen Sachverhalt darlegen)* esporre, illustrare, avanzare, esprimere, riferire, relazionare, spiegare, *ZivProzR* dedurre.

vortragen *v* [2] *(auf ein neues Konto)* riportare (*a nuovo*).

Vortragsrecht *n* diritto *m* di riproduzione orale di un testo.

vorübergehen *v* passare, cessare, finire.

vorübergehend *adj* passeggero, temporaneo, transitorio, momentaneo, provvisorio, interinale, ad interim; **~er Art** *f* di natura temporanea, di natura transitoria.

Vorüberweisung *f* bonifico *m* anticipato.

Voruntersuchung *f* istruzione *f*

formale, istruzione *f* preparatoria *(CH)*.
Vorurteil *n* [1] pregiudizio *m*, prevenzione *f*, preconcetto *m*.
Vorurteil *n* [2] *ProzR (Entscheidung)* sentenza *f* precedente.
vorurteilsfrei *adj* = *vorurteilslos* privo di pregiudizi, libero da pregiudizi, senza pregiudizi.
Vorvereinbarung *f* convenzione *f* preliminare.
Vorverfahren *n* [1] *StrafProzR* = *Ermittlungsverfahren* fase *f* delle indagini preliminari, fase *f* pre-processuale, fase *f* procedimentale, fase *f* preparatoria.
Vorverfahren *n* [2] *ZivProzR* procedimento *m* preparatorio, procedimento *m* preliminare, procedura *f* preliminare; **schriftliches ~** *n (D) ZivProzR (eine der zwei Möglichkeiten zur Vorbereitung der Hauptverhandlung im Zivilprozess) (§ 276 ZPO)* procedimento *m* preliminare scritto (*il giudice ha la facoltà di scegliere se ordinare una fase preliminare in forma scritta (schriftliches Vorverfahren) o fissare una prima udienza preliminare (früher erster Termin), in funzione strumentale e preparatoria della successiva trattazione orale della causa*).
Vorverfahren *n* [3] *VerwR (Widerspruchsverfahren) (§§ 68 ff. VwGO)* procedimento *m* di tutela amministrativa (*opposizione e ricorsi amministrativi*).
Vorverhandlung *f (bei Gericht)* udienza *f* preliminare.
Vorverhandlungen *fpl* trattative *fpl* preliminari, negoziati *mpl* preliminari, preliminari *mpl*.
Vorverkauf *m* vendita *f* anticipata, prevendita *f*.
vorverlegen *v (Termin)* anticipare.
Vorvermächtnis *n ErbR* prelegato *m*.
Vorversicherung *f* assicurazione *f* precedente, assicurazione *f* preliminare.
Vorversterben *n ErbR* premorienza *f*.
Vorverstorbene/r *f/m ErbR* premorto *m*.
Vorvertrag *m* contratto *m* preliminare, accordo *m* preliminare, preliminare *m* di contratto, promessa *f* di contratto, progetto *m* di contratto, pre-contratto *m*.
vorvertraglich *adj* precontrattuale.
Vorwand *m* pretesto *m*.
Vorwegabzug *m* prelievo *m* all'origine.
Vorwegbewilligung *f* autorizzazione *f* preventiva.
Vorwegfranchise *f* franchigia *f* assoluta, franchigia *f* fissa.
Vorwegnahme *f* anticipazione *f*.
vorwegnehmen *v* anticipare.
Vorweisungsgebühr *f (CH)* tassa *f* di presentazione.
vorwerfbar *adj (bei Ordnungswidrigkeiten)* rimproverabile.
Vorwerfbarkeit *f (bei Ordnungswidrigkeiten)* rimproverabilità *f*.
vorwerfen *v* rimproverare, rinfacciare, criticare, *StrafProzR (zur Last legen)* accusare [di], contestare (*un reato*).
Vorwort *n* introduzione *f*, premessa *f*, preambolo *m*, prefazione *f* (*a un libro*).
Vorwurf *m* rimprovero *m*, biasimo *m*, critica *f*, *StrafProzR* accusa *f*.
vorzeitig *adj* anticipato, prematuro, precoce, preventivo.
Vorzensur *f* censura *f* preventiva.
vorziehen *v* [1] *(Termin)* anticipare.
vorziehen *v* [2] *(bevorzugen)* preferire, prediligere, privilegiare, dare la precedenza [a], optare [per].
Vorzug *m* [1] preferenza *f*, *(Vorrang)* precedenza *f*, priorità *f*, *(Vorrecht)* privilegio *m*, *(Vorteil)* vantaggio *m*, *(Kurszettel)* azione *f* privilegiata.
Vorzug *m* [2] *(gute Eigenschaft)* pregio *m*, merito *m*, qualità *f*.
vorzüglich *adj* eccellente, pregevole.
Vorzugs | aktie *f* azione *f* privilegiata, azione *f* preferenziale, azione *f* di priorità; **~aktionär/in** *m/f* azionista *m* privilegiato; **~behandlung** *f* trattamento *m* preferenziale, trattamento *m* di favore, regime *m* di favore; **~dividende** *f* dividendo *m* privilegiato; **~gläubiger/in** *m/f* creditore *m* privilegiato; **~last** *f* tributo *m* speciale; **~preis** *m* prezzo *m* di favore; **~rabatt** *m* sconto *m* di favore; **~recht** *n* diritto *m* di preferenza, diritto *m* preferenziale, diritto *m* di poziorità, privilegio *m*;

~rente *f* rendita *f* privilegiata; **~stellung** *f* posizione *f* privilegiata; **~stimmrecht** *n* diritto *m* di voto privilegiato; **~tarif** *m* tariffa *f* preferenziale; **~zoll** *m* dazio *m* preferenziale; **~zolltarif** *m* tariffa *f* preferenziale.

votieren *v* [für/gegen *Akk*] votare.

Votum *n* voto *m*.

VP / V-Person (*Abk* = **Vertrauensperson**) *(auch: Vertrauensmann, V-Mann, Pl.: V-Leute: Privatperson, die von einem verdeckten Ermittler zu unterscheiden ist, der Polizeibeamter ist)* confidente *m* (*della polizia*), informatore *m* (*della polizia*).

VStGB (*Abk* = **Völkerstrafgesetzbuch**) *(D)* codice *m* penale internazionale (tedesco).

VSV (*Abk* = **Vertrauensschaden-versicherung**) assicurazione *f* contro l'infedeltà dei dipendenti, assicurazione *f* contro l'appropriazione indebita.

VVaG (*Abk* = **Versicherungsverein auf Gegenseitigkeit**) *(D) VersR* mutua assicuratrice *f*, associazione *f* di mutua assicurazione, società *f* di mutua assicurazione *(I)*.

VVG (*Abk* = **Versicherungsvertragsgesetz**) *(D, CH) VersR (D: Gesetz über den Versicherungsvertrag; CH: Bundesgesetz über den Versicherungsvertrag)* legge *f* sul contratto d'assicurazione *(CH: LCA)*.

VwGH (*Abk* = **Verwaltungsgerichtshof**) *(A)* Corte *f* suprema amministrativa (austriaca).

VwGO (*Abk* = **Verwaltungsgerichtsordnung**) *(D)* codice *m* (tedesco) di procedura amministrativa, codice *m* (tedesco) del processo amministrativo.

VWL (*Abk* = **vermögenswirksame Leistung**) *ArbR* prestazione *f* ad effetto patrimoniale.

VwVfG (*Abk* = **Verwaltungsverfahrensgesetz**) *(D)* legge *f* (tedesca) sul procedimento amministrativo.

VwZG (*Abk* = **Verwaltungszustellungsgesetz**) *(D)* legge *f* (tedesca) sulle notificazioni dei provvedimenti amministrativi.

W

wachen *v* [über *Akk*] fare la guardia, sorvegliare, vigilare, vegliare [su].

Wach | mann *m (A)* agente *m/f* di pubblica sicurezza; **~posten** *m* sentinella *f*, posto *m* di guardia.

Wachtmeister/in *m/f* brigadiere *m*, maresciallo *m*, *(Polizist)* agente *m/f*.

Wach | vertrag *m* contratto *m* di guardia, contratto *m* di vigilanza; **~vorschrift** *f* consegna *f* di guardia, consegna *f* di sentinella.

Waffe *f* arma *f*; **versteckte ~** *f* arma *f* nascosta.

Waffen | ausfuhrverbot *n* embargo *m* sulle armi; **~ausweis** *m* porto *m* d'armi, licenza *f* di porto d'armi.

Waffenbesitz *m* detenzione *f* di armi; **unerlaubter ~** *m* detenzione *f* abusiva di armi.

Waffen | besitzer/in *m/f* detentore *m* di un'arma; **~besitzkarte** *f* licenza *f* per la detenzione di armi; **~erwerbsschein** *m* licenza *f* di acquisto di armi; **~führen** *n* porto *m* d'armi.

Waffengebrauch *m* uso *m* delle armi; **erlaubter ~** *m* uso *m* legittimo delle armi.

Waffengewalt, mit ~ a mano armata.

Waffen | handel *m* traffico *m* di armi; **~händler/in** *m/f* trafficante *m/f* di armi, armaiolo/-a *m/f*; **~lieferung** *f* fornitura *f* di armi; **~pass** *m (A)* porto *m* d'armi, licenza *f* di porto d'armi; **~ruhe** *f* tregua *f*, tregua *f* d'armi; **~sammlung** *f* collezione *f* di armi; **~schein** *m* porto *m* d'armi, licenza *f* di porto d'armi; **~schmuggel** *m* contrabbando *m* di armi, traffico *m* di armi; **~stillstand** *m* armistizio *m*.

Waffenstillstands | abkommen *n*

trattato *m* d'armistizio; **~angebot** *n* offerta *f* d'armistizio; **~bedingungen** *fpl* condizioni *fpl* d'armistizio; **~delegation** *f* delegazione *f* d'armistizio; **~kommission** *f* commissione *f* d'armistizio; **~verhandlungen** *fpl* negoziati *mpl* per l'armistizio, trattative *fpl* per l'armistizio; **~vertrag** *m* trattato *m* d'armistizio.

Waffentragen *n* porto *m* d'armi.

Wagnis *n* rischio *m*; **~ausgleich** *m* compensazione *f* dei rischi; **~verteilung** *f* ripartizione *f* dei rischi; **~zuschlag** *m* sovrappremio *m* di rischio.

Wahl *f* [1] *(Abstimmung)* elezione *f*, votazione *f*, voto *m*, scrutinio *m*, *(Wahlrecht)* suffragio *m*; **zur ~ schreiten** passare ai voti; **allgemeine ~** *f* suffragio *m* universale; **allgemeine unmittelbare ~** *f* suffragio *m* universale diretto; **direkte ~** *f* suffragio *m* diretto; **geheime ~** *f* votazione *f* segreta, scrutinio *m* segreto; **gleiche ~** *f* suffragio *m* uguale; **unmittelbare ~** *f* suffragio *m* diretto; **~** *f* **durch Akklamation** votazione *f* per acclamazione, elezione *f* per acclamazione; **~** *f* **durch Handaufheben** votazione *f* per alzata di mano; **~** *f* **mit Namensaufruf** votazione *f* per appello nominale; **~** *f* **durch Wahlmänner** scrutinio *m* indiretto; **~** *f* **durch Zuruf** votazione *f* per acclamazione, elezione *f* per acclamazione.

Wahl *f* [2] *(Auswahlmöglichkeit, Entscheidung)* scelta *f*, *(Alternative)* alternativa *f*, *(Option)* opzione *f*; **~** *f* **des Gerichtsstands** *IPR* scelta *f* del foro competente.

Wahl | abkommen *n* accordo *m* elettorale; **~agitation** *f* propaganda *f* elettorale; **~akt** *m* operazione *f* elettorale, operazione *f* di voto; **~alter** *n* età *f* elettorale; **~amt** *n* carica *f* elettiva; **~anfechtung** *f* impugnazione *f* dell'elezione; **~anwalt/-anwältin** *m/f* avvocato *m* di fiducia; **~art** *f* modo *m* di scrutinio; **~aufruf** *m* proclama *m* elettorale, manifesto *m* elettorale; **~ausschließung** *f* esclusione *f* dalla votazione; **~ausschreibung** *f* convocazione *f* del corpo elettorale, convocazione *f* dei comizi; **~ausschuss** *m* commissione *f* elettorale; **~auswertung** *f* spoglio *m* dei voti.

wählbar *adj* eleggibile, elettivo; **nicht ~** ineleggibile.

Wählbarkeit *f* eleggibilità *f*, elettorato *m* passivo.

Wahl | beamter/-beamtin *m/f* funzionario *m* elettivo; **~beeinflussung** *f* pressione *f* elettorale; **~behinderung** *f* impedimento *m* di elezioni; **~behörde** *f* commissione *f* elettorale, autorità *fpl* elettorali; **~beisitzer/in** *m/f* scrutatore *m*.

wahlberechtigt *adj* avente diritto al (o: di) voto, con diritto al (o: di) voto; **passiv ~** eleggibile.

Wahl | berechtigte/r *f/m* avente *m/f* diritto al (o: di) voto, elettore/-trice *m/f*; **~berechtigung** *f* diritto *m* elettorale, diritto *m* di suffragio, diritto *m* al (o: di) voto, elettorato *m* attivo; **~beschwerde** *f* ricorso *m* contro le operazioni elettorali; **~bestechung** *f* corruzione *f* elettorale.

Wahlbeteiligung *f* partecipazione *f* elettorale, partecipazione *f* al voto, partecipazione *f* alle urne, affluenza *f* alle urne; **niedrige ~** *f* bassa percentuale *f* di votanti, bassa affluenza *f* alle urne, scarsa affluenza *f* alle urne.

Wahl | betrug *m* brogli *mpl* elettorali, frode *f* elettorale; **~bewerber/in** *m/f* candidato/-a *m/f* (alle elezioni); **~bezirk** *m* circoscrizione *f* elettorale, collegio *m* elettorale, distretto *m* elettorale; **~boykott** *m* boicottaggio *m* delle elezioni; **~brief** *m* lettera *f* contenente una scheda elettorale; **~bündnis** *n* alleanza *f* elettorale, coalizione *f* elettorale, apparentamento *m* elettorale; **~büro** *n* ufficio *m* elettorale; **~delikt** *n* reato *m* elettorale; **~einspruch** *m* ricorso *m* contro le operazioni elettorali; **~eltern** *pl (A)* genitori *mpl* adottivi.

wählen *v* [1] *(Stimme abgeben)* votare, eleggere; **durch Akklamation ~** eleggere per acclamazione; **aus der Mitte des Ausschusses ~** eleggere nel seno della commissione, eleggere fra i membri della commissione.

wählen *v* [2] *(aussuchen)* scegliere, selezionare.

Wahlen *fpl* elezioni *fpl*; **die ~ ausschreiben** indire le elezioni, convocare i comizi elettorali; **die ~ für ungültig erklären** annullare le elezioni; **freie ~** *fpl* elezioni *fpl* libere.

Wählende/r *f/m* votante *m/f*.

Wahlenthaltung *f* astensione *f* dal voto, astensione *f* dalle urne.

Wähler/in *m/f* elettore/-trice *m/f*, votante *m/f*.

Wähler | anlageblatt *n* modulo *m* per le iscrizioni nelle liste elettorali; **~auftrag** *m* mandato *m* degli elettori; **~benachrichtigung** *f* avviso *m* di iscrizione nelle liste elettorali; **~bestechung** *f* corruzione *f* elettorale.

Wahlergebnis *n* risultati *mpl* elettorali, risultati *mpl* delle elezioni, responso *m* delle urne.

Wählerkarte *f* tessera *f* elettorale (*in Italia: sostituisce il vecchio certificato elettorale*).

Wählerliste *f* lista *f* elettorale; **freie ~** *f (von Parteilosen)* lista *f* civica.

Wähler | nötigung *f* coercizione *f* elettorale; **~stimme** *f* voto *m*; **~stock** *m (A)* clientela *f* elettorale; **freie ~vereinigung** *f* partito *m* indipendente (in un comune); **~versammlung** *f* comizio *m* elettorale; **~verzeichnis** *n* lista *f* elettorale; **~votum** *n* voto *m* degli elettori, scelta *f* elettorale.

wahlfähig *adj (passiv)* eleggibile, *(aktiv)* avente diritto al (o: di) voto.

Wahl | fähigkeit *f (passive)* eleggibilità *f*, elettorato *m* passivo, *(aktive)* capacità *f* elettorale, diritto *m* al (o: di) voto, elettorato *m* attivo; **~fälschung** *f* brogli *mpl* elettorali, frode *f* elettorale; **~feststellung** *f StrafR* accertamento *m* alternativo; **~fonds** *mpl* fondi *mpl* elettorali.

Wahlfreiheit *f* [1] *(Stimmfreiheit)* libertà *f* di voto.

Wahlfreiheit *f* [2] *(Freisein in der Wahl)* libertà *f* di scelta.

Wahl | gang *m* votazione *f*, scrutinio *m*, tornata *f* elettorale; **~gegenüberstellung** *f StrafProzR* confronto *m* all'americana; **~geheimnis** *n* segreto *m* dello scrutinio; **~gerichtsstand** *m IPR* foro *m* elettivo, foro *m* facoltativo; **~gesetz** *n* legge *f* elettorale; **~gesetzgebung** *f* legislazione *f* elettorale; **~handlung** *f* operazioni *fpl* elettorali, operazioni *fpl* di voto; **~heimat** *f* patria *f* d'elezione; **~helfer/in** *m/f* scrutatore *m*; **~kabine** *f* cabina *f* elettorale; **~kalender** *m* calendario *m* elettorale; **~kampagne** *f* campagna *f* elettorale.

Wahlkampf *m* lotta *f* elettorale, battaglia *f* elettorale, campagna *f* elettorale; **~ führen** condurre una campagna elettorale.

Wahlkampfkosten *pl* costo *m* della campagna elettorale.

Wahlkandidat/in *m/f* candidato/-a *m/f* alle elezioni; **sich als ~ aufstellen lassen**; **als ~ auftreten** presentare la propria candidatura alle elezioni, candidarsi alle elezioni.

Wahlkandidatur *f* candidatura *f* alle elezioni; **Zurückziehung** *f* **der ~** ritiro *m* della candidatura, rinuncia *f* alla candidatura (alle elezioni).

Wahl | karte *f (A)* tessera *f* elettorale (con la quale si può votare fuori del proprio seggio elettorale); **~kartei** *f* schedario *m* elettorale; **~kartenwähler/in** *m/f (A)* elettore *m* titolare di una tessera elettorale speciale che gli permette di votare in un comune diverso dal suo; **~kind** *n (A, CH)* figlio *m* adottivo; **~kindschaft** *f (A, CH)* adozione *f*; **~koalition** *f* blocco *m* elettorale.

Wahlkollegium *n* collegio *m* elettorale; **einheitliches ~** *n* collegio *m* unico.

Wahl | kommission *f* commissione *f* elettorale, giunta *f* per le elezioni; **~konsul** *m* console *m* onorario; **~konsulat** *n* consolato *m* onorario;

~körper *m* corpo *m* elettorale; **~kosten** *pl* spese *fpl* elettorali.

Wahlkreis *m* circoscrizione *f* elettorale, collegio *m* elettorale, distretto *m* elettorale; **~verband** *m (A)* gruppo *m* di circoscrizioni elettorali.

Wahl | kundmachung *f (A)* avviso *m* elettorale; **~leiter/in** *m/f* presidente *m* della commissione elettorale; **~liste** *f* lista *f* elettorale; **~lokal** *n* sezione *f* elettorale, seggio *m* elettorale, sala *f* delle elezioni; **~mandat** *n* mandato *m* elettivo; **~manipulation** *f* manipolazione *f* elettorale; **~mann** *m* elettore *m* delegato; **~modus** *m* modalità *f* di elezione, modo *m* di elezione; **~möglichkeit** *f* facoltà *f* di scelta, opzione *f*; **~müdigkeit** *f* astensionismo *m*; **~mutter** *f (A)* madre *f* adottiva; **~niederlage** *f* sconfitta *f* elettorale; **~niederschrift** *f* verbale *m* di elezione; **~obligation** *f (CH)* obbligazione *f* alternativa; **~ordnung** *f* regolamento *m* elettorale; **~periode** *f* legislatura *f*, durata *f* del mandato elettivo; **~pflicht** *f* obbligo *m* di votare, voto *m* obbligatorio, dovere *m* di esercitare il diritto di voto; **~programm** *n* programma *m* elettorale; **~protokoll** *n* verbale *m* di elezione; **~prüfung** *f* verifica *f* dei voti, verifica *f* dei risultati elettorali, verificazione *f* delle elezioni; **~prüfungsausschuss** *m* giunta *f* delle elezioni, giunta *f* elettorale; **~quotient** *m* quoziente *m* elettorale; **~raum** *m* sezione *f* elettorale, seggio *m* elettorale, sala *f* delle elezioni.

Wahlrecht *n* [1] *(Stimmberechtigung)* diritto *m* al (o: di) voto, diritto *m* elettorale, suffragio *m*, elettorato *m*; **aktives ~** *n* elettorato *m* attivo; **allgemeines ~** *n* suffragio *m* universale; **beschränktes ~** *n* suffragio *m* ristretto; **direktes ~** *n* suffragio *m* diretto; **indirektes ~** *n* suffragio *m* indiretto; **passives ~** *n* elettorato *m* passivo, eleggibilità *f*; **unmittelbares ~** *n* suffragio *m* diretto.

Wahlrecht *n* [2] *(Gesamtheit der rechtlichen Wahlvorschriften)* normativa *f* elettorale, diritto *m* elettorale.

Wahlrecht *n* [3] *(Auswahlrecht)* diritto *m* di opzione, facoltà *f* di opzione, facoltà *f* di scelta.

Wahlschein *m* [1] *(Briefwahl)* tessera *f* elettorale, certificato *m* elettorale (*votazione per corrispondenza*).

Wahlschein *m* [2] *(A)* certificato *m* inviato a un eletto attestante la sua elezione.

Wahlscheinwähler/in *m/f* elettore *m* titolare di una tessera elettorale speciale che gli permette di votare in un comune diverso dal suo.

Wahl | schluss *m* chiusura *f* delle votazioni; **~schlüssel** *m* quoziente *m* elettorale; **~schuld** *f (§ 262 BGB)* obbligazione *f* alternativa; **~schwindel** *m* brogli *mpl* elettorali, frode *f* elettorale; **~sieg** *m* vittoria *f* elettorale; **~sprengel** *m (A)* circoscrizione *f* elettorale; **~station** *f (D)* → *Referendariat* periodo *m* di pratica a scelta (*previsto dal percorso di formazione professionale dei praticanti legali tedeschi*); **~stimmberechtigung** *f* diritto *m* al (o: di) voto, elettorato *m* attivo; **~stimme** *f* voto *m*, *(seltener)* suffragio *m*; **~stimmrecht** *n* diritto *m* al (o: di) voto, elettorato *m* attivo; **~system** *n* sistema *m* elettorale.

wahlunfähig *adj (passiv)* ineleggibile, *(aktiv)* non avente diritto al (o: di) voto, non avente capacità elettorale.

Wahl | unfähigkeit *f (passive)* ineleggibilità *f*, *(aktive)* incapacità *f* elettorale; **~urkunde** *f (CH)* atto *m* di nomina; **~urne** *f* urna *f* (elettorale); **~vater** *m (A)* padre *m* adottivo; **~verfahren** *n* procedura *f* elettorale, sistema *m* elettorale; **~verlauf** *m* svolgimento *m* delle operazioni elettorali; **~vermächtnis** *n* *ErbR* legato *m* alternativo; **~versammlung** *f* comizio *m* elettorale; **~versprechen** *n* promessa *f* elettorale; **~verteidiger/in** *m/f* *StrafProzR (vom Beschuldigten/Angeschuldigten gewählter Verteidiger)* ↔ *Pflichtverteidiger/in* difensore *m* di fiducia; **~vollmacht** *f* procura *f* elettorale; **~vorgang** *m* operazione *f* di voto.

Wahlvorschlag *m* lista *f* dei candidati, lista *f* elettorale; **einen ~ einreichen**; **einen ~ machen** presentare una lista; **verbundener ~** *m* lista *f* collegata.

Wahl | vorstand *m* ufficio *m* elettorale, presidenza *f* del seggio elettorale; **~vorsteher/in** *m/f* presidente *m* del seggio elettorale; **~werber/in** *m/f* *(A)* candidato/-a *m/f* alle elezioni.

Wahlwerbung *f* [1] propaganda *f* elettorale.

Wahlwerbung *f* [2] *(A) (Wahlkandidatur)* candidatura *f* alle elezioni.

Wahl | zettel *m* scheda *f* elettorale; **~zeuge/-zeugin** *m/f* rappresentante *m/f* di lista.

Wahn | delikt *n*; **~verbrechen** *n* *StrafR* reato *m* putativo.

wahren *v* [1] *(Rechte, Interessen)* tutelare, difendere, salvaguardare, curare, proteggere.

wahren *v* [2] *(Frist)* rispettare, osservare.

wahren *v* [3] *(bewahren)* mantenere, conservare, serbare, custodire.

Wahrheit *f* verità *f*; **die reine ~ sagen, nichts verschweigen und nichts hinzufügen** dire la verità, tutta la verità e nient'altro che la verità.

Wahrheits | beweis *m* prova *f* liberatoria; **~erinnerung** *f (A)*; **~ermahnung** *f* ammonimento *m* a dire la verità; **~findung** *f* accertamento *m* della verità; **~pflicht** *f* dovere *m* di dire la verità.

wahrnehmen *v* [1] *(Rechte, Interessen)* tutelare, difendere, salvaguardare, curare, proteggere.

wahrnehmen *v* [2] *(Frist)* rispettare, osservare.

wahrnehmen *v* [3] *(Termin)* presentarsi, essere presente, *ProzR* essere presente o farsi rappresentare ad un'udienza.

wahrnehmen *v* [4] *(Aufgabe)* adempiere (a), esercitare.

wahrnehmen *v* [5] *(Chance, Gelegenheit)* sfruttare, approfittare [di], cogliere.

wahrnehmen *v* [6] *(bemerken)* percepire, scorgere, avvertire, notare, accorgersi di, *(entdecken)* scoprire.

Wahrnehmung *f* [1] *(von Rechten, Interessen)* tutela *f*, difesa *f*, salvaguardia *f*, cura *f*, protezione *f*; **~ *f* berechtigter Interessen** *(bei Beleidigung) (§ 193 StGB)* esercizio *m* di una facoltà legittima.

Wahrnehmung *f* [2] *(einer Frist)* rispetto *m*, osservanza *f*.

Wahrnehmung *f* [3] *(eines Termins)* il presentarsi, l'essere presente.

Wahrnehmung *f* [4] *(einer Aufgabe)* adempimento *m*, esercizio *m*; **~ *f* der Aufgaben** esercizio *m* delle funzioni.

Wahrnehmung *f* [5] *(einer Chance, Gelegenheit)* lo sfruttare, l'approfittare [di], il cogliere.

Wahrnehmung *f* [6] *(sinnlich)* percezione *f*.

Wahrscheinlichkeit *f* probabilità *f*; **abhängige ~** *f* probabilità *f* dipendente; **berichtigte ~** *f* probabilità *f* corretta; **einfache ~** *f* probabilità *f* semplice; **erfahrungsgemäße ~** *f* probabilità *f* sperimentale; **totale ~** *f* probabilità *f* totale; **zusammengesetzte ~** *f* probabilità *f* composta.

Wahrscheinlichkeitsrechnung *f* calcolo *m* delle probabilità.

Wahrspruch *m (A)* verdetto *m*.

Wahrung *f* [1] *(von Rechten, Interessen)* tutela *f*, difesa *f*, salvaguardia *f*, cura *f*, protezione *f*.

Wahrung *f* [2] *(einer Frist)* rispetto *m*, osservanza *f*.

Wahrung *f* [3] *(Erhaltung)* mantenimento *m*, conservazione *f*.

Währung *f* valuta *f*, moneta *f*, divisa *f*; **ausländische ~** *f* valuta *f* estera; **einfache ~** *f* monometallismo *m*; **einheimische ~** *f* moneta *f* nazionale; **feste ~** *f* moneta *f* stabile; **freie ~** *f* valuta *f* libera; **fremde ~** *f* valuta *f* estera; **gemeinsame ~** *f* moneta *f* comune; **harte ~** *f* moneta *f* forte, valuta *f* forte, valuta *f* pregiata; **hinkende ~** *f* bimetallismo *m* zoppo, bimetallismo *m* claudicante, piede *m* monetario zoppo, sistema *m* monetario zoppo; **konvertierbare ~** *f* valuta *f* convertibile; **manipulierte ~** *f* moneta *f* manovrata, moneta *f* manipolata; **nicht konvertierbare ~** *f* valuta *f* inconvertibile; **stabile ~** *f* moneta *f* stabile; **unbeständige ~** *f* moneta *f* flottante; **weiche ~** *f* moneta *f* debole; **wertbeständige ~** *f* moneta *f* stabile, moneta *f* a potere d'acquisto stabile, moneta *f* a valore costante.

Währungsabkommen *n* accordo *m* monetario; **Europäisches ~** *n* (*Abk* = **EWA**) *EuR* Accordo *m* monetario europeo *(AME)*.

Währungs | abwertung *f* svalutazione *f* monetaria; **~angleichung** *f* adeguamento *m* monetario, allineamento *m* monetario; **~aufwertung** *f* rivalutazione *f* monetaria; **~ausgleich** *m* conguaglio *m* monetario, compensazione *f* monetaria, compensazione *f* valutaria; **~ausgleichsbeträge** *mpl EuR* importi *mpl* compensativi monetari *(ICM)*; **~ausgleichsfonds** *m* fondo *m* di conguaglio monetario, fondo *m* di compensazione valutaria, fondo *m* compensativo valutario, fondo *m* di stabilizzazione dei cambi.

Währungsausschuss *m* comitato *m* monetario; **beratender ~** *m* Comitato *m* monetario a carattere consultivo.

Währungs | bank *f* banca *f* d'emissione; **~befestigung** *f* consolidamento *m* della moneta; **~behörde** *f* autorità *f* monetaria; **~beistand** *m* sostegno *m* monetario; **~bereich** *m* area *f* valutaria; **~beschränkungen** *fpl* restrizioni *fpl* valutarie, restrizioni *fpl* monetarie; **~bestimmungen** *fpl* disposizioni *fpl* valutarie, norme *fpl* valutarie, normativa *f* (in materia) valutaria; **~bilanz** *f* bilancia *f* monetaria, bilancia *f* valutaria; **~deckung** *f* copertura *f* monetaria.

Währungseinheit *f* unità *f* monetaria; **Europäische ~** *f* (*Abk* = **ECU**) *EuR* unità *f* monetaria europea, valuta *f* europea.

Währungs | entwertung *f* deprezzamento *m* monetario, svalutazione *f* monetaria; **~festigung** *f* consolidamento *m* della moneta.

Währungsfonds *m* fondo *m* monetario; **Europäischer ~** *m* (*Abk* = **EWF**) *EuR* Fondo *m* monetario europeo *(FME)*; **Internationaler ~** *m* (*Abk* = **IWF**) Fondo *m* monetario internazionale *(FMI)*.

Währungs | garantie *f* garanzia *f* di cambio; **~gebiet** *n* area *f* monetaria, zona *f* monetaria; **~gesetz** *n* legge *f* valutaria; **~gesetzgebung** *f* legislazione *f* valutaria, legislazione *f* monetaria; **~gewinn** *m* utile *m* sui cambi, utile *m* di svalutazione; **~gold** *n* oro *m* moneta, oro *m* valutario; **~guthaben** *n* disponibilità *f* in valuta estera; **~hoheit** *f* sovranità *f* monetaria; **~inflation** *f* inflazione *f* monetaria; **~klausel** *f* clausola *f* monetaria; **~konferenz** *f* conferenza *f* monetaria; **~konjunktur** *f* congiuntura *f* monetaria; **~konto** *n* conto *m* valutario; **~kontrolle** *f* controllo *m* valutario, controllo *m* dei cambi; **~konversion** *f* conversione *f* di valuta; **~korb** *m* paniere *m* monetario; **~kredit** *m* credito *m* in valuta estera; **~krise** *f* crisi *f* monetaria; **~kurs** *m* cambio *m*, corso *m* (valutario); **~kursschwankung** *f* oscillazione *f* dei cambi; **~lage** *f* situazione *f* valutaria, situazione *f* monetaria; **~manipulation** *f*; **~manipulierung** *f* manipolazione *f* monetaria; **~maßnahme** *f* provvedimento *m* valutario; **~option** *f* opzione *f* di cambio; **~optionsklausel** *f* clausola *f* di opzione monetaria; **~ordnung** *f* regolamento *m* valutario, ordinamento *m* valutario; **~parität** *f* parità *f* monetaria; **~politik** *f* politica *f* monetaria, politica *f* valutaria, politica *f* dei cambi; **~raum** *m* area *f* monetaria, zona *f* monetaria; **~reform** *f* riforma *f* monetaria, riforma *f* valutaria; **~reserve** *f* riserva *f* valutaria, riserva *f* monetaria, riserva *f* di valuta; **~risiko** *n* rischio *m* di cambio, rischio *m* valutario, rischio *m* monetario; **~sanierung** *f* risanamento *m* monetario; **~schaden** *m* danno *m* derivante dalla riforma monetaria;

~scheck *m* assegno *m* in valuta estera; **~schlange** *f* serpente *m* monetario; **~schwankung** *f* oscillazione *f* del valore della moneta; **~souveränität** *f* sovranità *f* monetaria; **~stabilisierung** *f* stabilizzazione *f* monetaria, stabilizzazione *f* dei cambi; **~stabilisierungsabkommen** *n* accordo *m* di stabilizzazione monetaria, accordo *m* di stabilizzazione dei cambi; **~stabilisierungsfonds** *m* fondo *m* di stabilizzazione monetaria, fondo *m* di stabilizzazione dei cambi; **~stabilität** *f* stabilità *f* monetaria.

Währungssystem *n* sistema *m* monetario; **Europäisches ~** *n* (*Abk* = **EWS**) *EuR* Sistema *m* monetario europeo *(SME)*.

Währungs | trennung *f* separazione *f* monetaria; **~umrechnung** *f* conversione *f* monetaria, conversione *f* di valuta; **~umstellung** *f* riforma *f* monetaria, riforma *f* valutaria.

Währungsunion *f EuR* Unione *f* monetaria; **Europäische Wirtschafts- und ~** *f* (*Abk* = **EWWU**) *EuR* Unione *f* economica e monetaria europea *(UEM)*.

Währungs | vereinheitlichung *f* unificazione *f* valutaria; **~verfall** *m* erosione *f* monetaria, deprezzamento *m* monetario, deprezzamento *m* della moneta; **~verlust** *m* perdita *f* derivante dalla svalutazione; **~verschlechterung** *f* deprezzamento *m* monetario, deprezzamento *m* della moneta; **~vertrag** *m* accordo *m* monetario; **~wechsel** *m* cambiale *f* in valuta estera; **~zerfall** *m* erosione *f* monetaria, deprezzamento *m* monetario, deprezzamento *m* della moneta; **~zwangskurs** *m* corso *m* forzoso della moneta.

Wandel | anleihe *f* prestito *m* obbligazionario convertibile; **~obligation** *f*; **~schuldverschreibung** *f* obbligazione *f* convertibile, obbligazione *f* con opzione, obbligazione *f* sostituibile con azione.

Wand(e)lung *f (Gewährleistungsrecht des Kaufvertrages)* redibizione *f*, risoluzione *f* (*del contratto di vendita per vizi della cosa*).

Wand(e)lung
Nell'ordinamento tedesco il rimedio della *Wand(e)lung*, vale a dire la risoluzione del contratto di vendita ad opera del compratore qualora la cosa venduta sia affetta da vizi, è stato abolito con l'entrata in vigore della riforma del diritto delle obbligazioni (*Schuldrechtsreform*) in data 1° gennaio 2002. Al suo posto è subentrato il rimedio del recesso unilaterale del compratore (*Rücktritt*).

Wand(e)lungs | anspruch *m (Kaufvertragsrecht)* azione *f* redibitoria, actio redhibitoria *(lat)*, azione *f* di risoluzione (*del contratto di vendita per vizi della cosa*); **~fehler** *m (Kaufvertragsrecht)* vizio *m* redibitorio; **~klage** *f (Kaufvertragsrecht)* azione *f* redibitoria, actio redhibitoria *(lat)*, azione *f* di risoluzione (*del contratto di vendita per vizi della cosa*); **~verfahren** *n (Kaufvertragsrecht)* procedimento *m* redibitorio.

Wandprotest *m* protesto *m* levato in caso di assenza del debitore dal suo domicilio.

Wanze *f (Abhörgerät)* microspia *f*, cimice *f*.

Ware *f* merce *f*, articolo *m*, prodotto *m*; **ausländische ~** *f* merce *f* estera; **beschädigte ~** *f* merce *f* avariata, merce *f* deteriorata; **beschlagnahmte ~** *f* merce *f* sequestrata; **einheimische ~** *f* merce *f* nazionale; **~** *f* **erster Wahl** merce *f* di prima scelta; **erstklassige ~** *f* merce *f* di prim'ordine, merce *f* di prima qualità; **fehlerhafte ~** *f* merce *f* difettosa, prodotto *m* difettoso; **gepfändete ~** *f* merce *f* pignorata; **mangelhafte ~** *f* merce *f* viziata, merce *f* difettosa, prodotto *m* difettoso; **minderwertige ~** *f* merce *f* di scarto; **schwimmende**

~ *f* merce *f* flottante; **verderbliche ~** *f* merce *f* deperibile; **verzollte ~** *f* merce *f* sdoganata, merce *f* daziata; **zerbrechliche ~** *f* merce *f* fragile; **zollpflichtige ~** *f* merce *f* vincolata alla dogana, merce *f* sotto vincolo doganale, merce *f* a dogana, merce *f* schiava di dazio.

Waren *fpl* merci *fpl*, oggetti *mpl*, beni *mpl*, articoli *mpl*, prodotti *mpl*, generi *mpl*; **~** *fpl* **mittlerer Art und Güte** merce *f* sana e mercantile; **~ bestellen** ordinare merci; **~ exportieren** esportare merci; **~ importieren** importare merci; **~ veräußern**; **~ verkaufen** vendere merci.

Waren | ablieferung *f* fornitura *f* di merci; **~akkreditiv** *n* credito *m* documentario; **~anfangsbestand** *m* rimanenze *fpl* iniziali; **~angebot** *n* gamma *f* di prodotti, offerta *f* di merci, merci *fpl* offerte; **~annahme** *f* magazzino *m* merci in arrivo; **~arbitrage** *f* arbitraggio *m* in merci, arbitraggio *m* mercantile; **~ausfuhr** *f* esportazione *f* di merci; **~ausgangsbuch** *n* registro *m* delle uscite di merci, libro *m* di uscita merci, libro *m* vendite, partitario *m* delle vendite.

Warenaustausch *m* scambio *m* di merci; **internationaler ~** *m* scambio *m* internazionale di merci, interscambio *m*.

Warenaustauschabkommen *n* accordo *m* commerciale, accordo *m* di interscambio, trattato *m* di commercio.

Waren | beförderung *f TransportR* trasporto *m* (di) merci, trasporto *m* di cose; **~begleitschein** *m* bolla *f* di accompagnamento, foglio *m* di spedizione, foglio *m* di via; **~beleihung** *f* anticipazione *f* su merci; **~benennung** *f* denominazione *f* delle merci; **~beschaffung** *f* rifornimento *m* di merci, approvvigionamento *m* di merci; **~bestand** *m* merci *fpl* in magazzino, giacenza *f* di magazzino, giacienze *fpl* in magazzino, scorte *fpl*, stock *m* (di merci), monte *m* merci; **~bezeichnung** *f* denominazione *f* merceologica, denominazione *f* della merce; **~börse** *f* borsa *f* merci; **~buchführung** *f*; **~buchhaltung** *f* contabilità *f* di magazzino; **~diebstahl** *m StrafR* taccheggio *m*; **~einfuhr** *f* importazione *f* di merci; **~eingangsbuch** *n* registro *m* (delle) merci ricevute, libro *m* delle entrate (di merci); **~eingangsprüfung** *f* controllo *m* entrata merci, controllo *m* accettazione merci; **~einheitsversicherung** *f* assicurazione *f* del monte merci dall'acquisto della materia prima fino alla vendita del prodotto finito contro i rischi d'incendio, di furto con scasso, di danno alle condutture d'acqua e di trasporto; **~einkaufsbuch** *n* libro *m* delle fatture d'acquisto; **~einkaufsverein** *m* cooperativa *f* d'acquisto; **~empfänger/in** *m/f* destinatario *m* della merce; **~endbestand** *m* rimanenze *fpl* finali; **~erklärung** *f* dichiarazione *f* della merce; **~export** *m* esportazione *f* di merci; **~fälschung** *f* contraffazione *f* di merci; **~forderung** *f* credito *m* mercantile; **~gruppe** *f* gruppo *m* merceologico, categoria *f* merceologica; **~gutschein** *m* buono *m* merci; **~handel** *m* commercio *m*, scambio *m* di merci; **~handelsbetriebslehre** *f* tecnica *f* commerciale, tecnica *f* mercantile; **~handelsbilanz** *f* bilancia *f* commerciale; **~herstellerhaftung** *f* responsabilità *f* del produttore; **~import** *m* importazione *f* di merci.

Warenkauf *m* vendita *f* di merci, compravendita *f* di merci, acquisto *m* di merci, vendita *f* di cose mobili, vendita *f* di beni mobili, vendita *f* mobiliare; **Übereinkommen** *n* **der Vereinten Nationen über Verträge über den internationalen ~** (*Abk* = **CISG**) *VölkerR (auch: Wiener UN-Kaufrecht, Wiener Kaufrechtsübereinkommen)* Convenzione *f* delle Nazioni Unite sui contratti di (compra)vendita internazionale di merci, Convenzione *f* di Vienna sulla vendita internazionale di beni mobili.

Waren | knappheit *f* scarsità *f* di

merci; **~konto** *n* conto *m* merci, conto *m* magazzino, conto *m* merci in magazzino, conto *m* merci generali, conto *m* mercanzie, conto *m* monte merci, conto *m* merci in monte; **~kontrolle** *f* controllo *m* delle merci; **~korb** *m (Statistik)* paniere *m*; **~kredit** *m* credito *m* mercantile; **~kunde** *f* merceologia *f*; **~kurs** *m (A) (Börse)* prezzo *m* d'offerta; **~lager** *n* magazzino *m*; **~lieferung** *f* fornitura *f* di merci; **~lombard** *m* prestito *m* su merci, anticipazione *f* su merci; **~makler/in** *m/f* sensale *m*; **~mangel** *m* scarsità *f* di merci; **~manipulation** *f* manipolazione *f* delle merci; **~muster** *n* campione *m* (di merce); **~notierung** *f* quotazione *f* del certo, quotazione *f* del certo per l'incerto; **~papier** *n* titolo *m* rappresentativo di merci; **~partie** *f* partita *f* di merci; **~pfandschein** *m* fede *f* di deposito; **~posten** *m* partita *f* di merci; **~probe** *f* campione *m* (di merce); **~rechnung** *f* fattura *f* commerciale; **~rücksendung** *f* rinvio *m* della merce, merce *f* ritornata, merce *f* resa, reso *m*, resi *mpl*; **~schein** *m* fede *f* di deposito; **~schuld** *f* debito *m* su merci; **~sortiment** *n* assortimento *m* di merci; **~termingeschäft** *n* operazione *f* a termine su merci; **~test** *m* test *m* sui prodotti, warentest *m*; **~transportversicherung** *f* assicurazione *f* delle merci trasportate; **~überschuss** *m* eccedenza *f* di merci; **~umsatz** *m* vendite *fpl* (di merci); **~umsatzsteuer** *f (CH)* imposta *f* sugli scambi di merci; **~verkaufsbuch** *n* libro *m* delle fatture di vendita.

Warenverkehr *m* scambio *m* di merci, scambio *m* di prodotti, scambi *mpl* commerciali, circolazione *f* delle merci, circolazione *f* dei beni, movimento *m* merci; **freier ~** *m* libera circolazione *f* delle merci.

Warenverkehrs | bescheinigung *f* certificato *m* di circolazione delle merci; **~büro** *n (A)* ufficio *m* avente il compito di promuovere e controllare il commercio estero.

Waren | versicherung *f* assicurazione *f* delle merci; **~verzeichnis** *n* inventario *m* delle merci; **~vorräte** *mpl* scorte *fpl*, merci *fpl* in magazzino, giacenza *f* di magazzino, giacienze *fpl* in magazzino, stock *m* (di merci), monte *m* merci; **~wechsel** *m* carta *f* commerciale.

Warenzeichen *n* (*Abk* = **WZ**) marchio *m*, marchio *m* di fabbrica, marchio *m* di commercio, marchio *m* d'impresa, marca *f*; **eingetragenes ~** *n* marchio *m* depositato, marchio *m* registrato; **geschütztes ~** *n* marchio *m* protetto; **international eingetragenes ~** *n* marchio *m* internazionale; **registriertes ~** *n* marchio *m* depositato, marchio *m* registrato.

Warenzeichen | eintragung *f* registrazione *f* di marchio; **~gesetz** *n* legge *f* dei brevetti per marchi d'impresa; **~recht** *n* diritto *m* dei marchi d'impresa; **~rolle** *f* registro *m* dei brevetti per marchi; **~schutz** *m* tutela *f* del marchio; **~verletzung** *f* violazione *f* del marchio.

Warenzurückbehaltung *f* ritenzione *f* di merci.

Warmmiete *f MietR* canone *m* di locazione completo (spese incluse).

warnen *v* mettere in guardia, avvisare, avvertire, ammonire, diffidare.

Warn | funktion *f* funzione *f* di allarme; **~streik** *m* sciopero *m* di avvertimento.

Warnung *f* avviso *m*, avvertimento *m*, avvertenza *f*, monito *m*, ammonimento *m*, diffida *f*, messa *f* in guardia; **hinreichende ~** *f (ProdH)* adeguate avvertenze *fpl*.

Warrant *m* nota *f* di pegno.

Warschauer Abkommen *n* **zur Vereinheitlichung von Regeln über die Beförderung im internationalen Luftverkehr** *TransportR* Convenzione *f* di Varsavia per l'unificazione di alcune norme relative al trasporto aereo internazionale.

Warte | frist *f* periodo *m* di attesa; **~liste** *f* lista *f* di attesa; **~pflicht** *f* obbligo *m* di attesa.

Wärter/in *m/f* guardiano/-a *m/f*, custode *m/f*, sorvegliante *m/f*.
Warte|stand *m* aspettativa *f*; **~zeit** *f* periodo *m* di attesa.
Wartung *f* manutenzione *f*, assistenza *f*.
Wartungs|arbeiten *fpl* lavori *mpl* di manutenzione; **~dienst** *m* servizio *m* di manutenzione; **~kosten** *pl* spese *fpl* di manutenzione; **~vertrag** *m* contratto *m* di manutenzione.
was ... anbelangt [*Akk*]; **~ ... angeht** [*Akk*]; **~ ... betrifft** [*Akk*] per quanto concerne, per quanto riguarda, per quanto attiene [a], (in) quanto [a], in ordine [a], in merito [a].
Wasser|buch *n* registro *m* delle acque; **~entnahmerecht** *n* diritto *m* di presa d'acqua, servitù *f* di presa d'acqua; **~fracht** *f* nolo *m* fluviale; **~genossenschaft** *f* consorzio *m* per il deflusso delle acque.
Wassergut *n (A)* acque *fpl*; **öffentliches ~** *n (A)* acque *fpl* pubbliche, demanio *m* idrico.
Wasser|leitungsrecht *n* servitù *f* d'acquedotto; **~leitungsschadenversicherung** *f* assicurazione *f* contro i danni alle condutture d'acqua; **~lieferung** *f* erogazione *f* d'acqua, somministrazione *f* d'acqua; **~nutzungsrecht** *n* diritto *m* di utilizzare l'acqua, diritto *m* di utilizzo dell'acqua; **~polizei** *f* polizia *f* delle acque, polizia *f* della navigazione interna, polizia *f* dei porti interni; **~recht** *n* diritto *m* delle acque; **~schadensversicherung** *f* assicurazione *f* contro i danni delle acque; **~schutzpolizei** *f* polizia *f* delle acque; **~verunreinigung** *f* inquinamento *m* idrico.
WBK (*Abk* = **Wohnungsbaukreditanstalt**) istituto *m* di credito edilizio.
Wechsel *m* [1] *(Änderung)* cambiamento *m*, cambio *m*, mutamento *m*, *(Austausch)* scambio *m*, sostituzione *f*, *(Schwankung)* oscillazione *f*, variazione *f*, *(Abwechslung)* alternanza *f*, *(Ablösung)* avvicendamento *m*; **~** *m* **der Regierung** cambio *m* di governo.
Wechsel *m* [2] *(Geldwechsel)* cambio *m*.
Wechsel *m* [3] *(Wertpapier)* cambiale *f*, *(selten)* lettera *f* di cambio; **einen ~ abfordern** ritirare una cambiale; **einen ~ abgeben** negoziare una cambiale; **einen ~ akzeptieren** accettare una cambiale; **einen ~ ausstellen** emettere una cambiale; **einen ~ begeben** negoziare una cambiale; **für einen ~ bürgen** garantire una cambiale; **einen ~ einlösen**; **einen ~ honorieren** pagare una cambiale, onorare una cambiale; **einen ~ indossieren** girare una cambiale; **einen ~ protestieren** protestare una cambiale; **einen ~ unterschreiben** firmare una cambiale; **einen ~ ziehen** trarre una cambiale, spiccare una tratta; **einen ~ zurückrufen** richiamare una cambiale; **akzeptierter ~** *m*; **angenommener ~** *m* cambiale *f* accettata; **bankfähiger ~** *m* cambiale *f* bancabile, carta *f* bancabile, foglio *m* bancabile, effetto *m* bancabile; **diskontfähiger ~** *m*; **diskontierter ~** *m* cambiale *f* scontata; **domizilierter ~** *m* cambiale *f* domiciliata; **eigener ~** *m* cambiale *f* propria, vaglia *m* cambiario, pagherò *m*, pagherò *m* cambiario; **eingelöster ~** *m* cambiale *f* pagata, cambiale *f* onorata; **fingierter ~** *m* cambiale *f* simulata, cambiale *f* fittizia; **geplatzter ~** *m* cambiale *f* non onorata, cambiale *f* non pagata, cambiale *f* insoluta; **gezogener ~** *m* cambiale *f* tratta, tratta *f*; **kommerzieller ~** *m* cambiale *f* commerciale; **kurzfristiger ~** *m* cambiale *f* a breve scadenza; **langfristiger ~** *m* cambiale *f* a lunga scadenza; **laufender ~** *m* cambiale *f* in circolazione; **nichtbankfähiger ~** *m* cambiale *f* non bancabile; **nicht eingelöster ~** *m* cambiale *f* insoluta, cambiale *f* non pagata, cambiale *f* non onorata; **notleidender ~** *m* cambiale *f* in sofferenza, effetto *m* in sofferenza; **protestierter ~** *m* cambiale *f* protestata; **quittierter ~** *m* cambiale *f* quietanzata; **rediskontfähiger ~** *m*; **rediskon-**

tierbarer ~ *m* cambiale *f* riscontabile; **trassiert eigener ~** *m* cambiale *f* tratta su se stesso; **trockener ~** *m* cambiale *f* propria, vaglia *m* cambiario, pagherò *m*, pagherò *m* cambiario; **überfälliger ~** *m* cambiale *f* in sofferenza, effetto *m* in sofferenza; **umlaufender ~** *m* cambiale *f* in circolazione; **unbezahlter ~** *m*; **uneingelöster ~** *m* cambiale *f* insoluta, cambiale *f* non pagata, cambiale *f* non onorata; **ungenügend gestempelter ~** *m* *(A)*; **ungenügend versteuerter ~** *m* cambiale *f* bollata insufficientemente; **verfallener ~** *m* cambiale *f* scaduta; **zentralbankfähiger ~** *m* cambiale *f* scontabile dalla banca centrale.

Wechsel- cambiario.

Wechsel | abschrift *f* copia *f* di cambiale; **~abteilung** *f* ufficio *m* cambiali; **~agent/in** *m/f* agente *m/f* che procura crediti di sconto; **~agio** *n* sconto *m* cambiario; **~akzept** *n* accettazione *f* cambiaria; **~allonge** *f*; **~anhang** *m* allungamento *m* di cambiale, allunga *f* di cambiale; **~arbitrage** *f* arbitraggio *m* di cambio; **~ausfertigung** *f* duplicato *m* di cambiale; **~aussteller/in** *m/f* emittente *m/f* di cambiale, traente *m/f* di cambiale; **~bank** *f* banca *f* di sconto; **~besitz** *m*; **~bestand** *m* portafoglio *m* cambiario, cambiali *fpl* attive; **~betreibung** *f (CH)* esecuzione *f* cambiaria.

wechselbezüglich *adj* reciproco, corrispettivo.

Wechsel | bezüglichkeit *f ErbR (der Verfügungen im gemeinschaftlichen Testament, Berliner Testament)* corrispettività *f*; **~blankett** *n* modulo *m* di cambiale, cambiale *f* in bianco; **~buch** *n* libro *m* delle cambiali attive; **~bürge** *m KredSichR* avallante *m*.

Wechselbürgschaft *f KredSichR* avallo *m* (*cambiario*); **eine ~ übernehmen** *KredSichR* avallare una cambiale, garantire con un avallo.

Wechsel | diskont *m* sconto *m* cambiario; **~diskontierung** *f* sconto *m* (= atto dello scontare) di cambiali; **~diskontkredit** *m* credito *m* di sconto cambiario; **~duplikat** *n* duplicato *m* di cambiale; **~einrede** *f* eccezione *f* cambiaria; **~einzug** *m* incasso *m* di cambiale; **~erklärung** *f* dichiarazione *f* cambiaria; **~erneuerung** *f* rinnovo *m* di cambiale.

wechselfähig *adj* capace di obbligarsi cambiariamente.

Wechsel | fähigkeit *f* capacità *f* di obbligarsi cambiariamente; **~forderung** *f KredSichR* credito *m* cambiario; **~formular** *n* modulo *m* di cambiale; **~geber/in** *m/f* traente *m/f* di cambiale, emittente *m/f* di cambiale, obbligato *m* cambiario; **~geld** *n* spiccioli *mpl*; **~geschäft** *n* cambio *m*, operazione *f* di cambio, operazione *f* di portafoglio; **~gesetz** *n* legge *f* cambiaria; **~girant/in** *m/f* girante *m/f* di cambiale; **~giro** *n* girata *f* cambiaria, girata *f* di cambiale; **~gläubiger/in** *m/f* creditore *m* cambiario; **~handel** *m* cambio *m*; **~händler/in** *m/f* cambista *m/f*; **~indossament** *n* girata *f* cambiaria, girata *f* di cambiale; **~inhaber/in** *m/f* portatore *m* di cambiale; **~inkasso** *n* incasso *m* di cambiale; **~journal** *n* scadenzario *m*; **~klage** *f* azione *f* cambiaria; **~konto** *n* conto *m* effetti; **~kopie** *f* copia *f* di cambiale; **~kopierbuch** *n* libro *m* copia cambiali; **~kredit** *m* credito *m* cambiario, fido *m* cambiario.

Wechselkurs *m* cambio *m*, corso *m* del cambio, tasso *m* del (o: di) cambio; **amtlicher ~** *m* cambio *m* ufficiale; **flexibler ~** *m* cambio *m* flessibile; **mehrfacher ~** *m*; **multipler ~** *m*; **unterschiedlicher ~** *m* cambio *m* multiplo, tasso *m* di cambio multiplo.

Wechselkurs | berichtigung *f* aggiustamento *m* dei cambi; **~garantie** *f* garanzia *f* di cambio; **~parität** *f* parità *f* di cambio; **~politik** *f* politica *f* dei cambi; **~risiko** *n* rischio *m* di cambio; **~schwankung** *f* oscillazione *f* del cambio.

Wechsel | lombard *m* anticipazione *f* su cambiale, prestito *m* cambiario; **~mahnbescheid** *m* decreto *m* ingiuntivo (*credito cambiario*); **~makler/in** *m/f* agente *m/f* di cambio, agente *m/f* che procura crediti di sconto.

wechseln *v* [1] *(verändern)* cambiare, mutare, modificare, variare, *(umtauschen)* scambiare, *(abwechseln)* alternare, *(sich ablösen)* darsi il cambio, *(auswechseln)* sostituire.

wechseln *v* [2] *(Geld)* cambiare.

Wechsel | nehmer/in *m/f* prenditore *m* (di cambiale), beneficiario/-a *m/f*; **~obligo** *n* impegno *m* cambiario, cambiali *fpl* passive; **~obligobuch** *n* libro *m* degli effetti passivi, libro *m* rischi; **~pari** *n*; **~parität** *f* parità *f* cambiaria; **~pension** *f*; **~pensionsgeschäft** *n* pensione *f* di effetti; **~platz** *m* piazza *f* di cambio; **~portefeuille** *n* portafoglio *m* cambiario; **~prima** *f* prima *f* di cambio; **~prolongation** *f* proroga *f* di cambiale; **~protest** *m* protesto *m* cambiario; **~prozess** *m* processo *m* cambiario, giudizio *m* cambiario, procedimento *m* cambiario; **~rechnung** *f* calcolo *m* dello sconto; **~recht** *n* diritto *m* cambiario; **~regress** *m* regresso *m* cambiario; **~reiterei** *f* l'emettere carte di cavalleria, l'emettere tratte incrociate; **~risiko** *n* rischio *m* di cambio; **~rückgriff** *m* regresso *m* cambiario; **~schuld** *f KredSichR* debito *m* cambiario; **~schuldner/in** *m/f KredSichR* debitore *m* cambiario, obbligato *m* cambiario.

wechselseitig *adj* reciproco, mutuo, alternato, alterno.

Wechselseitigkeit *f* reciprocità *f*.

Wechsel | sekunda *f* seconda *f* di cambio; **~sensale** *m (A)* agente *m/f* che procura crediti di sconto; **~stempel** *m* bollo *m* della cambiale; **~steuer** *f* imposta *f* di bollo sulle cambiali; **~stube** *f* ufficio *m* cambi; **~summe** *f* importo *m* della cambiale; **~tertia** *f* terza *f* di cambio; **~umlauf** *m* circolazione *f* cambiaria, cambiali *fpl* in circolazione; **~verbindlichkeit** *f* obbligazione *f* cambiaria; **~verbindlichkeiten** *fpl* cambiali *fpl* passive, debiti *mpl* cambiari; **~verfall** *m* scadenza *f* di cambiale; **~verfallbuch** *n* scadenzario *m*; **~verkehr** *m* circolazione *f* di cambiali, cambio *m*; **~verlängerung** *f* proroga *f* di cambiale, rinnovo *m* di cambiale; **~verpflichtete/r** *f/m* obbligato *m* cambiario; **~verpflichtung** *f* obbligazione *f* cambiaria; **~vordruck** *m* modulo *m* di cambiale; **~wähler/in** *m/f* elettorato *m* fluttuante, elettore *m* che cambia partito, elettore *m* mobile; **~wirkung** *f* interazione *f*; **~ziehung** *f* traenza *f* di cambiale; **~zinsen** *mpl* interessi *mpl* su cambiali.

Weg *m* strada *f*, *(Strecke)* percorso *m*, *(Weise)* modo *m*, *(Art und Weise)* maniera *f*, sistema *m*, *(Methode)* metodo *m*, *(Mittel)* mezzo *m*, via *f*, *(Möglichkeit)* possibilità *f*; **im ~e** in via, mediante; **in die ~e leiten** avviare, iniziare, preparare; **diplomatischer ~** *m* via *f* diplomatica; **gesetzlich vorgeschriebener ~** *m* vie *fpl* legali; **öffentlicher ~** *m* via *f* pubblica.

Wegbedingung *f (CH)* esclusione *f* della garanzia.

Wege | baulast *f* onere *m* di costruzione e manutenzione delle vie; **~berechtigung** *f* diritto *m* di passaggio; **~gebühr** *f* diritto *m* di trasferta; **~geld** *n* pedaggio *m*; **~gerechtigkeit** *f* servitù *f* di passaggio (a piedi).

wegen *präp* [*Gen*] *ProzR (im Rubrum des Urteils)* per, in punto a, avente ad oggetto, oggetto:, *StrafProzR* imputato del reato di.

Wegentschädigung *f (A)* indennità *f* di trasferta.

Wege | recht *n SachenR* servitù *f* di passaggio, diritto *m* di passaggio, diritto *m* di passo *(CH)*; **~unfall** *m* infortunio *m* in itinere.

Wegfall *m* soppressione *f*, abolizione *f*, cessazione *f*, il venir(e) meno *m*; **~** *m* **der Geschäftsgrundlage** (*Abk* = **WGG**) il venir(e) meno della base negoziale, mancanza *f* sopravvenuta della base negoziale.

wegfallen *v* cessare, essere soppresso, essere abolito, venir(e) meno.

Wegnahme *f (Entwendung)* sottrazione *f*, *(Beschlagnahme)* sequestro *m*, ritiro *m*, *(Beschlagnahme von Gütern)* confisca *f*; **~recht** *n* → *z.B. § 258 und § 997 BGB* ius tollendi *(lat)*.

wegnehmen *v (entwenden)* sottrarre, togliere, portare via, *(beschlagnahmen)* sequestrare, *(beschlagnahmen: in Bez. auf Güter)* confiscare.

Weg | recht *n (CH)* servitù *f* di passaggio, diritto *m* di passaggio, diritto *m* di passo *(CH)*; **~weisung** *f (CH)* rinvio *m*; **~zug** *m* partenza *f*, cambiamento *m* di domicilio *(CH)*.

Wehr *f* difesa *f*, resistenza *f*; **~anleihe** *f* prestito *m* per la difesa; **~beauftragte/r** *f/m (des deutschen Bundestages)* delegato *m* parlamentare addetto al controllo delle forze armate; **~beitrag** *m* contributo *m* per la difesa; **~bezirk** *m* distretto *m* militare.

Wehrdienst *m* servizio *m* militare, servizio *m* di leva; **aus dem ~ entlassen** riformare; **aktiver ~** *m* servizio *m* militare attivo; **Freiwilliger ~** *m (D)* (*Abk* = **FWD**) servizio *m* militare volontario, servizio *m* di leva volontario.

Wehrdienst | beschädigung *f* lesione *f* di guerra; **~gericht** *n* tribunale *m* militare; **~senat** *m* sezione *f* della Corte amministrativa federale (Bundesverwaltungsgericht) che giudica in materia di disciplina militare.

wehrdienstuntauglich *adj* inabile al servizio militare.

Wehrdienst | verweigerer *m* obiettore *m* di coscienza; **~verweigerung** *f* obiezione *f* di coscienza.

wehren, sich ~ *v* [gegen *Akk*] difendersi [da], opporsi [a], ribellarsi [a].

Wehr | ersatzdienst *m* servizio *m* civile sostitutivo; **~etat** *m*; **~haushalt** *m* bilancio *m* della difesa; **~hoheit** *f* sovranità *f* militare; **~kraftzersetzung** *f* disfattismo *m* militare.

wehrlos *adj* disarmato, inerme, indifeso.

Wehrlosigkeit *f* incapacità *f* di difendersi, impossibilità *f* di difendersi, l'essere inerme.

Wehr | mann *m (CH)* militare *m*; **~mittelbeschädigung** *f* distruzione *f* o sabotaggio *m* di opere militari; **~mittelsabotage** *f* sabotaggio *m* di opere militari; **~opfer** *n (CH)* sacrificio *m* per la difesa nazionale.

Wehrpflicht *f* obbligo *m* di leva; **allgemeine ~** *f* coscrizione *f* obbligatoria, servizio *m* militare obbligatorio, servizio *m* di leva obbligatorio.

Wehrpflichtausnahme *f* esenzione *f* dall'obbligo di leva.

Wehr | pflichtige/r *f/m* militare *m* di leva; **~recht** *n* diritto *m* militare; **~sold** *m* paga *f* dei militari; **~steuer** *f (CH)* imposta *f* di guerra, imposta *f* per la difesa nazionale.

Wehrstraf | einheit *f* compagnia *f* di correzione, compagnia *f* di disciplina; **~gesetz** *n* (*Abk* = **WStG**) codice *m* penale militare; **~recht** *n* diritto *m* penale militare.

wehruntauglich *adj* inabile al servizio militare.

Wehr | verfassung *f* ordinamento *m* delle forze armate; **~wirtschaft** *f* economia *f* di guerra.

Weichwährung *f* moneta *f* debole.

Weichwährungsland *n* paese *m* a moneta debole.

Weide | gemeinschaft *f* compascolo *m*; **~gerechtigkeit** *f* servitù *f* di pascolo; **~pachtvertrag** *m* contratto *m* di soccida con conferimento di pascolo; **~recht** *n* diritto *m* di pascolo, servitù *f* di pascolo.

weigern *v* rifiutare, negare; **sich ~** *v* rifiutarsi.

Weigerung *f* rifiuto *m*, diniego *m*; **im ~sfall** in caso di rifiuto.

Weigerungs | grund *m* causa *f* di rifiuto, motivo *m* di rifiuto; **~protest** *m* protesto *m* per rifiuto di accettazione o di pagamento.

Weihnachts | geld *n*; **~gratifikation** *f*; **~vergütung** *f*; **~zuwendung** *f*

ArbR (corrispondente in Italia a: tredicesima/tredicesima mensilità) gratifica *f* natalizia, gratificazione *f* natalizia, gratificazione *f* di fine anno, premio *m* natalizio.

Weimarer Reichsverfassung *f Rgesch* = *Weimarer Verfassung* Costituzione *f* di Weimar (*Costituzione del Reich tedesco del 1919*), Costituzione *f* Weimariana.

Wein | gesetz *n* legge *f* sui vini; **~steuer** *f* imposta *f* sul vino; **~wirtschaft** *f* industria *f* enologica.

Weißbuch *n EuR* libro *m* bianco.

Weisung *f (Hinweis)* indicazione *f*, istruzione *f*, disposizione *f*, direttiva *f*, *(Befehl)* ordine *m*, comando *m*; **~en erteilen** dare istruzioni, impartire istruzioni, impartire direttive; **dienstliche ~** *f* istruzione *f* di servizio.

Weisungsbefugnis *f* potere *m* direttivo, potere *m* ordinatorio, diritto *m* di impartire ordini.

weisungs | befugt *adj*; **~berechtigt** *adj* dotato di potere direttivo, avente potere direttivo, autorizzato a impartire ordini; **~gebunden** *adj* sottoposto a direttive, soggetto a disposizioni, vincolato agli ordini, che deve attenersi alle istruzioni ricevute, dipendente, subordinato.

Weisungsgebundenheit *f* dovere *m* di subordinazione, vincolo *m* di subordinazione, dovere *m* di obbedienza, obbligo *m* di obbedienza.

weisungsgemäß *adv* conforme alle istruzioni, conformemente alle istruzioni.

Weisungsrecht *n* potere *m* direttivo, potere *m* ordinatorio, diritto *m* di impartire ordini.

weiter *adj* ulteriore, altro.

weiter- *(vor Verben)* continuare a.

Weiterabtretung *f* ulteriore cessione *f*.

weiter | ausführen *v* riesportare (in paese diverso da quello di provenienza della merce); **~befördern** *v* rispedire, inoltrare.

Weiter | beförderung *f* rispedizione *f*, inoltro *m*; **~beschäftigung** *f ArbR* continuazione *f* del lavoro, continuazione *f* dell'impiego; **~beschäftigungsanspruch** *m ArbR (Anspruch eines Arbeitnehmers, der mit seinem Arbeitgeber über das Arbeitsverhältnis im Streit steht, auf Weiterbeschäftigung bis zur Klärung des Bestehens oder Nichtbestehens des Arbeitsverhältnisses)* diritto *m* alla continuità effettiva dell'occupazione, diritto *m* di continuare a rendere (o: eseguire, svolgere) effettivamente la prestazione lavorativa.

weiterbilden *v* [sich] aggiornarsi, perfezionarsi, specializzarsi.

Weiterbildung *f* aggiornamento *m*, specializzazione *f*, perfezionamento *m*.

weiterleiten *v* inoltrare, trasmettere.

Weiterleitung *f* inoltro *m*, trasmissione *f*.

weiterliefern *v* riestradare (*in un terzo Stato*).

Weiterlieferung *f* riestradizione *f* (*in un terzo Stato*).

weiterverarbeiten *v* lavorare (ulteriormente), continuare la lavorazione di.

Weiterverarbeitung *f* ulteriore lavorazione *f*, seconda lavorazione *f*.

weiterveräußern *v* rivendere.

Weiter | veräußerung *f*; **~verkauf** *m* rivendita *f*.

weiterverkaufen *v* rivendere.

weitervermieten *v* sublocare.

Weitervermietung *f* sublocazione *f*.

weiterverpachten *v* subaffittare.

Weiterverpachtung *f* subaffitto *m*.

Weiter | versicherte/r *f/m* assicurato *m* obbligatorio divenuto assicurato facoltativo; **~versicherung** *f* = *freiweillige Weiterversicherung* continuazione (o: prosecuzione) *f* volontaria dell'assicurazione obbligatoria; **~verweisung** *f IPR* rinvio *m* oltre, rinvio *m* altrove; **~ziehung** *f (CH)* ricorso *m*.

weitreichend *adj* ampio, esteso, vasto, di ampia portata, di vasta portata.

Welt | agrarmarkt *m* mercato *m* mondiale dei prodotti agricoli; **~bank** *f* Banca *f* mondiale.

Welternährungs | konferenz *f* Conferenza *f* mondiale sull'alimentazione; **~organisation** *f (auch: Ernährungs- und Landwirtschaftsorganisation der Vereinten*

Nationen, FAO: Food and Agriculture Organization of the United Nations) Organizzazione *f* delle Nazioni Unite per l'alimentazione e l'agricoltura; **~programm** *n* (*Abk* = **WFP**) *(der Vereinten Nationen)* Programma *m* alimentare mondiale *(PAM)*; **~rat** *m (UNO)* Consiglio *m* alimentare mondiale.

Welt | erzeugung *f* produzione *f* mondiale; **~friedensrat** *m* Consiglio *m* mondiale della pace; **~gesundheitsorganisation** *f* (*Abk* = **WHO**) Organizzazione *f* mondiale della sanità *(OMS)*; **~gesundheitsversammlung** *f* (*Abk* = **WHA**) Assemblea *f* mondiale della sanità *(AMS)*; **~gewerkschaftsbund** *m* (*Abk* = **WGB / WFTU**) Federazione *f* sindacale mondiale *(FSM)*; **~handel** *m* commercio *m* internazionale, commercio *m* mondiale; **~handelskonferenz** *f* (*Abk* = **UNCTAD**) *(Kurzbezeichnung für: Konferenz der Vereinten Nationen für Handel und Entwicklung)* Conferenza *f* delle Nazioni Unite sul commercio e lo sviluppo; **~handelsorganisation** *f* (*Abk* = **WTO**) Organizzazione *f* mondiale del commercio *(OMC)*; **~kinderhilfswerk** *n* (*Abk* = **UNICEF**) *(auch: Kinderhilfswerk der Vereinten Nationen, UN-Kinderhilfswerk)* Fondo *m* delle Nazioni Unite per l'infanzia; **~kulturerbe** *n* patrimonio *m* culturale mondiale.

Weltmarkt *m* mercato *m* internazionale, mercato *m* mondiale; **~preis** *m* prezzo *m* mondiale.

Weltorganisation *f* organizzazione *f* mondiale; **~** *f* **für geistiges Eigentum** Organizzazione *f* mondiale per la proprietà intellettuale.

Welt | police *f* polizza *f* mondiale; **~postkongress** *m* congresso *m* postale universale; **~postverein** *m* Unione *f* postale universale; **~postvertrag** *m* Convenzione *f* postale universale; **~preisniveau** *n* livello *m* mondiale dei prezzi; **~produktion** *f* produzione *f* mondiale.

Weltraum *m* spazio *m* (cosmico); **Europäische ~organisation** *f* (*Abk* = **EWO**) *EuR* Agenzia *f* spaziale europea *(ASE)*; **~recht** *n* diritto *m* dello spazio.

Welt | sicherheitsrat *m (Sicherheitsrat der Vereinten Nationen)* Consiglio *m* di sicurezza delle Nazioni Unite; **~urheberrechtsabkommen** *n* Convenzione *f* universale sul diritto d'autore.

Weltverband *m* federazione *f* mondiale, confederazione *f* mondiale; **~** *m* **der Arbeitnehmer** (*Abk* = **WVA**) Confederazione *f* mondiale del lavoro *(CML)*.

Welt | währungsfonds *m* (*Abk* = **IWF**) *(Internationaler Währungsfonds)* Fondo *m* monetario internazionale *(FMI)*; **~wirtschaft** *f* economia *f* mondiale.

Weltwirtschafts | konferenz *f* Conferenza *f* economica mondiale; **~krise** *f* crisi *f* economica mondiale; **~ordnung** *f* ordinamento *m* economico mondiale.

wer *pron* chiunque, colui che, una persona che.

Werberichtlinie *f EuR* → *s. Anhang 3 b)* Direttiva *f* 2006/114/CE del Parlamento europeo e del Consiglio, del 12 dicembre 2006, concernente la pubblicità ingannevole e comparativa (versione codificata).

Werbung *f* [1] *(Reklame)* pubblicità *f*, réclame *f*, propaganda *f*; **gezielte ~** *f* pubblicità *f* selettiva; **irreführende ~** *f* pubblicità *f* ingannevole; **missbräuchliche ~** *f* pubblicità *f* abusiva; **unerlaubte ~** *f* pubblicità *f* illecita; **unterschwellige ~** *f* pubblicità *f* subliminale; **vergleichende ~** *f (unlauterer Wettbewerb)* pubblicità *f* comparativa.

Werbung *f* [2] *(Akquisition von Kunden)* acquisizione *f*, produzione *f* d'affari.

Werbungskosten *pl* [1] spese *fpl* pubblicitarie, spese *fpl* di pubblicità, costi *mpl* di pubblicità, costo *m* della pubblicità.

Werbungskosten *pl* [2] *SteuerR* spese *fpl* professionali (*deducibili*), costi *mpl* legati alla produzione del reddito, spese *fpl* di produzione del reddito.

Werbungskostenpauschale *f SteuerR*

forfait *m* per spese di produzione del reddito (non documentate).

Werdegang, beruflicher ~ *m* curriculum *m* professionale.

Werk *n* [1] *(Arbeit)* opera *f*, lavoro *m*; **geistiges ~** *n* opera *f* dell'ingegno, opera *f* intellettuale; **nachgeahmtes ~** *n* opera *f* contraffatta; **nachgelassenes ~** *n* opera *f* postuma; **nachgemachtes ~** *n* opera *f* contraffatta; **schöpferisches ~** *n* opera *f* creativa.

Werk *n* [2] *(Fabrik)* impianto *m*, stabilimento *m*, fabbrica *f*; **ab ~** franco fabbrica, franco stabilimento.

Werklieferungsvertrag *m* contratto *m* d'opera con materia fornita dal prestatore d'opera, contratto *m* d'appalto.

Werknutzungs | bewilligung *f (A)* autorizzazione *f* (non esclusiva) di utilizzare un'opera; **~recht** *n (A)* diritto *m* esclusivo di utilizzare un'opera.

Werkschutz *m* guardie *fpl* giurate; **~angehörige/r** *f/m* guardia *f* giurata.

Werk | sparen *n* risparmio *m* industriale; **~spionage** *f* spionaggio *m* industriale.

Werkswohnung *f* abitazione *f* per operai (*messa a disposizione dall'impresa*).

Werk | unternehmer/in *m/f* appaltatore/-trice *m/f*; **~unternehmerpfandrecht** *n (D) (§ 647 BGB)* privilegio *m* dell'appaltatore; **~vertrag** *m* contratto *m* di appalto (*gestione a rischio dell'appaltatore ed organizzazione di tutti i mezzi necessari per l'esecuzione del contratto*), appalto *m* (*privato*), contratto *m* d'opera (*lavoro prevalentemente proprio del prestatore d'opera*).

Werkzeug *n* strumento *m*; **gefährliches ~** *n StrafR* strumento *m* pericoloso.

Wert *m* valore *m*, valuta *f*, *(Preis)* prezzo *m*, *(Geltung)* pregio *m*, *(Bedeutung)* importanza *f*, *(Nutzen)* utilità *f*; **~ bar empfangen**; **~ erhalten** valuta *f* ricevuta; **im ~ steigen** aumentare di valore; **an ~ verlieren** perdere valore; **seinen ~ verlieren** perdere il proprio valore; **mit altem ~** con buona valuta; **amtlich nicht notierter ~** *m* valore *m* non quotato (*in Borsa*); **angegebener ~** *m* valore *m* dichiarato; **beständiger ~** *m* valore *m* stabile, valore *m* duraturo; **durchschnittlicher ~** *m* valore *m* medio; **effektiver ~** *m* valore *m* effettivo; **errechneter ~** *m* valore *m* calcolato; **fester ~** *m* valore *m* fisso; **fiktiver ~** *m* valore *m* fittizio; **freier ~** *m* valore *m* libero; **gebundener ~** *m* valore *m* vincolato; **gemeiner ~** *m* valore *m* comune; **geringfügiger ~** *m* poco valore *m*, valore *m* esiguo; **geschätzter ~** *m* valore *m* stimato; **mit gutem ~** con buona valuta; **ideeller ~** *m* valore *m* ideale; **innerer ~** *m* valore *m* intrinseco; **künstlerischer ~** *m* valore *m* artistico; **mathematischer ~** *m* valore *m* matematico; **objektiver ~** *m* valore *m* obiettivo; **subjektiver ~** *m* valore *m* soggettivo; **tatsächlicher ~** *m* valore *m* effettivo; **ursprünglicher ~** *m* valore *m* originario; **vereinbarter ~** *m* prezzo *m* convenuto, prezzo *m* pattuito, valore *m* convenuto, valore *m* pattuito; **versicherter ~** *m* valore *m* assicurato; **wirklicher ~** *m* valore *m* reale; **wirtschaftlicher ~** *m* valore *m* economico; **~** *m* **bei Ankunft** valore *m* all'arrivo; **~** *m* **des Beschwerdegegenstandes** *ZivProzR* valore *m* della soccombenza; **~** *m* **der besonderen Vorliebe** *(A)* valore *m* di affezione; **~** *m* **zur Einziehung**; **~** *m* **zum Einzug** valuta *f* per incasso; **~** *m* **bei Lieferung** valore *m* alla consegna; **~** *m* **zum Pfande** valuta *f* in pegno; **~** *m* **zur Sicherheit** valuta *f* in garanzia; **~** *m* **des Streitgegenstandes** *ZivProzR* valore *m* della causa; **~** *m* **in Waren** valuta *f* in merci.

Wert | abnahme *f* deprezzamento *m*, svalutazione *f*; **~änderung** *f* modifica *f* del valore, modificazione *f* di valore; **~angabe** *f* indicazione *f* del valore, dichiarazione *f* del valore, valore *m* dichiarato; **~ansatz** *m* valutazione *f*; **~aufbewahrungsmittel** *n (Geld)* mezzo *m* accumulatore del valore; **~ausgleich** *m*; **~ausgleichung** *f* collazione *f* per imputazione; **~bemessung** *f*; **~berechnung** *f* calcolo *m* del valore, valutazione *f*, quantificazione *f*; **~berichtigung** *f* rivalutazione *f*, rettifica *f* del valore.

Wertberichtigungen *fpl* fondo *m* di ammortamento; **~** *fpl* **auf das Finanzvermögen** ammortamento *m* finanziario, fondo *m* di ammortamento finanziario.

Wertberichtigungs | konto *n* conto *m* di rivalutazione; **~posten** *m* posta *f* rettificativa, voce *f* di correzione di bilancio.

Wertbescheinigung *f* certificato *m* di valore.

wertbeständig *adj* stabile, di valore stabile, di valore duraturo.

Wertbeständigkeit *f* stabilità *f* del valore.

Wertbrief *m* lettera *f* con valore dichiarato, lettera *f* assicurata; **~ - und Wertkästchenabkommen** *n*; **~ - und Wertschachtelabkommen** *n (A, CH)* accordo *m* relativo alle lettere e alle scatolette con valore dichiarato.

Werte *mpl* valori *mpl*, *(Wertpapiere)* titoli *mpl*, *(Angaben)* dati *mpl*; **festverzinsliche ~** *mpl* valori *mpl* a reddito fisso; **nicht notierte ~** *mpl*; **unnotierte ~** *mpl* valori *mpl* non quotati.

Wert | einbuße *f* perdita *f* di valore; **~einheit** *f* unità *f* di valore.

werten *v* valutare, stimare, giudicare.

Wert | erhaltungsversicherung *f* assicurazione *f* contro il deprezzamento per vetustà; **~ermittlung** *f* valutazione *f*, accertamento *m* del valore, calcolo *m* del valore, quantificazione *f*; **~ersatz** *m* rimborso *m* del valore, compensazione *f*, indennità *f*, indennizzo *m*; **~expertise** *f* perizia *f* di stima; **~festlegung** *f*; **~festsetzung** *f* fissazione *f* del valore, determinazione *f* del valore, valutazione *f*, quantificazione *f*; **~fortschreibung** *f* rettifica *f* del valore, rivalutazione *f*.

wertfrei *adj* franco valuta.

Wert | fund *m* invenzione *f* di cose di valore, ritrovamento *m* di cose di valore; **~gebühr** *f* tassa *f* ad valorem, premio *m* d'assicurazione di oggetti spediti per posta *(in A auch)*; **~herabsetzung** *f* deprezzamento *m*, svalutazione *f*.

Wertigkeit *f* valenza *f*.

Wert | irrtum *m* errore *m* sul valore; **~kästchen** *n* scatoletta *f* con valore dichiarato; **~klausel** *f* clausola *f* valore; **~marke** *f* valore *m* bollato; **~messer** *m (Geld)* denominatore *m* comune dei valori, modulo *m* dei valori; **~minderung** *f* deprezzamento *m*, svalutazione *f*, diminuzione *f* di valore, riduzione *f* di valore, minusvalenza *f*; **~nachnahme** *f* valore *m* assegnato; **~objekt** *n* oggetto *m* di valore; **~paket** *n* pacco *m* con valore dichiarato, pacco *m* assicurato.

Wertpapier *n* titolo *m* (di credito), effetto *m*, carta *f* valore, valore *m* mobiliare; **abstraktes ~** *n* titolo *m* astratto; **amtlich notiertes ~** *n* titolo *m* ufficialmente quotato; **ausländisches ~** *n* titolo *m* estero; **begebbares ~** *n* valore *m* negoziabile; **börsengängiges ~** *n* titolo *m* quotato in Borsa; **festverzinsliches ~** *n* titolo *m* a reddito fisso, valore *m* a reddito fisso; **führendes ~** *n* titolo *m* pilota, valore *m* guida; **gesperrtes ~** *n* titolo *m* colpito da fermo; **kausales ~** *n* titolo *m* causale; **marktfähiges ~** *n* titolo *m* negoziabile; **mündelsicheres ~** *n* valore *m* di tutto riposo; **~** *n* **mit festem Ertrag** titolo *m* a reddito fisso; **~** *n* **mit schwankendem Ertrag** titolo *m* a reddito variabile.

Wertpapier | abteilung *f* ufficio *m* titoli; **~anlage** *f* investimento *m* in titoli; **~arbitrage** *f* arbitraggio *m* su titoli; **~bereinigung** *f* rivalutazione *f* dei titoli emessi prima dell'8.5.1945; **~besitz** *m* proprietà *f* mobiliare, possesso *m* mobiliare, possesso *m* di titoli; **~besitzer/in** *m/f* possessore *m* di titoli, possessore *m* del titolo di credito; **~bestand** *m* portafoglio *m* titoli, composizione *f* del portafoglio, valori *mpl* in portafoglio; **~börse** *f* borsa *f* valori, borsa *f* di commercio; **~depot** *n* deposito *m* di titoli; **~geschäft** *n* operazione *f* in titoli, compravendita *f* di titoli; **~handel** *m* commercio *m* in titoli, operazioni *fpl* in titoli, compravendita *f* di titoli; **~kennnummer** *f* (*Abk* = **WKN**) codice *m* titolo; **~lombard** *m* anticipazione *f* su titoli, prestito *m* su titoli; **~makler/in** *m/f* commissionario *m* di borsa; **~markt** *m* mercato *m* dei titoli, mercato *m* mobiliare, mercato *m* dei valori mobiliari, mercato *m* valori; **~prospekt** *n* prospetto *m* informativo; **~rechnung** *f* conto *m* di titoli; **~recht** *n* diritto *m* dei titoli di credito; **~sammelbank** *f* banca *f* di deposito di valori mobiliari; **~sparen** *n* risparmio *m* in titoli; **~steuer** *f* imposta *f* sui titoli; **Haager ~übereinkommen** *n IPR (Haager Übereinkommen vom 5. Juli 2006 über die auf bestimmte Rechte an Intermediär-verwahrten Wertpapieren anzuwendende Rechtsordnung)* Convenzione *f* dell'Aja del 5 luglio 2006 sulla legge applicabile ad alcuni diritti su strumenti finanziari detenuti presso un intermediario; **~verwahrung** *f* custodia *f* di titoli; **~verwaltung** *f* gestione *f* (di) titoli, gestione *f* (di) portafoglio, gestione *f* di valori mobiliari.

Wert | schachtel *f (A)* scatoletta *f* con valore dichiarato; **~schätzung** *f* stima *f*, quotazione *f*, apprezzamento *m*; **~schöpfung** *f* valore *m* aggiunto.

Wertschriften *pl (CH)* titoli *mpl* (di credito), valori *mpl* mobiliari; **~abteilung** *f (CH)* ufficio *m* titoli, servizio *m* titoli; **~bestand** *m (CH)* portafoglio *m* titoli, composizione *f* del portafoglio, valori *mpl* in portafoglio; **~depot** *n (CH)* deposito *m* di titoli; **~portefeuille** *n (CH)* portafoglio *m* titoli.

Wert | schuld *f* debito *m* di valore; **~schwankung** *f* oscillazione *f* del valore; **~sendung** *f* invio *m* con valore dichiarato; **~sicherungsklausel** *f* clausola *f* di garanzia monetaria, clausola *f* di garanzia di cambio; **~steigerung** *f* aumento *m* di valore, valorizzazione *f*.

Wertstellung *f* valuta *f*, attribuzione *f* di valuta; **mit alter ~**; **mit fester ~**; **mit guter ~** con buona valuta.

Wert | stück *n (CH)* pacco *m* con valore dichiarato, pacco *m* assicurato; **~tarif** *m* tariffa *f* ad valorem; **~transportmittel** *n (Geld)* mezzo *m* di trasmissione del valore.

Wertung *f* valutazione *f*, stima *f*.

Wert | urteil *n* giudizio *m* di valore, apprezzamento *m*, stima *f*, valutazione *f*; **~verlust** *m* perdita *f* di valore; **~verminderung** *f*; **~verringerung** *f*; **~verschlechterung** *f*; **~verzehr** *m (einer Ware, eines Gegenstandes)* diminuzione *f* di valore, deprezzamento *m*, *(des Geldes)* svalutazione *f*; **~verzollung** *f* sdoganamento *m* in base alla tariffa ad valorem; **~zeichen** *n* valore *m* bollato; **~zeichenfälschung** *f* falsificazione *f* di valori di bollo; **~zoll** *m* dazio *m* sul valore, dazio *m* ad valorem; **~zuschlag** *m (Luftfracht)* tassa *f* ad valorem.

Wertzuwachs *m* aumento *m* di valore, incremento *m* di valore; **~steuer** *f* imposta *f* sull'incremento di valore.

Wesensgehalt *m* contenuto *m* essenziale, essenza *f*, sostanza *f*.

Wesensgehaltsgarantie *f (D) VerfR (Art. 19 Abs. 2 GG)* garanzia *f* del contenuto essenziale (dei diritti fondamentali dell'individuo).

wesentlich *adj* essenziale, *(grundlegend)* fondamentale, sostanziale, *(hauptsächlich)* precipuo, *(bedeutend)* notevole, considerevole, importante, ragguardevole, *(integrierend)* integrante; **im ~en** essenzialmente, sostanzialmente, in sostanza.

Wesentlichkeit *f* essenzialità *f*.

Wettbewerb *m (Konkurrenz)* concorrenza *f*, *(Wettkampf)* competizione *f*, gara *f*, *(Kampf um die beste Leistung)* concorso *m*; **einen ~ ausschreiben** bandire un concorso; **im/in ~ stehen**

concorrere, essere in concorrenza; **den ~ verzerren** distorcere la concorrenza, turbare la concorrenza; **freier ~** *m* libera concorrenza *f*; **internationaler ~** *m* concorrenza *f* internazionale; **lauterer ~** *m* concorrenza *f* leale; **monopolistischer ~** *m* concorrenza *f* monopolistica; **unlauterer ~** *m* concorrenza *f* sleale; **Gesetz** *n* **gegen den unlauteren ~** *(D)* (*Abk* = **UWG**) *(A, CH: Bundesgesetz gegen den unlauteren Wettbewerb)* legge *f* contro la concorrenza sleale; **Recht** *n* **des unlauteren ~s** diritto *m* della concorrenza sleale; **Verhinderung, Einschränkung oder Verfälschung** *f* **des ~s** *EuR* l'impedire, restringere o falsare la concorrenza.

Wettbewerber/in *m/f* concorrente *m/f*, competitore/-trice *m/f*.

Wettbewerbs|abkommen *n*; **~abrede** *f* accordo *m* sulla concorrenza; **~ausschreibung** *f* bando *m* di concorso.

Wettbewerbsbedingungen *fpl* condizioni *fpl* di concorrenza, norme *fpl* di concorrenza, condizioni *fpl* del concorso, condizioni *fpl* di partecipazione al concorso, presupposti *mpl* per concorrere alla gara; **normale ~** *fpl* normali condizioni *fpl* della concorrenza.

Wettbewerbs|behinderung *f* *KartellR* ostacoli *mpl* alla concorrenza; **~behörde** *f* *KartellR* → *Bundeskartellamt* autorità *f* per la concorrenza, autorità *f* antitrust, Autorità *f* garante della concorrenza e del mercato *(AGCM) (I)*; **~beschränkung** *f* *KartellR* limitazione *f* della concorrenza, limiti *mpl* alla concorrenza, restrizione *f* alla concorrenza; **~druck** *m* pressione *f* concorrenziale.

wettbewerbsfähig *adj* competitivo, concorrenziale.

Wettbewerbsfähigkeit *f* competitività *f*, capacità *f* di competizione, capacità *f* competitiva, capacità *f* concorrenziale, concorrenzialità *f*.

wettbewerbsfeindlich *adj* anticoncorrenziale.

Wettbewerbsfeindlichkeit *f* anticoncorrenzialità *f*.

Wettbewerbs|förderung *f* promozione *f* della concorrenza; **~form** *f* tipo *m* di concorrenza; **~freiheit** *f* libertà *f* di concorrenza.

Wettbewerbshandlung *f* atto *m* di concorrenza; **unlautere ~** *f* atto *m* di concorrenza sleale.

Wettbewerbs|hemmnisse *npl*; **~hindernisse** *npl* ostacoli *mpl* alla libera concorrenza, barriere *fpl* alla concorrenza, ostacoli *mpl* alla competitività; **~klausel** *f* patto *m* di non concorrenza, clausola *f* di non concorrenza; **~kraft** *f* forza *f* competitiva, competitività *f*; **~lage** *f* situazione *f* competitiva; **~markt** *m* mercato *m* concorrenziale; **~politik** *f* politica *f* concorrenziale, politica *f* di concorrenza; **~preis** *m* prezzo *m* di concorrenza; **~recht** *n* diritto *m* della concorrenza.

wettbewerbsrechtlich *adj* in materia di diritto della concorrenza.

Wettbewerbs|regel *f* regola *f* della (libera) concorrenza; **~schranken** *fpl* barriere *fpl* alla concorrenza, ostacoli *mpl* alla libera concorrenza, ostacoli *mpl* alla competitività; **~tarif** *m* tariffa *f* di concorrenza, tariffa *f* concorrenziale; **~teilnehmer/in** *m/f* concorrente *m/f*, competitore/-trice *m/f*.

Wettbewerbsverbot *n* divieto *m* di concorrenza, obbligo *m* di non concorrenza; **vereinbartes ~** *n*; **Vereinbarung** *f* **eines (nachvertraglichen) ~s**; **vertragliches ~** *n* patto *m* di non concorrenza.

Wettbewerbs|verzerrung *f* distorsione *f* concorrenziale, distorsione *f* della concorrenza, turbamento *m* della concorrenza; **~vorteil** *m* vantaggio *m* competitivo, vantaggio *m* concorrenziale.

wettbewerbswidrig *adj* anticoncorrenziale, contrario alle norme di concorrenza.

Wettbewerbswidrigkeit *f* anticoncorrenzialità *f*.
Wettbewerbswirtschaft *f* economia *f* concorrenziale, economia *f* di concorrenza; **freie ~** *f* regime *m* di libera concorrenza.
Wettschlagung *f* compensazione *f*.
WFA (*Abk* = **Wirtschafts- und Finanzausschuss**) *EuR* Comitato *m* economico e finanziario *(CEF)*.
WFP (*Abk* = **Welternährungsprogramm**) *(der Vereinten Nationen)* Programma *m* alimentare mondiale *(PAM)*.
WFTU (*Abk* = **Weltgewerkschaftsbund**) Federazione *f* sindacale mondiale *(FSM)*.
WGB (*Abk* = **Weltgewerkschaftsbund**) Federazione *f* sindacale mondiale *(FSM)*.
WGG (*Abk* = **Wegfall der Geschäftsgrundlage**) il venir(e) meno della base negoziale, mancanza *f* sopravvenuta della base negoziale.
WHA (*Abk* = **Weltgesundheitsversammlung**) Assemblea *f* mondiale della sanità *(AMS)*.
WHO (*Abk* = **Weltgesundheitsorganisation**) Organizzazione *f* mondiale della sanità *(OMS)*.
Wider *n* contro *m*; **das Für** *n* **und ~** *n* il pro *m* e il contro *m*.
Wider|beklagte/r *f/m ZivProzR* attore/-trice *m/f* convenuto/-a in via riconvenzionale; **~handlung** *f* *(CH)* contravvenzione *f*.
Widerklage *f ZivProzR (§ 33 ZPO)* domanda *f* riconvenzionale, azione *f* riconvenzionale, riconvenzione *f*; **im Wege der ~** *ZivProzR* in via riconvenzionale; **~ erheben** *ZivProzR* riconvenire, proporre domanda (in via) riconvenzionale.
Widerkläger/in *m/f ZivProzR* convenuto/-a *m/f* che propone domanda (in via) riconvenzionale.
widerlegbar *adj* confutabile, oppugnabile.
widerlegen *v* confutare, ribattere, controbattere, oppugnare.
Widerlegung *f* confutazione *f*, oppugnazione *f*.
widerrechtlich *adj* illegale, illecito, antigiuridico, abusivo.
Widerrechtlichkeit *f* illegalità *f*, illiceità *f*, antigiuridicità *f*.
Widerruf *m* revoca *f*, revocazione *f*, *(einer Erlaubnis)* ritiro *m*, *(bei Verbraucherverträgen)* recesso *m* (*di pentimento nei contratti del consumatore*), *(einer Bestellung)* cancellazione *f*, *(einer Aussage, Behauptung)* ritrattazione *f*, *(einer Nachricht)* smentita *f*; **stillschweigender ~** *m* revoca *f* tacita; **~** *m* **des Auftrags** revoca *f* del mandato; **~** *m* **der (falschen) Aussage** ritrattazione *f*; **~** *m* **der bedingten Strafnachsicht** *(A) (§ 53 öStGB)* revoca *f* della sospensione condizionale della pena; **~** *m* **einer Erblaubnis** ritiro *m* di un'autorizzazione; **~** *m* **des Geständnisses** revoca *f* della confessione; **~** *m* **eines rechtmäßigen Verwaltungsaktes** revoca *f* di un atto amministrativo legittimo; **~** *m* **der Schenkung** revoca *f* della donazione, revocazione *f* della donazione; **~** *m* **der Strafaussetzung** *(D) StrafR (§ 56f StGB)* revoca *f* della sospensione condizionale della pena; **~** *m* **des Testaments** *ErbR (§§ 2253 ff. BGB)* revoca *f* del testamento, revocazione *f* del testamento; **~** *m* **der Vollmacht** revoca *f* della procura, revoca *f* del mandato.
widerrufbar *adj* revocabile, ritrattabile.
Widerrufbarkeit *f* revocabilità *f*, ritrattabilità *f*.
widerrufen *v* revocare, *(Erlaubnis)* ritirare, *(Bestellung)* cancellare, *(Behauptung, Geständnis)* ritrattare, *(Nachricht)* smentire.
widerruflich *adj* revocabile, precario.
Widerruflichkeit *f* revocabilità *f*, precarietà *f*.
Widerrufs|beamter/-beamtin *m/f* funzionario *m* in prova; **~erklärung** *f* dichiarazione *f* di revoca, *(bei Verbraucherverträgen)* dichiarazione *f* di recesso; **~grund** *m* motivo *m* di revoca.
Widerrufsrecht *n* [1] diritto *m* di revocazione.
Widerrufsrecht *n* [2] *(bei Verbraucher-*

verträgen) (§ 355 BGB) diritto *m* di recesso (*dei consumatori, detto anche: diritto di ripensamento*).

Widerrufsvorbehalt *m* riserva *f* di revoca.

widersprechen *v* [*Dat*] contraddire, opporsi [a], fare opposizione [a]; **sich ~** *v* contraddirsi, essere in contraddizione, essere contraddittorio.

Widerspruch *m (Widerrede)* contraddizione *f*, *(Gegensätzlichkeit)* contrasto *m*, *(Einspruch)* obiezione *f*, *(Protest)* protesta *f*, *(Rechtsbehelf im Zivilprozess)* opposizione *f*, *(Rechtsbehelf gegen einen Verwaltungsakt im Verwaltungsverfahren)* ricorso *m* amministrativo, ricorso *m* gerarchico improprio; **dem ~ abhelfen** *VerwR* riformare o revocare una decisione impugnata dal soggetto interessato (ad opera della stessa autorità giudiziaria o amministrativa che ha emesso la decisione impugnata); **~ einlegen**; **~ erheben** *(im Zivilprozess)* proporre opposizione, far(e) opposizione, opporsi, *(im Verwaltungsverfahren)* proporre ricorso, presentare ricorso, avanzare ricorso, far(e) ricorso, ricorrere; **im ~ stehen** [zu/mit *Dat*] essere in contraddizione [con], essere in contrasto [con]; **logischer ~** *m* illogicità *f*; **~** *m* **Dritter** *(A)* opposizione *f* di terzi; **~** *m* **gegen den Mahnbescheid** *ZivProzR (§ 694 ZPO)* opposizione *f* a(l) decreto ingiuntivo, opposizione *f* al decreto di ingiunzione.

widersprüchlich *adj* contraddittorio, incongruente, incoerente.

Widerspruchsbescheid *m (im Zivilprozess)* decisione *f* sull'opposizione, *(im Verwaltungsverfahren)* decisione *f* del ricorso.

widerspruchsfrei *adj* senza contraddizioni, privo di contraddizioni, non contraddittorio.

Widerspruchs|frist *f (im Zivilprozess)* termine *m* per proporre opposizione, *(im Verwaltungsverfahren)* termine *m* per proporre ricorso, termine *m* per presentare ricorso, termine *m* per la presentazione del ricorso; **~führer/in** *m/f (im Zivilprozess)* opponente *m/f*, *(im Verwaltungsverfahren)* ricorrente *m/f*; **~gegner/in** *m/f* opposto *m*, resistente *m/f*; **~kläger/in** *m/f* terzo opponente *m*; **~verfahren** *n (verwaltungsrechtliches Vorverfahren gem. §§ 68 ff. VwGO)* procedimento *m* per la decisione del ricorso, lite *f* di rivendicazione *(CH)*.

Widerstand *m* resistenza *f*; **~ leisten** resistere, opporre resistenza; **passiver ~** *m* resistenza *f* passiva; **~** *m* **gegen die Staatsgewalt** resistenza *f* alla forza pubblica; **~** *m* **gegen Vollstreckungsbeamte** *StrafR (§ 113 StGB)* resistenza *f* a pubblico ufficiale.

Widerstands|handlung *f* atto *m* di resistenza; **~recht** *n* diritto *m* di resistenza; **~tat** *f* atto *m* di resistenza.

widerstehen *v* resistere.

Widerstreit *m (Gegensatz)* contrasto *m*, *(Konflikt)* conflitto *m*, *(Widerspruch)* contraddizione *f*; **~** *m* **der Interessen** conflitto *m* di interessi.

widerstreiten *v (kontrastieren)* contrastare, essere in conflitto, *(widersprechen)* contraddire, essere in contraddizione.

widmen *v* classificare, dedicare.

Widmung *f* classificazione *f*, dedica *f*; **der ~ entfremden** *(A)*; **der ~ entziehen** sclassificare.

Widmungsänderung *f* cambiamento *m* di classificazione.

wieder *adv* di nuovo, nuovamente, ancora (una volta).

wieder- *(vor Verben)* ri-, re-.

Wiederanlage *f* reinvestimento *m*, reimpiego *m*.

wiederanlegen *v* reinvestire.

Wiederanstellung *f* riassunzione *f*.

Wiederaufnahme *f (der Arbeit, Verhandlungen, Beziehungen)* ripresa *f*, *(in Gruppe, Verein)* riammissione *f*, *(Prozess)* riapertura *f*, *(Verfahren)* riassunzione *f*, *StrafProzR* revisione *f*, *ZivProzR* revocazione *f*; **~** *f* **der Arbeit** ripresa *f* del lavoro; **~** *f* **des Betriebs** ripresa *f* dell'attività; **~** *f* **der diplomatischen Beziehungen** ripresa *f* delle relazioni diplomatiche; **~** *f* **der Tätigkeit** ripresa *f* dell'attività; **~** *f* **des Verfahrens** *ProzR (§§ 359 ff. StPO; §§ 578 ff. ZPO)* riapertura *f* del procedimento, riassunzione *f* del processo, *StrafProzR* revisione *f* (*della sentenza penale*), *ZivProzR* revocazione *f* (*del processo, della sentenza civile*); **~** *f* **der Verhandlungen** ripresa *f* dei negoziati, ripresa *f* delle trattative; **~** *f* **der Zahlungen** ripresa *f* dei pagamenti.

Wiederaufnahme | antrag *m* *StrafProzR*; **~begehren** *n (CH)* istanza *f* di revisione, domanda *f* di revisione; **~gericht** *n* giudice *m* di revisione; **~klage** *f ZivProzR* domanda *f* di revocazione, citazione *f* in revocazione; **~kläger/in** *m/f ZivProzR* attore/-trice *m/f* in revocazione; **~verfahren** *n* *StrafProzR* procedimento *m* di revisione, *ZivProzR* procedimento *m* di revocazione.

Wiederaufnahms | antrag *m (A)* *StrafProzR* istanza *f* di revisione, domanda *f* di revisione; **~klage** *f (A)* *ZivProzR* domanda *f* di revocazione, citazione *f* in revocazione; **~kläger/in** *m/f (A) ZivProzR* attore/-trice *m/f* in revocazione; **~verfahren** *n (A) StrafProzR* procedimento *m* di revisione, *ZivProzR* procedimento *m* di revocazione.

wiederaufnehmen *v (Arbeit, Gespräch, Thema)* riprendere, *(Beziehungen)* ristabilire, riallacciare, *(in Gruppe, Verein)* riammettere, *(Prozess)* riaprire, *(Verfahren)* riassumere.

Wiederausfuhr *f* riesportazione *f*.

wiederausführen *v* riesportare.

Wieder | beauftragung *f*; **~berufung** *f* reincarico *m*.

wiederbeschaffen *v* recuperare [o: ricuperare], far(e) riavere.

Wiederbeschaffung *f* recupero *m* [o: ricupero], riapprovvigionamento *m*, rimpiazzo *m*, sostituzione *f*.

Wiederbeschaffungs | kosten *pl* costo *m* di rimpiazzo; **~preis** *m*; **~wert** *m* prezzo *m* di rimpiazzo, valore *m* di rimpiazzo.

wiederbeschäftigen *v ArbR* riassumere, reintegrare (*nel posto di lavoro*).

Wieder | beschäftigung *f ArbR* riassunzione *f*, reintegrazione *f* (*nel posto di lavoro*); **~bestellung** *f* riconferma *f* in carica; **~einberufung** *f* richiamo *m* alle armi.

wiedereinbürgern *v* ridare la cittadinanza.

Wiedereinbürgerung *f* riacquisto *m* della cittadinanza.

Wiedereinfuhr *f* reimportazione *f*.

wiedereinführen *v* reimportare, reintrodurre.

Wiedereinführung *f* reintroduzione *f*.

wiedereingliedern *v* riannettere, reincorporare, riammettere.

Wiedereingliederung *f* riannessione *f*, reincorporazione *f*, reintegrazione *f*, reinserimento *m*.

Wiedereinräumung *f* **des Besitzes** *SachenR* reintegrazione *f* nel possesso, reintegra *f* nel possesso.

Wiedereinreiseerlaubnis *f* permesso *m* di reingresso.

wiedereinsetzen *v* [in *Akk*] *(Amt, Rechte)* reintegrare [in], reinsediare, ripristinare.

Wiedereinsetzung *f* reintegrazione *f*, reinsediamento *m*, riammissione *f*; **~** *f* **in die bürgerliche Ehrenfähigkeit** *(CH)* reintegrazione *f* nei diritti civici *(CH)*; **~** *f* **in seine Rechte**; **~** *f* **in die ursprüngliche Rechtsstellung** restitutio in integrum *(lat)*; **~** *f* **in den vorigen Stand** *ZivProzR* rimessione *f* in termini, *StrafProzR* restituzione *f* nel termine.

Wiedereinsetzungs | antrag *m*; **~gesuch** *n ZivProzR* istanza *f* di rimessione in termini, richiesta *f* di rimessione in termini.

wiedereinstellen *v ArbR* riassumere, reintegrare (*nel posto di lavoro*).

Wiedereinstellung *f ArbR* riassunzione *f*, reintegrazione *f* (*nel posto di lavoro*).

wiedereintragen *v* reiscrivere.

Wiedereintragung *f* reiscrizione *f*.

Wiedereinziehung *f (zum Wehrdienst)* richiamo *m* alle armi.

wiedererlangen *v* riacquistare, riottenere, recuperare [o: ricuperare].

Wiedererlangung *f* riacquisto *m*, recupero *m* [o: ricupero]; **~** *f* **der Staatsangehörigkeit** recupero *m*

della cittadinanza, riacquisto *m* della cittadinanza.
wiederernennen *v* rinominare, rinnovare la nomina.
Wiederernennung *f* reincarico *m*, rinnovo *m* della nomina.
Wiedereröffnung *f* riapertura *f*; **~** *f* **der Verhandlung** *(A)* riapertura *f* del dibattimento (*per completare o precisare certi punti*).
wiedererstatten *v* restituire, rendere, rimborsare, risarcire, rifondere.
Wiedererstattung *f* restituzione *f*, resa *f*, rimborso *m*, risarcimento *m*, rifusione *f*.
Wiedererteilung *f* **der Fahrerlaubnis** rilascio *m* di nuova patente di guida.
Wiedererwerb *m* riacquisto *m*.
Wiedergabe *f (Zurückgeben)* restituzione *f*, *(Reproduktion)* riproduzione *f*, *(Übersetzung)* traduzione *f*, resa *f*, *(Schilderung)* descrizione *f*; **unerlaubte ~** *f* riproduzione *f* illecita.
Wiedergaberecht *n* diritto *m* di riproduzione.
wiedergeben *v (zurückgeben)* restituire, rendere, ridare, *(darstellen)* riprodurre, rappresentare, *(übersetzen)* tradurre, *(ausdrücken)* esprimere, *(wiederspiegeln)* riflettere, *(erzählen)* riferire, raccontare, riportare, *(schildern)* descrivere.
wiedergutmachen *v (beheben)* riparare, rimediare, *(erstatten)* risarcire.
Wiedergutmachung *f* riparazione *f*, *(Ersatz)* risarcimento *m*; **~ leisten** fare ammenda, riparare, rimediare.
Wiedergutmachungs | anspruch *m* diritto *m* alla riparazione; **~pflicht** *f* obbligo *m* di riparazione.
wiederherstellen *v (wieder errichten)* ricostruire, *(in den alten Zustand bringen)* ricostituire, ristabilire, ripristinare, *(restaurieren)* restaurare, *(reparieren)* riparare, aggiustare, *(Datei)* recuperare [o: ricuperare].
Wiederherstellung *f (Rekonstruktion)* ricostruzione *f*, *(in den alten Zustand bringen)* ricostituzione *f*, ristabilimento *m*, ripristino *m*, *(Restauration)* restaurazione *f*, restauro *m*, *(Instandsetzung)* riparazione *f*, *(der Frist)* restituzione *f* (*in termini*) *(CH)*, *(einer Datei)* recupero *m* [o: ricupero]; **~** *f* **des früheren Zustands** rimessa *f* in pristino, rimessione *f* in pristino, restituzione *f* in pristino, riduzione *f* in pristino, ripristinamento *m*, ripristino *m*.
Wiederherstellungskostenversicherung *f* assicurazione *f* delle spese di ricostruzione.
Wiederholungsfall, im ~ *StrafR* in caso di recidiva.
Wiederholungs | gefahr *f StrafR* pericolo *m* di recidiva; **~täter/in** *m/f StrafR* reo *m* recidivo; **~wahl** *f (Neuwahl)* nuove elezioni *fpl*, *(Stichwahl)* ballottaggio *m*.
wieder in Kraft setzen rimettere in vigore.
Wiederinkraftsetzung *f* rimessa *f* in vigore.
wieder in Kraft treten rientrare in vigore.
Wiederinkrafttreten *n* nuova entrata *f* in vigore.
wieder in Stand setzen rimettere in pristino, ripristinare.
Wiederinstandsetzung *f* rimessa *f* in pristino, rimessione *f* in pristino, restituzione *f* in pristino, riduzione *f* in pristino, ripristinamento *m*, ripristino *m*.
Wiederkauf *m* riscatto *m*, riacquisto *m*.
wiederkaufen *v* ricomp(e)rare, riacquistare.
Wiederkäufer/in *m/f* ricompratore *m*, acquirente *m/f* in forza di patto di riscatto.
Wiederkaufpreis *m* prezzo *m* di riscatto.
Wiederkaufs | recht *n* diritto *m* di riscatto; **~vorbehalt** *m* patto *m* di riscatto.
wiederkehrend *adj (regelmäßig)* periodico, ricorrente.
Wiederkehrschuldverhältnis *n* rapporto *m* obbligatorio a rinnovazione periodica.
wiederverehelichen *v* [sich] risposarsi.
Wiederverehelichung *f* seconde nozze *fpl*, nuove nozze *fpl*.
wiederverheiraten *v* [sich] risposarsi.
Wiederverheiratung *f* seconde nozze *fpl*, nuove nozze *fpl*.

Wiederverheiratungsvermächtnis *n ErbR* legato *m* in caso di nuove nozze.
Wiederverkauf *m* rivendita *f*.
wiederverkaufen *v* rivendere.
Wiederverkäufer/in *m/f* rivenditore *m*.
Wiederverkaufspreis *m* prezzo *m* di rivendita.
wiederverlautbaren *v (A)* ripubblicare.
Wiederverlautbarung *f (A)* ripubblicazione *f*.
wiedervermieten *v* sublocare.
Wiedervermietung *f* sublocazione *f*.
wiederverpachten *v* riaffittare.
Wiedervorlage *f* ripresentazione *f*.
wiedervorlegen *v* ripresentare.
Wiederwahl *f* rielezione *f*.
wiederwählbar *adj* rieleggibile.
Wiederwählbarkeit *f* rieleggibilità *f*.
wiederwählen *v* rieleggere.
Wille *m (Wollen)* volontà *f*, volere *m*, *(Einwilligung)* consenso *m*, *(Absicht)* intenzione *f*; **den ~n auslegen** interpretare la volontà; **~** *m* **des Gesetzgebers** intenzione *f* del legislatore; **ausdrücklicher ~** *m* volontà *f* espressa; **letzter ~** *m ErbR* → *Testament* ultima/-e volontà f/pl, testamento *m*; **mutmaßlicher ~** *m* volontà *f* presunta; **politischer ~** *m* volontà *f* politica; **stillschweigender ~** *m* volontà *f* tacita; **wirklicher ~** *m* volontà *f* effettiva.
Willensakt *m* atto *m* di volontà.
Willensäußerung *f (CH)* dichiarazione *f* di volontà, manifestazione *f* di volontà; **stillschweigende ~** *f (CH)* dichiarazione *f* tacita.
Willens | autonomie *f* autonomia *f* della volontà; **~bedingung** *f* condizione *f* potestativa; **~betätigung** *f* dichiarazione *f* di volontà; **~bildung** *f* formazione *f* della volontà; **~einigung** *f VertragsR* accordo *m* di volontà.
Willenserklärung *f* → *Handlungswille, Erklärungsbewußtsein und Geschäftswille* dichiarazione *f* di volontà, manifestazione *f* di volontà; **eine ~ abgeben** fare una dichiarazione di volontà, effettuare una dichiarazione di volontà, rendere una dichiarazione di volontà; **eine ~ anfechten** impugnare una dichiarazione di volontà; **eine ~ widerrufen** revocare una dichiarazione di volontà; **ausdrückliche ~** *f* dichiarazione *f* espressa; **einseitige empfangsbedürftige ~** *f* dichiarazione *f* unilaterale recettizia; **empfangsbedürftige ~** *f* dichiarazione *f* recettizia, dichiarazione *f* indirizzata; **nicht empfangsbedürftige ~** *f* dichiarazione *f* non recettizia; **fehlende ~** *f*; **mangelnde ~** *f* mancanza *f* di volontà; **mittelbare ~** *f* dichiarazione *f* indiretta di volontà; **stillschweigende ~** *f* dichiarazione *f* tacita; **vermutete ~** *f* negozio *m* presunto.

Willenserklärung
La dichiarazione di volontà (*Willenserklärung*) è insieme al negozio giuridico (*Rechtsgeschäft*) il cuore del diritto civile tedesco. Un contratto, ad esempio, è costituito da due dichiarazioni di volontà conformi, che vengono trasmesse facendo l'una riferimento all'altra (proposta e accettazione). Altri importanti dichiarazioni di volontà sono, ad esempio, la revoca, la disdetta, la domanda di annullamento o il recesso.

Le dichiarazioni di volontà possono essere classificate nei modi che seguono:

1. rispetto alla necessità di ricezione da parte del destinatario:
   - dichiarazioni recettizie
   - dichiarazioni non recettizie

2. in relazione al modo in cui vengono manifestate:
   - dichiarazioni espresse
   - dichiarazioni implicite

willensfähig *adj* capace di volere.
Willens | fähigkeit *f* capacità *f* di volere;

~freiheit *f* autonomia *f* della volontà; **~handlung** *f* atto *m* di volontà; **~kundgabe** *f*; **~kundgebung** *f* manifestazione *f* di (o: della) volontà; **~mangel** *m* vizio *m* della volontà; **~theorie** *f* teoria *f* della volontà.

Willensübereinstimmung *f* accordo *m* di volontà; **fehlende ~** *f* mancanza *f* di consenso.

Willensvollstrecker/in *m/f (CH) ErbR* esecutore *m* testamentario.

Willkür *f* arbitrio *m*; **~akt** *m* atto *m* arbitrario; **~entscheidung** *f* decisione *f* arbitraria.

willkürfrei *adj* non arbitrario.

willkürlich *adj* arbitrario.

Willkürmaßnahme *f* misura *f* arbitraria, provvedimento *m* arbitrario.

wirksam *adj (wirkungsvoll)* efficace, *(gültig)* valido, in vigore, in forza, *(wirkend)* attivo, operante, operativo; **~ bleiben** restare in vigore, restare in forza; **für ~ erklären** dichiarare valido, convalidare; **~ werden** acquistare efficacia, entrare in vigore, diventare operativo, avere effetto.

Wirksamkeit *f* → *s. Infokästchen „Wirksamkeit und Gültigkeit"* efficacia *f*, *(Gültigkeit)* validità *f*, vigore *m*, operatività *f*; **sofortige ~** *f* immediata efficacia *f*.

Wirksamkeitserklärung *f* dichiarazione *f* di efficacia.

Wirksamkeit und Gültigkeit
Mentre nei sistemi giuridici della Germania e dell'Austria i concetti di *Wirksamkeit* e *Gültigkeit* vengono trattati alla stregua di sinonimi, nell'ordinamento italiano la nozione di *efficacia* è ben distinta da quella di *validità*. L'*efficacia* attiene infatti all'idoneità di un fatto, un atto o un negozio a produrre effetti giuridici costitutivi, modificativi o estintivi di una situazione giuridica. Per *validità* di un atto o un negozio si intende invece la sua conformità e rispondenza alle norme e regole legali che lo disciplinano.

Wirksamwerden *n* entrata *f* in vigore.

Wirkung *f* effetto *m*, forza *f*, *(Einwirkung)* azione *f*, *(Wirksamkeit)* efficacia *f*, *(Auswirkung)* conseguenza *f*, impatto *m*; **mit ~ ab …** con effetto a decorrere dal …, con effetto decorrente dal …, con effetto a partire dal …; **mit ~ für und gegen alle** efficacia *f* erga omnes, effetto *m* erga omnes; **mit ~ für und gegen alle gelten** avere efficacia erga omnes, avere effetto erga omnes; **~** *f* **gegenüber Dritten** effetto *m* verso terzi; **~** *f* **zwischen Prozessparteien** effetto *m* inter partes; **allgemein verbindliche ~** *f* efficacia *f* erga omnes, effetto *m* erga omnes; **auflösende ~** *f* effetto *m* risolutivo; **aufschiebende ~** *f* effetto *m* sospensivo; **befreiende ~** *f* effetto *m* liberatorio, potere *m* liberatorio; **bindende ~** *f* effetto *m* vincolante, effetto *m* obbligatorio, forza *f* vincolante, forza *f* obbligatoria, carattere *m* vincolante, obbligatorietà *f*; **deklaratorische ~** *f* effetto *m* dichiarativo; **destabilisierende ~** *f* effetto *m* destabilizzante; **dingliche ~** *f* effetto *m* reale; **fristenhemmende ~** *f* effetto *m* sospensivo; **güterrechtliche ~en** *fpl* **der Ehe** *FamR* rapporti *mpl* patrimoniali tra i coniugi; **inflatorische ~** *f* effetto *m* inflazionistico; **konstitutive ~** *f* effetto *m* costitutivo; **nachteilige ~** *f* effetto *m* negativo; **paralysierende ~** *f* effetto *m* paralizzante; **rechtsbegründende ~** *f*; **rechtsetzende ~** *f* effetto *m* normativo; **schuldbefreiende ~** *f* effetto *m* liberatorio, potere *m* liberatorio; **mit sofortiger ~** *f* con effetto *m* immediato; **überzeugende ~** *f (eines Gerichtsurteils)* ↔ *bindende Wirkung* forza *f* persuasiva; **unmittelbare ~** *f* effetto *m* immediato, immediata efficacia *f*, efficacia *f* diretta.

Wirtschaft *f* economia *f*, *(Industrie)* industria *f*, *(System)* regime *m* economico; **die ~ ankurbeln** rianimare l'economia; **die ~ lenken** dirigere l'economia; **dynamische ~** *f* economia *f* dinamica; **freie ~** *f* economia *f* libera; **gelenkte ~** *f* economia *f* controllata, economia *f* diretta, economia *f* manovrata, economia *f* regolata, dirigismo *m* economico; **gemischte ~** *f* economia *f* mista; **geschlossene ~** *f* economia *f* isolata, economia *f* chiusa; **gewerbliche ~** *f* economia *f* industriale; **kapitalistische ~** *f* economia *f* capitalistica; **kollektive ~** *f* economia *f* collettiva; **kollektivistische ~** *f* economia *f* collettivista; **liberalistische ~** *f* economia *f* liberista; **öffentliche ~** *f* economia *f* pubblica; **statische ~** *f* economia *f* statica; **wettbewerbsfähige ~** *f* economia *f* competitiva; **~** *f* **des freien Wettbewerbs** regime *m* di libera concorrenza.

wirtschaften *v* gestire, amministrare.

Wirtschafter/in *m/f* economo/-a *m/f*, amministratore/-trice *m/f*.

Wirtschaftler/in *m/f* economista *m/f*.

wirtschaftlich *adj* economico, finanziario.

Wirtschaftlichkeit *f (Wirtschaftlichsein)* redditività *f*, *(Sparsamkeit)* economia *f*, parsimonia *f*, *(Kostengünstigkeit)* economicità *f*.

Wirtschaftlichkeitsberechnung *f* calcolo *m* della redditività.

Wirtschafts|abkommen *n* accordo *m* economico; **~ablauf** *m* processo *m* economico; **~abschwung** *m* crisi *f* economica, recessione *f* economica, rallentamento *m* economico, rallentamento *m* dell'economia, flessione *f* dell'economia; **~analyse** *f* analisi *f* economica; **~aufbau** *m* struttura *f* economica; **~aufschwung** *m* ripresa *f* economica, rilancio *m* economico.

Wirtschaftsausschuss *m* comitato *m* economico, commissione *f* economia; **Wirtschafts- und Finanzausschuss** *m* (*Abk* = **WFA**) *EuR* Comitato *m* economico e finanziario *(CEF)*; **Wirtschafts- und Sozialausschuss** *m (D)* commissione *f* degli affari economici e sociali (del Bundestag); **Europäischer Wirtschafts- und Sozialausschuss** *m* (*Abk* = **EWSA**) *EuR* Comitato *m* economico e sociale europeo *(CESE)*.

Wirtschafts|aussichten *fpl* prospettive *fpl* economiche, previsioni *fpl* economiche; **~austausch** *m* scambi *mpl* economici; **~autarkie** *f* autarchia *f* economica; **~beihilfe** *f* aiuto *m* economico; **~beilage** *f (Zeitung)* supplemento *m* economico; **~belebung** *f* ripresa *f* economica; **~berater/in** *m/f* consulente *m* economico; **~bereich** *m* settore *m* economico, ramo *m* dell'economia; **~betrieb** *m* azienda *f* economica; **~beziehungen** *fpl* rapporti *mpl* economici, relazioni *fpl* economiche; **~bilanz** *f* bilancia *f* dei conti, bilancia *f* dei pagamenti; **~block** *m* blocco *m* economico; **~blockade** *f* blocco *m* (= embargo) economico; **~boykott** *m* boicottaggio *m* economico; **~bündnis** *n* alleanza *f* economica; **~delikt** *n* reato *m* economico; **~einheit** *f* unità *f* economica.

Wirtschaftsentwicklung *f* andamento *m* economico, evoluzione *f* economica, sviluppo *m* economico, sviluppo *m* dell'economia; **rückläufige ~** *f* recessione *f*.

Wirtschafts|ethik *f* etica *f* economica; **~faktor** *m* fattore *m* economico; **~flüchtling** *m* rifugiato *m* per motivi economici; **~förderung** *f* incentivi *mpl* all'economia, incentivi *mpl* economici, finanziamenti *mpl* economici, promozione *f* dello sviluppo economico, promozione *f* economica, promozione *f* dell'economia, aiuti *mpl* all'economia; **~forscher/in** *m/f* economista *m/f*; **~forschung** *f* ricerca *f* economica, studio *m* economico; **~gebiet** *n* settore *m* economico, ramo *m* dell'economia, area *f* economica, zona *f* economica, regione *f* economica.

Wirtschaftsgemeinschaft *f* comunità *f* economica; **Europäische ~** *f* (*Abk* = **EWG**)

EuR Comunità *f* economica europea *(CEE)*; **Vertrag** *m* **zur Gründung der Europäischen ~** (*Abk* = **EWG-Vertrag**) *EuR* Trattato *m* che istituisce la Comunità economica europea *(Trattato CEE)*.

Wirtschafts | genossenschaft *f* cooperativa *f* di produzione e di consumo; **~geographie** *f* geografia *f* economica; **~gesetz** *n* legge *f* economica; **~gesetzgebung** *f* legislazione *f* economica; **~gipfel** *m* vertice *m* economico; **~gruppe** *f* gruppo *m* economico; **~gut** *n* bene *m* economico.

Wirtschaftsgüter *npl* beni *mpl* economici, beni *mpl* di prima necessità, immobilizzazioni *fpl*, attività *fpl* immobilizzate, attività *fpl*; **immaterielle ~** *npl* immobilizzazioni *fpl* immateriali, attività *fpl* immateriali, attivi *mpl* immateriali.

Wirtschafts | hilfe *f* aiuto *m* economico, assistenza *f* economica; **~imperialismus** *m* imperialismo *m* economico; **~index** *m* indice *m* economico; **~integration** *f* integrazione *f* economica; **~jahr** *n* anno *m* economico, esercizio *m*; **~kammer** *f* camera *f* dell'economia, *(Gericht)* sezione *f* economica; **~kampf** *m* lotta *f* economica.

Wirtschaftskommission *f* commissione *f* economica; **~** *f* **für Europa** *(der Vereinten Nationen)* Commissione *f* economica per l'Europa (*delle Nazioni Unite; United Nations Economic Commission for Europe: UNECE*).

Wirtschafts | komplex *m* complesso *m* economico; **~konferenz** *f* conferenza *f* economica; **~konjunktur** *f* congiuntura *f* economica, situazione *f* economica; **~konsortium** *n* consorzio *m* economico; **~kontrolle** *f* controllo *m* economico; **~konzern** *m* gruppo *m* economico, impero *m* economico, consorzio *m* economico, gruppo *m* industriale; **~kooperation** *f* cooperazione *f* economica; **~kraft** *f* forza *f* economica; **~kredit** *m* credito *m* all'economia; **~kreise** *mpl* ambienti *mpl* economici; **~kreislauf** *m* circuito *m* economico; **~krieg** *m* guerra *f* economica; **~kriminalität** *f* *StrafR* criminalità *f* economica, criminalità *f* dei colletti bianchi; **~krise** *f*; **~krisis** *f* crisi *f* economica; **~lage** *f* situazione *f* economica; **~leben** *n* vita *f* economica; **~lehre** *f* dottrina *f* economica; **~leistung** *f* produzione *f*; **~lenkung** *f* dirigismo *m* economico, direzione *f* dell'economia; **~liberalismus** *m* liberalismo *m* economico; **~macht** *f* potenza *f* economica; **~migrant/in** *m/f* migrante *m* economico; **~migration** *f* migrazione *f* economica; **~minister/in** *m/f* ministro *m* dell'economia; **~ministerium** *n* ministero *m* dell'economia; **~nationalismus** *m* nazionalismo *m* economico; **~ordnung** *f* ordinamento *m* economico, assetto *m* economico, regime *m* economico; **~organisation** *f* organizzazione *f* economica; **~politik** *f* *EuR* politica *f* economica; **~problem** *n* problema *m* economico; **~prognosen** *fpl* previsioni *fpl* economiche, prospettive *fpl* economiche; **~programm** *n* programma *m* economico; **~programmierung** *f* programmazione *f* economica; **~prozess** *m* processo *m* economico; **~prüfer/in** *m/f* revisore *m* dei conti, revisore *m* contabile, sindaco *m*, auditor *m*; **~prüfung** *f* revisione *f* dei conti, revisione *f* contabile, audit *m*, auditing *m*; **~prüfungsgesellschaft** *f* società *f* di revisione.

Wirtschaftsrat *m* consiglio *m* economico, consiglio *m* dell'economia; **Wirtschafts- und Sozialrat** *m* (*Abk* = **ECOSOC**) *(der Vereinten Nationen)* Consiglio *m* economico e sociale (*delle Nazioni Unite*).

Wirtschaftsraum *m* spazio *m* economico; **Europäischer ~** *m* (*Abk* = **EWR**) *EuR* Spazio *m* economico europeo *(SEE)*.

Wirtschafts | recht *n* diritto *m*

dell'economia; **~risiko** *n* rischio *m* economico; **~sabotage** *f* sabotaggio *m* economico; **~sachverständige/r** *f/m* esperto *m* di economia, esperto *m* economico; **~sanierung** *f* risanamento *m* economico; **~sanktion** *f* sanzione *f* economica; **~sektor** *m*; **~sparte** *f* settore *m* economico, ramo *m* dell'economia; **~spionage** *f* spionaggio *m* industriale, spionaggio *m* economico; **~stabilität** *f* stabilità *f* economica; **~standort** *m* piazza *f* economica; **~statistik** *f* statistica *f* economica; **~störung** *f* perturbazione *f* economica.

Wirtschaftsstraf | kammer *f* sezione *f* (penale) economica; **~recht** *n* diritto *m* penale dell'economia, diritto *m* penale economico, diritto *m* penale commerciale; **~tat** *f* reato *m* economico; **~verfahren** *n* procedimento *m* di repressione dei reati economici.

Wirtschafts | struktur *f* struttura *f* economica; **~system** *n* sistema *m* economico; **~tätigkeit** *f* attività *f* economica; **~theorie** *f* teoria *f* economica.

Wirtschaftsunion *f EuR* Unione *f* economica; **Europäische Wirtschafts- und Währungsunion** *f* (*Abk* = **EWWU**) *EuR* Unione *f* economica e monetaria europea *(UEM)*.

Wirtschafts | unternehmen *n* impresa *f* economica; **~verband** *m* associazione *f* economica; **~verbrechen** *n StrafR* reato *m* economico, crimine *m* dei colletti bianchi; **~vereinbarung** *f* intesa *f* economica, accordo *m* economico; **~vereinigung** *f* associazione *f* economica; **~verfassung** *f* ordinamento *m* economico, struttura *f* economica; **~vergehen** *n StrafR* reato *m* economico; **~verhandlungen** *fpl* negoziati *mpl* economici, trattative *fpl* economiche; **~verkehr** *m* traffico *m* economico, scambi *mpl* economici; **~wachstum** *n* crescita *f* economica, espansione *f* economica, sviluppo *m* economico; **~welt** *f* mondo *m* economico; **~wissenschaft** *f*; **~wissenschaften** *fpl* scienze *fpl* economiche, scienze *fpl* dell'economia; **~wissenschaftler/in** *m/f* economista *m/f*; **~wunder** *n* miracolo *m* economico; **~zahlen** *fpl* dati *mpl* economici.

Wirtschaftszone *f* zona *f* economica; **exklusive ~** *f* zona *f* economica esclusiva.

Wirtschaftszweig *m* settore *m* economico, ramo *m* dell'economia.

Wirtshausverbot *n (CH)* divieto *m* di frequentare osterie.

wissen *v* sapere, venire a sapere, essere a conoscenza di; **nicht ~** ignorare; **hätte ~ müssen** avrebbe dovuto sapere.

Wissen *n* sapere *m*, scibile *m*, cognizioni *fpl*, *(Kenntnis)* conoscenza *f*; **nach bestem ~ und Gewissen** secondo scienza e coscienza; **wider besseres ~** in mala fede (essendo a conoscenza della falsità delle proprie affermazioni).

Wissens | äußerung *f* manifestazione *f* di conoscenza; **~eid** *m* giuramento *m* attestante che si sa o non si sa qualcosa; **~erklärung** *f* dichiarazione *f* di scienza.

wissentlich *adj (mit Wissen)* consapevole, consapevolmente, scientemente, *(absichtlich)* deliberato, intenzionale.

Wissentlichkeit *f (A)* dolo *m* diretto.

WKN (*Abk* = **Wertpapierkennnummer**) codice *m* titolo.

Wohl *n* bene *m*, *(Wohlergehen)* benessere *m*, *(Nutzen)* interesse *m*; **öffentliches ~** *n*; **~** *n* **der Allgemeinheit** bene *m* pubblico, pubblica utilità *f*; **zum ~ des Kindes** per il bene del/la figlio/-a, nell'interesse del/la figlio/-a (minore/minorenne); **dem ~ des Kindes dienen** essere nell'interesse del/la figlio/-a (minore/minorenne).

wohl | begründet *adj (Urteil, Stellungnahme)* (ben) fondato; **~erworben** *adj* acquisito, quesito.

Wohnbau | darlehen *n (A)* mutuo *m* per l'edilizia abitativa; **~förderung** *f (A)* promozione *f* dell'edilizia abitativa; **~steuer** *f (A)* imposta *f* sul valore locativo.

Wohneigentum *n* abitazione *f* di proprietà, proprietà *f* abitativa, proprietà *f* dell'alloggio.

wohnen *v (wohnhaft sein)* abitare, essere residente, risiedere, *(Unterkunft haben)* alloggiare, *(leben)* vivere.

Wohn | erlaubnis *f* permesso *m* d'abitare; **~fläche** *f* superficie *f* abitabile; **~geld** *n* indennità *f* di alloggio, sussidio *m* casa, contributo *m* ad integrazione del canone di locazione; **~gemeinde** *f* comune *m* di residenza.

wohnhaft *adj* residente, domiciliato; **zuletzt ~ (gewesen) in** *ErbR* con ultimo domicilio a, ultimo domicilio (del defunto):.

Wohn | immobilienkreditrichtlinie *f EuR → s. Anhang 3 b)* Direttiva *f* 2014/17/UE del Parlamento europeo e del Consiglio, del 4 febbraio 2014, in merito ai contratti di credito ai consumatori relativi a beni immobili residenziali e recante modifica delle direttive 2008/48/CE e 2013/36/UE e del regolamento (UE) n. 1093/2010; **~kanton** *m (CH)* cantone *m* di domicilio; **~ort** *m* domicilio *m*, residenza *f*, luogo *m* di residenza; **~raummiete** *f*; **~raummietverhältnis** *n MietR (§§ 549 ff. BGB)* locazione *f* di immobili ad uso abitativo, locazione *f* di immobile destinato ad abitazione, locazione *f* abitativa, locazione *f* di case; **~recht** *n* diritto *m* di abitazione, diritto *m* di residenza.

Wohnsitz *m IPR (natürliche Personen) (§§ 7 ff. BGB)* domicilio *m*, *(Meldeanschrift)* residenza *f*; **einen ~ erwählen** eleggere domicilio; **seinen ~ haben** essere domiciliato; **ehelicher ~** *m* domicilio *m* coniugale; **erwählter ~** *m* domicilio *m* eletto, domicilio *m* elettivo; **fester ~** *m* domicilio *m* fisso; **ohne festen ~** senza residenza fissa; **gesetzlicher ~** *m* domicilio *m* legale, domicilio *m* necessario; **gewillkürter ~** *m* domicilio *m* volontario; **letzter ~** *m* ultimo domicilio *m*; **ständiger ~** *m* domicilio *m* permanente; **steuerlicher ~** *m* domicilio *m* fiscale.

Wohnsitz | bescheinigung *f* certificato *m* di domicilio; **~kanton** *m (CH)* cantone *m* di domicilio; **~land** *n* paese *m* di domicilio; **~staat** *m* Stato *m* di residenza, paese *m* di residenza, Stato *m* del domicilio, paese *m* di domicilio; **~verlegung** *f*; **~wechsel** *m* cambio *m* di domicilio, cambiamento *m* del domicilio, trasferimento *m* del domicilio.

Wohn | stätte *f* focolare *m*; **~steuer** *f (A)* imposta *f* sul valore locativo.

Wohnung *f* abitazione *f*, casa *f*, appartamento *m*, alloggio *m*; **eine ~ räumen** liberare un alloggio, lasciar(e) libero un appartamento, lasciare un'abitazione; **bezugsfreie ~** *f* appartamento *m* libero; **eheliche ~** *f FamR* casa *f* coniugale; **mietpreisgebundene ~** *f MietR* abitazione *f* a fitto bloccato; **Unverletzlichkeit** *f* **der ~** inviolabilità *f* del domicilio.

Wohnungsamt *n* ufficio *m* alloggi.

Wohnungsbau *m* edilizia *f* abitativa; **(öffentlich) geförderter ~** *m* edilizia *f* (abitativa) agevolata; **sozialer ~** *m* edilizia *f* sovvenzionata.

Wohnungsbau | darlehen *n* mutuo *m* per l'edilizia abitativa; **~förderung** *f* promozione *f* dell'edilizia abitativa; **~genossenschaft** *f* cooperativa *f* edilizia; **~kreditanstalt** *f* (*Abk* = **WBK**) istituto *m* di credito edilizio; **~prämie** *f* premio *m* di risparmio immobiliare.

Wohnungs | beihilfe *f* sussidio *m* d'alloggio; **~durchsuchung** *f* perquisizione *f* domiciliare; **~eigentum** *n* condominio *m* (*case di abitazione negli edifici*), proprietà *f* per abitazioni, proprietà *f* per appartamenti, proprietà *f* di immobili a uso abitativo, proprietà *f* immobiliare; **~eigentümer/in** *m/f* condomino *m*; **~eigentümerversammlung** *f* assemblea *f* dei condomini, assemblea *f* di condominio, assemblea *f* condominiale; **~eigentumsgesetz** *n* (*Abk* = **D: WoEigG; A: WEG**) *(D:*

Gesetz über das Wohnungseigentum und das Dauerwohnrecht) legge *f* sulla proprietà condominiale, legge *f* sui condomini, legge *f* sul condominio; **~eigentumsrecht** *n* diritto *m* della proprietà di immobili a uso abitativo, diritto *m* delle proprietà immobiliari; **~einbruchdiebstahl** *m StrafR (§ 244 I Nr. 3 StGB)* furto *m* con scasso, furto *m* con effrazione (in abitazione); **~entschädigung** *f* indennità *f* d'alloggio; **~fehlbestand** *m* mancanza *f* di alloggi, deficienza *f* di alloggi, carenza *f* di alloggi, penuria *f* di alloggi, crisi *f* degli alloggi; **~geld** *n* indennità *f* d'alloggio; **~recht** *n (§ 1093 BGB)* diritto *m* di abitazione, diritto *m* degli alloggi; **~suchende/r** *f/m* chi cerca un appartamento; **~wechsel** *m* cambio *m* di abitazione, cambiamento *m* di abitazione; **~zuweisung** *f* assegnazione *f* di alloggi, *(bei Trennung oder Scheidung)* assegnazione *f* della casa familiare, assegnazione *f* della casa coniugale.

Wohn | verbot *n* divieto *m* di abitare; **~wert** *m* valore *m* locativo; **zu ~zwecken** ad uso abitativo, ad uso residenziale.

Wollen *n* volere *m*, volontà *f*.

Wollensbedingung *f* condizione *f* meramente potestativa.

Wort *n* parola *f*, *(Begriff)* termine *m*, *(Vokabel)* vocabolo *m*, voce *f*, *(Ausdruck)* espressione *f*; **in ~en** *(ausgeschrieben)* in lettere; **~ für Wort** parola per parola, letteralmente; **um das ~ bitten** *(in einer Sitzung)* chiedere la parola; **sein ~ brechen** venire meno alla parola data, mancare alla parola data; **das ~ entziehen** togliere la parola; **das ~ ergreifen** prendere la parola; **Recht** *n*, **das ~ zu ergreifen** diritto *m* di prendere la parola; **das ~ erhalten** avere la parola, ottenere la parola; **das ~ erteilen** dare la parola, concedere la parola; **das ~ haben** *(in einer Konferenz)* avere la parola; **das letzte ~ haben** *StrafProzR* avere l'ultima parola; **sich zu ~ melden**; **das ~ verlangen** chiedere la parola.

Worterteilung *f* il dare la parola, concessione *f* della parola.

wortgetreu *adj* letterale, testuale, fedele, pedissequo.

Wortlaut *m* testo *m*, contenuto *m*, tenore *m*, tenore *m* letterale, dettato *m* letterale; **gleichermaßen verbindlicher ~** *m* testo *m* facente ugualmente fede; **~** *m* **des Gesetzes** lettera *f* della legge; **nach dem ~ des Gesetzes** ai termini di legge.

Wort | meldung *f* il chiedere la parola, richiesta *f* della parola, richiesta *f* (di parola); **~privileg** *n (CH)* → *Indemnität* insindacabilità *f* (*prerogativa riconosciuta ai parlamentari, in forza della quale questi ultimi non possono essere chiamati a rispondere delle opinioni espresse e dei voti dati nell'esercizio delle loro funzioni*); **~protokoll** *n* processo *m* verbale integrale; **~schutzmarke** *f*; **~zeichen** *n (Wort = Name)* marchio *m* nominativo, *(Wort = kein Name)* marchio *m* di fantasia.

WStG (*Abk* = **Wehrstrafgesetz**) codice *m* penale militare.

WTO (*Abk* = **Welthandelsorganisation**) Organizzazione *f* mondiale del commercio *(OMC)*.

Wucher *m* usura *f*, strozzinaggio *m*, eccessiva onerosità *f* della prestazione; **auf ~ leihen** prestare a usura.

Wucherdarlehen *n* mutuo *m* usurario, prestito *m* usurario.

Wucherer *m* usuraio *m*, strozzino *m*.

Wucher | geld *n* pecunia *f* usuraria; **~geschäft** *n* negozio *m* usurario; **~gewinn** *m* utile *m* usurario.

wucherisch *adj* usurario.

wuchern *v* esercitare l'usura.

Wucher | preis *m* prezzo *m* eccessivo, prezzo *m* usurario; **~zinsen** *mpl* interessi *mpl* usurari.

Wuchs | aktie *f*; **~wert** *m* azione *f* di società con prospettive di sviluppo superiore alla media.

Würde *f* dignità *f*; **~** *f* **des Menschen** dignità *f* umana.

würdigen *v* valutare, apprezzare, *(anerkennen)* riconoscere, *(würdig befinden)* degnare.

Würdigung *f* valutazione *f*, apprezzamento *m*, *(Anerkennung)* riconoscimento *m*, *(Ehrung)* omaggio *m*; **freie ~** *f* libero apprezzamento *m*; **~** *f* **der Beweise** *ProzR* valutazione *f* delle prove.

WVA (*Abk* = **Weltverband der Arbeitnehmer**) Confederazione *f* mondiale del lavoro *(CML)*.

WZ (*Abk* = **Warenzeichen**) marchio *m*, marchio *m* di fabbrica, marchio *m* di commercio, marchio *m* d'impresa, marca *f*.

Z

zahlbar *adj* pagabile; **im voraus ~** pagabile in anticipo; **~ gestellt** pagabile; **~ stellen** rendere pagabile; **~ bei Lieferung** pagabile alla consegna; **~ an Order** pagabile all'ordine; **~ bei Sicht** pagabile a vista; **~ bei Vorlage**; **~ bei Vorlegung** pagabile alla presentazione.

zahlen *v* pagare, corrispondere, *(einzahlen)* versare, *(begleichen)* saldare; **bar ~** pagare in contanti; **im nachhinein ~** pagare posticipatamente; **im voraus ~** pagare in anticipo, pagare anticipatamente; **der Beklagte wird verurteilt, an den Kläger ... zu ~** *ZivProzR (Anträge)* condannare il convenuto al pagamento di ... a favore dell'attore.

Zahler/in *m/f* pagatore *m*, colui che paga; **säumige/r ~** *m/f* pagatore *m* moroso.

Zahlstelle *f* cassa *f*, ufficio *m* pagatore, organismo *m* pagatore, agente *m* pagatore, autorità *f* di pagamento, luogo *m* del pagamento, *(Wechsel)* domicilio *m*.

Zahlung *f* pagamento *m*, corresponsione *f*, *(Einzahlung)* versamento *m*; **gegen ~** [Gen / von Dat] dietro pagamento [di], previo pagamento [di], pagando; **mangels ~** per mancato pagamento; **als ~ annehmen** accettare in pagamento; **den Schuldner zur ~ auffordern** intimare al debitore il pagamento (di); **die ~ aufschieben** differire il pagamento, dilazionare il pagamento; **zur ~ einreichen** presentare per il pagamento; **~en einstellen** sospendere i pagamenti; **~ garantieren** garantire un pagamento; **in ~ geben** dare in pagamento; **eine ~ leisten** effettuare un pagamento, eseguire un pagamento, provvedere al pagamento, pagare; **in ~ nehmen** prendere in pagamento; **die ~ stunden** differire il pagamento, dilazionare il pagamento; **die ~ verweigern** rifiutare il pagamento; **zur ~ vorlegen** presentare per il pagamento; **zur ~ zwingen** costringere al pagamento; **bargeldlose ~** *f* pagamento *m* non in contanti, pagamento *m* a mezzo (o: mediante/tramite/con) assegno (o: addebito/accredito su conto corrente/carta di credito); **einmalige ~** *f* pagamento *m* una tantum, pagamento *m* in un'unica soluzione, unica soluzione *f*; **fällige ~** *f* pagamento *m* scaduto; **gestaffelte ~** *f* pagamento *m* rateale; **gestundete ~** *f* pagamento *m* dilazionato, pagamento *m* differito; **laufende ~** *f* pagamento *m* corrente; **monatliche ~** *f* pagamento *m* mensile; **nachträglich geleistete ~** *f* pagamento *m* posticipato; **rückständige ~** *f*, **überfällige ~** *f* pagamento *m* arretrato; **unbare ~** *f* pagamento *m* non in contanti, pagamento *m* a mezzo (o: mediante/tramite/con) assegno (o: addebito/accredito su conto corrente/carta di credito); **verspätete ~** *f* ritardato pagamento *m*, ritardo *m* nel pagamento; **wiederkehrende ~** *f* assegno *m* periodico; **zusätzliche ~** *f* versamento *m* integrativo; **~** *f* **mit befreiender Wirkung** pagamento *m* liberatorio; **~** *f*

bei Erhalt der Rechnung pagamento *m* a ricevimento fattura; ~ *f* **bei Fälligkeit** pagamento *m* alla scadenza; ~ *f* **vor Fälligkeit** pagamento *m* anticipato; ~ *f* **durch Lastschrift** pagamento *m* mediante (o: con/a mezzo) addebito in conto corrente; ~ *f* **bei Lieferung** pagamento *m* alla consegna; ~ *f* **in Naturalien** pagamento *m* in natura; ~ *f* **einer Nichtschuld** *SchuldR* pagamento *m* dell'indebito; ~ *f* **unter Protest** pagamento *m* sotto protesta; ~ *f* **mit schuldbefreiender Wirkung** pagamento *m* liberatorio; ~ *f* **in voller Höhe** pagamento *m* totale, pagamento *m* integrale; ~ *f* **im Voraus** pagamento *m* anticipato, versamento *m* anticipato, anticipo *m*, acconto *m*.

Zahlungs | abkommen *n* accordo *m* di pagamento; **~angebot** *n* offerta *f* di pagamento; **~ankündigung** *f* avviso *m* di pagamento; **~anspruch** *m* diritto *m* al pagamento; **~anweisung** *f* ordine *m* di pagamento, mandato *m* di pagamento, delegazione *f* di pagamento; **~anzeige** *f* avviso *m* di pagamento; **~art** *f* modalità *f* di pagamento, metodo *m* di pagamento, modo *m* di pagamento; **~aufforderung** *f* invito *m* al pagamento, invito *m* a pagare, ingiunzione *f* di pagamento, intimazione *f* di pagamento; **~aufschub** *m* proroga *f* di pagamento, dilazione *f* di (o: del) pagamento, differimento *m* del pagamento, moratoria *f*; **~auftrag** *m* ordine *m* di pagamento; **~ausfall** *m* mancato pagamento *m*; **~avis** *n* avviso *m* di pagamento; **~bedingungen** *fpl* condizioni *fpl* di pagamento, modalità *fpl* di pagamento.

Zahlungsbefehl *m* [1] *(A)* decreto *m* ingiuntivo, decreto *m* di ingiunzione; **einen Antrag auf Erlass eines Europäischen ~s stellen** *EuR* presentare (o: proporre) domanda di ingiunzione di pagamento europea.

Zahlungsbefehl *m* [2] *(CH) (Artt. 69 ff. SchKG)* precetto *m* esecutivo.

Zahlungs | befreiung *f* dispensa *f* dal pagamento; **~beleg** *m* ricevuta *f* (di pagamento), quietanza *f* (di pagamento); **~bescheinigung** *f* certificato *m* di pagamento; **~bestätigung** *f* ricevuta *f*, quietanza *f*, conferma *f* di pagamento; **~diensterichtlinie** *f* *EuR* → *s. Anhang 3 b)* Direttiva *f* 2007/64/CE del Parlamento europeo e del Consiglio, del 13 novembre 2007, relativa ai servizi di pagamento nel mercato interno, recante modifica delle direttive 97/7/CE, 2002/65/CE, 2005/60/CE e 2006/48/CE, che abroga la direttiva 97/5/CE; **~eingang** *m* ricevimento *m* del pagamento, incasso *m*, entrata *f* di cassa; **~einstellung** *f* sospensione *f* dei pagamenti, cessazione *f* dei pagamenti; **~empfänger/in** *m/f* beneficiario/-a *m/f* del pagamento; **~erinnerung** *f* sollecito *m* di pagamento; **~erleichterung** *f* facilitazione *f* di pagamento; **~ermächtigung** *f* autorizzazione *f* di pagamento.

zahlungsfähig *adj* solvibile, solvente.

Zahlungs | fähigkeit *f* solvibilità *f*, solvenza *f*, capacità *f* di pagamento; **~frist** *f* termine *m* di (o: del) pagamento; **~genehmigung** *f* autorizzazione *f* di pagamento; **~grund** *m* causale *f* del pagamento, causale *f* del versamento.

zahlungshalber *adv* a titolo di pagamento, pro solvendo, solvendi causa.

Zahlungs | instrument *n* mezzo *m* di pagamento, strumento *m* di pagamento; **~klausel** *f* clausola *f* di pagamento; **~konditionen** *fpl* condizioni *fpl* di pagamento, modalità *fpl* di pagamento; **~kontenrichtlinie** *f* *EuR* → *s. Anhang 3 b)* Direttiva *f* 2014/92/UE del Parlamento europeo e del Consiglio, del 23 luglio 2014, sulla comparabilità delle spese relative al conto di pagamento, sul trasferimento del conto di pagamento e sull'accesso al conto di pagamento con caratteristiche di base; **gesetzliche ~kraft** *f* potere *m* liberatorio.

zahlungskräftig *adj* solvente.

Zahlungsmittel *n* mezzo *m* di pagamento, strumento *m* di pagamento; **gesetzliches ~** *n* strumento *m* di pagamento con potere liberatorio.

Zahlungs | modalitäten *fpl* modalità *fpl* di pagamento, condizioni *fpl* di pagamento; **~nachricht** *f* avviso *m* di pagamento; **~order** *f* ordinativo *m* di pagamento; **~ort** *m* luogo *m* di (o: del) pagamento; **~pflicht** *f* obbligo *m* di pagamento, obbligazione *f* di pagamento, impegno *m* di pagamento; **~pflichtige/r** *f/m* obbligato/-a *m/f* al pagamento, debitore *m* del pagamento; **~plan** *m* piano *m* di pagamento; **~quittung** *f* quietanza *f* di pagamento; **~rückstand** *m* morosità *f*; **~schuldner/in** *m/f* debitore *m* di un pagamento; **an ~ Statt** in luogo del pagamento, pro soluto; **~stundung** *f* proroga *f* di pagamento, dilazione *f* di (o: del) pagamento, differimento *m* del pagamento, moratoria *f*; **~tag** *m*; **~termin** *m* giorno *m* di pagamento, data *f* di pagamento, termine *m* di pagamento; **~übernahme** *f* accollo *m* di pagamento.

zahlungsunfähig *adj* insolvibile, insolvente.

Zahlungs | unfähigkeit *f* insolvibilità *f*, insolvenza *f*, stato *m* d'insolvenza; **Europäische ~union** *f* (*Abk* = **EZU**) *EuR* Unione *f* europea dei pagamenti *(UEP)*; **~unterlage** *f* pezza *f* giustificativa di un pagamento; **~verbindlichkeit** *f* impegno *m* di pagamento, obbligazione *f* di pagamento; **~verbot** *n* divieto *m* di pagamento.

Zahlungsverkehr *m* operazioni *fpl* di pagamento, pagamenti *mpl*; **bargeldloser ~** *m* pagamenti *mpl* non in contanti, pagamenti *mpl* a mezzo (o: mediante/tramite/con) assegno (o: addebito/accredito su conto corrente/carta di credito); **internationaler ~** *m* pagamenti *mpl* internazionali.

Zahlungs | verpflichtung *f* obbligo *m* di pagamento, obbligazione *f* di pagamento, impegno *m* di pagamento; **~versprechen** *n* promessa *f* di pagamento; **~verteilung** *f* il sottrarsi al pagamento; **~verweigerung** *f* rifiuto *m* di (effettuare il) pagamento; **~verzug** *m SchuldR* ritardo *m* nel pagamento, mora *f* nel pagamento, morosità *f*; **~verzugsrichtlinie** *f EuR (= Verzugsrichtlinie) → s. Anhang 3 b)* Direttiva *f* 2011/7/UE del Parlamento europeo e del Consiglio, del 16 febbraio 2011, relativa alla lotta contro i ritardi di pagamento nelle transazioni commerciali; **~weise** *f* modalità *f* di pagamento, metodo *m* di pagamento, modo *m* di pagamento; **~zeit** *f*; **~ziel** *n* termine *m* di pagamento; **~zweck** *m BankR* causale *f* del versamento, causale *f* del pagamento.

z.B. (*Abk* = **zum Beispiel**) per esempio *(p.es.)*, ad esempio *(ad es.)*, a titolo esemplificativo.

Zechprellerei *f* frode *f* dello scotto *(CH)*.

Zedent/in *m/f* cedente *m/f*.

zedierbar *adj* cedibile.

zedieren *v (weniger gebräuchlich als abtreten)* cedere.

zeichnen *v* sottoscrivere, *(unterschreiben)* firmare; **bar ~** sottoscrivere in contanti.

Zeichner/in *m/f HandelsR (von Aktien, Wertpapieren)* sottoscrittore/-trice *m/f*.

Zeichnung *f* sottoscrizione *f*, *(Unterschrift)* firma *f*; **zur ~ auflegen** offrire in (pubblica) sottoscrizione; **zur ~ aufliegen** essere offerto in (pubblica) sottoscrizione; **öffentliche ~** *f* pubblica sottoscrizione *f*; **~** *f* **von Aktien** sottoscrizione *f* di azioni.

Zeichnungs | angebot *n* offerta *f* di sottoscrizione; **~antrag** *m* domanda *f* di sottoscrizione; **~aufforderung** *f* avviso *m* di sottoscrizione, offerta *f* di sottoscrizione; **~befugnis** *f* potere *m* di firma, facoltà *f* di firma, diritto *m* di firma.

zeichnungs | befugt *adj*;

~berechtigt *adj* avente potere di firma, autorizzato a firmare.

Zeichnungs | berechtigte/r *f/m* persona *f* avente potere di firma; **~berechtigung** *f* potere *m* di firma, facoltà *f* di firma, diritto *m* di firma; **~bevollmächtigte/r** *f/m* persona *f* avente potere di firma; **~einladung** *f* offerta *f* di sottoscrizione; **~frist** *f* termine *m* di sottoscrizione; **~gründung** *f* costituzione *f* per pubblica sottoscrizione, costituzione *f* successiva; **~jahr** *n* anno *m* di sottoscrizione; **~kurs** *m* prezzo *m* di sottoscrizione; **~ort** *m* luogo *m* di sottoscrizione; **~preis** *m* prezzo *m* di sottoscrizione; **~prospekt** *m* prospetto *m* informativo; **~protokoll** *n* protocollo *m* di firma; **~recht** *n* potere *m* di firma, facoltà *f* di firma, diritto *m* di firma, diritto *m* di sottoscrizione; **~schein** *m* distinta *f* di sottoscrizione; **~schluss** *m* chiusura *f* della sottoscrizione; **~stelle** *f* cassa *f* di sottoscrizione; **~vertrag** *m* contratto *m* di sottoscrizione; **~vollmacht** *f* potere *m* di firma.

Zeit *f* tempo *m*, durata *f*, *(Zeitraum)* periodo *m*, *(Epoche)* epoca *f*, età *f*, *(Zeitpunkt)* momento *m*, *(Uhr)* ora *f*, orario *m*, *(Frist)* termine *m*; **auf bestimmte ~** a tempo determinato; **auf unbestimmte ~** a tempo indeterminato.

Zeit | ablauf *m* decorso *m* di tempo; **~abschnitt** *m* periodo *m* di tempo.

zeitanteilig *adj* pro rata temporis *(lat)*.

Zeit | arbeit *f ArbR* lavoro *m* somministrato, lavoro *m* in somministrazione, lavoro *m* interinale, lavoro *m* temporaneo; **~arbeitsverhältnis** *n ArbR* somministrazione *f* di lavoro (*in Italia ha abrogato e sostituito la precedente figura del lavoro interinale*), somministrazione *f* di personale, somministrazione *f* di manodopera; **~arbeitsvertrag** *m ArbR* contratto *m* di somministrazione; **~beamter/-beamtin** *m/f* funzionario *m* a tempo determinato; **~berechnung** *f* calcolo *m* del tempo, conteggio *m* del tempo, computo *m* del tempo; **~bestimmung** *f* apposizione *f* di un termine; **~fracht** *f* nolo *m* a tempo, nolo *m* a termine; **~gelder** *npl* deposito *m* a scadenza fissa; **~geschäft** *n* contratto *m* a termine, operazione *f* a termine; **~lohn** *m* salario *m* a tempo, salario *m* ad economia; **~personal** *n* personale *m* a tempo determinato; **~police** *f*; **~polizze** *f (A)* polizza *f* a tempo.

Zeitpunkt *m* momento *m*, istante *m*, punto *m*, *(Datum)* data *f*, *(Frist)* termine *m*; **festgelegter ~** *m* termine *m* stabilito, termine *m* fissato; **zum jetzigen ~** *m* in questo momento, adesso, ora; **unbestimmter ~** *m* termine *m* incerto; **vereinbarter ~** *m* termine *m* convenuto; **~** *m* **des Inkrafttretens** decorrenza *f* degli effetti; **zum ~ der Tat** *StrafR* al momento del fatto.

Zeit | raum *m* periodo *m*, intervallo *m*, tempo *m*, spazio *m* (di tempo), lasso *m* di tempo; **~rente** *f* rendita *f* a termine, rendita *f* certa.

Zeitschrift *f* rivista *f*, periodico *m*, pubblicazione *f* periodica; **juristische ~** *f* rivista *f* giuridica.

Zeit | verfrachtung *f* noleggio *m* a tempo; **~versicherung** *f* assicurazione *f* a tempo; **~vertrag** *m* contratto *m* a tempo determinato.

zeitweilig *adj (vorübergehend)* temporaneo, momentaneo, *(vorläufig)* provvisorio.

Zeitwert *m* valore *m* corrente.

Zelle *f StrafR* cella *f*.

zensieren *v (Presse)* censurare.

Zensor *m* censore *m*.

Zensur *f (staatliche Kontrolle)* censura *f*; **~behörde** *f* censura *f*; **~verbot** *n VerfR* divieto *m* di censura; **~vermerk** *m* visto *m* di censura.

Zentralagentur *f* agenzia *f* centrale.

Zentralamt *n* ufficio *m* centrale; **~** *n* **für den Internationalen Eisenbahnverkehr** Ufficio *m* centrale dei trasporti internazionali per ferrovia.

Zentralausschuss *m* comitato *m* centrale, commissione *f* centrale.

Zentralbank *f* banca *f* centrale; **Europäische ~** *f* (*Abk* = **EZB**) *EuR* Banca *f* centrale europea *(BCE)*; **Europäisches System** *n* **der ~en**

(*Abk* = **ESZB**) *EuR* Sistema *m* europeo delle banche centrali *(SEBC)*.
zentralbankfähig *adj* riscontabile dalla banca centrale.
Zentralbankrat *m (der Deutschen Bundesbank)* consiglio *m* superiore della Bundesbank.
Zentral | behörde *f* autorità *f* centrale; **~besoldungsamt** *n (A)* ufficio *m* centrale di pagamento; **~clearingstelle** *f* ufficio *m* centrale di compensazione.
Zentrale *f* centrale *f*, direzione *f* centrale, *(Hauptgeschäftsstelle)* sede *f* centrale, *(Vermittlungsstelle)* centralino *m* (telefonico).
Zentrale Behörde *f VölkerR* Autorità *f* centrale.

Zentrale Behörden
Nelle convenzioni internazionali che prevedono un'assistenza giudiziaria internazionale, vengono in parte delegati compiti o conferiti poteri a livello nazionale alle cosiddette *Autorità centrali*. Consultare il sito web della Conferenza dell'Aja di diritto internazionale privato (www.hcch.net)

Zentral | genossenschaft *f* cooperativa *f* centrale; **~gewalt** *f* potere *m* centrale.
zentralisieren *v* accentrare.
Zentralisierung *f* accentramento *m*; **~ *f* der Verwaltung** accentramento *m* amministrativo.
Zentral | kartei *f* schedario *m* centrale; **~kasse** *f* cassa *f* centrale; **~komitee** *n* comitato *m* centrale; **~kommission** *f* commissione *f* centrale; **~leitung** *f* direzione *f* centrale; **~notenbank** *f* banca *f* centrale, banca *f* di emissione; **~organ** *n* organo *m* centrale, organismo *m* centrale; **~rat** *m* comitato *m* centrale; **~regierung** *f* governo *m* centrale; **~register** *n* registro *m* centrale, *(Strafregister)* casellario *m* centrale; **~staat** *m* Stato *m* centrale; **~stelle** *f* ufficio *m* centrale, agenzia *f* centrale, sede *f* centrale; **~verband** *m* confederazione *f*, unione *f*; **~verwaltung** *f* amministrazione *f* centrale.
Zentrum *n* centro *m*; **~ *n* für Europäische Dokumentation** *(EU)* Centro *m* di documentazione europea.
zerrüttet *adj FamR (Ehe)* irrimediabilmente compromesso, (essere) definitivamente venuta meno (*la comunione materiale e spirituale tra i coniugi*).
Zerrüttung *f* **der Ehe** *FamR* fallimento *m* del matrimonio, disfacimento *m* del matrimonio, il totale (o: irreparabile) venir meno della comunione materiale e spirituale di vita tra i coniugi, disfacimento *m* della comunione materiale e spirituale tra i coniugi, disgregazione *f* definitiva della comunione materiale e spirituale tra i coniugi, definitività *f* della rottura dell'unione spirituale e materiale tra i coniugi.
Zerrüttungs | prinzip *n FamR (bei Ehescheidung: hat das bis 1976 bestehende Schuldprinzip abgelöst) (§ 1565 BGB)* principio *m* fondato sul fallimento del matrimonio, principio *m* fondato sul totale (o: irreparabile) venir meno della comunione materiale e spirituale (di vita) tra i coniugi; **~vermutung** *f FamR* presunzione *f* (irrefutabile) di fallimento del matrimonio.
Zersplitterung *f (Aufteilung)* frammentazione *f*, frazionamento *m*, smembramento *m*, *(Auflösung)* scissione *f*, divisione *f*.
zerstören *v (vernichten)* distruggere, *(Gebäude)* demolire, *(verwüsten)* devastare, *(völlig zerstören)* disintegrare, *(zerbrechen)* rompere, *(Gesundheit, Ehe)* rovinare.
Zerstörung *f (Vernichtung)* distruzione *f*, *(von Gebäuden)* demolizione *f*, *(Verwüstung)* devastazione *f*, disintegrazione *f*, *(von Gesundheit, Ehe)* rovina *f*; **mutwillige ~** *f* vandalismo *m*.

Zession *f SchuldR (§ 398 BGB)* cessione *f.*
Zessionar/in *m/f SchuldR* cessionario/-a *m/f.*
Zessions | schein *m* certificato *m* di cessione; **~urkunde** *f* atto *m* di cessione.
Zessus *m (A)* debitore *m* ceduto.
Zeuge *m* [f: Zeugin] *ProzR* testimone *m/f*, teste *m/f*; **einen ~n aufrufen** *ProzR* chiamare a deporre un testimone (o: teste); **als ~ aussagen** *ProzR* deporre come testimone (o: teste), testimoniare; **einen ~n beeinflussen** *ProzR* subornare un testimone (o: teste); **einen ~n benennen** *ProzR* nominare un testimone (o: teste); **einen ~n bestechen** *StrafR* corrompere un testimone (o: teste); **den ~n zur Wahrheit ermahnen** *ProzR* avvertire il testimone (o: teste) dell'obbligo di dire la verità; **einen ~n laden** *ProzR* citare un testimone (o: teste), intimare al testimone ammesso di comparire in udienza, invitare un testimone (o: teste) a comparire innanzi all'autorità giudiziaria per rendere la propria deposizione; **einen ~n stellen** *ProzR* presentare un testimone (o: teste); **einen ~n vernehmen** *ProzR* sentire un testimone (o: teste), esaminare un testimone (o: teste), escutere un testimone (o: teste); **abgelehnter ~** *m ProzR* testimone (o: teste) *m* ricusato; **ablehnbarer ~** *m ProzR* testimone (o: teste) *m* ricusabile; **ausbleibender ~** *m ProzR* testimone (o: teste) *m* non comparso; **beglaubigender ~** *m ProzR* testimone (o: teste) *m* fedefacente; **falsch aussagender ~** *m ProzR* falso testimone *m*; **geladener ~** *m ProzR* testimone (o: teste) *m* citato; **gestellter ~** *m ProzR* testimone (o: teste) *m* presentato dalla parte; **glaubwürdiger ~** *m ProzR* testimone (o: teste) *m* attendibile; **nicht erreichbarer ~** *m ProzR* testimone (o: teste) *m* irreperibile; **nicht erschienener ~** *m ProzR* testimone (o: teste) *m* non comparso; **sachverständiger ~** *m ProzR* testimone – perito *m*, teste *m* esperto; **unerreichbarer ~** *m ProzR* testimone (o: teste) *m* irreperibile; **von der Verteidigung benannter ~** *m*; **~** *m* **der Verteidigung** *StrafProzR* testimone (o: teste) *m* della difesa.
zeugen *v* [1] [für/gegen *Akk*] *(als Zeuge aussagen)* testimoniare (*a favore di/contro qn.*).
zeugen *v* [2] [von *Dat*] *(erkennen lassen, zeigen)* testimoniare, dimostrare, provare, essere prova [di].
Zeugen | ablehnung *f ProzR* ricusazione *f* di un testimone; **~aufruf** *m ProzR* appello *m* dei testimoni.
Zeugenaussage *f ProzR* deposizione *f* (*testimoniale*), testimonianza *f*; **falsche ~** *f ProzR* falsa testimonianza *f.*
Zeugen | beeinflussung *f ProzR* subornazione *f* di testimone; **~befragung** *f ProzR* interrogazione *f* del testimone (o: teste); **~bericht** *m ProzR* deposizione *f* spontanea del testimone (o: teste); **~beweis** *m ProzR* prova *f* testimoniale, prova *f* per testimoni, prova *f* per testi, testimonianza *f*; **~eid** *m ProzR* giuramento *m* del testimone (o: teste); **~eigenschaft** *f ProzR* qualità *f* di testimone (o: teste); **~einvernahme** *f (A, CH) ProzR* ascolto *m* dei testimoni (o: testi), audizione *f* dei testimoni (o: testi), escussione *f* dei testimoni (o: testi), assunzione *f* dei testimoni (o: testi), esame *m* dei testimoni (o: testi), esame *m* testimoniale; **~entschädigung** *f ProzR* indennità *f* ai testimoni (o: testi); **~ermittlung** *f ProzR* ricerca *f* di testimoni; **~gebühr** *f*; **~geld** *n (CH) ProzR* indennità *f* ai testimoni (o: testi); **~ladung** *f ProzR* citazione *f* testimoniale, citazione *f* di testimone, intimazione *f* al testimone ammesso a comparire in udienza, intimazione *f* a comparire come testimone / teste (*in una causa civile o in un procedimento penale*); **~pflicht** *f (A) ProzR* obbligo *m* di testimoniare, obbligo *m* di deporre.

Zeugenstand *m ProzR* banco *m* dei testimoni; **den ~ betreten** *ProzR* andare al (o: salire sul) banco dei testimoni.

Zeugen | testament *n ErbR* testamento *m* orale fatto alla presenza di testimoni; **~vernehmung** *f ProzR → A, CH: Zeugeneinvernahme* ascolto *m* dei testimoni (o: testi), audizione *f* dei testimoni (o: testi), escussione *f* dei testimoni (o: testi), assunzione *f* dei testimoni (o: testi), esame *m* dei testimoni (o: testi), esame *m* testimoniale; **~vorschuss** *m ProzR* anticipo *m* sull'indennità ai testimoni (o: testi).

Zeugnis *n* [1] *(Bescheinigung)* attestato *m*, certificato *m*, *(Diplom)* diploma *m*, *(scol)* pagella *f*; **amtsärztliches ~** *n* certificato *m* sanitario; **ärztliches ~** *n* certificato *m* medico; **~** *n* **über den ledigen Stand** *(CH)* certificato *m* di stato libero, certificato *m* negativo di matrimonio.

Zeugnis *n* [2] *(Aussage)* testimonianza *f*, deposizione *f*; **zum ~ dessen** in fede di che; **~ abgeben** testimoniare; **ein ~ annehmen**; **ein ~ entgegennehmen** ricevere una testimonianza; **falsches ~** *n* falsa testimonianza *f*.

Zeugnis | ablegung *f* testimonianza *f*; **~befreiung** *f (A) ProzR* facoltà *f* di astenersi dal testimoniare.

zeugnisfähig *adj ProzR* capace di testimoniare, capace di deporre.

Zeugnispflicht *f ProzR* obbligo *m* di testimoniare, obbligo *m* di deporre.

Zeugnisse *npl ArbR* referenze *fpl*.

Zeugnis | verweigerung *f ProzR (des Zeugen)* astensione *f* dal deporre, astensione *f* dal testimoniare, rifiuto *m* di testimoniare; **~verweigerungsrecht** *n ProzR (des Zeugen) (§§ 383 ff. ZPO; § 52 StPO)* facoltà *f* (o: diritto *m*) di astenersi dal deporre, facoltà *f* (o: diritto *m*) di astenersi dal testimoniare, diritto *m* di rifiutare la testimonianza *(CH)*; **~weigerung** *f ProzR (des Zeugen)* astensione *f* dal deporre, astensione *f* dal testimoniare, rifiuto *m* di testimoniare.

ZGB (*Abk* = **Schweizerisches Zivilgesetzbuch**) *(CH)* codice *m* civile svizzero *(CC) (CH)*.

z. Hd. (*Abk* = **zu Händen**) *(Herrn / Frau)* alla cortese attenzione [di] *(alla C.A. di / alla C.Att.ne di)*, all'attenzione [di], *(Zustellung)* a mani [di].

ziehen *v (Wechsel)* trarre, *(Los)* estrarre; **nach sich (Dat) ~** avere come conseguenza, comportare.

Ziehkinderschaft *f (A)* affiliazione *f*.

Ziehung *f (Wechsel)* emissione *f*, traenza *f*, *(Los)* estrazione *f*.

Ziehungs | benachrichtigung *f* avviso *m* d'estrazione; **~liste** *f* listino *m* delle estrazioni; **~recht** *n* diritto *m* d'estrazione, *(Kredit)* diritto *m* di prelievo; **~tag** *m* giorno *m* d'estrazione.

Ziffer *f (in einem Vertrag)* articolo *m (art.)*.

Zins *m* [1] *(Kapitalzins)* interesse *m*; **einfacher ~** *m* interesse *m* semplice; **fester ~** *m* interesse *m* fisso; **variabler ~** *m* interesse *m* variabile.

Zins *m* [2] *(Mietzins)* canone *m*.

Zins | abzug *m* sconto *m*; **~anspruch** *m* diritto *m* agli interessi; **~aufwendung** *f* costo *m* degli interessi; **~berechnung** *f* calcolo *m* degli interessi; **~berechtigung** *f* godimento *m*; **~bogen** *m* cartella *f* di cedole di interessi, foglio *m* di cedole di interessi.

zinsbringend *adj* fruttifero (di interessi), che frutta interessi.

Zinse *pl (CH)* interessi *mpl*; **erlaufene ~** *pl (CH)* interessi *mpl* maturati.

Zins | einkommen *n*; **~einkünfte** *pl* reddito *m* da interessi; **~einziehung** *f* riscossione *f* di interessi.

Zinsen *mpl* interessi *mpl*, frutti *mpl* civili; **nebst ~ in Höhe von 5 Prozentpunkten über dem Basiszinssatz seit dem …** oltre agli interessi in misura pari al tasso legale (o: in misura del tasso base) corrente (determinato dalla Deutsche Bundesbank, la Banca Centrale della Repubblica Federale di Germania) aumentato (o: maggiorato) di 5 punti percentuali (o: del 5%), decorrenti da/dalla data di/a far data dal; **~ abwerfen**; **~ bringen** fruttare interessi; **die ~ kapitalisieren** capitalizzare gli interessi; **die ~ laufen ab** gli interessi decorrono da; **~ tragen** fruttare interessi; **anerlaufene ~** *mpl (A)* interessi *mpl* maturati; **anfallende ~** *mpl* interessi *mpl* maturandi; **angelaufene ~** *mpl*; **aufgelaufene ~** *mpl* interessi *mpl* maturati; **auflaufende ~** *mpl* interessi *mpl* maturandi; **einfache ~** *mpl* interessi *mpl* semplici; **fällige ~** *mpl* interessi *mpl* maturati, interessi *mpl* scaduti; **fällig werdende ~** *mpl* interessi *mpl* maturandi; **fundierte ~** *mpl* interessi *mpl* consolidati; **gesetzliche ~** *mpl* interesse *m* legale; **gestundete ~** *mpl* interessi *mpl* differiti; **laufende ~** *mpl* interessi *mpl* correnti, interessi *mpl* maturati, interessi *mpl* in corso; **rückständige ~** *mpl* interessi *mpl* arretrati; **vereinbarte ~** *mpl* interesse *m* convenuto, interesse *m* pattuito; **vertragliche ~** *mpl* interesse *m* contrattuale, interesse *m* convenzionale.

Zinsen | abzug *m (A)* sconto *m*; **~ausfall** *m* perdita *f* di interessi; **~dienst** *m* servizio *m* degli interessi; **~einhebung** *f (A)* riscossione *f* degli interessi; **~ermäßigung** *f* riduzione *f* del tasso d'interesse, diminuzione *f* del tasso d'interesse, abbassamento *m* del tasso d'interesse; **~forderung** *f* credito *m* di interessi; **~garantie** *f* garanzia *f* di interessi; **~genuss** *m (A)* godimento *m*; **~herabsetzung** *f (A)* riduzione *f* del tasso d'interesse, diminuzione *f* del tasso d'interesse, abbassamento *m* del tasso d'interesse; **~konto** *n* conto *m* interessi; **~last** *f* carico *m* degli interessi; **~lauf** *m* decorrenza *f* degli interessi; **~nachlass** *m (A)* remissione *f* di interessi; **~rückstände** *mpl (A)* interessi *mpl* arretrati; **~schein** *m* cedola *f* di interessi; **~stamm** *m* cedola *f* di riaffogliamento; **~streichung** *f* soppressione *f* degli interessi.

zinsentragend *adj* fruttifero (di interessi), che frutta interessi.

Zinsen | verlust *m (A)* perdita *f* di interessi; **~versprechen** *n (A)* promessa *f* d'interesse; **~vertrag** *m (A)* contratto *m* di mutuo fruttifero; **~verzinsung** *f* anatocismo *m*; **~zahlungstermin** *m* scadenza *f* degli interessi; **~zusage** *f (A)* promessa *f* d'interesse.

Zins | erhöhung *f* aumento *m* del tasso d'interesse; **~ermäßigung** *f* riduzione *f* del tasso d'interesse, diminuzione *f* del tasso d'interesse, abbassamento *m* del tasso d'interesse; **~ertrag** *m* provento *m* di interessi.

Zinseszins *m* interesse *m* composto, anatocismo *m*; **~rechnung** *f* calcolo *m* dell'interesse composto.

Zins | festschreibung *f* interesse *m* fisso (*pattuito*); **~forderung** *f* credito *m* di interessi.

zinsfrei *adj* senza interessi, esente da interesse, infruttifero.

Zinsfuß *m* tasso *m* di interesse, saggio *m* di interesse; **gesetzlicher ~** *m* interesse *m* legale, tasso *m* di interesse legale; **rechnungsmäßiger ~** *m*; **technischer ~** *m* tasso *m* tecnico di interesse.

Zins | garantie *f* garanzia *f* di interessi; **~gefälle** *n* differenza *f* dei tassi di interesse; **~gewinn** *m* utile *m* d'interesse; **~gutschrift** *f* accredito *m* degli interessi; **~herabsetzung** *f* riduzione *f* del tasso d'interesse, diminuzione *f* del tasso d'interesse, abbassamento *m* del tasso d'interesse; **~intensität** *f* tasso *m* istantaneo d'interesse; **~klausel** *f* pattuizione *f* di interessi, clausola *f* degli interessi; **~lauf** *m* decorrenza *f* degli interessi.

zinslos *adj* senza interessi, infruttifero.

Zins | marge *f* margine *m* di interesse; **~nachlass** *m* remissione *f* di interessi; **~niveau** *n* livello *m* degli interessi; **~politik** *f* politica *f* dei tassi di interesse; **~rate** *f* tasso *m* di interesse, saggio *m* di interesse; **~rechnung** *f* calcolo *m* dell'interesse; **~rückstände** *mpl* interessi *mpl* arretrati.

Zinssatz *m* tasso *m* di interesse, saggio *m* di interesse; **gesetzlicher ~** *m* tasso *m* di interesse legale, saggio *m* di interesse legale;

jährlicher ~ *m* tasso *m* annuo di interesse.

Zins | schuld *f* debito *m* di interessi; **~senkung** *f* riduzione *f* del tasso d'interesse, diminuzione *f* del tasso d'interesse, abbassamento *m* del tasso d'interesse; **~spanne** *f* margine *m* di interesse; **~staffel** *f* staffa *f* (per il calcolo degli interessi), scala *f*, scaletta *f*, scalarino *m*, gabbietta *f*; **~stopp** *m (A)* blocco *m* dei canoni (di locazione/locativi); **~tabelle** *f* tavola *f* degli interessi; **~termin** *m* data *f* di maturazione degli interessi.

zinstragend *adj* fruttifero (di interessi), che frutta interessi.

Zins | umwandlung *f* conversione *f* con riduzione dell'interesse; **~vereinbarung** *f* pattuizione *f* di interessi, stipulazione *f* di interessi; **~vergütung** *f* accreditamento *m* di interessi; **~verlust** *m* perdita *f* di interessi; **~vermerk** *m* clausola *f* degli interessi; **~verpflichtung** *f* obbligazione *f* degli interessi; **~versprechen** *n* promessa *f* d'interesse; **~wucher** *m* interesse *m* usurario; **~zahlungstermin** *m* scadenza *f* degli interessi.

zivil *adj* civile.

Zivil | angelegenheit *f* affare *m* civile, causa *f* civile; **~anspruch** *m (CH)* azione *f* civile; **~beamter/-beamtin** *m/f* impiegato/-a *m/f* civile dello Stato; **~behörden** *fpl* autorità *fpl* civili; **~dienst** *m* servizio *m* civile (sostitutivo); **~ehe** *f* matrimonio *m* civile; **~gericht** *n* tribunale *m* civile, giudice *m* civile, autorità *f* giudiziaria civile.

zivilgerichtlich *adj* civile.

Zivil | gerichtsbarkeit *f* giurisdizione *f* civile, giustizia *f* civile, magistratura *f* civile; **~gerichtsurteil** *n* sentenza *f* civile; **~gesetz** *n* legge *f* civile.

Zivilgesetzbuch *n (CH)* codice *m* civile; **Schweizerisches ~** *n (CH)* (*Abk* = **ZGB**) codice *m* civile svizzero *(CC) (CH)*.

Zivilgesetzgebung *f* legislazione *f* civile.

Zivilist/in *m/f* ↔ *Soldat* civile *m/f*, borghese *m/f*.

Zivil | justiz *f* giustizia *f* civile; **~kammer** *f (beim Landgericht)* sezione *f* civile; **~klage** *f* azione *f* civile.

Zivilluftfahrt *f* aviazione *f* civile; **Abkommen** *n* **über die Internationale ~** *(auch: Chicagoer Abkommen)* Convenzione *f* sull'aviazione civile internazionale (*nota anche come Convenzione di Chicago*); **Internationale ~organisation** *f* (*Abk* = **ICAO**) Organizzazione *f* internazionale per l'aviazione civile.

Zivilprozess *m* processo *m* civile, procedimento *m* civile, procedura *f* civile, giudizio *m* civile; **~abkommen** *n* convenzione *f* relativa alla procedura civile.

Zivilprozessordnung *f* (*Abk* = **ZPO**) codice *m* di procedura civile *(c.p.c.)*; **Einführungsgesetz** *n* **zur ~** *(D)* (*Abk* = **EGZPO / ZPOEG**) *(auch: Gesetz betreffend die Einführung der Zivilprozessordnung)* legge *f* introduttiva al codice di procedura civile (tedesco), disposizioni *fpl* preliminari al codice di procedura civile (tedesco).

Zivilprozessrecht *n* diritto *m* processuale civile.

zivilprozessrechtlich *adj* civilprocessualistico.

Zivilprozessübereinkommen, Haager ~ *n IPR (Haager Übereinkommen vom 1. März 1954 über den Zivilprozess)* Convenzione *f* dell'Aja del 1° marzo 1954 concernente la procedura civile.

Zivil | recht *n* diritto *m* civile; **~rechtler/in** *m/f* civilista *m/f*.

zivilrechtlich *adj* (di diritto) civile, civilistico.

Zivilrechts | lehrer/in *m/f* civilista *m/f*; **~pflege** *f* giurisdizione *f* civile; **~streit** *m* causa *f* civile; **~vergleichung** *f* diritto *m* civile comparato.

Zivil | richter/in *m/f* giudice *m* civile; **~sache** *f* materia *f* civile, questione *f* civile, *ZivProzR* causa *f* civile; **~schutz** *m* protezione *f* civile; **~senat** *m ZivProzR (beim Oberlandesgericht, Kammergericht, Bundesgerichtshof)* sezione *f* civile; **~sitzung** *f* udienza *f* civile; **~stand** *m (CH)* stato *m* civile.

Zivilstands | akt *m (CH)* atto *m* dello stato civile; **~amt** *n (CH)* ufficio *m* dello stato civile; **~beamter/-beamtin** *m/f (CH)* ufficiale *m* dello stato civile; **~dienst** *m (CH)* servizio *m* dello stato civile; **~kreis** *m (CH)* circondario *m* dello stato civile; **~register** *n (CH)* registro *m* dello stato civile; **~streit** *m*; **~streitigkeit** *f* controversia *f* civile, contenzioso *m* civile.

Zivil | streife *f (der Polizei)* macchina *f* civetta; **~teilung** *f (A)* ripartizione *f* del ricavo della vendita di una cosa indivisa; **~termin** *m* udienza *f* civile; **~trauung** *f* matrimonio *m* civile; **~urteil** *n* sentenza *f* civile; **~verfahren** *n* processo *m* civile, procedimento *m* civile, procedura *f* civile, giudizio *m* civile; **Internationales ~verfahrensrecht** *n* (*Abk* = **IZVR**) diritto *m* processuale civile internazionale; **~vergehen** *n* illecito *m* civile; **~verhandlung** *f* udienza *f* civile.

z.K. (*Abk* = **zur Kenntnisnahme**) per conoscenza *(p.c.)*, e per conoscenza *(e.p.c.)*, copia per conoscenza *(c.p.c.)*.

Zögern *n* esitazione *f*, indugio *m*, *(Schwanken)* titubanza *f*, *(Unentschlossenheit)* indecisione *f*; **ohne schuldhaftes ~** = *unverzüglich* → *z.B. § 121 BGB* senza colpevole indugio.

Zoll *m (Abgabe)* dazio *m*, imposta *f* doganale, diritti *mpl* doganali, *(Zolltarif)* tariffa *f* doganale, *(Zollabfertigungsstelle)* dogana *f*; **~ hinterziehen** *StrafR* frodare la dogana; **gleitender ~** *m* dazio *m* mobile; **spezifischer ~** *m* dazio *m* specifico.

Zoll | abbau *m* abolizione *f* dei dazi; **~abfertigung** *f* sdoganamento *m*, pratiche *fpl* doganali, operazioni *fpl* di dogana, espletamento *m* (o: svolgimento *m*, compimento *m*) delle operazioni doganali, disbrigo *m* delle formalità doganali, visita *f* doganale, controllo *m* doganale; **~abfertigungsantrag** *m* domanda *f* di sdoganamento; **~abgabe** *f* imposta *f* doganale, tributo *m* doganale, diritto *m* doganale, diritto *m* di confine, dazio *m* di dogana, dazio *m* doganale.

zollabgabenpflichtig *adj* passibile di diritti doganali.

Zollabkommen *n* accordo *m* doganale, convenzione *f* doganale; **Allgemeines Zoll- und Handelsabkommen** *n* (*Abk* = **GATT**) Accordo *m* generale sulle tariffe doganali e sul commercio; **~** *n* **über die vorübergehende Einfuhr privater Straßenfahrzeuge** Convenzione *f* doganale relativa all'importazione temporanea dei veicoli stradali privati.

Zoll | abmachung *f* convenzione *f* doganale; **~abonnement** *n (CH)* abbonamento *m* doganale; **~abwicklung** *f* sdoganamento *m*; **~agent/in** *m/f* agente *m/f* di dogana; **~agentur** *f* agenzia *f* doganale.

Zol | lager *n*; **~lagerung** *f* deposito *m* doganale, magazzino *m* doganale.

Zollamt *n* dogana *f*, ufficio *m* di dogana, ufficio *m* doganale.

zollamtlich *adj* doganale.

Zoll | anmelder/in *m/f* dichiarante *m* in dogana; **~anmeldung** *f* dichiarazione *f* doganale, dichiarazione *f* di merci alla dogana; **~ansatz** *m (CH)* tasso *m* di dazio doganale.

Zollanschluss *m* unione *f* doganale; **~gebiet** *n* territorio *m* considerato incluso nella linea doganale; **~vertrag** *m* trattato *m* di unione doganale.

Zoll | antrag *m* domanda *f* di sdoganamento; **~anweisung** *f* dichiarazione *f* di transito; **~aufgeld** *n* supplemento *m* di dazio in funzione del deprezzamento monetario; **~aufhebung** *f* abolizione *f* dei dazi; **~aufschlag** *m* supplemento *m* di dazio; **~aufsicht** *f* vigilanza *f* doganale; **~ausland** *n* territorio *m* doganale estero; **~ausschluss** *m*; **~ausschlussgebiet** *n* territorio *m* extradoganale, zona *f* extradoganale; **~ausweis** *m (CH)* bolletta *f* doganale.

zollbar *adj* sdoganabile, sdaziabile.

Zoll | beamter/-beamtin *m/f* doganiere *m*, funzionario *m* di dogana, ufficiale *m* di dogana, agente *m/f* doganale; **~beförderung** *f* trasporto *m* di merci all'interno del territorio doganale; **~befreiung** *f* esenzione *f* da dazio doganale, franchigia *f* doganale; **~befund** *m* risultato *m* della visita doganale; **~begleitschein** *m* bolletta *f* doganale di accompagnamento; **~begleitscheinheft** *n* carnet *m* TIR (transporto internazionale di merci su strada); **~begleitung** *f* scorta *f* doganale; **~begünstigung** *f* privilegio *m* doganale; **~behandlung** *f* regime *m* doganale, trattamento *m* doganale; **~behörde** *f* autorità *f* doganale, dogana *f*; **~belastung** *f* onere *m* doganale; **~berechnung** *f* calcolo *m* del dazio; **~beschau** *f* verifica *f* doganale, visita *f* doganale; **~bestimmung** *f* disposizione *f* doganale; **~beteiligte/r** *f/m* dichiarante o rappresentante *m/f* (in dogana); **~betrag** *m* ammontare *m* del dazio, importo *m* del dazio; **~betrug** *m* frode *f* doganale; **~bewachung** *f* vigilanza *f* doganale; **~bezirk** *m* circoscrizione *f* doganale; **~binnenland** *n* territorio *m* doganale interno; **~binnenlinie** *f* linea *f* doganale interna; **~bollette** *f (A)* bolletta *f* doganale; **~bürgschaft** *f* fideiussione *f* doganale; **~darlegung** *f* presentazione *f* della merce in dogana; **~defraudation** *f*; **~defraude** *f (CH)* frode *f* doganale; **~deklarant/in** *m/f* dichiarante *m/f* (in dogana); **~deklaration** *f* dichiarazione *f* doganale, dichiarazione *f* di merci alla dogana; **~delikt** *n* reato *m* doganale; **~dienst** *m* dogana *f*; **~diskriminierung** *f* discriminazione *f* doganale; **~durchfuhrschein** *m*; **~durchgangsschein** *m*; **~durchlassschein** *m* bolletta *f* di transito; **~eigenlager** *n* deposito *m* doganale privato; **~einfuhrschein** *m*; **~eingangsschein** *m* bolletta *f* di entrata, bolletta *f* doganale di importazione; **~einnahmen** *pl* proventi *mpl* doganali; **~einnehmer/in** *m/f* ricevitore *m* delle dogane; **~erhebung** *f* esazione *f* dei dazi (di dogana); **~erhöhung** *f* aumento *m* dei dazi (doganali); **~erklärung** *f* dichiarazione *f* doganale, dichiarazione *f* di merci alla dogana; **~erlass** *m* remissione *f* del dazio (doganale); **~erledigung** *f* sdoganamento *m*; **~erleichterungen** *fpl* facilitazioni *fpl* doganali; **~ermäßigung** *f* riduzione *f* del dazio; **~erstattung** *f* rimborso *m* del dazio; **~fahndung** *f* repressione *f* delle frodi doganali; **~formalitäten** *pl*; **~förmlichkeiten** *pl* formalità *fpl* doganali.

zollfrei *adj* esente da dazio, esente da dogana, franco (di) dogana, in franchigia doganale; **~ zulassen** ammettere in franchigia.

Zollfrei | flughafen *m* aeroporto *m* franco; **~gebiet** *n* zona *f* franca.

Zollfreiheit *f* franchigia *f* doganale.

Zollfrei | schein *m* certificato *m* di franchigia doganale; **~schreibung** *f* ammissione *f* in franchigia; **~zone** *f* zona *f* franca; **~zulassung** *f* ammissione *f* in franchigia.

Zoll | gebiet *n* territorio *m* doganale; **~gebühr** *f*; **~gebühren** *fpl* diritti *mpl* doganali, spese *fpl* doganali, tasse *fpl* doganali; **~geleitschein** *m (CH)* bolletta *f* di cauzione; **~gemeinschaft** *f* unione *f* doganale, comunità *f* doganale; **~gesetz** *n* legge *f* doganale; **~gesetzgebung** *f* legislazione *f* doganale; **~gestellung** *f* consegna *f* alla dogana; **~gewahrsam** *m* vigilanza *f* doganale; **~gewicht** *n* peso *m* considerato nel calcolo del dazio; **~grenzbezirk** *m* zona *f* di vigilanza doganale; **~grenze** *f* linea *f* doganale, confine *m* doganale; **~gürtel** *m (CH)* cintura *f* doganale; **~gut** *n* merce *f* sotto vincolo doganale, merce *f* a dogana, merce *f* vincolata alla dogana; **~herabsetzung** *f* riduzione *f* del dazio; **~hilfeabkommen** *n* trattato *m* di assistenza doganale; **~hinterziehung** *f* frode *f* doganale; **~hoheit** *f* sovranità *f* doganale; **~inhaltserklärung** *f* dichiarazione *f* doganale, dichiarazione *f* del contenuto (di un pacco postale).

Zollinie *f* linea *f* doganale.

Zoll | inland *n* territorio *m* considerato interno dal punto di vista doganale; **~kartell** *n* cartello *m* doganale; **~kaution** *f* cauzione *f* doganale; **~klassifikation** *f* classificazione *f* doganale; **~konflikt** *m* conflitto *m* doganale; **~kontingent** *n* contingente *m* tariffario, contingente *m* doganale; **~kontrolle** *f* controllo *m* doganale; **~linie** *f* linea *f* doganale; **~meldepflicht** *f* obbligo *m* di fare la dichiarazione doganale, obbligo *m* della denunzia doganale *(CH)*; **~meldepflichtige/r** *f/m* persona *f* obbligata a fare la dichiarazione doganale; **~nachforderung** *f* imposizione *f* di dazio supplementare; **~nebenstelle** *f* agenzia *f* doganale.

Zöllner/in *m/f* doganiere *m*, funzionario *m* di dogana, ufficiale *m* di dogana.

Zoll | nomenklatur *f* nomenclatura *f* doganale; **~ordnung** *f* regolamento *m* doganale; **~papier** *n* documento *m* doganale; **~partei** *f* dichiarante o rappresentante *m/f*; **~passierschein** *m* lasciapassare *m* doganale; **~passierscheinheft** *n* Carnet *m* de Passages en Douane *(CPD)*, libretto *m* per i passaggi in dogana; **~pfand** *n (CH)* pegno *m* doganale *(CH)*.

zollpflichtig *adj* soggetto a dazio, soggetto a dogana, soggetto a imposte doganali, passibile di diritti doganali.

Zoll | politik *f* politica *f* doganale; **~polizei** *f (CH)* guardia *f* di finanza; **~position** *f* voce *f* doganale, posizione *f* della tariffa doganale; **~protektionismus** *m* protezionismo *m* doganale; **~prüfung** *f (A)* verifica *f* doganale, visita *f* doganale; **~recht** *n* diritto *m* doganale; **~regime** *n* regime *m* doganale; **~revision** *f* visita *f* doganale, verifica *f* doganale; **~rückvergütung** *f* *EuR* restituzione *f* del dazio, rimborso *m* del dazio doganale, rimborso *m* delle imposte doganali, ristorno *m* di dazio, drawback *m*; **~sachverständige/r** *f/m* esperto *m* doganale.

Zollsatz *m* aliquota *f* di dazio, aliquota *f* doganale, tariffa *f* doganale; **vertraglicher ~** *m* dazio *m* convenzionale.

Zoll | schein *m* bolletta *f* doganale; **~schranke** *f* *EuR* barriera *f* doganale; **~schuld** *f* debito *m* doganale, obbligazione *f* doganale; **~schuldner/in** *m/f* debitore *m* di diritti doganali; **~schutz** *m* protezione *f* doganale; **~senkung** *f* riduzione *f* dei dazi, abbassamento *m* dei dazi; **~sicherheit** *f* cauzione *f* doganale; **~spediteur/in** *m/f* spedizioniere *m* doganale; **~spesen** *pl* spese *fpl* doganali; **~statistik** *f* statistica *f* doganale; **~stelle** *f* dogana *f*, posto *m* di dogana, ufficio *m* doganale; **~strafrecht** *n* diritto *m* penale doganale; **~straftat** *f* reato *m* doganale; **~straße** *f* via *f* doganale; **~stunde** *f* orario *m* di apertura degli uffici di dogana; **~system** *n* sistema *m* doganale, regime *m* doganale.

Zolltarif *m* tariffa *f* doganale; **gemeinsamer ~** *m* tariffa *f* doganale comune; **integrierter ~** *m* tariffa *f* doganale integrata.

Zolltarif | politik *f* politica *f* doganale; **~schema** *n* nomenclatura *f* doganale.

Zoll | technik *f* tecnica *f* doganale; **~transit** *m* transito *m* in dogana; **~übereinkommen** *n* accordo *m* doganale, convenzione *f* doganale; **~übertretung** *f* contravvenzione *f* doganale; **~überwachungsstelle** *f* centro *m* di vigilanza doganale.

Zollunion *f* *EuR* unione *f* doganale; **Europäische ~** *f* *EuR* Unione *f* doganale europea.

Zoll | unionsvertrag *m* trattato *m* di

unione doganale; **~untersuchung** *f* visita *f* doganale, verifica *f* doganale; **~verein** *m* unione *f* doganale; **~vereinsvertrag** *m* trattato *m* di unione doganale; **~vergehen** *n* reato *m* doganale; **~vergleich** *m* transazione *f* doganale; **~verrichtungen** *fpl* operazioni *fpl* doganali; **~verschlag** *m* *(CH)* magazzino *m* doganale; **~verschluss** *m* chiusura *f* doganale, piombo *m* della dogana, sigillo *m* doganale; **~vertrag** *m* trattato *m* doganale; **~verwahrung** *f* deposito *m* doganale.

Zollverwaltung *f* amministrazione *f* delle dogane, amministrazione *f* doganale; **Eidgenössische ~** *f (CH)* (*Abk* = **EZV**) Amministrazione *f* federale (svizzera) delle dogane *(AFD)*.

Zoll | vorlage *f* progetto *m* di legge doganale; **~vormerkschein** *m* bolletta *f* di importazione temporanea; **~vorschriften** *fpl* norme *fpl* doganali, disposizioni *fpl* doganali; **~wache** *f (A)* guardia *f* di finanza; **~wert** *m* valore *m* in dogana, valore *m* doganale; **~zahlung** *f* pagamento *m* del dazio; **~zeichen** *n* contrassegno *m* doganale; **~zuschlag** *m* supplemento *m* di dazio.

ZPO (*Abk* = **Zivilprozessordnung**) codice *m* di procedura civile *(c.p.c.)*.

ZPOEG (*Abk* = **Einführungsgesetz zur Zivilprozessordnung / Gesetz betreffend die Einführung der Zivilprozessordnung**) *(D)* legge *f* introduttiva al codice di procedura civile (tedesco), disposizioni *fpl* preliminari al codice di procedura civile (tedesco).

Zubehör *n (bewegliche Sachen, die, ohne Bestandteile der Hauptsache zu sein, dem wirtschaftlichen Zwecke der Hauptsache zu dienen bestimmt sind und zu ihr in einem dieser Bestimmung entsprechenden räumlichen Verhältnis stehen) (§ 97 BGB)* accessori *mpl*; **~teile** *mpl* accessori *mpl*.

Zuchthaus *n* [1] *(CH) (Strafe)* reclusione *f*.

Zuchthaus *n* [2] *(CH) (Gefängnis)* penitenziario *m*, carcere *m*.

Züchtigungs | mittel *n (CH)* mezzo *m* di correzione, mezzo *m* di disciplina; **~recht** *n* diritto *m* di correzione, diritto *m* di disciplina, ius corrigendi *(lat)*; **~verbot** *n* divieto *m* delle punizioni corporali.

Zuchtmittel *n Jugendstrafrecht (Verwarnung, Erteilung von Auflagen, Jugendarrest) (§§ 13 ff. JGG)* misura *f* correttiva, misura *f* disciplinare, mezzo *m* di correzione, mezzo *m* di disciplina.

zudenken *v* destinare.

zueignen *v* [sich] appropriarsi; **sich rechtswidrig ~** appropriarsi indebitamente.

Zueignung *f* appropriazione *f*.

Zueignungsabsicht *f* volontà *f* di appropriarsi di qc.

zuerkennen *v (zusprechen)* assegnare, *(Preis, Auszeichnung)* conferire, *(bei Versteigerung)* aggiudicare, *(gewähren)* accordare, *(Recht)* concedere, riconoscere, *(Strafe)* infliggere.

Zuerkennung *f (von Preisen)* assegnazione *f*, conferimento *m*, aggiudicazione *f*, attribuzione *f*, *(von Rechten)* concessione *f*, riconoscimento *m*; **~** *f* **einer Rente** attribuzione *f* di una rendita.

Zuerkennungsbescheid *m* decisione *f* di riconoscimento di un diritto.

Zufahrtsrecht *n* servitù *f* di accesso, diritto *m* di accesso (con veicoli).

Zufall *m* caso *m* fortuito; **unabwendbarer ~** *m* caso *m* fortuito.

zufallen *v* [*Dat*] *(zuteilwerden, zugewiesen werden)* spettare [a], toccare [a].

zufällig *adj* fortuito, accidentale, casuale, aleatorio.

Zufallsfund *m* scoperta *f* casuale, scoperta *f* fatta per caso.

Zufluss *m* afflusso *m*; **~** *m* **an Kapital** afflusso *m* di capitale.

zufügen *v* causare, cagionare, *(Schaden)* recare, arrecare, *(Verlust, Niederlage)* infliggere.

Zufügen *n* = *Zufügung f* il causare, il cagionare, *(von Schaden)* il recare, l'arrecare, *(von Verlust, Niederlage)* l'infliggere.

Zufuhr *f* apporto *m*, importazione *f*.

Zuführungsbefehl *m (CH)* ordine *m* di accompagnamento, mandato *m* di accompagnamento, ordine *m* di comparizione forzata *(CH)*.

Zugabe *f* aggiunta *f*; **~ngesetz** *n (A)*; **~verordnung** *f* provvedimento *m* legislativo che vieta ai commercianti di dare premi o aggiunte ai compratori delle loro merci.

Zugang *m* [1] *(Eintreffen)* arrivo *m*, ricevimento *m*; **~** *m* **und Abgang** *m* entrata *f* ed uscita *f*, carico *m* e scarico *m*.

Zugang *m* [2] [zu *Dat*] *(Zutritt)* accesso *m* [a]; **~ beschränken** limitare l'accesso; **~ gewähren** consentire l'accesso; **~ verweigern** [zu *Dat*] negare l'accesso [a]; **gleichberechtigter ~** *m* parità *f* di accesso; **~** *m* **zu Dokumenten** accesso *m* ai documenti; **~** *m* **zu Gericht**; **~** *m* **zu den Gerichten** accesso *m* alla giustizia; **freier ~** *m* **zu Informationen** libertà *f* di accesso alle informazioni; **~** *m* **zu den Informationsquellen** accesso *m* ai mezzi di informazione; **freier ~** *m* **zum Meer** libero accesso *m* al mare; **~** *m* **zu öffentlichen Ämtern** accesso *m* agli impieghi pubblici.

Zugang *m* [3] *(Zuwachs)* aumento *m*, accrescimento *m*, incremento *m*; **~** *m* **zum Anlagevermögen**; **~** *m* **zu den Sachanlagen** incremento *m* delle immobilizzazioni, incremento *m* del capitale fisso, incremento *m* dei beni patrimoniali.

Zugang *m* [4] *(Vers., Neugeschäft)* produzione *f*.

zugänglich *adj* accessibile; **~ machen** [*Dat*] mettere a disposizione [di]; **öffentlich ~** accessibile al pubblico.

Zugangs|recht *n* diritto *m* di accesso (a piedi); **~vereitelung** *f* il sottrarsi *m* alla notifica di un atto, comportamento *m* doloso posto in essere da un soggetto al fine di evitare il ricevimento di una comunicazione.

zugeben *v* [1] *(hinzufügen)* aggiungere, dare in aggiunta, *(als Geschenk)* dare in regalo.

zugeben *v* [2] *(gestehen)* ammettere, confessare, riconoscere, *(einräumen)* concedere.

zugehen *v* arrivare, giungere, essere recapitato, ricevere.

Zugehör *n (A, CH)* accessori *mpl*, annessi *mpl*, pertinenze *fpl*, dipendenze *fpl*.

zugehören *v* appartenere.

zugehörig *adj* appartenente, accessorio, annesso, *(dazugehörig)* relativo, afferente, attinente, pertinente.

Zugehörigkeit *f* appartenenza *f*, accessorietà *f*, pertinenza *f*.

Zugeständnis *n* concessione *f*, *(von Tatsachen)* ammissione *f*; **gegenseitige ~se** *npl* concessioni *fpl* reciproche.

zugestehen *v (gewähren)* concedere, accordare, *(zugeben)* ammettere, riconoscere, *(gestehen)* confessare.

Zugewinn *m* [1] acquisto *m*.

Zugewinn *m* [2] *(D) FamR (eheliches Güterrecht)* incremento *m* patrimoniale *(= differenza tra il c.d. "Anfangsvermögen", vale a dire il valore del patrimonio posseduto da ognuno dei coniugi al momento della celebrazione del matrimonio, e il c.d. "Endvermögen", ossia il valore dello stesso al momento dello scioglimento del matrimonio)*.

Zugewinnausgleich *m (D) FamR (§ 1373 BGB)* conguaglio *m* patrimoniale *(= reciproca compensazione tra i coniugi, al momento dello scioglimento del regime legale della Zugewinngemeinschaft, dei rispettivi incrementi patrimoniali realizzati / acquisiti / conseguiti da ciascuno dei coniugi durante il matrimonio)*.

Zugewinngemeinschaft *f (D) FamR (gesetzlicher Güterstand) (§ 1363 BGB)* regime *m* legale di separazione dei beni, vigente nella Repubblica Federale di Germania, che prevede la sola divisione dello Zugewinn (incremento patrimoniale realizzato / acquisito / conseguito durante il matrimonio) allo scioglimento del matrimonio, comunione *f* differita delle acquisizioni patrimoniali.

Zugewinngemeinschaft
Regime legale di separazione dei beni, vigente nella Repubblica Federale di Germania, che prevede, allo scioglimento del matrimonio, il solo conguaglio tra gli incrementi patrimoniali realizzati da ognuno dei coniugi durante il matrimonio (*Zugewinnausgleich*). Per incremento patrimoniale (*Zugewinn*) si intende la differenza tra il valore del patrimonio posseduto da ciascuno dei coniugi al momento della celebrazione del matrimonio *(Anfangsvermögen)* e il valore dello stesso al momento dello scioglimento del matrimonio *(Endvermögen)*.

zugreifen *v (auf Daten)* accedere [a].

Zugriff *m* [1] *(Zugang)* accesso *m*; **~ auf Daten haben** avere accesso ai dati.

Zugriff *m* [2] *(bei polizeilicher Festnahme oder Militär)* arresto *m*, cattura *f*, *(Einschreiten)* intervento *m*; **erster ~** *m (Polizei)* primo intervento *m*.

Zugriffsgenehmigung *f* autorizzazione *f* all'accesso, autorizzazione *f* ad accedere.

Zugrundelegung, unter ~ [Gen / von Dat] applicando.

zugrunde liegen [*Dat*] [auch: zu Grunde liegen] essere alla base [di], essere a fondamento [di].

zugrunde liegend [*Dat*] [auch: zu Grunde liegend] (che sta) alla base [di], a fondamento [di], costitutivo [di], che costituisce, sottostante, soggiacente, sotteso [a], relativo, corrispondente, che determina qc.

Zug um Zug donnant-donnant; **~ Erfüllung** *f*; **~ Leistung** *f* esecuzione *f* donnant-donnant.

zugunsten *präp* [*Gen*] [auch: zu Gunsten] a (o: in) favore [di]; **~ Dritter** [auch: zu Gunsten Dritter] a favore di terzi.

Zuhälterei *f* [1] *(D) StrafR (§ 181a StGB)* sfruttamento *m* di prostitute.

Zuhälterei *f* [2] *(A) StrafR (§ 216 öStGB)* sfruttamento *m* della prostituzione, lenocinio *m*.

Zuhälter/in *m/f StrafR* sfruttatore *m* di prostitute, protettore *m* (di prostituta), lenone *m*.

Zukauf *m* acquisto *m* supplementare.

zukaufen *v* acquistare in più.

Zulage *f (Zuschlag)* aumento *m*, *(Geldzulage)* supplemento *m*, maggiorazione *f*, *(Zugabe)* aggiunta *f*, *(Vergütung)* indennità *f* (supplementare), assegno *m* (supplementare), *(Leistungszulage)* premio *m* (incentivante); **persönliche ~** *f* assegno *m* ad personam; **ruhegehaltsfähige ~** *f* indennità *f* pensionabile.

zulassen *v (Zugang gewähren)* ammettere, *(aufnehmen)* accettare, *(gestatten)* permettere, *(dulden)* tollerare, *(befähigen)* autorizzare, *(anerkennen)* omologare, *(zu einem Beruf berechtigen)* abilitare (all'esercizio della professione di), *(Kraftfahrzeuge)* immatricolare.

zulässig *adj (verfahrensrechtlich)* ammissibile, *(materiell-rechtlich)* lecito, ammesso, consentito, permesso, autorizzato; **für ~ erklären** dichiarare ammissibile; **gesetzlich ~** consentito dalla legge, lecito.

Zulässigkeit *f (verfahrensrechtlich)* ammissibilità *f* (*processuale dell'azione*), *(materiell-rechtlich)* liceità *f*.

Zulässigkeits | prüfung *f* verifica *f* di ammissibilità; **~voraussetzungen** *fpl* presupposti *mpl* di ammissibilità, requisiti *mpl* di ammissibilità.

Zulassung *f (Gewährung von Zugang)* ammissione *f*, *(Aufnahme)* accettazione *f*, *(Erlaubnis)* permesso *m*, *(Genehmigung)* autorizzazione *f*, *(Lizenz)* licenza *f*, *(Berechtigung zu einem Beruf)* abilitazione *f* (all'esercizio di una professione), *(zum Straßenverkehr)* ammissione *f* alla circolazione, *(von Kraftfahrzeugen)* immatricolazione *f*, *(Fahrzeugschein)* carta *f* di circolazione; **~ beantragen** chiedere l'ammissione; **zeitweilige ~** *f* ammissione *f* temporanea; **zollfreie ~** *f* ammissione *f* in franchigia; **~** *f* **als Anwalt** abilitazione *f* all'esercizio della professione di avvocato, iscrizione *f* all'albo degli avvocati; ~ *f* **zu einem Beruf** abilitazione *f* all'esercizio di una professione; ~ *f* **zum Beweis** *ProzR* ammissione *f* di prova; ~ *f* **zum Börsenhandel** ammissione *f* alla quotazione in Borsa; ~ *f* **eines Fahrzeuges** immatricolazione *f* di un veicolo; ~ *f* **zum Geschäftsbetrieb** autorizzazione *f* all'esercizio del commercio; ~ *f* **zur amtlichen Notierung** ammissione *f* alla quotazione in Borsa.

Zulassungs | antrag *m* domanda *f* di ammissione; **~ausschuss** *m* comitato *m* di ammissione; **~bedingungen** *fpl* condizioni *fpl* di ammissione; **~bescheid** *m* decreto *m* di ammissione; **~gebühr** *f*; **~gebühren** *fpl* diritti *mpl* di ammissione, tassa *f* di ammissione, *(Fahrzeuge)* tassa *f* di immatricolazione; **~prüfung** *f* esame *m* di ammissione; **~schein** *m* carta *f* di circolazione; **~stelle** *f* ufficio *m* di ammissione, *(von Kraftfahrzeugen)* ufficio *m* della Motorizzazione Civile *(UMC)*, ufficio *m* immatricolazioni, ufficio *m* di immatricolazione, *(von Wertpapieren)* ufficio *m* di ammissione alle quotazioni; **~verfahren** *n* procedimento *m* di ammissione; **~verfügung** *f* provvedimento *m* di ammissione, autorizzazione *f*; **~voraussetzung** *f* requisito *m* di ammissione.

Zulieferer/-in *m/f* fornitore *m*, subfornitore *m*.

zuliefern *v* fornire, distribuire, consegnare.

Zumessung *f* **der Strafe** commisurazione *f* della pena, determinazione *f* della sanzione.

zumutbar *adj* ragionevole, accettabile, esigibile.

Zumutbarkeit *f* ragionevolezza *f*, accettabilità *f*, esigibilità *f*.

Zunft *f* corporazione *f*; **~recht** *n* diritto *m* corporativo; **~verfassung** *f* ordinamento *m* corporativo; **~wesen** *n* corporativismo *m*; **~zwang** *m* obbligo *m* di aderire a una corporazione.

zurechenbar *adj* imputabile.

Zurechenbarkeit *f* imputabilità *f*.

zurechnen *v (zuschreiben)* imputare, attribuire, *(zuordnen)* annoverare, *(hinzufügen)* aggiungere.

Zurechnung *f (Zuschreibung)* imputazione *f*, attribuzione *f*, *(Zusatz)* aggiunta *f* (nel conto).

zurechnungsfähig *adj StrafR* imputabile, capace di intendere e di volere; **vermindert ~** *StrafR* parzialmente incapace di intendere e di volere.

Zurechnungsfähigkeit *f StrafR* imputabilità *f*, capacità *f* di intendere e di volere, facoltà *f* di intendere e di volere; **verminderte ~** *f StrafR* imputabilità *f* diminuita, parziale incapacità *f* di intendere e di volere.

zurechnungsunfähig *adj StrafR* non imputabile, incapace di intendere e di volere.

Zurechnungsunfähigkeit *f StrafR* non imputabilità *f*, incapacità *f* di intendere e di volere.

zurechtweisen *v* infliggere un avvertimento.

Zurechtweisung *f* avvertimento *m*.

Zurruhesetzung *f* collocamento *m* a riposo.

zurückabtreten *v* retrocedere.

zurückbehalten *v* trattenere, ritenere.

Zurückbehaltung *f* ritenuta *f*, ritenzione *f*, trattenuta *f*.

Zurückbehaltungsrecht *n* → *z.B. § 273 und § 1000 BGB* diritto *m* di ritenzione.

zurückbelasten *v* riaddebitare.

Zurückbelastung *f* riaddebito *m*.

zurückberufen *v* richiamare.

Zurückberufung *f* richiamo *m*.

zurückbezahlen *v* restituire, rendere, rimborsare, risarcire, rifondere.

Zurückbezahlung *f* restituzione *f*, resa *f*, rimborso *m*, risarcimento *m*, rifusione *f*.

zurückdatieren *v* retrodatare, antidatare.

Zurückdatierung *f* retrodatazione *f*, antidata *f*.

zurückerlangen *v* riottenere, riavere, recuperare.

Zurückerlangung *f* il riottenere *m*, il riavere *m*, il recuperare *m*, recupero *m*.

zurückerstatten *v* restituire, rendere, rimborsare, risarcire, rifondere.
Zurückerstattung *f* restituzione *f*, resa *f*, rimborso *m*, risarcimento *m*, rifusione *f*.
zurückfordern *v* ripetere, chiedere la restituzione di, richiedere, reclamare, rivendicare.
Zurückforderung *f* ripetizione *f*.
zurück | führen *v* rimpatriare; **~geben** *v* rendere, restituire.
zurückgehen *v* [1] *(sinken, abnehmen)* diminuire, scendere, abbassarsi, calare, *(Rückschritte machen)* flettersi, subire una flessione, essere in ribasso, regredire.
zurückgehen *v* [2] [auf *Akk*] *(herstammen, sich herleiten)* risalire [a].
zurück | gewinnen *v* recuperare, riconquistare, riguadagnare, riottenere, riavere; **~kaufen** *v* riscattare, riacquistare, ricomp(e)rare.
Zurücknahme *f (von Ware)* il riprendere *m*, ritiro *m*, *(Widerruf)* revoca *f*, *(von Bestellung)* annullamento *m*, *(von Behauptung, Versprechen)* ritrattazione *f*; **~** *f* **der Klage** *ZivProzR* rinuncia *f* agli atti (del giudizio), rinuncia *f* all'azione già promossa/proposta; **~** *f* **des Strafantrags** *StrafProzR* remissione *f* della (o: di) querela.
zurück | nehmen *v (Ware)* riprendere, ritirare, *(widerrufen)* revocare, *(Bestellung)* annullare, *(Behauptung, Beleidigung)* ritrattare; **~rufen** *v* richiamare, *(Produkt)* ritirare (dal mercato), *(Person)* far tornare, *(Denkvermögen)* ritrovare, riacquistare; **~schicken** *v* mandare indietro, rimandare, rispedire, rinviare, ritornare; **~schieben** *v (Ausländer)* allontanare (*lo straniero dal territorio dello Stato*), respingere.
Zurückschiebung *f (von Ausländern)* → § *57 AufenthG* allontanamento *m* (*dello straniero dal territorio dello Stato*).
zurück | senden *v* mandare indietro, rimandare, rispedire, rinviare, ritornare; **~stellen** *v (nach hinten stellen)* mettere indietro, spostare indietro, *(beiseite tun)* mettere da parte, *(zeitlich verschieben)* rinviare, differire.
Zurückstellung *f* rinvio *m*, differimento *m*.
zurückstufen *v* degradare, declassare, retrocedere.
Zurückstufung *f* degradazione *f*, declassamento *m*, retrocessione *f*.
zurück | treten *v SchuldR (von einem Vertrag)* recedere da, risolvere, *(von einem Kauf)* annullare, *(von einem Recht)* rinunciare [o: rinunziare], *(von einem Amt)* dimettersi, rassegnare (o: presentare/dare) le dimissioni, ritirarsi, *(weniger wichtig werden)* diminuire, *(in den Hintergrund treten)* passare in secondo piano; **~übertragen** *v* retrocedere.
Zurückübertragung *f* retrocessione *f*.
zurück | vergüten *v* rimborsare, restituire, risarcire, rifondere; **~verlangen** *v* ripetere, chiedere la restituzione di, rivolere indietro, richiedere, reclamare; **~verweisen** *v ProzR (Rechtsstreit)* rinviare (*la causa ad altro giudice di grado inferiore*).
Zurückverweisung *f ProzR (eines Rechtsstreits an eine untere Instanz)* rinvio *m* (*della causa ad altro giudice di grado inferiore*); **~** *f* **an den Ausschuss** rinvio *m* alla commissione.
Zurückverweisungsbeschluss *m* decreto *m* di rinvio.
zurückweisen *v* [1] *(ablehnen)* respingere, rigettare, rifiutare, negare.
zurückweisen *v* [2] *AuslR (verhindern die unerlaubte Einreise eines Ausländers)* respingere (*il cittadino straniero quando lo stesso si presenti ai varchi di frontiera senza avere i requisiti previsti dalla legge*).
Zurückweisung *f* [1] *(Ablehnung)* rigetto *m*, rifiuto *m*; **~** *f* **des Antrags** rigetto *m* della domanda, rigetto *m* dell'istanza; **~** *f* **des Mahnantrags** *ZivProzR (§ 691 ZPO)* rigetto *m* della domanda (di ingiunzione).
Zurückweisung *f* [2] *AuslR (Verhinderung der unerlaubten Einreise eines Ausländers) (§ 15 AufenthG)* respingimento *m* (*del cittadino straniero quando lo stesso si presenti ai varchi di frontiera senza avere i requisiti previsti dalla legge*).
zurückwirken *v* [auf *Akk*] ripercuotersi [su], avere effetto retroattivo, avere efficacia retroattiva.

zurückwirkend *adj* retroattivo, avente effetto retroattivo, avente efficacia retroattiva.
Zurückwirkung *f* retroattività *f*, effetto *m* retroattivo, efficacia *f* retroattiva.
zurückzahlbar *adj* rimborsabile.
zurückzahlen *v* rimborsare, restituire, risarcire, rifondere; **vorzeitig ~** rimborsare anticipatamente (o: in anticipo/in via anticipata).
Zurückzahlung *f* rimborso *m*, restituzione *f*, rifusione *f*.
zurückziehen *v* ritirare, *(widerrufen)* revocare, *(Forderung)* rinunciare a, *(Beleidigung)* ritrattare.
Zurück | ziehen *n*; **~ziehung** *f* ritiro *m*.
Zuruf *m* chiamata *f*, acclamazione *f*; **durch ~ abstimmen** votare per acclamazione; **durch ~ wählen** eleggere per acclamazione.
Zurverfügungsstellung *f* messa *f* a disposizione, fornitura *f*.
Zusage *f* promessa *f*.
zusagen *v* promettere, *(Leistungen)* obbligarsi a corrispondere.
Zusammenarbeit *f* collaborazione *f*, cooperazione *f*; **enge ~** *f* stretta collaborazione *f*; **erfolgreiche ~** *f* collaborazione *f* fattiva; **Europäische Politische ~** *f* (*Abk* = **EPZ**) *EuR* Cooperazione *f* politica europea *(CPE)*; **Abkommen** *n* **über die europäische wirtschaftliche ~** Convenzione *f* di cooperazione economica europea; **finanzielle ~** *f* collaborazione *f* finanziaria; **internationale ~** *f* cooperazione *f* internazionale; **juristische ~** *f* cooperazione *f* giuridica; **justizielle ~** *f IZVR* cooperazione *f* giudiziaria; **justizielle ~** *f* **in Zivilsachen** *EuR (Art. 81 AEUV)* cooperazione *f* giudiziaria in materia civile; **polizeiliche und justizielle ~** *f* **in Strafsachen** (*Abk* = **PJZS**) *EuR* cooperazione *f* di polizia e giudiziaria in materia penale; **Europäischer Verbund** *m* **für territoriale ~** (*Abk* = **EVTZ**) *EuR* Gruppo *m* europeo di cooperazione territoriale *(GECT)*; **verstärkte ~** *f EuR* cooperazione *f* rafforzata; **Europäischer Fonds** *m* **für Währungspolitische ~** (*Abk* = **EFWZ**) *EuR* Fondo *m* europeo di cooperazione monetaria *(FECOM)*; **wirtschaftliche ~** *f* collaborazione *f* economica, cooperazione *f* economica.
Zusammenhang *m (Beziehung)* rapporto *m*, relazione *f*, collegamento *m*, *(Verbindung)* connessione *f*, nesso *m*, legame *m*, *(Kontext)* contesto *m*; **ursächlicher ~** *m* = *Ursachenzusammenhang m*, *Kausalzusammenhang m* nesso *m* di causalità, nesso *m* causale, nesso *m* eziologico, rapporto *m* di causalità, rapporto *m* causale, connessione *f* causale; **~** *m* **mehrerer Straftaten** *StrafR* connessione *f* di reati.
Zusammenkunft *f (Versammlung)* riunione *f*, *(Begegnung)* incontro *m*, *(Verabredung)* appuntamento *m*, *(Sitzung)* seduta *f*, *(Tagung)* convegno *m*.
zusammenlegen *v (vereinigen)* unire, riunire, fondere, *(gruppieren)* raggruppare.
Zusammenlegung *f (Vereinigung)* riunione *f*, fusione *f*, accorpamento *m*, *(Gruppierung)* raggruppamento *m*, *(Sammlung)* raccolta *f*; **~** *f* **von Aktien** raggruppamento *m* di azioni; **~** *f* **landwirtschaftlicher Grundstücke** ricomposizione *f* fondiaria.
Zusammenlegungsrecht *n* diritto *m* di raggruppamento.
zusammenschlagen *v* riunire più concessioni minerarie in una sola.
Zusammenschlagung *f* riunione *f* di più concessioni minerarie in una sola.
Zusammenschluss *m* unione *f*, associazione *f*, fusione *f*, concentrazione *f*, integrazione *f*; **horizontaler ~** *m KartellR (zweier miteinander konkurrierender Unternehmen)* integrazione *f* orizzontale, concentrazione *f* orizzontale; **vertikaler ~** *m KartellR (zweier Unternehmen aus unterschiedlichen Bereichen der Lieferkette)* integrazione *f* verticale,

concentrazione *f* verticale; **wirtschaftlicher ~** *m* integrazione *f* economica.

Zusammenstellung *f (Übersicht)* elenco *m*, lista *f*, *(Abfassung)* compilazione *f*, *(Sammlung)* raccolta *f*, *(Bildung)* formazione *f*, *(Zusammensetzung)* composizione *f*, combinazione *f*, raggruppamento *m*, *(Zusammenstellen)* accostamento *m*, *(com)* assortimento *m*.

Zusammenstoß *m* scontro *m*, collisione *f*, urto *m*; **schuldhafter ~** *m*; **~** *m* **durch Verschulden** urto *m* per colpa unilaterale; **~** *m* **durch gemeinsames Verschulden** urto *m* per colpa comune; **~** *m* **durch Zufall** urto *m* fortuito.

zusammenstoßen *v* urtarsi, scontrarsi.

zusammentreffen *v (Personen)* incontrarsi, riunirsi, *(zeitlich, inhaltlich übereinstimmen)* coincidere, concorrere, convenire.

Zusammentreffen *n (von Personen)* incontro *m*, *(von Umständen)* concorso *m*, *(Gleichzeitigkeit)* coincidenza *f*, concomitanza *f*; **~** *n* **(mehrerer) strafbarer Handlungen** *(A, CH) StrafR* concorso *m* di reati.

Zusammenveranlagung *f SteuerR* imposizione *f* unica (dei coniugi).

zusammenwirken *v (zusammenarbeiten)* collaborare, cooperare, *(Umstände)* concorrere.

Zusammenwirken *n (Zusammenarbeit)* collaborazione *f*, cooperazione *f*, *(Umstände)* concorso *m*.

Zusatz- addizionale, supplementare, complementare, accessorio, aggiuntivo, integrativo.

Zusatz *m (Ergänzung)* supplemento *m*, aggiunta *f*, *(Anhang)* appendice *f*, *(zu einem Brief)* poscritto *m*, *(zu einem Testament)* codicillo *m*; **~abkommen** *n* accordo *m* addizionale, accordo *m* aggiuntivo, accordo *m* complementare; **~aktie** *f* azione *f* gratuita; **~artikel** *m* articolo *m* addizionale; **~bedingung** *f* condizione *f* supplementare, condizione *f* addizionale, condizione *f* aggiuntiva; **~bestimmung** *f* disposizione *f* complementare, disposizione *f* addizionale, disposizione *f* supplementare, norma *f* integrativa; **~dividende** *f* dividendo *m* supplementare, partecipazione *f* supplementare agli utili; **~entschädigung** *f* indennità *f* complementare, indennità *f* suppletiva; **~erklärung** *f* dichiarazione *f* addizionale, dichiarazione *f* complementare; **~gebühr** *f* tassa *f* addizionale, tassa *f* supplementare, diritto *m* addizionale, sopra(t)tassa *f* (*anche: sovra(t)tassa*), supertassa *f*; **~gesetz** *n* legge *f* complementare; **~gewinnanteil** *m* partecipazione *f* supplementare agli utili; **~haftung** *f* responsabilità *f* supplementare; **~klausel** *f* clausola *f* aggiuntiva, clausola *f* suppletiva, clausola *f* addizionale; **~kosten** *pl* costi *mpl* aggiuntivi, costi *mpl* accessori, spese *fpl* supplementari, spese *fpl* extra.

zusätzlich *adj (hinzugefügt)* addizionale, supplementare, aggiuntivo, in aggiunta, accessorio, *(ergänzend)* complementare, integrativo, *(unterstützend)* ausiliario.

Zusatz|patent *n* brevetto *m* completivo, brevetto *m* aggiuntivo; **~protokoll** *n* protocollo *m* aggiuntivo, protocollo *m* addizionale; **~rente** *f* rendita *f* complementare, rendita *f* supplementare, pensione *f* integrativa, pensione *f* supplementare, previdenza *f* integrativa, previdenza *f* complementare; **~steuer** *f* imposta *f* addizionale, addizionale *f*, imposta *f* supplementare, sovrimposta *f* [anche: sovraimposta]; **~strafe** *f* pena *f* suppletiva; **~vereinbarung** *f* convenzione *f* addizionale, convenzione *f* aggiuntiva, convenzione *f* supplementare, accordo *m* supplementare; **~vergütung** *f* indennità *f* complementare, indennità *f* suppletiva, indennità *f* integrativa; **~versicherung** *f* assicurazione *f* complementare, assicurazione *f* supplementare, assicurazione *f* aggiuntiva, assicurazione *f* integrativa, *(Versorgung)* previdenza *f* integrativa; **~versorgung** *f* previdenza *f* integrativa, previdenza *f* complementare; **~vertrag** *m* contratto *m* accessorio, contratto *m* addizionale, contratto *m* annesso, contratto *m* aggiuntivo, *VölkerR* trattato *m* addizionale.

Zuschlag *m* [1] *(zusätzlich zu zahlender Betrag)* supplemento *m*, aggiunta *f*, *(vom Preis)* maggiorazione *f* (di prezzo), sovra(p)prezzo *m* (*anche: sopra(p)prezzo*), *(Steuer)* sopra(t)tassa *f* (*anche: sovra(t)tassa*), *(Prämie)* premio *m*, aumento *m*, *(Entgelt)* indennità *f*.

Zuschlag *m* [2] *(bei Ausschreibungen, Auktionen)* aggiudicazione *f*, *(von Aufträgen)* appalto *m*; **den ~ erteilen** *(bei Ausschreibungen, Auktionen)* aggiudicare, *(Auftrag)* appaltare, aggiudicare l'appalto.

zuschlagen *v* [1] *(erhöhen)* aggiungere, aumentare, maggiorare.

zuschlagen *v* [2] *(bei Ausschreibungen, Auktionen)* aggiudicare, *(als Auftrag erteilen)* appaltare.

zuschlagen *v* [3] *(körperlich)* colpire.

Zuschlags | erteilung *f (bei Ausschreibungen, Auktionen)* aggiudicazione *f*, *(von Aufträgen)* appalto *m*; **~frist** *f* termine *m* supplementare.

Zuschlagsgebühr *f* sopra(t)tassa *f* (*anche: sovra(t)tassa*), supertassa *f*, tassa *f* addizionale; **eine ~ einheben** *(A)*; **eine ~ erheben** sopra(t)tassare, richiedere una sopra(t)tassa (o: sovra(t)tassa).

Zuschlags | kosten *pl* spese *fpl* generali; **~prämie** *f* sovrappremio *m*, premio *m* addizionale; **~protokoll** *n* verbale *m* di aggiudicazione, processo *m* verbale di aggiudicazione; **~steuer** *f* imposta *f* addizionale, addizionale *f*, imposta *f* supplementare, sovrimposta *f* [anche: sovraimposta]; **~zoll** *m* dazio *m* supplementare.

zuschreiben *v (zur Last legen)* imputare, attribuire la colpa di, *(auf etwas zurückführen)* attribuire, ascrivere, *(überschreiben)* intestare, trascrivere, *(gutschreiben)* accreditare, scrivere a credito, assegnare.

Zuschuss *m (Hilfsgeld)* sussidio *m*, indennità *f*, assegno *m*, contributo *m*, *(Subvention)* sovvenzione *f*, *(Zusatz)* supplemento *m*, aggiunta *f*; **einen ~ gewähren** accordare una sovvenzione, concedere una sovvenzione, sovvenzionare; **nicht rückzahlungspflichtiger ~** *m* sovvenzione *f* a fondo perduto; **staatlicher ~** *m* sovvenzione *f* statale, sussidio *m* statale; **verlorener ~** *m* sovvenzione *f* a fondo perduto.

Zuschuss | empfänger/in *m/f* beneficiario/-a *m/f* della sovvenzione, sovvenzionato/-a *m/f*; **~kasse** *f* cassa *f* di soccorso, cassa *f* di sovvenzione.

zusichern *v* assicurare, garantire.

Zusicherung *f (Versprechen)* assicurazione *f*, *(Gewähr)* garanzia *f*; **ausdrückliche ~** *f* garanzia *f* esplicita; **vertragliche ~** *f* garanzia *f* contrattuale.

zusprechen *v (zuerteilen)* aggiudicare, *(Kinder)* assegnare, affidare, *(zuerkennen)* conferire, attribuire; **das Kind wird der Mutter zugesprochen** *FamR* affidare il figlio (o: la figlia) minore alla madre.

Zusprechung *f* **mit Standesfolge** *(CH)* attribuzione *f* con effetti di stato civile *(CH)*, dichiarazione *f* giudiziale di paternità.

Zustand *m* stato *m*, *(Beschaffenheit, Verfassung)* condizione/-i f/pl, *(Lage)* situazione *f*, *(rechtliche, politische Lage, Stand)* status *m*; **im derzeitigen ~** allo stato attuale; **den früheren ~ wiederherstellen** rimettere in pristino; **ordnungsgemäßer ~** *m* buone condizioni *fpl*, buono stato *m*, adeguato stato *m*; **ursprünglicher ~** *m* stato *m* originario; **vorheriger ~** *m (vgl. § 249 BGB)* status quo ante *(lat)*; **~** *m* **der Trunkenheit** stato *m* di ubriachezza, stato *m* di ebbrezza.

Zustandebringen *n* perfezionamento *m*, conclusione *f*, stipulazione *f*, realizzazione *f*, attuazione *f*.

zustande bringen *v* [auch: zu Stande bringen] porre in essere, perfezionare, concludere, stipulare, realizzare, attuare.

Zustandekommen *n* perfezionamento *m*, conclusione *f*, stipulazione *f*, realizzazione *f*, attuazione *f*, formazione *f*, effettuazione *f*, riuscita *f*; **~** *n* **eines Vertrags** perfezionamento *m* di un contratto, conclusione *f* di un contratto, stipulazione *f* di un contratto, formazione *f* del contratto.

zustande kommen *v* [auch: zu Stande kommen] perfezionarsi, venire in essere, essere concluso, essere stipulato, essere realizzato, essere effettuato, andare a buon fine.

zuständig *adj* competente, pertinente, responsabile, addetto, preposto; **~ sein** [für *Akk*] essere responsabile [di/per], essere competente [per], essere addetto [a], essere preposto [a]; **örtlich ~** *ProzR* competente per territorio; **sachlich ~** *ProzR* competente per materia.

Zuständigkeit *f* competenza *f*, pertinenza *f*, responsabilità *f*; **die ~ bestimmen** determinare la competenza; **die ~ rügen** eccepire l'incompetenza, eccepire la competenza; **die ~ verneinen** declinare la competenza; **ausschließliche ~** *f* competenza *f* esclusiva; **besondere ~** *f* competenza *f* speciale; **funktionelle ~** *f* competenza *f* funzionale; **gerichtliche ~** *f*, **Anerkennung** *f* **und Vollstreckung** *f* **von Entscheidungen in Zivil- und Handelssachen** *IPR* competenza *f* giurisdizionale, riconoscimento *m* ed esecuzione *f* delle decisioni in materia civile e commerciale; **internationale ~** *f* (*Abk* = **IZ**) *IPR (eines Gerichts)* competenza *f* internazionale; **konkurrierende ~** *f (mehrerer Gerichte)* competenza *f* concorrente; **mangelnde ~** *f* difetto *m* di competenza, incompetenza *f*; **örtliche ~** *f* *ProzR* competenza *f* territoriale, competenza *f* per territorio; **sachliche ~** *f* *ProzR* competenza *f* per materia, competenza *f* di merito; **subsidiäre ~** *f* competenza *f* sussidiaria; **umfassende ~** *f* competenza *f* piena, pienezza *f* di competenza; **verwaltungsbehördliche ~** *f* competenza *f* amministrativa; **~** *f* **als Gericht erster Instanz** competenza *f* del giudice di primo grado; **~** *f* **der ordentlichen Gerichte** competenza *f* del giudice ordinario.

Zuständigkeits | begrenzung *f* delimitazione *f* della competenza; **~bereich** *m* competenza *f*, ambito *m* di competenza, sfera *f* di competenza, per quanto di competenza (di); **~bereinigung** *f* regolamento *m* di competenza; **~budget** *n* bilancio *m* di competenza, bilancio *m* di diritto, bilancio *m* giuridico; **~erweiterung** *f* estensione *f* di competenza; **~gebiet** *n* competenza *f*, ambito *m* di competenza, sfera *f* di competenza, per quanto di competenza (di); **~lücke** *f* vuoto *m* di competenza; **~mangel** *m* difetto *m* di competenza, incompetenza *f*; **~prorogation** *f* *(A)*; **~prorogierung** *f (A)* competenza *f* per accordo delle parti; **~regelung** *f* regolamento *m* di competenza; **~rüge** *f* *ProzR* eccezione *f* di competenza, eccezione *f* di incompetenza; **~streit** *m* conflitto *m* di competenza, controversia *f* sulla competenza; **~überschreitung** *f* eccesso *m* di potere; **~vereinbarung** *f* accordo *m* sulla competenza; **~verteilung** *f* ripartizione *f* delle competenze; **~vorschrift** *f* regola *f* di competenza; **~zersplitterung** *f* frammentazione *f* delle competenze.

Zustandsdelikt *n* reato *m* istantaneo con effetti permanenti.

zustehen *v* spettare, competere.

Zustell | amt *n* ufficio *m* di distribuzione; **~ausweis** *m (A)* relata *f* di notifica, relazione *f* di notifica, relazione *f* di notificazione.

zustellen *v* notificare, consegnare, recapitare.

Zustell | gebühr *f* tassa *f* di consegna; **~schein** *m (A)* relata *f* di notifica, relazione *f* di notifica, relazione *f* di notificazione.

Zustellung *f* notifica *f*, notificazione *f*, consegna *f*, recapito *m*, intimazione *f* *(CH)*; **30 Tage nach ~** (entro)

30 giorni dalla notifica, (entro) 30 giorni dalla notificazione; **die ~ bestätigen** confermare la consegna, confermare l'avvenuta notifica; **die ~ bewirken** effettuare la notifica, procedere alla notifica, provvedere alla notifica, notificare; **die ~ entgegennehmen** ricevere la notifica, ricevere la notificazione; **die ~ vornehmen** effettuare la notifica, procedere alla notifica, provvedere alla notifica, notificare; **die ~ an den Beklagten vornehmen** notificare al convenuto; **~** *f* **von Amts wegen** notificazione *f* d'ufficio, notificazione *f* ordinata dal giudice; **~** *f* **von Anwalt zu Anwalt** notificazione *f* tra i procuratori alle liti, notificazione *f* tra i difensori; **behördliche ~** *f* notifica *f* amministrativa; **~** *f* **auf Betreiben der Parteien** notificazione *f* ad (o: su) istanza di parte; **~** *f* **zu eigenen Handen** *(A)*; **~** *f* **zu eigenen Händen** *(A)*; **eigenhändige ~** *f (A)* notificazione *f* in (o: a) mani proprie, notifica *f* in (o: a) mani proprie; **förmliche ~** *f* notificazione *f*, notifica *f*; **~** *f* **der Klageschrift** *ZivProzR* notificazione *f* dell'atto di citazione, notifica *f* dell'atto di citazione; **öffentliche ~** *f* notificazione *f* per pubblici proclami, notifica *f* per pubblici proclami (*in caso di irreperibilità*); **persönliche ~** *f*; **~** *f* **in Person** notificazione *f* in (o: a) mani proprie, notifica *f* in (o: a) mani proprie; **~** *f* **durch Aufgabe zur Post**; **~** *f* **durch die Post** notificazione *f* a mezzo del servizio postale, notifica *f* a mezzo del servizio postale, notificazione *f* a mezzo posta, notifica *f* a mezzo posta.

Zustellungs | adressat/in *m/f* destinatario *m* della notificazione, notificando *m*; **~anordnung** *f* ordine *m* di notifica; **~anschrift** *f* domicilio *m* eletto; **~beamter/-beamtin** *m/f* messo *m* notificatore; **~bescheinigung** *f (CH)* relata *f* di notifica, relazione *f* di notifica, relazione *f* di notificazione.

Zustellungsbevollmächtigte/r *f/m* procuratore *m* (legale) domiciliatario, domiciliatario *m*; **eine/n Zustellungsbevollmächtigte/n benennen** eleggere domicilio.

Zustellungs | domizil *n (CH)* domicilio *m* eletto; **~empfänger/in** *m/f* destinatario *m* della notificazione, notificando *m*; **~ersuchen** *n* richiesta *f* di notifica; **~gebühr** *f* tassa *f* di recapito; **~kurator/in** *m/f (A)* curatore *m* giudiziario incaricato di ricevere le notificazioni; **~nachweis** *m* prova *f* dell'avvenuta notifica, prova *f* dell'avvenuta notificazione; **~organ** *n* organo *m* notificante; **Haager ~übereinkommen** *n IPR (Haager Übereinkommen vom 15. November 1965 über die Zustellung gerichtlicher und außergerichtlicher Schriftstücke im Ausland in Zivil- oder Handelssachen)* Convenzione *f* dell'Aja del 15 novembre 1965 relativa alla notificazione e alla comunicazione all'estero degli atti giudiziari ed extragiudiziali in materia civile o commerciale; **~urkunde** *f* atto *m* di notifica, atto *m* di notificazione, relata *f* di notifica, relazione *f* di notifica; **~verfahren** *n* procedura *f* di notificazione, procedimento *m* di notificazione; **~verordnung** *f EuR → s. Anhang 3 a)* Regolamento *m* (CE) n. 1393/2007 del Parlamento europeo e del Consiglio, del 13 novembre 2007, relativo alla notificazione e alla comunicazione negli Stati membri degli atti giudiziari ed extragiudiziali in materia civile o commerciale («notificazione o comunicazione degli atti») e che abroga il regolamento (CE) n. 1348/2000 del Consiglio.

Zustell | verfügung *f (A)* decreto *m* di notificazione; **~verwaltung** *f* amministrazione *f* distributrice.

zustimmen *v* [*Dat*] *(einverstanden sein)* concordare con, essere d'accordo con, *(einwilligen)* acconsentire a, aderire a, *(annehmen)* accettare, accogliere, *(billigen)* approvare, dare il benestare, *(genehmigen)* autorizzare, ratificare, sancire, sanzionare.

Zustimmung *f* accordo *m*, *(Einverständnis)* consenso *m*, *(Einwilligung)* assenso *m*, adesione *f*, *(Annahme)* accettazione *f*, accoglimento *m*, *(Billigung)* approvazione *f*, benestare *m*, parere *m* favorevole, parere *m* conforme, *(Genehmigung)* autorizzazione *f*, ratifica *f*; **vorbehaltlich ~** salvo consenso, salvo approvazione; **der ~ bedürfen** richiedere il consenso, richiedere l'approvazione; **(die) ~ einholen** chiedere il consenso, chiedere l'approvazione; **(die) ~ erhalten** ottenere il consenso, ottenere l'approvazione; **(die) ~ erteilen** prestare il consenso, dare il consenso, dare il benestare, concedere il benestare; **(die) ~ versagen**; **(die) ~ verweigern** negare il consenso, negare l'approvazione, rifiutare il consenso, rifiutare l'approvazione, ricusare il consenso, ricusare l'approvazione; **ausdrückliche ~** *f* espresso consenso *m*, espressa approvazione *f*; **behördliche ~** *f* autorizzazione *f*; **nachträgliche ~** *f* consenso *m* successivo, sanatoria *f*, ratifica *f*; **stillschweigende ~** *f* consenso *m* tacito, approvazione *f* tacita, silenzio *m* assenso; **vorherige ~** *f* consenso *m* preventivo, approvazione *f* preventiva; **nach vorheriger schriftlicher ~** previo consenso scritto; **~** *f* **des gesetzlichen Vertreters** consenso *m* del legale rappresentante, consenso *m* del rappresentante legale.

Zustimmung – Einwilligung – Genehmigung
Zustimmung è il termine generico utilizzato in tedesco per indicare sia la dichiarazione di consenso preventivo (*Einwilligung = vorherige Zustimmung:* assenso, autorizzazione) sia la dichiarazione di consenso successivo (*Genehmigung = nachträgliche Zustimmung:* approvazione). Cfr. §§ 182–184 BGB

zustimmungsbedürftig *adj* soggetto ad approvazione.

Zustimmungs | erklärung *f* dichiarazione *f* di consenso, consenso *m*, benestare *m*; **~gesetz** *n* legge *f* di approvazione, legge *f* di ratificazione, legge *f* per la quale è richiesta l'espressa approvazione del Bundesrat.

zustimmungspflichtig *adj* soggetto ad approvazione.

Zustimmungs | verfahren *n* procedura *f* di approvazione; **~vorbehalt** *m (Kauf)* riserva *f* di gradimento.

zuteilen *v* [1] *(verteilen)* distribuire, ripartire, *(rationieren)* razionare.

zuteilen *v* [2] *(zuweisen)* assegnare, attribuire, destinare, *(gewähren)* accordare, concedere.

Zuteilung *f* [1] *(Austeilung)* distribuzione *f*, ripartizione *f*.

Zuteilung *f* [2] *(Zuweisung)* assegnazione *f*, attribuzione *f*.

Zuteilung *f* [3] *(Anteil)* parte *f*, quota *f*, *(Ration)* razione *f*, *(Kontingent)* contingente *m*.

Zuteilungs | quote *f* quota *f* di assegnazione; **~recht** *n* diritto *m* di assegnazione.

Zutritt *m (Zugang)* accesso *m*, *(Eintritt)* ingresso *m*, entrata *f*; **~ haben** [zu *Dat*] avere accesso [a]; **~ verboten** = *kein Zutritt* accesso vietato, vietato l'accesso, ingresso vietato, vietato l'ingresso; **sich (Dat) ~ verschaffen** [zu *Dat*] riuscire a introdursi [in]; **~ verweigern** [zu *Dat*] negare l'accesso [a]; **freier ~** *m* libero accesso *m*.

Zutrittsrecht *n* diritto *m* d'accesso.

zuungunsten *präp* [*Gen*] [auch: zu Ungunsten] a sfavore di, a carico di.

Zuwachs *m* [1] *(Wachstum)* crescita *f*, accrescimento *m*, *(Vermehrung)* aumento *m*, *(Mehrwert)* incremento *m*.

Zuwachs *m* [2] *SachenR* accessione *f* (*modo di acquisto della proprietà*).

zuwachsen *v* [*Dat*] *(zufallen)* toccare [a], spettare [a].

Zuwachs | rate *f* tasso *m* di crescita, tasso *m* di incremento; **~recht** *n*

diritto *m* di accrescimento; **~wert** *m* valore *m* aggiunto.
zuwandern *v* immigrare.
Zuwanderung *f* immigrazione *f*.
zuweisen *v* assegnare, affidare, conferire, attribuire, destinare, stanziare, *(Streitigkeit)* devolvere.
Zuweisung *f* assegnazione *f*, attribuzione *f*, conferimento *m*, destinazione *f*, stanziamento *m*, *(einer Streitigkeit)* devoluzione *f*; **~** *f* **der Ehewohnung** *FamR (nach Trennung)* assegnazione *f* della casa coniugale, assegnazione *f* della casa familiare; **~** *f* **an die Reserven** destinazione *f* alle riserve; **~** *f* **einer Streitigkeit** devoluzione *f* di una controversia; **~** *f* **von Werten** destinazione *f* di beni.
zuwenden *v* [1] *(zuweisen)* assegnare, destinare, *(zukommen lassen)* devolvere, *(Aufmerksamkeit)* rivolgere.
zuwenden *v* [2] *(schenken)* donare, elargire.
Zuwendung *f* [1] *(Zuteilung)* assegnazione *f*, *(Zuweisung)* destinazione *f*, stanziamento *m*.
Zuwendung *f* [2] *(Subvention)* sovvenzione *f*, *(Zuschuss)* sussidio *m*, contributo *m*, assegno *m* (*integrativo*), *(Schenkung)* donazione *f*, elargizione *f*, lascito *m*, *(Beachtung)* attenzioni *fpl*, cure *fpl*; **ehebedingte ~** *f FamR* donazione *f* matrimoniale; **freiwillige ~** *f*; **unentgeltliche ~** *f* liberalità *f*, atto *m* di liberalità, cessione *f* a titolo di liberalità, donazione *f*.
Zuwendungs | geschäft *n* negozio *m* di attribuzione; **~verhältnis** *n* rapporto *m* di valuta.
zuwiderhandeln *v* [*Dat*] contravvenire [a], trasgredire, violare.
Zuwiderhandelnde/r *f/m* contravventore *m*, trasgressore *m*.
Zuwiderhandlung *f* contravvenzione *f*, infrazione *f*, trasgressione *f*, violazione *f*, illecito *m*; **steuerrechtliche ~** *f* illecito *m* fiscale, illecito *m* tributario, violazione *f* fiscale, violazione *f* tributaria, contravvenzione *f* fiscale, contravvenzione *f* tributaria, infrazione *f* fiscale, infrazione *f* tributaria.
zuwiderlaufen *v* [*Dat*] andare contro qc., essere contrario a qc.
zuzahlen *v* pagare in più.
Zuzahlung *f* pagamento *m* supplementare, pagamento *m* addizionale, pagamento *m* aggiuntivo.
zuziehen *v (Sachverständige)* consultare, interpellare, nominare, assumere.
Zuziehung *f (Hinzuziehung)* consultazione *f*, ricorso *m*, nomina *f*, assunzione *f*, *(Beratung)* consulto *m*.
zuzüglich *präp* [*Gen*] (*Abk* = **zzgl.**) più, escluso *(escl.)*; **~ der Kosten** più le spese, al lordo delle spese.
Zuzugs | gemeinde *f* comune *m* di nuova residenza; **~genehmigung** *f* permesso *m* di residenza.
Zwang *m (Nötigung)* costrizione *f*, coercizione *f*, coazione *f*, *(Druck)* pressione *f*, *(Gewalt)* forza *f*, violenza *f*, *(Notwendigkeit)* necessità *f*, *(Pflicht)* obbligo *m*, obbligatorietà *f*, vincolo *m*; **körperlicher ~** *m* coazione *f* fisica, violenza *f* fisica, violenza *f* assoluta; **moralischer ~** *m* violenza *f* morale; **physischer ~** *m* *(A)* coazione *f* fisica, violenza *f* fisica, violenza *f* assoluta; **psychischer ~** *m* costringimento *m* psichico, coazione *f* psichica; **unmittelbarer ~** *m* forza *f* fisica.
Zwangs- obbligo di, obbligatorio, forzato, forzoso, coatto, coattivo.
Zwangs | ablieferung *f* consegna *f* obbligatoria; **~abtretung** *f* cessione *f* forzata; **~adoption** *f* adozione *f* forzata; **~angebot** *n* offerta *f* forzata; **~anleihe** *f* prestito *m* forzato; **~ansiedlung** *f* colonizzazione *f* forzata; **~arbeit** *f* lavoro/-i m/pl forzato/-i; **~aufenthalt** *m* domicilio *m* coatto, confino *m*; **~auflösung** *f* liquidazione *f* coatta; **~ausgleich** *m (A) InsolvenzR* concordato *m* fallimentare; **~befugnis** *f* potere *m* di coercizione, potere *m* coercitivo; **~behandlung** *f (von Kranken)* trattamento *m* coatto; **~beitrag** *m* contributo *m* obbligatorio, contributo *m* forzato; **~beitreibung** *f* riscossione *f* coattiva; **~beitreibungsverfahren** *n* procedimento *m* di riscossione coattiva, procedura *f*

di riscossione coattiva, attività *f* di riscossione coattiva; **~beurlaubung** *f* sospensione *f* dalla qualifica; **~bewirtschaftung** *f* contingentamento *m* obbligatorio, razionamento *m* obbligatorio; **~eingemeindung** *f* incorporazione *f* forzata in un comune; **~einstellung** *f* assunzione *f* obbligatoria; **~eintreibungsverfahren** *n* procedimento *m* di riscossione coattiva, procedura *f* di riscossione coattiva, attività *f* di riscossione coattiva; **~einweisung** *f* ricovero *m* coatto; **~einziehung** *f* riscossione *f* coattiva; **~enteignung** *f* espropriazione *f* forzata; **~ernährung** *f* alimentazione *f* forzata; **~exekution** *f (A)* esecuzione *f* forzata; **~fusionierung** *f* fusione *f* forzata; **~geld** *n* ammenda *f* (*inflitta per l'esecuzione forzata degli obblighi di fare, di non fare o di tollerare*); **~gerichtsstand** *m (A)* foro *m* obbligatorio; **~gewalt** *f* potere *m* di coercizione, potere *m* coercitivo; **~haft** *f* arresto *m* (*inflitto in caso di mancato pagamento dell'ammenda (Zwangsgeld) irrogata*); **~handlung** *f* atto *m* di costrizione, atto *m* di coercizione; **~hypothek** *f* ipoteca *f* giudiziale; **~kartell** *n* cartello *m* obbligatorio, consorzio *m* obbligatorio; **~kauf** *m* acquisto *m* coattivo, compera *f* coattiva; **~kredit** *m* credito *m* forzoso; **~lage** *f* situazione *f* di necessità; **~liquidation** *f* liquidazione *f* coatta, liquidazione *f* forzata; **~lizenz** *f* licenza *f* obbligatoria; **~maßnahme** *f* misura *f* coercitiva, provvedimento *m* coercitivo, provvedimento *m* di coercizione; **~miete** *f* locazione *f* coatta, locazione *f* coattiva; **~mietvertrag** *m* contratto *m* di locazione coatta (o: coattiva); **~mitgliedschaft** *f* obbligo *m* di adesione, adesione *f* obbligatoria, appartenenza *f* obbligatoria (o: coattiva ad un'associazione); **~mittel** *n* mezzo *m* coercitivo, mezzo *m* coattivo, mezzo *m* di coercizione, strumento *m* di coercizione; **~ordnung** *f* regime *m* coattivo; **~pensionierung** *f* collocamento *m* a riposo d'ufficio; **~räumung** *f* sfratto *m* (*forzoso*), esecuzione *f* forzata per rilascio di immobile; **~recht** *n* diritto *m* di coercizione, diritto *m* di costrizione; **~schlichtung** *f* conciliazione *f* obbligatoria; **~sicherungshypothek** *f* ipoteca *f* giudiziale; **~strafe** *f* pena *f* amministrativa; **~tarif** *m* tariffa *f* obbligatoria; **~umlage** *f* contributo *m* obbligatorio; **~verband** *m* consorzio *m* coattivo, consorzio *m* obbligatorio; **~verbund** *m FamR (zwischen dem Scheidungsverfahren und dem Verfahren zur Durchführung des öffentlich-rechtlichen Versorgungsausgleiches)* collegamento *m* processuale d'ufficio (*tra la pronuncia di divorzio e la pronuncia relativa alla compensazione delle aspettative previdenziali*); **~verfahren** *n* procedimento *m* coattivo, procedura *f* coattiva, procedura *f* coercitiva; **~vergleich** *m (D) (Durch die ab 1.1.1999 geltende Insolvenzordnung wurde der Zwangsvergleich abgeschafft und der Insolvenzplan eingeführt)* concordato *m* fallimentare; **~verkauf** *m* vendita *f* forzata; **~verpflichtung** *f (bei Streik)* precettazione *f*; **~verschickung** *f*; **~verschleppung** *f* deportazione *f*; **~versicherte/r** *f/m* assicurato/-a *m/f* obbligatorio/-a, chi ha stipulato un'assicurazione obbligatoria; **~versicherung** *f* assicurazione *f* obbligatoria; **~versteigerung** *f* asta *f* giudiziaria, vendita *f* forzata al pubblico incanto; **~vertrag** *m* contratto *m* coattivo, contratto *m* a stipulazione forzata; **~verwalter/in** *m/f* sequestratario *m*, amministratore *m* giudiziario.

Zwangsverwaltung *f* sequestro *m*, amministrazione *f* giudiziaria; **unter ~ stellen** mettere sotto sequestro; **gerichtlich angeordnete ~** *f* sequestro *m* giudiziario.

Zwangsverwertung *f* realizzazione *f* forzata, realizzo *m* forzato.

Zwangsvollstreckung *f ZivProzR* esecuzione *f* forzata, esecuzione *f* coattiva, procedura *f* esecutiva, processo *m* esecutivo, espropriazione *f* forzata; **zum Zwecke der ~ (erteilt)** *ZivProzR* ai fini esecutivi; **die ~ betreiben** *ZivProzR* promuovere l'esecuzione forzata, procedere all'esecuzione forzata; **die ~ in den Grundbesitz dulden** *SachenR (§ 77 AO)* consentire (o: tollerare) l'esecuzione forzata sulla proprietà immobiliare; **die ~ einstellen** *ZivProzR* sospendere l'esecuzione forzata; **sich der sofortigen ~ aus dieser Urkunde in das gesamte Vermögen unterwerfen** *ZivProzR* sottoporsi (o: sottomettersi/assoggettarsi) all'esecuzione forzata immediata del presente atto su tutti i beni.

Zwangsvollstreckungs | gegenklage *f ZivProzR* ricorso *m* di opposizione all'esecuzione; **~unterwerfung** *f ZivProzR* consenso *m* all'esecuzione immediata; **~verfahren** *n ZivProzR* procedimento *m* di esecuzione forzata, procedura *f* di esecuzione forzata, procedura *f* esecutiva, fase *f* esecutiva.

Zwangsvorführung *f ProzR* accompagnamento *m* coattivo.

zwangsweise *adj* coattivo, forzato.

Zwangs | wohnsitz *m* domicilio *m* coatto, confino *m*; **~zuweisung** *f* assegnazione *f* forzata.

Zweck *m (Ziel)* scopo *m*, fine *m*, finalità *f*, obiettivo *m*, *(Absicht)* intento *m*, intenzione *f*, proposito *m*, mira *f*, *(Bestimmung)* uso *m*, destinazione *f*, *(Funktion)* funzione *f*, *(Sinn)* senso *m*, *GesR* oggetto *m* (*sociale*); **gemeinsamer ~** *m GesR* scopo *m* comune; **zu therapeutischen ~en** a fini terapeutici, per scopi terapeutici, a scopo terapeutico; **für die ~e dieses Absatzes** ai fini del presente paragrafo; **~** *m* **des Gesetzes** ratio legis *(lat)*.

Zweck | bestimmung *f* destinazione *f*; **~bestimmungsklausel** *f* clausola *f* di destinazione; **~bindung** *f* vincolo *m* di destinazione, destinazione *f* vincolata.

zweckdienlich *adj* funzionale, *(nützlich)* utile, *(angebracht)* opportuno, conveniente, *(geeignet)* adatto, *(passend)* appropriato, adeguato, *(wirksam)* efficace.

Zweckentfremdung *f* uso *m* per scopo diverso da quello previsto.

zweckgebunden *adj* a destinazione vincolata.

zweckmäßig *adj (angebracht)* appropriato, conveniente, opportuno, adatto, adeguato, *(nützlich)* utile, *(praktisch)* pratico, *(funktionell)* funzionale.

Zweckmäßigkeit *f (Angemessenheit)* opportunità *f*, convenienza *f*, adeguatezza *f*, *(Nützlichkeit)* utilità *f*, *(praktische Beschaffenheit)* praticità *f*, funzionalità *f*.

Zweckmäßigkeits | erwägungen *fpl* considerazioni *fpl* di opportunità; **aus ~gründen** per ragioni di opportunità; **~prüfung** *f* sindacato *m* di opportunità.

Zweck | steuer *f* imposta *f* con destinazione determinata; **~verband** *m* consorzio *m* intercomunale; **~vermögen** *n* patrimonio *m* di destinazione, patrimonio *m* destinato a uno scopo, patrimonio *m* destinato a uno specifico affare; **~zuwendung** *f* sovvenzione *f* a destinazione vincolata.

zweideutig *adj* ambiguo, equivoco, a doppio senso.

Zweideutigkeit *f* ambiguità *f*, equivocità *f*, doppio senso *m*.

Zweidrittelmehrheit *f* maggioranza *f* dei due terzi.

Zweifel *m (Bedenken)* dubbio *m*, *(Ungewissheit)* incertezza *f*, *(Verdacht)* sospetto *m*; **im ~** nel dubbio, in caso di dubbio; **in ~ ziehen** mettere in dubbio, mettere in discussione; **ohne ~** senza dubbio, indubbiamente; **begründeter ~** *m* dubbio *m* fondato; **berechtigter ~** *m* dubbio *m* legittimo.

Zweifelsfall *m* caso *m* (di) dubbio.

Zweig *m (Fach, Gebiet)* ramo *m*, branca *f*, settore *m*, campo *m*, sfera *f*; **~niederlassung** *f* filiale *f*, succursale *f*, sede *f* secondaria; **~niederlassungsteuer** *f* imposta *f* sulle succursali; **~stelle** *f* filiale *f*, succursale *f*, dipendenza *f*, agenzia *f* (*bancaria*), sezione *f* distaccata, sede *f* distaccata, sede *f* periferica; **~stellennetz** *n* rete *f* di succursali, rete *f* di agenzie; **~stellensteuer** *f* imposta *f* sulle succursali.

Zweikammersystem *n* sistema *m* bicamerale, bicameralismo *m*.

Zweiparteien | regierung *f* governo *m* bicolore; **~system** *n* sistema *m* bipartitico.

Zwei-plus-Vier-Vertrag *m* (*Vertrag über die abschließende Regelung in Bezug auf Deutschland*) Trattato *m* due più quattro (*Trattato sullo stato finale della Germania*).

zweiseitig *adj* bilaterale.

Zweit | ausfertigung *f* duplicato *m*, seconda spedizione *f*, seconda *f* di cambio; **~schrift** *f* duplicato *m*; **~schuldner/in** *m/f* obbligato *m* secondario; **~stimme** *f* secondo voto *m*; **~wohnsitz** *m* secondo domicilio *m*; **~wohnung** *f* seconda abitazione *f*, seconda casa *f*.

zwingen *v* costringere, forzare, obbligare, imporre.

zwingend *adj* [1] *(Norm)* ↔ *dispositiv (norma)* imperativa, cogente.

zwingend *adj* [2] *(zwanghaft)* coercitivo, coattivo, perentorio, *(obligatorisch)* obbligatorio, *(unerlässlich)* indispensabile, necessario, *(Notwendigkeit, Gründe)* impellente.

zwingend *adj* [3] *(plausibel)* plausibile, *(überzeugend)* convincente, *(triftig)* valido.

Zwischen- intermedio, parziale, provvisorio, transitorio, interinale.

Zwischen | abschluss *m* bilancio *m* intermedio; **~beauftragte/r** *f/m* intermediario *m*; **~bericht** *m* relazione *f* interinale, relazione *f* provvisoria, rapporto *m* intermedio; **~bescheid** *m* decisione *f* amministrativa provvisoria.

zwischenbetrieblich *adj* interaziendale.

Zwischen | bilanz *f* bilancio *m* intermedio; **~dividende** *f* acconto *m* di dividendo; **~entscheid** *m (CH)*; **~entscheidung** *f* decisione *f* provvisoria, *(Inzidententscheidung)* decisione *f* incidentale, pronuncia *f* interlocutoria; **~erledigung** *f* regolamento *m* intermedio; **~erwerb** *m* acquisto *m* intermedio; **~feststellungsklage** *f ZivProzR* domanda *f* di accertamento incidentale; **~finanzierung** *f* finanziamento *m* transitorio; **~frage** *f* questione *f* incidentale; **~handel** *m* commercio *m* di commissione, commercio *m* di intermediazione; **~händler/in** *m/f* intermediario *m* di commercio, *(Börse)* commissionario *m*; **~klage** *f ZivProzR* domanda *f* incidentale, azione *f* incidentale, petizione *f* incidentale *(CH)*; **~kredit** *m* credito *m* provvisorio, credito *m* transitorio; **~makler/in** *m/f* commissionario *m* di Borsa; **~prüfung** *f* esame *m* intermedio.

zwischenstaatlich *adj* internazionale, interstatale, intergovernativo.

Zwischen | stand *m* stadio *m* intermedio, fase *f* intermedia; **~streit** *m* incidente *m*, questione *f* incidentale; **~urteil** *n (§ 303 ZPO)* sentenza *f* incidentale, sentenza *f* interlocutoria, ordinanza *f* risolutiva di incidente.

Zwischenverfahren *n* [1] procedimento *m* incidentale, giudizio *m* incidentale.

Zwischenverfahren *n* [2] *StrafProzR* = *Eröffnungsverfahren* fase *f* intermedia tra la fase delle indagini preliminari (Vorverfahren) e la fase del giudizio (Hauptverfahren) (*cfr. in Italia: udienza preliminare, che tuttavia presenta notevoli differenze*), procedimento *m* camerale appositamente dedicato al controllo, da parte di un organo imparziale, circa la fondatezza della richiesta di rinvio a giudizio.

Zwischen | verfügung *f (Grundbuchrecht) (§ 18 GBO)* provvedimento *m* provvisorio *(= decisione emanata dall'ufficio tavolare tedesco, in virtù della quale al soggetto che ha richiesto l'iscrizione tavolare viene concesso un termine per rilsovere il problema che impedisce di procedere all'iscrizione richiesta)*; **~verkauf vorbehalten** salvo il venduto; **~verwaltung** *f* amministrazione *f* intermediaria, amministrazione *f* di transito; **~zeugnis** *n (Arbeitszwischenzeugnis)* attestato *m* provvisorio (*del datore di lavoro al dipendente*), benservito *m* provvisorio; **~zinsen** *mpl* interessi *mpl* intercalari; **~zollinie** *f (A)* linea *f* doganale interna.

zzgl. (*Abk* = **zuzüglich**) più, escluso *(escl.)*.

Anhang zum Rechtswörterbuch Deutsch-Italienisch

Im Anhang steht sowohl Juristen als auch juristischen Fachübersetzern und Dolmetschern ein informativer und praktisch relevanter Schlussteil zur Seite. Der Aufbau des Anhangs, der in sieben Teile untergliedert ist, hat größtmögliche Leserfreundlichkeit zum Ziel.

Im ersten Teil des Anhangs ist eine Auflistung der gesamten Infokästchen des Rechtswörterbuchs aufgeführt. Im Anschluss an die Tabelle sind einige der oben aufgelisteten Infokästchen dargelegt. Dabei handelt es sich insbesondere um Termini und Rechtsinstitute mit juristisch komplexeren Inhalten, die rechtsvergleichende Ausführungen unerlässlich erscheinen lassen. Die meisten von diesen Infokästchen sind im alphabetischen Wörterbuchteil in Kurzform dargelegt und im Anhang näher und ausführlicher erläutert. Sie richten sich deshalb vornehmlich an Fachleute, die sich vertieft mit den jeweiligen Themen auseinandersetzen wollen.

Neben Rechtsquellen und nützlichen Informationen aus dem Internet, die weitergehende Recherchen ermöglichen, sind im Anhang auch die Langtitel der im Rechtswörterbuch enthaltenen EU-Verordnungen und EU-Richtlinien – sowohl in deutscher als auch in italienischer Sprache – zu finden. Somit erhalten die Leser einen schnellen Überblick, ohne die einzelnen EU-Verordnungen und EU-Richtlinien im alphabetischen Wörterbuchteil nachschlagen zu müssen.

Im letzten Teil des Anhangs sind Musterübersetzungen aufgeführt, die einen Einblick in die übersetzerische Praxis bieten und die Verwendung der deutschen und italienischen juristischen Fachsprache veranschaulichen. Sie sollten dabei helfen, die Leser mit juristischen Fachbegriffen und Formulierungen vertraut zu machen sowie typische Übersetzungsfehler zu vermeiden.

Anregungen und Hinweise nehmen die Autorinnen über den Verlag C. H. Beck gerne entgegen.

Karin Linhart, Federica Morosini, Eleonora Finazzi Agrò

Appendice al dizionario giuridico Tedesco-Italiano

L'opera è corredata di una ricca appendice informativa e di estrema utilità ai fini dell'attività pratica sia di giuristi che di interpreti e traduttori. La suddivisione dell'appendice in sette parti mira a fornire la massima facilità di consultazione.
La prima parte dell'appendice contiene l'elenco di tutti i box informativi presenti all'interno dell'opera, alcuni dei quali vengono illustrati in dettaglio in calce alla tabella. I box informativi contenuti nell'appendice spiegano in maniera esaustiva e particolareggiata i termini e gli istituti giuridici più complessi, anche in chiave comparativistica. La maggior parte di essi sono consultabili in forma ridotta alla corrispondente lettera all'interno del dizionario e in versione integrale, più dettagliata ed esaustiva, nell'appendice, essendo – questi ultimi – pertanto principalmente rivolti a professionisti e operatori specializzati che desiderano approfondire i relativi temi solo brevemente accennati all'interno del dizionario.
Oltre all'indicazione di numerosi siti Internet su cui è possibile consultare la normativa di riferimento, trovare utili informazioni ed effettuare ricerche in ambito giuridico, una parte dell'appendice è anche dedicata ai Regolamenti e alle Direttive UE contenuti nel dizionario, di cui viene riportato il titolo completo sia in tedesco che in italiano, consentendo così ai lettori una loro rapida e facile consultazione, senza bisogno di doverli cercare ad uno ad uno alla corrispondente lettera all'interno del dizionario.
L'ultima parte dell'appendice contiene vari esempi di traduzione di alcuni atti tedeschi, che offrono un primo approccio all'attività traduttiva e illustrano l'utilizzo della terminologia giuridica tedesca e italiana, contribuendo così a far familiarizzare i lettori con le espressioni e formulazioni giuridiche più ostiche e aiutandoli ad evitare spiacevoli errori di traduzione.
Eventuali suggerimenti e consigli possono essere trasmessi alla casa editrice tedesca C. H. Beck.

Karin Linhart, Federica Morosini, Eleonora Finazzi Agrò

Anhang

I. Infokästchen **901**

II. Rechtsquellen und Hilfreiches im Internet (D/A/CH) **914**

III. Langtitel EU-Verordnungen und EU-Richtlinien **917**

IV. Bundesländer Deutschland de-it **930**

V. Bundesländer Österreich de-it **931**

VI. Kantone der Schweiz de-it **932**

VII. Musterübersetzungen de-it **933**

1. Scheidungsbeschluss 933
2. Klageschrift 936
3. Urteil 937
4. Versäumnisurteil 938
5. Anklageschrift 941
6. Strafbefehl 944
7. Notarielle Urkunde 948
8. Darlehensvertrag 952

Appendice al dizionario Tedesco-Italiano

I. **Box informativi** **901**

II. **Normativa consultabile su Internet e altri siti utili (D/A/CH)** **914**

III. **Titolo completo di Regolamenti e Direttive UE** **917**

IV. **Bundesländer tedeschi de-it** **930**

V. **Bundesländer austriaci de-it** **931**

VI. **Cantoni svizzeri de-it** **932**

VII. **Esempi di traduzione de-it** **933**

1. Sentenza di divorzio 933
2. Atto di citazione 936
3. Sentenza 937
4. Sentenza contumaciale 938
5. Richiesta di rinvio a giudizio 941
6. Decreto penale di condanna 944
7. Atto notarile 948
8. Contratto di mutuo 952

Anhang I

Infokästchen

Box informativi

1.	Abhilfe
2.	Allgemeines Bürgerliches Gesetzbuch (ABGB)
3.	Anhängigkeit des Rechtsstreits
4.	Anscheinsvollmacht
5.	Arbeitsrecht
6.	Aufenthaltsbefugnis - Aufenthaltsberechtigung - Aufenthaltsbewilligung – Aufenthaltserlaubnis - Aufenthaltsgenehmigung - Aufenthaltstitel
7.	Aufforderungsschreiben
8.	Ausschlussfrist
9.	Beweismittel
10.	Bundesgesetzblatt
11.	**Bundeskanzler** *
12.	Bundestag – Bundesrat – Bundesversammlung
13.	culpa in contrahendo
14.	Dauerschuldverhältnis
15.	Dienstvertrag
16.	Drittwirkung der Grundrechte
17.	Eigentümergrundschuld
18.	Eigentumsübertragung
19.	Einrede – Einwendung
20.	**Entscheidungen des Gerichts** *
21.	Entscheidungssammlungen Oberster Gerichte (D)
22.	Erbschein
23.	Europäische Union
24.	Ewigkeitsklausel
25.	Familienrechtsreform im Jahre 2009

26.	**Fixgeschäft: relatives und absolutes Fixgeschäft ***
27.	Gesellschaftsvertrag – Satzung
28.	**Grundbuch ***
29.	**Grundgesetz ***
30.	Grundschuld
31.	Handelsregister
32.	**Hartz IV ***
33.	Holschuld - Bringschuld - Schickschuld
34.	IKEA-Klausel
35.	Impressum
36.	Kapitalanleger-Musterverfahren
37.	Klage erheben
38.	Klageerhebung
39.	Klausel: salvatorische Klausel
40.	kollektiver Rechtsschutz
41.	Kündigung – Rücktritt – Widerruf
42.	Ladung
43.	Lohnsteuerkarte
44.	Mangelfolgeschaden
45.	Mangelschaden
46.	Mantelzession
47.	Menschenwürde
48.	Mietvertrag
49.	**müssen – sollen – dürfen – können ***
50.	**Nichtigkeit – Anfechtung ***
51.	Obersatz
52.	Oberste Gerichtshöfe
53.	Opfer
54.	**Parlamentarischer Rat ***
55.	positive Vertragsverletzung - positive Forderungsverletzung
56.	**Radbruch'sche Formel ***
57.	Rechtshängigkeit

58.	Revision
59.	Rücktritt
60.	Sachverständige/r
61.	Schriftform
62.	Schriftsätze
63.	Schuldenbremse
64.	Schweizerisches Zivilgesetzbuch
65.	Sicherungsverwahrung
66.	Sozialauswahl
67.	Staatsanwaltschaft
68.	Steuer
69.	Steueridentifikationsnummer
70.	Tarifeinheit
71.	Taschengeldparagraph
72.	Testament: gemeinschaftliches Testament
73.	**Trennungs- und Abstraktionsprinzip** *
74.	Übereinkunft – Staatsvertrag – Abkommen – Übereinkommen – Konvention
75.	Überhangmandate
76.	Unterhaltsvorschuss
77.	Urlaubsabgeltung - Urlaubsgeld
78.	**Urteil** *
79.	Verbandsklage
80.	Verbraucherinsolvenzverfahren in Deutschland
81.	Verbrechen und Vergehen
82.	Verdacht
83.	Verfassungsbeschwerde
84.	Verjährung
85.	Verletzte/r
86.	Verwirkung
87.	Wandelung
88.	Willenserklärung
89.	Wirksamkeit und Gültigkeit

90.	zentrale Behörden
91.	Zugewinngemeinschaft
92.	Zustimmung – Einwilligung – Genehmigung

* Die mit **fett gesetzten Buchstaben und (*)** gekennzeichneten Infokästchen werden nachfolgend näher erläutert; die anderen Infokästchen können im alphabetischen Wörterbuchteil nachgeschlagen werden.

* I box informativi **in neretto e contrassegnati da asterisco (*)** sono illustrati in dettaglio qui di seguito, mentre tutti gli altri box informativi sopra elencati possono essere consultati alla corrispondente lettera all'interno del dizionario.

Näher erläuterte Infokästchen

Box informativi in dettaglio

11. Bundeskanzler

Elenco dei Cancellieri della Repubblica Federale di Germania dopo la seconda guerra mondiale:
1949 - 1963 Konrad Adenauer (CDU)
1963 - 1966 Ludwig Erhard (CDU)
1966 - 1969 Kurt Georg Kiesinger (CDU)
1969 - 1974 Willy Brandt (SPD)
1974 - 1982 Helmut Schmidt (SPD)
1982 - 1998 Helmut Kohl (CDU)
1998 - 2005 Gerhard Schröder (SPD)
Dal 22/11/2005 Angela Merkel (CDU)

20. Entscheidungen des Gerichts

Nel diritto tedesco i provvedimenti di competenza del giudice, sia civile che penale, si articolano in Urteil, Beschluss e Verfügung, mentre i provvedimenti a disposizione del giudice italiano sono la sentenza, il decreto e l'ordinanza. Se da una parte vi è una piena corrispondenza tra i termini Urteil = sentenza, dall'altra parte, invece, ogni qualvolta ci si trova a tradurre i termini Beschluss e Verfügung è necessario esaminare di che tipo di provvedimento si tratta nel caso specifico per cercare il corrispondente (decreto ovvero ordinanza, o semplicemente il termine generico provvedimento) nel diritto processuale italiano. Preme inoltre precisare che in materia familiare e in materia di volontaria giurisdizione il termine Beschluss designa il provvedimento che definisce e chiude il giudizio, al pari di una sentenza (§§ 38, 116 FamFG: Entscheidung durch Beschluss), e che contiene l'indicazione delle parti, dell'autorità giudiziaria che l'ha pronunciato, data, dispositivo e motivazione. In tale contesto, è pertanto consigliabile tradurre il termine Beschluss con sentenza, spiegando tra parentesi al lettore italiano, con una nota, il motivo della scelta traduttiva operata, come nel caso della sentenza di divorzio, che dall'entrata in vigore della riforma del diritto di famiglia in data 1° settembre 2009 non si chiama più Scheidungsurteil, ma è stata ribattezzata Scheidungsbeschluss.
A titolo di completezza, si fornisce qui di seguito una breve definizione dei succitati termini:

- **Verfügung**: provvedimento che il giudice emana nel corso del procedimento per regolarne lo svolgimento; è sempre modificabile e non passa in giudicato;

- **Beschluss**: provvedimento del giudice che può essere emesso senza la preventiva instaurazione del contraddittorio tra le parti, di regola non deve essere motivato, è impugnabile (con ricorso: Beschwerde) e passa in giudicato;

- **decreto**: provvedimento con il quale si svolge, normalmente, un'attività preparatoria del processo o di vari atti di esso. Assolve, di solito, ad una funzione ordinatoria del processo e non presuppone, di regola, la preventiva instaurazione del contraddittorio tra le parti; è pronunciato d'ufficio o su istanza di parte; non deve essere motivato, salvo che la motivazione sia prescritta espressamente dalla legge; non è, di regola, revocabile né impugnabile;

- **ordinanza**: provvedimento che il giudice emana nel corso del procedimento per regolarne lo svolgimento; assolve tipicamente alla funzione ordinatoria del processo, essendo diretta a risolvere le questioni che possono sorgere tra le parti in ordine all'iter del procedimento, nel contraddittorio delle stesse; è revocabile e modificabile; può essere pronunciata in udienza e fuori udienza.

26. Fixgeschäft: relatives und absolutes Fixgeschäft

Nello stabilire se un contratto che prevede la consegna di merci o altre prestazioni (ad esempio, la fonitura di servizi) ad una data prestabilita costituisca un negozio con termine essenziale relativo (relatives Fixgeschäft) o con termine essenziale assoluto (absolutes Fixgeschäft), bisogna tener conto dell'intenzione delle parti determinata in base alle regole sull'interpretazione (§§ 133, 157 BGB). Si fa presente che nel diritto tedesco viene dato molto più peso all'interpretazione teleologica (qual'era l'obiettivo delle parti?) rispetto alla terminologia utilizzata dalle parti durante la stesura del contratto (che cosa hanno detto o scritto le parti?). Guardando all'intenzione delle parti si possono distinguere tre tipi di data di consegna:

1. Mera durata della prestazione (Leistungszeit)
È fissato un termine per la consegna / prestazione, ma non si attribuisce ad esso alcun valore particolare. Si tratta della semplice durata della prestazione (Leistungszeit), così come il luogo dell'adempimento (Leistungsort) e l'oggetto della prestazione (Leistungsgegenstand).

2. Termine essenziale relativo (relatives Fixgeschäft)
È stato fissato un termine per la consegna / prestazione e si può dedurre dalla terminologia utilizzata e dalle circostanze del caso concreto che il rispetto di detto termine è di fondamentale importanza per l'intera transazione (das gesamte Rechtsgeschäft soll mit der Einhaltung der Leistungszeit stehen und fallen). In tal caso, sta al compratore decidere se accettare comunque la consegna in un momento successivo. La consegna tardiva non è considerata impossibile (unmöglich) ai sensi del § 275 BGB. Pertanto, l'acquirente potrebbe dover stabilire un nuovo termine (erneute Fristsetzung) per la consegna. Inoltre, egli ha diritto solo al risarcimento dei danni derivanti dal ritardo nella consegna (Schadensersatz neben der Leistung), ma non a quelli derivanti dall'impossibilità della prestazione (Schadensersatz statt der Leistung).

3. Termine essenziale assoluto (absolutes Fixgeschäft)
Se, tuttavia, è stato fissato un termine per la consegna / prestazione e si può dedurre dalla terminologia utilizzata e dalle circostanze del caso concreto

che detto termine è essenziale a tal punto che il compratore non avrebbe alcun interesse ad una consegna tardiva, si è in presenza di un termine essenziale assoluto (absolutes Fixgeschäft). In tal caso, la consegna / prestazione tardiva è ritenuta impossibile (unmöglich) ai sensi del § 275 BGB. Pertanto, l'acquirente o un altro tipo di creditore potrà chiedere i danni derivanti dall'impossibilità della prestazione (Schadensersatz statt der Leistung) o il rimborso delle spese sostenute in vista della consegna / prestazione (Aufwendungsersatz), senza che sia necessario fissare un altro termine per la consegna / prestazione.
Esempi di termine essenziale assoluto sono:
- alberi di Natale che non sono stati consegnati prima del giorno di Natale o
- un cantante che non è arrivato in tempo per il concerto nel quale avrebbe dovuto esibirsi.

28. Grundbuch

In Italia coesistono attualmente due sistemi di pubblicità immobiliare: da una parte la trascrizione, nelle vecchie province, e dall'altra il sistema tavolare o Libro fondiario, in vigore nei territori ex austriaci annessi all'Italia in seguito al primo conflitto mondiale. Questo sistema di pubblicità immobiliare (c.d. tavolare austriaco) è stato conservato quindi in vigore nelle nuove province (Trento, Bolzano, Trieste e Gorizia), nonché nei mandamenti di Cervignano e di Pontebba nella provincia di Udine, di Cortina d'Ampezzo, Pieve di Livinallongo e Colle Santa Lucia in provincia di Belluno e Valvestino in provincia di Brescia.
Il pilastro portante su cui si fonda il sistema della trascrizione è costituito dal c.d. principio consensualistico. Il concetto che ne sta alla base si basa sull'affermazione che la manifestazione di volontà avvenuta nelle forme richieste dalla legge risulta di per sé necessaria ma anche sufficiente a trasferire o costituire ex novo il diritto in capo all'avente causa. La trascrizione, attuata dalla legislazione italiana, può essere definita la forma di pubblicità necessaria perché determinati atti, riguardanti la condizione giuridica della proprietà immobiliare, abbiano efficacia contro chiunque. La trascrizione, quindi, non rappresenta un modo di acquisto della proprietà o di un altro diritto reale in genere, bensì costituisce solamente un requisito perché il nuovo rapporto giuridico creatosi relativo a beni immobili venga portato a conoscenza di terzi, in modo che nessuno possa poi invocare a proprio favore l'ignoranza di esso. Il sistema della trascrizione immobiliare è a base personale, non reale: i registri fanno riferimento a persone, non a beni; sono corredati da un indice di nomi, non da un inventario di immobili. Il conservatore dei registri immobiliari esegue la trascrizione di ciascun atto a favore dell'acquirente e contro il suo dante causa. Perciò, le ricerche nei registri immobiliari non si possono effettuare per unità immobiliari, ma solo per nomi di persone, al fine di accertare se vi figura una determinata persona fisica o giuridica e quali trascrizioni siano state eseguite a favore e quali contro di essi. Così, se Tizio offre in vendita un immobile a Caio, questi vorrà sapere se Tizio ne è proprietario e, a tal fine, dovrà cercare nei registri immobiliari le trascrizioni

a favore di Tizio ed accertare se ce n'è una che abbia per oggetto l'acquisto di quell'immobile.
A base reale è, invece, il sistema tavolare. Indiscutibile e di grande rilievo è il vantaggio che offre la tenuta del libro fondiario a sistema reale, che consente una facile ricostruzione di tutte le vicende che riguardano gli immobili, vale a dire l'iter di fatto e giuridico seguito da un immobile dal momento dell'impianto del libro fondiario fino al momento presente. L'iscrizione nei libri fondiari, detta intavolazione, ha inoltre valore di pubblicità costitutiva: l'atto non è efficace, neppure fra le parti, finché non sia avvenuta l'intavolazione. Essa non è, pertanto, una procedura pubblicitaria, bensì un procedimento di pubblicità attributivo di pubblica fede all'esistenza e consistenza del diritto in capo al titolare apparente e con effetto costitutivo.

29. Grundgesetz

Dopo la seconda guerra mondiale e la divisione della Germania in quattro settori e successivamente in due parti, entrambe, la Germania dell'Est e quella dell'Ovest, diedero vita alle loro costituzioni. Quella della Repubblica Democratica di Germania (DDR) entrò in vigore nel 1948, quella della Repubblica Federale di Germania (BRD) nel 1949. Quest'ultima fu volutamente denominata Legge fondamentale (Grundgesetz) invece di Costituzione (Verfassung), per sottolineare il carattere provvisorio di questa Costituzione, che fu redatta solo per non lasciare un vuoto temporale fino alla riunificazione della Germania. Dal momento che la riunificazione della Germania fu un'adesione dell'Est (neue Bundesländer) all'Ovest (alte Bundesländer), la Costituzione della Gemania dell'Ovest divenne la Costituzione di tutta la Germania, ma il nome non fu mai cambiato. Così la Costituzione della Germania riunificata resta la Grundgesetz.

32. Hartz IV

Il "Programma Hartz" (Hartz Konzept) designa una serie di proposte fatte nel 2002 dalla commissione "moderna prestazione dei servizi nel mercato del lavoro" (Moderne Dienstleistungen am Arbeitsmarkt) guidata da Peter Hartz e che si insediò durante il governo Schröder. Le Leggi cosidette Hartz I e Hartz II entrarono entrambe in vigore nel gennaio del 2003, seguite dalla Legge Hartz III del 2004. A partire dal 1° gennaio 2005, con l'entrata in vigore della Legge Hartz IV, il sussidio ai disoccupati di lunga durata (Arbeitslosenhilfe) e il sussidio sociale (Sozialhilfe) sono stati accorpati in un'unica prestazione economica di natura previdenziale, chiamata assegno minimo di sussistenza per persone in cerca d'impiego (Grundsicherung für Arbeitssuchende), più comunemente nota come Arbeitslosengeld II (ALG II), che rappresenta la prestazione successiva all'indennità di disoccupazione vera e propria (Arbeitslosengeld I o ALG I). Nel 2010 una storica sentenza della Corte costituzionale federale (Bundesverfassungsgericht) ha riaperto in Germania il dibattito su quanto ammonti realmente il fabbisogno di un nucleo familiare per potergli garantire un'esistenza umanamente degna. La sentenza n. 1 BvL 1/09 del 9 febbraio 2010 ha dichiarato il sistema di welfare Hartz IV - in parte - anticostituzionale, in quanto la misura è "incompatibile con il 1° comma dell'articolo 1 della Legge fondamentale (Grundgesetz), che garantisce il diritto a un'esistenza dignitosa". La Corte costituzionale con sede a Karlsruhe ha stabilito che il sistema di calcolo di quanto versare a ognuno dei 6,7 milioni di beneficiari del sostegno pubblico è stato fissato arbitrariamente e che quindi andava cambiato il tabellario stilato sia per i bambini che per gli adulti. Nel leggere la sentenza, il presidente della Corte, Hans-Jürgen Papier, ha spiegato che il compito dell'esecutivo era di "stabilire in maniera trasparente e conforme alla realtà, sulla base dei reali bisogni, le necessità di sopravvivenza" dei cittadini in condizioni di povertà, adeguando in maniera corrispondente l'ammontare del sussidio. I 345 euro mensili concessi ad ogni adulto indigente da Schröder nel 2005 erano stati portati a 359 euro in data 1° luglio 2009. Nel 2010 il governo Merkel ha provveduto a ricalcolare gli aiuti versati ai disoccupati e agli indigenti tenendo conto del "diritto fondamentale a un'esistenza dignitosa".

49. müssen – sollen – dürfen – können

Nella lingua tedesca gli stranieri spesso lottano con i verbi ausiliari müssen, sollen, dürfen e können. Questo compito diventa ancora più arduo quando ci si trova in un contesto giuridico. Nella contrattualistica e in genere nei testi giuridici tedeschi questi verbi hanno spesso l'accezione forte di avere il diritto, avere facoltà, avere l'obbligo. Essi sono dunque usati per indicare situazioni giuridiche attive o passive. Vediamoli in dettaglio:

- **müssen** viene utilizzato quando una persona ha il dovere o un obbligo di fare qualcosa e quando non vi è alcun margine di discrezionalità. Può quindi essere tradotto con dovere, avere l'obbligo di, essere obbligato a, essere tenuto a. La forma negativa va tradotta con espressioni quali non essere obbligato a, non essere tenuto a, non essere necessario e simili;

- **sollen** (dovere), invece, viene utilizzato quando su una persona grava un dovere astratto o un obbligo di fare qualcosa, ma vi è una certa discrezionalità nello stabilire se essa è davvero tenuta a fare (o ad astenersi dal fare) qualcosa nel singolo caso concreto;

- **dürfen** corrisponde in genere all'italiano avere il diritto di, avere diritto a, potere. Questo verbo è molto diffuso nella sua forma negativa. Qui ha spesso il significato di indicare un limite alle facoltà di un soggetto;

- **können**, riferito a un soggetto, viene usato in due diverse accezioni:

    - nel senso di avere facoltà di scelta, disporre di un'opzione e
    - nel senso di avere il diritto di, avere diritto a, potere.

50. Nichtigkeit – Anfechtung

La nullità (Nichtigkeit) è una forma di invalidità (Unterform der Unwirksamkeit) del negozio giuridico ed è definita come il rimedio più forte che l'ordinamento giuridico offre per sanzionare l'invalidità di un atto giuridico, in quanto opera ipso iure travolgendo il negozio ab origine e in modo permanente, ha inoltre effetto erga omnes, può essere fatta valere da chiunque vi abbia interesse (è cioè assoluta) e può essere rilevata d'ufficio dal giudice, ove risulti dai fatti allegati. Le cause di nullità (Nichtigkeitsgründe)

possono essere di vario genere: collegate all'agire come tale, come nei casi di incapacità di agire; riferite all'atto in sé, come quando vi sono vizi di forma; dipendenti dal contenuto del negozio, quando ad esempio fosse contrario a norme imperative, all'ordine pubblico e al buon costume.
L'istituto dell'annullabilità (Anfechtbarkeit) ha una propria regolamentazione contenuta nei §§ 142-144 BGB e le ipotesi in cui esso può trovare applicazione sono essenzialmente quelle dei vizi del consenso, errore (§§ 119, 120 BGB), dolo e violenza (§ 123 BGB). A differenza dell'atto nullo, l'atto annullabile (anfechtbar) si presenta in origine valido ed efficace, e destinato a rimanerlo se la persona legittimata non lo contesta nel termine previsto. Se invece il medesimo soggetto decide di attivarsi entro il termine previsto dalla legge, con l'impugnazione il negozio annullabile diventa nullo, e precisamente è da reputarsi nullo fin dall'inizio (Wird ein anfechtbares Rechtsgeschäft angefochten, so ist es als von Anfang an nichtig anzusehen; § 142 c. 1 BGB). La Anfechtung rappresenta quindi il mezzo utilizzabile per ottenere l'annullamento del negozio viziato in forma di una dichiarazione di volontà negoziale rivolta alla controparte, come esercizio non giudiziale di un diritto potestativo (Gestaltungsrecht) - diversamente da quanto succede in Italia - che conduce a una situazione di nullità.

In Italia le cose stanno invece diversamente.
La nullità del negozio si fa valere mediante l'azione di nullità che è un'azione imprescrittibile e dichiarativa (o di mero accertamento), perché non tende a mutare la situazione giuridica preesistente, ma si limita semplicemente ad accertarla: infatti la nullità opera di diritto. La dichiarazione di nullità da parte del giudice opera retroattivamente (ex tunc) nei confronti delle parti e dei terzi, cancellando l'atto nullo e tutti i suoi effetti.
L'annullabilità è una forma meno grave di invalidità rispetto alla nullità, grazie alla quale si permette al soggetto che è stato danneggiato da un negozio giuridico viziato di impugnarlo e di farne cessare l'efficacia. Mentre il negozio nullo è come se non fosse mai nato, con conseguente mancanza in toto degli effetti del negozio affetto da nullità, il negozio annullabile non è nato morto, bensì è nato malato, nel senso che è produttivo di effetti, ma questi effetti possono essere posti nel nulla dall'impugnazione da parte del legittimato davanti al giudice, che annullerà il negozio (azione di annullamento regolata dagli articoli 1441 e segg. del codice civile), oppure i suoi effetti potranno consolidarsi quando il legittimato all'impugnazione decida di non avvalersi di questo suo potere e lasciare in vita il negozio. È vero, quindi, che mentre la nullità tende a proteggere interessi generali, l'annullabilità tende a salvaguardare principalmente interessi particolari dei soggetti colpiti dal vizio del negozio. A loro, infatti, è data la scelta tra lasciare in vita il negozio o provocarne la fine, cosa che non è certamente possibile nel caso della nullità. L'annullabilità, a differenza della nullità, non è prevista in via generale dal codice ma è stabilita di volta in volta in norme specifiche. Si ricordano l'incapacità delle parti e i vizi del consenso: errore, violenza e dolo. Il negozio annullabile produce tutti i suoi effetti sino alla sentenza di annullamento, che non è una sentenza di accertamento, bensì costitutiva, in quanto mira a modificare una situazione giuridica preesistente: il negozio

aveva prodotto i suoi effetti e la sentenza di annullamento li elimina. Proprio perché la sentenza di annullamento è costitutiva, avrà efficacia retroattiva, nel senso che tenderà ad eliminare gli effetti del negozio fin dal momento in cui si sono prodotti, ma non pregiudica i diritti dei terzi acquistati a titolo oneroso in buona fede. L'annullamento del negozio annullabile può essere chiesto al giudice solo da colui che è stato danneggiato dal negozio viziato, cioè il soggetto nel cui interesse è stata posta la norma (annullabilità relativa) e solo in rari casi può essere chiesto da chiunque vi abbia interesse (annullabilità assoluta). Il giudice non può, senza domanda di parte, rilevare l'annullabilità. Il negozio annullabile può essere sanato per effetto della prescrizione dell'azione di annullamento o per effetto di convalida. L'azione di annullamento si prescrive in cinque anni; è invece imprescrittibile l'eccezione di annullamento.

54. Parlamentarischer Rat

Il Consiglio Parlamentare (Parlamentarischer Rat) era una commissione composta da rappresentanti dei Länder tedeschi nelle zone di occupazione francesi, britanniche e statunitensi, che fu creata per elaborare la nuova costituzione della Germania, la Grundgesetz, dopo la seconda guerra mondiale, in collaborazione con le potenze alleate.

56. Radbruch'sche Formel

All'indomani del terrore nazista, nel 1946, Radbruch sviluppò la teoria, che più tardi prese il suo nome, secondo cui il diritto positivo, come la costituzione o le leggi, non può essere una base legittima e deve essere considerato nel torto (Unrecht) qualora sia essenzialmente in contrasto con la giustizia in modo pressoché intollerabile (in unerträglichem Maß), cosicché la giustizia deve prevalere sulla legge. Questo principio è stato applicato nuovamente dopo la caduta del muro di Berlino nel 1989, quando fu messa in discussione la legittimità degli ordini provenienti dal regime della DDR di sparare alle persone in fuga dal paese (Schießbefehl). I soldati che controllavano i confini della DDR puntualmente eccepivano a loro difesa di non aver altra scelta che sparare, poiché dovevano obbedire agli ordini impartiti.

73. Trennungs- und Abstraktionsprinzip

Il principio di separazione e di astrazione (Trennungs- und Abstraktionsprinzip) è una caratteristica molto importante del diritto privato tedesco. Come una parete con pochissimi buchi, esso divide il diritto delle obbligazioni (Schuldrecht) dai diritti reali (Sachenrecht). Il principio sostanzialmente afferma che i contratti si distinguono in:

- contratti con effetti obbligatori (schuldrechtliche Verträge) e
- contratti con effetti reali (dingliche Verträge: solo questi contratti, nel diritto tedesco, comportano l'effettivo trasferimento della proprietà da una parte all'altra),

i quali sono del tutto separati ed indipendenti gli uni dagli altri (effetto astratto). Pertanto, un contratto di compravendita, ad esempio, produce il solo effetto di obbligare il venditore a trasferire la proprietà del bene venduto al compratore. Tale regola è enunciata dal § 433, 1° comma del codice civile tedesco (BGB), che si trova nel secondo libro del BGB intitolato Schuldrecht. La proprietà, tuttavia, rimane al venditore fino a quando le parti non concludono un altro tipo di contratto / accordo, denominato dinglicher Vertrag. Questo contratto ad effetti reali è regolato dai §§ 929 ss. BGB, che si trovano nel terzo libro del BGB intitolato Sachenrecht. Ai fini della conclusione di questo contratto ad effetti reali il venditore – che è qui chiamato proprietario (Eigentümer) o cedente (Veräußerer) – e il compratore – che è qui chiamato acquirente (Erwerber) – devono:

(1) essere d'accordo sul trasferimento effettivo della proprietà;
(2) consegnare (übergeben) i beni o realizzare una delle alternative previste dal § 929, 2° comma, § 930 e § 931 BGB e
(3) il cedente deve essere l'effettivo proprietario dei beni o avere il diritto di disporne per qualche altro motivo (ad esempio nel contesto di una procedura fallimentare). Si noti che l'acquisto in buona fede è regolato separatamente dal § 932 e segg. BGB.

Secondo il principio di separazione e di astrazione, qualsiasi vizio del contratto ad effetti obbligatori (schuldrechtlicher Vertrag), come l'errore (Irrtum), l'incapacità di agire (Geschäftsunfähigkeit) o il dolo (Täuschung), di regola non ha alcun tipo di effetto sul contratto ad effetti reali. Ci sono poche eccezioni a questa regola, come ad esempio nel caso in cui un errore presente al momento della conclusione di un contratto di vendita (vale a dire un schuldrechtlicher Vertrag) sia ancora rilevante nel momento in cui si verifica il trasferimento della proprietà. Si parla in questo caso del c.d. doppelrelevanter Irrtum. La proprietà potrebbe comunque ancora passare dal proprietario all'acquirente se, ad esempio, al momento del trasferimento della proprietà l'acquirente, in precedenza minorenne, avesse acquistato la piena capacità di agire compiendo 18 anni al momento del trasferimento della proprietà.

Per porre rimedio ad eventuali conseguenze inique create da questo principio può intervenire l'istituto dell'ingiustificato arricchimento (§§ 812 ss. BGB).

78. Urteil

Il § 313 del codice di procedura civile tedesco (Zivilprozessordnung, in sigla: ZPO) prevede che, di regola, la sentenza tedesca si articoli in quattro parti fondamentali:

- **Rubrum** (= intestazione), contenente i nomi delle parti, degli eventuali legali rappresentanti e dei loro difensori, l'indicazione dell'autorità giudiziaria che l'ha pronunciata e la relativa composizione, nonché l'indicazione del giorno in cui si è svolta la trattazione orale della causa;
- **Urteilsformel** o **Tenor** (= dispositivo);

- **Tatbestand** (= fatti), consistente in una concisa esposizione del solo contenuto essenziale delle domande presentate e delle allegazioni difensive delle parti, seguita dallo svolgimento del processo;
- **Entscheidungsgründe** (= motivazione della decisione, letteralmente: motivi della decisione), contenente un breve riassunto delle argomentazioni su cui poggia la decisione, sia in fatto che in diritto.

La macrostruttura della sentenza italiana è articolata in tre parti essenziali, formalmente individuabili all'interno del testo:

- l'epigrafe (la parte introduttiva), contenente l'intestazione, l'organo giudicante, il collegio giudicante, la denominazione giuridica dell'atto - il termine sentenza, che di solito appare centrato in maiuscolo - l'indicazione delle parti e l'oggetto;
- la motivazione, contenente l'esposizione relativa allo svolgimento del processo, motivi di fatto, motivi di diritto;
- il dispositivo, introdotto dall'acronimo P.Q.M. con la statuizione del giudice.

Preme evidenzare la peculiarità della scelta legislativa tedesca di anteporre il dispositivo sia all'esposizione dei fatti che, soprattutto, alla motivazione, contrariamente a quanto succede nella sentenza italiana. Ne deriva che, mentre nella sentenza italiana la motivazione assume la veste di un argomentare che, partendo dal fatto e dal diritto, conduce per mano il lettore verso la soluzione, espressa nel dispositivo, collocato alla fine della sentenza, l'ottica della sentenza tedesca risulta essere esattamente rovesciata: si parte dalla decisione, espressa nel dispositivo, plasticamente collocato all'inizio della sentenza, in relazione al quale la motivazione assume la veste di una successiva giustificazione della soluzione adottata.

Anhang II

Rechtsquellen und Hilfreiches im Internet (D/A/CH)

Normativa consultabile su Internet e altri siti utili (D/A/CH)

(Stand der Internetquellen Mai 2017)

a) Deutschland

Verfassung (Grundgesetz)

- in deutscher Sprache	https://www.bundestag.de/grundgesetz
- in italiano (art. 1-20)	https://www.spd.de/fileadmin/Dokumente/Sonstiges__Papiere_et_al_/GG/artikel1_20_ita.pdf

Bundesgesetze

- Sammlungen	https://dejure.org	http://www.gesetze-im-internet.de	http://jusline.de/gesetze.html
- Sowie thematisch bei entsprechenden Ministerien, Ämtern und Organisationen, z.B. Justizministerium, Innenministerium, Wirtschaftsministerium, Bundeskartellamt, BAMF etc.			
- Bundesgesetzblatt	http://www1.bgbl.de		

Rechtsprechung

- Bundesverfassungsgericht (BVerfG)	https://www.bundesverfassungsgericht.de/entscheidungen.html English abstracts https://www.bundesverfassungsgericht.de/en/index.html
- Bundesgerichtshof (BGH)	Entscheidungen in deutscher Sprache ab 2000 über http://www.bundesgerichtshof.de

Sonstiges *(in italiano)*

Bundestag: Il Bundestag in breve https://www.btg-bestellservice.de/pdf/80140300.pdf

Bundeszentrale für politische Bildung: Bei der Bundeszentrale für politische Bildung gibt es eine große Anzahl von kostenlosen oder sehr günstigen (z.B. 1 Euro) Publikationen auch zu juristischen Themen; siehe z.B. http://www.bpb.de/shop/buecher/pocket/34330/pocket-recht-juristische-grundbegriffe

Begriffslexika *(in deutscher Sprache)*

http://www.juraforum.de/lexikon	http://recht-abc.info
https://www.bpb.de/nachschlagen/lexika/recht-a-z	http://www.rechtswoerterbuch.de

b) Österreich

Bundesverfassung

- in deutscher Sprache	https://www.ris.bka.gv.at

Bundesgesetze

- Sammlungen	https://www.ris.bka.gv.at	https://www.jusline.at/gesetze.html
- Sowie thematisch bei entsprechenden Ministerien, Ämtern und Organisationen, z.B. Justizministerium, Innenministerium, Wirtschaftsministerium etc.		

Rechtsprechung

- Sammlung	https://www.ris.bka.gv.at/Judikatur

Sonstiges Hilfreiches

- Begriffslexika	www.help.gv.at und www.rechteinfach.at/rechtslexikon
- Amtswege leicht gemacht	https://www.help.gv.at/Portal.Node/hlpd/public

c) Schweiz

Bundesverfassung

- in deutscher Sprache	https://www.admin.ch/opc/de/classified-compilation/19995395/index.html
- in italienischer Sprache	https://www.admin.ch/opc/it/classified-compilation/19995395/index.html

Bundesgesetze (Sammlung)

- in deutscher Sprache	https://www.admin.ch/gov/de/start/bundesrecht/amtliche-sammlung.html
- in italienischer Sprache	https://www.admin.ch/gov/it/pagina-iniziale/diritto-federale/raccolta-ufficiale.html
- Sowie thematisch bei entsprechenden Ministerien, Ämtern und Organisationen, z.B. Justizministerium, Innenministerium, Wirtschaftsministerium etc.	

Rechtsprechung (Bundesgericht)

- in deutscher Sprache	http://www.bger.ch/index/juridiction.htm
- in italienischer Sprache	http://www.bger.ch/it/index/juridiction.htm

Anhang III

Langtitel EU-Verordnungen und EU-Richtlinien

Titolo completo di Regolamenti e Direttive UE

a) EU-Verordnungen - Regolamenti UE

Beweisaufnahmeverordnung

Verordnung (EG) Nr. 1206/2001 des Rates vom 28. Mai 2001 über die Zusammenarbeit zwischen den Gerichten der Mitgliedstaaten auf dem Gebiet der Beweisaufnahme in Zivil- oder Handelssachen

Regolamento (CE) n. 1206/2001 del Consiglio, del 28 maggio 2001, relativo alla cooperazione fra le autorità giudiziarie degli Stati membri nel settore dell'assunzione delle prove in materia civile o commerciale

Brüssel Ia-Verordnung

Verordnung (EU) Nr. 1215/2012 des Europäischen Parlaments und des Rates vom 12. Dezember 2012 über die gerichtliche Zuständigkeit und die Anerkennung und Vollstreckung von Entscheidungen in Zivil- und Handelssachen

Regolamento (UE) n. 1215/2012 del Parlamento europeo e del Consiglio, del 12 dicembre 2012, concernente la competenza giurisdizionale, il riconoscimento e l'esecuzione delle decisioni in materia civile e commerciale

Brüssel IIa-Verordnung

Verordnung (EG) Nr. 2201/2003 des Rates vom 27. November 2003 über die Zuständigkeit und die Anerkennung und Vollstreckung von Entscheidungen in Ehesachen und in Verfahren betreffend die elterliche Verantwortung und zur Aufhebung der Verordnung (EG) Nr. 1347/2000

Regolamento (CE) n. 2201/2003 del Consiglio, del 27 novembre 2003, relativo alla competenza, al riconoscimento e all'esecuzione delle decisioni in materia matrimoniale e in materia di responsabilità genitoriale, che abroga il regolamento (CE) n. 1347/2000

Brüssel IIa-Verordnung Neufassung (Vorschlag 2016)

Verordnungsvorschlag für eine Verordnung des Rates über die Zuständigkeit, die Anerkennung und Vollstreckung von Entscheidungen in Ehesachen und in Verfahren betreffend die elterliche Verantwortung und über internationale Kindesentführungen (Neufassung) COM (2016) 411 final vom 30.06.2016

Regolamento del Consiglio concernente la competenza, il riconoscimento e l'esecuzione delle decisioni in materia matrimoniale e in materia di responsabilità genitoriale, e la sottrazione internazionale di minori (rifusione) COM (2016) 411 definitivo

Brüssel IV-Verordnung *siehe Erbrechtsverordnung*

Datenschutz-Grundverordnung / regolamento generale sulla protezione dei dati

Verordnung (EU) 2016/679 des Europäischen Parlaments und des Rates zum Schutz natürlicher Personen bei der Verarbeitung personenbezogener Daten und zum freien Datenverfahren (Datenschutz-GrundVO)

Regolamento (UE) 2016/679 del Parlamento europeo e del Consiglio, del 27 aprile 2016, relativo alla protezione delle persone fisiche con riguardo al trattamento dei dati personali, nonché alla libera circolazione di tali dati e che abroga la direttiva 95/46/CE (regolamento generale sulla protezione dei dati)

Dublin III-Verordnung

Verordnung (EU) Nr. 604/2013 des Europäischen Parlaments und des Rates vom 26. Juni 2013 zur Festlegung der Kriterien und Verfahren zur Bestimmung des Mitgliedstaats, der für die Prüfung eines von einem Drittstaatsangehörigen oder Staatenlosen in einem Mitgliedstaat gestellten Antrags auf internationalen Schutz zuständig ist

Regolamento (UE) n. 604/2013 del Parlamento europeo e del Consiglio, del 26 giugno 2013, che stabilisce i criteri e i meccanismi di determinazione dello Stato membro competente per l'esame di una domanda di protezione internazionale presentata in uno degli Stati membri da un cittadino di un paese terzo o da un apolide

Ehegüterrechts-Verordnung

Verordnung (EU) 2016/1103 des Rates vom 24. Juni 2016 zur Durchführung einer Verstärkten Zusammenarbeit im Bereich der Zuständigkeit, des anzuwendenden Rechts und der Anerkennung und Vollstreckung von Entscheidungen in Fragen des ehelichen Güterstands

Regolamento (UE) 2016/1103 del Consiglio, del 24 giugno 2016, che attua la cooperazione rafforzata nel settore della competenza, della legge applicabile, del riconoscimento e dell'esecuzione delle decisioni in materia di regimi patrimoniali tra coniugi

Eheverordnung *siehe Brüssel IIa-Verordnung*

Erbrechtsverordnung *(auch „Brüssel IV-Verordnung" oder „Rom IV-Verordnung")*

Verordnung (EU) Nr. 650/2012 des Europäischen Parlaments und des Rates vom 4. Juli 2012 über die Zuständigkeit, das anzuwendende Recht, die Anerkennung und Vollstreckung von Entscheidungen und die Annahme und Vollstreckung öffentlicher Urkunden in Erbsachen sowie zur Einführung eines Europäischen Nachlasszeugnisses

Regolamento (UE) n. 650/2012 del Parlamento europeo e del Consiglio, del 4 luglio 2012, relativo alla competenza, alla legge applicabile, al riconoscimento e all'esecuzione delle decisioni e all'accettazione e all'esecuzione degli atti pubblici in materia di successioni e alla creazione di un certificato successorio europeo

Fusionskontrollverordnung

Verordnung (EG) Nr. 139/2004 des Rates vom 20. Januar 2004 über die Kontrolle von Unternehmenszusammenschlüssen

Regolamento (CE) n. 139/2004 del Consiglio, del 20 gennaio 2004, relativo al controllo delle concentrazioni tra imprese ("Regolamento comunitario sulle concentrazioni")

Gemeinsames Europäisches Kaufrecht (Vorschlag)

Verordnungsvorschlag der europäischen Kommission vom 11. Oktober 2011, KOM (2011), 635; Zustimmung des EP Ende Februar 2014

Regolamento del Parlamento europeo e del Consiglio relativo a un diritto comune europeo della vendita (Proposta), KOM (2011), 635 definitivo

Geringfügige-Forderungen-Verordnung *siehe Small-Claims-Verordnung*

Insolvenzverordnung *(Neufassung 2015)*

Verordnung (EU) 2015/848 des Europäischen Parlaments und des Rates vom 20. Mai 2015 über Insolvenzverfahren

Regolamento (UE) 2015/848 del Parlamento europeo e del Consiglio, del 20 maggio 2015, relativo alle procedure di insolvenza

Mahnverfahrensverordnung

Verordnung (EG) Nr. 1896/2006 des Europäischen Parlaments und des Rates vom 12. Dezember 2006 zur Einführung eines Europäischen Mahnverfahrens

Regolamento (CE) n. 1896/2006 del Parlamento europeo e del Consiglio, del 12 dicembre 2006, che istituisce un procedimento europeo d'ingiunzione di pagamento

Medizinproduktеverordnung (Vorschlag 2016) / Regolamento per i Dispositivi Medici (proposta 2016)

Verordnungsvorschlag des Europäischen Parlaments und des Rates über Medizinprodukte, zur Änderung der Richtlinie 2001/83/EG, der Verordnung (EG) Nr. 178/2002 und der Verordnung (EG) Nr. 1223/2009 und zur Aufhebung der Richtlinien 90/385/EWG und 93/42/EWG

Proposta di regolamento del Parlamento europeo e del Consiglio relativo ai dispositivi medici e recante modifica della direttiva 2001/83/CE, del regolamento (CE) n. 178/2002 e del regolamento (CE) n. 1223/2009 e che abroga le direttive 90/385/CEE e 93/42/CEE del Consiglio

Partnerschaftsgüterrechts-Verordnung

Verordnung (EU) 2016/1104 des Rates vom 24. Juni 2016 zur Durchführung der Verstärkten Zusammenarbeit im Bereich der Zuständigkeit, des anzuwendenden Rechts und der Anerkennung und Vollstreckung von Entscheidungen in Fragen güterrechtlicher Wirkungen eingetragener Partnerschaften

Regolamento (UE) 2016/1104 del Consiglio, del 24 giugno 2016, che attua la cooperazione rafforzata nel settore della competenza, della legge applicabile, del riconoscimento e dell'esecuzione delle decisioni in materia di effetti patrimoniali delle unioni registrate

Rom I-Verordnung / Regolamento Roma I

Verordnung (EG) Nr. 593/2008 des Europäischen Parlaments und des Rates vom 17. Juni 2008 über das auf vertragliche Schuldverhältnisse anzuwendende Recht

Regolamento (CE) n. 593/2008 del Parlamento europeo e del Consiglio, del 17 giugno 2008, sulla legge applicabile alle obbligazioni contrattuali (Roma I)

Rom II-Verordnung / Regolamento Roma II

Verordnung (EG) Nr. 864/2007 des Europäischen Parlaments und des Rates vom 11. Juli 2007 über das auf außervertragliche Schuldverhältnisse anzuwendende Recht

Regolamento (CE) n. 864/2007 del Parlamento europeo e del Consiglio, dell'11 luglio 2007, sulla legge applicabile alle obbligazioni extracontrattuali (Roma II)

Rom III-Verordnung / Regolamento Roma III

Verordnung (EU) Nr. 1259/2010 des Rates vom 20. Dezember 2010 zur Durchführung einer Verstärkten Zusammenarbeit im Bereich des auf die Ehescheidung und Trennung ohne Auflösung des Ehebandes anzuwendenden Rechts

Regolamento (UE) n. 1259/2010 del Consiglio, del 20 dicembre 2010, relativo all'attuazione di una cooperazione rafforzata nel settore della legge applicabile al divorzio e alla separazione personale

Rom IV-Verordnung / Regolamento Roma IV *siehe Erbrechtsverordnung*

SE-Verordnung

Verordnung (EG) Nr. 2157/2001 des Rates vom 8. Oktober 2001 über das Statut der Europäischen Gesellschaft (SE)

Regolamento (CE) n. 2157/2001 del Consiglio, dell'8 ottobre 2001, relativo allo statuto della Società europea (SE)

Small-Claims-Verordnung

Verordnung (EG) Nr. 861/2007 des Europäischen Parlaments und des Rates vom 11. Juli 2007 zur Einführung eines europäischen Verfahrens für geringfügige Forderungen

Regolamento (CE) n. 861/2007 del Parlamento europeo e del Consiglio, dell'11 luglio 2007, che istituisce un procedimento europeo per le controversie di modesta entità

Vollstreckungstitelverordnung

Verordnung (EG) Nr. 805/2004 des Europäischen Parlaments und des Rates vom 21. April 2004 zur Einführung eines europäischen Vollstreckungstitels für unbestrittene Forderungen

Regolamento (CE) n. 805/2004 del Parlamento europeo e del Consiglio, del 21 aprile 2004, che istituisce il titolo esecutivo europeo per i crediti non contestati

Zusammenarbeit im Verbraucherschutz-Verordnung

Verordnung (EG) Nr. 2006/2004 des Europäischen Parlaments und des Rates vom 27. Oktober 2004 über die Zusammenarbeit zwischen den für die Durchsetzung der Verbraucherschutzgesetze zuständigen nationalen Behörden („Verordnung über die Zusammenarbeit im Verbraucherschutz")

Regolamento (CE) n. 2006/2004 del Parlamento europeo e del Consiglio, del 27 ottobre 2004, sulla cooperazione tra le autorità nazionali responsabili dell'esecuzione della normativa che tutela i consumatori («Regolamento sulla cooperazione per la tutela dei consumatori»)

Zustellungsverordnung

Verordnung (EG) Nr. 1393/2007 des Europäischen Parlaments und des Rates vom 13. November 2007 über die Zustellung gerichtlicher und außergerichtlicher Schriftstücke in Zivil- oder Handelssachen in den Mitgliedstaaten (Zustellung von Schriftstücken) und zur Aufhebung der Verordnung (EG) Nr. 1348/2000 des Rates

Regolamento (CE) n. 1393/2007 del Parlamento europeo e del Consiglio, del 13 novembre 2007, relativo alla notificazione e alla comunicazione negli Stati membri degli atti giudiziari ed extragiudiziali in materia civile o commerciale (notificazione o comunicazione degli atti) e che abroga il regolamento (CE) n. 1348/2000 del Consiglio

b) EU-Richtlinien – Direttive UE

ADR-Richtlinie / Direttiva sull'ADR per i consumatori

Richtlinie 2013/11/EU des Europäischen Parlaments und des Rates vom 21. Mai 2013 über die alternative Beilegung verbraucherrechtlicher Streitigkeiten und zur Änderung der Verordnung (EG) Nr. 2006/2004 und der Richtlinie 2009/22/EG)

Direttiva 2013/11/UE del Parlamento Europeo e del Consiglio del 21 maggio 2013 sulla risoluzione alternativa delle controversie dei consumatori, che modifica il regolamento (CE) n. 2006/2004 e la direttiva 2009/22/CE

Aktionärsrechterichtlinie

Richtlinie 2007/36/EG des Europäischen Parlaments und des Rates vom 11. Juli 2007 über die Ausübung bestimmter Rechte von Aktionären in börsennotierten Gesellschaften siehe Vorschlag der Kommission zur Änderung der Aktionärsrechterichtlinie COM (2014) 213 final über http://eur-lex.europa.eu (Stand: April 2017)

Direttiva 2007/36/CE del Parlamento europeo e del Consiglio, dell'11 luglio 2007, relativa all'esercizio di alcuni diritti degli azionisti di società quotate

alternative Streitbeilegung in Verbraucherangelegenheiten-Richtlinie
siehe ADR-Richtlinie

Arbeitszeitrichtlinie

Richtlinie 2003/88/EG des Europäischen Parlaments und des Rates vom 4. November 2003 über bestimmte Aspekte der Arbeitszeitgestaltung

Direttiva 2003/88/CE del Parlamento europeo e del Consiglio, del 4 novembre 2003, concernente taluni aspetti dell'organizzazione dell'orario di lavoro

Asylverfahrensrichtlinie

Richtlinie 2013/32/EU des Europäischen Parlaments und des Rates vom 26. Juni 2013 zum gemeinsamen Verfahren für die Zuerkennung und Aberkennung des internationalen Schutzes (Neufassung)

Direttiva 2013/32/UE del Parlamento europeo e del Consiglio, del 26 giugno 2013, recante procedure comuni ai fini del riconoscimento e della revoca dello status di protezione internazionale

Aufnahmerichtlinie

Richtlinie 2003/9/EG des Rates vom 27. Januar 2003 zur Festlegung von Mindestnormen für die Aufnahme von Asylbewerbern in den Mitgliedstaaten

Direttiva 2003/9/CE del Consiglio, del 27 gennaio 2003, recante norme minime relative all'accoglienza dei richiedenti asilo negli Stati membri

Berufsqualifikationsanerkennungsrichtlinie

Richtlinie 2013/55/EU des Europäischen Parlaments und des Rates vom 20. November 2013 zur Änderung der Richtlinie 2005/36/EG über die Anerkennung von Berufsqualifikationen und der Verordnung (EU) Nr. 1024/2012 über die Verwaltungszusammenarbeit mit Hilfe des Binnenmarkt-Informationssystems („IMI-Verordnung")

Direttiva 2013/55/UE del Parlamento europeo e del Consiglio, del 20 novembre 2013, recante modifica della direttiva 2005/36/CE relativa al riconoscimento delle qualifiche professionali e del regolamento (UE) n. 1024/2012 relativo alla cooperazione amministrativa attraverso il sistema di informazione del mercato interno («regolamento IMI»)

Betriebsübergangsrichtlinie

Richtlinie 2001/23/EG des Rates vom 12. März 2001 zur Angleichung der Rechtsvorschriften der Mitgliedstaaten über die Wahrung von Ansprüchen der Ar-

beitnehmer beim Übergang von Unternehmen, Betrieben oder Unternehmens- oder Betriebsteilen

Direttiva 2001/23/CE del Consiglio, del 12 marzo 2001, concernente il ravvicinamento delle legislazioni degli Stati membri relative al mantenimento dei diritti dei lavoratori in caso di trasferimenti di imprese, di stabilimenti o di parti di imprese o di stabilimenti

E-Commerce-Richtlinie / Direttiva sul commercio elettronico

Richtlinie 2000/31/EG des Europäischen Parlaments und des Rates vom 8. Juni 2000 über bestimmte rechtliche Aspekte der Dienste der Informationsgesellschaft, insbesondere des elektronischen Geschäftsverkehrs, im Binnenmarkt („Richtlinie über den elektronischen Geschäftsverkehr")

Direttiva 2000/31/CE del Parlamento europeo e del Consiglio dell'8 giugno 2000 relativa a taluni aspetti giuridici dei servizi della società dell'informazione, in particolare il commercio elettronico, nel mercato interno («Direttiva sul commercio elettronico»)

Familienzusammenführungsrichtlinie, auch: Familiennachzugsrichtlinie

Richtlinie 2003/86/EG des Rates vom 22. September 2003 betreffend das Recht auf Familienzusammenführung

Direttiva 2003/86/CE del Consiglio, del 22 settembre 2003, relativa al diritto al ricongiungimento familiare

Fernabsatzrichtlinie *(aufgehoben durch Verbraucherrechte-Richtlinie 2011/83/EU)*

Richtlinie 97/7/EG vom 20. Mai 1997 über den Verbraucherschutz bei Vertragsabschlüssen im Fernabsatz

Direttiva 97/7/CE del Parlamento europeo e del Consiglio del 20 maggio 1997 riguardante la protezione dei consumatori in materia di contratti a distanza

Umsetzung in D: §§ 312c ff. BGB

Geldwäsche- Richtlinie

Richtlinie (EU) 2015/849 des Europäischen Parlaments und des Rates vom 20. Mai 2015 zur Verhinderung der Nutzung des Finanzsystems zum Zwecke der Geldwäsche und der Terrorismusfinanzierung, zur Änderung der Verordnung (EU) Nr. 648/2012 des Europäischen Parlaments und des Rates und zur Aufhebung der Richtlinie 2005/60/EG des Europäischen Parlaments und des Rates und der Richtlinie 2006/70/EG der Kommission

Direttiva (UE) 2015/849 del Parlamento europeo e del Consiglio, del 20 maggio 2015, relativa alla prevenzione dell'uso del sistema finanziario a fini di riciclaggio o finanziamento del terrorismo, che modifica il regolamento (UE) n. 648/2012 del Parlamento europeo e del Consiglio e che abroga la direttiva 2005/60/CE del Parlamento europeo e del Consiglio e la direttiva 2006/70/CE della Commissione

Gleichbehandlungsrichtlinie

Richtlinie 2006/54/EG des Europäischen Parlaments und des Rates vom 5. Juli 2006 zur Verwirklichung des Grundsatzes der Chancengleichheit und Gleichbehandlung von Männern und Frauen in Arbeits- und Beschäftigungsfragen (Neufassung)

Direttiva 2006/54/CE del Parlamento europeo e del Consiglio, del 5 luglio 2006, riguardante l'attuazione del principio delle pari opportunità e della parità di trattamento fra uomini e donne in materia di occupazione e impiego (rifusione)

Haustürwiderrufsrichtlinie

Richtlinie 85/577/EWG des Rates vom 20. Dezember 1985 betreffend den Verbraucherschutz im Falle von außerhalb von Geschäftsräumen geschlossenen Verträgen

Direttiva 85/577/CEE del Consiglio del 20 dicembre 1985 per la tutela dei consumatori in caso di contratti negoziati fuori dei locali commerciali

Umsetzung in D: §§ 312 f. BGB

Klauselrichtlinie *siehe Vertragsklauselrichtlinie*

Kulturgüterschutzrichtlinie

Richtlinie 2014/60/EU des Europäischen Parlaments und des Rates vom 15. Mai 2014 über die Rückgabe von unrechtmäßig aus dem Hoheitsgebiet eines Mitgliedstaats verbrachten Kulturgütern und zur Änderung der Verordnung (EU) Nr. 1024/2012 (Neufassung)

zuvor: Richtlinie 93/7/EWG des Rates vom 15. März 1993 über die Rückgabe von unrechtmäßig aus dem Hoheitsgebiet eines Mitgliedstaats verbrachten Kulturgütern

Direttiva 2014/60/UE del Parlamento europeo e del Consiglio, del 15 maggio 2014, relativa alla restituzione dei beni culturali usciti illecitamente dal territorio di uno Stato membro e che modifica il regolamento (UE) n. 1024/2012 (Rifusione)

Leiharbeitsrichtlinie

Richtlinie 2008/104/EG des Europäischen Parlaments und des Rates über Leiharbeit

Direttiva 2008/104/CE del Parlamento europeo e del Consiglio, del 19 novembre 2008, relativa al lavoro tramite agenzia interinale

Mediationsrichtlinie

Richtlinie 2008/52/EG des Europäischen Parlaments und des Rates vom 21. Mai 2008 über bestimmte Aspekte der Mediation in Zivil- und Handelssachen

Umsetzung in D: Mediationsgesetz

Direttiva 2008/52/CE del Parlamento europeo e del Consiglio del 21 maggio 2008relativa a determinati aspetti della mediazione in materia civile e commerciale

Mobilitätsrichtlinie

Richtlinie 2014/50/EU des Europäischen Parlaments und des Rates vom 16. April 2014 über Mindestvorschriften zur Erhöhung der Mobilität von Arbeitnehmern zwischen den Mitgliedstaaten durch Verbesserung des Erwerbs und der Wahrung von Zusatzrentenansprüchen

Direttiva 2014/50/UE del Parlamento europeo e del Consiglio, del 16 aprile 2014, relativa ai requisiti minimi per accrescere la mobilità dei lavoratori tra Stati membri migliorando l'acquisizione e la salvaguardia di diritti pensionistici complementari

Opferschutzrichtlinie

Richtlinie 2012/29/EU des Europäischen Parlaments und des Rates vom 25. Oktober 2012 über Mindeststandards für die Rechte, die Unterstützung und den Schutz von Opfern von Straftaten sowie zur Ersetzung des Rahmenbeschlusses 2001/220/JI

Direttiva 2012/29/UE del Parlamento europeo e del Consiglio, del 25 ottobre 2012, che istituisce norme minime in materia di diritti, assistenza e protezione delle vittime di reato e che sostituisce la decisione quadro 2001/220/GAI

Pauschalreiserichtlinie

Richtlinie (EU) 2015/2302 des Europäischen Parlaments und des Rates vom 25. November 2015 über Pauschalreisen und verbundene Reiseleistungen, zur Änderung der Verordnung (EG) Nr. 2006/2004 und der Richtlinie 2011/83/EU des Europäischen Parlaments und des Rates sowie zur Aufhebung der Richtlinie 90/314/EWG des Rates (bis 1. Januar 2018 von den Mitgliedstaaten umzusetzen)

bis 30. Juni 2018: Richtlinie 90/314/EWG des Rates vom 13. Juni 1990 über Pauschalreisen

Umsetzung in D: §§ 651a ff. BGB

Direttiva (UE) 2015/2302 del Parlamento europeo e del Consiglio del 25 novembre 2015 relativa ai pacchetti turistici e ai servizi turistici collegati, che modifica il regolamento (CE) n. 2006/2004 e la direttiva 2011/83/UE del Parlamento europeo e del Consiglio e che abroga la direttiva 90/314/CEE del Consiglio

Preisangabenrichtlinie

Richtlinie 98/6/EG des Europäischen Parlaments und des Rates vom 16. Februar 1998 über den Schutz der Verbraucher bei der Angabe der Preise der ihnen angebotenen Erzeugnisse

Umsetzung in D: Preisangabenverordnung

Direttiva 98/6/CE del Parlamento europeo e del Consiglio del 16 febbraio 1998 relativa alla protezione dei consumatori in materia di indicazione dei prezzi dei prodotti offerti ai consumatori

Prozesskostenrichtlinie

Richtlinie 2003/8/EG des Rates vom 27. Januar 2003 zur Verbesserung des Zugangs zum Recht bei Streitsachen mit grenzüberschreitendem Bezug durch Festlegung gemeinsamer Mindestvorschriften für die Prozesskostenhilfe in derartigen Streitsachen

Umsetzung in D: Inkorporation in die ZPO und weitere Gesetze siehe http://www.gesmat. bundesgerichtshof.de gesetzesmaterialien/15_wp/EG-ProzesskohG/RegE635.pdf

Direttiva 2002/8/CE del Consiglio, del 27 gennaio 2003, intesa a migliorare l'accesso alla giustizia nelle controversie transfrontaliere attraverso la definizione di norme minime comuni relative al patrocinio a spese dello Stato in tali controversie

Rückführungsrichtlinie

Richtlinie 2008/115/EG des Europäischen Parlaments und des Rates vom 16. Dezember 2008 über gemeinsame Normen und Verfahren in den Mitgliedstaaten zur Rückführung illegal aufhältiger Drittstaatsangehöriger

Direttiva 2008/115/CE del Parlamento europeo e del Consiglio, del 16 dicembre 2008, recante norme e procedure comuni applicabili negli Stati membri al rimpatrio di cittadini di paesi terzi il cui soggiorno è irregolare

SE-Beteiligungsrichtlinie

Richtlinie 2001/86/EG des Rates vom 8. Oktober 2001 zur Ergänzung des Statuts der Europäischen Gesellschaft hinsichtlich der Beteiligung der Arbeitnehmer

Direttiva 2001/86/CE del Consiglio, dell'8 ottobre 2001, che completa lo statuto della società europea per quanto riguarda il coinvolgimento dei lavoratori

Tabakwerberichtlinie

Richtlinie 2003/33/EG des Europäischen Parlaments und des Rates vom 26. Mai 2003 zur Angleichung der Rechts- und Verwaltungsvorschriften der Mitgliedstaaten über Werbung und Sponsoring zugunsten von Tabakerzeugnissen

Umsetzung in D: Inkorporation in das Vorläufige Tabakgesetz von 1974

Direttiva 2003/33/CE del Parlamento europeo e del Consiglio, del 26 maggio 2003, sul ravvicinamento delle disposizioni legislative, regolamentari e amministrative degli Stati membri in materia di pubblicità e di sponsorizzazione a favore dei prodotti del tabacco

Timesharingrichtlinie

Richtlinie 2008/122/EG des Europäischen Parlaments und des Rates vom 14. Januar 2009 über den Schutz der Verbraucher im Hinblick auf bestimmte Aspekte von Teilzeitnutzungsverträgen, Verträgen über langfristige Urlaubsprodukte sowie Wiederverkaufs- und Tauschverträgen

Umsetzung in D: §§ 481 ff. BGB; für Ö siehe Teilzeitnutzungsgesetz 2011

Direttiva 2008/122/CE del Parlamento europeo e del Consiglio, del 14 gennaio 2009, sulla tutela dei consumatori per quanto riguarda taluni aspetti dei contratti di multiproprietà, dei contratti relativi ai prodotti per le vacanze di lungo termine e dei contratti di rivendita e di scambio

Unterlassungsklagenrichtlinie

Richtlinie 2009/22/EG des Europäischen Parlaments und des Rates vom 23. April 2009 über Unterlassungsklagen zum Schutz der Verbraucherinteressen

Umsetzung der Vorläuferrichtlinie (Richtlinie 98/27/EG) in D: Unterlassungsklagengesetz (UKlaG)

Direttiva 2009/22/CE del Parlamento europeo e del Consiglio del 23 aprile 2009 relativa a provvedimenti inibitori a tutela degli interessi dei consumatori

UPG-Richtlinie / direttiva sulle pratiche commerciali sleali

Richtlinie 2005/29/EG des Europäischen Parlaments und des Rates vom 11. Mai 2005 über unlautere Geschäftspraktiken im binnenmarktinternen Geschäftsverkehr zwischen Unternehmen und Verbrauchern und zur Änderung der Richtlinie 84/450/EWG, der Richtlinien 97/7/EG, 98/27/EG und 2002/65/EG sowie der Verordnung (EG) Nr. 2006/2004 (Richtlinie über unlautere Geschäftspraktiken)

Umsetzung in D: u.a. Inkorporation in das UWG

Direttiva 2005/29/CE del Parlamento europeo e del Consiglio, dell'11 maggio 2005, relativa alle pratiche commerciali sleali tra imprese e consumatori nel mercato interno e che modifica la direttiva 84/450/CEE del Consiglio e le direttive 97/7/CE, 98/27/CE e 2002/65/CE del Parlamento europeo e del Consiglio e il regolamento (CE) n. 2006/2004 del Parlamento europeo e del Consiglio («direttiva sulle pratiche commerciali sleali »)

Verbraucherkreditrichtlinie

Richtlinie 2008/48/EG des Europäischen Parlaments und des Rates vom 23. April 2008 über Verbraucherkreditverträge und zur Aufhebung der Richtlinie 87/102/EWG des Rates

Direttiva 2008/48/CE del Parlamento europeo e del Consiglio del 23 aprile 2008 relativa ai contratti di credito ai consumatori e che abroga la direttiva 87/102/CEE

Verbraucherrechterichtlinie

Richtlinie 2011/83/EU des Europäischen Parlaments und des Rates vom 25. Oktober 2011 über die Rechte der Verbraucher

Umsetzung in D: Gesetz zur Umsetzung der Verbraucherrechterichtlinie und zur Änderung des Gesetzes zur Regelung der Wohnungsvermittlung vom 20. September 2013, siehe hierzu die Informationen des Bundesjustiz- und Verbraucherschutzministeriums unter http://www.bmjv.de

Direttiva 2011/83/UE del Parlamento europeo e del Consiglio, del 25 ottobre 2011, sui diritti dei consumatori, recante modifica della direttiva 93/13/CEE del Consiglio e della direttiva 1999/44/CE del Parlamento europeo e del Consiglio e che abroga la direttiva 85/577/CEE del Consiglio e la direttiva 97/7/CE del Parlamento europeo e del Consiglio

Verbrauchsgüterkaufrichtlinie

Richtlinie 1999/44/EG des Europäischen Parlaments und des Rates vom 25. Mai 1999 zu bestimmten Aspekten des Verbrauchsgüterkaufs und der Garantien für Verbrauchsgüter

Umsetzung in D: §§ 474 ff. BGB

Direttiva 1999/44/CE del Parlamento europeo e del Consiglio, del 25 maggio 1999, su taluni aspetti della vendita e delle garanzie dei beni di consumo

Vertragsklauselrichtlinie

Richtlinie 93/13/EWG des Rates vom 5. April 1993 über mißbräuchliche Klauseln in Verbraucherverträgen

Umsetzung in D: §§ 305 ff. BGB

Direttiva 93/13/CEE del Consiglio, del 5 aprile 1993, concernente le clausole abusive nei contratti stipulati con i consumatori

Verzugsrichtlinie *siehe Zahlungsverzugsrichtlinie*

Werberichtlinie

Richtlinie 2006/114/EG des Europäischen Parlaments und des Rates vom 12. Dezember 2006 über irreführende und vergleichende Werbung

Direttiva 2006/114/CE del Parlamento europeo e del Consiglio, del 12 dicembre 2006, concernente la pubblicità ingannevole e comparativa (versione codificata)

Wohnimmobilienkreditrichtlinie

Richtlinie 2014/17/EU des Europäischen Parlaments und des Rates vom 4. Februar 2014 über Wohnimmobilienkreditverträge für Verbraucher und zur Änderung der Richtlinien 2008/48/EG und 2013/36/EU und der Verordnung (EU) Nr. 1093/2010

Direttiva 2014/17/UE del Parlamento europeo e del Consiglio, del 4 febbraio 2014, in merito ai contratti di credito ai consumatori relativi a beni immobili residenziali e recante modifica delle direttive 2008/48/CE e 2013/36/UE e del regolamento (UE) n. 1093/2010

Zahlungsdiensterichtlinie

Richtlinie 2007/64/EG des Europäischen Parlaments und des Rates vom 13. November 2007 über Zahlungsdienste im Binnenmarkt, zur Änderung der Richtlinien 97/7/EG, 2002/65/EG, 2005/60/EG und 2006/48/EG sowie zur Aufhebung der Richtlinie 97/5/EG

Direttiva 2007/64/CE del Parlamento europeo e del Consiglio, del 13 novembre 2007, relativa ai servizi di pagamento nel mercato interno, recante modifica delle direttive 97/7/CE, 2002/65/CE, 2005/60/CE e 2006/48/CE, che abroga la direttiva 97/5/CE

Zahlungskontenrichtlinie

Richtlinie 2014/92/EU des Europäischen Parlaments und des Rates vom 23. Juli 2014 über die Vergleichbarkeit von Zahlungskontoentgelten, den Wechsel von Zahlungskonten und den Zugang zu Zahlungskonten mit grundlegenden Funktionen

Direttiva 2014/92/UE del Parlamento Europeo e del Consiglio del 23 luglio 2014 sulla comparabilità delle spese relative al conto di pagamento, sul trasferimento del conto di pagamento e sull'accesso al conto di pagamento con caratteristiche di base

Zahlungsverzugsrichtlinie

Richtlinie 2011/7/EU des Europäischen Parlaments und des Rates vom 16. Februar 2011 zur Bekämpfung von Zahlungsverzug im Geschäftsverkehr

Direttiva 2011/7/UE del Parlamento europeo e del Consiglio, del 16 febbraio 2011, relativa alla lotta contro i ritardi di pagamento nelle transazioni commerciali

Anhang IV

Bundesländer Deutschland de-it

Bundesländer tedeschi de-it

Bundesland		Hauptstadt
Baden-Württemberg	Baden-Württemberg	Stuttgart
Bayern	Baviera	München
Berlin	Berlino	
Brandenburg	Brandenburgo	Potsdam
Bremen	Brema	
Hamburg	Amburgo	
Hessen	Assia	Wiesbaden
Mecklenburg-Vorpommern	Meclemburgo-Pomerania Anteriore	Schwerin
Niedersachen	Bassa Sassonia	Hannover
Nordrhein-Westfalen	Renania Settentrionale-Vestfalia o Nordreno-Vestfalia	Düsseldorf
Rheinland-Pfalz	Renania-Palatinato	Mainz
Saarland	Saar o Saarland	Saarbrücken
Sachsen	Sassonia	Dresden
Sachsen-Anhalt	Sassonia-Anhalt	Magdeburg
Schleswig-Holstein	Schleswig-Holstein	Kiel
Thüringen	Turingia	Erfurt

Anhang V

Bundesländer Österreich de-it

Bundesländer austriaci de-it

Bundesland		Hauptstadt
Burgenland	Burgenland	Eisenstadt
Kärnten	Carinzia	Klagenfurt am Wörthersee
Niederösterreich	Bassa Austria	St. Pölten
Oberösterreich	Alta Austria	Linz
Salzburg	Salisburghese	Salzburg
Steiermark	Stiria	Graz
Tirol	Tirolo	Innsbruck
Vorarlberg	Vorarlberg	Bregenz
Wien	Vienna	-

Anhang VI

Kantone der Schweiz de-it

Cantoni svizzeri de-it

Kantone		Hauptort
Aargau	Argovia	Aarau
Appenzell Ausserrhoden	Appenzello Esterno	Herisau
Appenzell Innerrhoden	Appenzello Interno	Appenzell
Basel-Landschaft	Basilea Campagna	Liestal
Basel-Stadt	Basilea Città	Basel
Bern	Berna	Bern
Freiburg	Friburgo	Freiburg
Genf	Ginevra	Genf
Glarus	Glarona	Glarus
Graubünden	Grigioni	Chur
Jura	Giura	Delsberg
Luzern	Lucerna	Luzern
Neuenburg	Neuchâtel	Neuenburg
Ni(d)walden	Nidvaldo	Stans
Obwalden	Obvaldo	Sarnen
St. Gallen	San Gallo	St. Gallen
Schaffhausen	Sciaffusa	Schaffhausen
Schwyz	Svitto	Schwyz
Solothurn	Soletta	Solothurn
Tessin	Ticino	Bellinzona
Thurgau	Turgovia	Frauenfeld
Uri	Uri	Altdorf
Waadt	Vaud	Lausanne
Wallis	Vallese	Sitten
Zug	Zugo	Zug
Zürich	Zurigo	Zürich

Anhang VII

Musterübersetzungen de-it

Esempi di traduzione de-it

1. Scheidungsbeschluss

Amtsgericht Frankfurt am Main
Außenstelle Höchst
- Familiengericht –

Beschluss

In der Familiensache

…, geboren am …
wohnhaft …

- Antragsteller -

Verfahrensbevollmächtigte:
Rechtsanwältin

gegen

- Antragsgegnerin -

Verfahrensbevollmächtigter:
Rechtsanwalt

hat das Amtsgericht - Familiengericht - Frankfurt am Main, Außenstelle Höchst durch die Richterin am Amtsgericht … am … beschlossen:

1.
Die am … vor dem Standesbeamten in Frankfurt am Main unter Heiratsregister Nr. … geschlossene Ehe der Beteiligten wird geschieden.

1. Sentenza di divorzio

Pretura *[Amtsgericht]* di Francoforte sul Meno
Sezione distaccata di Höchst *[Germania]*
- Sezione Famiglia -

Sentenza

Nel procedimento in materia di famiglia promosso da

…, nato il …
residente …

- Ricorrente -

rappresentato e difeso
dall'Avv.

contro

- Resistente -

rappresentata e difesa
dall'Avv.

la Pretura di Francoforte sul Meno, Sezione distaccata di Höchst - Sezione Famiglia -,
in persona del giudice dott.ssa …, in data … ha disposto quanto segue:

1.
Pronuncia lo scioglimento del matrimonio celebrato tra le parti in data … davanti all'ufficiale dello stato civile di Francoforte sul Meno e iscritto nel registro degli atti di matrimonio al n. ….

2.
Ein Versorgungsausgleich findet nicht statt.

2.
Dichiara di non doversi procedere al conguaglio delle aspettative previdenziali maturate da ciascun coniuge durante il matrimonio.

3.
Die Kosten des Verfahrens werden gegeneinander aufgehoben.

3.
Dichiara interamente compensate tra le parti le spese del presente giudizio.

Der Scheidungsantrag ging am … bei dem Amtsgericht ein. Gemäß Art. 18 Abs. 1 der Rom III-Verordnung gilt die Verordnung für die Verfahren, die ab dem 21.06.2012 eingeleitet wurden. Diese Voraussetzung liegt vor. Darüber hinaus hatten und haben die beteiligten Eheleute ihren gewöhnlichen Aufenthalt in der Bundesrepublik Deutschland.

Il ricorso per lo scioglimento del matrimonio è pervenuto in Cancelleria in data …. Ai sensi dell'art. 18, 1° comma del Regolamento Roma III, detto Regolamento si applica ai procedimenti avviati a decorrere dal 21/06/2012. Non solo ricorre tale condizione, ma per di più i coniugi di cui sopra risiedevano e risiedono tuttora in Germania.

Die Scheidung erfolgte gemäß §§ 1564, 1565 Abs. 1 BGB. Danach kann eine Ehe geschieden werden, wenn sie gescheitert ist. Das Scheitern der Ehe wird nach § 1566 Abs. 1 BGB unwiderlegbar vermutet, wenn die Ehegatten seit einem Jahr getrennt leben und beide die Scheidung beantragen oder der Antragsgegner der Scheidung zustimmt.

Lo scioglimento del matrimonio è stato pronunciato ai sensi del § 1564 e del § 1565, c. 1 BGB *[Codice civile tedesco; nel prosieguo indicato come "BGB"]*, a norma dei quali il matrimonio può essere sciolto se è fallito. Vi è presunzione assoluta che il matrimonio sia fallito ai sensi del § 1566, c. 1 BGB se i coniugi vivono separati da un anno e chiedono entrambi il divorzio o comunque quando il coniuge che non ha preso l'iniziativa acconsente al divorzio.

Diese Voraussetzungen liegen vor. Beide Ehegatten haben in der Anhörung glaubhaft bekundet, dass sie seit … dauernd getrennt leben und nicht mehr bereit sind, die eheliche Lebensgemeinschaft miteinander fortzusetzen.

Nel caso di specie ricorrono le condizioni suesposte. Quando i coniugi sono stati sentiti dal giudice, hanno entrambi dichiarato in maniera credibile di essere separati di fatto da … e di non essere più disposti a ricostituire la comunione spirituale e materiale tra di essi.

Rechtsbehelfsbelehrung

Die Entscheidung über die Ehescheidung kann mit der Beschwerde angefochten werden. Sie ist innerhalb eines Monats bei dem Amtsgericht Frankfurt am Main, Augenstelle Höchst einzulegen. Die Frist beginnt mit der Zustellung der Entscheidung. Beschwerdeberechtigt ist, wer durch die Entscheidung in eigenen Rechten beeinträchtigt wird. Die Beschwerde wird durch Einreichung einer Beschwerdeschrift eingelegt. Die Beschwerde kann nur durch einen Rechtsanwalt eingelegt werden. Die Beschwerde muss die Bezeichnung des angefochtenen Beschlusses sowie die Erklärung enthalten, dass Beschwerde gegen diesen Beschluss eingelegt wird. Soll die Entscheidung nur zum Teil angefochten werden, so ist der Umfang der Anfechtung zu bezeichnen. Der Beschwerdeführer hat einen bestimmten Sachantrag zu stellen und diesen zu begründen. Die Frist zur Begründung beträgt zwei Monate und beginnt mit der Zustellung der Entscheidung. Die Begründung ist bei dem Oberlandesgericht Frankfurt am Main einzureichen.

[Unterschrift]

Richterin am Amtsgericht

Avvertimento sui mezzi di impugnazione

La presente sentenza di divorzio è impugnabile in appello. Il termine per proporre appello alla Pretura di Francoforte sul Meno, Sezione distaccata di Höchst, è di un mese dalla notificazione della sentenza. Ha diritto di proporre appello colui che abbia subito una lesione dei propri diritti in seguito alla pronuncia della sentenza. La proposizione dell'appello si perfeziona con il deposito del ricorso in cancelleria. Il ricorso in appello può essere proposto solo da un difensore e deve contenere l'indicazione della sentenza che si intende impugnare, nonché la dichiarazione che si intende appellare detta sentenza. Nel caso in cui si intenda impugnare la sentenza solo in parte, devono essere indicate le parti della sentenza che si intende appellare. L'appellante deve indicare le modifiche che vengono richieste e i motivi specifici dell'impugnazione. La motivazione dell'appello deve essere depositata nella cancelleria della Corte di appello *[Oberlandesgericht]* di Francoforte sul Meno entro due mesi dalla notificazione della sentenza.

[firma]

Pretore

2. Klageschrift

Klage

des Herrn...

- Kläger -

Prozessbevollmächtigte:
Rechtsanwälte

gegen

die Firma ..., vertreten durch den allein vertretungsberechtigten Vorstandsvorsitzenden ...,

- Beklagte -

Prozessbevollmächtigte:
Rechtsanwälte

wegen: Leistung einer Betriebsrente

Namens und in Vollmacht des Klägers erhebe ich Klage und beantrage,

1. die Beklagte zu verurteilen, an den Kläger ab dem ... eine monatliche Betriebsrente in Höhe von ... € zu zahlen;
2. hilfsweise die Beklagte zu verpflichten, an den Kläger ab Februar ... eine monatliche Betriebsrente mit einem zum Jahre 2008 maßgeblichen Gruppenendbetrag von ... € nach den Bedingungen des Essener-Verbandes zu leisten;
3. festzustellen, dass die Leistungen nach dem Ableben des Klägers dann seiner Witwe nach den Bedingungen der Leistungsordnung C des Essener Verbandes zu zahlen sind.

Begründung: ...

Beweis: Zeugnis des Herrn ...

2. Atto di citazione

Causa

promossa dal Sig... *[o anche: Atto di citazione per il Sig...]*

- Attore -

rappresentato e difeso dagli:
Avvocati dello Studio Legale

contro

la Società ..., in persona del Presidente del Consiglio di Amministrazione con poteri di rappresentanza esclusiva ...

- Convenuta -

rappresentata e difesa dagli:
Avvocati dello Studio Legale

Oggetto: pagamento di una pensione aziendale

Con il presente atto, in nome dell'Attore, giusta procura alle liti, si promuove la presente causa per sentir accogliere le seguenti conclusioni:

Voglia l'Ill.mo Tribunale adito

1. condannare la Convenuta al pagamento di una pensione aziendale di ... € a favore dell'Attore a far data dal ...;
2. in via subordinata, porre a carico della Convenuta un assegno di pensione aziendale di ... € al mese, pari all'importo totale valido per la specifica categoria dell'Attore al 2008, da versare all'Attore a far data da febbraio ..., ai sensi dei termini e delle condizioni dell'Essener Verband.
3. accertare che, alla alla morte dell'Attore, gli assegni mensili di cui sopra vadano versati a sua moglie secondo i termini e le condizioni di cui al Regolamento previdenziale C dell'Essener Verband.

Esposizione dei motivi: ...

Prova: Testimonianza del Sig. ...

3. Urteil

Arbeitsgericht …
Im Namen des Volkes

Urteil

In dem Rechtsstreit

….

- Kläger -

Prozessbevollmächtigte:
Rechtsanwälte

gegen

die Firma …, vertreten durch den allein vertretungsberechtigten Vorstandsvorsitzenden …,

- Beklagte -

Prozessbevollmächtigte:
Rechtsanwälte

hat die 1. Kammer des Arbeitsgerichts …
auf die mündliche Verhandlung vom …

durch die Richterin am Arbeitsgericht … als Vorsitzende
sowie die ehrenamtlichen Richter …
für Recht erkannt:

1. Die Beklagte wird verpflichtet, an den Kläger ab Februar … eine monatliche Betriebsrente von … Euro zu leisten. Es wird festgestellt, dass die Leistungen nach dem Ableben des Klägers dann seiner Witwe nach den Bedingungen der Leistungsordnung C des Essener Verbandes zu zahlen sind.
2. Im Übrigen wird die Klage abgewiesen.
3. Der Wert des Streitgegenstandes wird auf … Euro festgesetzt.

Tatbestand …

Entscheidungsgründe

Die Klage ist zulässig, aber nur teilweise begründet.

3. Sentenza

Tribunale del Lavoro di …
In nome del popolo

Sentenza

Nella causa promossa dal Sig.

….

- Attore -

rappresentato e difeso dagli:
Avvocati dello Studio Legale

contro

la Società …, in persona del Presidente del Consiglio di Amministrazione con poteri di rappresentanza esclusiva …

- Convenuta -

rappresentata e difesa dagli:
Avvocati dello Studio Legale

la 1ª sezione del Tribunale del Lavoro di …,
composta dal Giudice del Lavoro … – Presidente
e dai giudici onorari …,
nell'udienza di trattazione della causa del …
ha pronunciato la seguente SENTENZA:

1. La Convenuta dovrà pagare all'Attore una pensione aziendale di … € al mese a far data da febbraio …. Si accerta che, alla morte dell'Attore, gli assegni mensili di cui sopra dovranno essere versati a sua moglie secondo i termini e le condizioni di cui al Regolamento previdenziale C dell'Essener Verband.
2. Per quanto concerne tutte le altre istanze e pretese, la domanda va respinta.
3. Il valore della causa è stato fissato in … €.

Ritenuto in fatto …

Motivi della decisione

La domanda è ammissibile, ma solo in parte fondata.

4. Versäumnisurteil

Landgericht Karlsruhe
Im Namen des Volkes

Versäumnisurteil

In dem Rechtsstreit

....

- Kläger -

Prozessbevollmächtigte:
Rechtsanwältin

gegen

die Firma ... GmbH, vertreten durch die Geschäftsführer ... und ...,

- Beklagte -

Prozessbevollmächtigte:
Rechtsanwälte

wegen Rückabwicklung Kaufvertrag

hat das Landgericht Karlsruhe - Zivilkammer II - durch den Vorsitzenden Richter am Landgericht ... als Einzelrichter am ... ohne mündliche Verhandlung gemäß § 331 Abs. 3 Zivilprozessordnung für Recht erkannt:

1. Die Beklagte wird verurteilt, an den Kläger ... € nebst Zinsen hieraus in Höhe von 5 Prozentpunkten über dem Basiszinssatz seit ... sowie weitere ... € außergerichtliche Nebenforderung nebst Zinsen in Höhe von 5 Prozentpunkten über dem Basiszinssatz hieraus seit ... zu zahlen.
2. Die Beklagte hat die Kosten des Rechtsstreits zu tragen.
3. Das Urteil ist vorläufig vollstreckbar.

4. Sentenza contumaciale

Tribunale di Karlsruhe
In nome del popolo

Sentenza contumaciale

Nella causa promossa da

....

- Attore -

rappresentato e difeso dall'Avvocato:
Rechtsanwältin

contro

la Società *[a responsabilità limitata]* ... GmbH, in persona dei suoi Amministratori... e ...,

- Convenuta -

rappresentata e difesa dagli:
Avvocati dello Studio Legale

avente ad oggetto la risoluzione di un contratto di vendita

la 2ª sezione civile del Tribunale di Karlsruhe in composizione monocratica, in persona del Presidente di sezione ..., senza procedere alla trattazione della causa, ai sensi del § 331, comma 3 del Codice di procedura civile tedesco *[Zivilprozessordnung, in sigla: ZPO]*, in data ... ha pronunciato la seguente SENTENZA:

1. La Convenuta è condannata a pagare all'Attore la somma di ... €, oltre agli interessi in misura del tasso base *[determinato dalla Deutsche Bundesbank, la Banca Centrale della Repubblica Federale di Germania]* maggiorato del 5%, calcolati a partire dal ..., nonché il credito accessorio vantato in via stragiudiziale pari a ... €, oltre agli interessi in misura del tasso base maggiorato del 5%, calcolati a partire dal ....
2. La Convenuta è condannata al pagamento delle spese di giudizio.
3. La sentenza è provvisoriamente esecutiva.

4. Die Einspruchsfrist wird auf zwei Wochen festgesetzt.

4. Il termine per proporre opposizione è di due settimane.

Rechtsbehelfsbelehrung

Avvertimento sui mezzi di impugnazione

Gegen die Entscheidung steht der Beklagten der Einspruch zu. Der Einspruch kann binnen einer Notfrist von zwei Wochen bei dem Landgericht Karlsruhe eingelegt werden.

La Convenuta può proporre opposizione avverso la presente sentenza. L'opposizione deve essere proposta al Tribunale di Karlsruhe nel termine perentorio di due settimane.

Die Frist beginnt mit der Zustellung des Urteils.

Il suddetto termine comincia a decorrere dalla notificazione della presente sentenza.

Der Einspruch muss mit Schriftsatz durch eine Rechtsanwältin oder einen Rechtsanwalt eingelegt werden.

L'opposizione si propone con il deposito del relativo atto da parte di un avvocato.

Die Einspruchsschrift muss die Bezeichnung des Urteils, gegen das der Einspruch gerichtet wird, und die Erklärung enthalten, dass gegen dieses Urteil Einspruch eingelegt werde. Soll das Urteil nur zum Teil angefochten werden, so ist der Umfang der Anfechtung zu bezeichnen.

L'atto di opposizione deve contenere l'indicazione della sentenza contro la quale è diretta l'opposizione, nonché la dichiarazione che avverso tale sentenza viene proposta opposizione. Nel caso in cui la sentenza sia impugnata solo in parte, deve essere indicata l'entità dell'impugnazione.

In der Einspruchsschrift, jedenfalls aber innerhalb der Einspruchsfrist, hat die Partei ihre Angriffs- und Verteidigungsmittel (z.B. Einreden und Einwendungen gegen den gegnerischen Anspruch, Beweisangebote und Beweiseinreden) mitzuteilen. Es wird ausdrücklich darauf hingewiesen, dass es äußerst wichtig ist, die Angriffs- und Verteidigungsmittel innerhalb der Einspruchsfrist vorzubringen. Wird die Frist versäumt, besteht die Gefahr, dass der Partei jegliche Verteidigung abgeschnitten und in dem Prozess nur auf Grundlage des gegnerischen Sachvortrags entschieden wird. Ein verspätetes Vorbringen wird vom Gericht nur zugelassen, wenn sich dadurch der Rechtsstreit nicht verzögert oder wenn die Partei die Verspätung genügend entschuldigt. Verspätete verzichtbare Rügen, die die Zulässigkeit der Klage betreffen, können

Nell'atto di opposizione, e comunque entro e non oltre il termine di opposizione, la Convenuta deve svolgere le deduzioni, difese ed eccezioni di cui intende servirsi in giudizio (p.es. eccezioni di merito, indicazione specifica dei mezzi di prova di cui intende avvalersi, eccezioni di inammissibilità delle prove). A tale riguardo, si fa espressamente presente che è estremamente importante svolgere le proprie deduzioni, difese ed eccezioni entro e non oltre il termine di opposizione. In caso di inosservanza del termine, vi è il rischio che alla Convenuta sia preclusa la possibilità di proporre le proprie difese e che il giudice ponga a fondamento della propria decisione solo le deduzioni avversarie. Il giudice può decidere di ammettere le deduzioni, difese ed eccezioni presentate oltre il termine utile solo se la decisione della controversia non nur bei genügender Entschuldigung der Verspätung zugelassen werden.

venga ritardata dalla proroga ovvero se il ritardo sia stato sufficientemente giustificato dalla Convenuta. Eventuali eccezioni non indispensabili, sollevate in ritardo, riguardanti l'ammissibilità della domanda possono essere ammesse solo se il ritardo sia stato sufficientemente giustificato.

Der Prozess kann also allein wegen der Versäumung der Frist zur Mitteilung der Angriffs- und Verteidigungsmittel verloren werden.

Pertanto, già la sola inosservanza del termine per la presentazione delle proprie deduzioni, difese ed eccezioni può comportare la soccombenza in giudizio.

Erscheint die Frist für die Mitteilung von Angriffs- und Verteidigungsmitteln (nicht für den Einspruch selbst) als zu kurz, kann vor ihrem Ablauf eine Verlängerung beantragt werden. Die Frist kann nur verlängert werden, wenn dadurch der Rechtsstreit nicht verzögert wird oder wenn erhebliche Gründe dargelegt werden.

Qualora si ritenga che il termine per la presentazione delle proprie deduzioni, difese ed eccezioni (ma non per la presentazione dell'opposizione stessa) sia troppo breve, si può chiedere una proroga del termine prima della sua scadenza. Il giudice può prorogare il termine solo se ritiene che la decisione della controversia non venga ritardata dalla proroga ovvero nel caso in cui siano addotti importanti motivi.

[Unterschrift]

[Firma]

Vorsitzender Richter am Landgericht

Presidente di sezione

Ausgefertigt und der Klagepartei zum Zwecke der Zwangsvollstreckung erteilt.

Sentenza redatta in duplice originale e rilasciata all'Attore ai fini esecutivi.

Die Entscheidung ist der Beklagtenpartei am … zugestellt worden.

La presente sentenza è stata notificata alla Convenuta in data …

5. Anklageschrift

Staatsanwaltschaft

An das
Amtsgericht
- Jugendschöffengericht -

Anklageschrift

1) Der Schüler ..., geboren am ... in ..., ledig, Staatsangehörigkeit: deutsch, wohnhaft ..., gesetzliche/r Vertreter/in: ...

2) Herr ..., geboren am ... in ..., Staatsangehörigkeit: marokkanisch, wohnhaft ...,

3) Herr ..., geboren am ... in ..., ledig, Staatsangehörigkeit: deutsch, wohnhaft ...,

werden angeklagt,

am ... in ...
der Angeschuldigte ... als Jugendlicher mit Verantwortungsreife, der Angeschuldigte ... als Heranwachsender und der Angeschuldigte ... als Erwachsener durch 3 selbständige Handlungen gemeinschaftlich
fremde bewegliche Sachen einem anderen in der Absicht weggenommen zu haben, die Sachen sich rechtswidrig zuzueignen, wobei sie zur Ausführung der Tat in ein Gebäude einbrachen.

Den Angeschuldigten wird Folgendes zur Last gelegt:
...

Vergehen des gemeinschaftlichen Diebstahls in zwei Fällen und des gemeinschaftlichen Diebstahls in einem besonders schweren Fall in einem Fall nach §§ 242 Abs. 1, 243 Abs. 1 Nr. 1, 25 Abs. 2, 53 StGB, §§ 1, 3, 105 ff. JGG

5. Richiesta di rinvio a giudizio

Procura della Repubblica *[federale]*

Ill.ma
Pretura
- Sezione penale minorile -

Richiesta di rinvio a giudizio

1) Lo studente ..., nato il ... a ..., celibe, cittadinanza: tedesca, residente in ..., legale rappresentante: ...

2) Il Sig. ..., nato il ... a ..., cittadinanza: marocchina, residente in ...

3) Il Sig. ..., nato il ... a ..., celibe, cittadinanza: tedesca, residente in ...

sono accusati

il minore fra i quattordici e i diciotto anni ..., capace di intendere e di volere, il maggiorenne tra i diciotto e i ventuno anni ... e l'adulto ...
di aver sottratto cose mobili altrui al fine di appropriarsene indebitamente mediante introduzione in un edificio
agendo in concorso tra loro
in 3 separati momenti
in data ... a ....

Gli imputati elencati e generalizzati in epigrafe sono accusati di aver commesso i fatti qui di seguito riportati *[o anche: Fatti contestati agli imputati elencati e generalizzati in epigrafe]:*

Imputati del reato di furto commesso da più persone in due casi e del reato di furto aggravato commesso da più persone in un caso, reati previsti e puniti *[o anche: reati p. e p.]* dai § 242, c. 1, § 243, c. 1, n. 1, § 25, c. 2, § 53 StGB *[Codice penale tedesco]*, §§ 1, 3, 105 e segg. JGG *[Legge tedesca sui procedimenti penali minorili]*.

Die erforderlichen Strafanträge wurden gestellt.

Sono state sporte le necessarie querele.

Beweismittel:
I. Einlassung d. Angeschuldigten
II. Zeugen:
… Bl. 5 d. A.
III. Gegenstände des Augenscheins:

…

Mezzi probatori:
I. Dichiarazioni rese dagli imputati
II. Testimoni:
… pag. 5 del fascicolo
III. Oggetti sottoposti a ispezione giudiziale:

…

Wesentliches Ergebnis der Ermittlungen:

Esito delle indagini preliminari:

Der Angeschuldigte … ist nach hiesigen Erkenntnissen noch nicht strafrechtlich in Erscheinung getreten.
Der Angeschuldigte … ist in drei Fällen mit Vermögensdelikten in Erscheinung getreten, die ersten zwei Verfahren wegen Diebstahls geringwertiger Sachen und Sachbeschädigung wurden jeweils von der Staatsanwaltschaft … und der Staatsanwaltschaft … gem. § 45 I, II JGG eingestellt. Zuletzt wurde er vom AG … am … wegen Diebstahls und unbefugter Ingebrauchnahme eines Fahrzeuges zur Ableistung von Sozialstunden verurteilt.

Stando alle informazioni in possesso della Procura, l'imputato … è ancora incensurato.
L'imputato … ha precedenti penali per delitti contro il patrimonio in tre casi. Nei primi due procedimenti per furto di cose di tenue valore e danneggiamento di cose altrui la Procura della Repubblica rispettivamente di … e di … ha proceduto all'archiviazione degli atti al termine delle indagini preliminari ai sensi del § 45 I, II JGG. Nel terzo procedimento è stato condannato in data … dalla Pretura di … a svolgere delle ore di servizi sociali per furto e utilizzo non autorizzato di un veicolo.

Der Angeschuldigte … ist bereits mehrfach und erheblich in Erscheinung getreten, sein Bundeszentralregisterauszug weist insgesamt … Eintragungen auf. Zuletzt wurde er am … vom AG … wegen vorsätzlicher Körperverletzung zu … Tagessätzen zu je … € Geldstrafe verurteilt.

L'imputato … ha già molteplici e gravi precedenti penali; nella Banca dati del Casellario giudiziale tedesco risultano in totale … iscrizioni, l'ultima delle quali risale al …, data in cui è stato condannato dalla Pretura di … al pagamento di una pena pecuniaria pari a … tassi giornalieri di … € ciascuno per lesioni personali dolose.

Die Angeschuldigten ... und ... haben jeweils umfangreiche Angaben gemacht, die jedoch in Details und auch Tatbeteiligungen voneinander abweichen, was vermutlich am Alkoholkonsum am Tatabend liegt. Aus diesem Grund erfolgte die Anklageerhebung vor dem AG ... zum Jugendschöffengericht gemeinsam mit dem erwachsenen Angeschuldigten, um wechselseitige Schuldzuweisungen in getrennten Hauptverhandlungen zu vermeiden.

Es wird beantragt, das Hauptverfahren vor dem Amtsgericht - Jugendschöffengericht - ... zu eröffnen.

[Unterschrift]

Staatsanwältin

Gli imputati ... e ... hanno fornito molte informazioni, tuttavia discordanti tra loro per quanto concerne i particolari e anche il concorso di persone nel reato, il che è probabilmente dovuto al consumo di alcol la sera in cui sono stati commessi i fatti di cui si tratta. Per tale ragione, l'azione penale è stata esercitata avanti alla Pretura di ... – Sezione penale minorile – per tutti gli imputati, anche quello adulto, al fine di evitare che gli imputati si incolpassero a vicenda in udienze dibattimentali separate.

Si chiede il rinvio a giudizio *[o anche: l'emissione del decreto che dispone il giudizio]* innanzi alla Pretura di ... – Sezione penale minorile.

[Firma]

Pubblico Ministero

6. Strafbefehl

Strafbefehl

Die Staatsanwaltschaft ... klagt Sie an,

am ... gegen ... Uhr in ...
fahrlässig im Straßenverkehr ein Fahrzeug geführt zu haben, obwohl Sie

infolge des Genusses alkoholischer Getränke nicht in der Lage waren, das Fahrzeug sicher zu führen.

Durch die Tat haben Sie sich als ungeeignet zum Führen von Kraftfahrzeugen erwiesen.

Ihnen wird zur Last gelegt:
...

Vergehen der fahrlässigen Trunkenheit im Verkehr, strafbar gemäß §§ 316 Abs. 1, Abs. 2, 69, 69b Strafgesetzbuch.

Beweismittel:
I. Ihre Angaben
II. Zeugen:
... Bl. 12 d. A.
III. Urkunden:
... Bl. 37 d. A

Auf Antrag der Staatsanwaltschaft wird gegen Sie eine Geldstrafe von ... Tagessätzen verhängt.
Die Höhe eines Tagessatzes beträgt ... Euro, die Geldstrafe mithin insgesamt ... Euro.
Im Falle der Uneinbringlichkeit tritt an die Stelle eines Tagessatzes ein Tag Freiheitsstrafe.

6. Decreto penale di condanna

Decreto penale di condanna

Il Pubblico Ministero di ... La accusa

di aver condotto un veicolo su strada
in data ... verso le ore ...
a ...,

pur non essendo in grado di condurre con sicurezza il veicolo in seguito all'assunzione di sostanze alcoliche.

Così facendo, si è dimostrato inidoneo alla guida di veicoli a motore.

Lei è accusato di aver commesso il fatto qui di seguito riportato *[o anche: Fatto contestatoLe]:*
...

Lei è imputato del reato di guida in stato di ebbrezza, previsto e punito *[o anche: reato p. e. p.]* dal § 316 commi 1 e 2, dal § 69 e dal § 69b del Codice penale tedesco *[Strafgesetzbuch – StGB]*

Mezzi probatori:
I. Dichiarazioni da Lei rese
II. Testimoni:
... pag. 12 del fascicolo
III. Prove documentali:
... pag. 37 del fascicolo

Su richiesta del Pubblico Ministero, Le viene comminata una pena pecuniaria di ... tassi giornalieri.
L'importo di ciascun tasso giornaliero è fissato in ... euro, per un totale quindi di ... euro.
In caso di mancato pagamento della pena pecuniaria, la stessa sarà sostituita da una pena detentiva, in ragione di un giorno di reclusione per ogni tasso giornaliero.

Ihnen wird gestattet, die Geldstrafe in monatlichen Teilbeträgen von 100,00 Euro, fällig erstmals am 10. des auf die Rechtskraft folgenden Monats, zu zahlen. Die Folgeraten sind jeweils bis zum 10. eines jeden Monats einzuzahlen. Zahlen Sie nicht oder nicht rechtzeitig, entfällt diese Vergünstigung. In diesem Falle ist der gesamte Restbetrag auf einmal fällig.

Le è concessa la facoltà di pagare la pena pecuniaria in forma rateale, versando un importo pari a 100,00 euro al mese. La prima rata dovrà essere pagata entro il 10 del mese successivo al passaggio in giudicato del presente decreto penale di condanna. Le rate successive dovranno essere versate entro il 10 di ciascun mese. In difetto di pagamento o in caso di ritardo nel pagamento delle rate, non potrà più beneficiare di detta agevolazione e, in tal caso, dovrà corrispondere l'intero saldo in un'unica soluzione.

Zugleich wird Ihnen die Fahrerlaubnis entzogen mit der Wirkung einer Aberkennung des Rechts, für die Dauer von noch 8 Monaten von der Fahrerlaubnis in der Bundesrepublik Deutschland (Inland) Gebrauch zu machen. Mit der Rechtskraft des Strafbefehls erlischt das Recht zum Führen von Kraftfahrzeugen im Inland. Während der Sperrzeit sind Sie weder berechtigt, im Inland mit einer neu erworbenen Fahrerlaubnis Kraftfahrzeuge zu führen noch darf Ihnen eine deutsche Fahrerlaubnis erteilt werden. Die Entziehung der Fahrerlaubnis und die Sperre sind in Ihrem ausländischen Führerschein zu vermerken.

Allo stesso tempo Le viene inoltre revocato il permesso di guida, con conseguente perdita del diritto di utilizzare il permesso di guida nel territorio tedesco per un periodo di altri 8 mesi. Con il passaggio in giudicato del presente decreto penale di condanna viene meno il diritto di guidare veicoli a motore nel territorio tedesco. Durante il suddetto periodo non potrà guidare veicoli a motore nel territorio tedesco con una nuova patente di guida, né potrà esserLe rilasciata una patente di guida tedesca. La revoca del permesso di guida e la perdita del diritto di utilizzare il permesso di guida nel territorio tedesco per il periodo summenzionato dovranno essere annotati nella Sua patente di guida straniera.

Bei der Bemessung der Frist ist die Zeit, während der Ihr Führerschein sichergestellt war, bereits berücksichtigt worden.

Ai fini della determinazione del succitato periodo di tempo è già stato considerato il periodo in cui la Sua patente di guida era sotto sequestro.

Sie haben auch die Kosten des Verfahrens und Ihre notwendigen Auslagen zu tragen.

Sono a Suo carico anche le spese di giustizia e quelle da Lei necessariamente sostenute.

Rechtsbehelfsbelehrung

Dieser Strafbefehl wird rechtskräftig und vollstreckbar, wenn Sie nicht innerhalb von zwei Wochen nach der Zustellung bei dem umstehend bezeichneten Amtsgericht schriftlich oder zu Protokoll der Geschäftsstelle Einspruch einlegen.

Es steht Ihnen frei, den Einspruch zu begründen. Es empfiehlt sich jedoch anzugeben, ob Sie den Einspruch auf bestimmte Beschwerdepunkte, z.B. das Strafmaß, die Entziehung der Fahrerlaubnis oder die Sperre für die Erteilung einer Fahrerlaubnis, beschränken möchten. In der Einspruchsschrift können Sie auch weitere Beweismittel (Zeugen, Sachverständige, Urkunden) angeben.

Ist der Einspruch rechtzeitig eingegangen, findet eine Hauptverhandlung statt. In dieser entscheidet das Gericht, nachdem es die Sach- und Rechtslage erneut geprüft hat. Dabei ist es an den Schuld- und Strafausspruch in dem Strafbefehl nicht gebunden.

Bei Durchführung einer Hauptverhandlung und Erlass eines Urteils kann das Gericht die Dauer des Fahrverbots, der Sperrfrist für die Erteilung einer Fahrerlaubnis oder Wiedererteilung der entzogenen Fahrerlaubnis verlängern oder ein im Strafbefehl nicht verhängtes Fahrverbot oder eine Entziehung der Fahrerlaubnis anordnen.

Wenn Sie den Einspruch in zulässiger Weise auf bestimmte Beschwerdepunkte beschränken, erstreckt sich die Hauptverhandlung in der Regel nur darauf. In den übrigen Punkten steht der Strafbefehl dann einem rechtskräftigen Urteil gleich.

Avvertimento sui mezzi di impugnazione

Il presente decreto penale di condanna diventa irrevocabile ed esecutivo in caso di mancata opposizione, che Lei ha facoltà di presentare alla succitata Pretura in forma scritta o mediante dichiarazione messa a verbale nella Cancelleria nel termine di due settimane dalla notifica del decreto stesso.

È libero di esporre o meno i motivi posti a fondamento dell'opposizione. Si consiglia tuttavia di precisare se intende proporre opposizione solamente in relazione a determinati punti, p.es. l'entità della pena, la revoca della patente di guida o il divieto di chiedere il rilascio di una nuova patente. Nella dichiarazione di opposizione è consentito indicare anche altri mezzi di prova (testimoni, consulenti tecnici, documenti).

Se l'opposizione perviene nei termini prescritti, si celebra il dibattimento, all'esito del quale il giudice emetterà la sua sentenza, dopo aver esaminato di nuovo la situazione di fatto e di diritto, senza essere vincolato al giudizio di colpevolezza e all'entità della pena pecuniaria irrogata con decreto penale di condanna.

In caso di celebrazione del dibattimento e conseguente pronuncia della sentenza, il giudice può prolungare il periodo di sospensione della patente di guida, il periodo in cui è vietato chiedere il rilascio della patente o il rilascio di una nuova patente in sostituzione di quella revocata o può altresì disporre la sospensione o la revoca della patente, non inflitte con decreto penale di condanna.

Se l'opposizione proposta è ammissibile e riguarda solamente determinati punti, il dibattimento di solito verte solamente sulle questioni evidenziate. Per quanto concerne gli altri punti, il decreto penale di condanna equivale a una sentenza definitiva.

Gegen die Entscheidung über die Verpflichtung, Kosten oder notwendige Auslagen zu tragen, können Sie sofortige Beschwerde einlegen, wenn der Wert des Beschwerdegegenstandes 200,00 Euro übersteigt. Die sofortige Beschwerde ist bei dem Amtsgericht innerhalb einer Woche einzulegen.

Le è riconosciuta la facoltà di proporre reclamo immediato avverso la decisione concernente la condanna al pagamento delle spese di giustizia e di quelle da Lei necessariamente sostenute, a condizione che il valore del reclamo superi i 200,00 euro. Il reclamo immediato va proposto alla Pretura nel termine perentorio di una settimana.

Bei schriftlichen Erklärungen genügt es zur Fristwahrung nicht, dass die Erklärung innerhalb der Frist zur Post gegeben wird. Die Frist ist vielmehr nur dann gewahrt, wenn die Erklärung in deutscher Sprache vor dem Ablauf der Frist beim Gericht eingeht. Fällt das Ende der Frist auf einen Sonntag, einen allgemeinen Feiertag oder einen Sonnabend, so endet die Frist mit Ablauf des nächsten Werktages.

In caso di dichiarazioni scritte, non è sufficiente che detta dichiarazione sia stata spedita per posta entro il termine di cui sopra. Al contrario, il termine si considera rispettato solo se la predetta dichiarazione in lingua tedesca perviene alla Pretura prima della scadenza del termine previsto. Nel caso in cui il termine di scadenza coincida con il sabato, la domenica o un giorno festivo, la scadenza stessa si intende prorogata al primo giorno lavorativo successivo.

Sollten Sie nicht in der Lage sein, die Raten in der genannten Höhe zu zahlen, können diese auf begründeten Antrag hin neu festgesetzt werden. Dieser Antrag wäre zur o.g. Geschäftsnummer an die Staatsanwaltschaft … zu richten.

Qualora non dovesse essere in grado di pagare l'importo delle rate suindicato, si può provvedere, su domanda motivata, a ricalcolare la quota mensile dovuta. In tal caso, detta domanda andrà inoltrata alla Procura della Repubblica di …, specificando il numero di riferimento riportato in epigrafe.

7. Notarielle Urkunde

UR-Nr. ...

Verhandelt

zu ..., am ...

Vor mir dem unterzeichneten Notar

Dr. ...

im Bezirk des Oberlandesgerichts zu ...

mit dem Amtssitz zu ...

erschien heute:

Frau ..., geb. ..., geb. am ... in ..., wohnhaft ..., dem Notar von Person bekannt.

Die Frage des Notars nach einer Vorbefassung im Sinne von § 3 Abs. 1 Nr. 7 BeurkG wurde von der Erschienenen verneint.

Die Erschienene bat um die Beurkundung des nachstehenden

Antrages auf Erteilung eines gemeinschaftlichen Erbscheins nebst eidesstattlicher Versicherung

und erklärte zu notariellem Protokoll:

Die zuletzt in ... wohnhaft gewesene ..., geb. ..., geboren am ... in ... - nachfolgend „Erblasserin" genannt - ist am ... in ... verstorben.

Die Erblasserin hat keine Verfügung von Todes wegen hinterlassen.

Die Erblasserin besitzt die deutsche und die italienische Staatsangehörigkeit. Gemäß Art. 25 Abs. 1 EGBGB i.V.m. Art. 5 Abs. 1 S. 2 EGBGB ist das Erbrecht der Bundesrepublik Deutschland anzuwenden. Es gilt daher die gesetzliche Erbfolge nach dem Bürgerlichen Gesetzbuch.

7. Atto notarile

Repertorio n. ...

Atto redatto

ad ..., in data ...

Avanti a me, Notaio rogante

Dr. ...

del distretto della Corte di Appello di ...

con studio in ...

in data odierna è comparsa:

la Sig.ra ..., in ..., nata il ... a ..., residente in ..., della cui identità personale, io Notaio, sono certo.

Interpellata da me Notaio su un mio eventuale coinvolgimento in un qualsiasi fatto oggetto del presente atto pubblico di cui al § 3, c. 1, n. 7 BeurkG *[Legge tedesca sulla redazione degli atti pubblici]*, la Comparente di cui sopra ha risposto negativamente.

La Comparente ha chiesto a me Notaio di ricevere in forma pubblica il presente

ricorso per il rilascio di un certificato ereditario per tutti i coeredi, corredato di dichiarazione giurata,

dichiarando a me Notaio quanto segue:

La Sig.ra ..., in ..., nata il ... a ..., con ultimo domicilio a ... – in appresso denominata *"de cuius"* – è deceduta in data ... a ...

La *de cuius* non ha lasciato disposizioni testamentarie.

La *de cuius* è in possesso della cittadinanza tedesca e di quella italiana. Secondo quanto previsto dal primo comma dell'art. 25 delle disposizioni preliminari al Codice civile tedesco *(EGBGB; nel prosieguo indicate come "EGBGB")*, in combinato disposto con l'art. 5, comma 1, periodo 2 EGBGB, la successione per causa di morte di cui si tratta è regolata

	dalla legge della Repubblica Federale di Germania. Trova pertanto applicazione la successione legittima disciplinata dal Codice civile tedesco *(Bürgerliches Gesetzbuch)*.
Aus der ersten durch Urteil des Landgerichts … vom …, Az.: …, geschiedenen Ehe der Erblasserin bin ich, die Antragstellerin, hervorgegangen.	Dal primo matrimonio della *de cuius*, sciolto con sentenza di divorzio pronunciata dal Tribunale di … in data …, R.G. n.: …, sono nata io, la Ricorrente.
Die Erblasserin hatte in zweiter Ehe am … in …/Italien Herrn …, geb. am … in …/Italien, jetzt wohnhaft …/Italien, geheiratet. Die Eheleute hatten mit Ehevertrag vom …, beurkundet vor dem Notar Dr. … des Notariellen Bezirks …/Italien, den Güterstand der Gütertrennung vereinbart.	In data … la *de cuius* ha sposato in seconde nozze, celebrate a …/Italia, il Sig. …, nato il … a …/Italia, al momento residente in …/Italia. I coniugi hanno deciso di adottare il regime patrimoniale della separazione dei beni con apposita convenzione matrimoniale stipulata per atto pubblico in data … innanzi al Notaio Dr. … del distretto notarile di …/Italia.
Aus dieser zweiten Ehe der Erblasserin ist deren Tochter …, geb. am …, wohnhaft …/Italien, hervorgegangen.	Da questo secondo matrimonio della *de cuius* è nata sua figlia …, nata il …, residente in …/Italia.
Demnach ist die Erblasserin nach gesetzlicher Erbfolge in Verbindung mit § 1931 Abs. 4 BGB beerbt worden von	Pertanto, essendosi aperta la successione legittima e applicando il § 1931, c. 4 BGB (Codice civile tedesco), gli eredi della *de cuius* risultano essere:
1. mir, der Antragstellerin, Tochter der Erblasserin aus deren erster Ehe,	1. la sottoscritta che propone il presente ricorso, figlia della *de cuius*, nata dal suo primo matrimonio;
2. …, geboren am …, wohnhaft …/Italien, Tochter der Erblasserin aus deren zweiter Ehe, sowie	2. …, nata il …, residente in …/Italia, figlia della *de cuius*, nata dal suo secondo matrimonio;
3. ihrem Ehemann …, geboren am … in …/Italien, jetzt wohnhaft …/Italien,	3. …, nato il … a …/Italia, al momento residente in …/Italia, marito della *de cuius*.
zu je 1/3 Anteil.	Quota spettante a ciascuno di essi: 1/3.

Irgendwelche Personen, durch welche die vorbezeichneten Erben von der Erbfolge ausgeschlossen würden oder durch die deren Erbteil gemindert werden würde, sind und waren nicht vorhanden. Die Erblasserin hat keine nichtehelichen und keine als Kind angenommenen Kinder hinterlassen.	Non ci sono e non c'erano soggetti atti a escludere gli eredi di cui sopra dalla successione o a ridurre la loro rispettiva quota ereditaria. La defunta non ha lasciato figli naturali, né tanto meno figli adottivi.
Die Anwendung ausländischen Rechts kommt nicht in Betracht. Zum Nachlass gehört kein Auslandsvermögen.	Non trova applicazione la legge di un altro Stato. Tra i beni compresi nell'asse ereditario, infatti, non ce ne è nessuno che si trovi all'estero.
Ein Rechtsstreit über das Erbrecht der vorbezeichneten Erben ist nicht anhängig.	Non risulta pendente controversia alcuna relativa al diritto alla successione in capo agli eredi di cui sopra.
Die Erben haben die Erbschaft angenommen.	Gli eredi hanno accettato l'eredità.
Über die Bedeutung einer eidesstattlichen Versicherung und über die Strafbarkeit unrichtiger eidesstattlich versicherter Angaben belehrt, versichere ich hierdurch an Eides statt, dass mir nichts bekannt ist, was der Richtigkeit meiner Angaben entgegensteht.	Dopo essere stata informata sull'importanza di una dichiarazione giurata e sulle conseguenze penali di una dichiarazione giurata falsa, rendendo la presente dichiarazione giurata assicuro di non essere a conoscenza di alcun fatto atto a negare la veridicità delle mie dichiarazioni.
Ich beantrage bei dem zuständigen Amtsgericht … die Erteilung eines gemeinschaftlichen Erbscheins vorstehenden Inhalts zu Händen des beurkundenden Notars. Weiter beantrage ich die Erteilung und Zusendung eines Geschäftswertfestsetzungsbeschlusses gemäß § 79 GNotKG, ebenfalls zu Händen des beurkundenden Notars.	Chiedo alla competente Pretura di … di rilasciare un certificato ereditario per tutti i coeredi contenente le informazioni sopra riportate, che dovrà essere trasmesso a mani del Notaio rogante. Chiedo, inoltre, all'Ill.ma Pretura di cui sopra di voler determinare il valore della pratica ai sensi del § 79 GNotKG *[Legge tedesca sulle tariffe notarili e giudiziarie in materia di volontaria giurisdizione]* e di trasmettere la relativa decisione ugualmente a mani del Notaio rogante.
Die Kosten des Erbscheins sind von mir zu erheben.	Le spese per il rilascio del suddetto certificato ereditario sono a carico della sottoscritta.
Zu den vorzulegenden Urkunden beantrage ich	Per quanto attiene alla documentazione da produrre, chiedo che si proceda

das Erbscheinsverfahren … Amtsgericht …, betreffend denselben Nachlass,

all'acquisizione del fascicolo di cui al ricorso per il rilascio di un certificato di eredità iscritto al n. … del R.G. della Pretura di …, avente ad oggetto la stessa eredità,

beizuziehen, das durch den Beschluss des Amtsgerichts vom … abgeschlossen worden ist.

conclusosi con la decisione pronunciata dalla summenzionata Pretura in data ...

Sämtliche Urkunden sind bereits zu jenem Verfahren vorgelegt worden.

Tutti i documenti sono già stati prodotti nell'ambito di detto ricorso.

Vorstehendes Protokoll wurde der Erschienenen vom Notar vorgelesen, von ihr genehmigt und eigenhändig, wie folgt, unterschrieben:

Il presente atto è stato letto da me Notaio alla Comparente, è stato approvato da quest'ultima ed è stato sottoscritto di proprio pugno qui di seguito:

[Unterschriften]

[Firme]

8. Darlehensvertrag

Zwischen

....

- nachstehend „Darlehensgeberin" -

und

....

- nachstehend „Darlehensnehmer" -

wird nachfolgender Darlehensvertrag geschlossen:

1. Präambel / Verwendungszweck

Der Darlehensnehmer hat das Logistikobjekt ... in ... (nachfolgend auch „Finanzierungsobjekt" genannt) erworben. Der Verkehrswert beträgt aktuell EUR ... Mio., wovon EUR ... Mio. (rd. ... %) finanziert werden.

2. Darlehensbetrag

EUR ...
(in Worten: ...)

3. Laufzeit

Die Laufzeit des Darlehens beginnt am ... und endet 5 Jahre nach erster Auszahlung.

Der noch nicht getilgte Darlehensbetrag ist in einer Summe am Ende der Laufzeit zur Rückzahlung fällig. Die Prüfung einer Verlängerung der Laufzeit durch die Darlehensgeberin bleibt hiervon unberührt.

4. Tilgung / Rückzahlung

Eine laufende Tilgung des Darlehens während der Laufzeit ist nicht vorgesehen, das Darlehen ist zum Rückzahlungsdatum gemäss Ziffer 3 oder etwa bei Verkauf des Finanzierungsobjektes zur Rückzahlung fällig.

8. Contratto di mutuo

Tra

....

- in appresso denominata "Mutuante" -

e

....

- in appresso denominata "Mutuatario" -

si conviene e si stipula il seguente contratto di mutuo:

1. Preambolo / finalità del prestito

Il Mutuatario ha acquistato l'immobile ad uso logistico ..., sito a ... (nel prosieguo del presente atto anche denominato "immobile oggetto del finanziamento"). Il valore corrente di mercato è pari a ... milioni di euro, di cui vengono finanziati ... milioni di euro (circa il ...%).

2. Ammontare del mutuo

... EURO
(in lettere: ...)

3. Durata

Il mutuo decorre a far data dal ... e ha una durata di 5 anni dalla data della prima erogazione.

La somma mutuata non ancora rimborsata deve essere restituita in un'unica soluzione al termine della Data di Rimborso Finale, fatta salva la possibilità per il Mutuante di valutare un'eventuale proroga della Data di Rimborso Finale.

4. Ammortamento / rimborso

Non è previsto un ammortamento progressivo del mutuo durante il periodo della sua durata. Il mutuo deve essere rimborsato alla Data di Rimborso Finale di cui al precedente punto 3 o al momento della vendita dell'Immobile da parte del Mutuatario, se antecedente.

5. Auszahlung

Auszahlungen aus dem Darlehen erfolgen frühestens nach ordnungsgemäßer Sicherstellung und Erfüllung sämtlicher Auszahlungsvoraussetzungen gemäß schriftlicher Auszahlungsanweisung des Darlehensnehmers.

5. Erogazione

Il mutuo viene erogato in conformità alla richiesta di erogazione scritta inviata dal Mutuatario, una volta che siano state regolarmente garantite e soddisfatte tutte le condizioni all'erogazione del mutuo.

6. Zahlungsmodalitäten des Darlehensnehmers

Sämtliche Zahlungen für dieses Darlehen werden von der Darlehensgeberin bei Fälligkeit vom Konto des Darlehensnehmers Nr. .... bei der .... eingezogen.

6. Modalità di pagamento del Mutuatario

Tutti i pagamenti legati al mutuo in oggetto vengono incassati dal Mutuante addebitando le somme dovute alla loro scadenza sul conto corrente del Mutuatario n. .... presso la ....

7. Kündigung

Das Darlehen ist beiderseits - auch in Teilbeträgen - außer in den gesetzlich zwingend vorgesehenen sowie den nachstehend aufgeführten Fällen nicht kündbar.

Die Darlehensgeberin ist berechtigt, das Darlehen ohne Einhaltung einer Frist aus wichtigem Grunde zu kündigen. Als wichtiger Grund gilt insbesondere, wenn:

a) der Darlehensnehmer mit der Zahlung der vereinbarten Zinsen oder Kapitalzahlung mehr als 14 Tage in Verzug geraten ist und die Zahlung ernsthaft und endgültig verweigert hat, oder

b) der Darlehensnehmer seine Zahlungen einstellt, überschuldet oder zahlungsunfähig ist, über sein Vermögen das Insolvenz- oder ein sonstiges gerichtliches oder außergerichtliches Verfahren zur Abwendung von Zahlungsschwierigkeiten eröffnet wird oder Zwangsvollstreckungsmaßnahmen in sein Vermögen erfolgen, oder

7. Risoluzione

Il mutuo non può essere risolto da nessuno dei due contraenti – anche in parte – salvo nei casi obbligatoriamente previsti dalla legge e nei casi illustrati qui di seguito.

Il Mutuante ha diritto di risolvere il presente contratto di mutuo senza preavviso per giusta causa. La giusta causa ricorre in particolare nei seguenti casi:

a) il Mutuatario è più di 14 giorni in ritardo con il pagamento degli interessi concordati o del capitale ed inoltre ha rifiutato definitivamente il pagamento;

b) il Mutuatario sospende i pagamenti, è insolvente, viene dichiarato fallimento o si avvia un'altra procedura in via giudiziale o stragiudiziale avente per oggetto il suo patrimonio, al fine di evitare problemi di pagamento o si procede all'esecuzione forzata sui suoi beni;

c) der Darlehensnehmer schuldhaft unrichtige oder unvollständige, für die Beurteilung seiner Kreditwürdigkeit wesentliche Angaben gemacht hat oder es schuldhaft unterlassen hat, der Darlehensgeberin alle zur Beurteilung seiner Kreditwürdigkeit wesentlichen Angaben zu machen, oder

d) wenn der Darlehensgeberin die für eine sachgerechte Beurteilung der Kreditwürdigkeit des Darlehensnehmers erforderlichen Unterlagen über deren wirtschaftliche Verhältnisse in der in diesem Vertrag vereinbarten Form und Frist trotz Mahnung und einer weiteren Nachfristsetzung von weiteren 14 Tagen nicht vorgelegt werden, oder

e) der Darlehensnehmer wesentlichen vertraglichen oder sonstigen Verpflichtungen gegenüber der Darlehensgeberin nicht innerhalb von zwei Wochen, sonstigen Verpflichtungen aus diesem Darlehensvertrag nicht innerhalb eines Monats nach schriftlicher Mahnung nachkommt, oder

f) das Unternehmen des Darlehensnehmers aufgelöst wird oder sein Vermögen auf ein anderes Unternehmen übertragen wird, oder

c) il Mutuatario ha fornito dati fondamentali ai fini della valutazione della sua solvibilità, che si sono rivelati inesatti o incompleti, o non ha fornito al Mutuante tutti i dati fondamentali ai fini della valutazione della sua solvibilità;

d) al Mutuante non viene fornita, nella forma e nei termini convenuti nel presente atto, la documentazione relativa alla situazione economica del Mutuatario, necessaria per valutare correttamente la sua solvibilità, benché si sia provveduto a sottecitare il Mutuatario e gli sia stata concessa un'ulteriore proroga di altri 14 giorni;

e) il Mutuatario non ottempera agli essenziali obblighi contrattuali o di altra natura nei confronti del Mutuante entro due settimane e non adempie alle altre obbligazioni nascenti dal presente contratto di mutuo entro un mese, dopo aver ricevuto un sollecito scritto;

f) la società del Mutuatario viene liquidata o il suo patrimonio è trasferito ad un'altra società;

g) eine wesentliche Veränderung im Gesellschafterkreis des Darlehensnehmers eintritt. Eine solche wesentliche Veränderung liegt insbesondere vor, wenn ein Anteilsinhaber direkt oder indirekt, alleine oder gemeinsam mit anderen Anteilsinhabern, mit welchen er sich in Bezug auf die Ausübung der Anteilsrechte abgesprochen hat, (i) mehr als 50 % der Stimmrechte, (ii) einen mehr als hälftigen Kapitalanteil oder (iii) einen Anspruch auf Zahlung von mehr als 50 % des auszuschüttenden Gewinns hat oder (iv) in einem sonstigen Verhältnis zum Darlehensnehmer steht, welches die Voraussetzungen des § 290 Abs. 2 HGB erfüllt, und der betreffende Anteilsinhaber diese Position bei Abschluss dieses Darlehensvertrags noch nicht innehatte.

g) si verifica un cambiamento sostanziale nell'assetto societario del Mutuatario. Un tale cambiamento sostanziale si configura soprattutto quando un quotista, direttamente o indirettamente, da solo o insieme ad altri quotisti con i quali si è accordato circa l'esercizio dei diritti di partecipazione, detiene (i) più del 50% dei diritti di voto, (ii) detiene una quota di partecipazione superiore alla metà del capitale sociale o (iii) ha diritto al pagamento di più del 50% degli utili distribuibili o (iv) intrattiene un qualsiasi altro rapporto con il Mutuatario, che rientra nei casi previsti dal § 290 c. 2 HGB *[codice commerciale tedesco]* e il quotista di cui si tratta non occupava ancora tale posizione alla stipula del presente contratto di mutuo.

8. Sonstiges

- Die Darlehensgeberin ist berechtigt, das Darlehen ganz oder teilweise auf Dritte zu übertragen, Forderungen aus dem Darlehen abzutreten, sowie Risiken auf sonstige Weise auszuplatzieren. Die Darlehensgeberin ist berechtigt, zu diesem Zweck Daten des Darlehensnehmers, insb. Kredit- und Sicherheiteninformationen, an Dritte bereits im Vorfeld einer solchen Übertragung, Abtretung oder Ausplatzierung zu übermitteln. Die Darlehensgeberin wird hiermit für solche Zwecke von den einschlägigen Beschränkungen des Bankgeheimnisses befreit. Im Falle einer ganzen oder teilweisen Übertragung des Darlehens im Wege der Vertragsübernahme ist der Darlehensnehmer verpflichtet, die gesetzlich erforderliche Zustimmung hierzu zu erteilen. Der Darlehensnehmer wird im Falle einer Abtretung oder Übertragung die Handlungen vornehmen und die Erklärungen abgeben, die erforderlich sind, damit der Zessionar bzw. Vertragsübernehmer hinsichtlich aller

8. Varie ed eventuali

- Il Mutuante ha la facoltà di trasferire il mutuo a terzi, in tutto o in parte, di cedere crediti derivanti dal mutuo e di trasferire in altro modo i rischi ad altri soggetti. A tal fine, il Mutuante ha il diritto di trasmettere a terzi i dati relativi al Mutuatario, soprattutto le informazioni creditizie e sulle garanzie, già alla vigilia dei predetti trasferimenti o cessioni. Di conseguenza, per tali scopi il Mutuante non è soggetto alle limitazioni in materia imposte dal segreto bancario. In caso di trasferimento totale o parziale del mutuo mediante subentro nel contratto, il Mutuatario è tenuto a dare il proprio consenso, secondo quanto disposto dalla legge. In caso di cessione o trasferimento, il Mutuatario provvederà a porre in essere tutti gli atti necessari e a rendere tutte le dichiarazioni necessarie per fare in modo che il cessionario o il subentrante nel contratto subentri nei diritti del Mutuante per quanto attiene a tutte le garanzie costituite e ai relativi accordi che disciplinano le

bestellten Sicherheiten und der zugehörigen Sicherheitenvereinbarungen in die Rechtsposition der Darlehensgeberin einrückt. Die vorstehenden Verpflichtungen übernimmt der Darlehensnehmer auch gegenüber demjenigen, der durch Abtretung oder Vertragsübernahme ganz oder teilweise Rechte aus diesem Darlehensvertrag in Zukunft erlangen wird.	garanzie. Il Mutuatario si assume gli impegni richiamati anche nei confronti di colui che in futuro, tramite cessione o subentro nel contratto, acquisirà, in tutto o in parte, diritti in dipendenza del presente contratto di mutuo.
• Eine teilweise oder vollständige Nichtausübung von Rechten aus diesem Darlehensvertrag bzw. sonstiger im Zusammenhang mit dem Darlehen bestehender Rechte schränkt bis zu einem ausdrücklichen schriftlichen Verzicht der Darlehensgeberin die Ausübung dieser Rechte nicht ein.	• Il mancato esercizio totale o parziale dei diritti nascenti dal presente contratto di mutuo o di altri diritti legati al mutuo in oggetto non limita l'esercizio di tali diritti, salvo espressa rinuncia scritta ad opera del Mutuante.
• Änderungen und Ergänzungen dieses Darlehensvertrages sind nur schriftlich wirksam. Gleiches gilt für den Verzicht auf dieses Erfordernis.	• Modifiche ed aggiunte alle pattuizioni contenute nel presente contratto di mutuo sono valide solo se confermate per iscritto. Lo stesso dicasi per la rinuncia a detta disposizione.
• Das Darlehen ist eine umsatzsteuerfreie Bankleistung.	• Il mutuo è un servizio bancario non imponibile ai fini IVA.
• Sollten einzelne oder mehrere Bestimmungen dieses Darlehensvertrages ganz oder teilweise unwirksam sein oder unwirksam werden, so wird hiervon die Wirksamkeit der übrigen Bestimmungen nicht berührt. Die Vertragsparteien verpflichten sich, eine etwaige unwirksame Bestimmung durch eine Regelung zu ersetzen, die der gewollten Bestimmung rechtlich und wirtschaftlich am nächsten kommt. Das gleiche gilt für den Fall, dass der Vertrag eine Lücke enthalten sollte.	• L'eventuale invalidità totale o parziale, presente o futura, di una o alcune delle disposizioni contenute nel presente contratto di mutuo non pregiudica la validità delle altre clausole. I contraenti sono tenuti a sostituire l'eventuale disposizione non valida con un'altra che, dal punto di vista giuridico ed economico, si avvicini il più possibile alla finalità perseguita dalle parti con la disposizione non valida. Lo stesso vale in caso di lacune contrattuali.
• Gerichtsstand und Erfüllungsort ist für beide Vertragsparteien Frankfurt am Main. Es gilt das Recht der Bundesrepublik Deutschland.	• Foro competente e luogo di adempimento per entrambi i contraenti è Francoforte sul Meno. Al presente contratto si applica il diritto della Repubblica Federale di Germania.